NUEVA VERSIÓN INTERNACIONAL

NVI™

Vida

Biblica, The International Bible Society, provee la Palabra de Dios a la gente por medio de la traducción, la publicación y la interacción bíblica en África, América del Norte, América Latina, Asia Pacífico, Europa, Oriente Medio y Asia del Sur. Gracias a su alcance mundial, Biblica facilita la interacción de las personas con la Palabra de Dios a fin de que sus vidas sean transformadas mediante una relación individual con Jesucristo.

nariz aliento de vida y el hombre se convirtió en un ser viviente.

⁸Dios el Señor plantó un jardín al oriente del Edén y allí puso al hombre que había formado. ⁹Dios el Señor hizo que creciera toda clase de árboles atractivos a la vista y buenos para comer. En medio del jardín hizo crecer el árbol de la vida y también el árbol del conocimiento del bien y del mal.

¹⁰Del Edén nacía un río que regaba el jardín y desde allí se dividía en cuatro ríos menores. ¹¹El primero se llamaba Pisón y recorría toda la región de Javilá, donde había oro. ¹²El oro de esa región era fino; también había allí resina muy buena y piedra de ónice. ¹³El segundo se llamaba Guijón, que recorría toda la región de Cus.ᵃ ¹⁴El tercero se llamaba Tigris, que corría al este de Asiria. El cuarto era el Éufrates.

¹⁵Dios el Señor tomó al hombre y lo puso en el jardín del Edén para que lo cultivara y lo cuidara. ¹⁶Dios el Señor le ordenó al hombre: «Puedes comer de todos los árboles del jardín, ¹⁷pero del árbol del conocimiento del bien y del mal no deberás comer. El día que de él comas, sin duda morirás».

¹⁸Luego Dios el Señor dijo: «No es bueno que el hombre esté solo. Voy a hacerle una ayuda adecuada».

¹⁹Entonces Dios el Señor formó de la tierra toda ave del cielo y todo animal del campo. Se los llevó al hombre para ver qué *nombre les pondría. El hombre puso nombre a todos los seres vivos y con ese nombre se les conoce. ²⁰Así el hombre fue poniéndoles nombre a todos los animales domésticos, a todas las aves del cielo y a todos los animales del campo.

Sin embargo, no se encontró entre ellos la ayuda adecuada para el hombre. ²¹Entonces Dios el Señor hizo que el hombre cayera en un sueño profundo y, mientras este dormía, le sacó una costilla y cerró la herida. ²²De la costilla que le había quitado al hombre, Dios el Señor hizo una mujer y se la presentó al hombre, ²³el cual exclamó:

«Esta sí es hueso de mis huesos
    y carne de mi carne.
Se llamará "mujer"ᵇ
    porque del hombre fue sacada».

²⁴Por eso dejará el hombre a su padre y a su madre, se unirá a su mujer, y los dos llegarán a ser uno solo.ᶜ ²⁵En ese tiempo el hombre y la mujer estaban desnudos, pero no se avergonzaban.

La caída del ser humano

3 La serpiente era más astuta que todos los animales del campo que Dios el Señor había hecho, así que preguntó a la mujer:

—¿Conque Dios les dijo que no comieran de ningún árbol del jardín?

²—Podemos comer del fruto de todos los árboles —respondió la mujer—. ³Pero en cuanto al fruto del árbol que está en medio del jardín, Dios nos ha dicho: "No coman de ese árbol ni lo toquen; de lo contrario, morirán".

⁴Pero la serpiente dijo a la mujer:

—¡No es cierto, no van a morir! ⁵Dios sabe muy bien que cuando coman de ese árbol se les abrirán los ojos y llegarán a ser como Dios, conocedores del bien y del mal.

⁶La mujer vio que el fruto del árbol era bueno para comer, y que era atractivo a la vista y era deseable para adquirir sabiduría; así que tomó de su fruto y comió. Luego dio a su esposo, que estaba con ella, y él también comió. ⁷En ese momento los ojos de ambos fueron abiertos y tomaron conciencia de su desnudez. Por eso, para cubrirse entretejieron hojas de higuera.

⁸Cuando el día comenzó a refrescar, el *hombre y la mujer oyeron que Dios el Señor andaba recorriendo el jardín; entonces corrieron a esconderse entre los árboles para que Dios no los viera. ⁹Pero Dios el Señor llamó al hombre y dijo:

—¿Dónde estás?

¹⁰El hombre contestó:

—Escuché que andabas por el jardín y tuve miedo porque estoy desnudo. Por eso me escondí.

¹¹—¿Y quién te ha dicho que estás desnudo? —preguntó Dios—. ¿Acaso has comido del fruto del árbol que yo te prohibí comer?

¹²Él respondió:

—La mujer que me diste por compañera me dio de ese fruto y yo lo comí.

¹³Entonces Dios el Señor preguntó a la mujer:

—¿Qué es lo que has hecho?

—La serpiente me engañó, y comí —contestó ella.

¹⁴Dios el Señor dijo entonces a la serpiente:

«Por causa de lo que has hecho,
    ¡maldita serás entre todos los animales,
    tanto domésticos como salvajes!
Te arrastrarás sobre tu vientre
    y comerás polvo todos los días de tu vida.
¹⁵ Pondré enemistad entre tú y la mujer,
    y entre tu simiente y la de ella;
    su simiente te aplastará la cabeza,
    pero tú le herirás el talón».

¹⁶A la mujer dijo:

«Multiplicaré tu sufrimiento en el parto
    y darás a luz a tus hijos con dolor.
Desearás a tu marido,
    y él te dominará».

¹⁷Al hombre dijo:

«Por cuanto hiciste caso a tu esposa
    y comiste del árbol del que te prohibí comer,
    ¡maldito será el suelo por tu culpa!
Con sufrimiento comerás de él
    todos los días de tu vida.
¹⁸ La tierra te producirá cardos y espinas,
    y comerás hierbas silvestres.
¹⁹ Te ganarás el pan con el sudor de tu frente,
    hasta que vuelvas a la misma tierra
    de la cual fuiste sacado.
Porque polvo eres
    y al polvo volverás».

²⁰El hombre llamó Evaᵈ a su mujer porque ella sería la madre de todo ser viviente.

²¹Dios el Señor hizo ropa de pieles para el hombre y su mujer, y los vistió. ²²Y Dios el Señor dijo: «El *ser humano ha llegado a ser como uno de nosotros, pues tiene conocimiento del bien y del mal. No vaya a ser que extienda su mano y también tome del fruto del árbol de la vida, lo coma y viva para siempre». ²³Entonces Dios el Señor expulsó al ser humano del jardín del Edén para que trabajara la tierra de la cual había sido hecho. ²⁴Luego de expulsarlo, puso al oriente del jardín del Edén a los *querubines y una espada ardiente que se movía por todos lados para custodiar el camino que lleva al árbol de la vida.

ᵃ 13 *Cus.* Posiblemente la región sudeste de Mesopotamia. ᵇ 23 En hebreo, la palabra que significa *mujer* (*'ishah*) suena como la palabra que significa *hombre* (*'ish*). ᶜ 24 *llegarán a ser uno solo.* Trad. *llegarán a ser una sola carne.* ᵈ 20 En hebreo, *Eva* significa *vida.*

Caín y Abel

4 El *hombre tuvo relaciones sexuales con Eva, su mujer, y ella quedó embarazada y dio a luz a Caín.*a* Y dijo: «¡Con la ayuda del SEÑOR, he tenido un varón!». 2Después dio a luz a Abel, hermano de Caín.

Abel se dedicó a pastorear ovejas, mientras que Caín se dedicó a trabajar la tierra. 3Tiempo después, Caín presentó al SEÑOR una ofrenda del fruto de la tierra. 4Abel también presentó al SEÑOR lo mejor de su rebaño, es decir, los primogénitos con su grasa. Y el SEÑOR miró con agrado a Abel y a su ofrenda, 5pero no miró así a Caín ni a su ofrenda. Por eso Caín se enfureció y andaba cabizbajo.

6Entonces el SEÑOR le dijo: «¿Por qué estás tan enojado? ¿Por qué andas cabizbajo? 7Si hicieras lo bueno, podrías andar con la frente en alto. Pero si haces lo malo, el pecado está a la puerta para dominarte. No obstante, tú puedes dominarlo».

8Caín habló con su hermano Abel.*b* Y cuando estaban en el campo, Caín atacó a su hermano y lo asesinó. 9El SEÑOR preguntó a Caín:

—¿Dónde está tu hermano Abel?

—No lo sé —respondió—. ¿Acaso soy yo el que debe cuidar a mi hermano?

10—¡Qué has hecho! —exclamó el SEÑOR—. Desde la tierra, la sangre de tu hermano me reclama justicia. 11Por eso, ahora quedarás bajo la maldición de la tierra, la cual ha abierto sus fauces para recibir la sangre de tu hermano, que tú has derramado. 12Cuando cultives la tierra, no te dará sus frutos y en el mundo serás un fugitivo errante.

13—Este castigo es más de lo que puedo soportar —dijo Caín al SEÑOR—. 14Hoy me condenas al destierro y nunca más podré estar en tu presencia. Andaré por el mundo errante como un fugitivo y cualquiera que me encuentre me matará.

15—No, al contrario*c* —respondió el SEÑOR—, el que mate a Caín será castigado siete veces.

Entonces el SEÑOR puso una marca a Caín para que no lo matara cualquiera que lo encontrara. 16Así Caín se alejó de la presencia del SEÑOR y se fue a vivir a la región llamada Nod,*d* al este del Edén.

17Caín tuvo relaciones sexuales con su mujer, la cual quedó embarazada y dio a luz a Enoc. Caín construyó una ciudad y le puso el *nombre de su hijo Enoc. 18Enoc tuvo un hijo llamado Irad, que fue el padre de Mejuyael. Este a su vez fue el padre de Metusael, y Metusael fue el padre de Lamec. 19Lamec tuvo dos mujeres. Una de ellas se llamaba Ada y la otra, Zila. 20Ada dio a luz a Jabal, quien a su vez fue el antepasado de los que viven en tiendas de campaña y crían ganado. 21Jabal tuvo un hermano llamado Jubal, quien fue el antepasado de los que tocan el arpa y la flauta. 22Por su parte, Zila dio a luz a Tubal Caín, que fue herrero y forjador de toda clase de herramientas de bronce y de hierro. Tubal Caín tuvo una hermana que se llamaba Naamá.

23Lamec dijo a sus mujeres Ada y Zila:

«¡Escuchen bien, mujeres de Lamec!
¡Escuchen mis palabras!
Maté a un hombre por haberme agredido
y a un muchacho por golpearme.
24 Si Caín será vengado siete veces,
setenta y siete veces será vengado Lamec».

25Adán volvió a tener relaciones sexuales con su mujer y ella tuvo un hijo al que llamó Set,*e* porque dijo: «Dios me ha concedido otro descendiente en lugar de Abel, al que mató Caín». 26También Set tuvo un hijo, a quien llamó Enós.

Desde entonces se comenzó a invocar el nombre del SEÑOR.

Descendientes de Adán

5 Esta es la lista de los descendientes de Adán.

Cuando Dios creó al *ser humano, lo hizo a semejanza de Dios mismo. 2Los creó *hombre y mujer, y los bendijo. El día que fueron creados los llamó «seres humanos».*f*

3 Cuando Adán llegó a la edad de ciento treinta años, tuvo un hijo*g* a su semejanza e imagen, y lo llamó Set. 4Después del nacimiento de Set, Adán vivió ochocientos años más y tuvo otros hijos y otras hijas. 5De modo que Adán vivió novecientos treinta años y murió.

6 Set tenía ciento cinco años cuando tuvo a su hijo Enós. 7Después del nacimiento de Enós, Set vivió ochocientos siete años más y tuvo otros hijos y otras hijas. 8De modo que Set vivió novecientos doce años y murió.

9 Enós tenía noventa años cuando tuvo a su hijo Cainán. 10Después del nacimiento de Cainán, Enós vivió ochocientos quince años más y tuvo otros hijos y otras hijas. 11De modo que Enós vivió novecientos cinco años y murió.

12 Cainán tenía setenta años cuando tuvo a su hijo Malalel. 13Después del nacimiento de Malalel, Cainán vivió ochocientos cuarenta años más y tuvo otros hijos y otras hijas. 14De modo que Cainán vivió novecientos diez años y murió.

15 Malalel tenía sesenta y cinco años cuando tuvo a su hijo Jared. 16Después del nacimiento de Jared, Malalel vivió ochocientos treinta años más y tuvo otros hijos y otras hijas. 17De modo que Malalel vivió ochocientos noventa y cinco años y murió.

18 Jared tenía ciento sesenta y dos años cuando tuvo a su hijo Enoc. 19Después del nacimiento de Enoc, Jared vivió ochocientos años más y tuvo otros hijos y otras hijas. 20De modo que Jared vivió novecientos sesenta y dos años y murió.

21 Enoc tenía sesenta y cinco años cuando tuvo a su hijo Matusalén. 22Después del nacimiento de Matusalén, Enoc anduvo fielmente con Dios trescientos años más y tuvo otros hijos y otras hijas. 23En total, Enoc vivió trescientos sesenta y cinco años, 24y como anduvo fielmente con Dios, un día desapareció porque Dios se lo llevó.

25 Matusalén tenía ciento ochenta y siete años cuando tuvo a su hijo Lamec. 26Después del nacimiento de Lamec, Matusalén vivió setecientos ochenta y dos años más y tuvo otros hijos y otras hijas. 27De modo que Matusalén vivió novecientos sesenta y nueve años y murió.

28 Lamec tenía ciento ochenta y dos años cuando tuvo a su hijo Noé.*h* 29Le dio ese *nombre porque dijo: «Este niño nos dará descanso en nuestros trabajos y sufrimientos en esta tierra que maldijo el SEÑOR». 30Después del nacimiento de Noé, Lamec vivió quinientos

---

a 1 En hebreo, *Caín* suena como el verbo que significa *llegar a tener, adquirir.* *b* 8 El Pentateuco Samaritano, la LXX, la Vulgata y la Siríaca dicen *Caín dijo a su hermano Abel: «Salgamos al campo».* *c* 15 No, al contrario (LXX, Vulgata y Siríaca); Por tanto (TM). *d* 16 En hebreo, *Nod* significa *errante* (véanse vv. 12 y 14). *e* 25 En hebreo, *Set* significa *concedido.* *f* 2 seres humanos. Lit. *Adán.* El término hebreo también significa *hombre* en el sentido genérico de *humanidad.* *g* 3 tuvo un hijo. Lit. *engendró a;* y así sucesivamente en el resto de esta genealogía. *h* 28 En hebreo, el nombre propio *Noé* suena como la palabra que significa *descanso.*

noventa y cinco años más y tuvo otros hijos y otras hijas. ³¹De modo que Lamec murió a los setecientos setenta y siete años.

³²Noé ya había cumplido quinientos años cuando tuvo a sus hijos Sem, Cam y Jafet.

La maldad humana

6 Cuando los *seres humanos comenzaron a multiplicarse sobre la tierra y tuvieron hijas, ²los hijos de Dios vieron que las hijas de los seres humanos eran hermosas. Entonces tomaron como mujeres a todas las que desearon. ³Pero el SEÑOR dijo: «Mi espíritu no permanecerá en el *ser humano*ᵃ para siempre porque no es más que un *mortal; por eso vivirá solamente ciento veinte años».

⁴Al unirse los hijos de Dios con las hijas de los seres humanos y tener hijos con ellas, nacieron gigantes,ᵇ que fueron los poderosos guerreros de antaño. A partir de entonces hubo gigantes en la tierra.

⁵Al ver el SEÑOR que la maldad del ser humano en la tierra era muy grande y que toda inclinación de su corazónᶜ tendía siempre hacia el mal, ⁶lamentó haber hecho al ser humano en la tierra, y le dolió en el corazón. ⁷Entonces el SEÑOR dijo: «Voy a borrar de la superficie de la tierra al ser humano que he creado. Y haré lo mismo con los animales, los reptiles y las aves del cielo. ¡Me duele haberlos hecho!». ⁸Pero Noé contaba con el favor del SEÑOR.

El diluvio

⁹Esta es la historia de Noé.

Noé era un hombre justo e íntegro entre su gente, y anduvo fielmente con Dios. ¹⁰Tuvo tres hijos: Sem, Cam y Jafet.

¹¹Pero Dios vio que la tierra estaba corrompida y llena de violencia. ¹²Al ver Dios tanta corrupción en la tierra y que la gente había corrompido su conducta, ¹³dijo a Noé: «He decidido acabar con toda la gente, pues por su causa la tierra está llena de violencia. Así que voy a destruir a la gente junto con la tierra. ¹⁴Constrúyete un arca de madera resinosa,ᵈ hazle compartimentos y cúbrela con brea por dentro y por fuera. ¹⁵Dale las siguientes medidas: trescientos codos de largo, cincuenta de ancho y treinta de alto.ᵉ ¹⁶Hazla de tres pisos con una abertura a un codoᶠ del techo y con una puerta en uno de sus costados. ¹⁷Porque voy a enviar un diluvio sobre la tierra para destruir a todos los seres vivientes bajo el cielo. Todo lo que existe en la tierra morirá. ¹⁸Pero contigo estableceré mi *pacto, y entrarán en el arca tú y tus hijos, tu esposa y tus nueras. ¹⁹Haz que entre en el arca una pareja de todos los seres vivientes, es decir, un macho y una hembra de cada especie, para que sobrevivan contigo. ²⁰Contigo entrará también una pareja de cada especie de aves, de ganado y de animales que se arrastran por el suelo, para que puedan sobrevivir. ²¹Recoge además toda clase de alimento y almacénalo para que a ti y a ellos les sirva de comida».

²²Y Noé hizo todo según lo que Dios había mandado.

7 El SEÑOR dijo a Noé: «Entra en el arca con toda tu familia porque tú eres el único *hombre justo que he encontrado de esta generación. ²De todos los animales puros, lleva siete machos y siete hembras; pero de los impuros, solo un macho y una hembra. ³Lleva también siete machos y siete hembras de las aves del cielo, para conservar su especie sobre la tierra. ⁴Porque dentro de siete días haré que llueva sobre la tierra durante cuarenta días y cuarenta noches, y así borraré de la superficie de la tierra a todo ser viviente que hice».

⁵Noé hizo todo de acuerdo con lo que el SEÑOR había mandado.

⁶Tenía Noé seiscientos años cuando las aguas del diluvio inundaron la tierra. ⁷Entonces, para salvarse de las aguas del diluvio, entró en el arca junto con sus hijos, su esposa y sus nueras. ⁸De los animales puros e impuros, de las aves y de todos los seres que se arrastran por el suelo, ⁹entraron con Noé por parejas, el macho y su hembra, tal como Dios se lo había mandado. ¹⁰Al cabo de los siete días, las aguas del diluvio comenzaron a caer sobre la tierra.

¹¹Cuando Noé tenía seiscientos años, precisamente en el día diecisiete del mes segundo, se reventaron las fuentes del mar profundo y se abrieron las compuertas del cielo. ¹²Cuarenta días y cuarenta noches llovió sobre la tierra.

¹³Ese mismo día entraron en el arca Noé, sus hijos Sem, Cam y Jafet, su esposa y sus tres nueras. ¹⁴Junto con ellos entró toda clase de animales salvajes y domésticos, de animales que se arrastran por el suelo y de aves. ¹⁵Así entraron en el arca con Noé parejas de todos los seres vivientes; ¹⁶entraron un macho y una hembra de cada especie, tal como Dios se lo había mandado a Noé. Luego el SEÑOR cerró la puerta del arca.

¹⁷El diluvio cayó sobre la tierra durante cuarenta días. Cuando crecieron las aguas, elevaron el arca por encima de la tierra. ¹⁸Las aguas crecían y aumentaban cada vez más, pero el arca se mantenía a flote sobre ellas. ¹⁹Tanto crecieron las aguas, que cubrieron las montañas más altas que hay debajo de los cielos. ²⁰El nivel del agua subió más de quince codosᵍ por encima de las montañas. ²¹Así murió todo ser viviente que se movía sobre la tierra: las aves, los animales salvajes y domésticos, todo tipo de animal que se arrastraba por el suelo y todo ser humano. ²²Pereció todo ser que habitaba la tierra seca y tenía aliento de vida. ²³Dios borró de la faz de la tierra a todo ser viviente, desde los seres humanos hasta los ganados, los reptiles y las aves del cielo. Todos fueron borrados de la faz de la tierra. Solo quedaron Noé y los que estaban con él en el arca.

²⁴Y la tierra quedó inundada ciento cincuenta días.

8 Dios se acordó entonces de Noé y de todos los animales salvajes y domésticos que estaban con él en el arca. Hizo que soplara un fuerte viento sobre la tierra y las aguas comenzaron a bajar. ²Se cerraron las fuentes del mar profundo y las compuertas del cielo, y dejó de llover. ³Poco a poco las aguas se fueron retirando de la tierra. Al cabo de ciento cincuenta días las aguas habían disminuido. ⁴El día diecisiete del mes séptimo el arca se detuvo sobre las montañas de Ararat. ⁵Las aguas siguieron bajando hasta que el primer día del mes décimo pudieron verse las cimas de las montañas.

⁶Después de cuarenta días, Noé abrió la ventana del arca que había hecho ⁷y soltó un cuervo, el cual estuvo volando de un lado a otro a la espera de que se secara la tierra. ⁸Luego soltó una paloma para ver si las aguas que cubrían la tierra ya se habían retirado. ⁹Pero la paloma no encontró un lugar donde posarse y volvió al arca porque las aguas aún cubrían la tierra. Noé extendió la mano, tomó la paloma y la metió consigo en el arca. ¹⁰Esperó siete días más y volvió a soltar la paloma fuera del arca. ¹¹Caía la noche cuando la paloma regresó trayendo en su pico una hoja de olivo

---

ᵃ 3 O Mi Espíritu no contenderá con el ser humano.   ᵇ 4 Lit. nefilim. Término que en hebreo se refiere a hombres valientes o poderosos. Véase Nm 13:33.   ᶜ 5 corazón. En la Biblia se usa para designar el asiento de las emociones, pensamientos y voluntad, es decir, el proceso de toma de decisiones del ser humano.   ᵈ 14 resinosa. Palabra de difícil traducción.   ᵉ 15 Es decir, aprox. 135 m de largo, 22.5 de ancho y 14 de alto.   ᶠ 16 Es decir, aprox. a 45 cm.   ᵍ 20 Es decir, aprox. 7 m.

recién cortada. Así Noé se dio cuenta de que las aguas habían bajado hasta dejar la tierra al descubierto. [12]Esperó siete días más y volvió a soltar la paloma, pero esta vez la paloma ya no regresó.

[13]Noé tenía seiscientos un años cuando las aguas se secaron. El primer día del primer mes de ese año, Noé quitó la cubierta del arca y vio que la tierra estaba seca. [14]Para el día veintisiete del segundo mes, la tierra estaba ya completamente seca.

[15]Entonces Dios dijo a Noé: [16]«¡Sal del arca junto con tus hijos, tu esposa y tus nueras! [17]Saca también a todos los seres vivientes que están contigo: las aves, el ganado y todos los animales que se arrastran por el suelo. Que sean fecundos y que se multipliquen y llenen la tierra».

[18]Salieron, pues, del arca Noé y sus hijos, su esposa y sus nueras. [19]También salieron todos los animales, las criaturas que se mueven en la tierra y las aves. Todos los seres vivientes que se mueven sobre la tierra, cada uno según su especie.

[20]Luego Noé construyó un altar[a] al SEÑOR, y sobre ese altar ofreció como *holocausto animales y aves puros. [21]Cuando el SEÑOR percibió el grato aroma, se dijo a sí mismo: «Aunque la inclinación del corazón del *ser humano es perversa desde su juventud, nunca más volveré a maldecir la tierra por culpa suya. Tampoco volveré a destruir a todos los seres vivientes, como acabo de hacerlo.

[22]»Mientras la tierra exista,
 habrá siembra y cosecha,
 frío y calor,
 verano e invierno,
 días y noches».

El pacto de Dios con Noé

9 Dios bendijo a Noé y a sus hijos con estas palabras: «¡Sean fructíferos, multiplíquense y llenen la tierra! [2]Todos los animales de la tierra tendrán temor y miedo ante ustedes: las aves, las bestias salvajes, los animales que se arrastran por el suelo y los peces del mar. Todos estarán bajo su dominio. [3]Todo lo que se mueve y tiene vida, al igual que las verduras, les servirá de alimento. Yo les doy todo esto.

[4]»Pero no deberán comer carne con sangre; la sangre es *vida. [5]Por cierto, de la sangre de ustedes yo habré de pedirles cuentas. A todos los animales y a todos los seres humanos pediré cuentas de la vida de sus semejantes.

[6]»Si alguien derrama la sangre de un *ser humano,
 otro ser humano derramará la suya,
 porque el ser humano ha sido creado
 a imagen de Dios mismo.

[7]»En cuanto a ustedes, sean fructíferos y multiplíquense; sí, multiplíquense y llenen la tierra».

[8]Dios habló otra vez a Noé y a sus hijos y dijo: [9]«Yo establezco mi *pacto con ustedes, con sus descendientes [10]y con todos los seres vivientes que están con ustedes, es decir, con todos los seres vivientes de la tierra que salieron del arca: las aves, y los animales domésticos y salvajes. [11]Este es mi pacto con ustedes: Nunca más serán exterminados todos los seres vivientes por las aguas de un diluvio; nunca más habrá un diluvio que destruya la tierra».

[12]Y Dios añadió: «Esta es la señal del pacto que establezco para siempre con ustedes y con todos los seres vivientes que los acompañan: [13]He colocado mi arcoíris en las nubes, el cual servirá como señal de mi pacto con la tierra. [14]Cuando yo cubra la tierra de nubes y en ellas aparezca el arcoíris, [15]me acordaré del pacto que he establecido con ustedes y con todos

los seres vivientes. Nunca más las aguas se convertirán en un diluvio para destruir a todos los mortales. [16]Cada vez que aparezca el arcoíris entre las nubes, yo lo veré y me acordaré del pacto que establecí para siempre con todos los seres vivientes que hay sobre la tierra».

[17]Dios concluyó diciéndole a Noé: «Esta es la señal de mi pacto, que establezco con todos los seres vivientes que hay en la tierra».

Los hijos de Noé

[18]Los hijos de Noé que salieron del arca fueron: Sem, Cam y Jafet. Cam fue el padre de Canaán. [19]Estos fueron los tres hijos de Noé que con su descendencia poblaron toda la tierra.

[20]Noé se dedicó a cultivar la tierra y plantó una viña. [21]Un día, bebió vino y se embriagó, quedándose desnudo dentro de su tienda de campaña. [22]Cam, el padre de Canaán, vio la desnudez de su padre y fue a contárselo a sus hermanos que estaban afuera. [23]Entonces Sem y Jafet tomaron un manto, se lo echaron sobre los hombros y caminando hacia atrás, cubrieron la desnudez de su padre. Como miraban en dirección opuesta, no vieron la desnudez de su padre.

[24]Cuando Noé despertó de su borrachera y se enteró de lo que su hijo menor había hecho, [25]declaró:

 «¡Maldito sea Canaán!
 Será de sus dos hermanos
 el más bajo de sus esclavos».

[26]Y agregó:

 «¡Bendito sea el SEÑOR, Dios de Sem!
 ¡Que Canaán sea su esclavo!
 [27]¡Que Dios extienda el territorio de Jafet![b]
 ¡Que habite Jafet en los campamentos de Sem
 y que Canaán sea su esclavo!».

[28]Después del diluvio Noé vivió trescientos cincuenta años más, [29]de modo que murió a la edad de novecientos cincuenta años.

Las naciones de la tierra
10:2-31 – 1Cr 1:5-27
10:21-31 – Gn 11:10-27

10 Esta es la lista de los descendientes de Sem, Cam y Jafet, hijos de Noé, quienes después del diluvio tuvieron sus propios hijos.

[2]Los hijos[c] de Jafet:
 Gómer, Magog, Maday, Javán, Tubal, Mésec y Tirás.
[3]Hijos de Gómer:
 Asquenaz, Rifat y Togarma.
[4]Hijos de Javán:
 Elisá, Tarsis, Quitín y Rodanín.[d] [5]Algunos de ellos se esparcieron por las costas. Formaron naciones y clanes en sus respectivos territorios y con sus propios idiomas.
[6]Hijos de Cam:
 Cus, Misrayin, Fut y Canaán.
[7]Hijos de Cus:
 Seba, Javilá, Sabtá, Ragama y Sabteca.
 Hijos de Ragama:
 Sabá y Dedán.

---

a **20** *altar.* Primera referencia a un altar en la Biblia.   *b* **27** En hebreo, el nombre propio *Jafet* suena como el verbo que significa *extender.*   *c* **2** En este contexto *hijos* puede significar *descendientes;* así en el resto de este capítulo.   *d* **4** *Rodanín* (varios mss. hebreos y 1Cr 1:7); *Dodanín* (TM).

8 Cus fue el padre de Nimrod, conocido como el primer gran guerrero en la tierra, 9quien llegó a ser un valiente cazador ante el SEÑOR. Por eso se dice: «Como Nimrod, valiente cazador ante el SEÑOR». 10Las principales ciudades de su reino fueron Babel, Érec, Acad y Calné, en la región de Sinar.ᵃ 11Desde esa región Nimrod salió hacia Asiria, donde construyóᵇ las ciudades de Nínive, Rejobot Ir,ᶜ Cala 12y Resén, la gran ciudad que está entre Nínive y Cala.

13 Misrayin fue el antepasado de los ludeos, los anameos, los leabitas, los naftuitas, 14los patruseos, los caslujitas —de quienes descienden los filisteos— y los caftoritas.

15 Canaán fue el padre de Sidón, su primogénito, y de Het, 16y el antepasado de los jebuseos, los amorreos, los gergeseos, 17los heveos, los araceos, los sineos, 18los arvadeos, los zemareos y los jamatitas.

Luego, estos clanes cananeos se dispersaron 19y su territorio se extendió desde Sidón hasta Guerar y Gaza, y en dirección de Sodoma, Gomorra, Admá y Zeboyín, hasta Lasa.

20 Estos fueron los descendientes de Cam, según sus clanes e idiomas, territorios y naciones.

21 Sem, antepasado de todos los hijos de Éber y hermano mayor deᵈ Jafet, también tuvo hijos.

22 Hijos de Sem:
Elam, Asur, Arfaxad, Lud y Aram.

23 Hijos de Aram:
Uz, Hul, Guéter y Mas.

24 Arfaxad fue el padre de Selaj.
Selaj fue el padre de Éber.

25 Éber tuvo dos hijos:
El primero se llamó Pélegᵉ porque en su tiempo se dividió la tierra; su hermano se llamó Joctán.

26 Joctán fue el padre de Almodad, Sélef, Jazar Mávet, Yeraj, 27Hadorán, Uzal, Diclá, 28Obal, Abimael, Sabá, 29Ofir, Javilá y Jobab. Todos estos fueron hijos de Joctán.

30 Ellos vivieron en la región que va desde Mesá hasta Sefar, en la región montañosa oriental.

31 Estos fueron los hijos de Sem, según sus clanes y sus idiomas, sus territorios y naciones.

32 Estos son los clanes de los hijos de Noé, según sus genealogías y sus naciones. A partir de estos clanes, las naciones se extendieron sobre la tierra después del diluvio.

La torre de Babel

11 En ese entonces se hablaba un solo idioma en toda la tierra. 2Al emigrar al oriente, la gente encontró una llanura en la región de Sinarᶠ y allí se establecieron.

3 Un día se dijeron unos a otros: «Vamos a hacer ladrillos y a cocerlos al fuego». Fue así como usaron ladrillos en vez de piedras y asfalto en vez de mezcla. 4Luego dijeron: «Construyamos una ciudad con una torre que llegue hasta el cielo. De ese modo, nos haremos famosos y evitaremos ser dispersados por toda la tierra».

5 Pero el SEÑOR bajó para observar la ciudad y la torre que los ˚hombres estaban construyendo. 6Entonces el SEÑOR dijo: «Todos forman un solo pueblo y hablan un solo idioma; esto es solo el comienzo de sus obras y todo lo que se propongan lo podrán lograr. 7Será mejor que bajemos a confundir su idioma para que ya no se entiendan entre ellos mismos».

8 De esta manera el SEÑOR los dispersó desde allí por toda la tierra; por lo tanto, dejaron de construir la ciudad. 9Por eso a la ciudad se le llamó Babel,ᵍ porque fue allí donde el SEÑOR confundió el lenguaje de todos los habitantes de la tierra y los dispersó por todo el mundo.

Descendientes de Sem
11:10-27 – Gn 10:21-31; 1Cr 1:17-27

10 Esta es la historia de Sem:

Dos años después del diluvio, cuando Sem tenía cien años, nació su hijo Arfaxad. 11Después del nacimiento de Arfaxad, Sem vivió quinientos años más y tuvo otros hijos y otras hijas.

12 Cuando Arfaxad tenía treinta y cinco años, nació su hijo Selaj. 13Después del nacimiento de Selaj, Arfaxad vivió cuatrocientos tres años más y tuvo otros hijos y otras hijas.

14 Cuando Selaj tenía treinta años, nació su hijo Éber. 15Después del nacimiento de Éber, Selaj vivió cuatrocientos tres años más y tuvo otros hijos y otras hijas.

16 Cuando Éber tenía treinta y cuatro años, nació su hijo Péleg. 17Después del nacimiento de Péleg, Éber vivió cuatrocientos treinta años más y tuvo otros hijos y otras hijas.

18 Cuando Péleg tenía treinta años, nació su hijo Reú. 19Después del nacimiento de Reú, Péleg vivió doscientos nueve años más y tuvo otros hijos y otras hijas.

20 Cuando Reú tenía treinta y dos años, nació su hijo Serug. 21Después del nacimiento de Serug, Reú vivió doscientos siete años más y tuvo otros hijos y otras hijas.

22 Cuando Serug tenía treinta años, nació su hijo Najor. 23Después del nacimiento de Najor, Serug vivió doscientos años más y tuvo otros hijos y otras hijas.

24 Cuando Najor tenía veintinueve años, nació su hijo Téraj. 25Después del nacimiento de Téraj, Najor vivió ciento diecinueve años más y tuvo otros hijos y otras hijas.

26 Después de haber vivido setenta años, Téraj tuvo a sus hijos Abram, Najor y Harán.

Descendientes de Téraj
27 Esta es la historia de Téraj, el padre de Abram, Najor y Harán.

Harán fue el padre de Lot 28y murió en Ur de los ˚caldeos, su tierra natal, cuando su padre Téraj aún vivía. 29Abram se casó con Saray y Najor se casó con Milca, la hija de Harán, el cual tuvo otra hija llamada Iscá. 30Pero Saray era estéril; no podía tener hijos.

31 Téraj salió de Ur de los caldeos rumbo a Canaán. Se fue con su hijo Abram, su nieto Lot, hijo de Harán, y su nuera Saray, la esposa de Abram. Sin embargo, al llegar a la ciudad de Jarán, se quedaron a vivir en aquel lugar 32y allí mismo murió Téraj a los doscientos cinco años.

Llamamiento de Abram
12 El SEÑOR dijo a Abram: «Deja tu tierra, tus parientes, la casa de tu padre y ve a la tierra que te mostraré.

ᵃ 10 *Sinar.* Es decir, Babilonia. ᵇ 11 *Desde … donde construyó.* Alt. *Desde esa región salió Asur, quien construyó.*
ᶜ 11 *Rejobot Ir.* Alt. *con sus plazas urbanas.* ᵈ 21 *o cuyo hermano mayor era Jafet.* ᵉ 25 En hebreo, *Péleg* significa *división.* ᶠ 2 *Sinar.* Es decir, Babilonia. ᵍ 9 En hebreo, *Babel* suena como el verbo que significa *confundir.*

2 »Haré de ti una nación grande
y te bendeciré;
haré famoso tu ˙nombre
y serás una bendición.
3 Bendeciré a los que te bendigan
y maldeciré a los que te maldigan;
¡por medio de ti serán bendecidas
todas las familias de la tierra!».

4 Abram partió, tal como el SEÑOR se lo había ordenado, y Lot se fue con él. Abram tenía setenta y cinco años cuando salió de Jarán. 5 Al encaminarse hacia la tierra de Canaán, Abram se llevó a su esposa Saray, a su sobrino Lot, a toda la gente que habían adquirido en Jarán y todos los bienes que habían acumulado. Salieron para la tierra de Canaán y allá llegaron.
6 Abram atravesó toda esa región hasta llegar a Siquén, donde se encuentra el gran árbol de Moré. En aquella época, los cananeos vivían en esa región. 7 Allí el SEÑOR se apareció a Abram y le dijo: «Yo daré esta tierra a tu descendencia». Entonces Abram edificó un altar al SEÑOR, porque se le había aparecido.
8 De allí se dirigió a la región montañosa que está al este de Betel, donde instaló su tienda de campaña, teniendo a Betel al oeste y Hai al este. También en ese lugar erigió un altar al SEÑOR e invocó su nombre.
9 Después, Abram siguió su viaje por etapas hasta llegar a la región del Néguev.

Abram en Egipto

10 En ese entonces hubo tanta hambre en aquella región que Abram se fue a vivir a Egipto. 11 Cuando estaba por entrar a Egipto, dijo a su esposa Saray: «Yo sé que eres una mujer muy hermosa. 12 Estoy seguro de que en cuanto te vean los egipcios dirán: "Es su esposa"; entonces a mí me matarán, pero a ti te dejarán con vida. 13 Por favor, di que eres mi hermana para que gracias a ti me vaya bien y me dejen con vida».
14 Cuando Abram llegó a Egipto, los egipcios vieron que Saray era muy hermosa. 15 También los oficiales del faraón la vieron y fueron a contarle al faraón lo hermosa que era. Entonces la llevaron al palacio real. 16 Gracias a ella trataron muy bien a Abram. Le dieron ovejas, vacas, esclavos y esclavas, asnos y asnas, y también camellos.
17 Pero por causa de Saray, la esposa de Abram, el SEÑOR azotó al faraón y a su familia con grandes plagas. 18 Entonces el faraón llamó a Abram y dijo: «¿Qué me has hecho? ¿Por qué no me dijiste que era tu esposa? 19 ¿Por qué dijiste que era tu hermana? ¡Así que yo la tomé por mí esposa! ¡Aquí está tu esposa! ¡Tómala y vete!». 20 Y el faraón ordenó a sus hombres que expulsaran a Abram y a su esposa, junto con todos sus bienes.

Abram y Lot se separan

13 Abram subió de Egipto con su esposa, con Lot y con todos sus bienes, en dirección a la región del Néguev. 2 Abram se había hecho muy rico en ganado, plata y oro.
3 Desde el Néguev, Abram fue de lugar en lugar hasta regresar al lugar donde había acampado al principio, entre Betel y Hai. 4 En ese lugar había erigido antes un altar; allí invocó Abram el ˙nombre del SEÑOR.
5 También Lot, que iba acompañando a Abram, tenía ovejas, vacas y tiendas de campaña. 6 La región donde estaban no daba abasto para mantener a los dos porque tenían muchas posesiones como para vivir juntos. 7 Por eso comenzaron los pleitos entre los pastores de los rebaños de Abram y los que cuidaban los ganados de Lot. En aquel tiempo los cananeos y los ferezeos también habitaban allí.

8 Así que Abram dijo a Lot: «No debe haber pleitos entre nosotros ni entre nuestros pastores, pues somos parientes. 9 Allí tienes toda la tierra a tu disposición. Por favor, aléjate de mí. Si te vas a la izquierda, yo me iré a la derecha y si te vas a la derecha, yo me iré a la izquierda».
10 Lot levantó la vista y observó que todo el valle del Jordán era tierra de regadío, como el jardín del SEÑOR o como la tierra de Egipto en dirección a Zoar. Así era antes de que el SEÑOR destruyera a Sodoma y a Gomorra. 11 Entonces Lot escogió para sí todo el valle del Jordán y partió hacia el oriente. Fue así como Abram y Lot se separaron. 12 Abram se quedó a vivir en la tierra de Canaán, mientras que Lot se fue a vivir entre las ciudades del valle, estableciendo su tienda de campaña cerca de la ciudad de Sodoma. 13 Los habitantes de Sodoma eran malvados y cometían muy graves pecados contra el SEÑOR.
14 Después de que Lot se separó de Abram, el SEÑOR le dijo: «Abram, levanta la vista desde el lugar donde estás. Mira hacia el norte y hacia el sur, hacia el este y hacia el oeste. 15 Yo te daré a ti y a tu descendencia, para siempre, toda la tierra que abarca tu mirada. 16 Multiplicaré tu descendencia como el polvo de la tierra. Si alguien puede contar el polvo de la tierra, también podrá contar tus descendientes. 17 ¡Levántate, recorre el país a lo largo y a lo ancho porque a ti te lo daré!».
18 Entonces Abram levantó de allí su tienda de campaña y se fue a vivir cerca de Hebrón, junto al bosque de encinas de Mamré. Allí erigió un altar al SEÑOR.

Abram rescata a Lot

14 En aquel tiempo los reyes Amrafel de Sinar,ᵃ Arioc de Elasar, Quedorlaómer de Elam y Tidal de Goyim 2 fueron a la guerra contra los reyes Bera de Sodoma, Birsá de Gomorra, Sinab de Admá, Semeber de Zeboyín y el rey de Bela, es decir, de Zoar. 3 Estos cinco últimos unieron fuerzas en el valle de Sidín, que es el valle del mar Muerto. 4 Durante doce años habían estado bajo el dominio de Quedorlaómer, pero en el año trece se rebelaron contra él.
5 Al año siguiente, Quedorlaómer y los reyes que estaban con él salieron y derrotaron a los refaítas en la región de Astarot Carnayin; luego derrotaron a los zuzitas en Jam, a los emitas en Save Quiriatayin, 6 y a los horeos en los montes de Seír, hasta El Parán, que está cerca del desierto. 7 Al volver, llegaron hasta Enmispat, es decir, Cades y conquistaron todo el territorio de los amalecitas, como también el de los amorreos que vivían en la región de Jazezón Tamar.
8 Entonces los reyes de Sodoma, Gomorra, Admá, Zeboyín y Bela, es decir, Zoar, salieron al valle de Sidín y presentaron batalla 9 a los reyes Quedorlaómer de Elam, Tidal de Goyim, Amrafel de Sinar, y Arioc de Elasar. Eran cuatro reyes contra cinco. 10 El valle de Sidín estaba lleno de pozos de asfalto y, cuando los reyes de Sodoma y Gomorra huyeron, cayeron en ellos, pero los demás lograron escapar hacia los montes. 11 Los vencedores saquearon todos los bienes de Sodoma y de Gomorra, junto con todos los alimentos, y luego se fueron. 12 Y como Lot, el sobrino de Abram, habitaba en Sodoma, también se lo llevaron a él, junto con todas sus posesiones.
13 Uno de los que habían escapado informó todo esto a Abram el hebreo, que estaba acampando junto al bosque de encinas de Mamré el amorreo. Mamré era hermanoᵇ de Escol y de Aner, y estos eran aliados de Abram. 14 En cuanto Abram supo que su sobrino estaba cautivo, convocó a trescientos dieciocho hombres

---

ᵃ 1 *Sinar*. Es decir, Babilonia; también en v. 9.   ᵇ 13 *hermano*. Alt. *pariente* o *un aliado*.

adiestrados que habían nacido en su casa, y persiguió a los invasores hasta Dan. ¹⁵Durante la noche, Abram y sus siervos desplegaron sus fuerzas y los derrotaron, persiguiéndolos hasta Hobá, que está al norte de Damasco. ¹⁶Así recuperó todos los bienes y también rescató a su sobrino Lot, junto con sus posesiones, las mujeres y las demás personas.

¹⁷Cuando Abram volvía de derrotar a Quedorlaómer y a los reyes que estaban con él, el rey de Sodoma salió a su encuentro en el valle de Save, es decir, en el valle del Rey.

¹⁸Y Melquisedec, rey de *Salén, le ofreció pan y vino. Melquisedec era sacerdote del Dios *Altísimo. ¹⁹Luego bendijo a Abram con estas palabras:

«¡Que el Dios Altísimo,
    Creadorᵃ del cielo y de la tierra,
    bendiga a Abram!
²⁰ ¡Bendito sea el Dios Altísimo,
    que entregó en tus manos a tus enemigos!».

Entonces Abram le dio el diezmo de todo.

²¹El rey de Sodoma dijo a Abram:

—Dame las personas y quédate con los bienes.

²²Pero Abram contestó:

—He jurado por el SEÑOR, el Dios Altísimo, Creador del cielo y de la tierra, ²³que no tomaré nada de lo que es tuyo, ni siquiera un hilo ni la correa de una sandalia. Así nunca podrás decir: "Yo hice rico a Abram". ²⁴No quiero nada para mí, salvo lo que los jóvenes ya han comido. En cuanto a los hombres que me acompañaron, es decir, Aner, Escol y Mamré, que tomen ellos su parte.

Dios hace un pacto con Abram

15 Después de esto, la palabra del SEÑOR vino a Abram en una visión:

«No tengas miedo, Abram.
    Yo soy tu escudo
    y muy grande será tu recompensa».

²Pero Abram respondió:

—Mi SEÑOR y Dios, ¿de qué me sirve que me des algo, si aún sigo sin tener hijos y el herederoᵇ de mis bienes será Eliezer de Damasco? ³Como no me has dado ningún hijo, mi herencia la recibirá uno de mis criados.

⁴—Ese hombre no ha de ser tu heredero —contestó el SEÑOR—. Tu heredero será tu propio hijo.

⁵Luego lo llevó afuera y le dijo:

—Mira hacia el cielo y cuenta las estrellas, a ver si puedes. ¡Así de numerosa será tu descendencia!

⁶Abram creyó al SEÑOR y el SEÑOR se lo reconoció como justicia.

⁷Además, dijo:

—Yo soy el SEÑOR que te hizo salir de Ur de los *caldeos para darte en posesión esta tierra.

⁸Pero Abram preguntó:

—Mi SEÑOR y Dios, ¿cómo sabré que voy a poseerla?

⁹El SEÑOR respondió:

—Tráeme una ternera, una cabra y un carnero, todos ellos de tres años, y también una tórtola y un pichón de paloma.

¹⁰Abram llevó todos estos animales, los partió por la mitad y puso una mitad frente a la otra, pero no partió las aves. ¹¹Y las aves de rapiña comenzaron a lanzarse sobre los animales muertos, pero Abram las espantaba.

¹²Al anochecer, Abram cayó en un profundo sueño y lo envolvió una oscuridad aterradora. ¹³El SEÑOR dijo a Abram:

—Debes saber que tus descendientes vivirán como extranjeros en tierra extraña, donde serán esclavizados y maltratados durante cuatrocientos años. ¹⁴Pero yo castigaré a la nación que los esclavizará, y luego tus descendientes saldrán en libertad y con grandes riquezas. ¹⁵Tú, en cambio, te reunirás en *paz con tus antepasados y te enterrarán cuando ya seas muy anciano. ¹⁶Cuatro generaciones después, tus descendientes volverán a este lugar, porque antes de eso no habrá llegado al colmo la iniquidad de los amorreos.

¹⁷Cuando el sol se puso y cayó la noche, aparecieron un horno humeante y una antorcha encendida, los cuales pasaban entre los animales descuartizados. ¹⁸En aquel día el SEÑOR hizo un *pacto con Abram. Le dijo:

—A tus descendientes daré esta tierra, desde el río de Egipto hasta el gran río, el Éufrates. ¹⁹Me refiero a la tierra de los quenitas, los quenizitas, los cadmoneos, ²⁰los hititas, los ferezeos, los refaítas, ²¹los amorreos, los cananeos, los gergeseos y los jebuseos.

Agar e Ismael

16 Saray, la esposa de Abram, no le había dado hijos. Pero como tenía una esclava egipcia llamada Agar, ²Saray dijo a Abram:

—El SEÑOR me ha hecho estéril. Por lo tanto, ve y acuéstate con mi esclava Agar. Tal vez por medio de ella podré formar una familia.

Abram aceptó la propuesta que hizo Saray. ³Entonces ella tomó a Agar, la esclava egipcia, y se la entregó a Abram como mujer. Esto ocurrió cuando ya hacía diez años que Abram vivía en Canaán.

⁴Abram tuvo relaciones sexuales con Agar y ella concibió un hijo. Al darse cuenta Agar de que estaba embarazada, comenzó a mirar con desprecio a su dueña. ⁵Entonces Saray dijo a Abram:

—¡Tú tienes la culpa de esta injusticia! Yo puse a mi esclava en tus brazos y ahora que se ve embarazada me mira con desprecio. ¡Que el SEÑOR determine quién tiene la culpa, si tú o yo!

⁶—Tu esclava está en tus manos —contestó Abram—, haz con ella lo que bien te parezca.

Y de tal manera comenzó Saray a maltratar a Agar que esta huyó de su presencia.

⁷Pero el ángel del SEÑOR la encontró junto a un manantial en el desierto, el cual está en el camino a la región de Sur, ⁸y le preguntó:

—Agar, esclava de Saray, ¿de dónde vienes y a dónde vas?

—Estoy huyendo de mi dueña Saray —respondió ella.

⁹—Vuelve junto a ella y sométete a su autoridad —le ordenó el ángel del SEÑOR—. ¹⁰De tal manera multiplicaré tu descendencia que no se podrá contar.

¹¹»Estás embarazada, darás a luz un hijo
    y le pondrás por *nombre Ismaelᶜ
    porque el SEÑOR ha escuchado tu aflicción.
¹² Será un hombre indómito como asno salvaje.
    Luchará contra todos y todos lucharán contra
        él;
    y habitará frente a todos sus hermanos».

¹³Como el SEÑOR le había hablado, Agar le puso por nombre «El Dios que me ve»,ᵈ pues se decía: «Ahora he visto alᵉ que me ve». ¹⁴Por eso también el pozo que está entre Cades y Béred se conoce con el nombre de «Pozo del Viviente que me ve».

¹⁵Agar dio a Abram un hijo, a quien Abram llamó Ismael. ¹⁶Abram tenía ochenta y seis años cuando nació Ismael.

ᵃ 19 *Creador.* Alt. *dueño;* también en v. 22.   ᵇ 2 *heredero.* Palabra de difícil traducción.   ᶜ 11 En hebreo, *Ismael* significa *Dios escucha.*   ᵈ 13 *El Dios que me ve.* Lit. *El Roí.*   ᵉ 13 *he visto al.* Lit. *he visto la espalda del.*

El pacto y la circuncisión

17 Cuando Abram tenía noventa y nueve años, el SEÑOR se apareció y dijo:

—Yo soy el Dios *Todopoderoso. Anda delante de mí y sé íntegro. ²Así confirmaré mi *pacto contigo y multiplicaré tu descendencia en gran manera.

³Al oír que Dios le hablaba, Abram cayó rostro en tierra y Dios continuó diciendo:

—⁴Este es el pacto que establezco contigo: Tú serás el padre de una multitud de naciones. ⁵Ya no te llamarás Abram,ᵃ sino que de ahora en adelante tu *nombre será Abraham,ᵇ porque te he confirmado como padre de muchas naciones. ⁶Te haré tan fecundo que de ti saldrán reyes y naciones. ⁷Estableceré mi pacto contigo y con tu descendencia, como pacto eterno, por todas las generaciones. Yo seré tu Dios y el Dios de tus descendientes. ⁸A ti y a tu descendencia daré, en posesión perpetua, toda la tierra de Canaán, donde ahora vives como extranjero. Y yo seré su Dios.

⁹Dios también dijo a Abraham:

—Cumple con mi pacto, tú y toda tu descendencia, por todas las generaciones. ¹⁰Este es el pacto que establezco contigo y con tu descendencia, el cual todos deberán cumplir: Todos los varones entre ustedes deberán ser circuncidados. ¹¹Circuncidarán la carne de su prepucio; esa será la señal del pacto entre nosotros. ¹²Todos los varones de cada generación deberán ser circuncidados a los ocho días de nacidos, tanto los niños nacidos en casa como los que hayan sido comprados por dinero a un extranjero y que, por lo tanto, no sean de la estirpe de ustedes. ¹³Todos sin excepción, tanto el nacido en casa como el que haya sido comprado por dinero, deberán ser circuncidados. De esta manera mi pacto quedará como una marca indeleble en la carne de ustedes, como un pacto eterno. ¹⁴Pero el varón incircunciso, al que no se le haya cortado la carne del prepucio, será eliminado de su pueblo por quebrantar mi pacto.

¹⁵También dijo Dios a Abraham:

—A Saray, tu esposa, ya no la llamarás Saray, sino que su nombre será Sara.ᶜ ¹⁶Yo la bendeciré y por medio de ella te daré un hijo. Tanto la bendeciré que será madre de naciones y de ella surgirán reyes de pueblos.

¹⁷Entonces Abraham inclinó el rostro hasta el suelo y se rio de pensar: «¿Acaso puede un hombre tener un hijo a los cien años y Sara ser madre a los noventa?». ¹⁸Por eso le dijo a Dios:

—¡Concédele a Ismael vivir bajo tu bendición!

¹⁹A lo que Dios contestó:

—¡Pero es Sara, tu esposa, la que te dará un hijo, al que llamarás Isaac!ᵈ Yo estableceré mi pacto con él y con sus descendientes, como pacto perpetuo. ²⁰En cuanto a Ismael, ya te he escuchado. Yo lo bendeciré, lo haré fecundo y le daré una descendencia numerosa. Él será el padre de doce gobernantes. Haré de él una nación muy grande. ²¹Pero mi pacto lo estableceré con Isaac, el hijo que te dará Sara de aquí a un año, por estos días.

²²Cuando Dios terminó de hablar con Abraham, subió y se retiró de su presencia.

²³Ese mismo día Abraham tomó a su hijo Ismael, a los criados nacidos en su casa, a los que había comprado con su dinero, a todos los otros varones que había en su casa y los circuncidó, tal como Dios se lo había mandado. ²⁴Abraham tenía noventa y nueve años cuando fue circuncidado, ²⁵mientras que su hijo Ismael tenía trece. ²⁶Así que ambos fueron circuncidados el mismo día ²⁷junto con todos los varones de su casa, tanto los nacidos en ella como los comprados a extranjeros.

La visita del SEÑOR

18 El SEÑOR se apareció a Abraham junto al bosque de encinas de Mamré, cuando Abraham estaba sentado a la entrada de su tienda de campaña a la hora más calurosa del día. ²Abraham alzó la vista y vio a tres hombres de pie cerca de él. Al verlos, corrió desde la entrada de la tienda a saludarlos. Postrándose en tierra, ³dijo:

—Mi señor,ᵉ si este servidor suyo cuenta con su favor, le ruego que no me pase de largo. ⁴Haré que les traigan un poco de agua para que ustedes se laven los pies; luego podrán descansar bajo el árbol. ⁵Ya que han pasado por donde está su servidor, déjenme traerles algo de comer para que se sientan mejor antes de seguir su camino.

—¡Está bien —respondieron ellos—, hazlo así!

⁶Abraham fue rápidamente a la tienda donde estaba Sara y le dijo:

—¡Date prisa! Toma tres medidasᶠ de harina refinada, amásalas y haz unos panes.

⁷Después Abraham fue corriendo adonde estaba el ganado, eligió un ternero bueno y tierno y se lo dio a su sirviente, quien a toda prisa se puso a prepararlo. ⁸Luego les sirvió mantequilla y leche con el ternero que estaba preparado. Mientras comían, Abraham se quedó de pie junto a ellos, debajo del árbol.

⁹Entonces ellos preguntaron:

—¿Dónde está Sara, tu esposa?

—Allí en la tienda—, les respondió.

¹⁰—Dentro de un año volveré a visitarte —dijo uno de ellos—, y para entonces tu esposa Sara tendrá un hijo.

Sara estaba escuchando a la entrada de la tienda de campaña, a espaldas del que hablaba. ¹¹Abraham y Sara eran ya bastante ancianos. Sara ya había dejado de menstruar. ¹²Por eso, Sara se rio para sus adentros y dijo: «¿Acaso voy a tener placer, ahora que ya he envejecido y siendo mi señor también ya viejo?».

¹³Pero el SEÑOR dijo a Abraham:

—¿Por qué se ríe Sara, diciendo: "Será cierto que concebiré siendo ya tan vieja"? ¹⁴¿Acaso hay algo imposible para el SEÑOR? Dentro de un año volveré a visitarte en esta fecha y para entonces Sara habrá tenido un hijo.

¹⁵Sara, por su parte, lo negó porque tuvo miedo y dijo:

—Yo no me estaba riendo.

Pero él respondió:

—Sí te reíste.

Abraham intercede en favor de Sodoma

¹⁶Luego aquellos visitantes se levantaron y partieron de allí en dirección a Sodoma. Abraham los acompañó para despedirlos. ¹⁷Pero el SEÑOR dijo para sus adentros: «¿Ocultaré a Abraham lo que estoy por hacer? ¹⁸Es un hecho que Abraham se convertirá en una nación grande y poderosa, y en él serán bendecidas todas las naciones de la tierra. ¹⁹Yo lo he elegido para que instruya a sus hijos y a su familia, a fin de que se mantengan en el *camino del SEÑOR y pongan en práctica lo que es justo y recto. Así el SEÑOR cumplirá lo que ha prometido».

²⁰Entonces el SEÑOR dijo a Abraham:

—Las acusaciones contra Sodoma y Gomorra son muchas y su pecado, gravísimo. ²¹Por eso bajaré a ver si realmente sus acciones son tan malas como el clamor contra ellas me lo indica; y si no, he de saberlo.

ᵃ 5 En hebreo, *Abram* significa *padre enaltecido.* ᵇ 5 En hebreo, *Abraham* puede significar *padre de muchos.* ᶜ 15 En hebreo, *Sara* significa *princesa.* ᵈ 19 En hebreo, *Isaac* significa *él se ríe.* ᵉ 3 O *Mi Señor.* ᶠ 6 En hebreo, *tres seahs,* que es aprox. 16 kg.

²²Dos de los visitantes partieron de allí y se encaminaron a Sodoma, pero Abraham se quedó de pie frente al SEÑOR. ²³Entonces Abraham se acercó y le dijo:

—¿De veras vas a exterminar al justo junto con el malvado? ²⁴Quizá haya cincuenta justos en la ciudad. ¿Exterminarás a todos y no perdonarás a ese lugar por amor a los cincuenta justos que allí hay? ²⁵¡Lejos de ti el hacer tal cosa! ¿Matar al justo junto con el malvado y que ambos sean tratados de la misma manera? ¡Jamás hagas tal cosa! Tú, que eres el Juez de toda la tierra, ¿no harás justicia?

²⁶El SEÑOR respondió:

—Si encuentro cincuenta justos en Sodoma, por ellos perdonaré a toda la ciudad.

²⁷Abraham dijo:

—Reconozco que he sido muy atrevido al dirigirme así al Señor, yo que apenas soy polvo y ceniza. ²⁸Pero tal vez falten cinco justos para completar los cincuenta. ¿Destruirás a toda la ciudad si faltan esos cinco?

—Si encuentro cuarenta y cinco justos no la destruiré —contestó él.

²⁹Pero Abraham insistió:

—Tal vez se encuentren solo cuarenta.

—Por esos cuarenta justos, no destruiré la ciudad —respondió él.

³⁰Abraham volvió a insistir:

—No se enoje mi Señor, pero permítame seguir hablando. Tal vez se encuentren solo treinta.

—No lo haré si encuentro allí a esos treinta —contestó él.

³¹Abraham siguió insistiendo:

—Sé que he sido muy atrevido en hablarle así a mi Señor, pero tal vez se encuentren solo veinte.

—Por esos veinte no la destruiré.

³²Abraham volvió a decir:

—No se enoje mi Señor, pero permítame hablar una vez más. Tal vez se encuentren solo diez.

—Aun por esos diez no la destruiré —respondió él por última vez.

³³Cuando el SEÑOR terminó de hablar con Abraham, se fue de allí, mientras Abraham regresó a su tienda de campaña.

Destrucción de Sodoma y Gomorra

19 Caía la tarde cuando los dos ángeles llegaron a Sodoma. Lot estaba sentado a la entrada de la ciudad. Al verlos, se levantó para recibirlos y se postró rostro en tierra. ²Dijo:

—Por favor, señores, les ruego que pasen la noche en la casa de este servidor suyo. Allí podrán lavarse los pies y mañana al amanecer seguirán su camino.

—No, gracias —respondieron ellos—. Pasaremos la noche en la plaza.

³Pero tanto les insistió que fueron con él y entraron en su casa. Allí Lot preparó una buena comida, les hizo panes sin levadura y ellos comieron. ⁴Aún no se habían acostado cuando los hombres de la ciudad de Sodoma rodearon la casa. Todo el pueblo sin excepción, tanto jóvenes como ancianos, estaba allí presente. ⁵Llamaron a Lot y le dijeron:

—¿Dónde están los hombres que vinieron a pasar la noche en tu casa? ¡Échalos afuera! ¡Queremos tener relaciones sexuales con ellos!

⁶Lot salió a la puerta y, cerrándola detrás de sí, ⁷les dijo:

—Por favor, amigos míos, no cometan tal perversidad. ⁸Tengo dos hijas que todavía son vírgenes; voy a traérselas para que hagan con ellas lo que les plazca, pero a estos hombres no les hagan nada, pues han venido a hospedarse bajo mi techo.

⁹—¡Quítate de ahí! —le contestaron, y añadieron—: Este ni siquiera es de aquí y ahora nos quiere mandar. ¡Pues ahora te vamos a tratar peor que a ellos!

Entonces se lanzaron contra Lot y se acercaron a la puerta con intenciones de derribarla.

¹⁰Pero los dos hombres extendieron los brazos, metieron a Lot en la casa y cerraron la puerta. ¹¹Luego, a los jóvenes y ancianos que se agolparon contra la puerta de la casa los dejaron ciegos, de modo que ya no podían encontrar la puerta. ¹²Luego dijeron a Lot:

—¿Tienes otros familiares aquí? Saca de esta ciudad a tus yernos, hijos, hijas y a todos los que te pertenezcan ¹³porque vamos a destruirla. El clamor contra esta gente ha llegado hasta el SEÑOR y ya resulta insoportable. Por eso nos ha enviado a destruirla.

¹⁴Lot salió para hablar con sus futuros yernos, es decir, con los prometidos de sus hijas.

—¡Apúrense! —les dijo—. ¡Abandonen la ciudad porque el SEÑOR está por destruirla!

Pero ellos creían que Lot estaba bromeando, ¹⁵así que al amanecer los ángeles le insistieron a Lot. Exclamaron:

—¡Apúrate! Llévate a tu esposa y a tus dos hijas que están aquí, para que no sean destruidos cuando la ciudad sea castigada.

¹⁶Como Lot titubeaba, los hombres lo tomaron de la mano, lo mismo que a su esposa y a sus dos hijas, y los sacaron de la ciudad porque el SEÑOR les tuvo compasión. ¹⁷Cuando ya los habían sacado de la ciudad, uno de los ángeles le dijo:

—¡Escápate! No mires hacia atrás ni te detengas en ninguna parte del valle. Huye hacia las montañas, no sea que perezcas.

¹⁸—¡No, señores míos, por favor! —respondió Lot—. ¹⁹Ustedes han sido muy buenos con este siervo suyo y su bondad ha sido grande al salvarme la ᵛvida. Pero yo no puedo escaparme a las montañas, no sea que la destrucción me alcance y pierda yo la vida. ²⁰Cerca de aquí hay una ciudad pequeña, en la que podría refugiarme. ¿Por qué no dejan que me escape hacia allá? Es una ciudad muy pequeña y en ella me pondré a salvo.

²¹—Está bien —respondió uno de ellos—; también esta petición te la concederé. No destruiré la ciudad de que hablas. ²²Pero ¡date prisa! y huye de una vez, porque no puedo hacer nada hasta que llegues allí.

Por eso aquella ciudad recibió el ˊnombre de Zoar.ᵃ

²³Lot llegó a Zoar cuando estaba amaneciendo. ²⁴Entonces el SEÑOR hizo que cayera del cielo una lluvia de fuego y azufre sobre Sodoma y Gomorra. ²⁵Así destruyó a esas ciudades y a todos sus habitantes, junto con todo el valle y la vegetación del suelo. ²⁶Pero la esposa de Lot miró hacia atrás y se quedó convertida en estatua de sal.

²⁷Al día siguiente, Abraham madrugó y regresó al lugar donde se había encontrado con el SEÑOR. ²⁸Volvió la mirada hacia Sodoma y Gomorra, y hacia toda la llanura, y vio que de la tierra subía humo, como de un horno.

²⁹Así arrasó Dios a las ciudades de la llanura, pero se acordó de Abraham y sacó a Lot de en medio de la catástrofe que destruyó a las ciudades en que había habitado.

Lot y sus hijas

³⁰Luego, por miedo a quedarse en Zoar, Lot se fue con sus dos hijas a vivir en la región montañosa. Allí vivió con ellas en una cueva. ³¹Un día, la hija mayor dijo a la menor:

—Nuestro padre ya está viejo y no quedan hombres en esta región para que se acuesten con nosotras y nos den hijos, como es la costumbre de todo el mundo. ³²Ven, vamos a emborracharlo con vino. Nos

acostaremos con él y así por medio de él tendremos descendencia. ³³Esa misma noche emborracharon a su padre y, sin que este se diera cuenta de nada, la hija mayor fue y se acostó con él. ³⁴A la mañana siguiente, la mayor dijo a la menor:

—Mira, anoche me acosté con mi padre. Vamos a emborracharlo de nuevo esta noche y ahora tú te acostarás con él; y así por medio de él tendremos descendencia.

³⁵Esa misma noche volvieron a emborrachar a su padre y, sin que este se diera cuenta de nada, la hija menor fue y se acostó con él. ³⁶Así las dos hijas de Lot quedaron embarazadas de su padre. ³⁷La mayor tuvo un hijo, a quien llamó Moab,ᵃ padre de los actuales moabitas. ³⁸La hija menor también tuvo un hijo, a quien llamó Ben Amí,ᵇ padre de los actuales amonitas.

Abraham y Abimélec

20 Abraham partió desde allí en dirección a la región del Néguev y se quedó a vivir entre Cades y Sur. Mientras vivía en Guerar, ²Abraham decía que Sara, su esposa, era su hermana. Entonces Abimélec, rey de Guerar, mandó buscar a Sara y la tomó por esposa. ³Pero aquella noche Dios apareció a Abimélec en sueños y le dijo:

—Puedes darte por muerto a causa de la mujer que has tomado, porque ella es casada.

⁴Pero como Abimélec todavía no había tenido relaciones sexuales con ella, contestó:

—Señor, ¿acaso vas a destruir a un pueblo inocente? ⁵Como Abraham me dijo que ella era su hermana, y ella me lo confirmó, yo hice todo esto con la conciencia tranquilaᶜ y con las manos limpias.

⁶—Sí, ya sé que has hecho todo esto con tu conciencia tranquila —le respondió Dios en el sueño—; por eso no te permití tocarla, para que no pecaras contra mí. ⁷Pero ahora devuelve esa mujer a su esposo, pues él es profeta y va a interceder por ti para que vivas. Si no lo haces, debes saber que sin duda morirás junto con todos los tuyos.

⁸En la madrugada del día siguiente, Abimélec se levantó y llamó a todos sus servidores para contarles en detalle lo que había ocurrido, y un gran temor se apoderó de ellos. ⁹Entonces Abimélec llamó a Abraham y reclamó:

—¡Qué nos has hecho! ¿En qué te he ofendido, que has traído un pecado tan grande sobre mí y sobre mi reino? ¡Lo que me has hecho no tiene nombre! ¹⁰¿Qué pretendías conseguir con todo esto?

Al reclamo de Abimélec, ¹¹Abraham contestó:

—Yo pensé que en este lugar no había temor de Dios y que por causa de mi esposa me matarían. ¹²Pero en realidad ella es mi hermana, porque es hija de mi padre aunque no de mi madre; y además es mi esposa. ¹³Cuando Dios me ordenó dejar la casa de mi padre y andar errante, yo le dije a mi esposa: "Te pido que muestres tu amor por mí y que dondequiera que vayamos, digas siempre que soy tu hermano".

¹⁴Abimélec tomó entonces ovejas y vacas, esclavos y esclavas, y se los regaló a Abraham. Además, le devolvió a su esposa Sara ¹⁵y dijo:

—Mira, ahí está todo mi territorio; quédate a vivir donde mejor te parezca.

¹⁶Mientras a Sara le dijo:

—He dado a tu hermano mil piezas de plata, que servirán de compensación por todo lo que te ha pasado; así todos sabrán que eres inocente.

¹⁷Entonces Abraham oró a Dios y Dios sanó a Abimélec; además, permitió que su esposa y sus siervas volvieran a tener hijos, ¹⁸pues a causa de lo ocurrido con Sara, la esposa de Abraham, el SEÑOR había hecho que todas las mujeres en la casa de Abimélec quedaran estériles.

Nacimiento de Isaac

21 Tal como el SEÑOR lo había dicho, actuó a favor de Sara y cumplió con la promesa que había hecho. ²Sara quedó embarazada y dio un hijo a Abraham en su vejez. Esto sucedió en el tiempo anunciado por Dios. ³Al hijo que Sara le dio, Abraham le puso por ˙nombre Isaac.ᵈ ⁴Cuando su hijo Isaac cumplió ocho días de nacido, Abraham lo circuncidó, tal como Dios se lo había ordenado. ⁵Abraham tenía ya cien años cuando nació su hijo Isaac.

⁶Sara dijo entonces: «Dios me ha hecho reír, y todos los que se enteren de que he tenido un hijo se reirán conmigo. ⁷¿Quién hubiera dicho a Abraham que Sara amamantaría hijos? Sin embargo, le he dado un hijo en su vejez».

Expulsión de Agar e Ismael

⁸El niño Isaac creció y fue destetado. Ese mismo día, Abraham hizo un gran banquete. ⁹Pero Sara se dio cuenta de que el hijo que Agar, la egipcia, había dado a Abraham, se burlaba de su hijo Isaac.ᵉ ¹⁰Por eso dijo a Abraham:

—¡Echa de aquí a esa esclava y a su hijo! El hijo de esa esclava jamás tendrá parte en la herencia con mi hijo Isaac.

¹¹Esto angustió mucho a Abraham porque se trataba de su propio hijo. ¹²Pero Dios dijo a Abraham: «No te angusties por el muchacho ni por tu esclava. Hazle caso a Sara, pues tu descendencia se establecerá por medio de Isaac. ¹³Pero también del hijo de la esclava haré una gran nación, porque es descendiente tuyo».

¹⁴Al día siguiente, Abraham se levantó de madrugada, tomó un pan y un recipiente de cuero para agua y se los dio a Agar, poniéndoselos sobre el hombro. Luego le entregó al muchacho y la despidió. Agar partió y anduvo errante por el desierto de Berseba.

¹⁵Cuando se acabó el agua del recipiente, puso al muchacho debajo de un arbusto ¹⁶y fue a sentarse sola a distancia de un tiro de flecha,ᶠ pues pensaba: «No quiero ver morir al muchacho». En cuanto ella se sentó, comenzó a llorar desconsoladamente.

¹⁷Cuando Dios oyó al muchacho sollozar, el ángel de Dios llamó a Agar desde el cielo y le dijo: «¿Qué te pasa, Agar? No temas, pues Dios ha escuchado los sollozos del muchacho ahí donde está. ¹⁸Levántate y tómalo de la mano, que yo haré de él una gran nación».

¹⁹En ese momento, Dios abrió los ojos de Agar y ella vio un pozo de agua. Enseguida fue a llenar el recipiente de cuero y dio de beber al muchacho. ²⁰Dios acompañó al muchacho y este fue creciendo. Vivió en el desierto y se convirtió en un tirador de arco; ²¹habitó en el desierto de Parán y su madre lo casó con una egipcia.

Pacto entre Abraham y Abimélec

²²En aquel tiempo Abimélec, que estaba acompañado por Ficol, comandante de su ejército, dijo a Abraham:

ᵃ **37** En hebreo, *Moab* suena como la palabra que significa *por parte del padre.* ᵇ **38** En hebreo, *Ben Amí* suena como la palabra que significa *hijo de mi pueblo.* ᶜ **5** con la conciencia tranquila. Lit. con un corazón recto. En la Biblia, corazón se usa para designar el asiento de las emociones, pensamientos y voluntad, es decir, el proceso de toma de decisiones del ser humano. ᵈ **3** En hebreo, *Isaac* significa *él se ríe.* ᵉ **9** de su hijo Isaac (LXX); TM no incluye estas palabras. ᶠ **16** a distancia ... de flecha. Es decir, a unos 100 m de distancia.

—Dios está contigo en todo lo que haces. ²³Júrame ahora, por Dios mismo, que no me tratarás a mí con falsedad, tampoco a mis hijos ni a mis descendientes. Júrame que a mí y al país que te ha recibido como extranjero nos tratarás con la misma lealtad con que yo te he tratado.

²⁴—¡Lo juro! —respondió Abraham.

²⁵Luego Abraham se quejó ante Abimélec por causa de un pozo de agua del cual los siervos de Abimélec se habían apropiado. ²⁶Pero Abimélec dijo:

—No sé quién pudo haberlo hecho. Me acabo de enterar, pues tú no me lo habías dicho.

²⁷Entonces Abraham llevó ovejas y vacas, se las dio a Abimélec y los dos hicieron un pacto. ²⁸Pero Abraham apartó siete ovejitas del rebaño, ²⁹por lo que Abimélec preguntó:

—¿Qué pasa? ¿Por qué has apartado estas siete ovejitas?

³⁰—Acepta estas siete ovejitas —contestó Abraham—. Ellas servirán de prueba de que yo cavé este pozo.

³¹Por eso a aquel lugar le dieron el nombre de Berseba,ᵃ porque allí los dos hicieron un juramento. ³²Después de haber hecho el pacto en Berseba, Abimélec y Ficol, el comandante de su ejército, volvieron a la tierra de los filisteos. ³³Abraham plantó un árbol de tamarisco en Berseba y en ese lugar invocó el *nombre del SEÑOR, el Dios Eterno. ³⁴Y se quedó en la tierra de los filisteos durante mucho tiempo.

Dios prueba a Abraham

22 Pasado cierto tiempo, Dios puso a prueba a Abraham:

—¡Abraham!

—Aquí estoy —respondió.

²Y Dios ordenó:

—Toma a tu hijo Isaac, el único que tienes y al que tanto amas, y ve a la región de Moria. Una vez allí, ofrécelo como *holocausto en el monte que yo te indicaré.

³Abraham se levantó de madrugada y ensilló su asno. También cortó leña para el holocausto y, junto con dos de sus criados y su hijo Isaac, se encaminó hacia el lugar que Dios había indicado. ⁴Al tercer día, Abraham alzó los ojos y a lo lejos vio el lugar. ⁵Entonces dijo a sus criados:

—Quédense aquí con el asno. El muchacho y yo seguiremos adelante para adorar a Dios y luego regresaremos junto a ustedes.

⁶Abraham tomó la leña del holocausto y la puso sobre los hombros de Isaac. Él, por su parte, cargó con el fuego y el cuchillo. Y los dos siguieron caminando juntos. ⁷Isaac dijo a Abraham:

—¡Padre!

—Dime, hijo mío.

—Aquí tenemos el fuego y la leña —continuó Isaac—; pero ¿dónde está el cordero para el holocausto?

⁸—Del cordero, hijo mío, se encargará Dios —respondió Abraham.

Y siguieron caminando juntos.

⁹Cuando llegaron al lugar señalado por Dios, Abraham construyó un altar y preparó la leña. Después ató a su hijo Isaac y lo puso sobre el altar, encima de la leña. ¹⁰Entonces tomó el cuchillo para sacrificar a su hijo, ¹¹pero en ese momento el ángel del SEÑOR le gritó desde el cielo:

—¡Abraham! ¡Abraham!

—Aquí estoy —respondió.

¹²—No pongas tu mano sobre el muchacho ni le hagas ningún daño —dijo el ángel—. Ahora sé que temes a Dios, porque ni siquiera te has negado a darme a tu único hijo.

¹³Abraham alzó la vista y en un matorral vio un carnero enredado por los cuernos. Fue entonces, tomó el carnero y lo ofreció como holocausto, en lugar de su hijo. ¹⁴A ese sitio Abraham le puso por *nombre: «El SEÑOR provee». Por eso hasta el día de hoy se dice: «En el monte del SEÑOR será provisto lo necesario».

¹⁵El ángel del SEÑOR llamó a Abraham por segunda vez desde el cielo ¹⁶y dijo:

—Como has hecho esto y no me has negado a tu único hijo, tan cierto como que yo vivo —afirma el SEÑOR—, ¹⁷te bendeciré en gran manera, y que multiplicaré tu descendencia —como las estrellas del cielo y como la arena del mar. Además, tu descendencia conquistará las ciudades de sus enemigos. ¹⁸Puesto que me has obedecido, por medio de tu descendencia serán bendecidas todas las naciones de la tierra.

¹⁹Abraham regresó al lugar donde estaban sus criados y juntos partieron hacia Berseba, donde Abraham se quedó a vivir.

Los hijos de Najor

²⁰ Pasado cierto tiempo, Abraham recibió la noticia de que también Milca había dado hijos a su hermano Najor. ²¹ Su hijo primogénito fue Uz; luego nacieron sus hermanos Buz y Quemuel. Este último fue el padre de Aram. ²² Después siguieron Quésed, Jazó, Pildás, Yidlaf y Betuel, ²³que fue el padre de Rebeca.

Estos fueron los ocho hijos que Milca dio a Najor, hermano de Abraham.

²⁴ Najor también tuvo hijos con Reumá, su concubina.ᵇ

Ellos fueron Tébaj, Gaján, Tajás y Macá.

Muerte de Sara

23 Sara vivió ciento veintisiete años ²y murió en Quiriat Arbá, es decir, en la ciudad de Hebrón, en la tierra de Canaán. Abraham hizo duelo y lloró por ella.

³Luego se retiró de donde estaba la difunta y fue a proponer a los hititas lo siguiente:

⁴—Entre ustedes yo soy un extranjero, un extraño; no obstante, quiero pedirles que me vendan un sepulcro para enterrar a mi difunta esposa.

⁵Los hititas respondieron:

⁶—Escúchenos, señor; usted es un jefe muy importante entre nosotros. Sepulte a su difunta esposa en el mejor de nuestros sepulcros. Ninguno de nosotros le negará su tumba para que pueda sepultar a su difunta esposa.

⁷Abraham se levantó, se inclinó ante los hititas del lugar ⁸y les dijo:

—Si les parece bien que yo entierre aquí a mi difunta esposa, les ruego que intercedan ante Efrón hijo de Zojar ⁹para que me venda la cueva de Macpela, que está en los linderos de su campo. Díganle que me la venda en su justo precio y así tendré entre ustedes un sepulcro para mi familia.

¹⁰Efrón el hitita, que estaba sentado allí entre su gente, respondió a Abraham en presencia de todos ellos y de los que pasaban por la *puerta de su ciudad:

¹¹—No, señor mío, escúcheme bien: yo le regalo el campo y también la cueva que está en él. Los hijos de mi pueblo son testigos de que yo se los regalo. Entierre usted a su difunta esposa.

ᵃ 31 En hebreo, *Berseba* significa *pozo de los siete*, y *pozo del juramento*. ᵇ 24 *concubina*. Mujer considerada como esposa de segunda categoría en el sistema social de la época; sus derechos fueron reconocidos en la Ley de Moisés, véanse Éx 21:7-11; Dt 21:10-14.

¹²Una vez más, Abraham se inclinó ante la gente de ese lugar, ¹³y en presencia de los que allí estaban dijo a Efrón:

—Escúcheme, por favor. Yo insisto en pagarle el precio justo del campo. Acéptelo usted y así yo podré enterrar allí a mi difunta esposa.

¹⁴Efrón contestó a Abraham:

¹⁵—Señor mío, escúcheme. El campo vale cuatrocientos siclos^a de plata. ¿Qué es eso entre nosotros? Vaya tranquilo y entierre a su difunta esposa.

¹⁶Abraham se puso de acuerdo con Efrón y en presencia de los hititas le pagó lo convenido: cuatrocientos siclos de plata, de acuerdo con el peso corriente entre los comerciantes.

¹⁷Así fue como el campo de Efrón, que estaba en Macpela, cerca de Mamré, pasó a ser propiedad de Abraham, junto con la cueva y todos los árboles que estaban dentro de los límites del campo. ¹⁸La transacción se hizo en presencia de los hititas y de los que pasaban por la puerta de su ciudad. ¹⁹Luego Abraham sepultó a su esposa Sara en la cueva del campo de Macpela que está cerca de Mamré, es decir, en Hebrón, en la tierra de Canaán. ²⁰De esta manera, el campo y la cueva que estaba en él dejaron de ser de los hititas y pasaron a ser propiedad de Abraham para sepultura.

Isaac y Rebeca

24 Abraham estaba ya entrado en años y el SEÑOR lo había bendecido en todo. ²Un día, Abraham dijo al criado más antiguo de su casa, que era quien administraba todos sus bienes:

—Pon tu mano debajo de mi muslo ³y júrame por el SEÑOR, el Dios del cielo y de la tierra, que no tomarás de esta tierra de Canaán, donde yo habito, una mujer para mi hijo ⁴Isaac, sino que irás a mi tierra, donde vive mi familia, y de allí le escogerás una esposa.

⁵—¿Qué pasa si la mujer no está dispuesta a venir conmigo a esta tierra? —respondió el criado—. ¿Debo entonces llevar a su hijo hasta la tierra de donde usted vino?

⁶—¡De ninguna manera debes llevar a mi hijo hasta allá! —respondió Abraham—. ⁷El SEÑOR, el Dios del cielo, que me sacó de la casa de mi padre y de la tierra de mis parientes, y que bajo juramento me prometió dar esta tierra a mis descendientes, enviará su ángel delante de ti para que puedas traer de allá una mujer para mi hijo. ⁸Si la mujer no está dispuesta a venir contigo, quedarás libre de este juramento; pero ¡en ningún caso llevarás a mi hijo hasta allá!

⁹El criado puso la mano debajo del muslo de Abraham, su amo, y juró que cumpliría con su encargo.

¹⁰Luego tomó diez camellos, y toda clase de regalos de lo mejor que tenía su amo, y partió hacia la ciudad de Najor en Aram Najarayin,^b ¹¹Allí hizo que los camellos se arrodillaran junto al pozo de agua que estaba en las afueras de la ciudad. Caía la tarde, que es cuando las mujeres salen a buscar agua.

¹²Entonces comenzó a orar: «SEÑOR, Dios de mi amo Abraham, te ruego que hoy me vaya bien y demuestres el amor que le tienes a mi amo. ¹³Aquí me tienes, a la espera junto a la fuente, mientras las jóvenes de esta ciudad vienen a sacar agua. ¹⁴Permite que la joven a la que le diga: "Por favor, baje usted su cántaro para que tome yo un poco de agua", y me conteste: "Tome usted y además daré agua a sus camellos", sea la que tú has elegido para tu siervo Isaac. Así estaré seguro de que tú has demostrado el amor que le tienes a mi amo».

¹⁵Aún no había terminado de orar cuando vio que se acercaba Rebeca con su cántaro al hombro. Rebeca era hija de Betuel, que a su vez era hijo de Milca y

Najor, el hermano de Abraham. ¹⁶La joven era muy hermosa y además virgen, pues no había tenido relaciones sexuales con ningún hombre. Bajó hacia la fuente y llenó su cántaro. Ya se preparaba para subir ¹⁷cuando el criado corrió a su encuentro y le dijo:

—¿Podría usted darme un poco de agua de su cántaro?

¹⁸—Sírvase, mi señor —le respondió.

Y enseguida bajó el cántaro y, sosteniéndolo entre sus manos, le dio de beber.

¹⁹Cuando ya el criado había bebido, ella dijo:

—Voy también a sacar agua para que sus camellos beban todo lo que quieran.

²⁰De inmediato vació su cántaro en el abrevadero y volvió corriendo al pozo para buscar más agua. Repitió la acción hasta que hubo suficiente agua para todos los camellos. ²¹Mientras tanto, el criado de Abraham la observaba en silencio, para ver si el SEÑOR había coronado su viaje con éxito.

²²Cuando los camellos terminaron de beber, el criado tomó un anillo de oro que pesaba un becá,^c y se lo puso a la joven en la nariz;^d también le colocó en los brazos dos pulseras de oro que pesaban diez siclos^e y le preguntó:

²³—¿Podría usted decirme de quién es hija y si habrá lugar en la casa de su padre para hospedarnos?

²⁴—Soy hija de Betuel, el hijo de Milca y Najor —respondió ella, ²⁵a lo que agregó—: No solo tenemos lugar para ustedes, sino que también tenemos paja y forraje en abundancia para los camellos.

²⁶Entonces el criado de Abraham se arrodilló y, postrado ante el SEÑOR ²⁷dijo: «Bendito sea el SEÑOR, el Dios de mi amo Abraham, que no ha dejado de manifestarle su amor y fidelidad, y a mí me ha guiado a la casa de sus parientes».

²⁸La joven corrió hasta la casa de su madre y allí contó lo que había sucedido. ²⁹Tenía Rebeca un hermano llamado Labán que salió corriendo al encuentro del criado, quien seguía junto a la fuente. ³⁰Labán se había fijado en el anillo y las pulseras en los brazos de su hermana, y también la había escuchado contar lo que el criado le había dicho. Por eso salió en busca del criado y lo encontró junto a la fuente, con sus camellos.

³¹—¡Ven, bendito del SEÑOR! —le dijo—. ¿Por qué te quedas afuera? ¡Ya he preparado la casa y un lugar para los camellos!

³²El criado entró en la casa. Enseguida Labán desaparejó los camellos, les dio paja y forraje, y llevó agua para que el criado y sus acompañantes se lavaran los pies. ³³Cuando le sirvieron de comer, el criado dijo:

—No comeré hasta haberles dicho lo que tengo que decir.

—Habla con toda confianza —respondió Labán.

³⁴—Yo soy criado de Abraham —comenzó él—. ³⁵El SEÑOR ha bendecido mucho a mi amo y lo ha prosperado. Le ha dado ovejas y vacas, oro y plata, siervos y siervas, camellos y asnos. ³⁶Sara, la esposa de mi amo, le dio en su vejez un hijo, al que mi amo le ha dejado todo lo que tiene. ³⁷Mi amo me hizo jurar y me dijo: "No tomarás para mi hijo una mujer de entre las hijas de los cananeos, en cuyo país habito. ³⁸Al contrario, irás a la familia de mi padre y buscarás una esposa entre las mujeres de mis parientes".

³⁹»Yo pregunté a mi amo: "¿Y si la mujer no acepta venir conmigo?".

⁴⁰»Él me respondió: "El SEÑOR, en cuya presencia he caminado, enviará su ángel contigo y hará

---

^a 15 Es decir, aprox. 5 kg.   ^b 10 *Aram Najarayin*. Es decir, el noroeste de Mesopotamia.   ^c 22 Es decir, aprox. 5.7 g.   ^d 22 *se lo puso … nariz* (Pentateuco Samaritano). TM no incluye esta frase; véase v. 47.   ^e 22 Es decir, aprox. 115 g.

prosperar tu viaje. De esa forma, conseguirás para mi hijo una esposa que pertenezca a la familia de mi padre. ⁴¹Solo quedarás libre del juramento si vas a ver a mi familia y ellos no te conceden a la joven".

⁴²»Cuando hoy llegué a la fuente, dije: "SEÑOR, Dios de mi amo Abraham, si es tu voluntad, te ruego que hagas prosperar mi viaje. ⁴³Aquí me tienes, a la espera junto a la fuente. Si una joven sale a buscar agua y yo le digo: 'Por favor, déjeme usted beber un poco de agua de su cántaro' ⁴⁴y ella me contesta: 'Beba usted y también les daré agua a sus camellos', que sea ella la mujer que tú, SEÑOR, has escogido para el hijo de mi amo".

⁴⁵»Todavía no había terminado yo de orar cuando vi que Rebeca se acercaba con un cántaro sobre el hombro. Bajó a la fuente para sacar agua y yo le dije: "Por favor, deme usted de beber".

⁴⁶»Enseguida bajó ella su cántaro y me dijo: "Beba usted y también les daré de beber a sus camellos". Mientras yo bebía, ella dio agua a los camellos.

⁴⁷»Luego le pregunté: "¿Hija de quién es usted?".

Y cuando ella me respondió: "Soy hija de Betuel, el hijo de Najor y de Milca", yo le puse un anillo en la nariz y pulseras en los brazos, ⁴⁸y postrado adoré al SEÑOR. Bendije al SEÑOR, el Dios de Abraham, que me guio por el camino correcto para llevarle al hijo de mi amo una parienta cercana suya. ⁴⁹Y ahora, si desean mostrarle lealtad y fidelidad a mi amo, díganmelo; y si no, díganmelo también. Así yo sabré qué hacer».

⁵⁰Labán y Betuel respondieron:

—Sin duda todo esto proviene del SEÑOR, y nosotros no podemos decir ni que sí ni que no. ⁵¹Aquí está Rebeca; tómela usted y llévesela para que sea la esposa del hijo de su amo, tal como el SEÑOR lo ha dispuesto.

⁵²Al escuchar esto, el criado de Abraham se postró rostro en tierra delante del SEÑOR. ⁵³Luego sacó joyas de oro y de plata, y vestidos, y se los dio a Rebeca. También entregó regalos a su hermano y a su madre. ⁵⁴Más tarde, él y sus acompañantes comieron y bebieron y pasaron allí la noche.

A la mañana siguiente, cuando se levantaron, el criado de Abraham dijo:

—Déjenme ir a la casa de mi amo.

⁵⁵Pero el hermano y la madre de Rebeca respondieron:

—Que se quede la joven con nosotros unos diez días y luego podrás irte.

⁵⁶—No me detengan —repuso el criado—. El SEÑOR ha prosperado mi viaje, así que déjenme ir a la casa de mi amo.

⁵⁷—Llamemos a la joven, a ver qué piensa ella —respondieron.

⁵⁸Así que llamaron a Rebeca y le preguntaron:

—¿Quieres irte con este hombre?

—Sí —respondió ella.

⁵⁹Entonces dejaron ir a su hermana Rebeca y a su nodriza con el criado de Abraham y sus acompañantes. ⁶⁰Y bendijeron a Rebeca con estas palabras:

«Hermana nuestra:
¡que seas madre de millares!
¡Que tus descendientes conquisten
las ciudades de sus enemigos!».

⁶¹Luego Rebeca y sus criadas se prepararon, montaron en los camellos y siguieron al criado de Abraham. Así fue como él tomó a Rebeca y se marchó de allí.

⁶²Ahora bien, Isaac había vuelto del Pozo del Viviente que me ve, porque vivía en la región del Néguev. ⁶³Una tarde, salió a dar un paseo*ᵃ* por el campo. De pronto, al levantar la vista, vio que se acercaban unos camellos. ⁶⁴También Rebeca levantó la vista, al ver a Isaac se bajó del camello ⁶⁵y preguntó al criado:

—¿Quién es ese hombre que viene por el campo a nuestro encuentro?

—Es mi amo —contestó el criado.

Entonces ella tomó el velo y se cubrió.

⁶⁶El criado contó a Isaac todo lo que había hecho. ⁶⁷Luego Isaac llevó a Rebeca a la tienda de campaña de Sara, su madre, y la tomó por esposa. Isaac amó a Rebeca y así se consoló de la muerte de su madre.

Muerte de Abraham
25:1-4 – 1Cr 1:32-33

25 Abraham volvió a casarse, esta vez con una mujer llamada Cetura. ²Los hijos que tuvo con ella fueron Zimrán, Jocsán, Medán, Madián, Isbac y Súaj. ³Jocsán fue el padre de Sabá y Dedán. Los descendientes de Dedán fueron los asureos, los letuseos y los leumeos. ⁴Los hijos de Madián fueron Efá, Éfer, Janoc, Abidá y Eldá. Todos estos fueron hijos de Cetura.

⁵Abraham entregó todos sus bienes a Isaac. ⁶A los hijos de sus concubinas*ᵇ* les hizo regalos y, mientras él todavía estaba con vida, los separó de su hijo Isaac, enviándolos a las regiones orientales.

⁷Abraham vivió ciento setenta y cinco años; ⁸murió en buena vejez. Luego de haber vivido muchos años, fue a reunirse con sus antepasados. ⁹Sus hijos Isaac e Ismael lo sepultaron en la cueva de Macpela, que está cerca de Mamré, es decir, en el campo del hitita Efrón, hijo de Zojar. ¹⁰Este era el campo que Abraham había comprado a los hititas. Allí lo enterraron, junto a su esposa Sara. ¹¹Luego de la muerte de Abraham, Dios bendijo a Isaac, hijo de Abraham, quien se quedó a vivir cerca del Pozo del Viviente que me ve.

Descendientes de Ismael
25:12-16 – 1Cr 1:29-31

¹²Esta es la historia de Ismael, el hijo que Abraham tuvo con Agar, la criada egipcia de Sara.

¹³ Estos son los nombres de los hijos de Ismael, comenzando por el primogénito:

Nebayot,
Cedar, Adbel, Mibsán,
¹⁴ Mismá, Dumá, Masá,
¹⁵ Hadad, Temá, Jetur,
Nafis y Cedema.

¹⁶ Estos fueron los hijos de Ismael y estos los nombres de los doce jefes de tribus, según sus propios territorios y campamentos.

¹⁷Ismael vivió ciento treinta y siete años. Al morir, fue a reunirse con sus antepasados. ¹⁸Sus descendientes se quedaron a vivir en la región que está entre Javilá y Sur, cerca de Egipto, en la ruta que conduce a Asiria. Allí se establecieron en franca oposición a todos sus hermanos.

Nacimiento de Jacob y de Esaú

¹⁹Esta es la historia de Isaac, el hijo que tuvo Abraham.

Abraham fue el padre de Isaac. ²⁰Isaac tenía cuarenta años cuando se casó con Rebeca, que era hija de Betuel y hermana de Labán. Betuel y Labán eran °arameos de Padán Aram.*ᶜ*

²¹Isaac oró al SEÑOR en favor de su esposa, porque era estéril. El SEÑOR oyó su oración y ella quedó

---

embarazada. ²²Pero como los niños luchaban dentro de su vientre, ella se preguntó: «Si esto va a seguir así, ¿por qué me pasa esto a mí?». Entonces fue a consultar al SEÑOR ²³y el SEÑOR le contestó:

«Dos naciones hay en tu seno;
dos pueblos se dividen desde tus entrañas.
Uno será más fuerte que el otro
y el mayor servirá al menor».

²⁴Cuando le llegó el momento de dar a luz, resultó que en su seno había mellizos. ²⁵El primero en nacer era pelirrojo y tenía todo el cuerpo cubierto de vello. A este lo llamaron Esaú.ᵃ ²⁶Luego nació su hermano, agarrado con una mano del talón de Esaú. A este lo llamaron Jacob.ᵇ Cuando nacieron los mellizos, Isaac tenía sesenta años.

²⁷Los niños crecieron. Esaú era un hombre de campo y se convirtió en un excelente cazador, mientras que Jacob era un hombre tranquilo que prefería quedarse en el campamento. ²⁸Isaac quería más a Esaú porque le gustaba comer de lo que él cazaba; pero Rebeca quería más a Jacob.

²⁹Un día, cuando Jacob estaba preparando un guiso, Esaú llegó agotado del campo y le dijo:

³⁰—Dame de comer de ese guiso rojizo, porque estoy muy cansado. (Por eso a Esaú se le llamó Edom.)ᶜ

³¹—Véndeme primero tus derechos de hijo mayor —respondió Jacob.

³²—Me estoy muriendo de hambre —contestó Esaú—, así que ¿de qué me sirven los derechos de primogénito?

³³—Véndeme entonces los derechos bajo juramento —insistió Jacob.

Esaú se lo juró y fue así como vendió a Jacob sus derechos de primogénito.

³⁴Jacob, por su parte, dio a Esaú pan y guiso de lentejas. Luego de comer y beber, Esaú se levantó y se fue.

De esta manera menospreció sus derechos de hijo mayor.

Isaac y Abimélec

26 En ese tiempo hubo mucha hambre en aquella región, además de la que hubo en tiempos de Abraham. Por eso Isaac se fue a Guerar, donde se encontraba Abimélec, rey de los filisteos. ²Allí el SEÑOR se le apareció y le dijo: «No vayas a Egipto. Quédate en la región de la que te voy a hablar. ³Vive en ese lugar por un tiempo. Yo estaré contigo y te bendeciré, porque a ti y a tu descendencia daré todas esas tierras. Así confirmaré el juramento que hice a tu padre Abraham. ⁴Multiplicaré a tus descendientes como las estrellas del cielo y les daré todas esas tierras. Por medio de tu descendencia todas las naciones de la tierra serán bendecidas, ⁵porque Abraham me obedeció y cumplió mis órdenes y mis mandamientos, mis estatutos y mis leyes».

⁶Isaac se quedó en Guerar.

⁷Y cuando la gente del lugar preguntaba a Isaac acerca de su esposa, él respondía que ella era su hermana. Tan bella era Rebeca que Isaac tenía miedo de decir que era su esposa, pues pensaba que por causa de ella podrían matarlo.

⁸Isaac vivió allí un largo tiempo. Un día, Abimélec, el rey de los filisteos, miraba por una ventana, vio a Isaac acariciando a su esposa Rebeca. ⁹Entonces mandó llamar a Isaac y le dijo:

—¡Conque ella es tu esposa! ¿Por qué dijiste que era tu hermana?

—Yo pensé que por causa de ella podrían matarme —contestó Isaac.

¹⁰—¿Por qué nos hiciste esto? —respondió Abimélec—. Alguno de nosotros podría haberse acostado con tu esposa, ¡y tú nos habrías hecho a todos culpables de ese pecado!

¹¹Por eso Abimélec envió esta orden a todo el pueblo:

—Si alguien molesta a este hombre o a su esposa, será condenado a muerte.

¹²Isaac sembró en aquella región y ese año cosechó al ciento por uno, porque el SEÑOR lo había bendecido. ¹³Así Isaac fue acumulando riquezas, hasta que llegó a ser muy rico. ¹⁴Esto causó que los filisteos comenzaran a tenerle envidia, pues llegó a tener muchas ovejas, vacas y siervos. ¹⁵Ahora bien, los filisteos habían cegado todos los pozos de agua que los siervos del padre de Isaac habían cavado. ¹⁶Así que Abimélec dijo a Isaac:

—Aléjate de nosotros, pues ya eres más poderoso que nosotros.

¹⁷Isaac se fue de allí y acampó en el valle de Guerar, donde se quedó a vivir. ¹⁸Abrió nuevamente los pozos de agua que habían sido cavados en tiempos de su padre Abraham y que los filisteos habían tapado después de su muerte. Entonces les puso los mismos ˙nombres que su padre les había dado.

¹⁹Cierta vez, cuando los siervos de Isaac estaban cavando en el valle, encontraron un manantial. ²⁰Pero los pastores de Guerar discutieron acaloradamente con los pastores de Isaac, alegando que el agua era de ellos. Por eso Isaac llamó a ese pozo Esek,ᵈ porque habían peleado con él. ²¹Después sus siervos cavaron otro pozo, por el cual también discutieron. Por eso Isaac lo llamó Sitna.ᵉ ²²Entonces Isaac se fue de allí y cavó otro pozo, pero esta vez no hubo ninguna discusión. A este pozo lo llamó Rejobotᶠ y dijo: «El SEÑOR nos ha dado mucho espacio para que prosperemos en esta región».

²³De allí Isaac se dirigió a Berseba. ²⁴Esa noche se apareció el SEÑOR y le dijo: «Yo soy el Dios de tu padre Abraham. No temas, que yo estoy contigo. Por amor a mi siervo Abraham, te bendeciré y multiplicaré tu descendencia».

²⁵Allí Isaac construyó un altar e invocó el nombre del SEÑOR. Acampó en ese lugar y sus siervos cavaron un pozo.

²⁶Cierto día, Abimélec fue a ver a Isaac desde Guerar. Llegó acompañado de su consejero Ajuzat y de Ficol, el comandante de su ejército. ²⁷Isaac preguntó:

—Si tanto me odian, que hasta me echaron de su tierra, ¿para qué vienen a verme?

²⁸—Nos hemos dado cuenta de que el SEÑOR está contigo —respondieron—. Por eso, queremos proponerte que hagamos entre nosotros un trato bajo juramento. Ese pacto será el siguiente: ²⁹Tú no nos harás ningún daño, ya que nosotros no te hemos perjudicado, sino que te hemos tratado bien y te hemos dejado ir en ˙paz. ¡Ahora el bendecido del SEÑOR eres tú!

³⁰Isaac les preparó un banquete y comieron y bebieron. ³¹A la mañana siguiente se levantaron muy temprano e hicieron un compromiso mutuo. Luego Isaac los despidió y ellos se fueron en paz.

³²Aquel mismo día, los siervos de Isaac fueron y le informaron acerca de un pozo que habían cavado y dijeron:

—¡Hemos encontrado agua!

ᵃ 25 En hebreo, *Esaú* puede significar *velludo*; véase también v. 30.   ᵇ 26 En hebreo, *Jacob* significa *él agarra el talón*.   ᶜ 30 En hebreo, *Edom* significa *rojo*.   ᵈ 20 *Esek* en hebreo significa *pelea*.   ᵉ 21 *Sitna* en hebreo significa *enemistad*.   ᶠ 22 *Rejobot* en hebreo significa *lugar ancho*.

³³Isaac llamó a ese pozo Juramento.ᵃ Por eso la ciudad se llama Bersebaᵇ hasta el día de hoy.

Isaac bendice a Jacob

³⁴Esaú tenía cuarenta años cuando se casó con Judit hija de Beerí, el hitita. También se casó con Basemat, hija de un hitita llamado Elón. ³⁵Estas dos mujeres causaron mucha amargura a Isaac y a Rebeca.

27 Isaac había llegado a viejo y se había debilitado su vista. Un día llamó a Esaú, su hijo mayor.

—¡Hijo mío! —dijo.

—Aquí estoy —contestó Esaú.

²—Como te darás cuenta, ya estoy muy viejo y en cualquier momento puedo morirme. ³Pues toma tus armas, tu arco y tus flechas y ve al campo a cazarme algún animal. ⁴Prepárame luego un buen guiso, como a mí me gusta, y tráemelo para que me lo coma. Entonces yo mismo te bendeciré antes de morir.

⁵Como Rebeca había estado escuchando mientras Isaac hablaba a su hijo Esaú, en cuanto este se fue al campo a cazar un animal para su padre, ⁶ella dijo a su hijo Jacob:

—Según acabo de escuchar, tu padre le ha pedido a tu hermano Esaú ⁷que cace un animal y se lo traiga para hacerle un guiso como a él le gusta. También le ha prometido que antes de morir lo va a bendecir, poniendo al SEÑOR como testigo. ⁸Ahora bien, hijo mío, escúchame bien y haz lo que te mando. ⁹Ve al rebaño y tráeme de allí dos de los mejores cabritos, para que yo le prepare a tu padre un guiso como a él le gusta. ¹⁰Tú se lo llevarás para que se lo coma y así él te dará su bendición antes de morirse.

¹¹Pero Jacob dijo a su madre:

—Hay un problema: mi hermano Esaú es muy velludo y yo soy lampiño. ¹²Si mi padre me toca, se dará cuenta de que quiero engañarlo y esto hará que me maldiga en vez de bendecirme.

¹³—Hijo mío, ¡que esa maldición caiga sobre mí! —le contestó su madre—. Tan solo haz lo que te pido y ve a buscarme esos cabritos.

¹⁴Jacob fue a buscar los cabritos, se los llevó a su madre y ella preparó el guiso tal como le gustaba a su padre. ¹⁵Luego sacó la mejor ropa de su hijo mayor Esaú, la cual tenía en casa, y con ella vistió a su hijo menor Jacob. ¹⁶Con la piel de los cabritos le cubrió los brazos y la parte lampiña del cuello, ¹⁷y entregó a Jacob el guiso y el pan que había preparado.

¹⁸Jacob se presentó ante su padre y dijo:

—¡Padre!

—Dime, hijo mío, ¿quién eres tú? —preguntó Isaac.

¹⁹—Soy Esaú, tu primogénito —contestó Jacob—. Ya hice todo lo que me pediste. Ven, por favor, y siéntate a comer de lo que he cazado; así podrás darme tu bendición.

²⁰Pero Isaac preguntó a su hijo:

—¿Cómo fue que lo encontraste tan pronto, hijo mío?

—El SEÑOR tu Dios me ayudó —respondió Jacob.

²¹Isaac dijo:

—Acércate, hijo mío, para que pueda tocarte y saber si de veras eres o no mi hijo Esaú.

²²Jacob se acercó a su padre, quien al tocarlo dijo:

—La voz es la de Jacob, pero las manos son las de Esaú. ²³Así que no lo reconoció, porque sus manos eran velludas como las de Esaú. Ya se disponía a bendecirlo ²⁴cuando volvió a preguntarle:

—¿En serio eres mi hijo Esaú?

—Claro que sí —respondió Jacob.

²⁵Entonces su padre dijo:

—Tráeme lo que has cazado, para que lo coma, y te daré mi bendición.

Jacob sirvió y su padre comió. También le llevó vino y su padre lo bebió. ²⁶Luego dijo su padre:

—Acércate ahora, hijo mío, y dame un beso.

²⁷Jacob se acercó y lo besó. Cuando Isaac olió su ropa, lo bendijo con estas palabras:

«El olor de mi hijo
es como el de un campo
bendecido por el SEÑOR.
²⁸ Que Dios te conceda el rocío del cielo;
que de la riqueza de la tierra
te dé grano y vino nuevo en abundancia.
²⁹ Que te sirvan los pueblos;
que se postren ante ti las naciones.
Que seas señor de tus hermanos;
que se postren ante ti los hijos de tu madre.
Maldito sea el que te maldiga
y bendito el que te bendiga».

³⁰No bien había terminado Isaac de bendecir a Jacob y este de salir de la presencia de su padre, cuando Esaú volvió de cazar. ³¹También él preparó un guiso, se lo llevó a su padre y le dijo:

—Levántate, padre mío, y come de lo que ha cazado tu hijo. Luego podrás darme tu bendición.

³²Pero Isaac lo interrumpió:

—¿Quién eres tú?

—Soy Esaú, tu hijo primogénito —respondió.

³³Isaac comenzó a temblar y muy sobresaltado dijo:

—¿Quién fue el que ya me trajo lo que había cazado? Poco antes de que llegaras, yo me lo comí todo. ¡Ya le di mi bendición y no puedo quitársela!

³⁴Al escuchar Esaú las palabras de su padre, lanzó un grito aterrador y, lleno de amargura, le dijo:

—¡Padre mío, te ruego que también a mí me bendigas!

³⁵Pero Isaac respondió:

—Tu hermano vino y me engañó y se llevó la bendición que a ti te correspondía.

³⁶—¡Con toda razón le pusieron Jacob!ᶜ —respondió Esaú—. Ya van dos veces que me engaña: primero me quita mis derechos de primogénito y ahora se lleva mi bendición. ¿No te queda ninguna bendición para mí?

³⁷Isaac respondió:

—Ya lo he puesto por señor tuyo: todos sus hermanos serán siervos suyos; lo he sustentado con trigo y con vino. ¿Qué puedo hacer ahora por ti, hijo mío?

³⁸Pero Esaú insistió:

—¿Acaso tienes una sola bendición, padre mío? ¡Bendíceme también a mí!

Y se echó a llorar. ³⁹Entonces su padre dijo:

«Vivirás lejos de las riquezas de la tierra,
lejos del rocío que cae del cielo.
⁴⁰ Gracias a tu espada,
vivirás y servirás a tu hermano.
Pero, cuando te impacientes,
te librarás de su yugo».

Jacob huye de Esaú

⁴¹A partir de ese momento, Esaú guardó un profundo rencor hacia su hermano por causa de la bendición que le había dado su padre y pensaba: «Ya falta poco para que hagamos duelo por mi padre; después de eso, mataré a mi hermano Jacob».

⁴²Cuando Rebeca se enteró de lo que planeaba Esaú, mandó llamar a Jacob y le dijo:

—Mira, tu hermano Esaú está planeando matarte para vengarse de ti. ⁴³Por eso, hijo mío, obedéceme: Prepárate y huye enseguida a Jarán, a la casa de mi hermano Labán, ⁴⁴y quédate con él por unos días, hasta que se calme el enojo de tu hermano. ⁴⁵Cuando ya se haya tranquilizado y olvide lo que le has hecho, yo enviaré a buscarte. ¿Por qué voy a perder a mis dos hijos en un solo día?

⁴⁶Luego Rebeca dijo a Isaac:

—Estas mujeres hititas me tienen cansada. Me han quitado las ganas de vivir. Si Jacob se llega a casar con una de las hititas que viven en este país, ¡más me valdría morir!

28 Isaac llamó a Jacob, lo bendijo y le ordenó:

—No te cases con ninguna mujer de aquí de Canaán. ²Vete ahora mismo a Padán Aram,ᵃ a la casa de Betuel, tu abuelo materno, y cásate allá con una de las hijas de tu tío Labán. ³Que el Dios ˚Todopoderoso te bendiga, te haga fecundo y haga que salgan de ti numerosas naciones. ⁴Que también te dé, a ti y a tu descendencia, la bendición de Abraham, para que puedan poseer esta tierra donde ahora vives como extranjero, esta tierra que Dios prometió a Abraham.

⁵Así envió Isaac a Jacob a Padán Aram, a la casa de Labán, quien era hijo de Betuel, el ˚arameo, y hermano de Rebeca, la madre de Jacob y de Esaú.

⁶Esaú supo que Isaac había bendecido a Jacob y que lo había enviado a Padán Aram para casarse allá. También se enteró de que, al bendecirlo, le dio la orden de no casarse con ninguna cananea, ⁷y de que Jacob había partido hacia Padán Aram en obediencia a su padre y a su madre. ⁸Entonces Esaú se dio cuenta de la antipatía de su padre por las cananeas. ⁹Por eso, aunque ya tenía otras esposas cananeas, Esaú fue hasta donde vivía Ismael, hijo de Abraham, y se casó con su hija Majalat, que era hermana de Nebayot.

El sueño de Jacob en Betel

¹⁰Jacob partió de Berseba y se encaminó hacia Jarán. ¹¹Cuando llegó a cierto lugar, se detuvo para pasar la noche porque ya estaba anocheciendo. Tomó una piedra, la usó como almohada y se acostó a dormir en ese lugar. ¹²Allí soñó que había una escalinata apoyada en la tierra y cuyo extremo superior llegaba hasta el cielo. Por ella subían y bajaban los ángeles de Dios. ¹³En el sueño, el SEÑOR estaba de pie junto a él y le decía: «Yo soy el SEÑOR, el Dios de tu abuelo Abraham y de tu padre Isaac. A ti y a tu descendencia les daré la tierra sobre la que estás acostado. ¹⁴Tu descendencia será tan numerosa como el polvo de la tierra. Te extenderás de norte a sur y de oriente a occidente, y todas las familias de la tierra serán bendecidas por medio de ti y de tu descendencia. ¹⁵Yo estoy contigo. Te protegeré por dondequiera que vayas y te traeré de vuelta a esta tierra. No te abandonaré hasta cumplir con todo lo que te he prometido».

¹⁶Al despertar Jacob de su sueño, pensó: «Sin duda, el SEÑOR está en este lugar y yo no me había dado cuenta». ¹⁷Y con mucho temor, añadió: «¡Qué asombroso es este lugar! ¡Es nada menos que la casa de Dios y la puerta del cielo!».

¹⁸A la mañana siguiente, Jacob se levantó temprano, tomó la piedra que había usado como almohada, la erigió como monumento y derramó aceite sobre ella. ¹⁹En aquel lugar había una ciudad que se llamaba Luz, pero Jacob cambió su ˚nombre por Betel.ᵇ

²⁰Luego Jacob hizo esta promesa: «Si Dios me acompaña y me protege en este viaje que estoy haciendo, si me da alimento y ropa para vestirme, ²¹y si regreso sano y salvo a la casa de mi padre, entonces el SEÑOR será mi Dios. ²²Y esta piedra conmemorativa que yo erigí será casa de Dios y de todo lo que Dios me dé, le daré la décima parte».

Jacob llega a Padán Aram

29 Jacob continuó su viaje y llegó a la tierra de los pueblos de oriente. ²Al llegar vio un pozo en medio de un campo donde descansaban tres rebaños de ovejas, ya que estas bebían agua de allí. Sobre la boca del pozo había una piedra muy grande, ³por eso los pastores corrían la piedra solo cuando estaban juntos todos los rebaños. Luego de abrevar a las ovejas volvían a colocar la piedra en su lugar sobre la boca del pozo.

⁴Jacob preguntó a los pastores:

—Amigos, ¿de dónde son ustedes?

—Somos de Jarán —respondieron.

⁵—¿Conocen a Labán, el nieto de Najor? —volvió a preguntar Jacob.

—Claro que sí —respondieron.

⁶Jacob siguió preguntando:

—¿Se encuentra bien de salud?

—Sí, está bien —contestaron—. A propósito, ahí viene su hija Raquel con las ovejas.

⁷Entonces Jacob dijo:

—Todavía estamos en pleno día y es muy temprano para encerrar el rebaño. ¿Por qué no les dan de beber a las ovejas y las llevan a pastar?

⁸Y ellos respondieron:

—No podemos hacerlo hasta que se junten todos los rebaños y los pastores quiten la piedra que está sobre la boca del pozo. Solo entonces podremos dar de beber a las ovejas.

⁹Todavía estaba Jacob hablando con ellos, cuando Raquel llegó con las ovejas de su padre, pues era ella quien la cuida. ¹⁰En cuanto Jacob vio a Raquel, hija de su tío Labán, con las ovejas de este, se acercó y quitó la piedra que estaba sobre la boca del pozo, y dio de beber a las ovejas. ¹¹Luego besó a Raquel, rompió en llanto ¹²y le contó que era pariente de Labán, por ser hijo de su hermana Rebeca. Raquel salió entonces corriendo a contárselo a su padre. ¹³Al oír Labán las noticias acerca de su sobrino Jacob, salió a recibirlo y, entre abrazos y besos, lo llevó a su casa. Allí Jacob contó todo lo que había sucedido, ¹⁴y Labán dijo: «Realmente, tú eres de mi propia sangre».

Jacob se casa con Lea y Raquel

Jacob había estado ya un mes con Labán ¹⁵cuando este le dijo:

—Por más que seas mi pariente, no vas a trabajar para mí gratis. Dime cuánto quieres ganar.

¹⁶Labán tenía dos hijas. La mayor se llamaba Lea y la menor, Raquel. ¹⁷Lea tenía ojos bonitos,ᶜ mientras que Raquel era una mujer muy hermosa. ¹⁸Como Jacob se había enamorado de Raquel, dijo a su tío:

—Me ofrezco a trabajar para ti siete años, a cambio de Raquel, tu hija menor.

¹⁹Labán contestó:

—Es mejor que te la entregue a ti y no a un extraño. Quédate conmigo.

²⁰Así que Jacob trabajó siete años para poder casarse con Raquel, pero como estaba muy enamorado de ella le pareció poco tiempo. ²¹Entonces Jacob dijo a Labán:

—Ya he cumplido con el tiempo pactado. Dame mi esposa para que me acueste con ella.

²²Labán reunió a toda la gente del lugar y ofreció una gran fiesta. ²³Pero cuando llegó la noche, tomó

ᵃ 2 Padán Aram. Es decir, el noroeste de Mesopotamia; también en vv. 5, 6 y 7.   ᵇ 19 En hebreo, Betel significa casa de Dios.   ᶜ 17 bonitos. Alt. tiernos.

a su hija Lea y se la entregó a Jacob, quien se acostó con ella. 24Además, como Lea tenía una criada que se llamaba Zilpá, Labán se la dio, para que la atendiera.

25A la mañana siguiente, Jacob se dio cuenta de que había estado con Lea y reclamó a Labán:

—¿Qué me has hecho? ¿Acaso no trabajé contigo para casarme con Raquel? ¿Por qué me has engañado?

26Labán contestó:

—La costumbre en nuestro país es casar primero a la mayor y luego a la menor. 27Por eso, cumple ahora con la semana nupcial de esta, y por siete años más de trabajo te daré la otra.

28Así lo hizo Jacob y, cuando terminó la semana nupcial de la primera, Labán le entregó a Raquel por esposa. 29También Raquel tenía una criada, llamada Bilhá, y Labán se la dio para que la atendiera. 30Jacob entonces se acostó con Raquel y la amó mucho más que a Lea, aunque tuvo que trabajar para Labán siete años más.

Los hijos de Jacob

31Cuando el Señor vio que Lea no era amada, le concedió hijos. Mientras tanto, Raquel permaneció estéril. 32Lea quedó embarazada y dio a luz un hijo, al que llamó Rubén,a porque dijo: «El Señor ha visto mi aflicción; ahora sí me amará mi esposo».

33Lea volvió a quedar embarazada y dio a luz otro hijo, al que llamó Simeón,b porque dijo: «Llegó a oídos del Señor que no soy amada y por eso me dio también este hijo».

34Luego quedó embarazada de nuevo y dio a luz un tercer hijo, al que llamó Leví,c porque dijo: «Ahora sí me amará mi esposo, porque le he dado tres hijos».

35Lea volvió a quedar embarazada y dio a luz un cuarto hijo, al que llamó Judá,d porque dijo: «Esta vez alabaré al Señor». Después de esto, dejó de dar a luz.

30 Cuando Raquel se dio cuenta de que no le podía dar hijos a Jacob, tuvo envidia de su hermana y dijo a Jacob:

—¡Dame hijos! Si no me los das, ¡me muero!

2Pero Jacob se enojó muchísimo con ella y dijo:

—¿Acaso crees que soy Dios? ¡Es él quien te ha hecho estéril!

3—Aquí tienes a mi criada Bilhá —propuso Raquel—. Acuéstate con ella. Así ella dará a luz sobre mis rodillas y por medio de ella también yo podré formar una familia.

4Entonces Raquel dio a Jacob por mujer su criada Bilhá y Jacob se acostó con ella. 5Bilhá quedó embarazada y dio un hijo a Jacob. 6Y Raquel exclamó: «¡Dios me ha hecho justicia! ¡Escuchó mi plegaria y me ha dado un hijo!». Por eso Raquel le puso 'nombre Dan.e

7Después Bilhá, la criada de Raquel, quedó embarazada otra vez y dio a luz un segundo hijo de Jacob. 8Y Raquel dijo: «He tenido una lucha muy grande con mi hermana, pero he vencido». Por eso Raquel lo llamó Neftalí.f

9Lea, al ver que ya no podía tener hijos, tomó a su criada Zilpá y se la entregó a Jacob por mujer, 10y esta dio a Jacob un hijo. 11Entonces Lea exclamó: «¡Qué buena fortuna!». Por eso lo llamó Gad.g

12Zilpá, la criada de Lea, dio un segundo hijo a Jacob. 13Lea volvió a exclamar: «¡Qué feliz soy! Las mujeres me dirán que soy feliz». Por eso lo llamó Aser.h

14Durante los días de la cosecha de trigo, Rubén salió al campo. Allí encontró unas frutas llamadas mandrágorasi y se las llevó a Lea, su madre. Entonces Raquel dijo a Lea:

—Por favor, dame algunas mandrágoras de las que te trajo tu hijo.

15Pero Lea contestó:

—¿Te parece poco el haberme quitado a mi marido, que ahora quieres también quitarme las mandrágoras de mi hijo?

—Bueno —contestó Raquel—, te propongo que, a cambio de las mandrágoras de tu hijo, Jacob duerma contigo esta noche.

16Al anochecer, cuando Jacob volvía del campo, Lea salió a su encuentro para decirle:

—Hoy te acostarás conmigo, porque te he alquilado a cambio de las mandrágoras de mi hijo.

Y Jacob durmió con ella esa noche.

17Dios escuchó a Lea; ella quedó embarazada y dio a Jacob un quinto hijo. 18Entonces dijo Lea: «Dios me ha recompensado, porque yo entregué mi criada a mi esposo». Por eso lo llamó Isacar.j

19Lea quedó embarazada de nuevo y dio a Jacob un sexto hijo. 20«Dios me ha favorecido con un buen regalo —dijo Lea—. Esta vez mi esposo me tratará con honor, porque le he dado seis hijos». Por eso lo llamó Zabulón.k

21Luego Lea dio a luz una hija, a la cual llamó Dina.

22Pero Dios también se acordó de Raquel; la escuchó y le quitó la esterilidad. 23Fue así como ella quedó embarazada y dio a luz un hijo. Entonces exclamó: «Dios ha quitado mi desgracia». 24Por eso lo llamó José1 y dijo: «Quiera el Señor añadirme otro hijo».

Jacob se enriquece

25Después de que Raquel dio a luz a José, Jacob dijo a Labán:

—Déjame regresar a mi hogar y a mi propia tierra. 26Dame las mujeres por las que te he servido, también mis hijos y déjame ir. Tú bien sabes cómo he trabajado para ti.

27Pero Labán contestó:

—Por favor, quédate. He sabido por un augurio que, gracias a ti, el Señor me ha bendecido.

28Y le propuso:

—Fija tú mismo el salario que quieras ganar y yo te lo pagaré.

29Jacob respondió:

—Tú bien sabes cómo he trabajado y cómo gracias a mis desvelos han mejorado tus animales. 30Lo que tenías antes de mi venida, que era muy poco, se ha multiplicado enormemente. Gracias a mí, el Señor te ha bendecido. Ahora quiero hacer algo por mi propia familia.

31—¿Cuánto quieres que te pague? —preguntó Labán.

—No tienes que pagarme nada —respondió Jacob—. Si aceptas lo que estoy por proponerte, seguiré cuidando tus ovejas. 32Hoy, cuando pase yo con todo tu rebaño, tú irás apartando toda oveja manchada o moteada y todos los corderos negros, también todos los cabritos manchados o moteados. Ellos serán mi salario. 33Así, el día de mañana, cuando vengas a controlar lo que he ganado, mi honradez responderá por mí: si encuentras alguna oveja o

---

a 32 En hebreo, *Rubén* suena como las palabras que significan *miren, un hijo* y, también *él vio mi aflicción*. b 33 En hebreo, *Simeón* probablemente significa *el que oye*. c 34 En hebreo, *Leví* suena parecido al verbo que significa *unir*. d 35 En hebreo, *Judá* tiene un sonido parecido al verbo que significa *alabar*. e 6 En hebreo, *Dan* significa *él hizo justicia*. f 8 En hebreo, *Neftalí* significa *mi lucha*. g 11 En hebreo, *Gad* puede significar *buena suerte, buena fortuna*. h 13 En hebreo, *Aser* significa *feliz, dichoso*. i 14 Las *mandrágoras* eran frutas consideradas afrodisíacas y capaces de favorecer la fertilidad femenina. j 18 En hebreo, *Isacar* tiene un sonido parecido a las palabras que significan *premiar* y *alquilar*. k 20 En hebreo, *Zabulón* suena como el verbo que significa *honrar*. l 24 *José* significa *que él añada*.

cabrito que no sea manchado o moteado, o algún
cordero que no sea negro, será que te lo he robado.
34—Está bien —acordó Labán—, acepto tu propuesta.
35Ese mismo día Labán apartó todos los chivos
rayados y moteados, todas las cabras manchadas y
moteadas, todas las que tenían alguna mancha blanca
y todos los corderos negros, y los puso al cuidado de
sus hijos. 36Después de eso, puso una distancia de tres
días de viaje entre él y Jacob. Mientras tanto, Jacob
seguía cuidando las otras ovejas de Labán.
37Jacob cortó ramas verdes de álamo, de almendro
y de castaño, y las peló de tal manera que quedaran
franjas blancas al descubierto. 38Luego tomó las
ramas que había pelado y las puso en todos los
abrevaderos para que el rebaño las tuviera enfrente
cuando se acercara a beber agua. Cuando las ovejas
estaban en celo y llegaban a los abrevaderos, 39los
machos se unían con las hembras frente a las ramas,
y así tenían crías rayadas, moteadas o manchadas.
40Entonces Jacob apartaba estos corderos y los ponía
frente a los animales rayados y negros del rebaño de
Labán. De esta manera logró crear su propio rebaño,
diferente al de Labán. 41Además, cuando las hembras más robustas estaban en celo, Jacob colocaba
las ramas en los bebederos, frente a los animales, para que se unieran mirando hacia las ramas.
42Pero cuando llegaban los animales más débiles,
no colocaba las ramas. Así los animales débiles eran
para Labán y los robustos eran para Jacob. 43De esta
manera Jacob prosperó muchísimo y llegó a tener
muchos rebaños, criados y criadas, camellos y asnos.

Jacob huye de Labán

31 Pero Jacob se enteró de que los hijos de Labán
andaban diciendo: «Jacob se ha ido apoderando
de todo lo que pertenecía a nuestro padre y se ha
enriquecido a costa suya». 2También notó que Labán
ya no lo trataba como antes.
3Entonces el SEÑOR dijo a Jacob: «Vuélvete a la
tierra de tus padres, donde están tus parientes, que
yo estaré contigo».
4Jacob mandó llamar a Raquel y a Lea al campo
donde estaba el rebaño 5y les dijo:
—Me he dado cuenta de que su padre ya no me
trata como antes. ¡Pero el Dios de mi padre ha estado
conmigo! 6Ustedes saben muy bien que yo he trabajado para su padre Labán con todas mis fuerzas. 7No
obstante, él me ha engañado y me ha cambiado el
salario muchas veces.[a] Pero Dios no le ha permitido
causarme ningún daño. 8Si él acordaba conmigo: "Los
animales manchados serán tu salario", todas las hembras tenían crías manchadas; y si él acordaba: "Los
animales rayados serán tu salario", todas las hembras
tenían crías rayadas. 9Así Dios le ha quitado el ganado
al padre de ustedes y me lo ha dado a mí.
10»En cierta ocasión, durante la época en que los
animales estaban en celo, tuve un sueño. En ese
sueño veía que los chivos que cubrían a las cabras
eran rayados, manchados o moteados. 11En ese mismo
sueño, el ángel de Dios me llamó: "¡Jacob!". Y yo le
respondí: "Aquí estoy". 12Entonces él me dijo: "Fíjate
bien y te darás cuenta de que todos los chivos que
cubren a las cabras son rayados, manchados o moteados. Yo he visto todo lo que te ha hecho Labán. 13Yo
soy el Dios de Betel, donde ungiste una piedra como
monumento y me hiciste una promesa. Vete ahora
de esta tierra y vuelve a la tierra de tus parientes"».
14Raquel y Lea respondieron:
—Ya no tenemos ninguna parte ni herencia en la
casa de nuestro padre. 15Al contrario, nos ha tratado
como si fuéramos extranjeras. Nos ha vendido y se ha
gastado todo lo que recibió por nosotras. 16Lo cierto
es que toda la riqueza que Dios le ha quitado a nuestro padre es nuestra y de nuestros hijos. Por eso, haz
ahora todo lo que Dios te ha ordenado.
17Entonces Jacob se preparó y montó a sus hijos y
a sus esposas en los camellos, 18puso en marcha todo
su ganado, junto con todos los bienes que había acumulado en Padán Aram,[b] y se dirigió hacia la tierra de
Canaán, donde vivía su padre Isaac.
19Mientras Labán estaba ausente esquilando sus
ovejas, Raquel aprovechó el momento para robarse
los ídolos familiares.[c] 20Fue así como Jacob engañó
a Labán el *arameo y huyó sin decirle nada. 21Jacob
se escapó con todo lo que tenía. Una vez que cruzó el
río Éufrates, se encaminó hacia la región montañosa
de Galaad.

Labán persigue a Jacob

22Al tercer día informaron a Labán que Jacob
se había escapado. 23Entonces Labán reunió a sus
parientes y lo persiguió durante siete días hasta que
lo alcanzó en los montes de Galaad. 24Pero esa misma
noche Dios se apareció en un sueño a Labán, el
*arameo, y le dijo: «¡Cuidado con amenazar a Jacob!».
25Labán alcanzó a Jacob en los montes de Galaad,
donde este había acampado. También Labán acampó
allí junto con sus parientes 26y reclamó a Jacob:
—¿Qué has hecho? ¡Me has engañado y te has
llevado a mis hijas como si fueran prisioneras de
guerra! 27¿Por qué has huido en secreto, con engaños y sin decirme nada? Yo te habría despedido con
alegría y cantos al son de panderos y de arpa. 28Ni
siquiera me dejaste besar a mis hijas y a mis nietos.
¡Te has comportado como un necio! 29Mi poder es
más que suficiente para hacerles daño, pero anoche
el Dios de tu padre me habló y me dijo: "¡Cuidado con
amenazar a Jacob!". 30Ahora bien, entiendo que hayas
querido irte porque añoras la casa de tu padre, pero
¿por qué me robaste mis dioses?
31Jacob respondió:
—La verdad es que tuve mucho miedo, porque
pensé que podrías quitarme a tus hijas por la fuerza.
32Pero si encuentras tus dioses en poder de alguno de
los que están aquí, tal persona no quedará con vida.
Pongo a nuestros parientes como testigos: busca lo
que sea tuyo y llévatelo. Pero Jacob no sabía que
Raquel se había robado los ídolos de Labán.
33Entonces Labán entró en la tienda de campaña
de Jacob, luego en la de Lea y en la de las dos criadas,
pero no encontró lo que buscaba. Cuando salió de la
tienda de Lea, entró en la de Raquel. 34Pero Raquel,
luego de tomar los ídolos familiares y esconderlos
bajo la montura del camello, se sentó sobre ellos.
Labán los buscó por toda la tienda, pero no los encontró. 35Entonces Raquel dijo a su padre:
—Por favor, no se enoje, mi señor, si no puedo
levantarme ante usted, pero es que estoy en mi
período de menstruación.
Labán buscó los ídolos familiares, pero no logró
encontrarlos.
36Entonces Jacob se enojó con Labán e indignado
reclamó:
—¿Qué crimen o pecado he cometido para que
me acoses de esta manera? 37Ya has registrado todas
mis cosas, ¿y acaso has encontrado algo que te pertenezca? Si algo has encontrado, ponlo aquí, frente a
nuestros parientes, y que ellos determinen quién de
los dos tiene la razón.
38Durante los veinte años que estuve contigo,
nunca abortaron tus ovejas ni tus cabras, ni jamás me

---

[a] 7 *muchas veces.* Lit. *diez veces.* [b] 18 *Padán Aram.* Es decir, el noroeste de Mesopotamia. [c] 19 *ídolos familiares.* Lit. *terafines.*

comí un carnero de tus rebaños. ³⁹Nunca te traje un animal despedazado por las fieras, ya que yo mismo me hacía cargo de esa pérdida. Además, lo que se robaban de día o de noche, tú me lo reclamabas. ⁴⁰De día me consumía el calor, de noche me moría de frío y ni dormir podía. ⁴¹De los veinte años que estuve en tu casa, catorce te serví por tus dos hijas y seis, por tu ganado, y cambiaste mi salario diez veces. ⁴²Si no hubiera estado conmigo el Dios de mi padre, el Dios de Abraham y el Temor de Isaac, seguramente me habrías despedido con las manos vacías. Pero Dios vio mi aflicción y el trabajo de mis manos, y entonces anoche me hizo justicia.

⁴³Labán respondió a Jacob:

—Estas mujeres son mis hijas y estos muchachos son mis nietos; mías también son las ovejas; todo lo que ves me pertenece. Pero ¿qué podría hacerles ahora a mis hijas y a mis nietos? ⁴⁴Hagamos un pacto tú y yo y que ese pacto nos sirva como testimonio.

⁴⁵Entonces Jacob tomó una piedra, la erigió como un monumento ⁴⁶y dijo a sus parientes:

—¡Junten piedras!

Ellos juntaron piedras, las amontonaron y comieron allí, junto al montón de piedras. ⁴⁷A ese lugar Labán le puso por *nombre Yegar Saduta, mientras que Jacob lo llamó Galaad.ᵃ

⁴⁸—Este montón de piedras —declaró Labán—, nos servirá de testimonio.

Por eso se le llamó Galaad a ese lugar ⁴⁹y también se le llamó Mizpa,ᵇ porque Labán juró:

—Que el SEÑOR nos vigile cuando ya estemos lejos el uno del otro. ⁵⁰Si tú maltratas a mis hijas o tomas otras mujeres que no sean ellas, recuerda que Dios es nuestro testigo, aunque no haya ningún otro testigo entre nosotros.

⁵¹Mira este montón de piedras y el monumento que he levantado entre nosotros —señaló Labán—. ⁵²Ambos serán testigos de que ni tú ni yo cruzaremos esta línea con el propósito de hacernos daño. ⁵³¡Que el Dios de Abraham y el Dios de Najor, el Dios de sus padres, juzgue entre nosotros!

Entonces Jacob juró por el Dios conocido como el Temor de Isaac, su padre. ⁵⁴Luego ofreció un sacrificio en el monte e invitó a sus parientes a participar en la comida. Después de que todos comieron, pasaron la noche allí.

⁵⁵A la madrugada del día siguiente Labán se levantó, besó y bendijo a sus nietos y a sus hijas, y regresó a su casa.

Jacob envía mensajeros a Esaú

32 Jacob también siguió su camino, pero unos ángeles de Dios salieron a su encuentro. ²Al verlos, exclamó: «¡Este es el campamento de Dios!». Por eso llamó a ese lugar Majanayin.ᶜ

³Luego Jacob envió mensajeros a su hermano Esaú, que estaba en la tierra de Seír, en la región de Edom. ⁴Y ordenó que le dijeran: «Mi señor Esaú, su siervo Jacob nos ha enviado a decirle que él ha vivido en la casa de Labán todo este tiempo ⁵y que ahora tiene vacas, asnos, ovejas, esclavos y esclavas. Le manda este mensaje con la esperanza de ganarse su favor».

⁶Cuando los mensajeros regresaron, dijeron a Jacob: «Fuimos a hablar con su hermano Esaú, y ahora viene a su encuentro acompañado de cuatrocientos hombres».

⁷Jacob sintió miedo y se angustió muchísimo. Por eso dividió en dos grupos a la gente que lo acompañaba, y lo mismo hizo con las ovejas, las vacas y los camellos, ⁸pues pensó: «Si Esaú ataca a un grupo, el otro grupo podrá escapar».

⁹Entonces Jacob se puso a orar: «SEÑOR, Dios de mi abuelo Abraham y de mi padre Isaac, que me dijiste que regresara a mi tierra y a mis parientes, y que me harías prosperar: ¹⁰realmente yo, tu siervo, no soy digno de la bondad y fidelidad con que me has privilegiado. Cuando crucé este río Jordán, no tenía más que mi bastón; pero ahora he llegado a formar dos campamentos. ¹¹¡Líbrame del poder de mi hermano Esaú, pues tengo miedo de que venga a matarme a mí y a las madres y a los niños! ¹²Tú mismo afirmaste que me harías prosperar y que mis descendientes serían tan numerosos como la arena del mar, que no se puede contar».

¹³Jacob pasó la noche en aquel lugar y de lo que tenía consigo escogió, como regalo para su hermano Esaú, ¹⁴doscientas cabras, veinte chivos, doscientas ovejas, veinte carneros, ¹⁵treinta camellas con sus crías, cuarenta vacas, diez novillos, veinte asnas y diez asnos. ¹⁶Luego los puso a cargo de sus siervos, cada manada por separado, y dijo: «Vayan adelante, pero dejen un buen espacio entre manada y manada».

¹⁷Entonces ordenó al que iba al frente: «Cuando te encuentres con mi hermano Esaú y te pregunte de quién eres, a dónde te diriges y de quién es el ganado que llevas, ¹⁸contestarás: "Es un regalo para usted, mi señor Esaú, que de sus ganados le manda su siervo Jacob. Además, él mismo viene detrás de nosotros"».

¹⁹Jacob dio la misma orden al segundo y al tercer grupo, y a todos los demás que iban detrás del ganado. Les dijo: «Cuando se encuentren con Esaú, le dirán todo esto ²⁰y añadirán: "Su siervo Jacob viene detrás de nosotros"».

Jacob pensaba: «Lo apaciguaré con los regalos que le llegarán primero, y luego me presentaré ante él; tal vez así me reciba bien». ²¹De esta manera los regalos lo precedieron, pero Jacob se quedó esa noche en el campamento.

Jacob lucha con Dios

²²Aquella misma noche Jacob se levantó, tomó a sus dos esposas, a sus dos esclavas, a sus once hijos y cruzó el río Jaboc. ²³Una vez que los habían cruzado, hizo pasar también todas sus posesiones, ²⁴quedándose solo. Entonces un hombre luchó con él hasta el amanecer. ²⁵Cuando este se dio cuenta de que no podía vencer a Jacob, lo tocó en la coyuntura de la cadera y esta se le dislocó mientras luchaban. ²⁶Entonces dijo:

—¡Suéltame, que ya está por amanecer!

—¡No te soltaré hasta que me bendigas! —respondió Jacob.

²⁷—¿Cómo te llamas? —le preguntó el hombre.

—Me llamo Jacob —respondió.

²⁸Entonces le dijo:

—Ya no te llamarás Jacob, sino Israel,ᵈ porque has luchado con Dios y con los *hombres y has vencido.

²⁹—Y tú, ¿cómo te llamas? —preguntó Jacob.

Él respondió:

—¿Por qué preguntas cómo me llamo?

Y en ese mismo lugar lo bendijo. ³⁰Jacob llamó a ese lugar Peniel,ᵉ porque dijo: «He visto a Dios cara a cara y todavía sigo con *vida».

³¹Cruzaba Jacob por el lugar llamado Peniel, cuando salió el sol. A causa de su cadera dislocada iba cojeando. ³²Por esta razón los israelitas no comen el tendón que está en la articulación de la cadera, porque a Jacob se le tocó en dicho tendón.

ᵃ 47 *Yegar Saduta* en arameo, y *Galaad* en hebreo, significan *montículo del testimonio.* ᵇ 49 *Mizpa* significa *torre de vigilancia.* ᶜ 2 En hebreo, *Majanayin* significa *dos campamentos.* ᵈ 28 En hebreo, *Israel* significa *él lucha con Dios.* ᵉ 30 En hebreo, *Peniel* significa *cara de Dios.*

Encuentro de Jacob con Esaú

33 Cuando Jacob alzó la vista y vio que Esaú se acercaba con cuatrocientos hombres, repartió a los niños entre Lea, Raquel y las dos esclavas. ²Al frente de todos colocó a las criadas con sus hijos, luego a Lea con sus hijos y, por último, a Raquel con José. ³Jacob, por su parte, se adelantó a ellos, postrándose en tierra siete veces mientras se iba acercando a su hermano.

⁴Pero Esaú corrió a su encuentro y, echándole los brazos al cuello, lo abrazó y lo besó. Entonces los dos se pusieron a llorar. ⁵Luego Esaú alzó la vista y, al ver a las mujeres y a los niños, preguntó:

—¿Quiénes son estos que te acompañan?

—Son los hijos que Dios ha concedido a tu siervo —respondió Jacob.

⁶Las esclavas y sus hijos se acercaron y se postraron ante Esaú. ⁷Luego, Lea y sus hijos hicieron lo mismo y por último también se postraron José y Raquel.

⁸—¿Qué significan todas estas manadas que han salido a mi encuentro? —preguntó Esaú.

—Intentaba que me trataras bien, mi señor —contestó Jacob.

⁹—Hermano mío —repuso Esaú—, ya tengo más que suficiente. Quédate con lo que te pertenece.

¹⁰—No, por favor —insistió Jacob—; si he logrado que me trates bien, acepta este presente que te ofrezco. Ya que me has recibido tan bien, ¡ver tu rostro es como ver a Dios mismo! ¹¹Acéptame el regalo que te he traído. Dios ha sido muy bueno conmigo y tengo más de lo que necesito. Fue tanta la insistencia de Jacob que, finalmente, Esaú aceptó.

¹²Más tarde, Esaú le dijo:

—Sigamos nuestro viaje, yo te acompañaré.

¹³Pero Jacob se disculpó:

—Mi hermano y señor debe saber que los niños son todavía muy débiles, y las ovejas y las vacas acaban de tener cría, y debo cuidarlas. Si les exijo demasiado, en un solo día se me puede morir todo el rebaño. ¹⁴Es mejor que mi señor se adelante a su siervo, que yo seguiré al paso de la manada y de los niños, hasta que nos encontremos en Seír.

¹⁵—Está bien —accedió Esaú—, pero permíteme dejarte algunos de mis hombres para que te acompañen.

—¿Para qué te vas a molestar? —contestó Jacob—. Lo importante es que me has tratado bien.

¹⁶Aquel mismo día, Esaú regresó a Seír. ¹⁷Jacob, en cambio, se fue hacia Sucot, y allí se hizo una casa para él y cobertizos para su ganado. Por eso a ese lugar se le llamó Sucot.ᵃ

¹⁸Cuando Jacob volvió de Padán Aram,ᵇ llegó sano y salvo a la ciudad de Siquén, en Canaán, y acampó frente a ella. ¹⁹Luego, por cien piezas de plataᶜ les compró una parcela a los hijos de Jamor, el padre de Siquén, y allí instaló su tienda de campaña. ²⁰También construyó un altar y lo llamó El Elohé Israel.ᵈ

Rapto y violación de Dina

34 En cierta ocasión Dina, la hija que Jacob tuvo con Lea, salió a visitar a las mujeres del lugar. ²Cuando la vio Siquén, que era hijo de Jamor el heveo, jefe del lugar, la agarró por la fuerza, se acostó con ella y la violó. ³Pero luego se enamoró de ella y trató de ganarse su afecto. ⁴Entonces dijo a su padre: «Consígueme a esta muchacha para que sea mi esposa».

⁵Jacob se enteró de que Siquén había deshonrado a su hija Dina, pero como sus hijos estaban en el campo cuidando el ganado, no dijo nada hasta que ellos regresaron.

⁶Mientras tanto Jamor, el padre de Siquén, salió en busca de Jacob para hablar con él. ⁷Cuando los hijos de Jacob volvieron del campo y se enteraron de lo sucedido, quedaron muy dolidos y a la vez llenos de ira. Siquén había cometido una ofensa muy grande contra Israel al acostarse con su hija; era algo que nunca debió haber hecho. ⁸Pero Jamor les dijo:

—Mi hijo Siquén está enamorado de la hermana de ustedes. Por favor, permitan que ella se case con él. ⁹Háganse parientes nuestros. Intercambiemos nuestras hijas en casamiento. ¹⁰Así ustedes podrán vivir entre nosotros y el país quedará a su disposición para que lo habiten, hagan negociosᵉ y adquieran terrenos.

¹¹Siquén, por su parte, dijo al padre y a los hermanos de Dina:

—Si ustedes me hallan digno de su favor, yo les daré lo que me pidan. ¹²Pueden pedirme cuanta dote quieran y exigirme muchos regalos, pero permitan que la muchacha se case conmigo.

¹³Sin embargo, por el hecho de que su hermana Dina había sido deshonrada, los hijos de Jacob respondieron con engaños a Siquén y a su padre Jamor.

¹⁴—Nosotros no podemos hacer algo así —les explicaron—. Sería una vergüenza para todos nosotros entregarle nuestra hermana a un hombre que no está circuncidado. ¹⁵Solo aceptaremos con esta condición: que todos los varones entre ustedes se circunciden para que sean como nosotros. ¹⁶Entonces sí intercambiaremos nuestras hijas con las de ustedes en casamiento, y viviremos entre ustedes y formaremos un solo pueblo. ¹⁷Pero si no aceptan nuestra condición de circuncidarse, nos llevaremos a nuestra hermanaᶠ y nos iremos de aquí.

¹⁸Jamor y Siquén estuvieron de acuerdo con la propuesta, ¹⁹y tan enamorado estaba Siquén de la hija de Jacob que no se demoró en circuncidarse.

Como Siquén era el hombre más respetado en la familia, ²⁰su padre Jamor lo acompañó hasta la entrada de la ciudad y allí hablaron con todos sus conciudadanos. Les dijeron:

²¹—Estos hombres se han portado como amigos. Dejen que se establezcan en nuestro país y que lleven a cabo sus negocios aquí, ya que hay suficiente espacio para ellos. Además, nosotros nos podremos casar con sus hijas y ellos con las nuestras. ²²Pero ellos aceptan quedarse entre nosotros y formar un solo pueblo, con una sola condición: que todos nuestros varones se circunciden, como lo hacen ellos. ²³Aceptemos su condición, que se queden a vivir entre nosotros. De esta manera su ganado, sus propiedades y todos sus animales serán nuestros.

²⁴Todos los que se reunían a la entrada de la ciudad estuvieron de acuerdo con Jamor y con su hijo Siquén, y fue así como todos los varones fueron circuncidados.

²⁵Al tercer día, cuando los varones todavía estaban muy adoloridos, dos de los hijos de Jacob, Simeón y Leví, hermanos de Dina, empuñaron cada uno su espada y fueron a la ciudad, donde los varones se encontraban desprevenidos, y los mataron a todos. ²⁶También mataron a filo de espada a Jamor y a su hijo Siquén, sacaron a Dina de la casa de Siquén y se retiraron. ²⁷Luego los otros hijos de Jacob llegaron, pasando sobre los cadáveres, saquearon la ciudad en venganza por la deshonra que había sufrido su hermana. ²⁸Se apropiaron de sus ovejas, vacas y asnos, y de todo lo que había en la ciudad y en el campo.

ᵃ 17 En hebreo, *Sucot* significa *cobertizos, enramadas* o *cabañas.* ᵇ 18 *Padán Aram.* Es decir, el noroeste de Mesopotamia. ᶜ 19 *piezas de plata.* Lit. *quesitas* (término monetario hebreo cuyo peso y valor no se conoce). ᵈ 20 En hebreo, *El Elohé Israel* puede significar *Dios, el Dios de Israel,* o *poderoso es el Dios de Israel.* ᵉ 10 *hagan negocios.* Alt. *se muevan con libertad.* ᶠ 17 *hermana.* Lit. *hija.*

²⁹Se llevaron todos sus bienes, sus hijos, sus mujeres y saquearon todo lo que encontraron en las casas.

³⁰Entonces Jacob dijo a Simeón y Leví:

—Me han provocado un problema muy serio. De ahora en adelante los cananeos y ferezeos, habitantes de este lugar, me van a odiar. Si ellos se unen contra mí y me atacan, me matarán a mí y a toda mi familia, pues cuento con muy pocos hombres.

³¹Pero ellos replicaron:

—¿Acaso podíamos dejar que él tratara a nuestra hermana como a una prostituta?

Jacob vuelve a Betel

35 Dios dijo a Jacob: «Sube a Betel y quédate a vivir ahí. Erige allí un altar al Dios que se te apareció cuando escapabas de tu hermano Esaú».

²Entonces Jacob dijo a su familia y a quienes lo acompañaban: «Deshágense de todos los dioses extraños que tengan con ustedes, purifíquense y cámbiense de ropa. ³Subamos a Betel. Allí construiré un altar al Dios que me socorrió cuando estaba yo en peligro y que me ha acompañado en mi camino».

⁴Así que entregaron a Jacob todos los dioses extraños que tenían, junto con los aretes que llevaban en las orejas, y Jacob los enterró a la sombra de la encina que estaba cerca de Siquén. ⁵Cuando partieron, nadie persiguió a la familia de Jacob, porque un terror divino se apoderó de las ciudades vecinas.

⁶Fue así como Jacob y quienes lo acompañaban llegaron a Luz, es decir, Betel, en la tierra de Canaán. ⁷Erigió un altar y llamó a ese lugar El Betel,ᵃ porque allí se le había revelado Dios cuando escapaba de su hermano Esaú.

⁸Por esos días murió Débora, la nodriza de Rebeca, y la sepultaron a la sombra de un árbol de roble que se encuentra cerca de Betel. Por eso Jacob llamó a ese lugar Elón Bacut.ᵇ

⁹Cuando Jacob regresó de Padán Aram,ᶜ Dios se le apareció otra vez y lo bendijo ¹⁰con estas palabras: «Tu *nombre es Jacob,ᵈ pero ya no te llamarás así. De aquí en adelante te llamarás Israel».ᵉ Y en efecto, ese fue el nombre que le puso.

¹¹Luego Dios añadió: «Yo soy el Dios *Todopoderoso. Sé fecundo y multiplícate. De ti nacerá una nación y una comunidad de naciones, y habrá reyes entre tus descendientes. ¹²La tierra que di a Abraham y a Isaac te la doy a ti y a tus descendientes». ¹³Y Dios se retiró del lugar donde había hablado con Jacob.

¹⁴Jacob erigió una piedra como monumento en el lugar donde Dios le había hablado. Vertió sobre ella una ofrenda líquida, la ungió con aceite ¹⁵y al lugar donde Dios le había hablado lo llamó Betel.ᶠ

La muerte de Raquel y el pecado de Rubén

¹⁶Después partieron de Betel. Cuando estaban a cierta distancia de Efrata, Raquel dio a luz, pero tuvo un parto muy difícil. ¹⁷En el momento más difícil del parto, la partera le dijo: «¡No temas; estás por tener otro varón!». ¹⁸No obstante, ella se estaba muriendo y en sus últimos suspiros alcanzó a llamar a su hijo Benoní,ᵍ pero Jacob, su padre, le puso por *nombre Benjamín.ʰ

¹⁹Así murió Raquel y la sepultaron en el camino que va hacia Efrata, que es Belén. ²⁰Sobre la tumba Jacob erigió un monumento, que hasta el día de hoy señala el lugar donde Raquel fue sepultada.

²¹Israel siguió su camino y acampó más allá de la Torre del Rebaño. ²²Mientras vivía en esa región, Rubén fue y se acostó con Bilhá, la concubinaⁱ de su padre. Cuando Israel se enteró de esto, se enojó muchísimo.ʲ

Los hijos de Jacob
35:23-26 – 1Cr 2:1-2

Jacob tuvo doce hijos:

²³Los hijos de Lea fueron:
Rubén, que era el primogénito de Jacob, Simeón, Leví, Judá, Isacar y Zabulón.
²⁴Los hijos de Raquel fueron:
José y Benjamín.
²⁵Los hijos de Bilhá, la esclava de Raquel:
Dan y Neftalí.
²⁶Los hijos de Zilpá, la esclava de Lea:
Gad y Aser.

Estos fueron los hijos que tuvo Jacob en Padán Aram.

Muerte de Isaac

²⁷Jacob volvió a la casa de su padre Isaac en Mamré, cerca de Quiriat Arbá, es decir, Hebrón, donde también habían vivido Abraham e Isaac. ²⁸Isaac tenía ciento ochenta años ²⁹cuando se reunió con sus antepasados. Era ya muy anciano cuando murió; lo sepultaron sus hijos Esaú y Jacob.

Descendientes de Esaú
36:10-14 – 1Cr 1:35-37
36:20-28 – 1Cr 1:38-42

36 Esta es la historia de Esaú, es decir, Edom.

²Esaú se casó con mujeres cananeas: con Ada, hija de Elón, el hitita; con Aholibama, hija de Aná y nieta de Zibeón, el heveo; ³y con Basemat, hija de Ismael y hermana de Nebayot.

⁴Esaú tuvo estos hijos: con Ada tuvo a Elifaz; con Basemat, a Reuel; ⁵con Aholibama, a Jeús, Jalán y Coré. Estos fueron los hijos que tuvo Esaú mientras vivía en la tierra de Canaán.

⁶Después Esaú tomó a sus esposas, hijos, hijas y a todas las personas que lo acompañaban, junto con su ganado y todos sus animales, todos los bienes que había adquirido en la tierra de Canaán y se trasladó a otra región para alejarse de su hermano Jacob. ⁷Los dos habían acumulado tantos bienes que no podían estar juntos; la tierra donde vivían no bastaba para alimentar al ganado de ambos. ⁸Fue así como Esaú, o sea, Edom, se asentó en la región montañosa de Seír.

⁹Esta es la historia de Esaú, padre de los edomitas, que habitaron en la región montañosa de Seír.

¹⁰Los nombres de sus hijos son estos:
Elifaz, hijo de Ada, esposa de Esaú; y Reuel, hijo de Basemat, esposa de Esaú.
¹¹Los hijos de Elifaz fueron:
Temán, Omar, Zefo, Gatán y Quenaz. ¹²Elifaz tuvo un hijo con una concubinaᵏ suya, llamada Timná, al que llamó Amalec. Todos estos fueron nietos de Ada, esposa de Esaú.
¹³Los hijos de Reuel fueron:
Najat, Zera, Sama y Mizá. Estos fueron los nietos de Basemat, esposa de Esaú.

14 Los hijos de la otra esposa de Esaú, Aholibama, que era hija de Aná y nieta de Zibeón:
Jeús, Jalán y Coré.

15 Estos fueron los líderes de los descendientes de Esaú:
De los hijos de Elifaz, primogénito de Esaú, los jefes fueron:
Temán, Omar, Zefo, Quenaz, **16**Coré, Gatán y Amalec. Estos fueron los jefes de los descendientes de Elifaz en la tierra de Edom; todos ellos fueron nietos de Ada.
17 De los hijos de Reuel, hijo de Esaú, los jefes fueron:
Najat, Zera, Sama y Mizá. Estos fueron los jefes de los descendientes de Reuel en la tierra de Edom; todos ellos, nietos de Basemat, esposa de Esaú.
18 De los hijos de Aholibama, hija de Aná y esposa de Esaú, los jefes fueron:
Jeús, Jalán y Coré.
19 Estos fueron descendientes de Esaú, también llamado Edom, y a su vez jefes de sus respectivas tribus.

20 Estos fueron los descendientes de Seír, el horeo, que habitaban en aquella región:
Lotán, Sobal, Zibeón, Aná, **21**Disón, Ezer y Disán. Estos descendientes de Seír fueron los jefes de los horeos en la tierra de Edom.
22 Hijos de Lotán:
Horí y Homán. Lotán tenía una hermana llamada Timná.
23 Hijos de Sobal:
Alván, Manajat, Ebal, Sefó y Onam.
24 Hijos de Zibeón:
Ayá y Aná. Este último es el mismo que encontró las aguas termales en el desierto mientras cuidaba los asnos de su padre Zibeón.
25 Hijos de Aná:
Disón y Aholibama, hija de Aná.
26 Hijos de Disán:
Hemdán, Esbán, Itrán y Querán.
27 Hijos de Ezer:
Bilán, Zaván y Acán.
28 Hijos de Disán:
Uz y Arán.
29 Los jefes de los horeos fueron:
Lotán, Sobal, Zibeón, Aná, **30**Disón, Ezer y Disán.
Cada uno de ellos fue jefe de su tribu en la región de Seír.

Los reyes de Edom
36:31-43 – 1Cr 1:43-54

31 Los reyes que a continuación se mencionan reinaron en la tierra de Edom antes de que los israelitas tuvieran rey:
32 Bela, hijo de Beor, que reinó en Edom. El nombre de su ciudad era Dinaba.
33 Cuando murió Bela, reinó en su lugar Jobab, hijo de Zera, que provenía de Bosra.
34 Cuando murió Jobab, reinó en su lugar Jusán, que provenía de la región de Temán.
35 Cuando murió Jusán, reinó en su lugar Hadad, hijo de Bedad. Este derrotó a Madián en el campo de Moab. El nombre de su ciudad era Avit.
36 Cuando murió Hadad, reinó en su lugar Samla, que provenía de Masreca.
37 Cuando murió Samla, reinó en su lugar Saúl, que provenía de Rejobot, que está junto al río Éufrates.

38 Cuando murió Saúl, reinó en su lugar Baal Janán, hijo de Acbor.
39 Cuando murió Baal Janán, hijo de Acbor, reinó en su lugar Hadad.*a* Su ciudad se llamaba Pau y su esposa fue Mehetabel, hija de Matred y nieta de Mezab.

40 Estos son los nombres de los jefes que descendieron de Esaú, cada uno según su clan y región:
Timná, Alvá, Jetet,
41 Aholibama, Elá, Pinón,
42 Quenaz, Temán, Mibzar,
43 Magdiel e Iram.
Estos fueron los jefes de Edom, según los lugares que habitaron.

Este fue Esaú, padre de los edomitas.

Los sueños de José
37 Jacob se estableció en la tierra de Canaán, donde su padre había residido como extranjero.

2 Esta es la historia de Jacob y su familia.

Cuando José tenía diecisiete años, apacentaba el rebaño junto a sus hermanos, los hijos de Bilhá y de Zilpá, que eran mujeres de su padre. El joven José solía informar a su padre de la mala fama que tenían estos hermanos suyos.
3 Israel amaba a José más que a sus otros hijos porque lo había tenido en su vejez. Por eso mandó que le confeccionaran una túnica muy elegante.*b*
4 Viendo sus hermanos que su padre amaba más a José que a ellos, comenzaron a odiarlo y ni siquiera lo saludaban.
5 Cierto día José tuvo un sueño y cuando se lo contó a sus hermanos, estos le tuvieron más odio todavía,
6 pues dijo:
—Préstenme atención que les voy a contar lo que he soñado. **7**Resulta que estábamos todos nosotros en el campo atando gavillas. De pronto, mi gavilla se levantó y quedó erguida, mientras que las de ustedes se juntaron alrededor de la mía y se inclinaron ante ella.
8 Sus hermanos replicaron:
—¿De veras crees que vas a reinar sobre nosotros y que nos vas a gobernar?
Y lo odiaron aún más por los sueños que él contaba.
9 Después José tuvo otro sueño y se lo contó a sus hermanos. Les dijo:
—Tuve otro sueño en el que veía que el sol, la luna y once estrellas se inclinaban ante mí.
10 Cuando lo contó a su padre y a sus hermanos, su padre lo reprendió:
—¿Qué quieres decirnos con este sueño que has tenido? —le preguntó—. ¿Acaso tu madre, tus hermanos y yo vendremos a postrarnos en tierra ante ti?
11 Sus hermanos le tenían envidia, pero su padre meditaba en todo esto.

José es vendido por sus hermanos
12 En cierta ocasión, los hermanos de José se fueron a Siquén para apacentar las ovejas de su padre.
13 Israel dijo a José:
—Tus hermanos están en Siquén apacentando las ovejas. Quiero que vayas a verlos.
—Está bien —contestó José.

---

a **39** *Hadad* (mss. hebreos, Pentateuco Samaritano y Siríaca; véase 1Cr 1:50); *Hadar* (TM). *b* **3** *muy elegante.* Frase de difícil traducción; también en v. 23.

14Israel continuó:

—Vete a ver si tus hermanos y el rebaño están bien y tráeme noticias frescas.

Y lo envió desde el valle de Hebrón. Cuando José llegó a Siquén, 15un hombre lo encontró caminando por el campo y le preguntó:

—¿Qué andas buscando?

16—Estoy buscando a mis hermanos —contestó José—. ¿Podría usted indicarme dónde están apacentando el rebaño?

17—Ya se han marchado de aquí —le informó el hombre—. Los oí decir que se dirigían a Dotán.

José siguió buscando a sus hermanos y los encontró cerca de Dotán. 18Como ellos alcanzaron a verlo desde lejos, antes de que se acercara tramaron un plan para matarlo.

19Se dijeron unos a otros:

—Ahí viene ese soñador. 20Ahora sí que le llegó la hora. Vamos a matarlo y echarlo en una de estas cisternas, y diremos que lo devoró un animal salvaje. ¡Y a ver en qué terminan sus sueños!

21Cuando Rubén escuchó esto, intentó librarlo de las garras de sus hermanos, así que propuso:

—No lo matemos. 22No derramen sangre. Arrójenlo en esta cisterna en el desierto, pero no le pongan la mano encima.

Rubén dijo esto porque su intención era rescatar a José y devolverlo a su padre.

23Cuando José llegó adonde estaban sus hermanos, le arrancaron la túnica muy elegante, 24lo agarraron y lo echaron en una cisterna que estaba vacía y seca.

25Luego se sentaron a comer. En eso, al levantar la vista, divisaron una caravana de ismaelitas que venía de Galaad. Sus camellos estaban cargados de perfumes, bálsamo y mirra, que llevaban a Egipto.

26Entonces Judá propuso a sus hermanos:

—¿Qué ganamos con matar a nuestro hermano y ocultar su muerte? 27En vez de eliminarlo, vendámoslo a los ismaelitas; a fin de cuentas, es nuestro propio hermano.

Sus hermanos estuvieron de acuerdo con él, 28así que cuando los mercaderes madianitas se acercaron, sacaron a José de la cisterna y se lo vendieron a los ismaelitas por veinte piezas de plata. Fue así como se llevaron a José a Egipto.

29Cuando Rubén volvió a la cisterna y José ya no estaba allí, se rasgó las vestiduras en señal de duelo. 30Regresó entonces adonde estaban sus hermanos y les reclamó:

—¡Ya no está ese muchacho! Y ahora, ¿qué hago?

31Enseguida los hermanos tomaron la túnica especial de José, degollaron un cabrito y con la sangre empaparon la túnica. 32Luego la mandaron a su padre con el siguiente mensaje: «Encontramos esto. Fíjate bien si es o no la túnica de tu hijo».

33En cuanto Jacob la reconoció, exclamó: «¡Sí, es la túnica de mi hijo! ¡Seguro que un animal salvaje lo devoró y lo hizo pedazos!».

34Y Jacob se rasgó las vestiduras, se vistió de luto y por mucho tiempo hizo duelo por su hijo. 35Todos sus hijos y sus hijas intentaban calmarlo, pero él no se dejaba consolar, sino que decía: «No. Guardaré luto hasta que muera*a* y me reúna con mi hijo». Así Jacob siguió llorando la muerte de José.

36En Egipto, los madianitas*b* lo vendieron a un tal Potifar, oficial del faraón y capitán de la guardia.

Judá y Tamar

38 Por esos días, Judá se apartó de sus hermanos y se fue a vivir a la casa de un hombre llamado Hirá, residente del pueblo de Adulán. 2Allí Judá conoció a una mujer, hija de un cananeo llamado Súa, y se casó con ella. Luego de tener relaciones con él, 3ella concibió y dio a luz un hijo, al que llamó Er. 4Tiempo después, volvió a concebir y dio a luz otro hijo, al que llamó Onán. 5Pasado el tiempo tuvo otro hijo, al que llamó Selá, el cual nació en Quezib.

6Judá consiguió para Er, su hijo mayor, una esposa que se llamaba Tamar. 7Pero al SEÑOR no le agradó la mala conducta del primogénito de Judá y le quitó la vida.

8Entonces Judá dijo a Onán: «Cásate con la viuda de tu hermano y cumple con tu deber de cuñado; así le darás descendencia a tu hermano». 9Pero Onán sabía que el hijo que naciera no sería reconocido como suyo. Por eso, cada vez que tenía relaciones con ella, derramaba el semen en el suelo y así evitaba que su hermano tuviera descendencia. 10Esta conducta ofendió mucho al SEÑOR, así que también a él le quitó la vida.

11Entonces Judá dijo a su nuera Tamar: «Quédate como viuda en la casa de tu padre, hasta que mi hijo Selá tenga edad de casarse». Pero en realidad Judá pensaba que Selá podría morirse, lo mismo que sus hermanos. Así que Tamar se fue a vivir a la casa de su padre.

12Después de mucho tiempo, murió la esposa de Judá, la hija de Súa. Al concluir el tiempo de duelo, Judá fue al pueblo de Timná para esquilar sus ovejas. Lo acompañó su amigo Hirá, el adulamita. 13Cuando Tamar se enteró de que su suegro se dirigía hacia Timná para esquilar sus ovejas, 14se quitó el vestido de viuda, se cubrió con un velo para que nadie la reconociera y se sentó a la entrada del pueblo de Enayin, que está en el camino a Timná. Esto lo hizo porque se dio cuenta de que Selá ya tenía edad de casarse y aún no se lo daban a ella por esposo.

15Cuando Judá la vio con el rostro cubierto, la tomó por una prostituta. 16No sabiendo que era su nuera, se acercó a la orilla del camino y dijo:

—Deja que me acueste contigo.

—¿Qué me das si te digo que sí? —preguntó ella.

17—Te mandaré uno de los cabritos de mi rebaño —respondió Judá.

—Está bien —respondió ella—, pero déjame algo en garantía hasta que me lo mandes.

18—¿Qué prenda quieres que te deje? —preguntó Judá.

—Dame tu sello, su cordón y el bastón que llevas en la mano —respondió Tamar.

Judá se los entregó, se acostó con ella y la dejó embarazada. 19Cuando ella se levantó, se fue inmediatamente de allí, se quitó el velo y volvió a ponerse la ropa de viuda.

20Más tarde, Judá envió el cabrito por medio de su amigo adulamita para recuperar las prendas que había dejado con la mujer; pero su amigo no dio con ella. 21Entonces preguntó a la gente del lugar:

—¿Dónde está la prostituta*c* del santuario de Enayin, la que se sentaba junto al camino?

—Aquí nunca ha habido una prostituta así —le contestaron.

22El amigo regresó adonde estaba Judá y le dijo:

—No la pude encontrar. Además, la gente del lugar me informó que allí nunca había estado una prostituta como esa.

23—Que se quede con las prendas —respondió Judá—; no es cuestión de que hagamos el ridículo. Pero que quede claro: yo le envié el cabrito y tú no la encontraste.

---

a 35 *muera*. Lit. *descienda al Seol.* *b* 36 *madianitas* (Pentateuco samaritano, LXX, Vulgata y Siríaca; véase v. 28); *medanitas* (TM). *c* 21 *prostituta*. Lit. *consagrada;* es decir, una prostituta consagrada al culto.

²⁴Como tres meses después, informaron a Judá lo siguiente:

—Tu nuera Tamar se ha prostituido y, como resultado de sus andanzas, ha quedado embarazada.

—¡Sáquenla y quémenla! —exclamó Judá.

²⁵Pero cuando la estaban sacando, ella mandó este mensaje a su suegro: «El dueño de estas prendas fue quien me embarazó. A ver si reconoce usted de quién son este sello, el cordón del sello y este bastón».

²⁶Judá los reconoció y declaró: «Su conducta es más justa que la mía, pues yo no la di por esposa a mi hijo Selá». Y no volvió a acostarse con ella.

²⁷Cuando llegó el tiempo de que Tamar diera a luz, resultó que tenía mellizos en su seno. ²⁸En el momento de nacer, uno de los mellizos sacó la mano; la partera le ató un hilo rojo en la mano y dijo: «Este salió primero». ²⁹Pero en ese momento el niño metió la mano y salió primero el otro. Entonces la partera dijo: «¡Cómo te abriste paso!». Por eso al niño lo llamaron Fares.ᵃ ³⁰Luego salió su hermano, con el hilo rojo atado en la mano, y lo llamaron Zera.ᵇ

José y la esposa de Potifar

39 Cuando José fue llevado a Egipto, los ismaelitas que lo habían trasladado allá lo vendieron a Potifar, un egipcio que era oficial del faraón y capitán de su guardia.

²Ahora bien, el SEÑOR estaba con José y las cosas le salían muy bien. Mientras José vivía en la casa de su amo egipcio, ³este se dio cuenta de que el SEÑOR estaba con José y lo hacía prosperar en todo. ⁴José se ganó la confianza de Potifar, y este lo nombró mayordomo de toda su casa y le confió la administración de todos sus bienes. ⁵Por causa de José, el SEÑOR bendijo la casa del egipcio Potifar a partir del momento en que puso a José a cargo de su casa y de todos sus bienes. La bendición del SEÑOR se extendió sobre todo lo que tenía el egipcio, tanto en la casa como en el campo. ⁶Por esto Potifar dejó todo a cargo de José y tan solo se preocupaba por lo que tenía que comer.

José tenía muy buen físico y era muy atractivo. ⁷Después de algún tiempo, la esposa de su amo empezó a mirarlo con deseo y le propuso:

—¡Acuéstate conmigo!

⁸Pero José no quiso saber nada, sino que contestó:

—Mire, señora: mi amo ya no tiene que preocuparse de nada en la casa, porque todo me lo ha confiado a mí. ⁹En esta casa no hay nadie más importante que yo. Mi patrón no me ha negado nada, excepto usted, que es su esposa. ¿Cómo podría yo cometer tal maldad y pecar así contra Dios?

¹⁰Y por más que ella lo acosaba día tras día para que se acostara con ella y le hiciera compañía, José se mantuvo firme en su rechazo.

¹¹Un día, en un momento en que todo el personal de servicio se encontraba ausente, José entró en la casa para cumplir con sus responsabilidades. ¹²Entonces la mujer de Potifar lo agarró del manto y rogó: «¡Acuéstate conmigo!».

Pero José, dejando el manto en manos de ella, salió corriendo de la casa.

¹³Al ver ella que él había dejado el manto en sus manos y había salido corriendo, ¹⁴llamó a los siervos de la casa y les dijo: «¡Miren!, el hebreo que nos trajo mi esposo solo ha venido a burlarse de nosotros. Entró a la casa con la intención de acostarse conmigo, pero yo grité con todas mis fuerzas. ¹⁵En cuanto me oyó gritar, salió corriendo y dejó su manto a mi lado».

¹⁶La mujer guardó el manto de José hasta que su marido volvió a su casa. ¹⁷Entonces le contó la misma historia: «El esclavo hebreo que nos trajiste quiso burlarse de mí. ¹⁸Pero en cuanto grité con todas mis fuerzas, salió corriendo y dejó su manto a mi lado».

¹⁹Cuando el amo de José escuchó de labios de su mujer cómo lo había tratado el esclavo, se enfureció ²⁰y mandó que echaran a José en la cárcel donde estaban los presos del rey.

Pero aun en la cárcel ²¹el SEÑOR estaba con él y no dejó de mostrarle su amor. Hizo que se ganara la confianza del guardia de la cárcel, ²²el cual puso a José a cargo de todos los prisioneros y de todo lo que allí se hacía. ²³Como el SEÑOR estaba con José y hacía prosperar todo lo que él hacía, el guardia de la cárcel no se preocupaba de nada de lo que dejaba en sus manos.

El copero y el panadero

40 Tiempo después, el copero y el panadero del rey de Egipto ofendieron a su señor. ²El faraón se enojó contra estos dos oficiales suyos, contra el jefe de los coperos y el jefe de los panaderos; ³así que los mandó presos a la casa del capitán de la guardia, que era la misma cárcel donde estaba preso José. ⁴Allí el capitán de la guardia encargó a José que atendiera a estos funcionarios.

Después de haber estado algún tiempo en la cárcel, ⁵una noche los dos funcionarios, es decir, el copero y el panadero, tuvieron cada uno un sueño, cada sueño con su propio significado.

⁶A la mañana siguiente, cuando José fue a verlos, los encontró muy preocupados. ⁷Por eso preguntó a los oficiales del faraón que estaban con él en la prisión:

—¿Por qué andan hoy tan cabizbajos?

⁸—Los dos tuvimos un sueño —respondieron—, y no hay nadie que nos lo interprete.

—¿Acaso no es Dios quien da la interpretación? —preguntó José—. ¿Por qué no me cuentan lo que soñaron?

⁹Entonces el jefe de los coperos contó a José el sueño que había tenido:

—Soñé que frente a mí había una vid, ¹⁰la cual tenía tres ramas. En cuanto la vid echó brotes, floreció y maduraron las uvas en los racimos. ¹¹Yo tenía la copa del faraón en la mano. Tomé las uvas, las exprimí en la copa y luego puse la copa en manos del faraón.

¹²Entonces José dijo:

—Esta es la interpretación de su sueño: Las tres ramas son tres días. ¹³Dentro de los próximos tres días el faraón lo indultará a usted y volverá a colocarlo en su cargo. Usted volverá a poner la copa del faraón en su mano, tal como lo hacía antes, cuando era su copero. ¹⁴Yo le ruego que no se olvide de mí. Por favor, cuando todo se haya arreglado, háblele usted de mí al faraón para que me saque de esta cárcel. ¹⁵A mí me trajeron por la fuerza, de la tierra de los hebreos. ¡Yo no hice nada aquí para que me echaran en la cárcel!

¹⁶Al ver que la interpretación había sido favorable, el jefe de los panaderos dijo a José:

—Yo también tuve un sueño. En ese sueño, llevaba tres canastas de panᶜ sobre la cabeza. ¹⁷En la canasta de arriba había un gran surtido de repostería para el faraón, pero las aves venían a comer de la canasta que llevaba sobre la cabeza.

¹⁸José respondió:

—Esta es la interpretación de su sueño: Las tres canastas son tres días. ¹⁹Dentro de los próximos tres días, el faraón mandará que a usted lo decapiten y lo cuelguen de un árbol, y las aves devorarán su cuerpo.

²⁰En efecto, tres días después el faraón celebró su cumpleaños y ofreció una gran fiesta para todos sus

---

ᵃ 29 En hebreo, *Fares* significa *abertura, brecha*.   ᵇ 30 En hebreo, *Zera* puede significar *rojo, brillo o resplandor*.   ᶜ 16 *pan*. Alt. *mimbre*.

funcionarios. En presencia de estos, mandó sacar de la cárcel al jefe de los coperos y al jefe de los panaderos. ²¹Al jefe de los coperos lo restituyó en su cargo para que, una vez más, pusiera la copa en manos del faraón. ²²Pero tal como lo había predicho José, al jefe de los panaderos mandó que lo ahorcaran. ²³Sin embargo, el jefe de los coperos no se acordó de José, sino que se olvidó de él por completo.

Los sueños del faraón

41 Dos años más tarde, el faraón tuvo un sueño: Estaba de pie junto al río Nilo ²cuando, de pronto, del río salieron siete vacas hermosas y gordas que se pusieron a pastar entre los juncos. ³Detrás de ellas salieron otras siete vacas, feas y flacas, que se pararon a orillas del Nilo, junto a las primeras. ⁴¡Y las vacas feas y flacas se comieron a las vacas hermosas y gordas!

En ese momento el faraón se despertó. ⁵Pero volvió a dormirse y tuvo otro sueño: Siete espigas de trigo, grandes y hermosas, crecían de un solo tallo. ⁶Tras ellas brotaron otras siete espigas, delgadas y quemadas por el viento del este. ⁷¡Y las siete espigas delgadas se comieron a las espigas grandes y hermosas!

En eso el faraón se despertó y se dio cuenta de que solo era un sueño.

⁸Sin embargo, a la mañana siguiente se levantó muy preocupado, mandó llamar a todos los magos y sabios de Egipto, y les contó los dos sueños. Pero nadie se los pudo interpretar.

⁹Entonces el jefe de los coperos dijo al faraón: «Ahora me doy cuenta del grave error que he cometido. ¹⁰Cuando el faraón se enojó con sus servidores, es decir, conmigo y con el jefe de los panaderos, nos mandó a la cárcel, bajo la custodia del capitán de la guardia. ¹¹Una misma noche, los dos tuvimos un sueño, cada sueño con su propio significado. ¹²Allí, con nosotros, había un joven hebreo, esclavo del capitán de la guardia. Le contamos nuestros sueños y a cada uno nos interpretó el sueño. ¹³¡Y todo sucedió tal como él lo había interpretado! A mí me restituyeron mi cargo y al jefe de los panaderos lo ahorcaron».

¹⁴El faraón mandó llamar a José y enseguida lo sacaron de la cárcel. Luego de afeitarse y cambiarse de ropa, José se presentó ante el faraón ¹⁵quien dijo:

—Tuve un sueño que nadie ha podido interpretar. Pero me he enterado de que, cuando tú oyes un sueño, eres capaz de interpretarlo.

¹⁶—No soy yo quien puede hacerlo —respondió José—, sino que es Dios quien dará al faraón una respuesta favorable.

¹⁷El faraón contó a José lo siguiente:

—En mi sueño, estaba yo de pie a orillas del río Nilo. ¹⁸De pronto, salieron del río siete vacas gordas y hermosas, y se pusieron a pastar entre los juncos. ¹⁹Detrás de ellas salieron otras siete vacas, feas y flacas. ¡Jamás se habían visto vacas tan raquíticas en toda la tierra de Egipto! ²⁰Y las siete vacas feas y flacas se comieron a las siete vacas gordas. ²¹Pero después de habérselas comido, no se les notaba en lo más mínimo, porque seguían tan feas como antes. Entonces me desperté.

²²»Después tuve otro sueño: Siete espigas de trigo, grandes y hermosas, crecían de un solo tallo. ²³Tras ellas brotaron otras siete espigas marchitas, delgadas y quemadas por el viento del este. ²⁴Las siete espigas delgadas se comieron a las espigas grandes y hermosas. Todo esto se lo conté a los magos, pero ninguno de ellos me lo pudo interpretar».

²⁵José explicó al faraón:

—En realidad, los dos sueños del faraón son uno solo. Dios le ha anunciado lo que está por hacer. ²⁶Las siete vacas hermosas y las siete espigas hermosas son siete años. Se trata del mismo sueño. ²⁷Y las siete vacas flacas y feas, que salieron detrás de las otras, y las siete espigas delgadas y quemadas por el viento del este, son también siete años. Pero estos serán siete años de hambre.

²⁸»Tal como lo he dicho al faraón, Dios le está mostrando lo que está por hacer. ²⁹Están por venir siete años de mucha abundancia en todo Egipto, ³⁰a los que les seguirán siete años de hambre, que harán olvidar toda la abundancia que antes hubo. ¡El hambre acabará con Egipto! ³¹Tan terrible será el hambre que nadie se acordará de la abundancia que antes hubo en el país. ³²El faraón tuvo el mismo sueño dos veces porque Dios ha resuelto firmemente hacer esto y lo llevará a cabo muy pronto.

³³»Por todo esto, el faraón debería buscar un hombre competente y sabio para que se haga cargo de la tierra de Egipto. ³⁴Además, el faraón debería nombrar inspectores en todo Egipto, para que durante los siete años de abundancia recauden la quinta parte de la cosecha en todo el país. ³⁵Bajo el control del faraón, esos inspectores deberán juntar el grano de los años buenos que vienen y almacenarlo en las ciudades, para que haya una reserva de alimento. ³⁶Este alimento almacenado servirá a Egipto para los siete años de hambre que sufrirá y así la gente del país no morirá de hambre».

³⁷Al faraón y a sus servidores les pareció bueno el plan. ³⁸Entonces el faraón preguntó a sus servidores:

—¿Podremos encontrar una persona así en quien repose el Espíritu de Dios?

³⁹Luego dijo a José:

—Puesto que Dios te ha revelado todo esto, no hay nadie más competente y sabio que tú. ⁴⁰Quedarás a cargo de mi palacio y todo mi pueblo cumplirá tus órdenes. Solo respecto al trono yo tendré más autoridad que tú.

José, gobernador de Egipto

⁴¹Así que el faraón dijo a José:

—Mira, yo te pongo a cargo de todo el territorio de Egipto.

⁴²De inmediato, el faraón se quitó el anillo oficial y se lo puso a José. Hizo que lo vistieran con ropas de lino fino y le pusieran un collar de oro en el cuello. ⁴³Después lo invitó a subirse al carro reservado para el segundo en autoridad y ordenó que gritaran: «¡Inclínense!». Fue así como el faraón puso a José al frente de todo el territorio de Egipto.

⁴⁴Entonces el faraón dijo:

—Yo soy el faraón, pero nadie en todo Egipto podrá hacer nada sin tu permiso.

⁴⁵El faraón cambió el ˙nombre de José y lo llamó Zafenat Panea; además, le dio por esposa a Asenat, hija de Potifera, sacerdote de la ciudad de On.ᵃ De este modo quedó José a cargo de Egipto. ⁴⁶Tenía treinta años cuando comenzó a trabajar al servicio del faraón, rey de Egipto.

Tan pronto como se retiró José de la presencia del faraón, se dedicó a recorrer todo el territorio de Egipto. ⁴⁷Durante los siete años de abundancia la tierra produjo grandes cosechas, ⁴⁸así que José fue recogiendo todo el alimento que se produjo en Egipto durante esos siete años y lo almacenó en las ciudades. ⁴⁹Juntó alimento como quien junta arena del mar y fue tanto lo que recogió que dejó de contabilizarlo. ¡Ya no había forma de mantener el control!

⁵⁰Antes de comenzar el primer año de hambre, José tuvo dos hijos con su esposa Asenat, la hija de Potifera, sacerdote de On. ⁵¹Al primero lo llamó

ᵃ 45 *On.* Es decir, Heliópolis (Ciudad del Sol); también en v. 50.

Manasés,[a] porque dijo: «Dios ha hecho que me olvide de todos mis problemas y de mi casa paterna». 52Al segundo lo llamó Efraín,[b] porque dijo: «Dios me ha hecho fecundo en esta tierra donde he sufrido».

53Los siete años de abundancia en Egipto llegaron a su fin 54y, tal como José lo había anunciado, comenzaron los siete años de hambre, la cual se extendió por todos los países. Pero a lo largo y a lo ancho del territorio de Egipto había alimento. 55Cuando también en Egipto comenzó a sentirse el hambre, el pueblo clamó al faraón pidiéndole comida. Entonces el faraón dijo a todo el pueblo de Egipto: «Vayan a ver a José y hagan lo que él diga».

56Cuando ya el hambre se había extendido por todo el territorio y había arreciado, José abrió los graneros para vender alimento a los egipcios. 57Además, de todos los países llegaban a Egipto para comprarle alimento a José, porque el hambre cundía ya por todo el mundo.

Los hermanos de José van a Egipto

42 Cuando Jacob se enteró de que había alimento en Egipto, dijo a sus hijos: «¿Qué hacen ahí parados mirándose unos a otros? 2He sabido que hay alimento en Egipto. Desciendan allá y compren comida para nosotros, para que no muramos, sino que podamos sobrevivir».

3Diez de los hermanos de José fueron a Egipto a comprar alimento. 4Pero Jacob no dejó que Benjamín, el hermano de José, se fuera con ellos porque pensó que podría sucederle alguna desgracia. 5Fue así como los hijos de Israel fueron a comprar alimento, al igual que otros, porque el hambre se había apoderado de Canaán.

6José era el gobernador del país y el que vendía trigo a todo el mundo. Cuando sus hermanos llegaron, se postraron rostro en tierra ante él. 7En cuanto José vio a sus hermanos, los reconoció; pero fingiendo no conocerlos, les habló con rudeza:

—Y ustedes, ¿de dónde vienen?

—Venimos de Canaán, para comprar alimento —contestaron.

8Aunque José los había reconocido, sus hermanos no lo reconocieron a él. 9En ese momento se acordó José de los sueños que había tenido acerca de ellos y dijo:

—¡De seguro ustedes son espías y han venido para investigar las zonas desprotegidas del país!

10—¡No, señor! —respondieron—. Sus siervos hemos venido a comprar alimento. 11Todos nosotros somos hijos de un mismo padre; además somos gente honrada. ¡Sus siervos no somos espías!

12—¡No es verdad! —insistió José—. Ustedes han venido para investigar las zonas desprotegidas del país.

13Pero ellos volvieron a responder:

—Nosotros, sus siervos, éramos doce hermanos, todos hijos de un mismo padre que vive en Canaán. El menor se ha quedado con nuestro padre y el otro ya no vive.

14Pero José los increpó una vez más:

—Es tal como les he dicho. ¡Ustedes son espías! 15Y con esto lo vamos a comprobar: Les juro por la vida del faraón que de aquí no saldrán con vida a menos que traigan a su hermano menor. 16Manden a uno de ustedes a buscar a su hermano; los demás se quedarán en la cárcel. Así sabremos si es verdad lo que dicen. Y si no es así, ¡por la vida del faraón, ustedes son espías!

17José los encerró en la cárcel durante tres días. 18Al tercer día les dijo:

—Yo soy un hombre temeroso de Dios. Hagan lo siguiente y salvarán su vida. 19Si en verdad son honrados, quédese uno de ustedes bajo custodia, y vayan los demás y lleven alimento para calmar el hambre de sus familias. 20Pero tráiganme a su hermano menor y pruébenme que dicen la verdad. Así no morirán. Ellos aceptaron la propuesta, 21pero se decían unos a otros:

—Sin duda estamos sufriendo las consecuencias de lo que hicimos con nuestro hermano. Aunque vimos su angustia cuando nos suplicaba que le tuviéramos compasión, no le hicimos caso. Por eso ahora nos vemos en aprietos.

22Entonces habló Rubén:

—Yo les advertí que no le hicieran daño al muchacho, pero no me hicieron caso. ¡Ahora tenemos que pagar el precio de su sangre!

23Como José les hablaba por medio de un intérprete, ellos no sabían que él entendía todo lo que estaban diciendo.

24José se apartó de ellos y se echó a llorar. Luego volvió y habló con ellos, apartó a Simeón y ordenó que lo ataran en presencia de ellos.

25José dio también la orden de que llenaran de grano sus costales, que repusieran en cada una de sus bolsas el dinero que habían pagado y les dieran provisiones para el viaje. Y así se hizo. 26Entonces ellos cargaron el alimento sobre sus asnos y emprendieron el regreso.

27Cuando llegaron al lugar donde acamparían esa noche, uno de ellos abrió su bolsa para darle de comer a su asno, ¡y allí en la abertura descubrió su dinero! 28Entonces dijo a sus hermanos:

—¡Me devolvieron el dinero! Miren, ¡aquí está, en mi bolsa!

Los otros se asustaron mucho y temblando se decían unos a otros:

—¿Qué es lo que Dios nos ha hecho?

29Al llegar a Canaán, donde estaba su padre Jacob, le contaron todo lo que había sucedido:

30—El hombre que gobierna aquel país nos trató con rudeza, a tal grado que nos acusó de ser espías. 31Nosotros le dijimos: "Somos gente honrada. No somos espías". 32Además, dijimos: "Somos doce hermanos, hijos de un mismo padre. Uno ya no vive y el menor se ha quedado con nuestro padre en Canaán".

33»Entonces el hombre que gobierna aquel país nos dijo: "Con esto voy a comprobar si en verdad son gente honrada. Dejen aquí conmigo a uno de sus hermanos y vayan a llevar alimento para calmar el hambre de sus familias. 34Pero a la vuelta tráiganme a su hermano menor. Así comprobaré que no son espías y que en verdad son gente honrada. Luego les entregaré de vuelta a su hermano y podrán moverse[c] con libertad por el país"».

35Cuando comenzaron a vaciar sus costales, se encontraron con la bolsa de dinero de cada uno que estaba allí. Esto hizo que ellos y su padre se llenaran de temor. 36Entonces Jacob, su padre, dijo:

—¡Ustedes me van a dejar sin hijos! José ya no está con nosotros, Simeón tampoco está y ahora se quieren llevar a Benjamín! ¡Todo esto me perjudica!

37Pero Rubén dijo a su padre:

—Yo me hago cargo de Benjamín. Si no te lo devuelvo, podrás matar a mis dos hijos.

38—¡Mi hijo no se irá con ustedes! —respondió Jacob—. Su hermano José ya está muerto y ahora solo él me queda. Si le llega a pasar una desgracia en el viaje que van a emprender, ustedes tendrán la culpa de que este pobre viejo se muera[d] de tristeza.

---

a 51 Manasés: esta palabra suena como la palabra hebrea que significa hacer olvidar.   b 52 Efraín: esta palabra suena como la palabra hebrea que significa fecundidad.   c 34 moverse. Alt. comerciar.   d 38 muera. Lit. descienda al Seol.

Los hermanos de José vuelven a Egipto

43 El hambre seguía aumentando en aquel país. ²Llegó el momento en que se les acabó el alimento que habían llevado de Egipto. Entonces su padre dijo:

—Vuelvan a Egipto y compren un poco más de alimento para nosotros.

³Pero Judá le recordó:

—Aquel hombre nos advirtió claramente que no nos presentáramos ante él, a menos que lo hiciéramos con nuestro hermano menor. ⁴Si tú nos permites llevar a nuestro hermano menor, iremos a comprarte alimento. ⁵De lo contrario, no iremos. Aquel hombre fue muy claro en cuanto a no presentarnos ante él sin nuestro hermano menor.

⁶—¿Por qué me han causado este mal? —inquirió Israel—. ¿Por qué le dijeron a ese hombre que tenían otro hermano?

⁷—Porque aquel hombre nos preguntó específicamente acerca de nuestra familia —respondieron ellos—. "¿Vive todavía el padre de ustedes? —nos preguntó—. ¿Tienen algún otro hermano?". Lo único que hicimos fue responder a sus preguntas. ¿Cómo íbamos a saber que nos pediría llevar a nuestro hermano menor?

⁸Judá dijo a su padre Israel:

—Bajo mi responsabilidad, envía al muchacho y nos iremos ahora mismo, para que nosotros y nuestros hijos podamos seguir viviendo. ⁹Yo te respondo por su seguridad; a mí me pedirás cuentas. Si no te lo devuelvo sano y salvo, yo seré el culpable ante ti para toda la vida. ¹⁰Si no nos hubiéramos demorado tanto, ¡ya habríamos ido y vuelto dos veces!

¹¹Entonces Israel, su padre, dijo:

—Ya que no hay más remedio, hagan lo siguiente: Echen en sus costales los mejores productos de esta región y llévenselos de regalo a ese hombre: un poco de bálsamo, un poco de miel, perfumes, mirra, nueces, almendras. ¹²Lleven también el doble del dinero, pues deben devolver el que estaba en sus bolsas, ya que seguramente fue un error. ¹³Vayan con su hermano menor y preséntense ante ese hombre. ¹⁴¡Que el Dios ⁺Todopoderoso permita que ese hombre les tenga compasión y deje libre a su otro hermano, y además vuelvan con Benjamín! En cuanto a mí, si he de perder a mis hijos, ¡qué le voy a hacer! ¡Los perderé!

¹⁵Ellos tomaron los regalos, el doble del dinero y a Benjamín; entonces emprendieron el viaje a Egipto. Allí se presentaron ante José. ¹⁶Cuando este vio a Benjamín con ellos, dijo a su mayordomo: «Lleva a estos hombres a mi casa. Luego, mata un animal y prepáralo, pues estos hombres comerán conmigo al mediodía».

¹⁷El mayordomo cumplió la orden y los llevó a la casa de José. ¹⁸Al ver ellos que los llevaban a la casa de José, se asustaron mucho y se dijeron: «Nos llevan por causa del dinero que se puso en nuestras bolsas la vez pasada. Ahora nos atacarán, nos acusarán y hasta nos harán sus esclavos con nuestros asnos».

¹⁹Entonces se acercaron al mayordomo de la casa de José y antes de entrar le dijeron:

²⁰—Perdón, señor, nosotros ya vinimos antes para comprar alimento; ²¹pero a nuestro regreso, cuando acampamos para pasar la noche, descubrimos que en cada una de nuestras bolsas estaba el dinero que habíamos pagado. Pero lo hemos traído a devolverlo. ²²También hemos traído más dinero para comprar alimento. ¡No sabemos quién pudo haber puesto el dinero de vuelta en nuestras bolsas!

²³—Está bien, no tengan miedo —contestó aquel hombre—. El Dios de ustedes y de su padre habrá puesto ese tesoro en sus bolsas. A mí me consta que recibí el dinero que ustedes pagaron.

El mayordomo llevó a Simeón ²⁴y a todos los hizo pasar a la casa de José. Allí les dio agua para que se lavaran los pies y dio de comer a sus asnos. ²⁵Ellos, por su parte, prepararon los regalos, mientras esperaban que José llegara al mediodía, pues habían oído que comerían allí.

²⁶Cuando José entró en su casa, le entregaron los regalos que habían llevado y se postraron rostro en tierra ante él. ²⁷José les preguntó cómo estaban y añadió:

—¿Cómo está su padre, el anciano del cual me hablaron? ¿Vive todavía?

²⁸—Nuestro padre, su siervo, se encuentra bien y todavía vive —respondieron ellos.

Enseguida se arrodillaron y se postraron ante él para honrarlo. ²⁹José miró a su alrededor y al ver a Benjamín, su hermano de padre y madre, preguntó:

—¿Es este su hermano menor, del cual me habían hablado? ¡Que Dios te bendiga, hijo mío!

³⁰Conmovido por la presencia de su hermano y no pudiendo contener el llanto, José salió de prisa. Entró en su habitación y allí se echó a llorar. ³¹Después se lavó la cara y, ya más calmado, salió y ordenó: «¡Sirvan la comida!».

³²A José le sirvieron en un sector, a los hermanos en otro, y en otro más a los egipcios que comían con José. Los egipcios no comían con los hebreos porque, para los habitantes de Egipto, era una abominación. ³³Los hermanos de José estaban sentados frente a él, de mayor a menor, y unos a otros se miraban con asombro. ³⁴Las porciones eran servidas desde la mesa de José, pero a Benjamín se le servían porciones cinco veces más grandes que a los demás. En compañía de José, todos bebieron y se alegraron.

La copa de José

44 Más tarde, José ordenó al mayordomo de su casa: «Llena con todo el alimento que les quepa los costales de estos hombres y pon en sus bolsas el dinero de cada uno de ellos. ²Luego mete mi copa de plata en la bolsa del hermano menor, junto con el dinero que pagó por el alimento». Y el mayordomo hizo todo lo que José ordenó.

³A la mañana siguiente, muy temprano, los hermanos de José fueron enviados de vuelta, junto con sus asnos. ⁴Todavía no estaban muy lejos de la ciudad cuando José dijo al mayordomo de su casa: «¡Anda! ¡Persigue a esos hombres! Cuando los alcances, diles: "¿Por qué me han pagado mal por bien? ⁵¿Por qué han robado la copa que usa mi señor para beber y para interpretar señales? ¡Esto que han hecho está muy mal!"».

⁶Cuando el mayordomo los alcanzó, les repitió esas mismas palabras. ⁷Pero ellos respondieron:

—¿Por qué nos dice usted tales cosas, mi señor? ¡Lejos sea de nosotros actuar de esa manera! ⁸Es más, nosotros trajimos de vuelta de Canaán el dinero que habíamos pagado, pero que encontramos en nuestras bolsas. ¿Por qué, entonces, habríamos de robar oro o plata de la casa de su señor? ⁹Si se encuentra la copa en poder de alguno de nosotros, que muera el que la tenga, y el resto de nosotros seremos esclavos de mi señor.

¹⁰—Está bien —respondió el mayordomo—, se hará como ustedes dicen, pero solo el que tenga la copa en su poder será mi esclavo; el resto de ustedes quedará libre de todo cargo.

¹¹Enseguida cada uno de ellos bajó al suelo su bolsa y la abrió. ¹²El mayordomo revisó cada bolsa, comenzando con la del hermano mayor y terminando con la del menor. ¡Y encontró la copa en la bolsa de Benjamín! ¹³Al ver esto, los hermanos de José se

rasgaron las vestiduras en señal de duelo y, luego de cargar sus asnos, volvieron a la ciudad.

[14]Todavía estaba José en su casa cuando llegaron Judá y sus hermanos. Entonces se postraron rostro en tierra [15]y José dijo:

—¿Qué manera de portarse es esta? ¿Acaso no saben que un hombre como yo puede interpretar señales?

[16]—¡No sabemos qué decirle, mi señor! —contestó Judá—. ¡No hay excusa que valga! ¿Cómo podemos demostrar nuestra inocencia? Dios ha puesto al descubierto la maldad de sus siervos. Aquí nos tiene usted: somos sus esclavos, nosotros y el que tenía la copa.

[17]—¡Jamás podría yo actuar de ese modo! —respondió José—. Solo será mi esclavo el que tenía la copa en su poder. En cuanto a ustedes, regresen tranquilos a la casa de su padre.

[18]Entonces Judá se acercó a José para decirle:

—Mi señor, no se enoje usted conmigo, pero le ruego que me permita hablarle en privado. Usted es tan importante como el faraón. [19]Cuando mi señor nos preguntó si todavía teníamos un padre o algún otro hermano, [20]nosotros contestamos que teníamos un padre anciano y un hermano que le nació a nuestro padre en su vejez. Nuestro padre quiere muchísimo a este último porque es el único que le queda de la misma madre, ya que el otro murió.

[21]»Entonces usted nos obligó a traer a este hermano menor para conocerlo. [22]Nosotros le dijimos que el joven no podía dejar a su padre porque, si lo hacía, seguramente su padre moriría. [23]Pero usted insistió y nos advirtió que, si no traíamos a nuestro hermano menor, nunca más seríamos recibidos en su presencia. [24]Entonces regresamos adonde vive mi padre, su siervo, y le informamos de todo lo que usted nos había dicho.

[25]»Tiempo después nuestro padre nos dijo: "Vuelvan otra vez a comprar un poco de alimento". [26]Nosotros contestamos: "No podemos ir si nuestro hermano menor no va con nosotros. No podremos presentarnos ante hombre tan importante, a menos que nuestro hermano menor nos acompañe".

[27]»Mi padre, su siervo, respondió: "Ustedes saben que mi esposa me dio dos hijos. [28]Uno desapareció de mi lado y no he vuelto a verlo. Con toda seguridad fue despedazado por las fieras. [29]Si también se llevan a este y le pasa alguna desgracia, harán descender mis canas con tristeza a la sepultura".[a]

[30]»Así que si yo regreso a mi padre, su siervo, y el joven, cuya ˙vida está tan unida a la de mi padre, no regresa con nosotros, [31]seguramente mi padre morirá al no verlo y nosotros seremos los culpables de que las canas de nuestro padre desciendan con tristeza a la sepultura.[b] [32]Este siervo suyo quedó ante mi padre como responsable del joven. Le dije: "Si no te lo devuelvo, padre mío, seré culpable ante ti toda mi vida".

[33]»Por eso, permita usted que yo me quede como esclavo suyo en lugar de mi hermano menor y que él regrese con sus hermanos. [34]¿Cómo podré volver junto a mi padre si mi hermano menor no está conmigo? ¡No soy capaz de ver la desgracia que le sobrevendrá a mi padre!».

José se da a conocer

45 José ya no pudo controlarse delante de sus servidores, así que ordenó: «¡Que salgan todos de mi presencia!». Y ninguno de ellos quedó con él. Cuando se dio a conocer a sus hermanos, [2]comenzó a llorar tan fuerte que los egipcios se enteraron y la noticia llegó hasta la casa del faraón.

[3]—Yo soy José —declaró a sus hermanos—. ¿Vive todavía mi padre?

Pero ellos estaban tan pasmados que no atinaban a contestarle.

[4]No obstante, José insistió:

—¡Acérquense!

Cuando ellos se acercaron, él añadió:

—Yo soy José, el hermano de ustedes, a quien vendieron a Egipto. [5]Pero ahora, por favor no se aflijan más ni se reprochen el haberme vendido, pues en realidad fue Dios quien me mandó delante de ustedes para salvar vidas. [6]Desde hace dos años la región está sufriendo de hambre y todavía faltan cinco años más en que no habrá siembras ni cosechas. [7]Por eso Dios me envió delante de ustedes: para salvarles la vida de manera extraordinaria[c] y de ese modo asegurarles descendencia sobre la tierra.

[8]Fue Dios quien me envió aquí, no ustedes. Él me ha puesto como asesor[d] del faraón y administrador de su casa, y como gobernador de todo Egipto. [9]¡Vamos, apúrense! Vuelvan a la casa de mi padre y díganle: "Así dice tu hijo José: 'Dios me ha hecho administrador de todo Egipto. Ven a verme. No te demores. [10]Vivirás en la región de Gosén, cerca de mí, con tus hijos, tus nietos, tus ovejas, tus vacas y todas tus posesiones. [11]Yo los proveeré alimento allí, porque aún quedan cinco años más de hambre. De lo contrario, tú y tu familia, y todo lo que te pertenece, caerán en la miseria'".

[12]Además, ustedes y mi hermano Benjamín son testigos de que yo mismo lo he dicho. [13]Cuéntenle a mi padre del prestigio que tengo en Egipto y de todo lo que han visto. ¡Pero apúrense y tráiganlo ya!

[14]Y abrazó José a su hermano Benjamín y comenzó a llorar. Benjamín a su vez también lloró abrazado a su hermano José. [15]Luego José, bañado en lágrimas, besó a todos sus hermanos. Solo entonces se animaron ellos a hablarle.

[16]Cuando llegó al palacio del faraón la noticia de que habían llegado los hermanos de José, tanto el faraón como sus funcionarios se alegraron. [17]Y el faraón dijo a José: «Ordena a tus hermanos que carguen sus animales y vuelvan a Canaán. [18]Que me traigan a su padre y a sus familias. Yo les daré lo mejor de Egipto, y comerán de la abundancia de este país.

[19]»Diles, además, que se lleven carros de Egipto para traer a sus niños y mujeres, y también al padre de ustedes. [20]No se preocupen por las cosas que tengan que dejar, porque lo mejor de todo Egipto será para ustedes».

[21]Así lo hicieron los hijos de Israel. José les proporcionó los carros, como lo había ordenado el faraón, y también les dio provisiones para el viaje. [22]Además, a cada uno dio ropa nueva y a Benjamín entregó trescientas piezas de plata y cinco mudas de ropa. [23]A su padre envió lo siguiente: diez asnos cargados con lo mejor de Egipto, diez asnas cargadas de grano y pan, además de otras provisiones para el viaje de su padre. [24]Al despedirse de sus hermanos, José recomendó: «¡No se vayan peleando en el camino!».

[25]Los hermanos de José salieron de Egipto y llegaron a Canaán, donde residía su padre Jacob. [26]Al llegar dijeron: «¡José vive! ¡Es el gobernador de todo Egipto!». Jacob quedó atónito al no creerles, [27]pero ellos le repetían una y otra vez todo lo que José había dicho. Y cuando su padre Jacob vio los carros que José había enviado para llevarlo, se reanimó. [28]Entonces exclamó: «¡Con esto me basta! ¡Mi hijo José aún vive! Iré a verlo antes de morirme».

a 29 a la sepultura. Lit. al Seol. b 31 a la sepultura. Lit. al Seol. c 7 salvarles … extraordinaria. Alt. salvarlos como un gran número de sobrevivientes. d 8 asesor. Lit. padre.

Jacob viaja a Egipto

46 Israel emprendió el viaje con todas sus pertenencias. Al llegar a Berseba, ofreció sacrificios al Dios de su padre Isaac. ²Esa noche Dios habló a Israel en una visión:

—¡Jacob! ¡Jacob!

—Aquí estoy —respondió.

³—Yo soy Dios, el Dios de tu padre —le dijo—. No tengas temor de ir a Egipto, porque allí haré de ti una gran nación. ⁴Yo te acompañaré a Egipto y yo mismo haré que vuelvas. Además, cuando mueras, será José quien te cierre los ojos.

⁵Luego Jacob salió de Berseba. Los hijos de Israel hicieron que su padre Jacob, sus hijos y sus mujeres subieran en los carros que el faraón había enviado para trasladarlos. ⁶También se llevaron el ganado y las posesiones que habían adquirido en Canaán. Fue así como Jacob y sus descendientes llegaron a Egipto. ⁷Con él se llevó a todos sus hijos, hijas, nietos y nietas, es decir, a todos sus descendientes.

⁸ Estos son los nombres de los israelitas que fueron a Egipto, es decir, Jacob y sus hijos:

Rubén, el primogénito de Jacob.

⁹ Los hijos de Rubén:

Janoc, Falú, Jezrón y Carmí.

¹⁰ Los hijos de Simeón:

Jemuel, Jamín, Oad, Jaquín, Zojar y Saúl, hijo de una cananea.

¹¹ Los hijos de Leví:

Guersón, Coat y Merari.

¹² Los hijos de Judá:

Er, Onán, Selá, Fares y Zera. (Er y Onán habían muerto en Canaán.)

Los hijos de Fares:

Jezrón y Jamul.

¹³ Los hijos de Isacar:

Tola, Fuvá, Job y Simrón.

¹⁴ Los hijos de Zabulón: Séred, Elón y Yalel.

¹⁵ Estos fueron los hijos que Jacob tuvo con Lea en Padán Aram,ᵃ además de su hija Dina. En total, entre hombres y mujeres eran treinta y tres personas.

¹⁶ Los hijos de Gad:

Zefón, Jaguí, Suni, Esbón, Erí, Arodí y Arelí.

¹⁷ Los hijos de Aser:

Imná, Isvá, Isví, Beriá, y su hermana que se llamaba Sera.

Los hijos de Beriá:

Héber y Malquiel.

¹⁸ Estos fueron los hijos que Zilpá tuvo con Jacob. Zilpá era la esclava que Labán había regalado a su hija Lea. Sus descendientes eran en total dieciséis personas.

¹⁹ Los hijos de Raquel, la esposa de Jacob:

José y Benjamín.

²⁰ En Egipto, José tuvo los siguientes hijos con Asenat, hija de Potifera, sacerdote de On: Manasés y Efraín.

²¹ Los hijos de Benjamín:

Bela, Béquer, Asbel, Guerá, Naamán, Ehí, Ros, Mupín, Jupín y Ard.

²² Estos fueron los descendientes de Jacob y Raquel, en total catorce personas.

²³ El hijo de Dan:

Jusín.

²⁴ Los hijos de Neftalí:

Yazel, Guní, Jéser y Silén.

²⁵ Estos fueron los hijos que Jacob tuvo con Bilhá. Ella era la esclava que Labán regaló a su hija Raquel. El total de sus descendientes fue de siete personas.

²⁶ Todos los familiares de Jacob que llegaron a Egipto, y que eran de su misma sangre, fueron sesenta y seis, sin contar a las nueras. ²⁷José tenía dos hijos que nacieron en Egipto. En total los familiares de Jacob que llegaron a Egipto fueron setenta.

²⁸Jacob envió adelante a Judá a ver a José, para que le indicara el camino a Gosén. Cuando llegaron a esa región, ²⁹José hizo que prepararan su carruaje y salió a Gosén para recibir a su padre Israel. Cuando se encontraron, José se fundió con su padre en un abrazo y durante un largo rato lloró sobre su hombro. ³⁰Entonces Israel dijo a José:

—¡Ya me puedo morir! ¡Te he visto y aún estás con vida!

³¹José dijo a sus hermanos y a la familia de su padre:

—Voy a informarle al faraón que mis hermanos y la familia de mi padre, quienes vivían en Canaán, han venido a quedarse conmigo. ³²Le diré que ustedes son pastores que cuidan ganado y que han traído sus ovejas y sus vacas, y todo cuanto tenían. ³³Por eso, cuando el faraón los llame y pregunte a qué se dedican, ³⁴díganle que siempre se han ocupado de cuidar ganado, al igual que sus antepasados. Así podrán establecerse en la región de Gosén, pues los egipcios detestan el oficio de pastor.

47 José fue a informar al faraón:

—Mi padre y mis hermanos han venido desde Canaán con sus ovejas y sus vacas y todas sus pertenencias. Ya se encuentran en la región de Gosén. ²Además, José había elegido a cinco de sus hermanos para presentárselos al faraón. ³Y este les preguntó:

—¿En qué trabajan ustedes?

—Nosotros, sus siervos, somos pastores, al igual que nuestros antepasados —respondieron ellos—. ⁴Hemos venido a vivir en este país porque en Canaán ya no hay pastos para nuestros rebaños. ¡Es terrible el hambre que acosa a ese país! Por eso le rogamos a usted que nos permita vivir en la región de Gosén.

⁵Entonces el faraón dijo a José:

—Tu padre y tus hermanos han venido a estar contigo. ⁶La tierra de Egipto está a tu disposición. Haz que se asienten en lo mejor de la tierra; que residan en la región de Gosén. Y si sabes que hay entre ellos hombres capaces, ponlos a cargo de mi propio ganado.

⁷Luego José llevó a Jacob, su padre, y se lo presentó al faraón. Jacob saludó al faraón y lo bendijo; ⁸entonces el faraón preguntó:

—¿Cuántos años tienes?

⁹—Ya tengo ciento treinta años —respondió Jacob—. Mis años de andar peregrinando de un lado a otro han sido pocos y difíciles, pero no se comparan con los años de peregrinaje de mis antepasados.

¹⁰Luego Jacob se despidió del faraón, lo bendijo y se retiró de su presencia.

¹¹José instaló a su padre y a sus hermanos, y les entregó terrenos en la mejor región de Egipto, es decir, en el distrito de Ramsés, tal como lo había ordenado el faraón. ¹²José también proveyó de alimentos a su padre y a sus hermanos, y a todos sus familiares, según las necesidades de cada uno.

La administración de José

¹³El hambre en Egipto y en Canaán era terrible. No había alimento en ninguna parte y la gente estaba a

---

ᵃ **15** *Padán Aram*. Es decir, el noroeste de Mesopotamia.

punto de morir. ¹⁴Todo el dinero que los habitantes de Egipto y de Canaán habían pagado por el alimento, José lo recaudó para depositarlo en el palacio del faraón. ¹⁵Cuando a egipcios y cananeos se les acabó el dinero, los egipcios fueron a ver a José y reclamaron:

—¡Denos de comer! ¿Hemos de morir en su presencia solo porque no tenemos más dinero?

¹⁶Y José contestó:

—Si ya se les acabó el dinero, traigan su ganado y, a cambio, les daré alimento.

¹⁷Los egipcios llevaron a José su ganado, es decir, sus caballos, vacas, ovejas y asnos. A cambio de ellos, José les dio alimento durante todo ese año. ¹⁸Al año siguiente fueron a decirle a José:

—Señor, no podemos ocultar el hecho de que ya no tenemos más dinero y de que todo nuestro ganado ya es suyo. Ya no tenemos nada que ofrecerle, de no ser nuestros propios cuerpos y nuestras tierras. ¹⁹¿Va usted a permitir que nos muramos junto con nuestras tierras? Cómprenos usted a nosotros y a nuestras tierras, a cambio de alimento. Así seremos esclavos del faraón junto con nuestras tierras. ¡Pero denos usted semilla, para que podamos vivir y la tierra no quede desolada!

²⁰De esta manera José adquirió para el faraón todas las tierras de Egipto, porque los egipcios, obligados por el hambre, le vendieron todos sus terrenos. Fue así como todo el país llegó a ser propiedad del faraón, ²¹y todos quedaron reducidos a esclavitud, de un extremo a otro de Egipto.ᵃ ²²Los únicos terrenos que José no compró fueron los que pertenecían a los sacerdotes. Estos no tuvieron que vender sus terrenos porque recibían una ración de alimento de parte del faraón.

²³Luego José informó al pueblo:

—Desde ahora ustedes y sus tierras pertenecen al faraón, porque yo los he comprado. Aquí tienen semilla. Siembren la tierra. ²⁴Cuando llegue la cosecha, deberán entregar al faraón la quinta parte de lo cosechado. Las otras cuatro partes serán para la siembra de los campos y para alimentarlos a ustedes, a sus hijos y a sus familiares.

²⁵—¡Usted nos ha salvado la vida y hemos contado con su favor! —respondieron ellos—. ¡Seremos esclavos del faraón!

²⁶José estableció esta ley en toda la tierra de Egipto, que hasta el día de hoy sigue vigente: la quinta parte de la cosecha pertenece al faraón. Solo las tierras de los sacerdotes no llegaron a ser del faraón.

²⁷Los israelitas se asentaron en Egipto, en la región de Gosén. Allí adquirieron propiedades, fueron fecundos y llegaron a ser muy numerosos.

²⁸Jacob residió diecisiete años en Egipto y llegó a vivir un total de ciento cuarenta y siete años. ²⁹Cuando Israel estaba a punto de morir, mandó llamar a su hijo José y dijo:

—Si de veras me quieres, pon tu mano debajo de mi muslo y prométeme amor y lealtad. ¡Por favor, no me entierres en Egipto! ³⁰Cuando vaya a descansar junto a mis antepasados, sácame de Egipto y entiérrame en el sepulcro de ellos.

—Haré lo que me pides —contestó José.

³¹—¡Júramelo! —insistió su padre.

José se lo juró e Israel se reclinó sobre la cabecera de la cama.ᵇ

Bendición de Efraín y Manasés

48 Poco tiempo después informaron a José que su padre estaba enfermo. Entonces fue a visitarlo y llevó consigo a sus dos hijos, Manasés y Efraín. ²Cuando avisaron a Jacob que su hijo venía a verlo, Israel hizo un esfuerzo, se sentó en la cama ³y dijo a José:

—El Dios ˚Todopoderoso se me apareció en Luz, en la tierra de Canaán, y me bendijo ⁴con esta promesa: "Te haré fecundo, te multiplicaré, y haré que tus descendientes formen una comunidad de naciones. Además, a tu descendencia daré esta tierra como su posesión perpetua".

⁵Ahora bien, los dos hijos que te nacieron aquí en Egipto, antes de que me reuniera contigo, serán considerados míos. Efraín y Manasés serán tan míos como lo son Rubén y Simeón. ⁶Los hijos que tengas después de ellos serán tuyos y a través de sus hermanos recibirán su herencia. ⁷Cuando yo regresaba de Padán,ᶜ se me murió Raquel cerca de Efrata, en tierra de Canaán, y allí la sepulté junto al camino de Efrata, es decir, Belén.

⁸Al ver a los hijos de José, Israel preguntó:

—Y estos chicos, ¿quiénes son?

⁹—Son los hijos que Dios me ha concedido aquí —respondió José a su padre.

Entonces Israel dijo:

—Acércalos, por favor, para que les dé mi bendición.

¹⁰Israel ya era muy anciano y por su avanzada edad casi no podía ver; por eso José los acercó y su padre los besó y abrazó. ¹¹Luego dijo a José:

—Ya había perdido la esperanza de volver a verte, ¡y ahora Dios me ha concedido ver también a tus hijos!

¹²José los retiró de las rodillas de Israel y se postró rostro en tierra. ¹³Luego tomó a sus dos hijos, a Efraín con la ˚derecha y a Manasés con la izquierda, y se los presentó a su padre. De esta manera Efraín quedó a la izquierda de Israel y Manasés a su derecha. ¹⁴Pero Israel, al extender las manos, las entrecruzó y puso su derecha sobre la cabeza de Efraín, aunque era el menor, y su izquierda sobre la cabeza de Manasés, aunque era el mayor.

¹⁵Y los bendijo con estas palabras:

«Que el Dios en cuya presencia
    caminaron mis padres, Abraham e Isaac,
el Dios que ha sido mi pastor
    desde el día en que nací hasta hoy,
¹⁶ el ángel que me ha rescatado de todo mal,
    bendiga a estos jóvenes.
Que por medio de ellos sea recordado mi ˚nombre
    y el de mis padres, Abraham e Isaac.
Que crezcan y se multipliquen
    sobre la tierra».

¹⁷A José no le agradó ver que su padre pusiera su mano derecha sobre la cabeza de Efraín, así que tomando la mano de su padre, la pasó de la cabeza de Efraín a la de Manasés. ¹⁸mientras reclamaba:

—¡Así no, padre mío! ¡Pon tu mano derecha sobre la cabeza de este, que es el primogénito!

¹⁹Pero su padre se resistió y contestó:

—¡Ya lo sé, hijo, ya lo sé! También él gestará a un pueblo y llegará a ser importante. Pero su hermano menor será aún más importante y su descendencia dará origen a muchas naciones.

²⁰Aquel día Jacob los bendijo así:

«Esta será la bendición que en Israel se habrá de
    pronunciar:
"Que Dios haga contigo como a Efraín y a
    Manasés"».

De este modo Israel dio a Efraín la primacía sobre Manasés.

ᵃ 21 quedaron … esclavitud (Pentateuco Samaritano, LXX); fueron trasladados a las ciudades (TM). ᵇ 31 Heb 11:21, la LXX dice: e Israel se postró para adorar, apoyado en su bastón. ᶜ 7 Padán. Es decir, el noroeste de Mesopotamia.

²¹Finalmente, Israel dijo a José:

—Yo estoy a punto de morir, pero Dios estará con ustedes y los hará volver a la tierra de sus antepasados. ²²Y a ti, que estás por encima de tus hermanos, te doy Siquén,ᵃ tierra que arrebaté a los amorreos con mi espada y con mi arco.

Jacob bendice a sus hijos

49 Jacob llamó a sus hijos y dijo: «Reúnanse, que voy a declararles lo que les va a suceder en el futuro:

² »Hijos de Jacob: acérquense y escuchen;
   presten atención a su padre Israel.

³ »Tú, Rubén, eres mi primogénito,
   primer fruto de mi vigor,
   primero en honor y en poder.
⁴ Impetuoso como un torrente,
   ya no serás el primero:
   te acostaste en mi cama;
   profanaste la cama de tu propio padre.

⁵ »Simeón y Leví son hermanos;
   sus espadas son instrumentos de violencia.
⁶ ¡No quiero participar de sus reuniones
   ni arriesgar mi honor en sus asambleas!,
   porque en su furor mataron ˟hombres,
   y por capricho mutilaron toros.
⁷ ¡Malditas sean la violencia de su enojo
   y la crueldad de su furor!
   Los dispersaré en el país de Jacob,
   los desparramaré en la tierra de Israel.

⁸ »Tú, Judá, serás alabadoᵇ por tus hermanos;
   dominarás a tus enemigos
   y tus propios hermanos se postrarán ante ti.
⁹ Mi hijo Judá es como un cachorro de león
   que se ha nutrido de la presa.
   Se agacha como un león,
   se tiende como una leona,
   ¿quién se atreverá a despertarlo?
¹⁰ El cetro no se apartará de Judá,
   ni de entre sus pies el bastón de mando,
   hasta que llegue el verdadero rey,ᶜ
   quien merece la obediencia de los pueblos.
¹¹ Judá amarra su asno a la vid
   y la cría de su asno a la mejor cepa;
   lava su ropa en vino;
   su manto, en la sangre de las uvas.
¹² Sus ojos son más oscuros que el vino;
   sus dientes, más blancos que la leche.ᵈ

¹³ »Zabulón vivirá a la orilla del mar;
   será puerto seguro para las naves
   y sus fronteras llegarán hasta Sidón.

¹⁴ »Isacar es un asno fuerte
   echado entre dos alforjas.
¹⁵ Al ver que el establo era bueno
   y que la tierra era agradable,
   agachó el hombro para llevar la carga
   y se sometió a la esclavitud.

¹⁶ »Dan hará justicia en su pueblo,
   como una de las tribus de Israel.

¹⁷ Dan es una serpiente junto al camino,
   una víbora junto al sendero,
   que muerde los talones del caballo
   y hace caer de espaldas al jinete.

¹⁸ »¡SEÑOR, espero tu ˟salvación!

¹⁹ »Las hordas atacan a Gad,
   pero él las atacará por la espalda.

²⁰ »Aser disfrutará de comidas deliciosas;
   ofrecerá manjares de reyes.

²¹ »Neftalí es una gacela libre,
   que tiene hermosos cervatillos.ᵉ

²² »José es un retoño fértil,
   fértil retoño junto al agua,
   cuyas ramas trepan por el muro.
²³ Los arqueros lo atacaron sin piedad;
   le tiraron flechas, lo hostigaron.
²⁴ Pero su arco se mantuvo firme
   y sus brazos fueron ágiles.
   ¡Gracias al Poderoso de Jacob,
   al Pastor y Roca de Israel!
²⁵ ¡Gracias al Dios de tu padre, que te ayuda!
   ¡Gracias al ˟Todopoderoso, que te bendice!
   ¡Con bendiciones de lo alto!
   ¡Con bendiciones del abismo!
   ¡Con bendiciones de los pechos y del seno
      materno!
²⁶ Son mejores las bendiciones de tu padre
   que las de los montes de antaño,
   que la abundancia de las colinas eternas.
   ¡Que descansen estas bendiciones
   sobre la cabeza de José,
   sobre la frente del escogido entre sus
      hermanos!

²⁷ »Benjamín es un lobo rapaz
   que en la mañana devora la presa
   y en la tarde reparte los despojos».

²⁸Estas son las doce tribus de Israel y esto es lo que su padre dijo cuando impartió a cada una de ellas su bendición.

Muerte de Jacob

²⁹Además, Jacob dio estas instrucciones: «Ya estoy a punto de reunirme con los míos. Entiérrenme junto a mis antepasados, en la cueva que está en el campo de Efrón el hitita. ³⁰Se trata de la cueva de Macpela, frente a Mamré, en la tierra de Canaán. Está en el campo que Abraham compró a Efrón el hitita, para que fuera el sepulcro de la familia. ³¹Allí fueron sepultados Abraham y su esposa Sara, Isaac y su esposa Rebeca. Allí también enterré a Lea. ³²Ese campo y su cueva se les compró a los hititas». ³³Cuando Jacob terminó de dar estas instrucciones a sus hijos, volvió a acostarse; exhaló el último suspiro y fue a reunirse con sus antepasados.

50 Entonces José se abrazó al cuerpo de su padre y, llorando, lo besó. ²Luego ordenó a los médicos a su servicio que embalsamaran el cuerpo y así lo hicieron. ³El proceso para embalsamarlo tardó unos cuarenta días, que es el tiempo requerido. Los egipcios, por su parte, guardaron luto por Israel durante setenta días.

⁴Pasados los días de duelo, José se dirigió así a los miembros de la corte del faraón:

—Si me he ganado el respeto de la corte, díganle por favor al faraón ⁵que mi padre, antes de morirse, me hizo jurar que yo lo sepultaría en la tumba que él

---

ᵃ 22 Siquén. Alt. una franja de tierra. Palabra de difícil traducción. ᵇ 8 En hebreo, Judá suena como el verbo que significa alabar. ᶜ 10 el verdadero rey. Alt. el verdadero dueño o a quien le pertenece. ᵈ 12 Sus ojos … la leche. Alt. Sus ojos están oscurecidos por el vino; sus dientes, blanqueados por la leche. ᵉ 21 que … cervatillos. Alt. que pronuncia hermosas palabras.

mismo se preparó en la tierra de Canaán. Por eso le ruego encarecidamente que me permita ir a sepultar a mi padre y luego volveré.

⁶El faraón respondió:

—Ve a sepultar a tu padre, conforme a la promesa que te pidió hacerle.

⁷José fue a sepultar a su padre. Lo acompañaron los servidores del faraón, es decir, los oficiales de su corte y toda la gente importante de Egipto. ⁸A estos se sumaron todos los familiares de José, sus hermanos y los de la casa de Jacob. En la región de Gosén dejaron únicamente a los niños y al ganado. ⁹También salieron con él carros y jinetes, formando así un cortejo muy grande.

¹⁰Al llegar al campo de Hatad, que está al otro lado del río Jordán, hicieron grandes y solemnes lamentaciones. Allí José guardó luto por su padre durante siete días. ¹¹Cuando los cananeos que vivían en esa región vieron en el campo de Hatad aquellas manifestaciones de duelo, dijeron: «Los egipcios están haciendo un duelo muy solemne». Por eso al lugar, que está cerca del Jordán, lo llamaron Abel Misrayin.ᵃ

¹²Los hijos de Jacob hicieron con su padre lo que él había pedido: ¹³lo llevaron a la tierra de Canaán y lo sepultaron en la cueva que está en el campo de Macpela, frente a Mamré, en el mismo campo que Abraham había comprado a Efrón el hitita para sepultura de la familia. ¹⁴Luego de haber sepultado a su padre, José regresó a Egipto junto con sus hermanos y con toda la gente que lo había acompañado.

La promesa de José a sus hermanos

¹⁵Al reflexionar sobre la muerte de su padre, los hermanos de José concluyeron: «Tal vez José nos guarde rencor y ahora quiera vengarse de todo el mal que le hicimos». ¹⁶Por eso le mandaron a decir: «Antes de morir tu padre, dejó estas instrucciones:

¹⁷"Díganle a José que perdone, por favor, la terrible maldad y el pecado que sus hermanos cometieron contra él". Así que, por favor, perdona la maldad de los siervos del Dios de tu padre».

Cuando José escuchó estas palabras, se echó a llorar.

¹⁸Luego sus hermanos se presentaron ante José, se inclinaron delante de él y dijeron:

—Aquí nos tienes; somos tus esclavos.

¹⁹—No tengan miedo —les contestó José—. ¿Puedo acaso tomar el lugar de Dios? ²⁰Es verdad que ustedes pensaron hacerme mal, pero Dios transformó ese mal en bien para lograr lo que hoy estamos viendo: salvar la vida de mucha gente. ²¹Así que, ¡no tengan miedo! Yo cuidaré de ustedes y de sus hijos.

De ese modo José los consoló, pues les habló al corazón.

Muerte de José

²²José y la familia de su padre permanecieron en Egipto. Alcanzó la edad de ciento diez años, ²³y llegó a ver nacer a los hijos de Efraín hasta la tercera generación. Además, cuando nacieron los hijos de Maquir, hijo de Manasés, él los recibió sobre sus rodillas.ᵇ

²⁴Tiempo después, José dijo a sus hermanos: «Yo estoy a punto de morir, pero, sin duda, Dios vendrá a ayudarlos y los llevará de este país a la tierra que prometió a Abraham, Isaac y Jacob». ²⁵Entonces José hizo que sus hijos le prestaran juramento. Les dijo: «Sin duda, Dios vendrá a ayudarlos. Cuando esto ocurra, ustedes deberán llevarse de aquí mis huesos».

²⁶José murió en Egipto a los ciento diez años. Una vez que lo embalsamaron, lo pusieron en un ataúd.

ᵃ 11 En hebreo, *Abel Misrayin* significa *luto de los egipcios.*
ᵇ 23 *recibió … rodillas.* Es decir, fueron considerados como suyos.

Éxodo

Los egipcios oprimen a los israelitas

1 Estos son los nombres de los hijos de Israel que, acompañados de sus familias, llegaron con Jacob a Egipto:

² Rubén, Simeón, Leví, Judá,
³ Isacar, Zabulón, Benjamín,
⁴ Dan, Neftalí,
Gad y Aser.

⁵ En total, los descendientes de Jacob eran setenta. José ya estaba en Egipto.

⁶Murieron José y sus hermanos y toda aquella generación. ⁷Sin embargo, los israelitas tuvieron muchos hijos y a tal grado se multiplicaron que fueron haciéndose más y más poderosos. El país se fue llenando de ellos.

⁸Pero llegó al poder en Egipto un nuevo rey que no había conocido a José ⁹y dijo a su pueblo: «¡Cuidado con los israelitas, que ya son más fuertes y numerosos que nosotros! ¹⁰Vamos a tener que manejarlos con mucha astucia; de lo contrario, seguirán aumentando y, si estalla una guerra, se unirán a nuestros enemigos, nos combatirán y se irán del país».

¹¹Fue así como los egipcios pusieron capataces para que oprimieran a los israelitas. Les impusieron trabajos forzados, tales como los de edificar para el faraón las ciudades de almacenaje Pitón y Ramsés. ¹²Pero cuanto más los oprimían, más se multiplicaban y se extendían, de modo que los egipcios llegaron a tenerles miedo; ¹³por eso les imponían trabajos pesados y los trataban con crueldad. ¹⁴Les amargaban la vida obligándolos a hacer mezcla, ladrillos y todas las labores del campo. En todos los trabajos de esclavos que los israelitas realizaban, los egipcios los trataban con crueldad.

¹⁵Había dos parteras de las hebreas, llamadas Sifrá y Fuvá, a las que el rey de Egipto ordenó:

¹⁶—Cuando ayuden a las hebreas en sus partos, fíjense en el sexo:ª si es niño, mátenlo; pero si es niña, déjenla con vida.

¹⁷Sin embargo, las parteras temían a Dios, así que no siguieron las órdenes del rey de Egipto, sino que dejaron con vida a los varones. ¹⁸Entonces el rey de Egipto mandó llamar a las parteras y les preguntó:

—¿Por qué han hecho esto? ¿Por qué han dejado con vida a los varones?

¹⁹Las parteras respondieron:

—Resulta que las hebreas no son como las egipcias, sino que están llenas de vida y dan a luz antes de que lleguemos.

²⁰De este modo los israelitas se hicieron más numerosos y más fuertes. Además, Dios trató muy bien a las parteras ²¹y, por haberse mostrado temerosas de Dios, les concedió tener muchos hijos. ²²El faraón, por su parte, dio esta orden a todo su pueblo:

—¡Tiren al río a todos los niños hebreos que nazcan! A las niñas, déjenlas con vida.

Nacimiento de Moisés

2 Hubo un levita que tomó por esposa a una mujer de su propia tribu. ²La mujer quedó embarazada y tuvo un hijo, y al verlo tan hermoso lo escondió durante tres meses. ³Cuando ya no pudo seguir ocultándolo, preparó una cesta de papiro, la embadurnó con brea y asfalto. Después puso en ella al niño y fue a dejar la cesta entre los juncos que había a la orilla del Nilo. ⁴Pero la hermana del niño se quedó a cierta distancia para ver qué pasaría con él.

⁵En eso, la hija del faraón bajó a bañarse en el Nilo. Sus doncellas, mientras tanto, se paseaban por la orilla del río. De pronto, la hija del faraón vio la cesta entre los juncos y ordenó a una de sus esclavas que fuera por ella. ⁶Cuando la hija del faraón abrió la cesta y vio allí dentro un niño que lloraba, le tuvo compasión y exclamó:

—¡Es un niño hebreo!

⁷La hermana del niño preguntó entonces a la hija del faraón:

—¿Quiere usted que vaya y llame a una nodriza hebrea, para que críe al niño por usted?

⁸—Ve a llamarla —contestó.

La muchacha fue y trajo a la madre del niño, ⁹y la hija del faraón le dijo:

—Llévate a este niño y críamelo. Yo te pagaré por hacerlo.

Fue así como la madre del niño se lo llevó y lo crio. ¹⁰Ya crecido el niño, se lo llevó a la hija del faraón y ella lo adoptó como hijo suyo; además, le puso por ˙nombre Moisés,ᵇ pues dijo: «¡Yo lo saqué del río!».

Huida de Moisés a Madián

¹¹Un día, cuando Moisés ya había crecido, fue a ver a sus hermanos de sangre y pudo observar sus penurias. De pronto, vio que un egipcio golpeaba a uno de sus hermanos, es decir, a un hebreo. ¹²Miró entonces a uno y otro lado y, al no ver a nadie, mató al egipcio y lo escondió en la arena. ¹³Al día siguiente volvió a salir y, al ver que dos hebreos peleaban entre sí, preguntó al culpable:

—¿Por qué golpeas a tu compañero?

¹⁴—¿Y quién te nombró gobernante y juez sobre nosotros? —respondió aquel—. ¿Acaso quieres matarme a mí como mataste al egipcio?

Esto causó temor en Moisés, pues pensó: «¡Ya se supo lo que hice!».

¹⁵Y en efecto, el faraón se enteró de lo sucedido y trató de matar a Moisés; pero Moisés huyó del faraón y se fue a la tierra de Madián, donde se asentó junto a un pozo. ¹⁶El sacerdote de Madián tenía siete hijas, las cuales solían ir a sacar agua para llenar los abrevaderos y dar de beber a las ovejas de su padre. ¹⁷Pero los pastores llegaron y las echaron de allí. Moisés intervino en favor de ellas: las puso a salvo de los pastores y dio de beber a sus ovejas.

ª 16 *el sexo.* Lit. *las dos piedras* (refiriéndose a los testículos).
ᵇ 10 En hebreo, *Moisés* suena como el verbo que significa *sacar.*

¹⁸Cuando las muchachas volvieron a la casa de Reuel,ᵃ su padre, este les preguntó:

—¿Por qué volvieron hoy tan temprano?

¹⁹—Porque un egipcio nos libró de los pastores —respondieron—. ¡Hasta nos sacó el agua del pozo y dio de beber al rebaño!

²⁰—¿Y dónde está ese hombre? —contestó—. ¿Por qué lo dejaron solo? ¡Invítenlo a comer!

²¹Moisés convino en quedarse a vivir en casa de aquel hombre, quien le dio por esposa a su hija Séfora. ²²Ella tuvo un hijo, al cual Moisés llamó Guersón,ᵇ pues razonó: «Soy un extranjero en tierra extraña».

²³Mucho tiempo después murió el rey de Egipto. Los israelitas, sin embargo, seguían lamentando su condición de esclavos y clamaban pidiendo ayuda. Sus gritos desesperados llegaron a oídos de Dios, ²⁴quien al oír sus quejidos se acordó del ˙pacto que había hecho con Abraham, Isaac y Jacob. ²⁵Fue así como Dios se fijó en los israelitas y los tomó en cuenta.

Moisés y la zarza ardiente

3 Un día, Moisés estaba cuidando el rebaño de Jetro, su suegro, que era sacerdote de Madián, y llevó las ovejas hasta el otro extremo del desierto hasta llegar a Horeb, la montaña de Dios. ²Estando allí, el ángel del Señor se le apareció entre las llamas de una zarza ardiente. Moisés notó que la zarza estaba envuelta en llamas, pero que no se consumía, ³así que pensó: «¡Qué increíble! Voy a ver por qué no se consume la zarza».

⁴Cuando el Señor vio que Moisés se acercaba a mirar, lo llamó desde la zarza: ·

—¡Moisés, Moisés!

—Aquí estoy —respondió.

⁵—No te acerques más —le dijo Dios—. Quítate las sandalias, porque estás pisando tierra santa. ⁶Yo soy el Dios de tu padre. Soy el Dios de Abraham, de Isaac y de Jacob. Al oír esto, Moisés se cubrió el rostro, pues tuvo miedo de mirar a Dios.

⁷Pero el Señor siguió diciendo:

—Ciertamente he visto la opresión que sufre mi pueblo en Egipto. Los he escuchado quejarse de sus capataces y conozco bien sus penurias. ⁸Así que he descendido para librarlos del poder de los egipcios y sacarlos de ese país, para llevarlos a una tierra buena y espaciosa, tierra donde abundan la leche y la miel. Me refiero al país de los cananeos, hititas, amorreos, ferezeos, heveos y jebuseos. ⁹Han llegado a mis oídos los gritos desesperados de los israelitas y he visto también cómo los oprimen los egipcios. ¹⁰Así que disponte a partir. Voy a enviarte al faraón para que saques de Egipto a los israelitas, que son mi pueblo.

¹¹Pero Moisés dijo a Dios:

—¿Y quién soy yo para presentarme ante el faraón y sacar de Egipto a los israelitas?

¹²—Yo estaré contigo —respondió Dios—. Y te voy a dar una señal de que soy yo quien te envía: Cuando hayas sacado de Egipto a mi pueblo, todos ustedes me adoraránᶜ en esta montaña.

¹³Pero Moisés insistió:

—Supongamos que me presento ante los israelitas y les digo: "El Dios de sus antepasados me ha enviado a ustedes". Si me preguntan: "¿Y cómo se llama?". ¿Qué les respondo?

¹⁴—YO SOY EL QUE SOYᵈ —respondió Dios a Moisés—. Y esto es lo que tienes que decirles a los israelitas: "Yo soy me ha enviado a ustedes".

¹⁵Además, Dios dijo a Moisés:

—Di esto a los israelitas: "El Señor,ᵉ el Dios de sus antepasados, el Dios de Abraham, de Isaac y de Jacob, me ha enviado a ustedes.

»"Este es mi ˙nombre eterno;
este es mi nombre
por todas las generaciones".

¹⁶»Y tú, anda, reúne a los jefes de Israel y diles: "El Señor, Dios de sus antepasados, el Dios de Abraham, de Isaac y de Jacob, se me apareció y me dijo: 'Yo he estado pendiente de ustedes. He visto cómo los han maltratado en Egipto. ¹⁷Por eso me propongo sacarlos de su opresión en Egipto y llevarlos al país de los cananeos, hititas, amorreos, ferezeos, heveos y jebuseos. ¡Es una tierra donde abundan la leche y la miel!' ".

¹⁸»Los jefes de Israel te harán caso. Entonces ellos y tú se presentarán ante el rey de Egipto y dirán: "El Señor, Dios de los hebreos, ha venido a nuestro encuentro. Déjanos hacer un viaje de tres días al desierto, para ofrecerle sacrificios al Señor nuestro Dios". ¹⁹Yo sé bien que el rey de Egipto no va a dejarlos ir, a no ser por la fuerza. ²⁰Entonces manifestaré mi poder y heriré de muerte a los egipcios con todas las maravillas que realizaré entre ellos. Después de eso el faraón los dejará ir.

²¹»Pero yo haré que este pueblo se gane la simpatía de los egipcios, de modo que cuando ustedes salgan de Egipto no se vayan con las manos vacías. ²²Toda mujer israelita pedirá a su vecina y a cualquier otra mujer que viva en su casa, objetos de oro, de plata y ropa para vestir a sus hijos y a sus hijas. Así despojarán ustedes a los egipcios».

Señales para Moisés

4 Moisés volvió a preguntar:

—¿Y qué hago si no me creen ni me hacen caso? ¿Qué hago si me dicen: "El Señor no se te ha aparecido"?

²—¿Qué tienes en la mano? —preguntó el Señor.

—Una vara —respondió Moisés.

³—Tírala al suelo —ordenó el Señor.

Moisés tiró la vara al suelo y esta se convirtió en una serpiente. Moisés trató de huir de ella, ⁴pero el Señor mandó a que la agarrara por la cola. En cuanto Moisés agarró la serpiente, esta se convirtió en una vara en sus propias manos.

⁵—Esto es para que crean que yo el Señor, el Dios de sus antepasados, Dios de Abraham, de Isaac y de Jacob, me he aparecido a ti. ⁶Y ahora —ordenó el Señor—, llévate la mano al pecho.

Moisés se llevó la mano al pecho y cuando la sacó, la tenía toda cubierta de una enfermedad en la piel; estaba blanca como la nieve.

⁷—¡Llévatela otra vez al pecho! —insistió el Señor.

Moisés se llevó de nuevo la mano al pecho y, cuando la sacó, la tenía tan sana como el resto de su cuerpo.

⁸—Si con la primera señal milagrosa no te creen ni te hacen caso —dijo el Señor—, tal vez te crean con la segunda. ⁹Pero si no te creen ni te hacen caso después de estas dos señales, toma agua del Nilo y derrámala en la tierra seca. En cuanto el agua del río toque el suelo, se convertirá en sangre.

¹⁰—Señor, yo nunca me he distinguido por mi facilidad de palabra —objetó Moisés—. Y esto no es algo que haya comenzado ayer ni anteayer, ni hoy que te

---

ᵃ 18 También llamado *Jetro*. Véase 3:1.   ᵇ 22 En hebreo, *Guersón* suena como la frase que significa *extranjero allí*.
ᶜ 12 *me adorarán*. Lit. *me servirán*. Aquí y en el resto de este libro, el texto hebreo usa el mismo *servir* para indicar el servicio al faraón como esclavos, y el servir a Dios rindiéndole culto y adoración.   ᵈ 14 *Yo … soy*. Alt. *YO SERÉ EL QUE SERÉ.*
ᵉ 15 La palabra hebrea que se traduce como *Señor* suena como la forma verbal que en el v. 14 se ha traducido como *Yo soy.*

diriges a este siervo tuyo. Francamente, me cuesta mucho trabajo hablar.

[11]—¿Y quién le puso la boca al ˙hombre? —respondió el SEÑOR—. ¿Acaso no soy yo, el SEÑOR, quien lo hace sordo o mudo, quien le da la vista o se la quita? [12]Anda, ponte en marcha, que yo te ayudaré a hablar y te diré lo que debas decir.

[13]—Señor —insistió Moisés—, te ruego que envíes a alguna otra persona.

[14]Entonces el SEÑOR ardió en ira contra Moisés y le dijo:

—¿Y qué hay de tu hermano Aarón, el levita? Yo sé que él es muy elocuente. Además, ya ha salido a tu encuentro y cuando te vea se alegrará su ˙corazón. [15]Tú hablarás con él y le pondrás las palabras en la boca; yo los ayudaré a hablar, a ti y a él, y les enseñaré lo que tienen que hacer. [16]Él hablará por ti al pueblo, como si tú mismo le hablaras, y tú hablarás a él por mí, como si hablara yo mismo. [17]Pero no te olvides de llevar contigo esta vara, porque con ella harás señales milagrosas.

Moisés regresa a Egipto

[18]Moisés se fue de allí y volvió a la casa de Jetro, su suegro. Al llegar, le dijo:

—Debo marcharme. Quiero volver a Egipto, donde están mis hermanos de sangre. Voy a ver si todavía viven.

—Anda, pues; que te vaya bien —contestó Jetro.

[19]Ya en Madián el SEÑOR había dicho a Moisés: «Vuelve a Egipto, que ya han muerto todos los que querían matarte». [20]Así que Moisés tomó a su mujer y a sus hijos, los montó en un asno y volvió a Egipto. En la mano llevaba la vara de Dios.

[21]El SEÑOR había advertido a Moisés:

«Cuando vuelvas a Egipto, asegúrate de hacer ante el faraón todos los prodigios que se he dado el poder de realizar. Yo, por mi parte, endureceré su corazón[a] para que no deje ir al pueblo. [22]Entonces tú le dirás al faraón que esto dice el SEÑOR: "Israel es mi primogénito. [23]Ya te he dicho que dejes ir a mi hijo para que me rinda culto, pero tú no has querido dejarlo ir. Por lo tanto, voy a quitarle la vida a tu primogénito"».

[24]Ya en el camino, el SEÑOR salió al encuentro de Moisés[b] en una posada y estuvo a punto de matarlo. [25]Pero Séfora, tomando un cuchillo de piedra afilada, cortó el prepucio a su hijo; luego tocó los pies[c] de Moisés con el prepucio y dijo: «No hay duda. Tú eres para mí un esposo de sangre». [26]Después de eso, el SEÑOR se apartó de Moisés. Pero Séfora había llamado a Moisés «esposo de sangre» por causa de la circuncisión.

[27]El SEÑOR dijo a Aarón: «Anda a recibir a Moisés en el desierto». Aarón fue y se encontró con Moisés en la montaña de Dios y lo besó. [28]Entonces Moisés comunicó a Aarón todo lo que el SEÑOR había ordenado decir y todas las señales milagrosas que mandaba realizar.

[29]Luego Moisés y Aarón reunieron a todos los jefes israelitas. [30]Aarón, además de repetirles todo lo que el SEÑOR había dicho a Moisés, realizó también las señales a la vista del pueblo, [31]por lo que el pueblo creyó. Y al oír que el SEÑOR había estado pendiente de ellos y había visto su aflicción, los israelitas se postraron y adoraron al SEÑOR.

Primer encuentro con el faraón

5 Después de eso, Moisés y Aarón se presentaron ante el faraón y dijeron:

—Así dice el SEÑOR, Dios de Israel: "Deja ir a mi pueblo para que celebre en el desierto una fiesta en mi honor".

[2]—¿Y quién es el SEÑOR —respondió el faraón—, para que yo le obedezca y deje ir a Israel? ¡Ni conozco al SEÑOR ni voy a dejar que Israel se vaya!

[3]—El Dios de los hebreos nos ha salido al encuentro —contestaron—. Así que debemos hacer un viaje de tres días, hasta el desierto, para ofrecer sacrificios al SEÑOR nuestro Dios. De lo contrario, podría castigarnos con plagas o matarnos a filo de espada.

[4]—Moisés y Aarón —respondió el rey de Egipto—, ¿por qué distraen al pueblo de sus quehaceres? ¡Vuelvan a sus obligaciones! [5]Dense cuenta de que es mucha la gente de este país y ustedes no la dejan trabajar.

[6]Ese mismo día el faraón ordenó a los capataces y a los jefes de cuadrilla: [7]«Ya no le den paja a la gente para hacer ladrillos. ¡Que vayan ellos mismos a recogerla! [8]Pero sigan exigiéndoles la misma cantidad de ladrillos que han estado haciendo. ¡No les reduzcan la cuota! Son unos holgazanes y por eso me ruegan: "Déjanos ir a ofrecerle sacrificios a nuestro Dios". [9]Impónganles tareas más pesadas. Manténganlos ocupados. Así no harán caso de mentiras».

[10]Los capataces y los jefes de cuadrilla salieron de allí y fueron a decirle al pueblo: «Así dice el faraón: "Ya no voy a darles paja. [11]Vayan ustedes mismos a recogerla donde la encuentren. Pero eso sí, ¡en nada se les rebajará la tarea!"».

[12]Fue así como el pueblo se esparció por todo Egipto para recoger hierba seca y usarla en lugar de paja. [13]Los capataces no dejaban de apremiarlos y decirles: «Cumplan con su tarea diaria, como cuando se les daba paja». [14]Además, esos mismos capataces del faraón golpeaban a los jefes de cuadrilla israelitas que ellos mismos habían nombrado y les preguntaban: «¿Por qué ni ayer ni hoy cumplieron con su cuota de ladrillos como antes lo hacían?».

[15]Los jefes de cuadrilla israelitas fueron entonces a quejarse ante el faraón. Le dijeron:

—¿Por qué trata usted así a sus siervos? [16]¡Ya no recibimos paja! A pesar de eso, ¡se nos exige hacer ladrillos y se nos golpea por si fuera poco! ¡La culpa es de su gente!

[17]—¡Holgazanes! ¡Holgazanes! —exclamó el faraón—. ¡Eso es lo que son! Por eso andan diciendo: "Déjanos ir a ofrecerle sacrificios al SEÑOR". [18]Ahora, ¡vayan a trabajar! No se les va a dar paja, pero tienen que entregar su cuota de ladrillos.

[19]Los jefes de cuadrilla israelitas se dieron cuenta de que estaban en un aprieto cuando se les dijo que la cuota diaria de ladrillos no se les iba a rebajar. [20]Así que, al encontrarse con Moisés y Aarón, que los estaban esperando a la salida, [21]les dijeron: «¡Que el SEÑOR los examine y los juzgue! ¡Por culpa de ustedes el faraón y sus siervos nos odian! ¡Ustedes mismos les han puesto la espada en la mano, para que nos maten!».

Dios promete liberación

[22]Moisés se volvió al SEÑOR y dijo:

—¡Ay, Señor! ¿Por qué tratas tan mal a este pueblo? ¿Para esto me enviaste? [23]Desde que me presenté ante el faraón y le hablé en tu ˙nombre, no ha hecho más que maltratar a este pueblo, que es tu pueblo. ¡Y tú no has hecho nada para librarlo!

6 El SEÑOR respondió:

—Ahora verás lo que voy a hacer con el faraón. Realmente, solo por mi mano poderosa va a dejar que

---

[a] 21 *corazón*. En la Biblia se usa para designar el asiento de las emociones, pensamientos y voluntad, es decir, el proceso de toma de decisiones del ser humano.   [b] 24 *Moisés*. Lit. *él*; también en vv. 25-26.   [c] 25 *los pies*. Eufemismo para referirse a los órganos sexuales.

se vayan; solo por mi mano poderosa va a echarlos de su país.

²En otra ocasión, Dios habló con Moisés y dijo: «Yo soy el SEÑOR. ³Me aparecí a Abraham, a Isaac y a Jacob bajo el nombre de Dios *Todopoderoso, pero no les revelé mi verdadero nombre, que es el SEÑOR.ᵃ ⁴También con ellos confirmé mi *pacto de darles la tierra de Canaán, donde residieron como forasteros. ⁵He oído además el quejido de los israelitas, a quienes los egipcios han esclavizado, y he recordado mi pacto.

⁶»Así que ve y di a los israelitas: "Yo soy el SEÑOR, y voy a quitarles de encima la opresión de los egipcios. Voy a librarlos de su esclavitud; voy a liberarlos con gran despliegue de poder y con grandes actos de *justicia. ⁷Haré de ustedes mi pueblo y yo seré su Dios. Así sabrán que yo soy el SEÑOR su Dios, que los libró de la opresión de los egipcios. ⁸Y los llevaré a la tierra que juré solemnemente con la mano en alto dar a Abraham, Isaac y Jacob. Yo, el SEÑOR, les daré a ustedes posesión de ella"».

⁹Moisés dio a conocer esto a los israelitas, pero por su desánimo y las penurias de su esclavitud ellos no hicieron caso.

¹⁰Entonces el SEÑOR habló con Moisés y dijo:

¹¹—Ve y habla con el faraón, el rey de Egipto. Dile que deje salir de su país a los israelitas.

¹²Pero Moisés respondió al SEÑOR:

—¿Y cómo va a hacerme caso el faraón si ni siquiera los israelitas me creen? Además, no tengo facilidad de palabra.ᵇ

Descendientes de Rubén, Simeón y Leví

¹³En otra ocasión el SEÑOR habló con Moisés y Aarón acerca de los israelitas y del faraón, rey egipcio, y les ordenó sacar de Egipto a los israelitas.

¹⁴ Estos fueron los jefes de las familias patriarcales:

Los hijos de Rubén, primogénito de Israel:
Janoc, Falú, Jezrón y Carmí.
Estos fueron los clanes de Rubén.

¹⁵ Los hijos de Simeón:
Jemuel, Jamín, Oad, Jaquín, Zojar y Saúl, hijo de la cananea.
Estos fueron los clanes de Simeón.

¹⁶ Según los registros familiares, estos son los nombres de los hijos de Leví, quien vivió ciento treinta y siete años:
Guersón, Coat y Merari.
¹⁷ Los hijos de Guersón, según sus clanes:
Libní y Simí.
¹⁸ Los hijos de Coat, quien vivió ciento treinta y tres años:
Amirán, Izar, Hebrón y Uziel.
¹⁹ Los hijos de Merari:
Majlí y Musí.
Estos fueron los clanes de Leví, según sus registros familiares.

²⁰ Amirán, que vivió ciento treinta y siete años, se casó con su tía Jocabed, la cual le dio dos hijos, Aarón y Moisés.
²¹ Los hijos de Izar:
Coré, Néfeg y Zicri.
²² Los hijos de Uziel:
Misael, Elzafán y Sitri.
²³ Aarón se casó con Elisabet, hija de Aminadab y hermana de Naasón, y ella le dio cuatro hijos:
Nadab, Abiú, Eleazar e Itamar.

²⁴ Los hijos de Coré:

Asir, Elcaná y Abiasaf.
Estos fueron los clanes de Coré.

²⁵ Eleazar, hijo de Aarón, se casó con una de las hijas de Futiel, la cual le dio un hijo, Finés.

Estos fueron los jefes de los clanes levitas en orden de familias.

²⁶Aarón y Moisés son los mismos a quienes el SEÑOR mandó que sacaran de Egipto a los israelitas, ordenados en escuadrones. ²⁷Son ellos quienes hablaron con el faraón, rey egipcio, en cuanto a sacar de Egipto a los israelitas.

Aarón, vocero de Moisés

²⁸Cuando el SEÑOR habló con Moisés en Egipto, ²⁹le dijo:

—Yo soy el SEÑOR. Habla con el faraón, rey de Egipto, y comunícale todo lo que yo te diga.

³⁰Pero Moisés respondió al SEÑOR:

—¿Y cómo va a hacerme caso el faraón si yo no tengo facilidad de palabra?

7—Toma en cuenta —dijo el SEÑOR a Moisés—, que te pongo por Dios ante el faraón. Tu hermano Aarón será tu profeta. ²Tu obligación es decir todo lo que yo te ordene que digas; tu hermano Aarón, por su parte, pedirá al faraón que deje salir de su país a los israelitas. ³Yo endureceré el corazón del faraón y, aunque haré muchas señales milagrosas y prodigios en Egipto, ⁴él no les hará caso. Entonces descargaré mi poder sobre Egipto; ¡con grandes actos de *justicia sacaré de allí a los escuadrones de mi pueblo, los israelitas! ⁵Y cuando yo despliegue mi poder contra Egipto y saque de allí a los israelitas, sabrán los egipcios que yo soy el SEÑOR.

⁶Moisés y Aarón cumplieron al pie de la letra las órdenes del SEÑOR. ⁷Cuando hablaron con el faraón, Moisés tenía ochenta años y Aarón ochenta y tres.

La vara de Moisés

⁸El SEÑOR dijo a Moisés y a Aarón: ⁹«Cuando el faraón les pida que hagan un milagro, dirás a Aarón que tome la vara y la tire al suelo ante el faraón. Así la vara se convertirá en serpiente».

¹⁰Moisés y Aarón fueron a ver al faraón y cumplieron las órdenes del SEÑOR. Aarón tiró su vara al suelo ante el faraón y sus funcionarios, y la vara se convirtió en serpiente. ¹¹Pero el faraón llamó a los sabios y hechiceros y, mediante sus artes secretas, también los magos egipcios hicieron lo mismo: ¹²Cada uno de ellos tiró su vara al suelo y cada vara se convirtió en una serpiente. Sin embargo, la vara de Aarón se tragó las varas de todos ellos. ¹³A pesar de esto, y tal como lo había advertido el SEÑOR, el corazón del faraón se endureció y no les hizo caso.

La plaga de sangre

¹⁴El SEÑOR dijo a Moisés: «El corazón del faraón se ha endurecido y se niega a dejar salir al pueblo. ¹⁵Ve a verlo por la mañana, cuando salga a bañarse. Espéralo a orillas del río Nilo y sal luego a su encuentro. No dejes de llevar la vara que se convirtió en serpiente. ¹⁶Dile allí: "El SEÑOR, Dios de los hebreos, me ha enviado a decirte: '¡Deja ir a mi pueblo para que me rinda culto en el desierto!'. Como no has querido obedecer, ¹⁷el SEÑOR dice: '¡Ahora vas a saber que yo soy el SEÑOR!'. Con esta vara que llevo en la mano voy a golpear las aguas del Nilo y el río se convertirá en sangre. ¹⁸Morirán los peces que hay en el

---

ᵃ 3 Véase nota en 3:15.   ᵇ 12 no tengo facilidad de palabra.
Lit. *soy incircunciso de labios*; también en v. 30.

río; entonces el río apestará y los egipcios no podrán beber agua de allí"».

¹⁹Dijo también el SEÑOR a Moisés: «Dile a Aarón que tome su vara y extienda el brazo sobre las aguas de Egipto, para que se conviertan en sangre sus ríos y canales, sus lagunas y depósitos de agua. Habrá sangre por todo el territorio de Egipto, ¡hasta en las vasijas de madera y de piedra!».

²⁰Moisés y Aarón cumplieron las órdenes del SEÑOR. En presencia del faraón y de sus funcionarios, Aarón levantó su vara y golpeó las aguas del Nilo. ¡Y toda el agua del río se convirtió en sangre! ²¹Murieron los peces que había en el Nilo y tan mal olía el río que los egipcios no podían beber agua de allí. Por todo Egipto se veía sangre.

²²Sin embargo, mediante sus artes secretas los magos egipcios hicieron lo mismo, de modo que el corazón del faraón se endureció y, tal como el SEÑOR lo había advertido, no hizo caso ni a Aarón ni a Moisés. ²³Como si nada hubiera pasado, se dio media vuelta y regresó a su palacio. ²⁴Mientras tanto, todos los egipcios hacían pozos a la orilla del Nilo en busca de agua potable, porque no podían beber el agua del río.

La plaga de ranas

²⁵Siete días pasaron después de que el SEÑOR golpeó el Nilo. ¹El SEÑOR ordenó a Moisés: «Ve a advertirle al faraón que así dice el SEÑOR: "Deja ir a mi pueblo para que me rinda culto. ²Si no los dejas ir, infestaré de ranas todo tu país. ³El Nilo hervirá de ranas y estas se meterán en tu palacio, en tu alcoba y en tu cama. También entrarán en las casas de tus funcionarios y de tu pueblo, en tus hornos y bandejas de amasar. ⁴Se treparán sobre ti, sobre tu pueblo y sobre tus funcionarios"».

⁵Luego el SEÑOR dijo a Moisés: «Dile a Aarón que extienda su vara sobre ríos, canales y lagunas, para que todo Egipto se llene de ranas».

⁶Aarón extendió su brazo sobre las aguas de Egipto, y las ranas llegaron a cubrir todo el país. ⁷Pero mediante sus artes secretas, los magos hicieron lo mismo, de modo que hicieron venir ranas sobre todo Egipto. ⁸Entonces el faraón mandó llamar a Moisés y a Aarón y les dijo:

—Ruéguenle al SEÑOR que aleje las ranas de mí y de mi pueblo, y yo dejaré ir al pueblo para que le ofrezca sacrificios.

⁹Moisés respondió:

—Dime cuándo quieres que ruegue por ti, por tus funcionarios y por tu pueblo. Las ranas se quedarán solo en el Nilo. Así tú y tus casas se librarán de ellas.

¹⁰—Mañana mismo —contestó el faraón.

—Así se hará —respondió Moisés—, para que reconozcas que no hay ninguno como el SEÑOR nuestro Dios. ¹¹Las ranas se apartarán de ti y de tus casas, de tus funcionarios y de tu pueblo, y se quedarán únicamente en el Nilo.

¹²Tan pronto como salieron Moisés y Aarón de hablar con el faraón, Moisés clamó al SEÑOR en cuanto a las ranas que había mandado sobre el faraón. ¹³El SEÑOR atendió los ruegos de Moisés y las ranas comenzaron a morirse en las casas, en los patios y en los campos. ¹⁴La gente las recogía y las amontonaba, y el hedor de las ranas llenaba el país. ¹⁵Pero en cuanto el faraón experimentó alivio, endureció su corazón y, tal como el SEÑOR lo había advertido, ya no quiso saber nada de Moisés ni de Aarón.

La plaga de mosquitos

¹⁶El SEÑOR ordenó a Moisés que dijera a Aarón: «Extiende tu vara y golpea el suelo, para que en todo Egipto el polvo se convierta en mosquitos». ¹⁷Así lo hizo. Y Aarón extendió su brazo, golpeó el suelo con la vara, y del polvo salieron mosquitos que picaban a ˙hombres y animales. En todo Egipto el polvo se convirtió en mosquitos.

¹⁸Los magos, recurriendo a sus artes secretas, trataron también de producir mosquitos, pero no pudieron. Mientras tanto, los mosquitos picaban a hombres y animales. ¹⁹«Este es el dedo de Dios», admitieron los magos ante el faraón, pero este había endurecido su corazón; así que no hizo caso, tal como el SEÑOR lo había advertido.

La plaga de tábanos

²⁰El SEÑOR dijo a Moisés: «Mañana vas a madrugar. Le saldrás al paso al faraón cuando baje al río y le advertirás: "Así dice el SEÑOR: 'Deja ir a mi pueblo para que me rinda culto. ²¹Si no lo dejas ir, enviaré enjambres de tábanos sobre ti y sobre tus funcionarios, sobre tu pueblo y sobre tus casas. Todas las casas egipcias, y aun el suelo que pisan, se llenarán de tábanos.

²²"'Cuando eso suceda, la única región donde no habrá tábanos será la de Gosén, porque allí vive mi pueblo. Así sabrás que yo, el SEÑOR, estoy en este país. ²³Haré distinción*a* entre mi pueblo y tu pueblo. Esta señal milagrosa tendrá lugar mañana'"».

²⁴Y así lo hizo el SEÑOR. Densas nubes de tábanos irrumpieron en el palacio del faraón y en las casas de sus funcionarios y por todo Egipto. Por causa de los tábanos, el país quedó arruinado. ²⁵Llamó entonces el faraón a Moisés y a Aarón y les dijo:

—Vayan y ofrezcan sacrificios a su Dios aquí en el país.

²⁶—No estaría bien hacerlo así —contestó Moisés—, porque los sacrificios que ofrecemos al SEÑOR nuestro Dios resultan ofensivos para los egipcios. Si a la vista de ellos ofrecemos sacrificios que les son ofensivos, seguramente nos apedrearán. ²⁷Tenemos que hacer un viaje de tres días, hasta el desierto, para ofrecerle sacrificios al SEÑOR nuestro Dios, pues así nos lo ha ordenado.

²⁸El faraón respondió:

—Voy a dejarlos ir para que ofrezcan sacrificios al SEÑOR su Dios en el desierto, con tal de que no se vayan muy lejos y de que rueguen a Dios por mí.

²⁹—En cuanto salga de aquí —aseguró Moisés al faraón—, rogaré al SEÑOR, y de aquí a mañana los tábanos se habrán apartado de ti, de tus funcionarios y de tu pueblo. Pero tú no debes seguir engañándonos ni impidiendo que el pueblo vaya a ofrecerle sacrificios al SEÑOR.

³⁰Así que Moisés salió y rogó al SEÑOR, ³¹y el SEÑOR accedió a los ruegos de Moisés: apartó los tábanos del faraón, de sus funcionarios y de su pueblo. No quedó un solo tábano. ³²Pero una vez más el faraón endureció su corazón y no dejó que el pueblo se fuera.

La plaga en el ganado

⁹El SEÑOR ordenó a Moisés que fuera a hablar con el faraón y le advirtiera: «Así dice el SEÑOR, Dios de los hebreos: "Deja ir a mi pueblo para que me rinda culto". ²Si te niegas a dejarlos ir y sigues reteniéndolos, ³la mano del SEÑOR provocará una terrible plaga entre los ganados que tienes en el campo y entre tus caballos, asnos, camellos, vacas y ovejas. ⁴Pero el SEÑOR hará distinción entre el ganado de Israel y el de Egipto, de modo que no morirá un solo animal que pertenezca a los israelitas».

⁵Además, el SEÑOR fijó un plazo y dijo: «Mañana yo, el SEÑOR, haré esto en el país». ⁶En efecto, al día siguiente así lo hizo el SEÑOR. Murió todo el ganado de los egipcios, pero del ganado de los israelitas no

---

a **23** *distinción* (LXX, Siríaca y Vulgata); *liberación* (TM).

murió ni un solo animal. [7]Envió el faraón gente a ver los ganados de los israelitas y se encontraron con que ni un solo animal había muerto. Sin embargo, el faraón había endurecido su corazón y no quiso dejar ir al pueblo.

La plaga de úlceras

[8]Entonces el SEÑOR dijo a Moisés y a Aarón: «Tomen de algún horno puñados de ceniza, y que la arroje Moisés al aire en presencia del faraón. [9]La ceniza se convertirá en polvo fino y caerá sobre todo Egipto; esta abrirá úlceras en personas y animales en todo el país».

[10]Moisés y Aarón tomaron ceniza de un horno y se plantaron ante el faraón. Allí Moisés la arrojó al aire y se abrieron úlceras purulentas en personas y animales. [11]Los magos no pudieron enfrentarse a Moisés, pues ellos y todos los egipcios tenían úlceras. [12]Pero el SEÑOR endureció el corazón del faraón y, tal como el SEÑOR se lo había advertido a Moisés, no quiso el faraón saber nada de Moisés ni de Aarón.

La plaga de granizo

[13]El SEÑOR ordenó a Moisés madrugar al día siguiente y salirle al paso al faraón para advertirle: «Así dice el SEÑOR y Dios de los hebreos: "Deja ir a mi pueblo para que me rinda culto. [14]Porque esta vez voy a enviar el grueso de mis plagas contra ti, y contra tus funcionarios y tu pueblo, para que sepas que no hay en toda la tierra nadie como yo. [15]Si en este momento desplegara yo mi poder, y a ti y a tu pueblo los azotara con una plaga, desaparecerían de la tierra. [16]Pero te he dejado con vida precisamente para mostrarte mi poder y para que mi ˙nombre sea proclamado por toda la tierra. [17]Tú, sin embargo, sigues enfrentándote a mi pueblo y no quieres dejarlo ir. [18]Por eso mañana a esta hora enviaré la peor granizada que haya caído en Egipto desde su fundación. [19]Ordena inmediatamente que se pongan bajo techo tus ganados y todo lo que tengas en el campo, lo mismo personas que animales, porque el granizo caerá sobre los que anden al aire libre y los matará"».

[20]Algunos funcionarios del faraón temieron la palabra del SEÑOR y se apresuraron a poner bajo techo a sus esclavos y ganados, [21]pero otros no hicieron caso de la palabra del SEÑOR y dejaron en el campo a sus esclavos y ganados.

[22]Entonces el SEÑOR dijo a Moisés: «Levanta los brazos al cielo, para que en todo Egipto caiga granizo sobre la ˙gente y los animales, y sobre todo lo que crece en el campo». [23]Moisés levantó su vara hacia el cielo y el SEÑOR hizo que cayera granizo sobre todo Egipto: envió truenos, granizo y rayos sobre toda la tierra. [24]Llovió granizo y con el granizo caían rayos zigzagueantes. Nunca en toda la historia de Egipto como nación hubo una tormenta peor que esta. [25]El granizo arrasó con todo lo que había en los campos de Egipto, y con personas y animales; acabó con todos los cultivos y destrozó todos los árboles. [26]El único lugar en donde no granizó fue en la tierra de Gosén, donde estaban los israelitas.

[27]Entonces el faraón mandó llamar a Moisés y a Aarón para decirles:

—Esta vez reconozco mi pecado. El SEÑOR ha actuado con justicia, mientras yo y también mi pueblo hemos actuado mal. [28]No voy a detenerlos más tiempo; voy a dejarlos ir. Pero rueguen al SEÑOR, que truenos y granizo los hemos tenido de sobra.

[29]—En cuanto salga de la ciudad —contestó Moisés—, elevaré mis manos al SEÑOR, cesarán los truenos y dejará de granizar. Así sabrás que la tierra es del SEÑOR. [30]Sin embargo, yo sé que tú y tus funcionarios aún no tienen temor de Dios el SEÑOR.

[31]El lino y la cebada fueron destruidos, ya que la cebada estaba en espiga y el lino en flor. [32]Sin embargo, el trigo y el centeno no se echaron a perder porque maduran más tarde.

[33]Tan pronto como Moisés dejó al faraón y salió de la ciudad, elevó sus manos al SEÑOR y enseguida cesaron los truenos y dejó de granizar y de llover sobre la tierra. [34]Pero en cuanto vio el faraón que habían cesado la lluvia, el granizo y los truenos, reincidió en su pecado. Tanto él como sus funcionarios endurecieron sus corazones. [35]Tal como el SEÑOR lo había advertido por medio de Moisés, el corazón del faraón fue endurecido y ya no dejó que los israelitas se fueran.

La plaga de langostas

10 El SEÑOR dijo a Moisés: «Ve a hablar con el faraón. En realidad, soy yo quien ha endurecido el corazón del faraón y sus funcionarios, para realizar entre ellos mis señales milagrosas. [2]Lo hice para que puedas contarles a tus hijos y a tus nietos la dureza con que traté a los egipcios,[a] y las señales que realicé entre ellos. Así sabrán que yo soy el SEÑOR».

[3]Moisés y Aarón se presentaron ante el faraón y le advirtieron: «Así dice el SEÑOR y Dios de los hebreos: "¿Hasta cuándo te opondrás a humillarte en mi presencia? Deja ir a mi pueblo para que me rinda culto. [4]Si te niegas a dejarlos ir, mañana mismo traeré langostas sobre tu país. [5]De tal manera cubrirán la superficie de la tierra que no podrá verse el suelo. Se comerán lo poco que haya quedado después del granizo, y acabarán con todos los árboles que haya en los campos. [6]Infestarán tus casas, las de tus funcionarios y las de todos los egipcios. Será algo que ni tus padres ni tus antepasados vieron jamás, desde el día en que se establecieron en este país hasta la fecha"».

Dicho esto, Moisés se dio media vuelta y se retiró de la presencia del faraón.

[7]Entonces los funcionarios dijeron al faraón:

—¿Hasta cuándo este individuo será nuestra ruina? ¡Deja ir al pueblo se vaya y rinda culto al SEÑOR su Dios! ¿Acaso no sabes que Egipto está arruinado?

[8]El faraón mandó llamar a Moisés y a Aarón para decirles:

—Vayan y rindan culto al SEÑOR su Dios. Tan solo díganme quiénes van a ir.

[9]—Nos van a acompañar nuestros jóvenes y nuestros ancianos —respondió Moisés—. También nos acompañarán nuestros hijos y nuestras hijas, nuestras ovejas y vacas, pues vamos a celebrar la fiesta del SEÑOR.

[10]—Que el SEÑOR los acompañe —repuso el faraón—, ¡si es que yo dejo que se vayan con sus mujeres y sus hijos! ¡Claramente se ven sus malas intenciones![b] [11]¡Pero no será como ustedes quieren! Si lo que quieren es rendirle culto al SEÑOR, ¡vayan solo ustedes los hombres!

Y Moisés y Aarón fueron arrojados de la presencia del faraón.

[12]Entonces el SEÑOR dijo a Moisés: «Extiende los brazos sobre todo Egipto, para que vengan langostas y cubran todo el país, y se coman todo lo que crece en los campos y todo lo que dejó el granizo».

[13]Moisés extendió su vara sobre Egipto, y el SEÑOR hizo que todo ese día y toda esa noche un viento del este soplara sobre el país. A la mañana siguiente, el viento del este había traído las langostas, [14]las cuales invadieron todo Egipto y se asentaron en

---

a 2 la dureza … egipcios. Alt. *cómo me burlé de los egipcios.*
b 10 ¡Claramente … intenciones! Alt. *¡Tengan cuidado; los espera la aflicción!*

gran número por todos los rincones del país. ¡Nunca antes hubo semejante plaga de langostas ni la habrá después! ¹⁵Eran tantas las langostas que cubrían la superficie de la tierra que ni el suelo podía verse. Se comieron todas las plantas del campo y todos los frutos de los árboles que dejó el granizo. En todo Egipto no quedó nada verde, ni en los árboles ni en las plantas.

¹⁶El faraón mandó llamar a Moisés y a Aarón a toda prisa y les dijo: «He pecado contra el Señor su Dios y contra ustedes. ¹⁷Yo les pido que perdonen mi pecado una vez más, y que rueguen por mí al Señor su Dios, para que por lo menos aleje de donde yo estoy esta plaga mortal».

¹⁸En cuanto Moisés salió de la presencia del faraón, rogó al Señor, ¹⁹y el Señor hizo entonces que el viento cambiara, y que un fuerte viento del oeste se llevara las langostas y las echara al *mar Rojo.ᵃ En todo Egipto no quedó una sola langosta. ²⁰Pero el Señor endureció el corazón del faraón y este no dejó que los israelitas se fueran.

La plaga de tinieblas

²¹El Señor dijo a Moisés: «Levanta los brazos al cielo, para que todo Egipto se cubra de tinieblas, ¡tinieblas tan densas que se puedan palpar!». ²²Moisés levantó los brazos al cielo, y durante tres días todo Egipto quedó envuelto en densas tinieblas. ²³Durante ese tiempo los egipcios no podían verse unos a otros ni moverse de su sitio. Sin embargo, en todos los hogares israelitas había luz.

²⁴Entonces el faraón mandó llamar a Moisés y le dijo:

—Vayan y rindan culto al Señor. Llévense también a sus hijos, pero dejen atrás sus ovejas y sus vacas.

²⁵A esto respondió Moisés:

—¡Al contrario! Tú vas a darnos los sacrificios y *holocaustos que hemos de presentar al Señor nuestro Dios, ²⁶y además nuestro ganado tiene que ir con nosotros. ¡No puede quedarse aquí ni una sola pezuña! Para rendirle culto al Señor nuestro Dios tendremos que tomar algunos de nuestros animales, y no sabremos cuáles debemos presentar como ofrenda hasta que lleguemos allá.

²⁷Pero el Señor endureció el corazón del faraón, y este no quiso dejarlos ir, ²⁸sino que le gritó a Moisés:

—¡Largo de aquí! ¡Y cuidado con volver a presentarte ante mí! El día que vuelvas a verme, puedes darte por muerto.

²⁹—¡Bien dicho! —respondió Moisés—. ¡Jamás volveré a verte!

La plaga contra los primogénitos

11 El Señor dijo a Moisés: «Voy a traer una plaga más sobre el faraón y sobre Egipto. Después de eso, dejará que se vayan. Y cuando lo haga, los echará de aquí para siempre. ²Habla con el pueblo y diles que todos ellos, hombres y mujeres, deben pedirles a sus vecinos y vecinas objetos de oro y de plata».

³El Señor hizo que los egipcios vieran con buenos ojos a los israelitas. Además, en todo Egipto Moisés mismo era altamente respetado por los funcionarios del faraón y por el pueblo.

⁴Moisés anunció: «Así dice el Señor: "Hacia la medianoche pasaré por todo Egipto, ⁵y todo primogénito egipcio morirá: desde el primogénito del faraón que ahora ocupa el trono hasta el primogénito de la esclava que trabaja en el molino, lo mismo que todo primogénito del ganado. ⁶En todo Egipto habrá grandes lamentos, como no los ha habido ni volverá

a haberlos. ⁷Pero entre los israelitas, ni los perros ladrarán a persona o animal alguno". Así sabrán que el Señor hace distinción entre Egipto e Israel. ⁸Todos estos funcionarios tuyos vendrán a verme y de rodillas me suplicarán: "¡Vete ya, con todo el pueblo que te sigue!". Cuando esto suceda, me iré».

Y ardiendo de ira, salió Moisés de la presencia del faraón, ⁹aunque ya el Señor había advertido a Moisés que el faraón no iba a hacer caso, que tenía que ser así para que las maravillas del Señor se multiplicaran en Egipto.

¹⁰Moisés y Aarón realizaron ante el faraón todas estas maravillas; pero el Señor endureció el corazón del faraón, y este no dejó salir de su país a los israelitas.

La Pascua

12:14-20 – Lv 23:4-8; Nm 28:16-25; Dt 16:1-8

12 En Egipto el Señor habló con Moisés y Aarón. Les dijo: ²«Este mes será para ustedes el primero; será el primer mes del año. ³Hablen con toda la comunidad de Israel y díganles que el día décimo de este mes todos ustedes tomarán un cordero o un cabrito por familia, uno por cada casa. ⁴Si alguna familia es demasiado pequeña para comerse un cordero o un cabrito entero, deberá compartirlo con sus vecinos más cercanos, teniendo en cuenta el número de personas que sean y las raciones de cordero que se necesiten, según lo que cada persona haya de comer. ⁵El animal que se escoja puede ser un cordero o un cabrito de un año y sin defecto, ⁶al que cuidarán hasta el catorce del mes, día en que la comunidad de Israel en pleno lo sacrificará al caer la noche. ⁷Tomarán luego algo de esa sangre y la untarán en los dos postes y en el dintel de la puerta de la casa donde coman el cordero. ⁸Deberán comer la carne esa misma noche, asada al fuego y acompañada de hierbas amargas y pan sin levadura. ⁹No deberán comerla cruda ni hervida, sino asada al fuego, junto con la cabeza, las patas y los intestinos. ¹⁰Y no deben dejar nada para mañana. En caso de que algo quede, lo quemarán al día siguiente. ¹¹Comerán el cordero de este modo: con el manto ceñido a la cintura, con las sandalias puestas, con vara en la mano y de prisa. Se trata de la Pascua del Señor.

¹²»Esa misma noche pasaré por todo Egipto y heriré de muerte a todos los primogénitos, tanto de personas como de animales, y ejecutaré mi sentencia contra todos los dioses de Egipto. Yo soy el Señor. ¹³La sangre servirá para señalar las casas donde ustedes se encuentren, pues al verla pasaré de largo. Así, cuando hiera de muerte a los egipcios, no los tocará a ustedes ninguna plaga destructora.

¹⁴»Este es un día que deberán conmemorar. Es una fiesta en honor del Señor, y las generaciones futuras deberán celebrarla —será un estatuto perpetuo. ¹⁵Durante siete días comerán pan sin levadura, de modo que deben retirar de sus casas la levadura el primer día. Todo el que coma algo con levadura desde el día primero hasta el séptimo será eliminado de Israel. ¹⁶Celebrarán una asamblea sagrada el día primero y otra el día séptimo. En todo ese tiempo no harán ningún trabajo, excepto preparar los alimentos que cada uno haya de comer. Solo eso podrán hacer.

¹⁷»Celebrarán la Fiesta de los Panes sin levadura, porque fue ese día cuando los saqué de Egipto formados en escuadrones. Celebrarán ese día como un estatuto perpetuo para las generaciones futuras. ¹⁸Comerán pan sin levadura desde la tarde del día catorce del mes primero hasta la tarde del día veintiuno del mismo mes. ¹⁹Durante siete días no tendrán levadura en sus casas. Todo el que coma algo con levadura, sea extranjero o israelita, será eliminado de

---

ᵃ **19** Lit. *mar de las Cañas*. Término con el que se designa en la Biblia al mar Rojo en su parte septentrional.

la comunidad de Israel. ²⁰No coman nada que tenga levadura. Dondequiera que vivan ustedes, comerán pan sin levadura».

²¹Convocó entonces Moisés a todos los jefes israelitas y dijo: «Vayan enseguida a sus rebaños, escojan el cordero para sus respectivas familias y mátenlo para celebrar la Pascua. ²²Tomen luego un manojo de ramas de *hisopo, mójenlo en la sangre recogida en la vasija, unten de sangre el dintel y los dos postes de la puerta, ¡y no salga ninguno de ustedes de su casa hasta la mañana siguiente! ²³Cuando el SEÑOR pase por el país para herir de muerte a los egipcios, verá la sangre en el dintel y en los postes de la puerta, y pasará de largo por esa casa. No permitirá el SEÑOR que el exterminador entre en las casas de ustedes y los hiera.

²⁴»Obedezcan estas instrucciones. Será un estatuto perpetuo para ustedes y para sus hijos. ²⁵Cuando entren en la tierra que el SEÑOR les ha prometido darles, ustedes seguirán celebrando esta ceremonia. ²⁶Y cuando sus hijos les pregunten: "¿Qué significa para ustedes esta ceremonia?", ²⁷responderán: "Este sacrificio es la Pascua del SEÑOR, que en Egipto pasó de largo por las casas israelitas. Hirió de muerte a los egipcios, pero salvó la vida de nuestras familias"».

Al oír esto, los israelitas se postraron y adoraron al SEÑOR, ²⁸luego fueron y cumplieron al pie de la letra lo que el SEÑOR había ordenado a Moisés y a Aarón.

Muerte de los primogénitos egipcios

²⁹A medianoche el SEÑOR hirió de muerte a todos los primogénitos egipcios, desde el primogénito del faraón en el trono hasta el primogénito del preso en la cárcel, así como a las primeras crías del ganado. ³⁰Todos en Egipto se levantaron esa noche, lo mismo el faraón que sus funcionarios, y hubo grandes lamentos en el país. No había una sola casa egipcia donde no hubiera algún muerto.

El éxodo

³¹Esa misma noche, mandó llamar el faraón a Moisés y a Aarón y les ordenó: «¡Largo de aquí! ¡Aléjense de mi pueblo ustedes y los israelitas! ¡Vayan a adorar al SEÑOR, como lo han estado pidiendo! ³²¡Llévense también sus ovejas y sus vacas, como lo han pedido, ¡pero váyanse ya, que para mí será una bendición!».

³³El pueblo egipcio, por su parte, instaba a los israelitas a que abandonaran pronto el país. «De lo contrario —decían—, ¡podemos darnos por muertos!». ³⁴Entonces los israelitas tomaron las bandejas de masa todavía sin leudar y, luego de envolverlas en sus ropas, se las echaron al hombro. ³⁵Después, siguiendo las instrucciones que Moisés había dado, pidieron a los egipcios que les dieran objetos de oro y de plata, y también ropa. ³⁶El SEÑOR hizo que los egipcios vieran con buenos ojos a los israelitas, así que les dieron todo lo que pedían. De este modo, los israelitas despojaron por completo a los egipcios.

³⁷Los israelitas partieron de Ramsés, en dirección a Sucot. Sin contar a las mujeres y a los niños, eran unos seiscientos mil hombres de a pie. ³⁸Con ellos salió también toda clase de gente y grandes manadas de ganado, tanto de ovejas como de vacas. ³⁹Con la masa que sacaron de Egipto cocieron panes sin levadura. Como los echaron de Egipto, la masa aún no había fermentado. Como los echaron de Egipto, no tuvieron tiempo de preparar comida.

⁴⁰Los israelitas habían vivido en Egipto*ᵃ* cuatrocientos treinta años. ⁴¹Precisamente el día en que se cumplían los cuatrocientos treinta años, todos los escuadrones del SEÑOR salieron de Egipto. ⁴²Aquella noche el SEÑOR la pasó en vela para sacar de Egipto a los israelitas. Por eso también las generaciones

futuras de israelitas deben pasar esa noche en vela, en honor del SEÑOR.

Restricciones para la Pascua

⁴³El SEÑOR dijo a Moisés y a Aarón: «Este es el estatuto para la Pascua:

»Ningún extranjero podrá participar de ella.

⁴⁴»Podrán participar de ella todos los esclavos que hayas comprado con tu dinero, siempre y cuando los hayas circuncidado antes.

⁴⁵»Ningún residente temporal ni jornalero podrá participar de ella.

⁴⁶»La Pascua deberá comerse en casa y de allí no se sacará ni un solo pedazo de carne. Tampoco se quebrará ningún hueso al animal sacrificado.

⁴⁷»Toda la comunidad de Israel debe celebrar la Pascua.

⁴⁸»Todo extranjero que viva entre ustedes y quiera celebrar la Pascua del SEÑOR deberá primero circuncidar a todos los varones de su familia; solo entonces podrá participar de la Pascua como si fuera nativo del país.

»Ningún incircunciso podrá participar de ella.

⁴⁹»La misma ley se aplicará al nativo y al extranjero que viva entre ustedes».

⁵⁰Todos los israelitas cumplieron al pie de la letra lo que el SEÑOR había ordenado a Moisés y a Aarón. ⁵¹Ese mismo día el SEÑOR sacó de Egipto a los israelitas, escuadrón por escuadrón.

Consagración de los primogénitos israelitas

13 El SEÑOR habló con Moisés y le dijo: ²«Conságrame el primogénito de todo vientre. Míos son todos los primogénitos israelitas y todos los primeros machos de sus animales».

³Moisés dijo al pueblo: «Acuérdense de este día en que salen de Egipto, país donde los esclavos y de donde el SEÑOR los saca desplegando su poder. No coman pan con levadura. ⁴Ustedes salen hoy, en el mes de *aviv*, ⁵y en este mismo mes deberán celebrar esta ceremonia, cuando ya el SEÑOR los haya hecho entrar en la tierra que prometió dar a los antepasados de ustedes. Se trata de la tierra de los cananeos, hititas, amorreos, heveos y jebuseos: tierra donde abundan la leche y la miel. ⁶Durante siete días comerán pan sin levadura, y el día séptimo celebrarán una fiesta en honor al SEÑOR. ⁷En ningún lugar de su territorio debe haber nada que contenga levadura. Ni siquiera habrá levadura entre ustedes. Comerán pan sin levadura durante esos siete días.

⁸»Ese día ustedes dirán a sus hijos: "Esto lo hacemos por lo que hizo el SEÑOR por nosotros cuando salimos de Egipto". ⁹Y será para ustedes como una marca distintiva en la mano o en la frente, que les hará recordar que esta instrucción del SEÑOR debe estar en sus labios, porque el SEÑOR los sacó de Egipto con su poderosa mano. ¹⁰Año tras año, en la misma fecha, cumplirán con este estatuto.

¹¹»Una vez que el SEÑOR los haga entrar en la tierra de los cananeos y se la haya dado, conforme a la promesa que hizo a ustedes y a sus antepasados, ¹²dedicarán al SEÑOR el primogénito de todo vientre, y todo primer macho de su ganado, pues estos pertenecen al SEÑOR. ¹³El primogénito de una asna podrá ser rescatado a cambio de un cordero; pero si no se rescata, se le romperá el cuello. Todos los primogénitos de ustedes o sus descendientes deberán ser rescatados.

¹⁴»El día de mañana, cuando sus hijos pregunten: "¿Y esto qué significa?", ustedes responderán: "El

---

ᵃ **40** Según TM; según el Pentateuco Samaritano y LXX *Egipto y Canaán.*

SEÑOR, desplegando su poder, nos sacó de Egipto, país donde fuimos esclavos. [15]Cuando el faraón se empeñó en no dejarnos ir, el SEÑOR quitó la vida a todos los primogénitos de Egipto, tanto de ˘hombres como de animales. Por eso ofrecemos al SEÑOR en sacrificio el primer macho que nace y rescatamos a nuestros primogénitos". [16]Esto será para ustedes como una marca distintiva, en la mano o en la frente, de que el SEÑOR nos sacó de Egipto desplegando su poder».

El paso del mar Rojo

[17]Cuando el faraón dejó salir a los israelitas, Dios no los llevó por el camino que atraviesa la tierra de los filisteos, que era el más corto, pues pensó: «Si se les presentara batalla, podrían cambiar de idea y regresar a Egipto». [18]Por eso les hizo dar un rodeo por el camino del desierto, en dirección al ˘mar Rojo.

Los israelitas salieron de Egipto en formación de combate.

[19]Moisés se llevó consigo los restos de José, según este se lo había pedido a los israelitas bajo juramento. Estas habían sido las palabras de José: «Sin duda Dios vendrá a ayudarlos. Cuando esto ocurra, ustedes deberán llevarse de aquí mis huesos».

[20]Los israelitas partieron de Sucot y acamparon en Etam, donde comienza el desierto. [21]De día, el SEÑOR iba al frente de ellos en una columna de nube para indicarles el camino; de noche, los alumbraba con una columna de fuego. De ese modo, podían viajar de día y de noche. [22]Jamás la columna de nube dejaba de guiar al pueblo durante el día ni la columna de fuego durante la noche.

14 El SEÑOR habló con Moisés y le dijo: [2]«Ordénales a los israelitas que regresen y acampen frente a Pi Hajirot, entre Migdol y el mar. Que acampen junto al mar, frente a Baal Zefón. [3]El faraón va a pensar: "Los israelitas andan perdidos en esa tierra. ¡El desierto los tiene acorralados!". [4]Yo, por mi parte, endureceré el corazón del faraón para que los persiga. Voy a cubrirme de gloria a costa del faraón y de todo su ejército. ¡Y los egipcios sabrán que yo soy el SEÑOR!».

Así lo hicieron los israelitas.

[5]Y cuando el rey de Egipto se enteró de que el pueblo se había escapado, tanto él como sus funcionarios cambiaron de parecer en cuanto a los israelitas y dijeron: «Pero ¡qué hemos hecho! ¿Cómo pudimos dejar que se fueran los israelitas y abandonaran su trabajo?». [6]Al momento ordenó el faraón que prepararan su carro, tomó su ejército, [7]se llevó consigo seiscientos de los mejores carros y todos los demás carros de Egipto, cada uno de ellos bajo el mando de un oficial. [8]El SEÑOR endureció el corazón del faraón, rey de Egipto, para que saliera en persecución de los israelitas, los cuales marchaban con aire triunfal. [9]Todo el ejército del faraón —caballos, carros, jinetes y tropas de Egipto—, salió tras los israelitas y les dio alcance cuando estos acampaban junto al mar, cerca de Pi Hajirot y frente a Baal Zefón.

[10]El faraón iba acercándose. Cuando los israelitas se fijaron y vieron a los egipcios pisándoles los talones, sintieron mucho miedo y clamaron al SEÑOR. [11]Entonces le reclamaron a Moisés:

—¿Acaso no había sepulcros en Egipto, que nos sacaste de allá para morir en el desierto? ¿Qué has hecho con nosotros? ¿Para qué nos sacaste de Egipto? [12]Ya en Egipto te decíamos: "¡Déjanos en paz! ¡Preferimos servir a los egipcios!". ¡Mejor nos hubiera sido servir a los egipcios que morir en el desierto!

[13]—No tengan miedo —les respondió Moisés—. Mantengan sus posiciones, que hoy mismo serán testigos de la ˘salvación que el SEÑOR realizará en favor de ustedes. A esos egipcios que hoy ven, ¡jamás volverán a verlos! [14]Ustedes quédense quietos, que el SEÑOR presentará batalla por ustedes.

[15]Pero el SEÑOR dijo a Moisés: «¿Por qué clamas a mí? ¡Ordena a los israelitas que se pongan en marcha! [16]Y tú, levanta tu vara, extiende tu brazo sobre el mar y divide las aguas, para que los israelitas lo crucen sobre terreno seco. [17]Yo voy a endurecer el corazón de los egipcios, para que los persigan. Voy a cubrirme de gloria a costa del faraón y de su ejército, y de sus carros y jinetes. [18]Y cuando me haya cubierto de gloria a costa del faraón, sus carros y jinetes, los egipcios sabrán que yo soy el SEÑOR».

[19]Entonces el ángel de Dios, que marchaba al frente del ejército israelita, se dio vuelta y fue a situarse detrás de este. Lo mismo sucedió con la columna de nube, que dejó su puesto de vanguardia y se desplazó hacia la retaguardia, [20]quedando entre los egipcios y los israelitas. Durante toda la noche, la nube fue oscuridad para unos y luz para otros, así que en toda esa noche no pudieron acercarse los unos a los otros.

[21]Moisés extendió su brazo sobre el mar, y toda la noche el SEÑOR envió sobre el mar un recio viento del este que lo hizo retroceder, convirtiéndolo en tierra seca. Las aguas del mar se dividieron [22]y los israelitas lo cruzaron sobre tierra seca. El mar era para ellos una muralla de agua a la derecha y otra a la izquierda.

[23]Los egipcios los persiguieron. Todos los caballos y carros del faraón con todos sus jinetes entraron en el mar tras ellos. [24]Cuando ya estaba por amanecer, el SEÑOR miró al ejército egipcio desde la columna de fuego y de nube, y sembró la confusión entre ellos: [25]hizo que las ruedas de sus carros se atascaran, de modo que se les hacía muy difícil avanzar. Entonces exclamaron los egipcios: «¡Alejémonos de los israelitas, pues el SEÑOR está peleando por ellos y contra nosotros!».

[26]Entonces el SEÑOR dijo a Moisés: «Extiende tu brazo sobre el mar, para que las aguas se vuelvan contra los egipcios y contra sus carros y jinetes». [27]Moisés extendió su brazo sobre el mar y, al despuntar el alba, el agua volvió a su estado normal. Los egipcios, en su huida, se toparon con el mar. Así el SEÑOR los hundió en el fondo del mar. [28]Al recobrar las aguas su estado normal, se tragaron a todos los carros y jinetes del faraón, y a todo el ejército que había entrado al mar para perseguir a los israelitas. Ninguno de ellos quedó con vida.

[29]Los israelitas, sin embargo, cruzaron el mar sobre tierra seca, pues para ellos el mar formó una muralla de agua a la derecha y otra a la izquierda. [30]En ese día el SEÑOR salvó a Israel del poder de Egipto. Los israelitas vieron los cadáveres de los egipcios tendidos a la orilla del mar. [31]Y al ver los israelitas el gran poder que el SEÑOR había desplegado en contra de los egipcios, temieron al SEÑOR y creyeron en él y en su siervo Moisés.

El cántico de Moisés

15 Entonces Moisés y los israelitas entonaron un cántico en honor del SEÑOR, que decía:

> Cantaré al SEÑOR, que se ha coronado de ˘triunfo
> arrojando al mar caballos y jinetes.
>
> [2] El SEÑOR es mi fuerza y mi canción;
> ¡él es mi ˘salvación!
> Él es mi Dios y lo alabaré;
> es el Dios de mi padre y lo enalteceré.
> [3] El SEÑOR es un guerrero;
> su ˘nombre es el SEÑOR.
> [4] Él arrojó al mar
> los carros y el ejército del faraón.

Los mejores oficiales egipcios
  se ahogaron en el *mar Rojo.
⁵ Las aguas profundas se los tragaron;
  como piedras se hundieron en los abismos.
⁶ Tu diestra, SEÑOR, reveló su gran poder;
  tu diestra, SEÑOR, despedazó al enemigo.

⁷ Fue tan grande tu *victoria
  que derribaste a tus oponentes;
  diste rienda suelta a tu ardiente ira
  y fueron consumidos como rastrojo.
⁸ Bastó un soplo de tu nariz
  para que se amontonaran las aguas.
  Las olas se levantaron como un muro;
  se inmovilizaron las aguas en el fondo del mar.
⁹ «Iré tras ellos y les daré alcance
    —alardeaba el enemigo—.
  Repartiré sus despojos
    hasta quedar hastiado.
  ¡Desenvainaré la espada
    y los destruiré con mi propia mano!».
¹⁰ Pero con un soplo tuyo se los tragó el mar;
  se hundieron como plomo en las aguas
    turbulentas.
¹¹ ¿Quién, SEÑOR, se te compara entre los dioses?
  ¿Quién se te compara en grandeza y *santidad?
  Tú, Hacedor de maravillas,
  nos impresionas con tus portentos.

¹² Extendiste tu brazo derecho,
  ¡y se los tragó la tierra!
¹³ Por tu gran amor guías al pueblo que has
    rescatado;
  por tu fuerza los llevas a tu santa morada.
¹⁴ Las naciones temblarán al escucharlo;
  la angustia dominará a los filisteos.
¹⁵ Los jefes edomitas se llenarán de terror;
  temblarán de miedo los jefes de Moab.
  Los cananeos perderán el ánimo,
  ¹⁶ pues caerá sobre ellos pavor y espanto.
  Por tu gran poder, SEÑOR,
  quedarán mudos como piedras
  hasta que haya pasado tu pueblo,
  el pueblo que adquiriste para ti.
¹⁷ Tú los harás entrar y los plantarás
  en el monte que te pertenece;
  en el lugar donde tú, SEÑOR, habitas;
  en el santuario que tú, Señor, te hiciste.

¹⁸ ¡El SEÑOR reina por siempre y para siempre!

El cántico de Miriam
¹⁹ Cuando los caballos y los carros del faraón
entraron en el mar con sus jinetes,ᵃ el SEÑOR hizo
que las aguas se les vinieran encima. Los israelitas, sin embargo, cruzaron el mar sobre tierra seca.
²⁰ Entonces Miriam la profetisa, hermana de Aarón,
tomó un pandero y, mientras todas las mujeres la
seguían danzando y tocando panderos, ²¹ Miriam les
cantaba así:

  Canten al SEÑOR, que se ha coronado de *triunfo
  arrojando al mar caballos y jinetes.

Las aguas de Mara y de Elim
²² Moisés ordenó a los israelitas que partieran del
*mar Rojo y se internaran en el desierto de Sur. Y
los israelitas anduvieron tres días por el desierto sin
hallar agua. ²³ Llegaron a Mara,ᵇ lugar que se llama
así porque sus aguas son amargas, y no pudieron apagar
su sed allí. ²⁴ Comenzaron entonces a murmurar en
contra de Moisés y preguntaban: «¿Qué vamos a
beber?». ²⁵ Moisés clamó al SEÑOR y él le mostró un

pedazo de madera, el cual echó Moisés al agua y al
instante el agua se volvió dulce.
  En ese lugar el SEÑOR los puso a prueba y les dio
una regla como norma de conducta. ²⁶ Les dijo: «Yo
soy el SEÑOR su Dios. Si escuchan mi voz y hacen lo
que yo considero justo, y si cumplen mis mandamientos y estatutos, no traeré sobre ustedes ninguna
de las enfermedades que traje sobre los egipcios. Yo
soy el SEÑOR que les devuelve la salud».
  ²⁷ Después los israelitas llegaron a Elim, donde
había doce manantiales y setenta palmeras, y acamparon allí, cerca del agua.

El maná y las codornices
16 Toda la comunidad israelita partió de Elim y
llegó al desierto de Sin, que está entre Elim y el
Sinaí. Esto ocurrió a los quince días del mes segundo,
después de su salida de Egipto. ² Allí, en el desierto,
toda la comunidad murmuró contra Moisés y Aarón:
  ³ —¡Cómo quisiéramos que el SEÑOR nos hubiera
quitado la vida en Egipto! —les decían los israelitas—. Allá nos sentábamos en torno a las ollas de
carne y comíamos pan hasta saciarnos. ¡Ustedes nos
han traído a este desierto para matar de hambre a
toda la comunidad!
  ⁴ Entonces el SEÑOR dijo a Moisés: «Voy a hacer
que llueva pan del cielo. El pueblo deberá salir todos
los días a recoger su ración diaria. Voy a ponerlos a
prueba, para ver si cumplen o no mis instrucciones.
⁵ El día sexto recogerán una doble porción y todo esto
lo dejarán preparado».
  ⁶ Moisés y Aarón dijeron a todos los israelitas:
  —Esta tarde sabrán que fue el SEÑOR quien los sacó
de Egipto ⁷ y por la mañana verán la gloria
del SEÑOR. Ya él sabe que ustedes andan murmurando contra él. No somos nadie para que ustedes
murmuren contra nosotros.
  ⁸ Y añadió Moisés:
  —Esta tarde el SEÑOR les dará a comer carne, y
mañana los saciará de pan, pues ya los oyó murmurar
contra él. Porque ¿quiénes somos nosotros? ¡Ustedes
no están murmurando contra nosotros, sino contra
el SEÑOR!
  ⁹ Luego se dirigió Moisés a Aarón:
  —Dile a toda la comunidad israelita que se acerque
al SEÑOR, pues los ha oído murmurar contra él.
  ¹⁰ Mientras Aarón hablaba con toda la comunidad
israelita, volvieron la mirada hacia el desierto, y
vieron que la gloria del SEÑOR se hacía presente en
una nube.
  ¹¹ El SEÑOR habló con Moisés y le dijo: ¹² «Han llegado a mis oídos las murmuraciones de los israelitas.
Diles que antes de que caiga la noche comerán carne,
y que mañana por la mañana se hartarán de pan. Así
sabrán que yo soy el SEÑOR su Dios».
  ¹³ Esa misma tarde el campamento se llenó de
codornices, y por la mañana una capa de rocío
rodeaba el campamento. ¹⁴ Al desaparecer el rocío,
sobre el desierto quedaron unos copos muy finos,
semejantes a la escarcha que cae sobre la tierra.
¹⁵ Como los israelitas no sabían lo que era, al verlo se
preguntaban unos a otros: «¿Y esto qué es?». Moisés
les respondió:
  —Es el pan que el SEÑOR les da para comer. ¹⁶ Y
estas son las órdenes que el SEÑOR me ha dado:
"Recoja cada uno de ustedes la cantidad que necesite
para toda la familia; un gómerᶜ por persona".
  ¹⁷ Así lo hicieron los israelitas. Algunos recogieron mucho; otros recogieron poco. ¹⁸ Pero cuando lo

---

a 19 jinetes. Es decir, los conductores de los carros.   *b 23 En
hebreo, Mara significa amarga.*   *c 16 Es decir, aprox. 1.4 kg;
también en vv. 18, 32, 33 y 36.*

midieron según el gómer, ni al que recogió mucho le sobraba ni al que recogió poco le faltaba: cada uno recogió la cantidad necesaria. ¹⁹Entonces Moisés les dijo:

—Nadie debe guardar nada para el día siguiente.

²⁰Hubo algunos que no hicieron caso a Moisés y guardaron algo para el día siguiente, pero lo guardado se llenó de gusanos y comenzó a apestar. Entonces Moisés se enojó contra ellos.

²¹Todas las mañanas cada uno recogía la cantidad que necesitaba, porque se derretía en cuanto calentaba el sol. ²²Pero el día sexto recogieron el doble, es decir, dos gómer*ᵃ* por persona, así que los jefes de la comunidad fueron a informar de esto a Moisés.

²³—Esto es lo que el SEÑOR ha ordenado —les contestó—. Mañana ˙sábado es día de reposo consagrado al SEÑOR. Así que cuezan lo que tengan que cocer y hiervan lo que tengan que hervir. Lo que sobre, apártenlo y guárdenlo para mañana.

²⁴Los israelitas cumplieron las órdenes de Moisés y guardaron para el día siguiente lo que les sobró, ¡y no se pudrió ni se agusanó!

²⁵—Cómanlo hoy sábado —les dijo Moisés—, que es el día de reposo consagrado al SEÑOR. Hoy no encontrarán nada en el campo. ²⁶Deben recogerlo durante seis días, porque el día séptimo, que es sábado, no encontrarán nada.

²⁷Algunos israelitas salieron a recogerlo el día séptimo, pero no encontraron nada, ²⁸así que el SEÑOR dijo a Moisés: «¿Hasta cuándo seguirán desobedeciendo mis mandamientos e instrucciones? ²⁹Tomen en cuenta que yo, el SEÑOR, les he dado el sábado. Por eso en el día sexto les doy pan para dos días. El día séptimo nadie debe salir. Todos deben quedarse donde estén».

³⁰Fue así como los israelitas descansaron el día séptimo.

³¹Y llamaron al pan «maná».*ᵇ* Era blanco como la semilla de cilantro y dulce como las tortas con miel.

³²—Esto es lo que ha ordenado el SEÑOR —dijo Moisés—: «Tomen un gómer de maná y guárdenlo para que las generaciones futuras puedan ver el pan que yo les di a comer en el desierto, cuando los saqué de Egipto».

³³Luego Moisés dijo a Aarón:

—Toma una vasija y pon en ella un gómer de maná. Colócala después en la presencia del SEÑOR, a fin de conservarla para las generaciones futuras.

³⁴Aarón puso el maná junto a las tablas del pacto, para que fuera conservado como se lo ordenó el SEÑOR a Moisés. ³⁵Comieron los israelitas maná cuarenta años, hasta que llegaron a los límites de la tierra de Canaán, que fue su país de residencia.

³⁶La medida a la que llamaban gómer era la décima parte de un efa.*ᶜ*

El agua de la roca

17 Toda la comunidad israelita partió del desierto de Sin por etapas, según lo había ordenado el SEÑOR. Acamparon en Refidín, pero no había allí agua para que bebieran, ²así que discutieron con Moisés.

—Danos agua para beber —le exigieron.

—¿Por qué discuten conmigo? —se defendió Moisés—. ¿Por qué provocan al SEÑOR?

³Pero los israelitas estaban sedientos, y murmuraron contra Moisés.

—¿Para qué nos sacaste de Egipto? —reclamaban—. ¿Solo para matarnos de sed a nosotros, a nuestros hijos y a nuestro ganado?

⁴Clamó entonces Moisés al SEÑOR y dijo:

—¿Qué voy a hacer con este pueblo? ¡Solo falta que me maten a pedradas!

⁵—Adelántate al pueblo —le aconsejó el SEÑOR— y llévate contigo a algunos jefes de Israel, pero lleva también la vara con que golpeaste el Nilo. Ponte en marcha, ⁶que yo estaré esperándote junto a la roca que está en Horeb. Dale un golpe a la roca, y de ella brotará agua para que beba el pueblo.

Así lo hizo Moisés, a la vista de los jefes de Israel. ⁷Además, a ese lugar lo llamó Masá,*ᵈ* y también Meribá,*ᵉ* porque los israelitas habían probado al SEÑOR y altercado con él, al decir: «¿Está o no está el SEÑOR entre nosotros?».

Derrota de los amalecitas

⁸Los amalecitas vinieron a Refidín y atacaron a los israelitas. ⁹Entonces Moisés ordenó a Josué: «Escoge algunos de nuestros hombres y sal a combatir a los amalecitas. Mañana yo estaré en la cima de la colina con la vara de Dios en la mano».

¹⁰Josué siguió las órdenes de Moisés y presentó batalla a los amalecitas. Por su parte, Moisés, Aarón y Hur subieron a la cima de la colina. ¹¹Mientras Moisés mantenía los brazos*ᶠ* en alto, la batalla se inclinaba en favor de los israelitas; pero cuando los bajaba, se inclinaba en favor de los amalecitas. ¹²Cuando a Moisés se le cansaron los brazos, tomaron una piedra y se la pusieron debajo para que se sentara en ella. Luego Aarón y Hur sostuvieron sus brazos, uno el izquierdo y otro el derecho, y así Moisés pudo mantenerlos firmes hasta la puesta del sol. ¹³Fue así como Josué derrotó al ejército amalecita a filo de espada.

¹⁴Entonces el SEÑOR dijo a Moisés: «Pon esto por escrito en un rollo para que se recuerde, y que lo oiga bien Josué: Yo borraré por completo, bajo el cielo, todo rastro de los amalecitas».

¹⁵Moisés edificó un altar y lo llamó «El SEÑOR es mi estandarte». ¹⁶Y exclamó: «porque levantó su mano contra*ᵍ* el trono del SEÑOR,*ʰ* la guerra del SEÑOR contra Amalec será de generación en generación».

Jetro visita a Moisés

18 Todo lo que Dios había hecho por Moisés y por su pueblo Israel, y la manera como el SEÑOR había sacado a Israel de Egipto, llegó a oídos de Jetro, sacerdote de Madián y suegro de Moisés.

²Cuando Moisés despidió a Séfora, su esposa, Jetro la recibió a ella ³y a sus dos hijos. Uno de ellos se llamaba Guersón,*ⁱ* porque dijo Moisés: «Soy un extranjero en tierra extraña»; ⁴el otro se llamaba Eliezer,*ʲ* porque dijo: «El Dios de mi padre me ayudó y me salvó de la espada del faraón».

⁵Jetro fue al desierto para ver a Moisés, que estaba acampando junto a la montaña de Dios. Lo acompañaban la esposa y los hijos de Moisés. ⁶Jetro le había avisado: «Yo, tu suegro Jetro, voy a verte. Me acompañan tu esposa y sus dos hijos».

⁷Moisés salió al encuentro de su suegro, se postró ante él y lo besó. Luego de intercambiar saludos y desearse lo mejor, entraron en la tienda de campaña. ⁸Allí Moisés contó a su suegro todo lo que el SEÑOR había hecho al faraón y a los egipcios en favor de Israel, todas las dificultades con que se habían encontrado en el camino, y cómo el SEÑOR los había salvado.

⁹Jetro se alegró de saber que el SEÑOR había tratado bien a Israel y lo había rescatado del poder de

---

ᵃ 22 Es decir, aprox. 3 kg. *ᵇ* 31 En hebreo, *maná* significa *¿Qué es?* (Véase v. 15). *ᶜ* 36 Es decir, aprox. 1.6 kg. *ᵈ* 7 En hebreo, *Masá* significa *prueba* o *provocación*. *ᵉ* 7 En hebreo, *Meribá* significa *altercado*. *ᶠ* 11 *los brazos* (las versiones antiguas); *el brazo* (TM). *ᵍ* 16 O *hacia*. *ʰ* 16 El significado del hebreo en esta frase es incierto. *ⁱ* 3 En hebreo, *Guersón* suena como la frase que significa *extranjero allí*. *ʲ* 4 En hebreo, *Eliezer* significa *mi Dios es mi ayuda*.

los egipcios 10y exclamó: «¡Alabado sea el SEÑOR, que los salvó a ustedes del poder de los egipcios! ¡Alabado sea el que salvó a los israelitas del poder opresor del faraón! 11Ahora sé que el SEÑOR es más grande que todos los dioses, por lo que hizo a quienes trataron a Israel con arrogancia». 12Dicho esto, Jetro presentó a Dios un *holocausto y otros sacrificios, y Aarón y todos los jefes de Israel se sentaron a comer con el suegro de Moisés en presencia de Dios.

13Al día siguiente, Moisés ocupó su lugar como juez del pueblo, y los israelitas estuvieron de pie ante Moisés desde la mañana hasta la noche. 14Cuando su suegro vio cómo procedía Moisés con el pueblo, dijo:

—¡Pero qué es lo que haces con esta gente! ¿Cómo es que solo tú te sientas, mientras todo este pueblo se queda de pie ante ti desde la mañana hasta la noche?

15—Es que el pueblo viene a verme para consultar a Dios —contestó Moisés—. 16Cuando tienen algún problema, me lo traen a mí para que yo dicte sentencia entre las dos partes. Además, les doy a conocer las enseñanzas y las leyes de Dios.

17—No está bien lo que estás haciendo —le respondió su suegro—, 18pues te cansas tú y se cansa la gente que te acompaña. La tarea es demasiado pesada para ti; no la puedes desempeñar tú solo. 19Oye bien el consejo que voy a darte y que Dios esté contigo. Tú debes representar al pueblo ante Dios y presentarle los problemas que ellos tienen. 20A ellos los debes instruir en las leyes y en las enseñanzas de Dios, y darles a conocer la conducta que deben llevar y las obligaciones que deben cumplir. 21Elige tú mismo entre el pueblo hombres capaces y temerosos de Dios, que amen la verdad y aborrezcan las ganancias mal habidas, y nómbralos como oficiales sobre mil, cien, cincuenta y diez personas. 22Serán ellos los que sirvan como jueces de tiempo completo, atendiendo los casos sencillos, y los casos difíciles te los traerán a ti. Eso te aligerará la carga, porque te ayudarán a llevarla. 23Si pones esto en práctica y Dios así te lo ordena, podrás aguantar; el pueblo, por su parte, se irá a casa satisfecho.

24Moisés atendió a la voz de su suegro y siguió sus sugerencias. 25Escogió entre todos los israelitas hombres capaces y los puso al frente de los israelitas como oficiales sobre mil, cien, cincuenta y diez personas. 26Estos oficiales servían como jueces de tiempo completo, atendiendo los casos sencillos, pero remitiendo a Moisés los casos difíciles. 27Más tarde Moisés despidió a su suegro, quien volvió entonces a su país.

Los israelitas en el Sinaí

19 Los israelitas llegaron al desierto de Sinaí el primer día del tercer mes de haber salido de Egipto. 2Después de partir de Refidín, se internaron en el desierto de Sinaí y allí en el desierto acamparon, frente al monte, 3al cual subió Moisés para encontrarse con Dios. Y desde allí lo llamó el SEÑOR y le dijo: «Anúnciale esto al pueblo de Jacob; declárale esto al pueblo de Israel: 4"Ustedes son testigos de lo que hice con Egipto y de que los he traído hacia mí como sobre alas de águilas. 5Si ahora ustedes me son del todo obedientes y cumplen mi *pacto, serán mi propiedad exclusiva entre todas las naciones. Aunque toda la tierra me pertenece, 6ustedes serán para mí un reino de sacerdotes y una nación santa".

»Comunícales todo esto al pueblo de Israel».

7Moisés volvió y convocó a los jefes del pueblo para exponerles todas estas palabras que el SEÑOR había ordenado comunicarles, 8y todo el pueblo respondió a una sola voz: «Cumpliremos con todo lo que el SEÑOR nos ha ordenado».

Así que Moisés llevó al SEÑOR la respuesta del pueblo 9y el SEÑOR dijo:

—Voy a presentarme ante ti en medio de una densa nube, para que el pueblo me oiga hablar contigo y también tenga siempre confianza en ti.

Moisés refirió al SEÑOR lo que el pueblo le había dicho 10y el SEÑOR dijo:

—Ve y consagra al pueblo hoy y mañana. Diles que laven sus ropas 11y que se preparen para el tercer día, porque en ese mismo día yo, el SEÑOR, descenderé sobre el monte Sinaí, a la vista de todo el pueblo. 12Pon límites alrededor del monte para que el pueblo no pase. Diles que no suban al monte, y que ni siquiera pongan un pie en él, pues cualquiera que lo toque será condenado a muerte. 13Sea *hombre o animal, no quedará con vida. Quien se atreva a tocarlo, morirá a pedradas o a flechazos. Solo podrán subir al monte cuando se oiga el toque largo de la trompeta de cuerno de carnero.

14En cuanto Moisés bajó del monte, consagró al pueblo; ellos, por su parte, lavaron sus ropas. 15Luego Moisés les dijo: «Prepárense para el tercer día y absténgase de relaciones sexuales».

16En la madrugada del tercer día hubo truenos y relámpagos, y una densa nube se posó sobre el monte. Un toque muy fuerte de trompeta puso a temblar a todos los que estaban en el campamento. 17Entonces Moisés sacó del campamento al pueblo para que fuera a su encuentro con Dios, y ellos se detuvieron al pie del monte Sinaí. 18El monte estaba cubierto de humo, porque el SEÑOR había descendido sobre él en medio de fuego. Era tanto el humo que salía del monte, que parecía un horno; todo el monte se sacudía violentamente, 19y el sonido de la trompeta era cada vez más fuerte. Entonces habló Moisés y Dios le respondió en el trueno.

20El SEÑOR descendió a la cumbre del monte Sinaí y desde allí llamó a Moisés para que subiera. Cuando Moisés llegó a la cumbre, 21el SEÑOR dijo:

—Baja y advierte al pueblo que no intenten romper el cerco para verme, no sea que muchos de ellos pierdan la vida. 22Hasta los sacerdotes que se acercan a mí deben consagrarse; de lo contrario, yo arremeteré contra ellos.

23Moisés dijo al SEÑOR:

—El pueblo no puede subir al monte Sinaí, pues tú mismo nos has advertido: "Pon límites alrededor del monte y conságralo".

24El SEÑOR respondió:

—Baja y dile a Aarón que suba contigo. Pero ni los sacerdotes ni el pueblo deben romper el cerco, pues de lo contrario, yo arremeteré contra ellos.

25Moisés bajó y repitió eso mismo al pueblo.

Los diez mandamientos
20:1-17 – Dt 5:6-21

20 Dios habló y dio a conocer todas estas palabras:

2«Yo soy el SEÑOR tu Dios. Yo te saqué de Egipto, del país donde eras esclavo.

3»No tengas otros dioses además de mí.a

4No te hagas ninguna imagen, ni nada que guarde semejanza con lo que hay arriba en el cielo, ni con lo que hay abajo en la tierra, ni con lo que hay en las aguas debajo de la tierra. 5No te postres delante de ellos ni los adores. Yo, el SEÑOR tu Dios, soy un Dios celoso. Cuando los padres son malvados y me odian, yo castigo a sus hijos hasta la tercera y cuarta generación.

---

a 3 además de mí. Lit. junto a mí.

⁶Por el contrario, cuando me aman fielmente y cumplen mis mandamientos, les muestro mi amor por mil generaciones.

⁷No uses el ˙nombre del SEÑOR tu Dios en vano. Yo, el SEÑOR, no tendré por inocente a quien se atreva a usar mi nombre en vano.

⁸Acuérdate del día ˙sábado para santificarlo. ⁹Trabaja seis días y haz en ellos todo lo que tengas que hacer, ¹⁰pero el día séptimo será un día de reposo para honrar al SEÑOR tu Dios. No hagas en ese día ningún trabajo, ni tampoco tu hijo, ni tu hija, ni tu esclavo, ni tu esclava, ni tus animales, ni tampoco los extranjeros que vivan en tus ciudades.ᵃ ¹¹Porque en seis días hizo el SEÑOR los cielos y la tierra, el mar y todo lo que hay en ellos, y descansó el séptimo día. Por eso el SEÑOR bendijo y consagró el día de reposo.

¹²Honra a tu padre y a tu madre, para que disfrutes de una larga vida en la tierra que te da el SEÑOR tu Dios.

¹³No mates.

¹⁴No cometas adulterio.

¹⁵No robes.

¹⁶No des falso testimonio en contra de tu prójimo.

¹⁷No codicies la casa de tu prójimo, ni codicies su esposa, ni su esclavo, ni su esclava, ni su buey, ni su asno, ni nada que le pertenezca».

Reacción temerosa de los israelitas

¹⁸Ante ese espectáculo de truenos y relámpagos, de sonidos de trompeta y de la montaña envuelta en humo, los israelitas temblaban de miedo y se mantenían a distancia. ¹⁹Así que suplicaron a Moisés:

—Háblanos tú y te escucharemos. Si Dios nos habla, seguramente moriremos.

²⁰—No tengan miedo —les respondió Moisés—. Dios ha venido a ponerlos a prueba, para que sientan temor de él y no pequen.

²¹Entonces Moisés se acercó a la densa oscuridad en la que estaba Dios, pero los israelitas se mantuvieron a distancia.

El altar de piedra

²²El SEÑOR ordenó a Moisés:

«Diles lo siguiente a los israelitas: "Ustedes mismos han oído que les he hablado desde el cielo. ²³No hagan dioses de plata o de oro para adorarlos como a mí. ²⁴Háganme un altar de tierra y ofrézcanme sobre él sus ˙holocaustos y sacrificios de ˙comunión, sus ovejas y sus toros. Yo vendré al lugar donde les pida invocar mi ˙nombre y los bendeciré. ²⁵Si me hacen un altar de piedra, no lo construyan con piedras labradas, pues las herramientas profanan la piedra. ²⁶Y no pongan escalones a mi altar, no sea que al subir se les vea la desnudez".

Esclavos hebreos

21:2-6 – Dt 15:12-18

21 »Estas son las leyes que tú les expondrás:

²»Si alguien compra un esclavo hebreo, este le servirá durante seis años, pero en el séptimo año recobrará su libertad sin pagar nada a cambio.

³»Si el esclavo llega soltero, soltero se irá.

»Si llega casado, su esposa se irá con él. ⁴»Si el amo le da mujer al esclavo, como ella es propiedad del amo, serán también del amo los hijos o hijas que el esclavo tenga con ella. Así que el esclavo se irá solo.

⁵»Si el esclavo llega a declarar: "Yo no quiero recobrar mi libertad, pues les tengo cariño a mi amo, a

mi mujer y a mis hijos", ⁶el amo lo hará comparecer ante los jueces.ᵇ Luego lo llevará a una puerta, o al marco de una puerta, y allí le perforará la oreja con un punzón. Así el esclavo se quedará de por vida con su amo.

⁷»Si alguien vende a su hija como esclava, la muchacha no se podrá ir como los esclavos varones.

⁸»Si el amo no toma a la muchacha como mujer por no ser ella de su agrado, deberá permitir que sea rescatada. Como la rechazó, no podrá vendérsela a ningún extranjero.

⁹»Si el amo entrega la muchacha a su hijo, deberá tratarla con todos los derechos de una hija.

¹⁰»Si toma como esposa a otra mujer, no podrá privar a su primera esposa de sus derechos conyugales, ni de alimentación y vestido.

¹¹»Si no le provee esas tres cosas, la mujer podrá irse sin que se pague nada por ella.

Injurias personales

¹²»El que hiera a otro y lo mate será condenado a muerte.

¹³»Si la muerte no fue intencional, pues Dios permitió que sucediera, el asesino podrá huir al lugar que yo designaré.

¹⁴»Si el asesinato es premeditado, el asesino será condenado a muerte aun cuando busque refugio en mi altar.

¹⁵»El que mate a su padre o a su madre será condenado a muerte.

¹⁶»El que secuestre a otro y lo venda, o al ser descubierto lo tenga aún en su poder, será condenado a muerte.

¹⁷»El que maldiga a su padre o a su madre será condenado a muerte.

¹⁸»Si en una discusión alguien golpea a otro con una piedra o con el puño, y el herido no muere, pero se ve obligado a guardar cama, ¹⁹el agresor deberá indemnizar al herido por daños y perjuicios. Sin embargo, quedará libre de culpa si el herido se levanta y puede caminar por sí mismo o con la ayuda de un bastón.

²⁰»Si alguien golpea con un palo a su esclavo o a su esclava, y como resultado del golpe él o ella muere, su crimen será castigado. ²¹Pero si después de uno o dos días el esclavo se recupera, el agresor no será castigado porque el esclavo era de su propiedad.

²²»Si en una pelea alguien golpea a una mujer embarazada y su bebé nace antes de tiempo, pero nadie resulta con heridas de gravedad, se le impondrá la multa que el marido de la mujer exija y que en justicia le corresponda. ²³Pero si alguien resulta con heridas graves, esta será la indemnización: vida por vida, ²⁴ojo por ojo, diente por diente, mano por mano, pie por pie, ²⁵quemadura por quemadura, golpe por golpe, herida por herida.

²⁶»Si alguien golpea en el ojo a su esclavo o a su esclava, y se lo daña, en compensación por el ojo lo pondrá en libertad.

²⁷»Si alguien rompe un diente a su esclavo o a su esclava, en compensación por el diente lo pondrá en libertad.

²⁸»Si un toro cornea y mata a un hombre o a una mujer, se matará al toro a pedradas y no se comerá su carne. En tal caso, no se hará responsable al dueño del toro.

²⁹»Si el toro tiene la costumbre de cornear, se le matará a pedradas si llega a matar a un hombre o a una mujer. Si su dueño había advertido de la costumbre del toro, pero no lo mantuvo sujeto, también será condenado a muerte.

³⁰»Si a cambio de su vida se exige algún pago, deberá pagarlo.

ᵃ 10 en tus ciudades. Lit. dentro de tus puertas.   ᵇ 6 ante los jueces. Alt. ante Dios.

³¹»Esta misma ley se aplicará en caso de que el toro cornee a un muchacho o a una muchacha.

³²»Si el toro cornea a un esclavo o a una esclava, el dueño del toro deberá pagarle treinta siclos*a* de plata al amo del esclavo o de la esclava. El toro será apedreado.

³³»Si alguien deja abierto un pozo o cava un pozo y no lo tapa, y llegan a caerse en él un buey o un asno, ³⁴el dueño del pozo indemnizará al dueño del animal y podrá quedarse con el animal muerto.

³⁵»Si un toro cornea a otro toro y el toro corneado muere, se venderá el toro vivo, y los dos dueños se repartirán por partes iguales el dinero y el animal muerto.

³⁶»Si el toro acostumbraba a cornear y su dueño lo sabía, pero no lo mantuvo amarrado, tendrá que pagar por el animal muerto con un animal vivo, pero podrá quedarse con el animal muerto.

Protección de la propiedad

22 »Si alguien roba un toro o una oveja y lo mata o lo vende, deberá devolver cinco cabezas de ganado por el toro y cuatro ovejas por la oveja.

²»Si un ladrón es sorprendido entrando en una casa y se le mata, su muerte no se considerará asesinato.

³»Si se mata al ladrón a plena luz del día, su muerte se considerará asesinato.

»El ladrón está obligado a restituir lo robado. Si no tiene con qué hacerlo, será vendido para restituir lo robado.

⁴»Si el animal robado se halla en su poder y todavía con vida, deberá restituirlo doble, ya sea que se trate de un toro, un asno o una oveja.

⁵»Si alguien apacienta su ganado en un campo o en una viña, y por dejar a sus animales sueltos ellos pastan en campo ajeno, el dueño del animal deberá reparar el daño con lo mejor de su cosecha.

⁶»Si se prende fuego en pasto seco, y el fuego se propaga y quema algún trigal, o el trigo ya apilado, o algún campo sembrado, el que haya comenzado el fuego deberá reparar el daño.

⁷»Si alguien deja dinero o bienes en la casa de un amigo, y esos bienes son robados, el ladrón deberá devolver el doble, en caso de que lo atrapen.

⁸»Si no se atrapa al ladrón, el dueño de la casa deberá comparecer ante los jueces*b* para que se determine si no dispuso de los bienes del otro.

⁹»En todos los casos de posesión ilegal, las dos partes deberán llevar el asunto ante los jueces. El que sea declarado culpable deberá restituir el doble a su prójimo, ya sea que se trate de un toro, o de un asno, o de una oveja, o de ropa, o de cualquier otra cosa perdida que alguien reclame como de su propiedad.

¹⁰»Si alguien deja al cuidado de algún amigo suyo un asno, un toro, una oveja, o cualquier otro animal, y el animal muere, o sufre algún daño, o es robado sin que nadie lo vea, ¹¹el amigo del dueño jurará ante el Señor no haberse adueñado de la propiedad de su amigo. El dueño deberá aceptar ese juramento y el amigo no deberá restituirle nada.

¹²»Si el animal fue robado al amigo, este deberá indemnizar al dueño.

¹³»Si el animal fue despedazado por una fiera, el amigo no tendrá que indemnizar al dueño si presenta como evidencia los restos del animal.

¹⁴»Si alguien pide prestado un animal de algún amigo suyo, y el animal sufre algún daño o muere, no estando presente su dueño, el que lo pidió prestado deberá restituirlo.

¹⁵»Si el dueño del animal estaba presente, el que pidió prestado el animal no tendrá que pagar nada.

»Si el animal fue alquilado, el precio del alquiler cubrirá la pérdida.

Responsabilidades sociales

¹⁶»Si alguien seduce a una mujer virgen que no esté comprometida para casarse, y se acuesta con ella, deberá pagarle su precio al padre y tomarla por esposa. ¹⁷Aun si el padre se niega a entregársela, el seductor deberá pagar el precio establecido para las vírgenes.

¹⁸»No dejes con vida a ninguna hechicera.

¹⁹»Todo el que tenga relaciones sexuales con un animal será condenado a muerte.

²⁰»Todo el que ofrezca sacrificios a otros dioses, en vez de ofrecérselos al Señor, será condenado a muerte.

²¹»No maltrates ni oprimas a los extranjeros, pues también tú y tu pueblo fueron extranjeros en Egipto.

²²»No explotes a las viudas ni a los huérfanos, ²³porque, si tú y tu pueblo lo hacen y ellos me piden ayuda, yo te aseguro que atenderé a su clamor: ²⁴arderá mi furor y los mataré a ustedes a filo de espada. Y sus mujeres se quedarán viudas y sus hijos, huérfanos.

²⁵»Si uno de ustedes presta dinero a algún necesitado de mi pueblo, no deberá tratarlo como los prestamistas ni le cobrará intereses.

²⁶»Si alguien toma en prenda el manto de su prójimo, deberá devolvérselo al caer la noche. ²⁷Ese manto es lo único que tiene para abrigarse; no tiene otra cosa sobre la cual dormir. Si se queja ante mí, yo atenderé a su clamor, pues soy un Dios misericordioso.

²⁸»No blasfemes nunca contra Dios*c* ni maldigas al jefe de tu pueblo.

²⁹»No te demores en presentarme las ofrendas de tus graneros y de tus lagares.*d*

»El primogénito de tus hijos será para mí.

³⁰»También serán para mí los primogénitos de tus toros y de tus ovejas. Los dejarás con sus madres siete días, pero al octavo día me los entregarás.

³¹»Ustedes serán mi pueblo ˚santo.

»No comerán la carne de ningún animal que haya sido despedazado por las fieras. Esa carne se la echarán a los perros.

Leyes de justicia y de misericordia

23 »No divulgues informes falsos.
»No te hagas cómplice del malvado ni apoyes los testimonios del violento.

²»No imites la maldad de las mayorías.
»No te dejes llevar por la mayoría en un proceso legal.
»No perviertas la justicia tomando partido con la mayoría.

³»No seas parcial con el pobre en sus demandas legales.

⁴»Si encuentras un toro o un asno perdido, devuélvelo, aunque sea de tu enemigo.

⁵»Si ves un asno caído bajo el peso de su carga, no lo dejes así; ayúdalo, aunque sea de tu enemigo.

⁶»No tuerzas la justicia contra los pobres de tu pueblo en sus demandas legales.

⁷»Mantente al margen de cuestiones fraudulentas.
»No quites la vida al que es inocente y honrado, porque yo no absuelvo al malvado.

⁸»No aceptes soborno, porque nubla la vista y tuerce las palabras de los justos.

⁹»No opriman al extranjero, pues ya lo han experimentado en carne propia: ustedes mismos fueron extranjeros en Egipto.

---

a 32 Es decir, aprox. 345 g. *b* 8 ante los jueces. Alt. ante Dios; también en v. 9. *c* 28 No blasfemes nunca contra Dios. Alt. Nunca desprecies a los jueces. *d* 29 las ofrendas … lagares. Frase de difícil traducción.

Leyes sabáticas

[10]»Seis años sembrarás tus campos y recogerás tus cosechas, [11]pero el séptimo año no cultivarás la tierra. Déjala descansar, para que la gente pobre del pueblo obtenga de ella su alimento, y para que los animales del campo se coman lo que la gente deje.

»Haz lo mismo con tus viñas y con tus olivares.

[12]»Seis días trabajarás, pero el día séptimo descansarán tus bueyes y tus asnos, y recobrarán sus fuerzas los esclavos nacidos en casa y los extranjeros.

[13]»Cumplan con todo lo que he ordenado.

»No invoquen los *nombres de otros dioses. Jamás los pronuncien.

Las tres fiestas anuales

[14]»Tres veces al año harás fiesta en mi honor.

[15]»La fiesta de los Panes sin levadura la celebrarás en el mes de *avív*, que es la fecha establecida. Fue en ese mes cuando ustedes salieron de Egipto. De acuerdo con mis instrucciones, siete días comerán pan sin levadura.

»Nadie se presentará ante mí con las manos vacías.

[16]»La fiesta de la cosecha la celebrarás cuando recojas las *primicias de tus siembras.

»La fiesta de recolección de fin de año la celebrarás cuando recojas tus cosechas.

[17]»Tres veces al año todo varón se presentará ante mí, su SEÑOR y Dios.

[18]»No mezcles con levadura la sangre del sacrificio que me ofrezcas.

»No guardes para la mañana siguiente la grasa que me ofreces en las fiestas.

[19]»Llevarás a la casa del SEÑOR tu Dios lo mejor de tus primicias.

»No cocerás ningún cabrito en la leche de su madre.

El ángel del SEÑOR

[20]»Date cuenta, Israel, que yo envío mi ángel delante de ti para que te proteja en el camino y te lleve al lugar que te he preparado. [21]Préstale atención y obedécelo. No te rebeles contra él, porque va en representación mía y no perdonará tu rebelión. [22]Si lo obedeces y cumples con todas mis instrucciones, seré enemigo de tus enemigos y me opondré a quienes se te opongan. [23]Mi ángel te guiará y te introducirá en la tierra de estos pueblos que voy a exterminar: tierra de amorreos, hititas, ferezeos, cananeos, heveos y jebuseos.

[24]»No te postres ante los dioses de esos pueblos. No les rindas culto ni imites sus prácticas. Más bien, derriba sus ídolos y haz pedazos sus piedras sagradas.

[25]»Adora al SEÑOR tu Dios, y él bendecirá tu pan y tu agua.

»Yo apartaré de ustedes toda enfermedad. [26]»En tu país ninguna mujer abortará ni será estéril. ¡Yo te concederé larga vida!

[27]»En toda nación donde pongas el pie haré que tus enemigos te tengan miedo, se turben y huyan de ti. [28]»Delante de ti enviaré avispas, para que ahuyenten a los heveos, cananeos e hititas. [29]Sin embargo, no los desalojaré en un solo año, no sea que, al quedarse desolada la tierra, aumente el número de animales salvajes y te ataquen. [30]Los desalojaré poco a poco, hasta que seas lo bastante numeroso para tomar posesión de la tierra. [31]»Extenderé las fronteras de tu país, desde el *mar Rojo hasta el mar Mediterráneo,[a] y desde el desierto hasta el río Éufrates. Pondré bajo tu dominio a los que habitan allí, y tú los desalojarás.

[32]»No hagas ningún tratado con ellos ni con sus dioses. [33]»Si los dejas vivir en tu tierra, te pondrán una trampa para que adores a sus dioses, y acabarás pecando contra mí».

Ratificación del pacto

24 El SEÑOR dijo a Moisés: «Sube al monte y preséntate ante mí, junto con Aarón, Nadab y Abiú, y setenta de los jefes de Israel. Ellos podrán adorar a cierta distancia, [2]pero solo tú, Moisés, podrás acercarte a mí, el SEÑOR. El resto del pueblo no deberá acercarse ni subir contigo».

[3]Moisés fue y refirió al pueblo todas las palabras y leyes del SEÑOR, y ellos respondieron a una voz: «Haremos todo lo que el SEÑOR ha dicho». [4]Moisés puso entonces por escrito lo que el SEÑOR había dicho.

A la mañana siguiente, madrugó y levantó un altar al pie del monte, y en representación de las doce tribus de Israel consagró doce piedras. [5]Luego envió a unos jóvenes israelitas para que ofrecieran al SEÑOR novillos como *holocaustos y sacrificios de *comunión. [6]La mitad de la sangre la echó Moisés en unos tazones y la otra mitad la roció sobre el altar. [7]Después tomó el libro del *pacto y lo leyó ante el pueblo. Ellos respondieron:

—Haremos todo lo que el SEÑOR ha dicho y le obedeceremos.

[8]Moisés tomó la sangre, roció al pueblo con ella y dijo:

—Esta es la sangre del pacto que, de acuerdo con en estas palabras, el SEÑOR ha hecho con ustedes.

[9]Moisés y Aarón, Nadab y Abiú, más los setenta jefes de Israel subieron [10]y vieron al Dios de Israel. Bajo sus pies había una especie de pavimento de zafiro, tan claro como el cielo mismo. [11]Y a pesar de que estos jefes de los israelitas contemplaron a Dios, él no les hizo daño. Así que comieron y bebieron juntos.

[12]El SEÑOR dijo a Moisés: «Sube a encontrarte conmigo en el monte y quédate allí. Voy a darte las tablas de piedra con la *Ley y los mandamientos que he escrito para guiarlos en la vida».

[13]Moisés subió al monte de Dios, acompañado por su asistente Josué, [14]pero dijo a los jefes: «Esperen aquí hasta que volvamos. Aarón y Hur se quedarán aquí con ustedes. Si alguno tiene un problema, que acuda a ellos».

[15]En cuanto Moisés subió, una nube cubrió el monte [16]y la gloria del SEÑOR se posó sobre el Sinaí. Seis días la nube cubrió el monte. Al séptimo día, el SEÑOR llamó a Moisés desde el interior de la nube. [17]A los ojos de los israelitas, la gloria del SEÑOR en la cumbre del monte parecía un fuego consumidor. [18]Moisés se internó en la nube, subió al monte y allí permaneció cuarenta días y cuarenta noches.

Las ofrendas para el santuario
25:1-7 – Éx 35:4-9

25 El SEÑOR habló con Moisés y le dijo: [2]«Ordénales a los israelitas que me traigan una ofrenda. La deben presentar todos los que sientan deseos de traérmela.

[3]»Como ofrenda se les aceptará lo siguiente:

»oro, plata, bronce,
[4]lana color azul, carmesí y escarlata, tela de lino fino,
pelo de cabra,
[5]pieles de carnero teñidas de rojo, pieles finas, madera de acacia,

---

a 31 mar Mediterráneo. Lit. mar de los filisteos.

6aceite de oliva para las lámparas, especias para el aceite de la unción y para el incienso aromático; 7también piedras de ónice y otras piedras preciosas para montarlas en el *efod y en el pectoral del sacerdote.

8»Después me harán un santuario, para que yo habite entre ustedes. 9El santuario y todo su mobiliario deberán ser una réplica exacta del modelo que yo te mostraré.

El arca
25:10-20 – Éx 37:1-9

10»Haz*a* un arca de madera de acacia, de dos codos y medio de largo, un codo y medio de ancho, y un codo y medio de alto.*b* 11Por dentro y por fuera recúbrela de oro puro y ponle en su derredor una moldura de oro. 12Funde cuatro anillos de oro para colocarlos en sus cuatro patas, colocando dos anillos en un lado y dos en el otro. 13Prepara luego unas varas de madera de acacia y recúbrelas de oro. 14Introduce las varas en los anillos que van a los costados del arca, para transportarla. 15Deja las varas en los anillos del arca y no las saques de allí, 16entonces pon dentro del arca las tablas del pacto que voy a entregarte.

17»Hazle al arca una tapa de oro puro, de dos codos y medio de largo por un codo y medio de ancho, 18y para los dos extremos de la tapa del arca harás dos *querubines de oro trabajado a martillo. 19En cada uno de los extremos irá un querubín. Hazlos de modo que formen una sola pieza con la tapa del arca. 20»Los querubines deberán tener las alas extendidas por encima de la tapa del arca y cubrirla con ellas. Quedarán el uno frente al otro, mirando hacia la tapa del arca. 21»Coloca la tapa encima del arca y pon dentro de ella las tablas del pacto que voy a entregarte. 22Yo me reuniré allí contigo en medio de los dos querubines que están sobre el arca donde están las tablas del pacto. Desde la parte superior de la tapa del arca te daré todas las instrucciones que habrás de comunicarles a los israelitas.

La mesa
25:23-29 – Éx 37:10-16

23»Haz una mesa de madera de acacia de dos codos de largo por un codo de ancho y un codo y medio de alto.*c* 24Recúbrela de oro puro y ponle alrededor una moldura de oro. 25Haz también un reborde de un palmo*d* de ancho, y una moldura de oro para ponerla alrededor del reborde. 26»Haz cuatro anillos de oro para la mesa y sujétalos a sus cuatro esquinas, donde van las cuatro patas. 27Los anillos deben quedar junto al reborde para pasar por ellos las varas empleadas para transportar la mesa. 28»Esas varas deben ser de madera de acacia y estar recubiertas de oro. 29También deben ser de oro puro sus platos y sus bandejas, así como sus jarras y tazones para verter las ofrendas líquidas. 30Sobre la mesa pondrás el *pan de la Presencia, para que esté ante mí siempre.

El candelabro
25:31-39 – Éx 37:17-24

31»Haz un candelabro de oro puro trabajado a martillo. Su base, su tallo, y sus copas, cálices y flores, formarán una sola pieza. 32De los costados del candelabro saldrán seis brazos, tres de un lado y tres del otro. 33Cada uno de los seis brazos del candelabro tendrá tres copas en forma de flores de almendro, con cálices y pétalos. 34El candelabro mismo tendrá cuatro copas en forma de flor de almendro, con cálices y pétalos. 35Debajo del primer par de brazos que salen del candelabro habrá un cáliz; debajo del segundo par de brazos habrá un segundo cáliz y debajo del tercer par de brazos habrá un tercer cáliz —seis brazos en total. 36Los cálices y los brazos deben formar una sola pieza con el candelabro y ser de oro puro trabajado a martillo. 37Hazle también siete lámparas y colócalas de tal modo que alumbren hacia el frente. 38Sus cortapabilos y braseros deben ser de oro puro. 39Para hacer el candelabro y todos estos accesorios se usará un talento*e* de oro puro.

40»Asegúrate de hacerlo todo según el modelo que se te mostró en el monte.

El santuario
26:1-37 – Éx 36:8-38

26 »Haz el santuario con diez cortinas de tela de lino fino y de lana color azul, carmesí y escarlata, con *querubines artísticamente bordados en ellas. 2Todas las cortinas deben medir lo mismo, es decir, veintiocho codos de largo por cuatro codos de ancho.*f*

3»Cose cinco cortinas, uniendo la una con la otra; luego haz lo mismo con las otras cinco. 4En el borde superior del primer conjunto de cortinas, pon unas presillas de lana color azul, haz lo mismo en el borde del otro conjunto de cortinas. 5En la primera cortina del primer conjunto pon cincuenta presillas, y en la última cortina del segundo conjunto pon otras cincuenta presillas, de modo que las presillas se correspondan entre sí. 6Haz luego cincuenta ganchos de oro para que las cortinas queden enganchadas una con otra, y de modo que el santuario tenga unidad de conjunto.

7»Haz once cortinas de pelo de cabra para cubrir el santuario a la manera de una tienda de campaña. 8Las once cortinas deben medir lo mismo, es decir, treinta codos de largo por cuatro codos de ancho.*g* 9Cose cinco cortinas en un conjunto y las otras seis en otro conjunto, doblando la sexta cortina en la parte frontal de la tienda.

10»Haz cincuenta presillas en el borde de la cortina con que termina el primer conjunto y otras cincuenta presillas en el borde de la cortina con que termina el segundo conjunto. 11Haz luego cincuenta ganchos de bronce y mételos en las presillas para unir la tienda del santuario para que este tenga unidad de conjunto. 12Las diez cortinas tendrán media cortina adicional, que quedará colgando a espaldas del santuario. 13A esta cortina le sobrará un codo,*h* en cada extremo, y con esa parte sobrante se cerrará el santuario. 14»Haz para la tienda un toldo de piel de carnero teñida de rojo y para la parte superior pon otro de pieles finas.

15»Prepara para el santuario unos tablones de madera de acacia y colócalos en posición vertical. 16Cada tablón debe medir diez codos de largo por un codo y medio de ancho*i* 17y contar con dos ranuras paralelas entre sí. Todos los tablones del santuario los harás así. 18Serán veinte los tablones para el lado sur del santuario.

---

a 10 *Haz* (LXX y Pentateuco Samaritano); *Hagan ustedes* (TM). *b* 10 Es decir, aprox. 1 m de largo, 68 cm de ancho y 68 cm de alto; también en v. 17. *c* 23 Es decir, aprox. 90 cm de largo, 45 cm de ancho y 68 cm de alto. *d* 25 Es decir, un palmo menor, aprox. 7.5 cm. *e* 39 Es decir, aprox. 34 kg. *f* 2 Es decir, aprox. 13 m de largo por 2 m de ancho. *g* 8 Es decir, aprox. 13 m por 1.8 m de ancho. *h* 13 Es decir, aprox. 45 cm. *i* 16 Es decir, aprox. 4.5 m de largo por 68 cm de ancho.

19»Haz también cuarenta bases de plata que irán debajo de ellos, dos por cada tablón, una debajo de cada ranura. 20Para el lado opuesto, es decir, para el lado norte del santuario, prepararás también veinte tablones 21y cuarenta bases de plata; pon dos de esas bases debajo de cada tablón. 22Pondrás seis tablones en el lado posterior, que es el lado occidental del santuario, 23y dos tablones más en las esquinas del santuario en el extremo opuesto. 24Estos dos tablones deben ser dobles desde la base, quedando unidos por un solo anillo en la parte superior. Haz lo mismo en ambas esquinas, 25de modo que haya ocho tablones y dieciséis bases de plata; dos bases debajo de cada tablón.

26»Prepara también unos travesaños de madera de acacia: cinco para los tablones de un costado del santuario, 27cinco para los del costado opuesto y cinco para los del costado occidental, en la parte posterior del santuario. 28El travesaño central deberá pasar de un extremo al otro, a media altura de los tablones. 29Recubre de oro los tablones y haz unos anillos de oro para que los travesaños pasen por ellos. También debes recubrir de oro los travesaños.

30»Erige el santuario ciñéndolo al modelo que se te mostró en el monte.

31»Haz una cortina de lana color azul, carmesí, escarlata y tela de lino fino con querubines artísticamente bordados en ella. 32Cuélgala con ganchos de oro en cuatro postes de madera de acacia recubiertos de oro, los cuales levantarás sobre cuatro bases de plata. 33Cuelga de los ganchos la cortina, la cual separará el Lugar Santo del Lugar Santísimo, y coloca el arca con las tablas del pacto detrás de la cortina. 34Pon una tapa sobre el arca con las tablas del pacto, dentro del Lugar Santísimo. 35Coloca la mesa fuera de la cortina en el lado norte del santuario. El candelabro lo pondrás frente a ella, en el lado sur.

36»Haz para la entrada de la tienda una cortina de lana color azul, carmesí, escarlata y tela de lino fino, bordada artísticamente. 37Para esta cortina prepara cinco postes de acacia recubiertos de oro con sus respectivos ganchos de oro y funde para los postes cinco bases de bronce.

El altar de los holocaustos
27:1-8 – Éx 38:1-7

27 »Haz un altar de madera de acacia, cuadrado, de cinco codos por lado y tres codos de alto.*a* 2Ponle un cuerno en cada una de sus cuatro esquinas, de manera que los cuernos y el altar formen una sola pieza, y recubre de bronce el altar. 3Haz de bronce todos sus utensilios: sus portacenizas, sus tenazas, sus tazones, sus tridentes y sus braseros. 4Hazle también un enrejado de bronce con un anillo del mismo metal en cada una de sus cuatro esquinas. 5El anillo irá bajo el reborde del altar, de modo que quede a media altura de este. 6Prepara para el altar varas de madera de acacia y recúbrelas de bronce. 7Las varas deberán pasar por los anillos, de modo que sobresalgan en los dos extremos del altar para que este pueda ser transportado. 8El altar lo harás hueco y de tablas, exactamente como el que se te mostró en el monte.

El atrio
27:9-19 – Éx 38:9-20

9»Haz un atrio para el santuario. El lado sur debe medir cien codos*b* de largo y tener cortinas de tela de lino fino, 10veinte postes y veinte bases de bronce, con empalmes y ganchos de plata en los postes. 11También el lado norte debe medir cien codos de largo y tener cortinas, veinte postes y veinte bases de bronce. Los postes deben también contar con empalmes y ganchos de plata.

12»A todo lo ancho del lado occidental del atrio, que debe medir cincuenta codos,*c* habrá cortinas, diez postes y diez bases. 13El lado oriental del atrio, que da hacia la salida del sol, también deberá medir cincuenta codos de ancho. 14Habrá a un lado de la entrada cortinas de quince codos*d* de largo, tres postes y tres bases; 15y al otro lado habrá cortinas de quince codos de largo, tres postes y tres bases.

16»A la entrada del atrio habrá una cortina de veinte codos*e* de largo, de lana color azul, carmesí, escarlata y tela de lino fino, bordada artísticamente; además, cuatro postes y cuatro bases. 17Todos los postes alrededor del atrio deben tener empalmes, ganchos de plata y bases de bronce. 18El atrio medirá cien codos de largo por cincuenta codos de ancho,*f* con cortinas de tela de lino fino de cinco codos*g* de alto, y con bases de bronce. 19Todas las estacas y los demás utensilios para el servicio del santuario serán de bronce, incluyendo las estacas del atrio.

El aceite para el candelabro
27:20-21 – Lv 24:1-3

20»Ordénales a los israelitas que te traigan aceite puro de olivas prensadas, para que las lámparas estén siempre encendidas. 21Aarón y sus hijos deberán mantenerlas encendidas toda la noche en presencia del SEÑOR, en la *Tienda de reunión, fuera de la cortina que está ante el arca con las tablas del pacto. Este será un estatuto perpetuo entre los israelitas por todas las generaciones.

Las vestiduras sacerdotales

28 »Haz que comparezcan ante ti tu hermano Aarón y sus hijos Nadab, Abiú, Eleazar e Itamar. De entre todos los israelitas, ellos me servirán como sacerdotes. 2Hazle a tu hermano Aarón vestiduras sagradas que le confieran honra y dignidad. 3Habla con todos los expertos a quienes he dado habilidades especiales, para que hagan las vestiduras de Aarón y así lo consagre yo como mi sacerdote.

4»Las vestiduras que harás son las siguientes: un pectoral, un *efod, un manto, una túnica bordada, un turbante y una faja. Estas vestiduras sagradas se harán para tu hermano Aarón y para sus hijos, a fin de que me sirvan como sacerdotes. 5Al efecto se usará oro, lana color azul, carmesí, escarlata y tela de lino.

El efod
28:6-14 – Éx 39:2-7

6»El *efod se bordará artísticamente con hilo de oro, lana color azul, carmesí, escarlata y tela de lino fino. 7En sus dos extremos tendrá hombreras con cintas para que pueda sujetarse. 8El cinturón bordado con el que se sujeta el efod deberá ser del mismo material; es decir, de oro, lana color azul, carmesí, escarlata y tela de lino fino, y formará con el efod una sola pieza.

9»Toma dos piedras de ónice y graba en ellas los *nombres de los doce hijos de Israel 10por orden de nacimiento, seis nombres en una piedra y seis en la otra. 11Un joyero grabará los nombres en las dos piedras, como los orfebres graban sellos: engarzará las piedras en filigrana de oro 12y las sujetará a las hombreras del efod para recordar a los hijos de Israel. Así Aarón llevará en sus hombros los nombres de los hijos de Israel delante del SEÑOR. 13Haz también engastes en filigrana de oro 14y dos cadenillas de oro

---

a 1 Es decir, aprox. 2 m por lado, y 1.4 m de alto.   *b* 9 Es decir, aprox. 45 m; también en v. 11.   *c* 12 Es decir, aprox. 23 m; también en v. 14.   *d* 14 Es decir, aprox. 7 m; también en v. 15.   *e* 16 Es decir, aprox. 9 m.   *f* 18 Es decir, aprox. 45 m de largo por 23 m de ancho.   *g* 18 Es decir, aprox. 2.3 m.

puro, a manera de cordón, para fijar las cadenillas en los engastes.

El pectoral
28:15-28 – Éx 39:8-21

¹⁵»El pectoral para impartir justicia lo bordarás artísticamente, con hilo de oro, lana color azul, carmesí, escarlata y tela de lino fino, tal como hiciste con el *efod. ¹⁶Será doble y cuadrado, de un palmo*ᵃ de largo por uno de ancho. ¹⁷Engarzarás en él cuatro hileras de piedras preciosas. En la primera hilera pondrás un rubí, un crisólito y una esmeralda; ¹⁸en la segunda, una turquesa, un zafiro y un jade; ¹⁹en la tercera, un jacinto, un ágata y una amatista; ²⁰en la cuarta, un topacio, un ónice y un jaspe.ᵇ Engárzalas en filigrana de oro. ²¹Deben ser doce piedras, una por cada uno de los hijos de Israel. Cada una llevará grabada como un sello el *nombre de una de las doce tribus.

²²»Para el pectoral haz unas cadenillas de oro puro en forma de cordón. ²³Ponle al pectoral dos anillos de oro y sujétalos a sus dos extremos. ²⁴Sujeta las dos cadenillas de oro a los anillos de los extremos del pectoral, ²⁵y une los extremos de las cadenillas a los dos engastes, para fijarlos por la parte delantera a las hombreras del efod.

²⁶»Haz otros dos anillos de oro y fíjalos a los otros dos extremos del pectoral, en el borde interior, junto al efod. ²⁷Haz dos anillos más, también de oro, para fijarlos por el frente del efod, pero por debajo de las hombreras, cerca de la costura que va justamente arriba del cinturón. ²⁸Los anillos del pectoral deberán sujetarse a los anillos del efod con un cordón color azul, a fin de unir el pectoral al cinturón para que no se desprenda del efod.

²⁹»De este modo, siempre que Aarón entre en el Lugar Santo, llevará sobre su *corazón, en el pectoral para impartir justicia, los nombres de los hijos de Israel para recordarlos siempre ante el SEÑOR. ³⁰Sobre el pectoral para impartir justicia pondrás el *urim y el *tumim. De esta manera, siempre que Aarón se presente ante el SEÑOR, llevará sobre el corazón la causa de los israelitas.

Otras vestiduras sacerdotales
28:31-43 – Éx 39:22-31

³¹»Haz de lana color azul todo el manto del *efod, ³²con una abertura en el centro para meter la cabeza. Alrededor de la abertura le pondrás un refuerzo tejido, como el que se pone a los chalecos,ᶜ para que no se desgarre. ³³En torno al borde inferior del manto pondrás granadas de lana color azul, carmesí y escarlata, alternándolas con campanillas de oro. ³⁴Por todo el borde del manto pondrás primero una campanilla y luego una granada. ³⁵Aarón debe llevar puesto el manto mientras esté ejerciendo su ministerio, para que el tintineo de las campanillas se oiga todo el tiempo que él esté ante el SEÑOR en el Lugar Santo y así él no muera.

³⁶»Haz una placa de oro puro y graba en ella, a manera de sello:

CONSAGRADO AL SEÑOR.

³⁷Sujétala al turbante con un cordón color azul, de modo que quede fija a este por la parte delantera. ³⁸Esta placa estará siempre sobre la frente de Aarón, para que el SEÑOR acepte todas las ofrendas sagradas de los israelitas, ya que Aarón llevará sobre sí el pecado en que ellos incurran al dedicar sus ofrendas sagradas.

³⁹»La túnica y el turbante los harás de tela de lino. La faja deberá estar preparada de forma artística. ⁴⁰A los hijos de Aarón les harás túnicas, fajas y mitras, para conferirles honra y dignidad. ⁴¹Una vez que hayas vestido a tu hermano Aarón y a sus hijos, los ungirás para conferirles autoridadᵈ y consagrarlos como mis sacerdotes.

⁴²»Haz también la ropa interior con la tela de lino que cubra el cuerpo desde la cintura hasta el muslo. ⁴³Aarón y sus hijos deberán ponérsela cuando entren en la *Tienda de reunión, o cuando se acerquen al altar para ejercer su ministerio en el Lugar Santo, a fin de que no incurran en pecado y mueran.

»Este es un estatuto perpetuo para Aarón y sus descendientes.

Consagración de los sacerdotes
29:1-37 – Lv 8:1-36

29 »Para consagrarlos como sacerdotes a mi servicio, harás lo siguiente: Tomarás un ternero y dos carneros sin defecto ²y con harina refinada de trigo harás panes y tortas sin levadura amasadas con aceite, hojuelas sin levadura untadas con aceite. ³Pondrás los panes, las tortas y las hojuelas en un canastillo y me las presentarás junto con el novillo y los dos carneros. ⁴Luego llevarás a Aarón y a sus hijos a la entrada de la *Tienda de reunión y los lavarás con agua. ⁵Tomarás las vestiduras y le pondrás a Aarón la túnica, el *efod con su manto y el pectoral. El efod se lo sujetarás con el cinturón. ⁶Le pondrás el turbante en la cabeza y, sobre el turbante, la tiara sagrada. ⁷Luego lo ungirás derramando el aceite de la unción sobre su cabeza. ⁸Acercarás entonces a sus hijos y les pondrás las túnicas ⁹y las mitras; a continuación, ceñirás las fajas a Aarón y a sus hijos. Así les conferirás autoridad y el sacerdocio será para ellos un estatuto perpetuo.

¹⁰»Arrimarás el novillo a la entrada de la Tienda de reunión para que Aarón y sus hijos le pongan las manos sobre la cabeza ¹¹y allí, en presencia del SEÑOR, sacrificarás al novillo. ¹²Con el dedo tomarás un poco de la sangre del novillo y la untarás en los cuernos del altar, y al pie del altar derramarás la sangre restante. ¹³Tomarás toda la grasa que cubre los intestinos, el lóbulo del hígado, los dos riñones y su grasa, y los quemarás sobre el altar; ¹⁴pero la carne del novillo, su piel y su excremento los quemarás fuera del campamento, pues se trata de un sacrificio por el pecado.

¹⁵»Tomarás luego uno de los carneros, para que Aarón y sus hijos pongan las manos sobre la cabeza del carnero; ¹⁶lo sacrificarás y rociarás la sangre alrededor del altar. ¹⁷Cortarás el carnero en trozos y, luego de lavar los intestinos y las patas, los pondrás sobre los trozos y la cabeza del carnero, ¹⁸y entonces quemarás todo el carnero sobre el altar. Se trata de un *holocausto, de una ofrenda puesta al fuego, de aroma grato delante del SEÑOR.

¹⁹»Tomarás entonces el otro carnero para que Aarón y sus hijos pongan las manos sobre la cabeza del carnero ²⁰y lo sacrificarás. Unta un poco de su sangre en el lóbulo de la oreja derecha de Aarón y de sus hijos, lo mismo que en el pulgar derecho y en el dedo gordo derecho. Después de eso rociarás la sangre alrededor del altar, ²¹y rociarás también un poco de esa sangre y del aceite de la unción sobre Aarón y sus hijos y sobre sus vestiduras. Así Aarón y sus hijos y sus vestiduras quedarán consagrados.

²²»De este carnero, que representa la autoridad conferida a los sacerdotes, tomarás la grasa, la parte

---

ᵃ **16** Es decir, aprox. 23 cm; se trata aquí del palmo mayor. ᵇ **20** La identificación de algunas de estas piedras preciosas no ha podido establecerse con precisión. ᶜ **32** *como … chalecos.* Frase de difícil traducción. ᵈ **41** *para conferirles autoridad.* Lit. *y llenarás sus manos;* también en 29:9.

gorda de la cola, la grasa que recubre los intestinos, el lóbulo del hígado, los dos riñones con su grasa y el muslo derecho. ²³Del canastillo del pan sin levadura que está ante el SEÑOR tomarás un pan, una hojuela y una torta de pan hecha con aceite. ²⁴Todo esto lo mecerás y lo pondrás en las manos de Aarón y de sus hijos, y Aarón lo ofrecerá ante el SEÑOR como ofrenda mecida. ²⁵Luego tomarás todo eso de sus manos y en presencia del SEÑOR lo quemarás en el altar, junto con el holocausto de aroma grato. Esta es una ofrenda puesta al fuego en honor del SEÑOR. ²⁶Después de eso, tomarás el pecho del carnero ofrecido como ordenación de Aarón y lo mecerás ante el SEÑOR, pues se trata de una ofrenda mecida. Esa porción será la tuya. ²⁷Consagra el pecho del carnero que fue mecido para conferirles autoridad a Aarón y a sus hijos; también consagra el muslo que fue presentado como ofrenda, pues son las porciones que a ellos les corresponden. ²⁸Estas son las porciones que, de sus sacrificios de ˚comunión al SEÑOR, darán siempre los israelitas a Aarón y a sus hijos como contribución.

²⁹»Las vestiduras sagradas de Aarón pasarán a ser de sus descendientes, para que sean ungidos y ordenados con ellas. ³⁰Cualquiera de los sacerdotes descendientes de Aarón que se presente en la Tienda de reunión para ministrar en el Lugar Santo, deberá llevar puestas esas vestiduras durante siete días.

³¹»Toma el carnero con que se les confirió autoridad y cuece su carne en un lugar santo. ³²A la entrada de la Tienda de reunión, Aarón y sus hijos comerán la carne del carnero y el pan que está en el canastillo. ³³Con esas ofrendas fue perdonada su culpa, se les confirió autoridad y se les consagró; solo ellos podrán comerlas, y nadie más, porque son ofrendas sagradas. ³⁴Si hasta el otro día queda algo del carnero con que se les confirió autoridad o algo del pan, quémalo. No debe comerse, porque es parte de las ofrendas sagradas.

³⁵»Haz con Aarón y con sus hijos todo lo que te he ordenado. Dedica siete días a conferirles autoridad. ³⁶Para pedir perdón por los pecados, cada día ofrecerás un novillo como ofrenda por el pecado. Purificarás el altar ofreciendo por él un sacrificio de perdón de pecados, ungiéndolo para consagrarlo. ³⁷Esto lo harás durante siete días. Así el altar y cualquier cosa que lo toque quedarán consagrados.

³⁸»Todos los días ofrecerás sobre el altar dos corderos de un año. ³⁹Al despuntar el día, ofrecerás un cordero y al caer la tarde, el otro. ⁴⁰Con el primer cordero ofrecerás la décima parte de un efa⁰ de harina refinada mezclada con un cuarto de hin⁰ de aceite de oliva y un cuarto de hin de vino como ofrenda líquida. ⁴¹El segundo cordero lo sacrificarás al caer la tarde, junto con una ofrenda de cereales y una ofrenda líquida como las presentadas en la mañana. Es una ofrenda puesta al fuego cuyo aroma es grato al SEÑOR.

⁴²»Las generaciones futuras deberán ofrecer siempre este holocausto al SEÑOR. Lo harán a la entrada de la Tienda de reunión, donde yo me reuniré contigo y te hablaré ⁴³y allí también me reuniré con los israelitas. Mi gloriosa presencia consagrará ese lugar.

⁴⁴»Consagraré la Tienda de reunión y el altar, y consagraré también a Aarón y a sus hijos para que me sirvan como sacerdotes. ⁴⁵Habitaré entre los israelitas y seré su Dios. ⁴⁶Así sabrán que yo soy el SEÑOR su

Dios, que los sacó de Egipto para habitar entre ellos. Yo soy el SEÑOR su Dios.

El altar del incienso
30:1-5 – Éx 37:25-28

30 »Haz un altar de madera de acacia para quemar incienso. ²Hazlo cuadrado, de un codo de largo por un codo de ancho y dos codos de alto.ᶜ Sus cuernos deben formar una pieza con el altar. ³Recubre de oro puro su parte superior, sus cuatro costados y los cuernos, y ponle una moldura de oro alrededor. ⁴Debajo de la moldura ponle dos anillos de oro en cada uno de sus costados, para pasar por ellos las varas usadas para transportarlo. ⁵Prepara las varas de madera de acacia y recúbrelas de oro. ⁶Pon el altar frente a la cortina que está ante el arca con las tablas del pacto, es decir, ante la tapa que está sobre el arca, que es donde me reuniré contigo.

⁷»Cada mañana, cuando Aarón prepare las lámparas, quemará incienso aromático sobre el altar ⁸y también al caer la tarde, cuando las encienda. Las generaciones futuras deberán quemar siempre incienso ante el SEÑOR. ⁹No ofrezcas sobre ese altar ningún otro incienso, ni ˚holocausto ni ofrenda de grano, ni derrames sobre él ofrenda líquida alguna. ¹⁰Cada año Aarón hará un sacrificio y pedirá perdón por el pecado a lo largo de todas las generaciones. Lo hará poniendo la sangre de la ofrenda del perdón sobre los cuernos del altar. Este altar estará completamente consagrado al SEÑOR».

La ofrenda por el rescate de la vida

¹¹El SEÑOR habló con Moisés y le dijo: ¹²«Cuando hagas el censo y cuentes a los israelitas, cada uno deberá pagar al SEÑOR rescate por su ˚vida, para que no le sobrevenga ninguna plaga durante el censo. ¹³Cada uno de los censados deberá pagar como ofrenda al SEÑOR medio sicloᵈ de plata, que es la mitad del peso oficial del santuario.ᵉ ¹⁴Todos los censados mayores de veinte años deberán entregar esta ofrenda al SEÑOR. ¹⁵Al entregar al SEÑOR la ofrenda de rescate por la vida, ni el rico dará más de medio siclo, ni el pobre dará menos. ¹⁶Tú mismo recibirás esta plata de manos de los israelitas, y la entregarás para el servicio de la ˚Tienda de reunión. De esta manera el SEÑOR tendrá presente que los israelitas pagaron por el rescate de su vida».

El recipiente para el lavado

¹⁷El SEÑOR habló con Moisés y le dijo: ¹⁸«Haz un recipiente de bronce para lavarse, con un pedestal también de bronce, y colócalo entre la ˚Tienda de reunión y el altar. Échale agua, ¹⁹pues con ella deben lavarse Aarón y sus hijos las manos y los pies. ²⁰Siempre que entren en la Tienda de reunión, o cuando se acerquen al altar y presenten al SEÑOR alguna ofrenda puesta al fuego, deberán lavarse con agua ²¹las manos y los pies para que no mueran. Este será un estatuto perpetuo para Aarón y sus descendientes por todas las generaciones».

El aceite de la unción

²²El SEÑOR habló con Moisés y le dijo: ²³«Toma las siguientes especias finas: quinientos siclosᶠ de mirra líquida, doscientos cincuenta siclosᵍ de canela aromática y otro tanto igual de caña aromática, ²⁴quinientos siclos de casia, según el peso oficialʰ del santuario, y un hinⁱ de aceite de oliva. ²⁵Con estos ingredientes harás un aceite, es decir, una mezcla aromática como las de los fabricantes de perfumes. Este será el aceite de la unción sagrada. ²⁶Con él deberás ungir la ˚Tienda de reunión, el arca con las tablas del pacto, ²⁷la mesa y todos sus utensilios, el candelabro y sus

---

ᵃ 40 Es decir, aprox. 1.6 kg. ᵇ 40 Es decir, aprox. 1 l. ᶜ 2 Es decir, aprox. 45 cm de largo y de ancho, y 90 cm de alto. ᵈ 13 Es decir, aprox. 6 g; también en v. 15. ᵉ 13 que ... santuario. Lit. según el siclo del santuario, que es de veinte guerás, es decir, 11.5 g. ᶠ 23 Es decir, aprox. 6 kg; también en el v. 24. ᵍ 23 Es decir, aprox. 3 kg. ʰ 24 el peso oficial. Lit. el siclo. ⁱ 24 Es decir, aprox. 3.8 l.

accesorios, el altar del incienso, ²⁸el altar de los ˚holocaustos y todos sus utensilios, y el recipiente para el lavado con su pedestal. ²⁹De este modo, los consagrarás y serán objetos santísimos; cualquier cosa que toque esos objetos quedará también consagrada. ³⁰»Unge a Aarón y a sus hijos, y conságralos para que me sirvan como sacerdotes. ³¹A los israelitas darás las siguientes instrucciones: "De aquí en adelante, este será mi aceite de la unción sagrada. ³²No lo derramen sobre el cuerpo de cualquier hombre ni preparen otro aceite con la misma fórmula. Es un aceite sagrado y así deberán considerarlo. ³³Cualquiera que haga un perfume como este, y cualquiera que unja con él a alguien que no sea sacerdote, será eliminado de su pueblo"».

El incienso

³⁴El SEÑOR dijo a Moisés: «Toma una misma cantidad de resina, ámbar, gálbano e incienso puro, ³⁵y mezcla todo esto para hacer un incienso aromático, como lo hacen los fabricantes de perfumes. Agrégale sal a la mezcla, para que sea un incienso puro y sagrado. ³⁶Muele parte de la mezcla hasta hacerla polvo y colócala en la ˚Tienda de reunión, frente al arca con las tablas del pacto, donde yo me reuniré contigo. Este incienso será para ustedes algo muy sagrado, ³⁷y no deberá hacerse ningún otro incienso con la misma fórmula, pues le pertenece al SEÑOR. Ustedes deberán considerarlo como algo sagrado. ³⁸Quien haga otro incienso parecido para disfrutar de su fragancia será eliminado de su pueblo».

Bezalel y Aholiab

31:2-6 – Ex 35:30-35

31 El SEÑOR habló con Moisés y le dijo: ²«Toma en cuenta que he escogido a Bezalel, hijo de Uri y nieto de Hur, de la tribu de Judá, ³y lo he llenado del Espíritu de Dios, de sabiduría, inteligencia y capacidad creativa ⁴para hacer trabajos artísticos en oro, plata y bronce, ⁵para cortar y engastar piedras preciosas, para hacer tallados en madera y realizar toda clase de artesanías. ⁶Además, he designado como su ayudante a Aholiab, hijo de Ajisamac, de la tribu de Dan.

»Y he dotado de habilidad a todos los artesanos para que hagan todo lo que te he mandado hacer, es decir:

⁷»la ˚Tienda de reunión,
el arca con las tablas del pacto,
la tapa que va encima de ella,
el resto del mobiliario de la Tienda,
⁸la mesa y sus utensilios,
el candelabro de oro puro y todos sus accesorios,
el altar del incienso,
⁹el altar de los ˚holocaustos y todos sus utensilios,
el recipiente de bronce con su pedestal,
¹⁰las vestiduras tejidas,
tanto las vestiduras sagradas para Aarón el sacerdote
como las vestiduras sacerdotales de sus hijos,
¹¹el aceite de la unción y el incienso aromático para el Lugar Santo.

»Todo deberán hacerlo tal como te he mandado que lo hagas».

El sábado

¹²El SEÑOR ordenó a Moisés:
¹³«Diles lo siguiente a los israelitas: Ustedes deberán observar mis ˚sábados. En todas las generaciones venideras, el sábado será una señal entre ustedes y yo, para que sepan que yo, el SEÑOR, los he consagrado.ᵃ
¹⁴»El sábado será para ustedes un día sagrado. Obsérvenlo.
»Quien no lo observe será condenado a muerte.
»Quien haga algún trabajo en sábado será eliminado de su pueblo.
¹⁵»Durante seis días se podrá trabajar, pero el día séptimo, el sábado, será de completo reposo consagrado al SEÑOR.
»Quien haga algún trabajo en sábado será condenado a muerte.
¹⁶»Los israelitas deberán observar el sábado. En todas las generaciones futuras será para ellos un ˚pacto perpetuo, ¹⁷una señal eterna entre ellos y yo.
»En efecto, en seis días hizo el SEÑOR los cielos y la tierra, el séptimo día descansó».
¹⁸Y cuando terminó de hablar con Moisés en el monte Sinaí, le dio las dos tablas del pacto, que eran dos lajas escritas por el dedo mismo de Dios.

El becerro de oro

32 Al ver los israelitas que Moisés tardaba en bajar del monte, fueron a reunirse con Aarón y le dijeron:

—Tienes que hacernos dioses que marchenᵇ al frente de nosotros, porque a ese Moisés que nos sacó de Egipto, ¡no sabemos qué pudo haberle pasado!

²Aarón respondió:

—Quítenles los aretes de oro a sus mujeres, a sus hijos e hijas, y tráiganmelos.

³Todos los israelitas se quitaron los aretes de oro que llevaban puestos y se los llevaron a Aarón, ⁴quien los recibió y los fundió; luego cinceló el oro fundido e hizo un ídolo en forma de becerro. Entonces exclamó el pueblo: «Israel, ¡aquí tienes a tus dioses que te sacaron de Egipto!».

⁵Cuando Aarón vio esto, construyó un altar enfrente del becerro y anunció:

—Mañana haremos fiesta en honor del SEÑOR.

⁶En efecto, al día siguiente los israelitas madrugaron y presentaron ˚holocaustos y sacrificios de ˚comunión. Luego el pueblo se sentó a comer y a beber, y se levantó para entregarse al desenfreno.

⁷Entonces el SEÑOR dijo a Moisés:

—Baja, porque ya se ha corrompido el pueblo que sacaste de Egipto. ⁸Demasiado pronto se han apartado del ˚camino que les ordené seguir, pues no solo han fundido oro y se han hecho un ídolo en forma de becerro, sino que se han postrado ante él, le han ofrecido sacrificios y han declarado: "Israel, ¡aquí tienes a tus dioses que te sacaron de Egipto!".

⁹»Ya me he dado cuenta de que este es un pueblo terco —añadió el SEÑOR, dirigiéndose a Moisés—. ¹⁰Tú no te metas. Yo voy a descargar mi ira sobre ellos y los voy a destruir. Pero de ti haré una gran nación».

¹¹Moisés buscó el favor del SEÑOR su Dios y le suplicó:

—SEÑOR, ¿por qué ha de encenderse tu ira contra este pueblo tuyo, que sacaste de Egipto con gran poder y con mano poderosa? ¹²¿Por qué dar pie a que los egipcios digan que nos sacaste de su país con la intención de matarnos en las montañas y borrarnos de la faz de la tierra? ¡Calma el ardor de tu ira! ¡Aplácate y no traigas sobre tu pueblo esa desgracia! ¹³Acuérdate de tus siervos Abraham, Isaac e Israel. Tú mismo prometiste que harías a sus descendientes tan numerosos como las estrellas del cielo; tú prometiste

---

ᵃ 13 *los he consagrado*. Alt. *los he separado como santos*.
ᵇ 1 *dioses que marchen*. Alt. *un dios que marche*; también en v. 23.

que darías a sus descendientes toda esta tierra como su herencia eterna.

¹⁴Entonces el SEÑOR se calmó y desistió de hacer a su pueblo el daño que había sentenciado.

¹⁵Moisés dio vuelta y bajó de la montaña. Cuando bajó, traía en sus manos las dos tablas del pacto, las cuales estaban escritas por sus dos lados. ¹⁶Tanto las tablas como la escritura grabada en ellas eran obra de Dios.

¹⁷Cuando Josué oyó el ruido y los gritos del pueblo, dijo a Moisés:

—Se oyen en el campamento gritos de guerra.

¹⁸Pero Moisés respondió:

«Lo que escucho no son gritos de victoria
ni tampoco lamentos de derrota;
más bien, lo que escucho son canciones».

¹⁹Cuando Moisés se acercó al campamento y vio el becerro y las danzas, ardió en ira y arrojó de sus manos las tablas, haciéndolas pedazos al pie del monte. ²⁰Tomó entonces el becerro que habían hecho y lo quemó en el fuego; luego lo molió hasta hacerlo polvo, lo esparció en el agua y se la dio a beber a los israelitas.

²¹A Aarón le dijo:

—¿Qué te hizo este pueblo? ¿Por qué lo has hecho cometer semejante pecado?

²²—Señor mío, no te enojes —contestó Aarón—. Tú bien sabes cuán inclinado al mal es este pueblo. ²³Ellos me dijeron: "Tienes que hacernos dioses que marchen al frente de nosotros, porque a ese Moisés que nos sacó de Egipto, ¡no sabemos qué pudo haberle pasado!". ²⁴Yo les contesté que todo el que tuviera joyas de oro se desprendiera de ellas. Ellos me dieron el oro, yo lo eché al fuego, ¡y lo que salió fue este becerro!

²⁵Al ver Moisés que el pueblo estaba desenfrenado y que Aarón les había permitido desmandarse y convertirse en el hazmerreír de sus enemigos, ²⁶se puso a la entrada del campamento y dijo: «Todo el que esté de parte del SEÑOR, que se pase de mi lado». Y se le unieron todos los levitas.

²⁷Entonces dijo Moisés: «El SEÑOR, Dios de Israel, ordena lo siguiente: "Cíñase cada uno la espada y recorra todo el campamento de un extremo al otro, y mate a quien se ponga enfrente, sea hermano, amigo o vecino"». ²⁸Los levitas hicieron lo que mandó Moisés y aquel día mataron a como tres mil israelitas. ²⁹Entonces dijo Moisés: «Hoy han recibido ustedes plena autoridad de parte del SEÑOR; él los ha bendecido este día, pues se pusieron en contra de sus propios hijos y hermanos».

³⁰Al día siguiente, Moisés dijo a los israelitas: «Ustedes han cometido un gran pecado. Pero voy a subir ahora para reunirme con el SEÑOR y tal vez logre yo que Dios perdone su pecado».

³¹Volvió entonces Moisés para hablar con el SEÑOR y le dijo:

—¡Qué pecado tan grande ha cometido este pueblo al hacerse dioses*ª* de oro! ³²Sin embargo, yo te ruego que perdones su pecado. Pero si no vas a perdonarlos, ¡bórrame del libro que has escrito!

³³El SEÑOR respondió a Moisés:

—Solo borraré de mi libro a quien haya pecado contra mí. ³⁴Tú ve y lleva al pueblo al lugar del que te hablé. Delante de ti irá mi ángel. Llegará el día en que deba castigarlos por su pecado y entonces los castigaré.

³⁵Fue así como, por causa del becerro que había hecho Aarón, el SEÑOR lanzó una plaga sobre el pueblo.

---

33 El SEÑOR dijo a Moisés: «Anda, vete de este lugar junto con el pueblo que sacaste de Egipto y dirígete a la tierra que bajo juramento prometí a Abraham, Isaac y Jacob que daría a sus descendientes. ²Enviaré un ángel delante de ti y desalojaré a cananeos, amorreos, hititas, ferezeos, heveos y jebuseos. ³Ve a la tierra donde abundan la leche y la miel. Yo no los acompañaré, porque ustedes son un pueblo terco, y podría yo destruirlos en el camino».

⁴Cuando los israelitas oyeron estas palabras tan demoledoras, se vistieron de luto y nadie volvió a ponerse sus adornos, ⁵pues el SEÑOR había dicho a Moisés: «Di a los israelitas que son un pueblo terco. Si aun por un momento tuviera que acompañarlos, podría destruirlos. Diles que se quiten esas joyas, que ya decidiré qué hacer con ellos». ⁶Por eso, a partir del monte Horeb los israelitas no volvieron a ponerse joyas.

La Tienda de reunión

⁷Moisés tomó una tienda de campaña y la armó a cierta distancia fuera del campamento. La llamó la «'Tienda de reunión». Cuando alguien quería consultar al SEÑOR, tenía que salir del campamento e ir a la Tienda. ⁸Siempre que Moisés se dirigía a ella, todo el pueblo se quedaba de pie a la entrada de su tienda y seguía a Moisés con la mirada, hasta que este entraba en la Tienda de reunión. ⁹En cuanto Moisés entraba en ella, la columna de nube descendía y se detenía en la entrada, mientras el SEÑOR hablaba con Moisés. ¹⁰Cuando los israelitas veían que la columna de nube se detenía a la entrada de la Tienda de reunión, todos ellos se postraban a la entrada de su tienda de campaña y adoraban. ¹¹Y hablaba el SEÑOR con Moisés cara a cara, como quien habla con un amigo. Después de eso, Moisés regresaba al campamento; pero Josué, hijo de Nun, su joven asistente, nunca se apartaba de la Tienda de reunión.

La gloria del SEÑOR

¹²Moisés dijo al SEÑOR:

—Tú insistes en que yo debo guiar a este pueblo, pero no me has dicho a quién enviarás conmigo. También me has dicho que te conozco por nombre y que cuento con tu favor. ¹³Pues si realmente es así, dime cuáles son tus caminos. Así sabré que en verdad cuento con tu favor. Ten presente que los israelitas son tu pueblo.

¹⁴—Yo mismo iré contigo y te daré descanso —respondió el SEÑOR.

¹⁵—O vas con todos nosotros —respondió Moisés—, o mejor no nos hagas salir de aquí. ¹⁶Si no vienes con nosotros, ¿cómo vamos a saber, tu pueblo y yo, que contamos con tu favor? ¿En qué seríamos diferentes de los demás pueblos de la tierra?

¹⁷—Está bien, haré lo que me pides —dijo el SEÑOR a Moisés—, pues cuentas con mi favor y te conozco por nombre.

¹⁸—Déjame ver tu gloria —insistió Moisés.

¹⁹Y el SEÑOR respondió:

—Voy a darte pruebas de mi bondad y te daré a conocer mi 'nombre. Tendré misericordia de quien quiera tenerla y seré compasivo con quien quiera serlo. ²⁰Pero debo aclararte que no podrás ver mi rostro, porque nadie puede verme y seguir con vida.

²¹»Cerca de mí hay un lugar sobre una roca —añadió el SEÑOR—. Puedes quedarte allí. ²²Cuando yo pase en toda mi gloria, te pondré en una hendidura de la roca y te cubriré con mi mano, hasta que haya pasado. ²³Luego retiraré la mano y podrás verme la espalda. Pero mi rostro nadie lo verá».

ª 31 *dioses.* Alt. *un dios.*

Las nuevas tablas de piedra

34 El SEÑOR dijo a Moisés: «Labra dos tablas de piedra semejantes a las primeras que rompiste. Voy a escribir en ellas las mismas palabras que estaban escritas en las primeras. ²Prepárate para subir mañana a la cumbre del monte Sinaí y presentarte allí ante mí. ³Nadie debe acompañarte ni debe verse a nadie en ninguna parte del monte. Ni siquiera las ovejas y las vacas deben pastar frente al monte».

. ⁴Moisés labró dos tablas de piedra semejantes a las primeras y muy de mañana las llevó en sus manos al monte Sinaí, como se lo había ordenado el SEÑOR. ⁵El SEÑOR descendió en la nube y se puso junto a Moisés. Luego le dio a conocer su ˙nombre: ⁶pasando delante de él, proclamó:

—El SEÑOR, el SEÑOR, Dios compasivo y misericordioso, lento para la ira y grande en amor y fidelidad, ⁷que mantiene su amor hasta mil generaciones después y que perdona la maldad, la rebelión y el pecado; pero no tendrá por inocente al culpable, sino que castiga la maldad de los padres en los hijos hasta la tercera y cuarta generación.

⁸Enseguida Moisés se postró en tierra y adoró al Señor. ⁹Y dijo:

—Señor, si realmente cuento con tu favor, ven y quédate entre nosotros. Reconozco que este es un pueblo terco, pero perdona nuestra iniquidad y nuestro pecado, y adóptanos como tu herencia.

El nuevo pacto

¹⁰—Mira el ˙pacto que hago ahora —respondió el SEÑOR—. A la vista de todo tu pueblo haré maravillas que ante ninguna nación del mundo han sido realizadas. El pueblo en medio del cual vives verá las imponentes obras que yo, el SEÑOR, haré por ti. ¹¹Por lo que a ti toca, cumple con lo que hoy te mando. Echaré de tu presencia a los amorreos, cananeos, hititas, ferezeos, heveos y jebuseos. ¹²Ten mucho cuidado de no hacer ningún pacto con los habitantes de la tierra que vas a ocupar, pues de lo contrario serán para ti una trampa. ¹³Derriba sus altares, haz pedazos sus piedras sagradas y sus imágenes de la diosa Aserá. ¹⁴No adores a otros dioses, porque el SEÑOR es muy celoso. Su nombre es Dios celoso.

¹⁵»No hagas ningún pacto con los habitantes de esta tierra, porque se prostituyen por ir tras sus dioses y, cuando ofrezcan sacrificios a esos dioses, te invitarán a participar de ellos. ¹⁶Y si casas a tu hijo con una de sus mujeres, cuando ella se prostituya por ir tras sus dioses, inducirá a tu hijo a hacer lo mismo.

¹⁷»No te hagas ídolos de metal fundido.

¹⁸»Celebra la fiesta de los Panes sin levadura y come de ese pan durante siete días, como te lo he ordenado. Celebra esa fiesta en el mes de *aviv*, que es la fecha señalada, pues en ese mes saliste de Egipto.

¹⁹»Todo hijo primogénito me pertenece, incluyendo las primeras crías de tus vacas y de tus ovejas. ²⁰Deberás rescatar a todos tus primogénitos. Al asno primogénito podrás rescatarlo a cambio de un cordero; pero si no lo rescatas, tendrás que romperle el cuello.

»Nadie se presentará ante mí con las manos vacías.

²¹»Trabaja durante seis días, pero descansa el séptimo. Ese día deberás descansar, incluso en el tiempo de arar y cosechar.

²²»Celebra con las ˙primicias de la cosecha de trigo la fiesta de las Semanas y también la fiesta de la cosecha de fin de año.ᵃ ²³Todos tus varones deberán presentarse ante mí, su SEÑOR y Dios, el Dios de Israel, tres veces al año. ²⁴Yo echaré de tu presencia a las naciones y ensancharé tu territorio. Cuando vengan tres veces al año ante mí, su SEÑOR y Dios, nadie codiciará tu tierra.

²⁵»Cuando me ofrezcas un animal, no mezcles con levadura su sangre. Del animal que se ofrece en la fiesta de la Pascua no debe quedar nada para la mañana siguiente.

²⁶»Llevarás a la casa del SEÑOR tu Dios lo mejor de tus primicias.

»No cocerás ningún cabrito en la leche de su madre».

²⁷El SEÑOR dijo a Moisés:

—Pon estas palabras por escrito, pues en ellas se basa el pacto que ahora hago contigo y con Israel. ²⁸Y Moisés se quedó en el monte con el SEÑOR cuarenta días y cuarenta noches, sin comer ni beber nada. Allí, en las tablas, escribió los términos del pacto, es decir, los diez mandamientos.

El rostro resplandeciente de Moisés

²⁹Cuando Moisés descendió del monte Sinaí, traía en sus manos las dos tablas del pacto. Pero no sabía que, por haberle hablado el SEÑOR, de su rostro salía un haz de luz. ³⁰Al ver a Aarón y a todos los israelitas el rostro resplandeciente de Moisés, tuvieron miedo de acercársele; ³¹pero Moisés llamó a Aarón y a todos los jefes y ellos regresaron para hablar con él. ³²Luego se acercaron todos los israelitas y Moisés ordenó acatar todo lo que el SEÑOR le había dicho en el monte Sinaí.

³³En cuanto Moisés terminó de hablar con ellos, se cubrió el rostro con un velo. ³⁴Siempre que entraba a la presencia del SEÑOR para hablar con él, se quitaba el velo hasta que salía. Al salir, comunicaba a los israelitas lo que el Señor le había ordenado decir. ³⁵Y como los israelitas veían que su rostro resplandecía, Moisés se cubría de nuevo el rostro, hasta que entraba a hablar otra vez con el SEÑOR.

Normas para el sábado

35 Moisés reunió a toda la comunidad israelita y dijo: «Estas son las órdenes que el SEÑOR les manda cumplir: ²Trabajen durante seis días, pero el séptimo día, el ˙sábado, será para ustedes un día de completo reposo consagrado al SEÑOR. Quien haga algún trabajo en él será condenado a muerte. ³En sábado no se encenderá ningún fuego en ninguna de sus casas».

Materiales para el santuario

35:4-9 – Éx 25:1-7
35:10-19 – Éx 39:32-41

⁴Moisés dijo a toda la comunidad israelita: «Esto es lo que el SEÑOR ordena: ⁵Tomen de entre sus pertenencias una ofrenda para el SEÑOR. Todo el que se sienta movido a hacerlo, presente al SEÑOR una ofrenda de:

»oro, plata y bronce
⁶ lana color azul, carmesí y escarlata; tela de lino fino,
 pelo de cabra,
⁷ pieles de carnero teñidas de rojo, pieles finas, madera de acacia,
⁸ aceite de oliva para las lámparas,
 especias para el aceite de la unción y para el incienso aromático;
⁹ también piedras de ónice y otras piedras preciosas para montarlas en el ˙efod y en el pectoral del sacerdote.

¹⁰»Todos los artesanos hábiles que haya entre ustedes deben venir y hacer todo lo que el SEÑOR ha ordenado que se haga:

ᵃ 22 El fin de año caía en otoño.

11 »el santuario, con su tienda y su toldo, sus ganchos, sus tablones, sus travesaños, sus postes y bases;
12 el arca con sus varas, su tapa y la cortina que resguarda el arca;
13 la mesa con sus varas y todos sus utensilios, y el ˚pan de la Presencia;
14 el candelabro para el alumbrado y sus accesorios, las lámparas y el aceite para el alumbrado;
15 el altar del incienso con sus varas, el aceite de la unción y el incienso aromático, la cortina para la puerta a la entrada del santuario,
16 el altar de los ˚holocaustos con su enrejado de bronce, sus varas y todos sus utensilios; el recipiente de bronce con su pedestal,
17 las cortinas del atrio con sus postes y bases, la cortina para la entrada del atrio,
18 las estacas del toldo para el santuario y el atrio, y sus cuerdas;
19 y las vestiduras tejidas para ministrar en el santuario, tanto las vestiduras sagradas para el sacerdote Aarón como las vestiduras sacerdotales para sus hijos».

20Toda la comunidad israelita se retiró de la presencia de Moisés. 21Todos los que deseaban, y que en su interior se sintieron movidos a hacerlo, llevaron una ofrenda al SEÑOR para las obras en la ˚Tienda de reunión, para todo su servicio y para las vestiduras sagradas. 22Así mismo, todos los que se sintieron movidos a hacerlo, tanto hombres como mujeres, llevaron como ofrenda toda clase de joyas de oro: broches, pendientes, anillos y otros adornos de oro. Todos ellos presentaron su oro como ofrenda mecida al SEÑOR, 23o bien llevaron lo que tenían: lana color azul, carmesí y escarlata, tela de lino, pelo de cabra, pieles de carnero teñidas de rojo y pieles finas. 24Los que tenían plata o bronce los presentaron como ofrenda al SEÑOR, lo mismo que quienes tenían madera de acacia, contribuyendo así con algo para la obra. 25Las mujeres expertas en artes manuales presentaron los hilos de lana color azul, carmesí o escarlata que habían torcido, y tela de lino. 26Otras, que conocían bien el oficio y se sintieron movidas a hacerlo, torcieron hilo de pelo de cabra. 27Los jefes llevaron piedras de ónice y otras piedras preciosas, para que se engastaran en el efod y en el pectoral. 28También llevaron especias y aceite de oliva para el alumbrado, el aceite de la unción y el incienso aromático. 29Todos los israelitas que se sintieron movidos a hacerlo, lo mismo hombres que mujeres, presentaron al SEÑOR ofrendas voluntarias para toda la obra que el SEÑOR, por medio de Moisés, había mandado hacer.

Bezalel y Aholiab
35:30-35 – Éx 31:2-6

30Moisés dijo a los israelitas: «Tomen en cuenta que el SEÑOR ha escogido a Bezalel, hijo de Uri y nieto de Hur, de la tribu de Judá, 31y lo ha llenado del Espíritu de Dios, de sabiduría, inteligencia y capacidad creativa 32para hacer trabajos artísticos en oro, plata y bronce, 33para cortar y engastar piedras preciosas, para hacer tallados en madera y realizar toda clase de diseños artesanales. 34Dios les ha dado a él y a Aholiab, hijo de Ajisamac, de la tribu de Dan, la habilidad de enseñar a otros. 35Los ha llenado de gran sabiduría para realizar toda clase de artesanías,

diseños y recamados en lana púrpura, carmesí y escarlata y tela de lino. Son expertos tejedores y hábiles artesanos en toda clase de labores y diseños. 1Así, pues, Bezalel y Aholiab llevarán a cabo los trabajos para el servicio del santuario, tal y como el SEÑOR lo ha ordenado, junto con todos los expertos, y a quienes el SEÑOR haya dado pericia y habilidad para realizar toda la obra del servicio del santuario».

36

2Moisés llamó a Bezalel, a Aholiab, a todos los expertos y a quienes el SEÑOR había dado pericia y habilidad, y se sentían movidos a venir y hacer el trabajo. 3Entonces les entregó todas las ofrendas que los israelitas habían llevado para realizar la obra del servicio del santuario. Pero el pueblo seguía llevando ofrendas voluntarias mañana tras mañana. 4Así que todos los artesanos y expertos que estaban ocupados en la obra del santuario suspendieron su trabajo 5para ir a decirle a Moisés: «La gente está trayendo más de lo que se necesita para llevar a cabo la obra que el SEÑOR mandó hacer».

6Entonces Moisés ordenó que corriera la voz por todo el campamento: «¡Que nadie, ni hombre ni mujer, haga más labores ni traiga más ofrendas para el santuario!». Así que los israelitas dejaron de llevar más ofrendas, 7pues lo que ya habían hecho era más que suficiente para llevar a cabo toda la obra.

El santuario
36:8-38 – Éx 26:1-37

8Todos los expertos hicieron el santuario con diez cortinas de tela de lino fino y de lana color azul, carmesí y escarlata, con ˚querubines artísticamente bordados en ellas. 9Todas las cortinas medían lo mismo, es decir, veintiocho codos de largo por cuatro codos de ancho.ᵃ 10Cosieron cinco cortinas, uniendo la una con la otra; luego hicieron lo mismo con las otras cinco. 11En el borde superior del primer conjunto de cortinas, pusieron presillas de lana color azul; lo mismo hicieron en el borde del otro conjunto de cortinas. 12En la primera cortina del primer conjunto pusieron cincuenta presillas, y en la última cortina del segundo conjunto pusieron otras cincuenta presillas, de modo que las presillas se correspondan entre sí. 13Después hicieron cincuenta ganchos de oro para que las cortinas quedaran enganchadas una con otra, de modo que el santuario tuviera unidad de conjunto.

14Hicieron un total de once cortinas de pelo de cabra para cubrir el santuario a la manera de una tienda de campaña. 15Las once cortinas medían lo mismo, es decir, treinta codos de largo por cuatro de ancho.ᵇ 16Cosieron cinco cortinas en un conjunto y las otras seis en otro conjunto; 17hicieron cincuenta presillas en el borde de la cortina con que termina el primer conjunto y otras cincuenta presillas en el borde de la cortina con que termina el segundo conjunto. 18Fabricaron cincuenta ganchos de bronce para unir la tienda del santuario para que este tuviera unidad de conjunto. 19Luego hicieron para la tienda un toldo de piel de carnero teñida de rojo y para la parte superior pusieron otro de pieles finas.

20Prepararon para el santuario unos tablones de madera de acacia y los colocaron en posición vertical. 21Cada tablón medía diez codos de largo por un codo y medio de anchoᶜ 22con dos ranuras paralelas entre sí. Todos los tablones del santuario los hicieron así: 23Veinte tablones para el lado sur del santuario, 24cuarenta bases de plata que iban debajo de ellos, dos por cada tablón, debajo de cada ranura; 25para el lado opuesto, es decir el lado norte del santuario, veinte tablones, 26con cuarenta bases de plata; colocando dos de esas bases debajo de cada tablón; 27seis tablones en el lado posterior, que es el lado

---

ᵃ 9 Es decir, aprox. 13 m de largo por 1.8 m de ancho.
ᵇ 15 Es decir, aprox. 14 m de largo por 1.8 m de ancho.
ᶜ 21 Es decir, aprox. 4.5 m de largo por 68 cm de ancho.

occidental del santuario, 28y dos tablones más en las esquinas del santuario en el extremo opuesto. 29Estos dos tablones eran dobles desde la base y quedaban unidos por un solo anillo en la parte superior. Se hizo lo mismo en ambas esquinas, 30de modo que había ocho tablones y dieciséis bases de plata; dos bases debajo de cada tablón.

31También hicieron travesaños de madera de acacia: cinco para los tablones de un costado del santuario, 32cinco para los del costado opuesto y cinco para los del costado occidental, en la parte posterior del santuario. 33El travesaño central lo hicieron de tal modo que pasaba de un extremo al otro, a media altura de los tablones. 34Recubrieron de oro los tablones e hicieron unos anillos de oro para que los travesaños pasaran por ellos. También recubrieron de oro los travesaños.

35La cortina la hicieron de lana color azul, carmesí, escarlata y tela de lino con querubines artísticamente bordados en ella. 36Le hicieron cuatro postes de madera de acacia y los recubrieron de oro, les pusieron ganchos de oro y fundieron para ellos cuatro bases de plata. 37Para la entrada de la tienda hicieron una cortina de lana color azul, carmesí, escarlata y tela de lino fino, bordada artísticamente, 38y cinco postes con ganchos, para los que hicieron cinco bases de bronce; también recubrieron de oro los capiteles y los empalmes de los postes.

El arca
37:1-9 – Éx 25:10-20

37 Bezalel hizo el arca de madera de acacia, de dos codos y medio de largo, un codo y medio de ancho, y un codo y medio de alto.*a* 2La recubrió de oro puro por dentro y por fuera, también puso en su derredor una moldura de oro. 3Fundió cuatro anillos de oro para el arca y se los colocó a sus cuatro patas, colocando dos anillos en un lado y dos en el otro. 4Hizo luego unas varas de madera de acacia, las recubrió de oro, 5y las introdujo en los anillos que van a los costados del arca para transportarla.

6Al arca le hizo una tapa de oro puro, de dos codos y medio de largo por un codo y medio de ancho. 7Para los dos extremos de la tapa del arca hizo dos ˚querubines de oro trabajado a martillo. 8En cada uno de los extremos puso un querubín, y los hizo de modo que ambos formaban una sola pieza con la tapa del arca. 9Los querubines tenían las alas extendidas por encima de la tapa del arca y con ellas lo cubrían. Quedaban el uno frente al otro, mirando hacia la tapa.

La mesa
37:10-16 – Éx 25:23-29

10Bezalel hizo la mesa de madera de acacia de dos codos de largo por un codo de ancho y un codo y medio de alto.*b* 11La recubrió de oro puro y le puso alrededor una moldura de oro. 12También le hizo un reborde de un palmo*c* de ancho y puso una moldura de oro alrededor del reborde. 13Fundió cuatro anillos de oro para la mesa y se los sujetó a las cuatro esquinas, donde iban las cuatro patas. 14Los anillos fueron colocados junto al reborde para pasar por ellos las varas empleadas para transportar la mesa. 15Esas varas eran de madera de acacia y estaban recubiertas de oro. 16Los utensilios para la mesa, sus platos, bandejas, tazones y jarras para verter las ofrendas líquidas, los hizo de oro puro.

El candelabro
37:17-24 – Éx 25:31-39

17Bezalel hizo el candelabro de oro puro trabajado a martillo. Su base, su tallo, y sus copas, cálices y flores

formaban una sola pieza. 18De los costados del candelabro salían seis brazos, tres de un lado y tres del otro. 19En cada uno de los seis brazos del candelabro había tres copas en forma de flores de almendro, con cálices y pétalos. 20El candelabro mismo tenía cuatro copas en forma de flor de almendro, con cálices y pétalos. 21Debajo del primer par de brazos que salía del candelabro había un cáliz; debajo del segundo par de brazos había un segundo cáliz y debajo del tercer par de brazos había un tercer cáliz —seis brazos en total. 22Los cálices y los brazos formaban una sola pieza con el candelabro, el cual era de oro puro trabajado a martillo.

23Hizo también de oro puro sus siete lámparas, lo mismo que sus cortapabilos y braseros. 24Para hacer el candelabro y todos sus accesorios, usó un talento*d* de oro puro.

El altar del incienso
37:25-28 – Éx 30:1-5

25Bezalel hizo de madera de acacia el altar del incienso. Era cuadrado, de un codo de largo por un codo de ancho y dos codos de alto.*e* Sus cuernos formaban una pieza con el altar. 26Recubrió de oro puro su parte superior, sus cuatro costados y los cuernos, y puso una moldura de oro alrededor. 27Debajo de la moldura puso dos anillos de oro en cada uno de sus costados, para pasar por ellos las varas usadas para transportarlo. 28Las varas las hizo de madera de acacia y las recubrió de oro.

29Bezalel hizo también el aceite de la unción sagrada y el incienso puro y aromático, como lo hacen los fabricantes de perfumes.

El altar de los holocaustos
38:1-7 – Éx 27:1-8

38 Bezalel hizo de madera de acacia el altar de los ˚holocaustos. Era cuadrado, de cinco codos de largo por cinco codos de ancho y tres codos de alto.*f* 2Puso un cuerno en cada una de sus cuatro esquinas, los cuales formaban una sola pieza con el altar, y el altar lo recubrió de bronce. 3Hizo de bronce todos sus utensilios: sus portacenizas, sus tenazas, sus tazones, sus tridentes y sus braseros. 4Hizo también un enrejado para el altar —una rejilla de bronce— y la puso bajo el reborde inferior del altar, a la mitad de su altura. 5Fundió cuatro anillos de bronce para las cuatro esquinas del enrejado de bronce para pasar por ellos las varas. 6Hizo las varas de madera de acacia, las recubrió de bronce 7y las introdujo en los anillos, de modo que quedaran a los dos costados del altar para poder transportarlo. El altar lo hizo hueco y de tablas.

El recipiente para el lavado

8Además, con el bronce de los espejos de las mujeres que servían a la entrada de la ˚Tienda de reunión, hizo el recipiente de bronce y su pedestal.

El atrio
38:9-20 – Éx 27:9-19

9Después hicieron el atrio. El lado sur medía cien codos*g* de largo y tenía cortinas de tela de lino fino, 10veinte postes y veinte bases de bronce, con empalmes y ganchos de plata en los postes. 11El lado norte

---

a 1 Es decir, aprox. 1.1 m de largo por 68 cm de ancho y 68 cm de alto; también en v. 6.   *b* 10 Es decir, aprox. 90 cm por 45 cm de ancho y 68 cm de alto.   *c* 12 Es decir, aprox. 7.5 cm; se trata aquí del palmo menor.   *d* 24 Es decir, aprox. 34 kg.   *e* 25 Es decir, aprox. 45 cm de largo por 45 cm de ancho y 90 cm de alto.   *f* 1 Es decir, aprox. 2.3 m de largo por 2.3 de ancho y 1.4 m de alto.   *g* 9 Es decir, aprox. 45 m; también en v. 11.

medía también cien codos de largo, y tenía veinte postes y veinte bases de bronce, con ganchos y empalmes de plata en los postes.

12El lado occidental medía cincuenta codos*a* de ancho, y tenía cortinas y diez postes y diez bases, con ganchos y empalmes de plata en los postes. 13Por el lado oriental, hacia la salida del sol, medía también cincuenta codos de ancho. 14A un lado de la entrada había cortinas de quince codos*b* de largo, tres postes y tres bases; 15y al otro lado de la entrada había también cortinas de quince codos de largo, tres postes y tres bases. 16Todas las cortinas que rodeaban el atrio eran de tela de lino fino. 17Las bases para los postes eran de bronce, los ganchos y los empalmes en los postes eran de plata y sus capiteles estaban recubiertos de plata. Todos los postes del atrio tenían empalmes de plata.

18La cortina a la entrada del atrio era de lana color azul, carmesí, escarlata y tela de lino fino, bordada artísticamente. Medía veinte codos de largo por cinco codos de alto,*c* como las cortinas del atrio, 19y tenía cuatro postes y cuatro bases de bronce. Sus ganchos y sus empalmes eran de plata y sus capiteles estaban recubiertos de plata. 20Todas las estacas del toldo para el santuario y del atrio que lo rodeaba eran de bronce.

Los materiales usados

21Estas son las cantidades de los materiales usados para el santuario donde están guardadas las tablas del pacto. Los levitas hicieron este registro por orden de Moisés y bajo la dirección de Itamar, hijo del sacerdote Aarón. 22Bezalel, hijo de Uri y nieto de Hur, de la tribu de Judá, hizo todo lo que el SEÑOR ordenó a Moisés. 23Con él estaba Aholiab, hijo de Ajisamac, de la tribu de Dan, que era artesano, diseñador y recamador en lana teñida de color azul, carmesí y escarlata y en tela de lino. 24El total del oro dado como ofrenda mecida y empleado en toda la obra del santuario era de veintinueve talentos y setecientos treinta siclos,*d* según el peso oficial*e* del santuario.

25La plata entregada por los miembros de la comunidad contados en el censo llegó a cien talentos,*f* y mil setecientos setenta y cinco siclos,*g* según el peso oficial del santuario. 26Todos los mayores de veinte años que fueron censados llegaron a un total de seiscientos tres mil quinientos cincuenta, y cada uno de ellos dio un becá,*h* es decir, medio siclo, según el peso oficial del santuario. 27Los cien talentos de plata se emplearon en las cien bases fundidas para el santuario y para la cortina, de modo que cada base pesaba un talento. 28Los mil setecientos setenta y cinco siclos se emplearon en hacer los ganchos para los postes, recubrir sus capiteles y para hacer sus empalmes.

29El total del bronce dado como ofrenda mecida fue de setenta talentos y dos mil cuatrocientos siclos,*i* 30y se empleó en las bases para la entrada de la ʼTienda de reunión, en el altar de bronce con su enrejado de bronce y todos sus utensilios, 31en las bases para el atrio y la entrada al atrio, así como en todas las estacas del toldo para el santuario y para el atrio que lo rodeaba.

Las vestiduras sacerdotales

39 Las vestiduras tejidas para ministrar en el santuario se hicieron de lana teñida de color azul, carmesí y escarlata. También se confeccionaron vestiduras sagradas para Aarón, como se lo mandó el SEÑOR a Moisés.

El efod
39:2-7 – Éx 28:6-14

2El ʼefod lo hizo Bezalel de oro, lana color azul, carmesí, escarlata y tela de lino fino. 3Martillaron finas láminas de oro, y las cortaron en hebras para entretejerlas artísticamente con la lana color azul, carmesí, escarlata y la tela de lino. 4Se hicieron hombreras con cintas para el efod, las cuales se sujetaron a sus dos extremos. 5El cinturón bordado con el que se sujeta el efod fue hecho del mismo material; es decir, de oro, lana color azul, carmesí, escarlata y tela de lino fino, como se lo mandó el SEÑOR a Moisés.

6Las piedras de ónice se engarzaron en los engastes de filigrana de oro, y en ellas se grabaron, a manera de sello, los ʼnombres de los hijos de Israel. 7Luego las sujetaron a las hombreras del efod para recordar a los hijos de Israel, como se lo mandó el SEÑOR a Moisés.

El pectoral
39:8-21 – Éx 28:15-28

8Bezalel hizo también el pectoral, bordado artísticamente, con hilo de oro, lana teñida de color azul, carmesí, escarlata y tela de lino fino, tal como hizo con el ʼefod. 9Será doble y cuadrado, de un palmo de largo por uno de ancho.*j* 10Engarzaron en él cuatro hileras de piedras preciosas. En la primera hilera pusieron un rubí, un crisólito y una esmeralda; 11en la segunda, una turquesa, un zafiro y un jade; 12en la tercera, un jacinto, un ágata y una amatista; 13en la cuarta, un topacio, un ónice y un jaspe.*k* Estaban engarzadas en engastes de filigrana de oro; 14y eran doce piedras, una por cada uno de los hijos de Israel. Cada una llevaba grabada como un sello el ʼnombre de una de las doce tribus.

15Para el pectoral se hicieron cadenillas de oro puro en forma de cordón. 16Se hicieron dos engastes en filigrana de oro y dos anillos de oro, y se sujetaron los anillos en los dos extremos del pectoral; 17luego se sujetaron las dos cadenillas de oro a los dos anillos de los extremos del pectoral, 18y los otros dos extremos de las cadenillas a los dos engastes, para fijarlos por la parte delantera a las hombreras del efod. 19Se hicieron otros dos anillos de oro y los fijaron a los otros dos extremos del pectoral, en el borde interior, junto al efod. 20Además, se hicieron dos anillos más, también de oro, para fijarlos por el frente del efod, pero por debajo de las hombreras, cerca de la costura que va justamente arriba del cinturón. 21Los anillos del pectoral los sujetaron con un cordón color azul, a fin de unir el pectoral al cinturón para que no se desprendiera del efod, como se lo mandó el SEÑOR a Moisés.

Otras vestiduras sacerdotales
39:22-31 – Éx 28:31-43

22Bezalel hizo de lana color azul, y tejido artísticamente, todo el manto del ʼefod. 23Lo hizo con una abertura en el centro, como abertura para la cabeza,*l* y con un refuerzo alrededor de la abertura, para que no se desgarre. 24En todo el borde inferior del manto se hicieron granadas de lana color azul, carmesí y escarlata, y de tela de lino fino, 25lo mismo que campanillas de oro puro, las cuales se colocaron en todo el borde inferior, entre las granadas. 26Las campanillas y las granadas se colocaron, en forma alternada, en todo el borde inferior del manto que debía llevarse para ejercer el ministerio, como se lo mandó el SEÑOR a Moisés.

27Para Aarón y sus hijos se hicieron túnicas de tela de lino tejidas artísticamente, 28las mitras y el

---

a **12** Es decir, aprox. 23 m; también en v. 13.   *b* **14** Es decir, aprox. 7 m; también en v. 15.   *c* **18** Es decir, aprox. 9 m de largo por 2.3 m de alto.   *d* **24** Es decir, aprox. 1 t.   *e* **24** el *peso oficial*. Lit. *el siclo*; también en vv. 25 y 26.   *f* **25** Es decir, aprox. 3.4 t; también en el v. 27.   *g* **25** Es decir, aprox. 20 kg; también en el v. 28.   *h* **26** Es decir, aprox. 5.7 g.   *i* **29** Es decir, aprox. 2.4 t.   *j* **9** Es decir, aprox. 23 cm por lado.   *k* **13** La identificación de algunas de estas piedras preciosas no ha podido establecerse con precisión.   *l* **23** *cabeza*. Palabra de difícil traducción.

turbante de tela de lino y la ropa interior de tela de lino fino. [29]La faja era de tela de lino fino y de lana teñida de color azul, carmesí y escarlata, recamada artísticamente, como se lo mandó el SEÑOR a Moisés.

[30]La placa sagrada se hizo de oro puro y se grabó en ella, a manera de sello:

CONSAGRADO AL SEÑOR.

[31]Luego se sujetó al turbante con un cordón color azul, como se lo mandó el SEÑOR a Moisés.

Moisés inspecciona el santuario
39:32-41 – Éx 35:10-19

[32]Toda la obra del santuario, es decir, la *Tienda de reunión, quedó terminada. Los israelitas la hicieron todo tal y como el SEÑOR se lo mandó a Moisés. [33]Ellos mostraron a Moisés el santuario:

la tienda y todos sus utensilios, sus ganchos, tablones, travesaños, postes y bases;
[34]el toldo de pieles de carnero teñidas de rojo, el toldo de pieles finas y la cortina que resguardaba el arca;
[35]el arca con las tablas del pacto, con sus varas y la tapa;
[36]la mesa con todos sus utensilios y el *pan de la Presencia.
[37]Además le presentaron el candelabro de oro puro con su hilera de lámparas y todos sus utensilios, junto con el aceite para el alumbrado;
[38]el altar de oro, el aceite de la unción, el incienso aromático y la cortina para la entrada de la tienda;
[39]el altar de bronce con su enrejado de bronce, sus varas y todos sus utensilios;
el recipiente de bronce con su pedestal;
[40]las cortinas del atrio con sus postes y bases, la cortina para la entrada del atrio;
las cuerdas y las estacas del toldo para el atrio.
Le llevaron todos los utensilios para el santuario, la Tienda de reunión;
[41]y las vestiduras tejidas para ministrar en el santuario, tanto las vestiduras sagradas para el sacerdote Aarón como las vestiduras sacerdotales para sus hijos.

[42]Los israelitas hicieron toda la obra tal y como el SEÑOR se lo había ordenado a Moisés. [43]Moisés, por su parte, inspeccionó la obra y, al ver que la habían hecho tal y como el SEÑOR se lo había ordenado, los bendijo.

Se levanta el santuario

40 El SEÑOR habló con Moisés y le dijo: [2]«En el día primero del mes primero, levanta el santuario, es decir, la *Tienda de reunión. [3]Pon en su interior el arca con las tablas del pacto y cúbrela con la cortina. [4]Lleva adentro la mesa y ponla en orden. Pon también dentro del santuario el candelabro y enciende sus lámparas. [5]Coloca el altar de oro para el incienso frente al arca con las tablas del pacto, y cuelga la cortina a la entrada del santuario. [6]»Coloca el altar de los *holocaustos frente a la entrada del santuario, la Tienda de reunión; [7]entre la Tienda de reunión y el altar coloca el recipiente de bronce y pon agua en él. [8]Levanta el atrio alrededor y coloca la cortina a la entrada del atrio.

[9]»Toma el aceite de la unción y unge el santuario y todo lo que haya en él; conságralo, junto con todos sus utensilios, para que sea un objeto sagrado. [10]Unge también el altar de los holocaustos y todos sus utensilios; conságralo, para que sea un objeto muy sagrado. [11]Unge además, y consagra, el recipiente de bronce y su pedestal.

[12]»Lleva luego a Aarón y a sus hijos a la entrada de la Tienda de reunión, haz que se bañen [13]y ponle a Aarón sus vestiduras sagradas. Úngelo y conságralo, para que ministre como sacerdote mío. [14]Acerca entonces a sus hijos, ponles sus túnicas [15]y úngelos como ungiste a su padre, para que ministren como mis sacerdotes. La unción les conferirá un sacerdocio válido para todas las generaciones venideras».

[16]Moisés hizo todo tal y como el SEÑOR se lo mandó. [17]Fue así como el santuario se instaló el día primero del mes primero del año segundo. [18]Al instalar el santuario, Moisés puso en su lugar las bases, levantó los tablones, los insertó en los travesaños y levantó los postes. [19]Luego extendió la tienda de campaña sobre el santuario y encima de esta puso el toldo, tal y como el SEÑOR se lo mandó.

[20]A continuación, tomó las tablas del pacto y las puso en el arca; luego ajustó las varas al arca, y sobre ella puso la tapa. [21]Llevó el arca al interior del santuario y colgó la cortina para resguardarla. De este modo, protegió el arca con las tablas del pacto, tal y como el SEÑOR se lo había ordenado.

[22]Moisés puso la mesa en la Tienda de reunión, en el lado norte del santuario, fuera de la cortina, [23]y puso el pan en orden ante el SEÑOR, como el SEÑOR se lo había ordenado.

[24]Colocó luego el candelabro en la Tienda de reunión, frente a la mesa, en el lado sur del santuario, [25]y encendió las lámparas ante el SEÑOR, como el SEÑOR se lo había ordenado.

[26]Puso también el altar de oro en la Tienda de reunión, frente a la cortina, [27]y sobre él quemó incienso aromático, tal y como el SEÑOR se lo había ordenado.

[28]Después de eso colgó la cortina a la entrada del santuario. [29]Moisés puso también el altar de los holocaustos a la entrada del santuario, la Tienda de reunión, y sobre él ofreció holocaustos y ofrendas de grano, tal y como el SEÑOR se lo había ordenado.

[30]Colocó luego el recipiente de bronce entre la Tienda de reunión y el altar, y echó en ella agua para lavarse, [31]y Moisés, Aarón y sus hijos se lavaron allí las manos y los pies. [32]Siempre que entraban en la Tienda de reunión o se acercaban al altar se lavaban, tal y como el SEÑOR se lo había ordenado.

[33]Después levantó Moisés el atrio en torno al santuario y al altar, y colgó la cortina a la entrada del atrio. Así terminó Moisés la obra.

La gloria del SEÑOR

[34]En ese instante, la nube cubrió la *Tienda de reunión y la gloria del SEÑOR llenó el santuario. [35]Moisés no podía entrar en la Tienda de reunión porque la nube se había posado en ella y la gloria del SEÑOR llenaba el santuario.

[36]Cada vez que la nube se levantaba y se apartaba del santuario, los israelitas se ponían en marcha. [37]Si la nube no se levantaba, ellos no se ponían en marcha. [38]Durante todas las marchas de los israelitas, la nube del SEÑOR reposaba sobre el santuario durante el día, pero durante la noche había fuego en la nube a la vista de todo el pueblo de Israel.

Levítico

El holocausto

1 El SEÑOR llamó a Moisés y le habló desde la *Tienda de reunión. Le ordenó ²que dijera a los israelitas: «Cuando alguno de ustedes traiga una ofrenda al SEÑOR, deberá presentar un animal de ganado vacuno u ovino.

³»Si el animal que ofrece en *holocausto es de ganado vacuno, deberá presentar un macho sin defecto a la entrada de la Tienda de reunión. Así será aceptable al SEÑOR. ⁴Pondrá su mano sobre la cabeza de la víctima, la cual será aceptada en su lugar y servirá para obtener el perdón de sus pecados. ⁵Después degollará el ternero ante el SEÑOR y los hijos de Aarón, los sacerdotes, tomarán la sangre y la derramarán alrededor del altar que está a la entrada de la Tienda de reunión. ⁶Luego le quitará el cuero a la víctima del holocausto y la cortará en trozos. ⁷Los hijos de Aarón, los sacerdotes, harán fuego sobre el altar y echarán leña; ⁸después acomodarán los trozos sobre la leña encendida del altar, junto con la cabeza y el sebo. ⁹Las entrañas y las patas se lavarán con agua, y luego el sacerdote lo quemará todo en el altar. Es un holocausto, una ofrenda puesta al fuego, cuyo aroma es grato al SEÑOR.

¹⁰»Si alguien ofrece un holocausto de ganado ovino, sea de corderos o de cabras, deberá presentar un macho sin defecto. ¹¹Lo degollará ante el SEÑOR, en el costado norte del altar, y los hijos de Aarón, los sacerdotes, derramarán la sangre alrededor del altar. ¹²Luego lo cortará en trozos, los cuales el sacerdote acomodará sobre la leña encendida del altar, junto con la cabeza y el sebo. ¹³Las entrañas y las patas se lavarán con agua, y el sacerdote lo tomará todo y lo quemará en el altar. Es un holocausto, una ofrenda puesta al fuego cuyo aroma es grato al SEÑOR.

¹⁴»Si alguien ofrece al SEÑOR un holocausto de ave, deberá presentar una tórtola o un pichón de paloma. ¹⁵El sacerdote llevará el ave al altar para quemarla. Le arrancará la cabeza; después exprimirá la sangre en un costado del altar, ¹⁶y le quitará también el buche y las entrañas, y los arrojará hacia el costado oriental del altar, donde se echa la ceniza. ¹⁷Después la desgarrará por las alas, pero sin arrancárselas. Entonces el sacerdote la quemará en el altar sobre la leña encendida. Es un holocausto, una ofrenda puesta al fuego cuyo aroma es grato al SEÑOR.

La ofrenda de cereal

2 »Si alguien presenta al SEÑOR una ofrenda de cereal, esta será de flor de harina refinada, sobre la cual pondrá aceite e incienso. ²Luego la llevará a los hijos de Aarón, los sacerdotes; allí tomará un puñado de harina refinada con aceite, junto con todo el incienso, y el sacerdote quemará esa ofrenda memorial en el altar. Es una ofrenda puesta al fuego cuyo aroma es grato al SEÑOR. ³El resto de la ofrenda de cereal será para Aarón y sus hijos. Entre las ofrendas puestas al fuego que se presentan al SEÑOR, esta es sumamente sagrada.

⁴»Si presentas una ofrenda de cereal cocida al horno, esta será de panes de harina refinada sin levadura, amasados con aceite o de hojuelas sin levadura untadas con aceite. ⁵Si presentas una ofrenda de cereal cocida en la sartén, la ofrenda será de harina refinada sin levadura, amasada con aceite. ⁶La partirás en pedazos y le echarás aceite. Es una ofrenda de cereal. ⁷Si presentas una ofrenda de cereal cocida a la olla, la ofrenda será de harina refinada con aceite. ⁸Así preparada la ofrenda de cereal, se la llevarás al SEÑOR, es decir, se la llevarás al sacerdote, quien la presentará en el altar. ⁹El sacerdote, luego de tomar una parte como ofrenda memorial, la quemará en el altar. Es una ofrenda puesta al fuego cuyo aroma es grato al SEÑOR. ¹⁰El resto de la ofrenda de cereal será para Aarón y sus hijos. Entre las ofrendas puestas al fuego que se presentan al SEÑOR, esta es sumamente sagrada.

¹¹»Ninguna ofrenda de cereal que ustedes presenten al SEÑOR se hará de masa fermentada, porque en una ofrenda al SEÑOR puesta al fuego no se deben quemar ni miel ni levadura. ¹²Llevarán al SEÑOR levadura y miel como ofrenda de *primicias, pero no las pondrán sobre el altar como aroma grato. ¹³Todas las ofrendas de cereal las sazonarán con sal, y no dejarán que falte la sal del *pacto de su Dios. A todas las ofrendas deberán ponerles sal.

¹⁴»Si presentas al SEÑOR una ofrenda de las primicias de tus cereales, esta será de trigo nuevo, molido y tostado al fuego. Es la ofrenda de cereal de tus primicias. ¹⁵Le pondrás aceite e incienso; es una ofrenda de cereal. ¹⁶El sacerdote quemará parte del trigo nuevo y molido como ofrenda memorial, junto con todo el incienso y el aceite. Es una ofrenda al SEÑOR puesta al fuego.

El sacrificio de comunión

3 »Si alguien ofrece ganado vacuno al SEÑOR como sacrificio de *comunión, deberá presentar un animal sin defecto, sea macho o hembra. ²Pondrá su mano sobre la cabeza del animal, al que degollará a la entrada de la *Tienda de reunión. Luego los hijos de Aarón, los sacerdotes, derramarán la sangre alrededor del altar. ³El oferente presentará al SEÑOR, como ofrenda puesta al fuego, las siguientes partes del sacrificio de comunión: la grasa que recubre los intestinos y la que se adhiere a estos, ⁴los dos riñones y la grasa que los recubre, la grasa que recubre los lomos, y también el lóbulo del hígado, el cual se extraerá junto con los riñones. ⁵Entonces los hijos de Aarón quemarán todo esto en el altar, encima del *holocausto que está sobre la leña encendida. Es una ofrenda puesta al fuego cuyo aroma es grato al SEÑOR.

⁶»Si el sacrificio de comunión es de ganado ovino, el oferente deberá presentarle al SEÑOR un animal sin defecto, sea macho o hembra. ⁷Si la ofrenda es un cordero, lo presentará ante el SEÑOR ⁸y le impondrá la mano sobre la cabeza, degollando luego al animal ante la Tienda de reunión. Luego los hijos de Aarón derramarán la sangre alrededor del altar. ⁹El oferente presentará al SEÑOR, como ofrenda puesta

❖

EL ANTIGUO TESTAMENTO

❖

LIBROS DE LA BIBLIA
EN ORDEN ALFABÉTICO

CONTENIDO

representado con *j* en vez de *h*), sino también para que se ajusten a la fonología castellana (p. ej., se ha evitado usar la consonante *m* en posición final).

Como todas las traducciones de la Biblia, la NVI que hoy colocamos en manos de nuestros lectores es susceptible de perfeccionarse. Y seguiremos trabajando para que así ocurra en sus sucesivas ediciones.

Que todo sea para la mayor gloria de Dios y el más amplio conocimiento de su Palabra. Dedicamos este trabajo a Aquel, cuyo nombre debe ser honrado por todos los que lean su Palabra. Y oramos para que, a través de esta edición de la NVI, muchos puedan entender, asimilar, aceptar, disfrutar y compartir el mensaje de salvación que, por medio de Jesucristo, tiene el Dios de la Biblia para cada uno de ellos.

Comité de Traducción
Nueva Versión Internacional 2022
Mayo de 2022

Los nombres de los traductores y editores se pueden obtener de
Bíblica, Sociedad Bíblica Internacional
P.O. Box 522241, Miami, Florida 33152-2241, EE.UU.

fonológicas, sintácticas y semánticas varían de una lengua a otra. Por eso una traducción fiel y exacta tiene que tomar en cuenta no solo la lengua original, sino también la lengua receptora. Esto significa vaciar el contenido total del mensaje en las nuevas formas gramaticales de la lengua receptora, cuidando de que no se pierda «ni una letra ni una tilde» de ese mensaje (Mt 5:18).

Para lograr esos objetivos, los traductores y revisores de la NVI-2022 han procurado emplear el lenguaje más fresco y contemporáneo posible, a fin de que el mensaje de la Palabra divina sea tan claro, sencillo y natural como lo fue cuando el Espíritu Santo inspiró el texto original. A la vez, han cuidado de que el lenguaje usado conserve la dignidad y belleza que se merece la Palabra inspirada.

Términos y expresiones que ya han hecho carrera entre el pueblo cristiano evangélico, y que son bien entendidos por los lectores familiarizados con la Biblia, se han dejado en lo posible intactos. Se han buscado al mismo tiempo nuevos giros y expresiones para comunicar aquello que en otras versiones no parecía tan evidente. Se ha añadido, además, un *glosario* que explica el significado de términos que en el texto están precedidos por un asterisco; se trata de términos poco conocidos o difíciles de traducir. Esperamos que todo esto, más un buen número de notas explicativas al pie de página, sea de gran ayuda al lector.

En las notas al pie de página aparecen las siguientes abreviaturas:

Lit. (traducción literal): indica una posible representación más exacta, aunque no necesariamente más clara, del texto original, la cual puede ser de ayuda para algunos lectores.

Alt. (traducción alterna): indica que existen otras posibles traducciones o interpretaciones del texto, las cuales cuentan con el apoyo de otras versiones o de otros eruditos.

Var. (variante textual): se usa solamente en el Nuevo Testamento e indica que hay diferencias entre los manuscritos neotestamentarios. La traducción se basa en el *texto crítico griego* actual, que da preferencia a los manuscritos más antiguos. Cuando se dan diferencias sustanciales entre este texto crítico y el texto tradicional conocido como *Textus receptus*, la lectura tradicional se incluye en una nota, como variante textual. Otras variantes importantes también se incluyen en esta clase de notas.

En el Antiguo Testamento, las diferencias textuales se indican de otro modo. La base de la traducción es el *Texto masorético* (TM), pero en algunos pasajes se ha aceptado una lectura alterna. En estos casos, la nota incluye entre paréntesis la evidencia textual (principalmente en las versiones antiguas) que apoya tal lectura; luego se indica lo que dice el TM. Además, en el Antiguo Testamento se ha usado el vocablo Señor para representar las cuatro consonantes hebreas que constituyen el nombre de Dios, es decir, *YHVH*, que posiblemente se pronunciaba *Yahvé*. La combinación de estas cuatro consonantes con la forma reverencial *Adonay* («Señor» sin versalitas) dio como resultado el nombre «Jehová» que se ha usado en las versiones tradicionales. En pasajes donde *YHVH* y *Adonay* aparecen juntos, se ha variado la traducción (p. ej., «Señor mi Dios»).

Otra diferencia entre la NVI y las versiones tradicionales tiene que ver con la onomástica hebrea. En el caso de nombres propios bien conocidos, esta versión ha mantenido las formas tradicionales, aun cuando no correspondan con las del hebreo (p. ej., *Jeremías*, aunque el hebreo es *Yirmeyahu*). En otros casos se ha hecho una revisión moderada no solo para que los nombres reflejen con mayor exactitud el texto original (p. ej., la consonante *jet* se ha

PREFACIO

La Nueva Versión Internacional (NVI) es una traducción de las Sagradas Escrituras elaborada por un grupo de expertos biblistas que representan a una docena de países de habla española y que pertenecen a un buen número de denominaciones cristianas evangélicas. La traducción se hizo directamente de los textos hebreos, arameos y griegos en sus mejores ediciones disponibles. Se aprovechó, en buena medida, el trabajo de investigación y exégesis que antes efectuaron los traductores de la *New International Version,* traducción de la Biblia al inglés, ampliamente conocida y apreciada.

Claridad, fidelidad, dignidad y elegancia son las características de esta nueva versión de la Biblia, cualidades que están garantizadas por la cuidadosa labor de los traductores, reconocidos expertos en las diferentes áreas del saber bíblico. Muchos de ellos son pastores o ejercen la docencia en seminarios e institutos bíblicos a lo largo y ancho de nuestro continente. Más importante aún, son todos ellos fervientes creyentes en el valor infinito de la Palabra, como revelación infalible de la verdad divina y única regla de fe y de vida para todos.

La alta calidad de esta Nueva Versión Internacional está, además, garantizada por el minucioso proceso de traducción en el que se invirtieron miles de horas de trabajo de los traductores a quienes se asignaron determinados libros; de los revisores, que cuidadosamente cotejaron los primeros borradores producidos por los traductores; de los diferentes comités que, a su vez, revisaron frase por frase y palabra por palabra el trabajo de los traductores y revisores; y de los lectores que enviaron sus observaciones al comité de estilo. A este comité le correspondió, en última instancia, velar por que la versión final fuera no solo exacta, clara y fiel a los originales, sino digna y elegante, en conformidad con los cánones del mejor estilo de nuestra lengua.

La presente revisión de la NVI-2022 toma en consideración no solo muchas de las recomendaciones y sugerencias de pastores, pastoras y líderes de iglesias de habla castellana, sino que analiza con profundidad los manuscritos antiguos y el texto publicado. Además, para adecuar la NVI-2022 a las actuales generaciones de creyentes y responder de forma efectiva a sus sugerencias, esta revisión incorpora nuevos elementos lingüísticos, exegéticos y canónicos.

Desde la perspectiva lingüística se han revisado palabras y frases; también se han reestructurado párrafos para propiciar la comprensión adecuada del mensaje bíblico. Con el fin de poner al servicio de los lectores de la NVI los mejores adelantos en las ciencias relacionadas con la Biblia, se han incluido cambios exegéticos. Por otra parte, las revisiones canónicas toman en consideración las lecturas tradicionales del llamado *Textus receptus,* los cuales se han incorporado en notas al pie en esta revisión de la NVI. En efecto, esta edición no solo presenta el mensaje bíblico de forma clara, digna y entendible, sino que muestra el compromiso de Biblica con los creyentes y las iglesias evangélicas hispanoparlantes.

Claridad y exactitud en la traducción tanto como fidelidad al sentido y mensaje de los escritores originales fueron la preocupación fundamental de los traductores. Una traducción es clara, exacta y fiel cuando reproduce en la lengua de los lectores de hoy lo que el autor quiso transmitir a la gente de su tiempo, en su propia lengua.

Claridad, exactitud y fidelidad no significan necesariamente traducir palabra por palabra o, como se dice ordinariamente, hacer una traducción literal del texto. Las estructuras

GÉNESIS

La creación

1 En el principio Dios creó los cielos y la tierra. ²La tierra no tenía forma y estaba vacía, las tinieblas cubrían el abismo y el Espíritu*ᵃ* de Dios se movía sobre la superficie de las aguas.

³Y dijo Dios: «¡Que haya luz!». Y la luz llegó a existir. ⁴Dios consideró que la luz era buena y la separó de las tinieblas. ⁵A la luz la llamó «día» y a las tinieblas, «noche». Vino la noche y llegó la mañana: ese fue el primer día.

⁶Y dijo Dios: «¡Que haya una expansión en medio de las aguas y que las separe!». ⁷Y así sucedió. Dios hizo la expansión que separó las aguas que están debajo de las aguas que están arriba. ⁸A esta expansión Dios la llamó «cielo». Vino la noche y llegó la mañana: ese fue el segundo día.

⁹Y dijo Dios: «¡Que las aguas debajo del cielo se reúnan en un solo lugar y que aparezca lo seco!». Y así sucedió. ¹⁰A lo seco Dios lo llamó «tierra» y al conjunto de aguas lo llamó «mares». Y Dios consideró que esto era bueno.

¹¹Luego dijo Dios: «¡Que haya vegetación sobre la tierra; que esta produzca hierbas que den semilla y árboles que den fruto con semilla, todos según su especie!». Y así sucedió. ¹²Comenzó a brotar la vegetación: hierbas que dan semilla y árboles que dan fruto con semilla, todos según su especie. Y Dios consideró que esto era bueno. ¹³Vino la noche y llegó la mañana: ese fue el tercer día.

¹⁴Y dijo Dios: «¡Que haya luces en la expansión del cielo que separen el día de la noche; que sirvan como señales de las estaciones, de los días y de los años, ¹⁵y que brillen en la expansión del cielo para iluminar la tierra!». Y sucedió así. ¹⁶Dios hizo los dos grandes astros: el astro mayor para gobernar el día y el menor para gobernar la noche. También hizo las estrellas. ¹⁷Dios colocó en la expansión del cielo los astros para alumbrar la tierra. ¹⁸Los hizo para gobernar el día y la noche y para separar la luz de las tinieblas. Y Dios consideró que esto era bueno. ¹⁹Vino la noche y llegó la mañana: ese fue el cuarto día.

²⁰Y dijo Dios: «¡Que las aguas se llenen de seres vivientes y que vuelen las aves sobre la tierra a lo largo de la expansión del cielo!». ²¹Y creó Dios los grandes animales marinos, todos los seres vivientes que se mueven y llenan las aguas; también creó todas las aves, según su especie. Y Dios consideró que esto era bueno ²²y los bendijo con estas palabras: «¡Sean fructíferos y multiplíquense; llenen las aguas de los mares! ¡Que las aves se multipliquen sobre la tierra!». ²³Vino la noche y llegó la mañana: ese fue el quinto día.

²⁴Y dijo Dios: «¡Que produzca la tierra seres vivientes: animales domésticos, animales salvajes y reptiles, según su especie!». Y sucedió así. ²⁵Dios hizo los animales domésticos, los animales salvajes y todos los animales que se arrastran por el suelo, según su especie. Y Dios consideró que esto era bueno.

²⁶Luego dijo Dios: «Hagamos al ˙ser humano a nuestra imagen y semejanza. Que tenga dominio sobre los peces del mar y sobre las aves del cielo; sobre los animales domésticos, sobre los animales salvajes*ᵇ* y sobre todos los animales que se arrastran por el suelo».

²⁷ Y Dios creó al ser humano a su imagen;
lo creó a imagen de Dios;
˙hombre y mujer los creó.

²⁸Y Dios los bendijo con estas palabras: «¡Sean fructíferos y multiplíquense; llenen la tierra y sométanla; dominen a los peces del mar y a las aves del cielo, y a todos los animales que se arrastran por el suelo!». ²⁹También dijo: «Yo les doy de la tierra todas las plantas que producen semilla y todos los árboles que dan fruto con semilla; todo esto les servirá de alimento. ³⁰Y doy la hierba verde como alimento a todas las fieras de la tierra, a todas las aves del cielo y a todos los seres vivientes que se arrastran por la tierra». Y así sucedió.

³¹Dios miró todo lo que había hecho y consideró que era muy bueno. Vino la noche y llegó la mañana: ese fue el sexto día.

2 Así quedaron terminados los cielos y la tierra y todo lo que hay en ellos.*ᶜ*

²Al llegar el séptimo día, Dios descansó porque había terminado la obra que había emprendido. ³Dios bendijo el séptimo día y lo ˙santificó porque en ese día descansó de toda su obra creadora.

Adán y Eva

⁴Esta es la historia*ᵈ* de la creación de los cielos y la tierra. Dios el SEÑOR*ᵉ* hizo la tierra y los cielos.

⁵No había ningún arbusto del campo sobre la tierra ni había brotado la hierba, porque Dios el SEÑOR todavía no había hecho llover sobre la tierra ni existía el ˙hombre para que la cultivara. ⁶No obstante, de la tierra salía un manantial que regaba toda la superficie del suelo. ⁷Y Dios el SEÑOR formó al ser humano*ᶠ* del polvo del suelo; entonces sopló en su

---

ᵃ 2 *Espíritu.* Alt. *viento* o *soplo.*   *ᵇ* 26 *los animales salvajes* (Siríaca); *toda la tierra* (TM).   *ᶜ* 1 *todo lo que hay en ellos.* Lit. *todo su ejército.*   *ᵈ* 4 *Esta es la historia.* Lit. *Estas son las generaciones;* véanse 6:9; 10:1; 11:10, 27; 25:12, 19; 36:1, 9; 37:2; véase también 5:1.   *ᵉ* 4 *Esta es ... Dios el SEÑOR.* Alt. *Esta es la historia de la creación de los cielos y la tierra, cuando Dios el SEÑOR.*   *ᶠ* 7 El término hebreo que significa *hombre* (*adam*) está relacionado con el que significa *tierra* (*adamá*). Además, el mismo término *adam* corresponde al nombre propio *Adán* (véase 4:25).

al fuego, las siguientes partes de este sacrificio: la grasa, la cola entera (la cual cortará junto al espinazo), la grasa que recubre los intestinos y la que se adhiere a estos, ¹⁰los dos riñones y la grasa que los recubre, la grasa que recubre los lomos, y también el lóbulo del hígado, el cual se extraerá junto con los riñones. ¹¹Entonces el sacerdote quemará todo esto en el altar. Es una comida, una ofrenda puesta al fuego ante el SEÑOR.

¹²»Si la ofrenda es una cabra, la presentará ante el SEÑOR ¹³poniendo la mano sobre la cabeza del animal, al que degollará ante la Tienda de reunión. Luego los hijos de Aarón derramarán la sangre alrededor del altar. ¹⁴El oferente presentará al SEÑOR, como ofrenda puesta al fuego, las siguientes partes del animal: la grasa que recubre los intestinos y la que se adhiere a estos, ¹⁵los dos riñones y la grasa que los recubre, la grasa que recubre los lomos, y también el lóbulo del hígado, el cual se extraerá junto con los riñones. ¹⁶Entonces el sacerdote quemará todo esto en el altar. Es una comida, una ofrenda puesta al fuego cuyo aroma es grato. Toda la grasa pertenece al SEÑOR.

¹⁷»Este será un estatuto perpetuo para los descendientes de ustedes, dondequiera que habiten: no se comerán la grasa ni la sangre».

El sacrificio de perdón de pecados

4 El SEÑOR ordenó a Moisés ²que dijera a los israelitas: «Cuando alguien viole involuntariamente cualquiera de los mandamientos del SEÑOR e incurra en algo que esté prohibido, se procederá de la siguiente manera:

El perdón por el pecado del sacerdote

³»Si el que peca es el sacerdote ungido, haciendo con ello culpable al pueblo, deberá ofrecer al SEÑOR, como sacrificio para el perdón por su pecado, un ternero sin defecto. ⁴Llevará el novillo ante el SEÑOR a la entrada de la *Tienda de reunión y pondrá la mano sobre la cabeza del novillo, al que degollará en presencia del SEÑOR. ⁵El sacerdote ungido tomará un poco de la sangre del novillo y la llevará a la Tienda de reunión. ⁶Mojará el dedo en la sangre y rociará con ella siete veces en dirección a la cortina del santuario, en presencia del SEÑOR. ⁷Después, el sacerdote untará un poco de la sangre en los cuernos del altar del incienso aromático que está ante el SEÑOR, en la Tienda de reunión. El resto de la sangre del novillo la derramará al pie del altar del *holocausto, que está a la entrada de la Tienda de reunión. ⁸Luego, al novillo del sacrificio para el perdón de su pecado le sacará toda la grasa que recubre los intestinos y la que se adhiere a estos, ⁹los dos riñones y la grasa que los recubre, la grasa que recubre los lomos y también el lóbulo del hígado, el cual se extraerá junto con los riñones. ¹⁰Esto se hará tal y como se saca la grasa de la res para el sacrificio de *comunión. Entonces el sacerdote quemará todo en el altar del holocausto, ¹¹pero sacará del campamento la piel y toda la carne del novillo, junto con la cabeza, las patas, los intestinos y el excremento. ¹²Todo esto, es decir, el resto del novillo, lo sacará del campamento y lo llevará a un lugar ritualmente *puro, al vertedero de la ceniza, y dejará que se consuma sobre la leña encendida. Sobre el vertedero de la ceniza se consumirá.

El perdón por el pecado de la comunidad

¹³»Si la que peca involuntariamente es toda la comunidad de Israel, toda la asamblea será culpable de haber hecho algo que los mandamientos del SEÑOR prohíben. ¹⁴Cuando la asamblea se dé cuenta del pecado que ha cometido, deberá ofrecer un ternero como sacrificio para el perdón de su pecado. Lo llevarán a la *Tienda de reunión ¹⁵y allí, en presencia del SEÑOR, los jefes de la comunidad impondrán las manos sobre la cabeza del novillo y lo degollarán. ¹⁶Luego el sacerdote ungido tomará un poco de la sangre del novillo y la llevará a la Tienda de reunión. ¹⁷Mojará el dedo en la sangre y rociará con ella siete veces en dirección a la cortina en presencia del SEÑOR. ¹⁸Después untará un poco de la sangre en los cuernos del altar, que está ante el SEÑOR, en la Tienda de reunión. El resto de la sangre la derramará al pie del altar del *holocausto, que está a la entrada de la Tienda de reunión, ¹⁹y sacará del animal toda la grasa, quemándola en el altar. ²⁰Se hará con este novillo lo mismo que se hace con el de la ofrenda por el perdón de pecados. Así el sacerdote pedirá perdón por el pecado de ellos, y serán perdonados. ²¹Luego, sacará del campamento el resto del novillo y dejará que se consuma en el fuego, como el otro. Este es el sacrificio para el perdón por el pecado de la asamblea.

El perdón por el pecado de un gobernante

²²»Si el que peca involuntariamente es uno de los gobernantes, e incurre en algo que los mandamientos del SEÑOR su Dios prohíben, será culpable. ²³Cuando se le haga saber que ha cometido un pecado, llevará como ofrenda un macho cabrío sin defecto. ²⁴Pondrá la mano sobre la cabeza del macho cabrío y lo degollará en presencia del SEÑOR, en el mismo lugar donde se degüellan los animales para el *holocausto. Es un sacrificio para obtener el perdón de pecado. ²⁵Entonces el sacerdote tomará con el dedo un poco de la sangre del sacrificio para el perdón y la untará en los cuernos del altar del holocausto, después de lo cual derramará al pie del altar del holocausto el resto de la sangre. ²⁶Toda la grasa del animal la quemará en el altar, tal como se hace con la del sacrificio de *comunión. Así el sacerdote pedirá perdón por el pecado del gobernante y su pecado será perdonado.

El perdón por el pecado de un miembro del pueblo

²⁷»Si el que peca involuntariamente es alguien del pueblo, e incurre en algo que los mandamientos del SEÑOR prohíben, será culpable. ²⁸Cuando se le haga saber que ha cometido un pecado, llevará como ofrenda por su pecado una cabra sin defecto. ²⁹Pondrá la mano sobre la cabeza de la ofrenda por el pecado y la degollará en el lugar donde se degüellan los animales para el *holocausto. ³⁰Entonces el sacerdote tomará con el dedo un poco de la sangre y la untará en los cuernos del altar del holocausto, después de lo cual derramará el resto de la sangre al pie del altar. ³¹Luego, sacará al animal toda la grasa, tal y como se saca la grasa al sacrificio de *comunión, y el sacerdote la quemará toda en el altar como aroma grato al SEÑOR. Así el sacerdote pedirá perdón por él, y su pecado será perdonado.

³²»Si la persona ofrece como sacrificio para obtener el perdón un cordero, deberá presentar una hembra sin defecto. ³³Pondrá la mano sobre la cabeza del animal y lo degollará como sacrificio para perdón en el lugar donde se degüellan los animales para el holocausto. ³⁴Entonces el sacerdote tomará con el dedo un poco de la sangre del sacrificio para el perdón y la untará en los cuernos del altar del holocausto, después de lo cual derramará al pie del altar el resto de la sangre. ³⁵Luego le sacará al animal toda la grasa, tal y como se saca la grasa al cordero del sacrificio de comunión, y el sacerdote la quemará en el altar sobre la ofrenda puesta al fuego ante el SEÑOR. Así el sacerdote pedirá perdón por el pecado de esa persona, y el pecado que haya cometido será perdonado.

El perdón por diversos pecados

5 »Si alguien peca por negarse a declarar bajo juramento lo que vio o escuchó, sufrirá las consecuencias de su pecado.

2»Si alguien, sin darse cuenta, toca alguna cosa ritualmente ˚impura, tal como el cadáver de un animal impuro, sea o no doméstico, o el cadáver de un animal impuro que se arrastra por el suelo, se vuelve impuro él mismo y es culpable.

3»Si alguien, sin darse cuenta, toca alguna impureza humana, cualquiera que esta sea, se vuelve impuro él mismo. Pero al darse cuenta, será culpable.

4»Si alguien hace uno de esos juramentos que se acostumbra a hacer a la ligera, y sin saberlo jura hacer bien o mal, ha pecado. Pero al darse cuenta, será culpable de haber hecho ese juramento.

5»Si alguien resulta culpable de alguna de estas cosas, deberá reconocer que ha pecado 6y llevarle al SEÑOR en sacrificio para obtener el perdón por la culpa del pecado cometido una hembra del rebaño, que podrá ser una oveja o una cabra. Así el sacerdote obtendrá perdón por ese pecado.

El caso del pobre

7»Si a alguien no le alcanza para comprar una oveja, entonces llevará al SEÑOR, como sacrificio por la culpa del pecado cometido, dos tórtolas o dos pichones de paloma, una de las aves como sacrificio por el pecado y la otra como ˚holocausto. 8Se las llevará al sacerdote, quien primero ofrecerá el ave para el sacrificio por el perdón. Para esto, le cortará la cabeza sin desprenderla del todo del cuello. 9Luego rociará un poco de la sangre del sacrificio por el perdón en un costado del altar, y al pie del altar exprimirá el resto de la sangre. Es un sacrificio para obtener el perdón por el pecado. 10Con la segunda ave hará un holocausto, como ya ha sido ordenado. Así el sacerdote pedirá perdón por el pecado cometido y ese pecado será perdonado.

11»Si a esa persona tampoco le alcanza para comprar dos tórtolas o dos pichones de palomas, presentará entonces en sacrificio por el perdón, como ofrenda por el pecado cometido, la décima parte de un efa[a] de harina refinada. Como se trata de un sacrificio por el perdón, no se le pondrá aceite ni incienso. 12Llevará este sacrificio al sacerdote, quien tomará un puñado de la ofrenda memorial y lo quemará en el altar junto con las ofrendas puestas al fuego ante el SEÑOR. Es un sacrificio para obtener el perdón de pecados. 13Así el sacerdote pedirá perdón por el pecado cometido en alguna de estas cosas y ese pecado será perdonado. El resto de la ofrenda será para el sacerdote como sucede con la ofrenda de cereal».

El sacrificio por la culpa

14El SEÑOR dijo a Moisés: 15«Si alguien comete una falta y peca involuntariamente contra lo que ha sido consagrado al SEÑOR, llevará al SEÑOR un carnero sin defecto como sacrificio por la culpa. Su precio será tasado en siclos de plata, según el peso oficial del santuario.[b] Es un sacrificio por la culpa. 16Además, el culpable hará restitución por haber pecado contra lo consagrado, añadiendo la quinta parte, la cual entregará al sacerdote. Así el sacerdote pedirá perdón por él mediante el carnero del sacrificio por la culpa, y ese pecado será perdonado.

17»Si alguien peca involuntariamente e incurre en algo que los mandamientos del SEÑOR prohíben, es culpable y sufrirá las consecuencias de su pecado. 18Llevará al sacerdote un carnero sin defecto, cuyo precio será fijado como sacrificio por la culpa. Así el sacerdote pedirá perdón por el mal que esa persona cometió involuntariamente, y ese pecado será perdonado. 19Es un sacrificio por la culpa de la que se hizo acreedor por pecar contra el SEÑOR».

6 El SEÑOR dijo a Moisés: 2«Si alguien comete una falta y peca contra el SEÑOR al defraudar a su prójimo en algo que se dejó a su cuidado, o si roba u oprime a su prójimo despojándolo de lo que es suyo, 3o si encuentra algo que se perdió y niega tenerlo, o si comete perjurio en alguna de las cosas en que se acostumbra pecar, 4será culpable y deberá devolver lo que haya robado, quitado, lo que se le haya dado a guardar, el objeto perdido que niega tener 5o cualquier otra cosa por la que haya cometido perjurio. Así que deberá restituirlo íntegramente y añadir la quinta parte de su valor. Todo esto lo entregará a su dueño el día que presente su sacrificio por la culpa. 6Llevará al SEÑOR un carnero sin defecto, cuyo precio será fijado como sacrificio por la culpa. Lo presentará al sacerdote, 7quien pedirá perdón ante el SEÑOR por esa persona, y cualquier cosa por la que se haya hecho culpable le será perdonada».

El holocausto

8El SEÑOR dijo a Moisés 9que ordenara a Aarón y a sus hijos: «Esta es la ley respecto al ˚holocausto: El holocausto se dejará arder sobre el altar toda la noche hasta el amanecer y el fuego del altar se mantendrá encendido. 10El sacerdote, vestido con su túnica y su ropa interior de tela de lino, removerá las cenizas del holocausto consumido por el fuego sobre el altar y las echará a un lado del altar. 11Luego se cambiará de ropa y sacará del campamento las cenizas, llevándolas a un lugar ritualmente ˚puro. 12Mientras tanto, el fuego se mantendrá encendido sobre el altar; no deberá apagarse. Cada mañana el sacerdote pondrá más leña sobre el altar, y encima de este colocará el holocausto para quemar en él la grasa del sacrificio de ˚comunión. 13El fuego sobre el altar no deberá apagarse nunca; siempre deberá estar encendido.

La ofrenda de cereal

14»Esta es la ley respecto a la ofrenda de cereal: Los hijos de Aarón la presentarán ante el SEÑOR, delante del altar. 15El sacerdote tomará de la ofrenda un puñado de harina refinada con aceite, así como todo el incienso que está sobre la ofrenda de cereal. Todo esto lo quemará en el altar, como ofrenda memorial de aroma grato al SEÑOR. 16Aarón y sus hijos se comerán el resto de la ofrenda, pero sin levadura y en un lugar ˚santo, que podrá ser el atrio de la ˚Tienda de reunión. 17No se cocerá con levadura, porque esa es la porción que les doy de mis ofrendas puestas al fuego. Es una porción sumamente sagrada, como lo son el sacrificio por el perdón y el sacrificio por la culpa. 18Todos los hijos varones de Aarón podrán comer de ella. Es un estatuto perpetuo para los descendientes de ustedes respecto a las ofrendas puestas al fuego ante el SEÑOR. Cualquier cosa que toque los sacrificios quedará consagrada».

La ofrenda de los sacerdotes

19El SEÑOR dijo a Moisés: 20«Esta es la ofrenda que Aarón y sus hijos deben presentar al SEÑOR el día en que sean ungidos: la décima parte de un efa[c] de harina refinada, como ofrenda regular de cereal. Una mitad de la ofrenda se presentará por la mañana, y la otra mitad por la tarde. 21Se preparará con aceite en una sartén, se llevará amasada y se presentará en porciones, como una ofrenda de cereal de aroma grato al SEÑOR. 22La preparará el hijo de Aarón que lo suceda como sacerdote ungido. Este es un estatuto

---

a 11 Es decir, aprox. 1.6 kg.   b 15 Es decir, aprox. 11.5 g.
c 20 Es decir, aprox. 1.6 kg.

perpetuo del SEÑOR: la ofrenda se quemará completamente. ²³No se comerá ninguna de las ofrendas que presenten los sacerdotes; todas deberán quemarse por completo».

El sacrificio para perdón de pecados

²⁴El SEÑOR ordenó a Moisés ²⁵que dijera a Aarón y a sus hijos: «Esta es la ley respecto al sacrificio para obtener el perdón de pecados: La víctima deberá ser degollada ante el SEÑOR, en el mismo lugar donde se degüellan los animales para el ˚holocausto. Es algo sumamente sagrado. ²⁶El mismo sacerdote que ofrezca el sacrificio por el perdón deberá comérselo. Se lo comerá en un lugar ˚santo, en el atrio de la ˚Tienda de reunión. ²⁷Cualquier cosa que toque la carne del sacrificio quedará consagrada. Si su sangre llega a salpicar algún vestido, este deberá lavarse en un lugar santo. ²⁸Además, deberá romperse la vasija de barro en que se haya cocido el sacrificio; pero, si se cuece en una vasija de bronce, esta se restregará y se enjuagará con agua. ²⁹Todo varón entre los sacerdotes podrá comer del sacrificio. Es algo sumamente sagrado. ³⁰Pero no se comerá ningún sacrificio por el perdón cuya sangre haya sido llevada a la Tienda de reunión para obtener perdón de pecados en el santuario; este sacrificio se consumirá en el fuego.

El sacrificio por la culpa

7 »Esta es la ley respecto al sacrificio por la culpa, el cual es sumamente sagrado: ²La víctima deberá ser degollada en el mismo lugar donde se degüellan los animales para el ˚holocausto, y su sangre será derramada alrededor del altar. ³Luego se ofrecerá toda su grasa: la cola, la grasa que recubre los intestinos, ⁴los dos riñones y la grasa que los recubre, la grasa que recubre los lomos, y también el lóbulo del hígado, el cual se extraerá junto con los riñones. ⁵El sacerdote quemará todo esto en el altar como ofrenda puesta al fuego ante el SEÑOR. Es un sacrificio por la culpa. ⁶Todo varón entre los sacerdotes podrá comer del sacrificio, pero deberá comerlo en un lugar ˚santo. Es algo sumamente sagrado.

Derechos de los sacerdotes

⁷»La misma ley se aplica tanto al sacrificio por el perdón como al sacrificio por la culpa: El animal pertenecerá al sacerdote que lo sacrifique para pedir perdón de pecados. ⁸La piel de la víctima del holocausto también será para el sacerdote que la ofrezca. ⁹Así mismo, toda ofrenda de cereal cocida al horno, a la olla o a la sartén, será del sacerdote que la ofrezca. ¹⁰Toda ofrenda de cereal, ya sea amasada con aceite o seca, pertenecerá a todos los hijos de Aarón por partes iguales.

Diversos sacrificios de comunión

¹¹»Esta es la ley respecto al sacrificio de ˚comunión que se ofrece al SEÑOR:

¹²»Si se ofrece en acción de gracias, entonces se ofrecerán también panes sin levadura amasados con aceite, hojuelas sin levadura untadas con aceite o panes de harina refinada amasados con aceite. ¹³Junto con el sacrificio de comunión en acción de gracias, se deberá presentar una ofrenda de pan con levadura. ¹⁴De toda ofrenda deberá presentarse una parte como contribución al SEÑOR y se destinará al sacerdote a quien corresponda derramar la sangre del sacrificio de comunión. ¹⁵La carne de este sacrificio deberá comerse el día en que se ofrezca, sin dejar nada para el día siguiente.

¹⁶»Si el sacrificio tiene que ver con una promesa o se trata de una ofrenda voluntaria, no solo se comerá en el día que se ofrezca el sacrificio, sino que podrá

comerse el resto al día siguiente. ¹⁷Pero toda la carne que quede hasta el tercer día se quemará en el fuego. ¹⁸Si alguna carne del sacrificio de comunión llega a comerse al tercer día, tal sacrificio no será aceptado ni se tomará en cuenta, porque la carne ya está impura. El que la coma sufrirá las consecuencias de su pecado.

¹⁹»No deberá comerse la carne que haya tocado alguna cosa ritualmente ˚impura, sino que se quemará en el fuego. En cuanto a otra carne, toda persona pura podrá comerla. ²⁰Si una persona impura come la carne ofrecida al SEÑOR en el sacrificio de comunión, será eliminada de su pueblo. ²¹Si alguien toca cualquier clase de impureza humana o de animal, o algo detestable y luego come la carne ofrecida al SEÑOR en el sacrificio de comunión, será eliminado de su pueblo».

Prohibiciones acerca de la grasa y de la sangre

²²El SEÑOR ordenó a Moisés ²³que dijera a los israelitas: «Ustedes no comerán grasa de ganado vacuno, ovino o cabrío. ²⁴La grasa de un animal muerto o despedazado podrá usarse con cualquier otro fin, menos para comerla. ²⁵Todo el que coma grasa de animales presentados como ofrenda puesta al fuego ante el SEÑOR será eliminado de su pueblo. ²⁶Vivan donde vivan, ustedes no comerán grasa ni sangre alguna, sea de ave o de otro animal. ²⁷Todo el que coma cualquier clase de sangre será eliminado de su pueblo».

La porción de los sacerdotes

²⁸El SEÑOR ordenó a Moisés ²⁹que dijera a los israelitas: «El que ofrezca al SEÑOR un sacrificio de ˚comunión deberá presentar al SEÑOR parte de ese sacrificio, ³⁰y presentarle también una ofrenda puesta al fuego. Llevará la grasa y el pecho, y mecerá ante el SEÑOR el pecho de la víctima como ofrenda mecida. ³¹El sacerdote quemará la grasa en el altar, pero el pecho será para Aarón y sus hijos. ³²Al sacerdote se le dará, como contribución, el muslo derecho del sacrificio de comunión. ³³El muslo derecho será la porción del sacerdote*ᵃ* a quien le toque ofrecer la sangre y la grasa del sacrificio. ³⁴Porque de los sacrificios de comunión que ofrecen los israelitas, yo he tomado el pecho mecido y el muslo para dárselos, como contribución, al sacerdote Aarón y a sus hijos. Este será un estatuto perpetuo entre los israelitas».

³⁵De las ofrendas puestas al fuego ante el SEÑOR, esa es la porción consagrada para Aarón y sus hijos desde el día en que Moisés se los presentó al SEÑOR como sacerdotes. ³⁶El día en que fueron ungidos, el SEÑOR ordenó a los israelitas darles esa porción. Es un estatuto perpetuo para sus descendientes.

³⁷Esta es la ley respecto a los ˚holocaustos, las ofrendas de cereales, los sacrificios el perdón, los sacrificios por la culpa, los sacrificios de ordenación y los sacrificios de comunión. ³⁸El SEÑOR se la dio a Moisés en el monte Sinaí el día en que mandó a los israelitas presentarle ofrendas en el desierto de Sinaí.

La ordenación de Aarón y sus hijos
8:1-36 – Éx 29:1-37

8 El SEÑOR dijo a Moisés: ²«Toma a Aarón y a sus hijos, junto con sus vestiduras, el aceite de la unción, el ternero para el sacrificio por el perdón de pecados, los dos carneros y el canastillo de los panes sin levadura. ³Congrega luego a toda la comunidad a la entrada de la ˚Tienda de reunión».

⁴Moisés llevó a cabo la orden del SEÑOR y congregó a la comunidad a la entrada de la Tienda de reunión.

ᵃ 33 del sacerdote. Lit. de entre los hijos de Aarón.

⁵Allí Moisés dijo: «Esto es lo que el SEÑOR ha ordenado hacer». ⁶Acto seguido, Moisés hizo que se acercaran Aarón y sus hijos y los lavó con agua. ⁷A Aarón le puso la túnica y se la ciñó con la faja, luego lo cubrió con el manto y encima le puso el *efod, ciñéndoselo con la cinta del mismo. ⁸Enseguida le colocó el pectoral y sobre este puso el *urim* y el *tumim*. ⁹Por último, le colocó el turbante en la cabeza y en la parte delantera puso la placa de oro, la tiara sagrada, tal como el SEÑOR se lo había mandado.

¹⁰Después Moisés tomó el aceite de la unción y ungió el santuario junto con todo lo que había en él para consagrarlos. ¹¹Siete veces roció el aceite sobre el altar para ungirlo y consagrarlo junto con el recipiente de bronce, su base y todos sus utensilios. ¹²Luego, para consagrar a Aarón, lo ungió derramando sobre su cabeza un poco del aceite de la unción. ¹³Acto seguido, Moisés hizo que los hijos de Aarón se acercaran. Entonces los vistió con las túnicas, se las ciñó con la faja y les sujetó las mitras, tal como el SEÑOR se lo había mandado.

¹⁴Luego hizo traer el novillo del sacrificio por el perdón, y Aarón y sus hijos pusieron las manos sobre la cabeza del novillo. ¹⁵Después Moisés lo degolló, tomó un poco de sangre con el dedo y la untó en los cuernos alrededor del altar para *purificarlo. El resto de la sangre la derramó al pie del altar, y así lo consagró y lo purificó. ¹⁶Luego Moisés tomó toda la grasa que cubre los intestinos, el lóbulo del hígado, los dos riñones y su grasa, y los quemó sobre el altar. ¹⁷Pero el resto del novillo, es decir, la piel, la carne y el excremento, lo quemó en el fuego, fuera del campamento, tal como el SEÑOR se lo había mandado.

¹⁸Moisés mandó traer el carnero del *holocausto, para que Aarón y sus hijos pusieran las manos sobre la cabeza del carnero. ¹⁹Moisés lo sacrificó y roció la sangre alrededor del altar. ²⁰Cortó luego el carnero en trozos y quemó la cabeza, los trozos y el sebo. ²¹Lavó con agua los intestinos y las patas; luego quemó todo el carnero sobre el altar. Se trataba de un holocausto, de una ofrenda puesta al fuego, de aroma grato delante del SEÑOR, tal como el SEÑOR se lo había mandado.

²²Después Moisés mandó traer el otro carnero, el del sacrificio de ordenación, y Aarón y sus hijos pusieron las manos sobre la cabeza del carnero. ²³Moisés lo degolló y, tomando un poco de la sangre, se la untó a Aarón en el lóbulo de la oreja derecha, en el pulgar de la mano derecha y en el dedo gordo del pie derecho. ²⁴Además, hizo que los hijos de Aarón se acercaran y les untó sangre en el lóbulo de la oreja derecha, en el pulgar de la mano derecha y en el dedo gordo del pie derecho. Luego roció la sangre alrededor del altar. ²⁵Tomó la grasa, la parte gorda de la cola, la grasa que recubre los intestinos, el lóbulo del hígado, los dos riñones con su grasa y el muslo derecho. ²⁶Luego, del canastillo del pan sin levadura que estaba ante el SEÑOR tomó un pan, una hojuela y una torta de pan hecha con aceite, lo colocó todo sobre la grasa y el muslo derecho. ²⁷Todo esto lo meció y lo puso en las manos de Aarón y de sus hijos. Entonces Aarón lo ofreció ante el SEÑOR como ofrenda mecida. ²⁸Después Moisés tomó todo eso de sus manos y en presencia del SEÑOR lo quemó en el altar, sobre el holocausto, como ofrenda de ordenación de aroma grato. Esa era una ofrenda puesta al fuego en honor del SEÑOR. ²⁹Luego, de la parte que le pertenecía de la ofrenda de ordenación, Moisés tomó el pecho del carnero y lo meció ante el SEÑOR, tal como el SEÑOR se lo había mandado.

³⁰Moisés tomó un poco del aceite de la unción y de la sangre del altar, y roció a Aarón y a sus hijos junto con sus vestiduras. Así consagró Moisés a Aarón y a sus hijos, junto con sus vestiduras.

³¹Luego dijo Moisés a Aarón y a sus hijos: «Cocinen la carne a la entrada de la Tienda de reunión y cómanla allí junto con el pan del sacrificio de ordenación, tal como lo ordené cuando dije: "Aarón y sus hijos se lo comerán". ³²Quemen después en el fuego el resto de la carne y del pan. ³³Quédense siete días a la entrada de la Tienda de reunión, hasta que se complete el rito de su ordenación, que dura siete días. ³⁴El SEÑOR mandó que se pidiera perdón por el pecado de ustedes, tal como se ha hecho hoy. ³⁵Así que siete días con sus noches se quedarán a la entrada de la Tienda de reunión, cumpliendo con lo que el SEÑOR ha ordenado, para que no mueran. Así me lo ha mandado el SEÑOR».

³⁶Y Aarón y sus hijos hicieron todo lo que el SEÑOR había mandado por medio de Moisés.

Los sacerdotes inician su ministerio

9 Al octavo día Moisés llamó a Aarón, a sus hijos y a los jefes de Israel. ²A Aarón le dijo: «Toma un ternero para el sacrificio de perdón de pecados y un carnero para el *holocausto, ambos sin defecto, y preséntaselos al SEÑOR. ³Diles después a los israelitas: "Traigan un macho cabrío para el sacrificio por el perdón, un becerro y un cordero para el holocausto, ambos de un año y sin defecto. ⁴Traigan también un toro y un carnero para ofrecérselos al SEÑOR como sacrificio de *comunión; y traigan una ofrenda de cereal amasada con aceite. El SEÑOR se manifestará hoy ante ustedes"».

⁵Los israelitas llevaron hasta la *Tienda de reunión lo que Moisés había mandado; y toda la comunidad se acercó y se quedó de pie ante el SEÑOR. ⁶Entonces Moisés dijo: «Esto es lo que el SEÑOR les manda hacer, para que la gloria del SEÑOR se manifieste ante ustedes».

⁷Después Moisés dijo a Aarón: «Acércate al altar y ofrece tu sacrificio por el perdón y tu holocausto. Pide así perdón por ti y por el pueblo. Presenta la ofrenda por el pueblo y pide perdón por ellos, tal como el SEÑOR lo ha mandado».

⁸Aarón se acercó al altar y degolló el becerro como sacrificio para el perdón por sí mismo. ⁹Sus hijos le llevaron la sangre, él mojó el dedo en la sangre y la untó en los cuernos del altar; luego derramó sangre al pie del altar. ¹⁰Luego quemó en el altar la grasa, los riñones y el lóbulo del hígado de la ofrenda por el pecado, tal como el SEÑOR se lo había mandado a Moisés. ¹¹La carne y la piel las quemó fuera del campamento.

¹²Después Aarón degolló la víctima del holocausto. Sus hijos le llevaron la sangre y él la derramó alrededor del altar. ¹³También le fueron pasando los trozos del animal y la cabeza, y él lo quemó todo en el altar. ¹⁴Lavó los intestinos y las patas, y luego quemó todo esto en el altar, junto con el holocausto.

¹⁵Entonces Aarón presentó la ofrenda del pueblo, es decir, el macho cabrío del sacrificio por el perdón. Lo tomó y lo degolló, ofreciéndolo como sacrificio para obtener el perdón, como hizo con el primero. ¹⁶Luego presentó la víctima del holocausto, la cual sacrificó tal como fue ordenado. ¹⁷También presentó la ofrenda de cereal; luego tomó un puñado y lo quemó en el altar, además del holocausto de la mañana.

¹⁸Después degolló el toro y el carnero como sacrificio de comunión por el pueblo. Sus hijos le llevaron la sangre y él la derramó alrededor del altar. ¹⁹Pero tomó la grasa del toro y del carnero —la cola, el sebo que recubre los intestinos, los riñones y el lóbulo del hígado— ²⁰y puso todo sobre el pecho de las víctimas para quemarlo en el altar. ²¹Aarón meció ante el SEÑOR el pecho y el muslo derecho de las víctimas.

Fue una ofrenda mecida, tal como Moisés se lo había mandado.

²²Aarón levantó las manos hacia el pueblo y los bendijo. Una vez que terminó de ofrecer el sacrificio por el perdón, el holocausto y el sacrificio de comunión, se retiró del altar.

²³Moisés y Aarón entraron en la Tienda de reunión. Al salir, bendijeron al pueblo y la gloria del SEÑOR se manifestó a todo el pueblo. ²⁴De la presencia del SEÑOR salió un fuego que consumió el holocausto y la grasa que estaban sobre el altar. Al ver esto, todo el pueblo prorrumpió en gritos de júbilo y cayó rostro en tierra.

Muerte de Nadab y Abiú

10 Pero Nadab y Abiú, hijos de Aarón, tomaron cada uno su incensario, pusieron en ellos fuego e incienso y ofrecieron ante el SEÑOR un fuego ilícito, pues él no lo había mandado. ²Entonces salió de la presencia del SEÑOR un fuego que los consumió y murieron ante él. ³Moisés dijo a Aarón: «De esto hablaba el SEÑOR cuando dijo:

»"En los que se acercan a mí
    manifestaré mi ˚santidad,
y ante todo el pueblo
    manifestaré mi gloria"».

Y Aarón guardó silencio.

⁴Moisés mandó llamar a Misael y a Elzafán, hijos de Uziel, tío de Aarón, y les dijo: «Vengan acá y retiren del santuario a sus hermanos. ¡Sáquenlos del campamento!». ⁵Ellos se acercaron y, tomándolos por las túnicas, se los llevaron fuera del campamento, tal como Moisés lo había ordenado.

Ley sobre el duelo sacerdotal

⁶Luego Moisés dijo a Aarón y a sus hijos Eleazar e Itamar: «No anden ustedes con el pelo despeinado; tampoco se rasguen los vestidos. Así no morirán ustedes ni se irritará el SEÑOR contra toda la comunidad. Sus hermanos israelitas llorarán por el incendio que produjo el SEÑOR, ⁷pero ustedes no vayan a salir de la ˚Tienda de reunión, no sea que mueran, porque el aceite de la unción del SEÑOR está sobre ustedes». Y ellos hicieron lo que Moisés dijo.

Ley sobre el culto y el licor

⁸El SEÑOR dijo a Aarón: ⁹«Ni tú ni tus hijos deben beber vino ni bebidas fermentadas cuando entren en la Tienda de reunión, pues de lo contrario morirán. Este es un estatuto perpetuo para tus descendientes, ¹⁰para que puedan distinguir entre lo ˚santo y lo profano, y entre lo ˚puro y lo impuro, ¹¹y puedan también enseñar a los israelitas todos los estatutos que el SEÑOR les ha dado a conocer por medio de Moisés».

La porción de los sacerdotes

¹²Moisés dijo a Aarón, y también a Eleazar e Itamar, los hijos que le quedaban a Aarón: «Tomen la ofrenda de cereal que ha quedado de la ofrenda puesta al fuego ante el SEÑOR y cómanla sin levadura, junto al altar, porque es sumamente sagrada. ¹³Cómanla en un lugar ˚santo, porque así se me ha mandado. Es un estatuto[a] para ti y para tus hijos con respecto a la ofrenda puesta al fuego ante el SEÑOR.

¹⁴»Tú y tus hijos e hijas podrán comer también, en un lugar ˚puro, el pecho que es ofrenda mecida y el muslo dado como contribución. Ambos son parte de los sacrificios de ˚comunión de los israelitas, y a ti y a tus hijos se les han dado como estatuto. ¹⁵Tanto el muslo como el pecho serán presentados junto con la ofrenda de la grasa puesta al fuego, para ofrecérselos

al SEÑOR como ofrenda mecida. Será un estatuto perpetuo para ti y para tus hijos, tal como lo ha mandado el SEÑOR».

Un caso especial

¹⁶Moisés pidió con insistencia el macho cabrío del sacrificio por el perdón de pecados, pero este ya había sido quemado en el fuego. Irritado con Eleazar e Itamar, los hijos sobrevivientes de Aarón, les preguntó:

¹⁷—¿Por qué no comieron el sacrificio por el perdón dentro del santuario? Es un sacrificio sumamente sagrado; se les dio para quitar la culpa de la comunidad y obtener el perdón de los pecados de ellos ante el SEÑOR. ¹⁸Si no se introdujo en el Lugar Santo la sangre del macho cabrío, ustedes debieron haberse comido el animal en el área del santuario, tal como se lo mandé.

¹⁹Entonces Aarón respondió a Moisés:

—Hoy mis hijos ofrecieron ante el SEÑOR su sacrificio por el perdón y su ˚holocausto, ¡y es cuando tenía que sucederme semejante desgracia! Si hoy hubiera yo comido del sacrificio por el perdón, ¿le habría parecido correcto[b] al SEÑOR? ²⁰Al oír esto, Moisés quedó satisfecho con la respuesta.

Leyes sobre animales puros e impuros[c]
11:1-23 – Dt 14:3-20

11 El SEÑOR ordenó a Moisés y a Aarón ²que dijeran a los israelitas: «De todas las bestias que hay en tierra firme, estos son los animales que ustedes podrán comer: ³los rumiantes que tienen la pezuña hendida y partida en dos. ⁴Hay, sin embargo, rumiantes que no tienen la pezuña partida. De esos animales no podrán comer los siguientes:

»El camello, porque es rumiante, pero no tiene la pezuña partida en dos; este animal será ˚impuro para ustedes.

⁵»El tejón, porque es rumiante, pero no tiene la pezuña partida; este animal será impuro para ustedes.

⁶»La liebre, porque es rumiante,[d] pero no tiene la pezuña partida; este animal será impuro para ustedes.

⁷»El cerdo, porque tiene la pezuña partida en dos, pero no es rumiante; este animal será impuro para ustedes.

⁸»No comerán la carne ni tocarán el cadáver de estos animales. Ustedes los considerarán animales impuros.

⁹»De todos los animales que viven en el agua, es decir, en los mares y en los ríos, ustedes podrán comer los que tengan aletas y escamas. ¹⁰En cambio, considerarán inmundos a todos los animales de los mares y de los ríos que no tengan aletas ni escamas, sean reptiles u otros animales acuáticos. ¹¹No comerán su carne y rechazarán su cadáver, porque ustedes los considerarán animales inmundos. ¹²Todo animal acuático que no tenga aletas ni escamas será para ustedes un animal inmundo.

¹³»Las siguientes aves ustedes las rechazarán y no las comerán, porque las considerarán animales inmundos: el águila, el quebrantahuesos, el buitre negro, ¹⁴toda clase de milanos y halcones, ¹⁵toda clase de cuervos, ¹⁶el avestruz, la lechuza, la gaviota, y toda clase de gavilán, ¹⁷el búho, y el cormorán, y el ibis, ¹⁸la

---

a 13 estatuto. Alt. derecho; también en vv. 14 y 15. b 19 le habría parecido correcto. El sacerdote que estaba en duelo no debía comer de la porción consagrada. Véase Dt 26:14. c 1-47 La identificación de algunos animales, aves e insectos de este capítulo no ha podido establecerse con precisión. d 6 rumiante … rumiante. Así percibían los hebreos al tejón y a la liebre.

lechuza nocturna, el búho del desierto, el águila pescadora, ¹⁹la cigüeña, toda clase de garzas, la abubilla y el murciélago.

²⁰»A todo insecto volador que camina en cuatro patas lo considerarán ustedes un animal inmundo. ²¹Hay, sin embargo, algunos insectos voladores que caminan en cuatro patas y que ustedes podrán comer: los que además de sus patas tienen zancas para saltar, ²²y también toda clase de langostas, grillos y saltamontes. ²³Pero a los demás insectos alados que caminan en cuatro patas ustedes los considerarán animales inmundos.

Leyes sobre la impureza por tocar un animal impuro

²⁴»Ustedes quedarán ˚impuros por lo siguiente:
»Todo el que toque el cadáver de esos animales quedará impuro hasta el anochecer.
²⁵»Todo el que recoja alguno de esos cadáveres deberá lavarse la ropa, y quedará impuro hasta el anochecer.
²⁶»Considerarán impuro a todo animal que no tenga la pezuña partida ni sea rumiante. Cualquiera que lo toque quedará impuro.
²⁷»De los animales de cuatro patas, tendrán por impuro a todo el que se apoya sobre la planta de sus patas. Cualquiera que toque los cadáveres de esos animales quedará impuro hasta el anochecer, ²⁸y todo el que los recoja deberá lavarse la ropa, y quedará impuro hasta el anochecer. A estos animales ustedes los considerarán impuros.
²⁹»Entre los animales que se arrastran, ustedes considerarán impuros a la comadreja, la rata, toda clase de lagartos, ³⁰la lagartija, la iguana, la salamandra y el camaleón. ³¹Estos son los animales que ustedes considerarán impuros entre los que se arrastran. Todo el que toque el cadáver de esos animales quedará impuro hasta el anochecer.

Otras leyes sobre el contacto con animales impuros

³²»Cuando el cadáver de algún animal ˚impuro toque algún objeto de madera, ropa, piel, un saco o cualquier utensilio de uso cotidiano, tal objeto quedará impuro. Deberá lavarse con agua y quedará impuro hasta el anochecer. Entonces volverá a ser puro.
³³»Si el cadáver de alguno de estos animales cae dentro de una vasija de barro, todo lo que la vasija contenga quedará impuro, y habrá que romperla. ³⁴Todo alimento sobre el que caiga agua de dicha vasija quedará impuro; lo mismo sucederá con todo líquido que haya en esa vasija. ³⁵Cualquier cosa sobre la que caiga parte de estos cadáveres quedará impura, y habrá que destruir los hornos o los fogones con los que haya entrado en contacto. Los cadáveres son impuros, y así deberán considerarlos. ³⁶Solo las fuentes o las cisternas que recogen agua permanecerán puras; cualquier otra cosa que toque un cadáver quedará impura.
³⁷»Si alguno de esos cadáveres cae sobre la semilla destinada a la siembra, la semilla permanecerá pura. ³⁸Pero si la semilla se remoja en agua y alguno de esos cadáveres cae sobre ella, deberán considerarla impura.
³⁹»Si muere algún animal de los que está permitido comer, quien toque su cadáver quedará impuro hasta el anochecer. ⁴⁰Quien coma carne de ese cadáver se

lavará la ropa y quedará impuro hasta el anochecer. Quien lo recoja se lavará la ropa y quedará impuro hasta el anochecer.

Resumen sobre los reptiles y la santidad

⁴¹»No comerán ustedes ninguno de los animales que se arrastran, porque son inmundos. ⁴²No comerán ningún animal que se arrastre sobre su vientre o que se apoye sobre sus plantas o que tenga más de cuatro patas. En resumen, no comerán ustedes ningún animal que se arrastra, porque es inmundo; ⁴³es decir, no se ˚contaminen por causa de su inmundicia, pues son animales inmundos. ⁴⁴Yo soy el Señor su Dios, así que conságrense y manténganse santos, porque yo soy santo. No se hagan ˚impuros por causa de los animales que se arrastran. ⁴⁵Yo soy el Señor, que los sacó de la tierra de Egipto para ser su Dios. Sean, pues, santos, porque yo soy santo.

Conclusión

⁴⁶»Esta es la ley acerca de los animales, de las aves y de todo ser que se mueve dentro de las aguas o que se arrastra por el suelo, ⁴⁷para que así puedan distinguir entre lo puro y lo impuro, entre lo que se puede comer y lo que no se debe comer».

Purificación después del alumbramiento

12 El Señor ordenó a Moisés ²que dijera a los israelitas: «Cuando una mujer conciba y dé a luz un niño, quedará ˚impura durante siete días, como lo es en el tiempo de su menstruación. ³Al octavo día, el niño será circuncidado. ⁴La madre deberá permanecer treinta y tres días más purificándose de su flujo de sangre. No tocará ninguna cosa ˚santa; tampoco irá al santuario hasta que termine su período de purificación. ⁵Si da a luz una niña, la madre quedará impura durante dos semanas, como lo es en el tiempo de su menstruación, y permanecerá sesenta y seis días más purificándose de su flujo de sangre.
⁶»Una vez cumplido su período de purificación, sea que haya tenido un niño o una niña, tomará un cordero de un año como ˚holocausto, y un pichón de paloma o una tórtola como se hace en el sacrificio por el perdón de pecados, y los llevará al sacerdote, a la entrada de la ˚Tienda de reunión, ⁷quien los ofrecerá ante el Señor. Así el sacerdote obtendrá el perdón de los pecados de la mujer y la purificará de su flujo de sangre.
»Esta es la ley concerniente a la mujer que dé a luz un niño o una niña. ⁸Pero si no le alcanza para comprar un cordero, tomará dos tórtolas o dos pichones de paloma, uno como holocausto y el otro como sacrificio por el perdón. Así el sacerdote obtendrá el perdón para la mujer y ella quedará purificada».

Leyes sobre enfermedades cutáneas

13 El Señor dijo a Moisés y a Aarón: ²«Cuando a una persona le salga en la piel alguna inflamación, erupción o mancha blancuzca que pueda convertirse en infección,ᵃ se la llevará al sacerdote Aarón o a alguno de sus descendientes los sacerdotes. ³El sacerdote examinará la llaga. Si el vello en la parte afectada se ha puesto blanco y la llaga se ve más hundida que la piel, entonces se trata de una enfermedad contagiosa. Después de examinar a la persona, el sacerdote la declarará ˚impura. ⁴Si la mancha blancuzca no se ve más hundida que la piel ni el vello se le ha puesto blanco, el sacerdote aislará a la persona enferma durante siete días, ⁵y al séptimo día la examinará de nuevo. Si juzga que la infección no ha seguido extendiéndose sobre la piel, aislará a esa persona otros siete días. ⁶Cumplidos los siete días, el sacerdote la examinará otra vez y, si el mal no se

---

ᵃ 2 La palabra hebrea acá aludida tradicionalmente se ha traducido como *lepra*; también esa expresión se usa en la Biblia para designar varias enfermedades que atacan la piel, acá y en vv. 3-46.

ha extendido sobre la piel, sino que ha disminuido, la declarará pura. No era más que una erupción, así que la persona enferma se lavará la ropa y quedará pura. [7]Si la erupción se le sigue extendiendo sobre la piel luego de haberse presentado ante el sacerdote para su purificación, la persona enferma tendrá que volver a presentarse ante él. [8]El sacerdote la examinará y, si la erupción se ha extendido sobre la piel, declarará impura a esa persona, pues se trata de una enfermedad contagiosa.

Leyes sobre enfermedades infecciosas

[9]»Cuando una persona tenga una infección en la piel, deberá ser llevada ante el sacerdote, [10]quien la examinará. Si ocurre que la inflamación y el vello se han puesto blancos, y se ve la carne viva, [11]se trata de una infección crónica. El sacerdote declarará ˚impura a tal persona. Pero no hará falta aislarla otra vez, porque ya se sabe que es impura.

[12]»Si la infección se ha extendido sobre la piel de tal manera que, hasta donde el sacerdote pueda ver, cubre toda la piel de la persona enferma, [13]entonces el sacerdote la examinará. Si ve que la infección le cubre todo el cuerpo, la declarará pura. Esa persona es pura porque todo el cuerpo se le ha puesto blanco. [14]Pero será impura en el momento en que se le aparezca la carne viva. [15]Cuando el sacerdote examine la carne viva, declarará impura a esa persona. La carne viva es impura, pues se trata de una enfermedad contagiosa. [16]Pero si la llaga ulcerosa se pone blanca, la persona enferma deberá ir al sacerdote [17]para que la examine. Si la llaga se ha puesto blanca, el sacerdote declarará pura a esa persona y en efecto lo será.

Leyes sobre los abscesos

[18]»Si alguien ha tenido úlceras en la piel y luego sana, [19]pero en el sitio de las úlceras aparece una inflamación blancuzca o una mancha rojiza, deberá presentarse ante el sacerdote [20]para que lo examine. Si la inflamación se ve más hundida que la piel y el vello se ha puesto blanco, el sacerdote lo declarará ˚impuro. Se trata de una enfermedad contagiosa que ha brotado en el sitio donde estaban las úlceras. [21]Pero si al examinar al enfermo, encuentra el sacerdote que en el sitio afectado el vello no se ha puesto blanco y que no se ve más hundido que la piel, sino que ha disminuido, entonces aislará al enfermo durante siete días. [22]Si las úlceras se extienden sobre la piel, declarará impuro al enfermo, pues se trata de una enfermedad. [23]Si las úlceras no se desarrollan ni la mancha blanca se extiende, sino que ha cicatrizado, declarará puro al enfermo.

Leyes sobre las quemaduras

[24]»Si alguien se quema y sobre la quemadura le aparece una mancha blancuzca o rojiza, [25]el sacerdote deberá examinarla. Si el vello de la mancha se ha puesto blanco y la mancha misma se ve más hundida que la piel, se trata de una enfermedad contagiosa que brotó en el sitio de la quemadura. El sacerdote declarará ˚impuro al enfermo, pues se trata de una enfermedad contagiosa. [26]Si al examinar la quemadura encuentra el sacerdote que el vello no se ha puesto blanco ni la mancha se ve más hundida que la piel, sino que ha disminuido, entonces aislará al enfermo durante siete días. [27]Al séptimo día el sacerdote volverá a examinarlo y, si observa que la mancha se ha extendido sobre la piel, lo declarará impuro, pues se trata de una infección. [28]En cambio, si la mancha blancuzca no ha seguido extendiéndose sobre la piel, se trata solo de la inflamación de la quemadura. Entonces el sacerdote lo declarará puro, ya que se trata solo de una quemadura cicatrizada.

Leyes sobre enfermedades del cuero cabelludo y de la barba

[29]»Si a un hombre o a una mujer les sale una llaga en la cabeza o en el mentón, [30]el sacerdote deberá examinar la llaga. Si esta se ve más hundida que la piel y el cabello se ve amarillento y delgado, declarará ˚impuro al enfermo. Se trata de tiña, que es una infección en la cabeza o en el mentón. [31]Pero si al examinar la llaga tiñosa el sacerdote ve que no está más hundida que la piel ni tiene el cabello negro, aislará al enfermo de tiña durante siete días. [32]Al séptimo día el sacerdote deberá examinar otra vez al enfermo. Si la tiña no se ha extendido, ni tiene el cabello amarillento, ni se ve más hundida que la piel, [33]entonces el enfermo se afeitará el pelo, pero no la parte afectada, y el sacerdote lo aislará otros siete días. [34]Al séptimo día el sacerdote volverá a examinar al enfermo. Si la tiña no se ha extendido por la piel ni se ve más hundida que esta, lo declarará puro. Entonces el enfermo se lavará la ropa y quedará puro. [35]Si después de su purificación la tiña se extiende por toda la piel, [36]el sacerdote deberá examinarlo. Si la tiña se ha extendido por toda la piel, ya no hará falta que el sacerdote busque cabello amarillento, porque el enfermo es impuro. [37]En cambio, si considera que la tiña no se ha desarrollado y nota que ha crecido cabello negro, entonces el enfermo ha sanado. Es puro y así deberá declararlo el sacerdote.

Afecciones cutáneas benignas

[38]»Si a un hombre o a una mujer le salen manchas blancuzcas en la piel, [39]el sacerdote deberá examinarlas. Si las manchas resultan ser blancuzcas y opacas, se trata solo de una erupción cutánea, de modo que la persona es ˚pura.

Leyes sobre la calvicie

[40]»Si a alguien se le cae el cabello de la nuca y se queda calvo, es puro. [41]Si se le cae el cabello de las sienes y se queda calvo, también es puro. [42]Pero si en su calvicie de la nuca o de las sienes aparece una llaga blanca rojiza, se trata de una infección que ha brotado en la parte calva. [43]El sacerdote deberá examinarlo. Si la inflamación es blanca rojiza, en su calvicie o frente, parecida a las infecciones de la piel, [44]se trata entonces de una persona infectada e impura. El sacerdote la declarará impura por esa llaga en la cabeza.

Ley sobre las infecciones

[45]»La persona que contraiga una infección usará ropas rasgadas y no se peinará; con el rostro semicubierto irá gritando: "¡˚Impuro! ¡Impuro!", [46]y será impuro todo el tiempo que le dure la enfermedad. Es impuro, así que deberá vivir aislado y fuera del campamento.

Leyes sobre el moho

[47]»Cuando la ropa de lana o de lino se llene de moho [48]—ya sea que este aparezca en la urdimbre o trama del lino o de la lana, o en algún cuero o artículo de piel— [49]y el área afectada tenga un color verdusco o rojizo, se trata de una infección de moho, y deberá mostrársele al sacerdote. [50]Él examinará la mancha y aislará durante siete días el objeto infectado. [51]Al séptimo día el sacerdote examinará la mancha. Si esta se ha extendido en la ropa, o en la urdimbre, o en la trama, o en el cuero o en cualquier artículo de piel, se trata de un moho corrosivo. Tal objeto es ˚impuro. [52]Se prenderá fuego a la ropa o a la urdimbre, trama, lana, lino o cualquier artículo de piel que haya sido infectado, porque se trata de un moho corrosivo. El objeto deberá ser quemado.

⁵³»Si al examinar la mancha no se ha extendido sobre el vestido ni sobre la urdimbre, trama, lana, lino o cualquier artículo de cuero, ⁵⁴entonces mandará lavar el objeto infectado y lo aislará otros siete días. ⁵⁵Una vez lavado el objeto, el sacerdote procederá a examinarlo. Si observa que la mancha no ha cambiado de aspecto, dicho objeto será considerado impuro aun cuando la mancha no se haya extendido. El objeto será quemado por estar corroído, sea por dentro o por fuera. ⁵⁶Si después de lavado el objeto, el sacerdote lo examina y observa que la mancha ha disminuido, deberá arrancar la parte manchada del vestido, del cuero, de la urdimbre o de la trama. ⁵⁷Si la mancha reaparece en la ropa, en la urdimbre, en la trama o en cualquier artículo de piel, significa que ha vuelto a brotar. La parte infectada será quemada, ⁵⁸pero toda ropa, urdimbre, trama o artículo de piel que al lavarse pierda la mancha, se volverá a lavar, y el objeto quedará puro.

⁵⁹Esta es la ley respecto a la mancha de moho que infecta la ropa, la lana, el lino, la urdimbre, la trama o cualquier artículo de piel, para poder declararlos puros o impuros.

Purificación de las enfermedades cutáneas

14 El Señor dijo a Moisés: ²«Esta es la ley que se aplicará para declarar ˚pura a una persona infectada. Será presentada ante el sacerdote, ³quien la examinará fuera del campamento. Si el sacerdote comprueba que la persona infectada se ha sanado de su enfermedad, ⁴mandará traer para la purificación de esa persona dos aves vivas y puras, un pedazo de madera de cedro, un paño escarlata y una rama de ˚hisopo. ⁵Después el sacerdote mandará degollar la primera ave sobre una vasija de barro llena de agua de manantial. ⁶Tomará la otra ave viva, la madera de cedro, el paño escarlata y la rama de ˚hisopo, y mojará todo esto junto con el ave viva en la sangre del ave que fue degollada sobre el agua de manantial. ⁷Luego rociará siete veces a quien va a ser purificado de la infección y lo declarará puro. Entonces dejará libre a campo abierto el ave viva.

⁸»El que se purifica deberá lavarse la ropa, afeitarse todo el cabello y bañarse. Así quedará puro. Después de esto podrá entrar en el campamento, pero se quedará fuera de su tienda de campaña durante siete días. ⁹Al séptimo día se rapará por completo el cabello, la barba y las cejas; se lavará la ropa y se bañará. Así quedará puro.

¹⁰»Al octavo día, el que se purifica deberá traer dos corderos sin defecto y una cordera de un año, también sin defecto; como ofrenda de cereal traerá tres décimas partes de un efa*ª* de harina refinada amasada con aceite, junto con un log*ᵇ* de aceite. ¹¹El sacerdote que oficia en la purificación presentará ante el Señor, a la entrada de la ˚Tienda de reunión, al que se purifica y a sus ofrendas.

¹²»Después el sacerdote tomará uno de los corderos y, junto con el log de aceite, lo ofrecerá como sacrificio por la culpa. Lo mecerá ante el Señor, pues se trata de una ofrenda mecida. ¹³Después degollará al cordero en el lugar ˚santo donde se degüellan las víctimas del sacrificio por el perdón de pecados y del ˚holocausto, porque el sacrificio por la culpa, al igual que el sacrificio por el perdón, pertenecen al sacerdote. Se trata de algo sumamente sagrado. ¹⁴Luego tomará el sacerdote un poco de sangre del sacrificio por la culpa y la untará en el lóbulo de la oreja derecha, en el pulgar de la mano derecha y en

el dedo gordo del pie derecho del que se purifica. ¹⁵El sacerdote tomará un poco de aceite y se lo echará en la palma de la mano izquierda. ¹⁶Mojará el índice de la mano derecha en el aceite que tiene en la palma izquierda y rociará el aceite siete veces ante el Señor. ¹⁷Luego, del aceite que quede en la mano, el sacerdote untará un poco en el lóbulo de la oreja derecha, en el pulgar de la mano derecha y en el dedo gordo del pie derecho del que se purifica, sobre la sangre del sacrificio por la culpa. ¹⁸El sacerdote derramará sobre la cabeza del que se purifica el aceite que quede en la mano. De este modo, celebrará ante el Señor el rito para pedir el perdón a favor de él.

¹⁹»A continuación, el sacerdote ofrecerá el sacrificio por el perdón, pidiendo el perdón por el que se purifica de su impureza. Hecho esto, degollará la víctima del holocausto ²⁰y la ofrecerá en el altar junto con la ofrenda de cereal. Así obtendrá el perdón por él y lo declarará puro.

²¹»Si el que se purifica es pobre y no tiene para comprar lo requerido, tomará como sacrificio por la culpa un solo cordero, el cual será mecido para obtener el perdón de sus pecados. También llevará como ofrenda de cereal la décima parte de un efa*ᶜ* de harina refinada amasada con aceite, y un log de aceite, ²²junto con dos tórtolas o dos pichones de paloma, según lo que pueda pagar, uno como sacrificio por el perdón y otro como holocausto.

²³»Al octavo día los llevará a la entrada de la Tienda de reunión, ante el sacerdote, para su purificación en presencia del Señor. ²⁴El sacerdote tomará el cordero del sacrificio por la culpa, junto con el aceite, y los mecerá ante el Señor, pues se trata de una ofrenda mecida. ²⁵Después degollará al cordero del sacrificio por la culpa, tomará un poco de sangre y la untará en el lóbulo de la oreja derecha, en el pulgar de la mano derecha y en el dedo gordo del pie derecho del que se purifica. ²⁶El sacerdote se echará aceite en la palma de la mano izquierda, ²⁷y con el dedo índice de su mano derecha lo rociará siete veces ante el Señor. ²⁸Luego, al que se purifica, el sacerdote le untará un poco del aceite que quede en la mano. Se lo untará en el lóbulo de la oreja derecha, en el pulgar de la mano derecha y en el dedo gordo del pie derecho, allí donde puso la sangre del sacrificio por la culpa. ²⁹El aceite que quede en la mano lo untará en la cabeza del que se purifica, y así obtendrá el perdón de sus pecados ante el Señor. ³⁰Luego ofrecerá las tórtolas o los pichones de paloma, según lo que pueda pagar el oferente, ³¹uno como sacrificio por el perdón y otro como holocausto, junto con la ofrenda de cereal. Así, el sacerdote obtendrá ante el Señor el perdón de pecados en favor del que se purifica».

³²Esta ley se aplicará a la persona que haya contraído una infección cutánea y no tenga para pagar las ofrendas regulares de su purificación.

Purificación de casas infectadas

³³El Señor dijo a Moisés y a Aarón: ³⁴«Si al entrar ustedes en la tierra de Canaán, la cual les doy en propiedad, yo pongo moho infeccioso en alguna de sus casas, ³⁵el dueño de la casa deberá decirle al sacerdote: "En mi casa ha aparecido una especie de moho". ³⁶Entonces el sacerdote, antes de entrar para examinar el moho, mandará que desocupen la casa para que no se ˚contamine todo lo que haya en ella. Hecho esto, el sacerdote entrará a examinarla. ³⁷Si el moho de las paredes forma cavidades verduscas o rojizas que parezcan hundirse en la pared, ³⁸el sacerdote saldrá de la casa y la clausurará durante siete días. ³⁹Al séptimo día regresará y la examinará. Si el moho se ha extendido por las paredes de la casa, ⁴⁰mandará quitar las piedras mohosas y tirarlas fuera de la ciudad, en

---

ª 10 Es decir, aprox. 5 kg.   *ᵇ* 10 Es decir, aprox. un tercio de litro; también en v. 21.   *ᶜ* 21 Es decir, aprox. 1.6 kg.

un lugar ˙impuro. ⁴¹También mandará raspar todo el interior de la casa, y el material raspado lo arrojará fuera de la ciudad, en un lugar impuro. ⁴²Después se repondrán las antiguas piedras con otras nuevas y se recubrirá la casa con estuco nuevo.

⁴³»Si después de haber quitado las piedras infectadas y de haber raspado y recubierto la casa, vuelve a aparecer el moho y se extiende por toda ella, ⁴⁴el sacerdote irá a examinarla. Si el moho se ha extendido por toda la casa, se trata de moho corrosivo. Por lo tanto, la casa es impura ⁴⁵y deberán demolerla y arrojar, en un lugar impuro fuera de la ciudad, las piedras, la madera y el estuco.

⁴⁶»Cualquiera que entre en la casa mientras esté clausurada quedará impuro hasta el anochecer ⁴⁷y todo el que duerma o coma en dicha casa deberá lavarse la ropa.

⁴⁸»Si después de haber sido recubierta la casa el sacerdote la examina y el moho no se ha extendido, la declarará pura, porque la infección ha desaparecido. ⁴⁹Para purificar la casa, el sacerdote deberá tomar dos aves, pedazos de madera de cedro, un paño escarlata y ramas de ˙hisopo. ⁵⁰Degollará una de las aves sobre una vasija de barro llena de agua de manantial; ⁵¹tomará la madera de cedro, las ramas de hisopo, el paño escarlata y la otra ave viva, y mojará todo esto en la sangre del ave degollada y en el agua de manantial. Luego rociará la casa siete veces. ⁵²Así la purificará con la sangre del ave, con el agua de manantial, el ave viva, la madera de cedro, las ramas de hisopo y el paño escarlata. ⁵³Soltará entonces el ave viva a campo abierto. Así purificará la casa y esta quedará pura.

⁵⁴»Esta es la ley respecto a cualquier tipo de infección cutánea: de tiña ⁵⁵o de moho, ya sea en la ropa o en una casa; ⁵⁶de inflamación, erupción o mancha blancuzca, ⁵⁷para así poder enseñar al pueblo cuándo algo es puro o impuro.

»Esta es la ley respecto a las infecciones».

Impurezas sexuales en el hombre

15 El SEÑOR ordenó a Moisés y a Aarón ²que dijeran a los israelitas: «Si un hombre padece de algún flujo inusual, tal flujo es ˙impuro, ³lo mismo que el hombre, ya sea que su órgano sexual emita ese flujo o que el flujo obstruya el órgano.

»El flujo causa impureza en los siguientes casos:

⁴»Será impura toda cama donde se acueste el afectado por ese flujo inusual, lo mismo que todo objeto sobre el que se siente. ⁵Todo el que toque la cama del afectado por el flujo deberá lavarse la ropa y bañarse, y quedará impuro hasta el anochecer. ⁶Todo el que se siente donde se haya sentado el afectado por el flujo deberá lavarse la ropa y bañarse, y quedará impuro hasta el anochecer.

⁷»Todo el que toque el cuerpo del afectado por el flujo deberá lavarse la ropa y bañarse con agua, y quedará impuro hasta el anochecer. ⁸Si el afectado por el flujo escupe sobre alguien no ˙contaminado, este deberá lavarse la ropa y bañarse, y quedará impuro hasta el anochecer. ⁹Toda montura sobre la que cabalgue el afectado por el flujo quedará impura. ¹⁰Todo el que toque algún objeto que haya estado debajo del afectado por el flujo quedará impuro hasta el anochecer. El que transporte dicho objeto deberá lavarse la ropa y bañarse; quedará impuro hasta el anochecer. ¹¹Si el afectado por el flujo toca a alguien sin haberse lavado las manos con agua, el que fue tocado deberá lavarse la ropa y bañarse; quedará impuro hasta el anochecer. ¹²Si el afectado por el flujo toca alguna vasija de barro, se romperá la vasija; si toca algún utensilio de madera, este deberá lavarse con agua.

¹³»Si al afectado le cesa el flujo, deberá esperar siete días para el rito de su purificación. Se lavará la ropa y se bañará con agua de manantial, y así quedará puro. ¹⁴Al octavo día tomará dos tórtolas o dos pichones de paloma y se presentará ante el SEÑOR, a la entrada de la ˙Tienda de reunión. Allí entregará las aves al sacerdote, ¹⁵quien ofrecerá una como sacrificio por el perdón y la otra como ˙holocausto. Así, en presencia del SEÑOR, el sacerdote obtendrá el perdón para el afectado a causa de su flujo.

¹⁶»Cuando un hombre tenga una eyaculación, deberá bañarse todo el cuerpo, y quedará impuro hasta el anochecer. ¹⁷Toda ropa o piel sobre la que haya caído semen deberá lavarse con agua, y quedará impura hasta el anochecer. ¹⁸»Cuando un hombre y una mujer tengan relaciones sexuales con eyaculación, ambos deberán bañarse, y quedarán impuros hasta el anochecer.

Impurezas sexuales en la mujer

¹⁹»Cuando a una mujer le llegue su menstruación, quedará ˙impura durante siete días. Todo el que la toque quedará impuro hasta el anochecer.

²⁰»Todo aquello sobre lo que ella se acueste mientras dure su período menstrual quedará impuro. Todo aquello sobre lo que ella se siente durante su período menstrual quedará impuro. ²¹Todo el que toque la cama de esa mujer deberá lavarse la ropa y bañarse, y quedará impuro hasta el anochecer. ²²Todo el que toque algún objeto donde ella se haya sentado, deberá lavarse la ropa y bañarse; además quedará impuro hasta el anochecer. ²³Si alguien toca algún objeto que estuvo sobre su cama o en el lugar donde ella se sentó, quedará impuro hasta el anochecer.

²⁴»Si un hombre tiene relaciones sexuales con esa mujer, se ˙contaminará con su menstruación y quedará impuro durante siete días. Además, toda cama en la que él se acueste quedará también impura.

²⁵»Cuando una mujer tenga flujo continuo de sangre fuera de su período menstrual, o cuando se le prolongue el flujo, quedará impura todo el tiempo que le dure, como durante su período. ²⁶Toda cama en la que se acueste mientras dure su flujo quedará impura, como durante su período. Todo aquello sobre lo que se siente quedará impuro, como durante su período. ²⁷Todo el que toque cualquiera de estos objetos quedará impuro. Deberá lavarse la ropa y bañarse, y quedará impuro hasta el anochecer.

²⁸»Cuando ella sane de su flujo, deberá esperar siete días para el rito de su purificación. ²⁹Al octavo día tomará dos tórtolas o dos pichones de paloma y los llevará a la entrada de la ˙Tienda de reunión, donde se los entregará al sacerdote, ³⁰quien ofrecerá uno como sacrificio por el perdón y el otro como ˙holocausto. Así, en presencia del SEÑOR, el sacerdote obtendrá el perdón para ella a causa de la impureza producida por el flujo.

³¹»Ustedes deben mantener apartados de la impureza a los israelitas. Así evitarán que ellos mueran por haber contaminado mi santuario, que está en medio de ellos.

³²»Esta ley se aplicará a todo el que quede impuro por algún flujo corporal: al hombre que tenga flujo de semen, ³³a la que tenga flujo menstrual, al hombre y a la mujer que tengan un flujo inusual y a quien tenga relaciones sexuales con una mujer impura».

El día del Perdón
16:2-34 – Lv 23:26-32; Nm 29:7-11

16 El SEÑOR habló a Moisés después de la muerte de los dos hijos de Aarón, quienes murieron al acercarse imprudentemente al SEÑOR. ²Dijo el

SEÑOR a Moisés: «Dile a tu hermano Aarón que no entre a cualquier hora en la parte del santuario que está detrás de la cortina, es decir, delante de la tapa que está sobre el arca, no sea que muera cuando yo aparezca en la nube por encima de la tapa del arca. ³»Aarón deberá entrar en el santuario con un ternero para el sacrificio por el perdón de pecados y un carnero para el *holocausto. ⁴Se pondrá la túnica sagrada y la ropa interior de tela de lino. Se ceñirá con la faja de lino y se pondrá el turbante de lino. Estas son las vestiduras sagradas que se pondrá después de haberse bañado con agua. ⁵De la comunidad de los israelitas, Aarón tomará dos machos cabríos para el sacrificio por el perdón y un carnero para el holocausto.

⁶»Después de que haya ofrecido el novillo del sacrificio por el perdón para que tanto él como su familia sean perdonados, ⁷tomará los dos machos cabríos y los presentará ante el SEÑOR, a la entrada de la *Tienda de reunión. ⁸Entonces Aarón echará suertes sobre los dos machos cabríos, uno para el SEÑOR y otro para soltarlo en el desierto.ᵃ ⁹Aarón ofrecerá como sacrificio por el perdón el macho cabrío que le tocó al SEÑOR, ¹⁰pero presentará vivo ante el SEÑOR, para obtener el perdón, el macho cabrío que soltará en el desierto.

¹¹»Aarón presentará el novillo para su propio sacrificio por el perdón de pecados, y obtendrá así el perdón por él y por su familia. Degollará el novillo para su propio sacrificio por el perdón. ¹²Luego tomará del altar que está ante el SEÑOR un incensario lleno de brasas, junto con dos puñados llenos de incienso aromático en polvo, y los llevará tras la cortina. ¹³Entonces colocará el incienso sobre el fuego, en presencia del SEÑOR, para que la nube de incienso cubra la tapa que está sobre el arca con las tablas del pacto. De esa manera Aarón no morirá. ¹⁴Después tomará un poco de la sangre del novillo y la rociará con su dedo al costado oriental de la tapa del arca; la rociará delante de la tapa siete veces.

¹⁵»Luego degollará el macho cabrío del sacrificio por el perdón en favor del pueblo. Llevará su sangre detrás de la cortina y hará con esa sangre lo mismo que hizo con la del novillo: la rociará sobre y delante de la tapa del arca. ¹⁶Así *purificará el santuario de las impurezas y transgresiones de los israelitas, cualesquiera que hayan sido sus pecados. Hará lo mismo por la Tienda de reunión, que está entre ellos en medio de sus impurezas. ¹⁷Nadie deberá estar en la Tienda de reunión desde el momento en que Aarón entre para pedir el perdón de los pecados en el santuario hasta que salga, es decir, mientras esté haciendo el sacrificio por sí mismo, por su familia y por toda la asamblea de Israel.

¹⁸»Aarón saldrá luego para purificar el altar que está delante del SEÑOR. Tomará sangre del novillo y del macho cabrío y la untará sobre cada uno de los cuernos del altar, ¹⁹y con el dedo rociará con sangre el altar siete veces. Así lo consagrará y lo purificará de las impurezas de los israelitas.

²⁰»Cuando Aarón haya terminado de purificar el santuario, la Tienda de reunión y el altar, presentará el macho cabrío vivo ²¹y le impondrá las manos sobre la cabeza. Confesará entonces todas las iniquidades y transgresiones de los israelitas, cualesquiera que hayan sido sus pecados. Así el macho cabrío cargará con ellos, y será enviado al desierto por medio de un hombre designado para esto. ²²El hombre soltará en

el desierto al macho cabrío y este se llevará a tierra árida todas las iniquidades.

²³»Entonces Aarón entrará en la Tienda de reunión, se quitará los vestidos de tela de lino que se puso antes de entrar en el santuario, y allí los dejará. ²⁴Se bañará con agua en un lugar *santo y se volverá a vestir. Después saldrá y ofrecerá su propio holocausto y el del pueblo. Así obtendrá el perdón de sus pecados y los del pueblo. ²⁵Además, quemará sobre el altar la grasa del sacrificio por el perdón. ²⁶»El encargado de soltar el macho cabrío en el desierto deberá lavarse la ropa y bañarse con agua. Solo después de hacer esto podrá volver al campamento. ²⁷El novillo del sacrificio por el perdón y el macho cabrío del sacrificio por el perdón, cuya sangre se llevó para purificar el santuario, se sacarán del campamento, y la piel, la carne y el excremento se quemarán. ²⁸El que les prenda fuego deberá lavarse la ropa y bañarse. Solo después de hacer esto podrá volver al campamento.

²⁹»Este será para ustedes un estatuto perpetuo, tanto para el nativo como para el extranjero que viva entre ustedes: El día diez del mes séptimo ayunarán y se humillarán, y no realizarán ningún tipo de trabajo. ³⁰En dicho día se pedirá el perdón de sus pecados, y delante del SEÑOR serán purificados de todos sus pecados. ³¹Será para ustedes un día de completo reposo, en el cual ayunarán. Es un estatuto perpetuo. ³²El sacerdote que haya sido ungido y ordenado como sucesor de su padre, realizará el sacrificio para perdón de pecados. Se pondrá las vestiduras sagradas de tela de lino ³³y hará el sacrificio de purificación del Lugar Santísimo, por la Tienda de reunión y por el altar. También hará el sacrificio por el perdón de pecados a favor de los sacerdotes y de toda la comunidad allí reunida.

³⁴»Este será un estatuto perpetuo: Una vez al año se deberá hacer el sacrificio para pedir el perdón de todos los israelitas a causa de todos sus pecados».

Y se hizo tal como el SEÑOR se lo había mandado a Moisés.

Prohibición de comer sangre

17 El SEÑOR ordenó a Moisés ²que dijera a Aarón, a sus hijos y a todos los israelitas: «Esto es lo que ha mandado el SEÑOR:

³»Cualquier israelita que sacrifique una res, un cordero o una cabra, en el campamento o fuera de él, ⁴en lugar de traerlo a la entrada de la *Tienda de reunión del SEÑOR para presentarlo como ofrenda, será considerado culpable de haber derramado sangre y será eliminado de su pueblo. ⁵El propósito de este mandamiento es que los israelitas lleven al SEÑOR los sacrificios que suelen hacer en el campo. Deberán llevarlos al sacerdote, a la entrada de la Tienda de reunión, y ofrecérselos al SEÑOR como sacrificios de *comunión. ⁶El sacerdote derramará la sangre sobre el altar del SEÑOR, a la entrada de la Tienda de reunión, y quemará la grasa como aroma grato al SEÑOR. ⁷Y nunca más volverán a ofrecer ningún sacrificio a sus ídolos que tienen forma de machos cabríos,ᵇ con los que se han prostituido. Este es un estatuto perpetuo para ellos y para sus descendientes.

⁸»Cuando algún israelita o extranjero que viva entre ustedes ofrezca un *holocausto o sacrificio ⁹y no lo lleve a la entrada de la Tienda de reunión para ofrecerlo al SEÑOR, el tal será eliminado de su pueblo.

¹⁰»Cuando algún israelita o extranjero que viva entre ustedes coma sangre de cualquier animal, yo me pondré en su contra y lo eliminaré de su pueblo. ¹¹Porque la *vida de toda criatura está en la sangre. Yo mismo se la he dado a ustedes sobre el altar, para

---

ᵃ **8** *para soltarlo en el desierto.* Lit. *para Azazel* (puede significar enviado al demonio que habita en el desierto o chivo expiatorio); también en vv. 10 y 26.   ᵇ **7** *ídolos … machos cabríos.* Alt. *demonios.*

que obtengan el perdón de sus pecados, ya que el perdón se obtiene por medio de la sangre. 12Por eso les digo: Ninguno de ustedes deberá comer sangre ni tampoco deberá comerla el extranjero que viva entre ustedes.

13»Cuando un israelita o algún extranjero que viva entre ustedes cace algún animal o ave que sea lícito comer, le extraerá la sangre y la cubrirá con tierra, 14pues la vida de toda criatura está en su sangre. Por eso les he dicho: No coman la sangre de ninguna criatura, porque la vida de toda criatura está en la sangre; cualquiera que la coma será eliminado.

15»Todo nativo que coma la carne de un animal que las fieras hayan matado o despedazado deberá lavarse la ropa y bañarse con agua. Quedará °impuro hasta el anochecer; después de eso quedará puro. 16Pero si no se lava la ropa ni se baña, sufrirá las consecuencias de su pecado».

Relaciones sexuales ilícitas

18 El SEÑOR ordenó a Moisés 2que dijera a los israelitas: «Yo soy el SEÑOR su Dios. 3No imitarán ustedes las costumbres de Egipto, donde antes habitaban, ni tampoco las de Canaán, adonde los llevo. No se conducirán según sus prácticas, 4sino que pondrán en práctica mis leyes y cumplirán cuidadosamente mis estatutos. Yo soy el SEÑOR su Dios. 5Obedezcan mis estatutos y mis leyes, pues todo el que los obedezca vivirá por ellos. Yo soy el SEÑOR.

Relaciones no permitidas

6»Nadie se acercará a ningún pariente cercano para tener relaciones sexuales con él o con ella. Yo soy el SEÑOR.

7»No deshonrarás a tu padre, teniendo relaciones sexuales con tu madre. No lo hagas, porque es tu madre.

8»No tendrás relaciones sexuales con la esposa de tu padre, porque sería deshonrar a tu padre.

9»No tendrás relaciones sexuales con tu hermana por parte de padre o de madre, ya sea nacida en la misma casa o en otro lugar.

10»No tendrás relaciones sexuales con la hija de tu hijo ni con la hija de tu hija, porque sería deshonrarte a ti mismo.

11»No tendrás relaciones sexuales con la hija que tu padre haya tenido con su mujer. No la deshonres, porque es tu hermana.

12»No tendrás relaciones sexuales con la hermana de tu padre, porque es pariente de tu padre.

13»No tendrás relaciones sexuales con la hermana de tu madre, porque es pariente de tu madre.

14»No deshonrarás al hermano de tu padre, teniendo relaciones sexuales con su mujer, porque es tu tía.

15»No tendrás relaciones sexuales con tu nuera. No las tendrás, porque es la esposa de tu hijo.

16»No tendrás relaciones sexuales con la mujer de tu hermano, porque deshonrarías a tu hermano.

17»No tendrás relaciones sexuales con dos mujeres que sean madre e hija, ni con las nietas de ellas, ya sea por parte de un hijo o de una hija de esas mujeres. Son parientes cercanas, de modo que eso sería una perversión.

18»No te casarás con la hermana de tu esposa, ni tendrás relaciones sexuales con ella mientras tu esposa viva, para no crear rivalidades entre ellas.

Otras relaciones ilícitas

19»No tendrás relaciones sexuales con ninguna mujer durante su período de °impureza menstrual.

20»No tendrás trato sexual con la mujer de tu prójimo, para que no te hagas impuro por causa de ella.

21»No profanarás el °nombre de tu Dios, entregando a tus hijos para que sean quemados como sacrificio a Moloc. Yo soy el SEÑOR.

22»No te acostarás con un hombre como quien se acuesta con una mujer. Eso es una abominación.

23»No tendrás trato sexual con ningún animal. No te hagas impuro por causa de él. Ninguna mujer tendrá trato sexual con ningún animal. Eso es una depravación.

24»No se °contaminen con estas prácticas, porque así se contaminaron las naciones que por amor a ustedes estoy por arrojar, 25y aun la tierra misma se contaminó. Por eso la castigué por su perversidad y ella vomitó a sus habitantes. 26Ustedes obedezcan mis estatutos y leyes. Ni los nativos ni los extranjeros que vivan entre ustedes deben practicar ninguna de estas abominaciones, 27pues las practicaron los que vivían en esta tierra antes que ustedes, y la tierra se contaminó. 28Si ustedes contaminan la tierra, ella los vomitará como vomitó a las naciones que la habitaron antes que ustedes.

29»Cualquiera que practique alguna de estas abominaciones será eliminado de su pueblo. 30Ustedes cumplan mis órdenes y absténganse de seguir las abominables costumbres que se practicaban en la tierra antes de que ustedes llegaran. No se contaminen por causa de ellas. Yo soy el SEÑOR su Dios».

Llamado a la santidad

19 El SEÑOR ordenó a Moisés 2que hablara con toda la asamblea de los israelitas y dijera: «Sean °santos, porque yo, el SEÑOR su Dios, soy santo.

3»Respeten todos ustedes a su madre y a su padre, y observen mis °sábados. Yo soy el SEÑOR su Dios.

4»No se vuelvan a los ídolos inútiles, ni se hagan dioses de metal fundido. Yo soy el SEÑOR su Dios.

5»Cuando ofrezcan al SEÑOR un sacrificio de °comunión, háganlo de tal manera que el SEÑOR lo acepte de buen grado. 6Cómanselo el día en que lo sacrifiquen o al día siguiente. Lo que sobre para el tercer día deberán quemarlo. 7Si alguien lo come al tercer día, tal sacrificio no será válido, pues la carne ya se habrá vuelto impura. 8Cualquiera que lo coma sufrirá las consecuencias de su pecado por profanar lo que ha sido consagrado al SEÑOR. Tal persona será eliminada de su pueblo.

Relaciones sociales

9»Cuando llegue el tiempo de la cosecha, no sieguen hasta el último rincón de sus campos ni recojan todas las espigas que allí queden. 10No rebusquen hasta el último racimo de sus viñas, ni recojan las uvas que se hayan caído. Déjenlas para los pobres y los extranjeros. Yo soy el SEÑOR su Dios.

11»No roben.

»No mientan.

»No engañen a su prójimo.

12»No juren en mi °nombre falsamente, ni profanen el nombre de su Dios. Yo soy el SEÑOR.

13»No defraudes a tu prójimo ni lo despojes de nada.

»No retengas la paga de tu jornalero hasta el día siguiente.

14»No maldigas al sordo ni pongas tropiezos al ciego, sino teme a tu Dios. Yo soy el SEÑOR.

15»No perviertas la justicia, ni te muestres parcial en favor del pobre o del rico, sino juzga a todos con justicia.

16»No andes difundiendo calumnias entre tu pueblo, ni expongas la vida de tu prójimo con falsos testimonios. Yo soy el SEÑOR.

17»No alimentes en tu corazón odios contra tu hermano, sino reprende con franqueza a tu prójimo para que no sufras las consecuencias de su pecado.

18»No seas vengativo con tu prójimo ni le guardes rencor. Ama a tu prójimo como a ti mismo. Yo soy el Señor.

Otras exigencias de la santidad

19»Cumplan mis estatutos:

»No crucen animales de especies diferentes.

»No planten en su campo dos clases distintas de semilla.

»No usen ropa tejida con dos clases distintas de hilo.

20»Si un hombre se acuesta con una esclava prometida a otro en matrimonio, pero que aún no ha sido rescatada ni declarada libre, a los dos se les impondrá el castigo debido,ᵃ pero no se les condenará a muerte porque ella aún no ha sido declarada libre. 21No obstante, el hombre deberá ofrecer al Señor un carnero como ofrenda por su culpa. Lo llevará a la entrada de la ˚Tienda de reunión, 22y el sacerdote pedirá perdón ante el Señor por el pecado cometido. De este modo su pecado será perdonado.

23»Cuando ustedes entren en la tierra y planten cualquier clase de árboles frutales, durante tres años no comerán su fruto, sino que lo considerarán inmundo.ᵇ 24En el cuarto año todo su fruto será consagrado como una ofrenda de alabanza al Señor, 25y en el quinto año ya podrán comer de su fruto. De este modo aumentarán sus cosechas. Yo soy el Señor su Dios.

26»No coman nada que tenga sangre.

»No practiquen la agorería ni la adivinación.

27»No se corten el cabello en redondo ni se despunten la barba.

28»No se hagan heridas en el cuerpo por causa de los muertos, ni tatuajes en la piel. Yo soy el Señor.

29»No degraden a su hija haciendo de ella una prostituta, para que tampoco se prostituya la tierra ni se llene de perversidad.

Otros deberes

30»Observen mis ˚sábados y muestren reverencia por mi santuario. Yo soy el Señor.

31»No acudan a los médiums, ni busquen a los espiritistas, porque se harán ˚impuros por causa de ellos. Yo soy el Señor su Dios.

32»Ponte de pie en presencia de los mayores.

»Respeta a los ancianos.

»Teme a tu Dios. Yo soy el Señor.

33»Cuando algún extranjero se establezca en el país de ustedes, no lo traten mal. 34Al contrario, trátenlo como si fuera uno de ustedes. Ámenlo como a ustedes mismos, porque también ustedes fueron extranjeros en Egipto. Yo soy el Señor su Dios.

35»No sean deshonestos falseando las medidas de longitud, de peso y de capacidad. 36Usen balanzas, pesas y medidas justas. Un efaᶜ exacto y un hinᵈ exacto. Yo soy el Señor su Dios, que los saqué de Egipto.

37»Cumplan todos mis estatutos y obedezcan todas mis leyes. Yo soy el Señor».

Castigos por el pecado

20 El Señor ordenó a Moisés 2que dijera a los israelitas: «Todo israelita o extranjero residente en Israel que entregue a uno de sus hijos para quemarlo como sacrificio a Moloc será condenado a muerte. El pueblo entero lo matará a pedradas. 3Yo mismo me pondré en contra de ese hombre y lo eliminaré de su pueblo porque, al entregar a uno de sus hijos para quemarlo como sacrificio a Moloc, profana mi santuario y mi ˚santo nombre. 4Si el pueblo entero hace caso omiso del hombre que haya entregado alguno de sus hijos a Moloc y no lo condena a muerte, 5yo mismo me pondré en contra de él y de su familia; eliminaré del pueblo a ese hombre y a todos los que se hayan prostituido con él, siguiendo a Moloc.

6»También me pondré en contra de quien acuda a un médium o a los espiritistas y por seguirlos se prostituya. Lo eliminaré de su pueblo.

7»Conságrense a mí y sean santos, porque yo soy el Señor su Dios. 8Obedezcan mis estatutos y pónganlos por obra. Yo soy el Señor, el que los consagra.

9»Si alguien maldice a su padre o a su madre, será condenado a muerte: ha maldecido a su padre o a su madre, y será responsable de su propia muerte.

10»Si alguien comete adulterio con la mujer de su prójimo, tanto el adúltero como la adúltera serán condenados a muerte.

11»Si alguien se acuesta con la mujer de su padre, deshonra a su padre. Tanto el hombre como la mujer serán condenados a muerte, de la cual ellos mismos serán responsables.

12»Si alguien se acuesta con su nuera, hombre y mujer serán condenados a muerte. Han cometido un acto depravado, y ellos mismos serán responsables de su propia muerte.

13»Si alguien se acuesta con otro hombre como quien se acuesta con una mujer, comete un acto abominable y los dos serán condenados a muerte, de la cual ellos mismos serán responsables.

14»Si alguien tiene relaciones sexuales con hija y madre, comete un acto depravado. Tanto él como ellas morirán quemados, para que no haya tal depravación entre ustedes.

15»Si alguien tiene trato sexual con un animal, será condenado a muerte, y se matará también al animal.

16»Si una mujer tiene trato sexual con un animal, se dará muerte a ambos, y ellos serán responsables de su muerte.

17»Si alguien tiene relaciones sexuales con una hermana suya, comete un acto vergonzoso y los dos serán ejecutados en público. Ha deshonrado a su hermana, y sufrirá las consecuencias de su pecado.

18»Si alguien se acuesta con una mujer y tiene relaciones sexuales con ella durante su período menstrual, pone al descubierto su flujo, y también ella expone el flujo de su sangre. Los dos serán eliminados de su pueblo.

19»No tendrás relaciones sexuales ni con tu tía materna ni con tu tía paterna, pues eso significaría la deshonra de un pariente cercano y los dos sufrirían las consecuencias de su pecado.

20»Si alguien se acuesta con su tía, deshonra a su tío, y los dos sufrirán las consecuencias de su pecado: morirán sin tener descendencia.

21»Si alguien tiene relaciones sexuales con la esposa de su hermano, comete un acto de ˚impureza: ha deshonrado a su hermano, y los dos se quedarán sin descendencia.

22»Cumplan todos mis estatutos y leyes; obedézcanlas, para que no los vomite la tierra adonde los llevo a vivir. 23No vivan según las costumbres de las naciones que por amor a ustedes voy a expulsar. Porque ellas hicieron todas estas cosas, y yo las aborrecí. 24Pero a ustedes les digo: "Poseerán la tierra que perteneció a esas naciones, tierra donde abundan la leche y la miel. Yo mismo la daré a ustedes como herencia". Yo soy el Señor su Dios que los he distinguido entre las demás naciones.

25»Por consiguiente, también ustedes deben distinguir entre los animales puros y los impuros, y entre las aves puras y las impuras. No se hagan detestables

---

ᵃ 20 *a los dos … debido.* Alt. *los dos deberán ser investigados.*
ᵇ 23 *inmundo.* Lit. *incircunciso.*   ᶜ 36 Es decir, aprox. 16 kg.
ᵈ 36 Es decir, aprox. 3.8 l.

ustedes mismos por causa de animales, de aves o de cualquier alimaña que se arrastra por el suelo, pues yo se los he señalado como impuros. ²⁶Sean ustedes santos porque yo, el SEÑOR, soy santo y los he distinguido entre las demás naciones, para que sean míos.

²⁷»Cualquiera de ustedes, hombre o mujer, que sea médium o espiritista será condenado a muerte. Morirá apedreado y será responsable de su propia muerte».

La santidad de los sacerdotes

21 El SEÑOR ordenó a Moisés que dijera a los sacerdotes, hijos de Aarón: «No se ˚contaminen tocando el cadáver de alguien de su pueblo, ²excepto en el caso de un pariente cercano como su madre, su padre, su hijo, su hija, su hermano ³o una hermana soltera que, por no tener marido, dependa de él, y en cuyo caso él quede impuro. ⁴Como jefes de su pueblo, no deben hacerse ˚impuros ni contaminarse.

⁵»Los sacerdotes no se raparán la cabeza, ni se despuntarán la barba ni se harán heridas en el cuerpo. ⁶Deben ser ˚santos para su Dios y no profanar su ˚nombre. Son ellos los que presentan al SEÑOR las ofrendas puestas al fuego, que son como el pan de su Dios. Por eso deben ser santos.

⁷»Ningún sacerdote se casará con una prostituta, ni con una mujer que no sea virgen, ni con una divorciada, porque está consagrado a su Dios. ⁸Considéralo santo, porque él ofrece el pan de tu Dios. Santo será para ti, porque santo soy yo, el SEÑOR, que los consagro a ustedes.

⁹»La hija de un sacerdote que se hace prostituta se profana a sí misma y profana a su padre. Deberá ser quemada.

Santidad del sumo sacerdote

¹⁰»Aquel que sea sumo sacerdote entre sus hermanos, sobre cuya cabeza se haya derramado el aceite de la unción y a quien se le haya conferido autoridadᵃ para llevar las vestiduras sacerdotales, no deberá andar despeinado ni rasgarse las vestiduras.

¹¹»No entrará en ningún lugar donde haya un cadáver.

»No deberá ˚contaminarse, ni siquiera por su padre o por su madre.

¹²»No saldrá del santuario, para no profanar el santuario de su Dios, porque ha sido consagrado mediante el aceite de la unción divina. Yo soy el SEÑOR.

¹³»La mujer que tome por esposa debe ser virgen. ¹⁴No debe casarse con una viuda, ni con una divorciada ni con una prostituta. Debe casarse con una virgen de su mismo pueblo, ¹⁵para que no profane su descendencia entre su pueblo. Yo soy el SEÑOR, que lo consagra».

Impedimentos para ejercer el sacerdocio

¹⁶El SEÑOR ordenó a Moisés ¹⁷que dijera a Aarón: «Ninguno de tus descendientes que tenga defecto físico deberá acercarse jamás a su Dios para presentarle la ofrenda de pan. ¹⁸En efecto, no deberá acercarse nadie que tenga algún defecto físico: ninguno que sea ciego, cojo, mutilado, deforme, ¹⁹lisiado de pies o manos, ²⁰jorobado o enano; o con cataratas en los ojos, o que tenga sarna o llaga supurante, o que tenga algún testículo dañado. ²¹Ningún descendiente del sacerdote Aarón que tenga algún defecto podrá acercarse a presentar al SEÑOR las ofrendas puestas al fuego. No podrá acercarse para presentarle a su Dios la ofrenda de pan por tener un defecto. ²²Podrá comer de la ofrenda de pan, tanto del alimento ˚santo como del santísimo, ²³pero por causa de su defecto no pasará más allá de la cortina ni se acercará al altar,

para no profanar mi santuario. Yo soy el SEÑOR, que consagro para mí a los sacerdotes».

²⁴Y Moisés comunicó todo esto a Aarón, a sus hijos y a todos los israelitas.

Las ofrendas del SEÑOR

22 El SEÑOR ordenó a Moisés ²que dijera a Aarón y a sus hijos: «Traten con mucho respeto las ofrendas sagradas que me consagran los israelitas, para no profanar mi ˚santo ˚nombre. Yo soy el SEÑOR».

³También ordenó decirles: «Si alguno de los descendientes de Aarón está ritualmente ˚impuro y se acerca a las ofrendas que los israelitas consagran al SEÑOR, será eliminado de mi presencia. Yo soy el SEÑOR.

⁴»Si un descendiente de Aarón padece de alguna enfermedad infecciosa en la piel o de algún flujo inusual en el cuerpo, deberá abstenerse de comer de las ofrendas sagradas hasta que se purifique. Cualquiera que toque un objeto ˚contaminado por el contacto con un cadáver, o que tenga derrame de semen, ⁵o que toque algún animal u ˚hombre impuros, cualquiera que sea la impureza, ⁶quedará impuro hasta el anochecer. Por tanto, se abstendrá de comer de las ofrendas sagradas. Lavará su cuerpo con agua ⁷y al ponerse el sol quedará puro. Después de esto podrá comer de las ofrendas sagradas, porque son su alimento. ⁸No deberá comer nada que sea hallado muerto o despedazado por las fieras, pues de lo contrario quedará impuro. Yo soy el SEÑOR.

⁹»Los sacerdotes obedecerán lo que he ordenado, y así no pecarán ni sufrirán la muerte por haber profanado las ofrendas. Yo soy el SEÑOR, que consagro para mí a los sacerdotes.

¹⁰»Nadie ajeno a la familia sacerdotal comerá de las ofrendas sagradas, ni tampoco comerá de ellas ningún huésped del sacerdote ni su jornalero. ¹¹Pero sí podrá comer de ellas el esclavo comprado por un sacerdote, y el esclavo nacido en su casa. ¹²Si la hija de un sacerdote se casa con alguien que no sea sacerdote, no podrá comer de las contribuciones sagradas. ¹³Pero si queda viuda o divorciada y sin haber tenido hijos regresa a la casa de su padre como cuando era soltera, entonces sí podrá comer del alimento de su padre. Pero nadie ajeno a la familia sacerdotal está autorizado para comerlo.

¹⁴»Si involuntariamente alguien come de una ofrenda sagrada, deberá restituir la ofrenda al sacerdote y añadirle una quinta parte de su valor.

¹⁵»No deberán los sacerdotes profanar las ofrendas sagradas que los israelitas presentan al SEÑOR, ¹⁶porque al permitir que las coman harán recaer sobre sí mismos un pecado que requiere un sacrificio por la culpa. Yo soy el SEÑOR, que los consagro para mí».

Sacrificios inaceptables

¹⁷El SEÑOR ordenó a Moisés ¹⁸que dijera a Aarón, a sus hijos y a todos los israelitas: «Si alguno de ustedes, sea israelita o extranjero residente en Israel, presenta un ˚holocausto al SEÑOR para cumplir una promesa, o como ofrenda voluntaria, ¹⁹para que sea aceptado deberá presentar un macho sin defecto de entre el ganado vacuno, ovino o cabrío. ²⁰No presenten ningún animal que tenga algún defecto, porque no se les aceptará. ²¹Si alguien, para cumplir una promesa especial o como ofrenda voluntaria, presenta al SEÑOR ganado vacuno u ovino como sacrificio de ˚comunión, para que el animal sea aceptado no deberá tener ningún defecto. ²²No deberán presentarle al SEÑOR, como ofrenda puesta al fuego,

---

ᵃ **10** *y a … autoridad.* Lit. *y quien llenó sus manos.*

animales ciegos, cojos, mutilados, llagados, sarnosos ni con llagas supurantes. No ofrecerán en el altar ningún animal así. ²³Podrán presentar como ofrenda voluntaria una res o una oveja deforme o enana, pero tal ofrenda no será aceptada en cumplimiento de una promesa. ²⁴No ofrecerán al SEÑOR ningún animal con los testículos lastimados, magullados, cortados o arrancados. No harán esto en su tierra. ²⁵No recibirán de manos de un extranjero animales así, para ofrecerlos como alimento del Dios de ustedes. No se les aceptarán porque son deformes y tienen defectos».

²⁶El SEÑOR dijo a Moisés: ²⁷«Cuando nazca un ternero, un cordero o un cabrito, se quedará con su madre durante siete días. Del octavo día en adelante será aceptable al SEÑOR como ofrenda puesta al fuego. ²⁸No degollarán el mismo día una vaca o una oveja con su cría.

²⁹»Cuando sacrifiquen una ofrenda de acción de gracias al SEÑOR, háganlo de tal modo que les sea aceptada. ³⁰Deberá comerse ese mismo día, sin dejar nada para el siguiente. Yo soy el SEÑOR.

³¹»Obedezcan mis mandamientos y pónganlos por obra. Yo soy el SEÑOR. ³²No profanen mi ˙santo ˙nombre, sino reconózcanme como santo en medio de los israelitas. Yo soy el SEÑOR, que los consagra para mí. ³³Yo los saqué de Egipto para ser su Dios. Yo soy el SEÑOR».

Calendario de fiestas solemnes

23 El SEÑOR ordenó a Moisés ²que dijera a los israelitas: «Estas son las fiestas que yo he establecido y a las que ustedes han de convocar como fiestas solemnes en mi honor. Yo, el SEÑOR, las establecí.

Celebración del sábado

³»Trabajarán ustedes durante seis días, pero el séptimo día es de completo reposo; es un día de asamblea sagrada en mi honor, en el que no harán ningún trabajo. Dondequiera que ustedes vivan, será ˙sábado consagrado al SEÑOR.

Fiesta de la Pascua
23:4-8 – Éx 12:14-20; Nm 28:16-25; Dt 16:1-8

⁴»Estas son las fiestas que el SEÑOR ha establecido, las fiestas solemnes en su honor que ustedes deberán convocar en las fechas señaladas para ellas: ⁵La Pascua del SEÑOR comienza el día catorce del mes primero, al comenzar la noche. ⁶El día quince del mismo mes comienza la fiesta de los Panes sin levadura en honor al SEÑOR. Durante siete días comerán pan sin levadura. ⁷El primer día celebrarán una asamblea sagrada en su honor; ese día no harán ningún trabajo. ⁸Durante siete días presentarán al SEÑOR ofrendas puestas al fuego y el séptimo día celebrarán una asamblea sagrada en su honor; ese día no harán ningún trabajo».

Fiesta de las Primicias

⁹El SEÑOR ordenó a Moisés ¹⁰que dijera a los israelitas: «Cuando ustedes hayan entrado en la tierra que les voy a dar y sieguen la mies, deberán llevar al sacerdote una gavilla de las primeras espigas que cosechen. ¹¹El sacerdote mecerá la gavilla ante el SEÑOR para que sea aceptada. La mecerá a la mañana siguiente del ˙sábado. ¹²Ese mismo día sacrificarán ustedes un cordero de un año, sin defecto, como ˙holocausto al SEÑOR. ¹³También presentarán dos décimas partes de un efa*ᵃ* de harina refinada mezclada con aceite, como ofrenda de cereal puesta al

fuego, de aroma grato al SEÑOR y un cuarto de hin*ᵇ* de vino como ofrenda líquida. ¹⁴No comerán pan ni grano tostado o nuevo, hasta el mismo día en que traigan esta ofrenda a su Dios. Este será un estatuto perpetuo para todos tus descendientes dondequiera que habiten.

Fiesta de las Semanas
23:15-22 – Nm 28:26-31; Dt 16:9-12

¹⁵»A partir del día siguiente al ˙sábado, es decir, a partir del día en que traigan la gavilla de la ofrenda mecida, contarán siete semanas completas. ¹⁶En otras palabras, contarán cincuenta días incluyendo la mañana siguiente al séptimo sábado; entonces presentarán al SEÑOR una ofrenda de grano nuevo. ¹⁷Desde su lugar de residencia llevarán al SEÑOR, como ofrenda mecida de las ˙primicias, dos panes hechos con dos décimas partes de un efa de harina refinada, cocidos con levadura. ¹⁸Junto con el pan deberán presentar siete corderos de un año, sin defecto, un ternero y dos carneros. Serán, junto con sus ofrendas de cereal y sus ofrendas líquidas, un ˙holocausto al SEÑOR, una ofrenda puesta al fuego cuyo aroma es grato al SEÑOR. ¹⁹Luego sacrificarán un macho cabrío como ofrenda por el pecado y dos corderos de un año como sacrificio de ˙comunión. ²⁰El sacerdote mecerá los dos corderos, junto con el pan de las primicias. Son una ofrenda mecida ante el SEÑOR, una ofrenda consagrada al SEÑOR y reservada para el sacerdote. ²¹Ese mismo día convocarán ustedes a una asamblea sagrada, y en ese día no harán ningún trabajo. Este será un estatuto perpetuo para todos tus descendientes, dondequiera que habiten.

²²»Cuando llegue el tiempo de la cosecha, no sieguen hasta el último rincón del campo ni recojan todas las espigas que queden de la mies. Déjenlas para los pobres y los extranjeros. Yo soy el SEÑOR su Dios».

Fiesta de las Trompetas
23:23-25 – Nm 29:1-6

²³El SEÑOR ordenó a Moisés ²⁴que dijera a los israelitas: «El primer día del mes séptimo será para ustedes un día de reposo, una conmemoración con toques de trompeta, una asamblea sagrada. ²⁵Ese día no harán ningún trabajo, sino que presentarán al SEÑOR ofrendas puestas al fuego».

El día del Perdón
23:26-32 – Lv 16:2-34; Nm 29:7-11

²⁶El SEÑOR dijo a Moisés: ²⁷«El día diez del mes séptimo es el día del Perdón. Celebrarán una asamblea sagrada en honor al SEÑOR, y ayunarán y le presentarán ofrendas puestas al fuego. ²⁸En ese día no harán ningún tipo de trabajo, porque es el día del Perdón, cuando se pide perdón por el pecado de ustedes ante el SEÑOR su Dios. ²⁹Cualquiera que no ayune ese día será eliminado de su pueblo. ³⁰Si alguien hace algún trabajo en ese día, yo mismo lo eliminaré de su pueblo. ³¹Por tanto, no harán ustedes ningún trabajo. Este será un estatuto perpetuo para todos sus descendientes, dondequiera que habiten. ³²Será para ustedes un ˙sábado de completo reposo, y deberán observar el ayuno. Este sábado lo observarán desde la tarde del día nueve del mes hasta la tarde siguiente».

Fiesta de las Enramadas
23:33-43 – Nm 29:12-39; Dt 16:13-17

³³El SEÑOR ordenó a Moisés ³⁴que dijera a los israelitas: «El día quince del mes séptimo comienza la fiesta de las ˙Enramadas en honor al SEÑOR, la cual durará siete días. ³⁵El primer día se celebrará una asamblea sagrada. Ese día no harán ningún trabajo. ³⁶Durante

---

ᵃ 13 Es decir, aprox. 3.2 kg; también en v. 17.   *ᵇ 13* Es decir, aprox. 1 l.

siete días presentarán al Señor ofrendas puestas al fuego. Al octavo día celebrarán una asamblea sagrada en honor al Señor y volverán a presentarle ofrendas puestas al fuego. Es una asamblea sagrada; ese día no harán ningún trabajo.

37»Estas son las fiestas que el Señor ha establecido, y a las que ustedes habrán de convocar como fiestas solemnes en su honor, para presentarle ofrendas puestas al fuego, *holocaustos, ofrendas de cereal, sacrificios y ofrendas líquidas, tal como está ordenado para cada día. 38Todas estas fiestas son adicionales a los *sábados del Señor y a los tributos y ofrendas votivas o voluntarias que ustedes le presenten.

39»A partir del día quince del mes séptimo, luego de que hayan recogido los frutos de la tierra, celebrarán durante siete días la fiesta del Señor. El primer día y el octavo serán de descanso especial. 40El primer día tomarán frutos de los mejores árboles, ramas de palmera, de árboles frondosos y de sauces de los arroyos, y durante siete días se regocijarán en presencia del Señor su Dios. 41Cada año, durante siete días, celebrarán esta fiesta en honor al Señor. La celebrarán en el mes séptimo. Este será un estatuto perpetuo para las generaciones venideras. 42Durante siete días vivirán bajo enramadas. Todos los israelitas nativos vivirán bajo enramadas, 43para que sus descendientes sepan que yo hice vivir así a los israelitas cuando los saqué de Egipto. Yo soy el Señor su Dios».

44Así anunció Moisés a los israelitas las fiestas establecidas por el Señor.

Iluminación del santuario
24:1-3 – Éx 27:20-21

24 El Señor dijo a Moisés: 2«Ordénales a los israelitas que te traigan aceite *puro de olivas prensadas, para que las lámparas estén siempre encendidas. 3Aarón preparará las lámparas en la *Tienda de reunión, fuera de la cortina donde están las tablas del pacto, para que ardan delante del Señor desde el anochecer hasta la mañana. Este será un estatuto perpetuo para las generaciones venideras. 4Las lámparas que están sobre el candelabro de oro puro se mantendrán siempre encendidas delante del Señor.

Los panes ofrecidos al Señor

5»Toma harina refinada y hornea doce tortas de pan. Cada torta debe pesar dos décimas partes de un efa.ᵃ 6Ponlas ante el Señor sobre la mesa de oro puro, en dos hileras de seis tortas cada una. 7En cada hilera pondrás incienso puro. Así el pan será una ofrenda memorial puesta al fuego ante el Señor. 8Este pan se dispondrá regularmente ante el Señor todos los *sábados. Este es un *pacto perpetuo de los israelitas. 9El pan pertenece a Aarón y a sus hijos, quienes lo comerán en un lugar *santo. Es una parte sumamente sagrada de las ofrendas puestas al fuego ante el Señor. Es un estatuto perpetuo».

Lapidación de un blasfemo

10»Entre los israelitas vivía un hombre, hijo de madre israelita y de padre egipcio. Y sucedió que un día este hombre y un israelita iniciaron un pleito en el campamento. 11Pero el hijo de la mujer israelita, al lanzar una maldición, pronunció el Nombre;ᵇ así que se lo llevaron a Moisés. (El nombre de su madre era Selomit hija de Dibrí, de la tribu de Dan). 12Y lo pusieron bajo arresto hasta que el Señor les dijera qué hacer con él.

13Entonces el Señor dijo a Moisés: 14«Saca al blasfemo fuera del campamento. Quienes lo hayan oído impondrán las manos sobre su cabeza y toda la asamblea lo apedreará. 15Diles a los israelitas: "Todo el que *blasfeme contra su Dios sufrirá las consecuencias de su pecado". 16Además, todo el que pronuncie el nombre del Señor al maldecir será condenado a muerte. Toda la asamblea lo apedreará. Sea extranjero o nativo, si pronuncia el Nombre al maldecir, será condenado a muerte.

La ley del talión

17»El que quite la *vida a otro *ser humano será condenado a muerte.

18»El que quite la vida a algún animal ajeno, reparará el daño con otro animal.

19»Al que lesione a su prójimo se le infligirá el mismo daño que haya causado: 20fractura por fractura, ojo por ojo, diente por diente. Sufrirá en carne propia el mismo daño que haya causado.

21»Todo el que mate un animal reparará el daño, pero el que mate a un *hombre será condenado a muerte. 22Una sola ley regirá, tanto para el nativo como para el extranjero. Yo soy el Señor su Dios».

23Moisés comunicó todo esto a los israelitas, entonces ellos sacaron al blasfemo fuera del campamento y allí lo apedrearon. Los israelitas procedieron tal como el Señor se lo ordenó a Moisés.

El año sabático

25 En el monte Sinaí el Señor ordenó a Moisés 2que dijera a los israelitas: «Cuando ustedes hayan entrado en la tierra que les voy a dar, la tierra misma deberá observar un año de reposoᶜ en honor al Señor. 3Durante seis años sembrarás tus campos, podarás tus viñas y cosecharás sus productos; 4pero llegado el séptimo año la tierra gozará de un año de reposo en honor al Señor. No sembrarás tus campos ni podarás tus viñas; 5no segarás lo que haya brotado por sí mismo ni vendimiarás las uvas de tus viñas no cultivadas. La tierra gozará de un año de completo reposo. 6Sin embargo, de todo lo que la tierra produzca durante ese año sabático, podrán comer no solo tú, sino también tu siervo y tu sierva, el jornalero o el residente temporal entre ustedes. 7También podrán alimentarse tu ganado y los animales que haya en el país. Todo lo que la tierra produzca ese año será solo para el consumo diario.

El año del jubileo

8»Siete veces contarás siete años sabáticos, de modo que los siete años sabáticos sumen cuarenta y nueve años. 9El día diez del mes séptimo, es decir, el día del Perdón, harás resonar la trompeta por todo el país. 10El año cincuenta será declarado *santo, y se proclamará en el país la liberación de todos sus habitantes. Será para ustedes un jubileo y cada uno volverá a su heredad familiar y a su propio clan. 11El año cincuenta será para ustedes un jubileo: ese año no sembrarán ni cosecharán lo que haya brotado por sí mismo, ni tampoco vendimiarán las viñas no cultivadas. 12Ese año es jubileo y será santo para ustedes. Comerán solamente lo que los campos produzcan por sí mismos.

13»En el año de jubileo cada uno volverá a su heredad familiar.

14»Si entre ustedes se realizan transacciones de compraventa, no se exploten los unos a los otros. 15Tú comprarás de tu prójimo a un precio proporcional al número de años que falten para el próximo jubileo, y él te venderá a un precio proporcional al número de años que queden por cosechar. 16Si aún faltan

---

ᵃ 5 Es decir, aprox. 3.2 kg. ᵇ 11 Es decir, pronunció el nombre de Dios. ᶜ 2 un año de reposo. Lit. un sábado; también en vv. 4-6.

muchos años para el jubileo, aumentarás el precio en la misma proporción; pero si faltan pocos, rebajarás el precio proporcionalmente, porque lo que se te está vendiendo es solo el número de cosechas. ¹⁷No se explotarán los unos a los otros, sino que temerán a su Dios. Yo soy el SEÑOR su Dios.

Consecuencias de la obediencia

¹⁸»Pongan en práctica mis estatutos, observen mis leyes y habitarán seguros en la tierra. ¹⁹La tierra dará su fruto, y comerán hasta saciarse, y allí vivirán seguros. ²⁰Si acaso se preguntan: "¿Qué comeremos en el séptimo año si no plantamos ni cosechamos nuestros productos?", ²¹déjenme decirles que en el sexto año les enviaré una bendición tan grande que la tierra producirá como para tres años. ²²Cuando ustedes siembren durante el octavo año, todavía estarán comiendo de la cosecha anterior, y continuarán comiendo de ella hasta la cosecha del año siguiente.

Leyes sobre el rescate de propiedades

²³»La tierra no se venderá a perpetuidad, porque la tierra es mía y ustedes no son aquí más que extranjeros y huéspedes. ²⁴Por tanto, en el país habrá la posibilidad de recobrar todo terreno que haya sido heredad familiar.

²⁵»En el caso de que uno de tus compatriotas se empobrezca y tenga que vender parte de su heredad familiar, su pariente más cercano rescatará lo que su hermano haya vendido. ²⁶Si el hombre no tiene a nadie que pague el rescate a su favor, pero él mismo llega a prosperar y consigue lo suficiente para rescatar su propiedad, ²⁷deberá calcular el número de años transcurridos desde la venta y reembolsar el saldo a quien se la haya comprado. Así podrá volver a su heredad. ²⁸Pero si no consigue lo suficiente para rescatarla, la tierra quedará en posesión del comprador hasta el año del jubileo, cuando el que la vendió la recobrará y esta volverá a su heredad familiar.

²⁹»Si alguno vende una casa en una ciudad amurallada, tendrá derecho a rescatarla durante un año completo a partir de la fecha de venta. Ese es el tiempo que dura su derecho a rescatarla. ³⁰Si no rescata la casa antes de cumplirse el año, no se le devolverá en el jubileo, sino que pasará a ser propiedad perpetua del comprador o de sus descendientes. ³¹Las casas que estén en aldeas sin murallas se considerarán campo abierto, pero podrán rescatarse y se devolverán en el jubileo.

³²»Los levitas tendrán siempre el derecho de rescatar sus casas en las ciudades de su heredad. ³³Si alguno de los levitas hace valer su derecho, la casa que vendió en una de sus ciudades se le devolverá en el jubileo, porque las casas en las ciudades de los levitas son su heredad familiar entre los israelitas. ³⁴Pero los campos alrededor de sus ciudades no se venderán, pues son su propiedad inalienable.

³⁵»Si alguno de tus compatriotas se empobrece y no tiene cómo sostenerse, ayúdalo como lo harías con el extranjero o con el residente temporal; así podrá seguir viviendo entre ustedes. ³⁶No exigirás interés cuando prestes dinero, sino que temerás a tu Dios; así tu compatriota podrá seguir viviendo entre ustedes. ³⁷Tampoco prestarás dinero con intereses ni le impondrás recargo a los alimentos que le fíes. ³⁸Yo soy el SEÑOR su Dios, que los saqué de Egipto para darles la tierra de Canaán y para ser su Dios.

³⁹»Si alguno de tus compatriotas se empobrece y se ve obligado a venderse a ti, no lo hagas trabajar como esclavo. ⁴⁰Trátalo como al jornalero o como al residente temporal que vive entre ustedes. Trabajará para ti, solo hasta el año del jubileo. ⁴¹Entonces lo pondrás en libertad junto con sus hijos, y podrán volver a su propia familia y a la heredad de sus antepasados. ⁴²Todos los israelitas son mis siervos. Yo los saqué de Egipto, así que no serán vendidos como esclavos. ⁴³No serás un amo cruel, sino que temerás a tu Dios.

⁴⁴»Asegúrate de que tus esclavos y esclavas provengan de las naciones vecinas; allí podrás comprarlos. ⁴⁵También podrás comprar esclavos nacidos en tu país, siempre y cuando sean de las familias extranjeras que vivan temporalmente en medio de ustedes. Ellos serán propiedad de ustedes, ⁴⁶y podrán dejárselos a sus hijos como herencia para que les sirvan de por vida. En lo que respecta a tus compatriotas, no serás un amo cruel.

⁴⁷»Si un extranjero residente entre ustedes se enriquece, y uno de tus compatriotas se empobrece y tiene que venderse a ese extranjero o a un familiar de ese extranjero, ⁴⁸no perderá su derecho a ser rescatado después de haberse vendido. Podrá rescatarlo cualquiera de sus parientes: ⁴⁹un tío, un primo o cualquier otro de sus parientes. Y, si llegara a prosperar, él mismo podrá pagar su rescate. ⁵⁰Él y su dueño calcularán el tiempo transcurrido, desde el año en que se vendió hasta el año del jubileo. El precio de su liberación se determinará en proporción a la paga de un jornalero por ese número de años. ⁵¹Si aún faltan muchos años, pagará por su rescate una suma proporcional a la que se pagó por él. ⁵²Si solo faltan pocos años para el jubileo, calculará y pagará por su rescate en proporción a esos años. ⁵³Ustedes vigilarán que su dueño lo trate como a los que trabajan por contrato anual, y que no lo trate con crueldad.

⁵⁴»Si tu compatriota no es rescatado por ninguno de esos medios, tanto él como sus hijos quedarán en libertad en el año del jubileo. ⁵⁵Los israelitas son mis siervos. Yo los saqué de Egipto. Yo soy el SEÑOR su Dios.

Bendiciones de la obediencia

26 »No se hagan ídolos, ni levanten imágenes ni piedras sagradas. No coloquen en su territorio piedras esculpidas, ni se postren ante ellas. Yo soy el SEÑOR su Dios.

²»Observen mis *sábados y muestren reverencia por mi santuario. Yo soy el SEÑOR.

³»Si se conducen según mis estatutos y obedecen fielmente mis mandamientos, ⁴yo enviaré lluvia a su tiempo, y la tierra y los árboles del campo darán sus frutos; ⁵la trilla durará hasta la vendimia, y la vendimia durará hasta la siembra. Comerán hasta saciarse y vivirán seguros en su tierra.

⁶»Yo traeré *paz al país y ustedes podrán dormir sin ningún temor. Quitaré de la tierra las bestias salvajes y no habrá guerra en su territorio. ⁷Perseguirán a sus enemigos y ante ustedes caerán a filo de espada. ⁸Cinco de ustedes perseguirán a cien, y cien de ustedes perseguirán a diez mil, y ante ustedes sus enemigos caerán a filo de espada.

⁹»Yo les mostraré mi favor. Yo los haré fecundos. Los multiplicaré y mantendré mi *pacto con ustedes. ¹⁰Todavía estarán comiendo de la cosecha del año anterior cuando tendrán que sacarla para dar lugar a la nueva. ¹¹Estableceré mi morada en medio de ustedes y no los aborreceré. ¹²Caminaré entre ustedes. Yo seré su Dios y ustedes serán mi pueblo. ¹³Yo soy el SEÑOR su Dios que los saqué de Egipto para que dejaran de ser esclavos. Yo rompí las varas de su yugo y los hice caminar con la cabeza erguida.

Maldiciones de la desobediencia

¹⁴»Si ustedes no me obedecen ni ponen por obra todos estos mandamientos, ¹⁵sino que desprecian mis estatutos, aborrecen mis leyes y dejan de poner

por obra todos mis mandamientos, rompiendo así mi *pacto, [16]entonces yo mismo los castigaré con un terror repentino, con enfermedades y con fiebre que los debilitarán, les harán perder la vista y acabarán con su *vida. En vano sembrarán su semilla, porque se la comerán sus enemigos. [17]Yo les negaré mi favor y sus adversarios los derrotarán. Sus enemigos los dominarán y ustedes huirán sin que nadie los persiga.

[18]»Si después de todo esto siguen sin obedecerme, siete veces los castigaré por sus pecados. [19]Yo quebrantaré su orgullo y terquedad. Endureceré el cielo como el hierro y la tierra como el bronce, [20]por lo que en vano agotarán sus fuerzas, y ni el suelo ni los árboles del campo darán sus frutos.

[21]»Si a pesar de esto siguen oponiéndose a mí y se niegan a obedecerme, siete veces los castigaré por sus pecados. [22]Lanzaré sobre ustedes fieras salvajes que arrebatarán sus hijos y destruirán su ganado. De tal manera los diezmarán que sus caminos quedarán desiertos.

[23]»Si a pesar de todo esto no aceptan mi disciplina, sino que continúan oponiéndose a mí, [24]yo también seguiré oponiéndome a ustedes. Yo mismo los heriré siete veces por sus pecados. [25]Dejaré caer sobre ustedes la espada de la venganza prescrita en el pacto. Cuando se retiren a sus ciudades, les enviaré una plaga y caerán en poder del enemigo. [26]Cuando yo destruya la provisión de pan, diez mujeres hornearán para ustedes pan en un solo horno. Y lo distribuirán racionado, de tal manera que comerán, pero no se saciarán.

[27]»Si a pesar de esto todavía no me obedecen, sino que continúan oponiéndose a mí, [28]entonces yo también en mi ira me opondré a ustedes. Siete veces los castigaré por sus pecados, [29]y tendrán que comerse la carne de sus hijos y de sus hijas. [30]Destruiré sus *altares paganos, demoleré sus altares de incienso y amontonaré sus cadáveres sobre las figuras sin vida de sus ídolos. Volcaré mi odio sobre ustedes; [31]convertiré en ruinas sus ciudades y asolaré sus santuarios. No me complaceré más en el aroma de sus ofrendas, que me era grato. [32]De tal manera asolaré al país que sus enemigos que vengan a ocuparlo quedarán atónitos. [33]Los dispersaré entre las naciones: desenvainaré la espada, los perseguiré hasta dejar desolada su tierra y en ruinas sus ciudades. [34]Entonces la tierra disfrutará de sus años sabáticos todo el tiempo que permanezca desolada, mientras ustedes vivan en el país de sus enemigos. Así la tierra descansará y disfrutará de sus *sábados. [35]Mientras la tierra esté desolada, tendrá el descanso que no tuvo durante los años sabáticos en que ustedes la habitaron.

[36]»En cuanto a los que sobrevivan, tan profundo será el temor que les infundiré en tierra de sus enemigos, que hasta el susurro de una hoja movida por el viento los pondrá en fuga. Correrán como quien huye de la espada y caerán sin que nadie los persiga. [37]Como si huyeran de la espada, tropezarán unos con otros sin que nadie los persiga y no podrán hacerles frente a sus enemigos. [38]Perecerán en medio de las naciones; el país de sus enemigos los devorará. [39]Aquellos de ustedes que sobrevivan serán abatidos en país enemigo, porque a sus pecados se añadirá el de sus antepasados.

[40]»Pero si confiesan su maldad y la de sus antepasados —su traición y constante oposición contra mí, [41]que me obligaron a enviarlos al país de sus enemigos— y abandonan su terquedad,[a] se humillan y reconocen su pecado, [42]entonces me acordaré de mi pacto con Jacob, Isaac y Abraham; también me acordaré de la tierra. [43]Al abandonar ellos la tierra, esta disfrutará de sus sábados mientras permanezca

deshabitada. Pero tendrán que reconocer sus pecados, por cuanto rechazaron mis leyes y aborrecieron mis estatutos. [44]A pesar de todo y, aunque estén en la tierra de sus enemigos, no los rechazaré ni los aborreceré hasta el punto de exterminarlos; tampoco romperé mi pacto con ellos. Yo soy el SEÑOR su Dios. [45]Antes recordaré en su favor el pacto que hice con sus antepasados, a quienes, a la vista de las naciones, saqué de Egipto para ser su Dios. Yo soy el SEÑOR».

[46]Estos son los estatutos, ordenanzas y leyes que, por medio de Moisés, estableció el SEÑOR en el monte Sinaí entre él y los israelitas.

Rescate de las ofrendas al SEÑOR

27 El SEÑOR ordenó a Moisés: [2]«Habla a los israelitas y diles: "Cuando alguien quiera hacerle al SEÑOR una promesa especial equivalente al valor de una persona, [3]se aplicará el siguiente cálculo:

»Por los varones de veinte a sesenta años se pagarán cincuenta siclos[b] de plata, según el peso oficial[c] del santuario.

[4]»Por las mujeres se pagarán treinta siclos[d] de plata.

[5]»Por los varones de cinco a veinte años se pagarán veinte siclos de plata, y diez siclos[e] por las mujeres de la misma edad.

[6]»Por los niños de un mes a cinco años se pagarán cinco siclos de plata, y tres siclos[f] por las niñas de la misma edad.

[7]»Por los varones mayores de sesenta años se pagarán quince siclos de plata, y diez siclos[g] por las mujeres de la misma edad. [8]Si quien hace la promesa es tan pobre que ni el precio estipulado puede pagar, se le hará comparecer ante el sacerdote, el cual fijará el valor a pagar, según los recursos de quien haga la promesa.

[9]»Si lo que se presenta como ofrenda al SEÑOR es un animal, este quedará consagrado por haber sido ofrecido al SEÑOR. [10]No podrá cambiarse ni sustituirse un animal bueno por uno malo; tampoco un animal malo por uno bueno. Si se cambia un animal por otro, ambos quedarán consagrados. [11]Si lo que se presenta como ofrenda al SEÑOR es un animal *impuro, se llevará el animal ante el sacerdote, [12]quien determinará el valor del animal. El cálculo aplicado por el sacerdote deberá aceptarse, cualquiera que este sea. [13]Si el dueño quiere rescatar el animal, deberá añadir una quinta parte al valor que haya fijado el sacerdote.

[14]»Si alguno consagra su casa al SEÑOR, el sacerdote determinará su valor. El cálculo aplicado por el sacerdote deberá aceptarse, cualquiera que este sea. [15]Si el que consagró su casa quiere rescatarla, deberá añadir una quinta parte al valor que haya fijado el sacerdote, y la casa volverá a ser suya.

[16]»Si alguno consagra al SEÑOR parte del campo de su heredad familiar, su precio se determinará según la cantidad de semilla que se requiera para sembrarlo, a razón de cincuenta siclos de plata por cada jómer[h] de semilla de cebada. [17]Si consagra su campo a partir del año del jubileo, dicho precio se mantendrá; [18]pero si lo consagra después del jubileo, el sacerdote hará el cálculo según el número de años que falten para el próximo jubileo, con el descuento correspondiente. [19]Si el que consagra su

---

[a] 41 terquedad. Lit. su incircunciso corazón. En la Biblia, corazón se usa para designar el asiento de las emociones, pensamientos y voluntad, es decir, el proceso de toma de decisiones del ser humano.   [b] 3 Es decir, aprox. 575 g.
[c] 3 el peso oficial. Lit. el siclo; también en v. 25.   [d] 4 Es decir, aprox. 345 g.   [e] 5 veinte siclos … diez siclos. Es decir, aprox. 230 g … 115 g.   [f] 6 cinco siclos … tres siclos. Es decir, aprox. 58 g … 35 g.   [g] 7 quince siclos … diez siclos. Es decir, aprox. 172 g … 115 g.   [h] 16 Es decir, aprox. 160 kg.

campo realmente quiere rescatarlo, deberá añadir una quinta parte al valor que haya fijado el sacerdote, y el campo volverá a ser suyo. ²⁰Pero si no lo rescata o se lo vende a otro, ya no podrá rescatarlo. ²¹Cuando en el jubileo el campo quede libre, será consagrado como campo reservado para el SEÑOR, y pasará a ser propiedad del sacerdote.

²²»Si alguno compra un campo que no sea parte de su heredad familiar y lo consagra al SEÑOR, ²³el sacerdote determinará su precio según el tiempo que falte para el año del jubileo. Ese mismo día, el que consagra el campo pagará el monto de su valor. Es algo consagrado al SEÑOR. ²⁴En el año del jubileo, el campo volverá a ser parte de la heredad familiar de su dueño anterior. ²⁵Todo precio se fijará según la medida oficial del santuario, veinte guerás*ᵃ* por cada siclo.

²⁶»Sin embargo, nadie podrá consagrar la primera cría de su ganado, sea de res o de oveja, pues por derecho las primeras crías pertenecen al SEÑOR. ²⁷Si se trata de animales impuros, se podrán rescatar

pagando el valor fijado por el sacerdote, más una quinta parte. Si no se rescata, se venderá en el precio que el sacerdote haya fijado.

²⁸»Nadie podrá vender ni rescatar sus bienes, sean ˚hombres, animales o campos, si los ha consagrado como propiedad exclusiva del SEÑOR. Todo cuanto se consagra como propiedad exclusiva del SEÑOR es cosa ˚santísima.

²⁹»Ninguna persona así consagrada podrá ser rescatada, sino que será ˚condenada a muerte.

³⁰»El diezmo de todo producto del campo, ya sea grano de los sembrados o fruto de los árboles, pertenece al SEÑOR, pues le está consagrado. ³¹Si alguien desea rescatar algo de su diezmo, deberá añadir a su valor una quinta parte. ³²En cuanto al diezmo del ganado mayor y menor, uno de cada diez animales contados*ᵇ* será consagrado al SEÑOR. ³³El pastor no hará distinción entre animales buenos y malos ni hará sustitución alguna. En caso de cambiar un animal por otro, los dos quedarán consagrados y no se les podrá rescatar"».

³⁴Estos son los mandamientos que el SEÑOR dio a Moisés para los israelitas en el monte Sinaí.

ᵃ **25** Es decir, aprox. 11.5 g.   *ᵇ* **32** *contados.* Lit. *que pasen bajo la vara del pastor.*

Números

Censo de las tribus de Israel

1 El Señor habló a Moisés en el desierto de Sinaí, en la °Tienda de reunión, el día primero del mes segundo, en el segundo año después de que los israelitas salieron de Egipto. Le dijo: 2«Hagan un censo de toda la comunidad de Israel por clanes y por familias patriarcales, anotando uno por uno los nombres de todos los varones. 3Tú y Aarón reclutarán por escuadrones a todos los varones israelitas mayores de veinte años que sean aptos para el servicio militar. 4Para esto contarán con la colaboración de un hombre de cada tribu, que sea jefe de una familia patriarcal.

Los encargados del censo

5»Estos son los nombres de quienes habrán de ayudarles:

»por la tribu de Rubén, Elisur, hijo de Sedeúr;
6por la de Simeón, Selumiel, hijo de Zurisaday;
7por la de Judá, Naasón, hijo de Aminadab;
8por la de Isacar, Natanael, hijo de Zuar;
9por la de Zabulón, Eliab, hijo de Helón;
10por las tribus de los hijos de José:
Elisama, hijo de Amiud, por la tribu de Efraín,
y Gamaliel, hijo de Pedasur, por la de Manasés;
11por la tribu de Benjamín, Abidán, hijo de Gedeoni;
12por la de Dan, Ajiezer, hijo de Amisaday;
13por la de Aser, Paguiel, hijo de Ocrán;
14por la de Gad, Eliasaf, hijo de Deuel;
15por la de Neftalí, Ajirá, hijo de Enán».

16A estos la comunidad los nombró jefes de las tribus patriarcales y comandantes de los escuadrones de Israel.

El censo y sus resultados

17Moisés y Aarón tomaron consigo a los hombres que habían sido designados por nombre, 18y el día primero del mes segundo reunieron a toda la comunidad. Uno por uno fueron registrados por clanes y por familias patriarcales. De este modo, quedaron anotados los nombres de todos los varones mayores de veinte años, 19tal como el Señor se lo había mandado a Moisés. Este censo lo hizo Moisés en el desierto de Sinaí.

20Los descendientes de Rubén, primogénito de Israel:
Todos fueron registrados por clanes y por familias patriarcales, según su genealogía. Uno por uno fueron registrados todos los varones mayores de veinte años que eran aptos para el servicio militar. 21El número de la tribu de Rubén llegó a cuarenta y seis mil quinientos hombres.

22Los descendientes de Simeón:
Todos fueron registrados por clanes y por familias patriarcales según su genealogía. Uno por uno fueron registrados todos los varones mayores de veinte años que eran aptos para

el servicio militar. 23El número de la tribu de Simeón llegó a cincuenta y nueve mil trescientos hombres.

24Los descendientes de Gad:
Todos fueron registrados por clanes y por familias patriarcales según su genealogía. Uno por uno fueron registrados todos los varones mayores de veinte años que eran aptos para el servicio militar. 25El número de la tribu de Gad llegó a cuarenta y cinco mil seiscientos cincuenta hombres.

26Los descendientes de Judá:
Todos quedaron registrados por clanes y por familias patriarcales según su genealogía. Uno por uno fueron registrados todos los varones mayores de veinte años que eran aptos para el servicio militar. 27El número de la tribu de Judá llegó a setenta y cuatro mil seiscientos hombres.

28Los descendientes de Isacar:
Todos quedaron registrados por clanes y por familias patriarcales según su genealogía. Uno por uno fueron registrados todos los varones mayores de veinte años que eran aptos para el servicio militar. 29El número de la tribu de Isacar llegó a cincuenta y cuatro mil cuatrocientos hombres.

30Los descendientes de Zabulón:
Todos quedaron registrados por clanes y por familias patriarcales según su genealogía. Uno por uno fueron registrados todos los varones mayores de veinte años que eran aptos para el servicio militar. 31El número de la tribu de Zabulón llegó a cincuenta y siete mil cuatrocientos hombres.

32Los descendientes de José:
Los descendientes de Efraín:
Todos fueron registrados por clanes y por familias patriarcales según su genealogía. Uno por uno fueron registrados todos los varones mayores de veinte años que eran aptos para el servicio militar. 33El número de la tribu de Efraín llegó a cuarenta mil quinientos hombres.

34Los descendientes de Manasés:
Todos fueron registrados por clanes y por familias patriarcales según su genealogía. Uno por uno fueron registrados todos los varones mayores de veinte años que eran aptos para el servicio militar. 35El número de la tribu de Manasés llegó a treinta y dos mil doscientos hombres.

36Los descendientes de Benjamín:
Todos fueron registrados por clanes y por familias patriarcales según su genealogía.

Uno por uno fueron registrados todos los varones mayores de veinte años que eran aptos para el servicio militar. ³⁷El número de la tribu de Benjamín llegó a treinta y cinco mil cuatrocientos hombres.

³⁸ Los descendientes de Dan:

Todos fueron registrados por clanes y por familias patriarcales según su genealogía. Uno por uno fueron registrados todos los varones mayores de veinte años que eran aptos para el servicio militar. ³⁹El número de la tribu de Dan llegó a sesenta y dos mil setecientos hombres.

⁴⁰ Los descendientes de Aser:

Todos fueron registrados por clanes y por familias patriarcales según su genealogía. Uno por uno fueron registrados todos los varones mayores de veinte años que eran aptos para el servicio militar. ⁴¹El número de la tribu de Aser llegó a cuarenta y un mil quinientos hombres.

⁴² Los descendientes de Neftalí:

Todos fueron registrados por clanes y por familias patriarcales según su genealogía. Uno por uno fueron registrados todos los varones mayores de veinte años que eran aptos para el servicio militar. ⁴³El número de la tribu de Neftalí llegó a cincuenta y tres mil cuatrocientos hombres.

⁴⁴ Este es el resultado del censo que hicieron Moisés y Aarón, con la ayuda de los doce jefes de Israel, cada uno en representación de su familia patriarcal. ⁴⁵Todos los israelitas mayores de veinte años que eran aptos para el servicio militar fueron anotados, según su familia patriarcal. ⁴⁶El total llegó a seiscientos tres mil quinientos cincuenta israelitas censados.

Los levitas

⁴⁷Los levitas no fueron censados con los demás, ⁴⁸porque el SEÑOR le había dicho a Moisés: ⁴⁹«A la tribu de Leví no la incluirás en el censo de los hijos de Israel. ⁵⁰Más bien, tú mismo los pondrás a cargo del santuario donde están las tablas del pacto, de todos sus utensilios y de todo lo relacionado con él. Los levitas transportarán el santuario y todos sus utensilios. Además, serán los ministros del santuario y acamparán a su alrededor. ⁵¹Cuando haya que trasladar el santuario, los levitas se encargarán de desarmarlo; cuando haya que instalarlo, serán ellos quienes lo armen. Pero cualquiera que se acerque al santuario y no sea sacerdote será condenado a muerte. ⁵²Todos los israelitas acamparán bajo su propio estandarte y en su propio campamento, según sus escuadrones. ⁵³En cambio, los levitas acamparán alrededor del santuario donde están las tablas del pacto, para evitar que Dios descargue su ira sobre la comunidad de Israel. Serán, pues, los levitas los encargados de cuidar el santuario donde están las tablas del pacto».

⁵⁴Los israelitas hicieron todo conforme a lo que el SEÑOR había mandado a Moisés.

Disposición de las tribus en el campamento

2 El SEÑOR dijo a Moisés y a Aarón: ²«Los israelitas acamparán alrededor de la ˟Tienda de reunión, mirando hacia ella, cada cual bajo el estandarte de su propia familia patriarcal.

³»Al este, por donde sale el sol, acamparán los ejércitos de Judá junto a su estandarte, según sus escuadrones.

Su jefe es Naasón, hijo de Aminadab. ⁴Su ejército está integrado por setenta y cuatro mil seiscientos hombres.

⁵ A un lado de Judá acampará la tribu de Isacar. Su jefe es Natanael, hijo de Zuar. ⁶Su ejército está integrado por cincuenta y cuatro mil cuatrocientos hombres.

⁷ Al otro lado acampará la tribu de Zabulón. Su jefe es Eliab, hijo de Helón. ⁸Su ejército está integrado por cincuenta y siete mil cuatrocientos hombres.

⁹ Todos los que fueron asignados al campamento de Judá, según sus escuadrones, suman ciento ochenta y seis mil cuatrocientos hombres, los cuales marcharán a la cabeza.

¹⁰»Al sur acamparán los que se agrupan bajo el estandarte del campamento de Rubén, según sus escuadrones.

Su jefe es Elisur, hijo de Sedeúr. ¹¹Su ejército está integrado por cuarenta y seis mil quinientos hombres.

¹² A un lado de Rubén acampará la tribu de Simeón. Su jefe es Selumiel, hijo de Zurisaday. ¹³Su ejército está integrado por cincuenta y nueve mil trescientos hombres.

¹⁴ Al otro lado acampará la tribu de Gad. Su jefe es Eliasaf, hijo de Deuel.ᵃ ¹⁵Su ejército está integrado por cuarenta y cinco mil seiscientos cincuenta hombres.

¹⁶ Todos los asignados al campamento de Rubén, según sus escuadrones, suman ciento cincuenta y un mil cuatrocientos cincuenta hombres, los cuales marcharán en segundo lugar.

¹⁷»Entonces se pondrá en marcha la Tienda de reunión junto con el campamento de los levitas que está situado en medio de los demás campamentos. Partirán en el mismo orden en que hayan acampado, cada uno en su lugar y bajo su estandarte.

¹⁸»Al oeste acamparán los que se agrupan bajo el estandarte del campamento de Efraín, según sus escuadrones.

Su jefe es Elisama, hijo de Amiud. ¹⁹Su ejército está integrado por cuarenta mil quinientos hombres.

²⁰ A un lado de Efraín acampará la tribu de Manasés. Su jefe es Gamaliel, hijo de Pedasur. ²¹Su ejército está integrado por treinta y dos mil doscientos hombres.

²² Al otro lado acampará la tribu de Benjamín. Su jefe es Abidán, hijo de Gedeoni. ²³Su ejército está integrado por treinta y cinco mil cuatrocientos hombres.

²⁴ Todos los asignados al campamento de Efraín, según sus escuadrones, suman ciento ocho mil cien hombres, los cuales marcharán en tercer lugar.

²⁵»Al norte acamparán los que se agrupan bajo el estandarte del campamento de Dan, según sus escuadrones.

Su jefe es Ajiezer, hijo de Amisaday. ²⁶Su ejército está integrado por sesenta y dos mil setecientos hombres.

²⁷ A un lado de Dan acampará la tribu de Aser. Su jefe es Paguiel, hijo de Ocrán. ²⁸Su escuadrón está integrado por cuarenta y un mil quinientos hombres.

ᵃ **14** *Deuel* (mss. hebreos, Pentateuco Samaritano y Vulgata); *Reuel* (TM).

²⁹Al otro lado acampará la tribu de Neftalí. Su jefe es Ajirá, hijo de Enán. ³⁰Su escuadrón está integrado por cincuenta y tres mil cuatrocientos hombres.

³¹Todos los asignados al campamento de Dan, según sus escuadrones, suman ciento cincuenta y siete mil seiscientos hombres, los cuales marcharán en último lugar, según sus estandartes».

³²Estos son los israelitas asignados de entre las familias patriarcales. El total de los asignados por escuadrones suma seiscientos tres mil quinientos cincuenta hombres. ³³Pero los levitas no están incluidos con los demás israelitas, conforme a lo que el SEÑOR había mandado a Moisés.

³⁴Los israelitas hicieron todo lo que el SEÑOR mandó a Moisés: acampaban bajo sus propios estandartes y se ponían en marcha, según sus clanes y familias patriarcales.

La tribu de Leví

3 Esta es la lista de los descendientes de Aarón y Moisés cuando el SEÑOR habló con Moisés en el monte Sinaí.

Los sacerdotes

²Los nombres de los hijos de Aarón son los siguientes: Nadab el primogénito, Abiú, Eleazar e Itamar. ³Ellos fueron los aaronitas ungidos, ordenados al sacerdocio. ⁴Nadab y Abiú murieron en presencia del SEÑOR cuando, en el desierto de Sinaí, le ofrecieron sacrificios con un fuego ilícito que no tenían por qué ofrecer. Como Nadab y Abiú no tuvieron hijos, solo Eleazar e Itamar ejercieron el sacerdocio en vida de su padre Aarón.

Ministerio de los levitas

⁵El SEÑOR dijo a Moisés: ⁶«Trae a la tribu de Leví y preséntasela al sacerdote Aarón. Los levitas le ayudarán en el ministerio. ⁷Desempeñarán sus funciones en lugar de Aarón y de toda la comunidad, encargándose del servicio del santuario en la ˚Tienda de reunión. ⁸Cuidarán allí de todos los utensilios de la Tienda de reunión y desempeñarán sus funciones en lugar de los israelitas, encargándose del servicio del santuario. ⁹Pondrás a los levitas a las órdenes de Aarón y de sus hijos. Entre los israelitas, serán ellos los que estén totalmente dedicados a él. ¹⁰A Aarón y a sus hijos les asignarás el ministerio sacerdotal. Pero cualquier extraño que se acerque al santuario será condenado a muerte».

Elección de los levitas

¹¹El SEÑOR dijo a Moisés: ¹²«Yo mismo he escogido a los levitas de entre los israelitas, como sustitutos de todo primogénito. Los levitas son míos, ¹³porque míos son todos los primogénitos. Cuando exterminé a todos los primogénitos de Egipto, consagré para mí a todo primogénito de Israel, tanto de ˚hombres como de animales. Por lo tanto, son míos. Yo soy el SEÑOR».

Censo de la tribu de Leví

¹⁴El SEÑOR dijo a Moisés en el desierto de Sinaí: ¹⁵«Haz un censo de los levitas por clanes y por familias patriarcales, tomando en cuenta a todo varón mayor de un mes». ¹⁶Moisés llevó a cabo el censo, tal como el SEÑOR mismo se lo había ordenado.

¹⁷Hijos de Leví:
Guersón, Coat y Merari.

¹⁸Clanes guersonitas:
Libní y Simí.
¹⁹Clanes coatitas:
Amirán, Izar, Hebrón y Uziel.
²⁰Clanes meraritas:
Majlí y Musí.

Estos son los clanes levitas, según sus familias patriarcales.

Los clanes guersonitas

²¹De Guersón procedían los clanes de Libní y de Simí. Estos eran los clanes guersonitas. ²²El total de los varones censados mayores de un mes llegó a siete mil quinientos. ²³Los clanes guersonitas acampaban al oeste, detrás del santuario. ²⁴El jefe de la familia patriarcal de los guersonitas era Eliasaf, hijo de Lael. ²⁵En lo que atañe a la ˚Tienda de reunión, los guersonitas tenían a su cargo la tienda que cubría el santuario, su toldo, la cortina que estaba a la entrada, ²⁶el cortinaje del atrio y la cortina a la entrada del atrio que rodea el santuario y el altar, como también las cuerdas y todo lo necesario para su servicio.

Los clanes coatitas

²⁷De Coat procedían los clanes de Amirán, Izar, Hebrón y Uziel. Estos eran los clanes coatitas, ²⁸que tenían a su cargo el santuario.
El total de los varones mayores de un mes llegó a ocho mil seiscientos. ²⁹Los clanes coatitas acampaban al sur del santuario. ³⁰El jefe de la familia patriarcal de los coatitas era Elizafán, hijo de Uziel. ³¹Tenían a su cargo el arca, la mesa, el candelabro, los altares, los utensilios del santuario con los que ministraban, y la cortina de la entrada, como también todo lo necesario para su servicio. ³²El jefe principal de los levitas era Eleazar, hijo de Aarón el sacerdote, a quien se designó como jefe de los que tenían a su cargo el santuario.

Los clanes meraritas

³³De Merari procedían los clanes de Majlí y Musí. Estos eran los clanes meraritas. ³⁴El total de los varones censados mayores de un mes llegó a seis mil doscientos. ³⁵El jefe de la familia patriarcal de los meraritas era Zuriel, hijo de Abijaíl.
Los clanes meraritas acampaban al norte del santuario. ³⁶Tenían a su cargo los tablones, es decir, los travesaños, postes y bases del armazón del santuario, junto con todos sus utensilios y todo lo necesario para su servicio. ³⁷También cuidaban de los postes que estaban alrededor del atrio, junto con sus bases, estacas y cuerdas.

La tribu de Leví

³⁸Moisés, Aarón y sus hijos acampaban delante del santuario, es decir, al este de la ˚Tienda de reunión, por donde sale el sol, ya que tenían a su cargo el cuidado del santuario en representación de los israelitas.
Pero si algún extraño se acercaba al santuario era condenado a muerte.

³⁹Moisés y Aarón censaron a los levitas, tal como el SEÑOR mismo se lo había ordenado. El total de los

levitas mayores de un mes censados por clanes llegó a veintidós mil.

Los levitas y los primogénitos

40El SEÑOR dijo a Moisés: «Haz un censo de todos los primogénitos israelitas mayores de un mes, y registra sus nombres. **41**Apártame a los levitas en sustitución de todos los primogénitos israelitas, así como el ganado de los levitas en sustitución de todas las primeras crías del ganado de los israelitas. Yo soy el SEÑOR».

42Moisés hizo el censo de todos los primogénitos israelitas, conforme a lo que el SEÑOR había mandado. **43**El total de los primogénitos mayores de un mes, anotados por nombre, llegó a veintidós mil doscientos setenta y tres.

44El SEÑOR dijo a Moisés: **45**«Apártame a los levitas en sustitución de todos los primogénitos de los israelitas, así como el ganado de los levitas en sustitución del ganado de los israelitas. Los levitas son míos. Yo soy el SEÑOR. **46**Para rescatar a los doscientos setenta y tres primogénitos israelitas que exceden al número de levitas, **47**recaudarás cinco siclos de plata por cabeza, según la medida oficial del santuario, que pesa veinte guerás.*ᵃ* **48**Esa suma se la entregarás a Aarón y a sus hijos, como rescate por los israelitas que excedan a su número».

49Moisés recaudó el dinero del rescate de los israelitas que excedían al número de los rescatados por los levitas. **50**En total recaudó mil trescientos sesenta y cinco siclos de plata, según la medida oficial del santuario.*ᵇ* **51**Luego entregó ese dinero a Aarón y a sus hijos, tal como el SEÑOR mismo se lo había ordenado.

Ministerio de los coatitas

4 El SEÑOR dijo a Moisés y a Aarón: **2**«Hagan un censo, por clanes y por familias patriarcales, de los levitas que descienden de Coat. **3**Incluye en él a todos los varones de treinta a cincuenta años que sean aptos para servir en la *Tienda de reunión.

4»El ministerio de los coatitas en la Tienda de reunión consiste en cuidar de las cosas más sagradas. **5**Cuando los israelitas deban ponerse en marcha, Aarón y sus hijos entrarán en el santuario y descolgarán la cortina que lo resguarda, y con ella cubrirán el arca con las tablas del pacto. **6**Después la cubrirán con piel resistente*ᶜ* y con un paño color azul, y la colocarán las varas para transportarla.

7»Sobre la mesa de la Presencia extenderán un paño color azul y colocarán los platos, las bandejas, los tazones y las jarras para las ofrendas líquidas. También estará allí el pan de la ofrenda permanente. **8**Sobre todo esto extenderán un paño escarlata. Luego cubrirán la mesa con piel resistente y le colocarán las varas para transportarla.

9»Con un paño color azul cubrirán el candelabro y sus lámparas, cortapabilos, braseros y utensilios que sirven para suministrarle aceite. **10**Después cubrirán el candelabro y todos sus accesorios con piel resistente, y lo colocarán sobre las andas.

11»Extenderán un paño color azul sobre el altar de oro, lo cubrirán con piel resistente y le colocarán las varas para transportarlo.

12»Envolverán en un paño color azul todos los utensilios con los que ministran en el santuario, los cubrirán con piel resistente, y luego los colocarán sobre las andas.

13»Quitarán las cenizas del altar del *holocausto y lo cubrirán con un paño carmesí. **14**Sobre el altar pondrán todos los utensilios que usan en su ministerio: braseros, tenedores, tenazas, tazones y todos los utensilios del altar. Luego lo cubrirán con piel resistente y le colocarán las varas para transportarlo.

15»Cuando Aarón y sus hijos hayan terminado de cubrir el santuario y todos sus accesorios, los israelitas podrán ponerse en marcha. Entonces vendrán los coatitas para transportar el santuario, pero sin tocarlo para que no mueran. También transportarán los objetos que están en la Tienda de reunión.

16»En cambio, Eleazar, hijo del sacerdote Aarón, estará a cargo del aceite para el candelabro, del incienso aromático, de la ofrenda permanente de cereal y del aceite de la unción. Además, cuidará del santuario y de todos sus utensilios».

17El SEÑOR dijo a Moisés y a Aarón: **18**«Asegúrense de que los clanes de Coat no vayan a ser eliminados de la tribu de Leví. **19**Para que no mueran cuando se acerquen a las cosas más sagradas, deberán hacer lo siguiente: Aarón y sus hijos asignarán a cada uno lo que deba hacer y transportar. **20**Pero los coatitas no mirarán ni por un momento las cosas sagradas para que no mueran».

Ministerio de los guersonitas

21El SEÑOR dijo a Moisés: **22**«Haz también un censo de los guersonitas por clanes y por familias patriarcales. **23**Incluye a todos los varones de treinta a cincuenta años que sean aptos para servir en la *Tienda de reunión.

24»El ministerio de los clanes guersonitas consiste en encargarse del transporte. **25**Llevarán las cortinas del santuario, la Tienda de reunión, su toldo, la cubierta de piel resistente que va encima y la cortina de la entrada a la Tienda de reunión. **26**También transportarán el cortinaje del atrio y la cortina que está a la entrada del atrio que rodea el santuario y el altar, junto con las cuerdas y todos los utensilios necesarios para su servicio. Deberán ocuparse de todo lo relacionado con estos. **27**Todo su trabajo, ya sea transportando los utensilios o sirviendo en la Tienda, deberán hacerlo bajo la dirección de Aarón y de sus hijos. Ellos les asignarán la responsabilidad de lo que deben transportar. **28**El servicio de los clanes de Guersón en la Tienda de reunión será supervisado por Itamar, hijo del sacerdote Aarón.

Ministerio de los meraritas

29»Haz un censo de los meraritas por clanes y por familias patriarcales. **30**Incluye a todos los varones de treinta a cincuenta años que sean aptos para servir en la *Tienda de reunión. **31**Su trabajo en la Tienda de reunión consistirá en transportar los tablones del armazón del santuario, es decir, sus travesaños, postes y bases, **32**lo mismo que los postes que están alrededor del atrio, sus bases, estacas y cuerdas, como también todos los utensilios necesarios para su servicio. Asígnale a cada uno los objetos que deberá transportar. **33**El servicio de los clanes de Merari en la Tienda de reunión será supervisado por Itamar, hijo del sacerdote Aarón».

Censo del clan de Coat

34Moisés, Aarón y los líderes de la comunidad hicieron un censo de los coatitas por clanes y por familias patriarcales. **35**El censo incluía a todos los varones de treinta a cincuenta años que eran aptos para servir en la *Tienda de reunión. **36**El total de los censados por clanes llegó a dos mil setecientos cincuenta hombres. **37**Este fue el total de los censados

---

ᵃ 47 *cinco siclos … veinte guerás.* Es decir, aprox. 58 g por cabeza, según el siclo del santuario; que pesa veinte guerás, 11.5 g.   *ᵇ* 50 *siclos … santuario.* Es decir, aprox. 16 kg, según el siclo del santuario.   *ᶜ* 6 Posiblemente se trate de piel de algún animal acuático grande; también así en vv. 8, 10, 11, 12, 14 y 25.

entre los clanes de Coat para servir en la Tienda de reunión, según el recuento que hicieron Moisés y Aarón, como lo había ordenado el SEÑOR por medio de Moisés.

Censo del clan de Guersón

³⁸ Se hizo un censo de guersonitas por clanes y por familias patriarcales.

³⁹ El censo incluía a todos los varones de treinta a cincuenta años que eran aptos para servir en la *Tienda de reunión. ⁴⁰El total de los censados por familias patriarcales llegó a dos mil seiscientos treinta hombres. ⁴¹Este fue el total de los censados entre los clanes de Guersón para servir en la Tienda de reunión, según el recuento que hicieron Moisés y Aarón, como lo había ordenado el SEÑOR.

Censo del clan de Merari

⁴² Se hizo un censo de los meraritas por clanes y por familias patriarcales.

⁴³ El censo incluía a todos los varones de treinta a cincuenta años que eran aptos para servir en la *Tienda de reunión. ⁴⁴El total de los censados por clanes llegó a tres mil doscientos hombres. ⁴⁵Este fue el total de los censados entre los clanes de Merari, según el recuento que hicieron Moisés y Aarón, como lo había ordenado el SEÑOR por medio de Moisés.

Conclusión

⁴⁶ Moisés, Aarón y los jefes de Israel hicieron un censo de todos los levitas por clanes y por familias patriarcales. ⁴⁷El total de los varones de treinta a cincuenta años, que eran aptos para servir en la *Tienda de reunión y transportarla, ⁴⁸llegó a ocho mil quinientos ochenta. ⁴⁹A cada uno se le asignó lo que tenía que hacer y transportar, como lo había ordenado el SEÑOR por medio de Moisés.

Así fueron censados, según el mandato que Moisés recibió del SEÑOR.

La pureza del campamento

5 El SEÑOR dijo a Moisés: ²«Ordénales a los israelitas que expulsen del campamento a cualquiera que tenga una infección en la piel, o padezca de un flujo inusual, o haya quedado ritualmente *impuro por haber tocado un cadáver. ³Ya sea que se trate de hombres o de mujeres, los expulsarás del campamento para que no *contaminen el lugar donde habito en medio de mi pueblo». ⁴Y los israelitas los expulsaron del campamento, tal como el SEÑOR se lo había mandado a Moisés.

Restitución por daños

⁵El SEÑOR ordenó a Moisés ⁶que dijera a los israelitas: «El hombre o la mujer que peque contra su prójimo traiciona al SEÑOR y tendrá que responder por ello. ⁷Deberá confesar su pecado y pagarle a la persona perjudicada una compensación por el daño causado, con un recargo del veinte por ciento. ⁸Pero si la persona perjudicada no tiene ningún pariente, la compensación será para el SEÑOR y se la entregará al sacerdote junto con el carnero, para que este pida perdón por el pecado del culpable. ⁹Toda contribución que los israelitas consagren para dársela al sacerdote será del sacerdote. ¹⁰Lo que cada uno consagra es suyo, pero lo que se da al sacerdote es del sacerdote».

Ley sobre los celos

¹¹El SEÑOR ordenó a Moisés ¹²que dijera a los israelitas: «Supongamos que una mujer se desvía y es

infiel a su esposo ¹³acostándose con otro; supongamos también que el asunto se mantiene oculto, ya que ella pecó en secreto y no hubo testigos ni fue sorprendida en el acto. ¹⁴Si al esposo le da un ataque de celos y sospecha que ella ha cometido pecado o le da un ataque de celos y sospecha de ella, aunque no haya pecado, ¹⁵entonces la llevará ante el sacerdote y ofrecerá por ella la décima parte de un efaᵃ de harina de cebada. No derramará aceite sobre la ofrenda ni le pondrá incienso, puesto que se trata de una ofrenda por causa de celos, una ofrenda memorial de cereal para señalar un pecado.

¹⁶»El sacerdote llevará a la mujer ante el SEÑOR, ¹⁷pondrá agua sagrada en un recipiente de barro y le echará un poco de polvo del suelo del santuario. ¹⁸Luego llevará a la mujer ante el SEÑOR, le soltará el cabello y pondrá en sus manos la ofrenda memorial por los celos, mientras él sostiene la vasija con las aguas amargas de la maldición. ¹⁹Entonces el sacerdote pondrá a la mujer bajo juramento y le dirá: "Si estando bajo la potestad de tu esposo no te has acostado con otro hombre ni te has desviado hacia la *impureza, estas aguas amargas de la maldición no te dañarán. ²⁰Pero si estando bajo la potestad de tu esposo te has desviado y te has vuelto impura al tener relaciones sexuales con otro hombre ²¹—aquí el sacerdote pondrá a la mujer bajo esta maldición—, que el SEÑOR te haga objeto de maldición en medio de tu pueblo, que te haga estéril y que el vientre se te hinche. ²²Cuando estas aguas de la maldición entren en tu cuerpo, que te hinchen el vientre y te hagan estéril!".

»Y la mujer responderá: "¡Amén! ¡Que así sea!".

²³»El sacerdote escribirá estas maldiciones en un documento, que lavará con las aguas amargas. ²⁴Después hará que la mujer se beba las aguas amargas de la maldición, que entrarán en ella para causarle amargura. ²⁵El sacerdote recibirá de ella la ofrenda por los celos. Procederá a mecer ante el SEÑOR la ofrenda de cereal, la cual presentará sobre el altar; ²⁶tomará de la ofrenda un puñado de cereal como memorial y lo quemará en el altar. Después hará que la mujer se beba las aguas. ²⁷Cuando ella se haya bebido las aguas de la maldición y estas entren en ella para causarle amargura, si fue infiel a su esposo y cometió pecado, se le hinchará el vientre y quedará estéril. Así esa mujer caerá bajo maldición en medio de su pueblo. ²⁸Pero si no cometió pecado, sino que se mantuvo pura, entonces no sufrirá daño alguno y será fértil.

²⁹»Esta es la ley en cuanto a los celos, cuando se dé el caso de que una mujer, estando bajo la potestad de su esposo, se desvíe del buen camino y se vuelva impura por cometer pecado ³⁰o cuando al esposo le dé un ataque de celos y sospeche de su esposa. El sacerdote llevará a la mujer a la presencia del SEÑOR y le aplicará esta ley al pie de la letra. ³¹El esposo quedará exento de culpa, pero la mujer sufrirá las consecuencias de su pecado».

Los nazareos

6 El SEÑOR ordenó a Moisés ²que dijera a los israelitas: «Cuando un hombre o una mujer haga una promesa especial, una promesa que lo consagre al SEÑOR como nazareo, ³deberá abstenerse de vino y de otras bebidas fermentadas. No beberá vinagre de vino ni de otra bebida fermentada; tampoco beberá jugo de uvas ni comerá uvas ni pasas. ⁴Mientras dure su promesa de nazareo, no comerá ningún producto de la vid, desde la semilla hasta la cáscara.

⁵»Mientras dure el tiempo de su consagración al SEÑOR, es decir, mientras dure su promesa de

---

ᵃ 15 Es decir, aprox. 1.6 kg.

nazareo, tampoco se cortará el cabello, sino que se lo dejará crecer y se mantendrá ˙santo.

⁶»Mientras dure el tiempo de su consagración al SEÑOR, no podrá acercarse a ningún cadáver, ⁷ni siquiera en caso de que muera su padre, su madre, su hermano o su hermana. No deberá hacerse ritualmente ˙impuro a causa de ellos, porque lleva sobre la cabeza el símbolo de su consagración a Dios. ⁸Mientras dure el tiempo de su consagración al SEÑOR, se mantendrá santo.

⁹»Si de improviso alguien muere junto a él, la consagración de su cabeza quedará anulada; así que al cabo de siete días, en el día de su purificación, deberá rasurarse la cabeza. ¹⁰Al octavo día llevará dos palomas o dos tórtolas y se las entregará al sacerdote a la entrada de la ˙Tienda de reunión. ¹¹El sacerdote ofrecerá una de ellas como sacrificio por el perdón de pecados, y la otra como ˙holocausto. Así el sacerdote pedirá perdón por el pecado del nazareo, ya que este pecó al entrar en contacto con un cadáver. Ese mismo día el nazareo volverá a consagrar su cabeza, ¹²consagrando al SEÑOR el tiempo de su nazareato y llevando un cordero de un año como sacrificio por la culpa. No se le tomará en cuenta el tiempo anterior, porque su consagración quedó anulada.

¹³»Esta ley se aplicará al nazareo al cumplir su período de consagración. Será llevado a la entrada de la Tienda de reunión, ¹⁴y allí ofrecerá como holocausto al SEÑOR un cordero de un año, sin defecto; como sacrificio por el perdón, una oveja de un año, sin defecto; y como sacrificio de ˙comunión, un carnero sin defecto. ¹⁵Ofrecerá además un canastillo de panes sin levadura, panes de harina refinada amasados con aceite, hojuelas sin levadura untadas con aceite, y también ofrendas de cereal y ofrendas líquidas.

¹⁶»Entonces el sacerdote las presentará al SEÑOR y ofrecerá el sacrificio por el perdón y el holocausto en favor del nazareo. ¹⁷Ofrecerá el carnero al SEÑOR como sacrificio de comunión, junto con el canastillo de panes sin levadura. También presentará las ofrendas de cereal y las ofrendas líquidas.

¹⁸»Luego, a la entrada de la Tienda de reunión el nazareo se rapará la cabeza. Tomará el cabello que consagró y lo echará al fuego que arde bajo el sacrificio de comunión.

¹⁹»Una vez que el nazareo se haya rapado la cabeza, el sacerdote tomará del canastillo un pan sin levadura y una hojuela sin levadura, más la espaldilla cocida del carnero; pondrá todo esto en manos del nazareo. ²⁰Después, mecerá todo esto ante el SEÑOR como una ofrenda. Todo esto es santo y pertenece al sacerdote, lo mismo que el pecho mecido y el muslo ofrecido como contribución. Finalizado este rito, el nazareo podrá beber vino.

²¹»Esta ley se aplicará al nazareo que haga una promesa. Esta es la ofrenda que presentará al SEÑOR por su nazareato, aparte de lo que pueda dar según sus recursos. Según la ley del nazareo, deberá cumplir la promesa que hizo».

Bendición sacerdotal

²²El SEÑOR ordenó a Moisés: ²³«Diles a Aarón y a sus hijos que impartan la bendición a los israelitas con estas palabras:

²⁴»"El SEÑOR te bendiga
     y te guarde;

²⁵el SEÑOR haga resplandecer su rostro sobre ti*ᵃ*
     y te extienda su amor;
²⁶el SEÑOR mueva su rostro hacia ti
     y te conceda la ˙paz".

²⁷»Así invocarán mi ˙nombre sobre los israelitas, para que yo los bendiga».

Ofrendas para la consagración del santuario

7 Cuando Moisés terminó de levantar el santuario, lo consagró ungiéndolo junto con todos sus utensilios. También ungió y consagró el altar y sus utensilios. ²Entonces los jefes de Israel, es decir, los jefes de las familias patriarcales y de las tribus, que habían presidido el censo, hicieron una ofrenda ³y la llevaron al santuario para presentarla ante el SEÑOR. La ofrenda consistía en una carreta por cada dos jefes y un buey por cada uno de ellos; eran, en total, seis carretas cubiertas y doce bueyes.

⁴El SEÑOR dijo a Moisés: ⁵«Recibe estas ofrendas que te entregan, para que sean usadas en el ministerio de la ˙Tienda de reunión. Tú se las entregarás a los levitas, según lo requiera el trabajo de cada uno».

⁶Moisés recibió las carretas y los bueyes, y se los entregó a los levitas. ⁷A los guersonitas les dio dos carretas y cuatro bueyes, como lo requería su ministerio. ⁸A los meraritas les dio cuatro carretas y ocho bueyes, como lo requería su ministerio. Todos ellos estaban bajo las órdenes de Itamar, hijo del sacerdote Aarón. ⁹A los coatitas no les dio nada, porque la responsabilidad de ellos era llevar las cosas sagradas sobre sus propios hombros.

Ofrendas para la dedicación del altar

¹⁰Cuando el altar fue consagrado, los jefes llevaron una ofrenda de dedicación y la presentaron ante el altar, ¹¹porque el SEÑOR había dicho a Moisés: «Para presentar su ofrenda de dedicación del altar, cada jefe tendrá su propio día».

La ofrenda de Judá

¹²El primer día le tocó presentar su ofrenda a Naasón, hijo de Aminadab, de la tribu de Judá.
¹³Para la ofrenda de cereal presentó un plato de plata y un tazón de plata, llenos de harina refinada amasada con aceite.
     Según el peso oficial del santuario, el plato pesaba ciento treinta siclos y el tazón pesaba setenta siclos.*ᵇ*
¹⁴También presentó una bandeja de oro de diez siclos,*ᶜ* llena de incienso.
¹⁵Para el ˙holocausto presentó un ternero, un carnero y un cordero de un año.
¹⁶Para el sacrificio por el perdón de pecados presentó un macho cabrío.
¹⁷Para el sacrificio de ˙comunión presentó dos bueyes, cinco carneros, cinco machos cabríos y cinco corderos de un año.
Esta fue la ofrenda de Naasón, hijo de Aminadab.

La ofrenda de Isacar

¹⁸El segundo día le tocó presentar su ofrenda a Natanael, hijo de Zuar, jefe de la tribu de Isacar.
¹⁹Para la ofrenda de cereal presentó un plato de plata y un tazón de plata, llenos de harina refinada amasada con aceite.
     Según el peso oficial del santuario, el plato pesaba ciento treinta siclos y el tazón pesaba setenta siclos.
²⁰También presentó una bandeja de oro de diez siclos, llena de incienso.
²¹Para el holocausto presentó un ternero, un carnero y un cordero de un año.

ᵃ 25 *haga ... sobre ti.* Alt. *te mire con agrado.*   *ᵇ* 13 Es decir, aprox. 1.5 kg y 805 g, respectivamente. Así en el resto de este capítulo.   *ᶜ* 14 Es decir, aprox. 115 g; así en el resto de este capítulo.

²² Para el sacrificio por el perdón de pecados presentó un macho cabrío.
²³ Para el sacrificio de comunión presentó dos bueyes, cinco carneros, cinco machos cabríos y cinco corderos de un año.

Esta fue la ofrenda de Natanael, hijo de Zuar.

La ofrenda de Zabulón

²⁴ El tercer día le tocó presentar su ofrenda a Eliab, hijo de Helón, jefe de la tribu de Zabulón.
²⁵ Para la ofrenda de cereal presentó un plato de plata y un tazón de plata, llenos de harina refinada amasada con aceite.

Según el peso oficial del santuario, el plato pesaba ciento treinta siclos y el tazón pesaba setenta siclos.
²⁶ También presentó una bandeja de oro de diez siclos, llena de incienso.
²⁷ Para el holocausto presentó un ternero, un carnero y un cordero de un año.
²⁸ Para el sacrificio por el perdón de pecados presentó un macho cabrío.
²⁹ Para el sacrificio de comunión presentó dos bueyes, cinco carneros, cinco machos cabríos y cinco corderos de un año.

Esta fue la ofrenda de Eliab, hijo de Helón.

La ofrenda de Rubén

³⁰ El cuarto día le tocó presentar su ofrenda a Elisur hijo de Sedeúr, jefe de la tribu de Rubén.
³¹ Para la ofrenda de cereal presentó un plato de plata y un tazón de plata, llenos de harina refinada amasada con aceite.

Según el peso oficial del santuario, el plato pesaba ciento treinta siclos y el tazón pesaba setenta siclos.
³² También presentó una bandeja de oro de diez siclos, llena de incienso.
³³ Para el holocausto presentó un ternero, un carnero y un cordero de un año.
³⁴ Para el sacrificio por el perdón de pecados presentó un macho cabrío.
³⁵ Para el sacrificio de comunión presentó dos bueyes, cinco carneros, cinco machos cabríos y cinco corderos de un año.

Esta fue la ofrenda de Elisur, hijo de Sedeúr.

La ofrenda de Simeón

³⁶ El quinto día le tocó presentar su ofrenda a Selumiel, hijo de Zurisaday, jefe de la tribu de Simeón.
³⁷ Para la ofrenda de cereal presentó un plato de plata y un tazón de plata, llenos de harina refinada amasada con aceite.

Según el peso oficial del santuario, el plato pesaba ciento treinta siclos y el tazón pesaba setenta siclos.
³⁸ También presentó una bandeja de oro de diez siclos, llena de incienso.
³⁹ Para el holocausto presentó un ternero, un carnero y un cordero de un año.
⁴⁰ Para el sacrificio por el perdón de pecados presentó un macho cabrío.
⁴¹ Para el sacrificio de comunión presentó dos bueyes, cinco carneros, cinco machos cabríos y cinco corderos de un año.

Esta fue la ofrenda de Selumiel hijo de Zurisaday.

La ofrenda de Gad

⁴² El sexto día le tocó presentar su ofrenda a Eliasaf, hijo de Deuel, jefe de la tribu de Gad.

⁴³ Para la ofrenda de cereal presentó un plato de plata y un tazón de plata, llenos de harina refinada amasada con aceite.

Según el peso oficial del santuario, el plato pesaba ciento treinta siclos y el tazón pesaba setenta siclos.
⁴⁴ También presentó una bandeja de oro de diez siclos, llena de incienso.
⁴⁵ Para el holocausto presentó un ternero, un carnero y un cordero de un año.
⁴⁶ Para el sacrificio por el perdón de pecados presentó un macho cabrío.
⁴⁷ Para el sacrificio de comunión presentó dos bueyes, cinco carneros, cinco machos cabríos y cinco corderos de un año.

Esta fue la ofrenda de Eliasaf, hijo de Deuel.

La ofrenda de Efraín

⁴⁸ El séptimo día le tocó presentar su ofrenda a Elisama, hijo de Amiud, jefe de la tribu de Efraín.
⁴⁹ Para la ofrenda de cereal presentó un plato de plata y un tazón de plata, llenos de harina refinada amasada con aceite.

Según el peso oficial del santuario, el plato pesaba ciento treinta siclos y el tazón pesaba setenta siclos.
⁵⁰ También presentó una bandeja de oro de diez siclos, llena de incienso.
⁵¹ Para el holocausto presentó un ternero, un carnero y un cordero de un año.
⁵² Para el sacrificio por el perdón de pecados presentó un macho cabrío.
⁵³ Para el sacrificio de comunión presentó dos bueyes, cinco carneros, cinco machos cabríos y cinco corderos de un año.

Esta fue la ofrenda de Elisama, hijo de Amiud.

La ofrenda de Manasés

⁵⁴ El octavo día le tocó presentar su ofrenda a Gamaliel, hijo de Pedasur, jefe de la tribu de Manasés.
⁵⁵ Para la ofrenda de cereal presentó un plato de plata y un tazón de plata, llenos de harina refinada amasada con aceite.

Según el peso oficial del santuario, el plato pesaba ciento treinta siclos y el tazón pesaba setenta siclos.
⁵⁶ También presentó una bandeja de oro de diez siclos, llena de incienso.
⁵⁷ Para el holocausto presentó un ternero, un carnero y un cordero de un año.
⁵⁸ Para el sacrificio por el perdón de pecados presentó un macho cabrío.
⁵⁹ Para el sacrificio de comunión presentó dos bueyes, cinco carneros, cinco machos cabríos y cinco corderos de un año.

Esta fue la ofrenda de Gamaliel, hijo de Pedasur.

La ofrenda de Benjamín

⁶⁰ El noveno día le tocó presentar su ofrenda a Abidán, hijo de Gedeoni, jefe de la tribu de Benjamín.
⁶¹ Para la ofrenda de cereal presentó un plato de plata y un tazón de plata, llenos de harina refinada amasada con aceite.

Según el peso oficial del santuario, el plato pesaba ciento treinta siclos y el tazón pesaba setenta siclos.
⁶² También presentó una bandeja de oro de diez siclos, llena de incienso.
⁶³ Para el holocausto presentó un ternero, un carnero y un cordero de un año.

⁶⁴ Para el sacrificio por el perdón de pecados presentó un macho cabrío.
⁶⁵ Para el sacrificio de comunión presentó dos bueyes, cinco carneros, cinco machos cabríos y cinco corderos de un año.
Esta fue la ofrenda de Abidán, hijo de Gedeoni.

La ofrenda de Dan

⁶⁶ El décimo día le tocó presentar su ofrenda a Ajiezer, hijo de Amisaday, jefe de la tribu de Dan.
⁶⁷ Para la ofrenda de cereal presentó un plato de plata y un tazón de plata, llenos de harina refinada amasada con aceite.
Según el peso oficial del santuario, el plato pesaba ciento treinta siclos y el tazón pesaba setenta siclos.
⁶⁸ También presentó una bandeja de oro de diez siclos, llena de incienso.
⁶⁹ Para el holocausto presentó un ternero, un carnero y un cordero de un año.
⁷⁰ Para el sacrificio por el perdón de pecados presentó un macho cabrío.
⁷¹ Para el sacrificio de comunión presentó dos bueyes, cinco carneros, cinco machos cabríos y cinco corderos de un año.
Esta fue la ofrenda de Ajiezer, hijo de Amisaday.

La ofrenda de Aser

⁷² El undécimo día le tocó presentar su ofrenda a Paguiel, hijo de Ocrán, jefe de la tribu de Aser.
⁷³ Para la ofrenda de cereal presentó un plato de plata y un tazón de plata, llenos de harina refinada amasada con aceite.
Según el peso oficial del santuario, el plato ciento treinta siclos y el tazón pesaba setenta siclos.
⁷⁴ También presentó una bandeja de oro de diez siclos, llena de incienso.
⁷⁵ Para el holocausto presentó un ternero, un carnero y un cordero de un año.
⁷⁶ Para el sacrificio por el perdón de pecados presentó un macho cabrío.
⁷⁷ Para el sacrificio de comunión presentó dos bueyes, cinco carneros, cinco machos cabríos y cinco corderos de un año.
Esta fue la ofrenda de Paguiel, hijo de Ocrán.

La ofrenda de Neftalí

⁷⁸ El duodécimo día le tocó presentar su ofrenda a Ajirá, hijo de Enán, jefe de la tribu de Neftalí.
⁷⁹ Para la ofrenda de cereal presentó un plato de plata y un tazón de plata, llenos de harina refinada amasada con aceite.
Según el peso oficial del santuario, el plato pesaba ciento treinta siclos y el tazón pesaba setenta siclos.
⁸⁰ También presentó una bandeja de oro de diez siclos, llena de incienso.
⁸¹ Para el holocausto presentó un ternero, un carnero y un cordero de un año.
⁸² Para el sacrificio por el perdón de pecados presentó un macho cabrío.
⁸³ Para el sacrificio de comunión presentó dos bueyes, cinco carneros, cinco machos cabríos y cinco corderos de un año.
Esta fue la ofrenda de Ajirá, hijo de Enán.

Conclusión

⁸⁴ Las ofrendas de dedicación que los jefes de Israel presentaron cuando se consagró el altar fueron las siguientes:

doce fuentes de plata, doce tazones de plata y doce bandejas de oro. ⁸⁵ Cada plato de plata pesaba ciento treinta siclos, y el tazón pesaba setenta siclos. El peso total de los objetos de plata llegaba a dos mil cuatrocientos siclos,ᵃ según el peso oficialᵇ del santuario. ⁸⁶ Las doce bandejas de oro llenas de incienso pesaban diez siclos cada una, según el peso oficial del santuario. El peso total de las bandejas de oro era ciento veinte siclos.ᶜ
⁸⁷ Los animales para el *holocausto fueron en total doce terneros, doce carneros, doce corderos de un año y doce machos cabríos para el sacrificio por el perdón de pecados, más las ofrendas de cereal.
⁸⁸ Los animales para el sacrificio de *comunión fueron en total veinticuatro terneros, sesenta carneros, sesenta machos cabríos y sesenta corderos de un año.

Estas fueron las ofrendas para la dedicación del altar después de haber sido consagrado.

⁸⁹ Cuando Moisés entró en la *Tienda de reunión para hablar con el SEÑOR, escuchó su voz de entre los dos *querubines, desde la cubierta de la tapa que estaba sobre el arca con las tablas del pacto. Así hablaba el SEÑOR con Moisés.

Las lámparas del candelabro

8 El SEÑOR dijo a Moisés: ²«Dile a Aarón: "Cuando instales las siete lámparas, estas deberán alumbrar hacia la parte delantera del candelabro"».
³ Así lo hizo Aarón. Instaló las lámparas de modo que alumbraran hacia la parte delantera del candelabro, tal como el SEÑOR se lo había ordenado a Moisés. ⁴ Desde la base hasta las flores, el candelabro estaba hecho de oro trabajado, según el modelo que el SEÑOR había revelado a Moisés.

Consagración de los levitas

⁵ El SEÑOR dijo a Moisés: ⁶ «Toma a los levitas de entre los israelitas y *purifícalos. ⁷ Para purificarlos, rocíales agua purificadora y haz que se afeiten todo el cuerpo y se laven los vestidos. Así quedarán purificados. ⁸ Luego tomarán un ternero y una ofrenda de harina refinada amasada con aceite. Tú, por tu parte, tomarás otro ternero como sacrificio para el perdón por su pecado. ⁹ Llevarás a los levitas a la *Tienda de reunión y congregarás a toda la comunidad israelita. ¹⁰ Presentarás a los levitas ante el SEÑOR y los israelitas les impondrán las manos. ¹¹ Entonces Aarón presentará a los levitas ante el SEÑOR como ofrenda mecida de parte de los israelitas. Así quedarán consagrados al servicio del SEÑOR.
¹²» Los levitas pondrán las manos sobre la cabeza de los novillos y tú obtendrás para ellos el perdón de su pecado ofreciendo un novillo como sacrificio por el perdón y otro como *holocausto para el SEÑOR. ¹³ Harás que los levitas se pongan de pie frente a Aarón y sus hijos, y los presentarás al SEÑOR como ofrenda mecida. ¹⁴ De esta manera, apartarás a los levitas del resto de los israelitas para que sean míos.
¹⁵» Después de que hayas purificado a los levitas y los hayas presentado como ofrenda mecida, ellos irán a ministrar en la Tienda de reunión. ¹⁶ De todos los israelitas, ellos me pertenecen por completo; son mi regalo especial. Los he apartado para mí en lugar de todos los primogénitos de Israel. ¹⁷ Porque mío es todo primogénito de Israel, ya sea *hombre o animal. Los consagré para mí cuando herí de muerte a todos los primogénitos de Egipto. ¹⁸ Sin embargo, he tomado a los levitas en lugar de todos los primogénitos de

---

ᵃ 85 Es decir, aprox. 28 kg.   ᵇ 85 el peso oficial. Lit. el siclo; también en v. 86.   ᶜ 86 Es decir, aprox. 1.4 kg.

los israelitas, 19y se los he entregado a Aarón y a sus hijos como un regalo. Los levitas ministrarán en la Tienda de reunión en favor de los israelitas y pedirán el perdón de sus pecados, para que no sufran una desgracia al acercarse al santuario».

20Así lo hicieron Moisés, Aarón y toda la comunidad de Israel. Los israelitas hicieron todo lo que el SEÑOR había mandado a Moisés en cuanto a los levitas, 21los cuales se purificaron y lavaron sus vestidos. Aarón los presentó ante el SEÑOR como ofrenda mecida y pidió perdón por el pecado de ellos para purificarlos. 22Después de esto los levitas fueron a la Tienda de reunión, para ministrar allí bajo la supervisión de Aarón y de sus hijos. Así se cumplió todo lo que el SEÑOR había mandado a Moisés en cuanto a los levitas.

23El SEÑOR dijo a Moisés: 24«Esta norma se aplicará a los levitas: Para el servicio de la Tienda de reunión se inscribirá a los que tengan veinticinco años o más; 25pero cesarán en sus funciones y se retirarán cuando cumplan los cincuenta. 26después de lo cual podrán seguir ayudando a sus hermanos en el ejercicio de sus deberes en la Tienda de reunión, pero no deberán hacer el trabajo. Estos son los deberes que asignarás a los levitas».

La fecha de la Pascua

9 El SEÑOR habló a Moisés en el desierto de Sinaí, en el primer mes del segundo año después de la salida de Egipto. Le dijo: 2«Los israelitas celebrarán la Pascua en la fecha señalada. 3La celebrarán al atardecer del día catorce del mes, que es la fecha señalada. La celebrarán ciñéndose a todos sus estatutos y leyes».

4Moisés mandó que los israelitas celebraran la Pascua, 5y ellos la celebraron en el desierto de Sinaí, al atardecer del día catorce del mes primero. Los israelitas hicieron todo lo que el SEÑOR había mandado a Moisés.

Casos excepcionales

6Pero algunos no pudieron celebrar la Pascua en aquel día, pues estaban ritualmente *impuros a causa de un cadáver. Ese mismo día se acercaron a Moisés y a Aarón, 7y les dijeron:

—Hemos estado en contacto con un cadáver, así que estamos impuros. Ahora bien, esa no es razón para que no presentemos nuestras ofrendas al SEÑOR en la fecha establecida, junto con los demás israelitas.

8Moisés respondió:

—Esperen hasta que escuche del SEÑOR lo que él dispone con relación a ustedes.

9Entonces el SEÑOR ordenó a Moisés 10que dijera a los israelitas: «Cuando alguno de ustedes o de sus descendientes esté ritualmente impuro por haber estado en contacto con un cadáver o se encuentre fuera del país, aun así, podrá celebrar la Pascua del SEÑOR. 11Solo que, en ese caso, la celebrará al atardecer del día catorce del mes segundo. Comerá el cordero con pan sin levadura y hierbas amargas, 12y no dejará nada del cordero para el día siguiente ni le quebrará un solo hueso. Cuando celebre la Pascua, lo hará según los estatutos. 13Si alguien deja de celebrar la Pascua no estando impuro ni fuera del país, será eliminado de su pueblo por no haber presentado sus ofrendas al SEÑOR en la fecha establecida. Así que sufrirá las consecuencias de su pecado.

14»Si el extranjero que vive entre ustedes quiere celebrar la Pascua del SEÑOR, deberá hacerlo ciñéndose a sus estatutos y leyes. Los mismos estatutos se aplicarán tanto a nativos como a extranjeros».

La nube sobre el santuario

15El día en que se armó el santuario, es decir, la tienda donde se guardan las tablas del pacto, la nube lo cubrió y durante toda la noche cobró apariencia de fuego hasta el amanecer. 16Así sucedía siempre: de día la nube cubría el santuario, mientras que de noche cobraba apariencia de fuego. 17Cada vez que la nube se levantaba y se apartaba de la tienda, los israelitas se ponían en marcha; y donde la nube se detenía, allí acampaban. 18Dependiendo de lo que el SEÑOR indicara, los israelitas se ponían en marcha o acampaban; y todo el tiempo que la nube reposaba sobre el santuario, se quedaban allí. 19No importaba que se quedara muchos días sobre el santuario; los israelitas cumplían la orden del SEÑOR y no abandonaban el lugar. 20Lo mismo ocurría cuando la nube reposaba poco tiempo sobre el santuario: cuando el SEÑOR así lo indicaba, los israelitas acampaban o se ponían en marcha. 21A veces, la nube permanecía solo desde la tarde hasta la mañana y, cuando se levantaba por la mañana, partían. Ya sea de día o de noche, siempre que se levantaba la nube, se ponían en marcha. 22Aunque la nube reposara sobre el santuario un par de días, un mes o más tiempo, los israelitas se quedaban en el campamento y no partían. Pero cuando se levantaba, se ponían en marcha. 23Cuando el SEÑOR así lo indicaba, los israelitas acampaban o se ponían en marcha. Así cumplían la orden del SEÑOR, según lo que el SEÑOR había dicho por medio de Moisés.

La señal de las trompetas

10 El SEÑOR dijo a Moisés: 2«Hazte dos trompetas de plata trabajada, y úsalas para reunir al pueblo acampado y para dar la señal de ponerse en marcha. 3Cuando ambas trompetas den el toque de reunión, toda la comunidad se reunirá contigo a la entrada de la *Tienda de reunión. 4Cuando solo una de ellas dé el toque, se reunirán contigo únicamente los jefes de las tribus de Israel. 5Al primer toque de avance, se pondrán en marcha las tribus que acampan al este, 6y al segundo toque las que acampan al sur. Es decir, la señal de partida será el toque de avance. 7Cuando se quiera reunir a la comunidad, el toque de reunión que se dé será diferente.

8»Las trompetas las tocarán los hijos de Aarón, los sacerdotes. Esto será un estatuto perpetuo para ustedes y sus descendientes.

9»Cuando estén ya en su propia tierra y tengan que salir a la guerra contra el enemigo opresor, las trompetas darán la señal de combate. Entonces el SEÑOR su Dios se acordará de ustedes y los salvará de sus enemigos.

10»Cuando celebren fiestas en fechas solemnes o festival de luna nueva, también tocarán trompetas para anunciar los *holocaustos y los sacrificios de *comunión. Así Dios se acordará de ustedes. Yo soy el SEÑOR su Dios».

Desde el Sinaí hasta Parán

11El día veinte del segundo mes del año segundo, la nube se levantó del santuario donde están las tablas del pacto. 12Entonces los israelitas avanzaron desde el desierto de Sinaí hasta el desierto de Parán, donde la nube se detuvo. 13A la orden que el SEÑOR dio por medio de Moisés, los israelitas emprendieron la marcha por primera vez.

14Los primeros en partir fueron los escuadrones que marchaban bajo el estandarte del campamento de Judá. La comandaba Naasón, hijo de Aminadab. 15Natanael, hijo de Zuar, comandaba el escuadrón de la tribu de Isacar. 16Eliab, hijo de Helón, comandaba el escuadrón de la tribu de Zabulón. 17Entonces se desmontó el santuario, y los guersonitas y meraritas que lo transportaban se pusieron en marcha.

18Les siguieron los escuadrones que marchaban bajo el estandarte del campamento de Rubén. Los comandaba Elisur, hijo de Sedeúr. [19]Selumiel, hijo de Zurisaday, comandaba el escuadrón de la tribu de Simeón [20]y Eliasaf, hijo de Deuel, comandaba el escuadrón de la tribu de Gad. [21]Luego partieron los coatitas, que llevaban las cosas sagradas. El santuario se levantaba antes de que ellos llegaran al próximo lugar de campamento.

[22]Les siguieron los escuadrones que marchaban bajo el estandarte del campamento de Efraín. Los comandaba Elisama, hijo de Amiud. [23]Gamaliel, hijo de Pedasur, comandaba el escuadrón de la tribu de Manasés, [24]y Abidán, hijo de Gedeoni, comandaba el escuadrón de la tribu de Benjamín.

[25]Por último, a la retaguardia de todos los campamentos, partieron los escuadrones que marchaban bajo el estandarte del campamento de Dan. Los comandaba Ajiezer, hijo de Amisaday. [26]Paguiel, hijo de Ocrán, comandaba el escuadrón de la tribu de Aser [27]y Ajirá, hijo de Enán, comandaba el escuadrón de la tribu de Neftalí. [28]Este era el orden de los escuadrones israelitas, cuando se ponían en marcha.

Moisés invita a Hobab

[29]Entonces Moisés dijo al madianita Hobab, hijo de Reuel, que era su suegro:

—Estamos por partir hacia la tierra que el SEÑOR prometió darnos. Ven con nosotros. Seremos generosos contigo, ya que el SEÑOR ha prometido ser generoso con Israel.

[30]—No, no iré —respondió Hobab—, quiero regresar a mi tierra y a mi familia.

[31]—Por favor, no nos dejes —insistió Moisés—. Tú conoces bien los lugares del desierto donde debemos acampar. Tú serás nuestro guía. [32]Si vienes con nosotros, compartiremos contigo todo lo bueno que el SEÑOR nos dé.

Israel se pone en marcha

[33]Los israelitas partieron de la montaña del SEÑOR y anduvieron por espacio de tres días, durante los cuales el arca del ˚pacto del SEÑOR marchaba al frente de ellos para buscarles un lugar donde acampar. [34]Cuando partían, la nube del SEÑOR permanecía sobre ellos todo el día.

[35]Cada vez que el arca se ponía en marcha, Moisés decía:

«¡Levántate, SEÑOR!
  Sean dispersados tus enemigos;
  huyan de tu presencia los que te odian».

[36]Pero cada vez que el arca se detenía, Moisés decía:

«¡Regresa, SEÑOR,
  a la incontable muchedumbre de Israel!».

El fuego del SEÑOR en Taberá

11 Aconteció que el pueblo se quejó de las dificultades que estaba sufriendo. Al oírlos el SEÑOR, ardió en ira y su fuego consumió los alrededores del campamento. [2]Entonces el pueblo clamó a Moisés y este oró al SEÑOR por ellos y el fuego se apagó. [3]Por eso aquel lugar llegó a ser conocido como Taberá,[a] pues el fuego del SEÑOR ardió entre ellos.

Queja del pueblo en Quibrot Hatavá

[4]Gente de toda clase se había mezclado con los israelitas. Esa gente solo pensaba en comer. Y también los israelitas volvieron a llorar y dijeron: «¡Quién nos diera carne! [5]¡Cómo echamos de menos el pescado que comíamos gratis en Egipto! ¡También

comíamos pepinos, melones, puerros, cebollas y ajos! [6]Pero ahora tenemos reseca la garganta, ¡y no vemos nada que no sea este maná!».

[7]El maná se parecía a la semilla del cilantro y su color era como el de la resina. [8]El pueblo salía a recogerlo y lo molía entre dos piedras o bien lo machacaba en morteros y lo cocía en una olla o hacía pan con él. Sabía a pan amasado con aceite. [9]Por la noche, cuando el rocío caía sobre el campamento, también caía el maná.

Queja de Moisés en Quibrot Hatavá

[10]Moisés escuchó que las familias del pueblo lloraban, cada una a la entrada de su tienda, con lo cual hacían que la ira del SEÑOR se encendiera en extremo. Entonces, muy disgustado, [11]Moisés oró al SEÑOR:

—Si yo soy tu siervo, ¿por qué me tratas mal? ¿Por qué me niegas tu favor y me obligas a cargar con todo este pueblo? [12]¿Acaso yo lo concebí o lo di a luz para que me exijas que lo lleve en mi regazo como si fuera su nodriza y lo lleve hasta la tierra que prometiste a sus antepasados? [13]Todo este pueblo viene llorando a pedirme carne. ¿De dónde voy a sacarla? [14]Yo solo no puedo con todo este pueblo. ¡Es una carga demasiado pesada para mí! [15]Si este es el trato que vas a darme, ¡me harás un favor si me quitas la vida! ¡Así me veré libre de mi desgracia!

El SEÑOR responde a Moisés

[16]El SEÑOR respondió a Moisés:

—Tráeme a setenta ancianos de Israel y asegúrate de que sean ancianos y oficiales del pueblo. Llévalos a la ˚Tienda de reunión y haz que esperen allí contigo. [17]Yo descenderé para hablar contigo y compartiré con ellos el Espíritu que está sobre ti, para que te ayuden a llevar la carga de este pueblo. Así no tendrás que llevarla tú solo.

[18]»Al pueblo solo le dirás lo siguiente: "Conságrense para mañana, pues van a comer carne. Ustedes lloraron ante el SEÑOR y le dijeron: ¡Quién nos diera carne! ¡En Egipto la pasábamos mejor! Pues bien, el SEÑOR les dará carne y tendrán que comérsela. [19]No la comerán un solo día, ni dos, ni cinco, ni diez, ni veinte, [20]sino todo un mes, hasta que les salga por las narices y les provoque náuseas. Y esto por haber despreciado al SEÑOR que está en medio de ustedes y por haber llorado, diciendo: ¿Por qué tuvimos que salir de Egipto?"».

La palabra de Dios se cumple

[21]Moisés respondió:

—Me encuentro en medio de un ejército de seiscientos mil hombres, ¿y tú hablas de darles carne todo un mes? [22]Aunque se degollaran todas las ovejas y vacas, ¿les alcanzaría? Y aunque se pescaran todos los peces del mar, ¿eso les bastaría?

[23]El SEÑOR respondió a Moisés:

—¿Acaso el poder del SEÑOR es limitado? ¡Pues ahora verás si se cumple o no mi palabra!

[24]Moisés fue y comunicó al pueblo lo que el SEÑOR había dicho. Después juntó a setenta jefes ancianos del pueblo y se quedó esperando con ellos alrededor de la ˚Tienda de reunión. [25]El SEÑOR descendió en la nube y habló con Moisés, y compartió con los setenta jefes ancianos el Espíritu que estaba sobre él. Cuando el Espíritu descansó sobre ellos, se pusieron a profetizar. Pero esto no volvió a repetirse.

[26]Dos de los ancianos se habían quedado en el campamento. Uno se llamaba Eldad y el otro Medad. Aunque habían sido elegidos, no acudieron a la Tienda de reunión. Sin embargo, el Espíritu vino sobre ellos y se pusieron a profetizar dentro del campamento. [27]Entonces un muchacho corrió a contárselo a Moisés:

---

a 3 En hebreo, Taberá significa arder.

—¡Eldad y Medad están profetizando dentro del campamento!

²⁸Josué, hijo de Nun, uno de los siervos escogidos de Moisés, exclamó:

—¡Moisés, señor mío, detenlos!

²⁹Pero Moisés respondió:

—¿Estás celoso por mí? ¡Cómo quisiera que todo el pueblo del SEÑOR profetizara y que el SEÑOR pusiera su Espíritu en todos ellos!

³⁰Entonces Moisés y los jefes ancianos regresaron al campamento.

Las codornices

³¹El SEÑOR desató un viento que trajo codornices del mar y las dejó caer sobre el campamento. Las codornices cubrieron los alrededores del campamento, en una superficie de casi un día de camino y a una altura de casi dos codos*a* sobre la superficie del suelo. ³²El pueblo estuvo recogiendo codornices todo ese día, toda esa noche y todo el día siguiente. Ninguno recogió menos de diez jómer.*b* Después las distribuyeron por todo el campamento. ³³Ni siquiera habían empezado a masticar la carne que tenían en la boca, cuando la ira del SEÑOR se encendió contra el pueblo y los hirió con un horrendo castigo. ³⁴Por eso llamaron a ese lugar Quibrot Hatavá,*c* porque allí fue sepultado el pueblo glotón.

³⁵Desde Quibrot Hatavá el pueblo partió rumbo a Jazerot y allí se quedó.

Quejas de Miriam y de Aarón

12 Moisés había tomado por esposa a una mujer cusita, así que Miriam y Aarón empezaron a murmurar contra él por causa de ella. ²Decían: «¿Acaso solo por medio de Moisés ha hablado el SEÑOR? ¿No ha hablado también por medio de nosotros?». Y el SEÑOR oyó sus murmuraciones.

³Moisés era muy humilde, más humilde que cualquier otro sobre la tierra.

⁴De pronto, el SEÑOR dijo a Moisés, Aarón y a Miriam: «Salgan los tres de la ˚Tienda de reunión». Y los tres salieron. ⁵Entonces el SEÑOR descendió en una columna de nube y se detuvo a la entrada de la Tienda. Llamó a Aarón y a Miriam y, cuando ambos se acercaron, ⁶el SEÑOR dijo: «Escuchen lo que voy a decirles:

»Cuando un profeta del SEÑOR se levanta entre
　　ustedes,
yo le hablo en visiones
y me revelo en sueños.
⁷Pero esto no ocurre así con mi siervo Moisés,
porque en toda mi casa él es de mi confianza.
⁸Con él hablo cara a cara,
claramente y sin enigmas.
Él contempla la imagen del SEÑOR.
¿Cómo no tienen miedo de murmurar
contra mi siervo Moisés?».

⁹Entonces la ira del SEÑOR se encendió contra ellos y el SEÑOR se marchó.

¹⁰Tan pronto como la nube se apartó de la Tienda, a Miriam se le puso la piel blanca como la nieve. Cuando Aarón se volvió hacia ella, vio que tenía una enfermedad infecciosa. ¹¹Entonces dijo a Moisés: «Te suplico, mi señor, que no nos tomes en cuenta este pecado que hemos cometido tan neciamente. ¹²No la dejes como un abortivo, que sale del vientre de su madre con el cuerpo medio deshecho».

Moisés intercede por Miriam

¹³Moisés rogó al SEÑOR: «¡Oh Dios, te ruego que la sanes!».

¹⁴El SEÑOR respondió a Moisés: «Si su padre le hubiera escupido el rostro, ¿no habría durado su humillación siete días? Que sea aislada por siete días fuera del campamento y después de eso será readmitida».

¹⁵Así que Miriam quedó aislada siete días fuera del campamento. El pueblo no se puso en marcha hasta que ella se reintegró.

¹⁶Después el pueblo partió de Jazerot y acampó en el desierto de Parán.

Los israelitas exploran Canaán

13 El SEÑOR dijo a Moisés: ²«Envía a algunos de tus hombres a explorar la tierra de Canaán que estoy por entregar a los israelitas. De cada tribu enviarás a un líder que la represente».

³De acuerdo con la orden del SEÑOR, Moisés los envió desde el desierto de Parán. Todos ellos eran jefes en Israel.

⁴Estos son sus nombres:

Samúa, hijo de Zacur, de la tribu de Rubén;
⁵Safat, hijo de Horí, de la tribu de Simeón;
⁶Caleb, hijo de Jefone, de la tribu de Judá;
⁷Igal, hijo de José, de la tribu de Isacar;
⁸Oseas, hijo de Nun, de la tribu de Efraín;
⁹Palti, hijo de Rafú, de la tribu de Benjamín;
¹⁰Gadiel, hijo de Sodi, de la tribu de Zabulón;
¹¹Gadí, hijo de Susi, de la tribu de Manasés (una de
　　las tribus de José);
¹²Amiel, hijo de Guemalí, de la tribu de Dan;
¹³Setur, hijo de Micael, de la tribu de Aser;
¹⁴Najbi, hijo de Vapsi, de la tribu de Neftalí;
¹⁵Geuel, hijo de Maquí, de la tribu de Gad.

¹⁶Estos son los ˚nombres de los líderes que Moisés envió a explorar la tierra. A Oseas, hijo de Nun, Moisés le cambió el nombre y le puso Josué.

¹⁷Cuando Moisés los envió a explorar la tierra de Canaán, les dijo: «Suban por el Néguev, hasta llegar a la montaña. ¹⁸Exploren el país y fíjense cómo son sus habitantes, si son fuertes o débiles, muchos o pocos. ¹⁹Averigüen si la tierra en que viven es buena o mala y si sus ciudades son abiertas o amuralladas. ²⁰Examinen el terreno y vean si es fértil o estéril y si tiene árboles o no. ¡Adelante! Traigan algunos frutos del país».

Esa era la temporada en que maduran las primeras uvas.

²¹Los doce hombres se fueron y exploraron la tierra, desde el desierto de Zin hasta Rejob, cerca de Lebó Jamat.*d* ²²Subieron por el Néguev y llegaron a Hebrón, donde vivían Ajimán, Sesay y Talmay, descendientes de Anac. (Hebrón había sido fundada siete años antes que la ciudad egipcia de Zoán). ²³Cuando llegaron al valle del arroyo Escol,*e* cortaron una rama que tenía un solo racimo de uvas y entre dos lo llevaron colgado de una vara. También cortaron granadas e higos. ²⁴Por el racimo que estos israelitas cortaron, a ese lugar se le llamó valle de Escol. ²⁵Al cabo de cuarenta días los doce hombres regresaron de explorar aquella tierra.

Informe de los exploradores

²⁶Volvieron a Cades, en el desierto de Parán, que era donde estaban Moisés, Aarón y toda la

---

a 31 Es decir, aprox. 90 cm.　　*b* 32 *diez jómer*. Es decir, aprox. 1.6 t.　　*c* 34 En hebreo, *Quibrot Hatavá* significa *sepultura de la glotonería*.　　*d* 21 *Lebó Jamat*. Alt. *la entrada de Jamat*.
e 23 En hebreo, *Escol* significa *racimo*; también en v. 24.

comunidad israelita; presentaron a todos ellos un informe y les mostraron los frutos de esa tierra. 27Este fue el informe:

—Fuimos al país al que nos enviaste, ¡y por cierto que allí abundan la leche y la miel! Aquí pueden ver sus frutos. 28Pero el pueblo que allí habita es poderoso, sus ciudades son enormes y están fortificadas. Hasta vimos ˚anaquitas allí. 29Los amalecitas habitan el Néguev; los hititas, jebuseos y amorreos viven en la montaña, y los cananeos ocupan la zona costera y la ribera del río Jordán.

30Caleb hizo callar al pueblo ante Moisés y dijo:

—Subamos a conquistar esa tierra. Estoy seguro de que podremos hacerlo.

31Pero los que habían ido con él respondieron:

—No podremos combatir contra esa gente. ¡Son más fuertes que nosotros!

32Y comenzaron a esparcir entre los israelitas falsos rumores acerca de la tierra que habían explorado. Decían:

—La tierra que hemos explorado se traga a sus habitantes, y los hombres que allí vimos son enormes. 33¡Hasta vimos a los gigantes*a* ˚anaquitas! Comparados con ellos, parecíamos langostas y así nos veían ellos a nosotros.

El pueblo se rebela

14 Aquella noche toda la comunidad israelita se puso a gritar y a llorar. 2En sus murmuraciones contra Moisés y Aarón, la comunidad decía: «¡Cómo quisiéramos haber muerto en Egipto o en este desierto! 3¿Para qué nos ha traído el SEÑOR a esta tierra? ¿Para morir atravesados por la espada y que nuestras esposas y nuestros niños se conviertan en botín de guerra? ¿No sería mejor que volviéramos a Egipto?». 4Y unos a otros se decían: «¡Escojamos un jefe que nos lleve a Egipto!».

5Entonces Moisés y Aarón cayeron rostro en tierra ante toda la comunidad israelita. 6Allí estaban también Josué, hijo de Nun, y Caleb, hijo de Jefone, los cuales habían participado en la exploración de la tierra. Ambos se rasgaron las vestiduras en señal de duelo 7y dijeron a toda la comunidad israelita:

—La tierra que recorrimos y exploramos es increíblemente buena. 8Si el SEÑOR se agrada de nosotros, nos hará entrar en ella. ¡Nos va a dar una tierra donde abundan la leche y la miel! 9Así que no se rebelen contra el SEÑOR ni tengan miedo de la gente que habita en esa tierra. ¡Ya son pan comido! No tienen quién los proteja, porque el SEÑOR está de parte nuestra. Así que, ¡no les tengan miedo!

10Pero como toda la comunidad hablaba de apedrearlos, la gloria del SEÑOR se manifestó en la Tienda de reunión, frente a todos los israelitas. 11Entonces el SEÑOR dijo a Moisés:

—¿Hasta cuándo esta gente me seguirá menospreciando? ¿Hasta cuándo se negarán a creer en mí, a pesar de todas las maravillas que he hecho entre ellos? 12Voy a enviarles una plaga que los destruya, pero de ti haré un pueblo más grande y fuerte que ellos.

13Moisés respondió al SEÑOR:

—¡Recuerda que fuiste tú quien con tu poder sacaste de Egipto a este pueblo! Cuando los egipcios se enteren de lo ocurrido, 14se lo contarán a los habitantes de este país, quienes ya saben que tú, SEÑOR, estás en medio de este pueblo. También saben que tú, SEÑOR, te dejas ver cara a cara, que tu nube reposa

sobre tu pueblo y que eres tú quien lo guía, de día con la columna de nube y de noche con la columna de fuego. 15De manera que, si matas a todo este pueblo, las naciones que han oído hablar de tu fama dirán: 16El SEÑOR no fue capaz de llevar a este pueblo a la tierra que juró darles, ¡y acabó matándolos en el desierto!

17»Ahora, Señor, ¡deja sentir tu gran poder! Tú mismo has dicho: 18"El SEÑOR es lento para la ira y grande en amor, perdona la maldad y la rebeldía, pero no tendrá por inocente al culpable, sino que castiga la maldad de los padres en sus hijos hasta la tercera y cuarta generación". 19Entonces, por tu gran amor, perdona el pecado de este pueblo, tal como lo has venido perdonando desde que salió de Egipto».

20El SEÑOR respondió:

—Me pides que los perdone y los perdono. 21Pero tan cierto como que yo, el SEÑOR, vivo y mi gloria llena toda la tierra, 22ninguno de los que vieron mi gloria y las maravillas que hice en Egipto y en el desierto y aún así me desobedecieron y me pusieron a prueba diez veces, 23verá jamás la tierra que, bajo juramento, prometí dar a sus antepasados. ¡Ninguno de los que me despreciaron la verá! 24En cambio, a mi siervo Caleb, que ha mostrado un espíritu diferente y me ha sido fiel, le daré posesión de la tierra que exploró y su descendencia la heredará. 25Pero regresen mañana al desierto por la ruta del mar Rojo,*b* puesto que los amalecitas y los cananeos viven en el valle.

26El SEÑOR dijo a Moisés y a Aarón:

27—¿Hasta cuándo ha de murmurar contra mí esta perversa comunidad? Ya he escuchado cómo se quejan contra mí los israelitas. 28Así que diles de mi parte: "Tan cierto como que yo vivo", afirma el SEÑOR, "haré que se cumplan sus deseos. 29Los cadáveres de todos ustedes quedarán tirados en este desierto. Ninguno de los censados mayores de veinte años que murmuraron contra mí 30tomará posesión de la tierra que juré solemnemente que sería su hogar. Solo entrarán en ella Caleb, hijo de Jefone, y Josué, hijo de Nun. 31También entrarán en la tierra los niños que ustedes dijeron que serían botín de guerra. Y serán ellos los que gocen de la tierra que ustedes rechazaron. 32Pero los cadáveres de todos ustedes quedarán tirados en este desierto. 33Durante cuarenta años los hijos de ustedes serán pastores por el desierto. Cargarán con esta infidelidad, hasta que el último de ustedes caiga muerto en el desierto. 34La exploración del país duró cuarenta días, así que ustedes sufrirán un año por cada día. Cuarenta años llevarán a cuestas su maldad y sabrán lo que es tenerme por enemigo". 35Yo soy el SEÑOR y cumpliré al pie de la letra todo lo que anuncié contra esta perversa comunidad que se atrevió a desafiarme. En este desierto perecerán. ¡Morirán aquí mismo!

36Los hombres que Moisés había enviado a explorar el país fueron los que, al volver, difundieron la información falsa de que la tierra era mala. Con esto hicieron que toda la comunidad murmurara. 37Por eso los responsables de haber difundido esta información falsa acerca de aquella tierra murieron delante del SEÑOR, víctimas de una plaga. 38De todos los hombres que fueron a explorar el país solo sobrevivieron Josué, hijo de Nun, y Caleb, hijo de Jefone.

El pueblo intenta conquistar la tierra

39Cuando Moisés terminó de decirles esto, todos los israelitas se pusieron a llorar amargamente. 40Al otro día, muy de mañana, el pueblo empezó a subir a la parte alta de la zona montañosa y decía:

---

a 33 Lit. *nefilim*. Término que en hebreo se refiere a hombres valientes o poderosos. Véase Gn 6:4. *b* 25 Lit. *mar de las Cañas*. Término con el que se designa en la Biblia al mar Rojo en su parte septentrional.

—Subamos al lugar que el Señor nos ha prometido, pues reconocemos que hemos pecado.

⁴¹Pero Moisés dijo:

—¿Por qué han vuelto a desobedecer la orden del Señor? ¡Esto no les va a dar resultado! ⁴²No suban, porque los derrotarán sus enemigos, pues el Señor no está entre ustedes. ⁴³Tendrán que enfrentarse a los amalecitas y a los cananeos, que los matarán a filo de espada. Como ustedes se han alejado del Señor, él no estará con ustedes.

⁴⁴Pero ellos se empecinaron en subir a la cumbre de la montaña, a pesar de que ni Moisés ni el arca del *pacto del Señor salieron del campamento. ⁴⁵Entonces los amalecitas y los cananeos que vivían en esas montañas descendieron y los derrotaron, haciéndolos retroceder hasta Jormá.

Leyes adicionales sobre las ofrendas

15 El Señor ordenó a Moisés ²que dijera a los israelitas: «Después de que hayan entrado en la tierra que les doy para que la habiten, ³si alguno ofrece al Señor una vaca o una oveja, ya sea como ofrenda puesta al fuego, o como *holocausto, o como sacrificio para cumplir una promesa especial, o como ofrenda voluntaria, o para celebrar una fiesta sagrada, para que esa ofrenda sea un aroma grato al Señor, ⁴el que presente su ofrenda deberá añadirle, como ofrenda de cereal al Señor, la décima parte de un efa*a* de harina refinada mezclada con un cuarto de hin*b* de aceite. ⁵A cada cordero que se ofrezca como holocausto o sacrificio se añadirá, como ofrenda líquida, un cuarto de hin de vino.

⁶»Si se trata de un carnero, se preparará una ofrenda de cereal de dos décimas partes de un efa*c* de harina refinada, mezclada con un tercio de hin*d* de aceite. ⁷Como ofrenda líquida ofrecerás también un tercio de hin de vino. Así será una ofrenda de aroma grato al Señor.

⁸»Si ofreces un ternero como holocausto o sacrificio, a fin de cumplir una promesa especial o hacer un sacrificio de *comunión al Señor, ⁹junto con el ternero presentarás, como ofrenda de cereal, tres décimas partes de un efa*e* de harina refinada mezclada con medio hin*f* de aceite. ¹⁰Presentarás también, como ofrenda líquida, medio hin de vino. Será una ofrenda puesta al fuego, cuyo aroma es grato al Señor. ¹¹Cada novillo, carnero, cordero o cabrito deberá prepararse de la manera indicada. ¹²Procederás así con cada uno de ellos, sin que importe el número de animales que ofrezcas.

¹³»Cada vez que un israelita presente una ofrenda puesta al fuego, de aroma grato al Señor, se ceñirá a estas instrucciones. ¹⁴Si un extranjero que viva entre ustedes o entre sus descendientes desea presentar una ofrenda puesta al fuego, cuyo aroma sea grato al Señor, seguirá estas mismas instrucciones. ¹⁵Porque en la comunidad regirá un solo estatuto para ustedes y para el extranjero que viva entre ustedes. Será un estatuto perpetuo para todos tus descendientes. Ustedes y el extranjero son iguales ante el Señor, ¹⁶así que la misma ley y la misma ordenanza regirán, tanto para ustedes como para el extranjero que viva entre ustedes».

Ofrenda de los primeros frutos

¹⁷El Señor ordenó a Moisés ¹⁸que dijera a los israelitas: «Cuando entren en la tierra adonde los llevo ¹⁹y coman de lo que ella produce, ofrecerán una contribución al Señor. ²⁰De la primera horneada, presentarán una torta de harina; la ofrecerán como una contribución de su cosecha. ²¹Todos sus descendientes ofrecerán perpetuamente al Señor una contribución de la primera horneada.

Ofrendas por pecados inadvertidos

²²»Podría ocurrir que ustedes pecaran involuntariamente, y que no cumplieran con todos los mandamientos que el Señor entregó a Moisés; ²³es decir, con todos los mandamientos que el Señor dio a ustedes por medio de Moisés, desde el día en que los promulgó para todos sus descendientes. ²⁴Si el pecado de la comunidad pasa inadvertido, esta ofrecerá a ustedes un ternero como *holocausto de aroma grato al Señor, junto con la ofrenda líquida, la ofrenda de cereal y un macho cabrío como sacrificio por el perdón de pecados, tal como está ordenado. ²⁵El sacerdote pedirá el perdón en favor de toda la comunidad israelita, y serán perdonados porque fue un pecado inadvertido y porque presentaron al Señor una ofrenda puesta al fuego y un sacrificio por el perdón del pecado inadvertido que cometieron. ²⁶Toda la comunidad israelita será perdonada, junto con los extranjeros, porque todo el pueblo pecó involuntariamente.

²⁷»Si es una persona la que peca involuntariamente, deberá presentar, como sacrificio por el perdón, una cabra de un año. ²⁸El sacerdote pedirá el perdón ante el Señor en favor de la persona que haya pecado involuntariamente. El sacerdote pedirá el perdón y la persona que pecó será perdonada. ²⁹Una sola ley se aplicará para todo el que peque involuntariamente, tanto para el israelita como para el extranjero residente.

³⁰»Pero el que peque deliberadamente, sea nativo o extranjero, ofende al Señor. Tal persona será eliminada de la comunidad ³¹y cargará con su culpa por haber despreciado la palabra del Señor y quebrantado su mandamiento».

Quebrantamiento del día de reposo

³²Un *sábado, durante la estadía de los israelitas en el desierto, un hombre fue sorprendido recogiendo leña. ³³Quienes lo sorprendieron lo llevaron ante Moisés, Aarón y ante toda la comunidad. ³⁴Al principio solo quedó detenido, porque no estaba claro qué se debía hacer con él. ³⁵Entonces el Señor dijo a Moisés: «Ese hombre debe morir. Que toda la comunidad lo apedree fuera del campamento». ³⁶Así que la comunidad lo llevó fuera del campamento y lo apedreó hasta matarlo, tal como el Señor se lo ordenó a Moisés.

Flecos recordatorios

³⁷El Señor ordenó a Moisés ³⁸que dijera a los israelitas: «Ustedes y todos sus descendientes deberán confeccionarse flecos y coserlos en los bordes de sus vestidos con hilo de color azul. ³⁹Estos flecos les ayudarán a recordar que deben cumplir con todos los mandamientos del Señor, y que no deben prostituirse ni dejarse llevar por los impulsos de su *corazón ni por los deseos de sus ojos. ⁴⁰Tendrán presentes todos mis mandamientos y los pondrán por obra. Así serán para su Dios un pueblo consagrado. ⁴¹Yo soy el Señor su Dios, que los sacó de Egipto para ser su Dios. ¡Yo soy el Señor su Dios!».

La rebelión de Coré, Datán y Abirán

16 Coré, que era hijo de Izar, nieto de Coat y bisnieto de Leví, y los rubenitas Datán y Abirán, hijos de Eliab, y On, hijo de Pélet, ²se atrevieron a sublevarse contra Moisés, con el apoyo de doscientos cincuenta israelitas. Todos ellos eran personas de

---

a 4 Es decir, aprox. 1.6 kg. *b* 4 Es decir, aprox. 1 l. *c* 6 Es decir, aprox. 3.2 kg. *d* 6 Es decir, aprox. 1.3 l; también en v. 7. *e* 9 Es decir, aprox. 5 kg. *f* 9 Es decir, aprox. 1.9 l; también en v. 10.

renombre y líderes de la comunidad que habían sido nombrados miembros del consejo. ³Se reunieron para oponerse a Moisés y a Aarón, y les dijeron:

—¡Ustedes han ido ya demasiado lejos! Si toda la comunidad es ˚santa, lo mismo que sus miembros, y el SEÑOR está en medio de ellos, ¿por qué se creen ustedes los dueños de la comunidad del SEÑOR?

⁴Cuando Moisés escuchó lo que le decían, cayó rostro en tierra ante ellos, ⁵y respondió a Coré y a todo su grupo:

—Mañana el SEÑOR mostrará quién es suyo y quién es santo. Será él quien declare quién es su escogido, y hará que se le acerque. ⁶Coré, esto es lo que tú y tu gente harán: tomarán incensarios ⁷y mañana les pondrán fuego e incienso en la presencia del SEÑOR. El escogido del SEÑOR será el que sea santo. ¡Son ustedes, hijos de Leví, los que han ido demasiado lejos!

⁸Moisés dijo a Coré:

—¡Escúchenme ahora, levitas! ⁹¿Les parece poco que el Dios de Israel los haya separado del resto de la comunidad para que estén cerca de él, ministren en el santuario del SEÑOR y se distingan como servidores de la comunidad? ¹⁰Dios mismo los ha puesto a su lado, a ti y a todos los levitas, ¿y ahora quieren también el sacerdocio? ¹¹Tú y tu gente se han reunido para oponerse al SEÑOR, porque ¿quién es Aarón para que murmuren contra él?

¹²Moisés mandó llamar a Datán y Abirán, hijos de Eliab, pero ellos contestaron:

—¡No iremos! ¹³¿Te parece poco habernos sacado de la tierra donde abundan la leche y la miel, para que ahora quieras matarnos en este desierto y dártelas de gobernante con nosotros? ¹⁴Lo cierto es que tú no has logrado llevarnos a esa tierra donde abundan la leche y la miel; tampoco nos has dado posesión de campos y viñas. Lo único que quieres es seguir engañando[a] a este pueblo. ¡Pues no iremos!

¹⁵Entonces Moisés, sumamente enojado, dijo al SEÑOR:

—No aceptes la ofrenda que te traigan, que yo de ellos no he tomado ni siquiera un asno ni les he hecho ningún daño.

¹⁶A Coré, Moisés le dijo:

—Tú y tu gente se presentarán mañana ante el SEÑOR. ¹⁷Cada uno de ustedes se acercará al SEÑOR con su incensario lleno de incienso, es decir, se acercarán con doscientos cincuenta incensarios. También tú y Aarón llevarán los suyos.

¹⁸Así que cada uno, con su incensario lleno de fuego e incienso, se puso de pie a la entrada de la ˚Tienda de reunión, junto con Moisés y Aarón. ¹⁹Cuando Coré hubo reunido a toda su gente en contra de Moisés y Aarón a la entrada de la Tienda de reunión, la gloria del SEÑOR se apareció ante todos ellos. ²⁰Entonces el SEÑOR dijo a Moisés y a Aarón:

²¹—Apártense de esta gente para que yo la consuma de una vez por todas.

²²Pero Moisés y Aarón se postraron rostro en tierra y exclamaron:

—Oh Dios, Dios de toda la humanidad:[b] un solo hombre ha pecado, ¿y vas tú a enojarte con todos ellos?

²³Entonces el SEÑOR dijo a Moisés:

²⁴—Ordénales que se alejen de las tiendas de Coré, Datán y Abirán.

²⁵Moisés y los ancianos jefes de Israel fueron adonde estaban Datán y Abirán. ²⁶Entonces Moisés advirtió a la gente:

—¡Aléjense de las tiendas de estos impíos! No toquen ninguna de sus pertenencias para que ustedes no perezcan por los pecados de ellos.

²⁷El pueblo se alejó de las tiendas de Coré, Datán y Abirán. Los dos últimos habían salido a la entrada de sus tiendas y estaban allí, de pie, con sus esposas y todos sus hijos.

²⁸Moisés siguió diciendo:

—Ahora van a saber si el SEÑOR me ha enviado a hacer todas estas cosas o si estoy actuando por mi cuenta. ²⁹Si estos hombres mueren de muerte natural, como es el destino de todos los hombres, eso querrá decir que el SEÑOR no me ha enviado. ³⁰Pero si el SEÑOR crea algo nuevo, hace que la tierra se abra y se los trague con todas sus pertenencias, de tal manera que desciendan vivos a los dominios de la muerte;[c] entonces sabrán que estos hombres menospreciaron al SEÑOR.

³¹Tan pronto como Moisés terminó de hablar, la tierra se abrió debajo de ellos; ³²se abrió y se los tragó, a ellos y a sus familias, junto con la gente y las posesiones de Coré. ³³Bajaron vivos a los dominios de la muerte, junto con todo lo que tenían, y la tierra se cerró sobre ellos. De este modo fueron eliminados de la comunidad. ³⁴Al oírlos gritar, todos los israelitas huyeron de allí exclamando:

—¡Corramos, no sea que la tierra nos trague también a nosotros!

³⁵Y los doscientos cincuenta hombres que ofrecían incienso fueron consumidos por el fuego del SEÑOR.

Los incensarios

³⁶El SEÑOR dijo a Moisés: ³⁷«Ya que ahora los incensarios están consagrados a mí, ordena a Eleazar, hijo del sacerdote Aarón, que los retire del rescoldo y que esparza las brasas. ³⁸Toma los incensarios de aquellos que pecaron a costa de su ˚vida y haz con ellos láminas para recubrir el altar. Ahora están consagrados porque fueron presentados ante el SEÑOR y serán así una señal para los israelitas».

³⁹Entonces el sacerdote Eleazar recogió esos incensarios de bronce y con ellos mandó hacer láminas para recubrir el altar. ⁴⁰Las láminas quedaron allí, como advertencia a los israelitas, para que ninguno que no fuera descendiente de Aarón ni estuviera autorizado se atreviera a ofrecer incienso ante el SEÑOR; de lo contrario, le sucedería lo mismo que a Coré y su gente, tal como el SEÑOR se lo había advertido por medio de Moisés.

Aarón intercede por el pueblo

⁴¹Al día siguiente, toda la congregación de los israelitas volvió a murmurar contra Moisés y Aarón, alegando:

—Ustedes mataron al pueblo del SEÑOR.

⁴²Como la congregación empezó a amotinarse contra Moisés y Aarón, estos se dirigieron a la ˚Tienda de reunión. De repente la nube cubrió la Tienda y apareció la gloria del SEÑOR. ⁴³Entonces Moisés y Aarón se detuvieron frente a la Tienda de reunión ⁴⁴y el SEÑOR dijo a Moisés:

⁴⁵—Apártate de esta gente, para que yo la consuma de una vez por todas.

Ellos se postraron rostro en tierra ⁴⁶y Moisés dijo a Aarón:

—Toma tu incensario y pon en él algunas brasas del altar, agrégale incienso y vete corriendo adonde está la congregación, para pedir perdón por ellos, porque la ira del SEÑOR se ha desbordado y una desgracia ha caído sobre ellos.

⁴⁷Aarón hizo lo que Moisés dijo y corrió a ponerse en medio de la asamblea. La desgracia de parte de Dios ya había empezado entre el pueblo, así que

---

a **14** seguir engañando. Lit. sacarle los ojos.   *b* **22** toda la humanidad. Lit. los espíritus de toda carne.   *c* **30** a los dominios de la muerte. Lit. al Seol; también en v. 33.

Aarón ofreció incienso y pidió perdón por el pecado del pueblo. [48]Se puso entre los vivos y los muertos, y así detuvo la plaga. [49]Con todo, catorce mil setecientas personas murieron por la plaga, sin contar las que perdieron la vida por causa de Coré. [50]Una vez que cesó la plaga, Aarón volvió a la entrada de la Tienda de reunión, donde estaba Moisés.

La vara de Aarón

17 El SEÑOR ordenó a Moisés: [2]«Diles a los israelitas que traigan doce varas, una por cada familia patriarcal, es decir, una por cada uno de los jefes de las familias patriarcales. Escribe el *nombre de cada uno de ellos sobre su propia vara. [3]Sobre la vara de Leví escribe el nombre de Aarón, pues cada jefe de familia patriarcal debe tener su vara. [4]Colócalas en la Tienda de reunión, frente al arca con las tablas del pacto, donde me reúno con ustedes. [5]La vara que retoñe será la de mi elegido. De tal manera me quitaré de encima las constantes quejas que los israelitas levantan contra ustedes».

[6]Moisés se lo comunicó a los israelitas y los jefes le entregaron doce varas, una por cada jefe de su familia patriarcal. Entre ellas estaba la vara de Aarón. [7]Moisés colocó las varas delante del SEÑOR, en la Tienda donde se guardan las tablas del pacto.

[8]Al día siguiente, Moisés entró en la Tienda y, al fijarse en la vara que representaba a la familia de Leví, vio que la vara de Aarón no solo había retoñado, sino que también tenía botones, flores y almendras. [9]Sacó entonces de la presencia del SEÑOR todas las varas y las puso delante de los israelitas, para que por sí mismos vieran lo que había ocurrido, y cada jefe tomó su propia vara.

[10]El SEÑOR dijo a Moisés: «Vuelve a colocar la vara de Aarón frente al arca con las tablas del pacto, para que sirva de advertencia a los rebeldes. Así terminarás con las quejas en contra mía y evitarás que mueran los israelitas».

[11]Moisés hizo todo tal como el SEÑOR se lo ordenó. [12]Entonces los israelitas dijeron a Moisés: «¡Estamos perdidos, totalmente perdidos! ¡Vamos a morir! [13]Todo el que se acerca al santuario del SEÑOR muere, ¡así que todos moriremos!».

Deberes de sacerdotes y levitas

18 El SEÑOR dijo a Aarón: «Todos los de la tribu de Leví se expondrán a sufrir las consecuencias por las ofensas relacionadas con el santuario, pero de entre ellos solo tú y tus hijos se expondrán a las consecuencias asociadas con el sacerdocio. [2]Cuando tú y tus hijos estén ministrando delante de la Tienda donde están las tablas del pacto, tendrán como ayudantes a sus hermanos de la tribu de Leví. [3]Ellos te ayudarán en tus deberes y estarán a cargo de la Tienda, pero no se acercarán a los objetos sagrados ni al altar, para que no mueran. [4]Ellos serán tus ayudantes, y estarán a cargo de la Tienda de reunión y de todo su servicio. Así que, cuando ustedes ministren, nadie que no esté autorizado se les acercará.

[5]»Solo ustedes estarán a cargo de las cosas sagradas y del altar, para que no se vuelva a derramar mi ira sobre los israelitas. [6]Considera que yo mismo he escogido, de entre la comunidad, a tus hermanos los levitas, para dártelos como un regalo. Ellos han sido dedicados al SEÑOR para que sirvan en la Tienda de reunión. [7]Pero solo tú y tus hijos se harán cargo del sacerdocio, es decir, de todo lo referente al altar y a lo que está detrás de la cortina. A ustedes les doy de regalo el sacerdocio, pero cualquier extraño que se acerque a las cosas sagradas será condenado a muerte».

Privilegios de los sacerdotes

[8]El SEÑOR dijo a Aarón: «Yo mismo te he puesto a cargo de todas las cosas sagradas que los israelitas me traen como contribución. A ti y a tus hijos se las he entregado como su porción consagrada, como estatuto perpetuo. [9]Te corresponderán las cosas más sagradas que no se queman en el altar. Tuya será toda ofrenda que presenten los israelitas, junto con las ofrendas de cereal, los sacrificios por el perdón de pecados y los sacrificios por la culpa. Todo esto que ellos me traen será algo muy *santo para ti y para tus hijos. [10]Comerás de las cosas más sagradas y las considerarás santas. Todo varón comerá de ellas.

[11]»También te corresponderán las contribuciones de todas las ofrendas mecidas que me presenten los israelitas. A ti, a tus hijos e hijas que vivan contigo se las he dado, como estatuto perpetuo; y todas las personas que vivan en tu casa que estén ceremonialmente limpias, pueden comerla.

[12]»De las *primicias que ellos traigan al SEÑOR, te daré también lo mejor del aceite, del vino nuevo y del trigo. [13]Ellos traerán al SEÑOR las primicias de todo lo que la tierra produce y yo te las entregaré a ti. Toda persona de tu familia que esté ritualmente *pura podrá comer de ellas.

[14]»Todo lo que en Israel haya sido dedicado por completo al SEÑOR será tuyo. [15]Todo primogénito presentado al SEÑOR será tuyo, ya sea de *hombre o de animal. Pero rescatarás al primogénito nacido de hombre y al de animales impuros. [16]El rescate tendrá lugar cuando el primogénito tenga un mes de edad. El precio del rescate será de cinco siclos[a] de plata, según el peso oficial del santuario, que son veinte guerás.

[17]»Pero no podrás rescatar al primogénito de un toro, de una oveja o de un macho cabrío, pues son santos. Rociarás su sangre en el altar y quemarás su grasa como ofrenda puesta al fuego, cuyo aroma es grato al SEÑOR. [18]Pero la carne será tuya, lo mismo que el pecho de la ofrenda mecida y el muslo derecho. [19]Yo, el SEÑOR, te entrego todas las contribuciones sagradas que los israelitas me presentan. Son tuyas, y de tus hijos e hijas que vivan contigo, como estatuto perpetuo. Este es un *pacto perpetuo[b] que hago contigo y con tus descendientes».

Privilegios de los levitas

[20]El SEÑOR dijo a Aarón: «Tú no tendrás herencia en el país, tampoco recibirás ninguna porción de tierra, porque yo soy tu porción; yo soy tu herencia entre los israelitas.

[21]»A los levitas doy como herencia, y en pago por su servicio en la *Tienda de reunión, todos los diezmos de Israel. [22]De ahora en adelante los demás israelitas no se acercarán a la Tienda de reunión, de lo contrario sufrirán las consecuencias de su pecado y morirán. [23]Únicamente los levitas servirán en la Tienda de reunión y cargarán con la culpa de los israelitas. El siguiente es un estatuto perpetuo para todas las generaciones venideras: Los levitas no recibirán herencia entre los israelitas, [24]porque yo les he dado como herencia los diezmos que los israelitas ofrecen al SEÑOR como contribución. Por eso he decidido que no tengan herencia entre los israelitas».

El diezmo de los diezmos

[25]El SEÑOR ordenó a Moisés [26]que dijera a los levitas: «Cuando reciban de los israelitas los diezmos que les he dado a ustedes como herencia, presenten al SEÑOR el diezmo de esos diezmos como contribución.

---

a 16 Es decir, aprox. 58 g.   *b* 19 *perpetuo.* Lit. *de sal*; véase 2Cr 13:5.

²⁷Esa contribución será contada como si fuera trigo o vino. ²⁸Así reservarán para el SEÑOR, como su contribución, el diezmo de todos los diezmos que reciban de los israelitas, y se lo entregarán al sacerdote Aarón. ²⁹De todos los dones que reciban reservarán para el SEÑOR una contribución. Y le consagrarán lo mejor.

³⁰»Cuando los levitas hayan presentado la mejor parte, se tomará en cuenta como si fuera vino o grano. ³¹Lo que sobre, ustedes y sus familias podrán comerlo donde quieran. Ese será el pago por su ministerio en la ˚Tienda de reunión. ³²Después de presentar el diezmo de los diezmos, ya no será pecado que coman lo que sobre.

»No profanen las ofrendas sagradas de los israelitas, porque de lo contrario morirán».

Purificación de los impuros

19 El SEÑOR dijo a Moisés y a Aarón: ²«El siguiente estatuto forma parte de la ley que yo, el SEÑOR, he promulgado: Los israelitas traerán una vaca de piel rojiza, sin defecto, y que nunca haya llevado yugo. ³La entregarán al sacerdote Eleazar, quien ordenará que la saquen fuera del campamento y que en su presencia la degüellen. ⁴Después el sacerdote Eleazar mojará el dedo en la sangre y rociará siete veces en dirección a la ˚Tienda de reunión. ⁵Hará también que la vaca sea incinerada en su presencia. Se quemará la piel, la carne y la sangre, junto con el excremento. ⁶Luego el sacerdote tomará ramas de cedro y de ˚hisopo, y un paño escarlata, y lo echará al fuego donde se incinere la vaca. ⁷Finalmente, el sacerdote lavará sus vestidos y se bañará. Después de eso podrá volver al campamento, pero quedará ˚impuro hasta el anochecer. ⁸El que incinere la vaca lavará también sus vestidos y se bañará, y quedará impuro hasta el anochecer.

⁹»Un hombre ritualmente puro recogerá las cenizas de la vaca y las llevará a un lugar puro fuera del campamento. Allí se depositarán las cenizas para que la comunidad israelita las use como sacrificio por el perdón, junto con el agua de purificación. ¹⁰El que recoja las cenizas de la vaca lavará también sus vestidos y quedará impuro hasta el anochecer. Este será un estatuto perpetuo para los israelitas y para los extranjeros que vivan entre ellos.

El uso del agua de la purificación

¹¹»Quien toque el cadáver de alguna persona, quedará ˚impuro durante siete días. ¹²Para purificarse, los días tercero y séptimo usará el agua de la purificación y así quedará puro. Pero si no se purifica durante esos días, quedará impuro. ¹³Quien toque el cadáver de alguna persona, y no se purifique, contamina el santuario del SEÑOR. Tal persona será eliminada de Israel, pues habrá quedado impura por no haber sido rociada con las aguas de purificación.

¹⁴»Esta es la ley que se aplicará cuando alguien muera en alguna de las tiendas: Todo el que entre en la tienda, y todo el que[ᵃ] se encuentre en ella, quedará impuro siete días. ¹⁵Toda vasija que no haya estado bien tapada también quedará impura.

¹⁶»Quien al pasar por un campo toque el cadáver de alguien que haya muerto en batalla o de muerte natural, o toque huesos ˚humanos o un sepulcro, quedará impuro siete días.

¹⁷»Para purificar a la persona que quedó impura, en una vasija se pondrá un poco de la ceniza del sacrificio por el perdón y se le echará agua fresca. ¹⁸Después de eso, alguien ritualmente puro tomará una rama de ˚hisopo, lo mojará en el agua, y rociará la tienda y todos sus utensilios, y a todos los que estén allí. También se rociará al que haya tocado los huesos humanos, el cadáver de alguien que haya sido asesinado o que haya muerto de muerte natural, o el sepulcro. ¹⁹El hombre ritualmente puro rociará a la persona impura los días tercero y séptimo. Al séptimo día, purificará a la persona impura, la cual lavará sus vestidos y se bañará. Así quedará purificada al anochecer. ²⁰Pero si la persona impura no se purifica, será eliminada de la comunidad por haber contaminado el santuario del SEÑOR. Tal persona habrá quedado impura por no haber sido rociada con las aguas de purificación. ²¹Este es un estatuto perpetuo para Israel.

»El que rocía con las aguas de purificación también lavará sus vestidos, y quien toque el agua de purificación quedará impuro hasta el anochecer. ²²Todo lo que el impuro toque quedará impuro y quien lo toque a él también quedará impuro hasta el anochecer».

El agua de la roca

20 Toda la comunidad israelita llegó al desierto de Zin en el mes primero y acampó en Cades. Fue allí donde Miriam murió y fue sepultada.

²Como hubo una gran escasez de agua, los israelitas se amotinaron contra Moisés y Aarón, ³y le reclamaron a Moisés: «¡Ojalá también hubiéramos muerto cuando nuestros hermanos cayeron muertos en presencia del SEÑOR! ⁴¿No somos acaso la asamblea del SEÑOR? ¿Para qué nos trajiste a este desierto a morir con nuestro ganado? ⁵¿Para qué nos sacaste de Egipto y nos metiste en este horrible lugar? Aquí no hay semillas, ni higueras, ni viñas, ni granados, ¡y ni siquiera hay agua para beber!».

⁶Moisés y Aarón se apartaron de la asamblea y fueron a la entrada de la ˚Tienda de reunión, donde se postraron rostro en tierra. Entonces la gloria del SEÑOR se manifestó ante ellos, ⁷y el SEÑOR dijo a Moisés: ⁸«Toma la vara y reúne a la asamblea. En presencia de esta, tú y tu hermano ordenarán a la ˚roca que dé agua. Así harán que de ella brote agua, y darán de beber a la asamblea y a su ganado».

⁹Tal como el SEÑOR se lo había ordenado, Moisés tomó la vara que estaba ante el SEÑOR. ¹⁰Luego Moisés y Aarón reunieron a la asamblea frente a la roca, y Moisés dijo: «¡Escuchen, rebeldes! ¿Acaso tenemos que sacarles agua de esta roca?». ¹¹Dicho esto, levantó la mano y dos veces golpeó la roca con la vara, y brotó agua en abundancia, de la cual bebieron la asamblea y su ganado.

¹²El SEÑOR dijo a Moisés y a Aarón: «Por no haber confiado en mí ni haber reconocido mi ˚santidad en presencia de los israelitas, no serán ustedes los que lleven a esta comunidad a la tierra que les he dado».

¹³A estas aguas se les conoce como la fuente de Meribá,[ᵇ] porque fue allí donde los israelitas discutieron con el SEÑOR, y donde él manifestó su santidad.

Edom niega el paso a Israel

¹⁴Desde Cades, Moisés envió emisarios al rey de Edom, con este mensaje:

«Así dice tu hermano Israel: Tú conoces bien todas las dificultades que hemos encontrado. ¹⁵Sabes que nuestros antepasados fueron a Egipto, donde durante muchos años vivimos, y que los egipcios nos maltrataron a nosotros y a nuestros antepasados. ¹⁶También sabes que clamamos al SEÑOR, y que él escuchó nuestra súplica y nos envió a un ángel que nos sacó de Egipto.

»Ya estamos en Cades, población que está en las inmediaciones de tu territorio. ¹⁷Solo te

---

ᵃ **14** el que. Alt. lo que.   ᵇ **13** En hebreo, *Meribá* significa *altercado*.

pedimos que nos dejes cruzar por tus dominios. Te prometo que no entraremos en ningún campo ni viña; tampoco beberemos agua de ningún pozo. Nos limitaremos a pasar por el camino real, sin apartarnos de él para nada, hasta que salgamos de tu territorio».

¹⁸Pero el rey de Edom mandó a decir:

«No crucen por mis dominios; de lo contrario, saldré con mi ejército y los atacaré».

¹⁹Los israelitas insistieron:

«Solo pasaremos por el camino principal y, si nosotros o nuestro ganado llegamos a beber agua de tus pozos, te lo pagaremos. Lo único que pedimos es que nos permitas pasar por él».

²⁰Pero el rey fue tajante en su respuesta:

«¡Por aquí no pasarán!».

Y salió contra ellos con un poderoso ejército, ²¹resuelto a no dejarlos cruzar por su territorio. Así que los israelitas se vieron obligados a ir por otro camino.

Muerte de Aarón

²²Toda la comunidad israelita partió de Cades y llegó al monte Hor, ²³cerca de la frontera de Edom. Allí el SEÑOR dijo a Moisés y a Aarón: ²⁴«Pronto Aarón partirá de este mundo, de modo que no entrará en la tierra que he dado a los israelitas porque ustedes dos se rebelaron contra la orden que les di en la fuente de Meribá. ²⁵Así que lleva a Aarón y a su hijo Eleazar al monte Hor. ²⁶Allí quitarás a Aarón sus vestiduras sacerdotales y se las pondrás a su hijo Eleazar, pues allí Aarón morirá y se reunirá con sus antepasados».

²⁷Moisés llevó a cabo lo que el SEÑOR le ordenó. A la vista de todo el pueblo, los tres subieron al monte Hor. ²⁸Moisés le quitó a Aarón las vestiduras sacerdotales y se las puso a Eleazar. Allí, en la cumbre del monte, murió Aarón. Luego Moisés y Eleazar descendieron del monte. ²⁹Y cuando todo el pueblo se enteró de que Aarón había muerto, lo lloró durante treinta días.

Derrota de Arad

21 Cuando el cananeo que reinaba en la ciudad de Arad y vivía en el Néguev se enteró de que los israelitas venían por el camino de Atarín, los atacó y capturó a algunos de ellos. ²Entonces el pueblo de Israel hizo esta promesa al SEÑOR: «Si tú nos aseguras la victoria sobre este enemigo, ˙destruiremos por completo sus ciudades». ³El SEÑOR atendió a la súplica de los israelitas y les concedió la victoria sobre los cananeos, a los que destruyeron por completo, junto con sus ciudades. Por eso a aquel lugar se le llamó Jormá.ᵃ

La serpiente de bronce

⁴Los israelitas salieron del monte Hor por la ruta del ˙mar Rojo, bordeando el territorio de Edom. En el camino se impacientaron ⁵y comenzaron a hablar contra Dios y contra Moisés:

—¿Para qué nos trajeron ustedes de Egipto a morir en este desierto? ¡Aquí no hay pan ni agua! ¡Ya estamos hartos de esta pésima comida!

⁶Por eso el SEÑOR mandó contra ellos serpientes venenosas, para que los mordieran, y muchos israelitas murieron. ⁷El pueblo se acercó entonces a Moisés y dijo:

—Hemos pecado al hablar contra el SEÑOR y contra ti. Ruégale al SEÑOR que nos quite esas serpientes.

Moisés intercedió por el pueblo, ⁸y el SEÑOR le dijo:

—Hazte una serpiente y ponla en un asta. Todos los que sean mordidos y la miren, vivirán.

⁹Moisés hizo una serpiente de bronce y la puso en un asta. Los que eran mordidos miraban a la serpiente de bronce y vivían.

En camino a Moab

¹⁰Los israelitas se pusieron en marcha y acamparon en Obot. ¹¹De allí partieron y acamparon en Iyé Abarín, que está en el desierto, al este de Moab. ¹²De allí partieron y acamparon en el valle de Zéred. ¹³De allí partieron y acamparon al otro lado del río Arnón, que está en el desierto que se extiende desde el territorio de los amorreos. El río Arnón sirve de frontera entre el territorio de los moabitas y el de los amorreos. ¹⁴Por eso puede leerse en el libro de las guerras del SEÑOR:

«... pasamos por Vaheb, en Sufá,
  por los valles y el Arnón; ¹⁵la ladera de los valles
que se extienden hasta la región de Ar
  y la frontera de Moab».

¹⁶De allí continuaron hasta Ber, el pozo donde el SEÑOR dijo a Moisés: «Reúne al pueblo y les daré agua».

¹⁷En esa ocasión Israel entonó este cántico:

«¡Que brote agua del pozo!
  ¡Canten en su honor!
¹⁸ ¡Pozo que cavaron los príncipes,
  y que los nobles del pueblo abrieron con sus
    cetros y bastones de mando!».

Desde el desierto se dirigieron a Mataná; ¹⁹de Mataná a Najaliel, de Najaliel a Bamot, ²⁰y de Bamot al valle que está en la región de Moab, hasta la cumbre del monte Pisgá, desde donde puede verse el desierto de Jesimón.

Victoria sobre Sijón

²¹Israel envió mensajeros a Sijón, rey de los amorreos, con este mensaje:

²²«Te pido que nos dejes pasar por tu territorio. Te prometo que no entraremos en ningún campo ni viña, ni beberemos agua de ningún pozo. Nos limitaremos a pasar por el camino real, hasta que salgamos de tu territorio».

²³Pero Sijón no dejó que los israelitas pasaran por su territorio. Más bien, reunió a sus tropas y salió a hacerles frente en el desierto. Cuando llegó a Yahaza, los atacó. ²⁴Pero los israelitas lo derrotaron y se apoderaron de su territorio, desde el río Arnón hasta el río Jaboc, es decir, hasta la frontera de los amonitas, la cual estaba fortificada. ²⁵Israel se apoderó de todas las ciudades amorreas y se estableció en ellas, incluso en Hesbón y en todas sus aldeas. ²⁶Hesbón era la ciudad capital de Sijón, rey de los amorreos, quien había luchado en contra del anterior rey de Moab, conquistando todo su territorio, hasta el río Arnón. ²⁷Por eso dicen los poetas:

«Vengan a Hesbón, la ciudad de Sijón.
  ¡Reconstrúyanla! ¡Restáurenla!

²⁸ »Porque de Hesbón ha salido fuego;
  de la ciudad de Sijón salieron llamas.

ᵃ 3 En hebreo, *Jormá* significa *destrucción*.

¡Y consumieron a Ar de Moab
y los que habitan las alturas del Arnón!
²⁹¡Ay de ti, Moab!
¡Estás destruido, pueblo de Quemós!
Tu dios convirtió a tus hijos en fugitivos
y a tus hijas en prisioneras de Sijón,
rey de los amorreos.

³⁰»Los hemos destruido por completo,
desde Hesbón hasta Dibón.
Los devastamos hasta Nofa,
¡los destruimos hasta Medeba!».

³¹Así fue como Israel se estableció en la tierra de
los amorreos.

Victoria sobre el rey Og de Basán

³²Moisés también envió a explorar la ciudad de
Jazer, y los israelitas se apoderaron de sus aldeas,
expulsando a los amorreos que vivían allí. ³³Al volver,
tomaron el camino de Basán; entonces el rey Og, que
gobernaba ese país, salió con su ejército para hacerles
frente en Edrey. ³⁴Pero el SEÑOR dijo a Moisés: «No le tengas miedo,
porque voy a entregar en tus manos a Og con su
ejército y su territorio. Harás con él lo mismo que
hiciste con Sijón, el rey de los amorreos que vivía en
Hesbón». ³⁵Así fue como los israelitas mataron a Og, a sus
hijos y a todo su ejército, hasta no dejar sobreviviente, y se apoderaron de su territorio.

Balac manda llamar a Balán

22 Los israelitas se pusieron otra vez en marcha
y acamparon en las llanuras de Moab, al otro
lado del Jordán, a la altura de Jericó.
²Cuando Balac, hijo de Zipor, se dio cuenta de
todo lo que Israel había hecho con los amorreos, ³los
moabitas sintieron mucho miedo de los israelitas.
Estaban verdaderamente aterrorizados de ellos,
porque eran muchísimos.
⁴Entonces dijeron los moabitas a los jefes de
Madián: «¡Esta muchedumbre devorará todo lo que
hay a nuestro alrededor, como cuando el ganado
devora la hierba del campo!».

En aquel tiempo, Balac, hijo de Zipor, era rey de
Moab; ⁵así que mandó llamar a Balán, hijo de Beor,
quien vivía en Petor, a orillas del río Éufrates, en la
tierra de los amavitas.ᵃ Balac mandó a decirle:

«Hay un pueblo que salió de Egipto, y que
ahora cubre toda la tierra y ha venido a asentarse
cerca de mí. ⁶Te ruego que vengas y maldigas por
mí a este pueblo, porque es más poderoso que yo.
Tal vez así pueda yo vencerlos y echarlos fuera
del país. Yo sé que a quien tú bendices queda
bendito y a quien tú maldices queda maldito».

⁷Los jefes de Moab y de Madián fueron a dar a
Balán el mensaje que Balac enviaba y llevaron consigo dinero para pagarle sus adivinaciones.
⁸Balán los invitó a pasar allí la noche, prometiendo
comunicarles después lo que el SEÑOR dijera. Y los
oficiales se quedaron con él.
⁹Dios apareció a Balán y dijo:
—¿Quiénes son estos hombres que están contigo?
¹⁰Balán respondió:
—Son los mensajeros que envió Balac, hijo de
Zipor, que es el rey de Moab. Los envió a decirme:
¹¹"Un pueblo que salió de Egipto cubre ahora toda la

tierra. Ven a maldecirlos por mí. Tal vez así pueda yo
luchar contra ellos y echarlos fuera de mi territorio".
¹²Pero Dios dijo a Balán:
—No irás con ellos ni pronunciarás ninguna maldición sobre los israelitas, porque son un pueblo
bendito.
¹³La mañana siguiente Balán se levantó y dijo a los
oficiales enviados por Balac: «Regresen a su tierra,
porque el SEÑOR no quiere que yo vaya con ustedes».
¹⁴Los oficiales moabitas regresaron adonde estaba
Balac y dijeron: «Balán no quiere venir con nosotros».
¹⁵Balac envió entonces a otros oficiales, más numerosos y distinguidos que los primeros, ¹⁶quienes
fueron y dijeron a Balán:

—Esto es lo que dice Balac, hijo de Zipor: No
permitas que nada te impida venir a verme,
¹⁷porque yo te recompensaré con creces y haré
todo lo que tú me pidas. Te ruego que vengas y
maldigas por mí a este pueblo.

¹⁸Pero Balán respondió a los siervos de Balac:
—Aun si Balac me diera su palacio lleno de oro y
de plata, yo no podría hacer nada grande ni pequeño,
sino ajustarme al mandamiento del SEÑOR mi Dios.
¹⁹Ustedes pueden también quedarse aquí esta noche,
mientras yo averiguo si el SEÑOR quiere decirme
alguna otra cosa.
²⁰Aquella noche Dios se apareció a Balán y dijo:
«Ya que estos hombres han venido a llamarte, ve con
ellos, pero solo harás lo que yo te ordene».

Balán y su burra

²¹Balán se levantó por la mañana, ensilló su burra
y partió con los oficiales de Moab. ²²Mientras iba
con ellos, la ira de Dios se encendió y en el camino
el ángel del SEÑOR se hizo presente, dispuesto a no
dejarlo pasar. Balán iba montado en su burra y sus
dos criados lo acompañaban. ²³Cuando la burra vio al
ángel del SEÑOR en medio del camino con la espada
desenvainada, se apartó del camino y se fue por el
campo. Pero Balán la golpeó para hacerla volver al
camino.
²⁴El ángel del SEÑOR se detuvo en un sendero estrecho que estaba entre dos viñas, con cercos de piedra
en ambos lados. ²⁵Cuando la burra vio al ángel del
SEÑOR, se arrimó contra la pared, apretando el pie
de Balán contra ella. Entonces Balán volvió a pegarle.
²⁶El ángel del SEÑOR se les adelantó y se detuvo
en un lugar más estrecho, donde ya no había hacia
dónde ir, ni a derecha ni a izquierda. ²⁷Cuando la
burra vio al ángel del SEÑOR, se echó al suelo con
Balán encima. Entonces se encendió la ira de Balán
y golpeó a la burra con un palo. ²⁸Pero el SEÑOR hizo
hablar a la burra, y esta dijo a Balán:
—¿Se puede saber qué te he hecho, para que me
hayas pegado tres veces?
²⁹Balán respondió:
—¡Te estás burlando de mí! Si hubiera tenido
una espada en la mano, te habría matado de inmediato.
³⁰La burra contestó a Balán:
—¿Acaso no soy la burra sobre la que siempre has
montado hasta el día de hoy? ¿Alguna vez te hice
algo así?
—No —respondió Balán.
³¹El SEÑOR abrió los ojos de Balán y este pudo ver en
el camino al ángel del SEÑOR empuñando la espada.
Entonces, Balán se inclinó y se postró rostro en tierra.
³²El ángel del SEÑOR preguntó:
—¿Por qué golpeaste tres veces a tu burra? ¿No
te das cuenta de que vengo dispuesto a no dejarte
pasar porque he visto que tus ˙caminos son malos?ᵇ

ᵃ 5 de los amavitas. Alt. de los hijos de su pueblo.   ᵇ 32 son
malos (véanse LXX y Vulgata). Texto de difícil traducción.

³³Cuando la burra me vio, se apartó de mí tres veces. De no haber sido por ella, tú estarías ya muerto y ella seguiría con vida.

³⁴Balán dijo al ángel del SEÑOR:

—He pecado. No me di cuenta de tu presencia en el camino para cerrarme el paso. Ahora bien, como esto te parece mal, voy a regresar.

³⁵Pero el ángel del SEÑOR dijo a Balán:

—Ve con esos hombres, pero limítate a decir solo lo que yo te mande.

Y Balán se fue con los oficiales que Balac había enviado.

Balac se encuentra con Balán

³⁶Cuando Balac se enteró de que Balán venía, salió a recibirlo en una ciudad moabita que está en la frontera del río Arnón. ³⁷Balac dijo a Balán:

—¿Acaso no te mandé llamar? ¿Por qué no viniste a mí? ¿Crees que no soy capaz de recompensarte?

³⁸—¡Bueno, ya estoy aquí! —contestó Balán—. Solo que no podré decir nada que Dios no ponga en mi boca.

³⁹De allí se fueron Balán y Balac a Quiriat Jusot. ⁴⁰Balac ofreció en sacrificio vacas y ovejas, y las compartió con Balán y los oficiales que estaban con él. ⁴¹A la mañana siguiente, Balac llevó a Balán a Bamot Baal, desde donde Balán pudo ver parte del campamento israelita.

Primer mensaje de Balán

23 Balán dijo a Balac: «Edifícame siete altares en este lugar, y prepárame siete novillos y siete carneros». ²Balac hizo lo que Balán le pidió, y juntos ofrecieron un novillo y un carnero en cada altar.

³Entonces Balán dijo a Balac: «Quédate aquí, al lado de tu *holocausto, mientras yo voy a ver si el SEÑOR quiere reunirse conmigo. Luego te comunicaré lo que él me revele». Y se fue a una loma desolada.

⁴Dios vino a su encuentro y Balán le dijo:

—He preparado siete altares, y en cada altar he ofrecido un novillo y un carnero.

⁵Entonces el SEÑOR puso su palabra en boca de Balán y le dijo:

—Vuelve adonde está Balac y repítele lo que te voy a decir.

⁶Balán regresó y encontró a Balac de pie, al lado de su holocausto, en compañía de todos los oficiales de Moab. ⁷Y Balán pronunció su mensaje:

«De Aram, de las montañas de Oriente,
 me trajo Balac, el rey de Moab.
"Ven —me dijo—, maldice por mí a Jacob;
 ven, deséale el mal a Israel".
⁸ Pero ¿cómo podré maldecir
 a quien Dios no ha maldecido?
¿Cómo podré desearle el mal
 a quien el SEÑOR no se lo desea?
⁹ Desde la cima de las peñas lo veo;
 desde las colinas lo contemplo:
es un pueblo que vive apartado,
 que no se cuenta entre las naciones.
¹⁰ ¿Quién puede calcular la descendencia de Jacob,
 tan numerosa como el polvo,
 o contar siquiera la cuarta parte de Israel?
¡Sea mi muerte como la del justo!
 ¡Sea mi fin semejante al suyo!».

¹¹Entonces Balac reclamó a Balán:

—¿Qué me has hecho? Te traje para que maldijeras a mis enemigos, ¡y resulta que no has hecho más que bendecirlos!

¹²Pero Balán respondió:

—¿Acaso no debo decir lo que el SEÑOR me pide que diga?

Segundo mensaje de Balán

¹³Entonces Balac dijo:

—Por favor, ven conmigo a otro lugar. Desde allí podrás ver solo una parte del pueblo, no a todos ellos, y los maldecirás por mí.

¹⁴Así que lo llevó al campo de Zofín en la cumbre del monte Pisgá. Allí edificó siete altares, y en cada uno de ellos ofreció un novillo y un carnero.

¹⁵Allí Balán dijo a Balac: «Quédate aquí, al lado de tu *holocausto, mientras yo voy a reunirme con Dios».

¹⁶El SEÑOR se reunió con Balán y puso en boca de este su palabra. Le dijo: «Vuelve adonde está Balac y repite lo que te voy a decir».

¹⁷Balán se fue adonde estaba Balac y lo encontró de pie, al lado de su holocausto, en compañía de los oficiales de Moab. Balac le preguntó:

—¿Qué dijo el SEÑOR?

¹⁸Entonces Balán pronunció su mensaje:

«Levántate, Balac, y escucha;
 óyeme, hijo de Zipor.
¹⁹ Dios no es un simple *mortal
 para mentir y cambiar de parecer.
¿Acaso no cumple lo que promete
 ni lleva a cabo lo que dice?
²⁰ Se me ha ordenado bendecir
 y, si eso es lo que Dios quiere,
 yo no puedo hacer otra cosa.

²¹ »No se ha visto sufrimiento en el pueblo de Jacob
 ni calamidad en Israel.
El SEÑOR su Dios está con ellos;
 entre ellos se le aclama como Rey.
²² Dios los sacó de Egipto
 con la fuerza de un toro salvaje.
²³ Contra Jacob no hay hechicería que valga,
 ni valen las adivinaciones contra Israel.
De Jacob y de Israel se dirá:
 "¡Miren lo que Dios ha hecho!".
²⁴ Un pueblo se alza como leona;
 se levanta como león.
No descansará hasta haber devorado su presa
 y bebido la sangre de sus víctimas».

²⁵Balac dijo entonces a Balán:

—¡Si no los vas a maldecir, tampoco los bendigas!

²⁶Balán respondió:

—¿Acaso no te advertí que yo repetiría todo lo que el SEÑOR me ordenara decir?

Tercer mensaje de Balán

²⁷Balac dijo a Balán:

—Por favor, ven conmigo, que te llevaré a otro lugar. Tal vez a Dios le parezca bien que los maldigas desde allí.

²⁸Así que llevó a Balán hasta la cumbre del monte Peor, desde donde puede verse el desierto de Jesimón. ²⁹Allí Balán le dijo:

—Edifícame siete altares en este lugar, y prepárame siete novillos y siete carneros.

³⁰Balac hizo lo que Balán pidió y en cada altar ofreció un novillo y un carnero.

24 Pero cuando Balán se dio cuenta de que al SEÑOR le complacía que se bendijera a Israel, no recurrió a la hechicería como otras veces, sino que volvió su rostro hacia el desierto. ²Cuando Balán alzó la vista y vio a Israel acampando por tribus, el Espíritu de Dios vino sobre él; ³entonces pronunció su mensaje:

«Palabras de Balán, hijo de Beor;
 palabras del varón clarividente.

⁴Palabras del que oye las palabras de Dios,
del que contempla la visión del
˚Todopoderoso,
del que cae en trance y tiene visiones.

⁵»¡Cuán hermosas son tus tiendas, Jacob!
¡Qué bello es tu campamento, Israel!

⁶»Son como arroyos que se ensanchan,
como jardines a la orilla del río,
como áloes plantados por el SEÑOR,
como cedros junto a las aguas.
⁷Sus cántaros rebosan de agua;
su semilla goza de agua abundante.

»Su rey es más grande que Agag;
su reinado se engrandece.

⁸»Dios los sacó de Egipto
con la fuerza de un toro salvaje.
Israel devora a las naciones hostiles
y les parte los huesos;
las atraviesa con sus flechas.
⁹Se agacha como un león,
se tiende como una leona:
¿quién se atreverá a despertarlo?

»¡Benditos sean los que te bendigan!
¡Malditos sean los que te maldigan!».

¹⁰Entonces la ira de Balac se encendió contra Balán,
y chasqueando los dedos le dijo:
—Te mandé llamar para que maldijeras a mis
enemigos, ¡y estas tres veces no has hecho sino bendecirlos! ¹¹Más te vale volver a tu tierra! Prometí
que te recompensaría, pero esa recompensa te la ha
negado el SEÑOR.
¹²Balán contestó:
—Dije a los mensajeros que me enviaste: ¹³"Aun
si Balac me diera su palacio lleno de oro y de plata,
yo no podría hacer nada bueno ni malo, sino ajustarme al mandamiento del SEÑOR. Lo que el SEÑOR
me ordene decir, eso diré". ¹⁴Ahora que vuelvo a
mi pueblo, voy a advertirte en cuanto a lo que este
pueblo hará con tu pueblo en el futuro.

Cuarto mensaje de Balán

¹⁵Entonces Balán pronunció su mensaje:

«Profecía de Balán, hijo de Beor,
palabras del varón clarividente.
¹⁶Mensaje del que oye las palabras de Dios
y conoce el pensamiento del ˚Altísimo;
del que contempla la visión del ˚Todopoderoso,
del que cae en trance y tiene visiones:

¹⁷»Lo veo, pero no ahora;
lo contemplo, pero no de cerca.
Una estrella saldrá de Jacob;
un cetro surgirá en Israel.
Aplastará las sienes de Moab
y el cráneo de todos los hijos de Set.
¹⁸Edom será conquistado;
Seír, su enemigo, será dominado,
mientras que Israel hará proezas.
¹⁹De Jacob saldrá un conquistador,
y destruirá a los sobrevivientes de la
ciudad».

Quinto mensaje de Balán

²⁰Balán miró a Amalec y pronunció este mensaje:

«Amalec fue el primero entre las naciones,
pero su fin será la destrucción total».

Sexto mensaje de Balán

²¹Luego miró Balán al quenita y pronunció este
mensaje:

«Aunque tienes una morada segura
y tu nido está sobre la roca,
²²tú, quenita, serás destruido,
y Asiria te llevará cautivo».

Séptimo mensaje de Balán

²³Entonces Balán pronunció este mensaje:

«¡Ay! ¿Quién seguirá con vida
cuando Dios determine hacer esto?
²⁴Vendrán barcos desde las costas de Chipre,
que oprimirán a Asiria y a Éber,
pues ellos también serán destruidos».

²⁵Después de esto Balán se levantó y volvió a su
tierra. También Balac se fue por su camino.

Infidelidad de Israel

25 Mientras los israelitas acampaban en Sitín,
comenzaron a entregarse a la inmoralidad
sexual con las mujeres moabitas, ²las cuales los invitaban a participar en los sacrificios a sus dioses. Los
israelitas comían de esos sacrificios y se postraban
ante esos dioses. ³Esto los llevó a unirse al culto de
Baal Peor. Por tanto, la ira del SEÑOR se encendió
contra ellos.
⁴Entonces el SEÑOR dijo a Moisés: «Toma a todos
los jefes del pueblo y ahórcalos en mi presencia a
plena luz del día, para que el furor de mi ira se aparte
de Israel».
⁵Moisés ordenó a los jueces de Israel: «Maten a los
hombres bajo su mando que hayan rendido culto a
Baal Peor».
⁶Mientras el pueblo lloraba a la entrada de la
˚Tienda de reunión, un israelita trajo a una madianita y, en presencia de Moisés y de toda la comunidad
israelita, tuvo el descaro de presentársela a su familia. ⁷De esto se dio cuenta el sacerdote Finés, que era
hijo de Eleazar y nieto del sacerdote Aarón. Finés
abandonó la asamblea y lanza en mano, ⁸siguió al
hombre, entró en su tienda y atravesó al israelita y
a la mujer.ᵃ De esta forma cesó la plaga que se había
desatado contra los israelitas. ⁹Con todo, los que
murieron a causa de la plaga fueron veinticuatro
mil.
¹⁰El SEÑOR dijo a Moisés: ¹¹«Finés, hijo de Eleazar
y nieto del sacerdote Aarón, ha hecho que mi ira se
aparte de los israelitas, pues ha actuado con el mismo
celo que yo habría tenido por mi honor. Por eso no
destruí a los israelitas con el furor de mi celo. ¹²Dile,
pues, a Finés que yo le concedo mi ˚pacto de paz, ¹³por
medio del cual él y sus descendientes gozarán de un
sacerdocio eterno, ya que defendió celosamente mi
honor y presentó ofrendas para el perdón de los
israelitas».
¹⁴El hombre que fue atravesado junto con la madianita se llamaba Zimri, hijo de Salu, y era jefe de una
familia de la tribu de Simeón. ¹⁵La madianita se llamaba Cozbí, y era hija de Zur, jefe de una familia de
Madián.
¹⁶El SEÑOR dijo a Moisés: ¹⁷«Ataca a los madianitas y mátalos, ¹⁸porque ellos también los atacaron
a ustedes con sus artimañas, pues en Baal Peor los
sedujeron, como en el caso de Cozbí, la hija del jefe
madianita que fue muerta el día de la plaga en Baal
Peor».

ᵃ 8 *mujer* (lectura probable); *mujer, por el vientre de ella* (TM).

Segundo censo de las tribus de Israel

26 Después de la plaga, el SEÑOR dijo a Moisés y al sacerdote Eleazar, hijo de Aarón: 2«Hagan un censo de toda la comunidad israelita por sus familias patriarcales. Enlisten a los varones mayores de veinte años, que sean aptos para la guerra en Israel».

3Moisés y el sacerdote Eleazar hablaron con el pueblo en las llanuras de Moab, cerca del Jordán, a la altura de Jericó, y ordenaron 4levantar un censo de todos los varones mayores de veinte años, tal como el SEÑOR se lo había mandado a Moisés.

Los israelitas que salieron de Egipto fueron los siguientes:

5De Enoc, Falú, Jezrón y Carmí, hijos de Rubén, el primogénito de Israel, proceden los siguientes clanes:
los enoquitas,
los faluitas,
6los jezronitas,
los carmitas.
7Estos son los clanes de la tribu de Rubén. Su número llegó a cuarenta y tres mil setecientos treinta hombres.
8Eliab fue el único hijo de Falú. 9Los hijos de Eliab fueron Nemuel, Datán y Abirán. Datán y Abirán fueron los mismos jefes de la comunidad que se rebelaron contra Moisés y Aarón, y estaban entre los seguidores de Coré cuando se rebelaron contra el SEÑOR. 10En esa ocasión, la tierra abrió su boca y se los tragó junto con Coré, muriendo también sus seguidores. El fuego devoró a doscientos cincuenta hombres, y este hecho los convirtió en una señal de advertencia. 11Sin embargo, los hijos de Coré no perecieron.

12Los hijos de Simeón formaron los siguientes clanes. De Nemuel, Jamín y Jaquín:
los nemuelitas,
los jaminitas,
los jaquinitas.
13De Zera y Saúl:
los zeraítas,
los saulitas.
14Estos son los clanes de la tribu de Simeón. Su número llegó a veintidós mil doscientos hombres.

15Los hijos de Gad formaron los siguientes clanes. De Zefón, Jaguí y Suni:
los zefonitas,
los jaguitas,
los sunitas.
16De Ozni y Erí:
los oznitas,
los eritas.
17De Arodí y Arelí:
los aroditas,
los arelitas.
18Estos son los clanes de la tribu de Gad. Su número llegó a cuarenta mil quinientos hombres.

19Er y Onán eran hijos de Judá, pero ambos murieron en Canaán.
20De sus hijos Selá, Fares y Zera proceden los siguientes clanes:
los selaítas,
los faresitas,
los zeraítas.
21De Jezrón y de Jamul, hijos de Fares, proceden los clanes:
los jezronitas,
los jamulitas.
22Estos son los clanes de la tribu de Judá. Su número llegó a setenta y seis mil quinientos hombres.

23Los hijos de Isacar formaron los siguientes clanes. De Tola y Fuvá:
los tolaítas,
los fuvitas.
24De Yasub y Simrón:
los yasubitas,
los simronitas.
25Estos son los clanes de la tribu de Isacar. Su número llegó a sesenta y cuatro mil trescientos hombres.

26De Séred, Elón y Yalel, hijos de Zabulón, proceden los siguientes clanes:
los sereditas,
los elonitas,
los yalelitas.
27Estos son los clanes de la tribu de Zabulón. Su número llegó a sesenta mil quinientos hombres.

28De Manasés y Efraín, hijos de José, proceden los siguientes clanes:
29De Maquir, hijo de Manasés, y de Galaad, hijo de Maquir, proceden los siguientes clanes:
los maquiritas,
los galaaditas.
30Los hijos de Galaad formaron los siguientes clanes. De Jezer y Jélec:
los jezeritas,
los jelequitas.
31De Asriel y Siquén:
los asrielitas,
los siquenitas.
32De Semidá y Héfer:
los semidaítas,
los heferitas.
33Zelofejad, hijo de Héfer, no tuvo hijos, sino solo hijas, cuyos nombres eran Majlá, Noa, Joglá, Milca y Tirsá.
34Estos son los clanes de la tribu de Manasés. Su número llegó a cincuenta y dos mil setecientos hombres.
35De Sutela, Béquer y Taján, hijos de Efraín, proceden los siguientes clanes:
los sutelaítas,
los bequeritas,
los tajanitas.
36De Erán, hijo de Sutela:
los eranitas.
37Estos son los clanes de la tribu de Efraín. Su número llegó a treinta y dos mil quinientos hombres.
Todos estos clanes descendieron de José.

38Los hijos de Benjamín formaron los siguientes clanes. De Bela, Asbel y Ajirán:
los belaítas,
los asbelitas,
los ajiranitas.
39De Sufán y Jufán:
los sufanitas,
los jufanitas.
40De Ard y Naamán, hijos de Bela, proceden los siguientes clanes:
los arditas,
los naamanitas.
41Estos son los clanes de la tribu de Benjamín. Su número llegó a cuarenta y cinco mil seiscientos hombres.

⁴² De Suján, hijo de Dan:
los sujanitas,
que fueron los únicos clanes danitas. ⁴³Su
número llegó a sesenta y cuatro mil cuatrocientos
hombres.

⁴⁴ De Imná, Isví y Beriá, hijos de Aser, proceden los
siguientes clanes:
los imnaítas,
los isvitas,
los beriaítas.
⁴⁵ De Héber y Malquiel, hijos de Beriá, proceden
los siguientes clanes:
los heberitas,
los malquielitas.
⁴⁶ Aser tuvo una hija llamada Sera.
⁴⁷ Estos son los clanes de la tribu de Aser. Su
número llegó a cincuenta y tres mil cuatrocientos
hombres.

⁴⁸ Los hijos de Neftalí formaron los siguientes
clanes. De Yazel y Guní:
los yazelitas,
los gunitas.
⁴⁹ De Jéser y Silén:
los jeseritas,
los silenitas.
⁵⁰ Estos son los clanes de la tribu de Neftalí. Su
número llegó a cuarenta y cinco mil cuatrocientos
hombres.

⁵¹ Los hombres de Israel eran en total seiscientos un
mil setecientos treinta.

Instrucciones para el reparto de la tierra

⁵²El SEÑOR dijo a Moisés: ⁵³«Reparte la tierra entre
estas tribus para que sea su heredad. Hazlo según
el número de nombres registrados. ⁵⁴A la tribu más
numerosa le darás la heredad más grande, y a la tribu
menos numerosa le darás la heredad más pequeña.
Cada tribu recibirá su heredad en proporción al
número de censados. ⁵⁵La tierra deberá repartirse
por sorteo, según el nombre de las tribus patriarcales. ⁵⁶El sorteo se hará entre todas las tribus, grandes
y pequeñas».

Censo de los levitas

⁵⁷ De los levitas Guersón, Coat y Merari proceden los
siguientes clanes:
los guersonitas,
los coatitas,
los meraritas.
⁵⁸ De los levitas proceden también los siguientes
clanes:
los libnitas,
los hebronitas,
los majlitas,
los musitas,
los coreítas.
Coat fue el padre de Amirán. ⁵⁹La esposa de
Amirán se llamaba Jocabed hija de Leví, y
había nacido en Egipto. Los hijos que ella
tuvo de Amirán fueron Aarón y Moisés, y su
hermana Miriam. ⁶⁰Aarón fue el padre de
Nadab, Abiú, Eleazar e Itamar, ⁶¹pero Nadab
y Abiú murieron bajo el juicio del SEÑOR por
haberle ofrecido fuego ilícito.

⁶² Los levitas mayores de un mes de edad fueron
en total veintitrés mil. Pero no fueron censados

junto con los demás israelitas porque no habrían
de recibir heredad entre ellos.

⁶³Estos fueron los israelitas censados por Moisés y
el sacerdote Eleazar, cuando los contaron en las llanuras de Moab, cerca del río Jordán, a la altura de
Jericó. ⁶⁴Entre los censados no figuraba ninguno de
los registrados en el censo que Moisés y el sacerdote
Aarón habían hecho antes en el desierto del Sinaí,
⁶⁵porque el SEÑOR había dicho que todos morirían en
el desierto. Con la excepción de Caleb, hijo de Jefone,
y de Josué, hijo de Nun, ninguno de ellos quedó con
vida.

Las hijas de Zelofejad
27:1-11 – Nm 36:1-12

27 Majlá, Noa, Joglá, Milca y Tirsá pertenecían a
los clanes de Manasés, hijo de José, pues eran
hijas de Zelofejad, hijo de Héfer, hijo de Galaad, hijo
de Maquir, hijo de Manasés. Las cinco se acercaron
²a la entrada de la *Tienda de reunión para hablar
con Moisés y el sacerdote Eleazar, y con los jefes de
toda la comunidad. Les dijeron: ³«Nuestro padre
murió sin dejar hijos, pero no por haber participado
en la rebelión de Coré contra el SEÑOR. Murió en el
desierto por su propio pecado. ⁴¿Será borrado de su
clan el *nombre de nuestro padre por el solo hecho
de no haber dejado hijos varones? Nosotras somos
sus hijas. ¡Danos una heredad entre los parientes de
nuestro padre!».

⁵Moisés presentó al SEÑOR el caso de ellas, ⁶y
el SEÑOR respondió: ⁷«Lo que piden las hijas de
Zelofejad es algo justo, así que debes darles una propiedad entre los parientes de su padre. Traspásales a
ellas la heredad de su padre.

⁸»Además, diles a los israelitas: "Cuando un
hombre muera sin dejar hijos, su heredad será tras-
pasada a su hija. ⁹Si no tiene hija, sus hermanos
recibirán la herencia. ¹⁰Si no tiene hermanos, se
entregará la herencia a los hermanos de su padre. ¹¹Si
su padre no tiene hermanos, se entregará la herencia
al pariente más cercano de su clan, para que tome
posesión de ella. Esta será la disposición legal que
regirá a los israelitas, tal como yo, el SEÑOR, se lo
ordené a Moisés"».

Anuncio de la muerte de Moisés

¹²El SEÑOR dijo a Moisés:
—Sube al monte Abarín y contempla desde allí la
tierra que he dado a los israelitas. ¹³Después de que
la hayas contemplado, partirás de este mundo para
reunirte con tus antepasados, como tu hermano
Aarón. ¹⁴En el desierto de Zin, cuando la comunidad
se puso a reclamar, ustedes dos se rebelaron contra
mí, pues al sacar agua de la *roca no reconocieron
ante el pueblo mi santidad.

Esas aguas de Meribá están en Cades, en el desierto
de Zin.

Moisés pide un líder para Israel

¹⁵Moisés respondió al SEÑOR:
¹⁶—Dígnate, SEÑOR, Dios de todos los seres vivien-
tes,^a a nombrar un jefe sobre esta comunidad, ¹⁷uno
que vaya delante de ellos, y que los guíe en sus entra-
das y salidas. Así el pueblo del SEÑOR no se quedará
como rebaño sin pastor.
¹⁸El SEÑOR dijo a Moisés:
—Toma a Josué, hijo de Nun, en quien mora
el Espíritu,^b pon tus manos sobre él ¹⁹y haz que se
presente ante el sacerdote Eleazar y ante toda la
comunidad. En presencia de ellos le entregarás el
mando. ²⁰Delega en él parte de tu autoridad para
que toda la comunidad israelita le obedezca. ²¹Se

---

a 16 todos los seres vivientes. Lit. los espíritus de toda carne.
b 18 en quien mora el Espíritu. Alt. que es un hombre sabio.

presentará ante el sacerdote Eleazar, quien mediante el *urim* consultará al SEÑOR. Cuando Josué ordene salir, la comunidad entera saldrá con él y, cuando le ordene volver, volverá.

²²Moisés hizo lo que el SEÑOR ordenó. Tomó a Josué y lo puso delante del sacerdote Eleazar y de toda la comunidad. ²³Luego le impuso las manos y le entregó el cargo, tal como el SEÑOR lo había mandado.

Calendario litúrgico

28 El SEÑOR dijo a Moisés: ²«Ordénale al pueblo de Israel que se asegure de presentar mi ofrenda puesta al fuego en el día señalado. Esa ofrenda puesta al fuego y de aroma grato es mi comida.

Sacrificio diario

³»Dile también al pueblo: "Esta es la ofrenda puesta al fuego que todos los días deben traer al SEÑOR para el ˙holocausto continuo: dos corderos de un año y sin defecto". ⁴Al despuntar el día, ofrecerás un cordero y al caer la tarde, el otro, ⁵junto con la décima parte de un efa*ª* de harina refinada mezclada con un cuarto de hin*ᵇ* de aceite de oliva. ⁶Este es el holocausto diario, instituido en el monte Sinaí como ofrenda puesta al fuego cuyo aroma es grato al SEÑOR. ⁷Con cada cordero ofrecerás un cuarto de hin de bebida fermentada, como ofrenda líquida, la cual derramarás en el santuario en honor del SEÑOR. ⁸El segundo cordero lo sacrificarás al caer la tarde, junto con una ofrenda de cereales y una ofrenda líquida como las presentadas en la mañana. Es una ofrenda puesta al fuego cuyo aroma es grato al SEÑOR.

Ofrendas del sábado

⁹»Cada ˙sábado ofrecerás dos corderos de un año y sin defecto, junto con una ofrenda líquida y una ofrenda de dos décimas partes de un efa*ᶜ* de harina refinada mezclada con aceite. ¹⁰Este es el ˙holocausto de cada sábado, además del holocausto que cada día se ofrece con su ofrenda líquida.

Ofrenda mensual

¹¹»Cada primer día del mes presentarás, como tu holocausto al SEÑOR, dos terneros, un carnero y siete corderos de un año y sin defecto. ¹²Con cada novillo presentarás también una ofrenda de tres décimas partes de un efa*ᵈ* de harina refinada mezclada con aceite; con el carnero, dos décimas partes de un efa de harina refinada mezclada con aceite; ¹³y con cada cordero, una décima parte de un efa de harina refinada mezclada con aceite. Este será un holocausto, una ofrenda puesta al fuego cuyo aroma es grato al SEÑOR. ¹⁴Las ofrendas líquidas serán las siguientes: Con cada novillo presentarás medio hin*ᵉ* de vino; con el carnero, un tercio de hin*ᶠ* de vino, y con cada cordero, un cuarto de hin*ᵍ* de vino. Este es el holocausto que debes presentar durante todo el año, una vez al mes, en el día de luna nueva. ¹⁵Además del holocausto diario y su ofrenda líquida, también presentarás al SEÑOR, como sacrificio por el perdón de pecados, un macho cabrío.

La Pascua

¹⁶»La Pascua del SEÑOR se celebrará el día catorce del mes primero. ¹⁷El día quince del mismo mes celebrarás una fiesta y durante siete días comerás pan sin levadura. ¹⁸El primer día celebrarás una asamblea sagrada; no se hará ningún trabajo. ¹⁹Presentarás al SEÑOR una ofrenda puesta al fuego, un ˙holocausto que consistirá en dos terneros, un carnero y siete corderos de un año. Asegúrate de que los animales no tengan defecto. ²⁰Con cada novillo presentarás una ofrenda de tres décimas de un efa*ʰ* de harina refinada

mezclada con aceite; con el carnero, dos décimas; ²¹y con cada uno de los siete corderos, la décima parte de un efa. ²²También incluirás un macho cabrío como sacrificio por el perdón para obtener así el perdón en tu favor. ²³Presentarás estas ofrendas, además del holocausto diario de cada mañana. ²⁴De igual manera las ofrecerás cada día, durante siete días consecutivos; es un alimento que consiste en una ofrenda puesta al fuego cuyo aroma es grato al SEÑOR. Todo esto se ofrecerá, además del holocausto diario y su ofrenda líquida. ²⁵Al séptimo día celebrarás una asamblea sagrada en su honor; ese día no harás ningún trabajo.

Fiesta de las Semanas
28:26-31 – Lv 23:15-22; Dt 16:9-12

²⁶»Durante la fiesta de las Semanas, presentarás al SEÑOR una ofrenda de grano nuevo en el día de las ˙primicias, y celebrarás también una asamblea sagrada en su honor. Ese día no harás ningún trabajo. ²⁷Ofrecerás dos terneros, un carnero y siete corderos de un año, como ˙holocausto de aroma grato al SEÑOR. ²⁸Con cada novillo presentarás una ofrenda de tres décimas de un efa*ⁱ* de harina refinada mezclada con aceite; con el carnero, dos décimas de esa misma harina; ²⁹y con cada uno de los siete corderos, la décima parte de un efa. ³⁰Incluirás también un macho cabrío para pedir perdón en tu favor. ³¹Presentarás todo esto junto con sus ofrendas líquidas, además del holocausto diario y su ofrenda líquida. Los animales no deben tener ningún defecto.

Fiesta de las Trompetas
29:1-6 – Lv 23:23-25

29 »El día primero del mes séptimo celebrarás una asamblea sagrada y nadie realizará ningún tipo de trabajo. Ese día se anunciará con toque de trompetas. ²Como ˙holocausto de aroma grato al SEÑOR, ofrecerás un ternero, un carnero y siete corderos de un año y sin defecto. ³Con el novillo presentarás tres décimas de un efa de harina refinada mezclada con aceite; con el carnero, dos décimas de un efa*ʲ* de esa misma harina; ⁴y con cada uno de los siete corderos, una décima de un efa.*ᵏ* ⁵Incluirás también un macho cabrío como sacrificio por el perdón, para obtener así el perdón en favor de ustedes. ⁶Todo esto se ofrecerá junto con las ofrendas de cereales y las ofrendas líquidas, además del holocausto mensual y el holocausto diario. Tal como está estipulado, todo esto lo presentarás como ofrenda puesta al fuego cuyo aroma es grato al SEÑOR.

El día del Perdón
29:7-11 – Lv 16:2-34; 23:26-32

⁷»El día diez del mes séptimo celebrarás una asamblea sagrada. En ese día se ayunará y nadie realizará ningún tipo de trabajo. ⁸Como ˙holocausto de aroma grato al SEÑOR presentarás un ternero, un carnero y siete corderos de un año. Los animales no deben tener ningún defecto. ⁹Con el novillo ofrecerás tres décimas de un efa de harina refinada mezclada con aceite; con el carnero, dos décimas de un efa de esa misma harina; ¹⁰y con cada uno de los siete corderos, una décima de un efa. ¹¹Incluirás también un macho cabrío como sacrificio por el perdón, además

---

ª 5 Es decir, aprox. 1.6 kg; también en vv. 13, 21 y 29.   ᵇ 5 Es decir, aprox. 1 l; también en vv. 7 y 14.   ᶜ 9 Es decir, aprox. 3.2 kg; también en vv. 12, 20 y 28.   ᵈ 12 Es decir, aprox. 5 kg.   ᵉ 14 Es decir, aprox. 1.9 l.   ᶠ 14 Es decir, aprox. 1.3 l.   ᵍ 14 Es decir, aprox. 1 l.   ʰ 20 Es decir, aprox. 5 kg.   ⁱ 28 Es decir, aprox. 5 kg.   ʲ 3 tres ... dos décimas de un efa. Es decir, aprox. 5 kg y 3.2 kg; también en vv. 9 y 14.   ᵏ 4 una décima de un efa. Es decir, 1.6 kg; también en vv. 10 y 15.

del sacrificio que se ofrece en el día del Perdón y del holocausto diario con su ofrenda de cereales y su ofrenda líquida.

Fiesta de las `Enramadas
29:12-39 – Lv 23:33-43; Dt 16:13-17

¹²»El día quince del mes séptimo celebrarás una asamblea sagrada y nadie realizará ningún tipo de trabajo. Durante siete días celebrarás una fiesta en honor del SEÑOR. ¹³Como `holocausto presentarás una ofrenda puesta al fuego, cuyo aroma es grato al SEÑOR. Presentarás trece terneros, dos carneros y catorce corderos de un año, que no tengan defecto. ¹⁴Con cada uno de los trece novillos presentarás tres décimas de un efa de harina refinada mezclada con aceite; con cada uno de los dos carneros, dos décimas de un efa de esa misma harina; ¹⁵y con cada uno de los catorce corderos, una décima de un efa. ¹⁶Incluirás también un macho cabrío como sacrificio por el perdón, además del holocausto diario y su ofrenda de cereales y su ofrenda líquida.

¹⁷»El segundo día prepararás doce terneros, dos carneros y catorce corderos de un año y sin defecto. ¹⁸Con los novillos, carneros y corderos presentarás ofrendas de cereales y ofrendas líquidas, según lo que se especifica para cada número. ¹⁹Incluirás también un macho cabrío como sacrificio por el perdón, además del holocausto diario con su ofrenda de cereales y su ofrenda líquida.

²⁰»El tercer día prepararás once novillos, dos carneros y catorce corderos de un año y sin defecto. ²¹Con los novillos, carneros y corderos presentarás ofrendas de cereales y ofrendas líquidas, según lo que se especifica para cada número. ²²Incluirás también un macho cabrío como sacrificio por el perdón, además del holocausto diario con su ofrenda de cereales y su ofrenda líquida.

²³»El cuarto día prepararás diez novillos, dos carneros y catorce corderos de un año y sin defecto. ²⁴Con los novillos, carneros y corderos presentarás ofrendas de cereales y ofrendas líquidas, según lo que se especifica para cada número. ²⁵Incluirás también un macho cabrío como sacrificio por el perdón, además del holocausto diario con su ofrenda de cereales y su ofrenda líquida.

²⁶»El quinto día prepararás nueve novillos, dos carneros y catorce corderos de un año y sin defecto. ²⁷Con los novillos, carneros y corderos presentarás ofrendas de cereales y ofrendas líquidas, según lo que se especifica para cada número. ²⁸Incluirás también un macho cabrío como sacrificio por el perdón, además del holocausto diario con su ofrenda de cereales y su ofrenda líquida.

²⁹»El sexto día prepararás ocho novillos, dos carneros y catorce corderos de un año y sin defecto. ³⁰Con los novillos, carneros y corderos presentarás ofrendas de cereales y ofrendas líquidas, según lo que se especifica para cada número. ³¹Incluirás también un macho cabrío como sacrificio por el perdón, además del holocausto diario con su ofrenda de cereales y su ofrenda líquida.

³²»El séptimo día prepararás siete novillos, dos carneros y catorce corderos de un año y sin defecto. ³³Con los novillos, carneros y corderos presentarás ofrendas de cereales y ofrendas líquidas, según lo que se especifica para cada número. ³⁴Incluirás también un macho cabrío como sacrificio por el perdón, además del holocausto diario con su ofrenda de cereales y su ofrenda líquida.

³⁵»El octavo día celebrarás una asamblea especial, y nadie realizará ningún tipo de trabajo. ³⁶Como holocausto presentarás una ofrenda puesta al fuego, cuyo aroma es grato al SEÑOR. Presentarás un novillo, un

carnero y siete corderos de un año y sin defecto. ³⁷Con el novillo, el carnero y los corderos presentarás ofrendas de cereales y ofrendas líquidas, según lo que se especifica para cada número. ³⁸Incluirás también un macho cabrío como sacrificio por el perdón, además del holocausto diario con su ofrenda de cereales y su ofrenda líquida.

³⁹»Estas son las ofrendas que presentarás al SEÑOR en las fiestas designadas, aparte de otras promesas, ofrendas voluntarias, holocaustos, ofrendas de cereales, ofrendas líquidas y sacrificios de `comunión que quieras presentarle».

⁴⁰Y Moisés comunicó a los israelitas todo lo que el SEÑOR había mandado.

Promesas de las mujeres

30 Moisés dijo a los jefes de las tribus de Israel: «El SEÑOR ha ordenado que ²cuando un hombre haga una promesa al SEÑOR o bajo juramento haga un compromiso, no deberá faltar a su palabra, sino que cumplirá con todo lo prometido.

³»Cuando una joven, que todavía viva en casa de su padre, haga una promesa al SEÑOR y se comprometa en algo, ⁴si su padre se entera de su promesa y de su compromiso, pero no le dice nada, entonces ella estará obligada a cumplir con todas sus promesas y compromisos. ⁵Pero si su padre se entera y no lo aprueba, todas las promesas y compromisos que la joven haya hecho quedarán anulados, y el SEÑOR la absolverá porque fue el padre quien los desaprobó.

⁶»Si la joven se casa después de haber hecho una promesa o un compromiso precipitado que la compromete ⁷y su esposo se entera, pero no le dice nada, entonces ella estará obligada a cumplir sus promesas y compromisos. ⁸Pero si su esposo se entera y no lo aprueba, la promesa y el compromiso que ella hizo en forma precipitada quedarán anulados, y el SEÑOR la absolverá.

⁹»La viuda o divorciada que haga una promesa o compromiso estará obligada a cumplirlo.

¹⁰»Cuando una mujer casada haga una promesa o bajo juramento se comprometa en algo, ¹¹si su esposo se entera, pero se queda callado y no lo desaprueba, entonces ella estará obligada a cumplir todas sus promesas y compromisos. ¹²Pero si su esposo se entera y los anula, entonces ninguna de las promesas o compromisos que haya hecho le serán obligatorios, pues su esposo los anuló. El SEÑOR la absolverá.

¹³»El esposo tiene la autoridad de confirmar o de anular cualquier promesa o juramento de abstinencia que ella haya hecho. ¹⁴En cambio, si los días pasan y el esposo se queda callado, su silencio confirmará todas las promesas y compromisos contraídos por ella. El esposo los confirmará por no haber dicho nada cuando se enteró. ¹⁵Pero si llega a anularlos después de un tiempo de haberse enterado, entonces él cargará con la culpa de su esposa».

¹⁶Estos son los estatutos que el SEÑOR dio a Moisés en cuanto a la relación entre esposo y esposa, y entre el padre y la hija que todavía viva en su casa.

Guerra contra Madián

31 El SEÑOR dijo a Moisés: ²«Antes de reunirte con tus antepasados, en nombre de tu pueblo, tienes que vengarte de los madianitas».

³Moisés se dirigió al pueblo y dijo: «Preparen a algunos de sus hombres para la guerra contra Madián. Vamos a descargar sobre ellos la venganza del SEÑOR. ⁴Que cada una de las tribus de Israel envíe mil hombres a la guerra».

⁵Los escuadrones de Israel proveyeron mil hombres por cada tribu, con lo que se reunieron doce mil hombres armados para la guerra. ⁶Moisés envió a

la guerra a los mil hombres de cada tribu. Con ellos iba Finés, hijo del sacerdote Eleazar, quien tenía a su cargo los utensilios del santuario y las trompetas que darían la señal de ataque.

⁷Tal como el SEÑOR se lo había ordenado a Moisés, los israelitas entraron en batalla contra Madián y mataron a todos los varones. ⁸Pasaron a espada a Evi, Requen, Zur, Hur y Reba, que eran los cinco reyes de Madián, y también a Balán, hijo de Beor. ⁹Capturaron a las mujeres y a los niños de los madianitas, y tomaron como botín de guerra todo su ganado, rebaños y bienes. ¹⁰A todas las ciudades y campamentos donde vivían los madianitas les prendieron fuego, ¹¹y se apoderaron de ˙gente y de animales. Todos los despojos y el botín ¹²se los llevaron a Moisés y al sacerdote Eleazar, y a toda la comunidad israelita. A los prisioneros, el botín y los despojos los llevaron hasta el campamento que estaba en las llanuras de Moab, cerca del Jordán, a la altura de Jericó.

¹³Moisés y el sacerdote Eleazar y todos los líderes de la comunidad salieron a recibirlos fuera del campamento. ¹⁴Moisés estaba furioso con los comandantes de mil y de cien soldados que regresaban de la batalla. ¹⁵«¿Cómo es que dejaron con vida a las mujeres? —les preguntó—. ¹⁶¡Si fueron ellas las que, aconsejadas por Balán, hicieron que los israelitas traicionaran al SEÑOR en Baal Peor! Por eso una plaga hirió de muerte al pueblo del SEÑOR. ¹⁷Maten a todos los niños, y también a las mujeres que hayan tenido relaciones sexuales, ¹⁸pero quédense con todas las muchachas que jamás las hayan tenido.

Purificación de combatientes y de prisioneros

¹⁹»Todos los que hayan matado a alguien o hayan tocado un cadáver, deberán quedarse fuera del campamento durante siete días. Al tercer día y al séptimo, se ˙purificarán ustedes y sus prisioneros. ²⁰También deberán purificar toda la ropa y todo artículo de cuero, de pelo de cabra o de madera».

²¹El sacerdote Eleazar dijo a los soldados que habían ido a la guerra: «Esto es lo que manda la ley que el SEÑOR entregó a Moisés: ²²Oro, plata, bronce, hierro, estaño, plomo ²³y todo lo que resista el fuego deberá ser pasado por el fuego para purificarse, pero también deberá limpiarse con las aguas de la purificación. Todo lo que no resista el fuego deberá pasar por las aguas de la purificación. ²⁴Al séptimo día, lavarán ustedes sus vestidos y quedarán purificados. Entonces podrán reintegrarse al campamento».

Reparto del botín

²⁵El SEÑOR dijo a Moisés: ²⁶«Tú y el sacerdote Eleazar y los jefes de las familias patriarcales harán un recuento de toda la ˙gente y de todos los animales capturados. ²⁷Dividirán el botín entre los soldados que fueron a la guerra y el resto de la comunidad. ²⁸A los que fueron a la guerra les exigirás del botín una contribución para mí, el SEÑOR. Tanto de la gente como de los asnos, vacas u ovejas, apartarás uno de cada quinientos. ²⁹Los tomarás de la parte que les tocó a los soldados, y se los darás al sacerdote Eleazar como contribución para mí, el SEÑOR. ³⁰De la parte que les toca a los israelitas, apartarás de la gente uno de cada cincuenta, lo mismo que de los asnos, vacas, ovejas u otros animales, y se los darás a los levitas, pues ellos son los responsables del cuidado del santuario del SEÑOR».

³¹Moisés y el sacerdote Eleazar hicieron tal como el SEÑOR se lo ordenó a Moisés.

³²Sin tomar en cuenta los despojos que tomaron los soldados, el botín fue de seiscientas setenta y cinco mil ovejas, ³³setenta y dos mil cabezas de ganado, ³⁴sesenta y un mil asnos ³⁵y treinta y dos mil mujeres que jamás habían tenido relaciones sexuales.

³⁶La mitad fue para los que fueron a la guerra:

Trescientas treinta y siete mil quinientas ovejas, ³⁷de las cuales se entregaron seiscientas setenta y cinco como contribución al SEÑOR.

³⁸Treinta y seis mil vacas, de las cuales se entregaron setenta y dos como contribución al SEÑOR.

³⁹Treinta mil quinientos asnos, de los cuales se entregaron sesenta y uno como contribución al SEÑOR.

⁴⁰Dieciséis mil mujeres, de las cuales se entregaron treinta y dos como contribución al SEÑOR.

⁴¹La parte que correspondía al SEÑOR se la entregó Moisés al sacerdote Eleazar, tal como el SEÑOR se lo había ordenado.

⁴²Del botín que trajeron los soldados, Moisés tomó la mitad que correspondía a los israelitas, ⁴³de modo que la mitad que le tocó a la comunidad fue trescientas treinta y siete mil quinientas ovejas, ⁴⁴treinta y seis mil vacas, ⁴⁵treinta mil quinientos asnos ⁴⁶y dieciséis mil mujeres. ⁴⁷De la parte que tocó a los israelitas, Moisés tomó una de cada cincuenta personas y uno de cada cincuenta animales, tal como el SEÑOR se lo había ordenado, y todo se lo entregó a los levitas, que eran los responsables del cuidado del santuario del SEÑOR.

La ofrenda de los capitanes

⁴⁸Entonces los oficiales que estaban a cargo de la tropa, es decir, los comandantes de mil y de cien soldados, se acercaron a Moisés ⁴⁹y dijeron: «Tus siervos han pasado revista y no falta ninguno de los soldados que estaban bajo nuestras órdenes. ⁵⁰Por eso hemos traído, como ofrenda al SEÑOR, los artículos de oro que cada uno de nosotros encontró: pulseras, cadenas, anillos, pendientes y collares. Todo esto lo traemos para pedir perdón por nuestro pecado ante el SEÑOR».

⁵¹Moisés y el sacerdote Eleazar recibieron todos los artículos de oro. ⁵²Todo el oro que los comandantes de mil y de cien soldados presentaron como contribución al SEÑOR pesó dieciséis mil setecientos cincuenta siclos.ᵃ ⁵³Cada soldado había tomado botín para sí mismo. ⁵⁴Moisés y el sacerdote Eleazar recibieron el oro de manos de los comandantes, luego lo llevaron a la ˙Tienda de reunión para que el SEÑOR tuviera presente a los israelitas.

Rubén y Gad se establecen en Transjordania

32 Las tribus de Rubén y Gad, que tenían mucho ganado, se dieron cuenta de que las tierras de Jazer y Galaad eran apropiadas para la ganadería. ²Así que fueron a decirles a Moisés, al sacerdote Eleazar y a los jefes de la comunidad:

³—Las tierras de Atarot, Dibón, Jazer, Nimrá, Hesbón, Elalé, Sebán, Nebo ⁴las conquistó el SEÑOR para el pueblo de Israel, y son apropiadas para la ganadería de tus siervos. ⁵Si nos hemos ganado tu favor, permítenos tomar esas tierras como heredad. No nos hagas cruzar el Jordán.

⁶Entonces Moisés dijo a los rubenitas y a los gaditas:

—¿Les parece justo que sus hermanos vayan al combate mientras ustedes se quedan aquí sentados? ⁷Los israelitas se han propuesto conquistar la tierra que el SEÑOR les ha dado; ¿no se dan cuenta de que esto los desanimaría? ⁸¡Esto mismo hicieron los padres de ustedes cuando yo los envié a explorar la tierra de Cades Barnea! ⁹Fueron a inspeccionar la

---

ᵃ 52 Es decir, aprox. 193 kg.

tierra en el valle de Escol y, cuando volvieron, desanimaron a los israelitas para que no entraran en la tierra que el SEÑOR les había dado. ¹⁰Ese día el SEÑOR se encendió en ira y juró: ¹¹"Por no haberme seguido de todo ˙corazón, ninguno de los mayores de veinte años que salieron de Egipto verá la tierra que juré dar a Abraham, Isaac y Jacob. ¹²Ninguno de ellos la verá, con la sola excepción de Caleb, hijo de Jefone, el quenizita, y Josué, hijo de Nun, los cuales me siguieron a mí, el SEÑOR, de todo corazón". ¹³El SEÑOR se encendió en ira contra Israel y los hizo vagar por el desierto cuarenta años, hasta que murió toda la generación que había pecado.

¹⁴»¡Y ahora ustedes, nido de pecadores, vienen en lugar de sus antepasados para aumentar la ira del SEÑOR contra Israel! ¹⁵Si ustedes se niegan a seguirlo, él volverá a dejar en el desierto a todo este pueblo, y ustedes serán la causa de su destrucción».

¹⁶Entonces ellos se acercaron otra vez a Moisés y dijeron:

—Vamos a construir corrales para el ganado y a edificar ciudades para nuestros pequeños. ¹⁷Sin embargo, tomaremos las armas y marcharemos al frente de los israelitas hasta llevarlos a su lugar. Mientras tanto, nuestros pequeños vivirán en ciudades fortificadas que los protejan de los habitantes del país. ¹⁸No volveremos a nuestras casas hasta que cada uno de los israelitas haya recibido su heredad. ¹⁹Nosotros no queremos compartir con ellos ninguna heredad al otro lado del Jordán, porque nuestra heredad está aquí, en el lado oriental del río.

²⁰Moisés contestó:

—Si están dispuestos a hacerlo así, delante del SEÑOR tomen las armas y marchen al combate. ²¹Crucen con sus armas el Jordán y con la ayuda del SEÑOR luchen hasta que él haya quitado del camino a sus enemigos. ²²Cuando a su paso el SEÑOR haya sometido la tierra, entonces podrán ustedes regresar a casa, pues habrán cumplido con su deber hacia el SEÑOR y hacia Israel. Y con la aprobación del SEÑOR esta tierra será de ustedes.

²³»Pero si se niegan, estarán pecando contra el SEÑOR. Y pueden estar seguros de que no escaparán de su pecado. ²⁴Edifiquen ciudades para sus pequeños y construyan corrales para su ganado, pero cumplan también lo que han prometido».

²⁵Los gaditas y los rubenitas dijeron a Moisés:

—Nosotros sus siervos haremos tal como usted lo ha mandado. ²⁶Aquí en las ciudades de Galaad se quedarán nuestros pequeños, y todos nuestros ganados y rebaños, ²⁷pero sus siervos cruzarán con sus armas el Jordán para pelear a la vanguardia del SEÑOR, tal como usted lo ha ordenado.

²⁸Así que Moisés dio las siguientes instrucciones al sacerdote Eleazar y a Josué, hijo de Nun, y a los jefes de las familias patriarcales de las tribus de Israel:

²⁹—Si los gaditas y los rubenitas, armados para la guerra, cruzan el Jordán con ustedes y conquistan el país, como el SEÑOR quiere, ustedes les entregarán como heredad la tierra de Galaad. ³⁰Pero si no lo cruzan, ellos recibirán su heredad entre ustedes en Canaán.

³¹Los gaditas y los rubenitas respondieron:

—Somos sus siervos y haremos lo que el SEÑOR ha mandado. ³²Tal como él lo quiere, cruzaremos armados delante del SEÑOR a la tierra de Canaán. Pero nuestra heredad estará de este lado del Jordán.

³³Entonces Moisés entregó a los gaditas, rubenitas y a la media tribu de Manasés, hijo de José, el reino de Sijón, rey de los amorreos, y el reino de Og, rey de Basán. Les entregó la tierra con las ciudades que estaban dentro de sus fronteras, es decir, las ciudades de todo el país.

³⁴Los gaditas edificaron las ciudades de Dibón, Atarot, Aroer, ³⁵Atarot Sofán, Jazer, Yogbea, ³⁶Bet Nimrá y Bet Arán. Las edificaron como ciudades fortificadas y construyeron corrales para sus rebaños. ³⁷Los descendientes de Rubén edificaron las ciudades de Hesbón, Elalé, Quiriatayin, ³⁸Nebo y Baal Megón (estos nombres fueron cambiados) y Sibmá.

³⁹Los descendientes de Maquir, hijo de Manasés, fueron a Galaad, la conquistaron y echaron de allí a los amorreos que la habitaban. ⁴⁰Entonces Moisés entregó Galaad a los maquiritas, que eran descendientes de Manasés, y ellos se establecieron allí. ⁴¹Yaír, descendiente de Manasés, capturó algunas aldeas y les puso por nombre Javot Yaír. ⁴²Noba capturó Quenat y sus aldeas; a la región le dio su propio nombre.

Ruta de Israel por el desierto

33 Cuando los israelitas salieron de Egipto bajo la dirección de Moisés y de Aarón, marchaban ordenadamente, como un ejército. ²Por orden del SEÑOR, Moisés anotaba cada uno de los lugares de donde partían y adonde llegaban. Esta es la ruta que siguieron:

³El día quince del mes primero, un día después de la Pascua, los israelitas partieron de Ramsés. Marcharon con aire triunfal a la vista de todos los egipcios, ⁴mientras estos sepultaban a sus primogénitos, a quienes el SEÑOR había herido de muerte. El SEÑOR también dictó sentencia contra los dioses egipcios.

⁵Los israelitas partieron de Ramsés y acamparon en Sucot.

⁶Partieron de Sucot y acamparon en Etam, en los límites del desierto.

⁷Partieron de Etam, pero volvieron a Pi Hajirot, al este de Baal Zefón, y acamparon cerca de Migdol.

⁸Partieron de Pi Hajirot y cruzaron el mar hasta llegar al desierto. Después de andar tres días por el desierto de Etam, acamparon en Mara.

⁹Partieron de Mara con dirección a Elim, donde había doce manantiales y setenta palmeras, y acamparon allí.

¹⁰Partieron de Elim y acamparon cerca del ˙mar Rojo.

¹¹Partieron del mar Rojo y acamparon en el desierto de Sin.

¹²Partieron del desierto de Sin y acamparon en Dofcá.

¹³Partieron de Dofcá y acamparon en Alús.

¹⁴Partieron de Alús y acamparon en Refidín, donde los israelitas no tenían agua para beber.

¹⁵Partieron de Refidín y acamparon en el desierto de Sinaí.

¹⁶Partieron del desierto de Sinaí y acamparon en Quibrot Hatavá.

¹⁷Partieron de Quibrot Hatavá y acamparon en Jazerot.

¹⁸Partieron de Jazerot y acamparon en Ritmá.

¹⁹Partieron de Ritmá y acamparon en Rimón Peres.

²⁰Partieron de Rimón Peres y acamparon en Libná.

²¹Partieron de Libná y acamparon en Risá.

²²Partieron de Risá y acamparon en Celata.

²³Partieron de Celata y acamparon en el monte Séfer.

²⁴Partieron del monte Séfer y acamparon en Jaradá.

²⁵Partieron de Jaradá y acamparon en Maquelot.

²⁶Partieron de Maquelot y acamparon en Tajat. ²⁷Partieron de Tajat y acamparon en Téraj. ²⁸Partieron de Téraj y acamparon en Mitca. ²⁹Partieron de Mitca y acamparon en Jasmoná. ³⁰Partieron de Jasmoná y acamparon en Moserot. ³¹Partieron de Moserot y acamparon en Bené Yacán. ³²Partieron de Bené Yacán y acamparon en Hor de Guidgad. ³³Partieron de Hor de Guidgad y acamparon en Jotbata. ³⁴Partieron de Jotbata y acamparon en Abroná. ³⁵Partieron de Abroná y acamparon en Ezión Guéber. ³⁶Partieron de Ezión Guéber y acamparon en Cades, en el desierto de Zin. ³⁷Partieron de Cades y acamparon en el monte Hor, en la frontera con Edom. ³⁸Por orden del SEÑOR, el sacerdote Aarón subió al monte Hor, donde murió el día primero del mes quinto, cuarenta años después de que los israelitas habían salido de Egipto. ³⁹Aarón murió en el monte Hor a la edad de ciento veintitrés años.

⁴⁰El rey cananeo de Arad, que vivía en el Néguev de Canaán, se enteró de que los israelitas se acercaban.

⁴¹Partieron del monte Hor y acamparon en Zalmona. ⁴²Partieron de Zalmona y acamparon en Punón. ⁴³Partieron de Punón y acamparon en Obot. ⁴⁴Partieron de Obot y acamparon en Iyé Abarín, en la frontera con Moab. ⁴⁵Partieron de Iyé Abarín y acamparon en Dibón Gad. ⁴⁶Partieron de Dibón Gad y acamparon en Almón Diblatayin. ⁴⁷Partieron de Almón Diblatayin y acamparon en los campos de Abarín, cerca de Nebo. ⁴⁸Partieron de los montes de Abarín y acamparon en las llanuras de Moab, cerca del Jordán, a la altura de Jericó. ⁴⁹Acamparon a lo largo del Jordán, desde Bet Yesimot hasta Abel Sitín, en las llanuras de Moab.

Instrucciones acerca de la tierra prometida

⁵⁰Allí en las llanuras de Moab, cerca del Jordán, a la altura de Jericó, el SEÑOR dijo a Moisés: ⁵¹«Habla con los israelitas y diles que, una vez que crucen el Jordán y entren en Canaán, ⁵²deberán expulsar del país a todos sus habitantes y destruir todos los ídolos e imágenes fundidas que ellos tienen. Ordénales que arrasen todos sus altares paganos ⁵³y conquisten la tierra y la habiten, porque yo se la he dado a ellos como heredad. ⁵⁴La tierra deberán repartirla por sorteo, según sus clanes. La tribu más numerosa recibirá la heredad más grande, mientras que la tribu menos numerosa recibirá la heredad más pequeña. Todo lo que les toque en el sorteo será de ellos, y recibirán su heredad según sus familias patriarcales. ⁵⁵»Pero si no expulsan a los habitantes de la tierra que ustedes van a poseer, sino que los dejan allí, esa gente les causará problemas, como si tuvieran clavadas astillas en los ojos y espinas en los costados. ⁵⁶Entonces yo haré con ustedes lo que había pensado hacer con ellos».

Fronteras de Canaán

34 El SEÑOR dijo a Moisés: ²«Hazles saber a los israelitas que las fronteras de Canaán, la tierra que van a recibir en heredad, serán las siguientes:

³»La frontera sur empezará en el desierto de Zin, en los límites con Edom. Por el este, la frontera sur estará donde termina el mar Muerto. ⁴A partir de allí, la línea fronteriza avanzará hacia el sur, hacia la cuesta de los Escorpiones, cruzará Zin hasta alcanzar Cades Barnea, y llegará hasta Jazar Adar y Asmón. ⁵De allí la frontera se volverá hacia el torrente de Egipto, para terminar en el mar Mediterráneo.

⁶ La frontera occidental del país será la costa del mar Mediterráneo.

⁷ Para la frontera norte, la línea fronteriza correrá desde el mar Mediterráneo hasta el monte Hor, ⁸y desde el monte Hor hasta Lebó Jamat.ᵃ De allí, esta línea seguirá hasta llegar a Zedad, ⁹para continuar hasta Zifrón y terminar en Jazar Enán. Esta será la frontera norte del país.

¹⁰ Para la frontera oriental, la línea fronteriza correrá desde Jazar Enán hasta Sefán. ¹¹De Sefán bajará a Riblá, que está al este de Ayin; de allí descenderá al este, hasta encontrarse con la ribera del lago Quinéret,ᵇ ¹²y de allí la línea bajará por el río Jordán, hasta el mar Muerto.

»Esas serán las cuatro fronteras del país».

¹³Moisés dio a los israelitas la siguiente orden: «Esta es la tierra que se repartirá por sorteo. El SEÑOR ha ordenado que sea repartida solo entre las nueve tribus y media, ¹⁴pues las familias patriarcales de las tribus de Rubén, Gad y la media tribu de Manasés ya recibieron su heredad. ¹⁵Estas dos tribus y media ya tienen su heredad en el este, cerca del río Jordán, a la altura de Jericó, por donde sale el sol».

Repartición de la tierra

¹⁶El SEÑOR dijo a Moisés: ¹⁷«Estos son los nombres de los encargados de repartir la tierra como heredad: el sacerdote Eleazar y Josué, hijo de Nun. ¹⁸Ustedes, por su parte, tomarán a un jefe de cada tribu para que les ayuden a repartir la tierra.

¹⁹»Los nombres de los jefes de tribu fueron los siguientes:

»Caleb, hijo de Jefone, de la tribu de Judá; ²⁰ Samuel, hijo de Amiud, de la tribu de Simeón; ²¹ Elidad, hijo de Quislón, de la tribu de Benjamín; ²² Buquí, hijo de Joglí, jefe de la tribu de Dan; ²³ Janiel, hijo de Efod, jefe de la tribu de Manasés hijo de José; ²⁴ Quemuel, hijo de Siftán, jefe de la tribu de Efraín, hijo de José; ²⁵ Elizafán, hijo de Parnac, jefe de la tribu de Zabulón; ²⁶ Paltiel, hijo de Azán, jefe de la tribu de Isacar; ²⁷ Ajiud, hijo de Selomí, jefe de la tribu de Aser; ²⁸ Pedael, hijo de Amiud, jefe de la tribu de Neftalí».

²⁹ A estos encargó el SEÑOR repartir la heredad entre los israelitas, en la tierra de Canaán.

Ciudades levíticas

35 En las llanuras de Moab, cerca del Jordán, a la altura de Jericó, el SEÑOR dijo a Moisés: ²«Ordénales a los israelitas que, de las heredades que reciban, entreguen a los levitas ciudades donde vivir, junto con los campos de pastoreo que rodean esas ciudades. ³De esta manera los levitas tendrán

---

ᵃ 8 Lebó Jamat. Alt. la entrada de Jamat. ᵇ 11 lago Quinéret. Es decir, lago de Galilea.

ciudades donde vivir y campos de pastoreo para su ganado, rebaños y animales.

⁴»Los campos de pastoreo que entreguen a los levitas rodearán la ciudad, a mil codos*ᵃ* de la muralla. ⁵A partir de los límites de la ciudad, ustedes medirán dos mil codos*ᵇ* hacia el este, dos mil hacia el sur, dos mil hacia el oeste y dos mil hacia el norte. La ciudad quedará en el centro. Estas serán los campos de pastoreo de sus ciudades.

⁶»De las ciudades que recibirán los levitas, seis serán ciudades de refugio. A ellas podrá huir cualquiera que haya matado a alguien. Además de estas seis ciudades, les entregarán otras cuarenta y dos. ⁷En total, les darán cuarenta y ocho ciudades con sus campos de pastoreo. ⁸El número de ciudades que los israelitas entreguen a los levitas de la tierra que van a heredar deberá ser proporcional a la heredad que corresponda a cada tribu. Es decir, de una tribu numerosa se tomará un número mayor de ciudades, mientras que de una tribu pequeña se tomará un número menor de ciudades».

Ciudades de refugio

⁹El SEÑOR ordenó a Moisés ¹⁰que dijera a los israelitas: «Cuando crucen el Jordán y entren a Canaán, ¹¹escojan ciudades de refugio adonde pueda huir quien involuntariamente mate a alguien. ¹²Esa persona podrá huir a esas ciudades para protegerse del vengador. Así se evitará que se mate al homicida antes de ser juzgado por la comunidad. ¹³Seis serán las ciudades que ustedes reservarán como ciudades de refugio. ¹⁴Tres de ellas estarán en el lado este del Jordán y las otras tres en Canaán. ¹⁵Estas seis ciudades servirán de refugio a los israelitas y a los extranjeros, sean estos residentes o solo estén de paso. Cualquiera que involuntariamente dé muerte a alguien podrá refugiarse en estas ciudades.

¹⁶»Si alguien golpea a una persona con un objeto de hierro y esa persona muere, el agresor es un asesino y será condenado a muerte.

¹⁷»Si alguien golpea a una persona con una piedra y esa persona muere, el agresor es un asesino y será condenado a muerte.

¹⁸»Si alguien golpea a una persona con un pedazo de madera y esa persona muere, el agresor es un asesino y será condenado a muerte. ¹⁹Corresponderá al vengador matar al asesino. Cuando lo encuentre, lo matará.

²⁰»Si alguien mata a una persona por haberla empujado con malas intenciones, o por haberle lanzado algo intencionalmente, ²¹o por haberle dado un puñetazo por enemistad, el agresor es un asesino y será condenado a muerte. Cuando el vengador lo encuentre, lo matará.

²²»Pero podría ocurrir que alguien sin enemistad empuje a una persona, o que sin mala intención le lance algún objeto, ²³o que sin darse cuenta le deje caer una piedra, y que esa persona muera. Como en este caso ellos no eran enemigos, ni hubo intención de hacer daño, ²⁴será la comunidad la que, de acuerdo con estas leyes, deberá juzgar entre el acusado y el vengador. ²⁵La comunidad deberá proteger del vengador al acusado, dejando que el acusado regrese a la ciudad de refugio adonde huyó, y que se quede allí hasta la muerte del sumo sacerdote que fue ungido con el aceite sagrado.

²⁶»Pero si el acusado sale de los límites de la ciudad de refugio adonde huyó, ²⁷el vengador podrá matarlo y no será culpable de homicidio si lo encuentra fuera de la ciudad. ²⁸Así que el acusado debe permanecer en su ciudad de refugio hasta la muerte del sumo sacerdote. Después de eso podrá volver a su heredad.

²⁹»Estas disposiciones legales regirán siempre sobre todos tus descendientes, dondequiera que vivan.

³⁰»Solo por el testimonio de varios testigos se podrá dar muerte a una persona acusada de homicidio. Nadie podrá ser condenado a muerte por el testimonio de un solo testigo.

³¹»No aceptarán rescate por la ˙vida de un asesino condenado a muerte. Tendrá que morir.

³²»Tampoco aceptarán rescate para permitir que el refugiado regrese a vivir a su tierra antes de la muerte del sumo sacerdote.

³³»No contaminarán la tierra que habitan. El derramamiento de sangre ˙contamina la tierra, y solo con la sangre de aquel que la derramó es posible purificar la tierra.

³⁴»No contaminarán la tierra donde vivan, y donde yo también habito, porque yo, el SEÑOR, vivo entre los israelitas».

Herencia de las mujeres

36:1-12 – Nm 27:1-11

36 Los jefes de las familias patriarcales de los clanes de Galaad fueron a hablar con Moisés y con los otros jefes de familias patriarcales israelitas. Galaad era hijo de Maquir y nieto de Manasés, por lo que sus clanes descendían de José. ²Ellos dijeron:

—Cuando el SEÑOR le ordenó a usted repartir por sorteo la tierra entre los israelitas, también le ordenó entregar la heredad de nuestro hermano Zelofejad a sus hijas. ³Ahora bien, si ellas se casan con hombres de otras tribus, su heredad saldrá del círculo de nuestra familia patriarcal y será transferida a la tribu de aquellos con quienes ellas se casen. De este modo, perderíamos parte de la heredad que nos tocó por sorteo. ⁴Cuando los israelitas celebren el año del jubileo, esa heredad será incorporada a la tribu de sus esposos y se perderá como propiedad de nuestra familia patriarcal.

⁵Entonces, por orden del SEÑOR, Moisés dio esta orden a los israelitas:

—La tribu de los descendientes de José tiene razón. ⁶Respecto a las hijas de Zelofejad, el SEÑOR ordena lo siguiente: Ellas podrán casarse con quien quieran, con tal de que se casen con alguien de la tribu de su padre. ⁷Ninguna heredad en Israel podrá pasar de una tribu a otra, porque cada israelita tiene el derecho de conservar la tierra que su tribu heredó de sus antepasados. ⁸Toda hija que herede tierras, en cualquiera de las tribus, deberá casarse con alguien que pertenezca a la familia patriarcal de sus antepasados. Así cada israelita podrá conservar la heredad de sus antepasados. ⁹Ninguna heredad podrá pasar de una tribu a otra, porque cada tribu israelita debe conservar la tierra que heredó.

¹⁰Las hijas de Zelofejad hicieron lo que el SEÑOR ordenó a Moisés. ¹¹Se llamaban Majlá, Tirsá, Joglá, Milca y Noa. Se casaron con sus primos paternos, ¹²dentro de los clanes de los descendientes de Manasés, hijo de José, de modo que su heredad quedó dentro del clan y de la familia patriarcal de su padre.

¹³Estos son los mandamientos y leyes que, por medio de Moisés, dio el SEÑOR a los israelitas en las llanuras de Moab, cerca del Jordán, a la altura de Jericó.

ᵃ 4 Es decir, aprox. 450 m.   *ᵇ 5* Es decir, aprox. 900 m.

Deuteronomio

Moisés ordena salir de Horeb

1 Estas son las palabras que Moisés dirigió a todo Israel en el desierto al este del Jordán, es decir, en el Arabá, frente a Suf, entre las regiones de Parán y de Tofel, Labán, Jazerot y Dizahab. ²Por la ruta del monte Seír hay once días de camino entre Horeb y Cades Barnea.

³El día primero del mes undécimo del año cuarenta, Moisés declaró a los israelitas todo lo que el SEÑOR había ordenado por medio de él. ⁴Poco antes, Moisés había derrotado a Sijón, rey de los amorreos, que reinaba en Hesbón, y a Og, rey de Basán, que reinaba en Astarot y en Edrey. ⁵Moisés comenzó a explicar esta ley cuando todavía estaban los israelitas en el país de Moab, al este del Jordán. Les dijo:

⁶Cuando estábamos en Horeb, el SEÑOR nuestro Dios nos ordenó: «Ustedes han permanecido ya demasiado tiempo en este monte. ⁷Pónganse en marcha y diríjanse a la región montañosa de los amorreos y a todas las zonas vecinas: el Arabá, las montañas, las llanuras occidentales, el Néguev y la costa, hasta la tierra de los cananeos, el Líbano y el gran río Éufrates. ⁸Yo les he entregado esta tierra; ¡adelante, tomen posesión de ella! El SEÑOR juró que se la daría a los antepasados de ustedes, es decir, a Abraham, Isaac, Jacob y a sus descendientes».

Nombramiento de jefes

⁹En aquel tiempo les dije: «Yo solo no puedo con todos ustedes. ¹⁰El SEÑOR su Dios los ha hecho tan numerosos que hoy ustedes son tantos como las estrellas del cielo. ¹¹¡Que el SEÑOR, el Dios de sus antepasados, los multiplique mil veces más y los bendiga tal como lo prometió! ¹²¿Cómo puedo seguir ocupándome yo solo de todos los problemas, las cargas y los pleitos de ustedes? ¹³Designen de cada una de sus tribus a hombres sabios, inteligentes y experimentados para que sean sus jefes».

¹⁴Ustedes me respondieron: «Tu plan de acción nos parece excelente».

¹⁵Así que tomé a los líderes de sus tribus, hombres sabios y experimentados, y les di autoridad sobre ustedes. Los puse como oficiales de mil, cien, cincuenta y diez personas, además de ponerlos como oficiales de las tribus. ¹⁶Además, en aquel tiempo di a sus jueces la siguiente orden: «Atiendan todos los litigios entre sus hermanos y juzguen con imparcialidad, tanto a los israelitas como a los extranjeros. ¹⁷No sean parciales en el juicio; consideren de igual manera la causa de los débiles y la de los poderosos. No se dejen intimidar por nadie, porque el juicio es de Dios. Los casos que no sean capaces de resolver, tráiganmelos, que yo los atenderé». ¹⁸Fue en aquel tiempo cuando yo ordené todo lo que ustedes debían hacer.

Misión de los espías

¹⁹Obedecimos al SEÑOR nuestro Dios y salimos de Horeb rumbo a la región montañosa de los amorreos. Cruzamos todo aquel inmenso y terrible desierto que ustedes han visto, y así llegamos a Cades Barnea. ²⁰Entonces les dije: «Han llegado a la región montañosa de los amorreos, la cual el SEÑOR nuestro Dios nos da. ²¹Miren, el SEÑOR su Dios les ha entregado la tierra. Suban y tomen posesión de ella como les dijo el SEÑOR, el Dios de sus antepasados. No tengan miedo ni se desanimen». .

²²Pero todos ustedes vinieron a decirme: «Enviemos antes algunos de los nuestros para que exploren la tierra y nos traigan un informe de la ruta que debemos seguir y de las ciudades en las que podremos entrar».

²³Su propuesta me pareció buena, así que escogí a doce de ustedes, uno por cada tribu. ²⁴Los doce salieron en dirección a la región montañosa; llegaron al valle de Escol y lo exploraron. ²⁵Tomaron consigo algunos de los frutos de la tierra, los trajeron y nos informaron lo buena que es la tierra que nos da el SEÑOR nuestro Dios.

Rebelión contra el SEÑOR

²⁶Sin embargo, ustedes se negaron a subir y se rebelaron contra la orden del SEÑOR su Dios. ²⁷Se pusieron a murmurar en sus tiendas de campaña y dijeron: «El SEÑOR nos aborrece; nos hizo salir de Egipto para entregarnos a los amorreos y destruirnos. ²⁸¿A dónde iremos? Nuestros hermanos nos han llenado de miedo, pues nos informan que la gente de allá es más fuerte y más alta que nosotros, y que las ciudades son grandes y tienen muros que llegan hasta el cielo. ¡Para colmo, nos dicen que allí vieron ˙anaquitas!».

²⁹Entonces respondí: «No se asusten ni les tengan miedo. ³⁰El SEÑOR su Dios marcha al frente y peleará por ustedes, como vieron que lo hizo en Egipto ³¹y en el desierto. Por todo el camino que han recorrido, hasta llegar a este lugar, ustedes han visto cómo el SEÑOR su Dios los ha guiado, como lo hace un padre con su hijo».

³²A pesar de eso, ninguno de ustedes confió en el SEÑOR su Dios, ³³que se adelantaba a ustedes para buscarles dónde acampar. De noche lo hacía con fuego, para que vieran el camino a seguir, y de día los acompañaba con una nube.

³⁴Cuando el SEÑOR oyó lo que ustedes dijeron, se enojó e hizo este juramento: ³⁵«Ni un solo ˙hombre de esta generación perversa verá la buena tierra que juré dar a sus antepasados. ³⁶Solo la verá Caleb, hijo de Jefone. A él y a sus descendientes daré la tierra que han tocado sus pies, porque fue fiel al SEÑOR».

³⁷Por causa de ustedes el SEÑOR se enojó también conmigo y me dijo: «Tampoco tú entrarás en esa tierra. ³⁸Quien sí entrará es tu asistente Josué, hijo de Nun. Infúndele ánimo, pues él hará que Israel posea la tierra. ³⁹En cuanto a sus hijos pequeños, que todavía no saben distinguir entre el bien y el mal, y de quienes ustedes pensaron que servirían de botín, ellos sí entrarán en la tierra y la poseerán, porque yo

se la he dado. 40Y ahora, ¡regresen al desierto! Sigan la ruta del *mar Rojo».ᵃ

41Ustedes me respondieron: «Hemos pecado contra el SEÑOR. Pero iremos y pelearemos, como el SEÑOR nuestro Dios nos lo ha ordenado». Así que cada uno de ustedes se equipó para la guerra, pensando que era fácil subir a la región montañosa.

42Pero el SEÑOR me dijo: «Diles que no suban ni peleen, porque yo no estaré con ellos. Si insisten, los derrotarán sus enemigos».

43Yo les di la información, pero ustedes no obedecieron. Se rebelaron contra la orden del SEÑOR y temerariamente subieron a la región montañosa. 44Los amorreos que vivían en aquellas montañas salieron a su encuentro, los persiguieron como abejas desde Seír hasta Jormá y los vencieron por completo. 45Entonces ustedes regresaron y lloraron ante el SEÑOR, pero él no prestó atención a su lamento ni les hizo caso. 46Por eso ustedes tuvieron que permanecer en Cades tanto tiempo.

Peregrinación por el desierto

2 Enseguida nos dirigimos hacia el desierto por la ruta del *mar Rojo, como el SEÑOR me lo había ordenado. Nos llevó mucho tiempo rodear la región montañosa de Seír.

2Entonces el SEÑOR me dijo: 3«Dejen ya de andar rondando por estas montañas y diríjanse al norte. 4Dale estas órdenes al pueblo: "Pronto pasarán ustedes por el territorio de sus hermanos, los descendientes de Esaú, que viven en Seír. Aunque ellos les tienen miedo a ustedes, tengan mucho cuidado. 5No peleen con ellos, porque no daré a ustedes ninguna porción de su territorio ni siquiera el espacio que alcanzan a cubrir con un pie. A Esaú he dado por herencia la región montañosa de Seír. 6Páguenles todo el alimento y el agua que ustedes consuman"».

7Bien saben que el SEÑOR su Dios los ha bendecido en todo lo que han emprendido, y los ha cuidado por todo este inmenso desierto. Durante estos cuarenta años, el SEÑOR su Dios ha estado con ustedes y no les ha faltado nada.

8Así que bordeamos el territorio de nuestros hermanos, los descendientes de Esaú, que viven en Seír. Seguimos la ruta del Arabá, que viene desde Elat y Ezión Guéber. Luego dimos vuelta y viajamos por la ruta del desierto de Moab.

9El SEÑOR también me dijo: «No ataquen a los moabitas ni los provoquen a la guerra, porque no daré a ustedes ninguna porción de su territorio. A los descendientes de Lot les he dado por herencia la región de Ar».

10(Tiempo atrás vivió allí un pueblo fuerte y numeroso, el de los emitas, que eran tan altos como los *anaquitas. 11Tanto a ellos como a los anaquitas se les consideraba refaítas, pero los moabitas los llamaban emitas. 12Antiguamente los horeos vivieron en Seír, pero los descendientes de Esaú los desalojaron, los exterminaron y se establecieron en su lugar, tal como lo hizo Israel en la tierra que el SEÑOR le dio en posesión.)

13El SEÑOR ordenó: «¡Levántense y crucen el arroyo Zéred!». Y así lo hicimos.

14Habían pasado treinta y ocho años desde que salimos de Cades Barnea hasta que cruzamos el arroyo Zéred. Para entonces ya había desaparecido del campamento toda la generación de guerreros, tal como el SEÑOR lo había jurado. 15La mano del SEÑOR estuvo sobre ellos hasta que los eliminó por completo del campamento.

16Cuando ya no quedaba entre el pueblo ninguno de aquellos guerreros, 17el SEÑOR me dijo: 18«Hoy van a cruzar la frontera de Moab por la ciudad de Ar. 19Cuando lleguen a la frontera de los amonitas, no los ataquen ni los provoquen a la guerra, porque no daré a ustedes ninguna porción de su territorio. Esa tierra se la he dado por herencia a los descendientes de Lot».

20(Hace mucho tiempo, esta región se consideró tierra de refaítas, porque antiguamente ellos vivían allí. Los amonitas los llamaban zamzumitas. 21Eran fuertes, numerosos y tan altos como los *anaquitas, pero el SEÑOR los destruyó por medio de los amonitas, quienes luego de desalojarlos se establecieron en su lugar. 22Lo mismo hizo el SEÑOR en favor de los descendientes de Esaú, que vivían en Seír, cuando por medio de ellos destruyó a los horeos. A estos los desalojó para que los descendientes de Esaú se establecieran en su lugar, y hasta el día de hoy residen allí. 23Y en cuanto a los aveos que vivían en las aldeas cercanas a Gaza, los caftoritas procedentes de Creta los destruyeron y se establecieron en su lugar.)

Derrota de Sijón, rey de Hesbón

24«Emprendan de nuevo el viaje y crucen el arroyo Arnón. Yo les entrego a Sijón el amorreo, rey de Hesbón, y su tierra. Láncense a la conquista. Declárenle la guerra. 25Hoy mismo comenzaré a infundir entre todas las naciones que hay debajo del cielo terror y espanto hacia ustedes. Cuando ellas escuchen hablar de ustedes, temblarán y se llenarán de pánico».

26Desde el desierto de Cademot envié mensajeros a Sijón, rey de Hesbón, con esta oferta de paz: 27«Déjanos pasar por tu territorio; nos mantendremos en el camino principal, sin desviarnos ni a la derecha ni a la izquierda. 28Te pagaremos todo el alimento y toda el agua que consumamos. Solo permítenos pasar, 29tal como nos lo permitieron los descendientes de Esaú, que viven en Seír, y los moabitas, que viven en Ar. Necesitamos cruzar el Jordán para entrar en la tierra que nos da el SEÑOR nuestro Dios». 30Pero Sijón, rey de Hesbón, se negó a dejarnos pasar por allí, porque el SEÑOR nuestro Dios había puesto obstinación en su espíritu y lo había puesto terco,ᵇ para hacerlo súbdito nuestro, como lo es hasta hoy.

31Entonces el SEÑOR me dijo: «Ahora mismo voy a entregarles a Sijón y su país. Láncense a conquistarlo y tomen posesión de su territorio».

32Cuando Sijón, acompañado de todo su ejército, salió a combatirnos en Yahaza, 33el SEÑOR nuestro Dios nos lo entregó y lo derrotamos, junto con sus hijos y todo su ejército. 34En aquella ocasión conquistamos todas sus ciudades y las *destruimos por completo; matamos a varones, mujeres y niños. ¡Nadie quedó con vida! 35Solo nos llevamos el ganado y el botín de las ciudades que conquistamos. 36Desde Aroer, que está a la orilla del arroyo Arnón, hasta Galaad, no hubo ciudad que nos ofreciera resistencia; el SEÑOR nuestro Dios nos entregó las ciudades una a una. 37Sin embargo, conforme a la orden del SEÑOR nuestro Dios, no nos acercamos al territorio amonita, es decir, a toda la franja que se extiende a lo largo del arroyo Jaboc, ni tampoco a las ciudades de la región montañosa.

Derrota de Og, rey de Basán

3 Cuando volvíamos, tomamos el camino de Basán; entonces el rey Og, que gobernaba ese país, salió

ᵃ 40 Lit. *mar de las Cañas*. Término con el que se designa en la Biblia al mar Rojo en su parte septentrional.   ᵇ 30 *lo había puesto terco*. Lit. *había endurecido su corazón*. En la Biblia, *corazón* se usa para designar el asiento de las emociones, pensamientos y voluntad, es decir, el proceso de toma de decisiones del ser humano.

con su ejército para hacernos frente en Edrey. ²Pero el SEÑOR me dijo: «No le tengas miedo, porque voy a entregar en tus manos a Og con su ejército y su territorio. Harás con él lo mismo que hiciste con Sijón, el rey de los amorreos, que vivía en Hesbón».

³Y así sucedió. El SEÑOR nuestro Dios también entregó en nuestras manos al rey de Basán y a todo su ejército. Los derrotamos hasta no dejar sobreviviente. ⁴En aquella ocasión conquistamos todas sus ciudades. Nos apoderamos de las sesenta ciudades que se encontraban en la región de Argob, del reino de Og en Basán. ⁵Todas esas ciudades estaban fortificadas con murallas altas, con portones y barras, sin contar las muchas aldeas no amuralladas. ⁶Tal como hicimos con Sijón, rey de Hesbón, ˙destruimos por completo las ciudades con sus varones, mujeres y niños, ⁷pero nos quedamos con todo el ganado y el botín de sus ciudades.

⁸Fue así como en aquella ocasión nos apoderamos del territorio de esos dos reyes amorreos, es decir, de toda la porción al este del Jordán, desde el arroyo Arnón hasta el monte Hermón, ⁹al que los sidonios llaman Sirión y los amorreos Senir. ¹⁰También nos apoderamos de todas las ciudades de la meseta, todo Galaad y todo Basán, hasta Salcá y Edrey, ciudades del reino de Og en Basán. ¹¹Por cierto, el rey Og de Basán fue el último de los refaítas. Su cama*ᵃ* era de hierro y media nueve codos de largo y cuatro codos de ancho.*ᵇ* Todavía está en Rabá de los amonitas.

División de la tierra

¹²Una vez que nos apoderamos de esa tierra, a los rubenitas y a los gaditas les entregué el territorio que está al norte de Aroer, junto al arroyo Arnón, también la mitad de la región montañosa de Galaad con sus ciudades. ¹³El resto de Galaad y todo el reino de Og, es decir, Basán, se los entregué a la media tribu de Manasés. Ahora bien, a toda la región de Argob en Basán se la conocía como la tierra de los refaítas. ¹⁴Yaír, uno de los descendientes de Manasés, se apoderó de toda la región de Argob hasta la frontera de los guesureos y los macateos, y a esa región de Basán le puso su propio ˙nombre, llamándola Javot Yaír,*ᶜ* nombre que retiene hasta el día de hoy. ¹⁵A Maquir le entregué Galaad, ¹⁶a los rubenitas y a los gaditas les entregué el territorio que se extiende desde Galaad hasta el centro del arroyo Arnón y hasta el río Jaboc, que marca la frontera de los amonitas. ¹⁷Su frontera occidental era el Jordán en el Arabá, desde el lago Quinéret*ᵈ* hasta el mar del Arabá, que es el mar Muerto, en las laderas del monte Pisgá, al oriente.

¹⁸En aquel tiempo di esta orden: «El SEÑOR su Dios les ha dado posesión de esta tierra. Ustedes, los hombres fuertes y guerreros, pasen al otro lado al frente de sus hermanos israelitas. ¹⁹En las ciudades que les he entregado permanecerán solamente sus mujeres, sus niños y el mucho ganado que yo sé que ustedes tienen. ²⁰No podrán volver al territorio que les he entregado hasta que el SEÑOR haya dado reposo a sus hermanos, como se lo ha dado a ustedes, y hasta que ellos hayan tomado posesión de la tierra que el SEÑOR su Dios les entregará al otro lado del Jordán».

Instrucciones a Josué

²¹En aquel tiempo ordené a Josué: «Con tus propios ojos has visto todo lo que el SEÑOR, el Dios de ustedes, ha hecho con esos dos reyes. Y lo mismo hará con todos los reinos por donde vas a pasar. ²²No les tengan miedo, que el SEÑOR su Dios pelea por ustedes».

Dios prohíbe a Moisés cruzar el Jordán

²³En aquella ocasión supliqué al SEÑOR: ²⁴«Tú, SEÑOR y Dios, has comenzado a mostrarle a tu siervo tu grandeza y tu poder; pues ¿qué dios hay en el cielo o en la tierra capaz de hacer las obras y los prodigios que tú realizas? ²⁵Déjame pasar y ver la buena tierra al otro lado del Jordán, esa hermosa región montañosa y el Líbano».

²⁶Pero por causa de ustedes el SEÑOR se enojó conmigo y no me escuchó, sino que me dijo: «¡Basta ya! No me hables más de este asunto. ²⁷Sube hasta la cumbre del Pisgá y mira al norte, al sur, al este y al oeste. Contempla la tierra con tus propios ojos, porque no vas a cruzar este río Jordán. ²⁸Dale a Josué las debidas instrucciones; anímalo y fortalécelo, porque será él quien pasará al frente de este pueblo y quien les dará en posesión la tierra que vas a ver».

²⁹Y permanecimos en el valle, frente a Bet Peor.

Exhortación a la obediencia

4 Ahora, israelitas, escuchen los estatutos y las leyes que enseñé, para que los pongan en práctica. Así vivirán y podrán entrar a la tierra que el SEÑOR, el Dios de sus antepasados, les da en posesión. ²No añadan ni quiten palabra alguna a esto que yo les ordeno. Más bien, cumplan los mandamientos del SEÑOR su Dios.

³Ustedes vieron con sus propios ojos lo que el SEÑOR hizo en Baal Peor, y cómo el SEÑOR su Dios destruyó de entre ustedes a todos los que siguieron al dios de ese lugar. ⁴Pero ustedes, los que se mantuvieron fieles al SEÑOR su Dios, hoy todavía están vivos.

⁵Miren, yo les he enseñado los estatutos y leyes que me ordenó el SEÑOR mi Dios, para que ustedes los pongan en práctica en la tierra de la que ahora van a tomar posesión. ⁶Obedézcanlos y pónganlos en práctica; así demostrarán su sabiduría e inteligencia ante las naciones. Ellas oirán todos estos estatutos y dirán: «¡En verdad, este es un pueblo sabio e inteligente; esta es una gran nación!». ⁷Porque ¿qué nación grande hay que tenga dioses tan cerca de ella como lo está de nosotros el SEÑOR nuestro Dios, cada vez que lo invocamos? ⁸¿Y qué nación hay tan grande que tenga estatutos y ordenanzas tan justas como todas estas leyes que hoy les expongo?

⁹Pero ¡tengan cuidado! Presten atención y no olviden las cosas que han visto sus ojos ni las aparten de sus corazones mientras vivan. Cuéntenselas a sus hijos y a sus nietos. ¹⁰El día que ustedes estuvieron ante el SEÑOR su Dios en Horeb, él me dijo: «Convoca al pueblo para que se presente ante mí y oiga mis palabras, para que aprenda a temerme todo el tiempo que viva en la tierra y para que enseñe esto mismo a sus hijos». ¹¹Ustedes se acercaron al pie de la montaña y allí permanecieron, mientras la montaña ardía en llamas que llegaban hasta el cielo mismo, entre negras nubes y densa oscuridad. ¹²Entonces el SEÑOR les habló desde el fuego y ustedes oyeron el sonido de las palabras, pero no vieron forma alguna; solo se oía una voz. ¹³Él les dio a conocer su ˙pacto, los diez mandamientos, los cuales escribió en dos tablas de piedra y ordenó que los pusieran en práctica. ¹⁴En aquel tiempo, el SEÑOR me ordenó que les enseñara los estatutos y las leyes que ustedes deberán poner en práctica en la tierra que van a poseer al cruzar el Jordán.

Prohibición de la idolatría

¹⁵El día que el SEÑOR habló en Horeb, en medio del fuego, ustedes no vieron ninguna figura. Por lo tanto, tengan mucho cuidado ¹⁶de no corromperse haciendo imágenes o figuras que tengan forma o imagen de hombre o de mujer, ¹⁷o de animales que caminan

---

ᵃ 11 *cama.* Alt. *sarcófago.*   *ᵇ* 11 Es decir, aprox. 4 m de largo
y 1.8 m de ancho.   *ᶜ* 14 *Javot Yaír.* Alt. *poblados de Yaír.*
ᵈ 17 *lago Quinéret.* Es decir, lago de Galilea.

sobre la tierra, o de aves que vuelan por el aire, [18]o de criaturas que se arrastran, o de peces que viven en las aguas debajo de la tierra. [19]De lo contrario, cuando levanten los ojos y vean todo el ejército del cielo —es decir, el sol, la luna y las estrellas—, pueden sentirse tentados a postrarse ante ellos y adorarlos. Esos astros se los ha dado el SEÑOR, el Dios de ustedes, a todas las naciones que están debajo del cielo. [20]Pero a ustedes el SEÑOR los tomó y los sacó de Egipto, de ese horno donde se funde el hierro, para que fueran el pueblo de su propiedad, como lo son ahora.

[21]Sin embargo, por culpa de ustedes el SEÑOR se enojó conmigo y juró que yo no cruzaría el Jordán ni entraría en la buena tierra que el SEÑOR su Dios les da en posesión. [22]Yo moriré en esta tierra sin haber cruzado el Jordán, pero ustedes sí lo cruzarán y tomarán posesión de esa buena tierra. [23]Tengan, pues, cuidado de no olvidar el ˚pacto que el SEÑOR su Dios ha hecho con ustedes. No se fabriquen imágenes de ninguna figura que el SEÑOR su Dios les haya prohibido, [24]porque el SEÑOR su Dios es fuego consumidor y Dios celoso.

[25]Si después de haber tenido hijos y nietos, y de haber vivido en la tierra mucho tiempo, ustedes se corrompen y se fabrican imágenes y toda clase de figuras, haciendo así lo malo ante el SEÑOR su Dios y provocándolo a ira, [26]hoy pongo al cielo y a la tierra por testigos contra ustedes de que muy pronto desaparecerán de la tierra que van a poseer al cruzar el Jordán. No vivirán allí mucho tiempo, sino que serán destruidos por completo. [27]El SEÑOR los dispersará entre las naciones y entre todas ellas solo quedarán esparcidos unos pocos. [28]Allí ustedes adorarán a dioses de madera y de piedra, hechos por ˚seres humanos: dioses que no pueden ver ni oír, ni comer ni oler. [29]Pero si desde allí buscan al SEÑOR su Dios con todo su ˚corazón y con toda su alma, lo encontrarán. [30]Y al cabo del tiempo, cuando hayan vivido en medio de todas esas angustias y dolores, volverán al SEÑOR su Dios y escucharán su voz. [31]Porque el SEÑOR su Dios es un Dios compasivo que no los abandonará ni los destruirá; tampoco se olvidará del pacto que mediante juramento hizo con sus antepasados.

El SEÑOR es Dios

[32]Investiguen los tiempos pasados, desde el día que Dios creó al ˚ser humano en la tierra, y examinen el cielo de un extremo a otro. ¿Ha sucedido algo así de grandioso o se ha sabido alguna vez de algo semejante? [33]¿Qué pueblo ha oído a Dios hablarle en medio del fuego como lo has oído tú y ha vivido para contarlo? [34]¿Acaso hay un dios que haya intentado entrar en una nación y tomarla para sí mediante pruebas, señales, milagros, guerras, actos portentosos y gran despliegue de fuerza y de poder,[a] como lo hizo por ti el SEÑOR tu Dios en Egipto, ante tus propios ojos? [35]A ustedes se les ha mostrado todo esto para que sepan que el SEÑOR es Dios y que no hay otro fuera de él. [36]Desde el cielo les permitió escuchar su voz para instruirles. Y en la tierra les permitió ver su gran fuego desde el cual les habló. [37]El SEÑOR amó a sus antepasados y escogió la descendencia de ellos. Por eso él mismo, personalmente, con gran poder los sacó de Egipto [38]y ante sus propios ojos desalojó a naciones más grandes y más fuertes que ustedes para hacerles entrar en su tierra y dársela en posesión, como sucede hoy.

[39]Reconozcan y consideren seriamente hoy que el SEÑOR es Dios arriba en el cielo y abajo en la tierra; no hay otro. [40]Obedezcan sus estatutos y mandamientos que hoy te mando cumplir. De este modo, a ustedes y a sus descendientes les irá bien y permanecerán mucho tiempo en la tierra que el SEÑOR tu Dios te da para siempre.

Ciudades de refugio

[41]Entonces Moisés reservó tres ciudades al este del Jordán, [42]para que en alguna de ellas pudiera refugiarse el que, sin premeditación ni rencor alguno, hubiera matado a su prójimo. De este modo, tendría a dónde huir para ponerse a salvo. [43]Para los rubenitas designó Béser en el desierto, en la planicie; para los gaditas, Ramot de Galaad; y para los manasesitas, Golán de Basán.

Introducción a la ley

[44]Esta es la ley que Moisés expuso a los israelitas. [45]Estos son los mandatos, estatutos y leyes que Moisés dictó después de que salieron de Egipto, [46]cuando todavía estaban al este del Jordán, en el valle cercano a Bet Peor. Era la tierra de Sijón, rey de los amorreos, que vivía en Hesbón y que había sido derrotado por Moisés y los israelitas cuando salieron de Egipto. [47]Los israelitas tomaron posesión de su tierra y de la tierra de Og, rey de Basán, es decir, de los dos reyes amorreos cuyos territorios estaban al este del Jordán. [48]Este territorio se extendía desde Aroer, a la orilla del arroyo Arnón, hasta el monte Siyón,[b] o sea, el monte Hermón. [49]Incluía además todo el Arabá al este del Jordán, hasta el mar del Arabá,[c] en las laderas del monte Pisgá.

Los diez mandamientos

5:6-21 – Éx 20:1-17

5 Moisés convocó a todo Israel y dijo:

Escuchen, israelitas, los estatutos y las leyes que yo les comunico hoy. Apréndanlos y procuren ponerlos en práctica. [2]El SEÑOR nuestro Dios hizo un ˚pacto con nosotros en Horeb. [3]No fue con nuestros antepasados con quienes el SEÑOR hizo ese pacto, sino con nosotros, con todos los que hoy estamos vivos aquí. [4]Desde el fuego el SEÑOR les habló cara a cara en la montaña. [5]En aquel tiempo yo actué como intermediario entre el SEÑOR y ustedes para declararles la palabra del SEÑOR, porque ustedes tenían miedo del fuego y no subieron a la montaña.

El SEÑOR dijo:

[6] «Yo soy el SEÑOR tu Dios. Yo te saqué de Egipto,
del país donde eras esclavo.

[7] »No tengas otros dioses además de mí.[d]
[8] No te hagas ninguna imagen, ni nada que guarde
semejanza con lo que hay arriba en el cielo,
ni con lo que hay abajo en la tierra, ni con lo
que hay en las aguas debajo de la tierra. [9]No
te postres delante de ellos ni los adores. Yo, el
SEÑOR tu Dios, soy un Dios celoso. Cuando los
padres son malvados y me odian, yo castigo a
sus hijos hasta la tercera y cuarta generación.
[10]Por el contrario, cuando me aman fielmente
y cumplen mis mandamientos, les muestro mi
amor por mil generaciones.

[11] No uses el ˚nombre del SEÑOR tu Dios en vano.
Yo, el SEÑOR, no tendré por inocente a quien se
atreva a usar mi nombre en vano.

[12] Observa el día ˚sábado para santificarlo, tal como
el SEÑOR tu Dios te lo ha ordenado. [13]Trabaja
seis días y haz en ellos todo lo que tengas que
hacer, [14]pero el día séptimo será un día de

---

[a] 34 gran … poder. Lit. *mano fuerte y brazo extendido;* también en otros pasajes similares.   [b] 48 Siyón. Según Siríaca: *Sirión;* véase 3:9.   [c] 49 mar del Arabá. Es decir, el mar Muerto.   [d] 7 además de mí. Lit. *junto a mí.*

reposo para honrar al Señor tu Dios. No hagas en ese día ningún trabajo, ni tampoco tu hijo, ni tu hija, ni tu esclavo, ni tu esclava, ni tu buey, ni tu burro, ni ninguno de tus animales, ni tampoco los extranjeros que vivan en tus ciudades. Así podrán descansar tu esclavo y tu esclava, lo mismo que tú. ¹⁵Recuerda que fuiste esclavo en Egipto, y que el Señor tu Dios te sacó de allí con gran despliegue de fuerza y de poder. Por eso el Señor tu Dios te ordena respetar el día sábado.

¹⁶Honra a tu padre y a tu madre, como el Señor tu Dios te lo ha ordenado, para que disfrutes de una larga vida y te vaya bien en la tierra que te da el Señor tu Dios.

¹⁷No mates.

¹⁸No cometas adulterio.

¹⁹No robes.

²⁰No des falso testimonio en contra de tu prójimo.

²¹No codicies la esposa de tu prójimo, ni desees su casa, ni su tierra, ni su esclavo, ni su esclava, ni su buey, ni su asno, ni nada que le pertenezca».

²²Estas son las palabras que el Señor pronunció con voz fuerte desde el fuego, la nube y la densa oscuridad, cuando ustedes estaban reunidos al pie de la montaña. No añadió nada más. Luego las escribió en dos tablas de piedra y me las entregó.

²³Cuando ustedes oyeron la voz que salía de la oscuridad, mientras la montaña ardía en llamas, todos los jefes y líderes de sus tribus vinieron a mí ²⁴y me dijeron: «El Señor nuestro Dios nos ha mostrado su gloria y su grandeza, y hemos oído su voz que salía del fuego. Hoy hemos visto que un simple ˚mortal puede seguir con vida, aunque Dios hable con él. ²⁵Pero ¿por qué tenemos que morir? Este gran fuego nos consumirá y moriremos, si seguimos oyendo la voz del Señor nuestro Dios. ²⁶Pues ¿qué mortal ha oído jamás la voz del Dios viviente hablarle desde el fuego, como la hemos oído nosotros, y ha vivido para contarlo? ²⁷Acércate tú al Señor nuestro Dios y escucha todo lo que él te diga. Repítenos luego todo lo que te comunique, y nosotros escucharemos y obedeceremos».

²⁸El Señor escuchó cuando ustedes me hablaban y el Señor me dijo: «He oído lo que este pueblo te dijo. Todo lo que dijeron está bien. ²⁹¡Ojalá tuvieran un ˚corazón inclinado a temerme y cumplir todos mis mandamientos para que a ellos y a sus hijos siempre les vaya bien! ³⁰Ve y diles que vuelvan a sus tiendas de campaña. ³¹Pero tú quédate aquí conmigo, que voy a darte todos los mandamientos, estatutos y leyes que has de enseñarles, para que los pongan en práctica en la tierra que les daré como herencia».

³²Tengan, pues, cuidado de hacer lo que el Señor su Dios ha mandado; no se desvíen ni a la derecha ni a la izquierda. ³³Sigan por el ˚camino que el Señor su Dios ha trazado para que vivan, prosperen y disfruten de larga vida en la tierra que van a poseer.

El amor a Dios

6 Estos son los mandamientos, estatutos y leyes que el Señor tu Dios mandó que yo te enseñara para que los pongas en práctica en la tierra de la que vas a tomar posesión. ²De esta manera, durante toda la vida, tú, tus hijos y tus nietos temerán al Señor tu Dios, cumpliendo todos los estatutos y mandamientos que te doy; así disfrutarán de larga vida. ³Escucha, Israel, y esfuérzate en obedecer. Así te irá bien y serás un pueblo muy numeroso en la tierra donde abundan la leche y la miel, tal como te lo prometió el Señor, el Dios de tus antepasados.

⁴Escucha, Israel: El Señor nuestro Dios es el único Señor.ᵃ ⁵Ama al Señor tu Dios con todo tu ˚corazón, con toda tu ˚alma y con todas tus fuerzas. ⁶Grábate en el corazón estas palabras que hoy te mando. ⁷Incúlcaselas continuamente a tus hijos. Háblales de ellas cuando estés en tu casa y cuando vayas por el camino, cuando te acuestes y cuando te levantes. ⁸Átalas a tus manos como un signo, llévalas en tu frente como una marca y ⁹escríbelas en los postes de tu casa y en los ˚portones de tus ciudades.

¹⁰El Señor tu Dios te hará entrar en la tierra que juró a tus antepasados Abraham, Isaac y Jacob. Es una tierra con ciudades grandes y prósperas que tú no edificaste, ¹¹con casas llenas de toda clase de bienes que tú no acumulaste, con cisternas que no cavaste, y con viñas y olivares que no plantaste. Cuando comas de ellas y te sacies, ¹²cuídate de no olvidarte del Señor, que te sacó de Egipto, la tierra donde eras esclavo.

¹³Teme al Señor tu Dios, sírvele solamente a él y jura solo en su ˚nombre. ¹⁴No sigas a esos dioses de los pueblos que te rodean, ¹⁵pues el Señor tu Dios está contigo y es un Dios celoso; no vaya a ser que su ira se encienda contra ti y te borre de la faz de la tierra. ¹⁶No pongas a prueba al Señor tu Dios, como lo hiciste en Masá. ¹⁷Cumple cuidadosamente los mandamientos del Señor tu Dios, y los mandatos y estatutos que te ha dado. ¹⁸Haz lo que es recto y bueno a los ojos del Señor para que te vaya bien y tomes posesión de la buena tierra que el Señor juró a tus antepasados. ¹⁹El Señor arrojará a todos los enemigos que encuentres en tu camino, tal como te lo prometió.

²⁰En el futuro, cuando tu hijo te pregunte: «¿Qué significan los mandatos, estatutos y leyes que el Señor nuestro Dios nos mandó?», ²¹le responderás: «En Egipto nosotros éramos esclavos del faraón, pero el Señor nos sacó de allá con gran despliegue de fuerza. ²²Ante nuestros propios ojos, el Señor realizó grandes señales y terribles prodigios en contra de Egipto, del faraón y de toda su familia. ²³Y nos sacó de allá para conducirnos a la tierra que a nuestros antepasados había jurado que nos daría. ²⁴El Señor nuestro Dios nos mandó temerle y obedecer estos estatutos, para que siempre nos vaya bien y sigamos con vida. Así ha sido hasta hoy. ²⁵Y si obedecemos fielmente todos estos mandamientos ante el Señor nuestro Dios, tal como nos lo ha ordenado, entonces seremos justos».

Expulsión de las naciones

7 El Señor tu Dios te hará entrar en la tierra que vas a poseer y echará de tu presencia a siete naciones más grandes y fuertes que tú: los hititas, los gergeseos, los amorreos, los cananeos, los ferezeos, los heveos y los jebuseos. ²Cuando el Señor tu Dios te las haya entregado y tú las hayas derrotado, deberás ˚destruirlas por completo. No harás ningún pacto con ellas ni las tendrás compasión. ³Tampoco te unirás en matrimonio con ninguna de esas naciones; no darás tus hijas a sus hijos ni tomarás sus hijas para tus hijos, ⁴porque ellas los apartarán de mí y los harán servir a otros dioses. Entonces la ira del Señor se encenderá contra ti y te destruirá de inmediato.

⁵Esto es lo que harás con esas naciones: derribarás sus altares, harás pedazos sus ˚piedras sagradas y sus imágenes de la diosa ˚Aserá y prenderás fuego a sus ídolos. ⁶Porque para el Señor tu Dios tú eres un pueblo ˚santo; él te eligió para que fueras su propiedad exclusiva entre todos los pueblos de la tierra.

ᵃ 4 *el Señor nuestro Dios es el único Señor.* Alt. *el Señor es nuestro Dios, el Señor es uno.*

⁷El SEÑOR sintió afecto por ti y te eligió, aunque no eras el pueblo más numeroso, sino el más insignificante de todos. ⁸El SEÑOR te ama y quería cumplir su juramento a tus antepasados; por eso te rescató de la esclavitud, del poder del faraón, el rey de Egipto, y te sacó con gran despliegue de fuerza. ⁹Por tanto, reconoce que el SEÑOR tu Dios es el único Dios, el Dios fiel, que cumple su ˙pacto por mil generaciones y muestra su fiel amor a quienes lo aman y obedecen sus mandamientos, ¹⁰pero que

destruye a quienes lo odian
   y no se tarda en darles su merecido.

¹¹Por eso debes obedecer los mandamientos, los estatutos y las leyes que hoy te mando que cumplas.

¹²Si prestas atención a estas leyes, las cumples y las obedeces, entonces el SEÑOR tu Dios cumplirá el pacto que bajo juramento hizo con tus antepasados, y te mostrará su amor fiel. ¹³Te amará, te multiplicará y bendecirá el fruto de tu vientre, también el fruto de la tierra que juró a tus antepasados que te daría. Es decir, bendecirá el trigo, el vino y el aceite, las crías de tus ganados y los corderos de tus rebaños. ¹⁴Bendito serás, más que cualquier otro pueblo; no habrá entre los tuyos hombre ni mujer estéril; tampoco habrá un solo animal de tus ganados que se quede sin cría. ¹⁵El SEÑOR te mantendrá libre de toda enfermedad y alejará de ti las horribles enfermedades que conociste en Egipto; en cambio, las reservará para tus enemigos. ¹⁶Destruye a todos los pueblos que el SEÑOR tu Dios entregue en tus manos. No te apiades de ellos ni sirvas a sus dioses, para que no te sean una trampa.

¹⁷Tal vez te preguntes: «¿Cómo podré expulsar a estas naciones si son más numerosas que yo?». ¹⁸Pero no les temas; recuerda bien lo que el SEÑOR tu Dios hizo contra el faraón y contra todo Egipto. ¹⁹Con tus propios ojos viste las grandes pruebas, señales y prodigios milagrosos que con gran despliegue de fuerza y de poder realizó el SEÑOR tu Dios para sacarte de Egipto, y lo mismo hará contra todos los pueblos a quienes ahora temes. ²⁰Además, el SEÑOR tu Dios enviará contra ellas avispas, hasta que hayan perecido todos los sobrevivientes y aun los que intenten esconderse de ti. ²¹No te asustes ante ellos, pues el SEÑOR tu Dios, el Dios grande y temible, está contigo. ²²El SEÑOR tu Dios expulsará a las naciones que te salgan al paso, pero lo hará poco a poco. No las eliminarás a todas de una sola vez, para que los animales salvajes no se multipliquen ni invadan tu territorio. ²³El SEÑOR tu Dios entregará a esas naciones en tus manos y las llenará de gran confusión hasta destruirlas. ²⁴Pondrá a sus reyes bajo tu poder y de sus ˙nombres tú borrarás memoria en la tierra. Ninguna de esas naciones podrá resistir tu presencia porque tú las destruirás. ²⁵Pero tú deberás quemar en el fuego las imágenes de sus dioses. No codicies la plata y el oro que las recubren ni caigas en la trampa de quedarte con ellas, pues eso es algo que aborrece el SEÑOR tu Dios. ²⁶No metas en tu casa nada que sea abominable. Todo eso debe ser ˙destruido. Recházalo y detéstalo por completo para que no seas destruido tú también.

No te olvides del SEÑOR tu Dios

8 Cumple fielmente todos los mandamientos que hoy te mando para que vivas, te multipliques y tomes posesión de la tierra que el SEÑOR juró a tus antepasados. ²Recuerda que durante cuarenta años el SEÑOR tu Dios te llevó por todo el camino del desierto, para humillarte y ponerte a prueba. Así llegaría a conocer lo que había en tu ˙corazón y vería si cumplirías

o no sus mandamientos. ³Te humilló y te hizo pasar hambre, pero luego te alimentó con maná, comida que ni tú ni tus antepasados habían conocido, con lo que te enseñó que no solo de pan vive el ˙hombre, sino de todo lo que sale de la boca del SEÑOR. ⁴Durante esos cuarenta años no se te gastó la ropa que llevabas puesta ni se te hincharon los pies. ⁵Reconoce en tu corazón que, así como un padre ˙disciplina a su hijo, también el SEÑOR tu Dios te disciplina a ti.

⁶Cumple los mandamientos del SEÑOR tu Dios; témelo y sigue sus ˙caminos. ⁷Porque el SEÑOR tu Dios te conduce a una tierra buena: tierra de arroyos y de fuentes de agua, con manantiales que fluyen en los valles y en las colinas; ⁸tierra de trigo y de cebada; de viñas, higueras y granados; de olivares, aceite y miel; ⁹tierra donde no escaseará el pan y donde nada te faltará; tierra donde las rocas son de hierro y de cuyas colinas sacarás cobre.

¹⁰Cuando hayas comido y estés satisfecho, alabarás al SEÑOR tu Dios por la tierra buena que te habrá dado. ¹¹Pero ten cuidado de no olvidar al SEÑOR tu Dios. No dejes de cumplir sus mandamientos, leyes y estatutos que yo te encargo hoy. ¹²Y cuando hayas comido y te hayas saciado, cuando hayas edificado casas cómodas y las habites, ¹³cuando se hayan multiplicado tus vacas y tus ovejas, y hayan aumentado tu plata y tu oro y sean abundantes tus riquezas, ¹⁴no te vuelvas orgulloso ni olvides al SEÑOR tu Dios, quien te sacó de Egipto, el país donde eras esclavo. ¹⁵Él te guio a través del vasto y horrible desierto, esa tierra reseca y sedienta, llena de serpientes venenosas y escorpiones; te dio el agua que hizo brotar de la más dura roca. ¹⁶En el desierto te alimentó con maná, comida que jamás conocieron tus antepasados. Así te humilló y te puso a prueba, para que a fin de cuentas te fuera bien. ¹⁷No se te ocurra pensar: «Esta riqueza es fruto de mi poder y de la fuerza de mis manos». ¹⁸Recuerda al SEÑOR tu Dios, porque es él quien te da el poder para producir esa riqueza; así ha confirmado hoy su ˙pacto que bajo juramento hizo con tus antepasados.

¹⁹Si llegas a olvidar al SEÑOR tu Dios y sigues a otros dioses para adorarlos y postrarse ante ellos, testifico hoy en contra tuya que ciertamente serás destruido. ²⁰Si no obedeces al SEÑOR tu Dios, te sucederá lo mismo que a las naciones que el SEÑOR irá destruyendo a tu paso.

El mérito no es de Israel

9 Escucha, Israel: ahora vas a cruzar el Jordán para entrar y conquistar naciones más grandes y fuertes que tú que viven en grandes ciudades con muros que llegan hasta el cielo. ²Esa gente es poderosa y de gran estatura; ¡son los ˙anaquitas! Tú ya los conoces y sabes que de ellos se dice: «¿Quién puede oponerse a los anaquitas?». ³Pero tú, entiende bien hoy que el SEÑOR tu Dios avanzará al frente de ti, y que los destruirá como fuego consumidor y los someterá a tu poder. Tú los expulsarás y los aniquilarás enseguida, tal como el SEÑOR te lo ha prometido.

⁴Cuando el SEÑOR tu Dios los haya arrojado lejos de ti, no vayas a pensar: «El SEÑOR me ha traído hasta aquí, por causa de mi justicia, para tomar posesión de esta tierra». ¡No! El SEÑOR expulsará a esas naciones por la maldad que las caracteriza. ⁵De modo que no es por tu justicia ni por tu rectitud por lo que vas a tomar posesión de su tierra. ¡No! La propia maldad de esas naciones hará que el SEÑOR tu Dios las arroje lejos de ti. Así cumplirá lo que juró a tus antepasados Abraham, Isaac y Jacob. ⁶Entiende bien que eres un pueblo terco, que tu justicia y rectitud no tienen nada que ver con que el SEÑOR tu Dios te dé en posesión esta buena tierra.

El becerro de oro

⁷Recuerda esto y nunca olvides cómo provocaste la ira del SEÑOR tu Dios en el desierto. Desde el día en que saliste de Egipto hasta tu llegada aquí, has sido rebelde contra el SEÑOR. ⁸A tal grado provocaron el enojo del SEÑOR en Horeb, que estuvo a punto de destruirlos. ⁹Cuando subí a la montaña para recibir las tablas de piedra, es decir, las tablas del ˚pacto que el SEÑOR había hecho con ustedes, me quedé en la montaña cuarenta días y cuarenta noches, y no comí pan ni bebí agua. ¹⁰Allí el SEÑOR me dio dos tablas de piedra, en las que él mismo escribió con su dedo todas las palabras que proclamó desde la montaña, en medio del fuego, el día de la asamblea.

¹¹Pasados los cuarenta días y las cuarenta noches, el SEÑOR me dio las dos tablas de piedra; es decir, las tablas del pacto. ¹²Luego el SEÑOR me dijo: «Levántate y baja de aquí enseguida, porque ese pueblo tuyo que sacaste de Egipto se ha descarriado. Bien pronto se han apartado del ˚camino que les mandé seguir y se han fabricado un ídolo de metal fundido».

¹³También el SEÑOR me dijo: «He visto a este pueblo y ¡realmente es un pueblo terco! ¹⁴Déjame que lo destruya y borre hasta el recuerdo de su ˚nombre. De ti, en cambio, haré una nación más fuerte y numerosa que la de ellos».

¹⁵Luego me di vuelta y bajé de la montaña que ardía en llamas. En las manos traía yo las dos tablas del pacto. ¹⁶Entonces vi que ustedes habían pecado contra el SEÑOR su Dios, pues se habían fabricado un ídolo fundido con forma de becerro. ¡Bien pronto se habían apartado del camino que el SEÑOR les había mandado! ¹⁷Así que tomé las dos tablas que traía en las manos y las arrojé al suelo, haciéndolas pedazos delante de ustedes.

¹⁸Nuevamente me postré delante del SEÑOR cuarenta días y cuarenta noches, y no comí pan ni bebí agua. Lo hice por el gran pecado que ustedes habían cometido al hacer lo malo a los ojos del SEÑOR, provocando así su ira. ¹⁹Tuve verdadero miedo del enojo y de la ira del SEÑOR, pues a tal grado se indignó contra ustedes que quiso destruirlos. Sin embargo, el SEÑOR me escuchó una vez más. ²⁰Y tan enojado estaba el SEÑOR contra Aarón que quería destruirlo y también en esa ocasión intercedí por él. ²¹Luego tomé el becerro que ustedes se fabricaron, ese ídolo que los hizo pecar y lo quemé en el fuego; lo desmenucé y lo molí hasta hacerlo polvo; después arrojé el polvo al arroyo que baja de la montaña.

²²En Taberá, en Masá y en Quibrot Hatavá ustedes provocaron también la ira del SEÑOR. ²³Además, cuando el SEÑOR los envió desde Cades Barnea y les dijo: «Suban y tomen posesión de la tierra que les he dado», ustedes se rebelaron contra la orden del SEÑOR su Dios; no confiaron en él ni le obedecieron. ²⁴¡Desde que los conozco han sido rebeldes al SEÑOR!

²⁵Como el SEÑOR había dicho que los destruiría, yo me quedé postrado ante él esos cuarenta días y cuarenta noches. ²⁶Oré al SEÑOR y le dije: «SEÑOR y Dios, ¡no destruyas tu propia heredad, el pueblo que por tu grandeza redimiste y sacaste de Egipto con gran despliegue de fuerza! ²⁷¡Acuérdate de tus siervos Abraham, Isaac y Jacob! Pasa por alto la terquedad de este pueblo, su maldad y su pecado, ²⁸no sea que en el país de donde nos sacaste digan: "El SEÑOR no pudo llevarlos a la tierra que les había prometido. Y como los aborrecía, los sacó para que murieran en el desierto". ²⁹Después de todo, ellos son tu propia heredad; son el pueblo que sacaste con gran despliegue de fuerza y de poder».

Las nuevas tablas de la ley

10 En aquel tiempo, el SEÑOR me dijo: «Labra dos tablas de piedra semejantes a las primeras y haz un arca de madera; después de eso, sube a la montaña para que te encuentres conmigo. ²Yo escribiré en esas tablas las mismas palabras que estaban escritas en las primeras, las que rompiste, y después las guardarás en el arca».

³Hice, pues, el arca de madera de acacia y tallé dos tablas de piedra semejantes a las primeras; luego subí a la montaña llevando en las manos las dos tablas. ⁴En esas tablas, que luego me entregó, el SEÑOR escribió lo mismo que había escrito antes, es decir, los diez mandamientos que dio a ustedes el día en que estábamos todos reunidos en asamblea, cuando habló desde el fuego en la montaña. ⁵Enseguida bajé de la montaña y guardé las tablas en el arca que había hecho. Y allí permanecen, tal como me lo ordenó el SEÑOR.

Ministerio de los levitas

⁶(Después los israelitas se trasladaron de los pozos de Bené Yacán a Moserá. Allí murió Aarón y fue sepultado, y su hijo Eleazar lo sucedió en el sacerdocio. ⁷De allí se fueron a Gudgoda y siguieron hasta Jotbata, tierra con abundantes corrientes de agua. ⁸En aquel tiempo, el SEÑOR designó a la tribu de Leví para llevar el arca del ˚pacto y estar en su presencia; además, para ministrar y pronunciar bendiciones en su ˚nombre, como hasta hoy lo hace. ⁹Por eso los levitas no recibieron ninguna porción de tierra entre sus hermanos, pues el SEÑOR es su herencia, como él mismo lo ha declarado.)

Las demandas del SEÑOR

¹⁰Yo me quedé en la montaña cuarenta días y cuarenta noches, como lo hice la primera vez, y también esta vez el SEÑOR me escuchó. Como no era su voluntad destruirlos, ¹¹el SEÑOR me dijo: «Ve y guía al pueblo en su ˚camino para que entren y tomen posesión de la tierra que juré a sus antepasados que les daría».

¹²Y ahora, Israel, ¿qué te pide el SEÑOR tu Dios? Simplemente que le temas y andes en todos sus caminos, que lo ames y le sirvas con todo tu ˚corazón y con toda tu ˚alma, ¹³y que cumplas los mandamientos y los estatutos que hoy el SEÑOR te manda cumplir, para que te vaya bien.

¹⁴Al SEÑOR tu Dios pertenecen los cielos y lo más alto de los cielos, la tierra y todo lo que hay en ella. ¹⁵Sin embargo, el SEÑOR sintió afecto por tus antepasados y los amó; y a ti, que eres su descendencia, te eligió de entre todos los pueblos, como lo vemos hoy. ¹⁶Por eso, circunciden sus corazones y ya no sean tercos. ¹⁷Porque el SEÑOR su Dios es Dios de dioses y Señor de señores; él es el gran Dios, poderoso y terrible, que no actúa con parcialidad ni acepta sobornos. ¹⁸Él defiende la causa del huérfano y de la viuda, y muestra su amor por el extranjero, proveyéndole alimentos y ropa. ¹⁹Así mismo deben mostrar amor por los extranjeros, porque también ustedes fueron extranjeros en Egipto. ²⁰Teman al SEÑOR su Dios y sírvanle. Aférrense a él y juren solo por su ˚nombre. ²¹Él es el motivo de su alabanza; él es su Dios, el que hizo en tu favor las grandes y asombrosas maravillas que ustedes mismos presenciaron. ²²Setenta eran los antepasados suyos que bajaron a Egipto, pero ahora el SEÑOR su Dios los ha hecho un pueblo tan numeroso como las estrellas del cielo.

Amor y obediencia al SEÑOR

11 Amen al SEÑOR su Dios y cumplan siempre sus órdenes, estatutos, leyes y mandamientos. ²Recuerden hoy que fueron ustedes, y no sus hijos, los que vieron y experimentaron la ˚disciplina del SEÑOR su Dios. Ustedes vieron su gran despliegue de fuerza y de poder, ³y los hechos y señales que realizó contra el faraón, rey de Egipto, y contra toda su tierra. ⁴Ustedes vieron lo que hizo contra el ejército de los egipcios y cómo desató las aguas del ˚mar Rojo sobre sus caballos y carros de guerra, cuando estos los perseguían a ustedes. El SEÑOR los destruyó para siempre. ⁵Recuerden también lo que él hizo por ustedes en el desierto hasta que llegaron a este lugar. ⁶Además, vieron lo que hizo a Datán y Abirán, hijos de Eliab el rubenita, pues en presencia de todo el pueblo hizo que la tierra se abriera y se los tragara junto con sus familias, sus tiendas de campaña y todo lo que les pertenecía. ⁷Ciertamente ustedes han visto con sus propios ojos todas las maravillas que el SEÑOR ha hecho.

⁸Por eso cumplan todos los mandamientos que hoy les ordeno para que sean fuertes, puedan cruzar el Jordán y tomar posesión de la tierra, ⁹para que vivan mucho tiempo en esa tierra que el SEÑOR juró dar a los antepasados de ustedes y a sus descendientes, tierra donde abundan la leche y la miel. ¹⁰Esa tierra que van a tomar en posesión no es como la de Egipto, de donde salieron; allá ustedes plantaban sus semillas y tenían que regarlas a pie*ᵃ* como se riega un huerto. ¹¹En cambio, la tierra que van a poseer es tierra de montañas y de valles, regada por la lluvia del cielo. ¹²El SEÑOR su Dios es quien la cuida; los ojos del SEÑOR su Dios están sobre ella todo el año, de principio a fin.

¹³Si ustedes obedecen fielmente los mandamientos que hoy les doy, si aman al SEÑOR su Dios y le sirven con todo el ˚corazón y con toda el ˚alma, ¹⁴entonces yo enviaré*ᵇ* la lluvia oportuna sobre su tierra, en otoño y en primavera,*ᶜ* para que obtengan el trigo, el vino nuevo y el aceite. ¹⁵También haré*ᵈ* que crezca hierba en los campos para su ganado, y ustedes comerán y quedarán satisfechos.

¹⁶¡Cuidado! No se dejen seducir. No se descarríen ni adoren a otros dioses, ni se postren ante ellos, ¹⁷porque entonces se encenderá la ira del SEÑOR contra ustedes y cerrará los cielos para que no llueva; el suelo no dará sus frutos y pronto ustedes desaparecerán de la buena tierra que les da el SEÑOR. ¹⁸Grábense estas palabras en el corazón y en la mente, átenlas en sus manos como un signo y llévenlas en su frente como una marca. ¹⁹Enséñenselas a sus hijos y háblenles de ellas cuando estén en su casa y cuando vayan por el camino, cuando se acuesten y cuando se levanten; ²⁰escríbanlas en los postes de su casa y en los ˚portones de sus ciudades. ²¹Así, mientras existan los cielos sobre la tierra, ustedes y sus descendientes prolongarán su vida sobre la tierra que el SEÑOR juró dar a sus antepasados.

²²Si ustedes obedecen todos estos mandamientos que les doy y aman al SEÑOR su Dios, siguen por todos sus ˚caminos y le son fieles, ²³entonces el SEÑOR expulsará de su territorio a todas esas naciones. Así podrán conquistarlas, aunque sean más grandes y fuertes que ustedes. ²⁴Todo lugar que toquen sus pies será de ustedes; su territorio se extenderá desde el desierto hasta el monte Líbano y del río Éufrates hasta el mar Mediterráneo. ²⁵Nadie podrá hacerles frente. Por dondequiera que vayan, el SEÑOR su Dios hará que todo el mundo sienta miedo y terror ante ustedes, como les ha prometido.

²⁶Miren, hoy les doy a elegir entre la bendición y la maldición: ²⁷bendición, si obedecen los mandamientos que yo, el SEÑOR su Dios, hoy les mando obedecer; ²⁸maldición, si desobedecen los mandamientos del SEÑOR su Dios y se apartan del camino que hoy les mando seguir, y se van tras dioses extraños que jamás han conocido. ²⁹Cuando el SEÑOR su Dios los haya hecho entrar en la tierra que van a poseer, ustedes bendecirán al monte Guerizín y maldecirán al monte Ebal. ³⁰Esos montes están al otro lado del Jordán, hacia el oeste, en el territorio de los cananeos que viven en el Arabá, en la vecindad de Guilgal, junto a las encinas de Moré. ³¹Ustedes están a punto de cruzar el Jordán y entrar a tomar posesión de la tierra que les da el SEÑOR su Dios. Cuando la hayan tomado y ya estén viviendo allí, ³²cuiden de obedecer todos los estatutos y las leyes que hoy les mando.

El lugar único de adoración

12 Estos son los estatutos y las leyes que tendrán cuidado de poner en práctica mientras vivan en la tierra que el SEÑOR y Dios de sus antepasados les ha dado en posesión: ²Destruirán por completo todos los lugares donde adoran a sus dioses las naciones que ustedes van a conquistar, es decir, en las montañas, en las colinas y debajo de todo árbol frondoso.

³Demolerán sus altares, harán pedazos sus ˚piedras sagradas, prenderán fuego a sus imágenes de la diosa ˚Aserá, derribarán sus ídolos y borrarán de ese lugar los ˚nombres de sus dioses.

⁴No harán lo mismo con el SEÑOR su Dios, ⁵sino que irán y lo buscarán en el lugar que, de entre todas las tribus, el SEÑOR escoja como residencia de su Nombre. ⁶Allí llevarán ustedes sus ˚holocaustos, sacrificios, diezmos, contribuciones, promesas, ofrendas voluntarias y los primogénitos de sus vacas y ovejas. ⁷Entonces, en la presencia del SEÑOR su Dios, ustedes y sus familias comerán y se regocijarán por los logros de su trabajo, porque el SEÑOR su Dios los habrá bendecido.

⁸Ustedes no harán allí lo que ahora hacemos aquí, donde cada uno hace lo que mejor le parece, ⁹pues todavía no han entrado en el reposo ni en la herencia que les da el SEÑOR su Dios. ¹⁰Pero ustedes cruzarán el río Jordán y vivirán en la tierra que el SEÑOR su Dios les da en herencia; él los librará de sus enemigos que los rodean y vivirán seguros. ¹¹Y al lugar que el SEÑOR su Dios escoja como habitación de su Nombre llevarán todo lo que he ordenado: holocaustos, sacrificios, diezmos, contribuciones y las ofrendas más selectas que hayan prometido al SEÑOR. ¹²Y se regocijarán en la presencia del SEÑOR su Dios, junto con sus hijos e hijas, con sus esclavos y esclavas, y con los levitas que vivan en las ciudades de ustedes, pues ellos no tendrán ninguna posesión ni herencia.

¹³Cuando ofrezcas holocaustos, cuídate de no hacerlo en el lugar que te plazca. ¹⁴Los ofrecerás solo en el lugar que el SEÑOR elija en una de tus tribus y allí harás todo lo que yo te ordeno.

¹⁵Sin embargo, siempre que lo desees podrás matar animales y comer su carne en cualquiera de tus ciudades, según el SEÑOR tu Dios te haya bendecido. Podrás comerla, estés o no ritualmente ˚puro, como si se tratara de carne de gacela o de ciervo. ¹⁶Pero no deberás comer la sangre, sino que la derramarás en la tierra como si fuera agua.

¹⁷No podrás comer en tus ciudades el diezmo de tu trigo, de tu vino nuevo o de tu aceite, ni los primogénitos de tus vacas y tus ovejas, ni lo que hayas prometido dar, ni tus ofrendas voluntarias ni tus contribuciones. ¹⁸Disfrutarás de ellos en presencia del SEÑOR tu Dios en el lugar que él elija. Así también lo harán tu hijo y tu hija, tu esclavo y tu esclava, y los levitas que vivan en tus ciudades, y te alegrarás ante

---

ᵃ **10** *regarlas a pie.* Posiblemente se refiere a las ruedas que eran movidas con los pies para sacar el agua.   *ᵇ* **14** *yo enviaré* (TM); *él enviará* (LXX, Pentateuco Samaritano y Vulgata).   *ᶜ* **14** *en otoño y en primavera.* Lit. *la temprana y la tardía.*   *ᵈ* **15** *haré* (TM); *hará* (Pentateuco Samaritano y mss. de LXX).

el Señor tu Dios por los logros de tu trabajo. ¹⁹Cuídate de no abandonar al levita mientras vivas en tu tierra.

²⁰Cuando el Señor tu Dios haya extendido tu territorio, según te lo ha prometido, y digas: «¡Cómo quisiera comer carne!», podrás comer toda la carne que quieras. ²¹Si queda demasiado lejos el lugar donde el Señor tu Dios decida poner su Nombre, podrás sacrificar animales de tus vacas y ovejas, según mis instrucciones, y comer en tus pueblos todo lo que quieras. ²²Come de su carne como si fuera carne de gacela o de ciervo. Estés o no ritualmente puro, podrás comerla. ²³Pero asegúrate de no comer la sangre, porque la sangre es la ˙vida. No debes comer la vida con la carne. ²⁴En lugar de comerla, derrámala en la tierra como si fuera agua. ²⁵No comas la sangre, para que te vaya bien a ti y a tu descendencia, pues estarás haciendo lo recto a los ojos del Señor.

²⁶Las cosas que hayas consagrado y las ofrendas que hayas prometido, prepáralas y llévalas al lugar que el Señor habrá de elegir. ²⁷Tanto la carne como la sangre de tus holocaustos las ofrecerás sobre el altar del Señor tu Dios. Derramarás la sangre sobre el altar, pero podrás comer la carne.

²⁸Ten el cuidado de obedecer todas estas palabras que yo te he dado, para que siempre te vaya bien, lo mismo que a tu descendencia. Así habrás hecho lo bueno y lo recto a los ojos del Señor tu Dios.

²⁹Ante tus propios ojos el Señor tu Dios exterminará a las naciones que vas a invadir y conquistar. Cuando las hayas expulsado y te hayas establecido en su tierra, ³⁰después de haberlas destruido cuídate de no seguir su ejemplo y caer en la trampa de inquirir acerca de sus dioses. No preguntes: «¿Cómo adoraban estas naciones a sus dioses, para que yo pueda hacer lo mismo?». ³¹No adorarás de esa manera al Señor tu Dios, porque al Señor le resulta abominable todo lo que ellos hacen para honrar a sus dioses. ¡Hasta queman a sus hijos e hijas en el fuego como sacrificios a sus dioses!

³²Cuídate de poner en práctica todo lo que te ordeno sin añadir ni quitar nada.

Advertencia contra la idolatría

13 Cuando en medio de ti aparezca algún profeta o alguien que predice a través de sueños y anuncie algún prodigio o señal milagrosa, ²si esa señal o prodigio se cumple y él te dice: «Vayamos a rendir culto a otros dioses», dioses que no has conocido, ³no prestes atención a las palabras de ese profeta o soñador. El Señor tu Dios te estará probando para saber si lo amas con todo el ˙corazón y con toda el ˙alma. ⁴Solamente al Señor tu Dios debes seguir y rendir culto. Cumple sus mandamientos y obedécelo; sírvele y aférrate a él. ⁵Condenarás a muerte a ese profeta o soñador por haberte aconsejado rebelarte contra el Señor tu Dios, que te sacó de Egipto y te rescató de la tierra de esclavitud. Así erradicarás el mal que haya en medio de ti, porque tal profeta habrá intentado apartarte del ˙camino que el Señor tu Dios te mandó que siguieras.

⁶Si tu propio hermano, o tu hijo, o tu hija, o tu esposa amada, o tu amigo íntimo, trata de engañarte y en secreto te insinúa: «Vayamos a rendir culto a otros dioses» (dioses que ni tú ni tus antepasados conocieron, ⁷dioses de pueblos cercanos o lejanos que abarcan toda la tierra), ⁸no te dejes engañar ni le hagas caso. Tampoco le tengas lástima. No te compadezcas de él, ni lo encubras ⁹ni dudes en matarlo. ¹⁰Apedréalo hasta que muera porque trató de apartarte del Señor tu Dios, quien te sacó de Egipto, la tierra donde eras esclavo. ¹¹Entonces todos en Israel

oirán esto, temblarán de miedo y nadie intentará otra vez cometer semejante maldad.

¹²Si de alguna de las ciudades que el Señor tu Dios te da para que las habites llega el rumor ¹³de que han surgido hombres perversos que descarrían a la gente y le dicen: «Vayamos a rendir culto a otros dioses» (dioses que ustedes no han conocido), ¹⁴entonces deberás inquirir e investigar todo con sumo cuidado. Si se comprueba tal hecho abominable ha ocurrido en medio de ti, ¹⁵no dudes en matar a filo de espada a todos los habitantes de esa ciudad. ˙Destrúyelos junto con todo lo que haya en ella, incluyendo el ganado. ¹⁶Lleva todo el botín a la plaza pública y préndele fuego a la ciudad y a todo el botín. Será una ofrenda totalmente quemada para el Señor tu Dios. La ciudad se quedará para siempre en ruinas y no volverá a ser reedificada. ¹⁷No te apropies de nada que haya sido destinado a la ˙destrucción. De ese modo, el Señor alejará de ti el furor de su ira, te tratará con misericordia y compasión, y hará que te multipliques, tal como se lo juró a tus antepasados. ¹⁸Así será, siempre y cuando obedezcas todos estos mandamientos que te ordeno hoy y hagas lo recto ante el Señor tu Dios.

Alimentos puros e impuros
14:3-20 – Lv 11:1-23

14 Eres hijo del Señor tu Dios. No te hagas cortes en la piel ni te rapes la cabeza en honor de un muerto, ²porque eres pueblo consagrado al Señor tu Dios. Él te eligió de entre todos los pueblos de la tierra para que fueras su propiedad exclusiva.

³No comas nada que sea abominable. ⁴Los animales que podrás comer son los siguientes: el buey, la oveja, la cabra, ⁵el ciervo, la gacela, el venado, la cabra montés, el íbice, el antílope y el carnero montés.ᵃ ⁶Podrás comer cualquier animal rumiante que tenga la pezuña hendida y partida en dos. ⁷pero no podrás comer camello, liebre ni tejón porque, aunque rumian, no tienen la pezuña partida. Los tendrás por animales ˙impuros.

⁸El cerdo es también impuro porque, aunque tiene la pezuña partida, no es rumiante. No podrás comer su carne ni tocar su cadáver.

⁹De todos los animales que viven en el agua podrás comer los que tienen aletas y escamas, ¹⁰pero no podrás comer los que no tienen aletas ni escamas, sino que los tendrás por animales impuros.

¹¹Podrás comer cualquier ave que sea pura, ¹²pero no podrás comer águila, quebrantahuesos, buitre negro, ¹³gallinazo, ni especie alguna de milanos ni de halcones, ¹⁴ni especie alguna de cuervos, ¹⁵ni avestruz, lechuza o gaviota, ninguna clase de gavilán, ¹⁶ni búho, ibis, lechuza nocturna, ¹⁷búho del desierto, águila pescadora, cormorán ¹⁸ni cigüeña, ni especie alguna de garzas, ni abubilla ni murciélago.

¹⁹A los insectos voladores los tendrás por impuros, así que no los comas. ²⁰Pero sí podrás comer cualquier animal alado que sea puro.

²¹No comas nada que encuentres ya muerto. Podrás dárselo al extranjero que viva en cualquiera de tus ciudades; él sí podrá comérselo o vendérselo a un forastero. Pero tú eres un pueblo consagrado al Señor tu Dios.

No cocines el cabrito en la leche de su madre.ᵇ

Los diezmos

²²Cada año, sin falta, apartarás la décima parte de todo lo que produzcan tus campos. ²³En la presencia

---

ᵃ 5 La identificación de algunas aves y animales de este capítulo no ha podido establecerse con precisión. ᵇ 21 La última prohibición posiblemente alude a alguna práctica supersticiosa de los cananeos.

del SEÑOR tu Dios comerás la décima parte de tu trigo, tu vino nuevo y tu aceite, y de los primogénitos de tus vacas y ovejas; lo harás en el lugar que él escoja como residencia de su Nombre. Así aprenderás a temer siempre al SEÑOR tu Dios. 24Pero si el SEÑOR tu Dios te ha bendecido y el lugar donde ha puesto su Nombre está demasiado distante, de modo que no puedes transportar tu diezmo hasta allá, 25entonces lo venderás y te presentarás con el dinero en el lugar que el SEÑOR tu Dios haya elegido. 26Con ese dinero podrás comprar lo que prefieras o más te guste: vacas, ovejas, vino u otra bebida fermentada, y allí, en presencia del SEÑOR tu Dios, tú y tu familia comerán y se regocijarán. 27Pero no abandones a los levitas que vivan en tus ciudades. Recuerda que, a diferencia de ti, ellos no tienen patrimonio alguno.

28Cada tres años reunirás los diezmos de todos tus productos de ese año y los almacenarás en tus ciudades. 29Así los levitas que no tienen patrimonio alguno, los extranjeros, los huérfanos y las viudas que viven en tus ciudades podrán comer y quedar satisfechos. Entonces el SEÑOR tu Dios bendecirá todo el trabajo de tus manos.

El año del perdón de las deudas

15 Cada siete años perdonarás las deudas. 2Lo harás de la siguiente manera: cada acreedor perdonará a su prójimo el préstamo que le haya hecho. Ya no exigirá a su prójimo o hermano el pago de la deuda, porque se habrá proclamado el año del perdón de las deudas en honor del SEÑOR. 3Podrás exigirle el pago de sus deudas al extranjero, pero a tu hermano perdonarás cualquier deuda que tenga contigo. 4Entre ustedes no deberá haber pobres, porque el SEÑOR tu Dios te colmará de bendiciones en la tierra que él mismo te da para que la poseas como herencia. 5Y así será, siempre y cuando obedezcas al SEÑOR tu Dios y cumplas fielmente todos estos mandamientos que hoy te ordeno. 6El SEÑOR tu Dios te bendecirá, como lo ha prometido, y tú podrás prestar a muchas naciones, pero no tendrás que pedir prestado de ninguna. Dominarás a muchas naciones, pero ninguna te dominará a ti.

7Cuando en alguna de las ciudades de la tierra que el SEÑOR tu Dios te da haya algún pobre entre ustedes, no endurezcas tu ˚corazón ni le cierres tu mano. 8Antes bien, tiéndele la mano y préstale generosamente lo que necesite. 9No des cabida en tu corazón a la perversa idea de que, por acercarse el año séptimo, año del perdón de las deudas, puedes hacer mala cara y no dar nada a tu compatriota necesitado. De lo contrario, él podrá apelar al SEÑOR contra ti y tú resultarás culpable de pecado. 10Den con generosidad y háganlo de buena gana; así el SEÑOR tu Dios bendecirá todos tus trabajos y todo lo que emprendas. 11Gente pobre en esta tierra siempre la habrá; por eso te ordeno que seas generoso con tus hermanos hebreos y con los pobres y necesitados de tu tierra.

Liberación de los esclavos
15:12-18 – Éx 21:2-6

12Si tu hermano hebreo, hombre o mujer, se vende a ti y te sirve durante seis años, en el séptimo año lo dejarás libre. 13Y cuando lo liberes, no lo despidas con las manos vacías. 14Abastécelo bien con regalos de tus rebaños, de tus cultivos y de tu lagar. Dale según el SEÑOR tu Dios te haya bendecido. 15Recuerda que fuiste esclavo en Egipto, y que el SEÑOR tu Dios te dio libertad. Por eso te doy ahora esta orden.

16Pero si tu esclavo, porque te ama a ti y a tu familia y le va bien contigo, te dice: «No quiero dejarte», 17entonces tomarás un punzón y, apoyándole la oreja

contra una puerta, le perforarás el lóbulo. Así se convertirá en tu esclavo de por vida. Lo mismo harás con la esclava.

18No te pese dejar en libertad a tu esclavo, porque sus servicios durante esos seis años te costaron apenas la mitad de lo que habrías pagado a un jornalero. Así el SEÑOR tu Dios te bendecirá en todo lo que hagas.

Los animales primogénitos

19Consagrarás para el SEÑOR tu Dios todo primogénito macho de tus vacas y ovejas. No pondrás a trabajar al primogénito de tus bueyes ni esquilarás al primogénito de tus ovejas. 20Cada año, tú y tu familia los comerán en la presencia del SEÑOR tu Dios, en el lugar que él habrá de elegir. 21Si alguno de esos animales está cojo o ciego, o tiene algún otro defecto grave, no se lo presentarás en sacrificio al SEÑOR tu Dios. 22En tal caso, podrás comerlo en tu propia ciudad, como si fuera una gacela o un ciervo, estés o no ritualmente ˚puro. 23Pero no comerás la sangre, sino que la derramarás en la tierra como si fuera agua.

Fiesta de la Pascua
16:1-8 – Éx 12:14-20; Lv 23:4-8; Nm 28:16-25

16 Aparta el mes de *aviv* para celebrar la Pascua del SEÑOR tu Dios, porque fue en una noche del mes de *aviv* cuando el SEÑOR tu Dios te sacó de Egipto. 2En la Pascua del SEÑOR tu Dios sacrificarás de tus vacas y ovejas en el lugar que el SEÑOR escoja como residencia de su Nombre. 3No comerás la Pascua con pan leudado, sino que durante siete días comerás pan sin levadura, pan de aflicción, pues de Egipto saliste de prisa. Lo harás así para que toda tu vida te acuerdes del día en que saliste de Egipto. 4Durante siete días no habrá levadura en todo el país. De la carne que sacrifiques al atardecer del primer día, no quedará nada para la mañana siguiente.

5No ofrecerás el sacrificio de la Pascua en ninguna de las otras ciudades que te dé el SEÑOR tu Dios. 6Lo ofrecerás solamente en el lugar que el SEÑOR escoja como residencia de su Nombre. Allí ofrecerás el sacrificio de la Pascua por la tarde, al ponerse el sol, que fue la hora en que saliste de Egipto. 7Cocerás y comerás el sacrificio de la Pascua en el lugar que el SEÑOR tu Dios haya elegido y a la mañana siguiente regresarás a tu casa. 8Durante seis días comerás pan sin levadura y el séptimo día convocarás una asamblea solemne para el SEÑOR tu Dios. Ese día no trabajarás.

Fiesta de las Semanas
16:9-12 – Lv 23:15-22; Nm 28:26-31

9Contarás siete semanas a partir del día en que comience la cosecha del grano. 10Entonces celebrarás en honor del SEÑOR tu Dios la fiesta de las Semanas, en la que presentarás ofrendas voluntarias en proporción a las bendiciones que el SEÑOR tu Dios te haya dado. 11Y te alegrarás en presencia del SEÑOR tu Dios, en el lugar que él escoja como residencia de su Nombre, junto con tus hijos y tus hijas, tus esclavos y tus esclavas, los levitas de tus ciudades, los extranjeros, los huérfanos y las viudas que vivan en medio de ti. 12Recuerda que fuiste esclavo en Egipto; cumple, pues, fielmente estos estatutos.

Fiesta de las Enramadas
16:13-17 – Lv 23:33-43; Nm 29:12-39

13Al terminar la vendimia y la cosecha del trigo, celebrarás durante siete días la fiesta de las ˚Enramadas. 14Te alegrarás en la fiesta junto con tus hijos y tus hijas, tus esclavos y tus esclavas, los levitas, los extranjeros, los huérfanos y las viudas que vivan en tus ciudades. ¹⁵Durante siete días celebrarás esta fiesta en honor al SEÑOR tu Dios, en el lugar que él elija, pues el SEÑOR tu Dios bendecirá toda tu cosecha y todo el trabajo de tus manos. Y tu alegría será completa.

¹⁶Tres veces al año todos tus varones se presentarán ante el SEÑOR tu Dios, en el lugar que él elija, para celebrar las fiestas de los Panes sin levadura, de las Semanas y de las Enramadas. Nadie se presentará ante el SEÑOR con las manos vacías. ¹⁷Cada uno llevará ofrendas, según lo haya bendecido el SEÑOR tu Dios.

Impartición de justicia

¹⁸Nombrarás jueces y oficiales que juzguen con justicia al pueblo en cada una de las ciudades que el SEÑOR tu Dios entregará a tus tribus. ¹⁹No pervertirás la justicia ni actuarás con parcialidad. No aceptarás soborno, pues el soborno nubla los ojos del sabio y tuerce las palabras del justo. ²⁰Seguirás la justicia y solamente la justicia, para que puedas vivir y poseer la tierra que te da el SEÑOR tu Dios.

Exhortación contra la idolatría

²¹No levantarás ningún poste de madera de la diosa ˚Aserá junto al altar que edifiques para el SEÑOR tu Dios; ²²tampoco erigirás ˚piedras sagradas, porque el SEÑOR tu Dios las aborrece.

17 No sacrificarás al SEÑOR tu Dios ninguna oveja ni buey que tenga algún defecto o imperfección, pues eso es abominable para el SEÑOR tu Dios.

²Puede ser que a algún hombre o mujer entre los tuyos, habitante de una de las ciudades que el SEÑOR tu Dios te dará, se le sorprenda haciendo lo que ofende a Dios. Tal persona habrá violado su ˚pacto ³y desobedecido mi mandamiento al adorar a otros dioses y postrarse ante ellos o ante el sol, la luna o las estrellas del cielo. ⁴Tan pronto como lo sepas, deberás hacer una investigación minuciosa. Si resulta verdad y se comprueba que algo tan abominable se ha cometido en Israel, ⁵llevarás al culpable, sea hombre o mujer, fuera de las ˚puertas de la ciudad, para que muera apedreado. ⁶Por el testimonio de dos o tres testigos se podrá condenar a muerte a una persona, pero nunca por el testimonio de uno solo. ⁷Los primeros en ejecutar el castigo serán los testigos y luego todo el pueblo. Así erradicarás el mal que esté en medio de ti.

Los tribunales

⁸Si te enfrentas a casos demasiado difíciles de juzgar, tales como homicidios, pleitos, violencia y otros litigios que surjan en las ciudades, irás al lugar que el SEÑOR tu Dios elija ⁹y te presentarás ante los sacerdotes levitas y ante el juez en funciones. Los consultarás y ellos te darán el veredicto. ¹⁰Actuarás conforme a la sentencia que ellos dicten en el lugar que el SEÑOR elija. Y harás todo lo que te digan. ¹¹Procederás según las instrucciones que te den y el veredicto que pronuncien, y no te desviarás a la derecha ni a la izquierda de su sentencia. ¹²El que por soberbia desobedezca al juez o sacerdote que está allí al servicio del SEÑOR tu Dios, será condenado a muerte. Así erradicarás el mal en Israel. ¹³Todo el pueblo entenderá, tendrá temor y dejará de ser altivo.

El rey

¹⁴Cuando tomes posesión de la tierra que te da el SEÑOR tu Dios y te establezcas, si alguna vez dices: «Quiero tener sobre mí un rey que me gobierne, así como lo tienen todas las naciones que me rodean», ¹⁵asegúrate de nombrar como rey a uno de tu mismo pueblo, uno que el SEÑOR tu Dios elija. No aceptes como rey a ningún forastero ni extranjero.

¹⁶El rey no deberá adquirir gran cantidad de caballos ni hacer que el pueblo vuelva a Egipto con el pretexto de aumentar su caballería, pues el SEÑOR te ha dicho: «No vuelvas más por ese camino». ¹⁷El rey no tomará para sí muchas mujeres, no sea que se extravíe su ˚corazón; tampoco acumulará enormes cantidades de plata y oro.

¹⁸Cuando el rey tome posesión de su reino, escribirá en un libro una copia de esta ley, que está al cuidado de los sacerdotes levitas. ¹⁹Esta copia la tendrá siempre a su alcance y la leerá todos los días de su vida. Así aprenderá a temer al SEÑOR su Dios, cumplirá fielmente todas las palabras de esta ley y sus estatutos, ²⁰no se creerá superior a sus hermanos ni se apartará de los mandamientos ni a la derecha ni a la izquierda, y junto con su descendencia reinará por mucho tiempo sobre Israel.

Ofrendas para los sacerdotes levitas

18 La tribu de Leví, a la que pertenecen los sacerdotes levitas, no tendrá patrimonio alguno en Israel. Vivirán de los sacrificios ofrecidos al SEÑOR, pues esa es su herencia. ²Los levitas no tendrán herencia entre sus hermanos; el SEÑOR mismo es su herencia, según les prometió.

³Cuando alguien del pueblo sacrifique un buey o un cordero, los sacerdotes tendrán derecho a la espaldilla, las quijadas y los órganos internos. ⁴También les darás las ˚primicias de tu grano, tu vino y tu aceite, así como la primera lana que esquiles de tus ovejas. ⁵Porque el SEÑOR tu Dios los eligió a ellos y a su descendencia, de entre todas tus tribus, para que estuvieran siempre en su presencia, ministrando en su ˚nombre.

⁶Si un levita que viva en alguna de las ciudades de Israel, respondiendo al impulso de su corazón, se traslada al lugar que el SEÑOR haya elegido, ⁷podrá ministrar en el nombre del SEÑOR su Dios como todos los otros levitas que sirvan allí, en la presencia del SEÑOR. ⁸Recibirá los mismos beneficios que ellos además de su patrimonio familiar.

Costumbres abominables

⁹Cuando entres en la tierra que te da el SEÑOR tu Dios, no aprendas las costumbres abominables de esas naciones. ¹⁰Nadie entre los tuyos deberá sacrificar a su hijo o hija en el fuego ni practicar la adivinación, agorería o hechicería; ¹¹tampoco hacer conjuros, servir de médium, practicar espiritismo o consultar a los muertos. ¹²Cualquiera que practique estas costumbres se hará abominable al SEÑOR y por causa de ellas el SEÑOR tu Dios expulsará de tu presencia a esas naciones. ¹³A los ojos del SEÑOR tu Dios serás intachable.

El profeta

¹⁴Las naciones cuyo territorio vas a poseer consultan todo tipo de adivinadores, pero a ti el SEÑOR tu Dios no te ha permitido hacer nada de eso. ¹⁵El SEÑOR tu Dios hará surgir para ti y en medio de ti, de entre tus hermanos, un profeta como yo. A él sí lo escucharás. ¹⁶Eso fue lo que pediste al SEÑOR tu Dios en Horeb, el día de la asamblea, cuando dijiste: «No quiero seguir escuchando la voz del SEÑOR mi Dios ni volver a contemplar este enorme fuego, no sea que muera».

¹⁷Y me dijo el SEÑOR: «Está bien lo que ellos dicen. ¹⁸Por eso levantaré entre sus hermanos un profeta como tú; pondré mis palabras en su boca y él les dirá todo lo que yo le mande. ¹⁹Si alguien no presta oído a las palabras que el profeta proclame en mi nombre, yo mismo le pediré cuentas. ²⁰Pero el profeta que se atreva a hablar en mi nombre y diga algo que yo no haya mandado a decir morirá. Lo mismo sucederá al profeta que hable en nombre de otros dioses».

²¹Tal vez te preguntes: «¿Cómo podré reconocer un mensaje que no provenga del SEÑOR?». ²²Si lo que el profeta proclame en nombre del SEÑOR no se cumple ni se realiza, será señal de que su mensaje no proviene del SEÑOR. Ese profeta habrá hablado con presunción. No le temas.

Las ciudades de refugio

19 Cuando el SEÑOR tu Dios haya destruido a las naciones cuyo territorio va a entregarte, y tú las hayas expulsado y te hayas establecido en sus ciudades y en sus casas, ²apartarás tres ciudades en medio de la tierra que el SEÑOR tu Dios te da en posesión. ³Dividirás en tres partes la tierra que el SEÑOR tu Dios te da por herencia, y construirás caminos para que cualquiera que haya matado a alguien pueda ir a refugiarse en ellas.

⁴En cuanto al homicida que llegue allí a refugiarse, solo se salvará el que haya matado a su prójimo sin premeditación ni rencor alguno. ⁵Por ejemplo, si un ˙hombre va con su prójimo al bosque a cortar leña, y al dar el hachazo para cortar un árbol el hierro se desprende y golpea a su prójimo y lo mata, tal hombre podrá refugiarse en una de esas ciudades y ponerse a salvo. ⁶Es necesario evitar grandes distancias, para que el enfurecido vengador del delito de sangre no le dé alcance y lo mate; aquel hombre no merece la muerte, puesto que mató a su prójimo sin premeditación. ⁷Por eso te ordeno apartar tres ciudades.

⁸Si el SEÑOR tu Dios extiende tu territorio, como se lo juró a tus antepasados, y te da toda la tierra que te prometió, ⁹y si tú obedeces todos estos mandamientos que hoy te ordeno, y amas al SEÑOR tu Dios y andas siempre en sus ˙caminos, entonces apartarás tres ciudades más. ¹⁰De este modo, no se derramará sangre inocente en la tierra que el SEÑOR tu Dios te da por herencia, y tú no serás culpable de homicidio.

¹¹Pero si un hombre odia a su prójimo y le prepara una emboscada, lo asalta, lo mata y luego busca refugio en una de esas ciudades, ¹²los jefes de su ciudad mandarán arrestarlo y lo entregarán al vengador para que lo mate. ¹³No le tendrás lástima, porque así evitarás que Israel sea culpable de que se derrame sangre inocente y a ti te irá bien.

¹⁴Cuando ocupes el territorio que el SEÑOR tu Dios te da como herencia, no reduzcas el límite de la propiedad de tu prójimo, la que hace mucho tiempo fue señalada.

Los testigos requeridos

¹⁵Un solo testigo no bastará para condenar a un hombre acusado de cometer algún crimen o delito. Todo asunto se resolverá mediante el testimonio de dos o tres testigos.

¹⁶Si un testigo falso acusa a alguien de un crimen, ¹⁷las dos personas involucradas en la disputa se presentarán ante el SEÑOR, en presencia de los sacerdotes y de los jueces que estén en funciones. ¹⁸Los jueces harán una investigación minuciosa y, si comprueban que el testigo miente y que es falsa la declaración que ha dado contra su hermano, ¹⁹entonces le harán a él lo mismo que se proponía hacerle a su hermano. Así erradicarás el mal que haya en medio de ti. ²⁰Y cuando todos los demás oigan esto, tendrán temor y nunca más se hará semejante maldad en el país. ²¹No le tengas lástima a nadie. Cobra ˙vida por vida, ojo por ojo, diente por diente, mano por mano y pie por pie.

Instrucciones para la guerra

20 Cuando salgas a pelear contra tus enemigos y veas un ejército superior al tuyo, con muchos caballos y carros de guerra, no les temas porque el SEÑOR tu Dios, que te sacó de Egipto, estará contigo. ²Cuando estés a punto de entrar en batalla, el sacerdote pasará al frente y exhortará al ejército ³con estas palabras: «¡Escucha, Israel! Hoy vas a entrar en batalla contra tus enemigos. No te desanimes ni tengas miedo, no te acobardes ni te llenes de pavor ante ellos, ⁴porque el SEÑOR tu Dios está contigo; él peleará en favor tuyo y te dará la ˙victoria sobre tus enemigos».

⁵Luego los oficiales dirán al ejército: «Si alguno de ustedes ha construido una casa nueva y no la ha estrenado, que vuelva a su casa, no sea que muera en batalla y otro la estrene. ⁶Y si alguno ha plantado una viña y no ha disfrutado de las uvas, que vuelva a su finca, no sea que muera en batalla y sea otro el que disfrute de ellas. ⁷Y si alguno se ha comprometido con una mujer y no se ha casado, que regrese a su pueblo, no sea que muera en batalla y sea otro el que se case con ella». ⁸Y añadirán los oficiales: «Si alguno de ustedes es miedoso o cobarde, que vuelva a su casa, no sea que desanime también a sus hermanos». ⁹Cuando los oficiales hayan terminado de hablar, nombrarán comandantes que dirijan al ejército.

¹⁰Cuando te acerques a una ciudad para atacarla, hazle primero una oferta de paz. ¹¹Si acepta y abre las ˙puertas, todos los habitantes de esa ciudad quedarán bajo tu dominio y serán tus esclavos. ¹²Pero si la ciudad rechaza la paz y entra en batalla contra ti, la sitiarás; ¹³y cuando el SEÑOR tu Dios la entregue en tus manos, matarás a filo de espada a todos sus hombres. ¹⁴Como botín, podrás retener a las mujeres y a los niños, el ganado y todo lo demás que haya en la ciudad. También podrás comer del botín de tus enemigos que te entrega el SEÑOR tu Dios. ¹⁵Así tratarás a todas las ciudades lejanas que no pertenezcan a las naciones vecinas.

¹⁶Sin embargo, en las ciudades de los pueblos que el SEÑOR tu Dios te da como herencia, no dejarás nada con vida. ¹⁷Exterminarás del todo a hititas, amorreos, cananeos, ferezeos, heveos y jebuseos, tal como el SEÑOR tu Dios te lo ha mandado. ¹⁸De lo contrario, ellos te enseñarán a hacer todas las cosas abominables que practican para adorar a sus dioses y pecarás contra el SEÑOR tu Dios.

¹⁹Si antes de conquistar una ciudad tienes que sitiarla por mucho tiempo, no derribes sus árboles a golpe de hacha, pues necesitarás alimentarte de sus frutos. No los derribes, porque ¿es acaso el árbol del campo un hombre para que le pongas sitio? ²⁰Sin embargo, podrás derribar los árboles que no sean frutales y construir con ellos instrumentos de asedio contra la ciudad que tengas sitiada, hasta que caiga bajo tu dominio.

Un caso especial de homicidio

21 Si en algún campo de la tierra que el SEÑOR tu Dios te da en posesión se halla un muerto y no se sabe quién pudo haberlo matado, ²tus jefes y tus jueces irán y medirán la distancia que haya entre el cuerpo y las ciudades vecinas. ³Entonces los jefes de la ciudad más cercana al muerto tomarán una ternera, a la cual nunca se le haya hecho trabajar ni se le haya puesto el yugo. ⁴La llevarán a algún valle donde no se haya arado ni plantado y donde haya un arroyo de aguas continuas; allí le romperán el cuello. ⁵Los sacerdotes levitas pasarán al frente para cumplir su tarea, porque el SEÑOR tu Dios los eligió para pronunciar bendiciones en su ˙nombre, y para ministrar y decidir en todos los casos de disputas y asaltos. ⁶Luego, todos los jefes del pueblo más cercano al muerto se lavarán las manos sobre la ternera desnucada ⁷y declararán: «No derramaron nuestras manos esta sangre ni vieron nuestros ojos lo ocurrido. ⁸Perdona, SEÑOR, a tu pueblo Israel, al cual liberaste, y no lo culpes de la sangre de esa persona inocente». ⁹Así quitarás de en medio de ti la culpa de esa sangre inocente y habrás hecho lo recto a los ojos del SEÑOR.

El matrimonio con prisioneras de guerra

¹⁰Cuando salgas a la guerra contra tus enemigos, y el SEÑOR tu Dios los entregue en tus manos y los hagas prisioneros, ¹¹si ves que entre las cautivas alguna mujer hermosa que te atraiga, podrás tomarla por esposa. ¹²La llevarás a tu casa y harás que se rape la cabeza, se corte las uñas ¹³y se deshaga de su ropa de cautiva. Después de que haya vivido en tu casa y guardado luto por su padre y su madre durante todo un mes, podrás unirte a ella y serán marido y mujer. ¹⁴Pero si no resulta de tu agrado, la dejarás ir adonde ella lo desee. No deberás venderla ni tratarla como esclava, puesto que la habrás deshonrado.

El derecho del primogénito

¹⁵Tomemos el caso de un hombre que tiene dos esposas y que ama a una de ellas, pero no a la otra; ambas le dan hijos y el primogénito es el hijo de la mujer a quien no ama. ¹⁶Cuando tal hombre reparta la herencia entre sus hijos, no dará los derechos de primogenitura al hijo de la esposa a quien ama ni lo preferirá en perjuicio de su verdadero primogénito, es decir, el hijo de la esposa a quien no ama. ¹⁷Más bien, reconocerá al hijo de la esposa que no ama como primogénito y le dará una doble porción de sus posesiones. Ese hijo es el primer fruto de su vigor y a él pertenece el derecho de primogenitura.

Un hijo rebelde

¹⁸Si un hombre tiene un hijo obstinado y rebelde, que no escucha a su padre ni a su madre, ni los obedece cuando lo ˚disciplinan, ¹⁹su padre y su madre lo llevarán a la ˚puerta de la ciudad y lo presentarán ante los jefes. ²⁰Y dirán los padres a los jefes: «Este hijo nuestro es obstinado y rebelde, glotón y borracho. No nos obedece». ²¹Entonces todos los hombres de la ciudad lo apedrearán hasta matarlo. Así erradicarás el mal que haya en medio de ti. Y todos en Israel lo sabrán y tendrán temor.

Diversas leyes

²²Si alguien comete un delito digno de muerte es condenado y colgado de un madero, ²³no dejarás el cuerpo colgado durante la noche, sino que lo sepultarás ese mismo día. Porque cualquiera que es colgado de un árbol está bajo la maldición de Dios. No ˚contaminarás la tierra que el SEÑOR tu Dios te da como herencia.

22 Si ves que un buey o una oveja de tu hermano se ha extraviado, no te hagas el desentendido, sino llévalo enseguida a su dueño. ²Si el dueño no es tu vecino o no lo conoces, lleva el animal a tu casa y cuídalo hasta que su dueño lo reclame; entonces se lo devolverás. ³Lo mismo harás si encuentras un asno, un manto o cualquier otra cosa que se le haya perdido a tu hermano. No te portes con indiferencia.

⁴Si en el camino encuentras caído un burro o un buey que pertenezca a tu hermano, no te hagas el desentendido: ayúdalo a levantarlo.

⁵La mujer no se pondrá ropa de hombre ni el hombre se pondrá ropa de mujer, porque el SEÑOR tu Dios detesta a cualquiera que hace tal cosa.

⁶Si en el camino encuentras el nido de un ave en un árbol o en el suelo y a la madre echada sobre los polluelos o sobre los huevos, no te quedes con la madre y con la cría. ⁷Quédate con los polluelos, pero deja ir a la madre. Así te irá bien y gozarás de larga vida.

⁸Cuando edifiques una casa nueva, construye una baranda alrededor de la azotea, no sea que alguien se caiga de allí y sobre tu familia recaiga la culpa de su muerte.

⁹Cuando plantes en tu viña, no mezcles dos clases de semillas; si lo haces, tendrás que consagrar a Dios tanto el producto de lo plantado como el fruto total de la viña.

¹⁰No ares con una yunta compuesta de un buey y un burro.

¹¹No te vistas con ropa de lana mezclada con hilo de lino.

¹²Pon cuatro borlas en las puntas del manto con que te cubres.

Violación de las reglas matrimoniales

¹³Si un hombre se casa y, después de haberse acostado con su esposa, la aborrece, ¹⁴la difama y la acusa alegando: «Me casé con esta mujer, pero al tener relaciones con ella descubrí que no era virgen»; ¹⁵entonces el padre y la madre de la joven irán a la ˚puerta de la ciudad y entregarán a los jefes pruebas de que ella sí era virgen. ¹⁶El padre de la joven dirá a los jefes: «A este hombre le entregué mi hija en matrimonio, pero él la aborreció. ¹⁷Ahora la difama y alega haber descubierto que no era virgen. ¡Pero aquí está la prueba de que sí lo era!». Entonces sus padres exhibirán la sábana a la vista de los jefes del pueblo, ¹⁸y ellos tomarán preso al hombre y lo castigarán. ¹⁹Además, por haber difamado a una virgen israelita, le impondrán una multa de cien piezas de plata, que se entregarán al padre de la joven. Ella seguirá siendo su esposa y, mientras él viva, no podrá divorciarse de ella.

²⁰Pero si la acusación es verdadera y no se demuestra la virginidad de la joven, ²¹la llevarán a la puerta de la casa de su padre y allí los hombres de la ciudad la apedrearán hasta matarla. Esta joven habrá cometido una ofensa muy grande en Israel y por deshonrar con su mala conducta la casa de su padre. Así erradicarás el mal que haya en medio de ti.

²²Si un hombre es sorprendido durmiendo con la esposa de otro, los dos morirán, tanto el hombre que se acostó con ella como la mujer. Así erradicarás el mal que haya en medio de Israel.

²³Si en una ciudad un hombre se encuentra casualmente con una joven virgen ya comprometida para casarse y se acuesta con ella, ²⁴llevarán a ambos a la puerta de la ciudad y los apedrearán hasta matarlos; a la joven, por no gritar pidiendo ayuda a los de la ciudad, y al hombre, por deshonrar a la prometida de su prójimo. Así erradicarás el mal que haya en medio de ti.

²⁵Pero si un hombre se encuentra en el campo con una joven comprometida para casarse y la viola, solo morirá el hombre que forzó a la joven a acostarse con él. ²⁶A ella no le harás nada, pues ella no cometió ningún pecado que merezca la muerte. Este caso es como el de quien ataca y mata a su prójimo: ²⁷el hombre encontró a la joven en el campo, y aunque ella hubiera gritado, no habría habido quien la rescatara.

²⁸Si un hombre se encuentra casualmente con una joven virgen que no esté comprometida para casarse, la obliga a acostarse con él y son sorprendidos, ²⁹el hombre pagará al padre de la joven cincuenta piezas de plata y además se casará con la joven por haberla deshonrado. En toda su vida no podrá divorciarse de ella.

³⁰Ningún hombre podrá casarse con la esposa de su padre, ya que deshonra el lecho de su padre.

Exclusión de la asamblea

23 No podrá entrar en la asamblea del SEÑOR ningún hombre que tenga aplastados los testículos o mutilado el pene.

²No podrá entrar en la asamblea del SEÑOR quien haya nacido de una unión ilegítima; tampoco podrá hacerlo ninguno de sus descendientes, hasta la décima generación.

³No podrán entrar en la asamblea del SEÑOR los amonitas ni los moabitas, ni ninguno de sus descendientes, hasta la décima generación. ⁴Porque no te ofrecieron pan y agua cuando cruzaste por su territorio, después de haber salido de Egipto. Además, emplearon a Balán, hijo de Beor, originario de Petor en Aram Najarayin,^a para que te maldijera. ⁵Sin embargo, por el amor que el SEÑOR tu Dios siente por ti, no quiso el SEÑOR escuchar a Balán y cambió la maldición en bendición. ⁶Por eso, a lo largo de toda tu existencia, no procurarás ni la *paz ni el bienestar de ellos.

⁷No aborrecerás al edomita, pues es tu hermano. Tampoco aborrecerás al egipcio, porque viviste en su país como extranjero. ⁸La tercera generación de sus descendientes sí podrá estar en la asamblea del SEÑOR.

Higiene en el campamento

⁹Cuando tengas que salir en campaña de guerra contra tus enemigos, te mantendrás alejado de *impurezas. ¹⁰Si alguno de tus hombres queda impuro por causa de una emisión nocturna, saldrá del campamento y se quedará afuera, ¹¹pero se bañará al atardecer y al ponerse el sol podrá volver al campamento.

¹²Designarás un lugar fuera del campamento donde puedas ir a hacer tus necesidades. ¹³Como parte de tu equipo tendrás una estaca con la que cavarás un hueco y, luego de hacer tu necesidad, cubrirás tu excremento. ¹⁴Porque el SEÑOR tu Dios anda por tu campamento para protegerte y para entregar a tus enemigos en tus manos. Por eso tu campamento debe ser un lugar *santo, porque si él ve algo indecente se apartará de ti.

Otras leyes

¹⁵Si un esclavo huye de su amo y te pide refugio, no se lo entregues a su amo, ¹⁶sino déjalo que viva en medio de ti, en la ciudad que elija y donde se sienta a gusto. Y no lo oprimas.

¹⁷Ningún hombre o mujer de Israel se dedicará a la prostitución ritual.

¹⁸No lleves a la casa del SEÑOR tu Dios dinero ganado en la prostitución ritual, tanto femenina como masculina;^b no pagues con ese dinero ninguna ofrenda prometida, porque unos y otros son abominables al SEÑOR tu Dios.

¹⁹No cobres intereses a tu hermano sobre el dinero, los alimentos o cualquier otra cosa que gane intereses. ²⁰Cóbrale intereses a un extranjero, pero no a un hermano israelita. Así el SEÑOR tu Dios bendecirá todo el trabajo de tus manos en el territorio del que vas a tomar posesión.

²¹Si haces una promesa al SEÑOR tu Dios, no tardes en cumplirla, porque sin duda él demandará que se la cumplas; si no se la cumples, habrás cometido pecado. ²²No serás culpable si evitas hacer una promesa. ²³Pero si por tu propia voluntad haces una promesa al SEÑOR tu Dios, cumple fielmente lo que le prometiste.

²⁴Si entras a la viña de tu prójimo, podrás comer todas las uvas que quieras, pero no podrás llevarte nada en tu cesto.

²⁵Si entras al trigal de tu prójimo, podrás arrancar espigas con las manos, pero no cortar el trigo con la hoz.

24 Si un hombre se casa con una mujer, pero luego deja de quererla por haber encontrado en ella algo indecoroso, solo podrá despedirla si le entrega un certificado de divorcio. ²Una vez que ella salga de la casa, podrá casarse con otro hombre.

³Si ocurre que el segundo esposo la aborrece, y también le extiende un certificado de divorcio y la despide de su casa, o si el segundo esposo muere, ⁴el primer esposo no podrá casarse con ella de nuevo, pues habrá quedado *impura. Eso sería abominable a los ojos del SEÑOR.

No perviertas la tierra que el SEÑOR tu Dios te da como herencia.

⁵No envíes a la guerra a ningún hombre recién casado ni le impongas ningún otro deber. Tendrá libre todo un año para atender su casa y hacer feliz a la mujer que tomó por esposa.

⁶Si alguien se endeuda contigo, no tomes en garantía su molino de mano ni su piedra de moler, porque sería lo mismo que arrebatarle su propia subsistencia.

⁷Si se descubre que alguien ha secuestrado a uno de sus hermanos israelitas y lo trata como esclavo o lo vende, el secuestrador morirá. Así erradicarás el mal que haya en medio de ti.

⁸Cuando se trate de una infección de la piel,^c ten mucho cuidado de seguir las instrucciones de los sacerdotes levitas. Sigue al pie de la letra todo lo que te he mandado. ⁹Recuerda lo que el SEÑOR tu Dios hizo con Miriam mientras andaban peregrinando, después de que el pueblo salió de Egipto.

¹⁰Cuando hagas un préstamo a tu prójimo, no entres en su casa ni tomes lo que te ofrezca en garantía. ¹¹Quédate afuera y deja que él mismo te entregue la garantía. ¹²Si es pobre y en prenda te ofrece su manto, no se lo retengas durante la noche. ¹³Devuélveselo antes de la puesta del sol, para que se cubra con él durante la noche. Así estará él agradecido contigo y tú habrás actuado con justicia a los ojos del SEÑOR tu Dios.

¹⁴No te aproveches del jornalero pobre y necesitado, sea este un compatriota israelita o un extranjero. ¹⁵Le pagarás su salario cada día, antes de la puesta del sol, porque es pobre y cuenta solo con ese dinero. De lo contrario, él clamará al SEÑOR contra ti y tú resultarás culpable de pecado.

¹⁶No se dará muerte a los padres por la culpa de sus hijos ni se dará muerte a los hijos por la culpa de sus padres. Cada uno morirá por su propio pecado.

¹⁷No niegues sus derechos al extranjero ni al huérfano; tampoco tomes en garantía el manto de la viuda. ¹⁸Recuerda que fuiste esclavo en Egipto y que el SEÑOR tu Dios te sacó de allí. Por eso te ordeno que actúes con justicia.

¹⁹Cuando recojas la cosecha de tu campo y olvides una gavilla, no vuelvas por ella. Déjala para el extranjero, el huérfano y la viuda. Así el SEÑOR tu Dios bendecirá todo el trabajo de tus manos.

²⁰Cuando sacudas tus olivos, no rebusques en las ramas; las aceitunas que queden, déjalas para el extranjero, el huérfano y la viuda.

²¹Cuando coseches las uvas de tu viña, no repases las ramas; los racimos que queden, déjalos para el extranjero, el huérfano y la viuda.

²²Recuerda que fuiste esclavo en Egipto. Por eso te ordeno que cumplas esto.

25 Cuando dos hombres tengan un pleito, se presentarán ante el tribunal y los jueces decidirán el caso, absolviendo al inocente y condenando al culpable. ²Si el culpable merece que lo azoten, el juez le

---

^a 4 *Aram Najarayin.* Es decir, el noroeste de Mesopotamia.
^b 18 *masculina.* Lit. *de un perro.* ^c 8 La palabra hebrea acá aludida tradicionalmente se ha traducido como *lepra*; también esa expresión se usa en la Biblia para designar varias enfermedades que atacan la piel.

ordenará tenderse en el suelo y hará que allí mismo le den el número de azotes que su crimen merezca. ³Pero no se le darán más de cuarenta azotes; más de eso sería humillante para tu hermano.

⁴No pongas bozal al buey mientras esté sacando el grano.

⁵Si dos hermanos viven juntos y uno muere sin dejar hijos, su viuda no se casará fuera de la familia. El hermano del esposo la tomará y se casará con ella para cumplir con su deber de cuñado. ⁶El primer hijo que ella tenga llevará el *nombre del hermano muerto para que su nombre no desaparezca de Israel.

⁷Si tal hombre no quiere casarse con la viuda de su hermano, ella recurrirá a los jefes, a la *entrada de la ciudad, y dirá: «Mi cuñado no quiere mantener vivo en Israel el nombre de su hermano. Se niega a cumplir conmigo su deber de cuñado». ⁸Entonces los jefes lo llamarán y le hablarán. Si persiste en decir: «No quiero casarme con ella», ⁹la cuñada se acercará a él y, en presencia de los jefes, le quitará una de las sandalias, le escupirá en la cara y dirá: «Esto es lo que se hace con quien no quiere mantener viva la descendencia de su hermano». ¹⁰Y para siempre se conocerá en Israel a ese hombre y a su familia como «los descalzos».

¹¹Si dos hombres se están peleando y la mujer de uno de ellos, para rescatar a su esposo, agarra al atacante por los genitales, ¹²tú le cortarás a ella la mano. No le tendrás compasión.

¹³No tendrás en tu bolsa dos pesas diferentes, una más pesada que la otra. ¹⁴Tampoco tendrás en tu casa dos medidas diferentes, una más grande que la otra. ¹⁵Más bien, tendrás pesas y medidas precisas y justas, para que vivas mucho tiempo en la tierra que te da el SEÑOR tu Dios. ¹⁶El SEÑOR tu Dios aborrece a quien actúa deshonestamente.

¹⁷Recuerda lo que te hicieron los amalecitas después de que saliste de Egipto: ¹⁸cuando estabas cansado y fatigado, salieron a tu encuentro y atacaron por la espalda a todos los rezagados. ¡No tuvieron temor de Dios! ¹⁹Por eso, cuando el SEÑOR tu Dios te dé la victoria sobre todas las naciones enemigas que rodean la tierra que él te da como herencia, borrarás para siempre el recuerdo de los descendientes de Amalec. ¡No lo olvides!

Diezmos y primicias

26 Cuando hayas entrado en la tierra que el SEÑOR tu Dios te da como herencia, tomes posesión de ella y te establezcas allí, ²tomarás de las *primicias de todo lo que produzca la tierra que el SEÑOR tu Dios te da y las pondrás en una canasta. Luego irás al lugar que el SEÑOR tu Dios haya elegido como residencia de su Nombre ³y dirás al sacerdote que esté oficiando: «Hoy declaro, ante el SEÑOR tu Dios, que he entrado en la tierra que él nos dio, tal como se lo juró a nuestros antepasados». ⁴El sacerdote tomará de tus manos la canasta y la pondrá frente al altar del SEÑOR tu Dios. ⁵Entonces tú declararás ante el SEÑOR tu Dios: «Mi padre fue un *arameo errante y descendió a Egipto con poca gente. Vivió allí hasta llegar a ser una gran nación, fuerte y numerosa. ⁶Pero los egipcios nos maltrataron, nos hicieron sufrir y nos sometieron a trabajos forzados. ⁷Nosotros clamamos al SEÑOR, el Dios de nuestros antepasados, y él escuchó nuestro ruego y vio nuestra miseria, nuestro trabajo y nuestra opresión. ⁸Por eso el SEÑOR nos sacó de Egipto con actos portentosos y gran despliegue de poder, con señales, prodigios y milagros que provocaron gran terror. ⁹Nos trajo a este lugar y nos dio esta tierra, donde abundan la leche y la miel. ¹⁰Por eso ahora traigo las primicias de la tierra que tú, SEÑOR, me has dado».

Acto seguido, pondrás la canasta delante del SEÑOR tu Dios y te postrarás ante él. ¹¹Y tú, los levitas y los extranjeros celebrarán contigo todo lo bueno que el SEÑOR tu Dios te ha dado a ti y a tu familia.

¹²Cuando ya hayas apartado la décima parte de todos tus productos del tercer año, que es el año del diezmo, se la darás al levita, al extranjero, al huérfano y a la viuda, para que coman y se sacien en tus ciudades. ¹³Entonces dirás al SEÑOR tu Dios: «Ya he retirado de mi casa la porción consagrada a ti y se la he dado al levita, al extranjero, al huérfano y a la viuda, conforme a todo lo que tú me mandaste. No me he apartado de tus mandamientos ni los he olvidado. ¹⁴Mientras estuve de luto, no comí nada de esta porción consagrada; mientras estuve *impuro, no comí nada de ella ni la ofrecí a los muertos. SEÑOR mi Dios, yo te he obedecido y he hecho todo lo que me ordenaste. ¹⁵Mira desde el cielo, desde el *santo lugar donde resides y, tal como se lo juraste a nuestros antepasados, bendice a tu pueblo Israel y a la tierra que nos has dado, tierra donde abundan la leche y la miel».

Exhortación a seguir los mandamientos del SEÑOR

¹⁶Hoy el SEÑOR tu Dios te ordena obedecer estos estatutos y leyes. Pon todo lo que esté de tu parte para practicarlos con todo tu corazón y con toda tu alma. ¹⁷Hoy has declarado que el SEÑOR es tu Dios y que andarás en sus *caminos, que prestarás oído a su voz y que cumplirás sus estatutos, mandamientos y leyes. ¹⁸Por su parte, hoy mismo el SEÑOR ha declarado que tú eres su pueblo, su propiedad exclusiva, tal como lo prometió. Obedece, pues, todos sus mandamientos. ¹⁹El SEÑOR ha declarado que te pondrá por encima de todas las naciones que ha formado, para que seas alabado y recibas fama y honra. Serás una nación consagrada al SEÑOR tu Dios.

El altar sobre el monte Ebal

27 Moisés y los jefes ancianos de Israel dieron al pueblo esta orden: «Cumple todos estos mandamientos que hoy te entrego. ²Después de cruzar el Jordán y de entrar en la tierra que el SEÑOR tu Dios te da, levantarás unas piedras grandes, las revocarás con cal ³y escribirás sobre ellas todas las palabras de esta ley. Esto lo harás después de cruzar el Jordán y de entrar en la tierra que el SEÑOR tu Dios te da, tierra donde abundan la leche y la miel, tal como el SEÑOR tu Dios se lo prometió a tus antepasados. ⁴Cuando hayas cruzado el Jordán, colocarás esas piedras sobre el monte Ebal y las cubrirás con cal, tal como te lo ordeno hoy. ⁵Edificarás allí un altar de piedra en honor al SEÑOR tu Dios, pero no con piedras labradas con instrumentos de hierro, sino con piedras enteras, ⁶porque el altar del SEÑOR deberá construirse con piedras del campo. Quemarás sobre él holocaustos al SEÑOR tu Dios, ⁷ofrecerás allí sacrificios de *comunión, los comerás y te regocijarás en la presencia del SEÑOR tu Dios. ⁸Sobre las piedras de ese altar escribirás claramente todas las palabras de esta ley».

Maldiciones desde el monte Ebal

⁹Entonces Moisés y los sacerdotes levitas dijeron a todo Israel: «¡Guarda silencio, Israel, y escucha! Hoy te has convertido en el pueblo del SEÑOR tu Dios. ¹⁰Obedece al SEÑOR tu Dios y cumple los mandamientos y estatutos que hoy te mando».

¹¹Ese mismo día Moisés ordenó al pueblo:

¹²Cuando hayan cruzado el Jordán, las siguientes tribus estarán sobre el monte Guerizín para bendecir al pueblo: Simeón, Leví, Judá, Isacar, José y Benjamín. ¹³Sobre el monte Ebal estarán estas otras,

para pronunciar las maldiciones: Rubén, Gad, Aser, Zabulón, Dan y Neftalí.

¹⁴Los levitas tomarán la palabra y en voz alta dirán a todo el pueblo de Israel:

¹⁵«Maldito sea quien haga una imagen, ya sea tallada en madera o fundida en metal, y la ponga en un lugar secreto. Es creación de las manos de un artífice y por lo tanto es detestable al SEÑOR».

Y *todo el pueblo dirá: «¡Amén!»*.

¹⁶«Maldito sea quien deshonre a su padre o a su madre».

Y *todo el pueblo dirá: «¡Amén!»*.

¹⁷«Maldito sea quien altere los límites de la propiedad de su prójimo».

Y *todo el pueblo dirá: «¡Amén!»*.

¹⁸«Maldito sea quien desvíe de su camino a un ciego».

Y *todo el pueblo dirá: «¡Amén!»*.

¹⁹«Maldito sea quien viole los derechos del extranjero, del huérfano o de la viuda».

Y *todo el pueblo dirá: «¡Amén!»*.

²⁰«Maldito sea quien se acueste con la mujer de su padre, pues con tal acción deshonra el lecho de su padre».

²¹«Maldito sea quien tenga relaciones sexuales con un animal».

Y *todo el pueblo dirá: «¡Amén!»*.

²²«Maldito sea quien se acueste con su hermana, hija de su padre o de su madre».

Y *todo el pueblo dirá: «¡Amén!»*.

²³«Maldito sea quien se acueste con su suegra».

Y *todo el pueblo dirá: «¡Amén!»*.

²⁴«Maldito sea quien mate a traición a su prójimo».

Y *todo el pueblo dirá: «¡Amén!»*.

²⁵«Maldito sea quien acepte soborno para matar al inocente».

Y *todo el pueblo dirá: «¡Amén!»*.

²⁶«Maldito sea quien no practique fielmente las palabras de esta ley».

Y *todo el pueblo dirá: «¡Amén!»*.

Bendiciones por la obediencia

28 Si realmente escuchas al SEÑOR tu Dios y cumples fielmente todos estos mandamientos que hoy te ordeno, el SEÑOR tu Dios te pondrá por encima de todas las naciones de la tierra. ²Si obedeces al SEÑOR tu Dios, todas estas bendiciones vendrán sobre ti y te acompañarán siempre:

³Bendito serás en la ciudad y bendito en el campo.

⁴Benditos serán el fruto de tu vientre, tus cosechas, las crías de tu ganado, los terneritos de tus manadas y los corderitos de tus rebaños.

⁵Benditas serán tu canasta y tu bandeja de amasar.

⁶Bendito serás en el hogar y bendito en el camino.ᵃ

⁷El SEÑOR te concederá la victoria sobre tus enemigos. Avanzarán contra ti por un camino y huirán de ti por siete caminos.

⁸El SEÑOR bendecirá tus graneros y todo el trabajo de tus manos. El SEÑOR tu Dios te bendecirá en la tierra que te ha dado.

⁹El SEÑOR te establecerá como su pueblo ˙santo, conforme a su juramento, si cumples sus mandamientos y andas en sus ˙caminos. ¹⁰Todas las naciones de la tierra te temerán al reconocerte como el pueblo del SEÑOR. ¹¹El SEÑOR te concederá abundancia de bienes: multiplicará tus hijos, tu ganado y tus cosechas en la tierra que a tus antepasados juró que te daría. ¹²El SEÑOR abrirá los cielos, su generoso tesoro, para derramar a su debido tiempo la lluvia sobre la tierra y para bendecir todo el trabajo de tus manos. Tú prestarás a muchas naciones, pero no tomarás prestado de nadie. ¹³El SEÑOR te pondrá a la cabeza, nunca en la cola. Siempre estarás en la cima, nunca en el fondo, con tal de que prestes atención a los mandamientos del SEÑOR tu Dios que hoy te ordeno y los obedezcas con cuidado. ¹⁴Jamás te apartes, ni a la derecha ni a la izquierda, de ninguna de las palabras que hoy te ordeno, para seguir y servir a otros dioses.

Maldiciones por la desobediencia

¹⁵Pero debes saber que, si no obedeces al SEÑOR tu Dios ni cumples fielmente todos sus mandamientos y estatutos que hoy te ordeno, vendrán sobre ti y te alcanzarán todas estas maldiciones:

¹⁶Maldito serás en la ciudad y maldito en el campo.

¹⁷Malditas serán tu canasta y tu bandeja de amasar.

¹⁸Malditos serán el fruto de tu vientre, tus cosechas, los terneritos de tus manadas y los corderitos de tus rebaños.

¹⁹Maldito serás en el hogar y maldito en el camino.

²⁰El SEÑOR enviará contra ti maldición, confusión y reprensión en toda la obra de tus manos, hasta que en un abrir y cerrar de ojos quedes arruinado y exterminado por tu mala conducta y por haberme abandonado. ²¹El SEÑOR te infestará de plagas, hasta acabar contigo en la tierra de la que vas a tomar posesión. ²²El SEÑOR te castigará con epidemias mortales, fiebres malignas e inflamaciones, con calor sofocante y sequía, y con plagas y pestes sobre tus cultivos. Te hostigará hasta que perezcas. ²³Sobre tu cabeza, el cielo será como bronce; bajo tus pies, la tierra será como hierro. ²⁴En lugar de lluvia, el SEÑOR enviará sobre tus campos polvo y arena; del cielo lloverá ceniza, hasta que seas aniquilado.

²⁵El SEÑOR hará que te derroten tus enemigos. Avanzarás contra ellos por un camino y huirás de ellos por siete caminos. Todos los reinos de la tierra sentirán horror al verte. ²⁶Tu cadáver servirá de alimento a las aves de los cielos y a las bestias de la tierra, y no habrá quien las espante. ²⁷El SEÑOR te afligirá con tumores y úlceras, como las de Egipto, y con sarna y comezón, y no podrás sanar. ²⁸El SEÑOR te hará sufrir de locura, ceguera y delirio. ²⁹En pleno día andarás a tientas como ciego en la oscuridad. Fracasarás en todo lo que hagas; día tras día serás oprimido; te robarán y no habrá nadie que te socorra. ³⁰Estarás comprometido para casarte, pero otro tomará a tu prometida y la violará. Construirás una casa y no podrás habitarla. Plantarás una viña, pero no podrás gozar de sus frutos. ³¹Ante tus propios ojos degollarán a tu buey y no probarás su carne. Te quitarán tu burro a la fuerza y no te lo devolverán. Tus ovejas pasarán a manos de tus enemigos y nadie te ayudará a rescatarlas. ³²Tus hijos y tus hijas serán entregados a otra nación; te cansarás de buscarlos y no los podrás encontrar. ³³Un pueblo desconocido se comerá los frutos de tu tierra y todo el producto de tu trabajo; para ti solo habrá opresión y malos tratos cada día. ³⁴Tendrás visiones que te enloquecerán. ³⁵El SEÑOR te herirá en las rodillas y en las piernas, y con

---

ᵃ 6 *en el hogar ... en el camino*. Lit. *en tu entrar ... en tu salir*; también en v. 19.

llagas malignas e incurables que te cubrirán todo el cuerpo, desde la planta del pie hasta la coronilla. ³⁶El SEÑOR hará que tú y el rey que hayas elegido para gobernarte sean deportados a un país que ni tú ni tus antepasados conocieron. Allí adorarás a otros dioses, dioses de madera y de piedra. ³⁷Serás motivo de horror y objeto de burla y de ridículo en todas las naciones a las que el SEÑOR te conduzca.

³⁸Sembrarás en tus campos mucho, pero cosecharás poco porque las langostas devorarán tus plantíos. ³⁹Plantarás viñas y las cultivarás, pero no cosecharás las uvas ni beberás el vino porque los gusanos se comerán tus vides. ⁴⁰Tendrás olivares por todo tu territorio, pero no te ungirás con su aceite, porque se caerán las aceitunas. ⁴¹Tendrás hijos e hijas, pero no podrás retenerlos, porque serán llevados al cautiverio. ⁴²Enjambres de langostas devorarán todos los árboles y las cosechas de tu tierra.

⁴³Los extranjeros que vivan contigo alcanzarán cada vez más poder sobre ti, mientras que tú te irás hundiendo más y más. ⁴⁴Ellos serán tus acreedores y tú serás su deudor. Ellos irán a la cabeza, y tú serás la cola.

⁴⁵Todas estas maldiciones caerán sobre ti. Te perseguirán y te alcanzarán hasta destruirte, porque desobedeciste al SEÑOR tu Dios y no cumpliste sus mandamientos y estatutos que te ordenó. ⁴⁶Ellos serán señal y advertencia permanente para ti y para tus descendientes, ⁴⁷pues no serviste al SEÑOR tu Dios con gozo y alegría cuando tenías de todo en abundancia. ⁴⁸Por eso sufrirás hambre y sed, desnudez y pobreza extrema, y serás esclavo de los enemigos que el SEÑOR enviará contra ti. Ellos te pondrán un yugo de hierro sobre el cuello y te destruirán por completo.

⁴⁹El SEÑOR levantará contra ti una nación muy lejana, cuyo idioma no podrás entender; vendrá de los confines de la tierra, veloz como un águila. ⁵⁰Esta nación tendrá un aspecto feroz y no respetará a los viejos ni se compadecerá de los jóvenes. ⁵¹Devorará las crías de tu ganado y las cosechas de tu tierra hasta aniquilarte. No te dejará trigo, ni vino nuevo, ni aceite, ni terneras en las manadas, ni corderos en los rebaños, hasta dejarte completamente arruinado. ⁵²Te acorralará en todas las ciudades de tu tierra; te sitiará hasta que se derrumben esas murallas altas y fortificadas en las que has confiado. ¡Te asediará en toda la tierra y en las ciudades que el SEÑOR tu Dios te ha dado!

⁵³Tal será tu sufrimiento durante el sitio de la ciudad que acabarás comiéndote el fruto de tu vientre, ¡la carne misma de los hijos y las hijas que el SEÑOR tu Dios te ha dado! ⁵⁴Aun el más tierno y sensible de tus hombres no tendrá compasión de su propio hermano, ni de la esposa que ama, ni de los hijos que todavía le queden; ⁵⁵a tal grado que no compartirá con ellos nada de la carne de sus hijos que esté comiendo, pues será todo lo que le quede. Tal será la angustia que te hará sentir tu enemigo durante el asedio de todas tus ciudades ⁵⁶que aun la más tierna y sensible de tus mujeres, tan sensible y tierna que no se atrevería a rozar el suelo con la planta de los pies, no tendrá compasión de su propio esposo al que ama, ni de sus hijos ni de sus hijas. ⁵⁷No compartirá el hijo que acaba de parir, ni su placenta, sino que se los comerá en secreto, pues será lo único que le quede. ¡Tal será la angustia que te hará sentir tu enemigo durante el asedio de todas tus ciudades!

⁵⁸Si no te empeñas en practicar todas las palabras de esta ley, que están escritas en este libro, ni temes a este glorioso e imponente nombre del SEÑOR tu Dios, ⁵⁹el SEÑOR enviará contra ti y contra tus descendientes plagas terribles y persistentes, y enfermedades malignas e incurables. ⁶⁰Todas las horribles enfermedades de Egipto, que tanto espanto te causaron, vendrán sobre ti y no te darán respiro. ⁶¹El SEÑOR también te enviará, hasta exterminarte, toda clase de enfermedades y desastres no registrados en este libro de la Ley. ⁶²Y tú, que como pueblo fuiste tan numeroso como las estrellas del cielo, quedarás reducido a unos cuantos por no haber obedecido al SEÑOR tu Dios. ⁶³Así como al SEÑOR le agradó multiplicarte y hacerte prosperar, también le agradará arruinarte y destruirte. ¡Serás arrancado de raíz, de la misma tierra que ahora vas a poseer!

⁶⁴El SEÑOR te dispersará entre todas las naciones, de uno al otro extremo de la tierra. Allí adorarás a otros dioses, dioses de madera y de piedra que ni tú ni tus antepasados conocieron. ⁶⁵En esas naciones no hallarás ˚paz ni descanso. El SEÑOR mantendrá angustiado tu ˚corazón; tus ojos se cansarán de anhelar y tu corazón perderá toda esperanza. ⁶⁶Noche y día vivirás en constante zozobra, lleno de terror y nunca seguro de tu vida. ⁶⁷Debido a las visiones que tendrás y al terror que se apoderará de ti, dirás en la mañana: «¡Si tan solo fuera de noche!», y en la noche: «¡Si tan solo fuera de día!». ⁶⁸Y aunque el SEÑOR te prometió que jamás volverías por el camino de Egipto, te hará volver en barcos. Allá te ofrecerás a tus enemigos como esclavo y no habrá nadie que quiera comprarte.

La renovación del pacto

29 Estos son los términos del ˚pacto que, por orden del SEÑOR, hizo Moisés en Moab con los israelitas, además del pacto que ya había hecho con ellos en Horeb.

²Moisés convocó a todos los israelitas y dijo:

Ustedes vieron todo lo que el SEÑOR hizo en Egipto con el faraón, sus funcionarios y con todo su país. ³Con sus propios ojos vieron aquellas grandes pruebas, señales y maravillas. ⁴Pero hasta este día el SEÑOR no les ha dado ˚mente para entender, ni ojos para ver, ni oídos para oír. ⁵Durante los cuarenta años que los guie a través del desierto, no se les desgastó la ropa ni el calzado. ⁶No comieron pan ni bebieron vino ni ninguna bebida fermentada. Esto lo hice para que supieran que yo soy el SEÑOR su Dios.

⁷Cuando llegaron a este lugar, Sijón, rey de Hesbón, y Og, rey de Basán, salieron a pelear contra nosotros, pero los derrotamos. ⁸Tomamos su territorio y se lo dimos como herencia a los rubenitas, a los gaditas y a la media tribu de Manasés.

⁹Ahora, cumplan fielmente las condiciones de este pacto para que prosperen en todo lo que hagan. ¹⁰Hoy están ante la presencia del SEÑOR su Dios todos ustedes, sus líderes, sus jefes, sus oficiales y todos los hombres de Israel, ¹¹junto con sus hijos y sus esposas, así como los extranjeros que viven en sus campamentos, desde los que cortan la leña hasta los que acarrean el agua. ¹²Están aquí para hacer un pacto con el SEÑOR su Dios, quien hoy lo establece con ustedes y lo sella con su juramento. ¹³De esta manera confirma hoy que ustedes son su pueblo, y que él es su Dios, según lo prometió y juró a sus antepasados Abraham, Isaac y Jacob. ¹⁴Este pacto y juramento no lo hago solamente con ustedes, ¹⁵los que hoy están aquí presentes delante del SEÑOR, sino también con los que todavía no se encuentran entre nosotros.

¹⁶Ustedes saben cómo fue nuestra vida en Egipto y cómo avanzamos en medio de las naciones que encontramos en nuestro camino hasta aquí. ¹⁷Ustedes vieron entre ellos sus detestables imágenes e ídolos de madera y de piedra, de plata y de oro. ¹⁸Asegúrense de que ningún hombre ni mujer ni clan ni tribu entre ustedes aparte hoy su ˚corazón del SEÑOR nuestro Dios para ir a adorar a los dioses de esas naciones.

Tengan cuidado de que ninguno de ustedes sea como una raíz venenosa y amarga.

¹⁹Si alguno de ustedes, al oír las palabras de este juramento, se cree bueno y piensa: «Todo me saldrá bien, aunque persista yo en hacer lo que me plazca», provocará la ruina tanto en la tierra regada como en la seca. ²⁰El SEÑOR no querrá perdonarlo, sino que su ira y su celo arderán contra ese hombre. Todas las maldiciones escritas en este libro caerán sobre él, y el SEÑOR hará que desaparezca hasta el último de sus descendientes. ²¹El SEÑOR lo apartará de todas las tribus de Israel, para su desgracia, conforme a todas las maldiciones del pacto escritas en este libro de la *Ley.

²²Sus hijos, las generaciones futuras y los extranjeros que vengan de países lejanos, verán las calamidades y enfermedades con que el SEÑOR habrá azotado esta tierra. ²³Toda ella será un desperdicio ardiente de sal y de azufre, donde nada podrá plantarse, nada germinará y ni siquiera la hierba crecerá. Será como cuando el SEÑOR destruyó con el furor de su ira las ciudades de Sodoma y Gomorra, Admá y Zeboyín. ²⁴Todas las naciones preguntarán: «¿Por qué trató así el SEÑOR a esta tierra? ¿Por qué derramó con tanto ardor su furia sobre ella?».

²⁵Y la respuesta será: «Porque este pueblo abandonó el pacto del Dios de sus antepasados, pacto que el SEÑOR hizo con ellos cuando los sacó de Egipto. ²⁶Se fueron y adoraron a otros dioses; se postraron ante dioses que no conocían y que no tenían por qué adorar. ²⁷Por eso se encendió la ira del SEÑOR contra esta tierra y derramó sobre ella todas las maldiciones escritas en este libro. ²⁸Y como ahora podemos ver, con mucha furia y enojo el SEÑOR los arrancó de raíz de su tierra y los arrojó a otro país».

²⁹Lo secreto pertenece al SEÑOR nuestro Dios, pero lo revelado nos pertenece a nosotros y a nuestros hijos para siempre, para que obedezcamos todas las palabras de esta ley.

Bendición a causa del arrepentimiento

30 Cuando recibas todas estas bendiciones o sufras estas maldiciones de las que te he hablado, y las recuerdes en cualquier nación por donde el SEÑOR tu Dios te haya dispersado; ²y cuando tú y tus hijos se vuelvan al SEÑOR tu Dios y le obedezcan con todo el *corazón y con toda el *alma, tal como hoy te lo ordeno, ³entonces el SEÑOR tu Dios restaurará tu fortuna*ᵃ* y se compadecerá de ti. ¡Volverá a reunirte de todas las naciones por donde te haya dispersado! ⁴Aunque te encuentres desterrado en el lugar más distante de la tierra, desde allá el SEÑOR tu Dios te traerá de vuelta y volverá a reunirte. ⁵Te hará volver a la tierra que perteneció a tus antepasados y tomarás posesión de ella. Te hará prosperar y tendrás más descendientes que los que tuvieron tus antepasados. ⁶El SEÑOR tu Dios circuncidará tu corazón y el de tus descendientes, para que lo ames con todo tu corazón y con toda tu alma y así tengas vida. ⁷Además, el SEÑOR tu Dios hará que todas estas maldiciones caigan sobre tus enemigos, los cuales te odian y persiguen. ⁸Y tú volverás a obedecer al SEÑOR y a cumplir todos sus mandamientos, tal como hoy te lo ordeno. ⁹Entonces el SEÑOR tu Dios te bendecirá con mucha prosperidad en todo el trabajo de tus manos y en el fruto de tu vientre, en las crías de tu ganado y en las cosechas de tus campos. El SEÑOR se complacerá de nuevo en tu bienestar, así como se deleitó en la prosperidad de tus antepasados; ¹⁰siempre y cuando obedezcas al SEÑOR tu Dios y cumplas sus mandamientos y estatutos, escritos en este libro

de la *Ley, y te vuelvas al SEÑOR tu Dios con todo tu corazón y con toda tu alma.

Elección entre la vida y la muerte

¹¹Este mandamiento que hoy te ordeno obedecer no es superior a tus fuerzas ni está fuera de tu alcance. ¹²No está arriba en el cielo, para que preguntes: «¿Quién subirá al cielo por nosotros, para que nos lo traiga, y así podamos escucharlo y obedecerlo?». ¹³Tampoco está más allá del mar, para que preguntes: «¿Quién cruzará por nosotros hasta el otro lado del mar, para que nos lo traiga, y así podamos escucharlo y obedecerlo?». ¹⁴¡No! La palabra está muy cerca de ti, la tienes en la boca y en el corazón, para que la obedezcas.

¹⁵Mira, hoy te doy a elegir vida y prosperidad o muerte y destrucción. ¹⁶Hoy te ordeno que ames al SEÑOR tu Dios, que andes en sus *caminos y que cumplas sus mandamientos, estatutos y leyes. Así vivirás y te multiplicarás, y el SEÑOR tu Dios te bendecirá en la tierra a la cual vas a entrar para tomar posesión de ella.

¹⁷Pero, si tu corazón se rebela y no obedeces, sino que te desvías para adorar a otros dioses, ¹⁸te advierto hoy que sin duda serás destruido. No vivirás mucho tiempo en la tierra que vas a poseer luego de cruzar el Jordán.

¹⁹Hoy pongo al cielo y a la tierra por testigos contra ti, de que te he dado a elegir entre la vida y la muerte, entre la bendición y la maldición. Elige, pues, la vida, para que vivan tú y tus descendientes. ²⁰Ama al SEÑOR tu Dios, obedécelo y aférrate a él, porque de él depende tu vida, y por él vivirás mucho tiempo en la tierra que juró dar a tus antepasados Abraham, Isaac y Jacob.

Josué, sucesor de Moisés

31 De nuevo habló Moisés a todo el pueblo de Israel y dijo: ²«Ya tengo ciento veinte años y no puedo seguir siendo su líder. Además, el SEÑOR me ha dicho que no voy a cruzar el Jordán, ³pues ha ordenado que sea Josué quien lo cruce al frente de ustedes. El SEÑOR su Dios marchará al frente de ustedes para destruir a todas las naciones que encuentren a su paso y ustedes se apoderarán de su territorio. ⁴El SEÑOR las arrasará como arrasó a Sijón y a Og, los reyes de los amorreos, junto con sus países. ⁵Cuando el SEÑOR los entregue en sus manos, ustedes los tratarán según mis órdenes. ⁶Sean fuertes y valientes. No teman ni se asusten ante esas naciones, pues el SEÑOR su Dios siempre los acompañará; nunca los dejará ni los abandonará».

⁷Llamó entonces Moisés a Josué y en presencia de todo Israel le dijo: «Sé fuerte y valiente, porque tú entrarás con este pueblo a la tierra que el SEÑOR juró dar a sus antepasados. Tú harás que ellos tomen posesión de su herencia. ⁸El SEÑOR mismo marchará al frente de ti y estará contigo; nunca te dejará ni te abandonará. No temas ni te desanimes».

La lectura de la ley

⁹Moisés escribió esta ley y se la entregó a los sacerdotes levitas que transportaban el arca del *pacto del SEÑOR, y a todos los jefes de Israel. ¹⁰Luego ordenó: «Cada siete años, en el año del perdón de deudas, durante la fiesta de las *Enramadas, ¹¹cuando todo, Israel, te presentes ante el SEÑOR tu Dios en el lugar que él habrá de elegir, leerás en voz alta esta ley en presencia de todo Israel. ¹²Reunirás a todos los hombres, mujeres y niños de tu pueblo, y a los extranjeros que vivan en tus ciudades, para que escuchen y aprendan a temer al SEÑOR tu Dios, y obedezcan fielmente todas las palabras de esta ley. ¹³Y los descendientes de ellos, para quienes esta ley

---

a 3 restaurará tu fortuna. Alt. *te hará volver del destierro.*

será desconocida, la oirán y aprenderán a temer al SEÑOR tu Dios mientras vivan en la tierra que vas a poseer al otro lado del Jordán».

Predicción de la rebeldía de Israel

¹⁴El SEÑOR dijo a Moisés: «Ya se acerca el día de tu muerte. Llama a Josué y preséntate con él en la *Tienda de reunión para que reciba mis órdenes». Fue así como Moisés y Josué se presentaron allí.

¹⁵Entonces el SEÑOR apareció a la entrada de la Tienda de reunión, en una columna de nube. ¹⁶El SEÑOR dijo a Moisés: «Tú irás a descansar con tus antepasados y muy pronto esta gente me será infiel con los dioses extraños del territorio al que van a entrar. Me abandonarán y quebrantarán el *pacto que hice con ellos. ¹⁷Cuando esto haya sucedido, se encenderá mi ira contra ellos y los abandonaré, ocultaré mi rostro y serán presa fácil. Entonces les sobrevendrán muchos desastres y adversidades, y se preguntarán: "¿No es verdad que todos estos desastres nos han sobrevenido porque nuestro Dios ya no está con nosotros?". ¹⁸Y ese día, sin duda alguna, ocultaré mi rostro, por haber cometido la maldad de irse tras otros dioses.

¹⁹»Escriban, pues, este cántico y enséñenselo al pueblo para que lo cante y sirva también de testimonio contra ellos. ²⁰Cuando yo conduzca a los israelitas a la tierra que juré dar a sus antepasados, tierra donde abundan la leche y la miel, comerán hasta saciarse y engordarán; se irán tras otros dioses y los adorarán, despreciándome y quebrantando mi pacto. ²¹Y cuando les sobrevengan muchos desastres y adversidades, este cántico servirá de testimonio contra ellos porque sus descendientes lo recordarán y lo cantarán. Yo conozco los pensamientos de mi pueblo, aun antes de introducirlo en la tierra que juré darle». ²²Entonces Moisés escribió ese cántico aquel día y se lo enseñó a los israelitas.

²³Y el SEÑOR dio a Josué, hijo de Nun, esta orden: «Sé fuerte y valiente, porque tú conducirás a los israelitas al territorio que juré darles y yo mismo estaré contigo».

²⁴Moisés terminó de escribir en un libro todas las palabras de esta ley. ²⁵Luego dio esta orden a los levitas que transportaban el arca del pacto del SEÑOR: ²⁶«Tomen este libro de la Ley y pónganlo junto al arca del pacto del SEÑOR su Dios. Allí permanecerá como testigo contra ustedes los israelitas, ²⁷pues sé cuán tercos y rebeldes son. Si fueron rebeldes contra el SEÑOR mientras viví con ustedes, ¡cuánto más lo serán después de mi muerte! ²⁸Reúnan ante mí a todos los jefes y los oficiales de sus tribus, para que yo pueda comunicarles estas palabras y las escuchen claramente. Pongo al cielo y a la tierra por testigos contra ellos, ²⁹porque sé que después de mi muerte se pervertirán y se apartarán del *camino que les he mandado. En el futuro les sobrevendrán calamidades, porque harán lo que ofende al SEÑOR y con sus detestables actos provocarán su ira».

El cántico de Moisés

³⁰Y este fue el cántico que recitó Moisés de principio a fin, en presencia de toda la asamblea de Israel:

32 Escuchen, cielos, y hablaré;
oye, tierra, las palabras de mi boca.
² Que caiga mi enseñanza como lluvia
y desciendan mis palabras como rocío,
como aguacero sobre el pasto nuevo,
como lluvia abundante sobre plantas tiernas.

³ Proclamaré el *nombre del SEÑOR.
¡Alaben la grandeza de nuestro Dios!

⁴ Él es la *Roca, sus obras son perfectas,
y todos sus *caminos son justos.
Dios es fiel; no practica la injusticia.
Él es recto y justo.

⁵ Actuaron contra él de manera corrupta;
para vergüenza de ellos, ya no son sus hijos;
¡son una generación torcida y perversa!
⁶ ¿Y así pagas al SEÑOR,
pueblo tonto y sin sabiduría?
¿Acaso no es tu Padre, tu Creador,
el que te hizo y te formó?

⁷ Recuerda los días de antaño;
considera las generaciones pasadas.
Pídele a tu padre que te lo diga,
y a los jefes que te lo expliquen.
⁸ Cuando el *Altísimo dio su herencia a las naciones,
cuando dividió a toda la *humanidad,
estableció límites a los pueblos
según el número de los hijos de Israel.
⁹ Porque la porción del SEÑOR es su pueblo;
Jacob es su herencia asignada.

¹⁰ Lo halló en una tierra desolada,
en la rugiente soledad del yermo.
Lo protegió y lo cuidó;
lo guardó como a la niña de sus ojos;
¹¹ como un águila que agita el nido
y revolotea sobre sus polluelos,
que despliega su plumaje
y los lleva sobre sus alas.
¹² Solo el SEÑOR lo guiaba;
ningún dios extraño iba con él.

¹³ Lo hizo cabalgar sobre las alturas de la tierra
y lo alimentó con el fruto de los campos.
Lo nutrió con miel de la peña,
y con aceite que hizo brotar de la más dura roca;
¹⁴ con mantequilla y leche de las vacas y ovejas,
y con cebados corderos y cabritos;
con toros selectos de Basán
y las mejores espigas del trigo.
Bebió la sangre espumosa de la uva.

¹⁵ Jesurúnᵃ engordó y pateó;
se hartó de comida, y se puso corpulento y rollizo.
Abandonó al Dios que le dio vida
y rechazó a la *Roca de su salvación.
¹⁶ Lo provocó a celos con dioses extraños
y lo hizo enojar con sus ídolos detestables.
¹⁷ Ofreció sacrificios a los demonios, que no son Dios;
dioses que no había conocido,
dioses recién aparecidos,
dioses que jamás sus antepasados adoraron.
¹⁸ ¡Despreciaste a la Roca que te engendró!
¡Olvidaste al Dios que te dio vida!

¹⁹ Al ver esto, el SEÑOR los rechazó
porque sus hijos y sus hijas lo irritaron.
²⁰ «Les voy a dar la espalda» —dijo—,
«a ver en qué terminan;
son una generación perversa,
¡son unos hijos infieles!
²¹ Me provocaron celos con lo que no es Dios como yo
y me enojaron con sus ídolos inútiles.

ᵃ 15 En hebreo, *Jesurún* significa *el justo*, es decir, Israel.

Pues yo haré que ustedes sientan envidia de los
que no son pueblo;
voy a irritarlos con una nación insensata.
²² Se ha encendido el fuego de mi ira,
que quema hasta lo profundo de los dominios
de la muerte.ᵃ
Devorará la tierra y sus cosechas,
y consumirá la raíz de las montañas.

²³ »Amontonaré calamidades sobre ellos
y contra ellos lanzaré mis flechas.
²⁴ Enviaré a que los consuman el hambre,
la pestilencia nauseabunda y la plaga
mortal.
Lanzaré contra ellos los colmillos de las fieras
y el veneno de las víboras que se arrastran por
el polvo.
²⁵ En la calle, la espada los dejará sin hijos,
y en sus casas reinará el terror.
Perecerán los jóvenes y las doncellas,
los que aún maman y los que ya se peinan
canas.
²⁶ Me dije: "Voy a dispersarlos;
borraré de la tierra su memoria".
²⁷ Pero temí las provocaciones del enemigo;
temí que el adversario no entendiera
y llegara a pensar: "Hemos triunfado;
nada de esto lo ha hecho el SEÑOR"».

²⁸ Como nación, han perdido el juicio;
carecen de discernimiento.
²⁹ ¡Si tan solo fueran sabios, entendieran esto
y comprendieran cuál será su fin!
³⁰ ¿Cómo podría un hombre perseguir a mil
si su Roca no los hubiera vendido?
¿Cómo podrían dos hacer huir a diez mil
si el SEÑOR no los hubiera entregado?
³¹ Su roca no es como nuestra Roca.
¡Aun nuestros enemigos lo reconocen!
³² Su viña es un retoño de Sodoma,
de los campos de Gomorra.
Sus uvas están llenas de veneno;
sus racimos, preñados de amargura.
³³ Su vino es veneno de víboras,
ponzoña mortal de serpientes.

³⁴ «¿No he tenido esto en reserva
y lo he sellado en mis archivos?
³⁵ Mía es la venganza; yo pagaré.
A su debido tiempo, su pie resbalará.
Se apresura su desastre,
y el día del juicio se avecina».

³⁶ El SEÑOR defenderá a su pueblo
cuando lo vea sin fuerzas;
tendrá compasión de sus siervos
cuando ya no queden ni esclavos ni libres.
³⁷ Y les dirá: «¿Dónde están ahora sus dioses,
la roca en la cual se refugiaron?
³⁸ ¿Dónde están los dioses que comieron la gordura
de sus sacrificios
y bebieron el vino de sus ofrendas
líquidas?
¡Que se levanten a ayudarles!
¡Que les den abrigo!

³⁹ »¡Vean ahora que yo soy único!
No hay otro dios fuera de mí.

Yo doy la muerte y devuelvo la vida,
causo heridas y doy sanidad.
Nadie puede librarse de mi mano.
⁴⁰ Alzo la mano al cielo y solemnemente juro:
Tan cierto como que vivo para siempre,
⁴¹ cuando afile mi espada reluciente
y en el día del juicio la tome en mis manos,
me vengaré de mis adversarios;
¡les daré su merecido a los que me odian!
⁴² Mis flechas se embriagarán de sangre
y mi espada se hartará de carne:
sangre de heridos y de cautivos,
cabezas de líderes enemigos».

⁴³ Alégrense, naciones, con el pueblo de Dios;ᵇ
él vengará la sangre de sus siervos.
¡Sí! Dios se vengará de sus enemigos,
y perdonará a su tierra y a su pueblo.

⁴⁴ Acompañado de Josué,ᶜ hijo de Nun, Moisés fue
y recitó ante el pueblo todas las palabras de este cántico. ⁴⁵ Cuando terminó, dijo a todos los israelitas:
⁴⁶ «Guarden en su corazón todo lo que les he declarado solemnemente este día, y digan a sus hijos que
obedezcan fielmente todas las palabras de esta ley.
⁴⁷ Porque no son palabras vanas para ustedes, sino
que de ellas depende su vida; por ellas vivirán mucho
tiempo en la tierra que van a poseer al otro lado del
Jordán».

Anuncio de la muerte de Moisés

⁴⁸ Ese mismo día el SEÑOR dijo a Moisés: ⁴⁹ «Sube
a las montañas de Abarín y contempla desde allí el
monte Nebo, en el territorio de Moab, frente a Jericó,
y el territorio de Canaán, el cual voy a dar en posesión a los israelitas. ⁵⁰ En el monte al que vas a subir
morirás y te reunirás con los tuyos, así como tu hermano Aarón murió y se reunió con sus antepasados
en el monte Hor. ⁵¹ Esto será así porque, a la vista de
todos los israelitas, ustedes dos me fueron infieles
en las aguas de Meribá Cades; en el desierto de Zin
no honraron mi *santidad. ⁵² Por eso no entrarás en
el territorio que voy a darle al pueblo de Israel; solamente podrás verlo de lejos».

Moisés bendice a las tribus

33 Antes de su muerte, Moisés, hombre de Dios,
bendijo a los israelitas. ² Les dijo:

«Vino el SEÑOR desde el Sinaí,
vino desde su pueblo, como aurora, desde Seír;
resplandeció desde el monte Parán.
Llegó con millares de santos
desde el sur, desde las laderas de sus montañas.
³ Él es quien ama a su pueblo;
todos los *santos están en su mano.
A sus pies ellos se postran
y de él reciben instrucción.
⁴ Es la ley que nos dio Moisés,
la herencia de la asamblea de Jacob.
⁵ Él era rey sobre Jesurúnᵈ
cuando los líderes del pueblo se reunieron,
junto con las tribus de Israel.

⁶ »Que Rubén viva y que no muera;
¡sean innumerables sus hombres!».

⁷ Y esto dijo acerca de Judá:

«Oye, SEÑOR, el clamor de Judá;
hazlo volver a su pueblo.
Judá defiende su causa con sus propias fuerzas.
¡Ayúdalo contra sus enemigos!».

ᵃ 22 dominios de la muerte. Lit. Seol.   ᵇ 43 Alégrense, … de
Dios. Alt. Hagan regocijar al pueblo de Dios, naciones.   ᶜ 44 Lit.
Oseas, que es una variante del nombre Josué.   ᵈ 5 En hebreo,
Jesurún significa el justo, es decir, Israel; también en v. 26.

8Acerca de Leví dijo:

«El *urim** y el *tumim* pertenecen
  a tu fiel servidor.
Lo pusiste a prueba en Masá;
  en las aguas de Meribá contendiste con él.
9Dijo de su padre y de su madre:
  "No los tomo en cuenta".
No reconoció a sus hermanos
  y hasta desconoció a sus hijos,
pero tuvo en cuenta tu palabra
  y obedeció tu *pacto.
10Enseñó tus ordenanzas a Jacob
  y tu ley a Israel.
Presentó ante ti, sobre tu altar,
  el incienso y las ofrendas del todo quemadas.
11Bendice, SEÑOR, sus logros
  y acepta la obra de sus manos.
Destruye el poder de sus adversarios;
  ¡que nunca más se levanten sus enemigos!».

12Acerca de Benjamín dijo:

«Que el amado del SEÑOR repose seguro en él,
  porque lo protege todo el día
  y descansa tranquilo entre sus hombros».

13Acerca de José dijo:

«El SEÑOR bendiga su tierra
  con el rocío precioso del cielo
  y con las aguas que brotan de la tierra;
14con los mejores frutos del sol
  y los mejores productos de la luna;
15con lo más selecto de las antiguas montañas
  y la fertilidad de las colinas eternas;
16con lo mejor de la que llena la tierra
  y el favor del que mora en la zarza ardiente.
Repose todo esto sobre la cabeza de José,
  sobre la frente del elegido entre sus hermanos.
17José es majestuoso como el primogénito de toro;
  ¡poderoso como un toro salvaje!
Con sus cuernos atacará a las naciones,
  hasta arrinconarlas en los confines del mundo.
¡Tales son las decenas de millares de Efraín,
  los millares de Manasés!».

18Acerca de Zabulón dijo:

«Tú, Zabulón, eres feliz emprendiendo viajes,
  y tú, Isacar, quedándote en tu campamento.
19Invitarán a los pueblos a subir a la montaña,
  para ofrecer allí sacrificios de justicia.
Disfrutarán de la abundancia del mar
  y de los tesoros escondidos en la arena».

20Acerca de Gad dijo:

«¡Bendito el que ensanche los dominios de Gad!
Ahí habita Gad como león,
  desgarrando brazos y cabezas.
21Escogió la mejor tierra para sí;
  se guardó la porción del líder.
Cuando los jefes del pueblo se reunieron,
  cumplió la justa voluntad del SEÑOR,
  las leyes que había dado a Israel».

22Acerca de Dan dijo:

«Dan es un cachorro de león,
  que salta desde Basán».

23Acerca de Neftalí dijo:

«Neftalí rebosa del favor del SEÑOR
  y está lleno de sus bendiciones;
  sus dominios se extienden desde el lago hasta
    el sur».

24Acerca de Aser dijo:

«Aser es el más bendito de los hijos;
  que sea el favorito de sus hermanos
  y se empape en aceite los pies.
25Tus cerrojos serán de hierro y bronce;
  ¡que dure tu fuerza tanto como tus días!

26»No hay nadie como el Dios de Jesurún,
  que para ayudarte cabalga en los
    cielos,
  entre las nubes, con toda su majestad.
27El Dios eterno es tu refugio;
  por siempre te sostiene entre sus brazos.
Expulsará de tu presencia a tus enemigos
  y te ordenará que los destruyas.
28¡Vive seguro, Israel!
  ¡Habita sin enemigos, fuente de Jacob!
Tu tierra está llena de trigo y de vino
    nuevo;
  tus cielos destilan rocío.
29¡Dichoso eres Israel!
  ¿Quién como tú,
  pueblo rescatado por el SEÑOR?
Él es tu escudo y tu ayuda;
  él es tu espada victoriosa.
Tus enemigos se doblegarán ante ti;
  sus espaldas te servirán de tapete».*ᵃ*

Muerte de Moisés

34 Moisés ascendió de las llanuras de Moab al monte Nebo, a la cima del monte Pisgá, frente a Jericó. Allí el SEÑOR le mostró todo el territorio que se extiende desde Galaad hasta Dan, **2**todo el territorio de Neftalí y de Efraín, Manasés y Judá, hasta el mar Mediterráneo. **3**Le mostró también la región del Néguev y la del valle de Jericó, la Ciudad de Palmeras, hasta Zoar. **4**Luego el SEÑOR dijo: «Este es el territorio que juré a Abraham, Isaac y Jacob que daría a sus descendientes. Te he permitido verlo con tus propios ojos, pero no podrás entrar en él».

5Allí en Moab murió Moisés, siervo del SEÑOR, tal como el SEÑOR se lo había dicho. **6**Y lo sepultó en Moab, en el valle que está frente a Bet Peor, pero hasta la fecha nadie sabe dónde está su sepultura. **7**Moisés tenía ciento veinte años cuando murió. Con todo, no se había debilitado su vista ni había perdido su vigor. **8**Durante treinta días los israelitas lloraron a Moisés en las llanuras de Moab, guardando así el tiempo de llanto y luto por su muerte.

9Entonces Josué, hijo de Nun, fue lleno del espíritu de sabiduría, porque Moisés puso sus manos sobre él. Los israelitas, por su parte, obedecieron a Josué e hicieron lo que el SEÑOR había ordenado a Moisés.

10Desde entonces no volvió a surgir en Israel otro profeta como Moisés, con quien el SEÑOR hablara cara a cara. **11**Solo Moisés hizo todas aquellas señales y prodigios que el SEÑOR le mandó realizar en Egipto ante el faraón, sus funcionarios y todo su país. **12**Nadie ha demostrado jamás tener un poder tan extraordinario ni ha sido capaz de realizar las proezas que hizo Moisés ante todo Israel.

ᵃ **29** *sus … tapete.* Alt. *hollarás sus altares paganos.*

Josué

Orden del SEÑOR a Josué

1 Después de la muerte de Moisés, siervo del SEÑOR, el SEÑOR dijo a Josué, hijo de Nun, asistente de Moisés: ²«Mi siervo Moisés ha muerto. Por eso tú y todo este pueblo deberán prepararse para cruzar el río Jordán y entrar a la tierra que daré a los israelitas. ³Tal como prometí a Moisés, les entregaré a ustedes todo lugar que toquen sus pies. ⁴Su territorio se extenderá desde el desierto hasta el Líbano y desde el gran río Éufrates, tierra de los hititas, hasta el mar Mediterráneo, que se encuentra al oeste. ⁵Durante todos los días de tu vida, nadie será capaz de enfrentarse a ti. Así como estuve con Moisés, también estaré contigo; no te dejaré ni te abandonaré. ⁶Sé fuerte y valiente porque tú harás que este pueblo herede la tierra que prometí a sus antepasados.

⁷»Solo te pido que seas fuerte y muy valiente para obedecer toda la ley que mi siervo Moisés te ordenó. No te apartes de ella ni a derecha ni a izquierda; solo así tendrás éxito dondequiera que vayas. ⁸Recita siempre el libro de la Ley y medita en él de día y de noche; cumple con cuidado todo lo que en él está escrito. Así prosperarás y tendrás éxito. ⁹Ya te lo he ordenado: ¡Sé fuerte y valiente! ¡No tengas miedo ni te desanimes! Porque el SEÑOR tu Dios te acompañará dondequiera que vayas».

¹⁰Entonces Josué dio la siguiente orden a los oficiales del pueblo: ¹¹«Vayan por todo el campamento y díganle al pueblo que prepare provisiones, porque dentro de tres días cruzará el río Jordán para tomar posesión de la tierra que Dios el SEÑOR le da como herencia».

¹²A la tribu de Rubén, de Gad y a la media tribu de Manasés, Josué les dijo:

¹³—Recuerden la orden que dio Moisés, siervo del SEÑOR: "Dios el SEÑOR les ha dado reposo y les ha entregado esta tierra". ¹⁴Sus mujeres, sus niños y su ganado permanecerán en la tierra que Moisés les dio al este del Jordán. Pero ustedes, los hombres de guerra, cruzarán en formación de combate al frente de sus hermanos. Les prestarán ayuda ¹⁵hasta que el SEÑOR les dé reposo, como lo hizo con ustedes, y hasta que ellos tomen posesión de la tierra que el SEÑOR su Dios les da. Solo entonces podrán ustedes retornar a sus tierras y ocuparlas. Son las tierras que Moisés, siervo del SEÑOR, les dio al este del Jordán.

¹⁶Ellos respondieron a Josué:

—Nosotros obedeceremos todo lo que nos has mandado e iremos adondequiera que nos envíes. ¹⁷Te obedeceremos en todo, tal como lo hicimos con Moisés. Lo único que pedimos es que el SEÑOR esté contigo como estuvo con Moisés. ¹⁸Cualquiera que se rebele contra tus palabras o que no obedezca lo que tú ordenes será condenado a muerte. Pero tú, ¡sé fuerte y valiente!

Rajab y los espías

2 Luego Josué, hijo de Nun, envió secretamente, desde Sitín, a dos espías con la siguiente orden: «Vayan a explorar la tierra, especialmente Jericó». Cuando los espías llegaron a Jericó, se hospedaron en la casa de una prostituta llamada Rajab.

²Pero el rey de Jericó se enteró de que dos espías israelitas habían entrado esa noche en la ciudad para reconocer el país. ³Así que envió a Rajab el siguiente mensaje: «Echa fuera a los hombres que han entrado en tu casa, pues vinieron a espiar nuestro país».

⁴Pero la mujer, que ya había escondido a los espías, respondió al rey: «Es cierto que unos hombres vinieron a mi casa, pero no sé quiénes eran ni de dónde venían. ⁵Salieron cuando empezó a oscurecer, a la hora de cerrar las *puertas de la ciudad, y no sé a dónde se fueron. Vayan tras ellos; tal vez les den alcance». ⁶En realidad, la mujer había llevado a los hombres al techo de la casa y los había escondido entre los manojos de lino que allí secaba. ⁷Los hombres del rey fueron tras los espías por el camino que lleva a los cruces del río Jordán. En cuanto salieron, las puertas de Jericó se cerraron.

⁸Antes de que los espías se acostaran, Rajab subió al techo ⁹y dijo:

—Yo sé que el SEÑOR les ha dado esta tierra y por eso un gran terror ante ustedes ha caído sobre nosotros; todos los habitantes del país han perdido el ánimo a causa de ustedes. ¹⁰Tenemos noticias de cómo el SEÑOR secó las aguas del *mar Rojo^a para que ustedes pasaran, después de haber salido de Egipto. También hemos oído cómo *destruyeron completamente a los reyes amorreos, Sijón y Og, al este del Jordán. ¹¹Por eso estamos todos tan amedrentados y descorazonados frente a ustedes. Yo sé que el SEÑOR su Dios es Dios arriba en el cielo y abajo en la tierra. ¹²Por lo tanto, les pido ahora mismo que juren en el *nombre del SEÑOR que serán bondadosos con mi familia, como yo lo he sido con ustedes. Quiero que me den como garantía una señal ¹³de que perdonarán la vida de mi padre y madre, de mis hermanos y hermanas, y de todos los que viven con ellos. ¡Juren que nos salvarán de la muerte!

¹⁴—¡Juramos por nuestra vida que la de ustedes no correrá peligro! —contestaron ellos—. Si no nos delatas, seremos bondadosos contigo y cumpliremos nuestra promesa cuando el SEÑOR nos entregue este país.

¹⁵Entonces Rajab los bajó por la ventana con una soga, pues la casa donde ella vivía estaba sobre la muralla de la ciudad. ¹⁶Ya les había dicho previamente: «Huyan rumbo a las montañas para que sus perseguidores no los encuentren. Escóndanse allí por tres días, hasta que ellos regresen. Entonces podrán seguir su camino».

¹⁷Los hombres dijeron a Rajab:

—Quedaremos libres del juramento que te hemos hecho ¹⁸si, cuando conquistemos la tierra, no vemos este cordón rojo atado a la ventana por la que nos bajas. Además, tu padre, tu madre, tus hermanos y

---

^a 10 Lit. *mar de las Cañas.* Término con el que se designa en la Biblia al mar Rojo en su parte septentrional.

el resto de tu familia deberán estar reunidos en tu casa. ¹⁹Quien salga de la casa en ese momento será responsable de su propia vida y nosotros seremos inocentes. Solo nos haremos responsables de quienes permanezcan en la casa si alguien se atreve a ponerles la mano encima. ²⁰Conste que, si nos delatas, nosotros quedaremos libres del juramento que nos obligaste hacer.

²¹—De acuerdo —respondió Rajab—. Que sea tal como ustedes han dicho.

Luego los despidió; ellos partieron y ella ató el cordón rojo a la ventana.

²²Los hombres se dirigieron a las montañas y permanecieron allí tres días, hasta que sus perseguidores regresaron a la ciudad. Los habían buscado por todas partes, pero sin éxito. ²³Los dos hombres emprendieron el regreso; bajando de las montañas, cruzaron el río y llegaron adonde estaba Josué, hijo de Nun. Allí relataron todo lo que había sucedido: ²⁴«El SEÑOR ha entregado todo el país en nuestras manos. ¡Todos sus habitantes han perdido el ánimo a causa de nosotros!».

El cruce del río Jordán

3 Muy de mañana, Josué y todos los israelitas partieron de Sitín y se dirigieron hacia el río Jordán; pero antes de cruzarlo acamparon a sus orillas. ²Al cabo de tres días, los oficiales del pueblo recorrieron todo el campamento ³con la siguiente orden: «Cuando vean el arca del *pacto del SEÑOR su Dios y a los sacerdotes levitas que la llevan, abandonen sus puestos y pónganse en marcha detrás de ella. ⁴Así sabrán por dónde ir, pues nunca antes han pasado por ese camino. Deberán, sin embargo, mantener dos mil codos^a de distancia entre ustedes y el arca; no se acerquen a ella».

⁵Josué ordenó al pueblo: «Conságrense, porque mañana el SEÑOR va a realizar grandes prodigios entre ustedes».

⁶Y a los sacerdotes les dijo: «Carguen el arca del pacto y pónganse al frente del pueblo». Los sacerdotes obedecieron y se pusieron al frente del pueblo.

⁷Luego el SEÑOR dijo a Josué: «Este día comenzaré a engrandecerte ante el pueblo de Israel. Así sabrán que estoy contigo como estuve con Moisés. ⁸Da la siguiente orden a los sacerdotes que llevan el arca del pacto: "Cuando lleguen a la orilla del Jordán, deténganse"».

⁹Entonces Josué dijo a los israelitas: «Acérquense y escuchen lo que Dios el SEÑOR tiene que decirles». ¹⁰Y añadió: «Ahora sabrán que el Dios viviente está en medio de ustedes y que de seguro expulsará a los cananeos, los hititas, los heveos, los ferezeos, los gergeseos, los amorreos y los jebuseos. ¹¹El arca del pacto, que pertenece al Soberano de toda la tierra, cruzará el Jordán al frente de ustedes. ¹²Ahora, pues, elijan doce hombres, uno por cada tribu de Israel. ¹³Tan pronto como los sacerdotes que llevan el arca del SEÑOR, Soberano de toda la tierra, pongan pie en el Jordán, las aguas dejarán de correr y se detendrán formando un muro».

¹⁴Cuando el pueblo levantó el campamento para cruzar el Jordán, los sacerdotes que llevaban el arca del pacto marcharon al frente de todos. ¹⁵Ahora bien, las aguas del Jordán se desbordan en el tiempo de la cosecha. A pesar de eso, tan pronto como los pies de los sacerdotes que portaban el arca tocaron las aguas, ¹⁶estas dejaron de fluir y formaron un muro a gran distancia, más o menos a la altura del pueblo de Adán, junto a Saretán. A la vez, dejaron de correr las aguas que fluían en el mar del Arabá, es decir, el mar Muerto, y así el pueblo pudo cruzar hasta quedar frente a Jericó. ¹⁷Por su parte, los sacerdotes que portaban el arca del pacto del SEÑOR permanecieron de pie en tierra seca, en medio del Jordán, mientras todo el pueblo de Israel terminaba de cruzar el río por el cauce totalmente seco.

Monumento conmemorativo

4 Cuando todo el pueblo terminó de cruzar el río Jordán, el SEÑOR dijo a Josué: ²«Elijan a un hombre de cada una de las doce tribus de Israel ³y ordénenles que tomen doce piedras del cauce, exactamente del lugar donde los sacerdotes permanecieron de pie. Díganles que las coloquen en el lugar donde hoy pasarán la noche».

⁴Entonces Josué reunió a los doce hombres que había escogido de las doce tribus ⁵y dijo: «Vayan al centro del cauce del río hasta donde está el arca del SEÑOR su Dios y cada uno cargue al hombro una piedra. Serán doce piedras, una por cada tribu de Israel, ⁶y servirán como señal entre ustedes. En el futuro, cuando sus hijos les pregunten: "¿Por qué están estas piedras aquí?", ⁷ustedes responderán: "El día en que el arca del *pacto del SEÑOR cruzó el Jordán, las aguas del río se dividieron frente a ella. Para nosotros los israelitas, estas piedras que están aquí son un recuerdo permanente de aquella gran hazaña"».

⁸Los israelitas hicieron lo que Josué ordenó, según las instrucciones del SEÑOR. Tomaron las piedras del cauce del Jordán, conforme al número de las tribus, las llevaron hasta el campamento y las colocaron allí. ⁹Además, Josué colocó doce piedras en el cauce del río donde se detuvieron los sacerdotes que llevaban el arca del pacto. Esas piedras siguen allí hasta el día de hoy.

¹⁰Los sacerdotes que llevaban el arca permanecieron en medio del cauce hasta que los israelitas hicieron todo lo que el SEÑOR había ordenado a Josué. Además, Josué siguió las instrucciones que Moisés le había dado. El pueblo se apresuró a cruzar el río ¹¹y, cuando todos lo habían hecho, el arca del SEÑOR y los sacerdotes cruzaron también en presencia del pueblo. ¹²Acompañaban al pueblo los guerreros de las tribus de Rubén, Gad y la media tribu de Manasés, según las órdenes que había dado Moisés. ¹³Unos cuarenta mil guerreros armados desfilaron en presencia del SEÑOR y se dirigieron a la llanura de Jericó, listos para la guerra.

¹⁴Aquel mismo día, el SEÑOR engrandeció a Josué ante todo Israel. El pueblo respetó a Josué todos los días de su vida, como lo había hecho con Moisés.

¹⁵Luego el SEÑOR dijo a Josué: ¹⁶«A los sacerdotes portadores del arca que tiene las tablas del pacto da la orden de que salgan del Jordán».

¹⁷Josué ordenó a los sacerdotes que salieran ¹⁸y así lo hicieron portando el arca del pacto del SEÑOR. Tan pronto como sus pies tocaron tierra firme, las aguas del río regresaron a su lugar y se desbordaron como antes.

¹⁹Así, el día diez del mes primero, el pueblo de Israel cruzó el Jordán y acampó en Guilgal, al este de Jericó. ²⁰Entonces Josué erigió allí las piedras que habían tomado del cauce del Jordán ²¹y se dirigió a los israelitas: «En el futuro, cuando sus hijos les pregunten: "¿Por qué están estas piedras aquí?", ²²ustedes responderán: "Porque el pueblo de Israel cruzó el río Jordán en seco". ²³El SEÑOR, Dios de ustedes, hizo lo mismo que había hecho con el *mar Rojo cuando lo mantuvo seco hasta que todos nosotros cruzamos. ²⁴Esto sucedió para que todas las naciones de la tierra supieran que el SEÑOR es poderoso y para que ustedes aprendieran a temerlo para siempre».

---

^a 4 Es decir, aprox. 900 m.

5 En efecto, un gran pánico invadió a todos los reyes amorreos que estaban al oeste del Jordán y a los reyes cananeos de la costa del Mediterráneo cuando se enteraron de que el SEÑOR había secado el Jordán para que los israelitas lo cruzaran. ¡No se atrevían a hacerles frente!

La circuncisión

²En aquel tiempo, el SEÑOR dijo a Josué: «Prepara cuchillos de piedra afilada y vuelve a practicar la circuncisión entre los israelitas». ³Así que Josué hizo los cuchillos y circuncidó a los varones israelitas en la colina de Aralot.ᵃ

⁴Realizó la ceremonia porque los israelitas en edad militar que habían salido de Egipto ya habían muerto en el desierto. ⁵Todos ellos habían sido circuncidados, pero no los que nacieron en el desierto mientras el pueblo peregrinaba después de salir de Egipto. ⁶El SEÑOR había prometido a sus antepasados que les daría una tierra donde abundan la leche y la miel. Pero los israelitas que salieron de Egipto no obedecieron al SEÑOR y, por ello, él juró que no verían esa tierra. En consecuencia, deambularon por el desierto durante cuarenta años hasta que murieron todos los varones en edad militar. ⁷A los hijos de estos, a quienes Dios puso en lugar de ellos, los circuncidó Josué, pues no habían sido circuncidados durante el viaje. ⁸Una vez que todos fueron circuncidados, permanecieron en el campamento hasta que se recuperaron.

⁹Luego el SEÑOR dijo a Josué: «Hoy les he quitado de encima la vergüenza de haber sido esclavos en Egipto». Por esa razón, aquel lugar se llama Guilgalᵇ hasta el día de hoy.

Celebración de la Pascua

¹⁰Al caer la tarde del día catorce del mes primero, mientras acampaban en la llanura de Jericó, los israelitas celebraron la Pascua. ¹¹Al día siguiente, después de la Pascua, el pueblo empezó a alimentarse de los productos de la tierra, de panes sin levadura y de trigo tostado. ¹²Un día después dejó de caer maná y durante ese año el pueblo se alimentó de los frutos de la tierra de Canaán.

El comandante del ejército del SEÑOR

¹³Josué, que acampaba cerca de Jericó, levantó la vista y vio a un hombre de pie frente a él, espada en mano. Se acercó y preguntó:

—¿Es usted de los nuestros o dei enemigo?

¹⁴—¡De ninguno! —respondió—. Me presento ante ti como comandante del ejército del SEÑOR.

Entonces Josué se postró rostro en tierra y preguntó:

—¿Qué órdenes trae usted, mi Señor, para este siervo suyo?

¹⁵El comandante del ejército del SEÑOR contestó:

—Quítate las sandalias, porque estás pisando tierra santa.

Y Josué obedeció.

La conquista de Jericó

6 Las ˚puertas de Jericó estaban bien aseguradas por temor a los israelitas; nadie podía salir o entrar.

²Pero el SEÑOR dijo a Josué: «¡He entregado en tus manos a Jericó y a su rey con los guerreros! ³Tú y tus soldados marcharán una vez alrededor de la ciudad; así lo harán durante seis días. ⁴Siete sacerdotes llevarán trompetas y marcharán frente al arca. El séptimo día ustedes marcharán siete veces alrededor de la ciudad, mientras los sacerdotes tocan las

trompetas. ⁵Cuando todos escuchen el toque de trompeta, el pueblo deberá gritar a voz en cuello. Entonces los muros de la ciudad se derrumbarán y cada uno entrará sin impedimento».

⁶Josué, hijo de Nun, llamó a los sacerdotes y ordenó: «Carguen el arca del ˚pacto del SEÑOR y que siete de ustedes lleven trompetas y marchen frente a ella». ⁷Y dijo al pueblo: «¡Adelante! ¡Marchen alrededor de la ciudad! Pero los hombres armados deben marchar al frente del arca del SEÑOR».

⁸Cuando Josué terminó de dar las instrucciones al pueblo, los siete sacerdotes marcharon al frente del arca del pacto del SEÑOR tocando sus trompetas; y el arca del pacto les seguía. ⁹Los hombres armados marchaban al frente de los sacerdotes que tocaban las trompetas. Y tras el arca, marchaba la retaguardia. Durante todo ese tiempo las trompetas no cesaron de sonar. ¹⁰Al resto del pueblo, en cambio, Josué le ordenó marchar en silencio, sin decir palabra alguna ni gritar hasta el día en que les diera la orden de gritar a viva voz.

¹¹Josué hizo llevar el arca del SEÑOR alrededor de Jericó una sola vez. Después, el pueblo regresó al campamento para pasar la noche.

¹²Al día siguiente, Josué se levantó temprano y los sacerdotes cargaron el arca del SEÑOR. ¹³Los siete sacerdotes que llevaban las trompetas tomaron la delantera y marcharon al frente del arca mientras tocaban sus trompetas. Los hombres armados marchaban al frente de ellos y tras el arca del SEÑOR marchaba la retaguardia. ¡Nunca dejaron de oírse las trompetas! ¹⁴También en este segundo día marcharon una sola vez alrededor de la ciudad y luego regresaron al campamento. Así hicieron durante seis días.

¹⁵El séptimo día, a la salida del sol, se levantaron y marcharon alrededor de la ciudad tal como lo habían hecho los días anteriores, solo que en ese día repitieron la marcha siete veces. ¹⁶A la séptima vuelta, los sacerdotes tocaron las trompetas y Josué ordenó al ejército: «¡Empiecen a gritar! ¡El SEÑOR les ha entregado la ciudad! ¹⁷Jericó, con todo lo que hay en ella, será destinada al ˚exterminio como ofrenda al SEÑOR. Solo se salvarán la prostituta Rajab y los que se encuentren en su casa, porque ella escondió a nuestros mensajeros. ¹⁸No vayan a tomar nada de lo que ha sido destinado al exterminio para que ni ustedes ni el campamento de Israel se pongan en peligro de exterminio y de desgracia. ¹⁹El oro y la plata y los utensilios de bronce y de hierro pertenecen al SEÑOR: colóquenlos en su tesoro».

²⁰Entonces los sacerdotes tocaron las trompetas y la gente gritó a voz en cuello, ante lo cual las murallas de Jericó se derrumbaron. El pueblo avanzó sin detenerse y tomó la ciudad. ²¹Mataron a filo de espada a todo hombre y mujer, joven y anciano. Lo mismo hicieron con las vacas, las ovejas y los burros; destruyeron todo lo que tuviera aliento de vida. ¡La ciudad entera quedó ˚arrasada!

²²Ahora bien, Josué había dicho a los dos espías: «Vayan a casa de la prostituta y tráiganla junto con sus parientes, tal como se lo juraron». ²³Así que los jóvenes espías entraron y sacaron a Rajab junto con su padre, su madre y sus hermanos, y todas sus pertenencias, y llevaron a toda la familia a un lugar seguro, fuera del campamento israelita.

²⁴Solo entonces los israelitas incendiaron la ciudad con todo lo que había en ella, menos los objetos de plata, de oro, de bronce y de hierro, los cuales depositaron en el tesoro de la casa del SEÑOR. ²⁵Así Josué salvó a la prostituta Rajab, a toda su familia y todas sus posesiones, por haber escondido a los mensajeros que él había enviado a espiar Jericó. Y desde entonces Rajab vive con el pueblo de Israel.

ᵃ 3 En hebreo, *Aralot* significa *prepucios*.   ᵇ 9 En hebreo, *Guilgal* suena como el verbo que traducido diría *he quitado*.

²⁶En aquel tiempo, Josué hizo este juramento: «¡Maldito sea en la presencia del SEÑOR el que se atreva a reconstruir esta ciudad!

»Que eche los cimientos
a costa de la vida de su hijo mayor.
Que ponga las puertas
a costa de la vida de su hijo menor».

²⁷El SEÑOR estuvo con Josué y este se hizo famoso por todo el país.

El pecado de Acán

7 Sin embargo, los israelitas desobedecieron al SEÑOR conservando lo que él había decidido que fuera destinado a la ˟destrucción, pues Acán, hijo de Carmí, nieto de Zabdí y bisnieto de Zera, guardó para sí parte del botín que Dios había destinado al ˟exterminio. Este hombre de la tribu de Judá provocó la ira del SEÑOR contra los israelitas.

La derrota en Hai

²Josué envió a unos hombres de Jericó hacia Hai, lugar cercano a Bet Avén, frente a Betel, y les dijo: «Vayan a explorar la tierra». Fueron, pues, a explorar la ciudad de Hai.

³Poco después regresaron y dieron el siguiente informe a Josué: «No es necesario que todo el pueblo vaya a la batalla. Dos o tres mil soldados serán suficientes para que tomemos Hai. Esa población tiene muy pocos hombres y no hay necesidad de cansar a todo el pueblo». ⁴Por esa razón, solo fueron a la batalla tres mil soldados, pero estos salieron huyendo ante los de Hai. ⁵El ejército israelita sufrió treinta y seis bajas, y fue perseguido desde la ˟puerta de la ciudad hasta las canteras. Allí, en una pendiente, fueron vencidos. Como resultado, todo el pueblo se acobardó y se llenó de miedo.

⁶Ante esto, Josué rompió sus ropas y se postró rostro en tierra ante el arca del SEÑOR y permaneció allí hasta la tarde. Los jefes de Israel hicieron lo mismo y echaron ceniza sobre su cabeza.ᵃ ⁷Josué reclamó a Dios:

—SEÑOR y Dios, ¿por qué hiciste que este pueblo cruzara el Jordán y luego lo entregaste en manos de los amorreos para que lo destruyeran? ¡Mejor nos hubiéramos quedado al otro lado del río! ⁸Dime, Señor, ¿qué puedo decir ahora que Israel ha huido de sus enemigos? ⁹Los cananeos se enterarán y llamarán a los pueblos de la región; entonces nos rodearán y nos exterminarán. ¡Qué será de tu gran prestigio para tu ˟nombre!

¹⁰Y el SEÑOR le contestó:

—¡Levántate! ¿Qué haces allí postrado? ¹¹Los israelitas han pecado y han violado el pacto que concerté con ellos. Se han apropiado del botín de guerra que debía ser ˟destruido y lo han escondido entre sus posesiones. ¹²Por eso los israelitas no podrán hacerles frente a sus enemigos, sino que tendrán que huir de sus adversarios. Ellos mismos acarrearon su destrucción. Y, si no destruyen ese botín que está en medio de ustedes, yo no seguiré a su lado.

¹³»¡Levántate! ¡Consagra al pueblo! Diles que se consagren para presentarse ante mí mañana y que yo, el SEÑOR, Dios de Israel, declaro: "¡Lo que ordené destruir continúa en medio de ti, Israel! No podrás hacer frente a tus enemigos hasta que hayas destruido esas cosas.

¹⁴»Mañana por la mañana se presentarán por tribus. La tribu que yo señale por suertes presentará a sus clanes; el clan que el SEÑOR señale presentará a sus familias; y la familia que el SEÑOR señale presentará a sus varones. ¹⁵El que sea sorprendido en

posesión del botín de guerra destinado a la destrucción será quemado junto con su familia y sus posesiones, pues ha violado el pacto del SEÑOR y ha causado una gran vergüenza a Israel"».

El castigo de Acán

¹⁶Al día siguiente, muy de madrugada, Josué ordenó que se presentaran una por una las tribus de Israel y la suerte cayó sobre Judá. ¹⁷Todos los clanes de Judá se acercaron y la suerte cayó sobre el clan de Zera. Del clan de Zera la suerte cayó sobre la familia de Zabdí. ¹⁸Josué, entonces, hizo pasar a cada uno de los varones de la familia de Zabdí y la suerte cayó sobre Acán, hijo de Carmí, nieto de Zabdí y bisnieto de Zera. ¹⁹Entonces Josué dijo a Acán:

—Hijo mío, honra y alaba al SEÑOR, Dios de Israel. Cuéntame lo que has hecho. ¡No me ocultes nada!

²⁰Acán respondió:

—Es cierto que he pecado contra el SEÑOR, Dios de Israel. Esta es mi falta: ²¹Vi en el botín un hermoso manto de Sinar,ᵇ doscientos siclos de plata y una barra de oro que pesaba cincuenta siclos.ᶜ Los codicié y me apropié de ellos. Entonces los escondí en un hoyo que cavé en medio de mi tienda de campaña. La plata está también allí, debajo de todo.

²²Enseguida, Josué envió a unos mensajeros, los cuales fueron corriendo a la tienda de Acán. Allí encontraron todo lo que Acán había escondido, ²³lo recogieron y se lo llevaron a Josué y a los israelitas, quienes se lo presentaron al SEÑOR.

²⁴Y Josué y todos los israelitas tomaron a Acán, bisnieto de Zera, y lo llevaron al valle de Acor, junto con la plata, el manto y el oro; también llevaron a sus hijos, sus hijas, el ganado, su tienda de campaña y todas sus posesiones. Cuando llegaron al valle de Acor, ²⁵Josué exclamó:

—¿Por qué has traído esta desgracia sobre nosotros? ¡Que el SEÑOR haga caer sobre ti esa misma desgracia!

Entonces todos los israelitas apedrearon a Acán y a los suyos, y los quemaron. ²⁶Luego colocaron sobre ellos un gran montón de piedras que sigue en pie hasta el día de hoy. Por eso aquel lugar se llama valle de Acor.ᵈ Así aplacó el SEÑOR el ardor de su ira.

Obediencia y victoria

8 El SEÑOR exhortó a Josué: «¡No tengas miedo ni te desanimes! Toma contigo a todo el ejército y ataquen la ciudad de Hai. Yo les daré la victoria sobre su rey y su ejército; se apropiarán de su ciudad y de todo el territorio que la rodea. ²Tratarás a esta ciudad y a su rey como hiciste con Jericó y con su rey. Sin embargo, podrán quedarse con el botín de guerra y todo el ganado. Prepara una emboscada en la parte posterior de la ciudad».

³Se levantó Josué junto con su ejército y fueron a pelear contra Hai. Josué escogió treinta mil guerreros y los envió durante la noche ⁴con estas órdenes: «Ustedes pondrán una emboscada detrás de la ciudad. No se alejen mucho de ella y manténganse en alerta. ⁵Yo me acercaré con mi tropa a la ciudad y cuando los enemigos salgan a pelear contra nosotros, huiremos como la primera vez. ⁶Pensando que estamos huyendo de nuevo, ellos nos perseguirán y así los alejaremos de la ciudad. ⁷Entonces ustedes saldrán de su escondite y se apoderarán de Hai. El SEÑOR les dará la victoria. ⁸Cuando hayan capturado

---

ᵃ 6 El acto de romper la ropa y arrojarse polvo y ceniza sobre la cabeza era una costumbre que expresaba profundo dolor y consternación. ᵇ 21 *Sinar.* Es decir, Babilonia. ᶜ 21 *doscientos … cincuenta siclos.* Es decir, aprox. 2.3 kg … 575 g. ᵈ 26 En hebreo, *Acor* significa *desgracia.*

la ciudad, quémenla tal como nos lo ordenó el SEÑOR. Estas son mis órdenes».

⁹Dicho esto, Josué envió a los guerreros a preparar la emboscada. Ellos se apostaron entre Betel y Hai, al oeste de la ciudad, mientras él pasaba esa noche con su ejército.

¹⁰Muy de mañana se levantó Josué, pasó revista al ejército y, junto con los jefes de Israel, se puso en marcha hacia Hai. ¹¹Todos los guerreros que iban con Josué llegaron cerca de Hai y acamparon al norte de la ciudad. Solo había un valle entre ellos y la ciudad. ¹²Josué envió a cinco mil guerreros a preparar la emboscada, y ellos se escondieron entre Betel y Hai, al oeste de la ciudad. ¹³De esa manera, una tropa acampó al norte de la ciudad y la otra al oeste. Esa noche Josué avanzó hacia el medio del valle.

¹⁴Cuando el rey de Hai se dio cuenta de lo que pasaba, se apresuró a salir con toda su tropa a pelear contra Israel, en la pendiente que está frente al desierto, sin saber que habían puesto una emboscada detrás de la ciudad. ¹⁵Josué y su tropa, fingiéndose derrotados, huyeron por el camino que lleva al desierto. ¹⁶Mientras tanto, todos los hombres que estaban en la ciudad recibieron el llamado de perseguir a los israelitas, alejándose así de Hai. ¹⁷No quedó ni un solo hombre en Hai o en Betel que no hubiera salido a perseguir a Israel, de modo que la ciudad de Hai quedó desprotegida.

¹⁸Entonces el SEÑOR ordenó a Josué: «Apunta hacia Hai con la jabalina que llevas, pues en tus manos entregaré la ciudad». Y así lo hizo Josué. ¹⁹Al ver esto, los que estaban en la emboscada salieron de inmediato de donde estaban, entraron en la ciudad, la tomaron y la incendiaron.

²⁰Cuando los hombres de Hai miraron hacia atrás, vieron que subía de la ciudad una nube de humo. Entonces se dieron cuenta de que no podían huir en ninguna dirección, porque la gente de Josué que antes huía hacia el desierto ahora se lanzaba contra sus perseguidores. ²¹En efecto, tan pronto como Josué y todos los israelitas vieron que los que tendieron la emboscada habían tomado la ciudad y la habían incendiado, se volvieron y atacaron a los de Hai. ²²Los de la emboscada salieron de la ciudad y persiguieron a los guerreros de Hai, y así estos quedaron atrapados por todos lados. Los israelitas atacaron a sus enemigos hasta no dejar ni fugitivos ni sobrevivientes. ²³Al rey de Hai lo capturaron vivo y se lo entregaron a Josué.

²⁴Después de que los israelitas terminaron de matar a filo de espada, en el campo y el desierto, a todos los guerreros de Hai que habían salido a perseguirlos, regresaron a la ciudad y del mismo modo mataron a todos los que quedaban. ²⁵Ese día murieron todos los habitantes de Hai, como doce mil hombres y mujeres. ²⁶Josué mantuvo extendido el brazo con el que sostenía su jabalina, hasta que el ejército israelita ˚exterminó a todos los habitantes de Hai. ²⁷Y tal como el SEÑOR había mandado, el pueblo se quedó con el botín de guerra y todo el ganado.

²⁸Luego Josué incendió la ciudad, reduciéndola a escombros, como permanece hasta el día de hoy. ²⁹También mandó ahorcar en un árbol al rey de Hai y ordenó que dejaran su cuerpo colgando hasta la tarde. Al ponerse el sol, Josué mandó que bajaran el cuerpo del rey y lo arrojaran a la ˚entrada de la ciudad. Así mismo, pidió que se amontonaran piedras encima del cadáver. Ese montón de piedras permanece hasta el día de hoy.

Lectura de la Ley en el monte Ebal

³⁰Entonces Josué levantó, en el monte Ebal, un altar al SEÑOR, Dios de Israel, ³¹tal como Moisés, siervo del SEÑOR, había ordenado a los israelitas. Lo levantó de acuerdo con lo que está escrito en el libro de la ˚Ley de Moisés: un altar de piedras sin labrar, es decir, que no habían sido trabajadas con ninguna herramienta. En él ofrecieron ˚holocaustos y sacrificios de ˚comunión al SEÑOR. ³²Allí, en presencia de los israelitas, Josué escribió en tablas de piedra una copia de la ley que Moisés había escrito. ³³Todos los israelitas con sus jefes, oficiales y jueces estaban de pie a ambos lados del arca del ˚pacto, frente a los sacerdotes levitas que la cargaban en hombros. Tanto los israelitas como los extranjeros residentes tomaron sus posiciones, la mitad de ellos hacia el monte Guerizín y la otra mitad hacia el monte Ebal, tal como Moisés, siervo del SEÑOR, había mandado cuando bendijo por primera vez al pueblo de Israel.

³⁴Luego Josué leyó todas las palabras de la ley, tanto las bendiciones como las maldiciones, según lo que estaba escrito en el libro de la Ley. ³⁵De esta lectura que hizo Josué no se omitió ninguna palabra de lo ordenado por Moisés. Hizo la lectura ante toda la asamblea de los israelitas, incluyendo a las mujeres, los niños y los extranjeros que vivían entre ellos.

Astucia de los gabaonitas

9 Había reyes que vivían en el lado occidental del Jordán, en la montaña, en las llanuras y a lo largo de la costa del Mediterráneo, hasta el Líbano: hititas, amorreos, cananeos, ferezeos, heveos y jebuseos. Cuando estos monarcas se enteraron de lo sucedido, ²se aliaron bajo un solo mando para hacer frente a Josué y a los israelitas.

³Los gabaonitas, al darse cuenta de cómo Josué había tratado a las ciudades de Jericó y de Hai, ⁴maquinaron un plan. Enviaron mensajeros, cuyos asnos llevaban costales viejos y odres para el vino, rotos y remendados. ⁵Iban vestidos con ropa vieja y tenían sandalias gastadas y remendadas. El pan que llevaban para comer estaba duro y hecho migas. ⁶Fueron al campamento de Guilgal donde estaba Josué y dijeron a él y a los israelitas:

—Venimos de un país muy lejano. Queremos hacer un tratado con ustedes.

⁷Los israelitas replicaron:

—Tal vez ustedes son de por acá y en ese caso, no podemos hacer ningún tratado con ustedes.

⁸Ellos dijeron a Josué:

—Nosotros estamos dispuestos a servirles.

Y Josué preguntó:

—¿Quiénes son ustedes y de dónde vienen?

⁹Ellos respondieron:

—Nosotros somos sus siervos y hemos venido de un país muy distante, hasta donde ha llegado la fama del SEÑOR su Dios. Nos hemos enterado de todo lo que él hizo en Egipto ¹⁰y de lo que hizo a los dos reyes amorreos al este del Jordán: Sijón, rey de Hesbón, y Og, rey de Basán, el que residía en Astarot. ¹¹Por eso los habitantes de nuestro país, junto con nuestros jefes, nos dijeron: "Tomen provisiones para el largo ˚viaje, vayan a su encuentro y díganles: 'Deseamos ser siervos de ustedes; hagamos un tratado'". ¹²Cuando salimos para acá, nuestro pan estaba fresco y caliente, pero ahora, ¡mírenlo! Está duro y hecho migas. ¹³Estos odres estaban nuevos y repletos de vino, y ahora, tal como pueden ver, están todos rotos. Y nuestra ropa y sandalias están gastadas por el largo viaje.˚

¹⁴Los ˚hombres de Israel participaron de las provisiones de los gabaonitas, pero no consultaron al SEÑOR. ¹⁵Entonces Josué hizo con ellos un tratado de ayuda mutua y se comprometió a perdonarles la vida. Y los jefes israelitas ratificaron el tratado.

¹⁶Tres días después de haber hecho el tratado con los gabaonitas, los israelitas se enteraron de que eran sus vecinos y vivían en las cercanías. ¹⁷Por eso se

pusieron en marcha y al tercer día llegaron a sus ciudades: Gabaón, Cafira, Berot y Quiriat Yearín. ¹⁸Pero los israelitas no los atacaron porque los jefes de la comunidad les habían jurado en *nombre del SEÑOR, Dios de Israel, perdonarles la vida. Y aunque toda la comunidad se quejó contra sus jefes, ¹⁹estos contestaron:

—Hemos hecho un juramento en nombre del SEÑOR, Dios de Israel, y no podemos hacerles ningún daño. ²⁰Esto es lo que haremos con ellos: les perdonaremos la vida, para que no caiga sobre nosotros el castigo divino por quebrantar el juramento que hicimos.

²¹Luego añadieron:

—Se les permitirá vivir, pero a cambio de ser los leñadores y aguateros de la comunidad.

De ese modo, los jefes de la comunidad cumplieron su promesa.

²²Entonces Josué llamó a los gabaonitas y les reclamó:

—¿Por qué nos engañaron con el cuento de que eran de tierras lejanas, cuando en verdad son nuestros vecinos? ²³A partir de ahora, esta será su maldición: serán por siempre sirvientes del templo de mi Dios, responsables de cortar la leña y de acarrear el agua.

²⁴Los gabaonitas contestaron:

—Nosotros, servidores suyos, fuimos bien informados de que el SEÑOR su Dios ordenó a su siervo Moisés que les diera toda esta tierra y que destruyera a todos sus habitantes. Temimos tanto por nuestra *vida que decidimos hacer lo que ya saben. ²⁵Estamos a merced de ustedes. Hagan con nosotros lo que les parezca justo y bueno.

²⁶Así salvó Josué a los gabaonitas de morir a manos del pueblo de Israel. ²⁷Ese mismo día Josué los hizo leñadores y aguateros de la asamblea israelita, especialmente del altar del SEÑOR que está en el lugar que él mismo eligió. Y así han permanecido hasta el día de hoy.

Ataque de los reyes amorreos

10 Adonisédec, rey de Jerusalén, se enteró de que Josué había tomado la ciudad de Hai y la había *destruido completamente, pues Josué hizo con Hai y su rey lo mismo que había hecho con Jericó y su rey. Adonisédec también supo que los habitantes de Gabaón habían hecho un tratado de ayuda mutua con los israelitas y se habían quedado a vivir con ellos. ²Esto, por supuesto, alarmó grandemente a Adonisédec y a su gente, porque Gabaón era más importante y grande que la ciudad de Hai; era tan grande como las capitales reales, y tenía un ejército poderoso.

³Por eso Adonisédec envió un mensaje a los siguientes reyes: Hohán de Hebrón, Pirán de Jarmut, Jafía de Laquis, y Debir de Eglón. El mensaje decía: ⁴«Únanse a mí y conquistemos a Gabaón, porque ha hecho un pacto de ayuda mutua con Josué y los israelitas».

⁵Entonces los cinco reyes amorreos de Jerusalén, Hebrón, Jarmut, Laquis y Eglón se unieron y marcharon con sus ejércitos para acampar frente a Gabaón y atacarla.

Derrota de los reyes amorreos

⁶Los gabaonitas, por su parte, enviaron el siguiente mensaje a Josué, que estaba en Guilgal: «No abandone usted a estos siervos suyos. ¡Venga de inmediato y sálvenos! Necesitamos su ayuda, porque todos los reyes amorreos de la región montañosa se han aliado contra nosotros».

⁷Josué salió de Guilgal con todo su ejército, acompañados de sus mejores guerreros. ⁸Y el SEÑOR dijo a Josué: «No les tengas miedo, pues yo te los entrego; ninguno de ellos podrá resistirte».

⁹Después de marchar toda la noche desde Guilgal, Josué lo atacó por sorpresa. ¹⁰A su vez, el SEÑOR llenó de pánico a los amorreos ante la presencia del ejército israelita, y este les infligió una tremenda derrota en Gabaón. A los que huyeron los persiguieron por el camino que sube a Bet Jorón, y acabaron con ellos por la vía que va a Azeca y Maquedá. ¹¹Mientras los amorreos huían de Israel, por la bajada entre Bet Jorón y Azeca, el SEÑOR mandó del cielo una tremenda granizada que mató a más gente de la que el ejército israelita había matado a filo de espada.

¹²Ese día en que el SEÑOR entregó a los amorreos en manos de los israelitas, Josué habló al SEÑOR y luego dijo en presencia de todo el pueblo:

«Sol, detente en Gabaón;
      luna, párate sobre el valle de Ayalón».

¹³ El sol se detuvo
      y la luna se paró,
      hasta que Israel se vengó de sus adversarios.

Esto está escrito en el libro de Jaser.

Y, en efecto, el sol se detuvo en medio del cielo y no se movió de allí por casi un día entero. ¹⁴Nunca antes ni después ha habido un día como aquel; fue el día en que el SEÑOR escuchó los ruegos de un *ser humano. ¡No cabe duda de que el SEÑOR estaba peleando por Israel!

¹⁵Al terminar todo, Josué regresó a Guilgal con todo el ejército israelita.

Muerte de los reyes amorreos

¹⁶Los cinco reyes habían huido y se habían refugiado en una cueva en Maquedá. ¹⁷Tan pronto como Josué supo que habían hallado a los cinco reyes en la cueva, ¹⁸dio la siguiente orden: «Coloquen rocas a la entrada de la cueva y pongan unos guardias para que la vigilen. ¹⁹¡Que nadie se detenga! Persigan a los enemigos y atáquenlos por la retaguardia. No les permitan llegar a sus ciudades. ¡El SEÑOR, Dios de ustedes, ya se los ha entregado!».

²⁰Josué y el ejército israelita *exterminaron a sus enemigos; muy pocos de estos pudieron refugiarse en las ciudades amuralladas. ²¹Finalmente, todos los israelitas retornaron sanos y salvos a Maquedá, donde estaba Josué. ¡Nadie en la comarca se atrevía a decir nada contra Israel!

²²Entonces Josué mandó que destaparan la entrada de la cueva y que trajeran los cinco reyes amorreos. ²³De inmediato sacaron a cinco reyes de la cueva: los reyes de Jerusalén, Hebrón, Jarmut, Laquis y Eglón. ²⁴Cuando se los trajeron, Josué convocó a todo el ejército israelita y ordenó a todos los comandantes que lo habían acompañado: «Acérquense y písenle el cuello a estos reyes». Los comandantes obedecieron al instante.

²⁵Entonces Josué dijo: «No teman ni se desanimen; al contrario, sean fuertes y valientes. Esto es exactamente lo que el SEÑOR hará con todos los que ustedes enfrenten en batalla».

²⁶Dicho esto, Josué mató a los reyes, los colgó en cinco árboles y allí los dejó hasta el atardecer. ²⁷Cuando ya el sol estaba por ponerse, Josué mandó que los descolgaran de los árboles y los arrojaran en la misma cueva donde antes se habían escondido. Entonces taparon la cueva con unas enormes rocas, las cuales permanecen allí hasta el día de hoy.

Conquista de las ciudades del sur

²⁸Ese mismo día Josué tomó Maquedá y mató a filo de espada a su rey y a todos sus habitantes; ¡nadie

quedó con vida! Y al rey de Maquedá le sucedió lo mismo que al rey de Jericó.

²⁹De Maquedá, Josué y todo Israel se dirigieron a Libná y la atacaron. ³⁰El SEÑOR entregó en manos de Israel al rey y a sus habitantes. Josué mató a filo de espada a todos sus habitantes; nadie quedó con vida. Y al rey de Libná le sucedió lo mismo que al rey de Jericó.

³¹De Libná, Josué y todo Israel se dirigieron a Laquis. El ejército la sitió y la atacó. ³²El SEÑOR la entregó en manos de Israel y al segundo día la conquistaron. Todos en Laquis murieron a filo de espada, tal como había sucedido con Libná. ³³Además, Horán, rey de Guézer, que había salido a defender a Laquis, fue totalmente derrotado junto con su ejército; nadie sobrevivió a la espada de Josué.

³⁴De Laquis, Josué y todo Israel se dirigieron a Eglón. Sitiaron la ciudad y la atacaron. ³⁵En un solo día la conquistaron y ˙destruyeron a todos a filo de espada, tal como lo habían hecho con Laquis.

³⁶De Eglón, Josué y todo Israel se dirigieron a Hebrón, y la atacaron. ³⁷El ejército israelita tomó la ciudad y la eliminó a filo de espada, de modo que nadie, ni el rey ni ninguno de los habitantes de la ciudad y de sus aldeas, escapó con vida. Y tal como sucedió en Eglón, Hebrón fue destruida completamente.

³⁸De Hebrón, Josué y todo Israel se dirigieron a Debir y la atacaron. ³⁹Se apoderaron de la ciudad, de su rey y de todas sus aldeas, y mataron a filo de espada y consagraron al exterminio a todos sus habitantes. Nadie quedó con vida; todo fue ˙arrasado. A Debir le sucedió lo mismo que había sucedido a Libná, a Hebrón y a sus respectivos reyes.

⁴⁰Así Josué conquistó toda aquella región: la cordillera, el Néguev, las llanuras y las laderas. Derrotó a todos sus reyes, sin dejar ningún sobreviviente. Todo cuanto tenía aliento de vida fue ˙destruido completamente. Esto lo hizo como el SEÑOR, Dios de Israel, lo había ordenado. ⁴¹Josué conquistó a todos, desde Cades Barnea hasta Gaza y desde la región de Gosén hasta Gabaón. ⁴²A todos esos reyes y sus territorios Josué los conquistó en una sola expedición, porque el SEÑOR, Dios de Israel, combatía por su pueblo.

⁴³Después Josué regresó al campamento de Guilgal junto con todo el ejército israelita.

Conquista de los reinos del norte

11 Cuando Jabín, rey de Jazor, se enteró de todo lo ocurrido, convocó a Jobab, rey de Madón, y a los reyes de Simrón y de Acsaf. ²También llamó a los reyes de la región montañosa del norte; a los de la región al sur del lago Quinéret;ᵃ a los de la llanura y a los de Nafot Dor,ᵇ al occidente. ³Llamó además a los cananeos de oriente y occidente, a los amorreos, a los hititas, a los ferezeos, a los jebuseos de las montañas y a los heveos que viven en las laderas del monte Hermón en Mizpa.

⁴Salieron sus ejércitos, caballos y carros de guerra. Eran tan numerosos que parecían arena a la orilla del mar. ⁵Todos esos reyes formaron un solo ejército y acamparon junto a las aguas de Merón para pelear contra Israel.

⁶Entonces el SEÑOR dijo a Josué: «No les tengas miedo, porque mañana, a esta hora, yo daré muerte a todos ellos delante de Israel. Ustedes, por su parte, romperán las patas de sus caballos e incendiarán sus carros de guerra».

⁷Así que Josué partió acompañado de sus guerreros y tomó por sorpresa a sus enemigos junto a las aguas

de Merón. ⁸El SEÑOR los entregó en manos de los israelitas, quienes los atacaron y persiguieron hasta la gran ciudad de Sidón, y hasta Misrefot Mayin y el valle de Mizpa al este, y no quedaron sobrevivientes. ⁹Josué cumplió con todo lo que el SEÑOR había ordenado: rompió las patas de los caballos del enemigo e incendió sus carros de guerra.

¹⁰Al regreso Josué conquistó Jazor y mató a filo de espada a su rey, pues Jazor había sido cabecera de todos aquellos reinados. ¹¹Los israelitas mataron a espada todo cuanto tenía ˙vida. ˙Arrasaron la ciudad y le prendieron fuego.

¹²Josué conquistó todas las ciudades de aquellos reinos junto con sus reyes; a estos mató a filo de espada, ˙destruyéndolos por completo. Así obedeció Josué todo lo que Moisés, siervo del SEÑOR, había mandado. ¹³Las ciudades que estaban sobre los cerros fueron las únicas que los israelitas no quemaron, excepto Jazor, que sí fue incendiada. ¹⁴Los israelitas tomaron como botín de guerra todas las pertenencias y el ganado de esas ciudades, pero mataron a todos los hombres a filo de espada, de modo que ninguno quedó con vida. ¹⁵Así como el SEÑOR había ordenado a su siervo Moisés, también Moisés se lo ordenó a Josué. Y este, por su parte, cumplió al pie de la letra todo lo que el SEÑOR había ordenado a Moisés.

Síntesis de la conquista

¹⁶Josué logró conquistar toda aquella tierra: la región montañosa, todo el Néguev, toda la región de Gosén, la llanura, el Arabá, la región montañosa de Israel y su llanura. ¹⁷También se apoderó de todos los territorios, desde la montaña de Jalac que se eleva hacia Seír, hasta Baal Gad en el valle del Líbano, a las faldas del monte Hermón. Josué capturó a todos los reyes de esa región y los ejecutó, ¹⁸después de combatir con ellos por largo tiempo. ¹⁹Ninguna ciudad hizo tratado de ayuda mutua con los israelitas, excepto los heveos de Gabaón. A todas esas ciudades Josué las derrotó en el campo de batalla, ²⁰porque el SEÑOR endureció el ˙corazón de los enemigos para que entablaran guerra con Israel. Así serían ˙exterminados sin compasión alguna, como el SEÑOR había ordenado a Moisés.

²¹En aquel tiempo Josué destruyó a los ˙anaquitas del monte Hebrón, de Debir, de Anab y de la región montañosa de Judá e Israel. Habitantes y ciudades fueron ˙arrasados por Josué. ²²Ningún anaquita quedó con vida en la tierra que ocupó el pueblo de Israel. Su presencia se redujo solo a Gaza, Gat y Asdod.

²³Así logró Josué conquistar toda aquella tierra, conforme a la orden que el SEÑOR había dado a Moisés, y se la entregó como herencia al pueblo de Israel, según la distribución tribal. Por fin, aquella región descansó de las guerras.

Reyes derrotados por Moisés

12 Los israelitas derrotaron a dos reyes cuyos territorios se extendían al este del río Jordán, desde el arroyo Arnón hasta el monte Hermón, y abarcaban el Arabá al oriente.

² Uno de ellos era Sijón, rey de los amorreos, cuyo trono estaba en Hesbón.
Este rey gobernaba desde Aroer, ciudad asentada a orillas del río Arnón, hasta el río Jaboc, que era la frontera del territorio de los amonitas. El territorio de Sijón incluía la cuenca del valle y la mitad de Galaad.

³ Abarcaba también la parte oriental del Arabá hasta el lago Quinéretᶜ y de allí al mar del sur, que es el mar Muerto, por la vía de Bet Yesimot y más al sur, hasta las laderas del monte Pisgá.

ᵃ 2 lago Quinéret. Es decir, lago de Galilea.   ᵇ 2 Nafot Dor. Alt. las alturas de Dor.   ᶜ 3 lago Quinéret. Es decir, lago de Galilea.

⁴El otro rey era Og, rey de Basán, uno de los últimos refaítas, que residía en Astarot y Edrey. ⁵Este rey gobernaba desde el monte Hermón, en Salcá, en toda la región de Basán, hasta la frontera de Guesur y de Macá, y en la mitad de Galaad, hasta la frontera del territorio de Sijón, rey de Hesbón.

⁶Los israelitas bajo el mando de Moisés, siervo del SEÑOR, derrotaron a estos reyes. Y Moisés, siervo del SEÑOR, repartió aquel territorio entre la tribu de Rubén, de Gad y la media tribu de Manasés.

Reyes derrotados por Josué

⁷A continuación aparece la lista de los reyes que los israelitas derrotaron bajo el mando de Josué. Sus territorios se encontraban al lado occidental del río Jordán y se extendían desde Baal Gad, en el valle del Líbano, hasta el monte Jalac que asciende hacia Seír. Josué entregó las tierras de estos reyes como propiedad a las tribus de Israel, según las divisiones tribales. ⁸Tales territorios comprendían la región montañosa, las llanuras occidentales, el Arabá, las laderas, el desierto y el Néguev. Esas tierras habían pertenecido a los hititas, amorreos, cananeos, ferezeos, heveos y jebuseos.

Esta es la lista de reyes:

⁹el rey de Jericó,
el rey de Hai, ciudad cercana a Betel,
¹⁰el rey de Jerusalén, el rey de Hebrón,
¹¹el rey de Jarmut, el rey de Laquis,
¹²el rey de Eglón, el rey de Guézer,
¹³el rey de Debir, el rey de Guéder,
¹⁴el rey de Jormá, el rey de Arad,
¹⁵el rey de Libná, el rey de Adulán,
¹⁶el rey de Maquedá, el rey de Betel,
¹⁷el rey de Tapúaj, el rey de Héfer,
¹⁸el rey de Afec, el rey de Sarón,
¹⁹el rey de Madón, el rey de Jazor,
²⁰el rey de Simrón Merón, el rey de Acsaf,
²¹el rey de Tanac, el rey de Meguido,
²²el rey de Cedes, el rey de Jocneán que está en el Carmelo,
²³el rey de Dor que está en Nafot Dor,ᵃ el rey Goyim de Guilgal
²⁴y el rey de Tirsá.

Eran treinta y un reyes en total.

El territorio no conquistado

13 Cuando Josué era ya bastante anciano, el SEÑOR le dijo: «Ya estás muy viejo y todavía queda mucho territorio por conquistar.

²»Esta es la tierra que aún falta por conquistar:

»Todas las regiones de los filisteos y guesureos, ³que se extienden desde el río Sijor, al este de Egipto, hasta la frontera de Ecrón al norte. Esas regiones son consideradas territorio cananeo, pero ahora gobernadas por los cinco gobernantes filisteos: el de Gaza, el de Asdod, el de Ascalón, el de Gat y el de Ecrón. También queda sin conquistar el territorio de los aveos.
⁴Por el lado sur queda todo el territorio cananeo, desde Araj, tierra de los sidonios, hasta Afec, que está en la frontera de los amorreos.
⁵Además queda el territorio de los guiblitas y todo el Líbano oriental, desde Baal Gad, al pie del monte Hermón, hasta Lebó Jamat.ᵇ

⁶»Yo mismo voy a echar de la presencia de los israelitas a todos los habitantes de Sidón y a cuantos viven en la región montañosa, desde el Líbano hasta Misrefot Mayin. Tú, por tu parte, repartirás y darás por herencia esta tierra a los israelitas, tal como te lo he ordenado. ⁷Ya es tiempo de que repartas esta tierra entre las nueve tribus restantes y la otra media tribu de Manasés».

División de los territorios al oriente del Jordán

⁸La otra media tribu de Manasés, la tribu de Rubén y de Gad ya habían recibido la herencia que Moisés, siervo del SEÑOR, les había asignado al este del Jordán. ⁹Abarcaba desde Aroer, que estaba a orillas del arroyo Arnón, con la población ubicada en medio del valle. Incluía también toda la meseta de Medeba hasta Dibón, ¹⁰todas las ciudades de Sijón —rey de los amorreos que reinaba desde Hesbón—, hasta la frontera del país de los amonitas. ¹¹Comprendía, además, Galaad, el territorio de la gente de Guesur y Macá, toda la montaña del Hermón y todo Basán hasta Salcá. ¹²Esa era la tierra de Og, rey de Basán, que reinó en Astarot y Edrey; fue el último de los refaítas, a quienes Moisés había derrotado y arrojado de su territorio. ¹³Pero los israelitas no expulsaron de su territorio a los habitantes de Guesur y Macá, que hasta el día de hoy viven en territorio israelita.

¹⁴Sin embargo, a la tribu de Leví Moisés no le dio tierras por herencia, pues su herencia son las ofrendas puestas al fuego por el pueblo del SEÑOR, Dios de Israel, tal como él se lo había prometido.

¹⁵Estas son las tierras que Moisés había entregado a cada uno de los clanes de la tribu de Rubén: ¹⁶abarcaban desde Aroer, que estaba a orillas del arroyo Arnón, con la población ubicada en medio del valle. Incluían también toda la meseta de Medeba ¹⁷hasta Hesbón y todas las poblaciones de la meseta: Dibón, Bamot Baal, Bet Baal Megón, ¹⁸Yahaza, Cademot, Mefat, ¹⁹Quiriatayin, Sibmá, Zaret Sajar, que está en la colina del valle, ²⁰Bet Peor, las laderas del monte Pisgá y Bet Yesimot; ²¹es decir, las ciudades y los pueblos de la meseta, y todos los dominios de Sijón, rey amorreo que gobernó en Hesbón. Moisés había derrotado a este rey y a los jefes madianitas Eví, Requen, Zur, Hur y Reba, todos ellos aliados de Sijón y habitantes de la región. ²²Los israelitas mataron a filo de espada a muchos hombres en el campo de batalla, incluso al adivino Balán, hijo de Beor. ²³El río Jordán sirvió como frontera del territorio perteneciente a la tribu de Rubén. Estas ciudades y aldeas fueron la herencia de la tribu de Rubén, según sus clanes.

²⁴Moisés también había entregado a la tribu de Gad y a sus respectivos clanes los siguientes territorios: ²⁵las tierras de Jazer, todas las poblaciones de la región de Galaad y la mitad del territorio amonita, hasta Aroer que está frente a Rabá; ²⁶y las tierras comprendidas entre Hesbón, Ramat Mizpa y Betonín, y entre Majanayin y la

---

ᵃ 23 Nafot Dor. Alt. *las alturas de Dor.* ᵇ 5 Lebó Jamat. Alt. *la entrada de Jamat.*

frontera de Debir. ²⁷En el valle recibieron Bet Aram, Bet Nimrá, Sucot y Zafón, junto con lo que quedaba del reino de Sijón, rey de Hesbón. Así que su territorio se extendía desde el este del Jordán hasta el sur del lago Quinéret.^a

²⁸Estas ciudades y aldeas fueron la herencia de la tribu de Gad, según sus clanes.

²⁹Estas son las tierras que Moisés había entregado a la media tribu de Manasés y sus clanes:
³⁰el territorio que abarca Majanayin y toda la región de Basán; es decir, todo el reino de Og, incluyendo los sesenta poblados de Yaír. ³¹Además, la mitad de Galaad, Astarot y Edrey, ciudades del reino de Og, correspondió a la mitad de los descendientes de Maquir, hijo de Manasés, según sus clanes.

³²Esta es la herencia que Moisés repartió cuando se encontraba en las llanuras de Moab, al otro lado del río Jordán, al este de Jericó. ³³Sin embargo, a la tribu de Leví Moisés no le dio tierras por herencia, porque el SEÑOR, Dios de Israel, es su herencia, tal como él se lo había prometido.

División de los territorios al occidente del Jordán

14 Estas son las tierras cananeas que el sacerdote Eleazar, Josué, hijo de Nun, y los jefes de los clanes entregaron a los israelitas como herencia. ²Esa herencia se repartió por sorteo a las nueve tribus y media, tal como el SEÑOR había ordenado por medio de Moisés. ³Ya este les había dado por herencia la parte oriental del Jordán a las dos tribus y media, pero a los levitas no les dio tierras, ⁴porque los descendientes de José se habían dividido en dos tribus, Manasés y Efraín. Los levitas no recibieron tierras, solo algunas poblaciones con sus respectivos campos de cultivo y pastoreo. ⁵Así los israelitas dividieron el territorio tal como el SEÑOR se lo había ordenado a Moisés.

Caleb recibe Hebrón

⁶Los descendientes de Judá se acercaron a Josué en Guilgal. El quenizita Caleb, hijo de Jefone, pidió a Josué: «Acuérdate de lo que el SEÑOR dijo a Moisés, hombre de Dios, respecto a ti y a mí en Cades Barnea. ⁷Yo tenía cuarenta años cuando Moisés, siervo del SEÑOR, me envió desde Cades Barnea para explorar el país y con toda franqueza le informé de lo que vi. ⁸Mis compañeros de viaje, por el contrario, desanimaron a la gente y le infundieron temor. Pero yo me mantuve fiel al SEÑOR mi Dios. ⁹Ese mismo día Moisés me hizo este juramento: "La tierra que toquen tus pies será herencia tuya y de tus descendientes para siempre, porque fuiste fiel al SEÑOR mi Dios".^b

¹⁰»Ya han pasado cuarenta y cinco años desde que el SEÑOR hizo la promesa por medio de Moisés, mientras Israel peregrinaba por el desierto; aquí estoy este día con mis ochenta y cinco años: ¡el SEÑOR me ha mantenido con vida! ¹¹Y todavía mantengo la misma fortaleza que tenía el día en que Moisés me envió. Para la batalla tengo las mismas energías que tenía entonces. ¹²Dame, pues, la región montañosa que el SEÑOR me prometió en esa ocasión. Desde ese día, tú bien sabes que los ˚anaquitas habitan allí y que sus ciudades son enormes y fortificadas. Sin embargo, con la ayuda del SEÑOR los expulsaré de ese territorio, tal como él ha prometido».

¹³Entonces Josué bendijo a Caleb, hijo de Jefone, y le dio por herencia el territorio de Hebrón. ¹⁴A partir de ese día Hebrón ha pertenecido al quenizita Caleb, hijo de Jefone, porque fue fiel al SEÑOR, Dios de Israel. ¹⁵Hebrón se llamaba originalmente Quiriat Arbá, porque Arbá fue un importante antepasado de los anaquitas.

Después de todo esto el país se vio libre de guerras.

Los territorios de Judá
15:15-19 – Jue 1:11-15

15 El territorio asignado a los clanes de la tribu de Judá abarcaba las tierras comprendidas hasta la frontera de Edom, incluyendo el desierto de Zin en el sur.

²La frontera sur, que partía de la bahía ubicada al extremo sur del mar Muerto, ³salía hacia el sur de la cuesta de los Escorpiones, cruzaba hacia el desierto de Zin y continuaba hacia Cades Barnea, al sur. De allí seguía por Jezrón, subía hacia Adar, daba la vuelta hacia Carcá, ⁴continuaba por Asmón y salía hacia el torrente de Egipto, para terminar en el Mediterráneo. Esta es la frontera sur de Judá.^c

⁵La frontera oriental la formaba el mar Muerto hasta la desembocadura del río Jordán.

La frontera norte se iniciaba en la bahía de la desembocadura del Jordán ⁶y subía por Bet Joglá, continuando al norte de Bet Arabá, hasta la peña de Bohán, hijo de Rubén. ⁷Subía luego hacia Debir desde el valle de Acor y giraba hacia el norte en dirección a Guilgal, al frente de la cuesta de Adumín, al sur del valle. Seguía bordeando las aguas de Ensemes y llegaba a Enroguel. ⁸Continuaba hacia el valle de Ben Hinón al sur de la cuesta de la ciudad jebusea, es decir, Jerusalén. Ascendía a la cumbre de la loma al oeste del valle de Hinón, al norte del valle de Refayin. ⁹De aquella cumbre la frontera se dirigía hacia el manantial de Neftóaj, seguía por las ciudades del monte Efrón y descendía hacia Balá, también llamada Quiriat Yearín. ¹⁰De allí giraba al oeste de Balá y se dirigía hacia el monte Seír, bordeaba por el norte las laderas del monte Yearín, llamado también Quesalón, y descendía hacia Bet Semes, pasando por Timná. ¹¹Después seguía por la parte norte de las cuestas de Ecrón, giraba hacia Sicrón, rodeaba el monte Balá y llegaba hasta Jabnel. La línea fronteriza terminaba en el mar Mediterráneo.

¹²La frontera occidental la formaba la costa del mar Mediterráneo.

Estas son las fronteras de los territorios asignados a la tribu de Judá y sus clanes.

Caleb conquista Hebrón y Debir

¹³De acuerdo con lo ordenado por el SEÑOR, Josué dio a Caleb, hijo de Jefone, una porción del territorio asignado a Judá. Esa porción es Quiriat Arbá, es decir, Hebrón. Arbá fue un ancestro de los ˚anaquitas. ¹⁴Caleb expulsó de Hebrón a tres descendientes de Anac: Sesay, Ajimán y Talmay. ¹⁵De allí subió para atacar a los habitantes de Debir, ciudad que antes se llamaba Quiriat Séfer. ¹⁶Y Caleb dijo: «A quien derrote a Quiriat Séfer y la conquiste, yo le daré por esposa a mi hija Acsa». ¹⁷Entonces Otoniel, hijo de Quenaz y hermano de Caleb, la conquistó; así que Caleb le dio por esposa a su hija Acsa.

¹⁸Cuando ella llegó, convenció a Otoniel^d de que pidiera un terreno a su padre. Al bajar Acsa del asno, Caleb preguntó:
—¿Qué te pasa?

---

^a 27 *lago Quinéret.* Es decir, lago de Galilea.   ^b 9 Dt 1:36.
^c 4 *Judá.* Lit. *ustedes.*   ^d 18 *convenció a Otoniel* (mss. de LXX); *lo convenció* (TM).

19—Concédeme un gran favor —respondió ella—. Ya que me has dado tierras en el Néguev, dame también manantiales.

Fue así como Caleb dio a su hija manantiales en las zonas altas y en las bajas.

Ciudades de Judá

20 Esta es la lista de los territorios que recibieron como herencia los clanes de la tribu de Judá:

21 Las ciudades sureñas de la tribu, ubicadas en el Néguev, cerca de la frontera con Edom: Cabsel, Éder, Jagur, 22Quiná, Dimoná, Adadá, 23Cedes, Jazor, Itnán, 24Zif, Telén, Bealot, 25Jazor Jadatá, Queriot, Jezrón (conocida también como Jazor), 26Amán, Semá, Moladá, 27Jazar Gadá, Hesmón, Bet Pelet, 28Jazar Súal, Berseba y sus aldeas,ᵃ 29Balá, Iyín, Esen, 30Eltolad, Quesil, Jormá, 31Siclag, Madmana, Sansaná, 32Lebaot, Siljín, Ayin y Rimón, es decir, un total de veintinueve ciudades más las aldeas que las rodeaban.

33 En la llanura: Estaol, Zora, Asena, 34Zanoa, Enganín, Tapúaj, Enam, 35Jarmut, Adulán, Soco, Azeca, 36Sajarayin, Aditayin, Guederá, es decir, Guederotayin;ᵇ fueron catorce ciudades con sus aldeas.

37 Zenán, Jadasá, Migdal Gad, 38Dileán, Mizpa, Joctel, 39Laquis, Boscat, Eglón, 40Cabón, Lajmás, Quitlís, 41Guederot, Bet Dagón, Noamá y Maquedá, es decir, dieciséis ciudades con sus aldeas.

42 Libná, Éter, Asán, 43Jifta, Asena, Nezib, 44Queilá, Aczib y Maresá, es decir, nueve ciudades con sus aldeas.

45 Ecrón, con sus pueblos y aldeas; 46de allí al mar, todo el territorio colindante con Asdod, junto con sus aldeas; 47Asdod, con sus pueblos y aldeas, y Gaza, con sus pueblos y aldeas, hasta el torrente de Egipto y la costa del mar Mediterráneo.

48 En la región montañosa: Samir, Jatir, Soco, 49Daná, Quiriat Saná (conocida como Debir), 50Anab, Estemoa, Anín, 51Gosén, Holón y Guiló, es decir, once ciudades con sus aldeas.

52 Arab, Dumá, Esán, 53Yanún, Bet Tapúaj, Afecá, 54Humtá, Quiriat Arbá (llamada también Hebrón) y Sior, es decir, nueve ciudades con sus aldeas.

55 Maón, Carmel, Zif, Yutá, 56Jezrel, Jocdeán, Zanoa, 57Caín, Guibeá y Timná, es decir, diez ciudades con sus aldeas.

58 Jaljul, Betsur, Guedor, 59Marat, Bet Anot y Eltecón, es decir, seis ciudades con sus aldeas.

60 Quiriat Baal (o Quiriat Yearín) y Rabá, con sus aldeas.

61 En el desierto: Bet Arabá, Midín, Secacá, 62Nibsán, la Ciudad de la sal y Engadi, es decir, seis ciudades con sus aldeas.

63 Los descendientes de Judá no pudieron expulsar de la ciudad de Jerusalén a los jebuseos, así que hasta el día de hoy estos viven allí junto con los descendientes de Judá.

Los territorios de Efraín y Manasés

16 El territorio asignado a los descendientes de José comenzaba en el río Jordán,ᶜ al este de los manantiales de Jericó; y de allí ascendía hacia la región montañosa de Betel, a través del desierto. 2De Betel, es decir, Luz,ᵈ continuaba hacia el territorio de los arquitas hasta Atarot, 3descendía hacia el oeste al territorio de los jafletitas hasta la región de Bet Jorón de Abajo y Guézer, y terminaba en el mar Mediterráneo.

4 Así fue como las tribus de Manasés y Efraín, descendientes de José, recibieron como herencia sus territorios.

El territorio de Efraín

5 Este es el territorio que recibieron la tribu de Efraín y sus respectivos clanes:

En el lado oriental sus límites se extendían desde Atarot Adar hasta Bet Jorón de Arriba 6y llegaban hasta el mar Mediterráneo. En Micmetat, que está al norte, hacían una curva hacia el oriente rumbo a Tanat Siló y de allí llegaban a Janoa. 7Descendían de Janoa hacia Atarot y Nará, pasando por Jericó hasta llegar al río Jordán. 8De Tapúaj la frontera seguía hacia el occidente rumbo al arroyo de Caná y terminaba en el mar Mediterráneo. Este es el territorio que recibió como herencia la tribu de Efraín por sus clanes. 9El territorio también incluía las ciudades y sus respectivas aldeas que se encontraban en el territorio asignado a la tribu de Manasés.

10 Los efraimitas no expulsaron a los cananeos que vivían en Guézer; les permitieron vivir entre ellos, como sucede hasta el día de hoy, pero los sometieron a la esclavitud.

El territorio de Manasés

17 También a la tribu de Manasés se le asignó su propio territorio, porque él era el primogénito de José. A Maquir, primogénito de Manasés y antepasado de los galaaditas, se le concedió Galaad y Basán por ser hombre de guerra. 2Los demás clanes de la tribu de Manasés recibieron sus territorios: Abiezer, Jélec, Asriel, Siquén, Héfer y Semidá. Estos eran descendientes de Manasés, hijo de José.

3 Sucedió que Zelofejad, hijo de Héfer, hijo de Galaad, hijo de Maquir e hijo de Manasés, solo tuvo hijas, cuyos nombres eran Majlá, Noa, Joglá, Milca y Tirsá. 4Ellas se presentaron ante el sacerdote Eleazar, ante Josué, hijo de Nun, y ante los jefes de Israel y dijeron: «El SEÑOR ordenó a Moisés que nos diera tierras en los territorios asignados como herencia a nuestro clan». Entonces Josué hizo tal como el SEÑOR había ordenado. 5La tribu de Manasés recibió diez porciones de tierra, además de los territorios de Galaad y Basán, que están al lado oriental del Jordán. 6Esto se debió a que las hijas de Manasés recibieron tierras como herencia, además de las repartidas a los descendientes varones. Galaad fue asignada a los otros descendientes de Manasés.

7 El territorio de Manasés abarcaba desde Aser hasta Micmetat, ubicada al este de Siquén. De allí la frontera seguía hacia el sur, hasta las tierras pertenecientes a los habitantes de En Tapúaj. 8A Manasés le pertenecían también las tierras de Tapúaj, pero la ciudad de Tapúaj, ubicada en los límites de Manasés, era de los descendientes de Efraín. 9La frontera continuaba hacia el sur, por el lado norte del arroyo de Caná, hasta llegar al

---

ᵃ 28 y sus aldeas (LXX); Biziotía (TM).   ᵇ 36 O Guederá y Guederotayin.   ᶜ 1 en el río Jordán. Lit. en el Jordán de Jericó (uno de los antiguos nombres asignados al río Jordán).   ᵈ 2 De Betel, es decir, Luz (véase v. 1 de LXX); De Betel hacia Luz (TM).

mar Mediterráneo. En esa zona, varias ciudades de la tribu de Efraín se mezclaban con ciudades pertenecientes a Manasés. ¹⁰Los territorios del sur pertenecían a Efraín y los del norte, a Manasés. El territorio de Manasés llegaba hasta el mar Mediterráneo y bordeaba, por el norte, con la tribu de Aser, y por el este, con la de Isacar.

¹¹Dentro de las fronteras de Isacar y Aser, la tribu de Manasés tenía las siguientes ciudades con sus poblaciones: Betseán, Ibleam, Dor, Endor, Tanac y Meguido. La tercera ciudad de la lista era Nafot.

¹²Los miembros de la tribu de Manasés no pudieron habitar estas ciudades, porque los cananeos estaban decididos a vivir en ellas. ¹³Cuando los israelitas se hicieron fuertes, redujeron a los cananeos a trabajos forzados, pero no los expulsaron totalmente de esas tierras.

¹⁴Las tribus de José reprocharon a Josué:

—¿Por qué nos has dado solo una parte del territorio? Nosotros somos numerosos y el SEÑOR nos ha bendecido ricamente.

¹⁵Entonces Josué respondió:

—Ya que son tan numerosos y encuentran que la región montañosa de Efraín es demasiado pequeña para ustedes, vayan a la zona de los bosques que están en territorio ferezeo y refaíta y limpien el terreno para qué habiten allá.

¹⁶Los descendientes de José replicaron:

—La región montañosa nos queda muy pequeña y los cananeos que viven en el llano poseen carros de hierro, tanto los de Betseán y sus poblaciones como los del valle de Jezrel.

¹⁷Pero Josué animó a las tribus de Efraín y Manasés, descendientes de José:

—Ustedes son numerosos y tienen mucho poder. No se quedarán con un solo territorio, ¹⁸sino que poseerán la región de los bosques. Limpien esa región y ocúpenla hasta sus límites más lejanos. Y a pesar de que los cananeos tengan carros de hierro y sean muy fuertes, ustedes los podrán expulsar.

Los territorios de las otras tribus

18 Cuando el país quedó bajo el control de los israelitas, toda la asamblea israelita se reunió en Siló, donde habían establecido la ˙Tienda de reunión. ²Para entonces, todavía quedaban siete tribus que no habían recibido como herencia sus respectivos territorios.

³Así que Josué los desafió: «¿Hasta cuándo van a esperar para tomar posesión del territorio que les otorgó el SEÑOR, Dios de sus antepasados? ⁴Nombren a tres hombres de cada tribu para que yo los envíe a reconocer la región y hagan una descripción escrita de cada territorio. A su regreso, ⁵dividan el resto del país en siete partes. Judá mantendrá sus territorios en el sur y los descendientes de José, en el norte. ⁶Cuando hayan terminado la descripción de las siete regiones, tráiganmela y yo les asignaré echando suertes en presencia del SEÑOR nuestro Dios. ⁷Los levitas, como ya saben, no recibirán ninguna porción de tierra, porque su herencia es su servicio sacerdotal ante el SEÑOR. Además, Gad, Rubén y la media tribu de Manasés ya han recibido sus respectivos territorios en el lado oriental del Jordán. Moisés, siervo del SEÑOR, se los entregó como herencia».

⁸Cuando los hombres estaban listos para salir a hacer el reconocimiento del país, Josué ordenó: «Exploren todo el país y tráiganme una descripción

escrita de todos sus territorios. Cuando regresen aquí a Siló, yo haré el sorteo de tierras en presencia del SEÑOR». ⁹Los hombres hicieron tal como Josué ordenó; luego regresaron a Siló con la descripción de todo el país, ciudad por ciudad, y su división en siete partes.

¹⁰Josué hizo allí el sorteo en presencia del SEÑOR y repartió los territorios entre los israelitas, según sus divisiones tribales.

El territorio de Benjamín

¹¹A la tribu de Benjamín se le asignó su territorio según sus clanes. Ese territorio quedó ubicado entre las tribus de Judá y José.

¹²La frontera norte se iniciaba en el río Jordán, pasaba por las laderas al norte de Jericó y avanzaba en dirección occidental hacia la región montañosa, hasta llegar al desierto de Bet Avén. ¹³Continuaba hacia la ladera sureña de Luz, también llamada Betel, y descendía desde Atarot Adar hasta el cerro que está al sur de Bet Jorón de Abajo.

¹⁴De allí la frontera continuaba hacia el sur, por el lado occidental, hasta llegar a Quiriat Baal, llamada también Quiriat Yearín, una población perteneciente a Judá. Esta era la frontera occidental.

¹⁵La frontera sur partía desde Quiriat Yearín, en el lado occidental, y continuaba hasta el manantial de Neftóaj. ¹⁶Descendía a las laderas del monte ubicado frente al valle de Ben Hinón, al norte del valle de Refayín. Seguía en descenso por el valle de Hinón, al sur de la cuesta de la ciudad de Jebús, hasta llegar a Enroguel. ¹⁷De allí giraba hacia el norte, rumbo a Ensemes, seguía por Guelilot, al frente de la cuesta de Adumín, y descendía a la peña de Bohán, hijo de Rubén. ¹⁸La frontera continuaba hacia la cuesta norte de Bet Arabá*ᵃ* y descendía hasta el Arabá. ¹⁹De allí se dirigía a la cuesta norte de Bet Joglá y salía en la bahía norte del mar Muerto, donde desemboca el río Jordán. Esta era la frontera sur.

²⁰El río Jordán marcaba los límites del lado oriental.

Estas eran las fronteras de las tierras asignadas como herencia a todos los clanes de la tribu de Benjamín.

²¹Los clanes de la tribu de Benjamín poseyeron las siguientes ciudades:

Jericó, Bet Joglá, Émec Casís, ²²Bet Arabá, Zemarayin, Betel, ²³Avín, Pará, Ofra, ²⁴Quefar Amoní, Ofni y Gueba, es decir, doce ciudades con sus poblaciones;

²⁵y Gabaón, Ramá, Berot, ²⁶Mizpa, Cafira, Mozá, ²⁷Requen, Irpel, Taralá, ²⁸Zela, Élef, Jebús, llamada también Jerusalén, Guibeá y Quiriat, es decir, catorce ciudades con sus poblaciones. Esta fue la herencia que recibieron los clanes de la tribu de Benjamín.

El territorio de Simeón

19:2-9 – 1Cr 4:28-33

19 Simeón fue la segunda tribu que recibió sus territorios, según sus clanes. Su herencia estaba ubicada dentro del territorio de Judá. ²Le pertenecían las siguientes ciudades:

Berseba (o Sabá), Moladá, ³Jazar Súal, Balá, Esen, ⁴Eltolad, Betul, Jormá, ⁵Siclag, Bet Marcabot, Jazar Susá, ⁶Bet Lebaot y Sarujén, es decir, trece ciudades con sus poblaciones;

ᵃ 18 *de Bet Arabá* (LXX); *al frente del Arabá* (TM).

⁷ y Ayin, Rimón, Éter y Asán, es decir, cuatro ciudades con sus poblaciones. ⁸A estas ciudades se agregaban los pueblos que se contaban hasta los bordes de Balatber, ciudad de Ramat del Néguev.

Estos fueron los territorios asignados a los clanes de la tribu de Simeón. ⁹Como la tribu de Judá tenía más territorio de lo que sus clanes necesitaban, la tribu de Simeón recibió su porción del territorio asignado a Judá.

El territorio de Zabulón

¹⁰ Zabulón fue la tercera tribu que recibió su territorio, según sus clanes.

La frontera del territorio se extendía hasta Sarid. ¹¹Por el occidente, se dirigía hacia Maralá y llegaba a Dabéset, hasta tocar el arroyo frente a Jocneán. ¹²De allí, giraba al este de Sarid, hacia la salida del sol, hasta el territorio de Quislot Tabor, luego continuaba hasta alcanzar Daberat y subía hasta Jafía. ¹³La frontera cruzaba por el oriente hacia Gat Jefer e Itacasín, hasta llegar a Rimón y girar hacia Negá. ¹⁴De allí la frontera giraba hacia el norte hasta llegar a Janatón y terminaba en el valle de Jeftel.

¹⁵ Ese territorio incluía doce ciudades y sus poblaciones, entre ellas Catat, Nalal, Simrón, Idalá y Belén.

¹⁶ Este es el territorio asignado como herencia a los clanes de la tribu de Zabulón, incluyendo sus ciudades y pueblos.

El territorio de Isacar

¹⁷ Isacar fue la cuarta tribu que recibió su territorio, según sus clanes. ¹⁸Las ciudades que se encontraban dentro de ese territorio eran: Jezrel, Quesulot, Sunem, ¹⁹Jafarayin, Sihón, Anajarat, ²⁰Rabit, Quisión, Abez, ²¹Rémet, Enganín, Enadá y Bet Pasés.

²² La frontera llegaba a Tabor, Sajazimá y Bet Semes, y terminaba en el río Jordán.

En total, dieciséis ciudades con sus poblaciones. ²³Esas poblaciones componían la herencia de los clanes de la tribu de Isacar.

El territorio de Aser

²⁴ Aser fue la quinta tribu que recibió su territorio, según sus clanes. ²⁵En él se incluían las ciudades de

Jelcat, Jalí, Betén, Acsaf, ²⁶Alamélec, Amad y Miseal. La frontera tocaba, por el oeste, el monte Carmelo y Sijor Libnat. ²⁷De allí giraba al este en dirección a Bet Dagón y llegaba a Zabulón, en el valle de Jeftel. Luego se dirigía al norte rumbo a Bet Émec y Neyel, bordeando, a la izquierda, Cabul. ²⁸La frontera seguía hacia Abdón,ᵃ Rejob, Hamón y Caná hasta tocar la gran ciudad de Sidón. ²⁹Luego hacía un giro hacia Ramá y de allí hasta la ciudad fortificada de Tiro. Después giraba hacia Josá y salía al mar Mediterráneo, desde el territorio de Aczib, ³⁰Uma, Afec y Rejob.

Eran veintidós ciudades y sus pueblos.

³¹ Este es el territorio asignado como herencia a los clanes de la tribu de Aser, incluyendo sus ciudades y pueblos.

El territorio de Neftalí

³² Neftalí fue la sexta tribu que recibió su territorio, según sus clanes.

³³ Su territorio abarcaba desde Jélef y el gran árbol de Sananín hacia Adaminéqueb y Jabnel, y continuaba hasta Lacún, hasta el río Jordán. ³⁴La frontera seguía por el occidente, pasando por Aznot Tabor y proseguía en Hucoc. Bordeaba el territorio de la tribu de Zabulón por el sur, la de Aser por el occidente yᵇ el río Jordán por el oriente.

³⁵ Las ciudades fortificadas eran: Sidín, Ser, Jamat, Racat, Quinéret, ³⁶Adamá, Ramá, Jazor, ³⁷Cedes, Edrey, Enjazor, ³⁸Irón, Migdal El, Jorén, Bet Anat y Bet Semes.

En total sumaban diecinueve ciudades con sus poblaciones.

³⁹ Este es el territorio asignado como herencia a los clanes de la tribu de Neftalí, incluyendo sus ciudades y pueblos.

El territorio de Dan

⁴⁰ Dan fue la séptima tribu que recibió territorio, según sus clanes. ⁴¹Se incluían en el territorio Zora, Estaol, Ir Semes, ⁴²Sagalbín, Ayalón, Jetlá, ⁴³Elón, Timná, Ecrón, ⁴⁴Eltequé, Guibetón, Balat, ⁴⁵Jehúd, Bené Berac, Gat Rimón, ⁴⁶Mejarcón y Racón, con la región que estaba frente a Jope.

⁴⁷ Como a la tribu de Dan no les alcanzó el territorio que se les asignó, fueron a conquistar la ciudad de Lesén. Después de que la tomaron, pasaron a filo de espada a todos sus habitantes. Luego los danitas la habitaron y le dieron por nombre Dan, en honor de su antepasado.

⁴⁸ Así quedó establecido el territorio de los clanes de la tribu de Dan, junto con sus ciudades y pueblos.

El territorio de Josué

⁴⁹ Cuando se terminó de asignarle a cada tribu el territorio que le correspondía, el pueblo de Israel entregó a Josué, hijo de Nun, el territorio que le pertenecía a él como herencia. ⁵⁰Así cumplieron con lo que el SEÑOR había ordenado. Josué recibió la ciudad de Timnat Sera, que estaba enclavada en la región montañosa de Efraín. Él la había solicitado, así que la reconstruyó y se estableció en ella.

⁵¹ De este modo, el sacerdote Eleazar, Josué y los jefes de las tribus de Israel terminaron de dividir los territorios. El sorteo lo realizaron en Siló, en presencia del SEÑOR, a la entrada de la ˚Tienda de reunión.

Ciudades de refugio

20 El SEÑOR dijo a Josué: ²«Pide a los israelitas que designen algunas ciudades de refugio, tal como te lo ordené por medio de Moisés. ³Así cualquier persona que mate a otra accidentalmente o sin premeditación podrá huir a esas ciudades para refugiarse del vengador del delito de sangre.

⁴»Cuando tal persona huya a una de esas ciudades, se ubicará a la ˚entrada y allí presentará su caso ante los jefes de la ciudad. Acto seguido, los ancianos lo aceptarán en esa ciudad y le asignarán un lugar para vivir con ellos. ⁵Si el vengador del delito de sangre persigue a la persona hasta esa ciudad, los ancianos no deberán entregárselo, pues ya habrán aceptado al que mató sin premeditación ni rencor alguno. ⁶El acusado permanecerá en aquella ciudad hasta haber comparecido ante la asamblea del pueblo y hasta que el sumo sacerdote en funciones haya fallecido. Solo después de esto el acusado podrá regresar a su hogar y al pueblo del cual huyó tiempo atrás».

ᵃ **28** *Abdón* (mss. hebreos; véase 21:30); *Hebrón* (TM). ᵇ **34** *y* (LXX); *y la de Judá* (TM).

⁷En respuesta a la orden de Josué, los israelitas designaron Cedes en Galilea, en la región montañosa de Neftalí; Siquén, en la región montañosa de Efraín, y Quiriat Arbá, conocida como Hebrón, en la región montañosa de Judá. ⁸Al este del río Jordán,ᵃ escogieron las tres ciudades siguientes: Béser, en el desierto que está en la meseta perteneciente al territorio de la tribu de Rubén; Ramot de Galaad, en el territorio de la tribu de Gad, y Golán de Basán, en el territorio de la tribu de Manasés. ⁹Todo israelita o extranjero residente que hubiera matado accidentalmente a alguien podría huir hacia una de esas ciudades para no morir por mano del vengador del delito de sangre, antes de ser juzgado por la asamblea.

Las poblaciones de los levitas
21:4-39 – 1Cr 6:54-80

21 Los jefes de familia de los levitas se acercaron al sacerdote Eleazar, a Josué, hijo de Nun, y a los representantes de los clanes israelitas ²que estaban en Siló, en la tierra de Canaán. Y les dijeron: «El SEÑOR ordenó por medio de Moisés que ustedes nos asignaran pueblos donde vivir y campos de pastoreo para nuestro ganado».

³Entonces, conforme a lo que había ordenado el SEÑOR, los israelitas entregaron, de su propiedad, las siguientes poblaciones y campos de pastoreo a los levitas:

⁴Los primeros en recibir sus poblaciones, por sorteo, fueron los levitas descendientes de Coat. A estos descendientes del sacerdote Aarón se les entregaron trece poblaciones en los territorios de las tribus de Judá, Simeón y Benjamín.

⁵Al resto de los descendientes de Coat se les entregaron diez poblaciones en los territorios de las tribus de Efraín, Dan y la media tribu de Manasés.

⁶A los descendientes de Guersón se les entregaron, por sorteo, trece poblaciones en los territorios de las tribus de Isacar, Aser, Neftalí y la media tribu de Manasés en Basán.

⁷Los descendientes de Merari recibieron doce poblaciones en los territorios de las tribus de Rubén, Gad y Zabulón.

⁸De este modo, los israelitas asignaron todas estas poblaciones con sus campos de pastoreo a los levitas, según el mandato del SEÑOR por medio de Moisés.

⁹Lo mismo se hizo con los territorios de las tribus de Judá y Simeón. ¹⁰Las poblaciones que se asignaron las recibieron los descendientes de Aarón del clan de Coat, porque ellos fueron los primeros que resultaron favorecidos en el sorteo.

¹¹A ellos se les asignó Quiriat Arbá, es decir, Hebrón, junto con sus campos de pastoreo, en la región montañosa de Judá. Arbá era antepasado de los ˚anaquitas. ¹²Pero los campos y las aldeas alrededor de la ciudad los habían asignado a Caleb, hijo de Jefone, como posesión suya. ¹³Además de Hebrón (ciudad de refugio para los acusados de homicidio), a los descendientes del sacerdote Aarón se les asignaron las siguientes poblaciones con sus campos de pastoreo: Libná, ¹⁴Jatir, Estemoa,

¹⁵Holón, Debir, ¹⁶Ayin, Yutá y Bet Semes, nueve poblaciones de esas dos tribus. ¹⁷Del territorio de la tribu de Benjamín se asignaron las siguientes poblaciones con sus campos de pastoreo: Gabaón, Gueba, ¹⁸Anatot y Almón, es decir, cuatro poblaciones. ¹⁹En total fueron trece poblaciones con sus campos de pastoreo las que se asignaron a los sacerdotes descendientes de Aarón.

²⁰Al resto de los levitas descendientes de Coat se les asignaron poblaciones en el territorio de la tribu de Efraín. ²¹En la región montañosa de Efraín se les asignó la ciudad de Siquén, que fue una de las ciudades de refugio para los acusados de homicidio. También se les asignaron Guézer, ²²Quibsayin y Bet Jorón, es decir, cuatro poblaciones con sus campos de pastoreo. ²³De la tribu de Dan se les asignaron Eltequé, Guibetón, ²⁴Ayalón y Gat Rimón, es decir, cuatro poblaciones con sus campos de pastoreo. ²⁵De la media tribu de Manasés se les asignaron Tanac y Gat Rimón, es decir, dos poblaciones con sus campos de pastoreo. ²⁶En total fueron diez poblaciones con sus campos de pastoreo las que se asignaron al resto de los descendientes de los clanes de Coat.

²⁷A los levitas descendientes de Guersón se les asignaron dos poblaciones con sus campos de pastoreo en el territorio de la media tribu de Manasés: Golán en Basán (ciudad de refugio para los acusados de homicidio) y Besterá. ²⁸De la tribu de Isacar se les asignaron Quisión, Daberat, ²⁹Jarmut y Enganín, es decir, cuatro poblaciones con sus campos de pastoreo. ³⁰De la tribu de Aser se asignaron Miseal, Abdón, ³¹Jelcat y Rejob, es decir, cuatro poblaciones con sus campos de pastoreo. ³²De la tribu de Neftalí se les asignaron tres poblaciones con sus campos de pastoreo: Cedes (ciudad de refugio para los acusados de homicidio en la región de Galilea), y las poblaciones de Jamot Dor y Cartán. ³³En total fueron trece poblaciones con sus campos de pastoreo las que se asignaron a los levitas descendientes de los clanes de Guersón.

³⁴A los clanes meraritas, que eran los restantes levitas, se les asignaron cuatro poblaciones de la tribu de Zabulón, con sus campos de pastoreo: Jocneán, Cartá, ³⁵Dimná y Nalal. ³⁶De la tribu de Rubén se les asignaron cuatro poblaciones con sus campos de pastoreo: Béser, Yahaza, ³⁷Cademot y Mefat. ³⁸De la tribu de Gad se les asignaron cuatro poblaciones con sus campos de pastoreo: Ramot de Galaad (ciudad de refugio para los acusados de homicidio), Majanayin, ³⁹Hesbón y Jazer. ⁴⁰Fue así como los clanes levitas descendientes de Merari, los últimos a quienes se les asignaron poblaciones, recibieron un total de doce.

⁴¹Los levitas recibieron en total cuarenta y ocho poblaciones con sus respectivos campos de pastoreo en territorio israelita. ⁴²Cada una de

---

ᵃ **8** *del río Jordán.* Lit. *del Jordán de Jericó* (uno de los antiguos nombres asignados al río Jordán).

esas poblaciones estaba rodeada de campos de pastoreo.

⁴³Así fue como el SEÑOR les entregó a los israelitas todo el territorio que había prometido dar a sus antepasados; y el pueblo de Israel se estableció allí. ⁴⁴El SEÑOR les dio paz en todo el territorio, cumpliendo así la promesa hecha años atrás a sus antepasados. Ninguno de sus enemigos pudo hacer frente a los israelitas, pues el SEÑOR entregó en sus manos a cada uno de los que se les oponían. ⁴⁵Y ni una sola de las buenas promesas del SEÑOR a favor de Israel dejó de cumplirse, sino que cada una se cumplió al pie de la letra.

Retorno de las tribus orientales

22 Luego Josué convocó a las tribus de Rubén y Gad, también a la media tribu de Manasés ²y dijo: «Ustedes han cumplido todas las órdenes que dio Moisés, siervo del SEÑOR. Además, han obedecido en todo lo que he ordenado. ³Durante todo el tiempo que ha pasado, hasta este mismo día, ustedes no han abandonado a sus hermanos israelitas. Más bien, han cumplido todos los mandamientos del SEÑOR. ⁴Y ahora que el SEÑOR su Dios ha cumplido lo que prometió y les ha dado paz a sus hermanos, regresen ustedes a sus hogares y a sus tierras que Moisés, siervo del SEÑOR, les entregó al lado oriental del río Jordán. ⁵Y esfuércense por cumplir fielmente el mandamiento y la ley que ordenó Moisés, siervo del SEÑOR: Amen al SEÑOR su Dios, condúzcanse de acuerdo con su voluntad, obedezcan sus mandamientos, manténganse unidos firmemente a él y sírvanle de todo ˚corazón y con todo su ser».

⁶Dicho esto, Josué les dio su bendición y los envió a sus hogares. ⁷A la mitad de la tribu de Manasés, Moisés ya le había entregado el territorio de Basán; a la otra mitad, Josué le entregó el territorio que está en el lado occidental del río Jordán, donde se estableció la mayoría de los israelitas. A los primeros, Josué los envió a sus hogares, junto con las tribus de Rubén y Gad, y los bendijo ⁸así: «Regresen a sus hogares repletos de bienes: oro, plata, bronce, hierro, gran cantidad de ropa y mucho ganado. Compartan con sus hermanos lo que han arrebatado al enemigo».

⁹Entonces los de la tribu de Rubén, de Gad y la media tribu de Manasés salieron de Siló en Canaán, donde estaban congregados todos los israelitas, y regresaron a Galaad, el territorio que habían adquirido conforme a la orden que el SEÑOR había dado por medio de Moisés.

¹⁰Cuando llegaron a Guelilot, a orillas del río Jordán, todavía en territorio cananeo, los rubenitas, los gaditas y la media tribu de Manasés construyeron un enorme altar. ¹¹Los demás israelitas se enteraron de que habían construido un altar frente a la tierra de Canaán a orillas del Jordán, en pleno territorio israelita. ¹²Entonces toda la asamblea se reunió en Siló con la intención de combatir contra las dos tribus y media.

¹³Por tanto, los israelitas enviaron a Finés, hijo del sacerdote Eleazar, a la región de Galaad para hablar con los de la tribu de Rubén, de Gad y la media tribu de Manasés. ¹⁴Con él iban diez representantes de cada una de las tribus de Israel, jefes de clanes y tribus.

¹⁵Al llegar a Galaad, dijeron a los de las dos tribus y media:

¹⁶—Toda la asamblea del SEÑOR quisiera saber por qué se han rebelado contra el Dios de Israel como lo han hecho. ¿Por qué han dado la espalda al SEÑOR y se han rebelado contra él, construyéndose un altar? ¹⁷¿Acaso no hemos aprendido ninguna lección del pecado de Peor, del cual todavía no nos hemos ˚purificado? ¿Nada nos ha enseñado la desgracia que ha caído sobre tantos miembros del pueblo del SEÑOR? ¹⁸¿Por qué insisten en darle la espalda al SEÑOR?

»¡Si hoy se rebelan contra él, mañana su ira se descargará sobre todo Israel! ¹⁹Si la tierra que ustedes poseen es impura, crucen a esta tierra que pertenece al SEÑOR, en la cual se encuentra su santuario. ¡Vengan, habiten entre nosotros! Pero, por favor, no se rebelen contra él ni contra nosotros, erigiendo otro altar además del altar del SEÑOR nuestro Dios. ²⁰¿No es verdad que cuando Acán, hijo de Zera, pecó al hurtar lo que estaba destinado a la ˚destrucción, la ira de Dios se descargó sobre toda la comunidad de Israel? Recuerden que Acán no fue el único que murió por su pecado».

²¹Los de las tribus de Rubén, Gad y la media tribu de Manasés respondieron a los líderes israelitas:

²²—¡El SEÑOR, Dios de dioses, sí, el SEÑOR, Dios de dioses, sabe bien que no hicimos esto por rebeldía o por infidelidad! Y que todo Israel también lo sepa. Si no es así, que no se nos perdone la vida. ²³Si hemos construido altar para nosotros y así alejarnos del SEÑOR o para ofrecer ˚holocaustos, ofrendas de grano y sacrificios de ˚comunión, ¡que el SEÑOR mismo nos llame a cuentas!

²⁴»En realidad lo construimos pensando en el futuro. Tememos que algún día los descendientes de ustedes les digan a los nuestros: "¡El SEÑOR, Dios de Israel, no tiene nada que ver con ustedes, ²⁵descendientes de Rubén y de Gad! Entre ustedes y nosotros el SEÑOR ha puesto al río Jordán como barrera. ¡Ustedes no tienen nada que ver con el SEÑOR!". Si esto sucediera, sus descendientes serían culpables de que los nuestros dejen de temer al SEÑOR.

²⁶»Por eso decidimos construir este altar, no como altar de ˚holocaustos y sacrificios, ²⁷sino como testimonio entre ustedes y nosotros y entre las generaciones futuras de que también nosotros podemos servir al SEÑOR y ofrecerle los distintos sacrificios en su santuario. Así, en el futuro, los descendientes de ustedes nunca podrán decirles a los nuestros: "Ustedes no tienen nada que ver con el SEÑOR".

²⁸»Por tanto, convenimos que, si algún día nos dijeran eso a nosotros o a nuestros descendientes, nosotros contestaríamos: "Miren la réplica del altar del SEÑOR que nuestros antepasados construyeron, no para hacer sacrificios en él, sino como testimonio entre ustedes y nosotros".

²⁹»En fin, no tenemos intención alguna de rebelarnos contra el SEÑOR o de abandonarlo construyendo otro altar para holocaustos, ofrendas o sacrificios, además del que está construido a la entrada de su santuario».

³⁰Cuando escucharon lo que los de la tribu de Rubén, de Gad y la media tribu de Manasés tenían que decir, Finés el sacerdote y los jefes de clanes y de la comunidad quedaron satisfechos. ³¹Entonces Finés, hijo del sacerdote Eleazar, dijo a los de esas tribus:

—Ahora estamos seguros de que el SEÑOR está en medio de nosotros, pues ustedes no pretendían serle infieles al SEÑOR; así que has salvado a los israelitas del castigo divino.

³²Luego Finés, hijo del sacerdote Eleazar, y los jefes de la nación se despidieron de los de la tribu de Rubén y de Gad, y abandonaron Galaad para regresar a la tierra de Canaán, con el fin de rendir su informe al resto de los israelitas. ³³Estos recibieron el informe con agrado y alabaron a Dios y no hablaron más de pelear con las tribus orientales ni de destruir sus tierras.

³⁴Y los de la tribu de Rubén y de Gad dieron al altar el nombre de «Testimonio», porque dijeron: «Entre nosotros servirá de testimonio de que el SEÑOR es Dios».

Despedida de Josué

23 Mucho tiempo después de que el Señor diera a Israel °paz con sus enemigos cananeos, Josué, que ya era bastante anciano, 2convocó a toda la nación, incluyendo a sus líderes, jefes, jueces y oficiales, y dijo: «Yo ya estoy muy viejo y los años me pesan. 3Ustedes han visto todo lo que el Señor su Dios ha hecho con todas aquellas naciones a favor de ustedes, pues él peleó las batallas por ustedes. 4Yo repartí por sorteo, como herencia de sus tribus, tanto las tierras de las naciones que aún quedan como las de aquellas que ya han sido conquistadas, entre el río Jordán y el mar Mediterráneo hacia el oeste. 5El Señor su Dios expulsará a esas naciones de estas tierras y ustedes tomarán posesión de ellas, tal como él lo ha prometido.

6»Por lo tanto, esfuércense por cumplir todo lo que está escrito en el libro de la °Ley de Moisés. No se aparten de ella ni a derecha ni a izquierda. 7No se mezclen con las naciones que aún quedan entre ustedes. No invoquen los nombres de sus dioses; no juren por ellos; no los obedezcan ni los adoren. 8Permanezcan unidos al Señor su Dios, como lo han hecho hasta ahora.

9»El Señor ha expulsado a esas grandes naciones que se han enfrentado con ustedes, y hasta ahora ninguna de ellas ha podido resistirlos. 10Uno solo de ustedes hace huir a mil enemigos, porque el Señor su Dios pelea por ustedes, tal como lo ha prometido. 11Hagan, pues, todo lo que está de su parte para amar al Señor su Dios.

12»Porque si ustedes dan la espalda a Dios y se unen a las naciones que aún quedan entre ustedes, mezclándose y formando matrimonios con ellas, 13pueden estar seguros de que el Señor su Dios no expulsará de entre ustedes a esas naciones. Por el contrario, ellas serán como red y trampa contra ustedes, como látigos en sus espaldas y espinas en sus ojos, hasta que ustedes desaparezcan de esta buena tierra que el Señor su Dios les ha entregado.

14»Por mi parte, yo estoy a punto de ir por el camino que todo mortal transita. Ustedes bien saben que ninguna de las buenas promesas del Señor su Dios ha dejado de cumplirse al pie de la letra. Todas se han hecho realidad, pues él no ha faltado a ninguna de ellas. 15Pero así como el Señor su Dios ha cumplido sus buenas promesas, también descargará sobre ustedes todo tipo de calamidades, hasta que cada uno sea borrado de esta tierra buena que él les ha entregado. 16Si no cumplen con el °pacto que el Señor su Dios les ha ordenado, sino que siguen a otros dioses, adorándolos y postrándose ante ellos, tengan por seguro que la ira del Señor se descargará sobre ustedes y que serán borrados de la buena tierra que el Señor les ha entregado».

Renovación del pacto en Siquén

24 Josué reunió a todas las tribus de Israel en Siquén. Allí convocó a todos los jefes, líderes, jueces y oficiales del pueblo. Todos se reunieron en presencia de Dios. 2Josué dijo a todo el pueblo:

—Así dice el Señor, Dios de Israel: "Hace mucho tiempo, sus antepasados, incluido Téraj, padre de Abraham y Najor, vivían al otro lado del río Éufrates, y adoraban a otros dioses. 3Pero yo tomé de ese lugar a Abraham, antepasado de ustedes, lo conduje por toda la tierra de Canaán y le di una descendencia numerosa. Primero di un hijo, Isaac; 4y a Isaac di dos hijos, Jacob y Esaú. A Esaú entregué las montañas de Seír, en tanto que Jacob y sus hijos descendieron a Egipto.

5»"Tiempo después, envié a Moisés y a Aarón, y herí con plagas a Egipto hasta que los saqué a ustedes de allí. 6Cuando saqué de ese país a sus antepasados, ustedes llegaron al °mar Rojo y los egipcios los persiguieron con sus carros de guerra y su caballería. 7Sus antepasados clamaron al Señor y él interpuso oscuridad entre ellos y los egipcios. El Señor hizo que el mar cayera sobre estos y los cubriera. Ustedes fueron testigos de lo que hice a los egipcios. Después de esto, sus antepasados vivieron en el desierto durante mucho tiempo.

8»"A ustedes los traje a la tierra de los amorreos, los que vivían al este del río Jordán. Cuando ellos les hicieron la guerra, yo los entregué en sus manos; ustedes fueron testigos de cómo los destruí para que ustedes poseyeran su tierra. 9Y cuando Balac, hijo de Zipor y rey de Moab, se dispuso a presentarles combate, él envió al profeta Balán, hijo de Beor, para que los maldijera. 10Pero yo no quise escuchar a Balán, por lo cual él los bendijo una y otra vez, y así los salvé de su poder.

11»"Finalmente, cruzaron el río Jordán y llegaron a Jericó, cuyos habitantes pelearon contra ustedes. Lo mismo hicieron los amorreos, ferezeos, cananeos, hititas, gergeseos, heveos y jebuseos. Pero yo los entregué en sus manos. 12No fueron ustedes quienes con sus espadas y arcos derrotaron a los dos reyes amorreos; fui yo quien por causa de ustedes envié avispas, que los expulsaran de la tierra a sus enemigos. 13A ustedes les entregué una tierra que no trabajaron y ciudades que no construyeron. Vivieron en ellas y se alimentaron de viñedos y olivares que no plantaron".

14»Por lo tanto, ahora entréguense al Señor y sírvanle con integridad y lealtad. Deshágase de los dioses que sus antepasados adoraron al otro lado del río Éufrates y en Egipto y sirvan solo al Señor. 15Pero si les parece mal servir al Señor, elijan ustedes mismos a quiénes van a servir: a los dioses que sirvieron sus antepasados al otro lado del río Éufrates o a los dioses de los amorreos, en cuya tierra ustedes ahora habitan. Por mi parte, mi familia y yo serviremos al Señor».

16El pueblo respondió:

—¡Eso no pasará jamás! ¡Nosotros no abandonaremos al Señor por servir a otros dioses! 17El Señor nuestro Dios es quien nos sacó a nosotros y a nuestros antepasados del país de Egipto, tierra de servidumbre. Él fue quien hizo aquellas grandes señales ante nuestros ojos. Nos protegió durante todo nuestro peregrinaje por el desierto y cuando pasamos entre tantas naciones. 18El Señor expulsó a todas las que vivían en este país, incluso a los amorreos. Por esa razón, nosotros también serviremos al Señor, porque él es nuestro Dios.

19Entonces Josué dijo:

—Ustedes son incapaces de servir al Señor, porque él es Dios °santo y Dios celoso. No tolerará sus rebeliones y pecados. 20Si ustedes abandonan al Señor y sirven a dioses ajenos, él se volverá contra ustedes y les traerá un desastre; los °destruirá completamente, a pesar de haber sido bueno con ustedes.

21Pero el pueblo insistió:

—¡Eso no pasará jamás! Nosotros solo serviremos al Señor.

22Y Josué dijo una vez más:

—Ustedes son testigos contra ustedes mismos de que han decidido servir al Señor.

—Sí, sí lo somos —respondió toda la asamblea.

23Josué respondió:

—Deshágase de los dioses ajenos que todavía conservan. ¡Vuélvanse de todo °corazón al Señor, Dios de Israel!

24El pueblo respondió:

—Al Señor nuestro Dios serviremos y solo a él obedeceremos.

²⁵Aquel mismo día Josué reafirmó el ˚pacto con el pueblo de Israel. Allí mismo, en Siquén, les dio estatutos y leyes, ²⁶y registró todo en el libro de la ˚Ley de Dios. Luego tomó una enorme piedra y la colocó bajo la encina que está cerca del santuario del SEÑOR. ²⁷Entonces dijo a todo el pueblo:

—Esta piedra servirá de testigo contra ustedes. Ella ha escuchado todas las palabras que el SEÑOR nos ha dicho hoy. Testificará contra ustedes en caso de que digan falsedades contra su Dios.

²⁸Después de todo esto, Josué envió a todo el pueblo a sus respectivas propiedades.

Entierros en la Tierra prometida
24:29-31 – Jue 2:6-9

²⁹Tiempo después murió Josué, hijo de Nun, siervo del SEÑOR, a la edad de ciento diez años. ³⁰Fue sepultado en la parcela que se le había dado como herencia, en el lugar conocido como Timnat Sera, en la región montañosa de Efraín, al norte del monte Gaas.

³¹Durante toda la vida de Josué, el pueblo de Israel sirvió al SEÑOR. Así sucedió también durante el tiempo en que estuvieron al frente de Israel los jefes que habían compartido el liderazgo con Josué y que sabían todo lo que el SEÑOR había hecho por Israel.

³²Los restos de José, que los israelitas habían traído de Egipto, fueron sepultados en Siquén, en un terreno que Jacob había comprado por cien piezas de plataᵃ a los hijos de Jamor, padre de Siquén. El terreno después llegó a ser propiedad de los descendientes de José.

³³Finalmente, Eleazar, hijo de Aarón, murió y fue sepultado en Guibeá, propiedad de su hijo Finés, en la región montañosa de Efraín.

ᵃ **32** *piezas de plata.* Lit. *quesitas* (término monetario hebreo cuyo peso y valor no se conocen).

Jueces

Israel continúa su lucha contra los cananeos
1:11-15 – Jos 15:15-19

1 Después de la muerte de Josué, los israelitas preguntaron al SEÑOR:

—¿Quién de nosotros será el primero en subir y pelear contra los cananeos?

²El SEÑOR respondió:

—Judá será el primero en subir, puesto que ya he entregado el país en sus manos.

³Entonces los de la tribu de Judá dijeron a sus hermanos de la tribu de Simeón: «Suban con nosotros al territorio que nos ha tocado y pelearemos contra los cananeos; después nosotros iremos con ustedes al territorio que les tocó». Y los de la tribu de Simeón los acompañaron.

⁴Cuando Judá atacó, el SEÑOR entregó en sus manos a los cananeos y a los ferezeos. En Bézec derrotaron a diez mil hombres. ⁵Allí se toparon con Adoní Bézec y pelearon contra él, y derrotaron a los cananeos y a los ferezeos. ⁶Adoní Bézec logró escapar, pero lo persiguieron hasta que lo capturaron, y le cortaron los pulgares de las manos y los dedos gordos de los pies.

⁷Entonces Adoní Bézec exclamó: «¡Setenta reyes, cortados los pulgares de las manos y los dedos gordos de los pies, recogían migajas debajo de mi mesa! ¡Ahora Dios me ha hecho lo mismo que yo hice con ellos!». Luego lo llevaron a Jerusalén y allí murió.

⁸Los de la tribu de Judá también atacaron a Jerusalén; la capturaron, hirieron a sus habitantes a filo de espada y luego incendiaron la ciudad.

⁹Después la tribu de Judá fue a pelear contra los cananeos que vivían en la región montañosa, en el Néguev y en la llanura. ¹⁰Avanzaron contra los cananeos que vivían en Hebrón, ciudad que antes se llamaba Quiriat Arbá, y derrotaron a Sesay, Ajimán y Talmay.

¹¹De allí avanzaron para atacar a los habitantes de Debir, ciudad que antes se llamaba Quiriat Séfer. ¹²Y Caleb dijo: «A quien derrote a Quiriat Séfer y la conquiste, yo le daré por esposa a mi hija Acsa». ¹³Entonces Otoniel, hijo de Quenaz y hermano menor de Caleb, la conquistó; así que Caleb le dio por esposa a su hija Acsa.

¹⁴Cuando ella llegó, convenció a Otoniel*ᵃ* de que pidiera un terreno a su padre. Al bajar Acsa del asno, Caleb preguntó:

—¿Qué te pasa?

¹⁵—Concédeme un gran favor —respondió ella—. Ya que me has dado tierras en el Néguev, dame también manantiales.

Fue así como Caleb dio a su hija manantiales en las zonas altas y en las bajas.

¹⁶Los descendientes de Hobab*ᵇ* el quenita, suegro de Moisés, acompañaron a la tribu de Judá desde la Ciudad de las Palmeras*ᶜ* hasta el desierto de Judá, que está en el Néguev, cerca de Arad. Allí habitaron con la gente del lugar.

¹⁷Después fueron los de la tribu de Judá con sus hermanos de la tribu de Simeón y derrotaron a los cananeos que vivían en Sefat, ciudad que destruyeron por completo. Desde entonces Sefat fue llamada Jormá.*ᵈ* ¹⁸Los hombres de Judá también conquistaron las ciudades de Gaza, Ascalón y Ecrón, cada una de ellas con su propio territorio.

¹⁹El SEÑOR estaba con los hombres de Judá. Estos tomaron posesión de la región montañosa, pero no pudieron expulsar a los que vivían en las llanuras, porque esa gente contaba con carros de hierro. ²⁰Tal como lo había prometido Moisés, Caleb recibió Hebrón y expulsó de esa ciudad a los tres hijos de Anac. ²¹En cambio, los de la tribu de Benjamín no lograron expulsar a los jebuseos, que vivían en Jerusalén. Por eso hasta el día de hoy los jebuseos viven con los benjamitas en Jerusalén.

²²Los de la tribu de José, por su parte, subieron contra Betel, pues el SEÑOR estaba con ellos. ²³Enviaron espías a Betel, ciudad que antes se llamaba Luz. ²⁴Estos espías, al ver que un hombre salía de la ciudad, le dijeron: «Muéstranos cómo entrar en la ciudad y seremos bondadosos contigo». ²⁵Aquel hombre les mostró cómo entrar en la ciudad y ellos la conquistaron a filo de espada; pero al hombre y a toda su familia les perdonaron la vida. ²⁶Y ese hombre se fue a la tierra de los hititas, donde fundó una ciudad a la que llamó Luz, nombre que conserva hasta el día de hoy.

²⁷Pero los de la tribu de Manasés no pudieron expulsar a los de Betseán y de Tanac con sus respectivas aldeas, ni tampoco a los habitantes de Dor, Ibleam y Meguido con sus respectivas aldeas, porque los cananeos estaban decididos a permanecer en esa tierra. ²⁸Solo cuando Israel se hizo fuerte pudo someter a los cananeos a trabajos forzados, aunque nunca pudo expulsarlos del todo. ²⁹Los de la tribu de Efraín tampoco pudieron expulsar a los cananeos que vivían en Guézer, de modo que los cananeos siguieron viviendo entre ellos. ³⁰Los de la tribu de Zabulón, por su parte, tampoco pudieron expulsar a los cananeos que vivían en Quitrón y Nalol, y estos siguieron viviendo entre ellos, aunque fueron sometidos a trabajos forzados. ³¹Tampoco los de la tribu de Aser expulsaron a los habitantes de Aco, Sidón, Ajlab, Aczib, Jelba, Afec y Rejob. ³²Por eso, como no los expulsaron, el pueblo de la tribu de Aser vivió entre los cananeos que habitaban en aquella región. ³³Tampoco los de la tribu de Neftalí expulsaron a los habitantes de Bet Semes y Bet Anat, sino que vivieron entre los cananeos que habitaban en aquella región. Sin embargo, sometieron a trabajos forzados a los que vivían en Bet Semes y Bet Anat. ³⁴Los amorreos obligaron a los de la tribu de Dan a vivir en la región montañosa y no les permitieron bajar a la llanura. ³⁵Los amorreos también estaban decididos a permanecer en el monte Jeres, en Ayalón y en Salbín. Pero cuando se acrecentó el poder de la tribu de José, los

---

ᵃ 14 Otoniel la convenció (LXX y Vulgata); lo convenció (TM).
ᵇ 16 Hobab. Véase 4:11.   ᶜ 16 la Ciudad de las Palmeras. Es decir, Jericó.   ᵈ 17 En hebreo, Jormá significa destrucción.

amorreos también fueron sometidos a trabajos forzados. [36]La frontera de los amorreos iba desde la cuesta de los Escorpiones hasta Selá e incluso más arriba.

El ángel del SEÑOR en Boquín

2 El ángel del SEÑOR subió de Guilgal a Boquín y dijo: «Yo los saqué a ustedes de Egipto y los hice entrar en la tierra que juré dar a sus antepasados. Dije: "Nunca quebrantaré mi *pacto con ustedes; [2]ustedes, por su parte, no harán ningún pacto con la gente de esta tierra, sino que derribarán sus altares". ¡Pero me han desobedecido! ¿Por qué han actuado así? [3]Pues quiero que sepan que no expulsaré de la presencia de ustedes a esa gente; ellos les harán la vida imposible y sus dioses les serán una trampa».

[4]Cuando el ángel del SEÑOR habló así a todos los israelitas, el pueblo lloró a gritos. [5]Por eso llamaron a aquel lugar Boquín,[a] y allí ofrecieron sacrificios al SEÑOR.

Desobediencia y derrota
2:6-9 – Jos 24:29-31

[6]Cuando Josué despidió al pueblo, los israelitas se fueron a tomar posesión de la tierra, cada uno a su propio territorio. [7]Durante toda la vida de Josué, el pueblo sirvió al SEÑOR. Así sucedió también durante el tiempo en que estuvieron al frente de Israel los jefes que habían compartido el liderazgo con Josué y que habían visto todas las grandes obras que el SEÑOR había hecho por Israel.

[8]Josué, hijo de Nun, siervo del SEÑOR, murió a la edad de ciento diez años [9]y lo sepultaron en Timnat Jeres,[b] tierra de su heredad, en la región montañosa de Efraín, al norte del monte de Gaas.

[10]También murió toda aquella generación y surgió otra que no conocía al SEÑOR ni sabía lo que él había hecho por Israel. [11]Esos israelitas hicieron lo malo ante los ojos del SEÑOR y adoraron a los ídolos de *Baal. [12]Abandonaron al SEÑOR, Dios de sus antepasados, que los había sacado de Egipto, siguieron a otros dioses —dioses de los pueblos que los rodeaban— y los adoraron, provocando así la ira del SEÑOR. [13]Abandonaron al SEÑOR y adoraron a Baal y a las imágenes de *Astarté. [14]Entonces el SEÑOR se enfureció contra los israelitas y los entregó en manos de invasores que los saquearon. Los dejó en manos de los enemigos que tenían a su alrededor, a los que ya no pudieron hacerles frente. [15]Cada vez que los israelitas salían a combatir, la mano del SEÑOR estaba en contra de ellos para su mal, tal como el SEÑOR se lo había dicho y jurado. Así llegaron a verse muy angustiados.

[16]Entonces el SEÑOR hizo surgir líderes[c] que los libraron del poder de esos invasores. [17]Sin embargo, tampoco escucharon a esos líderes, sino que se prostituyeron al entregarse a otros dioses y adorarlos. Muy pronto se apartaron del *camino que habían seguido sus antepasados, el camino de la obediencia a los mandamientos del SEÑOR. [18]Cada vez que el SEÑOR levantaba entre ellos un líder, el SEÑOR estaba con él. Mientras ese líder vivía, los libraba del poder de sus enemigos, porque el SEÑOR se compadecía de ellos al oírlos gemir por causa de quienes los oprimían y afligían. [19]Pero cuando el líder moría, ellos volvían a corromperse aún más que sus antepasados, pues se iban tras otros dioses, a los que servían y adoraban. De tal forma se negaban a abandonar sus malvadas costumbres y su obstinada conducta.

[20]Por eso el SEÑOR se enfureció contra Israel y dijo: «Puesto que esta nación ha violado el *pacto que yo establecí con sus antepasados y no me ha obedecido, [21]tampoco yo echaré de su presencia a ninguna de las naciones que Josué dejó al morir. [22]Las usaré para poner a prueba a Israel y ver si guarda mi camino y anda por él, como lo hicieron sus antepasados». [23]Por eso el SEÑOR dejó en paz a esas naciones; no las echó enseguida ni las entregó en manos de Josué.

3 Las siguientes naciones son las que el SEÑOR dejó a salvo para poner a prueba a todos los israelitas que no habían participado en ninguna de las guerras de Canaán. [2]Lo hizo solamente para que los descendientes de los israelitas, que no habían tenido experiencia en el campo de batalla, aprendieran a combatir. [3]Quedaron los cinco gobernantes de los filisteos, todos los cananeos, los sidonios y heveos que vivían en los montes del Líbano, desde el monte de Baal Hermón hasta Lebó Jamat.[d] [4]Allí los dejó el SEÑOR para poner a prueba a los israelitas, a ver si obedecían sus mandamientos, que él había dado a sus antepasados por medio de Moisés.

[5]Los israelitas vivían entre cananeos, hititas, amorreos, ferezeos, heveos y jebuseos. [6]Se casaron con las hijas de esos pueblos, y a sus propias hijas las casaron con ellos y adoraron a sus dioses.

Otoniel

[7]Los israelitas hicieron lo malo ante los ojos del SEÑOR; se olvidaron del SEÑOR su Dios y adoraron a las imágenes de *Baal y de *Aserá. [8]El SEÑOR se enfureció contra Israel a tal grado que los entregó en manos de Cusán Risatayin, rey de Aram Najarayin,[e] a quien estuvieron sometidos durante ocho años. [9]Pero clamaron al SEÑOR y él hizo que surgiera un libertador, Otoniel, hijo de Quenaz, hermano menor de Caleb. Y Otoniel liberó a los israelitas. [10]El Espíritu del SEÑOR vino sobre él, y así se convirtió en líder de Israel y salió a la guerra. El SEÑOR entregó a Cusán Risatayin, rey de Aram, en manos de Otoniel, quien prevaleció sobre él. [11]El país tuvo *paz durante cuarenta años, hasta que murió Otoniel, hijo de Quenaz.

Aod

[12]Una vez más los israelitas hicieron lo malo ante los ojos del SEÑOR. Entonces, por causa del mal que hicieron, el SEÑOR le dio poder sobre ellos a Eglón, rey de Moab. [13]Luego de aliarse con los amonitas y los amalecitas, Eglón fue, atacó a Israel y se apoderó de la Ciudad de las Palmeras.[f] [14]Los israelitas estuvieron sometidos a Eglón, rey de Moab, durante dieciocho años.

[15]Los israelitas volvieron a clamar al SEÑOR, y el SEÑOR levantó un libertador: Aod, hijo de Guerá, de la tribu de Benjamín, quien era zurdo. Por medio de él los israelitas enviaron tributo a Eglón, rey de Moab. [16]Aod se había hecho un puñal de doble filo como de un codo[g] de largo, el cual sujetó a su muslo derecho por debajo de la ropa. [17]Le presentó el tributo a Eglón, rey de Moab, que era muy gordo. [18]Cuando Aod terminó de presentárselo, se fue a despedir a los hombres que habían transportado el tributo. [19]Pero luego se regresó desde las imágenes de piedra que estaban cerca de Guilgal y dijo:

—Majestad, tengo un mensaje secreto para usted.

—¡Silencio! —ordenó el rey.

Y todos sus servidores se retiraron de su presencia. [20]Entonces Aod se acercó al rey, que estaba sentado solo en la habitación del piso superior de su palacio de verano,[h] y le dijo:

—Tengo un mensaje de Dios para usted.

---

a 5 En hebreo, Boquín significa los que lloran.   b 9 Timnat Jeres. También conocida como Timnat Sera (véanse Jos 19:50 y 24:30).   c 16 líderes. Tradicionalmente jueces; así en el resto de este libro.   d 3 Lebó Jamat. Alt. la entrada de Jamat.   e 8 Aram Najarayin. Es decir, el noroeste de Mesopotamia.   f 13 la Ciudad de las Palmeras. Es decir, Jericó.   g 16 Es decir, aprox. 45 cm de largo.   h 20 palacio de verano. Frase de difícil traducción.

Cuando el rey se levantó de su trono, ²¹Aod extendió la mano izquierda, sacó el puñal que llevaba en el muslo derecho y se lo clavó al rey en el vientre. ²²La empuñadura se hundió tras la hoja, a tal punto que esta salió por la espalda.ᵃ Además, Aod no sacó el puñal, ya que este quedó totalmente cubierto por la gordura. ²³Luego de cerrar y atrancar las puertas de la habitación del piso superior, Aod salió por la ventana.ᵇ

²⁴Cuando ya Aod se había ido, llegaron los siervos del rey y, al ver atrancadas las puertas de la habitación del piso superior, dijeron: «Tal vez está haciendo sus necesidadesᶜ en el cuarto interior de la casa». ²⁵Y tanto esperaron que se sintieron desconcertados. Al ver que el rey no abría las puertas de la habitación, las abrieron con una llave. Allí encontraron a su señor tendido en el piso, ya muerto.

²⁶Mientras esperaban, Aod se escapó. Pasó junto a las imágenes de piedra y huyó a Seirat. ²⁷Cuando llegó allí, tocó la trompeta en la región montañosa de Efraín y los israelitas descendieron de la montaña, con él a la cabeza.

²⁸«Síganme —les ordenó—, porque el SEÑOR ha entregado en manos de ustedes a sus enemigos los moabitas». Bajaron con él y, tomando posesión de los cruces del Jordán que conducían a Moab, no dejaron pasar a nadie. ²⁹En aquella ocasión derrotaron a unos diez mil moabitas, todos robustos y aguerridos. No escapó ni un solo hombre. ³⁰Aquel día Moab quedó sometido a Israel, y el país tuvo paz durante ochenta años.

Samgar

³¹Después de Aod el siguiente fue Samgar, hijo de Anat, quien derrotó a seiscientos filisteos con una vara para arrear bueyes. También él liberó a Israel.

Débora

4 Después de la muerte de Aod, los israelitas volvieron a hacer lo malo ante los ojos del SEÑOR. ²Así que el SEÑOR los entregó en manos de Jabín, un rey cananeo que reinaba en Jazor. El comandante de su ejército era Sísara, que vivía en Jaroset Goyim. ³Los israelitas clamaron al SEÑOR porque Jabín tenía novecientos carros de hierro y durante veinte años había oprimido cruelmente a los israelitas.

⁴En aquel tiempo lideraba a Israel una profetisa llamada Débora, que era esposa de Lapidot. ⁵Ella tenía su tribunal bajo la Palmera de Débora, entre Ramá y Betel, en la región montañosa de Efraín, y los israelitas acudían a ella para resolver sus disputas. ⁶Débora mandó llamar a Barac, hijo de Abinoán, que vivía en Cedes de Neftalí y le dijo:

—El SEÑOR, el Dios de Israel, ordena: "Ve y reúne en el monte Tabor a diez mil hombres de la tribu de Neftalí y de la tribu de Zabulón. ⁷Yo atraeré a Sísara, comandante del ejército de Jabín, con sus carros y sus tropas, hasta el arroyo Quisón. Allí lo entregaré en tus manos".

⁸Barac dijo:

—Solo iré si tú me acompañas; de lo contrario, no iré.

⁹—¡Está bien, iré contigo! —dijo Débora—. Pero, por la manera en que vas a encarar este asunto, la gloria no será tuya, ya que el SEÑOR entregará a Sísara en manos de una mujer.

Así que Débora fue con Barac hasta Cedes, ¹⁰donde él convocó a las tribus de Zabulón y Neftalí. Diez mil hombres se pusieron a sus órdenes y también Débora subió con él.

¹¹Héber el quenita, por su parte, se había separado de los otros quenitas que descendían de Hobab, el suegro de Moisés, y armó su campamento junto al gran árbol que está en Sananín, cerca de Cedes.

¹²Cuando informaron a Sísara que Barac, hijo de Abinoán, había subido al monte Tabor, ¹³Sísara convocó a sus novecientos carros de hierro y a todos sus soldados, desde Jaroset Goyim hasta el arroyo Quisón.

¹⁴Entonces Débora dijo a Barac:

—¡Adelante! Este es el día en que el SEÑOR entregará a Sísara en tus manos. ¿Acaso no marcha el SEÑOR al frente de tu ejército?

Barac descendió del monte Tabor, seguido por los diez mil hombres. ¹⁵Ante el avance de Barac, el SEÑOR desbarató a Sísara a filo de espada, con todos sus carros y su ejército, a tal grado que Sísara saltó de su carro y huyó a pie.

¹⁶Barac persiguió a los carros y al ejército hasta Jaroset Goyim. Todo el ejército de Sísara cayó a filo de espada; no quedó nadie con vida.

¹⁷Mientras tanto, Sísara había huido a pie hasta la tienda de campaña de Jael, la esposa de Héber el quenita, pues había buenas relaciones entre Jabín, rey de Jazor, y el clan de Héber el quenita.

¹⁸Jael salió al encuentro de Sísara y le dijo:

—¡Adelante, mi señor! Entre usted por aquí. No tenga miedo.

Sísara entró en la tienda y ella lo cubrió con una manta.

¹⁹—Tengo sed —dijo él—. ¿Podrías darme un poco de agua?

Ella destapó un odre de leche, le dio de beber y volvió a cubrirlo.

²⁰—Párate a la entrada de la tienda de campaña —dijo él—. Si alguien viene y te pregunta: "¿Hay alguien aquí?", contéstale que no.

²¹Pero Jael, esposa de Héber, tomó una estaca de la tienda de campaña y un martillo, y con todo sigilo se acercó a Sísara, quien agotado por el cansancio dormía profundamente. Entonces le clavó la estaca en la sien y se la atravesó, hasta clavarla en la tierra. Así murió Sísara.

²²Barac pasó por allí persiguiendo a Sísara y Jael salió a su encuentro. «Ven —dijo ella— y te mostraré al hombre que buscas». Barac entró con ella y allí estaba tendido Sísara, muerto y con la estaca atravesándole la sien.

²³Aquel día Dios humilló en presencia de los israelitas a Jabín, el rey cananeo. ²⁴Y el poder de los israelitas contra Jabín se consolidaba cada vez más, hasta que lo destruyeron.

La canción de Débora

5 Aquel día Débora y Barac, hijo de Abinoán, entonaron este canto:

² «Cuando los príncipes de Israel toman el mando,
cuando el pueblo se ofrece voluntariamente,
¡bendito sea el SEÑOR!

³ »¡Oigan, reyes! ¡Escuchen, gobernantes!
Yo cantaré, cantaré al SEÑOR;
tocaré música al SEÑOR, el Dios
de Israel.

⁴ »Oh SEÑOR, cuando saliste de Seír,
cuando marchaste desde los campos de Edom,
tembló la tierra, fluyeron los cielos,
las nubes derramaron agua.
⁵ Temblaron las montañas al ver al SEÑOR, el Dios
del Sinaí;
al ver al SEÑOR, el Dios de Israel.

ᵃ **22** que esta salió por la espalda. Alt. que se le salieron los excrementos.   ᵇ **23** la ventana. Palabra de difícil traducción.   ᶜ **24** haciendo sus necesidades. Lit. cubriéndose los pies.

6 »En los días de Samgar, hijo de Anat,
en los días de Jael, los viajeros abandonaron los caminos
y se fueron por sendas torcidas.
7 Los campesinos de Israel desaparecieron;
desaparecieron hasta que yo me levanté.
¡Yo, Débora, me levanté como una madre en Israel!
8 Dios eligió nuevos líderes,
cuando la guerra llegó a las ˙puertas de la ciudad,
pero no se veía ni un escudo ni una lanza
entre cuarenta mil hombres de Israel.
9 Mi ˙corazón está con los príncipes de Israel,
con los voluntarios del pueblo.
¡Bendito sea el SEÑOR!

10 »Ustedes, los que montan asnas blancas
y se sientan sobre tapices,
y ustedes, los que andan por el camino,
consideren 11 la voz de los que cantan en los abrevaderos,
donde relatan los actos de ˙justicia del SEÑOR,
los actos de justicia para con sus campesinos en Israel.

»Entonces el pueblo del SEÑOR
descendió a las puertas de la ciudad.
12 ¡Despierta, despierta, Débora!
¡Despierta, despierta, y entona una canción!
¡Levántate, Barac!
Lleva cautivos a tus prisioneros, hijo de Abinoán.

13 »Los sobrevivientes descendieron con los nobles;
el pueblo del SEÑOR vino a mí con los valientes.
14 Algunos venían de Efraín, cuyas raíces estaban en Amalec;
Benjamín estaba con el pueblo que te seguía.
Desde Maquir bajaron capitanes;
desde Zabulón, los que llevan el bastón de mando.
15 Con Débora estaban los príncipes de Isacar;
Isacar estaba con Barac,
y tras él se lanzó hasta el valle.
En los distritos de Rubén
hay grandes resoluciones.
16 ¿Por qué permaneciste entre los corrales
escuchando los silbidos para llamar a los rebaños?
En los distritos de Rubén
hay grandes titubeos.
17 Galaad habitó más allá del Jordán.
Y Dan, ¿por qué se quedó junto a los barcos?
Aser se quedó en la costa del mar;
permaneció en sus ensenadas.
18 El pueblo de Zabulón arriesgó la ˙vida,
como hizo Neftalí en las alturas del campo.

19 »Los reyes llegaron y pelearon;
entonces los reyes de Canaán lucharon en Tanac,
junto a las aguas de Meguido,
pero no se llevaron botín de plata.
20 Desde los cielos lucharon las estrellas,
desde sus senderos lucharon contra Sísara.
21 El torrente Quisón los arrastró;
el torrente antiguo, el torrente Quisón.
¡Marcha, ˙alma mía, con vigor!
22 Resonaron entonces los cascos equinos;
¡galopan, galopan sus briosos corceles!
23 "Maldice a Meroz —dijo el ángel del SEÑOR—.
Maldice a sus habitantes con dureza,
porque no vinieron en ayuda del SEÑOR,
en ayuda del SEÑOR y de sus valientes".

24 »¡Sea Jael, esposa de Héber el quenita,
la más bendita entre las mujeres,
la más bendita entre las mujeres que habitan
en tiendas de campaña!
25 Sísara pidió agua, Jael le dio leche;
en taza de nobles le ofreció natas.
26 Su mano izquierda tomó la estaca;
su mano derecha, el mazo de trabajo.
Golpeó a Sísara, le machacó la cabeza
y lo remató atravesándole las sienes.
27 A los pies de ella se desplomó;
allí cayó y quedó tendido.
Cayó desplomado a sus pies;
allí donde cayó, quedó muerto.

28 »Por la ventana se asoma la madre de Sísara;
tras la celosía clama a gritos:
"¿Por qué se demora su carro en venir?
¿Por qué se atrasa el estruendo de sus carros?".
29 Las más sabias de sus damas le responden,
y ella se repite a sí misma:
30 "Seguramente se están repartiendo el botín
arrebatado al enemigo:
una muchacha o dos para cada guerrero;
telas de colores como botín para Sísara;
una tela, dos telas, de colores bordadas para mi cuello.
¡Todo esto como botín!".

31 »¡Así perezcan todos tus enemigos, oh SEÑOR!
Pero los que te aman sean como el sol
cuando sale en todo su esplendor».

Entonces el país tuvo ˙paz durante cuarenta años.

Gedeón

6 Los israelitas hicieron lo malo ante los ojos del SEÑOR, y él los entregó en manos de los madianitas durante siete años. 2 Era tal la tiranía de los madianitas que los israelitas se hicieron escondites en las montañas, las cuevas y otros lugares de refugio. 3 Siempre que los israelitas sembraban, los madianitas, amalecitas y otros pueblos del oriente venían y los atacaban. 4 Acampaban y arruinaban las cosechas por todo el territorio, hasta la región de Gaza. No dejaban en Israel nada con vida: ni ovejas, ni bueyes ni asnos. 5 Llegaban con su ganado y con sus tiendas de campaña como plaga de langostas. Tanto ellos como sus camellos eran incontables e invadían el país para devastarlo. 6 Era tal la miseria de los israelitas por causa de los madianitas que clamaron al SEÑOR pidiendo ayuda.

7 Cuando los israelitas clamaron al SEÑOR a causa de los madianitas, 8 el SEÑOR les envió un profeta que dijo: «Así dice el SEÑOR, Dios de Israel: "Yo los saqué de Egipto, tierra de esclavitud, 9 y los libré de su poder. También los libré del poder de todos sus opresores, a quienes expulsé de la presencia de ustedes para entregarles su tierra". 10 Les dije: "Yo soy el SEÑOR su Dios; no adoren a los dioses de los amorreos, en cuya tierra viven". Pero ustedes no me obedecieron».

11 El ángel del SEÑOR vino y se sentó bajo la encina que estaba en Ofra, la cual pertenecía a Joás, del clan de Abiezer. Su hijo Gedeón estaba limpiando trigo en un lagar, para protegerlo de los madianitas. 12 Cuando el ángel del SEÑOR apareció ante Gedeón, dijo:

—¡El SEÑOR está contigo, valiente guerrero!

13 —Pero, señor —respondió Gedeón—, si el SEÑOR está con nosotros, ¿cómo es que nos sucede todo esto? ¿Dónde están todas las maravillas que nos contaban nuestros antepasados, cuando decían:

"¡El Señor nos sacó de Egipto!"? ¡La verdad es que el Señor nos ha desamparado y nos ha entregado en manos de Madián!

14El Señor lo encaró y le dijo:

—Ve con la fuerza que tienes y salvarás a Israel del poder de Madián. Yo soy quien te envía.

15—Pero, señor —objetó Gedeón—, ¿cómo voy a salvar a Israel? Mi clan es el más débil de la tribu de Manasés y yo soy el más insignificante de mi familia.

16El Señor respondió:

—Tú derrotarás a los madianitas como si fueran un solo hombre, porque yo estaré contigo.

17—Si me he ganado tu favor, dame una señal de que en realidad eres tú quien habla conmigo —respondió Gedeón—. 18Te ruego que no te vayas hasta que yo vuelva y traiga mi ofrenda y la ponga ante ti.

—Esperaré hasta que vuelvas —dijo el Señor.

19Gedeón se fue a preparar un cabrito; además, con un efaª de harina hizo panes sin levadura. Luego puso la carne en una canasta y el caldo en una olla, y los llevó bajo la encina para ofrecerlos.

20El ángel de Dios le dijo:

—Toma la carne y el pan sin levadura y ponlos sobre esta roca; luego derrama el caldo.

Y así lo hizo Gedeón. 21Entonces, con la punta del bastón que llevaba en la mano, el ángel del Señor tocó la carne y el pan sin levadura; entonces de la roca salió fuego que consumió la carne y el pan. Luego el ángel del Señor desapareció de su vista. 22Cuando Gedeón se dio cuenta de que se trataba del ángel del Señor, exclamó:

—¡Ay de mí, Señor y Dios! ¡He visto al ángel del Señor cara a cara!

23Pero el Señor dijo:

—¡Quédate en paz! No temas. No vas a morir.

24Entonces Gedeón construyó allí un altar al Señor y lo llamó «El Señor es la ˚paz», el cual hasta el día de hoy se encuentra en Ofra de Abiezer.

25Aquella misma noche el Señor le dijo: «Toma un novillo del rebaño de tu padre; el segundo, el que tiene siete años.ᵇ Derriba el altar que tu padre ha dedicado a ˚Baal y el poste con la imagen de la diosa ˚Aserá que está junto a él. 26Luego, sobre la cima de este lugar de refugio, construye un altar apropiadoᶜ para el Señor tu Dios. Toma entonces la leña del poste de Aserá que cortaste y ofrece el segundo novilloᵈ como un ˚holocausto».

27Gedeón llevó a diez de sus siervos e hizo lo que el Señor había ordenado. Pero en lugar de hacerlo de día lo hizo de noche, pues tenía miedo de su familia y de los hombres de la ciudad. 28Cuando los hombres de la ciudad se levantaron por la mañana, vieron que el altar de Baal estaba destruido, que el poste con la imagen de la diosa Aserá estaba cortado y que el segundo novillo había sido sacrificado sobre el altar recién construido.

29Entonces se preguntaban el uno al otro: «¿Quién habrá hecho esto?». Luego de investigar cuidadosamente, llegaron a la conclusión: «Gedeón, hijo de Joás, lo hizo».

30Entonces los hombres de la ciudad exigieron a Joás:

—Saca a tu hijo, pues debe morir, porque destruyó el altar de Baal y derribó la imagen de Aserá que estaba junto a él.

31Pero Joás respondió a todos los que lo amenazaban:

—¿Acaso van ustedes a defender a Baal? ¿Creen que lo van a salvar? ¡Cualquiera que defienda a Baal, que muera antes del amanecer! Si de veras Baal es un dios, debe poder defenderse de quien destruya su altar.

32Por eso aquel día llamaron a Gedeón «Yerubaal»,ᵉ diciendo: «Que Baal se defienda contra él», porque él destruyó su altar.

33Todos los madianitas, amalecitas y otros pueblos del oriente, se aliaron y cruzaron el Jordán, acampando en el valle de Jezrel. 34Entonces Gedeón, tomado por el Espíritu del Señor, tocó la trompeta y todos los del clan de Abiezer fueron convocados a seguirlo. 35Envió mensajeros a toda la tribu de Manasés, convocándolos para que lo siguieran, y además los envió a Aser, Zabulón y Neftalí, de modo que también estos se le unieron.

36Gedeón dijo a Dios: «Si has de salvar a Israel por mi intervención, como has prometido, 37tenderé un vellón de lana en el lugar donde se limpia el trigo, sobre el suelo. Si el rocío cae solo sobre el vellón y todo el suelo alrededor queda seco, entonces sabré que salvarás a Israel por mi conducto, como prometiste».

38Y así sucedió. Al día siguiente Gedeón se levantó temprano, exprimió el vellón para sacarle el rocío y llenó una taza de agua.

39Entonces Gedeón dijo a Dios: «No te enojes conmigo. Déjame hacer solo una petición más. Permíteme hacer una prueba más con el vellón. Esta vez haz que solo el vellón quede seco y que todo el suelo quede cubierto de rocío».

40Así lo hizo Dios aquella noche. Solo el vellón quedó seco, mientras que todo el suelo estaba cubierto de rocío.

Gedeón derrota a los madianitas

7 Yerubaal —es decir, Gedeón— y todos sus hombres se levantaron de madrugada y acamparon en el manantial de Jarod. El campamento de los madianitas estaba al norte de ellos, en el valle que está al pie del monte de Moré. 2El Señor dijo a Gedeón: «Tienes demasiada gente para que yo entregue a Madián en sus manos. A fin de que Israel no vaya a jactarse contra mí y diga que su propia fortaleza lo ha librado, 3anúnciale ahora al pueblo: "¡Cualquiera que esté temblando de miedo, que se vuelva y se retire del monte de Galaad!"». Así que se volvieron veintidós mil hombres y se quedaron diez mil.

4Pero el Señor dijo a Gedeón: «Todavía hay demasiada gente. Hazlos bajar al agua y allí los seleccionaré por ti. Si digo: "Este irá contigo", ese irá; pero si digo: "Este no irá contigo", ese no irá».

5Gedeón hizo que los hombres bajaran al agua. Allí el Señor le dijo: «A los que laman el agua con la lengua, como los perros, sepáralos de los que se arrodillen a beber».

6Trescientos hombres lamieron el agua llevándola de la mano a la boca. Todos los demás se arrodillaron para beber.

7El Señor dijo a Gedeón: «Con los trescientos hombres que lamieron el agua, yo los salvaré; entregaré a los madianitas en tus manos. El resto, que se vaya a su casa».

8Entonces Gedeón mandó a los demás israelitas a sus tiendas de campaña, pero retuvo a los trescientos, los cuales se hicieron cargo de las provisiones y de las trompetas de los otros.

El campamento de Madián estaba situado en el valle, más abajo del de Gedeón. 9Aquella noche el Señor dijo a Gedeón: «Levántate y baja al campamento, porque voy a entregar en tus manos a los madianitas.

ª 19 Es decir, aprox. 16 kg. ᵇ 25 Toma un novillo … siete años. Alt. Toma un novillo crecido, plenamente desarrollado, del rebaño de tu padre. ᶜ 26 construye un altar apropiado. Alt. construye con capas de piedra un altar. ᵈ 26 el segundo novillo. Alt. el novillo crecido; también en v. 28. ᵉ 32 En hebreo, Yerubaal significa que Baal defienda.

¹⁰Si temes atacar, baja primero al campamento con tu criado Furá ¹¹y escucha lo que digan. Después de eso cobrarás valor para atacar el campamento».

Así que él y Furá, su criado, bajaron hasta los puestos de los centinelas, en las afueras del campamento. ¹²Los madianitas, los amalecitas y todos los otros pueblos del oriente que se habían establecido en el valle eran numerosos como langostas. Sus camellos eran incontables, como la arena a la orilla del mar.

¹³Gedeón llegó precisamente en el momento en que un hombre le contaba su sueño a un amigo.

—Tuve un sueño —decía—, en el que un pan de cebada llegaba rodando al campamento madianita, y con tal fuerza golpeaba una tienda de campaña que esta se volteaba y se venía abajo.

¹⁴Su amigo respondió:

—Esto no significa otra cosa que la espada del israelita Gedeón, hijo de Joás. ¡Dios ha entregado en sus manos a los madianitas y a todo el campamento!

¹⁵Cuando Gedeón oyó el relato del sueño y su interpretación, se postró en adoración. Luego volvió al campamento de Israel y ordenó: «¡Levántense! El SEÑOR ha entregado en manos de ustedes el campamento madianita».

¹⁶Gedeón dividió a los trescientos hombres en tres compañías y distribuyó entre todos ellos trompetas y cántaros vacíos, con antorchas dentro de los cántaros.

¹⁷«Mírenme —les dijo—. Sigan mi ejemplo. Cuando llegue a las afueras del campamento, hagan exactamente lo mismo que me vean hacer. ¹⁸Cuando todos los que están conmigo y yo toquemos nuestras trompetas, ustedes también toquen las suyas alrededor del campamento y digan: "Por el SEÑOR y por Gedeón"».

¹⁹Gedeón y los cien hombres que iban con él llegaron a las afueras del campamento durante el cambio de guardia, cuando estaba por comenzar el relevo de medianoche. Tocaron las trompetas y rompieron los cántaros que llevaban en sus manos. ²⁰Las tres compañías tocaron las trompetas e hicieron pedazos los cántaros. Tomaron las antorchas en la mano izquierda y, sosteniendo en la mano derecha las trompetas que iban a tocar, gritaron: «¡Desenvainen sus espadas, por el SEÑOR y por Gedeón!». ²¹Como cada hombre se mantuvo en su puesto alrededor del campamento, todos los madianitas salieron corriendo y dando alaridos mientras huían.

²²Al sonar las trescientas trompetas, el SEÑOR hizo que los hombres de todo el campamento se atacaran entre sí con sus espadas. El ejército huyó hasta Bet Sitá, en dirección a Zererá, hasta la frontera de Abel Mejolá, cerca de Tabat. ²³Entonces se convocó a los israelitas de Neftalí y Aser, y a toda la tribu de Manasés, y estos persiguieron a los madianitas. ²⁴Por toda la región montañosa de Efraín, Gedeón envió mensajeros que decían: «Desciendan contra los madianitas y apodérense antes que ellos de los cruces del Jordán, hasta Bet Bará».

Se convocó entonces a todos los hombres de Efraín y estos se apoderaron de los cruces del Jordán, hasta Bet Bará. ²⁵También capturaron a Oreb y Zeb, los dos líderes madianitas. A Oreb lo mataron en la roca de Oreb y a Zeb, en el lagar de Zeb. Luego de perseguir a los madianitas, llevaron las cabezas de Oreb y de Zeb a Gedeón, que estaba al otro lado del Jordán.

Zeba y Zalmuna

8 Los de la tribu de Efraín dijeron a Gedeón:

—¿Por qué nos has tratado así? ¿Por qué no nos llamaste cuando fuiste a luchar contra los madianitas?

Y se lo reprocharon severamente.

²—¿Qué hice yo, comparado con lo que hicieron ustedes? —respondió él—. ¿No vale más lo que sobra de las uvas de Efraín que toda la vendimia de Abiezer? ³Dios entregó en manos de ustedes a Oreb y a Zeb, los líderes madianitas. Comparado con lo que hicieron ustedes, ¡lo que yo hice no fue nada!

Al oír la respuesta de Gedeón, se calmó el resentimiento de ellos contra él.

⁴Gedeón y sus trescientos hombres agotados, pero persistiendo en la persecución, llegaron al Jordán y lo cruzaron. ⁵Allí Gedeón dijo a la gente de Sucot:

—Denles a mis soldados, están agotados y todavía estoy persiguiendo a Zeba y a Zalmuna, los reyes de Madián.

⁶Pero los oficiales de Sucot respondieron:

—¿Acaso tienes ya en tu poder las manos de Zeba y Zalmuna? ¿Por qué tendríamos que darle pan a tu ejército?

⁷Gedeón contestó:

—¡Está bien! Cuando el SEÑOR haya entregado en mis manos a Zeba y a Zalmuna, les desgarraré a ustedes la carne de sus cuerpos con espinas y zarzas del desierto.

⁸Desde allí subió a Peniel y les pidió lo mismo. Pero los de Peniel dieron la misma respuesta que los hombres de Sucot. ⁹Por eso advirtió a los hombres de Peniel: «Cuando yo vuelva victorioso, derribaré esta torre».

¹⁰Zeba y Zalmuna estaban en Carcor con una fuerza de quince mil guerreros, que era todo lo que quedaba de los ejércitos del oriente, pues habían caído en batalla ciento veinte mil soldados. ¹¹Gedeón subió por la ruta de los nómadas, al este de Noba y Yogbea, y atacó al ejército cuando este se creía seguro. ¹²Huyeron Zeba y Zalmuna, los dos reyes de Madián, pero él los persiguió y los capturó, aterrorizando a todo el ejército.

¹³Cuando Gedeón, hijo de Joás, volvió de la batalla por el paso de Jeres, ¹⁴capturó a un joven de Sucot y lo interrogó. Entonces el joven le anotó los nombres de los setenta y siete oficiales y jefes de Sucot. ¹⁵Luego Gedeón fue y dijo a los hombres de Sucot: «Aquí están Zeba y Zalmuna, por causa de quienes se burlaron de mí al decir: "¿Acaso tienes ya en tu poder las manos de Zeba y Zalmuna? ¿Por qué tendríamos que darles pan a tus hombres que están agotados?"». ¹⁶Se apoderó de los jefes de la ciudad, tomó espinas y zarzas del desierto y castigó con ellas a los hombres de Sucot; así les enseñó quién era él. ¹⁷También derribó la torre de Peniel y mató a los hombres de la ciudad.

¹⁸Entonces les preguntó a Zeba y a Zalmuna:

—¿Cómo eran los hombres que ustedes mataron en Tabor?

—Parecidos a ti —respondieron ellos—; cada uno de ellos tenía el aspecto de un príncipe.

¹⁹—¡Eran mis hermanos —respondió Gedeón—, los hijos de mi propia madre! Tan cierto como que el SEÑOR vive, que si les hubieran perdonado la vida, yo no los mataría a ustedes.

²⁰Volviéndose a Jéter, su hijo mayor, le dijo:

—¡Vamos, mátalos!

Pero Jéter no sacó su espada, porque era apenas un muchacho y tenía miedo.

²¹Zeba y Zalmuna dijeron:

—Vamos, mátanos tú mismo. "¡Al hombre se le conoce por su valentía!".

Gedeón se levantó y mató a Zeba y Zalmuna, y les quitó a sus camellos los adornos que llevaban en el cuello.

El efod de Gedeón

²²Entonces los israelitas dijeron a Gedeón:

—Gobierna sobre nosotros y, después de ti, tu hijo y tu nieto; porque nos has librado del poder de los madianitas.

²³Pero Gedeón dijo:

—Yo no los gobernaré ni tampoco mi hijo. Solo el SEÑOR los gobernará. ²⁴Pero —añadió— tengo una petición: que cada uno de ustedes me dé un anillo de lo que les tocó del botín.

Era costumbre de los ismaelitas usar anillos de oro.

²⁵—Con mucho gusto te los daremos —contestaron.

Así que tendieron una manta y cada hombre echó en ella un anillo de su botín. ²⁶El peso de los anillos de oro que él les pidió llegó a mil setecientos siclos,ᵃ sin contar los adornos, los aros y los vestidos de color carmesí que usaban los reyes madianitas, ni los collares que llevaban sus camellos. ²⁷Con el oro Gedeón hizo un *efod, que puso en Ofra, su ciudad. Todo Israel se prostituyó al adorar allí el efod, el cual se convirtió en una trampa para Gedeón y su familia.

Muerte de Gedeón

²⁸Los madianitas fueron sometidos delante de los israelitas y no volvieron a levantar cabeza. Y durante cuarenta años, mientras vivió Gedeón, el país tuvo *paz.

²⁹Yerubaal, hijo de Joás, regresó a vivir a su casa. ³⁰Tuvo setenta hijos, pues eran muchas sus esposas. ³¹Su concubinaᵇ que vivía en Siquén también le dio un hijo, a quien Gedeón llamó Abimélec. ³²Gedeón, hijo de Joás, murió a una edad avanzada y fue sepultado en la tumba de Joás, su padre, en Ofra, pueblo del clan de Abiezer.

³³En cuanto murió Gedeón, los israelitas volvieron a prostituirse ante los ídolos de *Baal. Erigieron a Baal Berit como su dios ³⁴y se olvidaron del SEÑOR su Dios, que los había rescatado del poder de todos los enemigos que los rodeaban. ³⁵También dejaron de mostrarse bondadosos con la familia de Yerubaal, es decir, Gedeón, conforme a todo lo bueno que él había hecho por Israel.

Abimélec

9 Abimélec, hijo de Yerubaal, fue a Siquén a ver a los hermanos de su madre. Entonces dijo a ellos y a todo el clan de su madre: ²«Pregúntenles a todos los habitantes de Siquén: "¿Qué les conviene más: que todos sus setenta hijos de Yerubaal los gobiernen o que los gobierne un solo hombre?". Acuérdense de que yo soy de la misma carne y sangre que ustedes».

³Cuando los hermanos de su madre comunicaron todo esto a los habitantes de Siquén, estos se inclinaron a favor de Abimélec, porque dijeron: «Él es nuestro hermano». ⁴Y le dieron setenta siclosᶜ de plata del templo de Baal Berit, con lo cual Abimélec contrató a unos maleantes sin escrúpulos para que lo siguieran. ⁵Fue a Ofra, a la casa de su padre, y sobre una misma piedra asesinó a sus setenta hermanos, hijos de Yerubaal. Pero Jotán, el hijo menor de Yerubaal, se escondió y logró escaparse. ⁶Todos los habitantes de Siquén y Bet Miló se reunieron junto al gran árbol y la *piedra sagrada que están en Siquén, para coronar como rey a Abimélec.

⁷Cuando Jotán se enteró, subió a la cima del monte Guerizín y les gritó bien fuerte: «¡Escúchenme, habitantes de Siquén, para que Dios los escuche a ustedes! ⁸Un día los árboles salieron a ungir un rey para sí mismos. Y dijeron al olivo: "Reina sobre nosotros".

⁹»Pero el olivo respondió: "¿He de renunciar a dar mi aceite, con el cual se honra a los dioses y a los *hombres, para ir a mecerme sobre los árboles?".

¹⁰»Después los árboles dijeron a la higuera: "Reina sobre nosotros".

¹¹»Pero la higuera respondió: "¿He de renunciar a mi fruto, tan bueno y dulce, para ir a mecerme sobre los árboles?".

¹²»Luego los árboles dijeron a la vid: "Reina sobre nosotros".

¹³»Pero la vid les respondió: "¿He de renunciar a mi vino, que alegra a los dioses y a los hombres, para ir a mecerme sobre los árboles?".

¹⁴»Por último, todos los árboles dijeron al espino: "Reina sobre nosotros".

¹⁵»Pero el espino respondió a los árboles: "Si de veras quieren ungirme como su rey, vengan y refúgiense bajo mi sombra; pero, si no, ¡que salga fuego del espino, y consuma los cedros del Líbano!".

¹⁶»Ahora bien, ¿han actuado ustedes con honradez y sinceridad al coronar rey a Abimélec? ¿Han sido justos con Yerubaal y su familia, y lo han tratado como se merecía? ¹⁷Mi padre luchó por ustedes y arriesgando su *vida los libró del poder de los madianitas. ¹⁸Pero hoy ustedes se han rebelado contra la familia de mi padre; han matado a sus setenta hijos sobre una misma piedra, y han hecho de Abimélec, hijo de su esclava, el rey de los habitantes de Siquén solo porque él es pariente de ustedes. ¹⁹Si hoy han actuado con honradez y sinceridad hacia Yerubaal y su familia, ¡que sean felices con Abimélec y que también él lo sea con ustedes! ²⁰Y si no, habitantes de Siquén y Bet Miló, ¡que salga fuego de Abimélec y los consuma a ustedes y que salga fuego de ustedes y consuma a Abimélec!».

²¹Luego Jotán escapó, huyendo hasta Ber. Allí se quedó a vivir porque le tenía miedo a su hermano Abimélec.

²²Abimélec había ya gobernado a Israel tres años ²³cuando Dios interpuso un *espíritu maligno entre Abimélec y los habitantes de Siquén, quienes lo traicionaron. ²⁴Esto sucedió a fin de que la violencia contra los setenta hijos de Yerubaal y el derramamiento de su sangre recayera sobre su hermano Abimélec, que los había matado, y sobre los habitantes de Siquén, que habían sido sus cómplices en ese crimen. ²⁵Los habitantes de Siquén tendían emboscadas en las cumbres de las colinas y asaltaban a todos los que pasaban por allí. Pero Abimélec se enteró de todo esto.

²⁶Aconteció que Gaal, hijo de Ébed, llegó a Siquén, junto con sus hermanos, y los habitantes de aquella ciudad confiaron en él. ²⁷Después de haber salido a los campos y recogido y pisado las uvas, celebraron un festival en el templo de su dios. Mientras comían y bebían, maldijeron a Abimélec. ²⁸Gaal, hijo de Ébed, dijo: «¿Quién es Abimélec y por qué nosotros los siquenitas debemos someternos a él? ¿No es acaso el hijo de Yerubaal y no es Zebul su delegado? ¡Que sirvan a los hombres de Jamor, el padre de Siquén! ¿Por qué habremos de servir a Abimélec? ²⁹¡Si este pueblo estuviera bajo mis órdenes, yo echaría a Abimélec! Le diría:ᵈ "¡Reúne a todo tu ejército y sal a pelear!"».

³⁰Zebul, el gobernador de la ciudad, se enfureció cuando oyó lo que decía Gaal, hijo de Ébed. ³¹Entonces envió en secreto mensajeros a Abimélec, diciéndole: «Gaal, hijo de Ébed, y sus hermanos han llegado a Siquén y están instigando a la ciudad contra ti. ³²Ahora bien, levántate tú y tus hombres durante la noche y pónganse al acecho en los campos. ³³Por la mañana, a la salida del sol, lánzate contra la ciudad. Cuando Gaal y sus hombres salgan contra ti, haz lo que más te convenga».

³⁴Así que Abimélec y todo su ejército se levantaron de noche y se pusieron al acecho cerca de Siquén, divididos en cuatro compañías. ³⁵Gaal, hijo de Ébed,

---

ᵃ 26 Es decir, aprox. 20 kg.   ᵇ 31 Véase nota en Gn 22:24.
ᶜ 4 Es decir, aprox. 805 g.   ᵈ 29 Le diría (LXX); Entonces él dijo a Abimélec (TM).

había salido y estaba de pie a la entrada de la ˙puerta de la ciudad, precisamente cuando Abimélec y sus soldados salían de donde estaban al acecho. ³⁶Cuando Gaal los vio, dijo a Zebul:

—¡Mira, viene bajando gente desde las cumbres de las colinas!

—Confundes con gente las sombras de las colinas —respondió Zebul.

³⁷Pero Gaal insistió, diciendo:

—Mira, viene bajando gente por la colina central, y otra compañía viene por el camino de la Encina de los Adivinos.

³⁸Entonces Zebul dijo:

—Tú decías: "¿Quién es Abimélec para que nos sometamos a él?". Pues bien, ¿dónde están ahora tus fanfarronerías? ¿No son esos los hombres que tú despreciabas? ¡Sal y lucha contra ellos!

³⁹Gaal salió al frente de los habitantes de Siquén y peleó contra Abimélec; ⁴⁰pero este los persiguió y, en la huida, muchos cayeron muertos por todo el camino, hasta la entrada de la puerta. ⁴¹Abimélec se quedó en Arumá, y Zebul expulsó de Siquén a Gaal y a sus hermanos.

⁴²Al día siguiente, el pueblo de Siquén salió a los campos y fueron a contárselo a Abimélec. ⁴³Entonces Abimélec tomó a sus hombres, los dividió en tres compañías y se puso al acecho en los campos. Cuando vio que el ejército salía de la ciudad, se levantó para atacarlo. ⁴⁴Abimélec y las compañías que estaban con él se apresuraron a ocupar posiciones a la entrada de la puerta de la ciudad. Luego dos de las compañías arremetieron contra los que estaban en los campos y los derrotaron. ⁴⁵Abimélec combatió contra la ciudad durante todo aquel día, hasta que la conquistó matando a sus habitantes; arrasó la ciudad y esparció sal sobre ella.

⁴⁶Al saber esto, los señores que ocupaban la torre de Siquén entraron en la fortaleza del templo de El Berit. ⁴⁷Cuando Abimélec se enteró de que ellos se habían reunido allí, ⁴⁸él y todos sus hombres subieron al monte Zalmón. Tomó un hacha, cortó algunas ramas y se las puso sobre los hombros. A los hombres que estaban con él les ordenó: «¡Rápido! ¡Hagan lo mismo que me han visto hacer!». ⁴⁹Todos los hombres cortaron ramas y siguieron a Abimélec hasta la fortaleza, donde amontonaron las ramas y les prendieron fuego. Así murió toda la gente que estaba dentro de la torre de Siquén, que eran como mil hombres y mujeres.

⁵⁰Después Abimélec fue a Tebes, la sitió y la capturó. ⁵¹Dentro de la ciudad había una torre fuerte, a la cual huyeron todos sus habitantes, hombres y mujeres. Se encerraron en la torre y subieron al techo. ⁵²Abimélec se dirigió a la torre y la atacó. Pero cuando se acercaba a la entrada para prenderle fuego, ⁵³una mujer arrojó sobre la cabeza de él una piedra de moler y le partió el cráneo.

⁵⁴De inmediato llamó Abimélec a su escudero y ordenó: «Saca tu espada y mátame, para que no se diga de mí: "¡Lo mató una mujer!"». Entonces su escudero clavó la espada y así murió. ⁵⁵Cuando los israelitas vieron que Abimélec estaba muerto, regresaron a sus casas.

⁵⁶Fue así como Dios castigó a Abimélec por el crimen que había cometido contra su padre al matar a sus setenta hermanos. ⁵⁷Además, Dios hizo que los hombres de Siquén pagaran por toda su maldad. Así cayó sobre ellos la maldición de Jotán, hijo de Yerubaal.

Tola

10 Después de Abimélec surgió un hombre de Isacar para salvar a Israel. Se llamaba Tola; era hijo de Fuvá y nieto de Dodó. Vivía en Samir, en la región montañosa de Efraín. ²Lideró a Israel durante veintitrés años; entonces murió y fue sepultado en Samir.

Yaír

³A Tola lo sucedió Yaír de Galaad, quien lideró a Israel durante veintidós años. ⁴Tuvo treinta hijos, cada uno de los cuales montaba su propio asno y gobernaba su propia ciudad en Galaad. Hasta el día de hoy estas ciudades se conocen como Javot Yaír.ᵃ ⁵Cuando murió Yaír, fue sepultado en Camón.

Jefté

⁶Una vez más los israelitas hicieron lo malo ante los ojos del SEÑOR. Adoraron a los ídolos de ˙Baal y a las imágenes de ˙Astarté; a los dioses de Aram, Sidón y Moab, y a los de los amonitas y los filisteos. Y, como los israelitas abandonaron al SEÑOR y dejaron de rendirle culto, ⁷el SEÑOR se enfureció contra ellos. Los entregó en manos de los filisteos y a los amonitas, ⁸los cuales desde entonces y durante dieciocho años destrozaron y agobiaron a todos los israelitas que vivían en Galaad, un territorio amorreo, al otro lado del Jordán. ⁹También los amonitas cruzaron el Jordán para luchar contra las tribus de Judá, Benjamín y Efraín, por lo que Israel se encontró en una situación de extrema angustia. ¹⁰Entonces los israelitas clamaron al SEÑOR:

—¡Hemos pecado contra ti al abandonar a nuestro Dios y adorar a los ídolos de Baal!

¹¹El SEÑOR respondió:

—Cuando los egipcios, los amorreos, los amonitas, los filisteos, ¹²los sidonios, los amalecitas y los maonitasᵇ los oprimían y ustedes clamaron a mí para que los ayudara, ¿acaso no los libré de su dominio? ¹³Pero ustedes me han abandonado y han adorado a otros dioses; por lo tanto, no los volveré a salvar. ¹⁴Vayan y clamen a los dioses que han escogido. ¡Que ellos libren en tiempo de angustia!

¹⁵Pero los israelitas contestaron al SEÑOR:

—Hemos pecado. Haz con nosotros lo que mejor te parezca, pero te rogamos que nos salves en este día.

¹⁶Entonces se deshicieron de los dioses extranjeros que había entre ellos y adoraron al SEÑOR. Y el SEÑOR no pudo soportar más el sufrimiento de Israel.

¹⁷Cuando los amonitas fueron convocados y acamparon en Galaad, los israelitas se reunieron y acamparon en Mizpa. ¹⁸Los líderes y el pueblo de Galaad se dijeron el uno al otro: «El que inicie el ataque contra los amonitas será el líder de todos los que viven en Galaad».

11 Jefté el galaadita era un guerrero valiente, hijo de Galaad y de una prostituta. ²Galaad también tuvo hijos con su esposa, quienes cuando crecieron echaron a Jefté. «No tendrás parte en la herencia de nuestra familia —dijeron—, porque eres hijo de otra mujer». ³Entonces Jefté huyó de sus hermanos y se fue a vivir en la región de Tob, donde se le juntaron unos hombres sin escrúpulos, que salían con él a cometer fechorías.

⁴Después de algún tiempo, cuando los amonitas hicieron la guerra contra Israel, ⁵los jefes de Galaad fueron a traer a Jefté de la tierra de Tob.

⁶—Ven —le dijeron—, sé nuestro comandante, para que podamos luchar contra los amonitas.

⁷Jefté les contestó:

—¿No eran ustedes los que me odiaban y me echaron de la casa de mi padre? ¿Por qué vienen a verme ahora cuando están en apuros?

ᵃ 4 Javot Yaír. Alt. poblados de Yaír.   ᵇ 12 maonitas (TM); madianitas (LXX).

8Los jefes de Galaad dijeron:

—Por eso ahora venimos a verte. Ven con nosotros a luchar contra los amonitas y serás el líder de todos los que vivimos en Galaad.

9Jefté respondió:

—Si me llevan con ustedes para luchar contra los amonitas y el SEÑOR me los entrega, entonces de veras seré el líder de ustedes.

10Los jefes de Galaad le aseguraron:

—El SEÑOR es nuestro testigo: haremos lo que tú digas.

11Jefté fue con los jefes de Galaad; entonces el pueblo lo puso como su líder y comandante. Y reiteró en Mizpa todas sus palabras en presencia del SEÑOR.

12Luego Jefté envió unos mensajeros al rey de los amonitas para que le preguntaran:

—¿Qué tienes contra mí que has venido a hacerle la guerra a mi país?

13El rey de los amonitas respondió a los mensajeros de Jefté:

—Cuando Israel salió de Egipto, se apoderó de mi tierra desde el Arnón hasta el Jaboc, incluso hasta el Jordán. Ahora devuélvemela por las buenas.

14Jefté volvió a enviar mensajeros al rey amonita, 15diciéndole:

«Así dice Jefté: "Israel no se apoderó de la tierra de los moabitas ni de los amonitas. 16Cuando los israelitas salieron de Egipto, caminaron por el desierto hasta el *mar Rojo*ᵃ y siguieron hasta Cades. 17Entonces enviaron mensajeros al rey de Edom, diciéndole: 'Danos permiso para pasar por tu país'. Pero el rey de Edom no les hizo caso. Enviaron el mismo mensaje al rey de Moab, pero él tampoco aceptó. Así que Israel se quedó a vivir en Cades.

18»"Después anduvieron por el desierto y bordeando los territorios de Edom y Moab, entraron en territorio moabita por la parte oriental y acamparon al otro lado del río Arnón. No entraron en el territorio moabita, pues el Arnón era la frontera.

19»"Entonces Israel mandó mensajeros a Sijón, rey de los amorreos, que gobernaba en Hesbón, y le dijo: 'Permítenos pasar por tu país hasta nuestro territorio'. 20Pero Sijón desconfió de Israelᵇ en cuanto a dejarlo pasar por su territorio, por lo que reunió a todo su ejército y acampó en Yahaza y luchó contra Israel.

21»"El SEÑOR, Dios de Israel, entregó a Sijón y a todo su ejército en manos de Israel y los derrotaron. Así tomó Israel posesión de toda la tierra de los amorreos que vivían en aquel país, 22ocupándolo todo, desde el Arnón hasta el Jaboc y desde el desierto hasta el Jordán.

23»"El SEÑOR, Dios de Israel, les quitó esta tierra a los amorreos para dársela a su pueblo Israel, ¿y tú nos la vas a quitar? 24¿Acaso no consideras tuyo lo que tu dios Quemós te da? Pues también nosotros consideramos nuestro lo que el SEÑOR nuestro Dios nos ha dado. 25¿Acaso te crees mejor que Balac, hijo de Zipor, rey de Moab? ¿Acaso alguna vez entró él en litigio con Israel o luchó contra ellos? 26Hace ya trescientos años que Israel ocupó a Hesbón y Aroer, con sus poblados y todas las ciudades en la ribera del Arnón. ¿Por qué no las recuperaron durante ese tiempo? 27Yo no te he hecho ningún mal. Tú, en cambio, obras mal conmigo al librar una guerra contra mí. Que el

SEÑOR, el gran Juez, dicte hoy su sentencia en esta contienda entre israelitas y amonitas"».

28Sin embargo, el rey de los amonitas no prestó atención al mensaje que le envió Jefté.

29Entonces Jefté, tomado por el Espíritu del SEÑOR, recorrió Galaad y Manasés, pasó por Mizpa de Galaad y desde allí avanzó contra los amonitas. 30Y Jefté hizo una promesa solemne al SEÑOR: «Si verdaderamente entregas a los amonitas en mis manos, 31quien salga primero de la puerta de mi casa a recibirme, cuando yo vuelva de haber vencido a los amonitas, será del SEÑOR y lo ofreceré en *holocausto*».

32Jefté cruzó el río para luchar contra los amonitas y el SEÑOR los entregó en sus manos. 33Derrotó veinte ciudades, desde Aroer hasta las inmediaciones de Minit, hasta Abel Queramín. La derrota fue muy grande; así los amonitas quedaron sometidos a los israelitas.

34Cuando Jefté volvió a su hogar en Mizpa, salió a recibirlo su hija, bailando al son de los panderos. Ella era hija única, pues Jefté no tenía otros hijos. 35Cuando Jefté la vio, se rasgó las vestiduras y exclamó:

—¡Ay, hija mía, me has destrozado por completo! ¡Eres la causa de mi desgracia! Juré algo al SEÑOR y no puedo retractarme.

36—Padre mío —respondió ella—, le has dado tu palabra al SEÑOR. Haz conmigo conforme a tu juramento, ya que el SEÑOR te ha vengado de tus enemigos, los amonitas. 37Pero concédeme esta sola petición —añadió—. Ya que nunca me casaré, dame un plazo de dos meses para retirarme a las montañas y llorar allí con mis amigas.

38—Está bien, puedes ir —respondió él.

Y le permitió irse por dos meses. Ella y sus amigas se fueron a las montañas y lloró porque nunca se casaría. 39Cumplidos dos meses volvió a su padre y él hizo con ella conforme a su promesa. Ella era virgen.

De allí se originó la costumbre israelita 40de que todos los años, durante cuatro días, las muchachas de Israel recordaran a la hija de Jefté de Galaad.

Jefté y Efraín

12 Los hombres de Efraín se alistaron, cruzaron el río hacia Zafón y dijeron a Jefté:

—¿Por qué fuiste a luchar contra los amonitas sin llamarnos para ir contigo? ¡Ahora prenderemos fuego a tu casa, contigo adentro!

2Jefté respondió:

—Mi pueblo y yo estábamos librando una gran contienda con los amonitas, aunque yo los llamé, ustedes no me libraron de su poder. 3Cuando vi que ustedes no me ayudarían, arriesgué mi *vida*, marché contra los amonitas y el SEÑOR los entregó en mis manos. ¿Por qué, pues, han subido hoy a luchar contra mí?

4Entonces Jefté reunió a todos los hombres de Galaad y lucharon contra los de la tribu de Efraín. Los de Galaad derrotaron a los de Efraín porque estos les habían dicho: «Ustedes los galaaditas son renegados de Efraín y Manasés». 5Los galaaditas ocuparon los cruces del Jordán que conducen a Efraín, y cada vez que algún sobreviviente de Efraín decía: «Déjenme cruzar», los hombres de Galaad preguntaban: «¿Eres de la tribu de Efraín?». Si él contestaba: «No», 6ellos decían: «Muy bien, di "Shibolet"». Si decía: «Sibolet», porque no podía pronunciar la palabra correctamente, lo agarraban y allí mismo, en el cruce del Jordán, lo degollaban. En aquella ocasión murieron cuarenta y dos mil hombres de la tribu de Efraín.

ᵃ **16** Lit. *mar de las Cañas*. Término con el que se designa en la Biblia al mar Rojo en su parte septentrional.   ᵇ **20** *desconfió de Israel*. Alt. *no acordó con Israel*.

7Jefté lideró a Israel durante seis años. Cuando murió Jefté el galaadita, fue sepultado en su pueblo[a] de Galaad.

Ibsán, Elón y Abdón

8Después de Jefté, lideró a Israel Ibsán de Belén. 9Tuvo treinta hijos y treinta hijas. A sus hijas las dio en matrimonio a gente que no pertenecía a su clan, y para sus hijos trajo como esposas a treinta muchachas que no eran de su tribu. Ibsán lideró a Israel por siete años. 10Cuando murió, fue sepultado en Belén.

11Después de Ibsán lideró a Israel Elón, de la tribu de Zabulón, durante diez años. 12Cuando murió Elón el zabulonita, fue sepultado en Ayalón, en el territorio de Zabulón.

13Después de Elón lideró a Israel Abdón, hijo de Hilel, de Piratón. 14Tuvo cuarenta hijos y treinta nietos, cada uno de los cuales montaba su propio asno. Lideró a Israel durante ocho años. 15Cuando murió Abdón, hijo de Hilel, fue sepultado en Piratón, que está en el territorio de Efraín, en la región montañosa de los amalecitas.

Nacimiento de Sansón

13 Una vez más los israelitas hicieron lo malo ante los ojos del SEÑOR. Por eso él los entregó en manos de los filisteos durante cuarenta años. 2Cierto hombre de Zora, llamado Manoa, de la tribu de Dan, tenía una esposa que no le había dado hijos porque era estéril. 3El ángel del SEÑOR se apareció a ella y le dijo: «Eres estéril y no tienes hijos, pero vas a concebir y tendrás un hijo. 4Cuídate de no beber vino ni ninguna otra bebida fermentada, y tampoco comas nada ˚impuro, 5pues concebirás y darás a luz un hijo. No pasará la navaja sobre su cabeza porque el niño va a ser nazareo,[b] consagrado a Dios desde antes de nacer. Él comenzará a librar a Israel del poder de los filisteos».

6La mujer fue adonde estaba su esposo y dijo: «Un hombre de Dios vino adonde yo estaba. Por su aspecto imponente, parecía un ángel de Dios. Ni yo le pregunté de dónde venía ni él me dijo cómo se llamaba. 7Pero me dijo: "Concebirás y darás a luz un hijo. Ahora bien, cuídate de beber vino ni otra bebida fermentada, y no comas nada impuro, porque el niño será nazareo, consagrado a Dios desde antes de nacer hasta el día de su muerte"».

8Entonces Manoa oró al SEÑOR: «Oh Señor, te ruego que permitas el regreso del hombre de Dios que nos enviaste, para que nos enseñe cómo criar al niño que va a nacer».

9Dios escuchó a Manoa y el ángel de Dios volvió a aparecerse a la mujer mientras esta se hallaba en el campo; pero Manoa, su esposo, no estaba con ella. 10La mujer corrió de inmediato a avisarle a su esposo: «¡Está aquí! ¡El hombre que se me apareció el otro día!».

11Manoa se levantó y siguió a su esposa. Cuando llegó adonde estaba el hombre, dijo:

—¿Eres tú el que habló con mi esposa?

—Sí, soy yo —respondió él.

12Así que Manoa preguntó:

—Cuando se cumplan tus palabras, ¿cómo debemos criar al niño? ¿Cómo deberá portarse?

13El ángel del SEÑOR contestó:

—Tu esposa debe cumplir con todo lo que he dicho. 14Ella no debe probar nada que proceda de la vid, ni beber ningún vino ni ninguna otra bebida fermentada; tampoco debe comer nada impuro. En definitiva, ella debe cumplir con todo lo que he ordenado.

15Manoa dijo al ángel del SEÑOR:

—Nos gustaría que te quedaras hasta que te preparemos un cabrito.

16Pero el ángel del SEÑOR respondió:

—Aunque me detengan, no probaré nada de tu comida. Pero si preparas un ˚holocausto, ofréceselo al SEÑOR.

Manoa no se había dado cuenta de que aquel era el ángel del SEÑOR. 17Así que le preguntó:

—¿Cómo te llamas?, para que podamos honrarte cuando se cumpla tu palabra.

18—¿Por qué me preguntas mi ˚nombre? —respondió el ángel del SEÑOR—. Es un misterio maravilloso.

19Entonces Manoa tomó un cabrito, junto con la ofrenda de cereales, y lo sacrificó sobre una roca al SEÑOR. Y mientras Manoa y su esposa observaban, el SEÑOR hizo algo maravilloso: 20Mientras la llama subía desde el altar hacia el cielo, el ángel del SEÑOR ascendía en la llama. Al ver eso, Manoa y su esposa se postraron en tierra sobre sus rostros. 21Y el ángel del SEÑOR no se volvió a aparecer a Manoa y a su esposa. Entonces Manoa se dio cuenta de que aquel era el ángel del SEÑOR.

22—¡Estamos condenados a morir! —dijo a su esposa—. ¡Hemos visto a Dios!

23Pero su esposa respondió:

—Si el SEÑOR hubiera querido matarnos, no nos habría aceptado el holocausto ni la ofrenda de cereales de nuestras manos; tampoco nos habría mostrado todas esas cosas ni anunciado todo esto.

24La mujer dio a luz un niño y lo llamó Sansón. El niño creció y el SEÑOR lo bendijo. 25Y el Espíritu del SEÑOR comenzó a manifestarse en él mientras estaba en Majané Dan, entre Zora y Estaol.

Matrimonio de Sansón

14 Sansón descendió a Timná y vio allí a una joven filistea. 2Cuando él volvió, dijo a sus padres:

—He visto en Timná a una joven filistea; pídanla para que sea mi esposa.

3Pero su padre y su madre le dijeron:

—¿Acaso no hay ninguna mujer aceptable entre tus parientes o en todo nuestro[c] pueblo, que tienes que ir a buscar una esposa entre esos filisteos incircuncisos?

Sansón respondió a su padre:

—¡Pídeme a esa, que es la que a mí me gusta!

4Su padre y su madre no sabían que esto era de parte del SEÑOR, que buscaba la ocasión de confrontar a los filisteos; porque en aquel tiempo los filisteos dominaban a Israel.

5Así que Sansón descendió a Timná junto con su padre y su madre. De repente, al llegar a los viñedos de Timná, un rugiente cachorro de león le salió al encuentro. 6Pero el Espíritu del SEÑOR vino con poder sobre Sansón, quien a mano limpia despedazó al león como quien despedaza a un cabrito. Pero no contó ni a su padre ni a su madre lo que había hecho. 7Luego fue y habló con la mujer que gustaba.

8Pasado algún tiempo, cuando regresó para casarse con ella, se apartó del camino para mirar el león muerto y vio que había en su cadáver un enjambre de abejas y un panal de miel. 9Tomó con las manos un poco de miel y comió, mientras proseguía su camino. Cuando se reunió con su padre y su madre, les ofreció miel y también ellos comieron, pero no les dijo que la había sacado del cadáver del león.

10Después de eso su padre fue a ver a la mujer. Allí Sansón ofreció un banquete, como era la costumbre entre los jóvenes. 11Cuando los filisteos lo vieron, le dieron treinta compañeros para que estuvieran con él.

12—Permítanme proponerles una adivinanza —les dijo Sansón—. Si me dan la solución dentro de los

---

a 7 su pueblo (LXX); *las ciudades* (TM).   *b 5 nazareo. Véase Nm 6:1-8.   c 3 nuestro. Lit. mi.*

siete días que dura el banquete, yo les daré treinta vestidos de lino y treinta mudas de ropa. [13]Pero si no me la dan, serán ustedes quienes me darán los treinta vestidos de lino y treinta mudas de ropa de fiesta.

—Dinos tu adivinanza —respondieron—, que te estamos escuchando.

[14]Entonces les dijo:

«Del que come salió comida;
    y del fuerte salió dulzura».

Pasaron tres días y no lograron resolver la adivinanza. [15]Al cuarto[a] día dijeron a la esposa de Sansón: «Seduce a tu esposo para que nos revele la adivinanza; de lo contrario, te quemaremos a ti y a la familia de tu padre. ¿Acaso nos invitaron aquí para robarnos?».

[16]Entonces la esposa de Sansón se tiró sobre él llorando y dijo:

—¡Me odias! ¡En realidad no me amas! Le propusiste a mi pueblo una adivinanza, pero no me has dicho la solución.

—Ni siquiera se la he dado a mi padre ni a mi madre —respondió él—; ¿por qué habría de dártela a ti?

[17]Pero ella lloró los siete días que duró el banquete hasta que al fin, el séptimo día, Sansón le dio la solución, porque ella seguía insistiéndole. A su vez ella fue y reveló la solución a los de su pueblo. [18]Antes de la puesta del sol del séptimo día los hombres de la ciudad dijeron:

«¿Qué es más dulce que la miel?
    ¿Qué es más fuerte que un león?».

Sansón respondió:

«Si no hubieran arado con mi ternera,
    no habrían resuelto mi adivinanza».

[19]Entonces el Espíritu del SEÑOR vino sobre Sansón con poder y este descendió a Ascalón y derrotó a treinta de sus hombres, les quitó sus pertenencias y les dio sus ropas a los que habían resuelto la adivinanza. Luego, enfurecido, regresó a la casa de su padre. [20]Entonces la esposa de Sansón fue entregada a uno de los que lo habían acompañado en su boda.

Sansón se venga de los filisteos

15 Pasado algún tiempo, durante la cosecha de trigo, Sansón tomó un cabrito y fue a visitar a su esposa.

—Voy a la habitación de mi esposa —dijo él.

Pero el padre de ella no le permitió entrar, [2]sino que dijo:

—Yo estaba tan seguro de que la odiabas que se la di a tu amigo. ¿Pero acaso no es más atractiva su hermana menor? Tómala para ti, en lugar de la mayor.

[3]Sansón respondió:

—¡Esta vez sí que no respondo por el daño que cause a los filisteos!

[4]Así que fue y cazó trescientas zorras, las ató cola con cola en parejas y a cada pareja le amarró una antorcha. [5]Luego prendió fuego a las antorchas y soltó a las zorras por los sembrados de los filisteos. Así incendió el trigo que ya estaba en gavillas y el que todavía estaba en pie, junto con los viñedos y olivares.

[6]Cuando los filisteos preguntaron: «¿Quién hizo esto?», les dijeron: «Sansón, el yerno del timnateo, porque este le quitó a su esposa y se la dio a su amigo».

Por eso los filisteos fueron y la quemaron a ella y a su padre. [7]Pero Sansón dijo: «Puesto que actuaron de esa manera, ¡no pararé hasta que me haya vengado de ustedes!». [8]Y los atacó tan furiosamente que causó entre ellos una tremenda masacre. Luego se fue a vivir a una cueva que está en la peña de Etam.

[9]Los filisteos subieron y acamparon en Judá, incursionando cerca de Lejí. [10]Los hombres de Judá preguntaron:

—¿Por qué han venido a luchar contra nosotros?

—Hemos venido a tomar prisionero a Sansón —respondieron—, para hacerle lo mismo que nos hizo a nosotros.

[11]Entonces tres mil hombres de Judá descendieron a la cueva en la peña de Etam y dijeron a Sansón:

—¿No te das cuenta de que los filisteos nos gobiernan? ¿Por qué nos haces esto?

—Simplemente les he hecho lo que ellos me hicieron a mí —contestó él.

[12]Ellos dijeron:

—Hemos venido a atarte, para entregarte en manos de los filisteos.

—Júrenme que no me matarán ustedes mismos —dijo Sansón.

[13]—De acuerdo —respondieron ellos—. Solo te ataremos y te entregaremos en sus manos. No te mataremos.

Entonces lo ataron con dos sogas nuevas y lo sacaron de la peña. [14]Cuando se acercaba a Lejí, los filisteos salieron a su encuentro con gritos de victoria. En ese momento, el Espíritu del SEÑOR vino sobre él con poder y las sogas que ataban sus brazos se volvieron como fibra de lino quemada; además las ataduras de sus manos se deshicieron. [15]Al encontrar una quijada de burro que todavía estaba fresca, la agarró y con ella mató a mil hombres.

[16]Entonces dijo Sansón:

«Con la quijada de un asno
    los he amontonado.[b]
Con una quijada de asno
    he matado a mil hombres».

[17]Cuando terminó de hablar, arrojó la quijada y llamó a aquel lugar Ramat Lejí.[c]

[18]Como tenía mucha sed clamó al SEÑOR: «Tú le has dado a tu siervo esta gran ˚victoria. ¿Acaso voy ahora a morir de sed y a caer en manos de los incircuncisos?». [19]Entonces Dios abrió la hondonada que hay en Lejí y de allí brotó agua. Cuando Sansón la bebió, recobró sus fuerzas y se reanimó. Por eso al manantial que todavía hoy está en Lejí se le llamó Enacoré.[d]

[20]Y Sansón lideró a Israel durante veinte años en tiempos de los filisteos.

Sansón y Dalila

16 Un día Sansón fue a Gaza, donde vio a una prostituta. Entonces entró para pasar la noche con ella. [2]Al pueblo de Gaza se le anunció: «¡Sansón ha venido aquí!». Así que rodearon el lugar y toda la noche estuvieron al acecho junto a la ˚puerta de la ciudad. Se quedaron quietos durante toda la noche diciéndose: «Lo mataremos al amanecer».

[3]Pero Sansón estuvo acostado allí hasta la medianoche; luego se levantó y arrancó las puertas de la entrada de la ciudad, junto con sus dos postes, con

---

a **15** cuarto (mss. de LXX y Siríaca); séptimo (TM).   *b* **16** los he amontonado. Alt. los he convertido en asnos; en hebreo, las palabras que significan asno y montón son idénticas.   *c* **17** En hebreo, Ramat Lejí significa colina de la quijada.   *d* **19** En hebreo, Enacoré significa manantial del que clama.

cerrojo y todo. Se las echó al hombro y las llevó hasta la cima del monte que está frente a Hebrón.

⁴Pasado algún tiempo, Sansón se enamoró de una mujer del valle de Sorec, que se llamaba Dalila. ⁵Los gobernantes de los filisteos fueron a verla y le dijeron: «Sedúcelo, para que te revele el secreto de su tremenda fuerza y cómo podemos vencerlo, de modo que lo atemos y lo tengamos sometido. Cada uno de nosotros te dará mil cien siclos*a* de plata».

⁶Dalila dijo a Sansón:

—Dime el secreto de tu tremenda fuerza, y cómo se te puede atar y dominar.

⁷Sansón respondió:

—Si se me ata con siete cuerdas de arco*b* que todavía no estén secas, me debilitaré y seré como cualquier otro hombre.

⁸Los gobernantes de los filisteos le trajeron a ella siete cuerdas de arco que aún no se habían secado, y Dalila lo ató con ellas. ⁹Estando unos hombres al acecho en el cuarto, ella gritó:

—¡Sansón, los filisteos se lanzan sobre ti!

Pero él rompió las cuerdas como quien rompe un pedazo de cuerda chamuscada. De modo que no se descubrió el secreto de su fuerza.

¹⁰Dalila dijo a Sansón:

—¡Te burlaste de mí! ¡Me dijiste mentiras! Vamos, dime cómo se te puede atar.

¹¹—Si se me ata firmemente con sogas nuevas, sin usar —dijo él—, me debilitaré y seré como cualquier otro hombre.

¹²Mientras algunos filisteos estaban al acecho en el cuarto, Dalila tomó sogas nuevas, lo ató y luego gritó:

—¡Sansón, los filisteos se lanzan sobre ti!

Pero él rompió las sogas que ataban sus brazos, como quien rompe un hilo.

¹³Entonces Dalila dijo a Sansón:

—¡Hasta ahora te has burlado de mí y me has dicho mentiras! Dime cómo se te puede atar.

—Si entretejes las siete trenzas de mi cabello con los hilos del telar, y aseguras esta con la clavija —respondió él—, me debilitaré y seré como cualquier otro hombre.

Entonces, mientras él dormía, Dalila tomó las siete trenzas de Sansón, las entretejió con la tela ¹⁴y*c* las aseguró con la clavija.

Una vez más ella gritó: «¡Sansón, los filisteos se lanzan sobre ti!». Sansón despertó de su sueño y arrancó la clavija y el telar, junto con la tela.

¹⁵Entonces ella dijo: «¿Cómo puedes decir que me amas, si no confías en mí? Ya van tres veces que te burlas de mí y aún no me has dicho el secreto de tu tremenda fuerza».

¹⁶Como todos los días lo presionaba con sus palabras y lo acosaba hasta hacerlo sentirse harto de la vida, ¹⁷al fin se lo dijo todo. «Nunca ha pasado navaja sobre mi cabeza —le explicó—, porque soy nazareo, consagrado a Dios desde antes de nacer. Si se me afeitara la cabeza, perdería mi fuerza y llegaría a ser tan débil como cualquier otro hombre».

¹⁸Cuando Dalila se dio cuenta de que esta vez le había confiado todo, mandó llamar a los gobernantes de los filisteos y les dijo: «Vuelvan una vez más, que él me lo ha confiado todo». Entonces los gobernantes de los filisteos regresaron a ella con la plata que le habían ofrecido. ¹⁹Después de hacerlo dormir sobre sus rodillas, ella llamó a un hombre para que le cortara las siete trenzas de su cabello. Así comenzó a dominarlo. Y su fuerza lo abandonó.

²⁰Luego ella gritó: «¡Sansón, los filisteos se lanzan sobre ti!».

Sansón despertó de su sueño y pensó: «Me escaparé como las otras veces y me los quitaré de encima». Pero no sabía que el SEÑOR lo había abandonado.

²¹Entonces los filisteos lo capturaron, le arrancaron los ojos y lo llevaron a Gaza. Lo sujetaron con cadenas de bronce y lo pusieron a moler en la cárcel. ²²Pero en cuanto cortaron su cabello, comenzó a crecer de nuevo.

Muerte de Sansón

²³Los gobernantes de los filisteos se reunieron para festejar y ofrecerle un gran sacrificio a Dagón, su dios, diciendo: «Nuestro dios ha entregado en nuestras manos a Sansón, nuestro enemigo». ²⁴Cuando el pueblo lo vio, todos alabaron a su dios diciendo:

«Nuestro dios ha entregado en nuestras manos
    a nuestro enemigo,
al que asolaba nuestra tierra
    y multiplicaba nuestras víctimas».

²⁵Cuando ya estaban muy alegres, gritaron: «¡Saquen a Sansón para que nos divierta!». Así que sacaron a Sansón de la cárcel y él les sirvió de diversión.

Cuando lo pusieron de pie entre las columnas, ²⁶Sansón dijo al muchacho que lo llevaba de la mano: «Ponme donde pueda tocar las columnas que sostienen el templo, para que me pueda apoyar en ellas». ²⁷En ese momento el templo estaba lleno de hombres y mujeres; todos los gobernantes de los filisteos estaban allí, y en la parte alta había unos tres mil hombres y mujeres que se divertían a costa de Sansón. ²⁸Entonces Sansón oró al SEÑOR: «Oh mi SEÑOR y Dios, acuérdate de mí. Oh Dios, te ruego que me fortalezcas solo una vez más; déjame de una vez por todas vengarme de los filisteos por haberme sacado los ojos». ²⁹Luego Sansón palpó las dos columnas centrales que sostenían el templo y se apoyó contra ellas, la mano derecha sobre una y la izquierda sobre la otra. ³⁰Y gritó: «¡Muera yo junto con los filisteos!». Luego empujó con toda su fuerza, entonces el templo se vino abajo sobre los gobernantes y sobre toda la gente que estaba allí. Fueron muchos más los que Sansón mató al morir que los que había matado mientras vivía.

³¹Sus hermanos y toda la familia de su padre descendieron para recogerlo. Lo llevaron de regreso y lo sepultaron entre Zora y Estaol, en la tumba de su padre Manoa. Sansón había liderado a Israel durante veinte años.

Los ídolos de Micaías

17 En la región montañosa de Efraín había un hombre llamado Micaías, ²quien dijo a su madre:

—Con respecto a los mil siclos*d* de plata que te robaron y sobre los cuales te oí pronunciar una maldición, yo tengo esa plata; yo te la robé.

Su madre dijo:

—¡Que el SEÑOR te bendiga, hijo mío!

³Cuando Micaías devolvió a su madre los mil siclos de plata, ella dijo:

—Solemnemente consagro mi plata al SEÑOR para que mi hijo haga una imagen tallada y un ídolo de fundición.*e* Ahora pues, te la devuelvo.

⁴Cuando él le devolvió la plata a su madre, ella tomó doscientos siclos*f* de plata y se los dio a un

---

a 5 Es decir, aprox. 12.6 kg.   *b* 7 *cuerdas de arco*. Alt. *correas nuevas*; también en vv. 8 y 9.   *c* 14 —*Si entretejes … la tela*. 14*y* (algunos mss. de LXX); —*Hay que entretejer las siete trenzas de mi cabello en la tela del telar* —respondió él. 14*Así que ella* (TM).   *d* 2 Es decir, aprox. 12.6 kg; también en v. 3.   *e* 3 *una … fundición*. Alt. *una imagen tallada revestida de metal fundido*; también en v. 4 y 18:14.   *f* 4 Es decir, aprox. 2.3 kg.

platero, quien hizo con eso una imagen tallada y un ídolo de fundición, que fueron puestos en la casa de Micaías.

⁵Este Micaías tenía un santuario. Hizo un ˚efod y algunos ídolos familiares,ᵃ y consagró a uno de sus hijos como sacerdote. ⁶En aquella época no había rey en Israel; cada uno hacía lo que le parecía mejor.

⁷Un joven levita, que vivía como extranjero en Belén de Judá, ⁸salió de aquella ciudad en busca de algún otro lugar donde vivir. En el curso de su viajeᵇ llegó a la casa de Micaías en la región montañosa de Efraín.

⁹—¿De dónde vienes? —preguntó Micaías.

—Soy levita, de Belén de Judá —contestó él—, y estoy buscando un lugar donde vivir.

¹⁰—Vive conmigo —le propuso Micaías—, y sé mi padre y sacerdote; yo te daré diez siclosᶜ de plata al año, además de ropa y comida.

¹¹El joven levita aceptó quedarse a vivir con él y fue para Micaías como uno de sus hijos. ¹²Luego Micaías invistió al levita, y así el joven se convirtió en su sacerdote y vivió en su casa. ¹³Y Micaías dijo: «Ahora sé que el Señor me hará prosperar, porque tengo a un levita como sacerdote».

La tribu de Dan se establece en Lais

18 En aquella época no había rey en Israel y la tribu de Dan andaba buscando un territorio propio donde establecerse, porque hasta ese momento no había recibido la parte que le correspondía de entre las tribus de Israel. ²Desde Zora y Estaol los danitas enviaron a cinco de sus hombres más valientes, para que espiaran la tierra y la exploraran. Les dijeron: «Vayan, exploren la tierra».

Los hombres entraron en la región montañosa de Efraín y llegaron hasta la casa de Micaías, donde pasaron la noche. ³Cuando estaban cerca de la casa de Micaías, reconocieron la voz del joven levita, así que entraron allí y le preguntaron:

—¿Quién te trajo aquí? ¿Qué haces en este lugar? ¿Qué buscas aquí?

⁴El joven les contó lo que Micaías había hecho por él y dijo:

—Me ha contratado y soy su sacerdote.

⁵Le dijeron:

—Te rogamos que consultes a Dios para que sepamos si vamos a tener éxito en nuestro viaje.

⁶El sacerdote respondió:

—Vayan en ˚paz. Su viaje tiene la aprobación del Señor.

⁷Los cinco hombres se fueron y llegaron a Lais, donde vieron que la gente vivía segura, tranquila y confiada, tal como vivían los sidonios. Gozaban de prosperidad y no les faltaba nada.ᵈ Además, vivían lejos de los sidonios y no se relacionaban con nadie más. ⁸Cuando volvieron a Zora y Estaol, sus hermanos les preguntaron:

—¿Cómo les fue?

⁹Ellos respondieron:

—¡Subamos, ataquémoslos! Hemos visto que la tierra es excelente. ¿Qué pasa? ¿Se van a quedar ahí sin hacer nada? No duden un solo instante en marchar allí y apoderarse de ella. ¹⁰Cuando lleguen allí, encontrarán a un pueblo confiado y una tierra espaciosa que Dios ha entregado en manos de ustedes. Sí, es una tierra donde no hace falta absolutamente nada.

¹¹Entonces partieron de Zora y Estaol seiscientos danitas armados para la batalla. ¹²Subieron y acamparon cerca de Quiriat Yearín en Judá. Por eso hasta el día de hoy el sector oeste de Quiriat Yearín se llama Majané Dan.ᵉ ¹³Desde allí cruzaron hasta la región montañosa de Efraín, y llegaron a la casa de Micaías.

¹⁴Entonces los cinco hombres que habían explorado la tierra de Lais dijeron a sus hermanos:

—¿Saben que una de esas casas tiene un ˚efod, algunos ídolos familiares,ᶠ una imagen tallada y un ídolo de fundición? Ahora bien, ustedes sabrán qué hacer.

¹⁵Ellos se acercaron hasta allí y entraron en la casa del joven levita, que era la misma de Micaías, y lo saludaron amablemente. ¹⁶Los seiscientos danitas armados para la batalla se quedaron haciendo guardia en la entrada de la puerta. ¹⁷Los cinco hombres que habían explorado la tierra entraron y tomaron la imagen tallada, el efod, los ídolos familiares y el ídolo de fundición. Mientras tanto, el sacerdote y los seiscientos hombres armados para la batalla permanecían a la entrada de la puerta.

¹⁸Cuando aquellos hombres entraron en la casa de Micaías y tomaron la imagen tallada, el efod, los ídolos familiares y el ídolo de fundición, el sacerdote les preguntó:

—¿Qué están haciendo?

¹⁹Ellos respondieron:

—¡Silencio! No digas ni una sola palabra. Ven con nosotros y serás nuestro padre y sacerdote. ¿No crees que es mejor ser sacerdote de toda una tribu y de un clan de Israel que de la familia de un solo hombre?

²⁰El sacerdote se alegró. Tomó el efod, los ídolos familiares y la imagen tallada, y se fue con esa gente. ²¹Ellos, poniendo por delante a sus niños, su ganado y sus bienes, se volvieron y partieron.

²²Cuando ya se habían alejado de la casa de Micaías, los hombres que vivían cerca de Micaías se reunieron y dieron alcance a los danitas. ²³Como gritaban tras ellos, los danitas se dieron vuelta y preguntaron a Micaías:

—¿Qué te sucede que has convocado a tu gente?

²⁴Micaías respondió:

—Ustedes se llevaron mis dioses que yo mismo hice, y también se llevaron a mi sacerdote y luego se fueron. ¿Qué más me queda? ¡Y todavía se atreven a preguntar qué me sucede!

²⁵Los danitas respondieron:

—No nos levantes la voz, no sea que algunos de los nuestros pierdan la cabeza y los ataquen a ustedes, y tú y tu familia pierdan la ˚vida.

²⁶Y así los danitas siguieron su camino. Micaías, viendo que eran demasiado fuertes para él, se dio la vuelta y regresó a su casa.

²⁷Así fue como los danitas se adueñaron de lo que había hecho Micaías y también de su sacerdote; luego marcharon contra Lais, un pueblo tranquilo y confiado, mataron a sus habitantes a filo de espada y quemaron la ciudad. ²⁸No hubo nadie que los librara, porque vivían lejos de Sidón y no se relacionaban con nadie más. La ciudad estaba situada en un valle cercano a Bet Rejob.

Después los mismos danitas reconstruyeron la ciudad y se establecieron allí. ²⁹La llamaron Dan en honor a su antepasado del mismo nombre, que fue hijo de Israel, aunque antes la ciudad se llamaba Lais. ³⁰Allí erigieron para sí la imagen tallada y Jonatán, hijo de Guersón y nieto de Moisés, y sus hijos fueron sacerdotes de la tribu de Dan hasta el tiempo del exilio. ³¹Instalaron la imagen tallada que había hecho Micaías, y allí quedó todo el tiempo que el santuario de Dios estuvo en Siló.

ᵃ **5** *ídolos familiares*. Lit. *terafines.*   ᵇ **8** *En el curso de su viaje*. Alt. *Para ejercer su oficio.*   ᶜ **10** Es decir, aprox. 115 g.   ᵈ **7** *Gozaban ... nada.* Frases de difícil traducción.   ᵉ **12** En hebreo, *Majané Dan* significa *Campamento de Dan.*   ᶠ **14** *ídolos familiares*. Lit. *terafines.*

El levita y su concubina

19 En la época en que no había rey en Israel, un levita que vivía en una zona remota de la región montañosa de Efraín tomó como concubina[a] a una mujer de Belén de Judá. ²Pero ella le fue infiel, lo dejó y regresó a la casa de su padre, en Belén de Judá. Había estado allí cuatro meses ³cuando su esposo fue a verla para convencerla de que regresara. Con él llevó a un criado suyo y dos asnos. Ella lo hizo pasar a la casa de su propio padre, quien se alegró mucho de verlo. ⁴Su suegro, padre de la muchacha, lo convenció de que se quedara y él se quedó tres días comiendo, bebiendo y durmiendo allí.

⁵Al cuarto día madrugaron y él se dispuso a salir, pero el padre de la muchacha dijo a su yerno: «Repón tus fuerzas con algo de comida, luego podrás irte». ⁶Así que se sentaron a comer y a beber los dos juntos. Después el padre de la muchacha le pidió: «Por favor, quédate esta noche para pasarla bien». ⁷Cuando el levita se levantó para irse, su suegro insistió de tal manera que se vio obligado a quedarse allí esa noche. ⁸Al quinto día madrugó para irse, pero el padre de la muchacha dijo: «Repón tus fuerzas. ¡Espera hasta la tarde!». Así que los dos comieron juntos.

⁹Cuando el hombre se levantó para irse con su concubina y su criado, su suegro, que era el padre de la muchacha, le dijo: «Mira, está a punto de oscurecer y el día ya se termina. Pasa aquí la noche; quédate para pasarla bien. Mañana podrás madrugar y emprender tu camino a casa». ¹⁰No queriendo quedarse otra noche, el hombre salió y partió rumbo a Jebús, es decir, Jerusalén, con sus dos asnos ensillados y su concubina.

¹¹Cuando estaban cerca de Jebús, casi de noche, el criado dijo a su amo:

—Vamos, desviémonos hacia esta ciudad de los jebuseos y pasemos la noche en ella.

¹²Pero su amo respondió:

—No. No nos desviaremos para entrar en una ciudad extranjera, cuyo pueblo no sea israelita. Seguiremos hasta Guibeá.

¹³Luego añadió:

—Ven, tratemos de acercarnos a Guibeá o a Ramá y pasemos la noche en uno de esos lugares.

¹⁴Así que siguieron de largo y al ponerse el sol estaban frente a Guibeá de Benjamín. ¹⁵Entonces se desviaron para pasar la noche en Guibeá. El hombre fue y se sentó en la plaza de la ciudad, pero nadie les ofreció alojamiento para pasar la noche.

¹⁶Aquella noche volvía de trabajar en el campo un anciano de la región montañosa de Efraín, que vivía en Guibeá como forastero, pues los hombres del lugar eran benjamitas. ¹⁷Cuando el anciano miró y vio en la plaza de la ciudad al viajero, le preguntó:

—¿A dónde vas? ¿De dónde vienes?

¹⁸El viajero respondió:

—Estamos de paso. Venimos de Belén de Judá y vamos a una zona remota de la región montañosa de Efraín, donde yo vivo. He estado en Belén de Judá y ahora me dirijo a la casa del SEÑOR, pero nadie me ha ofrecido alojamiento. ¹⁹Tenemos paja y forraje para nuestros asnos, y también pan y vino para mí y para tu sierva, y para el joven que está conmigo. No nos hace falta nada.

²⁰—En mi casa serás bienvenido —dijo el anciano—. Yo me encargo de todo lo que necesites. Pero no pases la noche en la plaza.

²¹Así que lo llevó a su casa y dio de comer a sus asnos y, después de lavarse los pies, comieron y bebieron.

²²Mientras pasaban un momento agradable, algunos hombres perversos de la ciudad rodearon la casa. Golpeando la puerta, le gritaban al anciano dueño de la casa:

—¡Saca al hombre que llegó a tu casa! ¡Queremos tener relaciones sexuales con él!

²³El dueño de la casa salió y dijo:

—No, amigos míos, no cometan tal perversidad, pues este hombre es mi huésped. ¡No cometan con él tal infamia! ²⁴Miren, aquí está mi hija, que todavía es virgen, y la concubina de este hombre. Voy a traérselas ahora, para que las abusen y hagan con ellas lo que bien les parezca. Pero con este hombre no cometan tal infamia.

²⁵Aquellos perversos no quisieron hacerle caso, así que el levita tomó a su concubina y la echó a la calle. Los hombres la violaron y la ultrajaron toda la noche, hasta el amanecer; ya en la madrugada la dejaron ir. ²⁶Despuntaba el alba cuando la mujer volvió y se desplomó a la entrada de la casa donde estaba hospedado su marido. Allí se quedó hasta que amaneció.

²⁷Cuando por la mañana su marido se levantó y abrió la puerta de la casa, dispuesto a seguir su camino, vio allí a su concubina, tendida a la entrada de la casa y con las manos en el umbral. ²⁸«¡Levántate, vámonos!», le dijo, pero no obtuvo respuesta. Entonces el hombre la puso sobre su asno y partió hacia su casa.

²⁹Cuando llegó a su casa, tomó un cuchillo y descuartizó a su concubina en doce pedazos, después de lo cual distribuyó los pedazos por todas las regiones de Israel. ³⁰Todo el que veía esto decía: «Nunca se ha visto ni se ha hecho semejante cosa desde el día que los israelitas salieron de la tierra de Egipto. ¡Piensen en esto! ¡Considérenlo y dígannos qué hacer!».

Los israelitas derrotan a los benjamitas

20 Todos los israelitas desde Dan hasta Berseba, incluso los de la tierra de Galaad, salieron como un solo ⸰hombre y se reunieron ante el SEÑOR en Mizpa. ²Los jefes de todo el pueblo, es decir, de todas las tribus de Israel, tomaron sus puestos en la asamblea del pueblo de Dios. Eran cuatrocientos mil soldados armados con espadas. ³A su vez, los de la tribu de Benjamín se enteraron de que los israelitas habían subido a Mizpa. Entonces los israelitas dijeron al levita:

—Cuéntanos cómo sucedió esta infamia.

⁴El levita, esposo de la mujer asesinada, respondió:

—Mi concubina[b] y yo llegamos a Guibeá de Benjamín para pasar la noche. ⁵Durante la noche los hombres de Guibeá se levantaron contra mí y rodearon la casa, con la intención de matarme. Luego violaron a mi concubina de tal manera que murió. ⁶Entonces la tomé, la corté en pedazos y envié un pedazo a cada tribu en el territorio israelita, porque esa gente cometió un acto depravado e infame en Israel. ⁷Ahora, todos ustedes, israelitas, opinen y tomen una decisión aquí mismo.

⁸Todo el pueblo se levantó como un solo hombre y dijo:

—¡Ninguno de nosotros volverá a su tienda de campaña! ¡Nadie regresará a su casa! ⁹Y esto es lo que haremos ahora a Guibeá: Echaremos suertes para ver quiénes subirán contra ella. ¹⁰De entre todas las tribus de Israel, tomaremos a diez hombres de cada ciento, a cien de cada mil y a mil de cada diez mil, para conseguir provisiones para el ejército. Cuando el ejército llegue a Gueba[c] de Benjamín, les dará su merecido por toda la infamia cometida en Israel.

---

a 1 Véase nota en Gn 22:24.   *b* 4 Véase nota en Gn 22:24.
c 10 Según la mayoría de manuscritos hebreos; un manuscrito hebreo dice *Guibeá*, una variante de *Gueba*.

¹¹Así que todos los israelitas, como un solo hombre, unieron sus fuerzas contra la ciudad.

¹²Las tribus de Israel enviaron mensajeros por toda la tribu de Benjamín, diciendo: «¿Qué les parece este crimen que se cometió entre ustedes? ¹³Entreguen ahora a esos hombres perversos de Guibeá para que los matemos y eliminemos así la maldad en Israel».

Pero los de la tribu de Benjamín no quisieron hacerles caso a sus hermanos israelitas. ¹⁴Al contrario, gente de todas sus ciudades se reunió en Guibeá para luchar contra los israelitas. ¹⁵En aquel día los de Benjamín movilizaron de entre sus ciudades veintiséis mil soldados armados de espada, además de setecientos hombres escogidos de los que vivían en Guibeá. ¹⁶Entre todos ellos había setecientos soldados escogidos que eran zurdos, todos ellos capaces de lanzar con la honda una piedra contra un cabello, sin errar.

¹⁷Israel, sin contar a Benjamín, movilizó a cuatrocientos mil soldados armados de espada, todos ellos expertos guerreros.

¹⁸Los israelitas subieron a Betel y consultaron a Dios. Le preguntaron:

—¿Cuál de nosotros será el primero en combatir a los de la tribu de Benjamín?

El SEÑOR respondió:

—Judá será el primero.

¹⁹Los israelitas se levantaron temprano y acamparon frente a Guibeá; ²⁰salieron a luchar contra los de Benjamín, y frente a Guibeá se dispusieron contra ellos en orden de batalla. ²¹Pero los de Benjamín salieron de Guibeá y abatieron aquel día a veintidós mil israelitas en el campo de batalla. ²²Los israelitas se animaron unos a otros y volvieron a presentar batalla donde se habían apostado el primer día, ²³pues habían subido a llorar en presencia del SEÑOR hasta el anochecer y le habían consultado:

—¿Debemos subir y volver a luchar contra los de Benjamín, nuestros hermanos?

Y el SEÑOR les había contestado:

—Suban contra ellos.

²⁴Fue así como los israelitas se acercaron a Benjamín el segundo día. ²⁵Los de Benjamín salieron de Guibeá para combatirlos, abatiendo esta vez a dieciocho mil israelitas más, todos ellos armados con espadas.

²⁶Entonces los israelitas, con todo el pueblo, subieron a Betel y allí se sentaron y lloraron en presencia del SEÑOR. Ayunaron aquel día hasta el anochecer y presentaron al SEÑOR *holocaustos y sacrificios de *comunión. ²⁷Después consultaron al SEÑOR, pues en aquel tiempo estaba allí el arca del *pacto de Dios, ²⁸y Finés, hijo de Eleazar y nieto de Aarón, ministraba delante de ella. Preguntaron:

—¿Debemos subir y volver a luchar contra los de Benjamín, nuestros hermanos, o nos retiramos?

El SEÑOR respondió:

—Suban, porque mañana los entregaré en sus manos.

²⁹Israel tendió una emboscada alrededor de Guibeá. ³⁰Al tercer día subieron contra los de Benjamín y se pusieron en orden de batalla contra Guibeá, como lo habían hecho antes. ³¹Los de Benjamín salieron a su encuentro y se vieron obligados a alejarse de la ciudad. Comenzaron a causar bajas entre los israelitas, como en las ocasiones anteriores, y alcanzaron a matar a unos treinta hombres

en el campo abierto, por el camino que lleva a Betel y también por el que lleva a Guibeá.

³²Los benjamitas decían: «Los estamos derrotando como antes», pero los israelitas decían: «Huyamos, para que se alejen de la ciudad hasta los caminos».

³³De pronto, los israelitas cambiaron de táctica y presentaron batalla en Baal Tamar, y los israelitas que estaban emboscados salieron a atacar al oesteᵃ de Gueba.ᵇ ³⁴Diez mil de los mejores guerreros de Israel lanzaron un ataque frontal contra Gueba, y fue tan intenso el combate que los benjamitas no se dieron cuenta de que la calamidad se les venía encima. ³⁵El SEÑOR derrotó a Benjamín delante de Israel, y aquel día los israelitas mataron a veinticinco mil cien hombres de la tribu de Benjamín, todos ellos armados con espadas. ³⁶Allí los de Benjamín cayeron en cuenta de que habían sido vencidos.

Los hombres de Israel habían cedido terreno delante de Benjamín, porque confiaban en la emboscada que habían tendido contra Gueba. ³⁷De repente, los hombres que habían estado emboscados asaltaron a Gueba, se desplegaron y mataron a filo de espada a todos los habitantes de la ciudad. ³⁸Los israelitas habían acordado con los que estaban emboscados que, cuando estos levantaran una gran nube de humo desde la ciudad, ³⁹los hombres de Israel volverían a la batalla.

Cuando los de Benjamín comenzaron a causar bajas entre los israelitas, matando a unos treinta, se decían: «¡Los estamos derrotando, como en la primera batalla!». ⁴⁰Pero cuando la columna de humo comenzó a levantarse de la ciudad, los de Benjamín se dieron vuelta y vieron que el fuego de la ciudad entera subía al cielo. ⁴¹En ese momento, atacaron los israelitas, y los hombres de Benjamín se aterrorizaron al darse cuenta de que la calamidad se les venía encima. ⁴²Así que huyeron ante los israelitas por el camino del desierto; pero no pudieron escapar de la batalla, pues a los que salían de las ciudades los abatieron allí. ⁴³Rodearon a los de Benjamín; los persiguieron y los aplastaron con facilidadᶜ en las inmediaciones de Gueba, hacia el lado oriental. ⁴⁴Cayeron dieciocho mil de la tribu de Benjamín, todos ellos guerreros valientes. ⁴⁵Cuando se volvieron y huyeron hacia el desierto, a la peña de Rimón, los israelitas abatieron a cinco mil hombres junto a los caminos. Continuaron persiguiéndolos hasta Guidón y mataron a dos mil más.

⁴⁶Aquel día cayeron en combate veinticinco mil soldados benjamitas armados con espada, todos ellos guerreros valientes. ⁴⁷Pero seiscientos hombres se volvieron y huyeron por el desierto hasta la peña de Rimón, donde permanecieron cuatro meses. ⁴⁸Los israelitas se volvieron contra los de Benjamín y mataron a filo de espada a los habitantes de todas las ciudades, incluso a los animales, y destrozaron todo lo que encontraron a su paso. También les prendieron fuego a todas las ciudades.

Esposas para los benjamitas

21 Los israelitas habían jurado en Mizpa: «Ninguno de nosotros dará su hija en matrimonio a un benjamita».

²El pueblo fue a Betelᵈ y allí permanecieron hasta el anochecer, clamando y llorando amargamente en presencia de Dios. ³«Oh SEÑOR, Dios de Israel —clamaban—, ¿por qué ha sucedido esto a Israel? ¡Hoy ha desaparecido una de nuestras tribus!».

⁴Al día siguiente el pueblo se levantó de madrugada, construyó allí un altar, y presentaron *holocaustos y sacrificios de *comunión.

⁵Luego preguntaron los israelitas: «¿Quién de entre todas las tribus de Israel no se presentó a la

ᵃ 33 oeste (mss. de LXX y Vulgata); palabra de difícil traducción. ᵇ 33 Según el texto hebreo; *Gueba* es una variante de *Guibeá*. ᶜ 43 *con facilidad*. Palabra de difícil traducción. ᵈ 2 *Betel*. Alt. *la casa de Dios*.

asamblea del SEÑOR?». Porque habían pronunciado un juramento solemne contra cualquiera que no se presentara ante el SEÑOR en Mizpa, que decía así: «Tendrá que morir».

⁶Los israelitas se afligieron por sus hermanos, los benjamitas. «Hoy ha sido arrancada una tribu de Israel —dijeron ellos—. ⁷¿Cómo podemos proveerles esposas a los que quedan, si ya hemos jurado ante el SEÑOR no darles ninguna de nuestras hijas en matrimonio?». ⁸Entonces preguntaron: «¿Cuál de las tribus de Israel no se presentó ante el SEÑOR en Mizpa?». Y resultó que ninguno de Jabés de Galaad había llegado al campamento para la asamblea, ⁹porque al pasar revista al pueblo notaron que de los habitantes de Jabés de Galaad no había allí ninguno.

¹⁰Así que la asamblea envió doce mil de los mejores guerreros con la siguiente orden: «Vayan y maten a filo de espada a los habitantes de Jabés de Galaad. Maten también a las mujeres y a los niños. ¹¹Esto es lo que van a hacer: ˙Exterminarán a todos los hombres y a todas las mujeres que no sean vírgenes». ¹²Entre los habitantes de Jabés de Galaad encontraron a cuatrocientas muchachas que no habían tenido relaciones sexuales con ningún hombre y las llevaron al campamento de Siló, que está en la tierra de Canaán.

¹³Entonces toda la comunidad envió una oferta de paz a los benjamitas que estaban en la peña de Rimón. ¹⁴En esa ocasión, regresaron los benjamitas y les entregaron las mujeres de Jabés de Galaad que habían dejado con vida. Pero no hubo mujeres para todos.

¹⁵El pueblo todavía se afligía por Benjamín, porque el SEÑOR había dejado un vacío en las tribus de Israel.

¹⁶Y los jefes de la asamblea dijeron: «¿Cómo podemos dar mujeres a los hombres que quedaron, si las mujeres de Benjamín fueron exterminadas? ¹⁷¡Los sobrevivientes benjamitas deben tener herederos —exclamaron—, para que no sea aniquilada una tribu de Israel! ¹⁸Pero nosotros no podemos darles nuestras hijas como esposas, porque hemos jurado diciendo: "Maldito sea el que dé una mujer a un benjamita". ¹⁹Pero miren, se acerca la fiesta del SEÑOR que todos los años se celebra en Siló, al norte de Betel, y al este del camino que va de Betel a Siquén, y al sur de Lebená».

²⁰Así que dieron estas instrucciones a los de Benjamín: «Vayan, escóndanse en los viñedos ²¹y estén atentos. Cuando las muchachas de Siló salgan a bailar, salgan ustedes de los viñedos y róbese cada uno de ustedes una de esas muchachas para esposa, y váyase a la tierra de Benjamín. ²²Y si sus padres o sus hermanos vienen a reclamarnos algo, les diremos: "Sean bondadosos con ellos, porque no conseguimos esposas para todos durante la guerra. Además, ustedes son inocentes, ya que no les dieron sus hijas"».

²³Así lo hicieron los de la tribu de Benjamín. Mientras bailaban las muchachas, cada uno de ellos se robó una y se la llevó. Luego regresaron a sus propias tierras, reconstruyeron las ciudades y se establecieron en ellas.

²⁴Luego de eso los israelitas también se fueron de aquel lugar y regresaron a sus tribus y a sus clanes, cada uno a su propia tierra.

²⁵En aquella época no había rey en Israel; cada uno hacía lo que le parecía mejor.

Rut

Noemí y Rut

1 En el tiempo en que distintos líderes[a] gobernaban el país, hubo allí una época de hambre. Entonces un hombre de Belén de Judá emigró a la tierra de Moab, junto con su esposa y sus dos hijos. ²El hombre se llamaba Elimélec, su esposa se llamaba Noemí y sus dos hijos, Majlón y Quilión; todos ellos eran efrateos, de Belén de Judá. Cuando llegaron a la tierra de Moab, se quedaron a vivir allí.

³Pero murió Elimélec, esposo de Noemí, y ella se quedó sola con sus dos hijos. ⁴Estos se casaron con mujeres moabitas, una llamada Orfa y la otra, Rut. Después de haber vivido allí unos diez años, ⁵murieron también Majlón y Quilión, y Noemí se quedó viuda y sin hijos.

⁶Noemí decidió regresar de la tierra de Moab con sus dos nueras, porque allí se enteró de que el SEÑOR había acudido en ayuda de su pueblo al proveerle de alimento. ⁷Salió, pues, con sus dos nueras del lugar donde había vivido, y juntas emprendieron el camino que las llevaría hasta la tierra de Judá.

⁸Entonces Noemí dijo a sus dos nueras:

—¡Miren, vuelva cada una a la casa de su madre! Que el SEÑOR las trate a ustedes con el mismo amor y lealtad que ustedes han mostrado con los que murieron y conmigo. ⁹Que el SEÑOR les conceda hallar seguridad en un nuevo hogar al lado de un nuevo esposo.

Luego las besó. Pero ellas, deshechas en llanto, ¹⁰exclamaron:

—¡No! Nosotras volveremos contigo a tu pueblo.

¹¹—¡Vuelvan a su casa, hijas mías! —insistió Noemí—. ¿Para qué se van a ir conmigo? ¿Acaso voy a tener más hijos que pudieran casarse con ustedes? ¹²¡Vuelvan a su casa, hijas mías! ¡Váyanse! Yo soy demasiado vieja para volver a casarme. Aun si abrigara esa esperanza, y esta misma noche me casara y llegara a tener hijos, ¹³¿los esperarían ustedes hasta que crecieran? ¿Y por ellos se quedarían sin casarse? ¡No, hijas mías! Mi amargura es mayor que la de ustedes; ¡la mano del SEÑOR se ha levantado contra mí!

¹⁴Una vez más alzaron la voz, deshechas en llanto. Luego Orfa se despidió de su suegra con un beso, pero Rut se aferró a ella.

¹⁵—Mira —dijo Noemí—, tu cuñada se vuelve a su pueblo y a sus dioses. Vuélvete con ella.

¹⁶Pero Rut respondió: «¡No insistas en que te abandone o en que me separe de ti! Porque iré adonde tú vayas y viviré donde tú vivas. Tu pueblo será mi pueblo y tu Dios será mi Dios. ¹⁷Moriré donde tú mueras y allí seré sepultada. ¡Que me castigue el SEÑOR con toda severidad si me separa de ti algo que no sea la muerte!». ¹⁸Al ver Noemí que Rut estaba tan decidida a acompañarla, no insistió más.

¹⁹Entonces las dos mujeres siguieron caminando hasta llegar a Belén. Apenas llegaron, hubo gran conmoción en todo el pueblo a causa de ellas.

—¿No es esta Noemí? —se preguntaban las mujeres del pueblo.

²⁰—Ya no me llamen Noemí[b] —respondió ella—. Llámenme Mara,[c] porque el ˣTodopoderoso ha colmado mi vida de amargura. ²¹Me fui con las manos llenas, pero el SEÑOR me ha hecho volver sin nada. ¿Por qué me llaman Noemí si me ha afligido el SEÑOR,[d] si me ha hecho desdichada el Todopoderoso?

²²Así fue como Noemí volvió de la tierra de Moab acompañada por su nuera, Rut la moabita. Cuando llegaron a Belén, comenzaba la cosecha de cebada.

Encuentro de Rut con Booz

2 Noemí tenía por parte de su esposo un pariente que se llamaba Booz. Era un hombre rico e influyente de la familia de Elimélec.

²Y sucedió que Rut, la moabita, dijo a Noemí:

—Permíteme ir al campo a recoger las espigas que vaya dejando alguien a quien yo le agrade.

—Anda, hija mía —respondió su suegra.

³Rut salió y comenzó a recoger espigas en el campo, detrás de los segadores. Y dio la casualidad de que el campo donde estaba trabajando pertenecía a Booz, el pariente de Elimélec.

⁴En eso llegó Booz desde Belén y saludó a los segadores:

—¡Que el SEÑOR esté con ustedes!

—¡Que el SEÑOR lo bendiga! —respondieron ellos.

⁵—¿De quién es esa joven? —preguntó Booz al capataz de sus segadores.

⁶—Es una joven moabita que volvió de la tierra de Moab con Noemí —le contestó el capataz—. ⁷Ella me rogó que la dejara recoger espigas de entre las gavillas, detrás de los segadores. No ha dejado de trabajar desde esta mañana que entró en el campo, hasta ahora que ha venido a descansar un rato en el cobertizo.[e]

⁸Entonces Booz dijo a Rut:

—Escucha, hija mía. No vayas a recoger espigas a otro campo ni te alejes de aquí. Quédate junto a mis criadas, ⁹fíjate bien en el campo donde se esté cosechando y síguelas. Ya les ordené a los criados que no te molesten. Y, cuando tengas sed, ve adonde están las vasijas y bebe del agua que los criados hayan sacado.

¹⁰Rut se inclinó, se postró rostro en tierra y exclamó:

—¿Cómo es que le he caído tan bien a usted, hasta el punto de fijarse en mí, siendo solo una extranjera?

¹¹—Ya me han contado —respondió Booz—, todo lo que has hecho por tu suegra desde que murió tu esposo; cómo dejaste padre y madre, y la tierra donde naciste, y viniste a vivir con un pueblo que antes no conocías. ¹²¡Que el SEÑOR te recompense por lo que has hecho! Que el SEÑOR, Dios de Israel, bajo cuyas alas has venido a refugiarte, te lo pague con creces.

---

a 1 líderes. Véase Jue 2:16.   *b 20* En hebreo, *Noemí* significa *placentera* o *dulce.*   *c 20* En hebreo, *Mara* significa *amarga.*   *d 21 si me ha afligido el SEÑOR.* Alt. *si el SEÑOR ha testificado contra mí.*   *e 7 que ha venido … cobertizo.* Frase de difícil traducción.

¹³—¡Ojalá siga yo siendo de su agrado, mi señor! —contestó ella—. Usted me ha consolado y me ha hablado con cariño, aunque ni siquiera soy como una de sus criadas.

¹⁴A la hora de comer, Booz le dijo:

—Ven acá. Sírvete pan y moja tu bocado en el vinagre.

Cuando Rut se sentó con los segadores, Booz le ofreció grano tostado. Ella comió, quedó satisfecha y hasta le sobró. ¹⁵Después, cuando ella se levantó a recoger espigas, él dio estas órdenes a sus criados:

—Aun cuando saque espigas de las gavillas mismas, no la hagan pasar vergüenza. ¹⁶Más bien, dejen caer algunas espigas de los manojos para que ella las recoja, ¡y no la reprendan!

¹⁷Así que Rut recogió espigas en el campo hasta el atardecer. Luego desgranó la cebada que había recogido, la cual pesó casi un efa.ᵃ ¹⁸La cargó de vuelta al pueblo y su suegra vio cuánto traía. Además, Rut entregó a su suegra lo que le había quedado después de haber comido hasta quedar satisfecha.

¹⁹Su suegra preguntó:

—¿Dónde recogiste espigas hoy? ¿Dónde trabajaste? ¡Bendito sea el hombre que se fijó en ti!

Entonces Rut contó a su suegra acerca del hombre con quien había estado trabajando. Le dijo:

—El hombre con quien hoy trabajé se llama Booz.

²⁰—¡Que el SEÑOR lo bendiga! —exclamó Noemí delante de su nuera—. El SEÑOR no ha dejado de mostrar su fiel amor hacia los vivos y los muertos. Ese hombre es nuestro pariente cercano; es uno de los parientes que nos pueden redimir.

²¹Rut, la moabita, añadió:

—Incluso me dijo que me quedara allí junto a sus criados hasta que terminaran de recogerle toda la cosecha.

²²—Hija mía, te conviene seguir con sus criadas —dijo Noemí—, para que no se aprovechen de ti en otro campo.

²³Así que Rut se quedó junto a las criadas de Booz para recoger espigas hasta que terminó la cosecha de la cebada y del trigo. Mientras tanto, vivía con su suegra.

Rut y Booz en la era

3 Un día su suegra Noemí le dijo:

—Hija mía, ¿no debiera yo buscarte un hogar seguro donde no te falte nada? ²Además, ¿acaso Booz, con cuyas criadas has estado, no es nuestro pariente? Escucha bien, él va esta noche al campo para separar el grano de la paja. ³Báñate, perfúmate y ponte tu mejor ropa. Baja luego al lugar donde se limpia el trigo, pero no dejes que él se dé cuenta de que estás allí hasta que haya terminado de comer y beber. ⁴Cuando se vaya a dormir, fíjate dónde se acuesta. Luego ve, descubre sus pies y acuéstate a su lado. Verás que él mismo te dice lo que tienes que hacer.

⁵—Haré todo lo que me has dicho —respondió Rut.

⁶Y bajó al lugar donde se limpia el trigo e hizo todo lo que su suegra había mandado.

⁷Booz comió, bebió y se puso alegre. Luego se fue a dormir detrás del montón de grano. Más tarde Rut se acercó sigilosamente, le destapó los pies y se acostó allí. ⁸A medianoche Booz se despertó sobresaltado y, al darse vuelta, descubrió que había una mujer acostada a sus pies.

⁹—¿Quién eres? —preguntó.

—Soy Rut, su sierva. Extienda sobre mí el borde de su manto,ᵇ ya que usted es un pariente que me puede redimir.

¹⁰—Que el SEÑOR te bendiga, hija mía. Esta nueva muestra de lealtad de tu parte supera la anterior, ya que no has ido en busca de hombres jóvenes, sean ricos o pobres. ¹¹Y ahora, hija mía, no tengas miedo. Haré por ti todo lo que me pidas. Todo mi puebloᶜ sabe que eres una mujer de noble carácter. ¹²Ahora bien, aunque es cierto que soy un pariente que puede redimirte, hay otro más cercano que yo. ¹³Quédate aquí esta noche. Mañana, si él quiere redimirte, está bien que lo haga. Pero si no está dispuesto a hacerlo, ¡tan cierto como que el SEÑOR vive, te aseguro que yo te redimiré! Ahora acuéstate aquí hasta que amanezca.

¹⁴Así que se quedó acostada a sus pies hasta el amanecer y se levantó cuando aún estaba oscuro; pues él había dicho: «Que no se sepa que una mujer vino al lugar donde se limpia el trigo».

¹⁵Luego Booz dijo:

—Dame la capa que llevas puesta y sostenla firmemente.

Rut lo hizo así, entonces él echó en la capa seis medidasᵈ de cebada y puso la carga sobre ella. Luego él regresó al pueblo.

¹⁶Cuando Rut llegó adonde estaba su suegra, esta preguntó:

—¿Cómo te fue, hija mía?

Rut le contó todo lo que aquel hombre había hecho por ella ¹⁷y añadió:

—Me dio estas seis medidas de cebada y me dijo: "No debes volver a tu suegra con las manos vacías".

¹⁸Entonces Noemí dijo:

—Espérate, hija mía, a ver qué sucede, porque este hombre no va a descansar hasta dejar resuelto este asunto hoy mismo.

Matrimonio de Booz y Rut

4 Booz, por su parte, subió hasta la *puerta de la ciudad y se sentó allí. En eso pasó el pariente, que él había mencionado, responsable de redimirlas.

—Ven acá, amigo mío, y siéntate —dijo Booz.

El hombre fue y se sentó.

²Entonces Booz llamó a diez de los jefes de la ciudad y les dijo:

—Siéntense aquí.

Y ellos se sentaron. ³Booz dijo al pariente redentor:

—Noemí, que ha regresado de la tierra de Moab, está vendiendo el terreno que perteneció a nuestro hermano Elimélec. ⁴Consideré que debía informarte del asunto y sugerirte que lo compres en presencia de estos testigos y de los jefes de mi pueblo. Si vas a comprar el terreno, hazlo. Pero si no lo vasᵉ a comprar, dímelo, para que yo lo sepa. Porque ningún otro tiene el derecho de redimirlo, sino tú y, después de ti, yo tengo ese derecho.

—Yo lo redimo —contestó.

⁵Pero Booz aclaró:

—El día que adquieras el terreno de Noemí, adquieres también a Rut la moabita, viudaᶠ del difunto, a fin de conservar su *nombre junto con su heredad.

⁶—Entonces no puedo redimirlo —respondió el pariente redentor—, porque podría perjudicar mi propia herencia. Redímelo tú; te cedo mi derecho. Yo no puedo ejercerlo.

⁷En aquellos tiempos, para ratificar el rescate o el traspaso de una propiedad en Israel, una de las partes contratantes se quitaba la sandalia y se la daba a la otra. Así se acostumbraba a legalizar los contratos en Israel.

ᵃ 17 Es decir, aprox. 16 kg.   ᵇ 9 *Extienda … manto.* Esta acción implicaba una propuesta de matrimonio.   ᶜ 11 *Todo mi pueblo.* Lit. *Toda la puerta de mi pueblo.*   ᵈ 15 *seis medidas.* Es decir, aprox. 20 kg; también en v. 17.   ᵉ 4 *si no lo vas* (mss. hebreos, LXX, Vulgata y Siríaca); *si él no va* (TM).   ᶠ 5 *de Noemí … viuda* (Vulgata y Siríaca); *de Noemí y de Rut la moabita, tendrás que casarte con la viuda* (TM).

8Por eso el pariente redentor le dijo a Booz:

—Cómpralo tú.

Y se quitó la sandalia.

9Entonces Booz proclamó ante los jefes y ante todo el pueblo:

—Hoy son ustedes testigos de que le he comprado a Noemí toda la propiedad de Elimélec, Quilión y Majlón. 10También he tomado como esposa a Rut la moabita, viuda de Majlón, a fin de preservar el nombre del difunto con su heredad, para que su nombre no desaparezca de entre su familia ni de los registros del pueblo. ¡Hoy son ustedes testigos!

11Los jefes y todos los que estaban en la puerta respondieron:

—Somos testigos. ¡Que el SEÑOR haga que la mujer que va a formar parte de tu hogar sea como Raquel y Lea, quienes juntas edificaron el pueblo de Israel!

»¡Que seas un hombre ilustre en Efrata y que adquieras renombre en Belén! 12¡Que por medio de esta joven el SEÑOR te conceda una descendencia tal que tu familia sea como la de Fares, el hijo que Tamar dio a Judá!

---

a **20** *Salmón* (mss. hebreos, mss. de LXX y Vulgata; véanse también v. 21 y LXX de 1Cr 2:11); *Salmá* (TM).

Rut tiene un hijo
4:18-22 – 1Cr 2:5-15; Mt 1:3-6; Lc 3:31-33

13Así que Booz tomó a Rut y se casó con ella. Cuando se unieron, el SEÑOR le concedió quedar embarazada, de modo que tuvo un hijo. 14Las mujeres decían a Noemí: «¡Alabado sea el SEÑOR, que no te ha dejado hoy sin un redentor! ¡Que llegue a tener renombre en Israel! 15Este niño renovará tu ˙vida y te sustentará en la vejez, porque lo ha dado a luz tu nuera, que te ama y es para ti mejor que siete hijos».

16Noemí tomó al niño, lo puso en su regazo y se encargó de criarlo. 17Las vecinas decían: «¡Noemí ha tenido un hijo!». Y lo llamaron Obed. Este fue el padre de Isaí, padre de David.

Genealogía de David
18Así que este es el linaje de Fares:

Fares fue el padre de Jezrón;
19 Jezrón, el padre de Ram;
Ram, el padre de Aminadab;
20 Aminadab, el padre de Naasón;
Naasón, el padre de Salmón;*a*
21 Salmón, el padre de Booz;
Booz, el padre de Obed;
22 Obed, el padre de Isaí;
e Isaí, el padre de David.

Primer Libro de

Samuel

Nacimiento de Samuel

1 En la región montañosa de Efraín había un hombre zufita de Ramatayin.ᵃ Su nombre era Elcaná, hijo de Jeroán, hijo de Eliú, hijo de Tohu, hijo de Zuf, efraimita. ²Elcaná tenía dos esposas. Una de ellas se llamaba Ana y la otra, Penina. Esta tenía hijos, pero Ana no tenía ninguno.

³Cada año Elcaná salía de su pueblo para adorar al SEÑOR de los Ejércitos y ofrecerle sacrificios en Siló, donde Ofni y Finés, los dos hijos de Elí, oficiaban como sacerdotes del SEÑOR. ⁴Cuando llegaba el día de ofrecer su sacrificio, Elcaná solía dar a Penina y a todos sus hijos e hijas la porción que les correspondía. ⁵Pero a Ana le daba una porción especial,ᵇ pues la amaba a pesar de que el SEÑOR la había hecho estéril. ⁶Penina, su rival, solía atormentarla para que se enojara, ya que el SEÑOR la había hecho estéril. ⁷Cada año, cuando iban a la casa del SEÑOR, sucedía lo mismo: Penina la atormentaba, hasta que Ana se ponía a llorar y ni comer quería. ⁸Entonces Elcaná, su esposo, decía: «Ana, ¿por qué lloras? ¿Por qué no comes? ¿Por qué estás afligida? ¿Acaso no soy para ti mejor que diez hijos?».

⁹Estando en Siló, Ana se levantó después de haber comido y bebido. Y a la vista del sacerdote Elí, que estaba sentado en su silla junto a la puerta del santuario del SEÑOR, ¹⁰comenzó a orar al SEÑOR con gran angustia y a llorar desconsoladamente. ¹¹Entonces hizo esta promesa: «SEÑOR de los Ejércitos, si te dignas mirar la desdicha de esta sierva tuya, y si en vez de olvidarme te acuerdas de mí y me concedes un hijo varón, yo te lo entregaré para toda su vida y nunca se le cortará el cabello».

¹²Como Ana estuvo orando largo rato ante el SEÑOR, Elí se fijó en su boca. ¹³Sus labios se movían, pero debido a que Ana oraba en voz baja, no se podía oír su voz. Elí pensó que estaba borracha, ¹⁴así que dijo:

—¿Hasta cuándo te va a durar la borrachera? ¡Deja ya el vino!

¹⁵—No, mi señor; no he bebido vino ni cerveza. Soy solo una mujer angustiada que ha venido a desahogarse delante del SEÑOR. ¹⁶No me tome usted por una mala mujer. He pasado este tiempo orando debido a mi angustia y aflicción.

¹⁷—Vete en °paz —respondió Elí—. Que el Dios de Israel te conceda lo que has pedido.

¹⁸—Gracias. Ojalá favorezca usted siempre a esta sierva suya.

Con esto, Ana se despidió y se fue a comer. Desde ese momento, su semblante cambió.

¹⁹Al día siguiente madrugaron y, después de adorar al SEÑOR, volvieron a su casa en Ramá. Luego Elcaná se unió a su esposa Ana, y el SEÑOR se acordó de ella. ²⁰Ana concibió y a su debido tiempo dio a luz un hijo, al que le puso por nombre Samuel,ᶜ pues dijo: «Al SEÑOR se lo pedí».

Ana dedica a Samuel

²¹Cuando Elcaná volvió a salir con toda su familia para cumplir su promesa y ofrecer su sacrificio anual al SEÑOR, ²²Ana no lo acompañó.

—No iré hasta que el niño sea destetado —explicó a su esposo—. Entonces lo llevaré para dedicarlo al SEÑOR y allí se quedará el resto de su vida.

²³—Bien, haz lo que te parezca mejor —respondió su esposo Elcaná—. Quédate hasta que lo destetes, con tal de que el SEÑOR cumpla su palabra.

Así pues, Ana se quedó en su casa y crio a su hijo hasta que lo destetó.

²⁴Cuando dejó de amamantarlo, salió con el niño, a pesar de ser tan pequeño, y lo llevó a la casa del SEÑOR en Siló. También llevó un novillo de tres años,ᵈ un efaᵉ de harina y un odre de vino. ²⁵Luego sacrificaron el novillo y presentaron el niño a Elí. ²⁶Dijo Ana: «Mi señor, tan cierto como que usted vive, le aseguro que yo soy la mujer que estuvo aquí a su lado orando al SEÑOR. ²⁷Este es el niño que yo pedí al SEÑOR, y él me lo concedió. ²⁸Ahora yo, por mi parte, se lo entrego al SEÑOR. Mientras el niño viva, estará dedicado a él». Entonces Elíᶠ se postró allí ante el SEÑOR.

Oración de Ana

2 Ana elevó esta oración:

«Mi °corazón se alegra en el SEÑOR;
en él radica mi poder.ᵍ
Puedo celebrar su °salvación
y burlarme de mis enemigos.

² »Nadie es santo como el SEÑOR;
no hay °roca como nuestro Dios.
¡No hay nadie como él!

³ »Dejen de hablar con tanto orgullo y altivez;
¡no profieran palabras soberbias!
El SEÑOR es un Dios que todo lo sabe,
y él es quien juzga las acciones.

⁴ »El arco de los poderosos se quiebra,
pero los débiles se arman de valor.
⁵ Los que antes tenían comida de sobra se venden
por un pedazo de pan;
los que antes sufrían hambre ahora viven
saciados.
La estéril ha dado a luz siete veces,
pero la que tenía muchos hijos languidece.

⁶ »Del SEÑOR vienen la muerte y la vida;
a unos hace bajar al sepulcroʰ y a otros los
levanta.
⁷ El SEÑOR nos da la riqueza y la pobreza;
nos humilla, pero también nos enaltece.

ᵃ **1** *zufita de Ramatayin.* Lit. *de Ramatayin Zofín.*
ᵇ **5** *especial.* Alt. *doble.* ᶜ **20** En hebreo, el nombre *Samuel* suena como la expresión que significa *Dios oyó.* ᵈ **24** *un novillo de tres años* (Qumrán, LXX, Siríaca); *tres novillos* (TM). ᵉ **24** Es decir, aprox. 16 kg. ᶠ **28** *Elí.* Lit. *él.* ᵍ **1** *poder.* Lit. *cuerno;* también en v. 10. ʰ **6** *al sepulcro.* Lit. *al Seol.*

⁸Levanta del polvo al desvalido
    y saca del basurero al pobre
para sentarlos en medio de príncipes
    y darles un trono esplendoroso.

»Del SEÑOR son los fundamentos de la tierra;
    sobre ellos afianzó el mundo.
⁹Él guardará los pasos de sus fieles,
    pero los malvados se perderán entre las
        sombras.

»¡Nadie triunfa por sus propias fuerzas!
¹⁰El SEÑOR destrozará a sus enemigos;
    desde el cielo lanzará truenos contra ellos.
    El SEÑOR juzgará los confines de la tierra,
    fortalecerá a su rey
    y enaltecerá el poder de su *ungido».

¹¹Elcaná volvió a su casa en Ramá, pero el niño se quedó para servir al SEÑOR, bajo el cuidado del sacerdote Elí.

Perversidad de los hijos de Elí

¹²Los hijos de Elí eran unos perversos que no tomaban en cuenta al SEÑOR. ¹³La costumbre de estos sacerdotes era la siguiente: Cuando alguien ofrecía un sacrificio, el asistente del sacerdote se presentaba con un tenedor de tres dientes en la mano y, mientras se cocía la carne, ¹⁴metía el tenedor en la olla, en el caldero, en la cacerola o en la cazuela; y el sacerdote tomaba para sí mismo todo lo que se enganchaba en el tenedor. De esta forma trataban a todos los israelitas que iban a Siló. ¹⁵Además, antes de quemarse la grasa, solía llegar el ayudante del sacerdote para decirle al que estaba por ofrecer el sacrificio: «Dame carne para el asado del sacerdote, pues no te la va a aceptar cocida, sino cruda».

¹⁶Y, si el hombre contestaba: «Espera a que se queme la grasa, como es debido; luego podrás tomar lo que desees», el asistente replicaba: «No, dámela ahora mismo; de lo contrario, te la quito por la fuerza».

¹⁷Así que el pecado de estos jóvenes era gravísimo a los ojos del SEÑOR, pues trataban con desprecio las ofrendas que le pertenecían.

¹⁸El niño Samuel, por su parte, vestido con un *efod de tela de lino, seguía sirviendo en la presencia del SEÑOR. ¹⁹Cada año su madre hacía una pequeña túnica y se la llevaba cuando iba con su esposo para ofrecer su sacrificio anual. ²⁰Elí entonces bendecía a Elcaná y a su esposa, diciendo: «Que el SEÑOR te conceda hijos de esta mujer, a cambio del niño que ella pidió para dedicárselo al SEÑOR». Luego regresaban a su casa. ²¹El SEÑOR bendijo a Ana, de manera que ella concibió y dio a luz tres hijos y dos hijas. Durante ese tiempo, Samuel crecía en la presencia del SEÑOR.

²²Elí, que ya era muy anciano, se enteró de todo lo que sus hijos estaban haciendo al pueblo de Israel, incluso de que se acostaban con las mujeres que servían a la entrada de la Tienda de reunión. ²³Les dijo: «¿Por qué se comportan así? Todo el pueblo me habla de su mala conducta. ²⁴No, hijos míos; no es nada bueno lo que se comenta en el pueblo del SEÑOR. ²⁵Si alguien peca contra otra persona, Dios servirá de árbitro; pero si peca contra el SEÑOR, ¿quién podrá interceder por él?». No obstante, ellos no hicieron caso a la advertencia de su padre, pues la voluntad del SEÑOR era quitarles la vida.

²⁶Por su parte, el niño Samuel seguía creciendo y ganándose el aprecio del SEÑOR y de la gente.

Profecía contra la familia de Elí

²⁷Un hombre de Dios fue a ver a Elí y dijo:

«Así dice el SEÑOR: "Bien sabes que yo me manifesté a tus antepasados levitas cuando estaban en Egipto bajo el poder del faraón. ²⁸De entre todas las tribus de Israel, escogí a Aarón para que fuera mi sacerdote, es decir, para que en mi presencia se acercara a mi altar, quemara el incienso y se pusiera el *efod. Además, a su familia concedí las ofrendas puestas al fuego que los israelitas queman en mi honor. ²⁹¿Por qué, pues, tratan ustedes con tanto desprecio los sacrificios y las ofrendas que yo he ordenado traer a mi santuario? ¿Por qué honras a tus hijos más que a mí, y los engordas con lo mejor de todas las ofrendas de mi pueblo Israel?".

³⁰»Por lo tanto —dice el SEÑOR, Dios de Israel—, de ninguna manera permitiré que tus parientes me sirvan, aun cuando yo había prometido que toda tu familia, tanto tus antepasados como tus descendientes, me servirían siempre. Yo, el SEÑOR, lo afirmo. Yo honro a los que me honran y humillo a los que me desprecian. ³¹En efecto, se acerca el día en que acabaré con tu poder y con el de tu familia; ninguno de tus descendientes llegará a viejo. ³²Verás angustia en mi morada. Y aunque a Israel se le hará el bien, ninguno de tus descendientes llegará a viejo. ³³Si permito que alguno de los tuyos continúe sirviendo en mi altar, será para arruinarte la vista y abatirte la *vida; todos tus descendientes morirán en la flor de la vida.

³⁴»Y te doy esta señal: tus dos hijos, Ofni y Finés, morirán el mismo día. ³⁵Pero yo levantaré a un sacerdote fiel que hará mi voluntad y cumplirá mis deseos. Jamás le faltará descendencia y vivirá una larga vida en presencia de mi *ungido. ³⁶Y los familiares tuyos que sobrevivan vendrán y se postrarán rogando que les regale una pieza de plata o un pedazo de pan. Suplicarán: '¡Dame algún trabajo sacerdotal para mi sustento!'"».

El SEÑOR llama a Samuel

3 Samuel, que todavía era joven, servía al SEÑOR bajo el cuidado de Elí. En esos tiempos no era común oír palabra del SEÑOR ni eran frecuentes las visiones.

²Elí ya se estaba quedando ciego. Un día, mientras él descansaba en su habitación, ³Samuel dormía en el santuario del SEÑOR, donde se encontraba el arca de Dios. La lámpara de Dios todavía estaba encendida. ⁴El SEÑOR llamó a Samuel, y este respondió:

—Aquí estoy.

⁵Entonces fue corriendo adonde estaba Elí y dijo:

—Aquí estoy; ¿para qué me llamó usted?

—Yo no te he llamado —respondió Elí—. Vuelve a acostarte.

Y Samuel volvió a su cama.

⁶Pero una vez más el SEÑOR lo llamó:

—¡Samuel!

Él se levantó, fue adonde estaba Elí y dijo:

—Aquí estoy; ¿para qué me llamó usted?

—Hijo mío —respondió Elí—, yo no te he llamado. Vuelve a acostarte.

⁷Samuel todavía no conocía al SEÑOR ni su palabra se le había revelado.

⁸Por tercera vez llamó el SEÑOR a Samuel. Él se levantó y fue adonde estaba Elí.

—Aquí estoy —dijo—, ¿para qué me llamó usted?

Entonces Elí se dio cuenta de que el SEÑOR estaba llamando al muchacho.

⁹—Ve y acuéstate —dijo Elí—. Si alguien vuelve a llamarte, dile: "Habla, SEÑOR, que tu siervo escucha".

Así que Samuel se fue y se acostó en su cama.

¹⁰Entonces el SEÑOR se acercó, se detuvo y lo llamó de nuevo:

—¡Samuel! ¡Samuel!

—Habla, que tu siervo escucha —respondió Samuel.

[11]—Mira —dijo el SEÑOR—, estoy por hacer en Israel algo que a todo el que lo oiga le quedará retumbando en los oídos. [12]Ese día llevaré a cabo todo lo que he anunciado, de principio a fin, en contra de Elí y su familia. [13]Ya le dije que por la maldad de sus hijos he condenado a su familia para siempre; él sabía que estaban 'blasfemando contra Dios[a] y, sin embargo, no los refrenó. [14]Por lo tanto, hago este juramento en contra de su familia: ¡Ningún sacrificio ni ofrenda podrá lograr jamás el perdón del pecado de la familia de Elí!

[15]Samuel se acostó y a la mañana siguiente abrió las puertas de la casa del SEÑOR, pero temía contarle a Elí la visión. [16]Así que Elí tuvo que llamarlo.

—¡Samuel, hijo mío!

—Aquí estoy —respondió Samuel.

[17]—¿Qué fue lo que te dijo? —preguntó Elí—. Te pido que no me lo ocultes. ¡Que Dios te castigue sin piedad si me ocultas una sola palabra de todo lo que te ha dicho!

[18]Samuel se lo refirió todo, sin ocultarle nada, y Elí dijo:

—Él es el SEÑOR; que haga lo que mejor le parezca.

[19]Mientras Samuel crecía, el SEÑOR estuvo con él y cumplió todo lo que había dicho por medio de él.[b] [20]Y todo Israel, desde Dan hasta Berseba, se dio cuenta de que el SEÑOR había confirmado a Samuel como su profeta. [21]Y el SEÑOR volvió a manifestarse en Siló, porque allí se revelaba a Samuel y le comunicaba su palabra.

4 La palabra de Samuel llegó a todo el pueblo de Israel.

Los filisteos capturan el arca

En aquellos días, los israelitas salieron a enfrentarse con los filisteos y acamparon cerca de Ebenezer. Los filisteos, que habían acampado en Afec, [2]desplegaron sus tropas para atacar a los israelitas. Se entabló la batalla y los filisteos derrotaron a los israelitas, matando en el campo a unos cuatro mil de ellos. [3]Cuando el ejército regresó al campamento, los jefes de Israel dijeron: «¿Por qué nos ha derrotado hoy el SEÑOR por medio de los filisteos? Traigamos el arca del 'pacto del SEÑOR, que está en Siló, para que nos acompañe y nos salve del poder de nuestros enemigos».

[4]Así que enviaron un destacamento a Siló para sacar de allá el arca del pacto del SEÑOR de los Ejércitos, que tiene su trono entre los 'querubines. Los dos hijos de Elí, Ofni y Finés, estaban a cargo del arca del pacto de Dios.

[5]Cuando el arca del 'pacto del SEÑOR llegó al campamento, los israelitas empezaron a gritar de tal manera que la tierra temblaba. [6]Los filisteos oyeron el griterío y preguntaron: «¿A qué viene tanto alboroto en el campamento hebreo?».

Y al oír que el arca del SEÑOR había llegado al campamento, [7]los filisteos se acobardaron y dijeron: «Dios ha entrado en el campamento. ¡Ay de nosotros, que nunca nos ha pasado algo así! [8]¡Ay de nosotros! ¿Quién nos va a librar de las manos de dioses tan poderosos, que en el desierto hirieron a los egipcios con toda clase de plagas? [9]¡Ánimo, filisteos! ¡Sean hombres! Si no quieren llegar a ser esclavos de los hebreos, tal como ellos lo han sido de nosotros, ¡luchen como hombres!».

[10]Entonces los filisteos se lanzaron al ataque y derrotaron a los israelitas, los cuales huyeron en desbandada. La matanza fue terrible, pues de los israelitas cayeron treinta mil soldados de infantería. [11]Además, fue capturada el arca de Dios, y murieron Ofni y Finés, los dos hijos de Elí.

Muerte de Elí

[12]Un soldado que pertenecía a la tribu de Benjamín salió corriendo del frente de batalla y ese mismo día llegó a Siló, con la ropa hecha pedazos y la cabeza cubierta de polvo. [13]Allí se encontraba Elí, sentado en su silla y vigilando el camino, pues su 'corazón temblaba solo de pensar en el arca de Dios. Cuando el soldado entró en el pueblo y contó lo que había sucedido, todos se pusieron a gritar.

[14]—¿A qué viene tanto alboroto? —preguntó Elí, al oír el griterío.

El hombre corrió para darle la noticia. [15](Elí ya tenía noventa y ocho años, y sus ojos ni se movían, de modo que no podía ver).

[16]—Vengo del frente de batalla —dijo a Elí—; huí de las filas hoy mismo.

—¿Qué pasó, hijo mío? —preguntó Elí.

[17]—Los israelitas han huido ante los filisteos —respondió el mensajero—; el ejército ha sufrido una derrota terrible. Además, tus dos hijos, Ofni y Finés, han muerto, y el arca de Dios ha sido capturada.

[18]Solamente de oír mencionar el arca de Dios, Elí se fue de espaldas, cayéndose de la silla junto a la puerta. Como era viejo y pesaba mucho, se rompió la nuca y murió. Durante cuarenta años había liderado al pueblo de Israel.

[19]Su nuera, la esposa de Finés, estaba embarazada y próxima a dar a luz. Cuando supo que el arca de Dios había sido capturada, y que tanto su suegro como su esposo habían muerto, le vinieron los dolores de parto y tuvo un alumbramiento muy difícil. [20]Al verla agonizando, las parteras que la atendían dijeron: «Anímate, que has dado a luz un niño». Ella no respondió; ni siquiera les hizo caso.

[21]Pero por causa de la captura del arca de Dios y por la muerte de su suegro y de su esposo, puso al niño el nombre de Icabod[c] para indicar que la gloria de Israel había sido desterrada. [22]Exclamó: «¡Se han llevado la gloria de Israel! ¡El arca de Dios ha sido capturada!».

El arca en Asdod y Ecrón

5 Después de capturar el arca de Dios, los filisteos la llevaron de Ebenezer a Asdod [2]y la pusieron junto a la estatua de Dagón, en el templo de ese dios. [3]Al día siguiente, cuando los habitantes de Asdod se levantaron, vieron que la estatua de Dagón estaba tirada en el suelo, boca abajo, frente al arca del SEÑOR. Así que la levantaron y la colocaron en su sitio. [4]Pero al día siguiente, cuando se levantaron, volvieron a encontrar la estatua tirada en el suelo, boca abajo, frente al arca del SEÑOR. Sobre el umbral estaban su cabeza y sus dos manos, separadas del tronco. [5]Por eso, hasta el día de hoy, ninguno de los que entran en el templo de Dagón en Asdod, incluso los sacerdotes, pisan el umbral.

[6]Entonces el SEÑOR descargó su mano sobre la población de Asdod y sus alrededores, y los azotó con tumores. [7]La gente de Asdod reconoció lo que estaba pasando y declaró: «El arca del Dios de Israel no puede quedarse en medio nuestro, porque ese Dios ha descargado su mano sobre nosotros y contra nuestro dios Dagón».

[8]Así que convocaron a todos los gobernantes filisteos y les preguntaron:

—¿Qué vamos a hacer con el arca del Dios de Israel?

—Trasladen el arca del Dios de Israel a la ciudad de Gat —respondieron los jefes.

---

a 13 *contra Dios* (LXX y tradición rabínica); *por sí mismos* (TM).
b 19 *cumplió … de él*. Lit. *no permitió que ninguna de las palabras de Samuel cayeran al suelo.* *c* 21 En hebreo, *Icabod* significa *sin gloria.*

Y así lo hicieron.

9Pero después de que la trasladaron, el Señor castigó a esa ciudad, afligiendo con una erupción de tumores a sus habitantes, desde el más pequeño hasta el mayor. Eso provocó un pánico horrible. 10Entonces enviaron el arca de Dios a Ecrón, pero tan pronto como entró el arca en la ciudad, sus habitantes se pusieron a gritar: «¡Nos han traído el arca del Dios de Israel para matarnos a todos!». 11Por eso convocaron a todos los jefes filisteos y protestaron: «¡Llévense el arca del Dios de Israel! ¡Devuélvanla a su lugar de origen, para que no nos mate a nosotros y a todos los nuestros!». Y es que el terror de la muerte se había apoderado de la ciudad, porque Dios había descargado su mano sobre ese lugar. 12Los que no murieron fueron azotados por tumores, de modo que los gritos de la ciudad llegaban hasta el cielo.

Los filisteos devuelven el arca a Israel

6 El arca del Señor estuvo en territorio filisteo siete meses. 2Entonces los filisteos convocaron a los sacerdotes y a los adivinos para preguntarles:

—¿Qué vamos a hacer con el arca del Señor? Dígannos de qué modo hay que devolverla a su lugar.

3—Si piensan devolverla —contestaron—, no la manden sin nada; tienen que presentarle a Dios un sacrificio por la culpa. Entonces recobrarán la salud y sabrán por qué Dios no ha dejado de castigarlos.

4—¿Y qué debemos ofrecer como sacrificio por la culpa? —preguntaron los filisteos.

—Cinco figuras de oro en forma de tumor —respondieron aquellos— y otras cinco en forma de rata, conforme al número de jefes filisteos, pues la misma plaga los ha azotado a ustedes y a sus jefes. 5Así que hagan imágenes de los tumores y de las ratas que han devastado el país, y den honra al Dios de Israel. Tal vez suavice su castigo contra ustedes, sus dioses y su tierra. 6¿Por qué se van a obstinar como lo hicieron los egipcios y el faraón? ¿No es cierto que Dios tuvo que hacerles daño para que dejaran ir a los israelitas?

7»Ahora manden a construir una carreta nueva. Escojan también dos vacas con cría y que nunca hayan llevado yugo. Aten las vacas a la carreta, pero encierren los becerros en el establo. 8Tomen luego el arca del Señor y pónganla en la carreta. Coloquen una caja junto al arca, con los objetos de oro que van a entregarle a Dios como sacrificio por la culpa. Luego dejen que la carreta se vaya sola 9y obsérvenla. Si se va en dirección de Bet Semes, su propio territorio, eso quiere decir que el Señor es quien nos ha causado esta calamidad tan terrible. Pero si la carreta se desvía para otro lugar, sabremos que no fue él quien nos hizo daño, sino que todo ha sido por casualidad».

10Así lo hicieron. Tomaron dos vacas con cría y las ataron a la carreta, pero encerraron los becerros en el establo. 11Además, en la carreta pusieron el arca del Señor y la caja que contenía las figuras de ratas y de tumores de oro. 12¡Y las vacas se fueron mugiendo por todo el camino, directamente a Bet Semes! Siguieron esa ruta sin desviarse para ningún lado. Los jefes de los filisteos se fueron detrás de la carreta, hasta llegar al territorio de Bet Semes.

13Los habitantes de Bet Semes, que estaban en el valle cosechando el trigo, alzaron la vista y, al ver el arca, se llenaron de alegría. 14La carreta llegó hasta el campo de Josué de Bet Semes, donde había una gran piedra, y allí se detuvo. Entonces la gente del pueblo usó la madera de la carreta como leña y ofreció las vacas en *holocausto al Señor. 15Los levitas

que habían descargado la carreta pusieron el arca del Señor sobre la gran piedra, junto con la caja que contenía las figuras de oro. Aquel día los habitantes de Bet Semes ofrecieron holocaustos y sacrificios al Señor. 16Los cinco jefes filisteos vieron todo esto y regresaron a Ecrón ese mismo día.

17Las figuras de oro en forma de tumor, que los filisteos entregaron al Señor como sacrificio por la culpa, correspondían a cada una de estas ciudades: Asdod, Gaza, Ascalón, Gat y Ecrón. 18Así mismo, el número de las ratas de oro correspondía al de las ciudades filisteas que pertenecían a los cinco jefes, tanto las ciudades fortificadas como las aldeas sin murallas. Y la gran piedra donde depositaron el arca del Señor permanece hasta el día de hoy, como testimonio, en el campo de Josué de Bet Semes.

19Algunos hombres de ese lugar se atrevieron a mirar dentro del arca del Señor, y Dios los mató. Fueron setenta[a] los que perecieron. El pueblo hizo duelo por el terrible castigo que el Señor había enviado, 20y los habitantes de Bet Semes dijeron: «El Señor es un Dios *santo. ¿Quién podrá presentarse ante él? ¿Y a dónde podremos enviar el arca para que no se quede entre nosotros?».

21Así que mandaron este mensaje a los habitantes de Quiriat Yearín: «Los filisteos han devuelto el arca del Señor; vengan y llévensela». 1Los de Quiriat Yearín fueron a Bet Semes y se llevaron el arca del Señor a la casa de Abinadab, que estaba en una loma. Luego consagraron a su hijo Eleazar para que estuviera a cargo de ella.

Samuel derrota a los filisteos en Mizpa

2El arca permaneció en Quiriat Yearín durante mucho tiempo, unos veinte años, y todo el pueblo de Israel buscaba con ansiedad al Señor. 3Por eso Samuel dijo al pueblo: «Si ustedes desean volverse al Señor de todo *corazón, desháganse de los dioses extranjeros y de las imágenes de *Astarté. Dedíquense totalmente a servir solo al Señor, y él los librará del poder de los filisteos». 4Así que los israelitas echaron fuera a los ídolos de *Baal y a las imágenes de Astarté y sirvieron solo al Señor.

5Luego Samuel ordenó: «Reúnan a todo Israel en Mizpa para que yo ruegue al Señor por ustedes». 6Cuando los israelitas se reunieron en Mizpa, sacaron agua y la derramaron ante el Señor. También ayunaron durante el día, y públicamente confesaron: «Hemos pecado contra el Señor». Fue en Mizpa donde Samuel comenzó a liderar a los israelitas.

7Cuando los filisteos se enteraron de que los israelitas se habían reunido en Mizpa, los jefes filisteos marcharon contra Israel. Al darse cuenta de esto, los israelitas tuvieron miedo de los filisteos 8y dijeron a Samuel: «No dejes de clamar al Señor por nosotros, para que nos salve del poder de los filisteos». 9Samuel tomó entonces un cordero pequeño y lo ofreció en *holocausto al Señor. Luego clamó al Señor en favor de Israel, y el Señor respondió.

10Mientras Samuel ofrecía el sacrificio, los filisteos avanzaron para atacar a Israel. Pero aquel día el Señor lanzó grandes truenos contra los filisteos. Esto creó confusión entre ellos y cayeron derrotados ante los israelitas. 11Entonces los israelitas persiguieron a los filisteos desde Mizpa hasta más allá de Bet Car, matándolos por el camino.

12Después Samuel tomó una piedra, la colocó entre Mizpa y Sen, y la llamó Ebenezer,[b] «El Señor no ha dejado de ayudarnos».

13Durante toda la vida de Samuel, el Señor manifestó su poder sobre los filisteos. Estos fueron subyugados por los israelitas y no volvieron a invadir su territorio. 14Fue así como los israelitas recuperaron

---

a 19 setenta (mss. hebreos); cincuenta mil setenta (TM).

b 12 En hebreo, Ebenezer significa piedra de ayuda.

las ciudades que los filisteos habían capturado anteriormente, desde Ecrón hasta Gat, y libraron todo ese territorio del dominio de los filisteos. También hubo paz entre Israel y los amorreos.

¹⁵Samuel siguió gobernando a Israel toda su vida. ¹⁶Todos los años recorría las ciudades de Betel, Guilgal y Mizpa, y atendía los asuntos del país en esas regiones. ¹⁷Luego regresaba a Ramá, donde residía, y desde allí lideraba a Israel. También allí erigió un altar al SEÑOR.

Los israelitas piden un rey

8 Cuando Samuel entró en años, puso a sus hijos como líderes de Israel, ²con sede en Berseba. El hijo mayor se llamaba Joel y el segundo, Abías. ³Pero ninguno de los dos siguió el ejemplo de su padre, sino que ambos se dejaron guiar por la avaricia, aceptando sobornos y pervirtiendo la justicia.

⁴Por eso se reunieron todos los jefes de Israel y fueron a Ramá para hablar con Samuel. ⁵Le dijeron: «Tú has envejecido ya, y tus hijos no siguen tu ejemplo. Mejor danos un rey que nos gobierne, como lo tienen todas las naciones».

⁶Cuando dijeron que querían tener un rey, Samuel se disgustó. Entonces se puso a orar al SEÑOR, ⁷pero el SEÑOR dijo: «Hazle caso al pueblo en todo lo que te diga. En realidad, no te han rechazado a ti, sino a mí, pues no quieren que yo reine sobre ellos. ⁸Te están tratando del mismo modo que me han tratado a mí desde el día en que los saqué de Egipto hasta hoy. Me han abandonado para servir a otros dioses. ⁹Así que hazles caso, pero adviérteles claramente cómo el rey los tratará».

¹⁰Samuel comunicó entonces el mensaje del SEÑOR a la gente que estaba pidiendo un rey. ¹¹Les explicó:

—Así es como el rey va a gobernarlos: Les quitará a sus hijos para que se hagan cargo de los carros militares y de la caballería, y para que abran paso al carro real. ¹²Los hará comandantes de miles y de cincuenta, y los pondrá a arar y a cosechar, y a fabricar armamentos y pertrechos para sus carros de guerra. ¹³También les quitará a sus hijas para emplearlas como perfumistas, cocineras y panaderas. ¹⁴Se apoderará de sus mejores campos, viñedos y olivares, y se los dará a sus ministros. ¹⁵Además, les exigirá a ustedes una décima parte de sus cosechas y vendimias para entregársela a sus funcionarios y ministros. ¹⁶Incluso, les quitará sus criados y criadas, así como sus mejores jóvenes*ᵃ* y asnos de manera que trabajen para él. ¹⁷Les exigirá una décima parte de sus rebaños y ustedes mismos le servirán como esclavos. ¹⁸Cuando llegue aquel día, clamarán por causa del rey que hayan escogido, pero el SEÑOR no les responderá.

¹⁹El pueblo, sin embargo, no hizo caso a Samuel, sino que dijo:

—¡De ninguna manera! Queremos un rey que nos gobierne. ²⁰Así seremos como las otras naciones, con un rey que nos gobierne y que marche al frente de nosotros cuando vayamos a la guerra.

²¹Después de oír lo que el pueblo quería, Samuel se lo comunicó al SEÑOR.

²²—Hazles caso —respondió el SEÑOR—; dales un rey.

Entonces Samuel dijo a los israelitas:

—¡Regresen a sus pueblos!

Samuel unge a Saúl

9 Había un hombre de la tribu de Benjamín, muy respetado, cuyo nombre era Quis, hijo de Abiel, hijo de Zeror, hijo de Becorat, hijo de Afía, también benjamita. ²Quis tenía un hijo llamado Saúl, que era buen mozo y apuesto como ningún otro israelita, tan alto que los demás apenas le llegaban al hombro.

³En cierta ocasión se perdieron las burras de su padre Quis, y este dijo a Saúl: «Toma a uno de los criados y ve a buscar las burras». ⁴Saúl y el criado se fueron y cruzaron la región montañosa de Efraín, hasta pasar por la región de Salisá, pero no las encontraron. Pasaron también por la región de Salín, y después por el territorio de Benjamín, pero tampoco allí las encontraron. ⁵Cuando llegaron al territorio de Zuf, Saúl dijo al criado que lo acompañaba:

—Vámonos. Debemos regresar, no sea que mi padre comience a preocuparse más por nosotros que por las burras.

⁶El criado contestó:

—En este pueblo vive un hombre de Dios que es muy respetado. Todo lo que dice se cumple sin falta. ¿Por qué no vamos allá? A lo mejor nos indica el camino que debemos seguir.

⁷—Pero si vamos, ¿qué le podemos llevar? —preguntó Saúl—. En las alforjas no nos queda nada de comer ni tenemos ningún regalo que ofrecerle al hombre de Dios. ¡Qué tenemos!

⁸—Aquí tengo un cuarto de siclo*ᵇ* de plata —respondió el criado—. Se los puedo dar al hombre de Dios para que nos indique el camino.

⁹(Antiguamente, cuando alguien en Israel iba a consultar a Dios, solía decir: «Vamos a ver al vidente», porque así se llamaba entonces al que ahora se le llama profeta).

¹⁰—Muy bien —dijo Saúl—, vamos.

Dicho esto, se dirigieron al pueblo donde vivía el hombre de Dios. ¹¹Subían por la cuesta de la ciudad cuando se encontraron con unas jóvenes que iban a sacar agua. Les preguntaron:

—¿Se encuentra por aquí el vidente?

¹²—Sí, está más adelante —contestaron ellas—. Dense prisa, que acaba de llegar a la ciudad y el pueblo va a ofrecer un sacrificio en el lugar alto. ¹³Cuando entren en la ciudad lo encontrarán, si llegan antes de que suba al altar que estaba en el lugar alto para comer. La gente no empezará a comer hasta que él llegue, pues tiene que bendecir el sacrificio, y luego los invitados comerán. Así que vayan de inmediato, que hoy mismo lo van a encontrar.

¹⁴Saúl y su criado se dirigieron entonces a la ciudad. Iban entrando cuando Samuel se encontró con ellos, camino al altar que estaba en el lugar alto.

¹⁵Un día antes de que Saúl llegara, el SEÑOR había hecho esta revelación a Samuel: ¹⁶«Mañana, a esta hora, te voy a enviar un hombre de la tierra de Benjamín. Lo ungirás como gobernante de mi pueblo Israel, para que lo libre del poder de los filisteos. Me he compadecido de mi pueblo, pues sus gritos de angustia han llegado hasta mí».

¹⁷Cuando Samuel vio a Saúl, el SEÑOR dijo: «Ahí tienes al hombre de quien te hablé; él gobernará a mi pueblo».

¹⁸Al llegar a la ˙puerta de la ciudad, Saúl se acercó a Samuel y preguntó:

—¿Podría usted indicarme dónde está la casa del vidente?

¹⁹—Yo soy el vidente —respondió Samuel—. Acompáñame al santuario, que hoy comerán ustedes conmigo. Ya mañana, cuando te deje partir, responderé a todas tus inquietudes. ²⁰En cuanto a las burras que se te perdieron hace tres días, ni te preocupes, que ya las encontraron.

Y agregó:

—Lo que Israel más desea, ¿no tiene que ver contigo y con toda la familia de tu padre?

²¹—¿Por qué me dices eso? —respondió Saúl—. ¿No soy yo de la tribu de Benjamín, que es la más

---

ᵃ 16 *jóvenes* (TM); *bueyes* (LXX). *ᵇ* 8 Es decir, aprox. 3 g.

pequeña de Israel? ¿Y no es mi familia la más insignificante de la tribu de Benjamín?

²²No obstante, Samuel tomó a Saúl y a su criado, los llevó al salón y les dio un lugar especial entre los invitados, que eran unos treinta. ²³Luego Samuel dijo al cocinero:

—Trae la ración de carne que te pedí que apartaras y que yo mismo te entregué.

²⁴El cocinero sacó la ración entera y la sirvió a Saúl. Entonces Samuel dijo:

—Ahí tienes lo que estaba reservado para ti. Come, pues antes de invitar a los otros, tu ración ya había sido apartada para esta ocasión.

Así fue como Saúl comió aquel día con Samuel.

²⁵Luego bajaron del altar que estaba en el lugar alto a la ciudad, y Samuel conversó con Saúl en la azotea de su casa. ²⁶Al amanecer, a la hora de levantarse, Samuel habló con Saúl en ese mismo lugar:

—¡Levántate! —dijo—; ya debes partir.

Saúl se levantó, y salieron de la casa juntos. ²⁷Mientras se dirigían a las afueras de la ciudad, Samuel dijo a Saúl:

—Dile al criado que se adelante, pero tú quédate un momento, que te voy a dar un mensaje de parte de Dios.

El criado se adelantó.

10 Entonces Samuel tomó un frasco de aceite y lo derramó sobre la cabeza de Saúl. Luego lo besó y dijo:

—¿Es el SEÑOR quien te ha ungido para que gobiernes a su pueblo?[a] ²Hoy mismo, cuando te alejes de mí y llegues a Selsa, en el territorio de Benjamín, cerca de la tumba de Raquel verás a dos hombres. Ellos te dirán: "Ya encontramos las burras que andabas buscando. Pero tu padre ya no piensa en las burras, sino que ahora está preocupado por ustedes y se pregunta: '¿Qué puedo hacer para encontrar a mi hijo?'".

³»Más adelante, cuando llegues al gran árbol de Tabor, te encontrarás con tres hombres que se dirigen a Betel para adorar a Dios. Uno de ellos lleva tres cabritos; otro, tres panes; y el otro, un odre de vino. ⁴Después de saludarte, te entregarán dos panes. Acéptalos.

⁵»De ahí llegarás a Guibeá de Dios, donde hay una guarnición filistea. Al entrar en la ciudad te encontrarás con un grupo de profetas que bajan del santuario. Vendrán profetizando, precedidos por músicos que tocan liras, panderos, flautas y arpas. ⁶Entonces el Espíritu del SEÑOR vendrá sobre ti con poder, y tú profetizarás con ellos y serás una nueva persona. ⁷Cuando se cumplan estas señales que has recibido, podrás hacer todo lo que esté a tu alcance, pues Dios estará contigo.

⁸»Baja luego a Guilgal antes que yo. Allí me reuniré contigo para ofrecer *holocaustos y sacrificios de *comunión y, cuando llegue, te diré lo que tienes que hacer. Pero tú debes esperarme siete días».

Saúl es proclamado rey

⁹Cuando Saúl se dio vuelta para alejarse de Samuel, Dios le cambió el *corazón, y ese mismo día se cumplieron todas esas señales. ¹⁰En efecto, al llegar Saúl y su criado a Guibeá, un grupo de profetas salió a su encuentro. Entonces el Espíritu de Dios vino con poder sobre Saúl, quien comenzó a profetizar con ellos. ¹¹Los que desde antes lo conocían, al verlo profetizar junto con los profetas, se preguntaban unos a otros:

—¿Qué le pasa a Saúl, hijo de Quis? ¿Acaso él también es uno de los profetas?

¹²Alguien que vivía allí respondió:

—¿Y quién es el responsable[b] de ellos?

De ahí viene el dicho: «¿Acaso también Saúl es uno de los profetas?».

¹³Cuando Saúl acabó de profetizar, subió al santuario. ¹⁴Su tío preguntó a él y a su criado:

—¿Y ustedes dónde estaban?

—Andábamos buscando las burras —respondió Saúl—; pero como no dábamos con ellas, fuimos a ver a Samuel.

¹⁵—Cuéntame lo que les dijo Samuel —pidió el tío de Saúl.

¹⁶—Nos aseguró que ya habían encontrado las burras.

Sin embargo, Saúl no contó a su tío lo que Samuel había dicho acerca del reino.

¹⁷Después de esto, Samuel convocó al pueblo de Israel para que se presentara ante el SEÑOR en Mizpa. ¹⁸Allí dijo a los israelitas: «Así dice el SEÑOR, Dios de Israel: "Yo saqué a Israel de Egipto. Yo los libré a ustedes del poder de los egipcios y de todos los reinos que los oprimían". ¹⁹Ahora, sin embargo, ustedes han rechazado a su Dios, quien los libra de todas las calamidades y aflicciones. Han dicho: "¡No! ¡Danos un rey que nos gobierne!". Por tanto, preséntense ahora ante el SEÑOR por tribus y por familias».

²⁰Dicho esto, Samuel hizo que se acercaran todas las tribus de Israel y, al echar la suerte, fue escogida la tribu de Benjamín. ²¹Luego mandó que se acercara la tribu de Benjamín, familia por familia, y la suerte cayó sobre la familia de Matri, y finalmente sobre Saúl, hijo de Quis. Entonces fueron a buscar a Saúl, pero no lo encontraron, ²²de modo que volvieron a consultar al SEÑOR:

—¿Ha venido aquí ese hombre?

—Sí —respondió el SEÑOR—, pero se ha escondido entre el equipaje.

²³Fueron corriendo y lo sacaron de allí. Y, cuando Saúl se puso en medio de la gente, vieron que era tan alto que nadie le llegaba al hombro. ²⁴Dijo entonces Samuel a todo el pueblo:

—¡Miren al hombre que el SEÑOR ha escogido! ¡No hay nadie como él en todo el pueblo!

—¡Viva el rey! —exclamaron todos.

²⁵A continuación, Samuel explicó al pueblo las leyes del reino y las escribió en un libro que depositó ante el SEÑOR. Luego mandó que todos regresaran a sus casas.

²⁶También Saúl se fue a su casa en Guibeá, acompañado por un grupo de hombres ilustres, a quienes Dios les había movido el corazón. ²⁷Pero algunos malvados protestaron: «¿Y este es el que nos va a salvar?». Y fue tanto su desprecio por Saúl que ni le ofrecieron regalos. Saúl, por su parte, no les hizo caso.

Saúl libera la ciudad de Jabés

11 Najás, el amonita, subió contra Jabés de Galaad y la sitió. Los habitantes de la ciudad le dijeron:

—Haz un pacto con nosotros y seremos tus siervos.

²—Haré un pacto con ustedes —contestó Najás el amonita—, pero con una condición: que le saque a cada uno de ustedes el ojo derecho. Así dejaré en desgracia a todo Israel.

³—Danos siete días para que podamos enviar mensajeros por todo el territorio de Israel —respondieron los jefes de Jabés—. Si no hay quien nos libre de ustedes, nos rendiremos.

⁴Cuando los mensajeros llegaron a Guibeá, que era la ciudad de Saúl, y comunicaron el mensaje al pueblo, todos se echaron a llorar. ⁵En esos momentos Saúl regresaba del campo arreando sus bueyes y preguntó: «¿Qué le pasa a la gente? ¿Por qué están llorando?». Entonces contaron lo que habían dicho los habitantes de Jabés.

---

a 1 *su pueblo.* Lit. *su heredad.*   *b* 12 *responsable.* Lit. *padre.*

[6]Cuando Saúl escuchó la noticia, el Espíritu de Dios vino sobre él con poder. Enfurecido, [7]agarró dos bueyes y los descuartizó, y con los mensajeros envió los pedazos por todo el territorio de Israel, con esta advertencia: «Así se hará con los bueyes de todo el que no salga para unirse a Saúl y Samuel».

El temor del SEÑOR se apoderó del pueblo y todos ellos, como un solo ˚hombre, salieron a la guerra. [8]Saúl los reunió en Bézec para pasar revista, y había trescientos mil soldados de Israel y treinta mil de Judá. [9]Luego dijo a los mensajeros que habían venido: «Vayan y díganles a los habitantes de Jabés de Galaad: "Mañana, cuando más calor haga, serán librados"».

Los mensajeros fueron y comunicaron el mensaje a los de Jabés. Estos se llenaron de alegría [10]y dijeron a los amonitas: «Mañana nos rendiremos y podrán hacer con nosotros lo que bien les parezca».

[11]Al día siguiente, antes del amanecer,[a] Saúl organizó a los soldados en tres escuadrones. Invadieron el campamento de los amonitas e hicieron una masacre entre ellos hasta la hora más calurosa del día. Los que sobrevivieron fueron dispersados, así que no quedaron dos hombres juntos.

Saúl es confirmado como rey

[12]El pueblo dijo entonces a Samuel:

—¿Quiénes son los que no querían que Saúl reinara sobre nosotros? Entréguenlos, que vamos a matarlos.

[13]—¡Nadie va a morir hoy! —intervino Saúl—. En este día el SEÑOR ha librado a Israel.

[14]—¡Vengan! —dijo Samuel al pueblo—. Vamos a Guilgal para renovar el reino.

[15]Todos se fueron a Guilgal y allí, ante el SEÑOR, confirmaron a Saúl como rey. También allí, ante el SEÑOR, ofrecieron sacrificios de ˚comunión; entonces Saúl y todos los israelitas celebraron la ocasión con gran alegría.

Discurso de despedida de Samuel

12 Samuel habló a todo Israel:

—¡Préstenme atención! Yo les he hecho caso en todo lo que me han pedido y les he dado un rey que los gobierne. [2]Ya tienen al rey que va a dirigirlos. En cuanto a mí, ya estoy viejo y lleno de canas, y mis hijos son parte del pueblo. Yo los he guiado a ustedes desde mi juventud hasta la fecha. [3]Aquí me tienen. Pueden acusarme en la presencia del SEÑOR y de su ˚ungido. ¿A quién le he robado un buey o un asno? ¿A quién he defraudado? ¿A quién he oprimido? ¿Por quién me he dejado sobornar? Acúsenme y pagaré lo que corresponda.

[4]—No nos has defraudado —respondieron—; tampoco nos has oprimido ni has robado nada a nadie.

[5]Samuel insistió:

—¡Que el SEÑOR y su ungido sean hoy testigos de que ustedes no me han hallado culpable de nada!

—¡Él es testigo! —fue la respuesta del pueblo.

[6]Además Samuel dijo:

—Testigo es el SEÑOR, quien escogió a Moisés y a Aarón para sacar de Egipto a los antepasados de ustedes. [7]Y ahora, préstenme atención. El SEÑOR los ha colmado de beneficios a ustedes y a sus antepasados, pero yo tengo una querella contra ustedes ante el SEÑOR.

[8]»Después de que Jacob entró en Egipto, sus descendientes clamaron al SEÑOR. Entonces el SEÑOR envió a Moisés y a Aarón para sacarlos de Egipto y establecerlos en este lugar.

[9]»Pero, como se olvidaron de su SEÑOR y Dios, él los entregó al poder de Sísara, comandante del ejército de Jazor, y al poder de los filisteos y del rey de Moab;

y ellos les hicieron la guerra. [10]Por eso ustedes clamaron al SEÑOR: "Hemos pecado al abandonar al SEÑOR y adorar a los ídolos de ˚Baal y a las imágenes de ˚Astarté. Pero ahora, si nos libras del poder de nuestros enemigos, solo a ti te serviremos". [11]Entonces el SEÑOR envió a Yerubaal, Barac,[b] Jefté y Samuel, y los libró a ustedes del poder de los enemigos que los rodeaban, para que vivieran seguros.

[12]»No obstante, cuando ustedes vieron que Najás, rey de los amonitas, los amenazaba, me dijeron: "¡No! ¡Queremos que nos gobierne un rey!". Y esto, a pesar de que el SEÑOR su Dios es el rey de ustedes. [13]Pues bien, aquí tienen al rey que pidieron y que han escogido. Pero tengan en cuenta que es el SEÑOR quien les ha dado ese rey. [14]Si ustedes y el rey que los gobierne temen al SEÑOR su Dios, le sirven y obedecen, acatando sus mandatos y manteniéndose fieles a él, ¡magnífico! [15]En cambio, si desobedecen al SEÑOR y no acatan sus mandatos, él descargará su mano sobre ustedes como la descargó contra sus antepasados.

[16]»Y ahora, préstenme atención y observen con sus propios ojos algo grandioso que el SEÑOR va a hacer. [17]Ahora no es tiempo de lluvias, sino de cosecha de trigo. Sin embargo, voy a invocar al SEÑOR, y él enviará truenos y lluvia; así se darán cuenta de la gran maldad que han cometido ante el SEÑOR al pedir un rey».

[18]Samuel invocó al SEÑOR y ese mismo día el SEÑOR mandó truenos y lluvia. Todo el pueblo sintió un gran temor ante el SEÑOR y ante Samuel, [19]y dijeron a Samuel:

—Ora al SEÑOR tu Dios por nosotros, tus siervos, para que no nos quite la vida. A todos nuestros pecados hemos añadido la maldad de pedirle un rey.

[20]—No teman —respondió Samuel—. Aunque ustedes han cometido una gran maldad, no se aparten del SEÑOR; más bien, sírvanle de todo ˚corazón. [21]No se alejen de él por seguir a ídolos inútiles que no los pueden ayudar ni rescatar, pues no sirven para nada. [22]Por amor a su gran ˚nombre, el SEÑOR no rechazará a su pueblo; de hecho, él se ha dignado hacerlos a ustedes su propio pueblo. [23]En cuanto a mí, que el SEÑOR me libre de pecar contra él dejando de orar por ustedes. Yo seguiré enseñándoles el ˚camino bueno y recto. [24]Pero los exhorto a temer al SEÑOR y a servirle fielmente y de todo corazón, recordando los grandes beneficios que él ha hecho en favor de ustedes. [25]Si persisten en la maldad, tanto ustedes como su rey serán destruidos.

Samuel reprende a Saúl

13 Saúl tenía treinta años[c] cuando comenzó a reinar sobre Israel y su reinado duró cuarenta y dos años.[d]

[2]De entre los israelitas, Saúl escogió tres mil soldados; dos mil estaban con él en Micmás y en los montes de Betel, y mil estaban con Jonatán en Gueba[e] de Benjamín. Al resto del ejército Saúl lo mandó a sus hogares.

[3]Jonatán atacó la guarnición filistea apostada en Gueba, y esto llegó a oídos de los filisteos. Entonces Saúl mandó que se tocara la trompeta por todo el país, pues dijo: «¡Que se enteren todos los hebreos!».

[4]Todo Israel se enteró de esta noticia: «Saúl ha atacado la guarnición filistea, así que los israelitas se

---

[a] 11 antes del amanecer. Lit. en la vigilia de la mañana.
[b] 11 Barac (mss. de LXX y Siríaca); Bedán (TM, Qumrán).
[c] 1 treinta años (según algunos manuscritos tardíos de la LXX). TM no incluye el número de años. [d] 1 cuarenta y dos años (texto probable; véase Hch 13:21); dos años (TM). [e] 2 Gueba, al parecer se escribía de dos maneras: Guibeá o Gueba.

han hecho odiosos a los filisteos». Por tanto, el pueblo se puso a las órdenes de Saúl en Guilgal.

⁵Los filisteos también se juntaron para hacerle la guerra a Israel. Contaban con tres milᵃ carros, seis mil jinetes y un ejército tan numeroso como la arena a la orilla del mar. Avanzaron hacia Micmás, al este de Bet Avén, y allí acamparon. ⁶Los israelitas se dieron cuenta de que estaban en aprietos, pues todo el ejército se veía amenazado. Por eso tuvieron que esconderse en las cuevas, en los matorrales, entre las rocas, en las zanjas y en los pozos. ⁷Algunos hebreos incluso cruzaron el Jordán para huir al territorio de Gad, en Galaad.

Saúl se había quedado en Guilgal y todo el ejército que lo acompañaba temblaba de miedo. ⁸Allí estuvo esperando siete días, según el plazo indicado por Samuel, pero este no llegaba. Como los soldados comenzaban a desbandarse, ⁹Saúl ordenó: «Tráiganme el ˙holocausto y los sacrificios de ˙comunión»; y él mismo ofreció el holocausto. ¹⁰En el momento en que Saúl terminaba de celebrar el sacrificio, llegó Samuel. Saúl salió a recibirlo y lo saludó.

¹¹Pero Samuel reclamó:

—¿Qué has hecho?

Y Saúl respondió:

—Pues, como vi que la gente se desbandaba, que tú no llegabas en el plazo indicado, y que los filisteos se habían juntado en Micmás, ¹²pensé: "Los filisteos ya están por atacarme en Guilgal, y ni siquiera he implorado el favor del SEÑOR". Por eso me atreví a ofrecer el holocausto.

¹³—¡Te has portado como un necio! —respondió Samuel—. No has cumplido el mandamiento que te dio el SEÑOR tu Dios. El SEÑOR habría establecido tu reino sobre Israel para siempre, ¹⁴pero ahora te digo que tu reino no permanecerá. El SEÑOR ya está buscando un hombre conforme a su corazón y lo ha designado gobernante de su pueblo, pues tú no has obedecido.

¹⁵Dicho esto, Samuel se fue de Guilgal hacia Gueba de Benjamín.

Israel no tenía armas

Saúl contó a los soldados que estaban con él y eran unos seiscientos hombres.

¹⁶Él y su hijo Jonatán, junto con sus soldados, se quedaron en Gueba de Benjamín, mientras que los filisteos seguían acampados en Micmás. ¹⁷Del campamento filisteo salió una tropa de asalto dividida en tres escuadrones: uno de ellos avanzó por el camino de Ofra, hacia el territorio de Súal; ¹⁸otro, por Bet Jorón; y el tercero, por la frontera del valle de Zeboyín, en dirección al desierto.

¹⁹En todo el territorio de Israel no había un solo herrero, pues los filisteos no permitían que los hebreos se forjaran espadas y lanzas. ²⁰Por tanto, todo Israel dependía de los filisteos para que les afilaran los arados, los azadones, las hachas y las hoces.ᵇ ²¹Por un arado o un azadón cobraban dos tercios de un sicloᶜ de plata, y un tercio de sicloᵈ por una horqueta o un hacha o por arreglar las aguijadas.

²²Así que ninguno de los soldados israelitas tenía espada o lanza, excepto Saúl y Jonatán.

Jonatán ataca a los filisteos

²³Un destacamento de filisteos avanzó hasta el paso de Micmás. ¹Cierto día, Jonatán, hijo de Saúl, sin decirle nada a su padre, ordenó a su escudero:

14

«Ven acá. Vamos a cruzar al otro lado, donde está el destacamento de los filisteos».

²Saúl estaba en las afueras de Guibeá, bajo un granado en Migrón, y tenía con él unos seiscientos hombres. ³El ˙efod lo llevaba Ahías, hijo de Ajitob, que era hermano de Icabod, el hijo de Finés y nieto de Elí, sacerdote del SEÑOR en Siló.

Nadie sabía que Jonatán había salido, ⁴y para llegar a la guarnición filistea Jonatán tenía que cruzar un paso entre dos peñascos, llamados Bosés y Sene. ⁵El primero estaba al norte, frente a Micmás; el otro, al sur, frente a Gueba. ⁶Así que Jonatán dijo a su escudero:

—Vamos a cruzar hacia la guarnición de esos paganos.ᵉ Espero que el SEÑOR nos ayude, pues para él no es difícil salvarnos, ya sea con muchos o con pocos.

⁷—¡Adelante! —respondió el escudero—. Haga usted todo lo que tenga pensado hacer, que cuenta con todo mi apoyo.

⁸—Bien —dijo Jonatán—, vamos a cruzar hasta donde están ellos, para que nos vean. ⁹Si nos dicen: "¡Esperen a que los alcancemos!", ahí nos quedaremos, en vez de avanzar. ¹⁰Pero si nos dicen: "¡Vengan acá!", avanzaremos, pues será señal de que el SEÑOR nos va a dar la ˙victoria.

¹¹Así pues, los dos se dejaron ver por la guarnición filistea.

—¡Miren —exclamaron los filisteos—, los hebreos empiezan a salir de las cuevas donde estaban escondidos!

¹²Entonces los soldados de la guarnición gritaron a Jonatán y a su escudero:

—¡Vengan acá! Tenemos algo que decirles.

—Ven conmigo —dijo Jonatán a su escudero—, porque el SEÑOR ha dado la victoria a Israel.

¹³Jonatán trepó con pies y manos seguido por su escudero. A los filisteos que eran derribados por Jonatán, el escudero los remataba. ¹⁴En ese primer encuentro, que tuvo lugar en un espacio reducido,ᶠ Jonatán y su escudero mataron a unos veinte hombres.

Israel derrota a los filisteos

¹⁵Cundió entonces el pánico en el campamento filisteo y entre el ejército que estaba en el campo abierto. Todos ellos se acobardaron, incluso los soldados de la guarnición y las tropas de asalto. Hasta la tierra tembló, y hubo un pánico extraordinario.ᵍ

¹⁶Los centinelas de Saúl podían ver desde Guibeá de Benjamín que el campamento huía en desbandada. ¹⁷Saúl dijo entonces a sus soldados: «Pasen revista a ver quién de los nuestros falta». Así lo hicieron, y resultó que faltaban Jonatán y su escudero. ¹⁸Entonces Saúl pidió a Ahías que trajera el arca de Dios. (En aquel tiempo el arca estaba con los israelitas). ¹⁹Pero mientras hablaban, el desconcierto en el campo filisteo se hizo peor, así que Saúl dijo al sacerdote: «¡No lo hagas!».

²⁰Enseguida Saúl reunió a su ejército y todos juntos se lanzaron a la batalla. Era tal la confusión entre los filisteos, que se mataban unos a otros. ²¹Además, los hebreos que hacía tiempo se habían unido a los filisteos y que estaban con ellos en el campamento, se pasaron a las filas de los israelitas que estaban con Saúl y Jonatán. ²²Y los israelitas que se habían escondido en los montes de Efraín, al oír que los filisteos huían, se unieron a la batalla para perseguirlos. ²³Así libró el SEÑOR a Israel aquel día y la batalla se extendió más allá de Bet Avén.

El juramento de Saúl

²⁴Los israelitas desfallecían de hambre, pues Saúl había puesto al ejército bajo este juramento:

ᵃ 5 De acuerdo con varios manuscritos antiguos; el texto hebreo indica que eran treinta mil carros (TM). ᵇ 20 las hoces (LXX); los arados (TM). ᶜ 21 Lit. un pim, es decir, aprox. 8 g. ᵈ 21 Es decir, aprox. 4 g. ᵉ 6 paganos. Lit. incircuncisos. ᶠ 14 espacio reducido. Lit. como en medio surco, una yugada de campo. El hebreo es incierto. ᵍ 15 pánico extraordinario. Lit. pánico de Dios.

«¡Maldito el que coma algo antes del anochecer, antes de que pueda vengarme de mis enemigos!». Así que aquel día ninguno de los soldados había probado bocado.

25Al llegar todos a un bosque, notaron que había miel en el suelo. 26Cuando el ejército entró en el bosque, vieron que la miel corría como agua, pero por miedo al juramento nadie se atrevió a probarla. 27Sin embargo, Jonatán, que no había oído a su padre poner al ejército bajo juramento, alargó la vara que llevaba en la mano, hundió la punta en un panal de miel y se la llevó a la boca. Enseguida se le iluminó el rostro. 28Pero uno de los soldados le advirtió:

—Tu padre puso al ejército bajo un juramento solemne, diciendo: "¡Maldito el que coma algo hoy!". Y por eso los soldados desfallecen.

29—Mi padre ha causado un gran daño al país —respondió Jonatán—. Miren cómo me volvió el color al rostro cuando probé un poco de esta miel. 30¡Imagínense si todo el ejército hubiera comido del botín que se arrebató al enemigo! ¡Cuánto mayor habría sido el estrago causado a los filisteos!

31Aquel día los israelitas mataron filisteos desde Micmás hasta Ayalón. Y como los soldados estaban exhaustos, 32echaron mano del botín. Agarraron ovejas, vacas y terneros, los degollaron sobre el suelo y se comieron la carne con todo y sangre. 33Entonces le contaron a Saúl:

—Los soldados están pecando contra el SEÑOR, pues están comiendo carne junto con la sangre.

—¡Son unos traidores! —respondió Saúl—. Hagan rodar una piedra grande y tráiganmela ahora mismo. 34También les dijo:

—Vayan y díganle a la gente que cada uno me traiga su toro o su oveja para degollarlos y comerlos aquí; y que no coman ya carne junto con la sangre, para que no pequen contra el SEÑOR.

Esa misma noche cada uno llevó su toro y lo degollaron allí. 35Luego Saúl construyó un altar al SEÑOR. Este fue el primer altar que levantó. 36Y dijo:

—Vayamos esta noche tras los filisteos. Antes de que amanezca, quitémosles todo lo que tienen y no dejemos a nadie con vida.

—Haz lo que te parezca mejor —respondieron.

—Primero debemos consultar a Dios —intervino el sacerdote.

37Saúl entonces preguntó a Dios: «¿Debo perseguir a los filisteos? ¿Los entregarás en manos de Israel?». Pero Dios no respondió aquel día. 38Así que Saúl dijo:

—Todos ustedes, jefes del ejército, acérquense y averigüen cuál es el pecado que se ha cometido hoy. 39¡Tan cierto como el SEÑOR y Salvador de Israel vive, les aseguro que aun si el culpable es mi hijo Jonatán, morirá sin remedio!

Nadie se atrevió a decirle nada. 40Dijo entonces a todos los israelitas:

—Pónganse ustedes de un lado, y mi hijo Jonatán y yo nos pondremos del otro.

—Haga lo que le parezca —respondieron ellos.

41Luego rogó Saúl al SEÑOR, Dios de Israel, que le diera una respuesta clara. La suerte cayó sobre Jonatán y Saúl, de modo que los demás quedaron libres. 42Entonces dijo Saúl:

—Echen suertes entre mi hijo Jonatán y yo.

Y la suerte cayó sobre Jonatán, 43así que Saúl dijo:

—Cuéntame lo que has hecho.

—Es verdad que probé un poco de miel con la punta de mi vara —respondió Jonatán—. ¿Y por eso tengo que morir?

44—Jonatán, si tú no mueres, ¡que Dios me castigue sin piedad! —exclamó Saúl.

45Los soldados replicaron:

—¿Cómo va a morir Jonatán, siendo que ha dado esta gran victoria a Israel! ¡Jamás! Tan cierto como que el SEÑOR vive, ni un pelo de su cabeza caerá al suelo, pues con la ayuda de Dios hizo esta proeza.

Así libraron a Jonatán de la muerte. 46Saúl a su vez dejó de perseguir a los filisteos, los cuales regresaron a su tierra.

47Después de consolidar su reinado sobre Israel, Saúl luchó contra todos los enemigos que lo rodeaban, incluso contra los moabitas, los amonitas, los edomitas, los reyes de Sobá y los filisteos; y a todos los vencía 48haciendo gala de valor. También derrotó a los amalecitas y libró a Israel de quienes lo saqueaban.

La familia de Saúl

49Saúl tuvo tres hijos: Jonatán, Isví y Malquisúa. También tuvo dos hijas: la mayor se llamaba Merab y la menor, Mical. 50Su esposa era Ajinoán hija de Ajimaz. El comandante de su ejército era Abner, hijo de Ner, tío de Saúl. 51Ner y Quis, el padre de Saúl, eran hermanos y ambos eran hijos de Abiel.

52Durante todo el reinado de Saúl se luchó sin cuartel contra los filisteos. Por eso, siempre que Saúl veía a alguien fuerte y valiente, lo alistaba en su ejército.

El SEÑOR rechaza a Saúl

15 Un día Samuel dijo a Saúl: «El SEÑOR me envió a ungirte como rey sobre su pueblo Israel. Así que pon atención al mensaje del SEÑOR. 2Así dice el SEÑOR de los Ejércitos: "He decidido castigar a los amalecitas por lo que le hicieron a Israel, pues no dejaron pasar al pueblo cuando salía de Egipto. 3Así que ve y ataca a los amalecitas ahora mismo. ˙Destruye por completo todo lo que les pertenezca; no les tengas compasión. Mátalos a todos, hombres y mujeres, niños y recién nacidos, toros y ovejas, camellos y asnos"».

4Saúl reunió al ejército y pasó revista en Telayin: eran doscientos mil soldados de infantería más diez mil soldados de Judá. 5Luego se dirigió a la ciudad de Amalec y tendió una emboscada en el barranco. 6Los quenitas se apartaron de los amalecitas, pues Saúl les dijo: «¡Váyanse de aquí! Salgan y apártense de los amalecitas. Ustedes fueron bondadosos con todos los israelitas cuando ellos salieron de Egipto. Así que no quiero destruirlos a ustedes junto con ellos».

7Saúl atacó a los amalecitas desde Javilá hasta Sur, que está cerca de la frontera de Egipto. 8A Agag, rey de Amalec, lo capturó vivo, pero a todos los habitantes los mató a filo de espada. 9Además de perdonarle la vida al rey Agag, Saúl y su ejército preservaron las mejores ovejas y vacas, los terneros más gordos y, en fin, todo lo que era de valor. Nada de esto quisieron destruir; solo destruyeron lo que era inútil y lo que no servía.

10La palabra del SEÑOR vino a Samuel: 11«Lamento haber hecho rey a Saúl, pues se ha apartado de mí y no ha llevado a cabo mis instrucciones».

Tanto se alteró Samuel que pasó la noche clamando al SEÑOR.

12Por la mañana, muy temprano, se levantó y fue a encontrarse con Saúl, pero dijeron: «Saúl se fue a Carmel y allí se erigió un monumento. Luego dio una vuelta y continuó hacia Guilgal».

13Cuando Samuel llegó, Saúl dijo:

—¡Que el SEÑOR te bendiga! He cumplido las instrucciones del SEÑOR.

14—Y entonces, ¿qué significan esos balidos de oveja que me parece oír? —reclamó Samuel—. ¿Y cómo es que oigo mugidos de vaca?

15—Son las que nuestras tropas trajeron del país de Amalec —respondió Saúl—. Dejaron con vida a las mejores ovejas y vacas para ofrecerlas al SEÑOR tu Dios, pero todo lo demás lo destruimos.

¹⁶—¡Basta! —lo interrumpió Samuel—. Voy a comunicarte lo que el SEÑOR me dijo anoche.

—Te escucho —respondió Saúl.

¹⁷Entonces Samuel dijo:

—¿No es cierto que, aunque te creías poca cosa, has llegado a ser jefe de las tribus de Israel? ¿No fue el SEÑOR quien te ungió como rey de Israel, ¹⁸y te envió a cumplir una misión? Él te dijo: "Ve y destruye a esos pecadores, los amalecitas. Atácalos hasta acabar con ellos". ¹⁹¿Por qué, entonces, no obedeciste al SEÑOR? ¿Por qué echaste mano del botín e hiciste lo malo ante los ojos del SEÑOR?

²⁰—¡Yo sí he obedecido al SEÑOR! —insistió Saúl—. He cumplido la misión que él me encomendó. Traje prisionero a Agag, rey de Amalec, pero destruí a los amalecitas. ²¹Y del botín, los soldados tomaron ovejas y vacas, destinadas al exterminio, con el propósito de ofrecerlas en Guilgal al SEÑOR tu Dios.

²²Samuel respondió:

«¿Qué agrada más al SEÑOR:
    que se le ofrezcan ˚holocaustos y sacrificios
    o que se obedezca lo que él dice?
El obedecer vale más que el sacrificio,
    y prestar atención, más que la grasa de
        carneros.
²³ La rebeldía es tan grave como la adivinación,
    y la arrogancia, como el pecado de la
        idolatría.
Y como tú has rechazado la palabra del SEÑOR,
    él te ha rechazado como rey».

²⁴—¡He pecado! —admitió Saúl—. He desobedecido la orden del SEÑOR y tus instrucciones. Los soldados me intimidaron y les hice caso. ²⁵Pero te ruego que perdones mi pecado y que regreses conmigo para que yo adore al SEÑOR.

²⁶—No voy a regresar contigo —respondió Samuel—. Tú has rechazado la palabra del SEÑOR, y él te ha rechazado como rey de Israel.

²⁷Cuando Samuel se dio vuelta para irse, Saúl le agarró el borde del manto y se lo arrancó. ²⁸Entonces Samuel dijo:

—Hoy mismo el SEÑOR ha arrancado de tus manos el reino de Israel y se lo ha entregado a otro más digno que tú. ²⁹En verdad, el que es la Gloria de Israel no miente ni cambia de parecer, pues no es ˚hombre para cambiar de opinión.

³⁰—¡He pecado! —respondió Saúl—. Pero te pido que por ahora me sigas reconociendo ante los jefes de mi pueblo y ante todo Israel. Regresa conmigo para que yo adore al SEÑOR tu Dios.

³¹Samuel regresó con él, y Saúl adoró al SEÑOR.

³²Luego dijo Samuel:

—Tráiganme a Agag, rey de Amalec.

Agag se acercó confiado,ᵃ pues pensaba: «Sin duda que el trago amargo de la muerte ya pasó».

³³Pero Samuel dijo:

—Ya que tu espada dejó a tantas mujeres sin
        hijos,
    también sin su hijo se quedará tu madre.

Y allí en Guilgal, en presencia del SEÑOR, Samuel descuartizó a Agag.

³⁴Luego regresó a Ramá, mientras que Saúl se fue a su casa en Guibeá de Saúl. ³⁵Samuel nunca más volvió a ver a Saúl, aunque hacía duelo por él. Y el SEÑOR lamentaba haber puesto a Saúl como rey de Israel.

Samuel unge a David

16 El SEÑOR dijo a Samuel:

—¿Cuánto tiempo vas a quedarte llorando por Saúl, si ya lo he rechazado como rey de Israel? Mejor llena de aceite tu cuerno y ponte en camino. Voy a enviarte a Belén, a la casa de Isaí, pues he escogido como rey a uno de sus hijos.

²—¿Y cómo voy a ir? —respondió Samuel—. Si Saúl llega a enterarse, me matará.

—Lleva una ternera —dijo el SEÑOR—, y diles que vas a ofrecerle al SEÑOR un sacrificio. ³Invita a Isaí al sacrificio y entonces te explicaré lo que debes hacer, pues ungirás para mi servicio a quien yo te diga.

⁴Samuel hizo lo que el SEÑOR mandó. Pero cuando llegó a Belén, los jefes del pueblo lo recibieron con mucho temor.

—¿Vienes en son de paz? —preguntaron.

⁵—Claro que sí. He venido a ofrecerle al SEÑOR un sacrificio. Conságrense y vengan conmigo para tomar parte en él.

Entonces Samuel consagró a Isaí y a sus hijos, y los invitó al sacrificio.

⁶Cuando llegaron, Samuel se fijó en Eliab y pensó: «Sin duda que este es el ˚ungido del SEÑOR». ⁷Pero el SEÑOR dijo a Samuel:

—No te dejes impresionar por su apariencia ni por su estatura, pues yo lo he rechazado. La gente se fija en las apariencias, pero yo me fijo en el ˚corazón.

⁸Entonces Isaí llamó a Abinadab para presentárselo a Samuel, pero Samuel dijo:

—A este no lo ha escogido el SEÑOR.

⁹Luego le presentó a Sama y Samuel repitió:

—Tampoco a este lo ha escogido el SEÑOR.

¹⁰Isaí le presentó a siete de sus hijos, pero Samuel dijo:

—El SEÑOR no ha escogido a ninguno de ellos. ¹¹¿Son estos todos tus hijos?

—Queda el más pequeño —respondió Isaí—, pero está cuidando el rebaño.

—Manda a buscarlo —insistió Samuel—, que no podemos continuar hasta que él llegue.

¹²Isaí mandó a buscarlo y se lo trajeron. Era buen mozo, pelirrojo y de buena presencia. El SEÑOR dijo a Samuel:

—Este es; levántate y úngelo.

¹³Samuel tomó el cuerno de aceite y ungió al joven en presencia de sus hermanos. Entonces el Espíritu del SEÑOR vino con poder sobre David, y desde ese día estuvo con él. Luego Samuel regresó a Ramá.

David al servicio de Saúl

¹⁴El Espíritu del SEÑOR se apartó de Saúl y en su lugar el SEÑOR envió un espíritu maligno para que lo atormentara. ¹⁵Sus servidores dijeron:

—Como usted se dará cuenta, un espíritu maligno de parte de Dios lo está atormentando. ¹⁶Así que ordene usted a estos siervos suyos que busquen a alguien que sepa tocar el arpa. Así, cuando lo ataque el espíritu maligno de parte de Dios, el músico tocará y usted se sentirá mejor.

¹⁷—Bien —respondió Saúl—, consíganme un buen músico y tráiganlo.

¹⁸Uno de los cortesanos sugirió:

—Conozco a un muchacho que sabe tocar el arpa. Es valiente, hábil guerrero, sabe expresarse y es de buena presencia. Además, el SEÑOR está con él. Su padre es Isaí, el de Belén.

¹⁹Entonces Saúl envió unos mensajeros a Isaí para decirle: «Mándame a tu hijo David, el que cuida del rebaño». ²⁰Isaí tomó un asno, alimento, un odre de vino y un cabrito, y se los envió a Saúl por medio de su hijo David.

ᵃ 32 *confiado.* O *encadenado,* palabra hebrea de difícil traducción.

²¹Cuando David llegó, se puso al servicio de Saúl, quien lo llegó a apreciar mucho y lo hizo su escudero. ²²Luego Saúl mandó este mensaje a Isaí: «Permite que David se quede a mi servicio, pues me ha causado muy buena impresión».

²³Cada vez que el espíritu de parte de Dios atormentaba a Saúl, David tomaba su arpa y tocaba. La música calmaba a Saúl, lo hacía sentirse mejor y el espíritu maligno se apartaba de él.

David y Goliat

17 Los filisteos reunieron sus ejércitos para la guerra, concentrando sus fuerzas en Soco, pueblo de Judá. Acamparon en Efesdamín, situado entre Soco y Azeca. ²Por su parte, Saúl y los israelitas se reunieron también y, acampando en el valle de Elá, ordenaron sus filas para la batalla contra los filisteos. ³Con el valle de por medio, los filisteos y los israelitas tomaron posiciones en montes opuestos.

⁴Un famoso guerrero, oriundo de Gat, salió del campamento filisteo. Su nombre era Goliat, y tenía una estatura de seis codos y un palmo.ᵃ ⁵Llevaba en la cabeza un casco de bronce y su coraza, que pesaba cinco mil siclos,ᵇ y que también era de bronce, ⁶como lo eran las polainas que protegían las piernas y la jabalina que llevaba al hombro. ⁷El asta de su lanza se parecía al rodillo de un telar, y tenía una punta de hierro que pesaba seiscientos siclos.ᶜ Delante de él marchaba un escudero.

⁸Goliat se detuvo ante los soldados israelitas y los desafió: «¿Para qué están ordenando sus filas para la batalla? ¿No soy yo un filisteo? ¿Y no están ustedes al servicio de Saúl? ¿Por qué no escogen a alguien que se me enfrente? ⁹Si es capaz de hacerme frente y matarme, nosotros les serviremos a ustedes; pero si yo lo venzo y lo mato, ustedes serán nuestros esclavos y nos servirán». ¹⁰Dijo además el filisteo: «¡Yo desafío hoy al ejército de Israel! ¡Elijan a un hombre que pelee conmigo!». ¹¹Al oír lo que decía el filisteo, Saúl y todos los israelitas se consternaron y tuvieron mucho miedo.

¹²David era hijo de Isaí, un efrateo que vivía en Belén de Judá. En tiempos de Saúl, Isaí era ya de edad muy avanzada y tenía ocho hijos. ¹³Sus tres hijos mayores habían marchado a la guerra con Saúl. El primogénito se llamaba Eliab; el segundo, Abinadab; el tercero, Sama. ¹⁴Estos tres habían seguido a Saúl por ser los mayores. David, que era el menor, ¹⁵solía ir adonde estaba Saúl, pero regresaba a Belén para cuidar las ovejas de su padre.

¹⁶El filisteo salía mañana y tarde a desafiar a los israelitas, y así lo estuvo haciendo durante cuarenta días.

¹⁷Un día, Isaí dijo a su hijo David: «Toma este efaᵈ de trigo tostado y estos diez panes, y vete pronto al campamento para dárselos a tus hermanos. ¹⁸Lleva también estos diez quesos para el comandante del batallón. Averigua cómo les va a tus hermanos y tráeme una prueba de que ellos están bien. ¹⁹Los encontrarás en el valle de Elá, con Saúl y todos los soldados israelitas, peleando contra los filisteos».

²⁰David cumplió con las instrucciones de Isaí. Se levantó muy de mañana y, después de encargarle el rebaño a un pastor, tomó las provisiones y se puso en camino. Llegó al campamento en el momento en que los soldados, lanzando gritos de guerra, salían a tomar sus posiciones. ²¹Los israelitas y los filisteos se alinearon frente a frente. ²²David, por su parte, dejó su carga al cuidado del encargado de las provisiones, y corrió a las filas para saludar a sus hermanos. ²³Mientras conversaban, Goliat, el gran guerrero filisteo de Gat, salió de entre las filas para repetir su desafío y David lo oyó. ²⁴Cada vez que los israelitas

veían a Goliat huían despavoridos. ²⁵Algunos decían: «¿Ven a ese hombre que sale a desafiar a Israel? A quien lo venza y lo mate, el rey lo colmará de riquezas. Además, le dará su hija como esposa y su familia quedará exenta de impuestos aquí en Israel».

²⁶David preguntó a los que estaban con él:

—¿Qué dicen que darán a quien mate a ese filisteo y salve así el honor de Israel? ¿Quién es este filisteo incircunciso, que se atreve a desafiar al ejército del Dios viviente?

²⁷—Al que lo mate —repitieron— se le dará la recompensa anunciada.

²⁸Eliab, el hermano mayor de David, lo oyó hablar con los hombres y se puso furioso con él. Entonces reclamó:

—¿Qué has venido a hacer aquí? ¿Con quién has dejado esas pocas ovejas en el desierto? Yo te conozco. Eres un atrevido y mal intencionado. ¡Seguro que has venido para ver la batalla!

²⁹—¿Y ahora qué hice? —protestó David—. ¡Si apenas he abierto la boca!

³⁰Apartándose de su hermano, preguntó a otros, quienes dijeron lo mismo. ³¹Algunos que oyeron lo que había dicho David se lo contaron a Saúl y este mandó a llamarlo. ³²Entonces David dijo a Saúl:

—¡Nadie tiene por qué desanimarse a causa de este filisteo! Yo mismo iré a pelear contra él.

³³—¡Cómo vas a pelear tú solo contra este filisteo! —respondió Saúl—. No eres más que un muchacho, mientras que él ha sido un guerrero toda la vida.

³⁴David respondió:

—A mí me toca cuidar el rebaño de mi padre. Cuando un león o un oso viene y se lleva una oveja del rebaño, ³⁵yo lo persigo y lo golpeo hasta que suelta la presa. Y, si el animal me ataca, lo agarro por la melena y lo sigo golpeando hasta matarlo. ³⁶Si este siervo suyo ha matado leones y osos, lo mismo puede hacer con ese filisteo incircunciso, porque está desafiando al ejército del Dios viviente. ³⁷El SEÑOR, que me libró de las garras del león y del oso, también me librará de la mano de ese filisteo.

—Anda, pues —dijo Saúl—, y que el SEÑOR te acompañe.

³⁸Luego Saúl vistió a David con su uniforme de campaña. Le entregó también un casco de bronce y le puso una coraza. ³⁹David se ciñó la espada sobre la armadura e intentó caminar, pero no pudo porque no estaba acostumbrado.

—No puedo andar con todo esto —le dijo a Saúl—; no estoy entrenado para ello.

De modo que se quitó todo aquello, ⁴⁰tomó su bastón, fue al río a escoger cinco piedras lisas, y las metió en su bolsa de pastor. Luego, honda en mano, se acercó al filisteo.

⁴¹Este, por su parte, también avanzaba hacia David detrás de su escudero. ⁴²Echó una mirada a David y, al darse cuenta de que era apenas un muchacho, pelirrojo y buen mozo, con desprecio ⁴³dijo:

—¿Soy acaso un perro para que vengas a atacarme con palos?

Y maldiciendo a David en nombre de sus dioses, ⁴⁴añadió:

—¡Ven acá, que voy a echar tu carne a las aves del cielo y a las fieras del campo!

⁴⁵David contestó:

—Tú vienes contra mí con espada, lanza y jabalina, pero yo vengo a ti en el nombre del SEÑOR de los Ejércitos, el Dios de los escuadrones de Israel, a quien has desafiado. ⁴⁶Hoy mismo el SEÑOR te entregará en mis manos; y yo te mataré y te cortaré la cabeza.

ᵃ 4 Es decir, aprox. 3 m.   ᵇ 5 Es decir, aprox. 58 kg.   ᶜ 7 Es decir, aprox. 7 kg.   ᵈ 17 Es decir, aprox. 16 kg.

Hoy mismo echaré los cadáveres del ejército filisteo a las aves del cielo y a las fieras del campo, y todo el mundo sabrá que hay un Dios en Israel. ⁴⁷Todos los que están aquí reconocerán que el Señor salva sin necesidad de espada ni de lanza. La batalla es del Señor y él los entregará a ustedes en nuestras manos.

⁴⁸En cuanto el filisteo avanzó para acercarse a David y enfrentarse con él, también este corrió rápidamente hacia la línea de batalla para hacerle frente. ⁴⁹Metiendo la mano en su bolsa sacó una piedra y con la honda se la lanzó al filisteo, hiriéndolo en la frente. Con la piedra incrustada entre ceja y ceja, el filisteo cayó de bruces al suelo.

⁵⁰Así fue como David triunfó sobre el filisteo: lo hirió de muerte con una honda y una piedra y sin empuñar la espada.

⁵¹Luego corrió adonde estaba el filisteo, le quitó la espada, la desenvainó, lo remató con ella y cortó su cabeza.

Cuando los filisteos vieron que su héroe había muerto, salieron corriendo. ⁵²Entonces los soldados de Israel y de Judá, dando gritos de guerra, se lanzaron contra ellos y los persiguieron hasta la entrada de Gatª y hasta las ˙puertas de Ecrón. Todo el camino, desde Sajarayin hasta Gat y Ecrón, quedó regado de cadáveres de filisteos. ⁵³Cuando los israelitas dejaron de perseguir a los filisteos, regresaron para saquearles el campamento.

⁵⁴Luego David tomó la cabeza de Goliat y la llevó a Jerusalén, pero las armas las guardó en su tienda de campaña.

⁵⁵Anteriormente Saúl, al ver a David enfrentarse con el filisteo, había preguntado a Abner, comandante de su ejército:

—Abner, ¿quién es el padre de ese muchacho?

—Tan cierto como Su Majestad vive, le aseguro que no lo sé.

⁵⁶—Averíguame quién es —le había dicho el rey.

⁵⁷Tan pronto como David regresó, después de haber matado a Goliat, y con la cabeza del filisteo todavía en la mano, Abner lo llevó ante Saúl.

⁵⁸—¿De quién eres hijo, muchacho? —preguntó Saúl.

—De Isaí de Belén, servidor suyo —respondió David.

Envidia de Saúl

18 Una vez que David y Saúl terminaron de hablar, Jonatán entabló con David una amistad entrañable y llegó a quererlo como a sí mismo. ²Saúl, por su parte, tomó a David a su servicio y, desde ese día, no lo dejó volver a la casa de su padre. ³Jonatán hizo un pacto con David, porque lo quería como a sí mismo. ⁴Jonatán se quitó el manto que llevaba puesto y se lo dio a David; también le dio su túnica y aun su espada, su arco y su cinturón.

⁵Cualquier encargo que David recibía de Saúl, lo cumplía con éxito, de modo que Saúl lo puso al mando de todo su ejército, con la aprobación de los soldados de Saúl y hasta de sus oficiales.

⁶Ahora bien, cuando el ejército regresó, después de haber matado David al filisteo, de todos los pueblos de Israel salían mujeres a recibir al rey Saúl. Al son de liras y panderos, cantaban y bailaban, ⁷y exclamaban con gran regocijo:

«Saúl mató a sus miles,
    pero David, a sus diez miles».

⁸Disgustado por lo que decían, Saúl se enfureció y protestó: «A David le dan crédito por diez miles, pero a mí por miles. ¡Lo único que falta es que le den el reino!». ⁹Y a partir de esa ocasión, Saúl empezó a mirar a David con recelo.

¹⁰Al día siguiente, el espíritu maligno de parte de Dios se apoderó de Saúl, quien cayó en trance en su propio palacio. Andaba con una lanza en la mano y, mientras David tocaba el arpa, como era su costumbre, ¹¹Saúl se la arrojó, pensando: «¡A este lo clavo en la pared!». Dos veces lo intentó, pero David logró esquivar la lanza.

¹²Saúl sabía que el Señor lo había abandonado y que ahora estaba con David. Por eso tuvo temor de David ¹³y lo alejó de su presencia, nombrándolo comandante de mil soldados para que dirigiera al ejército en campaña. ¹⁴David tuvo éxito en todas sus expediciones, porque el Señor estaba con él. ¹⁵Al ver el éxito de David, Saúl se llenó de temor. ¹⁶Pero todos en Israel y Judá sentían gran aprecio por David, porque él los dirigía en campaña.

¹⁷Un día Saúl dijo a David:

—Aquí tienes a Merab, mi hija mayor. Te la entrego por esposa, con la condición de que me sirvas con valentía, peleando las batallas del Señor.

Saúl pensaba: «Será mejor que no muera por mi mano, sino a mano de los filisteos».

¹⁸Pero David respondió:

—¿Quién soy yo? ¿Y quiénes son en Israel mis parientes o la familia de mi padre, para que yo me convierta en yerno del rey?

¹⁹Sin embargo, cuando llegó la fecha en que Saúl había de casar a su hija Merab con David, Saúl se la entregó por esposa a Adriel de Mejolá.

²⁰Mical, la otra hija de Saúl, se enamoró de David. Cuando se lo dijeron a Saúl, le agradó la noticia ²¹y pensó: «Se la entregaré a él, como una trampa para que caiga en manos de los filisteos». Así que volvió a decirle a David:

—Ahora sí vas a ser mi yerno.

²²Entonces Saúl ordenó a sus funcionarios:

—Hablen con David en privado y díganle: "Oye, el rey te aprecia, y todos sus funcionarios te quieren. Acepta ser su yerno".

²³Esto se lo repitieron a David, pero él respondió:

—¿Creen que es cosa fácil ser yerno del rey? ¡Yo no soy más que un plebeyo insignificante!

²⁴Los funcionarios comunicaron a Saúl la reacción de David. ²⁵Pero Saúl insistió:

—Díganle a David: "Lo único que el rey quiere es vengarse de sus enemigos, y como dote por su hija pide cien prepucios de filisteos".

En realidad, lo que Saúl quería era que David cayera en manos de los filisteos.

²⁶Cuando los funcionarios de Saúl dieron el mensaje a David, no le pareció mala la idea de convertirse en yerno del rey. Aún no se había cumplido el plazo ²⁷cuando David fue con sus soldados y mató a doscientos filisteos, cuyos prepucios entregó al rey para convertirse en su yerno. Así fue como Saúl le dio la mano de su hija Mical.

²⁸Saúl se dio cuenta de que, en efecto, el Señor estaba con David y de que su hija Mical lo amaba. ²⁹Por eso aumentó el temor que Saúl sentía por David y se convirtió en su enemigo por el resto de su vida.

³⁰Además, cada vez que los comandantes filisteos salían a campaña, David los enfrentaba con más éxito que los otros oficiales de Saúl. Por eso llegó a ser muy famoso.

Saúl intenta matar a David

19 Saúl ordenó a su hijo Jonatán y a todos sus funcionarios que mataran a David. Pero, como Jonatán le tenía tanto afecto a David, ²le advirtió:

ª 52 *Gat* (mss. de LXX); *un valle* (TM).

«Mi padre Saúl está buscando una oportunidad para matarte. Así que ten mucho cuidado mañana; escóndete en algún sitio seguro y quédate allí. ³Yo saldré con mi padre al campo donde tú estés y le hablaré de ti. Cuando averigüe lo que pasa, te lo haré saber».

⁴Jonatán habló a su padre Saúl en favor de David:

—¡No vaya Su Majestad a pecar contra su siervo David! —rogó—. Él no le ha hecho ningún mal; al contrario, lo que ha hecho ha sido de gran beneficio para usted. ⁵Para matar al filisteo arriesgó su propia vida y el SEÑOR dio una gran victoria a todo Israel. Usted mismo lo vio y se alegró. ¿Por qué ha de pecar contra un inocente y matar a David sin motivo?

⁶Saúl hizo caso a Jonatán y juró:

—Tan cierto como que el SEÑOR vive, David no morirá.

⁷Entonces Jonatán llamó a David y, después de contarle toda la conversación, lo llevó ante Saúl para que estuviera a su servicio como antes.

⁸Volvió a estallar la guerra. David salió a pelear contra los filisteos, y los combatió con tal violencia que tuvieron que huir.

⁹Sin embargo, un espíritu maligno de parte del SEÑOR se apoderó de Saúl. Estaba sentado en el palacio, con una lanza en la mano. Mientras David tocaba el arpa, ¹⁰intentó clavarlo en la pared con la lanza, pero David esquivó el golpe de Saúl, de modo que la lanza quedó clavada en la pared. Esa misma noche David se dio a la fuga.

¹¹Entonces Saúl mandó a varios hombres a casa de David, para que lo vigilaran durante la noche y lo mataran al día siguiente. Pero Mical, la esposa de David, le advirtió: «Si no te pones a salvo esta noche, mañana serás hombre muerto». ¹²Enseguida ella descolgó a David por la ventana y así él pudo escapar. ¹³Luego Mical tomó un ídolo familiarᵃ y lo puso en la cama con un tejido de pelo de cabra en la cabeza, y lo cubrió con una sábana.

¹⁴Cuando Saúl mandó a los hombres para apresar a David, Mical les dijo: «Está enfermo». ¹⁵Pero Saúl los mandó de nuevo a buscar a David: «¡Tráiganmelo, aunque esté en su cama, para matarlo!». ¹⁶Al entrar en la casa, los hombres vieron que lo que estaba en la cama era un ídolo, con un tejido de pelo de cabra en la cabeza.

¹⁷Entonces Saúl le reclamó a Mical:

—¿Por qué me has engañado así? ¿Por qué dejaste escapar a mi enemigo?

Ella respondió:

—Él me amenazó con matarme si no lo dejaba escapar.

¹⁸Después de huir y ponerse a salvo, David fue a Ramá para ver a Samuel y contarle todo lo que Saúl le había hecho. Entonces los dos se fueron a vivir a Nayot. ¹⁹Cuando Saúl se enteró de que David estaba en Nayot de Ramá, ²⁰mandó a sus hombres para que lo apresaran. Pero se encontraron con un grupo de profetas, dirigidos por Samuel, que estaban profetizando. Entonces el Espíritu de Dios vino sobre los hombres de Saúl, y también ellos profetizaron. ²¹Al oír la noticia, Saúl envió otro grupo, pero ellos también cayeron en trance. Luego mandó un tercer grupo y les pasó lo mismo. ²²Por fin, Saúl en persona fue a Ramá y llegó al gran pozo que está en Secú.

—¿Dónde están Samuel y David? —preguntó.

—En Nayot de Ramá —alguien respondió.

²³Saúl se dirigió entonces hacia allá, pero el Espíritu de Dios vino también sobre él, y Saúl estuvo en trance profético por todo el camino, hasta llegar a Nayot de Ramá. ²⁴Luego se quitó la ropa y, desnudo y en el suelo, estuvo en trance en presencia de Samuel todo el día y toda la noche. De ahí viene el dicho: «¿Acaso también Saúl es uno de los profetas?».

David y Jonatán

20 David huyó de Nayot de Ramá y fue adonde estaba Jonatán.

—¿Qué he hecho yo? —preguntó—. ¿Qué crimen o delito he cometido contra tu padre, para que él quiera matarme?

²—¿Morir tú? ¡De ninguna manera! —respondió Jonatán—. Mi padre no hace nada, por insignificante que sea, sin que me lo diga. ¿Por qué me lo habría de ocultar? ¡Eso no es posible!

³Pero David juró y perjuró:

—Tu padre sabe muy bien que tú me estimas, así que seguramente habrá pensado: "Jonatán no debe enterarse, para que no se disguste". Pero tan cierto como que el SEÑOR y tú viven, te aseguro que estoy a un paso de la muerte.

⁴—Dime qué quieres que haga y lo haré —respondió Jonatán.

⁵—Sabes —dijo David—, mañana es la fiesta de luna nueva y se supone que yo debo sentarme a la mesa para comer con el rey. Pues bien, deja que me esconda en el campo hasta pasado mañana por la tarde. ⁶Si tu padre me extraña, dile que yo insistí en que me dejaras ir enseguida a Belén, mi pueblo, pues toda mi familia estaba reunida allá para celebrar su sacrificio anual. ⁷Si él responde que está bien, entonces no corro ningún peligro. Pero si se enfurece, con eso sabrás que ha decidido acabar conmigo. ⁸Ya que en presencia del SEÑOR has hecho un pacto conmigo, que soy tu servidor, te ruego que me seas leal. Si me consideras culpable, no hace falta que me entregues a tu padre; ¡mátame tú mismo!

⁹—¡No digas tal cosa! —exclamó Jonatán—. Si llegara a enterarme de que mi padre ha decidido hacerte algún daño, ¿no crees que te lo diría?

¹⁰David preguntó:

—Si tu padre te responde de mal modo, ¿quién me lo hará saber?

¹¹Por toda respuesta, Jonatán invitó a David a salir al campo. Una vez allí, ¹²dijo:

—David, te juro por el SEÑOR, Dios de Israel, que a más tardar pasado mañana a esta hora averiguaré lo que piensa mi padre. Si no corres peligro, de alguna manera te lo haré saber. ¹³Pero si mi padre intenta hacerte daño y yo no te aviso para que puedas escapar, ¡que el SEÑOR me castigue sin piedad, y que esté contigo como estuvo con mi padre! ¹⁴Y si todavía estoy vivo cuando el SEÑOR te muestre su bondad, te pido que también tú seas bondadoso conmigo y no dejes que me maten. ¹⁵¡Nunca dejes de ser bondadoso con mi familia, aun cuando el SEÑOR borre de la faz de la tierra a todos tus enemigos! ¹⁶¡Que el SEÑOR pida cuentas de esto a tus enemigos!

De ese modo Jonatán hizo un pacto con la familia de David, ¹⁷pues quería a David como a sí mismo. Por ese cariño que le tenía, pidió a David confirmar el pacto bajo juramento. ¹⁸Además dijo:

—Mañana es la fiesta de luna nueva. Cuando vean tu asiento desocupado, te van a extrañar. ¹⁹Pasado mañana, sin falta, ve adonde te escondiste la otra vez y quédate junto a la piedra de Ézel. ²⁰Yo fingiré estar tirando al blanco y lanzaré tres flechas en esa dirección. ²¹Entonces diré a uno de mis criados que vaya a buscarlas. Si digo: "Mira, las flechas están más acá, recógelas"; eso querrá decir que no hay peligro y tan cierto como que el SEÑOR vive, podrás salir sin ninguna preocupación. ²²Pero si digo: "Mira, las flechas están más allá", eso querrá decir que te vayas, así que ¡escápate! ²³¡Que el SEÑOR sea siempre testigo del juramento que tú y yo nos hemos hecho!

ᵃ 13 un ídolo familiar. Lit. los terafines; también en v. 16.

²⁴David se escondió en el campo. Cuando llegó la fiesta de luna nueva, el rey se sentó a la mesa para comer ²⁵ocupando, como de costumbre, el puesto junto a la pared. Jonatán se sentó enfrente,ᵃ mientras que Abner se acomodó a un lado de Saúl. El asiento de David quedó desocupado. ²⁶Ese día Saúl no dijo nada, pues pensó: «Algo le habrá pasado a David, que lo dejó ritualmente ˙impuro, y seguramente no pudo purificarse». ²⁷Pero como al día siguiente, que era el segundo del mes, el puesto de David seguía desocupado, Saúl preguntó a Jonatán:

—¿Cómo es que ni ayer ni hoy vino el hijo de Isaí a la comida?

²⁸Jonatán respondió:

—David me insistió en que le diera permiso para ir a Belén. ²⁹Me dijo: "Por favor, déjame ir. Mi familia va a celebrar el sacrificio anual en nuestro pueblo, y mi hermano me ha ordenado que vaya. Hazme este favor, y permite que me dé una escapada para ver a mis hermanos". Por eso es que David no se ha sentado a comer con Su Majestad.

³⁰Al oír esto, Saúl se enfureció con Jonatán.

—¡Hijo de mala madre! —exclamó—. ¿Crees que no sé que eres muy amigo del hijo de Isaí, para vergüenza tuya y de tu desgraciada madre? ³¹Mientras el hijo de Isaí viva en esta tierra, ¡ni tú ni tu reino estarán seguros! Así que manda a buscarlo y tráemelo, pues está condenado a morir.

³²—¿Y por qué ha de morir? —reclamó Jonatán—. ¿Qué mal ha hecho?

³³Por toda respuesta, Saúl le arrojó su lanza para herirlo. Así Jonatán se convenció de que su padre estaba decidido a matar a David.

³⁴Enfurecido, Jonatán se levantó de la mesa y no quiso tomar parte en la comida del segundo día de la fiesta. Estaba muy afligido porque su padre había insultado a David.

³⁵Por la mañana Jonatán salió al campo para encontrarse con David. Uno de sus criados más jóvenes lo acompañaba. ³⁶Jonatán le dijo: «Corre a buscar las flechas que voy a lanzar».

El criado se echó a correr, y Jonatán lanzó una flecha que lo sobrepasó. ³⁷Cuando el criado llegó al lugar donde la flecha había caído, Jonatán gritó: «¡Más allá! ¡La flecha está más allá! ³⁸¡Date prisa! ¡No te detengas!». Y así continuó gritándole Jonatán. Cuando el criado recogió la flecha y se la trajo a su amo, ³⁹lo hizo sin sospechar nada, pues solo Jonatán y David sabían de qué se trataba. ⁴⁰Entonces Jonatán dio sus armas al criado. «Vete —dijo—; llévalas de vuelta a la ciudad».

⁴¹En cuanto el criado se fue, David salió de su esconditeᵇ y luego se postró tres veces con su rostro en tierra. Enseguida se besaron y lloraron juntos, hasta que David se desahogó.

⁴²«Puedes irte tranquilo —dijo Jonatán a David—, pues los dos hemos hecho un juramento eterno en ˙nombre del Señor, pidiéndole que juzgue entre tú y yo, y entre tus descendientes y los míos». Así que David se fue y Jonatán regresó a la ciudad.

David en Nob

21 Cuando David llegó a Nob, fue a ver al sacerdote Ajimélec, quien al encontrarse con David se puso nervioso.

—¿Por qué vienes solo? —preguntó—. ¿Cómo es que nadie te acompaña?

²David respondió:

—Vengo por orden del rey, pero nadie debe saber a qué me ha enviado ni cuál es esa orden. En cuanto a mis hombres, ya les he indicado dónde encontrarnos. ³¿Qué provisiones tienes a mano? Dame unos cinco panes o algo más que tengas.

⁴—No tengo a la mano pan común y corriente —contestó el sacerdote—. Podría darte el pan consagrado, si es que tus hombres se han abstenido por lo menos de estar con mujeres.

⁵David respondió:

—Te aseguro que, como es la costumbre cuando salimos en una expedición, no hemos tenido contacto con mujeres. Además, mis hombresᶜ se consagran incluso en expediciones ordinarias, así que con más razón están consagrados ahora.

⁶Por tanto, el sacerdote entregó a David el pan consagrado, ya que no había otro. Era el ˙pan de la Presencia que había sido quitado de delante del Señor y reemplazado por el pan caliente del día.

⁷Aquel día estaba allí uno de los oficiales de Saúl, que se había quedado detenido ante el Señor. Se trataba de un edomita llamado Doeg, que era jefe de los pastores de Saúl.

⁸David preguntó a Ajimélec:

—¿No tienes a la mano una lanza o una espada? Tan urgente era el encargo del rey que no alcancé a tomar mi espada ni mis otras armas.

⁹El sacerdote respondió:

—Aquí tengo la espada del filisteo Goliat, a quien mataste en el valle de Elá. Está detrás del ˙efod, envuelta en un paño. Puedes llevártela, si quieres. Otras armas no tengo.

—Dámela —dijo David—. ¡Es la mejor que podrías ofrecerme!

David en Gat

¹⁰Ese mismo día David, todavía huyendo de Saúl, se dirigió a Aquis, rey de Gat. ¹¹Los oficiales dijeron a Aquis:

—¿No es este David, el rey del país? ¿No es él por quien danzaban, y en los cantos decían:

«Saúl mató a sus miles,
    pero David, a sus diez miles»?

¹²Al oír esto, David se preocupó y tuvo mucho miedo de Aquis, rey de Gat. ¹³Por lo tanto, fingió perder la razón y, en público, comenzó a portarse como un loco, haciendo garabatos en las puertas y dejando que la saliva le corriera por la barba.

¹⁴Aquis dijo entonces a sus oficiales:

—Pero ¿qué, no se fijan? ¡Ese hombre está loco! ¿Para qué me lo traen? ¹⁵¿Acaso me hacen falta más locos que encima me traen a este para hacer sus locuras en mi presencia? ¡Sáquenlo de mi palacio!

David huye a Adulán y a Mizpa

22 David se fue de Gat y huyó a la cueva de Adulán. Cuando sus hermanos y el resto de la familia se enteraron, fueron a verlo allí. ²Además, se le unieron muchos otros que estaban en apuros, cargados de deudas o amargados. Así, David llegó a ser el comandante de unos cuatrocientos hombres.

³De allí se dirigió a Mizpa, en Moab, y dijo al rey de ese lugar: «Deja que mi padre y mi madre vengan a vivir entre ustedes hasta que yo sepa lo que Dios quiere de mí». ⁴Fue así como dejó a sus padres con el rey de Moab, y ellos se quedaron allí todo el tiempo que David permaneció en su refugio.

⁵Pero el profeta Gad dijo a David: «No te quedes en el refugio. Es mejor que regreses a la tierra de Judá». Entonces David se fue de allí y se metió en el bosque de Jaret.

ᵃ **25** *se sentó enfrente* (LXX); *se levantó* (TM).   ᵇ **41** *salió de su escondite.* Lit. *se levantó del lado del sur.*   ᶜ **5** *mis hombres.* Lit. *los utensilios de los jóvenes.*

Saúl elimina a los sacerdotes de Nob

⁶Mientras Saúl estaba sentado a la sombra de un tamarisco que había en la colina de Guibeá, se enteró de que David y sus hombres habían sido localizados. Tenía Saúl su lanza en la mano y lo rodeaban todos sus oficiales, ⁷a quienes dijo:

—¡Pongan atención, hombres de Benjamín! ¿También ustedes creen que el hijo de Isaí les va a dar tierras y viñedos, y a todos los va a nombrar comandantes de mil y de cien soldados? ⁸¡Ahora veo por qué todos ustedes conspiran contra mí, y por qué nadie me informa del pacto que mi hijo ha hecho con el hijo de Isaí! Nadie se ha tomado la molestia de avisarme que mi propio hijo instiga a uno de mis súbditos a que se subleve y me aceche, como en realidad está pasando.

⁹Doeg el edomita, que se encontraba entre los oficiales de Saúl, dijo:

—Yo vi al hijo de Isaí reunirse en Nob con Ajimélec, hijo de Ajitob. ¹⁰Ajimélec consultó al Señor por David y le dio provisiones, y hasta le entregó la espada de Goliat el filisteo.

¹¹Entonces el rey mandó a llamar al sacerdote Ajimélec, hijo de Ajitob, y a todos sus parientes, que eran sacerdotes en Nob. Cuando llegaron, ¹²Saúl dijo:

—Escucha, hijo de Ajitob.

—Diga, mi señor —respondió Ajimélec.

¹³—¿Por qué tú y el hijo de Isaí conspiran contra mí? —reclamó Saúl—. Le diste comida y una espada. También consultaste a Dios por él para que se subleve y me aceche, como en realidad está pasando.

¹⁴Ajimélec respondió al rey:

—¿Quién entre todos los oficiales del rey es tan fiel como su yerno David, jefe de la guardia real y respetado en el palacio? ¹⁵¿Es acaso esta la primera vez que consulto a Dios por él? ¡Claro que no! No debiera el rey acusarnos ni a mí ni a mi familia, pues de este asunto su servidor no sabe absolutamente nada.

¹⁶—¡Te llegó la hora, Ajimélec! —respondió el rey—. ¡Y no solo a ti, sino a toda tu familia!

¹⁷De inmediato el rey ordenó a los guardias que lo acompañaban:

—¡Maten a los sacerdotes del Señor, pues ellos también se han puesto de parte de David! Sabían que estaba huyendo y sin embargo no me lo dijeron.

Pero los oficiales del rey no se atrevieron a levantar la mano en contra de los sacerdotes del Señor.

¹⁸Así que el rey ordenó a Doeg:

—¡Pues mátalos tú!

Entonces Doeg el edomita se lanzó contra ellos y los mató. Aquel día mató a ochenta y cinco hombres que tenían puesto el *efod de tela de lino. ¹⁹Luego fue a Nob, el pueblo de los sacerdotes, y mató a filo de espada a hombres y mujeres, a niños y recién nacidos, y hasta a los bueyes, asnos y ovejas.

²⁰Sin embargo, un hijo de Ajimélec, hijo de Ajitob, llamado Abiatar, logró escapar y huyó hasta encontrarse con David. ²¹Cuando le informó que Saúl había matado a los sacerdotes del Señor, ²²David respondió:

—Ya desde aquel día, cuando vi a Doeg en Nob, sabía yo que él le avisaría a Saúl. Yo tengo la culpa de que hayan muerto todos tus parientes. ²³Pero no tengas miedo. Quédate conmigo, que aquí estarás a salvo. El que desea matarme también busca acabar con tu vida.

David libera la ciudad de Queilá

23 Los filisteos atacaron la ciudad de Queilá y saquearon los graneros. Cuando David se enteró de lo sucedido, ²consultó al Señor:

—¿Debo ir a luchar contra los filisteos?

—Ve —respondió el Señor—, lucha contra los filisteos y libera a Queilá.

³Pero los soldados dijeron a David:

—Si aun aquí en Judá vivimos con miedo, ¡cuánto más si vamos a Queilá para atacar al ejército filisteo!

⁴David volvió a consultar al Señor y él respondió:

—Ponte en camino y ve a Queilá, que voy a entregar en tus manos a los filisteos.

⁵Así que David y sus hombres fueron allá y lucharon contra los filisteos, derrotándolos por completo. David se apoderó de los ganados de los filisteos y rescató a los habitantes de la ciudad. ⁶Ahora bien, cuando Abiatar, hijo de Ajimélec, huyó a Queilá para refugiarse con David, se llevó consigo el *efod.

Saúl persigue a David

⁷Cuando contaron a Saúl que David había ido a Queilá, exclamó: «¡Dios me lo ha entregado! David se ha metido en una ciudad con puertas y cerrojos; no tiene escapatoria». ⁸Entonces convocó a todo su ejército para ir a combatir a David y a sus hombres, y sitiar la ciudad de Queilá.

⁹David se enteró de que Saúl tramaba su destrucción. Por tanto, ordenó al sacerdote Abiatar que llevara el *efod. ¹⁰Luego David oró:

—Oh Señor, Dios de Israel, yo, tu siervo, sé muy bien que por mi culpa Saúl se propone venir a Queilá para destruirla. ¹¹¿Me entregarán los habitantes de esta ciudad en manos de Saúl? ¿Es verdad que Saúl vendrá, según me han dicho? Yo te ruego, Señor, Dios de Israel, que me lo hagas saber.

—Sí, vendrá —respondió el Señor.

¹²David volvió a preguntarle:

—¿Nos entregarán los habitantes de Queilá a mí y a mis hombres en manos de Saúl?

Y el Señor contestó:

—Sí, los entregarán.

¹³Entonces David y sus hombres, que eran como seiscientos, se fueron de Queilá y anduvieron de un lugar a otro. Cuando le contaron a Saúl que David se había ido de Queilá, decidió suspender la campaña.

¹⁴David se estableció en los refugios del desierto, en los áridos cerros de Zif. Día tras día Saúl lo buscaba, pero Dios no lo entregó en sus manos.

¹⁵Estando David en Hores, en el desierto de Zif, se enteró de que Saúl había salido en su búsqueda con la intención de matarlo. ¹⁶Jonatán, hijo de Saúl, fue a ver a David en Hores y lo animó a seguir confiando en Dios. ¹⁷«No tengas miedo —dijo—, que mi padre no podrá atraparte. Tú vas a ser el rey de Israel y yo seré el segundo al mando. Esto, hasta mi padre lo sabe». ¹⁸Entonces los dos hicieron un pacto en presencia del Señor, después de lo cual Jonatán regresó a su casa y David se quedó en Hores.

¹⁹Los habitantes de Zif fueron a Guibeá y dijeron a Saúl:

—¿No sabe usted que David se ha escondido en nuestro territorio? Está en el monte de Jaquilá, en los refugios de Hores, al sur del desierto. ²⁰Cuando Su Majestad tenga a bien venir, entregaremos a David en sus manos.

²¹—¡Que el Señor los bendiga por tenerme tanta consideración! —respondió Saúl—. ²²Vayan y averigüen bien por dónde anda y quién lo ha visto, pues me han dicho que es muy astuto. ²³Infórmense bien de todos los lugares donde se esconde y tráiganme datos precisos. Entonces yo iré con ustedes y, si es verdad que está en esa región, lo buscaré entre todos los clanes de Judá.

²⁴Los de Zif se despidieron de Saúl y volvieron a su tierra. Mientras tanto, David y sus hombres se encontraban en el desierto de Maón, en el Arabá, al sur del desierto. ²⁵Cuando avisaron a David que Saúl y sus

hombres venían en su búsqueda, bajó al peñasco del desierto de Maón. Al enterarse de esto, Saúl dirigió la persecución hacia ese lugar.

²⁶Saúl avanzaba por un costado del monte, mientras que David y sus hombres iban por el otro, apresurándose para escapar. Pero Saúl y sus hombres lo tenían rodeado. Ya estaban a punto de atraparlo, ²⁷cuando un mensajero llegó y dijo a Saúl: «¡Venga de prisa, que los filisteos están saqueando el país!». ²⁸Saúl dejó entonces de perseguir a David y volvió para enfrentarse con los filisteos. Por eso aquel sitio se llama Sela Hamajlecot.ᵃ ²⁹Luego David se fue de allí para establecerse en los refugios de Engadi.

David perdona la vida a Saúl

24 Cuando Saúl regresó de perseguir a los filisteos, le informaron que David estaba en el desierto de Engadi. ²Entonces Saúl tomó consigo tres mil hombres escogidos de todo Israel y se fue por los Peñascos de las Cabras, en busca de David y de sus hombres.

³Por el camino, llegó a un corral de ovejas; y como había una cueva en el lugar, entró allí para hacer sus necesidades.ᵇ David estaba escondido en el fondo de la cueva con sus hombres ⁴y estos dijeron:

—En verdad, hoy se cumple la promesa que te hizo el SEÑOR cuando te dijo: "Yo pondré a tu enemigo en tus manos, para que hagas con él lo que mejor te parezca".

David se levantó sin hacer ruido y cortó el borde del manto de Saúl.

⁵Pero le remordió la conciencia por lo que había hecho ⁶y dijo a sus hombres:

—¡Que el SEÑOR me libre de hacerle al rey lo que ustedes sugieren! No puedo alzar la mano contra él, porque es el ˙ungido del SEÑOR.

⁷De ese modo David contuvo a sus hombres y no les permitió que atacaran a Saúl. Pero una vez que este salió de la cueva para proseguir su camino, ⁸David salió de la cueva y gritó:

—¡Majestad, señor mío!

Saúl miró hacia atrás y David, postrándose rostro en tierra, se inclinó ⁹y dijo:

—¿Por qué hace caso usted a los que dicen que yo quiero hacerle daño? ¹⁰Usted podrá ver con sus propios ojos que hoy mismo, en esta cueva, el SEÑOR lo había entregado en mis manos. Mis hombres me incitaban a que lo matara, pero yo respeté su vida y dije: "No puedo alzar la mano contra el rey, porque es el ungido del SEÑOR". ¹¹Padre mío, mire usted el borde de su manto que tengo en la mano. Yo corté este pedazo, pero a usted no lo maté. Reconozca que yo no intento hacerle mal ni traicionarlo. Usted, sin embargo, me persigue para quitarme la ˙vida, aunque yo no le he hecho ningún agravio. ¹²¡Que el SEÑOR juzgue entre nosotros dos! ¡Y que el SEÑOR me vengue de usted! Pero mi mano no se alzará contra usted. ¹³Como dice el antiguo refrán: "De los malos, la maldad"; por eso mi mano jamás se alzará contra usted.

¹⁴»¿Contra quién ha salido el rey de Israel? ¿A quién persigue? ¡A un perro muerto! ¡A una pulga! ¹⁵¡Que sea el SEÑOR quien juzgue y dicte la sentencia entre nosotros dos! ¡Que examine mi causa, y me defienda y me libre de usted!».

¹⁶Cuando David terminó de hablar, Saúl dijo:

—David, hijo mío, ¡pero si eres tú quien me habla!

Y alzando la voz, se echó a llorar.

¹⁷—Has actuado mejor que yo —continuó Saúl—. Me has devuelto bien por mal. ¹⁸Hoy me has hecho reconocer lo bien que me has tratado, pues el SEÑOR me entregó en tus manos y no me mataste. ¹⁹¿Quién encuentra a su enemigo y le perdona la vida?ᶜ ¡Que el SEÑOR te recompense por lo bien que me has tratado hoy! ²⁰Ahora caigo en cuenta de que tú serás el rey y de que consolidarás el reino de Israel. ²¹Júrame entonces, por el SEÑOR, que no exterminarás mi descendencia ni borrarás el ˙nombre de mi familia.

²²David se lo juró. Luego Saúl volvió a su palacio, mientras David y sus hombres subieron al refugio.

David, Nabal y Abigaíl

25 Samuel murió y fue enterrado en Ramá, donde había vivido. Todo Israel se reunió para hacer duelo por él. Después de eso David bajó al desierto de Parán.ᵈ

²Había en Maón un hombre muy rico, dueño de mil cabras y tres mil ovejas, las cuales esquilaba en Carmel, donde tenía su hacienda. ³Se llamaba Nabal y pertenecía a la familia de Caleb. Su esposa, Abigaíl, era una mujer bella e inteligente; Nabal, por el contrario, era insolente y de mala conducta.

⁴Estando David en el desierto, se enteró de que Nabal estaba esquilando sus ovejas. ⁵Envió entonces diez de sus hombres con este encargo: «Vayan a Carmel para llevarle a Nabal un saludo de mi parte. ⁶Díganle: "¡Que tengan salud ᵉ y ˙paz tú y tu familia, y todo lo que te pertenece! ⁷Acabo de escuchar que estás esquilando tus ovejas. Como has de saber, cuando tus pastores estuvieron con nosotros, jamás los molestamos. En todo el tiempo que se quedaron en Carmel, nunca se les quitó nada. ⁸Pregúntales a tus criados y ellos mismos te lo confirmarán. Por tanto, te agradeceré que recibas bien a mis hombres, pues este día hay que celebrarlo. Dales, por favor, a tus siervos y a tu hijo David lo que tengas a la mano"».

⁹Cuando los hombres de David llegaron, dieron a Nabal este mensaje de parte de David y se quedaron esperando. ¹⁰Pero Nabal les contestó:

—¿Y quién es ese tal David? ¿Quién es el hijo de Isaí? Hoy día son muchos los esclavos que se escapan de sus amos. ¹¹¿Por qué he de compartir mi pan y mi agua, y la carne que he reservado para mis esquiladores, con gente que ni siquiera sé de dónde viene?

¹²Los hombres de David se dieron la vuelta y se pusieron en camino. Cuando llegaron ante él, le comunicaron todo lo que Nabal había dicho. ¹³Entonces David ordenó: «¡Cíñanse todos la espada!». Y todos, incluso él, se la ciñeron. Acompañaron a David unos cuatrocientos hombres, mientras que otros doscientos se quedaron cuidando el bagaje.

¹⁴Uno de los criados avisó a Abigaíl, la esposa de Nabal: «David envió desde el desierto unos mensajeros para saludar a nuestro amo, pero él los trató mal. ¹⁵Esos hombres se portaron muy bien con nosotros. En todo el tiempo que anduvimos con ellos por el campo, jamás nos molestaron ni nos quitaron nada. ¹⁶Día y noche nos protegieron mientras cuidábamos los rebaños cerca de ellos. ¹⁷Piense usted bien lo que debe hacer, pues la ruina está por caer sobre nuestro amo y sobre toda su familia. Tiene tan mal genio que ni hablar se puede con él».

¹⁸Sin perder tiempo, Abigaíl reunió doscientos panes, dos odres de vino, cinco ovejas asadas, cinco seahsᶠ de trigo tostado, cien tortas de uvas pasas y doscientas tortas de higos. Después de cargarlo todo sobre unos asnos, ¹⁹dijo a los criados: «Adelántense, que yo los sigo». Pero a Nabal, su esposo, no le dijo nada de esto.

ᵃ 28 En hebreo, *Sela Hamajlecot* significa *peñasco de la despedida.* ᵇ 3 *hacer sus necesidades.* Lit. *cubrirse los pies.* ᶜ 19 *le perdona la vida.* Lit. *lo envía por buen camino.* ᵈ 1 *Maón* (LXX). ᵉ 6 *salud.* Palabra de difícil traducción. ᶠ 18 Es decir, aprox. 28 kg.

²⁰Montada en un asno, Abigaíl bajaba por la ladera del monte cuando vio que David y sus hombres venían en dirección opuesta, de manera que se encontraron. ²¹David recién había comentado: «De balde estuve protegiendo en el desierto las propiedades de este hombre, para que no perdiera nada. Ahora resulta que me paga mal por el bien que le hice. ²²¡Que Dios me castigue*a* sin piedad si antes del amanecer no acabo con todos sus hombres!».

²³Cuando Abigaíl vio a David, se bajó rápidamente del asno y se postró ante él con su rostro en tierra. ²⁴Se arrojó a sus pies y dijo:

—Señor mío, yo tengo la culpa. Deje que esta sierva suya hable; le ruego que me escuche. ²⁵No haga usted caso de ese malvado de Nabal, pues le hace honor a su *nombre, que significa "necio". La necedad lo acompaña por todas partes. Yo, por mi parte, no vi a los mensajeros que usted, mi señor, envió.

²⁶»Pero ahora el SEÑOR le ha impedido a usted derramar sangre y hacerse justicia con sus propias manos. Tan cierto como el SEÑOR y usted viven, esto es lo que pido: que a sus enemigos, y a todos los que quieran hacerle daño, les pase lo mismo que a Nabal. ²⁷Acepte usted este regalo que su criada ha traído y repártalo entre los criados que lo acompañan. ²⁸»Yo le ruego que perdone el atrevimiento de esta sierva. Ciertamente, el SEÑOR le dará a usted una dinastía que se mantendrá firme, y nunca nadie podrá hacerle a usted ningún daño,*b* pues usted pelea las batallas del SEÑOR. ²⁹Aun si alguien lo persigue con la intención de matarlo, su *vida estará protegida*c* por el SEÑOR su Dios, mientras que sus enemigos serán lanzados a la destrucción.*d* ³⁰Así que, cuando el SEÑOR haya hecho todo el bien que le ha prometido, y lo haya establecido como gobernante de Israel, ³¹no tendrá usted que sufrir la pena y el remordimiento de haberse vengado por sí mismo, ni de haber derramado sangre inocente. Acuérdese usted de esta sierva suya cuando el SEÑOR le haya dado prosperidad.

³²David dijo entonces a Abigaíl:

—¡Bendito sea el SEÑOR, Dios de Israel, que te ha enviado hoy a mi encuentro! ³³¡Y bendita seas tú por tu buen juicio, pues me has impedido derramar sangre y vengarme con mis propias manos! ³⁴Tan cierto como el SEÑOR, Dios de Israel, vive y me ha impedido hacerte mal, te aseguro que, si no te hubieras dado prisa en venir a mi encuentro, para mañana no le habría quedado vivo a Nabal ni uno solo de sus hombres.

³⁵Dicho esto, David aceptó lo que ella había traído.

—Vuelve tranquila a tu casa —añadió—. Como puedes ver, te he hecho caso: te concedo lo que me has pedido.*e*

³⁶Cuando Abigaíl llegó a la casa, Nabal estaba dando un regio banquete. Se encontraba alegre y muy borracho, así que ella no dijo nada hasta el día siguiente. ³⁷Por la mañana, cuando a Nabal ya se le había pasado la borrachera, su esposa contó lo sucedido. Al oírlo, Nabal sufrió un ataque al corazón y quedó paralizado. ³⁸Unos diez días después el SEÑOR hirió a Nabal y así murió.

³⁹Cuando David se enteró de que Nabal había muerto, exclamó: «¡Bendito sea el SEÑOR, que me ha hecho *justicia por la afrenta que recibí de Nabal! El SEÑOR libró a este siervo suyo de hacer mal, pero hizo recaer sobre Nabal su propia maldad».

Entonces David envió un mensaje a Abigaíl, proponiéndole matrimonio. ⁴⁰Cuando los criados llegaron a Carmel, hablaron con Abigaíl y dijeron:

—David nos ha enviado para pedirle a usted que se case con él.

⁴¹Ella se inclinó y, postrándose rostro en tierra, dijo:

—Soy la sierva de David y estoy para servirle. Incluso estoy dispuesta a lavarles los pies a sus criados.

⁴²Sin perder tiempo, Abigaíl se dispuso a partir. Se montó en un asno y, acompañada de cinco criadas, se fue con los mensajeros de David. Después se casó con él. ⁴³David también se había casado con Ajinoán de Jezrel, así que ambas fueron sus esposas. ⁴⁴Saúl, por su parte, había entregado su hija Mical, esposa de David, a Paltiel,*f* hijo de Lais, oriundo de Galín.

David perdona la vida a Saúl

26 Los habitantes de Zif fueron a Guibeá y dijeron a Saúl:

—¿No sabe el rey que David está escondido en el monte de Jaquilá, frente al desierto?

²Entonces Saúl se puso en marcha con los tres mil hombres escogidos de Israel y bajó al desierto de Zif en busca de David. ³Acampó en la colina de Jaquilá que está frente al camino, junto al camino. Cuando David, que vivía en el desierto, se dio cuenta de que Saúl venía tras él, ⁴envió espías para averiguar dónde se encontraba.

⁵Luego se dirigió al campamento de Saúl, y observó el lugar donde dormían Saúl y Abner, hijo de Ner, comandante del ejército. Saúl estaba dentro del campamento y el ejército lo rodeaba. ⁶David entonces preguntó a Ajimélec, el hitita, y a Abisay, hijo de Sarvia, hermano de Joab:

—¿Quién quiere venir conmigo al campamento de Saúl?

—Yo voy contigo —respondió Abisay.

⁷David y Abisay llegaron esa noche y vieron a Saúl dormido en medio del campamento, con su lanza clavada en tierra a su cabecera. Abner y el ejército estaban acostados a su alrededor.

⁸—Hoy ha puesto Dios en tus manos a tu enemigo —dijo Abisay a David—. Déjame matarlo. De un solo golpe de lanza lo dejaré clavado en el suelo. ¡Y no tendré que rematarlo!

⁹—¡No lo mates! —exclamó David—. ¿Quién puede impunemente alzar la mano contra el *ungido del SEÑOR?

¹⁰Y añadió:

—Tan cierto como que el SEÑOR vive, el SEÑOR mismo lo herirá. O le llegará la hora de morir, o caerá en batalla. ¹¹En cuanto a mí, ¡que el SEÑOR me libre de alzar la mano contra su ungido! Solo toma la lanza y el jarro de agua que están a su cabecera, y vámonos de aquí.

¹²David mismo tomó la lanza y el jarro de agua que estaban a la cabecera de Saúl, y los dos se marcharon. Nadie los vio ni se dio cuenta, pues todos estaban dormidos. No se despertaron, pues el SEÑOR los había hecho caer en un sueño profundo.

¹³David cruzó al otro lado y se detuvo en la cumbre del monte, de modo que había una buena distancia entre ellos. ¹⁴Entonces llamó al ejército y a Abner, hijo de Ner:

—¡Abner! ¿Me oyes?

Abner respondió:

—¿Quién está gritando al rey?

¹⁵David contestó:

—¿No eres tú el valiente sin par en Israel? ¿Cómo es que no has protegido a tu señor el rey? Te cuento

---

a 22 me castigue (lit. castigue a David; LXX); castigue a los enemigos de David (TM). *b* 28 nunca nadie ... ningún daño. Alt. nunca cometerá usted ningún mal. *c* 29 estará protegida. Lit. está embolsada en la bolsa de los vivos. *d* 29 sus enemigos ... destrucción. Lit. él lanzará la vida de sus enemigos de en medio de la palma de una honda. *e* 35 te concedo ... pedido. Lit. he levantado tu semblante. *f* 44 Paltiel. Lit. Palti (variante de este nombre).

que uno del pueblo entró con la intención de matarlo. ¹⁶¡Lo que has hecho no tiene nombre! Tan cierto como que el SEÑOR vive, ustedes morirán por no haber protegido a su rey, el ungido del SEÑOR. A ver, ¿dónde están la lanza del rey y el jarro de agua que estaban a su cabecera?

¹⁷Saúl, que reconoció la voz de David, dijo:

—David, hijo mío, ¡pero si eres tú quien habla!

—Soy yo, mi señor y rey —respondió David—. ¹⁸¿Por qué persigue mi señor a este siervo suyo? ¿Qué le he hecho? ¿Qué delito he cometido? ¹⁹Majestad, señor mío, le ruego que escuche mis palabras. Si quien lo mueve a usted en mi contra es el SEÑOR, una ofrenda bastará para aplacarlo. Pero si son los hombres, ¡que el SEÑOR los maldiga! Hoy me expulsan de esta tierra, que es la herencia del SEÑOR, y me dicen: "¡Vete a servir a otros dioses!". ²⁰Ahora bien, no deje usted que mi sangre sea derramada lejos de la presencia del SEÑOR. ¿Por qué ha salido el rey de Israel en busca de una simple pulga? ¡Es como si estuviera cazando una perdiz en los montes!

²¹—¡He pecado! —exclamó Saúl—. Regresa, David, hijo mío. Ya no voy a hacerte daño. Tú has valorado hoy mi vida; yo, en cambio, he sido un necio y me he portado muy mal.

²²David respondió:

—Su Majestad, aquí está su lanza. Mande usted a uno de sus criados a recogerla. ²³Que el SEÑOR pague a cada uno según su rectitud y lealtad, pues hoy él te había puesto en mis manos, pero yo ni siquiera me atreví a tocar al ungido del SEÑOR. ²⁴Sin embargo, así como hoy valoré la ˙vida de usted, quiera el SEÑOR valorar mi propia vida y librarme de toda angustia.

²⁵—¡Bendito seas, David, hijo mío! —respondió Saúl—. Tú harás grandes cosas y en todo triunfarás.

Luego David siguió su camino y Saúl regresó a su palacio.

David entre los filisteos

27 Con todo, David pensaba: «Un día de estos voy a morir a manos de Saúl. Lo mejor que puedo hacer es huir a la tierra de los filisteos. Así Saúl se cansará de buscarme por el territorio de Israel, y podré escapar de sus manos».

²Acompañado de sus seiscientos hombres, David se puso en marcha y se trasladó a la tierra de Gat, donde reinaba Aquis, hijo de Maoc. ³Tanto David como sus hombres se establecieron allí, y quedaron bajo la protección de Aquis. Cada hombre había llevado a su familia y David tenía consigo a sus dos esposas, Ajinoán la jezrelita y Abigaíl de Carmel, la viuda de Nabal. ⁴En efecto, cuando Saúl se enteró de que David había huido a Gat, dejó de perseguirlo.

⁵David dijo a Aquis: «Si en verdad cuento con su favor, le ruego que me conceda algún pueblo en el campo para vivir allí. No tiene ningún sentido que este siervo suyo viva contigo en la capital del reino».

⁶Aquel mismo día Aquis le dio la ciudad de Siclag, la cual hasta hoy pertenece a los reyes de Judá. ⁷David vivió en territorio filisteo un año y cuatro meses.

⁸Acostumbraba a salir en campaña con sus hombres para saquear a los guesureos, guirzitas y amalecitas, pueblos que durante mucho tiempo habían habitado la zona que se extiende hacia Sur y hasta el país de Egipto. ⁹Cada vez que David atacaba la región, no dejaba a nadie con vida, ni hombre ni mujer. Antes de regresar adonde estaba Aquis se apoderaba de ovejas, vacas, asnos y camellos, y hasta de la ropa que vestían.

¹⁰Si Aquis preguntaba: «¿Qué región saqueaste hoy?», David respondía: «La del sur de Judá»; o bien: «La del sur de Jerameel»; o «La del sur, donde viven los quenitas». ¹¹David no dejaba con vida ni a hombre ni a mujer, pues pensaba que si llevaba prisioneros a Gat lo denunciarían por lo que estaba haciendo. Este fue su patrón de conducta todo el tiempo que estuvo en territorio filisteo. ¹²Aquis, por su parte, confiaba en David y se decía: «David se está haciendo odioso a los israelitas, su propia gente. Sin duda me servirá para siempre».

28 Por aquel tiempo, los filisteos reunieron sus tropas para ir a la guerra contra Israel. Por lo tanto, Aquis dijo a David:

—Quiero que sepas que tú y tus hombres saldrán conmigo a la guerra.

²—Está bien —respondió David—. Ya verá usted de lo que es capaz este siervo suyo.

—Si es así —añadió Aquis—, de ahora en adelante te nombro mi guardaespaldas.

Saúl y la adivina de Endor

³Ya Samuel había muerto. Todo Israel había hecho duelo por él y lo habían enterrado en Ramá, que era su propio pueblo. Saúl, por su parte, había expulsado del país a los médiums y a los espiritistas.

⁴Los filisteos concentraron sus fuerzas y fueron a Sunem, donde acamparon. Saúl reunió entonces a los israelitas y armaron su campamento en Guilboa. ⁵Entonces, cuando vio Saúl al ejército filisteo, le entró tal miedo que se descorazonó por completo. ⁶Por eso consultó al SEÑOR, pero él no le respondió ni en sueños, ni por el *urim* ni por los profetas. ⁷Por eso Saúl ordenó a sus oficiales:

—Búsquenme a una médium, para que yo vaya a consultarla.

—Pues hay una en Endor —respondieron.

⁸Saúl se disfrazó con otra ropa y, acompañado de dos hombres, se fue de noche a ver a la médium.

—Quiero que evoques a un espíritu —pidió Saúl—. Haz que se me aparezca el que yo te diga.

⁹—¿Acaso no sabe usted lo que ha hecho Saúl? —respondió la mujer—. ¡Ha expulsado del país a los médiums y a los espiritistas! ¿Por qué usted viene a tenderme una trampa y exponerme a la muerte?

¹⁰—¡Tan cierto como que el SEÑOR vive, te aseguro que nadie te va a castigar por esto! —contestó Saúl.

¹¹—¿A quién desea usted que yo haga aparecer? —preguntó la mujer.

—Evócame a Samuel —respondió Saúl.

¹²Al ver a Samuel, la mujer pegó un grito.

—¡Pero si usted es Saúl! ¿Por qué me ha engañado? —reclamó.

¹³—No tienes nada que temer —dijo el rey—. Dime lo que has visto.

—Veo un espíritu que sube *ᵃ* de la tierra —respondió ella.

¹⁴—¿Y qué aspecto tiene?

—El de un anciano que sube envuelto en un manto.

Al darse cuenta Saúl de que era Samuel, se postró rostro en tierra.

¹⁵Samuel dijo a Saúl:

—¿Por qué me molestas, haciéndome subir?

—Estoy muy angustiado —respondió Saúl—. Los filisteos me están atacando, y Dios me ha abandonado. Ya no me responde, ni en sueños ni por medio de profetas. Por eso decidí llamarte, para que me digas lo que debo hacer.

¹⁶Samuel respondió:

—Pero si el SEÑOR se ha alejado de ti y se ha vuelto tu enemigo, ¿por qué me consultas a mí? ¹⁷El SEÑOR ha cumplido lo que había anunciado por medio de

---

ᵃ **13** *un espíritu que sube.* Alt. *dioses que suben.*

mí: él te ha arrebatado de las manos el reino y se lo ha dado a tu compañero David. ¹⁸Tú no obedeciste al SEÑOR, pues no llevaste a cabo la furia de su castigo contra los amalecitas; por eso él te condena hoy. ¹⁹El SEÑOR te entregará a ti y a Israel en manos de los filisteos. Mañana tú y tus hijos se unirán a mí, y el campamento israelita caerá en poder de los filisteos.

²⁰Al instante Saúl se desplomó. Y es que estaba lleno de miedo por lo que Samuel había dicho, además de que se moría de hambre, pues en toda la noche y en todo el día no había comido nada. ²¹Al verlo tan asustado, la mujer se acercó y dijo:

—Yo, su sierva, le hice caso a usted y, por obedecer sus órdenes, me jugué la ˙vida. ²²Ahora yo le pido que me haga caso a mí. Déjeme traerle algún alimento para que coma; así podrá recuperarse y seguir su camino.

²³Pero Saúl se negó a comer. Sin embargo, sus oficiales insistieron al igual que la mujer, y por fin consintió. Se levantó del suelo y tomó asiento en la cama. ²⁴La mujer tenía en su casa un becerro gordo al que mató enseguida. También amasó harina y horneó unos panes sin levadura. ²⁵Luego les sirvió a Saúl y a sus oficiales. Esa misma noche, después de comer, todos ellos emprendieron el camino.

Los filisteos desconfían de David

29 Los filisteos reunieron a todas sus tropas en Afec. Los israelitas, por su parte, acamparon junto al manantial que está en Jezrel. ²Los jefes de los filisteos avanzaban en compañías de cien y de mil soldados, seguidos de Aquis y de David y sus hombres.

³—Y estos hebreos, ¿qué hacen aquí? —preguntaron los comandantes filisteos.

Aquis respondió:

—¿No se dan cuenta de que este es David, quien antes estuvo al servicio de Saúl, rey de Israel? Hace ya más de un año que está conmigo, y desde el primer día que se unió a nosotros no he visto nada que me haga desconfiar de él.

⁴Pero los comandantes filisteos, enojados con Aquis, le exigieron:

—Despídelo; que regrese al lugar que le diste. No dejes que nos acompañe en la batalla, no sea que en medio del combate se vuelva contra nosotros. ¿Qué mejor manera tendría de reconciliarse con su señor, que llevándole las cabezas de estos soldados? ⁵¿Acaso no es este el David por quien danzaban, y en sus cantos decían:

«Saúl mató a sus miles;
     pero David, a sus diez miles»?

⁶Ante esto, Aquis llamó a David y dijo:

—Tan cierto como que el SEÑOR vive, tú eres un hombre honrado y me gustaría que me acompañaras en esta campaña. Desde el día en que llegaste, no he visto nada que me haga desconfiar de ti. Pero los jefes filisteos te miran con recelo. ⁷Así que, con mis mejores deseos, vuélvete a tu casa y no hagas nada que les desagrade.

⁸—Pero ¿qué es lo que he hecho? —reclamó David—. ¿Qué falla ha visto usted en este servidor suyo desde el día en que entré a su servicio hasta hoy? ¿Por qué no me permiten luchar contra los enemigos de mi señor el rey?

⁹—Ya lo sé —respondió Aquis—. Para mí tú eres como un ángel de Dios. Sin embargo, los comandantes filisteos han decidido que no vayas con nosotros a la batalla. ¹⁰Por lo tanto, levántense mañana temprano, tú y los siervos de tu señor que vinieron contigo, y váyanse con la primera luz del día.

¹¹Así que al día siguiente David y sus hombres se levantaron temprano para regresar al país filisteo. Por su parte, los filisteos avanzaron hacia Jezrel.

David derrota a los amalecitas

30 Al tercer día David y sus hombres llegaron a Siclag, pero se encontraron con que los amalecitas habían invadido la región del Néguev y que, luego de atacar e incendiar a Siclag, ²habían tomado cautivos a las mujeres y a todos los que estaban allí, desde el más grande hasta el más pequeño. Sin embargo, no habían matado a nadie.

³Cuando David y sus hombres llegaron, encontraron que la ciudad había sido quemada y que sus esposas, hijos e hijas habían sido llevados cautivos. ⁴David y los que estaban con él se pusieron a llorar y a gritar hasta quedarse sin fuerzas. ⁵También habían caído prisioneras dos esposas de David, la jezrelita Ajinoán y Abigaíl, la viuda de Nabal de Carmel. ⁶David se angustió, pues la tropa hablaba de apedrearlo; y es que todos se sentían amargados por la pérdida de sus hijos e hijas. Pero cobró ánimo y puso su confianza en el SEÑOR su Dios. ⁷Entonces dijo al sacerdote Abiatar, hijo de Ajimélec:

—Tráeme el ˙efod.

Tan pronto como Abiatar se lo trajo, ⁸David consultó al SEÑOR:

—¿Debo perseguir a esa banda de saqueadores? ¿Los voy a alcanzar?

—Persíguelos —respondió el SEÑOR—. Vas a alcanzarlos y rescatarás a los cautivos.

⁹David partió con sus seiscientos hombres hasta llegar al arroyo de Besor. Allí se quedaron rezagados ¹⁰doscientos hombres que estaban demasiado cansados para cruzar el arroyo. Así que David continuó la persecución con los cuatrocientos hombres restantes. ¹¹Los hombres de David se encontraron en el campo con un egipcio, y se lo llevaron a David. Le dieron de comer y de beber, ¹²y le ofrecieron una torta de higo y dos tortas de uvas pasas, pues hacía tres días y tres noches que no había comido ni bebido nada. En cuanto el egipcio comió, recobró las fuerzas.

¹³—¿A quién perteneces? —preguntó David—. ¿De dónde vienes?

—Soy egipcio —respondió—, esclavo de un amalecita. Hace tres días caí enfermo, y mi amo me abandonó. ¹⁴Habíamos invadido la región sur de los quereteos, de Judá y de Caleb; también incendiamos Siclag.

¹⁵—Guíanos adonde está esa banda de saqueadores —dijo David.

—Júreme usted por Dios —suplicó el egipcio—, que no me matará ni me entregará a mi amo. Con esa condición, lo llevo adonde está la banda.

¹⁶El egipcio lo guio hasta los amalecitas, los cuales estaban dispersos por todo el campo, comiendo, bebiendo y festejando el gran botín que habían conseguido en el territorio filisteo y en el de Judá. ¹⁷David los atacó al amanecer y los combatió hasta la tarde del día siguiente. Los únicos que lograron escapar fueron cuatrocientos muchachos que huyeron en sus camellos. ¹⁸David pudo recobrar todo lo que los amalecitas se habían robado, y también rescató a sus dos esposas. ¹⁹Nada les faltó del botín, ni grande ni pequeño, ni hijos ni hijas, ni ninguna otra cosa de lo que les habían quitado. ²⁰David también se apoderó de todas las ovejas y vacas. La gente llevaba todo al frente y pregonaba: «¡Este es el botín de David!».

²¹Luego David regresó al arroyo de Besor, donde se habían quedado los doscientos hombres que estaban demasiado cansados para seguirlo. Ellos salieron al encuentro de David y su gente, y David, por su parte, se acercó para saludarlos. ²²Pero entre los que

acompañaban a David había gente mala y perversa que reclamó:

—Estos no vinieron con nosotros, así que no vamos a darles nada del botín que recobramos. Que tome cada uno a su esposa y a sus hijos y que se vaya.

²³—No hagan eso, mis hermanos —respondió David—. Fue el SEÑOR quien nos lo dio todo, quien nos protegió y puso en nuestras manos a esa banda de saqueadores que nos había atacado. ²⁴¿Quién va a estar de acuerdo con ustedes? Del botín participan tanto los que se quedan cuidando el bagaje como los que van a la batalla.

²⁵Aquel día David estableció ese estatuto como ley en Israel, la cual sigue vigente hasta el día de hoy.

²⁶Después de llegar a Siclag, David envió parte del botín a sus amigos que eran jefes de Judá, con este mensaje: «Aquí tienen un regalo del botín que rescatamos de los enemigos del SEÑOR».

²⁷Recibieron ese regalo los ancianos de Betel, Ramot del Néguev, Jatir, ²⁸Aroer, Sifmot, Estemoa, ²⁹Racal, las ciudades de Jeramel, las ciudades quenitas ³⁰de Jormá, Borasán, Atac, ³¹y Hebrón, y los ancianos de todos los lugares donde David y sus hombres habían vivido.

Muerte de Saúl
31:1-13 – 2S 1:4-12; 1Cr 10:1-12

31 Los filisteos fueron a la guerra contra Israel y los israelitas huyeron ante ellos. Muchos cayeron muertos en el monte Guilboa. ²Entonces los filisteos se fueron en persecución de Saúl y lograron matar a sus hijos Jonatán, Abinadab y Malquisúa. ³La batalla se intensificó contra Saúl y los arqueros lo alcanzaron con sus flechas. Al verse gravemente herido, ⁴Saúl dijo a su escudero: «Saca la espada y mátame, no sea que esos incircuncisos me atraviesen cuando lleguen y se burlen de mí».

Pero el escudero estaba tan asustado que no quiso hacerlo, de modo que Saúl mismo tomó su espada y se dejó caer sobre ella. ⁵Cuando el escudero vio que Saúl caía muerto, también él se arrojó sobre su propia espada y murió con él. ⁶Así, en un mismo día murieron Saúl, sus tres hijos, su escudero y todos sus hombres.

⁷Cuando los israelitas que vivían al otro lado del valle y del Jordán vieron que el ejército de Israel había huido, y que Saúl y sus hijos habían muerto, también ellos abandonaron sus ciudades y se dieron a la fuga. Así fue como los filisteos las ocuparon.

⁸Al otro día, cuando los filisteos llegaron para despojar a los cadáveres, encontraron muertos a Saúl y a sus tres hijos en el monte Guilboa. ⁹Entonces lo decapitaron, le quitaron las armas, y enviaron mensajeros por todo el país filisteo para que proclamaran la noticia en el templo de sus ídolos y ante todo el pueblo. ¹⁰Después colocaron sus armas en el templo de la diosa ˙Astarté, y su cadáver lo colgaron en el muro de Betseán.

¹¹Cuando los habitantes de Jabés de Galaad se enteraron de lo que habían hecho los filisteos con Saúl, ¹²los más valientes de ellos caminaron toda la noche hacia Betseán, tomaron los cuerpos de Saúl y de sus hijos y, luego de bajarlos del muro, regresaron a Jabés. Allí los incineraron ¹³y luego tomaron los huesos y los enterraron a la sombra del tamarisco de Jabés. Después de eso guardaron siete días de ayuno.

Segundo Libro de
Samuel

Noticia de la muerte de Saúl
1:4-12 – 1S 31:1-13; 1Cr 10:1-12

1 Después de la muerte de Saúl, David se detuvo dos días en Siclag, luego de haber derrotado a los amalecitas. ²Al tercer día, llegó a Siclag un hombre que venía del campamento de Saúl. En señal de duelo se presentó ante David con la ropa rasgada y la cabeza cubierta de ceniza, y se postró rostro en tierra.

³—¿De dónde vienes? —preguntó David.

—Vengo huyendo del campamento israelita —respondió.

⁴—Pero ¿qué ha pasado? —exclamó David—. ¡Cuéntamelo todo!

—Pues resulta que nuestro ejército ha huido de la batalla y muchos han caído muertos —contestó el mensajero—. Entre los caídos en combate se cuentan Saúl y su hijo Jonatán.

⁵—¿Y cómo sabes tú que Saúl y su hijo Jonatán han muerto? —preguntó David al criado que había traído la noticia.

⁶—Por casualidad me encontraba yo en el monte Guilboa. De pronto, vi a Saúl apoyado en su lanza y asediado por los carros y la caballería —respondió el criado—. ⁷Saúl se volvió y al verme me llamó. Yo me puse a sus órdenes. ⁸Me preguntó quién era yo y respondí que era amalecita. ⁹Entonces me pidió que me acercara y me ordenó: "¡Mátame de una vez, pues estoy agonizando y no acabo de morir!". ¹⁰Yo me acerqué y lo maté, pues me di cuenta de que no iba a sobrevivir al desastre. Luego le quité la corona de la cabeza y el brazalete que llevaba en el brazo para traérselos a usted, mi señor.

¹¹Al oírlo, David y los que estaban con él se rasgaron las vestiduras. ¹²Lloraron y ayunaron hasta el anochecer porque Saúl y su hijo Jonatán habían caído a filo de espada, y también por el ejército del SEÑOR y por la nación de Israel.

¹³Entonces David preguntó al joven que había traído la noticia:

—¿De dónde eres?

—Soy un extranjero amalecita —respondió.

¹⁴—¿Y cómo te atreviste a alzar la mano para matar al ʼungido del SEÑOR? —reclamó David.

¹⁵Y enseguida llamó a uno de sus hombres y ordenó:

—¡Anda, mátalo!

Aquel cumplió la orden y lo mató. ¹⁶David, por su parte, dijo:

—¡Que tu sangre caiga sobre tu cabeza! Tu boca misma te condena al admitir que mataste al ungido del SEÑOR.

Lamento de David por Saúl y Jonatán
¹⁷David compuso este lamento en honor de Saúl y de su hijo Jonatán. ¹⁸Lo llamó el «Cántico del Arco» y ordenó que lo enseñaran a los habitantes de Judá. Así consta en el libro de Jaser:

¹⁹ «¡Ay, Israel! Tus héroes yacen heridos*a* en las
alturas de tus montes.
¡Cómo han caído los valientes!

²⁰ »No lo anuncien en Gat
ni lo pregonen en las calles de Ascalón
para que no se alegren las filisteas
ni lo celebren esas hijas de incircuncisos.

²¹ »¡Ay, montes de Guilboa,
que no caiga sobre ustedes lluvia ni rocío!
¡Que no crezca nada en sus campos!*b*
Porque allí deshonraron el escudo de Saúl:
¡nunca más será ungido con aceite!

²² »¡Jamás volvía el arco de Jonatán
sin haberse saciado con la sangre de los heridos
ni regresaba la espada de Saúl
sin haberse hartado con la grasa de sus
oponentes!

²³ ¡Saúl! ¡Jonatán!
Fueron amados y admirados,
y en la vida y en la muerte, inseparables.
Más veloces eran que las águilas
y más fuertes que los leones.

²⁴ »¡Ay, mujeres de Israel!
Lloren por Saúl,
que las vestía con lujosa seda carmesí
y las adornaba con joyas de oro.

²⁵ »¡Cómo han caído los valientes en batalla!
Jonatán yace muerto en tus alturas.
²⁶ ¡Cuánto sufro por ti, Jonatán,
pues te quería como a un hermano!
Más preciosa fue para mí tu amistad
que el amor de las mujeres.

²⁷ »¡Cómo han caído los valientes!
¡Las armas de guerra han perecido!».

David es ungido rey de Judá
2 Pasado algún tiempo, David consultó al SEÑOR:

—¿Debo ir a alguna de las ciudades de Judá?

—Sí, debes ir —respondió el SEÑOR.

—¿Y a qué ciudad quieres que vaya?

—A Hebrón.

²Así que David fue allá con sus dos esposas, Ajinoán la jezrelita y Abigaíl, la viuda de Nabal de Carmel. ³Se llevó además a sus hombres, cada cual acompañado de su familia, y todos se establecieron en Hebrón y sus aldeas. ⁴Entonces los habitantes de Judá fueron a Hebrón y allí ungieron a David como rey de su tribu.

Además, le comunicaron que los habitantes de Jabés de Galaad habían sepultado a Saúl. ⁵Entonces David envió a los de Jabés el siguiente mensaje: «Que el SEÑOR los bendiga por haberle sido fieles a su señor Saúl y por darle sepultura. ⁶Y ahora, que el SEÑOR muestre a ustedes su amor y fidelidad, aunque yo también quiero recompensarlos por esto que han hecho. ⁷Cobren ánimo y sean valientes, pues aunque

---

a 19 ¡Ay, … heridos. Lit. La gloria de Israel ha perecido.
b 21 ¡Que … campos! Texto de difícil traducción.

su señor Saúl ha muerto, la tribu de Judá me ha ungido como su rey».

Guerra entre las tribus

8Entretanto, Abner, hijo de Ner, comandante del ejército de Saúl, llevó a Isboset, hijo de Saúl, a la ciudad de Majanayin. **9**Allí lo instauró rey de Galaad, de Asurí, de Jezrel, de Efraín, de Benjamín y de todo Israel.

10Isboset, hijo de Saúl, tenía cuarenta años cuando fue instaurado rey de Israel y reinó dos años. La tribu de Judá, por su parte, reconoció a David, **11**quien desde Hebrón reinó sobre la tribu de Judá durante siete años y seis meses.

12Abner, hijo de Ner, salió de Majanayin con las tropas de Isboset, hijo de Saúl, y llegó a Gabaón. **13**Joab, hijo de Sarvia, por su parte, salió al frente de las tropas de David. Los dos ejércitos se encontraron en el estanque de Gabaón y tomaron posiciones en lados opuestos. **14**Entonces Abner dijo a Joab:

—Propongo que salgan unos cuantos jóvenes y midan sus armas en presencia de nosotros.

—De acuerdo —respondió Joab.

15Así que pasaron al frente doce jóvenes del ejército benjamita de Isboset, hijo de Saúl, y doce de los siervos de David. **16**Cada soldado agarró a su rival por la cabeza y le clavó la espada en el costado, de modo que ambos combatientes murieron al mismo tiempo. Por eso a aquel lugar, que queda cerca de Gabaón, se le llama Jelcat Hazurín.[a]

17Aquel día la batalla fue muy dura y los siervos de David derrotaron a Abner y a los soldados de Israel.

18Allí se encontraban Joab, Abisay y Asael, los tres hijos de Sarvia. Asael, que corría tan ligero como una gacela en campo abierto, **19**se lanzó tras Abner y lo persiguió sin vacilar. **20**Al mirar hacia atrás, Abner preguntó:

—¿Acaso no eres tú, Asael?

—¡Claro que sí! —respondió.

21—¡Déjame tranquilo! —exclamó Abner—. Más te vale que agarres a algún otro y que te quedes con sus armas.

Pero Asael no hizo caso, **22**así que Abner advirtió una vez más:

—¡Deja de perseguirme o me veré obligado a matarte! Y entonces, ¿cómo podría mirar a la cara a tu hermano Joab?

23Como Asael no dejaba de perseguirlo, Abner le dio un golpe con la punta trasera de su lanza y le atravesó el vientre. La lanza salió por la espalda y ahí mismo Asael cayó muerto.

Todos los que pasaban por ahí se detenían a ver el cuerpo de Asael, **24**pero Joab y Abisay se lanzaron tras Abner. Ya se ponía el sol cuando llegaron al collado de Amá, frente a Guiaj, en el camino que lleva al desierto de Gabaón. **25**Entonces los soldados benjamitas se reunieron para apoyar a Abner y, formando un grupo cerrado, tomaron posiciones en lo alto de una colina.

26Abner gritó a Joab:

—¿Vamos a dejar que siga esta matanza? ¿No te das cuenta de que esto solo traerá amargura? ¿Qué esperas para ordenarles a tus soldados que dejen de perseguir a sus hermanos?

27Joab respondió:

—Tan cierto como que Dios vive, si no hubieras hablado, mis soldados habrían perseguido a sus hermanos hasta el amanecer.

28Enseguida Joab hizo tocar la trompeta y todos los soldados, dejando de perseguir a los israelitas, se detuvieron y ya no pelearon más.

29Toda esa noche Abner y sus hombres atravesaron el Arabá. Después de cruzar el Jordán, siguieron por todo el territorio de Bitrón[b] hasta llegar a Majanayin.

30Una vez que Joab dejó de perseguir a Abner, regresó y reunió a todo su ejército para contarlo. Además de Asael, faltaban diecinueve de los soldados de David. **31**Sin embargo, los soldados de David habían matado a trescientos sesenta de los soldados benjamitas de Abner. **32**Tomaron luego el cuerpo de Asael y lo sepultaron en Belén, en la tumba de su padre. Toda esa noche Joab y sus hombres marcharon y llegaron a Hebrón al amanecer.

3 La guerra entre las familias de Saúl y David se prolongó durante mucho tiempo. David consolidaba más y más su reino, en tanto que el de Saúl se iba debilitando.

Hijos de David nacidos en Hebrón
3:2-5 – 1Cr 3:1-4

2Mientras estuvo en Hebrón, David tuvo los siguientes hijos:

Su *primogénito fue Amnón, hijo de Ajinoán la jezrelita;
3el segundo, Quileab, hijo de Abigaíl, viuda de Nabal de Carmel;
el tercero, Absalón, hijo de Macá, la hija del rey Talmay de Guesur;
4el cuarto, Adonías, hijo de Jaguit;
el quinto, Sefatías, hijo de Abital;
5el sexto, Itreán, hijo de Eglá, que era otra esposa de David.

Estos son los hijos que nacieron mientras David estuvo en Hebrón.

Abner hace un pacto con David

6Durante la guerra entre las familias de Saúl y David, Abner fue consolidando su posición en el reino de Saúl. **7**Isboset reclamó a Abner el haberse acostado con Rizpa hija de Ayá, que había sido concubina[c] de Saúl.

8Abner se molestó mucho por el reclamo, así que respondió:

—¿Acaso soy un *perro al servicio de Judá? Hasta el día de hoy me he mantenido fiel a la familia de tu padre Saúl, incluso a sus parientes y amigos, y conste que no te he entregado en manos de David. ¡Y ahora me sales con que he cometido una falta con esa mujer! **9**Que Dios me castigue sin piedad si ahora yo no procedo con David conforme a lo que el SEÑOR juró: **10**Voy a quitarle el reino a la familia de Saúl y a establecer el trono de David sobre Israel y Judá, desde Dan hasta Berseba.

11Isboset no se atrevió a responderle a Abner ni una sola palabra, pues le tenía miedo.

12Entonces Abner envió unos mensajeros a decirle a David: «¿A quién pertenece la tierra, si no a usted? Haga un pacto conmigo y yo lo apoyaré para hacer que todo Israel se ponga de su parte».

13«Muy bien —respondió David—. Haré un pacto contigo, pero con esta condición: Cuando vengas a verme, trae contigo a Mical hija de Saúl. De lo contrario, no te recibiré». **14**Además, David envió unos mensajeros a decirle a Isboset, hijo de Saúl: «Devuélveme a mi esposa Mical, por la que di a cambio cien prepucios de filisteos».

15Por tanto, Isboset mandó que se la quitaran a Paltiel, hijo de Lais, que era su esposo, **16**pero Paltiel se fue tras ella, llorando por todo el camino hasta llegar a Bajurín. Allí Abner ordenó que regresara y Paltiel obedeció.

---

a 16 En hebreo, Jelcat Hazurín probablemente significa campo de dagas. b 29 siguieron … Bitrón. Alt. caminaron toda la mañana. c 7 Véase nota en Gn 22:24.

¹⁷Luego Abner habló con los jefes de Israel. «Hace tiempo que ustedes quieren hacer rey a David. ¹⁸Ya pueden hacerlo, pues el SEÑOR ha prometido: "Por medio de ti, que eres mi siervo, libraré a mi pueblo Israel del poder de los filisteos y de todos sus enemigos"».

¹⁹Abner habló también con los de Benjamín, y más tarde fue a Hebrón para contarle a David todo lo que Israel y la tribu de Benjamín deseaban hacer. ²⁰Cuando Abner llegó a Hebrón, David preparó un banquete para él y los veinte hombres que lo acompañaban. ²¹Allí Abner propuso a David: «Mi señor y rey, permítame convocar a todo Israel para que hagan un pacto con usted y así su reino se extenderá a su gusto». Con esto, David despidió a Abner y este se fue en paz.

Joab asesina a Abner

²²Ahora bien, los soldados de David regresaban con Joab de una de sus campañas y traían un gran botín. Abner ya no estaba con David en Hebrón, pues David lo había despedido y él se había ido en paz. ²³Cuando llegó Joab con la tropa que lo acompañaba, le notificaron que Abner, hijo de Ner, había visitado al rey y que el rey lo había dejado ir en paz.

²⁴Por tanto, Joab fue a ver al rey y le dijo: «¿Qué ha hecho usted? Abner vino a verlo, ¿por qué lo dejó ir? Ahora ya se ha ido. ²⁵¡Usted lo conoce! Lo más seguro es que haya venido con engaño para averiguar qué planes tiene, y para enterarse de todo lo que usted está haciendo».

²⁶En cuanto Joab salió de hablar con David, envió mensajeros tras Abner, los cuales lo hicieron volver del pozo de Sira. Pero de esto Joab no dijo nada a David. ²⁷Cuando Abner regresó a Hebrón, Joab lo llevó aparte a la ˙entrada de la ciudad, como para hablar con él en privado. Allí lo apuñaló en el vientre y Abner murió. Así Joab se vengó de la muerte de su hermano Asael.

²⁸Algún tiempo después, David se enteró de esto y declaró: «Hago constar ante el SEÑOR que mi reino y yo somos totalmente inocentes de la muerte de Abner, hijo de Ner. ²⁹¡Los responsables de su muerte son Joab y toda su familia! ¡Que nunca falte en la familia de Joab alguien que sufra de hemorragia o una enfermedad en la piel, o que use muletas, o que muera violentamente, o que pase hambre!».

³⁰Joab y su hermano Abisay asesinaron a Abner porque en la batalla de Gabaón él había matado a Asael, hermano de ellos.

³¹David ordenó a Joab y a todos los que estaban con él: «Rásguense las vestiduras, vístanse de luto y hagan duelo por Abner». El rey David en persona marchó detrás del féretro ³²y Abner fue enterrado en Hebrón. Junto a la tumba, el rey lloró a gritos y todo el pueblo lloró con él.

³³Entonces el rey compuso este lamento por Abner:

«¿Por qué tenía que morir Abner
como mueren los canallas?
³⁴ ¡No tenías atadas las manos
ni te habían encadenado los pies!
¡Caíste como el que cae
en manos de criminales!».

Y el pueblo lloró aún más.

³⁵Todos se acercaron a David y le rogaron que comiera algo mientras todavía era de día, pero él hizo este juramento: «¡Que Dios me castigue sin piedad si pruebo pan o algún otro alimento antes de que se ponga el sol!».

³⁶La gente prestó atención y a todos les pareció bien. En realidad, todo lo que hacía el rey les agradaba. ³⁷Aquel día todo el pueblo y todo Israel reconocieron que el rey no había sido responsable de la muerte de Abner, hijo de Ner.

³⁸El rey también dijo a su gente: «¿No se dan cuenta de que hoy ha muerto en Israel un comandante y hombre extraordinario? ³⁹En cuanto a mí, aunque me han ungido rey, soy todavía débil; no puedo hacerles frente a estos hijos de Sarvia. ¡Que el SEÑOR pague al malhechor según sus malas obras!».

Asesinato de Isboset

4 Cuando Isboset, hijo de Saúl, se enteró que Abner había muerto en Hebrón, se acobardó y con él todo Israel. ²Isboset contaba con dos sujetos que lideraban bandas armadas. Uno de ellos se llamaba Baná y el otro, Recab; ambos eran hijos de Rimón el berotita y pertenecían a la tribu de Benjamín. Berot se consideraba parte de Benjamín, ³pues los habitantes de Berot se habían refugiado en Guitayin, donde hasta la fecha residen.

⁴Por otra parte, Jonatán, hijo de Saúl, tenía un hijo de cinco años, llamado Mefiboset, que estaba tullido. Resulta que, cuando de Jezrel llegó la noticia de la muerte de Saúl y Jonatán, su nodriza lo cargó para huir; pero con el apuro, se le cayó y por eso quedó cojo.

⁵Ahora bien, Recab y Baná, los hijos de Rimón el berotita, partieron para la casa de Isboset y llegaron en pleno calor del día, cuando él dormía la siesta. ⁶Con el pretexto de sacar un poco de trigo, Recab y su hermano Baná entraron al interior de la casa y allí mismo lo apuñalaron en el vientre. Después de eso, escaparon.

⁷Se habían metido en la casa mientras Isboset estaba en la alcoba, acostado en su cama. Lo mataron a puñaladas, luego le cortaron la cabeza y se la llevaron. Caminaron toda la noche por el Arabá ⁸y, al llegar a Hebrón, entregaron a David la cabeza de Isboset y le dijeron al rey:

—Aquí traemos la cabeza de Isboset, hijo de su enemigo Saúl, que intentó matarlo a usted. El SEÑOR ha vengado hoy a mi señor el rey por lo que Saúl y su descendencia hicieron.

⁹Pero David respondió a Recab y a Baná, los hijos de Rimón el berotita:

—El SEÑOR me ha librado de todas mis angustias y, tan cierto como que él vive, ¹⁰les aseguro que quien me anunció la muerte de Saúl se imaginaba que me traía buenas noticias, ¡pero la recompensa que le di por tan "buenas noticias" fue apresarlo y matarlo en Siclag! ¹¹¡Y con mayor razón castigaré a los malvados que han dado muerte a un inocente mientras este dormía en su propia cama! ¿Acaso no voy a vengar su muerte exterminándolos a ustedes de la tierra?

¹²Entonces David ordenó a sus soldados que los mataran y que además les cortaran las manos y los pies, y colgaran sus cuerpos junto al estanque de Hebrón. En cambio, la cabeza de Isboset la enterraron en Hebrón, en el sepulcro de Abner.

David es ungido rey de Israel

5:1-3 – 1Cr 11:1-3

5 Todas las tribus de Israel fueron a Hebrón para hablar con David. Le dijeron: «Nosotros somos de la misma sangre. ²Ya desde antes, cuando Saúl era nuestro rey, usted dirigía a Israel en sus campañas. Además el SEÑOR le dijo a usted: "Tú pastorearás a mi pueblo Israel y lo gobernarás"».

³Así pues, todos los jefes de Israel fueron a Hebrón para hablar con el rey David. Allí el rey hizo un pacto con ellos en presencia del SEÑOR. Después de eso, ungieron a David para que fuera rey sobre Israel.

⁴David tenía treinta años cuando comenzó a reinar y reinó cuarenta años. ⁵Durante siete años y seis meses fue rey de Judá en Hebrón; luego reinó en Jerusalén sobre todo Israel y Judá durante treinta y tres años.

David conquista Jerusalén
5:6-10 – 1Cr 11:4-9
5:11-16 – 1Cr 3:5-9; 14:1-7

⁶El rey y sus soldados marcharon sobre Jerusalén para atacar a los jebuseos que vivían allí. Los jebuseos, pensando que David no podría entrar en la ciudad, dijeron a David: «Aquí no entrarás; para ponerte en retirada, nos bastan los ciegos y los cojos». ⁷Pero David se apoderó de la fortaleza de ˙Sión, que también se conoce como la Ciudad de David.

⁸Aquel día David dijo: «Todo el que vaya a matar a los jebuseos, que suba por el acueducto, para alcanzar a los cojos y a los ciegos. ¡Los aborrezco!». De ahí viene el dicho: «Los ciegos y los cojos no entrarán en el palacio».

⁹David se estableció en la fortaleza y la llamó Ciudad de David. Luego construyó una muralla alrededor, desde el terrapléⁿ hasta el palacio. ¹⁰Y David se fortaleció más y más, porque el SEÑOR Dios de los Ejércitos estaba con él.

¹¹Hiram, rey de Tiro, envió mensajeros a David y también madera de cedro, canteros y carpinteros para construirle un palacio. ¹²Con esto David se dio cuenta de que el SEÑOR, por amor a su pueblo, lo había establecido a él como rey sobre Israel y había engrandecido su reino.

¹³Cuando David se trasladó de Hebrón a Jerusalén, tomó más concubinasᵇ y esposas con las cuales tuvo otros hijos y otras hijas. ¹⁴Los hijos que tuvo allí fueron: Samúa, Sobab, Natán, Salomón, ¹⁵Ibjar, Elisúa, Néfeg, Jafía, ¹⁶Elisama, Eliadá y Elifelet.

David derrota a los filisteos
5:17-25 – 1Cr 14:8-17

¹⁷Al enterarse los filisteos de que David había sido ungido rey de Israel, subieron todos ellos contra él, pero David lo supo de antemano y bajó a la fortaleza. ¹⁸Los filisteos habían avanzado, desplegando sus fuerzas en el valle de Refayin. ¹⁹Así que David consultó al SEÑOR:

—¿Debo atacar a los filisteos? ¿Los entregarás en mi poder?

—Atácalos —respondió el SEÑOR—; te aseguro que los entregaré en tus manos.

²⁰Entonces David fue a Baal Perasín y allí los derrotó. Y David dijo: «Como se abren brechas en el agua, así el SEÑOR ha abierto brechas a mi paso entre mis enemigos». Por eso aquel lugar se llama Baal Perasín.ᶜ ²¹Allí los filisteos abandonaron a sus ídolos, y David y sus soldados se los llevaron.

²²Pero los filisteos volvieron a avanzar contra David y desplegaron sus fuerzas en el valle de Refayin. ²³Así que David consultó al SEÑOR y este respondió:

—No los ataques de frente, sino rodéalos hasta llegar a los árboles de bálsamo y entonces atácalos por la retaguardia. ²⁴Tan pronto como oigas un ruido como de pasos sobre las copas de los árboles, lánzate

al ataque, pues eso quiere decir que el SEÑOR va al frente de ti para derrotar al ejército filisteo.

²⁵Así lo hizo David, tal como el SEÑOR se lo había ordenado, y derrotó a los filisteos desde Guebaᵈ hasta Guézer.

David lleva el arca a Jerusalén
6:1-11 – 1Cr 13:1-14
6:12-19 – 1Cr 15:25–16:3

6 Una vez más, David reunió los treinta mil soldados escogidos de Israel. ²Con estos soldados y todo su ejército, partió hacia Balá de Judá para trasladar de allí el arca de Dios, sobre la cual se invoca su Nombre, el nombre del SEÑOR de los Ejércitos que reina entre los ˙querubines. ³Colocaron el arca de Dios en una carreta nueva y la sacaron de la casa de Abinadab, que estaba situada en una colina. Uza y Ajío, hijos de Abinadab, guiaban la carreta nueva ⁴que llevaba el arca de Dios.ᵉ Ajío iba delante del arca, ⁵mientras David y todo el pueblo de Israel danzaban ante el SEÑOR con gran entusiasmo y cantaban al son de arpas,ᶠ liras, panderos, sistros y címbalos.

⁶Al llegar al campo de Nacón, los bueyes tropezaron, por Uza extendió las manos y sostuvo el arca de Dios. ⁷Entonces la ira del SEÑOR se encendió contra Uza por su atrevimiento y lo hirió de muerte, de modo que Uza murió junto al arca de Dios.

⁸David se enojó porque el SEÑOR había matado a Uza, así que llamó a aquel lugar Peres Uza,⁹ nombre que conserva hasta el día de hoy.

⁹Aquel día David se sintió temeroso del SEÑOR y exclamó: «¿Cómo voy a traerme el arca del SEÑOR?». ¹⁰Y como ya no quería llevarse el arca del SEÑOR a la Ciudad de David, ordenó que la trasladaran a la casa de Obed Edom, oriundo de Gat. ¹¹Fue así como el arca del SEÑOR permaneció tres meses en la casa de Obed Edom de Gat, y el SEÑOR bendijo a Obed Edom y a toda su familia.

¹²En cuanto dijeron al rey David que por causa del arca el SEÑOR había bendecido a la familia de Obed Edom y toda su hacienda, David fue a la casa de Obed Edom y, en medio de gran algarabía, trasladó el arca de Dios a la Ciudad de David. ¹³Apenas habían avanzado seis pasos los que llevaban el arca del SEÑOR cuando David sacrificó un toro y un ternero engordado. ¹⁴Vestido con un ˙efod de tela de lino, se puso a bailar ante el SEÑOR con gran entusiasmo. ¹⁵Así que entre vítores y al son de trompetas, David y todo el pueblo de Israel llevaban el arca del SEÑOR.

¹⁶Sucedió que al entrar el arca del SEÑOR a la Ciudad de David, la hija de Saúl, Mical, se asomó a la ventana y, cuando vio que el rey David estaba saltando y bailando delante del SEÑOR, sintió por él un profundo desprecio.

¹⁷El arca del SEÑOR fue llevada a la tienda que David había preparado. Allí la instalaron, y luego David ofreció ˙holocaustos y sacrificios de ˙comunión en presencia del SEÑOR. ¹⁸Después de ofrecer los holocaustos y los sacrificios de comunión, David bendijo al pueblo en el nombre del SEÑOR de los Ejércitos. ¹⁹A cada uno de los israelitas que estaban allí congregados, que eran toda una multitud de hombres y mujeres, repartió pan, una torta de dátiles y una torta de pasas. Después de eso, todos regresaron a sus casas.

²⁰Cuando David volvió para bendecir a su familia, Mical, la hija de Saúl, salió al encuentro y le reprochó:

—¡Qué distinguido se ha visto hoy el rey de Israel desnudándose como un cualquiera en presencia de las esclavas de sus oficiales!

²¹David respondió:

—Lo hice en presencia del SEÑOR, quien en vez de escoger a tu padre o a cualquier otro de su familia, me escogió a mí y me hizo gobernante de Israel,

---

ᵃ 9 terraplén. Alt. Milo.   ᵇ 13 Véase nota en Gn 22:24.
ᶜ 20 En hebreo, Baal Perasín significa el dueño de las brechas.
ᵈ 25 Gueba (TM); Gabaón (LXX; véase 1Cr 14:16).   ᵉ 4 que llevaba el arca de Dios (Qumrán y mss. de LXX); y se la llevaron de la casa de Abinadab, que estaba situada en una colina, con el arca de Dios (TM).   ᶠ 5 danzaban ... arpas (véanse Qumrán, LXX, 1Cr 13:8); danzaban ante el SEÑOR al son de todo instrumento de madera, arpas (TM).   ⁹ 8 En hebreo, Peres Uza significa golpe de Uza o brecha en Uza.

que es el pueblo del SEÑOR. De modo que seguiré bailando en presencia del SEÑOR, ²²y me rebajaré más todavía, hasta humillarme completamente. Sin embargo, esas mismas esclavas de quienes hablas me rendirán honores.

²³Y Mical hija de Saúl murió sin haber tenido hijos.

Promesa de Dios a David
7:1-17 – 1Cr 17:1-15

7 Una vez el rey David estuvo instalado en su palacio, el SEÑOR le dio descanso de todos los enemigos que lo rodeaban. ²Entonces el rey dijo al profeta Natán:

—Como puedes ver, yo habito en un palacio de cedro, mientras que el arca de Dios se encuentra bajo el toldo de una tienda.

³—Bien —respondió Natán—. Haga usted lo que su ˙corazón dicte, pues el SEÑOR está con usted.

⁴Pero aquella misma noche la palabra del SEÑOR vino a Natán y le dijo:

⁵«Ve y dile a mi siervo David que así dice el SEÑOR: "¿Serás tú acaso quien me construya una casa para que yo la habite? ⁶Desde el día en que liberé a los israelitas de Egipto y hasta el día de hoy, no he habitado en casa alguna, sino que he andado de acá para allá, en una tienda a manera de santuario. ⁷Todo el tiempo que anduve con los israelitas, ¿acaso le reclamé a alguno de los gobernantes, a los que ordené ˙pastorear a mi pueblo Israel, el no haberme construido una casa de cedro?".

⁸»Pues bien, dile a mi siervo David que así dice el SEÑOR de los Ejércitos: "Yo te saqué del redil para que, en vez de cuidar ovejas, gobernaras a mi pueblo Israel. ⁹Yo he estado contigo por dondequiera que has ido y he aniquilado a todos tus enemigos. Y ahora voy a hacerte tan famoso como los más grandes de la tierra. ¹⁰También voy a designar un lugar para mi pueblo Israel, y allí los plantaré para que puedan vivir sin sobresaltos. Sus malvados enemigos no volverán a oprimirlos como lo han hecho desde el principio, ¹¹desde el día en que designé líderes sobre mi pueblo Israel. Y a ti te daré descanso de todos tus enemigos.

»"Pero ahora el SEÑOR te hace saber que será él quien te construya una casa. ¹²Cuando tu vida llegue a su fin y vayas a descansar entre tus antepasados, yo pondré en el trono a uno de tus propios descendientes y afirmaré su reino. ¹³Será él quien construya una casa en honor de mi Nombre y yo afirmaré el trono de su reino para siempre. ¹⁴Yo seré su Padre y él será mi hijo. Así que, cuando haga lo malo, lo castigaré con varas y azotes, como lo haría un padre. ¹⁵Sin embargo, no le negaré mi amor, como se lo negué a Saúl, a quien abandoné para abrirte paso. ¹⁶Tu casa y tu reino durarán para siempre delante de mí;ᵃ tu trono quedará establecido para siempre"».

¹⁷Natán comunicó todo esto a David, tal como lo había recibido por revelación.

Oración de David
7:18-29 – 1Cr 17:16-27

¹⁸Luego el rey David se presentó ante el SEÑOR y dijo:

«SEÑOR y Dios, ¿quién soy yo y qué es mi familia para que me hayas hecho llegar tan lejos? ¹⁹Como si esto fuera poco, oh SEÑOR y Dios, has hecho promesas a este tu siervo en cuanto al futuro de su casa. ¡Tal es tu plan para con los ˙hombres, mi SEÑOR y Dios!ᵇ

²⁰»¿Qué más podría decir tu siervo David que tú no sepas, SEÑOR mi Dios? ²¹Has hecho todas estas grandes maravillas en cumplimiento de tu palabra, según tu voluntad, y las has dado a conocer a tu siervo.

²²¡Qué grande eres, mi SEÑOR y Dios! Nosotros mismos hemos aprendido que no hay nadie como tú y que aparte de ti no hay Dios. ²³¿Y qué nación se puede comparar con tu pueblo Israel? Es la única nación en la tierra que tú has redimido para hacerla tu propio pueblo y para dar a conocer tu ˙nombre. Hiciste grandes y asombrosas maravillas cuando al paso de tu pueblo, al cual redimiste de Egipto, expulsaste a las naciones y a sus dioses.ᶜ ²⁴Estableciste a Israel para que fuera tu pueblo para siempre y para que tú, SEÑOR, fueras su Dios.

²⁵»Y ahora, SEÑOR y Dios, reafirma para siempre la promesa que has hecho a tu siervo y a su casa. Cumple tu palabra ²⁶para que tu nombre sea siempre exaltado y para que todos digan: "¡El SEÑOR de los Ejércitos es Dios de Israel!". Entonces la casa de tu siervo David quedará establecida en tu presencia.

²⁷»SEÑOR de los Ejércitos, Dios de Israel, tú le has revelado a tu siervo el propósito de establecerle una casa y por eso tu siervo se ha atrevido a hacerte esta súplica. ²⁸¡Oh SEÑOR y Dios, tú eres Dios y has prometido tanta bondad a tu siervo! ¡Tus promesas son fieles! ²⁹Dígnate entonces bendecir a la familia de tu siervo, de modo que bajo tu protección exista para siempre, pues tú mismo, SEÑOR y Dios, lo has prometido. Si tú bendices la dinastía de tu siervo, quedará bendita para siempre».

Victorias de David
8:1-14 – 1Cr 18:1-13

8 Pasado algún tiempo, David derrotó a los filisteos y los subyugó, quitándoles el control de Méteg Amá.

²También derrotó a los moabitas, a quienes obligó a tenderse en el suelo y midió con un cordel; a los que cabían a lo largo de dos medidas los condenó a muerte, pero dejó con vida a los que quedaban dentro de la medida siguiente. Fue así como los moabitas pasaron a ser vasallos tributarios de David.

³Además, David derrotó a Hadad Ezer, hijo del rey Rejob de Sobá, cuando Hadad Ezer trató de restablecer su dominio sobre la región del río Éufrates. ⁴David capturó mil carros, siete mil jinetesᵈ y veinte mil soldados de infantería; también rompió las patas de los caballos de tiro, aunque dejó los caballos suficientes para cien carros.

⁵Luego, cuando los arameos de Damasco acudieron en auxilio de Hadad Ezer, rey de Sobá, David aniquiló a veintidós mil de ellos. ⁶También puso guarniciones en Damasco, de modo que los arameos pasaron a ser vasallos tributarios de David. En todas las campañas de David, el SEÑOR le daba la ˙victoria.

⁷En cuanto a los escudos de oro que llevaban los oficiales de Hadad Ezer, David se apropió de ellos y los trasladó a Jerusalén. ⁸Así mismo se apoderó

ᵃ **16** *mí* (mss. hebreos; véanse LXX y Siríaca); *ti* (TM).
ᵇ **19** *¡Tal ... Dios!* Alt. *¿Así procedes con el hombre, mi SEÑOR y Dios?* o *¿Así actúa el hombre, mi SEÑOR y Dios?* ᶜ **23** *cuando al paso ... a sus dioses* (LXX; véase 1Cr 17:21); *por tu tierra al paso de tu pueblo, al cual redimiste de Egipto, de las naciones y sus dioses* (TM). ᵈ **4** *mil carros, siete mil jinetes* (LXX; véanse Qumrán y 1Cr 18:4); *mil setecientos jinetes* (TM).

de una gran cantidad de bronce que había en las ciudades de Tébaj[a] y Berotay, poblaciones de Hadad Ezer.

[9]Tou,[b] rey de Jamat, se enteró de que David había derrotado por completo al ejército de Hadad Ezer. [10]Como Tou también era enemigo de Hadad Ezer, envió a su hijo Jorán[c] a desearle ˙bienestar al rey David y a felicitarlo por haber derrotado a Hadad Ezer en batalla. Jorán llevó consigo objetos de plata, de oro y de bronce, [11]los cuales el rey David consagró al SEÑOR, tal como lo había hecho con la plata y el oro de todas las naciones que él había subyugado: [12]Edom,[d] Moab, Amón, Filistea y Amalec. También consagró el botín que había quitado a Hadad Ezer, hijo del rey Rejob de Sobá.

[13]La fama de David creció aún más cuando regresó victorioso del valle de la Sal, donde aniquiló a dieciocho mil edomitas.

[14]También puso guarniciones en Edom; las estableció por todo el país, de modo que los edomitas pasaron a ser vasallos tributarios de David. En todas sus campañas el SEÑOR le daba la victoria.

Los oficiales de David
8:15-18 – 1Cr 18:14-17

[15]David reinó sobre todo Israel, gobernando al pueblo entero con justicia y rectitud. [16]Joab, hijo de Sarvia, era general del ejército; Josafat, hijo de Ajilud, era el secretario; [17]Sadoc, hijo de Ajitob, y Ajimélec, hijo de Abiatar, eran sacerdotes; Seraías era el cronista; [18]Benaías, hijo de Joyadá, estaba al mando de los soldados quereteos y peleteos, y los hijos de David eran sacerdotes.

David y Mefiboset

9 El rey David averiguó si había alguien de la familia de Saúl a quien pudiera beneficiar en memoria de Jonatán [2]y, como la familia de Saúl había tenido un administrador que se llamaba Siba, mandaron por él. Cuando Siba se presentó ante el rey David, este preguntó:

—¿Tú eres Siba?

—A sus órdenes —respondió.

[3]—¿No queda nadie de la familia de Saúl a quien yo pueda beneficiar en el ˙nombre de Dios? —volvió a preguntar el rey.

—Sí, todavía le queda a Jonatán un hijo que está tullido de ambos pies —le respondió Siba al rey.

[4]—¿Y dónde está?

—En Lo Debar; vive en casa de Maquir, hijo de Amiel.

[5]Entonces el rey David mandó a buscarlo a casa de Maquir, hijo de Amiel, en Lo Debar.

[6]Cuando Mefiboset, que era hijo de Jonatán y nieto de Saúl, estuvo en presencia de David, se inclinó ante él rostro en tierra.

—¿Tú eres Mefiboset? —preguntó David.

—A sus órdenes —respondió él.

[7]—No temas, pues en memoria de tu padre Jonatán he decidido beneficiarte. Voy a devolverte todas las tierras que pertenecían a tu abuelo Saúl y de ahora en adelante te sentarás a mi mesa.

[8]Mefiboset se postró y dijo:

—¿Y quién es este siervo suyo para que usted se fije en él? ¡Si no valgo más que un ˙perro muerto!

[9]Pero David llamó a Siba, el administrador de Saúl, y dijo:

—Todo lo que pertenecía a tu amo Saúl y a su familia se lo entrego a su nieto Mefiboset. [10]Te ordeno que cultives para él la tierra y guardes la cosecha para el sustento de su casa. Que te ayuden tus quince hijos y tus veinte criados. En cuanto al nieto de tu amo, siempre comerá en mi mesa.

[11]—Tu servidor hará todo lo que mi señor el rey me ordene —respondió Siba.

A partir de ese día Mefiboset se sentó a la mesa de David[e] como uno más de los hijos del rey.

[12]Toda la familia de Siba estaba al servicio de Mefiboset, quien tenía un hijo pequeño llamado Micaías. [13]Tullido de ambos pies, Mefiboset vivía en Jerusalén, pues siempre se sentaba a la mesa del rey.

David derrota a los amonitas
10:1-19 – 1Cr 19:1-19

10 Pasado algún tiempo, murió el rey de los amonitas y su hijo Janún lo sucedió en el trono. [2]Entonces David pensó: «Debo ser leal con Janún, hijo de Najás, tal como su padre lo fue conmigo». Así que envió a unos mensajeros para darle el pésame por la muerte de su padre.

Cuando los mensajeros de David llegaron al país de los amonitas, [3]los comandantes de ese pueblo aconsejaron a Janún, su rey: «¿Y acaso cree usted que David ha enviado a estos mensajeros solo para darle el pésame y porque quiere honrar a su padre? ¿No será más bien que los ha enviado a explorar y espiar la ciudad para luego destruirla?». [4]Entonces Janún mandó que apresaran a los mensajeros de David y que les afeitaran media barba y cortaran su ropa por la mitad, dejándolos desnudos de la cintura hacia abajo. Y así los despidió.

[5]Los hombres de David se sentían muy avergonzados. Cuando David se enteró de lo que había pasado, mandó que los recibieran y les dieran este mensaje de su parte: «Quédense en Jericó y no regresen hasta que les crezca la barba».

[6]Al darse cuenta los amonitas de que habían ofendido a David, hicieron trámites para contratar mercenarios: de entre los arameos de Bet Rejob y de Sobá, veinte mil soldados de infantería; del rey de Macá, mil hombres; y de Tob, doce mil hombres.

[7]Cuando David lo supo, despachó a Joab con todos los soldados del ejército. [8]Los amonitas avanzaron hasta la ˙entrada de su ciudad y se alistaron para la batalla, mientras que los arameos de Sobá y Rejob se quedaron aparte, en campo abierto, junto con los hombres de Tob y de Macá.

[9]Joab se vio amenazado por el frente y por la retaguardia, así que escogió a las mejores tropas israelitas para pelear contra los arameos. [10]El resto de las tropas las puso al mando de su hermano Abisay, para que enfrentaran a los amonitas. [11]A Abisay le ordenó: «Si los arameos pueden más que yo, tú vendrás a rescatarme; y si los amonitas pueden más que tú, yo iré a tu rescate. [12]¡Ánimo! Luchemos con valor por nuestro pueblo y por las ciudades de nuestro Dios. ¡Y que el SEÑOR haga lo que bien le parezca!».

[13]Enseguida Joab y sus tropas avanzaron contra los arameos y estos huyeron de él. [14]Al ver que los arameos se daban a la fuga, también los amonitas huyeron de Abisay y se refugiaron en la ciudad. Entonces Joab suspendió el ataque contra los amonitas y regresó a Jerusalén.

[15]Los arameos, al verse derrotados por Israel, volvieron a reunirse. [16]Además, Hadad Ezer mandó movilizar a los arameos que estaban al otro lado del río Éufrates, los cuales fueron a Jelán bajo el mando de Sobac, comandante del ejército de Hadad Ezer. [17]Cuando David se enteró de esto, reunió a todo Israel, cruzó el Jordán y marchó hacia Jelán. Los

---

[a] 8 *Tébaj* (Siríaca; véanse mss. de LXX y 1Cr 18:8); *Beta* (TM).
[b] 9 *Tou* (véanse mss. de LXX, Vulgata, Siríaca, 1Cr 18:9-10); *Toy* (TM); también en v. 10.   [c] 10 *Jorán*. También llamado *Adorán* (véase 1Cr 18:10).   [d] 12 *Edom* (mss. hebreos, LXX y Siríaca; véase 1Cr 18:11); *Aram* (TM); también en v. 13 (edomitas).
[e] 11 *la mesa de David* (LXX); *mi mesa* (TM).

arameos se enfrentaron con David y lo atacaron, [18]pero tuvieron que huir ante los israelitas. David mató a setecientos soldados que guiaban los carros de guerra y a cuarenta mil de infantería.[a] También hirió a Sobac, comandante del ejército arameo, quien murió allí mismo. [19]Al ver que los arameos habían sido derrotados por los israelitas, todos los reyes vasallos de Hadad Ezer hicieron la paz con los israelitas y se sometieron a ellos.

Y nunca más se atrevieron los arameos a ir en auxilio de los amonitas.

David y Betsabé

11 En la primavera, que era la época en que los reyes[b] salían de campaña, David mandó a Joab con la guardia real y todo el ejército de Israel para que aniquilara a los amonitas y sitiara la ciudad de Rabá. Pero David se quedó en Jerusalén.

[2]Una tarde, al levantarse David de la cama, comenzó a pasearse por la azotea del palacio y desde allí vio a una mujer que se estaba bañando. La mujer era sumamente hermosa, [3]por lo que David mandó que averiguaran quién era y le informaron: «Se trata de Betsabé, que es hija de Elián y esposa de Urías el hitita». [4]Entonces David ordenó que la llevaran a su presencia y, cuando Betsabé llegó, él se acostó con ella. Después de eso, ella volvió a su casa. Hacía poco que Betsabé se había ʾpurificado de su menstruación,[c] [5]así que quedó embarazada y se lo hizo saber a David.

[6]Entonces David envió este mensaje a Joab: «Mándame aquí a Urías el hitita». Y Joab así lo hizo. [7]Cuando Urías llegó, David preguntó cómo estaban Joab y los soldados, y cómo iba la campaña. [8]Luego dijo: «Vete a tu casa y lávate los pies».[d] Tan pronto como salió del palacio, Urías recibió un regalo de parte del rey, [9]pero en vez de irse a su propia casa, se acostó a la entrada del palacio, donde dormía la guardia real.

[10]David se enteró de que Urías no había ido a su casa, así que preguntó:

—Has hecho un viaje largo, ¿por qué no fuiste a tu casa?

[11]—En este momento —respondió Urías—, tanto el arca como los hombres de Israel y de Judá se guarecen en simples enramadas, y mi señor Joab y sus oficiales acampan al aire libre, ¿y yo voy a entrar en mi casa para darme un banquete y acostarme con mi esposa? ¡Tan cierto como que usted vive, yo no puedo hacer tal cosa!

[12]—Bueno, entonces quédate hoy aquí y mañana te enviaré de regreso —respondió David.

Urías se quedó ese día en Jerusalén. Pero al día siguiente [13]David lo invitó a un banquete y logró emborracharlo. A pesar de eso, Urías no fue a su casa, sino que volvió a pasar la noche donde dormía la guardia real.

[14]A la mañana siguiente, David escribió una carta a Joab y se la envió por medio de Urías. [15]La carta decía: «Pongan a Urías al frente de la batalla, donde la lucha sea más dura. Luego déjenlo solo para que lo hieran y lo maten».

[16]Por tanto, cuando Joab ya había sitiado la ciudad, puso a Urías donde sabía que estaban los defensores más aguerridos. [17]Los de la ciudad salieron para enfrentarse a Joab, y entre los oficiales de David que cayeron en batalla también perdió la vida Urías el hitita.

[18]Entonces Joab envió a David un informe con todos los detalles del combate [19]y dio esta orden al mensajero: «Cuando hayas terminado de contarle al rey todos los pormenores del combate, [20]tal vez se enoje y te pregunte: "¿Por qué se acercaron tanto a la

ciudad para atacarla? ¿Acaso no sabían que les dispararían desde la muralla? ¿Quién mató a Abimélec, hijo de Yerubéset?[e] ¿No fue acaso una mujer la que arrojó una piedra de molino desde la muralla de Tebes y lo mató? ¿Por qué se acercaron tanto a la muralla?". Pues, si te hace estas preguntas, respóndele: "También ha muerto Urías el hitita, su siervo"».

[22]El mensajero partió y al llegar contó a David todo lo que Joab había mandado decir.

[23]—Los soldados enemigos nos estaban venciendo —dijo el mensajero—, pero cuando nos atacaron a campo abierto pudimos rechazarlos hasta la ʾentrada de la ciudad. [24]Entonces los arqueros dispararon desde la muralla a los soldados de Su Majestad, de modo que murieron varios de los nuestros. También ha muerto Urías el hitita, su siervo.

[25]Entonces David dijo al mensajero:

—Dile a Joab de mi parte que no se aflija tanto por lo que ha pasado, pues la espada devora sin discriminar. Dile también que reanude el ataque contra la ciudad, hasta destruirla. Y anímalo.

[26]Cuando Betsabé se enteró de que Urías, su esposo, había muerto, hizo duelo por él. [27]Después del luto, David mandó que se la llevaran al palacio y la tomó por esposa. Con el tiempo, ella le dio un hijo. Sin embargo, lo que David había hecho desagradó al SEÑOR.

Natán reprende a David
11:1; 12:29-31 – 1Cr 20:1-3

12 El SEÑOR envió a Natán para que hablara con David. Cuando se presentó ante David, dijo:

—Dos hombres vivían en un pueblo. El uno era rico y el otro, pobre. [2]El rico tenía muchísimas ovejas y vacas; [3]en cambio, el pobre no tenía más que una sola ovejita que él mismo había comprado y criado. La ovejita creció con él y con sus hijos: comía de su plato, bebía de su vaso y dormía en su regazo. Era para ese hombre como su propia hija. [4]Pero sucedió que un viajero llegó de visita a casa del hombre rico y, como este no quería matar ninguna de sus propias ovejas o vacas para darle de comer al huésped, le quitó al hombre pobre su única ovejita.

[5]Tan grande fue el enojo de David contra aquel hombre, que respondió a Natán:

—¡Tan cierto como que el SEÑOR vive, quien hizo esto merece la muerte! [6]¿Cómo pudo hacer algo tan ruin? ¡Ahora pagará cuatro veces el valor de la oveja!

[7]Entonces Natán dijo a David:

—¡Tú eres ese hombre! Así dice el SEÑOR, Dios de Israel: "Yo te ungí como rey sobre Israel y te libré de la mano de Saúl. [8]Te di el palacio de tu amo y puse sus mujeres en tus brazos. También te permití gobernar a Israel y a Judá. Y por si esto hubiera sido poco, te habría dado mucho más. [9]¿Por qué, entonces, despreciaste la palabra del SEÑOR haciendo lo que le desagrada? ¡Asesinaste a Urías el hitita para apoderarte de su esposa! ¡Lo mataste con la espada de los amonitas! [10]Por eso la espada jamás se apartará de tu familia, pues me despreciaste al tomar la esposa de Urías el hitita para hacerla tu mujer".

[11]»Pues bien, así dice el SEÑOR: "Yo haré que el desastre que mereces surja de tu propia familia, y ante tus propios ojos tomaré a tus mujeres y se las daré a otro, el cual se acostará con ellas en pleno día.

---

a **18** *de infantería* (mss. de LXX; véase también 1Cr 19:18); *jinetes* (TM). *b* **1** *reyes* (LXX, Vulgata y varios mss. hebreos); *mensajeros* (TM). *c* **4** *Hacía … menstruación.* Es decir, no había quedado embarazada por Urías y era tiempo propicio para la concepción. *d* **8** *lávate los pies.* Esta expresión podría referirse a tener relaciones sexuales con su esposa. *e* **21** *Yerubéset.* Es decir, Yerubaal o Gedeón (véanse Jue 8:35; 9:1, 53).

¹²Lo que tú hiciste a escondidas, yo lo haré a plena luz, a la vista de todo Israel"».

¹³—¡He pecado contra el Señor! —reconoció David ante Natán.

—El Señor ha perdonado ya tu pecado y no morirás —contestó Natán—. ¹⁴Sin embargo, tu hijo sí morirá, pues con tus acciones has mostrado desprecio al[a] Señor.

¹⁵Dicho esto, Natán volvió a su casa. Y el Señor hirió al hijo que la esposa de Urías había dado a David, de modo que el niño cayó gravemente enfermo. ¹⁶David se puso a rogar a Dios por él; ayunaba y pasaba las noches tirado en el suelo. ¹⁷Los oficiales de su corte iban a verlo y le rogaban que se levantara, pero él se resistía y aun se negaba a comer con ellos.

¹⁸Siete días después, el niño murió. Los oficiales de David tenían miedo de darle la noticia, pues decían: «Si cuando el niño estaba vivo hablábamos al rey y no nos hacía caso, ¿qué locura no hará ahora si le decimos que el niño ha muerto?». ¹⁹Pero David, al ver que sus oficiales estaban cuchicheando, se dio cuenta de lo que había pasado y preguntó:

—¿Ha muerto el niño?

—Sí, ya ha muerto —respondieron.

²⁰Entonces David se levantó del suelo y enseguida se bañó y se perfumó; luego se cambió de ropas y fue a la casa del Señor para adorar. Después regresó al palacio, pidió que le sirvieran alimentos y comió.

²¹—¿Qué forma de actuar es esta? —preguntaron sus oficiales—. Cuando el niño estaba vivo, usted ayunaba y lloraba; pero ahora que se ha muerto, ¡usted se levanta y se pone a comer!

²²David respondió:

—Es verdad que cuando el niño estaba vivo yo ayunaba y lloraba, pues pensaba: "¿Quién sabe? Tal vez el Señor tenga compasión de mí y permita que el niño viva". ²³Pero ahora que ha muerto, ¿qué razón tengo para ayunar? ¿Acaso puedo devolverle la vida? Yo iré adonde él está, aunque él ya no volverá a mí.

²⁴Luego David fue a consolar a su esposa y se unió a ella. Betsabé le dio un hijo, al que llamó Salomón. El Señor amó al niño ²⁵y mandó a decir por medio del profeta Natán que le pusieran por ˚nombre Jedidías,[b] por disposición del Señor.

²⁶Mientras tanto, Joab había atacado la ciudad amonita de Rabá y capturado la fortaleza[c] real. ²⁷Entonces envió unos mensajeros a decirle a David: «Acabo de atacar a Rabá y he capturado los depósitos[d] de agua. ²⁸Ahora, pues, le pido a usted que movilice el resto de las tropas para sitiar y capturar la ciudad. Si no, lo haré yo mismo y le pondrán mi nombre».

²⁹Por tanto, David, movilizando todas las tropas, marchó contra Rabá, la atacó y la capturó. ³⁰Al rey de los amonitas[e] le quitó la corona de oro que tenía puesta, la cual pesaba un talento[f] y estaba adornada con piedras preciosas. Luego se la pusieron a David. Además, David saqueó la ciudad y se llevó un botín inmenso. ³¹Expulsó de allí a sus habitantes y los puso a trabajar con sierras, picos y hachas de hierro, y también los forzó a trabajar en los hornos de ladrillos. Lo mismo hizo con todos los pueblos amonitas, después de lo cual regresó a Jerusalén con todas sus tropas.

Amnón y Tamar

13 Pasado algún tiempo sucedió lo siguiente. Absalón, hijo de David, tenía una hermana muy bella que se llamaba Tamar; y Amnón, otro hijo de David, se enamoró de ella.

²Pero como Tamar era virgen, Amnón se enfermó de angustia al pensar que sería muy difícil llevar a cabo sus intenciones con su hermana. ³Sin embargo, Amnón tenía un amigo muy astuto que se llamaba Jonadab, hijo de Simá y sobrino de David. ⁴Jonadab preguntó a Amnón:

—¿Cómo es que tú, todo un príncipe, te ves cada día peor? ¿Por qué no me cuentas lo que te pasa?

—Es que estoy muy enamorado de Tamar, la hermana de mi medio hermano Absalón —respondió Amnón.

⁵Jonadab sugirió:

—Acuéstate y finge que estás enfermo. Cuando tu padre vaya a verte, dile: "Por favor, que venga mi hermana Tamar a darme de comer. Quisiera verla preparar la comida aquí mismo, y que ella me la sirva".

⁶Así que Amnón se acostó y fingió estar enfermo. Y cuando el rey fue a verlo, Amnón dijo:

—Por favor, que venga mi hermana Tamar a prepararme aquí mismo dos tortas y que me las sirva.

⁷Tamar envió un mensajero a la casa de Tamar, para que diera este recado: «Ve a casa de tu hermano Amnón y prepárale la comida». ⁸Tamar fue a casa de su hermano Amnón y lo encontró acostado. Tomó harina, la amasó, preparó las tortas allí mismo y las coció. ⁹Luego tomó la sartén para servirle, pero Amnón se negó a comer y ordenó:

—¡Fuera de aquí todos!

Una vez que todos salieron, ¹⁰Amnón dijo a Tamar:

—Trae la comida a mi habitación y dame de comer tú misma.

Ella tomó las tortas que había preparado y se las llevó a su hermano Amnón a la habitación, ¹¹pero cuando se acercó para darle de comer, él la agarró por la fuerza y dijo:

—Ven, hermana mía, acuéstate conmigo.

¹²Pero ella exclamó:

—¡No, hermano mío! No me fuerces, que esto no se hace en Israel. ¡No cometas esta infamia! ¹³¿A dónde iría yo con mi vergüenza? ¿Y qué sería de ti? ¡Serías visto en Israel como un depravado! Yo te ruego que hables con el rey; con toda seguridad, no se opondrá a que yo sea tu esposa.

¹⁴Pero Amnón no hizo caso, sino que, aprovechándose de su fuerza, se acostó con ella y la violó. ¹⁵Pero el odio que sintió por ella después de violarla fue mayor que el amor que antes había tenido. Así que dijo:

—¡Levántate y vete!

¹⁶—¡No me eches de aquí! —respondió ella—. Después de lo que has hecho conmigo, ¡echarme de aquí sería una maldad aún más terrible!

Pero él no hizo caso, ¹⁷sino que llamó a su criado y ordenó:

—¡Echa de aquí a esta mujer y cierra la puerta!

¹⁸Así que el criado la echó de la casa y luego cerró bien la puerta.

Tamar llevaba puesta una túnica muy elegante,[g] pues así se vestían las princesas vírgenes. ¹⁹Al salir, se echó ceniza en la cabeza, se rasgó la túnica y con las manos a la cabeza se fue por el camino llorando a gritos.

²⁰Entonces su hermano Absalón dijo:

—¡Así que tu hermano Amnón ha estado contigo! Pues bien, hermana mía, cálmate y no digas nada. Toma en cuenta que es tu hermano.

Desolada, Tamar se quedó a vivir en casa de su hermano Absalón.

²¹El rey David, al enterarse de todo lo que había pasado, se enfureció. ²²Absalón, por su parte, no le

---

[a] 14 al. TM: a los enemigos del. [b] 25 En hebreo, *Jedidías* significa *amado por el Señor*. [c] 26 fortaleza. Lit. *ciudad*. [d] 27 los depósitos. Lit. *la ciudad*. [e] 30 *al rey de los amonitas*. Alt. *a Milcón* (es decir, el dios Moloc). [f] 30 Es decir, aprox. 34 kg. [g] 18 *muy elegante*. Frase de difícil traducción. Véase Gn 37:3.

dirigía la palabra a Amnón, pues lo odiaba por haber violado a su hermana Tamar.

Asesinato de Amnón

23Pasados dos años, Absalón convidó a todos los hijos del rey a un banquete en Baal Jazor, cerca de la frontera de Efraín, donde sus hombres estaban esquilando ovejas. 24Además, se presentó ante el rey y dijo:

—Este siervo suyo tiene esquiladores trabajando. Le ruego a Su Majestad venir con su corte.

25—No, hijo mío —respondió el rey—. No debemos ir todos, pues te seríamos una carga.

Absalón insistió, pero el rey no quiso ir; sin embargo, le dio su bendición. 26Entonces Absalón dijo:

—Ya que usted no viene, ¿por qué no permite que nos acompañe mi hermano Amnón?

—¿Y para qué va a ir contigo? —preguntó el rey.

27Pero tanto insistió Absalón que el rey dejó que Amnón y sus otros hijos fueran con Absalón.

28Este, por su parte, había dado instrucciones a sus criados: «No pierdan de vista a Amnón. Y cuando se le alegre el corazón por el vino, yo daré la señal de ataque y ustedes lo matarán. No tengan miedo, pues soy yo quien da la orden. Ánimo; sean valientes».

29Los criados hicieron con Amnón tal como Absalón había ordenado. Entonces los otros hijos del rey se levantaron, montó cada uno su mula y salieron huyendo.

30Todavía estaban en camino cuando llegó este rumor a oídos de David: «¡Absalón ha matado a todos los hijos del rey! ¡Ninguno de ellos ha quedado con vida!».

31El rey se levantó y, rasgándose las vestiduras en señal de duelo, se tiró al suelo. También todos los oficiales que estaban con él se rasgaron las vestiduras.

32Pero Jonadab, el hijo de Simá y sobrino de David, intervino:

—No piense mi señor que todos los príncipes han sido asesinados, solo Amnón. Absalón ya lo tenía decidido desde el día en que Amnón violó a su hermana Tamar. 33Mi señor no debe dejarse llevar por el rumor de que han muerto todos sus hijos, pues el único que ha muerto es Amnón.

34El centinela de la ciudad alzó la vista y vio que del oeste, por la ladera del monte, venía bajando una gran multitud.

Entonces fue a decirle al rey: «Veo venir gente por el camino de Joronayin, por la ladera del monte».ᵃ Mientras tanto, Absalón había huido.

35Jonadab comentó al rey:

—Aquí llegan los hijos del rey, tal como yo le había dicho.

36Apenas había terminado de hablar cuando entraron los hijos del rey; todos ellos lloraban a voz en cuello. También el rey y sus oficiales se pusieron a llorar desconsoladamente.

37Absalón, en su huida, fue a refugiarse con Talmay, hijo de Amiud, rey de Guesur. Pero el rey David lloraba todos los días por su hijo Amnón. 38Absalón se quedó en Guesur tres años. 39Y cuando el rey David se consoló por la muerte de Amnón, comenzó a sentir grandes deseos de ver a Absalón.

Absalón regresa a Jerusalén

14 Joab, hijo de Sarvia, se dio cuenta de que el rey extrañaba mucho a Absalón. 2Por eso mandó traer a una mujer muy astuta, la cual vivía en Tecoa, y dijo:

—Quiero que te vistas de luto y que no te eches perfume, sino que finjas estar de duelo, como si llevaras mucho tiempo llorando la muerte de alguien.

3Luego Joab le ordenó presentarse ante el rey, explicándole antes lo que tenía que decirle. 4Cuando aquella mujer de Tecoa se presentó ante el rey,ᵇ hizo una reverencia y se postró rostro en tierra.

—¡Ayúdeme, Su Majestad! —exclamó.

5—¿Qué te pasa? —preguntó el rey.

—Soy una pobre viuda —respondió ella—; mi esposo ha muerto. 6Esta servidora suya tenía dos hijos, los cuales se pusieron a pelear en el campo. Como no había nadie que los separara, uno de ellos le asestó un golpe al otro y lo mató. 7Pero ahora resulta que toda la familia se ha puesto en contra de esta servidora suya. Me exigen que entregue al asesino para que lo maten, y así vengar la muerte de su hermano, aunque al hacerlo eliminen al heredero. La verdad es que de esa manera apagarían la última luz de esperanza que me queda, y dejarían a mi esposo sin *nombre ni descendencia sobre la tierra.

8—Regresa a tu casa, que yo me encargaré de este asunto —respondió el rey.

9Pero la mujer de Tecoa respondió:

—Mi señor y rey, que la culpa caiga sobre mí y sobre mi familia, y no sobre el rey ni su trono.

10—Si alguien te amenaza —insistió el rey—, tráemelo para que no vuelva a molestarte.

11Entonces ella suplicó:

—¡Ruego a Su Majestad invocar al Señor su Dios, para que quien deba vengar la muerte de mi hijo no aumente mi desgracia matando a mi otro hijo!

—¡Tan cierto como que el Señor vive —respondió el rey—, te aseguro que tu hijo no perderá ni un solo cabello!

12Pero la mujer siguió diciendo:

—Permita mi señor y rey que esta servidora suya diga algo más.

—Habla.

13—¿Cómo es que intenta usted hacer lo mismo contra el pueblo de Dios? Al prometerme el rey estas cosas, se declara culpable, pues no deja regresar a su hijo desterrado. 14Así como el agua que se derrama en tierra no se puede recoger, así también todos tenemos que morir. Pero Dios no nos arrebata la *vida, sino que provee los medios para que el desterrado no siga separado de él para siempre.

15»Yo he venido a hablar con mi señor el rey porque hay gente que me ha infundido temor. He pensado: "Voy a hablarle al rey; tal vez me conceda lo que le pida, 16librándonos a mí y a mi hijo de quien quiere eliminarnos, para quedarse con la heredad que Dios nos ha dado". 17»Pensé, además, que su palabra me traería alivio, pues mi señor el rey es como un ángel de Dios, que sabe distinguir entre lo bueno y lo malo. ¡Que el Señor su Dios esté con usted!».

18Al llegar a este punto, el rey dijo a la mujer:

—Voy a hacerte una pregunta y te pido que no me ocultes nada.

—Dígame usted.

19—¿Acaso no está Joab detrás de todo esto?

La mujer respondió:

—Tan cierto como que mi señor y rey vive, su pregunta ha dado en el blanco.ᶜ En efecto, fue su siervo Joab quien me instruyó y puso en mis labios todo lo que he dicho. 20Lo hizo con el propósito de cambiar la situación, pero mi señor tiene la sabiduría de un ángel de Dios y sabe todo lo que sucede en el país.

21Entonces el rey llamó a Joab y le dijo:

—Estoy de acuerdo. Anda, haz que regrese el joven Absalón.

ᵃ 34 *Entonces fue ... monte* (LXX); TM no incluye esta oración. ᵇ 4 *se presentó ante el rey* (muchos mss. hebreos, LXX, Vulgata y Siríaca); *le habló al rey* (TM). ᶜ 19 *su ... blanco.* Lit. *nadie va a la derecha o a la izquierda de todo lo que mi señor el rey ha dicho.*

²²Postrándose rostro en tierra, Joab hizo una reverencia al rey y le dio las gracias, añadiendo:

—Hoy sé que cuento con el favor de mi señor y rey, pues usted ha accedido a mi petición.

²³Dicho esto, Joab emprendió la marcha a Guesur y regresó a Jerusalén con Absalón. ²⁴Pero el rey dio esta orden: «Que se retire a su casa y que nunca me visite». Por tanto, Absalón tuvo que irse a su casa sin presentarse ante el rey.

²⁵En todo Israel no había ningún hombre tan admirado como Absalón por su hermosura; era perfecto de pies a cabeza. ²⁶Tenía una cabellera tan pesada que una vez al año tenía que cortársela; y según la medida oficial, el pelo cortado pesaba doscientos siclos.ᵃ

²⁷Además, tuvo tres hijos y una hija. Su hija, que se llamaba Tamar, llegó a ser una mujer muy hermosa.

²⁸Absalón vivió en Jerusalén durante dos años sin presentarse ante el rey. ²⁹Un día, pidió a Joab que fuera a ver al rey, pero Joab no quiso ir. Se lo volvió a pedir, pero Joab se negó a hacerlo. ³⁰Así que Absalón dio esta orden a sus criados: «Miren, Joab ha sembrado cebada en el campo que tiene junto al mío. ¡Vayan y préndanle fuego!».

Los criados fueron e incendiaron el campo de Joab. ³¹Entonces, este fue enseguida a casa de Absalón y reclamó:

—¿Por qué tus criados han prendido fuego a mi campo?

³²Y Absalón respondió:

—Te pedí que fueras a ver al rey y le preguntaras para qué he vuelto de Guesur. ¡Más me habría valido quedarme allá! Voy a presentarme ante el rey y si soy culpable de algo, ¡que me mate!

³³Joab fue a comunicárselo al rey. Este mandó llamar a Absalón, quien se presentó ante el rey, hizo una reverencia y se postró rostro en tierra. A su vez, el rey recibió a Absalón con un beso.

Absalón conspira contra David

15 Pasado algún tiempo, Absalón consiguió carros de combate, algunos caballos y una escolta de cincuenta soldados. ²Se levantaba temprano y se ponía a la vera del camino, junto a la ˙entrada de la ciudad. Cuando pasaba alguien que iba a ver al rey para resolver un pleito, Absalón lo llamaba y le preguntaba de qué pueblo venía. Aquel le decía de qué tribu israelita era ³y Absalón aseguraba: «Tu demanda es muy justa, pero no habrá quien te escuche de parte del rey». ⁴Enseguida añadía: «¡Ojalá me pusieran por juez en el país! Todo el que tuviera un pleito o una demanda vendría a mí y yo le haría justicia».

⁵Además de esto, si alguien se acercaba para postrarse ante él, Absalón le tendía los brazos, lo abrazaba y lo saludaba con un beso. ⁶Esto hacía Absalón con todos los israelitas que iban a ver al rey para que les resolviera algún asunto, y así fue ganándose el cariño del pueblo.

⁷Al cabo de cuatroᵇ años, Absalón dijo al rey:

—Permíteme ir a Hebrón, a cumplir una promesa que hice al SEÑOR. ⁸Cuando vivía en Guesur de Aram, hice esta promesa: "Si el SEÑOR me concede volver a Jerusalén, le ofreceré un sacrificio".

⁹—Vete tranquilo —respondió el rey.

Absalón emprendió la marcha a Hebrón, ¹⁰pero al mismo tiempo envió mensajeros por todas las tribus de Israel con este mensaje: «Tan pronto como oigan el toque de trompeta, exclamen: "¡Absalón reina en Hebrón!"». ¹¹Además, desde Jerusalén llevó Absalón a doscientos invitados, los cuales lo acompañaron de buena fe y sin sospechar nada. ¹²Luego, mientras celebraba los sacrificios, Absalón mandó llamar a un consejero de su padre David, el cual se llamaba Ajitofel y era del pueblo de Guiló. Así la conspiración fue tomando fuerza, y el número de los que seguían a Absalón crecía más y más.

¹³Un mensajero llevó a David esta noticia: «Todos los israelitas se han puesto de parte de Absalón».

¹⁴Entonces David dijo a todos los oficiales que estaban con él en Jerusalén:

—¡Vámonos de aquí! Tenemos que huir, pues de otro modo no podremos escapar de Absalón. Démonos prisa, no sea qué él se nos adelante. Si nos alcanza, nos traerá la ruina y pasará a toda la gente a filo de espada.

¹⁵—Como diga Su Majestad —respondieron los oficiales—; nosotros estamos para servirle.

¹⁶De inmediato partió el rey acompañado de toda la corte, con excepción de diez concubinasᶜ que dejó para cuidar el palacio. ¹⁷Habiendo salido del palacio con todo su séquito, se detuvo junto a la casa más lejana de la ciudad. ¹⁸Todos sus oficiales se pusieron a su lado. Entonces los quereteos y los peleteos, y seiscientos guititas que lo habían seguido desde Gat, desfilaron ante el rey.

¹⁹El rey se dirigió a Itay el guitita:

—¿Y tú por qué vienes con nosotros? Regresa y quédate con el rey Absalón, ya que eres extranjero y has sido desterrado de tu propio país. ²⁰¿Cómo voy a dejar que nos acompañes, si acabas de llegar y ni yo mismo sé a dónde vamos? Regresa y llévate a tus paisanos. ¡Y que el amor y la fidelidad de Dios te acompañen!

²¹Pero Itay respondió al rey:

—¡Tan cierto como que el SEÑOR vive, y tan cierto como que mi señor el rey vive, le aseguro que, para vida o para muerte, iré adondequiera que usted vaya!

²²—Está bien —contestó David—, ven con nosotros.

Así que Itay el guitita marchó con todos los hombres de David y con las familias que lo acompañaban.

²³Todo el pueblo lloraba a gritos mientras David pasaba con su gente y, cuando el rey cruzó el arroyo de Cedrón, toda la gente comenzó la marcha hacia el desierto.

²⁴Entre ellos se encontraba también Sadoc, con los levitas que llevaban el arca del ˙pacto de Dios. Estos hicieron descansar el arca en el suelo, y Abiatar ofreció sacrificiosᵈ hasta que toda la gente terminó de salir de la ciudad.

²⁵Luego dijo el rey al sacerdote Sadoc:

—Devuelve el arca de Dios a la ciudad. Si cuento con el favor del SEÑOR, él hará que yo regrese y vuelva a ver el arca y el lugar donde él reside. ²⁶Pero si él me hace saber que no le agrado, quedo a su merced y puede hacer conmigo lo que mejor le parezca.

²⁷También dijo:

—Como tú eres vidente, puedes volver tranquilo a la ciudad con Abiatar, y llevarte contigo a tu hijo Ajimaz y a Jonatán, hijo de Abiatar. ²⁸Yo me quedaré en las llanuras del desierto hasta que ustedes me informen de la situación.

²⁹Entonces Sadoc y Abiatar volvieron a Jerusalén con el arca de Dios y allí se quedaron.

³⁰David, por su parte, subió al monte de los Olivos llorando, con la cabeza cubierta y los pies descalzos. También todos los que lo acompañaban se cubrieron la cabeza y subieron llorando. ³¹En eso informaron a David que Ajitofel se había unido a la conspiración de Absalón. Entonces David oró: «SEÑOR, te ruego que fracasen los planes de Ajitofel».

ᵃ 26 Es decir, aprox. 2.3 kg.   ᵇ 7 *cuatro* (Siríaca, Josefo y mss. de LXX); *cuarenta* (TM).   ᶜ 16 Véase nota en Gn 22:24.   ᵈ 24 *ofreció sacrificios*. Alt. *subió*.

³²Cuando David llegó a la cumbre del monte, donde se adoraba a Dios, se encontró con Husay, el arquita, que en señal de duelo llevaba las vestiduras rasgadas y la cabeza cubierta de tierra. ³³David le dijo:

—Si vienes conmigo, vas a serme una carga. ³⁴Es mejor que regreses a la ciudad y le digas a Absalón: "Majestad, estoy a su servicio. Antes fui siervo de su padre, pero ahora lo soy de usted". De ese modo podrás ayudarme a desbaratar los planes de Ajitofel. ³⁵Allí contarás con los sacerdotes Sadoc y Abiatar, así que mantenlos informados de todo lo que escuches en el palacio real. ³⁶También contarás con Ajimaz, hijo de Sadoc, y con Jonatán, hijo de Abiatar; comuníquenme ustedes por medio de ellos cualquier cosa que averigüen.

³⁷Husay, que era amigo de David, llegó a Jerusalén en el momento en que Absalón entraba en la ciudad.

David y Siba

16 Un poco más allá de la cumbre del monte, David se encontró con Siba, el criado de Mefiboset, que llevaba un par de asnos aparejados y cargados con doscientos panes, cien tortas de uvas pasas, cien tortas de higos y un odre de vino.

²—¿Qué vas a hacer con todo esto? —preguntó el rey.

Siba respondió:

—Los asnos son para que monte la familia de Su Majestad, el pan y la fruta son para que coman los soldados, y el vino es para que beban los que desfallezcan en el desierto.

³Entonces el rey preguntó:

—¿Dónde está el nieto de tu amo?

—Se quedó en Jerusalén —respondió Siba—. Él se imagina que ahora la nación de Israel le va a devolver el reino de su abuelo.

⁴—Bueno —respondió el rey—, todo lo que antes fue de Mefiboset ahora es tuyo.

—¡Humildemente me postro ante usted! —exclamó Siba—. ¡Que cuente yo siempre con el favor de mi señor y rey!

Simí maldice a David

⁵Cuando el rey David llegó a Bajurín, salía de allí un hombre de la familia de Saúl, llamado Simí, hijo de Guerá. Este se puso a maldecir ⁶y a tirarles piedras a David y a todos sus oficiales, a pesar de que las tropas y la guardia real rodeaban al rey. ⁷En sus insultos, Simí decía al rey:

—¡Largo de aquí! ¡Asesino! ¡Canalla! ⁸El Señor te está dando tu merecido por haber masacrado a la familia de Saúl para reinar en su lugar. Por eso el Señor ha entregado el reino a tu hijo Absalón. Has caído en desgracia, porque eres un asesino.

⁹Abisay, hijo de Sarvia, dijo al rey:

—¿Cómo se atreve este ˙perro muerto a maldecir a mi señor el rey? ¡Déjeme que vaya y le corte la cabeza!

¹⁰Pero el rey respondió:

—Esto no es asunto mío ni de ustedes, hijos de Sarvia. A lo mejor el Señor le ha ordenado que me maldiga. Y si es así, ¿quién se lo puede reclamar?

¹¹Dirigiéndose a Abisay y a todos sus oficiales, David añadió:

—Si el hijo de mis entrañas intenta quitarme la ˙vida, ¡qué no puedo esperar de este benjamita! Déjenlo que me maldiga, pues el Señor se lo ha mandado. ¹²A lo mejor el Señor toma en cuenta mi aflicción y me paga con bendiciones las maldiciones que estoy recibiendo hoy.

¹³David y sus hombres reanudaron el viaje. Simí, por su parte, los seguía por la ladera del monte, maldiciendo a David, tirándole piedras y levantando polvo. ¹⁴El rey y quienes lo acompañaban llegaron agotados a su destino, así que descansaron allí.

El consejo de Husay y Ajitofel

¹⁵Mientras tanto, Absalón y todos los israelitas que lo seguían habían entrado en Jerusalén; también Ajitofel lo acompañaba. ¹⁶Entonces Husay, el arquita amigo de David, fue a ver a Absalón y exclamó:

—¡Viva el rey! ¡Viva el rey!

¹⁷Absalón preguntó:

—¿Así muestras tu lealtad a tu amigo? ¿Cómo es que no te fuiste con él?

¹⁸—De ningún modo —respondió Husay—. Soy más bien amigo del elegido del Señor, elegido también por este pueblo y por todos los israelitas. Así que yo me quedo con usted. ¹⁹Además, ¿a quién voy a servir? Serviré al hijo, como antes serví al padre.

²⁰Luego dijo Absalón a Ajitofel:

—Danos tu consejo. ¿Qué debemos hacer?

²¹Ajitofel respondió:

—Acuéstese usted con las concubinas*ᵃ* que su padre dejó al cuidado del palacio. De ese modo, todos los israelitas se darán cuenta de que usted se ha hecho odioso ante su padre, y quienes lo apoyan a usted se fortalecerán en el poder.

²²Entonces instalaron una tienda de campaña en la azotea para que Absalón se acostara con las concubinas de su padre a la vista de todos los israelitas. ²³En aquella época, recibir el consejo de Ajitofel era como oír la palabra misma de Dios y esto era así tanto para David como para Absalón.

17 Además, Ajitofel propuso a Absalón lo siguiente:

—Yo escogería doce mil soldados y esta misma noche saldría en busca de David. ²Como él debe estar cansado y débil, lo atacaría, le haría sentir mucho miedo y pondría en fuga al resto de la gente que está con él. Pero mataría solamente al rey ³y los demás se los traería a usted. La muerte del hombre que usted busca dará por resultado el regreso de los otros,*ᵇ* y todo el pueblo quedará en ˙paz.

⁴La propuesta le pareció acertada a Absalón, lo mismo que a todos los jefes de Israel, ⁵pero Absalón dijo:

—Llamemos también a Husay, el arquita, para ver cuál es su opinión.

⁶Cuando Husay llegó, Absalón preguntó:

—¿Debemos adoptar el plan que Ajitofel nos ha propuesto? Si no, ¿qué propones tú?

⁷—Esta vez el plan de Ajitofel no es bueno —respondió Husay—. ⁸Usted conoce bien a su padre David y a sus soldados: son valientes y deben estar furiosos como una osa salvaje a la que le han robado su cría. Además, su padre tiene mucha experiencia como hombre de guerra y no ha de pasar la noche con las tropas. ⁹Ya debe de estar escondido en alguna cueva o en otro lugar. Si él ataca primero,*ᶜ* cualquiera que se entere dirá: "Ha habido una matanza entre las tropas de Absalón". ¹⁰Entonces aun los soldados más valientes, que son tan bravos como un león, se van a acobardar, pues todos los israelitas saben que David, su padre, es un gran soldado y cuenta con hombres muy valientes.

¹¹»El plan que yo propongo es el siguiente: Convoque usted a todos los israelitas que hay, desde Dan hasta Berseba. Son tan numerosos como la arena a la orilla del mar, y usted mismo debe dirigirlos en la batalla. ¹²Atacaremos a David, no importa dónde se encuentre; caeremos sobre él como el rocío que cae sobre la tierra. No quedarán vivos ni él ni ninguno de

---

ᵃ 21 Véase nota en Gn 22:24.   *ᵇ* 3 *La muerte … los otros.*
Texto de difícil traducción.   *ᶜ* 9 *Si él ataca primero.* Alt.
Cuando algunos de los hombres caigan en el primer ataque.

sus soldados. ¹³Y si llega a refugiarse en algún pueblo, todos los israelitas llevaremos sogas a ese lugar y juntos arrastraremos a ese pueblo hasta el arroyo, de modo que no quede allí ni una piedra».

¹⁴Absalón y todos los israelitas dijeron:

—El plan de Husay, el arquita, es mejor que el de Ajitofel.

Esto sucedió porque el SEÑOR había determinado hacer fracasar el consejo de Ajitofel, aunque era el más acertado, y de ese modo llevar a Absalón a la ruina.

¹⁵Entonces Husay dijo a los sacerdotes Sadoc y Abiatar:

—Ajitofel propuso tal y tal plan a Absalón y a los jefes de Israel, pero yo propuse este otro. ¹⁶Dense prisa y mándenle este mensaje a David: "No pase usted la noche en las llanuras del desierto; más bien, cruce de inmediato al otro lado, no vaya a ser que Su Majestad y quienes lo acompañan sean aniquilados".

¹⁷Jonatán y Ajimaz se habían quedado en Enroguel. Como no se podían arriesgar a que los vieran entrar en la ciudad, una criada estaba encargada de darles la información para que ellos se la pasaran al rey David. ¹⁸Sin embargo, un joven los vio y se lo hizo saber a Absalón, así que ellos se fueron de allí enseguida. Cuando llegaron a la casa de cierto hombre en Bajurín, se metieron en un pozo que él tenía en el patio. ¹⁹La esposa de aquel hombre cubrió el pozo y esparció trigo sobre la tapa. De esto nadie se enteró.

²⁰Al pasar los soldados de Absalón por la casa, preguntaron a la mujer:

—¿Dónde están Jonatán y Ajimaz?

—Cruzaron el arroyoᵃ —respondió ella.

Los soldados salieron en busca de ellos, pero como no pudieron encontrarlos, regresaron a Jerusalén. ²¹Después de que los soldados se fueron, Jonatán y Ajimaz salieron del pozo y se dirigieron adonde estaba David para ponerlo sobre aviso. Le dijeron:

—Crucen el río a toda prisa, pues Ajitofel ha aconsejado que los ataquen.

²²Por tanto, David y quienes lo acompañaban se fueron y cruzaron el Jordán antes de que amaneciera. Todos sin excepción lo cruzaron.

²³Ajitofel, por su parte, al ver que Absalón no había seguido su consejo, aparejó el asno y se fue a su pueblo. Cuando llegó a su casa, luego de arreglar sus asuntos, fue y se ahorcó. Así murió, y fue enterrado en la tumba de su padre.

²⁴David se dirigió a Majanayin y Absalón lo siguió, cruzando el Jordán con todos los israelitas. ²⁵Ahora bien, en lugar de Joab, Absalón había nombrado general de su ejército a Amasá, que era hijo de un hombre llamado Itrá,ᵇ el cual era israelitaᶜ y se había casado con Abigaíl, hija de Najás y hermana de Sarvia, la madre de Joab. ²⁶Los israelitas que estaban con Absalón acamparon en el territorio de Galaad.

²⁷Cuando David llegó a Majanayin, allí estaban Sobí, hijo de Najás, oriundo de Rabá, ciudad amonita; Maquir, hijo de Amiel, que era hijo de Lo Debar; y Barzilay, el galaadita, habitante de Roguelín. ²⁸Estos habían llevado camas, vasijas y ollas de barro, y también trigo, cebada, harina, grano tostado, habas, lentejas,ᵈ ²⁹miel, cuajada, queso de vaca y ovejas. Ofrecieron esos alimentos a David y a su comitiva para que se los comieran, pues pensaban que en el desierto esta

gente habría pasado hambre y sed, y estaría muy cansada.

Muerte de Absalón

18 David pasó revista a sus tropas y nombró comandantes sobre grupos de mil y de cien soldados. ²Los dividió en tres unidades y los envió a la batalla. La primera unidad estaba bajo el mando de Joab; la segunda bajo el mando de Abisay, hijo de Sarvia y hermano de Joab y la tercera bajo el mando de Itay el guitita.

—Yo los voy a acompañar —dijo el rey.

³Pero los soldados respondieron:

—No, usted no debe acompañarnos. Si tenemos que huir, el enemigo no se va a ocupar de nosotros. Y aun si la mitad de nosotros muere, a ellos no les va a importar. Pero usted vale por diez mil de nosotros.ᵉ Así que es mejor que se quede y nos apoye desde la ciudad.

⁴—Bien —dijo el rey—, haré lo que les parezca más conveniente.

Dicho esto, se puso a un lado de la ˙entrada de la ciudad, mientras todos los soldados marchaban en grupos de cien y de mil. ⁵Además, el rey dio esta orden a Joab, Abisay e Itay:

—Por consideración a mí, traten con respeto al joven Absalón.

Y todas las tropas oyeron las instrucciones que el rey dio a cada uno de sus comandantes acerca de Absalón.

⁶El ejército marchó al campo para pelear contra Israel y la batalla se libró en el bosque de Efraín. ⁷Los soldados de David derrotaron allí al ejército de Israel. La lucha fue intensa aquel día: hubo veinte mil bajas. ⁸La batalla se extendió por toda el área, de modo que el bosque causó más muertes que la espada misma.

⁹Absalón, que huía montado en una mula, se encontró con los soldados de David. La mula se metió por debajo de una gran encina y a Absalón se le trabó la cabeza entre las ramas. Como la mula siguió de largo, Absalón quedó colgado en el aire. ¹⁰Un soldado que vio lo sucedido dijo a Joab:

—Acabo de ver a Absalón colgado de una encina.

¹¹—¡Cómo! —exclamó Joab—. ¿Lo viste y no lo mataste ahí mismo? Te habría dado diez siclosᶠ de plata y un cinturón.

¹²Pero el hombre respondió:

—Aun si recibiera mil piezas de plata, yo no alzaría la mano contra el hijo del rey. Todos oímos cuando el rey ordenó a usted, a Abisay y a Itay que no le hicieran daño al joven Absalón. ¹³Si yo me hubiera arriesgado,ᵍ me habrían descubierto, pues nada se le escapa al rey; y usted, por su parte, me habría abandonado.

¹⁴—No voy a malgastar mi tiempo contigo —respondió Joab.

Acto seguido, agarró tres lanzas y fue y se las clavó en el pecho a Absalón, que todavía estaba vivo en medio de la encina. ¹⁵Luego, diez de los escuderos de Joab rodearon a Absalón y lo remataron.

¹⁶Entonces Joab mandó tocar la trompeta para detener a las tropas, y dejaron de perseguir a los israelitas. ¹⁷Después tomaron el cuerpo de Absalón, lo tiraron en un hoyo grande que había en el bosque y sobre su cadáver amontonaron muchísimas piedras. Mientras tanto, todos los israelitas huyeron a sus casas.

¹⁸En vida, Absalón se había erigido un monumento en el valle del Rey, pues pensaba: «No tengo ningún hijo que conserve mi memoria». Así que a esa ˙estela le puso su propio ˙nombre, y por eso hasta la fecha se conoce como la Estela de Absalón.

ᵃ **20** Cruzaron el arroyo. Alt. Pasaron por el redil hacia el agua.   ᵇ **25** Itrá. También llamado Jeter (véase 1Cr 2:17).   ᶜ **25** israelita (TM); ismaelita (mss. de LXX; véase 1Cr 2:17).   ᵈ **28** lentejas (LXX y Siríaca); lentejas y grano tostado (TM).   ᵉ **3** usted … nosotros (dos mss. hebreos); véanse también LXX y Vulgata); ahora hay diez mil como nosotros (TM).   ᶠ **11** Es decir, aprox. 115 g.   ᵍ **13** me hubiera arriesgado. Alt. lo hubiera traicionado.

David hace duelo

¹⁹Ajimaz, hijo de Sadoc, propuso a Joab:

—Déjame ir corriendo para avisarle al rey que el SEÑOR lo ha librado del poder de sus enemigos.

²⁰—No le llevarás esta noticia hoy —respondió Joab—. Podrás hacerlo en otra ocasión, pero no hoy, pues ha muerto el hijo del rey.

²¹Entonces Joab se dirigió a un soldado *cusita y ordenó:

—Ve tú y dile al rey lo que has visto.

El cusita se postró ante Joab y salió corriendo. ²²Pero Ajimaz, hijo de Sadoc, insistió:

—Pase lo que pase, déjame correr con el cusita.

—Pero, muchacho —respondió Joab—, ¿para qué quieres ir? ¡Ni pienses que te van a dar una recompensa por la noticia!

²³—Pase lo que pase, quiero ir.

—Anda, pues.

Ajimaz salió corriendo por la llanura y se adelantó al cusita.

²⁴Mientras tanto, David se hallaba sentado en el pasadizo que está entre las dos *puertas de la ciudad. El centinela, que había subido al muro de la puerta, alzó la vista y vio a un hombre que corría solo. ²⁵Cuando el centinela se lo anunció al rey, este comentó:

—Si viene solo, debe de traer buenas noticias.

Pero, mientras el hombre seguía corriendo y se acercaba, ²⁶el centinela se dio cuenta de que otro hombre corría detrás de él, así que le anunció al guarda de la puerta:

—¡Por ahí viene otro hombre corriendo solo!

—Ese también debe de traer buenas noticias —dijo el rey.

²⁷El centinela añadió:

—Me parece que el primero corre como Ajimaz, hijo de Sadoc.

—Es un buen hombre —comentó el rey—; seguro que trae buenas noticias.

²⁸Ajimaz llegó y saludó al rey postrándose rostro en tierra y le dijo:

—¡Bendito sea el SEÑOR su Dios, pues nos ha entregado a los que se habían rebelado en contra de mi señor el rey!

²⁹—¿Y está bien el joven Absalón? —preguntó el rey.

Ajimaz respondió:

—En el momento en que su siervo Joab me enviaba, vi que se armó un gran alboroto, pero no pude saber lo que pasaba.

³⁰—Pasa y quédate ahí —dijo el rey.

Ajimaz se hizo a un lado. ³¹Entonces llegó el cusita y anunció:

—Traigo buenas noticias a mi señor el rey. El SEÑOR lo ha librado hoy de todos los que se habían rebelado en contra suya.

³²—¿Y está bien el joven Absalón? —preguntó el rey.

El cusita contestó:

—¡Que sufran como ese joven los enemigos de mi señor el rey y todos los que intentan hacerle mal!

³³Al oír esto, el rey se estremeció y mientras subía al cuarto que está encima de la puerta, lloraba y decía: «¡Ay, Absalón, hijo mío! ¡Hijo mío, Absalón, hijo mío! ¡Ojalá hubiera muerto yo en tu lugar! ¡Ay, Absalón, hijo mío, hijo mío!».

19 Avisaron a Joab que el rey estaba llorando amargamente por Absalón. ²Cuando las tropas se enteraron de que el rey estaba afligido por causa de su hijo, la victoria de aquel día se convirtió en duelo para todo el ejército. ³Por eso las tropas entraron en la ciudad furtivamente, como lo hace un ejército avergonzado por haber huido del combate.

⁴Pero el rey, cubriéndose la cara, seguía gritando a voz en cuello: «¡Ay, Absalón, hijo mío! ¡Ay, Absalón, hijo mío, hijo mío!».

⁵Entonces Joab fue adonde estaba el rey y le dijo: «Hoy usted ha llenado de vergüenza a todos sus siervos que salvaron su *vida, la de sus hijos e hijas, esposas y concubinas.ᵃ ⁶¡Usted ama a quienes lo odian y odia a quienes lo aman! Hoy ha dejado muy en claro que nada le importan sus comandantes ni sus soldados. Ahora me doy cuenta de que usted preferiría que todos nosotros estuviéramos muertos, con tal de que Absalón siguiera con vida. ⁷¡Vamos! ¡Salga usted y anime a sus tropas! Si no lo hace, juro por el SEÑOR que para esta noche ni un solo soldado se quedará con usted. ¡Y eso sería peor que todas las calamidades que usted ha sufrido desde su juventud hasta ahora!».

⁸Ante esto, el rey se levantó y fue a sentarse junto a la puerta de la ciudad. Cuando los soldados lo supieron, fueron todos a presentarse ante él.

David regresa a Jerusalén

Los israelitas, mientras tanto, habían huido a sus casas, ⁹y por todas las tribus de Israel se hablaba de la situación. Decían: «El rey nos rescató del poder de nuestros enemigos; él nos libró del dominio de los filisteos. Por causa de Absalón tuvo que huir del país. ¹⁰Pero ahora Absalón, al que habíamos ungido como rey, ha muerto en la batalla. ¿Qué nos impide pedirle al rey que vuelva?».

¹¹Entonces el rey David mandó este mensaje a los sacerdotes Sadoc y Abiatar: «Hablen con los jefes de Judá y díganles: "El rey se ha enterado de lo que se habla por todo Israel. ¿Serán ustedes los últimos en pedirme a mí, el rey, que regrese a mi palacio? ¹²Ustedes son mis hermanos, ¡son de mi propia sangre! ¿Por qué han de ser los últimos en llamarme?". ¹³Díganle también a Amasá: "¿Acaso no eres de mi propia sangre? Tú serás de por vida el comandante de mi ejército, en lugar de Joab. ¡Que Dios me castigue sin piedad si no lo cumplo!"».

¹⁴Así el rey se ganó el aprecio de todos los de Judá, quienes a una voz le pidieron que regresara con todas sus tropas, ¹⁵de modo que el rey emprendió el viaje y llegó hasta el Jordán. Los de Judá se dirigieron entonces a Guilgal para encontrarse con el rey y acompañarlo a cruzar el río. ¹⁶Pero el benjamita Simí, hijo de Guerá, oriundo de Bajurín, se apresuró a bajar con los de Judá para recibir al rey David. ¹⁷Con él iban mil benjamitas, incluso Siba, que había sido administrador de la familia de Saúl, con sus quince hijos y veinte criados. Estos llegaron al Jordán antes que el rey ¹⁸y vadearon el río para ponerse a las órdenes del rey y ayudar a la familia real a cruzar el Jordán. Cuando el rey estaba por cruzarlo, Simí, hijo de Guerá, se inclinó ante él ¹⁹y dijo:

—Ruego a mi señor que no tome en cuenta mi delito ni recuerde el mal que hizo este servidor suyo el día en que mi señor el rey salió de Jerusalén. Le ruego al rey que olvide eso. ²⁰Reconozco que he pecado y por eso hoy, de toda la tribu de José, he sido el primero en salir a recibir a mi señor el rey.

²¹Pero Abisay, hijo de Sarvia, exclamó:

—¡Simí maldijo al *ungido del SEÑOR y merece la muerte!

²²David respondió:

—Hijos de Sarvia, esto no es asunto de ustedes, sino mío. Están actuando como si fueran mis adversarios. ¿Cómo va a morir hoy alguien del pueblo, cuando precisamente en este día vuelvo a ser rey de Israel?

ᵃ 5 Véase nota en Gn 22:24.

²³Y dirigiéndose a Simí, el rey juró:

—¡No morirás!

²⁴También Mefiboset, el nieto de Saúl, salió a recibir al rey. No se había lavado los pies ni la ropa, ni se había recortado el bigote, desde el día en que el rey tuvo que irse hasta que regresó sano y salvo. ²⁵Cuando llegó de Jerusalén para recibir al rey, este le preguntó:

—Mefiboset, ¿por qué no viniste conmigo?

²⁶—Mi señor y rey, como este servidor suyo es cojo, yo quería que me aparejaran un asno para montar y así poder acompañarlo. Pero mi criado Siba me traicionó, ²⁷y ahora me ha calumniado ante mi señor el rey. Sin embargo, mi señor el rey es como un ángel de Dios y puede hacer conmigo lo que mejor le parezca. ²⁸No hay nadie en mi familia paterna que no merezca la muerte en presencia de mi señor el rey. A pesar de eso, usted le concedió a este servidor suyo comer en la mesa real. ¿Qué derecho tengo de pedirle algo más a Su Majestad?

²⁹El rey dijo:

—No tienes que dar más explicaciones. Ya he decidido que tú y Siba se repartan las tierras.

³⁰—Él puede quedarse con todo —respondió Mefiboset—; a mí me basta con que mi señor el rey haya regresado a su palacio sano y salvo.

³¹También Barzilay el galaadita bajó al Jordán. Había viajado desde Roguelín para escoltar al rey cuando cruzara el río. ³²Barzilay, que ya era un anciano de ochenta años, le había proporcionado al rey todo lo necesario durante su estadía en Majanayin, pues era muy rico. ³³El rey le dijo:

—Acompáñame. Quédate conmigo en Jerusalén y yo me encargaré de todo lo que necesites.

³⁴—Pero ¿cuántos años de vida me quedan? —respondió Barzilay—. ¿Para qué subir con el rey a Jerusalén? ³⁵Ya tengo ochenta años y apenas puedo distinguir lo bueno de lo malo, o saborear lo que como o bebo, o aun apreciar las voces de los cantores y las cantoras. ¿Por qué ha de ser este servidor una carga más para mi señor el rey? ³⁶¿Y por qué quiere Su Majestad recompensarme de este modo, cuando tan solo voy a acompañarlo a cruzar el Jordán? ³⁷Déjeme usted regresar a mi propio pueblo, para que pueda morir allí y ser enterrado junto a la tumba de mi padre y mi madre. Pero aquí le dejo a Quimán para que sirva a mi señor el rey y lo acompañe a cruzar el río. Haga usted por él lo que haría por mí.

³⁸—Está bien —respondió el rey—, Quimán irá conmigo y haré por él lo que me pides. Y a ti te daré todo lo que quieras.

³⁹La gente y el rey cruzaron el Jordán. Luego el rey le dio un beso a Barzilay y lo bendijo, y Barzilay volvió a su pueblo.

⁴⁰El rey, acompañado de Quimán y escoltado por las tropas de Judá y la mitad de las tropas de Israel, siguió hasta Guilgal. ⁴¹Por eso los israelitas fueron a ver al rey y le reclamaron:

—¿Cómo es que nuestros hermanos de Judá se han adueñado del rey al cruzar el Jordán y lo han escoltado a él, a su familia y a todas sus tropas?

⁴²Los de Judá respondieron:

—¿Y a qué viene ese enojo? ¡El rey es nuestro pariente cercano! ¿Acaso hemos vivido a costillas del rey? ¿Acaso nos hemos aprovechado de algo?

⁴³Pero los israelitas insistieron:

—¿Por qué nos tratan con tanto desprecio? ¡Nosotros tenemos diez veces más derecho que ustedes sobre el rey David! Además, ¿no fuimos nosotros los primeros en pedirle que volviera?

Entonces los de Judá les contestaron aun con más severidad.

Sabá se rebela contra David

20 Por allí se encontraba un malvado que se llamaba Sabá, hijo de Bicrí, que era benjamita. Dando un toque de trompeta, se puso a gritar:

«¡Pueblo de Israel, todos a sus casas,
    pues no tenemos parte con David
    ni herencia con el hijo de Isaí!».

²Entonces todos los israelitas abandonaron a David y siguieron a Sabá, hijo de Bicrí. Los de Judá, por su parte, se mantuvieron fieles a su rey y lo acompañaron desde el Jordán hasta Jerusalén.

³Cuando el rey David llegó a su palacio en Jerusalén, sacó a las diez concubinas*ᵃ* que había dejado a cargo del palacio y las puso bajo vigilancia. Siguió manteniéndolas, pero no volvió a acostarse con ellas. Hasta el día de su muerte, quedaron encerradas y viviendo como si fueran viudas.

⁴Luego el rey ordenó a Amasá: «Moviliza a las tropas de Judá y preséntate aquí con ellas dentro de tres días». ⁵Amasá salió para movilizar a las tropas, pero no cumplió con el plazo. ⁶Por eso David dijo a Abisay: «Ahora Sabá hijo de Bicrí va a perjudicarnos más que Absalón. Así que hazte cargo de la guardia real y sal a perseguirlo, no sea que llegue a alguna ciudad fortificada y se nos escape». ⁷Entonces los soldados de Joab junto con los quereteos, los peleteos y todos los oficiales, bajo el mando de Abisay salieron de Jerusalén para perseguir a Sabá, hijo de Bicrí.

⁸Al llegar a la gran roca que está en Gabaón, Amasá les salió al encuentro. Joab tenía su uniforme ajustado con un cinturón, y ceñida al muslo llevaba una daga envainada. Pero al caminar, la daga se le cayó. ⁹Con la mano derecha, Joab tomó a Amasá por la barba para besarlo, mientras preguntaba: «¿Cómo estás, hermano?». ¹⁰Amasá no se percató de que en la otra mano Joab llevaba la daga, entonces Joab se la clavó en el vientre y las entrañas de Amasá se derramaron por el suelo. Amasá murió de una sola puñalada. Luego Joab y su hermano Abisay persiguieron a Sabá, hijo de Bicrí.

¹¹Uno de los soldados de Joab, deteniéndose junto al cuerpo de Amasá, exclamó: «¡Todos los que estén a favor de Joab y que apoyen a David, sigan a Joab!». ¹²Como el cuerpo de Amasá, bañado en sangre, había quedado en medio del camino, todas las tropas que pasaban se detenían para verlo. Cuando aquel soldado se dio cuenta de esto, retiró el cuerpo hacia el campo y lo cubrió con un manto. ¹³Luego de que Amasá fue apartado del camino, todas las tropas fueron con Joab a perseguir a Sabá, hijo de Bicrí.

¹⁴Sabá recorrió todas las tribus de Israel hasta llegar a Abel Betmacá, y allí todos los del clan de Bicrí*ᵇ* se unieron. ¹⁵Las tropas de Joab llegaron a la ciudad de Abel Betmacá y la sitiaron. Construyeron una rampa contra la fortificación para atacar la ciudad y, cuando los soldados comenzaban a derribar la muralla, ¹⁶una astuta mujer de la ciudad gritó:

—¡Escúchenme! ¡Escúchenme! Díganle a Joab que venga acá para que yo pueda hablar con él.

¹⁷Joab se le acercó.

—¿Es usted Joab? —preguntó la mujer.

—Así es.

Entonces la mujer dijo:

—Ponga atención a las palabras de su sierva.

—Te escucho —respondió Joab.

¹⁸Ella continuó:

—Antiguamente, cuando había alguna discusión, la gente resolvía el asunto con este dicho: "Vayan y

---

a 3 Véase nota en Gn 22:24.   *b* 14 *todos los del clan de Bicrí* (véase LXX); *todos los beritas* (TM).

pregunten en Abel". ¹⁹Nuestra ciudad es la más pacífica y fiel del país, y muy importante en Israel; usted, sin embargo, intenta arrasarla. ¿Por qué quiere destruir la heredad del SEÑOR?

²⁰—¡Que Dios me libre! —respondió Joab—. ¡Que Dios me libre de arrasarla y destruirla! ²¹Yo no he venido a eso, sino a capturar a un hombre llamado Sabá, hijo de Bicrí. Es de la región montañosa de Efraín y se ha sublevado contra el rey David. Si me entregan a ese hombre, me retiro de la ciudad.

—Muy bien —respondió la mujer—. Desde la muralla arrojaremos su cabeza.

²²Y fue tal la sabiduría con que la mujer habló con todo el pueblo, que le cortaron la cabeza a Sabá, hijo de Bicrí, y se la arrojaron a Joab. Entonces Joab hizo tocar la trompeta y todos los soldados se retiraron de la ciudad y regresaron a sus casas. Joab, por su parte, volvió a Jerusalén para ver al rey.

Oficiales de David

²³Joab era general de todo el ejército de Israel;
Benaías, hijo de Joyadá, estaba al mando de los quereteos y los peleteos;
²⁴Adonirán supervisaba el trabajo forzado;
Josafat, hijo de Ajilud, era el secretario;
²⁵Seva era el cronista;
Sadoc y Abiatar eran los sacerdotes;
²⁶Ira el yairita era sacerdote personal de David.

Los gabaonitas se vengan

21 Durante el reinado de David hubo tres años consecutivos de hambre. David pidió ayuda al SEÑOR, y él le contestó: «Esto sucede porque Saúl y su sanguinaria familia asesinaron a los gabaonitas».

²Los gabaonitas no pertenecían a la nación de Israel, sino que eran un remanente de los amorreos. Los israelitas habían hecho un pacto con ellos, pero tanto era el celo de Saúl por Israel y Judá que trató de exterminarlos. Entonces David convocó a los gabaonitas ³y preguntó:

—¿Qué quieren que haga por ustedes? ¿Cómo puedo reparar el mal que se les ha hecho, de modo que bendigan al pueblo que es herencia del SEÑOR?

⁴Los gabaonitas respondieron:

—No nos interesan la plata y el oro de Saúl y su familia, tampoco queremos que muera alguien en Israel.

—Entonces, ¿qué desean que haga por ustedes? —volvió a preguntar el rey.

⁵—Saúl quiso destruirnos —contestaron ellos—; se propuso exterminarnos y nos expulsó de todo el territorio israelita. ⁶Por eso pedimos que se nos entreguen siete hombres de los descendientes de Saúl, a quien el SEÑOR escogió, para colgarlos en presencia del SEÑOR en Guibeá de Saúl.

—Se los entregaré —prometió el rey.

⁷Sin embargo, por el juramento que David y Jonatán se habían hecho en presencia del SEÑOR, el rey tuvo compasión de Mefiboset, que era hijo de Jonatán y nieto de Saúl. ⁸Pero mandó apresar a Armoní y a Mefiboset, los dos hijos que Rizpa, hija de Ayá, había tenido con Saúl, y a los cinco hijos que Merab,ᵃ hija de Saúl, había tenido con Adriel, hijo de Barzilay, el mejolatita. ⁹David se los entregó a los gabaonitas y ellos los colgaron en un monte, en presencia del SEÑOR. Los siete murieron juntos, ajusticiados en los primeros días de la siega, cuando comenzaba a recoger la cebada.

¹⁰Rizpa, hija de Ayá, tomó un saco y lo tendió para acostarse sobre la peña, y allí se quedó desde el comienzo de la siega hasta que llegaron las lluvias. No permitía que las aves en el día ni las fieras en la noche tocaran los cadáveres. ¹¹Cuando contaron a

David lo que había hecho Rizpa hija de Ayá y concubina de Saúl, ¹²fue a recoger los huesos de Saúl y de su hijo Jonatán, que estaban en Jabés de Galaad. Los filisteos los habían colgado en la plaza de Betseán el día en que derrotaron a Saúl en Guilboa, pero los habitantes de la ciudad los habían tomado secretamente de allí. ¹³Así que David hizo que los trasladaran y que recogieran también los huesos de los siete hombres que habían sido colgados.

¹⁴Así fue como los huesos de Saúl y de su hijo Jonatán fueron enterrados en la tumba de Quis, el padre de Saúl, que está en Zela de Benjamín. Todo se hizo en cumplimiento de las órdenes del rey, y después de eso Dios tuvo piedad del país.

Hazañas de los oficiales de David

21:15-22 – 1Cr 20:4-8

¹⁵Los filisteos reanudaron la guerra contra Israel y David salió con sus oficiales para hacerles frente. Pero David se quedó agotado, ¹⁶así que intentó matar un refaíta llamado Isbibenob, que iba armado con una espada nueva y una lanza de bronce que pesaba más de trescientos siclos.ᵇ ¹⁷Sin embargo, Abisay, hijo de Sarvia, fue en su ayuda e hirió al filisteo y lo mató. Allí los soldados de David hicieron este juramento: «Nunca más saldrá usted con nosotros a la batalla, no sea que alguien lo mate y se apague la lámpara de Israel».

¹⁸Algún tiempo después hubo en Gob otra batalla con los filisteos. En esa ocasión Sibecay, el jusatita, mató a Saf, uno de los descendientes de Rafa.

¹⁹En una tercera batalla, que también se libró en Gob, Eljanán, hijo de Jair,ᶜ oriundo de Belén, mató al hermano de Goliat,ᵈ el guitita, cuya lanza tenía un asta tan grande como el rodillo de un telar.

²⁰Hubo una batalla más en Gat. Allí había otro gigante, un hombre altísimo que tenía veinticuatro dedos, seis en cada mano y seis en cada pie. Él también era descendiente de Rafa. ²¹Este se puso a desafiar a los israelitas, pero Jonatán, hijo de Simá, hermano de David, lo mató.

²²Esos cuatro gigantes, descendientes de Rafa, el guitita, cayeron a manos de David y de sus oficiales.

Salmo de David

22:1-51 – Sal 18

22 David dedicó al SEÑOR la letra de esta canción cuando el SEÑOR lo libró de las manos de todos sus enemigos y de las manos de Saúl. ²Dijo así:

«El SEÑOR es mi ʼroca, mi amparo, mi
    libertador;
³ es mi Dios, la roca en que me refugio.
Es mi escudo, el poder que me salva,ᵉ
    ¡mi más alto escondite!
Él es mi protector y mi salvación.
    ¡Tú me salvaste de la violencia!

⁴»Invoco al SEÑOR, que es digno de alabanza,
    y quedo a salvo de mis enemigos.
⁵Las olas de la muerte me envolvieron;
    los torrentes destructores me abrumaron.
⁶Los lazos del sepulcroᶠ me enredaron;
    las redes de la muerte me atraparon.

⁷»En mi angustia invoqué al SEÑOR;
    llamé a mi Dios

ᵃ 8 *Merab* (Targum, Siríaca y algunos mss. hebreos y griegos); véase 1S 18:19); *Mical* (TM).   ᵇ 16 Es decir, aprox. 3.5 kg.
ᶜ 19 Véase 1Cr 20:5; el texto hebreo dice *Yaré Oreguín*.
ᵈ 19 *hermano de Goliat*. Véase 1Cr 20:5; el texto hebreo no tiene la frase *al hermano de*.   ᵉ 3 *del poder que me salva*. Lit. *el cuerno de mi salvación*.   ᶠ 6 *sepulcro*. Lit. *Seol*.

y él me escuchó desde su Templo;
    ¡mi clamor llegó a sus oídos!
⁸ La tierra tembló, se estremeció;
    se sacudieron los cimientos de los cielos;
    temblaron a causa de su enojo.
⁹ Por la nariz echaba humo,
    por la boca, fuego consumidor;
    ¡lanzaba carbones encendidos!
¹⁰ Rasgando el cielo, descendió,
    pisando sobre oscuros nubarrones.
¹¹ Montando sobre un *querubín, surcó los cielos
    y se remontó*ᵃ* sobre las alas del viento.
¹² De las tinieblas y los oscuros nubarrones
    hizo tiendas que lo rodeaban.
¹³ De su radiante presencia
    brotaron carbones encendidos.
¹⁴ Desde el cielo se oyó el trueno del SEÑOR,
    resonó la voz del *Altísimo.
¹⁵ Lanzó flechas y dispersó a los enemigos;
    con relámpagos los desconcertó.
¹⁶ A causa de la reprensión del SEÑOR
    y por el resoplido de su enojo,*ᵇ*
las cuencas del mar quedaron a la vista;
    al descubierto quedaron los cimientos de la
        tierra.

¹⁷ »Extendiendo su mano desde lo alto,
    tomó la mía y me sacó del mar profundo.
¹⁸ Me libró de mi enemigo poderoso,
    de aquellos que me odiaban y eran más fuertes
        que yo.
¹⁹ En el día de mi desgracia me salieron al
        encuentro,
    pero mi apoyo fue el SEÑOR.
²⁰ Me sacó a un amplio espacio;
    me libró porque se agradó de mí.

²¹ »El SEÑOR me ha pagado conforme a mi *justicia;
    me ha premiado conforme a la *limpieza de
        mis manos.
²² He guardado los *caminos del SEÑOR
    y no he cometido el error de alejarme de mi
        Dios.
²³ Presentes tengo todas sus leyes;
    no me he alejado de sus estatutos.
²⁴ He sido íntegro ante él
    y me he abstenido de pecar.
²⁵ El SEÑOR me ha recompensado conforme a mi
        justicia,
    conforme a mi limpieza ante sus ojos.

²⁶ »Tú eres fiel con quien es fiel
    e íntegro con quien es íntegro;
²⁷ sincero eres con quien es sincero,
    pero sagaz con el que es tramposo.
²⁸ Das la *victoria a los humildes,
    pero tu mirada humilla a los altaneros.
²⁹ Tú, SEÑOR, eres mi lámpara;
    tú, SEÑOR, iluminas mis tinieblas.
³⁰ Con tu apoyo me lanzaré contra un ejército;
    contigo, Dios mío, podré asaltar murallas.

³¹ »El camino de Dios es *perfecto;
    la palabra del SEÑOR es intachable.
    Escudo es Dios a los que se refugian en él.
³² Pues ¿quién es Dios sino el SEÑOR?
    ¿Quién es la Roca sino nuestro Dios?
³³ Es él quien me arma de valor
    y hace perfecto mi camino;

³⁴ da a mis pies la ligereza del venado
    y me mantiene firme en las alturas;
³⁵ adiestra mis manos para la batalla
    y mis brazos para tensar un arco de bronce.
³⁶ Tú me cubres con el escudo de tu *salvación;
    tu ayuda me ha hecho prosperar.
³⁷ Has despejado el paso de mi camino,
    para que mis tobillos no se tuerzan.

³⁸ »Perseguí a mis enemigos y los destruí;
    no retrocedí hasta verlos aniquilados.
³⁹ Los aplasté por completo. Ya no se levantan.
    ¡Cayeron debajo de mis pies!
⁴⁰ Tú me armaste de valor para el combate;
    doblegaste ante mí a los rebeldes.
⁴¹ Hiciste retroceder a mis enemigos,
    y así exterminé a los que me odiaban.
⁴² Pedían ayuda y no hubo quien los salvara.
    Al SEÑOR clamaron, pero no respondió.
⁴³ Los desmenucé. Parecían el polvo de la tierra.
    Los pisoteé como al lodo de las calles.

⁴⁴ »Me has librado de los conflictos con mi
        pueblo;
    me has puesto por líder de las naciones;
    me sirve gente que yo no conocía.
⁴⁵ Son extranjeros, y me rinden homenaje;
    apenas me oyen, me obedecen.
⁴⁶ Esos extraños se descorazonan
    y temblando salen de sus refugios.

⁴⁷ »¡El SEÑOR vive! ¡Alabada sea mi Roca!
    ¡Exaltado sea Dios, la Roca de mi salvación!
⁴⁸ Él es el Dios que me vindica,
    el que pone los pueblos a mis pies.
⁴⁹ Tú me libras de mis enemigos,
    me exaltas por encima de mis adversarios,
    me salvas de los hombres violentos.
⁵⁰ Por eso, SEÑOR, te alabo entre las naciones
    y canto salmos a tu *nombre.

⁵¹ »Él da grandes victorias a su rey;
    a su *ungido David y a sus descendientes
    les muestra por siempre su gran amor"».

Últimas palabras de David

23 Estas son las últimas palabras de David:

    «Mensaje de David, hijo de Isaí,
        dulce cantor de Israel;
    hombre exaltado por el *Altísimo
        y ungido por el Dios de Jacob.

² »El Espíritu del SEÑOR habló por medio de mí;
    puso sus palabras en mi lengua.
³ El Dios de Israel habló,
    la *Roca de Israel me dijo:
"El que gobierne a la gente con justicia,
    el que gobierne en el temor de Dios,
⁴ será como la luz de la aurora
    en un amanecer sin nubes,
que tras la lluvia resplandece
    para que brote la hierba en la tierra".

⁵ »Dios ha establecido mi casa;
    ha hecho conmigo un *pacto eterno,
    bien reglamentado y seguro.
Dios hará que brote mi *salvación
    y que se cumpla todo mi deseo.
⁶ Pero los malvados son como espinos que se
        desechan;
    nadie los toca con la mano.

ᵃ 11 se remontó (mss. hebreos; véanse Siríaca, Targum, Vulgata, Sal 18:10); *apareció* (TM).   *ᵇ 16 por ... su enojo.* Lit. *por el soplo del aliento de su nariz.*

⁷Se recogen con un hierro o con el asta de una
    lanza
y ahí el fuego los consume».

Héroes en el ejército de David
23:8-39 – 1Cr 11:10-41

⁸Estos son los nombres de los soldados más valientes de David:

Joseb Basébet el tacmonita, que era el principal
de los tres más famosos, en una batalla mató con su
lanza*ᵃ* a ochocientos hombres.

⁹En segundo lugar estaba Eleazar, hijo de Dodó, el
ajojita, que también era uno de los tres más famosos.
Estuvo con David cuando desafiaron a los filisteos
que se habían concentrado en Pasdamín*ᵇ* para la
batalla. Los israelitas se retiraron, ¹⁰pero Eleazar se
mantuvo firme y derrotó a tantos filisteos que, por la
fatiga, la mano se le quedó pegada a la espada. Aquel
día el Señor dio una gran ˙victoria. Las tropas regresaron adonde estaba Eleazar, pero solo para tomar
los despojos.

¹¹El tercer valiente era Sama, hijo de Agué, el ararita. En cierta ocasión, los filisteos formaron sus
tropas*ᶜ* en un campo sembrado de lentejas. El ejército de Israel huyó ante ellos, ¹²pero Sama se plantó
en medio del campo y lo defendió, derrotando a los
filisteos. El Señor les dio una gran victoria.

¹³En otra ocasión, tres de los treinta más valientes
fueron a la cueva de Adulán, donde estaba David. Era
el comienzo de la siega y una tropa filistea acampaba
en el valle de Refayin. ¹⁴David se encontraba en su fortaleza. En ese tiempo había una guarnición filistea en
Belén. ¹⁵Como David tenía mucha sed, exclamó: «¡Ojalá
pudiera yo beber agua del pozo que está a la ˙entrada
de Belén!». ¹⁶Entonces los tres valientes se metieron
en el campamento filisteo, sacaron agua del pozo de
Belén y se la llevaron a David. Pero él no quiso beberla,
sino que derramó el agua en honor al Señor ¹⁷y declaró
solemnemente: «¡Que el Señor me libre de beberla!
¡Eso sería como beber la sangre de hombres que han
puesto su ˙vida en peligro!». Y no quiso beberla.

Tales hazañas hicieron estos héroes.

¹⁸Abisay, el hermano de Joab, hijo de Sarvia, estaba
al mando de los tres y ganó fama entre ellos. En cierta
ocasión, lanza en mano atacó y mató a trescientos
hombres. ¹⁹Se destacó más que los tres valientes
y llegó a ser su comandante, pero no fue contado
entre ellos.

²⁰Benaías, hijo de Joyadá, era un guerrero de
Cabsel que realizó muchas hazañas. Derrotó a dos
de los mejores hombres*ᵈ* de Moab y, en otra ocasión,
cuando estaba nevando, se metió en una cisterna
y mató un león. ²¹También derrotó a un egipcio de
gran estatura. El egipcio empuñaba una lanza, pero
Benaías, que no llevaba más que un palo, le arrebató la lanza y lo mató con ella. ²²Tales hazañas hizo
Benaías, hijo de Joyadá. También él ganó fama como
los tres valientes, ²³pero no fue contado entre ellos,
aunque se destacó más que los treinta valientes.
Además, David lo puso al mando de su guardia real.

²⁴Entre los treinta valientes estaban:

Asael, hermano de Joab;
Eljanán, hijo de Dodó, que era de Belén;
²⁵Sama, el jarodita;
Elicá, el jarodita;
²⁶Heles, el paltita;
Irá, hijo de Iqués, el tecoíta;
²⁷Abiezer, el anatotita;
Mebunay, el jusatita;
²⁸Zalmón, el ajojita;
Maray, el netofatita;

²⁹Jéled;*ᵉ* hijo de Baná, el netofatita;
Itay, hijo de Ribay, que era de Guibeá en el
    territorio de Benjamín;
³⁰Benaías, el piratonita;
Hiday, que era de los arroyos de Gaas;
³¹Abí Albón, el arbatita;
Azmávet, el bajurinita;
³²Elijaba, el salbonita;
los hijos de Jasén;
Jonatán, hijo de*ᶠ* ³³Sama, el ararita;
Ahían, hijo de Sarar, el ararita;
³⁴Elifelet, hijo de Ajasbay, el macateo;
Elián, hijo de Ajitofel, el guilonita;
³⁵Jezró, que era de Carmel;
Paray, el arbita;
³⁶Igal, hijo de Natán, que era de Sobá;
el hijo de Hagrí;*ᵍ*
³⁷Sélec, el amonita;
Najaray, el berotita, que fue escudero de Joab,
    hijo de Sarvia;
³⁸Ira, el itrita;
Gareb, el itrita,
³⁹y Urías, el hitita.

En total fueron treinta y siete.

David hace un censo militar
24:1-17 – 1Cr 21:1-17

24 Una vez más, la ira del Señor se encendió
contra Israel, así que el Señor incitó a David
contra el pueblo al decirle: «Haz un censo de Israel
y de Judá».

²Entonces el rey ordenó a Joab y a los comandantes
del ejército que lo acompañaban:*ʰ*

—Vayan por todas las tribus de Israel, desde Dan
hasta Berseba, y hagan un censo militar, para que yo
sepa cuántos pueden servir en el ejército.

³Joab respondió al rey:

—¡Que el Señor su Dios multiplique cien veces las
tropas, y le permita a mi señor el rey llegar a verlo
con sus propios ojos! Pero ¿por qué mi señor el rey
desea hacer tal cosa?

⁴Sin embargo, la orden del rey prevaleció sobre la
opinión de Joab y de los comandantes del ejército,
de modo que salieron de su audiencia con el rey para
llevar a cabo el censo militar de Israel.

⁵Cruzaron el Jordán y acamparon cerca de Aroer, al
sur del pueblo que está en el valle, después de lo cual
siguieron hacia Gad y Jazer. ⁶Fueron por Galaad y por
el territorio de Tajtín Jodsí, hasta llegar a Dan Jaán y a
los alrededores de Sidón. ⁷Siguieron hacia la fortaleza
de Tiro y recorrieron todas las ciudades de los heveos
y los cananeos. Finalmente, llegaron a Berseba, en el
Néguev de Judá.

⁸Al cabo de nueve meses y veinte días, y después de
haber recorrido todo el país, regresaron a Jerusalén.

⁹Joab entregó al rey los resultados del censo militar: En Israel había ochocientos mil hombres que
podían servir en el ejército, y en Judá, quinientos
mil.

¹⁰Entonces le remordió a David la conciencia por
haber realizado este censo militar y dijo al Señor:
«He cometido un pecado muy grande. He actuado

ᵃ **8** *mató con su lanza* (mss. de LXX; véase 1Cr 11:11); *Adino
el eznita mató* (TM).   *ᵇ* **9** *en Pasdamín* (texto probable;
véase 1Cr 11:13); *allí* (TM).   *ᶜ* **11** *formaron sus tropas*. Alt.
se concentraron en Lejí.   *ᵈ* **20** *dos de los mejores hombres*.
Alt. *los dos [hijos] de Ariel.*   *ᵉ* **29** *Jéled* (mss. hebreos);
1Cr 11:30); *Jéleb* (TM).   *ᶠ* **32** *Jonatán, hijo de* (mss. de LXX);
Jonatán (TM).   *ᵍ* **36** *el hijo de Hagrí* (mss. de LXX; véase
1Cr 11:38); *Baní el, gadita* (TM).   *ʰ* **2** *ordenó … acompañaban*
(LXX; véanse v. 4 y 1Cr 21:2); *ordenó a Joab, comandante del
ejército, que lo acompañaba* (TM).

como un necio. Yo te ruego, SEÑOR, que perdones la maldad de tu siervo».

¹¹Por la mañana, antes de que David se levantara, la palabra del SEÑOR vino al profeta Gad, vidente de David, y le dio este mensaje: ¹²«Ve y dile a David que así dice el SEÑOR: "Te doy a escoger entre estos tres castigos: dime cuál de ellos quieres que te imponga"». ¹³Entonces Gad fue a ver a David y le preguntó:

—¿Qué prefieres: que vengan tres*ᵃ* años de hambre en el país, que tus enemigos te persigan durante tres meses y tengas que huir de ellos o que el país sufra tres días de plaga? Piénsalo bien y dime qué debo responderle al que me ha enviado.

¹⁴—¡Estoy entre la espada y la pared! —respondió David—. Pero es mejor que caigamos en las manos del SEÑOR, porque su compasión es grande, y no que yo caiga en las manos de los *hombres.

¹⁵Por lo tanto, el SEÑOR mandó contra Israel una plaga que duró desde esa mañana hasta el tiempo señalado; y en todo el país, desde Dan hasta Berseba, murieron setenta mil personas. ¹⁶Entonces el ángel del SEÑOR, que estaba en el lugar donde Arauna el jebuseo limpiaba el trigo, extendió su mano hacia Jerusalén para destruirla. Pero el SEÑOR se lamentó del castigo que había enviado y dijo al ángel destructor: «¡Basta! ¡Detén tu mano!».

¹⁷David, al ver que el ángel destruía a la gente, dijo al SEÑOR: «¿Qué culpa tienen estas ovejas? ¡Soy yo el que ha pecado! ¡Soy yo el que ha hecho mal! ¡Descarga tu mano sobre mí y sobre mi familia!».

David construye un altar
24:18-25 – 1Cr 21:18-26

¹⁸Ese mismo día, Gad volvió adonde estaba David y le dijo: «Sube y construye un altar para el SEÑOR en el lugar donde Arauna el jebuseo limpia el trigo».

¹⁹David se puso en camino, tal como el SEÑOR se lo había ordenado por medio de Gad. ²⁰Arauna se asomó y al ver que el rey y sus oficiales se acercaban, salió a recibirlo y rostro en tierra se postró delante de él.

²¹—Mi señor y rey —dijo Arauna—, ¿a qué debo el honor de su visita?

—Quiero comprarte el lugar donde limpias el trigo —respondió David— y construir un altar al SEÑOR, a fin de que se detenga la plaga que está afligiendo al pueblo.

²²—Tome mi señor el rey lo que mejor le parezca y preséntelo como ofrenda. Aquí hay bueyes para el *holocausto; hay también trillos y yuntas que puede usar como leña. ²³Todo esto se lo doy a usted. ¡Que el SEÑOR su Dios vea a Su Majestad con agrado!

²⁴Pero el rey respondió a Arauna:

—Eso no puede ser. No voy a ofrecer al SEÑOR mi Dios holocaustos que nada me cuesten. Te lo compraré todo por su precio justo.

Fue así como David compró el lugar donde se limpia el trigo y los bueyes por cincuenta siclos*ᵇ* de plata. ²⁵Allí construyó un altar al SEÑOR y ofreció holocaustos y sacrificios de *comunión. Entonces el SEÑOR tuvo piedad del país y se detuvo la plaga que estaba afligiendo a Israel.

ᵃ 13 *tres* (LXX; véase 1Cr 21:12); *siete* (TM).   *ᵇ* 24 Es decir, aprox. 575 g.

Primer Libro de los

Reyes

Adonías usurpa el trono

1 El rey David era ya tan anciano y entrado en años que, por más que lo abrigaban, no conseguía entrar en calor. ²Por eso sus servidores le dijeron: «Busquemos a una joven virgen para que atienda a nuestro señor el rey, lo cuide y se acueste a su lado para darle calor».

³Así que fueron por todo Israel en busca de una muchacha hermosa. Entonces encontraron a una sunamita llamada Abisag y se la llevaron al rey. ⁴La muchacha era realmente muy hermosa y se dedicó a cuidar y a servir al rey, aunque el rey nunca tuvo relaciones sexuales con ella.

⁵Adonías, cuya madre fue Jaguit, se llenó de ambición y dijo: «¡Yo voy a ser rey!». Por lo tanto, consiguió carros de combate, caballos*a* y cincuenta guardias de escolta. ⁶Adonías, que había nacido inmediatamente luego de Absalón, era muy bien parecido. Y como David, su padre, nunca le había contrariado ni le había pedido cuentas de lo que hacía, ⁷Adonías se confabuló con Joab, hijo de Sarvia, y con el sacerdote Abiatar, y estos le dieron su apoyo. ⁸Quienes no lo apoyaron fueron el sacerdote Sadoc, Benaías, hijo de Joyadá, el profeta Natán, Simí, Reguí y la guardia personal de David.

⁹Cerca de Enroguel, junto a la peña de Zojélet, Adonías ofreció un sacrificio de ovejas, bueyes y terneros engordados. Invitó a todos sus hermanos, los hijos del rey, y a todos los funcionarios reales de Judá, ¹⁰pero no invitó al profeta Natán, ni a Benaías, ni a la guardia real ni a su hermano Salomón. ¹¹Por eso Natán preguntó a Betsabé, la madre de Salomón: «¿Ya sabes que Adonías, el hijo de Jaguit, se ha proclamado rey a espaldas de nuestro señor David? ¹²Pues, si quieres salvar tu ˙vida y la de tu hijo Salomón, déjame darte un consejo: ¹³Ve a presentarte ante el rey David y dile: "¿Acaso no le había jurado mi señor el rey a esta servidora suya que mi hijo Salomón reinaría después de usted y se sentaría en su trono? ¿Cómo es que ahora el rey ha elegido a Adonías?". ¹⁴Mientras tú estés allí, hablando con el rey, yo entraré para confirmar tus palabras».

¹⁵Betsabé se dirigió entonces a la habitación del rey. Como este ya era muy anciano, lo atendía Abisag la sunamita. ¹⁶Al llegar Betsabé, se inclinó y postró ante el rey y este le preguntó:

—¿Qué quieres?

¹⁷—Mi señor juró por el SEÑOR su Dios a esta servidora suya —contestó Betsabé—, que mi hijo Salomón reinaría después de usted y se sentaría en su trono. ¹⁸Pero ahora resulta que Adonías se ha proclamado rey a espaldas de usted, mi señor y rey. ¹⁹Ha sacrificado una gran cantidad de toros, terneros engordados y ovejas. También ha invitado a todos los hijos del rey, al sacerdote Abiatar y a Joab, comandante del ejército; sin embargo, no invitó a su servidor Salomón. ²⁰Mi señor y rey, todo Israel está a la expectativa de que usted le diga quién lo sucederá en el trono. ²¹De lo contrario, tan pronto como mi señor el rey muera, mi hijo Salomón y yo seremos acusados de alta traición.

²²Mientras Betsabé hablaba con el rey, llegó el profeta Natán, ²³y el rey se enteró de su llegada. Entonces Natán se presentó ante el rey, se postró con su rostro en tierra ²⁴y dijo:

—Mi señor y rey, ¿acaso ha decretado usted que Adonías lo suceda en el trono? ²⁵Pregunto esto porque él ha ido hoy a sacrificar una gran cantidad de toros, terneros engordados y ovejas. Además, ha invitado a todos los hijos del rey, a los comandantes del ejército y al sacerdote Abiatar; allí están todos ellos comiendo y bebiendo y gritando en su presencia: "¡Viva el rey Adonías!". ²⁶Sin embargo, no me invitó a mí, su servidor, ni al sacerdote Sadoc, ni a Benaías, hijo de Joyadá, ni a su servidor Salomón. ²⁷¿Será posible que mi señor y rey haya hecho esto sin dignarse comunicarles a sus servidores quién lo sucederá en el trono?

David proclama rey a Salomón
1:28-53 – 1Cr 29:21-25

²⁸Al oír esto, el rey David ordenó:

—¡Llamen a Betsabé!

Ella entró y se quedó de pie ante el rey. ²⁹Entonces el rey le hizo este juramento:

—Tan cierto como que vive el SEÑOR, que me ha librado de toda angustia, ³⁰te aseguro que hoy cumpliré lo que te juré por el SEÑOR, el Dios de Israel. Yo te prometí que tu hijo Salomón me sucederá en el trono y reinará en mi lugar.

³¹Betsabé se inclinó ante el rey y, postrándose rostro en tierra, exclamó:

—¡Que viva para siempre mi señor el rey David!

³²David ordenó:

—Llamen al sacerdote Sadoc, al profeta Natán y a Benaías, hijo de Joyadá.

Cuando los tres se presentaron ante el rey, ³³este les dijo:

—Tomen con ustedes a los funcionarios de la corte, monten a mi hijo Salomón en mi propia mula, y bajen con él a Guijón ³⁴para que el sacerdote Sadoc y el profeta Natán lo unjan como rey de Israel. Toquen luego la trompeta y griten: "¡Viva el rey Salomón!". ³⁵Después de eso, regresen con él para que ocupe el trono en mi lugar y me suceda como rey, pues he dispuesto que sea él quien gobierne a Israel y a Judá.

³⁶—¡Que así sea! —le respondió Benaías, hijo de Joyadá—. ¡Que así lo confirme el SEÑOR, Dios de mi señor el rey! ³⁷Que así como el SEÑOR estuvo con mi señor el rey, esté también con Salomón; ¡y que engrandezca su trono aún más que el trono de mi señor el rey David!

³⁸El sacerdote Sadoc, el profeta Natán y Benaías, hijo de Joyadá, y los quereteos y los peleteos, montaron a Salomón en la mula del rey David y lo escoltaron mientras bajaban hasta Guijón. ³⁹Allí el sacerdote Sadoc tomó el cuerno de aceite que estaba en la Tienda y ungió a Salomón. Tocaron entonces la trompeta y todo el pueblo gritó: «¡Viva el rey

---

a 5 caballos. Alt. conductores de los carros.

Salomón!». ⁴⁰Luego, todos subieron detrás de él, tocando flautas y lanzando gritos de alegría. Era tal el estruendo que la tierra temblaba.

⁴¹Adonías y todos sus invitados estaban por terminar de comer cuando sintieron el estruendo. Al oír el sonido de la trompeta, Joab preguntó:

—¿Por qué habrá tanta bulla en la ciudad?

⁴²Aún estaba hablando cuando llegó Jonatán, hijo del sacerdote Abiatar.

—¡Entra! —dijo Adonías—. Un hombre respetable como tú debe traer buenas noticias.

⁴³—¡No es así! —exclamó Jonatán—. Nuestro señor el rey David ha nombrado rey a Salomón. ⁴⁴También ha ordenado que el sacerdote Sadoc, el profeta Natán y Benaías, hijo de Joyadá, con los quereteos y los peleteos, monten a Salomón en la mula del rey. ⁴⁵Sadoc y Natán lo han ungido como rey en Guijón. Desde allí han subido lanzando gritos de alegría y la ciudad está alborotada. A eso se debe el griterío que se escucha. ⁴⁶Además, Salomón se ha sentado en el trono real ⁴⁷y los funcionarios de la corte han ido a felicitar a nuestro señor, el rey David. Hasta le desearon que su Dios hiciera el ˙nombre de Salomón más famoso todavía que el de David y que engrandeciera el trono de Salomón más que el suyo. Ante eso, el rey se postró en su cama ⁴⁸y dijo: "¡Alabado sea el SEÑOR, Dios de Israel, que hoy me ha concedido ver a mi sucesor sentarse en mi trono!".

⁴⁹Al oír eso, todos los invitados de Adonías se levantaron llenos de miedo y se dispersaron. ⁵⁰Adonías, por temor a Salomón, se refugió en el santuario, en donde se agarró de los cuernos del altar. ⁵¹No faltó quien fuera a decirle a Salomón:

—Adonías tiene miedo de usted, rey Salomón, y está agarrado de los cuernos del altar. Ha dicho: "¡Quiero que hoy mismo jure el rey Salomón que no condenará a muerte a este servidor suyo!".

⁵²Salomón respondió:

—Si demuestra que es un hombre de honor, no perderá ni un cabello de su cabeza; pero si se le sorprende en alguna maldad, será condenado a muerte. ⁵³Acto seguido, el rey Salomón mandó que lo trajeran. Cuando Adonías llegó, se postró ante el rey Salomón y este le ordenó que se fuera a su casa.

Últimas instrucciones de David
2:10-12 – 1Cr 29:26-28

2 David ya estaba próximo a morir, así que dio estas instrucciones a su hijo Salomón:

²«Yo estoy a punto de ir por el camino que todo mortal transita. ¡Cobra ánimo y pórtate como hombre! ³Cumple las órdenes del SEÑOR tu Dios; sigue sus caminos y cumple sus estatutos, mandamientos, ordenanzas y mandatos, los cuales están escritos en la ˙Ley de Moisés. Así prosperarás en todo lo que hagas y por dondequiera que vayas, ⁴y el SEÑOR cumplirá esta promesa que me hizo: "Si tus descendientes cuidan su conducta y me son fieles con toda el ˙alma y de todo ˙corazón, nunca faltará un sucesor tuyo en el trono de Israel".

⁵»Ahora bien, tú mismo sabes lo que me hizo Joab hijo de Sarvia: derramó sangre en tiempo de paz como si estuviera en guerra. Mató a Abner, hijo de Ner, y a Amasá, hijo de Jéter, los dos comandantes de los ejércitos israelitas, manchándose así su cinturón y sus sandalias. ⁶Por tanto, usa la cabeza y no lo dejes llegar a viejo y morir en ˙paz.ᵃ

⁷»En cambio, sé bondadoso con los hijos de Barzilay de Galaad y permíteles comer en tu mesa, pues ellos me ampararon cuando huía de tu hermano Absalón.

⁸»También encárgate de Simí, hijo de Guerá, ese benjamita de Bajurín que me lanzó terribles maldiciones cuando me dirigía a Majanayin. Es cierto que, cuando fue al Jordán a recibirme, le juré por el SEÑOR que no lo condenaría a muerte. ⁹Sin embargo, no tienes ya por qué perdonarle la vida. Tú eres inteligente y sabrás qué hacer con él; aunque ya está viejo, hazlo sufrir una muerte sangrienta».ᵇ

¹⁰David murió y fue sepultado en la ciudad que lleva su ˙nombre. ¹¹Había reinado siete años en Hebrón y treinta y tres en Jerusalén, así que en total reinó en Israel cuarenta años. ¹²Lo sucedió en el trono su hijo Salomón y así se consolidó firmemente en el reino.

Salomón consolida el reino

¹³Adonías, hijo de Jaguit, fue a ver a Betsabé, madre de Salomón, y Betsabé le preguntó:

—¿Vienes en son de ˙paz?

—Sí —respondió él—; ¹⁴tengo algo que comunicarle.

—Habla —contestó ella.

¹⁵—Como usted sabe —dijo Adonías—, el reino me pertenecía y todos los israelitas esperaban que yo llegara a ser rey. Pero ahora el reino ha pasado a mi hermano, que lo ha recibido por voluntad del SEÑOR. ¹⁶Pues bien, tengo una petición que hacerle; por favor, no me la niegue.

—Continúa —dijo ella.

¹⁷—Por favor, pídale usted al rey Salomón que me dé como esposa a Abisag la sunamita; a usted no se lo negará.

¹⁸—Muy bien —contestó Betsabé—, hablaré al rey en tu favor.

¹⁹Betsabé fue a ver al rey Salomón para interceder en favor de Adonías. El rey se puso de pie para recibirla y se inclinó ante ella; luego se sentó en su trono y mandó que pusieran otro trono para su madre y ella se sentó a la ˙derecha del rey.

²⁰—Quiero pedirte un pequeño favor —dijo ella—. Te ruego que no me lo niegues.

—Dime de qué se trata, madre mía. A ti no puedo negarte nada.

²¹Ella continuó:

—Concédele a tu hermano Adonías casarse con Abisag la sunamita.

²²—Pero ¿cómo puedes pedirme semejante cosa? —respondió el rey a su madre—. Es mi hermano mayor, y cuenta con el apoyo del sacerdote Abiatar y de Joab, hijo de Sarvia. ¡Realmente me estás pidiendo que le ceda el trono!

²³Dicho esto, el rey Salomón juró por el SEÑOR: «¡Que Dios me castigue sin piedad si no hago que Adonías pague con su ˙vida por esa petición! ²⁴El SEÑOR me ha establecido firmemente en el trono de mi padre y conforme a su promesa me ha dado una dinastía. Por tanto, tan cierto como que él vive, ¡hoy mismo Adonías morirá!».

²⁵Enseguida el rey Salomón dio a Benaías, hijo de Joyadá, la orden de matar a Adonías.

²⁶Al sacerdote Abiatar, el rey mismo ordenó: «Regresa a tus tierras en Anatot. Mereces la muerte, pero por el momento no voy a quitarte la vida, pues compartiste con David mi padre todas sus penurias y en su presencia llevaste el arca del SEÑOR y Dios». ²⁷Fue así como, al destituir Salomón a Abiatar del sacerdocio del SEÑOR, se cumplió la palabra que el SEÑOR había pronunciado en Siló contra la familia de Elí.

²⁸Joab había conspirado con Adonías, aunque no con Absalón, así que al oír que Adonías había muerto,

---

ᵃ 6 no ... en paz. Lit. no dejes que sus canas bajen en paz al Seol.   ᵇ 9 aunque ... sangrienta. Lit. haz que sus canas bajen con sangre al Seol.

fue a refugiarse en la Tienda del SEÑOR, agarrándose de los cuernos del altar. ²⁹Cuando dijeron a Salomón que Joab había huido a la Tienda del SEÑOR y que estaba junto al altar, el rey ordenó a Benaías, hijo de Joyadá, que fuera a matarlo. ³⁰Benaías fue a la Tienda del SEÑOR y dijo a Joab:

—El rey te ordena que salgas.

—¡No! —respondió Joab—. ¡De aquí solo me sacarán muerto!

Benaías fue y contó al rey lo que había dicho Joab.

³¹—¡Pues dale gusto! —ordenó el rey—. ¡Mátalo y entiérralo! De ese modo me absolverás a mí y a mi familia de la sangre inocente que derramó Joab. ³²El SEÑOR hará recaer sobre su cabeza la sangre que derramó, porque a espaldas de mi padre atacó Joab a Abner, hijo de Ner, que era comandante del ejército de Israel, y a Amasá, hijo de Jéter, que era comandante del ejército de Judá. Así mató a filo de espada a dos hombres que eran mejores y más justos que él. ³³¡Que la culpa de esas muertes recaiga para siempre sobre la cabeza de Joab y de sus descendientes! ¡Pero que la paz del SEÑOR permanezca para siempre con David y sus descendientes, con su linaje y su trono!

³⁴Benaías, hijo de Joyadá, fue y mató a Joab e hizo que lo sepultaran en su hacienda de la estepa. ³⁵Entonces el rey puso a Benaías, hijo de Joyadá, sobre el ejército en lugar de Joab y al sacerdote Sadoc lo puso en lugar de Abiatar. ³⁶Luego mandó llamar a Simí y le dijo:

—Constrúyete una casa en Jerusalén y quédate allí. No salgas a ninguna parte, ³⁷porque el día que salgas y cruces el arroyo de Cedrón podrás darte por muerto. Y la culpa será tuya.

³⁸—De acuerdo —respondió Simí al rey—. Yo estoy para servir a mi señor el rey y acataré sus órdenes.

Simí permaneció en Jerusalén por un buen tiempo, ³⁹pero tres años más tarde dos de sus esclavos escaparon a Gat, donde reinaba Aquis, hijo de Macá. Cuando avisaron a Simí que sus esclavos estaban en Gat, ⁴⁰aparejó su asno y se fue allá a buscarlos y traerlos de vuelta. ⁴¹Al oír Salomón que Simí había ido de Jerusalén a Gat y había regresado, ⁴²lo mandó llamar y dijo:

—Yo te hice jurar por el SEÑOR y te advertí: "El día que salgas a cualquier lugar, podrás darte por muerto". Y tú dijiste que estabas de acuerdo y que obedecerías. ⁴³¿Por qué, pues, no cumpliste con tu juramento al SEÑOR ni obedeciste la orden que te di?

⁴⁴El rey también dijo a Simí:

—Tú bien sabes cuánto daño le hiciste a mi padre David; ahora el SEÑOR se vengará de ti por tu maldad. ⁴⁵En cambio, yo seré bendecido y el trono de David permanecerá firme para siempre en presencia del SEÑOR.

⁴⁶Acto seguido, el rey dio la orden a Benaías, hijo de Joyadá, y este fue y mató a Simí.

Así se consolidó el reino en manos de Salomón.

Salomón pide sabiduría
3:4-15 — 2Cr 1:2-13

3 Salomón entró en alianza con el faraón, rey de Egipto, casándose con su hija, a la cual llevó a la Ciudad de David mientras terminaba de construir su palacio, el templo del SEÑOR y el muro alrededor de Jerusalén. ²Como aún no se había construido un templo en honor al nombre del SEÑOR, el pueblo seguía ofreciendo sacrificios en los lugares altos. ³Salomón amaba al SEÑOR y cumplía los decretos de su padre David. Sin embargo, también iba a los santuarios locales para ofrecer sacrificios y quemar incienso.

⁴Como en Gabaón estaba el santuario más importante, Salomón acostumbraba a ir al lugar para ofrecer sacrificios. Allí ofreció mil ˚holocaustos; ⁵y en ese mismo sitio se apareció el SEÑOR en un sueño y le dijo:

—Pídeme lo que quieras.

⁶Salomón respondió:

—Tú trataste con mucho amor a tu siervo David, mi padre, pues se condujo delante de ti con lealtad, justicia y honestidad.ᵃ Y como hoy se puede ver, has reafirmado tu gran amor al concederle que un hijo suyo lo suceda en el trono.

⁷»Ahora, SEÑOR mi Dios, me has hecho rey en lugar de mi padre David. No soy más que un muchacho y apenas sé cómo comportarme. ⁸Sin embargo, aquí me tienes, un siervo tuyo en medio del pueblo que has escogido, un pueblo tan numeroso que es imposible contarlo. ⁹Yo te ruego que des a tu siervo discernimiento para gobernar a tu pueblo y para distinguir entre el bien y el mal. De lo contrario, ¿quién podrá gobernar a este gran pueblo tuyo?».

¹⁰Al Señor le agradó que Salomón hubiera hecho esa petición. ¹¹Y Dios le dijo:

—Como has pedido esto, y no larga vida ni riquezas para ti, ni has pedido la muerte de tus enemigos, sino discernimiento para administrar justicia, ¹²voy a concederte lo que has pedido. Te daré un ˚corazón sabio y prudente, como nadie antes de ti lo ha tenido ni lo tendrá después. ¹³Además, aunque no me lo has pedido, te daré tantas riquezas y esplendor que en toda tu vida ningún rey podrá compararse contigo. ¹⁴Si andas por mis caminos y obedeces mis estatutos y mandamientos, como lo hizo tu padre David, te daré una larga vida.

¹⁵Cuando Salomón despertó y se dio cuenta del sueño que había tenido, regresó a Jerusalén. Se presentó ante el arca del ˚pacto del Señor y ofreció ˚holocaustos y sacrificios de ˚comunión. Luego ofreció un banquete para toda su corte.

Un gobernante sabio

¹⁶Tiempo después, dos prostitutas fueron a presentarse ante el rey. ¹⁷Una de ellas le dijo:

—Mi señor, esta mujer y yo vivimos en la misma casa. Mientras ella estaba allí conmigo, yo di a luz ¹⁸y a los tres días también ella dio a luz. No había en la casa nadie más que nosotras dos. ¹⁹»Pues bien, una noche esta mujer se acostó encima de su hijo y el niño murió. ²⁰Pero ella se levantó a medianoche, mientras yo dormía y, tomando a mi hijo, lo acostó junto a ella y puso a su hijo muerto a mi lado. ²¹Cuando amaneció, me levanté para amamantar a mi hijo, ¡y me di cuenta de que estaba muerto! Pero, al clarear el día, lo observé bien y pude ver que no era el hijo que yo había dado a luz».

²²—¡No es cierto! —exclamó la otra mujer—. ¡El niño que está vivo es el mío y el muerto es el tuyo!

—¡Mientes! —insistió la primera—. El niño muerto es el tuyo y el que está vivo es el mío.

Y se pusieron a discutir delante del rey.

²³El rey deliberó: «Una dice: "El niño que está vivo es el mío y el muerto es el tuyo". Y la otra dice: "¡No es cierto! El niño muerto es el tuyo y el que está vivo es el mío"».

²⁴Entonces ordenó:

—Tráiganme una espada.

Cuando se la trajeron, ²⁵dijo:

—Partan en dos al niño que está vivo y denle una mitad a esta y la otra mitad a aquella.

ᵃ **6** *honestidad.* Lit. *con un corazón recto.* En la Biblia, *corazón* se usa para designar el asiento de las emociones, pensamientos y voluntad, es decir, el proceso de toma de decisiones del ser humano.

²⁶La verdadera madre, angustiada por su hijo, dijo al rey:

—¡Por favor, mi señor! ¡Dele usted a ella el niño que está vivo, pero no lo mate!

En cambio, la otra exclamó:

—¡Ni para mí ni para ti! ¡Que lo partan!

²⁷Entonces el rey ordenó:

—No lo maten. Entréguenle a la primera el niño que está vivo, pues ella es la madre.

²⁸Cuando todos los israelitas se enteraron de la sentencia que el rey había pronunciado, sintieron un gran respeto por él, pues vieron que tenía sabiduría de Dios para administrar justicia.

Administración del reino

4 Salomón reinó sobre todo Israel.

² Estos fueron sus oficiales:

Azarías, hijo del sacerdote Sadoc;
³ Elijoref y Ahías, hijos de Sisá, cronistas;
Josafat, hijo de Ajilud, el secretario;
⁴ Benaías, hijo de Joyadá, comandante en jefe;
Sadoc y Abiatar, sacerdotes;
⁵ Azarías, hijo de Natán, encargado de los gobernadores;
Zabud, hijo de Natán, sacerdote y consejero personal del rey;
⁶ Ajisar, encargado del palacio;
Adonirán, hijo de Abdá, supervisor del trabajo forzado.

⁷Salomón tenía por todo Israel a doce gobernadores, cada uno de los cuales debía abastecer al rey y a su corte un mes al año.

⁸ Estos son sus nombres:

Ben Hur, en la región montañosa de Efraín;
⁹ Ben Déquer, en Macaz, Salbín, Bet Semes y Elón Bet Janán;
¹⁰ Ben Jésed, en Arubot (Soco y toda la tierra de Héfer entraban en su jurisdicción);
¹¹ Ben Abinadab, en Nafot Dor*ᵃ* (la esposa de Ben Abinadab fue Tafat hija de Salomón);
¹² Baná, hijo de Ajilud, en Tanac y Meguido, y en todo Betseán (junto a Saretán, más abajo de Jezrel, desde Betseán hasta Abel Mejolá, y todavía más allá de Jocmeán);
¹³ Ben Guéber, en Ramot de Galaad (los poblados de Yaír, hijo de Manasés, en Galaad entraban en su jurisdicción, así como también el distrito de Argob en Basán y sus sesenta grandes ciudades, amuralladas y con cerrojos de bronce);
¹⁴ Ajinadab, hijo de Idó, en Majanayin;
¹⁵ Ajimaz, en Neftalí (Ajimaz estaba casado con Basemat, hija de Salomón);
¹⁶ Baná, hijo de Husay, en Aser y en Alot;
¹⁷ Josafat hijo de Parúaj, en Isacar;
¹⁸ Simí, hijo de Elá, en Benjamín;
¹⁹ Guéber, hijo de Uri, en Galaad (que era el país de Sijón, rey de los amorreos, y de Og, rey de Basán). En la tierra de Judá*ᵇ* había un solo gobernador.

Prosperidad de Salomón

²⁰Los pueblos de Judá y de Israel eran tan numerosos como la arena que está a la orilla del mar; y abundaban la comida, la bebida y la alegría. ²¹Salomón gobernaba sobre todos los reinos desde el río Éufrates hasta la tierra de los filisteos y la frontera con Egipto. Mientras Salomón vivió, todos estos países fueron sus vasallos tributarios.

²²La provisión diaria de Salomón era de treinta coros*ᶜ* de harina refinada, sesenta coros*ᵈ* de harina regular, ²³diez bueyes engordados y veinte de pastoreo, y cien ovejas, así como ciervos, gacelas, corzos y aves de corral. ²⁴El dominio de Salomón se extendía sobre todos los reinos al oeste del río Éufrates, desde Tifsa hasta Gaza, y disfrutaba de ˚paz en todas sus fronteras. ²⁵Durante el reinado de Salomón, todos los habitantes de Judá y de Israel, desde Dan hasta Berseba, vivieron seguros sentados debajo de su propia vid y de su propia higuera. ²⁶Salomón tenía doce mil caballos*ᵉ* y cuatro mil*ᶠ* establos para los caballos de sus carros de combate. ²⁷Los gobernadores, cada uno en su mes, abastecían al rey Salomón y a todos los que se sentaban a su mesa, y se ocupaban de que no les faltara nada. ²⁸Además, llevaban a los lugares indicados sus cuotas de cebada y de paja para los caballos de tiro y para el resto de la caballería.

La sabiduría de Salomón

²⁹Dios dio a Salomón sabiduría e inteligencia extraordinarias; sus conocimientos eran tan vastos como la arena que está a la orilla del mar. ³⁰Sobrepasó en sabiduría a todos los sabios del Oriente y de Egipto. ³¹En efecto, fue más sabio que nadie: más que Etán, el ezraíta, y más que Hemán, Calcol y Dardá, los hijos de Majol. Por eso la fama de Salomón se difundió por todas las naciones vecinas. ³²Compuso tres mil proverbios y mil cinco canciones. ³³Disertó acerca de las plantas, desde el cedro del Líbano hasta el ˚hisopo que crece en los muros. También enseñó acerca de las bestias y las aves, los reptiles y los peces. ³⁴Los reyes de todas las naciones del mundo que se enteraron de la sabiduría de Salomón enviaron a sus representantes para que lo escucharan.

Preparativos para la construcción del templo
5:1-16 – 2Cr 2:1-18

5 El rey Hiram de Tiro siempre había tenido buenas relaciones con David; así que al saber que Salomón había sido ungido para suceder en el trono a su padre David, le mandó una embajada. ²En respuesta, Salomón envió este mensaje:

³«Tú bien sabes que, debido a las guerras en que mi padre David se vio envuelto, no le fue posible construir un templo en honor al nombre del SEÑOR su Dios. Tuvo que esperar hasta que el SEÑOR sometiera a sus enemigos bajo su dominio. ⁴Pues bien, ahora el SEÑOR mi Dios me ha dado ˚paz por todas partes, de modo que no me amenazan ni adversarios ni calamidades. ⁵Por lo tanto, me propongo construir un templo en honor al nombre del SEÑOR mi Dios, pues él le prometió a mi padre David: "Tu hijo, a quien pondré en el trono como sucesor tuyo, construirá el templo en honor de mi Nombre". ⁶»Ahora, pues, ordena que se talen para mí cedros del Líbano. Mis obreros trabajarán con los tuyos y yo te pagaré el salario que determines para tus obreros. Tú sabes que no hay entre nosotros quien sepa talar madera tan bien como los sidonios».

⁷Cuando Hiram oyó el mensaje de Salomón, se alegró mucho y dijo: «¡Alabado sea hoy el SEÑOR,

---

ᵃ 11 *Nafot Dor.* Alt. *las alturas de Dor.* Lit.
tierra. *ᵇ* 19 *tierra de Judá.* Lit.
tierra. *ᶜ* 22 Es decir, aprox. 5 t. *ᵈ* 22 Es decir, aprox. 10 t.
ᵉ 26 *caballos.* Alt. *conductores de carros.* *ᶠ* 26 *cuatro mil*
(mss. de LXX; véase también 2Cr 9:25); *cuarenta mil* (TM).

porque le ha dado a David un hijo sabio para gobernar a esta gran nación!».

⁸Entonces Hiram envió a Salomón este mensaje:

«He recibido tu petición. Yo te proporcionaré toda la madera de cedro y de ciprés que quieras. ⁹Mis obreros la transportarán desde el Líbano hasta el mar. Allí haré que la aten en forma de balsas para llevarla flotando hasta donde me indiques y allí se desatará para que la recojas. Tú, por tu parte, tendrás a bien proporcionarle alimento a mi corte».

¹⁰Así que Hiram le proveía a Salomón toda la madera de cedro y de ciprés que este deseaba. ¹¹Salomón, por su parte, año tras año le entregaba a Hiram, como alimento para su corte, veinte mil coros*a* de trigo y veinte mil batos*b* de aceite de oliva. ¹²El SEÑOR, cumpliendo su palabra, dio sabiduría a Salomón. Hiram y Salomón hicieron un tratado y hubo paz entre ellos.

¹³El rey Salomón impuso trabajo forzado y reclutó a treinta mil obreros de todo Israel. ¹⁴Los envió al Líbano en relevos de diez mil al mes, de modo que pasaban un mes en el Líbano y dos meses en su casa. La supervisión del trabajo forzado estaba a cargo de Adonirán. ¹⁵Salomón tenía en las montañas setenta mil cargadores y ochenta mil canteros; ¹⁶había además tres mil trescientos capataces que estaban al frente de la obra y dirigían a los trabajadores. ¹⁷Para echar los cimientos del templo, el rey mandó que sacaran de la cantera grandes bloques de piedra de buena calidad. ¹⁸Los obreros de Salomón e Hiram, junto con los que habían llegado de Guebal,*c* tallaron la madera y labraron la piedra para la construcción del templo.

Salomón construye el templo
6:1-29 – 2Cr 3:1-14

6 Salomón comenzó a construir el templo del SEÑOR en el cuarto año de su reinado en Israel, en el mes de *zif,* que es el mes segundo. Habían transcurrido cuatrocientos ochenta años desde que los israelitas salieron de Egipto.

²El templo que el rey Salomón construyó para el SEÑOR medía sesenta codos de largo por veinte de ancho y treinta de alto.*d* ³El vestíbulo de la nave central del templo medía también veinte codos*e* de ancho y por el frente del templo sobresalía diez codos.*f* ⁴Salomón también mandó colocar en el templo ventanales con celosías. ⁵Alrededor del edificio, y contra las paredes de la nave central y del santuario interior, construyó un anexo con cámaras laterales. ⁶El piso inferior del anexo medía cinco codos*g* de ancho; el piso intermedio, seis codos,*h* y el piso más alto, siete codos.*i* Salomón había mandado hacer salientes en el exterior del templo para que las vigas no se empotraran en la pared misma.

⁷En la construcción del templo solo se emplearon piedras de cantera ya labradas, así que durante las obras no se oyó el ruido de martillos ni de piquetas, ni de ninguna otra herramienta.

⁸La entrada al piso inferior*j* se hallaba en el lado sur del templo; una escalera de caracol conducía al nivel intermedio y a la planta alta. ⁹Salomón terminó de construir el templo techándolo con vigas y tablones de cedro. ¹⁰A lo largo del templo construyó el anexo, el cual tenía una altura de cinco codos y quedaba unido a la pared del templo por medio de vigas de cedro.

¹¹La palabra del SEÑOR vino a Salomón y le dio este mensaje: ¹²«Ya que estás construyendo este templo, quiero decirte que, si andas según mis estatutos, y

obedeces mis leyes y todos mis mandamientos, yo cumpliré por medio de ti la promesa que hice a tu padre David. ¹³Entonces viviré entre los israelitas y no abandonaré a mi pueblo Israel».

¹⁴Cuando Salomón terminó de construir la estructura del templo, ¹⁵revistió las paredes interiores con tablas de cedro, artesonándolas desde el piso hasta el techo; el piso lo recubrió con tablones de ciprés. ¹⁶En el santuario interior, al fondo del templo, acondicionó el Lugar Santísimo, recubriendo el espacio de veinte codos con tablas de cedro desde el piso hasta el techo. ¹⁷Frente al Lugar Santísimo estaba la nave central, la cual medía cuarenta codos.*k* ¹⁸El interior del templo lo recubrió de cedro tallado con figuras de calabazas y flores abiertas. No se veía una sola piedra, pues todo era de cedro.

¹⁹Salomón dispuso el santuario interno del templo para que se colocara allí el arca del ˚pacto del SEÑOR. ²⁰El interior de este santuario, que medía veinte codos de largo por veinte de ancho por veinte de alto, lo recubrió de oro puro, y también recubrió de cedro el altar. ²¹Además, Salomón recubrió de oro puro el interior del templo, y tendió cadenas de oro a lo largo del frente del santuario interno, el cual estaba recubierto de oro. ²²En efecto, recubrió de oro todo el santuario interior y así mismo el altar que estaba delante de este.

²³Salomón mandó esculpir para el santuario interior dos ˚querubines de madera de olivo, cada uno de los cuales medía diez codos de altura. ²⁴De una punta a otra, las alas extendidas del primer querubín medían diez codos, es decir, cada una de sus alas media cinco codos. ²⁵Las del segundo querubín también median diez codos, pues los dos eran idénticos en tamaño y forma. ²⁶Cada querubín media diez codos de altura. ²⁷Salomón puso los querubines con sus alas extendidas en medio del recinto interior del templo. Con una de sus alas, cada querubín tocaba una pared, mientras que sus otras alas se tocaban en medio del santuario. ²⁸Luego Salomón recubrió de oro los querubines.

²⁹Sobre las paredes que rodeaban el templo, lo mismo por dentro que por fuera, talló figuras de querubines, palmeras y flores abiertas. ³⁰Además, recubrió de oro los pisos de los cuartos interiores y exteriores del templo.

³¹Para la entrada del santuario interior, Salomón hizo puertas de madera de olivo, con jambas y postes pentagonales. ³²Sobre las dos puertas de madera de olivo talló figuras de querubines, palmeras y flores abiertas, y todas ellas las recubrió de oro. ³³Así mismo, para la entrada de la nave central hizo postes cuadrangulares de madera de olivo. ³⁴También hizo dos puertas de madera de ciprés, cada una con dos hojas giratorias. ³⁵Sobre ellas talló figuras de querubines, palmeras y flores abiertas, y las recubrió de oro bien ajustado al relieve.

³⁶Las paredes del atrio interior las construyó con tres hileras de piedra labrada por cada hilera de vigas de cedro.

³⁷Los cimientos del templo del SEÑOR se habían echado en el mes de *zif* del cuarto año del reinado de Salomón, ³⁸y en el mes de *bul* del año undécimo, es decir, en el mes octavo de ese año, se terminó de

---

a 11 Es decir, aprox. 3,200 t.   *b* 11 *veinte mil batos.* Es decir, aprox. 440 000 l, siguiendo el texto de la LXX; véase también 2Cr 2:10. El texto hebreo dice *veinte coros.*   *c* 18 *Guebal.* Es decir, Byblos.   *d* 2 Es decir, aprox. 27 m de largo, 9 m de ancho y 14 m de alto.   *e* 3 Es decir, aprox. 9 m.   *f* 3 Es decir, aprox. 4.5 m; también en vv. 23-26.   *g* 6 Es decir, aprox. 2.7 m; también en vv. 10 y 24.   *h* 6 Es decir, aprox. 2.7 m.   *i* 6 Es decir, aprox. 3.2 m.   *j* 8 *inferior* (LXX y Targum); *intermedio* (TM).   *k* 17 Es decir, aprox. 18 m.

construir el templo siguiendo al pie de la letra todos
los detalles del diseño. Siete años le llevó a Salomón
la construcción del templo.

Salomón construye su palacio

7 Salomón también terminó la construcción de su
propio palacio, pero el proyecto le llevó trece años.
2Construyó el palacio «Bosque del Líbano», el cual
medía cien codos de largo, cincuenta codos de ancho
y treinta codos de alto.[a] Cuatro hileras de columnas
de cedro sostenían las vigas, las cuales también eran
de cedro. 3Encima de las columnas había cuarenta y
cinco cámaras laterales, quince en cada piso; y sobre
las cámaras[b] había un techo de cedro. 4Las ventanas
estaban colocadas en tres filas, de tres en tres y unas
frente a las otras. 5Todas las entradas tenían un marco
rectangular y estaban colocadas de tres en tres, unas
frente a las otras.

6Salomón también hizo un vestíbulo de columnas
que medía cincuenta codos de largo y treinta codos
de ancho.[c] Al frente había otro vestíbulo con columnas y un alero.

7Construyó además una sala para su trono, es decir,
el tribunal donde impartía justicia. Esta sala la recubrió de cedro de arriba abajo. 8Su residencia personal
estaba en un atrio aparte y tenía un modelo parecido. A la hija del faraón, con la cual se había casado,
Salomón le construyó un palacio semejante.

9Desde los cimientos hasta las cornisas, y desde la
parte exterior hasta el gran atrio, todo se hizo con
bloques de piedra de buena calidad, cortados a la
medida y aserrados por ambos lados. 10Para echar
los cimientos se usaron piedras grandes y de buena
calidad; unas medían diez codos y otras ocho.[d] 11Para
la parte superior se usaron también piedras de buena
calidad, cortadas a la medida, y vigas de cedro. 12El
muro que rodeaba el gran atrio tenía tres hileras de
piedra tallada por cada hilera de vigas de cedro, lo
mismo que el atrio interior y el vestíbulo del templo
del Señor.

Mobiliario del templo

7:23-26 – 2Cr 4:2-5

7:38-51 – 2Cr 4:6, 10–5:1

13El rey Salomón mandó traer de Tiro a Hiram,
14que era hijo de una viuda de la tribu de Neftalí y de
un nativo de Tiro, artesano en bronce. Hiram tenía
sabiduría, inteligencia y capacidad para trabajar en
toda clase de trabajo en bronce, así que se presentó
ante el rey Salomón y realizó todo el trabajo que se
le asignó.

15Hiram fundió dos columnas de bronce, cada una
de dieciocho codos de alto y doce codos de circunferencia.[e] 16Las columnas que hizo remataban en dos
capiteles de bronce fundido que medían cinco codos
de alto.[f] 17Una red de cadenas trenzadas adornaba
los capiteles en la parte superior de las columnas
y en cada capitel había siete trenzas. 18El capitel de
cada columna[g] lo cubrió con dos hileras de granadas[h] entrelazadas con las cadenas. 19Estos capiteles
en que remataban las columnas del vestíbulo tenían
forma de azucenas y medían cuatro codos.[i] 20La parte
más alta y ancha de los capiteles de ambas columnas
estaba rodeada por doscientas granadas, dispuestas
en hileras junto a la red de cadenas. 21Cuando Hiram
levantó las columnas en el vestíbulo de la nave central, llamó Jaquín a la columna de la derecha y Boaz a
la de la izquierda.[j] 22El trabajo de las columnas quedó
terminado cuando se colocaron en la parte superior
las figuras en forma de azucenas.

23Hizo también una fuente[k] circular de metal fundido que medía diez codos de diámetro y cinco codos
de alto. Su circunferencia, medida a cordel, era de
treinta codos.[l] 24Debajo del borde hizo dos hileras de
figuras de calabazas, diez por cada codo, las cuales
estaban fundidas en una sola pieza con la fuente.

25La fuente descansaba sobre doce bueyes que
tenían sus cuartos traseros hacia adentro. Tres bueyes
miraban al norte, tres al oeste, tres al sur y tres al
este. 26El grosor de la fuente era de un palmo[m] y su
borde, en forma de copa, se asemejaba a un capullo
de azucena. Tenía una capacidad de dos mil batos.[n]

27También hizo diez bases de bronce, cada una de
las cuales medía cuatro codos de largo, cuatro codos
de ancho y tres codos de alto.[o] 28Estaban revestidas
con paneles entre los bordes. 29En los paneles había
figuras de leones, bueyes y querubines, mientras
que en los bordes, por encima y por debajo de los
leones y los bueyes, había guirnaldas repujadas.
30Cada base tenía cuatro ruedas de bronce con ejes
también de bronce y tenía un recipiente que se
apoyaba sobre cuatro soportes fundidos que tenían
guirnaldas en cada lado. 31La boca del recipiente era
circular y sobresalía un codo;[p] con su pedestal medía
un codo y medio.[q] Alrededor de la boca había enta-
lladuras, pero los paneles de la base eran cuadrados,
no redondos. 32Las cuatro ruedas estaban debajo de
los paneles y los ejes de las ruedas estaban unidos
a la base. Cada rueda medía un codo y medio de
diámetro 33y estaba hecha de metal fundido, como
las ruedas de los carros, con sus ejes, aros, rayos y
cubos.

34Cada base tenía cuatro soportes unidos a ella,
uno en cada esquina. 35En la parte superior de la
base había un marco circular de medio codo.[r] Los
soportes y paneles formaban una misma pieza con
la parte superior de la base. 36Sobre las superficies de
los soportes y sobre los paneles Hiram grabó querubines, leones y palmeras, con guirnaldas alrededor,
según el espacio disponible. 37De esa manera hizo las
diez bases, las cuales fueron fundidas en los mismos
moldes y eran idénticas en forma y tamaño.

38Hiram hizo también diez recipientes de bronce,
uno para cada base. Cada uno de ellos medía cuatro
codos y tenía capacidad para cuarenta batos.[s] 39Colocó
cinco de las bases al lado derecho del templo y cinco
al lado izquierdo. La fuente de metal la colocó en
la esquina del lado derecho, al sureste del templo.
40También hizo las ollas,[t] las tenazas y los tazones.

Así Hiram terminó todo el trabajo que había
emprendido para el rey Salomón en el templo del
Señor, es decir:

41las dos columnas;
los dos capiteles en forma de tazón que
coronaban las columnas;
las dos redes que decoraban los capiteles;

---

[a] 2 Es decir, aprox. 45 m de largo por 23 de ancho por 14 de alto. [b] 3 *cámaras … sobre las cámaras.* Alt. *vigas, quince en cada hilera; y sobre las vigas.* [c] 6 Es decir, aprox. 23 m de largo y 14 de ancho. [d] 10 Es decir, aprox. 4.5 y 3.6 m; también en v. 23. [e] 15 Es decir, aprox. 8 m de alto y 5 m de circunferencia. [f] 16 Es decir, aprox. 2.3 m de alto; también en v. 23. [g] 18 *de cada columna* (muchos mss. hebreos, LXX y Siríaca); *de las granadas* (TM). [h] 18 *con dos hileras de granadas* (dos mss. hebreos y LXX); *hizo las columnas y dos hileras* (TM). [i] 19 Es decir, aprox. 1.8 m; también en v. 38. [j] 21 *Jaquín* (que probablemente significa *él establece*) estaba al sur, y *Boaz* (probablemente *en él hay fuerza*) estaba al norte. [k] 23 *una fuente.* Lit. *el mar*; así en el resto de este pasaje. [l] 23 Es decir, aprox. 14 m. [m] 26 Es decir, aprox. 7.5 cm. [n] 26 Es decir, aprox. 44 000 l. [o] 27 Es decir, aprox. 1.8 m de largo, 1.8 m de ancho y 1.4 m de alto. [p] 31 Es decir, aprox. 45 cm. [q] 31 Es decir, aprox. 68 cm; también en v. 32. [r] 35 Es decir, aprox. 23 cm. [s] 38 Es decir, aprox. 880 l. [t] 40 *las ollas* (muchos mss., LXX, Siríaca y Vulgata; véase v. 45); *los lavabos* (TM).

⁴²las cuatrocientas granadas, dispuestas en dos hileras para cada red que cubrían los tazones que estaban en lo alto de las columnas; ⁴³las diez bases con sus diez recipientes de bronce; ⁴⁴la fuente de metal y los doce bueyes que la sostenían; ⁴⁵las ollas, las tenazas y los tazones.

Todos esos utensilios que Hiram hizo para el templo del SEÑOR por orden del rey Salomón eran de bronce pulido. ⁴⁶El rey los hizo fundir en moldes de arcilla en la llanura del Jordán, entre Sucot y Saretán. ⁴⁷Eran tantos los utensilios que Salomón ni los pesó, así que no fue posible determinar el peso del bronce.

⁴⁸Salomón también mandó hacer los otros utensilios que estaban en el templo del SEÑOR, es decir:

el altar de oro;
la mesa de oro sobre la que se ponía el ˚pan de la Presencia;
⁴⁹los candelabros de oro puro, cinco en el lado sur y cinco en el lado norte, en frente del santuario interior;
la obra floral, las lámparas y los cortapabilos, que también eran de oro;
⁵⁰las vasijas, los cortapabilos, los tazones, la vajilla y los incensarios;
y las bisagras de oro para las puertas del Lugar Santísimo, como también para las puertas de la nave central del templo.

⁵¹Una vez terminada toda la obra que el rey había mandado hacer para el templo del SEÑOR, Salomón hizo traer el oro, la plata y los utensilios que su padre David había consagrado, y los depositó en el tesoro del templo del SEÑOR.

Traslado del arca al templo
8:1-21 – 2Cr 5:2–6:11

8 Entonces el rey Salomón mandó que los jefes de Israel, todos los jefes de las tribus y los patriarcas de las familias israelitas se congregaran ante él en Jerusalén para trasladar el arca del ˚pacto del SEÑOR desde ˚Sión, la Ciudad de David. ²Así que, en el mes de *etanim*, durante la fiesta del mes séptimo, todos los israelitas se congregaron ante el rey Salomón.

³Cuando llegaron todos los jefes de Israel, los sacerdotes alzaron el arca. ⁴Entonces los sacerdotes y los levitas trasladaron el arca del SEÑOR junto con la ˚Tienda de reunión y con todos los utensilios sagrados que había en ella. ⁵El rey Salomón y toda la asamblea de Israel reunida con él delante del arca sacrificaron ovejas y bueyes en tal cantidad que fue imposible llevar la cuenta.

⁶Luego los sacerdotes llevaron el arca del pacto del SEÑOR a su lugar en el santuario interior del templo, que es el Lugar Santísimo, y la pusieron bajo las alas de los ˚querubines. ⁷Con sus alas extendidas sobre ese lugar, los querubines cubrían el arca y sus varas. ⁸Las varas eran tan largas que sus extremos se podían ver desde el Lugar Santo, delante del Lugar Santísimo, aunque no desde afuera; y ahí han permanecido hasta hoy. ⁹En el arca solo estaban las dos tablas de piedra que Moisés había colocado en ella en Horeb, donde el SEÑOR hizo un pacto con los israelitas cuando salieron de Egipto.

¹⁰Cuando los sacerdotes se retiraron del Lugar Santo, la nube llenó el Templo del SEÑOR. ¹¹Por causa de la nube, los sacerdotes no pudieron celebrar el culto, pues la gloria del SEÑOR había llenado el Templo.

¹²Entonces Salomón declaró: «SEÑOR, tú has dicho que habitarías en la densa oscuridad de una nube, ¹³pero yo te he construido un excelso templo, un lugar donde habites para siempre».

¹⁴Luego se puso de frente para bendecir a toda la asamblea de Israel que estaba allí de pie ¹⁵y dijo:

«Bendito sea el SEÑOR, Dios de Israel, que con su mano ha cumplido ahora lo que con su boca había prometido a mi padre David cuando le dijo: ¹⁶"Desde el día en que saqué de Egipto a mi pueblo Israel, no elegí ninguna ciudad de las tribus de Israel para que en ella se me construyera un templo en honor de mi Nombre, sino que elegí a David para que gobernara a mi pueblo Israel". ¹⁷»Pues bien, mi padre David tuvo mucho interés en construir un templo en honor al nombre del SEÑOR, Dios de Israel, ¹⁸pero el SEÑOR le dijo: "Me agrada que te hayas interesado en construir un templo en honor de mi Nombre. ¹⁹Sin embargo, no serás tú quien me lo construya, sino un hijo de tus entrañas; él será quien construya el templo en honor de mi Nombre".

²⁰»Ahora el SEÑOR ha cumplido su promesa: Tal como lo prometió, he sucedido a mi padre David en el trono de Israel y he construido el Templo en honor al nombre del SEÑOR, Dios de Israel. ²¹Allí he fijado un lugar para el arca, en la cual está el pacto que el SEÑOR hizo con nuestros antepasados cuando los sacó de Egipto».

Oración de Salomón
8:22-53 – 2Cr 6:12-40

²²A continuación, Salomón se puso frente al altar del SEÑOR y, en presencia de toda la asamblea de Israel, extendió las manos hacia el cielo ²³y dijo:

«SEÑOR, Dios de Israel, no hay Dios como tú arriba en el cielo ni abajo en la tierra, pues tú cumples tu ˚pacto de amor con quienes te sirven y te siguen de todo ˚corazón. ²⁴Has llevado a cabo lo que dijiste a tu siervo David, mi padre, y este día has cumplido con tu mano lo que con tu boca prometiste.

²⁵»Ahora, SEÑOR, Dios de Israel, cumple también la promesa que hiciste a tu siervo, mi padre David, cuando dijiste: "Si tus hijos observan una buena conducta y me siguen como tú lo has hecho, nunca te faltará un descendiente que ocupe el trono de Israel en mi presencia". ²⁶Dios de Israel, ¡confirma ahora la promesa que hiciste a mi padre David, tu siervo!

²⁷»Pero ¿será posible que tú, Dios mío, habites en la tierra? Si los cielos, por altos que sean, no pueden contenerte, ¡mucho menos este templo que he construido! ²⁸Sin embargo, SEÑOR mi Dios, atiende a la oración y a la súplica de este siervo tuyo. Oye el clamor y la oración que hoy elevo en tu presencia. ²⁹¡Que tus ojos estén abiertos día y noche sobre este templo, el lugar donde decidiste poner tu Nombre, para que oigas la oración que tu siervo eleva hacia ese lugar! ³⁰Oye la súplica de tu siervo y de tu pueblo Israel cuando oren en este lugar. Oye desde el cielo, donde habitas; escucha y perdona.

³¹»Si alguien peca contra su prójimo y se le exige venir a este templo para jurar frente a tu altar, ³²óyelo tú desde el cielo y juzga a tus siervos. Condena al culpable y haz que reciba su merecido; absuelve al inocente y vindícalo por su rectitud.

³³»Cuando tu pueblo Israel sea derrotado por el enemigo por haber pecado contra ti, si luego se vuelve a ti para alabar tu ˚nombre, y ora y te suplica en este templo, ³⁴óyelo tú desde el cielo,

perdona su pecado y hazlo regresar a la tierra que diste a sus antepasados.

³⁵»Cuando tu pueblo peque contra ti y tú lo aflijas cerrando el cielo para que no llueva, si luego ellos oran hacia este lugar y alaban tu nombre y se ˚arrepienten de su pecado, ³⁶óyelos tú desde el cielo y perdona el pecado de tus siervos, de tu pueblo Israel. Guíalos para que sigan el buen ˚camino y envía la lluvia sobre esta tierra, que es tuya, pues tú se la diste a tu pueblo por herencia.

³⁷»Cuando en el país haya hambre, plaga, peste, langostas o saltamontes en los sembrados; cuando el enemigo sitie alguna de nuestras ciudades; en fin, cuando venga cualquier calamidad o enfermedad, ³⁸si luego algún israelita, consciente de su dolor,^a extiende sus manos hacia este templo, ora y te suplica, ³⁹óyelo tú desde el cielo, donde habitas, y perdónalo. Trata a cada uno según su conducta, la cual tú conoces, puesto que solo tú escudriñas el corazón ˚humano. ⁴⁰Así todos tendrán temor de ti mientras vivan en la tierra que diste a nuestros antepasados.

⁴¹»Trata de igual manera al extranjero que no pertenece a tu pueblo Israel, pero que atraído por tu fama ha venido de lejanas tierras. ⁴²(En efecto, los pueblos oirán hablar de tu gran nombre y de tus despliegues de fuerza y poder). Cuando ese extranjero venga y ore orientado hacia este templo, ⁴³óyelo tú desde el cielo, donde habitas, y concédele cualquier petición que te haga. Así todos los pueblos de la tierra conocerán tu nombre y, al igual que tu pueblo Israel, tendrán temor de ti y comprenderán que este templo que he construido lleva tu Nombre.

⁴⁴»SEÑOR, cuando saques a tu pueblo para combatir a sus enemigos, sea donde sea, si el pueblo ora a ti y dirige la mirada hacia la ciudad que has escogido, hacia el Templo que he construido en honor de tu Nombre, ⁴⁵oye tú desde el cielo su oración, su súplica y defiende su causa. ⁴⁶Ya que no hay ser humano que no peque, si tu pueblo peca contra ti, y tú te enojas con ellos y los entregas al enemigo para que se los lleven cautivos a otro país, lejano o cercano; ⁴⁷y si en el destierro, en el país de los conquistadores, se arrepienten, se vuelven a ti y oran diciendo: "Somos culpables, hemos pecado, hemos hecho lo malo"; ⁴⁸y si en la tierra de sus enemigos que los tomaron cautivos se vuelven a ti de todo corazón y con toda el ˚alma, y oran a ti y dirigen la mirada hacia la tierra que diste a sus antepasados, hacia la ciudad que has escogido y hacia el templo que he construido en honor de tu Nombre, ⁴⁹oye tú su oración y su súplica desde el cielo donde habitas y defiende su causa. ⁵⁰Perdona a tu pueblo que ha pecado contra ti; perdona todas las ofensas que te haya infligido. Haz que sus conquistadores le muestren clemencia, ⁵¹pues Israel es tu pueblo y tu heredad; ¡tú lo sacaste de aquel horno donde se funde el hierro que es Egipto!

⁵²»¡Dígnate mantener atentos tus oídos^b a la súplica de este siervo tuyo y de tu pueblo Israel! ¡Escúchalos cada vez que te invoquen! ⁵³Tú los apartaste de todas las naciones del mundo para que fueran tu heredad. Así lo manifestaste por medio de tu siervo Moisés cuando tú, SEÑOR y Dios, sacaste de Egipto a nuestros antepasados».

⁵⁴Salomón había estado ante el altar del SEÑOR, de rodillas y con las manos extendidas hacia el cielo. Cuando terminó de orar y de hacer esta súplica al SEÑOR, se levantó ⁵⁵y, puesto de pie, bendijo en voz alta a toda la asamblea de Israel, diciendo:

⁵⁶«¡Bendito sea el SEÑOR, que conforme a sus promesas ha dado descanso a su pueblo Israel! No ha dejado de cumplir ni una sola de las buenas promesas que hizo por medio de su siervo Moisés. ⁵⁷Que el SEÑOR nuestro Dios esté con nosotros, como estuvo con nuestros antepasados; que nunca nos deje ni nos abandone. ⁵⁸Que incline nuestro corazón hacia él, para que sigamos todos sus caminos y cumplamos los mandamientos, estatutos y leyes que les dio a nuestros antepasados. ⁵⁹Y que día y noche el SEÑOR tenga presente todo lo que le he suplicado, para que defienda la causa de este siervo suyo y la de su pueblo Israel, según la necesidad de cada día. ⁶⁰Así todos los pueblos de la tierra sabrán que el SEÑOR es Dios y que no hay otro. ⁶¹Y ahora, dedíquense de todo ˚corazón al SEÑOR nuestro Dios; vivan según sus estatutos y cumplan sus mandamientos, como ya lo hacen».

Dedicación del templo
8:62-66 – 2Cr 7:1-10

⁶²Entonces el rey, con todo Israel, ofreció sacrificios en presencia del SEÑOR. ⁶³Como sacrificio de ˚comunión, Salomón ofreció al SEÑOR veintidós mil bueyes y ciento veinte mil ovejas. Así fue como el rey y todos los israelitas dedicaron el Templo del SEÑOR.

⁶⁴Aquel mismo día el rey consagró la parte central del atrio, que está frente al Templo del SEÑOR, y allí presentó los ˚holocaustos, las ofrendas de cereales y la grasa de los sacrificios de comunión, ya que el altar de bronce que estaba ante el SEÑOR era pequeño y no había espacio para todos estos sacrificios y ofrendas.

⁶⁵Y así, en presencia del SEÑOR nuestro Dios, Salomón y todo Israel celebraron la fiesta durante siete días, extendiéndola luego siete días más: catorce días de fiesta en total. A la fiesta llegó gente de todas partes, desde Lebó Jamat^c hasta el río de Egipto, y se formó una gran asamblea. ⁶⁶Al final, Salomón despidió al pueblo, y ellos bendijeron al rey y regresaron a sus casas, contentos y llenos de alegría por el bien que el SEÑOR había hecho en favor de su siervo David y de su pueblo Israel.

Pacto de Dios con Salomón
9:1-9 – 2Cr 7:11-22

9 Cuando Salomón terminó de construir el Templo del SEÑOR y el palacio real, cumpliendo así todos sus propósitos y deseos, ²el SEÑOR se le apareció por segunda vez, como lo había hecho en Gabaón. ³Entonces el SEÑOR le dijo:

«He escuchado tu oración y la súplica que me has hecho. Consagro este templo que tú has construido para que yo ponga mi Nombre en él por siempre. Mis ojos y mi ˚corazón siempre estarán allí.

⁴»En cuanto a ti, si me sigues con integridad y honestidad,^d como lo hizo tu padre David, y me obedeces en todo lo que yo te ordene y cumples mis estatutos y leyes, ⁵yo afirmaré para siempre tu trono en el reino de Israel, como le prometí a

---

^a **38** *de su dolor*. Lit. *de la plaga en su corazón*. En la Biblia, *corazón* se usa para designar el asiento de las emociones, pensamientos y voluntad, es decir, el proceso de toma de decisiones del ser humano. ^b **52** *atentos tus oídos* (véase 2Cr 6:40); *abiertos tus ojos* (TM). ^c **65** *Lebó Jamat*. Alt. *la entrada de Jamat*. ^d **4** *honestidad*. Lit. *rectitud de corazón*. En la Biblia, *corazón* se usa para designar el asiento de las emociones, pensamientos y voluntad, es decir, el proceso de toma de decisiones del ser humano.

tu padre David cuando le dije: "Nunca te faltará un descendiente en el trono de Israel".

6»Pero si ustedes o sus hijos dejan de cumplir los mandamientos y estatutos que les he dado, y se apartan de mí para servir y adorar a otros dioses, 7yo arrancaré a Israel de la tierra que le he dado y repudiaré el templo que he consagrado en honor de mi Nombre. Entonces Israel será el objeto de burla de todos los pueblos. 8Y aunque ahora este templo es imponente, llegará el día en que todo el que pase frente a él quedará asombrado y, en son de burla, preguntará: "¿Por qué el SEÑOR ha tratado así a este país y a este templo?". 9Y le responderán: "Porque abandonaron al SEÑOR su Dios, que sacó de Egipto a sus antepasados, y se echaron en los brazos de otros dioses, a los cuales adoraron y sirvieron. Por eso el SEÑOR ha dejado que les sobrevenga tanto desastre"».

Otras actividades de Salomón
9:10-28 – 2Cr 8:1-18

10Veinte años tardó el rey Salomón en construir los dos edificios, es decir, el Templo del SEÑOR y el palacio real. 11Después de lo cual le dio a Hiram, rey de Tiro, veinte ciudades en Galilea, porque Hiram lo había abastecido con todo el cedro, el ciprés y el oro que quiso. 12Sin embargo, cuando Hiram salió de Tiro y fue a ver las ciudades que Salomón le había dado, no quedó satisfecho con ellas. 13«Hermano mío, ¿qué clase de ciudades son estas que me has dado?» —protestó Hiram. De modo que llamó a esa región Cabul,ᵃ nombre que conserva hasta hoy. 14Hiram había enviado al rey ciento veinte talentosᵇ de oro.

15En cuanto al trabajo forzado, el rey Salomón reunió trabajadores para construir el Templo del SEÑOR, su propio palacio, el terraplén,ᶜ el muro de Jerusalén, y Jazor, Meguido y Guézer. 16El faraón, rey de Egipto, había atacado y tomado Guézer a sangre y fuego, matando a sus habitantes cananeos. Luego, como regalo de bodas, le dio esta ciudad a su hija, la esposa de Salomón. 17Por eso Salomón reconstruyó las ciudades de Guézer, Bet Jorón la de abajo, 18Balat y Tadmor,ᵈ en el desierto del país, 19así como todos sus lugares de almacenamiento, los cuarteles para sus carros de combate y para su caballería, y cuanto quiso construir en Jerusalén, en el Líbano y en todo el territorio bajo su dominio.

20En el país quedaron los descendientes de los pueblos no israelitas, es decir, los amorreos, hititas, ferezeos, heveos y jebuseos. Los israelitas no pudieron ˚destruir esos pueblos, 21pero Salomón sometió a trabajos forzados lo que de ese pueblo Israel no pudo destruir. Así continúan hasta el día de hoy. 22Pero a los israelitas Salomón no los hizo trabajar como esclavos, sino que servían como soldados, ministros, oficiales, capitanes y comandantes de sus carros de combate y de la caballería. 23Salomón tenía además quinientos cincuenta oficiales que supervisaban a sus trabajadores en la obra.

24El terraplén se construyó después de que la hija del faraón se trasladó de la Ciudad de David al palacio que Salomón le había construido.

25Tres veces al año Salomón presentaba ˚holocaustos y sacrificios de ˚comunión sobre el altar que él había construido para el SEÑOR, y al mismo tiempo quemaba incienso en su presencia. Así cumplía con las obligaciones del Templo.ᵉ

26El rey Salomón también construyó una flota naviera en Ezión Guéber, cerca de Elat en Edom, a orillas del ˚mar Rojo. 27Hiram envió a algunos de sus oficiales, que eran marineros expertos, para servir en la flota con los oficiales de Salomón. 28Ellos se hicieron a la mar y llegaron a Ofir, de donde volvieron con

cuatrocientos veinte talentosᶠ de oro, que entregaron al rey Salomón.

La reina de Sabá visita a Salomón
10:1-13 – 2Cr 9:1-12

10 La reina de Sabá se enteró de la fama de Salomón, con la cual él honraba el ˚nombre del SEÑOR, así que fue a verlo para ponerlo a prueba con preguntas difíciles. 2Llegó a Jerusalén con un séquito muy grande. Sus camellos llevaban perfumes y grandes cantidades de oro y piedras preciosas. Al presentarse ante Salomón, le preguntó todo lo que tenía pensado, 3y él respondió a todas sus preguntas. No hubo ningún asunto, por difícil que fuera, que el rey no pudiera resolver.

4Cuando la reina de Sabá vio toda la sabiduría de Salomón, el palacio que él había construido, 5los manjares de su mesa, los asientos que ocupaban sus funcionarios, la ropa de los camareros y los coperos, y los ˚holocaustos que ofrecía en el Temploᵍ del SEÑOR, quedó muy impresionada.

6Entonces dijo al rey: «¡Todo lo que escuché en mi país acerca de tus triunfos y de tu sabiduría es cierto! 7No podía creer nada de eso hasta que vine y lo vi con mis propios ojos. En realidad, ¡no me habían contado ni siquiera la mitad! Tanto en sabiduría como en riqueza, superas todo lo que había oído decir. 8¡˚Dichosos tus súbditos! ¡Dichosos estos servidores tuyos, que constantemente están en tu presencia bebiendo de tu sabiduría! 9¡Y alabado sea el SEÑOR tu Dios, que se ha deleitado en ti y te ha puesto en el trono de Israel! En su eterno amor por Israel, el SEÑOR te ha hecho rey para que gobiernes con justicia y rectitud».

10Luego la reina le regaló a Salomón ciento veinte talentosʰ de oro, piedras preciosas y gran cantidad de perfumes. Nunca más llegaron a Israel tantos perfumes como los que la reina de Sabá obsequió al rey Salomón.

11La flota de Hiram trajo desde Ofir, además del oro, grandes cargamentos de madera de sándalo y piedras preciosas. 12Con la madera, el rey construyó barandas para el Templo del SEÑOR y para el palacio real. También hizo arpas y liras para los músicos. Desde entonces, nunca más se ha importado ni ha vuelto a verse tanto sándalo como aquel día.

13El rey Salomón, por su parte, dio a la reina de Sabá todo lo que a ella se le antojó pedirle, además de lo que él, en su magnanimidad, ya le había regalado. Después de eso, la reina regresó a su país con todos los que la atendían.

El esplendor de Salomón
10:14-29 – 2Cr 1:14-17; 9:13-28

14La cantidad de oro que Salomón recibía anualmente llegaba a seiscientos sesenta y seis talentos,ⁱ 15sin contar los impuestos aportados por los mercaderes, el tráfico comercial, y por todos los reyes árabes y los gobernadores del país.

16El rey Salomón hizo doscientos escudos grandes de oro batido, en cada uno de los cuales se emplearon seiscientos siclosʲ de oro. 17Hizo además trescientos escudos más pequeños, también de oro batido, empleando en cada uno de ellos tres minasᵏ de oro.

ᵃ 13 El nombre *Cabul* parece ser un juego de palabras que sugiere que esta era una región *inútil*. ᵇ 14 Es decir, aprox. 4 t. ᶜ 15 *el terraplén*. Alt. *el Milo*; también en v. 24. ᵈ 18 *Tadmor*. Alt. *Tamar*. ᵉ 25 *cumplía … del Templo*. Lit. *completó el Templo*. ᶠ 28 Es decir, aprox. 14 t. ᵍ 5 *los holocaustos … Templo*. Alt. *la escalinata por la cual él subía al Templo*. ʰ 10 Es decir, aprox. 4 t. ⁱ 14 Es decir, aprox. 23 t. ʲ 16 Es decir, aprox. 7 kg. ᵏ 17 Es decir, aprox. 1.7 kg.

Estos escudos los puso el rey en el palacio llamado «Bosque del Líbano».

[18]El rey también hizo un gran trono de marfil, recubierto de oro puro. [19]El trono tenía seis peldaños, un espaldar redondo, brazos a cada lado del asiento, dos leones de pie junto a los brazos [20]y doce leones de pie sobre los seis peldaños, uno en cada extremo. En ningún otro reino se había hecho algo semejante. [21]Todas las copas del rey Salomón y toda la vajilla del palacio «Bosque del Líbano» eran de oro puro. Nada estaba hecho de plata, pues en tiempos de Salomón la plata era poco apreciada. [22]Cada tres años, la flota comercial que el rey tenía en el mar, junto con la flota de Hiram, regresaba de Tarsis trayendo oro, plata y marfil, monos y mandriles.[a]

[23]Tanto en riquezas como en sabiduría, el rey Salomón sobrepasó a los demás reyes de la tierra. [24]Todo el mundo procuraba visitarlo para oír la sabiduría que Dios le había dado. [25]Además, año tras año le llevaban regalos: artículos de plata y de oro, vestidos, armas, perfumes, caballos y mulas.

[26]Salomón acumuló carros y caballos; llegó a tener mil cuatrocientos carros y doce mil caballos,[b] los cuales mantenía en las caballerizas y también en su palacio en Jerusalén. [27]El rey hizo que la plata fuera en Jerusalén tan común y corriente como las piedras, y el cedro tan abundante como las higueras de la llanura. [28]Los caballos de Salomón eran importados de Egipto y de Coa, que era donde los mercaderes de la corte los compraban. [29]Un carro importado de Egipto costaba seiscientos siclos[c] de plata; un caballo, ciento cincuenta.[d] Además, estos carros y caballos se los vendían a todos los reyes hititas y arameos.

Las mujeres de Salomón

11 Ahora bien, además de casarse con la hija del faraón, el rey Salomón amó a muchas mujeres moabitas, amonitas, sidonias e hititas, todas ellas mujeres extranjeras [2]que procedían de naciones de las cuales el SEÑOR había dicho a los israelitas: «No se unan a ellas ni ellas a ustedes, porque de seguro les desviarán el corazón para que sigan a otros dioses». Con tales mujeres se unió Salomón y decidió amarlas. [3]Tuvo setecientas esposas que eran princesas y trescientas concubinas;[e] todas estas mujeres hicieron que se desviara su corazón. [4]En efecto, cuando Salomón llegó a viejo, sus mujeres le pervirtieron el corazón de modo que él siguió a otros dioses y no siempre fue fiel al SEÑOR su Dios como lo había sido su padre[f] David. [5]Por el contrario, Salomón siguió a *Astarté, diosa de los sidonios, y a Moloc,[g] el detestable dios de los amonitas. [6]Así que Salomón actuó mal ante el SEÑOR y no permaneció fiel a él como su padre David.

[7]Fue en esa época cuando, en una montaña al este de Jerusalén, Salomón edificó un *altar pagano para Quemós, el detestable dios de Moab, y otro para Moloc, el despreciable dios de los amonitas. [8]Lo mismo hizo en favor de sus mujeres extranjeras, para que estas pudieran quemar incienso y ofrecer sacrificios a sus dioses.

[9]Entonces el SEÑOR, Dios de Israel, se enojó con Salomón porque su *corazón se había apartado de él, a pesar de que en dos ocasiones se le había aparecido [10]y le había prohibido que siguiera a otros dioses. Como Salomón no había cumplido esa orden,

[11]el SEÑOR le dijo: «Ya que procedes de este modo, y no has cumplido con mi *pacto ni con los estatutos que te he ordenado, puedes estar seguro de que te quitaré el reino y se lo daré a uno de tus siervos. [12]No obstante, por consideración a tu padre David no lo haré mientras tú vivas, sino que lo arrancaré de la mano de tu hijo. [13]Y a este, también por consideración a mi siervo David y a Jerusalén, no le quitaré todo el reino, sino que le dejaré una sola tribu, la cual ya he escogido».

Los adversarios de Salomón

[14]Por lo tanto, el SEÑOR hizo que Hadad el edomita, que pertenecía a la familia real de Edom, surgiera como adversario de Salomón. [15]Ahora bien, durante la guerra entre David y los edomitas, Joab, el comandante del ejército, había ido a enterrar a los muertos de Israel y había aprovechado la ocasión para matar a todos los hombres de Edom. [16]Joab y los israelitas que estaban con él se quedaron allí seis meses, hasta que exterminaron a todos los varones edomitas. [17]Pero Hadad, que entonces era apenas un muchacho, huyó a Egipto con algunos oficiales edomitas que habían estado al servicio de su padre. [18]Partieron de Madián y llegaron a Parán, donde se les unieron unos hombres de ese lugar. De allí siguieron hacia Egipto y se presentaron ante el faraón, rey del país, quien regaló a Hadad una casa y se encargó de darle sustento y tierras.

[19]Hadad agradó tanto al faraón, que este le dio por esposa a su cuñada, una hermana de la reina Tapenés. [20]La hermana de Tapenés dio a luz un hijo al que llamó Guenubat y Tapenés lo educó en el palacio real. De modo que Guenubat creció junto con los hijos del faraón.

[21]Mientras Hadad estaba en Egipto, se enteró de que ya habían muerto David y Joab, comandante del ejército. Entonces Hadad dijo al faraón:

—Déjeme usted regresar a mi país.

[22]—¿Y por qué quieres regresar a tu país? —preguntó el faraón—. ¿Acaso te falta algo aquí?

—No —respondió Hadad—, ¡pero de todos modos déjame ir!

[23]Dios también incitó a Rezón, hijo de Eliadá, para que fuera adversario de Salomón. Rezón, que había huido de su amo Hadad Ezer, rey de Sobá, [24]formó una banda de rebeldes y se convirtió en su líder. Cuando David destruyó a los arameos, los rebeldes fueron a Damasco y allí establecieron su gobierno. [25]Así fue como Rezón llegó a ser rey de Aram. Mientras vivió Salomón, Rezón aborreció a Israel y fue su adversario, de modo que agravó el daño causado por Hadad.

Jeroboán se rebela contra Salomón

[26]También se rebeló contra el rey Salomón uno de sus funcionarios, llamado Jeroboán, hijo de Nabat. Este Jeroboán era efrateo, oriundo de Seredá; su madre se llamaba Zerúa y era viuda. [27]La rebelión de Jeroboán tuvo lugar cuando Salomón estaba construyendo los terraplenes[h] para cerrar la brecha en el muro de la Ciudad de David, su padre. [28]Jeroboán se había ganado el respeto de todos, de modo que cuando Salomón vio su buen desempeño lo puso a supervisar todo el trabajo forzado que se realizaba entre los descendientes de José.

[29]Un día en que Jeroboán salía de Jerusalén, se encontró en el camino con el profeta Ahías de Siló, quien llevaba puesto un manto nuevo. Los dos estaban solos en el campo. [30]Entonces Ahías tomó el manto nuevo que llevaba puesto y, rasgándolo en doce pedazos, [31]dijo a Jeroboán: «Toma diez pedazos para ti, porque así dice el SEÑOR, Dios de Israel:

---

a 22 mandriles. Alt. pavos reales.   *b* 26 caballos. Alt. conductores de carros.   *c* 29 Es decir, aprox. 7 kg.   *d* 29 Es decir, aprox. 1.7 kg.   *e* 3 Véase nota en Gn 22:24.   *f* 4 y no siempre ... su padre. Lit. y su corazón no fue perfecto con el SEÑOR su Dios como el corazón de su padre.   *g* 5 Moloc. Lit. Milcón; también en v. 33.   *h* 27 los terraplenes. Alt. el Milo.

"Ahora voy a arrancarle de la mano a Salomón el reino y a ti te voy a dar diez tribus. ³²A él le dejaré una sola tribu, y esto por consideración a mi siervo David y a Jerusalén, la ciudad que he escogido entre todas las tribus de Israel. ³³Voy a hacerlo así porque me han abandonado y adoran a *Astarté, diosa de los sidonios, a Quemós, dios de los moabitas, y a Moloc, dios de los amonitas. No han seguido mis *caminos, no han hecho lo que me agrada ni han cumplido mis estatutos y leyes como lo hizo David, su padre.

³⁴»"Sin embargo, no le quitaré todo el reino a Salomón, sino que lo dejaré gobernar todos los días de su vida, por consideración a David mi siervo, a quien escogí y quien cumplió mis mandamientos y estatutos. ³⁵Le quitaré el reino a su hijo y te daré a ti diez tribus. ³⁶Pero a su hijo le dejaré una sola tribu para que en Jerusalén, la ciudad donde decidí poner mi Nombre, la lámpara de mi siervo David se mantenga siempre encendida delante de mí. ³⁷En lo que a ti atañe, yo te haré rey de Israel y extenderás tu reino a tu gusto. ³⁸Si haces todo lo que te ordeno, sigues mis caminos y haces lo que me agrada, cumpliendo mis estatutos y mandamientos como lo hizo David mi siervo, estaré contigo. Estableceré para ti una dinastía tan firme como la que establecí para David,ᵃ y te daré Israel. ³⁹Así que haré sufrir a la descendencia de David, aunque no para siempre"».

⁴⁰Salomón, por su parte, intentó matar a Jeroboán, pero este huyó a Egipto y se quedó allí, bajo la protección del rey Sisac, hasta la muerte de Salomón.

Muerte de Salomón
11:41-43 – 2Cr 9:29-31

⁴¹Los demás acontecimientos del reinado de Salomón, y su sabiduría y todo lo que hizo, están escritos en el libro de las crónicas de Salomón, ⁴²quien durante cuarenta años reinó en Jerusalén sobre todo Israel. ⁴³Cuando murió, fue sepultado en la Ciudad de David, su padre, y su hijo Roboán lo sucedió en el trono.

División del reino
12:1-24 – 2Cr 10:1-11:4

12 Roboán fue a Siquén porque todos los israelitas se habían reunido allí para proclamarlo rey. ²De esto se enteró Jeroboán, hijo de Nabat, quien al huir del rey Salomón se había establecido en Egipto y aún vivía allí. ³Cuando lo mandaron a buscar, él y toda la asamblea de Israel fueron a ver a Roboán y le dijeron:

⁴—Su padre nos impuso un yugo pesado. Alívienos usted ahora el duro trabajo y el pesado yugo que él nos echó encima; así le serviremos a usted.

⁵—Váyanse por ahora —respondió Roboán—, pero vuelvan a verme dentro de tres días.

Cuando él se fue, ⁶el rey Roboán consultó con los jefes que en vida de su padre Salomón habían estado a su servicio.

—¿Qué me aconsejan ustedes que responda a este pueblo? —preguntó.

⁷Ellos respondieron:

—Si usted se pone hoy al servicio de este pueblo, es condescendiente con ellos y les responde con amabilidad, ellos le servirán para siempre.

⁸Pero Roboán rechazó el consejo que le dieron los jefes y consultó más bien con los jóvenes que se habían criado con él y que estaban a su servicio.

⁹—¿Ustedes qué me aconsejan? —preguntó—. ¿Cómo debo responderle a este pueblo que me dice: "Alívienos el yugo que su padre nos echó encima"?

¹⁰Aquellos jóvenes, que se habían criado con él, contestaron:

—Este pueblo le ha dicho a usted: "Su padre nos impuso un yugo pesado; hágalo usted más ligero".

Pues bien, respóndales de este modo: "Mi dedo meñique es más grueso que la cintura de mi padre. ¹¹Si él les impuso un yugo pesado, ¡yo les aumentaré la carga! Y, si él los castigaba a ustedes con una vara, ¡yo lo haré con un látigo!".ᵇ

¹²Al tercer día, en la fecha que el rey Roboán había indicado, Jeroboán regresó con todo el pueblo para presentarse ante él. ¹³Pero el rey Roboán respondió con brusquedad: rechazó el consejo que le habían dado los jefes ¹⁴y siguió más bien el de los jóvenes. Entonces dijo: «Si mi padre les impuso un yugo pesado, ¡yo les aumentaré la carga! Si él los castigaba a ustedes con una vara, ¡yo lo haré con un látigo!». ¹⁵Y, como el rey no escuchó al pueblo, las cosas tomaron este rumbo por voluntad del SEÑOR. Así se cumplió la palabra que el SEÑOR había comunicado a Jeroboán, hijo de Nabat, por medio de Ahías el silonita.

¹⁶Cuando se dieron cuenta de que el rey no iba a hacerles caso, todos los israelitas exclamaron a una:

«¡Pueblo de Israel, todos a sus casas!
¡Y tú, David, ocúpate de los tuyos!
¿Qué parte tenemos con David?
¿Qué herencia tenemos con el hijo de Isaí?».

Así que se fueron cada uno a su casa. ¹⁷Sin embargo, Roboán siguió reinando sobre los israelitas que vivían en las ciudades de Judá.

¹⁸Más tarde, el rey Roboán envió a Adoníránᶜ para que supervisara el trabajo forzado, pero los israelitas lo mataron a pedradas. ¡A duras penas logró el rey subir a su carro y escapar a Jerusalén! ¹⁹Desde entonces Israel ha estado en rebelión contra la dinastía de David.

²⁰Cuando los israelitas se enteraron de que Jeroboán había regresado, mandaron a llamarlo para que se presentara ante la asamblea y lo proclamaron rey de todo Israel. No hubo quien se mantuviera leal a la familia de David, con la sola excepción de la tribu de Judá.

²¹Roboán llegó a Jerusalén y movilizó a todas las familias de Judá y a la tribu de Benjamín, ciento ochenta mil guerreros selectos en total, para hacer la guerra contra Israel y así recuperar el reino. ²²Pero la palabra de Dios vino a Semaías, hombre de Dios, y le dio este mensaje: ²³«Diles a Roboán, hijo de Salomón y rey de Judá, a todas las familias de Judá y de Benjamín, y al resto del pueblo ²⁴que así dice el SEÑOR: "No vayan a luchar contra sus hermanos, los israelitas. Regrese cada uno a su casa, porque es mi voluntad que esto haya sucedido"». Y ellos obedecieron la palabra del SEÑOR y regresaron, tal como el SEÑOR lo había ordenado.

Los becerros de oro en Betel y Dan

²⁵Jeroboán fortificó la ciudad de Siquén en la región montañosa de Efraín y se estableció allí. Luego se fue de Siquén y fortificó Peniel. ²⁶Pero reflexionó: «¿Y qué tal si ahora el reino vuelve a la familia de David? ²⁷Si la gente sigue subiendo a Jerusalén para ofrecer sacrificios en el Templo del SEÑOR, acabará por reconciliarse con su señor Roboán, rey de Judá. Entonces a mí me matarán y volverán a unirse a él». ²⁸Después de buscar consejo, el rey hizo dos becerros de oro y dijo al pueblo: «¡Israelitas, no es necesario que sigan subiendo a Jerusalén! Aquí están sus dioses, que los sacaron de Egipto». ²⁹Así

ᵃ **38** *Estableceré … David*. Lit. *Te construiré una casa firme como le construí a David*.   ᵇ **11** *con una vara … con un látigo*. Lit. *con azotes … con escorpiones*; también en v. 14.   ᶜ **18** *Adonirán* (mss. de LXX y Siríaca; véanse también 1R 4:6 y 5:14); *Adorán* (TM).

que colocó uno de los becerros en Betel y el otro en Dan. ³⁰Y esto incitó al pueblo a pecar; muchos incluso iban hasta Dan para adorar al becerro que estaba allí.

³¹Jeroboán construyó ʹaltares paganos y puso como sacerdotes a gente del pueblo, incluso a quienes no eran levitas. ³²Decretó celebrar una fiesta el día quince del mes octavo, semejante a la que se celebraba en Judá. En el altar de Betel ofreció sacrificios a los becerros que había hecho y estableció también sacerdotes para los altares paganos que había construido. ³³Así pues, el día quince del mes octavo Jeroboán subió al altar que había construido en Betel y quemó incienso.ᵃ Ese fue el día que arbitrariamente decretó como día de fiesta para los israelitas.

El hombre de Dios que llegó de Judá

13 Sucedió que un hombre de Dios fue desde Judá hasta Betel en obediencia a la palabra del SEÑOR. Cuando Jeroboán, de pie junto al altar, se disponía a quemar un sacrificio,ᵇ ²el hombre de Dios, en obediencia a la palabra del SEÑOR, gritó: «¡Altar, altar! Así dice el SEÑOR: "En la familia de David nacerá un hijo llamado Josías, el cual sacrificará sobre ti a estos sacerdotes de ʹaltares paganos que aquí queman sacrificios. ¡Sobre ti se quemarán huesos ʹhumanos!"».

³Aquel mismo día el hombre de Dios ofreció una señal: «Esta es la señal que el SEÑOR da: ¡El altar será derribado y las cenizas se esparcirán!».

⁴Al oír la sentencia que el hombre de Dios pronunciaba contra el altar de Betel, el rey extendió el brazo desde el altar y dijo: «¡Agárrenlo!». Pero el brazo que había extendido contra el hombre se le paralizó, de modo que no podía contraerlo. ⁵En ese momento, el altar se vino abajo y las cenizas se esparcieron, según la señal que, en obediencia a la palabra del SEÑOR, había dado el hombre de Dios. ⁶Entonces el rey dijo al hombre de Dios:

—¡Apacigua al SEÑOR tu Dios! ¡Ora por mí, para que se me cure el brazo!

El hombre de Dios suplicó al SEÑOR y al rey se le curó el brazo, quedándole como antes. ⁷Luego el rey dijo al hombre de Dios:

—Ven a casa conmigo y come algo; además, quiero hacerte un regalo.

⁸Pero el hombre de Dios respondió al rey:

—Aunque usted me diera la mitad de sus posesiones, no iría a su casa. Aquí no comeré pan ni beberé agua, ⁹porque así me lo ordenó el SEÑOR. Me dijo: "No comas pan, ni bebas agua, ni regreses por el mismo camino".

¹⁰De modo que tomó un camino diferente al que había tomado para ir a Betel.

¹¹En ese tiempo vivía en Betel cierto profeta anciano. Sus hijos fueron a contarleᶜ todo lo que el hombre de Dios había hecho allí aquel día y lo que le había dicho al rey. ¹²Su padre preguntó:

—¿Por dónde se fue?

Sus hijos le indicaron el camino que había tomado el hombre de Dios quien había llegado de Judá ¹³y el padre ordenó:

—Aparéjenme un asno para que lo monte.

Cuando el asno estuvo listo, el profeta anciano lo montó ¹⁴y se fue tras el hombre de Dios. Lo encontró sentado debajo de una encina y le preguntó:

—¿Eres tú el hombre de Dios que vino de Judá?

—Sí, lo soy —respondió.

¹⁵Entonces el profeta dijo:

—Ven a comer a mi casa.

¹⁶—No puedo volver contigo ni acompañarte —respondió el hombre de Dios—; tampoco puedo comer pan ni beber agua contigo en este lugar, ¹⁷pues el SEÑOR me ha dado esta orden: "No comas pan ni bebas agua allí, ni regreses por el mismo camino".

¹⁸El anciano respondió:

—También yo soy profeta, como tú. Y un ángel, obedeciendo la palabra del SEÑOR, me dijo: "Llévalo a tu casa para que coma pan y beba agua".

Así lo engañó ¹⁹y el hombre de Dios volvió con él, y comió y bebió en su casa.

²⁰Mientras estaban sentados a la mesa, la palabra del SEÑOR vino al profeta que lo había hecho volver. ²¹Entonces el profeta anunció al hombre de Dios que había llegado de Judá:

—Así dice el SEÑOR: "Has desafiado la palabra del SEÑOR y no has cumplido la orden que el SEÑOR tu Dios te dio. ²²Has vuelto para comer pan y beber agua en el lugar donde él te dijo que no lo hicieras. Por lo tanto, no será sepultado tu cuerpo en la tumba de tus antepasados".

²³Cuando el hombre de Dios terminó de comer y beber, el profeta que lo había hecho volver le aparejó un asno ²⁴y el hombre de Dios se puso en camino. Pero un león le salió al paso y lo mató, dejándolo tendido en el camino. Sin embargo, el león y el asno se quedaron junto al cuerpo. ²⁵Al ver el cuerpo tendido y al león cuidando el cuerpo, los que pasaban por el camino llevaron la noticia a la ciudad donde vivía el profeta anciano.

²⁶Cuando el profeta que lo había hecho volver de su viaje se enteró de eso, dijo: «Ahí tienen al hombre de Dios que desafió la palabra del SEÑOR. Por eso el SEÑOR lo entregó al león, que lo ha matado y despedazado, como la palabra del SEÑOR se lo había advertido».

²⁷Luego el profeta dijo a sus hijos: «Aparéjenme el asno». En cuanto lo hicieron, ²⁸el profeta salió y encontró el cuerpo tendido en el camino, con el asno y el león junto a él. El león no se había comido el cadáver ni había despedazado al asno. ²⁹Entonces el profeta levantó el cadáver del hombre de Dios, lo puso sobre el asno y se lo llevó de vuelta a la ciudad para hacer duelo por él y enterrarlo. ³⁰Luego lo puso en la tumba de su propiedad e hicieron duelo por él, clamando: «¡Ay, hermano mío!».

³¹Después de enterrarlo, el profeta dijo a sus hijos: «Cuando yo muera, entiérrenme en la misma tumba donde está enterrado el hombre de Dios y pongan mis huesos junto a los suyos. ³²Porque ciertamente se cumplirá la sentencia que, en obediencia a la palabra del SEÑOR, él pronunció contra el altar de Betel y contra todos los altares paganos de las ciudades de Samaria».

³³Con todo, Jeroboán no cambió su mala conducta, sino que una vez más puso como sacerdotes para los altares paganos a toda clase de gente. A cualquiera que deseaba ser sacerdote de esos altares, él lo consagraba como tal. ³⁴Esa conducta llevó a la dinastía de Jeroboán a pecar, y causó su caída y su desaparición de la faz de la tierra.

Profecía de Ahías contra Jeroboán

14 En aquel tiempo se enfermó Abías, hijo de Jeroboán, ²y este dijo a su esposa: «Disfrázate para que nadie se dé cuenta de que eres mi esposa. Luego vete a Siló, donde está Ahías, el profeta que me anunció que yo sería rey de este pueblo. ³Llévate diez panes, algunas tortas y un jarro de miel. Cuando llegues, dile a él lo que va a pasar con nuestro hijo». ⁴Así que la esposa de Jeroboán emprendió el viaje a Siló y fue a casa de Ahías.

Debido a su edad, Ahías había perdido la vista y estaba ciego. ⁵Pero el SEÑOR le había dicho: «La

---

ᵃ 33 incienso. Alt. sacrificios.   ᵇ 1 sacrificio. Alt. incienso; también en v. 2.   ᶜ 11 Sus hijos fueron a contarle. Lit. Su hijo fue a contarle.

esposa de Jeroboán, haciéndose pasar por otra, viene a pedirte información acerca de su hijo, que está enfermo. Quiero que le des tal y tal respuesta».

⁶Así que cuando Ahías oyó el sonido de sus pasos, se dirigió a la puerta y dijo: «Esposa de Jeroboán, ¿por qué te haces pasar por otra? Entra, que tengo malas noticias para ti. ⁷Regresa adonde está Jeroboán y adviértele que así dice el Señor, Dios de Israel: "Yo te levanté de entre mi pueblo Israel y te hice su gobernante. ⁸Le quité el reino a la familia de David para dártelo a ti. Tú, sin embargo, no has sido como mi siervo David, que cumplió mis mandamientos y me siguió con todo el ˚corazón, haciendo solamente lo que me agrada. ⁹Por el contrario, te has portado peor que todos los que vivieron antes de ti, al extremo de hacerte otros dioses, ídolos de metal; esto me enfurece, pues me has dado la espalda.

¹⁰"Por eso voy a enviarle una desgracia a la familia de Jeroboán. De sus descendientes en Israel exterminaré hasta el último varón,ᵃ esclavo o libre. Barreré la descendencia de Jeroboán como se barre el estiércol, hasta no dejar rastro. ¹¹A los que mueran en la ciudad se los comerán los perros y a los que mueran en el campo se los comerán las aves del cielo. ¡El Señor lo ha dicho!".

¹²»En cuanto a ti, vuelve a tu casa; el muchacho va a morir en cuanto llegues a la ciudad. ¹³Entonces todos los israelitas harán duelo por él y lo sepultarán. De la familia de Jeroboán solo él será sepultado, porque en esa familia solo él ha complacido al Señor, Dios de Israel.

¹⁴»El Señor levantará para sí un rey en Israel que exterminará a la familia de Jeroboán. De ahora en adelanteᵇ ¹⁵el Señor sacudirá a los israelitas como el agua sacude las cañas. Los desarraigará de esta buena tierra que dio a sus antepasados y los dispersará más allá del río Éufrates, porque se hicieron imágenes de la diosa ˚Aserá y provocaron a la ira del Señor. ¹⁶Y él abandonará a Israel por los pecados que Jeroboán cometió e hizo cometer a los israelitas».

¹⁷Entonces la esposa de Jeroboán se puso en marcha y regresó a Tirsá. En el momento en que atravesó el umbral de la casa, el muchacho murió. ¹⁸Así que lo sepultaron y todo Israel hizo duelo por él, según la palabra que el Señor había anunciado por medio de su siervo, el profeta Ahías.

¹⁹Los demás acontecimientos del reinado de Jeroboán, sus batallas y su gobierno, están escritos en el libro de las crónicas de los reyes de Israel. ²⁰Jeroboán reinó veintidós años. Cuando murió, su hijo Nadab lo sucedió en el trono.

Roboán, rey de Judá
14:21, 25-31 – 2Cr 12:9-16

²¹Roboán, hijo de Salomón, fue rey de Judá. Tenía cuarenta y un años cuando comenzó a reinar. Reinó diecisiete años en Jerusalén, la ciudad donde, de entre todas las tribus de Israel, el Señor había decidido poner su Nombre. La madre de Roboán era una amonita llamada Noamá.

²²Los habitantes de Judá hicieron lo malo ante el Señor, y con sus pecados provocaron los celos del Señor más que sus antepasados. ²³Además, en todas las colinas y bajo todo árbol frondoso se construyeron ˚altares paganos, ˚piedras sagradas e imágenes de la diosa ˚Aserá. ²⁴Incluso había en el país hombres que practicaban la prostitución sagrada. El pueblo participaba en todas las repugnantes ceremonias de las naciones que el Señor había expulsado del territorio de los israelitas.

²⁵Sisac, rey de Egipto, atacó a Jerusalén en el quinto año del reinado de Roboán, ²⁶y se llevó los tesoros del Templo del Señor y del palacio real. Se lo llevó todo, aun los escudos de oro que Salomón había hecho. ²⁷Para reemplazarlos, el rey Roboán mandó hacer escudos de bronce y los puso al cuidado de los comandantes de la guardia que custodiaba la entrada del palacio real. ²⁸Siempre que el rey iba al Templo del Señor, los guardias portaban los escudos, pero luego los devolvían a la sala de los centinelas.

²⁹Los demás acontecimientos del reinado de Roboán y todo lo que hizo, están escritos en el libro de las crónicas de los reyes de Judá. ³⁰Durante su reinado hubo guerra constante entre él y Jeroboán. ³¹Cuando murió Roboán, hijo de la amonita llamada Noamá, fue sepultado con sus antepasados en la Ciudad de David; su hijo Abíasᶜ lo sucedió en el trono.

Abías, rey de Judá
15:1-2, 6-8 – 2Cr 13:1-2, 22–14:1

15 En el año dieciocho del reinado de Jeroboán, hijo de Nabat, Abías comenzó a reinar en Judá ²y reinó en Jerusalén tres años. Su madre era Macá, hija de Abisalón.ᵈ

³Abías cometió todos los pecados que había cometido su padre, pues no siempre fue fiel al Señor su Dios como lo había sido su antepasadoᵉ David. ⁴No obstante, por consideración a David, el Señor su Dios mantuvo la lámpara de David encendida en Jerusalén, dándole un hijo que lo sucediera, para fortalecer así a Jerusalén. ⁵Pues David había hecho lo que agrada al Señor y en toda su vida no había dejado de cumplir ninguno de los mandamientos del Señor, excepto en el caso de Urías el hitita.

⁶Durante toda la vida de Abías hubo guerra entre la casa de Roboán y la de Jeroboán. ⁷Los demás acontecimientos del reinado de Abías y todo lo que hizo, están escritos en el libro de las crónicas de los reyes de Judá. También hubo guerra entre Abías y Jeroboán. ⁸Abías murió y fue sepultado en la Ciudad de David; su hijo Asá lo sucedió en el trono.

Asá, rey de Judá
15:9-22 – 2Cr 14:2-3; 15:16–16:6
15:23-24 – 2Cr 16:11–17:1

⁹En el año veinte de Jeroboán, rey de Israel, Asá ocupó el trono de Judá, ¹⁰y reinó en Jerusalén cuarenta y un años. Su abuelaᶠ era Macá hija de Abisalón.

¹¹Asá hizo lo que agrada al Señor, como lo había hecho su antepasado David. ¹²Expulsó del país a los que practicaban la prostitución sagrada y acabó con todos los ídolos que sus antepasados habían fabricado. ¹³Hasta destituyó a su abuela Macá de su puesto como reina madre, porque ella había hecho una imagen repulsiva de la diosa ˚Aserá. Asá derribó la imagen y la quemó en el arroyo de Cedrón. ¹⁴Aunque no quitó los ˚altares paganos, Asá se mantuvo siempre fiel al Señor.ᵍ ¹⁵Además, llevó al Templo del Señor la plata, el oro y los utensilios que él y su padre habían consagrado.

¹⁶Durante los reinados de Asá, rey de Judá, y Basá, rey de Israel, hubo guerra entre ellos. ¹⁷Basá, rey de Israel, atacó a Judá y fortificó Ramá para aislar totalmente a Asá, rey de Judá.

¹⁸Entonces Asá tomó todo el oro y la plata que habían quedado en los tesoros del Templo del Señor y de su propio palacio. Luego encargó a sus

---

ᵃ 10 hasta el último varón. Lit. al que orina contra la pared; también en 1R 16:11; 21:21.   ᵇ 14 De ahora en adelante. Lit. Este es el día. ¿Y qué? Aun ahora.   ᶜ 31 Abías (mss. hebreos y de LXX; también en 15:1, 7, 8; véase 2Cr 12:16); Abián (TM).   ᵈ 2 Es una variante de Absalón; también en v. 10.   ᵉ 3 pues … su antepasado. Lit. pues su corazón no fue perfecto con el Señor su Dios como el corazón de su padre.   ᶠ 10 abuela. Lit. madre; también en v. 13.   ᵍ 14 Asá … Señor. Lit. el corazón de Asá fue perfecto con el Señor todos sus días.

funcionarios que se los llevaran a Ben Adad, hijo de Tabrimón y nieto de Hezión, rey de Aram, quien gobernaba en Damasco. Y le envió este mensaje: ¹⁹«Hagamos un pacto tú y yo, como el que hicieron tu padre y el mío. Aquí te envío un presente de oro y plata. Anula tu pacto con Basá, rey de Israel, para que se marche de aquí».

²⁰Ben Adad estuvo de acuerdo con el rey Asá y envió a los comandantes de su ejército para que atacaran las ciudades de Israel. Así conquistó Iyón, Dan, Abel Betmacá y todo Quinéret, además de Neftalí. ²¹Cuando Basá se enteró, dejó de fortificar Ramá y se retiró a Tirsá. ²²Entonces el rey Asá movilizó a todo Judá, sin eximir a nadie, y se llevaron de Ramá las piedras y la madera con que Basá había estado fortificando la ciudad. Con ellas el rey Asá fortificó Gueba de Benjamín y también Mizpa.

²³Los demás acontecimientos del reinado de Asá, todo su poderío y todo lo que hizo, también lo que atañe a las ciudades que edificó, están escritos en el libro de las crónicas de los reyes de Judá. Sin embargo, en su vejez sufrió una enfermedad de los pies. ²⁴Luego Asá murió y fue sepultado con sus antepasados en la Ciudad de David. Y su hijo Josafat lo sucedió en el trono.

Nadab, rey de Israel

²⁵En el segundo año de Asá, rey de Judá, Nadab, hijo de Jeroboán, comenzó a reinar en Israel y reinó allí dos años. ²⁶Pero Nadab hizo lo malo ante los ojos del SEÑOR, pues siguió el mal ejemplo de su padre, persistiendo en el mismo pecado con que este hizo pecar a Israel.

²⁷Basá, hijo de Ahías, de la tribu de Isacar, conspiró contra Nadab y lo derrotó en la ciudad filistea de Guibetón, a la que Nadab y todo Israel tenían sitiada. ²⁸En el tercer año de Asá, rey de Judá, Basá mató a Nadab y lo sucedió en el trono.

²⁹Tan pronto como comenzó a reinar, Basá mató a toda la familia de Jeroboán. No dejó vivo a ninguno de sus descendientes, sino que los eliminó a todos, según la palabra que el SEÑOR dio a conocer por medio de su siervo Ahías el silonita. ³⁰Esto sucedió a raíz de los pecados que Jeroboán cometió e hizo cometer a los israelitas, con lo que provocó la ira del SEÑOR, Dios de Israel.

³¹Los demás acontecimientos del reinado de Nadab y todo lo que hizo, están escritos en el libro de las crónicas de los reyes de Israel. ³²Durante los reinados de Asá, rey de Judá, y Basá, rey de Israel, hubo guerra entre ellos.

Basá, rey de Israel

³³En el tercer año de Asá, rey de Judá, Basá, hijo de Ahías, comenzó a reinar y durante veinticuatro años reinó en Tirsá sobre todo Israel. ³⁴Basá hizo lo malo ante los ojos del SEÑOR, pues siguió el ejemplo de Jeroboán, persistiendo en el mismo pecado con que este hizo pecar a Israel.

16 En aquel tiempo, la palabra del SEÑOR vino a Jehú, hijo de Jananí, y le dio este mensaje contra Basá: ²«Yo te levanté del polvo y te hice gobernante de mi pueblo Israel, pero tú seguiste el mal ejemplo de Jeroboán e hiciste que mi pueblo Israel pecara y provocara así mi enojo. ³Por eso estoy a punto de aniquilarte y de hacer con tu familia lo mismo que hice con la de Jeroboán, hijo de Nabat. ⁴A los que mueran en la ciudad se los comerán los perros, y a los que mueran en el campo se los comerán las aves del cielo».

⁵Los demás acontecimientos del reinado de Basá, lo que hizo y atañe a sus obras, están escritos en el libro de las crónicas de los reyes de Israel. ⁶Basá murió y fue sepultado en Tirsá. Y su hijo Elá lo sucedió en el trono.

⁷Además, por medio del profeta Jehú, hijo de Jananí, la palabra del SEÑOR vino contra Basá y su familia, debido a todo lo malo que este había hecho contra el SEÑOR, provocando así su ira. Y aunque destruyó a la familia de Jeroboán, llegó a ser semejante a esta por las obras que hizo.

Elá, rey de Israel

⁸En el año veintiséis de Asá, rey de Judá, Elá, hijo de Basá, comenzó a reinar sobre Israel y reinó dos años en Tirsá. ⁹Pero conspiró contra él Zimri, uno de sus oficiales, que tenía el mando de la mitad de sus carros de combate. Estaba Elá en Tirsá, emborrachándose en la casa de Arsá, administrador de su palacio. ¹⁰En ese momento irrumpió Zimri, lo hirió de muerte y lo suplantó en el trono. Era el año veintisiete de Asá, rey de Judá.

¹¹Tan pronto como Zimri usurpó el trono, eliminó a toda la familia de Basá. Exterminó hasta el último varón, fuera pariente o amigo. ¹²Así aniquiló a toda la familia de Basá, conforme a la palabra que el SEÑOR había anunciado contra Basá por medio del profeta Jehú. ¹³Esto sucedió a raíz de todos los pecados que Basá y su hijo Elá cometieron e hicieron cometer a los israelitas, provocando con sus ídolos inútiles la ira del SEÑOR, Dios de Israel.

¹⁴Los demás acontecimientos del reinado de Elá y todo lo que hizo, están escritos en el libro de las crónicas de los reyes de Israel.

Zimri, rey de Israel

¹⁵En el año veintisiete de Asá, rey de Judá, mientras el ejército estaba acampado contra la ciudad filistea de Guibetón, Zimri reinó en Tirsá siete días. ¹⁶El mismo día en que las tropas oyeron decir que Zimri había conspirado contra el rey y lo había asesinado, allí mismo en el campamento todo Israel proclamó como rey de Israel a Omrí, el comandante del ejército. ¹⁷Entonces Omrí y todos los israelitas que estaban con él se retiraron de Guibetón y sitiaron Tirsá. ¹⁸Cuando Zimri vio que la ciudad estaba a punto de caer, se metió en la torre del palacio real y le prendió fuego. Así murió ¹⁹por los pecados que había cometido, pues hizo lo malo ante los ojos del SEÑOR, siguiendo el mal ejemplo de Jeroboán y persistiendo en el mismo pecado con que este hizo pecar a Israel.

²⁰Los demás acontecimientos del reinado de Zimri, incluso lo que atañe a su rebelión, están escritos en el libro de las crónicas de los reyes de Israel.

Omrí, rey de Israel

²¹Entonces el pueblo de Israel se dividió en dos facciones: la mitad respaldaba como rey a Tibni, hijo de Guinat, y la otra, a Omrí. ²²Pero los partidarios de Omrí derrotaron a los de Tibni, el cual murió en la contienda. Así fue como Omrí comenzó a reinar.

²³En el año treinta y uno de Asá, rey de Judá, Omrí comenzó a reinar en Israel y reinó doce años, seis de ellos en Tirsá. ²⁴A un cierto Sémer le compró el cerro de Samaria por dos talentos*ᵃ* de plata, y allí construyó una ciudad. En honor a Sémer, nombre del anterior propietario del cerro, la llamó Samaria.

²⁵Pero Omrí hizo lo malo ante los ojos del SEÑOR y pecó más que todos los reyes que lo precedieron. ²⁶Siguió el mal ejemplo de Jeroboán, hijo de Nabat, persistiendo en el mismo pecado con que este hizo pecar a Israel y provocando con sus ídolos inútiles la ira del SEÑOR, Dios de Israel.

²⁷Los demás acontecimientos del reinado de Omrí, incluso lo que atañe a las proezas que realizó, están

---

ᵃ 24 Es decir, aprox. 68 kg.

escritos en el libro de las crónicas de los reyes de Israel. ²⁸Omrí murió y fue sepultado en Samaria. Y su hijo Acab comenzó a reinar.

Acab, rey de Israel

²⁹En el año treinta y ocho de Asá, rey de Judá, Acab, hijo de Omrí, comenzó a reinar y reinó sobre Israel en Samaria veintidós años. ³⁰Acab, hijo de Omrí, hizo lo malo ante los ojos del SEÑOR, más que todos los reyes que lo precedieron. ³¹Como si hubiera sido poco el cometer los mismos pecados de Jeroboán, hijo de Nabat, también se casó con Jezabel hija de Et Baal, rey de los sidonios, y se dedicó a servir a ˚Baal y a adorarlo. ³²Le erigió un altar en el templo que le había construido en Samaria, ³³y también fabricó una imagen de la diosa ˚Aserá. En fin, hizo más para provocar la ira del SEÑOR, Dios de Israel, que todos los reyes de Israel que lo precedieron.

³⁴En tiempos de Acab, Jiel de Betel reconstruyó Jericó. Echó los cimientos a costa de la vida de Abirán, su hijo mayor, y puso las ˚puertas al precio de la vida de Segub, su hijo menor, según la palabra que el SEÑOR había dado a conocer por medio de Josué, hijo de Nun.

Elías anuncia una gran sequía

17 Ahora bien, Elías, el de Tisbé de Galaad, fue a decirle a Acab: «Tan cierto como que vive el SEÑOR, Dios de Israel, a quien yo sirvo, te aseguro que no habrá rocío ni lluvia en los próximos años, hasta que yo lo ordene».

Elías es alimentado por los cuervos

²Entonces la palabra del SEÑOR vino a Elías y le dio este mensaje: ³«Sal de aquí hacia el oriente y escóndete en el arroyo de Querit, al este del Jordán. ⁴Beberás agua del arroyo y yo ordenaré a los cuervos que te den de comer allí».

⁵Así que Elías se fue al arroyo de Querit, al este del Jordán, y allí permaneció, conforme a la palabra del SEÑOR. ⁶Por la mañana y por la tarde los cuervos le llevaban pan y carne, y bebía agua del arroyo.

La viuda de Sarepta

⁷Algún tiempo después, se secó el arroyo porque no había llovido en el país. ⁸Entonces la palabra del SEÑOR vino a él con este mensaje: ⁹«Ve ahora a Sarepta en Sidón y permanece allí. A una viuda de ese lugar le he ordenado darte de comer˚». ¹⁰Así que Elías se fue a Sarepta. Al llegar a la ˚puerta de la ciudad, encontró a una viuda que recogía leña. La llamó y le dijo:

—Por favor, tráeme una vasija con un poco de agua para beber.

¹¹Mientras ella iba por el agua, él volvió a llamarla y le pidió:

—Tráeme también, por favor, un pedazo de pan.

¹²—Tan cierto como el SEÑOR tu Dios vive —respondió ella—, no me queda ni un pedazo de pan; solo tengo un puñado de harina en la tinaja y un poco de aceite en el jarro. Precisamente estaba recogiendo unos leños para llevármelos a casa y hacer una comida para mi hijo y para mí. ¡Será nuestra última comida antes de morirnos de hambre!

¹³—No temas —le dijo Elías—. Vuelve a casa y haz lo que pensabas hacer. Pero antes prepárame un panecillo con lo que tienes y tráemelo; luego haz algo para ti y para tu hijo. ¹⁴Porque así dice el SEÑOR, Dios de Israel: "No se agotará la harina de la tinaja ni se acabará el aceite del jarro, hasta el día en que el SEÑOR haga llover sobre la tierra".

¹⁵Ella fue e hizo lo que había dicho Elías, de modo que cada día hubo comida para ella y su hijo, como

también para Elías. ¹⁶Y tal como la palabra del SEÑOR lo había anunciado por medio de Elías, no se agotó la harina de la tinaja ni se acabó el aceite del jarro.

¹⁷Poco después se enfermó el hijo de aquella viuda y tan grave se puso que finalmente expiró. ¹⁸Entonces ella le reclamó a Elías:

—¿Por qué te entrometes, hombre de Dios? ¿Viniste a recordarme mi pecado y a matar a mi hijo!

¹⁹—Dame a tu hijo —contestó Elías.

Y quitándoselo del regazo, Elías lo llevó al cuarto de arriba, donde estaba alojado, y lo acostó en su propia cama. ²⁰Entonces clamó al SEÑOR: «SEÑOR mi Dios, ¿también a esta viuda, que me ha dado alojamiento, la haces sufrir matándole a su hijo?». ²¹Luego se tendió tres veces sobre el muchacho y clamó: «¡SEÑOR mi Dios, devuélvele la ˚vida a este muchacho!».

²²El SEÑOR oyó el clamor de Elías y el muchacho volvió a la vida. ²³Elías tomó al muchacho y lo llevó de su cuarto a la planta baja. Se lo entregó a su madre y le dijo:

—¡Tu hijo vive! ¡Aquí lo tienes!

²⁴Entonces la mujer dijo a Elías:

—Ahora sé que eres un hombre de Dios y que lo que sale de tu boca es realmente la palabra del SEÑOR.

Elías y Abdías

18 Después de un largo tiempo, en el tercer año, la palabra del SEÑOR vino a Elías y le dio este mensaje: «Ve y preséntate ante Acab, que voy a enviar lluvia sobre la tierra». ²Así que Elías se puso en camino para presentarse ante Acab.

En Samaria había mucha hambre. ³Por lo tanto, Acab mandó llamar a Abdías, quien administraba su palacio y era temeroso del SEÑOR. ⁴Como Jezabel estaba acabando con los profetas del SEÑOR, Abdías había tomado a cien de ellos y los había escondido en dos cuevas, cincuenta en cada una, y les había dado de comer y de beber. ⁵Acab instruyó a Abdías: «Recorre todo el país en busca de fuentes y ríos. Tal vez encontremos pasto para mantener vivos los caballos y las mulas, y no perdamos nuestras bestias». ⁶Así que se dividieron la tierra que iban a recorrer: Acab se fue en una dirección y Abdías en la otra.

⁷Abdías iba por su camino cuando Elías le salió al encuentro. Al reconocerlo, Abdías se postró rostro en tierra y le preguntó:

—Mi señor Elías, ¿de veras es usted?

⁸—Sí, soy yo —respondió—. Ve a decirle a tu amo que aquí estoy.

⁹—¿Qué mal ha hecho este servidor suyo —preguntó Abdías—, para que me entregue a Acab y él me mate? ¹⁰Tan cierto como que el SEÑOR su Dios vive, no hay nación ni reino adonde mi amo no haya mandado a buscarlo. Y a cuantos afirmaban que usted no estaba allí, él los hacía jurar que no lo habían encontrado. ¹¹Y ahora usted me ordena que vaya a mi amo y le diga que usted está aquí? ¹²¡Qué sé yo adónde lo va a llevar el Espíritu del SEÑOR cuando nos separemos! Si voy y le digo a Acab que usted está aquí, y luego él no lo encuentra, ¡me matará! Tenga usted en cuenta que yo, su servidor, he sido temeroso del SEÑOR desde mi juventud. ¹³¿No le han contado a mi señor lo que hice cuando Jezabel estaba matando a los profetas del SEÑOR? ¡Pues escondí a cien de los profetas del SEÑOR en dos cuevas, cincuenta en cada una, y les di de comer y de beber! ¹⁴Y ahora usted me ordena que vaya a mi amo y le diga que usted está aquí! ¡De seguro me matará!

¹⁵Elías respondió:

—Tan cierto como que vive el SEÑOR de los Ejércitos, a quien sirvo, te aseguro que hoy me presentaré ante Acab.

Elías en el monte Carmelo

¹⁶Abdías fue a buscar a Acab y le informó de lo sucedido, así que este fue al encuentro de Elías ¹⁷y cuando lo vio, le preguntó:

—¿Eres tú el que le está creando problemas a Israel?

¹⁸—No soy yo quien le está creando problemas a Israel —respondió Elías—. Quienes se los crean son tú y tu familia, porque han abandonado los mandamientos del SEÑOR y se han ido tras los *baales. ¹⁹Ahora convoca de todas partes al pueblo de Israel, para que se reúna conmigo en el monte Carmelo con los cuatrocientos cincuenta profetas de Baal y los cuatrocientos profetas de la diosa *Aserá que se sientan a la mesa de Jezabel.

²⁰Acab convocó en el monte Carmelo a todos los israelitas y a los profetas. ²¹Elías se presentó ante el pueblo y dijo:

—¿Hasta cuándo van a seguir indecisos?ᵃ Si el Dios verdadero es el SEÑOR, deben seguirlo; pero si es Baal, síganlo a él.

El pueblo no dijo una sola palabra. ²²Entonces Elías añadió:

—Yo soy el único que ha quedado de los profetas del SEÑOR; en cambio, Baal cuenta con cuatrocientos cincuenta profetas. ²³Tráigannos dos novillos. Que escojan ellos uno, lo descuarticen y pongan los pedazos sobre la leña, pero sin prenderle fuego. Yo prepararé el otro novillo y lo pondré sobre la leña, pero tampoco le prenderé fuego. ²⁴Entonces invocarán ellos el *nombre de su dios y yo invocaré el nombre del SEÑOR. El que responda con fuego, ese es el Dios verdadero.

Y todo el pueblo estuvo de acuerdo.

²⁵Entonces Elías dijo a los profetas de Baal:

—Ya que ustedes son tantos, escojan uno de los novillos y prepárenlo primero. Invoquen luego el nombre de su dios, pero no prendan fuego.

²⁶Los profetas de Baal tomaron el novillo que les dieron y lo prepararon e invocaron el nombre de su dios desde la mañana hasta el mediodía.

—¡Baal, respóndenos! —gritaban, mientras daban brincos alrededor del altar que habían hecho.

Pero no se escuchó nada, pues nadie respondió. ²⁷Al mediodía Elías comenzó a burlarse de ellos:

—¡Griten más fuerte! —decía—. Seguro que es un dios, pero tal vez esté meditando o esté ocupado o de viaje. ¡A lo mejor se ha quedado dormido y hay que despertarlo!

²⁸Comenzaron entonces a gritar más fuerte y, como era su costumbre, se cortaron con cuchillos y lanzas hasta quedar bañados en sangre. ²⁹Pasó el mediodía y siguieron en este trance profético hasta la hora del sacrificio vespertino. Pero no se escuchó nada, pues nadie respondió ni prestó atención.

³⁰Entonces Elías dijo a todo el pueblo:

—¡Acérquense a mí!

Así lo hicieron. Y como estaba en ruinas el altar del SEÑOR, Elías lo reparó. ³¹Luego recogió doce piedras, una por cada tribu descendiente de Jacob, a quien el SEÑOR le había puesto por nombre Israel. ³²Con las piedras construyó un altar en honor del SEÑOR, y alrededor cavó una zanja en que cabían dos seahsᵇ de semillas. ³³Colocó la leña, descuartizó el novillo, puso los pedazos sobre la leña ³⁴y dijo:

—Llenen de agua cuatro cántaros y vacíenlos sobre el *holocausto y la leña.

Luego dijo:

—Vuelvan a hacerlo.

Y así lo hicieron.

—¡Háganlo una vez más! —les ordenó.

Y por tercera vez vaciaron los cántaros. ³⁵El agua corría alrededor del altar hasta llenar la zanja.

³⁶A la hora del sacrificio vespertino, el profeta Elías dio un paso adelante y oró así: «SEÑOR, Dios de Abraham, de Isaac y de Israel, que todos sepan hoy que tú eres Dios en Israel y que yo soy tu siervo y he hecho todo esto en obediencia a tu palabra. ³⁷¡Respóndeme, SEÑOR, respóndeme, para que esta gente reconozca que tú, SEÑOR, eres Dios y estás haciendo que su *corazón se vuelva a ti!».

³⁸En ese momento, cayó el fuego del SEÑOR y quemó el holocausto, la leña, las piedras y el suelo, y hasta lamió el agua de la zanja.

³⁹Cuando vieron esto, todos se postraron y exclamaron: «¡El SEÑOR es Dios! ¡El SEÑOR es Dios!».

⁴⁰Luego Elías ordenó:

—¡Agarren a los profetas de Baal! ¡Que no escape ninguno!

Tan pronto como los agarraron, Elías hizo que los bajaran al arroyo Quisón y allí los ejecutó. ⁴¹Entonces Elías dijo a Acab:

—Anda a tu casa, y come y bebe, porque ya se oye el ruido de un torrentoso aguacero.

⁴²Acab se fue a comer y beber, pero Elías subió a la cumbre del Carmelo, se inclinó hasta el suelo y puso el rostro entre las rodillas.

⁴³—Ve y mira hacia el mar —ordenó a su criado.

El criado fue, miró y dijo:

—No se ve nada.

Siete veces le ordenó Elías que fuera a ver, ⁴⁴y la séptima vez el criado le informó:

—Desde el mar viene subiendo una nube. Es tan pequeña como una mano.

Entonces Elías ordenó:

—Ve y dile a Acab: "Engancha el carro y vete antes de que la lluvia te detenga".

⁴⁵Las nubes fueron oscureciendo el cielo; luego se levantó el viento y se desató una fuerte lluvia. Y Acab se fue en su carro hacia Jezrel. ⁴⁶Entonces el poder del SEÑOR vino sobre Elías, quien se ajustó el manto con el cinturón, se echó a correr y llegó a Jezrel antes que Acab.

Elías huye a Horeb

19 Acab contó a Jezabel todo lo que Elías había hecho y cómo había matado a todos los profetas a filo de espada. ²Entonces Jezabel envió un mensajero a Elías para decirle: «¡Que los dioses me castiguen sin piedad si mañana a esta hora no te he quitado la *vida como tú se la quitaste a ellos!».

³Elías se asustóᶜ y huyó para ponerse a salvo. Cuando llegó a Berseba de Judá, dejó allí a su criado ⁴y caminó todo un día por el desierto. Llegó adonde había un arbusto de *retama y se sentó a su sombra con ganas de morirse. «¡Estoy harto, SEÑOR! —protestó—. Quítame la vida, pues no soy mejor que mis antepasados». ⁵Luego se acostó debajo del arbusto y se quedó dormido.

De repente, un ángel lo tocó y le dijo: «Levántate y come». ⁶Elías miró a su alrededor y vio a su cabecera un panecillo cocido sobre brasas y un jarro de agua. Comió, bebió y volvió a acostarse.

⁷El ángel del SEÑOR regresó y, tocándolo, le dijo: «Levántate y come, porque te espera un largo viaje». ⁸Elías se levantó, comió, bebió y, una vez fortalecido por aquella comida, viajó cuarenta días y cuarenta noches hasta que llegó a Horeb, el monte de Dios. ⁹Allí pasó la noche en una cueva.

El SEÑOR se aparece a Elías

Más tarde, la palabra del SEÑOR vino a él.

—¿Qué haces aquí, Elías? —le preguntó.

ᵃ 21 *seguir indecisos. Lit. estar cojeando con dos muletas.*
ᵇ 32 Es decir, aprox. 11 kg.   ᶜ 3 *se asustó. Alt. vio.*

¹⁰Él respondió:

—Me consume mi amor*ᵃ* por ti, SEÑOR Dios de los Ejércitos. Los israelitas han rechazado tu ˙pacto, han derribado tus altares y a tus profetas los han matado a filo de espada. Yo soy el único que ha quedado con vida, ¡y ahora quieren matarme a mí también!

¹¹El SEÑOR le ordenó:

—Sal y preséntate ante mí en la montaña, porque estoy a punto de pasar por allí.

Mientras estaba allí, el SEÑOR pasó y vino un viento recio, tan violento que partió las montañas y destrozó las rocas, pero el SEÑOR no estaba en el viento. Después del viento hubo un terremoto, pero el SEÑOR tampoco estaba en el terremoto. ¹²Tras el terremoto vino un fuego, pero el SEÑOR tampoco estaba en el fuego. Y después del fuego vino un suave murmullo. ¹³Cuando Elías lo oyó, se cubrió el rostro con el manto y, saliendo, se puso a la entrada de la cueva.

Entonces oyó una voz que le dijo:

—¿Qué haces aquí, Elías?

¹⁴Él respondió:

—Me consume mi amor por ti, SEÑOR Dios de los Ejércitos. Los israelitas han rechazado tu pacto, han derribado tus altares y a tus profetas los han matado a filo de espada. Yo soy el único que ha quedado con vida, ¡y ahora quieren matarme a mí también!

¹⁵El SEÑOR le dijo:

—Regresa por el mismo camino y ve al desierto de Damasco. Cuando llegues allá, unge a Jazael como rey de Aram ¹⁶y a Jehú, hijo de Nimsi, como rey de Israel; unge también a Eliseo, hijo de Safat, de Abel Mejolá, para que te suceda como profeta. ¹⁷Jehú dará muerte a cualquiera que escape de la espada de Jazael y Eliseo dará muerte a cualquiera que escape de la espada de Jehú. ¹⁸Sin embargo, yo preservaré a siete mil israelitas que no se han arrodillado ante ˙Baal ni lo han besado.

El llamamiento de Eliseo

¹⁹Elías salió de allí y encontró a Eliseo, hijo de Safat, que estaba arando. Había doce yuntas de bueyes en fila y él mismo conducía la última. Elías pasó junto a Eliseo y arrojó su manto sobre él. ²⁰Entonces Eliseo dejó sus bueyes y corrió tras Elías.

—Permítame despedirme de mi padre y de mi madre con un beso —dijo él—, y luego lo seguiré.

—Anda, ve —respondió Elías—. Yo no te lo voy a impedir.*ᵇ*

²¹Eliseo lo dejó y regresó. Tomó su yunta de bueyes y los sacrificó. Quemó la madera de la yunta, asó la carne, se la dio al pueblo y ellos comieron. Luego partió para seguir a Elías y se puso a su servicio.

Ben Adad ataca a Samaria

20 Entonces Ben Adad, rey de Aram, reunió a todo su ejército y acompañado por treinta y dos reyes con sus caballos y carros de combate, salió a hacerle guerra a Samaria y la sitió. ²Envió a la ciudad mensajeros para que le dijeran a Acab, rey de Israel: «Así dice Ben Adad: ³"Tu oro y tu plata son míos, lo mismo que tus mujeres y tus hermosos hijos"».

⁴El rey de Israel envió esta respuesta: «Tal como usted dice, mi señor y rey, yo soy suyo con todo lo que tengo».

⁵Los mensajeros volvieron a Acab y le dijeron: «Así dice Ben Adad: "Mandé a decirte que me entregaras tu oro y tu plata, tus esposas y tus hijos. ⁶Por tanto, mañana como a esta hora voy a enviar a mis funcionarios a requisar tu palacio y las casas de tus funcionarios. Se apoderarán de todo lo que más valoras y se lo llevarán"».

⁷El rey de Israel mandó llamar a todos los jefes del país y les dijo:

—¡Miren cómo este hombre nos quiere causar problemas! Cuando mandó que le entregara mis esposas y mis hijos, mi oro y mi plata, no se los negué.

⁸Los jefes y todos los del pueblo respondieron:

—No le haga caso ni ceda a sus exigencias.

⁹Así que Acab respondió a los mensajeros de Ben Adad:

—Díganle a mi señor y rey: "Yo, su servidor, haré todo lo que me pidió la primera vez, pero no puedo satisfacer esta nueva exigencia.

Ellos regresaron a Ben Adad con esa respuesta.

¹⁰Entonces Ben Adad le envió otro mensaje a Acab: «Que los dioses me castiguen sin piedad si queda en Samaria el polvo suficiente para que mis hombres se lleven un puñado».

¹¹Pero el rey de Israel respondió: «Díganle que no se vista de orgullo antes de ponerse la armadura, que espere a quitársela».*ᶜ*

¹²Cuando Ben Adad recibió este mensaje, estaba bebiendo con los reyes en su campamento.*ᵈ* De inmediato ordenó a sus tropas: «¡A las armas!». Así que se prepararon para atacar la ciudad.

Acab derrota a Ben Adad

¹³Mientras tanto, un profeta se presentó ante Acab, rey de Israel, y le anunció:

—Así dice el SEÑOR: "¿Ves ese enorme ejército? Hoy lo entregaré en tus manos, entonces sabrás que yo soy el SEÑOR".

¹⁴—¿Por medio de quién lo hará? —preguntó Acab.

—Así dice el SEÑOR —respondió el profeta—: "Lo haré por medio de los cadetes".*ᵉ*

—¿Y quién iniciará el combate? —insistió Acab.

—Tú mismo —respondió el profeta.

¹⁵Así que Acab pasó revista a los cadetes que sumaban doscientos treinta y dos hombres. También pasó revista a las demás tropas israelitas: siete mil en total. ¹⁶Se pusieron en marcha al mediodía, mientras Ben Adad y los treinta y dos reyes aliados que estaban con él seguían emborrachándose en su campamento. ¹⁷Los cadetes formaban la vanguardia. Cuando los exploradores que Ben Adad había enviado le informaron que unos soldados estaban avanzando desde Samaria, ¹⁸ordenó: «¡Captúrenlos vivos, sea que vengan en son de paz o en son de guerra!».

¹⁹Los cadetes salieron de la ciudad al frente del ejército. ²⁰Cada soldado abatió a su adversario y los arameos tuvieron que huir. Los israelitas los persiguieron, pero Ben Adad, rey de Aram, escapó a caballo con algunos de sus jinetes. ²¹El rey de Israel avanzó, mató a los caballos y destruyó los carros, de modo que los arameos sufrieron una gran derrota.

²²Más tarde, el profeta se presentó ante el rey de Israel y le dijo: «Vaya, refuerce el ejército y trace un buen plan, porque el año entrante el rey de Aram volverá a atacar».

²³Por otra parte, los funcionarios del rey de Aram le aconsejaron: «Los dioses de los israelitas son dioses de las montañas. Por eso son demasiado fuertes para nosotros. Pero, si peleamos contra ellos en las llanuras, sin duda los venceremos. ²⁴Haga usted lo siguiente: Destituya a todos los reyes y reemplácelos por otros gobernadores. ²⁵Prepare usted también un ejército como el que perdió, caballo por caballo y carro por carro, para atacar a Israel en las llanuras. ¡Sin duda los venceremos!».

ᵃ 10 amor. Alt. celo; también en v. 14. ᵇ 20 Yo no te lo voy a impedir. Alt. Pero recuerda lo que he hecho por ti. ᶜ 11 Díganle … quitársela. «Díganle que no cante victoria antes de tiempo». ᵈ 12 en su campamento. Alt. en Sucot; también en v. 16. ᵉ 14 los cadetes. Lit. los jóvenes de los comandantes provinciales; también en vv. 15, 17 y 19.

Ben Adad estuvo de acuerdo y así lo hizo.

²⁶Al año siguiente, pasó revista a las tropas arameas y marchó a Afec para atacar a Israel. ²⁷Acab, por su parte, pasó revista a las tropas israelitas y las aprovisionó. Estas se pusieron en marcha para salir al encuentro de los arameos y acamparon frente a ellos. Parecían pequeños rebaños de cabras, mientras que los arameos cubrían todo el campo.

²⁸El hombre de Dios se presentó ante el rey de Israel y le dijo: «Así dice el SEÑOR: "Por cuanto los arameos piensan que el SEÑOR es un dios de las montañas y no un dios de los valles, yo te voy a entregar este enorme ejército en tus manos, y así sabrás que yo soy el SEÑOR"».

²⁹Siete días estuvieron acampados los unos frente a los otros y el séptimo día se desató el combate. En un solo día los israelitas le causaron cien mil bajas a la infantería aramea. ³⁰Los demás soldados huyeron a Afec, pero la muralla de la ciudad se desplomó sobre veintisiete mil de ellos. Ben Adad, que también se había escapado a la ciudad, andaba de escondite en escondite.

³¹Entonces sus funcionarios le dijeron: «Hemos oído decir que los reyes del linaje de Israel son compasivos. Presentémonos ante el rey de Israel con ropas ásperas y sogas en el cuello en señal de humillación. Tal vez le perdone a usted la ˙vida».

³²Se presentaron ante el rey de Israel con ropas ásperas y sogas en el cuello en señal de humillación y le rogaron:

—Su siervo Ben Adad dice: "Por favor, perdóname la vida".

—¿Todavía está vivo? —preguntó el rey—. ¡Pero si es mi hermano!

³³Los hombres tomaron esa respuesta como un buen augurio y, aprovechando la ocasión, exclamaron:

—¡Claro que sí, Ben Adad es su hermano!

—Vayan por él —dijo el rey.

Cuando Ben Adad se presentó ante Acab, este lo hizo subir a su carro de combate. ³⁴Entonces Ben Adad le propuso:

—Te devolveré las ciudades que mi padre le quitó al tuyo y podrás establecer zonas de mercado en Damasco, como lo hizo mi padre en Samaria.

Acab respondió:

—Sobre esa base, te dejaré en libertad.

Y así firmó un tratado con él y lo dejó ir.

Un profeta condena a Acab

³⁵En obediencia a la palabra del SEÑOR, un miembro de la comunidad de profetas le dijo a otro:

—¡Golpéame!

Pero aquel se negó a hacerlo.

³⁶Entonces el profeta dijo:

—Por cuanto no has obedecido al SEÑOR, tan pronto como nos separemos te matará un león.

Y después de que el profeta se fue, un león le salió al paso y lo mató.

³⁷Más adelante, el mismo profeta encontró a otro hombre y le dijo: «¡Golpéame!». Así que el hombre lo golpeó y lo hirió. ³⁸Luego el profeta salió a esperar al rey a la vera del camino, cubierto el rostro con un antifaz. ³⁹Cuando pasaba el rey, el profeta le gritó:

—Este servidor suyo entró en lo más reñido de la batalla. Allí alguien se me presentó con un prisionero y me dijo: "Hazte cargo de este hombre. Si se te escapa, pagarás su ˙vida con la tuya o con un talentoᵃ de plata". ⁴⁰Mientras este servidor suyo estaba ocupado en otras cosas, el hombre se escapó.

—¡Esa es tu sentencia! —respondió el rey de Israel—. Tú mismo has tomado la decisión.

⁴¹En el acto, el profeta se quitó el antifaz y el rey de Israel se dio cuenta de que era uno de los profetas. ⁴²Y le dijo al rey:

—Así dice el SEÑOR: "Has dejado en libertad a un hombre que yo había condenado a muerte.ᵇ Por lo tanto, pagarás su vida con la tuya y su pueblo con el tuyo".

⁴³Entonces el rey de Israel, deprimido y malhumorado, volvió a su palacio en Samaria.

El viñedo de Nabot

21 Un tiempo después sucedió lo siguiente: Nabot, el jezrelita, tenía un viñedo en Jezrel, el cual colindaba con el palacio de Acab, rey de Samaria. ²Este dijo a Nabot:

—Dame tu viñedo para hacerme una huerta de hortalizas, ya que está tan cerca de mi palacio. A cambio de él te daré un viñedo mejor o, si lo prefieres, te pagaré lo que valga.

³Pero Nabot le respondió:

—¡El SEÑOR me libre de venderle a usted lo que heredé de mis antepasados!

⁴Acab se fue a su casa deprimido y malhumorado porque Nabot, el jezrelita, le había dicho: «No puedo cederle a usted lo que heredé de mis antepasados». De modo que se acostó de cara a la pared y no quiso comer. ⁵Su esposa Jezabel entró y le preguntó:

—¿Por qué estás tan angustiado que ni comer quieres?

⁶—Porque le dije a Nabot, el jezrelita, que me vendiera su viñedo o que, si lo prefería, se lo cambiaría por otro; pero él se negó.

⁷Ante esto, su esposa Jezabel le dijo:

—¿Y no eres tú quien manda en Israel? ¡Levántate y come, que te hará bien! Yo te conseguiré el viñedo del tal Nabot.

⁸De inmediato escribió cartas en nombre de Acab, puso en ellas el sello del rey, y las envió a los jefes y nobles que vivían en la ciudad de Nabot. ⁹En las cartas decía:

«Decreten un día de ayuno y den a Nabot un lugar prominente en la asamblea del pueblo. ¹⁰Pongan frente a él a dos hombres perversos y háganlos testificar que él ha maldecido tanto a Dios como al rey. Luego sáquenlo y mátenlo a pedradas».

¹¹Los jefes y nobles que vivían en esa ciudad acataron lo que Jezabel había ordenado en sus cartas. ¹²Decretaron un día de ayuno y le dieron a Nabot un lugar prominente en la asamblea. ¹³Llegaron los dos hombres perversos, se sentaron frente a él y lo acusaron ante el pueblo, diciendo: «¡Nabot ha maldecido a Dios y al rey!». Como resultado, la gente lo llevó fuera de la ciudad y lo mató a pedradas. ¹⁴Entonces le informaron a Jezabel: «Nabot ha sido apedreado y está muerto».

¹⁵Tan pronto como Jezabel se enteró de que Nabot había muerto a pedradas, dijo a Acab: ¡Vamos! Toma posesión del viñedo que Nabot, el jezrelita, se negó a venderte. Ya no vive; está muerto». ¹⁶Cuando Acab se enteró de que Nabot había muerto, fue a tomar posesión del viñedo.

¹⁷Entonces la palabra del SEÑOR vino a Elías el tisbita y le dio este mensaje: ¹⁸«Ve a encontrarte con Acab, rey de Israel, que gobierna en Samaria. En este momento se encuentra en el viñedo de Nabot, tomando posesión de este. ¹⁹Dile que así dice el SEÑOR: "¿No has asesinado a un hombre y encima te has adueñado de su propiedad?". Luego dile que así

ᵃ 39 Es decir, aprox. 34 kg. ᵇ 42 un hombre … muerte. Lit. al hombre de mi destrucción.

también dice el SEÑOR: "¡En el mismo lugar donde los perros lamieron la sangre de Nabot, lamerán también tu propia sangre!"».

²⁰Acab respondió a Elías:

—¡Mi enemigo! ¿Así que me has encontrado?

—Sí —contestó Elías—, te he encontrado porque te has vendido para hacer lo que ofende al SEÑOR. ²¹Y él ahora te dice: "Voy a enviarte una desgracia. Acabaré contigo y entre tus descendientes en Israel exterminaré hasta el último varón, esclavo o libre. ²²Haré con tu familia lo mismo que hice con la de Jeroboán, hijo de Nabat, y con la de Basá, hijo de Ahías, porque has provocado mi ira y has hecho que Israel peque".

²³»Y en cuanto a Jezabel, el SEÑOR dice: "Los perros se la comerán junto al muro de Jezrel".

²⁴»También a los familiares de Acab que mueran en la ciudad se los comerán los perros y a los que mueran en el campo se los comerán las aves del cielo».

²⁵Nunca hubo nadie como Acab que, animado por Jezabel su esposa, se prestara para hacer lo malo ante los ojos del SEÑOR. ²⁶Su conducta fue repugnante, pues siguió a los ídolos, como lo habían hecho los amorreos, a quienes el SEÑOR expulsó de la presencia de Israel.

²⁷Cuando Acab escuchó estas palabras, se rasgó las vestiduras, se vistió de luto y ayunó. Dormía vestido así y andaba deprimido.

²⁸Entonces la palabra del SEÑOR vino a Elías el tisbita y le dio este mensaje: ²⁹«¿Has notado cómo Acab se ha humillado ante mí? Por cuanto se ha humillado, no enviaré esta desgracia mientras él viva, sino que la enviaré a su familia durante el reinado de su hijo».

Micaías profetiza contra Acab
22:1-28 – 2Cr 18:1-27

22 Durante tres años no hubo guerra entre Aram e Israel. ²Pero en el tercer año Josafat, rey de Judá, fue a ver al rey de Israel, ³el cual dijo a sus funcionarios: «¿No saben que Ramot de Galaad nos pertenece? ¡Y no hemos hecho nada para obligar al rey de Aram a que nos la devuelva!».

⁴Así que preguntó a Josafat:

—¿Irías conmigo a pelear contra Ramot de Galaad?

Josafat respondió al rey de Israel:

—Estoy a tu disposición, lo mismo que mi pueblo y mis caballos.

⁵Pero Josafat también le dijo al rey de Israel:

—Antes que nada, consultemos al SEÑOR.

⁶Así que el rey de Israel reunió a los profetas, que eran unos cuatrocientos y les preguntó:

—¿Debo ir a la guerra contra Ramot de Galaad o no?

—Vaya usted —contestaron ellos—, porque el Señor la ha entregado en manos de Su Majestad.

⁷Pero Josafat inquirió:

—¿No hay aquí un profeta del SEÑOR a quien podamos consultar?

⁸El rey de Israel respondió:

—Todavía hay alguien por medio de quien podemos consultar al SEÑOR, pero me cae muy mal porque nunca me profetiza nada bueno; solo me anuncia desastres. Se trata de Micaías, hijo de Imlá.

—No digas eso —respondió Josafat.

⁹Entonces el rey de Israel llamó a uno de sus funcionarios y ordenó:

—¡Traigan de inmediato a Micaías, hijo de Imlá!

¹⁰El rey de Israel y Josafat, rey de Judá, vestidos con sus trajes reales y sentados en sus respectivos tronos, estaban en la plaza a la ⸰entrada de Samaria con todos los que profetizaban en su presencia. ¹¹Sedequías, hijo de Quenaná, que se había hecho unos cuernos de hierro, anunció: «Así dice el SEÑOR:

"Con estos cuernos atacarás a los arameos hasta aniquilarlos"».

¹²Y los demás profetas vaticinaban lo mismo: «Ataque usted a Ramot de Galaad y vencerá, porque el SEÑOR la entregará en manos de Su Majestad».

¹³Ahora bien, el mensajero que había ido a llamar a Micaías le advirtió:

—Mira, los demás profetas a una voz predicen el éxito del rey. Habla favorablemente, para que tu mensaje concuerde con el de ellos.

¹⁴Pero Micaías repuso:

—Tan cierto como que el SEÑOR vive, anunciaré al rey lo que el SEÑOR me diga.

¹⁵Cuando compareció ante el rey, este le preguntó:

—Micaías, ¿debemos ir a la guerra contra Ramot de Galaad o no?

—Ataque y vencerá —contestó él—, porque el SEÑOR la ha entregado en manos de Su Majestad.

¹⁶El rey le reclamó:

—¿Cuántas veces debo hacerte jurar que no me digas nada más que la verdad en el ⸰nombre del SEÑOR?

¹⁷Ante esto, Micaías concedió:

—Vi a todo Israel esparcido por las colinas como ovejas sin ⸰pastor. Y el SEÑOR dijo: "Esta gente no tiene amo. ¡Que cada cual se vaya a su casa en ⸰paz!".

¹⁸El rey de Israel dijo a Josafat:

—¿No te dije que jamás me profetiza nada bueno y que solo me anuncia desastres?

¹⁹Micaías prosiguió:

—Por lo tanto, oiga usted la palabra del SEÑOR: Vi al SEÑOR sentado en su trono con todo el ejército del cielo alrededor de él, a su derecha y a su izquierda. ²⁰Y el SEÑOR dijo: "¿Quién seducirá a Acab para que ataque a Ramot de Galaad y vaya a morir allí?".

»Uno sugería una cosa y otro sugería otra. ²¹Por último, un espíritu se adelantó, se puso delante del SEÑOR y dijo: "Yo lo seduciré". "¿Por qué medios?", preguntó el SEÑOR.

²²»Y aquel espíritu respondió: "Saldré y seré un espíritu mentiroso en la boca de todos sus profetas". Entonces el SEÑOR ordenó: "Ve y hazlo así, que tendrás éxito en seducirlo".

²³»Así que ahora el SEÑOR ha puesto un espíritu mentiroso en la boca de todos estos profetas suyos. El SEÑOR ha decretado para usted la calamidad».

²⁴Al oír esto, Sedequías, hijo de Quenaná, se levantó y le dio una bofetada a Micaías.

—¿Por dónde se fue el espíritu*ᵃ* del SEÑOR cuando salió de mí para hablarte? —preguntó.

²⁵Micaías contestó:

—Lo sabrás el día en que andes de escondite en escondite.

²⁶Entonces el rey de Israel ordenó:

—Tomen a Micaías y llévenselo a Amón, el gobernador de la ciudad, y a Joás, mi hijo. ²⁷Díganles que ordeno que lo echen en la cárcel y solo le den pan y agua, hasta que yo regrese sin contratiempos.

²⁸Micaías manifestó:

—Si regresas en paz, el SEÑOR no ha hablado por medio de mí. ¡Tomen nota todos ustedes de lo que estoy diciendo!

Muerte de Acab en Ramot de Galaad
22:29-36 – 2Cr 18:28-34

²⁹El rey de Israel y Josafat, rey de Judá, marcharon juntos contra Ramot de Galaad. ³⁰Allí el rey de Israel dijo a Josafat: «Yo entraré a la batalla disfrazado, pero tú te pondrás tu traje real». Así que el rey de Israel se disfrazó y entró al combate.

ᵃ 24 espíritu. Alt. *Espíritu.*

³¹Pero el rey de Aram había ordenado a sus treinta y dos comandantes de los carros de combate: «No luchen contra nadie, grande o pequeño, salvo contra el rey de Israel». ³²Cuando los comandantes de los carros vieron a Josafat, pensaron: «Sin duda, este es el rey de Israel». Así que se volvieron para atacarlo; pero Josafat gritó. ³³Entonces los comandantes de los carros vieron que no era el rey de Israel y dejaron de perseguirlo.

³⁴Sin embargo, alguien disparó su arco al azar e hirió al rey de Israel entre las piezas de su armadura. El rey ordenó al que conducía su carro: «Da la vuelta y sácame del campo de batalla, pues me han herido». ³⁵Todo el día arreció la batalla y al rey se le mantuvo de pie en su carro, frente a los arameos. Pero la sangre de su herida no dejaba de correr por el piso del carro; esa misma tarde Acab murió. ³⁶Ya se ponía el sol cuando por todo el ejército se difundió un clamor: «Cada hombre a su ciudad. ¡Todo el mundo a su tierra!».

³⁷Así que el rey murió y fue llevado a Samaria donde lo sepultaron. ³⁸Lavaron el carro en un estanque de Samaria, donde se bañaban las prostitutas, y los perros lamieron la sangre, tal como lo había declarado la palabra del SEÑOR.

³⁹Los demás acontecimientos del reinado de Acab, incluso todo lo que hizo, el palacio que construyó e incrustó de marfil y las ciudades que fortificó, están escritos en el libro de las crónicas de los reyes de Israel. ⁴⁰Acab murió y su hijo Ocozías lo sucedió en el trono.

Josafat, rey de Judá
22:41-50 – 2Cr 20:31–21:1

⁴¹Josafat, hijo de Asá, comenzó a reinar en Judá en el cuarto año de Acab, rey de Israel. ⁴²Josafat tenía treinta y cinco años cuando comenzó a reinar y reinó en Jerusalén veinticinco años. El nombre de su madre era Azuba, hija de Siljí. ⁴³Siguió el buen ejemplo de su padre Asá y nunca se desvió de él, sino que hizo lo que agrada al SEÑOR. Sin embargo, no se quitaron los altares paganos, de modo que el pueblo siguió ofreciendo allí sacrificios e incienso quemado. ⁴⁴Josafat también vivió en paz con el rey de Israel.

⁴⁵Los demás acontecimientos del reinado de Josafat, lo que llevó a cabo y sus proezas militares, están escritos en el libro de las crónicas de los reyes de Judá. ⁴⁶Libró la tierra del resto de los hombres que practicaban la prostitución en los santuarios, los cuales se habían quedado allí incluso después del reinado de su padre Asá. ⁴⁷En aquel tiempo no había rey en Edom, sino que gobernaba un regente.

⁴⁸Por esos días Josafat construyó una flota mercanteᵃ para ir a Ofir por oro, pero nunca llegaron a zarpar, pues naufragaron en Ezión Guéber. ⁴⁹Entonces Ocozías, hijo de Acab, dijo a Josafat: «Deja que mis hombres naveguen con tus hombres». Pero Josafat no se lo permitió.

⁵⁰Josafat murió y fue sepultado con sus antepasados en la ciudad de su padre David; su hijo Jorán lo sucedió en el trono.

Ocozías, rey de Israel
⁵¹Ocozías, hijo de Acab, comenzó a reinar sobre Israel en Samaria en el año diecisiete de Josafat, rey de Judá, y reinó dos años en Israel. ⁵²Pero hizo lo malo ante los ojos del SEÑOR, porque siguió el ejemplo de su padre y de su madre, y de Jeroboán, hijo de Nabat, que hizo pecar a Israel. ⁵³Sirvió y adoró a `Baal, y provocó a ira al SEÑOR, Dios de Israel, tal como lo había hecho su padre.

ᵃ 48 una flota mercante. Lit. unos barcos de Tarsis.

Reyes

El juicio del SEÑOR contra Ocozías

1 Después de la muerte de Acab, la nación de Moab se rebeló contra Israel. ²Ocozías, que se había herido al caerse por la ventana del piso superior de su palacio en Samaria, despachó a unos mensajeros con este encargo: «Vayan y consulten a ˚Baal Zebub, dios de Ecrón, para saber si voy a recuperarme de estas heridas».

³Pero el ángel del SEÑOR dijo a Elías el tisbita: «Levántate y sal al encuentro de los mensajeros del rey de Samaria. Diles: "Y ustedes, ¿por qué van a consultar a Baal Zebub, dios de Ecrón? ¿Acaso no hay Dios en Israel?". ⁴Pues bien, así dice el SEÑOR: "Ya no te levantarás de tu lecho de enfermo, sino que morirás, sin duda alguna"».

Y Elías se fue. ⁵Cuando los mensajeros regresaron, el rey les preguntó:

—¡Cómo! ¿Ya están de regreso?

⁶Ellos respondieron:

—Es un hombre nos salió al encuentro y nos dijo que regresáramos al rey que nos había enviado y le dijéramos: "Así dice el SEÑOR: '¿Por qué mandas a consultar a Baal Zebub, dios de Ecrón? ¿Acaso no hay Dios en Israel? Pues bien, ya no te levantarás de tu lecho de enfermo, sino que morirás, sin duda alguna'"».

⁷El rey preguntó:

—¿Qué aspecto tenía el hombre que les salió al encuentro y les habló de ese modo?

⁸—Llevaba puesto un manto de piel y tenía un cinturón de cuero atado a la cintura —contestaron ellos.

—¡Ah! ¡Era Elías el tisbita! —exclamó el rey.

⁹Y enseguida envió a un capitán con cincuenta soldados a buscarlo. El capitán fue y encontró a Elías sentado en la cima de un monte.

—Hombre de Dios —dijo—, el rey le ordena que baje.

¹⁰—Si soy hombre de Dios —respondió Elías—, ¡que caiga fuego del cielo y te consuma junto con tus cincuenta soldados!

Al instante cayó fuego del cielo y consumió al capitán y a sus soldados. ¹¹Así que el rey envió a otro capitán con otros cincuenta soldados en busca de Elías.

—Hombre de Dios —dijo—, el rey le ordena que baje inmediatamente.

¹²—Si soy hombre de Dios —repuso Elías—, ¡que caiga fuego del cielo y te consuma junto con tus cincuenta soldados!

Una vez más, fuego de Dios cayó del cielo y consumió al oficial y a sus soldados.

¹³Por tercera vez el rey envió a un capitán con otros cincuenta soldados. Cuando este llegó hasta donde estaba Elías, se puso de rodillas delante de él y le imploró:

—Hombre de Dios, le ruego que respete mi ˚vida y la de estos cincuenta servidores suyos. ¹⁴Sé bien que cayó fuego del cielo y consumió a los dos primeros capitanes y a sus soldados. Por eso le pido ahora que respete mi vida.

¹⁵El ángel del SEÑOR ordenó a Elías: «Baja con él; no le tengas miedo». Así que Elías se levantó y bajó con el oficial para ver al rey, ¹⁶a quien le dijo:

«Así dice el SEÑOR: "Enviaste mensajeros a consultar a Baal Zebub, dios de Ecrón. ¿Acaso no hay Dios en Israel a quien puedas consultar? Puesto que has actuado así, ya no te levantarás de tu lecho de enfermo, sino que morirás, sin duda alguna"».

¹⁷Así fue como murió el rey, según la palabra que el SEÑOR había anunciado por medio de Elías.

Como Ocozías no llegó a tener hijos, Jorán lo sucedió en el trono. Esto aconteció en el segundo año de Jorán, hijo de Josafat y rey de Judá. ¹⁸Los demás acontecimientos del reinado de Ocozías están escritos en el libro de las crónicas de los reyes de Israel.

Elías es llevado al cielo

2 Cuando se acercaba la hora en que el SEÑOR se llevaría a Elías al cielo en un torbellino, Elías y Eliseo salieron de Guilgal. ²Entonces Elías dijo a Eliseo:

—Quédate aquí, pues el SEÑOR me ha enviado a Betel.

Pero Eliseo respondió:

—Tan cierto como el SEÑOR y tú viven, te aseguro que no te dejaré solo.

Así que fueron juntos a Betel. ³Allí los miembros de la comunidad de profetas de Betel salieron a recibirlos y preguntaron a Eliseo:

—¿Sabes que hoy el SEÑOR va a quitarte a tu maestro?

—Lo sé muy bien; ¡cállense!

⁴Elías, por su parte, volvió a decirle:

—Quédate aquí, Eliseo, pues el SEÑOR me ha enviado a Jericó.

Pero Eliseo repitió:

—Tan cierto como que el SEÑOR y tú viven, te juro que no te dejaré solo.

Así que fueron juntos a Jericó. ⁵También allí los miembros de la comunidad de profetas de la ciudad se acercaron a Eliseo y preguntaron:

—¿Sabes que hoy el SEÑOR va a quitarte a tu maestro?

—Lo sé muy bien; ¡cállense!

⁶Una vez más Elías dijo:

—Quédate aquí, pues el SEÑOR me ha enviado al Jordán.

Pero Eliseo insistió:

—Tan cierto como que el SEÑOR y tú viven, te juro que no te dejaré solo.

Así que los dos siguieron caminando ⁷y se detuvieron junto al río Jordán. Cincuenta miembros de la comunidad de profetas fueron también hasta ese lugar, pero se mantuvieron a cierta distancia, frente a ellos. ⁸Elías tomó su manto, lo enrolló y golpeó el agua. El río se dividió en dos y ambos lo cruzaron en seco. ⁹Al cruzar, Elías preguntó a Eliseo:

—¿Qué quieres que haga por ti antes de que me separen de tu lado?

—Te pido que yo herede una doble porción de tu espíritu*ᵃ* —respondió Eliseo.

ᵃ **9** *doble porción de tu espíritu.* Véase Dt 21:17.

¹⁰—Has pedido algo difícil —dijo Elías—, pero si logras verme cuando me separen de tu lado, te será concedido; de lo contrario, no.

¹¹Iban caminando y conversando cuando, de pronto, los separó un carro de fuego con caballos de fuego y Elías subió al cielo en medio de un torbellino. ¹²Eliseo, viendo lo que pasaba, se puso a gritar: «¡Padre mío, padre mío, carro y jinete poderoso de Israel!». Pero no volvió a verlo.

Entonces agarró su ropa y la rasgó en dos.

¹³Luego recogió el manto que se le había caído a Elías y regresó a la orilla del Jordán, ¹⁴entonces golpeó el agua con el manto y exclamó: «¿Dónde está el SEÑOR, el Dios de Elías?». En cuanto golpeó el agua, el río se partió en dos y Eliseo cruzó.

¹⁵Los profetas de Jericó, al verlo, exclamaron: «¡El espíritu de Elías se ha posado sobre Eliseo!». Entonces fueron a su encuentro y se postraron ante él, rostro en tierra.

¹⁶—Mira —le dijeron—, aquí se encuentran entre nosotros tus servidores, cincuenta hombres muy capaces que pueden ir a buscar a tu maestro. Quizás el Espíritu del SEÑOR lo tomó y lo arrojó en algún monte o en algún valle.

—No —respondió Eliseo—, no los manden.

¹⁷Pero ellos insistieron tanto que él se sintió incómodo*a* y por fin les dijo:

—Está bien, mándenlos.

Así que enviaron a cincuenta hombres, los cuales buscaron a Elías durante tres días, pero no lo encontraron. ¹⁸Cuando regresaron a Jericó, donde se había quedado Eliseo, él les reclamó:

—¿No les advertí que no fueran?

Eliseo purifica el agua

¹⁹Luego, los habitantes de la ciudad dijeron a Eliseo:

—Señor, como usted puede ver, nuestra ciudad está bien ubicada, pero el agua es mala, y por eso la tierra ha quedado estéril.

²⁰—Tráiganme una vasija nueva y échenle sal —ordenó Eliseo.

Cuando se la entregaron, ²¹Eliseo fue al manantial y al arrojar allí la sal, exclamó:

—Así dice el SEÑOR: "¡Yo ˙purifico esta agua para que nunca más cause muerte ni esterilidad!".

²²A partir de ese momento y hasta el día de hoy, el agua quedó purificada según la palabra de Eliseo.

Eliseo maldice a los burlones

²³De Jericó, Eliseo se dirigió a Betel. Iba subiendo por el camino cuando unos muchachos salieron de la ciudad y empezaron a burlarse de él. «¡Vete, viejo calvo! —le gritaban—. ¡Vete, viejo calvo!». ²⁴Eliseo se volvió y, clavándoles la vista, los maldijo en el ˙nombre del SEÑOR. Al instante, dos osas salieron del bosque y despedazaron a cuarenta y dos muchachos. ²⁵De allí, Eliseo se fue al monte Carmelo y luego regresó a Samaria.

Los moabitas se rebelan

3 En el año dieciocho de Josafat, rey de Judá, Jorán, hijo de Acab, comenzó a reinar sobre Israel en Samaria y reinó doce años. ²Jorán hizo lo malo ante los ojos del SEÑOR, aunque no tanto como su padre y su madre, pues mandó que se quitara una ˙piedra sagrada que su padre había erigido en honor de ˙Baal. ³Sin embargo, Jorán se aferró a los mismos pecados con que Jeroboán, hijo de Nabat, había hecho pecar a los israelitas, pues no se apartó de esos pecados.

⁴Ahora bien, Mesá, rey de Moab, criaba ovejas y como tributo anual entregaba al rey de Israel cien mil ovejas y la lana de cien mil corderos. ⁵Pero al morir Acab, el rey de Moab se rebeló contra el rey de Israel. ⁶Entonces el rey Jorán salió de Samaria, movilizó a todo el ejército de Israel, ⁷y envió este mensaje a Josafat, rey de Judá:

—El rey de Moab se ha rebelado contra mí. ¿Irías conmigo a pelear contra Moab?

—Claro que sí —le respondió Josafat—. Estoy a tu disposición, lo mismo que mi ejército y mi caballería. ⁸¿Qué ruta tomaremos?

—La ruta del desierto de Edom —contestó Jorán.

⁹Fue así como los reyes de Israel, Judá y Edom se pusieron en marcha. Durante siete días anduvieron por el desierto, hasta que el ejército y los animales se quedaron sin agua.

¹⁰—¡Ay! —exclamó el rey de Israel—. ¡El SEÑOR ha reunido a tres reyes para entregarlos en manos de los moabitas!

¹¹Pero Josafat preguntó:

—¿Acaso no hay aquí un profeta del SEÑOR, para que consultemos al SEÑOR por medio de él?

Un oficial del rey de Israel contestó:

—Aquí cerca está Eliseo, hijo de Safat, el que servía a Elías.*b*

¹²—Pues él puede darnos palabra del SEÑOR —comentó Josafat.

Así que el rey de Israel fue a ver a Eliseo, acompañado de Josafat y del rey de Edom. ¹³Pero Eliseo dijo al rey de Israel:

—¿Qué tengo yo que ver con usted? Váyase a consultar a los profetas de su padre y de su madre.

—No —respondió el rey de Israel—, pues el SEÑOR nos ha reunido a los tres para entregarnos en manos de los moabitas.

¹⁴Eliseo respondió:

—Tan cierto como que vive el SEÑOR de los Ejércitos, a quien sirvo, te aseguro que si no fuera por el respeto que le tengo a Josafat, rey de Judá, ni siquiera le daría a usted la cara. ¹⁵En fin, ¡que me traigan un músico!

Mientras el músico tañía el arpa, la mano del SEÑOR vino sobre Eliseo ¹⁶que dijo:

—Así dice el SEÑOR: "Abran zanjas por todo este valle, ¹⁷pues aunque no vean viento ni lluvia —dice el SEÑOR—, este valle se llenará de agua, de modo que podrán beber ustedes y todos sus animales". ¹⁸Esto es poca cosa para el SEÑOR, que además entregará a Moab en manos de ustedes. ¹⁹De hecho, ustedes destruirán todas las ciudades fortificadas y las otras ciudades principales. Cortarán los mejores árboles, cegarán los manantiales y sembrarán de piedras los campos fértiles.

²⁰A la mañana siguiente, a la hora de la ofrenda, toda el área se inundó con el agua que venía de la región de Edom.

²¹Ahora bien, cuando los moabitas se enteraron de que los reyes habían salido para atacarlos, movilizaron a todos los que podían servir en el ejército y tomaron posiciones en la frontera. ²²Al levantarse ellos por la mañana, el sol se reflejaba sobre el agua y a los moabitas les pareció que estaba teñida en sangre. ²³«¡Es sangre de batalla! —exclamaron—. Esos reyes deben de haber peleado y se han matado unos a otros. ¡Vamos, Moab, al saqueo!».

²⁴Cuando los moabitas llegaron al campamento de Israel, los israelitas les hicieron frente y los derrotaron. Aquellos se dieron a la fuga, pero los israelitas los persiguieron, los aniquilaron ²⁵y destruyeron sus ciudades. Cada uno tiró una piedra en los campos fértiles de Moab hasta llenarlos; además, cegaron los

---

a 17 *insistieron … incómodo.* Alt. *le insistieron por largo rato.*
b 11 *servía a Elías.* Lit. *echaba agua en manos de Elías.*

manantiales y cortaron los mejores árboles. Solo Quir Jaréset quedó en pie, aunque los honderos la cercaron y también lograron conquistarla.

²⁶El rey de Moab, al ver que perdía la batalla, se llevó consigo a setecientos guerreros armados con espada con el propósito de abrirse paso hasta donde estaba el rey de Edom, pero no logró pasar. ²⁷Tomó entonces a su hijo ˙primogénito, que había de sucederlo en el trono, y lo ofreció en ˙holocausto sobre la muralla. A raíz de esto, se desató contra Israel una furia incontenible, de modo que los israelitas tuvieron que retirarse y volver a su país.

El aceite de la viuda

4 La viuda de un miembro de la comunidad de los profetas suplicó a Eliseo:

—Mi esposo, su servidor, ha muerto y usted sabe que él era fiel[a] al SEÑOR. Ahora resulta que el hombre con quien estamos endeudados ha venido para llevarse a mis dos hijos como esclavos.

²—¿Y qué puedo hacer por ti? —preguntó Eliseo—. Dime, ¿qué tienes en casa?

—Su servidora no tiene nada en casa —respondió—, excepto un poco de aceite.

³Eliseo ordenó:

—Sal y pide a tus vecinos que te presten sus vasijas; que no sean pocas. ⁴Luego entra en la casa con tus hijos y cierra la puerta. Echa aceite en todas las vasijas y, a medida que las llenes, ponlas aparte.

⁵Enseguida la mujer dejó a Eliseo y se fue. Luego se encerró con sus hijos y empezó a llenar las vasijas que ellos le pasaban. ⁶Cuando ya todas estuvieron llenas, ella pidió a uno de sus hijos que le pasara otra más y él respondió: «Ya no hay». En ese momento se acabó el aceite.

⁷La mujer fue y se lo contó al hombre de Dios, quien ordenó: «Ahora ve a vender el aceite y paga tus deudas. Con el dinero que te sobre podrán vivir tú y tus hijos».

El hijo de la sunamita

⁸Un día, cuando Eliseo pasaba por Sunem, cierta mujer de buena posición le insistió que comiera en su casa. Desde entonces, siempre que pasaba por ese pueblo, comía allí. ⁹La mujer dijo a su esposo: «Mira, yo estoy segura de que este hombre que siempre nos visita es un ˙santo hombre de Dios. ¹⁰Hagamos un cuarto en la azotea y pongamos allí una cama, una mesa con una silla y una lámpara. De ese modo, cuando nos visite, tendrá un lugar donde quedarse».

¹¹En cierta ocasión Eliseo llegó, fue a su cuarto y se acostó. ¹²Luego dijo a su criado Guiezi:

—Llama a la mujer sunamita.

El criado así lo hizo y ella se presentó. ¹³Entonces Eliseo dijo a Guiezi:

—Dile a la señora: "¡Te has tomado muchas molestias por nosotros! ¿Qué puedo hacer por ti? ¿Quieres que le hable al rey o al comandante del ejército en tu favor?".

Pero ella respondió:

—Yo vivo segura en medio de mi pueblo.

¹⁴Eliseo preguntó a Guiezi:

—¿Qué puedo hacer por ella?

—Bueno —contestó el siervo—, ella no tiene hijos y su esposo ya es anciano.

¹⁵—Llámala —ordenó Eliseo.

Guiezi la llamó y ella se detuvo en la puerta. ¹⁶Entonces Eliseo prometió:

—El año que viene, por esta fecha, estarás abrazando a un hijo.

—¡No, mi señor, hombre de Dios! —exclamó ella—. No engañe usted a su servidora.

¹⁷En efecto, la mujer quedó embarazada. Y al año siguiente, por esa misma fecha, dio a luz un hijo, tal como Eliseo se lo había dicho.

¹⁸El niño creció y un día salió a ver a su padre, que estaba con los segadores. ¹⁹De pronto exclamó:

—¡Ay, mi cabeza! ¡Me duele la cabeza!

El padre ordenó a un criado:

—¡Llévaselo a su madre!

²⁰El criado lo cargó y se lo llevó a la madre, la cual lo tuvo en sus rodillas hasta el mediodía. A esa hora, el niño murió. ²¹Entonces ella subió, lo puso en la cama del hombre de Dios y, cerrando la puerta, salió. ²²Después llamó a su esposo y dijo:

—Préstame un criado y una burra; enseguida vuelvo. Voy de prisa a ver al hombre de Dios.

²³—¿Para qué vas a verlo hoy? —preguntó su esposo—. No es día de luna nueva ni ˙sábado.

—No importa —respondió ella.

²⁴Entonces ensilló la burra y ordenó al criado:

—¡Anda, vamos! No te detengas hasta que te lo diga.

²⁵La mujer se puso en marcha y llegó al monte Carmelo, donde estaba Eliseo, el hombre de Dios. Este la vio a lo lejos y dijo a su criado Guiezi:

—¡Mira! Ahí viene la sunamita. ²⁶Corre a recibirla y pregúntale cómo está ella, y cómo están su esposo y el niño.

El criado fue y ella respondió que todos estaban bien. ²⁷Pero luego fue a la montaña y se abrazó a los pies del hombre de Dios. Guiezi se acercó con el propósito de apartarla, pero el hombre de Dios intervino:

—¡Déjala! Está muy angustiada. El SEÑOR me ha ocultado lo que pasa; no me ha dicho nada.

²⁸—Señor mío —reclamó la mujer—, ¿acaso yo le pedí a usted un hijo? ¿No le rogué que no me diera falsas esperanzas?

²⁹Eliseo ordenó a Guiezi:

—Arréglate la ropa, toma mi bastón y ponte en camino. Si te encuentras con alguien, no lo saludes; si alguien te saluda, no le respondas. Y cuando llegues, coloca el bastón sobre la cara del niño.

³⁰Pero la madre del niño exclamó:

—¡Tan cierto como el SEÑOR y usted viven, le aseguro a usted que no lo dejaré solo!

Así que Eliseo se levantó y fue con ella. ³¹Guiezi, que se había adelantado, llegó y colocó el bastón sobre la cara del niño, pero este no respondió ni dio ninguna señal de vida. Por tanto, Guiezi volvió para encontrarse con Eliseo y le dijo:

—El niño no despierta.

³²Cuando Eliseo llegó a la casa, encontró al niño muerto, tendido sobre su cama. ³³Entró al cuarto, cerró la puerta y oró al SEÑOR. ³⁴Luego subió a la cama y se tendió sobre el niño boca a boca, ojos a ojos y manos a manos, hasta que el cuerpo del niño empezó a entrar en calor. ³⁵Eliseo se levantó y se puso a caminar de un lado a otro del cuarto y luego volvió a tenderse sobre el niño. Entonces el niño estornudó siete veces y abrió los ojos. ³⁶Entonces Eliseo dijo a Guiezi:

—Llama a la mujer sunamita.

Guiezi así lo hizo y, cuando la mujer llegó, Eliseo le dijo:

—Puedes llevarte a tu hijo.

³⁷Ella entró, se arrojó a los pies de Eliseo y se postró rostro en tierra. Entonces tomó a su hijo y salió.

El milagro de la comida

³⁸Eliseo regresó a Guilgal y se encontró con que en esos días había mucha hambre en el país. Por tanto, se reunió con la comunidad de profetas y ordenó a su

---

a 1 *era fiel.* Lit. *temía.*

criado: «Pon esa olla grande en el fogón y prepara un guisado para los profetas».

³⁹En eso, uno de ellos salió al campo para recoger hierbas; allí encontró una planta silvestre y arrancó varias frutas hasta llenar su manto. Al regresar, las cortó en pedazos y las echó en el guisado sin saber qué eran. ⁴⁰Sirvieron el guisado, pero cuando los hombres empezaron a comerlo, gritaron:

—¡Hombre de Dios, esto es veneno!ᵃ

Así que no pudieron comer. ⁴¹Entonces Eliseo ordenó:

—Tráiganme harina.

Después de echar la harina en la olla, dijo:

—Sírvanle a la gente para que coma.

Y ya no hubo nada en la olla que les hiciera daño.

Alimentación de cien hombres

⁴²De Baal Salisá llegó alguien que llevaba para el hombre de Dios pan de los ˚primeros frutos: veinte panes de cebada y espigas de trigo fresco.ᵇ Eliseo dijo a su criado:

—Dale de comer a la gente.

⁴³—¿Cómo voy a alimentar a cien personas con esto? —respondió el criado.

Pero Eliseo insistió:

—Dale de comer a la gente, pues así dice el SEÑOR: "Comerán y habrá de sobra".

⁴⁴Entonces el criado le sirvió el pan y, conforme a la palabra del SEÑOR, la gente comió y hubo de sobra.

Eliseo sana a Naamán

5 Naamán, comandante del ejército del rey de Aram, era un hombre de mucho prestigio y gozaba del favor de su rey porque, por medio de él, el SEÑOR había dado victorias a su país. Era un soldado valiente, pero tenía una enfermedad en la piel.

²En cierta ocasión los arameos, que habían salido a merodear, capturaron a una muchacha israelita y la hicieron criada de la esposa de Naamán. ³Un día la muchacha dijo a su ama: «Ojalá el amo fuera a ver al profeta que hay en Samaria, porque él lo sanaría de su enfermedad en la piel».ᶜ

⁴Naamán fue a contarle al rey lo que la muchacha israelita había dicho. ⁵El rey de Aram le respondió:

—Bien, puedes ir; yo le mandaré una carta al rey de Israel.

Y así Naamán se fue, llevando diez talentosᵈ de plata, seis mil siclosᵉ de oro y diez mudas de ropa. ⁶La carta que le llevó al rey de Israel decía: «Cuando te llegue esta carta, verás que el portador es Naamán, uno de mis oficiales. Te lo envío para que lo sanes de su enfermedad en la piel».

⁷Al leer la carta, el rey de Israel se rasgó las vestiduras y exclamó: «¿Y acaso soy Dios, capaz de dar vida o muerte, para que este hombre me pida sanar a uno con su piel enferma? ¡Fíjense bien que me está buscando pleito!».

⁸Cuando Eliseo, hombre de Dios, se enteró de que el rey de Israel se había rasgado las vestiduras, le envió este mensaje: «¿Por qué está usted tan molesto?ᶠ ¡Mándeme usted a ese hombre para que sepa que hay profeta en Israel!». ⁹Así que Naamán, con sus caballos y sus carros, fue a la casa de Eliseo y se detuvo ante la puerta. ¹⁰Entonces Eliseo envió

un mensajero a que le dijera: «Ve y zambúllete siete veces en el río Jordán; así tu piel sanará y quedarás limpio».

¹¹Naamán se enfureció y se fue, quejándose: «¡Yo creí que el profeta saldría a recibirme personalmente para invocar el ˚nombre del SEÑOR su Dios, y que con un movimiento de la mano me sanaría la piel de mi enfermedad! ¹²¿Acaso los ríos de Damasco, el Abaná y el Farfar, no son mejores que toda el agua de Israel? ¿Acaso no podría zambullirme en ellos y quedar limpio?». Furioso, dio media vuelta y se marchó.

¹³Entonces sus criados se acercaron para aconsejarle: «Señor,ᵍ si el profeta le hubiera mandado hacer algo complicado, ¿usted no lo habría hecho caso? ¡Con más razón si lo único que le dice a usted es que se zambulla, y así quedará limpio!». ¹⁴Así que Naamán bajó al Jordán y se sumergió siete veces, según se lo había ordenado el hombre de Dios. ¡Entonces su piel se volvió como la de un niño y quedó limpio! ¹⁵Luego Naamán volvió con todos sus acompañantes y, presentándose ante el hombre de Dios, dijo:

—Ahora reconozco que no hay Dios en todo el mundo, excepto en Israel. Le ruego a usted aceptar un regalo de su servidor.

¹⁶Pero Eliseo respondió:

—¡Tan cierto como que vive el SEÑOR, a quien yo sirvo, no voy a aceptar nada!

Y por más que insistió Naamán, Eliseo no accedió.

¹⁷—En ese caso —persistió Naamán—, permítame usted llevarme dos cargas de esta tierra,ʰ ya que de aquí en adelante su servidor no va a ofrecerle ˚holocaustos ni sacrificios a ningún otro dios, sino solo al SEÑOR. ¹⁸Y, cuando mi señor el rey vaya a adorar en el templo de Rimón y se apoye de mi brazo, y yo me vea obligado a adorar allí, desde ahora ruego al SEÑOR que me perdone por adorar en ese templo.

¹⁹—Puedes irte en ˚paz —respondió Eliseo.

Naamán se fue y ya había recorrido cierta distancia ²⁰cuando Guiezi, el criado de Eliseo, hombre de Dios, pensó: «Mi amo ha sido demasiado bondadoso con este arameo Naamán, pues no le aceptó nada de lo que había traído. Pero, tan cierto como que el SEÑOR vive, yo voy a correr tras él, a ver si me da algo».

²¹Así que Guiezi se fue para alcanzar a Naamán. Cuando este lo vio correr tras él, se bajó de su carro para recibirlo y lo saludó. ²²Respondiendo al saludo, Guiezi dijo:

—Mi amo me ha enviado con este mensaje: "Dos jóvenes de la comunidad de profetas acaban de llegar de la región montañosa de Efraín. Te pido que me des para ellos un talentoⁱ de plata y dos mudas de ropa".

²³—Por favor, llévate dos talentos —respondió Naamán, e insistió en que los aceptara.

Echó entonces los talentos de plata en dos sacos, junto con las dos mudas de ropa, y todo esto se lo entregó a dos de sus criados para que lo llevaran delante de Guiezi. ²⁴Al llegar a la colina, Guiezi tomó los sacos y los guardó en la casa; después despidió a los hombres y estos se fueron. ²⁵Entonces Guiezi se presentó ante su amo.

—¿De dónde vienes, Guiezi? —preguntó Eliseo.

—Su servidor no ha ido a ninguna parte —respondió Guiezi.

²⁶Eliseo respondió:

—¿No estaba yo presente en espíritu cuando aquel hombre se bajó de su carro para recibirte? ¿Acaso es este el momento de recibir dinero y ropa, olivares y viñedos, ovejas y bueyes, criados y criadas? ²⁷Ahora la enfermedad de Naamán se te pegará a ti y a tus descendientes para siempre.

No bien había salido Guiezi de la presencia de Eliseo cuando ya estaba blanco como la nieve por causa de la enfermedad en su piel.

ᵃ **40** esto es veneno. Lit. hay muerte en la olla. ᵇ **42** espigas de trigo fresco. Alt. trigo fresco en su alforja. ᶜ **3** La palabra hebrea alude tradicionalmente se ha traducido como lepra; también esa expresión se usa en la Biblia para designar varias enfermedades que atacan la piel. ᵈ **5** Es decir, aprox. 340 kg. ᵉ **5** Es decir, aprox. 69 kg. ᶠ **8** está usted tan molesto. Lit. se ha rasgado la ropa. ᵍ **13** Señor. Lit. Padre mío. ʰ **17** dos cargas de esta tierra. Es decir, para construir un altar. ⁱ **22** Es decir, aprox. 34 kg.

El milagro del hacha

6 Un día, los miembros de la comunidad de los profetas dijeron a Eliseo:

—Como puede ver, el lugar donde ahora vivimos con usted nos resulta pequeño. ²Es mejor que vayamos al Jordán. Allí podremos conseguir madera y construir*ª* un albergue.

—Bien, vayan —respondió Eliseo.

³Pero uno de ellos le pidió:

—Acompañe usted, por favor, a sus servidores.

Eliseo consintió ⁴en acompañarlos y cuando llegaron al Jordán empezaron a cortar árboles. ⁵De pronto, al cortar un tronco, a uno de los profetas se le zafó el hacha y se le cayó al río.

—¡Ay, maestro! —gritó—. ¡Esa hacha no era mía!

⁶—¿Dónde cayó? —preguntó el hombre de Dios.

Cuando se le indicó el lugar, Eliseo cortó un palo, lo echó allí e hizo que el hacha saliera a flote.

⁷—Sácala —ordenó Eliseo.

Así que el hombre extendió el brazo y la sacó.

Eliseo captura una tropa aramea

⁸El rey de Aram, que estaba en guerra con Israel, deliberó con sus ministros y les dijo: «Vamos a acampar en tal lugar».

⁹Pero el hombre de Dios envió este mensaje al rey de Israel: «Procura no pasar por este sitio, porque los arameos están descendiendo hasta allá».*ᵇ* ¹⁰Así que el rey de Israel envió a reconocer el lugar que el hombre de Dios había indicado. Y en varias otras ocasiones Eliseo avisó al rey, de modo que este tomó precauciones. ¹¹El rey de Aram, enfurecido por lo que estaba pasando, llamó a sus ministros y les reclamó:

—¿Quieren decirme quién está informando al rey de Israel?

¹²—Nadie, mi señor y rey —respondió uno de ellos—. El responsable es Eliseo, el profeta que está en Israel. Es él quien le comunica todo al rey de Israel, aun lo que usted dice en su alcoba.

¹³—Pues entonces averigüen dónde está —ordenó el rey—, para que mande a capturarlo.

Cuando le informaron que Eliseo estaba en Dotán, ¹⁴el rey envió allá un destacamento grande, con caballos y carros de combate. Llegaron de noche y cercaron la ciudad. ¹⁵Por la mañana, cuando el criado del hombre de Dios se levantó para salir, vio que un ejército con caballos y carros de combate rodeaba la ciudad.

—¡Ay, mi señor! —exclamó el criado—. ¿Qué vamos a hacer?

¹⁶—No tengas miedo —respondió Eliseo—. Los que están con nosotros son más que ellos.

¹⁷Entonces Eliseo oró: «SEÑOR, ábrele a Guiezi los ojos para que vea». El SEÑOR así lo hizo y el criado vio que la colina estaba llena de caballos y de carros de fuego alrededor de Eliseo.

¹⁸Como ya los arameos se acercaban a él, Eliseo volvió a orar: «SEÑOR, castiga a esta gente con ceguera». Y él hizo lo que pidió Eliseo.

¹⁹Luego Eliseo les dijo: «Esta no es la ciudad adonde iban; han tomado un camino equivocado. Síganme, que yo los llevaré adonde está el hombre que buscan». Pero los llevó a Samaria.

²⁰Después de entrar en la ciudad, Eliseo dijo: «SEÑOR, ábreles los ojos para que vean». El SEÑOR así lo hizo, y ellos se dieron cuenta de que estaban dentro de Samaria. ²¹Cuando el rey de Israel los vio, preguntó a Eliseo:

—¿Los mato, mi señor? ¿Los mato?

²²—No, no los mates —contestó Eliseo—. ¿Acaso los has capturado con tu espada y tu arco, para que los mates? Mejor sírveles comida y agua para que coman y beban, y luego vuelvan a su señor.

²³Así que el rey de Israel les dio un tremendo banquete. Cuando terminaron de comer, los despidió y ellos regresaron a su señor. Y las tropas de los arameos no volvieron a invadir el territorio israelita.

Hambre en Samaria

²⁴Algún tiempo después, Ben Adad, rey de Aram, movilizó todo su ejército para ir a Samaria y sitiarla. ²⁵El sitio duró tanto tiempo que provocó un hambre terrible en la ciudad, a tal grado que una cabeza de asno llegó a costar ochenta siclos*ᶜ* de plata y un cuarto de cab*ᵈ* de estiércol de paloma, cinco siclos.*ᵉ* ²⁶Un día, mientras el rey recorría la muralla, una mujer le gritó:

—¡Sálvenos, mi señor y rey!

²⁷—Si el SEÑOR no te salva —respondió el rey—, ¿de dónde voy a sacar yo comida para salvarte? ¿Del granero? ¿Del lagar? ²⁸¿Qué te pasa?

Ella se quejó:

—Esta mujer me propuso que le entregara mi hijo para que nos lo comiéramos hoy y que mañana nos comeríamos el de ella. ²⁹Pues bien, cocinamos a mi hijo y nos lo comimos, pero, al día siguiente, cuando le pedí que entregara su hijo para que nos lo comiéramos, resulta ya que lo había escondido.

³⁰Al oír la queja de la mujer, el rey se rasgó las vestiduras. Luego reanudó su recorrido por la muralla, y la gente pudo ver que bajo su túnica real iba vestido de luto. ³¹«¡Que Dios me castigue sin piedad —exclamó el rey— si hoy mismo no le corto la cabeza a Eliseo, hijo de Safat!».

³²Mientras Eliseo se encontraba en su casa, sentado con los jefes, el rey le envió un mensajero. Antes de que este llegara, Eliseo dijo a los jefes:

—Ahora van a ver cómo ese asesino envía a alguien a cortarme la cabeza. Pues bien, cuando llegue el mensajero, atranquen la puerta para que no entre. ¿No se oyen los pasos de su señor detrás de él?

³³No había terminado de hablar cuando el mensajero llegó y dijo:

—Esta desgracia viene del SEÑOR; ¿qué más se puede esperar de él?

7 Eliseo contestó:

—Oigan la palabra del SEÑOR que dice así: "Mañana a estas horas, a la ˙entrada de Samaria, podrá comprarse un seah*ᶠ* de harina refinada con un siclo de plata*ᵍ* y hasta dos seahs de cebada por el mismo precio".

²El ayudante personal del rey respondió al hombre de Dios:

—¡No me digas! ¡Aun si el SEÑOR abriera las compuertas del cielo, no podría suceder tal cosa!

—Pues lo verás con tus propios ojos —le advirtió Eliseo—, pero no llegarás a comerlo.

Liberación de Samaria

³Ese día, cuatro hombres que tenían una enfermedad en la piel se hallaban a la ˙entrada de la ciudad.

—¿Qué ganamos con quedarnos aquí sentados esperando la muerte? —se preguntaron unos a otros—. ⁴No ganamos nada con entrar en la ciudad. Allí nos moriremos de hambre con todos los demás; pero si nos quedamos aquí, nos sucederá lo mismo. Vayamos, pues, al campamento de los arameos para rendirnos. Si nos perdonan la vida, viviremos; si nos matan, de todos modos moriremos.

---

a 2 *podremos … construir.* Lit. *cada uno tomará una viga y construirá.* *b* 9 *están descendiendo hasta allá.* Alt. *piensan acampar allí.* *c* 25 Es decir, aprox. 920 g. *d* 25 Un *cab* era una medida de aprox. 100 g. *e* 25 Es decir, aprox. 58 g. *f* 1 Es decir, aprox. 5.5 kg de harina; también en vv. 16 y 18. *g* 1 Es decir, aprox. 11.5 g; también en vv. 16 y 18.

⁵Al anochecer se pusieron en camino, pero cuando llegaron a las afueras del campamento arameo, ¡ya no había nadie allí! ⁶Y era que el SEÑOR había confundido a los arameos haciéndoles oír el ruido de carros de combate y de caballería, como si fuera un gran ejército. Entonces se dijeron unos a otros: «¡Seguro que el rey de Israel ha contratado a los reyes hititas y egipcios para atacarnos!». ⁷Por lo tanto, emprendieron la fuga al anochecer abandonando tiendas de campaña, caballos y asnos. Dejaron el campamento tal como estaba para escapar y salvarse.

⁸Cuando los hombres con la piel enferma llegaron a las afueras del campamento, entraron en una de las tiendas de campaña. Después de comer y beber, se llevaron de allí plata, oro y ropa, y fueron a esconderlo todo. Luego regresaron, entraron en otra tienda, y también de allí tomaron varios objetos y los escondieron.

⁹Entonces se dijeron unos a otros:

—Esto no está bien. Hoy es un día de buenas noticias y no las estamos dando a conocer. Si esperamos hasta que amanezca, resultaremos culpables. Vayamos ahora mismo al palacio y demos aviso.

¹⁰Así que fueron a la ciudad y llamaron a los centinelas. Les dijeron: «Fuimos al campamento de los arameos y ya no había nadie allí. Solo se oía a los caballos y asnos, que estaban atados. Y las tiendas las dejaron tal como estaban». ¹¹Los centinelas, a voz en cuello, hicieron llegar la noticia hasta el interior del palacio. ¹²Aunque era de noche, el rey se levantó y dijo a sus ministros:

—Déjenme decirles lo que esos arameos están tramando contra nosotros. Como saben que estamos pasando hambre, han abandonado el campamento y se han escondido en el campo. Lo que quieren es que salgamos, para atraparnos vivos y entrar en la ciudad.

¹³Uno de sus ministros propuso:

—Que salgan algunos hombres con cinco de los caballos que aún quedan aquí. Si mueren, no les irá peor que a la multitud de israelitas que está por perecer. ¡Enviémoslos a ver qué pasa!

¹⁴De inmediato los hombres tomaron dos carros con caballos. Entonces el rey los mandó al campamento del ejército arameo, con instrucciones de que investigaran. ¹⁵Llegaron hasta el Jordán y vieron que todo el camino estaba lleno de ropa y de objetos que los arameos habían arrojado al huir precipitadamente. De modo que regresaron los mensajeros e informaron al rey, ¹⁶y el pueblo salió a saquear el campamento arameo. Y tal como la palabra del SEÑOR lo había dado a conocer, se pudo comprar un seah de harina refinada por solo un siclo de plata, y hasta dos seahs de cebada por el mismo precio.

¹⁷El rey había ordenado a su ayudante personal que vigilara la entrada de la ciudad, pero el pueblo lo atropelló ahí mismo, y así se cumplió lo que había dicho el hombre de Dios cuando el rey fue a su casa. ¹⁸Sucedió tal y como el hombre de Dios dicho al rey: «Mañana a estas horas, a la entrada de Samaria, podrá comprarse dos seahs de cebada por un siclo de plata, y un seah de harina refinada por el mismo precio». ¹⁹El ayudante había dicho al hombre de Dios: «¡No me digas! Aun si el SEÑOR abriera las compuertas del cielo, ¡no podría suceder tal cosa!». De modo que el hombre de Dios respondió: «Pues lo verás con tus propios ojos, pero no llegarás a comerlo». ²⁰En efecto, así ocurrió: el pueblo lo atropelló a la entrada de la ciudad y allí murió.

La sunamita recupera su terreno

8 Ahora bien, Eliseo había dicho a la mujer a cuyo hijo él había revivido: «Anda, vete con tu familia a vivir donde puedas, porque el SEÑOR ha ordenado que haya una gran hambre en el país y que esta dure siete años». ²La mujer se dispuso a seguir las instrucciones del hombre de Dios y se fue con su familia al país de los filisteos, donde se quedó siete años.

³Al cabo de los siete años, cuando regresó del país de los filisteos, la mujer fue a rogarle al rey que le devolviera su casa y sus tierras. ⁴En esos momentos el rey estaba hablando con Guiezi, el criado del hombre de Dios, y le había dicho: «Cuéntame todas las maravillas que ha hecho Eliseo». ⁵Y precisamente cuando Guiezi le contaba al rey que Eliseo había revivido al niño muerto, la madre llegó para rogarle al rey que le devolviera su casa y sus tierras. Así que Guiezi dijo:

—Mi señor y rey, esta es la mujer, y este es el hijo que Eliseo revivió.

⁶El rey le hizo preguntas a la mujer y ella se lo contó todo. Entonces el rey ordenó a un funcionario[a] que se encargara de ella y le dijo:

—Devuélvele todo lo que le pertenecía, incluso todas las ganancias que hayan producido sus tierras, desde el día en que salió del país hasta hoy.

Jazael, rey de Aram

⁷Luego Eliseo se fue a Damasco. Ben Adad, rey de Aram, estaba enfermo y, cuando le avisaron que el hombre de Dios había llegado, ⁸ordenó a Jazael: «Llévale un regalo al hombre de Dios. Cuando lo veas, consulta al SEÑOR por medio de él para saber si me voy a recuperar de esta enfermedad».

⁹Jazael fue a ver a Eliseo y como regalo le llevó de las mejores mercancías de Damasco, cargadas en cuarenta camellos. Cuando llegó, se presentó ante él y dijo:

—Ben Adad, rey de Aram, su servidor,[b] me ha enviado para preguntarle si él se va a recuperar de su enfermedad.

¹⁰Eliseo respondió:

—Ve y dile que sobrevivirá a esa enfermedad, aunque el SEÑOR me ha revelado que de todos modos va a morir.

¹¹Luego Eliseo se quedó mirándolo fijamente, hasta que Jazael se sintió incómodo.[c] Entonces el hombre de Dios se echó a llorar.

¹²—¿Por qué llora mi señor? —preguntó Jazael.

—Porque yo sé bien que vas a causarles mucho daño a los israelitas —respondió—. Vas a incendiar sus fortalezas, y a matar a sus jóvenes a filo de espada; despedazarás a los niños y les abrirás el vientre a las mujeres embarazadas.

¹³Jazael exclamó:

—¡Qué es este servidor de usted sino un pobre perro! ¿Cómo es posible que haga tal cosa?

Entonces Eliseo declaró:

—El SEÑOR me ha revelado que vas a ser rey de Aram.

¹⁴Jazael se despidió de Eliseo y regresó para presentarse ante su rey. Cuando Ben Adad preguntó qué había dicho Eliseo, Jazael respondió:

—Me dijo que usted sobrevivirá a su enfermedad.

¹⁵Pero al día siguiente tomó una colcha y, empapándola en agua, tapó la cara al rey hasta asfixiarlo. Así fue como Jazael usurpó el trono.

Jorán, rey de Judá
8:16-24 – 2Cr 21:5-10, 20

¹⁶En el quinto año del reinado de Jorán, hijo de Acab, rey de Israel y contemporáneo de Josafat, rey de Judá, Jorán, hijo de Josafat, comenzó a reinar en Judá. ¹⁷Tenía treinta y dos años cuando comenzó a

---

a 6 funcionario. Alt. eunuco.   b 9 servidor. Lit. hijo.   c 11 se quedó … se sintió incómodo. Alt. se quedó inmovilizado por largo rato.

reinar; reinó en Jerusalén ocho años. [18]Jorán hizo lo malo ante los ojos del SEÑOR, pues siguió el mal ejemplo de los reyes de Israel, como lo había hecho la familia de Acab, y llegó incluso a casarse con la hija de Acab. [19]Pero el SEÑOR no quiso destruir a Judá por consideración a su siervo David, pues le había prometido mantener encendida para siempre una lámpara para él y sus descendientes.

[20]En tiempos de Jorán, los edomitas se sublevaron contra Judá y se nombraron su propio rey. [21]Por lo tanto, Jorán marchó sobre Zaír con todos sus carros de combate. Los edomitas cercaron a Jorán y a los comandantes de los carros, pero él los atacó durante la noche y logró abrirse paso; su ejército, sin embargo, huyó a sus casas.[a] [22]Desde entonces Edom ha estado en rebelión contra Judá, al igual que la ciudad de Libná, que en ese mismo tiempo se sublevó.

[23]Los demás acontecimientos del reinado de Jorán, y todo lo que hizo, están escritos en el libro de las crónicas de los reyes de Judá. [24]Cuando murió, fue sepultado con sus antepasados en la Ciudad de David. Y su hijo Ocozías lo sucedió en el trono.

Ocozías, rey de Judá
8:25-29 – 2Cr 22:1-6

[25]En el año duodécimo de Jorán, hijo de Acab, rey de Israel, Ocozías, hijo de Jorán, comenzó a reinar en Judá. [26]Tenía veintidós años cuando comenzó a reinar y reinó en Jerusalén un año. Su madre era Atalía, nieta[b] de Omrí, rey de Israel. [27]Ocozías hizo lo malo ante los ojos del SEÑOR, pues siguió el mal ejemplo de la familia de Acab, con la que estaba emparentado.

[28]Ocozías, junto con Jorán, hijo de Acab, marchó hacia Ramot de Galaad para hacerle guerra a Jazael, rey de Aram, pero en la batalla los arameos hirieron a Jorán. [29]Por eso el rey Jorán tuvo que regresar a Jezrel: para reponerse de las heridas que había recibido de los arameos en Ramot,[c] cuando luchó contra Jazael, rey de Aram.

Como Jorán, hijo de Acab, convalecía en Jezrel, Ocozías, hijo de Jorán, rey de Judá, fue a visitarlo.

Jehú ungido rey de Israel

9 Un día, el profeta Eliseo llamó a un miembro de la comunidad de los profetas. «Arréglate la ropa para viajar —le ordenó—. Toma este frasco de aceite y ve a Ramot de Galaad. [2]Cuando llegues, busca a Jehú, hijo de Josafat y nieto de Nimsi. Ve adonde esté, apártalo de sus compañeros y llévalo a un cuarto. [3]Toma entonces el frasco, derrama el aceite sobre su cabeza y declárale: "Así dice el SEÑOR: 'Ahora te unjo como rey de Israel'". Luego abre la puerta y huye; ¡no te detengas!».

[4]Acto seguido, el joven profeta se fue a Ramot de Galaad. [5]Cuando llegó, encontró reunidos a los oficiales del ejército y les dijo:

—Tengo un mensaje para el comandante.

—¿Para cuál de todos nosotros? —preguntó Jehú.

—Para usted, comandante —respondió.

[6]Jehú se levantó y entró en la casa. Entonces el profeta lo ungió con el aceite y declaró:

«Así dice el SEÑOR, Dios de Israel: "Ahora te unjo como rey sobre mi pueblo Israel. [7]Destruirás a la familia de Acab, tu señor, y así me vengaré de la sangre de mis siervos los profetas; castigando a Jezabel, vengaré la sangre de todos mis siervos. [8]Toda la familia de Acab perecerá, pues de sus descendientes en Israel exterminaré hasta el último varón,[d] esclavo o libre. [9]Haré con ellos lo mismo que hice con la familia de Jeroboán, hijo de Nabat, y con la familia de Basá, hijo de Ahías. [10]Y en cuanto a Jezabel, los

perros se la comerán en el campo de Jezrel y nadie le dará sepultura"».

Acto seguido, el profeta abrió la puerta y huyó. [11]Cuando Jehú salió para volver a reunirse con los capitanes, uno de ellos preguntó:

—¿Todo bien? ¿Qué quería ese loco?

—Ustedes ya lo conocen —respondió—, y saben cómo habla.

[12]—¡Eso no es verdad! —contestaron—. Dinos la verdad.

Jehú dijo:

—Esto es lo que me declaró: "Así dice el SEÑOR: 'Ahora te unjo como rey de Israel'".

[13]Dicho esto, todos se apresuraron a tender sus mantos sobre los escalones, a los pies de Jehú. Luego tocaron la trompeta y gritaron: «¡Viva el rey Jehú!».

Jehú asesina a Jorán y a Ocozías
9:21-29 – 2Cr 22:7-9

[14]Entonces Jehú, hijo de Josafat y nieto de Nimsi, conspiró contra Jorán. Sucedió que Jorán, con todo el ejército israelita, había estado defendiendo Ramot de Galaad contra Jazael, rey de Aram, [15]pero tuvo que regresar a Jezrel para reponerse de las heridas que había recibido de los arameos en la batalla. Así que Jehú dijo a sus partidarios: «Si ustedes quieren que yo sea rey, no dejen que nadie salga de la ciudad para ir a Jezrel con el informe». [16]Luego se montó en su carro de combate y fue a Jezrel, pues allí se estaba recuperando Jorán, a quien también Ocozías, rey de Judá, había ido a visitar.

[17]Cuando el centinela que vigilaba desde la torre de Jezrel vio que las tropas de Jehú se acercaban, gritó:

—¡Se acercan unas tropas!

Enseguida Jorán ordenó:

—Llama a un jinete y mándalo al encuentro de las tropas para preguntarles si vienen en son de paz.

[18]El jinete se fue al encuentro de Jehú y le dijo:

—El rey quiere saber si vienen en son de paz.

—¿Y a ti qué te importa? —respondió Jehú—. Ponte allí atrás.

Entonces el centinela anunció:

—El mensajero ya llegó hasta ellos, pero no lo veo regresar.

[19]Por tanto, el rey mandó a otro jinete, el cual fue a ellos y repitió:

—El rey quiere saber si vienen en son de paz.

—¿Y a ti qué te importa? —respondió Jehú—. Ponte allí atrás.

[20]El centinela informó de nuevo:

—Ya llegó el mensajero hasta ellos, pero a él tampoco lo veo regresar. Además, el que conduce el carro ha de ser Jehú, hijo de Nimsi, pues lo hace como un loco.

[21]—¡Enganchen el carro! —exclamó Jorán.

Así lo hicieron. Y enseguida Jorán, rey de Israel, y Ocozías, rey de Judá, cada uno en su carro, salieron y se encontraron con Jehú en la propiedad que había pertenecido a Nabot, el jezrelita. [22]Cuando Jorán vio a Jehú, preguntó:

—Jehú, ¿vienes en son de paz?

—¿Cómo puede haber paz mientras haya tantas idolatrías[e] y hechicerías de tu madre Jezabel? —respondió Jehú.

[23]Jorán se dio la vuelta para huir, mientras gritaba:

—¡Traición, Ocozías!

[24]Pero Jehú, que ya había tensado su arco, disparó a Jorán por la espalda y la flecha le atravesó el corazón.

---

[a] 21 Los edomitas … casas. Texto de difícil traducción.
[b] 26 nieta. Lit. hija.   [c] 29 Ramot. Lit. Ramá (variante de Ramot).   [d] 8 hasta el último varón. Lit. al que orina contra la pared.   [e] 22 idolatrías. Lit. prostituciones.

Jorán se desplomó en el carro ²⁵y Jehú ordenó a su ayudante Bidcar:

—Saca el cadáver y tíralo en el terreno que fue propiedad de Nabot, el jezrelita. Recuerda el día en que tú y yo conducíamos juntos detrás de Acab, padre de Jorán, y el SEÑOR pronunció contra él esta sentencia: ²⁶"Ayer vi aquí la sangre de Nabot y de sus hijos. Por lo tanto, juro que en este mismo terreno te haré pagar por ese crimen. Yo, el SEÑOR, lo afirmo".ᵃ Saca, pues, el cadáver y tíralo en el terreno, según la palabra que dio a conocer el SEÑOR.

²⁷Cuando Ocozías, rey de Judá, vio lo que pasaba, huyó en dirección a Bet Hagán.ᵇ Pero Jehú lo persiguió y ordenó:

—¡Mátenlo a él también!

Y lo hirieronᶜ en su carro cuando iba por la cuesta de Gur, cerca de Ibleam, pero logró escapar y llegar a Meguido. Allí murió. ²⁸Luego sus siervos trasladaron el cuerpo a Jerusalén, la Ciudad de David, donde lo sepultaron en su tumba, junto a sus antepasados. ²⁹Ocozías había ascendido al trono en el undécimo año del reinado de Jorán, hijo de Acab.

Muerte de Jezabel

³⁰Cuando Jezabel se enteró de que Jehú estaba regresando a Jezrel, se sombreó los ojos, se arregló el cabello y se asomó a la ventana. ³¹Al entrar Jehú por la puerta de la ciudad, ella preguntó:

—¿Cómo estás, Zimri, asesino de tu señor?ᵈ

³²Levantando la vista hacia la ventana, Jehú gritó:

—¿Quién está de mi parte? ¿Quién?

Entonces se asomaron dos o tres oficialesᵉ ³³y Jehú les ordenó:

—¡Arrójenla de allí!

Así lo hicieron y su sangre salpicó la pared y a los caballos que la pisotearon. ³⁴Luego Jehú se sentó a comer y beber y dio esta orden:

—Ocúpense de esa maldita mujer; denle sepultura, pues era hija de un rey.

³⁵Pero cuando fueron a enterrarla, no encontraron más que el cráneo, los pies y las manos. ³⁶Así que volvieron para informarle a Jehú y este comentó:

—Se ha cumplido la palabra que el SEÑOR dio a conocer por medio de su siervo Elías el tisbita, que dijo: "En el campo de Jezrel los perros se comerán a Jezabel".ᶠ ³⁷De hecho, el cadáver de Jezabel será como estiércol en el campo de Jezrel y nadie podrá identificarla ni decir: "Esta era Jezabel".

Jehú extermina a la familia de Acab

10 Acab tenía setenta hijos, los cuales vivían en Samaria. Por tanto, Jehú escribió cartas y las envió a Samaria, a los oficiales de Jezrel,ᵍ a los líderes y a los guardianes de los hijos de Acab. En las cartas decía: ²«Ustedes cuentan con los hijos de Acab,ʰ con los carros de combate y sus caballos, una ciudad fortificada y con un arsenal. Así que tan pronto como reciban esta carta, ³escojan al más capaz y noble de los hijos de Acab y pónganlo en el trono de su padre. Pero prepárense para luchar por la familia de su rey».

⁴Ellos se aterrorizaron y dijeron: «Si dos reyes no pudieron hacerle frente, ¿cómo podremos hacerlo nosotros?».

⁵Por lo tanto, el administrador del palacio, el gobernador de la ciudad, los jefes y los protectores enviaron este mensaje a Jehú: «Nosotros somos sus servidores, y haremos lo que usted nos diga. No haremos rey a nadie. Haga usted lo que mejor le parezca».

⁶Entonces Jehú les escribió otra carta, en la que decía: «Si ustedes están de mi parte y de veras están dispuestos a obedecerme, vengan a Jezrel mañana a esta hora y tráiganme las cabezas de los hijos de Acab».

Los setenta príncipes vivían con las familias más notables de la ciudad, pues estas los criaban. ⁷Cuando llegó la carta, prendieron a todos los príncipes y los decapitaron. Luego echaron las cabezas en unos cestos y se las enviaron a Jehú, que estaba en Jezrel. ⁸Un mensajero llegó y dijo a Jehú que habían traído las cabezas de los príncipes.

Entonces Jehú ordenó que las pusieran en dos montones a la *entrada de la ciudad, y que las dejaran allí hasta el día siguiente.

⁹Por la mañana, Jehú salió y, presentándose ante todo el pueblo, confesó: «¡Ustedes son inocentes! ¡Yo fui el que conspiró contra mi señor! ¡Yo lo maté! Pero ¿quién ha matado a todos estos? ¹⁰Sepan, pues, que nada de lo que el SEÑOR ha dicho contra la familia de Acab dejará de cumplirse. En efecto, el SEÑOR ha hecho lo que había prometido por medio de su siervo Elías». ¹¹Dicho esto, Jehú mató a todos los que quedaban de la familia de Acab en Jezrel y a todos sus dignatarios, sus amigos íntimos y sus sacerdotes. No dejó a ninguno de ellos con vida.

¹²Después emprendió la marcha contra Samaria y, al llegar a Bet Équed de los Pastores, ¹³se encontró con unos parientes de Ocozías, rey de Judá.

—¿Quiénes son ustedes? —preguntó.

—Somos parientes de Ocozías; hemos venido a visitar a la familia real.

¹⁴—¡Captúrenlos vivos! —ordenó Jehú.

Así lo hicieron, y después los degollaron junto al pozo de Bet Équed. Eran cuarenta y dos hombres; Jehú no dejó vivo a ninguno de ellos.

¹⁵Al dejar ese lugar, Jehú se encontró con Jonadab, hijo de Recab, que había ido a verlo. Jehú lo saludó y le preguntó:

—¿Me eres leal como yo lo soy contigo?

—Lo soy —respondió Jonadab.

Jehú respondió:

—Si es así, dame la mano.

Jonadab le dio la mano y Jehú, haciéndolo subir con él a su carro, ¹⁶le dijo:

—Ven conmigo, para que veas el celo que tengo por el SEÑOR.

Y lo llevó en su carro.

¹⁷Tan pronto como Jehú llegó a Samaria, exterminó a la familia de Acab, matando a todos los que quedaban allí, según la palabra que el SEÑOR había dado a conocer a Elías.

Jehú elimina a los adoradores de Baal

¹⁸Entonces Jehú reunió a todo el pueblo y dijo: «Acab adoró a *Baal con pocas ganas; Jehú lo hará con devoción. ¹⁹Llamen, pues, a todos los profetas de Baal, junto con todos sus ministros y sacerdotes. Que no falte ninguno de ellos, pues voy a ofrecerle a Baal un sacrificio grandioso. Todo el que falte, morirá». En realidad, Jehú no era sincero, pues tenía el propósito de eliminar a los adoradores de Baal.

²⁰Luego dio esta orden: «Convoquen una asamblea en honor de Baal». Y así se hizo. ²¹Como Jehú envió mensajeros por todo Israel, vinieron todos los que servían a Baal, sin faltar ninguno. Eran tantos los que llegaron que el templo de Baal se llenó de un extremo a otro. ²²Jehú ordenó al encargado del guardarropa que sacara las vestiduras para los adoradores de Baal, y así lo hizo.

ᵃ 26 Véase 1R 21:19.   ᵇ 27 en dirección a Bet Hagán. Alt. por el camino de la casa del huerto.   ᶜ 27 lo hirieron (véanse LXX y Siríaca); TM no incluye esta frase.   ᵈ 31 ¿Cómo estás … tu señor? Alt. ¿Hay paz para Zimri, asesino de su señor? (véase 1R 16:9-15).   ᵉ 32 oficiales. Alt. eunucos.   ᶠ 36 Véase 1R 21:23.   ᵍ 1 de Jezrel. Alt. de la ciudad, según mss. de LXX.   ʰ 2 Acab. Lit. su señor; también en vv. 3 y 6.

²³Cuando Jehú y Jonadab, hijo de Recab, entraron en el templo de Baal, Jehú dijo a los congregados: «Asegúrense de que aquí entre ustedes no haya siervos del SEÑOR, sino solo de Baal». ²⁴Entonces pasaron para ofrecer sacrificios y °holocaustos.

Ahora bien, Jehú había apostado una guardia de ochenta soldados a la entrada con esta advertencia: «Ustedes me responden por estos hombres. El que deje escapar a uno solo de ellos, lo pagará con su °vida».

²⁵Así que, tan pronto como terminó de ofrecer el holocausto, Jehú ordenó a los guardias y oficiales: «¡Entren y mátenlos! ¡Que no escape nadie!». Y los mataron a filo de espada y los echaron fuera. Luego los guardias y los oficiales entraron en el santuarioᵃ del templo de Baal, ²⁶sacaron la °piedra sagrada que estaba allí, y la quemaron. ²⁷Además de tumbar la piedra sagrada, derribaron el templo de Baal y lo convirtieron en un muladar. Así ha quedado hasta el día de hoy.

²⁸De esta forma Jehú erradicó de Israel el culto a Baal. ²⁹Sin embargo, no se apartó del pecado que Jeroboán, hijo de Nabat, hizo cometer a los israelitas, es decir, el de rendir culto a los becerros de oro en Betel y en Dan.

³⁰El SEÑOR dijo a Jehú: «Has actuado bien. Has hecho lo que me agrada, pues has llevado a cabo lo que yo me había propuesto hacer con la familia de Acab. Por lo tanto, durante cuatro generaciones tus descendientes ocuparán el trono de Israel». ³¹Sin embargo, Jehú no cumplió con todo el °corazón la °Ley del SEÑOR, Dios de Israel, pues no se apartó de los pecados con que Jeroboán hizo pecar a los israelitas.

³²Por aquel tiempo, el SEÑOR comenzó a reducir el territorio israelita. Jazael atacó el país por todas las fronteras: ³³desde el Jordán hacia el este, toda la región de Galaad, ocupada por las tribus de Gad, Rubén y Manasés; y desde la ciudad de Aroer, junto al arroyo Arnón, hasta las regiones de Galaad y Basán.

³⁴Los demás acontecimientos del reinado de Jehú, y todo lo que hizo y todo su poderío, están escritos en el libro de las crónicas de los reyes de Israel.

³⁵Jehú murió y fue sepultado con sus antepasados en Samaria. Y su hijo Joacaz lo sucedió en el trono. ³⁶Jehú reinó en Samaria sobre Israel durante veintiocho años.

Atalía y Joás
11:1-21 – 2Cr 22:10–23:21

11 Cuando Atalía, madre de Ocozías, vio que su hijo había muerto, tomó medidas para eliminar a toda la familia real. ²Pero Josaba, que era hija del rey Jorán y hermana de Ocozías, raptó a Joás, hijo de Ocozías, cuando los príncipes estaban a punto de ser asesinados. Metiéndolo en un dormitorio con su nodriza, logró esconderlo de Atalía, de modo que no lo mataron. ³Seis años estuvo Joás escondido con su nodriza en el Templo del SEÑOR, mientras Atalía reinaba en el país.

⁴En el séptimo año, el sacerdote Joyadá ordenó a los comandantes de cien soldados, a los quereteos y a los guardias, que se presentaran ante él en el Templo del SEÑOR. Allí en el Templo hizo un pacto con ellos y les tomó juramento. Luego mostró al hijo del rey ⁵y dio estas órdenes: «Hagan lo siguiente: una tercera parte de los que están de servicio el °sábado vigilará el palacio real. ⁶Otra tercera parte vigilará la puerta de Sur y la otra tercera parte la puerta detrás del cuartel de los guardias. Harán la guardia del Templo por turnos. ⁷Los dos grupos que están libres el sábado protegerán al rey en el Templo del SEÑOR. ⁸Arma en mano, rodeen por completo al rey. Si alguien se

atreve a penetrar las filas,ᵇ mátenlo. ¡No dejen solo al rey, vaya donde vaya!».

⁹Los comandantes de cien soldados cumplieron con todo lo que el sacerdote Joyadá había ordenado. Cada uno reunió a sus hombres, tanto a los que estaban de servicio el sábado como a los que estaban libres; entonces se presentaron ante el sacerdote Joyadá. ¹⁰Este repartió entre los comandantes las lanzas y los escudos del rey David, que estaban guardados en el Templo del SEÑOR. ¹¹Arma en mano, los guardias tomaron sus puestos alrededor del rey, cerca del altar y desde el lado sur hasta el lado norte del Templo.

¹²Entonces Joyadá sacó al hijo del rey, le puso la corona y le entregó una copia del pacto.ᶜ Luego lo ungieron, y todos aplaudieron, gritando: «¡Viva el rey!».

¹³Cuando Atalía oyó la gritería de los guardias y de la tropa, fue al Templo del SEÑOR, donde estaba la gente. ¹⁴Al ver que el rey estaba de pie junto a la columna, como era la costumbre, y que los oficiales y músicos estaban a su lado, y que todo el pueblo se alegraba al son de las trompetas, Atalía se rasgó las vestiduras y gritó: «¡Traición! ¡Traición!».

¹⁵Entonces el sacerdote Joyadá, como no quería que la mataran en el Templo del SEÑOR, dio órdenes a los comandantes que estaban al mando de las fuerzas. Les dijo: «¡Sáquenla de entre las filas! Y, si alguien se pone de su lado, ¡mátenlo a filo de espada!». ¹⁶Así que la apresaron y la llevaron al palacio por la puerta de la caballería; allí la mataron.

¹⁷Luego Joyadá hizo un °pacto entre el SEÑOR, el rey y la gente para que fueran el pueblo del SEÑOR; también hizo un pacto entre el rey y el pueblo. ¹⁸Entonces todo el pueblo fue al templo de °Baal y lo derribó. Destruyeron los altares y las imágenes, y frente a los altares degollaron a Matán, sacerdote de Baal.

El sacerdote Joyadá apostó guardias en el Templo del SEÑOR ¹⁹y, acompañado de los comandantes y de los quereteos, los guardias y todo el pueblo, llevó al rey desde el Templo del SEÑOR hasta el palacio real. Entraron juntos por la puerta del cuartel y Joás se sentó en el trono real. ²⁰Todo el pueblo estaba alegre y la ciudad, tranquila, pues habían matado a Atalía a filo de espada en el palacio.

²¹Joás tenía siete años cuando comenzó a reinar.

Joás, rey de Judá
12:1-21 – 2Cr 24:1-14, 23-27

12 En el año séptimo del reinado de Jehú, Joás comenzó a reinar; reinó en Jerusalén cuarenta años. Su madre era Sibia, oriunda de Berseba. ²Joás hizo lo correcto ante los ojos del SEÑOR durante todo el tiempo que el sacerdote Joyadá lo instruyó. ³Sin embargo, no se quitaron los °altares paganos, sino que el pueblo siguió ofreciendo sacrificios y quemando incienso en ellos.

⁴Un día Joás ordenó a los sacerdotes: «Recojan todo el dinero que cada persona traiga al Templo del SEÑOR como ofrenda sagrada, incluso el impuesto del censo, el dinero de promesas personales y todas las ofrendas voluntarias. ⁵Cada sacerdote debe tomar el dinero de manos de su propio tesorero y usarlo para restaurar el Templo y reparar todo lo que esté dañado».

⁶En el año veintitrés del reinado de Joás sucedió que, como los sacerdotes no habían hecho reparaciones al Templo, ⁷el rey llamó al sacerdote Joyadá y a los otros sacerdotes para recriminarles: «¿Por qué no

a 25 el santuario. Lit. la ciudad.   b 8 las filas. Alt. los precintos; también en v. 15.   c 12 le puso … pacto. Alt. y le puso la corona y las insignias.

han comenzado la restauración del Templo? De aquí en adelante, ya no recibirán dinero de manos de los tesoreros, y deberán entregar lo que tengan para que se repare el Templo».

⁸Los sacerdotes accedieron a no recibir más dinero del pueblo, y renunciaron al encargo de restaurar el Templo.

⁹Sin embargo, el sacerdote Joyadá tomó un cofre y, después de hacer una ranura en la tapa, lo puso junto al altar, a la derecha, según se entra en el Templo del SEÑOR. Los sacerdotes que vigilaban la entrada comenzaron a poner en el cofre todo el dinero que la gente traía al Templo del SEÑOR. ¹⁰Cuando veían que el cofre ya estaba lleno, subía el secretario real con el sumo sacerdote para vaciarlo y contar el dinero que había en el Templo del SEÑOR. ¹¹Una vez determinada la cantidad, entregaban el dinero a los que supervisaban la restauración del Templo. Estos pagaban a los que trabajaban allí en el Templo: carpinteros, maestros de obra, ¹²albañiles y canteros. También compraban madera y piedras de cantería, y cubrían todos los gastos necesarios para restaurar el Templo del SEÑOR.

¹³Sin embargo, del dinero que se traía al Templo del SEÑOR no se usaba nada para hacer copas, cortapabilos, tazones y trompetas, ni otros utensilios de plata y oro; ¹⁴sino que ese dinero se les entregaba a los trabajadores, que lo usaban para reparar el Templo del SEÑOR. ¹⁵Los encargados de pagar a los trabajadores no tenían que rendir cuentas, pues procedían con toda honradez. ¹⁶El dinero de los sacrificios por el perdón de pecados y por la culpa no era para el Templo del SEÑOR, pues pertenecía a los sacerdotes.

¹⁷Por aquel tiempo, Jazael, rey de Aram, atacó la ciudad de Gat y la conquistó; luego se propuso atacar a Jerusalén. ¹⁸Por eso Joás, rey de Judá, recogió todos los objetos que habían consagrado sus antepasados Josafat, Jorán y Ocozías, reyes de Judá, junto con los que él mismo había consagrado, más todo el oro que pudo encontrar entre los tesoros del Templo del SEÑOR y en el palacio real. Todo esto se lo envió a Jazael, rey de Aram, el cual se retiró de Israel.

¹⁹Los demás acontecimientos del reinado de Joás, y todo lo que hizo, están escritos en el libro de las crónicas de los reyes de Judá. ²⁰Sus propios ministros conspiraron contra él y lo asesinaron en Bet Miló, camino a Sila. ²¹Quienes lo atacaron fueron Josacar, hijo de Simat, y Jozabad, hijo de Somer. Así murió Joás y fue sepultado con sus antepasados en la Ciudad de David. Y su hijo Amasías lo sucedió en el trono.

Joacaz, rey de Israel

13 En el año veintitrés del reinado de Joás hijo de Ocozías, rey de Judá, Joacaz hijo de Jehú comenzó a reinar sobre Israel; reinó en Samaria diecisiete años. ²Joacaz hizo lo malo ante los ojos del SEÑOR, pues siguió el mal ejemplo de Jeroboán, hijo de Nabat, y no se apartó del pecado con que este hizo pecar a Israel. ³Por eso la ira del SEÑOR se encendió contra los israelitas y, por mucho tiempo, los puso bajo el poder de Jazael, rey de Aram, y de su hijo Ben Adad.

⁴Entonces Joacaz clamó al SEÑOR, y él lo escuchó, pues vio la gran opresión del rey de Aram sobre Israel. ⁵El SEÑOR les proveyó un libertador, de modo que los israelitas pudieron librarse del poder de los arameos y vivir tranquilos,ᵃ como antes. ⁶Sin embargo, siguieron el mal ejemplo de la familia de Jeroboán y no se apartaron de los pecados con que

estos hicieron pecar a Israel, y hasta dejaron en pie la imagen de la diosa ˙Aserá, que estaba en Samaria. ⁷Del ejército no le había quedado a Joacaz más que cincuenta jinetes, diez carros de combate y diez mil soldados de infantería, pues el rey de Aram había destruido el ejército, reduciéndolo a polvo.

⁸Los demás acontecimientos del reinado de Joacaz, y todo lo que hizo y su poderío, están escritos en el libro de las crónicas de los reyes de Israel. ⁹Joacaz murió y fue sepultado con sus antepasados en Samaria. Y su hijo Joás lo sucedió en el trono.

Joás, rey de Israel

¹⁰En el año treinta y siete del reinado de Joás, rey de Judá, Joás, hijo de Joacaz, comenzó a reinar sobre Israel; reinó en Samaria dieciséis años. ¹¹Joás hizo lo malo ante los ojos del SEÑOR, pues siguió el mal ejemplo de Jeroboán, hijo de Nabat, y no se apartó de ninguno de los pecados con que este hizo pecar a Israel.

¹²Los demás acontecimientos del reinado de Joás, y todo lo que hizo y su poderío, incluso la guerra que sostuvo contra Amasías, rey de Judá, están escritos en el libro de las crónicas de los reyes de Israel. ¹³Joás murió y fue sepultado con sus antepasados en Samaria con los reyes de Israel. Y Jeroboán lo sucedió en el trono.

Muerte de Eliseo

¹⁴Cuando Eliseo cayó enfermo de muerte, Joás, rey de Israel, fue a verlo. Echándose sobre él, lloró y exclamó:

—¡Padre mío, padre mío, carro y jinete poderoso de Israel!

¹⁵Eliseo le dijo:

—Consigue un arco y varias flechas.

Joás así lo hizo. ¹⁶Luego Eliseo dijo:

—Empuña el arco.

Cuando el rey empuñó el arco, Eliseo puso las manos sobre las del rey ¹⁷y dijo:

—Abre la ventana que da hacia el oriente.

Joás la abrió, y Eliseo ordenó:

—¡Dispara!

Así lo hizo. Entonces Eliseo declaró:

—¡Flecha victoriosa del SEÑOR! ¡Flecha victoriosa contra Aram! ¡Tú vas a derrotar a los arameos en Afec hasta acabar con ellos! ¹⁸Así que toma las flechas —añadió.

El rey las tomó, entonces Eliseo ordenó:

—¡Golpea el suelo!

Joás golpeó el suelo tres veces y se detuvo. ¹⁹Ante eso, el hombre de Dios se enojó y dijo:

—Debiste haber golpeado el suelo cinco o seis veces; entonces habrías derrotado a los arameos hasta acabar con ellos. Pero ahora los derrotarás solo tres veces.

²⁰Después de esto, Eliseo murió y fue sepultado.

Cada año, bandas armadas de moabitas invadían el país. ²¹En cierta ocasión, unos israelitas iban a enterrar a un muerto, pero de pronto vieron a esas bandas y echaron el cadáver en la tumba de Eliseo. Cuando el cadáver tocó los huesos de Eliseo, ¡el hombre recobró la vida y se puso de pie!

Jazael oprime a los israelitas

²²Durante el reinado de Joacaz, Jazael, rey de Aram, oprimió a los israelitas. ²³Sin embargo, el SEÑOR tuvo misericordia de ellos. Por causa del ˙pacto que había hecho con Abraham, Isaac y Jacob, se compadeció de los israelitas y los preservó, y hasta el día de hoy no ha querido destruirlos ni arrojarlos de su presencia.

²⁴Cuando murió Jazael, rey de Aram, lo sucedió en el trono su hijo Ben Adad. ²⁵Entonces Joás, hijo de

---

a 5 tranquilos. Lit. en sus casas.

Joacaz, logró rescatar del poder de Ben Adad las ciudades que este le había arrebatado a Joacaz. En tres ocasiones Joás logró derrotarlo, de modo que pudo recuperar las ciudades de Israel.

Amasías, rey de Judá
14:1-7 – 2Cr 25:1-4, 11-12
14:8-22 – 2Cr 25:17–26:2

14 En el segundo año de Joás, hijo de Joacaz, rey de Israel, Amasías, hijo de Joás, rey de Judá, comenzó a reinar. ²Tenía veinticinco años cuando comenzó a reinar; reinó en Jerusalén veintinueve años. Su madre era Joadán, oriunda de Jerusalén. ³Amasías hizo lo que agrada al SEÑOR, aunque no como lo había hecho su antepasado David. En todo siguió el ejemplo de su padre Joás. ⁴Sin embargo, no se quitaron los ˚altares paganos, sino que el pueblo siguió ofreciendo sacrificios y quemando incienso en ellos.

⁵Después de afianzarse en el poder, Amasías mató a los ministros que habían asesinado a su padre el rey. ⁶Sin embargo, según lo que ordenó el SEÑOR, no mató a los hijos de los asesinos, pues está escrito en el libro de la ˚Ley de Moisés: «No se dará muerte a los padres por la culpa de sus hijos ni se dará muerte a los hijos por la culpa de sus padres. Cada uno morirá por su propio pecado».ᵃ

⁷Amasías derrotó a diez mil edomitas en el valle de la Sal; también conquistó la ciudad de Selá y le puso por nombre Joctel, que es como se conoce hasta el día de hoy.

⁸Por aquel tiempo, Amasías envió mensajeros a Joás, hijo de Joacaz y nieto de Jehú, rey de Israel, con este reto: «¡Ven acá, para que nos enfrentemos!».

⁹Pero Joás, rey de Israel, respondió a Amasías, rey de Judá: «El cardo del Líbano mandó este mensaje al cedro: "¡Entrega a tu hija como esposa a mi hijo!". Pero luego pasaron por allí las fieras del Líbano y aplastaron al cardo. ¹⁰De hecho, has derrotado a los edomitas y actúas con arrogancia. Está bien, jáctate si quieres, pero quédate en casa. ¿Para qué provocas una desgracia que significará tu perdición y la de Judá?».

¹¹Amasías no le hizo caso. Así que Joás, rey de Israel, marchó a Bet Semes, que está en Judá, para enfrentarse con él. ¹²Los israelitas vencieron a los de Judá, y estos huyeron a sus casas. ¹³En Bet Semes, Joás, rey de Israel, capturó a Amasías, rey de Judá, hijo de Joás y nieto de Ocozías. Luego fue a Jerusalén y derribó cuatrocientos codosᵇ de la muralla, desde la puerta de Efraín hasta la puerta de la Esquina. ¹⁴Además, se apoderó de todo el oro, la plata y los utensilios que estaban en el Templo del SEÑOR y en los tesoros del palacio real. También tomó rehenes y regresó a Samaria.

¹⁵Los demás acontecimientos del reinado de Joás, todo lo que hizo y su poderío, incluso la guerra que sostuvo contra Amasías, rey de Judá, están escritos en el libro de las crónicas de los reyes de Israel. ¹⁶Joás murió y fue sepultado en Samaria con los reyes de Israel. Y su hijo Jeroboán lo sucedió en el trono.

¹⁷Amasías, hijo de Joás, rey de Judá, sobrevivió quince años a Joás, hijo de Joacaz, rey de Israel. ¹⁸Los demás acontecimientos del reinado de Amasías están escritos en el libro de las crónicas de los reyes de Judá.

¹⁹Como se tramó una conspiración contra él en Jerusalén, Amasías huyó a Laquis; pero lo persiguieron y allí lo mataron. ²⁰Luego lo llevaron a caballo hasta Jerusalén, la Ciudad de David, y allí fue sepultado con sus antepasados.

²¹Entonces todo el pueblo de Judá tomó a Azarías,ᶜ que tenía dieciséis años, y lo proclamó rey en lugar de su padre Amasías. ²²Y fue Uzías quien, después de la muerte del rey Amasías, reconstruyó la ciudad de Elat y la reincorporó a Judá.

Jeroboán II, rey de Israel

²³En el año quince del reinado de Amasías, hijo de Israel, Jeroboán, hijo de Joás, rey de Israel, comenzó a reinar; reinó en Samaria cuarenta y un años. ²⁴Jeroboán hizo lo malo ante los ojos del SEÑOR, pues no se apartó de ninguno de los pecados con que Jeroboán, hijo de Nabat, hizo pecar a Israel. ²⁵Él fue quien restableció las fronteras de Israel desde Lebó Jamatᵈ hasta el mar del Arabá, según la palabra que el SEÑOR, Dios de Israel, había dado a conocer por medio de su siervo Jonás, hijo de Amitay, el profeta de Gat Jefer.

²⁶Porque el SEÑOR había visto que todos los habitantes de Israel, esclavos o libres, sufrían amargamente y no había nadie que los ayudara. ²⁷Pero el SEÑOR los salvó por medio de Jeroboán, hijo de Joás, pues había dicho que no borraría de la tierra el ˚nombre de Israel.

²⁸Los demás acontecimientos del reinado de Jeroboán, y todo lo que hizo y su poderío, incluso sus guerras en las que recuperó para Israel a Damasco y a Jamat, que habían pertenecido a Judá, están escritos en el libro de las crónicas de los reyes de Israel. ²⁹Jeroboán murió y fue sepultado con sus antepasados, los reyes de Israel. Y su hijo Zacarías lo sucedió en el trono.

Uzías, rey de Judá
15:1-7 – 2Cr 26:3-4, 21-23

15 En el año veintisiete del reinado de Jeroboán, rey de Israel, Azarías,ᵉ hijo de Amasías, rey de Judá, comenzó a reinar. ²Tenía dieciséis años cuando comenzó a reinar y reinó en Jerusalén cincuenta y dos años. Su madre era Jecolías, oriunda de Jerusalén. ³Él hizo lo que agrada al SEÑOR, pues en todo siguió el buen ejemplo de su padre Amasías. ⁴Sin embargo, no se quitaron los ˚altares paganos, sino que el pueblo siguió ofreciendo sacrificios y quemando incienso en ellos.

⁵El SEÑOR castigó al rey con una enfermedad de la piel hasta el día de su muerte. Y, como el rey Azarías tuvo que vivir aislado en una casa, su hijo Jotán quedó a cargo del palacio y del gobierno del país.

⁶Los demás acontecimientos del reinado de Azarías, y todo lo que hizo, están escritos en el libro de las crónicas de los reyes de Judá. ⁷Cuando Azarías murió, fue sepultado con sus antepasados en la Ciudad de David. Y su hijo Jotán lo sucedió en el trono.

Zacarías, rey de Israel

⁸En el año treinta y ocho del reinado de Azarías, rey de Judá, Zacarías, hijo de Jeroboán, comenzó a reinar sobre Israel; reinó en Samaria seis meses. ⁹Zacarías hizo lo malo ante los ojos del SEÑOR, como lo hicieron sus antepasados, pues no se apartó de los pecados con que Jeroboán, hijo de Nabat, hizo pecar a Israel.

¹⁰Salún, hijo de Jabés, conspiró contra Zacarías. Lo atacó ante el puebloᶠ y lo mató, usurpando así el trono. ¹¹Los demás acontecimientos del reinado de Zacarías están escritos en el libro de las crónicas de los reyes de Israel. ¹²De este modo, se cumplió la palabra que el SEÑOR le había dado a conocer a Jehú: «Durante cuatro generaciones tus descendientes ocuparán el trono de Israel».ᵍ

ᵃ 6 Dt 24:16.   ᵇ 13 Es decir, aprox. 180 m.   ᶜ 21 También conocido como Uzías.   ᵈ 25 Lebó Jamat. Alt. la entrada de Jamat.   ᵉ 1 También conocido como Uzías.   ᶠ 10 ante el pueblo (TM); en Ibleam (mss. de LXX).   ᵍ 12 2R 10:30.

Salún, rey de Israel

[13]Salún, hijo de Jabés, comenzó a reinar en el año treinta y nueve de Uzías,[a] rey de Judá, y reinó en Samaria un mes. [14]Pero Menajem, hijo de Gadí, llegó de Tirsá a Samaria, y allí atacó a Salún, hijo de Jabés, y lo mató, usurpando así el trono.

[15]Los demás acontecimientos del reinado de Salún, incluso su conspiración, están escritos en el libro de las crónicas de los reyes de Israel.

[16]Por aquel tiempo, Menajem atacó la ciudad de Tifsa. Como no le abrieron las *puertas de la ciudad, mató a todos los que vivían allí y en los alrededores, comenzando por Tirsá, y les abrió el vientre a las mujeres embarazadas.

Menajem, rey de Israel

[17]En el año treinta y nueve del reinado de Azarías, rey de Judá, Menajem, hijo de Gadí, comenzó a reinar sobre Israel, y reinó en Samaria diez años. [18]Pero hizo lo malo ante los ojos del SEÑOR, pues durante toda su vida jamás se apartó de los pecados con que Jeroboán, hijo de Nabat, hizo pecar a Israel.

[19]Tiglat Piléser,[b] rey de Asiria, invadió el país y Menajem le entregó mil talentos[c] de plata para ganar su apoyo y mantenerse en el trono. [20]Menajem exigió este dinero a los israelitas: todos los ricos tenían que pagarle al rey de Asiria cincuenta siclos[d] de plata. Entonces el rey de Asiria se retiró y dejó de ocupar el país.

[21]Los demás acontecimientos del reinado de Menajem, y todo lo que hizo, están escritos en el libro de las crónicas de los reyes de Israel. [22]Menajem murió y su hijo Pecajías lo sucedió en el trono.

Pecajías, rey de Israel

[23]En el año cincuenta de Azarías, rey de Judá, Pecajías, hijo de Menajem, comenzó a reinar sobre Israel; reinó en Samaria dos años. [24]Pero hizo lo malo ante los ojos del SEÑOR, pues no se apartó de los pecados con que Jeroboán, hijo de Nabat, hizo pecar a Israel. [25]Uno de sus oficiales, que se llamaba Pécaj, hijo de Remalías, conspiró contra él. Apoyado por cincuenta galaaditas, atacó a Pecajías, a Argob y a Arié, en la torre del palacio real en Samaria. Así fue como lo mató y usurpó el trono.

[26]Los demás acontecimientos del reinado de Pecajías, y todo lo que hizo, están escritos en el libro de las crónicas de los reyes de Israel.

Pécaj, rey de Israel

[27]En el año cincuenta y dos del reinado de Azarías, rey de Judá, Pécaj, hijo de Remalías, comenzó a reinar sobre Israel; reinó en Samaria veinte años. [28]Pero hizo lo malo ante los ojos del SEÑOR, pues no se apartó de los pecados con que Jeroboán, hijo de Nabat, hizo pecar a Israel.

[29]En tiempos de Pécaj, rey de Israel, Tiglat Piléser, rey de Asiria, invadió el país y conquistó Iyón, Abel Betmacá, Janoa, Cedes, Jazor, Galaad y Galilea, incluyendo todo el territorio de Neftalí; además, deportó a los habitantes a Asiria. [30]Entonces Oseas, hijo de Elá, conspiró contra Pécaj, hijo de Remalías, y lo atacó. Así fue como, en el año veinte de Jotán, hijo de Uzías, lo mató y usurpó el trono.

[31]Los demás acontecimientos del reinado de Pécaj, y todo lo que hizo, están escritos en el libro de las crónicas de los reyes de Israel.

Jotán, rey de Judá
15:33-38 – 2Cr 27:1-4, 7-9

[32]En el segundo año del reinado de Pécaj, hijo de Remalías, rey de Israel, Jotán hijo de Uzías, rey de Judá, comenzó a reinar. [33]Tenía veinticinco años cuando comenzó a reinar; reinó en Jerusalén dieciséis años. Su madre era Jerusa hija de Sadoc. [34]Jotán hizo lo que agrada al SEÑOR, pues en todo siguió el buen ejemplo de su padre Uzías, [35]y fue él quien reconstruyó la puerta superior del Templo del SEÑOR. Sin embargo, no se quitaron los altares paganos, sino que el pueblo siguió ofreciendo sacrificios y quemando incienso en ellos.

[36]Los demás acontecimientos del reinado de Jotán están escritos en el libro de las crónicas de los reyes de Judá. [37]Durante su reinado, el SEÑOR comenzó a enviar contra Judá a Rezín, rey de Aram, y a Pécaj, hijo de Remalías. [38]Cuando Jotán murió, fue sepultado con sus antepasados en la Ciudad de David, su antecesor. Y su hijo Acaz lo sucedió en el trono.

Acaz, rey de Judá
16:1-20 – 2Cr 28:1-27

16 En el año diecisiete del reinado de Pécaj, hijo de Remalías, Acaz hijo de Jotán comenzó a reinar en Judá. [2]Tenía veinte años cuando comenzó a reinar; reinó en Jerusalén dieciséis años. Pero, a diferencia de su antepasado David, Acaz no hizo lo que agrada al SEÑOR su Dios. [3]Al contrario, siguió el mal ejemplo de los reyes de Israel, y hasta sacrificó en el fuego a su hijo, según las repugnantes ceremonias de las naciones que el SEÑOR había expulsado al paso de los israelitas. [4]También ofrecía sacrificios y quemaba incienso en los *altares paganos, en las colinas y bajo todo árbol frondoso.

[5]En cierta ocasión, Rezín, rey de Aram, y Pécaj, hijo de Remalías, rey de Israel, marcharon hacia Jerusalén para hacerle guerra a Acaz y sitiaron la ciudad, pero no lograron tomarla. [6]Por aquel tiempo, Rezín, rey de Aram, había reconquistado la ciudad de Elat, desalojando a los de Judá que vivían allí. Posteriormente los edomitas se establecieron en Elat y allí se han quedado hasta el día de hoy.

[7]Acaz envió entonces mensajeros a Tiglat Piléser, rey de Asiria, con este mensaje: «Ya que soy tu servidor y vasallo,[e] ven y líbrame del poder del rey de Aram y del rey de Israel, que se han puesto en mi contra». [8]Acaz también juntó la plata y el oro que había en el Templo del SEÑOR y en el tesoro del palacio real, y se lo envió todo al rey de Asiria como un regalo. [9]El rey de Asiria, accediendo a su petición, lanzó un ataque contra Damasco y conquistó la ciudad. Luego deportó a sus habitantes a Quir y mató a Rezín.

[10]El rey Acaz fue entonces a Damasco para encontrarse con Tiglat Piléser, rey de Asiria. Cuando vio el altar que había en la ciudad, el rey Acaz envió al sacerdote Urías un plano del altar, con un dibujo de todos los detalles. [11]Entonces Urías construyó un altar según las instrucciones que el rey Acaz había enviado desde Damasco y lo terminó antes de que el rey regresara. [12]Cuando el rey llegó de Damasco y vio el altar, se acercó y presentó allí una ofrenda. [13]Ofreció el *holocausto con la ofrenda, derramó su ofrenda líquida y roció sobre el altar la sangre de los sacrificios de *comunión. [14]El altar de bronce, que estaba en la presencia del SEÑOR, lo retiró de la parte delantera del edificio y lo situó en el lado norte del nuevo altar, ya que ahora quedaba entre el nuevo altar y el Templo del SEÑOR.

[15]Luego dio estas órdenes al sacerdote Urías: «Ofrece en este gran altar el holocausto matutino y la ofrenda vespertina, así como el holocausto y la

---

a 13 *Uzías.* Conocido también como *Azarías.*   *b* 19 *Tiglat Piléser.* Lit. *Pul.*   *c* 19 Es decir, aprox. 34 t.   *d* 20 Es decir, aprox. 575 g.   *e* 7 *vasallo.* Lit. *hijo.* Es un término que en las relaciones diplomáticas de la época denota la aceptación de la autoridad y la sumisión.

ofrenda del rey, y también los holocaustos, las ofrendas y las ofrendas líquidas del pueblo en general. Rocía sobre este altar la sangre de todos los holocaustos y sacrificios. Pero el altar de bronce lo usaré yo para buscar orientación». ¹⁶Y el sacerdote Urías hizo todo lo que el rey Acaz ordenó.

¹⁷El rey desmontó los paneles de las bases y les quitó los recipientes; además bajó la fuente*a* que estaba encima de los bueyes de bronce y la instaló sobre un enlosado de piedra. ¹⁸Luego, por deferencia al rey de Asiria, quitó del Templo del SEÑOR el techado que se había construido allí para celebrar los *sábados,*b* así como la entrada exterior para el rey.

¹⁹Los demás acontecimientos del reinado de Acaz están escritos en el libro de las crónicas de los reyes de Judá. ²⁰Acaz murió y fue sepultado con sus antepasados en la Ciudad de David. Su hijo Ezequías lo sucedió en el trono.

Oseas, rey de Israel
17:3-7 – 2R 18:9-12

17 En el año duodécimo del reinado de Acaz, rey de Judá, Oseas, hijo de Elá, comenzó a reinar en Israel; reinó en Samaria nueve años. ²Hizo lo malo ante los ojos del SEÑOR, aunque no tanto como los reyes de Israel que lo habían precedido.

³Salmanasar, rey de Asiria, atacó a Oseas, lo hizo su vasallo y le impuso tributo. ⁴Más tarde, el rey de Asiria descubrió que Oseas lo traicionaba, pues este había enviado emisarios a So, rey de Egipto, y además había dejado de pagarle el tributo anual. Por eso el rey de Asiria mandó arrestarlo y lo metió en la cárcel. ⁵Después invadió el país entero, marchó contra Samaria y sitió la ciudad durante tres años. ⁶En el año noveno del reinado de Oseas, el rey de Asiria, después de conquistar Samaria, deportó a los israelitas a Asiria y los instaló en Jalaj, en Gozán (que está junto al río Jabor) y en las ciudades de los medos.

El pecado de Israel

⁷Todo esto sucedió porque los israelitas habían pecado contra el SEÑOR su Dios, que los había sacado de Egipto, librándolos del poder del faraón, rey de Egipto. Adoraron a otros dioses ⁸y siguieron las costumbres de las naciones que el SEÑOR había expulsado delante de ellos, como también las prácticas que introdujeron los reyes de Israel. ⁹Además, los israelitas hacían cosas en secreto contra*c* el SEÑOR su Dios y, dondequiera que habitaban, se construían *altares paganos. Desde las torres de vigilancia hasta las ciudades fortificadas, ¹⁰y en cada colina y bajo todo árbol frondoso, erigieron *piedras sagradas e imágenes de la diosa *Aserá. ¹¹En todos los altares paganos quemaron incienso, siguiendo el ejemplo de las naciones que el SEÑOR había expulsado delante de ellos. Fueron tantas las maldades que cometieron que provocaron la ira del SEÑOR. ¹²Rindieron culto a los ídolos, aunque el SEÑOR se lo había prohibido categóricamente. ¹³Por eso el SEÑOR dio esta advertencia a Israel y a Judá por medio de todos los profetas y videntes: «¡Vuélvanse de sus malos *caminos! Cumplan mis mandamientos y estatutos; obedezcan todas las leyes que ordené a sus antepasados y que les di a conocer a ustedes por medio de mis siervos los profetas».

¹⁴Con todo, no hicieron caso, sino que fueron tan tercos como lo habían sido sus antepasados, que no confiaron en el SEÑOR su Dios. ¹⁵Rechazaron los estatutos y mandatos del SEÑOR y el *pacto que él había hecho con sus antepasados. Y fueron tras ídolos inútiles, de modo que se volvieron inútiles ellos mismos; y aunque el SEÑOR lo había prohibido, siguieron las costumbres de las naciones vecinas.

¹⁶Abandonaron todos los mandamientos del SEÑOR su Dios y se hicieron dos ídolos fundidos en forma de becerro y una imagen de la diosa Aserá. Se postraron ante todos los astros del cielo y adoraron a *Baal; ¹⁷sacrificaron en el fuego a sus hijos e hijas; practicaron la adivinación y la agorería; en fin, se entregaron a hacer lo malo ante los ojos del SEÑOR, provocando así su ira.

¹⁸Por lo tanto, el SEÑOR se enojó mucho contra Israel y lo arrojó de su presencia. Solo quedó la tribu de Judá. ¹⁹Pero aun Judá dejó de cumplir los mandamientos del SEÑOR su Dios y siguió las costumbres que introdujo Israel. ²⁰Por eso el SEÑOR rechazó a todos los israelitas: los afligió y los entregó en manos de invasores, hasta que los arrojó de su presencia.

²¹Cuando él arrancó de la familia de David a los israelitas, estos hicieron rey a Jeroboán, hijo de Nabat. Jeroboán, por su parte, los alejó del camino del SEÑOR y los hizo cometer un gran pecado. ²²De hecho, los israelitas imitaron todos los pecados de Jeroboán y no se apartaron de ellos. ²³Finalmente, el SEÑOR arrojó a Israel de su presencia, tal como lo había anunciado por medio de sus siervos los profetas. Así, pues, fueron desterrados y llevados cautivos a Asiria, donde hasta el día de hoy se han quedado.

Repoblación de Samaria

²⁴Para reemplazar a los israelitas en los poblados de Samaria, el rey de Asiria trajo gente de Babilonia, Cuta, Ava, Jamat y Sefarvayin. Estos tomaron posesión de Samaria y habitaron en sus poblados. ²⁵Al principio, cuando se establecieron, no adoraban al SEÑOR, de modo que el SEÑOR les envió leones que causaron estragos en la población. ²⁶Entonces dieron este informe al rey de Asiria: «La gente que usted deportó y estableció en los poblados de Samaria no sabe lo que requiere el dios de ese país. Por esta razón, él les ha enviado leones, para que los maten».

²⁷El rey de Asiria dio esta orden: «Hagan que regrese a vivir en Samaria uno de los sacerdotes que ustedes capturaron allí, y que enseñe a la población lo que requiere el dios de ese país». ²⁸Así que uno de los sacerdotes que habían sido deportados de Samaria fue a vivir a Betel y comenzó a enseñarles cómo adorar al SEÑOR.

²⁹Sin embargo, todos esos pueblos se fabricaron sus propios dioses en las ciudades donde vivían, y los colocaron en los *altares paganos que habían construido los samaritanos. ³⁰Los de Babilonia hicieron a Sucot Benot; los de Cuta, a Nergal; los de Jamat, a Asimá, ³¹los de Ava, a Nibjaz y a Tartac. Los de Sefarvayin quemaban a sus hijos como sacrificio a Adramélec y a Anamélec, dioses de Sefarvayin; ³²adoraban también al SEÑOR, pero de entre ellos mismos nombraron sacerdotes a toda clase de gente para que oficiaran en los altares paganos. ³³Aunque adoraban al SEÑOR, servían también a sus propios dioses, según las costumbres de las naciones de donde habían sido deportados.

³⁴Hasta el día de hoy persisten en sus antiguas costumbres. No adoran al SEÑOR ni obedecen sus estatutos ni sus ordenanzas, ni las leyes y mandamientos que el SEÑOR ordenó a los descendientes de Jacob, a quien le dio el *nombre de Israel. ³⁵Cuando el SEÑOR hizo un *pacto con los israelitas, les ordenó: «No adoren a otros dioses ni se inclinen delante de ellos; no les sirvan ni les ofrezcan sacrificios. ³⁶Adoren solo al SEÑOR, que los sacó de Egipto con gran despliegue de fuerza y poder. Ante él deben

---

a 17 *la fuente.* Lit. *el mar.*   *b* 18 *el techado … sábados.* Alt. *el estrado para el trono* (véase LXX).   *c* 9 *hacían cosas en secreto contra.* Alt. *blasfemaron.* Palabra de difícil traducción.

inclinarse y ofrecerle sacrificios. ³⁷Tengan cuidado de cumplir siempre los estatutos y ordenanzas, leyes y mandamientos que él les dio por escrito. No adoren a otros dioses. ³⁸No olviden el pacto que él ha hecho con ustedes. Por tanto, no adoren a otros dioses, ³⁹sino solo al SEÑOR su Dios. Y él los librará del poder de todos sus enemigos».

⁴⁰Sin embargo, no hicieron caso, sino que persistieron en sus antiguas costumbres. ⁴¹Aquellos pueblos adoraban al SEÑOR, y al mismo tiempo servían a sus propios ídolos. Hasta el día de hoy sus hijos y sus descendientes siguen actuando como sus antepasados.

Ezequías, rey de Judá
18:2-4 – 2Cr 29:1-2; 31:1
18:5-7 – 2Cr 31:20-21
18:9-12 – 2R 17:3-7

18 En el tercer año de Oseas, hijo de Elá, rey de Israel, Ezequías hijo de Acaz, rey de Judá, comenzó a reinar. ²Tenía veinticinco años cuando comenzó a reinar; reinó en Jerusalén veintinueve años. Su madre era Abí hija de Zacarías. ³Ezequías hizo lo que agrada al SEÑOR, pues en todo siguió el ejemplo de su antepasado David. ⁴Quitó los ˙altares paganos, destrozó las ˙piedras sagradas y quebró las imágenes de la diosa ˙Aserá. Además, destruyó la serpiente de bronce que Moisés había hecho, pues los israelitas todavía le quemaban incienso, y la llamaban Nejustán.ᵃ

⁵Ezequías puso su confianza en el SEÑOR, Dios de Israel. No hubo otro como él entre todos los reyes de Judá, ni antes ni después. ⁶Se mantuvo fiel al SEÑOR y no se apartó de él, sino que cumplió los mandamientos que el SEÑOR había dado a Moisés. ⁷El SEÑOR estaba con Ezequías, por eso tuvo éxito en todas sus empresas. Se rebeló contra el rey de Asiria y no se sometió a él. ⁸Y derrotó a los filisteos, tanto en las torres de vigilancia como en las ciudades fortificadas, hasta llegar a Gaza y sus alrededores.

⁹En el año cuarto del reinado de Ezequías, es decir, en el año séptimo del reinado de Oseas, hijo de Elá, rey de Israel, Salmanasar, rey de Asiria, marchó contra Samaria y la sitió. ¹⁰Al cabo de tres años logró conquistarla. Era el año sexto del reinado de Ezequías, es decir, el año noveno del reinado de Oseas, rey de Israel. ¹¹El rey de Asiria deportó a los israelitas a Asiria y los estableció en Jalaj, en Gozán (que está junto al río Jabor) y en las ciudades de los medos. ¹²Esto sucedió porque no obedecieron al SEÑOR su Dios, sino que violaron su ˙pacto. No cumplieron ni pusieron en práctica lo que Moisés, siervo del SEÑOR, les había ordenado.

¹³En el año catorce del reinado de Ezequías, Senaquerib, rey de Asiria, atacó y tomó todas las ciudades fortificadas de Judá. ¹⁴Entonces Ezequías envió este mensaje al rey de Asiria, que se encontraba en Laquis: «He actuado mal. Si se retira, le pagaré cualquier tributo que me imponga». El rey de Asiria impuso a Ezequías, rey de Judá, un tributo de trescientos talentosᵇ de plata y treinta talentosᶜ de oro. ¹⁵Así que Ezequías entregó a Senaquerib toda la plata que había en el Templo del SEÑOR y en los tesoros del palacio real.

¹⁶Fue entonces cuando Ezequías, rey de Judá, quitó a las puertas y los quiciales del Templo del SEÑOR el oro con que él mismo los había cubierto y se lo entregó al rey de Asiria.

Senaquerib amenaza a Jerusalén
18:13, 17-37 – Is 36:1-22
18:17-35 – 2Cr 32:9-19

¹⁷Desde Laquis el rey de Asiria envió a un alto oficial, al funcionario principal y a su comandante en jefe,ᵈ al frente de un gran ejército, para hablar con el rey Ezequías en Jerusalén. Marcharon hacia Jerusalén y al llegar se detuvieron junto al acueducto del estanque superior, en el camino que lleva al Campo del Lavandero. ¹⁸Entonces llamaron al rey y salió a recibirlos Eliaquín, hijo de Jilquías, que era el administrador del palacio, junto con el cronista Sebna y el secretario Joa hijo de Asaf.

¹⁹El comandante en jefe les dijo:

—Díganle a Ezequías que así dice el gran rey, el rey de Asiria: "¿En qué se basa tu confianza? ²⁰Tú dices que tienes estrategia y fuerza militar, pero estas no son más que palabras sin fundamento. ¿En quién confías que te rebelas contra mí? ²¹Ahora bien, tú confías en Egipto, ¡ese bastón de caña astillada, que traspasa la mano y hiere al que se apoya en él! Porque eso es el faraón, el rey de Egipto, para todos los que en él confían. ²²Y si ustedes me dicen: 'Nosotros confiamos en el SEÑOR nuestro Dios', ¿no se trata acaso, Ezequías, del Dios cuyos altares y santuarios tú mismo quitaste, diciéndoles a Judá y a Jerusalén: 'Deben adorar solamente ante este altar en Jerusalén'?".

²³»Ahora bien, Ezequías, haz este trato con mi señor, el rey de Asiria: Yo te doy dos mil caballos si tú consigues otros tantos jinetes para montarlos. ²⁴¿Cómo podrás resistir el ataque de uno solo de los funcionarios más insignificantes de mi señor, si confías en obtener de Egipto carros de combate y jinetes? ²⁵¿Acaso he venido a atacar y a destruir este lugar sin el apoyo del SEÑOR? ¡Si fue él mismo quien me ordenó: "Marcha contra este país y destrúyelo"!».

²⁶Eliaquín, hijo de Jilquías, Sebna y Joa dijeron al comandante en jefe:

—Por favor, hábleles usted a sus siervos en arameo, ya que lo entendemos. No nos hable en hebreo, pues el pueblo que está sobre el muro escucha.

²⁷Pero el comandante en jefe respondió:

—¿Acaso mi señor me envió a decirles estas cosas solo a ti y a tu señor, y no a los que están sentados en el muro? ¡Si tanto ellos como ustedes tendrán que comerse su excremento y beberse su orina!

²⁸Dicho esto, el comandante en jefe se puso de pie y a voz en cuello gritó en hebreo:

—¡Oigan las palabras del gran rey, el rey de Asiria! ²⁹Así dice el rey: "No se dejen engañar por Ezequías. ¡Él no puede librarlos de mis manos! ³⁰No dejen que Ezequías los persuada a confiar en el SEÑOR, diciendo: 'Sin duda el SEÑOR nos librará; ¡esta ciudad no caerá en manos del rey de Asiria!'".

³¹»No hagan caso a Ezequías. Así dice el rey de Asiria: "Hagan las paces conmigo y ríndanse. De esta manera cada uno podrá comer de su vid y de su higuera y beber agua de su propio pozo, ³²hasta que yo venga y los lleve a un país como el de ustedes, país de grano y de mosto, de pan y de viñedos, de aceite de oliva y de miel. Así vivirán en vez de morir".

»No hagan caso a Ezequías, que los quiere seducir cuando dice: "El SEÑOR nos librará". ³³¿Acaso alguno de los dioses de las naciones pudo librar a su país de las manos del rey de Asiria? ³⁴¿Dónde están los dioses de Jamat y de Arfad? ¿Dónde están los dioses de Sefarvayin, de Hená y de Ivá? ¿Acaso libraron a Samaria de mis manos? ³⁵¿Cuál de todos los dioses de estos países ha podido salvar de mis manos a su

---

ᵃ 4 *la llamaban Nejustán.* Alt. *la llamó Nejustán.* Este nombre suena como las palabras hebreas que significan *bronce* y *serpiente.* ᵇ 14 Es decir, aprox. 10 t. ᶜ 14 Es decir, aprox. 1 t. ᵈ 17 *comandante en jefe.* Alt. *copero mayor.*

país? ¿Cómo entonces podrá el SEÑOR librar de mis manos a Jerusalén?».

³⁶Pero el pueblo permaneció en silencio y no respondió ni una sola palabra, porque el rey había ordenado: «No respondan».

³⁷Entonces Eliaquín, hijo de Jilquías, administrador del palacio, el cronista Sebna y el secretario Joa, hijo de Asaf, con las vestiduras rasgadas en señal de duelo, fueron a ver a Ezequías y le contaron lo que había dicho el comandante en jefe.

Isaías profetiza la liberación de Jerusalén
19:1-13 – Is 37:1-13

19 Cuando el rey Ezequías escuchó esto, se rasgó las vestiduras, se vistió de luto y fue al Templo del SEÑOR. ²Además, envió a Eliaquín, administrador del palacio, al cronista Sebna y a los sacerdotes más ancianos, todos vestidos de luto, para hablar con el profeta Isaías, hijo de Amoz. ³Y estos dijeron a Isaías: «Así dice Ezequías: "Hoy es un día de angustia, castigo y deshonra, como cuando los hijos están a punto de nacer y no se tienen fuerzas para darlos a luz. ⁴Tal vez el SEÑOR tu Dios oiga todas las palabras del comandante en jefe, a quien su señor, el rey de Asiria, envió para insultar al Dios viviente. ¡Que el SEÑOR tu Dios lo castigue por las palabras que ha oído! Eleva, pues, una oración por el remanente del pueblo que aún sobrevive"».

⁵Cuando los funcionarios del rey Ezequías fueron a ver a Isaías, ⁶este le dijo: «Díganle a su señor que así dice el SEÑOR: "No temas por las blasfemias que has oído y que han pronunciado contra mí los subalternos del rey de Asiria. ⁷¡Mira! Voy a poner un espíritu en él, de manera que cuando oiga cierto rumor regrese a su propio país. Allí haré que lo maten a filo de espada"».

⁸Cuando el comandante en jefe se enteró de que el rey de Asiria había salido de Laquis, se retiró y encontró al rey luchando contra Libná.

⁹Luego Senaquerib recibió el informe de que Tiracá, rey de ˙Cus, había salido para luchar contra él. Así que una vez más envió mensajeros a Ezequías ¹⁰para que le dijeran: «Tú, Ezequías, rey de Judá: No dejes que tu Dios, en quien confías, te engañe cuando dice: "No caerá Jerusalén en manos del rey de Asiria". ¹¹Sin duda te habrás enterado de lo que han hecho los reyes de Asiria en todos los países, ˙destruyéndolos por completo. ¿Y acaso vas tú a librarte? ¹²¿Libraron sus dioses a las naciones que mis antepasados han destruido: Gozán, Jarán, Résef y la gente de Edén que vivía en Telasar? ¹³¿Dónde están el rey de Jamat, el rey de Arfad, el rey de la ciudad de Sefarvayin, de Hená o Ivá?».

Oración de Ezequías
19:14-19 – Is 37:14-20

¹⁴Ezequías tomó la carta de mano de los mensajeros y la leyó. Luego subió al Templo del SEÑOR, la desplegó delante del SEÑOR, ¹⁵y en su presencia oró así: «SEÑOR, Dios de Israel, entronizado sobre los ˙querubines: solo tú eres el Dios de todos los reinos de la tierra. Tú has hecho los cielos y la tierra. ¹⁶Presta atención, SEÑOR, y escucha; abre tus ojos, SEÑOR, y mira; escucha las palabras que Senaquerib ha mandado a decir para insultar al Dios viviente. ¹⁷Es verdad, SEÑOR, que los reyes asirios han asolado todas estas naciones y sus tierras. ¹⁸Han arrojado al fuego sus dioses y los han destruido, porque no eran dioses, sino solo madera y piedra, obra de manos ˙humanas. ¹⁹Ahora, pues, SEÑOR y Dios nuestro, por favor, sálvanos de su mano, para que todos los reinos de la tierra sepan que solo tú, SEÑOR, eres Dios».

Muerte de Senaquerib
19:20-37 – Is 37:21-38
19:35-37 – 2Cr 32:20-21

²⁰Entonces Isaías, hijo de Amoz, envió este mensaje a Ezequías: «Así dice el SEÑOR, Dios de Israel: Por cuanto me has rogado respecto a Senaquerib, rey de Asiria, te he escuchado. ²¹Esta es la palabra que yo, el SEÑOR, he pronunciado contra él:

»La virginal hija de ˙Sión
    te desprecia y se burla de ti.
La hija de Jerusalén
    menea la cabeza al verte huir.
²² ¿A quién has insultado?
    ¿Contra quién has blasfemado?
¿Contra quién has alzado la voz
    y levantado los ojos con orgullo?
    ¡Contra el ˙Santo de Israel!
²³ Has enviado a tus mensajeros
    a insultar al Señor, diciendo:
"Con mis numerosos carros de combate
    escalé las cumbres de las montañas,
    las laderas del Líbano.
Talé sus cedros más altos,
    sus cipreses más selectos.
Alcancé sus refugios más lejanos,
    y sus bosques más frondosos.
²⁴ Cavé pozos en tierras extranjeras
    y en esas aguas apagué mi sed.
Con las plantas de mis pies
    sequé todos los ríos de Egipto".

²⁵ »¿No te has dado cuenta?
    Hace mucho tiempo que lo he preparado.
Desde tiempo atrás lo vengo planeando
    y ahora lo he llevado a cabo;
por eso tú has dejado en ruinas
    a las ciudades fortificadas.
²⁶ Sus habitantes, impotentes,
    están desalentados y avergonzados.
Son como plantas en el campo,
    como tiernos pastos verdes,
como hierba que brota sobre el techo
    y que se quema antes de crecer.

²⁷ »Yo sé bien cuándo te sientas,
    cuándo sales, cuándo entras
    y cuánto ruges contra mí.
²⁸ Porque has rugido contra mí
    y tu insolencia ha llegado a mis oídos,
te pondré una argolla en la nariz
    y un freno en la boca.
Además, por el mismo camino por donde viniste
    te haré regresar.

²⁹ »Esta será la señal para ti, Ezequías:

»Este año comerán lo que crezca por sí solo,
    y el segundo año lo que de allí brote.
Pero al tercer año sembrarán y cosecharán,
    plantarán viñas y comerán su fruto.
³⁰ Una vez más los sobrevivientes de la tribu de Judá
    echarán raíces abajo y, arriba, darán fruto.
³¹ Porque de Jerusalén saldrá un remanente,
    del monte Sión un grupo de sobrevivientes.

Esto lo hará mi celo, celo del SEÑOR de los Ejércitos.

³² »Yo, el SEÑOR, declaro esto acerca del rey de Asiria:

»"No entrará en esta ciudad
    ni lanzará contra ella una sola flecha.

No se enfrentará a ella con escudos,
    ni construirá contra ella una rampa de asalto.
33 Volverá por el mismo camino que vino;
    ¡en esta ciudad no entrará!".
    Yo, el SEÑOR, lo afirmo.
34 Por mi honor y por consideración a David mi
    siervo,
    defenderé esta ciudad y la salvaré».

35Esa misma noche el ángel del SEÑOR salió y mató a ciento ochenta y cinco mil hombres del campamento asirio. A la mañana siguiente, cuando los demás se levantaron, allí estaban tendidos todos los cadáveres. 36Así que Senaquerib, rey de Asiria, levantó el campamento y se retiró. Volvió a Nínive y permaneció allí.

37Pero un día, mientras adoraba en el templo de su dios Nisroc, sus hijos Adramélec y SaRézer lo mataron a espada y escaparon a la tierra de Ararat. Y su hijo Esarjadón lo sucedió en el trono.

Enfermedad de Ezequías
20:1-11 – 2Cr 32:24-26; Is 38:1-8

20 Por aquellos días Ezequías se enfermó gravemente y estuvo a punto de morir. El profeta Isaías, hijo de Amoz, fue a verlo y le dijo: «Así dice el SEÑOR: "Pon tu casa en orden, porque vas a morir; no te recuperarás"».

2Ezequías volvió el rostro hacia la pared y rogó al SEÑOR: 3«Recuerda, SEÑOR, que yo me he conducido delante de ti con lealtad e integridad*a* y he hecho lo que te agrada». Y Ezequías lloró amargamente.

4No había salido Isaías del patio central, cuando vino la palabra del SEÑOR: 5«Regresa y dile a Ezequías, gobernante de mi pueblo, que así dice el SEÑOR, Dios de su antepasado David: "He escuchado tu oración y he visto tus lágrimas. Voy a sanarte y, en tres días, podrás subir al Templo del SEÑOR. 6Voy a darte quince años más de vida. Y a ti y a esta ciudad los libraré de caer en manos del rey de Asiria. Yo defenderé esta ciudad por mi causa y por consideración a David mi siervo"».

7Entonces Isaías dijo: «Preparen una pasta de higos». Así lo hicieron; luego se la aplicaron al rey en la llaga y se recuperó.

8Ezequías había preguntado al profeta:

—¿Qué señal recibiré de que el SEÑOR me sanará y de que en tres días podré subir a su Templo?

9Isaías contestó:

—Esta es la señal que te dará el SEÑOR para confirmar lo que te ha prometido: ¿Quieres que la sombra avance diez peldaños o que retroceda diez?

10—Es fácil que la sombra se extienda diez peldaños —respondió Ezequías—, pero no que vuelva atrás.

11Entonces el profeta Isaías invocó al SEÑOR, y el SEÑOR hizo que la sombra retrocediera diez peldaños en la escalinata de Acaz.

Mensajeros de Babilonia
20:12-19 – Is 39:1-8
20:20-21 – 2Cr 32:32-33

12En aquel tiempo Merodac*b* Baladán, hijo de Baladán y rey de Babilonia, envió cartas y un regalo a Ezequías, porque supo que había estado enfermo. 13Ezequías se alegró*c* al recibir esto y mostró a los

mensajeros todos sus tesoros: la plata, el oro, las especias, el aceite fino, su arsenal y todo lo que había en ellos. No hubo nada en su palacio ni en todo su reino que Ezequías no les mostrara.

14Entonces el profeta Isaías fue a ver al rey Ezequías y le preguntó:

—¿Qué dijeron esos hombres? ¿De dónde vinieron?

—Vinieron de Babilonia, un país lejano —respondió Ezequías.

15—¿Y qué vieron en tu palacio? —preguntó el profeta.

—Vieron todo lo que hay en él —contestó Ezequías—. No hay nada en mis tesoros que yo no les haya mostrado.

16Entonces Isaías dijo:

—Oye la palabra del SEÑOR: 17Sin duda vendrán días en que todo lo que hay en tu palacio y todo lo que tus antepasados atesoraron hasta el día de hoy, será llevado a Babilonia. No quedará nada —dice el SEÑOR—. 18Y algunos de tus hijos, tus descendientes, serán llevados para servir como 'eunucos en el palacio del rey de Babilonia.

19—El mensaje del SEÑOR que tú me has traído es bueno —respondió Ezequías.

Y es que pensaba: «Al menos mientras yo viva, sin duda que habrá 'paz y seguridad».

20Los demás acontecimientos del reinado de Ezequías, todo su poderío y cómo construyó el estanque y el acueducto que llevaba agua a la ciudad, están escritos en el libro de las crónicas de los reyes de Judá. 21Ezequías murió, y su hijo Manasés lo sucedió en el trono.

Manasés, rey de Judá
21:1-10 – 2Cr 33:1-10
21:17-18 – 2Cr 33:18-20

21 Manasés tenía doce años cuando comenzó a reinar; reinó en Jerusalén cincuenta y cinco años. Su madre era Hepsiba. 2Pero Manasés hizo lo malo ante los ojos del SEÑOR, pues practicaba las repugnantes ceremonias de las naciones que el SEÑOR había expulsado delante de los israelitas. 3Reconstruyó los 'altares paganos que su padre Ezequías había destruido; además, erigió otros altares en honor de 'Baal e hizo una imagen de la diosa 'Aserá, como lo había hecho Acab, rey de Israel. Se postró ante todos los astros del cielo y los adoró. 4Construyó altares en el Templo del SEÑOR, lugar del cual el SEÑOR había dicho: «En Jerusalén pondré mi Nombre». 5En ambos atrios del Templo del SEÑOR construyó altares en honor de los astros del cielo. 6Sacrificó en el fuego a su propio hijo, practicó la adivinación y la agorería, y consultó a médiums y a espiritistas. Hizo continuamente lo que ofende al SEÑOR, provocando así su ira.

7Tomó la imagen de la diosa Aserá que él había hecho y la puso en el Templo, lugar del cual el SEÑOR había dicho a David y a su hijo Salomón: «En este templo en Jerusalén, la ciudad que he escogido de entre todas las tribus de Israel, he decidido poner mi Nombre para siempre. 8Nunca más dejaré que los israelitas anden perdidos fuera de la tierra que di a sus antepasados, siempre y cuando tengan cuidado de cumplir todo lo que les he ordenado, es decir, toda la 'Ley que dio mi siervo Moisés». 9Pero no hicieron caso. Manasés los descarrió, de modo que se condujeron peor que las naciones que el SEÑOR destruyó delante de ellos.

10Por lo tanto, el SEÑOR dijo por medio de sus siervos los profetas: 11«Como Manasés, rey de Judá, ha practicado estas repugnantes ceremonias y se ha conducido peor que los amorreos que lo precedieron, haciendo que los israelitas pequen con los ídolos que él hizo,

---

a 3 integridad. Lit. *con un corazón íntegro*. En la Biblia, *corazón* se usa para designar el asiento de las emociones, pensamientos y voluntad, es decir, el proceso de toma de decisiones del ser humano.   *b 12 Merodac* (mss. hebreos, LXX y Siríaca; véase Is 39:1); *Berodac* (TM).   *c 13 se alegró* (LXX, Vulgata, Siríaca y varios mss. hebreos; véase Is 39:2); *escuchó* (TM).

¹²así dice el SEÑOR, Dios de Israel: "Voy a enviar tal desgracia sobre Jerusalén y Judá a todo el que la oiga le quedará retumbando en los oídos. ¹³Extenderé sobre Jerusalén el mismo cordel con que medí a Samaria y la misma plomada con que señalé a la familia de Acab. Voy a tratar a Jerusalén como se hace con un plato que se restriega y se pone boca abajo. ¹⁴Abandonaré al resto de mi heredad, entregando a mi pueblo en manos de sus enemigos, que lo saquearán y lo despojarán. ¹⁵Porque los israelitas han hecho lo que me ofende y me han provocado desde el día en que sus antepasados salieron de Egipto hasta hoy"».

¹⁶Además que hizo cometer a Judá, haciendo así lo que ofende al SEÑOR, Manasés derramó tanta sangre inocente que inundó a Jerusalén de un extremo a otro.

¹⁷Los demás acontecimientos del reinado de Manasés y todo lo que hizo, incluso el pecado que cometió, están escritos en el libro de las crónicas de los reyes de Judá. ¹⁸Manasés murió y fue sepultado en su palacio, en el jardín de Uza. Y su hijo Amón lo sucedió en el trono.

Amón, rey de Judá
21:19-24 – 2Cr 33:21-25

¹⁹Amón tenía veintidós años cuando comenzó a reinar; reinó en Jerusalén dos años. Su madre era Mesulémet, hija de Jaruz, oriunda de Jotba. ²⁰Amón hizo lo malo ante los ojos del SEÑOR, como lo había hecho su padre Manasés. ²¹En todo siguió el mal ejemplo de su padre, adorando y postrándose ante los ídolos que este había adorado. ²²Así que abandonó al SEÑOR, Dios de sus antepasados, y no anduvo en el ˚camino del SEÑOR.

²³Los ministros del rey Amón conspiraron contra él y lo asesinaron en su palacio. ²⁴Entonces el pueblo mató a todos los que habían conspirado contra el rey Amón y, en su lugar, proclamaron rey a su hijo Josías.

²⁵Los demás acontecimientos del reinado de Amón están escritos en el libro de las crónicas de los reyes de Judá. ²⁶Amón fue sepultado en su sepulcro, en el jardín de Uza. Y su hijo Josías lo sucedió en el trono.

Josías, rey de Judá
22:1-20 – 2Cr 34:1-2, 8-28

22 Josías tenía ocho años cuando comenzó a reinar; reinó en Jerusalén treinta y un años. Su madre era Jedidá hija de Adaías, oriunda de Boscat. ²Josías hizo lo que agrada al SEÑOR, pues en todo siguió el buen ejemplo de su antepasado David; no se desvió de él en el más mínimo detalle.

³En el año dieciocho de su reinado, el rey Josías mandó a su cronista Safán, hijo de Asalías y nieto de Mesulán, que fuera al Templo del SEÑOR. Le dijo: ⁴«Preséntate ante el sumo sacerdote Jilquías y encárgale que recoja el dinero que el pueblo ha llevado al Templo del SEÑOR y ha entregado a los que vigilaban la entrada. ⁵Ordena que ahora se les entregue el dinero a los que supervisan la restauración del Templo del SEÑOR, para pagarles a los trabajadores que lo están reparando. ⁶Que paguen a los carpinteros, a los maestros de obra y a los albañiles, y que compren madera y piedras de cantería para restaurar el Templo. ⁷Pero no pidan cuentas a los que están encargados de pagar, pues ellos proceden con toda honradez».

⁸El sumo sacerdote Jilquías dijo al cronista Safán: «He encontrado el libro de la ˚Ley en el Templo del SEÑOR». Entonces se lo entregó a Safán y este, después de leerlo, ⁹fue e informó al rey:

—Sus servidores han recogido el dinero*ᵃ* que estaba en el Templo del SEÑOR y se lo han entregado a los trabajadores y a los supervisores.

¹⁰El cronista Safán también informó al rey que el sumo sacerdote Jilquías le había entregado un libro, el cual leyó en su presencia.

¹¹Cuando el rey oyó las palabras del libro de la Ley, se rasgó las vestiduras ¹²y dio esta orden a Jilquías el sacerdote, a Ajicán, hijo de Safán, a Acbor, hijo de Micaías, a Safán el cronista, y a Asaías, su ministro personal:

¹³—Con respecto a lo que dice este libro que se ha encontrado, vayan a consultar al SEÑOR por mí, por el pueblo y por todo Judá. Sin duda que la gran ira del SEÑOR arde contra nosotros, porque nuestros antepasados no obedecieron lo que dice este libro ni actuaron según lo que está ordenado para nosotros.

¹⁴Así que Jilquías el sacerdote, Ajicán, Acbor, Safán y Asaías fueron a consultar a la profetisa Huldá, que vivía en el barrio nuevo de Jerusalén. Huldá era la esposa de Salún, el encargado del vestuario, quien era hijo de Ticvá y nieto de Jarjás.

¹⁵Huldá les contestó: «Así dice el SEÑOR, Dios de Israel: "Díganle al que los ha enviado ¹⁶que yo, el SEÑOR, les advierto: 'Voy a enviar una desgracia sobre este lugar y sus habitantes, según todo lo que dice el libro que ha leído el rey de Judá. ¹⁷Ellos me han abandonado; han quemado incienso a otros dioses y con todos sus ídolos*ᵇ* han provocado mi ira. Por eso arde mi ira contra este lugar y no se apagará'. ¹⁸Pero al rey de Judá, que los envió a consultarme, díganle que en cuanto a las palabras que él ha oído, yo, el SEÑOR, Dios de Israel, afirmo: ¹⁹'Como te has conmovido y humillado ante el SEÑOR al escuchar lo que he anunciado contra este lugar y sus habitantes, que serían asolados y malditos; y como te has rasgado las vestiduras y has llorado en mi presencia, yo te he escuchado. Yo, el SEÑOR, lo afirmo. ²⁰Por lo tanto, te reuniré con tus antepasados y serás sepultado en ˚paz. Tus ojos no verán la desgracia que voy a enviar sobre este lugar'"».

Así que ellos regresaron para informar al rey.

Renovación del pacto
23:1-3 – 2Cr 34:29-32
23:21-23 – 2Cr 35:1, 18-19
23:28-30 – 2Cr 35:20–36:1

23 Entonces el rey mandó convocar a todos los jefes de Judá y Jerusalén. ²Acompañado de toda la ˚gente de Judá y de Jerusalén, de los sacerdotes, de los profetas, en fin, de la nación entera, desde el más pequeño hasta el más grande, el rey subió al Templo del SEÑOR. Entonces, en presencia de ellos leyó todo lo que está escrito en el libro del ˚pacto que fue hallado en el Templo del SEÑOR. ³Después se puso de pie junto a la columna del rey y en presencia del SEÑOR renovó el pacto. Se comprometió a seguir al SEÑOR y a cumplir, de todo ˚corazón y con toda el ˚alma, sus mandamientos, estatutos y mandatos, reafirmando así las palabras del pacto escritas en este libro. Y todo el pueblo confirmó el pacto.

⁴Luego el rey ordenó al sumo sacerdote Jilquías, a los sacerdotes de segundo rango y a los porteros que sacaran del Templo del SEÑOR todos los objetos consagrados a ˚Baal, a ˚Aserá y a todos los astros del cielo. Hizo que los quemaran en los campos de Cedrón, a las afueras de Jerusalén, y que llevaran las cenizas a Betel. ⁵También destituyó a los sacerdotes idólatras que los reyes de Judá habían nombrado para quemar*ᶜ* incienso en los ˚altares paganos, tanto en las ciudades de Judá como en los alrededores de Jerusalén, los cuales quemaban incienso a Baal, al sol

---

ᵃ 9 recogido el dinero. Lit. fundido la plata.   *ᵇ 17 todos sus ídolos. Lit. toda la obra de sus manos.*   *ᶜ 5 para quemar (mss. de LXX, Siríaca y Vulgata); y quemó (TM).*

y a la luna, al zodíaco y a todos los astros del cielo. ⁶El rey sacó del Templo del SEÑOR la imagen para el culto a Aserá y la llevó al arroyo de Cedrón, en las afueras de Jerusalén; allí la quemó hasta convertirla en cenizas, las cuales echó en la fosa común. ⁷Además, derrumbó en el Templo del SEÑOR los cuartos dedicados a la prostitución sagrada, donde las mujeres tejían mantos*ᵃ* para la diosa Aserá.

⁸Josías trasladó a Jerusalén a todos los sacerdotes de las ciudades de Judá y desde Gueba hasta Berseba profanó los ˙altares paganos donde ellos habían quemado incienso. También derribó los altares paganos junto a la puerta de Josué, gobernador de la ciudad, que ˙está ubicada a la izquierda de la entrada a la ciudad. ⁹Aunque los sacerdotes que habían servido en los altares paganos no podían ministrar en el altar del SEÑOR en Jerusalén, participaban de las comidas sagradas junto con los otros sacerdotes.*ᵇ*

¹⁰El rey profanó el santuario llamado Tofet, que estaba en el valle de Ben Hinón, para que nadie sacrificara en el fuego a su hijo o hija en honor de Moloc. ¹¹Se llevó los caballos que los reyes de Judá habían consagrado al sol y que se habían puesto en la entrada al Templo del SEÑOR, junto a la habitación de Natán Mélec, el ˙eunuco encargado del recinto. Josías también quemó los carros consagrados al sol.

¹²Además, el rey derribó los altares que los reyes de Judá habían erigido en la azotea de la sala de Acaz; también los que Manasés había erigido en los dos atrios del Templo del SEÑOR. Los hizo pedazos y echó los escombros en el arroyo de Cedrón. ¹³Profanó los altares paganos que había al este de Jerusalén, en el lado sur de la Colina de la Destrucción,*ᶜ* los cuales Salomón, rey de Israel, había construido para ˙Astarté, la despreciable diosa de los sidonios, para Quemós, el detestable dios de los moabitas, y para Moloc,*ᵈ* el abominable dios de los amonitas. ¹⁴Josías hizo pedazos las ˙piedras sagradas y las imágenes de la diosa Aserá, y llenó con huesos ˙humanos los lugares donde se habían erigido.

¹⁵Derribó también el altar de Betel y el altar pagano construidos por Jeroboán, hijo de Nabat, que hizo pecar a Israel. Además, quemó el altar pagano hasta convertirlo en cenizas y prendió fuego a la imagen de Aserá. ¹⁶De regreso, al ver los sepulcros que había en la colina, Josías mandó que recogieran los huesos y los quemaran en el altar para profanarlo, cumpliendo así la palabra del SEÑOR que el hombre de Dios había comunicado cuando anunció estas cosas.

¹⁷Luego el rey preguntó:

—¿De quién es ese monumento que veo allá?

Y los habitantes de la ciudad contestaron:

—Es el sepulcro del hombre de Dios que vino desde Judá y que pronunció contra el altar de Betel lo que usted acaba de hacer.

¹⁸—Déjenlo, pues —respondió el rey—; que nadie mueva sus huesos.

Fue así como se conservaron sus huesos junto con los del profeta había venido de Samaria.

¹⁹Tal como lo hizo en Betel, Josías eliminó todos los altares paganos que los reyes de Israel habían construido en las ciudades de Samaria, con los que provocaron la ira del SEÑOR. ²⁰Finalmente, mató sobre los altares paganos a todos los sacerdotes y encima de los altares quemó huesos humanos. Entonces regresó a Jerusalén.

²¹Después el rey dio esta orden al pueblo:

—Celebren la Pascua del SEÑOR su Dios, según está escrito en ese libro del pacto.

²²Desde la época de los líderes*ᵉ* que gobernaron a Israel hasta la de los reyes de Israel y de Judá, no se había celebrado una Pascua semejante. ²³Pero, en el año dieciocho del reinado del rey Josías, la Pascua se celebró en honor del SEÑOR.

²⁴Además, Josías expulsó a los médiums y a los espiritistas, y eliminó toda clase de ídolos y el resto de las cosas detestables que se veían en el país de Judá y en Jerusalén. Lo hizo así para cumplir las instrucciones de la ˙Ley, escritas en el libro que el sacerdote Jilquías encontró en el Templo del SEÑOR. ²⁵Ni antes ni después de Josías hubo otro rey que, como él, se volviera al SEÑOR de todo corazón, con toda el alma y con todas sus fuerzas, siguiendo en todo la Ley de Moisés.

²⁶A pesar de eso, el SEÑOR no apagó el gran fuego de su ira, que ardía contra Judá por todas las afrentas con que Manasés lo había provocado. ²⁷Por lo tanto, el SEÑOR declaró: «Voy a apartar de mi presencia a Judá, como lo hice con Israel; repudiaré a Jerusalén, la ciudad que escogí, y a este Templo, del cual dije: "Ese será el lugar donde yo pondré mi Nombre"».

²⁸Los demás acontecimientos del reinado de Josías y todo lo que hizo están escritos en el libro de las crónicas de los reyes de Judá.

²⁹En aquel tiempo, el faraón Necao, rey de Egipto, fue a encontrarse con el rey de Asiria camino del río Éufrates. El rey Josías le salió al paso, pero Necao le hizo frente en Meguido y lo mató. ³⁰Los oficiales de Josías llevaron su cadáver en un carro desde Meguido hasta Jerusalén y lo sepultaron en su tumba. Entonces el pueblo tomó a Joacaz, hijo de Josías, lo ungió y lo proclamó rey en lugar de su padre.

Joacaz, rey de Judá
23:31-34 – 2Cr 36:2-4

³¹Joacaz tenía veintitrés años cuando comenzó a reinar, y reinó en Jerusalén tres meses. Su madre era Jamutal hija de Jeremías, oriunda de Libná. ³²Joacaz hizo lo malo ante los ojos del SEÑOR, tal como lo habían hecho sus antepasados. ³³Para impedir que Joacaz reinara en Jerusalén, el faraón Necao lo encarceló en Riblá, en el territorio de Jamat, y además impuso sobre Judá un tributo de cien talentos*ᶠ* de plata y un talento*ᵍ* de oro. ³⁴Luego hizo rey a Eliaquín, hijo de Josías, en lugar de su padre y cambió su nombre a Joacim. En cuanto a Joacaz, lo llevó a Egipto, donde murió. ³⁵Joacim pagó al faraón Necao la plata y el oro que exigió, pero tuvo que establecer un impuesto sobre el país: reclamó de cada persona, según su peso oficial, la plata y el oro que se le debía entregar al faraón Necao.

Joacim, rey de Judá
23:36–24:6 – 2Cr 36:5-8

³⁶Joacim tenía veinticinco años cuando comenzó a reinar; reinó en Jerusalén once años. Su madre era Zebudá hija de Pedaías, oriunda de Rumá. ³⁷También este rey hizo lo malo ante los ojos del SEÑOR, tal como lo hicieron sus antepasados.

24 Durante el reinado de Joacim, lo atacó Nabucodonosor, rey de Babilonia, y lo sometió durante tres años, al cabo de los cuales Joacim decidió rebelarse. ²Entonces el SEÑOR envió contra Joacim bandas armadas de babilonios,*ʰ* arameos, moabitas y amonitas. Las envió contra Judá para destruir el país, según la palabra que el SEÑOR había dado a conocer por medio de sus siervos los profetas. ³De hecho, esto sucedió a Judá por orden del SEÑOR, para apartar al pueblo de su presencia por los pecados de Manasés

---

ᵃ 7 mantos. Palabra de difícil traducción.   *ᵇ 9 participaban …
sacerdotes.* Lit. *comían panes sin levadura con sus hermanos.*
ᶜ 13 la Colina de la Destrucción. Es decir, el monte de los
Olivos.   *ᵈ 13 Moloc.* Lit. *Milcón.   ᵉ 22* Véase Jue 2:16.
ᶠ 33 Es decir, aprox. 3.4 t.   *ᵍ 33* Es decir, aprox. 34 kg.
ʰ 2 Lit. *caldeos.*

y por todo lo que hizo, ⁴incluso por haber derramado sangre inocente, con la cual inundó a Jerusalén. Por lo tanto, el SEÑOR no quiso perdonar.

⁵Los demás acontecimientos del reinado de Joacim y todo lo que hizo están escritos en el libro de las crónicas de los reyes de Judá. ⁶Joacim murió y su hijo Joaquín lo sucedió en el trono.

⁷El rey de Egipto no volvió a hacer campañas militares fuera de su país, pues el rey de Babilonia se había adueñado de todas sus posesiones, desde el río de Egipto hasta el río Éufrates.

Joaquín, rey de Judá
24:8-17 – 2Cr 36:9-10

⁸Joaquín tenía dieciocho años cuando comenzó a reinar; reinó en Jerusalén tres meses. Su madre era Nejustá hija de Elnatán, oriunda de Jerusalén. ⁹Joaquín hizo lo malo ante los ojos del SEÑOR, tal como lo había hecho su padre.

¹⁰En aquel tiempo, las tropas de Nabucodonosor, rey de Babilonia, marcharon contra Jerusalén y la sitiaron. ¹¹Cuando ya la tenían cercada, Nabucodonosor llegó a la ciudad. ¹²Joaquín, rey de Judá, se rindió, junto con su madre, sus servidores, oficiales y nobles. Así, en el año octavo de su reinado, el rey de Babilonia capturó a Joaquín. ¹³Tal como el SEÑOR lo había anunciado, Nabucodonosor se llevó los tesoros del Templo del SEÑOR y del palacio real, partiendo en pedazos todos los utensilios de oro que Salomón, rey de Israel, había hecho para el Templo del SEÑOR. ¹⁴Además, deportó a todo Jerusalén: a todos los oficiales y a todos los mejores soldados, a todos los artesanos y herreros; un total de diez mil personas. No quedó en el país más que la gente pobre.

¹⁵Nabucodonosor deportó a Joaquín a Babilonia; también se llevó de Jerusalén a la reina madre, a las mujeres del rey, a sus oficiales y a la flor y nata del país. ¹⁶Deportó además a todos los guerreros, que eran siete mil, y a mil artesanos y herreros, todos aptos para la guerra. El rey de Babilonia se los llevó cautivos a Babilonia. ¹⁷Luego puso como rey a Matanías, tío de Joaquín, y cambió su nombre a Sedequías.

Sedequías, rey de Judá
24:18-20 – 2Cr 36:11-16; Jer 52:1-3

¹⁸Sedequías tenía veintiún años cuando comenzó a reinar; reinó en Jerusalén once años. Su madre se llamaba Jamutal, hija de Jeremías, oriunda de Libná. ¹⁹Al igual que Joacim, Sedequías hizo lo malo ante los ojos del SEÑOR, ²⁰a tal grado que el SEÑOR, en su ira, los echó de su presencia. Todo esto sucedió en Jerusalén y en Judá.

La caída de Jerusalén
25:1-12 – Jer 39:1-10
25:1-21 – 2Cr 36:17-20; Jer 52:4-27
25:22-26 – Jer 40:7-9; 41:1-3, 16-18

Sedequías se rebeló contra el rey de Babilonia. **25** En el año noveno del reinado de Sedequías, a los diez días del mes décimo, Nabucodonosor, rey de Babilonia, marchó con todo su ejército y atacó a Jerusalén. Acampó frente a la ciudad y construyó torres de asalto a su alrededor. ²La ciudad estuvo sitiada hasta el año undécimo del reinado de Sedequías.

³A los nueve días del mes cuarto,ᵃ cuando el hambre se agravó en la ciudad y no había más alimento para el pueblo, ⁴se abrió una brecha en el muro de la ciudad, de modo que, aunque los babiloniosᵇ la tenían cercada, todo el ejército se escapó de noche por la puerta que estaba entre los dos muros, junto al jardín real. Huyeron camino al Arabá,ᶜ ⁵pero el ejército babilonio persiguió al rey Sedequías hasta alcanzarlo en la llanura de Jericó. Sus soldados se dispersaron, abandonándolo, ⁶y los babilonios lo capturaron.

Luego lo llevaron ante el rey de Babilonia, que estaba en Riblá. Allí Sedequías recibió su sentencia. ⁷Ante sus propios ojos degollaron a sus hijos y después le sacaron los ojos, lo ataron con cadenas de bronce y lo llevaron a Babilonia.

⁸A los siete días del mes quinto del año diecinueve del reinado de Nabucodonosor, rey de Babilonia, su ministro Nabuzaradán, que era el comandante de la guardia, fue a Jerusalén ⁹y prendió fuego al Templo del SEÑOR, al palacio real y a todas las casas de Jerusalén, incluso a todos los edificios importantes. ¹⁰Entonces todo el ejército de los babilonios bajo su mando derribó las murallas que rodeaban la ciudad. ¹¹Además, Nabuzaradán, comandante de la guardia, deportó a la gente que quedaba en la ciudad, es decir, al resto de la muchedumbre y a los que se habían aliado con el rey de Babilonia. ¹²Sin embargo, dejó a algunos de los más pobres para que se encargaran de los viñedos y de los campos.

¹³Los babilonios quebraron las columnas de bronce, las bases y la fuenteᵈ de bronce que estaban en el Templo del SEÑOR, y se llevaron el bronce a Babilonia. ¹⁴También se llevaron las ollas, las tenazas, los cortapabilos, la vajilla y todos los utensilios de bronce que se usaban para el culto. ¹⁵Además, el comandante de la guardia tomó los incensarios y los tazones, todo lo cual era de oro y de plata.

¹⁶El bronce de las dos columnas, de la fuente y de las bases, que Salomón había hecho para el Templo del SEÑOR, era tanto que no se podía pesar. ¹⁷Cada columna medía dieciocho codosᵉ de altura. El capitel de bronce que estaba encima de cada columna medía tres codosᶠ de altura y estaba decorado alrededor con una red y con granadas de bronce. Las dos columnas tenían el mismo adorno.

¹⁸El comandante de la guardia tomó presos a Seraías, sacerdote principal, a Sofonías, sacerdote de segundo rango, y a los tres porteros. ¹⁹De los que quedaban en la ciudad, apresó al oficial encargado de las tropas, a cinco de los servidores personales del rey, al cronista principal del ejército —encargado de reclutar soldados de entre el pueblo— y a sesenta ciudadanos que todavía estaban en la ciudad. ²⁰Después de apresarlos, Nabuzaradán, comandante de la guardia, se los llevó al rey de Babilonia, que estaba en Riblá. ²¹Allí, en el territorio de Jamat, el rey los hizo ejecutar.

Así Judá fue desterrado y llevado cautivo.

²²Nabucodonosor, rey de Babilonia, nombró a Guedalías, hijo de Ajicán y nieto de Safán, para gobernar a la gente que había dejado en Judá. ²³Cuando los oficiales del ejército de Judá y sus tropas se enteraron de que el rey de Babilonia había nombrado gobernador a Guedalías, fueron a ver a este en Mizpa. Los oficiales eran Ismael, hijo de Netanías; Johanán, hijo de Carea; Seraías, hijo de Tanjumet, oriundo de Netofa; y Jazanías, hijo de un hombre de Macá. ²⁴Guedalías hizo este juramento a ellos y a sus tropas: «No teman a los oficiales babilonios. Si ustedes se quedan en el país y sirven al rey de Babilonia, les aseguro que les irá bien».

²⁵Pero a los siete meses, Ismael, hijo de Netanías y nieto de Elisama, de estirpe real, junto con diez hombres que lo acompañaban, fueron y asesinaron a Guedalías; también mataron a los hombres de Judá y a los babilonios que formaban parte de su séquito en

---

ᵃ **3** *cuarto.* El texto hebreo no incluye esta palabra, pero véase Jer 52:6. ᵇ **4** Lit. *caldeos.* ᶜ **4** *Arabá.* Alt. *valle del Jordán.* ᵈ **13** *la fuente.* Lit. *el mar*; también en v. 16. ᵉ **17** Es decir, aprox. 8 m. ᶠ **17** Es decir, aprox. 1.4 m.

Mizpa. ²⁶Luego de eso todos huyeron a Egipto, grandes y pequeños, junto con los oficiales del ejército, pues temían a los babilonios.

Liberación del rey Joaquín
25:27-30 – Jer 52:31-34

²⁷En el día veintisiete del mes duodécimo del año treinta y siete del exilio de Joaquín, rey de Judá, Evil Merodac, rey de Babilonia, en el año primero de su reinado, sacó a Joaquín de la cárcel. ²⁸Lo trató amablemente y le dio una posición más alta que la de los otros reyes que estaban con él en Babilonia. ²⁹Joaquín dejó su ropa de prisionero y por el resto de su vida comió a la mesa del rey. ³⁰Además, durante toda su vida Joaquín gozó de una pensión diaria que le proveía el rey de Babilonia.

Primer Libro de las
Crónicas

Descendientes de Adán

1 Adán, Set, Enós, **2** Caínán, Malalel, Jared, **3** Enoc, Matusalén, Lamec, **4** Noé.

Descendientes de Noé

1:5-23 – Gn 10:2-31; 11:10-27

Hijos de Noé:[a] Sem, Cam y Jafet.

5 Los hijos de Jafet:

Gómer, Magog, Maday, Javán, Tubal, Mésec y Tirás.

6 Hijos de Gómer:

Asquenaz, Rifat y Togarma.

7 Hijos de Javán:

Elisá, Tarsis, Quitín y Rodanín.

8 Hijos de Cam:

Cus, Misrayin, Fut y Canaán.

9 Hijos de Cus:

Seba, Javilá, Sabtá, Ragama y Sabteca.

Hijos de Ragama:

Sabá y Dedán.

10 Cus fue el padre de

Nimrod, conocido como el primer gran guerrero en la tierra.

11 Misrayin fue el antepasado de

los ludeos, los anameos, los leabitas, los naftuitas, **12** los patruseos, los caslujitas —de quienes descienden los filisteos— y los caftoritas.

13 Canaán fue el padre de

Sidón, su primogénito, y de Het, **14** y el antepasado de los jebuseos, los amorreos, los gergeseos, **15** los heveos, los araceos, los sineos, **16** los arvadeos, los zemareos y los jamatitas.

17 Hijos de Sem:

Elam, Asur, Arfaxad, Lud y Aram.

Hijos de Aram:[b]

Uz, Hul, Guéter y Mésec.

18 Arfaxad fue el padre de Selaj.

Selaj fue el padre de Éber.

19 Éber tuvo dos hijos:

El primero se llamó Péleg porque en su tiempo se dividió la tierra; su hermano se llamó Joctán.

20 Joctán fue el padre de

Almodad, Sélef, Jazar Mávet, Yeraj, **21** Hadorán, Uzal, Diclá, **22** Obal,[c] Abimael, Sabá, **23** Ofir, Javilá y Jobab. Todos estos fueron hijos de Joctán.

Descendientes de Sem

24 Sem, Arfaxad, Selaj, **25** Éber, Péleg, Reú,

26 Serug, Najor, Téraj, **27** y Abram, que es también Abraham.

Descendientes de Abraham

1:29-31 – Gn 25:12-16

1:32-33 – Gn 25:1-4

28 Hijos de Abraham: Isaac e Ismael.

29 Sus descendientes:

Nebayot, primogénito de Ismael, Cedar, Adbel, Mibsán, **30** Mismá, Dumá, Masá, Hadad, Temá, **31** Jetur, Nafis y Cedema.

Estos fueron los hijos de Ismael.

32 Los hijos de Cetura, la concubina[d] de Abraham:

Zimrán, Jocsán, Medán, Madián, Isbac y Súaj.

Hijos de Jocsán:

Sabá y Dedán.

33 Hijos de Madián:

Efá, Éfer, Janoc, Abidá y Eldá.

Todos estos fueron hijos de Cetura.

34 Abraham también fue el padre de Isaac.

Los hijos de Isaac:

Esaú e Israel.

Descendientes de Esaú

1:35-42 – Gn 36:10-14, 20-28

35 Hijos de Esaú:

Elifaz, Reuel, Jeús, Jalán y Coré.

36 Hijos de Elifaz:

Temán, Omar, Zefo, Gatán y Quenaz, Timná y Amalec.

37 Hijos de Reuel:

Najat, Zera, Sama y Mizá.

Descendientes de Seír

38 Hijos de Seír:[e]

Lotán, Sobal, Zibeón, Aná, Disón, Ezer y Disán.

39 Hijos de Lotán:

Horí y Homán. Lotán tenía una hermana llamada Timná.

40 Hijos de Sobal:

Alván, Manajat, Ebal, Sefó y Onam.

Hijos de Zibeón:

Ayá y Aná.

41 El hijo de Aná:

Disón.

Hijos de Disón:

Amirán, Esbán, Itrán y Querán.

42 Hijos de Ezer:

Bilán, Zaván y Yacán.

---

a **4** *Hijos de Noé* (LXX); TM no incluye esta frase.   *b* **17** *Hijos de Aram* (un ms. hebreo y mss. de LXX; véase Gn 10:23); TM no incluye esta frase.   *c* **22** *Obal* (mss. hebreos y Siríaca; véase Gn 10:28; *Ebal* (TM).   *d* **32** Véase nota en Gn 22:24.   *e* **38** *Seír.* Es decir, Esaú.

Hijos de Disán:
Uz y Arán.

Reyes de Edom
1:43-54 – Gn 36:31-43

⁴³Los reyes que a continuación se mencionan reinaron en la tierra de Edom antes de que los israelitas tuvieran rey:
Bela, hijo de Beor; su ciudad se llamaba Dinaba.
⁴⁴Cuando murió Bela, reinó en su lugar Jobab, hijo de Zera, que provenía de Bosra.
⁴⁵Cuando murió Jobab, reinó en su lugar Jusán, que provenía de la región de Temán.
⁴⁶Cuando murió Jusán, reinó en su lugar Hadad, hijo de Bedad. Este derrotó a Madián en el campo de Moab. El nombre de su ciudad era Avit.
⁴⁷Cuando murió Hadad, reinó en su lugar Samla, que provenía de Masreca.
⁴⁸Cuando murió Samla, reinó en su lugar Saúl, que provenía de Rejobot, que está junto al río Éufrates.
⁴⁹Cuando murió Saúl, reinó en su lugar Baal Janán, hijo de Acbor.
⁵⁰Cuando murió Baal Janán, reinó en su lugar Hadad. Su ciudad se llamaba Pau*a* y su esposa fue Mehetabel, hija de Matred y nieta de Mezab.

⁵¹Después de que murió Hadad, gobernaron en Edom los siguientes jefes:
Timná, Alvá, Jetet, ⁵²Aholibama, Elá, Pinón, ⁵³Quenaz, Temán, Mibzar, ⁵⁴Magdiel e Iram.
Estos fueron los jefes de Edom.

Hijos de Israel
2:1-2 – Gn 35:23-26

2 Los hijos de Israel fueron Rubén, Simeón, Leví, Judá, Isacar, Zabulón, ²Dan, José, Benjamín, Neftalí, Gad y Aser.

Descendientes de Judá
2:5-15 – Rt 4:18-22; Mt 1:3-6

³Hijos de Judá:
Er, Onán y Selá. La madre de estos tres era una cananea, hija de Súa.
Er, primogénito de Judá, hizo lo malo ante los ojos del SEÑOR, y el SEÑOR le quitó la vida.
⁴Y Tamar, nuera de Judá, dio a este dos hijos: Fares y Zera.
Judá tuvo cinco hijos en total.

⁵Hijos de Fares:
Jezrón y Jamul.
⁶Los hijos de Zera fueron cinco en total: Zimri, Etán, Hemán, Calcol y Dardá.*b*
⁷El hijo de Carmí:
Acar,*c* quien provocó la desgracia sobre Israel por desobedecer la orden de no tomar lo que debía ser destruido.
⁸El hijo de Etán:
Azarías.
⁹Hijos de Jezrón:
Jeramel, Ram y Quelubay.*d*

¹⁰Ram fue el padre de Aminadab y este lo fue de Naasón, jefe de los descendientes de Judá.

¹¹Naasón fue el padre de Salmón*e* y este lo fue de Booz.
¹²Booz fue el padre de Obed y Obed fue el padre de Isaí.

¹³El primer hijo de Isaí:
Eliab; el segundo, Abinadab; el tercero, Simá; ¹⁴el cuarto, Natanael; el quinto, Raday; ¹⁵el sexto, Ozén; y el séptimo, David.
¹⁶Las hermanas de ellos fueron Sarvia y Abigaíl.
Los hijos de Sarvia fueron tres: Abisay, Joab y Asael.
¹⁷Abigaíl fue la madre de Amasá, hijo de Jéter, el ismaelita.

¹⁸Caleb, hijo de Jezrón, tuvo hijos con su esposa Azuba y con Jeriot. Estos fueron sus hijos: Jéser, Sobab y Ardón.
¹⁹Cuando Azuba murió, Caleb tomó por esposa a Efrata, con la que tuvo a su hijo Hur.
²⁰Hur fue el padre de Uri y este lo fue de Bezalel.

²¹Cuando Jezrón tenía sesenta años, tomó por esposa a una hija de Maquir, padre de Galaad, y tuvo con ella a su hijo Segub.
²²Segub fue el padre de Yaír, quien fue dueño de veintitrés ciudades en la tierra de Galaad.
²³Pero Guesur y Aram le quitaron los poblados de Yaír y Quenat, y sus aldeas. En total, le quitaron sesenta pueblos.
Todos estos fueron los descendientes de Maquir, padre de Galaad.
²⁴Después de que Jezrón murió en Caleb Efrata, Abías, la esposa de Jezrón, dio a luz a Asur, padre*f* de Tecoa.

²⁵Los hijos de Jeramel, primogénito de Jezrón:
Ram, el mayor, Buná, Orén, Ozén y Ahías.
²⁶Jeramel tuvo otra esposa, la cual se llamaba Atará. Esta fue la madre de Onam.
²⁷Los hijos de Ram, primogénito de Jeramel:
Maaz, Jamín y Équer.
²⁸Los hijos de Onam:
Samay y Yada.
Hijos de Samay:
Nadab y Abisur. ²⁹La esposa de Abisur se llamaba Abijaíl, con la que tuvo a Ajbán y Molid.
³⁰Hijos de Nadab:
Séled y Apayin. Séled murió sin tener hijos.
³¹El hijo de Apayin:
Isí, el hijo de Isí fue Sesán y el hijo de Sesán fue Ajlay.
³²Los hijos de Yada, hermano de Samay:
Jéter y Jonatán. Jéter murió sin tener hijos.
³³Hijos de Jonatán:
Pélet y Zazá.
Estos fueron los descendientes de Jeramel.

³⁴Sesán no tuvo hijos, sino hijas.
Tenía un esclavo egipcio llamado Yarjá. ³⁵A este le dio por esposa una de sus hijas, la cual fue la madre de Atay.
³⁶Atay fue el padre de Natán,
Natán fue el padre de Zabad,
³⁷Zabad fue el padre de Eflal,
Eflal fue el padre de Obed,
³⁸Obed fue el padre de Jehú,
Jehú fue el padre de Azarías,
³⁹Azarías fue el padre de Heles,
Heles fue el padre de Elasá,
⁴⁰Elasá fue el padre de Sismay,
Sismay fue el padre de Salún,

---

a **50** *Pau* (mss. hebreos, mss. de LXX, Siríaca, Targum, Vulgata; véase Gn 36:39); *Pay* (TM).   *b* **6** *Dardá* (mss. hebreos, mss. de LXX, Siríaca y Targum; véase 1R 4:31); *Dara* (TM).   *c* **7** En hebreo, *Acar* significa *desgracia*. En el libro de Josué este nombre aparece como *Acán*.   *d* **9** *Quelubay*. Variante de *Caleb*.   *e* **11** *Salmón* (LXX; véase Rt 4:20); *Salmá* (TM).   *f* **24** *padre*. Alt. *fundador*.

⁴¹Salún fue el padre de Jecamías,
y Jecamías fue el padre de Elisama.

Descendientes de Caleb

⁴²Los hijos de Caleb, hermano de Jeramel:
Mesá, el primogénito, que fue el padre de Zif;
y Maresá, que fue el padre de Hebrón.
⁴³Hijos de Hebrón:
Coré, Tapúaj, Requen y Semá.
⁴⁴Semá fue el padre de Raham,
y Raham fue el padre de Jorcoán.
Requen fue el padre de Samay.
⁴⁵Samay fue el padre de Maón.
Maón fue el padre de Betsur.
⁴⁶Efá, concubina^a de Caleb, fue la madre de
Jarán, Mosá y Gazez.
Jarán fue el padre de Gazez.
⁴⁷Hijos de Yaday:
Reguen, Jotán, Guesán, Pélet, Efá y Sagaf.
⁴⁸Macá, concubina de Caleb, fue la madre de
Séber, Tirjaná,
⁴⁹y Sagaf, que fue el padre de Madmana
y de Seva, quien fue el padre de Macbena y de
Guibeá.
Además, Caleb tuvo una hija llamada Acsa.
⁵⁰Estos fueron los descendientes de Caleb.

Los hijos de Hur, primogénito de Efrata:
Sobal, padre de Quiriat Yearín; ⁵¹Salmá, padre
de Belén, y Jaref, padre de Bet Gader.
⁵²Los hijos de Sobal, padre de Quiriat Yearín:
Haroé, la mitad de los manajatitas, ⁵³las
familias de Quiriat Yearín, los itritas, los futitas,
los sumatitas y los misraítas, de quienes
proceden los zoratitas y los estaolitas.
⁵⁴Hijos de Salmá:
Belén, los netofatitas, Atarot Bet Joab, la mitad
de los manajatitas, los zoreítas, ⁵⁵y las familias
de los escribas que vivían en Jabés, es decir,
los tirateos, los simateos y los sucateos. Estos
fueron los quenitas, descendientes de Jamat,
padre de la familia de Recab.

Hijos de David

3:1-4 – 2S 3:2-5
3:5-8 – 2S 5:14-16; 1Cr 14:4-7

3 Estos fueron los hijos de David nacidos en
Hebrón:

Su ˙primogénito fue Amnón, hijo de Ajinoán, la
jezrelita;
el segundo, Daniel, hijo de Abigaíl de Carmel;
²el tercero, Absalón, hijo de Macá, la hija del rey
Talmay de Guesur;
el cuarto, Adonías, hijo de Jaguit;
³el quinto, Sefatías, hijo de Abital;
y el sexto, Itreán, hijo de Eglá, que era otra esposa
de David.

⁴Estos seis nacieron en Hebrón, donde reinó siete
años y seis meses.
David reinó en Jerusalén treinta y tres años. ⁵Allí
nacieron:

Simá, Sobab, Natán y Salomón, hijos de Betsabé,^b
la hija de Amiel.
⁶Tuvo también a Ibjar, Elisama, Elifelet, ⁷Noga,
Néfeg, Jafía, ⁸Elisama, Eliadá y Elifelet; nueve
en total.

⁹Todos estos fueron hijos de David, sin contar los
hijos que tuvo con sus concubinas.^c La hermana
de ellos fue Tamar.

Descendientes de Salomón

¹⁰Estos fueron los descendientes de Salomón en
línea directa:
Roboán,
Abías,
Asá,
Josafat,
¹¹Jorán,
Ocozías,
Joás,
¹²Amasías,
Azarías,^d
Jotán,
¹³Acaz,
Ezequías,
Manasés,
¹⁴Amón
y Josías.
¹⁵Los hijos de Josías:
Johanán, el primero;
Joacim, el segundo;
Sedequías, el tercero,
y Salún, el cuarto.
¹⁶Los hijos de Joacim:
Jeconías
y Sedequías.

¹⁷Los descendientes de Jeconías, el cautivo:
Salatiel, ¹⁸Malquirán, Pedaías, Senazar,
Jecamías, Hosamá y Nedabías.
¹⁹Los hijos de Pedaías:
Zorobabel y Simí.
Los hijos de Zorobabel:
Mesulán y Jananías; Selomit fue hermana de
ellos. ²⁰Tuvo también estos cinco: Jasubá, Ohel,
Berequías, Jasadías y Yusab Jésed.
²¹Los descendientes de Jananías:
Pelatías e Isaías, y también los hijos de Refaías,
los de Arnán, los de Abdías y los de Secanías.
²²Los descendientes de Secanías:
Semaías y sus hijos Jatús, Igal, Barías, Nearías y
Safat; seis en total.
²³Los hijos de Nearías:
Elihoenay, Ezequías y Azricán; tres en total.
²⁴Los hijos de Elihoenay:
Hodavías, Eliasib, Pelaías, Acub, Johanán,
Delaías y Ananí; siete en total.

Descendientes de Judá

4 Los descendientes de Judá en línea directa fueron
Fares, Jezrón, Carmí, Hur y Sobal.
²Reaías, hijo de Sobal, fue el padre de Yajat y
Yajat fue el padre de Ajumay y de Lahad. Estas
fueron las familias de los zoratitas.
³Los hijos^e de Etam fueron
Jezrel, Ismá e Idbás. La hermana de ellos fue
Jazelelponi. ⁴También fueron sus hijos Penuel,
padre de Guedor, y Ezer, padre de Jusá.
Estos fueron los descendientes de Hur,
primogénito de Efrata, padre^f de Belén.
⁵Asur, padre de Tecoa, tuvo dos esposas, Helá y Nara.
⁶Nara fue la madre de Ajusán, Héfer, Temeni y
Ajastarí. Estos fueron los hijos de Nara.
⁷Los hijos de Helá fueron
Zéret, Zojar y Etnán, ⁸y Cos fue el padre de
Anub, de Zobebá y de las familias de Ajarjel,
hijo de Harún.

---

^a 46 Véase nota en Gn 22:24.   ^b 5 Betsabé (un ms. hebreo,
LXX y Vulgata; véase 2S 11:3); Bet Súa (TM).   ^c 9 Véase nota
en Gn 22:24.   ^d 12 También conocido como Uzías.   ^e 3 Los
hijos (mss. de LXX); El padre (TM).   ^f 4 padre. Alt. fundador
también en vv. 5, 12, 14, 17, 18 y 21.

9Jabés fue más respetado que sus hermanos. Cuando su madre le puso ese ˙nombre, dijo: «Con aflicción lo he dado a luz».ᵃ 10Jabés rogó al Dios de Israel: «Bendíceme y ensancha mi territorio; ayúdame y líbrame del mal, para que no padezca aflicción». Y Dios le concedió su petición.

11Quelub, hermano de Sujá, fue el padre de Mejir, quien fue el padre de Estón. 12Estón fue el padre de Bet Rafa, de Paseaj y de Tejiná, padre de Ir Najás.ᵇ Estos fueron los habitantes de Reca.

13 Los hijos de Quenaz fueron
    Otoniel y Seraías.
   Los hijos de Otoniel fueron
    Jatat 14y Meonotay, padre de Ofra.
   Seraías fue el padre de Joab,
    padre de Ge Carisín,ᶜ porque sus habitantes
    eran herreros.
15 Los hijos de Caleb, hijo de Jefone, fueron
    Iru, Elá y Naán.
   El hijo de Elá:
    Quenaz.
16 Los hijos de Yalelel:
    Zif, Zifá, Tirías y Asarel.
17 Los hijos de Esdras:
    Jéter, Méred, Éfer y Jalón.
   Una de las esposas de Méred —con la cual tuvo
    a Miriam, Samay e Isba, padre de Estemoa—
   18era Bitiá, hija del faraón.
   La otra esposa de Méred era la tribu de Judá, y
    con ella tuvo a Jéred, padre de Guedor, a Héber,
    padre de Soco, y a Jecutiel, padre de Zanoa.
19 Queilá, el garmita, y Estemoa, el macateo, fueron
    hijos de la esposa de Hodías, es decir, de la
    hermana de Naján.
20 Los hijos de Simón fueron
    Amnón, Riná, Ben Janán y Tilón.
   Los hijos de Isí fueron
    Zojet y Ben Zojet.
21 Los descendientes de Selá, hijo de Judá, fueron
    Er, padre de Lecá; Ladá, padre de Maresá y de
    las familias que trabajan el hilo de lino en Bet
    Asbea.
22 Otros descendientes de Selá fueron Joaquín,
    Joás y Saraf, los hombres de Cozebá, quienes
    (según crónicas muy antiguas) antes de volver
    a Belénᵈ se casaron con mujeres moabitas.ᵉ
   23Estos eran alfareros que habitaban en
    Netaín y Guederá, donde se quedaron al
    servicio del rey.

Descendientes de Simeón
4:28-33 – Jos 19:2-9

24 Los descendientes de Simeón fueron
    Nemuel, Jamín, Jarib, Zera y Saúl.
25 El hijo de Saúl fue Salún, padre de Mibsán,
    quien fue padre de Mismá.
26 Los descendientes de Mismá en línea directa
    fueron
    Jamuel, Zacur y Simí.

27Simí tuvo dieciséis hijos y seis hijas; pero sus hermanos tuvieron pocos hijos, por lo cual sus familias no fueron tan numerosas como las de los descendientes de Judá. 28Se establecieron en Berseba, Moladá, Jazar Súal, 29Bilhá, Esen, Tolad, 30Betuel, Jormá, Siclag, 31Bet Marcabot, Jazar Susín, Bet Biray y Sajarayin. Estas fueron sus ciudades hasta el reinado de David. 32Sus aldeas fueron Etam, Ayin, Rimón, Toquén y Asán —cinco en total—, 33más todas las aldeas que estaban alrededor de aquellas ciudades hasta la región de Baal.

Estos fueron los lugares que habitaron, según sus registros genealógicos.

34 Mesobab, Jamlec,
    Josías, hijo de Amasías, 35Joel,
    Jehú, hijo de Josibías, hijo de Seraías, hijo de
    Asiel;
36 Elihoenay, Jacoba, Yesojaías,
    Asaías, Adiel, Jesimiel, Benaías,
37 Ziza, hijo de Sifi, hijo de Alón, hijo de Jedaías, hijo
    de Simri, hijo de Semaías.

38 Todos estos eran jefes de sus clanes.

Como sus familias patriarcales llegaron a ser muy numerosas, 39fueron hasta la ˙entrada de Guedor, al este del valle, en busca de pastos para sus ganados. 40Allí encontraron pastos buenos y abundantes, además de una tierra extensa, tranquila y pacífica. En ese lugar habían vivido los descendientes de Cam.

41Los jefes mencionados anteriormente llegaron en los días de Ezequías, rey de Judá. Atacaron los campamentos de los descendientes de Cam y los meunitas que encontraron, y los ˙destruyeron por completo. Y, como en esa región había pastos para sus ganados, se quedaron allí en lugar de ellos, donde habitan hasta el día de hoy. 42Quinientos de sus soldados, que eran descendientes de Simeón y estaban bajo las órdenes de Pelatías, Nearías, Refaías y Uziel, hijos de Isí, fueron a la montaña de Seír. 43Después de destruir a los fugitivos del pueblo de Amalec que habían quedado, se establecieron allí, donde habitan hasta el día de hoy.

Descendientes de Rubén
5 Descendencia de Rubén, primogénito de Israel.

Rubén era el primogénito, pero en la genealogía no fue reconocido como tal por haber profanado el lecho de su padre.ᶠ Su derecho de primogenitura pasó a los hijos de José, hijo de Israel. 2Y aunque es verdad que Judá fue más poderoso que sus hermanos, y hasta llegó a ser su gobernante, la primogenitura pasó a José. 3Estos fueron los hijos de Rubén, primogénito de Israel:

    Janoc, Falú, Jezrón y Carmí.
4 Los descendientes de Joel en línea directa:
    Semaías, Gog,
    Simí, 5Micaías,
    Reaías, Baal
   6y Beerá, jefe de los rubenitas. A este último se
    lo llevó cautivo Tiglat Piléser, rey de Asiria.
7 Estos fueron los parientes de Beerá, según los
    registros genealógicos de sus familias:
    Jeyel el jefe, Zacarías 8y Bela, hijo de Azaz, hijo
    de Semá, hijo de Joel.

Bela habitó en Aroer, y su territorio se extendía hasta Nebo y Baal Megón. 9Por el oriente se extendía hasta el borde del desierto que colinda con el río Éufrates, pues sus ganados aumentaron mucho en la tierra de Galaad.

ᵃ 9 En hebreo, *Jabés* suena como la palabra que significa *dolor* o *aflicción*.   ᵇ 12 *Ir Najás.* Alt. *la ciudad de Najás.*   ᶜ 14 *de Ge Carisín.* Alt. *del valle de Carisín.* (La palabra *carisín* significa *herreros*).   ᵈ 22 *antes … Belén* (véanse LXX y Vulgata); en TM, texto de difícil traducción.   ᵉ 22 *se … moabitas.* Alt. *dominaron en Moab.*   ᶠ 1 Véase Gn 35:22.

¹⁰En el tiempo de Saúl le declararon la guerra a los agarenos. Los derrotaron y se establecieron en la región oriental de Galaad.

Descendientes de Gad

¹¹ Estos fueron los hijos de Gad que habitaron frente a los rubenitas en la región de Basán, hasta llegar a Salcá:

¹² Joel fue el jefe en Basán; el segundo, Safán; luego, Janay y Safat.

¹³ Sus parientes, según las familias patriarcales, fueron siete en total:
Micael, Mesulán, Sabá, Joray, Jacán, Zía y Éber.

¹⁴ Estos fueron los hijos de Abijaíl, hijo de Jurí, hijo de Jaroa, hijo de Galaad, hijo de Micael, hijo de Jesisay, hijo de Yadó, hijo de Buz.

¹⁵ El jefe de sus familias era Ají, hijo de Abdiel y nieto de Guní.

¹⁶Estos habitaron en Galaad, en Basán y sus aldeas, y en todos los campos de pastoreo de Sarón, hasta sus confines.

¹⁷La genealogía de ellos se registró en el tiempo de Jotán, rey de Judá, y de Jeroboán, rey de Israel.

¹⁸Los rubenitas, los gaditas y los de la media tribu de Manasés contaban con un ejército de cuarenta y cuatro mil setecientos sesenta hombres valientes, armados de escudo y de espada, hábiles en el manejo del arco y diestros en la guerra. ¹⁹Combatieron a los agarenos y a Jetur, Nafis y Nodab. ²⁰Y como confiaban en Dios, clamaron a él en medio del combate y él los ayudó a derrotar a los agarenos y a sus aliados. ²¹Se apoderaron de su ganado (cincuenta mil camellos, doscientas cincuenta mil ovejas y dos mil burros) y capturaron a cien mil personas, ²²a muchas de las cuales mataron, porque Dios estaba con ellos. En ese lugar habitaron hasta el tiempo del exilio.

La media tribu de Manasés

²³Los hijos de la media tribu de Manasés eran numerosos y se establecieron en el país, desde Basán hasta Baal Hermón, Senir y el monte Hermón.

²⁴Los jefes de sus familias patriarcales fueron Éfer, Isí, Eliel, Azriel, Jeremías, Hodavías y Yadiel. Todos ellos eran guerreros valientes, hombres importantes y jefes de sus respectivas familias patriarcales. ²⁵Pero fueron infieles al Dios de sus antepasados, pues se prostituyeron al adorar a los dioses de los pueblos de la región, a los cuales Dios había destruido delante de ellos. ²⁶Por eso el Dios de Israel incitó contra ellos a Pul, es decir, a Tiglat Piléser, rey de Asiria. Este deportó a los rubenitas, los gaditas y a la media tribu de Manasés, llevándolos a Jalaj, Jabor, Hará y al río Gozán, donde permanecen hasta hoy.

Descendientes de Leví

6 Estos fueron los hijos de Leví:
Guersón, Coat y Merari.

² Hijos de Coat:
Amirán, Izar, Hebrón y Uziel.

³ Hijos de Amirán:
Aarón, Moisés y Miriam.
Hijos de Aarón:
Nadab, Abiú, Eleazar e Itamar.

⁴ Eleazar fue el padre de Finés.
Finés fue el padre de Abisúa,

⁵ Abisúa fue el padre de Buquí,
Buquí fue el padre de Uzi,

⁶ Uzi fue el padre de Zeraías,
Zeraías fue el padre de Merayot,

⁷ Merayot fue el padre de Amarías,

Amarías fue el padre de Ajitob,

⁸ Ajitob fue el padre de Sadoc,
Sadoc fue el padre de Ajimaz,

⁹ Ajimaz fue el padre de Azarías,
Azarías fue el padre de Johanán,

¹⁰ Johanán fue el padre de Azarías, quien ejerció el sacerdocio en el Templo que Salomón construyó en Jerusalén.

¹¹ Azarías fue el padre de Amarías,
Amarías fue el padre de Ajitob,

¹² Ajitob fue el padre de Sadoc,
Sadoc fue el padre de Salún,

¹³ Salún fue el padre de Jilquías,
Jilquías fue el padre de Azarías,

¹⁴ Azarías fue el padre de Seraías,
y Seraías fue el padre de Josadac.

¹⁵ Josadac fue llevado al cautiverio cuando el SEÑOR deportó a Judá y a Jerusalén por medio de Nabucodonosor.

¹⁶ Los hijos de Leví:
Guersón, Coat y Merari.

¹⁷ Hijos de Guersón:
Libní y Simí.

¹⁸ Hijos de Coat:
Amirán, Izar, Hebrón y Uziel.

¹⁹ Hijos de Merari:
Majlí y Musí.

Estos fueron los descendientes de los levitas por sus familias.

²⁰ Los descendientes de Guersón en línea directa fueron:
Libní, Yajat,
Zimá, ²¹Joa,
Idó, Zera
y Yatray.

²² Los descendientes de Coat en línea directa fueron:
Aminadab, Coré,
Asir, ²³Elcaná,
Ebiasaf, Asir,

²⁴ Tajat, Uriel,
Uzías y Saúl.

²⁵ Los hijos de Elcaná fueron:
Amasay y Ajimot.

²⁶ Los descendientes de Ajimot en línea directa fueron:
Elcaná, Zofay,
Najat, ²⁷Eliab,
Jeroán
y Elcaná.

²⁸ Los hijos de Samuel fueron:
Joel,ᵃ el primogénito,
y Abías, el segundo.

²⁹ Los descendientes de Merari en línea directa fueron:
Majlí, Libní,
Simí, Uza,

³⁰ Simá, Jaguías
y Asaías.

Cantores del Templo

³¹Estos fueron los que David puso a cargo del canto en el Templo del SEÑOR, desde que se colocó allí el arca. ³²Ellos ya cantaban en la ⁺Tienda de reunión, delante del santuario, antes de que Salomón edificara el Templo del SEÑOR en Jerusalén. Luego continuaron su ministerio según las ordenanzas establecidas.

ᵃ 28 Según algunos manuscritos de la LXX y la Siríaca (véase también 1S 8:2 y 1Cr 6:33); el texto hebreo no contiene Joel.

³³ Estos y sus hijos estuvieron a cargo del canto:

De los descendientes de Coat,
el cantor Hemán
fue hijo de Joel, descendiente en línea directa
de Samuel,
³⁴ Elcaná, Jeroán,
Eliel, Toa,
³⁵ Zuf, Elcaná,
Mahat, Amasay,
³⁶ Elcaná, Joel,
Azarías, Sofonías,
³⁷ Tajat, Asir,
Ebiasaf, Coré,
³⁸ Izar, Coat,
Leví e Israel.
³⁹ A la derecha de Hemán se colocaba su pariente Asaf,
hijo de Berequías, descendiente en línea
directa de Simá,
⁴⁰ Micael, Baseías,
Malquías, ⁴¹Etní,
Zera, Adaías,
⁴² Etán, Zimá,
Simí, ⁴³Yajat,
Guersón y Leví.
⁴⁴ A la izquierda de Hemán se colocaba
Etán, hijo de Quisi, que era de sus parientes los
meraritas
y descendiente en línea directa de Abdí, Maluc,
⁴⁵Jasabías,
Amasías, Jilquías, ⁴⁶Amsí, Baní,
Sémer, ⁴⁷Majlí, Musí, Merari
y Leví.

⁴⁸Sus hermanos los levitas estaban al servicio del santuario, en el Templo de Dios. ⁴⁹Aarón y sus hijos estaban encargados de quemar las ofrendas sobre el altar de los ˙holocaustos y sobre el altar del incienso. De acuerdo con lo ordenado por Moisés, siervo de Dios, eran también responsables de todo lo relacionado con el Lugar Santísimo y de ofrecer el sacrificio por el perdón de pecados de Israel.

⁵⁰ Los descendientes de Aarón en línea directa
fueron:
Eleazar, Finés,
Abisúa, ⁵¹Buquí,
Uzi, Zeraías,
⁵² Merayot, Amarías,
Ajitob, ⁵³Sadoc
y Ajimaz.

Ciudades de los levitas
6:54-81 – Jos 21:4-39

⁵⁴ Estos fueron los territorios donde vivían los descendientes de Aarón. A las familias de los coatitas se les adjudicó por sorteo:
⁵⁵ Hebrón, en la tierra de Judá, con sus campos de pastoreo. ⁵⁶A Caleb, hijo de Jefone, le tocaron el campo de la ciudad y sus aldeas. ⁵⁷A los descendientes de Aarón les entregaron las siguientes ciudades de refugio: Hebrón, Libná, Jatir, Estemoa, ⁵⁸Hilén, Debir, ⁵⁹Asán y Bet Semes, con sus respectivos campos de pastoreo. ⁶⁰De la tribu de Benjamín les dieron Gueba, Alemet y Anatot, con sus respectivos campos de pastoreo.
En total les tocaron trece ciudades, distribuidas entre sus familias.

⁶¹ Al resto de los descendientes de Coat les tocaron por sorteo diez ciudades de la media tribu de Manasés.

⁶² A los descendientes de Guersón, según sus familias, les dieron trece ciudades de las tribus de Isacar, Aser y Neftalí, y de la tribu de Manasés que estaba en Basán.
⁶³ A los descendientes de Merari, según sus familias, les tocaron por sorteo doce ciudades de las tribus de Rubén, Gad y Zabulón.

⁶⁴ Fue así como los israelitas entregaron a los levitas estas ciudades con sus campos de pastoreo.

⁶⁵ Les adjudicaron por sorteo las ciudades de las tribus de Judá, Simeón y Benjamín, las cuales ya han sido mencionadas.

⁶⁶ Algunas de las familias descendientes de Coat recibieron por sorteo ciudades de la tribu de Efraín.
⁶⁷ Como ciudades de refugio les dieron Siquén, en la región montañosa de Efraín, Guézer, ⁶⁸Jocmeán, Bet Jorón, ⁶⁹Ayalón y Gat Rimón, con sus respectivos campos de pastoreo.
⁷⁰ De la media tribu de Manasés les entregaron Aner y Bileán, con sus respectivos campos de pastoreo. Estas fueron las ciudades asignadas al resto de las familias de Coat.

⁷¹ Los descendientes de Guersón recibieron las siguientes ciudades de la media tribu de Manasés:
Golán de Basán, y Astarot, con sus respectivos campos de pastoreo.
⁷² De la tribu de Isacar recibieron: Cedes, Daberat, ⁷³Ramot y Anén, con sus respectivos campos de pastoreo.
⁷⁴ De la tribu de Aser recibieron: Masal, Abdón, ⁷⁵Hucoc y Rejob, con sus respectivos campos de pastoreo.
⁷⁶ De la tribu de Neftalí recibieron: Cedes de Galilea, Hamón y Quiriatayin, con sus respectivos campos de pastoreo.

⁷⁷ Los demás descendientes de Merari recibieron las siguientes ciudades de la tribu de Zabulón:
Rimmono y Tabor, con sus respectivos campos de pastoreo.
⁷⁸ De la tribu de Rubén, que está en la ribera oriental del Jordán, frente a Jericó, recibieron: Béser, que está en el desierto, Yahaza, ⁷⁹Cademot y Mefat, con sus respectivos campos de pastoreo.
⁸⁰ De la tribu de Gad recibieron: Ramot de Galaad, Majanayin, ⁸¹Hesbón y Jazer, con sus respectivos campos de pastoreo.

Descendientes de Isacar

7 Los hijos de Isacar fueron cuatro en total:
Tola, Fuvá, Yasub y Simrón.
² Los hijos de Tola:
Uzi, Refaías, Jeriel, Jamay, Ibsán y Samuel, todos ellos guerreros valientes y jefes de las familias patriarcales de Tola. Según sus registros genealógicos, en el tiempo de David eran veintidós mil seiscientos.
³ El hijo de Uzi fue
Izraías.
Los hijos de Izraías:
Micael, Abdías, Joel e Isías, en total cinco jefes. ⁴Tan grande era el número de sus mujeres y niños que, según sus registros genealógicos, contaban con un ejército de treinta y seis mil hombres de guerra.

⁵ El número total de todos sus parientes de las familias de Isacar ascendía a ochenta y siete mil guerreros valientes.

Descendientes de Benjamín

⁶ Los hijos de Benjamín fueron:
Bela, Béquer y Jediael, tres en total.
⁷ Los hijos de Bela fueron:
Esbón, Uzi, Uziel, Jerimot e Irí, cinco en total. Todos ellos eran jefes de las familias patriarcales y guerreros valientes, que sumaban veintidós mil treinta y cuatro.
⁸ Los hijos de Béquer fueron:
Zemirá, Joás, Eliezer, Elihoenay, Omrí, Jeremot, Abías, Anatot y Alemet. Todos ellos eran hijos de Béquer, ⁹jefes de sus familias patriarcales y guerreros valientes. Según sus registros genealógicos, eran veinte mil doscientos.
¹⁰ El hijo de Jediael fue
Bilán.
Los hijos de Bilán fueron:
Jeús, Benjamín, Aod, Quenaná, Zetán, Tarsis y Ajisajar. ¹¹Todos ellos descendían de Jediael. Eran jefes de sus familias patriarcales y guerreros valientes. En total, eran diecisiete mil doscientos hombres aptos para la guerra.
¹² Los hijos de Ir fueron Supín y Jupín. Jusín fue el hijo de Ajer.

Descendientes de Neftalí

¹³ Los hijos de Neftalí fueron:
Yazel, Guní, Jéser y Salún. Estos eran descendientes de Bilhá.

Descendientes de Manasés

¹⁴ Los hijos que Manasés tuvo con su concubina*a* aramea fueron
Asriel y Maquir, este último, padre de Galaad.
¹⁵Maquir tomó por esposa a Macá, de la familia de Jupín y Supín. El segundo hijo se llamaba Zelofejad, quien solamente tuvo hijas. ¹⁶Macá, la esposa de Maquir, dio a luz un hijo, al que llamó Peres. Este fue hermano de Seres y padre de Ulán y Requen.
¹⁷ El hijo de Ulán fue
Bedán.
Estos fueron los hijos de Galaad, hijo de Maquir, hijo de Manasés.
¹⁸ Su hermana Hamoléquet fue la madre de Isod, Abiezer y Majlá.
¹⁹ Los hijos de Semidá fueron:
Ahián, Siquén, Liquejí y Anián.

Descendientes de Efraín

²⁰ Estos fueron los descendientes de Efraín en línea directa:
Sutela, Béred,
Tajat, Eladá,
Tajat, ²¹Zabad,
Sutela,
Ezer y Elad. Los habitantes de Gat mataron a estos dos últimos porque bajaron a robarles sus ganados. ²²Durante mucho tiempo Efraín guardó luto por sus hijos, y sus parientes llegaron para consolarlo. ²³Luego se unió a su esposa, la cual concibió y dio a luz un hijo, a quien él llamó Beriá por la desgracia*b* que su familia había sufrido. ²⁴Su hija Será edificó Bet Jorón la de arriba y Bet Jorón la de abajo, y también Uzén Será.
²⁵ Los descendientes de Beriá en línea directa fueron:
Refa, Résef, Télaj, Taján,

²⁶ Ladán, Amiud,
Elisama, ²⁷Nun
y Josué.
²⁸ Sus posesiones y lugares de residencia fueron Betel con sus aldeas; Narán, al este; Guézer con sus aldeas, al oeste; y Siquén con sus aldeas hasta Aías con sus aldeas. ²⁹Los descendientes de Manasés tenían en su poder a Betseán, Tanac, Meguido y Dor, con sus respectivas aldeas. En estos lugares se asentaron los descendientes de José, hijo de Israel.

Descendientes de Aser

³⁰ Los hijos de Aser fueron:
Imná, Isvá, Isví, Beriá y Sera, su hermana.
³¹ Los hijos de Beriá fueron:
Héber y Malquiel, padre de Birzait.
³² Los hijos de Héber fueron:
Jaflet, Somer, Jotán y Suá, su hermana.
³³ Los hijos de Jaflet fueron:
Pasac, Bimal y Asvat.
Estos fueron los hijos de Jaflet.
³⁴ Los hijos de Somer fueron:
Ají, Rohegá, Yehubá y Aram.
³⁵ Los hijos de su hermano Hélem fueron:
Zofa, Imná, Seles y Amal.
³⁶ Los hijos de Zofa fueron:
Súaj, Harnéfer, Súal, Berí, Imrá, ³⁷Béser, Hod, Sama, Silsa, Itrán y Beerá.
³⁸ Los hijos de Jéter fueron:
Jefone, Pispa y Ará.
³⁹ Los hijos de Ula fueron:
Araj, Janiel y Risiyá.
⁴⁰Todos ellos fueron descendientes de Aser, jefes de familias patriarcales, hombres selectos, guerreros valientes e importantes. Según sus registros genealógicos eran veintiséis mil hombres, aptos para la guerra.

Descendientes de Benjamín
8:28-38 – 1Cr 9:34-44

8 Los hijos de Benjamín fueron:
Bela, el primero;
Asbel, el segundo; Ajará, el tercero;
² Noja, el cuarto, y Rafa, el quinto.
³ Los hijos de Bela fueron:
Adar, Guerá, Abiud, ⁴Abisúa, Naamán, Ajoaj, ⁵Guerá, Sefufán e Hiram.
⁶ Los hijos de Aod, jefes de las familias patriarcales que habitaban en Gueba y que luego fueron llevados cautivos a Manajat, fueron:
⁷ Naamán, Ahías y Guerá, padre de Uza y de Ajiud. Guerá fue el que los trasladó a Manajat.
⁸ Después de que Sajarayin repudió a sus esposas Jusín y Bará, tuvo otros hijos en los campos de Moab. ⁹Con su esposa Hodes tuvo a Jobab, Sibia, Mesá, Malcán, ¹⁰Jeús, Saquías y Mirma. Estos hijos suyos fueron jefes de familias patriarcales. ¹¹Con Jusín tuvo a Abitob y a Elpal.
¹² Los hijos de Elpal fueron:
Éber, Misán y Sémed. Sémed edificó las ciudades de Ono y Lod, con sus aldeas. ¹³Beriá y Semá fueron jefes de las familias patriarcales de los habitantes de Ayalón. Ellos expulsaron a los habitantes de Gat.
¹⁴ Los hijos de Beriá fueron Ajío, Sasac, Jeremot, ¹⁵Zebadías, Arad, Éder, ¹⁶Micael, Ispá y Yojá.
¹⁷ Zebadías, Mesulán, Hizqui, Héber, ¹⁸Ismeray, Jezlías y Jobab fueron los hijos de Elpal.

---

a **14** Véase nota en Gn 22:24.   *b* **23** En hebreo, *Beriá* suena como la palabra que significa *desgracia*.

¹⁹ Yaquín, Zicrí, Zabdí, ²⁰Elienay, Ziletay, Eliel, ²¹Adaías, Beraías y Simrat fueron los hijos de Simí.

²² Ispán, Éber, Eliel, ²³Abdón, Zicrí, Janán, ²⁴Jananías, Elam, Anatotías, ²⁵Ifdaías y Penuel fueron los hijos de Sasac.

²⁶ Samseray, Seharías, Atalías, ²⁷Jaresías, Elías y Zicrí fueron los hijos de Jeroán.

²⁸ Según sus registros genealógicos, estos fueron jefes de familias patriarcales y habitaron en Jerusalén.

²⁹ Jehiel,ᵃ padre de Gabaón, vivía en Gabaón. Su esposa se llamaba Macá. ³⁰Sus hijos fueron Abdón, el primogénito; Zur, Quis, Baal, Ner,ᵇ Nadab, ³¹Guedor, Ajío, Zéquer ³²y Miclot, padre de Simeia. Estos también vivían en Jerusalén con sus parientes.

³³ Ner fue el padre de Quis, y este fue padre de Saúl, quien a su vez lo fue de Jonatán, Malquisúa, Abinadab y Esbaal.ᶜ

³⁴ El hijo de Jonatán fue Meribaal, y este fue padre de Micaías.

³⁵ Los hijos de Micaías fueron: Pitón, Mélec, Tarea y Acaz.

³⁶ Acaz fue el padre de Joada, y este lo fue de Alemet, Azmávet y Zimri. Zimri fue el padre de Mosá; ³⁷Mosá fue el padre de Biná, y este lo fue de Rafa; Rafa fue el padre de Elasá, y este lo fue de Azel.

³⁸ Azel tuvo seis hijos, cuyos nombres fueron: Azricán, Bocrú, Ismael, Searías, Abdías y Janán. Todos estos fueron los hijos de Azel.

³⁹ Los hijos de su hermano Ésec fueron: Ulán, el primero, Jeús, el segundo, y Elifelet, el tercero. ⁴⁰Los hijos de Ulán fueron hombres guerreros valientes, diestros con el arco. Tuvieron muchos hijos y nietos: ciento cincuenta en total.

Todos estos fueron los descendientes de Benjamín.

9 Todos los israelitas fueron registrados en las listas genealógicas e inscritos en el libro de los reyes de Israel.

Por causa de su infidelidad a Dios, Judá fue llevado cautivo a Babilonia.

Los que regresaron a Jerusalén
9:1-17 – Neh 11:3-19

² Los primeros en ocupar nuevamente sus posesiones y ciudades fueron israelitas, sacerdotes, levitas y servidores del Templo.

³ Algunos de los descendientes de Judá, Benjamín, Efraín y Manasés habitaron en Jerusalén.

⁴ De los judíos: Utay, hijo de Amiud, descendiente en línea directa de Omrí, Imrí, Baní y Fares, hijo de Judá.

⁵ De los silonitas: Asaías, el primogénito, con sus hijos.

⁶ De los zeraítas: Jeuel y el resto de sus parientes. En total seiscientas noventa personas.

⁷ De los benjamitas: Salú, hijo de Mesulán, hijo de Hodavías, hijo de Senuá;ᵈ

⁸ Ibneías, hijo de Jeroán; Elá, hijo de Uzi, hijo de Micri; Mesulán, hijo de Sefatías, hijo de Reuel, hijo de Ibnías.

⁹ Sus parientes, según sus registros genealógicos, eran en total novecientos cincuenta y seis, todos ellos jefes de sus familias patriarcales.

¹⁰ De los sacerdotes: Jedaías, Joyarib, Jaquín,

¹¹ Azarías, hijo de Jilquías, que era descendiente en línea directa de Mesulán, Sadoc, Merayot y Ajitob, quien estuvo a cargo del Templo de Dios;

¹² Adaías, hijo de Jeroán, hijo de Pasur, hijo de Malquías;

Masay, hijo de Adiel, que era descendiente en línea directa de Jazera, Mesulán, Mesilemit e Imer,

¹³ y sus parientes, en total mil setecientos sesenta jefes de familias patriarcales y hombres muy capacitados para el servicio en el Templo de Dios.

¹⁴ De los levitas: Semaías, hijo de Jasub, que descendía en línea directa de Azricán, Jasabías y Merari;

¹⁵ Bacbacar, Heres, Galal y Matanías, hijo de Micaías, hijo de Zicrí, hijo de Asaf;

¹⁶ Abdías, hijo de Semaías, hijo de Galal, hijo de Jedutún;

Berequías, hijo de Asá, hijo de Elcaná, que habitó en las aldeas de los netofatitas.

¹⁷ Los porteros: Salún, Acub, Talmón y Ajimán y sus parientes; Salún era el jefe. ¹⁸Hasta ahora custodian la puerta del rey, que está al oriente, y han sido porteros de los campamentos levitas.

¹⁹ Además, Salún, hijo de Coré, hijo de Ebiasaf, hijo de Corah, y sus parientes coreítas de la misma familia patriarcal estaban encargados de custodiar la entrada de la Tienda, tal como sus antepasados habían custodiado la entrada del campamento del Señor.

²⁰ En el pasado, Finés, hijo de Eleazar, fue el oficial a cargo de ellos, y el Señor estuvo con él.

²¹ Zacarías, hijo de Meselemías, era el portero de la Tienda de reunión.

²² Los escogidos como porteros fueron un total de doscientos doce. En sus aldeas se encuentran sus registros genealógicos.

David y Samuel, el vidente, asignaron sus funciones. ²³Los porteros y sus hijos estaban encargados de custodiar la entrada de la Tienda que se usaba como Templo del Señor. ²⁴Había porteros en los cuatro puntos cardinales. ²⁵Cada siete días, sus parientes que vivían en las aldeas se turnaban para ayudarlos. ²⁶Los cuatro porteros principales estaban en servicio permanente. Eran levitas y custodiaban las salas y los tesoros del Templo de Dios. ²⁷Durante la noche, montaban guardia alrededor del Templo de Dios y en la mañana abrían sus puertas.

²⁸Algunos de ellos estaban encargados de los utensilios que se usaban en el servicio del Templo, y debían contarlos al sacarlos y al guardarlos. ²⁹Otros estaban a cargo de los utensilios, de todos los vasos sagrados, de la harina refinada, el vino, el aceite, el incienso y los perfumes. ³⁰Algunos de los sacerdotes preparaban la mezcla de los perfumes. ³¹El levita Matatías, primogénito del coreíta Salún, estaba encargado de hacer las tortas para las ofrendas. ³²Algunos de sus parientes coatitas preparaban el pan que se ponía cada ˢábado en la mesa.

ᵃ 29 *Jehiel* (mss. de LXX; véase 9:35); TM no incluye este nombre.   ᵇ 30 *Ner* (mss. de LXX; véase 9:36); TM no incluye este nombre.   ᶜ 33 *Esbaal.* Conocido también como *Isboset*; también en 9:39.   ᵈ 7 *Senuá.* Alt. *Hasenuá.*

³³También había cantores que eran jefes de familias patriarcales de los levitas, los cuales vivían en las habitaciones del Templo. Estos estaban exentos de cualquier otro servicio, porque de día y de noche tenían que ocuparse de su ministerio.

³⁴Según sus registros genealógicos, estos eran jefes de las familias patriarcales de los levitas y vivían en Jerusalén.

Genealogía de Saúl
9:35-44 – 1Cr 8:28-38

³⁵Jehiel, padre de Gabaón, vivía en Gabaón. Su esposa se llamaba Macá. ³⁶Sus hijos fueron Abdón, el primogénito; Zur, Quis, Baal, Ner, Nadab, ³⁷Guedor, Ajío, Zacarías y Miclot, ³⁸padre de Simeia. Estos también vivían en Jerusalén con sus parientes.

³⁹Ner fue el padre de Quis, y este fue padre de Saúl, quien a su vez lo fue de Jonatán, Malquisúa, Abinadab y Esbaal.

⁴⁰El hijo de Jonatán fue Meribaal, y este fue padre de Micaías.

⁴¹Los hijos de Micaías fueron: Pitón, Mélec, Tarea y Acaz.ᵃ

⁴²Acaz fue el padre de Jará, y este lo fue de Alemet, Azmávet y Zimri. Zimri fue el padre de Mosá; ⁴³Mosá fue el padre de Biná, y este lo fue de Refaías. Refaías fue el padre de Elasá, y este lo fue de Azel.

⁴⁴Azel tuvo seis hijos, cuyos nombres fueron: Azricán, Bocrú, Ismael, Searías, Abdías y Janán. Estos fueron los hijos de Azel.

Muerte de Saúl
10:1-12 – 1S 31:1-13; 2S 1:4-12

10 Los filisteos fueron a la guerra contra Israel y los israelitas huyeron ante ellos. Muchos cayeron muertos en el monte Guilboa. ²Entonces los filisteos se fueron en persecución de Saúl y lograron matar a sus hijos Jonatán, Abinadab y Malquisúa. ³La batalla se intensificó contra Saúl y los arqueros lo alcanzaron con sus flechas. Al verse herido, ⁴Saúl dijo a su escudero: «Saca la espada y mátame, no sea que esos incircuncisos me maten cuando lleguen y se burlen de mí».

Pero el escudero estaba tan asustado que no quiso hacerlo, de modo que Saúl mismo tomó su espada y se dejó caer sobre ella. ⁵Cuando el escudero vio que Saúl caía muerto, también él se arrojó sobre su propia espada y murió. ⁶Así murieron Saúl y sus tres hijos. Ese día pereció toda su familia.

⁷Cuando los israelitas que vivían en el valle vieron que el ejército había huido, y que Saúl y sus hijos habían muerto, también ellos abandonaron sus ciudades y se dieron a la fuga. Así fue como los filisteos las ocuparon.

⁸Al otro día, cuando los filisteos llegaron para despojar a los cadáveres, encontraron muertos a Saúl y a sus hijos en el monte Guilboa. ⁹Lo despojaron, tomaron su cabeza y sus armas, luego enviaron mensajeros por todo el país filisteo para que proclamaran la noticia a sus ídolos y al pueblo. ¹⁰Después colocaron sus armas en el templo de sus dioses y colgaron la cabeza en el templo de Dagón.

¹¹Cuando los de Jabés de Galaad se enteraron de lo que habían hecho los filisteos con Saúl, ¹²se levantaron todos los valientes y rescataron los cuerpos de Saúl y de sus hijos. Los llevaron a Jabés, sepultaron sus huesos debajo de la encina de Jabés y guardaron siete días de ayuno.

¹³Saúl murió por haberse rebelado contra el SEÑOR, pues desobedeció su palabra y buscó el consejo de una médium, ¹⁴en vez de consultar al SEÑOR. Por eso el SEÑOR le quitó la vida y entregó el reino a David, hijo de Isaí.

Proclamación de David como rey de Israel
11:1-3 – 2S 5:1-3

11 Todos los israelitas se reunieron con David en Hebrón y le dijeron: «Usted y nosotros somos de la misma sangre. ²Ya desde antes, cuando Saúl era rey, usted dirigía a Israel en sus campañas. Además el SEÑOR su Dios le dijo a usted: "Tú pastorearás a mi pueblo Israel y lo gobernarás"».

³Así pues, todos los jefes de Israel fueron a Hebrón para hablar con el rey David. Allí el rey hizo un pacto con ellos en presencia del SEÑOR. Después de eso, ungieron a David para que fuera rey sobre Israel, conforme a lo que el SEÑOR había dicho por medio de Samuel.

David conquista Jerusalén
11:4-9 – 2S 5:6-10

⁴David y todos los israelitas marcharon contra Jerusalén (que es Jebús), la cual estaba habitada por los jebuseos. ⁵Estos dijeron a David: «¡Aquí no entrarás!». Pero David se apoderó de la fortaleza de ˚Sión, que también se conoce como la Ciudad de David. ⁶Y es que había prometido: «Al primero que mate a un jebuseo lo nombraré comandante en jefe».

El primero en matar a un jebuseo fue Joab, hijo de Sarvia, por lo cual fue nombrado jefe.

⁷David se estableció en la fortaleza y por eso la llamó Ciudad de David. ⁸Luego construyó la ciudad alrededor, desde el terraplén hasta sus alrededores, y Joab reparó el resto de la ciudad. ⁹Y David se fortaleció más y más, porque el SEÑOR de los Ejércitos estaba con él.

Jefes del ejército de David
11:10-41 – 2S 23:8-39

¹⁰Estos fueron los jefes del ejército de David, quienes lo apoyaron durante su reinado y se unieron a todos los israelitas para proclamarlo rey, conforme a lo que el SEÑOR dijo acerca de Israel. ¹¹Esta es la lista de los soldados más valientes de David:

Yasobeán, hijo de Jacmoní, que era el principal de los tresᵇ más famosos, en una batalla mató con su lanza a trescientos hombres.

¹²En segundo lugar estaba Eleazar, hijo de Dodó, el ajoíta, que también era uno de los tres más famosos. ¹³Estuvo con David en Pasdamín, donde los filisteos se habían concentrado para la batalla. Allí había un campo sembrado de cebada y, cuando el ejército huía ante los filisteos, ¹⁴los oficiales se plantaron en medio del campo y lo defendieron, derrotando a los filisteos. Así el SEÑOR los salvó y les dio una gran ˚victoria.

¹⁵En otra ocasión, tres de los treinta más valientes fueron a la roca, hasta la cueva de Adulán, donde estaba David; y el ejército filisteo acampaba en el valle de Refayin. ¹⁶David se encontraba en su fortaleza. En ese tiempo había una guarnición filistea en Belén. ¹⁷Como David tenía mucha sed, exclamó: «¡Ojalá pudiera yo beber agua del pozo que está a la ˚entrada de Belén!». ¹⁸Entonces los tres valientes se metieron en el campamento filisteo, sacaron agua del pozo de Belén y se la llevaron a David. Pero él no quiso beberla, sino que derramó el agua en honor al SEÑOR ¹⁹y declaró solemnemente: «¡Que Dios me libre de beberla! ¡Eso sería como beber la sangre de hombres que han puesto su ˚vida en peligro! ¡Se jugaron la vida para traer el agua!». Y no quiso beberla.

ᵃ 41 *y Acaz* (mss. de LXX, Siríaca, Targum y Nova Vulgata; véase 8:35); TM no incluye este nombre aquí.   ᵇ 11 *tres* (mss. de LXX); *treinta* (TM).

Tales hazañas hicieron estos tres héroes.

²⁰Abisay, el hermano de Joab, estaba al mando de los tres y ganó fama entre ellos. En cierta ocasión, lanza en mano atacó y mató a trescientos hombres. ²¹Se destacó mucho más que los tres valientes y llegó a ser su comandante, pero no fue contado entre ellos.

²²Benaías, hijo de Joyadá, era un guerrero de Cabsel que realizó muchas hazañas. Derrotó a dos de los mejores hombres*a* de Moab y, en otra ocasión, cuando estaba nevando, se metió en una cisterna y mató un león. ²³También derrotó a un egipcio que medía cinco codos*b* y que empuñaba una lanza del tamaño de un rodillo de telar. Benaías, que no llevaba más que un palo, le arrebató la lanza y lo mató con ella. ²⁴Tales hazañas hizo Benaías, hijo de Joyadá. También él ganó fama como los tres valientes, ²⁵pero no fue contado entre ellos, aunque se destacó más que los treinta valientes. Además, David lo puso al mando de su guardia real.

²⁶ Los soldados más distinguidos eran:

Asael, hermano de Joab;
Eljanán, hijo de Dodó, que era de Belén;
²⁷ Samot, el harorita;
Heles, el pelonita;
²⁸ Irá, hijo de Iqués, el tecoíta;
Abiezer, el anatotita;
²⁹ Sibecay, el jusatita;
Ilay, el ajojita;
³⁰ Maray, el netofatita;
Jéled, hijo de Baná, el netofatita;
³¹ Itay, hijo de Ribay, que era de Guibeá en el territorio de Benjamín;
Benaías, el piratonita;
³² Juray, que era de los arroyos de Gaas;
Abiel, el arbatita;
³³ Azmávet, el bajurinita;
Elijaba, el salbonita;
³⁴ los hijos de Jasén, el guizonita;
Jonatán, hijo de Sague, el ararita;
³⁵ Ahián, hijo de Sacar, el ararita;
Elifal, hijo de Ur;
³⁶ Héfer, el mequeratita;
Ahías el pelonita;
³⁷ Jezró, que era de Carmel;
Naray, hijo de Ezbay;
³⁸ Joel, hermano de Natán;
Mibar, hijo de Hagrí;
³⁹ Sélec, el amonita;
Najaray, el berotita, que fue escudero de Joab, hijo de Sarvia;
⁴⁰ Ira, el itrita;
Gareb, el itrita;
⁴¹ Urías, el hitita;
Zabad, hijo de Ajlay;
⁴² Adiná, hijo de Sizá, el rubenita, jefe de los rubenitas, más treinta hombres que estaban con él;
⁴³ Janán, hijo de Macá;
Josafat, el mitnita;
⁴⁴ Uzías, el astarotita;
Sama y Jehiel, hijos de Jotán, el aroerita;
⁴⁵ Jediael, hijo de Simri,
y su hermano Yojá, el tizita;
⁴⁶ Eliel, el majavita;
Jerebay y Josavía, hijos de Elnán;
Itmá, el moabita;
⁴⁷ Eliel, Obed y Jasiel, el mesobaíta.

---

a 22 dos de los mejores hombres. Alt. los dos [hijos] de Ariel.
b 23 Es decir, aprox. 2.3 m.

Guerreros que se unieron a David

12 Estos fueron los guerreros que se unieron a David en Siclag cuando este se encontraba desterrado por causa de Saúl, hijo de Quis. Ellos lo ayudaron en tiempos de guerra. ²Eran arqueros que podían lanzar piedras y disparar flechas con ambas manos. De los benjamitas parientes de Saúl:

³ el jefe Ajiezer y Joás, que eran hijos de Semá de Guibeá;
Jeziel y Pélet hijos de Azmávet;
Beracá y Jehú, oriundos de Anatot; ⁴Ismaías, el gabaonita, que era uno de los treinta guerreros y jefe de ellos;
Jeremías, Jahaziel, Johanán, Jozabad de Guederá,
⁵Eluzay, Jerimot, Bealías, Semarías, Sefatías, el harufita;
⁶ los coreítas Elcaná, Isías, Azarel, Joezer y Yasobeán,
⁷ Joelá y Zebadías, hijos de Jeroán, oriundos de Guedor.

⁸También algunos de los gaditas se unieron a David cuando se encontraba en la fortaleza del desierto. Eran guerreros valientes, preparados para la guerra, hábiles en el manejo del escudo y de la lanza, feroces como leones y veloces como gacelas monteses.

⁹ Se llamaban: Ezer, el primero;
Abdías, el segundo; Eliab, el tercero;
¹⁰ Mismaná, el cuarto; Jeremías, el quinto;
¹¹ Atay, el sexto; Eliel, el séptimo;
¹² Johanán, el octavo; Elzabad, el noveno;
¹³ Jeremías, el décimo, y Macbanay, el undécimo.

¹⁴Estos gaditas eran jefes del ejército; el menor de ellos valía por cien, y el mayor, por mil. ¹⁵Fueron ellos quienes atravesaron el Jordán en el mes primero, cuando el río se desbordó por sus riberas, e hicieron huir a los habitantes de los valles hacia el este y el oeste.

¹⁶También algunos guerreros de las tribus de Benjamín y de Judá se unieron a David en la fortaleza. ¹⁷David salió a su encuentro y les dijo:

—Si vienen en son de paz y para ayudarme, los aceptaré; pero si vienen para entregarme a mis enemigos, ¡que el Dios de nuestros antepasados lo vea y lo castigue, pues yo no soy ningún criminal!

¹⁸Y el Espíritu vino sobre Amasay, jefe de los treinta, y este exclamó:

«¡Somos tuyos, David!
¡Estamos contigo, hijo de Isaí!
¡Tres veces deseamos la paz
a ti y a quien te brinde su ayuda!
¡Y quien te ayuda es tu Dios!».

David los recibió y los puso entre los jefes de la tropa.

¹⁹También algunos guerreros de Manasés se unieron a David cuando este iba con los filisteos a luchar contra Saúl. Pero David y sus guerreros no les ayudaron, porque los jefes de los filisteos se reunieron y decidieron despedirlo, pues dijeron: «David se pondrá de parte de su señor Saúl y eso nos costará la cabeza». ²⁰Estos fueron los manasesitas que se unieron a David cuando este fue a Siclag: Adná, Jozabad, Jediael, Micael, Jozabad, Eliú y Ziletay, jefes manasesitas de escuadrones de mil hombres. ²¹Ayudaban a David a combatir a las bandas de invasores, pues cada uno de ellos era un guerrero valiente y comandante del ejército. ²²Y cada día se le unían más soldados

a David, hasta que llegó a tener un ejército grande, como un ejército de Dios.

Los que se unieron a David en Hebrón

²³ Este es el número de los guerreros diestros para la guerra que se presentaron ante David en Hebrón, para entregarle el reino de Saúl, conforme a la palabra del SEÑOR:

²⁴ De Judá: seis mil ochocientos hombres armados de lanza y escudo, diestros para la guerra.

²⁵ De Simeón: siete mil cien guerreros valientes.

²⁶ Cuatro mil seiscientos de Leví ²⁷y tres mil setecientos aaronitas, con Joyadá, su oficial a cargo; ²⁸además, Sadoc, joven guerrero muy valiente, con veintidós oficiales de su familia patriarcal.

²⁹ De Benjamín, parientes de Saúl: tres mil hombres. La mayor parte de ellos había permanecido fiel a la familia de Saúl.

³⁰ De Efraín: veinte mil cuatrocientos hombres valientes, famosos en sus propias familias patriarcales.

³¹ De la media tribu de Manasés: dieciocho mil hombres que fueron nombrados para ir a proclamar rey a David.

³² De Isacar: doscientos jefes y todos sus parientes bajo sus órdenes. Eran hombres expertos en el conocimiento de los tiempos y sabían lo que Israel tenía que hacer.

³³ De Zabulón: cincuenta mil hombres listos para tomar las armas, preparados para usar cualquier clase de armamento y dispuestos a luchar sin cuartel en favor de David.

³⁴ De Neftalí: mil oficiales con treinta y siete mil hombres armados de escudos y lanzas.

³⁵ De Dan: veintiocho mil seiscientos guerreros listos para el combate.

³⁶ De Aser: cuarenta mil hombres listos para el combate.

³⁷ De las tribus al otro lado del Jordán, es decir, de Rubén, Gad y de la media tribu de Manasés: ciento veinte mil hombres equipados con todo tipo de armamento.

³⁸ Todos estos guerreros, preparados para el combate, fueron a Hebrón decididos a proclamar a David como rey de todo Israel.

También los demás israelitas proclamaron de manera unánime a David como rey. ³⁹Todos se quedaron allí tres días, comiendo y bebiendo con David, ya que sus hermanos les dotaron de lo necesario. ⁴⁰Además, los que vivían cerca, y hasta los de Isacar, Zabulón y Neftalí, traían burros, camellos, mulas y bueyes cargados con harina, tortas de higos, pasas, vino y aceite. También les llevaron toros y ovejas en abundancia, porque Israel rebosaba de alegría.

Traslado del arca a la casa de Obed Edom
13:1-14 – 2S 6:1-11

13 Después de consultar a los comandantes de mil y de cien soldados, así como a todos los oficiales, David ²dijo a la asamblea de Israel: «Si les parece bien y si es lo que el SEÑOR nuestro Dios desea, enviemos mensajeros a todas partes para llamar a nuestros hermanos que se han quedado en el territorio de Israel. También llamemos a los sacerdotes y levitas que están en los pueblos y aldeas, a que se unan a nosotros ³para traer de regreso el arca de nuestro Dios. La verdad es que desde el tiempo de Saúl no la buscamos».

⁴A la asamblea le agradó la propuesta y acordó que se hiciera así.

⁵Entonces David reunió a todo el pueblo de Israel, desde Sijor en Egipto hasta Lebó Jamat,ᵃ para trasladar el arca que estaba en Quiriat Yearín. ⁶Luego David y todo Israel fueron a Balá, que es Quiriat Yearín de Judá, para trasladar de allí el arca de Dios el SEÑOR, que reina entre los ʿquerubines —el arca sobre la cual se invoca su Nombre.

⁷Colocaron el arca de Dios en una carreta nueva y la sacaron de la casa de Abinadab. Uza y Ahío guiaban la carreta. ⁸David y todo Israel danzaban ante Dios con gran entusiasmo y cantaban al son de arpas, liras, panderos, címbalos y trompetas.

⁹Al llegar al campo de Quidón, los bueyes tropezaron, pero Uza extendió su mano y sostuvo el arca. ¹⁰Entonces la ira del SEÑOR se encendió contra Uza por haber tocado el arca y lo hirió de muerte, de modo que Uza murió delante de Dios.

¹¹David se enojó porque el SEÑOR había matado a Uza, así que llamó a aquel lugar Peres Uza,ᵇ nombre que conserva hasta el día de hoy.

¹²Aquel día David se sintió temeroso de Dios y exclamó: «¿Cómo me llevaré el arca de Dios?». ¹³Por eso no se la llevó a la Ciudad de David, sino que ordenó que la trasladaran a la casa de Obed Edom, oriundo de Gat. ¹⁴Fue así como el arca de Dios permaneció tres meses en la casa de Obed Edom, y el SEÑOR bendijo a la familia de Obed Edom y todo lo que tenía.

Palacio y familia de David
14:1-7 – 2S 5:11-16; 1Cr 3:5-8

14 Hiram, rey de Tiro, envió mensajeros a David y también madera de cedro, canteros y carpinteros para construirle un palacio. ²Con esto David se dio cuenta de que el SEÑOR, por amor a su pueblo, lo había establecido a él como rey sobre Israel y había engrandecido su reino.

³En Jerusalén David tomó otras esposas y tuvo más hijos e hijas. ⁴Los hijos que tuvo allí fueron: Samúa, Sobab, Natán, Salomón, ⁵Ibjar, Elisúa, Elpélet, ⁶Noga, Néfeg, Jafía, ⁷Elisama, Belyadá y Elifélet.

David derrota a los filisteos
14:8-17 – 2S 5:17-25

⁸Al enterarse los filisteos de que David había sido ungido rey de todo Israel, subieron todos ellos contra él. Pero David lo supo y salió a su encuentro. ⁹Los filisteos habían avanzado e invadido el valle de Refayin. ¹⁰Así que David consultó a Dios:

—¿Debo atacar a los filisteos? ¿Los entregarás en mi poder?

—Atácalos —respondió el SEÑOR—, pues yo los entregaré en tus manos.

¹¹Entonces fueron a Baal Perasínᶜ y allí David los derrotó. Y dijo: «Como se abren brechas en el agua, así Dios ha abierto brechas entre mis enemigos por medio de mí». Por eso a aquel lugar lo llamaron Baal Perasín. ¹²Allí los filisteos abandonaron a sus dioses y estos fueron quemados por orden de David.

¹³Pero los filisteos volvieron a invadirlos en el valle. ¹⁴Así que David volvió a consultar a Dios y este respondió:

—No los ataques de frente, sino rodéalos hasta llegar a los árboles de bálsamo y entonces atácalos por la retaguardia. ¹⁵Tan pronto como oigas un ruido como de pasos sobre las copas de los árboles, atácalos, pues eso quiere decir que Dios va al frente de ti para derrotar al ejército filisteo.

ᵃ 5 Lebó Jamat. Alt. la entrada de Jamat.   ᵇ 11 En hebreo, Peres Uza significa golpe de Uza o brecha en Uza.   ᶜ 11 En hebreo, Baal Perasín significa el dueño de las brechas.

¹⁶Así lo hizo David, tal como Dios se lo había ordenado, y derrotaron al ejército filisteo desde Gabaón hasta Guézer.

¹⁷La fama de David se extendió por todas las regiones, y el SEÑOR hizo que todos los pueblos le tuvieran miedo.

David lleva el arca a Jerusalén
15:25–16:3 – 2S 6:12-19

15 David construyó para sí casas en la Ciudad de David, dispuso un lugar para el arca de Dios y levantó una tienda para ella. ²Luego dijo: «Solo los levitas pueden transportar el arca de Dios, pues el SEÑOR los eligió a ellos para este oficio y para que le sirvan por siempre».

³Después David congregó a todo Israel en Jerusalén para trasladar el arca del SEÑOR al lugar que había dispuesto para ella.

⁴También reunió a los descendientes de Aarón y a los levitas. Convocó a los siguientes:

⁵De los descendientes de Coat, a su líder
Uriel y a sus parientes; ciento veinte en total.
⁶De los descendientes de Merari, a su líder
Asaías y a sus compañeros; doscientos veinte en total.
⁷De los descendientes de Guersón, a su líder
Joel y a sus parientes; ciento treinta en total.
⁸De los descendientes de Elizafán, a su líder
Semaías y a sus parientes; doscientos en total.
⁹De los descendientes de Hebrón, a su líder
Eliel y a sus parientes; ochenta en total.
¹⁰De los descendientes de Uziel, a su líder
Aminadab y a sus parientes; ciento doce en total.

¹¹Luego David llamó a los sacerdotes Sadoc y Abiatar; también a los levitas Uriel, Asaías, Joel, Semaías, Eliel y Aminadab. ¹²Y les dijo: «Como ustedes son los jefes de las familias patriarcales de los levitas, conságrense, tanto ustedes como sus parientes, para que puedan traer el arca del SEÑOR, Dios de Israel, al lugar que le dispuesto para ella. ¹³La primera vez ustedes no la transportaron ni nosotros consultamos al SEÑOR nuestro Dios sobre cómo hacerlo; por eso él se enfureció contra nosotros».

¹⁴Entonces los sacerdotes y los levitas se consagraron para transportar el arca del SEÑOR, Dios de Israel. ¹⁵Luego los descendientes de los levitas, valiéndose de las varas, llevaron el arca de Dios sobre sus hombros, tal como el SEÑOR lo había ordenado por medio de Moisés.

¹⁶David ordenó a los líderes de los levitas que nombraran cantores de entre sus parientes para que entonaran alegres cantos al son de liras, arpas y címbalos.

¹⁷Los levitas nombraron a Hemán, hijo de Joel, a su pariente Asaf, hijo de Berequías, y a Etán, hijo de Cusaías, de los descendientes de Merari. ¹⁸Junto con ellos nombraron a sus parientes que les seguían en rango y que se desempeñaban como porteros: Zacarías, hijo de Jaziel, Semiramot, Jehiel, Uni, Eliab, Benaías, Maseías, Matatías, Elifeleu, Micnías, Obed Edom y Jeyel.

¹⁹Los cantores Hemán, Asaf y Etán tocaban los címbalos de bronce. ²⁰Zacarías, Aziel, Semiramot, Jehiel, Uni, Eliab, Maseías y Benaías tenían liras de tono agudo.ᵃ ²¹Matatías, Elifeleu, Micnías, Obed Edom, Jeyel y

Azazías tenían arpas de ocho cuerdas para guiar el canto. ²²Quenanías, líder de los levitas, como experto que era, dirigía el canto.

²³Berequías y Elcaná eran porteros del arca. ²⁴Los sacerdotes Sebanías, Josafat, Natanael, Amasay, Zacarías, Benaías y Eliezer tocaban las trompetas delante del arca. Obed Edom y Jehías eran también porteros del arca.

²⁵David, los jefes de Israel y los comandantes de mil, en medio de gran algarabía, fueron a trasladar el arca del *pacto del SEÑOR desde la casa de Obed Edom. ²⁶Y, como Dios ayudaba a los levitas que transportaban el arca del pacto del SEÑOR, se sacrificaron siete novillos y siete carneros. ²⁷David estaba vestido con un manto de tela de lino fino, lo mismo que todos los levitas que transportaban el arca, los cantores y Quenanías, director del canto. Además, David llevaba puesto un *efod de tela de lino. ²⁸Así que entre vítores y al son de trompetas, clarines, címbalos, liras y arpas, todo Israel llevaba el arca del pacto del SEÑOR.

²⁹Sucedió que al entrar el arca del pacto del SEÑOR a la Ciudad de David, la hija de Saúl, Mical, se asomó a la ventana y, cuando vio que el rey David saltaba y danzaba con alegría, sintió por él un profundo desprecio.

16 El arca de Dios fue llevada a la tienda que David había preparado. Allí la instalaron, y luego presentaron *holocaustos y sacrificios de *comunión en presencia de Dios. ²Después de ofrecer los holocaustos y los sacrificios de comunión, David bendijo al pueblo en el *nombre del SEÑOR ³y dio a cada israelita, tanto a hombres como a mujeres, una porción de pan, una torta de dátiles y una torta de pasas.

⁴David puso a algunos levitas a cargo del arca del SEÑOR para que ministraran, dieran gracias y alabaran al SEÑOR, Dios de Israel. ⁵Los nombrados fueron Asaf, el primero; Zacarías, el segundo; luego Jeiel, Semiramot, Jehiel, Matatías, Eliab, Benaías, Obed Edom y Jeiel, los cuales tenían liras y arpas. Asaf tocaba los címbalos. ⁶Los sacerdotes Benaías y Jahaziel tocaban continuamente las trompetas delante del arca del pacto de Dios.

Salmo de David
16:8-22 – Sal 105:1-15
16:23-33 – Sal 96:1-13
16:34-36 – Sal 106:1, 47-48

⁷Ese mismo día, David ordenó, por primera vez, que Asaf y sus compañeros fueran los encargados de esta alabanza al SEÑOR:

⁸«Den gracias al SEÑOR; proclamen su *nombre.
¡Den a conocer sus obras entre las naciones!
⁹¡Cántenle, entónenle salmos!
¡Hablen de todas sus maravillas!
¹⁰¡Gloríense en su *santo nombre!
¡Alégrese el corazón de los que buscan al SEÑOR!
¹¹¡Busquen al SEÑOR y su fuerza;
anhelen siempre su rostro!

¹²»¡Recuerden las maravillas que ha hecho,
las señales y las leyes que ha emitido!
¹³¡Ustedes, descendientes de Israel, su siervo!
¡Ustedes, hijos de Jacob, elegidos suyos!
¹⁴Él es el SEÑOR nuestro Dios;
en toda la tierra están sus leyes.

¹⁵»Se acordóᵇ siempre de su *pacto,
la palabra que ordenó para mil generaciones;
¹⁶del pacto que hizo con Abraham
y del juramento que hizo a Isaac.

ᵃ 20 *de tono agudo*. Lit. *sobre alamot*.   ᵇ 15 Según algunos manuscritos de la LXX (véase también Sal 105:8); el texto hebreo dice *Acuérdate*.

¹⁷Se lo confirmó a Jacob como un estatuto,
a Israel como un pacto eterno,
¹⁸cuando dijo: "Te daré la tierra de Canaán
como la herencia que te corresponde".

¹⁹»Aun cuando eran pocos en número,
unos cuantos extranjeros en la tierra,
²⁰que andaban siempre de nación en nación
y de reino en reino,
²¹a nadie permitió que los oprimiera,
sino que por causa de ellos reprendió a los
reyes:
²²"¡No toquen a mis ungidos!
¡No maltraten a mis profetas!".

²³»¡Canten al SEÑOR, habitantes de toda la tierra!
¡Proclamen día tras día su *salvación!
²⁴Anuncien su gloria entre las naciones,
sus maravillas a todos los pueblos.

²⁵»¡Grande es el SEÑOR y digno de alabanza,
más temible que todos los dioses!
²⁶Todos los dioses de las naciones son ídolos,
pero el SEÑOR ha hecho los cielos.
²⁷El esplendor y la majestad son sus heraldos;
hay poder y alegría en su morada.

²⁸»¡Tributen al SEÑOR, pueblos todos!
¡Tributen al SEÑOR la gloria y el poder!
²⁹¡Tributen al SEÑOR la gloria que merece su
nombre!
¡Preséntense ante él con ofrendas;
póstrense ante el SEÑOR en la hermosura de su
santidad!
³⁰¡Tiemble delante de él toda la tierra!
Ha establecido el mundo con firmeza; jamás
será removido.

³¹»¡Alégrense los cielos, regocíjese la tierra!
Digan las naciones: "¡El SEÑOR es Rey!".
³²¡Brame el mar y todo lo que él contiene!
¡Que salte de alegría el campo y lo que hay en
él!
³³¡Que los árboles del campo
canten de gozo ante el SEÑOR!
¡Ya viene a juzgar la tierra!

³⁴»¡Den gracias al SEÑOR porque él es bueno;
su gran amor perdura para siempre.
³⁵¡Díganle: "¡Sálvanos, oh Dios de nuestra salvación!
Vuelve a reunirnos y líbranos de las *naciones,
para que demos gracias a tu santo nombre
y alabarte sea nuestra gloria".
³⁶¡Bendito sea el SEÑOR, el Dios de Israel,
eternamente y para siempre!».

Y todo el pueblo dijo: «¡Amén!», y «¡Alabado sea el
SEÑOR!».

³⁷David dejó el arca del pacto del SEÑOR al cuidado
de Asaf y sus hermanos, para que sirvieran continuamente delante de ella, de acuerdo con el ritual
diario. ³⁸Como porteros nombró a Obed Edom y a sus
sesenta y ocho hermanos, junto con Obed Edom, hijo
de Jedutún, y Josá.

³⁹Al sacerdote Sadoc y a sus hermanos sacerdotes
los encargó del santuario del SEÑOR, que está en la
cumbre de Gabaón, ⁴⁰para que sobre el altar ofrecieran constantemente los *holocaustos al SEÑOR, en
la mañana y en la tarde, tal como está escrito en la
*Ley que el SEÑOR había ordenado a Israel. ⁴¹Con ellos
nombró a Hemán y a Jedutún; también a los demás
que había escogido y designado por nombre para que

alaben al SEÑOR: «Su gran amor perdura para siempre». ⁴²Hemán y Jedutún tenían trompetas, címbalos
y otros instrumentos musicales para acompañar los
cantos de Dios. Los hijos de Jedutún eran porteros.

⁴³Luego todos regresaron a su casa y David se fue a
bendecir a su familia.

Promesa de Dios a David
17:1-15 – 2S 7:1-17

17 Una vez instalado en su palacio, David dijo al
profeta Natán:

—¡Aquí me tienes, habitando un palacio de cedro,
mientras que el arca del *pacto del SEÑOR se encuentra bajo una tienda!

²—Bien —respondió Natán—. Haga usted lo que su
*corazón le dicte, pues Dios está con usted.

³Pero aquella misma noche la palabra de Dios vino
a Natán y le dijo:

⁴«Ve y dile a mi siervo David que así dice el
SEÑOR: "No serás tú quien me construya una
casa para que yo la habite. ⁵Desde el día en que
liberé a Israel hasta el día de hoy, no he habitado
en casa alguna, sino que he ido de campamento
en campamento y de tienda en tienda. ⁶Todo el
tiempo que anduve con Israel, ¿acaso le reclamé
a alguno de los jefes[a] a los que ordené pastorear
a mi pueblo el no haberme construido una casa
de cedro?".

⁷»Pues bien, dile a mi siervo David que así dice
el SEÑOR de los Ejércitos: "Yo te saqué del redil
para que, en vez de cuidar ovejas, gobernaras a
mi pueblo Israel. ⁸Yo he estado contigo por dondequiera que has ido y he aniquilado a todos
tus enemigos. Y ahora voy a hacerte tan famoso
como los más grandes de la tierra. ⁹También
voy a designar un lugar para mi pueblo Israel,
y allí los plantaré para que puedan vivir sin sobresaltos. Sus malvados enemigos no volverán a
oprimirlos como lo han hecho desde el principio,
¹⁰desde los días en que nombré jefes sobre mi
pueblo Israel. Yo derrotaré a todos tus enemigos.

»Además, te anuncio que yo, el SEÑOR, te edificaré una casa. ¹¹Cuando tu vida llegue a su fin y
vayas a reunirte con tus antepasados, yo pondré
en el trono a uno de tus descendientes, a uno
de tus hijos, y afirmaré su reino. ¹²Será él quien
construya una casa en mi honor y yo afirmaré su
trono para siempre. ¹³Yo seré su Padre y él será mi
hijo. Jamás le negaré mi amor, como se lo negué
a quien reinó antes que tú. ¹⁴Al contrario, para
siempre lo estableceré sobre mi casa y mi reino,
y su trono quedará establecido para siempre"».

¹⁵Natán comunicó todo esto a David, tal como lo
había recibido por revelación.

Oración de David
17:16-27 – 2S 7:18-29

¹⁶Luego el rey David se presentó ante el SEÑOR y
dijo:

«SEÑOR y Dios, ¿quién soy yo y qué es mi familia para que me hayas hecho llegar tan lejos?
¹⁷Como si esto fuera poco, oh Dios, has hecho promesas a este tu siervo en cuanto al futuro de su
casa. ¡Me has tratado como si fuera yo un hombre
muy importante, SEÑOR y Dios!
¹⁸»¿Qué más podría decir del honor que has
dado a tu siervo, si tú me conoces? ¹⁹SEÑOR, tú
has hecho todas estas grandes maravillas, por

ᵃ 6 *jefes*. Véase Jue 2:16.

amor a tu siervo, según tu voluntad, y las has dado a conocer.

20»SEÑOR, nosotros mismos hemos aprendido que no hay nadie como tú y que aparte de ti no hay Dios. 21¿Y qué nación se puede comparar con tu pueblo Israel? Es la única nación en la tierra que tú has redimido para hacerla tu propio pueblo y para dar a conocer tu *nombre. Hiciste grandes y asombrosas maravillas cuando al paso de tu pueblo, al cual redimiste de Egipto, expulsaste a las naciones y a sus dioses. 22Adoptaste a Israel para que fuera tu pueblo para siempre y para que tú, SEÑOR, fueras su Dios.

23»Y ahora, SEÑOR, mantén para siempre la promesa que has hecho a tu siervo y a su casa. Cumple tu palabra 24para que tu nombre permanezca y sea exaltado por siempre, para que todos digan: "¡El SEÑOR de los Ejércitos, el Dios de Israel, es Dios para Israel!". Entonces la casa de tu siervo David quedará establecida en tu presencia.

25»Tú, Dios mío, le has revelado a tu siervo el propósito de establecerle una casa y por eso tu siervo se ha atrevido a hacerte esta súplica. 26¡Oh SEÑOR, tú eres Dios y has prometido tanta bondad a tu siervo! 27Te has dignado bendecir a la familia de tu siervo, de modo que bajo tu protección exista para siempre. Tú, SEÑOR, la has bendecido y por eso quedará bendita para siempre».

Victorias de David
18:1-13 – 2S 8:1-14

18 Pasado algún tiempo, David derrotó a los filisteos y los subyugó, quitándoles el control de la ciudad de Gat y de sus aldeas.

2También derrotó y sometió a los moabitas, los cuales pasaron a ser vasallos tributarios de David.

3Además, David derrotó a Hadad Ezer, rey de Sobá, en Jamat, cuando este se dirigía a establecer su dominio sobre la región del río Éufrates. 4David capturó mil carros, siete mil jinetes y veinte mil soldados de infantería; también rompió las patas de los caballos de tiro, aunque dejó los caballos suficientes para cien carros.

5Luego, cuando los arameos de Damasco acudieron en auxilio de Hadad Ezer, rey de Sobá, David aniquiló a veintidós mil de ellos. 6También puso guarniciones en Damasco, de modo que los arameos pasaron a ser vasallos tributarios de David. En todas las campañas de David, el SEÑOR le daba la *victoria.

7En cuanto a los escudos de oro que llevaban los oficiales de Hadad Ezer, David se apropió de ellos y los trasladó a Jerusalén. 8Así mismo se apoderó de una gran cantidad de bronce que había en las ciudades de Tébaja y de Cun, poblaciones de Hadad Ezer. Ese fue el bronce que Salomón usó para hacer la fuente, las columnas y todos los utensilios de bronce.

9Tou, rey de Jamat, se enteró de que David había derrotado por completo al ejército de Hadad Ezer, rey de Sobá. 10Como Tou también era enemigo de Hadad Ezer, envió a su hijo Hadorán a desearle *bienestar al rey David y a felicitarlo por haber derrotado a Hadad Ezer en batalla. Y Tou envió toda clase de utensilios de oro, de plata y de bronce, 11los cuales el rey David consagró al SEÑOR, tal como lo había hecho con la plata y el oro que había tomado de todas estas naciones: Edom, Moab, Amón, Filistea y Amalec.

12Por su parte, Abisay, hijo de Sarvia, derrotó a los edomitas en el valle de la Sal, donde aniquiló a dieciocho mil edomitas. 13También puso guarniciones en Edom, de modo que los edomitas pasaron a ser vasallos tributarios de David. En todas sus campañas el SEÑOR le daba la victoria.

Oficiales de David
18:14-17 – 2S 8:15-18

14David reinó sobre todo Israel, gobernando al pueblo entero con justicia y rectitud.

15 Joab, hijo de Sarvia, era general del ejército;
   Josafat, hijo de Ajilud, era el secretario;
16 Sadoc, hijo de Ajitob, y Ajimélec,b hijo de Abiatar,
   eran sacerdotes;
   Savsa era el cronista.
17 Benaías, hijo de Joyadá, estaba al mando de los
   soldados quereteos y peleteos,
   y los hijos de David ocupaban los principales
   puestos junto al rey.

Guerra contra los amonitas
19:1-19 – 2S 10:1-19

19 Pasado algún tiempo, murió Najás, rey de los amonitas, y su hijo lo sucedió en el trono. 2Entonces David pensó: «Debo ser leal con Janún, hijo de Najás, pues su padre lo fue conmigo». Así que envió a unos mensajeros para darle el pésame por la muerte de su padre.

Cuando los mensajeros de David llegaron al país de los amonitas para darle el pésame a Janún, 3los comandantes de ese pueblo lo aconsejaron: «¿Y acaso cree usted que David ha enviado a estos mensajeros solo para darle el pésame y porque quiere honrar a su padre? ¿No será más bien que han venido a espiar y explorar el país para luego destruirlo?». 4Entonces Janún mandó que apresaran a los mensajeros de David y que les afeitaran media barba y cortaran su ropa por la mitad, dejándolos desnudos de la cintura hacia abajo. Y así los despidió.

5Los hombres de David se sentían muy avergonzados. Cuando David se enteró de lo que les había pasado, mandó que los recibieran y les dieran este mensaje de su parte: «Quédense en Jericó y no regresen hasta que les crezca la barba».

6Al darse cuenta Janún y los amonitas de que habían ofendido a David, enviaron mil talentosc de plata para contratar carros y jinetes en Aram Najarayin,d en Aram de Macáy y en Sobá. 7Contrataron treinta y dos mil carros y al rey de Macá con su ejército, que acampó frente a Medeba. Por su parte, los amonitas salieron de sus ciudades y se dispusieron para el combate.

8Cuando David lo supo, despachó a Joab con todos los soldados del ejército. 9Los amonitas avanzaron hasta la *entrada de su ciudad, pero los reyes que habían venido a reforzarlos se quedaron aparte, en campo abierto.

10Joab se vio amenazado por el frente y por la retaguardia, así que escogió a las mejores tropas israelitas para pelear contra los arameos. 11El resto de las tropas las puso al mando de su hermano Abisay, para que enfrentaran a los amonitas. 12A Abisay le ordenó: «Si los arameos pueden más que yo, tú vendrás a rescatarme; y si los amonitas pueden más que tú, yo te rescataré. 13¡Ánimo! Luchemos con valor por nuestro pueblo y por las ciudades de nuestro Dios. ¡Y que el SEÑOR haga lo que bien le parezca!».

14Enseguida Joab y sus tropas avanzaron contra los arameos y estos huyeron de él. 15Al ver que los arameos se daban a la fuga, también los amonitas huyeron de Abisay y se refugiaron en la ciudad. Entonces Joab regresó a Jerusalén.

---

a 8 Tébaj. Lit. Tibjat (variante de este nombre).   b 16 Ajimélec (mss. hebreos, Vulgata y Siríaca; véase 2S 8:17); Abimélec (TM).   c 6 Es decir, aprox. 34 t.   d 6 Aram Najarayin. Es decir, el noroeste de Mesopotamia.

¹⁶Los arameos, al verse derrotados por Israel, enviaron mensajeros para pedir ayuda a los arameos que estaban al otro lado del río Éufrates. Sofac, comandante del ejército de Hadad Ezer, tomó el mando.

¹⁷Cuando David se enteró de esto, reunió a todo Israel, cruzó el Jordán y tomó posición de batalla contra los arameos. Estos lo atacaron, ¹⁸pero tuvieron que huir ante los israelitas. David mató a siete mil soldados que guiaban los carros de guerra y a cuarenta mil de infantería. También mató a Sofac, comandante del ejército arameo.

¹⁹Al ver que los arameos habían sido derrotados por los israelitas, todos los vasallos de Hadad Ezer hicieron la paz con David y se sometieron a él.

A partir de entonces, los arameos se negaron a ir en auxilio de los amonitas.

Conquista de Rabá
20:1-3 – 2S 11:1; 12:29-31

20 En la primavera, que era la época en que los reyes salían de campaña, Joab sacó el grueso del ejército y devastó el país de los amonitas. Llegó hasta Rabá, la atacó y la destruyó; pero David se quedó en Jerusalén. ²Al rey de los amonitas*ª* David le quitó la corona de oro que tenía puesta, la cual pesaba un talento*ᵇ* y estaba adornada con piedras preciosas. Luego se la pusieron a David. Además, David saqueó la ciudad y se llevó un botín inmenso. ³Expulsó de allí a sus habitantes y los puso a trabajar con sierras, picos y hachas de hierro. Lo mismo hizo con todos los pueblos amonitas, después de lo cual regresó a Jerusalén con todas sus tropas.

Guerra contra los filisteos
20:4-8 – 2S 21:15-22

⁴Algún tiempo después se originó una batalla contra los filisteos en Guézer. En esa ocasión Sibecay, el jusatita, mató a Sipay, descendiente de los refaítas. Así sometieron a los filisteos.

⁵Luego, en otra batalla contra los filisteos, Eljanán, hijo de Yaír, mató a Lajmí, hermano de Goliat, el guitita, cuya lanza tenía un asta tan grande como el rodillo de un telar.

⁶Hubo una batalla más en Gat. Allí había otro gigante, un hombre altísimo que tenía veinticuatro dedos, seis en cada mano y seis en cada pie. Él también era descendiente de Rafa. ⁷Este se puso a desafiar a los israelitas, pero Jonatán, hijo de Simá, hermano de David, lo mató.

⁸Estos fueron los descendientes de Rafa, el guitita, que cayeron a manos de David y de sus oficiales.

David hace un censo militar
21:1-17 – 2S 24:1-17

21 Satanás conspiró contra Israel e indujo a David a hacer un censo del pueblo. ²Entonces David dijo a Joab y a los comandantes del ejército:

—Vayan y hagan un censo militar que abarque desde Berseba hasta Dan, luego tráiganme el informe para que yo sepa cuántos pueden servir en el ejército.

³Joab respondió:

—¡Que el SEÑOR multiplique cien veces las tropas! Pero ¿acaso no son todos ellos servidores suyos? ¿Para qué quiere hacer esto mi señor el rey? ¿Por qué ha de hacer algo que traiga un castigo sobre Israel?

⁴Sin embargo, la orden del rey prevaleció sobre la opinión de Joab, de modo que este salió a recorrer todo el territorio de Israel. Después regresó a Jerusalén ⁵y entregó a David los resultados del censo militar: En todo Israel había un millón cien mil que podían servir en el ejército, y en Judá, cuatrocientos setenta mil.

⁶Pero Joab no contó a los de las tribus de Leví ni de Benjamín, porque para él era detestable la orden del rey. ⁷Dios también la consideró como algo malo, por lo cual castigó a Israel.

⁸Entonces David dijo a Dios: «He cometido un pecado muy grande al hacer este censo. He actuado como un *necio. Yo te ruego que perdones la maldad de tu siervo».

⁹El SEÑOR dijo a Gad, el vidente de David: ¹⁰«Ve y dile a David que así dice el SEÑOR: "Te doy a escoger entre estos tres castigos: dime cuál de ellos quieres que te imponga"».

¹¹Entonces Gad fue a ver a David y le dijo:

—Así dice el SEÑOR: "Elige una de estas tres cosas: ¹²tres años de hambre o tres meses de persecución y derrota por la espada de tus enemigos o tres días en los cuales el SEÑOR castigará con plaga el país, y su ángel traerá destrucción en todos los rincones de Israel". Piénsalo bien y dime qué debo responderle al que me ha enviado.

¹³—¡Estoy entre la espada y la pared! —respondió David—. Pero es mejor que yo caiga en las manos del SEÑOR, porque su compasión es muy grande, y no que caiga en las manos de los *hombres.

¹⁴Por lo tanto, el SEÑOR mandó contra Israel una plaga y murieron setenta mil israelitas. ¹⁵Entonces Dios envió un ángel a Jerusalén para destruirla. Y al ver el SEÑOR que el ángel la destruía, se lamentó y dijo al ángel destructor: «¡Basta! ¡Detén tu mano!». En ese momento, el ángel del SEÑOR se hallaba en el lugar donde Arauna*ᶜ* el jebuseo limpiaba el trigo.

¹⁶David alzó la vista y vio que el ángel del SEÑOR estaba entre la tierra y el cielo, con una espada desenvainada en la mano que apuntaba hacia Jerusalén. Entonces David y los jefes, vestidos de luto, se postraron sobre su rostro.

¹⁷Y David dijo a Dios: «SEÑOR y Dios mío, ¿acaso no fui yo el que dio la orden de censar al pueblo? ¿Qué culpa tienen estas ovejas? ¡Soy yo el que ha pecado! ¡He actuado muy mal! ¡Descarga tu mano sobre mí y sobre mi familia, pero no sigas hiriendo a tu pueblo!».

David construye un altar
21:18-26 – 2S 24:18-25

¹⁸Entonces el ángel del SEÑOR dijo a Gad: «Dile a David que suba y construya un altar para el SEÑOR en el lugar donde Arauna el jebuseo limpia el trigo». ¹⁹David se puso en camino, conforme a la palabra que Gad le dio en *nombre del SEÑOR.

²⁰Arauna se encontraba trillando y, al mirar hacia atrás, vio al ángel. Los cuatro hijos que estaban con él se escondieron. ²¹Al ver Arauna que David se acercaba al lugar donde limpiaba el trigo, salió a recibirlo y rostro en tierra se postró delante de él. ²²David le dijo:

—Véndeme una parte de este lugar para construirle un altar al SEÑOR, a fin de que se detenga la plaga que está afligiendo al pueblo. Véndemela por su verdadero precio.

²³Arauna contestó a David:

—Mi señor y rey, yo se la regalo, para que haga usted en ella lo que mejor le parezca. Yo mismo le daré los bueyes para los *holocaustos, los trillos para la leña y el trigo para la ofrenda de cereal. Todo se lo regalo.

²⁴Pero el rey David respondió a Arauna:

—Eso no puede ser. No tomaré lo que es tuyo para dárselo al SEÑOR ni le ofreceré un holocausto que nada me cueste. Te lo compraré todo por su verdadero precio.

ª **2** *al rey de los amonitas.* Alt. *a Milcón* (es decir, el dios Moloc). *ᵇ* **2** Es decir, aprox. 34 kg. *ᶜ* **15** El texto hebreo dice *Ornán*, una variante de *Arauna*; también en vv. 18-28.

²⁵Fue así como David dio a Arauna seiscientos siclos* de oro por aquel lugar. ²⁶Allí construyó un altar al SEÑOR y ofreció holocaustos y sacrificios de ˚comunión. Luego oró al SEÑOR y, en respuesta, Dios envió fuego del cielo sobre el altar del holocausto.

²⁷Entonces el SEÑOR ordenó al ángel que envainara su espada. ²⁸Al ver David que el SEÑOR había respondido, le ofreció sacrificios. ²⁹En aquel tiempo, tanto el santuario del SEÑOR que Moisés hizo en el desierto como el altar del holocausto se encontraban en el santuario de Gabaón. ³⁰Pero David no fue allá a consultar a Dios ante su presencia, porque estaba aterrorizado por la espada del ángel del SEÑOR.

22 Entonces dijo David: «Aquí se levantará el templo de Dios el SEÑOR y el altar donde Israel ofrecerá el holocausto».

Preparativos para el templo

²Luego David ordenó que se reuniera a los extranjeros que vivían en territorio israelita. De entre ellos nombró canteros que labraran piedras para la construcción del templo de Dios. ³Además, David juntó mucho hierro para los clavos y las bisagras de las puertas; también bronce en abundancia. ⁴Amontonó mucha madera de cedro, pues los habitantes de Sidón y de Tiro le habían traído una gran cantidad de madera de cedro.

⁵«Mi hijo Salomón —pensaba David— es muy joven e inexperto, y el templo que hay que construir para el SEÑOR debe ser el más grande y famoso de toda la tierra; por eso dejaré todo listo». Así que antes de morir, David dejó todo preparado.

⁶Luego llamó a su hijo Salomón y le encargó construir el templo para el SEÑOR, Dios de Israel. ⁷David dijo a Salomón: «Hijo mío, yo tenía la intención de construir un templo para honrar el nombre del SEÑOR mi Dios. ⁸Pero el SEÑOR me dijo: "Ante mis propios ojos has derramado mucha sangre y has hecho muchas guerras en la tierra; por eso no serás tú quien construya un templo en honor de mi Nombre. ⁹Pero tendrás un hijo que será un hombre pacífico; yo haré que los países vecinos que sean sus enemigos lo dejen en ˚paz; por eso se llamará Salomón.ᵇ Durante su reinado, yo daré a Israel paz y tranquilidad. ¹⁰Él será quien me construya un templo en honor de mi Nombre. Él será mi hijo y yo seré su padre. Yo afirmaré para siempre el trono de su reino en Israel".

¹¹»Ahora, hijo mío, que el SEÑOR tu Dios te ayude a construir su templo, tal como te lo ha prometido. ¹²Que te dé prudencia y sabiduría para que, cuando estés al frente de Israel, obedezcas su ˚ley. Él es el SEÑOR tu Dios. ¹³Si cumples los estatutos y leyes que el SEÑOR entregó a Israel por medio de Moisés, entonces te irá bien. ¡Sé fuerte y valiente! ¡No tengas miedo ni te desanimes!

¹⁴»Mira, con mucho esfuerzo he logrado conseguir para el templo del SEÑOR cien mil talentosᶜ de oro, un millón de talentosᵈ de plata y una incontable cantidad de bronce y de hierro. Además, he conseguido madera y piedra, pero tú debes adquirir más. ¹⁵También cuentas con una buena cantidad de obreros: canteros, albañiles, carpinteros y expertos en toda clase de trabajos ¹⁶en oro, plata, bronce y hierro. Así que, ¡pon manos a la obra, y que el SEÑOR te acompañe!».

¹⁷Después David ordenó a todos los líderes de Israel que colaboraran con su hijo Salomón. ¹⁸Les dijo: «El SEÑOR su Dios está con ustedes y les ha dado paz en todo lugar. Él ha entregado en mi poder a los habitantes de la región y estos han quedado sometidos al SEÑOR y a su pueblo. ¹⁹Ahora, pues, busquen al SEÑOR su Dios de todo ˚corazón y con toda el ˚alma. Comiencen la construcción del santuario de Dios el SEÑOR, para que trasladen el arca del ˚pacto y los utensilios sagrados al templo que se construirá en honor de su Nombre».

Los levitas

23 David era muy anciano cuando declaró a su hijo Salomón rey de Israel.

²Reunió a todos los líderes de Israel junto a los sacerdotes y levitas. ³Entonces contaron a los levitas que tenían más de treinta años; resultó que eran en total treinta y ocho mil hombres. ⁴David dijo: «De los levitas, veinticuatro mil estarán a cargo del trabajo del templo del SEÑOR, seis mil serán oficiales y jueces, ⁵cuatro mil serán porteros y los otros cuatro mil se encargarán de alabar al SEÑOR con los instrumentos musicales que he ordenado hacerᵉ para ese propósito».

⁶David dividió a los levitas en grupos de acuerdo con el número de los hijos de Leví, que fueron Guersón, Coat y Merari.

Los guersonitas

⁷De los guersonitas:
  Ladán y Simí.

⁸Los hijos de Ladán fueron tres:
  Jehiel, el mayor, Zetán y Joel.

⁹Simí también tuvo tres hijos:
  Selomit, Jaziel y Harán.
  Estos fueron los jefes de las familias patriarcales de Ladán.

¹⁰Los hijos de Simí fueron cuatro:
  Yajat, Ziza,ᶠ Jeús y Beriá.
  Estos fueron los hijos de Simí.

¹¹Yajat era el mayor y Ziza, el segundo. Como Jeús y Beriá no tuvieron muchos hijos, se les contó como una sola familia y se les dio un mismo cargo.

Los coatitas

¹²Los hijos de Coat fueron cuatro:
  Amirán, Izar, Hebrón y Uziel.

¹³Los hijos de Amirán fueron:
  Aarón y Moisés.
  Aarón y sus descendientes fueron los escogidos para presentar las ofrendas sagradas, quemar el incienso, servir al SEÑOR y pronunciar la bendición en su ˚nombre para siempre. ¹⁴A Moisés, hombre de Dios, y a sus hijos se les incluyó en la tribu de Leví.

¹⁵Los hijos de Moisés fueron:
  Guersón y Eliezer.

¹⁶Sebuel fue el primero
  de los descendientes de Guersón.

¹⁷Eliezer solo tuvo un hijo,
  que fue Rejabías,
  pero este sí tuvo muchos hijos.

¹⁸El primer hijo de Izar fue
  Selomit.

¹⁹El primer hijo de Hebrón fue
  Jerías; el segundo, Amarías;
  el tercero, Jahaziel, y el cuarto, Jecamán.

²⁰El primer hijo de Uziel fue
  Micaías, y el segundo, Isías.

Los meraritas

²¹Los hijos de Merari fueron:
  Majlí y Musí.

---

a 25 Es decir, aprox. 7 kg.   *b* 9 En hebreo, *Salomón* suena como la palabra que significa *paz*.   *c* 14 Es decir, aprox. 3,400 t.   *d* 14 Es decir, aprox. 34 000 t.   *e* 5 *que he ordenado hacer*. Lit. *que yo hice*.   *f* 10 Ziza (un ms. hebreo, LXX y Vulgata; véase v. 11); Ziná (TM).

Los hijos de Majlí fueron:
Eleazar y Quis.
²² Eleazar murió sin tener hijos; solamente tuvo hijas. Estas se casaron con sus primos, los hijos de Quis.
²³ Musí tuvo tres hijos:
Majlí, Éder y Jeremot.

²⁴ Estos fueron los descendientes de Leví por sus familias patriarcales. El censo los registró por nombre como jefes de sus familias patriarcales. Estos prestaban servicio en el Templo del SEÑOR y eran mayores de veinte años. ²⁵David dijo: «Desde que el SEÑOR, Dios de Israel, estableció a su pueblo y estableció su residencia para siempre en Jerusalén, ²⁶los levitas ya no tienen que cargar el santuario ni los utensilios que se usan en el culto». ²⁷De acuerdo con las últimas disposiciones de David, fueron censados los levitas mayores de veinte años.

²⁸Su función consistía en ayudar a los descendientes de Aarón en el servicio del Templo del SEÑOR. Eran los responsables de los atrios, de los cuartos y de la *purificación de todas las cosas *santas; en fin, de todo lo relacionado con el servicio del Templo de Dios. ²⁹También estaban encargados del pan consagrado, de la harina refinada para las ofrendas de cereales, de las hojuelas sin levadura, de las ofrendas fritas en sartén o cocidas y de todas las medidas de capacidad y de longitud. ³⁰Cada mañana y cada tarde debían estar presentes para agradecer y alabar al SEÑOR. ³¹Así mismo, debían ofrecer todos los *holocaustos que se presentaban al SEÑOR los *sábados, los días de luna nueva y durante las otras fiestas. Así que siempre servían al SEÑOR, según el número y la función que se les asignaba.

³²De modo que tenían a su cargo el cuidado de la *Tienda de reunión y del Lugar Santo. El servicio que realizaban en el Templo del SEÑOR quedaba bajo las órdenes de sus hermanos, los descendientes de Aarón.

Organización del servicio sacerdotal

24 Los descendientes de Aarón se organizaron de la siguiente manera:
Los hijos de Aarón fueron Nadab, Abiú, Eleazar e Itamar. ²Nadab y Abiú murieron antes que su padre y no tuvieron hijos, así que Eleazar e Itamar ejercieron el sacerdocio. ³Con la ayuda de Sadoc, descendiente de Eleazar, y de Ajimélec, descendiente de Itamar, David organizó a los sacerdotes por turnos para el desempeño de sus funciones. ⁴Como había más jefes entre los descendientes de Eleazar que entre los de Itamar, los organizaron así: dieciséis jefes de las familias patriarcales de los descendientes de Eleazar y ocho jefes de los descendientes de Itamar. ⁵La distribución se hizo por sorteo, pues tanto los descendientes de Eleazar como los de Itamar tenían oficiales del santuario y oficiales de Dios. ⁶El cronista Semaías, hijo de Natanael, que era levita, registró sus nombres en presencia del rey y de los oficiales, del sacerdote Sadoc, de Ajimélec, hijo de Abiatar, de los jefes de las familias patriarcales de los sacerdotes y de los levitas. La suerte se echó dos veces por la familia de Eleazar y una vez por la familia de Itamar.

⁷La primera suerte le tocó a Joyarib;
la segunda, a Jedaías;
⁸la tercera, a Jarín;
la cuarta, a Seorín;
⁹la quinta, a Malquías;
la sexta, a Mijamín;
¹⁰la séptima, a Cos;
la octava, a Abías;
¹¹la novena, a Jesúa;
la décima, a Secanías;
¹²la undécima, a Eliasib;
la duodécima, a Yaquín;
¹³la decimotercera, a Hupá;
la decimocuarta, a Jesebab;
¹⁴la decimoquinta, a Bilgá;
la decimosexta, a Imer;
¹⁵la decimoséptima, a Hezir;
la decimoctava, a Afsés;
¹⁶la decimonovena, a Petaías;
la vigésima, a Ezequiel;
¹⁷la vigesimoprimera, a Jaquín;
la vigesimosegunda, a Gamul;
¹⁸la vigesimotercera, a Delaías;
la vigesimocuarta, a Maazías.

¹⁹Así fue como se organizaron los turnos para el servicio en el Templo del SEÑOR, tal como el SEÑOR, Dios de Israel, lo había ordenado por medio de Aarón, antepasado de ellos.

El resto de los levitas

²⁰ La siguiente es la lista del resto de los descendientes de Leví:

de los descendientes de Amirán, Subael;
de los descendientes de Subael, Jehedías;
²¹ de los descendientes de Rejabías, Isías, el hijo mayor;
²² de los descendientes de Izar, Selomot;
de los descendientes de Selomot, Yajat;
²³ de los hijos de Hebrón:
el primero,ᵃ Jerías; el segundo, Amarías; el tercero, Jahaziel, y el cuarto, Jecamán;
²⁴ de los descendientes de Uziel, Micaías;
de los descendientes de Micaías, Samir;
²⁵ Isías, hermano de Micaías;
de los descendientes de Isías, Zacarías;
²⁶ de los descendientes de Merari, Majlí y Musí;
Benó, hijo de Jazías;
²⁷ De entre los descendientes de Merari:
de Jazías: Benó, Soján, Zacur e Ibrí;
²⁸ de Majlí: Eleazar, quien no tuvo hijos;
²⁹ de Quis: su hijo Jeramel;
³⁰ y los hijos de Musí: Majlí, Éder y Jerimot.

Estos eran los hijos de los levitas por sus familias patriarcales.

³¹Al igual que a sus hermanos los descendientes de Aarón, también a ellos los repartieron por sorteo en presencia del rey David y de Sadoc, de Ajimélec y de los jefes de las familias patriarcales de los sacerdotes y de los levitas. A las familias de los hermanos mayores las trataron de la misma manera que a las de los hermanos menores.

Organización de los músicos

25 Para el ministerio de la música, David y los comandantes del ejército apartaron a los hijos de Asaf, Hemán y Jedutún, los cuales profetizaban acompañándose de arpas, liras y címbalos. Esta es la lista de los que fueron apartados para el servicio:

² De los hijos de Asaf:
Zacur, José, Netanías y Asarela. A estos los dirigía Asaf, quien profetizaba bajo las órdenes del rey.

ᵃ **23** Hebrón: el primero (dos mss. hebreos; véanse mss. de LXX y 1Cr 23:19); TM no incluye esta frase.

³ De Jedutún, sus seis hijos:
Guedalías, Zeri, Isaías, Simí,ᵃ Jasabías y
Matatías. A estos los dirigía su padre Jedutún,
quien al son del arpa profetizaba para dar
gracias y alabar al Señor.
⁴ De los hijos de Hemán:
Buquías, Matanías, Uziel, Sebuel, Jerimot,
Jananías, Jananí, Eliatá, Guidalti, Romanti Ezer,
Josbecasa, Malotí, Hotir y Mahaziot. ⁵Todos
estos fueron hijos de Hemán, vidente del rey.
Con la palabra de Dios exaltaban su poder.ᵇ
Dios dio a Hemán catorce hijos y tres hijas.

⁶Su padre los dirigía en el culto del Templo del
Señor, cuando cantaban acompañados de címbalos,
liras y arpas.

Asaf, Jedutún y Hemán estaban bajo las órdenes
del rey. ⁷Ellos eran en total doscientos ochenta y ocho,
incluyendo a sus demás compañeros, y habían sido
instruidos para cantarle al Señor. ⁸Para asignarles sus
turnos se echaron suertes, sin hacer distinción entre
menores y mayores ni entre maestros y discípulos.

⁹ La primera suerte le tocó a José el asafita;
la segunda, le tocó a Guedalías
junto con sus hermanos y sus hijos   12
¹⁰ la tercera, a Zacur
junto con sus hijos y hermanos   12
¹¹ la cuarta, a Izri
junto con sus hijos y hermanos   12
¹² la quinta, a Netanías
junto con sus hijos y hermanos   12
¹³ la sexta, a Buquías
junto con sus hijos y hermanos   12
¹⁴ la séptima, a Jesarela
junto con sus hijos y hermanos   12
¹⁵ la octava, a Isaías
junto con sus hijos y hermanos   12
¹⁶ la novena, a Matanías
junto con sus hijos y hermanos   12
¹⁷ la décima, a Simí
junto con sus hijos y hermanos   12
¹⁸ la undécima, a Azarel
junto con sus hijos y hermanos   12
¹⁹ la duodécima, a Jasabías
junto con sus hijos y hermanos   12
²⁰ la decimotercera, a Subael
junto con sus hijos y hermanos   12
²¹ la decimocuarta, a Matatías
junto con sus hijos y hermanos   12
²² la decimoquinta, a Jeremot
junto con sus hijos y hermanos   12
²³ la decimosexta, a Jananías
junto con sus hijos y hermanos   12
²⁴ la decimoséptima, a Josbecasa
junto con sus hijos y hermanos   12
²⁵ la decimoctava, a Jananí
junto con sus hijos y hermanos   12
²⁶ la decimonovena, a Malotí
junto con sus hijos y hermanos   12
²⁷ la vigésima, a Eliatá
junto con sus hijos y hermanos   12
²⁸ la vigesimoprimera, a Hotir
junto con sus hijos y hermanos   12
²⁹ la vigesimosegunda, a Guidalti
junto con sus hijos y hermanos   12
³⁰ la vigesimotercera, a Mahaziot
junto con sus hijos y hermanos   12
³¹ la vigesimocuarta, a Romanti Ezer
junto con sus hijos y hermanos   12

ᵃ 3 *Simí* (un ms. hebreo y mss. de LXX); TM no incluye este
nombre. ᵇ 5 *su poder.* Lit. *el cuerno.*

Organización de los porteros

26 La organización de los porteros fue la
siguiente:

De los coreítas:
Meselemías, hijo de Coré, descendiente de Asaf.
²Los hijos de Meselemías fueron:
Zacarías, el primero; Jediael, el segundo;
Zebadías, el tercero; Jatniel, el cuarto;
³ Elam, el quinto; Johanán, el sexto,
y Elihoenay, el séptimo.
⁴ Los hijos de Obed Edom fueron:
Semaías, el primero; Jozabad, el segundo;
Joa, el tercero; Sacar, el cuarto;
Natanael, el quinto; ⁵Amiel, el sexto;
Isacar, el séptimo; y el octavo, Peultay.
Dios bendijo a Obed Edom con muchos
hijos.
⁶Semaías, hijo de Obed Edom, también tuvo
hijos, los cuales fueron jefes de sus familias
patriarcales, pues eran hombres muy valientes.
⁷Los hijos de Semaías fueron:
Otni, Rafael, Obed, Elzabad,
y sus hermanos Eliú y Samaquías, todos ellos
hombres valientes.
⁸Todos estos eran descendientes de Obed Edom.
Tanto ellos como sus hijos y hermanos eran
hombres muy valientes y fuertes para el trabajo.
En total, los descendientes de Obed Edom fueron
sesenta y dos.
⁹Los hijos y hermanos de Meselemías fueron
dieciocho, todos ellos hombres muy valientes.

¹⁰Los hijos de Josá, descendiente de Merari, fueron:
Simri, el jefe (que en verdad no había sido el
primero, pero su padre lo puso por jefe);
¹¹el segundo fue Jilquías; el tercero, Tebalías;
y el cuarto, Zacarías.
En total, los hijos y hermanos de Josá fueron
trece.

¹²Así fue como se organizó a los porteros, tanto
a los jefes como a sus hermanos, para que
sirvieran en el Templo del Señor. ¹³El cuidado de
cada puerta se asignó echando suertes entre las
familias, sin hacer distinción entre menores y
mayores.
¹⁴Según el sorteo, a Selemías se le asignó la puerta
del este,
y a su hijo Zacarías, sabio consejero, la puerta del
norte.
¹⁵A Obed Edom le correspondió la puerta del sur y
a sus hijos les correspondió el cuidado de los
depósitos del Templo.
¹⁶A Supín y a Josá les correspondió la puerta de
Saléquet, que está al oeste, en el camino de la
subida.

Los turnos se distribuyeron así:
¹⁷Cada día había seis levitas en el este,
cuatro en el norte,
cuatro en el sur
y dos en cada uno de los depósitos.
¹⁸En el patio del oeste había cuatro levitas para la
calzada y dos para el patio mismo.

¹⁹Así fue como quedaron distribuidos los porteros
descendientes de Coré y de Merari.

Los tesoreros y otros oficiales

²⁰A los otros levitas se les puso al cuidado de los
tesoros del Templo de Dios y de los depósitos de los
objetos sagrados.

²¹Los descendientes de Guersón por parte de Ladán tenían a los jehielitas como jefes de las familias de Ladán el guersonita. ²²Zetán y su hermano Joel, hijos de Jehiel, quedaron a cargo de los tesoros del Templo del SEÑOR.

²³ De los amiranitas, izaritas, hebronitas y uzielitas:

²⁴ Sebuel, que era descendiente de Guersón, hijo de Moisés, era el oficial mayor a cargo del tesoro. ²⁵Sus descendientes en línea directa por parte de Eliezer eran Rejabías, Isaías, Jorán, Zicrí y Selomit.
²⁶ Selomit y sus hermanos tenían a su cargo los depósitos de todos los objetos sagrados que habían sido obsequiados por el rey David y por los jefes de familia, así como por los comandantes de mil y de cien soldados y por los demás comandantes del ejército. ²⁷Ellos habían dedicado parte del botín de guerra para las reparaciones del Templo del SEÑOR. ²⁸Selomit y sus hermanos tenían bajo su cuidado todo lo que había sido obsequiado por el vidente Samuel, por Saúl, hijo de Quis, por Abner, hijo de Ner, y Joab, hijo de Sarvia.
²⁹ De los izaritas:
Quenanías y sus hijos estaban a cargo de los asuntos exteriores de Israel y ejercían las funciones de oficiales y jueces.
³⁰ De los hebronitas:
Jasabías y sus parientes, que descendían de Hebrón, eran mil setecientos hombres valientes. Ellos eran los que al sudoeste del Jordán administraban a Israel en todo lo referente al SEÑOR y al rey. ³¹El jefe de los hebronitas era Jerías.
En el año cuarenta del reinado de David se investigó el registro genealógico de los descendientes de Hebrón, y se encontró que en Jazer de Galaad había entre ellos hombres valientes. ³²Jerías tenía dos mil setecientos parientes, hombres valientes y jefes de familias, y el rey David les asignó la administración de las tribus de Rubén y Gad y de la media tribu de Manasés, en todos los asuntos relacionados con Dios y con el rey.

Divisiones del ejército

27 La siguiente lista corresponde a los jefes patriarcales, a los comandantes de mil y de cien soldados y a los oficiales de las divisiones militares de Israel. Cada división constaba de veinticuatro mil hombres y se turnaban cada mes, durante todo el año, para prestar servicio al rey.

² Al frente de la primera división de veinticuatro mil hombres, la cual prestaba su servicio en el primer mes, estaba Yasobeán, hijo de Zabdiel, ³descendiente de Fares. Él era el jefe de todos los oficiales del ejército que hacían su turno en el primer mes.
⁴ Al frente de la segunda división de veinticuatro mil, que prestaba su servicio en el segundo mes, estaba Doday el ajoíta. El oficial a cargo de esa división era Miclot.
⁵ La tercera división de veinticuatro mil, asignada para el tercer mes, tenía como comandante a Benaías, hijo del sumo sacerdote Joyadá. ⁶Este Benaías fue uno de los treinta valientes y el jefe de ellos. En esa división estaba su hijo Amisabad.

⁷ La cuarta división de veinticuatro mil, asignada para el cuarto mes, tenía como jefe a Asael, hermano de Joab. Su sucesor fue su hijo Zebadías.
⁸ La quinta división de veinticuatro mil, asignada para el quinto mes, tenía como comandante a Samut el izraíta.
⁹ La sexta división de veinticuatro mil, asignada para el sexto mes, tenía como jefe a Irá, hijo de Iqués el tecoíta.
¹⁰ La séptima división de veinticuatro mil, asignada para el séptimo mes, tenía como jefe a Heles el pelonita, de los descendientes de Efraín.
¹¹ La octava división de veinticuatro mil, asignada para el octavo mes, tenía como jefe a Sibecay, de Jusá, descendiente de los zeraítas.
¹² La novena división de veinticuatro mil, asignada para el noveno mes, tenía como jefe a Abiezer, de Anatot, descendiente de Benjamín.
¹³ La décima división de veinticuatro mil, asignada para el décimo mes, tenía como jefe a Maray, de Netofa, descendiente de los zeraítas.
¹⁴ La undécima división de veinticuatro mil, asignada para el undécimo mes, tenía como jefe a Benaías, de Piratón, descendiente de Efraín.
¹⁵ La duodécima división de veinticuatro mil, asignada para el duodécimo mes, tenía como jefe a Jelday, de Netofa, descendiente de Otoniel.

Jefes de las tribus

¹⁶ Los siguientes fueron los jefes de las tribus de Israel:

de Rubén: Eliezer, hijo de Zicrí;
de Simeón: Sefatías, hijo de Macá;
¹⁷ de Leví: Jasabías, hijo de Quemuel;
de Aarón: Sadoc;
¹⁸ de Judá: Eliú, hermano de David;
de Isacar: Omrí, hijo de Micael;
¹⁹ de Zabulón: Ismaías, hijo de Abdías;
de Neftalí: Jerimot, hijo de Azriel;
²⁰ de Efraín: Oseas, hijo de Azazías;
de la media tribu de Manasés: Joel, hijo de Pedaías;
²¹ de la otra media tribu de Manasés que estaba en Galaad: Idó, hijo de Zacarías;
de Benjamín: Jasiel, hijo de Abner;
²² de Dan: Azarel, hijo de Jeroán.

Estos eran los líderes de las tribus de Israel.

²³David no censó a los hombres que tenían menos de veinte años porque el SEÑOR había prometido que haría a Israel tan numeroso como las estrellas del cielo. ²⁴Joab, hijo de Sarvia, comenzó a hacer el censo, pero no lo terminó porque eso desató la ira de Dios sobre Israel. Por eso no quedó registrado el número en las crónicas del rey David.

Superintendentes del rey

²⁵ El encargado de los tesoros del rey era Azmávet, hijo de Adiel.
El encargado de los tesoros en los campos, ciudades, aldeas y fortalezas era Jonatán, hijo de Uzías.
²⁶ Ezrí, hijo de Quelub, estaba al frente de los agricultores.
²⁷ Simí, de Ramat, estaba a cargo de los viñedos.
Zabdí, de Sefán, era el encargado de almacenar el vino en las bodegas.

²⁸ Baal Janán, de Géder, estaba a cargo de los olivares y de los bosques de higueras de la llanura.

Joás tenía a su cargo los depósitos de aceite.

²⁹ Sitray, de Sarón, estaba a cargo del ganado que pastaba en Sarón.

Safat, hijo de Adlay, estaba a cargo del ganado de los valles.

³⁰ Obil, el ismaelita, era el encargado de los camellos.

Jehedías, de Meronot, era el encargado de las burras.

³¹ Jaziz, el agareno, era el encargado de las ovejas.

Todos estos eran los oficiales a cargo de los bienes del rey.

³² Jonatán, tío de David, escriba inteligente, era consejero del rey.

Jehiel, hijo de Jacmoní, cuidaba a los príncipes.

³³ Ajitofel era otro consejero del rey.

Husay, el arquita, era hombre de confianza del rey.

³⁴ A Ajitofel lo sucedieron Joyadá, hijo de Benaías, y Abiatar.

Joab era el comandante del ejército real.

Instrucciones para la construcción del templo

28 David reunió en Jerusalén a todos los oficiales de Israel; es decir, a los oficiales de las tribus, a los comandantes de las divisiones que por turno servían al rey, a los comandantes de mil y de cien soldados, a los oficiales a cargo de los bienes y el ganado del rey y sus hijos, a los oficiales del palacio, a los guerreros y a todos los valientes.

²Puesto de pie, el rey David dijo: «Hermanos de mi pueblo, escúchenme. Yo tenía en mi corazón construir un templo para que en él reposara el arca del ˚pacto del SEÑOR nuestro Dios y sirviera como estrado de sus pies. Ya tenía todo listo para construirlo ³cuando Dios me dijo: "Tú no construirás un templo en honor de mi Nombre, porque eres hombre de guerra y has derramado sangre".

⁴»Sin embargo, el SEÑOR, Dios de Israel, me escogió de entre mi familia para ponerme por rey de Israel para siempre. En efecto, él escogió a Judá como la tribu gobernante; de esta tribu escogió a mi familia y, de entre mis hermanos, me escogió a mí, para ponerme por rey de Israel. ⁵De entre los muchos hijos que el SEÑOR me ha dado, escogió a mi hijo Salomón para que se sentara en el trono real del SEÑOR y gobernara a Israel. ⁶Dios me dijo: "Será tu hijo Salomón el que construya mi templo y mis atrios, pues lo he escogido como hijo y seré su padre. ⁷Y si persevera en cumplir mis mandamientos y leyes, como lo hace hoy, entonces afirmaré su reino para siempre".

⁸»En presencia de Dios que nos escucha, y de todo Israel, que es la congregación del SEÑOR, hoy les encarezco que obedezcan cumplidamente todos los mandamientos del SEÑOR su Dios. Así poseerán esta buena tierra y se la dejarán en herencia perpetua a sus hijos.

⁹»Y tú, Salomón, hijo mío, reconoce al Dios de tu padre y sírvele de todo ˚corazón y con buena disposición, pues el SEÑOR escudriña todo corazón y discierne todo pensamiento. Si lo buscas, te permitirá que lo encuentres; si lo abandonas, te rechazará

para siempre. ¹⁰Ten presente que el SEÑOR te ha escogido para que le edifiques un templo como santuario suyo. Así que ¡anímate y pon manos a la obra!».

¹¹Luego David entregó a Salomón el diseño de la entrada del templo, de sus edificios, de los almacenes, de las habitaciones superiores, de los cuartos interiores y del lugar donde está el arca con su tapa. ¹²También le entregó el diseño de todo lo que el Espíritu había puesto en su mente sobre los atrios del templo del SEÑOR, para los cuartos de alrededor, para los tesoros del templo de Dios y para los depósitos de las ofrendas sagradas. ¹³Así mismo, le dio instrucciones en cuanto a la labor de los sacerdotes y levitas, de todos los servicios del templo del SEÑOR y de todos los utensilios sagrados que se usarían en el servicio del templo. ¹⁴Además, le entregó abundante oro y plata para todos los utensilios de oro y plata que se debían usar en cada uno de los servicios en el templo. ¹⁵También pesó el oro y la plata para cada uno de los candelabros y sus lámparas, tanto los de oro como los de plata, según el uso de cada candelabro. ¹⁶De igual manera, pesó el oro y la plata para cada una de las mesas del pan consagrado, tanto las de oro como las de plata. ¹⁷Le hizo entrega del oro puro para los tenedores, los tazones y las jarras. Le pesó oro y plata suficiente para cada una de las copas de oro y de plata. ¹⁸Para el altar del incienso entregó una cantidad suficiente de oro refinado. También dio el diseño de la carroza y de los ˚querubines que cubren con sus alas extendidas el arca del pacto del SEÑOR.

¹⁹«Todo esto —dijo David— ha sido escrito por revelación del SEÑOR, para darme a conocer el diseño de las obras».

²⁰Además, David dijo a su hijo Salomón: «¡Sé fuerte y valiente, y pon manos a la obra! No tengas miedo ni te desanimes, porque Dios el SEÑOR, mi Dios, estará contigo. No te dejará ni te abandonará hasta que hayas terminado toda la obra del templo del SEÑOR. ²¹Aquí tienes la organización de los sacerdotes y de los levitas para el servicio del templo de Dios. Además, contarás con la ayuda voluntaria de expertos en toda clase de trabajos. Los oficiales y todo el pueblo estarán a tu disposición».

Ofrendas para el templo

29 El rey David dijo a toda la asamblea: «Dios ha escogido a mi hijo Salomón, pero para una obra de esta magnitud todavía le falta experiencia. El templo no es para un ˚hombre, sino para Dios el SEÑOR. ²Con mucho esfuerzo he hecho los preparativos para el templo de Dios. He conseguido oro para los objetos de oro, plata para los de plata, bronce para los de bronce, hierro para los de hierro, madera para los de madera; y piedras de ónice para engastar, piedras de turquesa,ᵃ piedras para mosaicos, piedras preciosas de toda clase y mármol en abundancia. ³Además, aparte de lo que ya he conseguido, por amor al templo de mi Dios entrego para su templo todo el oro y la plata que poseo: ⁴tres mil talentosᵇ de oro de Ofir y siete mil talentosᶜ de plata refinada, para recubrir las paredes de los edificios, ⁵para todos los objetos de oro y de plata, y para toda clase de trabajo que hagan los orfebres. ¿Quién de ustedes quiere hoy dar una ofrenda al SEÑOR?».

⁶Entonces los líderes de familia, los oficiales de las tribus de Israel, los comandantes de mil y de cien soldados, y los oficiales encargados de las obras del rey hicieron sus ofrendas voluntarias. ⁷Donaron para las obras del templo de Dios cinco mil talentos y diez mil dáricosᵉ de oro, diez mil talentosᶠ de plata, y dieciocho mil talentosᵍ de bronce y cien mil talentosʰ de hierro. ⁸Los que tenían piedras preciosas las entregaron a Jehiel el guersonita para el tesoro del templo

---

ᵃ 2 El significado hebreo de esta palabra es incierto.   ᵇ 4 Es decir, aprox. 102 t.   ᶜ 4 Es decir, aprox. 238 t.   ᵈ 7 Es decir, aprox. 170 t.   ᵉ 7 Es decir, aprox. 84 kg.   ᶠ 7 Es decir, aprox. 340 t.   ᵍ 7 Es decir, aprox. 612 t.   ʰ 7 Es decir, aprox. 3,400 t.

del Señor. ⁹El pueblo estaba muy contento de poder dar voluntariamente*a* sus ofrendas al Señor; también el rey David se sentía muy feliz.

Oración de David

¹⁰Entonces David bendijo así al Señor en presencia de toda la asamblea:

«¡Bendito seas, Señor,
  Dios de nuestro padre Israel,
  desde siempre y para siempre!
¹¹Tuyos son, Señor, la grandeza y el poder,
  la gloria, la ˚victoria y la majestad.
  Tuyo es todo cuanto hay en el cielo y en la
    tierra.
  Tuyo también es el reino
  y estás por encima de todo.
¹²De ti proceden la riqueza y el honor;
  tú lo gobiernas todo.
  En tus manos están la fuerza y el poder;
  y eres tú quien engrandece y fortalece a todos.
¹³Por eso, Dios nuestro, te damos gracias
  y a tu glorioso ˚nombre tributamos alabanzas.

¹⁴»Pero ¿quién soy yo y quién es mi pueblo, para que podamos darte estas ofrendas voluntarias? En verdad, tú eres el dueño de todo y lo que te hemos dado, de ti lo hemos recibido. ¹⁵Ante ti, somos extranjeros que están de paso, como lo fueron nuestros antepasados. Nuestros días sobre la tierra son solo una sombra sin esperanza. ¹⁶Señor y Dios nuestro, de ti procede todo cuanto hemos conseguido para construir un templo a tu ˚santo Nombre. ¡Todo es tuyo! ¹⁷Yo sé, mi Dios, que tú pruebas los corazones y amas la rectitud. Por eso, con honestidad*b* te he ofrecido voluntariamente todas estas cosas y he visto con júbilo que tu pueblo, aquí presente, te ha traído sus ofrendas. ¹⁸Señor, Dios de nuestros antepasados Abraham, Isaac e Israel, conserva por siempre estos pensamientos en el ˚corazón de tu pueblo y dirige su pensamiento hacia ti. ¹⁹Dale también a mi hijo Salomón un corazón sincero, para que obedezca y ponga en práctica tus mandamientos, estatutos y mandatos. Permítele construir el templo para el cual he hecho esta provisión».

²⁰Luego David animó a toda la asamblea: «¡Alaben al Señor su Dios!». Entonces toda la asamblea alabó al Señor, Dios de sus antepasados, y se postró ante el Señor y ante el rey.

Coronación de Salomón
29:21-25 – 1R 1:28-53

²¹Al día siguiente, ofrecieron sacrificios y ˚holocaustos al Señor por todo Israel: mil novillos, mil carneros y mil corderos, con sus respectivas ofrendas líquidas, y numerosos sacrificios. ²²Ese día comieron y bebieron con gran regocijo en presencia del Señor.

Luego, por segunda vez, proclamaron como rey a Salomón, hijo de David, y lo consagraron ante el Señor como soberano y a Sadoc lo ungieron como sacerdote. ²³Y Salomón se sentó en el trono del Señor como rey en lugar de su padre David y tuvo éxito. Todo Israel le obedeció. ²⁴Todos los oficiales, los guerreros y los hijos del rey David rindieron pleitesía al rey Salomón.

²⁵El Señor engrandeció en extremo a Salomón ante todo Israel y le otorgó un reinado glorioso, como jamás lo tuvo ninguno de los reyes de Israel.

Muerte de David
29:26-28 – 1R 2:10-12

²⁶David, hijo de Isaí, reinó sobre todo Israel. ²⁷Había reinado siete años en Hebrón y treinta y tres en Jerusalén, así que en total reinó en Israel cuarenta años. ²⁸Y murió muy anciano y entrado en años, en medio de grandes honores y riquezas, y su hijo Salomón lo sucedió en el trono.

²⁹Todos los hechos del rey David, desde el primero hasta el último, están escritos en las crónicas del vidente Samuel, del profeta Natán y del vidente Gad. ³⁰Allí también se registra lo que tiene que ver con su reinado y su poder; también lo que les sucedió a él, a Israel y a los pueblos vecinos.

---

a 9 *voluntariamente.* Lit. *con corazón perfecto.*
b 17 *honestidad.* Lit. *con rectitud de corazón.* En la Biblia, *corazón* se usa para designar el asiento de las emociones, pensamientos y voluntad, es decir, el proceso de toma de decisiones del ser humano.

Salomón pide sabiduría

1:2-13 – 1R 3:4-15
1:14-17 – 1R 10:26-29; 2Cr 9:25-28

1 Salomón, hijo de David, consolidó su reino, pues el SEÑOR su Dios estaba con él y lo hizo muy poderoso. ²Salomón habló con todos los israelitas, es decir, con los comandantes de mil y de cien soldados, con los jueces y con todos los jefes de las familias patriarcales de Israel. ³Luego él y toda la asamblea que lo acompañaba se dirigieron al santuario de Gabaón, porque allí se encontraba la ʻTienda de reunión de Dios que Moisés, siervo del SEÑOR, había hecho en el desierto. ⁴El arca de Dios se encontraba en Jerusalén, en la tienda que David le había preparado cuando la trasladó desde Quiriat Yearín, ⁵pero el altar de bronce que había hecho Bezalel, hijo de Uri y nieto de Hur, estaba en Gabaón, frente al santuario del SEÑOR. Por eso Salomón y los israelitas fueron a ese lugar para consultar al SEÑOR. ⁶Allí, en presencia del SEÑOR, Salomón subió al altar de bronce que estaba en la Tienda de reunión y en él ofreció mil ʻholocaustos. ⁷Aquella noche Dios se apareció y le dijo:

—Pídeme lo que quieras.

⁸Salomón respondió:

—Tú trataste con mucho amor a mi padre David y a mí me has permitido reinar en su lugar. ⁹SEÑOR y Dios, cumple ahora la promesa que hiciste a mi padre David, pues tú me has hecho rey de un pueblo tan numeroso como el polvo de la tierra. ¹⁰Yo te pido sabiduría y conocimiento para gobernar a tu pueblo; de lo contrario, ¿quién podrá gobernar a este gran pueblo tuyo?

¹¹Entonces Dios dijo a Salomón:

—Ya que has pedido sabiduría y conocimiento para gobernar a mi pueblo, sobre el cual te he hecho rey, y no has pedido riquezas ni bienes ni esplendor, ni siquiera la muerte de tus enemigos o una vida muy larga; ¹²por tanto, sabiduría y conocimiento te daré. Pero además voy a darte riquezas, bienes y esplendor, como nunca los tuvieron los reyes que te precedieron ni los tendrán los que habrán de sucederte.

¹³Después de esto, Salomón bajó de la Tienda de reunión, que estaba en el santuario de Gabaón, y regresó a Jerusalén, desde donde reinó sobre Israel.

¹⁴Salomón acumuló carros y caballos; llegó a tener mil cuatrocientos carros y doce mil caballos, los cuales mantenía en las caballerizas y también en su palacio en Jerusalén. ¹⁵El rey hizo que la plata y el oro fueran tan comunes como las piedras, y el cedro tan abundante como las higueras de la llanura. ¹⁶Los caballos de Salomón eran importados de Egipto y de Coa, que era donde los mercaderes de la corte los compraban. ¹⁷Un carro importado de Egipto costaba seiscientos siclos de plata;ᵃ un caballo, ciento cincuenta.ᵇ Además, estos carros y caballos se los vendían a todos los reyes hititas y arameos.

Preparativos para la construcción del templo

2:1-18 – 1R 5:1-16

2 Salomón decidió construir un templo en honor al nombre del SEÑOR y un palacio real para él mismo. ²Con este fin reclutó a setenta mil cargadores y ochenta mil canteros, para que trabajaran en la montaña. Al frente de ellos puso a tres mil seiscientos capataces.

³Luego Salomón envió este mensaje a Hiram, rey de Tiro:

«Envíame madera de cedro, tal como lo hiciste con mi padre David cuando se la enviaste para que se construyera un palacio. ⁴Voy a construir un templo en honor al nombre del SEÑOR mi Dios. Lo consagraré a él para quemar incienso aromático en su presencia, colocar siempre el pan consagrado y ofrecer allí los ʻholocaustos de la mañana y de la tarde, los sacrificios de los ʻsábados y de luna nueva, así como los de las otras fiestas del SEÑOR nuestro Dios. Esto se hará en Israel siempre.

⁵»Voy a edificar un templo majestuoso, pues nuestro Dios es el más grande de todos los dioses. ⁶Pero ¿cómo edificarle un templo, si ni los cielos más altos pueden contenerlo? ¿Y quién soy yo para construirle un templo, aunque solo sea para quemar incienso delante de él?

⁷»Envíame un experto para trabajar el oro y la plata, el bronce y el hierro, la lana de color carmesí, escarlata y azul, y que sepa hacer grabados, para que trabaje junto con los expertos que yo tengo en Judá y en Jerusalén, los cuales contrató mi padre David.

⁸»Envíame también del Líbano madera de cedro, de ciprés y de sándalo, pues yo sé que tus obreros son expertos en cortar estos árboles. Mis obreros trabajarán con los tuyos ⁹para prepararme mucha madera, porque el templo que voy a edificar será grande y maravilloso. ¹⁰A tus siervos que corten la madera les daré veinte mil corosᶜ de trigo, veinte mil corosᵈ de cebada, veinte mil batosᵉ de vino, y veinte mil batos de aceite».

¹¹En respuesta, Hiram, rey de Tiro, envió a Salomón la siguiente carta:

«El SEÑOR te ha hecho rey de su pueblo porque te ama. ¹²¡Alabado sea el SEÑOR, Dios de Israel, que hizo el cielo y la tierra, porque ha dado al rey David un hijo sabio, dotado de sabiduría e inteligencia, el cual construirá un templo para el SEÑOR y un palacio real para él mismo!

¹³»Te envío, pues, a Hiram Abí, hombre sabio e inteligente, ¹⁴hijo de una mujer oriunda de Dan y de un nativo de Tiro. Sabe trabajar el oro y la plata, el bronce y el hierro, la piedra y la madera, la lana color carmesí y azul, la tela de lino y la lana de color escarlata; también es experto en

---

a 17 Es decir, aprox. 7 kg.   *b* 17 Es decir, aprox. 1.7 kg.
c 10 Es decir, aprox. 3,200 t.   *d* 10 Es decir, aprox. 3,200 t.
e 10 Es decir, aprox. 440 000 l.

hacer toda clase de figuras y en realizar cualquier diseño que se le encargue. Hiram trabajará junto con tus expertos y con los de David, tu padre y mi señor.

¹⁵»Envíanos ahora el trigo, la cebada, el aceite y el vino que tan bondadosamente me has prometido. ¹⁶Nosotros cortaremos del Líbano la madera que necesites y te la llevaremos por mar hasta Jope, en forma de balsas. De allí tú la llevarás a Jerusalén».

¹⁷Salomón hizo un censo de todos los extranjeros que vivían en Israel. Este censo, que fue posterior al que había hecho su padre David, arrojó la cifra de ciento cincuenta y tres mil seiscientos. ¹⁸A setenta mil de ellos los puso como cargadores; a ochenta mil, como canteros en las montañas; y a tres mil seiscientos, como capataces para dirigir a los trabajadores.

Construcción del templo
3:1-14 – 1R 6:1-29

3 Salomón comenzó a construir el templo del SEÑOR en el monte Moria, en Jerusalén, donde el SEÑOR había aparecido a su padre David. Lo construyó en el lugar que David había destinado, esto es, en el lugar donde Arauna[a] el jebuseo limpiaba el trigo. ²La construcción la comenzó el día dos del mes segundo del cuarto año de su reinado.

³Salomón determinó que los cimientos del templo de Dios fueran de sesenta codos de largo por veinte codos de ancho, usando la medida antigua.[b] ⁴El vestíbulo de la nave medía lo mismo que el ancho del templo; es decir, también medía veinte codos de largo y veinte codos de alto.[c]

Por dentro, Salomón lo recubrió de oro puro. ⁵Cubrió la nave central con paneles de madera de ciprés y la recubrió con oro fino, sobre los cuales colocó figuras de palmeras y cadenas. ⁶El templo lo adornó con piedras preciosas y con oro de Parvayin. ⁷En el interior del templo recubrió de oro las vigas, los umbrales, las paredes y las puertas, y en las paredes esculpió ˚querubines.

⁸Salomón hizo también el Lugar Santísimo, el cual medía lo mismo que el ancho del templo; es decir, veinte codos de largo y de ancho. Lo recubrió por dentro con seiscientos talentos[d] de oro fino. ⁹Cada clavo de oro pesaba cincuenta siclos.[e] También recubrió de oro las habitaciones superiores.

¹⁰En el Lugar Santísimo mandó tallar dos querubines y los recubrió de oro. ¹¹Las alas de los querubines medían veinte codos de largo. Cada una de las alas del primer querubín medía cinco codos;[f] una de ellas tocaba la pared interior de la habitación y la otra rozaba el ala del segundo querubín. ¹²Cada una de las alas del segundo querubín también medía cinco codos de largo; una de ellas tocaba la pared interior de la habitación y la otra rozaba el ala del primer querubín. ¹³Los querubines estaban de pie, con el rostro hacia la nave, y sus alas extendidas medían en total veinte codos.

¹⁴La cortina la hizo de lana color azul, carmesí, escarlata y tela de lino, y sobre ella mandó bordar querubines.

¹⁵En la fachada del templo levantó dos columnas de treinta y cinco codos[g] de largo, y el capitel que coronaba cada columna medía cinco codos de alto. ¹⁶Además, mandó hacer unas cadenas trenzadas[h] y las colocó en lo alto de las columnas; hizo también cien granadas y las intercaló entre las cadenas. ¹⁷Levantó las columnas en la fachada del templo, una en el lado sur y otra en el lado norte. A la primera la nombró Jaquín[i] y a la segunda, Boaz.[j]

Mobiliario del templo
4:2-6, 10–5:1 – 1R 7:23-26, 38-51

4 Él mandó a hacer un altar de bronce que medía veinte codos de largo por veinte de ancho y diez de alto.[k] ²Hizo también una fuente[l] circular de metal fundido que medía diez codos de diámetro y cinco codos[m] de alto. Su circunferencia, medida a cordel, era de treinta codos.[n] ³Debajo del borde hizo dos hileras de figuras de bueyes, diez por cada codo,[o] las cuales estaban fundidas en una sola pieza con la fuente.

⁴La fuente descansaba sobre doce bueyes que tenían sus cuartos traseros hacia adentro. Tres bueyes miraban al norte, tres al oeste, tres al sur y tres al este. ⁵El grosor de la fuente era de un palmo[p] y su borde, en forma de copa, se asemejaba a un capullo de azucena. Tenía una capacidad de tres mil batos.[q]

⁶También mandó a hacer diez recipientes para lavado; puso cinco en el lado sur y cinco en el lado norte. En ellos se lavaba todo el material de los ˚holocaustos, mientras que en la fuente se lavaban los sacerdotes.

⁷Hizo además diez candelabros de oro, según el modelo ordenado, y los colocó en el templo, cinco en el lado sur y cinco en el lado norte.

⁸Hizo, además, diez mesas y las colocó en el templo, cinco en el lado sur y cinco en el lado norte. También hizo cien tazones de oro.

⁹Edificó el atrio de los sacerdotes y el atrio mayor con sus puertas, las cuales recubrió de bronce. ¹⁰La fuente de metal la colocó en la esquina del lado derecho, que da al sureste.

¹¹También hizo las ollas, las tenazas y los tazones.

Así Hiram terminó todo el trabajo que había emprendido para el rey Salomón en el templo de Dios, es decir:

¹² las dos columnas;
los dos capiteles en forma de tazón que coronaban las columnas;
las dos redes que decoraban los capiteles;
¹³ para cubrir las fuentes que estaban en lo alto de las columnas, las cuatrocientas granadas, dispuestas en dos hileras para cada red;
¹⁴ las bases con sus recipientes;
¹⁵ la fuente de metal y los doce bueyes que la sostenían;
¹⁶ las ollas, las tenazas y los tazones.

Todos los utensilios que Hiram Abí hizo para el templo del SEÑOR por orden del rey Salomón eran de bronce pulido. ¹⁷El rey los hizo fundir en moldes de arcilla en la llanura del Jordán, entre Sucot y Saretán.[r] ¹⁸Eran tantos los utensilios que hizo Salomón que no fue posible determinar el peso del bronce.

¹⁹Salomón también mandó hacer los otros utensilios que estaban en el templo de Dios, es decir:

el altar de oro;
las mesas sobre las cuales se ponía el ˚pan de la Presencia;

---

a 1 *Arauna.* Lit. *Ornán* (variante de este nombre).   *b* 3 Es decir, aprox. 27 m de largo por 9 m de ancho.   *c* 4 Es decir, aprox. 9 m de largo y alto; también en vv. 8, 11 y 13.   *d* 8 Es decir, aprox. 20 t.   *e* 9 Es decir, aprox. 575 g.   *f* 11 Es decir, aprox. 2.3 m.   *g* 15 Es decir, aprox. 16 m.   *h* 16 *trenzadas.* Alt. *asociadas con el santuario.*   *i* 17 *Jaquín* probablemente significa *él es firme.*   *j* 17 *Boaz* probablemente significa *él es fuerte.*   *k* 1 Es decir, aprox. 9 m de largo y ancho por 4.5 m de alto.   *l* 2 *una fuente.* Lit. *el mar*; así en el resto de este pasaje.   *m* 2 Es decir, aprox. 2.3 m.   *n* 2 Es decir, aprox. 14 m.   *o* 3 Es decir, aprox. 45 cm.   *p* 5 Es decir, aprox. 7.5 cm.   *q* 5 Es decir, aprox. 66 000 l.   *r* 17 *Saretán* (véanse 1R 7:46 y Vetus Latina); *Seredata* (TM).

²⁰los candelabros de oro puro con sus respectivas lámparas, para encenderlas en frente del santuario interior, tal como está ordenado; ²¹la obra floral, las lámparas y los cortapabilos, que también eran de oro puro; ²²los cortapabilos, los tazones, la vajilla y los incensarios; y la entrada del templo, es decir, las puertas interiores del Lugar Santísimo y las puertas de la nave central del templo, las cuales eran de oro puro.

5 Una vez terminada toda la obra que había mandado hacer para el templo del SEÑOR, Salomón hizo traer el oro, la plata y todos los utensilios que su padre David había consagrado y los depositó en el tesoro del templo de Dios.

El arca del pacto
5:2–6:11 – 1R 8:1-21

²Entonces Salomón mandó que los jefes de Israel, todos los jefes de las tribus y los patriarcas de las familias israelitas se congregaran en Jerusalén para trasladar el arca del ˚pacto del SEÑOR desde ˚Sión, la Ciudad de David. ³Así que, durante la fiesta del mes séptimo, todos los israelitas se congregaron ante el rey.

⁴Cuando llegaron todos los jefes de Israel, los levitas alzaron el arca. ⁵Entonces los sacerdotes levitas trasladaron el arca junto con la ˚Tienda de reunión y con todos los utensilios sagrados que había en ella. ⁶El rey Salomón y toda la asamblea de Israel reunida delante del arca sacrificaron ovejas y bueyes en tal cantidad que fue imposible llevar la cuenta.

⁷Luego los sacerdotes llevaron el arca del pacto del SEÑOR a su lugar en el santuario interior del templo, que es el Lugar Santísimo, y la pusieron bajo las alas de los ˚querubines. ⁸Con sus alas extendidas sobre ese lugar, los querubines cubrían el arca y sus varas. ⁹Las varas eran tan largas que sus extremos se podían ver desde el arca delante del Lugar Santísimo, aunque no desde afuera; y ahí han permanecido hasta hoy. ¹⁰En el arca solo estaban las dos tablas que Moisés había colocado en ella en Horeb, donde el SEÑOR hizo un pacto con los israelitas cuando salieron de Egipto.

¹¹Los sacerdotes se retiraron del Lugar Santo. Todos los sacerdotes allí presentes, sin distinción de clases, se habían consagrado. ¹²Todos los levitas cantores —es decir, Asaf, Hemán, Jedutún, sus hijos y sus parientes—, estaban de pie en el lado este del altar, vestidos de lino fino y con címbalos, liras y arpas. Junto a ellos estaban ciento veinte sacerdotes que tocaban la trompeta.

¹³Los trompetistas y los cantores alababan y daban gracias al SEÑOR al son de trompetas, címbalos y otros instrumentos musicales. Y, cuando tocaron y cantaron al unísono:

«Él es bueno;
su gran amor perdura para siempre»,

una nube cubrió el Templo del SEÑOR. ¹⁴Por causa de la nube, los sacerdotes no pudieron celebrar el culto, pues la gloria del SEÑOR había llenado el Templo.

6 Entonces Salomón declaró:
«SEÑOR, tú has dicho que habitarías en la densa oscuridad de una nube, ²pero yo te he construido un excelso templo, un lugar donde habites para siempre».

³Luego se puso de frente para bendecir a toda la asamblea de Israel que estaba allí de pie ⁴y dijo:

«Bendito sea el SEÑOR, Dios de Israel, que con su mano ha cumplido ahora lo que con su boca había prometido a mi padre David cuando le dijo: ⁵"Desde el día en que saqué de la tierra de Egipto a mi pueblo, no elegí a ninguna ciudad de las tribus de Israel para que en ella se me construyera un templo donde yo pusiera mi Nombre, ni elegí a nadie para que gobernara a mi pueblo Israel. ⁶Más bien, elegí a Jerusalén para poner allí mi Nombre y a David para que gobernara a mi pueblo Israel".

⁷»Pues bien, mi padre David tuvo mucho interés en construir un templo en honor al nombre del SEÑOR, Dios de Israel, ⁸pero el SEÑOR le dijo: "Me agrada que te hayas interesado en construir un templo en honor de mi Nombre. ⁹Sin embargo, no serás tú quien me lo construya, sino un hijo de tus entrañas; él será quien construya el templo en honor de mi Nombre".

¹⁰»Ahora el SEÑOR ha cumplido su promesa: Tal como lo prometió, he sucedido a mi padre David en el trono de Israel y he construido el Templo en honor al nombre del SEÑOR, Dios de Israel. ¹¹Allí he colocado el arca, en la cual está el pacto que el SEÑOR hizo con los israelitas».

Oración de Salomón
6:12-40 – 1R 8:22-53
6:41-42 – Sal 132:8-10

¹²A continuación, Salomón se puso frente al altar del SEÑOR y, en presencia de toda la asamblea de Israel, extendió las manos. ¹³Había mandado a construir y colocar en medio del atrio una plataforma de bronce cuadrada, que medía cinco codos*ᵃ* por lado y tres codos*ᵇ* de alto. Allí, sobre la plataforma, se arrodilló y, extendiendo las manos al cielo, ¹⁴dijo:

«SEÑOR, Dios de Israel, no hay Dios como tú en el cielo ni en la tierra, pues tú cumples tu ˚pacto de amor con quienes te sirven y te siguen de todo ˚corazón. ¹⁵Has llevado a cabo lo que dijiste a tu siervo David, mi padre, y este día has cumplido con tu mano lo que con tu boca prometiste.

¹⁶»Y ahora, SEÑOR, Dios de Israel, cumple también la promesa que hiciste a tu siervo, mi padre David, cuando dijiste: "Si tus hijos observan una buena conducta, viviendo de acuerdo con mi ˚Ley como tú lo has hecho, nunca te faltará un descendiente que ocupe el trono de Israel en mi presencia". ¹⁷SEÑOR, Dios de Israel, ¡confirma ahora la promesa que hiciste a tu siervo David!

¹⁸»Pero ¿será posible que tú, Dios mío, habites en la tierra con la ˚humanidad? Si los cielos, por altos que sean, no pueden contenerte, ¡mucho menos este templo que he construido! ¹⁹Sin embargo, SEÑOR mi Dios, atiende a la oración y a la súplica de este siervo tuyo. Oye el clamor y la oración que elevo ante tu presencia. ²⁰¡Que tus ojos estén abiertos día y noche sobre este templo, el lugar donde decidiste poner tu Nombre, para que oigas la oración que tu siervo eleva hacia ese lugar! ²¹Oye las súplicas de tu siervo y de tu pueblo Israel cuando oren en este lugar. Oye desde el cielo, donde habitas; escucha y perdona.

²²»Si alguien peca contra su prójimo y se le exige venir a este templo para jurar frente a tu altar, ²³óyelo tú desde el cielo y juzga a tus siervos. Condena al culpable y haz que reciba su merecido; absuelve al inocente y vindícalo por su rectitud.

ᵃ 13 Es decir, aprox. 2.3 m.   *ᵇ* 13 Es decir, aprox. 1.4 m.

²⁴»Cuando tu pueblo Israel sea derrotado por el enemigo por haber pecado contra ti, si luego se vuelve a ti para alabar tu *nombre, y ora y te suplica en este templo, ²⁵óyelo tú desde el cielo, perdona su pecado y hazlo regresar a la tierra que les diste a ellos y a sus antepasados.

²⁶»Cuando tu pueblo peque contra ti y tú lo aflijas cerrando el cielo para que no llueva, si luego ellos oran hacia este lugar y alaban tu nombre y se *arrepienten de su pecado, ²⁷óyelos tú desde el cielo y perdona el pecado de tus siervos, de tu pueblo Israel. Guíalos para que sigan el buen *camino y envía la lluvia sobre esta tierra, que es tuya, pues tú se la diste a tu pueblo por herencia.

²⁸»Cuando en el país haya hambre, plaga, peste, langostas o saltamontes en los sembrados; cuando el enemigo sitie alguna de nuestras ciudades; en fin, cuando venga cualquier calamidad o enfermedad, ²⁹si luego algún israelita, consciente de sus penasᵃ y aflicciones, extiende sus manos hacia este templo, ora y te suplica, ³⁰óyelo tú desde el cielo, donde habitas, y perdónalo. Trata a cada uno según su conducta, la cual tú conoces, puesto que solo tú escudriñas el *corazón humano. ³¹Así todos tendrán temor de ti y andarán en tus caminos mientras vivan en la tierra que diste a nuestros antepasados.

³²»Trata de igual manera al extranjero que no pertenece a tu pueblo Israel, pero que atraído por tu gran fama y por tus despliegues de fuerza y poder ha venido de lejanas tierras. Cuando ese extranjero venga a orar orientado hacia este templo, ³³óyelo tú desde el cielo, donde habitas, y concédele cualquier petición que te haga. Así todos los pueblos de la tierra conocerán tu nombre y, al igual que tu pueblo Israel, tendrán temor de ti y comprenderán que este templo que he construido lleva tu Nombre.

³⁴»Cuando saques a tu pueblo para combatir a sus enemigos, sea donde sea, si el pueblo ora a ti y dirige la mirada hacia esta ciudad que has escogido, hacia el Templo que he construido en honor de tu Nombre, ³⁵oye tú desde el cielo su oración, su súplica y defiende su causa.

³⁶»Ya que no hay ser humano que no peque, si tu pueblo peca contra ti y tú te enojas con ellos y los entregas al enemigo para que se los lleven cautivos a otro país, lejano o cercano; ³⁷si en el destierro, en el país de los conquistadores, se arrepienten, se vuelven a ti y oran diciendo: "Somos culpables, hemos pecado, hemos hecho lo malo"; ³⁸si en la tierra de sus captores se vuelven a ti de todo corazón y con toda el *alma, y oran a ti y dirigen la mirada hacia la tierra que diste a sus antepasados, hacia la ciudad que has escogido y hacia el templo que he construido en honor de tu Nombre, ³⁹oye tú su oración y su súplica desde el cielo donde habitas y defiende su causa. Perdona a tu pueblo que ha pecado contra ti.

⁴⁰»Ahora, Dios mío, te ruego que tus ojos se mantengan abiertos y atentos tus oídos a las oraciones que se eleven en este lugar.

⁴¹»Levántate, SEÑOR y Dios; ven a tu lugar de reposo,
tú y tu arca poderosa.
SEÑOR y Dios, ¡que tus sacerdotes se revistan de *salvación!
¡Que tus fieles se regocijen en tu bondad!
⁴²SEÑOR y Dios, no des la espalda aᵇ tu *ungido.
¡Recuerda tu amor fiel hacia David, tu siervo!».

Dedicación del Templo
7:1-10 – 1R 8:62-66

7 Cuando Salomón terminó de orar, descendió fuego del cielo y consumió el *holocausto y los sacrificios, y la gloria del SEÑOR llenó el Templo. ²Tan lleno de su gloria estaba el Templo del SEÑOR que los sacerdotes no podían entrar en él. ³Al ver los israelitas que el fuego descendía y que la gloria del SEÑOR se posaba sobre el Templo, cayeron de rodillas al piso y, postrándose rostro en tierra, alabaron al SEÑOR diciendo:

«Él es bueno;
su gran amor perdura para siempre».

⁴Entonces el rey y todo el pueblo ofrecieron sacrificios en presencia del SEÑOR. ⁵El rey Salomón ofreció veintidós mil bueyes y ciento veinte mil ovejas. Así fue como el rey y todo el pueblo dedicaron el Templo de Dios. ⁶Los sacerdotes estaban de pie en sus puestos. Los levitas tocaban los instrumentos musicales que el rey David había hecho para alabar al SEÑOR y con los cuales cantaba: «Su gran amor perdura para siempre». Los sacerdotes tocaban las trompetas frente a los levitas y todo Israel permanecía de pie.

⁷Salomón también consagró la parte central del atrio, que está frente al Templo del SEÑOR, y allí presentó los holocaustos y la grasa de los sacrificios de *comunión, ya que en el altar de bronce que hizo Salomón no había espacio para los holocaustos, la grasa y las ofrendas de cereales.

⁸En aquella ocasión Salomón y todo Israel celebraron la fiesta durante siete días. Era una asamblea inmensa a la que llegó gente de todas partes, desde Lebó Jamatᶜ hasta el torrente de Egipto. ⁹Al octavo día tuvieron una asamblea solemne, porque habían celebrado la dedicación del altar durante siete días, y la fiesta durante siete días más. ¹⁰El día veintitrés del mes séptimo, Salomón envió al pueblo a sus hogares. Regresaron contentos y llenos de alegría por el bien que el SEÑOR había hecho en favor de David, de Salomón y de su pueblo Israel.

Pacto de Dios con Salomón
7:11-22 – 1R 9:1-9

¹¹Cuando Salomón terminó el Templo del SEÑOR y el palacio real, llevando a feliz término todo lo que se había propuesto hacer en ellos, ¹²el SEÑOR se le apareció una noche y le dijo:

«He escuchado tu oración, y he escogido este lugar como Templo para que me ofrezcan sacrificios. ¹³»Cuando yo cierre los cielos para que no llueva, o le ordene a la langosta que devore la tierra, o envíe plaga sobre mi pueblo, ¹⁴si mi pueblo, que lleva mi *nombre, se humilla y ora, y me busca y abandona su mala conducta, yo lo escucharé desde el cielo, perdonaré su pecado y restauraré su tierra. ¹⁵Mantendré abiertos mis ojos y atentos mis oídos a las oraciones que se eleven en este lugar. ¹⁶Desde ahora y para siempre escojo y consagro este templo para que mi Nombre esté en él para siempre. Mis ojos y mi corazón siempre estarán allí. ¹⁷En cuanto a ti, si me sigues como lo hizo tu padre David, y me obedeces en todo lo que yo te ordene y cumples mis estatutos y leyes, ¹⁸yo afirmaré tu trono real, como pacté con tu padre David cuando le dije: "Nunca te faltará un descendiente en el trono de Israel".

ᵃ 29 *penas.* Lit. *plaga.*   ᵇ 42 *no des la espalda a.* Lit. *no vuelvas el rostro de.*   ᶜ 8 *Lebó Jamat.* Alt. *la entrada de Jamat.*

19»Pero si ustedes me abandonan y desobedecen los estatutos y mandamientos que les he dado, y se apartan de mí para servir y adorar a otros dioses, 20los arrancaré de raíz de la tierra que les he dado y repudiaré este templo que he consagrado en honor de mi Nombre. Entonces los convertiré en el objeto de burla de todos los pueblos. 21Y aunque ahora este templo es imponente, llegará el día en que todo el que pase frente a él quedará asombrado y preguntará: "¿Por qué el SEÑOR ha tratado así a este país y a este templo?". 22Y le responderán: "Porque abandonaron al SEÑOR, Dios de sus antepasados, que los sacó de Egipto, y se echaron en los brazos de otros dioses, a los cuales adoraron y sirvieron. Por eso el SEÑOR ha dejado que les sobrevenga tanto desastre"».

Otras actividades de Salomón
8:1-18 – 1R 9:10-28

8 Veinte años tardó el rey Salomón en construir el Templo del SEÑOR y su propio palacio. 2Después de esto, reconstruyó las ciudades que Hiram le había entregado y las pobló con israelitas. 3Luego marchó contra la ciudad de Jamat de Sobá y la conquistó. 4Reconstruyó Tadmor, en el desierto, y todos los lugares de almacenamiento que había construido en Jamat. 5Reconstruyó como ciudades fortificadas Bet Jorón la de arriba y Bet Jorón la de abajo, y les puso murallas, *puertas y cerrojos. 6Lo mismo hizo con Balat y con todos los lugares de almacenamiento que tenía, con los cuarteles para sus carros de combate y para su caballería, y con todo cuanto quiso construir en Jerusalén, en el Líbano y en todo el territorio bajo su dominio.

7En el país quedaron los descendientes de los pueblos no israelitas, es decir, los hititas, amorreos, ferezeos, heveos y jebuseos. Los israelitas no pudieron *destruir esos pueblos, 8pero Salomón sometió a trabajos forzados a todos los que Israel no había destruido. Así continúan hasta el día de hoy. 9Pero a los israelitas Salomón no los hizo trabajar como esclavos, sino que servían como soldados, comandantes de sus capitanes, comandantes de los carros de combate y de los de caballería. 10El rey Salomón tenía además doscientos cincuenta oficiales en jefe que supervisaban a los obreros.

11A la hija del faraón, Salomón la trasladó de la Ciudad de David al palacio que le había construido, pues dijo: «Mi esposa no debe vivir en el palacio de David, rey de Israel, porque los lugares donde ha estado el arca del SEÑOR son sagrados».

12En el altar del SEÑOR que había construido frente al atrio, Salomón ofrecía *holocaustos al SEÑOR 13los días correspondientes, según lo ordenado por Moisés: los *sábados, las fiestas de luna nueva y las tres fiestas anuales, es decir, la de los Panes sin levadura, la de las Semanas y la de las *Enramadas. 14Conforme a lo dispuesto por su padre David, Salomón asignó turnos a los sacerdotes para prestar su servicio. A los levitas los estableció en sus cargos para entonar las alabanzas y para ayudar a los sacerdotes en los ritos diarios. También fijó turnos a los porteros en cada puerta, porque así lo había ordenado David, hombre de Dios. 15Y se obedecieron todas las órdenes del rey en cuanto a los sacerdotes y levitas, incluso en lo referente a los tesoros.

16Toda la obra de Salomón se llevó a cabo, desde el día en que se echaron los cimientos del templo hasta que se terminó de construirlo. Así el Templo del SEÑOR quedó perfectamente terminado.

17Luego Salomón se dirigió a Ezión Guéber y a Elat, en la costa de Edom. 18Hiram, por medio de sus oficiales, envió a Salomón barcos y marineros expertos. Estos y los oficiales de Salomón navegaron a Ofir y volvieron con cuatrocientos cincuenta talentos[a] de oro, que entregaron al rey Salomón.

La reina de Sabá visita a Salomón
9:1-12 – 1R 10:1-13

9 La reina de Sabá se enteró de la fama de Salomón, así que fue a verlo en Jerusalén para ponerlo a prueba con preguntas difíciles. Llegó con un séquito muy grande. Sus camellos llevaban perfumes, oro en abundancia y piedras preciosas. Al presentarse ante Salomón, le preguntó todo lo que tenía pensado, 2y él respondió a todas sus preguntas. No hubo ningún asunto, por difícil que fuera, que Salomón no pudiera resolver. 3Cuando la reina de Sabá vio la sabiduría de Salomón, el palacio que él había construido, 4los manjares de su mesa, los asientos que ocupaban sus funcionarios, la ropa de los camareros y los coperos, y los *holocaustos que ofrecía en el Templo[b] del SEÑOR, quedó muy impresionada.

5Entonces dijo al rey: «¡Todo lo que escuché en mi país acerca de tus triunfos y de tu sabiduría es cierto! 6No podía creer nada de eso hasta que vine y lo vi con mis propios ojos. En realidad, ¡no me habían contado ni siquiera la mitad de tu extraordinaria sabiduría! Tú superas todo lo que había oído decir. 7¡Dichosos tus súbditos! ¡Dichosos estos servidores tuyos, que constantemente están en tu presencia bebiendo de tu sabiduría! 8¡Y alabado sea el SEÑOR tu Dios, que se ha deleitado en ti y te ha puesto en su trono para que lo representes como rey! En su amor por Israel, tu Dios te ha hecho rey de ellos para que gobiernes con justicia y rectitud, pues él quiere consolidar a su pueblo para siempre».

9Luego la reina le regaló a Salomón ciento veinte talentos[c] de oro, piedras preciosas y gran cantidad de perfumes. Jamás volvió a haber perfumes como los que la reina de Sabá obsequió al rey Salomón.

10Además del oro de Ofir, los oficiales de Hiram y los de Salomón trajeron madera de sándalo y de piedras preciosas. 11Con la madera, el rey construyó escalinatas para el Templo del SEÑOR y para el palacio real. También hizo arpas y liras para los músicos. Nunca se había visto en Judá algo semejante.

12El rey Salomón, por su parte, dio a la reina de Sabá todo lo que a ella se le antojó pedir, lo cual fue más de lo que ella dio al rey. Después de eso, la reina regresó a su país con todos los que la atendían.

El esplendor de Salomón
9:13-28 – 1R 10:14-29; 2Cr 1:14-17

13La cantidad de oro que Salomón recibía anualmente llegaba a seiscientos sesenta y seis talentos,[d] 14sin contar los impuestos que pagaban los mercaderes y comerciantes. También los reyes de Arabia y los gobernadores del país llevaban oro y plata para Salomón.

15El rey Salomón hizo doscientos escudos grandes de oro batido, en cada uno de los cuales se emplearon seiscientos siclos[e] de oro. 16Hizo además trescientos escudos más pequeños, también de oro batido, empleando en cada uno de ellos trescientos siclos[f] de oro. Estos escudos los puso el rey en el palacio llamado «Bosque del Líbano».

17El rey hizo también un gran trono de marfil, recubierto de oro puro. 18El trono tenía seis peldaños, un

---

a 18 Es decir, aprox. 15 t. *b* 3-4 los holocaustos ... Templo. Alt. la escalinata por la cual él subía al Templo. *c* 9 Es decir, aprox. 4 t. *d* 13 Es decir, aprox. 23 t. *e* 15 Es decir, aprox. 7 kg. *f* 16 Es decir, aprox. 3.5 kg.

estrado de oro, brazos a cada lado del asiento, dos leones de pie junto a los brazos ¹⁹y doce leones de pie sobre los seis peldaños, uno en cada extremo. En ningún otro reino se había hecho algo semejante. ²⁰Todas las copas del rey Salomón y toda la vajilla del palacio «Bosque del Líbano» eran de oro puro. Nada estaba hecho de plata, pues en tiempos de Salomón la plata era poco apreciada. ²¹Cada tres años, la flota comercial del rey, que era tripulada por los oficiales de Hiram, regresaba de Tarsis trayendo oro, plata y marfil, monos y mandriles.ᵃ

²²Tanto en riquezas como en sabiduría, el rey Salomón sobrepasó a los demás reyes de la tierra. ²³Todos ellos procuraban visitarlo para oír la sabiduría que Dios le había dado. ²⁴Además, año tras año le llevaban regalos: artículos de plata y de oro, vestidos, armas, perfumes, caballos y mulas.

²⁵Salomón tenía cuatro mil establos para sus caballos y sus carros de combate; también, doce mil caballos que mantenía en las caballerizas y en su palacio en Jerusalén. ²⁶El rey Salomón extendió su dominio sobre todos los reyes, desde el río Éufrates hasta Filistea y la frontera de Egipto. ²⁷Hizo que la plata fuera en Jerusalén tan común y corriente como las piedras, y el cedro tan abundante como las higueras de la llanura. ²⁸Los caballos de Salomón eran importados de Egipto y de todos los otros países.

Muerte de Salomón
9:29-31 – 1R 11:41-43

²⁹Los demás acontecimientos del reinado de Salomón, desde el primero hasta el último, están escritos en las crónicas del profeta Natán, en la profecía de Ahías, el silonita, y en las visiones del vidente Idó acerca de Jeroboán, hijo de Nabat. ³⁰Salomón reinó en Jerusalén cuarenta años sobre todo Israel. ³¹Cuando murió, fue sepultado en la Ciudad de David, su padre, y su hijo Roboán lo sucedió en el trono.

División del reino
10:1-11 – 1R 12:1-24

10 Roboán fue a Siquén porque todos los israelitas se habían reunido allí para proclamarlo rey. ²De esto se enteró Jeroboán, hijo de Nabat, así que volvió de Egipto, que es adonde había huido del rey Salomón. ³Cuando lo mandaron a buscar, él y todo Israel fueron a ver a Roboán y le dijeron:

⁴—Su padre nos impuso un yugo pesado. Alívienos usted ahora del duro trabajo y el pesado yugo que él nos echó encima; así le serviremos a usted.

⁵—Váyanse por ahora —respondió Roboán—, pero vuelvan a verme dentro de tres días.

Cuando el pueblo se fue, ⁶el rey Roboán consultó con los jefes que en vida de su padre Salomón habían estado a su servicio.

—¿Qué me aconsejan ustedes que responda a este pueblo? —preguntó.

⁷Ellos respondieron:

—Si usted trata con bondad a este pueblo, es condescendiente con ellos y les responde con amabilidad, ellos le servirán para siempre.

⁸Pero Roboán rechazó el consejo que le dieron los jefes, y consultó más bien con los jóvenes que se habían criado con él y que estaban a su servicio.

⁹—¿Ustedes qué me aconsejan? —preguntó—. ¿Cómo debo responderle a este pueblo que me dice: "Alívienos el yugo que su padre nos echó encima"?

¹⁰Aquellos jóvenes, que se habían criado con él, contestaron:

—El pueblo le ha dicho a usted: "Su padre nos impuso un yugo pesado; hágalo usted más ligero". Pues bien, respóndales de este modo: "Mi dedo meñique es más grueso que la cintura de mi padre. ¹¹Si

él les impuso un yugo pesado, ¡yo les aumentaré la carga! Y, si él los castigaba a ustedes con una vara, ¡yo lo haré con un látigo!".ᵇ

¹²Al tercer día, en la fecha que el rey Roboán había indicado, Jeroboán regresó con todo el pueblo para presentarse ante él. ¹³Pero el rey Roboán respondió con brusquedad: rechazó el consejo de los jefes ¹⁴y siguió más bien el de los jóvenes. Entonces dijo: «Si mi padre les impusoᶜ un yugo pesado, ¡yo les aumentaré la carga! Si él los castigaba a ustedes con una vara, ¡yo lo haré con un látigo!».

¹⁵Y, como el rey no escuchó al pueblo, las cosas tomaron este rumbo por voluntad de Dios. Así se cumplió la palabra que el SEÑOR había comunicado a Jeroboán, hijo de Nabat, por medio de Ahías el silonita.

¹⁶Cuando se dieron cuenta de que el reyᵈ no iba a hacerles caso, todos los israelitas exclamaron a una:

«¡Pueblo de Israel, todos a sus casas!
¡Y tú, David, ocúpate de los tuyos!
¿Qué parte tenemos con David?
¿Qué herencia tenemos con el hijo de Isaí?».

Así que todos los israelitas se fueron a su casa. ¹⁷Sin embargo, Roboán siguió reinando sobre los israelitas que vivían en las ciudades de Judá.

¹⁸Más tarde, el rey Roboán envió a Adoniránᵉ para que supervisara el trabajo forzado, pero los israelitas lo mataron a pedradas. ¡A duras penas logró el rey subir a su carro y escapar a Jerusalén! ¹⁹Desde entonces Israel ha estado en rebelión contra la dinastía de David.

11 Roboán llegó a Jerusalén y movilizó a las familias de Judá y de Benjamín, ciento ochenta mil guerreros selectos en total, para hacer la guerra contra Israel y así recuperar el reino.

²Pero la palabra del SEÑOR vino a Semaías, hombre de Dios, y le dio este mensaje: ³«Diles a Roboán, hijo de Salomón y rey de Judá, y a todos los israelitas que están en Judá y en Benjamín, ⁴que así dice el SEÑOR: "No vayan a luchar contra sus hermanos. Regrese cada uno a su casa, porque es mi voluntad que esto haya sucedido"». Y ellos obedecieron las palabras del SEÑOR y desistieron de marchar contra Jeroboán.

Roboán fortifica las ciudades de Judá

⁵Roboán se estableció en Jerusalén y fortificó las siguientes ciudades de Judá: ⁶Belén, Etam, Tecoa, ⁷Betsur, Soco, Adulán, ⁸Gat, Maresá, Zif, ⁹Adorayin, Laquis, Azeca, ¹⁰Zora, Ayalón y Hebrón. Estas ciudades fueron fortificadas en Judá y en Benjamín. ¹¹Roboán nombró gobernantes, reforzó las fortificaciones, almacenó en ellas víveres, aceite y vino, ¹²y las armó a todas con escudos y lanzas. Así fortificó completamente todas las ciudades y quedó en posesión de Judá y de Benjamín.

Los sacerdotes y los levitas apoyan a Roboán

¹³De todas las regiones de Israel llegaron sacerdotes y levitas para unirse a Roboán. ¹⁴Los levitas abandonaron sus campos de pastoreo y demás posesiones para irse a Judá y a Jerusalén, ya que Jeroboán y sus hijos les habían impedido ejercer el sacerdocio del SEÑOR. ¹⁵En su lugar, Jeroboán había nombrado

---

ᵃ **21** *mandriles*. Alt. *pavos reales*.   ᵇ **11** *con una vara … con un látigo*. Lit. *con azotes … con escorpiones*; también en v. 14.   ᶜ **14** *Si mi padre les impuso* (mss. hebreos y versiones antiguas); *Yo les impondré* (TM).   ᵈ **16** *Cuando … rey* (mss. hebreos y versiones antiguas); *Como el rey* (TM).   ᵉ **18** *Adonirán*. Lit. *Hadorán* (variante del nombre).

sacerdotes para los *altares paganos y para el culto a los machos cabríos y a los becerros que había mandado hacer. ¹⁶Tras los levitas se fue gente de todas las tribus de Israel que con todo el *corazón buscaba al SEÑOR, Dios de Israel. Llegaron a Jerusalén para ofrecer sacrificios al SEÑOR, Dios de sus antepasados. ¹⁷Así consolidaron el reino de Judá, y durante tres años apoyaron a Roboán, hijo de Salomón, y siguieron el buen ejemplo de David y Salomón.

Esposas e hijos de Roboán

¹⁸Roboán se casó con Majalat, hija de Jerimot, el hijo de David y de Abijaíl, hija de Eliab y nieta de Isaí. ¹⁹Los hijos que ella le dio fueron Jeús, Semarías y Zaján. ²⁰Después se casó con Macá, hija de Absalón. Los hijos que ella le dio fueron Abías, Atay, Ziza y Selomit. ²¹Roboán amó a Macá, hija de Absalón, más que a sus otras esposas y concubinas.ᵃ En total, tuvo dieciocho esposas y sesenta concubinas. También fue padre de veintiocho hijos y de sesenta hijas.

²²Roboán puso como príncipe heredero entre sus hermanos a Abías, hijo de Macá, pues tenía la intención de hacerlo rey. ²³Y actuó con astucia, pues a sus otros hijos les dio víveres en abundancia, les consiguió muchas esposas y los dispersó por todo el territorio de Judá y de Benjamín y por todas las ciudades fortificadas.

Sisac invade Jerusalén
12:9-16 – 1R 14:21, 25-31

12 Después de que Roboán consolidó su reino y se afirmó en el trono, él y todo Israel abandonaron la *Ley del SEÑOR ²y fueron infieles. Por eso Sisac, rey de Egipto, atacó a Jerusalén en el quinto año del reinado de Roboán. ³Con mil doscientos carros de combate, sesenta mil jinetes y una innumerable multitud de libios, suquíes y *cusitas procedentes de Egipto, ⁴Sisac conquistó las ciudades fortificadas de Judá y llegó hasta Jerusalén.

⁵Entonces el profeta Semaías se presentó ante Roboán y los líderes de Judá que por miedo a Sisac se habían reunido en Jerusalén y les dijo:

—Así dice el SEÑOR: "Como ustedes me abandonaron, ahora yo también los abandono, para que caigan en manos de Sisac".

⁶Los líderes israelitas y el rey confesaron con humildad:

—¡El SEÑOR es justo!

⁷Cuando el SEÑOR vio que se habían humillado, habló nuevamente a Semaías y le dijo: «Puesto que han mostrado humildad, ya no voy a destruirlos; dentro de poco tiempo los libraré. No voy a permitir que Sisac ejecute mi castigo sobre Jerusalén, ⁸aunque sí dejaré que los someta a su dominio, para que aprendan la diferencia que hay entre servirme a mí y servir a los reyes de otros países».

⁹Sisac, rey de Egipto, atacó a Jerusalén y se llevó los tesoros del Templo del SEÑOR y del palacio real. Se lo llevó todo, aun los escudos de oro que Salomón había hecho. ¹⁰Para reemplazarlos, el rey Roboán mandó hacer escudos de bronce y los puso al cuidado de los comandantes de la guardia que custodiaba la entrada del palacio real. ¹¹Siempre que el rey iba al Templo del SEÑOR, los guardias lo acompañaban portando los escudos, pero luego los devolvían a la sala de los centinelas.

¹²Por haberse humillado Roboán, y porque aún quedaba algo bueno en Judá, el SEÑOR apartó su ira de él y no lo destruyó por completo; ¹³así que el rey Roboán afirmó su trono y continuó reinando en Jerusalén. Tenía cuarenta y un años cuando comenzó a reinar. Reinó diecisiete años en Jerusalén, la ciudad donde, de entre todas las tribus de Israel, el SEÑOR había decidido poner su Nombre. La madre de Roboán era una amonita llamada Noamá. ¹⁴Pero Roboán actuó mal, porque no tuvo el firme propósito de buscar al SEÑOR.

¹⁵Los acontecimientos del reinado de Roboán, desde el primero hasta el último, incluyendo las constantes guerras que hubo entre Jeroboán y él, están escritos en las crónicas del profeta Semaías y del vidente Idó.

¹⁶Cuando Roboán murió, fue sepultado en la Ciudad de David; su hijo Abías lo sucedió en el trono.

Abías, rey de Judá
13:1-2, 22–14:1 – 1R 15:1-2, 6-8

13 En el año dieciocho del reinado de Jeroboán, Abías comenzó a reinar en Judá ²y reinó en Jerusalén tres años. Su madre era Micaías, hija de Uriel, de Guibeá.

Hubo guerra entre Abías y Jeroboán. ³Para ir al combate, Abías escogió a cuatrocientos mil guerreros valientes; Jeroboán, por su parte, escogió a ochocientos mil y le hizo frente.

⁴Abías subió al monte Zemarayin, en la región montañosa de Efraín, y gritó: «¡Jeroboán! ¡Israelitas! ¡Escúchenme todos ustedes! ⁵¿No saben que el SEÑOR, Dios de Israel, concedió para siempre el reino de Israel a David y a sus descendientes mediante un *pacto perpetuo?ᵇ ⁶Sin embargo, Jeroboán, hijo de Nabat, oficial de Salomón, hijo de David, se rebeló contra su señor. ⁷Unos hombres ociosos y perversos se unieron a Roboán, hijo de Salomón, cuando este era joven y débil de carácter, y se le impusieron, de modo que no pudo hacerles frente.

⁸»Ustedes piensan que ahora, por ser muy numerosos y por tener los becerros de oro, esos ídolos que Jeroboán les hizo pueden oponerse al reino del SEÑOR, aunque él se lo ha entregado a los hijos de David. ⁹¡Hasta expulsaron a los descendientes de Aarón, que son los sacerdotes del SEÑOR, y a los levitas! En su lugar han nombrado sacerdotes, y a cualquiera que trae un ternero y siete carneros los consagran como sacerdote de los dioses falsos, tal como lo hacen los pueblos *paganos.

¹⁰»Nosotros, en cambio, no hemos abandonado al SEÑOR, porque él es nuestro Dios. Los descendientes de Aarón siguen siendo nuestros sacerdotes que sirven al SEÑOR y los levitas son los encargados del culto. ¹¹Todos los días, por la mañana y por la tarde, ofrecen al SEÑOR los *holocaustos y queman el incienso; además, todas las tardes colocan el pan consagrado sobre la mesa de oro puro y encienden las lámparas del candelabro de oro. Dense cuenta de que nosotros sí mantenemos el culto al SEÑOR nuestro Dios, a quien ustedes han abandonado. ¹²Así que Dios, con sus sacerdotes, va al frente de nosotros. Las trompetas están listas para dar la orden de ataque contra ustedes. ¡Israelitas, no peleen contra el SEÑOR, Dios de sus antepasados, pues no podrán vencerlo!».

¹³Para tenderle una emboscada a Abías, Jeroboán situó parte de sus tropas detrás del ejército de Judá, mientras que al resto de sus tropas lo mandó al frente. ¹⁴Cuando los de Judá miraron hacia atrás, se dieron cuenta de que los israelitas los atacaban también por la retaguardia. Entonces clamaron al SEÑOR y los sacerdotes tocaron las trompetas. ¹⁵En el momento en que los de Judá lanzaron el grito de guerra, Dios derrotó a Jeroboán y a los israelitas, dándoles la *victoria a Abías y Judá. ¹⁶Los israelitas intentaron huir, pero Dios los entregó al poder de

---

a 21 Véase nota en Gn 22:24.   b 5 perpetuo. Lit. de sal; véase Nm 18:19.

Judá. [17]Abías y su ejército les ocasionaron una gran derrota, matando a quinientos mil soldados selectos de Israel. [18]En esa ocasión fueron humillados los israelitas, mientras que los de Judá salieron victoriosos porque confiaron en el SEÑOR, Dios de sus antepasados.

[19]Abías persiguió a Jeroboán y le arrebató las ciudades de Betel, Jesaná y Efraín, con sus respectivas aldeas. [20]Durante el reinado de Abías, Jeroboán no pudo recuperar su poderío. Al final, el SEÑOR lo hirió y Jeroboán murió.

[21]Abías, en cambio, siguió afirmándose en el trono. Tuvo catorce esposas, veintidós hijos y dieciséis hijas.

[22]Los demás acontecimientos del reinado de Abías, su conducta y sus palabras, están escritos en el comentario del profeta Idó.

14 Abías murió y fue sepultado en la Ciudad de David; su hijo Asá lo sucedió en el trono. Durante su reinado, el país disfrutó de diez años de paz.

Asá, rey de Judá
14:2-3 – 1R 15:11-12

[2]Asá hizo lo que era bueno y agradable ante el SEÑOR su Dios. [3]Se deshizo de los altares de dioses extranjeros y de los ˚altares paganos en las colinas, destrozó las piedras sagradas y derribó las imágenes de la diosa ˚Aserá. [4]Además, ordenó a los habitantes de Judá que adoraran al SEÑOR, Dios de sus antepasados, y que obedecieran sus leyes y sus mandamientos. [5]De este modo, Asá se deshizo de los altares paganos y de los altares de incienso que había en todas las ciudades de Judá y durante su reinado hubo tranquilidad. [6]Asá construyó en Judá ciudades fortificadas, pues durante esos años el SEÑOR le dio descanso; el país disfrutó de ˚paz y no estuvo en guerra con nadie.

[7]Asá dijo a los de Judá: «Reconstruyamos esas ciudades y levantemos a su alrededor murallas con torres, ˚puertas y cerrojos. El país todavía es nuestro, porque hemos buscado al SEÑOR nuestro Dios; como lo hemos buscado, él nos ha concedido estar en paz con nuestros vecinos». Y tuvieron mucho éxito en la reconstrucción de las ciudades.

[8]Asá contaba con un ejército de trescientos mil soldados de Judá, los cuales portaban lanzas y escudos grandes; además, con doscientos ochenta mil benjamitas que portaban arcos y escudos pequeños. Todos ellos eran guerreros valientes.

[9]Zera el ˚cusita marchó contra ellos al frente de un ejército de un millón de soldados y trescientos carros de guerra y llegó hasta Maresá. [10]Asá le salió al encuentro en el valle de Sefata y tomó posiciones cerca de Maresá.

[11]Allí Asá invocó al SEÑOR su Dios y dijo: «SEÑOR, solo tú puedes ayudar al débil contra el poderoso. ¡Ayúdanos, SEÑOR y Dios nuestro, porque en ti confiamos y en tu ˚nombre hemos venido contra esta multitud! ¡Tú, SEÑOR, eres nuestro Dios! ¡No permitas que ningún ˚mortal se alce contra ti!».

[12]El SEÑOR derrotó a los cusitas cuando estos lucharon contra Asá y Judá. Los cusitas huyeron, [13]pero Asá y su ejército los persiguieron hasta Guerar. Allí cayeron los cusitas y ni uno de ellos quedó con vida, porque el SEÑOR y su ejército los aniquilaron. Los de Judá se llevaron un enorme botín. [14]Luego, atacaron todas las ciudades que había alrededor de Guerar, las cuales estaban llenas de pánico ante el SEÑOR, y las saquearon, pues había en ellas un gran botín. [15]Además, atacaron los campamentos, donde había mucho ganado, y se llevaron una gran cantidad de ovejas y camellos. Después de eso, regresaron a Jerusalén.

Reformas de Asá
15:16-19 – 1R 15:13-16

15 El Espíritu de Dios vino sobre Azarías, hijo de Oded, [2]y este salió al encuentro de Asá y dijo: «Asá, y gente de Judá y de Benjamín, ¡escúchenme! El SEÑOR estará con ustedes, siempre y cuando ustedes estén con él. Si lo buscan, él dejará que ustedes lo hallen; pero si lo abandonan, él los abandonará. [3]Por mucho tiempo Israel estuvo sin el Dios verdadero y sin Ley, pues no había sacerdote que le enseñara. [4]Pero cuando en su tribulación se volvieron al SEÑOR, Dios de Israel, y lo buscaron, él les permitió que lo hallaran. [5]En aquellos tiempos no había seguridad para ningún viajero, sino que los habitantes de todos los países sufrían grandes calamidades. [6]Las naciones y las ciudades se destrozaban unas a otras, porque Dios las castigaba con toda clase de calamidades. [7]Pero ustedes, ¡manténganse firmes y no bajen la guardia, porque sus obras serán recompensadas!».

[8]Cuando Asá oyó este mensaje del profeta Azarías, hijo de Oded,[a] se animó a eliminar los detestables ídolos que había en todo el territorio de Judá y Benjamín y en las ciudades que había conquistado en los montes de Efraín. Además, restauró el altar del SEÑOR que estaba frente al atrio del Templo del SEÑOR.

[9]Después convocó a los habitantes de Judá y de Benjamín, como también a los de Efraín, Manasés y Simeón que vivían entre ellos, pues muchos israelitas se habían unido a Asá, al ver que el SEÑOR su Dios estaba con él.

[10]Se reunieron en Jerusalén en el mes tercero del año quince del reinado de Asá. [11]Ese día ofrecieron al SEÑOR setecientos bueyes y siete mil ovejas del botín que habían tomado. [12]Luego hicieron un ˚pacto, mediante el cual se comprometieron a buscar de todo ˚corazón y con toda el ˚alma al SEÑOR, Dios de sus antepasados. [13]Al que no buscara al SEÑOR, Dios de Israel, se le castigaría con la muerte, fuera grande o pequeño, hombre o mujer. [14]Así lo juraron ante el SEÑOR a voz en cuello y en medio de gritos y toques de trompetas y de clarines. [15]Todos los de Judá se alegraron de haber hecho este juramento, porque lo habían hecho de todo corazón y habían buscado al SEÑOR con voluntad sincera, y él se había dejado hallar por ellos y les había concedido vivir con seguridad entre las naciones vecinas.

[16]Además, el rey Asá destituyó a su abuela Macá de su puesto como reina madre, porque ella había hecho una imagen repulsiva de la diosa ˚Aserá. Asá derribó la imagen, la redujo a polvo y la quemó en el arroyo de Cedrón. [17]Aunque no quitó de Israel los ˚altares paganos, Asá se mantuvo siempre fiel al SEÑOR.[b] [18]Llevó al Templo de Dios la plata, el oro y los utensilios que él y su padre habían consagrado.

[19]Durante los primeros treinta y cinco años del reinado de Asá no hubo guerra.

Pacto de Asá con Ben Adad
16:1-6 – 1R 15:17-22
16:11–17:1 – 1R 15:23-24

16 En el año treinta y seis del reinado de Asá, Basá, rey de Israel, atacó a Judá y fortificó Ramá para aislar totalmente a Asá, rey de Judá.

[2]Entonces Asá sacó plata y oro de los tesoros del Templo del SEÑOR y del palacio real, y se los envió a Ben Adad, rey de Aram, que gobernaba en Damasco. También le envió este mensaje: [3]«Hagamos un pacto tú y yo, como el que hicieron tu padre y el mío. Aquí

---

[a] 8 *Azarías, hijo de Oded* (ms. de LXX y Vulgata); *Oded* (TM).
[b] 17 *Asá … SEÑOR.* Lit. *el corazón de Asá fue perfecto con el SEÑOR todos sus días.*

te envío oro y plata. Anula tu pacto con Basá, rey de Israel, para que se marche de aquí».

⁴Ben Adad estuvo de acuerdo con el rey Asá y envió a los comandantes de su ejército para que atacaran las ciudades de Israel. Así conquistaron Iyón, Dan y Abel Mayin, además de todos los lugares de almacenamiento que había en las ciudades de Neftalí. ⁵Cuando Basá se enteró, dejó de fortificar Ramá. ⁶Entonces el rey Asá movilizó a todo Judá y se llevó de Ramá las piedras y la madera con que había estado fortificando aquella ciudad y fortificó más bien Gueba y Mizpa.

⁷En esa ocasión el vidente Janani se presentó ante Asá, rey de Judá, y le dijo: «Por cuanto pusiste tu confianza en el rey de Aram en vez de confiar en el SEÑOR tu Dios, el ejército arameo se te ha escapado de las manos. ⁸¿Acaso los ˚cusitas y los libios no formaban un ejército numeroso y tenían muchos carros de combate y caballos? Sin embargo, el SEÑOR los entregó en tus manos, porque en esa ocasión tú confiaste en él. ⁹El SEÑOR recorre con su mirada toda la tierra y está listo para ayudar a quienes le son fieles.ᵃ De ahora en adelante tendrás guerras, pues actuaste como un ˚necio».

¹⁰Asá se enfureció contra el vidente por lo que este le dijo y lo mandó encarcelar. Al mismo tiempo, Asá oprimió también a una parte del pueblo.

¹¹Los hechos de Asá, desde el primero hasta el último, están escritos en el libro de los reyes de Judá e Israel. ¹²En el año treinta y nueve de su reinado, Asá se enfermó de los pies; y aunque su enfermedad era grave, no buscó al SEÑOR, sino que recurrió a los médicos. ¹³En el año cuarenta y uno de su reinado, Asá murió y fue sepultado con sus antepasados. ¹⁴Lo sepultaron en la tumba que él había mandado cavar en la Ciudad de David, y lo colocaron sobre un lecho lleno de perfumes y diversas clases de especias aromáticas, muy bien preparadas. En su honor encendieron una enorme hoguera.

Josafat, rey de Judá

17 Al rey Asá lo sucedió en el trono su hijo Josafat, quien se impuso a la fuerza sobre Israel. ²Colocó tropas en todas las ciudades fortificadas de Judá y guarniciones en el territorio de Judá y en las ciudades de Efraín que su padre Asá había conquistado.

³El SEÑOR estuvo con Josafat porque siguió el ejemplo inicial de su padre,ᵇ pues no buscó a los ˚baales, ⁴sino al Dios de su padre, obedeció los mandamientos de Dios y no siguió las prácticas de los israelitas. ⁵Por eso el SEÑOR afirmó el reino en sus manos. Todo Judá le llevaba regalos y llegó a tener muchas riquezas y recibió muchos honores. ⁶Dedicó su corazón a los ˚caminos del SEÑOR; hasta quitó de Judá los altares paganos y las imágenes de la diosa ˚Aserá.

⁷En el año tercero de su reinado, Josafat envió a sus oficiales Ben Jayil, Abdías, Zacarías, Natanael y Micaías para que instruyeran a la gente en las ciudades de Judá. ⁸Con ellos fueron los levitas Semaías, Netanías, Zebadías, Asael, Semiramot, Jonatán, Adonías, Tobías y Tobadonías; también los sacerdotes Elisama y Jorán. ⁹Llevaron consigo el libro de la ˚Ley del SEÑOR para instruir a los habitantes de Judá. Así que recorrieron todas las ciudades de Judá, enseñando al pueblo.

¹⁰Todos los reinos de las naciones vecinas de Judá sintieron un miedo profundo hacia el SEÑOR y no se atrevieron a declararle la guerra a Josafat. ¹¹Aun algunos filisteos llevaron a Josafat, como tributo, regalos y plata. Los árabes también le llevaron siete mil

setecientos carneros y siete mil setecientos machos cabríos.

¹²Josafat se hizo cada vez más poderoso. Construyó en Judá fortalezas y lugares de almacenamiento, ¹³y tenía muchas provisiones en las ciudades. En Jerusalén contaba con un regimiento de soldados muy valientes, ¹⁴cuyo registro, según sus familias patriarcales, es el siguiente:

Comandantes de mil soldados en Judá:
  Adnás, comandante al frente de trescientos mil soldados.
  ¹⁵Le seguía Johanán, comandante al frente de doscientos ochenta mil soldados;
  ¹⁶junto a este, Amasías, hijo de Zicrí, que se ofreció voluntariamente para servir al SEÑOR y estaba al frente de doscientos mil soldados.
¹⁷De Benjamín:
  Eliadá, guerrero valiente, al frente de doscientos mil soldados que portaban arcos y escudos.
  ¹⁸Le seguía Jozabad, al frente de ciento ochenta mil soldados adiestrados para la guerra.

¹⁹Todos ellos estaban al servicio del rey, sin contar los que este había destinado para las ciudades fortificadas de todo Judá.

Micaías profetiza contra Acab
18:1-27 – 1R 22:1-28

18 Josafat se hizo muy rico y famoso y, como había emparentado con Acab, ²después de algún tiempo fue a visitarlo en Samaria. Allí Acab mató muchas ovejas y vacas para Josafat y sus acompañantes y lo animó a marchar contra Ramot de Galaad.

³Acab, rey de Israel, preguntó a Josafat, rey de Judá:

—¿Irías conmigo a pelear contra Ramot de Galaad?

Josafat respondió:

—Estoy a tu disposición, lo mismo que mi pueblo. Iremos contigo a la guerra.

⁴Pero Josafat también le dijo al rey de Israel:

—Antes que nada, consultemos al SEÑOR.

⁵Así que el rey de Israel reunió a los profetas, que eran cuatrocientos y les preguntó:

—¿Debemos ir a la guerra contra Ramot de Galaad o no?

—Vaya usted —contestaron ellos—, porque Dios la entregará en manos de Su Majestad.

⁶Pero Josafat inquirió:

—¿No hay aquí un profeta del SEÑOR a quien podamos consultar?

⁷El rey de Israel respondió:

—Todavía hay alguien por medio de quien podemos consultar al SEÑOR, pero me cae muy mal porque nunca me profetiza nada bueno; solo me anuncia desastres. Se trata de Micaías, hijo de Imlá.

—No digas eso —respondió Josafat.

⁸Entonces el rey de Israel llamó a uno de sus funcionarios y ordenó:

—¡Traigan de inmediato a Micaías, hijo de Imlá!

⁹El rey de Israel y Josafat, rey de Judá, vestidos con sus trajes reales y sentados en sus respectivos tronos, estaban en la plaza a la ˚entrada de Samaria con todos los que profetizaban en su presencia. ¹⁰Sedequías, hijo de Quenaná, que se había hecho unos cuernos de hierro, anunció: «Así dice el SEÑOR: "Con estos cuernos atacarás a los arameos hasta aniquilarlos"».

¹¹Y los demás profetas vaticinaban lo mismo. «Ataque usted a Ramot de Galaad y vencerá, porque el SEÑOR la entregará en manos de Su Majestad».

¹²Ahora bien, el mensajero que había ido a llamar a Micaías le advirtió:

ᵃ 9 *quienes le son fieles.* Lit. *los de corazón íntegro para él.*
ᵇ 3 *de su padre* (mss. hebreos y LXX); *de su padre David* (TM).

—Mira, los demás profetas a una voz predicen el éxito del rey. Habla favorablemente, para que tu mensaje concuerde con el de ellos.

¹³Pero Micaías repuso:

—Tan cierto como que el SEÑOR vive, anunciaré al rey lo que mi Dios me diga.

¹⁴Cuando compareció ante el rey, este le preguntó:

—Micaías, ¿debemos ir a la guerra contra Ramot de Galaad o no?

—Ataquen y vencerán —contestó él—, porque les será entregada.

¹⁵El rey le reclamó:

—¿Cuántas veces debo hacerte jurar que no me digas nada más que la verdad en el *nombre del SEÑOR?

¹⁶Ante esto, Micaías concedió:

—Vi a todo Israel esparcido por las colinas como ovejas sin *pastor. Y el SEÑOR dijo: "Esta gente no tiene amo. ¡Que cada cual se vaya a su casa en paz!".

¹⁷El rey de Israel dijo a Josafat:

—¿No te dije que jamás me profetiza nada bueno y que solo me anuncia desastres?

¹⁸Micaías prosiguió:

—Por lo tanto, oigan la palabra del SEÑOR: Vi al SEÑOR sentado en su trono con todo el ejército del cielo alrededor de él, a su derecha y a su izquierda. ¹⁹Y el SEÑOR dijo: "¿Quién seducirá a Acab, rey de Israel, para que ataque a Ramot de Galaad y vaya a morir allí?". Uno sugería una cosa y otro sugería otra. ²⁰Por último, un espíritu se adelantó, se puso delante del SEÑOR y dijo: "Yo lo seduciré". "¿Por qué medios?", preguntó el SEÑOR. ²¹Y aquel espíritu respondió: "Saldré y seré un espíritu mentiroso en la boca de todos sus profetas". Entonces el SEÑOR ordenó: "Ve y hazlo así, que tendrás éxito en seducirlo".

²²Así que ahora el SEÑOR ha puesto un espíritu mentiroso en la boca de estos profetas suyos. El SEÑOR ha decretado para usted la calamidad».

²³Al oír esto, Sedequías, hijo de Quenaná, se levantó y le dio una bofetada a Micaías.

—¿Por dónde se fue el espíritu*ᵃ* del SEÑOR cuando salió de mí para hablarte? —preguntó.

²⁴Micaías contestó:

—Lo sabrás el día en que andes de escondite en escondite.

²⁵Entonces el rey de Israel ordenó:

—Tomen a Micaías y llévenselo a Amón, el gobernador de la ciudad, y a Joás, mi hijo. ²⁶Díganles que ordeno que lo echen en la cárcel y solo le den pan y agua, hasta que yo regrese sin contratiempos.

²⁷Micaías manifestó:

—Si regresas en paz, el SEÑOR no ha hablado por medio de mí. ¡Tomen nota todos ustedes de lo que estoy diciendo!

Muerte de Acab en Ramot de Galaad
18:28-34 – 1R 22:29-36

²⁸El rey de Israel y Josafat, rey de Judá, marcharon juntos contra Ramot de Galaad. ²⁹Allí el rey de Israel dijo a Josafat: «Yo entraré a la batalla disfrazado, pero tú te pondrás tu traje real». Así que el rey de Israel se disfrazó y entró al combate.

³⁰Pero el rey de Aram había ordenado a sus comandantes de los carros de combate: «No luchen contra nadie, grande o pequeño, salvo contra el rey de Israel». ³¹Cuando los comandantes de los carros vieron a Josafat, pensaron: «Este es el rey de Israel!». Así que se volvieron para atacarlo; pero Josafat gritó, y Dios el SEÑOR lo ayudó haciendo que se apartaran de él. ³²Entonces los comandantes de los carros vieron que no era el rey de Israel y dejaron de perseguirlo.

³³Sin embargo, alguien disparó su arco al azar e hirió al rey de Israel entre las piezas de su armadura. El rey ordenó al que conducía su carro: «Da la vuelta y sácame del campo de batalla, pues me han herido». ³⁴Todo el día arreció la batalla y al rey de Israel se mantuvo de pie en su carro frente a los arameos hasta el atardecer, entonces murió al ponerse el sol.

19 Cuando Josafat, rey de Judá, regresó sin ningún contratiempo a su palacio en Jerusalén, ²el vidente Jehú, hijo de Jananí, fue a visitarlo y dijo: «¿Cómo te atreves a ayudar a los malvados, haciendo alianza con los enemigos del*ᵇ* SEÑOR? Por haber hecho eso, la ira del SEÑOR ha caído sobre ti. ³Pero hay cosas buenas a tu favor, pues has quitado del país las imágenes de la diosa *Aserá y has buscado a Dios de todo *corazón».

Josafat nombra jueces

⁴Josafat se estableció en Jerusalén, pero volvió a visitar al pueblo, desde Berseba hasta los montes de Efraín, para hacerlo volver al SEÑOR, Dios de sus antepasados. ⁵En cada una de las ciudades fortificadas de Judá nombró jueces ⁶y les advirtió: «Tengan mucho cuidado con lo que hacen, pues su autoridad no proviene de un *hombre, sino del SEÑOR, que estará con ustedes cuando impartan justicia. ⁷Por eso, teman al SEÑOR y tengan cuidado con lo que hacen, porque el SEÑOR nuestro Dios no admite la injusticia ni la parcialidad ni el soborno».

⁸En Jerusalén, Josafat designó también a levitas, sacerdotes y jefes de las familias patriarcales de Israel, para que administraran las leyes del SEÑOR y resolvieran pleitos. Estos vivían en Jerusalén. ⁹Josafat les ordenó: «Ustedes actuarán con fidelidad e integridad, bajo el temor del SEÑOR. ¹⁰Cuando sus compatriotas vengan de las ciudades y sometan al juicio de ustedes casos de violencia, o algún otro asunto concerniente a la ley, los mandamientos, los estatutos y ordenanzas, ustedes les advertirán que no pequen contra el SEÑOR, para que su ira no caiga sobre ustedes y sobre ellos. Si así lo hacen, no serán culpables.

¹¹El sumo sacerdote Amarías los orientará en todo asunto de carácter religioso, mientras que Zebadías, hijo de Ismael, que es el jefe de la tribu de Judá, lo hará en todo asunto de carácter civil.*ᶜ* También los levitas servirán como oficiales entre ustedes. ¡Anímense y manos a la obra! El SEÑOR estará con los que actúen bien».

Josafat derrota a Moab y Amón

20 Después de esto, los moabitas, los amonitas y algunos de los meunitas*ᵈ* le declararon la guerra a Josafat ²y fueron a informarle: «Del otro lado del mar Muerto y de Edom*ᵉ* viene contra ti una gran multitud. Ahora están en Jazezón Tamar, es decir, en Engadi». ³Atemorizado, Josafat decidió consultar al SEÑOR y proclamó un ayuno en todo Judá. ⁴Los habitantes de todas las ciudades de Judá llegaron para pedir juntos la ayuda del SEÑOR.

⁵En el Templo del SEÑOR, frente al atrio nuevo, Josafat se puso de pie ante la asamblea de Judá y de Jerusalén ⁶y dijo:

«SEÑOR, Dios de nuestros antepasados, ¿no eres tú el Dios del cielo y el que gobierna a todas

---

ᵃ 23 espíritu. Alt. *Espíritu.*   *ᵇ 2 haciendo … enemigos del*. Lit. *y amas a los que odian al.*   *ᶜ 11 de carácter religioso … de carácter civil*. Lit. *del SEÑOR … del rey.*   *ᵈ 1 meunitas* (LXX); *amonitas* (TM).   *ᵉ 2 Edom* (un ms. hebreo y Vetus Latina); *Aram* (TM).

las naciones? ¡Es tal tu fuerza y tu poder que no hay quien pueda resistirte! 7¿No fuiste tú, Dios nuestro, quien a los ojos de tu pueblo Israel expulsó a los habitantes de esta tierra? ¿Y no fuiste tú quien les dio para siempre esta tierra a los descendientes de tu amigo Abraham? 8Ellos la habitaron y construyeron un santuario en honor de tu Nombre, diciendo: 9"Cuando nos sobrevenga una calamidad, o un castigo por medio de la espada, o la plaga o el hambre, si nos congregamos ante ti, en este templo que lleva tu Nombre, y clamamos a ti en medio de nuestra aflicción, tú nos escucharás y nos salvarás".

10»Cuando Israel salió de Egipto, tú no le permitiste que invadiera a los amonitas, ni a los moabitas ni a los del monte de Seír, sino que lo enviaste por otro camino para que no destruyera a esas naciones. 11¡Mira cómo nos pagan ahora, viniendo a arrojarnos de la tierra que tú nos diste como herencia! 12Dios nuestro, ¿acaso no vas a dictar sentencia contra ellos? Nosotros no podemos oponernos a esa gran multitud que viene a atacarnos. ¡No sabemos qué hacer! Pero en ti hemos puesto nuestra esperanza».

13Todos los hombres de Judá estaban de pie delante del SEÑOR, junto con sus mujeres y sus hijos, aun los más pequeños.

14Entonces el Espíritu del SEÑOR vino sobre Jahaziel, hijo de Zacarías y descendiente en línea directa de Benaías, Jeyel y Matanías. Este último era un levita de los hijos de Asaf que se encontraba en la asamblea.

15Y dijo Jahaziel: «Escuchen, habitantes de Judá y de Jerusalén, y escuche también usted, rey Josafat. Así dice el SEÑOR: "No tengan miedo ni se acobarden cuando vean ese gran ejército, porque la batalla no es de ustedes, sino mía. 16Mañana, cuando ellos suban por la cuesta de Sis, ustedes saldrán contra ellos y los encontrarán junto al arroyo, frente al desierto de Jeruel. 17Pero ustedes no tendrán que intervenir en esta batalla. Simplemente, quédense quietos en sus puestos, para que vean la *salvación que el SEÑOR les dará. ¡Habitantes de Judá y de Jerusalén, no tengan miedo ni se acobarden! Salgan mañana contra ellos, porque el SEÑOR, estará con ustedes"».

18Josafat y todos los habitantes de Judá y de Jerusalén se postraron rostro en tierra y adoraron al SEÑOR. 19Los levitas de los hijos de Coat y de Coré se pusieron de pie para alabar al SEÑOR Dios de Israel a voz en cuello.

20Al día siguiente, madrugaron y fueron al desierto de Tecoa. Mientras avanzaban, Josafat se detuvo y dijo: «Habitantes de Judá y de Jerusalén, escúchenme: ¡Confíen en el SEÑOR su Dios y estarán seguros! ¡Confíen en sus profetas y tendrán éxito!».

21Después de consultar con el pueblo, Josafat designó a los que irían al frente del ejército para cantar al SEÑOR y alabar la hermosura de su santidad*a* con el cántico:

«Den gracias al SEÑOR,
    pues su gran amor perdura para siempre».

22Tan pronto como empezaron a entonar este cántico de alabanza, el SEÑOR puso emboscadas contra los amonitas, los moabitas y los del monte de Seír que habían venido contra Judá y los derrotó. 23De hecho, los amonitas y los moabitas atacaron a los habitantes de los montes de Seír y los mataron hasta

aniquilarlos. Luego de exterminar a los habitantes de Seír, ellos mismos se atacaron y se mataron unos a otros.

24Cuando los hombres de Judá llegaron a la torre del desierto para ver el gran ejército enemigo, no vieron sino los cadáveres que yacían en tierra. ¡Ninguno había escapado con vida! 25Entonces Josafat y su gente fueron para apoderarse del botín. Entre los cadáveres encontraron muchas riquezas, vestidos y joyas preciosas. Cada uno se apoderó de todo lo que quiso hasta más no poder. Era tanto el botín que tardaron tres días en recogerlo. 26El cuarto día se congregaron en el valle de Beracá, y alabaron al SEÑOR; por eso llamaron a ese lugar el valle de Beracá,*b* nombre con el que hasta hoy se le conoce.

27Más tarde, todos los de Judá y de Jerusalén, con Josafat a la cabeza, regresaron a Jerusalén llenos de alegría porque el SEÑOR los había librado de sus enemigos. 28Al llegar a Jerusalén, fueron al Templo del SEÑOR al son de liras, arpas y trompetas.

29Al oír las naciones de la tierra cómo el SEÑOR había peleado contra los enemigos de Israel, el temor de Dios se apoderó de ellas. 30Por lo tanto, el reinado de Josafat disfrutó de tranquilidad y Dios le dio *paz por todas partes.

Fin del reinado de Josafat
20:31–21:1 – 1R 22:41-50

31Josafat tenía treinta y cinco años cuando comenzó a reinar en Judá y reinó en Jerusalén veinticinco años. El nombre de su madre era Azuba, hija de Siljí. 32Siguió el buen ejemplo de su padre Asá y nunca se desvió de él, sino que hizo lo que agrada al SEÑOR. 33Sin embargo, no se quitaron los *altares paganos, pues el pueblo aún no se había consagrado al Dios de sus antepasados.

34Los demás acontecimientos del reinado de Josafat, desde el primero hasta el último, están escritos en las crónicas de Jehú, hijo de Jananí, que forman parte del libro de los reyes de Israel.

35Después de esto, Josafat, rey de Judá, se alió con el perverso Ocozías, rey de Israel, 36para construir una flota mercante que iría a Tarsis. Los barcos los hacían en Ezión Guéber. 37Entonces Eliezer, hijo de Dodías, de Maresá, profetizó contra Josafat: «Por haberte aliado con Ocozías, el SEÑOR destruirá lo que estás haciendo». En efecto, los barcos naufragaron y no pudieron ir a Tarsis.

21 Josafat murió y fue sepultado con sus antepasados en la Ciudad de David; su hijo Jorán lo sucedió en el trono. 2Sus hermanos eran Azarías, Jehiel, Zacarías, Azarías, Micael y Sefatías. Todos estos fueron hijos de Josafat, rey de Israel. 3Su padre les había regalado plata, oro y objetos de valor en abundancia. También les entregó ciudades fortificadas en Judá, pero el reino se lo dio a Jorán, porque era el hijo mayor.

Jorán, rey de Judá
21:5-10, 20 – 2R 8:16-24

4Cuando Jorán se afirmó completamente en el trono de su padre, mató a espada a todos sus hermanos y también a algunos oficiales de Israel. 5Jorán tenía treinta y dos años cuando comenzó a reinar; reinó en Jerusalén ocho años. 6Pero hizo lo malo ante los ojos del SEÑOR, pues siguió el mal ejemplo de los reyes de Israel, como lo había hecho la familia de Acab, y llegó incluso a casarse con la hija de Acab. 7Pero el SEÑOR no quiso destruir la dinastía de David por consideración al *pacto que había hecho con él, pues le había prometido mantener encendida para siempre una lámpara para él y sus descendientes.

---

a 21 *hermosura de su santidad.* Alt. *vestidos de ropas sagradas.*
b 26 En hebreo, *Beracá* significa *bendición* o *alabanza.*

⁸En tiempos de Jorán, los edomitas se sublevaron contra Judá y se nombraron su propio rey. ⁹Por lo tanto, Jorán marchó con sus oficiales y todos sus carros de combate. Los edomitas cercaron a Jorán y a los comandantes de los carros, pero durante la noche Jorán logró abrirse paso. ¹⁰Desde entonces Edom ha estado en rebelión contra Judá, al igual que la ciudad de Libná, que en ese mismo tiempo se sublevó. Esto sucedió porque Jorán abandonó al SEÑOR, Dios de sus antepasados. ¹¹Además, Jorán construyó ˚altares paganos en las colinas de Judá e indujo a los habitantes de Jerusalén a prostituirse y a los de Judá a descarriarse.

¹²El profeta Elías le envió una carta con este mensaje:

«Así dice el SEÑOR, Dios de tu antepasado David: "Por cuanto no seguiste el buen ejemplo de tu padre Josafat ni el de Asá, rey de Judá, ¹³sino que seguiste el mal ejemplo de los reyes de Israel, haciendo que los habitantes de Judá y de Jerusalén se prostituyeran con la idolatría, como lo hizo la familia de Acab; y por cuanto asesinaste a tus hermanos, tal la tu padre, que eran mejores que tú, ¹⁴el SEÑOR herirá con una plaga terrible a tu pueblo, a tus hijos, a tus mujeres y todas tus posesiones. ¹⁵Y a ti te enviará una enfermedad en las entrañas, tan grave que día tras día empeorará, hasta que se te salgan los intestinos"».

¹⁶El SEÑOR incitó a los filisteos y a los árabes vecinos de los ˚cusitas para que se rebelaran contra Jorán. ¹⁷Así que marcharon contra Judá, la invadieron y se llevaron todos los objetos de valor que hallaron en el palacio real, junto con los hijos y las mujeres de Jorán. Ninguno de sus hijos escapó con vida, excepto Joacaz,ᵃ que era el menor de todos.

¹⁸Después de esto, el SEÑOR hirió a Jorán con una enfermedad incurable en las entrañas. ¹⁹Pasaron los días y, al cabo de dos años, murió en medio de una terrible agonía, pues por causa de su enfermedad se le salieron los intestinos. Su pueblo no encendió ninguna hoguera funeral en su honor, como se había hecho en honor de sus antepasados.

²⁰Jorán tenía treinta y dos años cuando comenzó a reinar; reinó en Jerusalén ocho años. Murió sin que nadie guardara luto por él y fue sepultado en la Ciudad de David, pero no en el panteón de los reyes.

Ocozías, rey de Judá
22:1-6 – 2R 8:25-29
22:7-9 – 2R 9:21-29

22 A la muerte de Jorán, los habitantes de Jerusalén proclamaron rey a Ocozías, su hijo menor, pues a sus hijos mayores los habían asesinado las bandas de árabes que habían venido al campamento. Así fue como Ocozías, hijo de Jorán, comenzó a reinar en Judá. ²Tenía veintidós añosᵇ cuando comenzó a reinar y reinó en Jerusalén un año. Su madre era Atalía, nietaᶜ de Omri.

³También Ocozías siguió el mal ejemplo de la familia de Acab, pues su madre le aconsejaba que hiciera lo malo. ⁴Hizo lo malo ante los ojos del SEÑOR, como lo había hecho la familia de Acab. En efecto, una vez muerto su padre, Ocozías tuvo como consejeros a miembros de esa familia, para su perdición. ⁵Por consejo de ellos, Ocozías, junto con Jorán, hijo de Acab, rey de Israel, marchó hacia Ramot de Galaad para hacerle guerra a Jazael, rey de Aram, pero en la batalla los arameos hirieron a Jorán. ⁶Por eso tuvo que regresar a Jezrel para reponerse de las heridas que había recibido en Ramotᵈ cuando luchó contra Jazael, rey de Aram.

Como Jorán, hijo de Acab, convalecía en Jezrel, Ocozías,ᵉ hijo de Jorán, rey de Judá, fue a visitarlo.

Jehú mata a Ocozías

⁷Dios había dispuesto que Ocozías muriera cuando fuera a visitar a Jorán. Tan pronto como Ocozías llegó, salió acompañado de Jorán para encontrarse con Jehú, hijo de Nimsi, al que el SEÑOR había ungido para exterminar a la familia de Acab. ⁸Mientras Jehú ejecutaba el juicio contra la familia de Acab, se encontró con los oficiales de Judá y con los parientes de Ocozías que estaban al servicio de este y los mató. ⁹Luego mandó a buscar a Ocozías, que se había escondido en Samaria; pero lo apresaron y lo llevaron ante Jehú, quien ordenó matarlo. Sin embargo, le dieron sepultura, porque decían: «Es el hijo de Josafat, que buscó al SEÑOR con todo su ˚corazón». Y en la familia de Ocozías no quedó nadie capaz de retener el reino.

Atalía y Joás
22:10–23:21 – 2R 11:1-21

¹⁰Cuando Atalía, madre de Ocozías, vio que su hijo había muerto, tomó medidas para eliminar a toda la familia real de Judá. ¹¹Pero Josaba,ᶠ que era hija del rey y esposa del sacerdote Joyadá, raptó a Joás, hijo de Ocozías, cuando los príncipes estaban a punto de ser asesinados. Metiéndolo en un dormitorio con su nodriza, logró esconderlo de Atalía, de modo que no lo mataron. Hizo esto porque era la hermana de Ocozías. ¹²Seis años estuvo Joás escondido con ellos en el Templo de Dios, mientras Atalía reinaba en el país.

23 En el séptimo año, el sacerdote Joyadá se armó de valor e hizo un pacto con los siguientes comandantes: Azarías, hijo de Jeroán, Ismael, hijo de Johanán, Azarías, hijo de Obed, Maseías, hijo de Adaías, Elisafat, hijo de Zicri. ²Estos recorrieron todo el país convocando a los levitas de todos los pueblos de Judá y a los jefes de las familias de Israel, para que fueran a Jerusalén. ³Allí toda la asamblea reunida en el Templo de Dios hizo un ˚pacto con el rey.

Joyadá les dijo: «Aquí tienen al hijo del rey. Él es quien debe reinar, tal como lo prometió el SEÑOR a los descendientes de David. ⁴Así que hagan lo siguiente: una tercera parte de ustedes, los sacerdotes y levitas que están de servicio en el ˚sábado, hará la guardia en las puertas; ⁵otra tercera parte permanecerá en el palacio real y la tercera parte restante ocupará la puerta de los Cimientos, mientras que todo el pueblo estará en los atrios del Templo del SEÑOR. ⁶Solo los sacerdotes y levitas que estén de servicio entrarán en el Templo del SEÑOR, pues ellos están consagrados; nadie más podrá entrar. El pueblo deberá cumplir la orden del SEÑOR. ⁷Arma en mano, los levitas rodearán por completo al rey; y si alguien se atreve a entrar al Templo, mátenlo. ¡No dejen solo al rey, vaya donde vaya!».

⁸Los levitas y todos los habitantes de Judá cumplieron con todo lo que el sacerdote Joyadá había ordenado. Cada uno reunió a sus hombres, tanto a los que estaban de servicio el sábado como a los que estaban libres, pues el sacerdote Joyadá no eximió a ninguno de los turnos. ⁹Este repartió entre los comandantes las lanzas y los escudos grandes y pequeños del rey David, que estaban guardados en el Templo de Dios, ¹⁰y luego colocó en sus puestos a

---

ᵃ 17 *Joacaz* es otra forma del nombre *Ocozías*.   ᵇ 2 Según algunos manuscritos de la LXX y la Siríaca (véase 2R 8:26); el texto MT dice *cuarenta y dos*.   ᶜ 2 *nieta*. Lit. *hija*.
ᵈ 6 *Ramot*. Lit. *Ramá* (variante de este nombre).   ᵉ 6 *Ocozías* (mss. hebreos, LXX, Siríaca; véase 2R 8:29); *Azarías* (TM).
ᶠ 11 *Josaba*. Lit. *Josabet* (variante de este nombre).

todos. Cada uno, arma en mano, alrededor del rey, cerca del altar y desde el lado sur hasta el lado norte del Templo.

¹¹Luego sacaron al hijo del rey, le pusieron la corona, le entregaron una copia del pacto*ᵃ* y lo proclamaron rey. Joyadá y sus hijos lo ungieron y gritaron: «¡Viva el rey!».

¹²Cuando Atalía oyó la gritería del pueblo que corría y aclamaba al rey, fue al Templo del SEÑOR, donde estaba la gente. ¹³Al ver que el rey estaba de pie junto a la columna de la entrada y que los oficiales y músicos estaban a su lado, y que todo el pueblo se alegraba al son de las trompetas y los cantores que acompañados de instrumentos musicales dirigían la alabanza, Atalía se rasgó las vestiduras y gritó: «¡Traición! ¡Traición!».

¹⁴Entonces el sacerdote Joyadá, como no quería que la mataran en el Templo del SEÑOR, hizo que salieran los comandantes que estaban al mando de las fuerzas y ordenó: «¡Sáquenla de entre las filas! Y si alguien se pone de su lado, ¡mátenlo a filo de espada!». ¹⁵Así que la apresaron y la llevaron al palacio por la puerta de la caballería; allí la mataron.

¹⁶Luego Joyadá hizo un pacto con toda la gente y con el rey, para que fueran el pueblo del SEÑOR. ¹⁷Entonces toda la gente fue al templo de ˚Baal y lo derribó. Destruyeron los altares y las imágenes, y frente a los altares degollaron a Matán, sacerdote de Baal.

¹⁸Después Joyadá apostó guardias en el Templo del SEÑOR, bajo las órdenes de los sacerdotes y levitas. A estos David les había asignado sus turnos para que ofrecieran al SEÑOR los ˚holocaustos, como está escrito en la ˚Ley de Moisés, y para que cantaran con gozo, como lo había ordenado David. ¹⁹También colocó porteros en la entrada del Templo del SEÑOR, para que le impidieran el paso a todo el que estuviera ˚impuro.

²⁰Acto seguido, Joyadá, acompañado de los comandantes, los nobles, los gobernadores y todo el pueblo, llevó al rey desde el Templo del SEÑOR hasta el palacio real, pasando por la puerta superior y sentó a Joás en el trono real. ²¹Todo el pueblo estaba alegre y la ciudad, tranquila, pues habían matado a Atalía a filo de espada.

Joás, rey de Judá
24:1-14 – 2R 12:1-16
24:23-27 – 2R 12:17-21

24 Joás tenía siete años cuando comenzó a reinar; reinó en Jerusalén cuarenta años. Su madre era Sibia, oriunda de Berseba. ²Mientras el sacerdote Joyadá vivió, Joás hizo lo que agradaba al SEÑOR. ³Joyadá eligió dos esposas para Joás y con ellas Joás tuvo hijos e hijas.

⁴Algún tiempo después, Joás decidió reparar el Templo del SEÑOR. ⁵Reunió a los sacerdotes y a los levitas y dijo: «Vayan por las ciudades de Judá y recojan dinero de todos los ˚Israel, para reparar cada año el Templo de su Dios. Háganlo inmediatamente». Sin embargo, los levitas fueron negligentes.

⁶Entonces el rey llamó al sumo sacerdote Joyadá y dijo: «¿Por qué no has presionado a los levitas para que vayan y recojan en Judá y en Jerusalén la contribución que Moisés, siervo del SEÑOR, y la asamblea de Israel impusieron para la Tienda donde se guardan las tablas del pacto?».

⁷Resulta que la malvada de Atalía y sus hijos habían destrozado el Templo de Dios, y hasta habían ofrecido a los ˚baales los objetos sagrados del Templo del SEÑOR.

⁸Por eso el rey ordenó que se hiciera un cofre y se colocara afuera, junto a la puerta del Templo del SEÑOR. ⁹Luego mandó que se pregonara por Judá y Jerusalén que trajeran al SEÑOR la contribución que Moisés, siervo de Dios, había ordenado a Israel en el desierto. ¹⁰Todos los oficiales y todo el pueblo llevaron alegremente sus contribuciones y las depositaron en el cofre hasta llenarlo. ¹¹Los levitas llevaban el cofre a los funcionarios del rey para que lo examinaran. Cuando veían que había mucho dinero, se presentaban el secretario real y un oficial nombrado por el sumo sacerdote, y luego de vaciar el cofre, volvían a colocarlo en su lugar. Esto lo hacían todos los días; así recogieron mucho dinero. ¹²El rey y Joyadá entregaban el dinero a los que supervisaban la restauración del Templo del SEÑOR y estos contrataban canteros, carpinteros y expertos en el manejo del hierro y del bronce, para repararlo.

¹³Los supervisores de la restauración trabajaron diligentemente hasta terminar la obra. Repararon el Templo de Dios y lo dejaron en buen estado y conforme al diseño original. ¹⁴Cuando terminaron, llevaron al rey y a Joyadá el dinero que sobró, y estos lo utilizaron para hacer utensilios para el Templo del SEÑOR: utensilios para el culto y para los ˚holocaustos, y cucharones y vasos de oro y de plata. Todos los días, mientras Joyadá vivió, se ofrecieron holocaustos en el Templo del SEÑOR.

¹⁵Pero Joyadá envejeció y murió muy anciano. Cuando murió, tenía ciento treinta años. ¹⁶Fue sepultado junto con los reyes en la Ciudad de David, porque había servido bien a Israel y a Dios y su Templo.

Depravación de Joás

¹⁷Después de que Joyadá murió, los oficiales de Judá se presentaron ante el rey para rendirle homenaje, y él escuchó sus consejos. ¹⁸Abandonaron el Templo del SEÑOR, Dios de sus antepasados, y adoraron las imágenes de ˚Aserá y de los ídolos. Debido a este pecado, la ira de Dios cayó sobre Judá y Jerusalén. ¹⁹El SEÑOR envió profetas para que los exhortaran a volver a él, pero no les hicieron caso.

²⁰El Espíritu de Dios vino sobre Zacarías, hijo del sacerdote Joyadá, y este, presentándose ante el pueblo, declaró: «Así dice Dios el SEÑOR: ¿Por qué desobedecen mis mandamientos? De ese modo no prosperarán. Como me han abandonado, yo también los abandonaré».

²¹Pero ellos conspiraron contra Zacarías, hijo de Joyadá; entonces, por orden del rey, lo mataron a pedradas en el atrio del Templo del SEÑOR. ²²Así fue como el rey Joás, no tomando en cuenta la bondad de Joyadá, mató a su hijo Zacarías, quien al morir dijo: «¡Que el SEÑOR vea esto y te juzgue!».

²³Al cabo del año, las tropas arameas marcharon contra Joás, invadieron Judá y Jerusalén y, después de matar a los líderes del pueblo, enviaron todo el botín al rey de Damasco. ²⁴Aunque el ejército arameo era pequeño, el SEÑOR permitió que derrotara a un ejército muy numeroso, porque los habitantes de Judá habían abandonado al SEÑOR, Dios de sus antepasados. De esta manera Joás recibió el castigo que merecía. ²⁵Cuando los arameos se retiraron, dejando a Joás gravemente herido, sus servidores conspiraron contra él y lo mataron en su propia cama, vengando así la muerte del hijo del sacerdote Joyadá. Luego lo sepultaron en la Ciudad de David, pero no en el panteón de los reyes.

²⁶Los que conspiraron contra Joás fueron Zabad, hijo de Simat el amonita, y Jozabad, hijo de Simrit el moabita. ²⁷Todo lo relacionado con los hijos de Joás, con las muchas profecías en su contra y con

---

ᵃ 11 le pusieron … pacto. Alt. le pusieron la corona y las insignias.

la restauración del Templo de Dios, está escrito en el comentario sobre el libro de los reyes. Su hijo Amasías lo sucedió en el trono.

Amasías, rey de Judá

25:1-4 – 2R 14:1-6
25:11-12 – 2R 14:7
25:17-28 – 2R 14:8-20

25 Amasías tenía veinticinco años cuando comenzó a reinar; reinó en Jerusalén veintinueve años. Su madre era Joadán, oriunda de Jerusalén. ²Amasías hizo lo que agrada al SEÑOR, aunque no de todo °corazón. ³Después de afianzarse en el poder, Amasías mató a los ministros que habían asesinado a su padre el rey. ⁴Sin embargo, según lo que ordenó el SEÑOR, no mató a los hijos de los asesinos, pues está escrito en el libro de la °Ley de Moisés: «No se dará muerte a los padres por la culpa de sus hijos ni se dará muerte a los hijos por la culpa de sus padres. Cada uno morirá por su propio pecado».ᵃ

⁵Amasías reunió a los de Judá. Puso al frente de todo Judá y Benjamín comandantes de mil y de cien soldados, agrupados según sus familias patriarcales. Censó a los hombres mayores de veinte años y resultó que había trescientos mil hombres aptos para ir a la guerra y capaces de manejar la lanza y el escudo. ⁶Además, por la suma de cien talentosᵇ de plata contrató a cien mil guerreros valientes de Israel.

⁷Pero un hombre de Dios fue a verlo y le dijo:

—Su Majestad, no permita que el ejército de Israel vaya con usted, porque el SEÑOR no está con esos efraimitas. ⁸Si usted va con ellos, aunque luche valerosamente, Dios lo derribará en la cara misma de sus enemigos, porque Dios tiene poder para ayudar y poder para derribar.

⁹Amasías preguntó al hombre de Dios:

—¿Qué va a pasar con los cien talentos de plata que pagué al ejército de Israel?

—El SEÑOR puede darle a usted mucho más que eso —respondió.

¹⁰Entonces Amasías dio de baja a las tropas israelitas que habían llegado de Efraín y las hizo regresar a su país. A raíz de eso, las tropas se enojaron mucho con Judá y regresaron furiosas a sus casas.

¹¹Armándose de valor, Amasías guio al ejército hasta el valle de la Sal, donde mató a diez mil hombres de Seír. ¹²El ejército de Judá capturó vivos a otros diez mil. A estos los hicieron subir a la cima de una roca, y desde allí los despeñaron. Todos murieron destrozados.

¹³Mientras esto sucedía, las tropas que Amasías había dado de baja se lanzaron contra las ciudades de Judá. Luego, desde Samaria hasta Bet Jorón, mataron a tres mil personas y se llevaron un enorme botín.

¹⁴Cuando Amasías regresó de derrotar a los edomitas, se llevó consigo los dioses de los habitantes de Seír y los adoptó como sus dioses, adorándolos y quemándoles incienso. ¹⁵Por eso el SEÑOR se encendió en ira contra Amasías y le envió un profeta con este mensaje:

—¿Por qué sigues a unos dioses que no pudieron librar de tus manos a su propio pueblo?

¹⁶El rey interrumpió al profeta y le respondió:

—¿Y quién te ha nombrado consejero del rey? Si no quieres que te maten, ¡no sigas fastidiándome!

El profeta se limitó a añadir:

—Solo sé que, por haber hecho esto y por no seguir mi consejo, Dios ha resuelto destruirte.

¹⁷Amasías, rey de Judá, siguiendo el consejo de otros, envió mensajeros a Joás, hijo de Joacaz y nieto de Jehú, rey de Israel, con este reto: «¡Ven acá, para que nos enfrentemos!».

¹⁸Pero Joás, rey de Israel, respondió a Amasías, rey de Judá: «El cardo del Líbano mandó este mensaje al cedro: "¡Entrega a tu hija como esposa a mi hijo!". Pero luego pasaron por allí las fieras del Líbano y aplastaron el cardo. ¹⁹Tú te jactas de haber derrotado a los edomitas y el éxito se te ha subido a la cabeza. Está bien, jáctate si quieres, pero quédate en casa. ¿Para qué provocas una desgracia que significará tu perdición y la de Judá?».

²⁰Como estaba en los planes de Dios entregar a Amasías en poder del enemigo por haber seguido a los dioses de Edom, Amasías no le hizo caso. ²¹Así que Joás, rey de Israel, marchó a Bet Semes, que está en Judá, para enfrentarse con él. ²²Los israelitas vencieron a los de Judá, y estos huyeron a sus casas. ²³En Bet Semes, Joás, rey de Israel, capturó a Amasías, rey de Judá, hijo de Joás y nieto de Joacaz.ᶜ Luego fue a Jerusalén y derribó cuatrocientos codosᵈ de la muralla, desde la puerta de Efraín hasta la puerta de la Esquina. ²⁴Además, se apoderó de todo el oro, la plata y los utensilios que estaban en el Templo de Dios bajo el cuidado de Obed Edom. También se llevó los tesoros del palacio real, tomó rehenes y regresó a Samaria.

²⁵Amasías, hijo de Joás, rey de Judá, sobrevivió quince años a Joás, hijo de Joacaz, rey de Israel. ²⁶Los demás acontecimientos del reinado de Amasías, desde el primero hasta el último, están escritos en el libro de los reyes de Judá y de Israel. ²⁷Desde el momento en que Amasías abandonó al SEÑOR, se tramó una conspiración contra él en Jerusalén. Entonces Amasías huyó a Laquis, pero lo persiguieron y allí lo mataron. ²⁸Luego lo llevaron a caballo hasta la capital de Judá, donde fue sepultado con sus antepasados.

Uzías, rey de Judá

26:1-4 – 2R 14:21-22; 15:1-3
26:21-23 – 2R 15:5-7

26 Todo el pueblo de Judá tomó entonces a Uzías, que tenía dieciséis años, y lo proclamó rey en lugar de su padre Amasías. ²Y fue Uzías quien, después de la muerte del rey Amasías, reconstruyó la ciudad de Elat y la reintegró a Judá.

³Uzías tenía dieciséis años cuando comenzó a reinar y reinó en Jerusalén cincuenta y dos años. Su madre era Jecolías, oriunda de Jerusalén. ⁴Uzías hizo lo que agrada al SEÑOR, pues en todo siguió el buen ejemplo de su padre Amasías ⁵y, mientras vivió Zacarías, quien lo instruyó en el temor de Dios, se empeñó en buscar al SEÑOR. Mientras Uzías buscó a Dios, Dios le dio prosperidad.

⁶Uzías marchó contra los filisteos y destruyó los muros de Gat, Jabnia y Asdod. Además, construyó ciudades en la región de Asdod, entre los filisteos. ⁷Dios lo ayudó en su guerra contra los filisteos, contra los árabes que vivían en Gur Baal y contra los meunitas. ⁸Los amonitas fueron tributarios de Uzías; este llegó a tener tanto poder que su fama se difundió hasta la frontera de Egipto.

⁹Uzías también construyó y fortificó torres en Jerusalén, sobre la puerta de la Esquina y la puerta del Valle y en el ángulo del muro. ¹⁰Así mismo, construyó torres en el desierto y cavó un gran número de pozos, pues tenía mucho ganado en la llanura y en la meseta. Tenía también agricultores y viñadores que trabajaban en las montañas y en los valles, pues era un amante de la agricultura.

¹¹Uzías contaba con un ejército que salía a la guerra por escuadrones, de acuerdo con el censo hecho por

---

ᵃ 4 Dt 24:16.   ᵇ 6 Es decir, aprox. 3.4 t; también en v. 9.
ᶜ 23 *Joacaz* es otra forma del nombre *Ocozías*.   ᵈ 23 Es decir, aprox. 180 m.

el cronista Jeyel y por el oficial Maseías, bajo la dirección del rey. [12]El total de los jefes de familia era de dos mil seiscientos, todos ellos guerreros valientes. [13]Bajo el mando de estos había un ejército bien entrenado, compuesto por trescientos siete mil quinientos soldados, que combatían con mucho valor para apoyar al rey en su lucha contra los enemigos. [14]A ese ejército Uzías lo dotó de escudos, lanzas, cascos, corazas, arcos y hondas. [15]Construyó en Jerusalén unas máquinas diseñadas por hombres ingeniosos, y las colocó en las torres y en las esquinas de la ciudad para disparar flechas y piedras de gran tamaño. Con una ayuda portentosa, Uzías llegó a ser muy poderoso y su fama se extendió hasta muy lejos.

[16]Sin embargo, cuando aumentó su poder, Uzías se volvió arrogante, lo cual lo llevó a la desgracia. Se rebeló contra el SEÑOR, Dios de sus antepasados, y se atrevió a entrar en el Templo del SEÑOR para quemar incienso en el altar. [17]Detrás de él entró el sumo sacerdote Azarías, junto con ochenta sacerdotes del SEÑOR, todos ellos hombres valientes, [18]quienes enfrentaron al rey Uzías y le dijeron: «No le corresponde a usted, Uzías, quemar el incienso al SEÑOR. Esta es función de los sacerdotes descendientes de Aarón, pues son ellos los que están consagrados para quemar el incienso. Salga usted ahora mismo del santuario, pues ha pecado, y así Dios el SEÑOR no va a honrarlo».

[19]Esto enfureció a Uzías, quien tenía en la mano un incensario listo para ofrecer el incienso. Pero en ese mismo instante, allí en el Templo del SEÑOR, junto al altar del incienso y delante de los sacerdotes, la frente se le cubrió con una enfermedad en la piel.[a] [20]Al ver que Uzías tenía la piel de su frente enferma, el sumo sacerdote Azarías y los demás sacerdotes lo expulsaron de allí a toda prisa. Es más, él mismo se apresuró a salir, pues el SEÑOR lo había castigado.

[21]El rey Uzías quedó enfermo de su piel hasta el día de su muerte. Tuvo que vivir aislado en una casa separada[b] y le prohibieron entrar en el Templo del SEÑOR. Su hijo Jotán quedó a cargo del palacio y del gobierno del país.

[22]Los demás acontecimientos del reinado de Uzías, desde el primero hasta el último, los escribió el profeta Isaías, hijo de Amoz. [23]Cuando Uzías murió, fue sepultado con sus antepasados en un campo cercano al panteón de los reyes, pues padecía de una enfermedad en la piel. Y su hijo Jotán lo sucedió en el trono.

Jotán, rey de Judá
27:1-4, 7-9 – 2R 15:33-38

27 Jotán tenía veinticinco años cuando comenzó a reinar; reinó en Jerusalén dieciséis años. Su madre era Jerusa hija de Sadoc. [2]Jotán hizo lo que agrada al SEÑOR, pues en todo siguió el buen ejemplo de su padre Uzías; pero a diferencia de su padre, no entró en el Templo del SEÑOR. El pueblo, por su parte, continuó con sus prácticas corruptas. [3]Jotán fue quien reconstruyó la puerta superior del Templo del SEÑOR. Hizo también muchas obras en el muro de Ofel, [4]construyó ciudades en las montañas de Judá, y fortalezas y torres en los bosques.

[5]Jotán declaró la guerra al rey de los amonitas y lo venció. Durante tres años consecutivos, los amonitas tuvieron que pagarle un tributo anual de cien

talentos[c] de plata, diez mil coros[d] de trigo y diez mil coros[e] de cebada.

[6]Jotán llegó a ser poderoso porque se propuso obedecer al SEÑOR su Dios.

[7]Los demás acontecimientos del reinado de Jotán, y sus guerras y su conducta, están escritos en el libro de los reyes de Israel y de Judá. [8]Tenía veinticinco años cuando comenzó a reinar; reinó en Jerusalén dieciséis años. [9]Cuando Jotán murió, fue sepultado con sus antepasados en la Ciudad de David; su hijo Acaz lo sucedió en el trono.

Acaz, rey de Judá
28:1-27 – 2R 16:1-20

28 Acaz tenía veinte años cuando comenzó a reinar; reinó en Jerusalén dieciséis años. Pero, a diferencia de su antepasado David, Acaz no hizo lo que agrada al SEÑOR. [2]Al contrario, siguió el mal ejemplo de los reyes de Israel. También hizo imágenes fundidas de los *baales. [3]Así mismo, quemó incienso en el valle de Ben Hinón y sacrificó en el fuego a sus hijos, según las repugnantes ceremonias de las naciones que el SEÑOR había expulsado al paso de los israelitas. [4]También ofrecía sacrificios y quemaba incienso en los *altares paganos, en las colinas y bajo todo árbol frondoso.

[5]Por eso el SEÑOR su Dios lo entregó al poder del rey de Aram. Los arameos lo derrotaron y capturaron una gran cantidad de prisioneros que se llevaron a Damasco.

Acaz también cayó en poder del rey de Israel, quien le infligió una gran derrota. [6]En un solo día, Pécaj, hijo de Remalías, mató en Judá a ciento veinte mil hombres, todos ellos soldados valientes, porque los habitantes de Judá habían abandonado al SEÑOR, Dios de sus antepasados. [7]Zicrí, un guerrero de Efraín, mató a Maseías, hijo del rey, a Azricán, oficial encargado del palacio, y a Elcaná, que era el oficial más importante después del rey. [8]De entre sus hermanos de Judá, los israelitas capturaron a doscientas mil personas, incluyendo a mujeres, niños y niñas. Además, se apoderaron de un enorme botín, que se llevaron a Samaria.

[9]Había allí un hombre llamado Oded que era profeta del SEÑOR. Cuando el ejército regresaba a Samaria, este profeta salió a su encuentro y les dijo:

—El SEÑOR, Dios de sus antepasados, entregó a los de Judá en manos de ustedes, porque estaba enojado con ellos. Pero ustedes los mataron con tal furia que repercutió en el cielo. [10]Y como si fuera poco, ¡ahora pretenden convertir a los habitantes de Judá y de Jerusalén en sus esclavos! ¿Acaso no son también ustedes culpables de haber pecado contra el SEÑOR su Dios? [11]Por tanto, háganme caso: dejen libres a los prisioneros. ¿Acaso no son sus propios hermanos? ¡La ira del SEÑOR se ha encendido contra ustedes!

[12]Entonces Azarías, hijo de Johanán, Berequías, hijo de Mesilemot, Ezequías, hijo de Salún, y Amasá, hijo de Hadlay, que eran jefes de los efraimitas, se enfrentaron a los que regresaban de la guerra [13]y les dijeron:

—No traigan aquí a los prisioneros, porque eso nos haría culpables ante el SEÑOR. ¿Acaso pretenden aumentar nuestros pecados y nuestras faltas? ¡Ya es muy grande nuestra culpa, y la ira del SEÑOR se ha encendido contra Israel!

[14]Así que los soldados dejaron libres a los prisioneros, y pusieron el botín a los pies de los oficiales y de toda la asamblea. [15]Algunos fueron nombrados para que se hicieran cargo de los prisioneros, y con la ropa y el calzado del botín vistieron a todos los que estaban desnudos. Luego les dieron de comer y de beber, y les untaron aceite. Finalmente, a los que estaban débiles los montaron en burros y los llevaron

---

[a] 19 La palabra hebrea acá aludida tradicionalmente se ha traducido como *lepra*; también esa expresión se usa en la Biblia para designar varias enfermedades que atacan la piel.
[b] 21 *aislado en una casa separada*. Lit. *en casa de libertad*; es decir, libre de responsabilidades.   [c] 5 Es decir, aprox. 3.4 t.
[d] 5 Es decir, aprox. 1,600 t.   [e] 5 Es decir, aprox. 1,350 t.

a Jericó, la ciudad de las palmeras, para reunirlos con sus hermanos. Después, aquellos hombres volvieron a Samaria.

¹⁶En aquel tiempo, el rey Acaz solicitó la ayuda de los reyes de Asiria, ¹⁷porque los edomitas habían atacado nuevamente a Judá y se habían llevado algunos prisioneros. ¹⁸Por su parte, los filisteos saquearon las ciudades de Judá que estaban en la llanura y en el Néguev. Se apoderaron de Bet Semes, Ayalón, Guéderot, Soco, Timná y Guimzó, junto con sus respectivas aldeas, y se establecieron en ellas. ¹⁹Así fue como el SEÑOR humilló a Judá, por culpa de Acaz, su rey,ᵃ quien permitió el desenfreno en Judá y se rebeló totalmente contra el SEÑOR. ²⁰Tiglat Piléser, rey de Asiria, en vez de apoyar a Acaz, marchó contra él y empeoró su situación. ²¹Entonces Acaz entregó al rey de Asiria todo lo que había de valor en el Templo del SEÑOR, en el palacio real y en las casas de sus oficiales; pero eso de nada le sirvió.

²²Y a pesar de encontrarse tan presionado, el rey Acaz se empecinó en su rebelión contra el SEÑOR. ²³Incluso ofreció sacrificios a los dioses de Damasco que lo habían derrotado, pues pensó: «Como los dioses de Aram ayudan a sus reyes, también me ayudarán a mí si les ofrezco sacrificios». Pero esos dioses fueron su ruina y la de todo Israel.

²⁴Acaz también juntó y despedazó los utensilios del Templo de Dios, cerró sus puertas e hizo construir altares en cada esquina de Jerusalén. ²⁵Y en todas las ciudades de Judá hizo construir ˙altares paganos para quemar incienso a otros dioses, ofendiendo así al SEÑOR, Dios de sus antepasados.

²⁶Los demás acontecimientos de su reinado, desde el primero hasta el último, lo mismo que su conducta, están escritos en el libro de los reyes de Judá y de Israel. ²⁷Acaz murió y fue sepultado con sus antepasados en la ciudad de Jerusalén, pero no en el panteón de los reyes de Israel. Su hijo Ezequías lo sucedió en el trono.

Ezequías, rey de Judá
29:1-2 – 2R 18:2-3

29 Ezequías tenía veinticinco años cuando comenzó a reinar; reinó en Jerusalén veintinueve años. Su madre era Abías hija de Zacarías. ²Ezequías hizo lo que agrada al SEÑOR, pues en todo siguió el ejemplo de su antepasado David.

³En el mes primero del primer año de su reinado, Ezequías mandó que se abrieran las puertas del Templo del SEÑOR y las reparó. ⁴En la plaza oriental convocó a los sacerdotes y a los levitas ⁵y les dijo: «¡Levitas, escúchenme! Conságrense ustedes y consagren también el Templo del SEÑOR, Dios de sus antepasados, y saquen las cosas profanas que hay en el santuario. ⁶Es un hecho que nuestros antepasados se rebelaron e hicieron lo que ofende al SEÑOR nuestro Dios y que lo abandonaron. Es también un hecho que le dieron la espalda al SEÑOR y que despreciaron el lugar donde él habita. ⁷Así mismo, cerraron las puertas del atrio, apagaron las lámparas, y dejaron de quemar incienso y de ofrecer ˙holocaustos en el santuario al Dios de Israel. ⁸¡Por eso la ira del SEÑOR cayó sobre Judá y Jerusalén y los convirtió en objeto de horror, de ruina y de burla, tal como ustedes pueden verlo ahora con sus propios ojos! ⁹¡Por eso nuestros antepasados murieron a filo de espada y nuestros hijos, nuestras hijas y nuestras mujeres fueron llevados al cautiverio! ¹⁰Yo me propongo ahora hacer un ˙pacto con el SEÑOR, Dios de Israel, para que retire de nosotros su ardiente ira. ¹¹Así que, hijos míos, no sean negligentes, pues el SEÑOR los ha escogido a ustedes para que estén en su presencia, le sirvan, sean sus ministros y le quemen incienso».

¹²Estos son los levitas que se dispusieron a trabajar:

De los descendientes de Coat:
  Mahat, hijo de Amasay, y Joel, hijo de Azarías.
De los descendientes de Merari:
  Quis, hijo de Abdí, y Azarías, hijo de Yalelel.
De los descendientes de Guersón:
  Joa, hijo de Zimá, y Edén, hijo de Joa.
¹³De los descendientes de Elizafán:
  Simri y Jeyel.
De los descendientes de Asaf:
  Zacarías y Matanías.
¹⁴De los descendientes de Hemán:
  Jehiel y Simí.
De los descendientes de Jedutún:
  Semaías y Uziel.

¹⁵Estos reunieron a sus parientes, se consagraron y entraron en el Templo del SEÑOR para purificarlo, cumpliendo así la orden del rey, según las palabras del SEÑOR. ¹⁶Después los sacerdotes entraron al interior del Templo del SEÑOR para purificarlo. Sacaron al atrio del Templo todos los objetos impuros que encontraron allí, y los levitas los recogieron y los arrojaron al arroyo de Cedrón. ¹⁷Comenzaron a consagrar el Templo del SEÑOR el primer día del mes primero, y el octavo día ya habían llegado a la entrada del Templo del SEÑOR. Para completar la consagración emplearon otros ocho días, de modo que terminaron el día dieciséis del mes primero.

¹⁸Más tarde, se presentaron ante el rey Ezequías y le dijeron: «Ya hemos purificado el Templo del SEÑOR, el altar de los holocaustos con sus utensilios y la mesa para el pan consagrado con sus utensilios. ¹⁹Además, hemos reparado y consagrado todos los utensilios que, en su rebeldía, el rey Acaz profanó durante su reinado, y los hemos puesto ante el altar del SEÑOR».

²⁰El rey Ezequías se levantó muy de mañana, reunió a los oficiales de la ciudad y se fue con ellos al Templo del SEÑOR. ²¹Llevaron siete novillos, siete carneros y siete corderos; además, como ofrenda para el perdón por el pecado del reino, del santuario y de Judá, llevaron siete machos cabríos. El rey ordenó a los sacerdotes descendientes de Aarón que los ofrecieran en holocausto sobre el altar del SEÑOR. ²²Los sacerdotes sacrificaron los toros, recogieron la sangre y la rociaron sobre el altar; luego mataron los carneros y rociaron la sangre sobre el altar; después mataron los corderos y rociaron la sangre sobre el altar. ²³Finalmente, los machos cabríos de la ofrenda por el pecado los llevaron y los colocaron delante del rey y de la asamblea para que pusieran las manos sobre ellos; ²⁴luego los mataron y rociaron la sangre sobre el altar como un sacrificio para obtener el perdón por el pecado de todo Israel, pues el rey había ordenado que el holocausto y el sacrificio por el pecado se ofrecieran por todo Israel.

²⁵Ezequías instaló también a los levitas en el Templo del SEÑOR, con música de címbalos, liras y arpas, tal como lo habían ordenado David, Natán, el profeta, y Gad, el vidente del rey. Este mandamiento lo dio el SEÑOR por medio de sus profetas. ²⁶Los levitas estaban de pie con los instrumentos musicales de David y los sacerdotes, con las trompetas.

²⁷Entonces Ezequías ordenó que se ofreciera el holocausto sobre el altar. En cuanto comenzó el holocausto, comenzaron también los cantos al SEÑOR y el toque de trompetas, acompañada con los instrumentos musicales de David, rey de Israel. ²⁸Toda la

---

ᵃ **19** *su rey.* Lit. *rey de Israel.* En este libro se usa con frecuencia el nombre de Israel para referirse a Judá.

asamblea permaneció postrada hasta que terminó el holocausto, mientras los cantores entonaban los cantos y los trompetistas hacían resonar sus instrumentos.

²⁹Cuando terminaron de ofrecer el holocausto, el rey y todos los que estaban con él se postraron para adorar. ³⁰El rey Ezequías y los oficiales ordenaron a los levitas que cantaran al SEÑOR las alabanzas que David y Asaf el vidente habían compuesto. Los levitas lo hicieron con alegría y se postraron en adoración.

³¹Luego Ezequías dijo: «Ahora que ustedes se han consagrado al SEÑOR, acérquense y preséntenle en su Templo sus sacrificios y las ofrendas de acción de gracias». Así que la asamblea llevó sacrificios y ofrendas de acción de gracias, y todos los que dispusieron su corazón llevaron holocaustos.

³²Llevaron setenta bueyes, cien carneros y doscientos corderos, para ofrecerlos en holocausto al SEÑOR. ³³También se consagraron seiscientos bueyes y tres mil ovejas y cabras. ³⁴Pero como los sacerdotes eran pocos y no podían desollar todos los animales para el holocausto, sus parientes levitas tuvieron que ayudarlas a terminar el trabajo, a fin de que los otros sacerdotes pudieran consagrarse, pues los levitas habían sido más diligentes en consagrarse que los sacerdotes. ³⁵Se ofrecieron muchos holocaustos, además de la grasa de los sacrificios de ˟comunión y de las ofrendas líquidas para cada holocausto.

Así fue como se restableció el culto en el Templo del SEÑOR. ³⁶Y Ezequías y todo el pueblo se regocijaron de que Dios hubiera preparado al pueblo para hacerlo todo con rapidez.

Celebración de la Pascua

30 Ezequías escribió cartas a todo Israel y Judá, incluyendo a las tribus de Efraín y Manasés, y se las envió, para que acudieran al Templo del SEÑOR en Jerusalén a celebrar la Pascua del SEÑOR, Dios de Israel. ²El rey, los oficiales y toda la asamblea habían decidido celebrar la Pascua en el mes segundo. ³No pudieron hacerlo en la fecha correspondiente porque muchos de los sacerdotes aún no se habían consagrado el pueblo no se había reunido en Jerusalén. ⁴Como la propuesta agradó al rey y a la asamblea, ⁵acordaron pregonar por todo Israel, desde Dan hasta Berseba, que todos debían acudir a Jerusalén para celebrar la Pascua del SEÑOR, Dios de Israel, pues muchos no la celebraban como estaba ordenado.

⁶Los mensajeros salieron por todo Israel y Judá con las cartas del rey y de sus oficiales, y de acuerdo con la orden del rey iban proclamando:

«Israelitas, vuélvanse al SEÑOR, Dios de Abraham, de Isaac y de Israel, para que él se vuelva al remanente de ustedes, que escapó del poder de los reyes de Asiria. ⁷No sean como sus antepasados ni como sus hermanos, que se rebelaron contra el SEÑOR, Dios de sus antepasados. Por eso él los entregó a la ruina, como ahora lo pueden ver. ⁸No sean tercos como sus antepasados. Sométanse al SEÑOR y entren en su santuario, que él consagró para siempre. Sirvan al SEÑOR su Dios para que él retire su ardiente ira. ⁹Si se vuelven al SEÑOR, sus hermanos y sus hijos serán tratados con benevolencia por aquellos que los tienen cautivos, y podrán regresar a esta tierra. El SEÑOR su Dios es misericordioso y compasivo. Si ustedes se vuelven a él, jamás los abandonará».

¹⁰Los mensajeros recorrieron toda la región de Efraín y Manasés de ciudad en ciudad, hasta llegar a la región de Zabulón; pero la gente se reía y se burlaba de ellos. ¹¹No obstante, algunos de las tribus de Aser, Manasés y Zabulón se humillaron y fueron a Jerusalén. ¹²También los habitantes de Judá, movidos por Dios, cumplieron unánimes la orden del rey y de los oficiales, conforme a la palabra del SEÑOR.

¹³En el mes segundo, una inmensa muchedumbre se reunió en Jerusalén para celebrar la fiesta de los Panes sin levadura. ¹⁴Quitaron los altares que había en Jerusalén y los altares donde se quemaba incienso y los arrojaron al arroyo de Cedrón.

¹⁵El día catorce del mes segundo celebraronᵃ la Pascua. Los sacerdotes y los levitas, compungidos, se consagraron y llevaron ˟holocaustos al Templo del SEÑOR, ¹⁶después de lo cual ocuparon sus respectivos puestos, conforme a lo ordenado en la ˟Ley de Moisés, hombre de Dios. Los levitas entregaban la sangre a los sacerdotes y estos la rociaban. ¹⁷Como muchos de la asamblea no se habían consagrado al SEÑOR, para llevarlo a cabo los levitas tuvieron que matar por ellos los corderos de la Pascua. ¹⁸En efecto, mucha gente de Efraín, de Manasés, de Isacar y de Zabulón participó de la comida pascual sin haberse purificado, con los que transgredieron la Ley. Pero Ezequías oró así a favor de ellos: «Perdona, buen SEÑOR, ¹⁹a todo el que se ha empeñado de todo ˟corazón en buscarte a ti, SEÑOR, Dios de sus antepasados, aunque no se haya purificado según las normas del santuario». ²⁰Y el SEÑOR escuchó a Ezequías y perdonóᵇ al pueblo.

²¹Los israelitas que se encontraban en Jerusalén celebraron, con mucho gozo y durante siete días, la fiesta de los Panes sin levadura. Los levitas y los sacerdotes alababan al SEÑOR todos los días, y le entonaban cantos al son de sus instrumentos musicales.ᶜ

²²Y Ezequías felicitó a los levitas que habían tenido una buena disposición para servir al SEÑOR. Durante siete días celebraron la fiesta y participaron de la comida pascual, ofreciendo sacrificios de ˟comunión y alabando al SEÑOR, Dios de sus antepasados.

²³Pero toda la asamblea acordó prolongar la fiesta siete días más, y llenos de gozo celebraron esos siete días. ²⁴Ezequías, rey de Judá, obsequió a la asamblea mil novillos y siete mil ovejas y cabras; también los oficiales regalaron mil terneros y diez mil ovejas y cabras. Y muchos más sacerdotes se consagraron. ²⁵Toda la asamblea de Judá estaba alegre, lo mismo que todos los sacerdotes, levitas, y extranjeros que habían llegado de Israel, así como los que vivían en Judá. ²⁶Desde la época de Salomón, hijo de David, rey de Israel, no se había celebrado en Jerusalén una fiesta como esa. ²⁷Después los sacerdotes y los levitas se pusieron de pie, bendijeron al pueblo y Dios los escuchó. Su oración llegó hasta el cielo, al ˟santo lugar donde Dios habita.

31 Cuando terminó la fiesta, todos los israelitas que estaban allí recorrieron las ciudades de Judá para derribar las piedras sagradas y las imágenes de la diosa ˟Aserá. También derribaron por completo los ˟altares paganos en las colinas y los demás altares que había en los territorios de Judá, Benjamín, Efraín y Manasés. Después de eso, todos ellos regresaron a sus ciudades, cada uno a su propiedad.

Reorganización del culto
31:20-21 - 2R 18:5-7

²Ezequías asignó turnos a los sacerdotes y levitas, para que cada uno sirviera según su oficio, y así ofreciera los ˟holocaustos y los sacrificios de ˟comunión, oficiara en el culto, cantara las alabanzas al SEÑOR, o sirviera en las puertas de la moradaᵈ del SEÑOR. ³El rey destinó parte de sus bienes para los holocaustos

---

ᵃ **15** *celebraron. Lit.* sacrificaron.   ᵇ **20** *perdonó. Lit. sanó.*   ᶜ **21** *sus instrumentos musicales. Lit. los instrumentos poderosos del SEÑOR.*   ᵈ **2** *morada. Lit. campamento.*

matutinos y vespertinos, y para los holocaustos de los *sábados, de luna nueva y de las fiestas solemnes, como está escrito en la *Ley del SEÑOR. ⁴También ordenó que los habitantes de Jerusalén entregaran a los sacerdotes y a los levitas la parte que les correspondía, para que pudieran dedicarse a la Ley del SEÑOR. ⁵Tan pronto como se dio la orden, los israelitas entregaron en abundancia las *primicias del trigo, del vino nuevo, del aceite, de la miel y de todos los productos del campo. También dieron en abundancia el diezmo de todo. ⁶De igual manera, los israelitas y los que vivían en las ciudades de Judá entregaron el diezmo de bueyes y ovejas, y de todas aquellas cosas que eran consagradas al SEÑOR su Dios, y todo lo colocaron en montones. ⁷Comenzaron a formar los montones en el mes tercero y terminaron en el séptimo. ⁸Cuando Ezequías y sus oficiales fueron y vieron los montones, bendijeron al SEÑOR y a su pueblo Israel.

⁹Entonces Ezequías pidió a los sacerdotes y a los levitas que le informaran acerca de esos montones, ¹⁰y el sumo sacerdote Azarías, descendiente de Sadoc, le contestó: «Desde que el pueblo comenzó a traer sus ofrendas al Templo del SEÑOR, hemos tenido suficiente comida y nos ha sobrado mucho, porque el SEÑOR ha bendecido a su pueblo. En esos montones está lo que ha sobrado».

¹¹Ezequías ordenó entonces que prepararan unos depósitos en el Templo del SEÑOR; y así lo hicieron. ¹²Y todos llevaron fielmente las ofrendas, los diezmos y los dones consagrados. El oficial encargado de administrar todo esto era el levita Conanías y su hermano Simí le ayudaba. ¹³El rey Ezequías y Azarías, el que administraba el Templo de Dios, nombraron como inspectores a Jehiel, Azazías, Najat, Asael, Jerimot, Jozabad, Eliel, Ismaquías, Mahat y Benaías, y los pusieron bajo las órdenes de Conanías y su hermano Simí.

¹⁴El levita Coré, hijo de Imná, guardián de la puerta oriental, estaba encargado de las ofrendas voluntarias que se hacían a Dios; también, de distribuir las ofrendas del SEÑOR y los dones consagrados. ¹⁵Bajo sus órdenes estaban Edén, Minjamín, Jesúa, Semaías, Amarías y Secanías. Estos se hallaban en las ciudades de los sacerdotes y, según sus turnos, distribuían fielmente las ofrendas entre sus compañeros, grandes y pequeños.

¹⁶Se distribuían entre los varones de tres años para arriba que estuvieran inscritos en el registro genealógico y que prestaran diariamente sus servicios en el Templo del SEÑOR, según sus respectivos turnos y oficios. ¹⁷A los sacerdotes se les registraba de acuerdo con sus familias patriarcales y a los levitas mayores de veinte años, de acuerdo con sus turnos y oficios. ¹⁸En el registro se incluían los niños pequeños, las mujeres, los hijos y las hijas, es decir, todo el grupo, ya que se mantenían fielmente consagrados.

¹⁹Además, en todas las ciudades había personas encargadas de repartir las porciones entre los sacerdotes descendientes de Aarón, y entre los levitas que estaban inscritos en el registro y que vivían en las aldeas de sus ciudades.

²⁰Eso mismo hizo Ezequías en todo Judá, actuando con bondad, rectitud y fidelidad ante el SEÑOR su Dios. ²¹Todo lo que emprendió para el servicio del Templo de Dios, lo hizo de todo *corazón, de acuerdo con la Ley y con el mandamiento de buscar a Dios. Y tuvo éxito.

Senaquerib invade Judá
32:9-19 – 2R 18:17-35; Is 36:2-20
32:20-21 – 2R 19:35-37; Is 37:36-38

32 Después de semejante muestra de fidelidad por parte de Ezequías, Senaquerib, rey de Asiria,

marchó contra Judá y sitió las ciudades fortificadas, dispuesto a conquistarlas. ²Cuando Ezequías se enteró de que Senaquerib se dirigía también hacia Jerusalén con el propósito de atacarla, ³se reunió con sus oficiales y militares y les propuso bloquear los manantiales que había fuera de la ciudad y ellos lo apoyaron. ⁴Entonces se juntó mucha gente, y entre todos bloquearon los manantiales y el arroyo que atravesaba la región, pues no querían que al llegar los reyes de Asiria encontraran agua en abundancia. ⁵Armándose de valor, Ezequías reconstruyó toda la muralla que había sido derribada y levantó torres sobre ella; también construyó un muro exterior, fortificó los terraplenesᵃ de la Ciudad de David, y mandó fabricar muchas armas y escudos.

⁶Luego puso oficiales militares al frente del ejército y, luego de reunirlos en la plaza frente a la *puerta de la ciudad, los animó con estas palabras: ⁷«¡Cobren ánimo y ármense de valor! No se asusten ni se acobarden ante el rey de Asiria y su numeroso ejército, porque nosotros contamos con alguien que es más poderoso. ⁸Él se apoya en la fuerza *humana, mientras que nosotros contamos con el SEÑOR nuestro Dios, quien nos brinda su ayuda y pelea nuestras batallas». Al oír las palabras de Ezequías, rey de Judá, el pueblo se tranquilizó.

⁹Senaquerib, rey de Asiria, que en ese momento se hallaba en Laquis con todo su ejército, envió a sus oficiales para que dijeran a Ezequías, rey de Judá, y a todos los de Judá que estaban en Jerusalén:

¹⁰«Así dice Senaquerib, rey de Asiria: ¿En qué basan su confianza para permanecer dentro de Jerusalén, que ya es una ciudad sitiada? ¹¹Cuando Ezequías dice: "El SEÑOR nuestro Dios nos salvará de la mano del rey de Asiria, los está engañando para que mueran de hambre y sed". ¹²¿No fue acaso Ezequías mismo quien quitó sus santuarios y altares, y luego ordenó a Judá y Jerusalén adorar en un solo altar, y solo en él quemar incienso?

¹³»¿Es que no se han dado cuenta de lo que yo y mis antepasados les hemos hecho a todas las naciones de la tierra? ¿Acaso los dioses de esas naciones pudieron librarlas de mi mano? ¹⁴Pues así como ninguno de los dioses de esos países que mis antepasados *destruyeron por completo pudo librarlos de mi mano, tampoco este dios de ustedes podrá librarlos de mí. ¹⁵¡No se dejen engañar ni seducir por Ezequías! ¡No le crean! Si ningún dios de esas naciones y reinos pudo librarlos de mi poder y del poder de mis antepasados, ¡mucho menos el dios de ustedes podrá librarlos a ustedes de mi mano!».

¹⁶Los oficiales de Senaquerib siguieron hablando contra Dios el SEÑOR y contra su siervo Ezequías. ¹⁷Además, Senaquerib escribió cartas en la que insultaba al SEÑOR, Dios de Israel, en estos términos: «Así como los dioses de otras naciones no han podido librarla de mi mano, tampoco ese dios de Ezequías podrá librar de mi mano a su pueblo». ¹⁸Los oficiales de Senaquerib gritaban a voz en cuello a los habitantes de Jerusalén que estaban en la muralla. Lo hacían en lengua hebrea, para infundirles miedo y así poder conquistar la ciudad. ¹⁹Y se referían al Dios de Jerusalén como si fuera igual a los dioses de las otras naciones de la tierra, fabricados por manos humanas.

²⁰Por ese motivo, el rey Ezequías y el profeta Isaías, hijo de Amoz, clamaron al cielo en oración. ²¹Entonces el SEÑOR envió un ángel para que exterminara a todos los soldados, a los comandantes y

---

ᵃ 5 *los terraplenes.* Alt. *el Milo.*

oficiales del campamento del rey de Asiria, quien tuvo que volver avergonzado a su país. Al entrar en el templo de su dios, sus propios hijos lo asesinaron. ²²Así salvó el SEÑOR a Ezequías y a los habitantes de Jerusalén de la mano de Senaquerib, rey de Asiria, y de todos sus enemigos, y les dio paz en todas sus fronteras. ²³Entonces muchos fueron a Jerusalén con ofrendas para el SEÑOR y regalos para Ezequías, rey de Judá. De este modo aumentó el prestigio de Ezequías entre todas las naciones.

Enfermedad y curación de Ezequías
32:24-33 – 2R 20:1-21; Is 37:21-38; 38:1-8

²⁴Por aquellos días Ezequías se enfermó gravemente y estuvo a punto de morir. Entonces oró al SEÑOR, quien respondió y le dio una señal extraordinaria. ²⁵Pero Ezequías no correspondió al favor recibido, sino que se llenó de orgullo. Eso hizo que la ira del SEÑOR se encendiera contra él, también contra Judá y Jerusalén. ²⁶Luego Ezequías, junto con los habitantes de Jerusalén, se ˚arrepintió de su orgullo, y mientras él vivió, el SEÑOR no derramó su ira contra ellos.

Prosperidad y muerte de Ezequías

²⁷Ezequías llegó a tener muchas riquezas y a gozar de gran prestigio. Acumuló grandes cantidades de plata, oro, piedras preciosas, perfumes, escudos y toda clase de objetos valiosos. ²⁸Tenía depósitos para almacenar trigo, vino nuevo y aceite, establos para toda clase de ganado y rediles para los rebaños. ²⁹Edificó ciudades; además, era dueño de una inmensa cantidad de ganado mayor y menor, pues Dios le concedió muchísimos bienes.

³⁰Ezequías fue también quien cegó la salida superior de las aguas de Guijón y las desvió por un canal subterráneo hacia la parte occidental de la Ciudad de David. En fin, Ezequías tuvo éxito en todas las obras que emprendió. ³¹Sin embargo, cuando los gobernantes de Babilonia enviaron una embajada para investigar acerca de la señal extraordinaria que había tenido lugar en el país, Dios se retiró de Ezequías para probarlo y descubrir todo lo que había en su ˚corazón.

³²Los demás acontecimientos del reinado de Ezequías, incluyendo sus hazañas, están escritos en la visión del profeta Isaías, hijo de Amoz, y en el libro de los reyes de Judá e Israel. ³³Ezequías murió y fue sepultado con sus antepasados en la parte superior del panteón de los descendientes de David. Todos los habitantes de Judá y de Jerusalén le rindieron honores. Y su hijo Manasés lo sucedió en el trono.

Manasés, rey de Judá
33:1-10 – 2R 21:1-10
33:18-20 – 2R 21:17-18

33 Manasés tenía doce años cuando comenzó a reinar; reinó en Jerusalén cincuenta y cinco años. ²Pero Manasés hizo lo malo ante los ojos del SEÑOR, pues practicaba las repugnantes ceremonias de las naciones que el SEÑOR había expulsado delante de los israelitas. ³Reconstruyó los altares paganos que su padre Ezequías había derribado; además, edificó otros altares en honor de los ˚baales e hizo imágenes de la diosa ˚Aserá. Se postró ante todos los astros del cielo y los adoró. ⁴Construyó altares en el Templo del SEÑOR, lugar del cual el SEÑOR había dicho: «En Jerusalén estará mi Nombre por siempre». ⁵En ambos atrios del Templo del SEÑOR construyó altares en honor de los astros del cielo. ⁶Sacrificó en el fuego a sus hijos en el valle de Ben Hinón, practicó la adivinación, la agorería y la hechicería; además consultó a médiums y a espiritistas. Hizo continuamente lo que ofende al SEÑOR, provocando así su ira.

⁷Tomó la imagen del ídolo que había hecho y la puso en el Templo de Dios, lugar del cual Dios había dicho a David y a su hijo Salomón: «En este templo en Jerusalén, la ciudad que he escogido de entre todas las tribus de Israel, pondré mi Nombre para siempre. ⁸Nunca más arrojaré a los israelitas de la tierra en que establecí a sus antepasados, siempre y cuando tengan cuidado de cumplir todo lo que les he ordenado, es decir, toda la Ley, los estatutos y las ordenanzas que les di por medio de Moisés». ⁹Manasés descarrió a los habitantes de Judá y de Jerusalén, de modo que se condujeron peor que las naciones que el SEÑOR destruyó delante de ellos.

¹⁰El SEÑOR habló a Manasés y a su pueblo, pero no le hicieron caso. ¹¹Por eso el SEÑOR envió contra ellos a los comandantes del ejército del rey de Asiria, los cuales capturaron a Manasés y lo llevaron a Babilonia sujeto con garfios y cadenas de bronce. ¹²Estando en tal aflicción, imploró al SEÑOR, Dios de sus antepasados, y se humilló profundamente ante él. ¹³Oró al SEÑOR, y él escuchó sus súplicas y le permitió regresar a Jerusalén y volver a reinar. Así Manasés reconoció que solo el SEÑOR es Dios.

¹⁴Después de esto, Manasés construyó una alta muralla exterior en la Ciudad de David, la cual iba desde el oeste de Guijón, en el valle, hasta la puerta de los Pescados, y rodeaba Ofel. Además, colocó comandantes militares en todas las ciudades fortificadas de Judá ¹⁵y sacó del Templo del SEÑOR los dioses extranjeros y el ídolo, arrojando fuera de la ciudad todos los altares que había construido en el monte del Templo del SEÑOR y en Jerusalén. ¹⁶Luego reconstruyó el altar del SEÑOR, y en él ofreció sacrificios de ˚comunión y de acción de gracias, y ordenó a Judá que sirviera al SEÑOR, Dios de Israel. ¹⁷Sin embargo, el pueblo siguió ofreciendo sacrificios en los ˚altares paganos, aunque se los ofrecían solo al SEÑOR su Dios.

¹⁸Los demás acontecimientos del reinado de Manasés, incluso su oración a Dios y las palabras de los videntes que le hablaban en ˚nombre del SEÑOR, Dios de Israel, están escritos en las crónicas de los reyes de Israel. ¹⁹Su oración y la respuesta que recibió, como también todos sus pecados y rebeldías, los sitios donde erigió altares paganos y colocó las imágenes de la diosa ˚Aserá y de otros ídolos, lo cual hizo antes de su humillación, todo esto está escrito en las crónicas de Jozay. ²⁰Manasés murió y fue sepultado en su palacio; luego su hijo Amón lo sucedió en el trono.

Amón, rey de Judá
33:21-25 – 2R 21:19-24

²¹Amón tenía veintidós años cuando comenzó a reinar; reinó en Jerusalén dos años. ²²Pero hizo lo malo ante los ojos del SEÑOR, como lo había hecho su padre Manasés: ofreció sacrificios a todos los ídolos que había hecho su padre y los adoró. ²³Pero a diferencia de su padre Manasés, no se humilló ante el SEÑOR, sino que multiplicó su culpa.

²⁴Los ministros de Amón conspiraron contra él y lo asesinaron en su palacio. ²⁵Entonces el pueblo mató a todos los que habían conspirado contra el rey Amón y, en su lugar, proclamaron rey a su hijo Josías.

Josías, rey de Judá
34:1-2 – 2R 22:1-2
34:8-13 – 2R 22:3-7

34 Josías tenía ocho años cuando comenzó a reinar; reinó en Jerusalén treinta y un años. ²Josías hizo lo que agrada al SEÑOR, pues siguió el buen ejemplo de su antepasado David; no se desvió de él en el más mínimo detalle.

³En el año octavo de su reinado, siendo aún muy joven, Josías comenzó a buscar al Dios de su antepasado David. En el año duodécimo empezó a °purificar a Judá y a Jerusalén, quitando los °altares paganos, las imágenes de la diosa °Aserá, así como los ídolos y las imágenes de metal fundido. ⁴En su presencia fueron destruidos los altares de los °baales y los altares sobre los que se quemaba incienso; también fueron despedazadas las imágenes dedicadas al culto a Aserá, y los ídolos y las imágenes de metal fundido fueron reducidos a polvo, el cual fue esparcido sobre las tumbas de los que les habían ofrecido sacrificios. ⁵Quemó sobre los altares los huesos de los sacerdotes, purificando así a Judá y a Jerusalén. ⁶Lo mismo hizo en las ciudades de Manasés, Efraín, Simeón y Neftalí, y en las ruinas a sus alrededores. ⁷En toda la región de Israel destruyó los altares, redujo a polvo los ídolos y las imágenes de la diosa Aserá y derribó los altares para quemar incienso. Luego regresó a Jerusalén.

⁸En el año dieciocho de su reinado, después de haber purificado el país y el Templo, Josías envió a Safán, hijo de Asalías, y a Maseías, gobernador de la ciudad, junto con el secretario Joa, hijo de Joacaz, a que repararan el Templo del SEÑOR su Dios.

⁹Estos se presentaron ante el sumo sacerdote Jilquías y le entregaron el dinero que había sido recaudado en el Templo de Dios; también, el que los levitas porteros habían recibido de los habitantes de Manasés y Efraín, y de todo el resto de Israel, Judá, Benjamín y de los habitantes de Jerusalén. ¹⁰Luego entregaron el dinero a los que supervisaban la restauración del Templo y estos se lo dieron a los trabajadores que estaban reparando y restaurando el Templo del SEÑOR. ¹¹También dieron dinero a los carpinteros y maestros de obra, a fin de que compraran piedras de cantera y madera para las vigas y los soportes de los edificios que los reyes de Judá habían dejado deteriorar.

¹²Estos hombres realizaban su trabajo con fidelidad. Los que estaban al frente de ellos eran los levitas Yajat y Abdías, descendientes de Merari, y Zacarías y Mesulán, descendientes de Coat. Los levitas, que eran hábiles en tocar instrumentos de música, ¹³eran los jefes de los cargadores y de todos los que trabajaban en la obra, fuera cual fuera su tarea. Entre los levitas había cronistas, oficiales y porteros.

Hallazgo del libro de la Ley
34:14-28 – 2R 22:8-20
34:29-32 – 2R 23:1-3

¹⁴Al sacar el dinero recaudado en el Templo del SEÑOR, el sacerdote Jilquías encontró el libro de la °Ley del SEÑOR, dada por medio de Moisés. ¹⁵Jilquías dijo al cronista Safán: «He encontrado el libro de la Ley en el Templo del SEÑOR». Entonces se lo entregó, ¹⁶y Safán se lo llevó al rey. Le dijo:

—Sus servidores están haciendo todo cuanto se les ha encargado. ¹⁷Han recogido el dineroᵃ que estaba en el Templo del SEÑOR y se lo han entregado a los supervisores y a los trabajadores.

¹⁸En sus funciones de cronista, Safán también informó al rey que el sumo sacerdote Jilquías le había entregado un libro, el cual leyó en presencia del rey.

¹⁹Cuando el rey oyó las palabras de la Ley, se rasgó las vestiduras en señal de duelo ²⁰y dio esta orden a Jilquías, a Ajicán, hijo de Safán, a Abdón, hijo de Micaías, al cronista Safán y a Asaías, su ministro personal:

²¹—Con respecto a lo que dice este libro que se ha encontrado, vayan a consultar al SEÑOR por mí y por el remanente de Israel y de Judá. Sin duda que la gran ira del SEÑOR se ha derramado contra nosotros porque nuestros antepasados no tuvieron en cuenta su palabra, ni actuaron según lo que está escrito en este libro.

²²Jilquías y los demás comisionados del rey fueron a consultar a la profetisa Huldá, que vivía en el barrio nuevo de Jerusalén. Huldá era la esposa de Salún, el encargado del vestuario, quien era hijo de Ticváᵇ y nieto de Jarjás.

²³Huldá les contestó: «Así dice el SEÑOR, Dios de Israel: "Díganle al que los ha enviado ²⁴que yo, el SEÑOR, les advierto: 'Voy a enviar una desgracia sobre este lugar y sus habitantes, y haré que se cumplan todas las maldiciones que están escritas en el libro que se ha leído ante el rey de Judá. ²⁵Ellos me han abandonado; han quemado incienso a otros dioses y con todos sus ídolosᶜ han provocado mi ira. Por eso arde mi ira contra este lugar y no se apagará'. ²⁶Pero al rey de Judá, que los envió a consultarme, díganle que en cuanto a las palabras que él ha oído, yo, el SEÑOR, Dios de Israel, afirmo: ²⁷'Como te has conmovido y humillado ante Dios al escuchar lo que he anunciado contra este lugar y sus habitantes; y como te has rasgado las vestiduras y has llorado en mi presencia, yo te he escuchado. Yo, el SEÑOR, lo afirmo. ²⁸Por lo tanto, te reuniré con tus antepasados y serás sepultado en °paz. Tus ojos no verán la desgracia que voy a enviar sobre este lugar y sobre sus habitantes'"».

Así que ellos regresaron para informar al rey.

Renovación del pacto
34:29-32 – 2R 23:1-3

²⁹Entonces el rey mandó convocar a todos los jefes de Judá y Jerusalén. ³⁰Acompañado de toda la gente de Judá y de Jerusalén, de los sacerdotes, de los levitas y, en fin, de la nación entera, desde el más grande hasta el más pequeño, el rey subió al Templo del SEÑOR. Entonces, en presencia de ellos leyó todo lo que está escrito en el libro del °pacto que fue hallado en el Templo del SEÑOR. ³¹Después se puso de pie junto a la columna del rey y en presencia del SEÑOR renovó el pacto. Se comprometió a seguir al SEÑOR y a cumplir, de todo °corazón y con toda el °alma, sus mandamientos, estatutos y mandatos, cumpliendo así las palabras del pacto escritas en este libro.

³²Después hizo que todos los que se encontraban en Jerusalén y en Benjamín confirmaran el pacto. Y así los habitantes de Jerusalén actuaron según el pacto del Dios de sus antepasados.

³³Josías suprimió todas las costumbres detestables que había en todo el territorio de los israelitas e hizo que todos los que se hallaban en Israel adoraran al SEÑOR su Dios. Mientras Josías vivió, no abandonaron al SEÑOR, Dios de sus antepasados.

Celebración de la Pascua
35:1, 18-19 – 2R 23:21-23

35 Josías celebró en Jerusalén la Pascua del SEÑOR. El día catorce del mes primero celebraron la Pascua. ²Josías asignó las funciones a los sacerdotes y los animó a dedicarse al servicio del Templo del SEÑOR. ³A los levitas, que eran los encargados de enseñar a los israelitas y que estaban consagrados al SEÑOR, les dijo: «Pongan el arca sagrada en el Templo que construyó Salomón, hijo de David, rey de Israel, para que ya no tengan que llevarla sobre los hombros. Sirvan al SEÑOR su Dios y a su pueblo Israel. ⁴Organícense en turnos, según sus familias patriarcales, de acuerdo con las instrucciones que dejaron por escrito David, rey de Israel, y su hijo Salomón.

ᵃ 17 *recogido el dinero.* Lit. *fundido la plata.* ᵇ 22 *Ticvá* (mss. de LXX y Siríaca; véase 2R 22:14); *Tocat* (TM). ᶜ 25 *todos sus ídolos.* Lit. *todas las obras de sus manos.*

⁵»Ocupen sus puestos en el santuario, conforme a las familias patriarcales de sus hermanos israelitas, de manera que a cada grupo de familias del pueblo corresponda un grupo de levitas. ⁶Celebren la Pascua, conságrense y preparen todo para sus hermanos, y cumplan con lo que el SEÑOR ordenó por medio de Moisés».

⁷De sus propios bienes, Josías obsequió a todo el pueblo allí presente unos treinta mil corderos y cabritos y tres mil bueyes, para que celebraran la Pascua.

⁸También los oficiales del rey hicieron sus donativos para el pueblo y para los sacerdotes y levitas. Por su parte, Jilquías, Zacarías y Jehiel, oficiales del Templo de Dios, entregaron a los sacerdotes dos mil seiscientos corderos y trescientos bueyes, para celebrar la Pascua. ⁹Conanías y sus hermanos Semaías y Natanael, y Jasabías, Jeyel y Jozabad, líderes de los levitas, entregaron a los levitas cinco mil animales de ganado menor y quinientos bueyes.

¹⁰Una vez preparada la ceremonia, los sacerdotes ocuparon sus puestos y los levitas se organizaron según sus turnos, conforme a la orden del rey. ¹¹Al sacrificar los animales para la Pascua, los sacerdotes rociaban la sangre y los levitas desollaban los animales. ¹²Apartaron los holocaustos para entregar a cada familia patriarcal del pueblo la porción que esta debía ofrecerle al SEÑOR, como está escrito en el libro de Moisés. Lo mismo hicieron con los bueyes. ¹³Después asaron los animales para la Pascua, conforme a lo ordenado; además, cocieron las otras ofrendas en ollas, calderos y sartenes, para repartirlas rápidamente entre toda la gente. ¹⁴Luego prepararon la Pascua para ellos mismos y para los sacerdotes descendientes de Aarón. Los levitas tuvieron que prepararla para ellos mismos y para los sacerdotes porque estos estuvieron ocupados hasta la noche ofreciendo los *holocaustos y la grasa.

¹⁵Los cantores descendientes de Asaf ocuparon sus puestos, de acuerdo con lo que habían dispuesto David, Asaf, Hemán y Jedutún, vidente del rey. También los porteros permanecieron en sus respectivas puertas, y no tuvieron que abandonar sus puestos de servicio, pues sus compañeros levitas les preparaban la Pascua.

¹⁶Así se organizó aquel día el servicio del SEÑOR para celebrar la Pascua y ofrecer los holocaustos en el altar del SEÑOR, tal como lo había ordenado el rey Josías. ¹⁷En aquella ocasión, los israelitas allí presentes celebraron durante siete días la fiesta de la Pascua y la de los Panes sin levadura. ¹⁸Desde la época del profeta Samuel no se había celebrado una Pascua semejante, ninguno de los reyes había celebrado una Pascua como lo hizo Josías con los sacerdotes y levitas, con los habitantes de Judá y de Israel allí presentes, y con los de Jerusalén. ¹⁹Esta Pascua se celebró en el año dieciocho del reinado de Josías.

Muerte de Josías
35:20-36:1 – 2R 23:28-30

²⁰Tiempo después de que Josías terminó la restauración del Templo, Necao, rey de Egipto, salió a presentar batalla en Carquemis, ciudad que está junto al río Éufrates, pero Josías le salió al paso. ²¹Necao envió mensajeros a decirle: «No te entrometas, rey de Judá. Hoy no vengo a luchar contra ti, sino contra la nación que me hace la guerra. Dios, que está de mi parte, me ha ordenado que me apresure. Así que no interfieras con Dios, para que él no te destruya».

²²Josías no hizo caso a la advertencia que Dios le dio por medio de Necao; al contrario, en vez de retirarse, se disfrazó y fue a la llanura de Meguido para pelear con Necao.

²³Como los arqueros le dispararon, el rey Josías dijo a sus servidores: «Sáquenme de aquí, porque estoy gravemente herido». ²⁴Sus servidores lo sacaron del carro en que estaba y lo trasladaron a otro carro y lo llevaron a Jerusalén. Allí murió y fue sepultado en el panteón de sus antepasados. Y todo Judá y Jerusalén hicieron duelo por él.

²⁵Jeremías compuso un lamento por la muerte de Josías; además, hasta este día todos los cantores y las cantoras aluden a Josías en sus cantos fúnebres. Estos cantos, que se han vuelto una tradición en Israel, forman parte de las Lamentaciones.

²⁶Los demás acontecimientos del reinado de Josías, sus actos piadosos acordes con la *Ley del SEÑOR, ²⁷y sus hechos, desde el primero hasta el último, están escritos en el libro de los reyes de Israel y de Judá.

36

¹Entonces el pueblo tomó a Joacaz, hijo de Josías, y lo proclamó rey en Jerusalén, en lugar de su padre.

Joacaz, rey de Judá
36:2-4 – 2R 23:31-34

²Joacaz tenía veintitrés años cuando comenzó a reinar, y reinó en Jerusalén tres meses. ³Sin embargo, el rey de Egipto lo quitó del trono para que no reinara en Jerusalén y le impuso al país un tributo de cien talentos*ᵃ* de plata y un talento*ᵇ* de oro. ⁴Luego hizo reinar sobre Judá y Jerusalén a Eliaquín, hermano de Joacaz, y le dio el nombre de Joacim. En cuanto a Joacaz, Necao se lo llevó a Egipto.

Joacim, rey de Judá
36:5-8 – 2R 23:36-24:6

⁵Joacim tenía veinticinco años cuando comenzó a reinar; reinó en Jerusalén once años, pero hizo lo malo ante los ojos del SEÑOR su Dios. ⁶Por eso Nabucodonosor, rey de Babilonia, marchó contra Joacim y lo llevó a Babilonia sujeto con cadenas de bronce. ⁷Además, Nabucodonosor se llevó a Babilonia los utensilios del Templo del SEÑOR y los puso en su templo en Babilonia.

⁸Los demás acontecimientos del reinado de Joacim, y sus prácticas detestables y todo cuanto le sucedió, están escritos en el libro de los reyes de Israel y de Judá. Y su hijo Joaquín lo sucedió en el trono.

Joaquín, rey de Judá
36:9-10 – 2R 24:8-17

⁹Joaquín tenía dieciocho*ᶜ* años cuando comenzó a reinar; reinó en Jerusalén tres meses y tres días, pero hizo lo malo ante los ojos del SEÑOR. ¹⁰Por eso, a comienzos del año el rey Nabucodonosor mandó que lo llevaran a Babilonia, junto con los utensilios más valiosos del Templo del SEÑOR e hizo reinar sobre Judá y Jerusalén a Sedequías, pariente de Joaquín.

Sedequías, rey de Judá
36:11-16 – 2R 24:18-20; Jer 52:1-3

¹¹Sedequías tenía veintiún años cuando comenzó a reinar; reinó en Jerusalén once años. ¹²Pero hizo lo malo ante los ojos del SEÑOR su Dios. No se humilló ante el profeta Jeremías, que hablaba de parte del SEÑOR; ¹³además se rebeló contra el rey Nabucodonosor, a quien había jurado lealtad. Sedequías fue terco y, en su obstinación, no quiso volverse al SEÑOR, Dios de Israel. ¹⁴También los líderes de los sacerdotes y el pueblo aumentaron su maldad, pues siguieron las prácticas detestables de los países

---

ᵃ 3 Es decir, aprox. 3.4 t.   *ᵇ* 3 Es decir, aprox. 34 kg.
ᶜ 9 *dieciocho* (un ms. hebreo, mss. de LXX y Siríaca; véase 2R 24:8); *ocho* (TM).

vecinos y *contaminaron el Templo que el SEÑOR había consagrado para sí en Jerusalén.

¹⁵Por amor a su pueblo y al lugar donde habita, el SEÑOR, Dios de sus antepasados, con frecuencia les enviaba advertencias por medio de sus mensajeros. ¹⁶Pero ellos se burlaban de los mensajeros de Dios, tenían en poco sus palabras, y se mofaban de sus profetas. Por fin, el SEÑOR desató su ira contra el pueblo y ya no hubo remedio. ¹⁷Entonces él envió contra ellos al rey de los babilonios,ᵃ quien dentro del mismo Templo mató con su espada a los jóvenes; no tuvo compasión de jóvenes ni de doncellas, ni de adultos ni de ancianos. A todos se los entregó Dios en sus manos. ¹⁸Todos los utensilios del Templo de Dios, grandes y pequeños, más los tesoros del Templo del SEÑOR y los del rey y de sus oficiales, fueron llevados a Babilonia. ¹⁹Incendiaron el Templo de Dios, derribaron los muros de Jerusalén, prendieron fuego a sus palacios y destruyeron todos los objetos de valor que allí había. ²⁰A los que se salvaron de la muerte, el rey se los llevó a Babilonia y fueron esclavos suyos y de sus hijos hasta el establecimiento del reino persa. ²¹Así se cumplió la palabra que el SEÑOR había pronunciado por medio de Jeremías. La tierra disfrutó de su descanso sabático todo el tiempo que estuvo desolada, hasta que se cumplieron setenta años.

Decreto de Ciro

²²En el primer año del reinado de Ciro, rey de Persia, el SEÑOR movió el espíritu del rey para que promulgara un decreto en todo su reino y así se cumpliera la palabra del SEÑOR por medio del profeta Jeremías. Tanto oralmente como por escrito, el rey decretó lo siguiente:

²³«Esto es lo que ordena Ciro, rey de Persia:

»El SEÑOR, Dios del cielo, que me ha dado todos los reinos de la tierra, me ha encargado que le construya un templo en la ciudad de Jerusalén, que está en Judá. Por tanto, cualquiera que pertenezca a Judá, que suba allá y que el SEÑOR su Dios lo acompañe».

ᵃ 17 Lit. *caldeos.*

Esdras

Decreto de Ciro

1 En el primer año del reinado de Ciro, rey de Persia, el SEÑOR movió el espíritu del rey para que promulgara un decreto en todo su reino y así se cumpliera la palabra del SEÑOR por medio del profeta Jeremías. Tanto oralmente como por escrito, el rey decretó lo siguiente:

²«Esto es lo que ordena Ciro, rey de Persia:

»El SEÑOR, Dios del cielo, que me ha dado todos los reinos de la tierra, me ha encargado que le construya un templo en la ciudad de Jerusalén, que está en Judá. ³Por tanto, cualquiera que pertenezca a Judá, suba a Jerusalén a construir el templo del SEÑOR, Dios de Israel, el Dios que habita en Jerusalén; y que Dios lo acompañe. ⁴También ordeno que los habitantes de cada lugar donde haya judíos sobrevivientes los ayuden dándoles plata y oro, bienes y ganado, y ofrendas voluntarias para el templo de Dios en Jerusalén».

El regreso de los judíos

⁵Entonces los jefes de familia de Benjamín y de Judá, junto con los sacerdotes y levitas, es decir, con todos aquellos en cuyo espíritu Dios puso el deseo de construir el templo del SEÑOR, se dispusieron a subir a Jerusalén. ⁶Todos sus vecinos los ayudaron con plata y oro, bienes y ganado, objetos valiosos y todo tipo de ofrendas voluntarias.

⁷Además, el rey Ciro hizo sacar los utensilios que Nabucodonosor se había llevado del Templo del SEÑOR en Jerusalén y había depositado en el templo de su dios.ᵃ ⁸Ciro, el rey de Persia, los entregó a su tesorero Mitrídates, el cual los contó y se los pasó a Sesbasar, gobernador de Judá.

⁹El inventario de dichos utensilios fue el siguiente:

tazones de oro	30
tazones de plata	1,000
cuchillos	29
¹⁰tazas de oro	30
tazas de plata	410
objetos diversos	1,000

¹¹En total fueron cinco mil cuatrocientos los utensilios de oro y de plata.

Todos estos objetos los llevó Sesbasar a Jerusalén cuando a los deportados se les permitió regresar de Babilonia.

Lista de los que regresaron

2 La siguiente es la lista de la gente de la provincia, es decir, de aquellos que Nabucodonosor, rey de Babilonia, había llevado cautivos y a quienes se les permitió regresar a Jerusalén y a Judá. Cada uno volvió a su propia ciudad ²en compañía de Zorobabel, Jesúa, Nehemías, Seraías, Relaías, Mardoqueo, Bilsán, Mispar, Bigvay, Rejún y Baná.

Esta es la lista de los israelitas que regresaron:
³ los descendientes de

Parós	2,172
⁴Sefatías	372
⁵Araj	775
⁶Pajat Moab, es decir, de Jesúa y Joab	2,812
⁷Elam	1,254
⁸Zatú	945
⁹Zacay	760
¹⁰Baní	642
¹¹Bebay	623
¹²Azgad	1,222
¹³Adonicán	666
¹⁴Bigvay	2,056
¹⁵Adín	454
¹⁶Ater, es decir, de Ezequías	98
¹⁷Bezay	323
¹⁸Jorá	112
¹⁹Jasún	223
²⁰Guibar	95
²¹Belén	123
²²Netofa	56
²³Anatot	128
²⁴Azmávet	42
²⁵Quiriat Yearín, Cafira y Berot	743
²⁶Ramá y Gueba	621
²⁷Micmás	122
²⁸Betel y de Hai	223
²⁹Nebo	52
³⁰Magbís	156
³¹el otro Elam	1,254
³²Jarín	320
³³Lod, Jadid y Ono	725
³⁴Jericó	345
³⁵Sená	3,630

³⁶De los sacerdotes:
los descendientes de

Jedaías, de la familia de Jesúa	973
³⁷Imer	1,052
³⁸Pasur	1,247
³⁹Jarín	1,017

⁴⁰De los levitas:
los descendientes de

Jesúa y Cadmiel, que pertenecían a la familia de Hodavías	74

⁴¹De los cantores:
los descendientes de

Asaf	128

⁴²De los porteros:
los descendientes de

ᵃ 7 su dios. Alt. sus dioses.

Salún, Ater, Talmón,
Acub, Jatitá y Sobay   139

43 Los servidores del Templo:
los descendientes de
Zijá, Jasufá, Tabaot,
44 Querós, Sigajá, Padón,
45 Lebaná, Jagabá, Acub,
46 Jagab, Salmay, Janán,
47 Guidel, Gajar, Reaías,
48 Rezín, Necoda, Gazán,
49 Uza, Paseaj, Besay,
50 Asena, Meunín, Nefusín,
51 Bacbuc, Jacufá, Jarjur,
52 Baslut, Mejidá, Jarsa,
53 Barcós, Sísara, Temá,
54 Neziaj y Jatifá.

55 Los descendientes de los servidores de Salomón:
los descendientes de
Sotay, Soféret, Peruda,
56 Jalá, Darcón, Guidel,
57 Sefatías, Jatil,
Poquéret Hasebayin y Ami.ᵃ
58 Los servidores del Templo y de los descendientes
de los servidores de Salomón   392

59 Los siguientes regresaron de Tel Melaj, Tel
Jarsá, Querub, Adón e Imer, pero no pudieron
demostrar ascendencia israelita:
60 Los descendientes de
Delaías, Tobías y Necoda   652

61 De entre los sacerdotes, tampoco pudieron
demostrar su ascendencia israelita los
siguientes:
los descendientes de
Jobaías, Cos y Barzilay (este último se casó
con una de las hijas de un galaadita llamado
Barzilay, del cual tomó su nombre).
62 Estos buscaron sus registros genealógicos, pero
como no los encontraron, fueron excluidos del
sacerdocio al considerarlos impuros. **63** A ellos el
gobernador les prohibió comer de los alimentos
sagrados hasta que un sacerdote decidiera su
destino por medio del *urim* * y el *tumim.*

64 El número total de los miembros de la asamblea
era de cuarenta y dos mil trescientas sesenta
personas, **65** sin contar los esclavos y esclavas
que sumaban siete mil trescientos treinta y
siete; y también había doscientos cantores y
cantoras. **66** Tenían además setecientos treinta y
seis caballos, doscientas cuarenta y cinco mulas,
67 cuatrocientos treinta y cinco camellos y seis mil
setecientos veinte burros.

68 Cuando llegaron al Templo del SEÑOR en Jerusalén, algunos jefes de familia dieron donativos para
que se reconstruyera el Templo de Dios en el mismo
sitio. **69** De acuerdo con sus capacidades económicas
dieron, para la obra de reconstrucción, sesenta y un
mil dáricosᵇ de oro, cinco mil minasᶜ de plata y cien
túnicas sacerdotales.
70 Los sacerdotes, los levitas y algunos del pueblo
se establecieron en Jerusalén,ᵈ en tanto que los
cantores, los porteros, los servidores del Templo y
los demás israelitas se establecieron en sus propias
ciudades.

Restauración del altar

3 En el mes séptimo, cuando ya todos los israelitas
se habían establecido en sus ciudades, se reunió
el pueblo en Jerusalén con un mismo propósito.

2 Entonces Jesúa, hijo de Josadac, con sus parientes,
que eran sacerdotes, y Zorobabel, hijo de Salatiel, con
sus parientes empezaron a construir el altar del Dios
de Israel para ofrecer *holocaustos, según lo estipulado en la *Ley de Moisés, hombre de Dios. **3** A pesar
del miedo que tenían a los pueblos vecinos, colocaron el altar en su mismo sitio. Y todos los días, por la
mañana y por la tarde, ofrecían holocaustos al SEÑOR.
4 Luego, según lo estipulado en la Ley, celebraron la
fiesta de las *Enramadas ofreciendo el número de
holocaustos ordenados para cada día, **5** al igual que
los holocaustos diarios, los de luna nueva, los de las
fiestas sagradas ordenadas por el SEÑOR y los que el
pueblo le ofrecía voluntariamente. **6** A pesar de que
aún no se habían echado los cimientos del templo,
desde el primer día del mes séptimo el pueblo comenzó a ofrecer holocaustos al SEÑOR.

Se comienza la reconstrucción del templo

7 Luego dieron dinero a los canteros y carpinteros. A
los de Sidón y Tiro les dieron comida, bebida y aceite
para que, por mar, llevaran madera de cedro desde
el Líbano hasta Jope, conforme a la autorización que
había dado Ciro, rey de Persia.

8 Zorobabel, hijo de Salatiel, y Jesúa, hijo de
Josadac, junto con el resto de sus parientes, que
eran sacerdotes, y con los levitas y con todos los
que habían regresado del cautiverio, comenzaron la
reconstrucción del templo de Dios en el mes segundo
del segundo año de haber llegado a Jerusalén. A los
levitas mayores de veinte años les encomendaron la
tarea de supervisar las obras del templo del SEÑOR.
9 Entonces Jesúa, junto con sus hijos y hermanos,
también Cadmiel y sus hijos, que eran descendientes
de Hodavías,ᵉ y los descendientes de Henadad, y sus
hijos y hermanos, que eran levitas, se unieron para
supervisar a los obreros que trabajaban en el templo
de Dios.
10 Cuando los constructores echaron los cimientos
del templo del SEÑOR, llegaron los sacerdotes con sus
vestimentas sagradas y sus trompetas, junto con los
levitas descendientes de Asaf con sus címbalos, para
alabar al SEÑOR, según lo establecido por David, rey
de Israel. **11** Todos daban gracias al SEÑOR y a una le
cantaban esta alabanza:

«Él es bueno;
su gran amor por Israel perdura para siempre».

Y todo el pueblo alabó con grandes aclamaciones al
SEÑOR, porque se habían echado los cimientos del
templo. **12** Muchos de los sacerdotes, levitas y jefes de
familia, que eran ya ancianos y habían conocido el
primer templo, prorrumpieron en llanto cuando vieron los cimientos del nuevo templo, mientras muchos
otros gritaban de alegría. **13** Y no se podía distinguir
entre los gritos de alegría y las voces de llanto, pues
la gente gritaba a voz en cuello y el ruido se escuchaba
desde muy lejos.

Oposición samaritana

4 Cuando los enemigos del pueblo de Judá y de
Benjamín se enteraron de que los repatriados
estaban reconstruyendo el templo del SEÑOR, Dios
de Israel, **2** se presentaron ante Zorobabel y ante los
jefes de familia y les dijeron:
—Permítannos participar en la reconstrucción,
pues nosotros, al igual que ustedes, hemos buscado

---

a 57 Ami. Alt. Amón, véase Neh 7:59.   *b* 69 Es decir, aprox.
500 kg.   *c* 69 Es decir, aprox. 3 t.   *d* 70 *en Jerusalén* (LXX,
3 Esdras 5:46); *en sus ciudades* (TM).   *e* 9 *Hodavías* (lectura
probable; véase 2:40); *Judá* (TM).

a su Dios y le hemos ofrecido ˚holocaustos desde el día en que Esarjadón, rey de Asiria, nos trajo acá.

³Pero Zorobabel, Jesúa y los demás jefes de las familias de Israel les respondieron:

—No podemos permitir que ustedes se unan a nosotros en la reconstrucción del templo de nuestro Dios. Nosotros solos nos encargaremos de reedificar el templo para el SEÑOR, Dios de Israel, tal como lo decretó Ciro, rey de Persia.

⁴Entonces los habitantes de la región comenzaron a desanimar e intimidar a los de Judá para que abandonaran la reconstrucción. ⁵Y hasta llegaron a sobornar a algunos de los consejeros para impedirles llevar a cabo sus planes. Esto sucedió durante todo el reinado de Ciro, rey de Persia, y hasta el reinado de Darío, que también fue rey de Persia.

La oposición de los reinos de Asuero y Artajerjes

⁶También al comienzo del reinado de Asuero,ª aquellos enemigos enviaron una carta en la cual acusaban a los habitantes de Judá y de Jerusalén.

⁷Luego, cuando Artajerjes llegó a ser rey de Persia, también a él Bislán, Mitrídates, Tabel y sus demás compañeros le escribieron una carta, que fue traducida al arameo.

⁸Además, el comandante Rejún y el cronista Simsay enviaron a Artajerjes una carta en contra de los habitantes de Jerusalén. La carta decía:

⁹El comandante Rejún y el cronista Simsay escriben esta carta, junto con sus compañeros los jueces, gobernadores y funcionarios de Persia, Érec, Babilonia y Susa (es decir, Elam). ¹⁰Esta carta la suscriben también las demás naciones que el grande y noble Asnapar llevó cautivas y estableció en la ciudad de Samaria y en las otras provincias al oeste del río Éufrates.

¹¹Esta es una copia de la carta que enviaron:

Al rey Artajerjes,

de parte de sus siervos que habitan al oeste del río Éufrates:

¹²Sepa Su Majestad que los judíos enviados por usted han llegado a Jerusalén y están reconstruyendo esa ciudad rebelde y mala. Ya están echados los cimientos. ¹³Sepa también Su Majestad que, si esta gente reconstruye la ciudad y termina la muralla, sus habitantes se rebelarán y no pagarán tributos, ni impuestos ni contribución alguna, lo cual sería perjudicial para el tesoro real. ¹⁴Como nosotros somos sus vasallos,ᵇ no podemos permitir que deshonre a Su Majestad. Por eso enviamos esta denuncia. ¹⁵Pida usted que se investigue en los archivos donde están las crónicas de los reyes que lo han precedido. Así comprobará que esta ciudad ha sido rebelde y nociva para los reyes y las provincias, que fue destruida porque hace ya mucho tiempo allí se fraguaron sediciones. ¹⁶Por eso le advertimos al rey que, si esa ciudad es reconstruida y la muralla levantada, perderá el dominio de la región al oeste del Éufrates.

¹⁷En respuesta, el rey escribió:

Al comandante Rejún, al cronista Simsay y al resto de sus compañeros que viven en Samaria y en las otras regiones al oeste del río Éufrates:

Saludos.

¹⁸La carta que ustedes enviaron ha sido traducida y leída en mi presencia. ¹⁹Di orden de investigar en los archivos y, en efecto, se encontró que anteriormente en dicha ciudad se fraguaron sediciones y se tramaron rebeliones contra los reyes; ²⁰que en Jerusalén hubo reyes poderosos, gobernantes de toda la región al oeste del río Éufrates, a quienes se les pagaban impuestos, tributos y rentas. ²¹Por eso, ordénenles a esos hombres que cesen sus labores, que suspendan la reconstrucción de la ciudad, hasta que yo promulgue un nuevo edicto. ²²Sean diligentes en hacer cumplir esta orden, para que no crezca la amenaza de perjuicio a los intereses reales.

²³En cuanto la carta del rey Artajerjes se leyó en presencia de Rejún, del cronista Simsay y de sus compañeros, todos ellos fueron a Jerusalén y, por la fuerza de las armas, obligaron a los judíos a detener la obra.

²⁴De este modo, el trabajo de reconstrucción del templo de Dios en Jerusalén quedó suspendido hasta el año segundo del reinado de Darío, rey de Persia.

Se reinicia la reconstrucción del templo

5 Los profetas Hageo y Zacarías, hijo de Idó, profetizaron a los judíos que estaban en Judá y Jerusalén, en el ˚nombre del Dios de Israel, que velaba por ellos. ²Entonces Zorobabel, hijo de Salatiel, y Jesúa, hijo de Josadac, se dispusieron a continuar la reconstrucción del templo de Dios en Jerusalén. Y los profetas estaban con ellos ayudándolos.

³En ese mismo tiempo, Tatenay, gobernador de la provincia al oeste del río Éufrates, y Setar Bosnay y sus compañeros se presentaron ante los judíos y les preguntaron: «¿Quién los autorizó a reconstruir ese templo y restaurar su estructura?». ⁴Y añadieron:ᶜ «¿Cómo se llaman los que están reconstruyendo ese edificio?». ⁵Pero, como Dios velaba por los líderes de los judíos, no los obligaron a interrumpir el trabajo hasta que se consultara a Darío y este respondiera por escrito.

⁶Entonces Tatenay, gobernador de la provincia al oeste del río Éufrates, y Setar Bosnay y sus compañeros, que eran los funcionarios del gobierno de esa provincia, enviaron una carta al rey Darío, ⁷la cual decía:

Al rey Darío:

Un cordial saludo.

⁸Ponemos en conocimiento de Su Majestad que fuimos a la provincia de Judá, al templo del gran Dios, y vimos que se está reconstruyendo con grandes piedras, y que sus paredes se están recubriendo con madera. El trabajo se hace con esmero y avanza rápidamente.

⁹A los dirigentes preguntamos quién los había autorizado a reconstruir ese templo y restaurar su estructura, ¹⁰y cómo se llaman los que dirigen la obra, para comunicárselo por escrito a usted.

¹¹Ellos nos respondieron:

«Somos siervos del Dios del cielo y de la tierra, y estamos reconstruyendo el templo que fue

---

ª **6** *Asuero*. Variante hebrea de Jerjes, nombre persa.
ᵇ **14** *somos sus vasallos*. Lit. *comemos la sal del palacio*.
ᶜ **4** *añadieron* (lectura probable; véanse LXX y Siríaca); *les dijimos* (TM).

edificado y terminado hace ya mucho tiempo por un gran rey de Israel. ¹²Pero, como nuestros antepasados provocaron a ira al Dios del cielo, él los entregó en manos de Nabucodonosor, rey de Babilonia, el ˙caldeo que destruyó este templo y que llevó al pueblo cautivo a Babilonia.

¹³»Pero más tarde, en el primer año de su reinado, Ciro, rey de Babilonia, ordenó que este templo de Dios fuera reconstruido. ¹⁴También hizo sacar del templo de Babilonia los utensilios de oro y de plata que Nabucodonosor se había llevado del Templo de Jerusalén y había puesto en el templo de Babilonia, y se los entregó a Sesbasar, a quien había nombrado gobernador. ¹⁵Ciro, pues, ordenó a Sesbasar que tomara esos utensilios y los devolviera al Templo de Jerusalén y que reedificara en el mismo sitio el templo de Dios.

¹⁶»Entonces Sesbasar llegó a Jerusalén y echó los cimientos del templo de Dios. Desde entonces se ha estado trabajando en su reconstrucción, pero aún no se ha terminado».

¹⁷Ahora bien, sí Su Majestad lo considera conveniente, pedimos que se investiguen los archivos donde están las crónicas de los reyes de Babilonia, para saber si es verdad que el rey Ciro ordenó la reconstrucción del templo de Dios en Jerusalén. Además, solicitamos que se nos dé a conocer la decisión de Su Majestad con respecto a este asunto.

Decreto de Darío

6 Entonces el rey Darío ordenó que se investigara en los archivos donde se guardaban los tesoros de Babilonia. ²Y en el palacio de Ecbatana, en la provincia de Media, se encontró un rollo que contenía la siguiente memoria:

³En el primer año de su reinado, el rey Ciro promulgó el siguiente edicto respecto al Templo de Dios en Jerusalén:

Que se echen los cimientos y se reconstruya el templo, para que en él se ofrezcan ˙holocaustos. Tendrá sesenta codosᵃ tanto de alto como de ancho, ⁴tres hileras de piedras grandes y una de madera. Todos los gastos serán sufragados por el tesoro real. ⁵Con respecto a los utensilios de oro y de plata que Nabucodonosor sacó del Templo de Jerusalén y llevó a Babilonia, que los devuelvan a Jerusalén y que se pongan en el templo de Dios, donde deben estar.

⁶Entonces el rey Darío dio la siguiente ordenᵇ a Tatenay, gobernador de la provincia al oeste del río Éufrates, y a Setar Bosnay y a sus compañeros, los funcionarios de dicha provincia: Aléjense de Jerusalén ⁷y no estorben la obra de reconstrucción del templo de Dios. Dejen que el gobernador de la provincia de Judá y los líderes de los judíos reconstruyan el templo en su antiguo sitio.

⁸También he decidido que ustedes deben prestarles ayuda, sufragando los gastos de la reconstrucción del templo con los impuestos que la provincia al oeste del río Éufrates paga al tesoro real.

No se tarden en pagar todos los gastos, para que no se interrumpan las obras. ⁹Además, todos los días, sin falta, deberán suministrarles becerros, carneros y corderos para ofrecerlos en holocausto al Dios del cielo, junto con trigo, sal, vino y aceite, y todo lo que necesiten, según

las instrucciones de los sacerdotes que están en Jerusalén. ¹⁰Así podrán ellos ofrecer sacrificios gratos al Dios del cielo y rogar por la vida del rey y de sus hijos.

¹¹He determinado asimismo que, quien desobedezca esta orden, sea empalado en una viga sacada de su propia casa y le derrumben la casa. ¹²¡Que el Dios que decidió poner su Nombre allí derribe a cualquier rey o nación que intente modificar este decreto o destruir ese templo de Dios en Jerusalén!

Yo, Darío, promulgo este decreto. Publíquese y cúmplase al pie de la letra.

Terminación y dedicación del templo

¹³Entonces Tatenay, gobernador de la provincia al oeste del río Éufrates, y Setar Bosnay y sus compañeros cumplieron al pie de la letra lo que el rey Darío les había ordenado. ¹⁴Así los líderes de los judíos pudieron continuar y terminar la obra de reconstrucción, conforme a la palabra de los profetas Hageo y Zacarías, hijo de Idó. Terminaron, pues, la obra de reconstrucción, como lo había ordenado el Dios de Israel y por decreto de Ciro, Darío y Artajerjes, reyes de Persia. ¹⁵La reconstrucción del templo se terminó el día tres del mes de *adar*, en el año sexto del reinado de Darío.

¹⁶Entonces los israelitas —es decir, los sacerdotes, los levitas y los demás que regresaron del cautiverio—, llenos de júbilo dedicaron el Templo de Dios. ¹⁷Como ofrenda de dedicación, ofrecieron a Dios cien becerros, doscientos carneros, cuatrocientos corderos y doce chivos, conforme al número de las tribus de Israel, para obtener el perdón por el pecado del pueblo. ¹⁸Luego, según lo que está escrito en el libro de Moisés, instalaron a los sacerdotes en sus turnos y a los levitas en sus funciones, para el culto que se ofrece a Dios en Jerusalén.

Celebración de la Pascua

¹⁹Los que regresaron del cautiverio celebraron la Pascua el día catorce del mes primero. ²⁰Los sacerdotes y levitas se habían unido para ˙purificarse y, ya estando ritualmente ˙limpios, mataron el cordero pascual para todos los que habían regresado del cautiverio, por sus compañeros los sacerdotes y por ellos mismos. ²¹Los israelitas que regresaron del cautiverio comieron la Pascua junto con los que se habían apartado de la impureza de sus vecinos para seguir al SEÑOR, Dios de Israel. ²²Durante siete días celebraron con mucho gozo la fiesta de los Panes sin levadura, porque el SEÑOR les había devuelto la alegría y había hecho que el rey de Asiria los ayudara y permitiera reconstruir el templo del Dios de Israel.

Esdras llega a Jerusalén

7 Durante el reinado de Artajerjes, rey de Persia, vivió un hombre llamado Esdras, hijo de Seraías, que era descendiente en línea directa de Azarías, Jilquías, ²Salún, Sadoc, Ajitob, ³Amarías, Azarías, Merayot, ⁴Zeraías, Uzi, Buquí, ⁵Abisúa, Finés, Eleazar y Aarón, que fue el primer sacerdote. ⁶Este Esdras llegó de Babilonia. Era un maestro muy versado en la ˙Ley que el SEÑOR, Dios de Israel, había dado a Moisés. El rey le concedió todo lo que pidió porque el SEÑOR su Dios estaba con él. ⁷Con Esdras regresaron a Jerusalén algunos israelitas, entre los cuales había sacerdotes, levitas, cantores, porteros y servidores del Templo. Esto sucedió en el séptimo año del reinado de Artajerjes.

---

a **3** Es decir, aprox. 27 m.   *b* **6** *Entonces … orden.* Se ha añadido esta frase para indicar el cambio de sujeto.

⁸Así que Esdras llegó a Jerusalén en el mes quinto del séptimo año del reinado de Artajerjes. ⁹Había salido de Babilonia el día primero del mes primero y llegó a Jerusalén el día primero del mes quinto, porque la mano bondadosa de Dios estaba con él. ¹⁰Esdras se había dedicado por completo a estudiar la Ley del SEÑOR, a ponerla en práctica y a enseñar sus estatutos y ordenanzas a los israelitas.

Carta de Artajerjes a Esdras

¹¹El rey Artajerjes le entregó la siguiente carta a Esdras, quien era sacerdote y maestro de los mandamientos y estatutos que el SEÑOR dio a Israel:

¹²Artajerjes, rey de reyes,

a Esdras, sacerdote y maestro versado en la ˚Ley del Dios del cielo:

Saludos.ᵃ

¹³He dispuesto que todos los israelitas que quieran ir contigo a Jerusalén puedan hacerlo, incluyendo a los sacerdotes y levitas. ¹⁴El rey y sus siete consejeros te mandan a investigar la situación de Jerusalén y de Judá, conforme a la Ley de tu Dios que se te ha confiado. ¹⁵Lleva el oro y la plata que el rey y sus consejeros han ofrecido voluntariamente al Dios de Israel, que habita en Jerusalén. ¹⁶También lleva contigo toda la plata y el oro que obtengas de la provincia de Babilonia, junto con los donativos del pueblo y de los sacerdotes para el Templo de su Dios en Jerusalén. ¹⁷Con ese dinero compra, sin falta, becerros, carneros y corderos, con sus respectivas ofrendas de cereales y de vino, para ofrecerlos en el altar del Templo del Dios de ustedes en Jerusalén.

¹⁸Con el resto de la plata y del oro tú y tus compañeros podrán hacer lo que les parezca mejor, de acuerdo con la voluntad del Dios de ustedes. ¹⁹Pero deposita en el Templo los utensilios sagrados que se te han entregado para rendir culto a tu Dios en Jerusalén. ²⁰Cualquier otro gasto que sea necesario para el Templo de tu Dios se cubrirá del tesoro real.

²¹Ahora bien, yo, el rey Artajerjes, ordeno a todos los tesoreros que están al oeste del río Éufrates que entreguen de inmediato todo cuanto solicite Esdras, sacerdote y maestro versado en la Ley del Dios del cielo: ²²Pueden darle cien talentosᵇ de plata, cien corosᶜ de trigo, cien batosᵈ de vino, cien batos de aceite y toda la sal que requiera. ²³Todo lo que ha ordenado el Dios del cielo para su Templo, háganlo de inmediato, de modo que no se descargue su ira contra el dominio del rey y su familia. ²⁴También les ordeno que exoneren de impuestos a los sacerdotes, levitas, cantores, porteros y servidores del Templo de Dios.

²⁵Por cuanto tú, Esdras, posees la sabiduría de Dios, serás el encargado de nombrar funcionarios y jueces para que juzguen a los habitantes de la provincia al oeste del río Éufrates, es decir, a todos los que conocen las leyes de tu Dios. Pero, a quienes no la conozcan, enséñalas. ²⁶Si alguien desobedece la ley de tu Dios y las órdenes del rey, haz que se le castigue de inmediato con la pena de muerte, el destierro, la confiscación de bienes o la cárcel.

Oración de Esdras

²⁷Bendito sea el SEÑOR, Dios de nuestros antepasados, que puso en el ˚corazón del rey el deseo de honrar el Templo del SEÑOR en Jerusalén. ²⁸Por su infinito amor, él me ha permitido recibir el favor del rey, de sus consejeros y de todos sus oficiales más importantes. Y porque la mano del SEÑOR mi Dios estaba sobre mí, cobré ánimo y reuní a los jefes de Israel para que me acompañaran a Jerusalén.

Lista de los que regresaron con Esdras

8 Según los registros genealógicos, esta es la lista de los jefes de familia que durante el reinado de Artajerjes regresaron conmigo de Babilonia:

² de los descendientes de Finés:
Guersón;
de Itamar:
Daniel;
de David:
Jatús, ³que era de la familia de Secanías;
de Parós:
Zacarías y ciento cincuenta hombres que se registraron con él;
⁴ de Pajat Moab:
Elihoenay, hijo de Zeraías, y doscientos hombres más;
⁵ de Secanías:
el hijo de Jahaziel y trescientos hombres más;
⁶ de Adín:
Ébed, hijo de Jonatán, y cincuenta hombres más;
⁷ de Elam:
Isaías, hijo de Atalías, y setenta hombres más;
⁸ de Sefatías:
Zebadías, hijo de Micael, y ochenta hombres más;
⁹ de Joab:
Abdías, hijo de Jehiel, y doscientos dieciocho hombres más;
¹⁰ de Selomit:
el hijo de Josifías, y ciento sesenta hombres más;
¹¹ de Bebay:
Zacarías, hijo de Bebay, y veintiocho hombres más;
¹² de Azgad:
Johanán, hijo de Hacatán, y ciento diez hombres más;
¹³ de Adonicán:
Elifelet, Jeyel y Semaías, los últimos de esta familia, con los cuales se registraron sesenta hombres más;
¹⁴ de Bigvay:
Utay, Zacur y setenta hombres más.

El regreso a Jerusalén

¹⁵A estos jefes de familia los reuní junto al arroyo que corre hacia el río Ahava y acampamos allí por tres días. Cuando pasé revista a todo el pueblo y a los sacerdotes, no encontré a ningún descendiente de Leví. ¹⁶Entonces mandé llamar a Eliezer, Ariel, Semaías, Elnatán, Jarib, Elnatán, Natán, Zacarías y Mesulán, que eran jefes del pueblo; también a Joyarib y Elnatán, que eran maestros, ¹⁷y los envié a Idó, que era el jefe de Casifiá. Les encargué que pidieran a Idó y a sus compañeros, quienes estaban al frente de Casifiá, que nos proveyeran servidores para el Templo de nuestro Dios. ¹⁸Y, como la mano de Dios estaba sobre nosotros, nos enviaron a un israelita muy capacitado llamado Serebías, hijo de Majlí, descendiente de Leví. Con él vinieron sus hijos y sus hermanos, dieciocho personas en total. ¹⁹También

---

ᵃ 12 Saludos. Texto de difícil traducción.   ᵇ 22 Es decir, aprox. 3.4 t.   ᶜ 22 Es decir, aprox. 16 t.   ᵈ 22 Es decir, aprox. 2,200 l.

nos enviaron a Jasabías y a Isaías, descendientes de Merari, junto con sus hijos y hermanos, veinte personas en total. ²⁰Además, del grupo que David y sus oficiales habían asignado para que ayudaran a los levitas, nos enviaron doscientos veinte servidores, los cuales fueron registrados por su nombre.

²¹Luego, estando cerca del río Ahava, proclamé un ayuno para que nos humilláramos ante nuestro Dios y le pidiéramos que nos acompañara durante el camino, a nosotros, a nuestros hijos y nuestras posesiones. ²²En realidad, sentí vergüenza de pedirle al rey que nos enviara un pelotón de caballería para que nos protegiera de los enemigos, ya que le habíamos dicho al rey que la mano de Dios protege a todos los que confían en él, pero que Dios descarga su poder y su ira contra quienes lo abandonan. ²³Así que ayunamos y oramos a nuestro Dios pidiéndole su protección y él nos escuchó.

²⁴Después aparté a doce líderes de los sacerdotes: Serebías, Jasabías y diez de sus parientes. ²⁵En presencia de ellos pesé el oro, los utensilios sagrados y las ofrendas que el rey, sus consejeros, sus oficiales más importantes y todos los israelitas allí presentes habían entregado para el Templo de nuestro Dios. ²⁶Lo que pesé fue lo siguiente: seiscientos cincuenta talentos*a* de plata, utensilios de plata que pesaban cien talentos,*b* cien talentos*c* de oro, ²⁷veinte tazas de oro que pesaban mil dáricos,*d* y dos recipientes de bronce pulido de la mejor calidad, tan preciosos como el oro.

²⁸Luego les dije: «Ustedes y los utensilios han sido consagrados al SEÑOR. La plata y el oro son una ofrenda voluntaria para el SEÑOR, Dios de nuestros antepasados. ²⁹Vigílenlos y guárdenlos hasta que los pesen en los aposentos del Templo del SEÑOR en Jerusalén, en presencia de los líderes de los sacerdotes, de los levitas y de los jefes de las familias del pueblo de Israel». ³⁰Así que los sacerdotes y levitas recibieron la plata, el oro y los utensilios que fueron pesados para llevarlos al Templo de nuestro Dios en Jerusalén.

³¹El día doce del mes primero partimos del río Ahava para ir a Jerusalén. Durante todo el trayecto la mano de Dios estaba sobre nosotros y nos libró de enemigos y asaltantes. ³²Al llegar a Jerusalén nos quedamos descansando tres días.

³³Al cuarto día pesamos la plata, el oro y los utensilios en el Templo de nuestro Dios, y entregamos todo al sacerdote Meremot, hijo de Urías. Eleazar, hijo de Finés, estaba allí con él, lo mismo que los levitas Jozabad, hijo de Jesúa, y Noadías, hijo de Binuy. ³⁴Ese día pesamos y contamos todo y registramos el peso total.

³⁵Luego, en honor del SEÑOR, Dios de Israel, los que habían regresado del cautiverio ofrecieron, en ʿholocausto y como ofrenda por el perdón del pecado de todo el pueblo, doce novillos, noventa y seis carneros, setenta y siete corderos y doce chivos. ³⁶Y se les entregaron los decretos del rey a los ʿsátrapas del reino y a los gobernadores de la provincia al oeste del río Éufrates, los cuales prestaron todo su apoyo al pueblo y al Templo de Dios.

Esdras confiesa el pecado del pueblo

9 Después de todo esto, se me acercaron los líderes y me dijeron: «El pueblo de Israel, incluso los sacerdotes y levitas, no se ha mantenido separado de los pueblos vecinos, sino que practica las costumbres abominables de todos ellos, es decir, de los cananeos, hititas, ferezeos, jebuseos, amonitas, moabitas, egipcios y amorreos. ²De entre las mujeres de esos pueblos han tomado esposas para sí mismos y para sus hijos, mezclando así el linaje ʿsanto con la de los pueblos

vecinos. Y los primeros en cometer tal infidelidad han sido los líderes y los oficiales».

³Cuando escuché esto, me rasgué la túnica y el manto, me arranqué los pelos de la cabeza y de la barba y me postré muy angustiado. ⁴Entonces, por causa de la infidelidad cometida por los repatriados, se reunieron a mi alrededor todos los que estaban temerosos ante la palabra de Dios. Y yo seguí angustiado hasta la hora del sacrificio de la tarde.

⁵A la hora del sacrificio me recobré de mi abatimiento y, con la túnica y el manto rasgados, caí de rodillas, extendí mis manos hacia el SEÑOR mi Dios, ⁶y dije en oración:

«Dios mío, estoy avergonzado y humillado como para levantar el rostro hacia ti, porque nuestras maldades se han amontonado hasta cubrirnos por completo; nuestra culpa ha llegado hasta el cielo. ⁷Desde los días de nuestros antepasados hasta hoy, nuestra culpa ha sido grande. Debido a nuestras maldades, nosotros, nuestros reyes y nuestros sacerdotes fuimos entregados al poder de los reyes de otros países. Hemos sufrido la espada, el cautiverio, el pillaje y la humillación, como nos sucede hasta hoy.

⁸»Pero ahora tú, SEÑOR y Dios nuestro, por un breve momento nos has mostrado tu bondad al permitir que un remanente quede en libertad y se establezca en tu santuario. Has permitido que nuestros ojos vean una nueva luz y nos has concedido un pequeño alivio en medio de nuestra esclavitud. ⁹Aunque somos esclavos, no nos has abandonado, Dios nuestro, sino que nos has extendido tu misericordia a la vista de los reyes de Persia. Nos has dado nueva vida para reedificar tu Templo y reparar sus ruinas, y nos has dado un muro de protección en Judá y en Jerusalén.*e*

¹⁰»Y ahora, Dios nuestro, después de lo que hemos hecho, ¿qué podemos decirte? Hemos abandonado los mandamientos ¹¹que nos diste por medio de tus siervos los profetas, cuando nos advertiste: "La tierra que van a poseer está corrompida por la ʿimpureza de los pueblos que la habitan, pues de un extremo a otro ellos la han llenado con sus abominaciones. ¹²Por eso, no permitan ustedes que sus hijas ni sus hijos se casen con los de esos pueblos. Nunca busquen el ʿbienestar ni la prosperidad que tienen ellos, para que ustedes se mantengan fuertes y coman de los buenos frutos de la tierra y luego se la dejen por herencia a sus descendientes para siempre".

¹³»Después de todo lo que nos ha acontecido por causa de nuestras maldades y de nuestra grave culpa, reconocemos que tú, Dios nuestro, no nos has dado el castigo que merecemos, sino que nos has dejado un remanente. ¹⁴¿Cómo es posible que volvamos a quebrantar tus mandamientos contrayendo matrimonio con las mujeres de estos pueblos que tienen prácticas abominables? ¿Acaso no sería justo que te enojaras con nosotros y nos destruyeras hasta no dejar remanente ni que nadie escape? ¹⁵¡SEÑOR, Dios de Israel, tú eres justo! Tú has permitido que hasta hoy sobrevivamos como remanente. Culpables como somos, estamos en tu presencia, aunque no lo merecemos».

---

a 26 Es decir, aprox. 22 t.   *b* 26 Es decir, aprox. 3.4 t.   *c* 26 Es decir, aprox. 3.4 t.   *d* 27 Es decir, aprox. 8.4 kg.   *e* 8-9 En el hebreo de estos versículos, Esdras se refiere a Dios en tercera persona.

El pueblo reconoce su pecado

10 Mientras Esdras oraba y hacía esta confesión llorando y postrándose delante del Templo de Dios, a su alrededor se reunió una gran asamblea de hombres, mujeres y niños del pueblo de Israel. Toda la multitud lloraba amargamente. ²Entonces uno de los descendientes de Elam, que se llamaba Secanías, hijo de Jehiel, se dirigió a Esdras y le dijo: «Nosotros hemos sido infieles a nuestro Dios, pues tomamos por esposas a mujeres de los pueblos vecinos; pero todavía hay esperanza para Israel. ³Hagamos un *pacto con nuestro Dios, comprometiéndonos a expulsar a todas estas mujeres y a sus hijos, conforme al consejo que nos has dado tú, y todos los que respetan el mandamiento de Dios. ¡Que todo se haga de acuerdo con la Ley! ⁴Levántate, pues esta es tu responsabilidad; nosotros te apoyamos. ¡Cobra ánimo y pon manos a la obra!».

⁵Al oír esto, Esdras se levantó e hizo que los líderes de los sacerdotes, los levitas y todo el pueblo de Israel se comprometieran, bajo juramento, a cumplir con lo que habían dicho; y ellos lo juraron. ⁶Luego Esdras salió del frente del Templo de Dios y fue a la habitación de Johanán, hijo de Eliasib. Allí se quedó sin comer pan ni beber agua, porque estaba muy deprimido por causa de la infidelidad de los repatriados.

⁷Posteriormente anunciaron en Judá y Jerusalén que todos los que habían regresado del cautiverio debían reunirse en Jerusalén. ⁸Y advirtieron que a todo el que no se presentara en el plazo de tres días, según la decisión de los oficiales y los jefes, se le quitarían sus propiedades y se le expulsaría de la asamblea de los repatriados.

⁹Por lo tanto, a los tres días, en el día veinte del mes noveno, se reunieron en Jerusalén todos los *hombres de Judá y de Benjamín. Todo el pueblo se sentó en la plaza del Templo de Dios, temblando por causa de ese asunto e intimidados por el aguacero que caía. ¹⁰Entonces el sacerdote Esdras se puso en pie y les dijo:

—Ustedes han sido infieles y han aumentado la culpa de Israel, pues han contraído matrimonio con mujeres extranjeras. ¹¹Ahora, pues, confiesen su pecado[a] al SEÑOR, Dios de nuestros antepasados, y hagan lo que a él le agrada. Sepárense de los *paganos y de las mujeres extranjeras.

¹²Toda la asamblea contestó en alta voz:

—Está bien, haremos todo lo que nos has dicho. ¹³Pero no podemos quedarnos a la intemperie; estamos en época de lluvias y esto no es asunto de uno o dos días, pues somos muchos los que hemos cometido este pecado. ¹⁴Proponemos que se queden solo los oficiales del pueblo, y que todos los que viven en nuestras ciudades y se han casado con mujeres extranjeras se presenten en fechas determinadas, junto con los jefes y jueces de cada ciudad, hasta que se aparte de nosotros el ardor de la ira de nuestro Dios por causa de esta infidelidad. ¹⁵Solo se opusieron Jonatán, hijo de Asael, y Jahazías, hijo de Ticvá, apoyados por los levitas Mesulán y Sabetay.

¹⁶Los que habían regresado del cautiverio actuaron según lo que se había convenido. Entonces el sacerdote Esdras seleccionó y llamó por nombre a ciertos jefes de familia, y a partir del primer día del mes

décimo se reunió con ellos para tratar cada caso. ¹⁷Y el primer día del mes primero terminaron de resolver los casos de todos los que se habían casado con mujeres extranjeras.

Lista de los culpables

¹⁸Los descendientes de los sacerdotes que se habían casado con mujeres extranjeras fueron los siguientes:

De Jesúa, hijo de Josadac, y de sus hermanos: Maseías, Eliezer, Jarib y Guedalías. ¹⁹Ellos se comprometieron a despedir a sus mujeres extranjeras y ofrecieron un carnero como sacrificio por el perdón de su pecado.

²⁰De Imer:
Janani y Zebadías.

²¹De Jarín:
Maseías, Elías, Semaías, Jehiel y Uzías.

²²De Pasur:
Elihoenay, Maseías, Ismael, Natanael, Jozabad y Elasá.

²³De los levitas:
Jozabad, Simí, Quelaías o Quelitá, Petaías, Judá y Eliezer.

²⁴De los cantores:
Eliasib.

De los porteros:
Salún, Telén y Uri.

²⁵Y de los demás israelitas:

De Parós:
Ramías, Jezías, Malquías, Mijamín, Eleazar, Malquías y Benaías.

²⁶De Elam:
Matanías, Zacarías, Jehiel, Abdí, Jeremot y Elías.

²⁷De Zatú:
Elihoenay, Eliasib, Matanías, Jeremot, Zabad y Azizá.

²⁸De Bebay:
Johanán, Jananías, Zabay y Atlay.

²⁹De Bani:
Mesulán, Maluc, Adaías, Yasub, Seal y Ramot.

³⁰De Pajat Moab:
Adná, Quelal, Benaías, Maseías, Matanías, Bezalel, Binuy y Manasés.

³¹De Jarín:
Eliezer, Isías, Malquías, Semaías, Simeón, ³²Benjamín, Maluc y Semarías.

³³De Jasún:
Matenay, Matatá, Zabad, Elifelet, Jeremay, Manasés y Simí.

³⁴De Bani:
Maday, Amirán, Uel, ³⁵Benaías, Bedías, Queluhi, ³⁶Vanías, Meremot, Eliasib, ³⁷Matanías, Matenay, Jasay.

³⁸De los descendientes de Binuy:[b]
Simí, ³⁹Selemías, Natán, Adaías, ⁴⁰Macnadebay, Sasay, Saray, ⁴¹Azarel, Selemías, Semarías, ⁴²Salún, Amarías y José.

⁴³De Nebo:
Jeyel, Matatías, Zabad, Zebiná, Jadai, Joel y Benaías.

⁴⁴Todos estos se habían casado con mujeres extranjeras y algunos habían tenido hijos con ellas.

---

a 11 *confiesen su pecado*. Alt. *den gracias.*   *b* 38 *de Binuy*. Alt. *Bani, Binuy.*

Nehemías

Nehemías ora por su pueblo

1 Estas son las palabras de Nehemías, hijo de Jacalías:

En el mes de *quisleu* del año veinte, estando yo en la ciudad de Susa, ²llegó Jananí, uno de mis hermanos, junto con algunos hombres de Judá. Entonces pregunté por el resto de los judíos que se habían librado del destierro y por Jerusalén. ³Ellos me respondieron: «Los que se libraron del destierro y se quedaron en la provincia están enfrentando una gran calamidad y humillación. La muralla de Jerusalén sigue derribada, con sus °puertas consumidas por el fuego».

⁴Al escuchar esto, me senté a llorar; hice duelo por algunos días, ayuné y oré al Dios del cielo. ⁵Le dije:

«SEÑOR, Dios del cielo, grande y temible, que cumples el °pacto y eres fiel con los que te aman y obedecen tus mandamientos, ⁶te suplico que me prestes atención, que fijes tus ojos en este siervo tuyo que día y noche ora en favor de tu pueblo Israel. Confieso que los israelitas, entre los cuales estamos incluidos mi familia y yo, hemos pecado contra ti. ⁷Te hemos ofendido y nos hemos corrompido mucho; hemos desobedecido los mandamientos, estatutos y leyes que tú mismo diste a tu siervo Moisés.

⁸»Recuerda, te suplico, lo que dijiste a tu siervo Moisés: "Si ustedes son infieles, yo los dispersaré entre las naciones, ⁹pero si se vuelven a mí, obedecen y ponen en práctica mis mandamientos, aunque hayan sido llevados al lugar más apartado del mundo, los recogeré y los haré volver al lugar que escoja como residencia de mi Nombre".

¹⁰»Ellos son tus siervos y tu pueblo al cual redimiste con gran despliegue de fuerza y poder. ¹¹Señor, te suplico que escuches nuestra oración, pues somos tus siervos y nos complacemos en honrar tu °nombre. Y te pido que a este siervo tuyo le concedas tener éxito y ganarse el favor de este hombre».

En aquel tiempo yo era copero del rey.

Nehemías vuelve a Jerusalén

2 Un día, en el mes de *nisán* del año veinte del reinado de Artajerjes, al ofrecerle vino al rey, como él nunca me había visto triste, ²me preguntó:

—¿Por qué estás triste? No me parece que estés enfermo, así que debe haber algo que te está causando dolor.

Yo sentí mucho miedo ³y respondí al rey:

—¡Que viva Su Majestad para siempre! ¿Cómo no he de estar triste si la ciudad donde están los sepulcros de mis antepasados se halla en ruinas, con sus °puertas consumidas por el fuego?

⁴—¿Qué quieres que haga? —preguntó el rey.

Así que oré al Dios del cielo ⁵y respondí:

—Si a Su Majestad le parece bien y si este siervo suyo es digno de su favor, le ruego que me envíe a Judá para reedificar la ciudad donde están los sepulcros de mis antepasados.

⁶—¿Cuánto durará tu viaje? ¿Cuándo regresarás? —me preguntó el rey, que tenía a la reina sentada a su lado.

En cuanto propuse un plazo, el rey aceptó enviarme. ⁷Entonces añadí:

—Si al rey le parece bien, ruego a usted que envíe cartas a los gobernadores del oeste del río Éufrates para que me den vía libre y yo pueda llegar a Judá; ⁸y, por favor, ordene a su guardabosques Asaf que me dé madera para reparar las puertas de la ciudad que están junto al Templo, la muralla de la ciudad y la casa donde he de vivir. El rey accedió a mi petición, porque Dios estaba actuando a mi favor. ⁹Cuando me presenté ante los gobernadores del oeste del río Éufrates, entregué las cartas del rey. Además, el rey había ordenado que me escoltaran oficiales del ejército y de la caballería.

¹⁰Pero al oír que alguien había llegado a ayudar a los israelitas, Sambalat el horonita y Tobías el siervo amonita se disgustaron mucho.

Nehemías inspecciona la muralla

¹¹Tres días después de haber llegado a Jerusalén, ¹²salí de noche acompañado de algunos hombres, pero a ninguno de ellos le conté lo que mi Dios había puesto en mi corazón*ᵃ* hacer por Jerusalén. La única bestia que llevábamos era la que yo montaba.

¹³Esa noche salí por la puerta del Valle hacia la fuente del Dragón y la puerta del Basurero. Inspeccioné las ruinas de la muralla de Jerusalén y sus puertas consumidas por el fuego. ¹⁴Después me dirigí hacia la puerta de la Fuente y el estanque del Rey, pero no hallé por dónde pasar con mi cabalgadura. ¹⁵Así que, siendo aún de noche, subí por el arroyo mientras inspeccionaba la muralla. Finalmente regresé y entré por la puerta del Valle.

¹⁶Los oficiales no supieron a dónde fui ni qué hice, porque hasta entonces no había dicho nada a ningún judío: ni a los sacerdotes, ni a los nobles, ni a los gobernadores ni a los que estaban trabajando en la obra. ¹⁷Por eso les dije:

—Ustedes son testigos de nuestra desgracia. Jerusalén está en ruinas y sus °puertas han sido consumidas por el fuego. ¡Vamos, anímense! ¡Reconstruyamos la muralla de Jerusalén para que ya nadie se burle de nosotros!

¹⁸Entonces les conté cómo la bondadosa mano de Dios había estado conmigo y relaté lo que el rey me había dicho. Al oír esto, exclamaron:

—¡Manos a la obra!

Y comenzaron la reconstrucción.

ᵃ 12 corazón. En la Biblia se usa para designar el asiento de las emociones, pensamientos y voluntad, es decir, el proceso de toma de decisiones del ser humano.

¹⁹Cuando lo supieron, Sambalat el horonita, Tobías el oficial amonita y Guesén el árabe se burlaron de nosotros y nos preguntaron de manera despectiva:

—Pero ¿qué están haciendo? ¿Acaso pretenden rebelarse contra el rey?

²⁰Yo contesté:

—El Dios del cielo nos concederá salir adelante. Nosotros, sus siervos, vamos a comenzar la reconstrucción. Ustedes no tienen autoridad ni derecho, ni son parte de la historia de Jerusalén.

Se inicia la reconstrucción

3 Entonces el sumo sacerdote Eliasib y sus compañeros los sacerdotes trabajaron en la reconstrucción de la puerta de las Ovejas. La repararon y la colocaron en su lugar, y reconstruyeron*ᵃ* también la muralla desde la torre de los Cien hasta la torre de Jananel. ²El tramo contiguo lo reconstruyeron los hombres de Jericó, y el tramo siguiente, Zacur, hijo de Imrí.

³La puerta de los Pescados la reconstruyeron los descendientes de Sená.*ᵇ* Colocaron las vigas y pusieron la puerta en su lugar, con sus cerrojos y barras. ⁴El tramo contiguo lo reconstruyó Meremot, hijo de Urías y nieto de Cos, y el tramo siguiente Mesulán, hijo de Berequías y nieto de Mesezabel. El siguiente tramo lo reconstruyó Sadoc, hijo de Baná. ⁵Los de Tecoa reconstruyeron el siguiente tramo de la muralla, aunque sus notables no quisieron colaborar con los dirigentes.

⁶La entrada de Jesaná*ᶜ* la reconstruyeron Joyadá, hijo de Paseaj, y Mesulán, hijo de Besodías. Colocaron las vigas y pusieron en su lugar las puertas con sus cerrojos y barras. ⁷El tramo contiguo lo reconstruyeron Melatías de Gabaón y Jadón de Meronot. A estos se unieron los de Gabaón y los de Mizpa, que estaban bajo el dominio del gobernador de la provincia al oeste del río Éufrates.

⁸Uziel, hijo de Jaraías, que era uno de los plateros, reconstruyó el siguiente tramo de la muralla, y uno de los perfumistas, llamado Jananías, el siguiente. Entre los dos reconstruyeron la muralla de Jerusalén hasta la muralla Ancha. ⁹El siguiente tramo lo reconstruyó Refaías, hijo de Hur, que era gobernador de una mitad del distrito de Jerusalén; ¹⁰el siguiente, Jedaías hijo de Jarumaf, cuya casa quedaba al frente, y el siguiente, Jatús, hijo de Jasabnías.

¹¹Malquías, hijo de Jarín, y Jasub, hijo de Pajat Moab, reconstruyeron el siguiente tramo de la muralla y la torre de los Hornos. ¹²Salún, hijo de Halojés, que era gobernador de la otra mitad del distrito de Jerusalén, reconstruyó el siguiente tramo con la ayuda de sus hijas.

¹³Janún y los habitantes de Zanoa reconstruyeron la puerta del Valle y la colocaron en su lugar con sus cerrojos y barras. Levantaron también mil codos*ᵈ* de muralla hasta la puerta del Basurero.

¹⁴Malquías, hijo de Recab, gobernador del distrito de Bet Haqueren, reconstruyó la puerta del Basurero y la colocó en su lugar con sus cerrojos y barras.

¹⁵Salún, hijo de Coljozé, gobernador del distrito de Mizpa, reconstruyó la puerta de la Fuente, la techó y la colocó en su lugar con sus cerrojos y barras. Reconstruyó también el muro del estanque de Siloé, que está junto al jardín del rey, hasta las gradas que llevan a la Ciudad de David. ¹⁶Nehemías, hijo de Azbuc, gobernador de una mitad del distrito de Betsur, reconstruyó el siguiente tramo hasta el lugar que está frente a los sepulcros de David, hasta el estanque artificial y hasta el cuartel de la guardia real.

¹⁷El sector que sigue lo reconstruyeron los levitas y Rejún, hijo de Baní. En el tramo siguiente, Jasabías, gobernador de una mitad del distrito de Queilá, hizo las obras de reconstrucción por cuenta de su distrito ¹⁸y las continuaron sus compañeros: Binuy,*ᵉ* hijo de Henadad, gobernador de la otra mitad del distrito de Queilá, ¹⁹y Ezer, hijo de Jesúa, gobernador de Mizpa, que reconstruyó el tramo que sube frente al arsenal de la esquina. ²⁰El tramo siguiente, es decir, el sector que va desde la esquina hasta la puerta de la casa del sumo sacerdote Eliasib, lo reconstruyó con entusiasmo Baruc, hijo de Zabay. ²¹El sector que va desde la puerta de la casa de Eliasib hasta el extremo de la misma lo reconstruyó Meremot, hijo de Urías y nieto de Cos.

²²El siguiente tramo lo reconstruyeron los sacerdotes que vivían en los alrededores. ²³Después de ellos, Benjamín y Jasub reconstruyeron el sector que está frente a sus propias casas. Azarías, hijo de Maseías y nieto de Ananías, reconstruyó el tramo que está junto a su propia casa. ²⁴Luego, Binuy, hijo de Henadad, reconstruyó el sector que va desde la casa de Azarías hasta el ángulo, es decir, hasta la esquina. ²⁵Palal, hijo de Uzay, reconstruyó el sector de la esquina que está frente a la torre alta que sobresale del palacio real, junto al patio de la guardia. El tramo contiguo lo reconstruyó Pedaías, hijo de Parós. ²⁶Los servidores del Templo que vivían en Ofel reconstruyeron el sector oriental que está frente a la puerta del Agua y la torre que allí sobresale. ²⁷Los hombres de Tecoa reconstruyeron el tramo que va desde el frente de la gran torre que allí sobresale, hasta la muralla de Ofel.

²⁸Los sacerdotes, cada uno frente a su casa, reconstruyeron el sector de la muralla sobre la puerta de los Caballos. ²⁹El siguiente tramo lo reconstruyó Sadoc, hijo de Imer, pues quedaba frente a su propia casa. El sector que sigue lo reparó Semaías, hijo de Secanías, guardián de la puerta oriental. ³⁰Jananías, hijo de Selemías, y Janún, el sexto hijo de Salaf, reconstruyeron otro tramo. Mesulán, hijo de Berequías, reconstruyó el siguiente tramo, pues quedaba frente a su casa. ³¹Malquías, que era uno de los plateros, reconstruyó el tramo que llega hasta las casas de los servidores del Templo y de los comerciantes, frente a la puerta de la Inspección y hasta el puesto de vigilancia de la esquina. ³²Y el sector que va desde allí hasta la puerta de las Ovejas lo reconstruyeron los plateros y los comerciantes.

Se obstaculiza la reconstrucción

4 Cuando Sambalat se enteró de que estábamos reconstruyendo la muralla, se enojó muchísimo y se burló de los judíos. ²Ante sus compañeros y el ejército de Samaria dijo:

—¿Qué están haciendo estos débiles judíos? ¿Creen que se les va a dejar que reconstruyan y que vuelvan a ofrecer sacrificios? ¿Piensan acaso terminar en un solo día? ¿Cómo creen que de esas piedras quemadas, de esos escombros, van a hacer algo nuevo?

³Y Tobías el amonita, que estaba junto a él, añadió:

—¡Hasta una zorra, si se sube a ese montón de piedras, lo echa abajo!

ᵃ **1** *repararon … reconstruyeron* (texto probable); *consagraron … consagraron* (TM). *ᵇ* **3** *Sená*. Alt. *Hasená*. *ᶜ* **6** *La entrada de Jesaná*. Alt. *La puerta Vieja*. *ᵈ* **13** Es decir, aprox. 450 m. *ᵉ* **18** Según dos manuscritos hebreos y la Siríaca (véanse también la LXX y el v. 24); la mayoría de los manuscritos hebreos dicen *Bavay*.

4Por eso oramos: «¡Escucha, Dios nuestro, cómo se burlan de nosotros! Haz que sus ofensas recaigan sobre ellos mismos: entrégalos a sus enemigos; ¡que los lleven en cautiverio! 5No pases por alto su maldad ni olvides sus pecados, porque provocan la ira de los que reconstruyen».

6Continuamos con la reconstrucción y levantamos la muralla hasta media altura, pues el pueblo trabajó con entusiasmo.

7Pero cuando Sambalat, Tobías y los árabes, los amonitas y los asdodeos se enteraron de que avanzaba la reconstrucción de la muralla y, que ya estábamos cerrando las brechas, se enojaron muchísimo 8y acordaron atacar a Jerusalén y provocar disturbios en ella. 9Oramos entonces a nuestro Dios y decidimos montar guardia día y noche para defendernos de ellos.

10Por su parte, la gente de Judá decía: «Los cargadores desfallecen, pues son muchos los escombros; ¡no vamos a poder reconstruir esta muralla!».

11Y nuestros enemigos maquinaban: «Les caeremos por sorpresa y los mataremos; así haremos que la obra se suspenda».

12Algunos de los judíos que vivían cerca de ellos venían hasta diez veces y nos advertían: «Los van a atacar por todos lados».

13Así que puse a la gente por familias, con sus espadas, lanzas y arcos, detrás de las murallas, en los lugares más vulnerables y desguarnecidos. 14Luego de examinar la situación, me levanté y dije a los nobles y oficiales, y al resto del pueblo: «¡No les tengan miedo! Acuérdense del Señor, que es grande y temible, y peleen por sus hermanos, por sus hijos e hijas, y por sus esposas y sus hogares».

15Una vez que nuestros enemigos se dieron cuenta de que conocíamos sus intenciones y de que Dios había frustrado sus planes, todos regresamos a la muralla, cada uno a su trabajo.

16A partir de aquel día la mitad de mi gente trabajaba en la obra, mientras la otra mitad permanecía armada con lanzas, escudos, arcos y corazas. Los oficiales estaban pendientes de toda la gente de Judá. 17Tanto los que reconstruían la muralla como los que acarreaban los materiales hacían su trabajo con una mano y con la otra sostenían un arma. 18Todos los que trabajaban en la reconstrucción llevaban la espada a la cintura. A mi lado estaba el encargado de dar el toque de alarma con la trompeta.

19Yo había dicho a los nobles, a los gobernantes y al resto del pueblo: «La tarea es grande y extensa, y nosotros estamos muy esparcidos en la muralla, distantes los unos de los otros. 20Por eso, en el lugar donde oigan el toque de la trompeta, cerremos filas. ¡Nuestro Dios peleará por nosotros!».

21Así que, desde el amanecer hasta que aparecían las estrellas, mientras trabajábamos en la obra, la mitad de la gente montaba guardia con lanza en mano.

22En aquella ocasión también dije a la gente: «Todos ustedes, incluso los ayudantes, quédense en Jerusalén para que en la noche sirvan de centinelas y de día trabajen en la obra». 23Ni yo ni mis parientes y ayudantes, ni los de mi guardia personal, nos desvestíamos para nada: cada uno llevaba su arma, incluso cuando iba a buscar agua.

Nehemías defiende a los pobres

5 Los hombres y las mujeres del pueblo protestaron enérgicamente contra sus hermanos judíos, 2pues había quienes decían: «Si contamos a nuestros hijos y a nuestras hijas, ya somos muchos. Necesitamos conseguir trigo para subsistir».

3Otros se quejaban: «Por conseguir trigo para no morirnos de hambre, hemos hipotecado nuestros campos, viñedos y casas».

4Había también quienes se quejaban: «Tuvimos que empeñar nuestros campos y viñedos para conseguir dinero prestado y así pagar el tributo al rey. 5Y aunque nosotros y nuestros hermanos somos de la misma sangre, y nuestros hijos y los suyos son iguales, a nosotros nos ha tocado vender a nuestros hijos e hijas como esclavos. De hecho, hay hijas nuestras sirviendo como esclavas, y no podemos rescatarlas, puesto que nuestros campos y viñedos están en poder de otros».

6Cuando oí sus palabras de protesta, me enojé muchísimo. 7Y, después de reflexionar, reprendí a los nobles y gobernantes:

—¡Es inconcebible que sus propios hermanos les exijan el pago de intereses!

Convoqué además una gran asamblea contra ellos 8y allí recriminé:

—Hasta donde nos ha sido posible, hemos rescatado a nuestros hermanos judíos que fueron vendidos a los *paganos. ¡Y ahora son ustedes quienes venden a sus hermanos, después de que nosotros los hemos rescatado!ᵃ Todos se quedaron callados, pues no sabían qué responder.

9Yo añadí:

—Lo que están haciendo ustedes es incorrecto. ¿No deberían caminar en el temor de Dios y evitar así el reproche de los paganos, nuestros enemigos? 10Mis hermanos y mis criados, y hasta yo mismo, les hemos prestado dinero y trigo. Pero ahora, ¡quitémosles esa carga de encima! 11Yo les ruego que les devuelvan campos, viñedos, olivares y casas, y también el uno por ciento de la plata, del trigo, del vino y del aceite que ustedes les exigen.

12—Está bien —respondieron ellos—, haremos todo lo que nos has pedido. Se lo devolveremos todo, sin exigirles nada.

Entonces llamé a los sacerdotes, y ante estos les hice jurar que cumplirían su promesa. 13Luego me sacudí el manto y afirmé:

—¡Así sacuda Dios y arroje de su casa y de sus propiedades a todo el que no cumpla esta promesa! ¡Así lo sacuda Dios y lo deje sin nada!

Toda la asamblea respondió:

—¡Amén!

Entonces alabaron al Señor y el pueblo cumplió lo prometido.

14Desde el año veinte del reinado de Artajerjes, cuando fui designado gobernador de la tierra de Judá, hasta el año treinta y dos, es decir, durante doce años, ni mis hermanos ni yo utilizamos el impuesto que me correspondía como gobernador. 15En cambio, los gobernadores que me precedieron habían impuesto cargas sobre el pueblo, y cada día les habían exigido comida y vino por un valor de cuarenta siclosᵇ de plata. También sus criados oprimían al pueblo. En cambio yo, por temor a Dios, no hice eso. 16Al contrario, tanto yo como mis criados trabajamos en la reconstrucción de la muralla y no compramos ningún terreno.

17A mi mesa se sentaban ciento cincuenta hombres, entre judíos y oficiales, sin contar a los que llegaban de países vecinos. 18Era tarea de todos los días preparar un buey, seis ovejas escogidas y algunas aves; y cada diez días se traía vino en abundancia. Pero nunca utilicé el impuesto que me correspondía como gobernador, porque ya el pueblo tenía una carga muy pesada.

ᵃ 8 después ... rescatado. Alt. para que nosotros tengamos que volver a rescatarlos.   ᵇ 15 Es decir, aprox. 460 g.

[19]¡Recuerda, Dios mío, todo lo que he hecho por este pueblo y favoréceme!

Nueva oposición de los enemigos

6 Sambalat, Tobías, Guesén el árabe y el resto de nuestros enemigos se enteraron de que yo había reconstruido la muralla y se habían cerrado las brechas (aunque todavía no se habían puesto las *puertas en su sitio). [2]Entonces Sambalat y Guesén me enviaron este mensaje: «Tenemos que reunirnos contigo en alguna de las poblaciones del valle de Ono».

En realidad, lo que planeaban era hacerme daño. [3]Así que envié unos mensajeros a decirles: «Estoy ocupado en una gran obra y no puedo ir. Si bajara yo a reunirme con ustedes, la obra se vería interrumpida». [4]Cuatro veces me enviaron este mensaje y otras tantas respondí lo mismo. [5]La quinta vez Sambalat me envió, por medio de uno de sus sirvientes, el mismo mensaje en una carta abierta, [6]que a la letra decía:

«Corre el rumor entre la gente —y Guesén[a] lo asegura— de que tú y los judíos están construyendo la muralla porque tienen planes de rebelarse. Según tal rumor, tú pretendes ser su rey, [7]y has nombrado profetas para que te proclamen rey en Jerusalén y se declare: "¡Tenemos rey en Judá!". Todo esto llegará a oídos del rey. Por eso, ven y hablemos de este asunto».

[8]Yo envié a decirle: «Nada de lo que dices es cierto. Todo esto es pura invención tuya».

[9]En realidad, lo que pretendían era asustarnos. Pensaban desanimarnos, para que no termináramos la obra.

«Y ahora, Señor, ¡fortalece mis manos!».

[10]Fui entonces a la casa de Semaías, hijo de Delaías y nieto de Mehetabel, que se había encerrado en su casa. Él me dijo: «Reunámonos a puerta cerrada en el Templo de Dios, en el interior del mismo, porque vendrán a matarte. ¡Sí, esta noche te van a quitar la vida!».

[11]Pero yo respondí: «¡Yo no soy de los que huyen! ¡Los hombres como yo no corren a esconderse en el Templo para salvar la vida! ¡No me esconderé!».

[12]Y es que me di cuenta de que Dios no lo había enviado, sino que se las daba de profeta porque Sambalat y Tobías lo habían sobornado. [13]En efecto, lo habían sobornado para intimidarme y hacerme pecar siguiendo su consejo. Así podrían hablar mal de mí y desprestigiarme.

[14]«¡Dios mío, recuerda las intrigas de Sambalat y Tobías! ¡Recuerda también a la profetisa Noadías y a los otros profetas que quisieron asustarme!».

Termina la reconstrucción de la muralla

[15]La muralla se terminó el día veinticinco del mes de *elul*. Su reconstrucción había durado cincuenta y dos días. [16]Cuando todos nuestros enemigos se enteraron de esto, las naciones vecinas se sintieron atemorizadas y humilladas, pues reconocieron que ese trabajo se había hecho con la ayuda de nuestro Dios.

[17]En aquellos días los nobles de Judá se mantuvieron en estrecho contacto por carta con Tobías, [18]pues muchos judíos se habían aliado a él por ser yerno de Secanías, hijo de Araj, y porque su hijo Johanán era yerno de Mesulán, hijo de Berequías. [19]En mi presencia hablaban bien de él, y luego le comunicaban todo lo que yo decía. Tobías, por su parte, trataba de asustarme con sus cartas.

Plan para defender a Jerusalén

7 Una vez que se terminó la reconstrucción de la muralla, fueron colocadas sus *puertas, se nombraron porteros, cantores y levitas. [2]A mi hermano Jananí, que era un hombre fiel y temeroso de Dios como pocos, lo puse a cargo de Jerusalén, junto con Jananías, comandante de la ciudad. [3]A los dos les dije: «Las puertas de Jerusalén se abrirán cuando ya haya salido el sol; volverán a cerrarse y se asegurarán con sus barras cuando los porteros estén en sus puestos. Además, los habitantes de Jerusalén montarán guardia, unos en sus puestos y otros frente a su propia casa».

Lista de los repatriados

[4]La ciudad ocupaba una gran extensión, pero tenía pocos habitantes porque no todas las casas se habían reconstruido.

[5]Mi Dios puso en mi *corazón el deseo de reunir a los nobles, a los oficiales y al pueblo, para registrarlos según su descendencia; y encontré el registro genealógico de los que habían regresado en la primera repatriación. Allí estaba escrito:

[6]La siguiente es la lista de la gente de la provincia, es decir, de aquellos que Nabucodonosor, rey de Babilonia, había llevado cautivos y a quienes se les permitió regresar a Jerusalén y a Judá. Cada uno volvió a su propia ciudad, [7]bajo el mando de Zorobabel, Jesúa, Nehemías, Azarías, Raamías, Najamani, Mardoqueo, Bilsán, Mispéret, Bigvay, Nehúm y Baná.

Esta es la lista de los israelitas que regresaron:
[8]los descendientes de

Parós	2,172
[9]Sefatías	372
[10]Araj	652
[11]Pajat Moab, es decir, de Jesúa y Joab	2,818
[12]Elam	1,254
[13]Zatú	845
[14]Zacay	760
[15]Binuy	648
[16]Bebay	628
[17]Azgad	2,322
[18]Adonicán	667
[19]Bigvay	2,067
[20]Adín	655
[21]Ater, es decir, de Ezequías	98
[22]Jasún	328
[23]Bezay	324
[24]Jarif	112
[25]Gabaón	95
[26]Belén y de Netofa	188
[27]Anatot	128
[28]Bet Azmávet	42
[29]Quiriat Yearín, Cafira y Berot	743
[30]Ramá y Gueba	621
[31]Micmás	122
[32]Betel y de Hai	123
[33]el otro Nebo	52
[34]el otro Elam	1,254
[35]Jarín	320
[36]Jericó	345
[37]Lod, Jadid y Ono	721
[38]Sená	3,930

[39]De los sacerdotes:
los descendientes de
Jedaías, de la familia de Jesúa	973

---

[a] 6 Guesén. Lit. *Gasmu* (variante de este nombre).

⁴⁰Imer	1,052
⁴¹Pasur	1,247
⁴²Jarín	1,017

⁴³De los levitas:
los descendientes de
Jesúa y de Cadmiel, que pertenecían a la
familia de Hodavías 74

⁴⁴De los cantores:
los descendientes de
Asaf 148

⁴⁵De los porteros:
los descendientes de
Salún, Ater, Talmón,
Acub, Jatitá y Sobay 138

⁴⁶De los servidores del Templo:
los descendientes de
Zijá, Jasufá, Tabaot,
⁴⁷Querós, Sigajá, Padón,
⁴⁸Lebaná, Jagabá, Salmay,
⁴⁹Janán, Guidel, Gajar,
⁵⁰Reaías, Rezín, Necoda,
⁵¹Gazán, Uza, Paseaj,
⁵²Besay, Meunín, Nefisesín,
⁵³Bacbuc, Jacufá, Jarjur,
⁵⁴Baslut, Mejidá, Jarsa,
⁵⁵Barcós, Sísara, Temá,
⁵⁶Neziaj y Jatifá.

⁵⁷De los descendientes de los servidores de
Salomón:
los descendientes de
Sotay, Soféret, Peruda,
⁵⁸Jalá, Darcón, Guidel,
⁵⁹Sefatías, Jatil,
Poquéret Hasebayin y Amón.

⁶⁰Los servidores del Templo y de los descendientes
de los servidores de Salomón 392

⁶¹Los siguientes regresaron de Tel Melaj, Tel
Jarsá, Querub, Adón e Imer, pero no pudieron
demostrar ascendencia israelita:
⁶²los descendientes de
Delaías, Tobías y Necoda 642

⁶³De entre los sacerdotes, tampoco pudieron
demostrar su ascendencia israelita los siguientes:
los descendientes de
Jobaías, Cos y Barzilay (este último se casó
con una de las hijas de un galaadita llamado
Barzilay, del cual tomó su nombre).

⁶⁴Estos buscaron sus registros genealógicos, pero
como no los encontraron, fueron excluidos del
sacerdocio al considerarlos impuros. ⁶⁵A ellos el
gobernador les prohibió comer de los alimentos
sagrados hasta que un sacerdote decidiera su
destino por medio del ˚urim˚ y el tumim.

⁶⁶El número total de los miembros de la asamblea
era de cuarenta y dos mil trescientas sesenta
personas, ⁶⁷sin contar los esclavos y esclavas que
sumaban siete mil trescientas treinta y siete;
y también había doscientos cuarenta y cinco
cantores y cantoras. ⁶⁸Tenían además setecientos
treinta y seis caballos, doscientas cuarenta y cinco
mulas,ᵃ ⁶⁹cuatrocientos treinta y cinco camellos y
seis mil setecientos veinte burros.

⁷⁰Algunos jefes de familia entregaron al tesoro
donativos para la obra. El gobernador entregó

al tesoro mil dáricosᵇ de oro, cincuenta tazones
y quinientas treinta túnicas sacerdotales. ⁷¹Los
jefes de familia entregaron veinte mil dáricosᶜ
de oro y dos mil doscientas minasᵈ de plata. ⁷²El
resto del pueblo entregó veinte mil dáricos de
oro y dos mil minasᵉ de plata y sesenta y siete
túnicas sacerdotales.

⁷³Los sacerdotes, los levitas, los porteros, los
cantores, la gente del pueblo, los servidores del
Templo y los demás israelitas se establecieron en
sus propias ciudades.

Esdras lee la Ley

Al llegar el mes séptimo, los israelitas ya estaban
8 establecidos en sus ciudades. ¹Entonces todo el
pueblo, como un solo ˚hombre, se reunió en la
plaza que está frente a la puerta del Agua y pidió al
˚maestro Esdras traer el libro de la ˚Ley que el SEÑOR
había dado a Israel por medio de Moisés.

²Así que el día primero del mes séptimo, el sacerdote Esdras llevó la Ley ante la asamblea, que estaba
compuesta de hombres y mujeres y de todos los que
podían comprender la lectura. ³Entonces la leyó en
presencia de ellos desde el alba hasta el mediodía en
la plaza que está frente a la puerta del Agua. Todo
el pueblo estaba muy atento a la lectura del libro de
la Ley.

⁴El maestro Esdras se puso de pie sobre una plataforma de madera construida para la ocasión. A
su derecha estaban Matatías, Semá, Anaías, Urías,
Jilquías y Maseías; a su izquierda, Pedaías, Misael,
Malquías, Jasún, Jasbadana, Zacarías y Mesulán.

⁵Esdras, a quien la gente podía ver porque él estaba
en un lugar más alto, abrió el libro y todo el pueblo
se puso de pie. ⁶Entonces Esdras bendijo al SEÑOR, el
gran Dios. Y todo el pueblo, levantando las manos,
respondió: «¡Amén y amén!». Luego adoraron al
SEÑOR, postrándose rostro en tierra.

⁷Los levitas Jesúa, Baní, Serebías, Jamín, Acub,
Sabetay, Hodías, Maseías, Quelitá, Azarías, Jozabad,
Janán y Pelaías le explicaban la Ley al pueblo, que no
se movía de su sitio. ⁸Ellos leían con claridad el libro
de la Ley de Dios y lo interpretaban de modo que se
comprendiera su lectura.

⁹Al oír las palabras de la Ley, la gente comenzó a
llorar. Por eso el gobernador Nehemías, el sacerdote y
maestro Esdras y los levitas que enseñaban al pueblo
dijeron: «No lloren ni se pongan tristes, porque este
día ha sido consagrado al SEÑOR su Dios».

¹⁰Luego Nehemías añadió: «Ya pueden irse. Coman
bien, tomen bebidas dulces y compartan su comida
con quienes no tengan nada, porque este día ha sido
consagrado a nuestro Señor. No estén tristes, pues el
gozo del SEÑOR es su fortaleza».

¹¹También los levitas tranquilizaban a todo el
pueblo. Les decían: «¡Tranquilos! ¡No estén tristes,
que este es un día ˚santo!».

¹²Así que todo el pueblo se fue a comer, beber, compartir su comida y a celebrar con gran alegría; porque
habían comprendido lo que se les había enseñado.

La fiesta de las Enramadas

¹³Al día siguiente, los jefes de familia, junto con
los sacerdotes y los levitas, se reunieron con el
maestro Esdras para estudiar las palabras de la ˚Ley.
¹⁴Y en esta encontraron escrito que el SEÑOR había
mandado a Moisés que durante la fiesta del mes séptimo los israelitas debían habitar en ˚enramadas ¹⁵y

---

ᵃ 68 setecientos … mulas (varios mss. hebreos; véase también
Esd 2:66); TM no incluye estas frases. ᵇ 70 Es decir, aprox.
8.4 kg. ᶜ 71 Es decir, aprox. 170 kg; también en el v. 72.
ᵈ 71 Es decir, aprox. 1.2 t. ᵉ 70-72 Es decir, aprox. 1 t.

pregonar en todas sus ciudades y en Jerusalén esta orden: «Vayan a la montaña y traigan ramas de olivo, de olivo silvestre, de arrayán, de palmera y de todo árbol frondoso, para hacer enramadas, conforme a lo que está escrito».ᵃ

¹⁶La gente fue, trajo ramas y con ellas hizo enramadas en las azoteas, en los patios, en el atrio del Templo de Dios, en la plaza de la puerta del Agua y en la plaza de la puerta de Efraín. ¹⁷Toda la asamblea de los que habían regresado del cautiverio hizo enramadas y habitó en ellas. Como los israelitas no habían hecho esto desde los días de Josué, hijo de Nun, hubo gran alegría.

¹⁸Todos los días, desde el primero hasta el último, se leyó el libro de la Ley de Dios. Celebraron la fiesta durante siete días y en el día octavo hubo una asamblea, según lo ordenado.

Los israelitas confiesan sus pecados

9 El día veinticuatro de ese mes los israelitas se reunieron para ayunar, se vistieron de luto y se echaron ceniza sobre la cabeza. ²Habiéndose separado de los extranjeros, se pusieron de pie y confesaron públicamente sus propios pecados y la maldad de sus antepasados. ³Permanecieron en su lugar y durante tres horas leyeron el libro de la *Ley del SEÑOR su Dios; en las tres horas siguientes* confesaron sus pecados y lo adoraron. ⁴Luego los levitas Jesúa, Baní, Cadmiel, Sebanías, Buní, Serebías, Baní y Quenaní subieron a la plataforma y en alta voz invocaron al SEÑOR su Dios. ⁵Y los levitas Jesúa, Cadmiel, Baní, Jasabnías, Serebías, Hodías, Sebanías y Petaías clamaron: «¡Vamos, bendigan al SEÑOR su Dios desde ahora y para siempre!

»¡Bendito sea tu glorioso nombre! ¡Exaltado sobre toda bendición y alabanza! ⁶¡Solo tú eres el SEÑOR! Tú has hecho los cielos, los cielos de los cielos y todo lo que hay en ellos.ᶜ Tú hiciste la tierra y el mar con todo lo que en ellos hay. Tú das vida a todo lo creado. ¡Por eso te adora todo lo que hay en los cielos!

⁷»Tú, SEÑOR y Dios, fuiste quien escogió a Abram. Tú lo sacaste de Ur de los *caldeos y le pusiste por nombre Abraham. ⁸Descubriste en él un *corazón fiel e hiciste con él un *pacto. Prometiste que a sus descendientes darías la tierra de los cananeos, de los hititas, amorreos y ferezeos, de los jebuseos y gergeseos. Y cumpliste tu palabra porque eres justo.

⁹»En Egipto viste la aflicción de nuestros antepasados; junto al *mar Rojo escuchaste sus lamentos. ¹⁰Lanzaste grandes señales y maravillas contra el faraón, contra sus siervos y la gente de su tierra, porque viste la insolencia con que habían tratado a tu pueblo. Fue así como te ganaste la buena fama que hoy tienes. ¹¹A la vista de ellos abriste el mar, y ellos cruzaron sobre terreno seco. Pero arrojaste a sus perseguidores en lo más profundo del mar, como piedra en aguas impetuosas. ¹²Con una columna de nube los guiaste de día, con una columna de fuego los guiaste de noche: alumbraste el camino que debían seguir.

¹³»Descendiste al monte Sinaí; desde el cielo hablaste. Les diste ordenanzas justas y leyes verdaderas, estatutos y mandamientos buenos. ¹⁴Diste a conocer tu *sábado santo y por medio de tu servidor Moisés les entregaste tus mandamientos, estatutos y leyes. ¹⁵Saciaste su hambre

con pan del cielo; calmaste su sed con agua de la roca. Les diste posesión de la tierra que bajo juramento solemne con la mano en alto habías prometido.

¹⁶»Pero ellos y nuestros antepasados fueron altivos; fueron tercos y no obedecieron tus mandamientos. ¹⁷Se negaron a escucharte; no se acordaron de las maravillas que hiciste por ellos. Fue tanta su terquedad y rebeldía que hasta se nombraron un jefe para que los hiciera volver a la esclavitud. Pero tú eres Dios perdonador, misericordioso y compasivo, lento para la ira y grande en amor. Por eso no los abandonaste, ni ¹⁸ᵃ pesar de que se hicieron un becerro de metal fundido y dijeron: "Este es tu dios que te sacó de Egipto"; y aunque fueron terribles las ofensas que cometieron.

¹⁹»Tú no los abandonaste en el desierto porque eres muy compasivo. Jamás se apartó de ellos la columna de nube que los guiaba de día por el camino; ni dejó de alumbrarlos la columna de fuego que de noche les mostraba por dónde ir. ²⁰Con tu buen Espíritu les diste entendimiento. No quitaste tu maná de su boca; les diste agua para calmar su sed. ²¹Cuarenta años los sustentaste en el desierto. ¡Nada les faltó! No se desgastaron sus vestidos ni se les hincharon los pies.

²²»Les entregaste reinos y pueblos, y asignaste a cada cual su territorio. Conquistaron las tierras de Og y de Sijón, que eran reyes de Hesbón y de Basán. ²³Multiplicaste sus hijos como las estrellas del cielo; los hiciste entrar en la tierra que bajo juramento prometiste a sus antepasados que iban a heredar. ²⁴Y sus hijos entraron en la tierra y tomaron posesión de ella. Ante ellos sometiste a los cananeos que la habitaban; les entregaste reyes y pueblos de esa tierra, para que hicieran con ellos lo que quisieran. ²⁵Conquistaron ciudades fortificadas y una tierra fértil; se adueñaron de casas repletas de bienes, de cisternas, viñedos y olivares, y de gran cantidad de árboles frutales. Comieron y se hartaron y engordaron; ¡disfrutaron de tu gran bondad!

²⁶»Pero fueron desobedientes: se rebelaron contra ti, rechazaron tu Ley, mataron a tus profetas que los exhortaban a volverse a ti; ¡te ofendieron mucho! ²⁷Por eso los entregaste a sus enemigos y estos los oprimieron. En tiempo de angustia clamaron a ti y desde el cielo los escuchaste; por tu inmensa compasión enviaste salvadores para que los liberaran de sus enemigos.

²⁸»Pero cuando tenían descanso, volvían a hacer lo malo ante tu presencia; tú los abandonabas en manos de sus enemigos y ellos los dominaban. De nuevo clamaban a ti y desde el cielo los escuchabas. ¡Por tu inmensa compasión muchas veces los libraste!

²⁹»Les advertiste que volvieran a tu Ley, pero ellos actuaron con soberbia y no obedecieron tus mandamientos. Pecaron contra tus leyes que dan vida a quien las obedezca. En su rebeldía te rechazaron, fueron tercos y no quisieron escuchar. ³⁰Por años les tuviste paciencia; con tu Espíritu los amonestaste por medio de tus profetas, pero ellos no quisieron escuchar. Por eso no dejaste caer en manos de los pueblos de esa tierra. ³¹Sin embargo, es tal tu compasión que no los destruiste ni abandonaste, porque eres Dios misericordioso y compasivo.

³²»Y ahora, Dios nuestro, Dios grande, temible y poderoso, que cumples el pacto y eres fiel, no tengas en poco los sufrimientos que han padecido nuestros reyes, líderes, sacerdotes y

---

ᵃ **15** Véase Lv 23:37-40.   ᵇ **3** tres … siguientes. Lit. una cuarta parte del día … una cuarta parte.   ᶜ **6** todo lo que hay en ellos. Lit. todo su ejército.

profetas, nuestros antepasados y todo tu pueblo, desde los reyes de Asiria hasta hoy. ³³Tú has sido justo en todo lo que nos ha sucedido, porque actúas con fidelidad. Nosotros, en cambio, actuamos con maldad. ³⁴Nuestros reyes y líderes, nuestros sacerdotes y antepasados desobedecieron tu ley y no prestaron atención a tus mandamientos ni a tus mandatos con los que los amonestabas. ³⁵Pero ellos, durante su reinado, no quisieron servirte ni abandonar sus malas obras, a pesar de que les diste muchos bienes y les regalaste una tierra extensa y fértil.

³⁶»Por eso ahora somos esclavos, esclavos en la tierra que diste a nuestros antepasados para que comieran de sus buenos frutos. ³⁷Sus abundantes cosechas son ahora de los reyes que nos has impuesto por nuestro pecado. Como tienen el poder, hacen lo que quieren con nosotros y con nuestro ganado. ¡Grande es nuestra aflicción!

El acuerdo del pueblo

³⁸»Por todo esto, nosotros hacemos este pacto y lo ponemos por escrito, firmado por nuestros líderes, levitas y sacerdotes».

El pueblo se compromete a obedecer la Ley

10 La siguiente es la lista de los que firmaron:

Nehemías, hijo de Jacalías, que era el gobernador; Sedequías, ²Seraías, Azarías, Jeremías, ³Pasur, Amarías, Malquías, ⁴Jatús, Sebanías, Maluc, ⁵Jarín, Meremot, Abdías, ⁶Daniel, Guinetón, Baruc, ⁷Mesulán, Abías, Mijamín, ⁸Maazías, Bilgay y Semaías. Estos eran los sacerdotes.

⁹Los levitas:
Jesúa, hijo de Azanías, Binuy, de los descendientes de Henadad, Cadmiel, ¹⁰y sus hermanos Sebanías, Hodías, Quelitá, Pelaías, Janán, ¹¹Micaías, Rejob, Jasabías, ¹²Zacur, Serebías, Sebanías, ¹³Hodías, Baní y Beninu.

¹⁴Los jefes del pueblo:
Parós, Pajat Moab, Elam, Zatú, Baní, ¹⁵Buní, Azgad, Bebay, ¹⁶Adonías, Bigvay, Adín, ¹⁷Ater, Ezequías, Azur, ¹⁸Hodías, Jasún, Bezay, ¹⁹Jarif, Anatot, Nebay, ²⁰Magpías, Mesulán, Hezir, ²¹Mesezabel, Sadoc, Jadúa, ²²Pelatías, Janán, Anaías, ²³Oseas, Jananías, Jasub, ²⁴Halojés, Piljá, Sobec, ²⁵Rejún, Jasabná, Maseías, ²⁶Ahías, Janán, Anán, ²⁷Maluc, Jarín y Baná.

²⁸«Todos los demás —sacerdotes, levitas, porteros, cantores, servidores del Templo, todos los que se habían separado de los pueblos vecinos para cumplir con la *Ley de Dios, más sus mujeres, hijos e hijas, y todos los que tenían uso de razón— ²⁹se unieron a sus parientes que ocupaban cargos importantes y se comprometieron, bajo juramento, a vivir conforme a la Ley que Dios les había dado por medio de su servidor Moisés, y a

obedecer todos los mandamientos, ordenanzas y estatutos del SEÑOR, Soberano nuestro.

³⁰»Además, todos nos comprometemos a no casar a nuestras hijas con los habitantes del país ni aceptar a sus hijas como esposas para nuestros hijos.

³¹»También prometimos que, si la gente del país venía en *sábado, o en cualquier otro día de fiesta, a vender sus mercancías o grano, nosotros no les compraríamos nada. Prometimos asimismo que en el séptimo año no cultivaríamos la tierra y que perdonaríamos toda deuda.

³²»Además, nos impusimos la obligación de contribuir cada año con la tercera parte de un siclo*ᵃ* de plata para los gastos del Templo de nuestro Dios: ³³el pan consagrado, las ofrendas y el *holocausto diarios, los sacrificios de los sábados, de la luna nueva y de las fiestas solemnes. También las ofrendas sagradas, los sacrificios para obtener el perdón por el pecado de Israel y todo el servicio del Templo de nuestro Dios.

³⁴»En cuanto a la leña, echamos suertes entre nosotros los sacerdotes, los levitas y el pueblo en general, según nuestras familias, para determinar a quiénes les tocaría llevar, en los tiempos fijados cada año, la contribución de la leña para el Templo del SEÑOR nuestro Dios, para que ardiera en su altar, como está escrito en la Ley.

³⁵»Además nos comprometemos a llevar cada año al Templo del SEÑOR las *primicias del campo y de todo árbol frutal; ³⁶también a presentar nuestros primogénitos y las primeras crías de nuestro ganado, tanto de las vacas como de las ovejas, ante los sacerdotes que sirven en el Templo de nuestro Dios, como está escrito en la Ley.

³⁷»Estuvimos de acuerdo en llevar a los depósitos del Templo de nuestro Dios las primicias de nuestra molienda, de nuestras ofrendas, del fruto de los árboles, del vino nuevo y de nuestro aceite, para los sacerdotes que ministran en el Templo de nuestro Dios. Acordamos también dar la décima parte de nuestras cosechas a los levitas, pues son ellos quienes recolectan todo esto en los pueblos donde trabajamos. ³⁸Un sacerdote de la familia de Aarón acompañará a los levitas cuando estos vayan a recolectar los diezmos. Los levitas, por su parte, llevarán el diezmo de los diezmos a los depósitos de la tesorería del Templo de nuestro Dios. ³⁹Los israelitas y los levitas llevarán las ofrendas de trigo, de vino y de aceite a los depósitos donde se guardan los utensilios del santuario y donde permanecen los sacerdotes, los porteros y los cantores, cuando están de servicio.

»Así nos comprometemos a no descuidar el Templo de nuestro Dios».

Los que se establecieron en Jerusalén

11 Los líderes del pueblo se establecieron en Jerusalén. Entre el resto del pueblo se hizo un sorteo para que uno de cada diez se quedara a vivir en Jerusalén, la ciudad *santa, y los otros nueve se establecieran en las otras poblaciones. ²El pueblo bendijo a todos los que se ofrecieron voluntariamente a vivir en Jerusalén.

³Estos son los jefes de la provincia que se establecieron en Jerusalén y en las otras poblaciones de Judá. Los israelitas, los sacerdotes, los levitas, los servidores del Templo y los

---

ᵃ 32 Es decir, aprox. 4 g.

descendientes de los servidores de Salomón se establecieron, cada uno en su propia población y en su respectiva propiedad. 4Estos fueron los judíos y benjamitas que se establecieron en Jerusalén:

De los descendientes de Judá:
Ataías, hijo de Uzías, hijo de Zacarías, hijo de Amarías, hijo de Sefatías, hijo de Malalel, de los descendientes de Fares;
5 y Maseías, hijo de Baruc, hijo de Coljozé, hijo de Jazaías, hijo de Adaías, hijo de Joyarib, hijo de Zacarías, hijo de Siloní.
6 El total de los descendientes de Fares que se establecieron en Jerusalén fue de cuatrocientos sesenta y ocho hombres capaces.
7 De los descendientes de Benjamín:
Salú, hijo de Mesulán, hijo de Joed, hijo de Pedaías, hijo de Colaías, hijo de Maseías, hijo de Itiel, hijo de Isaías, 8y sus hermanos[a] Gabay y Salay. En total eran novecientos veintiocho.
9 Su jefe era Joel, hijo de Zicrí, y el segundo jefe de la ciudad era Judá, hijo de Senuá.[b]
10 De los sacerdotes:
Jedaías, hijo de Joyarib, Jaquín,
11Seraías, hijo de Jilquías, hijo de Mesulán, hijo de Sadoc, hijo de Merayot, hijo de Ajitob, que era el oficial a cargo del Templo de Dios, 12y sus parientes, que eran ochocientos veintidós y trabajaban en el Templo;
así mismo, Adaías, hijo de Jeroán, hijo de Pelalías, hijo de Amsí, hijo de Zacarías, hijo de Pasur, hijo de Malquías, 13y sus parientes, los cuales eran jefes de familia y sumaban doscientos cuarenta y dos;
también Amasay, hijo de Azarel, hijo de Ajsay, hijo de Mesilemot, hijo de Imer, 14y sus parientes, los cuales eran ciento veintiocho valientes.
Su jefe era Zabdiel, hijo de Guedolín.
15 De los levitas:
Semaías, hijo de Jasub, hijo de Azricán, hijo de Jasabías, hijo de Buní;
16Sabetay y Jozabad, que eran jefes de los levitas y estaban encargados de la obra exterior del Templo de Dios;
17Matanías, hijo de Micaías, hijo de Zabdí, hijo de Asaf, que dirigía el coro de los que entonaban las acciones de gracias en el momento de la oración;
Bacbuquías, segundo entre sus hermanos, y Abdá, hijo de Samúa, hijo de Galal, hijo de Jedutún.
18 Los levitas que se establecieron en la ciudad santa fueron doscientos ochenta y cuatro.
19 De los porteros:
Acub, Talmón y sus parientes, que vigilaban las puertas. En total eran ciento setenta y dos.

20Los demás israelitas, de los sacerdotes y de los levitas, vivían en todas las poblaciones de Judá, cada uno en su propiedad.
21Los servidores del Templo, que estaban bajo la dirección de Zijá y Guispa, se establecieron en Ofel.
22El jefe de los levitas que estaban en Jerusalén era Uzi, hijo de Baní, hijo de Jasabías, hijo de Matanías, hijo de Micaías, uno de los descendientes de Asaf. Estos tenían a su cargo el canto en el servicio del Templo de Dios. 23Una orden real y un reglamento establecían los deberes diarios de los cantores.
24Para atender a todos los asuntos del pueblo, el rey había nombrado como su representante a Petaías, hijo de Mesezabel, que era uno de los descendientes de Zera, hijo de Judá.

Otras ciudades habitadas

25Algunos judíos se establecieron en las siguientes ciudades con sus poblaciones: Quiriat Arbá, Dibón, Yecabsel, 26Jesúa, Moladá, Bet Pelet, 27Jazar Súal, Berseba, 28Siclag, Mecona, 29Enrimón, Zora, Jarmut, 30Zanoa, Adulán, Laquis y Azeca, es decir, desde Berseba hasta el valle de Hinón.
31Los benjamitas se establecieron en Gueba, Micmás, Aías, Betel y sus poblaciones, 32Anatot, Nob, Ananías, 33Jazor, Ramá, Guitayin, 34Jadid, Seboyín, Nebalat, 35Lod y Ono, y en el valle de los Artesanos.
36Algunos levitas de Judá se unieron a los benjamitas.

Sacerdotes y levitas repatriados

12 Estos son los sacerdotes y los levitas que regresaron con Zorobabel, hijo de Salatiel, y con Jesúa:

Seraías, Jeremías, Esdras,
2 Amarías, Maluc, Jatús,
3 Secanías, Rejún, Meremot,
4 Idó, Guinetón, Abías,
5 Mijamín, Madías, Bilgá,
6 Semaías, Joyarib, Jedaías,
7 Salú, Amoc, Jilquías y Jedaías.

Estos eran los jefes de los sacerdotes y de sus parientes en los días de Jesúa.

8Los levitas eran Jesúa, Binuy, Cadmiel, Serebías, Judá y Matanías, quien dirigía las acciones de gracias junto con sus hermanos; 9Bacbuquías y Uni, sus hermanos, se colocaban frente a ellos en los servicios.

10 Los descendientes de Jesúa eran Joaquim, Eliasib, Joyadá,
11Jonatán y Jadúa.
12 Los jefes de las familias sacerdotales, en la época de Joaquim, eran:

de Seraías: Meraías;
de Jeremías: Jananías;
13 de Esdras: Mesulán;
de Amarías: Johanán;
14 de Melicú: Jonatán;
de Sebanías: José;
15 de Jarín: Adná;
de Merayot: Jelcay;
16 de Idó: Zacarías;
de Guinetón: Mesulán;
17 de Abías: Zicrí;
de Minjamín;[c] de Moadías: Piltay;
18 de Bilgá: Samúa;
de Semaías: Jonatán;
19 de Joyarib: Matenay;
de Jedaías: Uzi;
20 de Salay: Calay;
de Amoc: Éber;
21 de Jilquías: Jasabías;
de Jedaías: Natanael.

22Los jefes de familia de los levitas y de los sacerdotes en tiempos de Eliasib, Joyadá, Johanán y Jadúa fueron inscritos durante el reinado de Darío el persa. 23Los jefes de familia de los levitas hasta los días de

---

a 8 y sus hermanos (mss. de LXX); y después de él (TM).
b 9 Senuá. Alt. Hasenuá.   c 17 En TM no aparece el nombre del jefe de Minjamín.

Johanán, hijo de Eliasib, fueron inscritos en el libro de las crónicas. ²⁴Los jefes de los levitas eran Jasabías, Serebías y Jesúa, hijo de Cadmiel. Cuando les llegaba el turno de servicio, sus parientes se colocaban frente a ellos para la alabanza y la acción de gracias; un grupo respondía al otro, según lo establecido por David, hombre de Dios.

²⁵Matanías, Bacbuquías, Abdías, Mesulán, Talmón y Acub eran los porteros que montaban la guardia en los depósitos cercanos a las puertas. ²⁶Todos estos vivieron en tiempos de Joaquim, hijo de Jesúa y nieto de Josadac, y en tiempos del gobernador Nehemías y del sacerdote y maestro Esdras.

Dedicación de la muralla

²⁷Cuando llegó el momento de dedicar la muralla, buscaron a los levitas en todos los lugares donde vivían, y los llevaron a Jerusalén para celebrar la dedicación con cánticos de acción de gracias, al son de címbalos, liras y arpas. ²⁸Entonces se reunieron los cantores de los alrededores de Jerusalén y de las aldeas de Netofa ²⁹y Bet Guilgal, así como de los campos de Gueba y de Azmávet, ya que los cantores se habían construido aldeas alrededor de Jerusalén. ³⁰Después de ˚purificarse a sí mismos, los sacerdotes y los levitas purificaron también a la gente, las ˚puertas y la muralla.

³¹Luego hice que los líderes de Judá subieran a la muralla y organicé dos grandes coros. Uno de ellos marchaba sobre la muralla hacia la derecha, rumbo a la puerta del Basurero, ³²seguido de Osaías, la mitad de los líderes de Judá, ³³Azarías, Esdras, Mesulán, ³⁴Judá, Benjamín, Semaías y Jeremías. ³⁵A estos los acompañaban los siguientes sacerdotes, que llevaban trompetas: Zacarías, hijo de Jonatán, hijo de Semaías, hijo de Matanías, hijo de Micaías, hijo de Zacur, hijo de Asaf, ³⁶y sus parientes Semaías, Azarel, Milalay, Guilalay, May, Natanael, Judá y Jananí, que llevaban los instrumentos musicales de David, hombre de Dios. Al frente de ellos iba el maestro Esdras. ³⁷Al llegar a la puerta de la Fuente, subieron derecho por las gradas de la Ciudad de David, por la cuesta de la muralla, pasando junto al palacio de David, hasta la puerta del Agua, al este de la ciudad.

³⁸El segundo coro marchaba en dirección opuesta, a lo largo de la torre de los Hornos hasta el muro Ancho. Yo iba detrás, sobre la muralla, junto con la otra mitad de la gente. ³⁹Pasamos por encima de la puerta de Efraín, la de Jesaná ᵃ y la de los Pescados; por la torre de Jananel y la de los Cien, y por la puerta de las Ovejas, hasta llegar a la puerta de la Guardia. Allí nos detuvimos.

⁴⁰Los dos coros ocuparon sus sitios en el Templo de Dios. Lo mismo hicimos yo, la mitad de los oficiales del pueblo, ⁴¹y los sacerdotes Eliaquín, Maseías, Minjamín, Micaías, Elihoenay, Zacarías y Jananías con sus trompetas, ⁴²además de Maseías, Semaías, Eleazar, Uzi, Johanán, Malquías, Elam y Ezer. Enseguida los cantores empezaron a cantar a toda voz, dirigidos por Izraías. ⁴³Ese día se ofrecieron muchos sacrificios y hubo fiesta, porque Dios los llenó de alegría. Hasta las mujeres y los niños participaron. Era tal el regocijo de Jerusalén que se oía desde lejos.

Contribución para los sacerdotes y levitas

⁴⁴Aquel día se nombró a los encargados de los depósitos donde se almacenaban los tesoros, las ofrendas, las ˚primicias y los diezmos, para que depositaran en ellos las contribuciones que provenían de los campos de cada población y que, según la ˚Ley, correspondían a los sacerdotes y a los levitas. La gente de Judá estaba contenta con el servicio que

prestaban los sacerdotes y levitas, ⁴⁵quienes según lo establecido por David y su hijo Salomón se ocupaban del servicio de su Dios y del servicio de ˚purificación, junto con los cantores y los porteros. ⁴⁶Por mucho tiempo, desde los días de David y de Asaf, había directores de coro y cánticos de alabanza y de acción de gracias a Dios. ⁴⁷En la época de Zorobabel y de Nehemías, todos los días los israelitas entregaban las porciones correspondientes a los cantores y a los porteros. Así mismo daban las ofrendas sagradas para los demás levitas, y los levitas a su vez entregaban a los hijos de Aarón lo que a estos les correspondía.

Reforma final de Nehemías

13 Aquel día se leyó ante el pueblo el libro de Moisés, y allí se encontró escrito que los amonitas y moabitas no debían jamás formar parte del pueblo de Dios; ²porque no solo no habían dado de comer ni de beber a los israelitas, sino que habían contratado a Balán para que los maldijera, aunque en realidad nuestro Dios cambió la maldición por bendición. ³Al escuchar lo que esta Ley decía, apartaron de Israel a todos los que se habían mezclado con extranjeros.

⁴Antes de esto, el sacerdote Eliasib, encargado de los depósitos del Templo de nuestro Dios, estaba emparentado con Tobías ⁵y le había acondicionado una habitación grande. Allí se almacenaban las ofrendas, el incienso, los utensilios, los diezmos del trigo, vino y aceite destinados a los levitas, cantores y porteros, y las contribuciones para los sacerdotes.

⁶Para ese entonces yo no estaba en Jerusalén, porque en el año treinta y dos de Artajerjes, rey de Babilonia, había ido a ver al rey. Después de algún tiempo, con permiso del rey ⁷regresé a Jerusalén y me enteré de la maldad cometida por Eliasib al proporcionarle a Tobías una habitación en los atrios del Templo de Dios. ⁸Esto me disgustó tanto que hice sacar de la habitación todas las pertenencias de Tobías. ⁹Luego ordené que ˚purificaran las habitaciones y volvieran a colocar allí los utensilios sagrados del Templo de Dios, las ofrendas y el incienso.

¹⁰También me enteré de que a los levitas no les habían entregado sus porciones y de que los levitas y cantores encargados del servicio habían regresado a sus campos. ¹¹Así que reprendí a los oficiales y dije: «¿Por qué está tan descuidado el Templo de Dios?». Luego los reuní y los restablecí en sus puestos.

¹²Todo Judá trajo a los almacenes la décima parte del trigo, del vino y del aceite. ¹³Puse a cargo de los almacenes al sacerdote Selemías, al escriba Sadoc y al levita Pedaías; como ayudante de ellos nombré a Janán, hijo de Zacur y nieto de Matanías. Todos ellos eran dignos de confianza y se encargarían de distribuir las porciones entre sus compañeros.

¹⁴«¡Recuerda esto, Dios mío, y favoréceme; no olvides todo el bien que hice por el Templo de mi Dios y de su culto!».

¹⁵Durante aquellos días vi en Judá que en ˚sábado algunos exprimían uvas y otros acarreaban, a lomo de burro, manojos de trigo, vino, uvas, higos y toda clase de cargas que llevaban a Jerusalén. Les advertí entonces que no vendieran sus víveres en ese día. ¹⁶También los tirios, que vivían en Jerusalén, traían a la ciudad pescado y otras mercancías para venderlas a los judíos en sábado. ¹⁷Así que reprendí la actitud de los nobles de Judá y les dije: «¡Ustedes están pecando al profanar el día sábado! ¹⁸Lo mismo hicieron sus antepasados, y por eso nuestro Dios envió toda esta

---

ᵃ 39 *de Jesaná*. Alt. *Vieja*.

desgracia sobre nosotros y sobre esta ciudad. ¿Acaso quieren que aumente la ira de Dios sobre Israel por profanar el sábado?».

¹⁹Entonces ordené que cerraran las *puertas de Jerusalén al caer la tarde, antes de que comenzara el sábado, y que no las abrieran hasta después de ese día. Así mismo, puse a algunos de mis sirvientes en las puertas para que no dejaran entrar ninguna carga en sábado. ²⁰Una o dos veces, los comerciantes y los vendedores de toda clase de mercancías pasaron la noche fuera de Jerusalén. ²¹Así que advertí: «¡No se queden junto a la muralla! Si vuelven a hacerlo, ¡los apresaré!». Desde entonces no volvieron a aparecerse más en sábado. ²²Luego ordené a los levitas que se purificaran y que fueran a hacer guardia en las puertas, para que el sábado fuera respetado como santo.

«¡Recuerda esto, Dios mío, y conforme a tu gran amor, ten compasión de mí!».

²³En aquellos días también me di cuenta de que algunos judíos se habían casado con mujeres de Asdod, de Amón y de Moab. ²⁴La mitad de sus hijos hablaban la lengua de Asdod o de otros pueblos y no sabían hablar la lengua de los judíos. ²⁵Entonces los reprendí y los maldije; a algunos de ellos los golpeé, y hasta les arranqué los pelos, y los obligué a jurar por Dios. Les dije: «No permitan que sus hijas se casen con los hijos de ellos, ni se casen ustedes ni sus hijos con las hijas de ellos. ²⁶¿Acaso no fue ese el pecado de Salomón, rey de Israel? Entre todas las naciones no hubo un solo rey como él: Dios lo amó y lo hizo rey sobre todo Israel. Pero aun a él lo hicieron pecar las mujeres extranjeras. ²⁷¿Será que también de ustedes se dirá que cometieron el gran pecado de ofender a nuestro Dios casándose con mujeres extranjeras?».

²⁸A uno de los hijos de Joyadá, hijo del sumo sacerdote Eliasib, lo eché de mi lado porque era yerno de Sambalat el horonita.

²⁹«¡Recuerda esto, Dios mío, en perjuicio de los que profanaron el sacerdocio y el pacto de los sacerdotes y de los levitas!».

³⁰Yo los purifiqué de todo lo extranjero y asigné a los sacerdotes y levitas sus respectivos deberes. ³¹También organicé la contribución de la leña en las fechas establecidas, y la entrega de las *primicias.

«¡Acuérdate de mí, Dios mío, y favoréceme!».

Ester

Destitución de la reina Vasti

1 El rey Asuero,[a] que reinó sobre ciento veintisiete provincias que se extendían desde la India hasta *Cus, 2estableció su trono real en la ciudad de Susa.

3En el tercer año de su reinado ofreció un banquete para todos sus nobles y oficiales, al que asistieron los líderes militares de Persia y Media, y también los príncipes y los nobles de las provincias.

4Durante ciento ochenta días les mostró la enorme riqueza de su reino y la esplendorosa gloria de su majestad. 5Pasado este tiempo, el rey ofreció otro banquete, que duró siete días, para todos los que se encontraban en la ciudad de Susa, tanto los más importantes como los de menor importancia. Este banquete tuvo lugar en el jardín interior de su palacio, 6el cual lucía cortinas blancas y azules, sostenidas por cordones de hilo de lino blanco y lana color púrpura que pasaban por anillos de plata sujetos a columnas de mármol. También había sofás de oro y plata sobre un piso de mosaicos de pórfido, mármol, madreperla y otras piedras preciosas. 7En copas de oro de las más variadas formas se servía el vino real, el cual corría a raudales, como era de esperarse del rey. 8Todos los invitados podían beber cuanto quisieran, pues los camareros habían recibido instrucciones del rey de servir a cada uno lo que deseara.

9La reina Vasti, por su parte, ofreció también un banquete para las mujeres en el palacio del rey Asuero.

10Al séptimo día, como a causa del vino el rey Asuero estaba muy alegre, ordenó a los siete *eunucos que le servían —Meumán, Biztá, Jarboná, Bigtá, Abagtá, Zetar y Carcás— 11que llevaran a su presencia a la reina, ceñida con la corona real, a fin de exhibir su belleza ante los pueblos y sus nobles, pues realmente era muy hermosa. 12Pero, cuando los eunucos comunicaron la orden del rey, la reina se negó a ir. Esto contrarió mucho al rey y se enfureció.

13De inmediato el rey consultó a los sabios conocedores de los tiempos, porque era costumbre que, en cuestiones de ley y justicia, el rey consultara a los expertos. 14Los más allegados a él eran: Carsena, Setar, Admata, Tarsis, Meres, Marsená y Memucán, los siete nobles de Persia y Media que tenían acceso especial a la presencia del rey y ocupaban los puestos más altos en el reino.

15—Según la ley, ¿qué se debe hacer con la reina Vasti por haber desobedecido la orden del rey transmitida por los eunucos? —preguntó el rey.

16En presencia del rey y de los nobles, Memucán respondió:

—La reina Vasti no solo ha ofendido a Su Majestad, sino también a todos los nobles y a todos los pueblos de todas las provincias del rey Asuero. 17Porque todas las mujeres se enterarán de la conducta de la reina, y esto hará que desprecien a sus esposos, pues dirán: "El rey Asuero mandó que la reina Vasti se presentara ante él, pero ella no fue". 18El día en que las mujeres de la nobleza de Persia y de Media se enteren de la conducta de la reina, responderán de la misma manera a todos los nobles de Su Majestad. ¡Entonces no habrá fin al desprecio y a la discordia!

19»Por lo tanto, si le parece bien a Su Majestad, emita un decreto real, el cual se inscribirá con carácter irrevocable en las leyes de Persia y Media: que Vasti nunca vuelva a presentarse ante Su Majestad y que el título de reina se lo otorgue a otra mejor que ella. 20Así, cuando el edicto real se dé a conocer por todo su inmenso reino, todas las mujeres respetarán a sus esposos, desde los más importantes hasta los menos importantes».

21Al rey y a sus nobles les pareció bien ese consejo, de modo que el rey hizo lo que había propuesto Memucán: 22envió cartas por todo el reino, a cada provincia en su propia escritura y a cada pueblo en su propio idioma, proclamando en la lengua de cada pueblo que todo hombre debe ejercer autoridad sobre su familia.

Elección de Ester como reina

2 Algún tiempo después, ya aplacada su furia, el rey Asuero se acordó de lo que había hecho Vasti y de lo que se había decretado contra ella. 2Entonces los ayudantes personales del rey hicieron esta propuesta: «Que se busquen jóvenes vírgenes y hermosas para el rey. 3Que nombre el rey para cada provincia de su reino delegados que reúnan a todas esas jóvenes hermosas en el harén de la ciudad de Susa. Que sean puestas bajo el cuidado de Jegay, el *eunuco encargado de las mujeres del rey, y que se les dé un tratamiento de belleza. 4Y que reine en lugar de Vasti la joven que más le guste al rey». Esta propuesta agradó al rey y ordenó que así se hiciera.

5En la ciudad de Susa vivía un judío de la tribu de Benjamín, llamado Mardoqueo, hijo de Yaír, hijo de Simí, hijo de Quis, 6uno de los capturados en Jerusalén y llevados al exilio cuando Nabucodonosor, rey de Babilonia, se llevó cautivo a Jeconías,[b] rey de Judá. 7Mardoqueo tenía una prima llamada Jadasá. Esta joven, conocida también como Ester, a quien había criado porque era huérfana de padre y madre, tenía una figura atractiva y era muy hermosa. Al morir sus padres, Mardoqueo la adoptó como su hija.

8Cuando se proclamaron el edicto y la orden del rey, muchas jóvenes fueron reunidas en la ciudad de Susa y puestas al cuidado de Jegay. Ester también fue llevada al palacio del rey y confiada a Jegay, quien estaba a cargo del harén. 9La joven agradó a Jegay y se ganó su simpatía. Por eso él se apresuró a darle el tratamiento de belleza y los alimentos especiales. Le asignó las siete doncellas más distinguidas del palacio y la trasladó con sus doncellas al mejor lugar del harén.

10Ester no reveló a qué pueblo pertenecía ni sus antecedentes familiares, porque Mardoqueo se lo había prohibido. 11Este se paseaba diariamente frente

---

a 1 *Asuero.* Variante hebrea de Jerjes, nombre persa; así en el resto de este libro.   *b* 6 *Jeconías.* Es decir, Joaquín (véase 2R 24:8-17).

al patio del harén para saber cómo le iba a Ester y cómo la trataban.

[12]Ahora bien, para poder presentarse ante el rey, una joven tenía que completar los doce meses de tratamiento de belleza ordenados: seis meses con aceite de mirra y seis con perfumes y cosméticos. [13]Terminado el tratamiento, la joven se presentaba ante el rey y podía llevarse del harén al palacio todo lo que quisiera. [14]Iba al palacio por la noche, y a la mañana siguiente volvía a un segundo harén bajo el cuidado de Sasgaz, el eunuco encargado de las concubinas[a] del rey. Y no volvía a presentarse ante el rey a no ser que él la deseara y la mandara a llamar.

[15]Cuando a Ester, la joven que Mardoqueo había adoptado y que era hija de su tío Abijaíl, le llegó el turno de presentarse ante el rey, ella no pidió nada fuera de lo sugerido por Jegay, el eunuco encargado del harén del rey. Para entonces, ella se había ganado la simpatía de todo el que la veía. [16]Ester fue llevada al palacio real ante el rey Asuero en el mes décimo, el mes de *tébet*, durante el séptimo año de su reinado.

[17]Al rey le gustó Ester más que todas las demás mujeres, y ella se ganó su aprobación y simpatía más que todas las otras vírgenes. Así que él le ciñó la corona real y la proclamó reina en lugar de Vasti. [18]Luego el rey ofreció un gran banquete en honor de Ester para todos sus nobles y oficiales. Declaró un día de fiesta en todas las provincias y distribuyó regalos con generosidad digna de un rey.

Conspiración contra Asuero

[19]Mientras las vírgenes se volvían a reunir, Mardoqueo permanecía sentado a la puerta del rey. [20]Ester, por su parte, continuó guardando en secreto sus antecedentes familiares y a qué pueblo pertenecía, tal como Mardoqueo había ordenado, ya que seguía cumpliendo las instrucciones de Mardoqueo como cuando estaba bajo su cuidado.

[21]En aquellos días, mientras Mardoqueo seguía sentado a la puerta del rey, Bigtán y Teres, los dos ˚eunucos del rey, miembros de la guardia, se enojaron y tramaron el asesinato del rey Asuero. [22]Al enterarse Mardoqueo de la conspiración, se lo contó a la reina Ester, quien a su vez se lo hizo saber al rey de parte de Mardoqueo. [23]Cuando se investigó el informe y se descubrió que era cierto, los dos eunucos fueron ahorcados. Todo esto fue debidamente anotado en los registros reales, en presencia del rey.

Conspiración de Amán contra los judíos

3 Después de estos acontecimientos, el rey Asuero honró a Amán, hijo de Hamedata, el descendiente de Agag, ascendiéndolo a un puesto más alto que el de todos los demás nobles que estaban con él. [2]Todos los servidores de palacio asignados a la puerta del rey se postraban ante Amán, y le rendían homenaje, porque así lo había ordenado el rey. Pero Mardoqueo no se postraba ante él ni le rendía homenaje.

[3]Entonces los servidores de palacio asignados a la puerta del rey preguntaron a Mardoqueo: «¿Por qué desobedeces la orden del rey?». [4]Día tras día se lo reclamaban; pero él no les hacía caso. Por eso lo denunciaron a Amán para ver si seguía tolerándose la conducta de Mardoqueo, ya que este les había confiado que era judío.

[5]Cuando Amán se dio cuenta de que Mardoqueo no se postraba ante él ni le rendía homenaje, se enfureció. [6]Y, cuando le informaron a qué pueblo pertenecía Mardoqueo, desechó la idea de matarlo solo a él y buscó la manera de exterminar a todo el pueblo de

Mardoqueo, es decir, a los judíos que vivían por todo el reino de Asuero.

[7]Para determinar el día y el mes, se echó el *pur*, es decir, la suerte, en presencia de Amán, en el mes primero, que es el mes de *nisán*, del año duodécimo del reinado de Asuero. Y la suerte cayó sobre[b] el mes duodécimo, el mes de *adar*.

[8]Entonces Amán dijo al rey Asuero:

—Hay cierto pueblo disperso y separado entre los pueblos de todas las provincias del reino, cuyas leyes y costumbres son diferentes de las de todos los demás. ¡No obedecen las leyes del reino y a Su Majestad no le conviene tolerarlos! [9]Si le parece bien, emita Su Majestad un decreto para aniquilarlos y yo depositaré en manos de los administradores diez mil talentos[c] de plata para el tesoro real.

[10]Entonces el rey se quitó el anillo que llevaba su sello y se lo dio a Amán, hijo de Hamedata, descendiente de Agag y enemigo de los judíos.

[11]—Quédate con el dinero —dijo el rey a Amán—, y haz con ese pueblo lo que mejor te parezca.

[12]El día trece del mes primero se convocó a los secretarios del rey. Redactaron en la escritura de cada provincia y en el idioma de cada pueblo todo lo que Amán ordenaba a los ˚sátrapas del rey, a los gobernadores de las varias provincias y a los nobles de los diferentes pueblos. Todo se escribió en ˚nombre del rey Asuero y se selló con el anillo real. [13]Luego se enviaron los documentos por medio de los mensajeros a todas las provincias del rey con la orden de exterminar, matar y aniquilar a todos los judíos —jóvenes y ancianos, mujeres y niños— y saquear sus bienes en un solo día: el día trece del mes duodécimo, es decir, el mes de *adar*. [14]En cada provincia se debía emitir como ley una copia de la carta del edicto, el cual se comunicaría a todos los pueblos a fin de que estuvieran preparados para ese día.

[15]Los mensajeros partieron de inmediato por orden del rey y a la vez se publicó el edicto en la ciudad de Susa. Luego el rey y Amán se sentaron a beber, mientras que en la ciudad de Susa reinaba la confusión.

Acuerdo entre Mardoqueo y Ester

4 Cuando Mardoqueo se enteró de todo lo que se había hecho, se rasgó las vestiduras, se vistió de luto, se cubrió de ceniza y salió por la ciudad dando gritos de amargura. [2]Pero, como a nadie se le permitía entrar al palacio vestido de luto, solo pudo llegar hasta la puerta del rey. [3]En cada provincia adonde llegaban el edicto y la orden del rey, había gran duelo entre los judíos, con ayuno, llanto y lamentos. Muchos de ellos, vestidos de luto, se tendían sobre la ceniza.

[4]Cuando las criadas y los ˚eunucos de la reina Ester llegaron y le contaron lo que pasaba, ella se angustió mucho y envió ropa a Mardoqueo para que se la pusiera en lugar de la ropa de luto; pero él no la aceptó. [5]Entonces Ester mandó llamar a Hatac, uno de los eunucos del rey puesto al servicio de ella, y le ordenó que averiguara qué preocupaba a Mardoqueo y por qué actuaba de esa manera.

[6]Así que Hatac salió a ver a Mardoqueo, que estaba en la plaza de la ciudad, frente a la puerta del rey. [7]Mardoqueo contó todo lo que le había sucedido, mencionando incluso la cantidad exacta de dinero que Amán había prometido pagar al tesoro real por la aniquilación de los judíos. [8]También le dio una copia del texto del edicto promulgado en Susa que ordenaba el exterminio, para que se lo mostrara a Ester, se lo explicara y le ordenara que se presentara ante el rey para implorar clemencia e interceder en favor de su pueblo.

[9]Hatac regresó e informó a Ester lo que Mardoqueo había dicho. [10]Entonces ella ordenó a Hatac que dijera

---

[a] 14 Véase nota en Gn 22:24.   [b] 7 *Y la suerte cayó sobre* (LXX); TM no incluye esta frase.   [c] 9 Es decir, aprox. 340 t.

a Mardoqueo: 11«Todos los servidores del rey y el pueblo de las provincias del reino saben que para cualquier hombre o mujer que, sin ser invitado por el rey, se acerque a él en el patio interior, hay una sola ley: la pena de muerte. La única excepción es que el rey, extendiendo su cetro de oro, le perdone la vida. En cuanto a mí, hace ya treinta días que el rey no me ha pedido presentarme ante él».

12Cuando Mardoqueo se enteró de lo que había dicho Ester, 13mandó a decirle: «No te imagines que por estar en la casa del rey serás la única que escape con vida de entre todos los judíos. 14Si ahora te quedas absolutamente callada, de otra parte vendrán el alivio y la liberación para los judíos, pero tú y la familia de tu padre perecerán. ¡Quién sabe si precisamente has llegado al trono para un momento como este!».

15Ester envió a Mardoqueo esta respuesta: 16«Ve y reúne a todos los judíos que están en Susa, para que ayunen por mí. Durante tres días no coman ni beban ni de día ni de noche. Yo, por mi parte, ayunaré con mis doncellas al igual que ustedes. Cuando cumpla con esto, me presentaré ante el rey, por más que vaya en contra de la ley. ¡Y, si perezco, que perezca!».

17Entonces Mardoqueo fue y cumplió con todas las instrucciones de Ester.

Petición de Ester al rey Asuero

5 Al tercer día, Ester se puso sus vestiduras reales y fue a pararse en el patio interior del palacio, frente a la sala del rey. El rey estaba sentado allí en su trono real, frente a la puerta de entrada. 2Cuando vio a la reina Ester de pie en el patio, se mostró complacido con ella y le extendió el cetro de oro que tenía en la mano. Entonces Ester se acercó y tocó la punta del cetro.

3El rey preguntó:

—¿Qué te pasa, reina Ester? ¿Cuál es tu petición? ¡Aun cuando fuera la mitad del reino, te lo concedería!

4—Si le parece bien a Su Majestad —respondió Ester—, venga hoy al banquete que ofrezco en su honor y traiga también a Amán.

5—Vayan de inmediato por Amán, para que podamos cumplir con el deseo de Ester —ordenó el rey.

Así que el rey y Amán fueron al banquete que ofrecía Ester. 6Cuando estaban brindando, el rey volvió a preguntarle a Ester:

—Dime qué deseas, y te lo concederé. ¿Cuál es tu petición? ¡Aun cuando fuera la mitad del reino, te lo concedería!

7Ester respondió:

—Mi deseo y petición es que, 8si me he ganado el favor de Su Majestad, si le agrada cumplir mi deseo y conceder mi petición, venga Su Majestad mañana con Amán al banquete que les voy a ofrecer y entonces le daré la respuesta.

Odio de Amán contra Mardoqueo

9Amán salió aquel día muy contento y de buen humor; pero, cuando vio a Mardoqueo en la puerta del rey y notó que no se levantaba ni temblaba ante su presencia, se llenó de ira contra él. 10No obstante, se contuvo y se fue a su casa.

Luego llamó Amán a sus amigos y a Zeres, su esposa, 11e hizo alarde de su enorme riqueza y de sus muchos hijos, y de cómo el rey lo había honrado en todo sentido ascendiéndolo sobre sus nobles y oficiales.

12—Es más —añadió Amán—, yo soy el único a quien la reina Ester invitó al banquete que le ofreció al rey. Y también me ha invitado a acompañarlo mañana. 13Pero todo esto no significa nada para mí,

mientras vea a ese judío Mardoqueo sentado a la puerta del rey.

14Su esposa Zeres y todos sus amigos le dijeron:

—Haz que se coloque una horca de cincuenta codosa de altura, y por la mañana pídele al rey que cuelgue en ella a Mardoqueo. Así podrás ir contento al banquete con el rey.

La sugerencia agradó a Amán y mandó que se colocara la horca.

Exaltación de Mardoqueo

6 Aquella noche el rey no podía dormir, entonces ordenó que trajeran las crónicas reales —la historia de su reino— y que se las leyeran. 2Allí constaba que Mardoqueo había delatado a Bigtán y Teres, dos de los ˚eunucos del rey, miembros de la guardia de la entrada, que habían tramado asesinar al rey Asuero.

3—¿Qué honor o reconocimiento ha recibido Mardoqueo por esto? —preguntó el rey.

—No se ha hecho nada por él —respondieron sus ayudantes personales.

4Amán acababa de entrar en el patio exterior del palacio para pedirle al rey que colgara a Mardoqueo en la horca que había mandado levantar para él. Así que el rey preguntó:

—¿Quién anda en el patio?

5Sus ayudantes respondieron:

—El que anda en el patio es Amán.

—¡Que pase! —ordenó el rey.

6Cuando entró Amán, el rey le preguntó:

—¿Cómo se debe tratar al hombre a quien el rey desea honrar?

Entonces Amán dijo para sí: «¿A quién va a querer honrar el rey sino a mí?». 7Así que contestó:

—Para el hombre a quien el rey desea honrar, 8que se mande traer una vestidura real que el rey haya usado y un caballo en el que haya montado y que lleve en la cabeza una corona real. 9La vestidura y el caballo deberán entregarse a uno de los nobles más ilustres del rey, para que vista al hombre a quien el rey desea honrar, y que lo pasee a caballo por las calles de la ciudad, proclamando a su paso: "¡Así se trata al hombre a quien el rey desea honrar!".

10—Ve de inmediato —dijo el rey a Amán—, toma la vestidura y el caballo, tal como lo has sugerido, y haz eso mismo con Mardoqueo, el judío que está sentado a la puerta del rey. No descuides ningún detalle de todo lo que has recomendado.

11Así que Amán tomó la vestidura y el caballo, vistió a Mardoqueo y lo llevó a caballo por las calles de la ciudad, proclamando a su paso: «¡Así se trata al hombre a quien el rey desea honrar!».

12Después Mardoqueo volvió a la puerta del rey. Pero Amán regresó triste y apurado a su casa, tapándose la cara. 13Y contó a su esposa Zeres y a sus amigos todo lo que había sucedido.

Entonces sus consejeros y su esposa Zeres dijeron:

—Si Mardoqueo, ante quien has comenzado a caer, es de origen judío, no podrás contra él. ¡Sin duda acabarás siendo derrotado!

14Mientras todavía estaban hablando con Amán, llegaron los eunucos del rey y lo llevaron de prisa al banquete ofrecido por Ester.

Humillación y muerte de Amán

7 El rey y Amán fueron al banquete de la reina Ester, 2y al segundo día, mientras brindaban, el rey preguntó otra vez:

—Dime qué deseas, reina Ester, y te lo concederé. ¿Cuál es tu petición? ¡Aun cuando fuera la mitad del reino, te lo concedería!

---

a 14 Es decir, aprox. 23 m.

³Ester respondió:

—Si me he ganado el favor de Su Majestad, y si le parece bien, mi deseo es que me conceda la *vida. Mi petición es que se compadezca de mi pueblo. ⁴Porque a mí y a mi pueblo se nos ha vendido para exterminio, muerte y aniquilación. Si solo se nos hubiera vendido como esclavos, yo me habría quedado callada, pues tal angustia no sería motivo suficiente para inquietar a Su Majestad.ᵃ

⁵El rey preguntó:

—¿Y quién es ese que se ha atrevido a concebir semejante barbaridad? ¿Dónde está?

⁶—¡El adversario y enemigo es este miserable de Amán! —respondió Ester.

Amán quedó aterrorizado ante el rey y la reina. ⁷El rey se levantó enfurecido, dejó de beber y salió al jardín del palacio. Pero Amán, dándose cuenta de que el rey ya había decidido su fin, se quedó para implorarle a la reina Ester que le perdonara la vida. ⁸Cuando el rey volvió del jardín del palacio a la sala del banquete, Amán estaba inclinado sobre el sofá donde Ester estaba recostada. Al ver esto, el rey exclamó:

—¡Y todavía se atreve este a violar a la reina en mi presencia y en mi casa!

Tan pronto como el rey pronunció estas palabras, cubrieron el rostro de Amán. ⁹Y Jarboná, uno de los *eunucos que atendían al rey, dijo:

—Hay una horca de cincuenta codosᵇ de altura, junto a la casa de Amán. Él mandó colocarla para Mardoqueo, el que intervino en favor del rey.

—¡Cuélguenlo en ella! —ordenó el rey.

¹⁰De modo que colgaron a Amán en la horca que él había mandado levantar para Mardoqueo. Con eso se aplacó la furia del rey.

Edicto real en favor de los judíos

8 Ese mismo día el rey Asuero dio a la reina Ester las propiedades de Amán, el enemigo de los judíos. Mardoqueo se presentó ante el rey, porque Ester le había dicho cuál era su parentesco con ella. ²El rey se quitó el anillo con su sello, el cual había recuperado de Amán, y se lo obsequió a Mardoqueo. Ester, por su parte, lo designó administrador de las propiedades de Amán.

³Luego Ester volvió a interceder ante el rey. Se echó a sus pies y, con lágrimas en los ojos, suplicó que pusiera fin al malvado plan que Amán, el agagueo, había maquinado contra los judíos. ⁴El rey extendió a Ester el cetro de oro. Entonces ella se levantó y, permaneciendo de pie ante él, ⁵dijo:

—Si me he ganado el favor de Su Majestad, y si piensa que es correcto hacerlo y está contento conmigo, dígnese dar una contraorden que invalide los decretos para aniquilar a los judíos que están en todas las provincias del reino, los cuales fraguó y escribió Amán, hijo de Hamedata, el agagueo. ⁶Porque ¿cómo podría yo ver la calamidad que se cierne sobre mi pueblo? ¿Cómo podría ver impasible el exterminio de mi gente?

⁷El rey Asuero respondió entonces a la reina Ester y a Mardoqueo el judío:

—Debido a que Amán atentó contra los judíos, he dado sus propiedades a Ester y a él lo han colgado en la horca. ⁸Redacten ahora, en mi *nombre, otro decreto en favor de los judíos, como mejor les parezca, y séllenlo con mi anillo real. Un documento escrito en mi nombre y sellado con mi anillo es imposible de revocar.

⁹De inmediato fueron convocados los secretarios del rey. Era el día veintitrés del mes tercero, el mes de *siván. Se escribió todo lo que Mardoqueo ordenó a los judíos y a los *sátrapas, gobernadores y nobles de las ciento veintisiete provincias que se extendían desde la India hasta *Cus. Esas órdenes se promulgaron en la escritura de cada provincia y en el idioma de cada pueblo; también en la escritura e idioma propios de los judíos. ¹⁰Mardoqueo escribió los decretos en nombre del rey Asuero, los selló con el anillo real y los envió por medio de mensajeros del rey, que montaban veloces corceles de las caballerizas reales.

¹¹El edicto del rey facultaba a los judíos de cada ciudad a reunirse y defenderse, a exterminar, matar y aniquilar a cualquier fuerza armada de otro pueblo o provincia que los atacara a ellos o a sus mujeres y niños; también a apoderarse de los bienes de sus enemigos. ¹²Para llevar esto a cabo en todas las provincias del rey Asuero, se fijó el día trece del mes doce, que es el mes de *adar. ¹³En cada provincia se emitiría como ley una copia del texto del edicto y se daría a conocer a todos los pueblos. Así los judíos estarían preparados ese día para vengarse de sus enemigos.

¹⁴Los mensajeros, siguiendo las órdenes del rey, salieron de prisa montando veloces corceles. El edicto se publicó también en la ciudad de Susa.

¹⁵Mardoqueo salió de la presencia del rey vistiendo ropas reales de color azul y blanco, una gran corona de oro y un manto de hilo de lino fino color púrpura. La ciudad de Susa estalló en gritos de alegría. ¹⁶Para los judíos, aquel fue un tiempo de luz y de alegría, júbilo y honor. ¹⁷En cada provincia y ciudad adonde llegaban el edicto y la orden del rey había alegría y regocijo entre los judíos, con banquetes y festejos. Y muchas personas de otros pueblos se hicieron judíos por miedo a ellos.

Triunfo de los judíos

9 El edicto y la orden del rey debían ejecutarse el día trece del mes doce, que es el mes de *adar. Los enemigos de los judíos esperaban dominarlos ese día; pero ahora se habían invertido los papeles y los judíos dominaban a quienes los odiaban. ²En todas las provincias del rey Asuero, los judíos se reunieron en sus respectivas ciudades para atacar a los que procuraban su ruina. Nadie podía combatirlos, porque el miedo a ellos se había apoderado de todos. ³Los nobles de las provincias, los *sátrapas, los gobernadores y los administradores del rey apoyaban a los judíos, porque el miedo a Mardoqueo se había apoderado de todos ellos. ⁴Mardoqueo se había convertido en un personaje distinguido dentro del palacio real. Su fama se extendía por todas las provincias y cada vez se hacía más poderoso.

⁵Los judíos mataron a filo de espada a todos sus enemigos. Los mataron, aniquilaron e hicieron lo que quisieron con quienes los odiaban. ⁶En la ciudad de Susa mataron y aniquilaron a quinientos hombres. ⁷También mataron a Parsandata, Dalfón, Aspata, ⁸Porata, Adalías, Aridata, ⁹Parmasta, Arisay, Ariday y Vaizata, ¹⁰que eran los diez hijos de Amán, hijo de Hamedata, el enemigo de los judíos. Pero no se apoderaron de sus bienes.

¹¹Ese mismo día, al enterarse el rey del número de muertos en la ciudad de Susa, ¹²dijo a la reina Ester:

—Si los judíos han matado y aniquilado a quinientos hombres y a los diez hijos de Amán en la ciudad de Susa, ¡qué no habrán hecho en el resto de las provincias del reino! Dime cuál es tu deseo y se te concederá. ¿Qué otra petición tienes? ¡Se cumplirá tu deseo!

¹³—Si a Su Majestad le parece bien —respondió Ester—, concédeles permiso a los judíos de Susa para

---

ᵃ 4 pues … Majestad. Alt. pero la compensación que nuestro adversario ofrece no puede compararse con la pérdida que sufriría Su Majestad. ᵇ 9 Es decir, aprox. 23 m.

prorrogar hasta mañana el edicto de este día y permita que sean colgados en la horca los diez hijos de Amán.

¹⁴El rey ordenó que se hiciera así. Se emitió un edicto en Susa y los diez hijos de Amán fueron colgados. ¹⁵Los judíos de Susa se reunieron también el día catorce del mes de *adar* y mataron allí a trescientos hombres, pero no se apoderaron de sus bienes.

¹⁶Mientras tanto, los judíos restantes que estaban en las provincias del rey también se reunieron para defenderse y librarse de sus enemigos. Mataron a setenta y cinco mil de quienes los odiaban, pero tampoco se apoderaron de sus bienes. ¹⁷Esto sucedió el día trece del mes de *adar*. El día catorce descansaron, y lo celebraron con un alegre banquete.

Celebración del Purim

¹⁸En cambio, los judíos de Susa que se habían reunido el trece y el catorce descansaron el día quince y lo celebraron con un alegre banquete.

¹⁹Por eso los judíos de las zonas rurales —los que viven en las aldeas—, celebran el catorce del mes de *adar* como día de alegría y banquete, y se hacen regalos unos a otros.

²⁰Mardoqueo registró estos acontecimientos y envió cartas a todos los judíos de todas las provincias lejanas y cercanas del rey Asuero, ²¹exigiéndoles que celebraran cada año los días catorce y quince del mes de *adar* ²²como el tiempo en que los judíos se libraron de sus enemigos, y como el mes en que su aflicción se convirtió en alegría, y su dolor en día de fiesta. Por eso debían celebrarlos como días de banquete y de alegría, compartiendo los alimentos los unos con los otros y dándoles regalos a los pobres.

²³Así los judíos acordaron convertir en costumbre lo que habían comenzado a festejar, cumpliendo lo que Mardoqueo les había ordenado por escrito. ²⁴Porque Amán, hijo de Hamedata, el agagueo, el enemigo de todos los judíos, había maquinado aniquilar a los judíos y había echado el *pur* —es decir, la suerte—, para confundirlos y aniquilarlos. ²⁵Pero cuando Ester se presentó ante el rey, este ordenó por escrito que el malvado plan maquinado por Amán contra los judíos debía recaer sobre su propia cabeza, y que él y sus hijos fueran colgados en la horca. ²⁶Por tal razón, a estos días se los llamó *Purim*, de la palabra *pur*. Conforme a todo lo escrito en esta carta, y debido a lo que habían visto y a lo que les había sucedido, ²⁷los judíos establecieron para ellos y sus descendientes, y para todos los que se les unieran, la costumbre de celebrar sin falta estos días cada año, según la manera prescrita y en la fecha fijada. ²⁸Toda familia, y cada provincia y ciudad, debía recordar y celebrar estos días en cada generación. Y estos días de *Purim* no debían dejar de festejarse entre los judíos, ni debía morir su recuerdo entre sus descendientes.

²⁹La reina Ester, hija de Abijaíl, junto con Mardoqueo el judío, escribieron con plena autoridad para confirmar esta segunda carta con respecto a los días de *Purim*. ³⁰Él envió decretos a todos los judíos de las ciento veintisiete provincias del reino de Asuero —con palabras de buena voluntad y seguridad— ³¹para establecer los días de *Purim* en las fechas fijadas, según lo decretado por Mardoqueo, el judío, y la reina Ester, y como lo habían establecido para sí mismos y para sus descendientes, con algunas cláusulas sobre ayunos y lamentos. ³²El decreto de Ester confirmó estas normas con respecto a *Purim* y quedó registrado por escrito.

Grandeza de Mardoqueo

10 El rey Asuero impuso tributo por todo el imperio, incluyendo las islas del mar. ²Todos los hechos de poder y autoridad de Mardoqueo, junto con un relato completo de la grandeza a la cual lo elevó el rey, se hallan registrados en las crónicas de los reyes de Media y Persia. ³El judío Mardoqueo fue preeminente entre su pueblo y segundo en jerarquía después del rey Asuero. Alcanzó gran estima entre sus muchos compatriotas, porque procuraba el bien de su pueblo y promovía su ˚bienestar.

Job

Prólogo

1 En la región de Uz había un hombre íntegro e intachable que temía a Dios y vivía apartado del mal. Este hombre se llamaba Job. ²Tenía siete hijos y tres hijas. ³Era dueño de siete mil ovejas, tres mil camellos, quinientas yuntas de bueyes y quinientas asnas; además, su servidumbre era muy numerosa. Entre todos los habitantes del oriente era el personaje de mayor renombre.

⁴Sus hijos acostumbraban a turnarse para celebrar banquetes el día de sus cumpleaños e invitaban a sus tres hermanas a comer y beber con ellos. ⁵Una vez terminado el ciclo de los banquetes, Job se aseguraba de que sus hijos se purificaran delante de Dios. Muy de mañana ofrecía un *holocausto por cada uno de ellos, pues pensaba: «Tal vez mis hijos hayan pecado y maldecido*ᵃ* en sus corazones*ᵇ* a Dios». Para Job esta era una costumbre cotidiana.

Primera prueba de Job

⁶Llegó el día en que los hijos de Dios debían presentarse ante el SEÑOR y con ellos llegó también *Satanás. ⁷Y el SEÑOR preguntó:

—¿De dónde vienes?

—Vengo de rondar la tierra y de recorrerla de un extremo a otro —respondió Satanás.

⁸—¿Te has puesto a pensar en mi siervo Job? —volvió a preguntarle el SEÑOR—. No hay en la tierra nadie como él; es un hombre íntegro e intachable, que me honra y vive apartado del mal.

⁹Satanás respondió:

—¿Y acaso Job te honra sin esperar nada a cambio? ¹⁰¿Acaso no están bajo tu protección él y su familia y todas sus posesiones? De tal modo has bendecido la obra de sus manos que sus rebaños y ganados llenan toda la tierra. ¹¹Pero extiende la mano y daña todo lo que posee, ¡a ver si no te maldice en tu propia cara!

¹²—Muy bien —contestó el SEÑOR—. Todas sus posesiones están en tus manos, con la condición de que a él no le pongas la mano encima.

Dicho esto, Satanás se retiró de la presencia del SEÑOR.

¹³Llegó el día en que los hijos y las hijas de Job celebraban un banquete en casa de su hermano mayor. ¹⁴Entonces un mensajero llegó a decirle a Job: «Mientras los bueyes araban y las asnas pastaban por allí cerca, ¹⁵nos atacaron los de Sabá y se los llevaron. A los criados los mataron a filo de espada. ¡Solo yo pude escapar y ahora vengo a contárselo!».

¹⁶No había terminado de hablar este mensajero cuando uno más llegó y dijo: «El fuego de Dios cayó del cielo y quemó a las ovejas y a los criados. ¡Solo yo pude escapar para venir a contárselo!».

¹⁷No había terminado de hablar este mensajero cuando otro más llegó y dijo: «Unos salteadores caldeos vinieron y, dividiéndose en tres grupos, se apoderaron de los camellos y se los llevaron. A los criados los mataron a filo de espada. ¡Solo yo pude escapar y ahora vengo a contárselo!».

¹⁸No había terminado de hablar este mensajero todavía cuando otro llegó y dijo: «Los hijos y las hijas de usted estaban celebrando un banquete*ᶜ* en casa del mayor de todos ellos ¹⁹cuando, de pronto, un fuerte viento del desierto dio contra la casa y derribó sus cuatro esquinas. ¡La casa cayó sobre los jóvenes y todos murieron! ¡Solo yo pude escapar y ahora vengo a contárselo!».

²⁰Al llegar a este punto, Job se levantó, se rasgó las vestiduras, se rasuró la cabeza y se dejó caer al suelo en actitud de adoración. ²¹Entonces dijo:

> «Desnudo salí del vientre de mi madre
> y desnudo he de partir.*ᵈ*
> El SEÑOR ha dado; el SEÑOR ha quitado.
> ¡Bendito sea el *nombre del SEÑOR!».

²²A pesar de todo esto, Job no pecó ni le echó la culpa a Dios.

Segunda prueba de Job

2 Llegó el día en que los ángeles*ᵉ* fueron a presentarse ante el SEÑOR y con ellos llegó también *Satanás para comparecer ante el SEÑOR. ²Y el SEÑOR le preguntó:

—¿De dónde vienes?

—Vengo de rondar la tierra y de recorrerla de un extremo a otro —respondió Satanás.

³—¿Te has puesto a pensar en mi siervo Job? —volvió a preguntarle el SEÑOR—. No hay en la tierra nadie como él; es un hombre íntegro e intachable, que me honra y vive apartado del mal. Y aunque tú me incitaste contra él para arruinarlo sin motivo, ¡todavía mantiene firme su integridad!

⁴—¡Una cosa por la otra! —respondió Satanás—. Con tal de salvar la vida, el *hombre da todo lo que tiene. ⁵Pero extiende la mano y hiérelo, ¡a ver si no te maldice en tu propia cara!

⁶—Muy bien —dijo el SEÑOR a Satanás—, Job está en tus manos. Eso sí, respeta su vida.

⁷Dicho esto, Satanás se retiró de la presencia del SEÑOR para afligir a Job con dolorosas úlceras desde la planta del pie hasta la coronilla. ⁸Y Job, sentado en medio de las cenizas, tomó un pedazo de teja para rascarse.

⁹Su esposa le reprochó:

—¿Todavía mantienes firme tu integridad? ¡Maldice a Dios y muérete!

¹⁰Job respondió:

—Mujer, hablas como una necia. Si de Dios sabemos recibir lo bueno, ¿no sabremos recibir también lo malo?

ᵃ 5 *maldecido*. Lit. *bendecido*; este eufemismo se usa también en 1:11; 2:5, 9.   *ᵇ* 5 *corazones*. En la Biblia, *corazón* se usa para designar el asiento de las emociones, pensamientos y voluntad, es decir, el proceso de toma de decisiones del ser humano.   *ᶜ* 18 *celebrando un banquete*. Lit. *comiendo y bebiendo vino*.   *ᵈ* 21 *he de partir*. Alt. *he de volver allá*.   *ᵉ* 1 *ángeles*. Lit. *hijos de Dios*.

A pesar de todo esto, Job no pecó ni de palabra.

Los tres amigos de Job

¹¹Tres amigos de Job se enteraron de todo el mal que le había sobrevenido y, de común acuerdo, salieron de sus respectivos lugares para ir juntos a expresarle a Job sus condolencias y consuelo. Ellos eran Elifaz de Temán, Bildad de Súah y Zofar de Namat. ¹²Desde cierta distancia alcanzaron a verlo y casi no lo pudieron reconocer. Se echaron a llorar a voz en cuello, rasgando sus vestiduras y arrojándose polvo y ceniza sobre la cabeza,ᵃ ¹³y durante siete días y siete noches se sentaron en el suelo para hacerle compañía. Ninguno de ellos se atrevía a decirle nada, pues veían cuán grande era su sufrimiento.

Primer discurso de Job

3 Después de esto, Job rompió el silencio para maldecir el día en que había nacido. ²Dijo así:

³«Que perezca el día en que yo nací
  y la noche en que se anunció: "¡Un niño ha sido
    concebido!".
⁴ Que ese día se vuelva oscuridad;
  que Dios en lo alto no lo tome en cuenta;
  que no brille en él ninguna luz.
⁵ Que las tinieblas y la densa oscuridad vuelvan a
    reclamarlo;
  Que una nube lo cubra con su sombra;
  que la oscuridad domine su esplendor.
⁶ Que densas tinieblas caigan sobre esa noche;
  que no sea contada entre los días del año,
  ni registrada en ninguno de los meses.
⁷ Que esa noche permanezca estéril;
  que no haya en ella gritos de alegría.
⁸ Que maldigan ese día los que profieren
    maldiciones,
  los expertos en provocar a ˚Leviatán.
⁹ Que se oscurezcan sus estrellas matutinas;
  que en vano esperen la luz del día
  y que no vean los primeros rayos de la aurora.
¹⁰ Pues no cerró el vientre de mi madre
  ni evitó que mis ojos vieran tanta miseria.

¹¹ »¿Por qué no perecí al momento de nacer?
  ¿Por qué no morí cuando salí del vientre?
¹² ¿Por qué hubo rodillas que me recibieran
  y pechos que me amamantaran?
¹³ Ahora estaría yo descansando en paz;
  estaría durmiendo tranquilo
¹⁴ entre reyes y consejeros de este mundo,
  que se construyeron monumentos que ahora
    yacen en ruinas;
¹⁵ entre príncipes que poseyeron mucho oro
  y que llenaron de plata sus mansiones.
¹⁶ ¿Por qué no me desecharon como a un abortivo,
  como a esos niños que jamás vieron la luz?
¹⁷ Allí cesa el afán de los malvados!
  ¡Allí descansan los que no tienen fuerzas!
¹⁸ También los cautivos disfrutan del reposo,
  pues ya no escuchan los gritos del capataz.
¹⁹ Allí el pequeño se codea con el grande
  y el esclavo se libera de su amo.

²⁰ »¿Por qué permite Dios que los sufridos vean la
    luz?
  ¿Por qué se les da vida a los amargados?
²¹ Anhelan estos una muerte que no llega,
  aunque la buscan más que a tesoro escondido;
²² ¡se llenarían de gran regocijo,
  se alegrarían si llegaran al sepulcro!
²³ ¿Por qué arrinconar Dios
  al ˚hombre que desconoce su destino?

²⁴ Antes que el pan, me llegan los suspiros;
  mis quejidos se derraman como el agua.
²⁵ Lo que más temía me sobrevino;
  lo que más me asustaba me sucedió.
²⁶ No encuentro paz ni sosiego;
  no hallo reposo, sino solo agitación».

Primer discurso de Elifaz

4 A esto respondió así Elifaz de Temán:

² «Tal vez no puedas aguantar que alguien se
    atreva a decirte algo,
  pero ¿quién podrá quedarse callado?
³ Tú, que impartías instrucción a las multitudes
  y fortalecías las manos decaídas;
⁴ tú, que con tus palabras sostenías a los que
    tropezaban
  y fortalecías las rodillas que flaqueaban;
⁵ ahora que afrontas las calamidades, ¡no las
    resistes!;
  ¡te ves golpeado y te desanimas!
⁶ ¿No debieras confiar en que temes a Dios
  y en que tu conducta es intachable?

⁷ »Ponte a pensar: ¿Quién que sea inocente ha
    perecido?
  ¿Cuándo se ha destruido a la gente intachable?
⁸ La experiencia me ha enseñado
  que los que siembran maldad cosechan
    desventura.
⁹ El soplo de Dios los destruye;
  el aliento de su enojo los consume.
¹⁰ Aunque ruja el león y gruña el cachorro,
  acabarán con los colmillos destrozados;
¹¹ el león perece por falta de presa,
  y los cachorros de la leona se dispersan.

¹² »En lo secreto me llegó un mensaje;
  mis oídos captaron solo su murmullo.
¹³ Entre inquietantes visiones nocturnas,
  cuando cae sobre los ˚hombres un sueño
    profundo,
¹⁴ me hallé presa del miedo y del temblor;
  mi esqueleto entero se sacudía.
¹⁵ Sentí sobre mi rostro el roce de un espírituᵇ
  y se me erizaron los vellos del cuerpo.
¹⁶ Una silueta se plantó frente a mis ojos,
  pero no pude ver quién era.
  Detuvo su marcha,
  y escuché una voz que susurraba:
¹⁷ "¿Puede un simple ˚mortal ser más justo que Dios?
  ¿Puede ser más puro el hombre que su
    Creador?
¹⁸ Pues, si Dios no confía en sus propios siervos,
  y aun a sus ángeles acusa de cometer errores,
¹⁹ ¡cuánto más a los que habitan en casas de barro
  cimentadas sobre el polvo
  y expuestos a ser aplastados como polilla!
²⁰ Entre la aurora y el ocaso pueden ser destruidos
  y perecer para siempre, sin que a nadie le
    importe.
²¹ ¿No se arrancan acaso las estacas de su tienda de
    campaña?
  ¡Mueren sin haber adquirido sabiduría!".

5 »Clama, si quieres, pero ¿habrá quien te
    responda?
  ¿A cuál de los seres angelicalesᶜ te dirigirás?

ᵃ 12 La expresión *rasgando … cabeza* alude al profundo dolor y consternación. ᵇ 15 O *viento*. ᶜ 1 *seres angelicales.* Lit. *santos.*

² El resentimiento mata a los necios;
la envidia mata a los insensatos.
³ Yo mismo he visto al necio echar raíces,
pero de pronto su casa fue maldecida.ᵃ
⁴ Sus hijos distan mucho de estar a salvo;
en el tribunal son oprimidos y nadie los
defiende.
⁵ Los hambrientos se comen su cosecha,
y la recogen de entre las espinas;
los sedientos se beben sus riquezas.
⁶ Y aunque las penas no brotan del suelo,
ni los sufrimientos provienen de la tierra,
⁷ con todo, el *hombre nace para sufrir,
tan cierto como que las chispas vuelan.

⁸ »Si se tratara de mí, yo apelaría a Dios;
ante él expondría mi caso.
⁹ Él realiza maravillas insondables,
portentos que no pueden contarse.
¹⁰ Él derrama lluvia sobre la tierra
y envía agua sobre los campos.
¹¹ Él enaltece a los humildes
y da seguridad a los enlutados.
¹² Él deshace las maquinaciones de los astutos,
para que no prospere la obra de sus manos.
¹³ Él atrapa a los sabios en su propia astucia,
y desbarata los planes de los malvados.
¹⁴ De día estos se topan con las tinieblas;
a plena luz andan a tientas, como si fuera de
noche.
¹⁵ Pero a los menesterosos los salva
de la opresión de los poderosos
y de su lengua viperina.
¹⁶ Así es como los pobres recobran la esperanza
y a la injusticia se le tapa la boca.

¹⁷ »¡Cuán *dichoso es el hombre a quien Dios corrige!
No menosprecies la *disciplina del
*Todopoderoso.
¹⁸ Porque él hiere, pero venda la herida;
golpea, pero sana con sus manos.
¹⁹ De seis aflicciones te rescatará
y la séptima no te causará ningún daño.
²⁰ Cuando haya hambre, te salvará de la muerte;
cuando haya guerra, te librará de la espada.
²¹ Estarás a salvo del latigazo de la lengua,
y no temerás cuando venga la destrucción.
²² Te burlarás de la destrucción y del hambre,
y no temerás a las bestias salvajes,
²³ pues harás un pacto con las piedras del campo
y las bestias salvajes estarán en *paz contigo.
²⁴ Reconocerás tu casa como lugar seguro;
contarás tu ganado y ni un solo animal faltará.
²⁵ Llegarás a tener muchos hijos,
y descendientes como la hierba del campo.
²⁶ Llegarás al sepulcro anciano, pero vigoroso,
como las gavillas que se recogen a tiempo.

²⁷ »Esto lo hemos examinado y es verdad.
Así que escúchalo y compruébalo tú mismo».

Segundo discurso de Job

6 A esto Job respondió:

² «¡Cómo quisiera que mi angustia se pesara
y se pusiera en la balanza, junto con mi
desgracia!

³ ¡De seguro pesarían más que la arena de los
mares!
¡Por algo mis palabras son tan impetuosas!
⁴ Las saetas del *Todopoderoso me han herido,
y mi espíritu absorbe su veneno.
¡Dios ha enviado sus terrores contra mí!
⁵ ¿Rebuzna el asno salvaje si tiene hierba?
¿Muge el buey si tiene forraje?
⁶ ¿Puede comerse sin sal la comida desabrida?
¿Tiene algún sabor la clara de huevo?ᵇ
⁷ Mi paladar se niega a probarla;
¡esa comida me enferma!

⁸ »¡Ah, si Dios me concediera lo que pido!
¡Si Dios me otorgara lo que anhelo!
⁹ ¡Ah, si Dios se decidiera a destrozarme por
completo,
a descargar su mano sobre mí y aniquilarme!
¹⁰ Aun así me quedaría este consuelo,
esta alegría en medio de mi implacable dolor:
¡el no haber negado las palabras del Dios
*Santo!

¹¹ »¿Qué fuerzas me quedan para seguir
esperando?
¿Qué fin me espera para querer vivir?
¹² ¿Tengo acaso la fuerza de la roca?
¿Acaso tengo piel de bronce?
¹³ ¿Cómo puedo valerme por mí mismo,
si me han quitado todos mis recursos?

¹⁴ »Al amigo que sufre no se le niega la lealtad,ᶜ
aunque se haya apartado del temor al
Todopoderoso.
¹⁵ Pero mis hermanos me traicionan como un
torrente;
como corrientes de arroyos que desaparecen:
¹⁶ se enturbian cuando el hielo se derrite;
se ensanchan al derretirse la nieve,
¹⁷ pero dejan de fluir durante las sequías;
en pleno calor desaparecen de sus lechos.
¹⁸ Las caravanas se apartan de sus rutas;
se encaminan al desierto y allí mueren.
¹⁹ Las caravanas de Temá van en busca de agua,
los mercaderes de Sabá abrigan esperanzas.
²⁰ Se desaniman, a pesar de su confianza;
llegan allí y se quedan frustrados.
²¹ Lo mismo pasa con ustedes:
¡ven algo espantoso y se asustan!
²² ¿Acaso les he pedido que me den algo
o que paguen con su dinero mi rescate?
²³ ¿Acaso les he pedido que me libren de mi
enemigo
o que me rescaten de las garras de los
opresores?

²⁴ »Instrúyanme y me quedaré callado;
muéstrenme en qué estoy equivocado.
²⁵ ¡Qué dolorosas son las palabras justas!
¡Pero los argumentos de ustedes, qué
pretenden probar!
²⁶ ¿Pretenden ustedes corregir lo que digo
y tratar mis palabras desesperadas como si
fueran viento?
²⁷ ¡Ustedes echarían suertes hasta por un huérfano
y venderían a su amigo por cualquier cosa!

²⁸ »Tengan la bondad de mirarme a los ojos.
¿Creen que les mentiría en su propia cara?
²⁹ Reflexionen, no sean injustos;
reflexionen, que en esto radica mi integridad.
³⁰ ¿Acaso hay malicia en mi lengua?
¿No puede mi paladar discernir la maldad?

ᵃ **3** *fue maldecida.* Lit. *yo maldije.* ᵇ **6** *la clara de huevo.*
Alt. *el suero del queso,* o *el jugo de malva.* ᶜ **14** *Al amigo …
lealtad* (lectura probable); *para el desahuciado hay lealtad de
su amigo* (TM).

7

»¿No tenemos todos una obligación en este
mundo?
¿No son nuestros días como los de un
jornalero?
2 Como el esclavo que espera con ansias la noche,
como el jornalero que ansioso espera su paga,
3 meses enteros he vivido en vano;
me han tocado noches de miseria.
4 Me acuesto y pienso:
"¿Cuánto falta para que amanezca?".
La noche se me hace interminable;
me canso de dar vueltas en la cama hasta el
amanecer.
5 Tengo el cuerpo cubierto de gusanos y de
costras;
la piel se me rasga y me supura.

6 »Mis días se van más veloces que una lanzadera,
y sin esperanza alguna llegan a su fin.
7 Recuerda, oh Dios, que mi vida es un suspiro;
que ya no verán mis ojos la felicidad.
8 Los ojos que hoy me ven no me verán mañana;
pondrás en mí tus ojos, pero ya no existiré.
9 Como nubes que se diluyen y se pierden,
los que bajan a los dominios de la muerte*a* ya
no vuelven a subir.
10 Nunca más regresan a su casa;
desaparecen de su lugar.

11 »Por lo que a mí toca, no guardaré silencio;
la angustia de mi espíritu me lleva a hablar,
la amargura en que vivo me obliga a
protestar.
12 ¿Soy acaso el mar o el monstruo marino,
para que me pongas bajo vigilancia?
13 Cuando pienso que en mi lecho hallaré consuelo
o encontraré alivio a mi queja,
14 aun allí me infundes miedo en mis sueños;
¡me aterras con visiones!
15 ¡Preferiría que me estrangularan
a seguir viviendo en este cuerpo!
16 Tengo en poco mi vida; no quiero vivir para
siempre.
¡Déjame en paz, que mi vida no tiene sentido!

17 »¿Qué es el *hombre a quien das tanta
importancia,
que tanta atención le concedes,
18 que cada mañana examinas
y a toda hora lo pones a prueba?
19 Aparta de mí la mirada;
¡déjame al menos tragar saliva!
20 Si he pecado, ¿en qué te afecta,
vigilante de los *mortales?
¿Por qué te ensañas conmigo?
¿Acaso te soy una carga?*b*
21 ¿Por qué no me perdonas mis pecados?
¿Por qué no pasas por alto mi maldad?
Un poco más y yaceré en el polvo;
me buscarás, pero habré dejado de existir».

Primer discurso de Bildad

8

A esto respondió Bildad de Súah:

2 «¿Hasta cuándo seguirás hablando así?
¡Tus palabras son un viento huracanado!
3 ¿Acaso Dios pervierte la justicia?
¿Acaso tuerce el derecho del *Todopoderoso?
4 Si tus hijos pecaron contra Dios,
él les dio lo que su pecado merecía.
5 Pero si tú buscas a Dios,
si diriges tu súplica al Todopoderoso,

6 y si eres puro e intachable,
él saldrá en tu defensa*c*
y te restablecerá en el lugar que te corresponde.
7 Modestas parecerán tus primeras riquezas,
comparadas con tu prosperidad futura.

8 »Pregunta a las generaciones pasadas;
averigua lo que descubrieron sus antepasados.
9 Nosotros nacimos ayer y nada sabemos;
nuestros días en este mundo son como una
sombra.
10 Pero ellos te instruirán, te lo harán saber;
compartirán contigo su experiencia.
11 ¿Puede crecer el papiro donde no hay pantano?
¿Pueden crecer los juncos donde no hay agua?
12 Aunque estén floreciendo y nadie los haya
cortado,
se marchitan antes que otra hierba.
13 Tal es el destino de los que se olvidan de Dios;
así termina la esperanza de los impíos.
14 Muy frágiles*d* son sus esperanzas;
han puesto su confianza en una telaraña.
15 No podrán sostenerse cuando se apoyen en ella;
no quedarán en pie cuando se prendan de sus
hilos.
16 Son como plantas frondosas expuestas al sol,
que extienden sus ramas por todo el jardín:
17 hunden sus raíces en torno a un montón de
piedras
y buscan arraigarse entre ellas.
18 Pero si las arrancan de su sitio,
ese lugar negará haberlas visto.
19 ¡Así termina su alegría de vivir
y del suelo brotan otras plantas!

20 »Dios no rechaza a quien es íntegro
ni brinda su apoyo a quien hace el mal.
21 Pondrá de nuevo risas en tu boca
y gritos de alegría en tus labios.
22 Tus enemigos se cubrirán de vergüenza
y desaparecerán las moradas de los
malvados».

Tercer discurso de Job

9

Job entonces respondió:

2 «Aunque sé muy bien que esto es cierto,
¿cómo puede un *mortal justificarse ante Dios?
3 Si uno quisiera disputar con él,
de mil cosas no podría responderle una sola.
4 Profunda es su sabiduría, vasto su poder.
¿Quién puede desafiarlo y salir bien librado?
5 Él mueve montañas sin que estas lo sepan,
y en su enojo las trastorna.
6 Él remueve los cimientos de la tierra
y hace que se estremezcan sus columnas.
7 Reprende al sol y su brillo se apaga;
eclipsa la luz de las estrellas.
8 Él se basta para extender los cielos;
somete a su dominio las olas del mar.
9 Él creó la Osa Mayor y el Orión,
las Pléyades y las constelaciones del sur.
10 Él realiza maravillas insondables,
portentos que no pueden contarse.
11 Si pasara junto a mí, no podría verlo;
si se alejara, no alcanzaría a percibirlo.

---

a 9 *bajan ... muerte.* Lit. *bajan al Seol.*   *b* 20 *¿Acaso te soy
una carga?* (LXX, mss. hebreos y una tradición rabínica); *Me
he vuelto una carga para mí mismo* (TM).   *c* 6 *saldrá en tu
defensa.* Alt. *velará por ti.*   *d* 14 *frágiles.* Palabra de difícil
traducción.

¹² Si de algo se adueñara, ¿quién lo haría desistir?
    ¿Quién puede cuestionar sus actos?
¹³ Dios no contiene su enojo;
    aun *Rahab y sus secuaces se postran a sus
        pies.

¹⁴ »¿Cómo entonces podré yo responderle?
    ¿Dónde hallar palabras para contradecirle?
¹⁵ Aunque fuera yo inocente, no puedo
        defenderme;
    de mi Juez solo puedo pedir misericordia.
¹⁶ Y aunque lo llamara y me respondiera,
    no creo que me concediera audiencia.
¹⁷ Me despedazaría con una tormenta
    y por la menor cosa multiplicaría mis heridas.
¹⁸ No me dejaría recobrar el aliento;
    más bien, me saturaría de amargura.
¹⁹ Si de fuerza se trata, ¡él es más poderoso!
    Si es cuestión de juicio, ¿quién loᵃ hará
        comparecer?
²⁰ Aun siendo inocente, me condenará mi boca;
    aun siendo íntegro, resultaré culpable.

²¹ »Soy íntegro, pero ya no me importa;
    tengo en poco mi propia vida.
²² Todo es lo mismo; por eso digo:
    "Al íntegro y al malvado destruye por igual".
²³ Si alguna plaga acarrea la muerte repentina,
    él se burla de la angustia del inocente.
²⁴ Si algún malvado se apodera de un terreno,
    él tapa los ojos a los jueces.
    Si no lo hace él, ¿entonces quién?

²⁵ »Transcurren mis días con más rapidez que un
        corredor;
    vuelan sin que hayan conocido la dicha.
²⁶ Se deslizan como barcas de papiro,
    como veloces águilas al caer sobre su presa.
²⁷ Si acaso digo: "Olvidaré mi queja,
    cambiaré de expresión, esbozaré una sonrisa",
²⁸ me queda el miedo de tanto sufrimiento,
    pues bien sé que no me consideran inocente.
²⁹ Y ya que me tienen por culpable,
    ¿para qué voy a luchar en vano?
³⁰ Aunque me bañe con jabónᵇ
    y me limpie las manos con lejía,
³¹ tú me lanzarás al muladar,
    ¡y hasta mis ropas me aborrecerán!

³² »Dios no es *hombre como yo,
    para que le responda y juntos comparezcamos
        ante un tribunal.
³³ ¡No hay un mediador aquí
    que decida el caso entre nosotros dos!
³⁴ ¡No hay quien aleje de mí la vara de Dios
    para que ya no me asuste su terror!
³⁵ Quisiera hablar sin temor,
    pero no puedo hacerlo.

10 »¡Ya estoy harto de esta vida!
    Por eso doy rienda suelta a mi queja;
    desahogo la amargura de mi alma.
² Le he dicho a Dios: No me condenes.
    Dime qué es lo que tienes contra mí.
³ ¿Te parece bien el oprimirme
    y despreciar la obra de tus manos

mientras te muestras complaciente ante los
    planes del malvado?
⁴ ¿Son tus ojos los de un simple *mortal?
    ¿Ves las cosas como las vemos nosotros?
⁵ ¿Son tus días como los nuestros,
    tus años como los de un mortal,
⁶ para que andes investigando mis faltas
    y averiguándolo todo acerca de mi pecado?
⁷ ¡Tú bien sabes que no soy culpable,
    y que de tus manos no tengo escapatoria!

⁸ »Tú me hiciste con tus propias manos;
    tú me diste forma.
¿Vas ahora a cambiar de parecer
    y a ponerle fin a mi vida?
⁹ Recuerda que tú me hiciste del barro;
    ¿vas ahora a devolverme al polvo?
¹⁰ ¿No fuiste tú quien me derramó como leche,
    quien me hizo cuajar como queso?
¹¹ Fuiste tú quien me vistió de carne y piel,
    quien me tejió con huesos y tendones.
¹² Me diste vida, me favoreciste con tu amor
    y tu cuidado ha guardado mi espíritu.

¹³ »Pero una cosa guardaste en tu corazón,ᶜ
    y sé muy bien que la tuviste en mente:
¹⁴ Que si yo peco, tú me vigilas
    y no pasas por alto mi pecado.
¹⁵ Si soy culpable, ¡ay de mí!
    Si soy inocente, no puedo levantar mi cabeza.
    ¡Lleno estoy de vergüenza,
    y consciente de mi aflicción!
¹⁶ Si me levanto, me acechas como un león
    y despliegas contra mí tu gran poder.
¹⁷ Contra mí presentas nuevos testigos,
    contra mí acrecientas tu enojo.
    ¡Una tras otra, tus tropas me atacan!

¹⁸ »¿Por qué me hiciste salir del vientre?
    ¡Quisiera haber muerto sin que nadie me
        viera!
¹⁹ ¡Preferiría no haber existido
    y haber pasado del vientre a la tumba!
²⁰ ¿Acaso mis contados días no llegan ya a su fin?
    ¡Déjame disfrutar de un momento de alegría
²¹ antes de mi partida sin regreso
    a la tierra de las sombras y de la densa
        oscuridad,
²² al país de la más profunda de las noches,
    al país de las sombras y del caos,
    donde aun la luz se asemeja a las tinieblas!».

Primer discurso de Zofar

11 A esto respondió Zofar de Namat:

² «¿Quedará sin respuesta toda esta palabrería?
    ¿Resultará inocente este hablador?
³ ¿Todo ese discurso nos dejará callados?
    ¿Te burlarás sin que nadie te reprenda?
⁴ Tú afirmas: "Mi postura es la correcta;
    soy puro a los ojos de Dios".
⁵ ¡Cómo me gustaría que Dios interviniera
    y abriera sus labios contra ti
⁶ para mostrarte los secretos de la sabiduría,
    pues esta tiene dos lados!ᵈ
    Sabrías entonces que buena parte de tu pecado
    Dios no lo ha tomado en cuenta.

⁷ »¿Puedes adentrarte en los misterios de Dios
    o alcanzar la perfecciónᵉ del *Todopoderoso?
⁸ Son más altos que los cielos;
    ¿qué puedes hacer?

ᵃ 19 *lo* (LXX); *me* (TM).   ᵇ 30 *jabón*. Alt. *nieve*.   ᶜ 13 *corazón*.
En la Biblia, *corazón* se usa para designar el asiento de las
emociones, pensamientos y voluntad, es decir, el proceso de
toma de decisiones del ser humano.   ᵈ 6 *esta tiene dos lados*.
Frase de difícil traducción.   ᵉ 7 *alcanzar la perfección*. Alt.
llegar hasta los límites.

Son más profundos que el abismo;[a]
¿qué puedes saber?
9 Son más extensos que toda la tierra;
¡son más anchos que todo el mar!

10 »Si viene y te pone en un calabozo,
y luego te llama a cuentas,
¿quién lo hará desistir?
11 Bien conoce Dios a la gente sin escrúpulos;
cuando percibe el mal, no lo pasa por alto.
12 ¡El necio llegará a ser sabio
cuando de un asno salvaje nazca un °hombre![b]

13 »Pero si le entregas tu °corazón
y hacia él extiendes las manos,
14 si te apartas del pecado que has cometido
y en tu morada no das cabida al mal,
15 entonces podrás llevar la frente en alto
y mantenerte firme y libre de temor.
16 Ciertamente olvidarás tus pesares
o los recordarás como el agua que pasó.
17 Tu vida será más radiante que el sol de mediodía
y la oscuridad será como el amanecer.
18 Vivirás tranquilo, porque hay esperanza;
estarás protegido[c] y dormirás confiado.
19 Descansarás sin temer a nadie
y muchos querrán ganarse tu favor.
20 Pero los ojos de los malvados se apagarán;
no tendrán escapatoria.
¡Su esperanza es exhalar el último suspiro!».

Cuarto discurso de Job

12 A esto respondió Job:

2 «¡No hay duda de que ustedes son el pueblo!
¡Muertos ustedes, morirá la sabiduría!
3 Pero yo tengo tanto cerebro como ustedes;
en nada siento que me aventajen.
¿Quién no sabe todas esas cosas?

4 »Yo, que llamaba a Dios y él me respondía,
me he vuelto el hazmerreír de mis amigos;
¡soy un hazmerreír, justo e íntegro!
5 Dice la gente que vive tranquila:
"¡Al daño se añade la injuria!",
"¡Al que está por caer, hay que empujarlo!".
6 Los salteadores viven tranquilos en sus tiendas
de campaña;
confiados viven esos que irritan a Dios
y piensan que pueden controlarlo.

7 »Pero interroga a los animales y ellos te darán
una lección;
pregunta a las aves del cielo y ellas te lo
contarán;
8 habla con la tierra y ella te enseñará;
con los peces del mar y te lo harán saber.
9 ¿Quién de todos ellos no sabe
que la mano del SEÑOR ha hecho todo esto?
10 En sus manos está la vida de todo ser vivo
y el aliento que anima a todo ser humano.
11 ¿Acaso no comprueba el oído las palabras
como la lengua prueba la comida?
12 Entre los ancianos se halla la sabiduría;
en los muchos años, el entendimiento.

13 »Con Dios están la sabiduría y el poder;
suyos son el consejo y el entendimiento.
14 Lo que él derriba, nadie lo levanta;
a quien él apresa, nadie puede liberarlo.
15 Si él retiene las lluvias, hay sequía;
si las deja caer, se inunda la tierra.

16 Suyos son el poder y el buen juicio;
suyos son los engañados y los que engañan.
17 Él hace que los consejeros anden descalzos
y que los jueces pierdan la cabeza.
18 Despoja de su autoridad a los reyes
y ata una soga a su cintura.
19 Él hace que los sacerdotes anden descalzos
y derroca a los que tienen el poder.
20 Acalla los labios de los consejeros
y deja sin discernimiento a los ancianos.
21 Cubre de desprecio a los nobles
y desarma a los poderosos.
22 Pone al descubierto los más oscuros abismos
y saca a la luz las sombras más profundas.
23 Engrandece o destruye a las naciones;
las hace prosperar o las dispersa.
24 Priva de sensatez a los líderes de la tierra
y los hace vagar por desiertos sin senderos.
25 Sin luz, los hace andar a tientas en medio de la
oscuridad
y los hace tambalear como borrachos.

13 »Todo esto lo han visto mis ojos;
lo han captado y entendido mis oídos.
2 Yo tengo tanto °conocimiento como ustedes;
en nada siento que me aventajen.
3 Más bien quisiera hablar con el °Todopoderoso;
me gustaría discutir mi caso con Dios.
4 Porque ustedes me difaman con mentiras;
¡como médicos no valen nada!
5 ¡Si tan solo se callaran la boca!
Eso, en ustedes, ya sería sabiduría.
6 Ahora les toca escuchar mi defensa;
presten atención a mi alegato.
7 ¿Se atreverán a decir falsedades en °nombre de
Dios?
¿Argumentarán en su favor con engaños?
8 ¿Le harán el favor de defenderlo?
¿Van a resultar sus abogados defensores?
9 ¿Qué pasaría si él los examinara?
¿Podrían engañarlo como se engaña a la gente?
10 Lo más seguro es que él los reprendería
si en secreto se mostraran parciales.
11 ¿Acaso no les infundiría miedo su esplendor?
¿Y no caería sobre ustedes su terror?
12 ¡Han memorizado proverbios sin sentido!
¡Se defienden con apologías endebles!

13 »¡Cállense la boca, déjenme hablar,
y que venga lo que venga!
14 ¿Por qué me pongo en peligro
y me juego el pellejo?
15 ¡Que me mate, en él tengo mi esperanza![d]
Pero en su propia cara defenderé mi
conducta.
16 En esto radica mi liberación:
en que ningún impío comparecería ante él.
17 Presten atención a mis palabras;
presten oído a lo que digo:
18 Vean que ya he preparado mi caso
y sé muy bien que seré declarado inocente.
19 ¿Hay quien pueda presentar cargos contra mí?
Si lo hay, me quedaré callado hasta morir.

20 »Concédeme, oh Dios, solo dos cosas
y no tendré que esconderme de ti:
21 Quítame la mano de encima
y deja de infundirme temor.

---

a 8 abismo. Lit. Seol.   b 12 cuando … hombre. Alt. cuando los
asnos salvajes nazcan domesticados.   c 18 estarás protegido.
Alt. mirarás en torno tuyo (TM).   d 15 ¡Que me mate …
esperanza! Alt. Aunque él me mate, seguiré esperando en él.

²² Llámame a comparecer y te responderé
  o déjame hablar y contéstame.
²³ Enumera mis iniquidades y pecados;
  hazme ver mis transgresiones y ofensas.
²⁴ ¿Por qué no me das la cara?
  ¿Por qué me tienes por enemigo?
²⁵ ¿Acosarás a una hoja arrebatada por el viento?
  ¿Perseguirás a la paja seca?
²⁶ Has dictado contra mí penas amargas;
  me estás cobrando*a* los pecados de mi
    juventud.
²⁷ Me has puesto cadenas en los pies;
  vigilas todos mis pasos;
  examinas las huellas que dejo al caminar.

²⁸ »El °hombre se deteriora como algo podrido;
  como ropa carcomida por la polilla.

14 »Pocos son los días y muchos los problemas,
  que vive el °hombre nacido de mujer.
² Es como las flores que brotan y se marchitan;
  es como efímera sombra que se esfuma.
³ ¿Y en alguien así has puesto los ojos?
  ¿Con alguien como yo entrarás en juicio?
⁴ ¿Quién de la inmundicia puede sacar pureza?
  ¡No hay nadie que pueda hacerlo!
⁵ Los días del hombre ya están determinados;
  tú has establecido los meses de su vida;
  le has puesto límites que no puede rebasar.
⁶ Aparta de él la mirada y déjalo en paz;
  como al jornalero, déjalo disfrutar de su
    trabajo.

⁷ »Si se derriba un árbol,
  queda al menos la esperanza de que retoñe
  y de que no se marchiten sus renuevos.
⁸ Tal vez sus raíces envejezcan en la tierra
  y su tronco muera en su terreno,
⁹ pero al sentir el agua, florecerá;
  echará ramas como árbol recién plantado.
¹⁰ El hombre, en cambio, muere y pierde su
    fuerza;
  exhala el último suspiro y deja de existir.
¹¹ Como del mar se evapora el agua
  y los ríos se agotan y se secan,
¹² así los °mortales, cuando se acuestan,
  no se vuelven a levantar.
  Mientras exista el cielo,
  no se levantarán los mortales
  ni se despertarán de su sueño.

¹³ »¡Si al menos me ocultaras en el sepulcro*b*
  y me escondieras hasta que pase tu enojo!
  ¡Si al menos me pusieras un plazo allí
  y luego me recordaras!
¹⁴ Pero si alguien muere, ¿acaso volverá a vivir?
  Cada día de mi servicio obligatorio
  esperaré que llegue mi relevo.
¹⁵ Tú me llamarás, y yo te responderé;
  desearás ver la obra de tus manos.
¹⁶ Desearás también contar mis pasos,
  pero no tomarás en cuenta mi pecado.
¹⁷ En saco sellado guardarás mis transgresiones
  y perdonarás del todo mi pecado.

¹⁸ »Pero así como un monte se erosiona y se
    derrumba
  y las piedras cambian de lugar;

¹⁹ así como las aguas desgastan las rocas
  y los torrentes erosionan el suelo,
  así tú pones fin a la esperanza del hombre.
²⁰ Lo apabullas del todo y él desaparece;
  lo desfiguras y entonces lo despides.
²¹ Si sus hijos reciben honores, él no lo sabe;
  si se les humilla, él no se da cuenta.
²² Solo siente el dolor de su propio cuerpo
  y solo de sí mismo se conduele».

Segundo discurso de Elifaz

15 Replicó entonces Elifaz de Temán:

² «El sabio no responde con vana sabiduría
  ni da respuestas en el aire.*c*
³ Tampoco discute con argumentos vanos
  ni con palabras huecas.
⁴ Tú, en cambio, restas valor al temor a Dios
  y tomas a la ligera la devoción que él merece.
⁵ Tu maldad pone en acción tu boca;
  hablas igual que la gente astuta.
⁶ Tu propia boca te condena, no la mía;
  tus propios labios atestiguan contra ti.

⁷ »¿Eres acaso el primer °hombre que ha nacido?
  ¿Naciste acaso antes que los montes?
⁸ ¿Tienes parte en el consejo de Dios?
  ¿Acaso eres tú el único sabio?
⁹ ¿Qué sabes tú que nosotros no sepamos?
  ¿Qué has percibido que nosotros ignoremos?
¹⁰ Las canas y la edad están de nuestra parte;
  tenemos más experiencia que tu padre.
¹¹ ¿No te basta que Dios mismo te consuele
  y que se te hable con cariño?
¹² ¿Por qué te dejas llevar por el enojo?
  ¿Por qué te relampaguean los ojos?
¹³ ¿Por qué desatas tu enojo contra Dios
  y das rienda suelta a tu lengua?

¹⁴ »¿Qué es el hombre para creerse puro
  y el nacido de mujer para alegar inocencia?
¹⁵ Si Dios no confía ni en sus santos
  y ni siquiera considera puros a los cielos,
¹⁶ ¡cuánto menos confiará en el hombre,
  que es vil y corrupto y tiene sed del mal!*d*

¹⁷ »Escúchame y te lo explicaré;
  déjame decirte lo que he visto.
¹⁸ Es lo que han declarado los sabios
  sin ocultar nada de lo aprendido de sus
    antepasados.
¹⁹ Solo a ellos se les dio la tierra
  y ningún extraño pasó entre ellos.
²⁰ El impío se ve atormentado toda la vida;
  el violento tiene sus años contados.
²¹ Sus oídos perciben sonidos espantosos;
  cuando está en °paz, los salteadores lo
    atacan.
²² No espera escapar de las tinieblas;
  condenado está a morir a filo de espada.
²³ Vaga sin rumbo; es comida de los buitres;*e*
  sabe que el día de las tinieblas le ha
    llegado.
²⁴ La desgracia y la angustia lo llenan de terror;
  lo abruman como si un rey fuera a atacarlo
²⁵ y todo por levantar el puño contra Dios
  y atreverse a desafiar al °Todopoderoso.
²⁶ Contra Dios se lanzó desafiante,
  blandiendo grueso y resistente escudo.

²⁷ »Aunque su rostro esté hinchado de grasa
  y le sobre carne en la cintura,

---

a 26 cobrando. Lit. *heredando*.   *b 13 sepulcro*. Lit. *Seol*.
c 2 ni da respuestas en el aire. Lit. *llena su vientre con el viento
del este*.   *d 16 tiene sed del mal*. Lit. *bebe como agua el mal*.
e 23 rumbo ... buitres. Alt. *rumbo, en busca de alimento*.

²⁸ habitará en lugares desolados,
en casas deshabitadas,
en casas a punto de derrumbarse.
²⁹ Dejará de ser rico; no durarán sus riquezas
ni se extenderán sus posesiones en la tierra.
³⁰ No podrá escapar de las tinieblas;
una llama de fuego marchitará sus renuevos
y el aliento de Dios lo arrebatará.
³¹ Que no se engañe ni confíe en cosas vanas,
porque nada obtendrá a cambio de ellas.
³² Antes de que muera recibirá su merecido
y sus ramas no reverdecerán.
³³ Quedará como vid que pierde sus uvas agrias,
como olivo que no llega a florecer.
³⁴ La compañía de los impíos no es de provecho;
¡las moradas de los que aman el soborno serán
consumidas por el fuego!
³⁵ Conciben iniquidad y dan a luz maldad;
en su vientre se genera el engaño».

Quinto discurso de Job

16 A esto Job contestó:

² «Muchas veces he escuchado cosas semejantes;
¡el consuelo de ustedes es un desastre!ᵃ
³ ¿No habrá fin a sus discursos inútiles?
¿Qué les irrita tanto que siguen contendiendo?
⁴ También yo podría hablar del mismo modo
si estuvieran ustedes en mi lugar.
También yo pronunciaría bellos discursos en su
contra,
meneando con sarcasmo la cabeza.
⁵ Les infundiría nuevos bríos con la boca;
les daría consuelo con los labios.

⁶ »Si hablo, mi dolor no disminuye;
si me callo, tampoco se me calma.
⁷ Ciertamente Dios me ha destruido;
ha exterminadoᵇ a toda mi familia.
⁸ Me tiene acorraladoᶜ y da testimonio contra mí;
mi deplorable estado se levanta y me condena.
⁹ En su enojo Dios me desgarra y me persigue;
rechina los dientes contra mí;
mi adversario me clava la mirada.
¹⁰ La gente se mofa de mí abiertamente;
burlones, me dan de bofetadas,
y todos juntos se ponen en mi contra.
¹¹ Dios me ha entregado en manos de gente
injusta;
me ha arrojado en las garras de los malvados.
¹² Yo vivía tranquilo, pero él me destrozó;
me agarró por el cuello y me hizo pedazos;
me hizo blanco de sus ataques.
¹³ Sus arqueros me rodearon.
Sin piedad me perforaron los riñones
y mi hígado se derramó por el suelo.
¹⁴ Abriéndome herida tras herida,
se lanzó contra mí como un guerrero.

¹⁵ »He cosido la ropa de luto en mi piel;
en el polvo tengo enterrada la frente.ᵈ
¹⁶ De tanto llorar tengo enrojecida la cara
y profundas ojeras tengo en torno a los ojos;
¹⁷ pero mis manos están libres de violencia
y es pura mi oración.

¹⁸ »¡Ah, tierra, no cubras mi sangre!
¡No dejes que se acalle mi clamor!
¹⁹ Ahora mismo tengo en los cielos un testigo;
en lo alto se encuentra mi abogado.
²⁰ Mi intercesor es mi amigoᵉ
y ante Dios me deshago en lágrimas

²¹ para que interceda ante Dios en favor mío,
como quien apela por su amigo.

²² »Pasarán solo unos cuantos años
antes de que yo emprenda el viaje sin regreso.

17 ¹ Mi espíritu está quebrantado,
mis días se acortan,
la tumba me espera.
² Estoy rodeado de burlones;
mis ojos no pueden cerrarse por su hostilidad.

³ »Dame, oh Dios, la garantía que demandas.
¿Quién más podría responder por mí?
⁴ Tú has cerrado sus mentes al entendimiento,
por eso no dejarás que triunfen.
⁵ Quien por una recompensa denuncia a sus
amigos
verá a sus hijos desfallecer.

⁶ »Dios me ha puesto en boca de todos;
no falta quien me escupa en la cara.
⁷ Los ojos se me apagan a causa del dolor;
todo mi esqueleto no es más que una
sombra.
⁸ Los íntegros ven esto y se quedan asombrados;
los inocentes se indignan contra el impío.
⁹ La gente justa se aferra a su camino;
los de manos limpias aumentan su fuerza.

¹⁰ »Vengan, pues, todos ustedes; ¡arremetan contra
mí!
No hallaré entre ustedes a un solo sabio.
¹¹ Mis días van pasando, mis planes se frustran
junto con los anhelos de mi ˚corazón.
¹² Esta gente convierte la noche en día;
todo está oscuro, pero insisten:
"La luz se acerca".
¹³ Si el único hogar que espero está en los dominios
de la muerte,ᶠ
he de tenderme a dormir en las tinieblas;
¹⁴ he de llamar "padre mío" a la corrupción
y "madre" y "hermana" a los gusanos.
¹⁵ ¿Dónde queda entonces mi esperanza?
¿Quién ve alguna esperanza para mí?
¹⁶ ¿Bajará conmigo hasta los dominios de la
muerte?ᵍ
¿Descenderemos juntos hasta el polvo?».

Segundo discurso de Bildad

18 Respondió entonces Bildad de Súah:

² «¿Cuándo pondrás fin a tanta palabrería?
Entra en razón y entonces hablaremos.
³ ¿Por qué nos tratas como si fuéramos bestias?
¿Por qué nos consideras unos tontos?
⁴ Tú, que tu enojo te desgarra,
¿crees que por ti quedará desierta la tierra
y que las piedras se moverán de su lugar?

⁵ »La lámpara del malvado se apagará;
la llama de su fuego dejará de arder.
⁶ Languidece la luz de su morada;
la lámpara que lo alumbra se apagará.
⁷ El vigor de sus pasos se irá debilitando;
sus propios planes lo derribarán.

ᵃ 2 el consuelo … desastre. Lit. son consoladores de calamidad.
ᵇ 7 ha exterminado; Lit. tú has exterminado.   ᶜ 8 me tiene
acorralado; Lit. tú me tienes acorralado.   ᵈ 15 enterrada
la frente. Lit. enterrado mi cuerno.   ᵉ 20 Mi intercesor es
mi amigo. Alt. Mis amigos me tratan con burlas.   ᶠ 13 los
dominios de la muerte. Lit. el Seol.   ᵍ 16 los dominios de la
muerte. Lit. las puertas del Seol.

⁸ Sus pies lo harán caer en una trampa
   y entre sus redes quedará atrapado.
⁹ Quedará sujeto por los tobillos;
   quedará atrapado por completo.
¹⁰ Un lazo le espera escondido en el suelo;
   una trampa está tendida a su paso.
¹¹ El terror lo asalta por doquier
   y anda tras sus pasos.
¹² La calamidad lo acosa sin descanso;
   el desastre no lo deja un solo instante.
¹³ Carcome el cuerpo;
   la muerte devora sus miembros.ᵃ
¹⁴ Lejos de la seguridad de su morada,
   marcha ahora hacia el rey de los terrores.
¹⁵ El fuego se ha apoderado de su vivienda;ᵇ
   hay azufre ardiente esparcido en su morada.
¹⁶ En el tronco, sus raíces se han secado;
   en la copa, sus ramas se marchitan.
¹⁷ Borrada de la tierra ha sido su memoria;
   de su fama nada queda en el país.
¹⁸ De la luz es lanzado a las tinieblas;
   ha sido expulsado de este mundo.
¹⁹ No tiene entre su pueblo hijos ni descendientes;
   nadie le sobrevive donde él habitó.
²⁰ Del oriente al occidente
   los pueblos se asombran de su ruina
   y se estremecen de terror.
²¹ Así es la morada del malvado,
   el lugar del que no conoce a Dios».

Sexto discurso de Job

19 A esto Job respondió:

² «¿Hasta cuándo van a estar atormentándome
   y aplastándome con sus palabras?
³ Diez veces me hacen reproches;
   descaradamente me atacan.
⁴ Aun si fuera verdad que me he desviado,
   mis errores son asunto mío.
⁵ Si en verdad ustedes quieren exaltarse sobre mí,
   y valerse de mi humillación para atacarme,
⁶ sepan que es Dios quien me ha hecho daño,
   quien me ha atrapado en su red.

⁷ »Aunque grito: "¡Violencia!", no hallo respuesta;
   aunque pido ayuda, no se me hace justicia.
⁸ Dios me ha cerrado el camino y no puedo pasar;
   ha cubierto de oscuridad mis senderos.
⁹ Me ha despojado de toda honra;
   de la cabeza me ha quitado la corona.
¹⁰ Por todos lados me destroza, como a un árbol;
   me aniquila y arranca de raíz mi esperanza.
¹¹ Su enojo se ha encendido contra mí;
   me cuenta entre sus enemigos.
¹² Sus tropas avanzan en tropel;
   levantan una rampa para asediarme;
   acampan alrededor de mi tienda de campaña.

¹³ »Hizo que mis hermanos me abandonaran;
   hasta mis amigos se han alejado de mí.
¹⁴ Mis parientes y conocidos se distanciaron;
   me echaron al olvido.
¹⁵ Mis huéspedes y mis criadas me ven como a un extraño,
   me miran como a un desconocido.

¹⁶ Llamo a mi criado y no me responde,
   aunque yo mismo se lo ruego.
¹⁷ A mi esposa le da asco mi aliento;
   a mis hermanos les resulto repugnante.
¹⁸ Hasta los niños me desprecian;
   en cuanto me ven, se burlan de mí.
¹⁹ A todos mis amigos les resulto abominable;
   mis seres queridos se han vuelto contra mí.
²⁰ La piel y la carne se me pegan a los huesos;
   ¡a duras penas he salvado el pellejo!ᶜ

²¹ »¡Compadézcanse de mí, amigos míos;
   compadézcanse, que la mano de Dios me ha golpeado!
²² ¿Por qué me acosan como Dios?
   ¿No les basta con desollarme vivo?ᵈ

²³ »¡Ah, si fueran grabadas mis palabras,
   si quedaran escritas en un libro!
²⁴ ¡Si para siempre quedaran grabadas con cincel de hierro y plomo,
   esculpidas en la roca!
²⁵ Yo sé que mi Redentorᵉ vive
   y que al final se levantará sobre el polvo.
²⁶ Y, cuando mi piel haya sido destruida,
   todavía veré a Dios con mis propios ojos.ᶠ
²⁷ Yo mismo lo veré con mis propios ojos;
   yo lo veré, no otro.
   ¡Este anhelo me consume las entrañas!

²⁸ »Ustedes dicen: "Vamos a acosarlo,
   porque en él está la raíz del mal".
²⁹ Pero cuídense de la espada,
   pues con ella viene la ira justiciera,
   para que sepan que hay un juicio».

Segundo discurso de Zofar

20 A esto respondió Zofar de Namat:

² «Mis turbados pensamientos me hacen replicar,
   pues me hallo muy desconcertado.
³ He escuchado una reprensión que me deshonra
   y mi inteligencia me obliga a responder.

⁴ »Bien sabes tú que desde antaño,
   desde que Dios puso al ser humanoᵍ en la tierra,
⁵ muy breve ha sido la algarabía del malvado
   y la alegría del impío ha sido pasajera.
⁶ Aunque su orgullo llegue hasta los cielos
   y alcance a tocar con la cabeza las nubes,
⁷ él perecerá para siempre, como su excremento,
   y sus allegados dirán: "¿Qué se hizo?".
⁸ Como un sueño, como una visión nocturna,
   se desvanecerá y no volverá a ser hallado.
⁹ Los ojos que lo vieron no volverán a verlo;
   su lugar no volverá a contemplarlo.
¹⁰ Sus hijos tendrán que indemnizar a los pobres;
   ellos mismos restituirán las riquezas de su padre.
¹¹ El vigor juvenil que hoy sostiene sus huesos
   un día reposará en el polvo con él.

¹² »Aunque en su boca el mal sabe dulce
   y lo disimula bajo la lengua,
¹³ y aunque no lo suelta para nada,
   sino que tenazmente lo retiene,
¹⁴ ese pan se le agriará en el estómago;
   dentro de él se volverá veneno de áspid.
¹⁵ Vomitará las riquezas que se engulló;
   Dios hará que las arroje de su vientre.

ᵃ 13 *la muerte ... sus miembros.* Lit. *devora sus miembros el primogénito de la muerte.*   ᵇ 15 *El fuego ... vivienda.* Alt. *En su vivienda, de lo suyo nada queda.*   ᶜ 20 *¡a duras ... el pellejo!* Lit. *he escapado con la piel de mis dientes.*   ᵈ 22 *con desollarme vivo.* Lit. *con mi carne.*   ᵉ 25 *Redentor.* Alt. *defensor.*   ᶠ 26 *con mis propios ojos.* Lit. *en mi carne.*   ᵍ 4 *al ser humano.* Alt. *a Adán.*

¹⁶ Chupará veneno de serpientes;
    la lengua de un áspid lo matará.
¹⁷ No disfrutará de los arroyos,
    de los ríos de crema y miel;
¹⁸ no se engullirá las ganancias de sus negocios;
    no disfrutará de sus riquezas,
¹⁹ porque oprimió al pobre y lo dejó sin nada,
    y se adueñó de casas que nunca construyó.

²⁰ »Su ambición nunca quedó satisfecha;
    no se salvará con su tesoro.
²¹ Nada se libró de su voracidad;
    por eso no perdurará su bienestar.
²² En medio de la abundancia, lo abrumará la
    angustia;
    le sobrevendrá toda la fuerza de la desgracia.
²³ Cuando el malvado se haya llenado el vientre,
    Dios dará rienda suelta a su enojo contra él
    y descargará sobre él sus golpes.
²⁴ Aunque huya de las armas de hierro,
    una flecha de bronce lo atravesará.
²⁵ Cuando del hígado y de la espalda
    intente sacarse la punta de la flecha,
    se verá sobrecogido de espanto,
²⁶ y la oscuridad total acechará sus tesoros.
    Un fuego no atizado acabará con él
    y con todo lo que haya quedado de su casa.
²⁷ Los cielos harán pública su culpa;
    la tierra se levantará a denunciarlo.
²⁸ En el día de la ira de Dios,
    un aluvión arrasará con su casa.
²⁹ Tal es el fin que Dios reserva al malvado;
    tal es la herencia que le asignó».

Séptimo discurso de Job

21 A esto, Job respondió:

² «Escuchen atentamente mis palabras;
    concédanme este consuelo.
³ Tolérenme un poco mientras hablo
    y búrlense cuando haya terminado.

⁴ »¿Acaso dirijo mi queja a los ˚mortales?
    ¿Por qué creen que pierdo la paciencia?
⁵ Mírenme, y queden asombrados;
    tápense la boca con la mano.
⁶ Si pienso en esto, me lleno de espanto;
    un escalofrío me corre por el cuerpo.
⁷ ¿Por qué siguen con vida los malvados,
    cada vez más viejos y ricos?
⁸ Ven establecerse en torno suyo
    a sus hijos y a sus descendientes.
⁹ Tienen ˚paz en su hogar y están libres de
    temores;
    la vara de Dios no los castiga.
¹⁰ Sus toros son verdaderos sementales;
    sus vacas paren y no pierden las crías.
¹¹ Dejan correr a sus niños como si fueran ovejas;
    sus pequeñuelos danzan alegres.
¹² Cantan al son del pandero y del arpa;
    se divierten al son de la flauta.
¹³ Pasan la vida con gran bienestar
    y son sepultados*ᵃ* en paz.
¹⁴ A Dios increpan: "¡Déjanos tranquilos!
    ¡No nos interesa para nada conocer tus
    caminos!
¹⁵ ¿Quién es el ˚Todopoderoso para que le
    sirvamos?
    ¿Qué ganamos con dirigirle nuestras
    oraciones?".
¹⁶ Pero su bienestar no depende de ellos.
    ¡Jamás me dejaré llevar por sus malos consejos!

¹⁷ »¿Cuándo se ha apagado la lámpara de los
    malvados?
    ¿Cuándo les ha sobrevenido el desastre?
    ¿Cuándo Dios, en su enojo, los ha hecho sufrir
¹⁸ como paja que arrebata el viento,
    como tamo que se lleva la tormenta?
¹⁹ Me dirán que Dios reserva el castigo
    para los hijos del pecador.
    ¡Mejor que castigue al que peca,
    para que escarmiente!
²⁰ ¡Que sufra el pecador su propia destrucción!
    ¡Que beba de la ira del Todopoderoso!
²¹ ¿Qué le puede importar la familia que deja,
    si le quedan pocos meses de vida?

²² »¿Quién puede enseñarle algo a Dios,
    si es él quien juzga a las grandes eminencias?
²³ Hay quienes mueren en la flor de la vida,
    rebosantes de salud y de paz;
²⁴ sus caderas,*ᵇ* llenas de grasa;
    sus huesos, recios hasta la médula.
²⁵ Otros mueren con el ánimo amargado,
    sin haber disfrutado de lo bueno.
²⁶ En el polvo yacen unos y otros,
    todos ellos cubiertos de gusanos.

²⁷ »Sé muy bien lo que están pensando
    y los planes que tienen de hacerme daño.
²⁸ También sé que se preguntan:
    "¿Dónde está la mansión del noble?
    ¿Dónde están las moradas de los inicuos?".
²⁹ ¿No han interrogado a los viajeros?
    ¿No han prestado atención a sus argumentos?
³⁰ En el día del desastre, el malvado se salva;
    en el día de la ira, es puesto a salvo.
³¹ ¿Y quién le echa en cara su conducta?
    ¿Quién le da su merecido por sus hechos?
³² Cuando lo llevan al sepulcro,
    sobre su tumba se pone vigilancia;
³³ mucha gente le abre paso,
    y muchos más cierran el cortejo.
    ¡Descansa en paz bajo la tierra del valle!*ᶜ*

³⁴ »¿Cómo esperan consolarme con discursos sin
    sentido?
    ¡Sus respuestas no son más que falacias!».

Tercer discurso de Elifaz

22 A esto respondió Elifaz de Temán:

² «¿Puede alguien, por muy sabio que sea,
    serle a Dios de algún provecho?
³ ¿Sacará alguna ventaja el ˚Todopoderoso
    con que seas un hombre justo?
    ¿Tendrá algún beneficio
    si tu conducta es intachable?

⁴ »¿Acaso te reprende por temerlo
    y por eso te lleva a juicio?
⁵ ¿No es acaso demasiada tu maldad?
    ¿Y no son incontables tus pecados?
⁶ Sin motivo demandabas fianza de tus hermanos,
    y en prenda los despojabas de sus mantos;
    desnudos los dejabas.
⁷ Al sediento no le dabas agua;
    al hambriento le negabas la comida.
⁸ Como hombre de poder te adueñaste de la tierra;
    como hombre prominente, en ella te asentaste.

ᵃ 13 *son sepultados.* Lit. *descienden al Seol.*   *ᵇ* 24 *caderas.*
Palabra de difícil traducción.   *ᶜ* 33 *¡Descansa ... valle!* Lit.
Dulce le es el suelo del valle.

⁹ No dabas nada a las viudas
  y rompías los brazos*ᵃ* a los huérfanos.
¹⁰ Por eso ahora te ves rodeado de trampas
  y te asaltan temores repentinos;
¹¹ la oscuridad te impide ver
  y te ahogan las aguas torrenciales.

¹² »¿No está Dios en las alturas de los cielos?
  ¡Mira las estrellas, cuán altas y remotas!
¹³ Sin embargo, cuestionas: "¿Y Dios qué sabe?
  ¿Puede acaso juzgar a través de las tinieblas?
¹⁴ Él recorre los cielos de un extremo al otro
  y densas nubes lo envuelven,
  ¡así que no puede vernos!".
¹⁵ ¿Vas a seguir por los trillados caminos
  que han recorrido los malvados?
¹⁶ Perdieron la vida antes de tiempo;
  un diluvio arrasó sus cimientos.
¹⁷ Increparon a Dios: "¡Déjanos tranquilos!
  ¿Qué puedes tú hacernos,*ᵇ* Todopoderoso?".
¹⁸ ¡Y fue Dios quien llenó sus casas de bienes!
  ¡Yo no me dejaré llevar por sus malos consejos!
¹⁹ Los justos se alegran al ver la ruina de los
    malvados;
  los inocentes dicen en son de burla:
²⁰ "Nuestros enemigos han sido destruidos;
  el fuego ha consumido sus riquezas".

²¹ »Sométete a Dios; ponte en ˙paz con él
  y volverá a ti la prosperidad.
²² Acepta la enseñanza que mana de su boca;
  grábate sus palabras en tu corazón.
²³ Si te vuelves al Todopoderoso
  y alejas de tu casa la maldad,
  serás del todo restaurado;
²⁴ si tu oro refinado*ᶜ* lo arrojas por el suelo,
  entre rocas y cañadas,
²⁵ tendrás por oro al Todopoderoso,
  y será él para ti como plata refinada.
²⁶ En el Todopoderoso te deleitarás;
  ante Dios levantarás tu rostro.
²⁷ Cuando ores, él te escuchará
  y tú le cumplirás tus promesas.
²⁸ Tendrás éxito en tus decisiones
  y en tus caminos brillará la luz.
²⁹ Cuando sean humillados y les digas "Levántense",
  Dios salvará a los humildes.
³⁰ Él librará aun al que no es inocente;
  si tienes manos limpias, quedarás a salvo».

Octavo discurso de Job

23 A esto respondió Job:

² «Mi queja sigue siendo amarga;
  gimo bajo el peso de su mano.*ᵈ*
³ ¡Ah, si supiera yo dónde encontrar a Dios!
  ¡Si pudiera llegar adonde él habita!
⁴ Ante él expondría mi caso;
  llenaría mi boca de argumentos.
⁵ Podría conocer su respuesta,
  y trataría de entenderla.
⁶ ¿Disputaría él conmigo con todo su poder?
  ¡Claro que no! ¡Ni me acusaría!
⁷ Ante él cualquier ˙hombre intachable podría
    presentar su caso,
  y yo sería absuelto para siempre delante de mi
    Juez.

⁸ »Si me dirijo hacia el este, no está allí;
  si me encamino al oeste, no lo encuentro.
⁹ Si está ocupado en el norte, no lo veo;
  si se vuelve al sur, no alcanzo a percibirlo.
¹⁰ Él, en cambio, conoce mis caminos;
  si me pusiera a prueba, saldría yo puro como el
    oro.
¹¹ En sus sendas he afirmado mis pies;
  he seguido su camino sin desviarme.
¹² No me he apartado de los mandamientos de sus
    labios;
  valoro más las palabras de su boca que mi pan
    de cada día.

¹³ »Pero él es soberano;*ᵉ*
  ¿quién puede hacerlo desistir?
  Lo que él quiere hacer, lo hace.
¹⁴ Hará conmigo lo que ha determinado;
  todo lo que tiene pensado lo realizará.
¹⁵ Por eso me espanto en su presencia;
  si pienso en todo esto, me lleno de temor.
¹⁶ Dios ha hecho que mi ˙corazón desmaye;
  me tiene aterrado el ˙Todopoderoso.
¹⁷ Con todo, no logran acallarme las tinieblas
  ni la densa oscuridad que cubre mi rostro.

24 »¿Por qué el ˙Todopoderoso no establece
    tiempos de juicio?
  ¿Por qué quienes lo conocen buscan en vano
    esos días?
² Hay quienes no respetan los linderos
  y pastorean ganado robado;
³ a los huérfanos los despojan de sus asnos,
  a las viudas les quitan en prenda sus bueyes;
⁴ apartan del camino a los necesitados;
  a los pobres del país los obligan a esconderse.
⁵ Como asnos salvajes del desierto,
  madrugan los pobres a buscar su comida
  y la llanura del desierto da de comer a sus
    hijos.
⁶ En campos ajenos recogen forraje
  y en las viñas de los malvados recogen uvas.
⁷ Por no tener ropa, se pasan la noche desnudos;
  ¡no tienen con qué protegerse del frío!
⁸ Las lluvias de las montañas los empapan;
  no teniendo más abrigo, se arriman a las peñas.
⁹ Al huérfano se le aparta de los pechos de su
    madre;
  al pobre se le retiene a cambio de una deuda.
¹⁰ Por no tener ropa, andan desnudos;
  aunque cargados de trigo, van muriéndose de
    hambre.
¹¹ Exprimen aceitunas en sus terrazas;
  pisan uvas en las cubas, pero desfallecen de
    sed.
¹² De la ciudad se eleva el clamor de los
    moribundos;
  la garganta de los heridos reclama ayuda,
  ¡pero Dios ni se da por enterado!

¹³ »Hay quienes se oponen a la luz;
  no viven conforme a ella
  ni reconocen sus caminos.
¹⁴ Apenas amanece, se levanta el asesino
  y mata al pobre y al necesitado;
  apenas cae la noche, actúa como ladrón.
¹⁵ Los ojos del adúltero están pendientes de la
    noche;
  se dice a sí mismo: "No habrá quien me vea",
  y mantiene oculto el rostro.
¹⁶ Por la noche, penetra el ladrón la casa ajena,
  pero se encierra durante el día;
  ¡de la luz no quiere saber nada!

ᵃ **9** *rompías los brazos.* Alt. *les anulaste la fuerza.*
ᵇ **17** *hacernos* (LXX y Siríaca); *hacerle* (TM).   ᶜ **24** *oro refinado.*
Lit. *oro de Ofir.*   ᵈ **2** *su mano* (LXX y Siríaca); *mi mano* (TM).
ᵉ **13** *pero él es soberano.* Lit. *y él, en uno.*

¹⁷ Para todos ellos, la mañana es oscuridad;
　　prefieren el horror de las tinieblas.

¹⁸ »Los malvados son como espuma sobre el agua;
　　su parcela está bajo maldición;
　　ya no van a trabajar a los viñedos.
¹⁹ Y así como el calor y la sequía
　　arrebatan la nieve derretida,
　　así la muerte*a* arrebata a los pecadores.
²⁰ Su propia madre se olvida de ellos;
　　los gusanos se los comen.
　　Nadie vuelve a recordarlos;
　　son desgajados como árboles.
²¹ Maltratan a la estéril, a la mujer sin hijos;
　　jamás buscan el bien de la viuda.
²² Pero Dios, con su poder, arrastra a los poderosos;
　　cuando él se levanta, nadie tiene segura la vida.
²³ Dios los deja sentirse seguros,
　　pero no les quita la vista de encima.
²⁴ Por algún tiempo son exaltados,
　　pero luego dejan de existir;
　　son humillados y recogidos como hierba,*b*
　　son cortados como espigas.

²⁵ »¿Quién puede probar que es falso lo que digo
　　y reducir mis palabras a la nada?».

Tercer discurso de Bildad

25 A esto respondió Bildad de Súah:

² «Dios es poderoso e infunde temor;
　　él pone orden en las alturas de los cielos.
³ ¿Pueden contarse acaso sus ejércitos?
　　¿Sobre quién no alumbra su luz?
⁴ ¿Cómo puede una persona declararse justo ante
　　Dios?
　　¿Cómo puede alegar pureza quien ha nacido de
　　mujer?
⁵ Si a sus ojos no tiene brillo la luna,
　　ni son puras las estrellas,
⁶ mucho menos el hombre, simple gusano;
　　¡mucho menos el hombre, miserable lombriz!».

Interrupción de Job

26 Pero Job intervino:

² «¡Tú sí que ayudas al débil!
　　¡Tú sí que salvas al que no tiene fuerza!
³ ¡Qué consejos sabes dar al ignorante!
　　¡Qué gran discernimiento has demostrado!
⁴ ¿Quién te ayudó a pronunciar tal discurso?
　　¿Qué espíritu ha hablado por tu boca?

⁵ »Un estremecimiento invade a los muertos,
　　a los que habitan debajo de las aguas.
⁶ Ante Dios, los dominios de la muerte*c* quedan al
　　descubierto;
　　nada hay que oculte el abismo ˚destructor.
⁷ Dios extiende el cielo del norte sobre el vacío;
　　sobre la nada tiene suspendida la tierra.
⁸ En sus nubes envuelve las aguas,
　　pero las nubes no se revientan con su peso.
⁹ Cubre la faz de la luna llena
　　al extender sobre ella sus nubes.
¹⁰ Dibuja el horizonte sobre la superficie de las
　　aguas
　　para dividir la luz de las tinieblas.
¹¹ Aterrados por su represión,
　　tiemblan los pilares de los cielos.
¹² Con su poder Dios agita el mar;
　　con su sabiduría descuartizó a ˚Rahab.

¹³ Un soplo suyo despeja los cielos;
　　con su mano ensartó a la serpiente escurridiza.
¹⁴ ¡Y esto es solo una muestra de sus obras,*d*
　　un murmullo que logramos escuchar!
　　¿Quién podrá comprender su trueno
　　poderoso?».

Noveno discurso de Job

27 Job, retomando la palabra, dijo:

² «Vive Dios, el ˚Todopoderoso,
　　quien se niega a hacerme ˚justicia,
　　quien me ha amargado el ánimo,
³ que mientras haya vida en mí
　　y aliento divino en mi nariz,
⁴ mis labios no pronunciarán maldad alguna
　　ni mi lengua proferirá mentiras.
⁵ Jamás podré admitir que ustedes tengan la razón;
　　mientras viva, insistiré en mi integridad.
⁶ Insistiré en mi inocencia; no cederé.
　　Mientras viva, no me remorderá la conciencia.

⁷ »¡Que terminen mis enemigos como los
　　malvados
　　y mis adversarios como los injustos!
⁸ ¿Qué esperanza tienen los impíos
　　cuando son eliminados,
　　cuando Dios les quita la vida?
⁹ ¿Escucha Dios su clamor
　　cuando les sobreviene la angustia?
¹⁰ ¿Acaso se deleitan en el Todopoderoso,
　　o claman a Dios en todo tiempo?

¹¹ »¡Yo les voy a mostrar algo del poder de Dios!
　　¡No les voy a ocultar los planes del
　　Todopoderoso!
¹² Si ustedes mismos han visto todo esto,
　　¿a qué viene tanta palabrería?

¹³ »Este es el destino que Dios tiene reservado para
　　los malvados;
　　esta es la herencia que los tiranos recibirán del
　　˚Todopoderoso:
¹⁴ No importa cuántos hijos tengan,
　　la espada los aguarda;
　　jamás sus descendientes comerán hasta
　　saciarse.
¹⁵ La plaga sepultará a quienes les sobrevivan;
　　sus viudas no llorarán por ellos.
¹⁶ Y aunque amontonen plata como polvo,
　　y apilen vestidos como arcilla,
¹⁷ será el justo quien se ponga esos vestidos,
　　y el inocente quien reparta esa plata.
¹⁸ Las casas que construyen parecen larvas de
　　polilla,
　　parecen cobertizo de vigilancia.
¹⁹ Se acuestan siendo ricos, pero por última vez;
　　cuando abren los ojos, sus riquezas se han
　　esfumado.
²⁰ Les sobreviene un diluvio de terrores;
　　la tempestad los arrebata por la noche.
²¹ El viento del este se los lleva y desaparecen;
　　los arranca de su lugar.
²² Se lanza contra ellos sin clemencia,
　　mientras ellos tratan de huir de su poder.
²³ Agita las manos y aplaude burlón;
　　entre silbidos, los arranca de su lugar».

---

a 19 *la muerte*. Lit. *el Seol.* 　*b* 24 *como hierba* (LXX);
como todo (TM). 　*c* 6 *los dominios de la muerte.* Lit. *el
Seol.* 　*d* 14 *una muestra de sus obras.* Lit. *los extremos de sus
caminos.*

Elogio de la sabiduría

28 Hay minas de donde se saca la plata
y lugares donde se refina el oro.
² El hierro se extrae de la tierra;
el cobre, de la piedra fundida.
³ El minero ha puesto fin a las tinieblas:
hurga en los rincones más apartados;
busca piedras en la más densa oscuridad.
⁴ Lejos de la gente
cava túneles en lugares donde nadie ha estado;
lejos de la gente
se balancea en el aire.
⁵ La tierra, de la cual se extrae su sustento,
es transformada en su interior como con
fuego.
⁶ De sus rocas se obtienen zafiros,
y en el polvo se encuentra oro.
⁷ No hay ave de rapiña que conozca ese escondrijo
ni ojo de halcón que lo haya descubierto.
⁸ Ninguna bestia soberbia ha puesto allí su pata;
tampoco merodean allí los leones.
⁹ La mano del minero ataca la dura piedra
y pone al descubierto la raíz de las montañas.
¹⁰ Abre túneles en la roca
y sus ojos contemplan todos sus tesoros.
¹¹ Anda en busca de[a] las fuentes de los ríos,
y trae a la luz cosas ocultas.

¹² Pero ¿dónde se halla la sabiduría?
¿Dónde habita la inteligencia?
¹³ Nadie sabe lo que ella vale,
pues no se encuentra en la tierra de los
vivientes.
¹⁴ «Aquí no está», dice el abismo;
«Aquí tampoco», responde el mar.
¹⁵ No se compra con el oro más fino
ni su precio se calcula en plata.
¹⁶ No se compra con oro refinado,[b]
ni con precioso ónice ni zafiros.
¹⁷ Ni el oro ni el cristal se comparan con ella;
tampoco se cambia por áureas joyas.
¹⁸ ¡Para qué mencionar el coral y el jaspe!
¡La sabiduría vale más que los rubíes!
¹⁹ El rubí de Cus no se le iguala,
ni es posible comprarla con oro puro.

²⁰ ¿De dónde, pues, viene la sabiduría?
¿Dónde habita la inteligencia?
²¹ Se esconde de los ojos de toda criatura;
¡hasta de las aves del cielo se oculta!
²² El abismo destructor y la muerte afirman:
«Algo acerca de su fama llegó a nuestros
oídos».
²³ Solo Dios sabe llegar hasta ella,
solo él sabe dónde habita.
²⁴ Porque él puede ver los confines de la tierra;
ve todo lo que hay bajo los cielos.
²⁵ Cuando él establecía la fuerza del viento
y determinaba el volumen de las aguas,
²⁶ cuando dictaba el estatuto para las lluvias
y la ruta de las tormentas,
²⁷ miró entonces a la sabiduría y ponderó su valor;
la puso a prueba y la confirmó.
²⁸ Y dijo a los mortales:
«Temer al Señor: ¡eso es sabiduría!
Apartarse del mal: ¡eso es inteligencia!».

Soliloquio de Job

29 Job, retomando la palabra, dijo:

² «¡Cómo añoro los meses que se han ido,
los días en que Dios me cuidaba!
³ Su lámpara alumbraba sobre mi cabeza
y por su luz podía andar entre tinieblas.
⁴ ¡Qué días aquellos, cuando yo estaba en mi
apogeo
y Dios bendecía mi casa con su íntima amistad!
⁵ Cuando aún estaba conmigo el Todopoderoso
y mis hijos me rodeaban;
⁶ cuando ante mí corrían ríos de crema
y de las rocas fluían arroyos de aceite.

⁷ »Cuando ocupaba mi puesto en el concejo de la
ciudad[c]
y en la plaza pública tomaba asiento,
⁸ los jóvenes al verme se hacían a un lado
y los ancianos se ponían de pie;
⁹ los jefes se abstenían de hablar
y se tapaban la boca con las manos;
¹⁰ los nobles bajaban la voz
y la lengua se pegaba a su paladar.
¹¹ Los que me oían, hablaban bien de mí;
los que me veían, me alababan.
¹² Si el pobre recurría a mí, yo lo rescataba
y también al huérfano si no tenía quien lo
ayudara.
¹³ Me bendecían los desahuciados;
¡por mí gritaba de alegría el corazón de las
viudas!
¹⁴ De justicia y rectitud me revestía;
ellas eran mi manto y mi turbante.
¹⁵ Para los ciegos fui sus ojos;
para los tullidos, sus pies.
¹⁶ Fui padre de los necesitados
y defensor de los extranjeros.
¹⁷ A los malvados les rompí las mandíbulas;
¡de sus dientes les arrebaté la presa!

¹⁸ »Llegué a pensar: "Moriré en mi propia casa;
mis días serán incontables como la arena del
mar.
¹⁹ Mis raíces llegarán hasta las aguas;
el rocío de la noche se quedará en mis ramas.
²⁰ Mi gloria conservará en mí su lozanía
y el arco en mi mano se mantendrá firme".

²¹ »La gente me escuchaba expectante
y en silencio aguardaba mi consejo.
²² Hablaba yo y nadie replicaba;
mis palabras hallaban cabida[d] en sus oídos.
²³ Anhelaban mis palabras
como quien espera las lluvias de primavera.
²⁴ Si yo les sonreía, no podían creerlo;
mi rostro sonriente los reanimaba.[e]
²⁵ Yo les indicaba el camino a seguir;
me sentaba a la cabecera;
habitaba entre ellos como un rey entre su
tropa,
como quien consuela a los que están de luto.

30 »Y ahora resulta que de mí se burlan
jovencitos a cuyos padres no habría puesto
ni con mis perros ovejeros!
² ¿De qué me habría servido la fuerza de sus
manos,
si no tenían ya fuerza para nada?
³ Retorciéndose de hambre y de necesidad,
rondaban[f] en la noche por tierras desoladas,
por páramos deshabitados.

---

[a] 11 *Anda en busca de* (LXX, Aquila y Vulgata); *Detiene* (TM).
[b] 16 *oro refinado*; Lit. *oro de Ofir.* [c] 7 *cuando ocupaba …
ciudad*. Lit. *cuando salía yo a las puertas de la ciudad.*
[d] 22 *hallaban cabida*. Lit. *caían como gotas.* [e] 24 *mi
rostro … reanimaba*. Lit. *la luz de mi rostro no los hacía caer.*
[f] 3 *rondaban*. Alt. *roían.*

⁴ En los matorrales arrancaban hierbas amargas
    y comían*ᵃ* raíces de ˚retama.
⁵ Habían sido excluidos de la comunidad,
    acusados a gritos como ladrones.
⁶ Se vieron obligados a vivir
    en el lecho de los arroyos secos,
    entre las grietas y en las cuevas.
⁷ Bramaban entre los matorrales,
    se amontonaban entre la maleza.
⁸ Gente vil, generación infame,
    fueron expulsados de la tierra.

⁹ »¡Y ahora resulta que soy tema de sus parodias!
    ¡Me he vuelto su hazmerreír!
¹⁰ Les doy asco y se alejan de mí;
    no vacilan en escupirme en la cara.
¹¹ Ahora que Dios me ha humillado por completo,
    no se refrenan en mi presencia.
¹² A mi derecha, me ataca el populacho;*ᵇ*
    tienden trampas a mis pies
    y levantan rampas de asalto para atacarme.
¹³ Han irrumpido en mi camino;
    sin ayuda de nadie han logrado destruirme.*ᶜ*
¹⁴ Avanzan como a través de una ancha brecha;
    irrumpen entre las ruinas.
¹⁵ El terror me ha sobrecogido;
    mi dignidad se esfuma como el viento,
    ¡mi ˚salvación se desvanece como las nubes!

¹⁶ »Y ahora la vida se me escapa;
    me oprimen los días de sufrimiento.
¹⁷ La noche me taladra los huesos;
    el dolor que me corroe no tiene fin.
¹⁸ Como con un manto, Dios me envuelve con su poder;
    me ahoga como el cuello de mi ropa.
¹⁹ Me arroja con fuerza en el fango
    y me reduce a polvo y ceniza.

²⁰ »A ti clamo, Dios, pero no me respondes;
    me hago presente, pero tú apenas me miras.
²¹ Implacable, te vuelves contra mí;
    con el poder de tu brazo me atacas.
²² Me arrebatas, me lanzas al*ᵈ* viento;
    me arrojas al ojo de la tormenta.
²³ Sé muy bien que me llevas a la muerte,
    a la morada final de todos los vivientes.

²⁴ »Pero nadie golpea al que está derrotado,
    al que en su angustia reclama auxilio.
²⁵ ¿Acaso no he llorado por los que sufren?
    ¿No me he condolido por los pobres?
²⁶ Cuando esperaba lo bueno, vino lo malo;
    cuando buscaba la luz, vinieron las sombras.
²⁷ No cesa la agitación que me invade;
    me enfrento a días de sufrimiento.
²⁸ Ando apesadumbrado, pero no a causa del sol;
    me presento en la asamblea y pido ayuda.
²⁹ He llegado a ser hermano de los chacales,
    compañero de los avestruces.
³⁰ La piel se me ha requemado y se me cae;
    el cuerpo me arde por la fiebre.
³¹ El tono de mi arpa es de lamento;
    el son de mi flauta es de tristeza.

31 »Yo había convenido con mis ojos
    no mirar con lujuria a ninguna mujer joven.*ᵉ*
² ¿Qué se recibe del Dios de lo alto?
    ¿Qué se hereda del ˚Todopoderoso en las alturas?
³ ¿No es acaso la ruina para los malvados
    y el desastre para los malhechores?

⁴ ¿Acaso no se fija Dios en mis caminos
    y toma en cuenta todos mis pasos?

⁵ »Si he andado en malos pasos
    o mis pies han corrido tras la mentira,
⁶ ¡que Dios me pese en una balanza justa
    y así comprobará mi integridad!
⁷ Si mis pies se han apartado del camino
    o mi corazón se ha dejado llevar por mis ojos
    o mis manos se han llenado de ignominia,
⁸ ¡que se coman otros lo que yo he sembrado
    y que sean destruidas mis cosechas!

⁹ »Si por alguna mujer me he dejado seducir,
    si a las puertas de mi prójimo he estado al acecho,
¹⁰ ¡que mi esposa muela el grano de otro hombre
    y que otros hombres se acuesten con ella!
¹¹ Eso habría sido una infamia,
    ¡un pecado que tendría que ser juzgado!
¹² ¡Habría sido un incendio ˚destructor!*ᶠ*
    ¡Habría arrancado mi cosecha de raíz!

¹³ »Si me negué a hacerles justicia
    a mis siervos y a mis siervas
    cuando tuvieron queja contra mí,
¹⁴ ¿qué haré cuando Dios me llame a cuentas?
    ¿qué responderé cuando me haga comparecer?
¹⁵ El mismo Dios que me formó en el vientre
    fue el que los formó también a ellos;
    nos dio forma en el seno materno.

¹⁶ »Jamás he desoído los ruegos de los pobres
    ni he dejado que las viudas desfallezcan;
¹⁷ jamás el pan me lo he comido solo,
    sin querer compartirlo con los huérfanos.
¹⁸ Desde mi juventud he sido un padre para ellos;
    a las viudas las he guiado desde mi nacimiento.
¹⁹ Si he dejado que alguien muera por falta de vestido
    o que un necesitado no tenga qué ponerse;
²⁰ si este no me ha bendecido de corazón
    por haberlo abrigado con lana de mis rebaños;
²¹ o si he levantado contra el huérfano mi mano
    por contar con influencias en los tribunales,*ᵍ*
²² ¡que los brazos se me caigan de los hombros!,
    ¡que se me zafen de sus articulaciones!
²³ Siempre he sido temeroso del castigo de Dios;
    ¡ante su majestad no podría resistir!

²⁴ »¿Acaso he puesto en el oro mi confianza
    o he dicho al oro puro: "En ti confío"?
²⁵ ¿Me he ufanado de mi gran fortuna,
    de las riquezas amasadas con mis manos?
²⁶ ¿He admirado acaso el esplendor del sol
    o el avance esplendoroso de la luna,
²⁷ como para rendirles culto en lo secreto
    y enviarles un beso con la mano?
²⁸ ¡También este pecado tendría que ser juzgado,
    pues habría yo traicionado al Dios de las alturas!

²⁹ »¿Acaso me he alegrado de la ruina de mi enemigo?
    ¿Acaso he celebrado su desgracia?

ᵃ **4** comían. Alt. se calentaban con. *ᵇ* **12** populacho. Palabra de difícil traducción. *ᶜ* **13** sin ayuda … destruirme. Alt. han logrado destruirme, y dicen: "Nadie puede ayudarlo". *ᵈ* **22** me lanzas al. Lit. me haces cabalgar sobre el. *ᵉ* **1** mujer joven. Lit. virgen. *ᶠ* **12** destructor. Lit. Abadón. *ᵍ* **21** en los tribunales. Lit. en la puerta (de la ciudad).

³⁰ ¡Jamás he permitido que mi boca peque
  pidiendo que le vaya mal!
³¹ ¿Quién bajo mi techo no sació su hambre
  con los manjares de mi mesa?
³² Jamás mis puertas se cerraron al viajero;
  jamás un extraño pasó la noche en la calle.
³³ Jamás he ocultado mi pecado como el común de
  la gente,ᵃ
  ni he mantenido mi culpa en secreto
³⁴ por miedo al qué dirán.
  Jamás me he quedado en silencio y encerrado
  por miedo al desprecio de mis parientes.

³⁵ »¡Cómo quisiera que Dios me escuchara!
  Estampo aquí mi firma;
  que me responda el Todopoderoso.
  Que mi acusador ponga su denuncia por
  escrito.
³⁶ Llevaré esa acusación sobre mis hombros;
  me la pondré como diadema.
³⁷ Le daré cuenta de cada uno de mis pasos,
  como quien se presenta ante su gobernante.

³⁸ »Si mis tierras claman contra mí
  y todos sus surcos se inundan en llanto;
³⁹ si he tomado la cosecha de alguien sin pagarle
  o quebrantado el ánimo de sus dueños,
⁴⁰ ¡que nazcan en mi tierra zarzas en vez de trigo
  y maleza en vez de cebada!».

Con esto Job dio por terminado su discurso.

Intervención de Eliú

32 Al ver los tres amigos de Job que este se
  consideraba un hombre justo, dejaron de responderle. ²Pero Eliú, hijo de Baraquel de Buz, de la familia de Ram, se enojó mucho con Job, porque se justificaba más a sí mismo que a Dios. ³También se enojó con los tres amigos porque no habían logrado refutar a Job y sin embargo lo habían condenado. ⁴Ahora bien, Eliú había estado esperando antes de dirigirse a Job, porque ellos eran mayores de edad; ⁵pero, al ver que los tres amigos no tenían ya nada que decir, se encendió su enojo.

⁶Y habló Eliú, hijo de Baraquel de Buz:

Primer discurso de Eliú

«Yo soy muy joven
  y ustedes ancianos,
por eso me sentía muy temeroso
  de expresarles mi opinión.
⁷ Y me dije: "Que hable la voz de la experiencia;
  que demuestren los ancianos su sabiduría".
⁸ Pero lo que da entendimiento al ˚hombre es el
  espírituᵇ que en él habita;
  ¡es el aliento del ˚Todopoderoso!
⁹ No son los ancianosᶜ los únicos sabios
  ni es la edad la que hace entender lo que es
  justo.

¹⁰ »Les ruego, por tanto, que me escuchen,
  pues yo también tengo que expresarles mi
  opinión.
¹¹ Mientras hablaban, me propuse esperar
  y escuchar sus razonamientos;
  mientras buscaban las palabras,
¹² les presté toda mi atención.

Pero no han podido probar que Job esté
  equivocado;
  ninguno ha respondido a sus argumentos.
¹³ No vayan a decirme: "Hemos hallado la sabiduría;
  que lo refute Dios y no los hombres".
¹⁴ Ni Job se ha dirigido a mí
  ni yo he de responderle como ustedes.

¹⁵ »Job, tus amigos están desconcertados;
  no pueden responder, les faltan las palabras.
¹⁶ ¿Y voy a seguir esperando ante su silencio,
  ante su falta de respuesta?
¹⁷ Yo también tengo algo que decir
  y voy a exponer mi saber.
¹⁸ Palabras no me faltan;
  el espíritu que hay en mí me obliga a hablar.
¹⁹ Estoy como vino embotellado
  en odre nuevo a punto de estallar.
²⁰ Tengo que hablar y desahogarme;
  tengo que abrir la boca y dar respuesta.
²¹ No favoreceré a nadie
  ni halagaré a ninguno;
²² Yo no sé adular a nadie;
  si lo hiciera, mi Creador muy pronto me
  castigaría.

33 »Te ruego, Job, que escuches mis palabras,
  que prestes atención a todo lo que digo.
² Estoy a punto de abrir la boca
  y voy a hablar hasta por los codos.
³ Mis palabras salen de un ˚corazón sincero;
  mis labios dan su opinión sincera.
⁴ El Espíritu de Dios me ha creado;
  me infunde vida el aliento del ˚Todopoderoso.
⁵ Contéstame si puedes;
  prepárate y hazme frente.
⁶ Ante Dios tú y yo somos iguales;
  también yo fui tomado de la tierra.
⁷ No debieras alarmarte ni temerme,
  ni debiera pesar mi mano sobre ti.

⁸ »Pero me parece haber oído que decías
  (al menos, eso fue lo que escuché):
⁹ "Soy inocente. No tengo pecado.
  Estoy limpio y libre de culpa.
¹⁰ Sin embargo, Dios me ha encontrado faltas;
  me considera su enemigo.
¹¹ Me ha sujetado los pies con cadenas
  y vigila todos mis pasos".

¹² »Pero déjame decirte que estás equivocado,
  pues Dios es más grande que los ˚mortales.
¹³ ¿Por qué le echas en cara
  que no responde por ninguno de susᵈ actos?
¹⁴ Dios nos habla una y otra vez,
  aunque no lo percibamos.
¹⁵ Algunas veces en sueños,
  otras veces en visiones nocturnas,
  cuando caemos en un sopor profundo
  o cuando dormitamos en el lecho,
¹⁶ él nos habla al oído
  y nos aterra con sus advertencias,
¹⁷ para apartarnos de hacer lo malo
  y alejarnos de la soberbia;
¹⁸ para librarnos de caer en la tumba
  y de cruzar el umbral de la muerte.ᵉ

¹⁹ »A veces nos castiga con el lecho del dolor,
  con frecuentes dolencias en los huesos.
²⁰ Nuestro ser encuentra repugnante la comida;
  el mejor manjar nos parece aborrecible.
²¹ Nuestra carne va perdiéndose en la nada,
  hasta se nos pueden contar los huesos.

ᵃ 33 como el común de la gente. Alt. como Adán. ᵇ 8 espíritu.
Alt. Espíritu; también en v. 18. ᶜ 9 ancianos. Alt. muchos, o
grandes. ᵈ 13 sus. Lit. tus. ᵉ 18 y de … muerte. Lit. y su
vida del cruce del canal.

²²Nuestra vida va acercándose a la tumba,
se acerca a los heraldos de la muerte.
²³Mas si un ángel, uno entre mil,
aboga por el °hombre y sale en su favor,
y da constancia de su rectitud;
²⁴si le tiene compasión y ruega a Dios:
"Sálvalo de caer en la tumba,
que ya tengo su rescate",
²⁵entonces el hombre rejuvenece;
¡vuelve a ser como cuando era niño!
²⁶Orará a Dios y recibirá su favor;
verá su rostro y gritará de alegría
y Dios lo hará volver a su estado de
inocencia.
²⁷El hombre reconocerá públicamente:ᵃ
"He pecado, he pervertido la justicia,
pero no recibí mi merecido.
²⁸Dios me libró de caer en la tumba;
¡estoy vivo y disfruto de la luz!".

²⁹»Todo esto Dios lo hace
una, dos y hasta tres veces,
³⁰para salvarnos de la tumba,
para que la luz de la vida nos alumbre.

³¹»Préstame atención, Job, escúchame;
guarda silencio, que quiero hablar.
³²Si tienes algo que decir, respóndeme;
habla, que quisiera darte la razón.
³³De lo contrario, escúchame en silencio
y yo te enseñaré sabiduría».

Segundo discurso de Eliú
34 También dijo Eliú:

²«Ustedes los sabios, escuchen mis palabras;
ustedes los instruidos, préstenme atención.
³El oído saborea las palabras,
como el paladar prueba la comida.
⁴Procuremos discernir juntos lo que es justo
y aprender lo que es bueno.

⁵»Job alega: "Soy inocente,
pero Dios se niega a hacerme °justicia.
⁶Soy considerado mentiroso,
a pesar de que soy justo;
sus flechas me hieren de muerte,
a pesar de que no he pecado".
⁷¿Dónde hay alguien como Job,
que tiene el sarcasmo a flor de labios?ᵇ
⁸Le encanta hacer amistad con los malhechores
y andar en compañía de los malvados.
⁹¡Y nos alega que ningún provecho saca el
°hombre
tratando de agradar a Dios!

¹⁰»Escúchenme, hombres entendidos:
¡Es inconcebible que Dios haga lo malo,
que el °Todopoderoso cometa injusticias!
¹¹Dios paga al hombre según sus obras;
lo trata como se merece.
¹²¡Ni pensar que Dios actúe con maldad!
¡El Todopoderoso no pervierte la justicia!
¹³¿Quién le dio poder sobre la tierra?
¿Quién lo puso a cargo de todo el mundo?
¹⁴Si pensara en retirarnos su espíritu,
en quitarnos su aliento de vida,
¹⁵todo el °género humano perecería,
¡la humanidad entera volvería a ser polvo!

¹⁶»Escucha esto, si eres entendido;
presta atención a lo que digo.

¹⁷¿Puede acaso gobernar quien detesta la justicia?
¿Condenarás entonces al Dios justo y poderoso?
¹⁸¿Al que dice a los reyes: "no valen nada"
y a los nobles, "malvados"?
¹⁹Dios no se muestra parcial con los príncipes
ni favorece a los ricos más que a los pobres.
¡Unos y otros son obra de sus manos!
²⁰Mueren de pronto, en medio de la noche;
la gente se estremece y muere;
los poderosos son derrocados
sin intervención °humana.

²¹»Los ojos de Dios ven los caminos del hombre;
él vigila cada uno de sus pasos.
²²No hay lugares oscuros ni sombras profundas
que puedan esconder a los malhechores.
²³Dios no tiene que examinarlos
para someterlos a juicio.
²⁴No tiene que indagar para derrocar a los poderosos
y sustituirlos por otros.
²⁵Dios toma nota de todo lo que hacen;
por la noche los derroca y quedan aplastados;
²⁶los castiga por su maldad
para escarmiento de todos,ᶜ
²⁷pues dejaron de seguirlo
y no tomaron en cuenta sus caminos.
²⁸Hicieron llegar a su presencia
el clamor de los pobres y necesitados,
y Dios lo escuchó.
²⁹¿Pero quién puede condenarlo
si él decide guardar silencio?
¿Quién puede verlo si oculta su rostro?
Él está por encima de pueblos y personas,
³⁰para que no reinen los impíos
ni tiendan trampas a su pueblo.

³¹»Supongamos que le dijeras:
"Soy culpable; no volveré a ofenderte.
³²Enséñame lo que no alcanzo a percibir;
si he cometido algo malo, no volveré a hacerlo".
³³¿Tendría Dios que recompensarte
como tú quieres que lo haga,
aunque lo hayas rechazado?
No seré yo quien lo decida, sino tú,
así que expresa lo que piensas.

³⁴»Que me digan los sabios
y ustedes los entendidos que me escuchan:
³⁵"Job no sabe lo que dice;
en sus palabras no hay inteligencia".
³⁶¡Que sea Job examinado al máximo,
pues como un malvado ha respondido!
³⁷A su pecado ha añadido rebeldía;
en nuestra propia cara se ha burlado de
nosotros
y se ha excedido en sus palabras contra Dios».

Tercer discurso de Eliú
35 Además, Eliú dijo:

²«Job, ¿crees tener la razón cuando afirmas:
"Mi justicia es mayor que la de Dios"?ᵈ
³Igual cuando te atreves a preguntarle:
"¿En qué me beneficio si no peco?".

⁴»Pues bien, voy a responderles
a ti y a tus amigos.

ᵃ 27 El ... públicamente. Lit. Cantará ante los hombres y dirá.
ᵇ 7 tiene ... labios. Lit. bebe sarcasmo como agua.   ᶜ 26 para
escarmiento de todos. Lit. en un lugar visible.
ᵈ 2 Mi justicia ... Dios. Alt. Dios habrá de justificarme.

⁵Mira hacia el cielo y fíjate bien;
    contempla las nubes en lo alto.
⁶Si pecas, ¿en qué afectas a Dios?
    Si multiplicas tus faltas, ¿en qué lo dañas?
⁷Si actúas con justicia, ¿qué puedes darle?
    ¿Qué puede recibir de parte tuya?
⁸Hagas el mal o hagas el bien,
    los únicos afectados por tu justicia serán tus
        semejantes.

⁹»Todo el mundo clama bajo el peso de la
        opresión,
    y pide ser librado del brazo de los poderosos.
¹⁰Pero nadie dice: "¿Dónde está Dios, mi Hacedor,
    que me inspira cánticos por las noches,
¹¹que nos enseña más que a las bestias del campo,
    que nos hace más sabios que las aves del
        cielo?".
¹²Si Dios no responde al clamor de la gente,
    es por la arrogancia de los malvados.
¹³Dios no escucha sus vanas peticiones;
    el ˚Todopoderoso no les presta atención.
¹⁴Aun cuando digas que no puedes verlo,
    tu caso está delante de él y debes aguardarlo.
¹⁵Tú dices que Dios no se enoja ni castiga
    y que no se da cuenta de tanta iniquidad;ᵃ
¹⁶pero tú, Job, abres la boca y dices tonterías;
    hablas mucho y no sabes lo que dices».

Cuarto discurso de Eliú

36 Eliú continuó diciendo:

²«Ten un poco más de paciencia conmigo y te
        mostraré
    que aún quiero decir más en favor de Dios.
³Mi ˚conocimiento proviene de muy lejos;
    voy a demostrar que mi Hacedor está en lo
        justo.
⁴Te aseguro que no hay falsedad en mis palabras;
    ¡tienes ante ti a la sabiduría en persona!

⁵»Dios es poderoso, pero no rechaza a nadie;
    Dios es poderoso y firme en su propósito.ᵇ
⁶Al malvado no lo mantiene con vida;
    al afligido le hace justicia.
⁷Cuida siempre de los justos;
    los hace reinar en compañía de reyes
    y los exalta para siempre.
⁸Pero si son encadenados,
    si la aflicción los domina,
⁹Dios denuncia sus acciones
    y la arrogancia de su pecado.
¹⁰Les hace prestar oído a la ˚corrección
    y pide que se aparten del mal.
¹¹Si ellos obedecen y le sirven,
    pasan el resto de su vida en prosperidad;
    pasan felices los años que les quedan.
¹²Pero si no hacen caso,
    sin darse cuenta, cruzarán el umbral de la
        muerte.ᶜ

¹³»Los de ˚corazón impío abrigan resentimiento;
    no piden ayuda aun cuando Dios los ata.
¹⁴Mueren en la flor de la vida,
    entre los que se prostituyen en los santuarios.

¹⁵A los que sufren, Dios los libra mediante el
        sufrimiento;
    se vale de la aflicción para instruirlos.ᵈ

¹⁶»Dios te atrae para sacarte de las fauces de la
        angustia,
    te lleva a un lugar amplio y espacioso,
    y llena tu mesa con la mejor comida.
¹⁷Pero tú te has ganado el juicio que merecen los
        impíos;
    el juicio y la justicia te tienen atrapado.
¹⁸Cuídate de no dejarte seducir por las riquezas;
    no te dejes desviar por el soborno.
¹⁹Tus grandes riquezas no podrán sostenerte,
    ni tampoco todos tus esfuerzos.
²⁰No ansíes que caiga la noche
    cuando la gente es arrancada de su sitio.ᵉ
²¹Cuídate de no inclinarte a la maldad,
    pues, por haberla preferido, ahora sufres.

²²»Dios es exaltado por su poder.
    ¿Qué maestro hay que se compare?
²³¿Quién puede pedirle cuentas de sus actos?
    ¿Quién puede decirle que ha actuado mal?
²⁴No te olvides de exaltar sus obras,
    que con cánticos han sido alabadas.
²⁵Todo el ˚género humano puede contemplarlas,
    aunque solo desde lejos.
²⁶¡Tan grande es Dios que no lo conocemos!
    ¡Incontable es el número de sus años!

²⁷»Él atrae las gotas de agua
    que fluyen como lluvia hacia los manantiales;ᶠ
²⁸las nubes derraman su lluvia,
    que cae a raudales sobre el género humano.
²⁹¿Quién entiende la extensión de las nubes
    y el estruendo que sale de su morada?
³⁰Vean a Dios esparcir su luz en torno suyo
    y bañar con ella las profundidades del océano.
³¹Gobierna a las naciones de esa manera
    y les da comida en abundancia.
³²Toma entre sus manos el relámpago
    y le ordena dar en el blanco.
³³Su trueno anuncia la inminente tormenta
    y hasta el ganado presagia su llegada.ᵍ

37 »Al llegar a este punto,ʰ mi corazón se acelera
    como si fuera a salírseme del pecho.
²¡Escucha, escucha el estruendo de su voz,
    el ruido estrepitoso que sale de su boca!
³Lanza sus rayos bajo el cielo entero;
    su resplandor, hasta los confines de la tierra.
⁴Sigue luego el rugido majestuoso de su voz;
    ¡ella resuena y no retiene sus rayos!
⁵Dios hace tronar su voz
    y se producen maravillas:
    ¡Dios hace grandes cosas
    que rebasan nuestra comprensión!
⁶A la nieve ordena: "¡Cae sobre la tierra!",
    y a la lluvia: "¡Muestra tu poder!".
⁷Detiene la actividad humana
    para que todos reconozcan sus obras.
⁸Los animales buscan abrigo
    y se quedan en sus cuevas.
⁹De las constelaciones del sur viene la tempestad;
    de los vientos del norte, el frío.
¹⁰Por el aliento de Dios se forma el hielo
    y se congelan las masas de agua.
¹¹Con agua de lluvia carga las nubes
    y lanza sus relámpagos desde ellas;
¹²y estas van de un lado a otro,
    por toda la faz de la tierra,
    dispuestas a cumplir sus mandatos.

ᵃ 15 *iniquidad*. Palabra de difícil traducción.   ᵇ 5 *en su propósito*. Lit. *es fuerte de corazón*.   ᶜ 12 *el umbral de la muerte*. Lit. *el canal*.   ᵈ 15 *instruirlos*. Alt. *los hace entender*. Lit. *abre sus oídos*.   ᵉ 20 Los vv. 18-20 son de difícil traducción.   ᶠ 27 *que fluyen … los manantiales*. Alt. *que destila en forma de lluvia*.   ᵍ 33 El significado de esta línea es incierto.   ʰ 1 *Al llegar a este punto*. Alt. *Al ver esto*.

13 Por su bondad, hace que vengan las nubes,
   ya sea para castigar o para bendecir.^{a}

14 »Escucha esto, Job,
   ponte a pensar en las maravillas de Dios.
15 ¿Sabes cómo controla Dios las nubes
   y cómo hace que su relámpago deslumbre?
16 ¿Sabes cómo las nubes,
   maravillas del conocimiento perfecto,^{b}
   se mantienen suspendidas?
17 Tú, que te sofocas de calor entre tus ropas
   cuando la tierra dormita bajo el viento del sur,
18 ¿puedes ayudarle a extender los cielos,
   sólidos como espejo de bronce bruñido?

19 »Haznos saber qué debemos responderle,
   pues debido a nuestra ignorancia^c
   no tenemos argumentos.
20 ¿Le haré saber que estoy pidiendo la palabra?
   ¿Quién se atreve a hablar para ser destruido?
21 No hay quien pueda mirar al sol brillante
   después de que el viento ha despejado los
   cielos.
22 Un dorado resplandor viene del norte;
   ¡viene Dios, envuelto en terrible majestad!
23 El ˚Todopoderoso no está a nuestro alcance;
   excelso es su poder.
   Grandes son su justicia y rectitud;
   ¡a nadie oprime!
24 Por eso le temen los ˚mortales,
   porque él no toma en cuenta a los sabios de
   corazón».^{d}

Respuesta de Dios

38 El SEÑOR respondió a Job desde la tempestad.
   Le dijo:

2 «¿Quién es este, que oscurece mi consejo
   con palabras carentes de sentido?
3 Prepárate a hacerme frente;^{e}
   yo voy a interrogarte
   y tú me responderás.

4 »¿Dónde estabas cuando puse las bases de la
   tierra?
   ¡Dímelo, si de veras sabes tanto!
5 ¡Seguramente sabes quién estableció sus
   dimensiones
   y quién tendió sobre ella la cinta de medir!
6 ¿Sobre qué están puestos sus cimientos,
   o quién puso su piedra angular
7 mientras cantaban a coro las estrellas matutinas
   y todos los ángeles^f gritaban de alegría?

8 »¿Quién encerró el mar tras sus compuertas
   cuando este brotó del vientre de la tierra?
9 ¿O cuando lo arropé con las nubes
   y lo envolví en densas tinieblas?
10 ¿O cuando establecí sus límites
   y en sus compuertas coloqué cerrojos?
11 ¿O cuando le dije: "Solo hasta aquí puedes llegar;
   de aquí no pasarán tus orgullosas olas"?

12 »¿Alguna vez en tu vida has dado órdenes a la
   mañana
   o has hecho saber a la aurora su lugar,
13 para que tomen la tierra por sus extremos
   y sacudan de ella a los malvados?
14 La tierra adquiere forma, como arcilla bajo un
   sello;
   sus rasgos resaltan como los de un vestido.
15 Los malvados son privados de su luz
   y es quebrantado su altanero brazo.

16 »¿Has viajado hasta las fuentes del océano
   o recorrido los rincones del abismo?
17 ¿Te han mostrado las puertas de la muerte?
   ¿Has visto las puertas de la densa oscuridad?^{g}
18 ¿Tienes idea de cuán ancha es la tierra?
   Si de veras sabes todo esto, ¡dalo a conocer!

19 »¿Qué camino lleva a la morada de la luz?
   ¿En qué lugar se encuentran las tinieblas?
20 ¿Puedes acaso llevarlas a sus linderos?
   ¿Conoces el camino a sus moradas?
21 ¡Con toda seguridad lo sabes,
   pues para entonces ya habrías nacido!
   ¡Son tantos los años que has vivido!

22 »¿Has llegado a visitar
   los depósitos de nieve y de granizo,
23 que guardo para tiempos de angustia,
   cuando se libran guerras y batallas?
24 ¿Qué camino lleva adonde la luz se dispersa
   o adonde los vientos del este
   se desatan sobre la tierra?
25 ¿Quién abre el canal para las lluvias torrenciales
   y da paso a la tormenta,
26 para regar regiones despobladas,
   desiertos donde nadie vive,
27 para saciar la sed del yermo desolado
   y hacer que en él brote la hierba?
28 ¿Acaso la lluvia tiene padre?
   ¿Ha engendrado alguien las gotas de rocío?
29 ¿De qué vientre nace el hielo?
   ¿Quién da a luz la escarcha de los cielos?
30 ¡Las aguas se endurecen como rocas
   y la faz del mar profundo se congela!

31 »¿Acaso puedes atar los lazos de las Pléyades
   o desatar las cuerdas que sujetan al Orión?
32 ¿Puedes hacer que las constelaciones salgan^h a
   tiempo?
   ¿Puedes guiar a la Osa Mayor y a la Menor?^{i}
33 ¿Conoces las leyes que rigen los cielos?
   ¿Puedes establecer mi^j dominio sobre la
   tierra?

34 »¿Puedes elevar tu voz hasta las nubes
   para que te cubran aguas torrenciales?
35 ¿Eres tú quien señala el curso de los rayos?
   ¿Acaso te responden: "Estamos a tus
   órdenes"?
36 ¿Quién infundió sabiduría al corazón
   o dio inteligencia a la mente?^{k}
37 ¿Quién tiene sabiduría para contar las nubes?
   ¿Quién puede vaciar los cántaros del cielo
38 cuando el polvo se endurece
   y los terrones se pegan entre sí?

39 »¿Cazas tú la presa para las leonas
   y sacias el hambre de sus cachorros
40 cuando yacen escondidas en sus cuevas
   o se tienden al acecho en sus guaridas?
41 ¿Eres tú quien alimenta a los cuervos
   cuando sus crías claman a mí^l
   y andan sin rumbo y sin comida?

---

^{a} 13 Versículo de difícil traducción. ^{b} 16 del conocimiento
perfecto. Alt. del que todo lo sabe. ^{c} 19 ignorancia. Lit.
oscuridad. ^{d} 24 O porque él no toma en cuenta a los que se
creen sabios. ^{e} 3 Prepárate a hacerme frente. Lit. Ciñe ahora,
como hombre, tus lomos. ^{f} 7 ángeles. Lit. hijos de Dios.
^{g} 17 la densa oscuridad. Lit. la sombra de muerte. ^{h} 32 las
constelaciones salgan. Alt. la estrella de la mañana salga.
^{i} 32 a la Osa Mayor y a la Menor. Alt. a Leo y a sus cachorros.
^{j} 33 mi. Lit. su. ^{k} 36 corazón … mente. Palabras de difícil
traducción. ^{l} 41 a mí. Lit. a Dios.

39 »¿Sabes cuándo las cabras monteses tienen
     sus crías?
  ¿Has visto el parto de las gacelas?
² ¿Has contado los meses de su gestación?
   ¿Sabes cuándo dan a luz?
³ Al tener sus crías se encorvan
   y allí terminan sus dolores de parto.
⁴ Se fortalecen sus crías y crecen a campo abierto;
   luego se van y ya no vuelven.

⁵ »¿Quién deja sueltos a los asnos salvajes?
   ¿Quién desata sus cuerdas?
⁶ Yo le di la llanura del desierto por morada,
   el yermo por hábitat.
⁷ Se burlan del tumulto de la ciudad;
   no prestan atención a los gritos del arriero.
⁸ Recorren los cerros en busca de pastos,
   en busca de verdes prados.

⁹ »¿Crees tú que el toro salvaje se prestará a
     servirte?
   ¿Pasará la noche en tus establos?
¹⁰ ¿Puedes mantenerlo en el surco con el arnés?
   ¿Irá en pos de ti labrando los valles?
¹¹ ¿Pondrás tu confianza en su tremenda fuerza?
   ¿Echarás sobre sus lomos tu pesado trabajo?
¹² ¿Puedes confiar en él para que acarree tu grano
   y lo junte en el lugar donde lo limpias?

¹³ »El avestruz bate alegremente sus alas,
   pero su plumaje no es como el de la cigüeña.ᵃ
¹⁴ Pone sus huevos en la tierra,
   los deja empollar en la arena,
¹⁵ sin que le importe que algún pie los pueda
     aplastar
   o que las bestias salvajes los pisoteen.
¹⁶ Maltrata a sus polluelos como si no fueran suyos
   y no le importa haber trabajado en vano,
¹⁷ pues Dios no le dio sabiduría
   ni le impartió su porción de buen juicio.
¹⁸ Pero, cuando extiende sus alas y corre,
   se ríe de jinetes y caballos.

¹⁹ »¿Le has dado al caballo su fuerza?
   ¿Has cubierto su cuello con largas crines?
²⁰ ¿Eres tú quien lo hace saltar como langosta,
   con su orgulloso resoplido que infunde terror?
²¹ Patalea con furia, regocijándose en su fuerza,
   y se lanza al galope a la batalla.
²² Se burla del miedo; a nada teme;
   no rehúye hacerle frente a la espada.
²³ En torno suyo silban las flechas,
   brillan las lanzas y las jabalinas.
²⁴ En frenética carrera devora las distancias;
   al toque de trompeta no es posible refrenarlo.
²⁵ En cuanto suena la trompeta, resopla desafiante;
   percibe desde lejos el fragorᵇ de la batalla,
   los gritos de los comandantes y las órdenes de
     ataque.

²⁶ »¿Es tu sabiduría la que hace que el gavilán
     vuele
   y que hacia el sur extienda sus alas?
²⁷ ¿Acaso por tus órdenes remonta el vuelo el águila
   y construye su nido en las alturas?
²⁸ Habita en los riscos; allí pasa la noche;
   en escarpadas grietas tiene su baluarte.
²⁹ Desde allí acecha la presa;
   sus ojos la detectan desde lejos.

³⁰ Sus polluelos se regodean en la sangre;
   donde hay un cadáver, allí está él».

40 El SEÑOR dijo también a Job:

² «¿Corregirá al °Todopoderoso quien contra él
     contiende?
   ¡Que responda a Dios quien se atreve a
     acusarlo!».

³ Entonces Job respondió al SEÑOR:

⁴ «¿Qué puedo responderte, si soy tan indigno?
   ¡Me tapo la boca con la mano!
⁵ Hablé una vez y no voy a responder;
   hablé otra vez y no voy a insistir».

⁶ El SEÑOR respondió a Job desde la tempestad. Le
dijo:

⁷ «Prepárate a hacerme frente.
   Yo te cuestionaré y tú me responderás.

⁸ »¿Vas acaso a invalidar mi °justicia?
   ¿Me condenarás para justificarte?
⁹ ¿Tienes acaso un brazo como el mío?
   ¿Puede tu voz tronar como la mía?
¹⁰ Si es así, cúbrete de gloria y esplendor;
   revístete de honra y majestad.
¹¹ Da rienda suelta a la furia de tu ira;
   mira a los orgullosos y humíllalos;
¹² mira a los soberbios y somételos;
   aplasta a los malvados donde se hallen.
¹³ Entiérralos a todos en el polvo;
   amortaja sus rostros en la fosa.
¹⁴ Yo, por mi parte, reconoceré
   que en tu mano °derecha está la °salvación.

¹⁵ »Mira a Behemot,ᶜ criatura mía igual que tú,
   que se alimenta de hierba, como los bueyes.
¹⁶ ¡Cuánta fuerza hay en sus lomos!
   ¡Su poder está en los músculos de su vientre!
¹⁷ Su rabo se mece como un cedro;
   los tendones de sus muslos se entrelazan.
¹⁸ Sus huesos son como barras de bronce;
   sus piernas parecen barrotes de hierro.
¹⁹ Entre mis obras ocupa el primer lugar;
   solo yo, su Hacedor, puedo acercármele con la
     espada.
²⁰ Los montes le brindan sus frutos,
   allí juguetean todos los animales salvajes.
²¹ Debajo de las plantas de lotos se tiende a
     descansar;
   se oculta entre los juncos del pantano.
²² Los lotos le brindan su sombra;
   los álamos junto al río lo envuelven.
²³ No se alarma si brama el río;
   vive tranquilo, aunque el Jordán le llegue al
     hocico.
²⁴ ¿Quién ante sus ojos se atreve a capturarlo?
   ¿Quién puede atraparlo y perforarle la nariz?

41 »¿Puedes pescar a °Leviatán con un anzuelo
     o atarle la lengua con una cuerda?
² ¿Puedes ponerle un cordel en la nariz
   o perforarle la quijada con un gancho?
³ ¿Acaso amablemente va a pedirte
   o suplicarte que le tengas compasión?
⁴ ¿Acaso va a comprometerse
   a ser tu esclavo de por vida?
⁵ ¿Podrás jugar con él como juegas con los pájaros
   o atarlo para que tus niñas se entretengan?

ᵃ **13** *su plumaje … cigüeña.* Frase de difícil traducción.
ᵇ **25** *el fragor.* Lit. *el olor.*   ᶜ **15** *Behemot.* Posiblemente se
trata del hipopótamo o del elefante.

⁶¿Podrán los mercaderes ofrecerlo como
      mercancíaᵃ
   o cortarlo en pedazos para venderlo?
⁷¿Puedes atravesarle la piel con lanzas
   o la cabeza con arpones?
⁸Si llegas a ponerle la mano encima,
   ¡jamás te olvidarás de esa batalla
   y no querrás repetir la experiencia!
⁹Vana es la pretensión de llegar a someterlo;
   basta con verlo para desmayarse.
¹⁰No hay quien se atreva siquiera a provocarlo.
   ¿Quién, pues, podría hacerme frente?
¹¹¿Y quién tiene alguna cuenta que cobrarme?
   ¡Mío es todo cuanto hay bajo los cielos!

¹²»No puedo dejar de mencionar sus extremidades,
   su fuerza y su elegante apariencia.
¹³¿Quién puede despojarlo de su coraza?
   ¿Quién puede acercarse a él y ponerle un freno?
¹⁴¿Quién se atreve a abrir el abismo de sus fauces,
   coronadas de terribles colmillos?
¹⁵Tiene el lomoᵇ recubierto de hileras de escudos,
   todos ellos unidos en cerrado tejido;
¹⁶tan juntos están uno al otro
   que no dejan pasar ni el aire;
¹⁷tan prendidos están uno del otro,
   tan unidos entre sí, que no pueden separarse.
¹⁸Resopla y lanza deslumbrantes relámpagos;
   sus ojos se parecen a los rayos de la aurora.
¹⁹Ascuas de fuego brotan de su hocico;
   chispas de lumbre salen disparadas.
²⁰Lanza humo por la nariz,
   como olla hirviendo sobre un fuego de juncos.
²¹Con su aliento enciende los carbones
   y lanza fuego por la boca.
²²En su cuello radica su fuerza;
   ante él, todo el mundo pierde el ánimo.
²³Los pliegues de su piel son un tejido apretado;
   firmes son e inconmovibles.
²⁴Duro es su pecho, como una roca,
   sólido, cual piedra de molino.
²⁵Cuando se yergue, los poderosos tiemblan;
   cuando se sacude, emprenden la huida.
²⁶La espada, aunque lo alcance, no lo hiere;
   tampoco lo hieren los dardos
   ni las lanzas y las jabalinas.
²⁷Al hierro lo trata como a paja
   y al bronce como a madera podrida.
²⁸No lo hacen huir las flechas;
   ve como paja las piedras de las hondas.
²⁹Al mazo lo considera paja;
   se burla del silbido de la jabalina.
³⁰Sus costados son dentados tiestos
   que en el fango van dejando huellas de
      rastrillos.
³¹Hace hervir las profundidades como un caldero;
   agita los mares como un frasco de ungüento.
³²Una estela brillante va dejando tras de sí,
   cual si fuera la blanca cabellera del abismo.
³³Es un monstruo que a nada teme;
   nada hay en el mundo que se le parezca.
³⁴Mira con desdén a todos los poderosos;
   ¡él es rey de todos los soberbios!».

Respuesta de Job

42 Job respondió entonces al Señor. Le dijo:

²«Yo sé bien que tú lo puedes todo,
   que no es posible frustrar ninguno de tus
      planes.
³"¿Quién es este —has preguntado—,
   que sin ˙conocimiento oscurece mi consejo?".
Reconozco que he hablado de cosas que no
      alcanzo a comprender,
   de cosas demasiado maravillosas
   que me son desconocidas.

⁴»Dijiste:ᶜ "Ahora escúchame, yo voy a hablar;
   yo te cuestionaré y tú me responderás".
⁵De oídas había oído hablar de ti,
   pero ahora te veo con mis propios ojos.
⁶Por tanto, me retracto
   y me arrepiento en polvo y ceniza».

Epílogo

⁷Después de haberle dicho todo esto a Job, el Señor se dirigió a Elifaz de Temán y dijo: «Estoy muy enojado contigo y con tus dos amigos porque, a diferencia de mi siervo Job, lo que ustedes han hablado de mí no es verdad. ⁸Tomen ahora siete novillos y siete carneros, vayan con mi siervo Job y ofrezcan un ˙holocausto por ustedes mismos. Mi siervo Job orará por ustedes, y yo atenderé a su oración y no los haré quedar en vergüenza. Conste que, a diferencia de mi siervo Job, lo que ustedes han dicho de mí no es verdad».

⁹Elifaz de Temán, Bildad de Súah y Zofar de Namat fueron y cumplieron con lo que el Señor les había ordenado y el Señor atendió a la oración de Job.

¹⁰Después de haber orado Job por sus amigos, el Señor lo hizo prosperar de nuevo y le dio dos veces más de lo que antes tenía. ¹¹Todos sus hermanos y hermanas, y todos los que antes lo habían conocido, fueron a su casa y celebraron con él un banquete. Lo animaron y lo consolaron por todas las calamidades que el Señor había enviado, y cada uno de ellos le dio una pieza de plataᵈ y un anillo de oro.

¹²El Señor bendijo más los últimos años de Job que los primeros, pues llegó a tener catorce mil ovejas, seis mil camellos, mil yuntas de bueyes y mil asnas. ¹³Tuvo también siete hijos y tres hijas. ¹⁴A la primera de ellas le puso por nombre Jemima, a la segunda la llamó Quesia y a la tercera, Keren Hapuc.ᵉ ¹⁵No había en todo el país mujeres tan bellas como las hijas de Job. Su padre les dejó una herencia, lo mismo que a sus hermanos.

¹⁶Después de estos sucesos Job vivió ciento cuarenta años. Llegó a ver a sus hijos y a los hijos de sus hijos, hasta la cuarta generación. ¹⁷Disfrutó de una larga vida y murió muy anciano.

ᵃ 6 *como mercancía*. Alt. *en un banquete*. ᵇ 15 *lomo* (véanse LXX y Vulgata); *orgullo* (TM). ᶜ 4 *Dijiste*. Véase 38:3. ᵈ 11 *pieza de plata*. Lit. *quesita* (término monetario hebreo cuyo peso y valor no se conocen). ᵉ 14 *Jemima*, que significa *Paloma*; *Quesia*, que significa *Canela*; *Keren Hapuc*, que significa *Frasquito de maquillaje*.

Salmos

Libro I
Salmos 1–41

Salmo 1

¹ *Dichoso es quien
 no sigue el consejo de los malvados,
 ni se detiene en la senda de los pecadores,
 ni se sienta en la reunión de los burladores,
² sino que en la *Ley del SEÑOR se deleita
 y día y noche medita en ella.
³ Es como el árbol plantado a la orilla de un río
 que, cuando llega su tiempo, da fruto
 y sus hojas jamás se marchitan.
 Todo cuanto hace prospera.

⁴ En cambio, los malvados
 son como paja arrastrada por el viento.
⁵ Por eso no se sostendrán los malvados en el
 juicio
 ni los pecadores en la asamblea de los justos.

⁶ Porque el SEÑOR cuida el *camino de los justos,
 mas la senda de los malvados lleva a la
 perdición.

Salmo 2

¹ ¿Por qué se rebelanᵃ las naciones
 y en vano conspiran los pueblos?
² Los reyes de la tierra se rebelan;
 los gobernantes se confabulan contra el SEÑOR
 y contra su *ungido.
³ Y dicen: «¡Hagamos pedazos sus cadenas!
 ¡Librémonos de su yugo!».

⁴ El que está en el trono de los cielos se ríe;
 el Señor se burla de ellos.
⁵ En su enojo los reprende,
 en su furor los asusta y dice:
⁶ «He establecido a mi rey
 sobre *Sión, mi santo monte».

⁷ Yo proclamaré el decreto del SEÑOR:

«Tú eres mi hijo», me ha dicho,
 «hoy mismo te he engendrado.
⁸ Pídeme,
 y como herencia te entregaré las naciones;
 serán tu propiedad los confines de la tierra.
⁹ Las gobernarás con cetro de hierro;
 las harás pedazos como a vasijas de barro».

¹⁰ Por eso ustedes, los reyes, sean prudentes;
 déjense enseñar, gobernantes de la tierra.

¹¹ Sirvan al SEÑOR con temor;
 con temblor ríndanle alabanza.
¹² Besen al hijo,ᵇ no sea que se enoje
 y sean ustedes destruidos en el camino,
 pues su ira se inflama de repente.
 ¡Dichosos los que en él buscan refugio!

Salmo 3ᶜ
Salmo de David, cuando huía de su hijo Absalón.

¹ Muchos son, SEÑOR, mis enemigos;
 muchos son los que se me oponen,
² y muchos los que de mí aseguran:
 «Dios no lo salvará».   *Selah*

³ Pero tú, SEÑOR, eres el escudo que me protege;
 tú eres mi gloria;
 tú mantienes en alto mi cabeza.
⁴ Clamo al SEÑOR a voz en cuello
 y desde su monte santo él me responde.   *Selah*

⁵ Yo me acuesto, me duermo y vuelvo a despertar,
 porque el SEÑOR me sostiene.
⁶ No me asustan los miles de escuadrones
 que me acosan por doquier.

⁷ ¡Levántate, SEÑOR!
 ¡Ponme a salvo, Dios mío!
 ¡Rómpeles la quijada a mis enemigos!
 ¡Rómpeles los dientes a los malvados!

⁸ Tuya es, SEÑOR, la *salvación;
 ¡envía tu bendición sobre tu pueblo!   *Selah*

Salmo 4ᵈ
*Al director musical. Acompáñese con
instrumentos de cuerda. Salmo de David.*

¹ Responde a mi clamor,
 Dios de mi justicia.
 Dame alivio cuando esté angustiado,
 apiádate de mí y escucha mi oración.

² Y ustedes, señores,
 ¿hasta cuándo cambiarán mi gloria en
 vergüenza?
 ¿Hasta cuándo amarán ilusiones vanas y buscarán
 la mentira?ᵉ   *Selah*
³ Sepan que el SEÑOR honra al que le es fiel;
 el SEÑOR me escucha cuando lo llamo.

⁴ Si se enojan, no pequen;
 cuando estén en sus camas
 examinen en silencio sus corazones.ᶠ   *Selah*
⁵ Ofrezcan sacrificios de *justicia
 y confíen en el SEÑOR.

⁶ Muchos son los que dicen:
 «¿Quién puede mostrarnos algún bien?».
 ¡Haz, SEÑOR, que sobre nosotros
 brille la luz de tu rostro!
⁷ Tú has hecho que mi corazón rebose de alegría,

ᵃ 1 *se rebelan.* Alt. *se enfurecen* (LXX).   ᵇ 12 *Besen al hijo.*
Texto de difícil traducción.   ᶜ Sal 3 En el texto hebreo 3:1-8
se numera 3:2-9.   ᵈ Sal 4 En el texto hebreo 4:1-8 se numera
4:2-9.   ᵉ 2 *la mentira.* Alt. *dioses falsos.*   ᶠ 4 *corazones.*
En la Biblia, *corazón* se usa para designar el asiento de las
emociones, pensamientos y voluntad, es decir, el proceso de
toma de decisiones del ser humano.

alegría mayor que la que tienen los que
disfrutan de trigo y vino nuevo en
abundancia.

⁸ En ˚paz me acuesto y me duermo,
porque solo tú, SEÑOR, me haces vivir confiado.

Salmo 5ᵃ

Al director musical. Acompáñese con flautas. Salmo de David.

¹ Escucha, SEÑOR, mis palabras;
toma en cuenta mi gemido.
² Presta atención a mis súplicas,
Rey mío y Dios mío,
porque a ti yo oro.

³ Por la mañana, SEÑOR, escuchas mi clamor;
por la mañana te presento mis ruegos
y quedo a la espera de tu respuesta.
⁴ Tú no eres un Dios que se complace en lo malo;
a tu lado no tienen cabida los malvados.
⁵ No hay lugar en tu presencia para los altivos,
pues aborreces a todos los malhechores.
⁶ Tú destruyes a los mentirosos
y detestas a los asesinos y traidores.
⁷ Pero yo, por tu gran amor
puedo entrar en tu casa;
puedo postrarme reverente
hacia tu santo Templo.

⁸ SEÑOR, por causa de mis enemigos,
dirígeme en tu ˚justicia;
endereza tu senda delante de mí.
⁹ En sus palabras no hay sinceridad;
en su interior solo hay corrupción.
Su garganta es un sepulcro abierto;
de su lengua salen engaños.
¹⁰ ¡Condénalos, oh Dios!
¡Que caigan por sus propias intrigas!
¡Recházalos por la multitud de sus crímenes,
porque se han rebelado contra ti!
¹¹ Pero que se alegren todos los que en ti buscan
refugio;
¡que canten siempre jubilosos!
Extiéndeles tu protección y que en ti se
regocijen
todos los que aman tu ˚nombre.

¹² Porque tú, SEÑOR, bendices al justo;
cual escudo lo rodeas con tu buena voluntad.

Salmo 6ᵇ

*Al director musical. Acompáñese con instrumentos
de cuerda. Sobre la octava.ᶜ Salmo de David.*

¹ No me reprendas, SEÑOR, en tu ira;
no me castigues en tu furor.
² Ten piedad de mí, SEÑOR, porque desfallezco;
sáname, SEÑOR, porque mis huesos están en
agonía.
³ Muy angustiada está mi ˚alma;
¿hasta cuándo, SEÑOR, hasta cuándo?

⁴ Vuélvete, SEÑOR, y sálvame la vida;
por tu gran amor, ¡ponme a salvo!
⁵ En la muerte nadie te recuerda;
desde los dominios de la muerte,ᵈ ¿quién te
alabará?

⁶ Cansado estoy de sollozar.

Toda la noche inundo de lágrimas mi cama,
¡mi lecho empapo con mi llanto!
⁷ Se consumen mis ojos por causa del dolor;
desfallecen por culpa de mis enemigos.

⁸ ¡Apártense de mí, todos los malhechores,
que el SEÑOR ha escuchado mi llanto!
⁹ El SEÑOR ha escuchado mis ruegos;
el SEÑOR ha tomado en cuenta mi oración.
¹⁰ Todos mis enemigos quedarán avergonzados y
angustiados;
su repentina vergüenza los hará retroceder.

Salmo 7ᵉ

*Sigaión de David, que cantó al SEÑOR
acerca de Cus el benjamita.*

¹ ¡Sálvame, SEÑOR mi Dios, porque en ti busco
refugio!
¡Líbrame de todos mis perseguidores!
² De lo contrario, me devorarán como leones;
me despedazarán y no habrá quien me libre.

³ SEÑOR mi Dios, ¿qué es lo que he hecho?
¿Qué maldad hay en mis manos?
⁴ Si he perjudicado al que estaba en paz conmigo,
si he despojado sin razón al que me oprime,
⁵ entonces que mi enemigo me persiga y me
alcance;
que me haga morder el polvo
y arrastre mi honra por el suelo.   *Selah*

⁶ ¡Levántate, SEÑOR, en tu ira!
¡Enfréntate al furor de mis enemigos!
¡Despierta e imparte ˚justicia!
⁷ Que los pueblos se junten a tu alrededor;
reinaᶠ sobre ellos desde lo alto.
⁸ ¡El SEÑOR juzgará a los pueblos!
Júzgame, SEÑOR, conforme a mi justicia;
págame conforme a mi integridad.
⁹ Dios justo que examinas la mente y el corazón,
acaba con la maldad de los malvados
y mantén firme al que es justo.

¹⁰ Mi escudo está en Dios
que salva a los de corazónᵍ sincero.
¹¹ Dios es un juez justo,
un Dios que cada día manifiesta su enojo.
¹² Si el malvado no se arrepiente,
Dios afilará la espada
y tensará el arco;
¹³ ya ha preparado sus mortíferas armas;
ya tiene listas sus llameantes saetas.

¹⁴ Miren al preñado de maldad:
concibió iniquidad y parirá mentira.
¹⁵ Cavó una fosa y la ahondó,
y en esa misma fosa caerá.
¹⁶ Su iniquidad se volverá contra él;
su violencia recaerá sobre su cabeza.

¹⁷ ¡Alabaré al SEÑOR por su justicia!
¡Al ˚nombre del SEÑOR Altísimo cantaré salmos!

Salmo 8ʰ

*Al director musical. Sígase la tonada de «La
canción del lagar».ⁱ Salmo de David.*

¹ Oh SEÑOR, Soberano nuestro,
¡qué imponente es tu ˚nombre en toda la tierra!

---

a **Sal 5** En el texto hebreo 5:1-12 se numera 5:2-13.
b **Sal 6** En el texto hebreo 6:1-10 se numera 6:2-11.
c **6 Título.** *Sobre la octava.* Lit. *Sobre sheminit.*   *d* **5** *los
dominios de la muerte.* Lit. *el Seol.*   *e* **Sal 7** En el texto
hebreo 7:1-17 se numera 7:2-18.   *f* **7** *reina* (lectura
probable); *vuélvete* (TM).   *g* **10** *corazón.* En la Biblia se usa
para designar el asiento de las emociones, pensamientos y
voluntad, es decir, el proceso de toma de decisiones del ser
humano.   *h* **Sal 8** En el texto hebreo 8:1-9 se numera 8:2-10.
i **8 Título.** *Sígase ... lagar.* Lit. *Según la gittith.*

¡Has puesto tu gloria sobre los cielos!
2 Con la alabanza que brota de los labios de los
    pequeñitos
   y de los niños de pecho
has construido una fortaleza,
   para silenciar al enemigo y al vengativo.
3 Cuando contemplo tus cielos,
   obra de tus dedos,
   la luna y las estrellas que allí fijaste,
4 me pregunto:
   «¿Qué es el hombre para que en él pienses?
   ¿Qué es el hijo del hombre para que lo tomes
    en cuenta?».

5 Lo hiciste poco menor que los ángeles*a*
   y lo coronaste de gloria y de honra.
6 Le diste dominio sobre la obra de tus manos;
   todo lo pusiste bajo sus pies:
7 todas las ovejas, todos los bueyes,
   todos los animales del campo,
8 las aves del cielo,
   los peces del mar
   y todo lo que surca los senderos del mar.

9 Oh SEÑOR, Soberano nuestro,
   ¡qué imponente es tu nombre en toda la
    tierra!

Salmo 9*b*
*Al director musical. Sígase la tonada de «La
muerte del hijo». Salmo de David.*

Álef
1 Quiero alabarte, SEÑOR, con todo el corazón,
   y contar todas tus maravillas.
2 Quiero alegrarme y regocijarme en ti
   y cantar salmos a tu ˚nombre, oh ˚Altísimo.

Bet
3 Mis enemigos retroceden;
   tropiezan y perecen ante ti.
4 Porque tú me has hecho ˚justicia, me has
    vindicado;
   tú, Juez justo, ocupas tu trono.

Guímel
5 Reprendiste a los ˚paganos, destruiste a los
    malvados;
   para siempre borraste su memoria.
6 Ruina sin fin cayó sobre el enemigo;
   arrancaste de raíz sus ciudades
   y hasta su recuerdo se ha desvanecido.

He
7 Pero el SEÑOR reina por siempre;
   para emitir juicio ha establecido su trono.
8 Juzgará al mundo con justicia;
   gobernará a los pueblos con equidad.

Vav
9 El SEÑOR es refugio de los oprimidos;
   es su baluarte en momentos de angustia.
10 En ti confían los que conocen tu nombre,
   porque tú, SEÑOR, jamás abandonas a los que te
    buscan.

Zayin
11 Canten salmos al SEÑOR, que reina en ˚Sión;
   proclamen sus proezas entre las naciones.
12 El vengador de los inocentes*c* se acuerda de ellos;
   no pasa por alto el clamor de los afligidos.

Jet
13 Ten piedad de mí, SEÑOR;
   mira cómo me afligen los que me odian.
   Sácame de las puertas de la muerte,
14 para que en las ˚puertas de la hija de Sión*d*
   proclame tus alabanzas y me regocije en tu
    ˚salvación.

Tet
15 Han caído las naciones
   en la fosa que han cavado;
   sus pies quedaron atrapados
   en la red que ellos mismos escondieron.
16 Al SEÑOR se le conoce porque imparte justicia;
   el malvado cae en la trampa que él mismo
    tendió.   *Higaión*e Selah

Yod
17 Los malvados bajan a los dominios de la
    muerte,*f*
   bajan todas la naciones que de Dios se olvidan.

Caf
18 Pero el necesitado no será olvidado para siempre
   ni para siempre se perderá la esperanza del
    pobre.

19 ¡Levántate, SEÑOR!
   No dejes que el ˚hombre prevalezca;
   ¡haz que las naciones comparezcan ante ti!
20 ¡Infúndeles terror, SEÑOR!
   ¡Que las naciones sepan que son simples
    ˚mortales!   Selah

Salmo 10
Lámed
1 ¿Por qué, SEÑOR, te mantienes distante?
   ¿Por qué te escondes en momentos de
    angustia?

2 Con arrogancia persigue el malvado al indefenso,
   pero quedará atrapado en sus propias
    artimañas.
3 El malvado hace alarde de su propia codicia;
   alaba al ambicioso y menosprecia al SEÑOR.
4 El malvado, con su nariz en alto, no busca a Dios.
   No hay lugar para él en sus pensamientos.
5 Todas sus empresas son siempre exitosas;
   tan altas y alejadas de él están tus leyes
   que se burla de todos sus enemigos.
6 Y se dice a sí mismo: «Nada me hará caer jamás.
   Nadie me hará daño».

Pe
7 Llena está su boca de maldiciones,
   de mentiras y amenazas;
   bajo su lengua esconde maldad y violencia.
8 Se pone al acecho en las aldeas,
   se esconde en espera de sus víctimas
   y asesina en emboscada al inocente.

Ayin
9 Cual león que acecha en su guarida,
   listo para atrapar al indefenso;
   le cae encima y lo arrastra en su red.
10 Bajo el peso de su poder,
   sus víctimas son abatidas y caen desechas.

---

a **5** *que los ángeles.* Alt. *que los seres celestiales* o *que
Dios.* *b* **Sal 9** En el texto hebreo 9:1-20 se numera 9:2-21;
además, los salmos 9 y 10 son un solo poema (véase LXX),
que forma un acróstico siguiendo el orden del alfabeto
hebreo. *c* **12** *vengador de los inocentes.* Lit. *vengador de
sangres.* *d* **14** *hija de Sión.* Alt. *Jerusalén.* *e* **16** *Higaión.*
Posible indicación musical. *f* **17** *a los dominios de la muerte.*
Lit. *al Seol.*

¹¹ Se dice a sí mismo: «Dios se ha olvidado.
Se cubre el rostro. Nunca ve nada».

Qof

¹² ¡Levántate, SEÑOR!
¡Levanta, oh Dios, tu brazo!
¡No te olvides de los indefensos!
¹³ ¿Por qué te ha de menospreciar el malvado?
¿Por qué ha de pensar que no lo llamarás a
cuentas?

Resh

¹⁴ Pero tú ves la maldad y la aflicción,
las tomas en cuenta y te harás cargo de ellas.
Las víctimas se encomiendan a ti;
tú eres la ayuda de los huérfanos.

Shin

¹⁵ ¡Rómpeles el brazo al malvado y al impío!
¡Pídeles cuentas de su maldad
hasta que desaparezca!

¹⁶ El SEÑOR es Rey eterno;
los *paganos serán borrados de su tierra.

Tav

¹⁷ Tú, SEÑOR, escuchas el deseo de los indefensos,
les infundes aliento y atiendes a su
clamor.
¹⁸ Tú defiendes al huérfano y al oprimido,
para que el *hombre, hecho de tierra,
no siga ya sembrando el terror.

Salmo 11
Al director musical. Salmo de David.

¹ En el SEÑOR hallo refugio.
¿Cómo se atreven a decirme:
«Huye al monte como las aves»?
² Vean cómo tensan sus arcos los malvados:
preparan las flechas sobre la cuerda
para disparar desde las sombras
contra los que son rectos de corazón.
³ Cuando los fundamentos son destruidos,
¿qué le queda al justo?

⁴ El SEÑOR está en su santo Templo,
en los cielos tiene el SEÑOR su trono
y atentamente observa al *ser humano;
con sus propios ojos lo examina.
⁵ El SEÑOR examina a justos,
pero aborrece a malvados
y a los que aman la violencia.
⁶ Hará llover sobre los malvados
ardientes brasas y candente azufre;
¡un viento abrasador será la porción de
su copa!

⁷ Porque el SEÑOR es justo y ama la *justicia,
los rectos contemplarán su rostro.

Salmo 12ᵃ
Al director musical. Sobre la octava.ᵇ Salmo de David.

¹ Sálvanos, SEÑOR, que ya no hay *gente fiel;
entre los seres humanos ya no hay en quien
confiar.
² No hacen sino mentirse unos a otros;
sus labios son aduladores e hipócritas.

³ Corte el SEÑOR todo labio lisonjero
y toda lengua jactanciosa
⁴ que dice: «Venceremos con la lengua;
en nuestros labios confiamos.
¿Quién puede dominarnos a nosotros?».

⁵ «Por la aflicción de los oprimidos
y por el gemido del pobre,
voy a levantarme», dice el SEÑOR,
«y los pondré a salvo de quienes los oprimen».
⁶ Las palabras del SEÑOR son puras,
son como la plata refinada,
siete veces purificada en el crisol.

⁷ Tú, SEÑOR, los protegerás;
tú siempre los defenderás de esta gente.
⁸ Los malvados merodean por todas partes,
cuando la vileza es exaltada entre los seres
humanos.

Salmo 13ᶜ
Al director musical. Salmo de David.

¹ ¿Hasta cuándo, SEÑOR, me tendrás en el olvido?
¿Hasta cuándo esconderás de mí tu rostro?
² ¿Hasta cuándo he de atormentar mi mente con
preocupaciones
y he de sufrir cada día en mi corazón?
¿Hasta cuándo mi enemigo triunfará
sobre mí?

³ SEÑOR y Dios mío,
mírame y respóndeme; ilumina mis ojos.
Así no caeré en el sueño de la muerte;
⁴ así no dirá mi enemigo: «Lo he vencido»;
así mi adversario no se alegrará de mi caída.

⁵ Pero yo confío en tu gran amor;
mi corazón se alegra en tu *salvación.
⁶ Cantaré salmos al SEÑOR,
porque ha sido bueno conmigo.

Salmo 14
14:1-7 – Sal 53:1-6
Al director musical. Salmo de David.

¹ Dice el *necio en su corazón:ᵈ
«No hay Dios».
Están corrompidos, sus obras son detestables;
¡no hay uno solo que haga lo bueno!

² Desde el cielo el SEÑOR contempla a los *mortales,
para ver si hay alguien
que sea sensato y busque a Dios.
³ Pero todos se han descarriado;
a una se han corrompido.
No hay nadie que haga lo bueno;
¡no hay uno solo!

⁴ ¿Acaso no tienen entendimiento todos esos
malhechores,
esos que devoran a mi pueblo como si fuera
pan?

¡Jamás invocan al SEÑOR!
⁵ Allí los tienen, sobrecogidos de miedo,
pues Dios habita entre los justos.
⁶ Ustedes frustran los planes de los pobres,
pero el SEÑOR los protege.

⁷ ¡Oh, si de *Sión saliera la *salvación de Israel!
Cuando el SEÑOR restaure a su pueblo,ᵉ
¡Jacob se regocijará, Israel se alegrará!

ᵃ Sal 12 En el texto hebreo 12:1-8 se numera 12:2-9.
ᵇ 12 Título. *Sobre la octava.* Lit. *Sobre sheminit.*   ᶜ Sal 13 En
el texto hebreo 13:1-6 se numera 13:2-6.   ᵈ 1 *corazón.* En
la Biblia se usa para designar el asiento de las emociones,
pensamientos y voluntad, es decir, el proceso de toma de
decisiones del ser humano.   ᵉ 7 *restaure a su pueblo.* Alt.
haga que su pueblo vuelva del cautiverio.

Salmo 15

Salmo de David.

[1] ¿Quién, SEÑOR, puede habitar en tu santuario?
¿Quién puede vivir en tu santo monte?

[2] Solo el de conducta intachable,
que practica la ˙justicia
y de corazón dice la verdad;
[3] que no calumnia con la lengua,
que no le hace mal a su prójimo
ni le acarrea desgracias a su vecino;
[4] que desprecia al que Dios reprueba,
pero honra al que teme al SEÑOR;
al que cumple lo prometido
aunque salga perjudicado;
[5] al que presta dinero sin ánimo de lucro
y no acepta sobornos que afecten al inocente.

El que así actúa
no caerá jamás.

Salmo 16

Mictam de David.

[1] Protégeme, oh Dios,
porque en ti busco refugio.

[2] Yo le he dicho al SEÑOR: «Mi Señor eres tú.
Fuera de ti, no poseo bien alguno».
[3] En cuanto a los santos que están en la tierra,
son los nobles en quienes está toda mi delicia.
[4] Aumentarán los dolores
de los que corren tras otros dioses.
¡Jamás derramaré sus ofrendas de sangre
ni con mis labios pronunciaré sus nombres!

[5] Tú, SEÑOR, eres mi herencia y mi copa;
eres tú quien ha afirmado mi porción.
[6] Bellos lugares me han tocado;
¡preciosa herencia me ha correspondido!
[7] Bendeciré al SEÑOR, quien me aconseja;
aun de noche mi corazón se instruye.
[8] Siempre tengo presente al SEÑOR;
con él a mi derecha, nada me hará caer.

[9] Por eso mi corazón se alegra
y se regocijan mis entrañas;[a]
mi cuerpo también vivirá confiado.
[10] No me abandonarás en los dominios de la
muerte;[b]
no permitirás que sufra corrupción tu siervo fiel.
[11] Me has dado a conocer el camino de la vida;
me llenarás de alegría en tu presencia
y de dicha eterna a tu derecha.

Salmo 17

Oración de David.

[1] SEÑOR, oye mi justo ruego;
escucha mi clamor;
presta oído a mi oración,
pues no sale de labios engañosos.
[2] Pronuncia tu sentencia en mi favor;
tus ojos ven lo que es justo.

[3] Tú escudriñas mi corazón,
tú me examinas por las noches;
¡ponme a prueba,
que no hallarás en mí ningún plan maligno!

¡Mi boca no pecará
[4] a pesar de lo que hace la otra ˙gente,
pues yo cumplo con tu palabra!
Del ˙camino de la violencia
[5] he apartado mis pasos;
mis pies no tropiezan en tus sendas.

[6] Dios mío, a ti clamo porque tú me respondes;
inclina a mí tu oído y escucha mi oración.
[7] Tú, que salvas con tu diestra
a los que buscan escapar de sus adversarios,
dame una muestra de tu gran amor.
[8] Protégeme como a la niña de tus ojos,
escóndeme bajo la sombra de tus alas
[9] de los malvados que me atacan,
de los enemigos que me han cercado.

[10] Han cerrado su insensible corazón
y profieren insolencias con su boca.
[11] Vigilan de cerca mis pasos,
prestos a derribarme.
[12] Parecen leones ávidos de presa,
leones que yacen al acecho.

[13] ¡Levántate, SEÑOR, enfréntate a ellos!
¡Derrótalos!
¡Con tu espada rescátame de los malvados!
[14] ¡Con tu mano, SEÑOR, sálvame de estos
˙mortales
que no tienen más herencia que esta vida!
Con tus tesoros les has llenado el vientre,
sus hijos han tenido abundancia
y hasta ha sobrado para sus descendientes.

[15] Pero yo en ˙justicia veré tu rostro;
cuando despierte, estaré satisfecho al
contemplar tu semejanza.

Salmo 18[c]

Al director musical. De David, siervo del SEÑOR.
David dedicó al SEÑOR la letra de esta canción
cuando el SEÑOR lo libró de las manos de todos sus
enemigos y de las manos de Saúl. Dijo así:

[1] ¡Cuánto te amo, SEÑOR, fuerza mía!

[2] El SEÑOR es mi ˙roca, mi amparo, mi libertador;
es mi Dios, la roca en que me refugio.
Es mi escudo, el poder que me salva,[d]
¡mi más alto escondite!

[3] Invoco al SEÑOR, que es digno de alabanza,
y quedo a salvo de mis enemigos.
[4] Los lazos de la muerte me envolvieron;
los torrentes destructores me abrumaron.
[5] Los lazos del sepulcro[e] me enredaron;
las redes de la muerte me atraparon.

[6] En mi angustia invoqué al SEÑOR;
clamé a mi Dios por ayuda.
Él me escuchó desde su Templo;
¡mi clamor llegó a sus oídos!
[7] La tierra tembló, se estremeció;
se sacudieron los cimientos de los montes;
temblaron a causa de su enojo.
[8] Por la nariz echaba humo,
por la boca, fuego consumidor;
¡lanzaba carbones encendidos!
[9] Rasgando el cielo, descendió,
pisando sobre oscuros nubarrones.
[10] Montando sobre un ˙querubín, surcó los cielos
y se remontó sobre las alas del viento.
[11] De las tinieblas y los oscuros nubarrones
hizo su escondite, una tienda que lo rodeaba.

---

a 9 *mis entrañas.* Lit. *mi gloria.*   b 10 *los dominios de la muerte.* Lit. *el Seol.*   c **Sal 18** En el texto hebreo 18:1-50 se numera 18:2-51. Este canto de David se repite con poca variación en 2S 22:1-51.   d 2 *el poder que me salva.* Lit. *el cuerno de mi salvación.*   e 5 *del sepulcro.* Lit. *del Seol.*

¹² De su radiante presencia brotaron nubes,
　granizos y carbones encendidos.
¹³ En el cielo, entre granizos y carbones encendidos,
　se oyó el trueno del SEÑOR;
　resonó la voz del ˚Altísimo.
¹⁴ Lanzó sus flechas y dispersó a los enemigos;
　con relámpagos los desconcertó.
¹⁵ A causa de tu reprensión, oh SEÑOR,
　y por el resoplido de tu enojo,ᵃ
　las cuencas del mar quedaron a la vista;
　al descubierto quedaron los cimientos de la
　　tierra.

¹⁶ Extendiendo su mano desde lo alto,
　tomó la mía y me sacó del mar profundo.
¹⁷ Me libró de mi enemigo poderoso,
　de aquellos que me odiaban y eran más fuertes
　　que yo.
¹⁸ En el día de mi desgracia me salieron al
　　encuentro,
　pero mi apoyo fue el SEÑOR.
¹⁹ Me sacó a un amplio espacio;
　me libró porque se agradó de mí.

²⁰ El SEÑOR me ha pagado conforme a mi ˚justicia;
　me ha premiado conforme a la limpieza de mis
　　manos.
²¹ He guardado los ˚caminos del SEÑOR
　y no he cometido el error de alejarme de mi
　　Dios.
²² Presentes tengo todas sus leyes;
　no me he alejado de sus estatutos.
²³ He sido íntegro ante él
　y me he abstenido de pecar.
²⁴ El SEÑOR me ha recompensado conforme a mi
　　justicia,
　conforme a la limpieza de mis manos ante sus
　　ojos.

²⁵ Tú eres fiel con quien es fiel
　e íntegro con quien es íntegro;
²⁶ sincero eres con quien es sincero,
　pero sagaz con el que es tramposo.
²⁷ Tú das la ˚victoria a los humildes,
　pero humillas a los altivos.
²⁸ Tú, SEÑOR, mantienes mi lámpara encendida;
　tú, Dios mío, iluminas mis tinieblas.
²⁹ Con tu apoyo me lanzaré contra un ejército;
　contigo, Dios mío, podré asaltar murallas.

³⁰ El camino de Dios es perfecto;
　la palabra del SEÑOR es intachable.
　Escudo es Dios a los que se refugian en él.
³¹ Pues ¿quién es Dios sino el SEÑOR?
　¿Quién es la ˚Roca sino nuestro Dios?
³² Es él quien me arma de valor
　y hace perfecto mi camino;
³³ da a mis pies la ligereza del venado
　y me mantiene firme en las alturas;
³⁴ adiestra mis manos para la batalla
　y mis brazos para tensar un arco de bronce.
³⁵ Tú me cubres con el escudo de tu ˚salvación
　y con tu diestra me sostienes;
　tu ayuda me ha hecho prosperar.
³⁶ Has despejado el paso de mi camino,
　para que mis tobillos no se tuerzan.

³⁷ Perseguí a mis enemigos, les di alcance
　y no retrocedí hasta verlos aniquilados.
³⁸ Los aplasté. Ya no pudieron levantarse.
　¡Cayeron debajo de mis pies!
³⁹ Tú me armaste de valor para el combate;
　doblegaste ante mí a los rebeldes.

⁴⁰ Hiciste retroceder a mis enemigos
　y así exterminé a los que me odiaban.
⁴¹ Pedían ayuda y no hubo quien los salvara.
　Al SEÑOR clamaron,ᵇ pero no respondió.
⁴² Los desmenucé. Parecían polvo disperso por el
　　viento.
　Los pisoteéᶜ como al lodo de las calles.
⁴³ Me has librado de los conflictos con el pueblo;
　me has puesto por líder de las naciones;
　me sirve ˚gente que yo no conocía.
⁴⁴ Apenas me oyen, me obedecen;
　son extranjeros y me rinden homenaje.
⁴⁵ Esos extraños se descorazonan
　y temblando salen de sus refugios.

⁴⁶ ¡El SEÑOR vive! ¡Alabada sea mi Roca!
　¡Exaltado sea el Dios de mi salvación!
⁴⁷ Él es el Dios que me vindica,
　el que pone los pueblos a mis pies.
⁴⁸ Tú me libras de mis enemigos,
　me exaltas por encima de mis adversarios,
　me salvas de los hombres violentos.
⁴⁹ Por eso, SEÑOR, te alabo entre las naciones
　y canto salmos a tu ˚nombre.

⁵⁰ Él da grandes victorias a su rey;
　a su ˚ungido David y a sus descendientes
　les muestra por siempre su gran amor.

Salmo 19ᵈ
Al director musical. Salmo de David.

¹ Los cielos cuentan la gloria de Dios;
　la expansión proclama la obra de sus manos.
² Un día transmite el mensaje al otro día;
　una noche a la otra comparte sabiduría.
³ Sin palabras, sin lenguaje,
　sin una voz perceptible,
⁴ por toda la tierra resuena su eco;
　sus palabras llegan hasta los confines del
　　mundo.
　Dios ha establecido en los cielos
　un hogar para el sol.
⁵ Y este, como novio que sale de la cámara
　　nupcial,
　se regocija, cual poderoso guerrero, al recorrer
　　su camino.
⁶ Sale de un extremo de los cielos
　y, en su recorrido, llega al otro extremo,
　sin que nada se libre de su calor.

⁷ La ˚Ley del SEÑOR es perfecta:
　infunde nuevo ˚aliento.
　El mandato del SEÑOR es digno de confianza:
　da sabiduría al ˚sencillo.
⁸ Los preceptos del SEÑOR son rectos:
　traen alegría al corazón.
　El mandamiento del SEÑOR es claro:
　da luz a los ojos.
⁹ El temor del SEÑOR es puro:
　permanece para siempre.
　Las ordenanzas del SEÑOR son verdaderas:
　todas ellas son justas.

¹⁰ Son más deseables que el oro,
　más que mucho oro refinado;
　son más dulces que la miel,
　la miel que destila del panal.

ᵃ **15** *por ... tu enojo.* Lit. *por el soplo del aliento de tu nariz.*
ᵇ **41** *Al SEÑOR clamaron* (versiones antiguas); TM no incluye
clamaron. ᶜ **42** *Los pisoteé* (LXX, Siríaca, Targum, mss. y 2S
22:43); *Los vacié* (TM). ᵈ **Sal 19** En el texto hebreo 19:1-14 se
numera 19:2-15.

¹¹ Por ellas queda advertido tu siervo;
   quien las obedece recibe una gran recompensa.
¹² ¿Quién está consciente de sus propios errores?
   ¡Perdóname aquellos de los que no estoy
      consciente!
¹³ Libra, además, a tu siervo de pecar a sabiendas;
   no permitas que tales pecados me dominen.
   Entonces seré íntegro,
      inocente de un gran pecado.

¹⁴ Sean, pues, aceptables ante ti
   mis palabras y mis meditaciones
   oh SEÑOR, mi ˙roca y mi redentor.

Salmo 20ᵃ
Al director musical. Salmo de David.

¹ Que el SEÑOR te responda cuando estés
      angustiado;
   que el ˙nombre del Dios de Jacob te proteja.
² Que te envíe ayuda desde el santuario;
   que desde ˙Sión te dé su apoyo.
³ Que se acuerde de todas tus ofrendas;
   que acepte tus ˙holocaustos.   *Selah*
⁴ Que te conceda lo que tu ˙corazón desea;
   que haga que se cumplan todos tus planes.
⁵ Nosotros celebraremos tu ˙victoria
   y en el nombre de nuestro Dios desplegaremos
      las banderas.

   Que el SEÑOR cumpla todas tus peticiones.

⁶ Ahora sé que el SEÑOR
   salvará a su ˙ungido,
   que le responderá desde su santo cielo
   y con su poder le dará grandes victorias.
⁷ Estos confían en sus carros de guerra,
   aquellos confían en sus corceles,
   pero nosotros confiamos en el nombre del SEÑOR
      nuestro Dios.
⁸ Ellos se doblegan y caen,
   pero nosotros nos levantamos y nos
      mantenemos firmes.
⁹ ¡Concede, SEÑOR, la victoria al rey!
   ¡Respóndenos cuando te llamemos!

Salmo 21ᵇ
Al director musical. Salmo de David.

¹ En tu fuerza, SEÑOR, se regocija el rey;
   ¡cuánto se alegra en tus ˙victorias!

² Le has concedido lo que su ˙corazón desea;
   no le has negado lo que sus labios piden. *Selah*
³ Has salido a su encuentro con ricas bendiciones;
   lo has coronado con diadema de oro fino.
⁴ Te pidió vida y se la concediste.
   Le diste una vida larga y duradera.
⁵ Por tus victorias se acrecentó su gloria;
   lo revestiste de honor y majestad.
⁶ Has hecho de él manantial de bendiciones
      continuas;
   tu presencia lo ha llenado de alegría.
⁷ El rey confía en el SEÑOR;
   por el gran amor del ˙Altísimo,
   no caerá jamás.

⁸ Tu mano alcanzará a todos tus enemigos;
   tu diestra alcanzará a los que te aborrecen.

⁹ Cuando tú, SEÑOR, te manifiestes,
   los convertirás en un horno encendido.
   En su ira los devorará el SEÑOR;
   un fuego los consumirá.
¹⁰ Borrarás de la tierra a su simiente;
   a sus descendientes de entre la humanidad.
¹¹ Aunque tramen hacerte daño
   y maquinen perversidades,
   no se saldrán con la suya.
¹² Porque tú los harás retroceder
   cuando tenses tu arco contra ellos.

¹³ Enaltécete, SEÑOR, con tu poder.
   ¡Nosotros entonaremos salmos y cantaremos
      tus proezas!

Salmo 22ᶜ
*Al director musical. Sígase la tonada de «La
gacela de la aurora». Salmo de David.*

¹ Dios mío, Dios mío,
   ¿por qué me has abandonado?
   ¿Por qué estás lejos para salvarme,
   tan lejos de mis gritos de angustia?
² Dios mío, clamo de día y no me respondes;
   clamo de noche y no hallo reposo.

³ Pero tú eres santo y te sientas en tu trono;
   habitas en la alabanza de Israel.
⁴ En ti confiaron nuestros antepasados;
   confiaron, y tú los libraste;
⁵ a ti clamaron y tú los salvaste;
   se apoyaron en ti y no los defraudaste.

⁶ Pero yo, gusano soy y no ˙hombre;
   la ˙gente se burla de mí,
   el pueblo me desprecia.
⁷ Cuantos me ven se ríen de mí;
   lanzan insultos, meneando la cabeza:
⁸ «Este confía en el SEÑOR,
   ¡pues que el SEÑOR lo ponga a salvo!
   Ya que en él se deleita,
   ¡que sea él quien lo libre!».

⁹ Pero tú me sacaste del vientre materno;
   me hiciste reposar confiado en el regazo de mi
      madre.
¹⁰ Fui puesto a tu cuidado desde antes de nacer;
   desde el vientre de mi madre mi Dios eres tú.

¹¹ No te alejes de mí,
   porque la angustia está cerca
   y no hay nadie que me ayude.

¹² Muchos toros me rodean;
   fuertes toros de Basán me cercan.
¹³ Contra mí abren sus fauces
   leones que rugen y desgarran a su presa.
¹⁴ Como agua he sido derramado;
   dislocados están todos mis huesos.
   Mi corazón se ha vuelto como cera
   y se derrite en mis entrañas.
¹⁵ Se ha secado mi vigor como la arcilla;
   la lengua se me pega al paladar.
   Me has hundido en el polvo de la muerte.

¹⁶ Como perros me han rodeado;
   me ha cercado una banda de malvados;
   me han traspasadoᵈ las manos y los pies.
¹⁷ Puedo contar todos mis huesos;
   con satisfacción perversa la gente se detiene a
      mirarme.
¹⁸ Se repartieron entre ellos mi manto
   y sobre mi ropa echaron suertes.

ᵃ **Sal 20** En el texto hebreo 20:1-9 se numera 20:2-10.
ᵇ **Sal 21** En el texto hebreo 21:1-13 se numera 21:2-14.
ᶜ **Sal 22** En el texto hebreo 22:1-31 se numera 22:2-32.
ᵈ **16** *me han traspasado* (LXX, Siríaca y algunos mss. hebreos);
como el león (TM).

¹⁹ Pero tú, SEÑOR, no te alejes;
　　fuerza mía, ven pronto en mi auxilio.
²⁰ Libra mi vida de la espada,
　　mi preciosa vida del poder de esos perros.
²¹ Rescátame de la boca de los leones;
　　sálvame de*ᵃ* los cuernos de los toros salvajes.

²² Proclamaré tu ˙nombre a mis hermanos;
　　en medio de la congregación te alabaré.
²³ ¡Alaben al SEÑOR los que le temen!
　　¡Hónrenlo, descendientes de Jacob!
　　¡Venérenlo, descendientes de Israel!
²⁴ Porque él no desprecia ni tiene en poco
　　el sufrimiento del pobre;
　no esconde de él su rostro,
　　sino que lo escucha cuando a él clama.

²⁵ Tú inspiras mi alabanza en la gran asamblea;
　　ante los que te temen cumpliré mis
　　　promesas.
²⁶ Comerán los pobres y se saciarán;
　　alabarán al SEÑOR quienes lo buscan;
　　¡que su corazón viva para siempre!

²⁷ Se acordarán del SEÑOR y se volverán a él
　　todos los confines de la tierra;
　ante él se postrarán
　　todas las familias de las naciones,
²⁸ porque del SEÑOR es el reino;
　　él gobierna sobre las naciones.

²⁹ Festejarán y adorarán todos los ricos de la tierra;
　　ante él se postrarán todos los que bajan al
　　　polvo,
　los que no pueden conservar su vida.
³⁰ La posteridad le servirá;
　　del Señor se hablará a las generaciones
　　　futuras.
³¹ A un pueblo que aún no ha nacido
　　se le dirá que Dios hizo ˙justicia.

Salmo 23
Salmo de David.

¹ El SEÑOR es mi ˙pastor, nada me falta;
　² en verdes pastos me hace descansar.
Junto a tranquilas aguas me conduce;
　³ me infunde nuevas ˙fuerzas.
Me guía por sendas de ˙justicia
　　haciendo honor a su ˙nombre.
⁴ Aun si voy
　　por valles tenebrosos,
no temeré ningún mal
　　porque tú estás a mi lado;
tu vara y tu bastón me reconfortan.

⁵ Dispones ante mí un banquete
　　en presencia de mis enemigos.
Has ungido con aceite mi cabeza;
　　has llenado mi copa a rebosar.
⁶ Seguro estoy de que la bondad y el amor
　　me seguirán todos los días de mi vida;
　y en la casa del SEÑOR
　　habitaré para siempre.

Salmo 24
Salmo de David.

¹ Del SEÑOR es la tierra y todo cuanto hay en ella,
　　el mundo y cuantos lo habitan;
² porque él afirmó la tierra sobre los mares,
　　la estableció sobre los ríos.

³ ¿Quién puede subir al monte del SEÑOR?
　　¿Quién puede estar en su Lugar Santo?

⁴ Solo el de manos limpias y ˙corazón puro,
　　el que no adora ídolos vanos
　　ni jura por dioses falsos.ᵇ

⁵ Quien es así recibe bendiciones del SEÑOR;
　　el Dios de su salvación le hará ˙justicia.
⁶ Tal es la generación de los que a ti acuden,
　　de los que buscan tu rostro, oh Dios
　　　de Jacob.ᶜ　　　　　　　　　　　Selah

⁷ Eleven, ˙puertas, sus dinteles;
　　levántense, puertas antiguas,
　　que va a entrar el Rey de la gloria.
⁸ ¿Quién es este Rey de la gloria?
　　El SEÑOR, el fuerte y valiente,
　　el SEÑOR, el valiente en la batalla.
⁹ Eleven, puertas, sus dinteles;
　　levántense, puertas antiguas,
　　que va a entrar el Rey de la gloria.
¹⁰ ¿Quién es este Rey de la gloria?
　　Es el SEÑOR de los Ejércitos;
　　¡él es el Rey de la gloria!　　　　Selah

Salmo 25ᵈ
Salmo de David.

Álef
¹ A ti, SEÑOR, elevo mi ˙alma;

Bet
　² mi Dios, en ti confío;
　no permitas que sea yo humillado,
　　no dejes que mis enemigos se burlen
　　　de mí.

Guímel
³ Quien en ti pone su esperanza
　　jamás será avergonzado;
　pero quedarán en vergüenza
　　los que traicionan sin razón.

Dálet
⁴ SEÑOR, hazme conocer tus ˙caminos;
　　y enséñame tus sendas.

He
⁵ Encamíname en tu verdad.

Vav
　Y enséñame,
　　porque tú eres mi Dios y mi salvación.
　　¡En ti pongo mi esperanza todo el día!

Zayin
⁶ Acuérdate, SEÑOR, de tu misericordia y gran
　　　amor,
　　que siempre me has mostrado.

Jet
⁷ Olvida los pecados y las transgresiones
　　que cometí en mi juventud.
　Acuérdate de mí según tu gran amor,
　　porque tú, SEÑOR, eres bueno.

Tet
⁸ Bueno y justo es el SEÑOR;
　　por eso les muestra a los pecadores el
　　　camino.

ᵃ 21 *sálvame de* (lectura probable); *me respondiste desde* (TM).
ᵇ 4 *por dioses falsos.* Alt. *con falsedad.*　ᶜ 6 *Dios de Jacob* (LXX,
Siríaca, Targum y dos mss. hebreos); TM no incluye *Dios de*.
ᵈ Sal 25 Este salmo es un poema acróstico, que sigue el orden
del alfabeto hebreo.

Yod
⁹ Él dirige en la *justicia a los humildes,
    y les enseña su camino.

Caf
¹⁰ Todas las sendas del SEÑOR son amor y verdad
    para quienes cumplen los mandatos de su
        *pacto.

Lámed
¹¹ Por amor a tu *nombre, SEÑOR,
    perdona mi gran iniquidad.

Mem
¹² ¿Quién es el *hombre que teme al SEÑOR?
    Será instruido en el mejor de los caminos.

Nun
¹³ Tendrá una vida próspera
    y sus descendientes heredarán la tierra.

Sámej
¹⁴ El SEÑOR brinda su amistad a quienes le
        temen
    y les da a conocer su pacto.

Ayin
¹⁵ Mis ojos están puestos siempre en el SEÑOR,
    pues solo él puede sacarme de la trampa.

Pe
¹⁶ Vuelve a mí tu rostro y tenme compasión,
    pues me encuentro solo y afligido.

Tsade
¹⁷ Crecen las angustias de mi *corazón;
    líbrame de mis aflicciones.
¹⁸ Fíjate en mi aflicción y en mis penurias
    y borra todos mis pecados.

Resh
¹⁹ ¡Mira cómo se han multiplicado mis enemigos,
    y cuán violento es el odio que me tienen!

Shin
²⁰ Protege mi vida, rescátame;
    no permitas que sea avergonzado,
    porque en ti busco refugio.

Tav
²¹ Sean mi protección la integridad y la rectitud,
    porque en ti he puesto mi esperanza.

²² ¡Libra, oh Dios, a Israel
    de todas sus angustias!

Salmo 26
Salmo de David.

¹ Hazme *justicia, SEÑOR,
    pues he vivido en integridad;
    ¡en el SEÑOR confío sin titubear!
² Examíname, SEÑOR, ¡ponme a prueba!,
    purifica mi corazón y mi mente.
³ Tu gran amor lo tengo presente
    y siempre ando en tu verdad.

⁴ Yo no convivo con los mentirosos
    ni me junto con los hipócritas;
⁵ aborrezco la compañía de los malvados;
    no cultivo la amistad de los perversos.

⁶ Con manos limpias e inocentes
    camino, SEÑOR, en torno a tu altar;
⁷ proclamando en voz alta tu alabanza
    y contando todas tus maravillas.

⁸ SEÑOR, yo amo la casa donde vives,
    el lugar donde reside tu gloria.
⁹ No me quites la vida junto a los pecadores
    ni me hagas correr la suerte de los asesinos,
¹⁰ entre *gente que tiene las manos
    llenas de artimañas y sobornos.
¹¹ Yo, en cambio, vivo en integridad;
    líbrame y compadécete de mí.

¹² Tengo los pies en terreno firme
    y en la gran asamblea bendeciré al SEÑOR.

Salmo 27
Salmo de David.

¹ El SEÑOR es mi luz y mi *salvación;
    ¿a quién temeré?
El SEÑOR es el baluarte de mi vida;
    ¿quién me asustará?

² Cuando los malvados avanzan contra mí
    para devorar mis carnes,
cuando mis enemigos y adversarios me atacan,
    son ellos los que tropiezan y caen.
³ Aun cuando un ejército me asedie,
    no temerá mi corazón;
aun cuando una guerra estalle contra mí,
    yo mantendré la confianza.

⁴ Una sola cosa pido al SEÑOR
    y es lo único que persigo:
habitar en la casa del SEÑOR
    todos los días de mi vida,
para contemplar la hermosura del SEÑOR
    y buscar orientación en su Templo.
⁵ Porque en el día de la aflicción
    él me resguardará en su morada;
al amparo de su santuario me protegerá
    y me pondrá en alto sobre una roca.

⁶ Me hará prevalecer
    frente a los enemigos que me rodean;
en su santuario ofreceré sacrificios de alabanza
    y cantaré y entonaré salmos al SEÑOR.

⁷ Oye, SEÑOR, mi voz cuando a ti clamo;
    compadécete de mí y respóndeme.
⁸ El *corazón me dice: «¡Busca su rostro!».ᵃ
    Y yo, SEÑOR, tu rostro busco.
⁹ No escondas de mí tu rostro;
    no me rechaces, en tu enojo, a este siervo tuyo,
    porque tú has sido mi ayuda.
No me desampares ni me abandones,
    Dios de mi salvación.
¹⁰ Aunque mi padre y mi madre me abandonen,
    el SEÑOR me acogerá.
¹¹ Guíame, SEÑOR, por tu *camino;
    dirígeme por la senda de rectitud,
    por causa de mis enemigos.
¹² No me entregues al capricho de mis adversarios,
    pues contra mí se levantan testigos falsos
    que respiran violencia.

¹³ Pero de una cosa estoy seguro:
    he de ver la bondad del SEÑOR
    en esta tierra de los vivientes.
¹⁴ Pon tu esperanza en el SEÑOR;
    cobra ánimo y ármate de valor,
    ¡pon tu esperanza en el SEÑOR!

ᵃ **8** *El corazón … su rostro!* (lectura probable); *A ti dice mi
corazón: «Busquen mi rostro»* (TM).

Salmo 28
Salmo de David.

[1] A ti clamo, SEÑOR, *Roca mía;
no te desentiendas de mí,
porque si guardas silencio,
seré como los que bajan a la fosa.
[2] Oye mi voz suplicante
cuando a ti acudo en busca de ayuda,
cuando tiendo los brazos hacia tu Lugar
Santísimo.

[3] No me arrastres con los malvados,
con los que hacen iniquidad,
con los que hablan de *paz con su prójimo,
pero en sus corazones[a] planean maldad.
[4] Págales conforme a sus obras,
conforme a sus malas acciones.
Págales conforme a las obras de sus manos;
¡dales su merecido!

[5] Ya que no toman en cuenta las obras del SEÑOR
y lo que él ha hecho con sus manos,
él los derribará
y nunca más volverá a levantarlos.

[6] Bendito sea el SEÑOR,
que ha oído mi voz suplicante.
[7] El SEÑOR es mi fuerza y mi escudo;
mi corazón en él confía;
de él recibo ayuda.
Mi corazón salta de alegría,
y con cánticos le daré gracias.

[8] El SEÑOR es la fortaleza de su pueblo
y un baluarte de *salvación para su *ungido.
[9] Salva a tu pueblo, bendice a tu heredad
y, cual *pastor, guíalos por siempre.

Salmo 29
Salmo de David.

[1] Tributen al SEÑOR, seres celestiales;[b]
tributen al SEÑOR la gloria y el poder.
[2] Tributen al SEÑOR la gloria que merece su *nombre;
adoren al SEÑOR en la hermosura de su
santidad.

[3] La voz del SEÑOR está sobre las aguas;
resuena el trueno del Dios de la gloria;
el SEÑOR está sobre las aguas impetuosas.
[4] La voz del SEÑOR resuena potente;
la voz del SEÑOR resuena majestuosa.
[5] La voz del SEÑOR desgaja los cedros;
desgaja el SEÑOR los cedros del Líbano;
[6] hace que el Líbano salte como becerro
y que el Sirión[c] salte cual toro salvaje.
[7] La voz del SEÑOR destruye
con rayos de fuego;
[8] la voz del SEÑOR sacude el desierto;
el SEÑOR sacude el desierto de Cades.
[9] La voz del SEÑOR retuerce los robles[d]
y deja desnudos los bosques;
en su Templo todos gritan: «¡Gloria!».

[10] El SEÑOR tiene su trono sobre el diluvio;
el SEÑOR reina por siempre.
[11] El SEÑOR fortalece a su pueblo;
el SEÑOR bendice a su pueblo con la *paz.

Salmo 30[e]
Cántico para la dedicación de la Casa.[f] Salmo de David.

[1] Te exaltaré, SEÑOR, porque me levantaste,
porque no dejaste que mis enemigos se
burlaran de mí.

[2] SEÑOR mi Dios, te pedí ayuda
y me sanaste.
[3] Tú, SEÑOR, me libraste de los dominios de la
muerte;[g]
me hiciste revivir de entre los muertos.

[4] Canten al SEÑOR, ustedes sus fieles;
alaben su santo *nombre.
[5] Porque solo un instante dura su enojo,
pero su buena voluntad, toda una vida.
Si por la noche hay llanto,
por la mañana habrá gritos de alegría.

[6] Cuando me sentí seguro, exclamé:
«Jamás caeré».
[7] Tú, SEÑOR, en tu buena voluntad,
me exaltaste como monte poderoso;[h]
pero cuando escondiste tu rostro,
yo quedé angustiado.

[8] A ti clamo, SEÑOR Soberano;
a ti me vuelvo suplicante.
[9] ¿Qué ganas tú con que yo muera,[i]
con que descienda yo al sepulcro?
¿Acaso el polvo te alabará
o proclamará tu verdad?
[10] Oye, SEÑOR; compadécete de mí.
¡Sé tú, SEÑOR, mi ayuda!

[11] Convertiste mi lamento en danza;
me quitaste la ropa de luto
y me vestiste de alegría,
[12] para que te cante y te glorifique
y no me quede callado.
¡SEÑOR mi Dios, siempre te daré gracias!

Salmo 31[j]
31:1-4 – Sal 71:1-3
Al director musical. Salmo de David.

[1] En ti, SEÑOR, busco refugio;
jamás permitas que me avergüencen.
Por tu *justicia, líbrame.
[2] Inclina a mí tu oído
y acude pronto a socorrerme.
Sé tú mi *roca de refugio,
la fortaleza de mi *salvación.
[3] Guíame, pues eres mi roca y mi fortaleza,
dirígeme por amor a tu *nombre.
[4] Líbrame de la trampa que me han
tendido,
porque tú eres mi refugio.
[5] En tus manos encomiendo mi espíritu;
líbrame, SEÑOR, Dios de la verdad.

[6] Odio a los que adoran ídolos vanos;
yo, por mi parte, confío en ti, SEÑOR.
[7] Me alegro y me regocijo en tu amor,
porque tú has visto mi aflicción
y conoces las angustias de mi *alma.
[8] No me entregaste al enemigo,
sino que me pusiste en lugar
espacioso.

---

[a] 3 *corazones.* En la Biblia, *corazón* se usa para designar el
asiento de las emociones, pensamientos y voluntad, es
decir, el proceso de toma de decisiones del ser humano.
[b] 1 *seres celestiales.* Lit. *hijos de los dioses.*   [c] 6 *Sirión*
nombre que los fenicios le daban al monte Hermón; véase
Dt 3:8-9.   [d] 9 *retuerce los robles.* Alt. *hace parir a la cierva.*
[e] *Sal 30* En el texto hebreo 30:1-12 se numera 30:2-13.
[f] 30 *Título. Casa.* Alt. *palacio,* o *Templo.*   [g] 3 *de los dominios
de la muerte.* Lit. *del Seol.*   [h] 7 Es decir, el Monte Sión.
[i] 9 *con que yo muera.* Lit. *con mi sangre.*   [j] *Sal 31* En el texto
hebreo 31:1-24 se numera 31:2-25.

⁹ Tenme compasión, SEÑOR, que estoy
    angustiado;
    el dolor debilita mis ojos,
    mi alma y mi cuerpo.
¹⁰ La vida se me va en angustias
    y los años en lamentos;
    la aflicción está acabando con mis fuerzas
    y mis huesos se van debilitando.
¹¹ Por causa de todos mis enemigos,
    soy motivo de desprecio para mis vecinos;
    soy un espanto para mis amigos;
    de mí huyen los que me encuentran en la
      calle.
¹² Me han olvidado, como si hubiera muerto;
    soy como una vasija hecha pedazos.
¹³ Son muchos a los que oigo murmurar:
    «Hay terror por todas partes».
    Se han confabulado contra mí
    y traman quitarme la vida.

¹⁴ Pero yo, SEÑOR, en ti confío,
    y digo: «Tú eres mi Dios».
¹⁵ Mi vida entera está en tus manos;
    líbrame de mis enemigos y perseguidores.
¹⁶ Haz resplandecer tu rostro sobre tu siervo;
    por tu gran amor, sálvame.
¹⁷ SEÑOR, no permitas que me avergüencen,
    porque a ti he clamado.
    Que sean avergonzados los malvados
    y silenciados en el sepulcro.ᵃ
¹⁸ Que sean silenciados sus labios mentirosos,
    porque hablan contra los justos
    con orgullo, desdén e insolencia.

¹⁹ ¡Cuán grande es tu bondad!
    La reservas para los que te temen,
    y a la vista de la ˙gente la derramas
    sobre los que en ti se refugian.
²⁰ Al amparo de tu presencia los proteges
    de las intrigas ˙humanas;
    en tu morada los resguardas
    de las lenguas contenciosas.

²¹ Bendito sea el SEÑOR,
    pues mostró su gran amor por mí
    cuando me hallaba en una ciudad sitiada.
²² En mi angustia llegué a decir:
    «¡He sido arrojado de tu presencia!».
    Pero tú oíste mi voz suplicante
    cuando te pedí que me ayudaras.

²³ Amen al SEÑOR, todos sus fieles;
    él protege a los dignos de confianza,
    pero a los orgullosos les da su merecido.
²⁴ Cobren ánimo y ármense de valor,
    todos los que en el SEÑOR esperan.

Salmo 32
Salmo de David. Masquil.

¹ ˙Dichoso aquel
    a quien se le perdonan sus transgresiones,
    cuyos pecados son cubiertos.
² Dichoso aquel
    cuyo pecado el SEÑOR no le toma en cuenta,
    y en cuyo espíritu no hay engaño.

³ Mientras guardé silencio,
    mis huesos se fueron consumiendo
    por mi gemir de todo el día.
⁴ Mi fuerza se fue debilitando
    como al calor del verano,

ᵃ 17 *sepulcro*. Lit. *Seol*.

porque día y noche
    tu mano pesaba sobre mí.   *Selah*

⁵ Pero te confesé mi pecado
    y no te oculté mi maldad.
    Me dije: «Voy a confesar mis transgresiones al
      SEÑOR».
    Y tú perdonaste la culpa de mi pecado.   *Selah*

⁶ Que te invoquen todos los fieles
    en momentos que puedas ser hallado;
    caudalosas aguas podrán desbordarse,
    pero no los alcanzarán.
⁷ Tú eres mi refugio;
    tú me protegerás del peligro
    y me rodearás con cánticos de liberación. *Selah*

⁸ El SEÑOR dice:
    «Yo te instruiré,
    yo te mostraré el ˙camino que debes seguir;
    yo te daré consejos y velaré por ti.
⁹ No seas como el mulo o el caballo,
    que no tienen discernimiento,
    y cuyo brío hay que domar con brida y freno
    para acercarlos a ti».
¹⁰ Muchos son los sufrimientos de los malvados,
    pero el gran amor del SEÑOR
    envuelve a los que en él confían.

¹¹ ¡Alégrense, ustedes los justos;
    regocíjense en el SEÑOR!
    ¡Canten todos ustedes,
    los de ˙corazón sincero!

Salmo 33

¹ Canten al SEÑOR con alegría, ustedes los justos;
    es propio de los íntegros alabar al SEÑOR.
² Alaben al SEÑOR al son del arpa;
    entonen alabanzas con la lira de diez cuerdas.
³ Cántenle una canción nueva;
    toquen con destreza
    y den voces de alegría.

⁴ La palabra del SEÑOR es justa;
    fieles son todas sus obras.
⁵ El SEÑOR ama la ˙justicia y el derecho;
    llena está la tierra de su gran amor.

⁶ Por la palabra del SEÑOR fueron hechos los cielos
    y por el soplo de su boca, todo lo que en ellos
      hay.
⁷ Él recoge en cántaros las aguas del mar
    y junta en depósitos las profundidades del
      océano.
⁸ Que toda la tierra tema al SEÑOR;
    que lo honren todos los pueblos del mundo;
⁹ porque él habló, todo fue hecho;
    dio una orden y todo quedó firme.

¹⁰ El SEÑOR frustra los planes de las naciones;
    desbarata los designios de los pueblos.
¹¹ Pero los planes del SEÑOR quedan firmes para
      siempre;
    los designios de su corazón son eternos.

¹² Dichosa la nación cuyo Dios es el SEÑOR,
    el pueblo que escogió por su heredad.
¹³ El SEÑOR observa desde el cielo
    y ve a toda la ˙humanidad;
¹⁴ él contempla desde su morada
    a todos los habitantes de la tierra.
¹⁵ Él es quien formó el corazón de todos
    y quien conoce a fondo todas sus acciones.

16 No se salva el rey por sus muchos soldados
    ni por su mucha fuerza se libra el valiente.
17 Vana esperanza de ˚victoria es el caballo;
    a pesar de su mucha fuerza no puede salvar.
18 Los ojos del SEÑOR están sobre los que le
    temen,
    de los que esperan en su gran amor.
19 Él los libra de la muerte
    y en épocas de hambre los mantiene con
    vida.

20 Esperamos confiados en el SEÑOR;
    él es nuestro socorro y nuestro escudo.
21 En él se regocija nuestro corazón,
    porque confiamos en su santo ˚nombre.
22 Que tu gran amor, SEÑOR, nos acompañe,
    tal como lo esperamos de ti.

Salmo 34[a,b]

*Salmo de David, cuando fingió estar demente ante
Abimélec, por lo cual este lo arrojó de su presencia.*

Álef
1 Bendeciré al SEÑOR en todo tiempo;
    lo alabarán siempre mis labios.

Bet
2 Mi ˚alma se gloría en el SEÑOR;
    lo oirán los humildes y se alegrarán.

Guímel
3 Engrandezcan al SEÑOR conmigo;
    exaltemos a una su ˚nombre.

Dálet
4 Busqué al SEÑOR y él me respondió;
    me libró de todos mis temores.

He
5 Los que lo miran están radiantes;
    jamás su rostro se cubre de vergüenza.

Zayin
6 Este pobre clamó, el SEÑOR lo oyó
    y lo libró de todas sus angustias.

Jet
7 El ángel del SEÑOR acampa en torno a los que le
    temen;
    a su lado está para librarlos.

Tet
8 Prueben y vean que el SEÑOR es bueno;
    ˚dichosos los que se refugian en él.

Yod
9 Teman al SEÑOR, ustedes sus santos,
    pues nada les falta a los que le temen.

Caf
10 Los leoncillos se debilitan y tienen hambre,
    pero a los que buscan al SEÑOR nada les falta.

Lámed
11 Vengan, hijos míos, y escúchenme
    que voy a enseñarles el temor del SEÑOR.

Mem
12 El que ama la vida
    y desea ver muchos días felices,

Nun
13 que refrene su lengua de hablar el mal
    y sus labios de proferir engaños;

Sámej
14 que se aparte del mal y haga el bien;
    que busque la ˚paz y la siga.

Ayin
15 Los ojos del SEÑOR están sobre los justos,
    y sus oídos, atentos a sus clamores;

Pe
16 pero el rostro del SEÑOR está contra los que hacen
    el mal,
    para borrar de la tierra su memoria.

Tsade
17 Los justos claman, el SEÑOR los oye
    y los libra de todas sus angustias.

Qof
18 El SEÑOR está cerca de los quebrantados de
    corazón,
    y salva a los de espíritu abatido.

Resh
19 Muchas son las angustias del justo,
    pero el SEÑOR lo librará de todas ellas;

Shin
20 le protegerá todos los huesos
    y ni uno solo le quebrarán.

Tav
21 La maldad destruye a los malvados;
    serán condenados los enemigos de los justos.
22 El SEÑOR libra a sus siervos;
    no serán condenados los que en él se refugian.

Salmo 35
Salmo de David.

1 Ataca, SEÑOR, a los que me atacan;
    combate a los que me combaten.
2 Toma tu adarga, tu escudo,
    y acude en mi ayuda.
3 Empuña la lanza y el hacha,
    y haz frente a[c] los que me persiguen.
    Quiero oírte decir:
    «Yo soy tu ˚salvación».

4 Queden confundidos y avergonzados
    los que procuran matarme;
    retrocedan humillados
    los que traman mi ruina.
5 Sean como la paja que se lleva el viento,
    acosados por el ángel del SEÑOR;
6 sea su senda oscura y resbalosa,
    perseguidos por el ángel del SEÑOR.

7 Ya que sin motivo me tendieron una trampa
    y sin motivo cavaron una fosa para mí,
8 que la ruina los tome por sorpresa;
    que caigan en su propia trampa,
    en la fosa que ellos mismos cavaron.
9 Así mi ˚alma se alegrará en el SEÑOR
    y se deleitará en su salvación.
10 Así todo mi ser exclamará:
    «¿Quién como tú, SEÑOR?
    Tú libras de los poderosos a los pobres;
    a los pobres y necesitados libras
    de aquellos que los explotan».

---

a **Sal 34** Este salmo es un poema acróstico, que sigue el orden
del alfabeto hebreo.   *b* **Sal 34** En el texto hebreo 34:1-22
se numera 34:2-23.   *c* **3** *el hacha, y haz frente a* (lectura
probable); *cierra contra* (TM).

¹¹ Se presentan testigos despiadados
  y me preguntan cosas que yo ignoro.
¹² Me devuelven mal por bien
  y eso me duele en el alma;
¹³ pues cuando ellos enfermaban
  yo me vestía de luto,
  me afligía y ayunaba.
  ¡Ay, si pudiera retractarme de mis
    oraciones!
¹⁴ Me vestía yo de luto,
  como por un amigo o un hermano.
  Afligido, inclinaba la cabeza,
  como si llorara por mi madre.
¹⁵ Pero yo tropecé y ellos se alegraron
  y a una se juntaron contra mí.
  Asaltantes*ᵃ* que yo no conocía;
  me calumniaban sin cesar.
¹⁶ Me atormentaban, se burlaban de mí*ᵇ*
  y contra mí rechinaban los dientes.

¹⁷ ¿Hasta cuándo, Señor, vas a tolerar esto?
  Libra mi vida, mi única vida,
  de los ataques de esos leones.
¹⁸ Yo te daré gracias en la gran asamblea;
  ante una multitud te alabaré.
¹⁹ No dejes que de mí se burlen
  mis enemigos traicioneros;
  no dejes que guiñen el ojo
  los que me odian sin motivo.
²⁰ Porque no vienen en son de ˚paz,
  sino que urden mentiras
  contra la gente apacible del país.
²¹ De mí se ríen a carcajadas y exclaman:
  «¡Miren en lo que vino a parar!».

²² Señor, tú has visto todo esto;
  no te quedes callado.
  ¡Señor, no te alejes de mí!
²³ ¡Despierta! ¡Levántate en mi defensa!
  ¡Defiéndeme, mi Dios y Señor!
²⁴ Júzgame según tu justicia, Señor mi Dios;
  no dejes que se burlen de mí.
²⁵ No permitas que piensen:
  «¡Así queríamos verlo!».
  No permitas que digan:
  «Nos lo hemos tragado vivo».

²⁶ Queden avergonzados y confundidos
  todos los que se alegran de mi desgracia;
  sean cubiertos de deshonra y vergüenza
  todos los que se creen más que yo.
²⁷ Pero lancen voces de alegría y regocijo
  los que quieren mi vindicación
  y digan siempre: «Exaltado sea el Señor,
  quien se deleita en el ˚bienestar de su
    siervo».

²⁸ Con mi lengua proclamaré tu justicia
  y todo el día te alabaré.

Salmo 36ᶜ
Al director musical. De David, el siervo del Señor.

¹ El pecado habla al malvado
  en lo profundo de su ˚corazón.
  No hay temor de Dios
  delante de sus ojos.

² Cree que merece alabanzas,
  al punto de no hallar aborrecible su propio
    pecado.
³ Sus palabras son malvadas y engañosas;
  ha perdido el buen juicio
  y la capacidad de hacer el bien.
⁴ Aun en su lecho trama hacer iniquidad;
  se aferra a su mal ˚camino
  y no rechaza la maldad.

⁵ Tu amor, Señor, llega hasta los cielos;
  tu fidelidad alcanza las nubes.
⁶ Tu ˚justicia es como las altas montañas;ᵈ
  tus juicios, tan profundos como el mar.
  Tú, Señor, cuidas de ˚hombres y animales;
⁷ ¡cuán precioso, oh Dios, es tu gran amor!
  Todo ˚ser humano halla refugio
  a la sombra de tus alas.
⁸ Se sacian de la abundancia de tu casa;
  les das a beber en el río de tus delicias.
⁹ Porque en ti está la fuente de la vida
  y en tu luz podemos ver la luz.

¹⁰ Extiende tu amor a los que te conocen
  y tu justicia a los de corazón sincero.
¹¹ Que no me aplaste el pie del orgulloso
  ni me desarraigue la mano del impío.
¹² Vean cómo fracasan los malvados:
  ¡fueron derribados y no pueden levantarse!

Salmo 37ᵉ
Salmo de David.

Álef
¹ No te enojes a causa de los malvados
  ni envidies a los malhechores;
² porque pronto se marchitan, como la hierba;
  como la hierba verde, pronto se secan.

Bet
³ Confía en el Señor y haz el bien;
  establécete en la tierra y mantente fiel.
⁴ Deléitate en el Señor
  y él te concederá los deseos de tu ˚corazón.

Guímel
⁵ Encomienda al Señor tu ˚camino;
  confía en él y él actuará.
⁶ Hará que tu ˚justicia resplandezca como el alba;
  tu justa causa, como el sol de mediodía.

Dálet
⁷ Guarda silencio ante el Señor
  y espera en él con paciencia;
  no te enojes ante el éxito de otros,
  de los que maquinan planes malvados.

He
⁸ Refrena la ira, deja la furia;
  no te enojes, pues esto conduce al mal.
⁹ Porque los malvados serán exterminados,
  pero los que esperan en el Señor heredarán la
    tierra.

Vav
¹⁰ Dentro de poco los malvados dejarán de
    existir;
  por más que los busques, no los encontrarás.
¹¹ Pero los humildes heredarán la tierra
  y disfrutarán de gran ˚bienestar.

Zayin
¹² Los malvados conspiran contra los justos
  y rechinan los dientes contra ellos;

ᵃ 15 Asaltantes (lectura probable); *Gente golpeada o extraña*
(TM). *ᵇ 16 Me … mí* (LXX); *Como un grupo impío de burlones*
(TM). *ᶜ Sal 36* En el texto hebreo 36:1-12 se numera
36:2-13. *ᵈ 6 las altas montañas.* Alt. *las montañas de Dios.*
ᵉ Sal 37 Este salmo es un poema acróstico que sigue el orden
del alfabeto hebreo.

¹³pero el Señor se ríe de los malvados,
pues sabe que les llegará su hora.

Jet

¹⁴Los malvados sacan la espada y tensan el arco
para abatir al pobre y al necesitado,
para matar a los que viven con rectitud.
¹⁵Pero su propia espada les atravesará el
corazón
y su arco quedará hecho pedazos.

Tet

¹⁶Más vale lo poco de un justo
que la abundancia de muchos malvados;
¹⁷porque el brazo de los malvados será quebrado,
pero el SEÑOR sostendrá a los justos.

Yod

¹⁸El SEÑOR conoce la vida de los íntegros,
y su herencia perdura por siempre.
¹⁹En tiempos difíciles no serán avergonzados;
en épocas de hambre tendrán abundancia.

Caf

²⁰Los malvados, los enemigos del SEÑOR,
acabarán por ser destruidos;
desaparecerán como las flores silvestres,
se desvanecerán como el humo.

Lámed

²¹Los malvados piden prestado y no pagan,
pero los justos dan con generosidad.
²²Los benditos del SEÑOR heredarán la tierra,
pero los que él maldice serán exterminados.

Mem

²³El SEÑOR afirma los pasos del *hombre
cuando le agrada su modo de vivir;
²⁴podrá tropezar, pero no caerá,
porque el SEÑOR lo sostiene de la mano.

Nun

²⁵Fui joven y ahora soy viejo,
pero nunca he visto al justo en el abandono
ni que sus hijos mendiguen pan.
²⁶Prestan siempre con generosidad;
sus hijos son una bendición.

Sámej

²⁷Apártate del mal y haz el bien,
y siempre tendrás dónde vivir.
²⁸Porque el SEÑOR ama al justo
y no abandona a quienes le son fieles.

Ayin

El SEÑOR los protegerá para siempre,
pero la descendencia de los malvados será
exterminada.
²⁹Los justos heredarán la tierra
y por siempre vivirán en ella.

Pe

³⁰La boca del justo imparte sabiduría
y su lengua proclama la justicia.
³¹La *Ley de Dios está en su corazón
y sus pies jamás resbalan.

Tsade

³²Los malvados acechan a los justos
con la intención de matarlos,
³³pero el SEÑOR no los dejará caer en sus
manos
ni permitirá que los condenen en el juicio.

Qof

³⁴Pero tú, espera en el SEÑOR
y sigue su camino,
que él te exaltará para que heredes la tierra.
Cuando los malvados sean exterminados,
tú lo verás con tus propios ojos.

Resh

³⁵He visto al déspota y malvado
extenderse como árbol frondoso en su propio
suelo.
³⁶Pero pasó al olvido y dejó de existir;
lo busqué y ya no pude encontrarlo.

Shin

³⁷Observa a los que son íntegros y honestos:
hay porvenir para quien busca la *paz.
³⁸Pero todos los transgresores serán destruidos;
el porvenir de los malvados será el exterminio.

Tav

³⁹La *salvación de los justos viene del SEÑOR;
él es su fortaleza en tiempos de angustia.
⁴⁰El SEÑOR los ayuda y los libra;
los libra de los malvados y los salva,
porque en él se refugian.

Salmo 38[a]

Salmo de David, para las ofrendas memoriales.

¹SEÑOR, no me reprendas en tu enojo
ni me castigues en tu ira.
²Porque tus flechas me han atravesado
y sobre mí ha caído tu mano.
³Por causa de tu indignación no hay nada sano en
mi cuerpo;
por causa de mi pecado no me quedan huesos
sanos.
⁴Mis maldades me abruman,
son una carga demasiado pesada para mí.

⁵Por causa de mi insensatez
mis llagas hieden y supuran.
⁶Estoy agobiado, del todo abatido;
todo el día ando afligido.
⁷Mi espalda está llena de dolores punzantes;
no hay nada sano en mi cuerpo.
⁸Me siento débil, completamente deshecho;
mi corazón gime angustiado.

⁹Ante ti, Señor, están todos mis deseos;
no te son un secreto mis suspiros.
¹⁰Late mi corazón con violencia,
las fuerzas me abandonan,
hasta la luz de mis ojos se apaga.
¹¹Mis amigos y vecinos se apartan de mis llagas;
mis parientes se mantienen a distancia.
¹²Tienden sus trampas los que quieren matarme;
maquinan mi ruina los que buscan mi mal
y todo el día urden engaños.

¹³Pero yo, como un sordo, no escucho;
como un mudo, no respondo.
¹⁴Soy como los que no oyen
ni pueden hablar para defenderse.
¹⁵Yo, SEÑOR, espero en ti;
tú, Señor y Dios mío, serás quien responda.
¹⁶Tan solo pido que no se burlen de mí,
que cuando tropiece no se crean superiores.

¹⁷Estoy por desfallecer;
el dolor no me deja un solo instante.

---

a Sal 38 En el texto hebreo 38:1-22 se numera 38:2-23.

¹⁸ Voy a confesar mi iniquidad,
   pues mi pecado me angustia.
¹⁹ Mis enemigos son muchos y poderosos;
   abundan los que me odian sin motivo.
²⁰ Por hacer el bien, me pagan con el mal;
   por procurar lo bueno, se ponen en mi contra.

²¹ SEÑOR, no me abandones;
   Dios mío, no te alejes de mí.
²² Señor de mi *salvación,
   ¡ven pronto en mi ayuda!

Salmo 39ª

Al director musical. Para Jedutún. Salmo de David.

¹ Me dije a mí mismo:
«Mientras esté ante gente malvada
   vigilaré mi conducta,
   me abstendré de pecar con la lengua,
   me pondré una mordaza en la boca».
² Así que guardé silencio, me mantuve callado.
   ¡Ni aun lo bueno salía de mi boca!
   Pero mi angustia iba en aumento;
   ³ ¡el corazón me ardía en el pecho!
   Al meditar en esto, el fuego se inflamó
   y tuve que decir:

⁴ «Hazme saber, SEÑOR, cuál es el final de
      mi vida
   y el número de mis días;
   hazme saber lo efímero que soy.
⁵ Muy breve es la vida que me has dado;
   ante ti, mis años no son nada.
   ¡El *ser humano es como un soplo!   Selah

⁶ »Es como una sombra que pasa.
   En vano se afana por amontonar riquezas,ᵇ
   pues no sabe quién se quedará con ellas.

⁷ »Y ahora, Señor, ¿qué esperanza me queda?
   ¡Mi esperanza he puesto en ti!
⁸ Líbrame de todas mis transgresiones.
   Que los *necios no se burlen de mí.
⁹ He guardado silencio; no he abierto la boca,
   pues tú eres quien actúa.
¹⁰ Aparta de mí tu azote,
   que los golpes de tu mano me aniquilan.
¹¹ Tú reprendes a los mortales,
   los castigas por su iniquidad;
   como polilla, acabas con lo que más desean.
   ¡Un soplo nada más es el mortal!   Selah

¹² »SEÑOR, escucha mi oración,
   atiende a mi clamor;
   no te desentiendas de mi llanto.
   Ante ti soy un extranjero,
      alguien que está de paso, como todos mis
      antepasados.
¹³ No me mires con enojo y volveré a alegrarme
   antes que me vaya y deje de existir».

Salmo 40ᶜ

40:13-17 – Sal 70:1-5
Al director musical. Salmo de David.

¹ Puse en el SEÑOR toda mi esperanza;
   él se inclinó hacia mí y escuchó mi clamor.
² Me sacó de la fosa fatal,
   del lodo y del pantano;

puso mis pies sobre una roca,
   y me plantó en terreno firme.
³ Puso en mis labios un cántico nuevo,
   un himno de alabanza a nuestro Dios.
   Al ver esto, muchos tuvieron miedo
   y pusieron su confianza en el SEÑOR.

⁴ *Dichoso quien
   pone su confianza en el SEÑOR
   y no recurre a los soberbios
   ni a los que se pierden tras la mentira.
⁵ Muchas son, SEÑOR mi Dios,
   las maravillas que tú has hecho.
   No es posible enumerar
   tus planes en favor nuestro.
   Si quisiera anunciarlos y proclamarlos,
   serían más de lo que puedo contar.

⁶ A ti no te complacen sacrificios ni ofrendas,
   pero has abierto mis oídos para oírte;
   tú no has pedido *holocaustos ni sacrificios por
      el pecado.
⁷ Por eso dije: «Aquí me tienes
   —como el libro dice de mí—.
⁸ Me agrada, Dios mío, hacer tu voluntad;
   tu *Ley la llevo dentro de mí».

⁹ En medio de la gran asamblea
   he proclamado tu *justicia.
   Tú bien sabes, SEÑOR,
   que no he sellado mis labios.
¹⁰ No escondo tu justicia en mi *corazón,
   sino que doy a conocer tu fidelidad y tu
      *salvación.
   No oculto en la gran asamblea
   tu gran amor y tu verdad.

¹¹ No me niegues, SEÑOR, tu misericordia;
   que siempre me protejan tu amor y tu verdad.
¹² Muchos males me han rodeado;
   tantos son que no puedo contarlos.
   Me han alcanzado mis iniquidades
   y ya ni puedo ver.
   Son más que los cabellos de mi cabeza
   y mi corazón desfallece.
¹³ Por favor, SEÑOR, ¡ven a librarme!
   ¡Ven pronto, SEÑOR, en mi auxilio!

¹⁴ Que sean avergonzados y confundidos
   todos los que tratan de matarme.
   Que retrocedan humillados
   todos los que desean mi ruina.
¹⁵ Que se llenen de pánico por su vergüenza
   los que se burlan de mí.
¹⁶ Pero que todos los que te buscan
   se alegren en ti y se regocijen;
   que los que aman tu salvación digan siempre:
   «¡Sea el SEÑOR exaltado!».

¹⁷ Yo soy pobre y necesitado;
   quiera el Señor tomarme en cuenta.
   Tú eres mi socorro y mi libertador;
   ¡no te demores, Dios mío!

Salmo 41ᵈ

Al director musical. Salmo de David.

¹ *Dichoso el que piensa en el débil;
   el SEÑOR lo librará en el día de la desgracia.
² El SEÑOR lo protegerá y lo mantendrá con vida;
   lo hará dichoso en la tierra
   y no lo entregará al capricho de sus enemigos.
³ El SEÑOR lo sostendrá en el lecho del dolor;
   cuando caiga enfermo lo restaurará.

ᵃ **Sal 39** En el texto hebreo 39:1-13 se numera 39:2-14.
ᵇ **6** *En vano ... riquezas* (lectura probable); *En vano hace ruido
y amontona* (TM).   ᶜ **Sal 40** En el texto hebreo 40:1-17 se
numera 40:2-18.   ᵈ **Sal 41** En el texto hebreo 41:1-13 se
numera 41:2-14.

⁴ Yo he dicho:
«SEÑOR, ten piedad de mí;
   sáname, pues contra ti he pecado».
⁵ Mis enemigos hablan males contra mí:
«¿Cuándo morirá?
   ¿Cuándo su nombre pasará al olvido?».
⁶ Si alguno viene a verme, me dice mentiras;
   su corazón acumula maldad
   y luego al salir lo cuenta.

⁷ Todos mis enemigos se juntan y murmuran
      contra mí;
   me hacen responsable de mi mal. Dicen:
⁸ «Le ha afligido un mal devastador;
   de esa cama no volverá a levantarse».
⁹ Hasta mi amigo cercano,
   en quien yo confiaba
   y que compartía el pan conmigo,
   se ha vuelto contra mí.

¹⁰ Pero tú, SEÑOR, ten piedad de mí;
   haz que vuelva a levantarme para darles su
      merecido.
¹¹ En esto conozco que te he agradado:
   en que mi enemigo no triunfe sobre mí.
¹² Por mi integridad me sostienes
   y en tu presencia me mantendrás para
      siempre.

¹³ Bendito sea el SEÑOR, el Dios de Israel,
   por los siglos de los siglos.
                    Amén y amén.

Libro II
Salmos 42–72

Salmo 42ᵃ,ᵇ
Al director musical. Masquil de los hijos de Coré.
¹ Como ciervo jadeante que busca las corrientes de
      agua,
   así te busca, oh Dios, todo mi ser.
² Tengo sed de Dios, del Dios vivo.
   ¿Cuándo podré presentarme ante Dios?
³ Mis lágrimas son mi pan de día y de noche,
   mientras me preguntan a todas horas:
   «¿Dónde está tu Dios?».
⁴ Recuerdo esto y me deshago en llanto:
   yo solía ir con la multitud
   y la conducía a la casa de Dios.
   Entre voces de alegría y acciones de gracias
   hacíamos gran celebración.

⁵ ¿Por qué estás tan abatida, alma mía?
   ¿Por qué estás tan angustiada?
   En Dios pondré mi esperanza
   y lo seguiré alabando.
   ¡Él es mi salvación y mi Dios!

⁶ Dios mío, me siento muy abatido;
   por eso pienso en ti
   desde la tierra del Jordán,
   desde las alturas del Hermón,
   desde el monte Mizar.
⁷ Un abismo llama a otro abismo
   en el rugir de tus cascadas;
   todas tus ondas y tus olas
   se han precipitado sobre mí.

⁸ Esta es la oración al Dios de mi vida:
   que de día el SEÑOR envíe su amor
   y de noche su canto me acompañe.

⁹ Y digo a Dios, a mi *roca:
   «¿Por qué me has olvidado?
   ¿Por qué debo andar afligido
   y oprimido por el enemigo?».
¹⁰ Mortal agonía me penetra hasta los huesos
   cuando mis adversarios me insultan,
   preguntándome a todas horas:
   «¿Dónde está tu Dios?».

¹¹ ¿Por qué estás tan abatida, alma mía?
   ¿Por qué estás angustiada?
   En Dios pondré mi esperanza
   y lo seguiré alabando.
   ¡Él es mi salvación y mi Dios!

Salmo 43
¹ ¡Júzgame, oh Dios!
   Defiende mi causa frente a esta nación impía;
   líbrame de *gente mentirosa y malhechora.
² Tú eres mi Dios y mi fortaleza:
   ¿Por qué me has rechazado?
   ¿Por qué debo andar afligido
   y oprimido por el enemigo?
³ Envía tu luz y tu verdad;
   que ellas me guíen a tu monte santo,
   que me lleven al lugar donde tú habitas.
⁴ Llegaré entonces al altar de Dios,
   del Dios de mi alegría y mi deleite,
   y allí, oh Dios, mi Dios,
   te alabaré al son del arpa.

⁵ ¿Por qué estás tan abatida, alma mía?
   ¿Por qué estás tan angustiada?
   En Dios pondré mi esperanza
   y lo seguiré alabando.
   ¡Él es mi Salvador y mi Dios!

Salmo 44ᶜ
Al director musical. Masquil de los hijos de Coré.
¹ Oh Dios, nuestros oídos han oído
   y nuestros antepasados nos han contado
   las proezas que realizaste en sus días,
   en aquellos tiempos pasados.
² Con tu propia mano expulsaste a las naciones
   y en su lugar plantaste a nuestros antepasados;
   aplastaste a aquellos pueblos,
   y a nuestros antepasados los hiciste prosperar.ᵈ
³ Porque no fue su espada la que conquistó la tierra
   ni fue su brazo el que les dio la victoria:
   fue tu brazo, tu mano derecha;
   fue la luz de tu rostro, porque tú los amabas.

⁴ Solo tú eres mi Rey y mi Dios.
   ¡Decreta las *victorias de Jacob!
⁵ Por ti derrotamos a nuestros enemigos;
   en tu *nombre aplastamos a nuestros
      agresores.
⁶ Yo no confío en mi arco
   ni puede mi espada darme la victoria;
⁷ tú nos das la victoria sobre nuestros enemigos,
   y dejas en vergüenza a nuestros adversarios.
⁸ ¡Por siempre nos gloriaremos en Dios!
   ¡Por siempre alabaremos tu nombre!   *Selah*

⁹ Pero ahora nos has rechazado y humillado,
   ya no sales con nuestros ejércitos.
¹⁰ Nos hiciste retroceder ante el enemigo;
   nos han saqueado nuestros adversarios.

ᵃ **Sal 42** Por su contenido, los salmos 42 y 43 forman una
sola unidad literaria.   ᵇ **Sal 42** En el texto hebreo 42:1-11
se numera 42:2-12.   ᶜ **Sal 44** En el texto hebreo 44:1-26 se
numera 44:2-27.   ᵈ **2** *los hiciste prosperar.* Lit. *los libraste.*

¹¹ Nos has entregado para que nos devoren como
ovejas
nos has dispersado entre las naciones.
¹² Has vendido a tu pueblo por una miseria
y nada has ganado con su venta.

¹³ Nos has dejado en ridículo ante nuestros vecinos;
somos la burla y el escarnio de los que nos
rodean.
¹⁴ Nos has hecho el hazmerreír de las naciones;
todos los pueblos se burlan de nosotros.
¹⁵ La humillación no me deja un solo instante;
se me cae la cara de vergüenza
¹⁶ por las burlas de los que me insultan y me
ofenden,
por culpa del enemigo que está presto a la
venganza.

¹⁷ Todo esto nos ha sucedido,
a pesar de que nunca te olvidamos
ni faltamos jamás a tu *pacto.
¹⁸ Nuestro corazón no ha vuelto atrás
ni nos hemos apartado de tu senda.
¹⁹ Pero tú nos arrojaste a una cueva de chacales;
¡nos envolviste en la más tenebrosa oscuridad!

²⁰ Si hubiéramos olvidado el nombre de nuestro
Dios
o extendido nuestras manos a un dios extraño,
²¹ ¿acaso Dios no lo habría descubierto,
ya que él conoce los más íntimos secretos?
²² Por tu causa siempre nos llevan a la muerte;
¡nos tratan como a ovejas para el matadero!

²³ ¡Despierta, Señor! ¿Por qué duermes?
¡Levántate! No nos rechaces para siempre.
²⁴ ¿Por qué escondes tu rostro
y te olvidas de nuestro sufrimiento y opresión?

²⁵ Estamos abatidos hasta el polvo;
nuestro cuerpo se arrastra por el suelo.
²⁶ ¡Levántate, ven a ayudarnos!
¡Por tu gran amor, rescátanos!

Salmo 45ª
Al director musical. Sígase la tonada de «Los lirios».
Masquil de los hijos de Coré. Canto nupcial.

¹ De mi *corazón brota un hermoso poema
mientras recito mis versos ante el rey;
mi lengua es como pluma de hábil escritor.

² Tú eres el más apuesto de los hombres;
tus labios son fuente de hermosas palabras,
ya que Dios te ha bendecido para siempre.

³ ¡Con esplendor y majestad,
cíñete la espada, oh valiente!
⁴ Con majestad, cabalga victorioso
en nombre de la verdad, la humildad y la
justicia;
que tu diestra realice maravillas asombrosas.
⁵ Que tus afiladas flechas atraviesen el corazón de
los enemigos del rey
y que caigan las naciones a tus pies.
⁶ Tu trono, oh Dios, permanece para siempre;
el cetro de tu reino es cetro de justicia.
⁷ Tú amas la justicia y odias la maldad;
por eso Dios, tu Dios, te ungió con aceite de
alegría,

te prefirió a ti por encima de tus
compañeros.
⁸ Aroma de mirra, áloe y canela exhalan todas tus
vestiduras;
desde los palacios adornados con marfil
te alegra la música de cuerdas.
⁹ Entre tus damas de honor se cuentan princesas;
a tu derecha se halla la novia real luciendo el
oro de Ofir.

¹⁰ Escucha, hija, fíjate bien y presta atención:
Olvídate de tu pueblo y de tu familia.
¹¹ El rey está cautivado por tu hermosura;
él es tu señor: póstrate ante él.
¹² La gente de Tiro vendrá con presentes;
los ricos del pueblo buscarán tu favor.
¹³ La princesa es todo esplendor,
luciendo en su alcoba brocados de oro.
¹⁴ Vestida de finos bordados
es conducida ante el rey,
seguida por sus compañeras doncellas.
¹⁵ Con alegría y regocijo son conducidas
al interior del palacio real.

¹⁶ Tus hijos ocuparán el trono de tus ancestros;
los pondrás por príncipes en toda la tierra.

¹⁷ Haré que tu *nombre se recuerde por todas las
generaciones;
por eso las naciones te alabarán eternamente y
para siempre.

Salmo 46ᵇ
Al director musical. De los hijos de
Coré. Canción según alamot.

¹ Dios es nuestro refugio y nuestra fortaleza,
nuestra segura ayuda en momentos de
angustia.
² Por eso, no temeremos
aunque se desmorone la tierra
y las montañas se hundan en el fondo
del mar;
³ aunque rujan y se encrespen sus aguas,
y ante su furia retiemblen los montes.   *Selah*

⁴ Hay un río cuyas corrientes alegran la ciudad de
Dios,
la santa habitación del *Altísimo.
⁵ Dios está en ella, la ciudad no caerá;
al rayar el alba Dios le brindará su ayuda.
⁶ Se agitan las naciones, los reinos caen;
Dios deja oír su voz, y la tierra se derrumba.

⁷ El SEÑOR de los Ejércitos está con nosotros;
nuestro refugio es el Dios de Jacob.   *Selah*

⁸ Vengan y vean los portentos del SEÑOR;
él ha traído ruina sobre la tierra.
⁹ Ha puesto fin a las guerras
en todos los confines de la tierra;
ha quebrado los arcos, ha destrozado las lanzas,
ha arrojado los carros al fuego.
¹⁰ «Quédense quietos, reconozcan que yo soy Dios.
¡Seré exaltado entre las naciones!
¡Seré enaltecido en la tierra!».

¹¹ El SEÑOR de los Ejércitos está con nosotros;
nuestro refugio es el Dios de Jacob.   *Selah*

Salmo 47ᶜ
Al director musical. Salmo de los hijos de Coré.

¹ ¡Aplaudan, pueblos todos!
¡Aclamen a Dios con gritos de alegría!

---

a Sal 45 En el texto hebreo 45:1-17 se numera 45:2-18.
b Sal 46 En el texto hebreo 46:1-11 se numera 46:2-12.
c Sal 47 En el texto hebreo 47:1-9 se numera 47:2-10.

2 ¡Cuán imponente es el SEÑOR *Altísimo,
  el gran Rey de toda la tierra!
3 Sometió a nuestro dominio las naciones;
  puso a los pueblos bajo nuestros pies;
4 escogió para nosotros una heredad
  que es el orgullo de Jacob, a quien amó.   *Selah*

5 Dios el SEÑOR ha ascendido
  entre gritos de alegría y toques de trompeta.
6 ¡Canten, canten salmos a Dios!
  ¡Canten, canten salmos a nuestro rey!
7 Dios es el rey de toda la tierra;
  por eso, cántenle un salmo de alabanza.ᵃ

8 Dios reina sobre las naciones;
  Dios está sentado en su santo trono.
9 Los nobles de los pueblos se reúnen
  con el pueblo del Dios de Abraham,
  pues de Dios son los imperios de la tierra.
  ¡Él es grandemente enaltecido!

Salmo 48ᵇ
Canción. Salmo de los hijos de Coré.

1 Grande es el SEÑOR y digno de suprema alabanza;
  en la ciudad de nuestro Dios
  está su monte santo.

2 Hermosa colina,
  es el gozo de toda la tierra.
  El monte *Sión, en el extremo norte,
  es la ciudad del gran Rey.
3 En las fortificaciones de Sión
  Dios se ha dado a conocer como refugio seguro.

4 Hubo reyes que unieron sus fuerzas
  y que juntos avanzaron contra la ciudad;
5 pero al verla quedaron pasmados
  y asustados se dieron a la fuga.
6 Allí el miedo se apoderó de ellos
  y un dolor de parturienta les sobrevino.
7 ¡Con un viento del este
  destruiste las naves de Tarsis!

8 Tal como lo habíamos oído,
  ahora lo hemos visto
  en la ciudad del SEÑOR de los Ejércitos,
  en la ciudad de nuestro Dios:
  ¡Él la hará permanecer para siempre!   *Selah*

9 Dentro de tu Templo, oh Dios,
  meditamos en tu gran amor.
10 Tu alabanza, oh Dios, igual que tu *nombre,
  llega a los confines de la tierra;
  tu derecha está llena de *justicia.
11 El monte Sión se alegra,
  las aldeas de Judá se regocijan
  por causa de tus juicios.

12 Caminen alrededor de Sión,
  den una vuelta por ella
  y cuenten sus torres.
13 Observen bien sus murallas
  y examinen sus fortificaciones,
  para que se lo cuenten a las generaciones
    futuras.

14 ¡Este Dios es nuestro Dios eterno!
  ¡Él nos guiará para siempre!ᶜ

Salmo 49ᵈ
Al director musical. Salmo de los hijos de Coré.

1 Oigan esto, pueblos todos;
  escuchen, habitantes todos del mundo,

2 tanto débiles como poderosos,
  lo mismo los ricos que los pobres.
3 Mi boca hablará con sabiduría;
  la reflexión de mi corazón será muy
    inteligente.
4 Inclinaré mi oído al *proverbio;
  propondré mi enigma al son del arpa:

5 ¿Por qué he de temer en tiempos de desgracia
  cuando me rodee la maldad de mis opresores?
6 ¿Temeré a los que confían en sus riquezas
  y se jactan de sus muchas posesiones?
7 Nadie puede salvar a nadie
  ni pagarle a Dios rescate por la vida.
8 Tal rescate es muy costoso;
  ningún pago es suficiente
9 para vivir por siempre
  sin ver la fosa.
10 Nadie puede negar que todos mueren,
  que sabios e insensatos perecen por igual
  y que sus riquezas se dejan a otros.
11 Aunque tuvieron tierras a su nombre,
  sus tumbas seránᵉ su hogar eterno,
  su morada por todas las generaciones.

12 La gente rica no perdura;
  al igual que las bestias, perece.

13 Tal es el destino de los que confían en sí mismos;
  y el de sus seguidores que aprueban lo que
    ellos dicen.   *Selah*
14 Como ovejas guiadas por la muerte,
  están destinados al sepulcro.ᶠ
  Sus cuerpos se consumirán allí,
  lejos de sus mansiones suntuosas.
  Por la mañana los justos prevalecerán sobre
    ellos.
15 Pero Dios me rescatará de las garras de la muerteᵍ
  y con él me llevará.   *Selah*
16 No te asombre ver que alguien se enriquezca
  y aumente el esplendor de su casa,
17 porque al morir no se llevará nada
  ni con él descenderá su esplendor.
18 Aunque en vida se considere dichoso,
  y la gente lo elogie por sus logros,
19 irá a reunirse con sus ancestros,
  sin que vuelva jamás a ver la luz.

20 La gente rica carece de entendimiento;
  al igual que las bestias, perece.

Salmo 50
Salmo de Asaf.

1 Habla el SEÑOR, el Dios poderoso:
  convoca a la tierra de oriente a occidente.
2 Dios resplandece desde *Sión,
  la ciudad bella y perfecta.
3 Nuestro Dios viene,
  pero no en silencio;
  lo precede un fuego que todo lo destruye
  y a su alrededor ruge la tormenta.
4 Dios convoca a los altos cielos y a la tierra,
  para que presencien el juicio de su pueblo:
5 «Reúnanme a los que me son fieles,
  a los que pactaron conmigo mediante un
    sacrificio».

---

a 7 *un salmo de alabanza.* Lit. *un masquil.*   *b* **Sal 48** En el
texto hebreo 48:1-14 se numera 48:2-15.   *c* 14 *para siempre*
(LXX); *sobre muerte* (TM).   *d* **Sal 49** En el texto hebreo 49:1-20
se numera 49:2-21.   *e* 11 *sus tumbas serán* (LXX y Siríaca); *su
interior será* (TM).   *f* 14 *al sepulcro.* Lit. *al Seol.*   *g* 15 *de la
muerte.* Lit. *del Seol.*

⁶ El cielo proclama la ˚justicia divina:
   ¡Dios mismo es el juez!   *Selah*

⁷ «Escucha, pueblo mío, que voy a hablar;
   Israel, voy a testificar contra ti:
   ¡Yo soy tu Dios, el único Dios!
⁸ No te reprendo por tus sacrificios
   ni por tus ˚holocaustos, que siempre me ofreces.
⁹ No necesito novillos de tu establo
   ni machos cabríos de tus rediles,
¹⁰ pues míos son todos los animales del bosque,
   y mío también el ganado de miles de colinas.
¹¹ Conozco a todas las aves de las alturas;
   también son míos los animales del campo.
¹² Si yo tuviera hambre, no te lo diría,
   pues mío es el mundo y todo lo que en él hay.
¹³ ¿Acaso me alimento con carne de toros
   o bebo la sangre de machos cabríos?

¹⁴ »¡Ofrece a Dios tu gratitud,
   cumple tus promesas al ˚Altísimo!
¹⁵ Invócame en el día de la angustia;
   yo te libraré y tú me honrarás».

¹⁶ Pero Dios dice al malvado:

   «¿Qué derecho tienes tú de recitar mis estatutos
   o de mencionar mi ˚pacto con tus labios?
¹⁷ Mi instrucción, la aborreces;
   mis palabras, las desechas.
¹⁸ Ves a un ladrón y lo acompañas;
   con los adúlteros te identificas.
¹⁹ Para lo malo, das rienda suelta a tu boca;
   tu lengua está siempre dispuesta al engaño.
²⁰ Tienes por costumbre hablar contra tu prójimo,
   y aun calumnias a tu propio hermano.
²¹ Has hecho todo esto y he guardado silencio;
   ¿acaso piensas que soy como tú?
   Pero ahora voy a reprenderte;
   cara a cara voy a denunciarte.

²² »Ustedes que se olvidan de Dios,
   consideren lo que he dicho;
   de lo contrario, los haré pedazos,
   y no habrá nadie que los salve.
²³ El que me ofrece su gratitud, me honra;
   al que enmiende su conducta le mostraré mi
   ˚salvación».

Salmo 51[a]

Al director musical. Salmo de David, cuando el profeta Natán
fue a verlo por haber cometido David adulterio con Betsabé.

¹ Ten piedad de mí, oh Dios,
   conforme a tu gran amor;
   conforme a tu misericordia,
   borra mis transgresiones.
² Lávame de toda mi maldad
   y límpiame de mi pecado.

³ Yo reconozco mis transgresiones;
   siempre tengo presente mi pecado.
⁴ Contra ti he pecado, solo contra ti,
   y he hecho lo que es malo ante tus ojos;
   por eso, tu sentencia es justa
   y tu juicio, irreprochable.
⁵ Yo sé que soy pecador de nacimiento;
   pecador, desde que me concibió mi madre.
⁶ Yo sé que tú amas la verdad en lo íntimo;
   en lo secreto me has enseñado sabiduría.

⁷ Purifícame con ˚hisopo y quedaré limpio;
   lávame y quedaré más blanco que la nieve.
⁸ Anúnciame gozo y alegría;
   infunde gozo en estos huesos que has
   quebrantado.
⁹ Aparta tu rostro de mis pecados
   y borra toda mi maldad.

¹⁰ Crea en mí, oh Dios, un ˚corazón limpio
   y renueva un espíritu firme dentro de mí.
¹¹ No me alejes de tu presencia
   ni me quites tu Santo Espíritu.
¹² Devuélveme la alegría de tu ˚salvación;
   que un espíritu de obediencia me sostenga.

¹³ Así enseñaré a los transgresores tus ˚caminos,
   y los pecadores se volverán a ti.
¹⁴ Dios mío, Dios de mi salvación,
   líbrame de derramar sangre
   y mi lengua alabará tu ˚justicia.
¹⁵ Abre, Señor, mis labios
   y mi boca proclamará tu alabanza.
¹⁶ Tú no te deleitas en los sacrificios
   ni te complacen los ˚holocaustos;
   de lo contrario, te los ofrecería.
¹⁷ El sacrificio que te agrada
   es un espíritu quebrantado;
   tú, oh Dios, no desprecias
   al corazón quebrantado y arrepentido.

¹⁸ En tu buena voluntad, haz que prospere ˚Sión;
   levanta los muros de Jerusalén.
¹⁹ Entonces te agradarán los sacrificios de justicia,
   los holocaustos del todo quemados,
   y sobre tu altar se ofrecerán novillos.

Salmo 52[b]

Al director musical. Masquil de David, cuando
Doeg el edomita fue a informarle a Saúl:
«David ha ido a la casa de Ajimélec».

¹ ¿Por qué te jactas de tu maldad, varón prepotente?
   ¡El amor de Dios es constante!
² Tu lengua, como navaja afilada,
   trama destrucción y practica el engaño.
³ Amas más el mal que el bien;
   prefieres la falsedad a la verdad.   *Selah*
⁴ Lengua embustera,
   te encanta ofender con tus palabras.

⁵ Pero Dios te arruinará para siempre;
   te tomará y te arrojará de tu hogar;
   ¡te arrancará del mundo de los vivientes! *Selah*
⁶ Los justos verán esto y temerán;
   se reirán de él diciendo:
⁷ «¡Aquí tienen al hombre
   que no buscó refugio en Dios,
   sino que confió en su gran riqueza
   y se refugió en su maldad!».

⁸ Pero yo soy como un frondoso olivo
   que florece en la casa de Dios;
   yo confío en el gran amor de Dios
   eternamente y para siempre.
⁹ En todo tiempo te alabaré por tus obras;
   en ti pondré mi esperanza en presencia de tus
   fieles,
   porque tu ˚nombre es bueno.

Salmo 53[c]

53:1-6 – Sal 14:1-7
Al director musical. Según majalat. Masquil de David.

¹ Dice el ˚necio en su corazón:
   «No hay Dios».

ᵃ **Sal 51** En el texto hebreo 51:1-19 se numera 51:3-21.
ᵇ **Sal 52** En el texto hebreo 52:1-9 se numera 52:3-11.
ᶜ **Sal 53** En el texto hebreo 53:1-6 se numera 53:2-7.

Están corrompidos, sus injusticias son detestables;
¡no hay uno solo que haga lo bueno!

2 Desde el cielo Dios contempla a los *mortales,
para ver si hay alguien
que sea sensato y busque a Dios.
3 Pero todos se han descarriado;
a una se han corrompido.
No hay nadie que haga lo bueno;
¡no hay uno solo!

4 ¿Acaso no tienen entendimiento esos
malhechores,

esos que devoran a mi pueblo como si fuera
pan?
¡Jamás invocan a Dios!
5 Allí los tienen, sobrecogidos de miedo,
cuando no hay nada que temer.
Dios dispersó los huesos de quienes te atacaban;
tú los avergonzaste, porque Dios los rechazó.

6 ¡Oh, si de Sión saliera la salvación de Israel!
Cuando Dios restaure a su pueblo,^{a}
¡Jacob se regocijará, Israel se alegrará!

Salmo 54^b

*Al director musical. Acompáñese con instrumentos de
cuerda. Masquil de David, cuando gente de Zif fue a decirle
a Saúl: «¿No está David escondido entre nosotros?».*

1 ¡Sálvame, oh Dios, por tu *nombre!
¡Defiéndeme con tu poder!
2 ¡Escucha, oh Dios, mi oración!
¡Presta oído a las palabras de mi boca!

3 Pues *gente extraña se levanta contra mí;
gente violenta procura matarme,
sin tener en cuenta a Dios.   *Selah*

4 Pero Dios es mi socorro;
el Señor es quien me sostiene.

5 Hará recaer el mal sobre mis enemigos.
Por tu fidelidad, Señor, ¡destrúyelos!

6 Te presentaré una ofrenda voluntaria
y alabaré tu nombre, SEÑOR, porque es bueno;
7 pues me has librado de todas mis angustias
y mis ojos han visto la derrota de mis enemigos.

Salmo 55^c

*Al director musical. Acompáñese con
instrumentos de cuerda. Masquil de David.*

1 Escucha, oh Dios, mi oración;
no pases por alto mi súplica.
2 ¡Óyeme y respóndeme,
porque mis angustias me perturban!
Me aterran 3las amenazas del enemigo
y la opresión de los malvados,
pues me causan sufrimiento
y con furia me atacan.

4 Se me estremece el corazón dentro del pecho,
y me invaden los terrores de la muerte.
5 El temor y el temblor me dominan,
el pánico se apodera de mí.
6 ¡Cómo quisiera tener las alas de una paloma
y volar hasta encontrar reposo!
7 Me iría muy lejos de aquí;
me quedaría a vivir en el desierto.   *Selah*
8 Presuroso volaría a mi refugio,
para librarme de la tempestad y de la
tormenta.

9 ¡Destrúyelos, Señor! ¡Confunde su lenguaje!
En la ciudad solo veo contiendas y violencia;
10 día y noche rondan por sus muros,
y dentro de ella hay intrigas y maldad.
11 En su seno hay fuerzas destructivas;
de sus calles no se apartan la opresión y el
engaño.

12 Si un enemigo me insultara,
yo lo podría soportar;
si un adversario me humillara,
de él me podría yo esconder;
13 Pero lo has hecho tú, un *hombre como yo,
mi compañero, mi mejor amigo,
14 a quien me unía una bella amistad
y con quien caminaba entre los adoradores
en la casa de Dios.

15 ¡Que sorprenda la muerte a mis enemigos!
¡Que desciendan vivos a los dominios de la
muerte,^{d}
pues en ellos habita la maldad!

16 Pero yo clamaré a Dios,
y el SEÑOR me salvará.
17 En la noche, en la mañana y al mediodía,
clamo angustiado y él me escucha.
18 Aunque son muchos los que me combaten,
él me rescata, me salva la vida
en la batalla que se libra contra mí.
19 ¡Dios, que reina desde la eternidad,
habrá de oírme y los afligirá!   *Selah*
Esa gente no cambia de conducta,
pues no tiene temor de Dios.

20 Levantan la mano contra sus amigos
y no cumplen sus compromisos.
21 Su palabra es blanda como la mantequilla,
pero su corazón es belicoso.
Sus palabras son más suaves que el aceite,
pero no son sino espadas desenvainadas.

22 Entrégale tus afanes al SEÑOR
y él te sostendrá;
no permitirá que el justo caiga
y quede abatido para siempre.
23 Tú, oh Dios, abatirás a los impíos
y los arrojarás a la fosa de la muerte;
la gente sanguinaria y mentirosa
no llegará ni a la mitad de su vida.

Yo, por mi parte, en ti confío.

Salmo 56^e

*Al director musical. Sígase la tonada de «La
paloma en los robles lejanos». Mictam de David,
cuando los filisteos lo apresaron en Gat.*

1 Ten piedad de mí, oh Dios,
pues hay *gente que me persigue.
Todo el día me atacan mis opresores,
2 todo el día me persiguen mis enemigos;
son muchos los arrogantes que me atacan.

3 Cuando siento miedo, pongo en ti mi confianza.
4 Confío en Dios y alabo su palabra;
confío en Dios y no siento miedo.
¿Qué puede hacerme un simple mortal?

---

^{a} **6** *restaure a su pueblo*. Alt. *haga que su pueblo vuelva del
cautiverio.* ^{b} **Sal 54** En el texto hebreo 54:1-7 se numera
54:3-9. ^{c} **Sal 55** En el texto hebreo 55:1-23 se numera
55:2-24. ^{d} **15** *a los dominios de la muerte.* Lit. *al Seol.*
^{e} **Sal 56** En el texto hebreo 56:1-13 se numera 56:2-14.

5 Todo el día tuercen mis palabras;
  solo piensan hacerme daño.
6 Conspiran, se mantienen al acecho.
  Vigilan todo lo que hago
  a la espera de quitarme la vida.
7 ¡En tu enojo, Dios mío,
  humilla a esos pueblos por sus maldades!
  ¡De ningún modo los dejes escapar!

8 Toma en cuenta mis lamentos;
  registra mi llanto en tu libro.ᵃ
  ¿Acaso no lo tienes anotado?
9 Cuando yo te pida ayuda,
  mis enemigos retrocederán.
  Una cosa sé: ¡Dios está de mi parte!

10 Confío en Dios y alabo su palabra;
  confío en el SEÑOR y alabo su palabra;
11 confío en Dios y no siento miedo.
  ¿Qué puede hacerme un simple mortal?

12 He hecho promesas delante de ti, oh Dios,
  y te presentaré mis ofrendas de gratitud.
13 Tú, oh Dios, me has librado de tropiezos,
  me has librado de la muerte,
  para que siempre, en tu presencia,
  camine en la luz de la vida.

Salmo 57ᵇ
57:7-11 – Sal 108:1-5
Al director musical. Sígase la tonada de «No
destruyas». Mictam de David, cuando David
había huido de Saúl y estaba en una cueva.

1 Ten piedad de mí, oh Dios;
  ten piedad de mí, pues en ti me refugio.
  A la sombra de tus alas me refugiaré,
  hasta que haya pasado el peligro.

2 Clamo al Dios ˙Altísimo,
  al Dios que me brinda su apoyo.
3 Desde el cielo me envía la salvación
  y reprende a mis perseguidores.   *Selah*
  ¡Dios me envía su gran amor y su verdad!

4 Me encuentro en medio de leones,
  rodeado de ˙gente rapaz.
  Sus dientes son lanzas y flechas;
  su lengua, una espada afilada.

5 ¡Sé exaltado, oh Dios, sobre los cielos!
  ¡Alza tu gloria sobre toda la tierra!

6 Tendieron una red en mi camino
  y mi ánimo quedó por los suelos.
  En mi senda cavaron una fosa,
  pero ellos mismos cayeron en ella.   *Selah*

7 Firme está, oh Dios, mi corazón;
  firme está mi corazón.
  ¡Voy a cantarte y entonarte salmos!
8 ¡Despierta, ˙alma mía!
  ¡Despierten, lira y arpa!
  ¡Haré despertar al nuevo día!

9 Te alabaré, Señor, entre los pueblos;
  te cantaré salmos entre las naciones.
10 Pues tu gran amor se eleva hasta los cielos
  y tu verdad llega hasta las nubes.

11 ¡Sé exaltado, oh Dios, sobre los cielos!
  ¡Alza tu gloria sobre toda la tierra!

Salmo 58ᶜ
Al director musical. Sígase la tonada de
«No destruyas». Mictam de David.

1 ¿Acaso ustedes, gobernantes, proclaman la
    ˙justicia
  y juzgan con rectitud a los ˙seres humanos?
2 ¡No! Ustedes a plena conciencia cometen
    injusticias,
  y la violencia de sus manos se esparce en el
    país.

3 Los malvados se descarrían desde que nacen;
  desde el vientre materno se desvían los
    mentirosos.
4 Su veneno es como el de las serpientes,
  como el de una cobra que cierra su oído
5 para no escuchar la música de los encantadores,
  del diestro en hechizos.

6 Rómpeles, oh Dios, los dientes;
  ¡arráncales, SEÑOR, los colmillos a esos leones!
7 Que desaparezcan, como el agua que se derrama;
  que se rompan sus flechas al tensar el arco.
8 Que se disuelvan, como babosa rastrera;
  que no vean la luz del sol, cual si fueran
    abortivos.

9 Que sin darse cuenta, ardan como espinos;
  que el vendaval los arrastre, estén verdes o
    secos.
10 Se alegrará el justo al ver la venganza,
  al empapar sus pies en la sangre del malvado.
11 Dirá entonces la ˙gente:
  «Ciertamente los justos son recompensados;
  ciertamente hay un Dios que juzga en la tierra».

Salmo 59ᵈ
Al director musical. Sígase la tonada de «No destruyas».
Mictam de David, cuando Saúl había ordenado que
vigilaran la casa de David con el propósito de matarlo.

1 Líbrame de mis enemigos, oh Dios;
  protégeme de los que me atacan.
2 Líbrame de los malhechores;
  sálvame de los asesinos.

3 ¡Mira cómo me acechan!
  Hombres crueles conspiran contra mí
  sin que yo, SEÑOR, haya delinquido ni pecado.
4 Presurosos se disponen a atacarme
  sin que yo haya cometido mal alguno.
  ¡Levántate y ven en mi ayuda!
  ¡Mira mi condición!
5 Tú, SEÑOR, eres el Dios de los Ejércitos,
  eres el Dios de Israel.
  ¡Despiértate y castiga a todas las naciones;
  no tengas compasión de esos malvados
    traidores!   *Selah*

6 Porque ellos vuelven al atardecer,
  aúllan como perros
  y merodean la ciudad.
7 Echan espuma por la boca,
  lanzan espadas por sus fauces
  y dicen: «¿Quién va a oírnos?».
8 Pero tú, SEÑOR, te ríes de ellos;
  te burlas de todas las naciones.

9 A ti, fortaleza mía, vuelvo los ojos,
  pues tú, oh Dios, eres mi refugio.
10 Tú eres el Dios en quien puedo confiar

ᵃ 8 registra mi llanto en tu libro. Lit. pon mis lágrimas en tu
odre. ᵇ Sal 57 En el texto hebreo 57:1-11 se numera 57:2-12.
ᶜ Sal 58 En el texto hebreo 58:1-11 se numera 58:2-12.
ᵈ Sal 59 En el texto hebreo 59:1-17 se numera 59:2-18.

e irás delante de mí
para hacerme ver la derrota de mis enemigos.
¹¹ Pero no los mates,
para que mi pueblo no lo olvide.
Zarandéalos con tu poder; ¡humíllalos!
¡Tú, Señor, eres nuestro escudo!
¹² Por los pecados de su boca,
por las palabras de sus labios,
que caigan en la trampa de su orgullo.
Por las maldiciones y mentiras que profieren,
¹³consúmelos en tu enojo;
¡consúmelos hasta que dejen de existir!
Así todos sabrán que Dios gobierna en Jacob
y hasta los confines de la tierra.   *Selah*

¹⁴ Porque ellos vuelven al atardecer,
aúllan como perros
y merodean la ciudad.
¹⁵ Van de un lado a otro buscando comida,
y aúllan si no quedan satisfechos.
¹⁶ Pero yo cantaré a tu poder
y por la mañana alabaré tu amor;
porque tú eres mi protector,
mi refugio en momentos de angustia.

¹⁷ A ti, fortaleza mía, te cantaré salmos,
pues tú, oh Dios, eres mi refugio.
Tú eres el Dios en quien puedo confiar.

Salmo 60[a]

60:5-12 – Sal 108:6-13

Al director musical. Sígase la tonada de «El lirio del pacto». Mictam didáctico de David, cuando luchó contra los arameos del noroeste de Mesopotamia y los arameos de Aram central[b], y cuando Joab volvió y abatió a doce mil edomitas en el valle de la Sal.

¹ Oh Dios, tú nos has rechazado
y has abierto brecha en nuestras filas;
te has enojado con nosotros:
¡restáuranos ahora!
² Has sacudido la tierra,
la has resquebrajado;
repara sus grietas,
porque se desmorona.
³ Has sometido a tu pueblo a duras pruebas;
nos diste a beber un vino embriagador.
⁴ Diste la señal de retirada a los que te temen,
para que puedan escapar de los arqueros.   *Selah*

⁵ Sálvanos con tu diestra y respóndenos,
para que tu pueblo amado quede a salvo.
⁶ Dios ha dicho en su santuario:
«Triunfante repartiré a Siquén
y dividiré el valle de Sucot.
⁷ Mío es Galaad, mío es Manasés;
Efraín es mi yelmo y Judá, mi cetro de mando.
⁸ Moab es el recipiente en que me lavo las manos,
sobre Edom arrojo mi sandalia;
sobre Filistea lanzo gritos de triunfo».

⁹ ¿Quién me llevará a la ciudad fortificada?
¿Quién me mostrará el camino a Edom?
¹⁰ ¿No eres tú, oh Dios, quien nos ha rechazado?
¡Ya no sales, oh Dios, con nuestros ejércitos!
¹¹ Bríndanos tu apoyo contra el enemigo,
pues la ayuda ˚humana será inútil.
¹² Con Dios obtendremos la victoria;
¡él aplastará a nuestros enemigos!

Salmo 61[c]

Al director musical. Acompáñese con instrumentos de cuerda. De David.

¹ Oh Dios, escucha mi clamor
y atiende a mi oración.

² Desde los confines de la tierra te invoco,
pues mi corazón desfallece;
llévame a una roca que es más alta que yo.
³ Porque tú eres mi refugio,
mi torre fuerte contra el enemigo.

⁴ Anhelo habitar en tu santuario para
siempre
y refugiarme debajo de tus alas.   *Selah*
⁵ Tú, oh Dios, has aceptado mis promesas
y me has dado la herencia de quienes honran
tu nombre.

⁶ Concédele al rey más años de vida;
que sus años duren por generaciones.
⁷ Que reine siempre en tu presencia,
y que tu gran amor y tu verdad lo protejan.

⁸ Así cantaré siempre salmos a tu ˚nombre
y cumpliré mis promesas día tras día.

Salmo 62[d]

Al director musical. Para Jedutún.
Salmo de David.

¹ Solo en Dios halla descanso mi ˚alma;
de él viene mi ˚salvación.
² Solo él es mi ˚roca y mi salvación;
él es mi refugio,
¡jamás caeré!

³ ¿Hasta cuándo atacarán todos ustedes
a un ˚hombre para derribarlo,
como si fuera un muro inclinado
o una cerca a punto de derrumbarse?
⁴ Solo quieren derribarlo
de su lugar de honor.
Se complacen en la mentira:
bendicen con la boca,
pero maldicen con el corazón.   *Selah*

⁵ Solo en Dios halla descanso mi alma;
de él viene mi esperanza.
⁶ Solo él es mi roca y mi salvación;
él es mi refugio,
¡no caeré!
⁷ Dios es mi salvación y mi gloria;
es la roca que me fortalece;
mi refugio está en Dios.
⁸ Oh, pueblo, confía en él siempre,
derrama ante él tu corazón,
pues Dios es nuestro refugio.   *Selah*

⁹ Una quimera es la ˚gente de humilde cuna,
y una mentira la gente de alta alcurnia;
si se les pusiera juntos en la balanza,
pesarían menos que un soplo.
¹⁰ No confíen en la extorsión
ni se hagan ilusiones con sus rapiñas;
y aunque se multipliquen sus riquezas,
no pongan el ˚corazón en ellas.

¹¹ Una cosa ha dicho Dios
y dos veces lo he escuchado:
Que tú, oh Dios, eres poderoso;
¹² que tú, Señor, eres todo amor;
que tú pagarás a cada uno
según lo que merezcan sus obras.

---

a Sal 60 En el texto hebreo 60:1-12 se numera 60:3-14.
b 60 Título. … arameos … Aram central. Es decir, Aram Najarayin y Aram Sobá.   *c Sal 61* En el texto hebreo 61:1-8 se numera 61:2-9.   *d Sal 62* En el texto hebreo 62:1-12 se numera 62:2-13.

Salmo 63[a]

Salmo de David,
cuando estaba en el desierto de Judá.

¹ Oh Dios, tú eres mi Dios;
yo te busco intensamente.
Mi ˚alma tiene sed de ti;
todo mi ser te anhela,
cual tierra seca, sedienta y sin agua.

² Te he visto en el santuario
y he contemplado tu poder y tu gloria.
³ Tu gran amor es mejor que la vida;
por eso mis labios te alabarán.
⁴ Te bendeciré mientras viva
y alzando mis manos te invocaré.
⁵ Mi alma quedará satisfecha
como de un suculento banquete,
y con labios jubilosos
te alabará mi boca.

⁶ En mi lecho me acuerdo de ti;
pienso en ti en las vigilias de la noche.
⁷ A la sombra de tus alas canto de alegría,
porque tú eres mi ayuda.
⁸ Mi alma se aferra a ti;
tu mano derecha me sostiene.

⁹ Los que buscan mi muerte serán destruidos;
bajarán a las profundidades de la tierra.
¹⁰ Serán entregados a la espada
y acabarán devorados por los chacales.

¹¹ El rey se regocijará en Dios;
todos los que invocan a Dios lo alabarán,
pero los mentirosos serán silenciados.

Salmo 64[b]

Al director musical. Salmo de David.

¹ Escucha, oh Dios, la voz de mi queja;
protégeme del temor al enemigo.

² Escóndeme de esa pandilla de malhechores,
de esa caterva de malvados.
³ Afilan su lengua como espada
y lanzan como flechas palabras ponzoñosas.
⁴ Emboscados, disparan contra el íntegro;
le tiran sin temor y sin aviso.

⁵ Unos a otros se animan en sus planes
malvados,
calculan cómo tender sus trampas;
y hasta dicen: «¿Quién las verá?».
⁶ Maquinan injusticias y dicen:
«¡Hemos tramado un plan perfecto!».
¡Cuán incomprensibles son
la mente y el ˚corazón humano!

⁷ Pero Dios les disparará sus flechas
y sin aviso caerán heridos.
⁸ Su propia lengua será su ruina
y quien los vea se burlará de ellos.
⁹ La ˚humanidad entera sentirá temor:
proclamará las proezas de Dios
y meditará en sus obras.

¹⁰ Que se regocijen en el SEÑOR los justos;
que busquen refugio en él;
¡que lo alaben todos los de ˚corazón
sincero!

Salmo 65[c]

Al director musical. Salmo de David. Cántico.

¹ A ti, oh Dios, en ˚Sión,
te espera la alabanza,
y a ti se te deben cumplir las promesas.
² Tú escuchas la oración,
a ti acude todo ˚mortal.
³ Cuando nuestras iniquidades
y nuestros delitos nos abrumaban,
tú los perdonaste.
⁴ ¡˚Dichoso aquel a quien tú escoges,
al que atraes a ti para que viva en tus
atrios!
Saciémonos de los bienes de tu casa,
de los dones de tu santo Templo.

⁵ Tú, oh Dios y Salvador nuestro,
nos respondes con asombrosas obras de
˚justicia;
tú eres la esperanza de los confines de la tierra
y de los más lejanos mares.
⁶ Tú, con tu poder, formaste las montañas,
ceñido de fuerza.
⁷ Tú calmaste el rugido de los mares,
el estruendo de sus olas
y el tumulto de los pueblos.
⁸ Los que viven en remotos lugares se asombran
ante tus prodigios;
desde el amanecer hasta el anochecer
tú inspiras canciones de alegría.

⁹ Cuidas la tierra, la riegas
y la enriqueces abundantemente.
Los arroyos de Dios se llenan de agua,
para asegurarle trigo al pueblo,
porque así preparas el campo.
¹⁰ Empapas los surcos, nivelas sus terrones,
reblandeces la tierra con lluvias abundantes
y bendices sus renuevos.
¹¹ Tú coronas el año con tus bondades
y tus carretas se desbordan de abundancia.
¹² Rebosan los prados del desierto;
las colinas se visten de alegría.
¹³ Pobladas de rebaños están las praderas
y cubiertos los valles de trigales,
aclaman y cantan alegres.

Salmo 66

Al director musical. Cántico. Salmo.

¹ ¡Aclamen alegres a Dios, habitantes de toda la
tierra!
² Canten salmos a su glorioso ˚nombre;
¡ríndanle gloriosas alabanzas!
³ Díganle a Dios:
«¡Cuán imponentes son tus obras!
Es tan grande tu poder
que tus enemigos se rinden ante ti.
⁴ Toda la tierra se postra en tu presencia
y te canta salmos;
canta salmos a tu nombre».   *Selah*

⁵ ¡Vengan y vean las proezas de Dios,
sus obras portentosas en nuestro favor!
⁶ Convirtió el mar en tierra seca,
y el pueblo cruzó el río a pie.
¡Regocijémonos en él!
⁷ Con su poder gobierna eternamente;
sus ojos vigilan a las naciones,
para que no se levanten contra él los rebeldes.
Selah

⁸ Bendigan, pueblos, a nuestro Dios,
hagan oír la voz de su alabanza.

---

a Sal 63 En el texto hebreo 63:1-11 se numera 63:2-12.
b Sal 64 En el texto hebreo 64:1-10 se numera 64:2-11.
c Sal 65 En el texto hebreo 65:1-13 se numera 65:2-14.

9 Él ha protegido nuestra vida,
   ha evitado que resbalen nuestros pies.
10 Tú, oh Dios, nos has puesto a prueba;
   nos has purificado como a la plata.
11 Nos has hecho caer en una trampa;
   has echado sobre nuestra espalda una pesada
      carga.
12 Dejaste que cabalgaran sobre nuestra cabeza;
   hemos pasado por el fuego y por el agua,
   pero al fin nos has llevado a un lugar de
      abundancia.

13 Me presentaré en tu Templo con ˚holocaustos
   y cumpliré las promesas que te hice,
14 las promesas de mis labios y mi boca
   que pronuncié en medio de mi angustia.
15 Te ofreceré holocaustos de animales engordados,
   junto con el humo de ofrendas de carneros;
   te ofreceré toros y machos cabríos.   *Selah*

16 Vengan ustedes, temerosos de Dios,
   escuchen, que voy a contarles todo lo que él ha
      hecho por mí.
17 Clamé a él con mi boca;
   lo alabé con mi lengua.
18 Si en mi corazón hubiera yo abrigado maldad,
   el Señor no me habría escuchado;
19 pero Dios sí me ha escuchado,
   ha atendido a la voz de mi oración.
20 ¡Bendito sea Dios,
   que no rechazó mi oración
   ni me negó su gran amor!

Salmo 67[a]
*Al director musical. Acompáñese con
instrumentos de cuerda. Salmo. Cántico.*

1 Dios tenga piedad de nosotros y nos bendiga;
  Dios haga resplandecer su rostro sobre
      nosotros,   *Selah*
2 para que en la tierra sea conocido tu ˚camino
   y en todas las naciones, tu ˚salvación.

3 ¡Que te alaben, oh Dios, los pueblos;
   que todos los pueblos te alaben!
4 Alégrense y canten con júbilo las naciones,
   porque tú las juzgas con rectitud,
   y guías a las naciones de la tierra.   *Selah*
5 ¡Que te alaben, oh Dios, los pueblos;
   que todos los pueblos te alaben!

6 La tierra dará entonces su fruto,
   y Dios, nuestro Dios, nos bendecirá.
7 Dios nos bendecirá
   y le temerán todos los confines de la tierra.

Salmo 68[b]
Al director musical. Salmo de David. Cántico.

1 Que se levante Dios,
   que sean dispersados sus enemigos,
   que huyan de su presencia los que lo odian.
2 Que desaparezcan del todo,
   como humo que se disipa con el viento;
  que perezcan ante Dios los malvados,
   como cera que se derrite en el fuego.
3 Pero que los justos se alegren y se regocijen;
   que estén felices y alegres delante de Dios.

4 Canten a Dios, canten salmos a su ˚nombre;
   aclamen a quien cabalga sobre las nubes,
   y regocíjense en su presencia.
   ¡Su nombre es el Señor!
5 Padre de huérfanos y defensor de viudas
   es Dios en su morada santa.

6 Dios da un hogar a los desamparados
   y dicha a los cautivos que libera;
   pero los rebeldes habitarán en el desierto.

7 Cuando saliste, oh Dios, al frente de tu pueblo,
   cuando a través del desierto marchaste,   *Selah*
8 la tierra se estremeció,
   el cielo derramó su lluvia
   delante de Dios, el Dios de Sinaí,
   delante de Dios, el Dios de Israel.
9 Tú, oh Dios, diste abundantes lluvias;
   reanimaste a tu extenuada herencia.
10 Tu familia se estableció en la tierra
   que en tu bondad, oh Dios, preparaste para el
      pobre.

11 El Señor ha emitido la palabra
   y las mensajeras que la proclaman son una
      multitud poderosa:
12 «Van huyendo los reyes y sus tropas;
   en las casas, las mujeres se reparten el botín:
13 alas de paloma cubiertas de plata,
   con plumas de oro resplandeciente,
   mientras ustedes se quedan a dormir entre los
      rebaños».
14 Cuando el ˚Todopoderoso puso en fuga a los reyes
      de la tierra,
   parecían copos de nieve cayendo sobre la
      cumbre del Zalmón.

15 Montañas de Basán, montañas imponentes;
   montañas de Basán, montañas escarpadas:
16 ¿Por qué, montañas escarpadas, miran con
      envidia
   al monte donde a Dios le place residir,
   donde el Señor habitará por siempre?
17 Los carros de guerra de Dios
   se cuentan por millares;
  del Sinaí vino en ellos el Señor
   para entrar en su santuario.
18 Cuando tú, Dios y Señor,
   ascendiste a las alturas,
   te llevaste contigo a los cautivos;
  recibiste ofrendas entre los ˚hombres,
   aun de los rebeldes,
   para establecer tu morada.

19 Bendito sea el Señor, nuestro Dios y Salvador,
   que día tras día sobrelleva nuestras cargas.
                          Selah
20 Nuestro Dios es un Dios que salva;
   el Señor Soberano nos libra de la muerte.
21 Dios aplastará la cabeza de sus enemigos,
   la cabellera en forma de corona de los que
      persisten en pecar.
22 El Señor dice: «De Basán los regresaré;
   de las profundidades del mar los haré volver,
23 para que se empapen tus pies en la sangre de sus
      enemigos;
   para que al lamerla tus perros tengan también su
      parte».

24 En el santuario pueden verse las procesiones de
      mi Dios,
   las procesiones de mi Dios y Rey.
25 Los cantores van al frente,
   seguidos de los músicos de cuerda,
   entre doncellas que tocan panderetas.
26 Bendigan a Dios en la gran asamblea;
   alaben al Señor, descendientes de Israel.

---

a **Sal 67** En el texto hebreo 67:1-7 se numera 67:2-8.
b **Sal 68** En el texto hebreo 68:1-35 se numera 68:2-36.

²⁷ Los guía la pequeña tribu de Benjamín,
   seguida de los múltiples príncipes de Judá
   y de los príncipes de Zabulón y Neftalí.

²⁸ Despliega tu poder, oh Dios;
   haz gala, oh Dios, de tu poder,
   que has manifestado en favor nuestro.
²⁹ Por causa de tu Templo en Jerusalén
   los reyes te ofrecerán presentes.
³⁰ Reprende a esa bestia de los juncos,
   a esa manada de toros bravos
   entre naciones que parecen becerros.
   Haz que, humillada, te lleve barras de plata;
   dispersa a las naciones que se deleitan en la
      guerra.
³¹ Egipto enviará embajadores,
   y *Cus presentará sus tributos a Dios.

³² Cántenle a Dios, oh reinos de la tierra,
   cántenle salmos al Señor,   *Selah*
³³ al que cabalga por los cielos,
   los cielos antiguos,
   al que hace oír su voz,
   su voz poderosa.
³⁴ ¡Reconozcan el poder de Dios!
   Su majestad está sobre Israel,
   su poder está en las alturas.
³⁵ En tu santuario, oh Dios, eres imponente;
   ¡el Dios de Israel da poder y fuerza a su pueblo!

¡Bendito sea Dios!

Salmo 69ᵃ
Al director musical. Sígase la tonada de «Los lirios». De David.
¹ ¡Sálvame, Dios mío,
   porque las aguas ya me llegan al *cuello!
² Me estoy hundiendo en un pantano profundo
   y no tengo dónde apoyar el pie.
   Estoy en medio de profundas aguas
   y me arrastra la corriente.
³ Cansado estoy de pedir ayuda;
   tengo reseca la garganta.
   Mis ojos languidecen,
   esperando la ayuda de mi Dios.
⁴ Más que los cabellos de mi cabeza
   son los que me odian sin motivo;
   muchos son los enemigos gratuitos
   que se han propuesto destruirme.
   ¿Cómo voy a devolver lo que no he robado?

⁵ Oh Dios, tú sabes lo insensato que he sido;
   no te puedo esconder mis culpas.

⁶ SEÑOR Soberano de los Ejércitos,
   que no sean avergonzados por mi culpa
   los que en ti esperan;
   oh Dios de Israel,
   que no sean humillados por mi culpa
   los que te buscan.
⁷ Por ti yo he sufrido insultos;
   mi rostro se ha cubierto de vergüenza.
⁸ Soy como un extraño para mis hermanos;
   soy un extranjero para los hijos de mi
      madre.
⁹ El celo por tu casa me consume;
   sobre mí han recaído las burlas de los que te
      insultan.
¹⁰ Cuando lloro y ayuno,
   tengo que soportar sus insultos;
¹¹ cuando me visto de luto,
   soy objeto de burlas.

¹² Los que se sientan a la *puerta murmuran contra
      mí;
   los borrachos me dedican parodias.

¹³ Pero yo, SEÑOR, elevo a ti una oración
   en el tiempo de tu buena voluntad.
   Por tu gran amor, oh Dios, respóndeme;
   por tu fidelidad, sálvame.
¹⁴ Sácame del lodo;
   no permitas que me hunda.
   Líbrame de los que me odian
   y de las aguas profundas.
¹⁵ No dejes que me arrastre la corriente;
   no permitas que me trague el abismo
   ni que el foso cierre sus fauces sobre mí.

¹⁶ Respóndeme, SEÑOR, por tu bondad y tu gran
      amor;
   por tu inmensa misericordia, vuélvete hacia
      mí.
¹⁷ No escondas tu rostro de este siervo tuyo;
   respóndeme pronto, que estoy angustiado.
¹⁸ Ven a mi lado y rescátame;
   redímeme, por causa de mis enemigos.

¹⁹ Tú bien sabes cómo me insultan,
   me avergüenzan y denigran;
   sabes quiénes son mis adversarios.
²⁰ Los insultos me han destrozado el corazón;
   para mí ya no hay remedio.
   Esperé compasión y no la hubo;
   busqué consuelo y no lo hallé.
²¹ En mi comida pusieron hiel;
   para calmar mi sed me dieron vinagre.

²² Que se conviertan en trampa sus banquetes
   y su prosperidad, en lazo.
²³ Que se les nublen los ojos para que no vean
   y que se encorven sus espaldas para
      siempre.
²⁴ Descarga tu furia sobre ellos;
   que tu ardiente ira los alcance.
²⁵ Que su campamento quede desierto
   y que nadie habite sus tiendas de campaña.
²⁶ Pues al que has afligido lo persiguen
   y se burlan del dolor del que has herido.
²⁷ Añade a sus pecados más pecados;
   no los hagas partícipes de tu *salvación.
²⁸ Que sean borrados del libro de la vida;
   que no queden inscritos con los justos.

²⁹ Y a mí, que estoy pobre y adolorido,
   que me proteja, Dios mío, tu *salvación.

³⁰ Con cánticos alabaré el *nombre de Dios;
   con acción de gracias lo exaltaré.
³¹ Esa ofrenda agradará más al SEÑOR que la de un
      toro o un novillo
   con sus cuernos y pezuñas.
³² Los pobres verán esto y se alegrarán;
   ¡reanímense ustedes, los que buscan a
      Dios!
³³ Porque el SEÑOR oye a los necesitados
   y no desprecia a su pueblo cautivo.

³⁴ Que lo alaben los cielos y la tierra,
   los mares y todo lo que se mueve en ellos,
³⁵ porque Dios salvará a *Sión
   y reconstruirá las ciudades de Judá.
   Allí se establecerá el pueblo
   y tomará posesión de la tierra.
³⁶ La heredarán los hijos de sus siervos;
   la habitarán los que aman su nombre.

ᵃ Sal 69 En el texto hebreo 69:1-36 se numera 69:2-37.

Salmo 70[a]

70:1-5 – Sal 40:13-17

Al director musical. Petición de David.

1 ¡Ven, oh Dios, a librarme!
   ¡Ven pronto, SEÑOR, en mi auxilio!

2 Que sean avergonzados y confundidos
   los que tratan de matarme.
   Que retrocedan humillados
   todos los que desean mi ruina.
3 Que vuelvan atrás por su vergüenza
   los que se burlan de mí.
4 Pero que todos los que te buscan
   se alegren en ti y se regocijen;
   que los que aman tu *salvación digan siempre:
   «¡Sea Dios exaltado!».

5 Yo soy pobre y necesitado;
   ¡ven pronto a mí, oh Dios!
   Tú eres mi socorro y mi libertador;
   ¡no te demores, SEÑOR!

Salmo 71

71:1-3 – Sal 31:1-4

1 En ti, SEÑOR, busco refugio;
   jamás permitas que me avergüencen.
2 Por tu justicia, rescátame y líbrame.
   Inclina a mí tu oído y sálvame.
3 Sé tú mi *roca de refugio
   adonde pueda yo siempre acudir;
   da la orden de salvarme,
   porque tú eres mi roca y mi fortaleza.
4 Líbrame, Dios mío, de manos de los malvados,
   del poder de los perversos y crueles.

5 Tú, Soberano SEÑOR, has sido mi esperanza;
   en ti he confiado desde mi juventud.
6 Desde el vientre de mi madre dependo de ti;
   desde el seno materno me has sostenido.
   ¡Por siempre te alabaré!
7 Para muchos, soy motivo de asombro,
   pero tú eres mi refugio inconmovible.
8 Mi boca rebosa de tu alabanza
   y todo el día proclama tu grandeza.

9 No me rechaces cuando llegue a viejo;
   no me abandones cuando me falten las fuerzas.
10 Porque mis enemigos murmuran contra mí;
   los que me acechan se confabulan.
11 Y dicen: «¡Dios lo ha abandonado!
   ¡Persíganlo y aprésenlo,
   pues no hay quien lo libere!».
12 Dios mío, no te alejes de mí;
   Dios mío, ven pronto a socorrerme.
13 Que perezcan humillados mis acusadores;
   que se cubran de deshonra y de vergüenza
   los que buscan mi ruina.

14 Pero yo siempre tendré esperanza
   y más y más te alabaré.

15 Todo el día proclamará mi boca
   tu justicia y tu *salvación,
   aunque es algo que no alcanzo a descifrar.
16 Mi SEÑOR y Dios, relataré tus obras poderosas
   y haré memoria de tu justicia,
   de tu justicia solamente.
17 Tú, oh Dios, me enseñaste desde mi juventud
   y aún hoy anuncio todos tus prodigios.
18 Aun cuando sea yo anciano y peine canas,
   no me abandones, oh Dios,
   hasta que anuncie tu poder a la generación
     venidera,

y dé a conocer tus proezas a los que aún no han
   nacido.

19 Oh Dios, tú has hecho grandes cosas;
   tu justicia llega a las alturas.
   ¿Quién como tú, oh Dios?
20 Me has hecho pasar por muchas angustias y males,
   pero volverás a darme vida;
   de las profundidades de la tierra
   volverás a levantarme.
21 Acrecentarás mi honor
   y volverás a consolarme.

22 Por tu fidelidad, Dios mío,
   te alabaré con la lira;
   te cantaré, oh Santo de Israel,
   salmos con el arpa.
23 Gritarán de júbilo mis labios
   cuando yo te cante salmos,
   pues me has salvado la vida.
24 Todo el día repetirá mi lengua
   la historia de tus justas acciones,
   pues quienes buscaban mi mal
   han quedado confundidos y avergonzados.

Salmo 72

De Salomón.

1 Oh Dios, concede tus juicios al rey
   y tu justicia al hijo del rey.
2 Así juzgará con justicia a tu pueblo
   y con juicios justos a tus pobres.

3 Brindarán los montes la paz al pueblo
   y las colinas, la justicia.
4 El rey defenderá la causa de los pobres del
     pueblo,
   salvará a los necesitados
   y aplastará a los opresores.
5 Que viva el rey[b] como el sol y como la luna,
   a través de las generaciones.
6 Que sea como la lluvia que cae sobre un campo
     segado,
   como los aguaceros que empapan la tierra.
7 Que en sus días florezca la justicia,
   y que abunde la paz,
   hasta que la luna deje de existir.

8 Que domine el rey de mar a mar,
   desde el río Éufrates hasta los confines de la
     tierra.
9 Que se postren ante él las tribus del desierto;
   que muerdan el polvo sus enemigos.
10 Que le paguen tributo los reyes de Tarsis
   y de las costas remotas;
   que los reyes de Sabá y de Seba
   le traigan presentes.
11 Que ante él se postren todos los reyes;
   que le sirvan todas las naciones.

12 Él librará al indigente que pide auxilio
   y al pobre que no tiene quien lo ayude.
13 Se compadecerá del desvalido y del necesitado
   y a los menesterosos les salvará la vida.
14 Los librará de la opresión y la violencia,
   porque considera valiosa su vida.

15 ¡Que viva el rey!
   ¡Que se le entregue el oro de Sabá!
   Que se ore por él sin cesar;
   que todos los días se le bendiga.

---

a Sal 70 En el texto hebreo 70:1-5 se numera 70:2-6.   *b 5 Que
viva el rey* (véase LXX); *Te temerán* (TM).

¹⁶ Que haya abundancia de grano en la tierra;
   que ondeen los trigales en la cumbre de los
   montes.
Que el grano se dé como en el Líbano;
   que abunden las gavillas*ᵃ* como la hierba del
   campo.
¹⁷ Que su ˙nombre perdure para siempre;
   que su fama permanezca como el sol.

Que en su nombre sean bendecidas las
   naciones;
   que todas ellas lo proclamen ˙dichoso.

¹⁸ Bendito sea Dios el Señor,
   el Dios de Israel,
   el único que hace obras portentosas.
¹⁹ Bendito sea por siempre su glorioso nombre;
   ¡que toda la tierra se llene de su gloria!
            Amén y˙amén.

²⁰ Aquí terminan las oraciones de David, hijo de
   Isaí.

Libro III
Salmos 73–89

Salmo 73
Salmo de Asaf.

¹ En verdad, ¡cuán bueno es Dios con Israel,
   con los de ˙corazón puro!

² Yo estuve a punto de caer;
   poco me faltó para que resbalara.
³ Sentí envidia de los arrogantes,
   al ver la prosperidad de esos malvados.

⁴ Ellos no tienen ningún problema;
   su cuerpo está fuerte y saludable.*ᵇ*
⁵ Libres están de los afanes de la gente;
   no les afectan los infortunios humanos.
⁶ Por eso lucen su orgullo como un collar
   y hacen gala de su violencia.
⁷ Están que revientan de malicia
   y hasta se les ven sus malas intenciones.
⁸ Ellos se burlan, hablan con maldad,
   y arrogantes oprimen y amenazan.
⁹ Con la boca increpan al cielo
   y su lengua se pasea por la tierra.
¹⁰ Por eso la gente acude a ellos
   y bebe sus palabras como agua.
¹¹ Hasta dicen: «¿Cómo puede Dios saberlo?
   ¿Acaso el ˙Altísimo tiene entendimiento?».

¹² Así son los malvados;
   sin afanarse, aumentan sus riquezas.

¹³ En verdad, ¿de qué me sirve mantener mi
   corazón limpio
   y mis manos lavadas en la inocencia,
¹⁴ si todo el día me golpean
   y de mañana me castigan?

¹⁵ Si hubiera dicho: «Voy a hablar como ellos»,
   habría traicionado al linaje de tus hijos.

¹⁶ Cuando traté de comprender todo esto,
   me resultó una carga insoportable,
¹⁷ hasta que entré en el santuario de Dios;
   allí comprendí el fin que les espera:

¹⁸ En verdad, los has puesto en terreno resbaladizo
   y los empujas a su propia destrucción.
¹⁹ ¡En un instante serán destruidos,
   totalmente consumidos por el terror!
²⁰ Como quien despierta de un sueño,
   así, Señor, cuando tú te levantes,
   los despreciarás como una ilusión.

²¹ Se me afligía el corazón
   y se me amargaba el ánimo
²² por mi ˙necedad e ignorancia.
   ¡Me porté contigo como una bestia!

²³ Pero yo siempre estoy contigo,
   pues tú me sostienes de la mano derecha.
²⁴ Me guías con tu consejo
   y más tarde me acogerás en gloria.
²⁵ ¿A quién tengo en el cielo sino a ti?
   Si estoy contigo, ya nada quiero en la tierra.
²⁶ Podrán desfallecer mi cuerpo y mi corazón,
   pero Dios es la ˙roca de mi corazón;
   él es mi herencia eterna.

²⁷ Perecerán los que se alejen de ti;
   tú destruyes a los que te son infieles.
²⁸ Para mí el bien es estar cerca de Dios.
   He hecho del Señor Soberano mi refugio
   para contar todas sus obras.

Salmo 74
Masquil de Asaf.

¹ ¿Por qué, oh Dios, nos has rechazado para
   siempre?
   ¿Por qué se ha encendido tu ira contra las
   ovejas de tu prado?
² Acuérdate del pueblo que adquiriste desde
   tiempos antiguos,
   de la tribu que redimiste
   para que fuera tu posesión.
Acuérdate de este monte ˙Sión,
   que es donde tú habitas.
³ Dirige tus pasos hacia estas ruinas eternas;
   ¡todo en el santuario lo ha destruido el
   enemigo!

⁴ Tus adversarios rugen en el lugar de tus
   asambleas
   y plantan sus banderas en señal de victoria.
⁵ Parecen leñadores en el bosque,
   talando árboles con sus hachas.
⁶ Con sus hachas y martillos
   destrozaron todos los adornos de madera.
⁷ Prendieron fuego a tu santuario;
   profanaron la morada de tu Nombre.
⁸ En su corazón*ᶜ* dijeron: «¡Vamos a aplastarlos por
   completo!»,
   y quemaron en el país todos tus santuarios.

⁹ Ya no vemos señales milagrosas;
   ya no hay ningún profeta
   y ni siquiera sabemos hasta cuándo durará
   todo esto.
¹⁰ ¿Hasta cuándo, Dios, te insultará el adversario?
   ¿Por siempre ofenderá tu nombre el
   enemigo?
¹¹ ¿Por qué retraes tu mano, tu mano derecha?
   ¿Por qué te quedas cruzado de brazos?
            ¡Destrúyelos!

---

a 16 *que abunden las gavillas.* Alt. *que de la ciudad nazca
gente.*   *b* 4 *no … saludable.* Alt. *no tienen lucha alguna
ante su muerte; su cuerpo está saludable.*   *c* 8 *corazón.* En
la Biblia se usa para designar el asiento de las emociones,
pensamientos y voluntad, es decir, el proceso de toma de
decisiones del ser humano.

¹² Tú, oh Dios, eres mi Rey desde tiempos antiguos;
tú traes ˚salvación sobre la tierra.

¹³ Tú dividiste el mar con tu poder;
les rompiste la cabeza a los monstruos
marinos.
¹⁴ Tú aplastaste las cabezas de ˚Leviatán
y lo diste por comida a las fieras del desierto.
¹⁵ Tú hiciste que brotaran fuentes y arroyos;
secaste ríos de inagotables corrientes.
¹⁶ Tuyo es el día, tuya también la noche;
tú estableciste la luna y el sol;
¹⁷ estableciste todos los límites de la tierra
y creaste el verano y el invierno.

¹⁸ Recuerda, SEÑOR, que tu enemigo te insulta
y que un pueblo insensato ofende tu nombre.
¹⁹ No entregues a las fieras la vida de tu tórtola;
no te olvides, ni ahora ni nunca, de la vida de
tus pobres.
²⁰ Toma en cuenta tu ˚pacto,
pues hasta en los lugares más oscuros del país
abunda la violencia.
²¹ Que no vuelva humillado el oprimido;
que alaben tu nombre el pobre y el necesitado.
²² Levántate, oh Dios, y defiende tu causa;
recuerda que a todas horas te ofenden los
˚necios.
²³ No pases por alto el griterío de tus adversarios,
el creciente tumulto de tus enemigos.

Salmo 75ᵃ

*Al director musical. Sígase la tonada de «No
destruyas». Salmo de Asaf. Cántico.*

¹ Te damos gracias, oh Dios,
te damos gracias e invocamosᵇ tu Nombre;
¡todos hablan de tus obras portentosas!

² Tú dices: «Cuando yo lo decida,
juzgaré con equidad.
³ Cuando se estremece la tierra con todos sus
habitantes,
soy yo quien afirma sus columnas».   *Selah*
⁴ «No sean altaneros», digo a los altivos;
«No sean soberbios», ordeno a los malvados;
⁵ «No hagan gala de soberbia contra el cielo
ni hablen con aires de suficiencia».

⁶ La exaltación no viene del oriente
ni del occidente ni del desierto,
⁷ sino que es Dios el que juzga:
a unos humilla y a otros exalta.
⁸ En la mano del SEÑOR hay una copa
de espumante vino mezclado con especias;
cuando él lo derrame, todos los malvados de la
tierra
habrán de beberlo hasta la última gota.

⁹ Yo hablaré de esto siempre;
cantaré salmos al Dios de Jacob.
¹⁰ Aniquilaré la altivez de todos los malvados
y exaltaré el poder de los justos.

Salmo 76ᶜ

*Al director musical. Acompáñese con instrumentos
de cuerda. Salmo de Asaf. Cántico.*

¹ Dios es conocido en Judá;
su ˚nombre es exaltado en Israel.
² En ˚Salén se halla su santuario;
en ˚Sión está su morada.
³ Allí hizo pedazos las centelleantes saetas,
los escudos, las espadas, las armas de guerra.
Selah

⁴ Estás rodeado de esplendor;
eres más imponente que las montañas de
caza.ᵈ
⁵ Los valientes yacen ahora despojados;
han caído en el sopor de la muerte.
Ninguno de esos hombres de guerra
volverá a levantar sus manos.
⁶ Cuando tú, Dios de Jacob, los reprendiste,
jinetes y corceles quedaron aturdidos.

⁷ Tú, y solo tú, eres de temer.
¿Quién puede hacerte frente cuando se
enciende tu enojo?
⁸ Desde el cielo diste a conocer tu veredicto;
la tierra, temerosa, guardó silencio
⁹ cuando tú, oh Dios, te levantaste para juzgar,
para salvar a todos los pobres de la
tierra.   *Selah*
¹⁰ La furia del hombre se vuelve tu alabanza,
y los que sobrevivan al castigo te harán fiesta.ᵉ

¹¹ Hagan promesas al SEÑOR su Dios y cúmplanlas.
Que todos los países vecinos
traigan presentes al Dios temible,
¹² al que deja sin aliento a los gobernantes,
al que es temido por los reyes de la tierra.

Salmo 77ᶠ

Al director musical. Para Jedutún. Salmo de Asaf.

¹ A Dios elevo mi voz suplicante;
a Dios elevo mi voz para que me escuche.
² Cuando estoy angustiado, recurro al Señor;
sin cesar elevo mis manos por las noches,
pero me niego a recibir consuelo.

³ Me acuerdo de Dios y me lamento;
medito en él y mi espíritu desfallece.   *Selah*
⁴ Me impides cerrar los ojos;
tan turbado estoy que ni hablar puedo.
⁵ Me pongo a pensar en los tiempos de antaño,
de los años ya idos me acuerdo.
⁶ En la noche recuerdo mi canción;
mi corazón medita y mi espíritu pregunta:

⁷ «¿Nos rechazará el Señor para siempre?
¿No volverá a mostrarnos su buena
voluntad?
⁸ ¿Se habrá agotado para siempre su gran amor
y su promesa por todas las generaciones?
⁹ ¿Se habrá olvidado Dios de sus misericordias
y en su enojo ya no quiere tenernos
compasión?».   *Selah*

¹⁰ Y me pongo a pensar: «Esto es lo que me duele:
que haya cambiado la diestra del ˚Altísimo».
¹¹ Prefiero recordar las hazañas del SEÑOR,
traer a la memoria sus milagros de antaño.
¹² Meditaré en todas tus proezas;
evocaré tus obras poderosas.

¹³ Santos, oh Dios, son tus ˚caminos;
¿qué dios hay tan excelso como nuestro Dios?
¹⁴ Tú eres el Dios que hace maravillas;
el que despliega su poder entre los pueblos.
¹⁵ Con tu brazo poderoso redimiste a tu pueblo,
a los descendientes de Jacob y de José. *Selah*

ᵃ **Sal 75** En el texto hebreo 75:1-10 se numera 75:2-11.
ᵇ **1** *e invocamos* (LXX y Siríaca); *y cercano está* (TM).
ᶜ **Sal 76** En el texto hebreo 76:1-12 se numera 76:2-13.
ᵈ **4** *montañas de caza* (TM); *montañas eternas* (LXX).   ᵉ **10** *te harán fiesta* (LXX); *los ceñirás* (TM).   ᶠ **Sal 77** En el texto hebreo 77:1-20 se numera 77:2-21.

16 Las aguas te vieron, oh Dios,
   las aguas te vieron y se agitaron;
   el propio abismo se estremeció con violencia.
17 Derramaron su lluvia las nubes;
   retumbaron con estruendo los cielos;
   rasgaron el espacio tus flechas.
18 Tu estruendo retumbó en el torbellino
   y tus relámpagos iluminaron el mundo;
   la tierra se estremeció con temblores.
19 Te abriste camino en el mar,
   pasaste entre las muchas aguas,
   y no se hallaron tus huellas.

20 Por medio de Moisés y de Aarón
   guiaste como un rebaño a tu pueblo.

Salmo 78
Masquil de Asaf.

1 Pueblo mío, atiende a mi *enseñanza;
   presta oído a las palabras de mi boca.
2 Hablaré por medio de *parábolas
   y revelaré misterios de antaño,
3 cosas que hemos oído y conocido
   y que nuestros antepasados nos han contado.
4 No las esconderemos de sus descendientes;
   hablaremos a la generación venidera
   del poder del SEÑOR, de sus proezas
   y de las maravillas que ha hecho.
5 Él promulgó un mandato para Jacob,
   dictó una *ley para Israel;
   ordenó a nuestros antepasados
   enseñarlos a sus descendientes,
6 para que los conocieran las generaciones
      venideras
   y los hijos que habrían de nacer,
   que a su vez los enseñarían a sus hijos.
7 Así ellos pondrían su confianza en Dios
   y no se olvidarían de sus proezas,
   sino que cumplirían sus mandamientos.
8 Así no serían como sus antepasados:
   generación obstinada y rebelde,
   gente de corazón fluctuante,
   cuyo espíritu no se mantuvo fiel a Dios.

9 La tribu de Efraín, con sus diestros arqueros,
   retrocedió el día de la batalla.
10 No cumplieron con el *pacto de Dios,
   sino que se negaron a seguir su Ley.
11 Echaron al olvido sus proezas,
   las maravillas que les había mostrado,
12 los milagros que hizo a la vista de sus
      antepasados
   en la tierra de Egipto, en la región de Zoán.
13 Abrió el mar para que pudieran pasar;
   mantuvo erguidas las aguas como un muro.
14 De día los guio con una nube
   y toda la noche con luz de fuego.
15 En el desierto partió las rocas
   y les dio a beber torrentes de aguas;
16 hizo que brotaran arroyos de la peña
   y que las aguas fluyeran como ríos.

17 Pero ellos volvieron a pecar contra él;
   en el desierto se rebelaron contra el *Altísimo.
18 Deliberadamente pusieron a Dios a prueba
   y exigieron comida a su antojo.
19 Murmuraron contra Dios
   y aun dijeron:
      «¿Podrá Dios preparar una mesa en el desierto?
20 Cuando golpeó la roca,
   el agua brotó en torrentes;
   pero, ¿podrá también darnos de comer?
   ¿Podrá proveerle carne a su pueblo?».

21 Cuando el SEÑOR oyó esto, se indignó;
   su enojo se encendió contra Jacob,
   su ira ardió contra Israel.
22 Porque no confiaron en Dios
   ni creyeron que él los salvaría.
23 Desde lo alto dio una orden a las nubes,
   y se abrieron las puertas de los cielos.
24 Hizo que les lloviera maná para que comieran;
   les dio a comer trigo del cielo.
25 Todos ellos comieron pan de ángeles;
   Dios les envió comida hasta saciarlos.
26 Desató desde el cielo el viento del este
   y con su poder levantó el viento del sur.
27 Cual lluvia de polvo, hizo que les lloviera
      carne;
   nubes de pájaros, como la arena del mar.
28 Los hizo caer en medio de su campamento
   y en los alrededores de sus tiendas.
29 Comieron y se hartaron,
   pues Dios les cumplió su capricho.
30 Pero el capricho no les duró mucho:
   aún tenían la comida en la boca
31 cuando el enojo de Dios vino sobre ellos:
   dio muerte a sus hombres más robustos;
   abatió a los jóvenes de Israel.

32 A pesar de todo, siguieron pecando
   y no creyeron en sus maravillas.
33 Por tanto, Dios hizo que sus días se esfumaran
      como un suspiro,
   que sus años acabaran en medio del terror.
34 Si Dios los hería de muerte, entonces lo
      buscaban,
   y con ansias se volvían de nuevo a él.
35 Se acordaban de que Dios era su *Roca,
   de que el Dios Altísimo era su Redentor.
36 Pero entonces lo halagaban con la boca
   y le mentían con la lengua.
37 No fue su corazón sincero para con Dios;
   no fueron fieles a su pacto.
38 Sin embargo, él les tuvo compasión;
   les perdonó su maldad
   y no los destruyó.
   Una y otra vez contuvo su enojo
   y no se dejó llevar del todo por la ira.
39 Se acordó de que eran simples *mortales,
   un efímero suspiro que jamás regresa.

40 ¡Cuántas veces se rebelaron contra él en el
      desierto
   y lo entristecieron en los páramos!
41 Una y otra vez ponían a Dios a prueba;
   provocaban al Santo de Israel.
42 Jamás se acordaron de su poder,
   de cuando los rescató del opresor,
43 ni de sus señales milagrosas en Egipto,
   ni de sus portentos en la región de Zoán,
44 cuando convirtió en sangre los ríos egipcios
   y no pudieron ellos beber de sus arroyos;
45 cuando les envió tábanos que se los devoraban
   y ranas que los destruían;
46 cuando entregó sus cosechas a los saltamontes
   y sus sembrados a la langosta;
47 cuando con granizo destruyó sus viñas
   y con escarcha sus higueras;
48 cuando entregó su ganado al granizo
   y sus rebaños a las centellas;
49 cuando lanzó contra ellos el ardor de su ira,
   de su furor, indignación y hostilidad:
   ¡todo un ejército de ángeles destructores!
50 Dio rienda suelta a su enojo
   y no los libró de la muerte,
   sino que los entregó a la plaga.

⁵¹ Dio muerte a todos los primogénitos de Egipto,
las primicias de su virilidad en los
campamentos de Cam.
⁵² A su pueblo lo guio como a un rebaño;
los llevó por el desierto, como a ovejas,
⁵³ infundiéndoles confianza para que no
temieran.
Pero a sus enemigos se los tragó el mar.
⁵⁴ Trajo a su pueblo a esta su tierra santa,
a estas montañas que su diestra conquistó.
⁵⁵ Al paso de los israelitas expulsó naciones,
cuyas tierras dio a su pueblo como herencia;
¡así estableció en sus tiendas a las tribus de
Israel!

⁵⁶ Pero ellos pusieron a prueba a Dios:
se rebelaron contra el *Altísimo
y desobedecieron sus mandatos.
⁵⁷ Fueron desleales y traidores, como sus
antepasados;
¡tan falsos como un arco defectuoso!
⁵⁸ Lo irritaron con sus altares paganos;
con sus imágenes despertaron sus celos.
⁵⁹ Dios lo supo y se indignó,
por lo que rechazó completamente a Israel.
⁶⁰ Abandonó el santuario de Siló,
la tienda donde habitaba entre los humanos,
⁶¹ y dejó que el símbolo de su poder y gloria
cayera cautivo en manos enemigas.
⁶² Dejó que a su pueblo lo mataran a filo de espada,
pues se indignó contra su heredad.
⁶³ A sus jóvenes los consumió el fuego
y no hubo cantos nupciales para sus doncellas;
⁶⁴ a filo de espada cayeron sus sacerdotes
y sus viudas no los pudieron llorar.

⁶⁵ Despertó entonces el Señor,
como quien despierta de un sueño,
como un guerrero que, por causa del vino,
lanza gritos desaforados.
⁶⁶ Hizo retroceder a sus enemigos
y los puso en vergüenza para siempre.
⁶⁷ Rechazó a los descendientesᵃ de José
y no escogió a la tribu de Efraín;
⁶⁸ más bien, escogió a la tribu de Judá
y al monte *Sión, al cual ama.
⁶⁹ Construyó su santuario, alto como los cielos,ᵇ
como la tierra, que él afirmó para siempre.
⁷⁰ Escogió a su siervo David,
al que sacó del redil de las ovejas,
⁷¹ y lo quitó de andar arreando sus rebaños
para que fuera el *pastor de Jacob, su pueblo;
el pastor de Israel, su herencia.
⁷² Y David los pastoreó con corazón sincero;
con mano experta los dirigió.

Salmo 79
Salmo de Asaf.

¹ Oh Dios, los pueblos paganos han invadido tu
herencia;
han profanado tu santo Templo,
han dejado en ruinas a Jerusalén.
² Han entregado los cadáveres de tus siervos
como alimento de las aves del cielo;
han destinado los cuerpos de tus fieles
para comida de los animales salvajes.
³ Por toda Jerusalén han derramado su sangre,
como si derramaran agua,
y no hay quien entierre a los muertos.
⁴ Hemos quedado en ridículo ante nuestros
vecinos;
somos la burla y el escarnio de los que nos
rodean.

⁵ ¿Hasta cuándo, SEÑOR?
¿Vas a estar enojado para siempre?
¿Arderá tu celo como el fuego?
⁶ ¡Descarga tu ira sobre las naciones que no te
reconocen,
sobre los reinos que no invocan tu *nombre!
⁷ Porque a Jacob se lo han devorado
y al país lo han dejado en ruinas.

⁸ No tomes en cuenta los pecados de nuestros
antepasados;
¡venga pronto tu misericordia a nuestro
encuentro,
porque estamos totalmente abatidos!
⁹ Oh Dios y Salvador nuestro,
por la gloria de tu nombre, ayúdanos;
por la gloria de tu nombre, líbranos y perdona
nuestros pecados.
¹⁰ ¿Por qué van a decir las naciones:
«Dónde está su Dios»?

Permítenos ver y muéstrales a los pueblos
paganos
cómo tomas venganza de la sangre de tus
siervos.
¹¹ Que lleguen a tu presencia los quejidos de los
cautivos,
y por la fuerza de tu brazo salva a los
condenados a muerte.
¹² Señor, haz que reciban nuestros vecinos,
siete veces y en carne propia,
la burla con que ellos te insultaron.
¹³ Y nosotros, tu pueblo y ovejas de tu prado,
te alabaremos por siempre;
de generación en generación
cantaremos tus alabanzas.

Salmo 80ᶜ
*Al director musical. Sígase la tonada de «Los
lirios del *pacto». Salmo de Asaf.*

¹ *Pastor de Israel, ¡escúchanos!
tú que guías a José como a un rebaño,
tú que tienes tu trono entre los *querubines,
¡resplandece!
² Delante de Efraín, Benjamín y Manasés,
muestra tu poder y ven a salvarnos.

³ ¡Restáuranos, oh Dios!
¡Haz resplandecer tu rostro sobre nosotros,
y sálvanos!

⁴ ¿Hasta cuándo, SEÑOR Dios de los Ejércitos,
arderá tu ira
contra las oraciones de tu pueblo?
⁵ Por comida le has dado pan de lágrimas;
por bebida, lágrimas en abundancia.
⁶ Nos has hecho motivo de contienda para nuestros
vecinos;
nuestros enemigos se burlan de nosotros.

⁷ ¡Restáuranos, oh Dios de los Ejércitos!
¡Haz resplandecer tu rostro sobre nosotros,
y sálvanos!

⁸ De Egipto trajiste una vid;
expulsaste a los pueblos paganos y la
plantaste.
⁹ Le limpiaste el terreno,
y ella echó raíces y llenó la tierra.

ᵃ **67** *a los descendientes.* Lit. *la tienda.*   ᵇ **69** *santuario, …
cielos.* Lit. *santuario como las alturas.*   ᶜ **Sal 80** En el texto
hebreo 80:1-19 se numera 80:2-20.

¹⁰ Su sombra se extendía hasta las montañas,
    su follaje cubría los cedros majestuosos.
¹¹ Sus ramas se extendieron hasta el Mediterráneo
    y sus renuevos hasta el Éufrates.

¹² ¿Por qué has derribado sus muros?
    ¡Todos los que pasan le arrancan uvas!
¹³ Los jabalíes del bosque la destruyen,
    los animales del campo la devoran.
¹⁴ ¡Vuélvete a nosotros, oh Dios de los Ejércitos!
    ¡Asómate a vernos desde el cielo
    y brinda tus cuidados a esta vid!
¹⁵ ¡Es la raíz que plantaste con tu diestra!
    ¡Es el vástago que has criado para ti!

¹⁶ Tu vid está derribada, quemada por el fuego;
    a tu reprensión perece tu pueblo.ᵃ
¹⁷ Bríndale tu apoyo al ˙hombre de tu diestra,
    al hijo de hombre que has criado para ti.
¹⁸ Entonces no nos apartaremos de ti;
    reavívanos e invocaremos tu ˙nombre.

¹⁹ ¡Restáuranos, SEÑOR Dios de los Ejércitos!
    Haz resplandecer tu rostro sobre nosotros,
    y sálvanos.

Salmo 81ᵇ
*Al director musical. Sígase la tonada de «La
canción del lagar». Salmo de Asaf.*

¹ Canten con júbilo a Dios, nuestra fortaleza;
    ¡aclamen alegres al Dios de Jacob!
² ¡Entonen salmos!
    ¡Toquen ya el pandero,
    el arpa y la lira melodiosa!

³ ¡Toquen la trompeta en la luna nueva
    y en la luna llena, día de nuestra fiesta!
⁴ Este es un estatuto para Israel,
    una ley del Dios de Jacob.
⁵ Cuando salió contra la tierra de Egipto,
    lo estableció como un mandato dado a José.

Escuché una voz desconocida decir:

⁶ «Te he quitado la carga de los hombros;
    tus manos se han librado del pesado cesto.
⁷ En tu angustia me llamaste y te libré;
    oculto en el trueno te respondí;
    en las aguas de Meribá te puse a
        prueba.   *Selah*

⁸ »Escucha, pueblo mío, mis advertencias;
    ¡ay, Israel, si tan solo me escucharas!
⁹ No tendrás ningún dios extranjero,
    ni te postrarás ante ningún dios extraño.
¹⁰ Yo soy el SEÑOR tu Dios,
    que te hice subir de la tierra de Egipto.
    Abre bien la boca, y te la llenaré.

¹¹ »Pero mi pueblo no me escuchó;
    Israel no quiso hacerme caso.
¹² Por eso los abandoné a la terquedad de su
        corazón,
    para que actuaran como mejor les pareciera.

¹³ »Si mi pueblo tan solo me escuchara,
    si Israel quisiera andar por mis ˙caminos,

¹⁴ ¡cuán pronto sometería yo a sus enemigos,
    y volvería mi mano contra sus adversarios!
¹⁵ Los que aborrecen al SEÑOR se rendirían ante él,
    pero serían eternamente castigados.
¹⁶ Y a ti te alimentaría con lo mejor del trigo;
    con miel de la roca te saciaría».

Salmo 82
Salmo de Asaf.

¹ Dios preside el consejo celestial;
    entre los dioses dicta sentencia:

² «¿Hasta cuándo juzgarán injustamente
    y favorecerán a los malvados?   *Selah*
³ Defiendan la causa del débil y del huérfano;
    háganles justicia al pobre y al oprimido.
⁴ Salven al débil y al necesitado;
    líbrenlos de la mano de los malvados.

⁵ »Ellos no saben nada, no entienden nada.
    Deambulan en la oscuridad;
    se estremecen todos los cimientos de la tierra.

⁶ »Yo les he dicho: "Ustedes son dioses;
    todos ustedes son hijos del ˙Altísimo".
⁷ Pero morirán como cualquier ˙mortal;
    caerán como cualquier otro gobernante».

⁸ Levántate, oh Dios, y juzga a la tierra,
    pues tuyas son todas las naciones.

Salmo 83ᶜ
Cántico. Salmo de Asaf.

¹ Oh Dios, no guardes silencio;
    no te quedes callado e impasible, oh Dios.
² Mira cómo se alborotan tus enemigos,
    cómo te desafían los que te odian.
³ Con astucia conspiran contra tu pueblo;
    conspiran contra aquellos a quienes tú
        proteges.
⁴ Y dicen: «¡Vengan, destruyamos su nación!
    ¡Que el ˙nombre de Israel no vuelva a
        recordarse!».

⁵ Como un solo hombre se confabulan;
    han hecho un ˙pacto contra ti:
⁶ los campamentos de Edom y de Ismael,
    los de Moab y de Agar,
⁷ Guebal,ᵈ Amón y Amalec,
    los de Filistea y los habitantes de Tiro.
⁸ Hasta Asiria se les ha unido;
    ha apoyado a los descendientes de Lot.   *Selah*

⁹ Haz con ellos como hiciste con Madián,
    como hiciste con Sísara y Jabín en el río
        Quisón,
¹⁰ los cuales perecieron en Endor
    y quedaron en la tierra, como estiércol.
¹¹ Haz con sus nobles como hiciste con Oreb y con
        Zeb;
    haz con todos sus príncipes como hiciste con
        Zeba y con Zalmuna,
¹² que decían: «Vamos a adueñarnos
    de los pastizales de Dios».

¹³ Hazlos rodar como zarzas, Dios mío;
    como paja que se lleva el viento.
¹⁴ Y así como el fuego consume los bosques
    y las llamas incendian las montañas,
¹⁵ así persíguelos con tus tempestades
    y aterrorízalos con tu tormenta.
¹⁶ SEÑOR, cúbreles el rostro de deshonra
    para que busquen tu nombre.

ᵃ **16** *Tu vid ... tu pueblo* (lectura probable); *Haz que perezcan,
a tu reprensión, / los que la queman y destruyen* (TM).
ᵇ **Sal 81** En el texto hebreo 81:1-16 se numera 81:2-17.
ᶜ **Sal 83** En el texto hebreo 83:1-18 se numera 83:2-19.
ᵈ **7** *Guebal.* Es decir, Biblos.

¹⁷Queden avergonzados y angustiados para
   siempre;
   que perezcan humillados.
¹⁸Que sepan que tú eres el SEÑOR,
   que ese es tu nombre;
   que sepan que solo tú eres el *Altísimo
   sobre toda la tierra.

Salmo 84ᵃ

*Al director musical. Sígase la tonada de «La
canción del lagar». Salmo de los hijos de Coré.*

¹¡Cuán hermosas son tus moradas,
   SEÑOR de los Ejércitos!
²Anhelo con el *alma los atrios del SEÑOR;
   casi agonizo por estar en ellos.
   Con el corazón, con todo el cuerpo,
   canto alegre al Dios vivo.
³SEÑOR de los Ejércitos, Rey mío y Dios mío,
   aun el gorrión halla casa cerca de tus altares;
   también la golondrina hace allí su nido,
   para poner sus polluelos.
⁴*Dichosos los que habitan en tu Templo
   y sin cesar te alaban.   *Selah*

⁵Dichoso el que tiene en ti su fortaleza,
   que de corazón camina por tus sendas.
⁶Cuando pasa por el valle de las Lágrimas
   lo convierte en región de manantiales;
   también las lluvias tempranas
   cubren de bendiciones el valle.
⁷Según avanzan los peregrinos, cobran más
   fuerzas,
   hasta que contemplan a Dios en *Sión.

⁸Oye mi oración, SEÑOR Dios de los Ejércitos;
   escúchame, Dios de Jacob.   *Selah*
⁹Oh Dios, escudo nuestro,
   pon sobre tu ungido tus ojos bondadosos.

¹⁰Vale más pasar un día en tus atrios
   que mil fuera de ellos;
   prefiero cuidar la entrada de la casa de mi Dios
   que habitar entre los malvados.
¹¹El SEÑOR es sol y escudo;
   Dios nos concede honor y gloria.
   El SEÑOR no niega sus bondades
   a los que se conducen con integridad.

¹²SEÑOR de los Ejércitos,
   ¡dichosos los que en ti confían!

Salmo 85ᵇ

Al director musical. Salmo de los hijos de Coré.

¹SEÑOR, tú has sido bondadoso con esta tierra tuya
   al restaurarᶜ a Jacob;
²perdonaste la iniquidad de tu pueblo
   y cubriste todos sus pecados;   *Selah*
³depusiste por completo tu furor
   y contuviste el ardor de tu ira.

⁴Restáuranos una vez más, Dios y Salvador
   nuestro;
   pon fin a tu disgusto con nosotros.
⁵¿Vas a estar enojado con nosotros para siempre?
   ¿Vas a seguir airado por todas las generaciones?
⁶¿No volverás a darnos nueva vida
   para que tu pueblo se regocije en ti?
⁷Muéstranos, SEÑOR, tu gran amor
   y concédenos tu *salvación.

⁸Voy a escuchar lo que Dios el SEÑOR dice:
   él promete *paz a su pueblo y a sus fieles,
   para que no se vuelvan a la *necedad.ᵈ

⁹Muy cercano está para salvar a los que le
   temen,
   para establecer su gloria en nuestra tierra.
¹⁰El amor y la verdad se encontrarán;
   se besarán la justicia y la paz.
¹¹De la tierra brotará la verdad
   y desde el cielo se asomará la justicia.
¹²El SEÑOR mismo nos dará bienestar
   y nuestra tierra rendirá su fruto.
¹³La justicia será su heraldo
   y preparará el camino para sus pasos.

Salmo 86

Oración de David.

¹Atiéndeme, SEÑOR; respóndeme,
   pues pobre soy y estoy necesitado.
²Protege mi vida, pues te soy fiel.
   Tú eres mi Dios y en ti confío;
   ¡salva a tu siervo!
³Ten piedad de mí, Señor,
   porque a ti clamo todo el día.
⁴Reconforta el ánimo de tu siervo,
   porque a ti, Señor, elevo mi *alma.

⁵Tú, Señor, eres bueno y perdonador;
   tu gran amor se derrama sobre todos los que te
   invocan.
⁶Escucha, SEÑOR, a mi oración;
   atiende a mi voz de súplica.
⁷En el día de mi angustia te invoco,
   porque tú me respondes.

⁸No hay, Señor, entre los dioses otro como tú
   ni hay obras semejantes a las tuyas.
⁹Todas las naciones que has hecho
   vendrán, Señor, y ante ti se postrarán
   y glorificarán tu *nombre.
¹⁰Porque tú eres grande y haces maravillas;
   ¡solo tú eres Dios!

¹¹Instrúyeme, SEÑOR, en tu *camino
   para conducirme con fidelidad.
   Dame integridad de corazón
   para temer tu nombre.
¹²Señor mi Dios, con todo el corazón te alabaré
   y por siempre glorificaré tu nombre.
¹³Porque grande es tu amor por mí:
   me has rescatado de los dominios de la
   muerte.ᵉ

¹⁴Los insolentes me atacan, oh Dios;
   una banda de gente violenta procura
   matarme.
   ¡Son gente que no te toma en cuenta!
¹⁵Pero tú, Señor, eres Dios compasivo y
   misericordioso,
   lento para la ira y grande en amor y
   fidelidad.
¹⁶Vuélvete hacia mí y tenme piedad;
   concédele tu fuerza a este siervo tuyo.
   ¡Salva al hijo de tu sierva!
¹⁷Dame una muestra de tu amor,
   para que mis enemigos la vean y se
   avergüencen,
   porque tú, SEÑOR, me has brindado ayuda y
   consuelo.

---

a **Sal 84** En el texto hebreo 84:1-12 se numera 84:2-13.
b **Sal 85** En el texto hebreo 85:1-13 se numera 85:2-14.
c **1** *al restaurar.* Alt. *al hacer volver de la cautividad.*   *d* **8** *para
que no ... necedad.* Lit. *y a los que se vuelven a su necedad.*
e **13** *de los dominios de la muerte.* Lit. *del Seol.*

Salmo 87
Salmo de los hijos de Coré. Cántico.

¹ Los cimientos de la ciudad de Dios*ᵃ* están en el
 santo monte.
² El Señor ama las *entradas de *Sión
 más que a todas las moradas de Jacob.

³ De ti, ciudad de Dios,
 se dicen cosas gloriosas: *Selah*
⁴ «Entre los que me reconocen
 puedo contar a *Rahab y a Babilonia,
 a Filistea y a Tiro, lo mismo que a *Cus.
 Se dice: "Este nació en Sión"».
⁵ De Sión se dirá, en efecto:
 «Este y aquel nacieron en ella.
 El *Altísimo mismo la ha establecido».
⁶ El Señor anotará en el registro de los
 pueblos:
 «Este nació en Sión».   *Selah*

⁷ Y mientras cantan y bailan, dicen:
 «Todas mis fuentes están en ti».*ᵇ*

Salmo 88*ᶜ*
Cántico. Salmo de los hijos de Coré. Al director musical.
Según majalat leannot. Masquil de Hemán el ezraíta.

¹ Señor, Dios de mi *salvación,
 día y noche clamo ante ti.
² Que llegue hasta ti mi oración;
 presta oído a mi súplica.

³ Tan colmado estoy de calamidades
 que mi vida está al borde de la muerte.*ᵈ*
⁴ Ya me cuentan entre los que bajan a la fosa;
 parezco un hombre que se quedó sin fuerzas.
⁵ Me han puesto aparte, entre los muertos;
 parezco un cadáver que yace en el sepulcro,
 de esos que tú ya no recuerdas,
 porque fueron arrebatados de tu mano.

⁶ Me has echado en la fosa más profunda,
 en el más tenebroso de los abismos.
⁷ El peso de tu enojo ha recaído sobre mí;
 me has abrumado con tus olas.   *Selah*
⁸ Me has quitado a todos mis amigos
 y ante ellos me has hecho aborrecible.
 Estoy aprisionado y no puedo librarme;
⁹ los ojos se me nublan de tristeza.

 Yo, Señor, te invoco cada día
 y hacia ti extiendo las manos.
¹⁰ ¿Acaso entre los muertos haces maravillas?
 ¿Pueden los muertos levantarse a darte
 gracias?   *Selah*
¹¹ ¿Acaso en el sepulcro se habla de tu gran
 amor
 y de tu fidelidad en el abismo destructor?*ᵉ*
¹² ¿Acaso en las tinieblas se conocen tus
 maravillas
 o tu justicia en la tierra del olvido?

¹³ Yo, Señor, te ruego que me ayudes;
 por la mañana mi oración llega ante tu
 presencia.
¹⁴ ¿Por qué me rechazas, Señor?
 ¿Por qué escondes de mí tu rostro?

¹⁵ Yo he sufrido desde mi juventud;
 muy cerca he estado de la muerte.
 Me has enviado terribles sufrimientos
 y ya no puedo más.
¹⁶ Tu ira se ha descargado sobre mí;
 tus violentos ataques han acabado
 conmigo.
¹⁷ Todo el día me rodean como un océano;
 me han cercado por completo.
¹⁸ Me has quitado amigos y seres queridos;
 ahora solo tengo amistad con las tinieblas.

Salmo 89*ᶠ*
Masquil de Etán el ezraíta.

¹ Oh Señor, por siempre cantaré la grandeza de tu
 amor;
 por todas las generaciones
 proclamará mi boca tu fidelidad.
² Declararé que tu gran amor permanece firme
 para siempre,
 que has afirmado en el cielo tu fidelidad.
³ Dijiste: «He hecho un *pacto con mi escogido;
 le he jurado a David mi siervo:
⁴ "Estableceré tu descendencia para siempre
 y afirmaré tu trono por todas las
 generaciones"».   *Selah*

⁵ Los cielos, Señor, celebran tus maravillas,
 y la asamblea de los santos proclama tu
 fidelidad.
⁶ ¿Quién en los cielos es comparable al Señor?
 ¿Quién como él entre los seres celestiales?
⁷ Dios es muy temido en la asamblea de los
 santos;
 grande y portentoso sobre cuantos lo
 rodean.
⁸ ¿Quién como tú, Señor Dios de los Ejércitos,
 rodeado de poder y de fidelidad?

⁹ Tú gobiernas sobre el mar embravecido;
 cuando se levantan las olas, tú las calmas.
¹⁰ Aplastaste a *Rahab como a un cadáver;
 con tu brazo poderoso dispersaste a tus
 enemigos.
¹¹ Tuyo es el cielo y tuya la tierra;
 tú fundaste el mundo y todo lo que
 contiene.
¹² Por ti fueron creados el norte y el sur;
 el Tabor y el Hermón cantan alegres a tu
 *nombre.
¹³ Tu brazo es capaz de grandes proezas;
 fuerte es tu mano, exaltada tu diestra.

¹⁴ La justicia y el derecho son el fundamento de tu
 trono,
 y tus heraldos, el amor y la verdad.
¹⁵ *Dichosos los que saben aclamarte, Señor,
 y caminan a la luz de tu presencia;
¹⁶ los que todo el día se alegran en tu nombre
 y se regocijan en tu justicia.
¹⁷ Porque tú eres su gloria y su poder;
 por tu buena voluntad aumentas nuestra
 fuerza.*ᵍ*
¹⁸ Tú, Señor, eres nuestro escudo;
 tú, Santo de Israel, eres nuestro rey.

¹⁹ Una vez hablaste en una visión
 y dijiste a tu pueblo fiel:
 «Le he brindado mi ayuda a un valiente;
 al mejor hombre del pueblo he
 exaltado.
²⁰ He encontrado a David, mi siervo,
 y lo he ungido con mi aceite santo.

ᵃ 1 Los ... de Dios. Lit. *Los cimientos de él.*   *ᵇ 7 Todas mis*
fuentes. Alt. *Todos mis orígenes.*   *ᶜ Sal 88* En el texto hebreo
88:1-18 se numera 88:2-19.   *ᵈ 3 de la muerte.* Lit. *del Seol.*
ᵉ 11 abismo destructor. Lit. *abadón.*   *ᶠ Sal 89* En el texto
hebreo 89:1-52 se numera 89:2-53.   *ᵍ 17 aumentas nuestra*
fuerza. Lit. *levantas nuestro cuerno.*

21 Mi mano siempre lo sostendrá;
    mi brazo lo fortalecerá.
22 Ningún enemigo lo someterá a tributo;
    ningún malvado lo oprimirá.
23 Aplastaré a quienes se le enfrenten
    y derribaré a quienes lo aborrezcan.
24 La fidelidad de mi gran amor lo acompañará,
    y por mi nombre será exaltada su fuerza.*a*
25 Le daré poder sobre el mar*b*
    y dominio sobre los ríos.*c*
26 Él me dirá: "Tú eres mi Padre,
    mi Dios, la ˙Roca de mi ˙salvación".
27 Yo lo haré mi primogénito,
    el rey supremo de la tierra.
28 Mi gran amor por él será siempre constante,
    y mi pacto con él será estable.
29 Afirmaré su descendencia para siempre;
    su trono durará como el sol en mi
        presencia.

30 »Pero si sus hijos abandonan mi ˙Ley
    y no viven conforme a mis ordenanzas,
31 si violan mis estatutos
    y no cumplen mis mandamientos,
32 con vara castigaré su iniquidad
    y con azotes, su maldad.
33 Con todo, jamás le negaré mi gran amor
    ni mi fidelidad le faltará.
34 No violaré mi pacto
    ni cambiaré mis promesas.
35 Una sola vez he jurado por mi santidad
    y no voy a mentirle a David:
36 Su descendencia vivirá por siempre;
    su trono durará como el sol en mi
        presencia.
37 Como la luna, fiel testigo en el cielo,
    será establecido para siempre».   Selah

38 Pero tú has desechado, has rechazado a tu
        ungido;
    te has enfurecido contra él en gran manera.
39 Has revocado el pacto con tu siervo;
    has arrastrado por los suelos su corona.
40 Has derribado todas sus murallas
    y dejado en ruinas sus fortalezas.
41 Todos los que pasan lo saquean;
    es motivo de burla para sus vecinos.
42 Has exaltado el poder de sus adversarios
    y llenado de alegría a sus enemigos.
43 Le has quitado el filo a su espada
    y no lo has apoyado en la batalla.
44 Has puesto fin a su esplendor
    y derribaste por tierra su trono.
45 Has acortado los días de su juventud;
    lo has cubierto con un manto de vergüenza.
                                            Selah

46 ¿Hasta cuándo, SEÑOR, te seguirás
        escondiendo?
    ¿Va a arder tu ira para siempre, como
        el fuego?
47 Recuerda cuán efímera es mi vida.*d*
    Al fin y al cabo, ¿para qué creaste a los
        ˙mortales?
48 ¿Habrá alguien que viva y no muera jamás
    o que pueda escapar de las garras de la
        muerte?*e*   Selah
49 ¿Dónde está, Señor, tu gran amor de antaño,
    que en tu fidelidad juraste a David?
50 Recuerda, Señor, que se burlan de tus
        siervos;
    que llevo en mi pecho los insultos de muchos
        pueblos.

51 Tus enemigos, SEÑOR, nos insultan;
    a cada paso ofenden a tu ungido.

52 ¡Bendito sea el SEÑOR por siempre!
    Amén y amén.

Libro IV
Salmos 90–106

Salmo 90
Oración de Moisés, hombre de Dios.

1 Señor, tú has sido nuestro refugio
    generación tras generación.
2 Desde antes que nacieran los montes
    y que crearas la tierra y el mundo,
    desde los tiempos antiguos y hasta los tiempos
        postreros,
    tú eres Dios.

3 Tú haces que los ˙hombres vuelvan al polvo,
    cuando dices: «¡Vuélvanse al polvo,
        ˙mortales!».
4 Mil años, para ti,
    son como el día de ayer, que ya pasó;
    son como una vigilia de la noche.
5 Arrasas a los mortales que son como un sueño:
    nacen por la mañana, como la hierba
6 que al amanecer brota y florece,
    y por la noche ya está marchita y seca.

7 Tu ira en verdad nos consume;
    tu indignación nos aterra.
8 Ante ti has puesto nuestras maldades;
    a la luz de tu presencia, nuestros pecados
        secretos.
9 Por causa de tu ira se nos va la vida entera;
    se esfuman nuestros años como un suspiro.
10 Algunos llegamos hasta los setenta años,
    quizás alcancemos hasta los ochenta,
    si las fuerzas nos acompañan.
    Tantos años de vida,*f* sin embargo,
    solo traen problemas y penas:
    pronto pasan y volamos.
11 ¿Quién puede comprender el poder de tu ira?
    Tu ira es tan grande como el temor que se te
        debe.
12 Enséñanos a contar bien nuestros días,
    para que nuestro corazón adquiera
        sabiduría.

13 ¿Cuándo, SEÑOR, te volverás hacia nosotros?
    ¡Compadécete ya de tus siervos!
14 Sácianos de tu gran amor por la mañana,
    y toda nuestra vida cantaremos de alegría.
15 Alégranos conforme a los días que nos has
        afligido
    y a los años que nos has hecho sufrir.
16 ¡Sean manifiestas tus obras a tus siervos
    y tu esplendor a sus descendientes!

17 Que el favor*g* del Señor nuestro Dios esté sobre
        nosotros.
    Confirma en nosotros la obra de nuestras
        manos,
    sí, confirma la obra de nuestras manos.

---

a 24 *su fuerza.* Lit. *su cuerno.*   *b* 25 *el mar.* Probable
referencia al mar Mediterráneo.   *c* 25 *los ríos.* Probable
referencia a Mesopotamia.   *d* 47 Véase 39:4.   *e* 48 *de la
muerte.* Lit. *del Seol.*   *f* 10 *Tantos años de vida.* Lit. *Su orgullo.*
g 17 *Que el favor.* Alt. *Que la belleza.*

Salmo 91

1 El que habita al abrigo del °Altísimo
    descansará a la sombra del °Todopoderoso.
2 Yo digo al SEÑOR: «Tú eres mi refugio,
    mi fortaleza, el Dios en quien confío».

3 Solo él puede librarte
    de las trampas del cazador
    y de mortíferas plagas,
4 pues te cubrirá con sus plumas
    y bajo sus alas hallarás refugio.
    Su verdad será tu escudo y tu baluarte.
5 No temerás el terror de la noche
    ni la flecha que vuela de día
6 ni la plaga que acecha en las sombras
    ni la peste que destruye a mediodía.
7 Podrán caer a tu lado mil
    y diez mil a tu derecha,
    pero a ti no te afectará.
8 No tendrás más que abrir bien los ojos
    para ver a los impíos recibir su merecido.

9 Ya que has puesto al SEÑOR por tu[a] refugio,
    al Altísimo por tu protección,
10 ningún mal habrá de sobrevenirte,
    ningún desastre llegará a tu hogar.
11 Porque él ordenará que sus ángeles
    te protejan en todos tus °caminos.
12 Con sus propias manos te sostendrán
    para que no tropieces con piedra alguna.
13 Aplastarás al león y a la víbora;
    hollarás al cachorro de león y a la serpiente.

14 «Yo lo libraré, porque él me ama;
    lo protegeré, porque conoce mi °nombre.
15 Él me invocará y yo le responderé;
    estaré con él en momentos de angustia,
    lo libraré y lo llenaré de honores.
16 Lo colmaré con muchos años de vida
    y le haré gozar de mi °salvación».

Salmo 92[b]

Salmo para cantarse en °sábado.

1 ¡Cuán bueno, SEÑOR, es darte gracias
    y entonar, oh °Altísimo, salmos a tu °nombre;
2 proclamar tu gran amor por la mañana
    y tu fidelidad por la noche,
3 al son de la lira de diez cuerdas
    y la melodía del arpa!

4 Tú, SEÑOR, me llenas de alegría con tus
        maravillas;
    por eso alabaré jubiloso las obras de tus
        manos.
5 Oh SEÑOR, ¡cuán imponentes son tus obras
    y cuán profundos tus pensamientos!
6 Los insensatos no lo saben;
    los °necios no lo entienden:
7 aunque broten como hierba los malvados
    y florezcan todos los malhechores,
    para siempre serán destruidos.

8 Solo tú, SEÑOR, serás exaltado para siempre.

9 Ciertamente tus enemigos, SEÑOR,
    ciertamente tus enemigos perecerán;
    ¡dispersados por todas partes
    serán todos los malhechores!
10 Me has dado las fuerzas de un toro salvaje;
    me has ungido con el mejor aceite.

11 Me has hecho ver la caída de mis adversarios
    y oír la derrota de mis malvados enemigos.

12 Como palmeras florecen los justos;
    como cedros del Líbano crecen.
13 Plantados en la casa del SEÑOR,
    florecen en los atrios de nuestro Dios.
14 Aun en su vejez, darán fruto,
    siempre estarán saludables y frondosos
15 para proclamar: «El SEÑOR es justo,
    él es mi °roca y en él no hay injusticia».

Salmo 93

1 El SEÑOR reina, revestido de esplendor;
    el SEÑOR se ha revestido de grandeza y ha
        desplegado su poder.
    Ha establecido el mundo con firmeza;
    jamás caerá.
2 Desde el principio se estableció tu trono
    y tú desde siempre has existido.

3 Se levantan las aguas, SEÑOR;
    se levantan las aguas con estruendo;
    se levantan las aguas y sus batientes olas.
4 Pero el SEÑOR, en las alturas, se muestra
        poderoso:
    más poderoso que el estruendo de las muchas
        aguas,
    más poderoso que los embates del mar.

5 Dignos de confianza son, SEÑOR, tus mandatos;
    ¡la santidad es para siempre el adorno de tu casa!

Salmo 94

1 SEÑOR, Dios de las venganzas;
    Dios de las venganzas, ¡resplandece!
2 Levántate, Juez de la tierra,
    y dales su merecido a los soberbios.
3 ¿Hasta cuándo, SEÑOR, hasta cuándo
    habrán de ufanarse los malvados?

4 Todos esos malhechores son unos fanfarrones;
    a borbotones escupen su arrogancia.
5 A tu pueblo, SEÑOR, lo pisotean;
    oprimen tu herencia.
6 Matan a las viudas y a los extranjeros;
    a los huérfanos los asesinan.
7 Y hasta dicen: «El SEÑOR no ve;
    el Dios de Jacob no se da cuenta».

8 Entiendan esto, gente necia;
    ¿cuándo, insensatos, lo comprenderán?
9 ¿Acaso no oirá el que nos hizo los oídos
    ni podrá ver el que nos formó los ojos?
10 ¿Y no habrá de castigar el que corrige a las
        naciones
    e imparte conocimiento a todo ser humano?
11 El SEÑOR conoce los pensamientos °humanos,
    y sabe que son vanidad.

12 °Dichoso aquel a quien tú, SEÑOR, corriges;
    aquel a quien instruyes en tu °Ley,
13 para que enfrente tranquilo los días malos,
    mientras al impío se le cava una fosa.
14 El SEÑOR no rechazará a su pueblo;
    no dejará a su herencia en el abandono.
15 El juicio volverá a basarse en la justicia
    y todos los de corazón sincero la seguirán.

16 ¿Quién se levantará a defenderme de los
        malvados?
    ¿Quién se pondrá de mi parte contra los
        malhechores?

---

a **9** *tu*. Lit. *mi*.   *b* **Sal 92** En el texto hebreo 92:1-15 se numera
92:2-16.

¹⁷ Si el SEÑOR no me hubiera brindado su ayuda,
   muy pronto me habría quedado en mortal
       silencio.
¹⁸ No bien decía: «Mis pies resbalan»,
   cuando ya tu gran amor, SEÑOR, venía en mi
       ayuda.
¹⁹ Cuando en mí la angustia iba en aumento,
   tu consuelo llenaba mi *alma de alegría.

²⁰ ¿Te asociarías con reyes corruptos*ᵃ*
   que por decreto fraguan la maldad,
²¹ que conspiran contra la vida de los justos
   y condenan a muerte al inocente?
²² Pero el SEÑOR es mi protector,
   es mi Dios y la *Roca en que me refugio.
²³ Él les hará pagar por sus pecados
   y los destruirá por su maldad;
   el SEÑOR nuestro Dios los destruirá.

Salmo 95

¹ ¡Vengan, cantemos con júbilo al SEÑOR;
   aclamemos alegres a la *Roca de nuestra
       *salvación!
² Lleguemos ante él con acción de gracias;
   aclamémoslo con cánticos.

³ Porque el SEÑOR es el gran Dios,
   el gran Rey sobre todos los dioses.
⁴ En sus manos están los abismos de la tierra;
   suyas son las cumbres de los montes.
⁵ Suyo es el mar, porque él lo hizo;
   con sus manos formó la tierra seca.

⁶ ¡Vengan, postrémonos reverentes!
   Doblemos la rodilla ante el SEÑOR nuestro
       Hacedor!
⁷ Porque él es nuestro Dios
   y nosotros somos el pueblo de su prado;
   somos un rebaño bajo su cuidado.

Si ustedes oyen hoy su voz,
⁸ no endurezcan sus corazones,*ᵇ* como en
       Meribá,*ᶜ*
   como aquel día en Masá,*ᵈ* en el desierto,
⁹ cuando sus antepasados me tentaron,
   cuando me pusieron a prueba, a pesar de haber
       visto mis obras.
¹⁰ Cuarenta años estuve enojado con aquella
       generación
   y dije: «Son un pueblo que siempre se aleja de
       mí,
   que no reconoce mis caminos».
¹¹ Así que, en mi enojo, hice este juramento:
   «Jamás entrarán en mi reposo».

Salmo 96
96:1-13 – 1Cr 16:23-33

¹ ¡Canten al SEÑOR un cántico nuevo!
   ¡Canten al SEÑOR, habitantes de toda la tierra!
² ¡Canten al SEÑOR, alaben su *nombre!
   ¡Proclamen día tras día su salvación!
³ Anuncien su gloria entre las naciones,
   sus maravillas a todos los pueblos.

⁴ ¡Grande es el SEÑOR y digno de alabanza,
   más temible que todos los dioses!
⁵ Todos los dioses de las naciones son ídolos,
   pero el SEÑOR ha hecho los cielos.
⁶ El esplendor y la majestad son sus heraldos;
   hay poder y belleza en su santuario.

⁷ ¡Tributen al SEÑOR, pueblos todos!
   ¡Tributen al SEÑOR la gloria y el poder!

⁸ ¡Tributen al SEÑOR la gloria que merece su
       nombre!
   ¡Traigan sus ofrendas y entren en sus atrios!
⁹ ¡Póstrense ante el SEÑOR en la hermosura de su
       santidad!
   ¡Tiemble delante de él toda la tierra!
¹⁰ Digan las naciones:
   «¡El SEÑOR reina!».
   Ha establecido el mundo con firmeza;
   jamás será removido.
   Él juzga a los pueblos con equidad.

¹¹ ¡Alégrense los cielos, regocíjese la tierra!
   ¡Brame el mar y todo lo que él contiene!
¹² ¡Canten alegres los campos y todo lo que hay en
       ellos!
   ¡Que canten alegres todos los árboles del
       bosque!
¹³ ¡Canten delante del SEÑOR porque ya viene!
   ¡Ya viene a juzgar la tierra!
   Y juzgará al mundo con justicia
   y a los pueblos con fidelidad.

Salmo 97

¹ ¡El SEÑOR es Rey!
   ¡Regocíjese la tierra!
   ¡Alégrense las costas más remotas!
² Nubes y densa oscuridad lo rodean;
   la rectitud y la justicia son la base de su
       trono.
³ El fuego va delante de él
   y consume a los adversarios que lo rodean.
⁴ Sus relámpagos iluminan el mundo;
   al verlos, la tierra se estremece.
⁵ Ante el SEÑOR, dueño de toda la tierra,
   las montañas se derriten como cera.
⁶ Los cielos proclaman su justicia
   y todos los pueblos contemplan su gloria.

⁷ Sean avergonzados todos los que adoran
       imágenes,
   los que se jactan de sus ídolos inútiles.
   ¡Póstrense ante él todos los dioses!

⁸ SEÑOR, por causa de tus juicios
   *Sión escucha esto y se alegra,
   y las ciudades de Judá se regocijan.
⁹ Porque tú, SEÑOR, eres el *Altísimo:
   ¡estás por encima de toda la tierra
   y muy por encima de todos los dioses!
¹⁰ Ustedes, que aman al SEÑOR, odien el mal;
   él protege la vida de sus fieles
   y los libra de manos de los malvados.
¹¹ La luz se esparce sobre los justos
   y la alegría sobre los de corazón sincero.
¹² ¡Alégrense en el SEÑOR, ustedes los justos,
   y alaben su santo nombre!

Salmo 98
Salmo.

¹ ¡Canten al SEÑOR un cántico nuevo
   porque ha hecho maravillas!
   Su diestra, su santo brazo,
   ha alcanzado la *victoria.
² El SEÑOR ha hecho gala de su *salvación;
   ha mostrado su justicia a las naciones.

ᵃ **20** *reyes corruptos.* Lit. *trono corrupto.*   *ᵇ* **8** *corazones.*
En la Biblia, *corazón* se usa para designar el asiento de las
emociones, pensamientos y voluntad, es decir, el proceso de
toma de decisiones del ser humano.   *ᶜ* **8** En hebreo, *Meribá*
significa *altercado.*   *ᵈ* **8** En hebreo, *Masá* significa *prueba* o
provocación.

³ Se ha acordado de su gran amor y de su fidelidad
  por el pueblo de Israel;
  ¡todos los confines de la tierra son testigos
  de la ˙salvación de nuestro Dios!

⁴ ¡Aclamen alegres al SEÑOR, habitantes de toda la
  tierra!
  ¡Prorrumpan en alegres cánticos y salmos!
⁵ ¡Canten salmos al SEÑOR al son del arpa,
  al son del arpa y de coros melodiosos!
⁶ ¡Aclamen alegres al SEÑOR, el Rey,
  al son de clarines y trompetas!

⁷ ¡Brame el mar y todo lo que él contiene;
  el mundo y todos sus habitantes!
⁸ ¡Que aplaudan los ríos
  y canten jubilosos todos los montes!
⁹ Canten delante del SEÑOR,
  que ya viene a juzgar la tierra.
  Y juzgará al mundo con justicia,
  a los pueblos con equidad.

Salmo 99

¹ El SEÑOR es rey:
  que tiemblen las naciones.
  Él tiene su trono entre los ˙querubines:
  que se estremezca la tierra.
² Grande es el SEÑOR en ˙Sión,
  ¡excelso sobre todos los pueblos!
³ Sea alabado su ˙nombre grandioso e imponente:
  ¡él es santo!

⁴ Rey poderoso que amas la justicia:
  tú has establecido la equidad
  y has actuado en Jacob
  con justicia y rectitud.
⁵ ¡Exalten al SEÑOR nuestro Dios!
  ¡Póstrense ante el estrado de sus pies!
  ¡Él es santo!

⁶ Moisés y Aarón se contaban entre sus sacerdotes,
  y Samuel, entre los que invocaron su nombre.
  Invocaron al SEÑOR y él respondió;
⁷ les habló desde la columna de nube.
  Cumplieron con sus mandatos,
  con los estatutos que él les entregó.

⁸ SEÑOR y Dios nuestro,
  tú les respondiste;
  fuiste para ellos un Dios perdonador,
  aun cuando castigaste sus iniquidades.
⁹ ¡Exalten al SEÑOR nuestro Dios!
  ¡Póstrense ante su santo monte!
  ¡Santo es el SEÑOR nuestro Dios!

Salmo 100
Salmo de acción de gracias.

¹ ¡Aclamen alegres al SEÑOR, habitantes de toda la
  tierra!
² ¡Adoren al SEÑOR con regocijo!
  Preséntense ante él con cánticos de júbilo.
³ Reconozcan que el SEÑOR es Dios;
  él nos hizo y somos suyos.ᵃ
  Somos su pueblo, ovejas de su prado.

⁴ Entren por sus ˙puertas con acción de gracias;
  vengan a sus atrios con himnos de alabanza.
  ¡Denle gracias, alaben su ˙nombre!

⁵ Porque el SEÑOR es bueno, su gran amor perdura
  para siempre
  y su fidelidad permanece por todas las
  generaciones.

Salmo 101
Salmo de David.

¹ Cantaré a tu gran amor y justicia:
  quiero, SEÑOR, cantarte salmos.
² Quiero triunfar en el ˙camino de perfección:
  ¿cuándo me visitarás?

  Quiero conducirme en mi propia casa
  con integridad de corazón.
³ No me pondré como meta
  nada en que haya perversidad.

  Las acciones de gente desleal las aborrezco;
  no tendrán nada que ver conmigo.
⁴ Alejaré de mí toda intención perversa;
  no tendrá cabida en mí la maldad.

⁵ Al que en secreto calumnie a su prójimo,
  lo reduciré al silencio;
  al de ojos altivos y corazón soberbio
  no lo soportaré.

⁶ Pondré mis ojos en los fieles de la tierra,
  para que habiten conmigo;
  solo estarán a mi servicio
  los de conducta intachable.

⁷ Jamás habitará bajo mi techo
  nadie que practique el engaño;
  jamás prevalecerá en mi presencia
  nadie que hable con falsedad.

⁸ Cada mañana reduciré al silencio
  a todos los malvados que hay en la tierra;
  exterminaré de la ciudad del SEÑOR
  a todos los malhechores.

Salmo 102ᵇ
Oración de un afligido que, a punto de desfallecer,
da rienda suelta a su lamento ante el SEÑOR.

¹ Escucha, SEÑOR, mi oración;
  llegue a ti mi clamor.
² No escondas de mí tu rostro
  cuando me encuentre angustiado.
  Inclina a mí tu oído;
  respóndeme pronto cuando te llame.

³ Pues mis días se desvanecen como el humo;
  los huesos me arden como brasas.
⁴ Mi corazón decae y se marchita como la hierba;
  ¡hasta he perdido el apetito!
⁵ Por causa de mis fuertes quejidos
  se pueden contar mis huesos.ᶜ
⁶ Parezco un búho del desierto;
  soy como un búho entre las ruinas.
⁷ No logro conciliar el sueño;
  parezco ave solitaria sobre el techo.
⁸ A todas horas me insultan mis enemigos,
  y hasta usan mi ˙nombre para maldecir.
⁹ Las cenizas son todo mi alimento,
  mis lágrimas se mezclan con mi bebida.
¹⁰ Por tu enojo, por tu indignación
  me levantaste para luego arrojarme.
¹¹ Mis días son como sombras nocturnas;
  me voy marchitando como la hierba.

¹² Pero tú, SEÑOR, reinas eternamente;
  tu nombre perdura por todas las generaciones.

ᵃ 3 y somos suyos (Targum, Qumrán y mss.); y no nosotros
(TM). ᵇ Sal 102 En el texto hebreo 102:1-28 se numera
102:2-29. ᶜ 5 se pueden contar mis huesos. Lit. se me pegan
los huesos a la carne.

¹³ Te levantarás y tendrás piedad de *Sión,
  pues ya es tiempo de que la compadezcas.
  ¡Ha llegado el momento señalado!
¹⁴ Tus siervos sienten cariño por sus ruinas;
  los mueven a compasión sus escombros.
¹⁵ Las naciones temerán el nombre del SEÑOR;
  todos los reyes de la tierra reconocerán tu
    gloria.
¹⁶ Porque el SEÑOR reconstruirá a Sión
  y se manifestará en su gloria.
¹⁷ Atenderá a la oración de los desamparados
  y no despreciará sus ruegos.

¹⁸ Que se escriba esto para las generaciones futuras
  y que el pueblo que será creado alabe al SEÑOR.
¹⁹ Miró el SEÑOR desde su altísimo santuario;
  contempló la tierra desde el cielo,
²⁰ para oír los lamentos de los cautivos
  y liberar a los condenados a muerte;
²¹ para proclamar en Sión el nombre del SEÑOR
  y anunciar en Jerusalén su alabanza,
²² cuando todos los pueblos y los reinos
  se reúnan para adorar al SEÑOR.

²³ En el curso de mi vida acabó Dios con mis
    fuerzas;ᵃ
  me redujo los días.
²⁴ Por eso dije:
  «No me lleves, Dios mío, a la mitad de mi vida;
  tú permaneces por todas las generaciones.
²⁵ En el principio tú afirmaste la tierra,
  y los cielos son la obra de tus manos.
²⁶ Ellos perecerán, pero tú permaneces.
  Todos ellos se desgastarán como un vestido;
  como ropa los cambiarás
  y los dejarás de lado.
²⁷ Pero tú eres siempre el mismo
  y tus años no tienen fin.
²⁸ Los hijos de tus siervos se establecerán
  y sus descendientes habitarán en tu presencia».

Salmo 103
Salmo de David.

¹ Alaba, *alma mía, al SEÑOR;
  alabe todo mi ser su santo *nombre.
² Alaba, alma mía, al SEÑOR
  y no olvides ninguno de sus beneficios.
³ Él perdona todos tus pecados
  y sana todas tus dolencias;
⁴ él rescata tu vida del sepulcro
  y te corona de gran amor y misericordia;
⁵ él te colma de bienes
  y tu juventud se renueva como el águila.

⁶ El SEÑOR hace *justicia
  y defiende a todos los oprimidos.

⁷ Dio a conocer sus *caminos a Moisés;
  reveló sus obras al pueblo de Israel.
⁸ El SEÑOR es compasivo y misericordioso,
  lento para la ira y grande en amor.
⁹ No sostiene para siempre su querella
  ni guarda rencor eternamente.
¹⁰ No nos trata conforme a nuestros pecados
  ni nos paga según nuestras iniquidades.
¹¹ Tan grande es su amor por los que le temen
  como alto es el cielo sobre la tierra.
¹² Tan lejos de nosotros echó nuestras
    transgresiones
  como lejos del oriente está el occidente.

¹³ Tan compasivo es el SEÑOR con los que le temen
  como lo es un padre con sus hijos.

¹⁴ Él conoce de qué hemos sido formados;
  recuerda que somos polvo.
¹⁵ El *hombre es como la hierba,
  sus días florecen como la flor del campo:
¹⁶ cuando el viento pasa
  desaparece sin dejar rastro alguno.
¹⁷ Pero el amor del SEÑOR es eterno
  y siempre está con los que le temen;
  su justicia está con los hijos de sus hijos,
¹⁸ con los que cumplen su *pacto
  y se acuerdan de sus preceptos para ponerlos
    por obra.

¹⁹ El SEÑOR ha establecido su trono en el cielo;
  su reinado domina sobre todos.

²⁰ Bendigan al SEÑOR, ustedes sus ángeles,
  paladines que ejecutan su palabra
  y obedecen a su voz.
²¹ Bendigan al SEÑOR, todos sus ejércitos,
  siervos suyos que cumplen su voluntad.
²² Bendigan al SEÑOR, todas sus obras
  en todos los ámbitos de su dominio.

¡Bendice, alma mía, al SEÑOR!

Salmo 104

¹ ¡Bendice, *alma mía, al SEÑOR!

SEÑOR mi Dios, tú eres grandioso;
  te has revestido de gloria y majestad.

² Te cubresᵇ de luz como con un manto;
  extiendes los cielos como una cortina.
³ Afirmas sobre las aguas tus altos aposentos
  y haces de las nubes tu carro de guerra.
  Tú cabalgas en las alas del viento.
⁴ Haces de los vientos tus mensajerosᶜ
  y de las llamas de fuego tus servidores.

⁵ Tú pusiste la tierra sobre sus cimientos
  y de allí jamás caerá;
⁶ la revestiste con el mar
  y las aguas se detuvieron sobre los montes.
⁷ Pero a tu reprensión huyeron las aguas;
  ante el estruendo de tu voz se dieron a
    la fuga.
⁸ Ascendieron a los montes,
  descendieron a los valles,
  al lugar que tú les asignaste.
⁹ Pusiste una frontera que ellas no pueden cruzar,
  para que no vuelvan a cubrir la tierra.

¹⁰ Tú haces que los manantiales viertan sus aguas
    en las cañadas
  y que fluyan entre las montañas.
¹¹ De ellas beben todas las bestias del campo;
  allí los asnos salvajes calman su sed.
¹² Las aves del cielo anidan junto a las aguas
  y cantan entre el follaje.
¹³ Desde tus altos aposentos riegas las montañas;
  la tierra se sacia con el fruto de tu trabajo.
¹⁴ Haces que crezca la hierba para el ganado
  y las plantas que la *gente cultiva
  para sacar de la tierra su alimento:
¹⁵ el vino que alegra el corazón humano,
  el aceite que hace brillar el rostro
  y el pan que sustenta la vida.
¹⁶ Los árboles del SEÑOR reciben su riego,
  los cedros del Líbano que él plantó.

ᵃ **23** *mis fuerzas.* Lit. *su fuerza.*   ᵇ **2** *Te cubres.* Lit. *Él se cubre.*
ᶜ **4** *mensajeros.* Alt. *ángeles.*

¹⁷ Allí las aves hacen sus nidos;
en los cipreses tiene su hogar la cigüeña.
¹⁸ En las altas montañas están las cabras monteses
y en los escarpados peñascos tienen su
madriguera los tejones.

¹⁹ Él hizo la luna, que marca las estaciones,
y el sol, que sabe cuándo ocultarse.
²⁰ Tú traes la oscuridad, cae la noche
y en sus sombras se arrastran los animales del
bosque.
²¹ Los leones rugen, reclamando su presa,
pidiendo a Dios que les dé su alimento.
²² Pero al salir el sol se retiran
y vuelven a echarse en sus guaridas.
²³ Sale entonces la ˚gente a cumplir sus tareas,
a hacer su trabajo hasta la tarde.

²⁴ ¡Oh SEÑOR, cuán numerosas son tus obras!
Todas ellas las hiciste con sabiduría.
Rebosa la tierra con todas tus criaturas.
²⁵ Allí está el mar, ancho y vasto,
que abunda en animales, grandes y
pequeños,
cuyo número es imposible conocer.
²⁶ Allí navegan los barcos, y ese ˚Leviatán
que tú creaste para jugar con él.

²⁷ Todos ellos esperan de ti
que a su tiempo les des su alimento.
²⁸ Tú les das y ellos recogen;
abres tu mano y se colman de bienes.
²⁹ Si escondes tu rostro,
se aterran;
si les quitas el aliento,
mueren y vuelven al polvo.
³⁰ Pero si envías tu Espíritu,
son creados,
y así renuevas la faz de la tierra.

³¹ Que la gloria del SEÑOR perdure eternamente;
que el SEÑOR se regocije en sus obras.
³² Él mira la tierra y la hace temblar;
toca los montes y los hace echar humo.

³³ ¡Cantaré al SEÑOR toda mi vida!
¡Cantaré salmos a mi Dios mientras
exista!
³⁴ Quiera él agradarse de mi meditación;
yo, por mi parte, me regocijo en el SEÑOR.
³⁵ Que desaparezcan de la tierra los pecadores
y que los malvados dejen de existir.

¡Bendice, ˚alma mía, al SEÑOR!

˚¡Aleluya!

Salmo 105
105:1-15 – 1Cr 16:8-22

¹ Den gracias al SEÑOR; proclamen su ˚nombre.
¡Den a conocer sus obras entre las naciones!
² Cántenle, entónenle salmos!
¡Hablen de todas sus maravillas!
³ ¡Gloríense en su santo nombre!
¡Alégrese el corazón de los que buscan al
SEÑOR!
⁴ ¡Busquen al SEÑOR y su fuerza;
anhelen siempre su rostro!

⁵ ¡Recuerden las maravillas que ha hecho,
las señales y las leyes que ha emitido!
⁶ ¡Ustedes, descendientes de Abraham, su siervo!
¡Ustedes, hijos de Jacob, elegidos suyos!
⁷ Él es el SEÑOR nuestro Dios;
en toda la tierra están sus leyes.

⁸ Se acordó siempre de su ˚pacto,
la palabra que ordenó para mil generaciones;
⁹ del pacto que hizo con Abraham
y del juramento que hizo a Isaac.
¹⁰ Se lo confirmó a Jacob como un estatuto,
a Israel como un pacto eterno,
¹¹ cuando dijo: «Te daré la tierra de Canaán
como la herencia que te corresponde».

¹² Aun cuando eran pocos en número,
unos cuantos extranjeros en la tierra,
¹³ que andaban siempre de nación en nación
y de reino en reino,
¹⁴ a nadie permitió que los oprimiera,
sino que por causa de ellos reprendió a los
reyes:
¹⁵ «¡No toquen a mis ungidos!
¡No maltraten a mis profetas!».

¹⁶ Dios provocó hambre en la tierra
al hacer escasear el alimento.ᵃ
¹⁷ Pero envió delante de ellos a un hombre:
a José, vendido como esclavo.
¹⁸ Le sujetaron los pies con grilletes,
entre hierros aprisionaron su ˚cuello,
¹⁹ hasta que se cumplió lo que él predijo
y la palabra del SEÑOR probó que él era veraz.
²⁰ El rey ordenó ponerlo en libertad;
el gobernante de los pueblos lo dejó libre.
²¹ Lo nombró señor sobre su casa
y administrador de todas sus posesiones,
²² con pleno poder para instruirᵇ a sus príncipes
e impartir sabiduría a sus jefes.

²³ Entonces Israel vino a Egipto;
Jacob fue extranjero en el país de Cam.
²⁴ El SEÑOR hizo que su pueblo se multiplicara;
lo hizo más poderoso que sus adversarios.
²⁵ a quienes les cambió su sentir para que odiaran a
su pueblo
y se confabularan contra sus siervos.
²⁶ Envió a su siervo Moisés,
y a Aarón, a quien había escogido,
²⁷ y estos hicieron señales milagrosas entre ellos,
maravillas en el país de Cam.
²⁸ Envió tinieblas y la tierra se oscureció,
pero ellos se rebelaronᶜ contra sus palabras.
²⁹ Convirtió en sangre sus aguas
y causó la muerte de sus peces.
³⁰ Todo Egiptoᵈ se infestó de ranas,
hasta las habitaciones de sus reyes.
³¹ Habló Dios e invadieron todo el país
enjambres de tábanos y mosquitos.
³² Convirtió la lluvia en granizo
y lanzó rayos sobre su tierra;
³³ derribó sus vides y sus higueras,
y destrozó los árboles de su territorio.
³⁴ Dio una orden y llegaron las langostas
y una infinidad de saltamontes.
³⁵ Arrasaron con toda la vegetación del país,
devoraron los frutos de sus campos.
³⁶ Hirió de muerte a todos los primogénitos del
país,
las primicias de su virilidad.
³⁷ Sacó a los israelitas cargados de plata y oro
y no hubo entre sus tribus nadie que tropezara.

ᵃ 16 escasear el alimento. Lit. todo bastón de pan.
ᵇ 22 instruir (LXX, Siríaca y Vulgata); atar (TM).   ᶜ 28 se
rebelaron (LXX y Siríaca); no se rebelaron (TM).   ᵈ 30 Todo
Egipto. Lit. La tierra de ellos.

³⁸ Los egipcios se alegraron de su partida,
      pues el miedo a los israelitas los dominaba.

³⁹ Él los cubrió con una nube
      y con fuego los alumbró de noche.
⁴⁰ Pidió el pueblo comida y les envió codornices;
      los sació con pan del cielo.
⁴¹ Abrió la roca y brotó agua
      que corrió por el desierto como un río.

⁴² Se acordó Dios de su santa promesa,
      la que hizo a su siervo Abraham.
⁴³ Sacó a su pueblo, a sus escogidos,
      en medio de gran alegría y de gritos jubilosos.
⁴⁴ Les entregó las tierras que poseían las naciones;
      heredaron el fruto del trabajo de otros pueblos
⁴⁵ para que ellos observaran sus estatutos
      y pusieran en práctica sus *leyes.

*¡Aleluya!

Salmo 106
106:1, 47-48 – 1Cr 16:34-36

¹ *¡Aleluya!

Den gracias al SEÑOR porque él es bueno;
      su gran amor perdura para siempre.

² ¿Quién puede proclamar las proezas del SEÑOR
      o expresar toda su alabanza?
³ *Dichosos los que practican la justicia
      y hacen siempre lo que es justo.

⁴ Acuérdate de mí, SEÑOR, cuando muestres tu
            bondad a tu pueblo;
      ven en mi ayuda el día de tu *salvación,
⁵ para que yo pueda disfrutar del bienestar de tus
            escogidos,
      participar de la alegría de tu pueblo
      y expresar mis alabanzas con tu heredad.

⁶ Hemos pecado, lo mismo que nuestros
            antepasados;
      hemos hecho lo malo y actuado con iniquidad.
⁷ Cuando nuestros antepasados estaban en Egipto,
      no tomaron en cuenta tus maravillas,
      no recordaron la inmensidad de tu gran amor
      y se rebelaron junto al mar, el mar Rojo.^a
⁸ Pero Dios los salvó, haciendo honor a su *nombre,
      para mostrar su gran poder.
⁹ Reprendió al mar Rojo y este quedó seco;
      los condujo por las profundidades del mar
            como si cruzaran el desierto.
¹⁰ Los salvó del poder de quienes los odiaban;
      los rescató del poder de sus enemigos.
¹¹ Las aguas envolvieron a sus adversarios
      y ninguno de estos quedó con vida.
¹² Entonces ellos creyeron en sus promesas
      y le entonaron alabanzas.

¹³ Pero muy pronto olvidaron sus acciones
      y no esperaron a conocer sus planes.
¹⁴ En el desierto cedieron a sus propios deseos;
      en los páramos pusieron a prueba a Dios.
¹⁵ Y él les dio lo que pidieron,
      pero les envió una enfermedad devastadora.

¹⁶ En el campamento tuvieron envidia de Moisés
      y de Aarón, el que estaba consagrado al SEÑOR.
¹⁷ Se abrió la tierra y se tragó a Datán;
      sepultó a los seguidores de Abirán.
¹⁸ Un fuego devoró a ese grupo;
      las llamas consumieron a los malvados.

¹⁹ En Horeb hicieron un becerro;
      se postraron ante un ídolo de fundición.
²⁰ Cambiaron a quien era su gloria
      por la imagen de un toro que come hierba.
²¹ Se olvidaron del Dios que los salvó
      y que había hecho grandes cosas en Egipto:
²² milagros en la tierra de Cam
      y maravillas asombrosas junto al mar Rojo.
²³ Dios amenazó con destruirlos,
      pero no lo hizo por Moisés, su escogido,
   quien se puso ante él en la brecha
      e impidió que su ira los destruyera.

²⁴ Despreciaron una tierra apetecible;
      no creyeron en la promesa de Dios.
²⁵ Murmuraron en sus tiendas de campaña
      y no obedecieron al SEÑOR.
²⁶ Por tanto, él juró solemnemente con su mano en
            alto contra ellos
      para hacerlos caer en el desierto,
²⁷ para hacer caer a sus descendientes entre las
            naciones
      y dispersarlos entre los países.

²⁸ Se sometieron al yugo de Baal Peor
      y comieron sacrificios a los muertos.
²⁹ Provocaron la ira del SEÑOR con sus malvadas
            acciones
      y les sobrevino una plaga.
³⁰ Pero Finés se levantó e intervino,
      y la plaga se detuvo.
³¹ Esto se le acreditó como un acto de justicia
      para siempre, por todas las generaciones.
³² Junto a las aguas de Meribá hicieron enojar al
            SEÑOR.
      Y a Moisés le fue mal por culpa de ellos,
³³ porque se rebelaron contra el Espíritu de Dios^b
      y Moisés habló sin pensar lo que decía.

³⁴ No destruyeron a los pueblos
      que el SEÑOR les había señalado,
³⁵ sino que se mezclaron con los paganos
      y adoptaron sus costumbres.
³⁶ Rindieron culto a sus ídolos
      que fueron una trampa para ellos.
³⁷ Ofrecieron a sus hijos y a sus hijas
      como sacrificio a esos demonios.
³⁸ Derramaron sangre inocente,
      la sangre de sus hijos y sus hijas.
   Al ofrecerlos en sacrificio a los ídolos de
            Canaán,
      su sangre derramada contaminó la tierra.
³⁹ Se hicieron impuros por esos hechos;
      se prostituyeron con sus acciones.

⁴⁰ La ira del SEÑOR se encendió contra su pueblo;
      su heredad le resultó aborrecible.
⁴¹ Por eso los entregó a los paganos
      y fueron dominados por quienes los odiaban.
⁴² Sus enemigos los oprimieron,
      los sometieron a su poder.
⁴³ Muchas veces Dios los libró;
      pero ellos se obstinaron en su rebeldía
      y se hundieron en su iniquidad.
⁴⁴ Al verlos angustiados
      y escuchar su clamor,
⁴⁵ Dios se acordó del pacto que había hecho con
            ellos
      y por su gran amor les tuvo compasión.

---

a 7 Lit. *mar de las Cañas*. Término con el que se designa en la
Biblia al mar Rojo en su parte septentrional; también en vv. 9 y
22.   *b* 33 *contra … de Dios*. Alt. *contra su espíritu*.

⁴⁶Hizo que todos sus opresores
también se apiadaran de ellos.

⁴⁷¡Sálvanos, Señor, Dios nuestro!
Vuelve a reunirnos de entre las naciones,
para que demos gracias a tu santo nombre
y alabarte sea nuestra gloria.

⁴⁸¡Bendito sea el Señor, el Dios de Israel,
eternamente y para siempre!

Que todo el pueblo diga: «¡Amén!».

¡Aleluya!

Libro V
Salmos 107–150

Salmo 107

¹¡Den gracias al Señor porque él es bueno;
su gran amor perdura para siempre!

²Que lo digan los redimidos del Señor,
a quienes redimió del poder del adversario,
³a quienes reunió de todos los países,
de oriente y de occidente, del norte y del sur.ᵃ

⁴Vagaban perdidos por parajes desiertos,
sin dar con el camino a una ciudad habitable.
⁵Hambrientos y sedientos,
la vida se les iba consumiendo.
⁶En su angustia clamaron al Señor
y él los libró de sus aflicciones.
⁷Los llevó por el camino recto
hasta llegar a una ciudad habitable.
⁸¡Que den gracias al Señor por su gran amor,
por sus maravillas en favor de los hombres!
⁹Él apaga la sed del sediento
y sacia con lo mejor al hambriento.

¹⁰Afligidos y encadenados,
habitaban en las más densas tinieblas,
¹¹por haberse rebelado contra las palabras de Dios,
por menospreciar los designios del ˙Altísimo.
¹²Los sometióᵇ a trabajos forzados;
tropezaban y no había quien los ayudara.
¹³En su angustia clamaron al Señor
y él los salvó de sus aflicciones.
¹⁴Los sacó de las más densas tinieblas
y rompió en pedazos sus cadenas.
¹⁵¡Que den gracias al Señor por su gran amor,
por sus maravillas en favor de los hombres!
¹⁶Haré pedazos las puertas de bronce
y cortaré los cerrojos de hierro.

¹⁷Se volvieron necios por sus rebeldías
y fueron afligidos por sus iniquidades.
¹⁸Todo alimento les causaba asco
y llegaron a las mismas puertas de la muerte.
¹⁹En su angustia clamaron al Señor
y él los salvó de sus aflicciones.
²⁰Envió su palabra para sanarlos
y así los libró de la fosa.
²¹¡Que den gracias al Señor por su gran amor,
por sus maravillas en favor de los hombres!
²²¡Que ofrezcan sacrificios de gratitud
y jubilosos proclamen sus obras!

²³Se hicieron a la mar en sus barcos;
para comerciar surcaron las muchas aguas.
²⁴Allí, en las aguas profundas,
vieron las obras del Señor y sus maravillas.
²⁵Habló Dios y se levantó un viento tormentoso
que encrespó las olas
²⁶que subían a los cielos y bajaban al abismo.
Ante el peligro, ellos perdieron el coraje.
²⁷Como ebrios tropezaban, se tambaleaban;
de nada les sirvió toda su pericia.
²⁸En su angustia clamaron al Señor
y él los sacó de sus aflicciones.
²⁹Cambió la tempestad en suave brisa:
se sosegaron las olas del mar.
³⁰Ante esa calma se alegraron
y Dios los llevó al puerto anhelado.
³¹¡Que den gracias al Señor por su gran amor,
por sus maravillas en favor de los hombres!
³²¡Que lo exalten en la asamblea del pueblo!
¡Que lo alaben en el consejo de los líderes!

³³Dios convirtió los ríos en desiertos,
los manantiales en tierra seca,
³⁴los fértiles terrenos en tierra salitrosa,
por la maldad de sus habitantes.
³⁵Convirtió el desierto en estanques de agua,
la tierra seca en manantiales;
³⁶hizo establecer allí a los hambrientos,
y ellos fundaron una ciudad habitable.
³⁷Sembraron campos, plantaron viñedos,
obtuvieron abundantes cosechas.
³⁸Dios los bendijo y se hicieron muy numerosos
y no dejó que menguaran sus rebaños.

³⁹Pero si merman y son humillados,
es por la opresión, la maldad y la aflicción.
⁴⁰Dios cubre de desprecio a los nobles
y los hace vagar por desiertos sin senderos.
⁴¹Pero a los necesitados los saca de su miseria
y hace que sus familias crezcan como
rebaños.
⁴²Los rectos lo verán y se alegrarán,
pero todos los malvados serán acallados.

⁴³Quien sea sabio, que considere estas cosas
y entienda bien el gran amor del Señor.

Salmo 108ᶜ

108:1-5 – Sal 57:7-11
108:6-13 – Sal 60:5-12
Cántico. Salmo de David.

¹Firme está, oh Dios, mi ˙corazón.
¡Voy a cantarte y entonarte salmos, gloria mía!
²¡Despierten, lira y arpa!
¡Haré despertar al nuevo día!
³Te alabaré, Señor, entre los pueblos;
te cantaré salmos entre las naciones.
⁴Pues tu gran amor es tan grande que rebasa los
cielos
y tu verdad llega hasta las nubes.
⁵¡Sé exaltado, oh Dios, sobre los cielos!
¡Alza tu gloria sobre toda la tierra!

⁶Sálvanos con tu diestra y respóndenos,
para que tu pueblo amado quede a salvo.
⁷Dios ha dicho en su santuario:
«Triunfante repartiré a Siquén
y dividiré el valle de Sucot.
⁸Mío es Galaad, mío es Manasés;
Efraín es mi yelmo y Judá, mi cetro de mando.
⁹Moab es el recipiente en que me lavo las manos,
sobre Edom arrojo mi sandalia;
sobre Filistea lanzo gritos de triunfo».

ᵃ 3 *del sur.* Lit. *del mar.* ᵇ 12 *Los sometió.* Lit. *Sometió sus
corazones.* ᶜ Sal 108 En el texto hebreo 108:1-13 se numera
108:2-14.

¹⁰ ¿Quién me llevará a la ciudad fortificada?
  ¿Quién me mostrará el camino a Edom?
¹¹ ¿No eres tú, oh Dios, quien nos ha rechazado?
  ¡Ya no sales, oh Dios, con nuestros ejércitos!
¹² Bríndanos tu apoyo contra el enemigo,
  pues la ayuda ˙humana será inútil.
¹³ Con Dios obtendremos la victoria;
  ¡él aplastará a nuestros enemigos!

Salmo 109
Al director musical. Salmo de David.

¹ Oh Dios, a quien alabo,
  no guardes silencio.
² Pues gente malvada y mentirosa
  ha declarado en mi contra
  y con lengua engañosa me difaman;
³ con expresiones de odio me rodean
  y sin razón alguna me atacan.
⁴ Mi amor me lo pagan con calumnias,
  mientras yo permanezco en oración.
⁵ Mi bondad la pagan con maldad;
  me dan odio a cambio de mi amor.

⁶ Pon en su contra a un malvado;
  que a su derecha esté su acusador.ᵃ
⁷ Que resulte culpable al ser juzgado
  y que su oración sea considerada pecado.
⁸ Que se acorten sus días
  y que otro se haga cargo de su oficio.
⁹ Que se queden huérfanos sus hijos
  y se quede viuda su esposa.
¹⁰ Que anden sus hijos vagando y mendigando;
  que anden rebuscando entre las ruinas.
¹¹ Que un acreedor se apodere de todos sus bienes;
  que gente extraña saquee sus posesiones.
¹² Que nadie le extienda su bondad;
  que nadie se compadezca de sus huérfanos.
¹³ Que sea exterminada su descendencia;
  que desaparezca su ˙nombre en la próxima
    generación.
¹⁴ Que recuerde el SEÑOR la iniquidad de sus
    antepasados
  y no se olvide del pecado de su madre.
¹⁵ Que el SEÑOR los tenga siempre presentes
  y que borre de la tierra su memoria.

¹⁶ Por cuanto se olvidó de hacer el bien
  y persiguió hasta la muerte
  al pobre, al necesitado y al descorazonado;
¹⁷ ya que le encantaba maldecir:
  ¡que caiga sobre él la maldición!
  Por cuanto no se complacía en bendecir:
  ¡que se aleje de él la bendición!
¹⁸ Por cuanto se cubrió de maldición
  como quien se pone un vestido,
  ¡que esta se filtre en su cuerpo como el agua!,
  ¡que penetre en sus huesos como el aceite!
¹⁹ ¡Que lo envuelva como un manto!
  ¡Que lo apriete en todo tiempo como un cinto!
²⁰ ¡Que así les pague el SEÑOR a mis acusadores,
  a los que me calumnian!

²¹ Pero tú, SEÑOR Soberano,
  trátame bien por causa de tu nombre;
  líbrame por tu bondad y gran amor.
²² Ciertamente soy pobre y estoy necesitado;
  y mi corazón ha sido traspasado.
²³ Me voy desvaneciendo como sombra vespertina;
  soy sacudido como la langosta.
²⁴ De tanto ayunar me tiemblan las rodillas;
  mi cuerpo ha perdido mucho peso.
²⁵ Soy para ellos motivo de burla;
  me ven y menean la cabeza.

²⁶ SEÑOR mi Dios, ¡ayúdame!;
  por tu gran amor, ¡sálvame!
²⁷ Que sepan que esta es tu mano;
  que tú mismo, SEÑOR, lo has hecho.
²⁸ ¿Qué importa que ellos me maldigan?
  ¡Bendíceme tú!
  Pueden atacarme, pero quedarán
    avergonzados;
  en cambio, este siervo tuyo se alegrará.
²⁹ ¡Que mis acusadores queden cubiertos de
    deshonra,
  envueltos en un manto de vergüenza!

³⁰ Por mi parte, daré muchas gracias al SEÑOR;
  lo alabaré en medio de una gran multitud.
³¹ Porque él aboga por élᵇ necesitado
  para salvarlo de quienes lo condenan.

Salmo 110
Salmo de David.

¹ Así dijo el SEÑOR a mi Señor:

  «Siéntate a mi derecha,
    hasta que ponga a tus enemigos
    por debajo de tus pies».

² El SEÑOR extenderá desde ˙Sión el poder de tu
    cetro.
  Domina tú en medio de tus enemigos.
³ Tus tropas estarán dispuestas
  cuando manifiestes tu poder,
  ordenadas en santa majestad.
  De las entrañas de la aurora
  recibirás el rocío de tu juventud.

⁴ El SEÑOR ha jurado
  y no cambiará de parecer:
  «Tú eres sacerdote para siempre,
  según el orden de Melquisedec».

⁵ El Señor está a tu mano derecha;
  aplastará a los reyes en el día de su ira.
⁶ Juzgará a las naciones y amontonará
    cadáveres;
  aplastará cabezas en toda la tierra.
⁷ Beberá de un arroyo junto al camino
  y por eso levantará su cabeza.

Salmo 111ᶜ

¹ ˙¡Aleluya!

Álef
  Alabaré al SEÑOR con todo el corazón

Bet
  en la asamblea, en compañía de los rectos.

Guímel
² Grandes son las obras del SEÑOR;

Dálet
  estudiadas por todos los que en ellas se
    deleitan.

He
³ Gloriosas y majestuosas son sus obras;

Vav
  su justicia permanece para siempre.

ᵃ 6 esté su acusador. Alt. esté Satán o adversario. ᵇ 31 aboga
por él. Lit. está de pie a la diestra del. ᶜ Sal 111 Este salmo es
un poema acróstico, que sigue el orden del alfabeto hebreo.

Zayin
4 Ha hecho memorables sus maravillas.

Jet
El SEÑOR es misericordioso y compasivo.

Tet
5 Da de comer a quienes le temen;

Yod
siempre recuerda su pacto.

Caf
6 Ha mostrado a su pueblo el poder de sus
obras

Lámed
al darle la heredad de otras naciones.

Mem
7 Las obras de sus manos son fieles y justas;

Nun
todos sus preceptos son dignos de confianza,

Sámej
8 son inmutables por siempre,

Ayin
establecidos con fidelidad y rectitud.

Pe
9 Pagó el precio del rescate de su pueblo

Tsade
y estableció su pacto para siempre.

Qof
Su *nombre es santo y temible.

Resh
10 El principio de la sabiduría es el temor
del SEÑOR;

Shin
buen juicio demuestran quienes cumplen sus
preceptos.ᵃ

Tav
¡Su alabanza permanece para siempre!

Salmo 112ᵇ
1 *¡Aleluya!

Álef
*Dichoso el que teme al SEÑOR,

Bet
el que halla gran deleite en sus
mandamientos.

Guímel
2 Su descendencia será poderosa en la tierra;

Dálet
la generación de los justos será bendecida.

He
3 En su casa habrá abundantes riquezas

Vav
y para siempre permanecerá su justicia.

Zayin
4 Para los justos la luz brilla en las tinieblas;

Jet
para los que son misericordiosos, compasivos y
justos.

Tet
5 Bien le va al que presta con generosidad,

Yod
y maneja sus negocios con justicia.

Lámed
6 El justo jamás caerá;

Caf
su recuerdo permanecerá para siempre.

Mem
7 No temerá recibir malas noticias;

Nun
su *corazón estará firme, confiado en el SEÑOR.

Sámej
8 Su corazón estará seguro, sin temor alguno,

Ayin
y al final verá derrotados a sus adversarios.

Pe
9 Reparte sus bienes entre los pobres;

Tsade
su justicia permanece para siempre;

Qof
su poderᶜ será gloriosamente exaltado.

Resh
10 El malvado verá esto y se irritará;

Shin
rechinará los dientes y se irá consumiendo.

Tav
¡Los deseos de los malvados se frustrarán!

Salmo 113
1 *¡Aleluya!

Alaben, siervos del SEÑOR,
alaben el *nombre del SEÑOR.
2 Bendito sea el nombre del SEÑOR,
desde ahora y para siempre.
3 Desde la salida del sol hasta su ocaso,
sea alabado el nombre del SEÑOR.

4 El SEÑOR domina sobre todas las naciones;
su gloria está sobre los cielos.
5 ¿Quién como el SEÑOR nuestro Dios,
que tiene su trono en las alturas
6 y se inclina para contemplar los cielos y la
tierra?

7 Él levanta del polvo al pobre
y saca del basurero al necesitado;
8 para hacerlos sentar entre príncipes,
entre los príncipes de su pueblo.

ᵃ 10 *quienes cumplen sus preceptos.* Lit. *quienes hacen estas
cosas.* ᵇ **Sal 112** Este salmo es un poema acróstico, que
sigue el orden del alfabeto hebreo. ᶜ 9 *poder.* Lit. *cuerno.*

⁹ A la mujer estéril le da un hogar
  y le concede la dicha de ser madre de hijos.

*¡Aleluya!

Salmo 114

¹ Cuando Israel, el pueblo de Jacob,
  salió de Egipto, de un pueblo de lengua
    extraña,
² Judá se convirtió en el santuario de Dios;
  Israel llegó a ser su dominio.

³ Al ver esto, el mar huyó;
  el Jordán se volvió atrás.
⁴ Los montes saltaron como carneros,
  las colinas saltaron como corderos.

⁵ ¿Qué te pasó, mar, que huiste,
  y a ti, Jordán, que te volviste atrás?
⁶ ¿Y a ustedes, montes, que saltaron como
    carneros?
  ¿Y a ustedes, colinas, que saltaron como
    corderos?

⁷ ¡Tiembla, oh tierra, ante el Señor,
  tiembla ante el Dios de Jacob!
⁸ ¡Él convirtió la roca en un estanque,
  la dura piedra en manantial de aguas!

Salmo 115
115:4-11 – Sal 135:15-20

¹ La gloria, Señor, no es para nosotros;
  no es para nosotros, sino para tu *nombre,
  por causa de tu gran amor y tu fidelidad.

² ¿Por qué tienen que decirnos las naciones:
    «Dónde está su Dios»?
³ Nuestro Dios está en los cielos
  y puede hacer todo cuanto quiere.
⁴ Pero sus ídolos son de plata y oro,
  producto de manos humanas.
⁵ Tienen boca, pero no pueden hablar;
  ojos, pero no pueden ver.
⁶ Tienen oídos, pero no pueden oír;
  nariz, pero no pueden oler.
⁷ Tienen manos, pero no pueden palpar;
  pies, pero no pueden andar.
  Ni un solo sonido emite su garganta.
⁸ Semejantes a ellos son sus hacedores
  y todos los que confían en ellos.

⁹ Pueblo de Israel, confía en el Señor;
  él es tu ayuda y tu escudo.
¹⁰ Descendientes de Aarón, confíen en el Señor;
  él es su ayuda y su escudo.
¹¹ Los que temen al Señor, confíen en él;
  él es su ayuda y su escudo.

¹² El Señor nos recuerda y nos bendice:
  bendice a su pueblo Israel,
  bendice a la familia de Aarón,
¹³ bendice a los que temen al Señor,
  bendice a grandes y pequeños.

¹⁴ Que el Señor multiplique la descendencia
  de ustedes y de sus hijos.
¹⁵ Que reciban bendiciones del Señor,
  él hizo el cielo y la tierra.

¹⁶ Los cielos pertenecen al Señor,
  pero a la *humanidad le ha dado la tierra.
¹⁷ Los muertos no alaban al Señor,
  ninguno de los que bajan al silencio.

¹⁸ Somos nosotros los que alabamos al Señor
  desde ahora y para siempre.

*¡Aleluya!

Salmo 116

¹ Yo amo al Señor
  porque él escucha*ᵃ* mi voz de súplica.
² Por cuanto él inclina a mí su oído,
  lo invocaré toda mi vida.

³ Los lazos de la muerte me enredaron;
  me sorprendió la angustia del sepulcro*ᵇ*
  y caí en la ansiedad y la aflicción.
⁴ Entonces clamé al Señor:
  «¡Te ruego, Señor, que me salves la vida!».

⁵ El Señor es misericordioso y justo;
  nuestro Dios es compasivo.
⁶ El Señor protege a la gente sencilla;
  estaba yo muy débil, y él me salvó.

⁷ ¡Ya puedes, *alma mía, estar tranquila,
  porque el Señor ha sido bueno contigo!

⁸ Tú, Señor, me has librado de la muerte,
  has enjugado mis lágrimas,
  no me has dejado tropezar.
⁹ Por eso andaré siempre delante del Señor
  en esta tierra de los vivientes.

¹⁰ Yo creí, aunque dije:
    «Estoy muy afligido».
¹¹ En mi angustia llegué a decir:
    «Todos son unos mentirosos».

¹² ¿Cómo puedo pagarle al Señor
  por tanta bondad que me ha mostrado?

¹³ ¡Tan solo brindando con la copa de *salvación
  e invocando el *nombre del Señor!
¹⁴ ¡Tan solo cumpliendo mis promesas al Señor
  en presencia de todo su pueblo!

¹⁵ Mucho valor tiene a los ojos del Señor
  la muerte de sus fieles.
¹⁶ Yo, Señor, soy tu siervo;
  soy siervo tuyo, hijo de tu sierva;
  ¡tú has roto mis cadenas!

¹⁷ Te ofreceré un sacrificio de gratitud
  e invocaré, Señor, tu nombre.
¹⁸ Cumpliré mis promesas al Señor
  en presencia de todo su pueblo,
¹⁹ en los atrios de la casa del Señor,
  en medio de ti, oh Jerusalén.

*¡Aleluya!

Salmo 117

¹ ¡Alaben al Señor, naciones todas!
  ¡Pueblos todos, cántenle alabanzas!
² ¡Grande es su amor por nosotros!
  ¡La fidelidad del Señor es eterna!

*¡Aleluya!

Salmo 118

¹ Den gracias al Señor porque él es bueno;
  su gran amor perdura para siempre.

ᵃ 1 *Yo amo … él escucha.* Lit. *Yo amo porque el Señor escucha.*
ᵇ 3 *sepulcro.* Lit. *Seol.*

² Que lo diga Israel:
«Su gran amor perdura para siempre».
³ Que lo diga la familia de Aarón:
«Su gran amor perdura para siempre».
⁴ Que lo digan los que temen al SEÑOR:
«Su gran amor perdura para siempre».

⁵ Desde mi angustia clamé al SEÑOR
y él respondió dándome libertad.
⁶ El SEÑOR está conmigo y no tengo miedo;
¿qué me puede hacer un simple *mortal?
⁷ El SEÑOR está conmigo, él es mi ayuda;
veré por los suelos a los que me odian.

⁸ Es mejor refugiarse en el SEÑOR
que confiar en el *hombre.
⁹ Es mejor refugiarse en el SEÑOR
que confiar en gente poderosa.
¹⁰ Todas las naciones me rodearon,
pero en el *nombre del SEÑOR las aniquilé.
¹¹ Me rodearon por completo,
pero en el nombre del SEÑOR las aniquilé.
¹² Me rodearon como abejas,
pero se consumieron como zarzas en el fuego.
En el nombre del SEÑOR las aniquilé.
¹³ Me empujaron^a con violencia para que cayera,
pero el SEÑOR me ayudó.
¹⁴ El SEÑOR es mi fuerza y mi canción;
¡él es mi *salvación!

¹⁵ Gritos de júbilo y *salvación
resuenan en las casas de los justos:
«¡La diestra del SEÑOR hace proezas!
¹⁶¡La diestra del SEÑOR es exaltada!
¡La diestra del SEÑOR hace proezas!».
¹⁷ No he de morir; he de vivir
para proclamar las obras del SEÑOR.
¹⁸ El SEÑOR me ha castigado con dureza,
pero no me ha entregado a la muerte.
¹⁹ Ábranme las *puertas de la justicia
para que entre yo a dar gracias al SEÑOR.
²⁰ Esta es la puerta del SEÑOR,
por ella entran los justos.
²¹ ¡Te daré gracias porque me respondiste,
porque eres mi *salvación!

²² La piedra que desecharon los constructores
ha llegado a ser la piedra angular.
²³ Esto ha sido obra del SEÑOR
y nos deja maravillados.
²⁴ Este es el día que hizo el SEÑOR;
regocijémonos y alegrémonos en él.

²⁵ SEÑOR, te ruego, ¡danos la *salvación!
SEÑOR, te ruego, ¡concédenos la *victoria!

²⁶ Bendito el que viene en el nombre del SEÑOR.
Desde la casa del SEÑOR los bendecimos.
²⁷ El SEÑOR es Dios
y nos ilumina.
Con ramas en las manos, únanse a la procesión
festiva
hasta los cuernos del altar.

²⁸ Tú eres mi Dios, por eso te doy gracias;
tú eres mi Dios, por eso te exalto.

²⁹ Den gracias al SEÑOR porque él es bueno;
su gran amor perdura para siempre.

Salmo 119^b

Álef

¹ *Dichosos los que van por *caminos intachables,
los que andan conforme a la *Ley del SEÑOR.
² Dichosos los que obedecen sus mandatos
y de todo corazón lo buscan.
³ Jamás hacen nada malo,
sino que siguen los *caminos de Dios.
⁴ Tú has establecido tus preceptos,
para que se cumplan fielmente.
⁵ ¡Cuánto deseo afirmar mis caminos
para cumplir tus estatutos!
⁶ No tendré que pasar vergüenzas
cuando considere todos tus mandamientos.
⁷ Te alabaré con un corazón recto,
cuando aprenda tus justas leyes.
⁸ Tus estatutos cumpliré;
no me abandones del todo.

Bet

⁹ ¿Cómo puede el joven mantener limpio su
camino?
Viviendo conforme a tu palabra.
¹⁰ Yo te busco con todo el corazón;
no dejes que me desvíe de tus mandamientos.
¹¹ En mi corazón atesoro tus dichos
para no pecar contra ti.
¹² ¡Bendito seas, SEÑOR!
¡Enséñame tus estatutos!
¹³ Con mis labios he proclamado
todas las leyes que has promulgado.
¹⁴ Me regocijo en el *camino de tus mandatos
más que en^c todas las riquezas.
¹⁵ En tus preceptos medito
y pongo mis ojos en tus sendas.
¹⁶ En tus estatutos hallo mi deleite
y jamás olvidaré tu palabra.

Guímel

¹⁷ Trata con bondad a este siervo tuyo;
así viviré y obedeceré tu palabra.
¹⁸ Ábreme los ojos, para que contemple
las maravillas de tu Ley.
¹⁹ En esta tierra soy un extranjero;
no escondas de mí tus mandamientos.
²⁰ Se consume mi alma deseando
tus leyes en todo tiempo.
²¹ Tú reprendes a esos insolentes malditos
que se desvían de tus mandamientos.
²² Aleja de mí la afrenta y el desprecio,
pues yo cumplo tus mandatos.
²³ Aun los gobernantes se confabulan contra mí,
pero este siervo tuyo medita en tus estatutos.
²⁴ Tus mandatos son mi regocijo;
son también mis consejeros.

Dálet

²⁵ Postrado estoy en el polvo;
dame vida conforme a tu palabra.
²⁶ Tú me respondiste cuando te hablé de mis
caminos.
Enséñame tus estatutos.
²⁷ Hazme entender el *camino de tus preceptos
y meditaré en tus maravillas.
²⁸ De angustia se me derrite el *alma:
susténtame conforme a tu palabra.
²⁹ Apártame del camino de la falsedad;
concédeme las bondades de tu Ley.
³⁰ He escogido el camino de la fidelidad;
he preferido tus leyes.

---

^a 13 *Me empujaron* (LXX, Vulgata y Siríaca); *Tú me empujaste*
(TM).   ^b Sal 119 Este es un salmo acróstico, dividido en 22
estrofas, conforme al número de las letras del alfabeto hebreo.
En el texto hebreo cada una de las ocho líneas principales de
cada estrofa comienza con la letra que da nombre a la estrofa.
^c 14 *más que en* (Siríaca); *como sobre* (TM).

31 Yo, SEÑOR, me apego a tus mandatos;
   no me hagas pasar vergüenza.
32 Corro por el camino de tus mandamientos,
   porque me has dado mayor entendimiento.[a]

He

33 Enséñame, SEÑOR, el camino de tus estatutos
   y lo seguiré hasta el fin.
34 Dame entendimiento para seguir tu Ley
   y la cumpliré de todo corazón.
35 Dirígeme por la senda de tus mandamientos,
   porque en ella encuentro mi solaz.
36 Inclina mi corazón hacia tus mandatos
   y no hacia las ganancias deshonestas.
37 Aparta mi vista de cosas vanas,
   preserva mi vida en tu camino.[b]
38 Confirma tu promesa a este siervo,
   para que seas temido.
39 Líbrame de la afrenta que me aterra,
   porque tus leyes son buenas.
40 ¡Cómo anhelo tus preceptos!
   ¡Dame vida conforme a tu justicia!

Vav

41 Envíame, SEÑOR, tu gran amor
   y tu ˚salvación, conforme a tu promesa.
42 Así podré responder al que me desprecie,
   porque yo confío en tu palabra.
43 No me quites de la boca la palabra de verdad,
   pues en tus leyes he puesto mi esperanza.
44 Por toda la eternidad
   obedeceré fielmente tu Ley.
45 Viviré con toda libertad,
   porque he buscado tus preceptos.
46 Hablaré de tus mandatos delante de los reyes
   y no seré avergonzado.
47 Me deleito en tus mandamientos,
   porque los amo.
48 Levanto mis manos hacia tus mandamientos,
   que yo amo,
   y medito en tus estatutos.

Zayin

49 Acuérdate de la palabra que diste a este siervo
   tuyo,
   palabra con la que me infundiste esperanza.
50 Este es mi consuelo en medio del dolor:
   que tu promesa me da vida.
51 Los insolentes me ofenden hasta el colmo,
   pero yo no me aparto de tu Ley.
52 Me acuerdo, SEÑOR, de tus leyes de antaño
   y encuentro consuelo en ellas.
53 Me llenan de indignación los malvados,
   los que abandonan tu Ley.
54 Tus estatutos han sido mis cánticos
   donde vivo como extranjero.
55 SEÑOR, por la noche recuerdo tu ˚nombre,
   para cumplir tu Ley.
56 Lo que a mí me corresponde
   es obedecer tus preceptos.[c]

Jet

57 ¡Mi herencia eres tú, SEÑOR!
   Prometo obedecer tus palabras.
58 Busco tu rostro de todo corazón;
   ten piedad de mí conforme a tu promesa.
59 Me he puesto a pensar en mis caminos,
   y he vuelto mis pasos hacia tus mandatos.
60 Me doy prisa, no tardo nada
   para cumplir tus mandamientos.
61 Aunque los lazos de los malvados me aprisionen,
   yo no me olvido de tu Ley.
62 A medianoche me levanto a darte gracias

por tus justas leyes.
63 Soy amigo de todos los que te honran,
   de todos los que observan tus preceptos.
64 De tu gran amor, SEÑOR, está llena la tierra:
   enséñame tus estatutos.

Tet

65 Tú, SEÑOR, tratas bien a tu siervo,
   conforme a tu palabra.
66 Impárteme ˚conocimiento y buen juicio,
   pues yo creo en tus mandamientos.
67 Antes de sufrir anduve descarriado,
   pero ahora obedezco tu palabra.
68 Tú eres bueno y haces el bien;
   enséñame tus estatutos.
69 Aunque los insolentes me difaman con mentiras,
   yo cumplo tus preceptos con todo el corazón.
70 El corazón de ellos es torpe e insensible,
   pero yo me regocijo en tu Ley.
71 Me hizo bien haber sido afligido,
   porque así pude aprender tus estatutos.
72 Para mí es más valiosa tu ˚Ley
   que miles de piezas de oro y plata.

Yod

73 Tus manos me hicieron y me formaron.
   Dame entendimiento para aprender tus
   mandamientos.
74 Los que te honran se regocijan al verme,
   porque he puesto mi esperanza en tu palabra.
75 SEÑOR, yo sé que tus leyes son justas
   y que por tu fidelidad me afliges.
76 Que sea tu gran amor mi consuelo,
   conforme a la promesa que hiciste a tu siervo.
77 Que venga tu misericordia a darme vida,
   porque en tu Ley me regocijo.
78 Sean avergonzados los insolentes que sin motivo
   me maltratan;
   yo, por mi parte, meditaré en tus preceptos.
79 Vuélvanse a mí los que te honran,
   los que conocen tus mandatos.
80 Que con corazón íntegro obedezca tus estatutos,
   para que yo no sea avergonzado.

Caf

81 Mi vida desfallece esperando tu salvación,
   pero he puesto mi esperanza en tu palabra.
82 Mis ojos se consumen esperando tu promesa
   y digo: «¿Cuándo vendrás a consolarme?».
83 Parezco un odre ennegrecido por el humo,
   pero no me olvido de tus estatutos.
84 ¿Cuánto más vivirá este siervo tuyo?
   ¿Cuándo juzgarás a mis perseguidores?
85 Me han cavado fosas los insolentes,
   los que no viven conforme a tu Ley.
86 Todos tus mandamientos son dignos de
   confianza;
   ¡ayúdame!, pues falsos son mis perseguidores.
87 Por poco me borran de la tierra,
   pero yo no abandono tus preceptos.
88 Por tu gran amor, dame vida
   y cumpliré los mandatos que has emitido.

Lámed

89 Tu palabra, SEÑOR, es eterna
   y está firme en los cielos.

---

a 32 entendimiento. Lit. *corazón.* En la Biblia, *corazón* se usa
para designar el asiento de las emociones, pensamientos y
voluntad, es decir, el proceso de toma de decisiones del ser
humano.   *b 37 en tu camino* (TM); *conforme a tu palabra*
(Targum y dos mss. hebreos).   *c 56 Lo que a mí … tus
preceptos.* Alt. *Esto es lo que me corresponde, porque obedezco
tus preceptos.*

⁹⁰ Tu fidelidad permanece por todas las
  generaciones;
  estableciste la tierra y quedó firme.
⁹¹ Todo subsiste hoy, conforme a tus leyes,
  porque todo está a tu servicio.
⁹² Si tu Ley no fuera mi regocijo,
  la aflicción habría acabado conmigo.
⁹³ Jamás me olvidaré de tus preceptos,
  pues con ellos me has dado vida.
⁹⁴ ¡Sálvame, pues te pertenezco
  y escudriño tus preceptos!
⁹⁵ Los malvados esperan destruirme,
  pero yo me esfuerzo por entender tus
  mandatos.
⁹⁶ He visto que aun la perfección tiene sus
  límites;
  ¡solo tus mandamientos son infinitos!

Mem

⁹⁷ ¡Cuánto amo yo tu Ley!
  Todo el día medito en ella.
⁹⁸ Tus mandamientos me hacen más sabio que mis
  enemigos,
  porque siempre están conmigo.
⁹⁹ Tengo más discernimiento que todos mis
  maestros,
  porque medito en tus mandatos.
¹⁰⁰ Tengo más entendimiento que los ancianos,
  porque obedezco tus preceptos.
¹⁰¹ Aparto mis pies de toda mala senda
  para cumplir con tu palabra.
¹⁰² No me desvío de tus leyes,
  porque tú mismo me instruyes.
¹⁰³ ¡Cuán dulces son a mi paladar tus palabras!
  ¡Son más dulces que la miel a mi boca!
¹⁰⁴ De tus preceptos adquiero entendimiento;
  por eso aborrezco toda senda de mentira.

Nun

¹⁰⁵ Tu palabra es una lámpara a mis pies;
  es una luz en mi sendero.
¹⁰⁶ Hice un juramento y lo he confirmado:
  que cumpliré tus justas leyes.
¹⁰⁷ SEÑOR, es mucho lo que he sufrido;
  dame vida conforme a tu palabra.
¹⁰⁸ SEÑOR, acepta las ofrendas que brotan de mis
  labios;
  enséñame tus leyes.
¹⁰⁹ Mi vida pende de un hilo,ᵃ
  pero no me olvido de tu Ley.
¹¹⁰ Los malvados me han tendido una trampa,
  pero no me aparto de tus preceptos.
¹¹¹ Tus mandatos son mi herencia permanente;
  son la alegría de mi corazón.
¹¹² Inclino mi corazón a cumplir tus estatutos
  para siempre y hasta el fin.

Sámej

¹¹³ Aborrezco a los hipócritas,
  pero amo tu Ley.
¹¹⁴ Tú eres mi escondite y mi escudo;
  en tu palabra he puesto mi esperanza.
¹¹⁵ ¡Malhechores, apártense de mí,
  que quiero cumplir los mandamientos de mi
  Dios!
¹¹⁶ Sostenme conforme a tu promesa y viviré;
  no defraudes mis esperanzas.
¹¹⁷ Defiéndeme y estaré a salvo;
  siempre optaré por tus estatutos.

¹¹⁸ Tú rechazas a los que se desvían de tus
  estatutos,
  porque solo maquinan falsedades.
¹¹⁹ Tú desechas como escoria a los malvados de la
  tierra;
  por eso amo tus mandatos.
¹²⁰ Mi cuerpo se estremece por el temor que me
  inspiras;
  siento reverencia por tus leyes.

Ayin

¹²¹ Yo practico la justicia y el derecho;
  no me dejes en manos de mis opresores.
¹²² Garantiza el bienestar de tu siervo;
  que no me opriman los insolentes.
¹²³ Mis ojos se consumen esperando tu salvación,
  esperando que se cumpla tu promesa de
  justicia.
¹²⁴ Trata a tu siervo conforme a tu gran amor;
  enséñame tus estatutos.
¹²⁵ Tu siervo soy: dame entendimiento
  y llegaré a conocer tus mandatos.
¹²⁶ SEÑOR, ya es tiempo de que actúes,
  pues tu Ley está siendo quebrantada.
¹²⁷ Por eso yo amo tus mandamientos
  más que el oro, sí, más que el oro puro.
¹²⁸ Por eso considero rectos todos tus preceptosᵇ
  y aborrezco toda senda falsa.

Pe

¹²⁹ Tus mandatos son maravillosos;
  por eso los obedezco.
¹³⁰ La exposición de tus palabras nos da luz
  y da entendimiento al ˙sencillo.
¹³¹ Jadeante abro la boca
  porque ansío tus mandamientos.
¹³² Vuélvete a mí y ten piedad de mí,
  como haces siempre con los que aman tu
  nombre.
¹³³ Guía mis pasos conforme a tu promesa;
  no permitas que ninguna iniquidad me
  domine.
¹³⁴ Líbrame de la opresión humana,
  y obedeceré tus preceptos.
¹³⁵ Haz brillar tu rostro sobre tu siervo;
  enséñame tus estatutos.
¹³⁶ Ríos de lágrimas brotan de mis ojos,
  porque tu Ley no se obedece.

Tsade

¹³⁷ SEÑOR, tú eres justo
  y tus leyes son justas.
¹³⁸ Justos son los mandatos que has ordenado
  y muy dignos de confianza.
¹³⁹ Mi celo me consume,
  porque mis adversarios pasan por alto tus
  palabras.
¹⁴⁰ Tus promesas han superado muchas pruebas,
  por eso tu siervo las ama.
¹⁴¹ Soy insignificante y despreciado,
  pero no me olvido de tus preceptos.
¹⁴² Tu justicia es justicia eterna
  y tu Ley es la verdad.
¹⁴³ Angustia y aflicción han caído sobre mí,
  pero tus mandamientos son mi regocijo.
¹⁴⁴ Tus mandatos son siempre justos;
  dame entendimiento para poder vivir.

Qof

¹⁴⁵ Con todo el corazón clamo a ti, SEÑOR;
  respóndeme, y obedeceré tus estatutos.
¹⁴⁶ A ti clamo: «¡Sálvame!»,
  y guardaré tus mandatos.

ᵃ 109 *pende de un hilo.* Lit. *está siempre en mi puño.*
ᵇ 128 *Por eso ... tus preceptos* (véanse LXX y Vulgata); *Por eso
todos los estatutos de todo lo que considero recto* (TM).

147 Muy de mañana me levanto a pedir ayuda;
en tus palabras he puesto mi esperanza.
148 Mis ojos están abiertos en las vigilias de la noche,
para meditar en tus promesas.
149 Conforme a tu gran amor, escucha mi voz;
conforme a tus leyes, SEÑOR, dame vida.
150 Ya se acercan mis crueles perseguidores,
pero andan muy lejos de tu Ley.
151 Tú, SEÑOR, también estás cerca,
y todos tus mandamientos son verdad.
152 Desde hace mucho conozco tus mandatos,
los cuales estableciste para siempre.

Resh
153 Considera mi aflicción, y líbrame,
pues no me he olvidado de tu Ley.
154 Defiende mi causa y rescátame;
dame vida conforme a tu promesa.
155 La salvación está lejos de los malvados,
porque ellos no buscan tus estatutos.
156 Grande es, SEÑOR, tu misericordia;
dame vida conforme a tus leyes.
157 Muchos son mis adversarios y mis perseguidores,
pero yo no me aparto de tus mandatos.
158 Me repugna mirar a esos traidores,
porque no cumplen tus palabras.
159 Mira, SEÑOR, cuánto amo tus preceptos;
conforme a tu gran amor, dame vida.
160 La suma de tus palabras es la verdad;
tus justas leyes permanecen para siempre.

Sin y Shin
161 Gobernantes me persiguen sin motivo,
pero mi corazón se estremece ante tu palabra.
162 Yo me regocijo en tu promesa
como quien halla un gran botín.
163 Aborrezco y repudio la falsedad,
pero amo tu Ley.
164 Siete veces al día te alabo
por tus justas leyes.
165 Los que aman tu Ley disfrutan de gran ˚paz
y nada los hace tropezar.
166 Yo, SEÑOR, espero tu salvación
y practico tus mandamientos.
167 Con todo mi ser cumplo tus mandatos.
¡Cuánto los amo!
168 Obedezco tus preceptos y tus mandatos,
porque conoces todos mis caminos.

Tav
169 Que llegue mi clamor a tu presencia;
dame entendimiento, SEÑOR, conforme a tu
palabra.
170 Que llegue a tu presencia mi súplica;
líbrame, conforme a tu promesa.
171 Que rebosen mis labios de alabanza,
porque tú me enseñas tus estatutos.
172 Que entone mi lengua un cántico a tu palabra,
pues todos tus mandamientos son justos.
173 Que acuda tu mano en mi ayuda,
porque he escogido tus preceptos.
174 Yo, SEÑOR, anhelo tu salvación.
Tu Ley es mi regocijo.
175 Déjame vivir para alabarte;
que vengan tus leyes a ayudarme.
176 Cual oveja perdida me he extraviado;
ven en busca de tu siervo,
porque no he olvidado tus mandamientos.

Salmo 120
Cántico de los ˚peregrinos.
1 En mi angustia invoqué al SEÑOR,
y él me respondió.

2 SEÑOR, líbrame
de los labios mentirosos
y de la lengua engañosa.

3 ¡Ah, lengua engañosa!
¿Qué se te habrá de dar?
¿Qué se te habrá de añadir?
4 ¡Puntiagudas flechas de guerrero,
con ardientes brasas de ˚retama!

5 ¡Ay de mí, que soy extranjero en Mésec,
que he acampado entre las tiendas de Cedar!
6 ¡Mucho tiempo es el que he acampado
entre los que aborrecen la ˚paz!
7 Soy un hombre de paz,
pero si hablo de paz, ellos hablan de guerra.

Salmo 121
Cántico de los ˚peregrinos.
1 A las montañas levanto mis ojos;
¿de dónde ha de venir mi ayuda?
2 Mi ayuda proviene del SEÑOR,
que hizo el cielo y la tierra.

3 No permitirá que tu pie resbale;
jamás duerme el que te cuida.
4 Jamás duerme ni se adormece
el que cuida de Israel.

5 El SEÑOR es quien te cuida;
el SEÑOR es tu sombra a tu mano derecha.
6 De día el sol no te hará daño
ni la luna de noche.

7 El SEÑOR te cuidará;
de todo mal guardará tu vida.
8 El SEÑOR cuidará tu salida y tu entrada,
desde ahora y para siempre.

Salmo 122
Cántico de los ˚peregrinos. De David.
1 Yo me alegré con los que me dijeron:
«Vamos a la casa del SEÑOR».
2 ¡Jerusalén, ya nuestros pies
se han plantado ante tus ˚portones!

3 ¡Jerusalén, ciudad edificada
para que en ella todos se congreguen!*a*
4 A ella suben las tribus,
las tribus del SEÑOR,
para alabar su ˚nombre
conforme al mandato que recibió Israel.
5 Allí están los tribunales de justicia,
los tribunales de la casa de David.

6 Pidan por la ˚paz de Jerusalén:
«Que vivan en paz los que te aman.
7 Que haya paz dentro de tus murallas,
seguridad en tus fortalezas».
8 En favor de mis hermanos y amigos, diré:
«¡Que la paz sea contigo!».
9 Por la casa del SEÑOR nuestro Dios
procuraré tu bienestar.

Salmo 123
Cántico de los ˚peregrinos.
1 Hacia ti dirijo la mirada,
hacia ti, cuyo trono está en el cielo.
2 Como dirigen los esclavos la mirada hacia la
mano de su amo,

---

a 3 *¡Jerusalén, ... se congreguen!* Alt. *Jerusalén, edificada como ciudad, en la que todo se mantiene bien unido.*

como dirige la esclava la mirada hacia la mano
de su ama,
así dirigimos la mirada al SEÑOR nuestro Dios,
hasta que tenga piedad de nosotros.

3 Ten piedad de nosotros, SEÑOR, ten piedad.
Estamos cansados de tanto desprecio,
4 del escarnio de los arrogantes
y del menosprecio de los orgullosos.

Salmo 124
Cántico de los *peregrinos. De David.

1 Si el SEÑOR no hubiera estado de nuestra parte
—que lo repita ahora Israel—,
2 si el SEÑOR no hubiera estado de nuestra parte
cuando hubo gente que se levantó contra
nosotros,
3 nos habrían tragado vivos
al encenderse su furor contra nosotros;
4 nos habrían inundado las aguas,
el torrente nos habría arrastrado,
5 nos habrían arrastrado las aguas turbulentas.

6 ¡Bendito sea el SEÑOR, que no dejó
que nos despedazaran con sus dientes!
7 Como las aves, hemos escapado
de la trampa del cazador;
¡la trampa se rompió,
y nosotros escapamos!
8 Nuestra ayuda está en el *nombre del SEÑOR,
que hizo el cielo y la tierra.

Salmo 125
Cántico de los *peregrinos.

1 Los que confían en el SEÑOR son como el monte
*Sión:
jamás caerá y permanece para siempre.
2 Como rodean los montes a Jerusalén,
así rodea el SEÑOR a su pueblo,
desde ahora y para siempre.

3 No prevalecerá el poder de los malvados
sobre la heredad asignada a los justos,
para que nunca los justos extiendan
sus manos hacia la maldad.

4 Haz bien, SEÑOR, a los que son buenos,
a los rectos de corazón.
5 Pero a los que van por caminos torcidos
deséchalos, SEÑOR, junto con los malhechores.

¡Que haya paz en Israel!

Salmo 126
Cántico de los *peregrinos.

1 Cuando el SEÑOR hizo volver a *Sión a los
cautivos,
nos parecía estar soñando.
2 Entonces nuestra boca se llenó de risas;
nuestra lengua, de canciones jubilosas.
Hasta los otros pueblos decían:
«El SEÑOR ha hecho grandes cosas por ellos».
3 Sí, el SEÑOR ha hecho grandes cosas por
nosotros
y eso nos llena de alegría.

4 Ahora, SEÑOR, haz volver a nuestros cautivos
como haces volver los canales de los ríos en el
Néguev.
5 Los que con lágrimas siembran,
con regocijo cosechan.

6 El que llorando esparce la semilla,
cantando recoge sus gavillas.

Salmo 127
Cántico de los *peregrinos. De Salomón.

1 Si el SEÑOR no edifica la casa,
en vano se esfuerzan los albañiles.
Si el SEÑOR no cuida la ciudad,
en vano hacen guardia los vigilantes.
2 En vano madrugan ustedes
y se acuestan muy tarde
para comer un pan de fatigas,
porque Dios lo da a sus amados mientras
duermen.

3 Los hijos son una herencia del SEÑOR,
el fruto del vientre es una recompensa.
4 Como flechas en las manos del guerrero
son los hijos de la juventud.
5 Dichoso aquel que llena su aljaba
con esta clase de flechas.ᵃ
No será avergonzado por sus enemigos
cuando litiguen contra él en los
tribunales.

Salmo 128
Cántico de los *peregrinos.

1 Dichosos todos los que temen al SEÑOR,
los que van por sus *caminos.
2 Lo que ganes con tus manos, eso comerás;
gozarás de dicha y prosperidad.
3 En el seno de tu hogar,
tu esposa será como vid llena de uvas;
alrededor de tu mesa,
tus hijos serán como vástagos de olivo.
4 Así será bendecido
aquel que teme al SEÑOR.

5 Que el SEÑOR te bendiga desde *Sión
y veas la prosperidad de Jerusalén
todos los días de tu vida.
6 Que vivas para ver a los hijos de tus hijos.
¡Que haya *paz en Israel!

Salmo 129
Cántico de los *peregrinos.

1 Mucho me han angustiado desde mi juventud
—que lo repita ahora Israel—,
2 mucho me han angustiado desde mi juventud,
pero no han logrado vencerme.
3 Sobre la espalda me pasaron el arado,
abriéndome en ella largos surcos.
4 Pero el SEÑOR, que es justo,
me libró de las ataduras de los malvados.

5 Que retrocedan avergonzados
todos los que odian a *Sión.
6 Que sean como la hierba en el techo,
que antes de crecer se marchita;
7 no llena las manos del segador
ni el regazo del que ata las gavillas.
8 Que al pasar nadie les diga:
«La bendición del SEÑOR sea con ustedes;
los bendecimos en el *nombre del
SEÑOR».

Salmo 130
Cántico de los *peregrinos.

1 A ti, SEÑOR, elevo mi clamor desde lo más
profundo de mi ser.
2 Escucha, Señor, mi voz.
Estén atentos tus oídos
a mi voz suplicante.

ᵃ 5 con esta clase de flechas. Lit. con ellos.

³ Si tú, SEÑOR, tomaras en cuenta los pecados,
    ¿quién, Señor, se mantendría en pie?
⁴ Pero en ti se halla perdón
    y por eso debes ser temido.

⁵ Espero al SEÑOR, lo espero con toda el *alma;
    en su palabra he puesto mi esperanza.
⁶ Espero al Señor con toda el alma,
    más que los centinelas la mañana.

Como esperan los centinelas la mañana,
    ⁷ así tú, Israel, espera al SEÑOR,
porque en él hay amor inagotable;
    en él hay plena redención.
⁸ Él mismo redimirá a Israel
    de todos sus pecados.

Salmo 131
*Cántico de los *peregrinos. De David.*

¹ SEÑOR, mi corazón no es orgulloso
    ni son altivos mis ojos;
no busco grandezas desmedidas
    ni proezas que excedan a mis fuerzas.
² Todo lo contrario:
    he calmado y aquietado mis ansias.
    Soy como un niño recién amamantado en el
        regazo de su madre.
    ¡Sí, como un niño recién amamantado soy!

³ Israel, pon tu esperanza en el SEÑOR
    desde ahora y para siempre.

Salmo 132
132:8-10 – 2Cr 6:41-42
*Cántico de los *peregrinos.*

¹ SEÑOR, acuérdate de David
    y de todas sus penurias.

² Acuérdate de sus juramentos al SEÑOR,
    de sus promesas al Poderoso de Jacob:
³ «No entraré a mi casa
    ni iré a mi cama;
⁴ no me permitiré cerrar los ojos,
    ni siquiera el menor pestañeo,
⁵ antes de hallar un lugar para el SEÑOR,
    una morada para el Poderoso de Jacob».

⁶ En Efrata oímos hablar del arca;ᵃ
    dimos con ella en los campos de Yagar:ᵇ
⁷ «Vayamos hasta su morada;
    postrémonos ante el estrado de sus pies».
⁸ Levántate, SEÑOR; ven a tu lugar de reposo,
    tú y tu arca poderosa.
⁹ ¡Que se revistan de justicia tus sacerdotes!
    ¡Que tus fieles canten jubilosos!

¹⁰ Por amor a David, tu siervo,
    no des la espalda aᶜ tu *ungido.

¹¹ El SEÑOR ha hecho a David
    un firme juramento que no revocará:
«A uno de tus propios descendientes
    lo pondré en tu trono.
¹² Si tus hijos cumplen con mi pacto
    y con los mandatos que les enseñaré,
también sus descendientes
    te sucederán en el trono para siempre».

¹³ El SEÑOR ha escogido a *Sión;
    su deseo es hacer de este monte su
        morada:
¹⁴ «Este será para siempre mi lugar de reposo;
    aquí pondré mi trono, porque así lo deseo.

¹⁵ Bendeciré con creces sus provisiones,
    y saciaré de pan a sus pobres.
¹⁶ Revestiré de *salvación a sus sacerdotes
    y jubilosos cantarán sus fieles.

¹⁷ »Aquí haré renacer el poderᵈ de David
    y encenderé la lámpara de mi ungido.
¹⁸ A sus enemigos los cubriré de vergüenza,
    pero él lucirá su corona esplendorosa».

Salmo 133
*Cántico de los *peregrinos. De David.*

¹ ¡Cuán bueno y cuán agradable es
    que los hermanos convivan en armonía!

² Es como el buen aceite que, desde la cabeza,
    va descendiendo por la barba,
por la barba de Aarón,
    hasta el borde de sus vestiduras.
³ Es como el rocío de Hermón
    que va descendiendo sobre los montes de *Sión.
Ciertamente allí
    el SEÑOR envía su bendición, vida para
        siempre.

Salmo 134
*Cántico de los *peregrinos.*

¹ Bendigan al SEÑOR todos ustedes sus siervos,
    que de noche permanecen en la casa del SEÑOR.
² Eleven sus manos hacia el santuario
    y bendigan al SEÑOR.

³ Que desde *Sión te bendiga el SEÑOR,
    que hizo el cielo y la tierra.

Salmo 135
135:15-20 – Sal 115:4-11

¹ *¡Aleluya!

¡Alaben el *nombre del SEÑOR!
    ¡Siervos del SEÑOR, alábenlo,
² ustedes, que permanecen en la casa del SEÑOR,
    en los atrios de la casa del Dios nuestro!

³ Alaben al SEÑOR, porque el SEÑOR es bueno;
    canten salmos a su nombre, porque eso es
        agradable.
⁴ El SEÑOR escogió a Jacob como suyo,
    a Israel como su propiedad exclusiva.

⁵ Yo sé que el SEÑOR, nuestro Soberano,
    es más grande que todos los dioses.
⁶ El SEÑOR hace todo lo que quiere
    en los cielos y en la tierra,
    en los mares y en todos sus abismos.
⁷ Levanta las nubes desde los confines de la tierra;
    envía relámpagos con la lluvia
    y saca de sus depósitos a los vientos.

⁸ A los primogénitos de Egipto hirió de muerte,
    tanto a *hombres como a animales.
⁹ En medio de ti, Egipto,
    Dios envió señales y maravillas
    contra el faraón y todos sus siervos.
¹⁰ A muchas naciones las hirió de muerte;
    a reyes poderosos les quitó la vida:
¹¹ a Sijón, el rey amorreo;
    a Og, el rey de Basán,
    y a todos los reyes de Canaán.

ᵃ 6 *del arca.* Lit. *de ella;* véase 1S 7:1. ᵇ 6 *Yagar.* Es decir,
Quiriat Yearín. ᶜ 10 *no des la espalda a.* Lit. *no vuelvas el
rostro de.* ᵈ 17 *poder.* Lit. *cuerno.*

¹²Entregó sus tierras como herencia,
   como herencia para su pueblo Israel.

¹³Tu nombre, SEÑOR, es eterno;
   serás recordado por todas las
      generaciones.
¹⁴Ciertamente el SEÑOR juzgará a su pueblo
   y de sus siervos tendrá compasión.

¹⁵Los ídolos de las naciones son de plata y oro,
   producto de manos humanas.
¹⁶Tienen boca, pero no pueden hablar;
   ojos, pero no pueden ver;
¹⁷tienen oídos, pero no pueden oír;
   ¡ni siquiera hay aliento en su boca!
¹⁸Semejantes a ellos son sus hacedores
   y todos los que confían en ellos.

¹⁹Pueblo de Israel, bendice al SEÑOR;
   familia de Aarón, bendice al SEÑOR;
²⁰familia de Leví, bendice al SEÑOR;
   los que temen al SEÑOR, bendíganlo.
²¹Desde ˙Sión sea bendito el SEÑOR,
   el que habita en Jerusalén.

   ˙¡Aleluya!

Salmo 136
¹Den gracias al SEÑOR, porque él es bueno;
   su gran amor perdura para siempre.
²Den gracias al Dios de dioses;
   su gran amor perdura para siempre.
³Den gracias al Señor de los señores;
   su gran amor perdura para siempre.

⁴Al único que hace grandes maravillas;
   su gran amor perdura para siempre.
⁵Al que con inteligencia hizo los cielos;
   su gran amor perdura para siempre.
⁶Al que expandió la tierra sobre las aguas;
   su gran amor perdura para siempre.
⁷Al que hizo las grandes lumbreras;
   su gran amor perdura para siempre.
⁸El sol, para gobernar el día;
   su gran amor perdura para siempre.
⁹La luna y las estrellas, para gobernar la noche;
   su gran amor perdura para siempre.

¹⁰Al que hirió a los primogénitos de Egipto;
   su gran amor perdura para siempre.
¹¹Al que sacó de Egipto ᵃ a Israel;
   su gran amor perdura para siempre.
¹²Con mano poderosa y con brazo extendido;
   su gran amor perdura para siempre.

¹³Al que partió en dos el mar Rojo; ᵇ
   su gran amor perdura para siempre.
¹⁴Y por en medio hizo cruzar a Israel;
   su gran amor perdura para siempre.
¹⁵Pero hundió en el mar Rojo al faraón y a su
      ejército;
   su gran amor perdura para siempre.

¹⁶Al que guio a su pueblo por el desierto;
   su gran amor perdura para siempre.

¹⁷Al que hirió de muerte a grandes reyes;
   su gran amor perdura para siempre.
¹⁸Al que a reyes poderosos les quitó la vida;
   su gran amor perdura para siempre.

¹⁹A Sijón, el rey amorreo;
   su gran amor perdura para siempre.
²⁰A Og, el rey de Basán;
   su gran amor perdura para siempre.
²¹Cuyas tierras entregó como herencia;
   su gran amor perdura para siempre.
²²Como herencia para su siervo Israel;
   su gran amor perdura para siempre.

²³Al que nunca nos olvida, aunque estemos
      humillados;
   su gran amor perdura para siempre.
²⁴Al que nos libró de nuestros adversarios;
   su gran amor perdura para siempre.
²⁵Al que alimenta a todo ser viviente;
   su gran amor perdura para siempre.

²⁶¡Den gracias al Dios de los cielos!
   ¡Su gran amor perdura para siempre!

Salmo 137
¹Junto a los ríos de Babilonia nos sentábamos
   y llorábamos al acordarnos de ˙Sión.
²En los álamos que allí había
   colgábamos nuestras arpas.
³Allí, los que nos tenían cautivos nos pedían que
      entonáramos canciones;
   nuestros opresores nos pedían estar
      alegres;
   nos decían: «¡Cántennos un cántico de
      Sión!».

⁴¿Cómo cantar las canciones del SEÑOR
   en una tierra extraña?
⁵Si me olvido de ti, Jerusalén,
   ¡que mi mano derecha pierda su destreza!
⁶Si de ti no me acordara
   ni te pusiera por encima de mi propia alegría,
   ¡que la lengua se me pegue al paladar!

⁷SEÑOR, acuérdate de los edomitas
   el día en que cayó Jerusalén.
   «¡Arrásenla!» —gritaban—
      «¡Arrásenla hasta sus cimientos!».
⁸Hija de Babilonia, que has de ser destruida,
   ¡˙dichoso el que te haga pagar
   por todo lo que nos has hecho!
⁹¡Dichoso el que agarre a tus pequeños
   y los estrelle contra las rocas!

Salmo 138
Salmo de David.
¹SEÑOR, quiero alabarte de todo corazón
   y cantarte salmos delante de los dioses.
²Quiero postrarme hacia tu santo Templo
   y alabar tu ˙nombre
   por tu gran amor y fidelidad.
   Porque has exaltado tu nombre
   y tu palabra sobre todas las cosas.
³Cuando te llamé, me respondiste;
   me infundiste ánimo y renovaste mis
      ˙fuerzas.

⁴Oh SEÑOR, todos los reyes de la tierra
   te alabarán al escuchar tus palabras.
⁵Celebrarán con cánticos tus ˙caminos,
   porque tu gloria, SEÑOR, es grande.

⁶El SEÑOR es excelso,
   pero toma en cuenta al humilde
   y reconoce de lejos al orgulloso.
⁷Aunque pase por grandes angustias,
   tú me darás vida;

ᵃ 11 *de Egipto.* Lit. *de entre ellos.*   ᵇ 13 *mar Rojo.* Lit. *mar de
las Cañas* (heb. *Yam Suf*); también en v. 15.

contra el furor de mis enemigos extenderás la
mano:
¡tu mano derecha me pondrá a salvo!
8 El SEÑOR cumplirá en mí su propósito.[a]
Tu gran amor, SEÑOR, perdura para siempre;
¡no abandones la obra de tus manos!

Salmo 139
Al director musical. Salmo de David.

1 SEÑOR, tú me examinas
y me conoces.
2 Sabes cuándo me siento y cuándo me levanto;
aun a la distancia me lees el pensamiento.
3 Mis trajines y descansos los conoces;
todos mis caminos te son familiares.
4 No me llega aún la palabra a la lengua
cuando tú, SEÑOR, ya la sabes toda.
5 Tu protección me envuelve por completo;
me cubres con la palma de tu mano.
6 Conocimiento tan maravilloso rebasa mi
comprensión;
tan sublime es que no puedo entenderlo.

7 ¿A dónde podría alejarme de tu Espíritu?
¿A dónde podría huir de tu presencia?
8 Si subiera al cielo,
allí estás tú;
si tendiera mi lecho en el fondo de los dominios
de la muerte,[b]
también estás allí.
9 Si me elevara sobre las alas del alba,
o me estableciera en los extremos del mar,
10 aun allí tu mano me guiaría,
¡me sostendría tu mano derecha!
11 Y si dijera: «Que me oculten las tinieblas;
que la luz se haga noche en torno mío».
12 Ni las tinieblas serían oscuras para ti
y aun la noche sería clara como el día.
¡Lo mismo son para ti las tinieblas que
la luz!

13 Tú creaste mis entrañas;
me formaste en el vientre de mi madre.
14 ¡Te alabo porque soy una creación admirable!
¡Tus obras son maravillosas
y esto lo sé muy bien!
15 Mis huesos no te fueron desconocidos
cuando en lo más recóndito era yo formado,
cuando en lo más profundo de la tierra era yo
entretejido.
16 Tus ojos vieron mi cuerpo en gestación:
todo estaba ya escrito en tu libro;
todos mis días se estaban diseñando,
aunque no existía uno solo de ellos.
17 ¡Cuán preciosos, oh Dios, me son tus
pensamientos!
¡Cuán inmensa es la suma de ellos!
18 Si me propusiera contarlos,
sumarían más que los granos de arena;
al despertar, aún estaría contigo.

19 Oh Dios, ¡si tan solo mataras a los malvados!
¡Si de mí se apartara la gente sanguinaria,
20 esos que con malicia te difaman,
enemigos que en vano se rebelan contra ti!
21 ¿Acaso no aborrezco, SEÑOR, a los que te odian
y me repugnan los que te rechazan?
22 El odio que les tengo no tiene límites;
¡los cuento entre mis enemigos!
23 Examíname, oh Dios, y conoce mi corazón;
pruébame y conoce mis ansiedades.
24 Fíjate si voy por un camino que te ofende
y guíame por el ˙camino eterno.

Salmo 140[c]
Al director musical. Salmo de David.

1 Oh SEÑOR, líbrame de los malvados;
protégeme de los violentos,
2 de los que urden en su corazón planes malvados
y todos los días fomentan la guerra.
3 Afilan su lengua cual lengua de serpiente;
¡veneno de víbora hay en sus labios!   *Selah*

4 SEÑOR, protégeme del poder de los malvados;
protégeme de los violentos,
de los que piensan hacerme caer.
5 Esos engreídos me han tendido una trampa;
han puesto los lazos de su red,
han tendido trampas en mi camino.   *Selah*

6 Yo digo al SEÑOR: «Tú eres mi Dios.
Atiende, SEÑOR, mi voz suplicante».
7 SEÑOR Soberano, mi poderoso salvador,
¡tú proteges mi cabeza en el día de la batalla!
8 No satisfagas, SEÑOR, los caprichos de los
impíos;
no permitas que sus planes prosperen,
para que no se enorgullezcan.   *Selah*

9 Que sobre la cabeza de los que me rodean
recaiga el mal que sus labios proclaman.
10 Que lluevan brasas sobre ellos
y sean echados en el fuego,
en abismos profundos, de donde no vuelvan a
salir.
11 Que no eche raíces en la tierra
la ˙gente de lengua mentirosa;
que la calamidad persiga y destruya
a la gente que practica la violencia.

12 Yo sé que el SEÑOR hace justicia al pobre
y defiende el derecho de los necesitados.
13 Ciertamente los justos alabarán tu ˙nombre
y los íntegros vivirán en tu presencia.

Salmo 141
Salmo de David.

1 A ti clamo, SEÑOR, ven pronto a mí.
Escucha mi voz cuando a ti clamo.
2 Que suba a tu presencia mi oración
como una ofrenda de incienso,
mis manos levantadas
como el sacrificio de la tarde.

3 SEÑOR, ponme en la boca un centinela;
un guardia a la puerta de mis labios.
4 No permitas que mi corazón se incline a la
maldad
ni que sea yo cómplice de iniquidades;
no me dejes participar de banquetes
en compañía de malhechores.

5 Que cuando el justo me castigue,
sea una muestra de amor;
que su represión sea bálsamo que mi cabeza no
rechace,
pues mi oración siempre está en contra de las
malas obras.

6 Cuando sus gobernantes sean arrojados desde los
despeñaderos,
sabrán que mis palabras eran bien
intencionadas.

---

a 8 *El SEÑOR ... su propósito.* Lit. *El SEÑOR completará en mí.*
b 8 *en ... muerte.* Lit. *en el fondo del Seol.*   *c* Sal 140 En el
texto hebreo 140:1-13 se numera 140:2-14.

⁷Y dirán: «Así como se esparce la tierra
  cuando en ella se abren surcos con el arado,
así se han esparcido nuestros huesos
  a la orilla del sepulcro».ª

⁸Por eso tengo los ojos puestos en ti, mi Señor y
  Dios,
  en ti busco refugio; no me dejes morir.
⁹Protégeme de las trampas que me tienden,
  de las trampas que me tienden los
    malhechores.
¹⁰Que caigan los malvados en sus propias redes,
  mientras yo salgo bien librado.

Salmo 142ᵇ
Masquil de David. Cuando estaba en la cueva. Oración.

¹A voz en cuello, al Señor pido ayuda;
  a voz en cuello, al Señor pido compasión.
²Ante él expongo mi queja;
  ante él expreso mi angustia.

³Cuando ya no me queda aliento,
  tú me muestras el camino.
Por la senda que transito
  algunos me han tendido una trampa.
⁴Mira a mi derecha y ve:
  nadie me tiende la mano.
No tengo dónde refugiarme;
  por mí nadie se preocupa.

⁵A ti, Señor, te pido ayuda;
  a ti te digo: «Tú eres mi refugio,
  mi porción en la tierra de los vivientes».

⁶Atiende a mi clamor,
  porque me siento muy débil;
líbrame de mis perseguidores,
  porque son más fuertes que yo.
⁷Sácame de la prisión,
  para que alabe yo tu ˙nombre.
Los justos se reunirán en torno mío
  por la bondad que me has mostrado.

Salmo 143
Salmo de David.

¹Escucha, Señor, mi oración;
  atiende a mi súplica.
Por tu fidelidad y tu justicia,
  respóndeme.
²No lleves a juicio a tu siervo,
  pues ante ti nadie puede alegar inocencia.
³El enemigo atenta contra mi vida:
  me aplasta contra el suelo.
Me obliga a vivir en las tinieblas,
  como los que murieron hace tiempo.
⁴Ya no me queda aliento,
  dentro de mí siento paralizado el corazón.
⁵Traigo a la memoria los tiempos de antaño:
  medito en todas tus proezas,
  considero las obras de tus manos.
⁶Hacia ti extiendo las manos;
  me haces falta, como el agua a la tierra seca.
                                                    Selah

⁷Respóndeme pronto, Señor,
  que el aliento se me escapa.

No escondas de mí tu rostro
  o seré como los que bajan a la fosa.
⁸Por la mañana hazme saber de tu gran amor,
  porque en ti he puesto mi confianza.
Señálame el ˙camino que debo seguir,
  porque a ti elevo mi ˙alma.
⁹Señor, líbrame de mis enemigos,
  porque en ti busco refugio.
¹⁰Enséñame a hacer tu voluntad,
  porque tú eres mi Dios.
Que tu buen Espíritu me guíe
  por un terreno firme.

¹¹Por tu ˙nombre, Señor, dame vida;
  por tu justicia, sácame de este aprieto.
¹²Por tu gran amor, destruye a mis enemigos;
  acaba con todos mis adversarios.
¡Yo soy tu siervo!

Salmo 144
Salmo de David.

¹Bendito sea el Señor, mi ˙Roca,
  que adiestra mis manos para la guerra,
  mis dedos para la batalla.
²Él es mi Dios amoroso, mi amparo,
  mi más alto escondite, mi libertador,
mi escudo, en quien me refugio.
  Él es quien pone los pueblosᶜ a mis pies.

³Señor, ¿qué es el ˙ser humano para que lo
    cuides?
  ¿Qué es el simple mortal para que en él
    pienses?
⁴Todo ˙ser humano es como un suspiro;
  sus días son fugaces como una sombra.

⁵Abre tus cielos, Señor, y desciende;
  toca los montes y haz que echen humo.
⁶Lanza relámpagos y dispersa al enemigo;
  dispara tus flechas y confúndelos.
⁷Extiende tu mano desde las alturas
  y sálvame de las aguas tumultuosas;
  líbrame del poder de gente extraña.
⁸Cuando abren la boca, dicen mentiras;
  cuando levantan su diestra, juran con
    falsedad.ᵈ

⁹Te cantaré, oh Dios, un cántico nuevo;
  con la lira de diez cuerdas te cantaré salmos.
¹⁰Tú das la ˙victoria a los reyes;
  a tu siervo David lo libras de la espada
    mortal.

¹¹Ponme a salvo,
  líbrame del poder de gente extraña.
Cuando abren la boca, dicen mentiras;
  cuando levantan su diestra, juran con
    falsedad.

¹²Que nuestros hijos, en su juventud,
  crezcan como plantas frondosas;
que sean nuestras hijas como columnas
    esculpidas
  para adornar un palacio.
¹³Que nuestros graneros se llenen
  con provisiones de toda especie.
Que nuestros rebaños aumenten por millares,
  por decenas de millares en nuestros campos.
¹⁴Que nuestros bueyes arrastren cargas pesadas;ᵉ
  que no haya brechas ni salidas,
  ni gritos de angustia en nuestras calles.
¹⁵¡˙Dichoso el pueblo que recibe todo esto!
  ¡Dichoso el pueblo cuyo Dios es el Señor!

ª **7** *sepulcro.* Lit. *Seol.* ᵇ Sal 142 En el texto hebreo 142:1-7
se numera 142:2-8. ᶜ **2** *los pueblos* (Targum, Vulgata, Siríaca,
Aquila y varios mss. hebreos); *mi pueblo* (TM). ᵈ **8** *cuando …
con falsedad.* Lit. *su diestra es diestra de engaño;* también en
v. 11. ᵉ **14** *Que nuestros … cargas pesadas.* Alt. *Que nuestros
capitanes sean establecidos firmemente.*

Salmo 145[a]

Salmo de alabanza. De David.

Álef

¹ Te exaltaré, mi Dios y Rey;
    por siempre bendeciré tu *nombre.

Bet

² Todos los días te bendeciré;
    por siempre y para siempre alabaré tu
    nombre.

Guímel

³ Grande es el Señor y digno de toda alabanza;
    su grandeza es insondable.

Dálet

⁴ Cada generación celebrará tus obras
    y proclamará tus proezas.

He

⁵ Se hablará del esplendor de tu gloria y
    majestad
    y yo meditaré en tus obras maravillosas.[b]

Vav

⁶ Se hablará del poder de tus portentos
    y yo anunciaré la grandeza de tus obras.

Zayin

⁷ Se proclamará la memoria de tu inmensa
    bondad
    y se cantará con júbilo de tu *justicia.

Jet

⁸ El Señor es misericordioso y compasivo,
    lento para la ira y grande en amor.

Tet

⁹ El Señor es bueno con todos;
    él tiene misericordia de todas sus obras.

Yod

¹⁰ Que te alaben, Señor, todas tus obras;
    que te bendigan tus fieles.

Caf

¹¹ Que hablen de la gloria de tu reino;
    que proclamen tus proezas,

Lámed

¹² para que todos conozcan tus proezas
    y la gloria y esplendor de tu reino.

Mem

¹³ Tu reino es un reino eterno;
    tu dominio permanece por todas las
    generaciones.

Nun

Fiel es el Señor a su palabra
    y santo en todas sus obras.[c]

Sámej

¹⁴ El Señor sostiene a los caídos
    y levanta a los agobiados.

Ayin

¹⁵ Los ojos de todos se posan en ti
    y a su tiempo les das su alimento.

Pe

¹⁶ Abres la mano y sacias con tus favores
    a todo ser viviente.

Tsade

¹⁷ El Señor es justo en todos sus *caminos
    y bondadoso en todas sus obras.

Qof

¹⁸ El Señor está cerca de quienes lo invocan,
    de quienes lo invocan en verdad.

Resh

¹⁹ Cumple los deseos de quienes le temen;
    atiende a su clamor y los salva.

Shin

²⁰ El Señor cuida a todos los que lo aman,
    pero aniquilará a todos los malvados.

Tav

²¹ ¡Mi boca proclamará alabanzas al Señor!
    ¡Alabe su santo nombre todo ser viviente,
    por siempre y para siempre!

Salmo 146

¹ *¡Aleluya!

Alaba, *alma mía, al Señor.

² Alabaré al Señor toda mi vida;
    mientras haya aliento en mí, cantaré salmos a
    mi Dios.

³ No pongan su confianza en gente poderosa,
    en simples *mortales, que no pueden salvar.
⁴ Exhalan el espíritu y vuelven al polvo,
    y ese mismo día se arruinan sus planes.
⁵ *Dichoso aquel cuya ayuda es el Dios de Jacob,
    cuya esperanza está en el Señor su Dios,
⁶ que hizo el cielo y la tierra,
    el mar y todo lo que hay en ellos
    y que siempre mantiene la verdad.
⁷ El Señor hace justicia a los oprimidos,
    da de comer a los hambrientos
    y pone en libertad a los cautivos.
⁸ El Señor da vista a los ciegos,
    el Señor levanta a los agobiados,
    el Señor ama a los justos.
⁹ El Señor protege al extranjero
    y sostiene al huérfano y a la viuda,
    pero frustra los planes de los malvados.

¹⁰ ¡Oh *Sión, que el Señor reine para siempre!
    ¡Que tu Dios reine por todas las generaciones!

*¡Aleluya!

Salmo 147

¹ *¡Aleluya!

¡Cuán bueno es cantar salmos a nuestro Dios,
    cuán agradable y justo es alabarlo!

² El Señor reconstruye a Jerusalén
    y reúne a los exiliados de Israel;
³ sana a los de corazón quebrantado
    y venda sus heridas.
⁴ Él determina el número de las estrellas
    y a cada una de ellas llama por su *nombre.

---

a **Sal 145** Este salmo es un poema acróstico, que sigue el orden del alfabeto hebreo.   *b* **5** *Se hablará ... maravillosas* (Qumrán y Siríaca; véase también LXX); *Meditaré en el esplendor glorioso de tu majestad / y en tus obras maravillosas* (TM).   *c* **13** *Fiel es el Señor a su palabra / y santo en todas sus obras* (LXX, Siríaca, Vulgata y un ms. hebreo); TM no incluye estas dos líneas.

⁵Excelso es nuestro Señor y grande su poder;
  su entendimiento es infinito.
⁶El Señor sostiene a los humildes,
  pero a los malvados lanza contra el suelo.

⁷Canten al Señor con gratitud;
  canten salmos a nuestro Dios al son del arpa.

⁸Él cubre de nubes el cielo,
  envía la lluvia sobre la tierra
  y hace crecer la hierba en los montes.
⁹Él alimenta a los ganados
  y a las crías de los cuervos cuando graznan.

¹⁰Él no se deleita en los bríos del caballo
  ni se complace en la fuerza del *hombre;
¹¹el Señor se complace en los que le temen,
  en los que confían en su gran amor.

¹²¡Alaba al Señor, Jerusalén!
  ¡Alaba a tu Dios, oh *Sión!

¹³Él refuerza los cerrojos de tus *puertas
  y bendice a los que en ti habitan.
¹⁴Él trae la *paz a tus fronteras
  y te sacia con lo mejor del trigo.

¹⁵Envía sus órdenes a la tierra;
  su palabra corre a toda prisa.
¹⁶Extiende la nieve como lana,
  esparce la escarcha cual ceniza.
¹⁷Deja caer el granizo como grava;
  ¿quién puede resistir su frío?
¹⁸Pero envía su palabra y lo derrite;
  hace que el viento sople y las aguas fluyan.

¹⁹A Jacob le ha revelado su palabra;
  sus estatutos y leyes a Israel.
²⁰Esto no lo ha hecho con ninguna otra nación;
  jamás han conocido ellas sus leyes.

*¡Aleluya!

Salmo 148

¹*¡Aleluya!

  Alaben al Señor desde los cielos,
    alábenlo desde las alturas.
²Alábenlo, todos sus ángeles,
  alábenlo, todos sus ejércitos.
³Alábenlo, sol y luna,
  alábenlo, estrellas luminosas.
⁴Alábenlo ustedes, altísimos cielos,
  y ustedes, las aguas que están sobre los cielos.

⁵Sea alabado el *nombre del Señor,
  porque él dio una orden y todo fue creado.
⁶Todo quedó afirmado para siempre;
  emitió un estatuto que no será abolido.

⁷Alaben al Señor desde la tierra
  los grandes animales marinos y las
    profundidades del mar,

⁸el rayo y el granizo, la nieve y la neblina,
  el viento tempestuoso que obedece su palabra,
⁹los montes y todas las colinas,
  los árboles frutales y todos los cedros,
¹⁰los animales salvajes y los domésticos,
  los reptiles y las aves,
¹¹los reyes de la tierra y todas las naciones,
  los príncipes y los gobernantes de la tierra,
¹²los jóvenes y las jóvenes,
  los ancianos y los niños.

¹³Alaben el nombre del Señor,
  porque solo su nombre es exaltado;
  su esplendor está por encima de la tierra y de
    los cielos.
¹⁴¡Él ha dado poder a su pueblo!ᵃ
  ¡A él sea la alabanza de todos sus fieles,
  de los hijos de Israel, su pueblo cercano!

*¡Aleluya!

Salmo 149

¹*¡Aleluya!

  Canten al Señor un cántico nuevo,
    alábenlo en la comunidad de los fieles.

²Que se alegre Israel por su Hacedor;
  que se regocijen los hijos de *Sión por su Rey.
³Que alaben su *nombre con danzas;
  que le canten salmos al son del arpa y el
    pandero.
⁴Porque el Señor se complace en su pueblo;
  a los humildes concede el honor de la
    *victoria.
⁵Que se alegren los fieles por su gloria;
  que aun en sus camas griten de júbilo.

⁶Que broten de su garganta alabanzas a Dios
  y haya en sus manos una espada de dos filos
⁷para que tomen venganza de las naciones
  y castiguen a los pueblos;
⁸para que sujeten a sus reyes con cadenas,
  a sus nobles con grilletes de hierro;
⁹para que se cumpla en ellos la sentencia escrita.
  ¡Esta será la gloria de todos sus fieles!

*¡Aleluya!

Salmo 150

¹*¡Aleluya!

  Alaben a Dios en su santuario,
    alábenlo en su poderosa expansión del cielo.
²Alábenlo por sus proezas,
  alábenlo por su inmensa grandeza.
³Alábenlo con sonido de trompeta,
  alábenlo con la lira y el arpa.
⁴Alábenlo con panderos y danzas,
  alábenlo con cuerdas y flautas.
⁵Alábenlo con címbalos sonoros,
  alábenlo con címbalos resonantes.

⁶¡Que todo lo que respira alabe al Señor!

*¡Aleluya!

ᵃ 14 ¡Él ha dado ... su pueblo! Lit. ¡Él levantó un cuerno para
su pueblo!

Proverbios

Prólogo: Propósito y tema

1 ¹Proverbios de Salomón, hijo de David, rey de Israel:

² para adquirir *sabiduría y *disciplina;
    para discernir palabras de inteligencia;
³ para recibir la *corrección que dan la prudencia,
    la rectitud, la *justicia y la equidad;
⁴ para infundir prudencia en los *inexpertos,
*conocimiento y discreción en los jóvenes.
⁵ Escuche esto el sabio y aumente su saber;
    reciba dirección el entendido,
⁶ para discernir el proverbio y la *parábola,
    los dichos de los sabios y sus enigmas.

⁷ El temor del Señor es el principio del
    conocimiento;
    los *necios desprecian la sabiduría y la
    disciplina.

Exhortaciones a buscar la sabiduría
Advertencia contra el engaño

⁸ Hijo mío, escucha las correcciones de tu padre
    y no abandones las *enseñanzas de tu
    madre.
⁹ Adornarán tu cabeza como una hermosa
    diadema;
    adornarán tu cuello como un collar.

¹⁰ Hijo mío, si los pecadores quieren engañarte,
    no vayas con ellos.
¹¹ Estos te dirán:
    «¡Ven con nosotros!
    Acechemos a algún inocente
    y démonos el gusto de matar a algún incauto;
¹² traguémonos a alguien vivo,
    como se traga la muerte[a] a la gente;
    devorémoslo entero,
    como devora la tumba a los muertos.
¹³ Obtendremos toda clase de riquezas;
    con el botín llenaremos nuestras casas.
¹⁴ Echa tu suerte con nosotros
    y compartiremos contigo lo que obtengamos».
¹⁵ ¡Pero no te dejes llevar por ellos,[b] hijo mío!
    ¡Apártate de sus senderos!
¹⁶ Pues corren presurosos a hacer lo malo;
    ¡tienen prisa por derramar sangre!
¹⁷ De nada sirve tender la red
    a la vista de todos los pájaros,
¹⁸ pero aquellos acechan su propia vida[c]
    y acabarán por destruirse a sí mismos.
¹⁹ Así terminan los que van tras ganancias mal
    habidas;
    por estas perderán la vida.

Advertencia contra el rechazo a la sabiduría

²⁰ Clama la sabiduría en las calles;
    en los lugares públicos levanta su voz.
²¹ Clama en las esquinas de calles transitadas;
    a la *entrada de la ciudad razona:

²² «¿Hasta cuándo, muchachos *inexpertos,
    seguirán aferrados a su inexperiencia?
¿Hasta cuándo, ustedes los *insolentes,
    se complacerán en su insolencia?
¿Hasta cuándo, ustedes los necios,
    aborrecerán el conocimiento?
²³ ¡Respondan a mis represiones!
    Yo les compartiré mis pensamientos[d]
    y les daré a conocer mis enseñanzas.
²⁴ Como ustedes no me escucharon cuando los
    llamé
    ni me hicieron caso cuando les tendí la mano,
²⁵ sino que rechazaron todos mis consejos
    y no acataron mis represiones,
²⁶ ahora yo voy a reírme de ustedes
    cuando caigan en desgracia.
    Yo seré quien se ría de ustedes
    cuando les sobrevenga el miedo;
²⁷ cuando el miedo les sobrevenga como una
    tormenta
    y la desgracia los arrastre como un torbellino.

²⁸ »Entonces me llamarán, pero no les responderé;
    me buscarán, pero no me encontrarán.
²⁹ Por cuanto aborrecieron el conocimiento
    y no quisieron temer al Señor;
³⁰ por cuanto no siguieron mis consejos,
    sino que rechazaron mis represiones,
³¹ cosecharán el fruto de su conducta,
    se hartarán con sus propias intrigas;
³² su desobediencia e inexperiencia los
    destruirán,
    su complacencia y *necedad los aniquilarán.
³³ Pero el que me obedezca vivirá tranquilo,
    sosegado y sin temor del mal».

Ventajas de la sabiduría

2 ¹Hijo mío, si haces tuyas mis palabras
    y atesoras mis mandamientos;
² si tu oído inclinas hacia la sabiduría
    y de corazón te entregas a la inteligencia;
³ si la llamas y pides entendimiento;
⁴ si la buscas como a la plata,
    como a un tesoro escondido,
⁵ entonces comprenderás el temor del Señor
    y hallarás el conocimiento de Dios.
⁶ Porque el Señor da la sabiduría;
    conocimiento e inteligencia brotan de sus
    labios.
⁷ Él reserva el éxito para los íntegros
    y es escudo a los de conducta intachable.
⁸ Él cuida el sendero de los justos
    y protege el camino de sus fieles.

⁹ Entonces comprenderás la justicia y el derecho,
    la equidad y todo buen camino;

---

a 12 la muerte. Lit. *el Seol.*   *b 15 no ... por ellos.* Lit. *no vayas por sus caminos.*   *c 18 vida.* Lit. *sangre.*   *d 23 compartiré mis pensamientos.* Lit. *derramaré mi espíritu.*

¹⁰ la sabiduría vendrá a tu °corazón
    y el conocimiento te endulzará la vida.
¹¹ La discreción te cuidará;
    la inteligencia te protegerá.

¹² La sabiduría te librará del camino de los
        malvados,
    de los que dicen palabras perversas,
¹³ de los que se apartan del camino recto
    para andar por sendas tenebrosas,
¹⁴ de los que se complacen en hacer lo malo
    y festejan la perversidad,
¹⁵ de los que andan por caminos torcidos
    y por sendas extraviadas;

¹⁶ te librará de la mujer ajena,
    de la extraña de palabras seductoras
¹⁷ que, olvidándose de su pacto con Dios,
    abandona al compañero de su juventud.
¹⁸ Ciertamente su casa conduce a la muerte;
    sus sendas van hacia los muertos.
¹⁹ El que se enreda con ella no vuelve jamás
    ni alcanza los senderos de la vida.

²⁰ Así andarás por el camino de los buenos
    y seguirás la senda de los justos.
²¹ Pues los íntegros habitarán en la tierra
    y los rectos permanecerán en ella.
²² Pero los malvados serán desarraigados
    y los infieles expulsados de la tierra.

Otras ventajas de la sabiduría

3 Hijo mío, no te olvides de mis °enseñanzas;
    más bien, guarda en tu corazón mis
        mandamientos.
² Porque prolongarán tu vida muchos años
    y te traerán °paz.

³ Que nunca te abandonen el amor y la verdad:
    llévalos siempre alrededor de tu cuello
    y escríbelos en la tabla de tu corazón.
⁴ Contarás con el favor de Dios
    y tendrás buen nombre*ᵃ* entre la °gente.

⁵ Confía en el SEÑOR de todo corazón
    y no te apoyes en tu propia inteligencia.
⁶ Reconócelo en todos tus °caminos
    y él enderezará tus sendas.

⁷ No seas sabio en tu propia opinión;
    más bien, teme al SEÑOR y huye del mal.
⁸ Esto infundirá salud a tu cuerpo
    y fortalecerá tus huesos.

⁹ Honra al SEÑOR con tus riquezas
    y con los primeros frutos de tus cosechas.
¹⁰ Así tus graneros se llenarán a reventar
    y tus bodegas rebosarán de vino nuevo.

¹¹ Hijo mío, no desprecies la °disciplina del
        SEÑOR
    ni te ofendas por sus reprensiones.
¹² Porque el SEÑOR disciplina a los que ama,
    como corrige un padre a su hijo querido.

¹³ °Dichoso el que halla sabiduría,
    el que adquiere inteligencia.
¹⁴ Porque ella es de más provecho que la plata
    y rinde más ganancias que el oro.
¹⁵ Es más valiosa que las piedras preciosas:
    ¡ni lo más deseable se le puede comparar!

¹⁶ Con la mano derecha ofrece larga vida;
    con la izquierda, honor y riquezas.
¹⁷ Sus caminos son placenteros
    y en todos sus senderos hay °paz.
¹⁸ Ella es árbol de vida para quienes la abrazan;
    ¡dichosos los que la retienen!

¹⁹ Con sabiduría afirmó el SEÑOR la tierra,
    con inteligencia estableció los cielos.
²⁰ Por su °conocimiento se separaron las aguas
    y las nubes dejaron caer su rocío.

²¹ Hijo mío, conserva el buen juicio;
    no pierdas de vista la discreción.
²² Te serán fuente de vida,
    te adornarán como un collar.
²³ Podrás recorrer tranquilo tu camino,
    y tus pies no tropezarán.
²⁴ Al acostarte, no tendrás temor alguno;
    te acostarás y dormirás tranquilo.
²⁵ No temerás ningún desastre repentino,
    ni la desgracia que sobreviene a los impíos.
²⁶ Porque el SEÑOR estará siempre a tu lado
    y te librará de caer en la trampa.

²⁷ No niegues el bien a quienes lo necesitan,
    si en tu mano está hacerlo.
²⁸ Nunca digas a tu prójimo:
    «Vuelve más tarde; te ayudaré mañana»,
    si hoy tienes con qué ayudarlo.
²⁹ No planees el mal contra tu prójimo,
    el que ha puesto en ti su confianza.
³⁰ No tengas pleito con nadie sin motivo,
    si no te ha hecho ningún daño.

³¹ No envidies a los violentos
    ni optes por andar en sus caminos.

³² Porque el SEÑOR aborrece al perverso,
    pero al íntegro le brinda su amistad.
³³ La maldición del SEÑOR cae sobre la casa del
        malvado;
    su bendición, sobre el hogar de los justos.
³⁴ Él se burla de los °burladores,
    pero muestra su favor a los humildes.
³⁵ Los sabios son dignos de honra,
    pero los °necios solo merecen deshonra.

La sabiduría es lo máximo

4 Escuchen, hijos, la corrección de un padre;
    dispónganse a adquirir entendimiento.
² Yo les brindo buenas enseñanzas,
    así que no abandonen mi instrucción.
³ Yo también fui hijo de mi padre;
    era el niño consentido de mi madre.
⁴ Mi padre me instruyó de esta manera:
    «Aférrate de corazón a mis palabras;
    obedece mis mandamientos, y vivirás.
⁵ Adquiere sabiduría, adquiere entendimiento;
    no olvides mis palabras ni te apartes de ellas.
⁶ No abandones nunca a la sabiduría
    y ella te protegerá;
    ámala y ella te cuidará.
⁷ La sabiduría es lo primero. ¡Adquiere sabiduría!
    Por sobre todas las posesiones, adquiere
        discernimiento.
⁸ Estima a la sabiduría y ella te exaltará;
    abrázala y ella te honrará;
⁹ te pondrá en la cabeza una hermosa diadema;
    te obsequiará una bella corona».

¹⁰ Escucha, hijo mío, acoge mis palabras
    y los años de tu vida aumentarán.

ᵃ **4** *buen nombre*. Lit. *prudencia*.

11 Yo te guío por el camino de la sabiduría,
te dirijo por sendas de rectitud.
12 Cuando camines, no encontrarás obstáculos;
cuando corras, no tropezarás.
13 Aférrate a la instrucción, no la dejes escapar;
cuídala bien, que ella es tu vida.
14 No sigas la senda de los perversos
ni vayas por el camino de los malvados.
15 ¡Evita ese camino! ¡No pases por él!
¡Aléjate de allí y sigue de largo!
16 Los malvados no duermen si no hacen lo malo;
pierden el sueño si no hacen que alguien
tropiece.
17 Comen el pan de la maldad;
toman el vino de la violencia.

18 La senda de los justos se asemeja
a los primeros albores de la aurora:
su esplendor va en aumento
hasta que el día alcanza su plenitud.
19 Pero el camino de los malvados es como la más
densa oscuridad;
¡ni siquiera saben con qué tropiezan!

20 Hijo mío, atiende a mis consejos;
escucha atentamente lo que digo.
21 No pierdas de vista mis palabras;
guárdalas muy dentro de tu corazón.
22 Ellas dan vida a quienes las hallan;
son la salud de todo el cuerpo.
23 Por sobre todas las cosas cuida tu *corazón,
porque de él mana la vida.
24 Aleja de tu boca la perversidad;
aparta de tus labios las palabras corruptas.
25 Pon la mirada en lo que tienes delante;
fija la vista en lo que está frente a ti.
26 Endereza las sendas por donde andas;
allana todos tus caminos.
27 No te desvíes ni a diestra ni a siniestra;
apártate de la maldad.

Advertencia contra el adulterio

5 Hijo mío, pon atención a mi sabiduría
y presta oído a mi inteligencia,
2 para que al hablar mantengas la discreción
y retengas el conocimiento.
3 De los labios de la adúltera fluye miel;
su lengua es más suave que el aceite.
4 Pero al fin resulta más amarga que la hiel
y más cortante que una espada de dos filos.
5 Sus pies descienden hasta la muerte;
sus pasos van derecho al sepulcro.*a*
6 No toma ella en cuenta el camino de la vida;
sus sendas son torcidas y ella no lo reconoce.*b*

7 Pues bien, hijo*c* mío, escúchame
y no te apartes de mis palabras.
8 Aléjate de la adúltera;
no te acerques a la puerta de su casa.
9 para que no entregues a otros tu vigor
ni tus años a gente cruel;
10 para que no sacies con tu fuerza a gente extraña,
ni vayan a dar en casa ajena tus esfuerzos.
11 Porque al final acabarás por gemir,
cuando tu carne y tu cuerpo se hayan
consumido.
12 Y dirás: «¡Cómo pude aborrecer la corrección!
¡Cómo pudo mi corazón despreciar la
disciplina!
13 No atendí a la voz de mis maestros
ni presté oído a mis instructores.
14 Ahora estoy al borde de la ruina
en medio de toda la comunidad».

15 Bebe el agua de tu propio pozo,
el agua que fluye de tu propio manantial.
16 ¿Habrán de derramarse tus fuentes por las calles
y tus corrientes de aguas por las plazas
públicas?
17 Son tuyas, solamente tuyas,
y no para que las compartas con extraños.
18 ¡Bendita sea tu fuente!
¡Sé feliz con la esposa de tu juventud!
19 Es una gacela amorosa,
es una cierva encantadora.
¡Que sus pechos te satisfagan siempre!
¡Que su amor te cautive todo el tiempo!
20 ¿Por qué, hijo mío, dejarte cautivar por una
adúltera?
¿Por qué abrazarte al pecho de la mujer ajena?

21 Nuestros caminos están a la vista del SEÑOR;
él examina todas nuestras sendas.
22 Al malvado lo atrapan sus malas obras;
las cuerdas de su pecado lo aprisionan.
23 Morirá por su falta de corrección;
perecerá por su gran insensatez.

Advertencia contra la insensatez

6 Hijo mío, si has salido fiador de tu vecino,
si has hecho tratos para responder por un
extraño,
2 si te has comprometido verbalmente,
enredándote con tus propias palabras,
3 entonces has caído en manos de tu prójimo.
Si quieres librarte, hijo mío, este es el camino:
Ve corriendo y humíllate ante él;
procura deshacer tu compromiso.
4 No permitas que se duerman tus ojos;
no dejes que tus párpados se cierren.
5 Líbrate, como se libra del cazador*d* la gacela,
como se libra de la trampa*e* el ave.

6 ¡Anda, perezoso, fíjate en la hormiga!
¡Fíjate en lo que hace y adquiere sabiduría!
7 No tiene quien la mande
ni quien la vigile ni gobierne;
8 con todo, en el verano almacena provisiones
y durante la cosecha recoge alimentos.

9 Perezoso, ¿cuánto tiempo más seguirás acostado?
¿Cuándo despertarás de tu sueño?
10 Un corto sueño, una breve siesta,
un pequeño descanso, cruzado de brazos …
11 ¡y te asaltará la pobreza como un bandido,
y la escasez como un hombre armado!*f*

12 El perverso y el malvado,
el vagabundo de boca corrupta,
13 hace guiños con los ojos
y señas con los pies y con los dedos.
14 Él trama el mal en su corazón*g*
y siempre anda provocando pleitos.
15 Por eso le sobrevendrá la ruina;
¡de repente será destruido y no podrá evitarlo!

16 Hay seis cosas que el SEÑOR aborrece
y siete que le son detestables:
17 los ojos que se enaltecen,

---

a 5 *sepulcro.* Lit. *Seol.* *b* 6 *y ella no lo reconoce.* Alt. *y tú no lo sabes.* *c* 7 *hijo.* El hebreo dice *hijos.* *d* 5 *del cazador* (LXX y otras versiones antiguas); *de la mano* (TM). *e* 5 *de la trampa* (LXX y otras versiones antiguas); *de la mano del trampero* (TM). *f* 11 *como un hombre armado.* Alt. *como un limosnero.* *g* 14 *corazón.* En la Biblia se usa para designar el asiento de las emociones, pensamientos y voluntad, es decir, el proceso de toma de decisiones del ser humano.

la lengua que miente,
las manos que derraman sangre inocente,
18 el corazón que trama planes perversos,
los pies que corren a hacer lo malo,
19 el testigo falso que propaga mentiras
y el que siembra discordia entre hermanos.

Advertencia contra el adulterio

20 Hijo mío, obedece el mandamiento de tu padre
y no abandones la enseñanza de tu madre.
21 Grábatelos en tu corazón;
cuélgatelos al cuello.
22 Cuando camines, te servirán de guía;
cuando duermas, vigilarán tu sueño;
cuando despiertes, hablarán contigo.
23 El mandamiento es una lámpara,
la enseñanza es una luz
y la disciplina es
el camino a la vida.
24 Te protegerán de la mujer malvada,
de la mujer ajena y de su lengua seductora.

25 No abrigues en tu corazón deseos por su belleza
ni te dejes cautivar por sus ojos.

26 Pues la ramera va tras un pedazo de pan,
pero la mujer ajena busca tu valiosa vida.
27 ¿Puede alguien echarse brasas en el pecho
sin quemarse la ropa?
28 ¿Puede alguien caminar sobre las brasas
sin quemarse los pies?
29 Pues tampoco quien se acuesta con la mujer
ajena
puede tocarla y quedar impune.

30 No se desprecia al ladrón
que roba para mitigar su hambre;
31 pero si lo atrapan, deberá devolver
siete tantos lo robado,
aun cuando eso le cueste todas sus
posesiones.
32 Pero el que comete adulterio es falto de juicio;
el que así actúa se destruye a sí mismo.
33 No sacará más que golpes y vergüenzas,
y no podrá borrar su humillación.

34 Porque los celos desatan la furia del esposo
y este no perdonará en el día de la venganza.
35 No aceptará nada en desagravio
ni se contentará con muchos regalos.

Advertencia contra la mujer adúltera

7 Hijo mío, guarda mis palabras
y atesora mis mandamientos.
2 Cumple con mis mandamientos, y vivirás;
cuida mis enseñanzas como a la niña de tus
ojos.
3 Llévalos atados en los dedos;
anótalos en la tabla de tu corazón.
4 Di a la sabiduría: «Tú eres mi hermana»,
y a la inteligencia: «Eres de mi sangre».
5 Ellas te librarán de la mujer ajena,
de la adúltera y de sus palabras seductoras.

6 Desde la ventana de mi casa
miré a través de la celosía.

7 Vi a los inexpertos,
y, entre los jóvenes, observé
a uno de ellos falto de juicio.ᵃ
8 Cruzó la calle, llegó a la esquina
y se encaminó hacia la casa de esa mujer.
9 Caía la tarde. Llegaba el día a su fin.
Avanzaban las sombras de la noche.

10 De pronto la mujer salió a su encuentro,
con toda la apariencia de una prostituta
y con solapadas intenciones.
11 Ella es escandalosa y descarada;
sus pies nunca hallan reposo en su casa.
12 Unas veces por las calles, otras veces por las
plazas,
siempre está al acecho en cada esquina.
13 Se prendió de su cuello, lo besó
y, con todo descaro, dijo:

14 «Tengo en mi casa sacrificios de ˟comunión,
pues hoy he cumplido mis promesas.
15 Por eso he venido a tu encuentro;
te buscaba, ¡y ya te he encontrado!
16 Sobre la cama he tendido
linos egipcios multicolores.
17 He perfumado mi lecho
con aroma de mirra, áloe y canela.
18 Ven, bebamos hasta el fondo la copa del amor;
¡disfrutemos del amor hasta el amanecer!
19 Mi esposo no está en casa,
pues ha emprendido un largo viaje.
20 Se ha llevado consigo la bolsa del dinero
y no regresará hasta el día de luna llena».

21 Con palabras persuasivas lo convenció;
con halagos de sus labios lo sedujo.
22 Y él enseguida fue tras ella,
como el buey que va camino al matadero;
como el ciervoᵇ que cae en la trampa,ᶜ
23 hasta que una flecha le abre las entrañas;
como el ave que se lanza contra la red,
sin saber que en ello le va la vida.

24 Así que, hijo mío, escúchame;
prestaᵈ atención a mis palabras.
25 No desvíes tu corazón hacia sus sendas
ni te extravíes por sus caminos,
26 pues muchos han muerto por su causa;
sus víctimas han sido innumerables.
27 Su casa lleva derecho al sepulcro;ᵉ
conduce a las habitaciones de la muerte.

Llamado de la sabiduría

8 ¿Acaso no está llamando la ˟sabiduría?
¿No está elevando su voz la inteligencia?
2 Toma su puesto en las alturas,
a la vera del camino y en las encrucijadas.
3 Junto a las ˟puertas que dan a la ciudad,
a la ˟entrada misma, grita con fuerza:
4 «A ustedes los ˟hombres, los estoy llamando;
dirijo mi voz a toda la ˟humanidad.
5 Ustedes los ˟inexpertos, ¡adquieran prudencia!
Ustedes los ˟necios, ¡obtengan discernimiento!
6 Escúchenme, que diré cosas importantes;
mis labios hablarán lo correcto.
7 Mi boca expresará la verdad,
pues mis labios detestan la maldad.
8 Las palabras de mi boca son todas justas;
no hay en ellas maldad ni perversidad.
9 Son claras para los entendidos
e irreprochables para los sabios.
10 Opten por mi ˟instrucción, no por la plata;
por el ˟conocimiento, no por el oro refinado.

ᵃ 7 falto de juicio. Lit. falto de corazón. En la Biblia, corazón se
usa para designar el asiento de las emociones, pensamientos
y voluntad, es decir, el proceso de toma de decisiones del
ser humano.   ᵇ 22 ciervo (Siríaca; véase también LXX);
necio (TM).   ᶜ 22 Texto de difícil traducción.   ᵈ 24 hijo
mío, escúchame; presta. Lit. hijos míos, escúchenme; presten.
ᵉ 27 sepulcro. Lit. Seol.

11 Vale más la sabiduría que las piedras preciosas
  y ni lo más deseable se le compara.

12 »Yo, la sabiduría, convivo con la prudencia
  y poseo conocimiento y discreción.
13 Quien teme al SEÑOR aborrece lo malo;
  yo aborrezco el orgullo y la arrogancia,
  la mala conducta y el lenguaje perverso.
14 Míos son el consejo y el buen juicio;
  míos son el entendimiento y el poder.
15 Por mí reinan los reyes
  y promulgan leyes justas los gobernantes.
16 Por mí gobiernan los príncipes y los nobles,
  todos los jueces de la tierra.
17 A los que me aman, les correspondo;
  a los que me buscan, me doy a conocer.
18 Conmigo están las riquezas y la honra,
  los bienes duraderos y la justicia.
19 Mi fruto es mejor que el oro fino;
  mi cosecha sobrepasa a la plata refinada.
20 Voy por el ˚camino de la rectitud,
  por los senderos de la justicia,
21 enriqueciendo a los que me aman
  y acrecentando sus tesoros.

22 »El SEÑOR me dio la vida[a] como primicia de sus
    obras,[b]
  mucho antes de sus obras de antaño.
23 Fui establecida desde la eternidad,
  desde antes de que existiera el mundo.
24 No existían los grandes mares cuando yo nací;
  no había entonces manantiales de abundantes
    aguas.
25 Nací antes de que se cimentaran las montañas,
  antes de que fueran formadas las colinas,
26 antes de que él creara la tierra y sus paisajes
  y el polvo primordial con que hizo el mundo.
27 Cuando Dios cimentó la bóveda celeste
  y trazó el horizonte sobre el abismo,
  allí estaba yo presente.
28 Cuando estableció las nubes en los cielos
  y reforzó las fuentes del abismo;
29 cuando señaló los límites del mar,
  para que las aguas no desobedecieran
    su orden;
  cuando estableció los cimientos de la tierra,
30 allí estaba yo a su lado, afirmando su obra.
  Día tras día me llenaba yo de alegría,
  siempre disfrutaba de estar en su presencia;
31 me regocijaba en el mundo que él creó;
  ¡en el ˚género humano me deleitaba!

32 »Y ahora, hijos míos, escúchenme:
  ˚dichosos los que siguen[c] mis caminos.
33 Atiendan a mi instrucción y sean sabios;
  no la descuiden.
34 Dichosos los que me escuchan
  y a mis puertas están atentos cada día,
  esperando a la entrada de mi casa.
35 En verdad, quien me encuentra halla la vida
  y recibe el favor del SEÑOR.
36 Quien me rechaza se perjudica a sí mismo;
  quien me aborrece, ama la muerte».

Invitación de la sabiduría y de la necedad

9 La sabiduría construyó su casa
  y labró sus siete pilares.
2 Preparó la carne, mezcló su vino
  y también tendió la mesa.
3 Envió a sus doncellas y ahora clama
  desde lo más alto de la ciudad.
4 «¡Vengan conmigo los inexpertos!
  —dice a los faltos de juicio—.

5 Vengan, disfruten de mi pan
  y beban del vino que he mezclado.
6 Dejen su insensatez y vivirán;
  anden por el camino del discernimiento.

7 »El que corrige al insolente se gana que lo
    insulten;
  el que reprende al malvado se gana su
    desprecio.
8 No reprendas al insolente, no sea que acabe por
    odiarte;
  reprende al sabio y te amará.
9 Instruye al sabio, y se hará más sabio;
  enseña al justo, y aumentará su saber.

10 »El comienzo de la sabiduría es el temor del SEÑOR;
  conocer al Santo es tener entendimiento.
11 Por mí aumentarán tus días;
  años de vida te serán añadidos.
12 Si eres sabio, tu premio será tu sabiduría;
  si eres insolente, solo tú lo sufrirás».

13 La mujer necia es escandalosa,
  frívola y desvergonzada.
14 Se sienta a las puertas de su casa,
  en lo más alto de la ciudad
15 y llama a los que van por el camino,
  a los que no se apartan de su senda.
16 «¡Vengan conmigo los inexpertos!
  —dice a los faltos de juicio—
17 ¡Las aguas robadas saben a gloria!
  ¡El pan sabe a miel si se come a escondidas!».
18 Pero estos ignoran que allí están los muertos,
  que sus invitados están en lo profundo de los
    dominios de la muerte.[d]

Proverbios de Salomón

10 Proverbios de Salomón:

  El hijo sabio es la alegría de su padre;
    el hijo necio es el pesar de su madre.

2 Las riquezas mal habidas no sirven de nada,
  pero la justicia libra de la muerte.

3 El SEÑOR no deja sin comer al justo,
  pero frustra la ambición de los malvados.

4 Las manos ociosas conducen a la pobreza;
  las manos diligentes atraen riquezas.

5 El hijo prevenido se abastece en el verano,
  pero el sinvergüenza duerme en tiempo de
    cosecha.

6 El justo se ve coronado de bendiciones,
  pero la boca del malvado encubre violencia.

7 La memoria de los justos es una bendición,
  pero la fama de los malvados se pudrirá.

8 El sabio de corazón acata los mandamientos,
  pero el de palabras tontas va camino al
    desastre.

9 Quien se conduce con integridad anda seguro;
  quien anda en caminos perversos será
    descubierto.

---

a 22 me dio la vida. Alt. era mi dueño.   b 22 obras. Lit.
caminos.   c 32 siguen. Lit. guardan.   d 18 de los dominios de
la muerte. Lit. del Seol.

10 Quien guiña el ojo con malicia provoca pesar;
  el necio y murmurador va camino al desastre.

11 Fuente de vida es la boca del justo,
  pero la boca del malvado encubre violencia.

12 El odio es motivo de disensiones,
  pero el amor cubre todas las faltas.

13 En los labios del prudente hay sabiduría;
  en la espalda del falto de juicio, solo
    garrotazos.

14 El que es sabio atesora el conocimiento,
  pero la boca del necio es un peligro inminente.

15 La riqueza del rico es su baluarte;
  la pobreza del pobre es su ruina.

16 El salario del justo es la vida;
  la ganancia del malvado es el pecado.

17 El que atiende a la corrección va camino a la vida;
  el que la rechaza se pierde.

18 El de labios mentirosos disimula su odio,
  y el que propaga calumnias es un necio.

19 El que mucho habla, mucho yerra;
  el que es sabio refrena su lengua.

20 Plata refinada es la lengua del justo;
  el corazón del malvado es de poco valor.

21 Los labios del justo orientan a muchos;
  los necios mueren por falta de juicio.

22 La bendición del SEÑOR trae riquezas
  que no vienen acompañadas de tristezas.

23 El necio se divierte con su mala conducta,
  pero el sabio se recrea con la sabiduría.

24 Lo que el malvado teme, eso le ocurre;
  lo que el justo desea, eso recibe.

25 Pasa la tormenta y desaparece el malvado,
  pero el justo permanece firme para siempre.

26 Como vinagre a los dientes y humo a los ojos
  es el perezoso para quienes lo emplean.

27 El temor del SEÑOR prolonga la vida,
  pero los años del malvado se acortan.

28 El futuro de los justos es dichoso;
  la esperanza de los malvados se desvanece.

29 El camino del SEÑOR es refugio de los íntegros
  y ruina de los malhechores.

30 Los justos no tropezarán jamás;
  los malvados no habitarán la tierra.

31 La boca del justo expresa sabiduría,
  pero la lengua perversa será cercenada.

32 Los labios del justo saben lo que conviene,
  pero de la boca del malvado brota
    perversidad.

11 El SEÑOR aborrece las balanzas
    adulteradas,
  pero aprueba las pesas exactas.

2 Con el orgullo viene la deshonra;
  con la humildad, la sabiduría.

3 A los justos los guía su integridad;
  a los infieles los destruye su perversidad.

4 En el día de la ira de nada sirve ser rico,
  pero la justicia libra de la muerte.

5 La justicia endereza el camino de los íntegros,
  pero la maldad hace caer a los malvados.

6 La justicia de los íntegros los libra,
  pero la codicia atrapa a los traidores.

7 Muere el malvado y con él, su esperanza;
  muere también su ilusión de poder.

8 El justo se salva de la calamidad,
  pero la desgracia le sobreviene al malvado.

9 Con la boca el impío destruye a su prójimo,
  pero los justos se libran por el conocimiento.

10 Cuando los justos prosperan, la ciudad se alegra;
  cuando los malvados perecen, hay gran
    regocijo.

11 La bendición de los justos enaltece a la ciudad,
  pero la boca de los malvados la destruye.

12 El falto de juicio desprecia a su prójimo,
  pero el entendido refrena su lengua.

13 La gente chismosa revela los secretos;
  la gente confiable es discreta.

14 Sin dirección, la nación fracasa;
  la victoria se alcanza con muchos consejeros.

15 El fiador de un extraño saldrá perjudicado;
  negarse a dar fianza*a* es vivir seguro.

16 La mujer bondadosa se gana el respeto;
  los hombres violentos solo ganan riquezas.

17 El que hace bien a otros se beneficia a sí mismo;
  el que es cruel, a sí mismo se perjudica.

18 El malvado obtiene ganancias ilusorias;
  el que siembra justicia asegura su recompensa.

19 El que es justo obtiene la vida;
  el que persigue el mal se encamina a la
    muerte.

20 El SEÑOR aborrece a los de corazón perverso,
  pero se complace en los que viven con
    integridad.

21 Una cosa es segura:*b* Los malvados no quedarán
    impunes,
  pero los justos saldrán bien librados.

22 Como argolla de oro en hocico de cerdo
  es la mujer bella pero indiscreta.

23 Los deseos de los justos terminan bien;
  la esperanza de los malvados termina en ira.

---

a 15 *a dar fianza.* Lit. *a estrechar la mano.*   *b* 21 *Una cosa es segura.* Lit. *Mano a mano.*

24 Unos dan a manos llenas y reciben más de lo que
    dan;
  otros retienen indebidamente sus bienes y
    acaban en la miseria.

25 El que es generoso prospera;
  el que reanima a otros será reanimado.

26 La gente maldice al que acapara el trigo,
  pero colma de bendiciones al que gustoso lo
    vende.

27 El que madruga para el bien halla buena
    voluntad;
  el que anda tras el mal por el mal será
    alcanzado.

28 El que confía en sus riquezas se marchita,
  pero el justo se renueva como el follaje.

29 El que perturba su casa no hereda más que el
    viento
  y el necio termina sirviendo al sabio.

30 El fruto del justo es árbol de vida;
  y el sabio salva vidas.

31 Si los justos reciben su pago aquí en la tierra,
  ¡cuánto más los impíos y los pecadores!

12 El que ama la disciplina ama el
    conocimiento,
  pero el que la aborrece es un necio.

2 El hombre bueno recibe el favor del SEÑOR,
  pero el intrigante recibe su condena.

3 Nadie puede afirmarse por medio de la maldad;
  solo queda firme la raíz de los justos.

4 La mujer ejemplar[a] es corona de su esposo;
  la desvergonzada corroe los huesos.

5 En los planes del justo hay justicia,
  pero en los consejos del malvado hay engaño.

6 Las palabras del malvado son insidias de muerte,
  pero la boca de los justos los pone a salvo.

7 Los malvados se derrumban y dejan de existir,
  pero las familias de los justos permanecen.

8 Al hombre se le alaba según su sabiduría,
  pero al de malos pensamientos[b] se le desprecia.

9 Vale más un despreciado con criado
  que un vanaglorioso sin pan.

10 El justo atiende a las necesidades de su bestia,
  pero el malvado es cruel.

11 El que trabaja su tierra tendrá abundante comida,
  pero el que sueña despierto[c] es falto de juicio.

12 El codicioso anhela el botín de los perversos;
  pero la raíz de los justos da fruto.

13 En el pecado de sus labios se enreda el malvado,
  pero el justo sale del aprieto.

14 Cada uno se sacia del buen fruto de sus labios
  y de la obra de sus manos recibe su
    recompensa.

15 Al necio le parece bien lo que emprende,
  pero el sabio escucha el consejo.

16 El necio muestra enseguida su enojo,
  pero el prudente pasa por alto el insulto.

17 El testigo veraz declara lo que es justo,
  pero el testigo falso engaña.

18 El charlatán hiere con la lengua como con una
    espada,
  pero la lengua del sabio brinda sanidad.

19 Los labios sinceros permanecen para siempre,
  pero la lengua mentirosa dura solo un instante.

20 En los que planean el mal habita el engaño,
  pero hay gozo para los que promueven la paz.

21 Al justo no le sobrevendrá ningún daño,
  pero al malvado lo cubrirá la desgracia.

22 El SEÑOR aborrece a los de labios mentirosos,
  pero se complace en los que actúan con
    lealtad.

23 El hombre prudente no muestra lo que sabe,
  pero del corazón de los necios brota necedad.

24 El de manos diligentes gobernará;
  pero el perezoso será subyugado.

25 La angustia abate el corazón del hombre,
  pero una palabra amable lo alegra.

26 El justo es guía de su prójimo,[d]
  pero el camino del malvado lo hace errar.

27 El perezoso no pone a asar lo que ha cazado,[e]
  pero el diligente ya posee una gran riqueza.

28 En el camino de la justicia se halla la vida;
  por ese camino se evita la muerte.

13 El hijo sabio atiende a la ˚corrección de su
    padre,
  pero el ˚insolente no hace caso a la represión.

2 Quien habla el bien, del bien se nutre,
  pero el infiel padece hambre de violencia.

3 El que refrena su lengua protege su vida,
  pero el ligero de labios provoca su ruina.

4 El perezoso codicia y no satisface sus anhelos;
  el diligente prospera en todo lo que anhela.

5 El justo aborrece la mentira;
  el malvado acarrea vergüenza y deshonra.

6 La ˚justicia protege al que anda en integridad,
  pero la maldad arruina al pecador.

7 Hay quien pretende ser rico y no tiene nada;
  hay quien parece ser pobre y todo lo tiene.

---

a 4 *ejemplar.* Alt. *fuerte;* véase 31:10-31.   *b* 8 *de malos
pensamientos.* Lit. *de mal corazón.* En la Biblia, *corazón* se usa
para designar el asiento de las emociones, pensamientos y
voluntad, es decir, el proceso de toma de decisiones del ser
humano.   *c* 11 *el que sueña despierto.* Lit. *el que persigue lo
vacío;* también en 28:19.   *d* 26 Texto de difícil traducción.
e 27 *no ... cazado.* Texto de difícil traducción.

8 Con su riqueza el rico pone a salvo su vida,
  pero al pobre no hay quien lo reprenda.

9 La luz de los justos brilla radiante,
  pero los malvados son como lámpara
   apagada.

10 El orgullo solo genera contiendas,
  pero la sabiduría está con quienes oyen
   consejos.

11 El dinero mal habido pronto se acaba;
  quien ahorra, poco a poco se enriquece.

12 La esperanza que se demora aflige al ˚corazón;
  el deseo cumplido es un árbol de vida.

13 Quien se burla de la ˚instrucción tendrá su
   merecido;
  quien respeta el mandamiento tendrá su
   recompensa.

14 La enseñanza de los sabios es fuente de vida
  y libera de los lazos de la muerte.

15 El buen juicio redunda en aprecio,
  pero el ˚camino del infiel lo lleva a su
   destrucción.ᵃ

16 El prudente actúa con cordura,
  pero el ˚necio se jacta de su ˚necedad.

17 El mensajero malvado se mete en problemas;
  el enviado confiable trae sanidad.

18 El que desprecia la ˚disciplina sufre pobreza y
   deshonra;
  el que atiende la corrección recibe grandes
   honores.

19 El deseo cumplido endulza el ˚alma,
  pero el necio detesta alejarse del mal.

20 El que con sabios anda, sabio se vuelve;
  el que con necios se junta, saldrá mal parado.

21 Al pecador lo persigue el mal
  y al justo lo recompensa el bien.

22 El ˚hombre de bien deja herencia a sus nietos;
  las riquezas del pecador se quedan para los
   justos.

23 En el campo del pobre hay abundante comida,
  pero esta se pierde donde hay injusticia.

24 No corregir al hijo es no quererlo;
  amarlo es disciplinarlo a tiempo.

25 El justo come hasta quedar saciado,
  pero el malvado se queda con hambre.

14 La mujer sabia edifica su casa;
  la necia, con sus manos la destruye.

2 El que va por buen camino teme al SEÑOR;
  el que va por malos caminos lo desprecia.

3 De la boca del necio brota arrogancia;
  los labios del sabio son su propia protección.

4 Donde no hay bueyes el granero está vacío;
  con la fuerza del buey aumenta la cosecha.

5 El testigo veraz jamás miente;
  el testigo falso propaga mentiras.

6 El insolente busca sabiduría y no la halla;
  para el entendido, el conocimiento es cosa fácil.

7 Mantente a distancia del necio,
  pues en sus labios no hallarás conocimiento.

8 La sabiduría del prudente es discernir sus
   caminos,
  pero al necio lo engaña su propia necedad.

9 Los necios hacen mofa de sus propias faltas,
  pero entre los íntegros hay buena voluntad.

10 Cada corazón conoce sus propias amarguras,
  y ningún extraño comparte su alegría.

11 La casa del malvado será destruida,
  pero la morada del justo prosperará.

12 Hay un camino que al hombre le parece recto,
  pero acaba por ser camino de muerte.

13 Hasta de reírse duele el corazón
  y hay alegrías que acaban en tristezas.

14 El inconstante recibirá todo el pago de su
   inconstancia;
  el hombre bueno, el premio de sus acciones.

15 El inexperto cree todo lo que le dicen;
  el prudente se fija por dónde va.

16 El sabio teme al SEÑOR y se aparta del mal,
  pero el necio es arrogante y se pasa de
   confiado.

17 El iracundo actúa neciamente
  y el malvado es odiado.

18 Herencia de los inexpertos es la necedad;
  corona de los prudentes, el conocimiento.

19 Los malvados se postrarán ante los buenos;
  los impíos, ante las puertas de los justos.

20 Al pobre hasta sus amigos lo aborrecen,
  pero son muchos los que aman al rico.

21 Es un pecado despreciar al prójimo;
  ¡dichoso el que se compadece de los pobres!

22 Pierden el camino los que planean el mal,
  pero hallan amor y verdad los que hacen el
   bien.

23 Todo esfuerzo tiene su recompensa,
  pero quedarse en las palabras solamente, lleva
   a la pobreza.

24 La corona del sabio es su riqueza;
  la de los necios, su necedad.

25 El testigo veraz salva vidas,
  pero el testigo falso miente.

26 El temor del SEÑOR es un baluarte seguro
  que sirve de refugio a los hijos.

ᵃ **15** Según la LXX y Siríaca; el significado de la frase en el texto
hebreo es incierto.

27 El temor del SEÑOR es fuente de vida
y libera de los lazos de la muerte.

28 Gloria del rey es gobernar a una gran población;
un príncipe sin súbditos está arruinado.

29 El que es paciente muestra gran inteligencia;
el que es agresivo muestra mucha insensatez.

30 El corazón tranquilo da vida al cuerpo,
pero la envidia carcome los huesos.

31 El que oprime al pobre ofende a su Creador,
pero honra a Dios quien se apiada del
necesitado.

32 El malvado cae por su propia maldad;
el justo, aun en su muerte, halla refugio en
Dios.ᵃ

33 En el corazón de los entendidos mora la
sabiduría,
pero los necios ni siquiera la conocen.ᵇ

34 La justicia enaltece a una nación,
pero el pecado deshonra a todos los pueblos.

35 El rey favorece al siervo inteligente,
pero descarga su ira sobre el sinvergüenza.

15 La respuesta amable calma la ira,
pero la agresiva provoca el enojo.

2 La lengua de los sabios adorna el conocimiento;ᶜ
la boca de los necios escupe necedades.

3 Los ojos del SEÑOR están en todo lugar,
vigilando a los buenos y a los malos.

4 La lengua que brinda alivioᵈ es árbol de vida;
la lengua perversa deprime el espíritu.

5 El necio desprecia la corrección de su padre;
el que la acepta demuestra prudencia.

6 En la casa del justo hay gran abundancia;
en las ganancias del malvado, grandes
problemas.

7 Los labios de los sabios esparcen conocimiento;
el corazón de los necios ni piensa en ello.

8 El SEÑOR aborrece los sacrificios de los malvados,
pero se complace en la oración de los justos.

9 El SEÑOR aborrece el camino de los malvados,
pero ama a quienes siguen la justicia.

10 Para el descarriado, disciplina severa;
para el que aborrece la corrección, la muerte.

11 Muerteᵉ y Destrucciónᶠ están abiertas ante el
SEÑOR.
¡cuánto más los corazones humanos!

12 Al insolente no le gusta que lo corrijan
ni busca la compañía de los sabios.

13 El corazón alegre se refleja en el rostro,
el corazón dolido deprime el espíritu.

14 El ˙corazón entendido va tras el conocimiento;
la boca de los necios se nutre de tonterías.

15 Para el afligido todos los días son malos;
para el que es feliz, todos son de fiesta.

16 Más vale tener poco, con temor del SEÑOR,
que muchas riquezas con grandes angustias.

17 Más vale comer verduras sazonadas con amor
que toro engordado con odio.

18 El que es iracundo provoca contiendas;
el que es paciente las apacigua.

19 El camino del perezoso está plagado de espinas,
pero la senda del justo es como una calzada.

20 El hijo sabio alegra a su padre;
el hijo necio menosprecia a su madre.

21 Al necio le divierte su falta de juicio;
el entendido endereza sus propios pasos.

22 Cuando falta el consejo, fracasan los planes;
cuando abunda el consejo, prosperan.

23 Es muy grato dar la respuesta adecuada
y, cuando es oportuna, aún es más grato.

24 El sabio sube por el sendero de vida,
para librarse de caer en los dominios de la
muerte.ᵍ

25 El SEÑOR derriba la casa de los soberbios,
pero mantiene intactos los linderos de las
viudas.

26 El SEÑOR aborrece los planes de los malvados,
pero se complace en las palabras puras.

27 El ambicioso acarrea mal sobre su familia;
el que aborrece el soborno vivirá.

28 El ˙corazón del justo medita sus respuestas,
pero la boca del malvado rebosa de maldad.

29 El SEÑOR se mantiene lejos de los impíos,
pero escucha las oraciones de los justos.

30 Una mirada radiante alegra el corazón
y las buenas noticias renuevan los huesos.

31 El que atiende a la reprensión que da vida,
habitará entre los sabios.

32 El que rechaza la corrección se desprecia a sí
mismo;
el que la atiende gana entendimiento.

33 El temor del SEÑOR imparte sabiduría;
la humildad precede a la honra.

16 El ser humano hace planes,
pero la palabra final la tiene el SEÑOR.

2 Todos los caminos del ser humano son limpios a
sus ojos,
pero las intenciones las juzga el SEÑOR.

ᵃ **32** en Dios; en su propia piedad (LXX y Siríaca).   ᵇ **33** los
necios … conocen (LXX y Siríaca); los necios la conocen (TM).
ᶜ **2** adorna el conocimiento (LXX); hace bien al conocimiento
(TM).   ᵈ **4** que brinda alivio. Lit. que sana.   ᵉ **11** Muerte. Lit.
Seol.   ᶠ **11** Destrucción. Lit. el Abadón.   ᵍ **24** en los dominios
de la muerte. Lit. en el Seol.

³ Pon en manos del SEÑOR todas tus obras
  y tus proyectos se cumplirán.

⁴ Toda obra del SEÑOR tiene un propósito;
  ¡hasta el malvado fue hecho para el día del
    desastre!

⁵ El SEÑOR aborrece a los arrogantes.
  Una cosa es segura: no quedarán impunes.

⁶ Con amor y verdad se perdona el pecado
  y con respeto al SEÑOR se evita el mal.

⁷ Cuando el SEÑOR aprueba la conducta de un
    hombre,
  hasta con sus enemigos lo reconcilia.

⁸ Más vale tener poco con justicia
  que ganar mucho con injusticia.

⁹ El ˙corazón del hombre traza su rumbo,
  pero sus pasos los dirige el SEÑOR.

¹⁰ La sentencia*a* está en labios del rey;
  el veredicto que emite no traiciona la
    justicia.

¹¹ Las pesas y las balanzas justas son del SEÑOR;
  todas las medidas son hechura suya.

¹² El rey detesta las malas acciones,
  porque el trono se afirma en la justicia.

¹³ El rey se complace en los labios honestos;
  aprecia a quien habla con la verdad.

¹⁴ La ira del rey es presagio de muerte,
  pero el sabio sabe apaciguarla.

¹⁵ El rostro radiante del rey es signo de vida;
  su favor es como nubes llenas de lluvia en
    primavera.

¹⁶ Más vale adquirir sabiduría que oro;
  más vale adquirir inteligencia que plata.

¹⁷ El camino del hombre recto evita el mal;
  el que quiere salvar su vida se fija por donde
    va.

¹⁸ Tras el orgullo viene la destrucción;
  tras la altanería, el fracaso.

¹⁹ Vale más tener un espíritu humilde con los
    oprimidos
  que compartir el botín con los orgullosos.

²⁰ El que atiende a la palabra prospera.
  ¡Dichoso el que confía en el SEÑOR!

²¹ Al sabio de corazón se le llama inteligente;
  las palabras gratas promueven el saber.

²² Fuente de vida es la prudencia para quien la
    posee;
  el castigo de los necios es su propia
    necedad.

²³ El de corazón sabio controla su boca;
  con sus labios promueve el saber.

²⁴ Panal de miel son las palabras amables:
  endulzan la vida y dan salud al cuerpo.*b*

²⁵ Hay un camino que al hombre le parece recto,
  pero acaba por ser camino de muerte.

²⁶ Al que trabaja, el hambre lo obliga a trabajar,
  pues su propio apetito lo estimula.

²⁷ El perverso hace*c* planes malvados;
  en sus labios hay un fuego devorador.

²⁸ El perverso provoca contiendas
  y el chismoso divide a los buenos amigos.

²⁹ El violento engaña a su prójimo
  y lo lleva por mal camino.

³⁰ El que guiña el ojo trama algo perverso;
  el que aprieta los labios ya lo ha cometido.

³¹ Las canas son una honrosa corona
  que se obtiene en el camino de la justicia.

³² Más vale ser paciente que valiente;
  más vale el dominio propio que conquistar
    ciudades.

³³ Las suertes se echan en el regazo,
  pero el veredicto proviene del SEÑOR.

17 Más vale comer pan duro donde hay
    concordia
  que hacer banquete*d* donde hay discordia.

² El siervo sabio gobernará al hijo sinvergüenza,
  y compartirá la herencia con los otros
    hermanos.

³ En el crisol se prueba la plata
  y en el horno se prueba el oro,
  pero los corazones los prueba el SEÑOR.

⁴ El malvado hace caso a los labios impíos
  y el mentiroso presta oído a la lengua
    maliciosa.

⁵ El que se burla del pobre ofende a su Creador;
  el que se alegra de la calamidad no quedará sin
    castigo.

⁶ La corona del anciano son sus nietos;
  el orgullo de los hijos son sus padres.

⁷ No va bien con los necios el lenguaje refinado
  ni con los gobernantes, la mentira.

⁸ El soborno es como una piedra valiosa para quien
    lo ofrece;
  piensa que dondequiera que vaya tendrá éxito.

⁹ El que perdona la ofensa cultiva el amor;
  el que insiste en la ofensa divide a los amigos.

¹⁰ Penetra más un regaño en el hombre prudente
  que cien latigazos en el obstinado.

¹¹ El revoltoso siempre anda buscando pleitos,
  pero se las verá con un mensajero cruel.

¹² Más vale toparse con una osa a la que le quitaron
    los cachorros
  que con un necio empecinado en su necedad.

---

a 10 La sentencia. Alt. *El mensaje.*   *b 24 al cuerpo.* Lit. *a los huesos.*   *c 27 hace.* Lit. *cava.*   *d 1 banquete.* Lit. *sacrificios.*

13 El mal nunca se apartará
de la familia de aquel que devuelve mal por
bien.

14 Iniciar una pelea es romper una represa;
vale más retirarse que comenzarla.

15 Absolver al culpable y condenar al inocente
son dos cosas que el SEÑOR aborrece.

16 ¿De qué le sirve al necio poseer dinero?
¿Podrá adquirir sabiduría si no tiene
entendimiento?ᵃ

17 En todo tiempo ama el amigo;
para ayudar en la adversidad nació el hermano.

18 El hombre falto de juicio se compromete por
otros
y sale fiador de su prójimo.

19 Al que le gusta pecar, le gusta pelear;
el que abre mucho la boca busca que se la
rompan.ᵇ

20 El de corazón perverso jamás prospera;
el de lengua engañosa caerá en desgracia.

21 Engendrar a un hijo necio es causa de pesar;
ser padre de un necio no es ninguna alegría.

22 El corazón alegre es un buen remedio,
pero el ánimo decaído seca los huesos.

23 El malvado acepta soborno en secreto,
con lo que tuerce el curso de la justicia.

24 La meta del prudente es la sabiduría;
el necio divaga contemplando vanos
horizontes.ᶜ

25 El hijo necio irrita a su padre
y causa amargura a su madre.

26 No está bien castigar al inocente
ni azotar por su rectitud a gente honorable.

27 El que es entendido refrena sus palabras;
el que es prudente controla sus impulsos.

28 Hasta un necio pasa por sabio si guarda silencio;
se le considera prudente, si cierra la boca.

18 El egoísta busca su propio bien;
contra todo sano juicio inicia un pleito.

2 Al necio no le complace la inteligencia;
tan solo hace alarde de su propia opinión.

3 Con la maldad viene el desprecio
y con la vergüenza llega la deshonra.

4 Las palabras del hombre son aguas profundas,
arroyo de aguas vivas, fuente de sabiduría.

5 No está bien favorecer alᵈ malvado
y dejar de lado los derechos del justo.

6 Los labios del necio son causa de contienda;
su boca incita a la riña.

7 La boca del necio es su perdición;
sus labios son para él una trampa mortal.

8 Los chismes son deliciosos manjares;
penetran hasta lo más íntimo del ser.

9 El que es negligente en su trabajo
confraterniza con el que es destructivo.

10 Torre fuerte es el nombre del SEÑOR;
a ella corren los justos y se ponen a salvo.

11 La riqueza del rico es su baluarte
y este cree que sus muros son inalcanzables.

12 Tras el orgullo viene la destrucción;
y tras la humildad, el honor.

13 Es necio y vergonzoso
responder antes de escuchar.

14 En la enfermedad, el ánimo levanta al enfermo;
¿pero quién podrá levantar el ánimo al
abatido?

15 El corazón prudente adquiere conocimiento;
los oídos de los sabios procuran hallarlo.

16 Con regalos se abren todas las puertas
y se llega a la presencia de gente importante.

17 El primero en presentar su caso parece inocente,
hasta que llega la otra parte y lo refuta.

18 El echar suertes pone fin a los litigios
y decide entre los poderosos.

19 Más resiste el hermano ofendido que una ciudad
amurallada;
los litigios son como cerrojos de una fortaleza.

20 Cada uno se llena con lo que dice
y se sacia con lo que habla.

21 En la lengua hay poder de vida y muerte;
quienes la aman comerán de su fruto.

22 Quien halla esposa encuentra el bien
y recibe el favor del SEÑOR.

23 El pobre habla en tono suplicante;
el rico responde con aspereza.

24 Hay amigosᵉ que llevan a la ruina
y hay amigos más fieles que un hermano.

19 Más vale ser pobre e intachable
que necio de labios perversos.

2 El afán sin conocimiento no es bueno;
mucho yerra quien mucho corre.

3 La necedad del hombre le hace perder el rumbo
y su corazón se irrita contra el SEÑOR.

4 Con las riquezas aumentan los amigos,
pero al pobre hasta su amigo lo abandona.

ᵃ **16** entendimiento. Lit. corazón. En la Biblia, corazón se usa
para designar el asiento de las emociones, pensamientos y
voluntad, es decir, el proceso de toma de decisiones del ser
humano. ᵇ **19** el que abre … se la rompan. Lit. el que abre
su puerta destrucción. ᶜ **24** el necio … horizontes. Lit.
y los ojos del necio en los confines de la tierra. ᵈ **5** favorecer
al. Lit. levantar el rostro del. ᵉ **24** Hay amigos (LXX, Siríaca y
Targum); Hombre de amigos (TM).

⁵ El testigo falso no quedará sin castigo;
    el que propaga mentiras no saldrá bien librado.

⁶ Muchos buscan congraciarse con los poderosos;
    todos son amigos de quienes reparten regalos.

⁷ Si al pobre lo aborrecen sus parientes,
    con más razón lo evitan sus amigos.
    Aunque los busca suplicante,
    por ninguna parte los encuentra.ᵃ

⁸ El que adquiere cordura,ᵇ se ama a sí mismo
    y el que retiene el discernimiento prospera.

⁹ El testigo falso no quedará sin castigo;
    el que propaga mentiras perecerá.

¹⁰ No va bien con el necio vivir entre lujos
    y menos con el esclavo gobernar a los
    príncipes.

¹¹ El buen juicio hace al hombre paciente;
    su gloria es pasar por alto la ofensa.

¹² Rugido de león es la ira del rey;
    su favor es como rocío sobre el pasto.

¹³ El hijo necio es la ruina del padre;
    la mujer pendenciera es gotera constante.

¹⁴ La casa y el dinero se heredan de los padres,
    pero la esposa inteligente es un don del SEÑOR.

¹⁵ La pereza conduce al sueño profundo;
    el holgazán pasará hambre.

¹⁶ El que cumple el mandamiento cumple consigo
    mismo;
    el que descuida su conducta morirá.

¹⁷ Servir al pobre es hacerle un préstamo al SEÑOR;
    Dios pagará esas buenas acciones.

¹⁸ Corrige a tu hijo mientras aún hay esperanza;
    no te hagas cómplice de su muerte.ᶜ

¹⁹ El iracundo tendrá que afrontar el castigo;
    el que intente disuadirlo aumentará su
    enojo.ᵈ

²⁰ Escucha el consejo, acepta la corrección
    y llegarás a ser sabio.

²¹ Muchos son los planes en el corazón de las
    personas,
    pero al final prevalecen los designios del
    SEÑOR.

²² De la humanidad se espera amor fiel;
    más vale ser pobre que mentiroso.

²³ El temor del SEÑOR conduce a la vida;
    da un sueño tranquilo y evita los problemas.

²⁴ El perezoso mete la mano en el plato,
    pero no llevará el bocado a la boca.

²⁵ Golpea al insolente y se hará prudente el
    inexperto;
    reprende al entendido y ganará en
    conocimiento.

²⁶ El que roba a su padre y echa a la calle a su madre
    es un hijo infame y sinvergüenza.

²⁷ Hijo mío, si dejas de atender a las enseñanzas,
    te apartarás de las palabras sabias.

²⁸ El testigo corrupto se burla de la justicia
    y la boca del malvado engulle maldad.

²⁹ El castigo se dispuso para los insolentes
    y los azotes para la espalda de los necios.

20 El vino lleva a la insolencia
    y la cerveza al escándalo;
    ¡nadie bajo sus efectos se comporta
    sabiamente!

² Rugido de león es la furia del rey;
    quien provoca su enojo se juega la vida.

³ Honroso es al hombre evitar la contienda,
    pero no hay necio que no inicie un pleito.

⁴ El perezoso no labra la tierra en la estación
    adecuada;
    en tiempo de cosecha buscará y no hallará.

⁵ El propósito humano es como aguas profundas;
    el que es inteligente lo descubrirá.

⁶ Son muchos los que proclaman su lealtad,
    ¿pero quién puede hallar a alguien digno de
    confianza?

⁷ Justo es quien lleva una vida sin tacha;
    ¡dichosos sus hijos después de él!

⁸ Cuando el rey se sienta en el tribunal,
    con su sola mirada barre toda maldad.

⁹ ¿Quién puede afirmar: «Tengo puro el corazón;
    estoy limpio de pecado»?

¹⁰ Pesas falsas y medidas engañosas:
    ¡vaya pareja que el SEÑOR detesta!

¹¹ Por sus hechos el niño deja entrever
    si su conducta será pura y recta.

¹² Los oídos para oír y los ojos para ver:
    ¡El SEÑOR los ha creado a los dos!

¹³ No te des al sueño o te quedarás pobre;
    mantente despierto y tendrás pan de sobra.

¹⁴ «¡No sirve, no sirve!», dice el comprador,
    pero luego va y se jacta de su compra.

¹⁵ Oro hay y abundan las piedras preciosas,
    pero aún más valiosas son las palabras sabias.

¹⁶ Toma la prenda del que salga fiador por un
    extraño;
    retenla en garantía si la da en favor de
    desconocidos.

¹⁷ Tal vez sea agradable ganarse el pan con engaños,
    pero uno acaba con la boca llena de arena.

ᵃ 7 Texto de difícil traducción.   ᵇ 8 *cordura.* Lit. *corazón.*
En la Biblia, *corazón* se usa para designar el asiento de las
emociones, pensamientos y voluntad, es decir, el proceso de
toma de decisiones del ser humano.   ᶜ 18 *no te hagas …
muerte.* Alt. *pero no te excedas hasta matarlo.*   ᵈ 19 Texto de
difícil traducción.

18 Afirma tus planes con buenos consejos;
    entabla el combate con buena estrategia.

19 El chismoso traiciona la confianza;
    no te juntes con la gente que habla de más.

20 Al que maldiga a su padre y a su madre,
    su lámpara se le apagará en la más densa
        oscuridad.

21 La herencia reclamada antes de tiempo
    no termina siendo de bendición.

22 Nunca digas: «¡Me vengaré de ese daño!».
    Confía en el SEÑOR y él actuará por ti.

23 El SEÑOR aborrece las balanzas adulteradas
    y reprueba el uso de medidas engañosas.

24 Los pasos del hombre los dirige el SEÑOR.
    ¿Cómo puede el hombre entender su propio
        camino?

25 Trampa es consagrar algo sin pensarlo
    y más tarde reconsiderar lo prometido.

26 El rey sabio avienta como trigo a los malvados,
    y los desmenuza con rueda de molino.

27 El espíritu humano es la lámpara del SEÑOR,
    pues escudriña lo más íntimo del ser.

28 La misericordia y la verdad sostienen al rey;
    su trono se afirma en la misericordia.

29 La gloria de los jóvenes radica en su fuerza;
    la honra de los ancianos, en sus canas.

30 Los golpes y las heridas curan la maldad;
    los azotes limpian lo más íntimo del ser.

21 En las manos del SEÑOR el corazón del rey son
        como un río:
    siguen el curso que el SEÑOR les ha trazado.

2 A cada uno le parece correcto su camino,[a]
    pero el SEÑOR juzga los corazones.

3 Practicar la justicia y el derecho
    lo prefiere el SEÑOR a los sacrificios.

4 Los ojos altivos, el ˚corazón orgulloso
    y la luz de los malvados son pecado.

5 Los planes bien pensados producen ganancias;
    los apresurados traen pobreza.

6 La fortuna amasada por la lengua embustera
    se esfuma como la niebla y es mortal como una
        trampa.[b]

7 La violencia de los malvados los arrastrará,
    porque se niegan a practicar la justicia.

8 Torcido es el camino del culpable,
    pero recta la conducta del hombre honrado.

9 Más vale habitar en un rincón de la azotea
    que compartir el techo con mujer
        pendenciera.

10 El malvado solo piensa en el mal;
    jamás se compadece de su prójimo.

11 Cuando se castiga al insolente,
    aprende[c] el inexperto;
cuando se instruye al sabio,
    el inexperto adquiere conocimiento.

12 El Justo[d] considera la casa del malvado
    y lo entrega a la ruina.

13 Quien cierra sus oídos al clamor del pobre
    llorará también sin que nadie le responda.

14 El regalo secreto apacigua el enojo;
    el obsequio discreto calma la ira violenta.

15 Cuando se hace justicia,
    se alegra el justo y tiembla el malhechor.

16 Quien se aparta de la senda de la prudencia
    irá a parar entre los muertos.

17 El que ama el placer se quedará en la
        pobreza;
    el que ama el vino y los perfumes jamás será
        rico.

18 El malvado pagará por el justo
    y el traidor, por el hombre intachable.

19 Más vale habitar en el desierto
    que con mujer pendenciera y de mal genio.

20 En casa del sabio abundan las riquezas y el
        perfume,
    pero el necio todo lo despilfarra.

21 El que va tras la justicia y el amor
    halla vida, justicia y honra.

22 El sabio conquista la ciudad de los poderosos
    y derriba el baluarte en que ellos confiaban.

23 El que refrena su boca y su lengua
    se libra de muchas angustias.

24 Orgulloso, arrogante e insolente
    es quien se comporta con desmedida
        soberbia.

25 La codicia del perezoso lo lleva a la muerte,
    porque sus manos se niegan a trabajar;
26 todo el día se lo pasa codiciando,
    pero el justo da con generosidad.

27 El sacrificio de los malvados es detestable
    y, más aún, cuando se ofrece con mala
        intención.

28 El testigo falso perecerá;
    pero quien sabe escuchar siempre podrá
        hablar.

29 El malvado es inflexible en sus decisiones;
    el justo examina[e] su propia conducta.

30 De nada sirven ante el SEÑOR
    la sabiduría, la inteligencia y el consejo.

---

a 2 *A cada uno ... su camino.* Lit. *Todo camino del hombre es
recto a sus ojos.* *b* 6 *se esfuma ... una trampa* (LXX, Vulgata
y algunos mss. hebreos); *es niebla llevada de los que buscan la
muerte* (TM). *c* 11 *aprende.* Lit. *se hace sabio.* *d* 12 *Justo.*
Alt. *la persona justa.* *e* 29 *examina* (LXX, Qumrán y varios
mss. hebreos); *ordena* (TM).

³¹ Se alista al caballo para el día de la batalla,
  pero la victoria depende del SEÑOR.

22

Vale más la buena fama que las muchas
  riquezas,
y la buena reputación más que la plata y el oro.

² El rico y el pobre tienen esto en común:
  a ambos los hizo el SEÑOR.

³ El prudente ve el peligro y busca refugio;
  el inexperto sigue adelante y sufre las
  consecuencias.

⁴ Recompensa de la humildad y del temor del
  SEÑOR
  son las riquezas, la honra y la vida.

⁵ Espinas y trampas hay en la senda de los
  malvados,
  pero el que cuida su vida se aleja de ellas.

⁶ Instruye al niño en el camino correcto
  y aun en su vejez no lo abandonará.

⁷ Los ricos son los amos de los pobres;
  los deudores son esclavos de sus acreedores.

⁸ El que siembra maldad cosecha desgracias;
  la vara de su ira será destruida.

⁹ El que es generoso*ᵃ* será bendecido,
  pues comparte su comida con los pobres.

¹⁰ Despide al insolente, se irá la discordia
  y cesarán los pleitos y los insultos.

¹¹ El que ama la sinceridad del corazón y tiene
  gracia al hablar
  tendrá por amigo al rey.

¹² Los ojos del SEÑOR protegen el saber,
  pero desbaratan las palabras del traidor.

¹³ Dice el perezoso: «¡Hay un león allá afuera!
  ¡En plena calle me matarán!».

¹⁴ La boca de la adúltera es una fosa profunda;
  en ella caerá quien esté bajo la ira del SEÑOR.

¹⁵ La necedad es parte del corazón juvenil,
  pero la vara de la disciplina la corrige.

¹⁶ Oprimir al pobre para enriquecerse
  y hacerle regalos al rico:
  ¡buena manera de empobrecerse!

Los treinta dichos de los sabios
22:17–24:22

1

¹⁷ Presta atención, escucha las palabras de los sabios
  y aplica mis enseñanzas.
¹⁸ Grato es retenerlas dentro de ti
  y tenerlas todas a flor de labios.
¹⁹ A ti te las enseño en este día,
  para que pongas tu confianza en el SEÑOR.

²⁰ ¿Acaso no te he escrito treinta*ᵇ* dichos
  que contienen sabios consejos?
²¹ Son para enseñarte a ser honesto y hablar con la
  verdad,
  para que respondas con la verdad a quien te
  pregunte.

2

²² No explotes al pobre porque es pobre
  ni oprimas en los tribunales*ᶜ* a los
  necesitados;
²³ porque el SEÑOR defenderá su causa
  y despojará a quienes los despojen.

3

²⁴ No te hagas amigo de gente violenta
  ni te juntes con los iracundos;
²⁵ no sea que aprendas sus malas costumbres
  y tú mismo caigas en la trampa.

4

²⁶ No te comprometas por otros
  ni salgas fiador de deudas ajenas;
²⁷ porque, si no tienes con qué pagar,
  te quitarán hasta la cama en que duermes.

5

²⁸ No cambies de lugar los linderos antiguos
  que establecieron tus antepasados.

6

²⁹ ¿Has visto a alguien diestro en su trabajo?
  Se codeará con reyes,
  y nunca será un don nadie.

7

23

Cuando te sientes a comer con un
  gobernante,
fíjate bien en lo que*ᵈ* tienes ante ti.
² Si eres dado a la glotonería,
  domina tu apetito.*ᵉ*
³ No codicies sus manjares,
  pues tal comida no es más que un engaño.

8

⁴ No te afanes acumulando riquezas;
  no te obsesiones con ellas.
⁵ ¿Acaso has podido verlas? ¡No existen!
  Es como si les salieran alas,
  pues se van volando como las águilas.

9

⁶ No te sientes a la mesa de un tacaño*ᶠ*
  ni codicies sus manjares,
⁷ pues él solo piensa en los gastos.
  «Come y bebe», te dirá,
  pero no te lo dirá de corazón.
⁸ Acabarás vomitando lo que hayas comido
  y tus cumplidos no habrán servido de nada.

10

⁹ A oídos del necio jamás dirijas palabra,
  pues se burlará de tus sabios consejos.

11

¹⁰ No cambies de lugar los linderos antiguos
  ni invadas la propiedad de los huérfanos,
¹¹ porque su Redentor es muy poderoso
  y contra ti defenderá su causa.

12

¹² Trae disciplina a tu corazón
  y conocimiento a tus oídos.

---

*ᵃ 9 El que es generoso. Lit. El buen ojo. ᵇ 20 escrito treinta.
Alt. escrito antes o escrito excelentes. ᶜ 22 en los tribunales.
Lit. en la puerta. ᵈ 1 en lo que. Alt. en quién. ᵉ 2 domina tu
apetito. Lit. ponle un cuchillo a tu garganta. ᶠ 6 un tacaño.
Alt. un hombre mal intencionado.*

13

¹³ No dejes de disciplinar al joven;
  si lo castigas con vara, no se morirá.
¹⁴ Castígalo con vara
  y así lo librarás de la muerte.ᵃ

14

¹⁵ Hijo mío, si tu corazón es sabio,
  también mi corazón se regocijará;
¹⁶ en lo íntimo de mi ser me alegraré
  cuando tus labios hablen con rectitud.

15

¹⁷ No envidies en tu corazón a los pecadores;
  más bien, muéstrate siempre celoso en el
    temor del SEÑOR.
¹⁸ Cuentas con una esperanza futura,
  la cual no será destruida.

16

¹⁹ Hijo mío, presta atención y sé sabio;
  mantén tu corazón en lo que es correcto.
²⁰ No te juntes con los que beben mucho vino
  ni con los que se hartan de carne,
²¹ pues borrachos y glotones, por su indolencia,
  acaban harapientos y en la pobreza.

17

²² Escucha a tu padre, que te engendró,
  y no desprecies a tu madre cuando sea anciana.
²³ Adquiere la verdad y la sabiduría,
  la disciplina y el discernimiento,
  ¡y no los vendas!
²⁴ El padre del justo experimenta gran regocijo;
  quien tiene un hijo sabio se deleita en él.
²⁵ ¡Que se alegren tu padre y tu madre!
  ¡Que se regocije la que te dio la vida!

18

²⁶ Dame, hijo mío, tu atenciónᵇ
  y no pierdas de vista mi ejemplo.ᶜ
²⁷ Porque fosa profunda es la prostituta,
  y estrecho pozo, la mujer ajena.
²⁸ Se pone al acecho, como un bandido,
  y multiplica la infidelidad de los hombres.

19

²⁹ ¿De quién son los lamentos? ¿De quién los
    pesares?
  ¿De quién son los pleitos? ¿De quién las quejas?
  ¿De quién son las heridas gratuitas?
  ¿De quién los ojos morados?
³⁰ ¡Del que no suelta la botella de vino
  ni deja de probar licores!
³¹ No te fijes en lo rojo que es el vino,
  ni en cómo brilla en la copa,
  ni en la suavidad con que se desliza;
³² porque acaba mordiendo como serpiente
  y envenenando como víbora.
³³ Tus ojos verán alucinaciones
  y tu mente imaginará perversidades.
³⁴ Te parecerá estar durmiendo en alta mar,
  acostado sobre el mástil mayor.
³⁵ Y dirás: «Me han herido, pero no me duele.
  Me han golpeado, pero no lo siento.
  ¿Cuándo despertaré de este sueño
  para ir a buscar otro trago?».

20

24 No envidies a los malvados
  ni procures su compañía;
² porque en su corazón planean violencia
  y no hablan más que de cometer fechorías.

21

³ Con sabiduría se construye la casa;
  con inteligencia se echan los cimientos.
⁴ Con buen juicio se llenan sus cuartos
  de bellos y extraordinarios tesoros.

22

⁵ El que es sabio tiene gran poder
  y el que es entendido aumenta su fuerza.
⁶ La guerra se hace con buena estrategia;
  la victoria se alcanza con muchos consejeros.

23

⁷ La sabiduría no está al alcance del necio,
  en los tribunales del puebloᵈ nada tiene que
    decir.

24

⁸ Al que hace planes malvados
  lo llamarán conspirador.
⁹ Las intrigas del necio son pecado
  y todos aborrecen a los insolentes.

25

¹⁰ Si en el día de la aflicción te desanimas,
  muy limitada es tu fortaleza.
¹¹ Rescata a los que van rumbo a la muerte;
  detén a los que a tumbos avanzan al suplicio.
¹² Pues aunque digas: «Yo no lo sabía»,
  ¿no habrá de darse cuenta el que examina los
    corazones?
  ¿No habrá de saberlo el que vigila tu vida?
  ¡Él paga a cada uno según sus acciones!

26

¹³ Come la miel, hijo mío, que es deliciosa;
  dulce al paladar es la miel del panal.
¹⁴ Ten en cuenta que así es la sabiduría a tu alma;
  si das con ella, tendrás buen futuro;
  tendrás una esperanza que no será destruida.

27

¹⁵ No aceches cual malvado la casa del justo
  ni arrases el lugar donde habita;
¹⁶ porque siete veces podrá caer el justo,
  pero otras tantas se levantará;
  los malvados, en cambio,
  se hundirán en la desgracia.

28

¹⁷ No te alegres cuando caiga tu enemigo
  ni se regocije tu corazón ante su desgracia,
¹⁸ no sea que el SEÑOR lo vea y no lo apruebe,
  y aparte de él su enojo.

29

¹⁹ No te alteres por causa de los malvados
  ni sientas envidia de los impíos,
²⁰ porque el malvado no tiene porvenir;
  ¡la lámpara del impío se apagará!

30

²¹ Hijo mío, teme al SEÑOR y honra al rey
  y no te juntes con los rebeldes,
²² porque de los dos recibirás un castigo repentino
  ¡y quién sabe qué calamidades sobrevendrán!

ᵃ 14 *de la muerte.* Lit. *del Seol.*   ᵇ 26 *atención.* Lit. *corazón.*
En la Biblia, *corazón* se usa para designar el asiento de las
emociones, pensamientos y voluntad, es decir, el proceso
de toma de decisiones del ser humano.   ᶜ 26 *ejemplo.* Lit.
camino; camino es una imagen del estilo de vida.   ᵈ 7 *los
tribunales del pueblo.* Lit. *la puerta.*

Otros dichos de los sabios

²³También estos son dichos de los sabios:

No es correcto ser parcial en el juicio.
²⁴ Quien declare inocente al culpable
    lo maldecirán los pueblos y lo despreciarán las
        naciones.
²⁵ Pero serán bien vistos y bendecidos
    los que condenen al culpable.

²⁶ Una respuesta sincera
    es como un beso en los labios.

²⁷ Prepara primero tus faenas de cultivo
    y ten listos tus campos para la siembra;
    después de eso, construye tu casa.

²⁸ No testifiques sin razón contra tu prójimo
    ni mientas con tus labios.
²⁹ No digas: «Le haré lo mismo que me hizo;
    me desquitaré por lo que me hizo».

³⁰ Pasé por el campo del perezoso,
    por la viña del falto de juicio.
³¹ Había espinas por todas partes;
    la hierba cubría el terreno
    y el lindero de piedras estaba en ruinas.
³² Guardé en mi *corazón lo observado
    y de lo visto saqué una lección:
³³ Un corto sueño, una breve siesta,
    un pequeño descanso, cruzado de brazos …
³⁴ ¡y te asaltará la pobreza como un bandido,
    y la escasez como un hombre armado!

Más proverbios de Salomón

25 También estos son otros proverbios de Salomón, copiados por los escribas de Ezequías, rey de Judá.

² La gloria de Dios es ocultar un asunto
    y la gloria de los reyes es investigarlo.
³ Tan impenetrable es el corazón de los reyes
    como alto es el cielo y profunda la tierra.

⁴ Quita la escoria de la plata
    y de allí saldrá material para[a] el orfebre;
⁵ quita de la presencia del rey a oficiales malvados
    y el rey afirmará su trono en la justicia.

⁶ No te des importancia en presencia del rey
    ni reclames un lugar entre la gente importante;
⁷ vale más que el rey te diga: «Sube acá»
    y no que te humille ante gente importante.

Lo que has visto con tus ojos
    ⁸ no lo lleves[b] de inmediato al tribunal,
pues ¿qué harás si a fin de cuentas
    tu prójimo te pone en vergüenza?

⁹ Defiende tu causa contra tu prójimo,
    pero no traiciones la confianza de nadie,
¹⁰ no sea que te avergüence el que te oiga
    y ya no puedas quitarte la infamia.

¹¹ Como manzanas de oro con incrustaciones de
        plata
    son las palabras dichas a tiempo.

¹² Como anillo o collar de oro fino
    son los regaños del sabio en oídos atentos.

¹³ Como frescura de nieve en día de la cosecha
    es el enviado confiable para quien lo envía,
    pues infunde nuevo ánimo en sus amos.
¹⁴ Nubes y viento, y nada de lluvia,
    es quien presume de dar y nunca da nada.

¹⁵ Con paciencia se convence al gobernante.
    ¡La lengua amable quebranta hasta los huesos!

¹⁶ Si encuentras miel, no te empalagues;
    la mucha miel provoca náuseas.
¹⁷ No frecuentes la casa de tu amigo;
    no sea que lo fastidies y llegue a aborrecerte.

¹⁸ Un mazo, una espada, una aguda saeta,
    eso es el testigo falso que declara contra su
        amigo.
¹⁹ Confiar en gente desleal en momentos de
        angustia
    es como tener un diente roto o una pierna
        vacilante.
²⁰ Dedicarle canciones al corazón afligido
    es como echarle vinagre a una herida
    o como andar desabrigado en un día de frío.

²¹ Si tu enemigo tiene hambre, dale de comer;
    si tiene sed, dale de beber.
²² Actuando así, harás que se avergüence de su
        conducta,[c]
    y el Señor te lo recompensará.

²³ Con el viento del norte vienen las lluvias;
    con la lengua viperina, las malas caras.

²⁴ Más vale habitar en un rincón de la azotea
    que compartir el techo con mujer
        pendenciera.

²⁵ Como el agua fresca a la garganta reseca
    son las buenas noticias desde lejanas tierras.
²⁶ Manantial turbio, contaminado pozo,
    es el justo que flaquea ante el impío.

²⁷ No hace bien comer mucha miel
    ni es honroso buscar la propia gloria.

²⁸ Como ciudad sin defensa y sin murallas
    es quien no sabe dominarse.

26 ¹Ni la nieve es para el verano,
    ni la lluvia para la cosecha,
    ni los honores para el necio.
² Como el gorrión sin rumbo o la golondrina sin
        nido,
    la maldición sin motivo jamás llega a su
        destino.
³ El látigo es para los caballos,
    el freno, para los asnos
    y la vara, para la espalda del necio.
⁴ No respondas al necio con igual necedad
    o tú mismo pasarás por uno.
⁵ Respóndele al necio como se merece,
    para que no se tenga por sabio.
⁶ Enviar un mensaje por medio de un necio
    es como cortarse los pies o sufrir[d] violencia.
⁷ Inútil es el proverbio en la boca del necio
    como inútiles son las piernas de un tullido.
⁸ Rendirle honores al necio es tan absurdo
    como atar una piedra a la honda.
⁹ El proverbio en la boca del necio
    es como espina en la mano del borracho.

---

a 4 saldrá material para. Alt. sacará una copa para.
b 7-8 gente importante. Lo que … no lo lleves. Alt. gente importante / sobre la que hayas posado tus ojos. 8No vayas.
c 22 harás … conducta. Lit. ascuas amontonarás sobre su cabeza. *d 6 sufrir. Lit. beber.*

¹⁰ Como arquero que hiere al azar
es quien contrata a un necio o a cualquiera que
pasa.
¹¹ Como el perro vuelve a su vómito,
así el necio insiste en su necedad.
¹² ¿Te has fijado en quien se cree muy sabio?
Más se puede esperar de un necio que de
gente así.

¹³ Dice el perezoso: «Hay un león en el camino.
¡Por las calles un león anda suelto!».
¹⁴ Sobre sus goznes gira la puerta;
sobre la cama, el perezoso.
¹⁵ El perezoso mete la mano en el plato,
pero le pesa llevarse el bocado a la boca.
¹⁶ El perezoso se cree más sabio
que siete sabios que saben responder.

¹⁷ Meterse en pleitos ajenos
es como agarrar por las orejas a un perro
callejero.

¹⁸ Como loco que dispara
mortíferas flechas encendidas,
¹⁹ es quien engaña a su amigo y explica:
«¡Tan solo estaba bromeando!».

²⁰ Sin leña se apaga el fuego;
sin chismes se acaba el pleito.
²¹ Con el carbón se hacen brasas, con la leña se
prende fuego
y con un pendenciero se inician los pleitos.
²² Los chismes son deliciosos manjares;
penetran hasta lo más íntimo del ser.

²³ Como baño de plata^a sobre vasija de barro
son los labios zalameros de un corazón
malvado.
²⁴ El que odia se esconde tras sus palabras,
pero en lo íntimo alberga engaño.
²⁵ No le creas, aunque te hable con dulzura,
porque su corazón está lleno de siete
abominaciones.
²⁶ Tal vez disimule con engaños su odio,
pero en la asamblea se descubrirá su
maldad.
²⁷ Cava una fosa y en ella caerás;
echa a rodar piedras y te aplastarán.
²⁸ La lengua mentirosa odia a sus víctimas;
la boca lisonjera lleva a la ruina.

27 No te jactes del día de mañana,
porque no sabes lo que el día traerá.

² No te jactes de ti mismo;
que sean otros los que te alaben.

³ Pesada es la piedra y pesada es la arena,
pero más pesada aún es la ira del necio.

⁴ Cruel es la furia y arrolladora la ira,
pero ¿quién puede enfrentarse a los celos?

⁵ Más vale ser reprendido con franqueza
que ser amado en secreto.

⁶ Más confiable es el amigo que hiere
que los abundantes besos del enemigo.

⁷ Al que no tiene hambre, hasta la miel lo
empalaga;
al hambriento, hasta lo amargo le es
dulce.

⁸ Como ave que se aleja del nido
es el hombre que se aleja del hogar.

⁹ El perfume y el incienso alegran el corazón;
la dulzura de un amigo
proviene de su consejo sincero.

¹⁰ No abandones a tu amigo ni al amigo de tu
padre;
ni vayas a la casa de tu hermano el día que
tengas una desgracia.
Más vale vecino cercano que hermano
distante.

¹¹ Hijo mío, sé sabio y alegra mi corazón;
así podré responder al que me desprecie.

¹² El prudente ve el peligro y busca refugio;
el inexperto sigue adelante y sufre las
consecuencias.

¹³ Toma la prenda del que salga fiador por un
extraño;
retenla en garantía si la da en favor de
desconocidos.

¹⁴ La mejor bendición se juzga como maldición
si se da a gritos y de madrugada.

¹⁵ La mujer pendenciera es gotera constante
en un día lluvioso.
¹⁶ Quien la domine podrá dominar el viento
y retener^b aceite en la mano derecha.

¹⁷ El hierro se afila con el hierro
y el hombre en el trato con el hombre.

¹⁸ El que cuida de la higuera comerá de sus higos
y el que vela por su amo recibirá honores.

¹⁹ El agua refleja el rostro;
el corazón refleja la persona.

²⁰ La Muerte^c y el Destructor^d jamás se dan por
satisfechos,
y tampoco los ojos del hombre.

²¹ En el crisol se prueba la plata
y en el horno se prueba el oro;
ante las alabanzas, el pueblo.

²² Aunque al necio lo muelas, lo remuelas
y lo machaques como al grano,
no le quitarás la necedad.

²³ Asegúrate de saber cómo está tu ganado;
cuida mucho de tus rebaños;
²⁴ pues las riquezas no son eternas
ni la corona está siempre segura.
²⁵ Cuando se limpien los campos y brote el verdor
y en los montes se recoja la hierba,
²⁶ las ovejas te darán para el vestido
y las cabras para comprar un campo;
²⁷ tendrás leche de cabra en abundancia
para que se alimenten tú, tu familia,
y tus criadas.

28 El malvado huye aunque nadie lo persiga;
pero el justo vive confiado como un león.

a 23 como baño de plata. Lit. *como plata de escoria.* *b 16 y retener.* Lit. *y llamará.* *c 20 la Muerte.* Lit. *el Seol.* *d 20 el Destructor.* Lit. *el Abadón.*

²Cuando hay rebelión en el país,
los gobernantes se multiplican;
cuando el gobernante es entendido y sensato,
se mantiene el orden.

³El pobre que oprime a los pobres
es como violenta lluvia que arrasa la cosecha.

⁴Los que abandonan la ley alaban a los
malvados;
los que la obedecen luchan contra ellos.

⁵Los malvados nada entienden de la justicia;
los que buscan al Señor lo entienden todo.

⁶Más vale ser pobre, pero íntegro
que rico y perverso.

⁷El hijo entendido se sujeta a la ley;
el derrochador deshonra a su padre.

⁸El que amasa riquezas mediante intereses y
usura,
las acumula para el que se compadece de los
pobres.

⁹Dios aborrece hasta la oración
del que se niega a obedecer la ley.

¹⁰El que lleva a los justos por el mal camino
caerá en su propia trampa;
pero los íntegros heredarán el bien.

¹¹El rico se las da de sabio;
el pobre, pero inteligente, se percata.

¹²Cuando los justos triunfan, se hace gran fiesta;
cuando los impíos se imponen, todo el mundo
se esconde.

¹³Quien encubre su pecado jamás prospera;
quien lo confiesa y lo deja, alcanza la
misericordia.

¹⁴¡Dichoso es el hombre que siempre respetaᵃ a
Dios!
Pero el obstinado caerá en la desgracia.

¹⁵Un león rugiente, un oso agresivo,
es el gobernante malvado que oprime a los
pobres.

¹⁶El gobernante falto de juicio es terrible opresor;
el que aborrece las ganancias deshonestas
prolonga su vida.

¹⁷El que es perseguido porᵇ homicidio
será un fugitivo hasta la muerte.
¡Que nadie le brinde su apoyo!

¹⁸El que es íntegro se mantendrá a salvo;
el de caminos perversos de repente caerá en la
fosa.ᶜ

¹⁹El que trabaja su tierra tendrá abundante
comida;
el que sueña despiertoᵈ solo abundará en
pobreza.

²⁰El hombre fiel recibirá muchas bendiciones;
el que tiene prisa por enriquecerse no quedará
impune.

²¹No es correcto mostrarse parcial con nadie.
Hay quienes pecan hasta por un mendrugo de
pan.

²²El tacaño ansía enriquecerse,
sin saber que la pobreza lo aguarda.

²³A fin de cuentas, más se aprecia
al que reprende que al que adula.

²⁴El que roba a su padre o a su madre
e insiste en que no ha pecado,
amigo es del destructor.

²⁵El que es ambicioso provoca peleas,
pero el que confía en el Señor prospera.

²⁶Necio es el que confía en sí mismo;
el que actúa con sabiduría se pone a salvo.

²⁷El que ayuda al pobre no pasará necesidad;
el que le niega su ayuda recibirá muchas
maldiciones.

²⁸Cuando triunfan los impíos, la gente busca
refugio;
cuando perecen, los justos prosperan.

29 El que es reacio a las represiones
será destruido de repente y sin remedio.

²Cuando los justos prosperan, el pueblo se
alegra;
cuando los impíos gobiernan, el pueblo
gime.

³El que ama la sabiduría alegra a su padre;
el que frecuenta rameras pierde su fortuna.

⁴Con justicia el rey da estabilidad al país;
cuando lo abruma con tributos, lo destruye.

⁵El que adula a su prójimo
le tiende una trampa ante sus pies.

⁶Al malvado lo atrapa su propia maldad,
pero el justo puede cantar de alegría.

⁷El justo se ocupa de la causa del desvalido;
el malvado ni sabe de qué se trata.

⁸Los insolentes agitan la ciudad,
pero los sabios aplacan la ira.

⁹Cuando el sabio entabla pleito contra un necio,
aunque se enoje o se ría, no logrará la paz.

¹⁰Los asesinos aborrecen a los íntegros
y tratan de matar a los justos.

¹¹El necio da rienda suelta a su ira,
pero el sabio sabe dominarla.

¹²Cuando un gobernante se deja llevar por
mentiras,
todos sus oficiales se corrompen.

¹³Algo en común tienen el pobre y el opresor:
a los dos el Señor les ha dado la vista.

ᵃ **14** *respeta a Dios.* Lit. *teme.*   ᵇ **17** *El que es perseguido por.*
Alt. *El que carga con la culpa de.*   ᶜ **18** *en la fosa* (Siríaca); *en
uno* (TM).   ᵈ **19** *el que sueña despierto.* Lit. *el que persigue lo
vacío*; también en 12:11.

¹⁴ El rey que juzga al pobre según la verdad
   afirma su trono para siempre.

¹⁵ La vara de la disciplina imparte sabiduría,
   pero el joven malcriado avergüenza a su madre.

¹⁶ Cuando aumentan los impíos, también aumenta
   el pecado,
   pero los justos presenciarán su caída.

¹⁷ Disciplina a tu hijo, y te traerá tranquilidad;
   te dará muchas satisfacciones.

¹⁸ Donde no hay visión, el pueblo se extravía;
   ¡dichosos los que son obedientes a la ley!

¹⁹ No solo con palabras se corrige al siervo;
   aunque entienda, no obedecerá.

²⁰ ¿Te has fijado en los que hablan sin pensar?
   ¡Más se puede esperar de un necio que de
   gente así!

²¹ El criado consentido desde niño
   se convertirá en una persona insolente.

²² El hombre iracundo provoca peleas;
   el hombre violento multiplica sus crímenes.

²³ El altivo será humillado,
   pero el de espíritu humilde será enaltecido.

²⁴ El cómplice del ladrón atenta contra sí mismo;
   aunque esté bajo juramento,ᵃ no testificará.

²⁵ Temer a los hombres resulta una trampa,
   pero el que confía en el SEÑOR sale bien
   librado.

²⁶ Muchos buscan el favor del gobernante,
   pero solo el SEÑOR hace justicia.

²⁷ Los justos aborrecen a los malvados
   y los malvados aborrecen a los justos.

Dichos de Agur

30 Dichos de Agur, hijo de Jaqué. Mensaje.ᵇ

Palabras de este varón:

«Cansado estoy, oh Dios;
cansado estoy, oh Dios, y débil.ᶜ
² Soy el más ignorante de todos los hombres;
   no hay en mí discernimiento humano.
³ No he adquirido sabiduría
   ni tengo conocimiento del Dios ˙Santo.
⁴ ¿Quién ha subido a los cielos
   y descendido de ellos?
¿Quién puede atrapar el viento en sus manos
   o envolver el mar en su manto?
¿Quién ha establecido los límites de la tierra?
¿Quién conoce su nombre o el de su hijo?
Seguramente tú lo sabes.

⁵ »Toda palabra de Dios es purificada;
   Dios es escudo a los que en él buscan refugio.
⁶ No añadas nada a sus palabras,
   no sea que te reprenda y te exponga como a un
   mentiroso.

⁷ »Solo dos cosas te pido, Dios;
   no me las niegues antes de que muera:

⁸ Aleja de mí la falsedad y la mentira;
   no me des pobreza ni riquezas,
   sino solo el pan de cada día.
⁹ Porque teniendo mucho, podría desconocerte
   y decir: "¿Y quién es el SEÑOR?".
Y teniendo poco, podría llegar a robar
   y deshonrar así el nombre de mi Dios.

¹⁰ »No ofendas al esclavo delante de su amo,
   pues podría maldecirte y sufrirías las
   consecuencias.

¹¹ »Hay quienes maldicen a su padre
   y no bendicen a su madre.
¹² Hay quienes se creen muy puros,
   pero no se han purificado de su impureza.
¹³ Hay quienes se creen muy importantes
   y a todos miran con desdén.
¹⁴ Hay quienes tienen espadas por dientes
   y cuchillos por mandíbulas;
para devorar a los pobres de la tierra
   y a los menesterosos de este mundo.

¹⁵ »La sanguijuela tiene dos hijas
   que solo dicen: "Dame, dame".

»Tres cosas hay que nunca se sacian
y una cuarta que nunca dice "¡Basta!":
   ¹⁶ el sepulcro,ᵈ
   el vientre estéril,
   la tierra, que nunca se sacia de agua,
   y el fuego, que nunca dice "¡Basta!".

¹⁷ »Al que mira con desdén a su padre
   y desprecia a su anciana madre,
que los cuervos del valle le saquen los ojos
   y que se lo coman los buitres.

¹⁸ »Tres cosas hay que me causan asombro
   y una cuarta que no alcanzo a comprender:
   ¹⁹ el rastro del águila en el cielo,
   el rastro de la serpiente en la roca,
   el rastro del barco en alta mar
   y el rastro del hombre en la mujer joven.

²⁰ »Así procede la adúltera:
   come, se limpia la boca
   y afirma: "Nada malo he cometido".

²¹ »Tres cosas hacen temblar la tierra
   y una cuarta la hace estremecer:
   ²² el siervo que llega a ser rey,
   el necio al que le sobra comida,
   ²³ la mujer rechazada que llega a casarse
   y la criada que suplanta a su señora.

²⁴ »Cuatro cosas hay pequeñas en el mundo,
   pero que son más sabias que los sabios:
   ²⁵ las hormigas, animalitos de escasas fuerzas,
   pero que almacenan su comida en el verano;
   ²⁶ los tejones, animalitos de poca monta,
   pero que construyen su casa entre las rocas;
   ²⁷ las langostas, que no tienen rey,
   pero que avanzan en formación perfecta;
   ²⁸ las lagartijas, que se atrapan con la mano,
   pero habitan hasta en los palacios de reyes.

²⁹ »Tres cosas hay que caminan con elegancia
   y una cuarta de paso imponente:

ᵃ **24** bajo juramento. Alt. bajo maldición.   ᵇ **1** hijo de Jaqué.
Mensaje. Alt. hijo de Jaqué de Masa.   ᶜ **1** Cansado … y débil.
Alt. A Itiel, a itiel y a Ucal.   ᵈ **16** sepulcro. Lit. Seol.

³⁰ el león, poderoso entre las bestias, que no
    retrocede ante nada;
³¹ el gallo altivo,ᵃ
    el macho cabrío
    y el rey al frente de su ejército.ᵇ

³² »Si como un necio te has engreído
    o si algo maquinas, ponte a pensarᶜ
³³ que batiendo la leche se obtiene mantequilla,
    que sonándose fuerte sangra la nariz
    y que provocando la ira se acaba peleando».

Dichos del rey Lemuel

31 Los dichos del rey Lemuel. Mensaje mediante el cualᵈ su madre lo instruyó:

² «¿Qué pasa, hijo mío?
    ¿Qué pasa, hijo de mis entrañas?
    ¿Qué pasa, fruto de mis promesas?ᵉ
³ No gastes tu vigor en las mujeres
    ni tu fuerza en las que arruinan a los reyes.

⁴ »No conviene que los reyes, Lemuel,
    no conviene que los reyes se den al vino
    ni que los gobernantes se entreguen a la
      cerveza;
⁵ no sea que al beber se olviden de lo que la ˚ley
    ordena
    y priven de sus derechos a todos los oprimidos.
⁶ Dales cerveza a los que están por morir
    y vino a los amargados;
⁷ ¡que beban y se olviden de su pobreza!
    ¡que no vuelvan a acordarse de sus penas!

⁸ »¡Levanta la voz por los que no tienen voz!
    ¡Defiende los derechos de los desposeídos!
⁹ ¡Levanta la voz y hazles ˚justicia!
    ¡Defiende a los pobres y necesitados!».

Epílogo: Acróstico a la mujer ejemplarᶠ

Álef
¹⁰ Mujer ejemplar,ᵍ ¿dónde se hallará?
    ¡Es más valiosa que las piedras preciosas!

Bet
¹¹ Su esposo confía plenamente en ella
    y no le faltarán ganancias.

Guímel
¹² Ella le es fuente de bien, no de mal,
    todos los días de su vida.

Dálet
¹³ Anda en busca de lana y de lino,
    y gustosa trabaja con sus manos.

He
¹⁴ Es como los barcos mercantes,
    que traen de muy lejos su alimento.

Vav
¹⁵ Se levanta de madrugada,
da de comer a su familia
    y asigna tareas a sus criadas.

Zayin
¹⁶ Calcula el valor de un campo y lo compra;
    con sus gananciasʰ planta un viñedo.

Jet
¹⁷ Decidida se ciñe la cintura,ⁱ
    pues sus brazos están fuertes para el trabajo.

Tet
¹⁸ Se complace en la prosperidad de sus negocios;
    no se apaga su lámpara en la noche.

Yod
¹⁹ Con sus manos sostiene el telar
    y con sus dedos maneja el hilo.

Caf
²⁰ Tiende la mano al pobre
    y con ella sostiene al necesitado.

Lámed
²¹ Si nieva, no tiene que preocuparse de su
      familia,
    pues todos están bien abrigados.

Mem
²² Prepara las mantas para su cama;
    se viste de lana color púrpura y tela de lino
      fino.

Nun
²³ Su esposo es respetado en las puertas de la
      ciudad;
    ocupa un puesto entre las autoridades del
      lugar.

Sámej
²⁴ Confecciona ropa de lino y la vende;
    provee cinturones a los comerciantes.

Ayin
²⁵ Se reviste de fuerza y dignidad
    y afronta segura el porvenir.

Pe
²⁶ Cuando habla, lo hace con sabiduría;
    cuando instruye, lo hace con amor.

Tsade
²⁷ Está atenta a la marcha de su hogar
    y el pan que come no es fruto del ocio.

Qof
²⁸ Sus hijos se levantan y la felicitan;
    también su esposo la alaba:

Resh
²⁹ «Muchas mujeres han realizado proezas,
    pero tú las superas a todas».

Shin
³⁰ Engañoso es el encanto y pasajera la
      belleza;
    la mujer que teme al SEÑOR es digna de
      alabanza.

Tav
³¹ ¡Sean reconocidosʲ sus logros
    y en las puertas de la ciudad sean alabadas sus
      obras!

ᵃ 31 *el gallo altivo.* Lit. *el apretado de hombros.*   ᵇ 31 *el rey ... ejército.* Alt. *el rey contra quien su pueblo no se subleva.*   ᶜ 32 *ponte a pensar.* Lit. *mano a la boca.*   ᵈ 1 *Lemuel. ... cual.* Alt. *Lemuel de Masa, mediante los cuales.*   ᵉ 2 *fruto de mis promesas?* Alt. *respuesta a mis oraciones.*   ᶠ 10-31 Los vv. 10-31 son un acróstico, en que cada verso comienza con una de las letras del alfabeto hebreo.   ᵍ 10 *ejemplar.* Alt. *fuerte.*   ʰ 16 *sus ganancias.* Lit. *el fruto de sus manos.*   ⁱ 17 *se ciñe la cintura.* Lit. *se ciñe con fuerza sus lomos.*   ʲ 31 *Sean reconocidos.* Alt. *Denle.*

Eclesiastés

Discurso inicial

1 Estas son las palabras del Maestro,[a] hijo de David, rey en Jerusalén.

2 Vanidad de vanidades
    —dice el Maestro—,
vanidad de vanidades,
    ¡todo es vanidad!

3 ¿Qué provecho saca la gente
    de tanto afanarse bajo el sol?
4 Generación va, generación viene,
    mas la tierra permanece para siempre.
5 Sale el sol, se pone el sol;
    afanoso vuelve a su punto de origen para de
        allí volver a salir.
6 Dirigiéndose al sur
    o girando hacia el norte,
sin cesar gira el viento
    y de nuevo vuelve a girar.
7 Todos los ríos van a dar al mar,
    pero el mar jamás se llena.
A su punto de origen vuelven los ríos,
    para de allí volver a fluir.
8 Todas las cosas cansan
    más de lo que es posible expresar.
Ni se sacian los ojos de ver
    ni se hartan los oídos de oír.
9 Lo que ya ha acontecido
    volverá a acontecer;
lo que ya se ha hecho
    se volverá a hacer.
    ¡No hay nada nuevo bajo el sol!
10 Hay quien llega a decir:
    «¡Mira que esto sí es una novedad!».
Pero eso ya existía desde siempre,
    entre aquellos que nos precedieron.
11 Nadie se acuerda de las generaciones anteriores,
    como nadie se acordará de las últimas.
    ¡No habrá memoria de ellos
        entre los que habrán de sucedernos!

Primeras conclusiones

12 Yo, el Maestro, reiné en Jerusalén sobre Israel. 13 Y me dediqué de lleno a explorar e investigar con sabiduría todo cuanto se hace bajo el cielo. ¡Penosa tarea ha impuesto Dios al ˚género humano para abrumarlo con ella! 14 Y he observado todo cuanto se hace bajo el sol y todo ello es vanidad, ¡es correr tras el viento!

15 No se puede enderezar lo torcido
    ni se puede contar lo que falta.

16 Me puse a reflexionar: «Aquí me tienen, engrandecido y con más sabiduría que todos mis antecesores en Jerusalén; habiendo experimentado abundante sabiduría y conocimiento. 17 He dedicado de lleno a la comprensión de la sabiduría, y hasta conozco la ˚necedad y la insensatez. ¡Pero aun esto es querer alcanzar el viento! 18 Francamente,

»mientras más sabiduría, más problemas;
    mientras más se sabe, más se sufre».

2 Me dije entonces: «Vamos, pues, haré la prueba con los placeres y me daré la gran vida». ¡Pero aun esto resultó ser vanidad! 2 A la risa la considero una locura; en cuanto a los placeres, ¿para qué sirven? 3 Quise luego hacer la prueba de entregarme al vino —si bien mi ˚mente estaba bajo el control de la sabiduría—, y de aferrarme a la ˚necedad, hasta ver qué de bueno le encuentra el hombre a lo que hace bajo el cielo durante los contados días de su vida.

4 Realicé grandes obras: me construí casas, me planté viñedos, 5 cultivé mis propios huertos y jardines en donde planté toda clase de árboles frutales. 6 También me construí aljibes para irrigar los muchos árboles que allí crecían. 7 Compré esclavos y esclavas; tuve criados, vacas y ovejas, tuve mucho más que todos los que me precedieron en Jerusalén. 8 Amontoné plata, oro y tesoros que fueron de reyes y provincias. Tuve cantores y cantoras; disfruté de los deleites de los hombres: ¡formé mi propio harén![b]

9 Me engrandecí en gran manera, más que todos los que me precedieron en Jerusalén; además, la sabiduría permanecía conmigo.

10 No negué a mis ojos ningún deseo
    ni privé a mi corazón de placer alguno.
Mi corazón disfrutó de todos mis trabajos.
    ¡Solo eso saqué de tanto afanarme!
11 Luego observé todas mis obras
    y el trabajo que me había costado realizarlas.
Vi que todo era vanidad, un correr tras el viento,
    y que no había provecho bajo el sol.

Todos paran en lo mismo

12 Consideré entonces la sabiduría,
    la ˚necedad y la insensatez.
¿Qué más puede hacer el sucesor del rey,
    aparte de lo ya hecho?
13 Observé que es mejor la sabiduría que la
        insensatez,
    así como la luz es mejor que las tinieblas.
14 El sabio tiene los ojos bien puestos,
    pero el necio anda a oscuras.
Pero me di cuenta de que
    un mismo final espera a todos.

15 Me dije entonces:

«Si al fin voy a acabar igual que el necio,
    ¿de qué me sirve ser tan sabio?».
Y me dije:
    «También esto es vanidad».
16 Nadie se acuerda jamás del sabio ni del necio;
    con el paso del tiempo todo cae en el olvido;
lo mismo mueren los sabios que los necios.

---

a 1 *Maestro.* Alt. *Predicador;* así en el resto de este libro.
b 8 ¡formé mi propio harén! Frase de difícil traducción.

¹⁷Aborrecí entonces la vida, pues todo cuanto se hace bajo el sol me resultaba repugnante. Realmente, todo es vanidad; ¡es correr tras el viento!

¹⁸Aborrecí también todo el trabajo que hice bajo el sol, pues el fruto de tanto afán tendría que dejárselo a mi sucesor. ¹⁹¿Y quién sabe si este sería sabio o necio? Sin embargo, se adueñaría de lo que con tanto esmero y sabiduría logré hacer bajo el sol. ¡Y también esto es vanidad!

²⁰Volví a sentirme descorazonado de haber trabajado tanto bajo el sol, ²¹pues hay quienes ponen a trabajar su sabiduría y sus conocimientos y experiencia, para luego entregarle todos sus bienes a quien jamás movió un dedo. ¡Y también esto es vanidad y una enorme desgracia! ²²Pues, ¿qué gana el ˙hombre con todos sus esfuerzos y con tanto preocuparse y afanarse bajo el sol? ²³Todos sus días están plagados de sufrimientos y tareas frustrantes; ni siquiera de noche descansa su ˙mente. ¡Y también esto es vanidad!

²⁴Nada hay mejor para el hombre que comer, beber y llegar a disfrutar de sus afanes. He visto que también esto proviene de Dios, ²⁵porque ¿quién puede comer y alegrarse, si no es por Dios?ª ²⁶En realidad, Dios da sabiduría, conocimientos y alegría a quien es de su agrado; en cambio, al pecador le impone la tarea de acumular más y más, para luego dárselo todo a quien es de su agrado. Y también esto es vanidad; ¡es correr tras el viento!

Hay un tiempo para todo

3 Todo tiene su momento oportuno;
hay tiempo para todo lo que se hace bajo el cielo:

² tiempo para nacer y tiempo para morir;
tiempo para plantar y tiempo para cosechar;
³ tiempo para matar y tiempo para sanar;
tiempo para destruir y tiempo para construir;
⁴ tiempo para llorar y tiempo para reír;
tiempo para estar de luto y tiempo para bailar;
⁵ tiempo para esparcir piedras y tiempo para recogerlas;
tiempo para abrazarse y tiempo para apartarse;
⁶ tiempo para buscar y tiempo para perder;
tiempo para guardar y tiempo para desechar;
⁷ tiempo para rasgar y tiempo para coser;
tiempo para callar y tiempo para hablar;
⁸ tiempo para amar y tiempo para odiar;
tiempo para la guerra y tiempo para la paz.

De nada sirve afanarse

⁹¿Qué provecho saca el trabajador de tanto afanarse? ¹⁰He visto la tarea que Dios ha impuesto al ˙género humano para abrumarlo con ella. ¹¹Dios hizo todo hermoso en su tiempo, luego puso en la ˙mente humana la noción de eternidad, aun cuando el ˙hombre no alcanza a comprender la obra que Dios realiza de principio a fin. ¹²Yo sé que nada hay mejor para el hombre que alegrarse y hacer el bien mientras viva; ¹³y sé también que es un don de Dios que el hombre coma o beba y disfrute de todos sus afanes. ¹⁴Sé, además, que todo lo que Dios ha hecho permanece para siempre, que no hay nada que añadirle ni quitarle y que Dios lo hizo así para que se le tema.

¹⁵ Lo que ahora existe, ya existía;
y lo que ha de existir, existe ya.
Dios llama el pasado a cuentas.

Contradicciones de la vida

¹⁶He visto algo más bajo el sol:

Maldad donde se dictan las sentencias
y maldad donde se imparte la justicia.

¹⁷Pensé entonces:

«Al justo y al malvado
los juzgará Dios,
pues hay un tiempo para toda obra
y un lugar para toda acción».

¹⁸Pensé también con respecto a los seres humanos: «Dios los está poniendo a prueba, para que ellos mismos se den cuenta de que son como los animales. ¹⁹Los seres humanos terminan igual que los animales; el destino de ambos es el mismo, pues unos y otros mueren por igual, y el aliento de vidaᵇ es el mismo para todos, así que el hombre no es superior a los animales. Realmente, todo es vanidad ²⁰y todo va hacia el mismo lugar. Todo surgió del polvo y al polvo todo volverá. ²¹¿Quién sabe si el aliento de vida de los seres humanos se remonta a las alturas y el de los animales desciendeᶜ a las profundidades de la tierra?».

²²He visto, pues, que nada hay mejor para el hombre que disfrutar de su trabajo, ya que eso le ha tocado. Pues, ¿quién lo traerá para que vea lo que sucederá después de él?

Opresores y oprimidos

4 Luego me fijé en tanta opresión que hay bajo el sol.

Vi llorar a los oprimidos
y no había quien los consolara;
el poder estaba del lado de sus opresores
y no había quien los consolara.
² Y consideré más felices a los que ya han muerto
que a los que aún viven,
³ aunque en mejor situación
están los que aún no han nacido,
los que todavía no han visto la maldad
que se comete bajo el sol.

⁴Vi, además, que tanto el afán como el éxito en la vida despiertan envidias. Y también esto es vanidad; ¡es correr tras el viento!

⁵ El necio se cruza de brazos
y se devora a sí mismo.
⁶ Mejor un puñado de tranquilidad
que dos de fatiga
y de correr tras el viento.

La unión hace la fuerza

⁷Me fijé entonces en otra vanidad bajo el sol:

⁸ Vi a un hombre solitario,
sin hijos ni hermanos.
Nunca dejaba de afanarse;
¡jamás le parecían demasiadas sus riquezas!
«¿Para quién trabajo tanto», se preguntó,
«y me abstengo de las cosas buenas?».
¡También esto es vanidad
y una penosa tarea!

⁹ Mejor son dos que uno,
porque obtienen más fruto de su esfuerzo.

---

a **25** *por Dios* (véanse mss. hebreos, LXX y Siríaca); *por mí* (TM). *b* **19** O *espíritu.* *c* **21** *sabe ... desciende.* Alt. *conoce el espíritu del hombre, que se remonta a las alturas, o el de los animales, que desciende.*

¹⁰ Si caen,
　　el uno levanta al otro.
¡Ay del que cae
　　y no tiene quien lo levante!
¹¹ Si dos se acuestan juntos,
　　entrarán en calor;
　　uno solo ¿cómo va a calentarse?
¹² Uno solo puede ser vencido,
　　pero dos pueden resistir.
¡La cuerda de tres hilos no se rompe fácilmente!

Juventud y sabiduría

¹³Mejor es un joven pobre, pero sabio, que un rey viejo, pero necio, que ya no sabe recibir consejos. ¹⁴Aunque de la cárcel haya ascendido al trono o haya nacido pobre en ese reino, ¹⁵he visto que la gente que vive bajo el sol apoya al joven que sucede al rey. ¹⁶Y aunque es incontable la gente que sigue a los reyes,ᵃ muchos de los que vienen después tampoco quedan contentos con el sucesor. Y también esto es vanidad; ¡es querer alcanzar el viento!

Hay que cumplir las promesas

5 Cuando vayas a la casa de Dios, cuida tus pasos y acércate a escuchar en vez de ofrecer sacrificio de necios, que ni conciencia tienen de que hacen mal.

² No te apresures,
　　ni con la boca ni con el ˙corazón,
　　a hacer promesas delante de Dios;
él está en el cielo
　　y tú estás en la tierra.
　　Mide, pues, tus palabras.
³ De las muchas ocupaciones brotan los sueños
　　y de las muchas palabras, las tonterías.

⁴Cuando hagas una promesa a Dios, no tardes en cumplirla, porque a Dios no le agradan los ˙necios. Cumple tus promesas; ⁵Es mejor no hacer promesas que hacerlas y no cumplirlas. ⁶No permitas que tu boca te haga pecar, ni digas luego ante el mensajero del Temploᵇ que lo hiciste sin querer. ¿Por qué ha de enojarse Dios por lo que dices y destruir el fruto de tu trabajo? ⁷En medio de tantos sueños de vanidad y palabrerías, muestra temor a Dios.

Futilidad de las riquezas

⁸Si en alguna provincia ves que se oprime al pobre y que a la gente se le niega un juicio justo, no te asombres de tales cosas; porque a un alto oficial lo vigila otro más alto y, por encima de ellos, hay otros altos oficiales. ⁹Pero es provechoso para el país que el rey esté al servicio del campo.ᶜ

¹⁰ Quien ama el dinero, de dinero no se sacia.
　　Quien ama las riquezas nunca tiene
　　　　suficiente.
　　¡También esto es vanidad!

¹¹ Donde abundan los bienes,
　　sobra quien se los gaste;
¿y qué saca de esto su dueño,
　　aparte de contemplarlos?

¹² El trabajador duerme tranquilo,
　　coma mucho o coma poco.
Al rico sus muchas riquezas
　　no lo dejan dormir.

¹³He visto un mal terrible bajo el sol:

riquezas acumuladas que redundan en perjuicio
　　de su dueño

¹⁴ y riquezas que se pierden en un mal negocio.
Y si llega su dueño a tener un hijo,
　　ya no tendrá nada que dejarle.
¹⁵ Tal como salió del vientre de su madre,
　　así se irá: desnudo como vino al mundo
y sin llevarse el fruto de tanto trabajo.

¹⁶Esto es una terrible desgracia:

tal como viene el hombre, así se va.
　　¿Y de qué le sirve afanarse tanto en busca del
　　　　viento?
¹⁷Toda su vida come en tinieblas,
　　en medio de muchas molestias, enfermedades
　　　　y enojos.

¹⁸Esto es lo que he comprobado: que en la vida bajo el sol lo mejor es comer, beber y disfrutar del fruto de nuestros afanes. Es lo que Dios nos ha concedido; es lo que nos ha tocado. ¹⁹Además, a quien Dios concede abundancia y riquezas, también concede comer de ellas, así como tomar su parte y disfrutar de sus afanes, pues esto es don de Dios. ²⁰Y como Dios le llena de alegría el corazón, muy poco reflexiona el hombre en cuanto a su vida.

¿Qué sentido tiene la vida?

6 Hay un mal que he visto bajo el sol y que afecta a todos: ²a algunos Dios da abundancia, riquezas, honores y no les falta nada que pudieran desear. Sin embargo, es a otros a quienes concede disfrutar de todo ello. ¡Esto es vanidad, una penosa aflicción! ³Si un hombre tiene cien hijos y vive muchos años, no importa cuánto viva, si no se ha saciado de las cosas buenas ni llega a recibir sepultura, yo digo que un abortivo es mejor que él. ⁴Porque el abortivo vino de la nada, a las tinieblas va y en las tinieblas permanecerá oculto. ⁵Nunca llegará a ver el sol, ni sabrá nada; sin embargo, habrá tenido más reposo que aquel ⁶que pudo haber vivido dos mil años sin disfrutar jamás de lo bueno. ¿Y acaso no van todos a un mismo lugar?

⁷ Mucho trabaja el hombre para comer,
　　pero nunca se sacia.
⁸ ¿Qué ventaja tiene el sabio sobre el ˙necio?
　　¿Y qué gana el pobre
　　con saber enfrentarse a la vida?
⁹ Vale más lo visible
　　que lo imaginario.
Y también esto es vanidad;
　　¡es correr tras el viento!

¹⁰ Lo que ahora existe ya ha recibido ˙nombre
　　y se sabe lo que es: ˙humanidad.
Nadie puede luchar
　　contra alguien más fuerte.
¹¹ Donde abundan las palabras,
　　abunda la vanidad.
　　¿Y qué se gana con eso?

¹²En realidad, ¿quién sabe qué le conviene a una persona en esta breve y vana vida suya por donde pasa como una sombra? ¿Y quién puede decirle lo que sucederá bajo el sol después de su muerte?

Nueva escala de valores

7 Es mejor el buen ˙nombre que el buen perfume.
　　Es mejor el día en que se muere que el día en
　　　　que se nace.

ᵃ **16** los reyes. Lit. ellos.　　ᵇ **6** mensajero del Templo. Lit. mensajero.　　ᶜ **9** Versículo de difícil traducción.

² Es mejor ir a un funeral
   que a una casa de fiestas.
Pues la muerte es el fin de todo ˙ser humano,
   y los que viven debieran tenerlo presente.
³ Es mejor llorar que reír;
   porque un rostro triste le hace bien al corazón.
⁴ El sabio tiene presente la muerte;
   el ˙necio solo piensa en la diversión.
⁵ Es mejor la represión de sabios
   que el canto de necios.
⁶ Pues las carcajadas de los necios
   son como el crepitar de las espinas bajo la olla.
   ¡Y también esto es vanidad!

⁷ La extorsión entorpece al sabio
   y el soborno corrompe su corazón.

⁸ Vale más el fin de algo que su principio.
   Vale más la paciencia que la arrogancia.
⁹ No permitas que el enojo domine tu espíritu,
   porque el enojo se aloja en lo íntimo de los
      necios.

¹⁰ Nunca preguntes por qué todo tiempo pasado fue
      mejor.
   No es de sabios hacer tales preguntas.

¹¹ Buena es la sabiduría sumada a la heredad
   y provechosa para los que ven la luz del sol.
¹² Puedes ponerte a la sombra de la sabiduría
   o a la sombra del dinero,
   pero la sabiduría tiene la ventaja
      de dar vida a quien la posee.

¹³ Contempla las obras de Dios:

¿quién puede enderezar
   lo que él ha torcido?
¹⁴ Cuando te vengan buenos tiempos, disfrútalos;
   pero cuando te lleguen los malos,
piensa que unos y otros son obra de Dios,
   y que nadie sabe con qué habrá de encontrarse
      después.

¹⁵ Todo esto he visto durante mi absurda vida:

hombres justos a quienes su justicia los destruye
   y hombres malvados a quienes su maldad les
      alarga la vida.
¹⁶ No seas demasiado justo,
   tampoco demasiado sabio.
   ¿Para qué destruirte a ti mismo?
¹⁷ No seas demasiado malo
   ni te portes como un necio.
   ¿Para qué morir antes de tiempo?
¹⁸ Bueno es agarrar esto
   sin soltar aquello.
   Quien teme a Dios evitará los extremos.

¹⁹ Más fortalece la sabiduría al sabio
   que diez gobernantes a una ciudad.

²⁰ No hay en la tierra nadie tan justo
   que haga el bien y nunca peque.

²¹ No prestes atención a todo lo que se dice
   y así no oirás cuando tu siervo hable mal de ti,
²² aunque bien sabes
   que muchas veces también tú has hablado mal
      de otros.

Tras la razón de las cosas

²³ Todo esto lo examiné con sabiduría

y me dispuse a ser sabio,
   pero la sabiduría estaba fuera de mi alcance.
²⁴ Lejos y demasiado profundo está todo cuanto
      existe.
   ¿Quién puede dar con ello?
²⁵ Volví entonces mi atención hacia el conocimiento
      para investigar e indagar acerca de la sabiduría
      y la razón de las cosas;
entonces me di cuenta de la insensatez de la
      maldad
   y la locura de la ˙necedad.

²⁶ Y encontré algo más amargo que la muerte:
   la mujer que es una trampa,
su ˙corazón es una red
   y sus brazos son cadenas.
Quien agrada a Dios se librará de ella,
   pero el pecador caerá en sus redes.

²⁷ Y dijo el Maestro:

«Miren lo que he hallado al buscar la razón de
      las cosas, una por una:
²⁸ ¡que todavía estoy buscando
   lo que no he encontrado!
Ya he dado con un hombre entre mil,
   pero entre todas las mujeres
   aún no he encontrado ninguna.
²⁹ Tan solo he hallado lo siguiente:
   que Dios hizo perfecto al ˙ser humano,
   pero este se ha buscado demasiadas
      complicaciones».

8 ¿Quién es como el sabio?
   ¿Quién conoce las respuestas?
La sabiduría del hombre hace que resplandezca
      su rostro
   y se ablanden sus facciones.

La obediencia al rey

² Yo digo: Obedece al rey, porque lo has jurado ante Dios. ³ No te apresures a salir de su presencia. No defiendas una mala causa, porque lo que él quiere hacer, lo hace. ⁴ Puesto que la palabra del rey tiene autoridad, ¿quién puede pedirle cuentas?

⁵ El que acata sus órdenes no sufrirá daño alguno.
   El ˙corazón sabio sabe cuándo y cómo acatarlas.
⁶ Para todo lo que se hace hay un cuándo y un
      cómo,
   aunque el ˙ser humano tiene en contra un gran
      problema:

⁷ que ninguno conoce el futuro
   ni hay quien se lo pueda decir.
⁸ Nadie tiene poder sobre el viento para
      retenerlo;ᵃ
   ni hay quien tenga poder sobre el día de su
      muerte.
No hay licencias durante la batalla,
   ni la maldad deja libre al malvado.

Sinrazones de la vida

⁹ Todo esto vi al dedicarme de lleno a conocer todo lo que se hace bajo el sol: hay veces que el ser humano domina a otros para su propio mal. ¹⁰ Vi también a los malvados ser sepultados —los que solían ir y venir del lugar santo—; a ellos se les echó al olvido en la ciudad donde así se condujeron.ᵇ ¡Y también esto es vanidad!

ᵃ 8 O *sobre el aliento de vida para retenerlo.*   ᵇ 10 *a ellos ... se condujeron. Frase de difícil traducción.*

¹¹Cuando no se ejecuta rápidamente la sentencia de un delito, el corazón del pueblo se llena de razones para hacer lo malo. ¹²El pecador puede hacer lo malo cien veces y vivir muchos años; pero sé también que le irá mejor a quien teme a Dios y le guarda reverencia. ¹³En cambio, a los malvados no les irá bien ni vivirán mucho tiempo. Serán como una sombra, porque no temen a Dios.

¹⁴En la tierra suceden cosas que son vanidad, pues hay hombres justos a quienes les va como si fueran malvados y hay malvados a quienes les va como si fueran justos. ¡Y yo digo que también esto es vanidad!

¹⁵Por tanto, celebro la alegría, pues no hay para el ser humano nada mejor bajo el sol que comer, beber y alegrarse. Solo eso le queda de tanto afanarse en esta vida que Dios le ha dado bajo el sol.

¹⁶Al dedicarme al ˚conocimiento de la sabiduría y a la observación de todo cuanto se hace en la tierra, sin poder conciliar el sueño ni de día ni de noche, ¹⁷pude ver todo lo hecho por Dios. ¡El hombre no puede comprender todo lo que se hace bajo el sol! Por más que se esfuerce por hallarle sentido, no lo encontrará; aun cuando el sabio diga conocerlo, no lo puede comprender.

Un destino común

9 A todo esto me dediqué de lleno y comprobé que los justos y los sabios, junto con sus obras, están en las manos de Dios; pero ninguno sabe del amor ni del odio, aunque los tenga ante sus ojos. ²Para todos hay un mismo final: para el justo y el injusto, para el bueno y el malo, para el puro y el impuro, para el que ofrece sacrificios y para el que no los ofrece.

Tanto para el bueno,
como para el pecador;
tanto para el que hace juramentos,
como para el que no los hace por temor.

³Hay un mal en todo lo que se hace bajo el sol: todos tienen un mismo final. Además, el ˚corazón del ˚hombre rebosa de maldad; la necedad está en su corazón toda su vida y después de eso la muerte. ⁴¿Por quién, pues, decidirse? Entre todos los vivos hay esperanza, pues vale más perro vivo que león muerto.

⁵Porque los vivos saben que han de morir,
pero los muertos no saben nada;
tampoco tienen recompensa,
pues su memoria cae en el olvido.
⁶Sus amores, odios
y pasiones llegan a su fin;
nunca más vuelven a tener parte
en nada de lo que se hace bajo el sol.

⁷¡Anda, come tu pan con gozo! ¡Bebe tu vino con corazón alegre, que Dios ya se ha agradado de tus obras! ⁸Que sean siempre tus vestidos blancos y que no falte nunca el perfume en tu cabeza. ⁹Goza de la vida con la mujer amada cada día de la vida de vanidad que Dios te ha dado bajo el sol. ¡Cada uno de tus días de vanidad! Esta es la recompensa de tu vida y de los afanes que pasas bajo el sol. ¹⁰Y todo lo que te venga a la mano, hazlo con todo empeño; porque en los dominios de la muerte,ᵃ adonde te diriges, no hay trabajo ni planes ni conocimiento ni sabiduría.

Más vale sabiduría que fuerza
¹¹Me fijé de nuevo que bajo el sol

la carrera no la ganan los más veloces
ni ganan la batalla los más valientes;

tampoco los sabios tienen qué comer
ni los inteligentes abundan en dinero,
ni los instruidos gozan de simpatía;
sino que a todos les llegan buenos y malos
tiempos.

¹²Vi además que nadie sabe cuándo le llegará su hora.

Así como los peces caen en la red fatal
y las aves caen en la trampa,
también los ˚hombres se ven atrapados
por una desgracia que de pronto les
sobreviene.

¹³También vi bajo el sol este notable caso de sabiduría: ¹⁴una ciudad pequeña, con pocos habitantes, contra la cual se dirigió un rey poderoso que la sitió y construyó a su alrededor una impresionante maquinaria de asalto. ¹⁵En esa ciudad había un hombre pobre, pero sabio, que con su sabiduría salvó a la ciudad, ¡pero nadie se acordó de aquel hombre pobre! ¹⁶Yo digo que «la sabiduría es mejor que la fuerza», aun cuando se menosprecie la sabiduría del pobre y no se preste atención a sus palabras.

¹⁷Más se atiende a las palabras tranquilas de los
sabios
que a los gritos del jefe de los necios.
¹⁸Es mejor la sabiduría que las armas de guerra,
pero un solo pecador destruye muchos bienes.

Dichos de sabiduría
10 Las moscas muertas apestan
y echan a perder el perfume.
Así mismo pesa más una pequeña ˚necedad
que la sabiduría y la honra juntas.
²El corazón del sabio se inclina al bien,
pero el del necio busca el mal.
³Aun en el camino por el que va,
el necio revela su falta de inteligencia
y a todos va mostrando lo necio que es.
⁴Si el ánimo del gobernante se exalta contra ti,
no abandones tu puesto.
La tranquilidad es el remedio para los grandes
errores.

⁵Hay un mal que he visto bajo el sol,
semejante al error que cometen los
gobernantes:
⁶al necio se le dan muchos puestos elevados,
pero a la gente valiosa se les dan los puestos
más bajos.
⁷He visto esclavos montar a caballo
y príncipes andar a pie como esclavos.

⁸El que cava la fosa, en ella se cae;
al que abre brecha en el muro, la serpiente lo
muerde.
⁹El que pica piedra, con las piedras se hiere;
el que corta leña, podría lastimarse
con ella.

¹⁰Si el hacha pierde su filo
y no se vuelve a afilar,
hay que golpear con más fuerza,
pero la sabiduría lleva al éxito.

¹¹Si la serpiente muerde antes de ser encantada,
no hay ganancia para el encantador.

ᵃ **10** *en los dominios de la muerte.* Lit. *en el Seol.*

¹²Las palabras del sabio son placenteras,
   pero los labios del necio son su ruina;
¹³sus primeras palabras son necedades
   y las últimas, terribles locuras.
   ¹⁴¡Pero no le faltan las palabras!

Nadie sabe lo que ha de suceder
   y lo que acontecerá después,
   ¿quién podría decirlo?

¹⁵El trabajo del necio tanto lo fatiga
   que ni el camino a la ciudad conoce.

¹⁶¡Ay del país cuyo rey es un inmaduro
   y cuyos príncipes festejan desde temprano!

¹⁷¡Dichoso el país cuyo rey es un noble
   y cuyos príncipes comen cuando es debido,
   para reponerse y no para embriagarse!

¹⁸Por causa del ocio se viene abajo el techo
   y por la pereza se desploma la casa.

¹⁹Para divertirse se celebra un banquete,
   el vino alegra la vida
   y el dinero es la respuesta para todo.

²⁰No maldigas al rey ni con el pensamiento,
   ni en tu cuarto maldigas al rico,
pues las aves del cielo pueden correr la voz.
   Tienen alas y pueden divulgarlo.

11 ¹Lanza tu pan sobre el agua;
   después de algún tiempo volverás a
      encontrarlo.
²Comparte lo que tienes entre siete, y aun entre
      ocho,
   pues no sabes qué calamidad pueda venir sobre
      la tierra.

³Cuando las nubes están cargadas,
   derraman su lluvia sobre la tierra.
Si el árbol cae hacia el sur,
   o cae hacia el norte, donde cae allí se queda.
⁴Quien vigila al viento no siembra;
   quien contempla las nubes no cosecha.

⁵Así como no sabes por dónde va el viento
   ni cómo se forma el niño en el vientre de la
      madre,
tampoco entiendes la obra de Dios,
   el Creador de todas las cosas.

⁶Siembra tu semilla en la mañana
   y no te des reposo por la tarde,
pues nunca sabes cuál siembra saldrá mejor,
   si esta o aquella,
   o si ambas serán igualmente buenas.
⁷Grata es la luz, y
   ¡qué bueno que los ojos disfruten del sol!
⁸Mas si el hombre vive muchos años,
   y todos ellos los disfruta,
debe recordar que los días tenebrosos
   serán muchos
   y que lo venidero será vanidad.

Acuérdate de tu Creador

⁹Alégrate, joven, en tu juventud;
   deja que tu corazón disfrute de la adolescencia.

Sigue los impulsos de tu corazón
   y responde al estímulo de tus ojos,
pero toma en cuenta que Dios
   te juzgará por todo esto.
¹⁰Aleja de tu corazón el enojo,
   aparta de tu cuerpo la maldad,
   porque juventud y vigor son pasajeros.

12 Acuérdate de tu Creador
   en los días de tu juventud,
antes de que lleguen los días malos
   y vengan los años en que digas:
   «No encuentro en ellos placer alguno»;
²antes de que dejen de brillar
   el sol y la luz, la luna y las estrellas,
   y vuelvan las nubes después de la lluvia.
³Un día temblarán los guardianes de la casa
   y los fuertes caminarán encorvados;
se detendrán las que muelen por ser pocas,
   y verán borrosos los que miran por las
      ventanas.
⁴Se irán cerrando las puertas de la calle,
   irá disminuyendo el ruido del molino;
las aves elevarán su canto,
   pero apagados se oirán sus trinos.
⁵Sobrevendrá el temor por las alturas
   y por los peligros del camino.
Florecerá el almendro,
   la langosta resultará onerosa
   y se perderá el deseo,
pues el hombre se encamina al hogar
      eterno
   y rondan ya en la calle los que lloran su
      muerte.

⁶Acuérdate de tu Creador
   antes de que se rompa el cordón de plata
   y se quiebre la vasija de oro,
y se estrelle el cántaro contra la fuente
   y se rompa la polea del pozo.
⁷Volverá entonces el polvo a la tierra,
   como antes fue
y el espíritu volverá a Dios,
   que es quien lo dio.

⁸Vanidad de vanidades,
   ¡todo es vanidad!
   —dice el Maestro.

Epílogo

⁹Además de ser sabio, el Maestro impartió conocimientos a la gente. Ponderó, investigó y ordenó
muchísimos proverbios. ¹⁰Procuró también hallar las
palabras más adecuadas y escribirlas con honradez
y veracidad. ¹¹Las palabras de los sabios son como aguijones.
Como clavos bien puestos son sus colecciones de
dichos, dados por un solo pastor. ¹²Además de ellas,
hijo mío, ten presente que el hacer muchos libros es
algo interminable y que el mucho leer causa fatiga.

¹³El fin de este asunto
   es que ya se ha escuchado todo.
Teme a Dios y cumple sus mandamientos,
   porque esto es todo para el hombre.
¹⁴Pues Dios juzgará toda obra,
   buena o mala,
   aun la realizada en secreto.

Cantar de los Cantares

1 Cantar de los cantares[a] de Salomón.

Primer Canto

La amada
2 Ah, si me besaras con los besos de tu boca …[b]
¡Mejor es tu amor que el vino!
3 La fragancia de tus perfumes es placentera;
tu nombre es bálsamo aromático.
¡Con razón te aman las doncellas!
4 ¡Arrástrame en pos de ti! ¡Date prisa!
¡Llévame, oh rey, a tu alcoba!

Los amigos
Regocijémonos y deleitémonos juntos;
celebraremos tus caricias más que el vino.
¡Sobran las razones para amarte!

La amada
5 Soy morena y hermosa,
hijas de Jerusalén;
morena como las tiendas de campaña de
Cedar,
hermosa como las cortinas de Salomón.[c]
6 No se fijen en mi tez morena
ni en que el sol me bronceó la piel.
Mis hermanos se enfadaron contra mí
y me obligaron a cuidar las viñas;
¡y mi propia viña descuidé!
7 Cuéntame, amor de mi ˙vida,
¿dónde apacientas tus rebaños?,
¿dónde al mediodía los haces reposar?
¿Por qué he de andar como mujer con velo
entre los rebaños de tus amigos?

Los amigos
8 Si no lo sabes, la más bella de las mujeres,
ve tras la huella del rebaño
y apacienta tus cabritos
junto a las moradas de los pastores.

El amado
9 Te comparo, amada mía, con una yegua
entre los caballos del carro del faraón.
10 ¡Qué hermosas lucen tus mejillas entre los
pendientes!
¡Qué hermoso luce tu cuello entre los
collares!
11 ¡Haremos para ti pendientes de oro
con incrustaciones de plata!

La amada
12 Mientras el rey se halla sentado a la mesa,
mi nardo esparce su fragancia.
13 Mi amado es para mí como el saquito de mirra
que duerme entre mis pechos.
14 Mi amado es para mí como un ramito de
azahar[d]
de las viñas de Engadi.

El amado
15 ¡Cuán bella eres, amada mía!
¡Cuán bella eres!
¡Tus ojos son dos palomas!

La amada
16 ¡Cuán hermoso eres, amado mío!
¡Eres un encanto!

El amado
Una alfombra de hojas es nuestro lecho,
17 los cedros son las vigas de la casa
y nos cubre un techo de cipreses.

La amada
2 Yo soy una rosa de Sarón,
una azucena de los valles.

El amado
2 Como azucena entre las espinas
es mi amada entre las doncellas.

La amada
3 Cual manzano entre los árboles del bosque
es mi amado entre los jóvenes.
Me encanta sentarme a su sombra;
dulce a mi paladar es su fruto.
4 Me llevó a la sala del banquete,
y sobre mí enarboló su estandarte de amor.
5 ¡Fortalézcanme con pasas,
susténtenme con manzanas,
porque desfallezco de amor!
6 ¡Ojalá pudiera mi cabeza reposar sobre su izquierda!
¡Ojalá su derecha me abrazara!

El amado
7 Yo les ruego, doncellas de Jerusalén,
por las gacelas y cervatillas del bosque,
que no desvelen ni molesten a mi amada
hasta que quiera despertar.

Segundo Canto

La amada
8 ¡La voz de mi amado!
¡Mírenlo, aquí viene!,
saltando por las colinas,
brincando por las montañas.
9 Mi amado es como un venado;
se parece a un cervatillo.
¡Mírenlo, de pie tras nuestro muro,
espiando por las ventanas,
atisbando por las celosías!
10 Mi amado me habló y me dijo:
«¡Levántate, amada mía;
ven conmigo, mujer hermosa!

---

a 1 *Cantar de los cantares.* Alt. *El más bello cantar.* *b* 2 *si me besaras … tu boca.* Lit. *bésame él con los besos de su boca.* *c* 5 *Salomón.* Alt. *Salmá.* *d* 14 *azahar.* Lit. *alheña.*

11 ¡Mira, el invierno se ha ido
     y con él han cesado y se han ido las lluvias!
12 Ya brotan flores en los campos;
     ¡el tiempo de la canción ha llegado!
   Ya se escucha por toda nuestra tierra
     el arrullo de las tórtolas.
13 La higuera ofrece sus primeros frutos;
     las viñas florecen y esparcen su fragancia.
   ¡Levántate, amada mía;
     ven conmigo, mujer hermosa!».

El amado
14 Paloma mía, que te escondes en las grietas de las
        rocas,
     en las hendiduras de las montañas,
   muéstrame tu rostro,
     déjame oír tu voz;
   pues tu voz es placentera
     y hermoso tu semblante.
15 Atrapen a las zorras,
     a esas zorras pequeñas
   que arruinan nuestros viñedos,
     nuestros viñedos en flor.

La amada
16 Mi amado es mío y yo soy suya;
     él apacienta su rebaño entre azucenas.
17 Antes de que el día despunte
     y se desvanezcan las sombras,
   regresa a mí, amado mío.
     Corre como un venado,
   como un cervatillo
     por colinas escarpadas.ᵃ

3 Por las noches, sobre mi lecho,
     busco al amor de mi ˙vida;
   lo busco y no lo hallo.
2 Me levanto, voy por la ciudad,
     por sus calles y mercados,
   buscando al amor de mi vida.
     Lo busqué y no lo hallé.
3 Me encuentran los centinelas
     mientras rondan la ciudad.
   Les pregunto:
     «¿Han visto ustedes al amor de mi vida?».
4 No bien los he dejado,
     cuando encuentro al amor de mi vida.
   Lo abrazo y, sin soltarlo,
     lo llevo a la casa de mi madre,
     a la alcoba donde ella me concibió.

El amado
5 Yo les ruego, doncellas de Jerusalén,
     por las gacelas y cervatillas del bosque,
   que no desvelen ni molesten a mi amada
     hasta que ella quiera despertar.

Tercer Canto

El coro
6 ¿Qué es eso que sube por el desierto
     semejante a una columna de humo,
   entre aromas de mirra e incienso,
     entre perfumes de mercaderes?
7 ¡Miren! ¡Es el carruaje de Salomón!
     Viene escoltado por sesenta guerreros,
   escogidos entre los más valientes de Israel.
8 Todos ellos portan espadas
     y han sido adiestrados para el combate;
   cada uno lleva la espada al cinto
     por causa de los peligros de la noche.

9 Salomón mismo se hizo el carruaje
     con finas maderas del Líbano.
10 Hizo de plata las columnas
     y de oro los soportes.
   El asiento lo tapizó de color púrpura
     y su interior fue decorado con esmero
     por las hijas de Jerusalén.
11 ¡Salgan, doncellas de ˙Sión!
     ¡Contemplen al rey Salomón!
   ¡Lleva puesta la corona que le ciñó su madre
     el día en que contrajo nupcias,
     el día en que se alegró su ˙corazón!

El amado
4 ¡Cuán bella eres, amada mía!
     ¡Cuán bella eres!
   Tus dos ojos, tras el velo, son como palomas.
   Tus cabellos son como los rebaños de cabras
     que descienden de los montes de Galaad.
2 Tus dientes son como rebaños de ovejas recién
        trasquiladas,
     que ascienden después de haber sido
        bañadas.
   Cada una de ellas tiene gemelas,
     ninguna de ellas está sola.
3 Tus labios son cual cinta carmesí;
     tu boca es hermosa.
   Tus mejillas, tras el velo,
     parecen dos mitades de granadas.
4 Tu cuello se asemeja a la torre de David
     construida con piedras labradas;
   de ella penden mil escudos,
     escudos de guerreros todos ellos.
5 Tus pechos parecen dos cervatillos,
     dos crías mellizas de gacela
   que pastan entre azucenas.
6 Antes de que el día despunte
     y se desvanezcan las sombras,
   subiré a la montaña de la mirra,
     a la colina del incienso.
7 Toda tú eres bella, amada mía;
     no hay en ti defecto alguno.

8 Desciende del Líbano conmigo, novia mía;
     desciende del Líbano conmigo.
   Baja de la cumbre del Amaná,
     de la cima del Senir y del Hermón.
   Baja de las guaridas de los leones,
     de los montes donde habitan los leopardos.
9 Cautivaste mi corazón, hermana y novia mía,
     con una mirada de tus ojos;
   con una vuelta de tu collar
     cautivaste mi corazón.
10 ¡Cuán delicioso es tu amor,
     hermana y novia mía!
   ¡Más agradable que el vino es tu amor,
     y más que toda especia
     la fragancia de tu perfume!
11 Tus labios, novia mía, destilan miel;
     leche y miel escondes bajo la lengua.
   Cual perfume del Líbano
     es el perfume de tus vestidos.
12 Jardín cerrado eres tú,
     hermana y novia mía.
   Fuente cerrada y sellado manantial.
13 Tus plantas son un huerto de granadas
     con frutos exquisitos
     flores de nardo y azahar;
14 con toda clase de árbol de incienso,
     nardo y azafrán;
   con cálamo y canela,
     mirra y áloe
   y con las más finas especias.

ᵃ 17 *por colinas escarpadas.* Alt. *por las colinas de Beter.*

15 Eres fuente de los jardines,
   manantial de aguas vivas,
   arroyo que del Líbano desciende.

La amada

16 ¡Viento del norte, despierta!
   ¡Viento del sur, ven acá!
   Soplen en mi jardín;
      ¡esparzan su fragancia!
   Que venga mi amado a su jardín
      y pruebe sus frutos exquisitos.

El amado

5 He entrado ya en mi jardín,
      hermana y novia mía,
   y en él recojo mirra y bálsamo;
      allí me sacio del panal y de su miel;
      allí bebo mi vino y mi leche.

Los amigos

   ¡Coman y beban, amigos,
      y embriáguense de amor!

Cuarto Canto

La amada

2 Yo dormía, pero mi corazón velaba.
      ¡Y oí una voz!
      ¡Mi amado estaba a la puerta!
   «Hermana, amada mía;
      preciosa paloma mía,
      ¡déjame entrar!
   Mi cabeza está empapada de rocío;
      la humedad de la noche corre por mi pelo».
3 Ya me he quitado la ropa;
      ¿cómo volver a vestirme?
   Ya me he lavado los pies;
      ¿cómo ensuciarlos de nuevo?
4 Mi amado pasó la mano por la abertura del
         cerrojo;
      ¡se estremecieron mis entrañas al sentirlo!
5 Me levanté y le abrí a mi amado;
      gotas de mirra corrían por mis manos.
   Se deslizaban entre mis dedos
      y caían sobre el cerrojo.
6 Le abrí a mi amado,
      pero ya no estaba allí.
   Se había marchado
      y tras su voz se fue mi ˚alma.
   Lo busqué y no lo hallé.
   Lo llamé y no me respondió.
7 Me encontraron los centinelas
      mientras rondaban la ciudad;
   los que vigilan las murallas
      me hirieron, me golpearon;
      ¡me despojaron de mi manto!
8 Yo les ruego, doncellas de Jerusalén,
      que si encuentran a mi amado,
   ¿qué le dirán?
      ¡Díganle que estoy enferma de amor!

El coro

9 Dinos, bella entre las bellas,
      ¿en qué aventaja tu amado a otros hombres?
   ¿En qué aventaja tu amado a otros hombres,
      que nos haces tales ruegos?

La amada

10 Mi amado es apuesto y trigueño,
      y entre diez mil hombres se le distingue.
11 Su cabeza es oro fino;
      su cabellera es ondulada
      y negra como un cuervo.

12 Sus ojos parecen palomas
      posadas junto a los canales de agua,
   bañadas en leche,
      montadas como joyas.
13 Sus mejillas son como lechos de bálsamo,
      como cultivos de hierbas aromáticas.
   Sus labios son azucenas
      por las que fluye mirra.
14 Sus brazos son barras de oro
      montadas sobre topacios.
   Su cuerpo es pulido marfil
      incrustado de zafiros.
15 Sus piernas son pilares de mármol
      que descansan sobre bases de oro puro.
   Su porte es como el del Líbano,
      esbelto como sus cedros.
16 Su paladar es la dulzura misma;
      ¡él es todo un encanto!
   ¡Tal es mi amado, tal es mi amigo,
      doncellas de Jerusalén!

El coro

6 1 ¿A dónde se ha ido tu amado,
      oh bella entre las bellas?
   ¿Hacia dónde se ha encaminado?
      ¡Iremos contigo a buscarlo!

La amada

2 Mi amado ha bajado a su jardín,
      a los lechos de bálsamo,
   para retozar en los jardines
      y recoger azucenas.
3 Yo soy de mi amado y mi amado es mío;
      él apacienta su rebaño entre azucenas.

Quinto Canto

El amado

4 Tú, amada mía, eres bella como Tirsá,
      hermosa como Jerusalén
      imponente como ejército con sus banderas.
5 Aparta de mí la mirada,
      que tus ojos me tienen fascinado.
   Tus cabellos son como los rebaños de cabras
      que descienden de Galaad.
6 Tus dientes son como rebaños de ovejas
      que ascienden después de haber sido bañadas.
   Cada una de ellas tiene gemelas,
      ninguna de ellas está sola.
7 Tus mejillas, tras el velo,
      parecen dos mitades de granadas.
8 Pueden ser sesenta las reinas,
      ochenta las concubinas*ª*
      e innumerables las vírgenes,
9 pero una sola es preciosa, paloma mía,
      la hija consentida de su madre,
      la favorita de quien le dio la vida.
   Las doncellas la ven y la bendicen;
      las reinas y las concubinas la alaban.

El coro

10 ¿Quién es esta, admirable como la aurora?
      ¡Es bella como la luna,
      radiante como el sol,
      imponente como ejército con sus banderas!

El amado

11 Descendí al huerto de los nogales
      para admirar los nuevos brotes en el valle,
   para admirar los retoños de las vides
      y los granados en flor.

---

a 8 Véase nota en Gn 22:24.

¹² Sin darme cuenta, mi pasión me puso
  entre las carrozas reales de mi pueblo.ᵃ

Los amigos
¹³ Vuelve, Sulamita, vuelve;
  vuélvete a nosotros,
  ¡queremos contemplarte!

El amado
  ¿Y por qué han de contemplar a la Sulamita,
  como en las danzas de los campamentos?

7 ¡Ah, princesa mía,
  cuán bellos son tus pies en las sandalias!
  Las curvas de tus caderas son como alhajas
  labradas por hábil artesano.
² Tu ombligo es una copa redonda,
  rebosante de buen vino.
  Tu vientre es un monte de trigo
  rodeado de azucenas.
³ Tus pechos parecen dos cervatillos,
  dos crías mellizas de gacela.
⁴ Tu cuello parece torre de marfil.
  Tus ojos son como los manantiales de Hesbón,
  junto a la entrada de Bat Rabín.
  Tu nariz se asemeja a la torre del Líbano,
  que mira hacia Damasco.
⁵ Tu cabeza se eleva como la cumbre del
    Carmelo.
  Hilos de color púrpura son tus cabellos;
  con tus rizos has cautivado al rey.
⁶ Cuán bella eres, amor mío,
  ¡cuán encantadora en tus delicias!
⁷ Tu altura se asemeja a la palmera
  y tus pechos, a sus racimos.
⁸ Me dije: «Me subiré a la palmera;
  de sus racimos me adueñaré».
  ¡Sean tus pechos como racimos de uvas,
  tu aliento cual fragancia de manzanas
⁹ y como el buen vino tu boca!

La amada
  ¡Corra el vino hacia mi amado
  y le resbale por labios y dientes!ᵇ
¹⁰ Yo soy de mi amado
  y él me desea con pasión.
¹¹ Ven, amado mío;
  vayamos a los campos,
  pasemos la noche en las aldeas.
¹² Vayamos temprano a los viñedos
  para ver si han retoñado las vides,
  si han abierto las flores,
  si ya florecen los granados.
  ¡Allí te brindaré mis caricias!
¹³ Las mandrágoras esparcen su fragancia
  y a nuestras puertas hay toda clase de
    exquisitos frutos,
  lo mismo nuevos que añejos,
  que he guardado para ti, amor mío.

8 ¡Ah, si fueras mi propio hermano,
  criado a los pechos de mi madre!
  Al encontrarte en la calle podría besarte
  y nadie me despreciaría.

² Tomándote de la mano,
  te llevaría a la casa de mi madre
  para que fueran mi maestro.
  Te daría a beber vino con especias
  y el néctar de mis granadas.
³ ¡Ojalá pudiera mi cabeza
  reposar sobre su izquierda!
  ¡Ojalá su derecha me abrazara!

El amado
⁴ Yo les ruego, doncellas de Jerusalén,
  que no desvelen ni molesten a mi amada
  hasta que ella quiera despertar.

Sexto Canto

El coro
⁵ ¿Quién es esta que sube por el desierto
  apoyada sobre el hombro de su amado?

La amada
  Bajo el manzano te desperté;
  allí te concibió tu madre,
  allí mismo te dio a luz.
⁶ Grábame como un sello sobre tu corazón;
  llévame como una marca sobre tu brazo.
  Fuerte es el amor, como la muerte;
  el celo, inconmovible como el sepulcro.ᶜ
  Como llama divina
  es el fuego ardiente del amor.
⁷ Ni las muchas aguas pueden apagarlo,
  ni los ríos pueden extinguirlo.
  Si alguien ofreciera todas las riquezas que posee
  a cambio del amor,
  solo conseguiría el desprecio.

El coro
⁸ Tan pequeña es nuestra hermana
  que no han crecido sus pechos.
  ¿Qué haremos por nuestra hermana
  cuando vengan a pedirla?
⁹ Si fuera una muralla,
  construiríamos sobre ella almenas de plata.
  Si acaso fuera una puerta,
  la recubriríamos con paneles de cedro.

La amada
¹⁰ Una muralla soy yo
  y mis pechos, sus dos torres.
  Por eso a los ojos de mi amado
  soy como quien ha hallado la paz.
¹¹ Salomón tenía una viña en Baal Jamón,
  la cual entregó a unos arrendatarios.
  Cada uno entregaba por sus frutos
  mil piezas de plata.
¹² ¡Mi viña solo a mí me pertenece!
  Mil piezas de plata son para ti, Salomón,
  y doscientas son para los que cultivan su fruto.

El amado
¹³ Tú, que habitas en los jardines,
  pendientes de tu voz están nuestros amigos;
  ¡déjanos escucharla!

La amada
¹⁴ ¡Apresúrate, amado mío!
  ¡Corre como venado,
  como cervatillo,
  sobre los montes cubiertos de bálsamo!

ᵃ 12 *entre ... mi pueblo.* Alt. *entre los carros de Aminadab.*
ᵇ 9 *labios y dientes* (LXX y Aquila; véanse Siríaca y Vulgata);
labios de quienes se duermen (TM).   ᶜ 6 *sepulcro.* Lit. *Seol.*

Isaías

1 Visión que recibió Isaías, hijo de Amoz, acerca de Judá y Jerusalén, durante los reinados de Uzías, Jotán, Acaz y Ezequías, reyes de Judá.

Judá, nación rebelde

2 ¡Oigan, cielos! ¡Escucha, tierra!
   Porque el Señor ha hablado:
   «Yo crie hijos y los hice crecer,
      pero ellos se rebelaron contra mí.
3 El buey conoce a su dueño
      y el asno el pesebre de su amo;
   ¡pero Israel no conoce,
      mi pueblo no comprende!».

4 ¡Ay, nación pecadora,
      pueblo cargado de culpa,
   generación de malhechores,
      hijos corruptos!
   ¡Han abandonado al Señor!
      ¡Han despreciado al *Santo de Israel!
      ¡Le han dado la espalda!

5 ¿Por qué recibir más golpes?
      ¿Por qué insistir en la rebelión?
   Toda su cabeza está herida,
      todo su corazón está enfermo.
6 Desde la planta del pie hasta la coronilla
      no les queda nada sano:
   todo en ellos es heridas, moretones
      y llagas abiertas,
   que no les han sido curadas, ni vendadas,
      ni aliviadas con aceite.

7 Su país está desolado,
      sus ciudades son presa del fuego;
   ante sus propios ojos
      los extraños devoran sus campos;
   su país está desolado, como si hubiera sido
      destruido por extranjeros.
8 La hija *Sión ha quedado
      como cobertizo en un viñedo,
   como choza en un huerto de pepinos,
      como ciudad sitiada.
9 Si el Señor de los Ejércitos
      no nos hubiera dejado un remanente de
         sobrevivientes,
   seríamos ya como Sodoma,
      nos pareceríamos a Gomorra.

10 ¡Oigan la palabra del Señor,
      gobernantes de Sodoma!
   ¡Escuchen la *instrucción de nuestro Dios,
      pueblo de Gomorra!
11 «¿De qué me sirven sus muchos sacrificios?»,
      dice el Señor.
   «Harto estoy de *holocaustos de carneros
      y de la grasa de animales engordados;
   la sangre de novillos, corderos y machos
         cabríos
      no me complace.

12 ¿Por qué vienen a presentarse ante mí?
      ¿Quién les mandó traer animales
         para que pisotearan mis atrios?
13 No me sigan trayendo vanas ofrendas;
      el incienso es para mí una abominación.
   Luna nueva, día de reposo, asambleas
         convocadas;
      ¡no soporto sus asambleas que me ofenden!
14 Yo aborrezco sus lunas nuevas y festividades;
      se me han vuelto una carga
         que estoy cansado de soportar.
15 Cuando levantan sus manos,
      yo aparto de ustedes mis ojos;
   aunque multipliquen sus oraciones,
      no las escucharé.

   »¡Tienen las manos llenas de sangre!

16 »¡Lávense, límpiense!
      ¡Aparten de mi vista sus obras malvadas!
      ¡Dejen de hacer el mal!
17 ¡Aprendan a hacer el bien!
      ¡Busquen la justicia y restituyan al oprimido!
   ¡Aboguen por el huérfano
      y defiendan a la viuda!».

18 «Vengan, pongamos las cosas en claro»,
      dice el Señor.
   «Aunque sus pecados sean como escarlata,
      quedarán blancos como la nieve.
   Aunque sean rojos como la púrpura,
      quedarán como la lana.
19 ¿Están ustedes dispuestos a obedecer?
      ¡Comerán lo bueno de la tierra!
20 ¿Se niegan y se rebelan?
      ¡Serán devorados por la espada!».
   El Señor mismo lo ha dicho.

21 ¡Cómo se ha prostituido la ciudad fiel!
      Antes estaba llena de justicia.
   La rectitud moraba en ella,
      pero ahora solo quedan asesinos.
22 Tu plata se ha convertido en escoria;
      tu buen vino está mezclado con agua.
23 Tus gobernantes son rebeldes,
      cómplices de ladrones;
   todos aman el soborno
      y van detrás de las recompensas.
   No abogan por el huérfano
      ni se ocupan de la causa de la viuda.

24 Por eso, afirma el Señor,
      el Señor de los Ejércitos, el Poderoso de Israel:
   «Me desquitaré de mis adversarios,
      me vengaré de mis enemigos.
25 Volveré mi mano contra ti,
      limpiaré tus escorias con lejía
      y quitaré todas tus *impurezas.
26 Restauraré a tus líderes como al principio
      y a tus consejeros como al comienzo.

Entonces serás llamada
"Ciudad de justicia",
"Ciudad fiel"».

²⁷ Con justicia Sión será redimida
y con rectitud, los que se ˙arrepientan.
²⁸ Pero los rebeldes y pecadores a una serán
quebrantados
y perecerán los que abandonan al SEÑOR.

²⁹ «Se avergonzarán de las encinas
que ustedes tanto aman;
los jardines que eligieron
les serán una afrenta,
³⁰ como una encina con hojas marchitas,
como un jardín sin agua.
³¹ El hombre fuerte se convertirá en estopa
y su trabajo, en chispa;
arderán los dos juntos
y no habrá quien los apague».

El monte del SEÑOR
2:1-4 – Mi 4:1-3

2 Palabra que Isaías, hijo de Amoz, recibió en visión
acerca de Judá y Jerusalén:

²En los últimos días,

el monte del Templo del SEÑOR será
establecido
como el más alto de los montes;
se alzará por encima de las colinas
y hacia él correrán todas las naciones.

³Muchos pueblos vendrán y dirán:

«¡Vengan, subamos al monte del SEÑOR,
al Templo del Dios de Jacob!
Dios mismo nos instruirá en sus ˙caminos
y así andaremos por sus sendas».
Porque de ˙Sión saldrá la ˙Ley,
de Jerusalén, la palabra del SEÑOR.
⁴ Dios mismo juzgará entre las naciones
y administrará justicia a muchos pueblos.
Convertirán sus espadas en arados
y en hoces sus lanzas.
Ya no levantará su espada nación contra nación
y nunca más se adiestrarán para la guerra.

⁵ ¡Ven, pueblo de Jacob,
y caminemos a la luz del SEÑOR!

El día del SEÑOR
⁶ Has abandonado a tu pueblo,
a los descendientes de Jacob,
porque están llenos de costumbres de Oriente,
de adivinos como los filisteos
y hacen tratos con extranjeros.
⁷ Su tierra está llena de plata y oro,
y sus tesoros son incalculables.
En su tierra abundan los caballos
y sus carros de guerra son incontables.
⁸ Su país está lleno de ídolos;
el pueblo adora la obra de sus manos,
lo que han hecho con sus propios dedos.
⁹ A la ˙humanidad se le humilla;
al ser humano se le degrada.
¡Imposible que los perdones!

¹⁰ ¡Métete en la roca
y escóndete en el polvo
ante la temible presencia del SEÑOR
y el esplendor de su majestad!

¹¹ Los ojos del altivo serán humillados
y la arrogancia humana será doblegada.
En aquel día solo el SEÑOR será exaltado.

¹² El día del SEÑOR de los Ejércitos vendrá
contra todos los orgullosos y arrogantes,
contra todos los altaneros,
para humillarlos;
¹³ contra todos los cedros del Líbano, arrogantes y
erguidos,
contra todas las encinas de Basán,
¹⁴ contra todas las montañas altivas,
contra todas las colinas erguidas,
¹⁵ contra todas las torres altas,
contra todo muro fortificado,
¹⁶ contra todas las naves de Tarsis,
contra todos los barcos lujosos.
¹⁷ La altivez de la humanidad será abatida
y la arrogancia humana será humillada.
En aquel día solo el SEÑOR será exaltado
¹⁸ y los ídolos desaparecerán por completo.

¹⁹ La gente se meterá en las cuevas de las rocas
y en las grietas del suelo,
ante la temible presencia del SEÑOR
y el esplendor de su majestad,
cuando él se levante para hacer temblar la
tierra.
²⁰ En aquel día la gente
arrojará a los topos y murciélagos
los ídolos de plata y oro
que había fabricado para adorarlos.
²¹ Se meterá en las grutas de las rocas
y en las hendiduras de los peñascos,
ante la temible presencia del SEÑOR
y el esplendor de su majestad,
cuando él se levante para hacer temblar la
tierra.

²² ¡Dejen de confiar en simples humanos,
que es muy poco lo que valen!
¡Sus vidas son un soplo nada más!

Juicio sobre Jerusalén y Judá
3 ¡Presten atención!
El Señor, el SEÑOR de los Ejércitos,
retira de Jerusalén y de Judá
todo apoyo y sustento:
toda provisión de pan, toda provisión
de agua.
² Él retira al valiente y al guerrero,
al juez y al profeta,
al adivino y al anciano,
³ al capitán de cincuenta y al dignatario,
al consejero, al artesano experto y al hábil
encantador.

⁴ Les pondré como oficiales a muchachos
y los gobernarán niños caprichosos.

⁵ El pueblo se oprimirá a sí mismo:
hombre contra hombre, vecino contra vecino,
joven contra anciano,
plebeyo contra noble.

⁶ Entonces un hombre tomará a su hermano
en la casa de su padre y dirá:
«Sé nuestro líder, pues tienes un manto;
¡hazte cargo de este montón de ruinas!».
⁷ Pero entonces el otro protestará:
«Yo no soy médico
y en mi casa no hay pan ni manto;
¡no me hagas líder del pueblo!».

8 Jerusalén se tambalea,
  Judá se derrumba,
porque su hablar y su actuar son contrarios al
  Señor:
  ¡desafían su gloriosa presencia!
9 Su propio descaro los acusa
  y, como Sodoma, se jactan de su pecado;
  ¡ni siquiera lo disimulan!
¡Ay de ellos,
  porque causan su propia desgracia!

10 Díganle al justo que le irá bien,
  pues gozará del fruto de sus acciones.
11 ¡Ay del malvado,
  pues le irá mal!
  ¡Según la obra de sus manos
  se le pagará!

12 ¡Pobre pueblo mío, oprimido por niños
  y gobernado por mujeres!
¡Pobre pueblo mío, extraviado por tus guías,
  que tuercen el curso de tu senda!

13 El Señor toma su lugar en la corte;
  se levanta para enjuiciar al pueblo.
14 El Señor entra en juicio
  contra los jefes y líderes de su pueblo:
«¡Ustedes han arruinado la viña
  y el despojo del pobre está en sus casas!
15 ¿Con qué derecho aplastan a mi pueblo
  y trituran el rostro de los pobres?»,
  afirma el Señor, el Señor de los Ejércitos.

16 El Señor dice:
«Las hijas de ˚Sión son tan orgullosas
  que caminan con el cuello estirado,
  con ojos seductores y pasitos cortos,
  haciendo sonar los adornos de sus pies.
17 Por eso el Señor cubrirá de sarna la cabeza de las
  hijas de Sión;
  el Señor las dejará completamente calvas».

18 En aquel día, el Señor arrancará todo adorno:
hebillas, diademas, collares, 19 pendientes, pulseras,
velos, 20 adornos de la cabeza, cadenillas de los pies,
cinturones, frasquitos de perfume, amuletos, 21 anillos, argollas para la nariz, 22 ropas de gala, mantos,
capas, bolsos, 23 espejos, telas finas, turbantes y man-
tillas.

24 Habrá pestilencia en vez de perfume,
  soga en vez de cinturón,
  calvicie en vez de peinado elegante,
  ropa de luto en vez de trajes lujosos,
  vergüenza^a en vez de belleza.
25 Tus hombres caerán a filo de espada,
  y tus valientes, en el campo de batalla.
26 Las ˚puertas de la ciudad gemirán y se vestirán de
  luto;
  desolada, la ciudad se sentará en el suelo.
4 ¹En aquel día, siete mujeres se aferrarán
  a un solo hombre y dirán:
«De alimentarnos y de vestirnos
  nosotras nos ocuparemos;
  tan solo déjanos llevar tu ˚nombre:
  ¡Líbranos de nuestra vergüenza!».

El renuevo del Señor

2 En aquel día, el renuevo del Señor será bello
y glorioso, y el fruto de la tierra será el orgullo y
el honor de los sobrevivientes de Israel. 3 Entonces
tanto el que quede en ˚Sión como el que sobreviva en
Jerusalén serán llamados ˚santos; todos los inscritos

para vivir en Jerusalén. 4 Con espíritu de juicio y
espíritu^b abrasador, el Señor lavará la inmundicia
de las hijas de Sión y limpiará la sangre que haya
en Jerusalén. 5 Entonces el Señor creará una nube
de humo durante el día y un resplandor de fuego
llameante durante la noche, sobre toda la extensión
del monte Sión y sobre los que allí se reúnan. Por
sobre toda la gloria habrá un toldo 6 que servirá de
cobertizo, para dar sombra contra el calor del día, y
de refugio y protección contra la tormenta y la lluvia.

El canto a la viña

5 Cantaré en nombre de mi querido amigo
  una canción dedicada a su viña.
Mi querido amigo tenía una viña
  en una ladera fértil.
2 La cavó, la limpió de piedras
  y la plantó con las mejores cepas.
Edificó una torre en medio de ella
  y además preparó un lagar.
Él esperaba que diera buenas uvas,
  pero acabó dando uvas agrias.

3 «Y ahora, habitantes de Jerusalén, ˚hombres de
  Judá,
  juzguen entre mi viña y yo.
4 ¿Qué más se podría hacer por mi viña
  que yo no lo haya hecho?
Yo esperaba que diera buenas uvas;
  ¿por qué dio uvas agrias?
5 Voy a decirles
  lo que haré con mi viña:
Le quitaré su cerco
  para que sirva de pasto;
derribaré su muro
  para que sea pisoteada.
6 La dejaré desolada
  y no será podada ni cultivada;
  le crecerán espinos y cardos.
Mandaré que las nubes
  no derramen lluvia sobre ella».

7 La viña del Señor de los Ejércitos
  es la nación de Israel;
el pueblo de Judá
  es su huerto preferido.
Él esperaba justicia, pero encontró ríos de
  sangre;
  esperaba rectitud, pero encontró gritos de
  angustia.

Maldiciones contra los explotadores

8 ¡Ay de aquellos que acaparan casa tras casa
  y se apropian de campo tras campo
hasta que no dejan lugar para nadie más,
  y terminan viviendo solos en la tierra!

9 El Señor de los Ejércitos me ha dicho al oído:

«Ciertamente muchas casas quedarán
  devastadas
  y no habrá quien habite las grandes mansiones.
10 Tres hectáreas^c de viña solo producirán un bato^d
  de vino
  y un jómer^e de semilla dará tan solo un efa^f de
  grano».

---

a 24 vergüenza (Qumrán); TM no incluye esta palabra.
b 4 espíritu … espíritu. Alt. el Espíritu de juicio y el Espíritu.
c 10 tres hectáreas. El hebreo dice tres yugadas. Es decir, la
cantidad de terreno que diez yuntas de bueyes podían arar
en un día. d 10 Es decir, aprox. 22 l. e 10 Es decir, aprox.
160 kg. f 10 Es decir, aprox. 16 kg.

11 ¡Ay de los que madrugan
para ir tras bebidas embriagantes,
que se quedan hasta muy tarde
para encenderse con vino!
12 En sus banquetes hay arpas,
liras, panderos, flautas y vino;
pero no se fijan en los hechos del Señor
ni tienen en cuenta las obras de sus manos.
13 Por eso mi pueblo será exiliado
por falta de conocimiento;
sus nobles perecerán de hambre
y la gente común morirá de sed.
14 Por eso la muerte*ª* ensancha su garganta,
y desmesuradamente abre su boca.
Allí bajan nobles y plebeyos
con sus juergas y diversiones.
15 El pueblo será humillado,
la humanidad, doblegada
y abatidos los ojos altivos.
16 Pero el Señor de los Ejércitos será exaltado en
˚justicia,
el Dios ˚santo se mostrará santo en rectitud.
17 Los corderos pastarán como en praderas propias
y las cabras*ᵇ* comerán entre las ruinas de los
ricos.

18 ¡Ay de los que arrastran iniquidad con cuerdas de
mentira
y el pecado con sogas de carreta!
19 Dicen: «¡Que Dios se apure,
que apresure su obra
para que la veamos;
que se acerque y se cumpla
el plan del Santo de Israel,
para que lo conozcamos!».

20 ¡Ay de los que llaman a lo malo bueno
y a lo bueno malo,
que tienen las tinieblas por luz
y la luz por tinieblas,
que tienen lo amargo por dulce
y lo dulce por amargo!

21 ¡Ay de los que se consideran sabios,
de los que se creen inteligentes!

22 ¡Ay de los valientes para beber vino,
de los campeones que mezclan bebidas
embriagantes,
23 de los que por soborno absuelven al culpable
y niegan sus derechos al inocente!
24 Por eso, así como las lenguas de fuego devoran la
paja
y el pasto seco se consume en las llamas,
su raíz se pudrirá
y, como el polvo, se disipará su flor.
Porque han rechazado la ˚Ley del Señor de los
Ejércitos
y han desdeñado la palabra del Santo de
Israel.
25 Por eso se enciende la ira del Señor contra su
pueblo,
levanta la mano contra él y lo golpea;
las montañas se estremecen,
los cadáveres quedan como basura en medio
de las calles.

A pesar de todo esto, la ira de Dios no se ha
aplacado;
su mano aún sigue extendida.

26 Con una bandera hará señas a una nación
lejana,
con un silbido la llamará desde el extremo de
la tierra,
y esta nación llegará
presta y veloz.
27 Ninguno de ellos se cansa ni tropieza,
ni dormita ni se duerme;
a ninguno se le afloja el cinturón
ni se le rompe la correa de las sandalias.
28 Sus flechas son puntiagudas,
tensos todos sus arcos;
parecen dura piedra los cascos de sus caballos
y torbellino las ruedas de sus carros.
29 Su rugido es el de una leona,
como el de los leoncillos:
gruñe y atrapa la presa,
y se la lleva sin que nadie se la arrebate.
30 En aquel día bramará contra ella
como brama el mar.
Si alguien contempla la tierra,
la verá sombría y angustiada;
entonces la luz se ocultará tras negros
nubarrones.

La misión de Isaías

6 El año de la muerte del rey Uzías vi al Señor sentado en un trono alto y excelso; las orlas de su manto llenaban el Templo. **2** Por encima de él había serafines, cada uno de los cuales tenía seis alas: con dos de ellas se cubrían el rostro, con dos se cubrían los pies y con dos volaban. **3** Y se decían el uno al otro:

«˚Santo, santo, santo es el Señor de los Ejércitos;
toda la tierra está llena de su gloria».

4 Al sonido de sus voces se estremecieron los umbrales de las puertas y el Templo se llenó de humo. **5** Entonces grité: «¡Ay de mí, que estoy perdido! Soy un hombre de labios ˚impuros y vivo en medio de un pueblo de labios impuros y mis ojos han visto al Rey, al Señor de los Ejércitos». **6** En ese momento voló hacia mí uno de los serafines. Traía en la mano una brasa que, con unas tenazas, había tomado del altar. **7** Con ella me tocó los labios y me dijo:

«Mira, esto ha tocado tus labios; tu maldad ha sido borrada y tu pecado, perdonado».

8 Entonces oí la voz del Señor que decía:

—¿A quién enviaré? ¿Quién irá por nosotros?

Y respondí:

—Aquí estoy. ¡Envíame a mí!

9 Él dijo:

—Ve y dile a este pueblo:

»“Oigan bien, pero no entiendan;
miren bien, pero no perciban”.
10 Haz insensible el ˚corazón de este pueblo;
endurece sus oídos
y cierra sus ojos,
no sea que vea con sus ojos,
oiga con sus oídos
y entienda con su ˚corazón,
se convierta y sea sanado».

11 Entonces exclamé:

—¿Hasta cuándo, Señor?

Y él respondió:

—Hasta que las ciudades queden destruidas
y sin habitante alguno;
hasta que las casas queden deshabitadas
y los campos asolados y en ruinas;

---

a **14** *la muerte.* Lit. *Seol.* *b* **17** *las cabras* (LXX); *los forasteros*
(TM).

[12] hasta que el SEÑOR haya enviado lejos a la gente y sean muchos los lugares abandonados en el país.
[13] Y, si aún queda en la tierra una décima parte, esta volverá a ser devastada.

Pero así como al talar la encina y el roble
queda parte del tronco,
esa parte es el linaje santo.

La señal de Emanuel

7 Acaz, hijo de Jotán y nieto de Uzías, reinaba en Judá. En el tiempo de Rezín, rey de Aram y de Pécaj, hijo de Remalías, rey de Israel, subieron contra Jerusalén para atacarla, pero no pudieron conquistarla. [2] En el palacio de David se recibió la noticia de que Aram se había aliado con Efraín. Entonces se estremeció el ˙corazón de Acaz y el de su pueblo, como se estremecen por el viento los árboles del bosque.

[3] El SEÑOR dijo a Isaías: «Ve con tu hijo Sear Yasub[a] a encontrarte con Acaz donde termina el acueducto del estanque superior, en el camino que conduce al Campo del Lavandero. [4] Dile que tenga cuidado y no pierda la calma; que no desfallezca su corazón[b] ante el enojo ardiente de Rezín y Aram ni ante el hijo de Remalías; que no se descorazone a causa de esos dos tizones humeantes. [5] Dile también que Aram y Efraín, junto con el hijo de Remalías, han tramado hacerle mal, pues piensan [6] subir contra Judá, provocar el pánico, conquistarla y poner allí como rey al hijo de Tabel. [7] Pero dile además que yo, el SEÑOR y Dios, digo:

»"Eso no se cumplirá
ni sucederá.
[8] La cabeza de Aram es Damasco
y la cabeza de Damasco es Rezín;
pero dentro de sesenta y cinco años
Efraín será destrozado hasta dejar de ser
pueblo.
[9] La cabeza de Efraín es Samaria
y la cabeza de Samaria es el hijo de Remalías;
si ustedes no creen en mí,
no permanecerán[c] firmes"».

[10] El SEÑOR se dirigió a Acaz de nuevo:

[11] —Pide que el SEÑOR tu Dios te dé una señal, ya sea en lo profundo del abismo o en lo más alto del cielo.

[12] Pero Acaz respondió:

—No voy a pedir nada. ¡No pondré a prueba al SEÑOR!

[13] Entonces Isaías dijo: «¡Escuchen ahora ustedes, los de la dinastía de David! ¿No les basta con agotar la paciencia de los ˙hombres, que hacen lo mismo con mi Dios? [14] Por eso, el Señor mismo les dará una señal: La virgen[d] concebirá y dará a luz un hijo y lo llamará Emanuel.[e] [15] Hasta que sepa elegir lo bueno y rechazar lo malo, comerá cuajada con miel. [16] Porque antes de que el niño sepa elegir lo bueno y rechazar lo malo, la tierra de los reyes que tú temes quedará abandonada. [17] El SEÑOR hará venir sobre ti, sobre tu pueblo y sobre la dinastía de tu padre días como no se conocieron desde que Efraín se separó de Judá, pues hará venir al rey de Asiria».

[18] En aquel día el SEÑOR llamará con un silbido a la mosca que está en los lejanos ríos de Egipto y a la abeja que está en la tierra de Asiria. [19] Todas ellas vendrán y anidarán en las quebradas profundas, en las grietas de las rocas, en todos los matorrales espinosos y sobre todos los abrevaderos. [20] En aquel día, con el rey de Asiria como navaja prestada del otro lado del río Éufrates, el Señor afeitará a Israel la cabeza, el vello de sus partes privadas[f] y la barba.

[21] En aquel día, un hombre criará una ternera y dos cabras; [22] y darán tanta leche que tendrá leche cuajada para comer. Además, todos los que permanezcan en la tierra comerán cuajada con miel. [23] En aquel día, allí donde hubo mil viñedos que costaban mil piezas de plata cada uno, no quedarán más que espinos y cardos, [24] los cuales cubrirán toda la tierra. Solo se podrá entrar allí con arco y flecha. [25] Y por temor a estos espinos y a estos cardos, ya no irás a los cerros que antes se cultivaban con el azadón, pues se convertirán en lugares donde se suelta el ganado y corretean las ovejas.

Asiria, el instrumento del SEÑOR

8 El SEÑOR me dijo: «Toma una tablilla grande y con un estilete común escribe sobre ella: "Tocante a Maher Salal Jasbaz".[g] [2] Yo convocaré como testigos confiables al sacerdote Urías y a Zacarías, hijo de Jeberequías».

[3] Luego tuve relaciones con la profetisa y ella concibió y dio a luz un hijo. Entonces el SEÑOR me dijo: «Ponle por nombre Maher Salal Jasbaz. [4] Antes de que el niño aprenda a decir "papá" y "mamá", la riqueza de Damasco y el botín de Samaria serán llevados ante el rey de Asiria».

[5] El SEÑOR volvió a decirme:

[6] «Por cuanto este pueblo ha rechazado
las mansas corrientes de Siloé
y se regocija con Rezín
y con el hijo de Remalías,
[7] el Señor está a punto de traer contra ellos
las impetuosas crecientes del río Éufrates:
al rey de Asiria con toda su gloria.
Rebasará todos sus canales,
desbordará todas sus orillas;
[8] pasará hasta Judá, la inundará
y crecerá hasta llegarle al cuello.
Sus alas extendidas, ¡oh Emanuel!,[h]
cubrirán la anchura de tu tierra».

[9] ¡Alcen el grito de guerra, pueblos, pues serán
derrotados!
¡Escuchen, tierras distantes!
¡Prepárense para la guerra, pues serán
destrozadas!
¡Prepárense para la guerra, pues serán
destrozadas!
[10] Tracen su estrategia, pero será desbaratada;
propongan su plan, pero no se realizará,
porque Dios está con nosotros.[i]

Hay que temer a Dios

[11] El SEÑOR me habló fuertemente y me advirtió que no siguiera el ˙camino de este pueblo. Me dijo:

[12] «No digan ustedes que es conspiración
todo lo que llama conspiración esta gente;
no teman lo que ellos temen
ni se dejen asustar.

---

¹³ Solo al Señor de los Ejércitos tendrán ustedes por
˙santo,
solo a él deben honrarlo,
solo a él han de temerlo.
¹⁴ Él será un santuario.
Pero será una piedra de tropiezo
para las dos casas de Israel;
una ˙roca que los hará caer.
¡Será para los habitantes de Jerusalén
un lazo y una trampa!
¹⁵ Muchos de ellos tropezarán;
caerán y serán quebrantados,
se les tenderán trampas y en ellas quedarán
atrapados».

¹⁶ Guarda bien el testimonio;
sella la Ley entre mis discípulos.
¹⁷ El Señor ha escondido su rostro del pueblo de
Jacob,
pero yo esperaré en él,
pues en él tengo puesta mi esperanza.

¹⁸ Aquí me tienen, con los hijos que el Señor me ha
dado. Somos en Israel señales y presagios del Señor
de los Ejércitos, que habita en el monte ˙Sión.
¹⁹ Si alguien les dice: «Consulten a las médiums y a
los espiritistas que susurran y musitan; ¿acaso no es
deber de un pueblo consultar a sus dioses y a los muertos en favor de los vivos?», ²⁰ yo les digo: «¡Aténganse
a la Ley y al testimonio!». Para quienes no se aten-
gan a esto no habrá un amanecer. ²¹ Ustedes habrán
de enfurecerse cuando, angustiados y hambrientos,
vaguen por la tierra. Levantando los ojos al cielo, maldecirán a su rey y a su Dios ²²y, clavando la mirada en
la tierra, solo verán aflicción, tinieblas y espantosa
penumbra; ¡serán arrojados a una oscuridad total!

Nos ha nacido un niño

9 A pesar de todo, no habrá más penumbra para la
que estuvo angustiada. En el pasado Dios humilló
a la tierra de Zabulón y a la tierra de Neftalí; pero en
el futuro honrará a Galilea de los ˙gentiles, desde el
Camino del Mar, al otro lado del Jordán.

² El pueblo que andaba en la oscuridad
ha visto una gran luz;
sobre los que vivían en tierra de sombra de
muerteᵃ
una luz ha resplandecido.
³ Tú has hecho que la nación crezca;
has aumentado su alegría.
Y se alegran ellos en tu presencia
como cuando recogen la cosecha,
como cuando reparten el botín.
⁴ Ciertamente tú has quebrado,
como en la derrota de Madián,
el yugo que los oprimía,
la barra que pesaba sobre sus hombros,
el bastón de mando que los subyugaba.
⁵ Todas las botas guerreras que resonaron en la
batalla
y toda la ropa teñida en sangre
serán arrojadas al fuego,
serán consumidas por las llamas.
⁶ Porque nos ha nacido un niño,
se nos ha concedido un hijo;
la soberanía reposará sobre sus hombros
y se le darán estos ˙nombres:
Consejero Admirable, Dios Fuerte,
Padre Eterno, Príncipe de ˙Paz.

⁷ Se extenderán su soberanía y su paz
y no tendrán fin.
Gobernará sobre el trono de David
y sobre su reino,
para establecerlo y sostenerlo
con justicia y rectitud
desde ahora y para siempre.
Esto lo llevará a cabo
el celo del Señor de los Ejércitos.

El enojo del Señor contra Israel

⁸ El Señor ha enviado su palabra;
la ha enviado contra Jacob,
¡ya cae sobre Israel!
⁹ De esto se entera todo el pueblo
—Efraín y los habitantes de Samaria—,
todos los que dicen con orgullo
y piensan con arrogancia:
¹⁰ «Si se caen los ladrillos,
reconstruiremos con piedra tallada;
si se caen las vigas de higuera,
las repondremos con vigas de cedro».
¹¹ Pero el Señor ha fortalecido a los adversarios de
Rezín;
ha incitado a sus enemigos.
¹² Los arameos en el este y los filisteos en el oeste
se comieron a Israel de un solo bocado.

A pesar de todo esto, la ira de Dios no se ha
aplacado;
su mano aún sigue extendida.

¹³ Pero el pueblo no volvió al que lo ha castigado;
no ha buscado al Señor de los Ejércitos.
¹⁴ Por eso en un mismo día el Señor cortará a Israel
la cabeza y la cola,
la palmera y el junco.
¹⁵ La cabeza son los jefes y la gente de alto
rango;
la cola son los profetas, maestros de
mentiras.
¹⁶ Los guías de este pueblo lo han extraviado;
los que se dejan guiar son confundidos.
¹⁷ Por eso no se complacerá el Señor en los jóvenes;
tampoco se apiadará de huérfanos y viudas,
porque todos ellos son impíos y malvados;
sus labios profieren ˙necedades.

A pesar de todo esto, la ira de Dios no se ha
aplacado;
su mano aún sigue extendida.

¹⁸ Porque la maldad arde como un fuego
que consume espinos y cardos,
que incendia la espesura del bosque
y sube luego, como torbellino, en una columna
de humo.
¹⁹ Por la ira del Señor de los Ejércitos
arderá en fuego la tierra.
Y el pueblo será el combustible:
¡Nadie se compadecerá de su hermano!
²⁰ Unos comerán lo que esté a su mano derecha,
pero se quedarán con hambre;
otros comerán lo que esté a su izquierda,
pero no quedarán satisfechos.
¡Se comerán a sus propios hijos!ᵇ
²¹ Manasés se comerá a Efraín y Efraín a
Manasés;
entonces los dos juntos atacarán a Judá.

A pesar de todo esto,
la ira de Dios no se ha aplacado;
su mano aún sigue extendida.

ᵃ 2 O tierra de profunda oscuridad.   ᵇ 20 a sus propios hijos.
Lit. la carne de su brazo.

10

¡Ay de los que emiten estatutos
injustos
y publican edictos opresivos!
2 Privan de sus derechos a los pobres
y no les hacen justicia a los oprimidos de mi
pueblo;
hacen de las viudas su presa
y saquean a los huérfanos.
3 ¿Qué van a hacer cuando deban rendir cuentas,
cuando llegue desde lejos la tormenta?
¿A quién acudirán en busca de ayuda?
¿En dónde dejarán sus riquezas?
4 No les quedará más remedio que humillarse
entre los cautivos
o morir entre los masacrados.

A pesar de todo esto,
la ira de Dios no se ha aplacado;
su mano aún sigue extendida.

Juicio de Dios sobre Asiria

5 «¡Ay de Asiria, vara de mi ira!
¡El garrote de mi enojo está en su mano!
6 Lo envío contra una nación impía,
lo mando contra un pueblo que me
enfurece,
para saquearlo y despojarlo,
para pisotearlo como al barro de las calles.
7 Pero esto Asiria no se lo propuso;
¡ni siquiera lo pensó!
Solo busca destruir
y aniquilar a muchas naciones.
8 Pues dice: "¿Acaso no son reyes todos mis
comandantes?
9 ¿No es Calnó como Carquemis?
¿No es Jamat como Arfad
y Samaria como Damasco?
10 Así como alcanzó mi mano a los reinos de los
ídolos,
reinos cuyas imágenes superaban a las de
Jerusalén y de Samaria,
11 y así como hice con Samaria y sus dioses,
también haré con Jerusalén y sus ídolos"».

12 Cuando el Señor termine lo que va a hacer contra
el monte ˚Sión y contra Jerusalén, él dirá: «Castigaré
el fruto del orgulloso ˚corazón del rey de Asiria y la
arrogancia de sus ojos. 13 Porque afirma:

»"Esto lo hizo el poder de mi mano;
lo hizo mi sabiduría porque soy inteligente.
He cambiado las fronteras de los pueblos,
he saqueado sus tesoros;
como un guerrero poderoso he derribado a sus
reyes.
14 Como quien mete la mano en un nido,
me he adueñado de la riqueza de los pueblos;
como quien recoge huevos abandonados,
me he apoderado de toda la tierra;
y no hubo nadie que aleteara
ni abriera el pico para piar"».

15 ¿Puede acaso gloriarse el hacha más que el que la
maneja
o jactarse la sierra contra quien la usa?
¡Como si pudiera el bastón manejar a quien lo
tiene en la mano
o la frágil vara pudiera levantar a quien pesa
más que la madera!
16 Por eso enviará el Señor,
el SEÑOR de los Ejércitos,
una enfermedad devastadora
sobre sus robustos guerreros.

En vez de honrarlos, les prenderá fuego,
un fuego como de llama ardiente.
17 La Luz de Israel se convertirá en fuego;
su ˚Santo se volverá una llama.
En un solo día quemará sus espinos
y consumirá sus zarzas.
18 Destruirá de extremo a extremo
el esplendor de sus bosques y de sus huertos,
como enfermo carcomido por la plaga.
19 Tan pocos árboles quedarán en su bosque
que hasta un niño podrá contarlos.

El remanente de Israel

20 En aquel día ni el remanente de Israel
ni los sobrevivientes del pueblo de Jacob
volverán a apoyarse
en quien los hirió de muerte,
sino que su apoyo verdadero
será el SEÑOR, el ˚Santo de Israel.
21 Y un remanente volverá;[a]
un remanente de Jacob volverá al Dios Fuerte.
22 Israel, aunque tu pueblo sea como la arena del
mar,
solo un remanente volverá.
Se ha decretado destrucción,
abrumadora justicia.
23 Porque el Señor, el SEÑOR de los Ejércitos,
ejecutará la destrucción decretada contra todo
el país.

24 Por eso, así dice el Señor, el SEÑOR de los Ejércitos:

«Pueblo mío que vives en ˚Sión,
no tengas temor de Asiria,
aunque te golpee con el bastón
y contra ti levante una vara, como lo hizo Egipto.
25 Dentro de muy poco tiempo
mi indignación contra ti llegará a su fin y mi
ira destruirá a tus enemigos».

26 Con un látigo los azotará el SEÑOR de los Ejércitos,
como cuando abatió a Madián en la roca de
Oreb;
levantará sobre el mar su vara,
como lo hizo en Egipto.
27 En aquel día
esa carga se te quitará de los hombros
y, a causa de la gordura,
se romperá el yugo que llevas en el cuello.

28 Llega el enemigo hasta Ayat,
pasa por Migrón
y deja en Micmás su equipaje.
29 Cruza el paso y dice:
«Acamparemos en Gueba».
Ramá se pone a temblar,
y huye Guibeá, ciudad de Saúl.
30 ¡Clama a gritos, hija de Galín!
¡Escucha, Lais!
¡Pobre Anatot!
31 Se ha puesto en fuga Madmena;
los habitantes de Guebín buscan refugio.
32 Hoy mismo se detendrá en Nob;
agitará su puño contra el monte
de la ciudad de Sión,
el monte de Jerusalén.

33 ¡Miren! El Señor, el SEÑOR de los Ejércitos,
desgaja las ramas con fuerza increíble.
Los árboles más altos son talados;
los más elevados son abatidos.

---

a 21 un remanente volverá. Véase nota en 7:3.

³⁴Derriba con un hacha la espesura del bosque
  y el esplendor del Líbano se viene abajo.

El retoño de Isaí

11 Del tronco de Isaí brotará un retoño;
  un renuevo nacerá de sus raíces.
²El Espíritu del SEÑOR reposará sobre él:
  Espíritu de sabiduría y de entendimiento,
  Espíritu de consejo y de poder,
  Espíritu de conocimiento y de temor del
    SEÑOR.
³Él se deleitará en el temor del SEÑOR.

No juzgará según las apariencias
  ni decidirá por lo que oiga decir,
⁴sino que juzgará con justicia a los necesitados,
  y dará un fallo justo en favor de los pobres de la
    tierra.
Herirá la tierra con la vara de su boca;
  matará al malvado con el aliento de sus labios.
⁵La ˙justicia será el cinto de sus lomos
  y la fidelidad, el ceñidor de su cintura.

⁶El lobo vivirá con el cordero,
  el leopardo se echará con el cabrito,
  juntos andarán el ternero y el cachorro de león
  y un niño pequeño los guiará.
⁷La vaca pastará con la osa,
  sus crías se echarán juntas
  y el león comerá paja como el buey.
⁸Jugará el niño de pecho junto a la cueva de la
    cobra
  y el recién destetado meterá la mano en el nido
    de la víbora.
⁹No harán ningún daño ni estrago
  en todo mi monte ˙santo,
  porque se llenará la tierra con el conocimiento
    del SEÑOR
  así como las aguas cubren los mares.

¹⁰En aquel día se alzará la raíz de Isaí como bandera de los pueblos; hacia él correrán las naciones, y
glorioso será el lugar donde repose. ¹¹En aquel día el
Señor volverá a extender su mano para recuperar al
remanente de su pueblo, a los que hayan quedado en
Asiria, en Egipto, Patros y ˙Cus; en Elam, Sinar,ᵃ Jamat
y en las islas del Mediterráneo.

¹²Izará una bandera para las naciones,
  reunirá a los desterrados de Israel
  y de los cuatro puntos cardinales
    juntará al pueblo esparcido de Judá.
¹³Desaparecerán los celos de Efraín;
  los opresores de Judá serán aniquilados.
Efraín no tendrá más celos de Judá
  ni oprimirá Judá a Efraín.
¹⁴Juntos se lanzarán hacia el oeste contra las
    laderas de los filisteos;
  juntos saquearán a los pueblos del este,
  dejarán sentir su poder sobre Edom y Moab
  y se les someterán los amonitas.
¹⁵Secaráᵇ el SEÑOR el golfo del mar de Egipto;
  pasará su mano sobre el río Éufrates
  y lanzará un viento ardiente;
  lo dividirá en siete arroyos
  para que lo puedan cruzar en sandalias.
¹⁶Para el remanente de su pueblo,
  para los que hayan quedado en Asiria,
  habrá un camino, como lo hubo para Israel
  cuando salió de Egipto.

Canciones de alabanza

12 En aquel día tú dirás:

«SEÑOR, yo te alabaré
  porque, aunque estabas enojado conmigo,
  tu ira se ha calmado
  y me has dado consuelo.
²¡Dios es mi ˙salvación!
  Confiaré en él y no temeré.
El SEÑOR es mi fuerza,
  el SEÑOR es mi canción;
  ¡él es mi salvación!».
³Con alegría sacarán ustedes agua
  de las fuentes de la salvación.

⁴En aquel día dirán:

«Alaben al SEÑOR, invoquen su ˙nombre;
  den a conocer entre los pueblos sus obras;
  proclamen la grandeza de su nombre.
⁵Canten salmos al SEÑOR, porque ha hecho
    maravillas;
  que esto se dé a conocer en toda la tierra.
⁶¡Canta y grita de alegría, habitante de ˙Sión,
  pues es grande, en medio de ti, el ˙Santo de
    Israel!».

Profecía contra Babilonia

13 Profecía contra Babilonia que recibió Isaías, hijo
    de Amoz:

²Sobre un monte alto agiten la bandera;
  llámenlos a gritos;
háganles señales con la mano
  para que entren por las puertas de los
    nobles.
³Ya he dado orden a mis consagrados;
  he reclutado a mis guerreros,
  a los que se alegran de mi ˙triunfo, para que
    ejecuten mi ira.

⁴¡Escuchen! Se oye tumulto en las montañas,
  como el de una gran multitud.
¡Escuchen! Se oye un estruendo de reinos,
  de naciones que se han reunido.
El SEÑOR de los Ejércitos pasa revista
  a un ejército para la batalla.
⁵Vienen de tierras lejanas,
  de los confines de los cielos.
Viene el SEÑOR con las armas de su ira
  para destruir toda la tierra.

⁶¡Giman, que el día del SEÑOR está cerca!
  Llega de parte del ˙Todopoderoso como una
    devastación.
⁷Por eso todas las manos desfallecen,
  todo el mundo pierde el ánimo.
⁸Quedan todos aterrados;
  dolores y angustias los atrapan:
  ¡se retuercen de dolor, como si estuvieran de
    parto!
Espantados, se miran unos a otros;
  ¡tienen el rostro encendido!

⁹¡Miren! ¡Ya viene el día del SEÑOR
  —día cruel, de furor y ardiente ira—;
dejará la tierra devastada
  y exterminará en ella a los pecadores!
¹⁰Las estrellas y las constelaciones del cielo
  dejarán de irradiar su luz;
se oscurecerá el sol al salir
  y no brillará más la luna.

ᵃ **11** *Sinar.* Es decir, Babilonia.   ᵇ **15** *Secará* (LXX); *Destruirá*
(TM).

¹¹ Castigaré por su maldad al mundo
    y por su iniquidad a los malvados.
Pondré fin a la soberbia de los arrogantes
    y humillaré el orgullo de los violentos.
¹² Voy a hacer que haya menos gente que oro fino,
    menos ˚mortales que oro de Ofir.
¹³ Por eso haré que tiemble el cielo
    y que la tierra se mueva de su sitio,
por el furor del SEÑOR de los Ejércitos,
    en el día de su ardiente ira.

¹⁴ Como gacela acosada,
    como rebaño sin ˚pastor,
cada uno se volverá a su propio pueblo,
    cada cual huirá a su propia tierra.
¹⁵ Al que atrapen lo traspasarán;
    el que caiga preso morirá a filo de espada.
¹⁶ Ante sus propios ojos estrellarán a sus pequeños,
    saquearán sus casas y violarán a sus mujeres.

¹⁷ ¡Miren! Yo incito contra ellos a los medos,
    pueblo al que no le importa la plata
    ni se deleita en el oro.
¹⁸ Con sus arcos traspasarán a los jóvenes;
    no se apiadarán del fruto del vientre
    ni tendrán compasión de los niños.
¹⁹ Babilonia, la perla de los reinos,
    la gloria y el orgullo de los babilonios,ᵃ
quedará como Sodoma y Gomorra
    cuando Dios las destruyó.
²⁰ Nunca más volverá a ser habitada
    ni poblada en los tiempos venideros.
No volverá a acampar allí el beduino,
    ni hará el pastor descansar a su rebaño.
²¹ Allí descansarán las fieras del desierto;
    sus casas se llenarán de chacales.
Allí habitarán los avestruces
    y brincarán las cabras salvajes.
²² En sus fortalezas aullarán las hienas
    y en sus lujosos palacios, los chacales.
Su hora está por llegar
    y no se prolongarán sus días.

14 En verdad, el SEÑOR tendrá compasión de
    Jacob
    y elegirá de nuevo a Israel.
    Los asentará en su propio lugar.
Los extranjeros se juntarán con ellos
    y se unirán a los descendientes de Jacob.
² Los pueblos los acogerán
    y los llevarán a su lugar.
Los israelitas los tomarán
    como siervos y siervas en la tierra del SEÑOR;
apresarán a sus captores
    y dominarán a sus opresores.

³ Cuando el SEÑOR te haga descansar de tu sufrimiento, de tu tormento y de la cruel esclavitud a la
que fuiste sometido, ⁴ pronunciarás esta sátira contra
el rey de Babilonia:

¡Hay que ver cómo terminó el opresor,
    y cómo acabó su arrogancia!ᵇ
⁵ Quebró el SEÑOR la vara de los malvados;
    rompió el bastón de los gobernantes
⁶ que con furia y continuos golpes
    castigaba a los pueblos,
que con implacable enojo
    dominaba y perseguía a las naciones.
⁷ Toda la tierra descansa tranquila
    y prorrumpe en gritos de alegría.
⁸ Hasta los cipreses y cedros del Líbano
    se burlan de ti y te dicen:

«Desde que yaces tendido,
    nadie viene a derribarnos».

⁹ En lo profundo de los dominios de la muerteᶜ
    todo se estremece al salir a tu encuentro;
por causa tuya se despierta a los muertos,
    a los que fueron jefes de la tierra.
A los reyes de todas las naciones
    se les hace levantar de sus tronos.
¹⁰ Todos ellos responden y te dicen:
    «¡También tú te has debilitado!
    ¡Ya eres uno más de los nuestros!».
¹¹ Tu majestad ha sido arrojada a los dominios de la
    muerte,ᵈ
    junto con el sonido de tus liras.
¡Duermes entre gusanos
    y te cubren las lombrices!

¹² ¡Cómo has caído del cielo,
    lucero, hijo de la mañana!
Tú, que sometías a las naciones,
    has caído por tierra.
¹³ Decías en tu ˚corazón:
    «Subiré hasta los cielos.
    ¡Levantaré mi trono
    por encima de las estrellas de Dios!
Gobernaré desde el extremo norte,
    en el monte de la reunión.ᵉ
¹⁴ Subiré a la cresta de las más altas nubes,
    seré semejante al ˚Altísimo».
¹⁵ ¡Pero has sido arrojado a los dominios de la
    muerte,ᶠ
    a las profundidades del abismo!

¹⁶ Los que te ven, clavan la mirada en ti
    y reflexionan en cuanto a tu destino:
«¿Y este es el que sacudía a la tierra
    y hacía temblar a los reinos,
¹⁷ el que dejaba el mundo hecho un desierto,
    el que arrasaba sus ciudades
    y nunca dejaba libres a los presos?».

¹⁸ Todos los reyes de las naciones reposan con honor,
    cada uno en su tumba.
¹⁹ Pero a ti, el sepulcro te ha vomitado
    como un vástago repugnante.
Los que murieron a filo de espada,
    los que bajaron al fondo de la fosa,
    te han cubierto por completo.
¡Pareces un cadáver pisoteado!
²⁰ No tendrás sepultura con ellos,
    porque destruiste tu tierra
    y asesinaste a tu pueblo.

¡Jamás volverá a mencionarse
    la descendencia de los malhechores!
²¹ Por causa de la maldad de los antepasados,
    preparen un matadero para los hijos.
¡Que no se levanten para heredar la tierra
    ni cubran con ciudades la faz del mundo!

²² «Yo me levantaré contra ellos»,
    afirma el SEÑOR de los Ejércitos.
«Yo eliminaré de Babilonia
    ˚nombre y descendencia,
    vástago y posteridad»,
    afirma el SEÑOR.

ᵃ 19 Lit. *caldeos*.   ᵇ 4 *arrogancia* (LXX, Qumrán y Siríaca);
en TM, palabra de difícil traducción.   ᶜ 9 *los dominios de la
muerte*. Lit. *el Seol*.   ᵈ 11 *a los dominios de la muerte*. Lit. *al
Seol*.   ᵉ 13 *monte de la reunión*. Lit. *monte de la asamblea*.
ᶠ 15 *a los dominios de la muerte*. Lit. *al Seol*.

²³ «La convertiré en lugar de lechuzas,
   en charco de agua estancada;
   la barreré con la escoba de la destrucción»,
   afirma el Señor de los Ejércitos.

Profecía contra Asiria

²⁴El Señor de los Ejércitos ha jurado:

«Tal como lo he planeado, se cumplirá;
   tal como lo he decidido, se realizará.
²⁵ Destrozaré a Asiria en mi tierra;
   la pisotearé sobre mis montes.
Mi pueblo dejará de llevar su yugo;
   ya no pesará esa carga sobre sus hombros.

²⁶ »Esto es lo que he determinado para toda la tierra;
   esta es la mano que he extendido sobre todas
      las naciones».
²⁷ Si lo ha determinado el Señor de los Ejércitos,
   ¿quién podrá impedirlo?
Si él ha extendido su mano,
   ¿quién podrá detenerla?

Profecía contra los filisteos

²⁸El año en que murió el rey Acaz, tuvo lugar esta
profecía:

²⁹ Todos ustedes, filisteos,
   no se alegren de que se haya roto el bastón que
      los golpeaba;
porque una víbora saldrá de la raíz de la
      serpiente;
   su fruto será una serpiente veloz y venenosa.
³⁰ Los más desvalidos pacerán como ovejas,
   los necesitados descansarán seguros.
Pero mataré de hambre a su raíz;
   destruiré a sus sobrevivientes.

³¹ ¡Gime y grita, ˙puerta de la ciudad!
   ¡Ponte a temblar de miedo, Filistea entera!
Porque viene del norte una nube de humo
   y nadie rompe la formación.
³² ¿Qué respuesta se dará a los mensajeros de esa
      nación?
   Pues que el Señor ha afirmado a ˙Sión
y que allí se refugiarán
   los afligidos de su pueblo.

Profecía contra Moab

16:6-12 – Jer 48:29-36

15 Profecía contra Moab:

La ciudad moabita de Ar está arruinada,
   ¡destruida en una noche!
La ciudad moabita de Quir está arruinada,
   ¡destruida en una noche!
² Acuden los de Dibón al templo,
   a sus ˙altares paganos para llorar.
Moab está gimiendo por Nebo y por Medeba.
Rapadas están todas las cabezas
   y afeitadas todas las barbas.
³ Todos, deshechos en llanto,
   van por las calles, vestidos de luto;
   ¡gimen en los techos y en las plazas!
⁴ Hesbón y Elalé claman a gritos,
   hasta Yahaza se escuchan sus clamores.
Por eso gritan los valientes de Moab
   y se quedan sin aliento.

⁵ Mi ˙corazón grita por Moab;
   sus fugitivos huyen hasta Zoar,
   hasta Eglat Selisiyá.

Suben llorando por la cuesta de Luhit;
   ante el desastre, gritan desesperados
   por el camino de Joronayin.
⁶ Se han secado las aguas de Nimrín;
   se ha marchitado la hierba.
Ya no hay vegetación,
   no ha quedado nada verde.
⁷ Por eso se llevaron, más allá del arroyo de los
      Sauces,
   las muchas riquezas que adquirieron y
      almacenaron.
⁸ Su grito desesperado va recorriendo la frontera
      de Moab.
Llega su gemido hasta Eglayin,
   y aun llega hasta Ber Elín.
⁹ Llenas están de sangre las aguas de Dimón,
   y aún más plagas añadiré:
enviaré un león contra los moabitas fugitivos
   y contra los que permanezcan en la tierra.

16 Envíen corderos al gobernante
      del país,
   desde Selá, por el desierto,
   y hasta el monte de la hija de ˙Sión.
² Las mujeres de Moab,
   en los cruces del Arnón,
parecen aves que, espantadas,
   huyen de su nido.

³ «Danos un consejo;
   toma una decisión.
A plena luz del día,
   extiende tu sombra como la noche.
Esconde a los fugitivos;
   no traiciones a los refugiados.
⁴ Deja que los fugitivos de Moab
   encuentren en ti un refugio;
   ¡protégelos del destructor!».

Cuando la opresión llegue a su fin
   y la destrucción se acabe,
   el agresor desaparecerá de la tierra.
⁵ El trono se fundará en el amor
   y uno de la casa de David
reinará sobre él con fidelidad:
   será un juez celoso del derecho
   y experto en hacer justicia.

⁶ Hemos sabido que Moab
   es extremadamente orgulloso;
hemos sabido de su soberbia, de su orgullo y
      arrogancia,
   de su charlatanería sin sentido.
⁷ Por eso gimen los moabitas;
   todos ellos gimen por Moab.
Laméntense, aflíjanse,
   por las tortas de pasas de Quir Jaréset.
⁸ Se han marchitado los campos de Hesbón,
   lo mismo que la viña de Sibmá.
Los gobernantes de las naciones
   han pisoteado los viñedos más selectos,
los que llegaban hasta Jazer
   y se extendían hacia el desierto.
Sus retoños se extendían
   y cruzaban el mar.
⁹ Por eso lloro, como llora Jazer,
   por la viña de Sibmá.
¡Y a ustedes, ciudades de Hesbón y de Elalé,
   las empapo con mis lágrimas!
Se han acallado los gritos de alegría
   por tu fruto maduro y tus cosechas.
¹⁰ Ya no hay en los huertos alegría ni regocijo.
   Nadie canta ni grita en los viñedos,

nadie pisa la uva en los lagares;
    yo puse fin al clamor en la vendimia.
11 Por eso vibran mis entrañas por Moab
    como las cuerdas de un arpa;
    vibra todo mi ser por Quir Jares.
12 Por más que acuda Moab a sus ˚altares paganos
    no logrará sino fatigarse;
    cuando vaya a orar a su santuario,
    todo lo que haga será en vano.

13 Esta es la palabra que el SEÑOR pronunció en el pasado contra Moab. 14 Pero ahora el SEÑOR dice: «Dentro de tres años, contados como los cuenta un jornalero, el esplendor de Moab y de toda su inmensa multitud será despreciado, y pocos y débiles serán sus sobrevivientes».

Profecía contra Damasco
17 Profecía contra Damasco:

«¡Miren a Damasco!
    ¡Ya no será una ciudad!
    ¡Será convertida en un montón de escombros!
2 Abandonadas quedarán las ciudades de Aroer;
    serán pastizales donde los rebaños
    comerán sin que nadie los asuste.
3 Efraín perderá la ciudad fortificada;
    Damasco se quedará sin realeza.
El remanente de Aram
    será como la gloria de los israelitas»,
    afirma el SEÑOR de los Ejércitos.

4 «En aquel día se debilitará la gloria de Jacob
    y se consumirá la gordura de su cuerpo.
5 Será como el segador que recoge la mies
    y cosecha el grano con su brazo;
    será como cuando se recoge el grano
    en el valle de Refayin.
6 Pero quedarán algunas uvas,
    como cuando se golpea el olivo
    y dos o tres aceitunas se quedan en las ramas más altas,
    y tal vez cuatro o cinco en todas las ramas del árbol»,
    afirma el SEÑOR, el Dios de Israel.

7 En aquel día buscará el pueblo a su Hacedor;
    fijará la mirada en el ˚Santo de Israel.
8 Ya no se fijará en los altares,
    que son obra de sus manos.
Tampoco volverá la mirada a las imágenes de ˚Aserá
    ni a los altares de incienso que sus dedos fabricaron.

9 En aquel día las ciudades fortificadas, que fueron abandonadas por causa de los israelitas, serán como lugares abandonados que se convierten en bosques y matorrales. Todo será devastado.

10 Porque te olvidaste del Dios de tu ˚salvación;
    no te acordaste de la ˚Roca de tu fortaleza.
Por eso, aunque siembres las plantas más selectas
    y plantes vides importadas;
11 aunque las hagas crecer el día que las plantes
    y las hagas florecer al día siguiente,
    en el día del dolor y de la enfermedad incurable
    la cosecha se malogrará.

12 ¡Ay del rugido de muchas naciones!
    ¡Braman como brama el mar!

¡Ay del clamor de los pueblos!
    ¡Su estruendo es como el de aguas caudalosas!
13 Aunque esos pueblos braman como aguas encrespadas,
    huyen lejos cuando él los reprende,
    arrastrados por el viento como la paja de los cerros,
    como el polvo con el vendaval.
14 Al atardecer vendrá el terror repentino
    y antes del amanecer dejarán de existir.
Tal es el destino de quienes nos despojan;
    eso les espera a quienes nos saquean.

Profecía contra Etiopía
18 ¡Ay de la tierra de zumbantes langostas[a]
    más allá de los ríos de ˚Cus,
2 que por las aguas del río Nilo
    envía emisarios en barcas de juncos!

Vayan, veloces mensajeros,
    a una nación de gente alta y de piel brillante,
    a un pueblo temido por doquier,
    a una nación agresiva y dominante,
    cuya tierra está surcada por ríos.

3 Cuando sobre las montañas
    se alce la bandera y suene la trompeta,
    ¡fíjense, habitantes del mundo!
    ¡Escuchen, pobladores de la tierra!
4 Así me dijo el SEÑOR:
    «Desde mi morada miraré tranquilo,
    como los candentes rayos del sol,
    como las nubes de rocío en el calor de la vendimia».
5 Porque antes de la vendimia,
    cuando la flor se cae y madura la uva,
    se podarán los retoños
    y se arrancarán de raíz las ramas.
6 Todos ellos quedarán abandonados
    a las aves de rapiña
    y a los animales salvajes;
    durante el verano
    serán el alimento de las aves de rapiña;
    durante el invierno,
    de todos los animales salvajes.

7 En aquel tiempo

ese pueblo de alta estatura y de piel brillante,
    ese pueblo temido por doquier,
    esa nación agresiva y dominante,
    cuya tierra está surcada por ríos,
    llevará ofrendas al SEÑOR de los Ejércitos.

Se las llevará al monte ˚Sión, al lugar donde habita el nombre del SEÑOR de los Ejércitos.

Profecía contra Egipto
19 Profecía contra Egipto:

¡Miren al SEÑOR!
    Llega a Egipto montado sobre una nube veloz.
Los ídolos de Egipto tiemblan en su presencia;
    el ˚corazón de los egipcios desfallece en su interior.

2 «Incitaré a egipcio contra egipcio;
    luchará hermano contra hermano,
    amigo contra amigo,

---

a 1 langostas. Lit. alas.

ciudad contra ciudad,
reino contra reino.
³ Los egipcios quedarán desanimados
y consultarán a los ídolos,
a los espíritus de los muertos,
a las médiums y a los espiritistas,
¡pero yo frustraré sus planes!
⁴ Entregaré a los egipcios
en manos de un amo cruel;
un rey de mano dura los gobernará»,
afirma el Señor, el SEÑOR de los Ejércitos.

⁵ Se agotarán las aguas del Nilo;
árido y reseco quedará el lecho del río.
⁶ Apestarán los canales
y bajará el nivel de los arroyos de Egipto hasta
dejarlos completamente secos.
¡Las cañas y los juncos quedarán marchitos!
⁷ A orillas del Nilo,
en la desembocadura del río,
la vegetación perderá su verdor.
Todos los sembrados junto al Nilo
quedarán asolados, dejarán de existir.
⁸ Gemirán y se lamentarán todos los pescadores,
los que lanzan anzuelos en el Nilo;
desfallecerán los que echan redes en el agua.
⁹ Quedarán frustrados los que trabajan el hilo de
lino peinado;
perderán la esperanza los tejedores de lino
fino.
¹⁰ Quedarán desalentados los fabricantes de telas,
todos los asalariados se llenarán de angustia.

¹¹ Los oficiales de Zoán no son más que unos necios;
los consejeros más sabios dan a Faraón
consejos insensatos.
¿Cómo se les ocurre decirle:
«Yo soy uno de los sabios,
discípulo de los antiguos reyes»?

¹² ¿Dónde quedaron tus sabios?
Que te muestren y te hagan saber
lo que el SEÑOR de los Ejércitos
ha planeado contra Egipto.
¹³ Los oficiales de Zoán se han vuelto necios;
los líderes de Menfis se dejaron engañar.
Las piedras angulares de sus pueblos
han hecho que Egipto pierda el rumbo.
¹⁴ El SEÑOR ha infundido en ellos
un espíritu de desconcierto.
En todo lo que hace Egipto le han hecho perder el
rumbo.
Como un borracho en su vómito, Egipto se
tambalea.
¹⁵ Nada puede hacerse por Egipto,
sea cabeza o cola, palmera o junco.

¹⁶ En aquel día los egipcios se volverán cobardes.
Se estremecerán de terror ante la mano amenazante
que el SEÑOR de los Ejércitos agita contra ellos. ¹⁷ La
tierra de Judá será un espanto para los egipcios. Por
causa de lo que el SEÑOR de los Ejércitos está planeando contra ellos, la sola mención de Judá llenará
de espanto a los que oigan este ˙nombre.
¹⁸ En aquel día habrá en Egipto cinco ciudades que
hablarán el idioma de Canaán y que jurarán lealtad al
SEÑOR de los Ejércitos. Una de ellas se llamará Ciudad
del Sol.ᵃ

¹⁹ En aquel día habrá un altar para el SEÑOR en el
corazón mismo de Egipto y en su frontera un monumento al SEÑOR. ²⁰ Esto servirá en Egipto de señal y
testimonio del SEÑOR de los Ejércitos. Cuando ellos
clamen al SEÑOR por causa de sus opresores, él les
enviará un salvador y defensor que los librará. ²¹ De
modo que el SEÑOR se dará a conocer a los egipcios y
en aquel día ellos reconocerán al SEÑOR: lo servirán
con sacrificios y ofrendas de grano. Harán promesas al
SEÑOR y se las cumplirán. ²² El SEÑOR herirá a los egipcios con una plaga y, aun hiriéndolos, los sanará. Ellos
se volverán al SEÑOR, y él responderá a sus ruegos y
los sanará.
²³ En aquel día habrá un camino desde Egipto
hasta Asiria. Los asirios irán a Egipto y los egipcios
a Asiria, y unos y otros adorarán juntos. ²⁴ En aquel
día Israel será, junto con Egipto y Asiria, una bendición en medio de la tierra. ²⁵ El SEÑOR de los Ejércitos
los bendecirá, diciendo: «Bendito sea Egipto, mi
pueblo, y Asiria, obra de mis manos, e Israel, mi
heredad».

Profecía contra Egipto y Cus

20 El año en que un alto oficial enviado por
Sargón, rey de Asiria, fue a Asdod, atacó esa
ciudad y la conquistó. ² En aquel tiempo el SEÑOR
habló por medio de Isaías, hijo de Amoz. Le dijo:
«Anda, quítate la ropa de luto y las sandalias». Así lo
hizo Isaías; anduvo desnudo y descalzo.
³ Entonces el SEÑOR dijo: «Así como durante tres
años mi siervo Isaías ha andado desnudo y descalzo, como señal y presagio contra Egipto y ˙Cus;
⁴ así también, el rey de Asiria llevará desnudos y descalzos a los egipcios y a los desterrados de Cus, los
llevará desnudos de la cintura hacia abajo, tanto a
jóvenes como a viejos para vergüenza de Egipto. ⁵ Y
los que confían en Cus y se enorgullecen de Egipto
quedarán desanimados y avergonzados. ⁶ En aquel
día los habitantes de esta costa dirán: "Fíjense, ahí
tienen a los que eran nuestra esperanza, ¡aquellos a
quienes acudíamos en busca de ayuda, para que nos
libraran del rey de Asiria! Y ahora, ¿cómo podremos
escapar?"».

Profecía contra Babilonia

21 Profecía contra el desierto junto al mar:ᵇ

Como torbellinos que pasan por el Néguev,
se acercan invasores
de una temible tierra del desierto.

² Una visión terrible me ha sido revelada:
el traidor traiciona, el destructor
destruye.
¡Al ataque, Elam! ¡Al asedio, Media!
Pondré fin a todo su gemido.

³ Por eso mi cuerpo se estremece de angustia,
sufro de agudos dolores, como los de una
parturienta;
lo que oigo, me aturde;
lo que veo, me desconcierta.
⁴ Se estremece mi ˙corazón,
me hace temblar el terror;
el crepúsculo tan anhelado
se me ha vuelto un espanto.

⁵ ¡Ellos tienden las mesas,
extienden los tapices,
y comen y beben!
¡Oficiales, pónganse de pie!
¡Levántense y brillen los escudos!

ᵃ **18** del Sol (mss. hebreos, Qumrán y Vulgata); de la
destrucción (TM).   ᵇ **1** el desierto junto al mar. Probable
referencia al golfo Pérsico o a la llanura al sur de Babilonia.

⁶Porque así me ha dicho el Señor:

«Ve y pon un centinela,
que informe de todo lo que vea.
⁷Cuando vea carros de combate
tirados por parejas de caballos,
o gente montada en asnos
o en camellos,
que preste atención,
mucha atención».

⁸Y el centinela[a] gritó:

«¡Día tras día, Señor,
estoy de pie en la torre;
cada noche permanezco
en mi puesto de guardia!
⁹¡Ahí viene un hombre
en un carro de combate tirado por un par de
caballos!
Y este es su mensaje:
"¡Ha caído, ha caído Babilonia!
¡Todas las imágenes de sus dioses
han rodado por el suelo!"».

¹⁰Pueblo mío, trillado y aventado como el trigo,
yo te he anunciado lo que he oído
de parte del Señor de los Ejércitos,
del Dios de Israel.

Profecía contra Edom

¹¹Profecía contra Dumá:[b]

Alguien me grita desde Seír:
«Centinela, ¿cuánto queda de la noche?
Centinela, ¿cuánto falta para que
amanezca?».
¹²El centinela responde:
«Ya viene la mañana, pero también la
noche.
Si quieren preguntar, pregunten;
si quieren volver, vuelvan».

Profecía contra Arabia

¹³Profecía contra Arabia:

Caravanas de Dedán,
acampadas en los bosques de Arabia:
¹⁴salgan al encuentro del sediento
y ofrézcanle agua.
Habitantes de la tierra de Temá,
ofrezcan alimento a los fugitivos,
¹⁵porque huyen de la espada,
de la espada desenvainada,
del arco tenso
y del fragor de la batalla.

¹⁶Porque así me dijo el Señor: «Dentro de un año,
contado como lo cuenta un jornalero, toda la mag-
nificencia de Cedar llegará a su fin. ¹⁷Pocos serán los
arqueros, los guerreros de Cedar, que sobrevivan». Lo
ha dicho el Señor, el Dios de Israel.

Profecía contra Jerusalén

22 Profecía contra el valle de la visión:

¿Qué te pasa ahora,
que has subido a las azoteas,
²ciudad llena de disturbios,
de tumultos y parrandas?
Tus muertos no cayeron a filo de espada
ni murieron en batalla.

³Todos tus jefes huyeron juntos,
pero fueron capturados sin haber disparado
una flecha.
Todos tus líderes fueron capturados
mientras trataban de huir lejos.
⁴Por eso dije: «Aparten su mirada de mí;
voy a llorar amargamente.
No insistan en consolarme:
¡mi pueblo ha sido destruido!».

⁵El Señor, el Señor de los Ejércitos,
ha decretado un día de pánico,
un día de humillación y desconcierto
en el valle de la visión,
un día para derribar muros
y para levantar gritos de socorro a la montaña.
⁶Montado en sus carros de combate y en caballos,
Elam toma la aljaba;
Quir saca el escudo a relucir.
⁷Llenos de carros de combate están tus valles
preferidos;
apostados a la puerta están los jinetes.

⁸¡Judá se ha quedado sin defensa!
Aquel día ustedes se fijaron
en el arsenal del Palacio del Bosque.
⁹Vieron que en la Ciudad de David
había muchas brechas;
en el estanque inferior
guardaron agua.
¹⁰Contaron las casas de Jerusalén
y derribaron algunas para reforzar el muro.
¹¹Entre los dos muros construyeron un depósito
para las aguas del estanque antiguo
pero no se fijaron en quien lo hizo
ni consideraron al que hace tiempo lo planeó.

¹²En aquel día el Señor,
el Señor de los Ejércitos,
los llamó a llorar y a lamentarse,
a raparse la cabeza y a usar ropa de luto.
¹³¡Pero miren, hay gozo y alegría!
¡Se sacrifican vacas, se matan ovejas,
se come carne y se bebe vino!
«¡Comamos y bebamos,
que mañana moriremos!».

¹⁴El Señor de los Ejércitos me reveló al oído: «No se
te perdonará este pecado hasta el día de tu muerte.
Lo digo yo, el Señor, el Señor de los Ejércitos».

¹⁵Así dice el Señor, el Señor de los Ejércitos:

«Ve a encontrarte con Sebna,
el mayordomo, que está a cargo del palacio y
dile:
¹⁶¿Qué haces aquí?
¿Quién te dio permiso para cavarte aquí un
sepulcro?
¿Por qué tallas en lo alto tu lugar de reposo
y lo esculpes en la roca?

¹⁷»Mira, hombre poderoso, el Señor está a punto
de agarrarte
y arrojarte con violencia.
¹⁸Te hará rodar como pelota
y te lanzará a una tierra inmensa.
Allí morirás; allí quedarán
tus gloriosos carros de combate.

---

a **8** *el centinela* (Qumrán y Siríaca); *un león* (TM).   *b* **11** En
hebreo, *Dumá* significa *silencio* o *quietud*; juego de palabras
con *Edom*.

¡Serás la vergüenza de la casa de tu
    señor!
19 Te destituiré de tu cargo
    y serás expulsado de tu puesto.

20»En aquel día llamaré a mi siervo Eliaquín, hijo de Jilquías. 21Le pondré tu túnica, le colocaré tu faja y le daré tu autoridad. Será como un padre para los habitantes de Jerusalén y para la tribu de Judá. 22Sobre sus hombros pondré la llave de la casa de David; lo que él abra, nadie podrá cerrarlo; lo que él cierre, nadie podrá abrirlo. 23Como a una estaca, lo clavaré en un lugar firme y será como un trono de honor para la descendencia de su padre. 24De él dependerá toda la gloria de su familia: sus descendientes, sus vástagos y toda la vajilla pequeña, desde los cántaros hasta las tazas.

25»En aquel día —afirma el SEÑOR de los Ejércitos—, cederá la estaca clavada en el lugar firme; será arrancada de raíz y se vendrá abajo con la carga que colgaba de ella». El SEÑOR mismo lo ha dicho.

Profecía contra Tiro

23 Profecía contra Tiro:

¡Giman, barcos de Tarsis!,
    porque fueron destruidas su casa y su puerto.
Desde la tierra de Chipre
    les ha llegado la noticia.

2 ¡Callen, habitantes de la costa,
    comerciantes de Sidón,
    ciudad que han enriquecido los marinos!
3 Sobre las grandes aguas
    llegó el grano de Sijor;
Tiro se volvió el centro comercial de las naciones,
    la cosecha del Nilo le aportaba ganancias.

4 Avergüénzate, Sidón, fortaleza del mar,
    porque el mar ha dicho:
«No he estado con dolores de parto ni he dado a
    luz;
    no he criado hijos ni educado hijas».
5 Cuando la noticia llegue a Egipto,
    lo que se diga de Tiro los angustiará.

6 Pasen a Tarsis;
    giman, habitantes de la costa.
7 ¿Es esta su ciudad alegre,
    la ciudad tan antigua,
cuyos pies la han llevado
    a establecerse en tierras lejanas?
8 ¿Quién planeó esto contra Tiro,
    la ciudad que confiere coronas,
cuyos comerciantes son príncipes,
    y sus negociantes reconocidos en la tierra?
9 Lo planeó el SEÑOR de los Ejércitos
    para abatir la altivez de toda gloria
y humillar a toda la gente importante de la
    tierra.

10 Hija de Tarsis,
    cultiva[a] tu tierra como en el Nilo,
    porque tu puerto ya no existe.
11 El SEÑOR ha extendido su mano sobre el mar
    y ha puesto a temblar a los reinos;
ha ordenado destruir las fortalezas de Canaán.
12 Él dijo:
    «¡Virgen oprimida, hija de Sidón:
    no volverás a alegrarte!

»Levántate y cruza hasta Chipre;
    ¡ni siquiera allí encontrarás descanso!».
13 ¡Mira la tierra de los babilonios![b]
    ¡Ese pueblo ya no existe!
Asiria la ha convertido
    en refugio de las fieras del desierto;
levantaron torres de asedio,
    demolieron sus fortalezas
    y las convirtieron en ruinas.

14 ¡Giman, barcos de Tarsis,
    porque destruida está su fortaleza!

15 En aquel tiempo Tiro será olvidada durante setenta años, que es lo que vive un rey. Pero al cabo de esos setenta años sucederá a Tiro lo que dice la canción de la prostituta.

16 «Tú, prostituta olvidada,
    toma un arpa y recorre la ciudad;
toca lo mejor que puedas y canta muchas
    canciones,
    para que te recuerden».

17 Al cabo de setenta años, el SEÑOR se ocupará de Tiro, la cual volverá a venderse y prostituirse con todos los reinos de la tierra. 18Pero sus ingresos y ganancias se consagrarán al SEÑOR; no serán almacenados ni atesorados. Sus ganancias serán para los que habitan en presencia del SEÑOR, para que se alimenten en abundancia y se vistan con ropas finas.

Juicio universal

24 Miren, el SEÑOR arrasa la tierra
    y la devasta,
trastorna su faz
    y dispersa a sus habitantes.
2 Lo mismo pasará
    al pueblo y al sacerdote,
    al esclavo y al amo,
    a la esclava y a la señora,
    al comprador y al vendedor,
    al prestatario y al prestamista,
    al acreedor y al deudor.
3 La tierra será totalmente arrasada,
    saqueada por completo,
porque el SEÑOR lo ha dicho.

4 La tierra languidece y se marchita;
    el mundo se marchita y desfallece;
    desfallecen los notables de la tierra.
5 La tierra yace profanada,
    pisoteada por sus habitantes,
porque han desobedecido las leyes,
    han violado los estatutos,
    han quebrantado el *pacto eterno.
6 Por eso una maldición consume a la tierra
    y los culpables son sus habitantes.
Por eso el fuego los consume,
    y solo quedan unos cuantos.
7 Languidece el vino nuevo, desfallece la vid;
    gimen todos los corazones alegres.
8 Cesó el ritmo de los panderos,
    se aplacó el bullicio de los que se divierten,
    se apagó el júbilo del arpa.
9 Ya no beben vino mientras cantan;
    a los borrachos la cerveza les sabe amarga.
10 La ciudad del caos yace devastada;
    cerrado está el acceso a toda casa.
11 Clamor hay en las calles porque falta el
    vino;
    toda alegría se ha extinguido;
    el júbilo ha sido desterrado.

---

a 10 *cultiva* (Qumrán y LXX); *atraviesa* (TM).   b 13 Lit. *caldeos.*

12 La ciudad está en ruinas;
   su *puerta está hecha pedazos.
13 Así sucederá en medio de la tierra
   y entre las naciones,
   como cuando a golpes se cosechan aceitunas,
   como cuando se recoge lo que sobra después de
      la vendimia.

14 El remanente eleva su voz y grita de alegría;
   desde el occidente aclama la majestad del
      Señor.
15 Por eso, glorifiquen al Señor en el oriente;
   el *nombre del Señor, Dios de Israel,
   en las costas del mar.
16 Desde los confines de la tierra oímos cantar:
   «¡Gloria al justo!».

   Pero yo digo: «¡Ay de mí!
   ¡Qué dolor me consume!».
   Los traidores traicionan,
   los traidores maquinan traiciones.
17 ¡Terror, fosa y trampa
   están contra ti, habitante de la tierra!
18 Quien huya del grito de terror
   caerá en la fosa,
   y quien suba del fondo de la fosa
   caerá en la trampa.

   Abiertas están las compuertas de lo alto
   y tiemblan los cimientos de la tierra.
19 La tierra se quiebra, se desintegra;
   la tierra se agrieta, se resquebraja;
   la tierra tiembla y retiembla.
20 La tierra se tambalea como un borracho,
   se sacude como una choza.
   Tanto pesa sobre ella su rebelión
   que caerá para no volver a levantarse.

21 En aquel día el Señor castigará
   a los ejércitos celestiales en el cielo
   y a los reyes terrenales en la tierra.
22 Serán amontonados en un pozo,
   como prisioneros entre rejas
   y, después de muchos días, se les castigará.
23 La luna se sonrojará
   y el sol se avergonzará,
   porque sobre el monte *Sión, sobre Jerusalén,
   reinará el Señor de los Ejércitos,
   glorioso entre sus jefes.

Canto de alabanza al Señor

25 Señor, tú eres mi Dios;
   te exaltaré y alabaré tu *nombre
   porque has hecho maravillas.
   Desde tiempos antiguos
   tus planes son fieles y seguros.
2 Has convertido la ciudad en un montón de
      escombros,
   la ciudad fortificada en una ruina.
   Ya no existe la ciudad, la fortaleza de
      extranjeros;
   nunca más volverá a ser reconstruida.
3 Por eso te glorifica un pueblo poderoso;
   te honrarán las ciudades de las naciones
      violentas.
4 Porque tú has sido en su angustia un baluarte
      para el desvalido,
   un refugio para el necesitado,
   un resguardo contra la tormenta,
   una sombra en el calor.
   Porque el aliento de los violentos
   es como una tormenta contra un muro,
5 como el calor en el desierto.

Tú aplacas el tumulto de los extranjeros,
   como se aplaca el calor bajo la sombra de una
      nube
   y ahogas el alboroto de los violentos.

6 Sobre este monte el Señor de los Ejércitos
   preparará para todos los pueblos
   un banquete de manjares especiales.
   Un banquete de vinos añejos,
   las mejores carnes y vinos selectos.
7 Sobre este monte rasgará
   el velo que cubre a todos los pueblos,
   el manto que envuelve a todas las naciones.
8 Devorará a la muerte para siempre.
   El Señor y Dios enjugará las lágrimas
   de todo rostro
   y quitará de toda la tierra
   la deshonra de su pueblo.
   El Señor mismo lo ha dicho.

9 En aquel día se dirá:

   «¡Sí, este es nuestro Dios;
   en él confiamos y él nos salvó!
   ¡Este es el Señor, en él hemos confiado;
   regocijémonos y alegrémonos en su
      *salvación!».

10 La mano del Señor se posará sobre este monte,
   pero Moab será pisoteada en su sitio,
   como se pisotea la paja en el muladar.
11 Allí extenderán sus manos,
   como al nadar las extiende un nadador.
   Pero Dios abatirá su orgullo,
   junto con la destreza[a] de sus manos.
12 Derribará, hará caer y abatirá
   tus muros altos y fortificados,
   hasta dejarlos hechos polvo sobre la tierra.

Canto de victoria

26 En aquel día se entonará esta canción en la
   tierra de Judá:

   «Tenemos una ciudad fuerte.
   Para salvarla,
   Dios levantó muros y baluartes.
2 Abran las *puertas para que entre la nación justa
   que se mantiene fiel.
3 Al de carácter firme
   lo guardarás en perfecta *paz,
   porque en ti confía.
4 Confíen en el Señor para siempre,
   porque el Señor, el Señor mismo, es la *Roca
      eterna.
5 Él hace caer a los que habitan en lo alto
   y humilla a la ciudad enaltecida:
   la abate hasta dejarla por el suelo,
   la derriba hasta dejarla hecha polvo.
6 ¡Los pobres y los desvalidos
   la pisotean con sus propios pies!».

7 La senda del justo es recta;
   tú, que eres íntegro, allanas su *camino.
8 Sí, en ti esperamos, Señor,
   y en la senda de tus juicios;
   tu *nombre y tu memoria
   son el deseo de nuestra *vida.
9 Todo mi ser te desea por las noches;
   por la mañana mi espíritu te busca.
   Pues, cuando tus juicios llegan a la tierra,

---

a 11 *la destreza*. Palabra de difícil traducción.

los habitantes del mundo aprenden lo que es
justicia.
¹⁰ Aunque al malvado se le tenga compasión,
no aprende lo que es justicia;
en tierra de rectitud actúa con iniquidad
y no reconoce la majestad del SEÑOR.
¹¹ Levantada está, SEÑOR, tu mano,
pero ellos no la ven.
¡Que vean tu celo por el pueblo y sean
avergonzados;
que sean consumidos por el fuego destinado a
tus enemigos!

¹² SEÑOR, tú estableces la paz en favor nuestro,
porque tú eres quien realiza todas nuestras
obras.
¹³ SEÑOR y Dios nuestro,
otros señores nos han gobernado,
pero solo a tu nombre damos honra.
¹⁴ Ya están muertos y no revivirán;
ya son sombras y no se levantarán.
Tú los has castigado y destruido;
has hecho que perezca su memoria.
¹⁵ Tú, SEÑOR, has engrandecido a la nación;
la has engrandecido y te has glorificado;
has extendido las fronteras de todo el país.

¹⁶ SEÑOR, en la angustia te buscaron;
apenas lograban susurrar una oración*a*
cuando tú los corregías.
¹⁷ SEÑOR, nosotros estuvimos ante ti
como cuando una mujer embarazada
se retuerce y grita de dolor
al momento de dar a luz.
¹⁸ Concebimos, nos retorcimos,
pero dimos a luz tan solo viento.
No trajimos salvación a la tierra
ni nacieron los habitantes del mundo.

¹⁹ Pero tus muertos vivirán;
sus cadáveres volverán a la vida.
¡Despierten y griten de alegría,
moradores del polvo!
Porque tu rocío es como el rocío de la mañana
y la tierra devolverá sus muertos.

²⁰ ¡Anda, pueblo mío, entra en tus habitaciones
y cierra tus puertas tras de ti;
escóndete por un momento,
hasta que pase la ira!
²¹ ¡Estén alerta!
El SEÑOR va a salir de su morada
para castigar la maldad de los habitantes de la
tierra.
La tierra pondrá al descubierto la sangre
derramada;
ya no ocultará a sus muertos.

Liberación de Israel

27 En aquel día

el SEÑOR castigará a ˙Leviatán, la serpiente
escurridiza,
a Leviatán, la serpiente tortuosa.
Con su espada violenta, grande y poderosa,
matará al monstruo marino.
² «Canten en aquel día a la viña escogida:
³ Yo, el SEÑOR, soy su guardián;
todo el tiempo riego mi viña.

Día y noche cuido de ella
para que nadie le haga daño.
⁴ No estoy enojado.
Si me enfrentan zarzas y espinos,
pelearía contra ellos
y los quemaría totalmente,
⁵ a menos que ella acudiera a mi refugio
e hiciera las paces conmigo,
sí, que hiciera las paces conmigo».

⁶ Días vendrán en que Jacob echará raíces,
en que Israel retoñará, florecerá
y llenará el mundo con sus frutos.

⁷ ¿Acaso el SEÑOR lo ha golpeado
como hizo con quien lo golpeaba?
¿Acaso le dio muerte
como mueren los que matan?
⁸ Contendió con él con guerra*b* y destierro;
lo expulsó con su soplo violento
al soplar el viento del este.
⁹ Así quedará perdonada la iniquidad de Jacob,
este será el fruto del perdón de su pecado:
reducirá a polvo todas las piedras del altar
como si moliera piedra caliza
y no dejará en pie ninguna imagen de ˙Aserá
ni altar de incienso alguno.
¹⁰ En ruinas está la ciudad fortificada;
es un sitio sin habitantes, abandonado como el
desierto.
Allí se echa el ternero,
allí pace y deshoja las ramas.
¹¹ Una vez secas, las ramas se quiebran;
vienen luego las mujeres y con ellas hacen
fuego.
Porque este es un pueblo sin entendimiento;
por eso su Hacedor no le tiene compasión
ni de él se apiada quien lo formó.

¹²En aquel día el SEÑOR trillará desde las corrientes del Éufrates hasta el torrente de Egipto y ustedes, israelitas, serán recogidos uno por uno. ¹³En aquel día sonará una gran trompeta. Los que fueron llevados a Asiria y los que fueron desterrados a Egipto vendrán y adorarán al SEÑOR sobre el monte ˙santo en Jerusalén.

Ay de Efraín

28 ¡Ay de la altiva corona de los borrachos de
Efraín,
de la flor marchita de su gloriosa
hermosura,
que está sobre la cumbre de un valle fértil!
¡Ay de los abatidos por el vino!
² Miren, el Señor cuenta con alguien
que es fuerte y poderoso:
Este echará todo por tierra con violencia,
como tormenta de granizo,
como tempestad destructora,
como tormenta de aguas torrenciales,
como torrente desbordado.
³ La altiva corona de los borrachos de Efraín
será pisoteada.
⁴ Esa flor marchita de su gloriosa hermosura,
sobre la cumbre de un valle fértil,
será como higo maduro antes de la cosecha:
apenas alguien lo ve y lo tiene en la mano,
se lo traga.

⁵ En aquel día el SEÑOR de los Ejércitos
será una hermosa corona,
una diadema gloriosa
para el remanente de su pueblo.

---

a 16 *apenas … oración.* Frase de difícil traducción.
b 8 *guerra.* Palabra de difícil traducción.

6 Él infundirá espíritu de justicia
   al que se sienta en el tribunal,
y fortaleza a los que rechazan
   los asaltos a la puerta.

7 También sacerdotes y profetas
   se tambalean por causa del vino,
   trastabillan por causa del licor;
quedan aturdidos con el vino,
   tropiezan a causa del licor.
Cuando tienen visiones, titubean;
   cuando toman decisiones, vacilan.
8 ¡Sí, regadas de vómito están todas las mesas,
   y no queda limpio ni un solo lugar!

9 «¿A quién cree el Señor que enseña? —se
         preguntan—,
   ¿a quién está explicando su mensaje?
¿Cree que somos niños recién destetados,
   que acaban de dejar el pecho?
10 ¿Por qué nos repite todo,
   línea por línea,
   palabra por palabra,
   un poquito aquí, un poquito allá?».*a*

11 Pues bien, Dios hablará a este pueblo
   con labios extranjeros y lenguas extrañas,
12 pueblo al que dijo:
   «Este es el lugar de descanso;
   que descanse el fatigado»;
y también:
   «Este es el lugar de reposo».
   ¡Pero no quisieron escuchar!
13 Por eso el Señor les explicará con detalles,
   línea por línea,
   palabra por palabra,
   un poquito aquí, un poquito allá.
Les hablará para que caigan de espaldas,
   queden heridos, enredados y atrapados.

14 Por tanto, gobernantes insolentes de este pueblo
         de Jerusalén,
   escuchen la palabra del Señor:
15 Ustedes dicen: «Hemos hecho un convenio con la
         muerte;
   hemos hecho una alianza con el sepulcro.*b*
Cuando venga una calamidad abrumadora,
   no nos podrá alcanzar,
porque hemos hecho de la mentira nuestro
         refugio
   y del engaño nuestro escondite».

16 Por eso dice el Señor y Dios:

«Miren, yo pongo en ˚Sión una piedra probada,
   piedra angular y preciosa para un cimiento
      firme;
   el que crea no se tambaleará.
17 Pondré como nivel la justicia
   y la rectitud como plomada.
El granizo arrasará con el refugio de la mentira
   y las aguas inundarán el escondite.
18 Se anulará el convenio que hicieron con la
         muerte;
   quedará sin efecto su alianza con el sepulcro.*c*
Cuando venga la calamidad abrumadora,
   a ustedes los aplastará.
19 Cada vez que pase, los arrebatará;
   pasará mañana tras mañana, de día y de
      noche».

La comprensión de este mensaje
   causará terror absoluto.

20 La cama es demasiado estrecha para estirarse en
         ella;
   la manta es demasiado corta para envolverse
      en ella.
21 Sí, el Señor se levantará como en el monte Perasín,
   se moverá como en el valle de Gabaón;
para llevar a cabo su extraña obra,
   para realizar su insólita tarea.
22 Ahora bien, dejen de burlarse,
   no sea que se aprieten más sus cadenas;
porque me ha hecho saber el Señor, el Señor de
         los Ejércitos,
   acerca de la destrucción decretada contra todo
      el país.

23 Escuchen, oigan mi voz;
   presten atención, oigan mi palabra:
24 Cuando un agricultor ara para sembrar,
   ¿lo hace sin descanso?
¿Se pasa todo el día abriendo surcos y
      removiendo el terreno?
25 Después de que ha emparejado la superficie,
   ¿no siembra eneldo y esparce comino?
¿No siembra trigo en hileras,*d*
   cebada en el lugar debido
   y centeno en las orillas?
26 Es Dios quien lo instruye
   y le enseña cómo hacerlo.

27 Porque no se trilla el eneldo con rastrillo
   ni sobre el comino se pasa una rueda de
      carreta,
sino que el eneldo se golpea con una vara
   y el comino con un palo.
28 El grano se tritura, pero no demasiado
   ni tampoco se trilla sin descanso.
Se le pasan las ruedas de la carreta,
   pero los caballos no lo trituran.
29 También esto viene del Señor de los Ejércitos,
   admirable por su consejo
   y magnífico por su sabiduría.

Ay de la Ciudad de David

29 ¡Ay, Ariel, Ariel,
      ciudad donde acampó David!
Añadan a un año otro año más
   y que prosiga el ciclo de las fiestas.
2 Pero a Ariel la sitiaré;
   habrá llanto y lamento,
   y será para mí como un brasero del altar.*e*
3 Acamparé contra ti, te rodearé;
   te cercaré con empalizadas
   y levantaré contra ti torres de asedio.
4 Humillada, desde el suelo elevarás tu voz;
   tu palabra apenas se levantará del polvo.
Saldrá tu voz de la tierra como si fuera la de un
      fantasma;
   tu palabra, desde el polvo, apenas será un
      susurro.

5 Pero la multitud de tus enemigos quedará hecha
         polvo fino,
   y la multitud de violentos será como la paja
      que se lleva el viento.
De repente, en un instante,
   6 vendrá contra ti el Señor de los Ejércitos;

---

a 10 *Versículo de difícil traducción (posiblemente imitación
burlona de una lección del abecedario); también en v. 13.*
b 15 *sepulcro.* Lit. *Seol.*   *c* 18 *sepulcro.* Lit. *Seol.*   *d* 25 *hileras.*
Palabra de difícil traducción.   *e* 2 *un brasero del altar.* Esta
frase traduce una palabra hebrea que es idéntica al nombre
Ariel.

vendrá con truenos, terremotos y gran
estruendo;
vendrá con una violenta tormenta y con
devoradoras llamas de fuego.
7 La multitud de todas las naciones que batallan
contra Ariel,
todos los que luchan contra ella y contra su
fortaleza,
aquellos que la asedian, serán como un sueño,
como una visión nocturna.
8 Como el hambriento que sueña que está
comiendo,
pero despierta y aún tiene hambre;
como el sediento que sueña que está bebiendo,
pero despierta y la sed reseca su garganta.
Así sucederá con la multitud de todas las
naciones
que luchan contra el monte *Sión.

9 Pierdan el juicio, quédense pasmados,
pierdan la vista, quédense ciegos;
embriáguense, pero no con vino,
tambaléense, pero no por la cerveza.
10 El SEÑOR ha derramado sobre ustedes un espíritu
de profundo sueño;
a los profetas les tapó los ojos,
a los visionarios les cubrió la cabeza.

11 Para ustedes, toda esta visión no es otra cosa que
palabras en un rollo de pergamino sellado. Si dan el
rollo a alguien que sepa leer y dicen: «Lea esto, por
favor», este responderá: «No puedo hacerlo; está
sellado». 12 Si dan el rollo a alguien que no sepa leer
y dicen: «Lea esto, por favor», este responderá: «No
sé leer».

13 El Señor dice:

«Este pueblo se acerca a mí con la boca
y me honra con los labios,
pero su *corazón está lejos de mí.
Su adoración es solo un mandamiento humano
que le ha sido enseñado.
14 Por eso, una vez más asombraré a este pueblo
con prodigios maravillosos;
perecerá la sabiduría de sus sabios,
y se esfumará la inteligencia de sus
inteligentes».

15 ¡Ay! de los que, para esconder sus planes,
se ocultan del SEÑOR en las profundidades.
Cometen sus fechorías en la oscuridad y piensan:
«¿Quién nos ve? ¿Quién nos conoce?».
16 ¡Qué manera de pervertir las cosas!
¿Acaso el alfarero es igual al barro?
¿Puede un objeto decir del que lo modeló:
«Él no me hizo»?
¿Puede una vasija decir de su alfarero:
«Él no entiende nada»?

17 Muy pronto el Líbano se convertirá en campo
fértil,
y el campo fértil se convertirá en bosque.
18 En aquel día podrán los sordos oír la lectura del
rollo,
y los ojos de los ciegos podrán ver
sin tinieblas ni oscuridad.
19 Los pobres volverán a alegrarse en el SEÑOR;
los más necesitados se regocijarán en el *Santo
de Israel.
20 Se desvanecerán los violentos,
desaparecerán los insolentes,
y serán exterminados todos los que se desvelan
para hacer el mal:

21 los que con una palabra hacen culpable a una
persona,
los que en el tribunal ponen trampas al
defensor
y con engaños perjudican al inocente.

22 Por eso, el SEÑOR, el redentor de Abraham, dice
así a los descendientes de Jacob:

«Jacob ya no será avergonzado
ni palidecerá su rostro.
23 Cuando él vea a sus hijos
y la obra de mis manos en medio de él,
todos ellos santificarán mi *nombre;
santificarán al Santo de Jacob
y temerán al Dios de Israel.
24 Los de espíritu extraviado recibirán
entendimiento
y los murmuradores aceptarán ser instruidos».

Ay de la nación obstinada

30 El SEÑOR ha dictado esta sentencia:

«Ay de los hijos rebeldes
que ejecutan planes que no son míos,
que hacen alianzas contrarias a mi Espíritu,
que amontonan pecado sobre pecado,
2 que bajan a Egipto sin consultarme,
para buscar la protección de Faraón
y se refugian bajo la sombra de Egipto.
3 ¡La protección de Faraón será su vergüenza!
¡El refugiarse bajo la sombra de Egipto, su
humillación!
4 Aunque en Zoán tengan oficiales,
y a Janés hayan llegado sus mensajeros,
5 todos quedarán avergonzados
por culpa de un pueblo que les resulta
inútil,
que no les brinda ninguna ayuda ni provecho,
sino solo vergüenza y desgracia».

6 Esta es la profecía sobre los animales del Néguev:

Por tierra de dificultades y angustias,
de leones y leonas,
de serpientes veloces y venenosas,
llevan ellos a lomo de burro
las riquezas de esa nación inútil,
y sus tesoros, a lomo de camello.
7 La ayuda de Egipto no sirve para nada;
por eso la llamo:
«*Rahab, la inútil».

8 Anda, pues, delante de ellos, y grábalo en una
tablilla.
Escríbelo en un rollo de cuero,
para que en los días venideros
quede como un testimonio eterno.
9 Porque este es un pueblo rebelde; son hijos
mentirosos,
hijos que no quieren escuchar la *Ley del
SEÑOR.
10 A los videntes les dicen:
«¡No tengan más visiones!»,
y a los profetas:
«¡No nos sigan profetizando la verdad!
Dígannos cosas agradables,
profeticen ilusiones.
11 ¡Apártense del camino,
retírense de esta senda
y dejen de enfrentarnos
con el *Santo de Israel!».

¹²Así dice el Santo de Israel:

«Ustedes han rechazado esta palabra;
    han confiado en la opresión y en la perversidad
    y se han apoyado en ellas.
¹³ Por eso su iniquidad se alzará frente a ustedes
    como un muro alto y agrietado, a punto de
        derrumbarse:
    ¡de repente, en un instante, se desplomará!
¹⁴ Quedará hecha pedazos,
    hecha añicos sin piedad, como vasija de barro:
ni uno solo de sus pedazos servirá
    para sacar brasas del fuego
    ni agua de una cisterna».

¹⁵Porque así dice el SEÑOR y Dios, el Santo de Israel:

«En el ˚arrepentimiento y la calma está su
        ˚salvación,
    en la serenidad y la confianza está su fuerza,
    ¡pero ustedes no lo quieren reconocer!
¹⁶ Se resisten y dicen: "Huiremos a caballo".
        ¡Por eso, así tendrán que huir!
Dicen: "Cabalgaremos sobre caballos veloces".
        ¡Por eso, veloces serán sus perseguidores!
¹⁷ Ante la amenaza de uno solo,
    mil de ustedes saldrán huyendo;
ante la amenaza de cinco,
    huirán todos ustedes.
Quedarán abandonados
    como un mástil en la cima de una montaña,
    como una bandera sobre una colina».

¹⁸ Por eso el SEÑOR los espera, para tenerles piedad;
    por eso se levanta para mostrarles compasión.
Porque el SEÑOR es un Dios de ˚justicia.
    ¡Dichosos todos los que en él esperan!

¹⁹Pueblo de ˚Sión, que habitas en Jerusalén, ya
no llorarás más. ¡El Dios de piedad se apiadará de ti
cuando clames pidiendo ayuda! Tan pronto como te
oiga, te responderá. ²⁰Aunque el Señor te dé pan de
adversidad y agua de aflicción, tus maestros no se
esconderán más; con tus propios ojos los verás. ²¹Ya
sea que te desvíes a la derecha o a la izquierda, tus
oídos percibirán a tus espaldas una voz que te dirá:
«Este es el ˚camino; síguelo». ²²Entonces profanarás
tus ídolos enchapados en plata y tus imágenes revestidas de oro; los arrojarás como trapo ˚impuro y les
dirás: «¡Fuera de aquí!».

²³El Señor te enviará lluvia para la semilla que siembres en la tierra, y el alimento que produzca la tierra
será suculento y abundante. En aquel día tu ganado
pacerá en extensas praderas. ²⁴Los bueyes y los burros
que trabajan la tierra comerán el mejor grano, arrojado al aire con pala y rastrillo. ²⁵En el día de la gran
masacre, cuando caigan las torres, habrá arroyos y
corrientes de agua en toda montaña alta y en toda
colina elevada. ²⁶Cuando el SEÑOR ponga una venda en
la fractura de su pueblo y sane las heridas que le causó,
brillará la luna como el sol, y será la luz del sol siete
veces más intensa, como la luz de siete días enteros.

²⁷¡Miren! El nombre del SEÑOR viene de lejos,
    con ardiente ira y densa humareda.
Sus labios están llenos de furor;
    su lengua es como un fuego consumidor.
²⁸ Su aliento es cual torrente desbordado
    que llega hasta el cuello,
para sacudir a las naciones y llevarlas a la ruina.
    Pone en las quijadas de los pueblos
    un freno que los desvía.

²⁹Ustedes cantarán
    como en noche de fiesta sagrada;
    su ˚corazón se alegrará,
    como cuando uno sube con flautas
a la montaña del SEÑOR,
    a la ˚Roca de Israel.
³⁰ El SEÑOR hará oír su majestuosa voz;
    su brazo descenderá con rugiente ira
y llama de fuego consumidor;
    con aguacero, tormenta y granizo.
³¹ La voz del SEÑOR quebrantará a Asiria;
    la golpeará con su bastón.
³² Cada golpe que el SEÑOR descargue sobre ella
    con su vara de castigo
    será al son de panderos y de arpas;
    agitando su brazo, peleará contra ellos.
³³ Porque Tofet*ᵃ* está preparada desde hace tiempo;
    está dispuesta incluso para el rey.
Se ha hecho una pira de fuego profunda y ancha,
    con abundancia de fuego y leña;
el soplo del SEÑOR la encenderá
    como un torrente de azufre ardiente.

Ay de los que confían en Egipto

31 ¡Ay de los que descienden a Egipto en busca
        de ayuda,
    de los que se apoyan en caballos,
de los que confían en la multitud de sus carros de
        guerra
    y en la gran fuerza de sus jinetes,
pero no toman en cuenta al ˚Santo de Israel
    ni buscan al SEÑOR!
² Sin embargo, el Señor es también sabio y traerá
        calamidad;
    y no se retractará de sus palabras.
Se levantará contra la dinastía de los
        malvados,
    contra los que ayudan a los malhechores.
³ Los egipcios, en cambio, son simples mortales y
        no dioses;
    sus caballos son carne y no espíritu.
Cuando el SEÑOR extienda su mano,
    tropezará el que presta ayuda
    y caerá el que la recibe.
    ¡Todos juntos perecerán!

⁴Porque así me dice el SEÑOR:

«Como león que gruñe sobre la presa
    cuando contra él se reúne
    toda una cuadrilla de pastores;
como cachorro de león
    que no se asusta por sus gritos
    ni se inquieta por su tumulto,
así también el SEÑOR de los Ejércitos
    descenderá para combatir sobre el monte
        ˚Sión, sobre su cumbre.
⁵ Como aves que revolotean sobre el nido,
    así también el SEÑOR de los Ejércitos protegerá
        a Jerusalén;
la protegerá y la librará,
    pasará sobre ella y la rescatará».

⁶Israelitas, ¡vuélvanse a aquel contra quien ustedes
se han rebelado tan abiertamente! ⁷Porque en aquel
día cada uno de ustedes rechazará a los ídolos de
plata y oro que sus propias manos pecadoras fabricaron.

⁸ «Asiria caerá a espada, pero no de hombre;
    una espada, pero no de mortales, la consumirá.

ᵃ 33 *Tofet.* Lugar de incineración, cercano a Jerusalén.

Huirá para escapar de la espada,
    y sus jóvenes serán sometidos a trabajos
        forzados.
⁹ A causa del terror caerá su fortaleza;
    sus comandantes dejarán abandonada su
        bandera»,
afirma el SEÑOR,
    cuyo fuego está en Sión
    y cuyo horno está en Jerusalén.

El reino de justicia

32 Miren, un rey reinará con rectitud
    y los gobernantes gobernarán con justicia.
² Cada uno será como un refugio contra el viento,
    como un resguardo contra la tormenta;
    como arroyos de agua en tierra seca,
    como la sombra de un peñasco en el desierto.

³ No se nublarán los ojos de los que ven;
    prestarán atención los oídos de los que oyen.
⁴ La ˚mente impulsiva comprenderá y entenderá,
    la lengua tartamuda hablará con fluidez y
        claridad.
⁵ Ya no se llamará noble al necio
    ni será respetado el canalla.
⁶ Porque el necio profiere ˚necedades
    y su corazón está inclinado al mal;
    practica la impiedad,
    y habla falsedades contra el SEÑOR;
    deja con hambre al hambriento
    y niega el agua al sediento.
⁷ El canalla recurre a artimañas malignas
    y trama designios infames;
    destruye a los pobres con mentiras,
    aunque el necesitado reclama justicia.
⁸ El noble, por el contrario, concibe nobles
        planes
    y en sus nobles acciones se afirma.

Las mujeres de Jerusalén

⁹ Mujeres indolentes,
    ¡levántense y escúchenme!
Hijas que se sienten tan confiadas,
    ¡presten atención a lo que voy a decirles!
¹⁰ Ustedes, que se sienten tan confiadas,
    en poco más de un año temblarán;
    porque fallará la vendimia,
    y no llegará la cosecha.
¹¹ ¡Tiemblen, mujeres indolentes!
    Ustedes, que se sienten tan confiadas,
        ¡estremézcanse!
    Desvístanse, desnúdense;
    pónganse ropa de luto.
¹² Golpéense el pecho,
    por los campos agradables,
    por los viñedos fértiles,
¹³ por el suelo de mi pueblo
    cubierto de espinos y de zarzas,
    por todas las casas donde hay alegría
    y por esta ciudad donde hay diversión.
¹⁴ La fortaleza será abandonada,
    y desamparada la ciudad populosa;
    para siempre convertidas en cuevas quedarán la
        torre y la fortaleza;
    convertidas en deleite de asnos salvajes, en
        pastizal de rebaños,
¹⁵ hasta que desde lo alto el Espíritu sea derramado
        sobre nosotros.
    Entonces el desierto se volverá un campo fértil,
    y el campo fértil se convertirá en bosque.

¹⁶ La justicia morará en el desierto
    y en la tierra fructífera habitará la rectitud.
¹⁷ El producto de la justicia será la ˚paz;
    tranquilidad y seguridad perpetuas serán su
        fruto.
¹⁸ Mi pueblo habitará en un lugar de paz,
    en moradas seguras,
    en serenos lugares de reposo.
¹⁹ Aunque el granizo arrase con el bosque
    y la ciudad sea completamente allanada,
²⁰ ¡dichosos ustedes,
    los que siembran junto al agua
    y dejan sueltos al buey y al asno!

Angustia y auxilio

33 ¡Ay de ti, destructor, que no has sido
        destruido!
    ¡Ay de ti, traidor, que no has sido traicionado!
Cuando dejes de destruir,
    te destruirán;
cuando dejes de traicionar,
    te traicionarán.

² SEÑOR, ¡ten compasión de nosotros;
    pues en ti esperamos!
Sé nuestra fortalezaᵃ cada mañana,
    nuestra ˚salvación en tiempo de angustia.
³ Al estruendo de tu voz, huyen los pueblos;
    cuando te levantas, se dispersan las naciones.
⁴ Su botín se recoge como si fuera devorado por
        orugas;
    sobre él se lanza el enemigo como una bandada
        de langostas.

⁵ Exaltado es el SEÑOR porque mora en las alturas,
    y llena a ˚Sión de justicia y rectitud.
⁶ Él será la seguridad de tus tiempos,
    te dará en abundancia salvación, sabiduría y
        conocimiento;
    el temor del SEÑOR será tu tesoro.

⁷ ¡Miren cómo gritan sus valientes en las calles!
    ¡Amargamente lloran los mensajeros de
        ˚paz!
⁸ Los caminos están desolados,
    nadie transita por los senderos.
El convenio se ha quebrantado,
    se desprecia a los testigos,ᵇ
    ¡a nadie se respeta!
⁹ La tierra está de luto y languidece;
    el Líbano se avergüenza y se marchita;
Sarón es como un desierto;
    Basán y el Carmelo pierden su follaje.

¹⁰ «Ahora me levantaré», dice el SEÑOR.
    «Ahora seré exaltado,
    ahora seré ensalzado.
¹¹ Ustedes conciben cizaña
    y dan a luz paja;
    ¡pero mi soplo será un fuego que los
        consumirá!
¹² Los pueblos serán calcinados,
    como espinos cortados arderán en el fuego».

¹³ Ustedes que están lejos, oigan lo que he hecho;
    y ustedes que están cerca, reconozcan mi
        poder.
¹⁴ Los pecadores están aterrados en Sión;
    el temblor atrapa a los impíos:
    «¿Quién de nosotros puede habitar en el fuego
        consumidor?
    ¿Quién de nosotros puede habitar en la
        hoguera eterna?».

ᵃ **2** *nuestra fortaleza* (Siríaca, Targum y Vulgata); *la fortaleza de ellos* (TM).   ᵇ **8** *los testigos* (Qumrán); *las ciudades* (TM).

¹⁵ Solo el que camina con justicia
y habla con rectitud,
el que rechaza la ganancia de la extorsión
y se sacude las manos para no aceptar soborno,
el que no presta oído a las conjuras de asesinato
y cierra los ojos para no contemplar el mal.
¹⁶ Ese morará en las alturas;
tendrá como refugio una fortaleza de rocas,
se le proveerá de pan
y no le faltará el agua.

¹⁷ Tus ojos verán al rey en su esplendor
y contemplarán una tierra que se extiende
hasta muy lejos.
¹⁸ Dentro de ti meditarás acerca del terror y dirás:
«¿Dónde está el que lleva la cuenta?
¿Dónde el recaudador de impuestos?
¿Dónde el que lleva el registro de las torres?».
¹⁹ No verás más a ese pueblo insolente,
a ese pueblo de idioma confuso,
de lengua extraña e incomprensible.

²⁰ Mira a Sión, la ciudad de nuestras fiestas;
tus ojos verán a Jerusalén,
morada apacible, campamento bien plantado;
sus estacas jamás se arrancarán
ni se romperá ninguna de sus sogas.
²¹ Allí el SEÑOR nos mostrará su poder.
Será como un lugar de anchos ríos y canales.
Ningún barco de remos surcará sus aguas
ni barcos poderosos navegarán por ellas.
²² Porque el SEÑOR es nuestro juez;
el SEÑOR es nuestro legislador;
el SEÑOR es nuestro rey:
¡Él nos salvará!

²³ Tus cuerdas se han aflojado:
No sostienen el mástil con firmeza
ni se despliegan las velas.
Abundante botín habrá de repartirse
y aun los cojos se dedicarán al saqueo.
²⁴ Ningún habitante dirá: «Estoy enfermo»;
y se perdonará la iniquidad del pueblo que allí
habita.

Juicio contra las naciones

34 Naciones, ¡acérquense a escuchar!
Pueblos, ¡presten atención!
¡Que lo oiga la tierra y todo lo que hay en ella;
el mundo y todo lo que él produce!
² El SEÑOR está enojado con todas las naciones,
airado con todos sus ejércitos.
Él los ha ˙destruido por completo,
los ha entregado a la matanza.
³ Serán arrojados sus muertos,
hedor despedirán sus cadáveres,
su sangre corre por las montañas.
⁴ Se desintegrará todo el ejército del cielo
y se enrollará el cielo como un pergamino.
Todo su ejército perderá su esplendor,
como lo pierde la hoja marchita de la vid
o los higos secos de la higuera.

⁵ Mi espada se ha embriagado en el cielo;
miren cómo desciende en juicio sobre Edom,
pueblo que he condenado a la destrucción
total.
⁶ La espada del SEÑOR está bañada en sangre,
en la sangre de corderos y machos cabríos;
cubierta está de grasa,
de la grasa de los riñones de carneros.
Porque el SEÑOR celebra un sacrificio en Bosra
y una gran matanza en tierra de Edom.

⁷ Y con ellos caerán los toros salvajes,
los terneros y los novillos.
Su tierra quedará empapada en sangre
y su polvo se llenará de grasa.

⁸ Porque el SEÑOR celebra un día de venganza,
un año de retribución para defender la causa
de ˙Sión.
⁹ Los arroyos de Edom se volverán ríos de brea,
su polvo se convertirá en azufre
y en ardiente brea se volverá su tierra.
¹⁰ Ni de día ni de noche se extinguirá
y su humo subirá por siempre.
Quedará desolada por todas las generaciones;
nunca más transitará nadie por ella.
¹¹ Se adueñarán de ella el búho del desierto y la
lechuza;
anidarán allí la lechuza y el cuervo.
Dios extenderá sobre Edom
el cordel del caos
y la plomada de la destrucción.
¹² Sus nobles no tendrán allí
nada que pueda llamarse reino;
todos sus príncipes desaparecerán.
¹³ Los espinos invadirán sus palacios;
las ortigas y las zarzas, sus fortalezas.
Se volverá guarida de chacales
y nido de avestruces.
¹⁴ Las fieras del desierto se juntarán con las hienas
y las cabras monteses se llamarán unas
a otras;
allí también reposarán las aves nocturnas
y encontrarán un lugar de descanso.
¹⁵ Allí el búho anidará y pondrá sus huevos;
bajo sus alas incubará y cuidará a sus crías.
También allí se reunirán los halcones,
cada cual con su pareja.

¹⁶ Consulten el libro del SEÑOR y lean:

Ninguno de estos animales faltará;
cada cual tendrá su pareja.
El SEÑOR mismo ha dado la orden
y su Espíritu los ha de reunir.
¹⁷ Él les ha asignado sus lugares;
su mano les señaló su territorio.
Ellos los poseerán para siempre
y morarán allí por todas las generaciones.

La alegría de los redimidos

35 Se alegrarán el desierto y el sequedal;
se regocijará la estepa
y florecerá como la rosa.
² Florecerá y se regocijará:
¡gritará de alegría!
Se le dará la gloria del Líbano
y el esplendor del Carmelo y de Sarón.
Ellos verán la gloria del SEÑOR,
la majestad de nuestro Dios.

³ Fortalezcan las manos débiles,
afirmen las rodillas temblorosas;
⁴ digan a los de corazón temeroso:
«Sean fuertes, no tengan miedo.
Su Dios vendrá,
vendrá con venganza;
con retribución divina
vendrá a salvarlos».

⁵ Se abrirán entonces los ojos de los ciegos
y se destaparán los oídos de los sordos;
⁶ saltará el cojo como un ciervo,
y gritará de alegría la lengua del mudo.

Porque brotarán aguas en el desierto
y torrentes en el sequedal.
7 La arena ardiente se convertirá en estanque,
la tierra sedienta en manantiales burbujeantes.
Las guaridas donde se tendían los chacales
serán morada de juncos y papiros.

8 Habrá allí una calzada
que será llamada *Camino de *Santidad.
No viajarán por ella los *impuros
ni transitarán por ella los necios;
· será solo para los que siguen en ese camino.
9 No habrá allí ningún león,
ni bestia feroz que por él pase;
¡allí no se les encontrará!
¡Por allí pasarán solamente los redimidos!
10 Volverán los rescatados del SEÑOR
y entrarán en *Sión con cantos de júbilo;
su corona será el gozo eterno.
Se llenarán de regocijo y alegría,
y se apartarán de ellos el dolor y los quejidos.

Senaquerib amenaza a Jerusalén
36:1-22 – 2R 18:13, 17-37; 2Cr 32:9-19

36 En el año catorce del reinado de Ezequías, Senaquerib, rey de Asiria, atacó y tomó todas las ciudades fortificadas de Judá. 2Desde Laquis el rey de Asiria envió a su comandante en jefe,ᵃ al frente de un gran ejército, para hablar con el rey Ezequías en Jerusalén. Cuando el comandante se detuvo en el acueducto del estanque superior, en el camino que lleva al Campo del Lavandero, 3salió a recibirlo Eliaquín, hijo de Jilquías, que era el administrador del palacio, junto con el cronista Sebna y el secretario Joa, hijo de Asaf.

4El comandante en jefe les dijo:

—Dígale a Ezequías que así dice el gran rey, el rey de Asiria:

»"¿En qué se basa tu confianza? 5Tú dicesᵇ que tienes estrategia y fuerza militar, pero estas no son más que palabras sin fundamento. ¿En quién confías que te rebelas contra mí? 6Mira, tú confías en Egipto, ¡ese bastón de caña astillada, que traspasa la mano y hiere al que se apoya en él! Porque eso es el faraón, el rey de Egipto, para todos los que en él confían. 7Y si tú me dices: 'Nosotros confiamos en el SEÑOR nuestro Dios', ¿no se trata acaso, Ezequías, del Dios cuyos altares y santuarios tú quitaste, diciéndoles a Judá y a Jerusalén: 'Deben adorar solamente ante este altar'?".

8»Ahora bien, Ezequías, haz este trato con mi señor, el rey de Asiria: Yo te doy dos mil caballos si tú consigues otros tantos jinetes para montarlos. 9¿Cómo podrás resistir el ataque de uno solo de los funcionarios más insignificantes de mi señor, si confías en obtener de Egipto carros de combate y jinetes? 10¿Acaso he venido a atacar y a destruir esta tierra sin el apoyo del SEÑOR? ¡Si fue él mismo quien me ordenó: "Marcha contra este país y destrúyelo"!».

11Eliaquín, Sebna y Joa dijeron al comandante en jefe:

—Por favor, hábleles usted a sus siervos en arameo, ya que lo entendemos. No nos hable en hebreo, pues el pueblo que está sobre el muro nos escucha.

12Pero el comandante en jefe respondió:

—¿Acaso mi señor me envió a decirles estas cosas solo a ti y a tu señor, y no a los que están sentados en el muro? ¡Si tanto ellos como ustedes tendrán que comerse su excremento y beberse su orina!

13Dicho esto, el comandante en jefe se puso de pie y a voz en cuello gritó en hebreo:

—¡Oigan las palabras del gran rey, el rey de Asiria! 14Así dice el rey: "No se dejen engañar por Ezequías. ¡Él no puede librarlos! 15No dejen que Ezequías los persuada a confiar en el SEÑOR, diciendo: 'Sin duda el SEÑOR nos librará; ¡esta ciudad no caerá en manos del rey de Asiria!'".

16»No hagan caso a Ezequías. Así dice el rey de Asiria: "Hagan las paces conmigo y ríndanse. De esta manera cada uno podrá comer de su vid y de su higuera y beber agua de su propio pozo, 17hasta que yo venga y los lleve a un país como el de ustedes, país de grano y de mosto, de pan y de viñedos".

18»No se dejen seducir por Ezequías cuando dice: "El SEÑOR nos librará". ¿Acaso alguno de los dioses de las naciones pudo librar a su país de las manos del rey de Asiria? 19¿Dónde están los dioses de Jamat y de Arfad? ¿Dónde están los dioses de Sefarvayin? ¿Acaso libraron a Samaria de mis manos? 20¿Cuál de todos los dioses de estos países ha podido salvar de mis manos a su país? ¿Cómo entonces podrá el SEÑOR librar de mis manos a Jerusalén?».

21Pero el pueblo permaneció en silencio y no respondió ni una sola palabra, porque el rey había ordenado: «No respondan».

22Entonces Eliaquín, hijo de Jilquías, administrador del palacio, el cronista Sebna y el secretario Joa, hijo de Asaf, con las vestiduras rasgadas en señal de duelo, fueron a ver a Ezequías y le contaron lo que había dicho el comandante en jefe.

Isaías profetiza la liberación de Jerusalén
37:1-13 – 2R 19:1-13

37 Cuando el rey Ezequías escuchó esto, se rasgó las vestiduras, se vistió de luto y fue al Templo del SEÑOR. 2Además, envió a Eliaquín, administrador del palacio, al cronista Sebna y a los sacerdotes más ancianos, todos vestidos de luto, para hablar con el profeta Isaías, hijo de Amoz. 3Y estos dijeron a Isaías: «Así dice Ezequías: "Hoy es un día de angustia, castigo y deshonra, como cuando los hijos están a punto de nacer y no se tienen fuerzas para darlos a luz. 4Tal vez el SEÑOR tu Dios oiga las palabras del comandante en jefe, a quien su señor, el rey de Asiria, envió para insultar al Dios viviente. ¡Que el SEÑOR tu Dios lo castigue por las palabras que ha oído! Eleva, pues, una oración por el remanente del pueblo que aún sobrevive"».

5Cuando los funcionarios del rey Ezequías fueron a ver a Isaías, 6este les dijo: «Díganle a su señor que así dice el SEÑOR: "No temas por las blasfemias que has oído y que han pronunciado contra mí los subalternos del rey de Asiria. 7¡Mira! Voy a poner un espíritu en él, de manera que cuando oiga cierto rumor regrese a su propio país. Allí haré que lo maten a filo de espada"».

8Cuando el comandante en jefe se enteró de que el rey de Asiria había salido de Laquis, se retiró y encontró al rey luchando contra Libná.

9Luego Senaquerib recibió el informe de que Tiracá, rey de *Cus, había salido para luchar contra él. Al enterarse de esto, envió mensajeros a Ezequías 10para que le dijeran: «Tú, Ezequías, rey de Judá: No dejes que tu Dios, en quien confías, te engañe cuando dice: "No caerá Jerusalén en manos del rey de Asiria". 11Sin duda te habrás enterado de lo que han hecho los reyes de Asiria en todos los países, *destruyéndolos por completo. ¿Y acaso vas tú a librarte? 12Libraron

ᵃ 2 comandante en jefe. Alt. copero mayor.   ᵇ 5 Tú dices (mss. hebreos y Qumrán; véase 2R 18:20); Yo digo (TM).

sus dioses a las naciones que mis antepasados han destruido: Gozán, Jarán, Résef y la gente de Edén que vivía en Telasar? ¹³¿Dónde están el rey de Jamat, el rey de Arfad, el rey de la ciudad de Sefarvayin, de Hená o Ivá?».

Oración de Ezequías
37:14-20 – 2R 19:14-19

¹⁴Ezequías tomó la carta de mano de los mensajeros y la leyó. Luego subió al Templo del SEÑOR, la desplegó delante del SEÑOR, ¹⁵y oró así: ¹⁶«SEÑOR de los Ejércitos, Dios de Israel, entronizado sobre los *querubines: solo tú eres el Dios de todos los reinos de la tierra. Tú has hecho los cielos y la tierra. ¹⁷Presta atención, SEÑOR, y escucha; abre tus ojos, SEÑOR, y mira; escucha todas las palabras que Senaquerib ha mandado a decir para insultar al Dios viviente.

¹⁸»Es verdad, SEÑOR, que los reyes asirios han asolado todas estas naciones y sus tierras. ¹⁹Han arrojado al fuego sus dioses y los han destruido, porque no eran dioses, sino solo madera y piedra, obra de manos *humanas. ²⁰Ahora, pues, SEÑOR y Dios nuestro, sálvanos de su mano, para que todos los reinos de la tierra sepan que solo tú, SEÑOR, eres Dios».ᵃ

Muerte de Senaquerib
37:21-38 – 2R 19:20-37; 2Cr 32:20-21

²¹Entonces Isaías, hijo de Amoz, envió este mensaje a Ezequías:

«Así dice el SEÑOR, Dios de Israel: Por cuanto me has rogado respecto a Senaquerib, rey de Asiria, ²²esta es la palabra que yo, el SEÑOR, he pronunciado contra él:

»La virginal hija de *Sión
    te desprecia y se burla de ti.
La hija de Jerusalén
    menea la cabeza al verte huir.
²³¿A quién has insultado?
    ¿Contra quién has blasfemado?
¿Contra quién has alzado la voz
    y levantado los ojos con orgullo?
¡Contra el *Santo de Israel!
²⁴Has enviado a tus siervos
    a insultar al Señor, diciendo:
"Con mis numerosos carros de combate
    escalé las cumbres de las montañas,
    las laderas del Líbano.
Talé sus cedros más altos,
    sus cipreses más selectos.
Alcancé sus cumbres más lejanas
    y sus bosques más frondosos.
²⁵Cavé pozos en tierras extranjerasᵇ
    y en esas aguas apagué mi sed.
Con las plantas de mis pies
    sequé todos los ríos de Egipto".

²⁶»¿No te has dado cuenta?
    Hace mucho tiempo que lo he preparado.
Desde tiempo atrás lo vengo planeando
    y ahora lo he llevado a cabo;
por eso tú has dejado en ruinas
    a las ciudades fortificadas.
²⁷Sus habitantes, impotentes,
    están desalentados y avergonzados.
Son como plantas en el campo,
    como tiernos pastos verdes,
como hierba que brota sobre el techo
    y que se quemaᶜ antes de crecer.

²⁸»Yo sé bien cuándo te sientas,
    cuándo sales, cuándo entras
    y cuánto ruges contra mí.

²⁹Porque has rugido contra mí
    y tu insolencia ha llegado a mis oídos,
te pondré una argolla en la nariz
    y un freno en la boca.
Además, por el mismo camino por donde viniste
    te haré regresar.

³⁰»Esta será la señal para ti, Ezequías:

»Este año comerán lo que crezca por sí solo,
    y el segundo año lo que de allí brote.
Pero al tercer año sembrarán y cosecharán,
    plantarán viñas y comerán su fruto.
³¹Una vez más los sobrevivientes de la tribu de Judá
    echarán raíces abajo y, arriba, darán fruto.
³²Porque de Jerusalén saldrá un remanente,
    del monte Sión un grupo de sobrevivientes.
Esto lo hará mi celo,
    celo del SEÑOR de los Ejércitos.

³³»Yo, el SEÑOR, declaro esto acerca del rey de Asiria:

»"No entrará en esta ciudad
    ni lanzará contra ella una sola flecha.
No se enfrentará a ella con escudos,
    ni construirá contra ella una rampa de asalto.
³⁴Volverá por el mismo camino que vino;
    ¡en esta ciudad no entrará!".
Yo, el SEÑOR, lo afirmo.
³⁵Por mi honor y por consideración a David mi
        siervo,
    defenderé esta ciudad y la salvaré».

³⁶Entonces el ángel del SEÑOR salió y mató a ciento ochenta y cinco mil hombres del campamento asirio. A la mañana siguiente, cuando los demás se levantaron, allí estaban tendidos todos los cadáveres. ³⁷Así que Senaquerib, rey de Asiria, levantó el campamento y se retiró. Volvió a Nínive y permaneció allí. ³⁸Pero un día, mientras adoraba en el templo de su dios Nisroc, sus hijos Adramélec y Sarézer lo mataron a espada y escaparon a la tierra de Ararat. Y su hijo Esarjadón lo sucedió en el trono.

Enfermedad de Ezequías
38:1-8 – 2R 20:1-11; 2Cr 32:24-26

38 Por aquellos días Ezequías se enfermó gravemente y estuvo a punto de morir. El profeta Isaías, hijo de Amoz, fue a verlo y le dijo: «Así dice el SEÑOR: "Pon tu casa en orden, porque vas a morir; no te recuperarás"».

²Ezequías volvió el rostro hacia la pared y rogó al SEÑOR: ³«Recuerda, SEÑOR, que yo me he conducido delante de ti con lealtad e integridad y he hecho lo que te agrada». Y Ezequías lloró amargamente.

⁴Entonces la palabra del SEÑOR vino a Isaías: ⁵«Ve y dile a Ezequías: "Así dice el SEÑOR, Dios de tu antepasado David: He escuchado tu oración y he visto tus lágrimas. Voy a darte quince años más de vida. ⁶Y a ti y a esta ciudad los libraré de caer en manos del rey de Asiria. Yo defenderé esta ciudad.

⁷»Esta es la señal que el SEÑOR te dará para confirmar lo que te ha prometido: ⁸Haré que en la escala de Acaz la sombra del sol retroceda las diez gradas que ya ha bajado"». ¡Entonces, la luz del sol retrocedió las diez gradas que ya había bajado!

ᵃ 20 *solo tú, SEÑOR, eres Dios* (Qumrán y LXX; véase también 2R 19:19); *solo tú eres el SEÑOR* (TM).   ᵇ 25 *en tierras extranjeras* (Qumrán; véase también 2R 19:24); TM no incluye esta frase.   ᶜ 27 *y que se quema* (mss. hebreos; véanse Qumrán y 2R 19:26); *y como un campo* (TM).

Escrito de Ezequías

⁹Después de su enfermedad y recuperación, Ezequías, rey de Judá, escribió:

¹⁰«Yo decía: "¿En la plenitud de mi vida,
  debo pasar por las puertas de la muerteᵃ
  y ser privado del resto de mis días?".

¹¹Yo decía: "Ya no veré más al SEÑOR
  en esta tierra de los vivientes;
ya no contemplaré más a los ˈseres humanos,
  a los que habitan este mundo".ᵇ

¹²Me quitaron mi casa, me la arrebataron,
  como si fuera la tienda de campaña de un
    pastor.
Como un tejedor enrollé mi vida
  y él me la arrancó del telar.
  ¡De la noche a la mañana acabó conmigo!

¹³Pacientemente esperé hasta la aurora,
  pero él, como león, me quebró todos los
    huesos.
  ¡De la noche a la mañana acabó conmigo!

¹⁴Chillé como golondrina, como grulla;
  gemí como paloma.
Mis ojos se cansaron de mirar al cielo.
  ¡Angustiado estoy, Señor!
  ¡Acude en mi ayuda!

¹⁵»Pero ¿qué puedo decir?
  Él mismo me lo anunció y así lo ha hecho.
Toda mi vida andaré humildemente,
  por causa de la amargura de mi ˈalma.

¹⁶Señor, por tales cosas viven los ˈhombres
  y también mi espíritu encuentra vida en ellas.
Tú me devolviste la salud
  y me diste vida.

¹⁷Sin duda, fue para mi bien
  pasar por tal angustia.
Con tu amor me guardaste
  de la fosa destructora,
y les diste la espalda
  a todos mis pecados.

¹⁸El sepulcroᶜ nada te agradece;
  la muerte no te alaba.
Los que descienden a la fosa
  nada esperan de tu fidelidad.

¹⁹Los que viven y solo los que viven, son los que te
    alaban,
  como hoy te alabo yo.
Los padres hablarán a sus hijos
  de tu fidelidad.

²⁰»El SEÑOR me salvará,
  y en el Templo del SEÑOR
todos los días de nuestra vida
  cantaremos con instrumentos de cuerda».

²¹Isaías había dicho: «Preparen una pasta de higos, aplíquensela en la llaga y él se recuperará».

²²Y Ezequías había preguntado: «¿Qué señal recibiré de que se me permitirá subir al Templo del SEÑOR?».

Mensajeros de Babilonia
39:1-8 – 2R 20:12-19

39 En aquel tiempo Merodac Baladán, hijo de Baladán y rey de Babilonia, envió cartas y un regalo a Ezequías, porque supo que había estado enfermo y que se había recuperado. ²Ezequías se alegró al recibir esto y mostró a los mensajeros todos sus tesoros: la plata, el oro, las especias, el aceite fino, todo su arsenal y todo lo que había en ellos. No hubo nada en su palacio ni en todo su reino que Ezequías no les mostrara.

³Entonces el profeta Isaías fue a ver al rey Ezequías y le preguntó:

—¿Qué dijeron esos hombres? ¿De dónde vinieron?

—Vinieron de Babilonia, un país lejano —respondió Ezequías.

⁴—¿Y qué vieron en tu palacio? —preguntó el profeta.

—Vieron todo lo que hay en él —contestó Ezequías—. No hay nada en mis tesoros que yo no les haya mostrado.

⁵Entonces Isaías dijo:

—Oye la palabra del SEÑOR de los Ejércitos: ⁶Sin duda vendrán días en que todo lo que hay en tu palacio y todo lo que tus antepasados atesoraron hasta el día de hoy, será llevado a Babilonia. No quedará nada —dice el SEÑOR—. ⁷Y algunos de tus hijos, tus descendientes, serán llevados para servir como ˈeunucos en el palacio del rey de Babilonia.

⁸—El mensaje del SEÑOR que tú me has traído es bueno —respondió Ezequías.

Y es que pensaba: «Al menos mientras yo viva, habrá ˈpaz y seguridad».

Consuelo para el pueblo de Dios

40 ¡Consuelen, consuelen a mi pueblo! —dice su Dios—.

²Hablen con ternura a Jerusalén
  y anúncienle
que ya ha cumplido servicio obligatorio,
  que ya ha pagado por su iniquidad,
que ya ha recibido de la mano del SEÑOR
  el doble por todos sus pecados.

³Una voz proclama:
«Preparen en el desierto
  un camino para el SEÑOR;
enderecen en el desierto
  un sendero para nuestro Dios.

⁴Se levantarán todos los valles
  y se allanarán todas las montañas y colinas;
el terreno escabroso se nivelará
  y se alisarán las quebradas.

⁵Entonces se revelará la gloria del SEÑOR,
  y la verá toda la humanidad.
El SEÑOR mismo lo ha dicho».

⁶Una voz dice: «Proclama».
  «¿Y qué voy a proclamar?», respondo yo.ᵈ

«Que todo ˈmortal es como la hierba
  y toda su gloria como la flor del campo.

⁷La hierba se seca y la flor se marchita,
  porque el aliento del SEÑOR sopla sobre ellas.
Sin duda, el pueblo es hierba.

⁸La hierba se seca y la flor se marchita,
  pero la palabra de nuestro Dios permanece
    para siempre».

⁹Portadora de buenas noticias a Sión,
  súbete a una alta montaña.
Portadora de buenas noticias a Jerusalén,
  alza con fuerza tu voz.
Álzala, no temas;
  di a las ciudades de Judá:
  «¡Aquí está su Dios!».

¹⁰Miren, el SEÑOR y Dios llega con poder
  y con su brazo gobierna.
Su galardón lo acompaña;
  su recompensa lo precede.

ᵃ 10 *de la muerte*. Lit. *del Seol.*   ᵇ 11 *este mundo* (mss. hebreos); *el lugar de cesación* (TM).   ᶜ 18 *sepulcro*. Lit. *Seol.*
ᵈ 6 *respondo yo* (LXX, Qumrán y Vulgata); *responde él* (TM).

11 Como un *pastor que cuida su rebaño,
    recoge los corderos en sus brazos;
 los lleva junto a su pecho,
    y guía con cuidado a las recién paridas.

12 ¿Quién ha medido las aguas con la palma de su
        mano
    y abarcado entre sus dedos la extensión de los
        cielos?
 ¿Quién metió en una medida el polvo de la tierra?
    ¿Quién pesó en una balanza las montañas y las
        colinas?
13 ¿Quién puede medir el alcance del Espíritu del
        SEÑOR
    o quién puede servirle de consejero?
14 ¿A quién consultó el SEÑOR para ilustrarse
    y quién le enseñó el *camino de la justicia?
 ¿Quién le impartió *conocimiento
    o le hizo conocer la senda de la inteligencia?

15 A los ojos de Dios, las naciones son como una gota
        de agua en un balde,
    como una brizna de polvo en una balanza.
 Él pesa las islas como si fueran polvo fino.
16 El Líbano no alcanza para el fuego de su altar
    ni todos sus animales para los *holocaustos.
17 Todas las naciones no son nada en su presencia;
    no tienen para él valor alguno.

18 ¿Con quién compararán a Dios?
    ¿Con qué imagen lo representarán?
19 Un escultor funde la imagen;
    un joyero la enchapa en oro
    y le labra cadenas de plata.
20 El que es muy pobre para ofrendar
    escoge madera que no se pudra,
    y busca un hábil artesano
    para erigir una imagen que no se caiga.

21 ¿Acaso no lo sabían ustedes?
    ¿No se habían enterado?
 ¿No se les dijo desde el principio?
    ¿No lo entendieron desde la fundación del
        mundo?
22 Él reina sobre la bóveda de la tierra,
    cuyos habitantes son como langostas.
 Él extiende los cielos como un toldo
    y los despliega como tienda para ser habitada.
23 Él anula a los poderosos,
    y a nada reduce a los gobernantes de este
        mundo.
24 Escasamente han sido plantados,
    apenas han sido sembrados,
    apenas echan raíces en la tierra,
 cuando él sopla sobre ellos, se marchitan
    y el huracán los arrasa como paja.

25 «¿Con quién, entonces, me compararán ustedes?
    ¿Quién es igual a mí?», dice el *Santo.
26 Alcen los ojos y miren a los cielos:
    ¿Quién ha creado todo esto?
 El que ordena la multitud de estrellas una por
        una,
    y llama a cada una por su *nombre.
 ¡Es tan grande su poder y tan poderosa su fuerza,
    que no falta ninguna de ellas!

27 ¿Por qué te quejas, Jacob?
    ¿Por qué dices, Israel:
 «Mi camino está escondido del SEÑOR;
    mi Dios ignora mi derecho»?
28 ¿Acaso no lo sabes?
    ¿Acaso no te has enterado?

El SEÑOR es el Dios eterno,
    creador de los confines de la tierra.
 No se cansa ni se fatiga
    y su inteligencia es insondable.
29 Él fortalece al cansado
    y acrecienta las fuerzas del débil.
30 Aun los jóvenes se cansan, se fatigan,
    los muchachos tropiezan y caen;
31 pero los que confían en el SEÑOR
    renovarán sus fuerzas;
 levantarán el vuelo como las águilas,
    correrán y no se fatigarán,
    caminarán y no se cansarán.

El amparo de Israel

41 «¡Callen en mi presencia, costas lejanas!
    ¡Naciones, renueven sus fuerzas!
 Acérquense y hablen;
    reunámonos para juicio.

2 »¿Quién despertó al que viene del oriente
    y lo llamó en justicia a su servicio?
 Pone a las naciones en sus manos;
    ante él los reyes se rinden.
 Con su espada los vuelve polvo,
    con su arco los dispersa como paja.
3 Con paso firme los persigue
    por una senda que nunca antes pisó.
4 ¿Quién realizó esto? ¿Quién lo hizo
        posible?
    ¿Quién llamó a las generaciones desde el
        principio?
 Yo, el SEÑOR, estoy con los primeros
    y estaré con los últimos».

5 Lo han visto las costas lejanas y temen;
    tiemblan los confines de la tierra.
 ¡Ya se acercan, ya vienen!
6   Cada uno ayuda a su compañero
    y dice a su hermano: ¡Sé fuerte!
7 El artesano anima al joyero
    y el que aplana con el martillo
    dice al que golpea el yunque:
    «¡Es buena la soldadura!»;
 luego asegura el ídolo con clavos
    para que no se tambalee.

8 «Pero tú, Israel, mi siervo,
    tú, Jacob, a quien he escogido,
    descendiente de Abraham, mi amigo,
9 Te tomé de los confines de la tierra,
    te llamé de los rincones más remotos
 y te dije: "Tú eres mi siervo".
    Yo te escogí; no te rechacé.
10 Así que no temas, porque yo estoy contigo;
    no te angusties, porque yo soy tu Dios.
 Te fortaleceré y te ayudaré;
    te sostendré con la diestra de mi justicia.

11 »Todos los que se enfurecen contra ti
    sin duda serán avergonzados y humillados;
 los que se te oponen serán como nada,
    como si no existieran.
12 Aunque busques a tus enemigos,
    no los encontrarás.
 Los que te hacen la guerra serán como nada,
    como si no existieran.
13 Porque yo soy el SEÑOR tu Dios,
    que sostiene tu mano *derecha;
 yo soy quien te dice:
    "No temas, yo te ayudaré".
14 No temas, gusano Jacob,
    pequeño Israel,

porque yo mismo te ayudaré», afirma el SEÑOR,
¡el ˚Santo de Israel, tu Redentor!

¹⁵ «Te convertiré en una trilladora
nueva y afilada, de doble filo.
Trillarás las montañas y las harás polvo;
convertirás en paja las colinas.
¹⁶ Las lanzarás al aire y se las llevará el viento;
un vendaval las dispersará.
Pero tú te alegrarás en el SEÑOR,
te gloriarás en el Santo de Israel.

¹⁷ »Los pobres y los necesitados buscan agua,
pero no la encuentran;
la sed les ha resecado la lengua.
Pero yo, el SEÑOR, les responderé;
yo, el Dios de Israel, no los abandonaré.
¹⁸ Haré brotar ríos en las cumbres áridas
y manantiales entre los valles.
Transformaré el desierto en estanques
de agua
y el sequedal en manantiales.
¹⁹ Plantaré en el desierto
cedros, acacias, mirtos y olivos;
en áridas tierras plantaré cipreses,
junto con pinos y abetos,
²⁰ para que la gente vea y sepa,
considere y entienda,
que la mano del SEÑOR ha hecho esto,
que el Santo de Israel lo ha creado».

²¹ «Expongan su caso»,
dice el SEÑOR.
«Presenten sus pruebas»,
demanda el Rey de Jacob.
²² «Preséntenseᵃ y anuncien
lo que ha de suceder
y cómo fueron las cosas del pasado,
para que las consideremos
y conozcamos su desenlace.
¡Cuéntennos lo que está por venir!
²³ Digan qué nos depara el futuro;
así sabremos que ustedes son dioses.
Hagan algo, bueno o malo,
para verlo y llenarnos de terror.
²⁴ ¡La verdad es que ustedes no son nada
y aun menos que nada son sus obras!
¡Abominable es quien los escoge!

²⁵ »Del norte hice venir a uno y acudió a mi
llamado;
desde el oriente invoca mi ˚nombre.
Como alfarero que amasa arcilla con los pies,
aplasta gobernantes como si fueran barro.
²⁶ ¿Quién lo anunció desde el principio
para que lo supiéramos?
¿Quién lo anunció de antemano,
para que dijéramos: "Tenía razón"?
Nadie lo anunció ni lo proclamó;
nadie los oyó proclamar mensaje alguno.
²⁷ Yo fui el primero en decirle a ˚Sión:
"¡Mira, ya están aquí!".
Yo fui quien envió a Jerusalén un mensajero de
buenas noticias.
²⁸ Miro entre ellos y no hay nadie;
no hay entre ellos quien aconseje,
no hay quien me responda cuando pregunto.
²⁹ ¡Todos ellos son falsos!
Sus obras no son nada;
sus ídolos no son más que viento y
confusión.

ᵃ **22** *Preséntense* (LXX, Qumrán, Targum y Vulgata); *Traigan*
(TM).

El siervo del SEÑOR

42 »Este es mi siervo, a quien sostengo,
mi escogido, en quien me deleito;
sobre él he puesto mi Espíritu
y llevará ˚justicia a las naciones.
² No clamará, ni gritará,
ni alzará su voz en las calles.
³ No acabará de romper la caña quebrada
ni apagará la mecha que apenas arde.
Con fidelidad hará justicia;
⁴ no vacilará ni se desanimará
hasta implantar la justicia en la tierra.
En su enseñanza las costas lejanas pondrán su
esperanza».

⁵ Así dice Dios el SEÑOR,
el que creó y desplegó los cielos;
el que expandió la tierra
y todo lo que ella produce;
el que da aliento al pueblo que la habita
y vida a los que en ella se mueven:
⁶ «Yo, el SEÑOR, te he llamado en justicia;
te tomaré de la mano.
Yo te preservaré, yo te constituiré
como ˚pacto para el pueblo,
como luz para las naciones,
⁷ para abrir los ojos de los ciegos,
para librar de la cárcel a los presos
y del calabozo a los que habitan en tinieblas.

⁸ »Yo soy el SEÑOR; ¡ese es mi ˚nombre!
No entrego a otros mi gloria
ni mi alabanza a los ídolos.
⁹ Las cosas pasadas se han cumplido
y ahora anuncio cosas nuevas;
las anuncio antes que sucedan».

Canción de alabanza al SEÑOR

¹⁰ Canten al SEÑOR un cántico nuevo,
ustedes, que descienden al mar
y todo lo que hay en él;
canten su alabanza desde los confines de
la tierra,
ustedes, costas lejanas y sus habitantes.
¹¹ Que alcen la voz el desierto, sus ciudades,
y los poblados donde Cedar habita.
Que canten de alegría los habitantes de Selá
y griten desde las cimas de las montañas.
¹² Den gloria al SEÑOR
y proclamen su alabanza en las costas lejanas.
¹³ El SEÑOR marchará como un campeón;
como hombre de guerra despertará su celo.
Con gritos y alaridos se lanzará al combate
y ˚triunfará sobre sus enemigos.

¹⁴ «Por mucho tiempo he guardado silencio,
he estado callado y me he contenido.
Pero ahora voy a gritar como parturienta,
voy a resollar y jadear al mismo tiempo.
¹⁵ Devastaré montañas y colinas
y consumiré toda su vegetación;
convertiré los ríos en islas
y secaré los estanques.
¹⁶ Conduciré a los ciegos por caminos desconocidos,
los guiaré por senderos inexplorados;
ante ellos convertiré en luz las tinieblas,
y allanaré los lugares escabrosos.
Esto haré
y no los abandonaré.
¹⁷ Pero retrocederán llenos de vergüenza
los que confían en las imágenes,
los que dicen a las imágenes:
"Ustedes son nuestros dioses".

Israel ciego y sordo

18 »Sordos, ¡escuchen!
   Ciegos, ¡fíjense bien!
19 ¿Quién es más ciego que mi siervo
   y más sordo que mi mensajero?
   ¿Quién es más ciego que mi enviado
   y más ciego que el siervo del SEÑOR?
20 Tú has visto muchas cosas, pero no las has
      captado;
   tienes abiertos los oídos, pero no oyes nada».
21 Agradó al SEÑOR,
   por amor a su justicia,
   hacer su °ley grande y gloriosa.
22 Pero este es un pueblo saqueado y despojado,
   todos atrapados en cuevas
   o encerrados en cárceles.
   Son saqueados
   y nadie los libra;
   son despojados
   sin que nadie reclame: ¡Devuélvanlos!

23 ¿Quién de ustedes escuchará esto
   y prestará atención en el futuro?
24 ¿Quién entregó a Jacob para el despojo,
   a Israel para el saqueo?
   ¿No es acaso el SEÑOR
   contra quien su pueblo ha pecado?
   No siguieron sus °caminos
   ni obedecieron su Ley.
25 Por eso él derramó sobre ellos
   su ardiente ira y el furor de la guerra.
   Los envolvió en llamas, pero no comprendieron;
   los consumió, pero no lo tomaron en serio.

El único Salvador de Israel

43 Pero ahora, así dice el SEÑOR,
   el que te creó, Jacob;
   el que te formó, Israel:
   «No temas, que yo te he redimido;
   te he llamado por tu °nombre; tú eres mío.
2 Cuando cruces las aguas,
   yo estaré contigo;
   cuando cruces los ríos,
   no te cubrirán sus aguas;
   cuando camines por el fuego,
   no te quemarás
   ni te abrasarán las llamas.
3 Yo soy el SEÑOR tu Dios,
   el °Santo de Israel, tu Salvador;
   yo he entregado a Egipto como precio por tu
      rescate,
   a °Cus y a Seba en tu lugar.
4 Porque eres precioso a mis ojos
   y digno de honra, yo te amo.
   A cambio de ti entregaré pueblos;
   a cambio de tu °vida entregaré naciones.
5 No temas, porque yo estoy contigo;
   desde el oriente traeré a tu descendencia,
   desde el occidente te reuniré.
6 Al norte diré: "¡Entrégalos!".
   Y al sur: "¡No los retengas!
   Trae a mis hijos desde lejos
   y a mis hijas desde los confines de la tierra.
7 Trae a todo el que sea llamado por mi nombre,
   al que yo he creado para mi gloria,
   al que yo hice y formé"».

8 Saquen al pueblo ciego, aunque tiene ojos,
   al pueblo sordo, aunque tiene oídos.
9 Que se reúnan todas las naciones
   y se congreguen los pueblos.
   ¿Quién de sus dioses profetizó estas cosas
   y nos anunció lo ocurrido en el pasado?

Que presenten a sus testigos y demuestren tener
      razón,
   para que otros oigan y digan:
   «Es verdad».
10 «Ustedes son mis testigos», afirma el SEÑOR,
   «y mi siervo a quien he escogido,
   para que me conozcan y crean en mí,
   y entiendan que yo soy.
   Antes de mí no hubo ningún otro dios
   ni habrá ninguno después de mí.
11 Yo, yo soy el SEÑOR,
   fuera de mí no hay ningún otro salvador.
12 Yo he anunciado, salvado y proclamado;
   yo entre ustedes y no un dios extraño.
   Ustedes son mis testigos de que yo soy Dios»,
   afirma el SEÑOR.
13 «Desde los tiempos antiguos, yo soy.
   No hay quien pueda librar de mi mano.
   Lo que yo hago, nadie puede desbaratarlo».

La misericordia de Dios y la infidelidad de Israel

14 Así dice el SEÑOR,
   su Redentor, el °Santo de Israel:
   «Por ustedes enviaré gente a Babilonia;
   abatiré a todos como fugitivos.
   En los barcos que eran su orgullo,
   abatiré a los babilonios.ᵃ
15 Yo soy el SEÑOR, su Santo,
   soy su Rey, el Creador de Israel».

16 Así dice el SEÑOR,
   el que abrió un camino en el mar,
   una senda a través de las aguas caudalosas;
17 el que hizo salir carros de combate y caballos,
   ejército y guerrero al mismo tiempo,
   los cuales quedaron tendidos para nunca más
      levantarse,
   extinguidos como mecha que se apaga:
18 «Olviden las cosas de antaño;
   ya no vivan en el pasado.
19 ¡Voy a hacer algo nuevo!
   Ya está sucediendo, ¿no se dan cuenta?
   Estoy abriendo un camino en el desierto
   y ríos en lugares desolados.
20 Me honran los animales salvajes,
   los chacales y los avestruces;
   yo hago brotar agua en el desierto,
   ríos en lugares desolados,
   para dar de beber a mi pueblo escogido,
21 al pueblo que formé para mí mismo,
   para que proclame mi alabanza.

22 »Pero tú, Jacob, no me has invocado;
   tú, Israel, te has cansado de mí.
23 No me has traído el cordero de tus °holocaustos
   ni me has honrado con tus sacrificios.
   No te he abrumado exigiendo ofrendas de grano
   ni te he agobiado reclamando incienso.
24 No me has comprado caña aromática
   ni me has saciado con el sebo de tus sacrificios.
   ¡En cambio, tú me has abrumado con tus pecados
   y me has agobiado con tus iniquidades!

25 »Soy yo, solo yo, el que por amor a mí mismo
   borra tus transgresiones
   y no se acuerda más de tus pecados.
26 ¡Hazme recordar!
   Presentémonos a juicio;
   plantea el argumento de tu inocencia.
27 Tu primer antepasado pecó;
   tus voceros se rebelaron contra mí.

ᵃ 14 Lit. *caldeos*.

28 Por eso humillé a las autoridades del templo;
   entregué a Jacob a la ˙destrucción total,
   entregué a Israel al menosprecio.

Israel, el escogido

44 »Pero ahora escucha, Jacob, mi siervo,
   Israel, a quien he escogido.
2 Así dice el SEÑOR, el que te hizo,
   el que te formó en el seno materno
   y te brinda su ayuda:
   "No temas, Jacob, mi siervo,
   Jesurún, a quien he escogido,
3 que regaré con agua la tierra sedienta
   y con arroyos el suelo seco;
   derramaré mi Espíritu sobre tu descendencia
   y mi bendición sobre tus vástagos,
4 y brotarán como hierba en un prado,
   como sauces junto a arroyos.
5 Uno dirá: 'Pertenezco al SEÑOR';
   otro llevará el ˙nombre de Jacob
   y otro escribirá en su mano: 'Yo soy del SEÑOR'
   y tomará para sí el nombre de Israel".

El SEÑOR y los ídolos

6 »Así dice el SEÑOR, el SEÑOR de los Ejércitos,
   Rey y Redentor de Israel:
   "Yo soy el Primero y el Último;
   fuera de mí no hay otro dios.
7 ¿Quién es como yo?
   Que lo diga.
   Que declare lo que ha ocurrido
   desde que establecí a mi antiguo pueblo;
   que exponga ante mí lo que está por venir,
   que anuncie lo que va a suceder.
8 No tiemblen ni se asusten.
   ¿Acaso no lo anuncié y predije hace tiempo?
   Ustedes son mis testigos.
   ¿Hay algún Dios fuera de mí?
   No, no hay otra ˙Roca,
   no conozco ninguna"».

9 Los que fabrican imágenes no son nada;
   inútiles son sus obras más preciadas.
   Para su propia vergüenza,
   sus propios testigos no ven ni conocen.
10 ¿Quién modela una imagen o funde un ídolo,
   que no sirve para nada?
11 Todos sus devotos quedarán avergonzados;
   ¡simples ˙mortales son los artesanos!
   Que todos se reúnan y comparezcan;
   ¡aterrados y avergonzados quedarán todos
      ellos!

12 El herrero toma una herramienta
   y con ella trabaja sobre las brasas;
   con martillo modela un ídolo,
   con la fuerza de su brazo lo forja.
   Siente hambre y pierde las fuerzas;
   no bebe agua y desfallece.
13 El carpintero mide con un cordel,
   hace un boceto con un estilete,
   lo trabaja con el escoplo
   y lo traza con el compás.
   Le da forma ˙humana;
   le imprime la belleza de un ser humano,
   para que habite en un santuario.
14 Derriba los cedros,
   escoge un ciprés o un roble
   y lo deja crecer entre los árboles del bosque;
   o planta un pino, que la lluvia hace crecer.
15 A la gente le sirve de combustible,
   toma una parte para calentarse;
   enciende un fuego y hornea pan.

Pero también labra un dios y lo adora;
   hace una imagen y se postra ante ella.
16 La mitad de la madera la quema en el fuego,
   sobre esa mitad prepara su comida;
   asa la carne y se sacia.
   También se calienta y dice:
   «¡Ah! Ya voy entrando en calor, mientras
      contemplo las llamas».
17 Con el resto hace un dios, su ídolo;
   se postra ante él y la adora.
   Y suplicante dice:
   «Sálvame, pues tú eres mi dios».
18 No saben nada, no entienden nada;
   sus ojos están velados y no ven;
   su corazón está cerrado y no entienden.
19 Ninguno se detiene a pensar,
   les falta ˙conocimiento y entendimiento para
      decir:
   «Usé la mitad para combustible;
   incluso horneé pan sobre las brasas,
      asé carne y la comí.
   ¿Y haré algo abominable con lo que queda?
   ¿Me postraré ante un pedazo de madera?».
20 Se alimentan de cenizas, se dejan engañar por sus
      ilusos corazones,
   no pueden salvarse a sí mismos ni decir:
   «¡Lo que tengo en mi diestra es una
      mentira!».

21 «Recuerda estas cosas, Jacob,
   porque tú eres mi siervo, Israel.
   Yo te formé, tú eres mi siervo;
   Israel, yo no te olvidaré.
22 Como si fuera una nube he borrado tus
      transgresiones
   y tus pecados, como la bruma de la mañana.
   Vuelve a mí,
   que te he redimido».

23 ¡Canten de alegría, cielos, que esto lo ha hecho el
      SEÑOR!
   ¡Griten con fuerte voz, profundidades de la
      tierra!
   ¡Prorrumpan en canciones, montañas
   y bosques, con todos sus árboles!
   Porque el SEÑOR ha redimido a Jacob,
   Dios ha manifestado su gloria en Israel.

Jerusalén vuelve a ser habitada

24 «Así dice el SEÑOR, tu Redentor,
   quien te formó en el seno materno:

   »Yo soy el SEÑOR, que ha hecho todas las cosas,
   yo solo desplegué los cielos
   y expandí la tierra.
   ¿Quién estaba conmigo?
25 Yo frustro las señales de los falsos profetas
   y ridiculizo a los adivinos;
   yo hago retroceder a los sabios
   y convierto su sabiduría en necedad.
26 Yo confirmo la palabra de mi siervo
   y cumplo el consejo de mis mensajeros.

   »Yo digo que Jerusalén será habitada,
   que los pueblos de Judá serán reconstruidos
   y que restauraré sus ruinas.
27 Yo digo a las aguas profundas: "¡Séquense!".
   Y ordeno que se sequen sus corrientes.
28 Yo digo de Ciro: "Él es mi pastor;
   él cumplirá todos mis deseos;
   dispondrá que Jerusalén sea reconstruida
   y que se pongan los cimientos del
      Templo"».

45

Así dice el SEÑOR a Ciro, su ungido,
a quien tomó de la mano ˙derecha
para someter a su dominio las naciones
y despojar de su armadura a los reyes,
para abrir a su paso las ˙puertas
y dejar abiertas las entradas:
2 «Marcharé al frente de ti
y allanaré las montañas;[a]
haré pedazos las puertas de bronce
y cortaré los cerrojos de hierro.
3 Te daré los tesoros de las tinieblas
y las riquezas guardadas en lugares secretos,
para que sepas que yo soy el SEÑOR,
el Dios de Israel, que te llama por tu ˙nombre.
4 Por causa de Jacob mi siervo,
de Israel mi escogido,
te llamo por tu nombre
y te confiero un título de honor,
aunque tú no me conoces.
5 Yo soy el SEÑOR y no hay otro;
fuera de mí no hay ningún Dios.
Aunque tú no me conoces,
te fortaleceré,
6 para que sepan de oriente a occidente
que no hay ningún otro fuera de mí.
Yo soy el SEÑOR
y no hay ningún otro.
7 Yo formo la luz y creo las tinieblas,
traigo ˙bienestar y creo calamidad;
Yo, el SEÑOR, hago todas estas cosas.

8 »¡Destilen, cielos, desde lo alto!
¡Nubes, hagan llover ˙justicia!
¡Que se abra la tierra de par en par!
¡Que brote la ˙salvación!
¡Que crezca con ella la justicia!
Yo, el SEÑOR, lo he creado».

9 ¡Ay del que contiende con su Hacedor!
¡Ay del que no es más que un tiesto
entre los tiestos de la tierra!
¿Acaso el barro reclama al alfarero:
«¡Fíjate en lo que haces!
¡Tu vasija no tiene agarraderas!»?
10 ¡Ay!, del que reprocha a su padre:
«¡Mira lo que has engendrado!».
¡Ay!, del que reclama a su madre:
«¡Mira lo que has dado a luz!».

11 Así dice el SEÑOR,
el ˙Santo de Israel, su Hacedor:
«¿Van acaso a pedirme cuentas del futuro de mis
hijos
o a darme órdenes sobre la obra de mis manos?
12 Yo hice la tierra
y sobre ella creé a la ˙humanidad.
Mis propias manos extendieron los cielos
y di órdenes a todo su ejército.
13 Levantaré a Ciro en justicia;
allanaré todos sus caminos.
Él reconstruirá mi ciudad
y pondrá en libertad a mis cautivos,
pero no por precio ni soborno.
Lo digo yo, el SEÑOR de los Ejércitos».

14 Así dice el SEÑOR:

«Los productos de Egipto y la mercancía de ˙Cus
pasarán a ser de tu propiedad;
los sabeos, hombres de elevada estatura,
marcharán detrás de ti en cadenas.
Se postrarán en tu presencia
y suplicantes te dirán:

"Hay un solo Dios, no hay ningún otro,
y ese Dios está contigo"».

15 Tú, Dios y Salvador de Israel,
eres un Dios que se oculta.
16 Todos los que hacen ídolos serán avergonzados y
humillados
y, juntos, marcharán con su humillación.
17 Pero Israel será salvado por el SEÑOR
con salvación eterna.
Nunca más ustedes volverán a ser
avergonzados ni humillados.

18 Porque así dice el SEÑOR,
el que creó los cielos;
el Dios que formó la tierra,
que la hizo y la estableció;
que no la creó para dejarla vacía,
sino que la formó para ser habitada:
«Yo soy el SEÑOR
y no hay ningún otro.
19 Desde ningún lugar de esta tierra tenebrosa
les he hablado en secreto.
Ni he dicho a los descendientes de Jacob:
"Búsquenme en vano".
Yo, el SEÑOR, digo lo que es justo
y declaro lo que es recto.

20 »Reúnanse, fugitivos de las naciones;
congréguense y vengan.
Ignorantes son los que cargan imágenes de
madera
y oran a dioses que no pueden salvar.
21 Declaren y presenten sus pruebas,
deliberen juntos.
¿Quién predijo esto hace tiempo,
quién lo declaró desde tiempos antiguos?
¿Acaso no lo hice yo, el SEÑOR?
Fuera de mí no hay otro dios;
Dios justo y salvador,
no hay ningún otro fuera de mí.

22 »Vuelvan a mí y sean salvos,
todos los confines de la tierra,
porque yo soy Dios y no hay ningún otro.
23 He jurado por mí mismo,
con justicia he pronunciado
una palabra irrevocable:
Ante mí se doblará toda rodilla
y por mí jurará toda lengua.
24 Ellos dirán de mí: "Solo en el SEÑOR
están la justicia y el poder"».
Todos los que contra él se enfurecieron
ante él comparecerán y quedarán
avergonzados.
25 Pero toda la descendencia de Israel
será justificada y exaltada en el SEÑOR.

Los dioses de Babilonia

46

Bel se inclina, Nebo se somete;
sus ídolos son llevados por bestias
de carga.[b]
Pesadas son las imágenes que por todas partes
llevan;
son una carga para el agotado.
2 Todos a la vez se someten y se inclinan;
no pudieron rescatar la carga
y ellos mismos van al cautiverio.

---

a 2 *las montañas* (Qumrán y LXX); en TM, palabra de difícil
traducción. b 1 *son … carga*. Alt. *no son más que bestias y
ganados.*

³ «Escúchenme, descendientes de Jacob,
  todo el resto del pueblo de Israel,
a quienes he cargado desde el vientre
  y he llevado desde la cuna.
⁴ Aun en la vejez, cuando ya peinen canas,
  yo seré el mismo, yo los sostendré.
Yo los hice y cuidaré de ustedes;
  los sostendré y los libraré.

⁵ »¿Con quién vas a compararme o a quién me vas
    a igualar?
  ¿A quién vas a asemejarme para que seamos
    parecidos?
⁶ Algunos derrochan oro de sus bolsas
  y pesan plata en la balanza;
contratan a un joyero para que les haga un dios
  y ante ese dios se postran para adorarlo.
⁷ Lo levantan en hombros y lo cargan;
  lo ponen en su lugar y allí se queda.
  No se puede mover de su sitio.
Por más que clamen a él, no habrá de
    responderles
  ni podrá salvarlos de sus aflicciones.

⁸ »Recuerden esto, rebeldes;
  piénsenlo bien, fíjenlo en su corazón.
⁹ Recuerden las cosas pasadas, aquellas de
    antaño;
  yo soy Dios y no hay ningún otro,
  yo soy Dios y no hay nadie igual a mí.
¹⁰ Yo anuncio el fin desde el principio;
  desde los tiempos antiguos, lo que está por
    venir.
Yo digo: Mi propósito se cumplirá,
  y haré todo lo que deseo.
¹¹ Del oriente llamo al ave de rapiña;
  de tierra distante, al hombre que cumplirá mi
    propósito.
Lo que he dicho, haré que se cumpla;
  lo que he planeado, lo realizaré.
¹² Escúchenme ustedes, gente de corazón duro,
  que están lejos de la ˚justicia.
¹³ Mi justicia no está lejana;
  mi ˚salvación ya no tarda.
  ¡Estoy por traerlas!
Concederé salvación a ˚Sión
  y mi esplendor a Israel.

La caída de Babilonia

47 »Desciende, siéntate en el polvo,
  hija virginal de Babilonia;
siéntate en el suelo, hija de los babilonios,ᵃ
  pues ya no hay trono.
Nunca más se te llamará
  tierna y delicada.
² Toma piedras de molino y muele la harina;
  quítate el velo,
levántate las faldas, desnúdate las piernas
  y cruza los ríos.
³ Tu desnudez quedará al descubierto;
  quedará expuesta tu vergüenza.
Voy a tomar venganza
  y a nadie perdonaré».

⁴ Nuestro Redentor es el ˚Santo de Israel;
  su ˚nombre es el SEÑOR de los Ejércitos.

⁵ «Siéntate en silencio, hija de los babilonios;ᵇ
  entra en las tinieblas.
Porque nunca más se te llamará
  "soberana de los reinos".

⁶ Yo estaba enojado con mi pueblo;
  por eso profané mi heredad.
Los entregué en tu mano
  y no les tuviste compasión.
Pusiste sobre los ancianos
  un yugo muy pesado.
⁷ Dijiste: "¡Por siempre seré la soberana!".
  Pero no consideraste esto
  ni reflexionaste sobre su final.

⁸ »Ahora, escucha esto, provocadora;
  tú, que moras confiada
y te dices a ti misma:
  "Yo soy y no hay otra fuera de mí.
Nunca enviudaré
  ni me quedaré sin hijos".
⁹ De repente, en un solo día,
  ambas cosas te sorprenderán:
  la pérdida de tus hijos y la viudez
te abrumarán por completo,
  a pesar de tus muchas hechicerías
  y de tus poderosos encantamientos.
¹⁰ Tú has confiado en tu maldad,
  y has dicho: "Nadie me ve".
Tu sabiduría y tu conocimiento te engañan
  cuando a ti misma te dices:
  "Yo soy y no hay otra fuera de mí".
¹¹ Pero vendrá sobre ti una desgracia
  que no sabrás conjurar;
caerá sobre ti una calamidad
  que no podrás evitar.
Una catástrofe que ni te imaginas
  vendrá de repente sobre ti.

¹² »Persiste, entonces, con tus encantamientos
  y con tus muchas hechicerías,
  en las que te has ejercitado desde la niñez.
Tal vez tengas éxito,
  tal vez puedas provocar terror.
¹³ Los muchos consejos te han fatigado.
  Que se presenten tus astrólogos,
los que observan las estrellas,
  los que hacen predicciones mes a mes,
  ¡que te salven de lo que viene sobre ti!
¹⁴ ¡Míralos! Son como la paja
  y el fuego los consumirá.
Ni a sí mismos pueden salvarse
  del poder de las llamas.
Aquí no hay brasas para calentarse
  ni fuego para sentarse ante él.
¹⁵ Eso son para ti los hechiceros
  con quienes te has ejercitado
  y con los que has negociado desde tu
    juventud.
Cada uno sigue en su error;
  no habrá quien pueda salvarte.

El Israel obstinado

48 »Escuchen esto ustedes, los de la familia de
  Jacob,
descendientes de Judá,
  que llevan el ˚nombre de Israel;
que juran en el nombre del SEÑOR
  e invocan al Dios de Israel,
  pero no con lealtad ni justicia.
² Ustedes que se llaman ciudadanos de la ciudad
    ˚santa
  y confían en el Dios de Israel,
  cuyo nombre es el SEÑOR de los Ejércitos:
³ Desde hace mucho tiempo
  anuncié las cosas pasadas.
Yo las profeticé;
  yo mismo las di a conocer.

ᵃ 1 Lit. *caldeos*. ᵇ 5 Lit. *caldeos*.

Actué de repente
y se hicieron realidad.
⁴ Porque yo sabía que eres muy obstinado;
que tu cuello es un tendón de hierro
y que tu frente es de bronce.
⁵ Por eso te declaré esas cosas desde hace tiempo;
te las di a conocer antes que sucedieran,
para que no dijeras:
"¡Fue mi ídolo quien las hizo!
¡Mi imagen tallada o fundida las dispuso!".
⁶ De todo esto has tenido noticia,
¿y no vas a proclamarlo?

»Desde ahora te haré conocer cosas nuevas;
cosas que te son ocultas y desconocidas.
⁷ Son cosas creadas ahora y no hace tiempo;
hasta hoy no habías oído hablar de ellas,
para que no dijeras:
"¡Sí, ya las sabía!".
⁸ Nunca habías oído ni entendido;
nunca antes se te había abierto el oído.
Yo sé bien que eres muy traicionero
y que desde tu nacimiento te llaman rebelde.
⁹ Por amor a mi nombre contengo mi ira;
por causa de mi alabanza me refreno,
para no aniquilarte.
¹⁰ ¡Mira! Te he refinado, pero no como a la plata;
te he probado en el horno de la aflicción.
¹¹ Y lo he hecho por mí, por mi honor.
¿Cómo puedo permitir que se me profane?
¡No cederé mi gloria a ningún otro!

Liberación de Israel

¹² »Escúchame, Jacob,
Israel, a quien he llamado:
Yo soy Dios.
Yo soy el Primero y el Último.
¹³ Con mi mano afirmé la tierra
y con mi derecha desplegué los cielos.
Yo pronuncié su ˚nombre
y todos ellos aparecieron.

¹⁴ »Todos ustedes, reúnanse y escuchen:
¿Quién de ellos ha profetizado estas cosas?
El amado del SEÑOR
ejecutará su propósito contra Babilonia;
su brazo estará contra los babilonios.ᵃ
¹⁵ Solo yo he hablado;
solo yo lo he llamado.
Lo haré venir
y triunfará en su misión.

¹⁶ »Acérquense a mí, escuchen esto:

»Desde el principio, jamás hablé en secreto;
cuando las cosas suceden, allí estoy yo».

Y ahora el SEÑOR y Dios
me ha enviado con su Espíritu.

¹⁷ Así dice el SEÑOR,
tu Redentor, el ˚Santo de Israel:
«Yo soy el SEÑOR tu Dios,
que te enseña lo que te conviene,
que te guía por el ˚camino en que debes andar.
¹⁸ Si hubieras prestado atención a mis
mandamientos,
tu ˚paz habría sido como un río;
tu justicia, como las olas del mar.
¹⁹ Como la arena serían tus descendientes;
como los granos de arena, tus hijos;
su nombre nunca habría sido eliminado
ni borrado de mi presencia».

²⁰ ¡Salgan de Babilonia!
¡Huyan de los babilonios!ᵇ
Anuncien esto con gritos de alegría
y háganlo saber.
Publíquenlo hasta en los confines de la tierra;
digan: «El SEÑOR ha redimido a su siervo
Jacob».
²¹ Cuando los guio a través de los desiertos,
no tuvieron sed;
hizo que de la roca brotara agua para ellos;
partió la roca, y manaron las aguas.

²² «No hay paz para los malvados», dice el
SEÑOR.

El siervo del SEÑOR

49 Escúchenme, costas lejanas,
oigan esto, naciones distantes:
El SEÑOR me llamó antes de que yo naciera,
en el vientre de mi madre pronunció mi
˚nombre.
² Hizo de mi boca una espada afilada
y me escondió en la sombra de su mano;
me convirtió en una flecha pulida
y me escondió en su aljaba.
³ Me dijo: «Israel, tú eres mi siervo;
en ti seré glorificado».
⁴ Y respondí: «En vano he trabajado;
he gastado mis fuerzas sin provecho alguno.
Pero mi justicia está en manos del SEÑOR;
mi recompensa está con mi Dios».

⁵ Y ahora dice el SEÑOR,
que desde el seno materno me formó para que
fuera yo su siervo,
para hacer que Jacob se vuelva a él,
que Israel se reúna a su alrededor;
porque a los ojos del SEÑOR soy digno de honra
y mi Dios ha sido mi fortaleza:
⁶ «No es gran cosa que seas mi siervo,
ni que restaures a las tribus de Jacob,
ni que hagas volver a los de Israel, a quienes he
preservado.
Yo te pongo ahora como luz para las naciones,
a fin de que lleves mi ˚salvación hasta los
confines de la tierra».

⁷ Así dice el SEÑOR,
el Redentor y ˚Santo de Israel,
al despreciado y aborrecido por las naciones,
al siervo de los gobernantes:
«Los reyes te verán y se pondrán de pie,
los príncipes te verán y se postrarán,
por causa del SEÑOR, el Santo de Israel,
que es fiel y te ha escogido».

Restauración de Israel

⁸ Así dice el SEÑOR:

«En el momento propicio te responderé
y en el día de ˚salvación te ayudaré.
Ahora te guardaré y haré de ti
un ˚pacto para el pueblo,
para que restaures el país
y repartas las propiedades asoladas;
⁹ para que digas a los cautivos: "¡Salgan!",
y a los que viven en tinieblas: "¡Están en
libertad!".

»Junto a los caminos pastarán
y en todas las cumbres áridas hallarán pastos.

ᵃ 14 Lit. *caldeos.*   ᵇ 20 Lit. *caldeos.*

¹⁰ No tendrán hambre ni sed,
no los abatirá el sol ni el calor,
porque los guiará quien les tiene compasión
y los conducirá junto a manantiales.
¹¹ Convertiré en caminos todas mis montañas
y construiré mis calzadas.
¹² ¡Miren! Ellos vendrán de muy lejos:
unos desde el norte, otros desde el oeste
y aun otros desde la región de Asuán».ᵃ

¹³ Ustedes, los cielos, ¡griten de alegría!
Tierra, ¡regocíjate!
Montañas, ¡prorrumpan en canciones!
Porque el SEÑOR consuela a su pueblo
y tiene compasión de sus pobres.

¹⁴ Pero ˚Sión dijo: «El SEÑOR me ha abandonado;
el Señor se ha olvidado de mí».

¹⁵ «¿Puede una madre olvidar a su niño de
pecho
y dejar de amar al hijo que ha dado a luz?
Aun cuando ella lo olvidara,
¡yo no te olvidaré!
¹⁶ Grabada te llevo en las palmas de mis manos;
tus muros siempre los tengo presentes.
¹⁷ Tus hijos se apresuran;
de ti se apartan tus destructores y los que te
asolaron.
¹⁸ Alza tus ojos y mira a tu alrededor;
todos se reúnen y vienen hacia ti.
Tan cierto como que yo vivo,
a todos ellos los usarás como adorno,
los lucirás en tu vestido de novia»,
afirma el SEÑOR.

¹⁹ «Aunque te arrasaron y te dejaron en ruinas
y tu tierra quedó asolada,
ahora serás demasiado pequeña para tus
habitantes
y lejos quedarán los que te devoraban.
²⁰ Los hijos que dabas por perdidos
todavía te dirán al oído:
"Este lugar es demasiado pequeño para mí;
hazme lugar para poder vivir".
²¹ Y te pondrás a pensar:
"¿Quién me engendró estos hijos?
Yo no tenía hijos, era estéril,
desterrada y rechazada;
pero a estos, ¿quién los ha criado?
Me había quedado sola,
pero estos, ¿de dónde han salido?"».

²² Así dice el SEÑOR y Dios:

«Hacia las naciones alzaré mi mano,
hacia los pueblos levantaré mi estandarte.
Ellos traerán a tus hijos en sus brazos
y cargarán a tus hijas en sus hombros.
²³ Los reyes te adoptarán como hijo
y sus reinas serán tus nodrizas.
Se postrarán ante ti rostro en tierra
y lamerán el polvo que tú pises.
Sabrás entonces que yo soy el SEÑOR
y que no quedarán avergonzados los que en mí
confían».

²⁴ ¿Se puede quitar el botín a los guerreros?
¿Puede el cautivo ser rescatado del
tirano?ᵇ

²⁵ Pero así dice el SEÑOR:

«Sí, al guerrero se le arrebatará el cautivo
y del tirano se rescatará el botín;
contenderé con los que contiendan contigo
y yo mismo salvaré a tus hijos.
²⁶ Haré que tus opresores se coman su propia carne
y se embriaguen con su propia sangre, como si
fuera vino.
Toda la ˚humanidad sabrá entonces
que yo, el SEÑOR, soy tu Salvador;
que yo, el Poderoso de Jacob, soy tu
Redentor».

El pecado de Israel y la obediencia del siervo

50 Así dice el SEÑOR:

«A la madre de ustedes, yo la repudié;
¿dónde está el acta de divorcio?
¿A cuál de mis acreedores los he vendido?
Por causa de sus iniquidades,
fueron ustedes vendidos;
por las transgresiones de ustedes
fue despedida su madre.
² ¿Por qué no había nadie cuando vine?
¿Por qué nadie respondió cuando llamé?
¿Tan corta es mi mano que no puede rescatar?
¿Me falta acaso fuerza para liberarlos?
Yo seco el mar con una simple represión
y convierto los ríos en desierto;
por falta de agua sus peces se pudren
y se mueren de sed.
³ A los cielos los revisto de tinieblas
y los cubro con ropa de luto».

⁴ Mi SEÑOR y Dios me ha concedido tener una
lengua instruida,
para sostener con mi palabra al fatigado.
Todas las mañanas me despierta,
y también me despierta el oído,
para que escuche como los discípulos.
⁵ El SEÑOR y Dios me ha abierto los oídos
y no he sido rebelde
ni me he vuelto atrás.
⁶ Ofrecí mi espalda a los que me golpeaban,
mis mejillas a los que me arrancaban la barba;
ante las burlas y los escupitajos
no escondí mi rostro.
⁷ Por cuanto el SEÑOR y Dios me ayuda,
no seré humillado.
Por eso endurecí mi rostro como el pedernal
y sé que no seré avergonzado.
⁸ Cercano está el que me justifica;
¿quién entonces contenderá conmigo?
¡Comparezcamos juntos!
¿Quién es mi acusador?
¡Que se me enfrente!
⁹ ¡El SEÑOR y Dios es quien me ayuda!
¿Quién me condenará?
Todos ellos se gastarán;
como a la ropa, la polilla se los comerá.

¹⁰ ¿Quién entre ustedes teme al SEÑOR
y obedece la voz de su siervo?
Aunque camine en la oscuridad
y sin un rayo de luz,
que confíe en el ˚nombre del SEÑOR
y dependa de su Dios.
¹¹ Pero ustedes que encienden fuegos
y preparan antorchas encendidas,
caminen a la luz de su propio fuego
y de las antorchas que han encendido.

ᵃ **12** Asuán (Qumrán); Sinín (TM).   ᵇ **24** tirano (Qumrán,
Vulgata y Siríaca; véanse también LXX y v. 25); justo (TM).

Esto es lo que ustedes recibirán de mi mano:
en medio de tormentos quedarán tendidos.

Salvación eterna para Sión

51 «Ustedes, los que van tras la *justicia
y buscan al SEÑOR, ¡escúchenme!
Miren la roca de la que fueron tallados,
la cantera de la que fueron extraídos.
² Miren a Abraham, su padre,
y a Sara, quien los dio a luz.
Cuando yo lo llamé, él era solo uno,
pero lo bendije y lo multipliqué.
³ Sin duda, el SEÑOR consolará a *Sión;
consolará todas sus ruinas.
Convertirá en un Edén su desierto,
en huerto del SEÑOR sus tierras secas.
En ella encontrarán alegría y regocijo,
acción de gracias y música de salmos.

⁴ »Préstame atención, pueblo mío;
óyeme, nación mía;
porque de mí saldrá la *Ley
y mi justicia será luz para las naciones.
⁵ Ya se acerca mi justicia,
mi *salvación está en camino;
¡mi brazo juzgará a las naciones!
Las costas lejanas confían en mí
y ponen su esperanza en mi brazo.
⁶ Levanten los ojos al cielo,
miren la tierra aquí abajo:
como humo se esfumarán los cielos,
como ropa se gastará la tierra
y como moscas morirán sus habitantes.
Pero mi salvación permanecerá para siempre,
mi justicia nunca fallará.

⁷ »Escúchenme, ustedes que conocen lo que es
recto;
pueblo que lleva mi *Ley en su *corazón:
No teman el reproche de los *hombres
ni se desalienten por sus insultos,
⁸ porque la polilla se los comerá como ropa
y el gusano los devorará como lana.
Pero mi justicia permanecerá para siempre;
mi salvación, por todas las generaciones».

⁹ ¡Despierta, brazo del SEÑOR!
¡Despierta y vístete de fuerza!
Despierta, como en los días pasados,
como en las generaciones de antaño.
¿No fuiste tú el que despedazó a *Rahab,
el que traspasó a ese monstruo marino?
¹⁰ ¿No fuiste tú el que secó el mar,
esas aguas del gran abismo?
¿El que en las profundidades del mar hizo un
camino
para que por él pasaran los redimidos?
¹¹ Volverán los rescatados del SEÑOR
y entrarán en Sión con cantos de júbilo;
su corona será el gozo eterno.
Se llenarán de regocijo y alegría,
y se apartarán de ellos el dolor y los
quejidos.

¹² «Soy yo mismo el que los consuela.
¿Quién eres tú, que temes a los hombres,
a simples *mortales, que no son más que
hierba?
¹³ ¿Has olvidado al SEÑOR, que te hizo,
al que extendió los cielos y afirmó la tierra?
¿Vivirás cada día en terror constante
por causa de la furia del opresor
que está dispuesto a destruir?

Pero ¿dónde está esa furia?
¹⁴ Pronto serán liberados los prisioneros;
no morirán en el calabozo
ni les faltará el pan.
¹⁵ Porque yo soy el SEÑOR tu Dios,
yo agito el mar, y rugen sus olas;
el SEÑOR de los Ejércitos es mi *nombre.
¹⁶ He puesto mis palabras en tu boca
y te he cubierto con la sombra de mi
mano.
He establecido los cielos y afirmado la tierra
y he dicho a Sión:
"Tú eres mi pueblo"».

La copa de la ira de Dios

¹⁷ ¡Despierta, Jerusalén, despierta!
Levántate,
tú, que de la mano del SEÑOR
has bebido la copa de su furia;
tú, que has bebido hasta el fondo
la copa que entorpece a los *hombres.
¹⁸ De todos los hijos que diste a luz,
no hubo ninguno que te guiara;
de todos los hijos que criaste,
ninguno te tomó de la mano.
¹⁹ Estos dos males han venido sobre ti:
ruina y destrucción, hambre y espada.
¿Quién se apiadará de ti?
¿Quién te consolará?ᵃ
²⁰ Tus hijos han desfallecido;
como antílopes atrapados en la red,
han caído en las esquinas de las calles.
Sobre ellos recae toda la furia del SEÑOR,
todo el reproche de tu Dios.

²¹ Por eso escucha esto, tú que estás afligida;
que estás ebria, pero no de vino.
²² Así dice tu SEÑOR y Dios,
tu Dios, que defiende a su pueblo:
«Te he quitado de la mano
la copa que entorpece a los hombres.
De esa copa, que es el cáliz de mi furia,
jamás volverás a beber.
²³ La pondré en manos de los que te atormentan,
de los que te dijeron:
"¡Tiéndete en el suelo, para que pasemos sobre
ti!".
¡Y te echaste boca abajo, sobre el suelo,
para que te pisoteara todo el mundo!».

52 ¡Despierta, *Sión, despierta!
¡Revístete de poder!
Jerusalén, ciudad *santa,
ponte tus vestidos de gala,
pues los incircuncisos e *impuros
no volverán a entrar en ti.
² ¡Sacúdete el polvo, Jerusalén!
¡Levántate, vuelve al trono!
¡Libérate de las cadenas de tu cuello,
cautiva hija de Sión!

³ Porque así dice el SEÑOR:

«Ustedes fueron vendidos por nada,
y sin dinero serán redimidos».

⁴ Porque así dice el SEÑOR y Dios:

«En tiempos pasados, mi pueblo descendió a
Egipto y vivió allí;

ᵃ **19** *¿Quién te consolará?* (Qumrán, LXX, Vulgata y Siríaca);
¿Cómo te consolaré? (TM).

en estos últimos tiempos, Asiria los ha
oprimido sin razón.

⁵»Y ahora, ¿qué estoy haciendo aquí?», afirma el
SEÑOR.

«Sin motivo se han llevado a mi pueblo;
sus gobernantes se mofan de él»,ᵃ
afirma el SEÑOR.
«No hay un solo momento
en que mi ˙nombre no lo blasfemen.
⁶ Por eso mi pueblo conocerá mi nombre
y en aquel día sabrán
que yo soy quien dice:
"¡Aquí estoy!"».

⁷ Qué hermosos son, sobre los montes,
los pies del que trae buenas noticias,
del que proclama la ˙paz,
del que anuncia buenas noticias,
del que proclama la ˙salvación,
del que dice a Sión:
«¡Tu Dios reina!».
⁸ ¡Escucha! Tus centinelas alzan la voz
y juntos gritan de alegría,
porque ven con sus propios ojos
que el SEÑOR vuelve a Sión.
⁹ Ruinas de Jerusalén,
¡prorrumpan juntas en canciones de alegría!
Porque el SEÑOR ha consolado a su pueblo,
ha redimido a Jerusalén.
¹⁰ El SEÑOR desnudará su santo brazo
a la vista de todas las naciones
y todos los confines de la tierra
verán la salvación de nuestro Dios.

¹¹ Ustedes, que transportan los utensilios
del SEÑOR,
¡pónganse en marcha, salgan de allí!
¡Salgan de en medio de ella, purifíquense!
¡No toquen nada impuro!
¹² Pero no tendrán que apresurarse
ni salir huyendo,
porque el SEÑOR marchará a la cabeza;
¡el Dios de Israel les cubrirá la espalda!

El sufrimiento y la gloria del siervo
¹³ Miren, mi siervo prosperará;
será exaltado, levantado y muy enaltecido.
¹⁴ Muchos se asombraron de él,ᵇ
pues tenía desfigurado el semblante;
¡nada de ˙humano tenía su aspecto!
¹⁵ Del mismo modo, muchas naciones se
asombraránᶜ
y en su presencia enmudecerán los reyes,
porque verán lo que no se les había anunciado
y entenderán lo que no habían oído.

53 ¿Quién ha creído a nuestro mensaje
y a quién se ha revelado el brazo del
SEÑOR?
² Creció en su presencia como vástago tierno,
como raíz de tierra seca.
No había en él belleza ni majestad alguna;
su aspecto no era atractivo
y nada en su apariencia lo hacía deseable.

³ Despreciado y rechazado por los ˙hombres,
varón de dolores, habituado al sufrimiento.
Todos evitaban mirarlo;
fue despreciado y no lo estimamos.

⁴ Ciertamente él cargó con nuestras enfermedades
y soportó nuestros dolores,
pero nosotros lo consideramos herido,
golpeado por Dios y humillado.
⁵ Él fue traspasado por nuestras rebeliones
y molido por nuestras iniquidades.
Sobre él recayó el castigo, precio de nuestra ˙paz
y gracias a sus heridas fuimos sanados.
⁶ Todos andábamos perdidos, como ovejas;
cada uno seguía su propio ˙camino,
pero el SEÑOR hizo recaer sobre él
la iniquidad de todos nosotros.

⁷ Maltratado y humillado,
ni siquiera abrió su boca,
como cordero fue llevado al matadero,
como oveja que enmudece ante su
trasquilador,
ni siquiera abrió su boca.
⁸ Después de aprehenderlo y juzgarlo, le dieron
muerte;
nadie se preocupó de su descendencia.
Fue arrancado de la tierra de los vivientes
y golpeado por la rebelión de mi pueblo.
⁹ Se le asignó un sepulcro con los malvados
y con los ricos fue su muerte,
aunque no cometió violencia alguna
ni hubo engaño en su boca.

¹⁰ Pero el SEÑOR quiso quebrantarlo y hacerlo sufrir,
y, como él ofrecióᵈ su ˙vida para obtener el
perdón de pecados,
verá su descendencia, prolongará sus días
y llevará a cabo la voluntad del SEÑOR.
¹¹ Después de su sufrimiento,
verá la luzᵉ y quedará satisfecho.
Por su ˙conocimiento mi siervo justo justificará a
muchos
y cargará con las iniquidades de ellos.
¹² Por lo tanto, le daré un puesto entre los grandes
y repartirá el botín con los fuertes,
porque derramó su vida hasta la muerte
y fue contado entre los transgresores.
Cargó con el pecado de muchos
e intercedió por los transgresores.

La futura gloria de Sión
54 «Tú, mujer estéril, que nunca has dado
a luz,
¡grita de alegría!
Tú, que nunca tuviste dolores de parto,
¡prorrumpe en canciones y grita con júbilo!
Porque más hijos que la casada
tendrá la desamparada»,
dice el SEÑOR.
² «Ensancha el espacio de tu tienda
y despliega las cortinas de tu morada.
¡No te limites!
Alarga tus cuerdas
y refuerza tus estacas.
³ Porque a derecha y a izquierda te extenderás;
tu descendencia desalojará naciones
y poblará ciudades desoladas.

⁴ »No temas, porque no serás avergonzada.
No te turbes, porque no serás humillada.
Olvidarás la vergüenza de tu juventud
y no recordarás más la deshonra de tu viudez.

ᵃ 5 se mofan de él (Qumrán, Aquila, Targum y Vulgata);
lanzan alaridos (TM).   ᵇ 14 de él (dos mss. hebreos, Siríaca
y Targum); de ti (TM y Qumrán).   ᶜ 15 muchas naciones se
asombrarán (LXX); rociará a muchas naciones (TM).   ᵈ 10 él
ofreció (lectura probable); tú ofreciste (TM).   ᵉ 11 la luz
(Qumrán y LXX); TM no incluye esta palabra.

⁵ Porque el que te hizo es tu esposo;
    su °nombre es el SEÑOR de los
        Ejércitos.
Tu Redentor es el °Santo de Israel;
    ¡Dios de toda la tierra es su nombre!
⁶ El SEÑOR te llamará
    como a esposa abandonada;
    como a mujer angustiada de espíritu,
como a esposa que se casó joven
    tan solo para ser rechazada»,
    dice tu Dios.
⁷ «Te abandoné por un instante,
    pero con profunda compasión volveré a
        recogerte.
⁸ Por un momento, en un arrebato de enojo,
    escondí mi rostro de ti;
pero con amor eterno
    te tendré compasión»,
    dice el SEÑOR, tu Redentor.

⁹ «Para mí es como en los días de Noé,
    cuando juré que las aguas del diluvioᵃ no
        volverían a cubrir la tierra.
Así he jurado no enojarme más contigo
    ni volver a reprenderte.
¹⁰ Aunque cambien de lugar las montañas
    y se tambaleen las colinas,
no cambiará mi fiel amor por ti
    ni vacilará mi °pacto de °paz»,
    dice el SEÑOR, que de ti se compadece.

¹¹ «¡Mira tú, ciudad afligida, atormentada y sin
        consuelo!
    ¡Te afirmaré con turquesasᵇ
    y te cimentaré con zafiros!
¹² Con rubíes construiré tus almenas,
    con joyas brillantes tus °puertas,
    y con piedras preciosas todos tus muros.
¹³ El SEÑOR instruirá a todos tus hijos
    y grande será su °paz.
¹⁴ Serás establecida en justicia;
    lejos de ti estará la opresión.
Nada tendrás que temer;
    el terror se apartará de ti,
    no se te acercará.
¹⁵ Si alguien te ataca, no será de mi parte;
    cualquiera que te ataque caerá ante ti.

¹⁶ »Mira, yo he creado al herrero
    que aviva las brasas del fuego
    y forja armas para sus propios fines.
Yo también he creado al destructor para que haga
        estragos.
    ¹⁷ No prevalecerá ninguna arma que se forje
        contra ti;
    toda lengua que te acuse tú la refutarás.
Esta es la herencia de los siervos del SEÑOR,
    la °justicia que de mí procede»,
    afirma el SEÑOR.

Invitación a los sedientos
55 «¡Vengan a las aguas
    todos los que tengan sed!
¡Vengan a comprar y a comer
    los que no tengan dinero!
Vengan, compren vino y leche
    sin pago alguno.
² ¿Por qué gastan dinero en lo que no es pan
    y su salario en lo que no satisface?
Escúchenme bien: comerán lo que es bueno
    y se deleitarán con manjares deliciosos.
³ Presten atención y vengan a mí,
    escúchenme y vivirán.

Haré con ustedes un °pacto eterno,
    conforme a mi inquebrantable amor por David.
⁴ Lo he puesto como testigo para los pueblos,
    como su gobernante supremo.
⁵ Sin duda convocarás a naciones que no conocías
    y naciones que no te conocían correrán hacia ti,
    gracias al SEÑOR tu Dios,
    el °Santo de Israel,
    que te ha colmado de honor».

⁶ Busquen al SEÑOR mientras se deje encontrar,
    llámenlo mientras esté cercano.
⁷ Que abandone el malvado su °camino
    y el perverso sus pensamientos.
Que se vuelva al SEÑOR, a nuestro Dios,
    que es generoso para perdonar
    y de él recibirá compasión.

⁸ «Porque mis pensamientos no son los de
        ustedes
    ni sus caminos son los míos»,
    afirma el SEÑOR.
⁹ «Mis caminos y mis pensamientos
    son más altos que los de ustedes;
    ¡más altos que los cielos sobre la tierra!
¹⁰ Así como la lluvia y la nieve
    descienden del cielo,
    y no vuelven allá sin regar antes la tierra
    y hacerla fecundar y germinar
    para que dé semilla al que siembra
    y pan al que come,
¹¹ así es también la °palabra que sale de mi boca:
    No volverá a mí vacía,
    sino que hará lo que yo deseo
    y cumplirá con mis propósitos.
¹² Ustedes saldrán con alegría
    y serán guiados en °paz.
A su paso, las montañas y las colinas
    prorrumpirán en gritos de júbilo
    y aplaudirán todos los árboles del bosque.
¹³ En vez de zarzas, crecerán cipreses;
    mirtos, en lugar de ortigas.
Esto dará renombre al SEÑOR;
    será una señal
    que durará para siempre».

Salvación para los demás
56 Así dice el SEÑOR:

«Observen el derecho
    y practiquen la justicia,
porque mi °salvación está por llegar;
    mi justicia va a manifestarse.
² Dichoso el que así actúa
    y se mantiene firme en sus convicciones
el que observa el °sábado sin profanarlo
    y se cuida de hacer lo malo».

³ El extranjero que por su propia voluntad se ha
        unido al SEÑOR no debe decir:
    «El SEÑOR me excluirá de su pueblo».
Tampoco debe decir el °eunuco:
    «No soy más que un árbol seco».

⁴ Porque así dice el SEÑOR:

«A los °eunucos que observen mis sábados,
    que elijan lo que me agrada
    y sean fieles a mi °pacto,

ᵃ 9 del diluvio. Lit. de Noé.   ᵇ 11 turquesas. Alt. jaspe, o
antimonio, o argamasa.

⁵les concederé ver grabado su *nombre
    dentro de mi Templo y de mis murallas;
    ¡eso les será mejor que tener hijos e hijas!
También les daré un nombre eterno
    que jamás será borrado.
⁶Y a los extranjeros que se han unido al SEÑOR
    para servirlo,
para amar el nombre del SEÑOR
    y adorarlo,
a todos los que observan el sábado sin
    profanarlo
    y se mantienen firmes en mi pacto,
⁷los llevaré a mi monte *santo;
    los llenaré de alegría en mi casa de oración.
Aceptaré los *holocaustos y sacrificios
    que ofrezcan sobre mi altar,
porque mi casa será llamada
    casa de oración para todos los pueblos».
⁸Así dice el SEÑOR y Dios,
    el que reúne a los desterrados de Israel:
    «Reuniré a mi pueblo con otros pueblos,
    además de los que ya he reunido».

La acusación de Dios contra los malvados

⁹Animales del campo y fieras del bosque,
    ¡vengan todos y devoren!
¹⁰Ciegos están todos los guardianes de Israel;
    ninguno de ellos sabe nada.
Todos ellos son perros mudos,
    que no pueden ladrar.
Se acuestan y desvarían;
    les encanta dormitar.
¹¹Son perros de voraz apetito;
    nunca parecen saciarse.
Son *pastores sin discernimiento;
    cada uno anda por su propio *camino.
Todos, sin excepción,
    procuran su propia ganancia.
¹²«¡Vengan, busquemos vino
    y emborrachémonos con cerveza!
    —gritan a una voz—.
¡Y mañana haremos lo mismo que hoy,
    pero mucho mejor!».

57 El justo perece
    y a nadie le importa;
mueren los siervos fieles
    y nadie comprende
que el justo perece
    para ser librado del mal.
²Los que van por el *camino recto mueren
    en *paz;
    hallan reposo en su lecho de muerte.

³«Ustedes, hijos de hechicera,
    descendientes de adúltero con prostituta,
    ¡acérquense!
⁴¿De quién quieren burlarse?
    ¿A quién hacen muecas despectivas
    y le sacan la lengua?
¿Acaso no son ustedes una camada de rebeldes
    y una descendencia de mentirosos?
⁵Entre los robles y debajo de todo árbol frondoso,
    dan rienda suelta a su lujuria;
junto a los arroyos y en las grietas de las rocas,
    sacrifican a niños pequeños.
⁶Las piedras lisas de los arroyos serán tu herencia;
    sí, ellas serán tu destino.
Ante ellas has derramado ofrendas líquidas
    y has presentado ofrendas de grano.
Ante estas cosas, ¿me quedaré callado?

⁷Sobre un monte alto y encumbrado pusiste tu
    lecho
    y hasta allí subiste para ofrecer sacrificios.
⁸Detrás de tu puerta y de sus postes
    has puesto tus símbolos paganos.
Te alejaste de mí, te desnudaste,
    subiste al lecho que habías preparado;
entraste en arreglos con la gente con quienes
    deseabas acostarte
    y contemplaste su desnudez.
⁹Acudiste a Moloc y le llevaste aceite de oliva,
    y multiplicaste tus perfumes.
Enviaste muy lejos a tus embajadores;
    ¡hasta los dominios de la muerteᵃ los hiciste
    bajar!
¹⁰De tanto andar te cansaste,
    pero no dijiste: "Hasta aquí llego".
Lograste renovar tus fuerzas;
    por eso no desmayaste.

¹¹»¿Quién te asustó, quién te metió miedo,
    que me has engañado?
No te acordaste de mí
    ni me tomaste en cuenta.
¿Será que no me temes
    porque guardé silencio tanto tiempo?
¹²Yo denunciaré tu justicia y tus obras,
    y de nada te servirán.
¹³Cuando grites pidiendo ayuda,
    ¡que te salve tu colección de ídolos!
A todos ellos se los llevará el viento;
    con un simple soplo desaparecerán.
Pero el que se refugia en mí
    recibirá la tierra por herencia
    y tomará posesión de mi monte *santo».

Consuelo para los contritos

¹⁴Y se dirá:

«¡Construyan, construyan, preparen el camino!
    ¡Quiten los obstáculos del camino de mi
    pueblo!».
¹⁵Porque lo dice el Alto y Excelso,
    el que vive para siempre, cuyo *nombre es
    *Santo:
«Yo habito en un lugar santo y sublime,
    pero también con el contrito y humilde de
    espíritu,
para reanimar el espíritu de los humildes
    y alentar el corazón de los quebrantados.
¹⁶Mi litigio no será eterno
    ni estaré siempre enojado,
porque ante mí desfallecerían
    todos los seres vivientes que he creado.
¹⁷Por causa de la perversa codicia de mi pueblo,
    me he enojado y lo he castigado;
le he dado la espalda,
    pero él prefirió seguir sus obstinados *caminos.
¹⁸He visto sus caminos, pero lo sanaré;
    lo guiaré y lo colmaré de consuelo.
Y a los que lloran por él
    ¹⁹les haré proclamar esta alabanza:
¡*Paz a los que están lejos
    y paz a los que están cerca!
Yo los sanaré», dice el SEÑOR.
²⁰«pero los malvados son como el mar agitado,
    que no puede calmarse,
    cuyas olas arrojan fango y lodo.
²¹No hay paz para los malvados», dice mi Dios.

El verdadero ayuno

58 «¡Grita con toda tu fuerza, no te reprimas!
    Alza tu voz como trompeta.

ᵃ 9 los dominios de la muerte. Lit. el Seol.

Denúnciale a mi pueblo sus rebeldías;
     sus pecados, a los descendientes de Jacob.
2 Porque día tras día me buscan
     y desean conocer mis *caminos,
como si fueran una nación que practicara la
          justicia,
     como si no hubieran abandonado mis
          mandamientos.
Me piden decisiones justas,
     desean acercarse a mí
3 y hasta me reclaman:
     "¿Para qué ayunamos, si no lo tomas en cuenta?
     ¿Para qué nos afligimos, si tú no lo notas?".

»Pero el día en que ustedes ayunan,
     hacen lo que desean y explotan a sus obreros.
4 Ustedes solo ayunan para pelear, reñir,
     y darse puñetazos a mansalva.
Si quieren que el cielo atienda sus ruegos,
     ¡ayunen, pero no como ahora lo hacen!
5 ¿Acaso el ayuno que he escogido
     es solo un día para que el *hombre se
          mortifique?
¿Y solo para que incline la cabeza como un junco,
     se ponga ropa de luto y se cubra de ceniza?
¿A eso llaman ustedes día de ayuno
     y el día aceptable al SEÑOR?

6 »El ayuno que he escogido,
     ¿no es más bien romper las cadenas de injusticia
     y desatar las correas del yugo,
poner en libertad a los oprimidos
     y romper toda atadura?
7 ¿No es acaso el ayuno compartir tu pan con el
          hambriento
     y dar refugio a los pobres sin techo,
vestir al desnudo
     y no dar la espalda a los tuyos?
8 Si así procedes, tu luz despuntará como la aurora,
     y al instante llegará tu sanidad;
tu justicia te abrirá el camino,
     y la gloria del SEÑOR te seguirá.
9 Llamarás y el SEÑOR responderá;
     pedirás ayuda y él dirá: "¡Aquí estoy!".

»Si desechas el yugo de opresión,
     el dedo acusador y la lengua maliciosa,
10 si te dedicas a ayudar a los hambrientos
     y a saciar la necesidad del desvalido,
entonces brillará tu luz en las tinieblas
     y como el mediodía será tu noche.
11 El SEÑOR te guiará siempre;
     te saciará en tierras resecas
     y fortalecerá tus huesos.
Serás como jardín bien regado,
     como manantial cuyas aguas no se agotan.
12 Tu pueblo reconstruirá las ruinas antiguas
     y levantará los cimientos de antaño;
serás llamado "reparador de muros derruidos",
     "restaurador de calles transitables".

13 »Si dejas de profanar el *sábado
     y no haces lo que deseas en mi día *santo;
si llamas al sábado "delicia"
     y al día santo del SEÑOR, "honorable";
si te abstienes de profanarlo
     y lo honras no haciendo negocios
     ni profiriendo palabras inútiles,
14 entonces hallarás tu gozo en el SEÑOR;
     sobre las cumbres de la tierra te haré cabalgar
     y haré que te deleites en la herencia de tu
          padre Jacob».
El SEÑOR mismo lo ha dicho.

Pecado, confesión y redención

59 La mano del SEÑOR no es corta para salvar
     ni es sordo su oído para oír.
2 Son las iniquidades de ustedes
     las que los separan de su Dios.
Son estos pecados los que lo llevan
     a ocultar su rostro para no escuchar.
3 Ustedes tienen las manos manchadas de sangre
     y los dedos manchados de iniquidad.
Sus labios dicen mentiras;
     su lengua murmura maldades.
4 Nadie clama por la justicia;
     nadie va a juicio con integridad.
Se confía en argumentos sin sentido y se mienten
          unos a otros.
     Conciben malicia y dan a luz perversidad.
5 Incuban huevos de víboras
     y tejen telarañas.
El que coma de estos huevos morirá;
     si uno de ellos se rompe, saldrá una culebra.
6 Sus tejidos no sirven para vestido;
     no podrán cubrirse con lo que fabrican.
Sus obras son obras de iniquidad
     y sus manos generan violencia.
7 Sus pies corren hacia el mal;
     se apresuran a derramar sangre inocente.
Sus pensamientos son perversos;
     dejan ruina y destrucción en sus caminos.
8 No conocen la senda de la *paz;
     no hay justicia alguna en su *camino.
Abren senderos tortuosos
     y el que anda por ellos no conoce la paz.

9 Por eso el derecho está lejos de nosotros,
     y la justicia queda fuera de nuestro alcance.
Esperábamos luz, pero todo es tinieblas;
     claridad, pero andamos en densa oscuridad.
10 Vamos palpando la pared como los ciegos,
     andamos a tientas como los que no tienen ojos.
En pleno mediodía tropezamos como si fuera de
          noche;
     andamos entre los fuertes como si
          estuviéramos muertos.
11 Todos nosotros gruñimos como osos,
     gemimos como palomas.
Esperábamos la *justicia y no llegó;
     la liberación sigue lejos de nosotros.

12 Tú sabes que son muchas nuestras rebeliones;
     nuestros pecados nos acusan.
Nuestras rebeliones no nos dejan;
     conocemos nuestras iniquidades.
13 Hemos sido rebeldes; hemos negado al SEÑOR.
     Le hemos vuelto la espalda a nuestro Dios.
Fomentamos la opresión y la traición;
     proferimos las mentiras concebidas en nuestro
          *corazón.
14 Así se vuelve la espalda al derecho
     y se mantiene alejada la justicia;
a la verdad se le hace tropezar en la plaza
     y no damos lugar a la honradez.
15 No se ve la verdad por ninguna parte;
     al que se aparta del mal lo despojan de todo.

El SEÑOR lo ha visto y le ha disgustado
     ver que no hay justicia alguna.
16 Lo ha visto y le ha asombrado
     ver que no hay nadie que intervenga.
Por eso su propio brazo vendrá a salvarlos;
     su propia justicia lo sostendrá.
17 Se puso la justicia como coraza
     y se cubrió la cabeza con el casco de la
          *salvación;

se vistió con ropas de venganza
y se envolvió en el manto de sus celos.
18 Les pagará según sus obras;
a las costas lejanas les dará su merecido:
furor para sus adversarios
y retribución para sus enemigos.
19 Desde el occidente temerán al ˚nombre del
SEÑOR,
y desde el oriente respetarán su gloria.
Porque vendrá como un torrente caudaloso,
impulsado por el soplo del SEÑOR.

20 «El Redentor vendrá a ˚Sión;
¡vendrá a todos los de Jacob que se
˚arrepientan de su rebeldía!»,
afirma el SEÑOR.

21 «En cuanto a mí —dice el SEÑOR—, este es mi
˚pacto con ellos: Mi Espíritu que está sobre ti y mis
palabras que he puesto en tus labios, no se apartarán más de ti, ni de tus hijos ni de sus descendientes,
desde ahora y para siempre», dice el SEÑOR.

La gloria de Sión

60 «¡Levántate y resplandece que tu luz ha
llegado!
¡La gloria del SEÑOR brilla sobre ti!
2 Mira, las tinieblas cubren la tierra
y una densa oscuridad se cierne sobre los
pueblos.
Pero la aurora del SEÑOR brillará sobre ti;
¡sobre ti se manifestará su gloria!
3 Las naciones serán guiadas por tu luz,
y los reyes, por tu amanecer esplendoroso.

4 »Alza los ojos, mira a tu alrededor:
todos se reúnen y acuden a ti.
Tus hijos llegan desde lejos;
a tus hijas las traen en brazos.
5 Verás esto y te pondrás radiante de alegría;
vibrará tu corazón y se henchirá de gozo;
porque te traerán los tesoros del mar,
y te llegarán las riquezas de las naciones.
6 Te llenarás con caravanas de camellos,
con dromedarios de Madián y de Efá.
Vendrán todos los de Sabá,
cargando oro e incienso
y proclamando las alabanzas del SEÑOR.
7 En ti se reunirán todos los rebaños de Cedar,
te servirán los carneros de Nebayot;
subirán como ofrendas agradables sobre mi altar,
y yo embelleceré mi Templo glorioso.

8 »¿Quiénes son los que pasan como nubes
y como palomas rumbo a su palomar?
9 En mí esperarán las costas lejanas,
a la cabeza vendrán los barcos de Tarsis
trayendo de lejos a tus hijos
y, con ellos, su plata y su oro,
para la honra del SEÑOR tu Dios,
el ˚Santo de Israel,
porque él te ha llenado de gloria.

10 »Los extranjeros reconstruirán tus muros,
y sus reyes te servirán.
Aunque en mi furor te castigué,
por mi bondad tendré compasión de ti.
11 Tus ˚puertas estarán siempre abiertas;
ni de día ni de noche se cerrarán.
Te traerán las riquezas de las naciones;
ante ti desfilarán sus reyes.
12 La nación o el reino que no te sirva perecerá;
quedarán arruinados por completo.

13 »Te llegará la gloria del Líbano,
con los cipreses, junto a los pinos y los abetos,
para embellecer el lugar de mi santuario.
Glorificaré el lugar donde reposan mis pies.
14 Ante ti vendrán a inclinarse los hijos de tus
opresores;
todos los que te desprecian se postrarán a tus
pies,
y te llamarán "Ciudad del SEÑOR",
"Sión del Santo de Israel".

15 »Aunque fuiste abandonada y aborrecida,
y nadie transitaba por tus calles,
haré de ti el orgullo eterno
y la alegría de todas las generaciones.
16 Te alimentarás con la leche de las naciones,
con la riqueza de los reyes serás amamantada.
Sabrás entonces que yo, el SEÑOR, soy tu
Salvador;
que yo, el Poderoso de Jacob, soy tu Redentor.
17 En vez de bronce te traeré oro;
en lugar de hierro, plata.
En vez de madera te traeré bronce,
y en lugar de piedras, hierro.
Haré que la ˚paz te gobierne
y que la justicia te rija.
18 Ya no se sabrá de violencia en tu tierra
ni de ruina y destrucción en tus fronteras,
sino que llamarás a tus muros "˚Salvación",
y a tus puertas, "Alabanza".
19 Ya no será el sol tu luz durante el día
ni con su resplandor te alumbrará la luna,
porque el SEÑOR será tu luz eterna;
tu Dios será tu gloria.
20 Tu sol no volverá a ponerse
ni menguará tu luna;
será el SEÑOR tu luz eterna
y llegarán a su fin tus días de duelo.
21 Entonces todo tu pueblo será justo
y poseerá la tierra para siempre.
Serán el renuevo plantado por mí mismo,
la obra maestra que me glorificará.
22 El más débil se multiplicará por miles,
y el menor llegará a ser una nación poderosa.
Yo soy el SEÑOR;
cuando llegue el momento, actuaré sin
demora».

El año del favor del SEÑOR

61 El Espíritu del SEÑOR y Dios está sobre mí,
por cuanto me ha ungido
para anunciar buenas noticias a los pobres.
Me ha enviado a sanar los corazones heridos,
a proclamar libertad a los cautivos
y la liberación de los prisioneros,
2 a pregonar el año del favor del SEÑOR
y el día de la venganza de nuestro Dios,
a consolar a todos los que están de duelo
3 y a confortar a los dolientes de ˚Sión.
Me ha enviado a darles una corona
en vez de cenizas,
aceite de alegría
en vez de luto,
traje de alabanza
en vez de espíritu de desaliento.
Serán llamados robles de justicia,
plantío del SEÑOR,
para mostrar su gloria.

4 Reconstruirán las ruinas antiguas
y restaurarán los escombros de antaño;
repararán las ciudades en ruinas
y los escombros de muchas generaciones.

⁵Gente extraña pastoreará los rebaños de ustedes,
  sus campos y viñedos serán labrados por un
    pueblo extranjero.
⁶Pero a ustedes los llamarán «sacerdotes del
    SEÑOR»;
  les dirán «ministros de nuestro Dios».
  Se alimentarán de las riquezas de las naciones,
    y se jactarán de los tesoros de ellas.

⁷En vez de su vergüenza,
  mi pueblo recibirá doble porción;
en vez de deshonra,
  se regocijará en su herencia;
  y así en su tierra recibirá doble herencia
    y su alegría será eterna.

⁸«Yo, el SEÑOR, amo la justicia,
  pero odio el robo y la iniquidad.
  En mi fidelidad los recompensaré
    y haré con ellos un *pacto eterno.
⁹Sus descendientes serán conocidos entre las
    naciones,
  y sus vástagos, entre los pueblos.
  Quienes los vean reconocerán
    que ellos son descendencia bendecida del
      SEÑOR».

¹⁰Me deleito mucho en el SEÑOR;
  me regocijo en mi Dios.
  Porque él me vistió con ropas de *salvación
    y me cubrió con el manto de la justicia.
  Soy semejante a un novio que luce su diadema
    o una novia adornada con sus joyas.
¹¹Porque, así como la tierra hace que broten los
    retoños
  y el huerto hace que germinen las semillas,
  así el SEÑOR y Dios hará que broten
    la justicia y la alabanza ante todas las naciones.

El nuevo nombre de Sión

62 Por amor a *Sión no guardaré silencio,
  por amor a Jerusalén no desmayaré,
  hasta que su justicia resplandezca como la aurora
    y como antorcha encendida su *salvación.
²Las naciones verán tu justicia
  y todos los reyes, tu gloria;
  recibirás un *nombre nuevo,
    que el SEÑOR mismo te dará.
³Serás en la mano del SEÑOR como una corona
    esplendorosa,
  como una diadema real en la palma de tu Dios.
⁴Ya no te llamarán «Abandonada»
  ni a tu tierra la llamarán «Devastada»;
sino que serás llamada «Mi deleite»,ᵃ
  tu tierra se llamará «Mi esposa»;ᵇ
porque el SEÑOR se deleitará en ti
  y tu tierra tendrá esposo.
⁵Como un joven que se casa con una joven,
  así el que te edifica se casará contigo;
como un novio que se regocija por su novia,
  así tu Dios se regocijará por ti.

⁶Jerusalén, sobre tus muros he puesto centinelas
  que nunca callarán ni de día ni de noche.
  Ustedes, los que invocan al SEÑOR,
    no se den descanso;
⁷ni tampoco lo dejen descansar, hasta que
    establezca a Jerusalén
  y la convierta en la alabanza de la tierra.

⁸Por su mano *derecha, por su brazo poderoso,
  ha jurado el SEÑOR:
  «Nunca más daré a tus enemigos

  tu grano como alimento,
ni se beberá gente extranjera
  el vino nuevo por el que trabajaste.
⁹Alabando al SEÑOR comerán el grano
  quienes lo hayan cosechado;
en los atrios de mi santuario beberán el vino
  quienes hayan trabajado en la vendimia».

¹⁰¡Pasen, pasen por las *puertas!
  ¡Preparen el camino para el pueblo!
  ¡Construyan, construyan la carretera!
  ¡Quítenle todas las piedras!
  ¡Desplieguen sobre los pueblos la bandera!

¹¹He aquí lo que el SEÑOR ha proclamado
  hasta los confines de la tierra:
  «Digan a la hija de Sión:
    "¡Ahí viene tu Salvador!
  Trae su premio consigo;
    su recompensa lo acompaña"».
¹²Serán llamados «Pueblo *santo»,
    «Redimidos del SEÑOR»;
  y tú serás llamada «Ciudad anhelada»,
    «Ciudad no abandonada».

El día de la venganza y la redención de Dios

63 ¿Quién es este que viene de Edom,
  desde Bosra, con ropas teñidas de rojo?
  ¿Quién es este de espléndido ropaje,
    que avanzaᶜ con fuerza arrolladora?

«Soy yo, el que habla con justicia,
  el que tiene poder para salvar».

²¿Por qué están rojos tus vestidos,
  como los del que pisa las uvas en el lagar?

³«He pisado el lagar yo solo;
  ninguno de los pueblos estuvo conmigo.
  Los he pisoteado en mi enojo;
    los he aplastado en mi ira.
  Su sangre salpicó mis vestidos,
    y me manché toda la ropa.
⁴¡Ya tengo planeado el día de la venganza!
  ¡El año de mi redención ha llegado!
⁵Miré, pero no hubo quien me ayudara,
  me asombró que nadie me diera apoyo.
  Mi propio brazo me dio la victoria;
    mi propia ira me sostuvo.
⁶En mi enojo pisoteé a los pueblos
  y los embriagué con la copa de mi ira;
  hice correr su sangre sobre la tierra».

Alabanza y oración

⁷Recordaré las misericordias del SEÑOR,
  y sus hechos dignos de alabanza,
por todo lo que hizo por nosotros,
  por su compasión y gran amor.
¡Sí, por la multitud de cosas buenas
  que ha hecho por los descendientes de Israel!
⁸Declaró: «Verdaderamente son mi pueblo,
  hijos que no me engañarán».
  Así se convirtió en el Salvador de ellos.
⁹Si ellos se angustiaban, él también se angustiaba;
  el ángel de su presencia los salvó.ᵈ
  En su amor y misericordia los rescató;
    los levantó y los llevó
    en los tiempos de antaño.

ᵃ 4 Lit. *Hefzibá, que significa *mi deleite es en ella.* ᵇ 4 Lit.
*Beulá, que significa *casada.* ᶜ 1 *avanza* (Vulgata); *se inclina*
(TM y Qumrán). ᵈ 9 *el ángel … salvó.* Frases de difícil
traducción.

¹⁰ Pero ellos se rebelaron
    y afligieron a su ˚Santo Espíritu.
Por eso se convirtió en su enemigo
    y luchó él mismo contra ellos.

¹¹ Su pueblo recordó los tiempos pasados,
    los tiempos de Moisés:
¿Dónde está el que los hizo subir del mar,
    con el ˚pastor de su rebaño?
¿Dónde está el que puso
    su santo Espíritu entre ellos,
¹² el que hizo que su glorioso brazo
    marchara a la ˚derecha de Moisés,
el que separó las aguas a su paso,
    para ganarse renombre eterno?
¹³ ¿Dónde está el que los guio a través del mar
        profundo,ᵃ
como a caballo en el desierto,
    sin que ellos tropezaran?
¹⁴ El Espíritu del SEÑOR les dio descanso,
    como a ganado que pasta en la llanura.
Fue así como guiaste a tu pueblo,
    para hacerte un ˚nombre glorioso.

¹⁵ Mira bien desde el cielo;
    observa desde tu morada santa y gloriosa.
¿Dónde están tu celo y tu poder?
    ¡Se nos niega tu abundante compasión y
        ternura!
¹⁶ Pero tú eres nuestro Padre,
    aunque Abraham no nos conozca
    ni nos reconozca Israel;
tú, SEÑOR, eres nuestro Padre;
    ¡tu nombre ha sido siempre «nuestro
        Redentor»!
¹⁷ ¿Por qué, SEÑOR, nos desvías de tus ˚caminos
    y endureces nuestro ˚corazón para que no te
        temamos?
Vuelve por amor a tus siervos,
    por las tribus que son tu herencia.
¹⁸ Tu pueblo poseyó por un tiempo tu santuario,
    pero ahora lo han pisoteado nuestros
        enemigos.
¹⁹ Estamos como si nunca nos hubieras gobernado,
    como si nunca hubiéramos llevado tu nombre.

64 ¡Oh, si rasgaras los cielos y descendieras!
    ¡Las montañas temblarían ante ti,
² como cuando el fuego enciende la leña
    y hace que hierva el agua!
Así darías a conocer tu ˚nombre entre tus
        enemigos,
    y ante ti temblarían las naciones.
³ Hiciste maravillas asombrosas cuando
        descendiste;
    ante tu presencia temblaron las montañas.
⁴ Fuera de ti, desde tiempos antiguos
    nadie ha escuchado ni percibido,
ni ojo alguno ha visto,
    a un Dios que como tú actúe en favor de
        quienes en él esperan.
⁵ Sales al encuentro de los que, alegres,
    practican la justicia y recuerdan tus ˚caminos.
Pero te enojas si persistimos
    en desviarnos de ellos.ᵇ
¿Cómo podremos ser salvos?
⁶ Todos somos como gente ˚impura;
    todos nuestros actos de justicia son como
        trapos de inmundicia.

Todos nos marchitamos como hojas;
    nuestras iniquidades nos arrastran como el
        viento.
⁷ Nadie invoca tu nombre
    ni se esfuerza por aferrarse a ti.
Pues nos has dado la espalda
    y nos has entregadoᶜ en poder de nuestras
        iniquidades.

⁸ A pesar de todo, SEÑOR, tú eres nuestro Padre;
    nosotros somos el barro y tú el alfarero.
Todos somos obra de tu mano.
⁹ No te enojes demasiado, SEÑOR;
    no te acuerdes siempre de nuestras
        iniquidades.
¡Considera, por favor,
    que todos somos tu pueblo!
¹⁰ Tus ciudades ˚santas han quedado devastadas
    y hasta ˚Sión se ha vuelto un desierto;
Jerusalén ha quedado en ruinas.
¹¹ Nuestro santo y glorioso Templo, donde te
        alababan nuestros antepasados,
    ha sido devorado por el fuego.
Ha quedado en ruinas todo lo que más
        queríamos.
¹² Ante todo esto, SEÑOR, ¿no vas a hacer nada?
    ¿Vas a guardar silencio y afligirnos sin medida?

Juicio y salvación

65 «Me di a conocer a los que no preguntaban
        por mí;
    dejé que me hallaran los que no me buscaban.
A una nación que no invocaba mi ˚nombre,
    dije: "¡Aquí estoy, aquí estoy!".
² Todo el día extendí mis manos
    hacia un pueblo rebelde,
que va por mal ˚camino,
    siguiendo sus propios pensamientos.
³ Es un pueblo que en mi propia cara
    constantemente me provoca;
que ofrece sacrificios en los jardines
    y quema incienso sobre ladrillos;
⁴ que se sienta entre los sepulcros
    y pasa la noche en vigilias secretas;
que come carne de cerdo,
    y en sus ollas cocina caldo ˚impuro;
⁵ que dice: "¡Manténganse alejados!
¡No se me acerquen!
    ¡Soy demasiado sagrado para ustedes!".
Todo esto me fastidia como humo en la nariz;
    ¡es un fuego que arde todo el día!

⁶ »Ante mí ha quedado escrito;
    no guardaré silencio.
Les daré su merecido;
    lo sufrirán en carne propia,
⁷ tanto por las iniquidades de ustedes
    como por las de sus antepasados»,
    dice el SEÑOR.
«Por cuanto ellos quemaron incienso en las
        montañas
    y me desafiaron en las colinas,
les haré sufrir en carne propia
    las consecuencias de sus acciones pasadas».

⁸ Así dice el SEÑOR:

«Cuando alguien encuentra un buen racimo de
        uvas,
    dice: "No lo dañen,
    porque en él hay bendición".
Del mismo modo actuaré yo por amor a mis
        siervos:

ᵃ **13** *mar profundo.* Lit. *abismos.*   ᵇ **5** *te enojas … de ellos.*
Frase de difícil traducción.   ᶜ **7** *entregado* (LXX, Targum y
Siríaca); *derretido* (TM).

No los destruiré a todos.
⁹ De Jacob sacaré descendientes,
  y de Judá, a los que poseerán mis montañas.
Las heredarán mis elegidos
  y allí morarán mis siervos.
¹⁰ Para mi pueblo que me busca,
  Sarón será corral de ovejas;
  el valle de Acor, corral de vacas.

¹¹ »Pero a ustedes que abandonan al SEÑOR
  y se olvidan de mi monte ˚santo,
que para el dios de la fortuna preparan una mesa
  y para el dios del destino sirven vino mezclado,
¹² los destinaré a la espada;
  todos ustedes se inclinarán para el degüello.
Porque llamé y no me respondieron,
  hablé y no me escucharon.
Más bien, hicieron lo malo ante mis ojos
  y optaron por lo que no me agrada».

¹³ Por eso, así dice el SEÑOR y Dios:

«Mis siervos comerán,
  pero ustedes pasarán hambre;
mis siervos beberán,
  pero ustedes sufrirán de sed;
mis siervos se alegrarán,
  pero ustedes serán avergonzados.
¹⁴ Mis siervos cantarán
  con alegría de corazón,
pero ustedes clamarán
  con corazón angustiado;
  gemirán con espíritu quebrantado.
¹⁵ Mis escogidos heredarán el nombre de ustedes
  como una maldición.
El SEÑOR y Dios les dará muerte,
  pero a sus siervos dará un nombre diferente.
¹⁶ Cualquiera que en el país invoque una bendición,
  lo hará por el Dios de la verdad;
y cualquiera que jure en esta tierra,
  lo hará por el Dios de la verdad.
Las angustias del pasado quedarán en el olvido,
  ocultas ante mis ojos.

Un cielo nuevo y una tierra nueva

¹⁷ »Presten atención, que estoy por crear
  un cielo nuevo y una tierra nueva.
No volverán a mencionarse las cosas pasadas
  ni se traerán a la memoria.
¹⁸ Alégrense más bien y regocíjense por siempre,
  por lo que estoy a punto de crear:
Estoy por crear una Jerusalén feliz,
  un pueblo lleno de alegría.
¹⁹ Me regocijaré por Jerusalén
  y me alegraré en mi pueblo;
no volverán a oírse en ella
  voces de llanto ni gritos de clamor.

²⁰ »Nunca más habrá en ella
  niños que vivan pocos días
  ni ancianos que no completen sus años.
El que muera a los cien años
  será considerado joven;
pero el que no llegueᵃ a esa edad
  será considerado maldito.
²¹ Construirán casas y las habitarán;
  plantarán viñas y comerán de su fruto.
²² Ya no construirán casas para que otros las habiten
  ni plantarán viñas para que otros coman.
Porque los días de mi pueblo
  serán como los de un árbol;
mis escogidos disfrutarán
  de las obras de sus manos.

²³ No trabajarán en vano
  ni tendrán hijos para la desgracia;
tanto ellos como su descendencia
  serán simiente bendecida del SEÑOR.
²⁴ Antes que me llamen, yo les responderé;
  todavía estarán hablando cuando ya los habré
    escuchado.
²⁵ El lobo y el cordero pacerán juntos;
  el león comerá paja como el buey
  y la serpiente se alimentará de polvo.
En todo mi monte ˚santo
  no habrá quien haga daño ni destruya»,
  dice el SEÑOR.

Juicio y esperanza

66 Así dice el SEÑOR:

«El cielo es mi trono,
  y la tierra, el estrado de mis pies.
¿Qué casa me pueden construir?
  ¿Dónde estará el lugar de mi reposo?
² Fue mi mano la que hizo todas estas cosas;
  fue así como llegaron a existir»,
  afirma el SEÑOR.

«Yo estimo a los pobres y contritos de
    espíritu,
  a los que tiemblan ante mi palabra.
³ Pero los que sacrifican toros
  son como los que matan ˚hombres;
los que ofrecen corderos
  son como los que desnucan perros;
los que presentan ofrendas de grano
  son como los que ofrecen sangre de cerdo
y los que queman ofrendas de incienso
  son como los que adoran ídolos.
Ellos han escogido sus propios ˚caminos,
  y se deleitan en sus abominaciones.
⁴ Pues yo también escogeré aflicciones para ellos
  y enviaré sobre ellos lo que tanto temen.
Porque nadie respondió cuando llamé;
  cuando hablé, nadie escuchó.
Más bien, hicieron lo que me ofende
  y optaron por lo que no me agrada».

⁵ Escuchen la palabra del SEÑOR,
  ustedes que tiemblan ante su palabra:
«Así dicen sus hermanos que los odian
  y los excluyen por causa de mi ˚nombre:
"¡Que el SEÑOR sea glorificado,
  para que veamos la alegría de ustedes!".
Pero ellos serán los avergonzados.
⁶ Una voz resuena desde la ciudad,
  una voz surge del Templo:
Es la voz del SEÑOR
  que da a sus enemigos su merecido.

⁷ »Antes de estar con dolores de parto,
  Jerusalén tuvo un hijo;
antes que le llegaran los dolores,
  dio a luz un varón.
⁸ ¿Quién ha oído cosa semejante?
  ¿Quién ha visto jamás cosa igual?
¿Puede una nación nacer en un solo día?
  ¿Se da a luz un pueblo en un momento?
Sin embargo, ˚Sión dio a luz sus hijos
  cuando apenas comenzaban sus dolores.
⁹ ¿Podría yo abrir la matriz
  y no provocar el parto?»,
  dice el SEÑOR.

ᵃ **20** *el que no llegue.* Alt. *el pecador que llegue.*

«¿O cerraría yo el seno materno,
siendo que yo hago dar a luz?»,
dice tu Dios.
¹⁰ «Mas alégrense con Jerusalén y regocíjense por
ella,
todos los que la aman;
salten con ella de alegría
todos los que por ella se conduelen.
¹¹ Porque ustedes serán amamantados y saciados,
y hallarán consuelo en su seno;
beberán hasta saciarse
y se deleitarán en sus henchidos pechos».

¹²Porque así dice el Señor:

«Hacia ella extenderé la ˙paz como un torrente,
y la riqueza de las naciones como río
desbordado.
Ustedes serán amamantados, llevados en sus
brazos,
mecidos en sus rodillas.
¹³ Como madre que consuela a su hijo,
así yo los consolaré a ustedes;
en Jerusalén serán consolados».

¹⁴ Cuando ustedes vean esto, se regocijará su
corazón,
y su cuerpo florecerá como la hierba.
El Señor dará a conocer su poder entre sus siervos
y su furor entre sus enemigos.
¹⁵ ¡Ya viene el Señor con fuego!
¡Sus carros de combate son como un torbellino!
Descargará su enojo con furor,
y su represión con llamas de fuego.

ª 17 al frente. Lit. en medio.

¹⁶ Con fuego y con espada
juzgará el Señor a todo ˙mortal.
¡Muchos morirán a manos del Señor!

¹⁷«Juntos perecerán los que se consagran y se ˙puri-
fican para entrar en los jardines, siguiendo a uno que
va al frente,ª y los que comen carne de cerdo, ratas y
otras cosas abominables», afirma el Señor. ¹⁸«Yo, por causa de sus acciones y sus pensamientos, estoy a punto de reunir a gente de toda nación y
lengua; vendrán y verán mi gloria. ¹⁹»Les daré una señal y a algunos de sus sobrevivientes los enviaré a las naciones: a Tarsis, Pul, Lud
(famosa por sus arqueros), Tubal y Grecia, también a
las costas lejanas que no han oído hablar de mi fama
ni han visto mi gloria. Ellos anunciarán mi gloria
entre las naciones. ²⁰Y a todos los hermanos que ustedes tienen entre las naciones los traerán a mi monte
santo en Jerusalén, como una ofrenda al Señor; los
traerán en caballos, en carros de combate y en literas,
y en mulas y camellos», dice el Señor. «Los traerán
como traen los israelitas, en recipientes limpios, sus
ofrendas de grano al Templo del Señor. ²¹Y de ellos
escogeré también a algunos, para que sean sacerdotes
y levitas», dice el Señor.

²²«Porque, así como perdurarán en mi presencia el
cielo nuevo y la tierra nueva que yo haré, así también
perdurarán el nombre y los descendientes de ustedes», afirma el Señor. ²³«Sucederá que, de una luna
nueva a otra y de un ˙sábado a otro, toda la humanidad vendrá a postrarse ante mí», dice el Señor.
²⁴«Entonces saldrán y contemplarán los cadáveres
de los que se rebelaron contra mí. Porque no morirá
el gusano que los devora ni su fuego se apagará.
¡Repulsivos serán a toda la humanidad!».

Jeremías

1 Estas son las palabras de Jeremías, hijo de Jilquías. Jeremías provenía de una familia sacerdotal de Anatot, ciudad del territorio de Benjamín. ²La palabra del SEÑOR vino a Jeremías en el año trece del reinado de Josías, hijo de Amón y rey de Judá. ³También vino a él durante el reinado de Joacim, hijo de Josías y rey de Judá, hasta el fin del reinado de Sedequías, hijo de Josías y rey de Judá; es decir, hasta el quinto mes del año undécimo de su reinado, cuando la población de Jerusalén fue deportada.

Llamamiento de Jeremías

⁴La palabra del SEÑOR vino a mí y me dijo:

⁵ «Antes de formarte en el vientre, ya te había
      elegido;
   antes de que nacieras, ya te había apartado;
   te había nombrado profeta para las
      naciones».

⁶Yo respondí:

«¡Ah, mi SEÑOR y Dios! ¡Soy muy joven y no sé hablar!».

⁷Pero el SEÑOR me dijo:

«No digas: "Soy muy joven", porque vas a ir adondequiera que yo te envíe y vas a decir todo lo que yo te ordene. ⁸No tengas temor delante de ellos que yo estoy contigo para librarte», afirma el SEÑOR.

⁹Luego extendió el SEÑOR la mano y, tocándome la boca, me dijo:

«He puesto en tu boca mis palabras. ¹⁰Mira, hoy te doy autoridad sobre naciones y reinos, para arrancar y derribar, para destruir y demoler, para construir y plantar».

¹¹La palabra del SEÑOR vino a mí y me dijo:

«¿Qué es lo que ves, Jeremías?».

«Veo una rama de almendro», respondí.

¹²«Has visto bien —dijo el SEÑOR— porque yo estoy vigilandoᵃ para que se cumpla mi palabra».

¹³La palabra del SEÑOR vino a mí por segunda vez y me dijo:

«¿Qué es lo que ves?».

«Veo una olla que hierve y se derrama desde el norte», respondí.

¹⁴Entonces el SEÑOR me dijo:

«Desde el norte se derramará la calamidad sobre todos los habitantes de esta tierra. ¹⁵Yo estoy por convocar a todas las tribus de los reinos del norte», afirma el SEÑOR.

«Vendrán y cada uno pondrá su trono
   a la ˙entrada misma de Jerusalén;
vendrán contra todos los muros que la
      rodean
   y contra todas las ciudades de Judá.
¹⁶ Yo dictaré sentencia contra mi pueblo
   por toda su maldad,
   porque me ha abandonado;
ha quemado incienso a otros dioses
   y ha adorado las obras de sus manos.

¹⁷»Pero tú, ¡prepárate! Ve y diles todo lo que yo te ordene. No estés aterrorizado ante ellos, pues de lo contrario te aterrorizaré ante ellos. ¹⁸Hoy te he puesto como ciudad fortificada, como columna de hierro y muro de bronce contra todo el país, contra los reyes de Judá, contra sus oficiales y sus sacerdotes y contra el pueblo de la tierra. ¹⁹Pelearán contra ti, pero no podrán vencerte porque yo estoy contigo para librarte», afirma el SEÑOR.

Israel abandona a Dios

2 La palabra del SEÑOR vino a mí y me dijo: ²«Ve y proclama a oídos de Jerusalén que así dice el SEÑOR:

»"Recuerdo la fidelidad de tu juventud,
   tu amor de novia,
cuando me seguías por el desierto,
   por tierras no cultivadas.
³ Israel estaba consagrado al SEÑOR,
   era las ˙primicias de su cosecha;
todo el que comía de él sufría las
      consecuencias,
   les sobrevenía la calamidad"»,
   afirma el SEÑOR.

⁴ ¡Escuchen la palabra del SEÑOR, descendientes de
      Jacob,
   todas las familias del pueblo de Israel!

⁵Así dice el SEÑOR:

«¿Qué injusticia vieron en mí sus
      antepasados
   que se alejaron tanto de mí?
Se fueron tras ídolos sin valor
   y en algo sin valor se convirtieron.
⁶ Nunca preguntaron:
   "¿Dónde está el SEÑOR
   que nos hizo subir de Egipto,
que nos guio por el desierto,
   por tierra árida y accidentada,
por tierra reseca y tenebrosa,
   por tierra que nadie transita
   y en la que nadie vive?".
⁷ Yo los traje a una tierra fértil,
   para que comieran de sus buenos frutos.
Pero ustedes vinieron y ˙contaminaron mi tierra;
   hicieron de mi heredad algo abominable.
⁸ Nunca preguntaron los sacerdotes:
   "¿Dónde está el SEÑOR?".
Los que se ocupaban de la Ley jamás me
      conocieron;
   los ˙pastores se rebelaron contra mí,
profetizaron en nombre de ˙Baal
   y se fueron tras dioses que para nada sirven.

ᵃ 11-12 En hebreo, las palabras que corresponden a *almendro* y *yo estoy vigilando* tienen un sonido parecido.

9 »Por eso, aún voy a entablar un litigio contra
    ustedes,
    y también litigaré contra los hijos de sus hijos»,
    afirma el SEÑOR.
10 «Crucen a las costas de Chipre y miren;
    envíen mensajeros a Cedar*a* e infórmense bien;
    fíjense si ha sucedido algo semejante:
11 ¿Hay alguna nación que haya cambiado de dioses,
    a pesar de que no son dioses?
    ¡Pues mi pueblo ha cambiado su Gloria
    por lo que no sirve para nada!
12 ¡Espántense, cielos, ante esto!
    ¡Tiemblen y queden horrorizados!»,
    afirma el SEÑOR.
13 «Dos son los pecados que ha cometido mi pueblo:
    Me han abandonado a mí,
    fuente de agua viva,
    y han cavado sus propias cisternas,
    cisternas rotas que no retienen agua.
14 ¿Acaso es Israel un esclavo?
    ¿Nació en la esclavitud?
    ¿Por qué entonces se ha convertido en presa?
15 Los leones rugieron contra él,
    lanzaron fuertes gruñidos.
    Dejaron desolado su país,
    sus ciudades fueron incendiadas
    y ya nadie las habita.
16 Para colmo de males, los de Menfis*b* y los de
    Tafnes
    te raparon la cabeza.
17 ¿No te ha pasado todo esto
    por haber abandonado al SEÑOR tu Dios,
    mientras él te guiaba por el camino?
18 Y ahora, ¿qué sacas con ir a Egipto
    a beber agua del Nilo?*c*
    ¿Qué sacas con ir a Asiria
    a beber agua del Éufrates?
19 Tu maldad te castigará,
    tu infidelidad te recriminará.
    Ponte a pensar cuán malo y amargo
    es abandonar al SEÑOR tu Dios
    y no sentir temor de mí»,
    afirma el Señor, el SEÑOR de los Ejércitos.

20 «Desde hace mucho quebraste el yugo;
    te quitaste las ataduras
    y dijiste: "¡No quiero servirte!".
    Sobre toda colina alta
    y bajo todo árbol frondoso,
    te entregaste a la prostitución.
21 Yo te planté, como vid selecta,
    con semilla genuina.
    ¿Cómo es que te has convertido
    en una vid degenerada y extraña?
22 Aunque te laves con lejía
    y te frotes con mucho jabón,
    ante mí seguirá presente la mancha de tu
    iniquidad»,
    afirma el SEÑOR y Dios.
23 «¿Cómo puedes decir:
    "No me he contaminado
    ni me he ido tras los baales"?
    ¡Considera tu conducta en el valle!
    ¡Reconoce lo que has hecho!
    ¡Camella joven y arisca
    que corre para todos lados!
24 ¡Asna salvaje acostumbrada al desierto!
    Cuando ardes en deseos, olfateas el viento;
    cuando estás en celo, no hay quien te detenga.

    Ningún macho que te busque tiene que fatigarse:
    cuando estás en celo, fácilmente te encuentra.
25 No andes con pies descalzos, que te lastimas,
    ni dejes que la garganta se te reseque.
    Pero tú insistes: "¡No tengo remedio!
    Amo a dioses extraños
    y tras ellos me iré".

26 »El pueblo de Israel se avergonzará,
    junto con sus reyes y sus oficiales,
    sacerdotes y profetas,
    como se avergüenza el ladrón cuando lo
    descubren.
27 A un trozo de madera le dicen:
    "Tú eres mi padre",
    y a una piedra le repiten:
    "Tú me has dado a luz".
    Me han vuelto la espalda;
    no quieren darme la cara.
    Pero les llega la desgracia y me dicen:
    "¡Levántate y sálvanos!".
28 ¿Dónde están, Judá, los dioses que te fabricaste?
    ¡Tienes tantos dioses como ciudades!
    ¡Diles que se levanten!
    ¡A ver si te salvan cuando caigas en desgracia!

29 »¿Por qué litigan conmigo?
    Todos ustedes se han rebelado contra mí»,
    afirma el SEÑOR.
30 «En vano castigo a tus hijos,
    pues rechazan mi *corrección.
    Cual si fuera un león feroz,
    la espada de ustedes devoró a sus profetas.

31 »Pero ustedes, los de esta generación, presten
  atención a la palabra del SEÑOR:

    »¿Acaso he sido para Israel
    un desierto o una tierra tenebrosa?
    ¿Por qué dice mi pueblo:
    "Somos libres, nunca más volveremos a ti"?
32 ¿Acaso una joven se olvida de sus joyas
    o una novia de su atavío?
    ¡Pues hace muchísimo tiempo
    que mi pueblo se olvidó de mí!
33 ¡Qué hábil eres para conseguir amantes!
    ¡Hasta las malas mujeres han aprendido de ti!
34 Tienes la ropa manchada de sangre,
    de sangre de gente pobre e inocente,
    a los que nunca sorprendiste robando.
    Por todo esto 35te voy a juzgar:
    por alegar que no has pecado,
    por insistir en tu inocencia,
    por afirmar: "¡Dios ya no está enojado
    conmigo!".
36 ¿Por qué cambias con tanta ligereza tu parecer?*d*
    Pues también Egipto te defraudará,
    como te defraudó Asiria.
37 Saldrás de allí con las manos en la cabeza,
    porque el SEÑOR ha rechazado
    a aquellos en quienes confías,
    y no prosperarás con ellos.

3 »Supongamos que un hombre se divorcia de su
    mujer
    y que ella lo deja para casarse con otro.
    ¿Podría volver el primero a casarse con ella?
    ¿No quedará la tierra completamente
    *contaminada?
    Pues bien, tú te has prostituido con muchos
    amantes
    y ya no podrás volver a mí»,
    afirma el SEÑOR.

---

a **10** *Cedar.* Asentamiento de tribus beduinas en el desierto
siro-arábigo. *b* **16** *Menfis.* Lit. *Nof.* *c* **18** Hebreo: *Sijor,* un
brazo del río Nilo. *d* **36** *tu parecer.* Alt. *tus aliados.*

2 «Fíjate bien en esas lomas desoladas:
　　¿Hay algún lugar donde no fuiste deshonrada?
Como un beduino en el desierto,
　　te sentabas junto al camino, a la espera de tus
　　　　amantes.
Has contaminado la tierra
　　con tus prostituciones y maldades.
3 Por eso se demoraron las lluvias
　　y no llegaron los aguaceros de primavera.
Tienes el descaro de una prostituta;
　　¡no conoces la vergüenza!
4 No hace mucho me llamabas:
　　"Padre mío, amigo de mi juventud,
5 ¿vas a estar siempre enojado?
　　¿Guardarás rencor eternamente?".
Y mientras hablabas,
　　hacías todo el mal posible».

La infidelidad de Israel

6 Durante el reinado del rey Josías el SEÑOR me dijo: «¿Has visto lo que ha hecho Israel, la infiel? Se fue a todo monte alto y allí, bajo cada árbol frondoso, se prostituyó. 7 Yo pensaba que después de hacer todo esto ella volvería a mí. Pero no lo hizo. Esto lo vio su hermana, la infiel Judá, 8 y vio*ᵃ* también que yo despedí a la apóstata Israel, y que le había dado carta de divorcio por todos los adulterios que había cometido. No obstante, su hermana, la infiel Judá, no tuvo ningún temor, sino que también ella se prostituyó. 9 Como Israel no tuvo ningún reparo en prostituirse, *contaminó la tierra y cometió adulterio al adorar ídolos de piedra y de madera. 10 A pesar de todo esto, su hermana, la infiel Judá, no se volvió a mí de todo *corazón, sino que solo fingió hacerlo», afirma el SEÑOR.

11 El SEÑOR me dijo: «La apóstata Israel ha resultado ser más justa que la infiel Judá. 12 Ve al norte y proclama este mensaje:

》"¡Vuelve, apóstata Israel!
　　No te miraré con ira",
　　　　afirma el SEÑOR.
"No te guardaré rencor para siempre,
　　porque soy misericordioso",
　　　　afirma el SEÑOR.
13 "Tan solo reconoce tu culpa
　　y que te rebelaste contra el SEÑOR tu Dios.
Bajo todo árbol frondoso
　　has brindado a dioses extraños tus favores
　　y no has querido obedecerme"»,
　　　　afirma el SEÑOR.

14 «¡Vuélvanse a mí, apóstatas —afirma el SEÑOR—, porque yo soy su esposo! De ustedes tomaré uno de cada ciudad y dos de cada familia, y los traeré a *Sión. 15 Les daré *pastores conforme a mi corazón para que los guíen con sabiduría y entendimiento. 16 En aquellos días, cuando ustedes se hayan multiplicado y sean numerosos en el país —afirma el SEÑOR—, ya no se dirá más: "Arca del *pacto del SEÑOR". Nadie pensará más en ella ni la recordará; nadie la echará de menos ni volverá a fabricarla. 17 En aquel tiempo llamarán a Jerusalén: "Trono del SEÑOR". Todas las naciones se reunirán en Jerusalén para honrar el *nombre del SEÑOR y ya no volverán a seguir a su terco y malvado *corazón. 18 En aquellos días la tribu de Judá se unirá al pueblo de Israel y juntos vendrán del país del norte, a la tierra que di como herencia a sus antepasados.

19 》Yo mismo dije:

》"¡Cómo quisiera tratarte como a un hijo
　　y darte una tierra deliciosa,

la heredad más hermosa de las
　　　　naciones!".
Yo creía que me llamarías "Padre mío"
　　y que nunca dejarías de seguirme.
20 Pero tú, pueblo de Israel,
　　me has sido infiel como una mujer infiel a su
　　　　esposo»,
　　　　afirma el SEÑOR.

21 Se escucha un grito en las lomas desoladas,
　　el llanto de súplica del pueblo de Israel,
porque han pervertido su conducta,
　　se han olvidado del SEÑOR su Dios.

22 «¡Vuélvanse, apóstatas,
　　y los curaré de su infidelidad!».

«Aquí estamos, a ti venimos,
　　porque tú eres el SEÑOR nuestro Dios.
23 Ciertamente son un engaño las colinas,
　　y una mentira el estruendo sobre las
　　　　montañas.
Ciertamente en el SEÑOR nuestro Dios
　　está la *salvación de Israel.
24 Desde nuestra juventud, la vergonzosa idolatría
　　se ha engullido el esfuerzo de nuestros
　　　　antepasados:
sus ovejas y sus vacas,
　　sus hijos y sus hijas.
25 ¡Acostémonos en nuestra vergüenza
　　y que nos cubra nuestra desgracia!
¡Nosotros y nuestros antepasados
　　hemos pecado contra el SEÑOR nuestro
　　　　Dios!
Desde nuestra juventud y hasta el día de hoy,
　　no hemos obedecido al SEÑOR nuestro Dios».

4 «Israel, si piensas volver,
　　vuélvete a mí»,
　　　　afirma el SEÑOR.
«Si quitas de mi vista tus ídolos abominables
　　y no te alejas de mí,
2 si con fidelidad, justicia y rectitud
　　juras diciendo: "Tan cierto como que el SEÑOR
　　　　vive",
entonces en él serán benditas las naciones
　　y en él se gloriarán».

3 Así dice el SEÑOR a los habitantes de Judá y de Jerusalén:

«Abran surcos en terrenos no labrados
　　y no siembren entre espinos.
4 Habitantes de Judá y de Jerusalén,
　　circunciden sus *corazones;
circunciden para honrar al SEÑOR,
no sea que por la maldad de sus obras
　　mi furor se encienda como el fuego
　　y arda sin que nadie pueda apagarlo.

La amenaza del norte

5 »¡Anúncienlo en Judá, proclámenlo en
　　　　Jerusalén!
　　¡Toquen la trompeta por toda esta tierra!
Griten a voz en cuello:
　　"¡Reúnanse y entremos
　　en las ciudades fortificadas!".
6 ¡Alcen la señal para ir a *Sión!
　　¡Busquen refugio, no se detengan!
Porque yo traigo del norte
　　calamidad y gran destrucción».

ᵃ 8 *vio* (un ms. hebreo, mss. de LXX y Siríaca); *yo vi* (TM).

7 Un león ha salido del matorral,
    un destructor de naciones se ha puesto en
        marcha;
ha salido de su lugar de origen
    para desolar tu tierra;
tus ciudades quedarán en ruinas
    y totalmente despobladas.
8 Por esto, vístanse de luto,
    laméntense y giman,
porque la ardiente ira del Señor
    no se ha apartado de nosotros.

9 «En aquel día desfallecerá
    el corazón del rey y de los oficiales;
los sacerdotes se llenarán de pánico
    y los profetas quedarán atónitos»,
    afirma el Señor.

10 Yo dije: «¡Ah, mi Señor y Dios, cómo has engañado a este pueblo y a Jerusalén! Dijiste: "Tendrán
paz", pero tienen la espada en el cuello».
11 En aquel tiempo se dirá a este pueblo y a
Jerusalén: «Desde las lomas desoladas del desierto
sopla un viento abrasador en dirección a mi pueblo.
No es el viento que sirve para aventar ni para limpiar el trigo; 12 el viento que haré venir es demasiado
fuerte para eso, porque yo mismo dictaré sentencia
contra ellos».

13 ¡Mírenlo avanzar como las nubes!
    ¡Sus carros de guerra parecen un huracán!
    ¡Sus caballos son más veloces que las águilas!
    ¡Ay de nosotros! ¡Estamos perdidos!
14 Jerusalén, limpia de maldad tu ˚corazón
    para que seas salvada.
¿Hasta cuándo hallarán lugar en ti
    los pensamientos perversos?
15 Una voz anuncia desgracia
    desde Dan y desde las montañas de Efraín.
16 «Adviertan a las naciones,
    proclámenlo contra Jerusalén:
"De lejanas tierras vienen sitiadores
    lanzando gritos de guerra contra las ciudades
        de Judá".
17 La rodean como quien cuida un campo,
    porque ella se rebeló contra mí»,
    afirma el Señor.
18 «Tu conducta y tus acciones
    te han causado todo esto.
Este es tu castigo.
    ¡Qué amargo es!
    ¡Cómo te ha calado en el propio corazón!».

19 ¡Qué angustia, qué angustia!
    ¡Me retuerzo de dolor!
Mi corazón se agita.
    ¡Ay, corazón mío!
    ¡No puedo callarme!
Puedo escuchar el toque de trompeta
    y el grito de guerra.
20 Un desastre llama a otro desastre;
    toda mi tierra está devastada.
De repente fueron destruidas
    las cortinas y las tiendas donde habito.
21 ¿Hasta cuándo tendré que ver la bandera
    y escuchar el toque de la trompeta?

22 «Mi pueblo es ˚necio,
    no me conoce;
son hijos insensatos
    que no tienen entendimiento.
Son hábiles para hacer el mal;
    no saben hacer el bien».

23 Miré a la tierra
    y estaba sin forma y vacía;
miré a los cielos
    y no había luz.
24 Miré las montañas
    y estaban temblando;
    ¡se sacudían todas las colinas!
25 Miré y no quedaba nadie;
    habían huido todas las aves del cielo.
26 Miré y la tierra fértil era un desierto;
    estaban en ruinas todas las ciudades,
por la acción del Señor,
    por causa de su ardiente ira.

27 Así dice el Señor:

«Toda la tierra quedará desolada,
    pero no la destruiré por completo.
28 Por eso la tierra estará de luto
    y los altos cielos se oscurecerán,
pues ya lo dije y no me retractaré;
    lo he decidido y no me volveré atrás».

29 Ante el ruido de jinetes y arqueros
    huye toda la ciudad.
Algunos se meten en los matorrales,
    otros trepan por los peñascos.
Toda la ciudad queda abandonada;
    ¡no queda un solo habitante!

30 ¿Qué piensas hacer, ciudad devastada?
    ¿Para qué te vistes de color púrpura?
    ¿Para qué te pones joyas de oro?
    ¿Para qué te maquillas los ojos?
    En vano te embelleces,
pues tus amantes te desprecian;
    solo buscan tu muerte.

31 Oigo el grito como de parturienta,
    quejidos como de primeriza.
Es el grito de la hija de Sión, que respira con
        dificultad;
    que extiende los brazos y dice:
«¡Ay de mí, que desfallezco!
    ¡Estoy en manos de asesinos!».

La corrupción de Jerusalén y de Judá

5 «Recorran las calles de Jerusalén,
    observen con cuidado,
    busquen por las plazas.
Si encuentran una sola persona
    que practique la justicia y busque la verdad,
    yo perdonaré a esta ciudad.
2 Aunque juran diciendo: "Tan cierto como que el
        Señor vive",
    de hecho, juran con falsedad».

3 Señor, ¿acaso no buscan tus ojos la verdad?
    Golpeaste a esa gente y no les dolió,
    acabaste con ellos y no quisieron ser
        corregidos.
Endurecieron su rostro más que una roca
    y no quisieron ˚arrepentirse.
4 Entonces pensé: «Ellos son pobres e
        ignorantes,
    porque no conocen el ˚camino del Señor
    ni las demandas de su Dios.
5 Me dirigiré a los líderes
    y les hablaré;
porque ellos sí conocen el camino del Señor
    y las demandas de su Dios».
Pero ellos también quebrantaron el yugo
    y rompieron las ataduras.

⁶ Por eso los herirá el león de la selva
   y los despedazará el lobo del desierto;
frente a sus ciudades está el leopardo al acecho
   y todo el que salga de ellas será despedazado,
pues son muchas sus rebeliones
   y numerosas sus infidelidades.

⁷ «¿Por qué habré de perdonarte?
   Tus hijos me han abandonado,
   han jurado por los que no son dioses.
Cuando suplí sus necesidades,
   ellos cometieron adulterio
   y en tropel se volcaron a los prostíbulos.
⁸ Son como caballos bien alimentados y excitados;
   todos relinchan por la mujer ajena.
⁹ ¿Y no los he de castigar por esto?
   ¿Acaso no he de vengarme de semejante nación?»,
   afirma el SEÑOR.

¹⁰ «Suban por los surcos de esta viña
   y arrásenla, pero no acaben con ella.
Arránquenle sus ramas,
   porque no son del SEÑOR.
¹¹ Pues las casas de Israel y de Judá
   me han sido completamente infieles»,
   afirma el SEÑOR.

¹² Ellas han negado al SEÑOR
   y hasta dicen: «¡Dios no existe!
Ningún mal vendrá sobre nosotros,
   no sufriremos guerras ni hambre».
¹³ Los profetas son como el viento:
   la palabra no está en ellos.
   ¡Que así les suceda!

¹⁴ Por eso, así dice el SEÑOR, el Dios de los Ejércitos:

«Por cuanto el pueblo ha hablado de esa forma,
   mis palabras serán como fuego en tu boca,
y este pueblo, como un montón de leña.
   Ese fuego los consumirá.
¹⁵ Pueblo de Israel,
   voy a traer contra ustedes una nación lejana,
una nación fuerte y antigua,
   una nación cuyo idioma no conocen,
cuyo lenguaje no entienden»,
   afirma el SEÑOR.
¹⁶ «Todos ellos son guerreros valientes;
   su aljaba es como un sepulcro abierto.
¹⁷ Acabarán con tu cosecha y tu alimento,
   devorarán a tus hijos e hijas,
matarán a tus ovejas y vacas,
   y destruirán tus viñas y tus higueras.
Tus ciudades fortificadas,
   en las que pusiste tu confianza,
   serán pasadas a filo de espada.

¹⁸ »Sin embargo, aun en aquellos días no los destruiré por completo», afirma el SEÑOR. ¹⁹ «Y cuando te pregunten: "¿Por qué el SEÑOR nuestro Dios nos ha hecho todo esto?", tú responderás: "Así como ustedes me han abandonado y en su propia tierra han servido a dioses extranjeros, así también en tierra extraña servirán a gente extranjera".

²⁰ »Anuncien esto en la casa de Jacob
   y proclámenlo en Judá:
²¹ Escucha esto, pueblo necio e insensible,
   que tiene ojos, pero no ve,
   que tiene oídos, pero no oye.
²² ¿Acaso has dejado de temerme?»,
   afirma el SEÑOR.
   «¿No debieras temblar ante mí?

Yo puse la arena como límite del mar,
   como frontera perpetua e infranqueable.
Aunque se agiten sus olas, no podrán prevalecer;
   aunque bramen, no traspasarán esa frontera.
²³ Pero este pueblo tiene un ˚corazón terco y
      rebelde;
   me abandonó y se fue.
²⁴ No reflexionan ni dicen:
   "Temamos al SEÑOR nuestro Dios,
quien a su debido tiempo nos da lluvia,
   las lluvias de otoño y primavera,
y nos asegura las semanas señaladas
   para la cosecha".
²⁵ Las iniquidades de ustedes les han quitado estos
      beneficios;
   sus pecados los han privado de estas
      bendiciones.

²⁶ »Sin duda en mi pueblo hay malvados,
   que están al acecho como cazadores de aves,
   que ponen trampas para atrapar a la gente.
²⁷ Como jaulas llenas de pájaros,
   llenas de engaño están sus casas;
por eso se han vuelto poderosos y ricos,
   ²⁸ gordos y elegantes.
Sus obras de maldad no tienen límite:
no hacen justicia al huérfano, para que su causa
      prospere;
   ni defienden tampoco el derecho de los
      menesterosos.
²⁹ ¿Y no los he de castigar por esto?
   ¿No he de vengarme de semejante nación?»,
   afirma el SEÑOR.

³⁰ «Algo espantoso y terrible
   ha ocurrido en este país.
³¹ Los profetas profieren mentiras,
   los sacerdotes gobiernan a su antojo,
¡y mi pueblo tan campante!
   Pero ¿qué van a hacer ustedes cuando todo
      haya terminado?

Jerusalén es sitiada

6 »¡Huyan a un lugar seguro, benjamitas!
   ¡Huyan de Jerusalén!
¡Toquen la trompeta en Tecoa!
   ¡Levanten señal en Bet Haqueren!
Porque una desgracia, una gran destrucción,
   nos amenaza desde el norte.
² Estoy por destruir a ˚Sión,
   tan hermosa y delicada.
³ Los pastores y sus rebaños vienen contra ella:
   acampan a su alrededor,
   y cada uno escoge su pastizal».

⁴ «¡Prepárense para pelear contra ella!
   ¡Ataquémosla al mediodía!
Pero ¡ay de nosotros, que el día se acaba
   porque se extienden las sombras del
      anochecer!
⁵ ¡Vamos, ataquémosla de noche
   y destruyamos sus fortalezas!».

⁶ Así dice el SEÑOR de los Ejércitos:

«¡Talen árboles
   y levanten una rampa contra Jerusalén!
Esta ciudad debe ser castigada,
   pues en ella no hay más que opresión.
⁷ Como un pozo que hace brotar agua,
   así Jerusalén hace brotar su maldad.
En ella se oye de violencia y destrucción;
   no veo otra cosa que enfermedades y heridas.

8 ¡Escarmienta, Jerusalén,
  para que no me aparte de ti!
De lo contrario, te dejaré devastada,
  en una tierra inhabitable».

9 Así dice el SEÑOR de los Ejércitos:

«Busquen al remanente de Israel.
  Rebusquen, como en una viña;
repasen las ramas,
  como lo hace el vendimiador».

10 ¿A quién hablaré?
  ¿A quién advertiré?
  ¿Quién podrá escucharme?
Tienen tapados[a] los oídos
  y no pueden comprender.
La palabra del SEÑOR los ofende;
  no se complacen en ella.
11 Pero yo estoy lleno de la ira del SEÑOR,
  y ya no puedo contenerme.

«Derrama tu ira en la calle sobre los niños,
  sobre los grupos de jóvenes,
porque serán capturados el marido y la mujer,
  la gente madura y la entrada en años.
12 Sus casas, sus campos y sus mujeres
  caerán en manos extrañas,
porque yo voy a extender mi mano
  contra los habitantes del país»,
  afirma el SEÑOR.
13 «Desde el más pequeño hasta el más grande,
  todos codician ganancias injustas;
desde el profeta hasta el sacerdote,
  todos practican el engaño.
14 Curan por encima la herida de mi pueblo
  y les desean: "¡Paz, paz!",
  cuando en realidad no hay paz.
15 ¿Acaso se han avergonzado de la abominación
    que han cometido?
  ¡No, no se han avergonzado de nada
  y ni siquiera saben lo que es la vergüenza!
Por eso, caerán con los que caigan;
  cuando los castigue, serán derribados»,
  dice el SEÑOR.

16 Así dice el SEÑOR:

«Deténganse en los caminos y miren;
  pregunten por los senderos antiguos.
Pregunten por el buen ˚camino,
  ¡y sigan por él!
  Así hallarán el descanso anhelado.
Pero ellos dijeron:
  "¡No lo seguiremos!".
17 Yo aposté centinelas para ustedes y dije:
  "Presten atención al toque de trompeta".
Pero ellos dijeron:
  "No prestaremos atención".
18 Por eso, ¡escuchen, naciones!
  ¡Comunidad, conoce lo que te espera!
19 Escucha, tierra:
  Traigo sobre este pueblo una desgracia,
    fruto de sus maquinaciones,
  porque no prestaron atención a mis palabras,
    sino que rechazaron mi ˚Ley.
20 ¿De qué me sirve incienso que llega de Sabá
    o la caña dulce de un país lejano?
  Sus ˚holocaustos no me gustan;
    sus sacrificios no me agradan».

21 Por eso, así dice el SEÑOR:

«Voy a ponerle obstáculos a este pueblo.
  Padres e hijos tropezarán contra ellos,
  vecinos y amigos perecerán».

22 Así dice el SEÑOR:

«¡Miren! Del norte viene un ejército;
  una gran nación se moviliza
    desde los confines de la tierra.
23 Empuñan el arco y la lanza;
  son crueles y no tienen compasión.
Lanzan gritos como bramidos del mar
  y cabalgan sobre sus corceles.
¡Vienen contra ti, hija de Sión,
  alineados para la batalla como un solo
    hombre!».

24 Nos ha llegado la noticia
  y nuestras manos flaquean;
la angustia nos domina,
  como si tuviéramos dolores de parto.
25 ¡Viene el enemigo armado con espada!
  No salgan al campo
  ni transiten por los caminos.
  ¡Hay terror por todas partes!
26 Vístete de luto, pueblo mío;
  revuélcate en las cenizas.
Llora amargamente,
  como lo harías por un hijo único,
porque nos cae por sorpresa
  el que viene a destruirnos.

27 «Te he puesto entre mi pueblo
  como probador de metales y fortaleza,
para que escudriñes
  y examines su conducta.
28 Todos ellos son muy rebeldes
  y andan sembrando calumnias;
sean de bronce o de hierro,
  todos son unos corruptos.
29 Los fuelles soplan con furor
  y el plomo se derrite en el fuego,
pero los malvados no se ˚purifican;
  ¡de nada sirve que se les refine!
30 Por eso se les llama "Plata desechada";
  ¡para el SEÑOR son un desecho!».

La religión falsa e inútil

7 Esta es la palabra que vino a Jeremías de parte
  del SEÑOR: 2 «Párate a la entrada del Templo del
SEÑOR y desde allí proclama este mensaje: ¡Escuchen
la palabra del SEÑOR, todos ustedes, habitantes de
Judá que entran por estas puertas para adorar al
SEÑOR! 3 Así dice el SEÑOR de los Ejércitos, el Dios de
Israel: "Corrijan su conducta y sus acciones y yo los
dejaré vivir en este lugar. 4 No confíen en esas palabras engañosas que repiten: '¡Este es el Templo del
SEÑOR, el Templo del SEÑOR, el Templo del SEÑOR!'.
5 Si realmente corrigen su conducta y sus acciones, si
realmente practican la justicia los unos con los otros,
6 si no oprimen al extranjero ni al huérfano ni a la
viuda, si no derraman sangre inocente en este lugar
ni siguen a otros dioses para su propio mal, 7 entonces
los dejaré vivir en este lugar, en la tierra que di a sus
antepasados para siempre. 8 ¡Pero ustedes confían en
palabras engañosas, que no tienen validez alguna!
9 »"Roban, matan, cometen adulterio, juran con falsedad, queman incienso a ˚Baal, siguen a otros dioses
que jamás conocieron. 10 ¡Luego, vienen y se presentan ante mí en esta casa que lleva mi Nombre y dicen:
'Estamos a salvo', para después seguir cometiendo

---

a 10 tapados. Lit. incircuncisos.

todas estas abominaciones! ¹¹¿Creen acaso que esta casa que lleva mi Nombre es una cueva de ladrones? ¡Pero si yo mismo lo he visto!", afirma el SEÑOR.

¹²»"Vayan ahora a mi santuario en Siló, donde al principio hice habitar mi Nombre, y vean lo que hice con él por culpa de la maldad de mi pueblo Israel. ¹³Mientras hacían esas cosas —afirma el SEÑOR—, yo les hablé una y otra vez, pero no me escucharon; los llamé, pero no me respondieron.

¹⁴»"Por lo tanto, lo mismo que hice con Siló haré con esta casa, que lleva mi Nombre y en la que ustedes confían, y con el lugar que di a ustedes y a sus antepasados. ¹⁵Los echaré de mi presencia, así como eché a todos sus hermanos, a toda la descendencia de Efraín".

¹⁶»Pero en cuanto a ti, Jeremías, no intercedas por este pueblo. No me ruegues ni me supliques por ellos. No me insistas, porque no te escucharé. ¹⁷¿Acaso no ves lo que hacen en las ciudades de Judá y en las calles de Jerusalén? ¹⁸Los niños juntan la leña, los padres encienden el fuego, y las mujeres hacen la masa para cocer tortas y ofrecérselas a la Reina del Cielo. Además, para ofenderme derraman ofrendas líquidas a otros dioses. ¹⁹¿Pero es a mí al que ofenden? —afirma el SEÑOR—, ¿No se ofenden a sí mismos para su propia vergüenza?

²⁰»Por eso, así dice el SEÑOR y Dios: "Descargaré mi enojo y mi furor sobre este lugar, sobre los ˚hombres y los animales, sobre los árboles del campo y los frutos de la tierra. Entonces, arderá mi enojo y no se apagará".

²¹»Así dice el SEÑOR de los Ejércitos, el Dios de Israel: "¡Junten sus ˚holocaustos con sus sacrificios y cómanse la carne! ²²En verdad, cuando yo saqué de Egipto a sus antepasados, no les dije ni ordené nada acerca de holocaustos y sacrificios. ²³Lo que sí ordené fue lo siguiente: 'Obedézcanme, y yo seré su Dios y ustedes serán mi pueblo. Condúzcanse conforme a todo lo que yo ordene, a fin de que les vaya bien'. ²⁴Pero ellos no me obedecieron ni me prestaron atención, sino que siguieron los consejos de su terco y malvado ˚corazón. Fue así como, en vez de avanzar, retrocedieron. ²⁵Desde el día en que sus antepasados salieron de Egipto hasta ahora, les he enviado día tras día y sin descanso a mis siervos los profetas. ²⁶Con todo, no me obedecieron ni me prestaron atención, sino que se obstinaron y fueron peores que sus antepasados".

²⁷»Tú les dirás todas estas cosas, pero no te escucharán. Los llamarás, pero no te responderán. ²⁸Entonces dirás: "Esta es la nación que no ha obedecido la voz del SEÑOR su Dios ni ha aceptado su ˚corrección. La verdad ha muerto, ha sido arrancada de su boca.

²⁹»Córtate la cabellera y tírala; eleva tu lamento en las lomas desoladas, porque el SEÑOR ha rechazado y abandonado a la generación que provocó su ira.

El valle de la Matanza

³⁰»"La gente de Judá ha hecho el mal que yo detesto —afirma el SEÑOR. Han profanado la casa que lleva mi Nombre al colocar allí sus ídolos abominables. ³¹Además, construyeron los ˚altares paganos de Tofet, en el valle de Ben Hinón, para quemar a sus hijos y a sus hijas en el fuego, cosa que jamás ordené ni me pasó siquiera por la ˚mente. ³²Por eso llegarán días —afirma el SEÑOR—, cuando ya no lo llamarán más Tofet ni valle de Ben Hinón, sino valle de la Matanza y, a falta de otro lugar, en Tofet enterrarán a sus muertos. ³³Los cadáveres de este pueblo servirán de comida a las aves del cielo y a los animales de la tierra, y no habrá quien los espante. ³⁴Haré que en las ciudades de Judá y en las calles de Jerusalén se apaguen los gritos de alegría, las voces de júbilo y los cánticos del novio y de la novia, porque esta tierra quedará desolada.

8 »"En aquel tiempo —afirma el SEÑOR—, se exhumarán de sus sepulcros los huesos de los reyes y de los oficiales de Judá, de los sacerdotes, de los profetas y de los habitantes de Jerusalén. ²Quedarán expuestos al sol, a la luna y a todas las estrellas del cielo, a los que ellos amaron, sirvieron, consultaron y adoraron. No los recogerán ni los enterrarán; ¡como estiércol quedarán sobre la faz de la tierra! ³En todos los lugares por donde yo disperse a los sobrevivientes de esta nación malvada, los que hayan quedado preferirán la muerte a la vida", afirma el SEÑOR de los Ejércitos.

Pecado y castigo

⁴»Pero tú les advertirás que así dice el SEÑOR:

»"Cuando los ˚hombres caen,
   ¿acaso no se levantan?
Cuando uno se desvía,
   ¿acaso no vuelve al camino?
⁵ ¿Por qué entonces este pueblo se ha desviado?
   ¿Por qué persiste Jerusalén en su apostasía?
Se aferran al engaño
   y no quieren volver a mí.
⁶ He escuchado con suma atención,
   para ver si alguien habla con rectitud,
pero nadie se ˚arrepiente de su maldad;
   nadie reconoce el mal que ha hecho.
Todos siguen su loca carrera,
   como caballos desbocados en combate.
⁷ Aun la cigüeña en el cielo
   conoce sus estaciones;
la tórtola, la golondrina y la grulla
   saben cuándo deben emigrar.
Pero mi pueblo no conoce
   las exigencias del SEÑOR.

⁸ »"¿Cómo se atreven a decir:
   'Somos sabios; la Ley del SEÑOR nos apoya',
si la pluma engañosa de los escribas
   la ha falsificado?
⁹ Los sabios serán avergonzados,
   serán atrapados y abatidos.
Si han rechazado la palabra del SEÑOR,
   ¿qué sabiduría pueden tener?
¹⁰ Por eso entregaré sus mujeres a otros hombres
   y sus campos a otros dueños.
Porque desde el más pequeño hasta el más
     grande,
   todos codician ganancias injustas;
desde el profeta hasta el sacerdote,
   todos practican el engaño.
¹¹ Curan por encima de la herida de mi pueblo
   y les desean: '¡Paz, paz!',
   cuando en realidad no hay paz.
¹² ¿Acaso se han avergonzado de la abominación
   que han cometido?
¡No, no se han avergonzado de nada
   y ni siquiera saben lo que es la vergüenza!
Por eso, caerán con los que caigan;
   cuando los castigue, serán derribados",
   dice el SEÑOR.

¹³ »"Voy a arrancarlos por completo",
   afirma el SEÑOR,
"no encuentro uvas en la viña
   ni hay higos en la higuera;
   sus hojas están marchitas.
¡Voy, pues, a quitarles
   lo que les he dado!"».ᵃ

ᵃ 13 *¡Voy, … dado!* Texto de difícil traducción.

¹⁴¿Qué hacemos aquí sentados?
   ¡Vengan, y vámonos juntos a las ciudades
      fortificadas
   para morir allí!
El SEÑOR nuestro Dios nos está destruyendo.
   Nos ha dado a beber agua envenenada,
   porque hemos pecado contra él.
¹⁵Esperábamos paz,
   pero no llegó nada bueno.
Esperábamos un tiempo de salud,
   pero solo nos llegó el terror.
¹⁶Desde Dan se escucha
   el resoplar de sus caballos;
cuando relinchan sus corceles,
   tiembla toda la tierra.
Vienen a devorarse el país
   y todo lo que hay en él,
   la ciudad y todos sus habitantes.

¹⁷«¡Miren! Estoy lanzando contra ustedes
   serpientes venenosas que los morderán,
   y contra ellas no hay encantamiento»,
   afirma el SEÑOR.

¹⁸La aflicción me abruma;ᵃ
   mi corazón desfallece.
¹⁹El clamor de mi pueblo se levanta
   y viene de una tierra lejana:
«¿Acaso no está el SEÑOR en ˚Sión?
   ¿No está allí su Rey?».

«¿Por qué me provocan con sus ídolos,
   con sus dioses inútiles y extraños?».

²⁰«Pasó la cosecha,
   se acabó el verano
   y nosotros no hemos sido salvados».

²¹Por la herida de mi pueblo estoy herido;
   estoy de luto, y el terror se apoderó de mí.
²²¿No queda bálsamo en Galaad?
   ¿No queda allí médico alguno?
¿Por qué no se ha restaurado
   la salud de mi pueblo?

9 ¹¡Ojalá mi cabeza fuera un manantial
   y mis ojos una fuente de lágrimas,
para llorar de día y de noche
   por los muertos de mi pueblo!
²¡Ojalá tuviera yo en el desierto
   una posada junto al camino!
Abandonaría a mi pueblo
   y me alejaría de ellos.
Porque todos ellos son adúlteros,
   son una banda de traidores.

³«Tensan su lengua como un arco;
   en el país prevalece la mentira, no la verdad,
porque van de mal en peor
   y a mí no me conocen»,
   afirma el SEÑOR.
⁴«Cuídese cada uno de su amigo,
   no confíe ni siquiera en el hermano,
porque todo hermano engaña
   y todo amigo calumnia.
⁵Se engañan unos a otros;
   no se hablan con la verdad.
Han enseñado a sus lenguas a mentir
   y pecan hasta el cansancio.
⁶Tú, Jeremías, vives en medio de engañadores,
   que por su engaño no quieren reconocerme»,
   afirma el SEÑOR.

ᵃ **18** *La aflicción me abruma.* Frase de difícil traducción.

⁷Por eso, así dice el SEÑOR de los Ejércitos:

«Voy a refinarlos, a ponerlos a prueba.
   ¿Qué más puedo hacer con mi pueblo?
⁸Su lengua es una flecha mortífera,
   su boca solo sabe engañar;
hablan cordialmente con su amigo,
   mientras en su interior le tienden una
      trampa.
⁹¿Y no los he de castigar por esto?
   ¿Acaso no he de vengarme de semejante
      nación?»,
   afirma el SEÑOR.

¹⁰Lloraré y gemiré por los montes,
   me lamentaré por los prados del desierto,
porque están desolados:
   ya nadie los transita
   ni se escuchan los mugidos del ganado.
Desde las aves del cielo hasta los animales del
      campo,
   todos han huido.

¹¹«Convertiré a Jerusalén en un montón de ruinas,
   en una guarida de chacales.
Convertiré en ruinas las ciudades de Judá;
   ¡las dejaré sin habitantes!».

¹²¿Quién es tan sabio como para entender esto? ¿A quién habló el SEÑOR para que lo anuncie? ¿Por qué está arruinado el país, desolado como un desierto por el que nadie pasa? ¹³El SEÑOR dice: «Porque ellos abandonaron la ˚Ley que yo les entregué; no me obedecieron ni vivieron conforme a ella. ¹⁴Siguieron la terquedad de su ˚corazón; se fueron tras los ˚baales, como les habían enseñado sus antepasados». ¹⁵Por eso, así dice el SEÑOR de los Ejércitos, el Dios de Israel: «A este pueblo le daré a comer alimentos amargos y a beber agua envenenada. ¹⁶Los dispersaré entre naciones que ni ellos ni sus antepasados conocieron; los perseguiré con espada hasta aniquilarlos».

¹⁷Así dice el SEÑOR de los Ejércitos:

«¡Presten atención! Llamen a las plañideras.
   Que vengan las más hábiles.
¹⁸Que se den prisa,
   que hagan lamentación por nosotros.
Nuestros ojos se inundarán de lágrimas
   y brotará de nuestros párpados el llanto.
¹⁹Desde ˚Sión se escuchan quejidos y lamentos:
   "Hemos sido devastados;
   nos han avergonzado por completo.
Tenemos que abandonar nuestra tierra,
   porque han derribado nuestras casas"».

²⁰Escuchen, mujeres, la palabra del SEÑOR;
   reciban sus oídos la palabra de su boca.
Enseñen a sus hijas a entonar endechas;
   que unas a otras se enseñen este lamento:
²¹«La muerte se ha metido por nuestras
      ventanas,
   ha entrado en nuestros palacios;
ha eliminado en las calles a los niños
   y en las plazas a los jóvenes».

²²Habla: «Así dice el SEÑOR:

»"Yacen tendidos los cadáveres
   como estiércol sobre los campos,
como gavillas que caen tras el segador,
   sin que nadie las recoja"».

²³Así dice el SEÑOR:

«Que no se gloríe el sabio de su sabiduría,
    ni el poderoso de su poder,
    ni el rico de su riqueza.
²⁴Si alguien ha de gloriarse, que se gloríe de conocerme
    y de comprender que yo soy el SEÑOR,
que actúo en la tierra con gran amor,
    derecho y justicia,
    pues es lo que a mí me agrada»,
afirma el SEÑOR.

²⁵«Vienen días —afirma el SEÑOR—, en que castigaré al que haya sido circuncidado solo del prepucio: ²⁶castigaré a Egipto, Judá, Edom, Amón, Moab; también, a todos los que viven en el desierto y se rapan las sienes. Todas las naciones son incircuncisas, pero el pueblo de Israel es incircunciso de ˚corazón».

Dios y los ídolos
10:12-16 – Jer 51:15-19

10 Escucha, pueblo de Israel, la palabra del SEÑOR. ²Así dice el SEÑOR:

«No aprendan ustedes la conducta de las
        naciones
    ni se asusten ante las señales del cielo,
    aunque las naciones les tengan miedo.
³Las costumbres de los pueblos no tienen valor
        alguno.
    Cortan un tronco en el bosque
    y un artífice lo labra con un cincel.
⁴Lo adornan con plata y oro
    y lo afirman con clavos y martillo
    para que no se tambalee.
⁵Sus ídolos no pueden hablar;
    ¡parecen espantapájaros
    en un huerto de pepinos!
Tienen que ser transportados,
    porque no pueden caminar.
No les tengan miedo,
    porque no les pueden hacer ningún mal,
    pero tampoco ningún bien».

⁶¡No hay nadie como tú, SEÑOR!
    ¡Grande eres tú!
    ¡Grande y poderoso es tu ˚nombre!
⁷¿Quién no te temerá,
    Rey de las naciones?
    ¡Es lo que te corresponde!
Entre todos los sabios de las naciones,
    y entre todos los reinos,
    no hay nadie como tú.

⁸Todos son ˚necios e insensatos,
    educados por inútiles ídolos de palo.
⁹De Tarsis se trae plata laminada,
    y de Ufaz se importa oro.
Los ídolos, vestidos de color azul y carmesí,
    son obra de artífices y orfebres;
    ¡todos ellos son obra de artesanos!
¹⁰Pero el SEÑOR es el Dios verdadero,
    el Dios viviente, el Rey eterno.
Cuando se enoja, tiembla la tierra;
    las naciones no pueden soportar su ira.

¹¹«Así les dirás: "Los dioses que no hicieron los cielos ni la tierra, desaparecerán de la tierra y de debajo del cielo"».ᵃ

¹²Dios hizo la tierra con su poder,
    afirmó el mundo con su sabiduría,
    extendió los cielos con su inteligencia.

¹³Cuando él deja oír su voz, rugen las aguas en los
        cielos;
    hace que se levanten las nubes desde los
        confines de la tierra.
Entre relámpagos desata la lluvia
    y saca de sus depósitos al viento.

¹⁴La ˚humanidad es necia e ignorante;
    todo orfebre se avergüenza de sus ídolos.
Sus imágenes son un engaño
    y no hay en ellas aliento de vida.
¹⁵No valen nada, son objetos de burla;
    cuando llegue el día del juicio serán destruidos.
¹⁶La porción de Jacob no es como aquellos,
    porque él es quien hizo todas las cosas,
incluso Israel, el pueblo de su heredad.
    Su nombre es el SEÑOR de los Ejércitos.

Destrucción inminente

¹⁷Recoge del suelo tus pertenencias,
    tú que te encuentras sitiado.
¹⁸Porque así dice el SEÑOR:
    «Esta vez arrojaré a los habitantes de la tierra
    como si los lanzara con una honda.
Los pondré en aprietos
    y dejaré que los capturen».

¹⁹¡Ay de mí, que estoy quebrantado!
    ¡Mi herida es incurable!
Pero es mi enfermedad
    y me toca soportarla.
²⁰Destruida está la tienda donde habito
    y rotas todas mis cuerdas.
Mis hijos me han abandonado; han dejado de
        existir.
Ya no hay nadie que arme mi tienda
    y que levante mis toldos.
²¹Los ˚pastores se han vuelto ˚necios,
    no buscan al SEÑOR;
    por eso no han prosperado,
    y su rebaño anda disperso.
²²¡Escuchen! ¡Llega un mensaje!
    Un gran estruendo viene de un país del norte,
    que convertirá las ciudades de Judá
    en guarida de chacales, en un montón de
        ruinas.

Oración de Jeremías

²³SEÑOR, yo sé que nadie es dueño de su destino,
    que no le es dado al caminante dirigir sus
        propios pasos.
²⁴Corrígeme, SEÑOR, pero con ˚justicia,
    y no según tu ira,
    pues me destruirías.
²⁵Derrama tu furor
    sobre las naciones que no te reconocen
    y sobre las familias que no invocan tu ˚nombre.
Porque se han devorado a Jacob,
    se lo han tragado por completo
    y han asolado su morada.

Violación del pacto

11 Esta es la palabra que vino a Jeremías de parte del SEÑOR: ²«Escucha los términos de este ˚pacto y comunícaselos a la gente de Judá y a los habitantes de Jerusalén. ³Diles que así ha dicho el SEÑOR, Dios de Israel: "Maldito aquel que no obedezca los términos de este pacto, ⁴que yo mismo ordené a los antepasados de ustedes el día que los hice salir de Egipto, de ese horno donde se funde el hierro". Les dije: "Obedézcanme y cumplan con todos mis

---

ᵃ 11 Este versículo está escrito en arameo.

mandamientos; entonces ustedes serán mi pueblo y yo seré su Dios. ⁵Así cumpliré el juramento que hice a sus antepasados de darles una tierra donde abundan la leche y la miel, la cual ustedes tienen hoy"».

Yo respondí: «Amén, SEÑOR».

⁶El SEÑOR me dijo: «Proclama todo esto en las ciudades de Judá y en las calles de Jerusalén, diciendo: "Escuchen los términos de este pacto y cúmplanlos. ⁷Desde el día en que hice salir a sus antepasados de la tierra de Egipto hasta el día de hoy, una y otra vez he advertido: 'Obedézcanme'. ⁸Pero no obedecieron ni prestaron atención, sino que siguieron la terquedad de su malvado ˙corazón. Por eso hice caer sobre ellos todas las maldiciones de este pacto, que yo había ordenado cumplir, pero que no cumplieron"».

⁹El SEÑOR también me dijo: «Se está fraguando una conspiración entre los hombres de Judá y los habitantes de Jerusalén. ¹⁰Han vuelto a los mismos pecados de sus antepasados, quienes se negaron a obedecerme. Se han ido tras otros dioses para servirles. Tanto Israel como Judá han quebrantado el pacto que hice con sus antepasados. ¹¹Por eso, así dice el SEÑOR: "Les enviaré una calamidad de la cual no podrán escapar. Aunque clamen a mí, no los escucharé. ¹²Entonces las ciudades de Judá y los habitantes de Jerusalén irán a clamar a los dioses a los que quemaron incienso, pero ellos no podrán salvarlos cuando llegue el tiempo de su calamidad. ¹³Tú, Judá, tienes tantos dioses como ciudades. Erigiste tantos altares como calles hay en Jerusalén, altares para quemar incienso a ˙Baal, para vergüenza tuya".

¹⁴»En cuanto a ti, Jeremías, no ores por este pueblo. No me ruegues ni me supliques por ellos, porque yo no escucharé cuando clamen a mí por causa de su calamidad.

¹⁵»¿Qué hace mi amada en mi casa,
    después de haber cometido tantas vilezas?
¿Acaso la carne consagrada alejará de ti la
        calamidad?
    ¿Podrás así regocijarte?».

¹⁶El SEÑOR te puso por ˙nombre:
    «Olivo frondoso, lleno de hermosos frutos».
    Pero, en medio de grandes estruendos,
    te ha prendido fuego
    y tus ramas serán quebradas.

¹⁷El SEÑOR de los Ejércitos, el que te plantó, ha decretado una calamidad contra ti, por causa de la maldad que cometieron el pueblo de Israel y la tribu de Judá. Dice el SEÑOR: «Me han ofendido al quemar incienso a Baal».

¹⁸El SEÑOR me lo hizo saber y lo comprendí. Me mostró las maldades que habían cometido. ¹⁹Pero yo era como un manso cordero que es llevado al matadero; no sabía lo que estaban maquinando contra mí y que decían:

«Destruyamos el árbol con su fruto,
    arranquémoslo de la tierra de los vivientes,
    para que nadie recuerde más su nombre».
²⁰ Pero tú, SEÑOR de los Ejércitos, que juzgas con
        ˙justicia,
    que pruebas la mente y el corazón,
    ¡déjame ver cómo te vengas de ellos,
    porque en tus manos he puesto mi causa!

²¹«Por eso, así dice el SEÑOR en contra de los hombres de Anatot, que buscan quitarte la vida y afirman: "¡No profetices en nombre del SEÑOR, si no quieres morir a manos nuestras!". ²²Por eso, así dice el SEÑOR de los Ejércitos: "Voy a castigarlos. Los jóvenes morirán a filo de espada; sus hijos y sus hijas se morirán de hambre. ²³No quedará ni uno solo de ellos. En el año de su castigo haré venir una calamidad sobre los hombres de Anatot"».

Queja de Jeremías

12 Tú, SEÑOR, eres justo
    cuando argumento contigo.
Sin embargo, quisiera exponerte algunas
        cuestiones de justicia.
    ¿Por qué prosperan los malvados?
    ¿Por qué viven tranquilos los traidores?
² Tú los plantas, ellos echan raíces,
    crecen y dan fruto.
Te tienen a flor de labio,
    pero estás lejos de su ˙corazón.
³ A mí, SEÑOR, tú me conoces;
    tú me ves y has examinado mi corazón para
        contigo.
Arrástralos, como ovejas al matadero;
    apártalos para el día de la matanza.
⁴ ¿Hasta cuándo estará seca la tierra,
    y marchita la hierba de todos los campos?
Los animales y las aves se mueren
    por la maldad de los que habitan el país,
    quienes se atreven a decir:
    «Dios no verá nuestro fin».

Respuesta de Dios

⁵ «Si corriste con los de a pie
    e hicieron que te cansaras,
    ¿cómo competirás con los caballos?
Si tropiezas en una tierra tranquila,
    ¿qué harás en la espesura del Jordán?
⁶ Aun tus hermanos, los de tu propia familia,
    te han traicionado
    y gritan contra ti.
Por más que te digan cosas agradables,
    no confíes en ellos.

⁷ »He abandonado mi casa,
    he rechazado mi herencia,
    he entregado al amor de mi vida
    en poder de sus enemigos.
⁸ Mi heredad se ha comportado conmigo
    como león en la selva.
Lanza rugidos contra mí;
    por eso la aborrezco.
⁹ Mi heredad es para mí
    como un ave de muchos colores
    acosada por las aves de rapiña.
¡Vayan y reúnan a todos los animales salvajes!
    ¡Tráiganlos para que la devoren!
¹⁰ Muchos ˙pastores han destruido mi viña,
    han pisoteado mi terreno;
    han hecho de mi hermosa parcela
    un desierto desolado.
¹¹ La han dejado en ruinas,
    seca y desolada ante mis ojos;
    todo el país ha sido arrasado
    porque a nadie le importa.
¹² Sobre todas las lomas desoladas
    vinieron depredadores.
La espada del SEÑOR destruirá el país
    de un extremo al otro
    y nadie estará seguro.
¹³ Sembraron trigo y cosecharon espinos;
    ¡de nada valió su esfuerzo!
Por causa de la ardiente ira del SEÑOR
    se avergonzarán de sus cosechas».

¹⁴Así dice el SEÑOR: «En cuanto a todos los vecinos malvados que tocaron la heredad que di a mi pueblo

Israel, los arrancaré de sus tierras y a la tribu de Judá la quitaré de en medio de ellos. ¹⁵Después que los haya desarraigado, volveré a tener compasión de ellos; los haré regresar, cada uno a su heredad y a su propia tierra. ¹⁶Y, si aprenden bien los ˚caminos de mi pueblo y, si así como enseñaron a mi pueblo a jurar por ˚Baal, aprenden a jurar por mi ˚nombre y dicen: "Tan cierto como el SEÑOR vive", entonces serán establecidos en medio de mi pueblo. ¹⁷Pero a la nación que no obedezca, la desarraigaré por completo y la destruiré», afirma el SEÑOR.

El cinturón de lino

13 Así me dijo el SEÑOR: «Ve y cómprate un cinturón de hilo de lino y póntelo en la cintura, pero no lo metas en agua».

²Conforme a la instrucción del SEÑOR, compré el cinturón y me lo puse en la cintura. ³Entonces la palabra del SEÑOR vino a mí y me dijo por segunda vez: ⁴«Toma el cinturón que has comprado y que tienes puesto en la cintura; ve a Perat*ᵃ* y escóndelo allí, en la grieta de una roca». ⁵Fui entonces y lo escondí en Perat, tal como el SEÑOR me lo había ordenado.

⁶Al cabo de muchos días, el SEÑOR me dijo: «Ve a Perat y busca el cinturón que te mandé a esconder allí». ⁷Fui a Perat, cavé y saqué el cinturón del lugar donde lo había escondido, pero ya estaba podrido y no servía para nada.

⁸Entonces la palabra del SEÑOR vino a mí y me dijo: ⁹«Así dice el SEÑOR: "De esta misma manera destruiré el orgullo de Judá y el gran orgullo de Jerusalén. ¹⁰Este pueblo malvado, que se niega a obedecerme, que sigue la terquedad de su ˚corazón y va tras otros dioses para servirlos y adorarlos, será como este cinturón, que no sirve para nada. ¹¹Porque así como el cinturón se ajusta a la cintura de una persona, así procuré que todo Israel y todo Judá se ajustaran a mí —afirma el SEÑOR—, para que fueran mi pueblo y mi renombre, mi honor y mi gloria. ¡Pero no obedecieron!".

Los cántaros rotos

¹²»Diles también lo siguiente: "Así dice el SEÑOR, el Dios de Israel: 'Todo cántaro se llenará de vino'". Y si ellos te dicen: "¿Acaso no sabemos bien que todo cántaro se debe llenar de vino?", ¹³entonces responderás que así dice el SEÑOR: "Haré que queden completamente borrachos todos los habitantes de este país: a los reyes que se sientan en el trono de David, a los sacerdotes, a los profetas y a todos los habitantes de Jerusalén. ¹⁴Haré que se despedacen unos a otros, padres e hijos por igual. No les tendré piedad ni lástima, sino que los destruiré sin compasión"», afirma el SEÑOR.

Advertencia oportuna

¹⁵¡Escúchenme, préstenme atención!
    ¡No sean soberbios,
    porque el SEÑOR mismo lo ha dicho!
¹⁶Glorifiquen al SEÑOR su Dios,
    antes de que haga venir la oscuridad
    y ustedes tropiecen contra los montes
        sombríos.
    Ustedes esperan la luz,
    pero él la cambiará en sombras mortales;
    la convertirá en densa oscuridad.
¹⁷Pero si ustedes no obedecen,
    lloraré en secreto
        por causa de su orgullo;
    mis ojos llorarán amargamente
        y se desharán en lágrimas,
    porque el rebaño del SEÑOR será llevado al
        cautiverio.

¹⁸Di al rey y a la reina madre:
    «¡Humíllense, siéntense en el suelo,
    que ya no ostentan sobre su cabeza
        la corona de gloria!».
¹⁹Las ciudades del Néguev están cerradas
    y no hay quien abra sus ˚puertas.
    Todo Judá se ha ido al destierro,
        exiliado en su totalidad.

²⁰Alcen los ojos y miren
    a los que vienen del norte.
    ¿Dónde está el rebaño que te fue confiado,
        el rebaño que era tu orgullo?
²¹¿Qué dirás cuando el SEÑOR te imponga como
        jefes
    a los que tú mismo enseñaste a ser tus aliados
        predilectos?
    ¿No tendrás dolores
        como de mujer de parto?
²²Y si preguntas:
    «¿Por qué me pasa esto?»,
    ¡por tus muchos pecados
        te han arrancado las faldas
        y han maltratado tu cuerpo!*ᵇ*
²³¿Puede el etíope cambiar de piel
    o el leopardo quitarse sus manchas?
    ¡Pues tampoco ustedes pueden hacer el bien,
        acostumbrados como están a hacer el mal!

²⁴«Los dispersaré como a la paja
    que arrastra el viento del desierto.
²⁵Esto es lo que te ha tocado como recompensa,
    la porción que he medido para ti»,
        afirma el SEÑOR,
    «pues me has olvidado
        y has confiado en la mentira.
²⁶¡Yo te alzaré las faldas hasta cubrirte el rostro
    y descubrir tu vergüenza!
²⁷He visto tus adulterios,
    tus relinchos,
    tu prostitución desvergonzada y tus
        abominaciones,
    en los campos y sobre las colinas.
    ¡Ay de ti, Jerusalén!
        ¿Hasta cuándo seguirás en tu ˚impureza?».

Sequía, hambre y espada

14 Esta es la palabra del SEÑOR, que vino a Jeremías con motivo de la sequía:

²«Judá está de luto
    y sus ciudades desfallecen;
    hay lamentos en el país,
        y sube el clamor de Jerusalén.
³Los nobles mandan por agua a sus siervos
    y estos van a las cisternas,
    pero no la encuentran.
    Decepcionados y confundidos,
    vuelven con sus cántaros vacíos
        y con la cabeza cubierta.
⁴El suelo está agrietado,
    porque no llueve en la tierra.
    Decepcionados están los agricultores,
        con la cabeza cubierta.
⁵Aun las ciervas en el campo
    abandonan a sus crías
        por falta de pastos.
⁶Parados sobre las lomas desoladas
    y con los ojos desfallecientes,

---

a 4 *Perat.* Posiblemente *el río Éufrates;* también en vv. 5-7.
b 22 *han maltratado tu cuerpo.* Lit. *tus talones han sufrido violencia.*

los asnos salvajes olfatean el viento como
 chacales
porque ya no tienen hierba».

7 Aunque nuestras iniquidades nos acusan,
 actúa en razón de tu ˙nombre, oh SEÑOR.
Muchas son nuestras infidelidades;
 contra ti hemos pecado.
8 Tú, esperanza y ˙salvación de Israel
 en momentos de angustia,
¿por qué actúas en nuestra tierra como un
 extraño,
 como un viajero que solo pasa la noche?
9 ¿Por qué te comportas como un hombre tomado
 por sorpresa,
 como un guerrero impotente para salvar?
SEÑOR, tú estás en medio de nosotros
 y se nos llama por tu nombre;
 ¡no nos abandones!

10Así dice el SEÑOR acerca de este pueblo:

«Les encanta vagabundear;
 no refrenan sus pies.
Por eso yo no los acepto,
 sino que voy a recordar sus iniquidades
 y a castigar sus pecados».

11Entonces el SEÑOR me dijo: «No ruegues por el
bienestar de este pueblo. 12Aunque ayunen, no escucharé sus clamores; aunque me ofrezcan ˙holocaustos
y ofrendas de cereal, no los aceptaré. En verdad, voy
a exterminarlos con la espada, el hambre y la plaga».
13Pero yo respondí: «¡Ah, mi SEÑOR y Dios! Los profetas les dicen que no se enfrentarán con la espada
ni pasarán hambre, sino que tú concederás una ˙paz
duradera en este lugar».
14El SEÑOR me contestó: «Esos profetas están profetizando mentiras en mi nombre. Yo no los he enviado,
ni he dado ninguna orden, ni siquiera les he hablado.
Lo que están profetizando son visiones engañosas,
adivinaciones vanas y delirios de su propia imaginación. 15Por eso, así dice el SEÑOR: "En cuanto a los
profetas que profetizan en mi nombre sin que yo
los haya enviado, y que además dicen que no habrá
espada ni hambre en este país, ellos mismos morirán
de hambre y a filo de espada. 16Y el pueblo al que profetizan será arrojado a las calles de Jerusalén a causa
del hambre y de la espada. No habrá quien los entierre,
ni a ellos ni a sus esposas, ni a sus hijos ni a sus hijas.
Y derramaré sobre ellos la calamidad que se merecen".

17»Tú les dirás lo siguiente:

»"Que mis ojos derramen lágrimas
 día y noche, sin cesar,
porque la virginal hija de mi pueblo
 ha sufrido una herida terrible,
 un golpe muy duro.
18 Si salgo al campo,
 veo los cuerpos de los muertos a filo de espada;
si entro en la ciudad,
 veo los estragos que el hambre ha producido.
Tanto el profeta como el sacerdote
 andan errantes en la tierra sin comprender
 nada"».

19 ¿Has rechazado por completo a Judá?
 ¿Detestas a ˙Sión?
¿Por qué nos has herido de tal modo
 que ya no tenemos remedio?
Esperábamos tiempos de paz,
 pero nada bueno recibimos.

Esperábamos tiempos de salud,
 pero solo nos llegó el terror.
20 Reconocemos, SEÑOR, nuestra maldad
 y la iniquidad de nuestros antepasados.
 ¡Hemos pecado contra ti!
21 En honor a tu nombre, no nos desprecies;
 no deshonres tu trono glorioso.
¡Acuérdate de tu ˙pacto con nosotros!
 ¡No lo quebrantes!
22 ¿Acaso hay entre los ídolos falsos
 alguno que pueda hacer llover?
¿Pueden los cielos solos dar lluvia?
 Solo tú, SEÑOR y Dios nuestro,
puedes hacer todas estas cosas;
 por eso nuestra esperanza está en ti.

15 El SEÑOR me dijo: «Aunque Moisés y Samuel se
presentaran ante mí, no tendría compasión de
este pueblo. ¡Échalos de mi presencia! ¡Que se vayan!
2Y si te preguntan: "¿A dónde iremos?", entonces responderás que así dice el SEÑOR:

»"Los destinados a la muerte, a la muerte;
 los destinados a la espada, a la espada;
 los destinados al hambre, al hambre;
 los destinados al cautiverio, al cautiverio".

3»Enviaré contra ellos cuatro clases de calamidades
—afirma el SEÑOR—, la espada para matar, los perros
para destrozar, las aves del cielo para devorar y las
bestias de la tierra para destruir. 4Los haré motivo de
terror para todos los reinos de la tierra, por causa de
lo que Manasés, hijo de Ezequías y rey de Judá, hizo
en Jerusalén.

5 »¿Quién tendrá compasión de ti, Jerusalén?
 ¿Quién llorará por ti?
 ¿Quién se detendrá a preguntar por tu
 bienestar?
6 Tú me has rechazado,
 te has vuelto atrás»,
 afirma el SEÑOR.
«Extenderé mi mano contra ti y te destruiré;
 estoy cansado de tenerte compasión.
7 Te arrojaré al viento con el rastrillo
 en las ˙puertas de la ciudad.
A ti te dejaré sin hijos y a mi pueblo lo destruiré,
 porque no cambió su conducta.
8 Haré que sus viudas sean más numerosas
 que la arena de los mares;
en pleno día enviaré destrucción
 contra las madres de los jóvenes.
De repente haré que caigan sobre ellas
 la angustia y el pavor.
9 Se desmaya la que tuvo siete hijos;
 se queda sin ˙aliento.
Su sol se pone en pleno día;
 ¡se queda avergonzada y humillada!
A sus sobrevivientes los entregaré a la espada
 delante de sus enemigos»,
 afirma el SEÑOR.

10 ¡Ay de mí, madre mía, que me diste a luz
 como hombre de contiendas y disputas contra
 toda la nación!
No he prestado ni me han prestado,
 pero todos me maldicen.

11El SEÑOR dijo:

«Ciertamente te libraré para bien;
 haré que el enemigo te suplique
 en tiempos de calamidad y de angustia.

¹²»¿Puede el ˚hombre romper el hierro,
el hierro del norte o el bronce?

¹³»Por causa de todos tus pecados
entregaré como botín, sin costo alguno,
tu riqueza y tus tesoros,
por todo tu territorio.
¹⁴Haré que sirvas*ᵃ a tus enemigos
en una tierra que no conoces,
porque mi ira encenderá un fuego
que arderá contra ustedes».

¹⁵Tú comprendes, SEÑOR;
¡acuérdate de mí y cuídame!
¡Toma venganza de los que me persiguen!
Tú eres lento para la ira,
no permitas que sea yo arrebatado;
sabes que por ti sufro injurias.
¹⁶Al encontrarme con tus palabras,
yo las devoraba;
ellas eran mi gozo
y la alegría de mi corazón,
porque yo llevo tu ˚nombre,
SEÑOR Dios de los Ejércitos.
¹⁷No me he sentado en compañía de libertinos
ni me he divertido con ellos;
he vivido solo, porque tu mano estaba sobre mí
y me has llenado de indignación.
¹⁸¿Por qué no cesa mi dolor?
¿Por qué es incurable mi herida?
¿Por qué se resiste a sanar?
¿Serás para mí un arroyo engañoso,
de aguas no confiables?

¹⁹Por eso, así dice el SEÑOR:

«Si te ˚arrepientes, yo te restauraré
y podrás servirme.
Si evitas hablar en vano,
y dices palabras valiosas,
tú serás mi portavoz.
Que ellos se vuelvan hacia ti,
pero tú no te vuelvas hacia ellos.
²⁰Haré que seas para mi pueblo
como invencible muro de bronce;
pelearán contra ti,
pero no te podrán vencer,
porque yo estoy contigo
para salvarte y librarte»,
afirma el SEÑOR.
²¹«Te libraré del poder de los malvados;
te rescataré de las garras de los violentos».

Mensaje de juicio

16 La palabra del SEÑOR vino a mí y me dijo: ²«No te cases ni tengas hijos ni hijas en este lugar». ³Porque así dice el SEÑOR en cuanto a los hijos y las hijas que han nacido en este lugar, y en cuanto a las madres que los dieron a luz y los padres que los engendraron en esta tierra: ⁴«Morirán de enfermedades horribles. Nadie llorará por ellos ni los sepultará; se quedarán sobre la faz de la tierra, como el estiércol. La espada y el hambre acabarán con ellos, y sus cadáveres servirán de alimento para las aves del cielo y para las bestias de la tierra». ⁵Así dice el SEÑOR: «No entres en una casa donde estén de luto, ni vayas a llorar, ni los consueles, porque a este pueblo le he retirado mi ˚paz, mi gran amor y mi compasión», afirma el SEÑOR. ⁶En esta tierra morirán grandes y pequeños; nadie llorará por ellos ni los sepultará; nadie se hará heridas en el cuerpo ni se rapará la cabeza por ellos. ⁷Nadie ofrecerá un banquete fúnebre a los que estén de duelo para consolarlos por el muerto. Tampoco a nadie se le dará a beber la copa del consuelo, aun cuando quien haya muerto sea su padre o su madre.

⁸»No entres en una casa donde haya una celebración ni te sientes con ellos a comer y beber. ⁹Porque así dice el SEÑOR de los Ejércitos, el Dios de Israel: Voy a poner fin en este lugar a toda expresión de alegría y de regocijo; así como al cántico del novio y de la novia. Esto sucederá en sus propios días y ustedes lo verán.

¹⁰»Cuando anuncies a este pueblo todas estas cosas, ellos te preguntarán: "¿Por qué ha decretado el SEÑOR contra nosotros esta calamidad tan grande? ¿Cuál es nuestra iniquidad? ¿Qué pecado hemos cometido contra el SEÑOR nuestro Dios?". ¹¹Entonces responderás: "Esto es porque sus antepasados me abandonaron y se fueron tras otros dioses, les sirvieron y los adoraron. Pero a mí me abandonaron y no cumplieron mi ˚Ley", afirma el SEÑOR. ¹²"Pero ustedes se han comportado peor que sus antepasados. Cada uno sigue la terquedad de su ˚corazón malvado, en vez de obedecerme. ¹³Por eso los voy a arrojar de esta tierra a una tierra que ni ustedes ni sus antepasados conocieron, y allí servirán a otros dioses día y noche. No les tendré compasión".

¹⁴»Por eso —afirma el SEÑOR—, vienen días en que ya no se dirá: "Tan cierto como que vive el SEÑOR, quien hizo salir a los israelitas de la tierra de Egipto"; ¹⁵sino: "Tan cierto como que vive el SEÑOR, quien hizo salir a los israelitas de la tierra del norte y de todos los países adonde los había expulsado". Yo los haré volver a su tierra, la que antes di a sus antepasados.

¹⁶»Voy a enviar a muchos pescadores —afirma el SEÑOR—, ellos los pescarán a ustedes. Después enviaré a muchos cazadores; ellos los cazarán por todas las montañas, colinas y por las grietas de las rocas. ¹⁷Porque mis ojos ven todas sus acciones; ninguna de ellas me es oculta. Su iniquidad no puede esconderse de mi vista. ¹⁸Primero les pagaré el doble por su iniquidad y su pecado, porque con los cadáveres de sus ídolos detestables han profanado mi tierra y han llenado mi herencia con sus abominaciones».

¹⁹SEÑOR, fuerza y fortaleza mía,
mi refugio en el día de la angustia;
desde los confines de la tierra
vendrán a ti las naciones y dirán:
«Solo mentira heredaron nuestros antepasados;
ídolos inútiles que no sirven para nada.
²⁰¿Acaso puede el ˚hombre hacer sus propios
dioses?
¡Pero si no son dioses!».

²¹«Por eso, esta vez les daré una lección;
les daré a conocer mi mano poderosa.
¡Así sabrán
que mi ˚nombre es el SEÑOR!

17 »El pecado de Judá está escrito con cincel de hierro;
grabado está con punta de diamante
sobre la tabla de su ˚corazón
y sobre los cuernos de sus altares.
²Aún sus hijos recuerdan sus altares
y las imágenes de ˚Aserá
junto a los árboles frondosos
sobre las altas colinas,
³y sobre mi montaña a campo abierto.
Así que entregaré como botín tu riqueza,
tus tesoros y tus ˚altares paganos,

_____
ᵃ 14 Haré que sirvas (mss. hebreos, LXX y Siríaca); Haré pasar (TM).

por todos tus pecados
en todo tu territorio.
⁴ Por tu culpa perderás la herencia
que yo te había dado.
Te haré esclava de tus enemigos,
en un país para ti desconocido,
porque has encendido mi ira,
la cual se mantendrá ardiendo para siempre».

⁵ Así dice el SEÑOR:

«¡Maldito aquel que confía en los hombres,
que se apoya en fuerzas humanas
y aparta su corazón del SEÑOR!
⁶ Será como una zarza en el desierto:
no se dará cuenta cuando llegue el bien.
Morará en la sequedad del desierto,
en tierras de sal, donde nadie habita.

⁷ »Bendito el hombre que confía en el SEÑOR
y pone su confianza en él.
⁸ Será como un árbol plantado junto al agua
que extiende sus raíces hacia la corriente;
no teme que llegue el calor
y sus hojas están siempre verdes.
En época de sequía no se angustia
y nunca deja de dar fruto».

⁹ Nada hay tan engañoso como el corazón.
No tiene remedio.
¿Quién puede comprenderlo?

¹⁰ «Yo, el SEÑOR, sondeo el corazón
y examino los pensamientos,
para darle a cada uno según sus acciones
y según el fruto de sus obras».

¹¹ El que acapara riquezas injustas
es como una perdiz que empolla huevos que no
puso.
En la mitad de la vida las perderá
y al final se mostrará como un insensato.

¹² Trono glorioso, exaltado desde el principio
es el lugar de nuestro santuario.
¹³ SEÑOR, tú eres la esperanza de Israel,
todo el que te abandona quedará
avergonzado.
El que se aparta de ti quedará como algo escrito
en el polvo,
porque abandonó al SEÑOR,·
fuente de aguas vivas.

¹⁴ Sáname, SEÑOR, y seré sanado;
sálvame y seré salvo,
porque tú eres mi alabanza.
¹⁵ No falta quien me pregunte:
«¿Dónde está la palabra del SEÑOR?
¡Que se cumpla ya!».
¹⁶ Pero yo no me he apresurado a abandonarte y
dejar de ser tu ·pastor;
tampoco he deseado que venga el día de la
calamidad.
Tú bien sabes lo que he dicho,
pues lo dije en tu presencia.
¹⁷ No seas para mí un motivo de terror;
tú eres mi refugio en tiempos de calamidad.
¹⁸ ¡No me pongas a mí en vergüenza;
avergüénzalos a ellos!
¡No me llenes de terror a mí;
aterrorízalos a ellos!
Envíales tiempos de calamidad;
¡destrózalos y vuelve a destrozarlos!

La observancia del sábado

¹⁹ Así me dijo el SEÑOR: «Ve y párate en la puerta del
Pueblo, por donde entran y salen los reyes de Judá;
luego, en todas las ·puertas de Jerusalén. ²⁰Diles:
"¡Escuchen la palabra del SEÑOR, reyes de Judá, toda
la gente de Judá y todos los habitantes de Jerusalén
que entran por estas puertas! ²¹Así dice el SEÑOR:
'Cuídense bien de no llevar ninguna carga en día
·sábado y de no meterla por las puertas de Jerusalén.
²²Tampoco saquen ninguna carga de sus casas en día
sábado ni hagan ningún tipo de trabajo. Consagren
el día sábado, tal como se lo ordené a sus antepasados. ²³Pero ellos no me prestaron atención ni me
obedecieron, sino que se obstinaron y no quisieron
escuchar ni recibir ·corrección.

²⁴"'Si de veras me obedecen —afirma el SEÑOR—,
y no meten ninguna carga por las puertas de esta
ciudad en día sábado, sino que consagren este día no
haciendo ningún trabajo, ²⁵entonces reyes entrarán
por las puertas de esta ciudad con sus oficiales y se
sentarán en el trono de David. Ellos y sus oficiales
entrarán montados en carros y caballos, acompañados por la gente de Judá y por los habitantes de
Jerusalén, y esta ciudad será habitada para siempre.
²⁶Vendrá gente de las ciudades de Judá y de los alrededores de Jerusalén, del territorio de Benjamín y
de la Sefelá, de la región montañosa y del Néguev.
Traerán al Templo del SEÑOR ·holocaustos y sacrificios, ofrendas de cereal, incienso y ofrendas de
acción de gracias. ²⁷Pero si no obedecen en consagrar
el día sábado y permiten que entren cargas por las
puertas de Jerusalén en sábado, entonces prenderé
fuego a sus puertas que no podrá ser apagado y que
consumirá los palacios de Jerusalén'"».

Parábola del alfarero

18 Esta es la palabra que vino a Jeremías de parte
del SEÑOR: ²«Levántate y baja ahora mismo a la
casa del alfarero y allí te comunicaré mi mensaje».

³Entonces bajé a la casa del alfarero y lo encontré
trabajando en el torno. ⁴Pero la vasija que estaba
modelando se deshizo en sus manos; así que volvió
a hacer otra vasija, hasta que le pareció que había
quedado bien.

⁵En ese momento la palabra del SEÑOR vino a mí
y me dijo: ⁶«Pueblo de Israel, ¿acaso no puedo hacer
con ustedes lo mismo que hace este alfarero con el
barro?», afirma el SEÑOR. «Ustedes, pueblo de Israel,
son en mis manos como el barro en las manos del
alfarero. ⁷En un momento puedo hablar de arrancar, derribar y destruir a una nación o a un reino;
⁸pero si la nación de la cual hablé se ·arrepiente
de su maldad, también yo desistiré del castigo
que había pensado infligirles. ⁹En otro momento
puedo hablar de construir y plantar a una nación
o a un reino. ¹⁰Pero si esa nación hace lo malo ante
mis ojos y no me obedece, yo desistiré del bien que
había pensado hacerles. ¹¹Y ahora habla con los habitantes de Judá y de Jerusalén y adviérteles que así
dice el SEÑOR: "Estoy preparando una calamidad
contra ustedes y elaborando un plan en su contra.
¡Vuélvanse ya de su mal ·camino; enmienden su
conducta y sus acciones!". ¹²Ellos objetarán: "Es
inútil. Vamos a seguir nuestros propios planes" y
cada uno cometerá la maldad que dicte su obstinado
·corazón».

¹³Por eso, así dice el SEÑOR:

«Pregunten entre las naciones:
¿Quién ha oído algo semejante?
La virginal Israel
ha cometido algo terrible.

¹⁴¿Acaso la nieve del Líbano
   desaparece de las laderas rocosas?
¿Se agotan las aguas frías
   que fluyen de las montañas?ᵃ
¹⁵Sin embargo, mi pueblo me ha olvidado;
   quema incienso a ídolos inútiles,
que los hicieron tropezar en sus caminos,
   en los senderos antiguos.
Los hicieron caminar
   por sendas y veredas escabrosas.
¹⁶Así ha dejado desolada su tierra;
   la ha hecho objeto de burla constante.
Todo el que pase por allí
   meneará atónito la cabeza.
¹⁷Como un viento del este,
   los esparciré delante del enemigo.
En el día de su calamidad
   les daré la espalda y no la cara».

¹⁸Ellos dijeron: «Vengan, tramemos un plan contra Jeremías. Porque no faltará la Ley al sacerdote, ni el consejo al sabio, ni la palabra al profeta. Ataquémoslo de palabra y no hagamos caso de nada de lo que diga».

¹⁹¡SEÑOR, préstame atención!
   ¡Escucha a los que me acusan!
²⁰¿Acaso el bien se paga con el mal?
   ¡Pues ellos me han cavado una fosa!
Recuerda que me presenté ante ti
   para interceder por ellos,
   para apartar de ellos tu ira.
²¹Por eso, entrega ahora sus hijos al hambre;
   abandónalos a merced de la espada.
Que sus esposas se queden viudas y sin hijos;
   que sus maridos mueran asesinados
y que sus jóvenes caigan en combate a filo de
      espada.
²²Que se oigan los gritos desde sus casas,
   cuando de repente mandes contra ellos
      invasores.
Han cavado una fosa para atraparme,
   y han puesto trampas a mi paso.
²³Pero tú, SEÑOR, conoces
   todos sus planes para matarme.
¡No perdones su iniquidad
   ni borres de tu presencia sus pecados!
¡Que caigan derribados ante ti!
   ¡Enfréntate a ellos en el momento de tu ira!

19 Así dice el SEÑOR: «Ve a un alfarero y cómprale un cántaro de barro. Luego, pide que te acompañen algunos de los jefes del pueblo y de los sacerdotes. ²Ve al valle de Ben Hinón, que está a la entrada de la puerta de los Alfareros, y proclama allí las palabras que yo te comunicaré. ³Diles: "Reyes de Judá y habitantes de Jerusalén, escuchen la palabra del SEÑOR. Así dice el SEÑOR de los Ejércitos, el Dios de Israel: 'Voy a enviar tal calamidad sobre este lugar que a todo el que la oiga le sonará retumbando en los oídos. ⁴Porque ellos me han abandonado. Han profanado este lugar, quemando en él incienso a otros dioses que no conocían ni ellos ni sus antepasados ni los reyes de Judá. Además, han llenado de sangre inocente este lugar. ⁵Han construido ˚altares paganos en honor de ˚Baal, para quemar a sus hijos en el fuego como ˚holocaustos a Baal, cosa que yo jamás ordené ni mencioné ni jamás me pasó por la ˚mente. ⁶Por eso, vendrán días en que este lugar ya no se llamará Tofet ni valle de Ben Hinón, sino valle de la Matanza', afirma el SEÑOR. ⁷En este lugar anularé los planes de Judá y de Jerusalén. Los haré caer a filo de espada delante de sus enemigos, es decir, a manos de los que

atentan contra su vida. También dejaré sus cadáveres a las aves del cielo y a las bestias de la tierra para que les sirvan de comida. ⁸Convertiré a esta ciudad en un lugar desolado y en objeto de burla. Todo el que pase por ella quedará atónito y se burlará de todas sus heridas. ⁹Ante el angustioso asedio que les impondrán los enemigos que atentan contra ustedes, haré que se coman la carne de sus propios hijos e hijas y que se devoren entre sí'".

¹⁰»Rompe después el cántaro a la vista de los hombres que te acompañaron ¹¹y adviérteles que así dice el SEÑOR de los Ejércitos: "Voy a romper a esta nación y a esta ciudad como quien rompe un cántaro de alfarero que ya no se puede reparar; y a falta de otro lugar, enterrarán a sus muertos en Tofet. ¹²Así haré con este lugar y con sus habitantes", afirma el SEÑOR, "esta ciudad quedará tal y como quedó Tofet. ¹³Todas las casas de Jerusalén y todos los palacios de los reyes de Judá; es decir, todas esas casas en cuyas azoteas se quemó incienso a todo el ejército del cielo y donde se derramaron ofrendas líquidas a otros dioses, quedarán tan ˚impuras como quedó Tofet"».

¹⁴Cuando Jeremías regresó de Tofet —adonde el SEÑOR lo había enviado a profetizar—, se paró en el atrio del Templo del SEÑOR y dijo a todo el pueblo: ¹⁵«Así dice el SEÑOR de los Ejércitos, el Dios de Israel: "Como esta ciudad y todos sus pueblos vecinos se han obstinado en desobedecer mis palabras, voy a mandarles toda la calamidad que había prometido"».

Jeremías y Pasur

20 Cuando el sacerdote Pasur, hijo de Imer, que era el oficial principal del Templo del SEÑOR, oyó lo que Jeremías profetizaba, ²mandó que golpearan al profeta Jeremías y que lo colocaran en el cepo ubicado en la puerta superior de Benjamín, junto al Templo del SEÑOR. ³A la mañana siguiente, cuando Pasur liberó a Jeremías del cepo, Jeremías dijo: «El SEÑOR ya no te llama Pasur, sino Magor Missabib.ᵇ ⁴Porque así dice el SEÑOR: "Te voy a convertir en terror para ti mismo y para tus amigos, los cuales caerán bajo la espada de sus enemigos y tú mismo lo verás. Entregaré a todo Judá en manos del rey de Babilonia, el cual los deportará a Babilonia y los matará a filo de espada. ⁵Además, pondré en manos de sus enemigos toda la riqueza de esta ciudad, todos sus productos y objetos de valor y todos los tesoros de los reyes de Judá, para que los saqueen y se los lleven a Babilonia. ⁶Y tú, Pasur, irás al cautiverio de Babilonia junto con toda tu familia. Allí morirás y allí serás enterrado, con todos tus amigos a quienes profetizabas mentiras"».

Quejas de Jeremías

⁷¡Me sedujiste, SEÑOR, y yo me dejé seducir!
   Fuiste más fuerte que yo y me venciste.
Todo el mundo se burla de mí;
   se ríen de mí todo el tiempo.
⁸Cada vez que hablo es para gritar:
   «¡Violencia! ¡Destrucción!».
Por eso la palabra del SEÑOR
   fue cada día para mí una deshonra y una burla.
⁹Si digo: «No me acordaré más de él
   ni hablaré más en su ˚nombre»;
entonces su palabra es en mi corazón como un
      fuego,
   un fuego ardiente que penetra hasta los
      huesos.
He hecho todo lo posible por contenerla,
   pero ya no puedo más.

ᵃ 14 ¿Se agotan ... montañas? Texto de difícil traducción.
ᵇ 3 Magor Missabib significa terror por todas partes.

¹⁰Escucho a muchos decir con sorna:
«¡Hay terror por todas partes!».
Y hasta agregan: «¡Denúncienlo! ¡Vamos a
denunciarlo!».
Aun mis mejores amigos
esperan que tropiece.
También dicen: «Quizá lo podamos seducir.
Entonces lo venceremos
y nos vengaremos de él».

¹¹Pero el SEÑOR está conmigo
como un guerrero poderoso;
por eso los que me persiguen
caerán y no podrán prevalecer,
fracasarán y quedarán avergonzados.
Eterna será su deshonra;
jamás será olvidada.
¹²Tú, SEÑOR de los Ejércitos, que examinas al justo,
que sondeas el corazón y la ˚mente,
hazme ver tu venganza sobre ellos,
pues a ti he encomendado mi causa.

¹³¡Canten al SEÑOR, alábenlo!
Él libra a los pobres
del poder de los malvados.

¹⁴¡Maldito el día en que nací!
¡El día en que mi madre me dio a luz no sea
bendito!
¹⁵¡Maldito el hombre que alegró a mi padre
cuando le dijo: «Te ha nacido un hijo varón»!
¹⁶¡Que sea tal hombre como las ciudades
que el SEÑOR destruyó sin compasión.
Que oiga gritos en la mañana
y alaridos de guerra al mediodía!
¹⁷¿Por qué Dios no me dejó morir
en el seno de mi madre?
Así ella habría sido mi tumba
y yo jamás habría salido de su vientre.
¹⁸¿Por qué tuve que salir del vientre
solo para ver problemas y aflicción
y para terminar mis días en vergüenza?

Dios rechaza la petición de Sedequías

21 Esta es la palabra del SEÑOR que vino a Jeremías cuando el rey Sedequías envió a Pasur, hijo de Malquías, y al sacerdote Sofonías, hijo de Maseías, a que le dijeran:

²«Consulta ahora al SEÑOR por nosotros, porque Nabucodonosor, rey de Babilonia, nos está atacando. Tal vez el SEÑOR haga una de sus maravillas como en tiempos pasados y lo obligue a retirarse».

³Jeremías respondió:

«Adviértanle a Sedequías ⁴que así dice el SEÑOR, el Dios de Israel: "Yo haré que se vuelvan contra ustedes las armas de guerra que tienen en sus manos, con las cuales pelean contra el rey de Babilonia y contra los babilonios,ᵃ que desde fuera de los muros los tienen sitiados. Amontonaré sus armas dentro de la ciudad. ⁵Yo mismo pelearé contra ustedes. Con gran despliegue de poder, con ira, furor y gran enojo, ⁶heriré a ˚hombres y animales; los habitantes de esta ciudad morirán por causa de una plaga terrible. ⁷Después de eso, entregaré a Sedequías, rey de Judá, a sus oficiales y a la gente que haya quedado con vida en la ciudad después de la plaga, la espada y el hambre", afirma el SEÑOR. "Los entregaré en manos de Nabucodonosor, rey de Babilonia, y de los enemigos que buscan matarlos. Sin ninguna piedad, clemencia ni compasión, Nabucodonosor los matará a filo de espada".

⁸»Y a este pueblo adviértele que así dice el SEÑOR: "Pongo delante de ustedes el ˚camino de la vida y el camino de la muerte. ⁹El que se quede en esta ciudad morirá por la espada, la plaga o el hambre. Pero el que salga y se rinda a los babioniosᵇ que los tienen sitiados, vivirá. Así salvará su vida. ¹⁰Porque he decidido hacer el mal a esta ciudad y no el bien", afirma el SEÑOR. "Será entregada en manos del rey de Babilonia, quien le prenderá fuego".

¹¹»Di también a la casa real de Judá que escuchen la palabra del SEÑOR. ¹²Adviértele a la dinastía de David que así dice el SEÑOR:

»"Hagan justicia cada mañana
y libren al explotado del poder del opresor.
No sea que mi ira se encienda como un fuego
y arda sin que nadie pueda extinguirla,
a causa de la maldad de sus acciones.
¹³¡Yo estoy contra ti, Jerusalén,
habitante del valle, en la llanura rocosa!",
afirma el SEÑOR.
"Ustedes dicen: '¿Quién podrá venir contra
nosotros?
¿Quién podrá entrar en nuestros refugios?'.
¹⁴Yo los castigaré conforme al fruto de sus
acciones",
afirma el SEÑOR,
"a su bosque le prenderé fuego
y ese fuego consumirá todos sus alrededores"».

Juicio contra reyes malvados

22 Así dice el SEÑOR: «Baja al palacio del rey de Judá y proclama allí este mensaje: ²"Escuchen la palabra del SEÑOR, tú, rey de Judá, que estás sentado sobre el trono de David, tus oficiales y tu pueblo, que entran por estas puertas. ³Así dice el SEÑOR: 'Practiquen el derecho y la justicia. Libren al oprimido del poder del opresor. No maltraten ni hagan violencia al extranjero, ni al huérfano ni a la viuda, ni derramen sangre inocente en este lugar. ⁴Si tienen cuidado de cumplir estos mandamientos, entonces por las puertas de este palacio entrarán reyes que ocuparán el trono de David; entrarán en carros y a caballo, acompañados por sus oficiales y su pueblo. ⁵Pero, si no obedecen estas palabras, tan cierto como que yo vivo, que este palacio se convertirá en un montón de ruinas. Yo, el SEÑOR, lo afirmo' "».

⁶Porque así dice el SEÑOR acerca de la casa real de Judá:

«Para mí, tú eres como Galaad
y como la cima del Líbano;
ciertamente te convertiré en un desierto,
en ciudades deshabitadas.
⁷Enviaré contra ti destructores,
cada uno con sus armas,
que talarán tus cedros más hermosos
y los echarán en el fuego.

⁸»Gente de muchas naciones pasará por esta ciudad y se preguntará: "¿Por qué habrá tratado así el SEÑOR a esta gran ciudad?". ⁹Y se le responderá: "Porque abandonaron el ˚pacto del SEÑOR su Dios, adorando y sirviendo a otros dioses"».

¹⁰No lloren por el que está muerto
ni hagan lamentaciones por él.
Lloren más bien por el exiliado,
por el que nunca volverá
ni verá más la tierra en que nació.

¹¹Así dice el SEÑOR acerca de Salún,ᶜ hijo de Josías y rey de Judá, que comenzó a reinar después de su padre

---

ᵃ 4 Lit. *caldeos.*   ᵇ 9 Lit. *caldeos.*   ᶜ 11 También llamado *Joacaz.*

Josías y que salió de este lugar: «Nunca más volverá, ¹²sino que morirá en el lugar donde ha sido desterrado. No volverá a ver más este país.

¹³ »¡Ay del que edifica su casa y sus habitaciones superiores
violentando la justicia y el derecho!
¡Ay del que obliga a su prójimo
a trabajar gratis y no le paga por su trabajo!
¹⁴ ¡Ay del que dice: "Me edificaré un gran palacio,
con habitaciones amplias en el piso superior"!
Y le abre grandes ventanas,
y la recubre de cedro y la pinta de rojo.

¹⁵ »¿Acaso eres rey
solo por acaparar mucho cedro?
Tu padre no solo comía y bebía,
sino que practicaba el derecho y la justicia;
por eso le fue bien.
¹⁶ Defendía la causa del pobre y del necesitado;
por eso le fue bien.
¿Acaso no es eso conocerme?»,
afirma el SEÑOR.
¹⁷ «Pero tus ojos y tu ˚corazón
solo buscan ganancias deshonestas,
solo buscan derramar sangre inocente
y practicar la opresión y la violencia».

¹⁸Por eso, así dice el SEÑOR acerca de Joacim, hijo de Josías, rey de Judá:

«Nadie lamentará su muerte ni gritará:
"¡Ay, mi hermano! ¡Ay, mi hermana!".
Nadie lamentará su muerte ni gritará:
"¡Ay, señor! ¡Ay, Su Majestad!".
¹⁹ Será enterrado como un asno;
lo arrastrarán y arrojarán
fuera de las ˚puertas de Jerusalén».

Juicio contra Jerusalén

²⁰ «¡Sube al Líbano y grita;
levanta tu voz en Basán!
¡Grita desde Abarín,
pues todos tus amantes han sido destruidos!
²¹ Yo te hablé cuando te iba bien,
pero tú dijiste: "¡No escucharé!".
Así te has comportado desde tu juventud:
¡nunca me has obedecido!
²² El viento arrastrará a todos tus ˚pastores
y tus amantes irán al cautiverio.
Por culpa de toda tu maldad
quedarás avergonzada y humillada.
²³ Tú, que habitas en el Líbano,ᵃ
que has puesto tu nido entre los cedros,
¡cómo gemirás cuando te vengan los dolores,
dolores como de parturienta!

Juicio contra Jeconías

²⁴ »¡Tan cierto como que yo vivo —afirma el SEÑOR—, aunque Jeconíasᵇ, hijo de Joacim y rey de Judá, sea un anillo en mi mano ˚derecha, aun de allí lo arrancaré! ²⁵Yo te entregaré en manos de los que buscan matarte y en manos de los que tú más temes; es decir, en poder de Nabucodonosor, rey de Babilonia, y de los babilonios.ᶜ ²⁶A ti y a la madre que te dio a luz los arrojaré a un país que no los vio nacer y allí morirán. ²⁷Jamás volverán al país al que tanto anhelan volver».

²⁸ ¿Es Jeconías una vasija despreciable y rota,
un objeto que nadie desea?
¿Por qué son arrojados él y su descendencia
y echados a un país que no conocen?

²⁹ ¡Tierra, tierra, tierra!
¡Escucha la palabra del SEÑOR!
³⁰ Así dice el SEÑOR: «Anoten a este hombre
como si fuera un hombre sin hijos;
como alguien que fracasó en su vida.
Porque ninguno de sus descendientes
logrará ocupar el trono de David
ni reinar de nuevo en Judá».

El Rey justo

23 «¡Ay de los ˚pastores que destruyen y dispersan las ovejas de mis praderas!», afirma el SEÑOR. ²Por eso, así dice el SEÑOR, el Dios de Israel, a los pastores que apacientan a mi pueblo: «Ustedes han dispersado a mis ovejas; las han expulsado y no se han encargado de ellas. Pues bien, yo me encargaré de castigarlos a ustedes por sus malas acciones», afirma el SEÑOR. ³«Al remanente de mis ovejas yo mismo las reuniré de todos los países adonde las expulsé; también las haré volver a sus pastos, donde crecerán y se multiplicarán. ⁴Pondré sobre ellas pastores que las pastorearán y ya no temerán ni se espantarán, ni faltará ninguna de ellas», afirma el SEÑOR.

⁵ «Vienen días», afirma el SEÑOR,
«en que de la simiente de David haré surgir un
Renuevo justo;
él reinará con sabiduría en la tierra,
y practicará el derecho y la justicia.
⁶ En esos días Judá será salvo,
Israel morará seguro.
Y este es el ˚nombre que se le dará:
"El SEÑOR es nuestra justicia".

⁷ »Por eso —afirma el SEÑOR—, vienen días en que ya no se dirá: "Tan cierto como vive el SEÑOR, que hizo salir a los israelitas de la tierra de Egipto", ⁸sino: "Tan cierto como vive el SEÑOR, que hizo salir a los descendientes de la familia de Israel, y los hizo llegar del país del norte y de todos los países adonde los había expulsado". Entonces habitarán en su propia tierra».

Profetas mentirosos

⁹En cuanto a los profetas:

Mi corazón está quebrantado dentro de mí
y se me estremecen los huesos.
Por causa del SEÑOR
y de sus santas palabras,
hasta parezco un borracho,
alguien dominado por el vino.
¹⁰ La tierra está llena de adúlteros,
por causa de la maldición está de luto
y los pastos del desierto se han secado.
Los profetas corren tras la maldad,
y usan su poder para la injusticia.

¹¹ «Impíos son los profetas y los sacerdotes;
aun en mi propia casa encuentro su
maldad»,
afirma el SEÑOR.
¹² «Por eso su ˚camino será resbaladizo;
serán empujados a las tinieblas,
y en ellas se hundirán.
Yo traeré sobre ellos una calamidad
en el año de su castigo»,
afirma el SEÑOR.

ᵃ 23 *el Líbano*. Es decir, en el palacio en Jerusalén (véase 1R 7:2). ᵇ 24 *Jeconías*. Lit. *Conías* (variante de este nombre); también en v. 28. ᶜ 25 Lit. *caldeos*.

¹³«Algo repugnante he observado
  entre los profetas de Samaria:
profetizaron en nombre de ˚Baal
  y descarriaron a mi pueblo Israel.
¹⁴Y entre los profetas de Jerusalén
  he observado cosas terribles:
cometen adulterio y viven en la mentira;
fortalecen las manos de los malhechores,
  ninguno se convierte de su maldad.
Todos ellos son para mí como Sodoma;
  los habitantes de Jerusalén son como
    Gomorra».

¹⁵Por tanto, así dice el SEÑOR de los Ejércitos contra los profetas:

«Haré que coman alimentos amargos
  y que beban agua envenenada,
porque los profetas de Jerusalén
  han esparcido la impiedad por toda la tierra».

¹⁶Así dice el SEÑOR de los Ejércitos:

«No escuchen lo que dicen los profetas,
  pues alientan en ustedes falsas esperanzas;
cuentan visiones que se han imaginado
  y que no proceden de la boca del SEÑOR.
¹⁷A los que me desprecian les aseguran
  que yo, el SEÑOR, digo que gozarán de ˚paz;
a los que obedecen los dictados de su terco
    ˚corazón
  les dicen que no les sobrevendrá ningún mal.
¹⁸¿Quién de ellos ha estado en el consejo del
    SEÑOR?
  ¿Quién ha recibido o escuchado su palabra?
  ¿Quién ha atendido y escuchado su palabra?
¹⁹La tempestad del SEÑOR
  se ha desatado con furor;
un torbellino se cierne amenazante
  sobre la cabeza de los malvados.
²⁰La ira del SEÑOR no cesará
  hasta que haya realizado por completo
  los propósitos de su corazón.
Al final de los tiempos
  lo comprenderán con claridad.
²¹Yo no envié a esos profetas,
  pero ellos corrieron a llevar sus mensajes;
ni siquiera hablé,
  pero ellos profetizaron.
²²Si hubieran estado en mi consejo,
  habrían proclamado mis palabras a mi pueblo;
lo habrían hecho volver de su mal camino
  y de sus malas acciones.

²³»¿Soy acaso Dios solo de cerca?
  ¿No soy Dios también de lejos?»,
  afirma el SEÑOR.
²⁴«¿Podrá el ˚hombre hallar un escondite
  donde yo no pueda encontrarlo?»,
  afirma el SEÑOR.
«¿Acaso no soy yo el que llena los cielos y la
    tierra?»,
  afirma el SEÑOR.

²⁵«He escuchado lo que dicen los profetas que profieren mentiras en mi nombre, los cuales dicen: "¡He tenido un sueño, he tenido un sueño!". ²⁶¿Hasta cuándo continuarán los profetas hablando mentiras y delirios de sus propios ˚corazones? ²⁷Con los sueños que se cuentan unos a otros pretenden hacer que mi pueblo se olvide de mi nombre, como sus antepasados se olvidaron de mi nombre por el de Baal. ²⁸El profeta que tenga un sueño, que lo cuente; pero el que reciba mi palabra, que la proclame con fidelidad. ¿Qué tiene que ver la paja con el grano?», afirma el SEÑOR. ²⁹«¿No es acaso mi palabra como fuego y como martillo que pulveriza la roca?», afirma el SEÑOR.

³⁰«Por eso yo estoy contra los profetas que se roban mis palabras entre sí», afirma el SEÑOR. ³¹«Yo estoy contra los profetas que con sus propias lenguas hablan por hablar», afirma el SEÑOR. ³²«Yo estoy contra los profetas que cuentan sueños mentirosos y que, al contarlos, hacen que mi pueblo se extravíe con sus mentiras y sus presunciones», afirma el SEÑOR. «Yo no los he enviado ni he dado ninguna orden. No traen ningún beneficio a este pueblo», afirma el SEÑOR.

Profecías falsas

³³«Si este pueblo o algún profeta o sacerdote te pregunta: "¿Qué mensaje[a] tenemos del SEÑOR?", tú responderás: "¿De qué mensaje hablas? Yo los abandonaré", afirma el SEÑOR. ³⁴Si un profeta o un sacerdote o alguien del pueblo dice: "Este es el mensaje del SEÑOR", yo castigaré a ese hombre y a su casa. ³⁵Así deberán hablarse entre amigos y hermanos: "¿Qué ha respondido el SEÑOR?", o "¿Qué ha dicho el SEÑOR?". ³⁶Pero no deberán mencionar más la frase "Mensaje del SEÑOR", porque el mensaje de cada uno será su propia palabra, ya que ustedes han distorsionado las palabras del Dios viviente, del SEÑOR de los Ejércitos, nuestro Dios. ³⁷Así dirás a los profetas: "¿Qué les ha respondido el SEÑOR? ¿Qué les ha dicho?". ³⁸Pero si ustedes responden: "¡Mensaje del SEÑOR!", el SEÑOR dice: "Por cuanto ustedes han dicho: '¡Mensaje del SEÑOR!', siendo que yo había prohibido que pronunciaran esta frase, ³⁹entonces me olvidaré de ustedes y los echaré de mi presencia, junto con la ciudad que di a ustedes y a sus antepasados. ⁴⁰Y los afligiré con vergüenza eterna, con una deshonra eterna que jamás será olvidada"».

Dos canastas de higos

24 Después de que Nabucodonosor, rey de Babilonia, deportó de Jerusalén a Jeconías, hijo de Joacim y rey de Judá, junto con los oficiales de Judá, los artesanos y herreros, el SEÑOR me mostró dos canastas de higos colocadas frente al Templo del SEÑOR. ²Una de ellas tenía higos muy buenos, como los que maduran primero; la otra tenía higos muy malos, tan malos que no se podían comer.

³Entonces el SEÑOR me preguntó: «¿Qué ves, Jeremías?».

Yo respondí: «Veo higos. Unos están muy buenos, pero otros están tan malos que no se pueden comer».

⁴La palabra del SEÑOR vino a mí y me dijo: ⁵«Así dice el SEÑOR, el Dios de Israel: "A los deportados de Judá, que envié de este lugar a la tierra de los babilonios,[b] los consideraré como a estos higos buenos. ⁶Los miraré favorablemente y los haré volver a esta tierra. Los edificaré y no los derribaré, los plantaré y no los arrancaré. ⁷Les daré un ˚corazón para que me conozcan, pues yo soy el SEÑOR. Ellos serán mi pueblo y yo seré su Dios, porque volverán a mí de todo corazón.

⁸»Pero a Sedequías, rey de Judá, a sus oficiales y a los sobrevivientes de Jerusalén —lo mismo a los que se quedaron en esta tierra como a los que viven en Egipto—, los trataré como a los higos malos, que de tan malos no se pueden comer", afirma el SEÑOR. ⁹"Los convertiré en motivo de espanto y de calamidad, para todos los reinos de la tierra. En todos los lugares por donde yo los disperse, serán objeto de escarnio, desprecio, burla y maldición. ¹⁰Enviaré

---

a 33 *mensaje*. Juego de palabras aquí y en los vv. siguientes; el vocablo hebreo también significa *carga*.   b 5 Lit. *caldeos*.

contra ellos espada, hambre y pestilencia, hasta que sean exterminados de la tierra que di a ellos y a sus antepasados"».

Setenta años de cautiverio

25 Esta es la palabra que vino a Jeremías con relación a todo el pueblo de Judá. La recibió en el año cuarto del reinado de Joacim, hijo de Josías y rey de Judá, es decir, durante el año primero del reinado de Nabucodonosor, rey de Babilonia. [2]El profeta Jeremías dijo lo siguiente a todo el pueblo de Judá y a todos los habitantes de Jerusalén: [3]«Desde el año trece de Josías, hijo de Amón y rey de Judá, hasta el día de hoy, durante veintitrés años, el SEÑOR me ha dirigido su palabra y yo les he hablado en repetidas ocasiones, pero ustedes no me han hecho caso.

[4]»Además, una y otra vez el SEÑOR ha enviado a sus siervos los profetas, pero ustedes no los han escuchado ni les han prestado atención. [5]Ellos los exhortaban: "Dejen ya su mal °camino y sus malas acciones. Así podrán habitar en la tierra que, desde siempre y para siempre, el SEÑOR da a ustedes y a sus antepasados. [6]No vayan tras otros dioses para servirles y adorarlos; no me ofendan con la obra de sus manos y no les haré ningún mal".

[7]»Pero ustedes no me obedecieron —afirma el SEÑOR—, sino que me irritaron con la obra de sus manos para su propia desgracia.

[8]»Por eso, así dice el SEÑOR de los Ejércitos: "Por cuanto no han obedecido mis palabras, [9]yo haré que vengan todos los pueblos del norte y también mi siervo Nabucodonosor, rey de Babilonia. Los traeré contra esta tierra, contra sus habitantes y contra todas las naciones vecinas, y los °destruiré por completo: ¡los convertiré en objeto de horror, de burla y de eterna ruina!", afirma el SEÑOR. [10]"Haré que desaparezcan entre ellos los gritos de gozo y alegría, las voces del novio y la novia, el ruido del molino y la luz de la lámpara. [11]Todo este país quedará reducido a horror y ruina; estas naciones servirán al rey de Babilonia durante setenta años".

[12]»Pero cuando se hayan cumplido los setenta años, yo castigaré por su iniquidad al rey de Babilonia y a aquella nación, país de los babilonios,[a] y los convertiré en ruina perpetua», afirma el SEÑOR. [13]«Haré que vengan sobre esa tierra todas las amenazas que anuncié, todo lo que está registrado en este libro y que Jeremías ha profetizado contra todas las naciones. [14]Ellos mismos serán esclavizados por muchas naciones y reyes poderosos. Así les daré lo que merecen su conducta y sus hechos».

La copa de la ira divina

[15]El SEÑOR, el Dios de Israel, me dijo: «Toma de mi mano esta copa del vino de mi ira y dásela a beber a todas las naciones a las que yo te envíe. [16]Cuando ellas la beban, se tambalearán y perderán el juicio, a causa de la espada que voy a enviar contra ellos».

[17]Tomé de la mano del SEÑOR la copa y se la di a beber a todas las naciones a las cuales el SEÑOR me envió:

[18]a Jerusalén y a las ciudades de Judá, a sus reyes y a sus oficiales, para convertirlos en ruinas, en motivo de horror, burla y maldición, como hoy se puede ver.

[19]También se la di a beber al faraón, rey de Egipto, a sus siervos, oficiales y todo su pueblo; [20]a todos los forasteros,

y a todos los reyes del país de Uz

y a todos los reyes del país de los filisteos; a los de Ascalón, Gaza, Ecrón y a los sobrevivientes de Asdod;

[21]a Edom, Moab y a los hijos de Amón;

[22]a todos los reyes de Tiro y de Sidón;

a todos los reyes de las costas al otro lado del mar;

[23]a Dedán, Temá y Buz; a todos los pueblos que se rapan las sienes;

[24]a todos los reyes de Arabia; a todos los reyes de las diferentes tribus del desierto;

[25]a todos los reyes de Zimri, Elam y Media;

[26]a todos los reyes del norte, cercanos o lejanos y a todos los reinos que están sobre la faz de la tierra.

Después de ellos, beberá el rey de Sesac.[b]

[27]«Tú les dirás: "Así dice el SEÑOR de los Ejércitos, el Dios de Israel: 'Beban, emborráchense, vomiten y caigan para no levantarse más, por causa de la espada que estoy por mandar contra ustedes'". [28]Pero si se niegan a tomar de tu mano la copa y beberla, tú les dirás: "Así dice el SEÑOR de los Ejércitos: ¡Tendrán que beberla!". [29]Desataré calamidades contra la ciudad que lleva mi Nombre. ¿Y creen ustedes que no voy a castigar? Al contrario, serán castigados —afirma el SEÑOR de los Ejércitos—, porque yo desenvaino la espada contra todos los habitantes de la tierra".

[30]»Tú, Jeremías, profetiza contra ellos todas estas palabras:

»"Ruge el SEÑOR desde lo alto;
desde su °santa morada hace tronar su voz.
Ruge violento contra su rebaño;
grita como los que pisan la uva,
contra todos los habitantes del mundo.
[31]El estruendo llega hasta los confines de
la tierra,
porque el SEÑOR litiga contra las naciones;
enjuicia a todos los °mortales
y pasa por la espada a los malvados"»,
afirma el SEÑOR.

[32]Así dice el SEÑOR de los Ejércitos:

«La calamidad se extiende
de nación en nación;
una terrible tempestad se desata
desde los confines de la tierra».

[33]En aquel día, las víctimas del SEÑOR quedarán tendidas de un extremo a otro de la tierra. Nadie las llorará ni las recogerá ni las enterrará; se quedarán sobre la faz de la tierra, como el estiércol.

[34]Giman, °pastores, y clamen;
revuélquense en el polvo, jefes del rebaño,
porque les ha llegado el día de la matanza;
serán dispersados y caerán como carneros
escogidos.[c]
[35]Los pastores no tendrán escapatoria;
no podrán huir los jefes del rebaño.
[36]Escuchen el clamor de los pastores
y el gemido de los jefes del rebaño,
porque el SEÑOR destruye sus pastizales.
[37]Las tranquilas praderas son asoladas,
a causa de la ardiente ira del SEÑOR.
[38]Como león que deja abandonada su guarida,
él ha dejado desolada la tierra de ellos,
a causa de la espada[d] del opresor,
a causa de la ardiente ira del SEÑOR.

---

a 12 Lit. caldeos. b 26 Sesac es un criptograma que alude a Babilonia. c 34 carneros escogidos (LXX); vasijas escogidas (TM). d 38 la espada (mss. hebreos, LXX y Targum; véanse también Jer 46:16 y 50:16); la ira (TM).

Jeremías bajo amenaza de muerte

26 Al comienzo del reinado de Joacim, hijo de Josías y rey de Judá, vino esta palabra del SEÑOR a Jeremías: ²«Así dice el SEÑOR: "Párate en el atrio del Templo del SEÑOR y di todas las palabras que yo te ordene a todos los habitantes de las ciudades de Judá que vienen a adorar en el Templo del SEÑOR. No omitas ni una sola palabra. ³Tal vez te hagan caso y se conviertan de su mal ˙camino. Si lo hacen, desistiré del mal que pensaba hacerles por causa de sus malas acciones. ⁴Tú les advertirás que así dice el SEÑOR: 'Si no me obedecen ni siguen la ˙Ley que yo he entregado ⁵y si no escuchan las palabras de mis siervos los profetas, a quienes una y otra vez he enviado y ustedes han desobedecido, ⁶entonces haré con esta casa lo mismo que hice con Siló: Haré de esta ciudad una maldición para todas las naciones de la tierra'"».

⁷Los sacerdotes, los profetas y todo el pueblo oyeron estas palabras que el profeta Jeremías pronunció en el Templo del SEÑOR. ⁸Pero en cuanto Jeremías terminó de decirle al pueblo todo lo que el SEÑOR había ordenado, los sacerdotes y los profetas y todo el pueblo lo apresaron y dijeron: «¡Vas a morir! ⁹¿Por qué has profetizado en el ˙nombre del SEÑOR que esta casa quedará como Siló y esta ciudad, desolada y deshabitada?». Y todo el pueblo que estaba en el Templo del SEÑOR se abalanzó sobre Jeremías.

¹⁰Cuando los oficiales de Judá escucharon estas cosas, fueron del palacio del rey al Templo del SEÑOR y se apostaron a la entrada de la Puerta Nueva del Templo. ¹¹Allí los sacerdotes y los profetas dijeron a los oficiales y a todo el pueblo: «Este hombre debe ser condenado a muerte, porque ha profetizado contra esta ciudad, tal como ustedes lo han escuchado con sus propios oídos».

¹²Pero Jeremías dijo a todos los oficiales y a todo el pueblo: «El SEÑOR me envió para profetizar contra esta casa y contra esta ciudad todas las cosas que ustedes han escuchado. ¹³Así que enmienden ya su conducta y sus acciones; obedezcan al SEÑOR su Dios y el SEÑOR cambiará de parecer del mal que ha anunciado. ¹⁴En cuanto a mí, estoy en manos de ustedes; hagan conmigo lo que mejor les parezca. ¹⁵Pero sepan que, si ustedes me matan, estarán derramando sangre inocente sobre ustedes mismos y sobre los habitantes de esta ciudad. Porque verdaderamente el SEÑOR me ha enviado a que les anuncie claramente todas estas cosas».

¹⁶Los oficiales y todo el pueblo dijeron a los sacerdotes y a los profetas: «Este hombre no debe ser condenado a muerte, porque nos ha hablado en el nombre del SEÑOR nuestro Dios».

¹⁷Entonces algunos de los jefes del país se levantaron y recordaron a toda la asamblea del pueblo ¹⁸que, en tiempos de Ezequías, rey de Judá, Miqueas de Moréset había profetizado a todo el pueblo de Judá: «Así dice el SEÑOR de los Ejércitos:

»"Sión será como un campo arado;
   Jerusalén quedará en ruinas
   y el monte del Templo se volverá un matorral".

¹⁹»¿Acaso Ezequías, rey de Judá, y todo su pueblo mataron a Miqueas? ¿No es verdad que Ezequías temió al SEÑOR y pidió su ayuda, y que el SEÑOR desistió del mal que les había anunciado? Sin embargo, nosotros estamos por provocar nuestro propio mal!».

²⁰Hubo también otro profeta, de nombre Urías, hijo de Semaías, de Quiriat Yearín, que profetizaba en el nombre del SEÑOR. Este profetizó contra la ciudad y contra el país, tal y como lo hizo Jeremías. ²¹Cuando el rey Joacim, sus soldados y todos los oficiales oyeron sus palabras, el rey intentó matarlo; pero al enterarse Urías, tuvo miedo y escapó a Egipto. ²²Después el rey Joacim envió a Egipto a Elnatán, hijo de Acbor, junto con otros hombres. ²³Ellos sacaron de Egipto a Urías y lo llevaron ante el rey Joacim, quien mandó que mataran a Urías a filo de espada y arrojaran su cadáver a la fosa común.

²⁴Sin embargo, Ajicán, hijo de Safán, protegió a Jeremías y no permitió que cayera en manos del pueblo ni que lo mataran.

Parábola del yugo

27 Al comienzo del reinado de Sedequías[a], rey de Judá e hijo de Josías, vino a Jeremías esta palabra del SEÑOR:

²Así me dijo el SEÑOR: «Hazte unas ataduras y un yugo y póntelos sobre el cuello. ³Luego, envía a los reyes de Edom, Moab, Amón, Tiro y Sidón un mensaje por medio de los mensajeros que vienen a Jerusalén para ver a Sedequías, rey de Judá. ⁴Entrégales este mensaje para sus señores: "Así dice el SEÑOR de los Ejércitos, el Dios de Israel: 'Digan a sus señores: ⁵Yo, con mi gran poder y mi brazo poderoso, hice la tierra, los seres humanos y los animales que están sobre ella; y puedo dárselos a quien me plazca. ⁶Ahora mismo entrego estos países en manos de mi siervo Nabucodonosor, rey de Babilonia, y hasta las bestias del campo he puesto bajo su poder. ⁷Todas las naciones le servirán a él, a su hijo y a su nieto, hasta que también a su país le llegue la hora y sea sometido por numerosas naciones y grandes reyes.

⁸»"'Y, si alguna nación o reino rehúsa servir a Nabucodonosor, rey de Babilonia, y no se somete al yugo del rey de Babilonia, yo castigaré a esa nación con espada, hambre y pestilencia, hasta que Nabucodonosor la destruya por completo', afirma el SEÑOR. ⁹'Por tanto, no hagan caso a sus profetas ni a sus adivinos, intérpretes de sueños, agoreros y hechiceros, que les dicen que no se sometan al rey de Babilonia. ¹⁰Las mentiras que ellos profetizan solo sirven para que ustedes se alejen de su propia tierra y para que yo los expulse y mueran. ¹¹En cambio, a la nación que incline su cuello bajo el yugo del rey de Babilonia y se someta a él —afirma el SEÑOR—, yo la dejaré en su propia tierra para que la trabaje y viva en ella'"».

¹²A Sedequías, rey de Judá, le dije lo mismo: «Inclinen el cuello bajo el yugo del rey de Babilonia; sométanse a él y a su pueblo y seguirán con vida. ¹³¿Para qué van a morir tú y tu pueblo por la espada, el hambre y la pestilencia, tal como lo ha prometido el SEÑOR a toda nación que no se someta al rey de Babilonia? ¹⁴No hagan caso a las palabras de los profetas que les dicen que no se sometan al rey de Babilonia, porque lo que profetizan son mentiras. ¹⁵¡Yo no los envié!", afirma el SEÑOR. "Ellos profetizan mentiras en mi ˙nombre, que solo servirán para que yo los expulse a ustedes y mueran tanto ustedes como sus profetas"».

¹⁶También comuniqué a los sacerdotes y a todo el pueblo que así dice el SEÑOR:

«No hagan caso a los profetas que aseguran que muy pronto les serán devueltos de Babilonia los utensilios del Templo del SEÑOR. ¡Tales profecías son puras mentiras! ¹⁷No les hagan caso. Sométanse al rey de Babilonia y seguirán con vida. ¿Por qué ha de convertirse en ruinas esta ciudad? ¹⁸Si de veras son profetas y tienen palabra del SEÑOR, que supliquen al SEÑOR de los Ejércitos que no sean llevados a Babilonia los utensilios que aún quedan en el

---

a 1 *Sedequías.* Conforme a algunos manuscritos hebreos y la Versión Siríaca. La gran mayoría de los manuscritos hebreos dicen *Joaquín.* Véanse 27:3-12 y 28:1.

Templo del SEÑOR, en el palacio del rey de Judá y en Jerusalén.

19»Esto dice el SEÑOR de los Ejércitos respecto a las columnas, la fuente de bronce, las bases y los demás utensilios que quedaron en esta ciudad, 20que no se los llevó Nabucodonosor, rey de Babilonia, cuando deportó de Jerusalén a Babilonia a Jeconías,ᵃ rey de Judá e hijo de Joacim, junto con todos los nobles de Judá y Jerusalén. 21Es decir, en cuanto a los utensilios que quedaron en el Templo del SEÑOR y en el palacio del rey de Judá y en Jerusalén, así dice el SEÑOR de los Ejércitos, el Dios de Israel: 22"Todo esto será llevado a Babilonia —afirma el SEÑOR—, y allí permanecerá hasta el día en que yo lo vaya a buscar y lo devuelva a este lugar"».

Jananías, el falso profeta

28 En el quinto mes de ese mismo año cuarto, es decir, al comienzo del reinado de Sedequías, rey de Judá, el profeta Jananías, hijo de Azur, que era de Gabaón, me dijo en el Templo del SEÑOR, en presencia de los sacerdotes y de todo el pueblo:

2—Así dice el SEÑOR de los Ejércitos, el Dios de Israel: "Voy a quebrar el yugo del rey de Babilonia. 3Dentro de dos años haré volver a este lugar todos los utensilios del Templo del SEÑOR que Nabucodonosor, rey de Babilonia, se llevó de este lugar a Babilonia. 4También haré que vuelvan a este lugar Jeconías, hijo de Joacim y rey de Judá, y todos los que fueron deportados de Judá a Babilonia. ¡Voy a quebrar el yugo del rey de Babilonia! Yo, el SEÑOR, lo afirmo".

5En presencia de los sacerdotes y de todo el pueblo que estaba en el Templo del SEÑOR, el profeta Jeremías respondió al profeta Jananías:

6—¡Amén! Que así lo haga el SEÑOR. Que cumpla el SEÑOR las palabras que has profetizado. Que devuelva a este lugar los utensilios del Templo del SEÑOR y a todos los exiliados a Babilonia. 7Pero presta atención a lo que voy a decirles a ti y a todo el pueblo: 8Los profetas que nos han precedido profetizaron guerra, hambre y pestilencia contra numerosas naciones y grandes reinos. 9Pero a un profeta que anuncia ˙paz se le reconoce como profeta verdaderamente enviado por el SEÑOR solo si se cumplen sus palabras.

10Entonces el profeta Jananías tomó el yugo que estaba sobre el cuello del profeta Jeremías y lo quebró. 11Y dijo en presencia de todo el pueblo:

—Así dice el SEÑOR: "De esta manera voy a quebrar, dentro de dos años, el yugo de Nabucodonosor, rey de Babilonia, que pesa sobre el cuello de todas las naciones".

El profeta Jeremías, por su parte, optó por seguir su camino.

12Algún tiempo después de que el profeta Jananías quebrara el yugo que pesaba sobre el cuello de Jeremías, la palabra del SEÑOR vino a este profeta: 13«Ve y adviértele a Jananías que así dice el SEÑOR: "Tú has quebrado un yugo de madera, pero yo haréᵇ en su lugar un yugo de hierro. 14Porque así dice el SEÑOR de los Ejércitos, el Dios de Israel: 'Voy a poner un yugo de hierro sobre el cuello de todas estas naciones para someterlas a Nabucodonosor, rey de Babilonia, y ellas se sujetarán a él. También a las bestias del campo las someteré a su poder'"».

15Entonces el profeta Jeremías dijo al profeta Jananías:

—Presta mucha atención. A pesar de que el SEÑOR no te ha enviado, tú has hecho que este pueblo confíe en una mentira. 16Por eso, así dice el SEÑOR: "Voy a hacer que desaparezcas de la faz de la tierra. Puesto que has incitado a la rebelión contra el SEÑOR, este mismo año morirás".

17En efecto, el profeta Jananías murió en el mes séptimo de ese mismo año.

Carta a los exiliados

29 Esta es la carta que el profeta Jeremías envió desde Jerusalén al resto de los jefes que estaban en el exilio, a los sacerdotes y los profetas y a todo el pueblo que Nabucodonosor había desterrado de Jerusalén a Babilonia. 2Esto sucedió después de que el rey Jeconías había salido de Jerusalén, junto con la reina madre, los oficiales de la corte, los líderes de Judá y de Jerusalén, los artesanos y los herreros. 3La carta fue enviada por medio de Elasá, hijo de Safán, y de Guemarías, hijo de Jilquías, a quienes Sedequías, rey de Judá, había enviado al rey Nabucodonosor, rey de Babilonia. Esta decía:

4Así dice el SEÑOR de los Ejércitos, el Dios de Israel, a todos los que envié al exilio de Jerusalén a Babilonia: 5«Construyan casas y habítenlas; planten huertos y coman de su fruto. 6Cásense y tengan hijos e hijas. También casen a sus hijos e hijas para que a su vez ellos les den nietos. Multiplíquense allá y no disminuyan. 7Además, busquen el ˙bienestar de la ciudad adonde los he deportado y pidan al SEÑOR por ella, porque el bienestar de ustedes depende del bienestar de la ciudad». 8Así dice el SEÑOR de los Ejércitos, el Dios de Israel: «No se dejen engañar por los profetas ni por los adivinos que están entre ustedes. No hagan caso de los sueños que ellos tienen.ᶜ 9Lo que ellos profetizan en mi ˙nombre es una mentira. Yo no los he enviado», afirma el SEÑOR.

10Así dice el SEÑOR: «Cuando a Babilonia se le hayan cumplido los setenta años, yo los visitaré y haré honor a mi promesa en favor de ustedes; los haré volver a este lugar. 11Porque yo conozco los planes que tengo para ustedes —afirma el SEÑOR—, planes de bienestar y no de calamidad, a fin de darles un futuro y una esperanza. 12Entonces ustedes me invocarán, vendrán a suplicarme y yo los escucharé. 13Me buscarán y me encontrarán cuando me busquen de todo ˙corazón. 14Me dejaré encontrar —afirma el SEÑOR—, y los haré volver del cautiverio.ᵈ Yo los reuniré de todas las naciones y de todos los lugares adonde los haya dispersado y los haré volver al lugar del cual los deporté», afirma el SEÑOR.

15Ustedes podrán decir: «El SEÑOR nos ha dado profetas en Babilonia», 16pero esto es lo que dice el SEÑOR acerca del rey que ocupa el trono de David y acerca de todo el pueblo que aún queda en esta ciudad, es decir, de sus hermanos que no fueron con ustedes al exilio. 17Así dice el SEÑOR de los Ejércitos: «Voy a mandar contra ellos la espada, el hambre y la pestilencia. Haré que sean como higos podridos, que de tan malos no se pueden comer. 18Los perseguiré con espada, hambre y pestilencia, y haré que sean motivo de espanto para todos los reinos de la tierra, y que sean maldición y objeto de horror, de burla y de escarnio en todas las naciones por donde yo los disperse. 19Porque ustedes no han escuchado ni han hecho caso de las palabras que, una y otra vez, envié por medio de mis siervos los profetas», afirma el SEÑOR.

ᵃ **20** *Jeconías*. Es decir, Joaquín; también en 28:4. ᵇ **13** *yo haré* (LXX); *tú harás* (TM). ᶜ **8** *que ellos tienen*. Lit. *que ustedes hacen soñar*. ᵈ **14** *los haré volver del cautiverio*. Alt. *restauraré la fortuna de ustedes*.

²⁰Pero ahora todos ustedes los exiliados que fueron deportados de Jerusalén a Babilonia, escuchen lo que dice el SEÑOR. ²¹Así dice el SEÑOR de los Ejércitos, el Dios de Israel, acerca de Acab, hijo de Colaías, y de Sedequías, hijo de Maseías, que les profetizan una mentira en mi nombre: «Voy a entregarlos en manos de Nabucodonosor, rey de Babilonia, y él los matará ante sus propios ojos. ²²Por culpa de ellos, todos los deportados de Judá que están en Babilonia pronunciarán esta maldición: "Que haga el SEÑOR contigo lo mismo que hizo con Sedequías y Acab, a quienes el rey de Babilonia asó en el fuego". ²³Porque cometieron una infamia en Israel: adulteraron con la mujer de su prójimo y dijeron mentiras en mi nombre, cosas que jamás ordené. Yo lo sé y de eso soy testigo», afirma el SEÑOR.

Mensaje de Semaías

²⁴«También a Semaías, hijo de Nejelán, le comunicarás ²⁵que así dice el SEÑOR de los Ejércitos, el Dios de Israel: "Tú, en tu propio nombre, enviaste cartas a todo el pueblo que está en Jerusalén, al sacerdote Sofonías, hijo de Maseías, y a todos los sacerdotes. En esas cartas decías: ²⁶'El SEÑOR te ha puesto como sacerdote en lugar del sacerdote Joyadá, para que vigiles en el Templo del SEÑOR. A todo loco que se haga pasar por profeta, lo pondrás en el cepo y en el calabozo. ²⁷¿Por qué, pues, no has reprendido a Jeremías de Anatot, que entre ustedes se hace pasar por profeta? ²⁸Resulta que él nos envió un mensaje a Babilonia, el cual decía: La deportación va a durar mucho tiempo; así que construyan casas y habítenlas; planten huertos y coman de su fruto' "».

²⁹El sacerdote Sofonías leyó esta carta al profeta Jeremías. ³⁰Entonces vino a Jeremías la palabra del SEÑOR:

³¹«Comunícales a todos los deportados que así dice el SEÑOR acerca de Semaías de Nejelán: "Puesto que Semaías ha profetizado sin que yo lo haya enviado y les ha hecho confiar en una mentira, ³²yo, el SEÑOR, castigaré a Semaías de Nejelán y a su descendencia porque ha incitado al pueblo a rebelarse contra mí. Ninguno de su familia vivirá para contar el bien que haré a mi pueblo"», afirma el SEÑOR.

Restauración de Israel

30 Esta es la palabra que vino a Jeremías de parte del SEÑOR: ²«Así dice el SEÑOR, el Dios de Israel: "Escribe en un libro todas las palabras que te he dicho. ³Porque vienen días —afirma el SEÑOR—, cuando yo haré volver del cautiverio aᵃ mi pueblo Israel y Judá; los traeré a la tierra que di a sus antepasados y la poseerán"», afirma el SEÑOR.

⁴Esto fue lo que el SEÑOR dijo a Jeremías acerca de Israel y Judá: ⁵«Así dice el SEÑOR:

»"Hemos escuchado un grito de espanto;
    no hay ˙paz, sino terror.
⁶ Pregunten y vean
    si acaso los varones dan a luz.
¿Por qué, pues, veo a todos los ˙hombres
    con las manos sobre el vientre,
    como mujeres con dolores de parto?
¿Por qué han palidecido
    todos los rostros?
⁷ ¡Ay! Será un día terrible,
    un día sin comparación.
Será un tiempo de angustia para Jacob,
    pero será librado de ella.

⁸ »"En aquel día", afirma el SEÑOR de los Ejércitos,
    "quebraré el yugo que mi pueblo lleva sobre el cuello,
romperé sus ataduras,
    y ya no serán esclavos de extranjeros.
⁹ Servirán al SEÑOR su Dios,
    y a David, a quien pondré como su rey.

¹⁰»"No temas, Jacob, siervo mío;
    no te asustes, Israel",
    afirma el SEÑOR.
"A ti, Jacob, te libraré de ese país lejano;
    a tus descendientes los libraré del exilio.
Volverás a vivir en paz y seguridad
    y ya nadie te infundirá temor.
¹¹ Porque yo estoy contigo para salvarte",
    afirma el SEÑOR.
"Destruiré por completo a todas las naciones
    entre las que te había dispersado.
Pero a ti no te destruiré del todo,
    sino que te disciplinaré con ˙justicia;
    de ninguna manera quedarás impune".

¹²»Así dice el SEÑOR:

»"Tu herida es incurable,
    tu llaga no tiene remedio.
¹³ No hay quien defienda tu causa;
    no hay remedio para tu mal
    ni sanidad para tu enfermedad.
¹⁴ Todos tus amantes te han olvidado;
    ya no se ocupan de ti.
Por causa de tu enorme iniquidad,
    y por tus muchos pecados,
te he golpeado como a un enemigo,
    te di un castigo cruel.
¹⁵ ¿Por qué te quejas de tus heridas
    si tu dolor es incurable?
Por causa de tu enorme iniquidad
    y por tus muchos pecados,
    yo te he tratado así.

¹⁶»"Pero, todos los que te devoren serán devorados;
    todos tus enemigos serán deportados.
Todos los que te saqueen serán saqueados;
    todos los que te despojen serán despojados.
¹⁷ Porque yo restauraré tu salud
    y sanaré tus heridas",
    afirma el SEÑOR,
"porque te han llamado la desechada,
    la pobre ˙Sión, la que a nadie le importa".

¹⁸»Así dice el SEÑOR:

»"Restauraré la fortuna de las tiendas de
        campaña de Jacob
    y tendré compasión de sus moradas.
La ciudad resurgirá sobre sus ruinas
    y el palacio se asentará en el lugar debido.
¹⁹ Surgirán de ellos cánticos de gratitud
    y gritos de alegría.
Multiplicaré su descendencia
    y no disminuirá;
los honraré y no serán menospreciados.
²⁰ Sus hijos volverán a ser como antes;
    ante mí será restablecida su comunidad,
    pero castigaré a todos sus opresores.
²¹ De entre ellos surgirá su líder;
    uno de ellos será su gobernante.
Lo acercaré hacia mí y él estará a mi lado,
    pues ¿quién arriesgaría su vida por acercarse a mí?",
    afirma el SEÑOR.

ᵃ 3 haré volver del cautiverio a. Alt. restauraré la fortuna de.

22 "Ustedes serán mi pueblo
   y yo seré su Dios"».

23 La tempestad del SEÑOR
    ha estallado con furor;
   una tempestad huracanada
    se ha desatado sobre los malvados.
24 La ardiente ira del SEÑOR no pasará
    hasta que haya realizado del todo
    los propósitos de su ˚corazón.
   Todo esto lo comprenderán ustedes
    al final de los tiempos.

31 «En aquel tiempo —afirma el SEÑOR—, seré el Dios de todas las familias de Israel, y ellas serán mi pueblo».
2 Así dice el SEÑOR:

«El pueblo que escapó de la espada
 ha hallado gracia en el desierto;
 Israel va en busca de su reposo».

3 Hace mucho tiempo*ª* se me apareció el SEÑOR y me dijo:

«Con amor eterno te he amado;
 por eso te he prolongado mi fidelidad,
4 oh virginal Israel.
Te edificaré de nuevo;
 ¡sí, serás reedificada!
De nuevo tomarás panderos
 y saldrás a bailar con alegría.
5 Volverás a plantar viñedos
 en las colinas de Samaria
y, quienes los planten,
 gozarán de sus frutos.
6 Vendrá un día en que los centinelas
 gritarán por las colinas de Efraín:
"¡Vengan, subamos a ˚Sión,
 al SEÑOR nuestro Dios!"».

7 Así dice el SEÑOR:

«Canten jubilosos en honor de Jacob;
 griten de alegría por la mejor de las naciones.
Hagan oír sus alabanzas y clamen:
 "¡Salva, SEÑOR, a tu pueblo!
 ¡Salva al remanente de Israel!".
8 Yo los traeré del país del norte;
 los reuniré de los confines de la tierra.
 ¡Volverá una gran multitud!
Entre ellos vendrán ciegos y cojos,
 embarazadas y parturientas.
9 Entre llantos vendrán
 y entre consuelos los conduciré.
Los guiaré a corrientes de agua
 por un camino llano en el que no tropezarán.
Yo soy el padre de Israel;
 mi primogénito es Efraín.

10 »Naciones, escuchen la palabra del SEÑOR,
 y anuncien en las costas más lejanas:
"El que dispersó a Israel, lo reunirá;
 lo cuidará como un ˚pastor a su rebaño".
11 Porque el SEÑOR rescató a Jacob;
 lo redimió de una mano más poderosa que él.
12 Vendrán y cantarán jubilosos en las alturas de Sión;
 disfrutarán de las bondades del SEÑOR:
el trigo, el vino nuevo y el aceite,
 las crías de las ovejas y las vacas.
Serán como un jardín bien regado,
 y no volverán a desfallecer.

13 Entonces las jóvenes danzarán con alegría
 y los jóvenes junto con los ancianos.
Convertiré su duelo en gozo y los consolaré;
 transformaré su dolor en alegría.
14 Colmaré de abundancia a los sacerdotes,
 y saciaré con mis bienes a mi pueblo»,
 afirma el SEÑOR.

15 Así dice el SEÑOR:

«Se oye un grito en Ramá,
 lamentos y amargo llanto.
Es Raquel que llora por sus hijos
 y no quiere ser consolada.
 ¡Sus hijos ya no existen!».

16 Así dice el SEÑOR:

«Reprime tu llanto,
 las lágrimas de tus ojos,
pues tus obras tendrán su recompensa:
 tus hijos volverán del país enemigo»,
 afirma el SEÑOR.
17 «Se vislumbra esperanza en tu futuro:
 tus hijos volverán a su patria»,
 afirma el SEÑOR.

18 «Por cierto, he escuchado el lamento de Efraín:
 "Me has azotado como a un ternero sin domar
 y he aceptado tu ˚corrección.
Hazme volver, y seré restaurado;
 porque tú, SEÑOR, eres mi Dios.
19 Yo me aparté,
 pero me ˚arrepentí;
al comprenderlo
 me di golpes de pecho.*ᵇ*
Me siento avergonzado y humillado
 porque cargo con la deshonra de mi juventud".
20 ¿Acaso no es Efraín mi hijo amado?
 ¿Acaso no es el niño en quien me deleito?
Cada vez que lo reprendo,
 vuelvo a acordarme de él.
Por él mi corazón se conmueve;
 por él siento mucha compasión»,
 afirma el SEÑOR.

21 «Ponte señales en el camino,
 coloca marcas por donde pasaste,
 fíjate bien en el sendero.
¡Vuelve, virginal Israel;
 vuelve a tus ciudades!
22 ¿Hasta cuándo andarás errante,
 hija infiel?
El SEÑOR creará algo nuevo en la tierra,
 la mujer regresará a su esposo».*ᶜ*

23 Así dice el SEÑOR de los Ejércitos, el Dios de Israel: «Cuando yo los haga volver del cautiverio,*ᵈ* en la tierra de Judá y en sus ciudades volverá a decirse: "Que el SEÑOR te bendiga, morada de justicia, monte ˚santo". 24 Allí habitarán juntos Judá y todas sus ciudades, los agricultores y los pastores de rebaños. 25 Daré de beber a los sedientos y saciaré a los que estén agotados».
26 En ese momento me desperté y abrí los ojos. Había tenido un sueño agradable.
27 «Vienen días —afirma el SEÑOR—, en que sembraré en Israel y en Judá la simiente de ˚hombres y

---

a 3 Hace mucho tiempo. Alt. Desde lejos.   b 19 de pecho. Lit. en el muslo.   c 22 regresará a su esposo. Frase de difícil traducción.   d 23 los haga volver del cautiverio. Alt. les restaure su fortuna.

de animales. ²⁸Y así como he estado vigilándolos para arrancar y derribar, para destruir y demoler, y para traer calamidad, así también habré de vigilarlos para construir y plantar», afirma el SEÑOR. ²⁹«En aquellos días no volverá a decirse:

»"Los padres comieron uvas agrias
y a los hijos les duelen los dientes".

³⁰Al contrario, al que coma las uvas agrias le dolerán los dientes; es decir, que cada uno morirá por su propia iniquidad.

³¹»Vienen días»,
afirma el SEÑOR,
«en que haré un nuevo ˚pacto
con Israel y con Judá.
³² No será un pacto
como el que hice con sus antepasados
el día en que los tomé de la mano
y los saqué de Egipto,
ya que ellos lo quebrantaron
a pesar de que yo era su esposo»,
afirma el SEÑOR.
³³«Este es el pacto que después de aquel tiempo
haré con el pueblo de Israel», afirma
el SEÑOR.
«Pondré mi ˚Ley en su mente
y la escribiré en su ˚corazón.
Yo seré su Dios
y ellos serán mi pueblo.
³⁴Ya nadie tendrá que enseñar a su prójimo;
tampoco dirá nadie a su hermano: "¡Conoce al
SEÑOR!",
porque todos, desde el más pequeño hasta el más
grande,
me conocerán»,
afirma el SEÑOR.
«Porque yo perdonaré su iniquidad
y nunca más me acordaré de sus pecados».

³⁵Así dice el SEÑOR,

cuyo ˚nombre es el SEÑOR de los Ejércitos,
quien estableció el sol
para alumbrar el día,
la luna y las estrellas
para alumbrar la noche
y agita el mar
para que rujan sus olas:
³⁶«Si alguna vez fallaran estos estatutos»,
afirma el SEÑOR,
«entonces la descendencia de Israel
ya nunca más sería mi nación especial».

³⁷Así dice el SEÑOR:

«Si se pudieran medir los cielos en lo alto,
y en lo bajo explorar los cimientos de la tierra,
entonces yo rechazaría a la descendencia de Israel
por todo lo que ha hecho»,
afirma el SEÑOR.

³⁸«Vienen días —afirma el SEÑOR—, en que la ciudad del SEÑOR será reconstruida, desde la torre de Jananel hasta la puerta de la Esquina. ³⁹El cordel para medir se extenderá en línea recta, desde allí hasta la colina de Gareb, y luego girará hacia Goa. ⁴⁰Todo el valle donde se arrojan los cadáveres y las cenizas, y

todos los campos, hasta el arroyo de Cedrón y hasta la puerta de los Caballos, en la esquina oriental, estarán consagrados al SEÑOR. ¡Nunca más la ciudad será arrancada ni derribada!».

Parábola del terreno

32 Esta es la palabra del SEÑOR, que vino a Jeremías en el año décimo del reinado de Sedequías en Judá, es decir, en el año dieciocho de Nabucodonosor. ²En aquel tiempo el ejército del rey de Babilonia mantuvo sitiada a Jerusalén y el profeta Jeremías estuvo preso en el patio de la guardia del palacio real.

³Sedequías, el rey de Judá, lo tenía preso y le reprochaba: «¿Por qué andas profetizando: "Así dice el SEÑOR"? Andas proclamando que el SEÑOR dice: "Voy a entregar esta ciudad en manos del rey de Babilonia. Él la capturará ⁴y Sedequías, rey de Judá, no escapará de la mano de los babilonios,ᵃ sino que será entregado en manos del rey de Babilonia y hablará con él cara a cara y lo verá con sus ojos. ⁵El SEÑOR afirma que Sedequías será llevado a Babilonia; allí se quedará hasta que yo vuelva a ocuparme de él. Si ustedes combaten contra los babilonios, no vencerán"».

⁶Jeremías respondió: «La palabra del SEÑOR vino a mí ⁷y me dijo: "Janamel, hijo de tu tío Salún, vendrá a pedirte que le compres el campo que está en Anatot, pues tienes el derecho y la responsabilidad de rescatarlo por ser el pariente más cercano".ᵇ

⁸»En efecto, conforme a la palabra del SEÑOR, mi primo Janamel vino a verme en el patio de la guardia y me dijo: "Compra ahora mi campo que está en Anatot, en el territorio de Benjamín, ya que tú tienes el derecho y la responsabilidad de rescatarlo por ser el pariente más cercano".

»Entonces comprendí que esto era palabra del SEÑOR, ⁹y compré a mi primo Janamel el campo de Anatot; pesé y pagué diecisiete siclosᶜ de plata. ¹⁰Reuní a los testigos, firmé la escritura, la sellé y pesé la plata en la balanza. ¹¹Luego tomé la copia sellada y la copia abierta de la escritura con las condiciones de compra ¹²y se las entregué a Baruc, hijo de Nerías y nieto de Maseías, en presencia de mi primo Janamel, de los testigos que habían firmado la escritura y de todos los judíos que estaban sentados en el patio de la guardia.

¹³»Con ellos como testigos, ordené a Baruc: ¹⁴"Así dice el SEÑOR de los Ejércitos, el Dios de Israel: 'Toma la copia sellada y la copia abierta de esta escritura y guárdalas en una vasija de barro para que se conserven mucho tiempo'. ¹⁵Porque así dice el SEÑOR de los Ejércitos, el Dios de Israel: 'De nuevo volverán a comprarse casas, campos y viñedos en esta tierra'".

¹⁶»Después de entregarle la escritura a Baruc, hijo de Nerías, oré al SEÑOR:

¹⁷»¡Ah, mi SEÑOR y Dios! Tú, con tu gran fuerza y tu brazo poderoso, has hecho los cielos y la tierra. Para ti no hay nada imposible. ¹⁸Muestras tu gran amor a multitud de generaciones, pero también castigas la maldad de los padres en sus descendientes. ¡Oh Dios, grande y fuerte; tu ˚nombre es el SEÑOR de los Ejércitos! ¹⁹Tus proyectos son grandiosos y magníficas tus obras. Tus ojos observan todo lo que hace la ˚humanidad para dar a cada uno lo que merece, según su conducta y los frutos de sus acciones. ²⁰Tú hiciste señales milagrosas y prodigios en la tierra de Egipto y hasta el día de hoy los sigues haciendo, tanto en Israel como en todo el mundo; así te has conquistado la fama que hoy tienes. ²¹Tú sacaste de Egipto a tu pueblo con gran despliegue de poder, señales milagrosas, prodigios y

---

ᵃ 4 Lit. caldeos.   ᵇ 7 el derecho … más cercano. Lit. el derecho de rescate para comprarlo; también en v. 8 (véase Lv 25:25-28).   ᶜ 9 Es decir, aprox. 196 g.

gran terror. 22Diste a Israel esta tierra, donde abundan la leche y la miel, tal como se lo habías jurado a sus antepasados. 23Pero, cuando entraron y tomaron posesión de ella no te obedecieron ni acataron tu *Ley; tampoco hicieron lo que habías ordenado. Por eso les enviaste toda esta desgracia.

24»Ahora las rampas de ataque han llegado hasta la ciudad para conquistarla. A causa de la espada, el hambre y la pestilencia, la ciudad caerá en manos de los babilonios que la atacan. Todo lo que habías anunciado se está cumpliendo; tú mismo lo estás viendo. 25Mi SEÑOR y Dios, a pesar de que la ciudad caerá en manos de los babilonios, tú me has dicho: "Cómprate el campo al contado en presencia de testigos"».

26Entonces vino la palabra del SEÑOR a Jeremías: 27«Yo soy el SEÑOR, Dios de toda la humanidad. ¿Hay algo imposible para mí? 28Por eso, así dice el SEÑOR: Voy a entregar esta ciudad en manos de los babilonios y de Nabucodonosor, su rey, y él la tomará. 29Los babilonios que ataquen esta ciudad entrarán en ella y le prenderán fuego, así como a las casas en cuyas azoteas se quemaba incienso a *Baal y donde para provocar mi ira se derramaban ofrendas líquidas a otros dioses.

30»Porque desde su juventud el pueblo de Israel y el de Judá solamente han hecho lo malo ante mí. El pueblo de Israel no ha dejado de provocar mi ira con la obra de sus manos, afirma el SEÑOR. 31Desde el día en que construyeron esta ciudad hasta hoy, ella ha sido para mí motivo de ira y de furor. Por eso la quitaré de mi presencia, 32por todo el mal que han cometido los pueblos de Israel y de Judá: ellos, sus reyes, sus oficiales, sus sacerdotes y sus profetas, todos los habitantes de Judá y de Jerusalén. 33Ellos no me miraron de frente, sino que me dieron la espalda. Y aunque una y otra vez les enseñaba, no escuchaban ni aceptaban *corrección. 34Colocaban sus ídolos abominables en la casa que lleva mi Nombre y así la profanaban. 35También construían altares a Baal en el valle de Ben Hinón para sacrificar a sus hijos e hijas a Moloc, cosa detestable que yo no había ordenado y que ni siquiera se me había ocurrido. De este modo hacían pecar a Judá.

36»Por tanto, así dice el SEÑOR, Dios de Israel, acerca de esta ciudad que, según ustedes, caerá en manos del rey de Babilonia por la espada, el hambre y la pestilencia: 37Voy a reunirlos de todos los países adonde en mi ira, furor y terrible enojo los dispersé, y los haré volver a este lugar para que vivan seguros. 38Ellos serán mi pueblo y yo seré su Dios. 39Yo les daré un solo corazón y un solo camino, a fin de que siempre me teman, para su propio bien y el de sus hijos. 40Haré con ellos un *pacto eterno: nunca dejaré de estar con ellos para mostrarles mi favor; pondré mi temor en sus corazones, así no se apartarán de mí. 41Me regocijaré en favorecerlos y con todo mi corazón y con toda mi *alma los plantaré firmemente en esta tierra.

42»Así dice el SEÑOR: Tal como traje esta gran calamidad sobre este pueblo, yo mismo voy a traer sobre ellos todo el bien que he prometido. 43Se comprarán campos en esta tierra, de la cual ustedes dicen: "Es una tierra desolada, sin gente ni animales, porque fue entregada en manos de los babilonios". 44En la tierra de Benjamín y en los alrededores de Jerusalén, en las ciudades de Judá, de la región montañosa, de la llanura y del Néguev, se comprarán campos por dinero, se firmarán escrituras y se sellarán ante testigos —afirma el SEÑOR—, porque yo los haré volver del cautiverio».

Promesas de restauración

33 La palabra del SEÑOR vino a Jeremías por segunda vez, cuando este aún se hallaba preso en el patio de la guardia: 2«Así dice aquel cuyo *nombre es el SEÑOR, el que hizo la tierra, la formó y la estableció con firmeza: 3"Clama a mí y te responderé; te daré a conocer cosas grandes e inaccesibles que tú no sabes". 4Porque así dice el SEÑOR, Dios de Israel, acerca de las casas de esta ciudad y de los palacios de los reyes de Judá, que han sido derribados para levantar defensas contra las rampas de asalto y la espada: 5"Los babilonios[a] vienen para atacar la ciudad y llenarla de cadáveres. En mi ira y furor he ocultado mi rostro de esta ciudad; la heriré de muerte a causa de todas sus maldades.

6»"Sin embargo, les daré salud y los curaré; los sanaré y haré que disfruten de abundante *paz y seguridad. 7Haré que vuelvan del cautiverio a Judá e Israel y los reconstruiré como al principio. 8Los *purificaré de todas las iniquidades que cometieron contra mí; les perdonaré todos los pecados con que se rebelaron contra mí. 9Jerusalén será para mí motivo de gozo, alabanza y gloria a la vista de todas las naciones de la tierra. Se enterarán de todo el bien que yo le hago; también temerán y temblarán por todo el bienestar y toda la paz que yo ofrezco".

10Así dice el SEÑOR: "Ustedes dicen que este lugar está en ruinas, sin gente ni animales. Sin embargo, en las ciudades de Judá y en las calles de Jerusalén, que están desoladas y sin gente ni animales, se oirá de nuevo 11el grito de gozo y alegría, el canto del novio y de la novia, también la voz de los que traen al Templo del SEÑOR ofrendas de acción de gracias y cantan:

»"Den gracias al SEÑOR de los Ejércitos,
porque el SEÑOR es bueno,
porque su gran amor perdura para siempre".

Haré que vuelvan del cautiverio de este país —afirma el SEÑOR—, y volverán a ser como al principio".

12Así dice el SEÑOR de los Ejércitos: "En este lugar que está en ruinas, sin gente ni animales, y en todas sus ciudades, de nuevo habrá pastos en donde los *pastores harán descansar a sus rebaños. 13En las ciudades de la región montañosa, de la llanura y del Néguev, en el territorio de Benjamín, en los alrededores de Jerusalén y en las ciudades de Judá, las ovejas volverán a ser contadas por los pastores", dice el SEÑOR.

14»Llegarán días —afirma el SEÑOR—, en que cumpliré la promesa de bendición que hice a Israel y a Judá.

15»En aquellos días y en aquel tiempo,
haré que brote de David un Renuevo justo;
él practicará la justicia y el derecho en el país.
16 En aquellos días Judá será salvo
y Jerusalén morará segura.
Y será llamada así:
'El SEÑOR es nuestra *justicia'».

17Porque así dice el SEÑOR: «Nunca faltará a David un descendiente que ocupe el trono del pueblo de Israel. 18Tampoco a los sacerdotes levitas les faltará un descendiente que en mi presencia ofrezca *holocausto, queme ofrendas de grano y presente sacrificios todos los días».

19La palabra del SEÑOR vino a Jeremías: 20«Así dice el SEÑOR: "Si ustedes pudieran romper mi *pacto con el día y mi pacto con la noche, de modo que el día y la noche no llegaran a su debido tiempo, 21también

---

a 5 Lit. caldeos.

podrían romper mi pacto con mi siervo David, que no tendría un sucesor que ocupara su trono, y con los sacerdotes levitas, que son mis ministros. ²²Yo multiplicaré la descendencia de mi siervo David y la de los levitas, mis ministros, como las incontables estrellas del cielo y los granos de arena del mar"».

²³La palabra del SEÑOR vino a Jeremías: ²⁴«¿No te has dado cuenta de que esta gente afirma que yo, el SEÑOR, he rechazado a los dos reinos que había escogido? Con esto desprecian a mi pueblo y ya no lo consideran una nación. ²⁵Así dice el SEÑOR: "Si yo no hubiera establecido mi pacto con el día ni con la noche, ni hubiera fijado las leyes que rigen el cielo y la tierra, ²⁶entonces habría rechazado a los descendientes de Jacob y de mi siervo David; no habría escogido a uno de su linaje para gobernar sobre la descendencia de Abraham, Isaac y Jacob. ¡Pero yo haré volver a sus cautivos y les tendré compasión!"».

Advertencia al rey Sedequías

34 La palabra del SEÑOR vino a Jeremías cuando Nabucodonosor, rey de Babilonia, estaba atacando a Jerusalén y sus ciudades vecinas con todo su ejército y con todos los reinos y pueblos de la tierra regidos por él. ²«Así dice el SEÑOR, el Dios de Israel: "Ve y adviértele a Sedequías, rey de Judá, que así dice el SEÑOR: 'Voy a entregar esta ciudad en manos del rey de Babilonia, quien la incendiará. ³Y tú no escaparás de su poder, porque ciertamente serás capturado y entregado en sus manos. Tus ojos verán los ojos del rey de Babilonia; él te hablará cara a cara y serás llevado a su tierra.'

⁴»"No obstante, Sedequías, rey de Judá, escucha la promesa del SEÑOR para ti. Así dice el SEÑOR: 'Tú no morirás a filo de espada, ⁵sino en *paz. Yo te prometo que, así como los reyes de antaño que te precedieron quemaron especias por tus antepasados, así también lo harán en tu funeral, lamentándose por ti y clamando: ¡Ay, señor!' "», afirma el SEÑOR.

⁶El profeta Jeremías dijo todo esto a Sedequías, rey de Judá, en Jerusalén. ⁷Mientras tanto, el ejército del rey de Babilonia estaba combatiendo contra Jerusalén y contra las ciudades de Judá que aún quedaban: Laquis y Azeca. Porque solo quedaban esas ciudades de las fortificadas en Judá.

Liberación para los esclavos

⁸La palabra del SEÑOR vino a Jeremías después de que el rey Sedequías hizo un pacto con todo el pueblo de Jerusalén para dejar libres a los esclavos. ⁹El acuerdo estipulaba que cada israelita debía dejar libre a sus esclavas y esclavos hebreos y que nadie debía esclavizar a un compatriota judío. ¹⁰Todo el pueblo y los oficiales que habían hecho el acuerdo liberaron a sus esclavos, de manera que nadie quedaba obligado a servirlos. ¹¹Pero después cambiaron de idea y volvieron a someter a esclavitud a los que habían liberado.

¹²Una vez más la palabra del SEÑOR vino a Jeremías: ¹³«Así dice el SEÑOR, el Dios de Israel: "Yo hice un *pacto con sus antepasados cuando los saqué de Egipto, lugar de esclavitud. Ordené ¹⁴que cada siete años liberaran a todo esclavo hebreo que se hubiera vendido a sí mismo a ellos. Después de haber servido como esclavo durante seis años, debía ser liberado. Pero sus antepasados no me obedecieron ni me hicieron caso. ¹⁵Ustedes, en cambio, al proclamar la libertad de su prójimo, se habían convertido y habían hecho lo que yo apruebo. Además, se habían comprometido con un pacto en mi presencia, en la casa que

lleva mi Nombre. ¹⁶Pero ahora se han vuelto atrás y han profanado mi nombre. Cada uno ha obligado a sus esclavas y esclavos que había liberado a someterse de nuevo a la esclavitud"».

¹⁷Por tanto, así dice el SEÑOR: «No me han obedecido, pues no han dejado en libertad a sus hermanos. Por eso, yo proclamo contra ustedes una liberación», afirma el SEÑOR. «Dejaré en libertad a la guerra, la pestilencia y el hambre. De esa manera, lo que les pase a ustedes servirá de escarmiento a todos los reinos de la tierra. ¹⁸Puesto que han violado mi pacto y no han cumplido las estipulaciones del pacto que acordaron en mi presencia, los trataré como al becerro que cortaron en dos y entre cuyos pedazos pasaron para sellar el pacto.*ᵇ* ¹⁹A los líderes de Judá y de Jerusalén, a los oficiales de la corte, a los sacerdotes y a todos los que pasaron entre los pedazos del becerro, ²⁰los entregaré en manos de sus enemigos que atentan contra su vida. Sus cadáveres servirán de alimento a las aves de rapiña y a las fieras del campo.

²¹»A Sedequías, rey de Judá, y a sus oficiales, los entregaré en manos de sus enemigos que atentan contra sus vidas, es decir, en poder del ejército del rey de Babilonia, el cual se ha retirado por el momento. ²²Voy a dar una orden —afirma el SEÑOR—, y los haré volver a esta ciudad. La atacarán y, luego de tomarla, la incendiarán. Dejaré a las ciudades de Judá en total ruina, sin habitantes».

El ejemplo de los recabitas

35 La palabra del SEÑOR vino a mí, Jeremías, en los días de Joacim, hijo de Josías y rey de Judá: ²«Ve a la casa de los recabitas, invítalos para que vengan a una de las salas del Templo del SEÑOR y ofréceles vino».

³Entonces fui a buscar a Jazanías, hijo de Jeremías y nieto de Jabasinías, a sus hermanos, a todos sus hijos y a toda la comunidad de los recabitas. ⁴Los llevé al Templo del SEÑOR, a la sala de los hijos de Janán, hijo de Igdalías, hombre de Dios. Esta sala se encontraba junto a la de los oficiales que a su vez estaba encima de la de Maseías, hijo de Salún, guarda de la entrada. ⁵Serví a los recabitas jarras y copas llenas de vino y les dije: «¡Beban!».

⁶Ellos me respondieron: «Nosotros no bebemos vino, porque Jonadab, hijo de Recab y antepasado nuestro, nos ordenó lo siguiente: "Nunca beban vino, ni ustedes ni sus descendientes. ⁷Tampoco edifiquen casas, ni siembren semillas, ni planten viñedos, ni posean ninguna de estas cosas. Habiten siempre en tiendas de campaña, para que vivan mucho tiempo en esta tierra donde son extranjeros". ⁸Nosotros obedecemos todo lo que nos ordenó Jonadab, hijo de Recab. Nunca bebemos vino; tampoco lo hacen nuestras mujeres ni nuestros hijos. ⁹No edificamos casas para habitarlas; no poseemos viñedos ni campos sembrados. ¹⁰Vivimos en tiendas de campaña y obedecemos todo lo que nos ordenó Jonadab, nuestro antepasado. ¹¹Pero cuando Nabucodonosor, rey de Babilonia, invadió esta tierra, dijimos: "Vámonos a Jerusalén, para escapar del ejército babilonio*ᶜ* y del ejército arameo". Por eso ahora vivimos en Jerusalén».

¹²Entonces la palabra del SEÑOR vino a Jeremías: ¹³«Así dice el SEÑOR de los Ejércitos, el Dios de Israel: "Ve y dile a toda la gente de Judá y Jerusalén: ¿No pueden aprender esta lección y obedecer mis palabras?", afirma el SEÑOR. ¹⁴"Los descendientes de Jonadab, hijo de Recab, han cumplido con la orden de no beber vino y hasta el día de hoy no lo beben, porque obedecen lo que su antepasado ordenó. En cambio ustedes, aunque yo les he hablado en repetidas ocasiones, no me han hecho caso. ¹⁵Además,

---

ᵃ 14 Véanse Éx 21:2 y Dt 15:12.   *ᵇ* 18 Véase Gn 15:9-10, 17-18.   *ᶜ* 11 Lit. caldeo.

no he dejado de enviarles a mis siervos, los profetas, para decirles: 'Conviértanse ya de su mal camino, enmienden sus acciones y no sigan a otros dioses para servirlos; entonces habitarán en la tierra que he dado a ustedes y a sus antepasados'. Pero ustedes no me han prestado atención; no me han hecho caso. 16Los descendientes de Jonadab, hijo de Recab, cumplieron la orden dada por su antepasado; en cambio, este pueblo no me obedece".

17»Por eso, así dice el SEÑOR Dios de los Ejércitos, el Dios de Israel: "Voy a enviar contra Judá y contra todos los habitantes de Jerusalén todas las calamidades que ya he anunciado, porque les hablé y no me obedecieron; los llamé y no me respondieron"».

18Jeremías también dijo a los recabitas: «Así dice el SEÑOR de los Ejércitos, el Dios de Israel: "Por cuanto ustedes han obedecido las órdenes de Jonadab, su antepasado, y han cumplido con todos sus mandatos y han hecho todo lo que él les ordenó, 19así dice el SEÑOR de los Ejércitos, el Dios de Israel: 'Nunca faltará a Jonadab, hijo de Recab, un descendiente que esté a mi servicio todos los días'"».

El rey Joacim quema el rollo de Jeremías

36 Esta palabra del SEÑOR vino a Jeremías en el año cuarto del rey Joacim, hijo de Josías y de Judá: 2«Toma un rollo y escribe en él todas las palabras que desde los tiempos de Josías, desde que comencé a hablarte hasta ahora, te he dicho acerca de Israel, de Judá y de todas las naciones. 3Cuando los de Judá se enteren de todas las calamidades que pienso enviar contra ellos, tal vez abandonen su mal camino; entonces yo perdonaré su iniquidad y su pecado».

4Jeremías llamó a Baruc, hijo de Nerías, y mientras dictaba, Baruc escribía en el rollo todo lo que el SEÑOR había dicho al profeta. 5Luego Jeremías dio esta orden a Baruc: «Estoy confinado y no puedo ir al Templo del SEÑOR. 6Por tanto, ve al Templo del SEÑOR en el día de ayuno y lee a oídos del pueblo las palabras del SEÑOR que te he dictado y que escribiste en el rollo. Léeselas también a toda la gente de Judá que haya venido de sus ciudades. 7¡A lo mejor su súplica llega a la presencia del SEÑOR y cada uno se convierte de su mal camino! ¡Ciertamente son terribles la ira y el furor con que el SEÑOR ha amenazado a este pueblo!».

8Baruc, hijo de Nerías, hizo tal y como había ordenado el profeta Jeremías: Leyó en el Templo del SEÑOR las palabras escritas en el rollo. 9En el mes noveno del año quinto de Joacim, hijo de Josías y rey de Judá, todo el pueblo de Jerusalén y todos los que habían venido de las otras ciudades de Judá fueron a ayunar delante del SEÑOR. 10Baruc se dirigió al atrio superior del Templo del SEÑOR, a la entrada de la Puerta Nueva, y desde la sala de Guemarías, hijo de Safán, el cronista, leyó ante todo el pueblo el rollo que contenía las palabras de Jeremías.

11Micaías, hijo de Guemarías y nieto de Safán, escuchó todas las palabras del SEÑOR que estaban escritas en el rollo. 12Entonces bajó al palacio del rey, a la sala del cronista, donde estaban reunidos todos los oficiales, es decir, el cronista Elisama, Delaías, hijo de Semaías, Elnatán, hijo de Acbor, Guemarías, hijo de Safán, Sedequías, hijo de Jananías, y todos los demás oficiales. 13Micaías contó todo lo que había escuchado de lo que Baruc había leído ante el pueblo. 14Entonces todos los oficiales enviaron a Yehudi, hijo de Netanías, nieto de Selemías y bisnieto de Cusí, para que dijera a Baruc: «Toma el rollo que has leído ante el pueblo y ven». Baruc, hijo de Nerías, lo tomó y se presentó ante ellos. 15Entonces los oficiales dijeron:

—Siéntate y léenos lo que está en el rollo.

Baruc lo leyó ante ellos. 16Terminada la lectura, se miraron temerosos unos a otros y dijeron:

—Tenemos que informar de todo esto al rey.

17Luego preguntaron a Baruc:

—Dinos, ¿cómo fue que escribiste todo esto? ¿Te lo dictó Jeremías?

18—Sí —respondió Baruc—, él me lo dictó y yo lo escribí con tinta en el rollo.

19Entonces los oficiales dijeron a Baruc:

—Tú y Jeremías, vayan a esconderse. ¡Que nadie sepa dónde están!

20Después de dejar el rollo en la sala del cronista Elisama, los oficiales se presentaron en el atrio, delante del rey, y lo pusieron al tanto de todo lo ocurrido. 21El rey envió a Yehudi a buscar el rollo; Yehudi lo tomó de la sala de Elisama y lo leyó en presencia del rey y de todos los oficiales que estaban con él. 22Era el mes noveno, por eso el rey estaba en su casa de invierno, sentado junto a un brasero encendido. 23A medida que Yehudi terminaba de leer tres o cuatro columnas, el rey las cortaba con un estilete de escriba y las echaba al fuego del brasero. Así lo hizo con todo el rollo, hasta que este se consumió en el fuego. 24Ni el rey ni los jefes que escucharon todas estas palabras tuvieron temor ni se rasgaron las vestiduras. 25Esto sucedió a pesar de que Elnatán, Delaías y Guemarías habían suplicado al rey que no quemara el rollo; pero el rey no les hizo caso. 26Por el contrario, mandó a Jerameel, su hijo, a Seraías, hijo de Azriel, y a Selemías, hijo de Abdel, para que arrestaran al escriba Baruc y al profeta Jeremías. Pero el SEÑOR los había escondido.

27Luego que el rey quemó el rollo con las palabras que Jeremías había dictado a Baruc, la palabra del SEÑOR vino a Jeremías: 28«Toma otro rollo y escribe exactamente lo mismo que estaba escrito en el primer rollo quemado por Joacim, rey de Judá. 29Y adviértele a Joacim que así dice el SEÑOR: "Tú quemaste aquel rollo, diciendo: '¿Por qué has escrito en él que con toda seguridad el rey de Babilonia vendrá a destruir esta tierra y a borrar de ella a toda persona y animal?'". 30Por eso, así dice el SEÑOR acerca de Joacim, rey de Judá: "Ninguno de sus descendientes ocupará el trono de David; su cadáver será arrojado y quedará expuesto al calor del día y a las heladas de la noche. 31Castigaré la iniquidad de él, la de su descendencia y la de sus siervos. Enviaré contra ellos, y contra los habitantes de Jerusalén y de Judá, todas las calamidades con que los amenacé, porque no me hicieron caso"».

32Entonces Jeremías tomó otro rollo y se lo dio al escriba Baruc, hijo de Nerías. Baruc escribió en el rollo todo lo que Jeremías dictó, lo cual era idéntico a lo escrito en el rollo quemado por el rey Joacim. Se agregaron, además, muchas otras cosas semejantes.

Encarcelamiento de Jeremías

37 Nabucodonosor, rey de Babilonia, puso como rey de Judá a Sedequías, hijo de Josías, en lugar de Jeconías[a], hijo de Joacim. 2Pero ni Sedequías ni sus siervos ni la gente de Judá hicieron caso a las palabras que el SEÑOR había hablado a través del profeta Jeremías.

3No obstante, el rey Sedequías envió a Jucal, hijo de Selemías, y al sacerdote Sofonías, hijo de Maseías, a decirle al profeta Jeremías: «Ora por nosotros al SEÑOR nuestro Dios».

4Mientras tanto, Jeremías se movía con total libertad entre la gente, pues todavía no lo habían encarcelado. 5Por otra parte, el ejército del faraón

---

a 1 *Jeconías.* Lit. *Conías* (variante de este nombre).

había salido de Egipto. Cuando los babilonios*ᵃ* que estaban sitiando a Jerusalén se enteraron de la noticia, emprendieron la retirada.

⁶La palabra del SEÑOR vino al profeta Jeremías: ⁷«Así dice el SEÑOR, el Dios de Israel: "Dígale al rey de Judá que los mandó a consultarme: 'El ejército del faraón, que salió para apoyarlos, se volverá a Egipto. ⁸Los babilonios regresarán para atacar esta ciudad; la capturarán y la incendiarán'".

⁹»Así dice el SEÑOR: "No se hagan ilusiones creyendo que los babilonios se van a retirar. ¡Se equivocan! No se van a retirar. ¹⁰Y aunque ustedes derrotaran a todo el ejército babilonio, y solo quedaran en sus campamentos algunos hombres heridos, estos se levantarían e incendiarían esta ciudad"».

¹¹Cuando por causa de la incursión del ejército del faraón el ejército de Babilonia se retiró de Jerusalén, ¹²Jeremías quiso trasladarse de Jerusalén al territorio de Benjamín para tomar posesión de una herencia. ¹³Pero al llegar a la puerta de Benjamín, un capitán de la guardia llamado Irías, hijo de Selemías y nieto de Jananías, detuvo al profeta Jeremías y lo acusó:

—¡Estás por pasarte a los babilonios!

¹⁴Jeremías respondió:

—¡Mentira, no voy a pasarme a los babilonios!

Pero Irías no le hizo caso, sino que lo detuvo y lo llevó ante los oficiales. ¹⁵Estos estaban enfurecidos contra Jeremías, así que luego de golpearlo, lo encarcelaron en la casa del cronista Jonatán, ya que la habían convertido en prisión. ¹⁶Así Jeremías fue encerrado en una cámara subterránea de la cárcel, donde permaneció mucho tiempo.

¹⁷El rey Sedequías mandó que trajeran a Jeremías al palacio y allí le preguntó en secreto:

—¿Has recibido alguna palabra del SEÑOR?

—Sí —respondió Jeremías—, usted será entregado en manos del rey de Babilonia.

¹⁸A su vez, Jeremías preguntó al rey Sedequías:

—¿Qué crimen he cometido contra usted, o contra sus ministros o este pueblo, para que me hayan encarcelado? ¹⁹¿Dónde están sus profetas, los que profetizaban que el rey de Babilonia no los atacaría ni a ustedes ni a este país? ²⁰Pero ahora, ruego a mi señor el rey que me preste atención. Le pido que no me mande de vuelta a la casa del cronista Jonatán, no sea que yo muera allí.

²¹Entonces el rey Sedequías ordenó que pusieran a Jeremías en el patio de la guardia y que, mientras hubiera pan en la ciudad, todos los días le dieran una porción del pan horneado en la calle de los Panaderos. Así fue como Jeremías permaneció en el patio de la guardia.

Jeremías en la cisterna

38 Sefatías, hijo de Matán, Guedalías, hijo de Pasur, Jucal, hijo de Selemías, y Pasur, hijo de Malquías, oyeron que Jeremías decía a todo el pueblo: ²«Así dice el SEÑOR: "El que se quede en esta ciudad morirá por la espada, de hambre o por la plaga. Pero el que se pase a los babilonios,*ᵇ* vivirá. Se entregará como botín de guerra, pero salvará su vida". ³Así dice el SEÑOR: "Esta ciudad caerá en poder del ejército del rey de Babilonia y será capturada"».

⁴Los oficiales dijeron al rey:

—Hay que matar a este hombre. Con semejantes discursos está desmoralizando a los soldados y a todo el pueblo que aún queda en esta ciudad. Este hombre no busca el bien del pueblo, sino su desgracia.

⁵El rey Sedequías respondió:

—Lo dejo en sus manos. Ni yo, que soy el rey, puedo oponerme a ustedes.

⁶Ellos tomaron a Jeremías y, bajándolo con cuerdas, lo echaron en la cisterna del patio de la guardia, la cual era de Malquías, el hijo del rey. Pero como en la cisterna no había agua, sino lodo, Jeremías se hundió en él.

⁷El cusita Ebedmélec, funcionario*ᶜ* de la casa real, se enteró de que habían echado a Jeremías en la cisterna. En cierta ocasión cuando el rey estaba participando en una sesión frente al ˙portón de Benjamín, ⁸Ebedmélec salió del palacio real y dijo:

⁹—Mi rey y señor, estos hombres han actuado con maldad. Han arrojado a Jeremías en la cisterna y allí se morirá de hambre, porque ya no hay pan en la ciudad.

¹⁰Entonces el rey ordenó al cusita Ebedmélec:

—Toma contigo treinta*ᵈ* hombres y rescata de la cisterna al profeta Jeremías antes de que se muera.

¹¹Ebedmélec tomó consigo a los hombres, fue a la sala que estaba debajo de la tesorería del palacio real, sacó de allí ropas y trapos viejos; luego, con unas sogas, se los bajó a la cisterna a Jeremías. ¹²Ebedmélec dijo a Jeremías:

—Ponte estas ropas y trapos viejos debajo de tus brazos para protegerte de las sogas.

Así lo hizo Jeremías. ¹³Los hombres tiraron de las sogas y lo sacaron de la cisterna. Y Jeremías permaneció en el patio de la guardia.

Sedequías interroga a Jeremías

¹⁴El rey Sedequías mandó que llevaran a Jeremías a la tercera entrada del Templo del SEÑOR y allí le dijo:

—Te voy a preguntar algo; por favor, no me ocultes nada.

¹⁵Jeremías respondió a Sedequías:

—Si yo respondo a su pregunta, lo más seguro es que me mate. Y si le doy un consejo, no me va a hacer caso.

¹⁶Pero en secreto el rey Sedequías hizo este juramento a Jeremías:

—¡Tan cierto como que vive el SEÑOR, quien nos ha dado esta vida, no te mataré ni te entregaré en manos de estos hombres que atentan contra tu vida!

¹⁷Jeremías dijo a Sedequías:

—Así dice el SEÑOR de los Ejércitos, el Dios de Israel: "Si se rinde ante los oficiales del rey de Babilonia, salvará su vida, esta ciudad no será incendiada y usted y su familia vivirán. ¹⁸Pero, si no se rinde ante los oficiales del rey de Babilonia, la ciudad caerá bajo el poder de los babilonios,*ᵉ* será incendiada y usted no tendrá escapatoria".

¹⁹El rey Sedequías respondió:

—Yo tengo miedo de los judíos que se pasaron al bando de los babilonios, pues me pueden entregar en sus manos para que me torturen.

²⁰Jeremías contestó:

—Obedezca la voz del SEÑOR que yo le estoy comunicando y no caerá en manos de los babilonios. Así le irá bien a usted y salvará su vida. ²¹Pero si se niega a rendirse, esta es la palabra que el SEÑOR me ha revelado: ²²Todas las mujeres que aún quedan en el palacio del rey de Judá serán entregadas a los oficiales del rey de Babilonia. Ellas mismas le echarán en cara:

»"Tus amigos más confiables
te han engañado y te han vencido.
Tienes los pies hundidos en el fango,
pues tus amigos te dieron la espalda".

²³»Todas sus mujeres y sus hijos serán entregados a los babilonios. Usted mismo no podrá escapar,

---

ᵃ 5 Lit. caldeos.   ᵇ 2 Lit. caldeos.   ᶜ 7 funcionario. O eunuco.
ᵈ 10 treinta (TM); tres (un mss. hebreo).   ᵉ 18 Lit. caldeos.

sino que caerá bajo el poder del rey de Babilonia y la ciudad será incendiada».

²⁴Sedequías contestó a Jeremías:

—Que nadie se entere de estas palabras, pues de lo contrario morirás. ²⁵Si los oficiales se enteran de que yo hablé contigo y vienen y te dicen: "Dinos ya lo que has informado al rey y lo que él te dijo, no nos ocultes nada, pues de lo contrario te mataremos", ²⁶tú les dirás: "Vine a suplicarle al rey que no me mandara de vuelta a casa de Jonatán, a morir allí".

²⁷Y así fue. Todos los oficiales vinieron a interrogar a Jeremías, pero él contestó de acuerdo con lo que el rey había ordenado. Entonces lo dejaron tranquilo, porque nadie había escuchado la conversación. ²⁸Y Jeremías se quedó en el patio de la guardia hasta el día en que Jerusalén fue capturada.

La caída de Jerusalén
39:1-10 – 2R 25:1-12; Jer 52:4-16

39 Jerusalén fue tomada de la siguiente manera: ¹En el mes décimo del año noveno del reinado de Sedequías en Judá, el rey Nabucodonosor de Babilonia y todo su ejército marcharon contra Jerusalén y la sitiaron. ²El día nueve del mes cuarto del año undécimo del reinado de Sedequías, abrieron una brecha en el muro de la ciudad, ³por la que entraron todos los oficiales del rey de Babilonia, hasta instalarse en la puerta central: Nergal Sarézer de Samgar, Nebo Sarsequín,ᵃ un oficial principal, Nergal Sarézer, también un alto funcionario, y todos los demás oficiales del rey de Babilonia. ⁴Al verlos, el rey Sedequías de Judá y todos los soldados huyeron de la ciudad. Salieron de noche por el camino del jardín del rey, por la ʼpuerta que está entre los dos muros, tomando el camino del Arabá.ᵇ

⁵Pero el ejército babilonioᶜ los persiguió hasta alcanzarlos en las llanuras de Jericó. Capturaron a Sedequías y lo llevaron ante Nabucodonosor, rey de Babilonia, que dictó sentencia contra Sedequías ⁶y, ante sus propios ojos, el rey hizo degollar a sus hijos y a todos los nobles de Judá. ⁷Luego mandó que a Sedequías le sacaran los ojos y le pusieran cadenas de bronce para llevarlo a Babilonia.

⁸Los babilonios prendieron fuego al palacio real, a las casas del pueblo y derribaron los muros de Jerusalén. ⁹Finalmente, Nabuzaradán —comandante de la guardia—, llevó cautivos a Babilonia tanto al resto de la población como a los desertores; es decir, a todos los que quedaban. ¹⁰Nabuzaradán, comandante de la guardia, solo dejó en el territorio de Judá a algunos de los más pobres, que no poseían nada. En aquel día les asignó campos y viñedos.

¹¹En cuanto a Jeremías, el rey Nabucodonosor de Babilonia había dado la siguiente orden a Nabuzaradán, el comandante de la guardia: ¹²«Vigílalo bien, sin hacerle ningún daño y haz con él como él mismo te diga». ¹³Nabuzaradán, comandante de la guardia, Nebusazbán, un oficial principal, Nergal Sarézer, un alto funcionario, y todos los demás oficiales del rey de Babilonia ¹⁴mandaron sacar a Jeremías del patio de la guardia. Se lo confiaron a Guedalías, hijo de Ajicán y nieto de Safán, para que lo llevaran de vuelta a su casa. Así Jeremías se quedó a vivir en medio del pueblo.

¹⁵Aún estaba Jeremías preso en el patio de la guardia cuando la palabra del SEÑOR vino a él: ¹⁶«Ve y dile a Ebedmélec, el cusita, que así dice el SEÑOR de los Ejércitos, el Dios de Israel: "Voy a cumplir las palabras que anuncié contra esta ciudad, para mal y no para bien. En aquel día, tú serás testigo de todo esto. ¹⁷Pero en ese mismo día yo te rescataré —afirma el SEÑOR—, y no caerás en las manos de los hombres que temes.

¹⁸Porque yo te libraré —afirma el SEÑOR—, y no caerás a filo de espada; antes bien, tu vida será tu botín, porque has confiado en mí"».

Liberación de Jeremías

40 La palabra del SEÑOR vino a Jeremías después de que Nabuzaradán, el comandante de la guardia, lo había dejado libre en Ramá. Allí había encontrado Nabuzaradán preso y encadenado, entre todos los cautivos de Judá y Jerusalén que eran deportados a Babilonia. ²El comandante de la guardia tomó aparte a Jeremías y le dijo: «El SEÑOR tu Dios, decretó esta calamidad para este lugar; ³ahora el SEÑOR ha cumplido sus amenazas. Todo esto les ha pasado porque pecaron contra el SEÑOR y desobedecieron su voz. ⁴No obstante, hoy te libero de las cadenas que te sujetan las manos. Si quieres venir conmigo a Babilonia, ven, que yo te cuidaré. Pero si no quieres, no lo hagas. Mira, tienes ante tus ojos toda la tierra: ve adonde más te convenga».

⁵Como Jeremías no se decidía, Nabuzaradán añadió: «Vuelve junto a Guedalías, hijo de Ajicán y nieto de Safán, a quien el rey de Babilonia ha nombrado gobernador de las ciudades de Judá; vive con él y con tu pueblo o ve adonde más te convenga».

Luego el comandante de la guardia le dio provisiones, un regalo y lo dejó en libertad. ⁶Jeremías se fue entonces junto a Guedalías, hijo de Ajicán, en Mizpa, y se quedó con él en medio del pueblo que había permanecido en la tierra.

Asesinato de Guedalías
40:7-9; 41:1-3 – 2R 25:22-26

⁷Cuando todos los oficiales y soldados del ejército que estaban en el campo se enteraron de que el rey de Babilonia había puesto a Guedalías, hijo de Ajicán, como gobernador del país, y de que le había confiado el cuidado de hombres, mujeres y niños, así como de los más pobres del país que no habían sido deportados a Babilonia, ⁸fueron a Mizpa para presentarse ante Guedalías. Entre ellos estaban: Ismael, hijo de Netanías, Johanán y Jonatán, hijos de Carea, Seraías, hijo de Tanjumet, los hijos de Efay oriundo de Netofa, y Jazanías, hijo de un hombre de Macá, y sus hombres. ⁹Guedalías, hijo de Ajicán y nieto de Safán, hizo este juramento a ellos y a sus tropas: «No teman servir a los babilonios.ᵈ Si ustedes se quedan en el país y sirven al rey de Babilonia, les aseguro que les irá bien. ¹⁰Yo me quedaré en Mizpa, para representarlos ante los babilonios que vengan a vernos. Pero ustedes, comiencen a almacenar en recipientes vino, frutos de verano y aceite, y vivan en las ciudades que han ocupado».

¹¹Todos los judíos que estaban en Moab, Amón y Edom, y en todos los otros países, se enteraron también de que el rey de Babilonia había dejado un remanente en Judá, y que había nombrado como gobernador a Guedalías, hijo de Ajicán y nieto de Safán. ¹²Entonces todos estos judíos regresaron a la tierra de Judá, de todos los países donde estaban dispersos. Al llegar, se presentaron en Mizpa ante Guedalías. También almacenaron vino y frutos de verano en abundancia.

¹³Johanán, hijo de Carea, y todos los demás oficiales del ejército que estaban en el campo, se presentaron ante Guedalías en Mizpa ¹⁴y dijeron:

—¿No sabes que Balís, rey de Amón, ha mandado a Ismael, hijo de Netanías, para matarte?

ᵃ 3 Nergal ... Sarsequín. Alt. Nergal Sarézer, Samgar Nebo, Sarsequín. ᵇ 4 del Arabá. Alt. del valle del Jordán. ᶜ 5 Lit. caldeo. ᵈ 9 Lit. caldeos.

Pero Guedalías, hijo de Ajicán, no les creyó. [15]Y allí en Mizpa, Johanán, hijo de Carea, propuso en secreto a Guedalías:

—Déjame ir a matar a Ismael, hijo de Netanías. ¡Nadie tiene que enterarse! ¿Por qué vamos a permitir que te asesine? Eso causaría la dispersión de todos los judíos que se han reunido a tu alrededor y acabaría con el remanente de Judá.

[16]Pero Guedalías, hijo de Ajicán, respondió a Johanán, hijo de Carea:

—¡Ni lo pienses! ¡Lo que dices acerca de Ismael es mentira!

41

En el mes séptimo, Ismael, hijo de Netanías y nieto de Elisama, de estirpe real y que había sido uno de los oficiales del rey, vino a Mizpa con diez hombres y se presentó ante Guedalías, hijo de Ajicán. Y ahí en Mizpa, mientras comían juntos, [2]Ismael, hijo de Netanías, se levantó con los diez hombres que lo acompañaban e hirió a filo de espada a Guedalías, hijo de Ajicán y nieto de Safán, quitándole la vida. Así hicieron con quien había sido nombrado gobernador del país por el rey de Babilonia. [3]Ismael mató también a todos los judíos y soldados babilonios[a] que se encontraban en Mizpa con Guedalías.

[4]Al día siguiente del asesinato de Guedalías, cuando todavía nadie se había enterado, [5]llegaron de Siquén, Siló y Samaria ochenta hombres con la barba afeitada, la ropa rasgada y el cuerpo lleno de cortaduras que ellos mismos se habían hecho. Traían ofrendas de cereales e incienso para presentarlas en el Templo del SEÑOR. [6]Desde Mizpa salió a su encuentro Ismael, hijo de Netanías; iba llorando y, cuando los encontró, dijo:

—Vengan a ver a Guedalías, hijo de Ajicán.

[7]Pero no habían llegado al centro de la ciudad cuando Ismael, hijo de Netanías, y sus secuaces los mataron y los arrojaron en una cisterna. [8]Había entre ellos diez hombres que rogaron a Ismael:

—¡No nos mates; tenemos escondidos en el campo trigo, cebada, aceite y miel!

Ismael accedió y no los mató como a sus compañeros. [9]El rey Asá había hecho una cisterna para defenderse de Basá, rey de Israel, y en esa fosa fue donde Ismael, hijo de Netanías, arrojó los cadáveres de los hombres que había matado, junto con Guedalías, llenándola de cadáveres.

[10]Después Ismael se llevó en cautiverio a las hijas del rey y a todo el remanente del pueblo que había quedado en Mizpa, a quienes Nabuzaradán, comandante de la guardia, había puesto bajo el mando de Guedalías, hijo de Ajicán. Ismael, hijo de Netanías, salió con sus cautivos hacia el territorio de los amonitas.

[11]Cuando Johanán, hijo de Carea, y todos los oficiales del ejército que estaban con él, se enteraron del crimen que había cometido Ismael, hijo de Netanías, [12]reunieron a todos sus hombres y fueron a pelear contra él. Lo encontraron cerca del gran estanque que está en Gabaón. [13]Y sucedió que toda la gente que estaba con Ismael se alegró al ver a Johanán, hijo de Carea, acompañado de todos los oficiales del ejército. [14]Todo el pueblo que Ismael llevaba cautivo desde Mizpa se dio la vuelta y se fue con Johanán, hijo de Carea. [15]Pero Ismael, hijo de Netanías, y ocho de sus hombres se escaparon de Johanán y huyeron hacia Amón.

Huida a Egipto

[16]Entonces Johanán, hijo de Carea, junto con todos los oficiales del ejército que lo acompañaban, tomaron y rescataron al remanente del pueblo que desde Mizpa se había llevado Ismael, hijo de Netanías, luego de haber asesinado a Guedalías, hijo de Ajicán: eran soldados, mujeres, niños y altos funcionarios que Johanán había hecho volver desde Gabaón. [17]Se pusieron en marcha hasta llegar a Guerut Quimán, que está junto a Belén, desde donde pensaban continuar a Egipto [18]para huir de los babilonios. Estaban con temor, ya que Ismael, hijo de Netanías, había matado a Guedalías, hijo de Ajicán, a quien el rey de Babilonia había nombrado gobernador del país.

42

Entonces se acercaron Johanán, hijo de Carea, y Jezanías,[b] hijo de Osaías, junto con todos los oficiales del ejército y todo el pueblo, desde el más chico hasta el más grande, [2]y dijeron al profeta Jeremías:

—Por favor, atiende a nuestra súplica y ruega al SEÑOR tu Dios por todo este remanente. Como podrás darte cuenta, antes éramos muchos, pero ahora quedamos solo unos cuantos. [3]Ruega para que el SEÑOR tu Dios nos indique el *camino que debemos seguir, y lo que debemos hacer.

[4]Jeremías respondió:

—Ya los he oído. Voy a rogar al SEÑOR, al Dios de ustedes, tal como me lo han pedido. Les comunicaré todo lo que el SEÑOR me diga y no les ocultaré absolutamente nada.

[5]Ellos dijeron a Jeremías:

—Que el SEÑOR tu Dios, sea un testigo fiel y verdadero contra nosotros si no actuamos conforme a todo lo que él nos ordene por medio de ti. [6]Sea o no de nuestro agrado, obedeceremos la voz del SEÑOR nuestro Dios, a quien te enviamos a consultar. Así, al obedecer la voz del SEÑOR nuestro Dios, nos irá bien.

[7]Diez días después, la palabra del SEÑOR vino a Jeremías. [8]Este llamó a Johanán, hijo de Carea, a todos los oficiales del ejército que lo acompañaban y a todo el pueblo, desde el más chico hasta el más grande [9]y les dijo: «Así dice el SEÑOR, Dios de Israel, a quien ustedes me enviaron para interceder por ustedes: [10]"Si se quedan en este país, yo los edificaré y no los derribaré, los plantaré y no los arrancaré, porque me duele haberles causado esa calamidad. [11]No teman al rey de Babilonia, al que ahora temen —afirma el SEÑOR—, no le teman, porque yo estoy con ustedes para salvarlos y librarlos de su poder. [12]Yo tendré compasión de ustedes, y él también, y les permitirá volver a su tierra"».

[13]Pero si desobedecen la voz del SEÑOR, Dios de ustedes, y dicen: «No nos quedaremos en esta tierra, [14]sino que nos iremos a Egipto donde no veremos la guerra, ni escucharemos el sonido de la trompeta, ni pasaremos hambre y allí viviremos», [15]entonces presten atención a la palabra del SEÑOR, ustedes que son el remanente de Judá. Así dice el SEÑOR de los Ejércitos, el Dios de Israel: «Si insisten en trasladarse a Egipto para vivir allá, [16]la guerra que tanto temen los alcanzará, el hambre que los aterra los seguirá de cerca hasta Egipto y en ese lugar morirán. [17]Todos los que están empeñados en trasladarse a Egipto para vivir allá morirán por la guerra, el hambre y la plaga. Ninguno sobrevivirá ni escapará a la calamidad que haré caer sobre ellos». [18]Porque así dice el SEÑOR de los Ejércitos, el Dios de Israel: «Así como se ha derramado mi ira y mi furor sobre los habitantes de Jerusalén, así se derramará mi furor sobre ustedes si se van a Egipto. Se convertirán en objeto de maldición, de horror, de condenación y deshonra; nunca más volverán a ver este lugar».

[19]Remanente de Judá, el SEÑOR les ha dicho que no vayan a Egipto. Sepan bien que hoy les hago una advertencia seria. [20]Ustedes cometieron un error fatal cuando me enviaron al SEÑOR, Dios de ustedes, y me dijeron: «Ruega por nosotros al SEÑOR nuestro Dios, y

---

a 3 Lit. caldeos.   *b 1* Jezanías (TM). Azarías (LXX; véase 43:2).

comunícanos todo lo que él te diga para que lo cumplamos». ²¹Hoy se lo he hecho saber a ustedes, pero no han querido obedecer la voz del SEÑOR su Dios, en nada de lo que él me encargó comunicarles. ²²Por lo tanto, sepan bien que en el lugar donde quieren residir morirán por la guerra, el hambre y la plaga.

43 Cuando Jeremías terminó de comunicar al pueblo todo lo que el SEÑOR su Dios había encomendado decirles, ²Azarías, hijo de Osaías, Johanán, hijo de Carea, y todos los arrogantes respondieron a Jeremías: «¡Lo que dices es una mentira! El SEÑOR, nuestro Dios, no te mandó a decirnos que no vayamos a vivir a Egipto. ³Es Baruc, hijo de Nerías, el que te incita contra nosotros, para entregarnos en poder de los babilonios,ᵃ para que nos maten o nos lleven cautivos a Babilonia».

⁴Así que ni Johanán, hijo de Carea, ni los oficiales del ejército, ni nadie del pueblo obedecieron el mandato del SEÑOR de quedarse a vivir en la tierra de Judá. ⁵Por el contrario, Johanán, hijo de Carea, y todos los oficiales del ejército se llevaron a todo el remanente de Judá; es decir, a los que habían vuelto para vivir en Judá luego de haber sido dispersados por todas las naciones: ⁶los hombres, las mujeres y los niños, las hijas del rey y todos los que Nabuzaradán, comandante de la guardia, había confiado a Guedalías, hijo de Ajicán y nieto de Safán; también a Jeremías el profeta y a Baruc, hijo de Nerías. ⁷Desobedeciendo la orden del SEÑOR, se dirigieron al país de Egipto, llegando hasta la ciudad de Tafnes.

⁸En Tafnes, la palabra del SEÑOR vino a Jeremías: ⁹«Toma en tus manos unas piedras grandes y, a la vista de los judíos, entiérralas con argamasa en el pavimento, frente a la entrada del palacio del faraón en Tafnes. ¹⁰Luego comunícales que así dice el SEÑOR de los Ejércitos, el Dios de Israel: "Voy a mandar a buscar a mi siervo Nabucodonosor, rey de Babilonia; voy a colocar su trono sobre estas piedras que he enterrado, y él armará sobre ellas su tienda real. ¹¹Vendrá al país de Egipto y lo atacará: el que esté destinado a la muerte, morirá; el que esté destinado al exilio, será exiliado; el que esté destinado a la espada, morirá por la espada. ¹²Prenderáᵇ fuego a los templos de los dioses de Egipto; los quemará y los llevará cautivos. Sacudirá a Egipto, como un pastor que se sacude los piojos de la ropa, y luego se irá de allí en paz. ¹³Destruirá los obeliscos de Bet Semesᶜ y prenderá fuego a los templos de los dioses de Egipto"».

Desastre causado por la idolatría

44 Esta palabra vino a Jeremías para todos los judíos que habitaban en Egipto; es decir, para los que vivían en las ciudades de Migdol, Tafnes y Menfis,ᵈ y en la región de Patros: ²«Así dice el SEÑOR de los Ejércitos, el Dios de Israel: "Ustedes han visto todas las calamidades que yo provoqué sobre Jerusalén y sobre todas las ciudades de Judá. Hoy están desiertas y en ruinas, sin morador alguno, ³a causa de las maldades que cometieron. Ellos provocaron mi enojo al adorar y ofrecer incienso a otros dioses que ni ellos, ni ustedes, ni sus antepasados conocieron. ⁴Una y otra vez envié a mis siervos los profetas para que les advirtieran que no incurrieran en estas cosas tan abominables que yo detesto. ⁵Pero ellos no escucharon ni prestaron atención; no se ˙arrepintieron de sus maldades, sino que siguieron ofreciendo incienso a otros dioses. ⁶Por eso se derramó mi ira y se encendió mi furor contra las ciudades de Judá y las calles de Jerusalén, las cuales se convirtieron en ruina hasta el día de hoy".

⁷»Y ahora, así dice el SEÑOR, el Dios de los Ejércitos, el Dios de Israel: "¿Por qué se provocan ustedes mismos un mal tan grande? ¿Por qué provocan la muerte de la gente de Judá, de hombres, mujeres, niños y recién nacidos, sin que quede un remanente? ⁸Me agravian con las obras de sus manos, al ofrecer incienso a otros dioses en el país de Egipto, donde han ido a vivir. Lo único que están logrando es ganarse su propia destrucción, además de convertirse en maldición y deshonra entre todas las naciones de la tierra. ⁹¿Acaso ya se han olvidado de todas las maldades que cometieron sus antepasados, las de los reyes de Judá y sus esposas, además de las que ustedes y sus esposas cometieron en Judá y en las calles de Jerusalén? ¹⁰Sin embargo, hasta el día de hoy no se han humillado ni han sentido temor; no se han comportado según mi ˙Ley y mis estatutos, que les di a ustedes y a sus antepasados".

¹¹»Por eso, así dice el SEÑOR de los Ejércitos, el Dios de Israel: "He decidido ponerme en contra de ustedes, para su mal, y destruir a todo Judá. ¹²Tomaré al remanente de Judá, que decidió ir a vivir a Egipto y todos perecerán allí; caerán a filo de espada o el hambre los exterminará. Desde el más pequeño hasta el más grande, morirán a filo de espada o de hambre. Se convertirán en objeto de maldición, de horror, de condenación y deshonra. ¹³Con la espada, el hambre y la plaga castigaré a los que habitan en Egipto, como castigué a Jerusalén. ¹⁴No escapará ninguno del remanente de Judá que se fue a vivir a Egipto ni sobrevivirá para volver a Judá. Aunque deseen y añoren volver a vivir en Judá, no podrán regresar, salvo algunos fugitivos"».

¹⁵Entonces los hombres que sabían que sus esposas ofrecían incienso a otros dioses, así como las mujeres que estaban presentes; es decir, un grupo numeroso, junto a todo el pueblo que vivía en la región de Patros, respondieron a Jeremías:

¹⁶«No le haremos caso al mensaje que nos diste en el ˙nombre del SEÑOR. ¹⁷Al contrario, seguiremos haciendo lo que ya hemos dicho: Ofreceremos incienso y ofrendas líquidas a la Reina del Cielo,ᵉ como lo hemos hecho nosotros, y como antes lo hicieron nuestros antepasados, nuestros reyes y nuestros oficiales, en las ciudades de Judá y en las calles de Jerusalén. En aquel tiempo teníamos comida en abundancia, nos iba muy bien y no sufríamos ninguna calamidad. ¹⁸Pero desde que dejamos de ofrecer incienso y ofrendas líquidas a la Reina del Cielo nos ha faltado todo; el hambre y la espada están acabando con nosotros».

¹⁹Y las mujeres añadieron:

«Cuando nosotras ofrecíamos incienso y ofrendas líquidas a la Reina del Cielo, ¿acaso no sabían nuestros maridos que hacíamos tortas con su imagen y que les ofrecíamos ofrendas líquidas?».

²⁰Entonces Jeremías respondió a todo el pueblo, es decir, a los hombres y mujeres que habían contestado:

²¹«¿Piensan ustedes que el SEÑOR no se acuerda o no se daba cuenta de que ustedes y sus antepasados, sus reyes y sus oficiales y todo el pueblo, ofrecían incienso en las ciudades de Judá y en las calles de Jerusalén? ²²Cuando el SEÑOR ya no pudo soportar más las malas acciones y las cosas abominables que ustedes hacían, su país se convirtió en objeto de maldición, en un lugar desértico, desolado y sin habitantes, tal como está hoy. ²³Ustedes ofrecieron incienso y pecaron contra el SEÑOR; no obedecieron su voz ni cumplieron con su Ley, sus estatutos

---

ᵃ 3 Lit. caldeos. ᵇ 12 Prenderá (LXX, Siríaca y Vulgata); Prenderé (TM). ᶜ 13 En hebreo, Bet Semes significa casa del sol; posible alusión al templo del sol o a la ciudad de Heliópolis. ᵈ 1 Menfis. Lit. Nof. ᵉ 17 Reina del Cielo. Nombre de una diosa.

y mandatos. Por eso en este día les ha sobrevenido esta desgracia».

²⁴Jeremías dijo a todo el pueblo, incluyendo a las mujeres: «Escuchen la palabra del Señor todos ustedes, gente de Judá que vive en Egipto. ²⁵Así dice el Señor de los Ejércitos, el Dios de Israel: Cuando ustedes y sus mujeres dicen: "Ciertamente cumpliremos nuestras promesas de ofrecer incienso y ofrendas líquidas a la Reina del Cielo", demuestran con sus acciones que cumplen lo que prometen.

»¡Está bien, vayan y cumplan sus promesas, lleven a cabo sus promesas! ²⁶Pero escuchen la palabra del Señor todos ustedes, gente de Judá que vive en Egipto: "Juro por mi nombre soberano —dice el Señor—, que ninguno de los de Judá que vive en Egipto volverá a invocar mi nombre diciendo: ¡Tan cierto como el Señor y Dios vive! ²⁷Porque yo los estoy vigilando para mal y no para bien. La espada y el hambre acabarán con todos los judíos que viven en Egipto. ²⁸Tan solo unos pocos lograrán escapar de la espada y regresar a Judá. Entonces todo el remanente de Judá que se fue a vivir a Egipto sabrá si se cumple mi palabra o la de ellos.

²⁹»"Esta será la señal de que voy a castigarlos en este lugar, para que sepan que mis amenazas contra ustedes se habrán de cumplir", afirma el Señor. ³⁰Así dice el Señor: "Voy a entregar al faraón Hofra, rey de Egipto, en poder de los enemigos que atentan contra su vida, tal como entregué a Sedequías, rey de Judá, en poder de su enemigo Nabucodonosor, rey de Babilonia, que atentaba contra su vida"».

Mensaje para Baruc

45 Esta es la palabra que el profeta Jeremías comunicó a Baruc, hijo de Nerías, en el año cuarto del gobierno de Joacim, hijo de Josías y rey de Judá, cuando Baruc escribía en un rollo estas palabras que Jeremías dictaba: ²«Así dice el Señor, Dios de Israel, acerca de ti, Baruc: ³Tú dijiste: "¡Ay de mí! ¡El Señor añade angustia a mi dolor! Estoy agotado de tanto gemir y no encuentro descanso"».

⁴»Pero el Señor me pide decirte: "Voy a destruir lo que he construido y a arrancar lo que he plantado; es decir, arrasaré con toda esta tierra. ⁵¿Buscas grandes cosas para ti? No las pidas, porque voy a provocar una desgracia sobre toda la gente, pero a ti te concederé la posibilidad de conservar la vida dondequiera que vayas. Ese será tu botín", afirma el Señor».

Mensaje para Egipto

46 La palabra del Señor acerca de las naciones vino a Jeremías el profeta.

²En cuanto a Egipto:

Este es el mensaje contra el ejército del faraón Necao, rey de Egipto, que en el año cuarto del gobierno de Joacim, hijo de Josías y rey de Judá, fue derrotado en Carquemis, junto al río Éufrates, por Nabucodonosor, rey de Babilonia:

³ «¡Preparen sus escudos, grandes y
pequeños,
y avancen al combate!
⁴ ¡Ensillen los caballos,
monten los corceles!
¡Alístense, pónganse los cascos!
¡Afilen las lanzas, vístanse las corazas!
⁵ Pero ¿qué es lo que veo?
Sus guerreros están derrotados;
aterrados retroceden.

Sin mirar atrás, huyen despavoridos.
¡Cunde el terror por todas partes!»,
afirma el Señor.
⁶ «El más veloz no puede huir
ni el más fuerte, escapar.
En el norte, a orillas del río Éufrates
tropiezan y caen.

⁷ »¿Quién es ese que sube como el Nilo,
como ríos de aguas agitadas?
⁸ Es Egipto que sube como el Nilo,
como ríos de aguas agitadas.
Dice Egipto: "Subiré y cubriré toda la tierra;
destruiré las ciudades y sus habitantes".
⁹ ¡Ataquen, corceles!
¡Carros, avancen con furia!
¡Que marchen los guerreros!
¡Que tomen sus escudos
los soldados de ˙Cus y de Fut!
¡Que tensen el arco
los soldados de Lidia!

¹⁰ »Aquel día pertenece al Señor, al Señor de los
Ejércitos.
Será un día de venganza;
se vengará de sus enemigos.
La espada devorará hasta saciarse;
con sangre apagará su sed.
En la tierra del norte,
a orillas del río Éufrates,
para el Señor, el Señor de los Ejércitos,
se ofrecerá un sacrificio.

¹¹ »¡Virginal hija de Egipto,
ve a Galaad y consigue bálsamo!
En vano multiplicas los remedios;
ya no sanarás.
¹² Las naciones ya saben de tu humillación;
tus gritos llenan la tierra.
Un guerrero tropieza contra otro,
y juntos caen al suelo».

¹³Esta es la palabra del Señor que vino a Jeremías el profeta cuando Nabucodonosor, rey de Babilonia, vino para atacar el país de Egipto:

¹⁴ «Anuncien esto en Egipto,
proclámenlo en Migdol, Menfisᵃ y Tafnes:
"¡A sus puestos! ¡Manténganse alerta!
¡La espada devora a su alrededor!".
¹⁵ ¿Por qué yacen postrados tus guerreros?
¡No pueden mantenerse en pie,
porque el Señor los ha derribado!
¹⁶ Tropiezan una y otra vez,
se caen uno sobre otro.
Se dicen: "¡Levántate,
volvamos a nuestra gente, a la tierra donde
nacimos,
lejos de la espada del opresor!".
¹⁷ Allí gritan:
"¡El faraón es puro ruido!
¡El rey de Egipto ya perdió su oportunidad!".

¹⁸ »Tan cierto como que yo vivo», declara
el Rey,
cuyo ˙nombre es el Señor de los Ejércitos,
«vendrá un enemigo que será como el Tabor, que
sobresale de entre los montes,
y como el Carmelo, que se erige sobre el mar.
¹⁹ Tú, que habitas en Egipto,
prepara tu equipaje para el exilio,
porque Menfis quedará desolada,
en una ruina deshabitada.

ᵃ **14** *Menfis*. Lit. *Nof*; también en v. 19.

²⁰ »Ternera hermosa es Egipto,
   pero viene contra ella un tábano del
      norte.
²¹ Los mercenarios en sus filas
   son como becerros engordados;
   también ellos se vuelven atrás;
      todos juntos huyen sin detenerse,
   porque ha llegado el día de su ruina,
      el momento de su castigo.
²² Egipto huye silbando como serpiente,
   pues el enemigo avanza con fuerza.
   Se acercan contra ella con hachas,
      como si fueran leñadores;
²³ por impenetrables que sean sus bosques,
   los talan por completo»,
      afirma el SEÑOR.
   «Más numerosos que langostas
      son los leñadores;
   nadie los puede contar.
²⁴ La hija de Egipto será avergonzada
   y entregada a la gente del norte».

²⁵ El SEÑOR de los Ejércitos, el Dios de Israel, dice:
«Voy a castigar a Amón, dios de Tebas,ᵃ a Egipto, a
sus dioses y reyes, al faraón y a los que en él confían.
²⁶ Los entregaré al poder de quienes atentan contra su
vida, al poder de Nabucodonosor, rey de Babilonia, y
de sus siervos. Luego Egipto será habitada como en
los días de antaño», afirma el SEÑOR.

²⁷ «Pero tú, Jacob, siervo mío, no temas;
   no te asustes, Israel.
   Porque te salvaré de un lugar remoto;
      y a tu descendencia, del destierro.
   Jacob volverá a vivir en *paz;
      estará seguro y tranquilo.
²⁸ Tú, Jacob, siervo mío, no temas,
   porque yo estoy contigo»,
      afirma el SEÑOR.
   «Aunque aniquile a todas las naciones
      por las que te he dispersado,
      a ti no te aniquilaré.
   Te corregiré con *justicia,
      pero no te dejaré sin castigo».

Mensaje para los filisteos

47 Antes de que el faraón atacara Gaza, la palabra
del SEÑOR acerca de los filisteos vino al profeta
Jeremías:

²«Así dice el SEÑOR:

»"¡Miren! Las aguas del norte
   suben cual torrente desbordado.
   Inundan la tierra y todo lo que contiene,
      sus ciudades y sus habitantes.
   ¡Grita toda la gente!
      ¡Gimen todos los habitantes de la tierra!
³ Al oír el galope de sus corceles,
   el estruendo de sus carros
      y el estrépito de sus ruedas,
   los padres abandonan a sus hijos
      porque sus fuerzas desfallecen.
⁴ Ha llegado el día
   de exterminar a todos los filisteos
   y de destruir a Tiro y Sidón
   y a todos los aliados que puedan ayudarlos.
   El SEÑOR exterminará a los filisteos
      y al resto de las costas de Caftor.ᵇ
⁵ Se rapan la cabeza los de Gaza;
   se quedan mudos los de Ascalón.
   Tú, remanente de la llanura,
      ¿hasta cuándo te harás incisiones?

⁶ »"¡Ay, espada del SEÑOR!
   ¿Cuándo vas a descansar?
   ¡Vuélvete a la vaina!
      ¡Detente, quédate quieta!
⁷ ¿Cómo va a descansar
   si el SEÑOR le ha dado órdenes
   de atacar a Ascalón
      y a la costa del mar?"».

Mensaje para Moab
48:29-36 – Is 16:6-12

48 Así dice el SEÑOR de los Ejércitos, el Dios de
Israel, acerca de Moab:

«¡Ay de Nebo, porque será devastada!
   ¡Quiriatayin será capturada y puesta en
      vergüenza!
   ¡Su fortalezaᶜ será humillada y destruida!
² La gloria de Moab ha desaparecido;
   en Hesbónᵈ maquinan el mal contra ella:
      "¡Vengan, hagamos desaparecer a esta nación!".
   También tú, Madmén,ᵉ serás silenciada,
      y la espada te perseguirá.
³ Se oye el clamor desde Joronayin:
   ¡devastación y gran destrucción!
⁴ Moab será quebrantada;
   ya se oyen los gritos de sus pequeños.
⁵ Por la cuesta de Luhit
   suben llorando sin cesar;
   por la bajada de Joronayin
      se oyen gritos de dolor, por causa de la
         destrucción.
⁶ ¡Huyan! ¡Sálvese quien pueda!
   ¡Sean como las zarzasᶠ del desierto!
⁷ Por cuanto confías en tus obras y en tus riquezas,
   también tú serás capturada.
   Quemós, tu dios, irá al exilio,
      junto con sus sacerdotes y oficiales.
⁸ El destructor vendrá contra toda ciudad
   y ni una sola de ellas escapará.
   El valle quedará en ruinas,
      y la meseta quedará destruida,
   tal como lo ha dicho el SEÑOR.
⁹ Coloquen salᵍ sobre Moab,
   pues será dejada en ruinas;
   sus ciudades están desoladas
      y sin habitante alguno.

¹⁰ »¡Maldito el que sea negligente para realizar el
      trabajo del SEÑOR!
   ¡Maldito el que de la sangre retraiga su
         espada!

¹¹ »Moab ha vivido en paz desde su juventud;
   ha reposado como el vino.
   No ha pasado de vasija en vasija
      ni ha ido jamás al exilio.
   Por eso conserva su sabor
      y no pierde su aroma.
¹² Pero vienen días», afirma el SEÑOR,
   «en que enviaré gente que moverá a Moab;
   vaciará sus vasijas y romperá sus
         cántaros.
¹³ Entonces Moab se avergonzará de Quemós,
   como Israel se avergonzó de Betel en quien
         confiaba.

ᵃ 25 *Amón, dios de Tebas.* Lit. Amón de No.   ᵇ 4 *Caftor.* Es
decir, Creta.   ᶜ 1 *Su fortaleza.* Alt. Misgab.   ᵈ 2 En hebreo,
Hesbón suena como el verbo que significa *maquinan.*   ᵉ 2 En
hebreo, *Madmén* suena como el verbo que significa *serás
silenciada.*   ᶠ 6 *las zarzas* (véanse Aquila y Vulgata). Alt. *Aroer.*
ᵍ 9 *sal;* en TM, palabra de difícil traducción.

14 »¿Cómo se atreven a decir:
"Somos guerreros,
hombres valientes para la guerra"?
15 Moab será devastada
y sus ciudades, invadidas»,
afirma el Rey,
cuyo ˙nombre es el SEÑOR de los Ejércitos.
«Lo mejor de su juventud
descenderá al matadero.
16 La ruina de Moab se acerca;
su calamidad es inminente.
17 Lloren por él todos sus vecinos,
los que saben de su fama.
Digan: "¡Cómo se ha quebrado la vara de mando
tan poderosa e imponente!".

18 »Tú, que habitas en Dibón:
desciende de tu lugar de honor
y siéntate en el sequedal,
porque el destructor de Moab te ataca
y destruye tus fortificaciones.
19 Tú, que habitas en Aroer,
párate a la vera del camino y observa;
pregunta a los que huyen, hombres y mujeres:
"¿Qué es lo que ha sucedido?".
20 Moab está humillado;
ha sido destrozado.
¡Giman y clamen!
¡Anuncien por el río Arnón
que Moab ha sido devastado!
21 El juicio ha llegado hasta la meseta
contra Holón, Yahaza y Mefat;
22 contra Dibón, Nebo y Bet Diblatayin;
23 contra Quiriatayin, Bet Gamul y Bet Megón,
24 contra Queriot, Bosra,
y contra todas las ciudades de Moab, cercanas y
lejanas.
25 El poder*a* de Moab ha desaparecido;
¡su fuerza está abatida!»,
afirma el SEÑOR.

26 «¡Emborrachen a Moab,
porque ha desafiado al SEÑOR!
¡Que se revuelque en su vómito,
y se convierta en objeto de burla!
27 ¿Acaso no te burlabas de Israel,
y con tus palabras lo despreciabas,
como si hubiera sido sorprendido entre
ladrones?
28 Habitantes de Moab,
¡abandonen las ciudades
y vivan entre las rocas!
Sean como las palomas
que anidan al borde de los precipicios.

29 »Conocemos bien el orgullo de Moab,
ese orgullo exagerado.
¡Tanta soberbia y tanto orgullo!
¡Tanta arrogancia y altivez!
30 Yo conozco su arrogancia,
pero sus jactancias no logran nada»,
afirma el SEÑOR.
31 «Por eso lloro por Moab;
gimo por toda su gente,
sollozo por el pueblo de Quir Jeres.
32 Lloro por ti, viña de Sibmá,
más que por Jazer.
tus ramas sobrepasan el mar
y llegan hasta Jazer,
pero caerá el destructor
sobre tu cosecha y sobre tu vendimia.

33 De los fértiles campos de Moab
han desaparecido el gozo y la alegría.
Acabé con el vino de tus lagares;
ya nadie pisa las uvas entre gritos de
alborozo;
los gritos ya no son de regocijo.

34 »El clamor de Hesbón llega hasta Elalé y Yahaza,
su voz se alza desde Zoar hasta Joronayin y
Eglat Selisiyá.
Porque hasta las aguas de Nimrín
se han secado.
35 Acabaré con la gente de Moab
que ofrece sacrificios en ˙altares paganos
y quema incienso a sus dioses»,
afirma el SEÑOR.
36 «Por eso, con sonido de flautas gime por Moab mi
corazón;
con sonido de flautas gime mi corazón por Quir
Jeres,
porque han desaparecido las riquezas que
acumularon.
37 Toda cabeza está rapada
y toda barba rasurada;
en todas las manos hay incisiones,
y todos están vestidos de luto.
38 Sobre todos los techos de Moab,
y por todas sus plazas,
solo se escuchan lamentos;
porque rompí en pedazos a Moab
como a una vasija desechada»,
afirma el SEÑOR.
39 «¡Cómo quedó hecha pedazos!
¡Cómo gimen!
Moab ha vuelto la espalda del todo avergonzada.
Es para todos sus vecinos objeto de burla y de
terror».

40 Así dice el SEÑOR:

«¡Miren! Vuela el enemigo como águila;
sobre Moab despliega sus alas.
41 Sus ciudades serán capturadas
y conquistadas sus fortalezas.
En aquel día, el corazón de los guerreros de Moab
será como el de una parturienta.
42 Moab será destruida como nación,
porque ha desafiado al SEÑOR.
43 El terror, la fosa y la trampa
aguardan al habitante de Moab»,
afirma el SEÑOR.
44 «El que huya del terror caerá en la fosa;
el que salga de la fosa caerá en la trampa;
porque yo hago venir sobre Moab
el tiempo de su castigo»,
afirma el SEÑOR.

45 «A la sombra de Hesbón
se detienen exhaustos los fugitivos.
De Hesbón sale un fuego;
de la ciudad de Sijón, una llama
que consume las sienes de Moab
y el cráneo de los arrogantes y revoltosos.
46 ¡Ay de ti, Moab!
El pueblo de Quemós está destruido;
tus hijos son llevados al exilio;
tus hijas, al cautiverio.

47 »Pero en los días venideros
yo restauraré la fortuna de Moab»,
afirma el SEÑOR.

Aquí concluye el juicio contra Moab.

---

a 25 *poder.* Lit. *cuerno.*

Mensaje para Amón

49 Así dice el SEÑOR acerca de los amonitas:

«¿Acaso Israel no tiene hijos?
     ¿Acaso no tiene herederos?
¿Por qué Moloc*ᵃ* ha heredado Gad
     y su pueblo vive en sus ciudades?
2 Vienen días», afirma el SEÑOR,
«en que yo haré resonar el grito de guerra
          contra Rabá de los amonitas
     y se convertirá en un montón de ruinas;
          sus villas serán incendiadas.
Entonces Israel despojará de todo
     a los que de todo la despojaron»,
          afirma el SEÑOR.
3 «¡Gime, Hesbón, porque Hai ha sido
               destruida!
          ¡Griten, hijas de Rabá!
¡Vístanse de luto y hagan lamentación;
     corran de un lado a otro, dentro de los
               muros!,
porque Moloc marcha al destierro,
     junto con sus sacerdotes y oficiales.
4 ¿Por qué te jactas de tus valles,
     de tus fértiles valles?
Hija rebelde, tú confías en tus tesoros
     y dices: "¿Quién me atacará?".
5 Voy a hacer que te acose
     el terror por todas partes»,
          afirma el SEÑOR de los Ejércitos.
«Todos serán expulsados, cada uno por su lado,
     y nadie reunirá a los fugitivos.

6 »Pero después de esto, restauraré la fortuna de
          los amonitas»,
     afirma el SEÑOR.

Mensaje para Edom

49:9-10 – Abd 5-6
49:14-16 – Abd 1-4

7 Así dice el SEÑOR de los Ejércitos acerca de Edom:

«¿Ya no hay sabiduría en Temán?
     ¿Se acabó el consejo de los inteligentes?
     ¿Acaso se ha echado a perder su sabiduría?
8 Habitantes de Dedán:
     ¡Huyan, vuélvanse atrás!
     ¡Escóndanse en lo más profundo de la
               tierra!
Yo provocaré un desastre sobre Esaú,
     pues le llegó la hora del castigo.
9 Si los que cosechan las uvas vinieran a ti,
     ¿no te dejarían algunas uvas?
Si de noche te llegaran ladrones,
     ¿no se llevarían solo lo que desean?
10 Pero yo despojaré por completo a Esaú;
     pondré a descubierto sus escondites,
     y no podrá ocultarse.
Sus hijos, parientes y vecinos,
     serán destruidos y dejarán de existir.
11 ¡Abandona a tus huérfanos,
     que yo les protegeré la vida!
     ¡Tus viudas pueden confiar en mí!».

12 Así dice el SEÑOR: «Los que no estaban condenados a beber la copa de castigo la bebieron. ¿Y acaso tú vas a quedarte sin castigo? ¡De ninguna manera quedarás impune, sino que también beberás de esa copa! 13 Tan cierto como que yo vivo —afirma el SEÑOR—, Bosra se convertirá en objeto de maldición, en horror, deshonra y ruina. Para siempre quedarán en ruinas todas sus ciudades».

14 He oído un mensaje de parte del SEÑOR.
     Un heraldo ha sido enviado a las naciones,
          diciendo:
«¡Reúnanse, ataquen a la ciudad!
     ¡Prepárense para la guerra!

15 »Te haré pequeño entre las naciones,
     menospreciado por la humanidad.
16 Tú, que habitas en las hendiduras de las rocas;
     tú, que ocupas las alturas de los montes:
fuiste engañado por el terror que infundías
     y por el orgullo de tu *corazón.
Aunque pongas tu nido tan alto como el del
               águila,
     desde allí te haré caer»,
          afirma el SEÑOR.

17 «Tan espantosa será la caída de Edom
     que todo el que pase por él
     quedará atónito y se burlará de todas sus
               heridas.
18 Será como en la destrucción de Sodoma y
               Gomorra
     y de sus ciudades vecinas;
nadie volverá a habitar allí,
     ningún *ser humano vivirá en ella»,
          afirma el SEÑOR.

19 «Como león que sale de la espesura del Jordán
     hacia praderas de verdes pastos,
en un instante espantaré de su tierra a los de
               Edom.
     ¿Quién es el elegido que nombraré para esto?
Porque, ¿quién como yo?
     ¿Quién me puede desafiar?
     ¿Qué *pastor se me puede oponer?».

20 Por eso, escuchen el plan que el SEÑOR ha
          diseñado contra Edom;
     escuchen lo que tiene planeado contra los
          habitantes de Temán:
Serán arrastrados los más pequeños del
          rebaño;
     por causa de ellos sus praderas quedarán
          asoladas.
21 Tiembla la tierra por el estruendo de su caída;
     hasta en el *mar Rojo*ᵇ* resuenan sus gritos.
22 Remonta vuelo el enemigo,
     se desliza como un águila,
     extiende sus alas sobre Bosra.
En aquel día se angustiarán los valientes de
          Edom,
     como se angustia una mujer de parto.

Mensaje para Damasco

23 Mensaje acerca de Damasco:

«Jamat y Arfad están desanimadas,
     pues ya saben la mala noticia.
Están inquietas, se agitan como el mar
     y no pueden calmarse.
24 Damasco desfallece;
     trató de huir,
     pero la dominó el pánico.
Se halla presa de la angustia y el dolor,
     como si estuviera de parto.
25 ¿Por qué no ha sido abandonada
     la ciudad famosa, la que era mi delicia?
26 Por eso, sus jóvenes quedarán tendidos en las
          calles;

ᵃ 1 *Moloc*. Lit. *Malcán*; es decir, Milcón. Alt. *su rey*; también en v. 3.   *ᵇ* 21 Lit. *mar de las Cañas*. Término con el que se designa en la Biblia al mar Rojo en su parte septentrional.

¡perecerán todos sus soldados!»,
afirma el SEÑOR de los Ejércitos.
27 «Prenderé fuego al muro de Damasco,
y los palacios de Ben Adad serán consumidos».

Mensaje para Cedar y Jazor

28 Así dice el SEÑOR acerca de Cedar y de los reinos
de Jazor que fueron atacados por Nabucodonosor, rey
de Babilonia:

«¡Vamos, ataquen a Cedar!
¡Destruyan a esa gente del oriente!
29 Sus tiendas de campaña y rebaños les serán
arrebatados,
se llevarán sus cortinas,
bienes y camellos.
La gente les gritará:
"¡El terror está por todas partes!".

30 »¡Huyan, habitantes de Jazor!
Escapen ya, escóndanse
en lo más profundo de la tierra»,
afirma el SEÑOR.
«Nabucodonosor, rey de Babilonia,
maquina planes contra ustedes;
contra ustedes ha diseñado un plan.

31 »¡Levántense y ataquen a esta nación indolente
que vive del todo confiada,
nación que no tiene puertas ni cerrojos
y que vive muy aislada!»,
afirma el SEÑOR.
32 «Sus camellos serán el botín,
y su numeroso ganado, el despojo.
Dispersaré a los cuatro vientos a los que se rapan
las sienes;
de todas partes les traeré su ruina»,
afirma el SEÑOR.
33 «Jazor se convertirá en una guarida de chacales,
en un lugar desolado para siempre.
Ningún *ser humano vivirá allí,
nadie habitará en ese lugar».

Mensaje para Elam

34 La palabra del SEÑOR acerca de Elam vino al profeta Jeremías al comienzo del reinado de Sedequías,
rey de Judá.

35 Así dice el SEÑOR de los Ejércitos:

«Voy a quebrar el arco de Elam;
voy a acabar con lo mejor de su poderío.
36 Voy a desatar contra Elam los cuatro vientos
desde los cuatro extremos del cielo.
Los voy a esparcir por los cuatro vientos,
y no quedará nación alguna
adonde no lleguen sus desterrados.
37 Aterraré a Elam frente a sus enemigos,
frente a los que atentan contra su vida;
desataré mi ardiente ira,
y traeré sobre Elam calamidad»,
afirma el SEÑOR.
«Haré que la espada los persiga
hasta que los haya exterminado.
38 Estableceré mi trono en Elam,
y destruiré a su rey y a sus oficiales»,
afirma el SEÑOR.

39 «Pero en los días venideros
restauraré la fortuna de Elam»,
afirma el SEÑOR.

Mensaje para Babilonia
51:15-19 – Jer 10:12-16

50 La palabra del SEÑOR acerca de Babilonia, el país
de los babilonios,ᵃ vino al profeta Jeremías:

2 «¡Anuncien y proclamen entre las naciones!
¡Proclámenlo, levanten un estandarte!
No oculten nada, sino digan:
"¡Babilonia será conquistada!
¡Bel quedará en vergüenza!
¡Marduc quedará aterrado!
¡Sus imágenes quedan humilladas
y sus ídolos, aterrados!".
3 Porque la ataca una nación del norte,
que dejará su tierra desolada.
Las personas y los animales saldrán huyendo
y no habrá nadie que la habite.

4 »En aquellos días, en aquel tiempo,
la gente de Israel y de Judá
irá llorando en busca del SEÑOR su Dios»,
afirma el SEÑOR.
5 «Preguntarán por el camino a *Sión
y hacia allá se encaminarán.
Vendrán y se aferrarán al SEÑOR
en un *pacto eterno,
que ya no olvidarán.

6 »Mi pueblo ha sido como un rebaño perdido;
sus *pastores lo han descarriado,
lo han hecho vagar por las montañas.
Ha ido de colina en colina
y se ha olvidado de su redil.
7 Todos los que lo encuentran lo devoran.
"No somos culpables —decían sus
enemigos—,
porque ellos pecaron contra el SEÑOR;
¡él es pastizal de *justicia,
esperanza de sus antepasados!".

8 »¡Huyan de Babilonia;
abandonen el país de los babilonios!ᵇ
Sean como los machos cabríos que guían al
rebaño.
9 Porque yo movilizo contra Babilonia
una alianza de grandes naciones del norte.
Se alistarán contra ella
y desde el norte será conquistada.
Sus flechas son como expertos guerreros
que no vuelven con las manos vacías.
10 Babiloniaᶜ será saqueada,
y todos sus saqueadores se saciarán»,
afirma el SEÑOR.

11 »¡Ustedes saquean mi heredad,
y se alegran y regocijan!
¡Saltan como terneras en la pradera,
relinchan como sementales!
12 Pero la madre de ustedes quedará grandemente
humillada;
la que les dio la vida quedará en vergüenza.
Será la última de las naciones;
se convertirá en desierto, tierra árida y llanura
seca.
13 Por el enojo del SEÑOR no será habitada,
sino que quedará totalmente en ruinas.
Todo el que pase por Babilonia
se asombrará y burlará al ver todas sus heridas.

14 »¡Tomen posiciones alrededor de Babilonia,
todos los que tensan el arco!
¡Dispárenle, no escatimen flechas,
porque ha pecado contra el SEÑOR!

ᵃ **1** Lit. *caldeos.* ᵇ **8** Lit. *caldeos.* ᶜ **10** Lit. *Caldea.*

¹⁵Griten en torno de ella:
  ¡Se ha rendido, cayeron sus torres,
  se derrumbaron sus muros!
¡Esta es la venganza del SEÑOR!
  ¡Vénguense de ella!
  ¡Háganle lo mismo que hizo a otros!
¹⁶Exterminen al que siembra en Babilonia,
  y al que maneja la hoz en la cosecha.
Ante la espada del opresor,
  cada uno retorna a su pueblo,
  cada cual huye a su propia tierra.

¹⁷»Israel es como un rebaño descarriado,
  acosado por los leones.
Primero lo devoró el rey de Asiria
  y luego Nabucodonosor, rey de Babilonia,
  le quebró todos los huesos».

¹⁸Por eso, así dice el SEÑOR de los Ejércitos, el Dios de Israel:

«Castigaré al rey de Babilonia y a su tierra
  como castigué al rey de Asiria.
¹⁹Haré que Israel vuelva a su prado
  y que se alimente en el Carmelo y en Basán.
Su apetito quedará saciado
  en las montañas de Efraín y Galaad.
²⁰En aquellos días, en aquel tiempo, se buscará la iniquidad de Israel,
  pero ya no se encontrará.
Buscarán los pecados de Judá,
  pero ya no se hallarán,
  porque yo perdonaré a los que deje como remanente»,
  afirma el SEÑOR.

²¹«¡Ataca el territorio de Meratayin
  y a los que viven en Pecod!
¡Mátalos, ˙destrúyelos por completo!»,
  afirma el SEÑOR.
  «¡Cumple con todas mis órdenes!
²²¡En el territorio hay estruendo de guerra
  y de impresionante destrucción!
²³¡Cómo ha sido quebrado y derribado
  el martillo de toda la tierra!
¡Babilonia ha quedado desolada
  en medio de las naciones!
²⁴Te tendí una trampa, Babilonia, y en ella caíste
  antes de que te dieras cuenta.
Fuiste sorprendida y capturada,
  porque te opusiste al SEÑOR.
²⁵El SEÑOR ha abierto su arsenal,
  y ha sacado las armas de su ira;
el Señor, SEÑOR de los Ejércitos,
  tiene una tarea que cumplir en el país de los babilonios*a*
²⁶¡Atáquenla desde los confines de la tierra!
  ¡Abran sus graneros!
¡Amontónenla como a las gavillas!
  ¡Destrúyanla por completo!
  ¡Que no quede ningún remanente de ella!
²⁷¡Maten a todos sus novillos!
  ¡Llévenlos al matadero!
¡Ay de ellos, pues les ha llegado el día,
  el día de su castigo!
²⁸Se oye la voz de los fugitivos,
  de los que escaparon de Babilonia;
vienen a anunciar en Sión
  la venganza del SEÑOR nuestro Dios,
  la venganza por su Templo.

²⁹»Recluten contra Babilonia a los arqueros,
  a todos los que tensan el arco;

acampen a su alrededor
  y que no escape ninguno.
Retribúyanle según sus obras,
  hagan con ella como hizo con otros.
Porque ella ha desafiado al SEÑOR,
  al ˙Santo de Israel.
³⁰Por eso en aquel día caerán sus jóvenes en las calles
  y perecerán todos sus soldados»,
  afirma el SEÑOR.
³¹«Estoy contra ti, nación arrogante»,
  afirma el Señor, el SEÑOR de los Ejércitos;
«al fin ha llegado el día,
  el día de tu castigo.
³²El arrogante tropezará, caerá
  y no habrá quien lo ayude a levantarse.
Prenderé fuego a todas sus ciudades,
  fuego que consumirá cuanto le rodea».

³³Así dice el SEÑOR de los Ejércitos:

«Israel y Judá son pueblos oprimidos;
  sus enemigos los tienen apresados,
  no los dejan en libertad.
³⁴Pero su Redentor es fuerte,
  su ˙nombre es el SEÑOR de los Ejércitos.
Con vigor defenderá su causa;
  traerá descanso a su tierra,
  pero perturbación a Babilonia.

³⁵»¡Muerte a*b* los babilonios!
  ¡Muerte a sus oficiales y sabios!»,
  afirma el SEÑOR.
³⁶«¡Muerte a sus falsos profetas!
  ¡Que pierdan la razón!
¡Muerte a sus guerreros!
  ¡Que queden aterrorizados!
³⁷¡Muerte a sus caballos y carros!
  ¡Muerte a todos sus mercenarios!
  ¡Que se vuelvan unos cobardes!
¡Muerte a sus tesoros!
  ¡Que sean saqueados!
³⁸¡Muerte a sus aguas!
  ¡Que queden secas!
Porque Babilonia es un país de ídolos,
  de ídolos terribles que provocan la locura.

³⁹»Por eso las fieras del desierto vivirán allí con las hienas;
  también los avestruces harán allí su morada.
Nunca más volverá a ser habitada;
  quedará despoblada para siempre.
⁴⁰Será como cuando Dios destruyó a Sodoma y Gomorra
  y a sus ciudades vecinas;
nadie volverá a habitar allí,
  ningún ˙ser humano vivirá en ella»,
  afirma el SEÑOR.

⁴¹«¡Miren! Del norte viene un ejército;
  desde los confines de la tierra
  se moviliza una gran nación y muchos reyes.
⁴²Empuñan el arco y la lanza;
  son crueles y no tienen compasión.
Lanzan gritos como bramidos del mar
  y cabalgan sobre sus corceles.
¡Vienen contra ti, hija de Babilonia,
  alineados para la batalla como un solo hombre!
⁴³El rey de Babilonia ha escuchado la noticia,
  sus manos flaquean;

---

a 25 Lit. *caldeos.*   *b* 35 *Muerte a.* Lit. *Espada contra;* también en vv. 36 y 37.

la angustia le domina
como si tuviera dolores de parto.
⁴⁴ Como león que sale de la espesura del Jordán
hacia praderas de verdes pastos,
en un instante espantaré de su tierra a los de
Babilonia.
¿Quién es el elegido que nombraré para esto?
Porque, ¿quién como yo?
¿Quién me puede desafiar?
¿Qué pastor se me puede oponer?».

⁴⁵ Por eso, escuchen el plan que el Señor ha
diseñado contra Babilonia;
escuchen lo que tiene planeado en contra del
país de los babilonios:
Serán arrastrados los más pequeños del rebaño;
por causa de ellos, sus praderas quedarán
asoladas.
⁴⁶ Tiembla la tierra por la estruendosa caída de
Babilonia;
resuenan sus gritos en medio de las naciones.

51 Así dice el Señor:

«¡Miren! Voy a levantar un viento destructor
contra Babilonia y la gente de Leb Camay.ᵃ
² Enviaré contra Babilonia extranjeros que la
lancen por los aires,
que la avienten como se avienta el trigo, hasta
dejarla vacía.
En el día de su calamidad
la atacarán por todas partes.
³ Que no tense el arquero su arcoᵇ
ni se vista la coraza.
No perdonen a sus jóvenes;
˙destruyan su ejército por completo.
⁴ Caerán muertos en Babilonia;ᶜ
serán traspasados en las calles.
⁵ Israel y Judá no han sido abandonados
por su Dios, el Señor de los Ejércitos,
aunque su tierra está llena de culpa,
delante del ˙Santo de Israel.

⁶ »¡Huyan de Babilonia!
¡Sálvese quien pueda!
No perezcan por causa de su iniquidad.
Porque ha llegado la hora de que el Señor tome
venganza;
¡él le dará su merecido!
⁷ En la mano del Señor Babilonia era una copa de
oro
que embriagaba a toda la tierra.
Las naciones bebieron de su vino
y se enloquecieron.
⁸ Pero de pronto Babilonia cayó hecha pedazos.
¡Giman por ella!
Traigan bálsamo para su dolor;
tal vez pueda ser curada.

⁹ »"Quisimos curar a Babilonia,
pero no pudo ser sanada;
abandonémosla y regrese cada uno a su tierra,
porque llega su condena hasta los cielos;
¡se eleva hasta las nubes!".

¹⁰ »"¡El Señor nos ha vindicado!
Vengan, que en ˙Sión daremos a conocer
lo que ha hecho el Señor nuestro Dios".

¹¹ »¡Afilen las flechas!
¡Ármense con escudos!
El Señor ha incitado el espíritu de los reyes de los
medos
para destruir a Babilonia.
Esta es la venganza del Señor,
la venganza por su Templo.
¹² ¡Levanten el estandarte contra los muros de
Babilonia!
¡Refuercen la guardia!
¡Pongan centinelas!
¡Preparen la emboscada!
El Señor cumplirá su propósito;
cumplirá su decreto contra los babilonios.
¹³ Tú, que habitas junto a muchas aguas
y eres rica en tesoros,
has llegado a tu fin,
al final de tu existencia.
¹⁴ El Señor de los Ejércitos ha jurado por sí mismo:
"Te llenaré de enemigos, como de langostas,
y lanzarán gritos de victoria sobre ti".

¹⁵ »Dios hizo la tierra con su poder,
afirmó el mundo con su sabiduría,
extendió los cielos con su inteligencia.
¹⁶ Cuando él deja oír su voz, rugen las aguas en los
cielos;
hace que se levanten las nubes desde los
confines de la tierra.
Entre relámpagos desata la lluvia
y saca de sus depósitos al viento.

¹⁷ »La humanidad es necia e ignorante;
todo orfebre se avergüenza de sus ídolos.
Sus imágenes son un engaño
y no hay en ellas aliento de vida.
¹⁸ No valen nada, son objetos de burla;
cuando llegue el día del juicio serán
destruidos.
¹⁹ La porción de Jacob no es como aquellos,
porque él es el Creador de todas las cosas,
incluso el pueblo de su heredad.
Su ˙nombre es el Señor de los Ejércitos.

²⁰ »Tú eres mi mazo, mi arma de guerra;
contigo destrozo naciones y reinos.
²¹ Contigo destrozo jinetes y caballos;
contigo destrozo carros de guerra y sus
conductores.
²² Contigo destrozo hombres y mujeres;
contigo destrozo jóvenes y ancianos,
contigo destrozo jóvenes y doncellas.
²³ Contigo destrozo pastores y rebaños;
contigo destrozo agricultores y yuntas,
contigo destrozo gobernadores y oficiales.

²⁴ »Pero en presencia de ustedes daré su merecido
a Babilonia y a todos sus habitantes por todo el mal
que han hecho en Sión», afirma el Señor.

²⁵ «Estoy en contra tuya,
˙monte del exterminio,
que destruyes toda la tierra», afirma el Señor.
«Extenderé mi mano contra ti;
te haré rodar desde los peñascos
y te convertiré en monte quemado.
²⁶ No volverán a tomar de ti piedra angular,
ni piedra de cimiento,
porque para siempre quedarás desolada»,
afirma el Señor.

²⁷ «¡Levanten la bandera en la tierra!
¡Toquen la trompeta entre las naciones!

ᵃ 1 *Leb Camay* es un criptograma que alude a *Caldea*, es
decir, Babilonia. ᵇ 3 *Que ... arco.* Frase de difícil traducción.
ᶜ 4 Lit. *Caldea*.

¡Convoquen contra ella
a los reinos de Ararat, Mini y Asquenaz!
¡Pongan al frente un general!
¡Que avancen los caballos cual plaga de
langostas!
²⁸ ¡Convoquen contra ella a las naciones,
a los reyes de Media,
sus gobernadores y oficiales!
¡Convoquen a todo su imperio!
²⁹ La tierra tiembla y se sacude;
se cumplen los planes del SEÑOR contra
Babilonia
al convertirla en un desierto desolado
donde nadie ha de habitar.
³⁰ Dejaron de combatir los guerreros de Babilonia;
se escondieron en las fortalezas.
Sus fuerzas se agotaron;
se volvieron unos cobardes.
Sus moradas fueron incendiadas
y destrozados sus cerrojos.
³¹ Corre un emisario tras el otro;
un mensajero sigue a otro mensajero,
para anunciarle al rey de Babilonia
que toda la ciudad ha sido capturada.
³² Los cruces de los ríos han sido ocupados
e incendiados los pantanos;
llenos de pánico quedaron los guerreros».

³³ Porque así dice el SEÑOR de los Ejércitos, el Dios
de Israel:

«La hija de Babilonia es como una parcela
en el momento en que se limpia el trigo;
¡ya le llega el tiempo de la cosecha!».

³⁴ «Nabucodonosor, el rey de Babilonia,
me devoró, me confundió;
me dejó como un jarro vacío.
Me tragó como un monstruo marino,
con mis delicias se ha llenado el estómago
para luego vomitarme.
³⁵ Dicen los habitantes de Sión:
"¡Que recaiga sobre Babilonia la violencia que
me hizo!".
Dice Jerusalén:
"¡Que nuestra sangre se derrame sobre los
habitantes de Babilonia!"».

³⁶ Por eso, así dice el SEÑOR:

«¡Mira! Voy a defender tu causa
y llevaré a cabo tu venganza;
voy a secar el agua de su mar
y dejaré secos sus manantiales.
³⁷ Babilonia se convertirá en un montón de ruinas,
en guarida de chacales,
en objeto de horror y de burla,
en un lugar sin habitantes.
³⁸ Todo su pueblo ruge como leones;
gruñe como cachorros de león.
³⁹ Cuando entre en calor,
serviré la bebida;
lo embriagaré para que se divierta.
Así dormirá un sueño eterno
del que ya no despertará»,
afirma el SEÑOR.
⁴⁰ «Voy a llevarlo al matadero,
como si fueran corderos;
como carneros y chivos.

⁴¹ »¡Cómo ha sido capturada Sesac!ᵃ
¡Cómo ha sido conquistado el orgullo de toda la
tierra!

Babilonia se ha convertido
en un horror para las naciones.
⁴² El mar ha subido contra Babilonia;
agitadas olas la han cubierto.
⁴³ Desoladas han quedado sus ciudades:
como tierra desolada, como un desierto.
Nadie habita allí;
nadie pasa por ese lugar.
⁴⁴ Voy a castigar al dios Bel en Babilonia;
haré que vomite lo que se ha tragado.
Ya no acudirán a él las naciones
ni quedará en pie el muro de Babilonia.

⁴⁵ »¡Huye de ella, pueblo mío!
¡Salva tu vida!
¡Huye de mi ardiente ira!
⁴⁶ No desfallezcan, no se acobarden
por los rumores que corren en la tierra.
Año tras año surgen nuevos rumores;
rumores de violencia en la tierra
y de un gobernante que se levanta contra
otro.
⁴⁷ Se acercan ya los días
en que castigaré a los ídolos de Babilonia.
Toda su tierra será avergonzada;
caerán sus víctimas en medio de ella.
⁴⁸ Entonces el cielo y la tierra,
y todo lo que hay en ellos,
lanzarán gritos de júbilo contra Babilonia,
porque del norte vendrán sus destructores»,
afirma el SEÑOR.

⁴⁹ «Babilonia tiene que caer por las víctimas de
Israel,
así como en toda la tierra
cayeron las víctimas de Babilonia.
⁵⁰ Ustedes, los que escaparon de la espada,
huyan sin demora.
Invoquen al SEÑOR en tierras lejanas
y no dejen de pensar en Jerusalén».

⁵¹ «Sentimos vergüenza por los insultos;
estamos cubiertos de deshonra,
porque han penetrado extranjeros
en los lugares santos del Templo del
SEÑOR».

⁵² «Por eso, vienen días»,
afirma el SEÑOR,
«en que castigaré a sus ídolos;
a lo largo de toda la tierra
gemirán sus heridos.
⁵³ Aunque Babilonia suba hasta los cielos,
y en lo alto fortifique su fortaleza,
yo enviaré destructores contra ella»,
afirma el SEÑOR.

⁵⁴ «Se oyen gritos de dolor en Babilonia
gran ruido de destrucción
desde la tierra de los babilonios.
⁵⁵ El SEÑOR la destruye por completo;
pone fin a su bullicio.
Rugen sus enemigos como olas agitadas;
resuena el estruendo de su voz.
⁵⁶ Llega contra Babilonia el destructor;
sus guerreros serán capturados
y sus arcos serán hechos pedazos.
Porque el SEÑOR es un Dios
que a cada cual da su merecido.
⁵⁷ Voy a embriagar a sus oficiales y a sus
sabios;

ᵃ 41 Sesac es un criptograma que alude a Babilonia.

a sus gobernadores, oficiales y guerreros;
dormirán un sueño eterno, del que no
despertarán»,
afirma el Rey, cuyo nombre es el SEÑOR de los
Ejércitos.

58Así dice el SEÑOR de los Ejércitos:

«Los anchos muros de Babilonia serán
derribados por completo;
sus imponentes puertas serán
incendiadas.
Los pueblos se agotan en vano,
y las naciones se fatigan por lo que se
desvanece como el humo».

59Este es el mensaje que Jeremías el profeta dio a
Seraías, hijo de Nerías y nieto de Maseías, cuando fue
a Babilonia con Sedequías, rey de Judá, durante el
año cuarto de su reinado. Seraías era el oficial encargado del campamento. 60Jeremías había descrito
en un rollo todas las calamidades que sobreven-
drían a Babilonia, es decir, todo lo concerniente a
ella. 61Jeremías dijo a Seraías: «En cuanto llegues a
Babilonia, asegúrate de leerles todas estas palabras.
62Luego dile: "SEÑOR, tú has dicho que vas a destruir
este lugar, y lo convertirás en una ruina perpetua hasta que no quede en él un solo habitante, ni
hombre ni animal". 63Cuando termines de leer el
rollo, átale una piedra y arrójalo al Éufrates. 64Luego
dile: "Así se hundirá Babilonia y nunca más se levantará el desastre que voy a traer sobre ella"».

Aquí concluyen las palabras de Jeremías.

La caída de Jerusalén
52:1-3 – 2R 24:18-20; 2Cr 36:11-16
52:4-16 – Jer 39:1-10
52:4-21 – 2R 25:1-21; 2Cr 36:17-20

52 Sedequías tenía veintiún años cuando comenzó
a reinar; reinó en Jerusalén once años. Su
madre se llamaba Jamutal, hija de Jeremías, oriunda
de Libná. 2Al igual que Joacim, Sedequías hizo lo
malo ante los ojos del SEÑOR, 3a tal grado que el
SEÑOR, en su ira, los echó de su presencia. Todo esto
sucedió en Jerusalén y en Judá.
Sedequías se rebeló contra el rey de Babilonia.
4En el año noveno del reinado de Sedequías, a
los diez días del mes décimo, Nabucodonosor, rey
de Babilonia, marchó con todo su ejército y atacó a
Jerusalén. Acampó frente a la ciudad y construyó
torres de asalto a su alrededor. 5La ciudad estuvo
sitiada hasta el año undécimo del reinado de
Sedequías.
6A los nueve días del mes cuarto, cuando el hambre
se agravó en la ciudad y no había más alimento
para el pueblo, 7se abrió una brecha en el muro de
la ciudad, de modo que, aunque los babilonios*a*
la tenían cercada, todo el ejército se escapó. Salieron
de noche por la puerta que estaba entre los dos muros,
junto al jardín real. Huyeron camino al Arabá,*b* 8pero
el ejército babilonio persiguió al rey Sedequías hasta
alcanzarlo en la llanura de Jericó. Sus soldados se
dispersaron, abandonándolo, 9y los babilonios lo
capturaron.
Luego lo llevaron ante el rey de Babilonia,
que estaba en Riblá, en el territorio de Jamat.
Allí Nabucodonosor dictó su sentencia contra

Sedequías. 10Después, ante sus propios ojos, el rey
hizo degollar a sus hijos y a todos los oficiales de
Judá. 11Luego mandó que a Sedequías le sacaran los
ojos y le pusieran cadenas de bronce para llevarlo
a Babilonia, donde permaneció preso hasta el día
en que murió.
12A los diez días del mes quinto del año diecinueve
del reinado de Nabucodonosor, rey de Babilonia, su
servidor Nabuzaradán, que era el comandante de la
guardia, fue a Jerusalén 13y prendió fuego al Templo
del SEÑOR, al palacio real y a todas las casas de
Jerusalén, incluso a todos los edificios importantes.
14Entonces todo el ejército de los babilonios bajo su
mando derribó todas las murallas que rodeaban la
ciudad. 15Además, Nabuzaradán, comandante de la
guardia, deportó a la gente que quedaba en la ciudad;
es decir, a algunos de los más pobres, al resto de los
artesanos y a los que se habían aliado con el rey de
Babilonia. 16Sin embargo, dejó a algunos de los más
pobres para que se encargaran de los viñedos y de
los campos.
17Los babilonios quebraron las columnas de
bronce, las bases y la fuente*c* de bronce que estaban en el Templo del SEÑOR, y se llevaron todo el
bronce a Babilonia. 18También se llevaron las ollas,
las tenazas, los cortapabilos, los tazones, la vajilla y
todos los utensilios de bronce que se usaban para el
culto. 19Además, el comandante de la guardia tomó
las vasijas, los incensarios, los tazones, las ollas, los
candelabros, los platos y fuentes para las ofrendas
líquidas, todo lo cual era de oro y de plata.
20El bronce de las dos columnas, de la fuente, de los
doce toros de bronce que estaban debajo de la fuente*d*
y de las bases, que el rey Salomón había hecho para
el Templo del SEÑOR, era tanto que no se podía
pesar. 21Cada columna medía dieciocho codos de alto
por doce codos de circunferencia*e* y era hueca por
dentro. 22El capitel de bronce que estaba encima de
cada columna medía cinco codos*f* de altura y estaba
decorado alrededor con una red y con granadas de
bronce. Las dos columnas tenían el mismo adorno.
23De cada columna pendían noventa y seis granadas,
y las granadas que estaban alrededor de la red eran
cien en total.
24El comandante de la guardia tomó presos a
Seraías, sacerdote principal, a Sofonías, sacerdote
de segundo rango, y a los tres porteros. 25De los que
quedaban en la ciudad, apresó al oficial encargado
de las tropas, a siete de los servidores personales del
rey, al cronista principal del ejército —encargado de
reclutar soldados de entre el pueblo— y a sesenta
ciudadanos que todavía estaban dentro de la ciudad.
26Después de apresarlos, Nabuzaradán, comandante
de la guardia, se los llevó al rey de Babilonia, que
estaba en Riblá. 27Allí, en el territorio de Jamat, el
rey los hizo ejecutar.
Así Judá fue desterrado y llevado cautivo.

28 Este es el número de personas desterradas por
Nabucodonosor:

en el año séptimo de su reinado,
tres mil veintitrés judíos;
29en el año dieciocho de su reinado,
ochocientas treinta y dos personas de
Jerusalén;
30en el año veintitrés de su reinado,
Nabuzaradán, el comandante de la guardia
real, desterró a setecientos cuarenta y cinco
judíos.

En total fueron desterradas cuatro mil seiscientas
personas.

---

*a 7 Lit. caldeos.   b 7 Arabá. Alt. valle del Jordán.   c 17 la
fuente. Lit. el mar; también en v. 20.   d 20 debajo de la fuente
(LXX y Siríaca); debajo (TM).   e 21 Es decir, aprox. 8 m de alto
por 5.4 m de circunferencia.   f 22 Es decir, aprox. 2.3 m.*

Liberación del rey Joaquín

52:31-34 – 2R 25:27-30

³¹En el día veintisiete del mes duodécimo del año treinta y siete del exilio de Joaquín, rey de Judá, Evil Merodac, rey de Babilonia, en el año primero de su reinado, indultó a Joaquín y lo sacó de la cárcel. ³²Lo trató amablemente y le dio una posición más alta que la de los otros reyes que estaban con él en Babilonia. ³³Joaquín dejó su ropa de prisionero y por el resto de su vida comió a la mesa del rey. ³⁴Además, durante toda su vida y hasta el día de su muerte, Joaquín gozó de una pensión diaria que le proveía el rey de Babilonia.

Lamentaciones

Álef

1 ^a¡Cuán solitaria se encuentra
la que fue ciudad populosa!
¡Tiene apariencia de viuda
la que fue grande entre las naciones!
¡Hoy es esclava de las provincias
la que fue gran señora entre ellas!

Bet

² Amargamente llora por la noche;
corren las lágrimas por sus mejillas.
No hay entre sus amantes
uno solo que la consuele.
Todos sus amigos la traicionaron;
se volvieron sus enemigos.

Guímel

³ En aflicción y con trabajos forzados
Judá marchó al exilio.
Habita entre las naciones
sin encontrar reposo.
Todos sus perseguidores la acosan,
la ponen en aprietos.

Dálet

⁴ Los caminos a ˚Sión están de duelo;
ya nadie asiste a sus fiestas solemnes.
Las ˚puertas de la ciudad se ven desoladas:
sollozan sus sacerdotes,
se turban sus doncellas,
¡toda ella es amargura!

He

⁵ Sus enemigos se volvieron sus amos;
tranquilos se ven sus adversarios.
El SEÑOR la ha acongojado
por causa de sus muchos pecados.
Sus hijos marcharon al cautiverio,
arrastrados por sus enemigos.

Vav

⁶ La hija de Sión ha perdido
todo su esplendor.
Sus príncipes parecen ciervos
que vagan en busca de pastos.
Exhaustos, se dan a la fuga
frente a sus perseguidores.

Zayin

⁷ Jerusalén trae a la memoria los tristes días de su peregrinaje;
se acuerda de todos los tesoros
que en el pasado fueron suyos.
Cuando su pueblo cayó en manos enemigas
nadie acudió en su ayuda.

Sus enemigos vieron su caída
y se burlaron de ella.

Jet

⁸ Grave es el pecado de Jerusalén;
por eso se ha vuelto ˚impura.
Los que antes la honraban ahora la desprecian,
pues han visto su desnudez.
Ella misma gime
y no se atreve a dar la cara.

Tet

⁹ Sus vestidos están llenos de inmundicia;
no tomó en cuenta lo que le esperaba.
Su caída fue sorprendente;
no hubo nadie que la consolara.
«¡Mira, SEÑOR, mi aflicción!
¡El enemigo ha triunfado!».

Yod

¹⁰ El enemigo se adueñó
de todos sus tesoros.
Ella vio naciones ˚paganas
entrar en su santuario,
a las que tú prohibiste
entrar en tu asamblea.

Caf

¹¹ Todo su pueblo solloza
y anda en busca de pan;
para mantenerse con ˚vida
cambian por comida sus tesoros.
«¡Mira, SEÑOR, date cuenta
de cómo me han despreciado!».

Lámed

¹² «Fíjense ustedes, los que pasan por el camino:
¿Acaso no les importa?
Miren si hay un sufrimiento comparable
al mío,
como el que el SEÑOR me ha hecho padecer,
como el que el SEÑOR lanzó sobre mí
en el día de su furor.

Mem

¹³ »Desde lo alto él envió un fuego
que penetró en mis huesos.
A mi paso tendió una trampa
y me hizo retroceder.
Me abandonó por completo;
a todas horas me sentía desfallecer.

Nun

¹⁴ »Mis pecados fueron atados a un yugo;
sus manos los ataron juntos.^b
Me los ha colgado al cuello,
y ha debilitado mis fuerzas.
Me ha entregado en manos de gente
a la que no puedo ofrecer resistencia.

---

^a Lm 1 Este capítulo es un poema acróstico, que sigue el orden del alfabeto hebreo.   ^b 14 *a un yugo; ... juntos.* Texto de difícil traducción.

Sámej

15 »En mi ciudad el Señor ha rechazado
    a todos los guerreros.
  Convocó un ejército contra mí,
    para despedazar*a* a mis jóvenes.
  El Señor ha pisado como en un lagar
    a la virginal hija de Judá.

Ayin

16 »Todo esto me hace llorar;
    mis ojos se inundan de lágrimas.
  No tengo cerca a nadie que me consuele;
    no tengo a nadie que me reanime.
  Mis hijos quedaron abandonados
    porque el enemigo salió victorioso».

Pe

17 Sión clama pidiendo ayuda,*b*
    pero no hay quien la consuele.
  Por decreto del Señor
    los vecinos de Jacob son ahora sus
      enemigos;
  Jerusalén ha llegado a ser
    inmundicia en medio de ellos.

Tsade

18 «El Señor es justo,
    pero yo me rebelé contra su •palabra.
  Escuchen, todos los pueblos,
    y vean mi sufrimiento.
  Mis doncellas y mis jóvenes
    han marchado al destierro.

Qof

19 »Llamé a mis amantes,
    pero ellos me traicionaron.
  Mis sacerdotes y mis ancianos
    perecieron en la ciudad,
  mientras buscaban alimentos
    para mantenerse con vida.

Resh

20 »¡Mírame, Señor, que me encuentro
      angustiada!
    ¡Siento una profunda agonía!*c*
  Mi corazón se agita dentro de mí,
    pues he sido muy rebelde.
  Allá afuera, la espada me deja sin hijos;
    dentro de la casa hay ambiente de muerte.

Shin

21 »La gente ha escuchado mi gemir,
    pero no hay quien me consuele.
  Todos mis enemigos conocen mi pesar
    y se alegran de lo que has hecho conmigo.
  ¡Manda ya tu castigo anunciado,
    para que sufran lo que he sufrido!

Tav

22 »¡Que llegue a tu presencia
      toda su maldad!
    ¡Trátalos como me has tratado a mí
      por causa de todos mis pecados!
  Son muchos mis quejidos,
    y mi corazón desfallece».

Álef

2 *d*¡Ay, el Señor cubrió a la hija de •Sión
    con la nube de su furor!*e*
  Desde el cielo echó por tierra
    el esplendor de Israel;
  en el día de su ira se olvidó
    del estrado de sus pies.

Bet

2 Sin compasión el Señor ha devorado
    todas las moradas de Jacob;
  en su furor ha derribado
    los baluartes de la hija de Judá
  y ha puesto su honra por los suelos,
    al humillar al reino y a sus príncipes.

Guímel

3 Dio rienda suelta a su furor
    y deshizo todo el poder*f* de Israel.
  Nos vimos frente al enemigo
    y el Señor nos negó su ayuda.*g*
  Ardió en Jacob como un fuego encendido
    que consumía cuanto le rodeaba.

Dálet

4 Como enemigo, tensó el arco;
    lista estaba su mano derecha.
  Como enemigo, eliminó
    lo placentero a la vista.
  Como fuego, derramó su ira
    sobre las tiendas de la hija de Sión.

He

5 El Señor se porta como enemigo:
    ha devorado a Israel.
  Ha devorado todos sus palacios
    y destruido sus baluartes.
  Ha multiplicado el luto y los lamentos
    por la hija de Judá.

Vav

6 Ha destrozado su morada como a un jardín;
    ha derribado su lugar de reunión.
  El Señor ha hecho que Sión olvide
    sus fiestas solemnes y sus •sábados;
  en el ardor de su ira
    rechazó al rey y al sacerdote.

Zayin

7 El Señor ha rechazado su altar;
    ha abandonado su santuario.
  Ha puesto en manos del enemigo
    las murallas de sus palacios.
  ¡Lanzan gritos en la casa del Señor
    como en día de fiesta!

Jet

8 El Señor decidió derribar
    la muralla que rodea a la hija de Sión.
  Tomó la vara y midió;
    destruyó sin compasión.
  Hubo lamentos en rampas y muros;
    todos ellos se derrumbaron.

Tet

9 Las •puertas se han desplomado;
    él rompió por completo sus cerrojos.
  Su rey y sus príncipes
    andan entre las naciones;
  ya no hay Ley
    y sus profetas no reciben visiones de parte del
      Señor.

---

a 15 *Convocó … despedazar.* Alt. *ha establecido mi tiempo,
/ cuando él despedazará.* *b* 17 *clama pidiendo ayuda.* Lit.
extiende las manos. *c* 20 *¡Siento … agonía!* Lit. *Mis entrañas
se agitan.* *d* Lm 2 Este capítulo es un poema acróstico, que
sigue el orden del alfabeto hebreo. *e* 1 *¡Ay … furor!* Alt.
*¡Cómo el Señor, en su enojo, / ha tratado con reproches a la hija
de Sión!* *f* 3 *todo el poder.* Lit. *todo cuerno.* *g* 3 *nos negó su
ayuda.* Lit. *retiró su mano derecha.*

Yod

¹⁰ En la hija de Sión los ancianos
 se sientan silenciosos en el suelo;
se echan ceniza sobre la cabeza
 y se visten de luto.
Las jóvenes de Jerusalén
 bajan sus cabezas de vergüenza.

Caf

¹¹ Las lágrimas inundan mis ojos;
 siento una profunda agonía.ᵃ
Estoy con el ánimoᵇ por los suelos
 porque mi pueblo ha sido destruido.
Niños e infantes desfallecen
 por las calles de la ciudad.

Lámed

¹² «¿Dónde hay pan y vino?»,
 preguntan a sus madres
mientras caen por las calles
 como heridos de muerte,
mientras en los brazos maternos
 exhalan el último suspiro.

Mem

¹³ ¿Qué puedo decir de ti,
 hija de Jerusalén?
¿A qué te puedo comparar?
¿Qué ejemplo darte como consuelo,
 virginal hija de Sión?
Profundas como el mar son tus heridas.
 ¿Quién podría sanarte?

Nun

¹⁴ Tus profetas te anunciaron
 visiones falsas y engañosas.
No denunciaron tu maldad;
 no evitaron tu cautiverio.
Los mensajes que te anunciaban
 eran falsos y engañosos.

Sámej

¹⁵ Todos los que pasan por el camino
 aplauden burlones al verte.
Ante ti, hija de Jerusalén, menean sus
  cabezas
y entre silbidos preguntan:
«¿Es esta la ciudad llamada perfecta en su
  hermosura?
 ¿El gozo de toda la tierra?».

Pe

¹⁶ Todos tus enemigos abren la boca
 para hablar mal de ti;
rechinando los dientes, declaran burlones:
 «Nos la hemos comido viva.
Llegó el día tan esperado;
 ¡hemos vivido para verlo!».

Ayin

¹⁷ El SEÑOR ha llevado a cabo sus planes;
 ha cumplido su palabra,
 que decretó hace mucho tiempo.
Sin piedad, te echó por tierra;
 dejó que el enemigo se burlara de ti,
 y enalteció el poderᶜ de tus oponentes.

Tsade

¹⁸ El corazón de la gente
 clama al Señor con angustia.
Muralla de la hija de Sión,
 ¡deja que día y noche
 corran tus lágrimas como un río!
¡No te des un momento de descanso!
 ¡No retengas el llanto de tus ojos!ᵈ

Qof

¹⁹ Levántate y clama por las noches,
 cuando empiece la vigilancia nocturna.
Deja correr el llanto de tu corazón
 como agua derramada ante el Señor.
Eleva tus manos a Dios en oración
 por la ˙vida de tus hijos,
que desfallecen de hambre
 y quedan tendidos por las calles.

Resh

²⁰ «Mira, SEÑOR, y considera:
 ¿A quién trataste alguna vez así?
¿Habrán de comerse las mujeres
 a sus hijos, fruto de sus entrañas?
¿Habrán de matar a sacerdotes y profetas
 en el santuario del Señor?

Shin

²¹ »Jóvenes y ancianos por igual
 yacen en el polvo de las calles;
mis jóvenes y mis doncellas
 cayeron a filo de espada.
En tu enojo les quitaste la vida;
 ¡los masacraste sin piedad!

Tav

²² »Como si convocaras a un día de fiesta,
 convocaste contra mí terror de todas
  partes.
En el día de la ira del SEÑOR
 nadie pudo escapar, nadie quedó con vida.
A mis seres queridos, a los que eduqué,
 los aniquiló el enemigo».

Álef

3 ᵉYo soy aquel que ha sufrido la aflicción
 bajo la vara de su ira.
² Me ha hecho andar en las tinieblas
 y no en la luz.
³ Todo el día, una y otra vez,
 su mano se ha vuelto contra mí.

Bet

⁴ Ha hecho que mi carne y mi piel envejezcan;
 me ha quebrantado los huesos.
⁵ Me ha tendido un cerco
 de amargura y tribulaciones.
⁶ Me obliga a vivir en las tinieblas,
 como a los que hace tiempo murieron.

Guímel

⁷ Me tiene encerrado, no puedo escapar;
 me ha puesto pesadas cadenas.
⁸ Por más que grito y pido ayuda,
 él rechaza mi oración.
⁹ Cerró mi camino con bloques de piedra;
 ha torcido mis senderos.

Dálet

¹⁰ Me acecha como oso,
 como león escondido.
¹¹ Me aparta del camino para despedazarme;
 ¡me deja sin ayuda!

ᵃ **11** *siento ... agonía.* Lit. *mis entrañas se agitan.* ᵇ **11** *Estoy con el ánimo.* Lit. *Mi hígado está derramado.* ᶜ **17** *poder.* Lit. *cuerno.* ᵈ **18** *no retengas ... ojos.* Lit. *no acalles a la niña de tus ojos.* ᵉ **Lm 3** Este capítulo es un poema acróstico, que sigue el orden del alfabeto hebreo.

¹²Con el arco tenso,
me ha hecho blanco de sus flechas.

He

¹³Me ha partido el corazón
con las flechas de su aljaba.
¹⁴Soy el motivo de risa de todo mi pueblo;
todo el día me cantan parodias.
¹⁵Me ha llenado de amargura,
me ha hecho beber hiel.

Vav

¹⁶Con piedras me ha quebrado los dientes;
me ha hecho morder el polvo.
¹⁷Me ha quitado la ˚paz;
ya no recuerdo lo que es la dicha.
¹⁸Y digo: «Me he quedado sin fuerzas
y sin esperanza en el SEÑOR».

Zayin

¹⁹Recuerda que estoy afligido y ando errante,
que estoy saturado de hiel y amargura.
²⁰Recuerdo esto bien
y por eso me deprimo.
²¹Pero algo más me viene a la memoria,
lo cual me llena de esperanza:

Jet

²²Por el gran amor del SEÑOR no hemos sido
consumidos[a]
y su compasión jamás se agota.
²³Cada mañana se renuevan sus bondades;
¡muy grande es su fidelidad!
²⁴Me digo a mí mismo:
«El SEÑOR es mi herencia.
¡En él esperaré!».

Tet

²⁵Bueno es el SEÑOR con quienes esperan en él,
con todos los que lo buscan.
²⁶Bueno es esperar calladamente
la ˚salvación del SEÑOR.
²⁷Bueno es que el hombre aprenda
a llevar el yugo desde su juventud.

Yod

²⁸¡Déjenlo estar solo y en silencio,
porque el SEÑOR se lo ha impuesto!
²⁹¡Que hunda el rostro en el polvo!
¡Tal vez haya esperanza todavía!
³⁰¡Que dé la otra mejilla a quien lo hiera,
y quede así cubierto de deshonra!

Caf

³¹El Señor nos ha rechazado,
pero no será para siempre.
³²Nos hace sufrir, pero también muestra
compasión,
porque es muy grande su amor.
³³El Señor nos hiere y nos aflige,
pero no porque sea de su agrado.

Lámed

³⁴Cuando se aplasta bajo el pie
a todos los prisioneros de la tierra,
³⁵cuando en presencia del ˚Altísimo
se le niegan al pueblo sus derechos
³⁶y no se hace justicia,
¿el Señor no se da cuenta?

Mem

³⁷¿Quién puede anunciar algo y hacerlo realidad
sin que el Señor dé la orden?

³⁸¿No es acaso por la boca del Altísimo
que acontece lo bueno y lo malo?
³⁹¿Por qué habría de quejarse en vida
quien es castigado por sus pecados?

Nun

⁴⁰Examinemos y pongamos a prueba nuestras
conductas
y volvamos al SEÑOR.
⁴¹Elevemos al Dios de los cielos
nuestro ˚corazón y nuestras manos.
⁴²Hemos pecado, hemos sido rebeldes
y tú no nos has perdonado.

Sámej

⁴³Te cubriste de ira y nos persigues;
nos matas sin piedad.
⁴⁴Te cubriste con una nube
para no escuchar nuestra oración.
⁴⁵Como a escoria despreciable
nos has arrojado entre las naciones.

Pe

⁴⁶Todos nuestros enemigos abren la boca
para hablar mal de nosotros.
⁴⁷Hemos sufrido terrores y trampas,
ruina y destrucción.
⁴⁸Ríos de lágrimas corren por mis mejillas
porque ha sido destruida la hija de mi pueblo.

Ayin

⁴⁹Se inundarán en llanto mis ojos,
sin cesar y sin consuelo,
⁵⁰hasta que el SEÑOR
contemple desde el cielo y vea.
⁵¹Me duele en lo más profundo del ˚alma
ver sufrir a las mujeres de mi ciudad.

Tsade

⁵²Mis enemigos me persiguen sin razón,
y quieren atraparme como a un ave.
⁵³Me quieren enterrar vivo
y me tiraron piedras.
⁵⁴Las aguas me han cubierto la cabeza;
tal parece que me ha llegado el fin.

Qof

⁵⁵Desde lo más profundo de la fosa
invoqué, SEÑOR, tu nombre,
⁵⁶y tú escuchaste mi plegaria:
«No cierres tus oídos a mi clamor de alivio».
⁵⁷Te invoqué, y viniste a mí;
«No temas», me dijiste.

Resh

⁵⁸Tú, Señor, te pusiste de mi parte;
tú redimiste mi vida.
⁵⁹Tú, SEÑOR, viste el mal que me causaron;
¡hazme justicia!
⁶⁰Tú notaste su sed de venganza
y todas sus maquinaciones en mi contra.

Shin

⁶¹SEÑOR, tú has escuchado sus insultos
y todos sus planes en mi contra;
⁶²tú sabes que todo el día mis enemigos
murmuran y se confabulan contra mí.
⁶³¡Míralos! Hagan lo que hagan,[b]
se burlan de mí en sus canciones.

---

a 22 Por el gran ... consumidos (TM); *El gran amor del* SEÑOR *nunca se acaba* (Siríaca y Targum).   *b 63 ¡Míralos! Hagan lo que hagan.* Lit. *Su sentarse y su levantarse mira.*

Tav

64 ¡Dales, SEÑOR, su merecido
     por todo lo que han hecho!
65 Pon un velo sobre sus corazones,
     ¡y caiga sobre ellos tu maldición!
66 Persíguelos, SEÑOR, en tu enojo,
     y bórralos de debajo de tus cielos.

Álef

4 *a*¡Cómo ha perdido el oro su brillo!
     ¡Se ha empañado el oro fino!
     ¡Regadas por las esquinas de las calles
     se han quedado las joyas sagradas!

Bet

2 A los valiosos hijos de ˚Sión,
     que antes valían su peso en oro,
     hoy se les ve como vasijas de barro,
     como la obra de un alfarero.

Guímel

3 Hasta los chacales ofrecen el pecho
     y dan leche a sus cachorros,
     pero mi pueblo*b* ya no tiene sentimientos;
     ¡es como los avestruces del desierto!

Dálet

4 Tanta es la sed que tienen los niños
     que la lengua se les pega al paladar.
     Piden pan los pequeñuelos,
     pero nadie se lo da.

He

5 Quienes antes comían los más ricos manjares
     hoy desfallecen de hambre por las calles.
     Quienes antes se vestían de fina lana color
        púrpura
     hoy se revuelcan en medio de la basura.

Vav

6 Más grande que los pecados de Sodoma
     es la iniquidad de mi pueblo;
     ¡fue derribada en un instante
     y nadie tendió la mano para ayudarla!

Zayin

7 Más radiantes que la nieve eran sus príncipes
     y más blancos que la leche;
     más rosado que el coral era su cuerpo;
     su apariencia era la del zafiro.

Jet

8 Pero ahora se ven más sucios que el hollín;
     en la calle nadie los reconoce.
     Su piel, reseca como la leña,
     se les pega a los huesos.

Tet

9 ¡˚Dichosos los que mueren por la espada,
     más que los que mueren de hambre!
     Torturados por el hambre desfallecen,
     pues no cuentan con los frutos del campo.

Yod

10 Con sus manos, mujeres compasivas
     cocinaron a sus propios hijos,
     y esos niños fueron su alimento
     cuando mi pueblo fue destruido.

Caf

11 El SEÑOR dio rienda suelta a su enojo;
     dejó correr el ardor de su ira.
     Prendió fuego a Sión
     y la consumió hasta sus cimientos.

Lámed

12 No creían los reyes de la tierra,
     ni tampoco los habitantes del mundo,
     que los enemigos y adversarios de Jerusalén
     cruzarían alguna vez sus ˚puertas.

Mem

13 Pero sucedió por los pecados de sus profetas,
     por las iniquidades de sus sacerdotes,
     ¡por derramar sangre inocente
     en las calles de la ciudad!

Nun

14 Manchados de sangre
     andan por las calles como ciegos.
     No hay nadie que se atreva
     a tocar siquiera sus vestidos.

Sámej

15 «¡Largo de aquí, ˚impuros!», les grita la gente.
     «¡Fuera! ¡Fuera! ¡No nos toquen!».
     El pueblo de otras naciones ˚paganas les dice:
     «Son unos vagabundos que andan huyendo.
     No pueden quedarse aquí más tiempo».

Pe

16 El SEÑOR mismo los ha dispersado;
     ya no se preocupa por ellos.
     Ya no hay respeto para los sacerdotes
     ni compasión para los ancianos.

Ayin

17 Para colmo, desfallecen nuestros ojos
     esperando en vano que alguien nos ayude.
     Desde nuestras torres estamos en espera
     de una nación que no puede salvarnos.

Tsade

18 A cada paso nos acechan;
     no podemos ya andar por las calles.
     Nuestro fin se acerca, nos ha llegado la hora;
     ¡nuestros días están contados!

Qof

19 Nuestros perseguidores resultaron
     más veloces que las águilas del cielo;
     nos persiguieron por las montañas,
     nos acecharon en el desierto.

Resh

20 También cayó en sus redes el ˚ungido del SEÑOR,
     que era el aliento de nuestras vidas.
     Era él de quien decíamos:
     ¡Viviremos bajo su sombra entre las naciones!

Shin

21 ¡Regocíjate y alégrate, hija de Edom,
     que vives como reina en la tierra de Uz!
     ¡Pero ya tendrás que beber de esta copa,
     y quedarás embriagada y desnuda!

Tav

22 Tu castigo se ha cumplido, hija de Sión;
     Dios no volverá a desterrarte.
     Pero a ti, hija de Edom, te castigará por tu
        maldad
     y pondrá al descubierto tus pecados.

---

a Lm 4 Este capítulo es un poema acróstico, que sigue el
orden del alfabeto hebreo.   *b* 3 *mi pueblo.* Lit. *la hija de mi
pueblo*; también en vv. 6 y 10.

5 ¡Recuerda, Señor, lo que nos ha sucedido!
¡Contempla y ve nuestra deshonra!
2 Nuestra heredad ha caído en manos extrañas;
nuestro hogar, en manos de extranjeros.
3 No tenemos padre, hemos quedado huérfanos;
viudas han quedado nuestras madres.
4 El agua que bebemos, tenemos que pagarla;
la leña, tenemos que comprarla.
5 Los que nos persiguen nos pisan los talones;*a*
estamos fatigados y no hallamos descanso.
6 Entramos en tratos*b* con Egipto y con Asiria
para conseguir alimentos.
7 Nuestros antepasados pecaron y murieron,
pero a nosotros nos tocó el castigo.
8 Ahora nos gobiernan los esclavos
y no hay quien nos libre de sus manos.
9 Conseguimos pan a riesgo de nuestras vidas,
al enfrentar las espadas del desierto.
10 La piel nos arde como un horno;
de hambre nos da fiebre.
11 Las mujeres fueron violadas en ˚Sión
y las vírgenes, en las ciudades de Judá.
12 A nuestros príncipes los colgaron de las manos
y a nuestros ancianos no los honraron.
13 A nuestros mejores jóvenes los pusieron a moler;
los niños tropezaban bajo el peso de la leña.

14 Ya no se sientan los ancianos a las ˚puertas de la
ciudad;
ni se escucha la música de los jóvenes.
15 En nuestro corazón no hay gozo;
nuestra danza se convirtió en lamento.
16 Nuestra cabeza se ha quedado sin corona.
¡Ay de nosotros que hemos pecado!
17 Desfallece nuestro corazón;
se apagan nuestros ojos,
18 porque el monte Sión se halla desolado,
y sobre él rondan los chacales.

19 Pero tú, Señor, reinas eternamente;
tu trono permanece de generación en
generación.
20 ¿Por qué siempre nos olvidas?
¿Por qué nos abandonas tanto tiempo?
21 Permítenos volver a ti, Señor, y volveremos;
renueva nuestra vida como antes.
22 La verdad es que nos has rechazado
y te has excedido en tu enojo contra
nosotros.

---

a 5 *Los que ... los talones*. Lit. *Sobre nuestro cuello nos
persiguen.*   *b* 6 *Entramos en tratos*. Lit. *Dimos la mano.*

Ezequiel

1 En el día quinto del mes cuarto del año treinta, mientras me encontraba entre los deportados a orillas del río Quebar, los cielos se abrieron y recibí visiones de Dios.

²Habían transcurrido cinco años y cinco meses desde que el rey Joaquín fue deportado. ³En este tiempo, mientras el sacerdote Ezequiel, hijo de Buzí, estaba a orillas del río Quebar, en la tierra de los babilonios,ª el SEÑOR le dirigió la palabra y su mano estaba sobre él.

⁴De pronto me fijé y vi que del norte venía un viento huracanado con una nube inmensa rodeada de un fuego fulgurante y gran resplandor. En medio del fuego se veía algo semejante a un metal refulgente. ⁵También en medio del fuego vi algo parecido a cuatro seres vivientes que tenían forma humana. ⁶Cada uno de ellos tenía cuatro caras y cuatro alas. ⁷Sus piernas eran rectas; y sus pies parecían pezuñas de becerro y brillaban como el bronce bruñido. ⁸En sus cuatro costados, debajo de las alas, tenían manos humanas. Los cuatro seres tenían alas y caras, ⁹y las alas se tocaban entre sí. Cuando avanzaban no se volvían, sino que cada uno caminaba de frente.

¹⁰Sus rostros tenían el siguiente aspecto: de frente, los cuatro tenían rostro humano; a la derecha tenían cara de león; a la izquierda, de toro; y por detrás, de águila. ¹¹Así eran sus caras. Sus alas se desplegaban hacia arriba. Con dos alas se tocaban entre sí, mientras que con las otras dos se cubrían el cuerpo. ¹²Los cuatro seres avanzaban de frente, iban adonde el espíritu los impulsaba y no se volvían al andar. ¹³Estos seres vivientes parecían carbones encendidos o antorchas que se movían de un lado a otro. El fuego resplandecía y de él se desprendían relámpagos. ¹⁴Los seres vivientes se desplazaban de un lado a otro con la rapidez de un rayo.

¹⁵Miré a los seres vivientes de cuatro caras; entonces vi que en el suelo, junto a cada uno de ellos, había una rueda. ¹⁶Las cuatro ruedas tenían el mismo aspecto, es decir, brillaban como el topacio y tenían la misma forma. Su estructura era tal que cada rueda parecía estar encajada dentro de la otra. ¹⁷Las ruedas podían avanzar en las cuatro direcciones sin tener que volverse. ¹⁸Las cuatro ruedas tenían aros altos e impresionantes, y estaban llenas de ojos por todas partes.

¹⁹Cuando los seres vivientes avanzaban, las ruedas se movían con ellos y, cuando se levantaban del suelo, también se levantaban las ruedas. ²⁰Los seres iban adonde el espíritu los impulsaba, y las ruedas se elevaban juntamente con ellos, porque el espíritu de los seres vivientes estaba en las ruedas. ²¹Cuando los seres se movían, las ruedas también se movían; cuando se detenían, las ruedas también se detenían; cuando se elevaban del suelo, las ruedas también se elevaban. Las ruedas hacían lo mismo que ellos, porque el espíritu de los seres vivientes estaba en las ruedas.

²²Sobre las cabezas de los seres vivientes había una gran expansión, muy hermosa y reluciente como el cristal. ²³Debajo de esa expansión, las alas de estos seres se extendían y se tocaban entre sí. Además, cada uno de ellos tenía otras dos alas con las que se cubría el cuerpo. ²⁴Cuando los seres avanzaban, yo podía oír el ruido de sus alas: era como el estruendo de muchas aguas, como la voz del ˙Todopoderoso, como el tumultuoso ruido de un ejército. Cuando se detenían, replegaban sus alas.

²⁵Luego, mientras estaban parados con sus alas replegadas, se produjo un estruendo por encima de la expansión que estaba sobre sus cabezas. ²⁶Por encima de esa expansión había algo semejante a un trono de zafiro. Sobre lo que parecía un trono había una figura de aspecto humano. ²⁷De lo que parecía ser su cintura para arriba, vi algo que brillaba como el metal refulgente, rodeado de fuego. De su cintura para abajo, vi algo semejante al fuego y un resplandor a su alrededor. ²⁸El resplandor era semejante al del arcoíris cuando aparece en las nubes en un día de lluvia.

Tal era el aspecto de la gloria del SEÑOR. Ante esa visión, caí rostro en tierra y oí que la voz de alguien que hablaba.

Llamamiento de Ezequiel

2 Esa voz me dijo: «˙Hijo de hombre,ᵇ ponte en pie, que voy a hablarte».

²Mientras me hablaba, el Espíritu entró en mí, hizo que me pusiera de pie y pude oír al que me hablaba.

³Me dijo: «Hijo de hombre, te voy a enviar a los israelitas. Es una nación rebelde que se ha rebelado contra mí. Ellos y sus antepasados se han sublevado contra mí hasta el día de hoy. ⁴Te estoy enviando a un pueblo obstinado y terco, al que deberás advertirle: "Así dice el SEÑOR y Dios". ⁵Tal vez te escuchen, tal vez no, pues son un pueblo rebelde; pero al menos sabrán que han tenido un profeta entre ellos. ⁶Tú, hijo de hombre, no tengas miedo de ellos ni de sus palabras, por más que estés en medio de cardos y espinas, y vivas rodeado de escorpiones. No temas por lo que digan ni te sientas atemorizado, porque son un pueblo rebelde. ⁷Tal vez te escuchen, tal vez no, pues son un pueblo rebelde; pero tú les proclamarás mis palabras. ⁸Tú, hijo de hombre, atiende bien a lo que te voy a decir y no seas rebelde como ellos. Abre tu boca y come lo que te voy a dar».

⁹Entonces miré y vi que una mano con un rollo escrito se extendía hacia mí. ¹⁰La mano abrió ante mis ojos el rollo. Estaba escrito por ambos lados; contenía lamentos, quejidos y dolores.

3 Y me dijo: «˙Hijo de hombre, cómete este rollo escrito y luego ve a hablarle al pueblo de Israel».

²Yo abrí la boca y él me hizo comer el rollo. ³Luego me dijo: «Hijo de hombre, cómete el rollo que te

---

a 3 Lit. *caldeos.*   **b 1** La frase hebrea *ben adam* significa *ser humano.* La frase *hijo de hombre* se retiene en este libro como una manera de dirigirse al profeta debido a su posible asociación con el título «Hijo del hombre» en el Nuevo Testamento.

estoy dando hasta que te sacies». Me lo comí y era tan dulce como la miel.

⁴Otra vez me dijo: «Hijo de hombre, ve al pueblo de Israel y proclámale mis palabras. ⁵No te envío a un pueblo de idioma confuso y difícil de entender, sino al pueblo de Israel. ⁶No te mando a muchos pueblos de lenguaje complicado y difícil que no puedas comprender, aunque si te hubiera mandado a ellos seguramente te escucharían. ⁷Pero el pueblo de Israel no va a escucharte porque no quiere escucharme. Todo el pueblo de Israel es terco y obstinado. ⁸No obstante, yo te haré tan terco y obstinado como ellos. ⁹¡Te haré inquebrantable como el diamante, inconmovible como la roca! No les tengas miedo ni te asustes, por más que sean un pueblo rebelde».

¹⁰Luego me dijo: «Hijo de hombre, escucha bien todo lo que voy a decirte y atesóralo en tu corazón. ¹¹Ahora ve adonde están exiliados tus compatriotas. Tal vez te escuchen, tal vez no; pero tú adviérteles: "Así dice el SEÑOR y Dios"».

¹²Entonces me levantó el Espíritu^a y detrás de mí oí decir con el estruendo de un terremoto: «¡Bendita sea la gloria del SEÑOR, donde él habita!». ¹³Oí el ruido de las alas de los seres vivientes al rozarse unas con otras y el de las ruedas que estaban junto a ellas; el ruido era estruendoso. ¹⁴El Espíritu me levantó y se apoderó de mí. Y me fui amargado y enardecido en mi espíritu, mientras la mano del SEÑOR me sujetaba con fuerza. ¹⁵Así llegué a Tel Aviv, a orillas del río Quebar, adonde estaban los israelitas exiliados y, totalmente abatido, me quedé con ellos durante siete días.

Advertencia a Israel

¹⁶Al cabo de los siete días, la palabra del SEÑOR vino a mí y me dijo: ¹⁷«Hijo de hombre, a ti te he puesto como centinela del pueblo de Israel. Por tanto, cuando oigas mi palabra, adviértele de mi parte. ¹⁸Cuando yo diga al malvado: "¡Vas a morir!", y tú al malvado no le hayas advertido sobre su mala conducta —para que siga viviendo—, ese malvado morirá por causa de su pecado, pero yo te pediré cuentas de su muerte. ¹⁹En cambio, si tú se lo adviertes y él no se arrepiente de su maldad ni de su mala conducta, morirá por causa de su pecado, pero tú habrás salvado tu vida.

²⁰»Por otra parte, si una persona justa se desvía de su buena conducta y hace lo malo, y yo la hago tropezar y tú no se lo adviertes, morirá por su pecado. Las cosas justas que hizo no se tomarán en cuenta y yo te haré responsable de su muerte. ²¹Pero si tú adviertes al justo para que no peque y en efecto él no peca, él seguirá viviendo porque hizo caso a tu advertencia y tú habrás salvado tu vida».

²²Luego el SEÑOR puso su mano sobre mí y me dijo: «Levántate y dirígete al campo que allí voy a hablarte». ²³Yo me levanté y salí al campo. Allí vi la gloria del SEÑOR, tal como la había visto a orillas del río Quebar, y caí rostro en tierra. ²⁴Entonces el Espíritu entró en mí, hizo que me pusiera de pie y me dijo: «Ve y enciérrate en tu casa. ²⁵A ti, hijo de hombre, te atarán con sogas para que no puedas salir ni andar entre el pueblo. ²⁶Yo haré que se te pegue la lengua al paladar; así te quedarás mudo y no podrás reprenderlos, por más que sean un pueblo rebelde. ²⁷Pero cuando yo te hable, te soltaré la lengua y les advertirás: "Así dice el SEÑOR y Dios". El que quiera oír, que oiga; y el que no quiera, que no oiga, porque son un pueblo rebelde.

Anuncio del sitio a Jerusalén

4 »Hijo de hombre, toma ahora un ladrillo, ponlo delante de ti y dibuja en él la ciudad de Jerusalén. ²Acampa a su alrededor y ponle sitio; levanta torres de asalto contra ella y construye una rampa que llegue hasta la ciudad; instala máquinas para derribar sus murallas. ³Toma una plancha de hierro y colócala como un muro entre la ciudad y tú, y dirige tu rostro contra ella. De esa manera quedará sitiada; tú la sitiarás. Eso servirá de señal a los israelitas.

⁴»Acuéstate sobre tu lado izquierdo y echa sobre ti el pecado de los israelitas. Durante el tiempo que estés acostado sobre ese lado, cargarás con sus culpas. ⁵Yo te he puesto un plazo de trescientos noventa días, es decir, un lapso de tiempo equivalente a los años del pecado de Israel.

⁶»Cuando cumplas ese plazo, volverás a acostarte, pero esta vez sobre tu lado derecho. Cuarenta días cargarás con la culpa del pueblo de Judá, o sea, un día por cada año. ⁷Luego dirigirás tu rostro al asedio de Jerusalén y con brazo desnudo profetizarás contra ella. ⁸Mira, yo te ataré con sogas para que no puedas darte vuelta de un lado a otro, hasta que se cumplan los días del asedio.

⁹»Toma trigo, cebada, habas, lentejas, mijo y centeno; viértelos en un recipiente y amásalos para hacer pan, pues ese será tu alimento durante los trescientos noventa días que estarás acostado sobre tu lado izquierdo. ¹⁰Cada día comerás, a una hora fija, una ración de veinte siclos.^b ¹¹También a una hora fija beberás la sexta parte de un hin^c de agua. ¹²Cocerás ese pan con excremento humano y a la vista de todos lo comerás como si fuera una torta de cebada».

¹³Luego el SEÑOR añadió: «De igual manera, los israelitas comerán alimentos ˚impuros en medio de las naciones por donde los voy a dispersar».

¹⁴Entonces exclamé: «¡No, mi SEÑOR y Dios! ¡Yo jamás me he ˚contaminado con nada! Desde mi niñez y hasta el día de hoy, jamás he comido carne de ningún animal que se haya encontrado muerto o que haya sido despedazado por las fieras. ¡Por mi boca no ha entrado ningún tipo de carne impura!».

¹⁵«Está bien —me respondió—, te doy permiso para que hornees tu pan con excremento de vaca en vez de excremento humano».

¹⁶Luego me dijo: «Hijo de hombre, voy a hacer que escasee el alimento en Jerusalén. La gente comerá el pan racionado con angustia; también el agua racionada, la beberán con terror. ¹⁷Escasearán el pan y el agua y, cuando cada uno vea la condición del otro, se horrorizarán y se consumirán a causa de sus pecados.

5 »Tú, ˚hijo de hombre, toma ahora una espada afilada, y úsala como navaja de afeitar para raparte la cabeza y afeitarte la barba. Toma luego una balanza y divide tu cabello cortado. ²Cuando se cumplan los días del sitio, quemarás en medio de la ciudad una tercera parte del cabello; otra tercera parte la cortarás con la espada alrededor de la ciudad; la parte restante la esparcirás al viento. Yo, por mi parte, desenvainaré la espada y los perseguiré. ³Toma algunos de los cabellos y átalos al borde de tu manto. ⁴Y de ellos, toma otros pocos y arrójalos en el fuego para que se quemen. Desde allí se extenderá el fuego sobre todo el pueblo de Israel.

⁵»Así dice el SEÑOR y Dios: Esta es la ciudad de Jerusalén. Yo la coloqué en medio de las naciones y de los territorios a su alrededor. ⁶Pero ella se rebeló contra mis leyes y estatutos, con una perversidad mayor a la de las naciones y territorios vecinos. En otras palabras, rechazó por completo mis leyes y estatutos.

⁷»Por eso yo, el SEÑOR y Dios, declaro: Ustedes han sido más rebeldes que las naciones a su alrededor. No han seguido mis estatutos ni obedecido mis leyes;

---

^a 12 *Espíritu* o *viento*; también en v. 24.   ^b 10 Es decir, aprox. 230 g.   ^c 11 Es decir, aprox. 0.6 l.

ni siquiera se han sujetado a las costumbres de esas naciones.

⁸»Por lo tanto yo, el Señor y Dios, declaro: Estoy contra ti, Jerusalén, y te voy a castigar a la vista de todas las naciones. ⁹Por causa de tus prácticas detestables, haré contigo lo que jamás he hecho ni volveré a hacer. ¹⁰Entre ustedes habrá padres que se comerán a sus hijos y también hijos que se comerán a sus padres. Yo los castigaré y a quien sobreviva lo dispersaré por los cuatro vientos.

¹¹»Por tanto, tan cierto como que yo vivo, declara el Señor y Dios: como ustedes han profanado mi santuario con sus ídolos repugnantes y con prácticas detestables, yo mismo los destruiré sin piedad ni compasión. ¹²Una tercera parte de tu pueblo morirá en tus calles por la plaga y por el hambre; otra tercera parte caerá a filo de espada en tus alrededores; a la tercera parte restante la dispersaré por los cuatro vientos. Yo desenvainaré la espada y perseguiré a la gente.

¹³»Entonces se apaciguará mi ira, mi enojo contra ellos será saciado y me daré por satisfecho. Y, cuando en mi celo haya desahogado mi enojo contra ellos, sabrán que yo, el Señor, lo he dicho.

¹⁴Yo te convertiré en un montón de ruinas; te haré objeto de burla de todas las naciones que te rodean. Todos los que pasen junto a ti lo verán. ¹⁵Cuando yo te castigue con indignación, enojo y durísimos reproches, serás objeto de burla y deshonra, y motivo de advertencia y escarmiento para las naciones que te rodean. Yo, el Señor, lo he dicho. ¹⁶Yo te haré blanco del hambre, esa mortífera flecha que todo lo destruye. Dispararé a matar, pues traeré sobre ti hambre y escasez de alimentos. ¹⁷Por si fuera poco, lanzaré contra ti animales salvajes que te dejarán sin hijos. Te verás abrumado por las plagas y por el derramamiento de sangre, pues haré que caigas a filo de espada. Yo, el Señor, lo he dicho».

Profecía contra los montes de Israel

6 La palabra del Señor vino a mí y me dijo: ²«˙Hijo de hombre, pon tu rostro hacia las montañas de Israel y profetiza contra ellas. ³Diles: "Escuchen, montañas de Israel, la palabra del Señor y Dios. Esto dice el Señor y Dios a las montañas y colinas, a los canales de los ríos y los valles: 'Haré que venga contra ustedes la espada, y destruiré sus lugares de culto idolátrico. ⁴Despedazaré sus altares, haré añicos sus altares para quemar incienso y haré que sus muertos caigan frente a sus ídolos. ⁵En efecto, arrojaré los cadáveres de los israelitas delante de sus ídolos y esparciré sus huesos en torno a sus altares. ⁶No importa dónde vivan ustedes, sus ciudades serán destruidas y sus altares paganos serán devastados. Sus altares quedarán completamente destrozados; sus ídolos, hechos un montón de ruinas; sus altares para quemar incienso, hechos añicos. ¡Todas sus obras desaparecerán! ⁷Caerá muerta la gente en medio de ustedes; así sabrán que yo soy el Señor.

⁸»' 'Pero yo dejaré que algunos de ustedes se escapen de la muerte y queden esparcidos entre las naciones y los pueblos. ⁹Los sobrevivientes se acordarán de mí en las naciones donde hayan sido llevados cautivos. Se acordarán de cómo me he afligido por culpa de su ˙corazón adúltero, y de cómo se apartaron de mí y se fueron tras sus ídolos. ¡Sentirán asco de ellos mismos por todas las maldades que hicieron y por sus obras repugnantes! ¹⁰Entonces sabrán que yo soy el Señor y no los amenacé en vano con estas calamidades' ".

¹¹»Así dice el Señor y Dios: "Aplaude, patalea y grita: '¡Ay!, por todas las terribles abominaciones del pueblo de Israel, morirán por la espada, el hambre y la plaga. ¹²Quien esté lejos perecerá por la plaga y quien esté cerca morirá a filo de espada; el que quede con vida se morirá de hambre'. Así descargaré sobre ellos toda mi ira. ¹³Sus cadáveres quedarán tendidos entre sus ídolos y alrededor de sus altares, en las colinas altas y en las cimas de las montañas, debajo de todo árbol frondoso y de toda encina tupida; es decir, en los lugares donde ofrecieron incienso de olor grato a sus ídolos. ¡Entonces sabrán que yo soy el Señor! ¹⁴Extenderé mi mano contra ellos; convertiré en tierra desolada su país y todo lugar donde habiten, desde el desierto hasta Riblá. ¡Entonces sabrán que yo soy el Señor!"».

El fin ha llegado

7 La palabra del Señor vino a mí y me dijo: ²«˙Hijo de hombre, así dice el Señor y Dios al pueblo de Israel:

»¡Te llegó la hora!
  Ha llegado el fin sobre los cuatro extremos de
    la tierra.
³ ¡Te ha llegado el fin!
  Descargaré mi ira sobre ti;
  te juzgaré según tu conducta
    y te pediré cuentas de todas tus acciones
      detestables.
⁴ No voy a tratarte con piedad
    ni a tenerte compasión,
  sino que te haré pagar cara tu conducta
    y tus prácticas repugnantes.

Así sabrás que yo soy el Señor.

⁵»Así dice el Señor y Dios:

»¡Las desgracias
    se siguen unas a otras!
⁶ ¡Ya viene el fin!
    ¡Ya viene el fin!
  ¡Se acerca contra ti!
    ¡Es inminente!
⁷ Te ha llegado la hora,
    habitante del país.
  ¡Ya viene la hora! ¡Ya se acerca el día!
    En las montañas no hay alegría, sino pánico.
⁸ Ya estoy por descargar sobre ti mi furor;
    desahogaré mi enojo contra ti.
  Te juzgaré según tu conducta;
    te pediré cuentas por todas tus acciones
      detestables.
⁹ No voy a tratarte con piedad
    ni a tenerte compasión,
  sino que te haré pagar cara tu conducta
    y tus prácticas repugnantes.

Así sabrás que yo, el Señor, también puedo herir.

¹⁰ »¡Ya llegó el día!
    ¡Ya está aquí!
  ¡Tu destino está decidido!
    Florece el juicio,ᵃ
    germina el orgullo.
¹¹ La violencia se levantó
    para castigar la maldad.
  Nada quedará de ustedesᵇ
    ni de su multitud;
  nada de su riqueza
    ni que tenga algún valor.
¹² Llegó la hora;
    este es el día.

Que no se alegre el que compra
    ni llore el que vende,
porque mi enojo caerá sobre toda la multitud.
¹³ Y aunque el vendedor siga con vida,
    no recuperará lo vendido.
Porque la visión referente sobre la multitud
    no se revocará.
Por su culpa nadie podrá
    conservar la vida.

¹⁴ »Aunque toquen la trompeta
    y preparen todo,
nadie saldrá a la batalla,
    porque mi enojo caerá sobre toda la
        multitud.
¹⁵ Allá afuera hay guerra
    y aquí adentro, plaga y hambre.
El que esté en el campo
    morirá a filo de espada
y el que esté en la ciudad
    morirá a causa del hambre y la plaga.
¹⁶ Los que logren escapar
    se quedarán en las montañas.
Como palomas del valle,
    cada uno gimiendo
    por su maldad.
¹⁷ Desfallecerá todo brazo
    y temblará toda rodilla.
¹⁸ Se vestirán de luto
    y el terror los dominará.
Se llenarán de vergüenza
    y se raparán la cabeza.

¹⁹ »La plata la arrojarán a las calles
    y el oro lo verán como algo impuro.
En el día de la ira del Señor,
    ni el oro ni la plata podrán salvarlos;
no servirán para saciar su hambre
    y llenarse el estómago,
porque el oro fue el causante de la caída de
        ustedes.
²⁰ Se enorgullecían de sus joyas hermosas
    y las usaron para fabricar sus imágenes
        detestables
    y sus ídolos despreciables.
Por esta razón las convertiré en algo impuro.
²¹ Haré que vengan los extranjeros y se las
        roben,
    que los malvados de la tierra
    se las lleven y las profanen.
²² Alejaré de ellos mi rostro
    y el lugar de mi tesoro será deshonrado;
entrarán los invasores
    y lo profanarán.

²³ »Prepara las cadenas*ᵃ*
    porque el país se ha llenado de sangre
    y la ciudad está llena de violencia.
²⁴ Haré que las naciones más violentas
    vengan y se apoderen de sus casas.
Pondré fin a la soberbia de los poderosos,
    y sus santuarios serán profanados.
²⁵ Cuando la desesperación los atrape,
    en vano buscarán la ˚paz.
²⁶ Una tras otra vendrán las desgracias,
    al igual que las malas noticias.
Del profeta demandarán visiones;
    la instrucción se alejará del sacerdote
    y a los ancianos del pueblo no les quedarán
        consejos.
²⁷ El rey hará duelo,
    el príncipe se cubrirá de tristeza
    y temblarán las manos del pueblo.

Yo los trataré según su conducta
    y los juzgaré según sus acciones.

Así sabrán que yo soy el Señor».

Idolatría en el Templo

8 En el día quinto del mes sexto del año sexto, yo estaba sentado en mi casa, junto con los ancianos de Judá. De pronto, el Señor puso su mano sobre mí. ²Entonces miré y vi una figura de aspecto humano: de la cintura para abajo, ardía como fuego; de la cintura para arriba, brillaba como el metal refulgente. ³Aquella figura extendió lo que parecía ser una mano y me tomó del cabello. El Espíritu se sostuvo entre la tierra y el cielo y, en visiones de Dios, me llevó a la parte norte de Jerusalén, hasta la entrada de la puerta interior, que es donde está el ídolo que provoca los celos de Dios. ⁴Allí estaba la gloria del Dios de Israel, como la visión que yo había visto en el campo.

⁵Y Dios me dijo: «˚Hijo de hombre, levanta la vista hacia el norte». Yo miré en esa dirección y en la entrada misma, al norte de la puerta del altar, vi el ídolo que provoca los celos de Dios.

⁶También me dijo: «Hijo de hombre, ¿ves las grandes abominaciones que cometen los israelitas en este lugar y que me hacen alejarme de mi santuario? Pues verán aún abominaciones peores».

⁷Después me llevó a la entrada del atrio. En el muro había una abertura. ⁸Entonces me dijo: «Hijo de hombre, cava en el muro». Yo cavé en el muro y me encontré con una puerta.

⁹Entonces me dijo: «Entra y observa las abominaciones detestables que allí se cometen». ¹⁰Yo entré y, a lo largo del muro, vi grabadas todo tipo de figuras de reptiles y de otros animales impuros y de todos los ídolos de Israel. ¹¹Setenta ancianos israelitas estaban de pie frente a los ídolos, rindiéndoles culto. Entre ellos se encontraba Jazanías, hijo de Safán. Cada uno tenía en la mano un incensario, de ellos subía una fragante nube de incienso.

¹²Y él me dijo: «Hijo de hombre, ¿ves lo que hacen los ancianos israelitas en los oscuros nichos de sus ídolos? Andan diciendo: "El Señor no nos ve. El Señor abandonó esta tierra"». ¹³Y añadió: «Ya los verás cometer mayores abominaciones».

¹⁴Luego me llevó a la entrada del Templo del Señor, a la puerta que da hacia el norte. Allí estaban unas mujeres sentadas que lloraban por el dios Tamuz. ¹⁵Entonces Dios me dijo: «Hijo de hombre, ¿ves esto? Pues aún los verás cometer mayores abominaciones».

¹⁶Y me llevó al atrio interior del Templo. A la entrada del Templo, entre el vestíbulo y el altar, había unos veinticinco hombres que estaban mirando hacia el oriente y adoraban al sol, de espaldas al Templo del Señor.

¹⁷Me dijo: «Hijo de hombre, ¿ves esto? ¿Tan poca cosa le parece a Judá cometer tales abominaciones aquí que también ha llenado la tierra de violencia y no deja de provocarme? ¡Mira cómo me enardecen, pasándose por la nariz sus pestilentes ramos! ¹⁸Por eso, voy a actuar con furor. No les tendré piedad ni compasión. Por más que me imploren a gritos, ¡no los escucharé!».

El castigo de los culpables

9 Después oí que Dios clamaba con fuerte voz: «¡Acérquense, verdugos de la ciudad, cada uno con su arma destructora en la mano!». ²Entonces vi que por el camino de la puerta superior que da hacia el norte venían seis hombres, cada uno con un arma

---

ᵃ **23** *cadenas*. Palabra de difícil traducción.

mortal en la mano. Con ellos venía un hombre vestido con tela de lino, que llevaba en la cintura un estuche de escriba. Todos ellos entraron y se pararon junto al altar de bronce.

³La gloria del Dios de Israel, que estaba sobre los ˙querubines, se elevó y se dirigió hacia el umbral del Templo. Entonces el SEÑOR llamó al hombre vestido de tela de lino que llevaba en la cintura un estuche de escriba ⁴y le dijo: «Recorre la ciudad de Jerusalén y coloca una señal en la frente de quienes giman y se lamenten por los actos detestables que se cometen en la ciudad».

⁵Pero oí que a los otros dijo: «Síganlo. Recorran la ciudad y maten sin piedad ni compasión. ⁶Maten a viejos y a jóvenes, a muchachas, niños y mujeres; comiencen en el Templo, y no dejen a nadie con vida. Pero no toquen a los que tengan la señal». Y aquellos hombres comenzaron por matar a los ancianos que estaban frente al Templo.

⁷Después les dijo: «Salgan y profanen el Templo; llenen de cadáveres los atrios».

Ellos salieron y comenzaron a matar gente en toda la ciudad. ⁸Y mientras mataban, yo me quedé solo, caí rostro en tierra y grité: «¡Ay, SEÑOR y Dios! ¿Descargarás tu furor sobre Jerusalén y destruirás a todo el resto de Israel?».

⁹Él me respondió: «La iniquidad del pueblo de Israel y de Judá es extremadamente grande. El país está lleno de violencia; la ciudad, llena de injusticia. Porque ellos dicen: "El SEÑOR abandonó la tierra; el SEÑOR no nos ve". ¹⁰Por eso no tendré piedad ni compasión, sino que les pediré cuentas de su conducta».

¹¹Entonces el hombre vestido de tela de lino que llevaba en la cintura un estuche de escriba informó: «Ya hice lo que me mandaste hacer».

La gloria del SEÑOR abandona el Templo

10 Miré y vi la semejanza de un trono de piedra de zafiro sobre la expansión que estaba encima de la cabeza de los ˙querubines. ²Y el SEÑOR dijo al hombre vestido de tela de lino: «Métete entre las ruedas que están debajo de los querubines, toma un puñado de las brasas que están entre ellos y espárcelas por toda la ciudad». Y el hombre se metió allí, mientras yo miraba.

³En el momento en que el hombre entró, los querubines estaban en la parte sur del Templo y una nube llenaba el atrio interior. ⁴Entonces la gloria del SEÑOR, que estaba sobre los querubines, se elevó y se dirigió hacia el umbral del Templo. La nube llenó el Templo, y el atrio se llenó del resplandor de la gloria del SEÑOR. ⁵El ruido de las alas de los querubines llegaba hasta el atrio exterior y era semejante a la voz del Dios ˙Todopoderoso.

⁶El SEÑOR ordenó al hombre vestido de tela de lino: «Toma fuego de en medio de las ruedas que están entre los querubines». Así que el hombre fue y se paró junto a una rueda. ⁷Uno de los querubines extendió la mano, tomó el fuego que estaba entre ellos y lo puso en las manos del hombre vestido de tela de lino, quien lo recibió y se fue. ⁸Debajo de las alas de los querubines se veía algo semejante a manos humanas.

⁹Me fijé, y al lado de los querubines vi cuatro ruedas, una junto a cada uno de ellos. Las ruedas tenían un aspecto brillante como el topacio. ¹⁰Las cuatro ruedas se asemejaban y parecía como si una rueda estuviera encajada en la otra. ¹¹Al avanzar, podían hacerlo en las cuatro direcciones sin necesidad de volverse. Avanzaban en la dirección a que

apuntaba la cabeza del querubín, y no tenían que volverse. ¹²Todo el cuerpo, la espalda, las manos y las alas de los querubines, al igual que las cuatro ruedas, estaban llenos de ojos. ¹³Alcancé a oír que a las ruedas se les llamaba «ruedas giratorias».ᵃ ¹⁴Cada uno de los querubines tenía cuatro caras: la primera, de querubín; la segunda, de hombre; la tercera, de león; y la cuarta, de águila.

¹⁵Los querubines, que eran los mismos seres que yo había visto junto al río Quebar, se elevaron. ¹⁶Cuando avanzaban, las ruedas a su costado hacían lo mismo; cuando desplegaban sus alas para levantarse del suelo, las ruedas no se apartaban de ellos; ¹⁷cuando se detenían, las ruedas hacían lo mismo; cuando se levantaban, las ruedas se levantaban también, porque el espíritu de esos seres vivientes estaba en las ruedas.

¹⁸La gloria del SEÑOR se elevó por encima del umbral del Templo y se detuvo sobre los querubines. ¹⁹Y mientras yo miraba, los querubines desplegaron sus alas y se elevaron del suelo y, junto con las ruedas, salieron y se detuvieron en la puerta oriental del Templo del SEÑOR. La gloria del Dios de Israel estaba por encima de ellos.

²⁰Eran los mismos seres vivientes que, estando yo junto al río Quebar, había visto debajo del Dios de Israel. Entonces me di cuenta de que eran querubines. ²¹Cada uno tenía cuatro caras y cuatro alas; bajo las alas tenían algo que parecía manos humanas. ²²Sus caras eran iguales a las que yo había visto junto al río Quebar. Cada uno de ellos caminaba de frente.

Juicio contra los líderes de Israel

11 El Espíritu me levantó y me llevó hasta la entrada oriental del Templo del SEÑOR. A la entrada vi a veinticinco hombres, entre los cuales estaban Jazanías, hijo de Azur, y Pelatías, hijo de Benaías, que eran líderes del pueblo. ²El SEÑOR me dijo: «˙Hijo de hombre, estos son los que están tramando maldades y dando malos consejos en esta ciudad. ³Dicen: "Todavía no es el momento de reconstruir las casas. La ciudad es la olla y nosotros somos la carne". ⁴Por eso, hijo de hombre, profetiza contra ellos; ¡sí, profetiza!».

⁵El Espíritu del SEÑOR vino sobre mí y me ordenó proclamar: «Así dice el SEÑOR: "Ustedes, pueblo de Israel, han dicho esto y yo conozco sus pensamientos. ⁶Han matado a mucha gente en esta ciudad y han llenado las calles de cadáveres.

⁷"Por eso yo, el SEÑOR y Dios, les digo: Los cadáveres que ustedes han arrojado son la carne y la ciudad es la olla, pero yo los sacaré de ahí. ⁸¿Temen a la espada? Pues bien, yo, el SEÑOR y Dios, declaro que con espadas iré contra ustedes. ⁹Los sacaré de la ciudad, los entregaré en manos de extranjeros y los juzgaré con justicia. ¹⁰Morirán a filo de espada; yo los juzgaré en las mismas fronteras de Israel y así sabrán que yo soy el SEÑOR. ¹¹La ciudad no les servirá de olla ni serán ustedes la carne dentro de ella. Yo los juzgaré en la frontera misma de Israel. ¹²Entonces sabrán que yo soy el SEÑOR. No han seguido mis estatutos ni han cumplido con mis leyes, sino que han adoptado las costumbres de las naciones que los rodean"».

¹³Mientras yo profetizaba, Pelatías, hijo de Benaías, cayó muerto. Entonces caí rostro en tierra y clamé a gritos: «¡Ay, mi SEÑOR y Dios! ¿Vas a exterminar al remanente de Israel?».

¹⁴La palabra del SEÑOR vino a mí y me dijo: ¹⁵«Hijo de hombre, esto es lo que dicen los habitantes de Jerusalén en cuanto a tus hermanos, tus parientes y todo el pueblo de Israel: "Ellos se han alejado del SEÑOR, y por eso se nos ha dado esta tierra en posesión".

ᵃ 13 En este versículo se usan dos palabras hebreas diferentes que significan «rueda».

¹⁶»Por tanto, adviérteles que así dice el SEÑOR y Dios: "Aunque los desterré a naciones lejanas y los dispersé por países extraños, por un tiempo les he servido de santuario en las tierras adonde han ido".

¹⁷»Adviérteles también que así dice el SEÑOR y Dios: "Yo los reuniré de entre las naciones; los juntaré de los países donde han estado dispersos y les daré la tierra de Israel.

¹⁸»"Ellos volverán a su tierra y echarán de allí a los ídolos detestables y pondrán fin a todas las abominaciones. ¹⁹Yo les daré un ˚corazón sincero y pondré en ellos un espíritu renovado. Les arrancaré el corazón de piedra que ahora tienen y pondré en ellos un corazón de carne, ²⁰para que cumplan mis estatutos y pongan en práctica mis leyes. Entonces ellos serán mi pueblo, y yo seré su Dios. ²¹Pero a los que van tras esos ídolos detestables y siguen prácticas abominables, yo les pediré cuentas de su conducta"», afirma el SEÑOR y Dios.

La gloria del SEÑOR abandona Jerusalén

²²Los ˚querubines desplegaron sus alas. Las ruedas estaban junto a ellos y la gloria del Dios de Israel estaba por encima de ellos. ²³La gloria del SEÑOR se elevó de en medio de la ciudad y se detuvo sobre la montaña que está al oriente de Jerusalén. ²⁴En una visión, el Espíritu me levantó y me trasladó hasta donde estaban los exiliados en Babilonia;ᵃ y la visión terminó. ²⁵Entonces comunicué a los exiliados todo lo que el SEÑOR me había revelado.

Símbolo del exilio

12 La palabra del SEÑOR vino a mí y me dijo: ²«˚Hijo de hombre, vives en medio de un pueblo rebelde. Tienen ojos para ver, pero no ven; tienen oídos para oír, pero no oyen. ¡Son un pueblo rebelde!

³»Por tanto, hijo de hombre, prepara tu equipaje para el exilio y a plena luz del día, a la vista de todos, saldrás como quien va exiliado a otro lugar. Tal vez así entiendan, aunque son un pueblo rebelde. ⁴Saca tu equipaje a plena luz del día, a la vista de todos, y al caer la tarde ponte en marcha, a la vista de todos, como quien va al exilio. ⁵También en presencia de todos, haz un hueco en la pared y sal por ahí con tu equipaje. ⁶Al llegar la noche, mientras todos te estén viendo, ponte en marcha con el equipaje al hombro. Cúbrete la cara para que no puedas ver la tierra, porque de ti he hecho un presagio para el pueblo de Israel».

⁷Hice lo que se me había mandado; a plena luz del día saqué mi equipaje, como quien va al exilio. Al caer la tarde cavé en el muro con mis propias manos y, al llegar la noche, en presencia de todos, salí con mi equipaje al hombro.

⁸Por la mañana el SEÑOR me dirigió la palabra: ⁹«Hijo de hombre, con toda seguridad el pueblo rebelde de Israel te preguntará: "¿Qué estás haciendo?". ¹⁰Pero tú explícales: "Así dice el SEÑOR y Dios: 'Este mensaje se refiere al pueblo de Israel que vive en Jerusalén y también a su príncipe'". ¹¹Diles: "Yo soy un presagio para ustedes.

»"Lo que hice yo, les va a pasar a ustedes, pues serán llevados cautivos al exilio".

¹²»Su príncipe se echará el equipaje al hombro y saldrá de noche por la abertura que abrirán en el muro. Se cubrirá la cara para no ver la tierra. ¹³Le tenderé mis redes y caerá en mi trampa. Así lo llevaré a Babilonia, la tierra de los babilonios,ᵇ pero no podrá verla y allá morirá. ¹⁴Dispersaré a los cuatro vientos a todos los que lo rodean, tanto a sus ayudantes como a todas sus tropas, y los perseguiré espada en mano. ¹⁵Entonces sabrán que yo soy el SEÑOR.

»Cuando los haya dispersado y esparcido por las naciones, ¹⁶dejaré que unos pocos de ellos se escapen de la espada, del hambre y de la plaga, para que en las naciones por donde vayan den cuenta de sus prácticas abominables. Entonces sabrán que yo soy el SEÑOR».

¹⁷La palabra del SEÑOR vino a mí y me dijo: ¹⁸«Hijo de hombre, tiembla al comer tu pan, y llénate de espanto y miedo al beber tu agua. ¹⁹Adviértele al pueblo que está en la tierra que así dice el SEÑOR y Dios acerca de los que habitan en Jerusalén y en la tierra de Israel: "Con angustia comerán su pan y con terror beberán su agua. Por la violencia de sus habitantes la tierra será despojada de todo lo que hay en ella. ²⁰Las ciudades habitadas serán arrasadas y su país quedará en ruinas. Entonces sabrán ustedes que yo soy el SEÑOR"».

²¹La palabra del SEÑOR vino a mí y me dijo: ²²«Hijo de hombre, ¿qué quiere decir este refrán que se repite en la tierra de Israel: "Se cumple el tiempo, pero no la visión"? ²³Por lo tanto, adviérteles que así dice el SEÑOR y Dios: "Pondré fin a ese refrán y ya no volverán a repetirlo en Israel". También diles: "Ya vienen los días en que se cumplirán las visiones. ²⁴Pues ya no habrá visiones engañosas ni predicciones que susciten falsas expectativas en el pueblo de Israel. ²⁵Porque yo, el SEÑOR, hablaré y lo que diga se cumplirá sin retraso. Pueblo rebelde, mientras ustedes aún tengan vida, yo cumpliré mi palabra"», afirma el SEÑOR y Dios.

²⁶La palabra del SEÑOR vino a mí y me dijo: ²⁷«Hijo de hombre, el pueblo de Israel anda diciendo que tus visiones son para un futuro distante y que tus profecías son a largo plazo. ²⁸»Por lo tanto, adviérteles que así dice el SEÑOR y Dios: "Mis palabras se cumplirán sin retraso: yo cumpliré con lo que digo"», afirma el SEÑOR y Dios.

Condena a los falsos profetas

13 La palabra del SEÑOR vino a mí y me dijo: ²«˚Hijo de hombre, profetiza contra los profetas de Israel que hacen vaticinios según su propia imaginación y diles que escuchen la palabra del SEÑOR. ³Así dice el SEÑOR y Dios: "¡Ay de los profetas insensatos que, sin haber recibido ninguna visión, siguen su propio espíritu! ⁴Tus profetas, Israel, son como chacales entre las ruinas. ⁵No han subido a las brechas del muro para repararlo para el pueblo de Israel, para que se mantenga firme en la batalla del día del SEÑOR. ⁶Sus visiones son falsas y mentirosas sus adivinaciones. Dicen: 'Lo afirma el SEÑOR', pero el SEÑOR no los ha enviado; sin embargo, ellos esperan que se cumpla su palabra. ⁷¿Acaso no son falsas sus visiones, y mentirosas sus adivinaciones, cuando dicen: 'Lo afirma el SEÑOR', sin que yo haya hablado?

⁸»Por tanto, así dice el SEÑOR y Dios: A causa de sus palabras falsas y visiones mentirosas, aquí estoy contra ustedes, afirma el SEÑOR y Dios. ⁹Levantaré mi mano contra los profetas; contra aquellos que tienen visiones falsas y ofrecen adivinaciones mentirosas. No participarán en la asamblea de mi pueblo, ni aparecerán sus nombres en los registros de los israelitas, ni entrarán en el país de Israel. Así sabrán ustedes que yo soy el SEÑOR y Dios.

¹⁰»"Así es, en efecto. Estos profetas han engañado a mi pueblo diciendo: '¡Paz!', pero no hay paz; construye el muro y lo cubre de cal. ¹¹Di a los que lo cubren con cal que se van a caer, pues vendrá una lluvia torrencial, abundante granizo y viento huracanado.

ᵃ 24 Lit. *Caldea.* ᵇ 13 Lit. *caldeos.*

¹²Y cuando el muro se haya caído, les preguntarán: '¿Dónde está la hermosa fachada?'.

¹³»"Por tanto, así dice el Señor y Dios: En mi furia desataré un viento huracanado; en mi ira, una lluvia torrencial; en mi furia, granizo destructor. ¹⁴Echaré por los suelos el muro con su cobertura de cal; sus endebles cimientos quedarán al descubierto. Y cuando caiga, ustedes perecerán; así sabrán que yo soy el Señor. ¹⁵Descargaré mi furia contra el muro y sobre los que la cubrieron con cal. A ustedes les diré que no queda muro ni los que lo recubrieron: ¹⁶esos profetas de Israel que profetizaban acerca de Jerusalén tenían visiones falsas; les anunciaban visiones de paz, cuando no había paz, afirma el Señor y Dios".

Condena a las profetisas

¹⁷»Y ahora tú, hijo de hombre, enfréntate a las hijas de tu pueblo que profetizan según sus propios delirios. ¡Profetiza contra ellas! ¹⁸Adviérteles que así dice el Señor y Dios: "¡Ay de las que hacen objetos de hechicería y velos de varios tamaños para atrapar a la gente!ᵃ ¿Acaso creen que pueden atrapar la vida de mi pueblo y salvarse ustedes? ¹⁹Ustedes me han profanado delante de mi pueblo por un puñado de cebada y unas migajas de pan. Por las mentiras que dicen, y que mi pueblo cree, se mata a los que no deberían morir y se deja con vida a los que no merecen vivir.

²⁰»"Por tanto, así dice el Señor y Dios: Estoy contra sus hechicerías, con las que ustedes atrapan a la gente como a pájaros. Pero yo las arrancaré de sus brazos y los dejaré libres para volar. ²¹Rescataré a mi pueblo de esos sortilegios, para que dejen de ser presa en sus manos. Así sabrán que yo soy el Señor. ²²Porque ustedes han descorazonado al justo con sus mentiras, sin que yo lo haya afligido. Han alentado al malvado para que no se convierta de su mala conducta y se salve. ²³Por eso ya no volverán a tener visiones falsas ni a practicar la adivinación. Yo rescataré a mi pueblo del poder de ustedes y así sabrán que yo soy el Señor"».

Contra la idolatría

14 Unos ancianos de Israel vinieron a visitarme y se sentaron frente a mí. ²La palabra del Señor vino a mí y me dijo: ³«Hijo de hombre, estas personas han hecho de su ˙corazón un altar de ídolos y han puesto piedras de tropiezo que los hacen pecar. ¿Cómo voy a permitir que me consulten? ⁴Por tanto, habla con ellos y adviérteles que así dice el Señor y Dios: "A todo israelita que haya hecho de su corazón un altar de ídolos y que, después de haber colocado a su paso piedras de tropiezo que lo hagan pecar, consulte al profeta, yo el Señor le responderé según la multitud de sus ídolos. ⁵Así cautivaré el corazón de los israelitas que por causa de todos esos ídolos se hayan alejado de mí".

⁶»Por tanto, adviértele al pueblo de Israel que así dice el Señor y Dios: "¡˙Arrepiéntanse! Apártense de una vez y por todas de su idolatría y de todas sus abominaciones. ⁷Yo, el Señor, seré quien responda a todo israelita o extranjero que resida en Israel y que se haya alejado de mí, haya hecho de su corazón un altar de ídolos o haya colocado ante sí piedras de tropiezo que lo hagan pecar y luego haya acudido al profeta para consultarme. ⁸Me enfrentaré a él; haré de él una señal de escarmiento; lo eliminaré de mi pueblo. Así sabrán que yo soy el Señor.

⁹»Si un profeta es seducido y pronuncia un mensaje, será porque yo, el Señor, lo he seducido. Así que levantaré mi mano contra él y lo haré pedazos en presencia de mi pueblo. ¹⁰Tanto el profeta como quien lo haya consultado cargarán con la misma culpa, ¹¹para que el pueblo de Israel ya no se aparte de mí ni vuelva a mancharse con sus pecados. Entonces ellos serán mi pueblo y yo seré su Dios, afirma el Señor y Dios».

Contra falsas esperanzas

¹²La palabra del Señor vino a mí y me dijo: ¹³«Hijo de hombre, si un país peca contra mí y persiste en su infidelidad, yo levantaré mi mano contra él; haré escasear los alimentos y lo sumiré en el hambre; arrasaré a sus habitantes y a sus animales. ¹⁴Y si Noé, Danielᵇ y Job estuvieran en ese país, solo ellos se salvarían por su justicia. Lo afirmo yo, el Señor y Dios.

¹⁵»Y, si por todo el país yo mandara bestias feroces que lo arrasaran y lo convirtieran en desierto desolado, de modo que por temor a las fieras nadie se atreviera a pasar, ¹⁶aunque esos tres hombres vivieran allí, tan cierto como que yo vivo, dice el Señor y Dios, ni sus hijos ni sus hijas sobrevivirían. Solo ellos se salvarían y el país quedaría desolado.

¹⁷»Y, si yo enviara guerra sobre ese país y dejara que la espada arrasara la tierra y eliminara a sus habitantes y a sus animales, ¹⁸y aunque aquellos tres hombres vivieran allí, tan cierto como que yo vivo, dice el Señor y Dios, ni sus hijos ni sus hijas sobrevivirían. Solo ellos se salvarían.

¹⁹»Y, si yo enviara plaga a ese país y derramara sobre él mi ira mortal para eliminar a sus habitantes y a sus animales, ²⁰aunque Noé, Daniel y Job vivieran allí, tan cierto como que yo vivo, dice el Señor y Dios, ni sus hijos ni sus hijas sobrevivirían. Solo ellos se salvarían por su justicia.

²¹»Así dice el Señor y Dios: ¡Peor será cuando mande contra Jerusalén mis cuatro castigos fatales: la espada, el hambre, las bestias feroces y la plaga! Con ellas arrasaré a sus habitantes y a sus animales. ²²Sin embargo, quedarán algunos sobrevivientes que serán liberados y harán salir del exilio a sus hijos y a sus hijas. Cuando lleguen adonde están ustedes, y ustedes vean su conducta y sus obras, se consolarán del desastre que envié contra Jerusalén y de todo lo que hice contra ella. ²³Ustedes se consolarán cuando vean la conducta y las obras de esa gente; sabrán que lo que hice contra Jerusalén no fue sin razón, afirma el Señor y Dios».

Jerusalén, una vid inútil

15 La palabra del Señor vino a mí y me dijo: ²«˙Hijo de hombre, ¿en qué supera la madera de la vid a la madera de los árboles del bosque? ³¿Se extrae madera para hacer algo útil? ¿O se usa como soporte para colgar objetos? ⁴¡Escasamente sirve para alimentar el fuego! Pero ¿de qué sirve cuando sus extremos se consumen y ya se ha quemado por dentro? ⁵Si cuando estaba entera no servía para nada, ¡mucho menos cuando ya ha sido consumida por el fuego!

⁶»Por tanto, así dice el Señor y Dios: Como la leña de la vid, la cual aparté de los árboles del bosque y eché al fuego; así haré con los habitantes de Jerusalén. ⁷Voy a enfrentarme a ellos; ¡se han librado de un fuego, pero serán consumidos por otro! Cuando me enfrente a ellos, ustedes sabrán que yo soy el Señor. ⁸Dejaré a este país en ruinas, porque ha sido infiel, afirma el Señor y Dios».

Infidelidad de Jerusalén

16 La palabra del Señor vino a mí y me dijo: ²«Hijo de hombre, confronta a Jerusalén con sus abominaciones. ³Adviértele que así dice el Señor y Dios: "Jerusalén, tú eres cananea de origen y de

---

ᵃ **18** *las que hacen … la gente.* Texto de difícil traducción.
ᵇ **14** *Daniel.* Alt. *Danel*; también en v. 20.

nacimiento; tu padre era amorreo y tu madre, hitita. **4**El día en que naciste no te cortaron el cordón umbilical, no te bañaron, no te frotaron con agua salada ni te envolvieron en pañales. **5**Nadie se apiadó de ti ni te mostró compasión brindándote estos cuidados. Al contrario, el día en que naciste te arrojaron al campo como un objeto despreciable.

6»"Pasé junto a ti y te vi revolcándote en tu propia sangre. Estando en tu propia sangre te dije: ¡Vive! **7**Te hice crecer como hierba del campo.

»"Creciste, te desarrollaste y entraste a la pubertad. Después se formaron tus senos y te brotó el vello, pero seguías completamente desnuda.

8»"Tiempo después pasé de nuevo junto a ti y te miré. Estabas en la edad del amor. Entonces te extendí mi manto y cubrí tu desnudez. Me comprometí, hice alianza contigo y fuiste mía, afirma el SEÑOR y Dios.

9»"Te bañé, te limpié la sangre y te perfumé. **10**Te puse un vestido bordado y te calcé con finas sandalias de cuero. Te vestí con ropa de tela de lino y de seda. **11**Te adorné con joyas: puse pulseras en tus muñecas, collares en tu cuello, **12**un arete en la nariz, pendientes en tus orejas y una hermosa corona en la cabeza. **13**Quedaste adornada de oro y plata, vestida de tela de lino fino, de seda y de telas bordadas. Te alimentabas con harina refinada, con miel y aceite de oliva. Llegaste a ser muy hermosa y creciste para ser reina. **14**Tan perfecta era tu belleza que tu fama se extendió por todas las naciones, pues yo te adorné con mi esplendor, afirma el SEÑOR y Dios.

15»"Sin embargo, confiaste en tu belleza y, valiéndote de tu fama, te prostituiste. ¡Sin ningún pudor te entregaste a cualquiera que pasaba! **16**Tomaste tus mismos vestidos para hacer altares paganos de vistosos colores y allí te prostituiste. ¡Algo nunca visto! **17**Con las joyas de oro y plata que se te había obsequiado, hiciste imágenes masculinas; con ellas te prostituiste ofreciéndoles culto. **18**Les pusiste tus vestidos bordados, y les ofreciste mi aceite y mi incienso. **19**Como ofrenda de olor grato les presentaste el alimento que yo te había dado: la harina refinada, el aceite de oliva y la miel, afirma el SEÑOR y Dios.

20»"Tomaste también a los hijos y a las hijas que tuviste conmigo y los entregaste como alimento a esas imágenes. ¡No te bastaron tus prostituciones! **21**Sacrificaste a mis hijos y los pasaste por fuego como ofrenda en honor de esos ídolos. **22**En todas tus prácticas abominables y prostituciones no te acordaste de los días de tu adolescencia, cuando estabas completamente desnuda y pisoteando tu propia sangre.

23»"¡Ay de ti, ay de ti!, afirma el SEÑOR y Dios. Para colmo de tus perversidades, **24**construiste altares y un santuario en todas las plazas. **25**¡En cada esquina construiste santuarios y degradaste tu belleza! Te abriste de piernas a cualquiera que pasaba, y fornicaste sin cesar. **26**Te prostituiste con los egipcios, tus vecinos de grandes genitales, y para enfurecerme multiplicaste tus fornicaciones. **27**Yo levanté mi mano para castigarte y reduje tu territorio; te entregué al deseo de tus enemigos, las ciudades*a* filisteas, que se avergonzaban de tu conducta depravada. **28**Una y otra vez fornicaste con los asirios, porque eras insaciable. **29**También creció tu promiscuidad para incluir a los comerciantes de Babilonia*b* y ni así quedaste satisfecha.

30»"¡Qué ˚mente tan depravada la tuya!, afirma el SEÑOR y Dios. ¡Te comportabas como una vil prostituta! **31**Pero cuando en cada santuario armabas un prostíbulo y te exhibías en cada esquina, no te comportabas como una prostituta, ¡pues no cobrabas nada!

32»"¡Adúltera! Prefieres a los extraños, en vez de a tu marido. **33**A todas las prostitutas se les paga; tú, en cambio, pagas a tus amantes. Los sobornas para que vengan de todas partes a acostarse contigo. **34**En tu prostitución has sido diferente a otras mujeres: como nadie se te ofrecía, tú pagabas en vez de que te pagaran a ti. ¡En eso sí eras diferente a las demás!

35»"Por tanto, prostituta, escucha la palabra del SEÑOR. **36**Así dice el SEÑOR y Dios: Has expuesto tu lujuria y exhibido tu desnudez al fornicar con tus amantes y con tus detestables ídolos; a estos has ofrecido la sangre de tus hijos. **37**Por tanto, reuniré a todos tus amantes, a quienes brindaste placer; tanto a los que amaste como a los que odiaste. Los reuniré contra ti de todas partes y expondré tu desnudez ante ellos; ¡te verán completamente desnuda! **38**Te juzgaré como a una adúltera y homicida; derramaré sobre ti mi ira y mi celo. **39**Te entregaré en sus manos; ellos derribarán tus altares y demolerán tus santuarios. Te arrancarán la ropa y te despojarán de tus joyas, dejándote completamente desnuda. **40**Convocarán a la asamblea contra ti, te apedrearán y te descuartizarán a filo de espada. **41**Incendiarán tus casas y en presencia de muchas mujeres ejecutarán la sentencia contra ti. Yo pondré fin a tu prostitución; ya no volverás a pagarles a tus amantes. **42**Así calmaré mi ira contra ti y se apaciguarán mis celos; me quedaré tranquilo y sin enojo.

43»"Yo me hago responsable de tu conducta por haberte olvidado de los días de tu adolescencia, por haberme irritado con todas estas cosas y por haber agregado infamia a tus prácticas abominables, afirma el SEÑOR y Dios.

44»"Los que acostumbran citar refranes dirán esto de ti: 'De tal palo, tal astilla'. **45**Tú eres igual a tu madre, que despreció a su marido y a sus hijos; eres igual a tus hermanas, que despreciaron a sus maridos y a sus hijos. La madre de ustedes era hitita y su padre, amorreo. **46**Tu hermana mayor era Samaria, ubicada al norte de ti con sus aldeas.*c* Tu hermana menor era Sodoma, ubicada al sur de ti con sus aldeas. **47**No solo has seguido su conducta, sino que has actuado según sus prácticas abominables. En poco tiempo llegaste a ser peor que ellas. **48**Yo, el SEÑOR y Dios, tan cierto como que yo vivo, declaro que: ni tu hermana Sodoma ni sus aldeas hicieron jamás lo que tú y tus aldeas han hecho.

49»"Tu hermana Sodoma y sus aldeas pecaron de soberbia, gula, apatía e indiferencia hacia el pobre y el indigente. **50**Se creían superiores a otras y en mi presencia se entregaron a las abominaciones. Por eso, tal como lo has visto, las he destruido. **51**¡Pero ni Samaria ni sus aldeas cometieron la mitad de tus pecados! Te entregaste a más prácticas abominables que ellas, haciendo que ellas parecieran justas en comparación contigo. **52**Ahora tú, carga con tu desgracia; porque son tantos tus pecados que has favorecido a tus hermanas al hacerlas parecer más justas que tú. ¡Avergüénzate y carga con tu desgracia! Has hecho que tus hermanas parezcan más justas que tú.

53»"Pero yo restauraré su fortuna, la fortuna de Sodoma y de Samaria, con sus respectivas aldeas, y haré lo mismo contigo. **54**Así cargarás con tu desgracia, te avergonzarás de todo lo que hiciste y les servirás de consuelo. **55**Tus hermanas, Sodoma y Gomorra, con sus respectivas hijas, volverán a ser como antes. Y tú y tus hijas regresarán al estado anterior. **56**¿Acaso no te burlabas de tu hermana Sodoma en tu época de orgullo, **57**antes de que se hiciera pública tu maldad? Ahora te has vuelto motivo de

---

a 27 *ciudades.* Lit. *hijas.*   *b* 29 Lit. *Caldea.*   *c* 46 *aldeas.* Lit. *hijas;* así en el resto de este capítulo.

burla de las aldeas edomitas y filisteas, que te despreciarán. ⁵⁸Sobre tus hombros llevas el peso de tu infamia y de tus prácticas abominables, afirma el SEÑOR.

⁵⁹»"Así dice el SEÑOR y Dios: Te daré tu merecido, porque has menospreciado el juramento y quebrantado el pacto. ⁶⁰Sin embargo, yo sí me acordaré del pacto que hice contigo en los días de tu adolescencia, y estableceré contigo un pacto eterno. ⁶¹Tú te acordarás de tu conducta pasada y te avergonzarás cuando acojas a tus hermanas, la mayor y la menor, para dártelas como hijas, aunque no participan de mi pacto contigo. ⁶²Yo estableceré mi pacto contigo y sabrás que yo soy el SEÑOR. ⁶³Cuando yo te perdone por todo lo que has hecho, tú te acordarás de tu maldad, te avergonzarás y en tu humillación no volverás a jactarte, afirma el SEÑOR y Dios"».

La vid y el águila

17 La palabra del SEÑOR vino a mí y me dijo: ²«˙Hijo de hombre, preséntale al pueblo de Israel este enigma y nárrale esta parábola. ³Adviértele que así dice el SEÑOR y Dios: "Llegó al Líbano un águila enorme, de grandes alas, tupido plumaje y vivos colores. Se posó sobre la copa de un cedro, ⁴y arrancó el retoño más alto. Lo llevó a un país de mercaderes, y lo plantó en una ciudad de comerciantes.

⁵»"Tomó luego semilla de aquel país y la plantó en terreno fértil. La sembró como si fuera un sauce, junto a aguas abundantes. ⁶La semilla germinó y se hizo una vid frondosa, de poca altura; volvió sus ramas hacia el águila y hundió sus raíces bajo sí misma. Así se convirtió en una vid con retoños y exuberante follaje.

⁷»"Pero había otra águila grande, de gigantescas alas y abundante plumaje. Y la vid giró sus raíces y orientó sus ramas hacia ella, para recibir más agua de la que ya tenía. ⁸Había estado plantada en tierra fértil junto a aguas abundantes, para echar retoños, dar frutos y convertirse en una hermosa vid".

⁹»Adviértele que así dice el SEÑOR y Dios: "¿Prosperará esa vid? ¿El águila no la arrancará de raíz? ¿No le quitará su fruto y así la vid se marchitará? Sí, los tiernos retoños se secarán. No hará falta un brazo fuerte ni mucha gente para arrancarla de raíz. ¹⁰¿Prosperará aunque sea plantada? ¿Acaso el viento del este no la marchitará cuando la azote? ¿En los surcos donde creció se secará?"».

¹¹La palabra del SEÑOR vino a mí y me dijo: ¹²«Pregúntale a este pueblo rebelde si tiene idea de lo que significa todo esto. Diles: "El rey de Babilonia vino a Jerusalén y se llevó a su país al rey de Judá y a sus nobles. ¹³Luego tomó a uno de la familia real, hizo un pacto con él bajo juramento y se llevó a la gente más importante del país. ¹⁴Esto lo hizo para humillar a Judá. Así le impidió sublevarse y lo obligó a cumplir el tratado para poder subsistir. ¹⁵Sin embargo, este príncipe se rebeló contra el rey de Babilonia y envió mensajeros a Egipto para conseguir caballos y un numeroso ejército. ¿Y tendrá éxito y podrá escapar el que se atreva a hacer esto? ¿Acaso podrá violar el pacto y salir con vida?

¹⁶»"Así dice el SEÑOR y Dios: Tan cierto como que yo vivo, ese príncipe morirá en Babilonia, en la tierra del rey que lo puso en el trono, cuyo juramento despreció y cuyo pacto no cumplió. ¹⁷Ni el faraón con su gran ejército y numerosas tropas podrá auxiliarlo en la guerra, cuando se levanten rampas y se construyan torres de asalto para matar a mucha gente. ¹⁸Él despreció el juramento y rompió el pacto. Así que,

por haber hecho todo esto, a pesar de su compromiso, ¡no escapará!

¹⁹»"Por tanto, así dice el SEÑOR y Dios: Tan cierto como que yo vivo, lo castigaré por despreciar mi juramento y romper mi pacto. ²⁰Le tenderé mis redes y caerá en mi trampa. Lo llevaré a Babilonia y allí lo someteré a juicio por haberme sido infiel. ²¹Lo mejor^a de sus tropas caerá a filo de espada y los que aún queden con vida serán esparcidos a los cuatro vientos. Así sabrán que yo, el SEÑOR, lo he dicho.

²²»"Así dice el SEÑOR y Dios: De la copa de un cedro tomaré un retoño, de las ramas más altas arrancaré un brote y lo plantaré sobre un cerro muy elevado. ²³Lo plantaré sobre el cerro más alto de Israel, para que eche ramas y produzca fruto y se convierta en un magnífico cedro. Toda clase de aves anidará en él y vivirá a la sombra de sus ramas. ²⁴Y todos los árboles del campo sabrán que yo soy el SEÑOR. Al árbol grande lo corto y al pequeño lo hago crecer. Al árbol verde lo seco y al seco, lo hago florecer.

»"Yo, el SEÑOR, lo he dicho y lo cumpliré"».

La responsabilidad personal

18 La palabra del SEÑOR vino a mí y me dijo: ²«¿A qué viene tanta repetición de este ˙proverbio tan conocido en Israel:

»"Los padres comieron uvas agrias
    y a los hijos les duelen los dientes?".

³»Tan cierto como que yo vivo, declara el SEÑOR y Dios, jamás se volverá a repetir este proverbio en Israel. ⁴La persona que peque morirá. Sepan que todas las vidas me pertenecen, tanto la del padre como la del hijo.

⁵ »Supongamos que hay un hombre justo
    que practica el derecho y la justicia.
⁶ No come en los santuarios de los montes
    ni eleva plegarias a los ídolos de Israel.
No deshonra a la mujer de su prójimo
    ni se une a la mujer en los días de su
        menstruación.
⁷ No oprime a nadie ni roba;
    más bien, devuelve la prenda al deudor,
    da de comer al hambriento y viste al
        desnudo.
⁸ No presta dinero con usura
    ni exige intereses.
Se abstiene de hacer el mal
    y juzga imparcialmente entre los rivales.
⁹ Obedece mis estatutos
    y cumple fielmente mis leyes.
Tal persona es justa y,
    ciertamente, vivirá,
    afirma el SEÑOR y Dios.

¹⁰»Supongamos que esa persona tiene un hijo violento y homicida ¹¹(aunque su padre no hizo ninguna de esas cosas).

»Él participa de los banquetes idolátricos en los
        cerros
    y deshonra a la mujer de su prójimo.
¹² Oprime al pobre y al indigente;
    roba y no devuelve la prenda al deudor.
Eleva plegarias a los ídolos
    e incurre en actos abominables.
¹³ presta dinero con usura y exige intereses.

¿Tal hijo merece vivir? ¡Claro que no! Por haber cometido todas esas abominaciones, será condenado a muerte y, de su muerte, solo él será responsable.

---

^a 21 *Lo mejor* (mss. hebreos, mss. de LXX, Siríaca y Targum); *Los fugitivos* (TM).

¹⁴»Supongamos que ese hijo podría a su vez tener un hijo que ve todos los pecados de su padre, pero no los imita.

¹⁵»No participa de los banquetes idolátricos en los cerros
ni eleva plegarias a los ídolos de Israel.
Tampoco deshonra a la mujer de su prójimo.
¹⁶No oprime a nadie
y devuelve la prenda al deudor.
No roba, da de comer al hambriento
y viste al desnudo.
¹⁷No maltrata al pobre
ni presta dinero con usura ni exige intereses.
Cumple mis leyes y obedece mis estatutos.

Un hijo así no merece morir por la maldad de su padre; ¡merece vivir! ¹⁸En cuanto a su padre, merece morir por su propio pecado, porque fue un opresor, robó a su prójimo e hizo lo malo en medio de su pueblo.

¹⁹»Pero ustedes preguntan: "¿Por qué no carga el hijo con las culpas de su padre?". ¡Porque el hijo era justo y recto, pues obedeció mis estatutos y los puso en práctica! ¡Tal hijo merece vivir! ²⁰La persona que peque morirá. Ningún hijo cargará con la culpa de su padre ni el padre con la del hijo. Al justo se le pagará con justicia y al malvado se le pagará con maldad.

²¹»Pero si el malvado se ˚arrepiente de todos los pecados que ha cometido, obedece todos mis estatutos y practica el derecho y la justicia, no morirá; ²²vivirá por haber actuado con justicia, y Dios no tomará en cuenta todos los pecados que ese malvado haya cometido. ²³¿Acaso creen que me complace la muerte del malvado? ¿No quiero más bien que abandone su mala conducta y que viva? Yo, el SEÑOR y Dios, lo afirmo.

²⁴»Si el justo se aparta de la justicia y hace lo malo y comete todas las abominaciones del malvado, ¿merece vivir? No, sino que morirá por causa de su infidelidad y de sus pecados, y no se tomará en cuenta ninguna de sus obras justas.

²⁵»Ustedes dicen: "No es justo el proceder del Señor". Pero escucha, pueblo de Israel: ¿En qué no soy justo? ¿No son ustedes los que actúan injustamente? ²⁶Si el justo se aparta de su justicia, cae en la maldad y muere, pero muere a causa de su maldad. ²⁷Por otra parte, si el malvado deja de hacer lo malo y actúa con justicia y rectitud, salvará su vida. ²⁸Si recapacita y se aparta de todas sus maldades, no morirá, sino que vivirá. ²⁹Sin embargo, el pueblo de Israel anda diciendo: "No es justo el proceder del Señor". Pueblo de Israel, ¿en qué soy injusto? ¿No son más bien ustedes los injustos?

³⁰»Por tanto, a cada uno de ustedes, los israelitas, los juzgaré según su conducta, afirma el SEÑOR y Dios. Arrepiéntanse y apártense de todas sus maldades y el pecado no será piedra de tropiezo. ³¹Arrojen de una vez por todas las maldades que cometieron contra mí y adquieran un ˚corazón y un espíritu nuevos. ¿Por qué habrás de morir, pueblo de Israel? ³²Yo no quiero la muerte de nadie. ¡Conviértanse y vivirán!, afirma el SEÑOR y Dios.

Lamento por los príncipes de Israel

19 »Dedícale este lamento a los príncipes de Israel:

²»"En medio de los leones,
tu madre era toda una leona.
Recostada entre leoncillos,
amamantaba a sus cachorros.

³A uno de ellos lo crio
y este llegó a ser un león fuerte
que aprendió a desgarrar su presa
y a devorar a la gente.
⁴Las naciones oyeron de él,
lo atraparon en una fosa
y lo llevaron con garfios a la tierra de Egipto.

⁵»"Cuando la leona madre perdió toda esperanza,
con sus expectativas perdidas,
tomó a otra de sus crías
y la hizo un león fuerte.
⁶Cuando este león se hizo fuerte,
merodeaba entre los leones.
Aprendió a desgarrar su presa
y a devorar a la gente.
⁷Demolía palacios*ᵃ*
y asolaba ciudades.
La tierra y sus habitantes
estaban aterrorizados con sus rugidos.
⁸Las naciones y provincias vecinas
se dispusieron a atacarlo.
Extendieron su red sobre él
y quedó atrapado en la fosa.
⁹Enjaulado y con garfios
lo llevaron ante el rey de Babilonia.
Lo pusieron en prisión
para que no se oyeran sus rugidos
en los montes de Israel.

¹⁰»"Tu madre era como una vid en medio del viñedo,*ᵇ*
plantada junto al agua.
Era fructífera y frondosa,
gracias al agua abundante.
¹¹Sus ramas crecieron vigorosas,
¡aptas para ser cetros de reyes!
Tanto creció que se destacaba
por encima del follaje.
Se le reconocía por su altura
y por sus ramas frondosas.
¹²Pero fue desarraigada con furia
y arrojada por el suelo.
El viento del este la dejó marchita
y fueron arrancados sus frutos.
Secas quedaron sus vigorosas ramas,
y fueron consumidas por el fuego.
¹³Ahora está plantada en el desierto,
en tierra árida y reseca.
¹⁴De una de sus ramas brotó un fuego
y consumió sus frutos.
¡No queda en ella una rama vigorosa,
apta para ser cetro de gobernante!".

Este es un lamento y debe entonarse como tal».

Historia de una rebelión

20 El día diez del mes quinto del año séptimo, unos ancianos de Israel vinieron a consultar al SEÑOR, entonces se sentaron frente a mí.
²La palabra del SEÑOR vino a mí y me dijo: ³«˚Hijo de hombre, habla con los ancianos de Israel y adviérteles que yo, el SEÑOR y Dios, digo: "Así que ustedes vienen a consultarme? ¡Tan cierto como que yo vivo, no dejaré que me consulten! Lo afirmo yo, el SEÑOR y Dios".

⁴»¿Los juzgarás tú, hijo de hombre? ¡Júzgalos tú! Confróntalos con las abominaciones de sus antepasados. ⁵Adviérteles que así dice el SEÑOR y Dios: "El

---

ᵃ **7** *Demolía palacios* (lectura probable; véanse LXX y Targum); *Conocía viudas* (TM).   *ᵇ* **10** *del viñedo* (dos mss. hebreos); *de tu sangre* (TM).

día en que elegí a Israel, hice un juramento solemne con la mano en alto a la descendencia de Jacob. El día en que me di a conocer a ellos en Egipto, volví a hacerles este juramento con la mano en alto: 'Yo soy el SEÑOR su Dios'. ⁶Aquel día juré solemnemente con la mano en alto que los sacaría de la tierra de Egipto y los llevaría a una tierra que yo mismo había buscado para ellos. Es una tierra donde abundan la leche y la miel, ¡la más hermosa de todas! ⁷A cada uno de ellos ordené que arrojaran sus ídolos detestables en los cuales habían puesto sus ojos y que no se °contaminaran con los ídolos de Egipto; porque yo soy el SEÑOR su Dios.

⁸»"Sin embargo, ellos se rebelaron contra mí y no quisieron obedecer. No arrojaron los ídolos en los cuales habían puesto sus ojos ni abandonaron los ídolos de Egipto. Por eso, cuando estaban en Egipto, pensé agotar mi furor y descargar mi ira sobre ellos. ⁹Pero decidí actuar en honor a mi °nombre, para que no fuera profanado ante las naciones entre las cuales vivían los israelitas. Porque al sacar a los israelitas de Egipto yo me di a conocer a ellos en presencia de las naciones.

¹⁰»"Yo los saqué de Egipto y los llevé al desierto. ¹¹Les di mis estatutos y les hice conocer mis leyes, que son vida para quienes los obedecen. ¹²También les di mis °sábados como una señal entre ellos y yo, para que reconocieran que yo, el SEÑOR, he consagrado los sábados para mí.

¹³»"Pero el pueblo de Israel se rebeló contra mí en el desierto; no siguió mis estatutos y rechazó mis leyes, que son vida para quienes los obedecen. Y profanaron gravemente mis sábados. Por eso, cuando estaban en el desierto, pensé descargar mi ira sobre ellos y exterminarlos. ¹⁴Pero decidí actuar en honor a mi nombre, para que no fuera profanado ante las naciones, las cuales me vieron sacarlos de Egipto.

¹⁵»"También juré solemnemente con la mano en alto en el desierto que no los llevaría a la tierra que les había dado: ¡la tierra más hermosa de todas, donde abundan la leche y la miel! ¹⁶Rechazaron mis leyes, no siguieron mis estatutos y profanaron mis sábados, ¡y todo esto lo hicieron por haber andado tras esos ídolos! ¹⁷Sin embargo, los tuve compasión y en el desierto no los destruí ni los exterminé. ¹⁸Allí en el desierto dije a sus descendientes: 'No sigan los estatutos de sus padres; no obedezcan sus leyes ni se contaminen con sus ídolos. ¹⁹Yo soy el SEÑOR su Dios. Sigan mis estatutos, obedezcan mis leyes ²⁰y observen mis sábados como días consagrados a mí, como señal entre ustedes y yo, para que reconozcan que yo soy el SEÑOR su Dios'.

²¹»"Sin embargo, sus descendientes se rebelaron contra mí. No siguieron mis estatutos y no obedecieron mis leyes, que son vida para quienes los obedecen. Además, profanaron mis sábados. Por eso, cuando estaban en el desierto, pensé agotar mi furor y descargar mi ira sobre ellos. ²²Pero me contuve en honor a mi nombre, para que no fuera profanado ante las naciones, las cuales me vieron sacarlos de Egipto. ²³En el desierto, también juré solemnemente con la mano en alto que los dispersaría entre las naciones. Los esparciría entre los países ²⁴porque, obsesionados como estaban con los ídolos de sus antepasados, desobedecieron mis leyes, rechazaron mis estatutos y profanaron mis sábados. ²⁵¡Hasta les di estatutos que no eran buenos y leyes que no daban vida! ²⁶Los contaminé con sus propias ofrendas, dejándolos ofrecer en sacrificio a sus primogénitos,

para horrorizarlos y hacerles reconocer que yo soy el SEÑOR".

²⁷»Por tanto, hijo de hombre, habla con el pueblo de Israel y adviértele que yo, el SEÑOR y Dios, digo: "En esto también me ofendieron sus antepasados, siendo infieles conmigo: ²⁸Cuando los hice entrar en la tierra que juré solemnemente con la mano en alto darles, ellos hacían sacrificios y presentaban esas ofrendas que tanto me ofenden; lo hacían ante cualquier cerro o árbol frondoso que veían. Allí quemaban incienso aromático y derramaban sus ofrendas líquidas. ²⁹Y les pregunté: '¿Qué significa ese °altar pagano que tanto frecuentan?'". Hasta el día de hoy ese lugar se conoce como Bamá.ᵃ

Juicio y restauración

³⁰»Por tanto, adviérte al pueblo de Israel que así dice el SEÑOR y Dios: "¿Se °contaminarán ustedes a la manera de sus antepasados y se prostituirán con sus ídolos detestables? ³¹Hasta el día de hoy, ustedes se contaminan al hacer sus ofrendas y al sacrificar a sus hijos, pasándolos por fuego en honor a los ídolos. ¿Y ahora ustedes, israelitas, vienen a consultarme? Tan cierto como que yo vivo, no dejaré que me consulten. Yo, el SEÑOR y Dios, lo afirmo.

³²»"Jamás sucederá lo que ustedes tienen en mente: 'Queremos ser como las otras naciones, como los pueblos del mundo, que adoran al palo y a la piedra'. ³³Yo, el SEÑOR y Dios, les aseguro que, tan cierto como que yo vivo, reinaré sobre ustedes con gran despliegue de fuerza, poderᵇ y furia incontenible. ³⁴Los sacaré de las naciones y de los pueblos por donde estaban esparcidos; los reuniré con gran despliegue de fuerza y de poder, y con furia incontenible. ³⁵Los llevaré al desierto que está entre las naciones y allí los juzgaré cara a cara. ³⁶Así como juzgué a sus antepasados en el desierto de Egipto, también los juzgaré a ustedes. Yo, el SEÑOR y Dios, lo afirmo. ³⁷Los haré pasar a ustedes bajo mi vara y los haré entrar al vínculo del pacto. ³⁸Apartaré a los rebeldes, a los que se rebelan contra mí, y los sacaré del país donde ahora viven como extranjeros, pero no entrarán en la tierra de Israel. Entonces ustedes reconocerán que yo soy el SEÑOR.

³⁹»"En cuanto a ustedes, pueblo de Israel, así dice el SEÑOR y Dios: Si no quieren obedecerme, ¡vayan y adoren a sus ídolos! Pero no sigan profanando mi °santo °nombre con sus ofrendas y sus ídolos. ⁴⁰Porque en mi monte santo, el monte elevado de Israel, me adorará todo el pueblo de Israel; todos los que habitan en el país. Yo, el SEÑOR y Dios, lo afirmo. Allí los recibiré y exigiré sus ofrendas y sus °primicias, con todos los sacrificios sagrados. ⁴¹Cuando yo los saque a ustedes y los reúna de todas las naciones y pueblos donde estarán esparcidos, en presencia de las naciones los recibiré como ofrenda de olor grato y les manifestaré mi santidad. ⁴²Y, cuando yo los lleve a la tierra de Israel, al país que juré solemnemente dar a sus antepasados, entonces reconocerán que yo soy el SEÑOR. ⁴³Allí se acordarán de su conducta y de todas sus acciones con las que se contaminaron; sentirán asco de sí mismos por todas las maldades que cometieron. ⁴⁴Pueblo de Israel, cuando yo actúe en favor de ustedes, en honor a mi nombre y no según su mala conducta y sus obras corruptas, entonces ustedes reconocerán que yo soy el SEÑOR. Yo, el SEÑOR y Dios, lo afirmo"».

Profecía contra el sur

⁴⁵La palabra del SEÑOR vino a mí y me dijo: ⁴⁶«Hijo de hombre, mira hacia el sur y en esa dirección profetiza contra el bosque del Néguev. ⁴⁷Dile: "Escucha, bosque del Néguev, la palabra del SEÑOR. Así dice el

---

ᵃ 29 *Bamá* significa *lugar alto*, por lo general dedicado como altar pagano. ᵇ 33 *despliegue … poder.* Lit. *mano fuerte y brazo extendido*; también en v. 34.

SEÑOR y Dios: 'En medio de ti voy a prender un fuego que devorará todos los árboles, tanto los secos como los verdes. Este incendio no se podrá apagar; quemará toda la superficie, de norte a sur. ⁴⁸Todos los *mortales verán que yo, el SEÑOR, lo he encendido y no podrá apagarse' "».

⁴⁹Entonces yo exclamé: «¡Ay, SEÑOR y Dios, todo el mundo anda diciendo que tan solo cuento *parábolas!».

La espada justiciera

21 La palabra del SEÑOR vino a mí y me dijo: ²«*Hijo de hombre, mira hacia Jerusalén; clama contra sus santuarios, profetiza contra la tierra de Israel, ³anúnciale que así dice el SEÑOR: "Yo estoy contra ti. Desenvainaré mi espada y mataré a justos y a malvados por igual. ⁴Puesto que he de exterminar de ti tanto al justo como al malvado, mi espada saldrá contra todos, desde el sur hasta el norte. ⁵Así todos sabrán que yo, el SEÑOR, he desenvainado la espada y no volveré a envainarla".

⁶»Y tú, hijo de hombre, con el corazón quebrantado y delante de ellos, llora con amargura. ⁷Y, cuando te pregunten por qué lloras así, diles que es por la noticia de lo que va a suceder. Esta noticia hará que todos los corazones desfallezcan y todas las manos caigan; que todos los ánimos decaigan y todas las rodillas tiemblen. ¡Ya está por llegar! ¡Ya es una realidad! Yo, el SEÑOR y Dios, lo afirmo».

⁸La palabra del SEÑOR vino a mí y me dijo: ⁹«Hijo de hombre, profetiza y proclama que así dice el Señor:

»"¡La espada, la espada,
    afilada y pulida!
¹⁰ Afilada para masacrar
    y pulida para fulgurar.ᵃ

»"¿Hemos de alegrarnos cuando el cetro de mi hijo menosprecia toda vara?

¹¹»"La espada está lista para ser pulida
    y ser empuñada;
afilada y pulida
    para las manos del asesino.
¹² ¡Grita y gime, hijo de hombre,
    que la espada se perfila contra mi pueblo
    y contra todos los príncipes de Israel!
Han sido arrojados contra la espada,
    lo mismo que mi pueblo.
Por tanto, ¡golpéate el pecho!

¹³»"¡La prueba viene! ¿Y qué, si el bastón de autoridad deja de ser? El SEÑOR y Dios afirma.ᵇ

¹⁴»"Hijo de hombre, profetiza
    golpea una mano contra la otra;
que la espada hiera dos
    y hasta tres veces.
Es la espada de la muerte
    que a todos mantiene amenazados.
¹⁵ para que el corazón desfallezca
    y aumente el número de víctimas.
Ya he colocado en las puertas
    la espada asesina.ᶜ
Es la espada bruñida para centellear
    y afilada para matar.
¹⁶ Hiere a la derecha
    y a la izquierda,
    dondequiera que gire la espada.
¹⁷ También yo golpearé mano contra mano
    y aplacaré mi furor.
    Yo, el SEÑOR, lo he dicho"».

¹⁸La palabra del SEÑOR vino a mí y me dijo: ¹⁹«Tú, hijo de hombre, traza dos caminos para que llegue por ellos la espada del rey de Babilonia. Estos dos caminos partirán del mismo país y a la entrada de cada uno de ellos colocarás una señal que indique a qué ciudad conduce. ²⁰Traza un camino para que la espada llegue contra Rabá de los amonitas y contra Jerusalén, la ciudad fortificada de Judá. ²¹El rey de Babilonia se ha colocado en la bifurcación del camino y consulta como el adivino: sacude las saetas, consulta los ídolosᵈ y examina el hígado de un animal. ²²Con su mano derecha ha marcado el destino de Jerusalén: prepara arietes para derribar las *puertas, levanta rampas y edifica torres de asalto; alza la voz en grito de batalla y da la orden para la matanza. ²³Por las alianzas ya hechas, los habitantes de Jerusalén creerán que se trata de una falsa visión; pero aquel rey les recordará la iniquidad por la que serán capturados.

²⁴Por eso dice el SEÑOR y Dios: "Se les ha recordado su iniquidad, y han quedado al descubierto sus rebeliones; expuestas están sus acciones pecaminosas, y por eso serán capturados.

²⁵»Y en cuanto a ti, príncipe de Israel, infame y malvado, tu día ha llegado; ¡la hora de tu castigo es inminente! ²⁶Así dice el SEÑOR y Dios: Quítate el turbante, renuncia a la corona, que todo cambiará. Lo humilde será exaltado y lo excelso será humillado. ²⁷¡Ruinas, ruinas, todo lo convertiré en ruinas! Esto no sucederá hasta que venga aquel a quien le asiste el derecho y a quien pediré que establezca la justicia".

²⁸Y tú, hijo de hombre, profetiza y declara que esto afirma el SEÑOR y Dios acerca de los amonitas y de sus insultos:

»"La espada, la espada
    está desenvainada para la masacre;
pulida está para devorar
    y centellear como relámpago.
²⁹ La espada degollará a esos infames malvados,
    pues sus visiones son falsas
    y sus adivinanzas, mentiras.
Pero su día ha llegado;
    ¡la hora de su castigo es inminente!

³⁰»"¡Espada, vuelve a tu vaina!
Allí, en tu tierra de origen,
donde fuiste creada,
    ¡allí te juzgaré!
³¹ Sobre ti derramaré mi ira,
sobre ti soplaré el fuego de mi furor;
te entregaré en manos de gente
    sanguinaria y destructora.
³² Serás pasto para el fuego,
    salpicaré con tu sangre todo el país
y borraré tu memoria de la faz de la tierra.
    Yo, el SEÑOR, lo he dicho"».

Los pecados de Jerusalén

22 La palabra del SEÑOR vino a mí y me dijo:

²«*Hijo de hombre, ¿la juzgarás tú? ¿Juzgarás a la ciudad sanguinaria? ¡Denúnciala por todas sus prácticas abominables! ³Adviértele que así dice el SEÑOR y Dios: "¡Ha llegado tu hora! ¡Ciudad que derramas sangre en tus calles y te *contaminas fabricando ídolos! ¡Cómo provocas tu ruina! ⁴Te has hecho

---

ᵃ 10 *y pulida para fulgurar* (véanse LXX, Vetus Latina y Siríaca); TM de difícil traducción. ᵇ 13 El TM incluye frases de difícil traducción. ᶜ 15 *asesina.* Palabra de difícil traducción. ᵈ 21 *ídolos.* Lit. *terafines.*

culpable por la sangre que has derramado, te has contaminado con los ídolos que has fabricado; has hecho que se avecine tu hora, ¡has llegado al final de tus años! Por eso te haré objeto de deshonra y de burla entre las naciones y los pueblos. ⁵Ciudad caótica y de mala fama, ¡gente de cerca y de lejos se burlará de ti!

⁶»"Mira, ahí tienes a los príncipes de Israel, que en tus calles abusan del poder solo para derramar sangre. ⁷Tratan con desprecio a su padre y a su madre, oprimen al extranjero, explotan al huérfano y a la viuda. ⁸Menosprecian mis objetos sagrados, profanan mis ˚sábados. ⁹En ti habita gente que con sus calumnias incita a derramar sangre; gente que come en los santuarios de los montes y que comete perversidades. ¹⁰Hay quienes deshonran la cama de su padre y obligan a la mujer a tener relaciones en su período de menstruación. ¹¹Algunos cometen adulterio con la mujer de su prójimo, otros deshonran con lascivia a sus nueras y hasta hay quienes violan a su hermana, a la hija de su propio padre. ¹²También hay entre los tuyos quienes aceptan soborno para derramar sangre. Tú practicas la usura y cobras altísimos intereses; extorsionas a tu prójimo y te olvidas de mí, afirma el SEÑOR y Dios.

¹³»"Pero yo voy a golpear mis manos en contra de las ganancias injustas que has acumulado, y en contra de la sangre que se ha derramado en tus calles. ¹⁴Y cuando yo te haga frente, ¿podrás resistir tu corazón y tendrán fuerza tus manos? Yo, el SEÑOR, lo he dicho y lo cumpliré. ¹⁵Te dispersaré entre las naciones, te esparciré entre los pueblos y pondré fin a tu inmundicia. ¹⁶Serás una deshonra frente a las naciones, pero sabrás que yo soy el SEÑOR"».

¹⁷La palabra del SEÑOR vino a mí y me dijo: ¹⁸«Hijo de hombre, el pueblo de Israel se ha convertido para mí como la escoria del cobre y del estaño, del hierro y del plomo, que se queda en el horno. ¡Son como la escoria de la plata! ¹⁹Por eso, así dice el SEÑOR y Dios: "Como todos ustedes se han convertido en escoria, los voy a reunir en medio de Jerusalén. ²⁰Así como la plata, el cobre, el hierro, el plomo y el estaño se juntan y se echan en el horno, y se atiza el fuego para fundirlos, así también yo, en mi ira, los juntaré a ustedes y los fundiré. ²¹Los amontonaré y atizaré contra ustedes el fuego de mi ira, los fundiré en medio de la ciudad. ²²Así como se funde la plata en medio del horno, así serán fundidos ustedes en medio de la ciudad; entonces sabrán que yo, el SEÑOR, he derramado mi ira contra ustedes"».

²³La palabra del SEÑOR vino a mí y me dijo: ²⁴«Hijo de hombre, dile a Israel: "Tú eres una tierra que no ha sido ˚purificada ni mojada por la lluvia en el día de la ira". ²⁵Hay una conspiración de sus príncipes en la que, como leones rugientes que despedazan su presa, devoran a la gente, se apoderan de las riquezas, de los objetos de valor y aumentan el número de viudas. ²⁶Sus sacerdotes violan mi ˚Ley y profanan mis objetos sagrados. Ellos no hacen distinción entre lo sagrado y lo profano ni enseñan a otros la diferencia entre lo puro y lo impuro. Tampoco prestan atención a mis sábados; he sido profanado entre ellos. ²⁷Los oficiales de la ciudad son como lobos que desgarran a su presa; siempre están listos a derramar sangre y a destruir vidas, con tal de lograr ganancias injustas. ²⁸Los profetas todo lo disfrazanᵃ mediante visiones falsas y predicciones mentirosas. Alegan que lo ha dicho el SEÑOR y Dios, cuando en realidad el SEÑOR

no les ha dicho nada. ²⁹Los terratenientes roban y extorsionan a la gente, explotan al indigente y al pobre, y maltratan injustamente al extranjero.

³⁰»Yo he buscado entre ellos a alguien que construya un muro y se ponga en la brecha delante de mí por mi tierra, para que yo no la destruya. ¡Y no lo he hallado! ³¹Por eso derramaré mi ira sobre ellos; los consumiré con el fuego de mi ira y haré recaer sobre ellos todo el mal que han hecho, afirma el SEÑOR y Dios».

Las dos hermanas adúlteras

23 La palabra del SEÑOR vino a mí y me dijo: ²«Hijo de hombre, te cuento que había dos mujeres, hijas de una misma madre. ³Desde jóvenes se hicieron prostitutas en Egipto. En esa tierra fueron manoseados sus pechos, sus pechos virginales fueron acariciados. ⁴La mayor se llamaba Aholá y la menor, Aholibá. Me uní a ellas y me dieron hijos e hijas. Aholá representa a Samaria y su hermana Aholibá a Jerusalén.

⁵»Mientras Aholá me pertenecía, se prostituyó y se enamoró perdidamente de sus amantes los asirios, ⁶todos ellos guerreros vestidos de color azul, gobernadores y oficiales, jóvenes apuestos y hábiles jinetes. ⁷Como una prostituta, se entregó a lo mejor de los asirios; se ˚contaminó con todos los ídolos por los que sintió pasión. ⁸Jamás abandonó la prostitución que había comenzado a practicar en Egipto. Desde su juventud, fueron muchos los que se acostaron con ella; fueron muchos los que acariciaron sus pechos virginales y desahogaron su lujuria con ella.

⁹»Por eso la entregué en manos de sus amantes, los asirios, con quienes ella se apasionó. ¹⁰Y ellos la desnudaron, le quitaron sus hijos y sus hijas, y la mataron a filo de espada. Fue tal el castigo que ella recibió que se convirtió en ejemplo para las mujeres.

¹¹»Aunque su hermana Aholibá vio esto, dio rienda suelta a sus pasiones y se prostituyó aún más que su hermana. ¹²Ella también se enamoró perdidamente de los asirios, todos ellos gobernadores y oficiales, guerreros vestidos con mucho lujo, hábiles jinetes y jóvenes muy apuestos. ¹³Yo pude darme cuenta de que ella se había contaminado y seguido el ejemplo de su hermana.

¹⁴»Pero Aholibá llevó más allá sus prostituciones. Vio en la pared figuras de babiloniosᵇ pintadas de rojo, ¹⁵con cinturones y amplios turbantes en la cabeza. Todos ellos tenían aspecto de oficiales y se parecían a los habitantes de Babilonia.ᶜ ¹⁶Al verlos, se enamoró de ellos perdidamente y envió mensajeros a Babilonia.ᵈ ¹⁷Los babilonios vinieron y se acostaron con ella en el lecho de sus pasiones. A tal punto la contaminaron con sus prostituciones que se hastió de ellos. ¹⁸Pero exhibiendo su desnudez, practicó con descaro la prostitución. Entonces me hastié de ella, como antes me había hastiado de su hermana. ¹⁹Pero ella multiplicó sus prostituciones, recordando los días de su juventud cuando en Egipto había sido una prostituta. ²⁰Allí se había enamorado perdidamente de sus amantes, cuyos genitales eran como los de un asno y su semen como el de un caballo. ²¹Así echó de menos la lujuria de su juventud, cuando los egipcios manoseaban sus senos y acariciaban sus pechos virginales.

²²»Por eso, Aholibá, así dice el SEÑOR y Dios: Voy a incitar contra ti a tus amantes, de los que te alejaste con disgusto. De todas partes traeré contra ti ²³a los babilonios y a todos los caldeos, a los de Pecod, Soa y Coa, y con ellos a los asirios, todos ellos jóvenes apuestos, gobernantes y oficiales, guerreros y hombres distinguidos, montados a caballo. ²⁴Vendrán

---

ᵃ **28** *Los profetas todo lo disfrazan.* Lit. *Sus profetas los recubren con cal.* ᵇ **14** Lit. *caldeos.* ᶜ **15** *habitantes de Babilonia.* Alt. *babilonios de la región de Caldea.* ᵈ **16** Lit. *Caldea.*

contra ti con armas, carros de guerra y carretas; mucho pueblo con armadura, escudos y cascos. Les encargaré que te juzguen, y te castigarán según sus costumbres. 25Descargaré sobre ti el furor de mi ira, y ellos te maltratarán con furia. Te cortarán la nariz y las orejas; a tus sobrevivientes los matarán a filo de espada. Te arrebatarán a tus hijos y a tus hijas, y los que aún queden con vida serán consumidos por el fuego. 26Te arrancarán tus vestidos y te quitarán tus joyas. 27Así pondré fin a tu lujuria y a tu prostitución que comenzaste en Egipto. Ya no desearás esas cosas ni te acordarás más de Egipto.

28»Así dice el SEÑOR y Dios: Voy a entregarte en manos de los que odias, en manos de los que te alejaste con disgusto. 29Ellos te tratarán con odio y te despojarán de todas tus posesiones. Te dejarán completamente desnuda, y tus prostituciones quedarán al descubierto. Tu lujuria y tu promiscuidad 30son la causa de todo esto, porque te prostituiste con las naciones y te contaminaste con sus ídolos. 31Por cuanto has seguido los pasos de tu hermana, en castigo beberás la misma copa.

32»Así dice el SEÑOR y Dios:

»Beberás la copa de tu hermana,
    una copa grande y profunda.
Llena está de burla y escarnio,
33 llena de embriaguez y dolor.
Es la copa de ruina y destrucción;
    ¡es la copa de tu hermana Samaria!
34 La beberás hasta la última gota,
    la romperás en mil pedazos
    y te desgarrarás los pechos,
        porque yo lo he dicho,

afirma el SEÑOR y Dios.

35»Por eso, así dice el SEÑOR y Dios: Por cuanto me has olvidado y me has dado la espalda, sufrirás las consecuencias de tu lujuria y de tus prostituciones».

36El SEÑOR me dijo: «Hijo de hombre, ¿juzgarás tú a Aholá y a Aholibá? ¡Échales en cara sus abominaciones! 37Ellas han cometido adulterio y tienen las manos manchadas de sangre. Han cometido adulterio con sus ídolos y hasta han sacrificado a los hijos que me dieron, los han ofrecido como alimento a esos ídolos. 38Además, me han ofendido contaminando mi santuario y a la vez profanando mis *sábados. 39El mismo día que sacrificaron a sus hijos para adorar a sus ídolos, entraron a mi santuario y lo profanaron. ¡Y lo hicieron en mi propia casa!

40»Y por si fuera poco, mandaron a traer gente de muy lejos. Cuando esa gente llegó, ellas se bañaron, se pintaron los ojos y se adornaron con joyas; 41luego se sentaron en un diván lujoso, frente a una mesa donde previamente habían colocado el incienso y el aceite que me pertenecen.

42»Había ruido de una multitud despreocupada. Vinieron sabeos del desierto, junto a gente común. Adornaron a las mujeres poniéndoles brazaletes en sus muñecas y hermosas coronas sobre sus cabezas. 43Pensé entonces en esa mujer desgastada por sus adulterios: "Ahora van a seguir aprovechándose de esa mujer prostituida". 44Y se acostaron con ella como quien se acuesta con una prostituta. Fue así como se acostaron con esas mujeres lascivas llamadas Aholá y Aholibá. 45Pero los hombres justos les darán el castigo que merecen las mujeres asesinas y adúlteras, ¡porque son adúlteras y tienen las manos manchadas de sangre!

46»En efecto, así dice el SEÑOR y Dios: ¡Que se convoque a una multitud contra ellas, y que sean entregadas al terror y al saqueo! 47¡Que la multitud las

apedree y las despedace con la espada. ¡Que maten a sus hijos y a sus hijas, y prendan fuego a sus casas!

48»Yo pondré fin en el país a esta conducta llena de lascivia. Todas las mujeres quedarán advertidas y no seguirán su ejemplo. 49Serán responsables de sus lascivias y pagarán las consecuencias de sus pecados de idolatría. Entonces sabrán que yo soy el SEÑOR y Dios».

La olla hirviente

24 El día diez del mes décimo del año noveno, el SEÑOR me dirigió la palabra: 2«"Hijo de hombre, anota la fecha de hoy, de este mismo día, porque el rey de Babilonia ha atacado a Jerusalén. 3Cuéntale una parábola a este pueblo rebelde, y adviértele que así dice el SEÑOR y Dios:

»"Coloca la olla sobre el fuego
    y échale agua.
4 Agrégale pedazos de carne,
    los mejores trozos de pierna y de lomo.
Llénala con lo mejor de los huesos,
    5 con lo mejor del rebaño.
Amontona leña debajo de la olla,
para que hierva bien el agua
    y se cuezan bien los huesos.

6Porque el SEÑOR y Dios dice:

»"¡Ay de la ciudad sanguinaria!
    ¡Ay de esa olla oxidada,
    cuyo óxido no se puede quitar!
Saca uno a uno los trozos de carne,
    tal como vayan saliendo.ᵃ

7 »"La ciudad está empapada en su sangre,
    pues ella la derramó sobre la roca desnuda;
no la derramó por el suelo,
    donde el polvo la podía cubrir.
8 Sobre la roca desnuda he vertido su sangre,
    para que no quede cubierta.
Así haré que se encienda mi ira
    y daré lugar a mi venganza.

9Porque así dice el SEÑOR y Dios:

»"¡Ay de la ciudad sanguinaria!
    Yo también amontonaré la leña.
10 ¡Vamos, apilen la leña
    y enciendan el fuego!
¡Cocinen la carne y preparen las especias,
    y que se quemen bien los huesos!
11 ¡Pongan la olla vacía sobre las brasas,
    hasta que el bronce esté al rojo vivo!
¡Que se fundan en ella sus *impurezas
    y se consuma su herrumbre!
12 Pero ella frustró todos los esfuerzos;
    está tan oxidada que ni el fuego la puede
        purificar.ᵇ

13»"Jerusalén, yo he querido purificarte de tu infame lujuria, pero no has dejado que te purifique. Por eso, no quedarás *limpia hasta que se apacigüe mi ira contra ti.

14»"Yo, el SEÑOR, lo he dicho y lo cumpliré. Yo mismo actuaré y no me voy a retractar. No tendré compasión ni cambiaré de parecer. Te juzgaré conforme a tu conducta y a tus acciones, afirma el SEÑOR y Dios"».

ᵃ 6 tal como vayan saliendo. Lit. sin echar suertes sobre ella.
ᵇ 12 Pero … purificar. Texto de difícil traducción.

Muerte de la esposa de Ezequiel

¹⁵La palabra del SEÑOR vino a mí y me dijo: ¹⁶«Hijo de hombre, voy a quitarte de golpe el deleite de tus ojos. Pero no llores ni hagas lamentos, ni dejes tampoco que te corran las lágrimas. ¹⁷Gime en silencio y no hagas duelo por los muertos. Átate el turbante, cálzate los pies y no te cubras la barba ni comas el pan de duelo».

¹⁸Por la mañana hablé al pueblo y por la tarde murió mi esposa. A la mañana siguiente, hice lo que se me había ordenado.

¹⁹La gente del pueblo me preguntó: «¿No nos vas a explicar qué significado tiene para nosotros lo que estás haciendo?».

²⁰Yo les contesté: «El SEÑOR me dirigió la palabra y me ordenó ²¹advertirle al pueblo de Israel que así dice el SEÑOR y Dios: "Voy a profanar mi santuario, orgullo de su fortaleza, el Templo que les deleita la vista y en el que depositan su afecto. Los hijos y las hijas que ustedes dejaron morirán a filo de espada, ²²y ustedes harán lo mismo que yo: no se cubrirán la barba ni comerán el pan de duelo. ²³Llevarán el turbante sobre la cabeza y se calzarán los pies. No llorarán ni harán lamentos, sino que se consumirán a causa de sus pecados y gemirán unos con otros. ²⁴Ezequiel les servirá de señal y ustedes harán lo mismo que él hizo. Cuando esto suceda, sabrán que yo soy el SEÑOR y Dios".

²⁵»Y tú, hijo de hombre, el día en que yo quite su fortaleza, su alegría y su gozo, la delicia de sus ojos, el deseo de su ˚corazón y a sus hijos e hijas, ²⁶vendrá un fugitivo a comunicarte la noticia. ²⁷Ese mismo día se te soltará la lengua y no callarás más. Entonces podrás hablar con el fugitivo; servirás de señal para ellos y sabrán que yo soy el SEÑOR».

Profecía contra Amón

25 La palabra del SEÑOR vino a mí y me dijo: ²«Hijo de hombre, pon tu rostro contra los amonitas y profetiza contra ellos. ³Diles que presten atención a la palabra del SEÑOR y Dios: "Ustedes se burlaron cuando vieron que mi santuario era profanado, que el país de Israel era devastado y que a los habitantes de Judá se los llevaban al exilio. ⁴Por eso yo los entregaré al poder de los pueblos del oriente. Ellos armarán sus campamentos y establecerán entre ustedes sus moradas; comerán sus frutos y beberán su leche. ⁵Convertiré a Rabá en un pastizal de camellos y a Amón en un corral de ovejas. Entonces sabrán ustedes que yo soy el SEÑOR.

⁶»"Así dice el SEÑOR y Dios: Ustedes los amonitas aplaudieron, saltaron de alegría y, maliciosamente, se rieron de Israel. ⁷Por eso yo extenderé mi mano en su contra y los entregaré a las naciones como despojo. Los arrancaré de entre los pueblos y los destruiré por completo. Entonces sabrán ustedes que yo soy el SEÑOR"».

Profecía contra Moab

⁸«Así dice el SEÑOR y Dios: Por cuanto Moab y Seír dicen: "Judá es igual a todas las naciones", ⁹voy a abrir el flanco de Moab. De un extremo a otro la dejaré sin Bet Yesimot, Baal Megón y Quiriatayin, ciudades que son su orgullo. ¹⁰Entregaré a Moab y a los amonitas en manos de los pueblos del oriente. De los amonitas no quedará ni el recuerdo entre las naciones; ¹¹y sobre Moab traeré castigo. Entonces sabrán que yo soy el SEÑOR».

Profecía contra Edom

¹²«Así dice el SEÑOR y Dios: Porque Edom se vengó con alevosía de Judá y de esta manera resulta más grave su culpa. ¹³Por eso, así dice el SEÑOR y Dios: Extenderé mi mano contra Edom y exterminaré a ˚hombres y animales. Lo dejaré en ruinas. Desde Temán hasta Dedán, todos morirán a filo de espada. ¹⁴Por medio de mi pueblo Israel me vengaré de Edom. Mi pueblo hará lo que está en razón de mi ira y mi furor. Así conocerán lo que es mi venganza, afirma el SEÑOR y Dios».

Profecía contra los filisteos

¹⁵«Así dice el SEÑOR y Dios: Los filisteos se vengaron con alevosía; con profundo desprecio intentaron destruir a Judá por causa de una antigua enemistad. ¹⁶Por eso, así dice el SEÑOR y Dios: Extenderé mi mano contra los filisteos. Exterminaré a los quereteos y destruiré a los que aún quedan en la costa del mar. ¹⁷Mi venganza contra ellos será terrible. Los castigaré con mi ira. Y cuando ejecute mi venganza, sabrán que yo soy el SEÑOR».

Profecía contra Tiro

26 En el onceavo mes del décimo segundo*ª* año, en el primer día del mes, el SEÑOR me dirigió la palabra: ²«Hijo de hombre, Tiro ha dicho de Jerusalén: "¡Ah! Las ˚puertas de las naciones se han derrumbado; sus puertas se me han abierto de par en par; ahora que está en ruinas yo prosperaré". ³Por eso, así dice el SEÑOR y Dios: Tiro, yo me declaro contra ti, y así como el mar levanta sus olas, voy a hacer que contra ti se levanten muchas naciones. ⁴Destruirán los muros de Tiro y derribarán sus torres. Hasta los escombros barreré de su lugar; ¡la dejaré como roca desnuda! ⁵¡Quedará en medio del mar como un tendedero de redes! Yo, el SEÑOR y Dios, lo afirmo. Tiro será despojo de las naciones ⁶y sus poblados tierra adentro serán devastados a filo de espada. Entonces sabrán que yo soy el SEÑOR.

⁷»Así dice el SEÑOR y Dios: Desde el norte voy a traer contra Tiro a Nabucodonosor, rey de Babilonia, rey de reyes. Vendrá con un gran ejército de caballos, con carros de guerra y jinetes. ⁸Tus poblados tierra adentro serán devastados a filo de espada. Y construirá contra ti torres de asalto, levantará rampas para atacarte y alzará sus escudos. ⁹Atacará tus muros con arietes y con sus armas destruirá tus torres. ¹⁰Sus caballos serán tan numerosos que te cubrirán de polvo. Tus muros temblarán por el estruendo de su caballería y de sus carros; cuando él entre por tus puertas, lo hará como se entra a una ciudad cuyos muros se han derrumbado. ¹¹Con los cascos de sus caballos pisoteará todas tus calles; matará a tu pueblo a filo de espada y tus sólidas columnas caerán por tierra. ¹²Además, saquearán tus riquezas y robarán tus mercancías. Derribarán tus muros, demolerán tus suntuosos palacios y arrojarán al mar tus piedras, vigas y escombros. ¹³Así pondré fin al ruido de tus canciones y no se volverá a escuchar la melodía de tus arpas. ¹⁴Te convertiré en una roca desnuda, en un tendedero de redes y no volverás a ser edificada. Yo, el SEÑOR, lo he dicho. Yo, el SEÑOR y Dios, lo afirmo.

¹⁵»Así dice el SEÑOR y Dios a Tiro: Las naciones costeras temblarán ante el estruendo de tu caída, el gemido de tus heridos y la masacre de tus habitantes. ¹⁶Todos los príncipes del mar descenderán de sus tronos, se quitarán sus mantos y se despojarán de las vestiduras bordadas. Llenos de pánico se sentarán en el suelo; espantados por tu condición temblarán sin cesar ¹⁷y sobre ti entonarán este lamento:

»"¡Cómo has sido destruida, ciudad famosa,
    habitada por gente del mar!

ª 1 Lectura probable del texto hebreo original; el TM no incluye la frase *mes del décimo segundo*.

¡Tú en el mar eras poderosa!
¡Con tus habitantes infundías terror
a todos los que vivan allí!
18 Ahora, en el día de tu caída,
tiemblan los pueblos costeros
y las islas que están en el mar
se aterrorizan ante tu debacle".

19»Así dice el SEÑOR y Dios: Te convertiré en lugar de ruinas, como toda ciudad deshabitada. Haré que te cubran las aguas caudalosas del océano. 20Te haré descender con los que descienden a la fosa; te haré habitar en lo más profundo de la tierra, en el país de eternas ruinas, con los que descienden a la fosa. No volverás a ser habitada ni reconstruida*a* en la tierra de los vivientes. 21Te convertiré en objeto de espanto, y ya no volverás a existir. Te buscarán, pero jamás podrán encontrarte, afirma el SEÑOR y Dios».

Lamento por la caída de Tiro

27 La palabra del SEÑOR vino a mí y me dijo: 2«*Hijo de hombre, dedícale este lamento a Tiro, 3ciudad asentada junto al mar y que hace negocios con pueblos de muchas costas lejanas:
»Así dice el SEÑOR y Dios:

»"Tú dices, Tiro:
'Soy perfecta en hermosura'.
4 Tu dominio está en alta mar,
tus constructores resaltaron tu hermosura.
5 Con cipreses del monte Senir
hicieron todos tus entablados.
Con cedros del Líbano
armaron tu mástil.
6 Con encinas de Basán
construyeron tus remos,
y con cipreses de las costas de Chipre
ensamblaron tu cubierta,
la cual fue decorada con incrustaciones de marfil.
7 Con tela de lino bordada de Egipto hicieron tus velas
y estas te sirvieron de bandera.
De las costas de Elisá trajeron
telas de azul y carmesí para tu toldo.
8 Habitantes de Sidón y de Arvad eran tus remeros.
Los más hábiles timoneles de Tiro estaban a bordo.
9 Los hábiles veteranos de Guebal*b*
reparaban los daños en la nave.
Los marineros de todas las naves del mar
negociaron con tus mercancías.

10»"Hombres de Persia, Lidia y Fut
militaron en tu ejército.
Te adornaron con escudos y cascos;
¡sacaron a relucir tu esplendor!
11 Los de Arvad y los de Jélec
defendían los muros que te rodean
y los de Gamad estaban
apostados en tus torres.
A lo largo de tus muros colgaban sus escudos,
haciendo resaltar tu hermosura.

12»"Era tal tu riqueza que Tarsis comerciaba contigo. A cambio de tu mercadería, ella te ofrecía plata, hierro, estaño y plomo. 13»"También Grecia, Tubal y Mésec negociaban contigo; a cambio de tus mercancías te ofrecían esclavos y objetos de bronce. 14»"La gente de Bet Togarma te pagaba con caballos de trabajo, caballos de montar y mulos.

15»"Los habitantes de Rodas*c* también comerciaban contigo. Concretabas negocios con muchas islas del mar, las cuales te pagaban con ébano y colmillos de marfil. 16»"Por los muchos productos que tenías, Aram comerciaba contigo y a cambio te entregaba turquesa, telas teñidas de color púrpura, telas bordadas, de hilo de lino fino, corales y rubíes. 17»"Judá e Israel también comerciaban contigo. Te ofrecían trigo de Minit, pasteles,*d* miel, aceite y bálsamo. 18»"Por la gran cantidad de tus productos y por la abundancia de tu riqueza, también Damasco comerciaba contigo. Te pagaba con vino de Jelbón y lana de Sajar. 19A cambio de tus mercancías, los danitas y los griegos se traían de Uzal hierro forjado, casia y caña aromática. 20»"Dedán te vendía aparejos para montar. 21»"Tus clientes eran Arabia y todos los príncipes de Cedar, quienes te pagaban con corderos, carneros y chivos. 22»"También eran tus clientes los comerciantes de Sabá y Ragama. A cambio de mercancías, te entregaban oro, piedras preciosas y los mejores perfumes. 23»"Jarán, Cané, Edén y los comerciantes de Sabá, Asiria y Quilmad negociaban contigo. 24Para abastecer tus mercados te vendían hermosas telas, mantos de color azul, bordados, tapices de muchos colores y cuerdas muy bien trenzadas.

25»"Las naves de Tarsis
transportaban tus mercancías.
Cargada de riquezas,
navegabas en el corazón de los mares.
26 Tus remeros te llevaron por mares profundos,
pero el viento del este te hará pedazos
en el corazón de los mares.
27 El día de tu naufragio
se hundirán en el corazón de los mares
tu riqueza, tu mercancía y tus productos,
tus marineros y tus timoneles,
los que reparan tus naves y tus comerciantes,
tus soldados y toda tu tripulación.
28 Al grito de tus timoneles
temblarán las costas.
29 Todos los remeros abandonarán las naves;
marineros y timoneles bajarán a tierra.
30 Por ti levantarán la voz
y llorarán con amargura;
se echarán polvo en la cabeza
y se revolcarán en ceniza.
31 Por tu culpa se raparán la cabeza,
y se vestirán de luto.
Llorarán por ti con gran amargura,
y con angustiosos quejidos.
32 Entonarán sentidos lamentos
y en tono de amarga queja dirán:
'¿Quién en medio de los mares
podía compararse a Tiro?'.
33 Cuando desembarcaban tus productos
muchas naciones quedaban satisfechas.
Con tus muchas riquezas y mercancías,
enriquecías a los reyes de la tierra.
34 Pero ahora el mar te ha hecho pedazos,
¡yaces en lo profundo de las aguas!
Tus mercancías y toda tu tripulación
se hundieron contigo.
35 Por ti están horrorizados
todos los habitantes de las costas;

---

a 20 ni reconstruida (LXX); y daré gloria (TM).   *b* 9 Guebal. Es decir, Byblos.   *c* 15 Rodas (LXX); Dedán (TM).   *d* 17 pasteles. Palabra de difícil traducción.

sus reyes tiemblan de miedo,
    y en su rostro se dibuja el terror.
[36] Atónitos se han quedado
    los comerciantes de otros países.
¡Tu fin ha llegado!
¡Nunca más volverás a existir!"».

Profecía contra el rey de Tiro

28 La palabra del SEÑOR vino a mí y me dijo:
[2]«"Hijo de hombre, adviértele al rey de Tiro
que así dice el SEÑOR y Dios:

»"Tu corazón se llenó de arrogancia y dijiste:
    'Yo soy un dios.
Me encuentro en el corazón de los mares
    sentado en el trono de un dios'.
¡Pero tú eres un simple ˙mortal, no un dios,
    aunque crees ser tan sabio como un dios!
[3] ¿Acaso eres más sabio que Daniel?[a]
    ¿Acaso conoces todos los secretos?
[4] Con tu sabiduría y tu inteligencia
    has acumulado muchas riquezas
y en tus cofres has amontonado
    oro y plata.
[5] Eres muy hábil para el comercio;
    por eso te has hecho muy rico.
Con tus grandes riquezas
    tu corazón se llenó de arrogancia.

[6]»"Por eso, así dice el SEÑOR y Dios:

»"Ya que pretendes ser
    tan sabio como un dios,
[7] haré que vengan extranjeros contra ti,
    los más feroces de las naciones:
desenvainarán la espada contra tu hermosura y
        sabiduría,
    y profanarán tu esplendor.
[8] Te hundirán en la fosa
    y sufrirás una muerte violenta
en el corazón de los mares.
[9] Aun así, en presencia de tus verdugos,
    ¿te atreverás a decir: Soy un dios?
¡Pues en manos de tus asesinos
    no serás un dios, sino un simple mortal!
[10] Sufrirás a manos de extranjeros
    la muerte de los incircuncisos,
    porque yo lo he dicho,

afirma el SEÑOR y Dios"».

[11]La palabra del SEÑOR vino a mí y me dijo: [12]«Hijo
de hombre, entona un lamento al rey de Tiro y
adviértele que así dice el SEÑOR y Dios:

»"Eras un modelo de perfección,
    lleno de sabiduría y de hermosura perfecta.
[13] Estabas en Edén,
    en el jardín de Dios,
adornado con toda clase de piedras
        preciosas:
    rubí, crisólito, jade,
    topacio, ónice, jaspe,
    zafiro, turquesa y esmeralda.[b]
Tus joyas y encajes estaban cubiertos de oro,
    especialmente preparados para ti el día en que
        fuiste creado.
[14] Fuiste ungido ˙querubín protector,
    porque yo así lo dispuse.[c]

Estabas en el ˙santo monte de Dios
    y caminabas sobre piedras de fuego.
[15] Fuiste irreprochable en tus caminos,
    desde el día en que fuiste creado
    hasta que se encontró maldad en ti.
[16] Por la abundancia de tu comercio,
    te llenaste de violencia y pecaste.
Por eso te expulsé del monte de Dios,
    como a un objeto profano.
A ti, querubín protector,
    te eliminé de entre las piedras de fuego.
[17] A causa de tu hermosura
    tu corazón se llenó de orgullo.
A causa de tu esplendor,
    corrompiste tu sabiduría.
Por eso te arrojé por tierra
    y delante de los reyes te expuse al ridículo.
[18] Has profanado tus santuarios
    por la gran cantidad de tus pecados,
    ¡por tu comercio corrupto!
Por eso hice salir de ti
    un fuego que te devorara.
A la vista de todos los que te admiran
    te eché por tierra y te reduje a cenizas.
[19] Al verte, han quedado espantadas
    todas las naciones que te conocen.
Has llegado a un final terrible
    y ya no volverás a existir"».

Profecía contra Sidón

[20]La palabra del SEÑOR vino a mí y me dijo: [21]«Hijo
de hombre, pon tu rostro contra Sidón y profetiza
contra ella. [22]Adviértele que así dice el SEÑOR y Dios:

»"Yo estoy en contra tuya, Sidón,
    y manifestaré mi gloria en ti.
Cuando te traiga un justo castigo
    y manifieste sobre ti mi ˙santidad,
    se sabrá que yo soy el SEÑOR.
[23] Mandaré en tu contra una plaga
    y por tus calles correrá la sangre.
Por la espada que ataca por todos lados
    los heridos caerán en tus calles,
¡y se sabrá que yo soy el SEÑOR!

[24]»"Los israelitas no volverán a sufrir el desprecio
de sus vecinos, que duele como aguijones y punza
como espinas, y se sabrá que yo soy el SEÑOR".

[25]»Así dice el SEÑOR y Dios: "Cuando yo reúna al
pueblo de Israel de entre las naciones donde se
encuentra disperso, le mostraré mi santidad en presencia de todas las naciones. Entonces Israel vivirá
en su propio país, el mismo que di a mi siervo Jacob.
[26]Allí vivirán seguros, construirán sus casas y plantarán viñedos, porque yo ejecutaré un justo castigo
sobre los vecinos que desprecian al pueblo de Israel.
¡Y se sabrá que yo soy el SEÑOR su Dios!"».

Profecía contra Egipto

29 A los doce días del mes décimo del año décimo,
el SEÑOR me dirigió la palabra: [2]«˙Hijo de
hombre, pon tu rostro contra el faraón, rey de Egipto,
y profetiza contra él y contra todo Egipto. [3]Adviértele
que así dice el SEÑOR y Dios:

»"Yo estoy contra ti, faraón, rey de Egipto,
    gran monstruo que yaces en el cauce de tus
        arroyos,
que dices: 'El Nilo es mío,
    es mi creación'.
[4] Te pondré garfios en las mandíbulas,
    y haré que los peces del río se te peguen a las
        escamas.

---

[a] 3 *Daniel*. Alt. *Danel*.   [b] 13 La identificación precisa de
algunas de estas piedras preciosas es incierta.   [c] 14 *Fuiste ...
dispuse*. Texto de difícil traducción.

Y con todos los peces pegados a tus escamas
te sacaré de la corriente.
5 Te abandonaré en el desierto,
junto con todos los peces de tus arroyos.
Caerás en campo abierto
y no serás recogido ni enterrado.ᵃ
Te daré como alimento
a las bestias de la tierra y a las aves del cielo.

6 Entonces todos los habitantes de Egipto sabrán que yo soy el SEÑOR.

»"Solo has sido un bastón de caña para el pueblo de Israel. 7 Cuando se agarraron de tu mano, te quebraste y desgarraste sus manos;ᵇ cuando en ti se apoyaron, te rompiste y sus espaldas se estremecieron.ᶜ 8 »Por eso, así dice el SEÑOR y Dios: Contra ti traeré la espada y haré que mate a ⸱hombres y animales. 9 La tierra de Egipto quedará en ruinas. Entonces sabrán que yo soy el SEÑOR.

»"Tú dijiste: 'El Nilo es mío, es mi creación'. 10 Por eso me declaro en contra tuya y en contra de tus ríos. Desde Migdol hasta Asuán, y hasta la frontera con Cus, convertiré a la tierra de Egipto en ruina y destrucción total. 11 Durante cuarenta años quedará completamente deshabitada; ni hombres ni animales pasarán por allí. 12 Haré de Egipto la más desolada de todas las tierras y durante cuarenta años sus ciudades quedarán en ruinas y en medio de gran destrucción. Yo dispersaré a los egipcios entre las naciones y los esparciré por los países.

13 »"Así dice el SEÑOR y Dios: Al cabo de los cuarenta años reuniré a los egipcios de entre los pueblos donde fueron dispersados. 14 Haré que vuelvan de su cautividad y los haré volver a Patros, tierra de sus antepasados. Allí formarán un reino humilde. 15 Será el reino de menor importancia y nunca podrá levantarse por encima de las demás naciones. Yo mismo los haré tan pequeños que no podrán dominar a las otras naciones. 16 El pueblo de Israel no confiará más en Egipto. Al contrario, será Egipto quien les sirva para recordar el pecado que cometieron los israelitas al seguirlo. Así sabrán que yo soy el SEÑOR y Dios"».

17 El primer día del mes primero del año veintisiete, el SEÑOR me dirigió la palabra: 18 «Toma en cuenta, hijo de hombre, que el rey de Babilonia, Nabucodonosor, y su ejército llevaron a cabo una gran campaña contra Tiro. Todos ellos quedaron con la cabeza rapada y con llagas en la espalda. Pero a pesar del tremendo esfuerzo, ni él ni su ejército sacaron provecho alguno de la campaña emprendida contra Tiro. 19 Por eso, así dice el SEÑOR y Dios: Pondré a Egipto en manos de Nabucodonosor, rey de Babilonia, quien se apoderará de sus riquezas, saqueará sus despojos y se llevará el botín que servirá de recompensa para su ejército. 20 Yo le entregaré a Egipto como recompensa por lo que hizo contra Tiro, porque ellos lo hicieron por mí, afirma el SEÑOR y Dios.

21 »En aquel día acrecentaré la fuerzaᵈ del pueblo de Israel y en ese momento tú, Ezequiel, les hablarás con libertad. Entonces sabrán que yo soy el SEÑOR».

Lamento por Egipto

30 La palabra del SEÑOR vino a mí y me dijo: 2 "Hijo de hombre, profetiza y adviérteles: «Así dice el SEÑOR y Dios:

»"Giman y digan:
'¡Ay de aquel día!'.
3 Porque se acerca el día,
sí, el día del SEÑOR está cerca.

Día cargado de nubarrones,
día nefasto para los pueblos.
4 Vendrá una espada contra Egipto
y Cus será presa de la angustia.
Cuando caigan heridos los egipcios,
serán saqueadas sus riquezas
y destruidos sus cimientos.

5 Cus y Libia, Lidia y toda Arabia, Cub y el pueblo de la tierra del ⸱pacto caerán a espada con Egipto".
6 »Así dice el SEÑOR:

»"Caerán los aliados de Egipto,
se derrumbará el orgullo de su poder.
Desde Migdol hasta Asuán
caerán a filo de espada,
afirma el SEÑOR y Dios.
7 Estarán desolados,
en medio de tierras desoladas,
sus ciudades estarán
entre ciudades en ruinas.
8 Y sabrán que yo soy el SEÑOR,
cuando prenda fuego a Egipto
y destruya a todos sus aliados.

9 »"En aquel día saldrán en barcos mis mensajeros para aterrorizar a la confiada Cus. Y la angustia se apoderará de ellos en el día de la condenación de Egipto, pues seguro vendrá".

10 »Así dice el SEÑOR y Dios:

»"Pondré fin a la población de Egipto
por medio de Nabucodonosor, rey de Babilonia.
11 Él y su ejército, la nación más despiadada,
vendrán a destruir el país.
Desenvainarán sus espadas contra Egipto
y llenarán de cadáveres el país.
12 Secaré los canales del Nilo
y entregaré el país en manos de gente malvada.
Por medio de manos extranjeras
desolaré el país y cuanto haya en él.

Yo, el SEÑOR, lo he dicho".

13 »Así dice el SEÑOR y Dios:

»"Voy a destruir a todos los ídolos de Menfis;
pondré fin a sus dioses falsos.
No habrá más príncipe en Egipto
y llenaré de temor la tierra.
14 Devastaré a Patros,
prenderé fuego a Zoán
y dictaré sentencia contra Tebas.
15 Derramaré mi ira sobre Pelusio,
la fortaleza de Egipto
y acabaré con la multitud de Tebas.
16 Prenderé fuego a Egipto
y Pelusio se retorcerá de dolor.
Se abrirán brechas en Tebas
y Menfis vivirá en constante angustia.
17 Los jóvenes de Heliópolis y de Bubastis
caerán a filo de espada
y las mujeres irán al cautiverio.
18 Cuando yo haga pedazos el yugo de Egipto,
el día se oscurecerá en Tafnes.
Así llegará a su fin el orgullo de su fuerza.

ᵃ 5 enterrado (mss. hebreos y Targum); juntado (TM). ᵇ 7 manos (LXX y Siríaca); hombros (TM). ᶜ 7 se estremecieron (Siríaca; véanse LXX y Vulgata); hiciste que se pararan (TM). ᵈ 21 la fuerza. Lit. un cuerno que aquí simboliza el poder o la fuerza.

Quedará cubierto de nubes
y sus hijas irán al cautiverio.
¹⁹ Este será su castigo
y así Egipto sabrá que yo soy el SEÑOR"».

²⁰El día siete del mes primero del año undécimo, el SEÑOR me dirigió la palabra: ²¹«Hijo de hombre, yo he quebrado el brazo al faraón, rey de Egipto. Nadie se lo ha vendado ni curado para que recobre su fuerza y pueda empuñar la espada. ²²Por eso, así dice el SEÑOR y Dios: Estoy contra el faraón, rey de Egipto. Le quebraré los dos brazos, el sano y el fracturado, y haré que la espada se le caiga de la mano. ²³Voy a dispersar a los egipcios entre las naciones; voy a esparcirlos entre los países. ²⁴Fortaleceré a su vez los brazos del rey de Babilonia: pondré mi espada en sus manos y quebraré los brazos del faraón. Entonces él gemirá ante su enemigo como herido de muerte. ²⁵Fortaleceré los brazos del rey de Babilonia y haré que desfallezcan los brazos del faraón. Y, cuando ponga yo mi espada en manos del rey de Babilonia y él la extienda contra Egipto, se sabrá que yo soy el SEÑOR. ²⁶Dispersaré por las naciones a los egipcios; los esparciré entre los países. Entonces sabrán que yo soy el SEÑOR».

El cedro del Líbano

31 El día primero del mes tercero del año undécimo, el SEÑOR me dirigió la palabra: 2«ˮHijo de hombre, dile al faraón, rey de Egipto, y a toda su gente:

»"¿Quién se puede comparar con tu grandeza?
³ Fíjate en Asiria,
que alguna vez fue cedro del Líbano,
con bello y frondoso ramaje;
su copa sobresalía del espeso follaje.
⁴ Las aguas lo hicieron crecer;
las corrientes profundas lo nutrieron.
Sus ríos corrían
en torno a sus raíces;
sus acequias regaban
todos los árboles del campo.
⁵ Así el cedro creció
más alto que todos los árboles del campo.
Gracias a las abundantes aguas,
se extendió su frondoso ramaje.
⁶ Todas las aves del cielo
anidaban en sus ramas.
Todas las bestias del campo
tenían sus crías bajo su follaje.
Todas las naciones
vivían bajo su sombra.
⁷ Era un árbol imponente y majestuoso,
de ramas extendidas;
sus raíces se hundían
hasta las aguas caudalosas.
⁸ Ningún cedro en el jardín de Dios
se le podía comparar;
ningún ciprés ostentaba un follaje parecido
ni tenían su ramaje los castaños.
Ningún árbol del jardín de Dios
se le comparaba en hermosura.
⁹ Yo lo hice bello
y con un ramaje majestuoso.
En el Edén, jardín de Dios,
era la envidia de todos los árboles.

¹⁰»"Por eso, así dice el SEÑOR y Dios: Por cuanto el árbol creció tan alto y ufano de su altura, y se elevaba sobre el espeso follaje, ¹¹yo lo he desechado; lo

entregué en manos de un líder de naciones, para que lo trate según su maldad. ¹²Los extranjeros más crueles lo han talado y abandonado. Sus ramas han caído en los montes y en los valles; yacen rotas por todos los canales de los ríos del país. Huyeron y lo abandonaron todas las naciones que buscaban protección bajo su sombra. ¹³Ahora las aves del cielo se posan sobre su tronco caído y las bestias del campo se meten entre sus ramas. ¹⁴Y esto es para que ningún árbol que esté junto a las aguas vuelva a crecer tanto; para que ningún árbol, por bien regado que esté, vuelva a elevar su copa hasta las nubes. Todos están destinados a la muerte, a bajar a las regiones profundas de la tierra y quedarse entre los ˙mortales que descienden a la fosa.

¹⁵»"Así dice el SEÑOR y Dios: El día en que el cedro bajó a los dominios de la muerte,ᵃ cubrí de luto las profundidades de las aguas. Detuve sus corrientes y contuve sus ríos; por él vestí de luto al Líbano y todos los árboles del campo se marchitaron. ¹⁶Cuando lo hice descender a los dominios de la muerte, junto con los que bajan a fosa, con el estruendo de su caída hice temblar a las naciones. Todos los árboles del Edén, los más selectos y hermosos del Líbano, los que estaban mejor regados, se consolaron en las regiones subterráneas. ¹⁷Sus aliados entre las naciones que buscaban protección bajo su sombra también descendieron a los dominios de la muerte, junto con los que habían muerto a filo de espada.

¹⁸»"¿A cuál de los árboles del Edén se puede comparar contigo en esplendor y majestad? No obstante, también él descendió con los árboles del Edén a las regiones subterráneas. Allí quedó tendido en medio de los incircuncisos, junto con los que murieron a filo de espada.

»"¡Y así será la muerte del faraón y de todos sus súbditos!, afirma el SEÑOR y Dios"».

Lamento por el faraón

32 El día primero del mes duodécimo del año duodécimo, el SEÑOR me dirigió la palabra: 2«ˮHijo de hombre, entona este lamento dedicado al faraón, rey de Egipto:

»"Pareces un león entre las naciones;
eres semejante a un monstruo marino
chapoteando en el río;
con tus patas enturbias el agua
y revuelves sus corrientes.

³»"Así dice el SEÑOR y Dios:

»"Aunque estés entre numerosos pueblos,
tenderé sobre ti mi red
y te atraparé con ella.
⁴ Te arrastraré por tierra
y en pleno campo te dejaré tendido.
Dejaré que sobre ti se posen
todas las aves del cielo.
Dejaré que con tu carne
se sacien todas las bestias de la tierra.
⁵ Desparramaré tu carne por los montes
y con tu carroña llenaré los valles.
⁶ Con tu sangre empaparé la tierra
hasta la cima de las montañas;
con tu sangre llenaré los canales de los ríos.
⁷ Cuando te hayas consumido,
haré que el cielo se oscurezca
y se apaguen las estrellas;
cubriré el sol con una nube,
y no brillará más la luna.
⁸ Todos los astros brillantes de los cielos,
los oscureceré sobre ti;

ᵃ 15 a los dominios de la muerte. Lit. al Seol.

traeré oscuridad sobre la tierra,
afirma el SEÑOR y Dios.
⁹ Yo turbaré el corazón de muchos pueblos
cuando provoque tu destrucción,
aún entre las naciones que no conocías.
¹⁰ Haré que por ti muchos pueblos queden
consternados.
Cuando yo esgrima mi espada delante de ellos,
sus reyes se estremecerán.
En el día de tu caída,
en todo momento temblarán de miedo
por temor a perder la vida.

¹¹»"Así dice el SEÑOR y Dios:

»"La espada del rey de Babilonia
vendrá contra ti.
¹² Haré que tus multitudes caigan a filo de espada,
empuñada por los guerreros
más crueles entre las naciones.
Ellos arrasarán la soberbia de Egipto
y toda su multitud será derrotada.
¹³ Voy a destruir todo el ganado
que pasta junto a las aguas abundantes;
nunca más serán enturbiadas
por ˚hombres ni animales.
¹⁴ Entonces dejaré que las aguas se asienten
y que corran tranquilas, como el aceite,
afirma el SEÑOR y Dios.
¹⁵ Cuando deje en ruinas a Egipto,
la despoje de todo lo que hay en su tierra
y hiera a todos los que la habitan,
entonces sabrán que yo soy el SEÑOR".

¹⁶»Este es el lamento que las ciudades de las naciones entonarán sobre Egipto y toda su multitud, afirma el SEÑOR y Dios».

¹⁷En el día quince del mes duodécimo del año duodécimo, el SEÑOR me dirigió la palabra: ¹⁸«Hijo de hombre, entona un lamento sobre las multitudes de Egipto y, junto con las ciudades de las naciones más poderosas, hazlas descender con los que bajan a la fosa, a las regiones más profundas. ¹⁹Pregúntales: "¿Se creen acaso más privilegiados que otros? ¡Pues bajen y tiéndanse entre los paganos!".ª ²⁰Y caerán entre los que murieron a filo de espada. Ya tienen la espada en la mano; ¡que se arrastre a Egipto y a sus multitudes! ²¹Allí en los dominios de la muerte,ᵇ los guerreros más fuertes y valientes hablarán de Egipto y de sus aliados. Y dirán: "¡Ya han descendido! ¡Yacen tendidos entre los paganos que murieron a filo de espada!".

²²»Allí está Asiria, con toda su multitud en torno a su sepulcro. Todos ellos murieron a filo de espada. ²³Todos los que sembraban el terror en la tierra de los vivientes yacen muertos, víctimas de la espada. Ahora están sepultados en lo más profundo de la fosa, tendidos alrededor de su tumba.

²⁴»Allí está Elam, con toda su multitud en torno a su sepulcro. Todos ellos murieron a filo de espada. Todos los que sembraban el terror en la tierra de los vivientes bajaron como paganos a lo más profundo de la fosa. Yacen tendidos sin honor entre los que descendieron a la fosa. ²⁵A Elam le han preparado una cama en medio de los muertos, entre los paganos que murieron a filo de espada y que ahora rodean su tumba. Ellos sembraron el terror en la tierra de los vivientes, pero ahora yacen tendidos sin honor entre los que descendieron a la fosa. Allí quedaron, entre gente que murió asesinada.

²⁶»Allí están Mésec y Tubal, con toda su multitud en torno a su sepulcro. Todos ellos son paganos, muertos a filo de espada porque sembraron el terror en la tierra de los vivientes. ²⁷No yacen con los héroes caídos de entre los paganos, que bajaron a los dominios de la muerte con sus armas de guerra y que tienen sus espadas bajo la cabeza. El castigo de sus pecados cayó sobre sus huesos, porque estos héroes sembraron el terror en la tierra de los vivientes.

²⁸»Ahí estarás tú, faraón, en medio de los paganos, abatido y sepultado junto con los que murieron a filo de espada.

²⁹»Allí está Edom, con sus reyes y príncipes. A pesar de todo su poder, también ellos yacen tendidos junto a los que murieron a filo de espada. Yacen entre los paganos, con los que descendieron a la fosa.

³⁰»Allí están todos los príncipes del norte, y todos los de Sidón. A pesar del terror que sembraron con su poderío, también ellos bajaron, envueltos en deshonra, con los que murieron a filo de espada. Son paganos, y ahora yacen tendidos entre los que murieron a filo de espada, en medio de los que descendieron a la fosa.

³¹»El faraón los verá y se consolará de la muerte de toda su gente, pues él y todo su ejército morirán a filo de espada, afirma el SEÑOR y Dios. ³²Aunque yo hice que el faraón sembrara el terror en la tierra de los vivientes, él y todo su ejército serán sepultados entre los paganos, con los que murieron a filo de espada, afirma el SEÑOR y Dios».

El profeta, centinela de su pueblo

33 La palabra del SEÑOR vino a mí y me dijo: ²«˚Hijo de hombre, habla con tu pueblo y dile: "Cuando yo envíe la espada a algún país, y la gente de ese país escoge a un hombre y lo pone por centinela, ³si este ve venir la espada sobre el país, toca la trompeta para advertir al pueblo. ⁴Entonces, si alguien escucha la trompeta, pero no se da por advertido, y llega la espada y lo mata, él mismo será el culpable de su propia muerte. ⁵Como escuchó el sonido de la trompeta, pero no prestó atención, será responsable de su propia muerte, pues si hubiera estado atento se habría salvado. ⁶Ahora bien, si el centinela ve venir la espada y no toca la trompeta para prevenir al pueblo, y viene la espada y mata a alguien, esa persona perecerá por su maldad, pero al centinela yo le pediré cuentas de esa muerte"

⁷»Hijo de hombre, a ti te he puesto como centinela del pueblo de Israel. Por tanto, cuando oigas mi palabra, adviértele de mi parte. ⁸Cuando yo diga al malvado: "¡Vas a morir!", y tú no le adviertes al malvado de mala conducta, ese malvado morirá por causa de su pecado, pero yo te pediré cuentas de su muerte. ⁹En cambio, si tú adviertes al malvado que cambie su mala conducta y no lo hace, él morirá por causa de su pecado, pero tú habrás salvado tu vida.

¹⁰»Hijo de hombre, di a los israelitas: "Ustedes dicen: 'Nuestras rebeliones y nuestros pecados pesan sobre nosotros, y nos estamos consumiendo en vida. ¿Cómo podremos vivir?'". ¹¹Diles: "Tan cierto como que yo vivo, afirma el SEÑOR y Dios, no me alegro con la muerte del malvado, sino con que se convierta de su mala conducta y viva. ¡Conviértete, pueblo de Israel; conviértete de tu conducta perversa! ¿Por qué habrás de morir?".

¹²»Tú, hijo de hombre, di a los hijos de tu pueblo: "Al justo no lo salvará su justicia el día en que desobedezca; y la maldad del impío no le será motivo de tropiezo si se convierte. Si el justo desobedece, no se podrá salvar por su justicia anterior. ¹³Si yo digo al justo: '¡Vivirás!', pero él confía en su propia justicia y hace lo malo, no se tomará en cuenta su justicia, sino

---

ª 19 *paganos.* Lit. *incircuncisos.*   ᵇ 21 *los dominios de la*
muerte. Lit. *el Seol.*

que morirá por causa de la maldad que cometió. ¹⁴En cambio, si digo al malvado: '¡Morirás!', pero luego él se convierte de su pecado y actúa con justicia y rectitud, ¹⁵y devuelve lo que tomó en prenda y restituye lo que robó, y obedece los estatutos de vida, sin cometer ninguna iniquidad, ciertamente vivirá y no morirá. ¹⁶No se tomarán en cuenta contra él todos los pecados que antes cometió y vivirá por haber actuado con justicia y rectitud".

¹⁷»Los hijos de tu pueblo dicen: "El Señor es injusto". En realidad, son ellos los injustos. ¹⁸Si el justo se aparta de su justicia y hace lo malo, morirá a causa de ello. ¹⁹Y, si el malvado deja de hacer lo malo y actúa con justicia y rectitud, vivirá. ²⁰Sin embargo, ustedes siguen diciendo: "El Señor es injusto". Pero yo, israelitas, los juzgaré a cada uno de ustedes según su conducta».

La caída de Jerusalén

²¹El día quinto del mes décimo del año duodécimo de nuestro exilio, un fugitivo que había huido de Jerusalén vino y me dio esta noticia: «La ciudad ha sido conquistada». ²²La noche anterior, antes de que el fugitivo llegara hasta mí por la mañana, la mano del Señor vino sobre mí y abrió mi boca. Así fue abierta mi boca y dejé de estar en silencio.

²³Luego la palabra del Señor vino a mí y me dijo: ²⁴«Hijo de hombre, la gente que vive en esas ruinas en la tierra de Israel anda diciendo: "Si Abraham, que era uno solo, llegó a poseer todo el país, con mayor razón nosotros, que somos muchos, habremos de recibir la tierra en posesión". ²⁵Por tanto, adviérteles que así dice el Señor y Dios: "Ustedes comen carne con sangre, adoran a sus ídolos y derraman sangre, ¿y aun así pretenden poseer el país? ²⁶Además, confían en sus espadas, cometen abominaciones, cada uno de ustedes deshonra a la mujer de su prójimo, ¿y aun así pretenden poseer el país?".

²⁷»Por tanto, adviérteles que así dice el Señor y Dios: "Tan cierto como que yo vivo, los que habitan en las ruinas morirán a filo de espada; a los que andan por el campo abierto los daré como pasto a las fieras; los que están en las fortalezas y en las cuevas morirán a causa de la plaga. ²⁸Convertiré la tierra en un desierto desolado y se acabará el orgullo de su poder. Los montes de Israel quedarán devastados y nadie más pasará por ellos. ²⁹Entonces sabrán que yo soy el Señor, cuando haya convertido la tierra en un desierto desolado, por culpa de todas las abominaciones que han cometido".

³⁰»En cuanto a ti, hijo de hombre, los de tu pueblo hablan de ti junto a los muros y en las puertas de las casas. Se dicen unos a otros: "Vamos a escuchar el mensaje que nos envía el Señor". ³¹Acuden a ti en masa, y se sientan delante de ti y escuchan tus palabras, pero luego no las practican. Me halagan de labios para afuera, pero sus corazones[a] solo buscan las ganancias injustas. ³²En realidad, tú eres para ellos tan solo alguien que entona canciones de amor con una voz hermosa y toca bien un instrumento; oyen tus palabras, pero no las ponen en práctica.

³³»No obstante, cuando todo esto suceda —y en verdad está a punto de cumplirse—, sabrán que hubo un profeta entre ellos».

Pastores y ovejas

34 La palabra del Señor vino a mí y me dijo: ²«Hijo de hombre, profetiza contra los pastores de Israel; profetiza y adviérteles que así dice el Señor y Dios: "¡Ay de ustedes, *pastores de Israel, que solo se cuidan a sí mismos! ¿Acaso los pastores no deben cuidar al rebaño? ³Ustedes se beben la leche, se visten con la lana y matan las ovejas más gordas, pero no cuidan del rebaño. ⁴No fortalecen a la débil, no cuidan de la enferma ni curan a la herida. No han traído a la descarriada ni buscan a la perdida. Al contrario, tratan al rebaño con crueldad y violencia. ⁵Por eso las ovejas se han dispersado: ¡por falta de pastor! Y cuando se dispersaron se convirtieron en alimento de las bestias del campo. ⁶Mis ovejas vagan por montes y colinas, dispersas por toda la tierra, sin que nadie se preocupe por buscarlas.

⁷»Por tanto, pastores, escuchen bien la palabra del Señor. ⁸El Señor y Dios afirma: Por falta de pastor mis ovejas han sido objeto del pillaje y han estado a merced de las bestias del campo. Mis pastores no se ocupan de mis ovejas; cuidan de sí mismos, pero no de mis ovejas. Tan cierto como que yo vivo, esto es así. ⁹Por tanto, pastores, escuchen la palabra del Señor. ¹⁰Así dice el Señor y Dios: Yo estoy en contra de los pastores. Les pediré cuentas de mi rebaño; les quitaré la responsabilidad de apacentar a mis ovejas y no se apacentarán más a sí mismos. Rescataré mis ovejas de su boca, para que no les sirvan de alimento.

¹¹»Así dice el Señor y Dios: Yo mismo me encargaré de buscar y de cuidar a mi rebaño. ¹²Como un pastor que cuida de sus ovejas cuando están dispersas, así me ocuparé de mis ovejas y las rescataré de todos los lugares donde, en un día oscuro y de nubarrones, fueron dispersadas. ¹³Yo las sacaré de entre las naciones; las reuniré de los países y las llevaré a su tierra. Las apacentaré en los montes de Israel, en los canales de los ríos y en todos los poblados del país. ¹⁴Las haré pastar en los mejores prados y en los montes altos de Israel estará su pastizal. Allí descansarán en un buen lugar de pastoreo y se alimentarán de los mejores pastos de los montes de Israel. ¹⁵Yo mismo apacentaré mi rebaño y lo llevaré a descansar, afirma el Señor y Dios. ¹⁶Buscaré a las perdidas, haré volver a las descarriadas, vendaré a las heridas y fortaleceré a las débiles, pero destruiré a la robusta y fuerte. Yo las pastorearé con *justicia.

¹⁷»En cuanto a ti, rebaño mío, esto es lo que dice el Señor y Dios: Juzgaré entre ovejas y ovejas, y entre carneros y machos cabríos. ¹⁸¿No les basta con comerse los mejores pastos, sino que tienen también que pisotear lo que queda? ¿No les basta con beber agua limpia, sino que tienen que enturbiar el resto con las patas? ¹⁹Por eso mis ovejas tienen ahora que comerse el pasto que ustedes han pisoteado y beberse el agua que ustedes han enturbiado.

²⁰»Por eso, así dice el Señor y Dios: Yo mismo voy a juzgar entre las ovejas gordas y las flacas. ²¹Por cuanto han empujado con el costado y con el hombro, y han atacado a cornadas a las más débiles, hasta dispersarlas, ²²voy a salvar a mis ovejas, y ya no les servirán de presa. Yo juzgaré entre una oveja y otra. ²³Entonces les daré un pastor, mi siervo David, que las apacentará y será su único pastor. ²⁴Yo, el Señor, seré su Dios y mi siervo David será su príncipe. Yo, el Señor, lo he dicho.

²⁵»Estableceré con ellos un *pacto de *paz: haré desaparecer del país a las bestias feroces, para que mis ovejas puedan vivir en el desierto y dormir en los bosques con seguridad. ²⁶Haré de ellos y los alrededores de mi colina una fuente de bendición. Haré caer lluvias de bendición en el tiempo oportuno. ²⁷Los árboles del campo darán su fruto, la tierra entregará sus cosechas y ellas vivirán seguras en su propia tierra. Y, cuando yo haga pedazos su yugo y las libere de sus tiranos, entonces sabrán que yo soy

---

a 31 *corazones.* En la Biblia, *corazón* se usa para designar el asiento de las emociones, pensamientos y voluntad, es decir, el proceso de toma de decisiones del ser humano.

el SEÑOR. ²⁸Ya no volverán a ser presa de las naciones ni serán devorados por las bestias de la tierra. Vivirán seguras y nadie les infundirá temor. ²⁹Les daré una tierra famosa por sus cosechas. No sufrirán hambre en la tierra ni tendrán que soportar los insultos de las naciones. ³⁰Entonces sabrán que yo, el SEÑOR su Dios, estoy con ellos y que ellos, el pueblo de Israel, son mi pueblo. Yo, el SEÑOR y Dios, lo afirmo. ³¹Ustedes son las ovejas de mi prado y yo soy su Dios, afirma el SEÑOR y Dios"».

Profecía contra Edom

35 La palabra del SEÑOR vino a mí y me dijo: ²«"Hijo de hombre, vuélvete hacia la montaña de Seír y profetiza contra ella. ³Adviértele que así dice el SEÑOR y Dios: "Aquí estoy contra ti, montaña de Seír. Contra ti extenderé mi mano, y te convertiré en un desierto desolado. ⁴Tus ciudades serán destruidas, y tú quedarás en ruinas. Entonces sabrás que yo soy el SEÑOR.

⁵»"Porque mantienes una antigua enemistad entregaste a los hijos de Israel al poder de la espada en el día de su castigo final. ⁶Por lo tanto, tan cierto como que yo vivo, afirma el SEÑOR y Dios, te entregaré a la sangre y la sangre te perseguirá. Porque no aborreciste el derramamiento de sangre, esta te perseguirá. ⁷Haré de la montaña de Seír un desierto desolado y exterminaré a todo el que pase o venga por allí. ⁸Llenaré de heridos tus montes; los que han muerto a filo de espada cubrirán tus colinas, tus valles y los canales de tus ríos. ⁹Para siempre te convertiré en una ruina perpetua; tus ciudades quedarán deshabitadas. Entonces sabrás que yo soy el SEÑOR.

¹⁰»"Porque tú has dicho: 'Estas dos naciones y los dos territorios serán míos, yo seré su dueño', aunque yo el SEÑOR estaba allí. ¹¹Por lo tanto, tan cierto como que yo vivo, haré contigo conforme al furor y celo con que tú actuaste en tu odio contra ellos, afirma el SEÑOR y Dios. Y cuando yo te juzgue me daré a conocer entre ellos. ¹²Entonces sabrás que yo, el SEÑOR, he oído todas las injurias que has proferido contra las montañas de Israel. Tú dijiste: '¡Están devastados, nos han sido entregados para devorarlos!'. ¹³Me has desafiado con arrogancia y has multiplicado tus palabras contra mí; yo te he escuchado. ¹⁴Así dice el SEÑOR y Dios: Para alegría de toda la tierra, te dejaré en ruinas. ¹⁵Así como se alegraron cuando quedó desolada la herencia del pueblo de Israel, también yo me alegraré de ti. Tú, montaña de Seír, y todo el territorio de Edom quedarán desolados. Así sabrán que yo soy el SEÑOR".

Profecía sobre las montañas de Israel

36 »Tú, *hijo de hombre, profetiza a los montes de Israel y diles: "Montes de Israel, escuchen la palabra del SEÑOR. ²Así dice el SEÑOR y Dios: El enemigo se ha burlado de ustedes diciendo: 'Las antiguas montañas ya son nuestras' ". ³Por eso, profetiza y adviérteles que así dice el SEÑOR y Dios: "A ustedes los han asolado y arrasado por todas partes. Se han convertido en posesión del resto de las naciones y además han sido objeto de burla y de insultos de la gente. ⁴Por eso, montes de Israel, escuchen la palabra del SEÑOR y Dios. Así habla el SEÑOR y Dios a los montes y a las colinas, a los canales de los ríos y a los valles, a las ruinas desoladas y a los pueblos deshabitados, saqueados y escarnecidos por los pueblos vecinos. ⁵Esto dice el SEÑOR y Dios: En el ardor de mi celo me he pronunciado contra el resto de las naciones y contra todo Edom, porque con mucha alegría y malicia en su corazónᵃ se han apoderado de mi tierra para destruirla y saquearla". ⁶Por eso,

profetiza acerca de la tierra de Israel. Adviérteles a los montes y a las colinas, a los canales de los ríos y a los valles, que así dice el SEÑOR y Dios: "En mi celo y en mi furor he hablado, porque ustedes han sufrido la deshonra de las naciones. ⁷Por eso, así dice el SEÑOR y Dios: Juro solemnemente con la mano en alto que las naciones vecinas también sufrirán su propia deshonra.

⁸»"Ustedes, en cambio, montes de Israel, echarán ramas y producirán frutos para mi pueblo Israel, porque pronto volverán a casa. ⁹Yo estoy preocupado por ustedes y los voy a proteger. Ustedes, los montes, volverán a ser sembrados y cultivados; ¹⁰multiplicaré al pueblo de Israel. Las ciudades serán repobladas y reconstruidas las ruinas. ¹¹Haré que tanto los *hombres como los animales se multipliquen; serán fecundos y numerosos. Los poblaré como en tiempos pasados y los haré prosperar más que antes. Entonces sabrán que yo soy el SEÑOR. ¹²Haré que mi pueblo Israel transite por el territorio de ustedes. Él te poseerá y tú serás parte de su herencia; nunca más los privarás de sus hijos.

¹³»"Así dice el SEÑOR y Dios: Por cuanto te han dicho que devoras a la gente y dejas sin hijos a tu propio pueblo, ¹⁴el SEÑOR y Dios afirma: Ya no devoraré más a la gente ni dejaré sin hijos a tu pueblo. ¹⁵Nunca más te haré oír el ultraje de las naciones; no tendrás que volver a soportar los insultos de los pueblos, ni serás causa de tropiezo para tu nación, afirma el SEÑOR y Dios"».

¹⁶La palabra del SEÑOR vino a mí otra vez y me dijo: ¹⁷«Hijo de hombre, cuando los israelitas habitaban en su propia tierra, ellos mismos la *contaminaron con su conducta y sus acciones. Su conducta ante mí era semejante a la *impureza de una mujer en sus días de menstruación. ¹⁸Por eso, por haber derramado tanta sangre sobre la tierra y por haberla contaminado con sus ídolos, desaté mi furor contra ellos. ¹⁹Los dispersé entre las naciones y quedaron esparcidos entre diversos pueblos. Los juzgué según su conducta y sus acciones. ²⁰Pero al llegar a las distintas naciones, ellos profanaban mi *santo *nombre, pues se decía de ellos: "Son el pueblo del SEÑOR, pero han tenido que abandonar su tierra". ²¹Así que tuve que defender mi santo nombre, el cual los israelitas profanaban entre las naciones por donde iban.

²²»Por eso, adviértele al pueblo de Israel que así dice el SEÑOR y Dios: "Voy a actuar, pero no por ustedes, sino por causa de mi santo nombre, que ustedes han profanado entre las naciones por donde han ido. ²³Daré a conocer la grandeza de mi santo nombre, el cual ha sido profanado entre las naciones, el mismo que ustedes han profanado entre ellas. Cuando dé a conocer mi santidad entre ustedes, las naciones sabrán que yo soy el SEÑOR, afirma el SEÑOR y Dios.

²⁴»"Los sacaré de entre las naciones, los reuniré de entre todos los pueblos y los haré regresar a su propia tierra. ²⁵Los rociaré con agua pura, y quedarán purificados. Los *limpiaré de todas sus impurezas e idolatrías. ²⁶Les daré un nuevo *corazón y derramaré un espíritu nuevo entre ustedes; quitaré ese corazón de piedra que ahora tienen y les pondré un corazón de carne. ²⁷Infundiré mi Espíritu en ustedes y haré que sigan mis estatutos y obedezcan mis leyes. ²⁸Vivirán en la tierra que di a sus antepasados; ustedes serán mi pueblo y yo seré su Dios. ²⁹Los libraré de todas sus impurezas. Haré que tengan trigo

---

ᵃ 5 *corazón*. En la Biblia se usa para designar el asiento de las emociones, pensamientos y voluntad, es decir, el proceso de toma de decisiones del ser humano.

en abundancia y no permitiré que pasen hambre. ³⁰Multiplicaré el fruto de los árboles y las cosechas del campo para que no sufran más entre las naciones la deshonra de pasar hambre. ³¹Así se acordarán ustedes de su mala conducta y de sus acciones perversas; además, sentirán vergüenza por sus propias iniquidades y abominaciones. ³²Y quiero que sepan que esto no lo hago por consideración a ustedes, afirma el SEÑOR y Dios. ¡Avergüéncense y humíllense por su conducta, pueblo de Israel!".

³³»Así dice el SEÑOR y Dios: El día que yo los purifique de todas sus iniquidades, poblaré las ciudades y reconstruiré las ruinas. ³⁴Se cultivará la tierra desolada; ya no estará desierta a la vista de cuantos pasan por ella. ³⁵Entonces se dirá: "Esta tierra, que antes yacía devastada, es ahora un jardín de Edén; las ciudades que antes estaban en ruinas, desoladas y destruidas, están ahora habitadas y fortificadas". ³⁶Entonces las naciones que quedaron a su alrededor sabrán que yo, el SEÑOR, reconstruí lo que estaba derribado y replanté lo que había quedado como desierto. Yo, el SEÑOR, lo he dicho y lo cumpliré.

³⁷»Así dice el SEÑOR y Dios: Una vez más cederé a la súplica del pueblo de Israel y haré esto por ellos: haré que su pueblo sea tan numeroso como un rebaño. ³⁸Tan numeroso como el rebaño para las ofrendas en Jerusalén durante las fiestas solemnes; así se llenarán de multitudes las ciudades en ruinas. Entonces sabrán que yo soy el SEÑOR».

El valle de los huesos secos

37 La mano del SEÑOR vino sobre mí; su Espíritu me llevó y me colocó en medio de un valle que estaba lleno de huesos. ²Me hizo pasearme entre ellos, en un lado para otro. Pude ver que los huesos que cubrían el valle estaban muy secos y eran muchos. ³Entonces me dijo: «˚Hijo de hombre, ¿podrán revivir estos huesos?».

Y yo contesté: «SEÑOR y Dios, tú lo sabes».

⁴Entonces me dijo: «Profetiza sobre estos huesos y diles: "¡Huesos secos, escuchen la palabra del SEÑOR! ⁵Así dice el SEÑOR y Dios a estos huesos: 'Yo haré entrar en ustedes espíritu y vivirán. ⁶Les pondré tendones, haré que les salga carne, los cubriré de piel y les daré aliento de vida. Así vivirán y sabrán que yo soy el SEÑOR'"».

⁷Tal y como me lo ordenó, profeticé. Y mientras profetizaba, se escuchó un ruido que sacudió la tierra, y los huesos comenzaron a unirse entre sí. ⁸Yo me fijé y vi que en ellos aparecían tendones, les salía carne y se recubrían de piel. ¡Pero no había espíritu en ellos!

⁹Entonces el SEÑOR me dijo: «Profetiza, hijo de hombre; profetiza al espíritu y dile: "Esto ordena el SEÑOR y Dios: 'Espíritu, ven de los cuatro vientos y sopla sobre estos muertos y vivirán'"». ¹⁰Yo profeticé, tal como él me lo había ordenado y el espíritu entró en ellos; entonces vivieron y se pusieron de pie. ¡Era un ejército numeroso!

¹¹Luego me dijo: «Hijo de hombre, estos huesos son el pueblo de Israel. Ellos andan diciendo: "Nuestros huesos se han secado. Ya no tenemos esperanza. ¡Estamos perdidos!". ¹²Por eso, profetiza y adviérteles que así dice el SEÑOR y Dios: "Pueblo mío, abriré tus tumbas, te sacaré de ellas y te haré regresar a la tierra de Israel. ¹³Y, cuando haya abierto tus tumbas y te haya sacado de allí, entonces, pueblo mío, sabrás que yo soy el SEÑOR. ¹⁴Pondré mi Espíritu en ustedes y vivirán. Y te estableceré en tu propia tierra. Entonces sabrás que yo, el SEÑOR, lo he dicho y lo cumpliré, afirma el SEÑOR"».

Unificación de Judá e Israel

¹⁵La palabra del SEÑOR vino a mí y me dijo: ¹⁶«Hijo de hombre, toma una vara y escribe sobre ella: "Para Judá y sus aliados los israelitas". Luego toma otra vara y escribe: "Para José, vara de Efraín y todos sus aliados los israelitas". ¹⁷Júntalas, la una con la otra, de modo que formen una sola vara en tu mano.

¹⁸»Cuando la gente de tu pueblo te pregunte: "¿Qué significa todo esto?", ¹⁹tú responderás que así dice el SEÑOR y Dios: "Voy a tomar la vara de José que está en la mano de Efraín y a las tribus de Israel que están unidas a él, y la juntaré a la vara de Judá. Así haré con ellos una sola vara y en mi mano serán una sola". ²⁰Sostén en tu mano las varas sobre las cuales has escrito, para que las vean. ²¹Entonces adviérteles que así dice el SEÑOR y Dios: "Tomaré a los israelitas de entre las naciones por donde han andado; los reuniré de todas partes y los haré regresar a su propia tierra. ²²Y en esta tierra, en los montes de Israel, haré de ellos una sola nación. Todos estarán bajo un solo rey; nunca más serán dos naciones ni estarán divididos en dos reinos. ²³Ya no se ˚contaminarán más con sus ídolos, ni con sus iniquidades ni actos abominables. Yo los libraré y los ˚purificaré de todas sus infidelidades.ª Ellos serán mi pueblo y yo seré su Dios.

²⁴»"Mi siervo David será su rey y todos tendrán un solo ˚pastor. Caminarán según mis leyes, cumplirán mis estatutos y los pondrán en práctica. ²⁵Habitarán en la tierra que di a mi siervo Jacob, donde vivieron sus antepasados. Ellos, sus hijos y sus nietos vivirán allí para siempre y mi siervo David será su príncipe eterno. ²⁶Y haré con ellos un ˚pacto de ˚paz. Será un pacto eterno. Y los estableceré y haré que se multipliquen; pondré mi santuario entre ellos para siempre. ²⁷Habitaré entre ellos; yo seré su Dios y ellos serán mi pueblo. ²⁸Y, cuando mi santuario esté para siempre en medio de ellos, las naciones sabrán que yo, el SEÑOR, he hecho de Israel un pueblo ˚santo"».

Profecía contra Gog

38 La palabra del SEÑOR vino a mí y me dijo: ²«˚Hijo de hombre, pon tu rostro contra Gog, de la tierra de Magog, príncipe supremo de Mésec y Tubal. Profetiza contra él ³y adviértele que así dice el SEÑOR y Dios: "Yo estoy contra ti, Gog, príncipe supremo de Mésec y Tubal. ⁴Te haré venir, te pondré garfios en las mandíbulas y te sacaré con todo tu ejército, caballos y jinetes. Todos ellos están bien armados; son una multitud enorme, con escudos y broqueles; todos ellos empuñan la espada. ⁵Con ellos están Persia, Cus y Fut, todos ellos armados con escudos y cascos. ⁶Gómer también está allí, con todas sus tropas; y desde el norte lejano, Bet Togarma, con todas sus tropas y muchos ejércitos que son tus aliados.

⁷»"Prepárate, mantente alerta, tú y toda la multitud que está reunida a tu alrededor; ponlos bajo tu mando. ⁸Al cabo de muchos días se te encomendará una misión. Después de muchos años invadirás un país que ha sido rescatado de la espada. Ese país estuvo en ruinas durante mucho tiempo, pero ha sido reunido de entre los muchos pueblos en los montes de Israel. Ha sido sacado de entre las naciones y ahora vive confiado. ⁹Pero tú lo invadirás como un huracán. Tú, con todas tus tropas y todos tus aliados, serás como un nubarrón que cubrirá la tierra.

¹⁰»"Así dice el SEÑOR y Dios: En aquel día harás proyectos y maquinarás un plan perverso. ¹¹Dirás: 'Invadiré un país indefenso; atacaré a gente pacífica que habita confiada en ciudades sin muros, ˚puertas y cerrojos. ¹²Lo saquearé y me llevaré el botín. Atacaré a las ciudades reconstruidas de entre las ruinas, al pueblo reunido allí de entre las naciones.

ª 23 infidelidades (mss. hebreos y LXX); moradas (TM).

Es un pueblo rico en ganado y posesiones, que se cree el centro del mundo'. ¹³La gente de Sabá y Dedán, los comerciantes de Tarsis y todos sus potentados, te preguntarán: ¿A qué vienes? ¿A despojarnos de todo lo nuestro? ¿Para eso reuniste a tus tropas? ¿Para quitarnos la plata y el oro, y llevarte nuestros ganados y posesiones? ¿Para alzarte con un enorme botín?'".

¹⁴»Por eso, hijo de hombre, profetiza contra Gog y adviértele que así dice el SEÑOR y Dios: "En aquel día, ¿acaso no te enterarás de que mi pueblo Israel vive confiado? ¹⁵Vendrás desde el lejano norte, desde el lugar donde habitas, junto con otros pueblos numerosos. Todos ellos vendrán montados a caballo; serán una gran multitud, un ejército poderoso. ¹⁶En los últimos días atacarás a mi pueblo Israel y, como un nubarrón, cubrirás el país. Yo haré que tú, Gog, vengas contra mi tierra, para que las naciones me conozcan al ver que, por medio de ti, mi ˚santidad se manifiesta ante todas ellas.

¹⁷»"Así dice el SEÑOR y Dios: A ti me refería yo cuando en tiempos antiguos hablé por medio de mis siervos, los profetas de Israel. En aquel tiempo, y durante años, ellos profetizaron que yo te haría venir contra los israelitas. ¹⁸Pero el día en que Gog invada a Israel, mi ira se encenderá con furor, afirma el SEÑOR y Dios. ¹⁹En el ardor de mi ira, declaro que en aquel momento habrá un gran terremoto en la tierra de Israel. ²⁰Ante mí temblarán los peces del mar, las aves del cielo, las bestias del campo, los reptiles que se arrastran y toda la gente que hay sobre la faz de la tierra. Se derrumbarán los montes, se desplomarán las pendientes escarpadas y todos los muros se vendrán abajo. ²¹En todos los montes convocaré a la guerra contra Gog y la espada de cada cual se volverá contra su prójimo, afirma el SEÑOR y Dios. ²²Yo juzgaré a Gog con plaga y con sangre; sobre él y sobre sus tropas, lo mismo que sobre todas sus naciones aliadas, haré caer lluvias torrenciales, granizo, fuego y azufre. ²³De esta manera mostraré mi grandeza y mi santidad; me daré a conocer ante muchas naciones. Entonces sabrán que yo soy el SEÑOR".

Derrota de Gog

39 »¹Hijo de hombre, profetiza contra Gog y adviértele que así dice el SEÑOR y Dios: "Yo estoy contra ti, Gog, príncipe supremo de Mésec y Tubal. ²Te haré venir y te arrastraré; te haré salir del lejano norte y te enviaré contra los montes de Israel. ³Quebraré el arco que llevas en la mano izquierda y haré caer las flechas que llevas en la mano derecha. ⁴Caerás sobre los montes de Israel, junto con tus tropas y las naciones que te acompañan. Te arrojaré a las aves de rapiña y a las bestias del campo para que te devoren. ⁵Y caerás en campo abierto, porque yo lo he dicho, afirma el SEÑOR y Dios. ⁶Enviaré fuego sobre Magog y sobre los que viven seguros en las costas. Entonces sabrán que yo soy el SEÑOR.

⁷»"Daré a conocer mi ˚santo ˚nombre en medio de mi pueblo Israel. Ya no permitiré que mi ˚santo ˚nombre sea profanado; las naciones sabrán que yo soy el SEÑOR, el Santo de Israel. ⁸Todo esto se acerca y está a punto de suceder. Este es el día del que he hablado. Yo, el SEÑOR y Dios, lo afirmo.

⁹»"Entonces los habitantes de las ciudades de Israel saldrán y prenderán una hoguera; allí quemarán sus armas: escudos grandes y pequeños, arcos y flechas, mazas y lanzas. ¡Tendrán suficiente leña para hacer fuego durante siete años! ¹⁰No tendrán que ir a buscar leña al monte ni tendrán que cortarla de los bosques, porque la leña que usarán serán sus propias armas. Además, saquearán a sus saqueadores y despojarán a sus despojadores, afirma el SEÑOR y Dios.

¹¹»"En aquel día abriré en Israel, en el valle de los que pasan, frente al mar, una tumba para Gog. Ese lugar cortará el paso a los viajeros. Allí enterrarán a Gog y a todo su ejército; lo llamarán valle del Ejército de Gog.

¹²»"Para enterrarlos y ˚purificar así la tierra, los israelitas necesitarán siete meses. ¹³Toda la gente del país los enterrará. Y el día en que yo me glorifique será para ellos un día memorable. Yo, el SEÑOR y Dios, lo afirmo.

¹⁴»"Al cabo de esos siete meses, elegirán hombres que se encarguen de recorrer el país y, junto con otros, enterrarán a los que aún queden sobre la tierra; para purificarla. ¹⁵Cuando al recorrer el país uno de esos hombres encuentre algún hueso humano, colocará a su lado una señal, hasta que los enterradores lo sepulten en el valle del Ejército de Gog. ¹⁶De esa manera purificarán al país. También allí habrá una ciudad llamada Hamoná".ᵃ

¹⁷»Hijo de hombre, así dice el SEÑOR y Dios: Diles a todas las aves del cielo y a todas las bestias del campo que se reúnan de todos los alrededores y vengan al sacrificio que les ofrezco, un gran sacrificio sobre los montes de Israel. Allí comerán carne y beberán sangre: ¹⁸carne de poderosos guerreros, sangre de los príncipes de la tierra, como si fuera de carneros o corderos, de machos cabríos o novillos, todos ellos engordados en Basán. ¹⁹Del sacrificio que voy a preparar, comerán grasa hasta hastiarse y beberán sangre hasta emborracharse. ²⁰En mi mesa se hartarán de caballos y de jinetes, de guerreros valientes y de toda clase de soldados. Yo, el SEÑOR y Dios, lo afirmo.

²¹»Yo manifestaré mi gloria entre las naciones. Todas ellas verán cómo los he juzgado y castigado. ²²Desde ese día en adelante, los israelitas sabrán que yo soy el SEÑOR su Dios. ²³Y las naciones sabrán que el pueblo de Israel fue al exilio por causa de sus iniquidades y porque me fueron infieles. Por eso escondí mi rostro de ellos y los entregué en manos de sus enemigos y todos ellos cayeron a filo de espada. ²⁴Los traté conforme a sus impurezas y rebeliones; escondí mi rostro de ellos.

²⁵»Por eso, así dice el SEÑOR y Dios: Ahora haré que Jacob vuelva de la cautividad. Tendré compasión de todo el pueblo de Israel y celaré el prestigio de mi santo nombre. ²⁶Cuando habiten confiados en su tierra, sin que nadie los perturbe, olvidarán su vergüenza y todas las infidelidades que cometieron contra mí. ²⁷Cuando yo los haga volver de entre las naciones y los reúna de entre los pueblos enemigos, en presencia de muchas naciones y por medio de ellos manifestaré mi ˚santidad. ²⁸Entonces sabrán que yo soy el SEÑOR su Dios, quien los envió al exilio entre las naciones, pero que después volví a reunirlos en su propia tierra, sin dejar allá a ninguno de ellos. ²⁹Ya no volveré a ocultar mi rostro de ellos, pues derramaré mi Espíritu sobre Israel. Yo, el SEÑOR y Dios, lo afirmo.

Visión del Templo futuro

40 En el año veinticinco de nuestro exilio, al comienzo del año, el día diez del mes, catorce años después de la caída de la ciudad; ese mismo día la mano del SEÑOR vino sobre mí y me llevó allá. ²En visiones de Dios, él me llevó a la tierra de Israel y me colocó sobre un monte muy alto. Desde allí, mirando al sur, había unos edificios que parecían una ciudad. ³Me llevó allá y vi a un hombre que parecía hecho de bronce. Estaba de pie junto a la puerta y en su mano tenía una cuerda de lino y una vara de medir. ⁴Aquel hombre me dijo: «˚Hijo de hombre, abre los ojos,

---

ᵃ 16 *Hamoná* significa *horda*.

escucha bien y presta atención a todo lo que estoy por mostrarte, pues para eso se te ha traído aquí. Anda luego y comunícale al pueblo de Israel todo lo que veas».

La puerta oriental

⁵Entonces vi un muro que rodeaba el Templo por fuera. Para medir, el hombre tenía en la mano una vara de seis codos largos[a] y midió el muro, el cual tenía una vara de ancho por una de alto. ⁶Luego se dirigió a la puerta que mira hacia el oriente. Subió sus gradas y midió el umbral de la puerta, el cual medía una vara de ancho.[b] ⁷Cada cámara lateral medía una vara de largo y de ancho. Entre las cámaras había un espacio de cinco codos. El umbral junto al vestíbulo de la puerta que daba al Templo medía una vara. ⁸Luego midió el vestíbulo de la puerta ⁹y[c] medía ocho codos; sus pilares eran de dos codos de ancho. ¹⁰A cada lado de la puerta que daba al oriente había tres cámaras del mismo tamaño. A su vez, los pilares que estaban a los lados tenían la misma medida. ¹¹Aquel hombre midió también la entrada de la puerta y tenía diez codos de ancho por trece de largo. ¹²Delante de cada cámara había un pequeño muro que medía un codo de alto. Cada cámara medía seis codos de ancho por seis codos de largo. ¹³Luego midió la puerta desde el techo de una cámara hasta el techo de la cámara de enfrente, y entre una y otra abertura había una distancia de veinticinco codos. ¹⁴Luego midió el vestíbulo, que era de sesenta codos. El vestíbulo daba al atrio, que lo rodeaba por completo. ¹⁵Desde el frente de la puerta de entrada hasta la parte interior del vestíbulo, el corredor tenía una extensión de cincuenta codos. ¹⁶En torno de las celdas y de los pilares había ventanas con celosías que daban al interior. También en torno al vestíbulo había ventanas que daban a su interior. Sobre los pilares había grabados de palmeras.

El atrio exterior

¹⁷Luego el hombre me llevó al atrio exterior. Allí vi unas habitaciones y un enlosado construido alrededor del atrio; las habitaciones que daban al enlosado eran treinta. ¹⁸Este enlosado, que estaba en el piso inferior, bordeaba las puertas y era equivalente a estas en longitud. ¹⁹Luego midió la distancia desde el frente de la puerta de abajo hasta el frente del atrio interior, y al este y al norte la distancia era de cien codos.

La puerta norte

²⁰El hombre midió el largo y el ancho de la puerta que daba hacia el norte, es decir, hacia el atrio exterior. ²¹Sus salas, que también eran tres de cada lado, más sus pilares y su vestíbulo, tenían las mismas medidas que la primera puerta: cincuenta codos de largo por veinticinco codos de ancho. ²²Sus ventanas, su vestíbulo y sus palmeras tenían las mismas medidas que las de la puerta oriental. A esta puerta se subía por medio de siete gradas y su vestíbulo estaba frente a ellas. ²³En el atrio interior había una puerta

que daba a la puerta del norte, igual que en la puerta del este. El hombre midió la distancia entre las dos puertas y era de cien codos.

La puerta sur

²⁴Luego me condujo hacia el sur y allí había una puerta que daba al sur. Midió las celdas, los pilares y el vestíbulo, y todos estos tenían las mismas medidas que los anteriores. ²⁵La puerta y el vestíbulo también tenían ventanas a su alrededor, al igual que los otros, y medían cincuenta codos de largo por veinticinco codos de ancho. ²⁶También se subía a la puerta por medio de siete gradas; frente a ella estaba su vestíbulo. Los pilares a ambos lados tenían grabados de palmeras. ²⁷El atrio interior tenía una puerta que daba al sur. El hombre midió la distancia entre una puerta y otra en dirección sur y era de cien codos.

Las puertas del atrio interior: la puerta sur

²⁸Luego me llevó por la puerta del sur hacia el atrio interior. Midió la puerta del sur, la cual tenía las mismas medidas que las anteriores. ²⁹Sus salas, sus pilares y su vestíbulo también tenían las mismas medidas que los anteriores. La puerta y el vestíbulo tenían ventanas a su alrededor; ambos medían cincuenta codos de largo por veinticinco codos de ancho. ³⁰En su derredor había unos vestíbulos de veinticinco codos de largo por cinco codos de ancho. ³¹Su vestíbulo daba hacia el atrio exterior; sus pilares también tenían grabados de palmeras. A esta puerta se llegaba subiendo ocho gradas.

El atrio interior: la puerta oriental

³²También me llevó al atrio interior que daba al oriente y midió la entrada, la cual tenía igual medida que las anteriores. ³³Sus salas, sus pilares y su vestíbulo también tenían las mismas medidas que los anteriores. La puerta y el vestíbulo tenían ventanas a su alrededor; ambos medían cincuenta codos de largo por veinticinco codos de ancho. ³⁴Su vestíbulo miraba hacia el atrio exterior. Los pilares tenían grabados de palmeras a cada lado. A esta puerta se llegaba subiendo ocho gradas.

El atrio interior: la puerta norte

³⁵Luego el hombre me llevó a la puerta del norte y la midió: esta tenía las mismas medidas que las otras. ³⁶También tenía celdas, pilares, vestíbulo y ventanas a su alrededor, y medían cincuenta codos de largo por veinticinco codos de ancho. ³⁷Su vestíbulo miraba hacia el atrio exterior. Los pilares tenían grabados de palmeras a cada lado. A esta puerta se llegaba subiendo ocho gradas.

Los anexos de las puertas

³⁸Había una sala que se comunicaba con el vestíbulo de cada puerta. Allí se lavaba el *holocausto. ³⁹En el vestíbulo de la puerta había cuatro mesas, dos de cada lado, donde se mataba a los animales para el holocausto, la ofrenda por el pecado y la ofrenda por la culpa. ⁴⁰Fuera del vestíbulo, por donde se subía hacia la entrada de la puerta norte, había otras dos mesas; y al otro lado del vestíbulo de la puerta había dos mesas más. ⁴¹De manera que había cuatro mesas de un lado de la puerta y cuatro del otro, es decir, ocho mesas en total, donde se mataba a los animales. ⁴²Para el holocausto había cuatro mesas labradas en piedra, que medían un codo y medio de largo por un codo y medio de ancho, y un codo de alto. Sobre ellas se colocaban los instrumentos con que se mataba a los animales para el holocausto y otros sacrificios. ⁴³Colocados en el interior, sobre las

---

a 5 Es decir, aprox. 3.15 m. Esta medida se conocía como codo largo, que consistía de 45 cm más 7.5 cm de un palmo menor. En el resto de este capítulo, así como en los capítulos del 40 al 48, esa será la medida de longitud usada.   b 6 ancho (LXX); ancho, y un umbral, una vara de ancho (TM).   c 9 De acuerdo con varios manuscritos hebreos, LXX, Vulgata y la versión Siríaca. La mayoría de los manuscritos hebreos incluyen: hacia el interior, y medía una vara. 9Midió también el vestíbulo de la puerta que da hacia el Templo, y.

paredes en derredor, estaban los ganchos dobles, que medían un palmo[a] de largo. Sobre las mesas se ponía la carne de las ofrendas.

Las habitaciones para los sacerdotes

[44]En el atrio interior, fuera de las puertas interiores, había dos salas para cantores.[b] Una de ellas estaba junto a la puerta del norte que daba al sur y la otra, junto a la puerta del sur[c] que daba al norte. [45]Aquel hombre me dijo: «La sala que da al sur es para los sacerdotes encargados del Templo, [46]mientras que la sala que da al norte es para los sacerdotes encargados del altar. Estos son los hijos de Sadoc y son los únicos levitas que pueden acercarse al Señor para ministrar delante de él».

El atrio interior y el Templo

[47]Luego midió el atrio, que era un cuadrado de cien codos de largo por cien codos de ancho. El altar estaba frente al Templo.

El nuevo Templo

[48]Entonces me llevó al vestíbulo del Templo y midió sus pilares; cada uno medía cinco codos de grueso. El ancho de la puerta era de catorce codos, mientras que las paredes laterales de la puerta medían tres codos de ancho. [49]El vestíbulo medía veinte codos de ancho por doce[d] codos de largo y se llegaba a él por un tramo de escalera.[e] Junto a cada pilar había una columna.

41 Luego él me llevó a la nave central y midió los pilares, los cuales tenían seis codos de un lado y seis codos[f] del otro. [2]El ancho de la entrada era de diez codos y cada una de las paredes laterales medía cinco codos de ancho. También midió la nave central; esta medía cuarenta codos de largo por veinte de ancho.

[3]Después entró en el santuario interior y midió los pilares de la entrada, los cuales eran de dos codos de ancho cada uno. La entrada medía seis codos de ancho y las paredes laterales de la entrada medían siete codos. [4]Después midió la longitud del santuario interior, hacia el lado del Lugar Santo, que era de veinte codos de largo; su anchura era de la misma medida. Entonces me dijo: «Este es el Lugar Santísimo».

[5]Luego midió el muro del Templo que era de seis codos de espesor. Las cámaras alrededor del Templo medían cuatro codos de fondo. [6]Estas cámaras laterales estaban puestas una sobre otra, formando tres pisos. En cada piso había treinta salas. Alrededor de todo el muro del Templo había soportes que sobresalían para sostener las cámaras laterales, de modo que no estuvieran empotradas en el muro del Templo. [7]Las cámaras laterales alrededor del Templo se ensanchaban en cada piso sucesivo. La estructura alrededor del Templo estaba construida en niveles ascendentes, de modo que, a medida que se subía, las cámaras de arriba adquirían mayor amplitud. Una rampa subía desde el piso inferior hasta el superior, pasando por el piso intermedio.

[8]También vi que alrededor de todo el Templo había una plataforma elevada que servía de base para las cámaras laterales. Esta base medía seis codos de altura. [9]La pared exterior de las cámaras laterales tenía un espesor de cinco codos. Entre las cámaras laterales del Templo [10]y las habitaciones de los sacerdotes que rodeaban el Templo, quedaba un espacio libre de veinte codos de ancho. [11]Las cámaras laterales se comunicaban con el espacio libre por medio de dos entradas, una al norte y otra al sur. El ancho del espacio libre alrededor de las cámaras laterales era de cinco codos.

[12]El edificio, que por el lado oeste quedaba frente al patio, medía setenta codos de ancho, con un muro de cinco codos de ancho por noventa codos de largo. [13]El hombre midió el Templo, el cual tenía un total de cien codos de largo. También el patio con el edificio adyacente y el muro medían cien codos de largo. [14]El ancho de la fachada del Templo, más la parte del patio que da hacia el este, medía cien codos.

[15]Luego midió la longitud del edificio posterior del Templo que daba al patio, junto con las galerías de ambos lados y medía cien codos.

La nave interior del Templo, los vestíbulos del atrio, [16]los umbrales, las ventanas con celosías y las galerías alrededor de los tres pisos, comenzando desde la entrada, estaban recubiertos de madera por todas partes. De arriba hasta abajo, todo estaba recubierto, incluso las ventanas. [17]Desde la entrada hasta el recinto interior, y alrededor de todo el muro, por dentro y por fuera, en el interior y el exterior, [18]se alternaban los grabados de °querubines y palmeras. Cada querubín tenía dos rostros, [19]uno de hombre y otro de león. Cada rostro miraba hacia la palmera que tenía a su costado. Alrededor de todo el Templo podían verse los grabados de estos querubines. [20]Desde el suelo hasta la parte superior de las puertas había grabados de querubines y palmeras sobre las paredes de la nave central.

[21]El marco de la entrada del santuario era rectangular; y el del frente del Lugar Santísimo era similar. [22]Había un altar de madera, que medía tres codos de alto por dos codos de largo y de ancho. Sus esquinas, la base[g] y sus costados eran de madera. El hombre me dijo: «Esta es la mesa que está delante del Señor». [23]Tanto la nave central como el Lugar Santísimo tenían puertas dobles. [24]Cada puerta tenía dos hojas; dos hojas giratorias para cada puerta. [25]Sobre la puerta de la nave central había grabados de querubines y palmeras, como los que había en las paredes. En la fachada del vestíbulo, por la parte exterior, había un alero de madera. [26]Sobre ambos lados del vestíbulo había ventanas con celosías y con grabados de palmeras. Las salas laterales también tenían aleros.

Las habitaciones para los sacerdotes

42 El hombre me llevó al atrio exterior, en dirección al norte. Me hizo entrar a las habitaciones que estaban hacia el norte, frente al patio cerrado y frente al edificio detrás del Templo. [2]Todo esto medía cien codos[h] de largo por el lado norte y cincuenta codos de ancho. [3]Frente a los veinte codos del atrio interior y frente al enlosado del atrio exterior, había en los tres pisos unas galerías, las cuales quedaban unas frente a las otras. [4]Frente a las habitaciones había un pasillo interior de diez codos de ancho y cien codos[i] de largo. Sus puertas daban al norte. [5]Las habitaciones del piso superior eran más estrechas que las del piso inferior y las del piso intermedio, porque las galerías quitaban más espacio a las de arriba. [6]Las habitaciones en el tercer piso no tenían columnas como las habitaciones del atrio; por

---

a 43 Es decir, el palmo menor, aprox. 7.5 cm.   *b* 44 dos salas para cantores (TM); salas (LXX).   *c* 44 sur (LXX); este (TM).   *d* 49 Según la LXX; en hebreo, once.   *e* 49 un tramo de escalera (TM); diez gradas (LXX).   *f* 1 Es decir, aprox. 3.15 m. Esta medida se conocía como codo largo, que consistía de 45 cm más 7.5 cm de un palmo menor. En el resto de este capítulo, así como en los capítulos del 40 al 48, esa será la medida de longitud usada.   *g* 22 la base (LXX); la longitud (TM).   *h* 2 Es decir, aprox. 52.5 m. Esta medida se conocía como codo largo, que consistía de 45 cm más 7.5 cm de un palmo menor. En el resto de este capítulo, así como en los capítulos del 40 al 48, esa será la medida de longitud usada.   *i* 4 cien codos (LXX); un codo (TM).

eso eran más estrechas que las del piso intermedio y las del piso inferior. [7]Había un muro exterior que corría paralelo y de frente a las habitaciones del atrio exterior, el cual medía cincuenta codos de largo. [8]Las habitaciones que daban al atrio exterior medían cincuenta codos, mientras que las que estaban próximas a la nave central medían cien codos. [9]A las habitaciones del piso inferior se entraba por el atrio exterior, es decir, por el este.

[10]Por el lado sur,[a] a lo largo del muro del atrio, frente al patio y frente al edificio detrás del Templo, había unas habitaciones. [11]Tenían un pasillo frente a ellas, como el de las habitaciones de la parte norte. A su vez, tenían la misma longitud, el mismo ancho, las mismas salidas, disposiciones y entradas. [12]Bajo las habitaciones que daban al sur, frente al muro que daba al este, que era por donde se podía entrar a ellas, había una entrada al comienzo de cada pasillo.

[13]Después el hombre me dijo: «Las habitaciones del norte y del sur, que están frente al patio, son las habitaciones sagradas. Allí es donde los sacerdotes que se acercan al Señor comerán las ofrendas más sagradas. Allí colocarán las ofrendas más sagradas, la ofrenda de cereal, la ofrenda por el pecado y la ofrenda por la culpa, porque el lugar es *santo. [14]Cuando los sacerdotes entren allí, no saldrán al atrio exterior sin dejar antes las vestiduras con que ministran, porque esas vestiduras son santas. Antes de acercarse a los lugares destinados para el pueblo deberán vestirse con otra ropa».

[15]Cuando él terminó de medir el interior del Templo, me hizo salir por la puerta que da al oriente y midió todo el contorno. [16]Tomó la vara para medir el lado oriental y este medía quinientos codos.[b] [17]Después midió el lado norte y también medía quinientos codos; [18]luego el lado sur: quinientos codos; usando la vara de medir. [19]Luego se volvió hacia el lado oeste y lo midió: quinientos codos; usando la vara de medir. [20]El hombre tomó las medidas de los cuatro lados. La zona estaba rodeada por un muro que medía quinientos codos de largo por quinientos codos de ancho. Este muro separaba lo sagrado de lo profano.

La gloria del Señor vuelve al Templo

43 Entonces el hombre me llevó a la puerta que da al oriente. [2]Vi que la gloria del Dios de Israel venía del oriente, en medio de un ruido ensordecedor, semejante al de un río caudaloso. Y la tierra resplandecía con su gloria. [3]Esta visión era semejante a la que tuve cuando él vino a destruir la ciudad de Jerusalén; también, a la que tuve junto al río Quebar. Y caí rostro en tierra, [4]cuando la gloria del Señor entró al Templo por la puerta que daba al oriente. [5]Entonces el Espíritu me levantó, me introdujo en el atrio interior y vi que la gloria del Señor había llenado el Templo.

[6]Mientras el hombre estaba de pie a mi lado, oí que alguien me hablaba desde el Templo. [7]Me decía: «*Hijo de hombre, este es el lugar de mi trono, el lugar donde pongo la planta de mis pies; aquí habitaré entre los israelitas para siempre. El pueblo de Israel y sus reyes no volverán a profanar mi *santo *nombre con sus infidelidades ni con las ofrendas funerarias que presentan a sus reyes. [8]Los israelitas profanaron mi santo nombre con sus abominaciones,

pues colocaron su umbral y sus postes junto a los míos, con tan solo un muro entre ellos y yo. Por eso, en mi ira los exterminé. [9]Que alejen ahora de mí sus infidelidades y sus ofrendas funerarias a sus reyes, y yo habitaré en medio de ellos para siempre.

[10]»Hijo de hombre, describe al pueblo de Israel el Templo, con sus planos y medidas, para que se avergüencen de sus iniquidades. [11]Y, si se avergüenzan de todo lo que han hecho, hazles conocer el diseño del Templo y su estructura, con sus salidas y entradas, es decir, todo su diseño, al igual que sus estatutos y sus *leyes. Pon todo esto por escrito ante sus ojos, para que sean fieles al diseño y cumplan todos sus estatutos.

[12]»Esta es la ley del Templo: todo el terreno que lo rodea sobre la cumbre del monte será un Lugar Santísimo. Tal es la ley del Templo».

El altar

[13]Estas son las medidas del altar en codos, a razón de un codo y un palmo.[c] Alrededor del altar había una fosa de un codo de hondo por un codo de ancho, con un reborde de un palmo alrededor de toda la orilla. La altura del altar era la siguiente: [14]Desde la fosa en el suelo hasta el zócalo inferior tenía dos codos de alto y un codo de ancho; y desde el zócalo inferior hasta el zócalo superior, medía cuatro codos de alto y un codo de ancho. [15]El lugar del fuego del altar medía cuatro codos de alto y desde allí se erguían cuatro cuernos. [16]El lugar del fuego del altar era un cuadrado perfecto de doce codos de largo por doce codos de ancho. [17]El zócalo superior también era un cuadrado de catorce codos de largo por catorce de ancho, y alrededor de todo el altar había un reborde de medio codo. La fosa alrededor del altar tenía un codo de ancho. Las gradas del altar daban al oriente.

[18]Luego me dijo: «Hijo de hombre, así dice el Señor y Dios: El día que se construya el altar para ofrecer los *holocaustos y para derramar la sangre, se deberán seguir estos estatutos: [19]A los sacerdotes levitas descendientes de Sadoc que se acercan para ministrar delante de mí les darás un novillo para que lo ofrezcan como sacrificio por el pecado, afirma el Señor y Dios. [20]Luego tomarás un poco de la sangre. Con ella rociarás los cuatro cuernos, las cuatro esquinas del zócalo superior y todo el reborde que lo rodea. Así lo limpiarás y lo *purificarás. [21]Después tomarás el novillo del sacrificio por el pecado, y este será quemado en el lugar señalado en el Templo, fuera del santuario.

[22]Al segundo día, ofrecerás como sacrificio por el pecado un macho cabrío sin defecto y el altar quedará purificado de la misma manera que se purificó con el novillo. [23]Cuando hayas terminado de purificarlo, ofrecerás un novillo y un carnero sin defecto en presencia del Señor. Los sacerdotes los rociarán con sal y los ofrecerán como holocausto al Señor.

[25]»Diariamente, durante siete días, ofrecerás un macho cabrío para el sacrificio por el pecado; también, un novillo y un carnero del rebaño, ambos sin defecto. [26]Durante siete días los sacerdotes harán la ceremonia de purificación del altar y así lo limpiarán; de este modo quedará consagrado. [27]Al cabo de estos siete días, y a partir del día octavo, comenzarán a ofrecer sobre el altar los holocaustos y sacrificios de *comunión de ustedes. Entonces yo los aceptaré, afirma el Señor y Dios».

Deberes de levitas y sacerdotes

44 El hombre me hizo regresar por la puerta exterior del Templo, la que daba al oriente, pero estaba cerrada. [2]Allí el Señor me dijo: «Esta puerta quedará cerrada. No se abrirá y nadie deberá entrar

---

[a] **10** *sur* (LXX); *este* (TM).   [b] **16** *vara*. Texto de difícil traducción; también en vv. 17-19.   [c] **13** Es decir, aprox. 52.5 cm. Esta medida se conocía como codo largo, que consistía de 45 cm más 7.5 cm de un palmo menor. En el resto de este capítulo, así como en los capítulos del 40 al 48, esa será la medida de longitud usada.

por ella. Deberá quedar cerrada porque por ella ha entrado el Señor, Dios de Israel. ³Tan solo el príncipe podrá sentarse junto a la puerta para comer en presencia del Señor. Deberá entrar por el vestíbulo de la puerta y salir por el mismo lugar».

Los levitas

⁴Después el hombre me llevó por el camino de la puerta del norte, que está frente al Templo. Al ver que la gloria del Señor llenaba el Templo, me postré rostro en tierra.

⁵Entonces el Señor me dijo: «˚Hijo de hombre, presta mucha atención. Abre bien los ojos y escucha atentamente todo lo que voy a decirte sobre los estatutos y las leyes concernientes al Templo. Fíjate bien en quiénes pueden entrar al santuario y quiénes no. ⁶Adviértele a este pueblo rebelde de Israel que así dice el Señor y Dios: "Pueblo de Israel, ¡basta ya de tus abominaciones! ⁷Ustedes dejaron entrar en mi santuario a extranjeros, incircuncisos de ˚corazón y de cuerpo, para que profanaran mi Templo. Mientras tanto, ustedes me ofrecían alimentos, grasa y sangre, violando así mi ˚pacto con todas sus abominaciones. ⁸En lugar de cumplir con su deber respecto de mis cosas santas, pusieron a extranjeros a cargo de mi santuario. ⁹Así dice el Señor y Dios: ¡No entrará en mi santuario ningún extranjero incircunciso de corazón y de cuerpo; ni siquiera los extranjeros que habitan entre los israelitas!

¹⁰»Tendrán que pagar por su iniquidad los levitas que se alejaron de mí cuando Israel se descarriaba para ir tras sus ídolos. ¹¹Podrán ministrar en mi santuario como custodios de las puertas y en algunos otros menesteres del Templo. Ellos serán los que maten los animales para el ˚holocausto y para el sacrificio que presenta el pueblo; deberán estar dispuestos a servirlo. ¹²Pero por haber servido al pueblo de Israel delante de sus ídolos y, además, por haber sido piedra de tropiezo, tendrán que pagar por su iniquidad. He jurado solemnemente con la mano en alto que deben recibir la consecuencia de sus pecados. Yo, el Señor y Dios, lo afirmo. ¹³No podrán acercarse a mí para servir como sacerdotes ni se acercarán a mis objetos sagrados; menos aún, a los objetos santísimos. Tendrán que cargar con la vergüenza de las abominaciones que han cometido. ¹⁴Sin embargo, los pondré a cargo de la custodia del Templo y de todo el servicio y el trabajo que se deba cumplir en él.

¹⁵»En cambio, se acercarán para ministrar delante de mí los sacerdotes levitas descendientes de Sadoc, que estuvieron al servicio de mi santuario cuando los israelitas se descarriaban de mí; y se presentarán ante mí para ofrecerme la grasa y la sangre. Yo, el Señor y Dios, lo afirmo. ¹⁶Solo ellos entrarán en mi santuario y podrán acercarse a mi mesa para ministrar delante de mí y encargarse de sus deberes.

¹⁷»Y, cuando entren por la puerta del atrio interior, se pondrán vestiduras de tela de lino. Cuando estén ministrando a las puertas del atrio interior o en el Templo, no llevarán ropa de lana. ¹⁸Llevarán turbantes de tela de lino sobre la cabeza, y alrededor de la cintura usarán ropa interior de tela de lino. No se pondrán nada en la cintura que los haga transpirar. ¹⁹Y cuando salgan al atrio exterior donde está el pueblo, deberán quitarse la ropa con la que hayan ministrado y dejarla en las salas sagradas. Luego se cambiarán de ropa, a fin de no consagrar al pueblo por medio de sus vestiduras.

²⁰»No se afeitarán la cabeza, pero tampoco se dejarán largo el cabello, sino que se lo recortarán prolijamente.

²¹»Ningún sacerdote deberá beber vino cuando entre en el atrio interior.

²²»No deberá casarse con una viuda o una divorciada, sino solo con una israelita que aún sea virgen o con la viuda de un sacerdote.

²³»Deberán enseñarle a mi pueblo a distinguir entre lo sagrado y lo profano, y mostrarle cómo diferenciar entre lo ˚puro y lo impuro.

²⁴»En cualquier pleito, los sacerdotes servirán como jueces y juzgarán según mis leyes. En todas mis fiestas observarán mis ordenanzas y mis estatutos; deberán santificar mis ˚sábados.

²⁵»El sacerdote no deberá acercarse a un cadáver para no ˚contaminarse. Pero si el cadáver es de su propio padre o madre, hijo o hija, hermano o hermana soltera, entonces sí podrá contaminarse. ²⁶Si queda contaminado, deberá purificarse y luego esperar siete días. ²⁷El día en que vuelva a entrar en el atrio interior del santuario para ministrar, deberá ofrecer su sacrificio por el pecado, afirma el Señor y Dios.

²⁸»Los sacerdotes no tendrán ninguna heredad, porque su heredad soy yo. Ustedes no les darán ninguna propiedad en Israel. Su propiedad soy yo. ²⁹Ellos se alimentarán de la ofrenda de cereal, la ofrenda por el pecado y la ofrenda por la culpa. Además, todo lo que los israelitas consagren al Señor será para ellos. ³⁰También recibirán lo mejor de todas las ˚primicias y de todas las ofrendas que ustedes presenten. Darán a los sacerdotes, para su pan, las primicias de la molienda. Así mi bendición reposará sobre los hogares de ustedes. ³¹Los sacerdotes no comerán ningún animal, sea ave o bestia, que sea encontrado muerto o despedazado por una fiera.

División de la tierra

45 »"Cuando por sorteo se repartan la tierra como herencia, deberán reservar una porción de terreno, la cual será consagrada al Señor. Esta porción santa será de veinticinco mil codos de largo por veinte mil codos[a] de ancho. Todo este territorio será ˚santo. ²De allí se adjudicará para el santuario un terreno cuadrado de quinientos codos por lado. Además, alrededor de ese terreno se reservará un espacio libre de cincuenta codos de ancho. ³En esa sección reservada apartarás una parcela de veinticinco mil codos de largo por diez mil codos de ancho, donde estará el santuario, el Lugar Santísimo. ⁴Esta será la porción santa de tierra para los sacerdotes que ministran en el santuario y que se acercan para ministrar delante del Señor. Allí construirán sus casas y el santuario del Señor. ⁵Además, a los levitas que sirven en el Templo se les adjudicará un espacio de veinticinco mil codos de largo por diez mil codos de ancho, para que tengan ciudades donde vivir.[b]

⁶»Y como territorio para la ciudad se asignará, junto a la sección reservada para el santuario, un espacio de cinco mil codos de ancho por veinticinco mil codos de largo. Este terreno pertenecerá a todo el pueblo de Israel.

⁷»Al príncipe se le asignará una porción de tierra a ambos lados de la sección reservada para el santuario y de la sección reservada para la ciudad. Por el lado oeste se extenderá hacia el oeste y hacia el este por el lado oriental. Su longitud de este a oeste será igual a la de los terrenos asignados a una de las tribus. ⁸Esta tierra será su posesión en Israel; así mis príncipes no volverán a oprimir a mi pueblo, sino que dejarán que las tribus de Israel ocupen la tierra.

⁹»Así dice el Señor y Dios: ¡Basta ya, príncipes de Israel! ¡Abandonen la violencia y la explotación! ¡Practiquen el derecho y la justicia! ¡Dejen de extorsionar a mi pueblo!, afirma el Señor y Dios. ¹⁰¡Usen

---

a 1 *veinte mil codos* (LXX); *diez mil codos* (TM).   *b* 5 *ciudades donde vivir* (LXX); *veinte habitaciones* (TM).

balanzas justas; el peso y la medida del efa[a] y el bato[b] deberán ser exactos! [11]El efa y el bato serán de una misma medida. Cada uno será equivalente a una décima parte de un jómer,[c] el cual servirá de patrón para ambas medidas. [12]En cuanto a las medidas de peso: un siclo[d] será igual a veinte guerás[e] y una mina[f] será igual a sesenta siclos.

[13]»"Esta es la ofrenda especial que presentarán: por cada jómer de trigo, la sexta parte de un efa;[g] y por cada jómer de cebada, la sexta parte de un efa.[h] [14]La medida para el aceite es la siguiente: por cada coro de aceite, la décima parte de un bato.[i] El coro equivale tanto a diez batos como a un jómer, pues diez batos equivalen a un jómer.

[15]»"En cuanto a las ovejas, se tomará una de cada doscientas de los rebaños que pastan en las mejores praderas de Israel. Estas se usarán para las ofrendas de cereales, el *holocausto y el sacrificio de *comunión, a fin de obtener perdón por los pecados de ellos, afirma el SEÑOR. [16]Todo el pueblo de la tierra estará obligado a contribuir para esta ofrenda especial del príncipe de Israel. [17]Será deber del príncipe proveer los holocaustos, las ofrendas de cereales y las ofrendas líquidas en las fiestas, las lunas nuevas, los *sábados y en todas las fiestas señaladas en el pueblo de Israel. Deberá también proveer las ofrendas por el pecado, las ofrendas de cereales, los holocaustos y las ofrendas de comunión para obtener perdón por los pecados de Israel.

[18]»"Así dice el SEÑOR y Dios: El día primero del mes primero tomarás un novillo sin defecto y lo ofrecerás como sacrificio para *purificar de pecado el santuario. [19]El sacerdote tomará de la sangre de la ofrenda por el pecado y la pondrá sobre los postes de la puerta del Templo, en las cuatro esquinas del zócalo superior del altar y en los postes de la puerta del atrio interior. [20]Lo mismo harás el día siete del mes con todo el que haya pecado sin intención o por ignorancia. Así el Templo quedará purificado.

[21]»"El día catorce del mes primero deberás celebrar la fiesta de la Pascua. Durante siete días comerás pan sin levadura. [22]Ese día el príncipe deberá ofrecer un novillo como sacrificio por su pecado y el de todo el pueblo. [23]Y cada día, durante los siete días de la fiesta, el príncipe deberá ofrecer en holocausto al SEÑOR siete novillos y siete carneros sin defecto. Además, cada día ofrecerá un macho cabrío como sacrificio por el pecado. [24]También ofrecerá, como ofrenda de grano, un efa de cereal por cada novillo, un efa por cada carnero y un hin[i] de aceite por cada efa.

[25]»"Durante los siete días de la fiesta, que comienza el día quince del mes séptimo, el príncipe deberá proveer lo mismo para el sacrificio por el pecado, el holocausto y las ofrendas de cereales y de aceite.

46 »"Así dice el SEÑOR y Dios: La puerta oriental del atrio interior permanecerá cerrada durante los días laborables, pero se abrirá los *sábados y los días de luna nueva. [2]El príncipe entrará por el vestíbulo de la puerta y se detendrá junto a uno de los postes de la puerta; entonces los sacerdotes ofrecerán sus *holocaustos y sus sacrificios de *comunión. Y él se postrará en adoración en el umbral de la puerta y luego saldrá. Sin embargo, la puerta no se cerrará hasta el atardecer.

[3]»"Los sábados y los días de luna nueva el pueblo de la tierra se postrará en adoración en presencia del SEÑOR, frente a la misma puerta. [4]El holocausto que el príncipe ofrecerá al SEÑOR el día sábado será de seis corderos y un carnero, todos ellos sin defecto alguno. [5]La ofrenda de cereales será de un efa[k] por carnero, y por los corderos, lo que él quiera dar; por cada efa deberá ofrecer un hin[l] de aceite. [6]En el día de luna nueva deberá ofrecer un novillo, seis corderos y un carnero, todos sin defecto alguno. [7]Por el novillo ofrecerá una ofrenda de cereales de un efa, y lo mismo por el carnero. Por los corderos, la ofrenda de cereales será tanto como quiera dar y por cada efa deberá ofrecer un hin de aceite.

[8]»"Cuando el príncipe entre, lo hará por el vestíbulo de la puerta y saldrá por el mismo lugar. [9]Pero, cuando el pueblo se presente delante del SEÑOR durante las fiestas señaladas, el que entre para adorar por la puerta del norte saldrá por la puerta del sur; así mismo, el que entre por la puerta del sur saldrá por la puerta del norte. Nadie saldrá por la misma puerta por la que entró, sino que siempre saldrá por la de enfrente. [10]Al entrar y al salir, el príncipe deberá estar entre ellos. [11]En los festivales y en las fiestas señaladas, la ofrenda de cereales será de un efa por cada novillo y lo mismo por cada carnero. Por los corderos será según lo que él quiera dar y por cada efa deberá ofrecerse un hin de aceite.

[12]»"Y cuando el príncipe presente una ofrenda voluntaria al SEÑOR, ya sea un holocausto o un sacrificio de comunión, se le abrirá la puerta oriental y ofrecerá su holocausto o su sacrificio de comunión de la misma manera que lo hace el día sábado. Luego saldrá y tras él cerrarán la puerta.

[13]»"Todas las mañanas ofrecerás en holocausto al SEÑOR un cordero de un año sin defecto. [14]De la misma manera, ofrecerás cada mañana una ofrenda de cereales. Será de una sexta parte de un efa,[m] con una tercera parte de un hin[n] de aceite para humedecer la harina refinada. Esta será una ofrenda al SEÑOR, que se presentará siempre por estatuto perpetuo. [15]Por lo tanto, cada mañana se ofrecerán, como holocausto perpetuo, el cordero, la ofrenda de cereales y la ofrenda de aceite.

[16]»"Así dice el SEÑOR y Dios: Si el príncipe regala a alguno de sus hijos parte de su herencia, ese regalo les pertenecerá a sus descendientes, pues es su herencia. [17]Pero si regala parte de su herencia a alguno de sus siervos, esta solo pertenecerá al siervo hasta el año de la liberación, después de lo cual el siervo se la devolverá al príncipe. La herencia del príncipe es patrimonio de sus descendientes. [18]El príncipe no se apoderará de la herencia del pueblo ni lo privará de lo que le pertenece. A sus hijos dará solamente lo que sea parte de su propiedad personal. Así en mi pueblo nadie quedará despojado de su propiedad"».

[19]Luego el hombre me llevó a la entrada que estaba al lado de la puerta, a las habitaciones que dan al norte y que estaban consagradas para los sacerdotes. Desde allí me mostró un espacio en el fondo, al lado oeste. [20]Y me dijo: «Este es el lugar donde los sacerdotes hervirán la carne de los animales ofrecidos en sacrificio por la culpa o por el pecado. También aquí se cocerán las ofrendas de cereales. Esto es para que no tengan que sacarlas al atrio exterior, pues el pueblo podría entrar en contacto con los objetos sagrados».

[21]Entonces me llevó al atrio exterior y me hizo pasar por las cuatro esquinas del atrio. Vi que en cada ángulo había un pequeño atrio. [22]En las cuatro esquinas del atrio había atrios cercados,[o] todos del mismo

---

[a] 10 Es decir, aprox. 16 kg.   [b] 10 Es decir, aprox. 22 l.
[c] 11 Un jómer era una medida para áridos con un equivalente aproximado de 220 l o 160 kg.   [d] 12 Es decir, aprox. 11.5 g.
[e] 12 Un guerá era equivalente aprox. a 0.57 g.   [f] 12 Es decir, 60 siclos; la mina común contenía 50 siclos. Sesenta siclos era aprox. 690 g.   [g] 13 Es decir, aprox. 2.7 kg de trigo.   [h] 13 Es decir, aprox. 2.3 kg de cebada.   [i] 14 Es decir, aprox. 2.2 l.
[i] 24 Es decir, aprox. 3.8 l.   [k] 5 Es decir, aprox. 16 kg; también en vv. 7 y 11.   [l] 5 Es decir, aprox. 3.8 l; también en vv. 7 y 11.   [m] 14 Es decir, aprox. 2.7 kg.   [n] 14 Es decir, aprox. 1.3 l.
[o] 22 cercados. Palabra de difícil traducción.

tamaño, de cuarenta codos de largo por treinta de ancho.ᵃ ²³Alrededor de los cuatro atrios había un muro y en todo el derredor de la parte baja del muro había unos fogones. ²⁴Entonces me dijo: «Estas son las cocinas donde los servidores del Templo hervirán los animales para los sacrificios del pueblo».

El río del Templo

47 El hombre me trajo de vuelta a la entrada del Templo y vi que brotaba agua por debajo del umbral, en dirección al oriente, que es hacia donde da la fachada del Templo. El agua corría por la parte baja del lado derecho del Templo, al sur del altar. ²Luego el hombre me sacó por la puerta del norte y me hizo dar la vuelta por fuera, hasta la puerta exterior que mira hacia el oriente; y vi que las aguas fluían del lado sur.

³El hombre salió hacia el oriente con una cuerda en la mano, midió mil codos y me hizo cruzar el agua, la cual me llegaba a los tobillos. ⁴Luego midió otros mil codos y me hizo cruzar el agua, que ahora me llegaba a las rodillas. Midió otros mil codos y me hizo cruzar el agua, que esta vez me llegaba a la cintura. ⁵Midió otros mil codos, pero la corriente se había convertido ya en un río que yo no podía cruzar. Creció tanto el torrente que solo se podía cruzar a nado. ⁶Entonces me preguntó: «¿Lo has visto, ˮhijo de hombre?».

Enseguida me hizo volver a la orilla del río ⁷y, al llegar, vi una gran cantidad de árboles a cada lado del torrente. ⁸Allí me dijo: «Estas aguas fluyen hacia la región oriental, descienden hasta el Arabá y van a dar al mar Muerto. Cuando desembocan en ese mar, las aguas se vuelven dulces. ⁹Por donde corra este río, todo ser viviente que en él se mueva vivirá. Habrá peces en abundancia porque el agua de este río transformará el agua salada en agua dulce; así donde el río fluye todo vivirá. ¹⁰Junto al río se detendrán los pescadores, desde Engadi hasta Eneglayin, porque allí habrá lugar para secar sus redes. Los peces allí serán tan variados y numerosos como en el mar Mediterráneo.ᵇ ¹¹Pero sus pantanos y ciénagas no tendrán agua dulce, sino que quedarán como salinas. ¹²Junto a las orillas del río crecerá toda clase de árboles frutales; sus hojas no se marchitarán, y siempre tendrán frutos. Cada mes darán frutos nuevos, porque el agua que los riega sale del santuario. Sus frutos servirán de alimento y sus hojas serán medicinales».

Los límites del país

¹³Así dice el SEÑOR y Dios: «Estos son los límites del país que se repartirá como herencia a las doce tribus de Israel, tomando en cuenta que a José le tocará una doble porción. ¹⁴Deben dividirla por partes iguales entre ustedes. Porque con la mano en alto juré solemnemente a sus antepasados darles este país como herencia.

¹⁵»Los límites del país serán:

»Por el lado norte, comenzando desde el mar Mediterráneo y pasando por la ciudad de Hetlón hasta la entrada de Zedad: ¹⁶Jamat, Berotá, Sibrayin —que está entre el territorio de Damasco y el de Jamat— y Jazar Haticón, que limita con Jaurán. ¹⁷Así el límite norte se extenderá desde el mar Mediterráneo hasta Jazar Enán. Al norte quedarán los territorios de Jamat y Jaurán.

¹⁸Por el oriente, la frontera entre la tierra de Israel y Jaurán, Damasco y Galaad será el río Jordán hasta la ciudad de Tamar, que está junto al mar Muerto; esta será la frontera oriental.

¹⁹Por el sur, la frontera irá desde Tamar hasta el oasis de Meribá Cades, en dirección del torrente de Egipto hasta el mar Mediterráneo. Esta será la frontera sur.

²⁰Por el occidente, la frontera será el mar Mediterráneo, desde el límite sur hasta la costa que está a la altura de Lebó Jamat.ᶜ Esta será la frontera occidental.

²¹»Ustedes deberán repartirse esta tierra entre las doce tribus de Israel. ²²La sortearán como herencia entre ustedes y entre los extranjeros que habiten entre ustedes y hayan tenido hijos, a los cuales deberán considerar israelitas por nacimiento. Por tanto, estos extranjeros recibirán una herencia con ustedes entre las tribus de Israel. ²³Y en la tribu donde esté residiendo el extranjero, allí le darán su herencia», afirma el SEÑOR y Dios.

Reparto de la tierra

48 «Estos son los nombres de las tribus:

»En la frontera norte, que va de este a oeste y desde el Mediterráneo, pasando por Hetlón, hasta Lebó Jamat y Jazar Enán, que es la parte al sur de Damasco y Jamat, la tribu de Dan tendrá su porción de territorio.

²Debajo de Dan, de este a oeste, está la porción de territorio de Aser.

³Debajo de Aser, de este a oeste, está la porción de territorio de Neftalí.

⁴Debajo de Neftalí, de este a oeste, está la porción de territorio de Manasés.

⁵Debajo de Manasés, de este a oeste, está la porción de territorio de Efraín.

⁶Debajo de Efraín, de este a oeste, está la porción de territorio de Rubén.

⁷Debajo de Rubén, de este a oeste, está la porción de territorio de Judá.

⁸»Debajo de Judá, de este a oeste, está la porción de territorio que reservarás. Será de veinticinco mil codosᵈ de ancho y de este a oeste su longitud será la misma que la de los otros territorios. En medio de esta porción estará el santuario.

⁹»La parcela que ustedes deben reservar para el SEÑOR tendrá veinticinco mil codos de largo por diez mil codosᵉ de ancho. ¹⁰Dentro de esta parcela sagrada, a los sacerdotes corresponderá una sección exclusiva que medirá veinticinco mil codos por el norte y diez mil codos por el oeste, diez mil codos por el este y veinticinco mil codos por el sur. En medio de ella se levantará el santuario del SEÑOR. ¹¹Esta sección estará destinada a los sacerdotes consagrados, descendientes de Sadoc, que cuando se descarrió el pueblo de Israel se encargaron de mi servicio y no se descarriaron, como los levitas. ¹²Y será para ellos una ofrenda especial de la tierra, un lugar santísimo, que limita con el territorio de los levitas.

¹³»También los levitas tendrán una parcela de veinticinco mil codos de largo por diez mil codos de ancho, a lo largo del territorio de los sacerdotes. En total, la parcela reservada tendrá veinticinco mil codos de largo por diez mil codos de ancho. ¹⁴No se podrá vender ni cambiar nada de ella. Esta es la mejor

---

ᵃ 22 Es decir, aprox. 21 m de largo por 16 m de ancho. ᵇ 10 mar Mediterráneo. Lit. mar grande; también en vv. 15, 19 y 20. ᶜ 20 Lebó Jamat. Alt. la entrada de Jamat; también en 48:1. ᵈ 8 Es decir, aprox. 13 km; también en vv. 9, 10, 13, 15, 20 y 21. ᵉ 9 Es decir, aprox. 5.3 km de ancho; también en vv. 10, 13 y 18.

tierra y no debe pasar a otras manos, pues está consagrada al SEÑOR. ¹⁵»La sección restante de cinco mil codos*ᵃ* de ancho por veinticinco mil codos de largo es terreno profano. Se dedicará al uso común de la ciudad, para la construcción de viviendas y para pastizales. La ciudad quedará en el centro. ¹⁶Medirá cuatro mil quinientos codos*ᵇ* de largo por el lado norte y lo mismo por sus lados sur, este y oeste. ¹⁷Los pastizales de la ciudad medirán doscientos cincuenta codos*ᶜ* de ancho alrededor de toda la ciudad. ¹⁸A los costados de la ciudad quedará una sección, junto a la parcela consagrada, que tendrá diez mil codos de largo por la parte este, y otros tantos por el oeste. Todo lo que allí se produzca servirá de alimento para los trabajadores de la ciudad. ¹⁹Ellos la cultivarán sin importar a qué tribu pertenezcan. ²⁰Toda la parcela consagrada, incluso lo que pertenece a la ciudad, formará un cuadrado de veinticinco mil codos por lado.

²¹»El terreno que quede a ambos lados de la parcela consagrada y de la que pertenece a la ciudad será para el príncipe. A él le tocará una parcela de veinticinco mil codos por el lado este, hasta la frontera oriental, y veinticinco mil codos por el oeste, hasta la frontera occidental. Todo esto quedará paralelo a las otras secciones. En el centro estarán la parcela consagrada y el santuario del Templo. ²²Así mismo, la propiedad de los levitas y la de la ciudad se ubicarán entre las fronteras de Judá y Benjamín, en medio de la parcela que corresponde al príncipe.

²³»En cuanto a las demás tribus:

»A Benjamín le tocará una sección de este a oeste. ²⁴ Debajo de Benjamín, a Simeón le tocará una sección de este a oeste.

²⁵ Debajo de Simeón, a Isacar le tocará una sección de este a oeste.
²⁶ Debajo de Isacar, a Zabulón le tocará una sección de este a oeste.
²⁷ Debajo de Zabulón, a Gad le tocará una sección de este a oeste.
²⁸ Debajo de Gad, por el lado sur, la frontera irá desde Tamar hasta el oasis de Meribá Cades y el torrente de Egipto, y hasta el mar Mediterráneo.

²⁹»Este es el territorio que ustedes repartirán por sorteo entre las tribus de Israel y que será su herencia. Así quedará distribuido el territorio», afirma el SEÑOR y Dios.

Las puertas de Jerusalén
³⁰ «Estas son las salidas de la ciudad:

»Por el norte, la ciudad medirá cuatro mil quinientos codos de largo. ³¹Las ˙puertas de la ciudad tendrán los nombres de las tribus de Israel. Al norte habrá tres puertas: la de Rubén, la de Judá y la de Leví.
³² Por el este, la ciudad medirá cuatro mil quinientos codos de largo y tendrá tres puertas: la de José, la de Benjamín y la de Dan.
³³ Por el sur, la ciudad medirá cuatro mil quinientos codos de largo y tendrá tres puertas: la de Simeón, la de Isacar y la de Zabulón.
³⁴ Por el oeste, la ciudad medirá cuatro mil quinientos codos de largo y tendrá tres puertas: la de Gad, la de Aser y la de Neftalí.

³⁵»La distancia alrededor de la ciudad será de dieciocho mil codos.*ᵈ*

»Y desde aquel día el nombre de la ciudad será: "El SEÑOR está allí"».

ᵃ 15 Es decir, aprox. 2.7 km.   *ᵇ* 16 Es decir, aprox. 2.4 km; también en vv. 30, 32, 33 y 34.   *ᶜ* 17 Es decir, aprox. 135 m.
ᵈ 35 Es decir, aprox. 9.5 km.

Daniel

Daniel en Babilonia

1 En el año tercero del reinado del rey Joacim de Judá, el rey Nabucodonosor de Babilonia vino a Jerusalén y la sitió. ²El Señor permitió que Joacim cayera en manos de Nabucodonosor. Junto con él, cayeron en sus manos algunos de los utensilios del Templo de Dios, los cuales Nabucodonosor se llevó a Sinar*ᵃ* y puso en el tesoro del templo de sus dioses.

³Además, el rey ordenó a Aspenaz, jefe de los oficiales*ᵇ* de su corte, que llevara a su presencia a algunos de los israelitas pertenecientes a la familia real y a la nobleza. ⁴Debían ser jóvenes apuestos y sin ningún defecto físico, que tuvieran aptitudes para aprender de todo y que actuaran con sensatez; jóvenes sabios y aptos para el servicio en el palacio real, a los cuales Aspenaz debía enseñarles la lengua y la literatura de los babilonios.*ᶜ* ⁵El rey les asignó raciones diarias de la comida y del vino que se servía en la mesa real. Su preparación habría de durar tres años, después de lo cual entrarían al servicio del rey.

⁶Entre estos jóvenes se encontraban Daniel, Ananías, Misael y Azarías, que eran de Judá, ⁷y a los cuales el oficial en jefe les cambió el nombre: a Daniel lo llamó Beltsasar; a Ananías, Sadrac; a Misael, Mesac; y a Azarías, Abednego.

⁸Pero Daniel decidió no ˚contaminarse con la comida y el vino del rey, así que pidió permiso al oficial en jefe para no contaminarse. ⁹Y Dios había hecho que se ganara el afecto y la simpatía del oficial en jefe. ¹⁰A pesar de eso dijo a Daniel: «Tengo miedo de mi señor el rey, pues fue él quien les asignó la comida y el vino. ¿Qué pasa si los ve más delgados y demacrados que los otros jóvenes de sus edades? Entonces el rey por culpa de ustedes me cortará la cabeza».

¹¹Entonces Daniel habló con el guardia que el oficial en jefe había designado sobre Daniel, Ananías, Misael y Azarías: ¹²«Por favor, haz con tus siervos una prueba de diez días. Danos de comer solo verduras y de beber solo agua. ¹³Pasado ese tiempo, compara nuestro semblante con el de los jóvenes que se alimentan con la comida real, y procede a tratarnos de acuerdo con lo que veas en nosotros».

¹⁴El guardia aceptó la propuesta y los sometió a una prueba de diez días. ¹⁵Al cumplirse el plazo, estos jóvenes se veían más sanos y mejor alimentados que cualquiera de los que participaban de la comida real. ¹⁶Así que el guardia les retiró la comida y el vino del rey, y en su lugar siguió alimentándolos con verduras.

¹⁷A estos cuatro jóvenes Dios los dotó de sabiduría e inteligencia para entender toda clase de literatura y ciencia. Además, Daniel podía entender toda visión y todo sueño.

¹⁸Cumplido el plazo fijado por el rey Nabucodonosor, y conforme a sus instrucciones, el oficial en jefe les llevó ante su presencia. ¹⁹Luego de hablar el rey con Daniel, Ananías, Misael y Azarías, no encontró a nadie que los igualara, de modo que los cuatro entraron a su servicio. ²⁰El rey los interrogó y, en todos los temas que requerían de sabiduría y discernimiento, los halló diez veces más inteligentes que todos los magos y hechiceros de su reino.

²¹Fue así como Daniel se quedó en Babilonia hasta el primer año del rey Ciro.

El sueño del rey Nabucodonosor

2 En el segundo año de su reinado, Nabucodonosor tuvo varios sueños que lo perturbaban y no lo dejaban dormir. ²Mandó entonces que se reunieran los magos, hechiceros, adivinos y astrólogos*ᵈ* de su reino para que le dijeran lo que había soñado. Una vez reunidos, y ya en presencia del rey, ³este les dijo:

—Tuve un sueño que me perturba y quiero saber lo que significa.

⁴Los astrólogos respondieron en arameo:*ᵉ*

—¡Que viva el rey por siempre! Cuente el sueño a sus siervos y nosotros daremos su interpretación.

⁵Pero el rey respondió a los astrólogos:

—Mi decisión ya está tomada: Si no me dicen lo que soñé ni me dan su interpretación, ordenaré que los corten en pedazos y que sus casas sean reducidas a cenizas. ⁶Pero si me dicen lo que soñé y me explican su significado, yo les daré regalos, recompensas y grandes honores. Por tanto, díganme el sueño y su interpretación.

⁷Una vez más ellos contestaron:

—Cuente, oh rey, su sueño a sus siervos y nosotros lo interpretaremos.

⁸Pero el rey contestó:

—Estoy seguro de que ustedes están tratando de ganar tiempo, porque se dan cuenta de que estoy firmemente decidido. ⁹Si no me dicen lo que soñé, ya saben lo que les espera. Ustedes se han puesto de acuerdo para salirme con cuestiones engañosas y malintencionadas, esperando que la situación cambie. Díganme lo que soñé y así sabré que son capaces de darme su interpretación.

¹⁰Entonces los astrólogos respondieron:

—¡No hay nadie en la tierra capaz de hacer lo que el rey pide! ¡Jamás a ningún rey se le ha ocurrido pedirle tal cosa a ningún mago, hechicero o astrólogo! ¹¹Lo que el rey pregunta es muy difícil. Nadie puede revelarlo a no ser los dioses, pero ellos no viven entre nosotros.

¹²Tanto enfureció al rey la respuesta de los astrólogos que mandó ejecutar a todos los sabios de Babilonia. ¹³Se publicó entonces un edicto que decretaba la muerte de todos los sabios, de modo que se ordenó la búsqueda de Daniel y de sus compañeros para que fueran ejecutados.

¹⁴Cuando el comandante de la guardia real, que se llamaba Arioc, salió para ejecutar a los sabios ˚babilonios, Daniel le habló con mucho tacto y sensatez. ¹⁵Le dijo: «¿Por qué ha emitido el rey un edicto tan

---

ᵃ 2 *Sinar.* Es decir, Babilonia.   *ᵇ* 3 *oficiales.* Alt. *eunucos.*
ᶜ 4 Lit. *caldeos.*   *ᵈ* 2 *astrólogos.* Lit. *caldeos*; así en el resto de este libro.   *ᵉ* 4 *respondieron en arameo.* En efecto, de aquí al final del cap. 7 el texto bíblico está escrito en la lengua aramea.

violento?». Y una vez que Arioc explicó cuál era el problema, ¹⁶Daniel fue a ver al rey y pidió tiempo para poder interpretarle su sueño.

¹⁷Después volvió a su casa y contó a sus amigos Ananías, Misael y Azarías lo que sucedía. ¹⁸Y les pidió que imploraran misericordia al Dios del cielo sobre este misterio, para que él y sus amigos no fueran ejecutados con el resto de los sabios de Babilonia. ¹⁹Durante la noche, el misterio fue revelado a Daniel en visión. Entonces alabó al Dios del cielo ²⁰y dijo:

«¡Alabado sea por siempre el *nombre de Dios!
    Suyos son la sabiduría y el poder.
²¹ Él cambia los tiempos y las épocas,
    pone y depone reyes.
A los sabios da la sabiduría
    y a los inteligentes, discernimiento.
²² Él revela lo profundo y lo escondido,
    y sabe lo que se oculta en las sombras.
¡En él habita la luz!
²³ A ti, Dios de mis antepasados,
    te alabo y te doy gracias.
Me has dado sabiduría y poder;
    me has dado a conocer lo que te pedimos.
¡Nos has dado a conocer el sueño del rey!».

Daniel interpreta el sueño del rey

²⁴Entonces Daniel fue a ver a Arioc, a quien el rey había dado la orden de ejecutar a los sabios de Babilonia y dijo:

—No mates a los sabios *babilonios. Llévame ante el rey y le interpretaré el sueño que tuvo.

²⁵Inmediatamente Arioc condujo a Daniel a la presencia del rey y dijo:

—He hallado un hombre, entre los exiliados de Judá, que puede decir al rey lo que significa su sueño.

²⁶El rey preguntó a Daniel, a quien los babilonios habían puesto por nombre Beltsasar:

—¿Puedes decirme lo que vi en mi sueño y darme su interpretación?

²⁷A esto Daniel respondió:

—No hay ningún sabio ni hechicero, ni mago o adivino, que pueda explicar al rey el misterio sobre el cual preguntó. ²⁸Pero hay un Dios en el cielo que revela los misterios. Él mostró al rey Nabucodonosor lo que sucederá en los días venideros. Estos son el sueño y las visiones que pasaron por su mente mientras dormía en su cama:

²⁹»Cuando estaba en su cama, los pensamientos de Su Majestad se dirigieron a las cosas por venir y el que revela los misterios le mostró lo que está por suceder. ³⁰Por lo que a mí toca, este misterio me ha sido revelado, no porque yo sea más sabio que el resto de la humanidad, sino para que Su Majestad llegue a conocer su interpretación y entienda lo que pasaba por su *mente.

³¹»En su sueño, Su Majestad veía una estatua enorme, de tamaño impresionante y de aspecto asombroso. ³²La cabeza de la estatua era de oro puro, el pecho y los brazos eran de plata, el vientre y los muslos eran de bronce, ³³y las piernas eran de hierro, lo mismo que la mitad de los pies, en tanto que la otra mitad era de barro cocido. ³⁴De pronto, mientras usted contemplaba la estatua, una roca fue cortada, pero no por manos humanas. Esta golpeó e hizo pedazos los pies de hierro y barro de la estatua. ³⁵Con ellos se hicieron añicos el hierro y el barro, junto con el bronce, la plata y el oro, que se volvieron como paja en la era del verano. El viento los barrió sin dejar rastro. Pero la roca que golpeó la estatua se convirtió en una montaña enorme que llenó toda la tierra.

³⁶»Este fue el sueño y ahora lo interpretaremos al rey. ³⁷Su Majestad es rey entre los reyes; el Dios del cielo le ha dado el reino, el poder, la majestad y la gloria. ³⁸Además, ha puesto en sus manos a la *humanidad entera, a las bestias del campo y a las aves del cielo. No importa dónde vivan, Dios lo hizo el gobernante de todos ellos. Usted es la cabeza de oro.

³⁹»Después surgirá otro reino inferior al suyo. Luego vendrá un tercer reino, que será de bronce y dominará sobre toda la tierra. ⁴⁰Finalmente, vendrá un cuarto reino, sólido como el hierro. Y así como el hierro todo lo rompe, destroza y pulveriza, este cuarto reino hará polvo a los otros reinos. ⁴¹Usted veía que los pies y los dedos de la estatua eran mitad hierro y mitad barro cocido, pues será un reino dividido. Sin embargo, tendrá aún la fuerza del hierro, aunque haya visto hierro mezclado con barro. ⁴²Y como los dedos de los pies eran mitad hierro y mitad barro, este reino será parcialmente fuerte y parcialmente débil. ⁴³Y como el hierro mezclado con barro, así el pueblo será una mezcla y no permanecerá unido, como tampoco se unen el hierro y el barro.

⁴⁴»En los días de estos reyes el Dios del cielo establecerá un reino que jamás será destruido ni entregado a otro pueblo, sino que permanecerá para siempre y hará pedazos a todos estos reinos. ⁴⁵Este es el significado de la roca que fue cortada de la montaña no por manos humanas, que hizo añicos al hierro, al bronce, al barro, a la plata y al oro.

»El gran Dios ha mostrado a Su Majestad lo que tendrá lugar en el futuro. El sueño es verdadero y esta interpretación, digna de confianza».

⁴⁶Al oír esto, el rey Nabucodonosor se postró ante Daniel y lo honró; ordenó que se le presentara una ofrenda e incienso ⁴⁷y dijo:

—¡Tu Dios es el Dios de dioses y el Soberano de los reyes! ¡Tu Dios revela todos los misterios, pues fuiste capaz de revelarme este sueño misterioso!

⁴⁸Luego el rey puso a Daniel en un puesto prominente y lo colmó de regalos; lo nombró gobernador de toda la provincia de Babilonia y jefe de todos sus sabios. ⁴⁹Además, a solicitud de Daniel, el rey nombró a Sadrac, Mesac y Abednego administradores de la provincia de Babilonia. Daniel, por su parte, permaneció en la corte real.

El horno en llamas

3 El rey Nabucodonosor mandó hacer una estatua de oro, de sesenta codos de alto por seis codos de ancho,ᵃ y mandó que la colocaran en los llanos de Dura, en la provincia de Babilonia. ²Luego, ordenó a los *sátrapas, prefectos, gobernadores, consejeros, tesoreros, jueces, magistrados y demás oficiales de las provincias que asistieran a la dedicación de la estatua que había mandado erigir. ³Para celebrar tal dedicación, los sátrapas, prefectos, gobernadores, consejeros, tesoreros, jueces, magistrados y demás oficiales de las provincias se reunieron ante la estatua que el rey Nabucodonosor había ordenado erigir.

⁴Entonces el heraldo proclamó a voz en cuello: «A ustedes, pueblos, naciones y gente de toda lengua, se les ordena lo siguiente: ⁵Tan pronto como escuchen el sonido de trompetas, flautas, cítaras, liras, arpas, zampoñas y todo tipo de música, deberán inclinarse y adorar la estatua de oro que el rey Nabucodonosor mandado erigir. ⁶Todo el que no se incline ante ella ni la adore será arrojado de inmediato a un horno en llamas».

⁷Ante tal amenaza, tan pronto como se escuchó la música de todos esos instrumentos musicales, todos los pueblos y naciones, y gente de toda lengua, se inclinaron y adoraron la estatua de oro que el rey

---

ᵃ 1 Es decir, aprox. 27 m de alto por 2.7 m de ancho.

Nabucodonosor había mandado erigir. [8]Pero algunos astrólogos se presentaron ante el rey y acusaron a los judíos:

[9]—¡Que viva el rey por siempre! —dijeron al rey Nabucodonosor—. [10]Su Majestad ha emitido un decreto ordenando que todo el que oiga el sonido de trompetas, flautas, cítaras, liras, arpas, zampoñas y todo tipo de música se incline ante la estatua de oro y la adore. [11]También ha ordenado que todo el que no se incline ante la estatua ni la adore sea arrojado a un horno en llamas. [12]Pero hay algunos judíos, a quienes ha puesto al frente de la provincia de Babilonia, que no acatan sus órdenes, Su Majestad. No adoran a los dioses de Su Majestad ni a la estatua de oro que mandó erigir. Se trata de Sadrac, Mesac y Abednego.

[13]Lleno de ira, Nabucodonosor los mandó llamar. Cuando los jóvenes se presentaron ante el rey, [14]Nabucodonosor dijo:

—Ustedes tres, ¿es verdad que no honran a mis dioses ni adoran la estatua de oro que he mandado erigir? [15]En cuanto escuchen el sonido de trompetas, flautas, cítaras, liras, arpas, zampoñas y todo tipo de música, más les vale que se inclinen ante la estatua que he mandado hacer y la adoren. De lo contrario, serán lanzados de inmediato a un horno en llamas. ¿Y qué dios podrá librarlos de mis manos?

[16]Sadrac, Mesac y Abednego respondieron:

—Rey Nabucodonosor, no hace falta que nos defendamos ante usted. [17]Si se nos arroja al horno en llamas, el Dios al que servimos puede librarnos del horno y de las manos de Su Majestad. [18]Pero incluso si no lo hace, queremos que sepa, Su Majestad, que no serviremos a sus dioses ni adoraremos la estatua que usted ha erigido.

[19]Ante la respuesta de Sadrac, Mesac y Abednego, Nabucodonosor se puso muy furioso y cambió su actitud hacia ellos. Mandó entonces que se calentara el horno siete veces más de lo normal, [20]y que algunos de los soldados más fuertes de su ejército ataran a sus tres jóvenes y los arrojaran al horno en llamas. [21]Fue así como los arrojaron al horno con sus mantos, sandalias, turbantes y todo, es decir, tal y como estaban vestidos. [22]Tan apremiante fue la orden del rey, y tan caliente estaba el horno, que las llamas alcanzaron y mataron a los soldados que arrojaron a Sadrac, Mesac y Abednego, [23]los cuales, atados de pies y manos, cayeron dentro del horno en llamas.

[24]En ese momento, Nabucodonosor se puso de pie y preguntó sorprendido a sus consejeros:

—¿Acaso no eran tres los hombres que atamos y arrojamos al fuego?

—Así es, Su Majestad —respondieron.

[25]—¡Pues miren! —exclamó—. Allí en el fuego veo a cuatro hombres, sin ataduras y sin daño alguno, ¡y el cuarto tiene la apariencia de un hijo de los dioses!

[26]Dicho esto, Nabucodonosor se acercó a la puerta del horno en llamas y gritó:

—Sadrac, Mesac y Abednego, siervos del Dios *Altísimo, ¡salgan de allí y vengan acá!

Cuando los tres jóvenes salieron del horno, [27]los sátrapas, prefectos, gobernadores y consejeros reales se arremolinaron en torno a ellos y vieron que el fuego no les había causado ningún daño, y que ni uno solo de sus cabellos se había chamuscado; es más, su ropa no estaba quemada ¡y ni siquiera olía a humo!

[28]Entonces exclamó Nabucodonosor: «¡Alabado sea el Dios de Sadrac, Mesac y Abednego, que envió a su ángel y los salvó! Ellos confiaron en él y, desafiando la orden real, optaron por la muerte antes que honrar o adorar a otro dios que no fuera el suyo. [29]Por tanto, yo decreto que se descuartice a cualquiera que hable en contra del Dios de Sadrac, Mesac y Abednego, y que su casa sea reducida a cenizas, sin importar la nación

a que pertenezca o la lengua que hable. ¡No hay otro dios que pueda salvar de esta manera!».

[30]Después de eso el rey promovió a Sadrac, Mesac y Abednego a un alto puesto en la provincia de Babilonia.

Nabucodonosor, árbol caído

4 El rey Nabucodonosor,

a todos los pueblos y naciones que habitan en este mundo y a toda lengua:

¡Paz y prosperidad!

[2]Me es grato darles a conocer las señales y maravillas que el Dios *Altísimo ha realizado en mi favor.

[3]¡Cuán grandes son sus señales!
¡Cuán portentosas son sus maravillas!
Su reino es un reino eterno;
su soberanía permanece de generación en generación.

[4]Yo, Nabucodonosor, estaba tranquilo en mi casa, próspero en mi palacio, [5]cuando tuve un sueño que me infundió miedo. Recostado en mi lecho, las imágenes y visiones que pasaron por mi mente me llenaron de terror. [6]Ordené entonces que vinieran a mi presencia todos los sabios de Babilonia para que me interpretaran el sueño. [7]Cuando llegaron los magos, hechiceros, astrólogos y adivinos, les conté mi sueño, pero no me lo pudieron interpretar. [8]Finalmente Daniel, que en honor a mi dios también se llama Beltsasar, se presentó ante mí y le conté mi sueño, pues en él reposa el espíritu de los *santos dioses.

[9]Yo le dije: «Beltsasar, jefe de los magos, yo sé que en ti reposa el espíritu de los santos dioses, y que no hay para ti ningún misterio difícil de resolver. Te voy a contar mi sueño y quiero que me digas lo que significa. [10]Mientras reposaba en mi lecho tuve esta visión: Veía ante mí un árbol de altura impresionante, plantado en medio de la tierra. [11]El árbol creció, se hizo fuerte y su copa tocaba el cielo; ¡hasta podía verse desde cualquier punto de la tierra! [12]Tenía un hermoso follaje y abundantes frutos. Todo el mundo hallaba en él su alimento. Aun las bestias salvajes venían a refugiarse bajo su sombra y en sus ramas anidaban las aves del cielo; de él se alimentaban todas las criaturas.

[13]»En la visión que tuve mientras reposaba en mi lecho, vi ante mí a un mensajero santo que descendía del cielo [14]y que a voz en cuello me gritaba: "Derriben el árbol y córtenle las ramas; arránquenle las hojas y esparzan los frutos. Hagan que las bestias huyan de su sombra y que las aves abandonen sus nidos. [15]Pero dejen enterrados el tronco y las raíces; sujétenlos con hierro y bronce entre la hierba del campo.

»"Dejen que se empape con el rocío del cielo, y que habite con los animales y entre las plantas de la tierra. [16]Dejen que su *mente *humana se trastorne y se vuelva como la de un animal, hasta que hayan transcurrido siete años.ᵃ

[17]»"Este es el decreto de los santos mensajeros que han anunciado el veredicto: Que todos los vivientes reconozcan que el Altísimo es el soberano de todos los reinos humanos y que se los

---

a **16** años. O tiempos; también en vv. 23, 25 y 32.

entrega a quien él quiere; hasta pone sobre ellos al más humilde de los hombres".

[18]»Este es el sueño que yo, el rey Nabucodonosor, tuve. Ahora tú, Beltsasar, dime qué es lo que significa, ya que ninguno de los sabios de mi reino me lo pudo interpretar. ¡Pero tú sí puedes hacerlo, porque en ti reposa el espíritu de los santos dioses!».

Daniel interpreta el sueño del rey

[19]Daniel, conocido también como Beltsasar, se quedó desconcertado por algún tiempo y aterrorizado por sus propios pensamientos; por eso el rey le dijo: «Beltsasar, no te dejes alarmar por este sueño y su significado».

A esto Daniel respondió: «¡Mi señor, ojalá que el sueño y su significado tengan que ver con sus adversarios y enemigos! [20]El árbol que veía crecer y fortalecerse, cuya copa tocaba el cielo y podía verse desde cualquier punto de la tierra, [21]que tenía un hermoso follaje y daba abundantes frutos que alimentaban a todos, a cuya sombra se refugiaban las bestias salvajes y en cuyas ramas anidaban las aves del cielo, [22]ese árbol es Su Majestad. Usted se ha hecho fuerte y poderoso, su grandeza ha alcanzado el cielo y su dominio se extiende a los lugares más remotos de la tierra.

[23]Su Majestad veía que del cielo bajaba un mensajero ˙santo, el cual le ordenaba derribar el árbol, destruirlo y dejarlo enterrado para que se empapara con el rocío del cielo, aunque tenía que sujetar con hierro y bronce el tronco y las raíces. De esta manera, viviría como las bestias del campo hasta que transcurrieran siete años.

[24]»La interpretación del sueño, y el decreto que el ˙Altísimo ha emitido contra Su Majestad, es como sigue: [25]Usted será apartado de la gente y habitará entre las bestias del campo; comerá pasto como el ganado, y se empapará con el rocío del cielo. Siete años pasarán hasta que usted reconozca que el Altísimo es el Soberano de todos los reinos del mundo y que se los entrega a quien él quiere. [26]La orden de dejar el tocón y las raíces del árbol quiere decir que su reino le será devuelto, cuando haya reconocido que el verdadero reino es el del cielo. [27]Por tanto, yo ruego a Su Majestad aceptar el consejo que le voy a dar: Renuncie usted a sus pecados y actúe con justicia; renuncie a su maldad y sea bondadoso con los oprimidos. Tal vez su prosperidad pueda continuar».

El cumplimiento del sueño

[28]En efecto, todo esto sucedió al rey Nabucodonosor. [29]Doce meses después, mientras daba un paseo por la terraza del palacio real de Babilonia, [30]exclamó: «¿No es esta la gran Babilonia que he construido como capital del reino, con mi enorme poder y para la gloria de mi majestad?».

[31]No había terminado de hablar cuando se escuchó una voz que desde el cielo decía:

«Este es el decreto en cuanto a ti, rey Nabucodonosor. Tu autoridad real se te ha quitado. [32]Serás apartado de la gente y vivirás entre las bestias del campo; comerás pasto como el ganado. Siete años transcurrirán hasta que reconozcas que el Altísimo es el que domina sobre todos los reinos del mundo y que se los entrega a quien él quiere».

[33]Y al instante se cumplió lo anunciado a Nabucodonosor. Lo separaron de la gente y comió pasto como el ganado. Su cuerpo se empapó con el rocío del cielo; hasta el pelo le creció como plumas y las uñas como garras de águila.

[34]Pasado ese tiempo yo, Nabucodonosor, elevé los ojos al cielo y recobré el juicio. Entonces alabé al Altísimo; honré y glorifiqué al que vive para siempre:

Su dominio es eterno;
su reino permanece para siempre.
[35]Ninguno de los pueblos de la tierra
merece ser tomado en cuenta.
Dios hace lo que quiere
con los poderes celestiales
y con los pueblos de la tierra.
No hay quien se oponga a su poder
ni quien le pida cuentas de sus actos.

[36]Recobré el juicio, y al momento me fueron devueltos la honra, el esplendor y la gloria de mi reino. Mis consejeros y cortesanos vinieron a buscarme, y me fue devuelto el trono. ¡Llegué a ser más poderoso que antes! [37]Por eso yo, Nabucodonosor, alabo, exalto y glorifico al Rey del cielo, porque siempre procede con rectitud y justicia; además, es capaz de humillar a los soberbios.

La escritura en la pared

5 El rey Belsasar ofreció un gran banquete a mil miembros de la nobleza y bebió vino con ellos. [2]Mientras bebía, Belsasar mandó que trajeran las copas de oro y de plata que Nabucodonosor, su padre,[a] había tomado del Templo de Jerusalén, para que también bebieran sus nobles junto con sus esposas y concubinas.[b] [3]Entonces le llevaron las copas, y en ellas bebieron el rey y sus nobles, junto con sus esposas y concubinas. [4]Bebían vino y alababan a los dioses de oro, plata, bronce, hierro, madera y piedra.

[5]En ese momento, en la sala del palacio apareció una mano que, a la luz de las lámparas, escribía con el dedo sobre la parte blanca de la pared. Mientras el rey observaba la mano que escribía, [6]el rostro le palideció del susto, las rodillas comenzaron a temblarle y apenas podía sostenerse. [7]Entonces mandó que vinieran los hechiceros, astrólogos y adivinos para decir a estos sabios babilonios:

—Al que lea lo que allí está escrito y me diga lo que significa, lo vestiré de color púrpura, le pondré una cadena de oro en el cuello y lo nombraré tercer gobernante del reino.

[8]Todos los sabios del reino se presentaron, pero no pudieron leer lo escrito ni decirle al rey lo que significaba. [9]Esto hizo que el rey Belsasar se asustara y palideciera más todavía. Los nobles, por su parte, se hallaban confundidos.

[10]Al oír el alboroto que hacían el rey y sus nobles, la reina misma entró en la sala del banquete y exclamó:

—¡Que viva Su Majestad por siempre! ¡Y no se alarme ni se ponga pálido! [11]En su reino, hay un hombre en quien reposa el espíritu de los dioses ˙santos. En tiempo de su padre se descubrió que tenía percepción, inteligencia y sabiduría, semejante a la de los dioses. Su padre, el rey Nabucodonosor, lo nombró jefe de los magos, hechiceros, astrólogos y adivinos. [12]Y es que ese hombre, a quien el rey llamó Beltsasar, tiene una inteligencia extraordinaria, ˙conocimiento, entendimiento y capacidad para

---

a 2 O *ancestro*; o *predecesor*; también en vv. 11, 13 y 18.
b 2-3 Véase nota en Gn 22:24.

interpretar sueños, explicar misterios y resolver problemas difíciles. Llame usted a ese hombre y él le dirá lo que significa ese escrito.

¹³Daniel fue llevado a la presencia del rey y este preguntó:

—¿Así que tú eres Daniel, uno de los exiliados que mi padre trajo de Judá? ¹⁴Me han contado que en ti reposa el espíritu de los dioses y que posees iluminación, inteligencia y una sabiduría extraordinaria. ¹⁵Los sabios y hechiceros se presentaron ante mí para leer esta escritura y decirme lo que significa, pero no pudieron descifrarla. ¹⁶Según me han dicho, tú puedes dar interpretaciones y resolver problemas difíciles. Si logras leer e interpretar lo que allí está escrito, te vestirá de color púrpura, te pondré una cadena de oro en el cuello y te nombraré tercer gobernante del reino.

¹⁷—Usted puede quedarse con sus regalos o dárselos a otro —respondió Daniel al rey—. Yo voy a leerle a Su Majestad lo que dice en la pared y le explicaré lo que significa.

¹⁸»Su Majestad, el Dios *Altísimo dio al rey Nabucodonosor, su padre, grandeza, gloria, majestad y esplendor. ¹⁹Gracias a la autoridad que Dios le dio, ante él temblaban de miedo todos los pueblos, naciones y gente de toda lengua. A quien él quería matar, lo mandaba matar; a quien quería perdonar, lo perdonaba; si quería promover a alguien, lo promovía; y, si quería humillarlo, lo humillaba. ²⁰Pero cuando su *corazón se volvió arrogante por causa del orgullo, se le arrebató el trono real y se le despojó de su gloria. ²¹Fue apartado de la gente y recibió la *mente de un animal. Vivió entre los asnos salvajes y se alimentó con pasto como el ganado. El rocío del cielo empapaba su cuerpo. Todo esto le sucedió hasta que reconoció que el Dios Altísimo es Soberano sobre todos los reinos del mundo, y que se los entrega a quien él quiere.

²²»Pero usted, Belsasar, siendo su hijo, no se humilló a pesar de saber todo esto. ²³Por el contrario, se ha opuesto al Señor del cielo mandando traer de su Templo las copas para que beban en ellas usted y sus nobles, sus esposas y concubinas. Usted glorificó a los dioses de oro, plata, hierro, madera y piedra, dioses que no pueden ver ni oír ni entender. Pero no glorificó al Dios en cuyas manos se encuentran su vida y todos sus caminos. ²⁴Por eso Dios ha enviado esa mano a escribir ²⁵lo que allí aparece:

MENE, MENE, TÉQUEL, PARSIN.

²⁶»Pues bien, esto es lo que significan esas palabras:

»*Mene*: Dios ha contado los días de su reino y les ha puesto un límite.

²⁷»*Téquel*: Ha sido puesto en la balanza y no pesa lo que debería pesar.

²⁸»*Peres*:ᵃ Su reino se ha dividido y entregado a medos y persas».

²⁹Entonces Belsasar ordenó que se vistiera a Daniel de color púrpura, que se le pusiera una cadena de oro en el cuello y que se le nombrara tercer gobernante del reino.

³⁰Esa misma noche fue asesinado Belsasar, rey de los babilonios, ³¹y Darío el meda se apoderó del reino cuando tenía sesenta y dos años.

Daniel en el foso de los leones

6 Le pareció bien a Darío nombrar ciento veinte *sátrapas que gobernaran todo el reino ²y tres administradores, uno de los cuales era Daniel. Estos sátrapas eran responsables ante los administradores, a fin de que los intereses del rey no se vieran afectados. ³Y tanto se distinguió Daniel entre los administradores y los sátrapas por sus extraordinarias cualidades que el rey pensó en ponerlo al frente de todo el reino. ⁴Entonces los administradores y los sátrapas empezaron a buscar algún motivo para acusar a Daniel de malos manejos en los negocios del reino. Sin embargo, no pudieron encontrar corrupción en él, porque era digno de confianza y no era negligente ni corrupto. ⁵Por eso concluyeron: «Nunca encontraremos nada de qué acusar a Daniel, a no ser algo relacionado con la *Ley de su Dios».

⁶Entonces esos administradores y sátrapas fueron de común acuerdo al rey y dijeron:

—¡Que viva para siempre el rey Darío! ⁷Nosotros los administradores reales, junto con los prefectos, sátrapas, consejeros y gobernadores, convenimos en que Su Majestad debiera emitir y confirmar un decreto que exija que, durante los próximos treinta días, sea arrojado al foso de los leones todo el que adore a cualquier dios u *hombre que no sea Su Majestad. ⁸Expida usted ahora ese decreto y póngalo por escrito. Así, conforme a la ley de los medos y los persas, no podrá ser revocado.

⁹El rey Darío expidió el decreto y lo puso por escrito.

¹⁰Cuando Daniel se enteró de la publicación del decreto, se fue a su casa y subió a su dormitorio, cuyas ventanas se abrían en dirección a Jerusalén. Allí se arrodilló y se puso a orar y alabar a Dios, pues tenía por costumbre orar tres veces al día. ¹¹Cuando aquellos hombres llegaron y encontraron a Daniel orando e implorando la ayuda de Dios, ¹²fueron a hablar con el rey respecto al decreto real:

—¿No es verdad que usted publicó un decreto? Según entendemos, todo el que en los próximos treinta días ore a otro dios u hombre que no sea Su Majestad será arrojado al foso de los leones.

El rey contestó:

—El decreto sigue en pie. Según la ley de los medos y los persas, no puede ser revocado.

¹³Ellos respondieron:

—Pues Daniel, que es uno de los exiliados de Judá, no toma en cuenta a Su Majestad ni el decreto que ha promulgado. ¡Continúa orando tres veces al día!

¹⁴Cuando el rey escuchó esto, se deprimió mucho y se propuso salvar a Daniel, así que durante todo el día buscó la forma de salvarlo. ¹⁵Pero aquellos hombres fueron a ver al rey y lo presionaron:

—Recuerde, Su Majestad que, según la ley de los medos y los persas, ningún decreto ni edicto emitido por el rey puede ser modificado.

¹⁶El rey dio entonces la orden y Daniel fue arrojado al foso de los leones. Allí el rey animaba a Daniel:

—¡Que tu Dios, a quien sirves continuamente, se digne salvarte!

¹⁷Trajeron entonces una piedra y con ella taparon la boca del foso. El rey lo selló con su propio anillo y con el de sus nobles para que la sentencia contra Daniel no pudiera ser cambiada. ¹⁸Luego volvió a su palacio y pasó la noche sin comer y sin divertirse, hasta que el sueño se le fue.

¹⁹Tan pronto como amaneció, se levantó y fue al foso de los leones. ²⁰Ya cerca, lleno de ansiedad gritó:

—Daniel, siervo del Dios viviente, ¿pudo tu Dios, a quien sirves continuamente, salvarte de los leones?

²¹—¡Que viva el rey por siempre! —contestó Daniel—. ²²Mi Dios envió a su ángel, quien cerró la boca a los leones. No me han hecho ningún daño, porque Dios bien sabe que soy inocente. ¡Tampoco he cometido nada malo contra Su Majestad!

ᵃ 28 *Peres* (el singular de *Parsin*) puede significar *dividido* o *Persia* o *media mina* o *medio siclo*.

²³Sin ocultar su alegría, el rey ordenó que sacaran del foso a Daniel. Cuando lo sacaron, no se le halló un solo rasguño, pues Daniel confiaba en su Dios.

²⁴Entonces el rey mandó traer a los que lo habían acusado y ordenó que los arrojaran al foso de los leones, junto con sus esposas y sus hijos. ¡No habían tocado el suelo cuando ya los leones habían caído sobre ellos y les habían triturado los huesos!

²⁵Entonces, el rey Darío escribió un decreto a todos los pueblos, naciones y lenguas de la tierra:

¡Paz y prosperidad!

²⁶He decretado que en todo lugar de mi reino la gente adore y honre al Dios de Daniel.

Porque él es el Dios vivo,
y permanece para siempre.
Su reino jamás será destruido,
y su dominio jamás tendrá fin.
²⁷Él rescata y salva;
hace señales y maravillas
en los cielos y en la tierra.
¡Ha salvado a Daniel
de las garras de los leones!

²⁸Fue así como Daniel prosperó durante los reinados de Darío y de Ciro el Persa.

Las cuatro bestias

7 En el primer año del reinado de Belsasar en Babilonia, Daniel tuvo un sueño y visiones mientras yacía en su lecho. Entonces puso por escrito lo más importante de su sueño. ²Daniel dijo:

«Durante la noche tuve una visión. En ella aparecía el gran mar agitado por los cuatro vientos del cielo. ³Del mar salían cuatro bestias enormes, cada una diferente de la otra.

⁴»La primera de ellas se parecía a un león, pero sus alas eran las de un águila. Mientras yo la observaba, le arrancaron las alas, la levantaron del suelo y la obligaron a pararse sobre sus patas traseras, como si fuera un hombre. Y se le dio un corazón *humano.

⁵»La segunda bestia que vi se parecía a un oso. Se levantaba sobre uno de sus costados y entre sus fauces tenía tres costillas. A esta bestia se le dijo: "¡Levántate y come carne hasta que te hartes!".

⁶»Ante mis propios ojos vi aparecer otra bestia, la cual se parecía a un leopardo, aunque en el lomo tenía cuatro alas, como las de un ave. Esta bestia tenía cuatro cabezas y recibió autoridad para gobernar.

⁷»Después de esto, en mis visiones nocturnas vi ante mí una cuarta bestia, la cual era extremadamente horrible y poseía una fuerza descomunal. Con sus grandes colmillos de hierro aplastaba y devoraba a sus víctimas, para luego pisotear los restos. Tenía diez cuernos y no se parecía en nada a las otras bestias.

⁸»Mientras me fijaba en los cuernos, vi surgir entre ellos otro cuerno más pequeño. Por causa de este fueron arrancados tres de los primeros. El cuerno pequeño parecía tener ojos humanos y una boca que hablaba insolencias.

Canto al Anciano

⁹»Mientras yo observaba esto,

»se colocaron unos tronos
y tomó asiento un Anciano de días.

Su ropa era blanca como la nieve,
y su cabello, blanco como la lana.
Su trono con sus ruedas
centelleaban como el fuego.
¹⁰De su presencia brotaba
un torrente de fuego.
Miles y millares le servían;
centenares de miles estaban delante de él.
Al iniciarse el juicio,
los libros fueron abiertos.

¹¹»Yo me quedé mirando por causa de las grandes insolencias que profería el cuerno. Seguí mirando hasta que a esta bestia la mataron, destrozaron y echaron al fuego ardiente. ¹²A las otras bestias les quitaron el poder, aunque las dejaron vivir por algún tiempo.

¹³»En esa visión nocturna, vi que alguien con el aspecto de un *hijo de hombre venía entre las nubes del cielo. Se acercó al Anciano de días, fue llevado a su presencia ¹⁴y se le dio autoridad, poder y reino. Todos los pueblos, naciones y lenguas lo adoraron. Su dominio es eterno y no pasará; su reino jamás será destruido.

La interpretación del sueño

¹⁵»Yo, Daniel, me quedé agitado por dentro a causa de las visiones que pasaban por mi mente. ¹⁶Entonces me acerqué a uno de los que estaban allí, y le pregunté el verdadero significado de todo esto.

»Y esta fue su interpretación: ¹⁷"Las cuatro grandes bestias son cuatro reinos que se levantarán en la tierra, ¹⁸pero los *santos del *Altísimo recibirán el reino, y será suyo para siempre, ¡para siempre jamás!".

¹⁹»Quise entonces saber el significado de la cuarta bestia, que era muy diferente a las demás. Era más aterradora, pues tenía colmillos de hierro y garras de bronce. Desmenuzaba a sus víctimas y las devoraba, pisoteando luego sus restos. ²⁰Quise saber también acerca de los diez cuernos que tenía en la cabeza, y del otro cuerno que le había salido y ante el cual habían caído tres de ellos. Este cuerno se veía más impresionante que los otros, pues tenía ojos y hablaba con insolencia. ²¹Mientras observaba yo, este cuerno libró una guerra contra los santos y los venció. ²²Entonces vino el Anciano y emitió juicio en favor de los santos del Altísimo. En ese momento los santos recibieron el reino.

²³»Esta fue la explicación que me dio: "La cuarta bestia es un cuarto reino que surgirá en este mundo. Será diferente a los otros reinos; devorará toda la tierra, la aplastará y la pisoteará. ²⁴Los diez cuernos son diez reyes que saldrán de este reino. Otro rey les sucederá, distinto a los anteriores, el cual derrocará a tres reyes. ²⁵Hablará en contra del Altísimo y oprimirá a sus santos; tratará de cambiar las fechas importantesᵃ y también las leyes, y los santos quedarán bajo su poder por un tiempo, dos tiempos y medio tiempo.ᵇ

²⁶»"El tribunal tomará asiento, se le quitará el poder y se le destruirá para siempre. ²⁷Entonces se dará a los santos, que son el pueblo del Altísimo, la majestad y el poder y la grandeza de los reinos. Su reino será un reino eterno, y lo adorarán y obedecerán todos los gobernantes de la tierra".

²⁸»Aquí termina el relato. Yo, Daniel, me quedé desconcertado por tantas ideas que me pasaban por la *mente, a tal grado que palideció mi rostro. Pero guardé esto para mí mismo».ᶜ

Visión del carnero y del macho cabrío

8 «En el tercer año del reinado de Belsasar yo, Daniel, tuve una visión, después de la que ya había

---

ᵃ 25 O *el calendario*; o también *las fiestas religiosas*.

ᵇ 25 O *por un año, dos años y medio año*; o *tres años y medio*.

ᶜ 28 Aquí termina la porción aramea. Véase nota en 2:4.

tenido. ²En ella me veía en la ciudad de Susa, en la provincia de Elam, junto al río Ulay. ³Me fijé y vi ante mí un carnero con sus dos cuernos. Estaba junto al río y tenía cuernos largos. Uno de ellos era más largo y le había salido después. ⁴Me quedé observando cómo el carnero atacaba hacia el oeste, hacia el norte y hacia el sur. Ningún animal podía hacerle frente ni había tampoco quien pudiera librarse de su poder. El carnero hacía lo que quería y cada vez cobraba más fuerza.

⁵»Mientras reflexionaba al respecto, de pronto, surgió del oeste un macho cabrío, que tenía un cuerno enorme entre los ojos. Cruzó toda la tierra sin tocar siquiera el suelo. ⁶Luego se lanzó contra el carnero de los dos cuernos que yo había visto de pie junto al río y lo atacó furiosamente. ⁷Yo vi cómo se acercó enfurecido, lo golpeó y le rompió los dos cuernos. El carnero no pudo hacerle frente, pues el macho cabrío lo derribó y lo pisoteó. Nadie pudo librar al carnero del poder del macho cabrío. ⁸El macho cabrío cobró gran fuerza, pero en el momento de su mayor grandeza se le rompió el gran cuerno. En su lugar brotaron cuatro grandes cuernos que se alzaron contra los cuatro vientos del cielo.

⁹»De uno de ellos salió otro cuerno, pequeño al principio, que extendió su poder hacia el sur, hacia el este y hacia la Tierra Hermosa. ¹⁰Creció hasta alcanzar al ejército de los cielos e hizo caer a tierra algunos del ejército de las estrellas y los pisoteó. ¹¹Y creció hasta pretender ser tan grande como el comandante del ejército del SEÑOR. Por su causa, se eliminó el sacrificio diario y se derribó el santuario. ¹²Por la rebelión, le fueron entregados el ejército y el sacrificio diario; derribó la verdad, hizo cuanto quiso y en todo tuvo éxito.

¹³»Escuché entonces que uno de los *santos hablaba y que otro le preguntaba: "¿Cuánto tiempo va a tardar lo anunciado en esta visión: el sacrificio diario, la rebeldía desoladora, la entrega del santuario y la humillación del ejército?".

¹⁴»Y aquel santo me dijo: "Va a tardar dos mil trescientas tardes y mañanas. Después de eso, se *purificará el santuario".

Significado de la visión

¹⁵»Mientras yo, Daniel, contemplaba la visión y trataba de entenderla, de repente apareció ante mí alguien de apariencia *humana. ¹⁶Escuché entonces una voz que desde el río Ulay gritaba: "¡Gabriel, dile a este hombre lo que significa la visión!".

¹⁷»Cuando él se acercó al lugar donde estaba, me aterroricé y caí rostro en tierra. Me dijo: "*Hijo de hombre entiende que la visión se refiere al tiempo del fin".

¹⁸»Mientras me hablaba, yo estaba aturdido, con el rostro en tierra. Entonces me tocó y me puso de pie. ¹⁹Y me dijo: "Voy a darte a conocer lo que sucederá después cuando llegue a su fin el tiempo de la ira de Dios, porque el fin llegará en el momento señalado. ²⁰El carnero de dos cuernos que has visto simboliza a los reyes de Media y de Persia. ²¹El macho cabrío es el rey de Grecia y el cuerno grande que tiene entre los ojos es el primer rey. ²²Los cuatro cuernos que salieron en lugar del que fue hecho pedazos simbolizan a los cuatro reinos que surgirán de esa nación, pero que no tendrán el mismo poder.

²³»Hacia el final de esos reinos, cuando la rebelión de los impíos llegue al colmo, surgirá un rey de aspecto feroz, maestro de la intriga, ²⁴que llegará a tener mucho poder, pero no por sí mismo. Ese rey causará impresionantes destrozos y saldrá airoso en todo lo que emprenda. Destruirá a los poderosos y al pueblo *santo. ²⁵Con su astucia propagará el engaño, creyéndose un ser superior. Destruirá a mucha gente que creía estar segura, y se enfrentará al Príncipe de los príncipes, pero será destruido sin intervención humana.

²⁶»La visión de las tardes y mañanas que se te ha dado a conocer es verdadera. Pero mantenla en secreto, pues para eso falta mucho tiempo".

²⁷»Yo, Daniel, quedé exhausto y estuve enfermo durante varios días. Luego me levanté para seguir atendiendo los asuntos del reino. Pero la visión me dejó pasmado, pues no lograba comprenderla».

Oración de Daniel

9 «Era el primer año del reinado de Darío, hijo de Asuero[a] y descendiente de los medos, quien llegó a ser el gobernante del reino de los babilonios.[b] ²En su primer año de reinado, yo, Daniel, comprendí de pasaje de las Escrituras[c] donde el SEÑOR comunicó al profeta Jeremías que la ruina de Jerusalén duraría setenta años. ³Entonces me puse a orar y a dirigir mis súplicas al Señor mi Dios. Además de orar, ayuné y me vestí de luto y me senté sobre cenizas.

⁴»Esta fue la oración y confesión que hice al SEÑOR:

»"Señor, Dios grande y temible, que cumples tu *pacto de fidelidad con los que te aman y obedecen tus mandamientos: ⁵Hemos pecado y hecho lo malo; hemos sido malvados y rebeldes; nos hemos apartado de tus mandamientos y de tus leyes. ⁶No hemos prestado atención a tus siervos los profetas que, en tu *nombre, hablaron a nuestros reyes y príncipes, a nuestros antepasados y a todos los habitantes de la tierra.

⁷»Señor, tuya es la justicia y nuestra es la vergüenza. Sí, nosotros, pueblo de Judá, habitantes de Jerusalén y de todo Israel, tanto los que vivimos cerca como los que se hallan lejos, en todos los países por los que nos has dispersado por haberte sido infieles. ⁸SEÑOR, tanto nosotros como nuestros reyes y príncipes, y nuestros antepasados, cargamos con la vergüenza por haber pecado contra ti. ⁹Pero aun cuando nos hemos rebelado contra ti, tú, Señor nuestro, eres un Dios compasivo y perdonador.

¹⁰»SEÑOR y Dios nuestro, no hemos obedecido ni seguido tus leyes, las cuales nos diste por medio de tus siervos los profetas. ¹¹Todo Israel ha transgredido tu Ley y se alejaron cuando rechazaron obedecerte. Por eso, las maldiciones y los juicios escritos en la *Ley de Moisés, siervo de Dios, han sido derramadas sobre nosotros, porque pecamos contra ti. ¹²Tú has cumplido las advertencias que hiciste a nuestros gobernantes y a nosotros; has traído sobre nosotros esta gran calamidad. Jamás ha ocurrido bajo el cielo nada semejante a lo que sucedió con Jerusalén.

¹³»SEÑOR y Dios nuestro, todo este desastre nos ha sobrevenido, tal y como está escrito en la Ley de Moisés, y ni aun así hemos buscado tu favor. No nos hemos apartado de nuestros pecados ni hemos prestado atención a tu verdad.

¹⁴»El SEÑOR no dudó en traer sobre nosotros esta calamidad; porque el SEÑOR nuestro Dios es justo en todo lo que hace, y aun así no obedecimos.

¹⁵»Y ahora, Señor y Dios nuestro, que con mano poderosa sacaste de Egipto a tu pueblo y te has hecho un nombre que permanece hasta este día, nosotros hemos pecado y hecho lo malo. ¹⁶Señor, de acuerdo con tus actos justos, por favor aparta tu ira y tu furor de Jerusalén, tu ciudad y

---

a 1 *Asuero*. Variante hebrea de Jerjes, nombre persa.   b 1 Lit. *caldeos*.   c 1-2 Alusión a Jer 25:11-12.

tu monte *santo. Por nuestros pecados y por la iniquidad de nuestros antepasados, Jerusalén y tu pueblo son objeto de burla de cuantos nos rodean.

¹⁷»"Y ahora, Dios nuestro, escucha las oraciones y súplicas de este siervo tuyo. Por causa de tu nombre, Señor, haz resplandecer tu rostro sobre*ᵃ* tu santuario que ha quedado desolado. ¹⁸Préstanos oído, Dios nuestro; abre los ojos y mira nuestra ruina y la ciudad sobre la cual se invoca tu Nombre. Al hacerte estas peticiones, no apelamos a nuestra rectitud, sino a tu gran misericordia. ¹⁹¡Señor, escúchanos! ¡Señor, perdónanos! ¡Señor, atiéndenos y actúa! Dios mío, hazlo por tu honor y no tardes más; tu Nombre se invoca sobre tu ciudad y sobre tu pueblo".

Las setenta semanas

²⁰Yo seguí hablando y orando al Señor mi Dios. Le confesé mi pecado y el de mi pueblo Israel y supliqué en favor de su *santo monte. ²¹Mientras seguía orando, Gabriel, a quien había visto en mi visión anterior, se me acercó volando rápidamente, como a la hora del sacrificio de la tarde. ²²Me hizo la siguiente aclaración:

»"Daniel, he venido en este momento para que entiendas todo con claridad. ²³Tan pronto como comenzaste a orar, hubo una respuesta que vine a decirte, porque eres muy apreciado. Presta, pues, atención a mis palabras, para que entiendas la visión.

²⁴»"Setenta semanas*ᵇ* han sido decretadas para que tu pueblo y tu santa ciudad pongan fin a las transgresiones y pecados, pidan perdón por la maldad, establezcan para siempre la justicia, sellen la visión y la profecía y consagren el Lugar Santísimo.*ᶜ*

²⁵»"Entiende bien lo siguiente: Habrá siete semanas desde la promulgación del decreto que ordena la reconstrucción de Jerusalén hasta la llegada del Príncipe Ungido. Luego habrá sesenta y dos semanas más. Entonces será reconstruida Jerusalén, con sus calles y trincheras, pero en tiempos difíciles. ²⁶Después de las sesenta y dos semanas se le quitará la vida al Ungido y se quedará sin nada. La ciudad y el santuario serán destruidos por el pueblo de un príncipe que vendrá. El fin vendrá como una inundación, la destrucción no cesará*ᵈ* hasta que termine la guerra. ²⁷Durante una semana ese gobernante hará un pacto con muchos, pero a media semana pondrá fin a los sacrificios y ofrendas. Y en el Templo*ᵉ* establecerá la abominación que causa destrucción, hasta que sobrevenga el desastroso fin que le ha sido decretado"».

Daniel junto al río Tigris

10 En el tercer año del reinado de Ciro de Persia, Daniel, que también se llamaba Beltsasar, recibió una revelación acerca de una gran guerra.*ᶠ* El mensaje era verdadero y Daniel pudo comprender su significado en una visión.

²«En aquella ocasión yo, Daniel, pasé tres semanas como si estuviera de luto. ³En todo ese tiempo no comí nada especial, ni probé carne ni vino, ni usé ningún perfume.

⁴»El día veinticuatro del mes primero, mientras me encontraba yo a la orilla del gran río Tigris, ⁵levanté los ojos y vi ante mí a un hombre vestido de tela de lino con un cinturón de oro proveniente de Ufaz. ⁶Su cuerpo brillaba como el topacio y su rostro

resplandecía como el relámpago. Sus ojos eran dos antorchas encendidas y sus brazos y piernas parecían de bronce bruñido; su voz resonaba como el eco de una multitud.

⁷»Yo, Daniel, fui el único que tuvo esta visión. Los que estaban conmigo, aunque no vieron nada, se asustaron y corrieron a esconderse. ⁸Nadie se quedó conmigo cuando tuve esta gran visión. Las fuerzas me abandonaron, palideció mi rostro y casi me desvanecí. ⁹Fue entonces cuando escuché a aquel hombre. Mientras me hablaba, quedé aturdido y con el rostro en tierra.

¹⁰»En ese momento una mano me tocó y me puso sobre mis manos y rodillas, que aún temblaban, ¹¹y me dijo: "Levántate, Daniel, pues he sido enviado a verte. Tú eres muy apreciado, así que presta atención a lo que voy a decirte".

»En cuanto aquel hombre me habló, me puse de pie temblando.

¹²»Entonces me dijo: "No tengas miedo, Daniel. Tu petición fue escuchada desde el primer día en que te propusiste ganar entendimiento y humillarte ante tu Dios. En respuesta a ella estoy aquí. ¹³Pero durante veintiún días el príncipe del reino de Persia se me opuso, así que acudió en mi ayuda Miguel, uno de los principales príncipes. Y me quedé allí, con los reyes de Persia. ¹⁴Pero ahora he venido a explicarte lo que va a suceder a tu pueblo en el futuro, pues la visión se refiere a un tiempo aún por venir".

¹⁵»Y cuando él me decía esto, yo me incliné de cara al suelo y guardé silencio. ¹⁶Entonces alguien con aspecto *humano tocó mis labios y yo los abrí; entonces comencé a hablar. Y dije al que estaba delante de mí: "Señor, por causa de esta visión me siento muy angustiado y sin fuerzas. ¹⁷¿Cómo es posible que yo, que soy tu siervo, hable contigo? Las fuerzas me han abandonado y apenas puedo respirar".

¹⁸»Una vez más, el de aspecto humano me tocó y me infundió fuerzas. ¹⁹Dijo: "No temas, eres muy apreciado. ¡La *paz sea contigo! ¡Sé fuerte, sé fuerte!".

»Mientras él me hablaba, yo fui fortaleciéndome y dije: "¡Habla, mi señor!, porque me has fortalecido. ²⁰Y me preguntó: "¿Sabes por qué he venido a verte? Pues porque debo volver a pelear contra el príncipe de Persia. Y, cuando termine de luchar con él, hará su aparición el príncipe de Grecia. ²¹Pero antes de eso, te diré lo que está escrito en el Libro de la Verdad. En mi lucha contra ellos, solo cuento con el apoyo de Miguel, el príncipe de ustedes.

11 »"Cuando Darío el Medo estaba en el primer año de su reinado, le brindé mi apoyo y mi ayuda.

Los reyes del norte y del sur

²»"Pero ahora voy a darte a conocer la verdad. Van a levantarse en Persia tres reyes más y hasta un cuarto, el cual será más rico que los otros tres. En cuanto haya cobrado fuerza con sus riquezas, incitará a todos contra el reino griego. ³Surgirá entonces un rey muy aguerrido, el cual gobernará con gran autoridad y hará lo que mejor le parezca. ⁴Pero tan pronto como surja su imperio, se quebrará y se esparcirá hacia los cuatro vientos del cielo. Este imperio no será para sus descendientes, ni tendrá el poder que tuvo bajo su gobierno, porque Dios lo dividirá y se lo entregará a otros.

⁵»"El rey del sur cobrará fuerza, pero uno de sus comandantes se hará más fuerte que él y gobernará su propio reino con gran poder. ⁶Después de algunos años se convertirán en aliados. La hija del rey del sur irá al rey del norte para hacer una alianza. Pero perderá su poder y su linaje no sobrevivirá. En esos días será traicionada, junto con su escolta real, su padre y quien la apoyó.

ᵃ 17 haz … sobre. Alt. mira con agrado.   *ᵇ* 24 semanas. Lit. sietes; también en vv. 25-27.   *ᶜ* 24 O el Santísimo.   *ᵈ* 26 no cesará. Lit. ha sido decretada.   *ᵉ* 27 Según LXX y Teodocio; el texto hebreo dice ala.   *ᶠ* 1 O acerca de tiempos difíciles.

⁷»"Pero se levantará uno de su familia en su lugar. Él atacará las fuerzas del rey del norte y entrará a su fortaleza; luchará contra ellos y saldrá victorioso. ⁸Se apoderará de las estatuas de metal de sus dioses, de sus objetos de oro y plata. Se los llevará a Egipto, dejando tranquilo al rey del norte durante algunos años. ⁹Luego el rey del norte invadirá los dominios del rey del sur, pero se verá forzado a volver a su país. ¹⁰Sus hijos se prepararán para la guerra, reunirán un gran ejército que, como una inundación, avanzará arrasándolo todo hasta llegar a la fortaleza.

¹¹»"Enfurecido, el rey del sur marchará en contra del rey del norte, que será derrotado a pesar de contar con un gran ejército. ¹²Ante el triunfo obtenido, el rey del sur se llenará de orgullo y matará a miles; pero su victoria no durará ¹³porque el rey del norte reunirá a otro ejército más numeroso y mejor armado que el anterior y, después de algunos años, volverá a atacar al rey del sur.

¹⁴»"En esos tiempos muchos se levantarán contra el rey del sur, incluso gente violenta de tu pueblo, pero no saldrán victoriosos. Así se cumplirá la visión. ¹⁵Entonces el rey del norte vendrá y levantará rampas de asalto y conquistará la ciudad fortificada, pues las fuerzas del sur no podrán resistir; ni siquiera sus mejores tropas podrán ofrecer resistencia. ¹⁶El ejército invasor hará lo que quiera hacer, pues nadie podrá hacerle frente; se establecerá en la Hermosa Tierra y tendrá el poder para destruirla. ¹⁷Él se dispondrá a atacar con todo el poder de su reino, pero hará una alianza con el rey del sur: este le dará su hija en matrimonio, con miras a derrocar su reino, pero sus planes no tendrán el éxito esperado. ¹⁸Dirigirá entonces sus ataques contra las ciudades costeras y conquistará muchas de ellas, pero un general pondrá fin a su insolencia y lo hará quedar en ridículo. ¹⁹Después de eso, el rey del norte regresará a la fortaleza de su país, pero sufrirá un tropiezo y no volverá a saberse nada de él.

²⁰»"Su sucesor enviará un recaudador de impuestos para mantener el esplendor del reino. Pero poco tiempo después ese rey perderá la vida, aunque no en el fragor de la batalla. ²¹»"Le sucederá una persona despreciable, al que no se le ha concedido el honor de la realeza, que invadirá el reino cuando la gente se sienta más segura y usurpará el trono por medio de intrigas. ²²Arrasará como una inundación a las fuerzas que se le opongan; las derrotará por completo, lo mismo que al príncipe del pacto. ²³Engañará a los que pacten con él y con un grupo reducido usurpará el trono. ²⁴Cuando las provincias más ricas se sientan más seguras, las invadirá, logrando así lo que jamás lograron sus padres y abuelos. Repartirá entre sus seguidores el botín y las riquezas que haya ganado en la guerra, y hará planes para atacar las ciudades fortificadas. Pero esto no durará mucho tiempo.

²⁵»"Con un gran ejército, descargará su poder y ardor sobre el rey del Sur. Este enfrentará la guerra con un ejército muy grande y poderoso, pero no podrá resistir, porque será traicionado. ²⁶Los mismos que compartían su mesa buscarán su ruina; su ejército será derrotado por completo y muchos caerán en batalla. ²⁷Sentados a la misma mesa, estos dos reyes pensarán solo en hacerse daño y se mentirán el uno al otro; pero esto de nada servirá, porque el momento del fin todavía no habrá llegado. ²⁸El rey del norte regresará a su país con grandes riquezas, pero su corazón se opondrá al pacto ˚santo; así que llevará a cabo sus planes y luego volverá a su país.

²⁹»"En el momento preciso, el rey del norte volverá a invadir el sur, aunque esta vez el resultado será diferente, ³⁰porque los barcos de guerra de las costas occidentales se opondrán a él y se desanimará. Entonces retrocederá y descargará su enojo contra el pacto santo. En su retirada, se mostrará bondadoso con los que renegaron de él.

³¹»"Sus soldados se dedicarán a profanar la fortaleza del Templo, suspenderán el sacrificio diario y luego establecerán la abominación que causa destrucción. ³²Corromperá con halagos a los que hayan renegado del pacto, pero los que conozcan a su Dios se le opondrán con firmeza.

³³»"Los sabios instruirán a muchos, aunque durante algún tiempo morirán a filo de espada, o serán quemados, o se les tomará cautivos y se les despojará de todo. ³⁴Cuando caigan, recibirán muy poca ayuda, aunque mucha gente hipócrita se les unirá. ³⁵Algunos de los sabios caerán, pero esa prueba los ˚purificará y ˚perfeccionará para que, cuando llegue el tiempo del fin, no tengan mancha alguna. Todavía falta para que llegue el momento preciso.

El rey se exalta a sí mismo

³⁶»"El rey hará lo que mejor le parezca. Se exaltará a sí mismo, se creerá superior a todos los dioses, y dirá cosas contra el Dios de dioses que nadie antes se atrevió a decir. Su éxito durará mientras la ira de Dios no llegue a su colmo, aunque lo que ha de suceder sucederá. ³⁷Ese rey no respetará a los dioses de sus antepasados, ni al dios que adoran las mujeres, ni a ningún otro dios, sino que se exaltará a sí mismo por encima de todos ellos. ³⁸En su lugar, adorará al dios de las fortalezas; honrará a un dios que sus antepasados no conocieron, y le presentará costosas ofrendas de oro, plata y piedras preciosas. ³⁹Con la ayuda de un dios extraño atacará las fortalezas más poderosas. Rendirá grandes honores a aquellos que lo reconozcan, pues en recompensa, los pondrá como gobernadores de grandes multitudes y les dará tierras.

⁴⁰»"Cuando llegue el tiempo del fin, el rey del sur trabará combate contra el rey del norte, pero este responderá a su ataque con carros y caballos, y con toda una flota de barcos de guerra. Invadirá muchos países y los arrasará como una inundación. ⁴¹También invadirá la Hermosa Tierra, y muchos países caerán bajo su poder, aunque Edom y Moab y los jefes de Amón escaparán de sus manos. ⁴²Extenderá su poder sobre muchos países; ni Egipto podrá salvarse. ⁴³Se adueñará de los tesoros de oro y plata de Egipto, y de todas sus riquezas, y también someterá a los libios y a los cusitas.ᵃ ⁴⁴Sin embargo, le llegarán noticias alarmantes del este y del norte. En su furor se pondrá en marcha dispuesto a destruir y matar a mucha gente. ⁴⁵Plantará su campamento real entre los mares,ᵇ en el bello monte ˚santo; pero allí llegará su fin y nadie acudirá en su ayuda.

La hora final

12 »"Entonces se levantará Miguel, el gran príncipe protector de tu pueblo. Habrá un período de angustia, como no lo ha habido jamás desde que las naciones existen. Pero tu pueblo será liberado; todos los que están inscritos en el libro. ²Del polvo de la tierra se levantarán las multitudes de los que duermen, algunos de ellos para vida eterna; pero otros para quedar en la vergüenza y el desprecio eternos. ³Los sabios resplandecerán con el brillo del cielo; los que guían a muchos en el ˚camino de la justicia brillarán como las estrellas por toda la eternidad. ⁴Pero tú, Daniel, guarda en secreto las palabras y sella el libro hasta el tiempo del fin, pues muchos

---

ᵃ 43 Es decir, gente de la parte superior de la región del Nilo.
ᵇ 45 O entre el mar y.

andarán de un lado a otro tratando de aumentar su conocimiento".

⁵»Yo, Daniel, vi ante mí a dos hombres. Uno de ellos estaba a una orilla del río; el otro, en la orilla opuesta. ⁶Uno de ellos dijo al hombre vestido de tela de lino, que estaba sobre las aguas del río: "¿Cuánto falta para que se cumplan estas cosas asombrosas?".

⁷»Y oí al hombre vestido de tela de lino, que estaba sobre las aguas del río, el cual levantó las manos al cielo y juró por el que vive para siempre: "Faltan un tiempo, tiempos y medio tiempo.ᵃ Todo esto se cumplirá, cuando termine la destrucción del pueblo *santo".

ᵃ 7 Es decir, tres años y medio.

⁸»Aunque escuché lo que dijo ese hombre, no pude entenderlo, así que pregunté: "Señor, ¿en qué va a parar todo esto?". ⁹Y él me respondió: "Sigue adelante, Daniel, que estas palabras se mantendrán secretas y selladas hasta el tiempo del fin. ¹⁰Muchos serán *purificados y *perfeccionados, y quedarán limpios, pero los malvados seguirán en su maldad. Ninguno de ellos entenderá nada, pero los sabios lo entenderán todo. ¹¹A partir del momento en que se suspenda el sacrificio diario y se establezca la abominación que causa destrucción, transcurrirán mil doscientos noventa días. ¹²¡*Dichoso el que espere a que hayan transcurrido mil trescientos treinta y cinco días! ¹³Pero tú, persevera hasta el fin y descansa, que al final de los tiempos te levantarás para recibir tu recompensa"».

Oseas

1 Esta es la palabra del SEÑOR que vino a Oseas, hijo de Beerí, durante los reinados de Uzías, Jotán, Acaz y Ezequías, reyes de Judá, y durante el reinado de Jeroboán, hijo de Joás, rey de Israel.

La esposa y los hijos de Oseas

² Cuando el SEÑOR comenzó a hablar por medio de Oseas le dijo: «Ve y toma por esposa una prostituta y ten con ella hijos de prostitución, porque el país se ha prostituido por completo. ¡Se ha apartado del SEÑOR!».

³ Oseas fue y tomó por esposa a Gómer, hija de Diblayin, la cual concibió y dio a luz un hijo.

⁴ Entonces el SEÑOR dijo: «Ponle por ˙nombre Jezrel,ᵃ porque dentro de poco haré que la casa real de Jehú pague por la masacre en Jezrel. Así pondré fin al dominio del reino de Israel. ⁵ Ese día quebraré el arco de Israel en el valle de Jezrel».

⁶ Ella volvió a concebir y dio a luz una niña. Entonces el Señor dijo a Oseas: «Ponle por nombre Lorrujama,ᵇ porque no volveré a mostrar amor al reino de Israel, sino que le negaré el perdón. ⁷ En cambio, mostraré mi amor al pueblo de Judá y la salvaré; pero no por medio de arco, ni de espada, ni de batallas, ni tampoco por medio de caballos y jinetes, sino por medio del SEÑOR su Dios».

⁸ Cuando ella dejó de amamantar a Lorrujama, volvió a concebir y tuvo otro hijo. ⁹ Entonces el Señor dijo a Oseas: «Ponle por nombre: Loamí,ᶜ porque ustedes no son mi pueblo y yo no soy su Dios.

¹⁰ »Con todo, los israelitas serán tan numerosos como la arena del mar, que no se puede medir ni contar. Y en el mismo lugar donde se les llamó Loamí, se les llamará "hijos del Dios viviente". ¹¹ El pueblo de Judá se reunirá con el pueblo de Israel y nombrarán un solo jefe; resurgirán en su país, porque grande será el día de Jezrel.

2 »Llamen a sus hermanos Amí,ᵈ y a sus hermanas Rujama.ᵉ

Castigo y restauración de Israel

² »¡Acusen a su madre! ¡Acúsenla!
¡Porque ella no es mi esposa
ni yo su marido!
¡Que se quite del rostro el maquillaje de
prostituta
y de entre los pechos los adornos de su
adulterio!
³ De lo contrario, la desnudaré por completo;
la dejaré como el día en que nació.
La pondré como un desierto:
la convertiré en tierra seca
y la mataré de sed.
⁴ No tendré compasión de sus hijos,
porque son hijos de prostitución.
⁵ Su madre es una prostituta;
la que los concibió es una desvergonzada.
Pues dijo: "Quiero ir tras mis amantes,
que me dan mi pan y mi agua,
mi lana y mi lino, mi aceite y mis bebidas".

⁶ Por eso le cerraré el paso con espinos;
la encerraré para que no encuentre el camino.
⁷ Perseguirá a sus amantes y no los alcanzará;
los buscará y no los encontrará:
entonces dirá:
"Prefiero volver con mi primer esposo,
porque antes me iba mejor que ahora".
⁸ Ella no ha reconocido que fui yo
quien le dio el grano, el vino nuevo y el
aceite.
Yo le había multiplicado la plata y el oro,
que ella usó para Baal.

⁹ »Por eso, volveré para quitarle mi grano cuando
esté maduro
y mi vino nuevo en su estación.
La dejaré sin la lana y el lino
que le di para cubrir su desnudez.
¹⁰ Voy a exhibir su desvergüenza
a la vista de sus amantes,
y nadie la librará de mi mano.
¹¹ Pondré fin a todas sus celebraciones:
sus fiestas anuales, sus lunas nuevas,
sus días de reposo y sus festividades.
¹² Devastaré sus vides y sus higueras,
que consideraba la paga de sus amantes.
Las convertiré en maleza,
y los animales del campo acabarán con ellas.
¹³ La llamaré a cuentas por los días
en que quemaba incienso a sus baales,
cuando se adornaba con zarcillos y joyas
y, olvidándose de mí, se iba tras sus amantes»,
afirma el SEÑOR.

¹⁴ «Por eso, ahora voy a seducirla,
la llevaré al desierto
y le hablaré con ternura.
¹⁵ Allí le devolveré sus viñedos
y convertiré el valle de Acorᶠ en una puerta de
Esperanza.
Allí responderá, como en los días de su juventud,
como en el día en que salió de Egipto.

¹⁶ »En aquel día», afirma el SEÑOR,
«me llamarás "esposo mío"
y no me llamarás más "mi señor".ᵍ
¹⁷ Quitaré de tus labios el nombre de tus baales
y nunca más volverás a invocarlos.
¹⁸ En aquel día haré un pacto en favor de ellos
con los animales del campo, con las aves de los
cielos
y con los reptiles de la tierra.
Eliminaré del país arcos, espadas y guerra,
para que todos duerman seguros.

ᵃ 4 En hebreo, *Jezrel* significa *Dios siembra*.   ᵇ 6 *Lorrujama* significa *no amada*.   ᶜ 9 *Loamí* significa *no es mi pueblo*. ᵈ 1 *Amí* significa *mi pueblo*.   ᵉ 1 *Rujama* significa *amada*. ᶠ 15 Véase Jos 7:24-26. *Acor* significa *desgracia*.   ᵍ 16 *mi señor*. Lit. *mi baal*.

¹⁹ Te haré mi esposa para siempre.
Te haré mi esposa con derecho y justicia,
en gran amor y compasión.
²⁰ Te haré mi esposa con fidelidad
y entonces conocerás al SEÑOR.

²¹ »En aquel día yo responderé»,
afirma el SEÑOR,
«yo responderé al cielo
y el cielo responderá a la tierra;
²² la tierra responderá al cereal,
al vino nuevo y al aceite
y estos responderán a Jezrel.*a*
²³ Yo la sembraré para mí en la tierra;
mostraré mi amor a Lorrujama.*b*
A Loamí*c* lo llamaré Amí;*d*
y él me dirá: "Tú eres mi Dios"».

Oseas se reconcilia con su esposa

3 El SEÑOR me dijo: «Ve y vuelve a amar a tu esposa, aunque sea amante de otro y adúltera. Ámala como ama el SEÑOR a los israelitas, aunque se hayan vuelto a otros dioses y se deleiten con las tortas de pasas consagradas que les ofrecen».

²Compré entonces a esa mujer por quince siclos*e* de plata y un jómer y un létec de cebada;*f* ³luego le dije: «Vas a vivir conmigo mucho tiempo, pero sin prostituirte. No tendrás relaciones sexuales con ningún otro hombre, y yo me comportaré de la misma manera contigo».

⁴Porque los israelitas vivirán mucho tiempo sin rey o príncipe, sin sacrificio o altares, sin ˚efod o ídolos familiares.*g* ⁵Después ellos se arrepentirán y buscarán nuevamente al SEÑOR su Dios y a David, su rey. En los últimos días acudirán con temor reverente al SEÑOR y a sus bondades.

Pleito contra Israel

4 Escuchen, israelitas, la palabra del SEÑOR, porque el SEÑOR entabla un pleito contra los habitantes del país:
«Ya no hay en esta tierra fidelidad ni amor
ni ˚conocimiento de Dios.
² Solo hay maldición, mentira y asesinato,
robo y adulterio.
Abunda la violencia
y los homicidios se multiplican.
³ Por tanto, se resecará la tierra
y desfallecerán todos sus habitantes.
¡Morirán las bestias del campo,
las aves del cielo y los peces del mar!

⁴ »¡Que nadie acuse ni reprenda a nadie!
¡Tu pueblo parece acusar al sacerdote!
⁵ Tropiezas de día y de noche
y los profetas tropiezan contigo.
Tu madre dejará de existir,
⁶ pues por falta de conocimiento mi pueblo ha
sido destruido.

»Puesto que rechazaste el conocimiento,
yo también te rechazo como mi
sacerdote.
Ya que te olvidaste de la ˚Ley de tu Dios,
yo también me olvidaré de tus hijos.

⁷ Mientras más aumentaban los sacerdotes,
más pecaban contra mí;
cambiaron a quien es su gloria en algo
vergonzoso.
⁸ Del pecado de mi pueblo se alimentan;
disfrutan de su perversidad.
⁹ ¡Como es el pueblo, así será el sacerdote!
Por eso les pediré cuentas de su conducta
y les daré la paga de sus acciones.

¹⁰ »Comerán, pero no quedarán satisfechos;
se prostituirán, pero no procrearán;
porque han abandonado al SEÑOR
para entregarse ⁿa la prostitución,
al vino viejo y al vino nuevo,
que hacen perder la razón.
¹² Mi pueblo consulta a su ídolo de madera
y ese pedazo de palo le responde.
Un espíritu de prostitución los descarría;
se prostituyen en abierto desafío a su Dios.
¹³ Sobre las cumbres de los montes ofrecen
sacrificios,
queman incienso en las colinas,
bajo la agradable sombra
de robles, álamos y encinas.
Por eso se prostituyen sus hijas
y cometen adulterio sus nueras.

¹⁴ »Pero no castigaré a sus hijas
por sus prostituciones
ni a sus nueras
por sus adulterios,
porque sus propios maridos se juntan con
prostitutas
y participan en sacrificios ofrecidos por
prostitutas de cultos paganos.
¡Un pueblo sin entendimiento
se precipita a la ruina!

¹⁵ »Si tú, Israel, te prostituyes,
¡que no resulte culpable Judá!

»No vayan a Guilgal
ni suban a Bet Avén,*h*
ni juren diciendo: "¡Tan cierto como vive el
SEÑOR!".
¹⁶ Israel es tan terco
como una novilla indómita.
¿Cómo podrá el SEÑOR pastorearlos
en campo abierto, como a corderos?
¹⁷ Efraín se ha aliado con los ídolos;
¡pues que se quede con ellos!
¹⁸ Cuando ya no tienen buen vino,
se entregan de lleno a la prostitución,
¡y hasta sus gobernantes aman la
deshonra!
¹⁹ ¡Por eso un torbellino los arrastrará
y quedarán avergonzados por sus
sacrificios!

Juicio contra Israel

5 »¡Oigan esto, sacerdotes!
¡Pongan atención, israelitas!
¡Escucha, casa real!
¡Contra ustedes es la sentencia!
En Mizpa han sido ustedes una trampa;
en el monte Tabor, una red tendida.
² Los rebeldes se han excedido en su matanza;
por eso, yo los disciplinaré a todos.
³ Yo conozco bien a Efraín;
Israel no me es desconocido.
Tú, Efraín, te has prostituido;
e Israel se ha contaminado.

a 22 En hebreo, *Jezrel* significa *Dios siembra.*   *b* 23 *Lorrujama* significa *no amada.*   *c* 23 *Loamí* significa *no es mi pueblo.*
d 23 *Amí* significa *mi pueblo.*   *e* 2 Es decir, aprox. 170 g.
f 2 Es decir, un jómer y un létec de cebada pesaba aprox.
195 kg.   *g* 4 *ídolos familiares.* Lit. *terafines.*   *h* 15 *Bet Avén,*
nombre que significa *casa de maldad,* se aplica aquí a
la ciudad de Betel, que significa *casa de Dios* (véase
también 5:8).

4 »Sus malas obras no les permiten
    volverse a su Dios;
hay espíritu de prostitución en su interior
    que les impide reconocer al SEÑOR.
5 La arrogancia de Israel testificará en su contra;
    Israel y Efraín tropezarán con su maldad,
    también Judá caerá como ellos.
6 Con sus ovejas y sus vacas
    irán en busca del SEÑOR,
pero no lo encontrarán
    porque él se ha apartado de ellos.
7 Han traicionado al SEÑOR;
    han dado a luz hijos de otros padres.
Al llegar la luna nueva
    serán devorados junto a sus heredades.

8 »Toquen el cuerno en Guibeá,
    hagan sonar la trompeta en Ramá,
lancen el grito de guerra en Bet Avén:*a*
    "¡Cuídate las espaldas, Benjamín!".
9 En el día de la represión
    Efraín quedará desolado.
Entre las tribus de Israel
    doy a conocer lo que les va a pasar.
10 Los líderes de Judá se parecen
    a los que alteran los linderos.
¡Derramaré mi enojo sobre ellos
    como agua en una inundación!
11 Efraín está oprimido,
    aplastado por el juicio,
    empeñado en seguir a los ídolos.*b*
12 ¡Pues seré para Efraín como polilla
    y como podredumbre para el pueblo de Judá!

13 »Cuando Efraín vio su enfermedad
    y Judá reparó en sus llagas,
Efraín recurrió a Asiria
    y pidió la ayuda del gran rey.
Pero el rey no podrá sanarlo
    ni tampoco curar sus llagas.
14 Yo seré como un león para Efraín
    y como un gran león para el pueblo de Judá.
Yo mismo los haré pedazos y luego me alejaré;
    yo mismo me llevaré la presa y no habrá quien
        me la arrebate.
15 Volveré luego a mi morada
    hasta que reconozcan su culpa
    y busquen mi rostro;
en su angustia
    me buscarán con sinceridad».

Impenitencia de Israel

6 ¡Vengan, volvámonos al SEÑOR!
    Él nos ha despedazado,
    pero nos sanará;
nos ha herido,
    pero nos vendará.
2 Después de dos días nos dará vida nuevamente;
    al tercer día nos levantará,
    y así viviremos en su presencia.
3 Conozcamos al SEÑOR;
    esforcémonos por conocerlo.
Tan cierto como que sale el sol,
    él habrá de manifestarse:
vendrá a nosotros como la lluvia de invierno,
    como la lluvia de primavera que riega la tierra.

4 «¿Qué voy a hacer contigo, Efraín?
    ¿Qué voy a hacer contigo, Judá?
El amor de ustedes es como nube matutina,
    como rocío que temprano se evapora.
5 Por eso los hice pedazos por medio de los
        profetas;

los herí con las palabras de mi boca.
    ¡Mis juicios brillan como la luz!
6 Lo que pido de ustedes es misericordia y no
        sacrificios,
    conocimiento de Dios en lugar de °holocaustos.
7 Pero ellos, como Adán han quebrantado el °pacto,
    ¡me han traicionado!
8 Galaad es una ciudad de malhechores;
    sus pisadas dejan huellas de sangre.
9 Una pandilla de sacerdotes
    está al acecho en el camino a Siquén
y, como banda de salteadores,
    comete toda clase de infamias.
10 En el reino de Israel he visto algo horrible:
    se ha prostituido a Efraín
    e Israel se ha contaminado.

11 »¡A ti también, Judá,
    te espera la cosecha de tu maldad!

»Cuando yo restaure la fortuna de mi pueblo
7 y cuando yo sane a Israel,
    la perversidad de Efraín y la maldad de Samaria
    quedarán al descubierto.
Porque ellos cometen fraudes;
    mientras el ladrón se mete en las casas,
    una banda de salteadores roba en las calles.
2 No consideran en sus corazones*c*
    que yo recuerdo todas sus maldades.
Sus malas acciones los tienen cercados,
    siempre las tengo presentes.

3 »Con su maldad alegran al rey;
    con sus mentiras, a los príncipes.
4 ¡Todos ellos son adúlteros!
    Parecen un horno encendido
cuyo fuego no hace falta atizar
    desde que el panadero prepara la harina hasta
        que la masa fermenta.
5 En el día de fiesta de nuestro rey,
    los príncipes se encienden con el vino
    y el rey da la mano a los burladores.
6 Sus °corazones son como un horno,
    mientras se acercan con intrigas.
Su ira se adormece por la noche,
    pero se reaviva por la mañana.
7 Todos ellos arden como un horno
    y devoran a sus gobernantes.
Caen todos sus reyes,
    pero ninguno de ellos me invoca.

8 »Efraín se mezcla con las naciones;
    parece una torta cocida de un solo lado.
9 Los extranjeros minan sus fuerzas,
    pero él ni cuenta se da.
Su pelo se ha encanecido,
    pero él ni cuenta se da.
10 La arrogancia de Israel testifica en su
        contra,
    pero él no se vuelve al SEÑOR su Dios;
a pesar de todo esto,
    no lo busca.

11 »Efraín es como una paloma
    torpe y sin entendimiento,
que unas veces pide ayuda a Egipto
    y otras, recurre a Asiria.

---

a 8 *Bet Avén.* Véase nota en 4:15. *b* 11 *ídolos.* Palabra de
dificil traducción. *c* 2 *corazones.* En la Biblia, *corazón* se usa
para designar el asiento de las emociones, pensamientos y
voluntad, es decir, el proceso de toma de decisiones del ser
humano.

12 Cuando vayan, lanzaré mi red sobre ellos;
 los derribaré como a las aves del cielo
y cuando escuche que están juntos,
 los atraparé.
13 ¡Ay de ellos,
 que de mí se alejaron!
¡Destrucción vendrá sobre ellos
 por rebelarse contra mí!
Yo bien podría redimirlos,
 pero ellos mienten sobre mí.
14 No me invocan de corazón,
 sino que se lamentan echados en sus camas.
Para obtener grano y vino nuevo
 se laceran[a]
 y se ponen en mi contra.
15 Yo adiestré y fortalecí sus brazos,
 pero ellos maquinan maldades contra mí.
16 No se vuelven al ˚Altísimo;
 son como un arco engañoso.
Sus líderes caerán a filo de espada
 por sus palabras insolentes.
Y en la tierra de Egipto
 se burlarán de ellos.

Siembran vientos y cosechan tempestades

8 »¡Pon la trompeta sobre tus labios!
 ¡Un águila se cierne sobre la casa del SEÑOR!
Han quebrantado mi ˚pacto
 y se han rebelado contra mi ˚Ley,
2 Israel clama a mí:
 "¡Dios nuestro, te conocemos!".
3 Pero Israel ha rechazado el bien,
 así que un enemigo lo perseguirá.
4 Establecen reyes sin mi consentimiento
 y escogen príncipes sin mi aprobación.
Con su plata y con su oro se hacen ídolos
 para su propia destrucción.
5 Samaria, ¡arroja el becerro que tienes por ídolo!
 Contra ustedes se ha encendido mi ira.
 ¿Hasta cuándo serán incapaces de ˚purificarse?
6 ¡Ese becerro procede de Israel!
 Es obra de un escultor,
 no es Dios.
Ese becerro de Samaria
 será hecho pedazos.

7 »Sembraron vientos
 y cosecharán tempestades.
El tallo no tiene espiga
 y no producirá harina;
si acaso llegara a producirla,
 se la tragarían los extranjeros.
8 Pues a Israel se lo han tragado
 y hoy es de poca estima entre las naciones.
9 Porque ellos subieron a Asiria;
 se apartaron como asno salvaje
 y Efraín se vendió a sus amantes.
10 Aunque se haya vendido a las naciones,
 ahora los reuniré.
Comenzarán a angustiarse
 bajo la opresión del rey poderoso.

11 »Efraín multiplicó sus altares para ofrendas por el
 pecado
 y esos altares se convirtieron en lugares para
 pecar.
12 Les escribí las grandezas de mi Ley,
 pero las tuvieron como cosa extraña.

13 Me han ofrecido sacrificios y ofrendas,
 y se han comido la carne,
 pero el SEÑOR no se agrada con ellos.
Ahora voy a recordar sus maldades
 y castigaré sus pecados;
 y tendrán que regresar a Egipto.
14 Israel se olvidó de su Hacedor
 y se edificó palacios;
Judá multiplicó las ciudades amuralladas;
 pero yo enviaré fuego sobre sus ciudades
 y consumirá sus fortalezas».

El castigo a Israel

9 No te alegres, Israel;
 no hagas fiesta como las otras naciones,
porque te has prostituido.
 ¡Le has sido infiel a tu Dios!
Prefieres la paga de prostituta
 que recibes en todos los trigales.[b]
2 Ni el trigo ni las uvas podrán alimentarlos;
 el vino nuevo les faltará.
3 No habitarán en la tierra del SEÑOR;
 Efraín regresará a Egipto
 y comerá alimentos impuros en Asiria.
4 No ofrecerán al SEÑOR ofrendas líquidas de vino
 ni le serán gratos sus sacrificios.
Tales sacrificios serán para ellos como pan de
 lágrimas;
 quienes lo coman quedarán ˚impuros.
Esa comida será para ellos mismos,
 pero no entrará en la casa del SEÑOR.

5 ¿Qué harán ustedes en el día de festividad,
 en el día de la fiesta del SEÑOR?
6 Aunque escapen de la destrucción,
 los recogerá Egipto
 y los enterrará Menfis.
Sus tesoros de plata se llenarán de ortigas,
 y los espinos invadirán sus tiendas de
 campaña.
7 Han llegado los días del castigo,
 han llegado los días de la retribución.
 ¡Que lo sepa Israel!
Es tan grande tu maldad
 y tan intensa tu hostilidad,
que al profeta se le tiene por necio,
 y al hombre inspirado, por loco.
8 El profeta, junto con mi Dios,
 es el centinela de Efraín,[c]
pero enfrenta trampas en todos sus caminos,
 y hostilidad en la casa de su Dios.
9 Han llegado al colmo de la corrupción,
 como en los días de Guibeá;
¡pero Dios se acordará de sus maldades
 y los castigará por sus pecados!

10 «Cuando encontré a Israel,
 fue como hallar uvas en el desierto;
cuando vi a sus antepasados,
 fue como ver los primeros frutos en la higuera.
Pero ellos se fueron a Baal Peor
 y se entregaron a la vergüenza;
 ¡se volvieron tan detestables como el objeto de
 su amor!
11 El esplendor de Efraín saldrá volando como un ave;
 no habrá más concepción ni embarazo ni
 nacimiento.
12 Y aun cuando vean crecer a sus hijos,
 yo los arrebataré hasta que no quede ninguno.
 ¡Ay de ellos cuando los abandone!
13 He visto a Efraín y a Tiro
 plantados en un lugar agradable.[d]
 Pero Efraín entregará sus hijos al verdugo».

---

a 14 *se laceran* (mss. hebreos y LXX); *residen como extranjeros*
(TM). b 1 *trigales.* Lit. *eras.* c 8 *El profeta … de Efraín.*
Alt. *El profeta es el centinela de Efraín, / el pueblo de mi Dios.*
d 13 *He visto … agradable.* Texto de difícil traducción.

¹⁴ Dales, SEÑOR ...
   ¿qué les darás?
¡Dales vientres que aborten
   y pechos resecos!

¹⁵ «Toda su maldad comenzó en Guilgal;
   allí comencé a aborrecerlos.
Por causa de sus maldades,
   los expulsaré de mi casa.
No los amaré más,
   pues todos sus líderes son rebeldes.
¹⁶ Efraín se ha marchitado:
   su raíz se secó
   y no produce fruto.
Aunque llegue a tener hijos,
   mataré el precioso fruto de su vientre».

¹⁷ Como no lo obedecieron, mi Dios los rechazará;
   andarán errantes entre las naciones.

10 Israel era una vid frondosa
   que daba fruto para sí mismo.
Pero cuanto más aumentaba su fruto,
   más altares construía;
cuanto más prosperaba su país,
   más hermosas hacía sus ˚piedras sagradas.
² Su ˚corazón es engañoso,
   pero tendrá que cargar con su culpa.
El SEÑOR destrozará sus altares
   y devastará sus piedras sagradas.

³ Tal vez dirán: «No hemos temido al SEÑOR
   y por eso no tenemos rey.
Pero aun si lo tuviéramos,
   ¿qué podría hacer por nosotros?».
⁴ Hacen muchas promesas;
   juran con falsedad
   y hacen tratos;
por eso florecen los pleitos
   como la mala yerba en el campo.
⁵ Temen los moradores de Samaria
   por el ternero que adoran en Bet Avén.ᵃ
El pueblo del becerro hará duelo por él
   y también los sacerdotes idólatras,
los que se regocijaron por su esplendor,
   porque se lo llevarán al destierro.
⁶ El becerro será llevado a Asiria
   como tributo para el gran rey.
Efraín quedará humillado;
   Israel se avergonzará de sus planes.
⁷ Samaria y su rey desaparecerán
   como rama arrastrada por el agua.
⁸ Serán destruidos sus ˚altares paganos,
   lugares de pecado de Israel.
Cardos y espinos crecerán sobre sus altares.
Entonces dirán a las montañas: «¡Cúbrannos!»,
   y a las colinas: «¡Caigan sobre nosotros!».

⁹ «Tú, Israel, has venido pecando desde los días de
      Guibeá
   y allí te has mantenido.
¿No alcanzará la guerra a los malvados en
      Guibeá?
¹⁰ Cuando yo quiera, los castigaré;
   entonces las naciones se juntarán contra ellos
   para aprisionarlos por su doble maldad.
¹¹ Efraín es una ternera adiestrada
   a la que le gusta trillar;
   pues bien, yo pondré el yugo sobre su hermoso
      cuello.
Haré que Efraín lleve el yugo,
   Judá tendrá que arar
   y Jacob preparará la tierra».

¹² ¡Siembren para ustedes ˚justicia!
   ¡Cosechen el fruto del amor inagotable
   y abran surcos en terrenos no labrados!
¡Ya es tiempo de buscar al SEÑOR!,
   hasta que él venga y les envíe lluvias de
      justicia.
¹³ Pero ustedes sembraron maldad,
   cosecharon crímenes
   y comieron el fruto de la mentira,
porque confiaron en sus carros
   y en la multitud de sus guerreros.
¹⁴ Un estruendo de guerra se levantará contra su
      pueblo
   y todas sus fortalezas serán devastadas,
como devastó Salmán a Bet Arbel en el día de la
      batalla,
   cuando las madres fueron destrozadas junto
      con sus hijos.
¹⁵ Esto es lo que les sucederá a ustedes, Betel,
   a causa de su extrema maldad.
Pues el rey de Israel será destruido por completo
   en cuanto amanezca.

El amor de Dios por Israel

11 «Desde que Israel era niño, yo lo amé.
De Egipto llamé a mi hijo,
² pero cuanto más lo llamaba,
   más se alejaba de mí.ᵇ
Sacrificaban a los baales
   y quemaban incienso a los ídolos.
³ Fui quien enseñó a caminar a Efraín,
   tomándolo de los brazos.
Pero él no quiso reconocer
   que era yo quien lo sanaba.
⁴ Lo atraje con cuerdas de ternura,ᶜ
   lo atraje con lazos de amor.
Le quité de la cerviz el yugo
   y con cariño me acerqué para alimentarlo.

⁵ »No volverá a tierra de Egipto
   y Asiria reinará sobre ellos,
   porque no quisieron volverse a mí.
⁶ En sus ciudades se blandirán espadas,
   que destrozarán los barrotes de sus ˚puertas
   y acabarán con sus planes.
⁷ Mi pueblo está decidido a rebelarse contra mí.
   Aunque me invocan como el ˚Altísimo, no los
      exaltaré.

⁸ »¿Cómo podría yo entregarte, Efraín?
   ¿Cómo podría abandonarte, Israel?
¿Cómo puedo entregarte como a Admá?
   ¿Cómo puedo hacer contigo como con Zeboyín?
Dentro de mí, el corazón me da vuelcos,
   y se me conmueven las entrañas.
⁹ Pero no daré rienda suelta a mi ira
   ni volveré a destruir a Efraín.
Porque yo soy Dios y no ˚hombre,
   el ˚Santo está entre ustedes;
   y no iré contra sus ciudades».
¹⁰ El SEÑOR rugirá como león
   y ellos lo seguirán.
Cuando él lance su rugido,
   sus hijos vendrán temblando de occidente.
¹¹ «Vendrán desde Egipto,
   temblando como aves;
   vendrán desde Asiria, temblando como
      palomas,
y yo los estableceré en sus casas»,
   afirma el SEÑOR.

ᵃ 5 Véase nota en 4:15.   ᵇ 2 *llamaba ... de mí* (LXX);
llamaban ... de ellos (TM).   ᶜ 4 *de ternura*. Lit. *humanas*.

El pecado de Israel

12 «Efraín me ha rodeado de mentiras
    y el reino de Israel, con fraude;
Judá anda errante, lejos de Dios;
    ¡lejos del Dios santísimo y fiel!

12 ¹ Efraín se alimenta de viento:
    todo el día va tras el viento del este
    y multiplica la mentira y la violencia.
Hace pactos con Asiria,
    y a Egipto le da aceite como tributo».

² El SEÑOR tiene un pleito contra Judá;
    le hará pagar a Jacob*a* todo lo que ha hecho;
    le dará lo que merecen sus obras.
³ Ya en el seno materno suplantó a su hermano
    y cuando se hizo hombre luchó con Dios.
⁴ Luchó con el ángel, y lo venció;
    lloró y le rogó que lo favoreciera.
Se lo encontró en Betel
    y allí habló con él;
⁵ ¡habló con el SEÑOR Dios de los Ejércitos,
    cuyo ˙nombre es el SEÑOR!
⁶ Pero tú debes volverte a tu Dios,
    practicar el amor y la justicia
    y esperar siempre en él.

⁷ Canaán*b* usa balanzas fraudulentas,
    pues le gusta explotar a los demás.
⁸ Efraín dice con jactancia:
    «¡Cómo me he enriquecido!
    ¡He amasado una gran fortuna!
En todas mis ganancias no encontrarán
    que haya pecado en algo».

⁹ «Yo soy el SEÑOR tu Dios
    desde que estabas en Egipto;
haré que vuelvas a vivir en tiendas de
    campaña,
como en los días de nuestras fiestas.
¹⁰ Yo hablé a los profetas;
    hice que tuvieran muchas visiones
    y por medio de ellos les hablé en ˙parábolas».

¹¹ ¿Es Galaad malvado?
    ¡No hay duda de que no vale nada!
En Guilgal sacrifican toros;
    por eso sus altares quedarán reducidos a
        montones de piedra
    entre los surcos del campo.
¹² Jacob huyó a un campo de Aram;*c*
    Israel trabajó cuidando ovejas
    en pago por su esposa.
¹³ El SEÑOR usó a un profeta para sacar a Israel de
        Egipto
    y por medio de un profeta lo cuidó.
¹⁴ Pero Efraín ha despertado su ira;
    su Señor hará caer sobre él la culpa de la sangre
        que derramó
    y devolverá sus injurias.
Por eso el Señor le hará pagar sus crímenes
    y le devolverá sus injurias.

La ira del SEÑOR contra Israel

13 Cuando Efraín hablaba, la gente temía;
    él tenía la preeminencia sobre Israel.
Pero rindió culto a ˙Baal y por ese pecado
    murió.

² Sin embargo, siguen pecando,
    pues se fabrican, según su ingenio,
imágenes de fundición e ídolos de plata
    que no son más que obra de artesanos.
De ellos se dice:
    «Ofrecen sacrificios humanos
    y besan ídolos en forma de becerros».*d*
³ Por eso serán como nube matutina,
    como rocío que temprano se evapora,
    como paja que se lleva el viento,
    como humo que se escapa por la chimenea.

⁴ «Pero yo soy el SEÑOR tu Dios
    desde que estabas en Egipto.
No conocerás*e* a otro dios fuera de mí
    ni hay otro salvador que no sea yo.
⁵ Porque yo cuidé de ti en el desierto,
    en esa tierra de terrible aridez.
⁶ Les di de comer y quedaron saciados;
    una vez satisfechos, se volvieron arrogantes
    y se olvidaron de mí.
⁷ Por eso, yo seré para ellos como un león;
    los acecharé junto al camino como un
        leopardo.
⁸ Los atacaré y desgarraré su pecho
    como una osa a quien le quitan sus cachorros.
    ¡Los devoraré como un león!
    ¡Los despedazaré como fiera del campo!

⁹ »Voy a destruirte, Israel,
    porque estás contra quien te ayuda.
¹⁰ ¿Dónde está tu rey,
    para que te salve en todas tus ciudades?
¿Dónde están tus líderes, de los que decías:
    "Dame rey y príncipes"?
¹¹ En mi ira te di rey
    y en mi enojo te lo quité.
¹² La maldad de Efraín fue anotada;
    se ha registrado su pecado.
¹³ Llegan los dolores de parto,
    pero él es una criatura necia:
cuando llega la hora del parto,
    no se acomoda para salir.

¹⁴ »Yo los libraré del poder del sepulcro
    y los rescataré de la muerte.*f*
¿Dónde están, oh muerte, tus plagas?
    ¿Dónde está, oh sepulcro, tu destrucción?

»¡No les tendré compasión!
¹⁵ Aunque Efraín prospere entre sus hermanos,
vendrá el viento del SEÑOR,
    el viento del este que se levanta del desierto
    y se agotarán sus fuentes y manantiales.
¡Serán saqueados sus tesoros
    y todos sus objetos preciosos!
¹⁶ El pueblo de Samaria cargará con su culpa
    por haberse rebelado contra su Dios.
Caerán a filo de espada;
    a los niños los lanzarán contra el suelo
    y a las embarazadas les abrirán el vientre».

Arrepentimiento para traer bendición

14 Vuélvete, Israel, al SEÑOR tu Dios.
    ¡Tu maldad te ha hecho caer!
² Piensen bien lo que dirán
    y vuélvanse al SEÑOR con este ruego:
«Perdónanos nuestras maldades
    y recíbenos con benevolencia,
pues queremos ofrecerte
    el fruto de nuestros labios.
³ Asiria no podrá salvarnos;
    no montaremos caballos de guerra.

---

a 2 En hebreo, *Jacob* significa *él agarra el talón* (en sentido figurado: *él suplanta* o *engaña*). *b* 7 Canaán. Alt. *El mercader.* *c* 12 Aram. Es decir, al noroeste de Mesopotamia. *d* 2 De ellos … becerros. Alt. *Dicen a la gente: «Quien ofrezca sacrificios, que bese a los becerros».* *e* 4 No conocerás. Alt. *No deberías haber conocido.* *f* 14 de la muerte. Lit. *del Seol.*

Nunca más llamaremos "dios nuestro"
a cosas hechas por nuestras manos,
pues en ti el huérfano halla compasión».

Respuesta de Dios

4 «Yo sanaré su rebeldía
y los amaré de pura gracia,
porque mi ira contra ellos se ha calmado.
5 Yo seré para Israel como el rocío,
y lo haré florecer como lirio.
Hundirá sus raíces como cedro del
Líbano.
6 Sus vástagos crecerán,
tendrán el esplendor del olivo
y la fragancia del cedro del Líbano.

7 Volverán a habitar bajo su sombra,
y crecerán como el trigo.
Echarán renuevos, como la vid,
y serán tan famosos como el vino del Líbano.
8 Efraín, ¿qué tengo que ver con los ídolos?
¡Soy yo quien te responde y cuida de ti!
Soy como el ciprés siempre verde;
tu fruto procede de mí».

9 ¿Quién es sabio?, el que entiende estas cosas;
¿quién tiene discernimiento?, el que las
comprende.
Ciertamente son rectos los ˙caminos del SEÑOR:
en ellos caminan los justos,
mientras que allí tropiezan los rebeldes.

Joel

1 Esta es la palabra del SEÑOR que vino a Joel, hijo de Petuel.

La invasión de langostas

2 ¡Oigan esto, ancianos del pueblo!
  ¡Presten atención, habitantes todos del
    país!
  ¿Alguna vez sucedió cosa semejante
    en su tiempo o en el de sus antepasados?
3 Cuéntenselo a sus hijos,
  y que ellos se lo cuenten a los suyos,
  y estos a la siguiente generación.
4 Lo que dejó el enjambre de langostas,
  lo comió la langosta grande.
  Lo que dejó la langosta grande,
    lo comió la langosta pequeña.
  Lo que dejó la langosta pequeña,
    lo comió la langosta joven.*a*

5 ¡Despierten, borrachos, y lloren!
  Giman, todos los que beben vino,
    porque el vino nuevo les fue arrebatado de los
      labios.
6 Una nación ha invadido mi tierra;
    poderosa e innumerable:
  tiene dientes de león,
    colmillos de leona.
7 Asoló mis vides,
    desgajó mis higueras.
  Las peló y las derrumbó,
    dejando blancas sus ramas.

8 Gime, pueblo mío, como virgen vestida de luto
    por la muerte de su prometido.
9 Las ofrendas de cereales y las ofrendas líquidas
    no se ofrecen ya en la casa del SEÑOR.
  Hacen duelo los sacerdotes,
    los ministros del SEÑOR.
10 Los campos yacen devastados,
    reseca está la tierra;
  han sido arrasados los cereales,
    se ha secado el vino nuevo
    y agotado el aceite.

11 Laméntense ustedes, agricultores;
    giman, viñadores,
  por el trigo y la cebada,
    porque se ha perdido la cosecha de los
      campos.
12 La vid se secó
    y la higuera se marchitó;
  el granado, la palmera, el manzano
    y todos los árboles del campo se secaron.
  Y hasta la alegría de la gente
    se marchitó.

Llamado al arrepentimiento

13 ¡Vístanse de duelo y giman, sacerdotes!
  ¡Laméntense, ministros del altar!
  ¡Vengan, ministros de mi Dios,
    y pasen la noche vestidos de luto,
  porque las ofrendas de cereales y las ofrendas
      líquidas
    han sido suspendidas en la casa de su Dios!
14 Entréguense al ayuno,
    convoquen a una asamblea sagrada.
  Reúnan a los ancianos del pueblo
    en la casa del SEÑOR su Dios;
  reúnan a todos los habitantes del país,
    y clamen al SEÑOR.

15 ¡Ay de aquel día! Porque el día del SEÑOR está
      cerca.
    Vendrá como devastación de parte del
      ˙Todopoderoso.

16 ¿No se nos arrebató el alimento
    ante nuestros propios ojos,
  la alegría y el regocijo
    de la casa de nuestro Dios?
17 La semilla se secó
    debajo de los terrones.*b*
  Los silos están en ruinas
    y los graneros derribados
    porque la cosecha se perdió.
18 ¡Cómo brama el ganado!
    Vagan sin rumbo las vacas
  porque no tienen donde pastar
    y sufren también las ovejas.

19 A ti clamo, SEÑOR,
    porque el fuego ha devorado los pastizales de
      la estepa;
    las llamas han consumido todos los árboles del
      campo.
20 Aun los animales del campo te buscan con ansias,
    porque se han secado los canales de los ríos
    y el fuego ha devorado los pastizales de la
      estepa.

Un ejército de langostas

2 ¡Toquen la trompeta en ˙Sión;
  den la voz de alarma en mi ˙santo monte!

¡Tiemblen todos los habitantes del país!
  Ya viene el día del SEÑOR;
    en realidad, ya está cerca.
2 Día de tinieblas y oscuridad,
    día de nubes y densos nubarrones.
  Como la aurora que se extiende sobre los montes,
    así avanza un pueblo fuerte y numeroso,
  pueblo como nunca lo hubo en la antigüedad
    ni lo habrá en las generaciones futuras.

3 El fuego devora delante de ellos;
    detrás, las llamas arden.

---

a 4 El texto hebreo en este versículo usa cuatro términos
que se refieren a langostas y que son de difícil traducción;
también en 2:25.   *b* 17 *La semilla … terrones.* Texto de difícil
traducción.

Antes de su llegada, el país se parece al jardín del
Edén;
después, queda un desolado desierto.
¡Nada escapa de su poder!
⁴ Tienen aspecto de caballos;
galopan como corceles.
⁵ Al saltar sobre las cumbres de los montes,
producen un estruendo como el de carros de
guerra,
como el crepitar del fuego al consumir la
hojarasca.
¡Son como un ejército poderoso en formación
de batalla!

⁶ Ante él se estremecen las naciones;
todo rostro palidece.
⁷ Atacan como guerreros,
escalan muros como soldados.
Cada uno mantiene la marcha
sin romper la formación.
⁸ No se atropellan entre sí;
cada uno marcha en línea.
Se lanzan entre las flechas
sin romper filas.
⁹ Se abalanzan contra la ciudad,
escalan los muros,
trepan por las casas,
se meten por las ventanas como ladrones.

¹⁰ Ante este ejército tiembla la tierra
y se estremece el cielo,
el sol y la luna se oscurecen
y las estrellas dejan de brillar.
¹¹ Truena la voz del SEÑOR
al frente de su ejército;
son innumerables sus tropas
y poderosos los que ejecutan su palabra.
El día del SEÑOR es grande y terrible.
¿Quién lo podrá resistir?

Exhortación al arrepentimiento

¹² «Ahora bien», afirma el SEÑOR,
«vuélvanse a mí de todo corazón,
con ayuno, llantos y lamentos».

¹³ Rásguense el ˙corazón
y no las vestiduras.
Vuélvanse al SEÑOR su Dios,
porque él es misericordioso y compasivo,
lento para la ira y lleno de amor,
cambia de parecer y no castiga.
¹⁴ Tal vez Dios reconsidere y cambie de parecer,
y deje tras de sí una bendición.
Las ofrendas de cereales y las ofrendas
líquidas
son del SEÑOR su Dios.

¹⁵ ¡Toquen la trompeta en ˙Sión!
¡Proclamen el ayuno!
¡Convoquen a una asamblea sagrada!
¹⁶ ¡Congreguen al pueblo;
consagren la asamblea!
¡Junten a los ancianos del pueblo,
reúnan a los pequeños
y a los niños de pecho!
¡Que salga de su alcoba el recién casado
y la recién casada, de su cámara nupcial!
¹⁷ Lloren, sacerdotes, ministros del SEÑOR,
entre la entrada y el altar;
y digan: «Compadécete, SEÑOR, de tu pueblo.
No entregues tu propiedad como objeto de
burla,
para que las naciones no se burlen de ella.ᵃ

¿Por qué habrán de decir entre los pueblos:
"Dónde está su Dios?"».

La respuesta del SEÑOR

¹⁸ Entonces el SEÑOR se llenó de celos por su tierra
y mostró piedad a su pueblo.

¹⁹ Y respondió el SEÑOR:

«Miren, enviaré cereales, vino nuevo y aceite,
hasta dejarlos plenamente satisfechos;
y nunca más los haré
objeto de burla de las naciones.

²⁰ »Alejaré de ustedes al que viene del norte,
arrojándolo hacia una tierra seca y desolada:
lanzaré su vanguardia hacia el mar oriental,
y su retaguardia hacia el mar occidental.ᵇ
Subirá su hedor
y se elevará su fetidez».

¡El Señor ha hecho grandes cosas!
²¹ No temas, tierra,
sino alégrate y regocíjate,
porque el SEÑOR ha hecho grandes cosas.
²² No teman, animales del campo,
porque los pastizales de la estepa ya
reverdecen;
los árboles producen su fruto
y la higuera y la vid dan su riqueza.
²³ Alégrense, habitantes de Sión,
regocíjense en el SEÑOR su Dios,
porque les ha dado las lluvias de otoño.
Él envía la lluvia,
la de otoño y la de primavera,
como en tiempos pasados.
²⁴ Las parcelas se llenarán de grano;
los lagares rebosarán de vino nuevo y de aceite.

²⁵ «Yo los compensaré a ustedes
por los años en que todo lo devoró
ese gran ejército de langostas
que envié contra ustedes:
las grandes, las pequeñas,
las jóvenes y los saltamontes.ᶜ
²⁶ Ustedes comerán en abundancia, hasta saciarse,
y alabarán el ˙nombre del SEÑOR su Dios,
que hará maravillas por ustedes.
¡Nunca más será avergonzado mi pueblo!
²⁷ Entonces sabrán que yo estoy en medio de Israel,
que yo soy el SEÑOR su Dios,
y no hay otro fuera de mí.
¡Nunca más será avergonzado mi pueblo!

El día del SEÑOR

²⁸ »Después de esto,
derramaré mi Espíritu sobre todo ser humano.
Los hijos y las hijas de ustedes profetizarán,
tendrán sueños los ancianos
y los jóvenes recibirán visiones.
²⁹ En esos días derramaré mi Espíritu
aun sobre los siervos y las siervas.
³⁰ En el cielo y en la tierra mostraré prodigios:
sangre, fuego y columnas de humo.
³¹ El sol se convertirá en tinieblas
y la luna en sangre
antes que llegue el día del SEÑOR,
día grande y terrible.

ᵃ 17 no se burlen de ella. Alt. no la sometan.   ᵇ 20 el mar
oriental ... el mar occidental. Es decir, el mar Muerto y el
Mediterráneo.   ᶜ 25 Véase nota en 1:4.

³²Y todo el que invoque el ˙nombre del SEÑOR será
	salvo,
porque en el monte ˙Sión y en Jerusalén
	habrá salvación,
	como lo ha dicho el SEÑOR.
Y entre los sobrevivientes
	estarán los llamados del SEÑOR.

El juicio de las naciones

3 »En aquellos días, en el tiempo señalado,
	cuando restaure yo la fortuna de Judá y de
		Jerusalén,
² reuniré a todas las naciones
	y las haré bajar al valle de Josafat.ᵃ
Allí entraré en juicio contra los pueblos
	por lo que hicieron a Israel, pueblo de mi
		propiedad,
pues lo dispersaron entre las naciones
	y se repartieron mi tierra.
³ Se repartieron a mi pueblo echando suertes,
	cambiaron a niños por prostitutas
y, para emborracharse,
	vendieron niñas por vino.

⁴»Ahora bien, ¿qué tienen en contra mía Tiro y
Sidón y todas las regiones de Filistea? ¿Quieren acaso
vengarse de mí? Si es así, yo haré que muy pronto
recaiga sobre ustedes su propia venganza, ⁵pues se
robaron mi plata y mi oro, y se llevaron a sus templos
mis valiosos tesoros. ⁶A los griegos les vendieron a
los habitantes de Jerusalén y de Judá, para alejarlos
de su tierra.

⁷»Sepan, pues, que voy a sacarlos de los lugares
donde fueron vendidos y devolveré sobre sus propias cabezas lo que han hecho. ⁸Venderé a sus hijos
e hijas al pueblo de Judá; y ellos a su vez los venderán a los sabeos, una nación lejana». El SEÑOR lo
ha dicho.

⁹ Proclamen esto entre las naciones:
	¡Prepárenseᵇ para la batalla!
¡Movilicen a los soldados!
	¡Alístense para el combate todos los hombres
		de guerra!
¹⁰ Forjen espadas con los azadones
	y hagan lanzas con las hoces.
Diga el débil:
	«¡Soy fuerte!».

ᵃ 2 En hebreo, *Josafat* significa *el SEÑOR juzga*; también en
v. 12.   ᵇ 9 *Prepárense*. Lit. *Conságrense*.

¹¹Dense prisa, naciones vecinas,
	reúnanse en ese lugar.

¡Haz bajar, SEÑOR, a tus guerreros!

¹² «Que se movilicen las naciones
	y acudan al valle de Josafat,
pues allí me sentaré
	para juzgar a todos los pueblos vecinos.
¹³ Echen mano a la hoz,
	que la mies está madura.
Vengan a pisar las uvas,
	que está lleno el lagar.
Sus lagares se desbordan:
	¡tan grande es su maldad!».

¹⁴ ¡Multitud tras multitud
	en el valle de la decisión!
¡Cercano está el día del SEÑOR
	en el valle de la decisión!
¹⁵ Se oscurecerán el sol y la luna;
	dejarán de brillar las estrellas.
¹⁶ Rugirá el SEÑOR desde ˙Sión,
	hará tronar su voz desde Jerusalén
	y el cielo y la tierra temblarán.
Pero el SEÑOR será un refugio para su pueblo,
	una fortaleza para los israelitas.

Bendiciones para el pueblo de Dios

¹⁷ «Entonces ustedes sabrán que yo, el SEÑOR su
		Dios,
	habito en Sión, mi monte ˙santo.
Santa será Jerusalén,
	y nunca más la invadirán los extranjeros.

¹⁸ »En aquel día las montañas destilarán vino nuevo
	y de las colinas fluirá leche;
	correrá el agua por los canales de los ríos de
		Judá.
De la casa del SEÑOR brotará una fuente
	que irrigará el valle de las acacias.
¹⁹ Pero Egipto quedará desolado
	y Edom, convertido en desierto,
	por la violencia cometida contra el pueblo de Judá,
	en cuya tierra derramaron sangre inocente.
²⁰ Judá y Jerusalén serán habitadas para siempre,
	por todas las generaciones.
²¹ ¿Perdonaré la sangre que derramaron?
	¡Claro que no la perdonaré!».

¡El SEÑOR habita en Sión!

Amós

1 Estas son las palabras de Amós, uno de los pastores de Tecoa. Es la visión que recibió acerca de Israel dos años antes del terremoto, cuando Uzías era rey de Judá y Jeroboán, hijo de Joás, era rey de Israel.

2 Él dijo:

«Ruge el SEÑOR desde ˚Sión;
    truena su voz desde Jerusalén.
Los pastizales de los pastores quedan asolados,
    y se seca la cumbre del Carmelo».

Juicio contra las naciones vecinas
3 Así dice el SEÑOR:

«Por tres pecados de Damasco y por el cuarto,ᵃ
    no anularé su castigo:
Porque trillaron a Galaad
    con trillos de hierro.
4 Por eso yo enviaré fuego sobre el palacio de
        Jazael
    que consumirá las fortalezas de Ben Adad.
5 Romperé el cerrojo de la ˚puerta de Damasco,
    destruiré al rey que está en el valle de Avénᵇ
y al que empuña el cetro en Bet Edén.
    Y el pueblo de Aram será desterrado a Quir»,
    dice el SEÑOR.

6 Así dice el SEÑOR:

«Por tres pecados de Gaza y por el cuarto,
    no anularé su castigo,
porque tomaron cautivas poblaciones enteras
    para venderlas a Edom.
7 Por eso yo enviaré fuego sobre los muros de Gaza
    que consumirá sus fortalezas.
8 Destruiré al rey de Asdod
    y al que empuña el cetro en Ascalón.
Volveré mi mano contra Ecrón,
    y perecerá hasta el último de los filisteos»,
    dice el SEÑOR y Dios.

9 Así dice el SEÑOR:

«Por tres pecados de Tiro y por el cuarto,
    no anularé su castigo:
Porque le vendieron a Edom poblaciones enteras
        de cautivos,
    olvidando así una alianza entre hermanos.
10 Por eso yo enviaré fuego sobre los muros de Tiro
    que consumirá sus fortalezas».

11 Así dice el SEÑOR:

«Por tres pecados de Edom y por el cuarto,
    no anularé su castigo:
Porque persiguió a espada a su hermano
    y mató a las mujeres del país;
porque dio rienda suelta a la ira
    y no dejó de alimentar el enojo.

12 Por eso yo enviaré fuego sobre Temán
    que consumirá las fortalezas de Bosra».

13 Así dice el SEÑOR:

«Por tres pecados de Amón y por el cuarto,
    no anularé su castigo,
porque abrieron el vientre a las mujeres
        embarazadas de Galaad
    a fin de extender sus fronteras.
14 Por eso yo prenderé fuego a los muros de
        Rabá
    que consumirá sus fortalezas
entre gritos de guerra en el día de la batalla,
    y en el rugir de la tormenta en un día de
        tempestad.
15 Su reyᶜ marchará al destierro,
    junto con sus oficiales»,
    dice el SEÑOR.

2 Así dice el SEÑOR:

«Por tres pecados de Moab y por el cuarto,
    no anularé su castigo,
porque quemaron los huesos del rey de Edom
    hasta calcinarlos.
2 Por eso yo enviaré fuego sobre Moab
    que consumirá las fortalezas de Queriot.
Y morirá Moab en medio del estrépito
    de gritos de guerra y toques de trompeta.
3 Destruiré al gobernante en medio de su pueblo
    y junto con él mataré a todos sus oficiales»,
    dice el SEÑOR.

4 Así dice el SEÑOR:

«Por tres pecados de Judá y por el cuarto,
    no anularé su castigo,
porque rechazaron la ˚Ley del SEÑOR
    y no obedecieron sus estatutos;
porque se dejaron descarriar por falsos dioses,
    tras los que anduvieron sus antepasados.
5 Por eso yo enviaré fuego sobre Judá
    que consumirá las fortalezas de Jerusalén».

Juicio contra Israel
6 Así dice el SEÑOR:

«Por tres pecados de Israel y por el cuarto,
    no anularé su castigo:
Venden al justo por plata
    y al necesitado, por un par de sandalias.
7 Pisan la cabeza de los desvalidos
    como si fuera el polvo de la tierra
    y niegan la justicia al oprimido.

ᵃ 3 *Por ... y por el cuarto.* Expresión hebrea que puede traducirse como *son tantos los delitos de.* Así en 1:6, 9, 11, 13; 2:1, 4 y 6. ᵇ 5 *Avén.* Alt. *maldad.* ᶜ 15 *Su rey.* Alt. *Milcón.*

Padre e hijo se acuestan con la misma joven,
profanando así mi *santo *nombre.
⁸ Junto a cualquier altar
se acuestan sobre ropa que tomaron en
prenda,
y el vino que han cobrado como multa
lo beben en la casa de su dios.ᵃ

⁹ »Fui yo quien destruí a los amorreos delante de
ellos;
aunque eran altos como el cedro
y fuertes como la encina;
destruí su fruto arriba
y sus raíces abajo.
¹⁰ Yo mismo los saqué a ustedes de Egipto
y los conduje cuarenta años por el desierto
para que tomaran posesión de la tierra de los
amorreos.

¹¹ »También levanté profetas de entre sus hijos
y nazareos de entre sus jóvenes.
¿Acaso no fue así, israelitas?»,
afirma el SEÑOR.
¹² «Pero ustedes hicieron beber vino a los nazareos
y ordenaron a los profetas que no profetizaran.

¹³ »Pues bien, estoy por aplastarlos a ustedes
como aplasta una carreta cargada de trigo.
¹⁴ Entonces no habrá escapatoria para el ágil,
ni el fuerte podrá valerse de su fuerza,
ni el guerrero librará su vida.
¹⁵ El arquero no se mantendrá firme,
ni escapará con vida el ágil de piernas,
ni se salvará el que monta a caballo.
¹⁶ En aquel día huirá desnudo
aun el más valiente de los guerreros»,
afirma el SEÑOR.

Vocación del profeta Amós

3 Escuchen, israelitas, esta palabra que el SEÑOR
pronuncia contra ustedes, contra toda la familia
que saqué de Egipto:

² «Solo a ustedes los he escogido
entre todas las familias de la tierra.
Por tanto, les haré pagar
todas sus perversidades».

³ ¿Pueden dos caminar juntos
sin antes ponerse de acuerdo?
⁴ ¿Ruge el león en la espesura
sin tener presa alguna?
¿Gruñe el cachorro de león en su guarida
sin haber atrapado nada?
⁵ ¿Cae el pájaro en la trampa
si no fue armada?
¿Salta del suelo la trampa
sin haber atrapado nada?
⁶ ¿Se toca la trompeta en la ciudad
sin que el pueblo se alarme?
¿Ocurrirá en la ciudad alguna desgracia
que el SEÑOR no haya enviado?

⁷ En verdad, nada hace el SEÑOR y Dios
sin antes revelar sus planes
a sus siervos los profetas.

⁸ Ruge el león;
¿quién no temblará de miedo?

Habla el SEÑOR y Dios;
¿quién no profetizará?

El castigo a Israel

⁹ Proclamen en las fortalezas de Asdod
y en las fortalezas de Egipto:
«Reúnanse sobre los montes de Samaria
y vean cuánto desorden hay en ella,
¡cuánta opresión hay en su medio!».

¹⁰ «Los que acumulan en sus fortalezas
el fruto de la violencia y el saqueo
no saben actuar con rectitud»,
afirma el SEÑOR.

¹¹ Por lo tanto, así dice el SEÑOR y Dios:

«Un enemigo invadirá tu tierra;
echará abajo tu poderío
y saqueará tus fortalezas».

¹² Así dice el SEÑOR:

«Como un pastor rescata de la boca del león
solo dos huesos de las patas o un pedazo de
oreja,
así serán rescatados los israelitas que viven en
Samaria
con un pedazo de una cama
y la pata de un diván.ᵇ

¹³ »Oigan esto y testifiquen contra el pueblo de
Jacob», afirma el SEÑOR y Dios, el Dios de los Ejércitos.

¹⁴ «El día en que haga pagar a Israel sus delitos,
destruiré los altares de Betel;
los cuernos del altar serán cortados
y caerán por tierra.
¹⁵ Derribaré tanto la casa de invierno
como la de verano;
serán destruidas las casas adornadas de
marfil
y serán demolidas muchas mansiones»,
afirma el SEÑOR.

4 ¹ Escuchen esta palabra, vacas de Basán,
que viven en el monte de Samaria,
que oprimen a los desvalidos y maltratan a los
necesitados,
que dicen a sus esposos:
«¡Tráigannos de beber!».
² El SEÑOR y Dios ha jurado por su *santidad:
«Vendrán días en que hasta la última de
ustedes
será arreada con ganchos y anzuelos.
³ Una tras otra saldrán por las brechas del muro,
y hacia Harmón serán expulsadas»,
afirma el SEÑOR.
⁴ «Vayan a Betel y pequen;
vayan a Guilgal y pequen mucho más.
Ofrezcan sus sacrificios por la mañana,
y al tercer díaᶜ sus diezmos.
⁵ Quemen pan leudado como ofrenda de gratitud
y proclamen ofrendas voluntarias.
Háganlo saber a todos, israelitas;
¡eso es lo que a ustedes les encanta!»,
afirma el SEÑOR y Dios.

Dureza de Israel

⁶ «Yo les hice pasar hambre en todas sus
ciudades
y los privé de pan en todos sus poblados.
Con todo, ustedes no se volvieron a mí»,
afirma el SEÑOR.

ᵃ 8 *su dios*. Alt. *sus dioses*.   ᵇ 12 *con un pedazo … diván*. Alt.
en el borde de la cama y en divanes de Damasco.   ᶜ 4 *día*. Alt.
año; véase Dt 14:28.

7 «Yo les retuve la lluvia
  cuando aún faltaban tres meses para la
    cosecha.
En una ciudad hacía llover,
  pero en otra no;
una parcela recibía lluvia,
  mientras que otra no y se secó.
8 Vagando de ciudad en ciudad,
  iba la gente en busca de agua,
pero no calmaba su sed.
  Con todo, ustedes no se volvieron a mí»,
  afirma el SEÑOR.

9 «Castigué sus campos con plagas y pestes;
  la langosta devoró sus huertos y viñedos,
  sus higueras y olivares.
Con todo, ustedes no se volvieron a mí»,
  afirma el SEÑOR.

10 «Les mandé plagas
  como lo hice en Egipto.
Maté a sus mejores jóvenes por la espada,
  junto con los caballos capturados.
Hice que llegara hasta sus propias narices
  el hedor de los campamentos.
  Con todo, ustedes no se volvieron a mí»,
  afirma el SEÑOR.

11 «Envié una destrucción
  como la de Sodoma y Gomorra;
eran como brazas,
  tizones rescatados del fuego.
Con todo, ustedes no se volvieron a mí»,
  afirma el SEÑOR.

12 «Por eso, Israel, voy a actuar contra ti;
  y como voy a hacerlo,
  ¡prepárate, Israel, para encontrarte con tu
    Dios!».

13 He aquí el que forma las montañas,
  el que crea el viento,
  el que revela al ser humano sus
    pensamientos,
  el que convierte la aurora en tinieblas,
  el que marcha sobre las alturas de la tierra:
  su nombre es el SEÑOR Dios de los Ejércitos.

Advertencias y lamentos

5 Escuchen, israelitas, esta palabra, este canto fúnebre que por ustedes entono:

2 «Ha caído la virginal Israel
  y no volverá a levantarse;
abandonada en su propia tierra,
  no hay quien la levante».

3 Así dice el SEÑOR y Dios al reino de Israel:

«La ciudad que salía a la guerra con mil
    hombres
  se quedará solo con cien
y la que salía con cien
  se quedará solo con diez».

4 Así dice el SEÑOR a Israel:

«¡Búsquenme y vivirán!
  5 Pero no busquen a Betel,
ni vayan a Guilgal,
  ni pasen a Berseba;
porque Guilgal será llevada cautiva
  y Betel, reducida a la nada».ᵃ

6 ¡Busquen al SEÑOR y vivirán!,
  no sea que él caiga como fuego
  sobre los descendientes de José,
fuego que devore a Betel
  sin que haya quien lo apague.

7 Ustedes convierten el derecho en amargura
  y echan por tierra la justicia.

8 El que hizo las Pléyades y el Orión,
  convierte en aurora las densas tinieblas
  y oscurece el día hasta convertirlo en noche.
Él convoca las aguas del mar
  y las derrama sobre la tierra.
  ¡Su nombre es el SEÑOR!
9 Él trae una destrucción repentina sobre la
    fortaleza
  y sobre la plaza fuerte, destrucción.

10 Ustedes odian al que defiende la justicia en el
    tribunal
  y detestan al que dice la verdad.

11 Por eso, como oprimen a los pobres
  y les exigen un impuesto sobre el grano,
no vivirán en las casas de piedra labrada que han
    construido
  ni beberán del vino de los selectos viñedos que
    han plantado.
12 ¡Yo sé cuán numerosos son sus delitos,
  cuán grandes sus pecados!

Ustedes oprimen al justo, exigen soborno
  y en los tribunales atropellan al necesitado.
13 Por eso en circunstancias como estas guarda
    silencio el prudente,
  porque estos tiempos son malos.

14 Busquen el bien y no el mal, y vivirán;
  y así estará con ustedes el SEÑOR Dios de los
    Ejércitos,
  tal como ustedes lo afirman.
15 ¡Odien el mal y amen el bien!
  Establezcan la justicia en los tribunales;
  tal vez así el SEÑOR, el Dios de los Ejércitos,
  tenga compasión del remanente de José.

16 Por eso, así dice el SEÑOR y Dios, el Dios de los
Ejércitos:

«En todas las plazas se escucharán lamentos
  y gritos de angustia en todas las calles.
Llamarán a duelo a los agricultores
  y a los llorones profesionales para hacer
    lamentación.
17 Se escucharán lamentos en todos los viñedos
  cuando yo pase en medio de ti»,
  dice el SEÑOR.

El día del SEÑOR

18 ¡Ay de los que suspiran
  por el día del SEÑOR!
  ¿De qué les servirá ese día
  si va a ser de oscuridad y no de luz?
19 Será como cuando alguien huye de un león
  y se le viene encima un oso,
  o como cuando al llegar a su casa,
  apoya la mano en la pared
  y lo muerde una serpiente.

ᵃ 5 nada. Lit. aven, que es una posible referencia a Betel Avén,
que significa casa de maldad, un nombre despectivo dado a
Betel, que significa casa de Dios; véase Os 4:15.

²⁰ ¿No será el día del SEÑOR de oscuridad y no de
   luz?
   ¡Será por cierto sombrío y sin resplandor!

²¹ «Detesto y aborrezco sus fiestas religiosas;
   no me agradan sus cultos solemnes.
²² Aunque me traigan holocaustos y ofrendas de
   cereal,
   no los aceptaré;
   no prestaré atención
   a los sacrificios de ˚comunión de novillos
   cebados.
²³ Aleja de mí el bullicio de tus canciones;
   no quiero oír la música de tus liras.
²⁴ Pero ¡que fluya el derecho como las aguas
   y la justicia como arroyo inagotable!

²⁵ »Casa de Israel, ¿acaso me ofrecieron ustedes
   sacrificios y ofrendas
   durante los cuarenta años en el desierto?
²⁶ Ustedes cargaban la imagen de Sicut, su rey,
   y también la de Quiyún,
   imágenes de esos dioses astrales
   que ustedes mismos se han fabricado.
²⁷ Por lo tanto, los mandaré al exilio más allá de
   Damasco»,
   dice el SEÑOR, cuyo nombre es Dios de los
   Ejércitos.

6 ¹ ¡Ay de los que viven tranquilos en ˚Sión
   y de los que viven confiados en el monte de
   Samaria!
   ¡Ay de los notables de la nación más importante,
   a quienes acude el pueblo de Israel!
² Pasen a Calné y obsérvenla;
   vayan de allí a Jamat, la grande,
   bajen luego a Gat de los filisteos.
   ¿Acaso son ustedes superiores a estos reinos
   o es más grande su territorio que el de ustedes?
³ Ustedes creen alejar el día de la desgracia,
   pero están acercando el imperio de la violencia.
⁴ Ustedes que se acuestan en camas incrustadas de
   marfil
   y se arrellanan en divanes;
   que comen corderos selectos
   y terneros engordados;
⁵ que, a la manera de David,
   improvisan canciones al son de la lira
   e inventan instrumentos musicales;
⁶ que beben vino en tazones
   y se perfuman con las esencias más finas
   sin afligirse por la ruina de José,
⁷ marcharán a la cabeza de los desterrados,
   y así terminará el banquete de los holgazanes.

⁸ El SEÑOR y Dios ha jurado por sí mismo; el SEÑOR
Dios de los Ejércitos afirma:

   «Yo detesto la arrogancia de Jacob;
   yo aborrezco sus fortalezas.
   Por eso entregaré la ciudad al enemigo,
   con todo lo que hay en ella».

⁹ Sucederá que, si en una casa quedan diez personas con vida, todas morirán. ¹⁰ Y, cuando vengan a la
casa para levantar los cadáveres y quemarlos, algún
pariente preguntará a otro que ande en la casa:
«¿Queda alguien más contigo?». Y aquel responderá:
«No». Entonces dirá: «¡Silencio! No debemos invocar
el ˚nombre del SEÑOR».

¹¹ Porque el SEÑOR ha dado la orden:
   él destruirá en pedazos la casa grande
   y la casa pequeña hará pedazos.

¹² ¿Acaso galopan los caballos por las rocas
   o se ara con bueyes el mar?
   Pero ustedes han convertido el derecho en
   veneno,
   y en amargura el fruto de la justicia.
¹³ Ustedes se regocijan por la conquista de Lo Debarᵃ
   y agregan: «¿No fue con nuestras propias
   fuerzas
   como nos apoderamos de Carnayin?ᵇ

¹⁴ »Por tanto, pueblo de Israel,
   voy a levantar contra ti a una nación
   que te oprimirá desde Lebó Jamatᶜ
   hasta el torrente del Arabá»,
   afirma el SEÑOR, el Dios de los Ejércitos.

Tres visiones

7 Esto es lo que el SEÑOR y Dios me mostró: empe-
   zaba a crecer la hierba después de la siega que corresponde al rey y vi al Señor preparando enjambres
de langostas. ² Cuando las langostas acababan con la
hierba de la tierra, exclamé:
   —¡SEÑOR mi Dios, te ruego que perdones a Jacob!
¿Cómo va a sobrevivir, si es tan pequeño?
   ³ Entonces el SEÑOR se compadeció y dijo:
   —Esto no va a suceder.
   ⁴ Esto es lo que el SEÑOR y Dios me mostró: Vi
al SEÑOR y Dios llamar a juicio con un fuego que
devoraba el gran abismo y consumía los campos. ⁵ Y
exclamé:
   —¡Detente, SEÑOR mi Dios, te lo ruego! ¿Cómo
sobrevivirá Jacob, si es tan pequeño?
   ⁶ Entonces el SEÑOR se compadeció y dijo:
   —Esto tampoco va a suceder.

   ⁷ Esto es lo que me mostró: El Señor estaba de pie
junto a un muro construido a plomo y tenía una
cuerda de plomada en la mano. ⁸ Y el SEÑOR me
preguntó:
   —¿Qué ves, Amós?
   —Una cuerda de plomada —respondí.
   Entonces el Señor dijo:
   —Mira, voy a tirar la plomada en medio de mi
pueblo Israel; no volveré a perdonarlo.

⁹ »Los ˚altares paganos de Isaac serán destruidos
   y quedarán en ruinas los santuarios de Israel;
   me levantaré con espada contra la casa de
   Jeroboán».

Amasías contra Amós

¹⁰ Entonces Amasías, sacerdote de Betel, envió un
mensaje a Jeroboán rey de Israel: «Amós está conspi-
rando contra ti en medio de Israel. La tierra no puede
soportar sus palabras, ¹¹ porque anda diciendo:

   »"Jeroboán morirá a espada
   e Israel será llevado cautivo
   lejos de su tierra"».

¹² Entonces Amasías dijo a Amós:
   —¡Vete de aquí, vidente! ¡Si quieres ganarte el pan
profetizando, vete a la tierra de Judá! ¹³ No vuelvas a
profetizar en Betel, porque este es el santuario del
rey; es el templo del reino.
   ¹⁴ Amós respondió a Amasías:
   —Yo no soy profeta ni hijo de profeta, sino que soy
pastor y cultivo higos silvestres. ¹⁵ Pero el SEÑOR me
sacó de detrás del rebaño y me dijo: "Ve y profetiza a

ᵃ 13 En hebreo, *Lo Debar* significa *nada.*   ᵇ 13 En hebreo,
Carnayin significa *dos cuernos;* el cuerno es símbolo del poder.
ᶜ 14 *Lebó Jamat.* Alt. *la entrada de Jamat.*

mi pueblo Israel". ¹⁶Así que oye la palabra del SEÑOR.
Tú dices:

»"No profetices contra Israel;
deja de predicar contra los descendientes de
Isaac".

¹⁷»Por eso, así dice el SEÑOR:

»"Tu esposa se prostituirá en la ciudad
y tus hijos y tus hijas caerán a espada.
Tu tierra será medida y repartida,
tú mismo morirás en un país *pagano
e Israel será llevado cautivo
lejos de su tierra"».

Cuarta visión y advertencias

8 Esto es lo que el SEÑOR y Dios me mostró: una
canasta de fruta madura ²y me preguntó: «¿Qué
ves, Amós?».

«Una canasta de fruta madura», respondí.

Entonces el SEÑOR me dijo:

«Ha llegado el tiempo de que Israel caiga como
fruta madura; no volveré a perdonarlo.

³»En aquel día —afirma el SEÑOR y Dios—, las
canciones del palacio se volverán lamentos. ¡Muchos
serán los cadáveres tirados por todas partes!
¡Silencio!».

⁴Oigan esto, los que pisotean a los necesitados
y exterminan a los pobres de la tierra.

⁵Ustedes dicen:

«¿Cuándo pasará la fiesta de luna nueva
para que podamos vender grano
o el día de reposo
para que pongamos a la venta el trigo?».
Ustedes buscan achicar la medida
y aumentar el precio,
falsear las balanzas
⁶y vender los deshechos del grano,
comprar al desvalido por dinero
y al necesitado, por un par de sandalias.

⁷El SEÑOR ha jurado por el orgullo de Jacob: «Jamás
olvidaré nada de lo que han hecho.

⁸»¿Y con todo esto no temblará la tierra?
¿No se enlutarán sus habitantes?
Subirá la tierra entera como el Nilo;
se agitará y bajará,
como el río de Egipto.

⁹»En aquel día», afirma el SEÑOR y Dios,

«haré que el sol se ponga al mediodía
y que en pleno día la tierra se oscurezca.
¹⁰Convertiré en luto sus fiestas religiosas
y en cantos fúnebres todas sus canciones.
Los vestiré de luto
y afeitaré su cabeza.
Será como si lloraran la muerte de un hijo único
y terminarán el día en amargura.

¹¹»Vienen días», afirma el SEÑOR y Dios,
«en que enviaré hambre al país;
no será hambre de pan ni sed de agua,
sino hambre de oír las palabras del SEÑOR.
¹²La gente vagará sin rumbo de mar a mar,
andarán errantes del norte al este,
buscando la palabra del SEÑOR,
pero no la encontrarán.

¹³En aquel día se desmayarán de sed
las jóvenes hermosas y los jóvenes fuertes.
¹⁴Y caerán para no levantarse jamás
los que juran por la culpaᵃ de Samaria,
los que dicen: "¡Tan cierto como que tu dios
vive, oh Dan!
¡Tan cierto como que tu dios vive, Berseba!"».ᵇ

Quinta visión

9 Vi al Señor de pie junto al altar y él dijo:

«Golpea los capiteles de las columnas
para que se estremezcan los umbrales
y caigan en pedazos sobre sus cabezas.
A los que queden los mataré a espada.
Ni uno solo escapará,
ninguno saldrá con vida.
²Aunque caven hasta las profundidades del
abismo,ᶜ
de allí los sacará mi mano.
Aunque suban hasta el cielo,
de allí los derribaré.
³Aunque se oculten en la cumbre del Carmelo,
allí los buscaré y los atraparé.
Aunque de mí se escondan en el fondo
del mar,
allí ordenaré a la serpiente que los muerda.
⁴Aunque vayan al destierro cautivos por sus
enemigos,
allí ordenaré que los mate la espada.

»Para mal y no para bien,
fijaré en ellos mis ojos».

⁵El SEÑOR y Dios de los Ejércitos
toca la tierra y ella se desmorona.
Sube y baja la tierra
como las aguas del Nilo, el río de Egipto,
y se enlutan todos los que en ella viven.
⁶Dios construye su excelso palacio en el cielo
y pone su cimientoᵈ en la tierra,
llama a las aguas del mar
y las derrama sobre la superficie de la tierra:
su *nombre es el SEÑOR.

⁷«Israelitas, ¿acaso ustedes
no son para mí como *cusitas?
¿Acaso no saqué de Egipto a Israel,
de Cretaᵉ a los filisteos
y de Quir a los *arameos?»,
afirma el SEÑOR.

⁸«Por eso los ojos del SEÑOR y Dios
están sobre este reino pecador.
Borraré de la faz de la tierra a los descendientes
de Jacob,
aunque no del todo»,
afirma el SEÑOR.
⁹«Daré la orden de sacudir al pueblo de Israel
entre todas las naciones,
como se sacude el trigo en una zaranda,
sin que caiga a tierra ni un solo grano.
¹⁰Morirán a filo de espada
todos los pecadores de mi pueblo,
todos los que dicen:
"No nos alcanzará la calamidad;
¡jamás se nos acercará!".

ᵃ 14 *por la culpa.* Alt. *por Asima;* es decir, el ídolo samaritano.
ᵇ 14 *tu dios vive, Berseba.* Lit. *tu camino vive, Berseba.*   ᶜ 2 *del
abismo.* Lit. *del Seol.*   ᵈ 6 *excelso palacio … cimiento.* Palabras
de difícil traducción.   ᵉ 7 *Creta.* Lit. *Caftor.*

Restauración de Israel

[11]»En aquel día

»restauraré la casa[a] caída de David.
    Repararé sus grietas,
    restauraré sus ruinas
    y la reconstruiré tal como era en días
        pasados,
[12] para que ellos posean el remanente de
        Edom
    y todas las naciones sobre las que se ha
        invocado mi ˮnombre»,
    afirma el SEÑOR,
        quien hará estas cosas.

---

[13]«Vienen días», afirma el SEÑOR,

«en los cuales el que ara alcanzará al segador
    y el que pisa las uvas, al sembrador.
Los montes destilarán vino dulce,
    el cual correrá por todas las colinas.
[14] Restauraré[b] a mi pueblo Israel;

    ellos reconstruirán las ciudades arruinadas
        y vivirán en ellas.
Plantarán viñedos y beberán su vino;
    cultivarán huertos y comerán sus frutos.
[15] Plantaré a Israel en su propia tierra,
    para que nunca más sea arrancado
    de la tierra que yo le di»,

dice el SEÑOR tu Dios.

Abdías

¹Visión de Abdías.

Orgullo y caída de Edom
1-4 – Jer 49:14-16
5-6 – Jer 49:9-10

Esto es lo que dice el SEÑOR y Dios acerca de Edom.

Hemos oído un mensaje de parte del SEÑOR.
  Un heraldo ha sido enviado a las naciones,
    diciendo:
  «¡Vamos, marchemos a la guerra contra ella!».

²«Te haré pequeño entre las naciones,
    totalmente menospreciado.
³La soberbia de tu corazón te ha engañado.
  Como habitas en las hendiduras de las rocas,^a
    en la altura de tu morada,
  te engañas a ti mismo, diciendo:
    ¿Quién podrá arrojarme a tierra?
⁴Aunque vueles a lo alto como águila,
  y tu nido esté puesto en las estrellas,
    desde allí te haré caer»,
  afirma el SEÑOR.
⁵«Si vinieran a ti ladrones
  o saqueadores nocturnos,
    ¿no robarían solo lo que crean suficiente?
  ¡Pero a ti te espera gran destrucción!
  Si vinieran a ti los vendimiadores,
    ¿no dejarían algunas uvas?
⁶¡Pero a ti, Esaú, te saquearán!
    ¡Te despojarán de tus tesoros más escondidos!
⁷Hasta la frontera te expulsarán
    tus propios aliados,
  te engañarán y dominarán
    tus propios amigos.
  Los que se sientan a tu mesa
    te pondrán una trampa.
  Es que Edom no tiene entendimiento.

⁸»¿Acaso no destruiré yo en aquel día
    a los sabios de Edom,
  a la inteligencia del monte de Esaú?»,
    afirma el SEÑOR.
⁹«Ciudad de Temán, tus guerreros temblarán de
    miedo,
  de que todo hombre sea exterminado
    del monte de Esaú por la masacre.
¹⁰Por la violencia hecha contra tu hermano Jacob,
    te cubrirá la vergüenza
  y serás exterminado para siempre.
¹¹En el día que te mantuviste al margen,
    en el día que extranjeros se llevaron sus
      riquezas,
  cuando extraños entraron por su puerta
    y sobre Jerusalén echaron suerte,
  tú eras como uno de ellos.
¹²No debiste reírte de tu hermano en su mal día,
    en el día de su desgracia.

No debiste alegrarte a costa del pueblo
    de Judá
  en el día de su ruina.
No debiste hablar con arrogancia
    en el día de su angustia.
¹³No debiste entrar por la *puerta de mi pueblo
    en el día de su calamidad.
No debiste disfrutar con su desgracia
    en el día de su calamidad.
No debiste echar mano a sus riquezas
    en el día de su calamidad.
¹⁴No debiste aguardar en los cruces de caminos
    para matar a los que huían.
No debiste entregar a los sobrevivientes
    en el día de su angustia.

¹⁵»Porque cercano está el día del SEÑOR
    contra todas las naciones.
  ¡Como hiciste se te hará!
    ¡Sobre tu cabeza recaerá tu merecido!
¹⁶Pues sin duda que, así como ustedes
    bebieron de mi copa en mi santo monte,
  así también la beberán sin cesar todas las
      naciones;
    beberán y beberán,
  entonces serán como si nunca hubieran
      existido.
¹⁷Pero en el monte *Sión habrá liberación
  y será sagrado.
    El pueblo de Jacob recuperará sus posesiones.
¹⁸Los descendientes de Jacob serán fuego
    y los de José, llama;
  pero la casa real de Esaú será paja:
    le pondrán fuego y la consumirán
  de tal forma que no quedará sobreviviente
    entre los descendientes de Esaú».
El SEÑOR lo ha dicho.

¹⁹Los del Néguev poseerán
    el monte de Esaú;
  los de la región de Sefalá
    poseerán Filistea;
  también poseerán los campos de Efraín y de
    Samaria;
  y los de Benjamín poseerán Galaad.
²⁰Los exiliados, este ejército de israelitas
    que viven entre los cananeos,
  poseerán la tierra hasta Sarepta.
  Los desterrados de Jerusalén,
    que viven en Sefarad,
  poseerán las ciudades del Néguev.
²¹Los libertadores subirán al monte Sión
    para gobernar la región montañosa de
      Esaú.
  Y el reino será del SEÑOR.

---

a 3 de las rocas. Alt. de Selá, que era la capital de Edom.
Véanse Jue 1:36; 2R 14:7.

Jonás

Jonás desobedece al SEÑOR

1 ¹La palabra del SEÑOR vino a Jonás, hijo de Amitay: ²«Levántate y ve a la gran ciudad de Nínive y proclama contra ella que su maldad ha llegado hasta mi presencia».

³Pero Jonás huyó del SEÑOR y se dirigió a Tarsis. Bajó a Jope, donde encontró un barco que zarpaba rumbo a Tarsis, pagó su pasaje y se embarcó con los que iban a esa ciudad, huyendo así del SEÑOR.

⁴Pero el SEÑOR lanzó sobre el mar un fuerte viento y se desencadenó una tormenta tan violenta que el barco amenazaba con hacerse pedazos. ⁵Todos los marineros tenían miedo y cada uno clamaba a su dios. Y arrojaron el cargamento al mar para aligerar el barco.

Jonás, en cambio, había bajado al fondo de la nave para acostarse y dormía profundamente. ⁶El capitán del barco se le acercó y dijo:

—¿Cómo puedes estar durmiendo? ¡Levántate! ¡Clama a tu Dios! Quizá tenga piedad de nosotros y no perezcamos.

⁷Los marineros, por su parte, se dijeron unos a otros:

—¡Vamos, echemos suertes para averiguar quién tiene la culpa de que nos haya venido este desastre!

Así lo hicieron y la suerte recayó en Jonás. ⁸Entonces preguntaron:

—Dinos ahora, ¿quién es el responsable de causarnos este desastre? ¿A qué te dedicas? ¿De dónde vienes? ¿Cuál es tu país? ¿A qué pueblo perteneces?

⁹—Soy hebreo y temo al SEÑOR, Dios del cielo, que hizo el mar y la tierra firme —respondió.

¹⁰Al oír esto los marineros se aterraron aún más y, como sabían que Jonás huía del SEÑOR, pues él mismo lo había contado, le dijeron:

—¡Qué es lo que has hecho!

¹¹Pero el mar se iba enfureciendo más y más, así que preguntaron:

—¿Qué haremos contigo para que el mar se calme?

¹²—Tómenme y láncenme al mar, verán que el mar se calmará —les respondió—. Yo sé bien que por mi culpa se ha desatado sobre ustedes esta terrible tormenta.

¹³Sin embargo, en un intento por regresar a tierra firme, los marineros se pusieron a remar con todas sus fuerzas; pero, como el mar se enfurecía más y más contra ellos, no lo consiguieron. ¹⁴Entonces clamaron al SEÑOR: «Oh SEÑOR, tú haces lo que quieres. No nos hagas perecer por quitarle la ˚vida a este ˚hombre ni nos hagas responsables de la muerte de un inocente». ¹⁵Así que tomaron a Jonás, lo lanzaron al agua y la furia del mar se aplacó. ¹⁶Al ver esto, se apoderó de ellos un profundo temor al SEÑOR y le ofrecieron un sacrificio e hicieron promesas.

Oración de Jonás

¹⁷El SEÑOR, por su parte, dispuso un enorme pez para que se tragara a Jonás, quien pasó tres días y tres noches en su vientre. **2** ¹Entonces Jonás oró al SEÑOR su Dios desde el vientre del pez. ²Dijo:

«En mi angustia clamé al SEÑOR,
  y él me respondió.
Desde lo profundo de los dominios de la muerte*a*
  pedí auxilio,
  y tú escuchaste mi clamor.
³A lo profundo me arrojaste,
  al corazón mismo de los mares;
  las corrientes me envolvían,
todas tus ondas y tus olas
  pasaban sobre mí.
⁴Y pensé: "He sido expulsado
  de tu presencia;
pero volveré a contemplar
  tu santo Templo".*b*
⁵Las aguas me llegaban hasta el ˚cuello,
  lo profundo del mar me envolvía;
las algas se me enredaban en la cabeza,
  ⁶arrastrándome a los cimientos de las
  montañas.
Me tragó la tierra y para siempre
  sus cerrojos se cerraron tras de mí.
Pero tú, SEÑOR, Dios mío,
  rescataste mi vida de la fosa.

⁷»Al sentir que se me iba la ˚vida,
  me acordé del SEÑOR,
y mi oración llegó hasta ti,
  hasta tu ˚santo Templo.

⁸»Los que siguen a ídolos vanos
  abandonan el amor de Dios.*c*
⁹Yo, en cambio, te ofreceré sacrificios
  y cánticos de gratitud.
Cumpliré las promesas que te hice.
  ¡La ˚salvación viene del SEÑOR!».

¹⁰Entonces el SEÑOR dio una orden y el pez vomitó a Jonás en tierra firme.

Jonás obedece al SEÑOR

3 ¹La palabra del SEÑOR vino por segunda vez a Jonás: ²«Levántate y ve a la gran ciudad de Nínive y proclámale el mensaje que te voy a dar».

³Jonás se levantó y se encaminó a Nínive, como el SEÑOR le ordenó. Nínive era una ciudad tan grande que se necesitaban tres días para recorrerla. ⁴Jonás entró en la ciudad y la recorrió todo un día, mientras proclamaba: «¡Dentro de cuarenta días Nínive será destruida!». ⁵Y los ninivitas creyeron a Dios, proclamaron ayuno, y desde el mayor hasta el menor, se vistieron con ropa áspera en señal de ˚arrepentimiento.

⁶Cuando el rey de Nínive se enteró del mensaje, se levantó de su trono, se quitó su manto real, se

---

a 2 *de los dominios de la muerte.* Lit. *del Seol.*   *b* 4 *pero ...*
Templo. Alt. *¿Cómo volveré a contemplar tu santo Templo?*
c 8 *abandonan el amor de Dios.* Alt. *desprecian la misericordia*
suya.

vistió con ropa áspera y se sentó sobre ceniza. ⁷Luego mandó que se pregonara en Nínive:

«Por decreto del rey y de su corte:

»Ninguna persona o animal, ni ovejas ni vacas, probará alimento alguno, ni tampoco pastará ni beberá agua. ⁸Personas y animales vestirán telas ásperas y clamarán a Dios con todas sus fuerzas. Ordena así mismo que cada uno se convierta de su mal camino y de sus hechos violentos. ⁹¡Quién sabe! Tal vez Dios cambie de parecer y aplaque el ardor de su ira, y no perezcamos».

¹⁰Al ver Dios lo que hicieron, es decir, que habían abandonado su mal camino, cambió de parecer y no llevó a cabo la destrucción que había anunciado.

Enojo de Jonás

4 Pero esto disgustó mucho a Jonás y lo hizo enfurecer. ²Así que oró al SEÑOR de esta manera:

—¡Oh SEÑOR! ¿No era esto lo que yo decía cuando todavía estaba en mi tierra? Por eso me anticipé a huir a Tarsis, pues bien sabía que tú eres un Dios misericordioso y compasivo, lento para la ira y lleno de amor, que cambias de parecer y no destruyes. ³Así que ahora, SEÑOR, te suplico que me quites la ˇvida. ¡Prefiero morir que seguir viviendo!

⁴—¿Tienes razón de enfurecerte tanto? —respondió el SEÑOR.

⁵Jonás salió y se sentó al este de la ciudad. Allí hizo un cobertizo y se sentó bajo su sombra para ver qué iba a suceder con la ciudad. ⁶Para aliviarlo de su malestar, Dios el SEÑOR dispuso una planta,ᵃ la cual creció hasta cubrirle a Jonás la cabeza con su sombra. Jonás se alegró muchísimo por la planta. ⁷Pero al amanecer del día siguiente Dios dispuso que un gusano la hiriera y la planta se marchitó. ⁸Al salir el sol, Dios dispuso un abrasador viento del este. Además, el sol hería a Jonás en la cabeza, de modo que este desfallecía. Con deseos de morirse, exclamó: «¡Prefiero morir que seguir viviendo!».

⁹Pero Dios dijo a Jonás:

—¿Tienes razón de enfurecerte tanto por la planta?

—¡Claro que la tengo! —respondió—. ¡Me muero de rabia!

¹⁰El SEÑOR dijo:

—Tú te compadeces de una planta que, sin ningún esfuerzo de tu parte, creció en una noche y en la otra pereció. ¹¹Y de Nínive, una gran ciudad donde hay más de ciento veinte mil personas que no distinguen su derecha de su izquierda y tanto ganado, ¿no habría yo de compadecerme?

ᵃ 6 *planta.* Palabra de difícil traducción.

Miqueas

1 Esta es la palabra que el SEÑOR dirigió a Miqueas de Moréset, durante los reinados de Jotán, Acaz y Ezequías, reyes de Judá. Esta es la visión que tuvo acerca de Samaria y de Jerusalén.

La venida del SEÑOR

² Escuchen, pueblos todos;
 presten atención la tierra y todo lo que hay en
  ella.
Desde su 'santo templo
 el Señor, el SEÑOR y Dios,
 será testigo en contra de ustedes.
³ ¡Miren! Ya sale el SEÑOR de su morada;
 ya baja y se encamina
 hacia las alturas de la tierra.
⁴ A su paso se derriten los montes
 como la cera junto al fuego;
se agrietan los valles
 como partidos por el agua de un torrente.
⁵ Y todo esto por la transgresión de Jacob,
 por los pecados del pueblo de Israel.
¿Acaso no representa Samaria
 la transgresión de Jacob?
¿Y no es acaso en Jerusalén
 donde están los altares paganos de Judá?

⁶ Dejaré a Samaria hecha un montón de ruinas:
 ¡convertida en campo arado para viñedos!
Arrojaré sus piedras al valle
 y pondré al descubierto sus cimientos.
⁷ Todos sus ídolos serán hechos pedazos;
 y todo tu pago será arrojado al fuego.
 Yo destrozaré todas sus imágenes.
Lo que ganó como prostituta,
 en paga de prostituta se convertirá.

Lamento de Miqueas

⁸ Por eso lloraré y gritaré de dolor
 y andaré descalzo y desnudo.
Aullaré como chacal
 y gemiré como avestruz.
⁹ Porque la herida de Samaria es incurable:
 ha llegado hasta Judá.
Se ha extendido hasta mi pueblo,
 ¡hasta la 'entrada misma de Jerusalén!
¹⁰ No lo anuncien en Gat,ᵃ
 no se entreguen al llanto.
En Bet Leafrá,ᵇ
 revuélquense en el polvo.
¹¹ Habitantes de Safir,ᶜ
 emigren desnudos y humillados.

Los habitantes de Zanánᵈ
 no se atrevieron a salir.
Bet Ésel está gimiendo,
 y va a retirarles su apoyo.
¹² Se retuercen esperando el bien,
 los habitantes de Marot;ᵉ
el SEÑOR ha enviado el mal
 hasta la entrada misma de Jerusalén.
¹³ Habitantes de Laquis,ᶠ
 ¡enganchen al carro los corceles!
Con ustedes comenzó el pecado de la hija de 'Sión;
 en ustedes se hallaron los delitos de Israel.
¹⁴ Por tanto, despídanse
 de Moréset Gat.
Los edificios de la ciudad de Aczibᵍ
 son una trampa para los reyes de Israel.
¹⁵ Habitantes de Maresá,ʰ
 yo enviaré contra ustedes un conquistador
y hasta Adulán irán a parar
 los nobles de Israel.
¹⁶ Así que rasúrate la barba y rápate la cabeza;
 haz duelo por tus amados hijos.
Agranda tu calva como la del buitre,
 pues irán al exilio lejos de ti.

El castigo a los ricos opresores

2 ¡Ay de los que piensan en el mal
 y aun en sus camas traman planes malvados!
En cuanto amanece, los llevan a cabo
 porque tienen el poder en sus manos.
² Codician campos y se apropian de ellos;
 codician casas y de ellas se adueñan.
Oprimen al dueño y a su familia,
 al hombre y a su propiedad.

³ Por tanto, así dice el SEÑOR:

«Ahora soy yo el que piensa
 traer sobre ellos una desgracia
 de la que no podrán escapar.
Ya no andarán erguidos,
 porque ha llegado la hora de su calamidad.
⁴ En aquel día se les hará burla,
 y se les cantará este lamento:
"¡Estamos perdidos!
 Se están repartiendo los campos de mi pueblo.
¡Cómo me los arrebatan!
 Nuestra tierra se la reparten los traidores"».

⁵ Por eso no tendrán en la asamblea del SEÑOR
 a nadie que reparta la tierra.

Falsos profetas

⁶ «No profeticen», dicen sus profetas.
 «No profeticen de esas cosas,
 pues la desgracia no nos alcanzará»
⁷ Descendientes de Jacob, acaso no se dice:
 «¿Ha perdido el Espíritu del SEÑOR la
  paciencia?
 ¿Es esta su manera de actuar?».

ᵃ **10** En hebreo, *Gat* suena como el verbo que significa *anuncien.* ᵇ **10** En hebreo, *Bet Leafrá* significa *casa de polvo.* ᶜ **11** En hebreo, *Safir* significa *placentero.* ᵈ **11** En hebreo, *Zanán* suena como el verbo que significa *salir.* ᵉ **12** En hebreo, *Marot* suena como la palabra que significa *amargura.* ᶠ **13** En hebreo, *Laquis* suena como la palabra que significa *corceles.* ᵍ **14** En hebreo, *Aczib* significa *engaño.* ʰ **15** En hebreo, *Maresá* suena como la palabra que significa *conquistador.*

«¿Acaso no hacen bien mis palabras
   para el que camina en rectitud?
8 Ayer ustedes eran mi pueblo,
   pero hoy se han vuelto mis enemigos.
A los que pasan confiados,
   a los que vuelven de la guerra,
   los despojan de su manto.
9 Echan de sus preciadas casas
   a las mujeres de mi pueblo.
Quitan mi bendición
   de sus niños para siempre.
10 ¡Levántense! ¡Pónganse en marcha,
   que este no es un lugar de reposo!
¡Está *contaminado,
   destruido sin remedio!
11 Si con la intención de mentirles
   llega algún engañador prometiendo
   abundancia de vino y cerveza,
   este pueblo lo verá como un profeta.

Promesa de liberación

12 »Te aseguro, Jacob,
   que yo reuniré a todo tu pueblo.
Te aseguro, Israel,
   que yo juntaré a tu remanente.
Los congregaré como a rebaño en el redil
   y como ovejas en medio del pastizal;
   la multitud hará gran alboroto.
13 El que abre brecha marchará al frente
   y también ellos se abrirán camino;
atravesarán la puerta y se irán,
   mientras su Rey avanza al frente,
   mientras el SEÑOR va a la cabeza».

El castigo a los gobernantes corruptos

3 Entonces dije:

«Escuchen, príncipes de Jacob,
   autoridades del pueblo de Israel:
¿Acaso no corresponde a ustedes
   conocer el derecho?
2 Ustedes odian el bien y aman el mal;
   a mi pueblo le arrancan la piel del cuerpo
   y la carne de los huesos.
3 Ustedes se comen la carne de mi pueblo,
   le arrancan la piel y rompen sus huesos;
lo descuartizan como carne para la olla,
   como carne para el caldero».

4 Entonces pedirán auxilio al SEÑOR,
   pero él no responderá;
esconderá de ellos su rostro
   porque hicieron lo malo.

Contraste entre el profeta falso y el verdadero

5 Esto es lo que dice el SEÑOR contra ustedes,
   profetas que desvían a mi pueblo:
«Con el estómago lleno, invitan a la paz;
   con el vientre vacío, declaran la guerra.
6 Por tanto, tendrán noches sin visiones,
   oscuridad sin adivinaciones».
El sol se ocultará de estos profetas;
   el día se les volverá tinieblas.
7 Los videntes quedarán en vergüenza;
   los adivinos serán humillados.
Cubrirán sus rostros,
   pues no habrá respuesta de Dios.
8 Yo, en cambio, estoy lleno de poder,
   del Espíritu del SEÑOR,
   de justicia y de fuerza,
para echarle en cara a Jacob su delito;
   para reprocharle a Israel su pecado.

El gobierno corrupto, causa de la caída de Sión

9 Escuchen esto ustedes,
   príncipes de la casa de Jacob
   y autoridades del pueblo de Israel,
   que abominan la justicia y tuercen el derecho,
10 que edifican a *Sión con sangre
   y a Jerusalén con maldad.
11 Sus jueces juzgan por soborno,
   sus sacerdotes instruyen por paga
   y sus profetas predicen por dinero;
para colmo, buscan apoyo en el SEÑOR, diciendo:
   «¿No está el SEÑOR entre nosotros?
   ¡No vendrá sobre nosotros ningún mal!».
12 Por lo tanto, por culpa de ustedes
   Sión será como un campo arado;
Jerusalén quedará en ruinas
   y el monte del Templo se volverá un matorral.

Futura exaltación de Sión
4:1-3 – Is 2:1-4

4 1 En los últimos días,
   el monte del Templo del SEÑOR
será establecido como el más alto de los montes;
   se alzará por encima de las colinas
   y hacia él correrán todas las naciones.

2 Muchos pueblos vendrán y dirán:

«¡Vengan, subamos al monte del SEÑOR,
   al Templo del Dios de Jacob!
Dios mismo nos instruirá en sus *caminos
   y así andaremos por sus sendas».
Porque de *Sión saldrá la *Ley,
   de Jerusalén, la palabra del SEÑOR.
3 Dios mismo juzgará entre muchos pueblos
   y administrará *justicia
   a naciones poderosas y lejanas.
Convertirán sus espadas en arados
   y en hoces sus lanzas.
Ya no levantará su espada nación contra nación
   y nunca más se adiestrarán para la guerra.
4 Cada uno se sentará
   debajo de su vid y de su higuera;
y nadie perturbará su solaz
   —el SEÑOR de los Ejércitos lo ha dicho—.
5 Todos los pueblos marchan
   en *nombre de sus dioses,
pero nosotros marchamos en el nombre del
      SEÑOR nuestro Dios,
   desde ahora y para siempre.

Futura restauración de Sión

6 «En aquel día», afirma el SEÑOR,
   «reuniré a las ovejas lastimadas;
reuniré a las exiliadas y las maltratadas por mí.
7 Con las ovejas lastimadas formaré un remanente
   y con las exiliadas, una nación poderosa.
El SEÑOR reinará sobre ellas en el monte Sión
   desde ahora y para siempre.
8 Y tú, torre del rebaño,
   colina fortificada de la hija de Sión:
a ti volverá tu antiguo poderío,
   la soberanía de la ciudad de Jerusalén».

Castigo y triunfo de Sión

9 Ahora, ¿por qué gritas tanto?
   ¿Acaso no tienes rey?
¿Por qué te han venido dolores de parto?
   ¿Murió acaso tu consejero?
10 Retuércete y puja, hija de Sión,
   como mujer a punto de dar a luz,
porque ahora vas a salir de tu ciudad
   y tendrás que vivir a campo abierto.

Irás a Babilonia,
    pero de allí serás rescatada;
el SEÑOR te librará
    del poder de tus enemigos.

[11] Ahora muchas naciones se han reunido contra ti.
    Y dicen: «¡Que sea profanada Sión!
    ¡Disfrutemos del espectáculo!».
[12] Pero ellas no saben lo que piensa el SEÑOR
    ni comprenden sus designios;
no saben que él las junta
    como a gavillas en la era.
[13] ¡Levántate, hija de Sión!
    ¡Ponte a trillar!
Yo haré de hierro tus cuernos
    y de bronce tus pezuñas,
para que conviertas en polvo a muchos pueblos,
    y consagres al SEÑOR sus ganancias injustas;
    sus riquezas, al Señor de toda la tierra.

Humillación y exaltación de la dinastía davídica

5 Ahora, reúne tus tropas, ciudad guerrera,
    porque nos asedian.
Con vara golpearán en la mejilla
    al gobernante de Israel.

[2] Pero tú, Belén Efrata,
    pequeña entre los clanes de Judá,
de ti saldrá el que gobernará a Israel;
    sus orígenes son de un pasado distante,
    desde tiempos antiguos.

[3] Por eso Dios los entregará al enemigo
    hasta que tenga su hijo la que va a ser madre
y vuelva junto al pueblo de Israel
    el resto de sus hermanos.

[4] Él se establecerá y los *pastoreará
    con el poder del SEÑOR,
    con la majestad del nombre del SEÑOR su Dios.
Vivirán seguros, porque él dominará
    hasta los confines de la tierra.

[5] ¡Él será nuestra *paz!
    Si Asiria llegara a invadir nuestro país
    para pisotear nuestras fortalezas,
le haremos frente con siete pastores
    y aun con ocho príncipes del pueblo.
[6] Ellos pastorearán a Asiria con la espada
    y a la tierra de Nimrod con la daga.[a]
Si Asiria llegara a invadir nuestro país,
    si llegara a cruzar nuestras fronteras,
    ¡él nos rescatará!

El remanente

[7] El remanente de Jacob será,
    en medio de muchos pueblos,
como rocío que viene del SEÑOR,
    como abundante lluvia sobre la hierba,
que no depende de los hombres
    ni espera nada de ellos.
[8] El remanente de Jacob será,
    entre las naciones,
    en medio de muchos pueblos,
como un león entre los animales del bosque,
    como un leoncillo entre las ovejas del rebaño,
que al pasar las pisotea y las desgarra
    sin que nadie pueda rescatarlas.
[9] Levantarás la mano contra tus enemigos
    y acabarás con todos tus agresores.

Purificación de un pueblo idólatra y belicoso

[10] «En aquel día», afirma el SEÑOR,
    «exterminaré tu caballería
    y destruiré tus carros de guerra.
[11] Exterminaré las ciudades de tu país
    y derribaré todas tus fortalezas.
[12] Pondré fin a tus hechicerías
    y no tendrás más adivinos.
[13] Acabaré con tus ídolos
    y con tus piedras sagradas;
nunca más volverás a postrarte
    ante las obras de tus manos.
[14] Arrancaré tus imágenes de *Aserá
    y reduciré a escombros tus ciudades;
[15] con ira y con furor me vengaré
    de las naciones que no me obedecieron».

Querella de Dios contra su pueblo

6 Escuchen lo que dice el SEÑOR:

«Levántate, presenta tu pleito ante las
        montañas;
    deja que las colinas oigan tu voz».

[2] Montañas, escuchen el pleito del SEÑOR;
    presten atención, firmes cimientos de la
        tierra.
Porque el SEÑOR tiene un pleito contra su
        pueblo,
    presenta una acusación contra Israel:

[3] «Pueblo mío, ¿qué te he hecho?
    ¿En qué te he ofendido? ¡Respóndeme!
[4] Yo fui quien te sacó de Egipto,
    quien te libró de esa tierra de esclavitud.
Yo envié a Moisés, Aarón y Miriam
    para que te dirigieran.
[5] Recuerda, pueblo mío,
    lo que pidió Balac, rey de Moab,
    y lo que le respondió Balán, hijo de Beor.
Recuerda tu paso desde Sitín hasta Guilgal,
    y reconoce que el SEÑOR actuó con justicia».

[6] ¿Con qué me presentaré ante el SEÑOR
    y me postraré ante el Dios Altísimo?
¿Podré presentarme con *holocaustos
    o con becerros de un año?
[7] ¿Se complacerá el SEÑOR con miles de carneros
    o con diez mil arroyos de aceite?
¿Ofreceré a mi primogénito por mi delito,
    al fruto de mis entrañas por mi pecado?
[8] ¡Él te ha mostrado, oh mortal, lo que es bueno!
    ¿Y qué es lo que espera de ti el SEÑOR?:
Practicar la justicia,
    amar la misericordia
    y caminar humildemente ante tu Dios.

Castigo por delitos económicos y sociales

[9] La voz del SEÑOR clama a la ciudad
    y es de sabios temer a su *nombre:
«¡Escuchen, pueblo de Judá y asamblea de la
        ciudad![b]
[10] ¡Malvados!
    ¿Debo tolerar sus tesoros mal habidos
    y sus odiosas medidas adulteradas?
[11] ¿Debo tener por justas la balanza falsa
    y la bolsa de pesas alteradas?
[12] Los ricos de la ciudad son gente violenta;
    sus habitantes son gente mentirosa;
    y sus lenguas hablan con engaño.
[13] Por lo que a mí toca, te demoleré a golpes,
    te destruiré por tus pecados.

---

[a] 6 con la daga. Alt. en sus puertas.   [b] 9 Versículo de difícil
traducción.

¹⁴ Comerás, pero no te saciarás,
  sino que seguirás padeciendo hambre.ª
Almacenarás, pero no salvarás nada,
  porque lo que salves lo daré a la espada.
¹⁵ Sembrarás, pero no cosecharás;
  prensarás las aceitunas, pero no usarás el
    aceite;
  pisarás las uvas, pero no beberás el vino.
¹⁶ Tú sigues fielmente los decretos de Omrí
  y todas las prácticas de la dinastía de
    Acab;
  te conduces según sus consejos.
Por eso voy a entregarte a la destrucción
  y a poner en ridículo a tus habitantes.
  ¡Tendrás que soportar el insulto de los
    pueblos!».ᵇ

Lamento ante una sociedad corrupta

7 ¡Pobre de mí!
  Soy como el que recoge frutos de verano
  y busca lo que sobre en la viña;
no hay ningún racimo para comer,
  ningún higo nuevo que tanto deseo.
² La gente piadosa ha sido eliminada del país,
  no queda persona recta.
Todos tratan de matar a alguien;
  unos a otros se tienden redes.
³ Ambas manos son hábiles para hacer el mal;
  gobernadores y jueces exigen soborno.
Los poderosos imponen lo que quieren;
  todos traman en conjunto.
⁴ El mejor de ellos es más enmarañado que una
    zarza;
  el más recto, más torcido que un espino.
Pero ya viene el día de su confusión;
  ¡ya se acerca el día de tu castigo
anunciado por tus centinelas!
⁵ No creas en tu prójimo
  ni confíes en tus amigos;
cuídate de lo que hablas
  con la que duerme en tus brazos.
⁶ El hijo ultraja al padre,
  la hija se rebela contra la madre,
  la nuera contra la suegra
y los enemigos de cada cual
  están en su propia familia.

⁷ Pero yo he puesto mi esperanza en el
    SEÑOR;
  yo espero en el Dios de mi ˙salvación.
  ¡Mi Dios me escuchará!

Esperanza de redención

⁸ Enemiga mía, no te alegres de mi mal.
  Aunque haya caído me levantaré.
Aunque vivo en tinieblas
  el SEÑOR es mi luz.
⁹ He pecado contra el SEÑOR,
  así que soportaré su furia

hasta que defienda mi causa
  y me haga justicia.
Entonces me sacará a la luz
  y veré su justicia.
¹⁰ Cuando lo vea mi enemiga,
  la que me decía: «¿Dónde está el SEÑOR tu
    Dios?»,
  se llenará de vergüenza.
Mis ojos contemplarán su desgracia,
  pues será pisoteada como el lodo de las calles.

¹¹ El día que tus muros sean reconstruidos
  será el momento de extender tus fronteras.
¹² Ese día acudirán a ti los pueblos,
  desde Asiria hasta las ciudades de Egipto;
desde Egipto hasta el río Éufrates,
  de mar a mar
  y de montaña a montaña.
¹³ La tierra quedará desolada
  por culpa de sus habitantes,
  como resultado de su maldad.

¹⁴ Pastorea con tu cayado a tu pueblo,
  al rebaño de tu propiedad,
que habita solitario en el bosque,
  en medio de un campo fértil.ᶜ
Hazlo pastar en Basán y en Galaad
  como en los tiempos pasados.

¹⁵ Muéstrale tus maravillas,
  como cuando lo sacaste de Egipto.

¹⁶ Las naciones verán tus maravillas
  y se avergonzarán de toda su prepotencia;
se llevarán la mano a la boca
  y sus oídos se ensordecerán.
¹⁷ Lamerán el polvo como serpientes,
  como los reptiles de la tierra.
Saldrán temblando de sus escondrijos
  y, temerosos ante tu presencia,
  se volverán a ti, SEÑOR y Dios nuestro.
¹⁸ ¿Qué Dios hay como tú,
  que perdone la maldad
y pase por alto el delito
  del remanente de su heredad?
No estarás airado para siempre,
  porque tu mayor placer es amar.
¹⁹ Vuelve a compadecerte de nosotros.
Pon tu pie sobre nuestras maldades
  y arroja al fondo del mar todos nuestros
    pecados.
²⁰ Muestra tu fidelidad a Jacob
  y tu lealtad a Abraham,
como desde tiempos antiguos
  se lo juraste a nuestros antepasados.

---

a **14** *seguirás padeciendo hambre.* Texto de difícil traducción.
b **16** *los pueblos* (LXX); *mi pueblo* (TM).   *c* **14** *campo fértil.*
Podría ser una referencia al monte Carmelo.

Nahúm

1 Profecía acerca de Nínive. Libro de la visión que tuvo Nahúm de Elcós.

Manifestación del SEÑOR

2 El SEÑOR es un Dios celoso y vengador.
  SEÑOR de la venganza, Señor de la ira.
El SEÑOR se venga de sus adversarios;
  es implacable con sus enemigos.
3 El SEÑOR es lento para la ira,
  pero grande en poder.
El SEÑOR no deja sin castigo al culpable.
Camina en el huracán y en la tormenta;
  las nubes son el polvo de sus pies.
4 Reprende al mar y lo seca;
  hace que todos los ríos se evaporen.
Los montes Basán y Carmelo pierden su lozanía;
  el verdor del Líbano se marchita.
5 Ante él tiemblan las montañas
  y se desmoronan las colinas.
Ante él se agita la tierra,
  el mundo y todos los que en él habitan.
6 ¿Quién podrá resistir su indignación?
  ¿Quién podrá soportar el ardor de su ira?
Su furor se derrama como fuego;
  ante él se resquebrajan las rocas.

Destrucción de Nínive

7 Bueno es el SEÑOR;
  es refugio en el día de la angustia
  y conoce a los que en él confían.
8 Pero destruirá a Nínive[a]
  con una inundación arrasadora;
  ¡aun en las tinieblas perseguirá a sus enemigos!

9 ¿Qué traman contra el SEÑOR?
  Él desbaratará sus planes;
  la calamidad no se repetirá.
10 Serán consumidos como paja seca,
  como espinos enmarañados,
  como borrachos ahogados en vino.
11 De ti, Nínive, salió
  el que trama el mal contra el SEÑOR,
  el que aconseja perversidades.

Liberación del opresor

12 Así dice el SEÑOR:

  «Aunque sean fuertes y numerosos,
  serán arrancados y desaparecerán.
Aunque te he afligido,
  no te afligiré más.
13 Voy a quebrar el yugo que te oprime,
  voy a romper tus ataduras».

14 Pero acerca de ti, Nínive,
  el SEÑOR ha decretado:

  «No tendrás descendientes que perpetúen tu
    *nombre;
  eliminaré de la casa de tus dioses
  las imágenes talladas y las imágenes fundidas.
Te voy a preparar una tumba,
  porque eres una infame».

Anuncio de la victoria sobre Nínive

15 ¡Miren! Ya se acerca por los montes
  el que anuncia las buenas nuevas,
  el que proclama la *paz.
¡Celebra tus fiestas, Judá!
  ¡Paga tus promesas!
Porque no volverán a invadirte los malvados,
  pues han sido destruidos por completo.

La destrucción de Nínive

2 Nínive, un destructor avanza contra ti.
  Monta guardia en la fortaleza;
  vigila el camino;
  renueva tus fuerzas;
  refuerza tu poder.

2 Porque el SEÑOR restaura el esplendor de
    Jacob,
  como el esplendor de Israel,
  aunque los destructores lo han arrasado;
  han arruinado sus viñas.

3 Rojo es el escudo de sus valientes;
  de escarlata se visten los guerreros.
El metal de sus carros brilla como fuego
  mientras se alistan para la batalla
  y los guerreros agitan sus lanzas.[b]
4 Por las calles se precipitan los carros,
  irrumpen con violencia por las plazas.
Su aspecto es como antorchas de fuego,
  como relámpagos zigzagueantes.

Caída y saqueo de Nínive

5 Nínive convoca a sus tropas escogidas,
  que en su carrera se atropellan.
Corren a la muralla
  para preparar la protección,
6 pero se abren las compuertas de los ríos
  y el palacio se derrumba.
7 Está decidido:
  la ciudad[c] está desnuda y es llevada al exilio.
Gimen sus criadas como palomas
  y se golpean el pecho.

8 Nínive es como un estanque roto
  cuyas aguas se derraman.
«¡Deténganse! ¡Deténganse!», les gritan,
  pero nadie vuelve atrás.
9 ¡Saqueen la plata!
  ¡Saqueen el oro!
El tesoro es inagotable,
  y abundan las riquezas y los objetos
    preciosos.

---

a **8** *A Nínive. Lit. el lugar de ella.*   *b* **3** *Según el texto hebreo; la LXX y la Siríaca dicen batalla y se inquietan los jinetes.*
c **7** *ciudad. Alt. reina.*

¹⁰¡Destrucción, ruina, devastación!
Desfallecen los corazones,
    tiemblan las rodillas,
se estremecen los cuerpos,
    palidecen los rostros.

La bestia salvaje morirá

¹¹¿Qué fue de la guarida de los leones
    y de la cueva donde alimentaban a los
        leoncillos,
donde el león, la leona y sus cachorros
    se guarecían sin que nadie los
        perturbara?
¹²¿Qué fue del león,
    que despedazaba para sus crías
    y estrangulaba para sus leonas,
que llenaba de presas su caverna
    y de carne su guarida?

¹³«Pero ahora yo vengo contra ti»,
    afirma el Señor de los Ejércitos.
«Convertiré en humo tus carros de guerra
    y mataré a filo de espada a tus
        leoncillos.
Pondré fin en el país a tus rapiñas
    y no volverá a oírse la voz de tus
        mensajeros».

Descripción del fin de Nínive

3 ¡Ay de la ciudad sedienta de sangre,
    repleta de mentira,
llena de rapiña,
    aferrada a la presa!
²¡Se oye el chasquido de los látigos,
    el estrépito de las ruedas,
el galopar de los caballos,
    el chirrido de los carros,
³la carga de la caballería,
    el fulgor de las espadas,
    el centellear de las lanzas!
¡Son muchos los muertos,
    los cuerpos amontonados,
los cadáveres por doquier
    con los que todos tropiezan!
⁴Todo por el deseo desenfrenado de una prostituta
        seductora,
    maestra en hechicerías.
Esclavizó naciones con su prostitución,
    y pueblos, con su brujería.

⁵«¡Aquí estoy contra ti!»,
    afirma el Señor de los Ejércitos.
«Te levantaré la falda hasta la cara
    para que las naciones vean tu desnudez
    y los reinos descubran tus vergüenzas.
⁶Arrojaré sobre ti inmundicias,
    te trataré con desprecio
    y haré de ti un espectáculo.
⁷Todos los que te vean huirán de ti
    y dirán: "¡Nínive ha sido devastada!
¿Quién hará duelo por ella?".
    ¿Dónde hallaré quien la consuele?».

Destrucción total de Nínive

⁸¿Acaso eres mejor que Tebas,^a
    ciudad rodeada de aguas,
    asentada junto a las corrientes del Nilo,
que tiene al mar por terraplén
    y a las aguas por muralla?
⁹Cus y Egipto eran su fuerza ilimitada,
    Fut y Libia eran sus aliados.
¹⁰Con todo, Tebas marchó al exilio;
    fue llevada al cautiverio.
A sus hijos los estrellaron
    contra las esquinas de las calles.
Sobre sus nobles echaron suertes
    y encadenaron a su gente ilustre.
¹¹También tú, Nínive, te embriagarás
    y se embotarán tus sentidos.
También tú, por causa del enemigo,
    tendrás que buscar refugio.

¹²Todas tus fortalezas son higueras
    cargadas de brevas maduras:
si las sacuden,
    caen en la boca del que se las come.
¹³Mira, al enfrentarse al enemigo
    tus tropas se portan como cobardes.
Las puertas de tu país
    quedarán abiertas de par en par,
    porque el fuego consumirá tus cerrojos.

Defensa inútil

¹⁴¡Abastécete de agua para el asedio,
    refuerza tus fortificaciones!
¡Métete al barro, pisa la mezcla
    y repara los ladrillos!
¹⁵Porque allí mismo te consumirá el fuego
    y te exterminará la espada.
¡Como langosta pequeña te devorará!
¡Multiplícate como larva,
    reprodúcete como langosta!
¹⁶Aumentaste tus mercaderes
    más que las estrellas de los cielos,
pero como langostas pequeñas
    devoran la tierra y se van volando.
¹⁷Tus guardianes son como langostas
    y tus oficiales, como enjambres de langostas
que en días fríos se posan sobre los muros,
pero que al salir el sol desaparecen,
    y nadie sabe dónde hallarlos.

¹⁸Rey de Asiria,
    tus pastores duermen
    y tus nobles descansan.
Tu pueblo anda disperso por los montes
    y no hay quien lo reúna.
¹⁹Tu herida no tiene remedio;
    tu llaga es incurable.
Todos los que sepan lo que te ha pasado
    aplaudirán por tu desgracia.
Pues ¿quién no fue víctima
    de tu constante maldad?

---

^a **8** *Tebas.* Lit. *No Amón.*

Habacuc

1 Esta es la profecía que el profeta Habacuc recibió en visión.

La primera queja de Habacuc

2 ¿Hasta cuándo, SEÑOR, he de pedirte ayuda
  sin que tú me escuches?
¿Hasta cuándo he de clamar «¡violencia!»,
  sin que tú nos salves?
3 ¿Por qué me haces presenciar tanta iniquidad?
  ¿Por qué toleras la maldad?
Veo ante mis ojos destrucción y violencia;
  surgen riñas y abundan las contiendas.
4 Por lo tanto, se debilita la Ley
  y no prevalece la justicia.
El malvado acosa al justo
  y se pervierte la justicia.

La respuesta del SEÑOR

5 «¡Miren a las naciones!
  ¡Contémplenlas y quédense asombrados!
Estoy por hacer en estos días una obra,
  que si se la contara, no la creerían.
6 Estoy incitando a los babilonios,*a*
  ese pueblo despiadado e impetuoso,
  que recorre toda la tierra
  para apoderarse de territorios ajenos.
7 Son un pueblo temible y espantoso,
  que impone su propia justicia
  y promueve su propia honra.
8 Sus caballos son más veloces que leopardos,
  más feroces que lobos nocturnos.
Su caballería se lanza a todo galope;
  sus jinetes vienen de muy lejos.
Vuelan como águilas que se lanzan dispuestas
  a devorar.
9 Todos vienen para hacer violencia;
  avanzan sus hordas*b* como el viento del
    desierto,
  hacen prisioneros como quien recoge
    arena.
10 Ridiculizan a los reyes,
  se burlan de los gobernantes;
se ríen de toda ciudad amurallada,
  pues construyen rampas y la toman.
11 Son un viento que a su paso arrasa todo;
  su pecado es hacer de su fuerza un dios».

La segunda queja de Habacuc

12 ¿No eres tú, SEÑOR, desde la eternidad?
  ¡Tú, mi Dios, mi *santo, no morirás!*c*
Tú, SEÑOR, los has puesto para hacer justicia;
  tú, mi *Roca, los has puesto para ejecutar tu
    castigo.
13 Son tan puros tus ojos que no puedes ver el mal;
  no te es posible contemplar la opresión.

¿Por qué entonces toleras a los traidores?
  ¿Por qué guardas silencio
  mientras los malvados se tragan a los más
    justos que ellos?
14 Has hecho a los *hombres como peces del mar,
  como reptiles que no tienen jefe.
15 El malvado los saca a todos con anzuelo,
  los arrastra con sus redes,
los recoge entre sus mallas,
  y así se alegra y regocija.
16 Por lo tanto, ofrece sacrificios a sus redes
  y quema incienso a sus mallas,
pues gracias a sus redes su porción es sabrosa
  y su comida es suculenta.
17 ¿Continuará vaciando sus redes
  y matando sin piedad a las naciones?

2 Me mantendré en mi guardia,
  me ubicaré sobre la muralla;
estaré pendiente de lo que me diga,
  de su respuesta a mi queja.

La respuesta del SEÑOR

2 Y el SEÑOR me respondió:

«Escribe la visión
  y grábala claramente en las tablillas,
  para que se lea de corrido.*d*
3 Pues la visión se realizará en el tiempo
    señalado;
  marcha hacia su cumplimiento
  y no dejará de cumplirse.
Aunque parezca tardar, espérala;
  porque sin falta vendrá.

4 »El insolente no tiene el *alma recta,
  pero el justo vivirá por su fe.
5 Además, el vino es traicionero;
  por eso el soberbio no permanecerá.
Pues ensancha su garganta como el sepulcro,*e*
  y es insaciable como la muerte.
Reúne en torno suyo a todas las naciones
  y toma cautivos a todos los pueblos.
6 Y estos lo harán objeto de burla
  en sus sátiras y adivinanzas.
¡Ay del que se hace rico con lo ajeno
  y acumula prendas empeñadas!
  ¿Hasta cuándo seguirá con esta práctica?
7 ¿No se levantarán de repente tus acreedores?
  ¿No se despertarán para hacerte temblar?
  Entonces te convertirás en su víctima.
8 Son tantas las naciones que has saqueado
  que los pueblos que se salven te saquearán a ti;
porque es mucha la sangre que has derramado
  y mucha tu violencia contra estas tierras,
  contra esta ciudad y sus habitantes.

9 »¡Ay del que llena su casa de ganancias injustas
  en un intento por salvar su nido
  y escapar de las garras del infortunio!

---

a 6 Lit. *caldeos.*   *b* 9 *hordas.* Palabra de difícil traducción.
c 12 *no morirás;* según una tradición rabínica; *no moriremos*
(TM).   *d* 2 *para que se lea de corrido.* Alt. *para que el lector
corra con ella para anunciarla.*   *e* 5 *el sepulcro.* Lit. *el Seol.*

¹⁰ Son tus maquinaciones la vergüenza de tu casa:
    exterminaste a muchas naciones,
    pero causaste tu propia desgracia.
¹¹ Por eso hasta las piedras del muro claman
    y resuenan las vigas del enmaderado.

¹² »¡Ay del que construye una ciudad con sangre
    y establece un poblado con maldad!
¹³ ¿Acaso no ha determinado el SEÑOR de los
    Ejércitos
    que el trabajo de los pueblos sea solo leña para
    el fuego
    y las naciones se fatiguen por nada?
¹⁴ Porque se llenará la tierra con el conocimiento de
    la gloria del SEÑOR
    así como las aguas cubren los mares.

¹⁵ »¡Ay de ti, que emborrachas a tu prójimo,
    que derramas tu veneno hasta embriagarlo*ᵃ*
    para contemplar su cuerpo desnudo!
¹⁶ Con esto te has cubierto de deshonra y no de
    gloria.
    ¡Pues bebe tú también y muestra tu desnudez!
    ¡Que se vuelque sobre ti la copa de la diestra del
    SEÑOR
    y una desgracia superará tu gloria!
¹⁷ ¡Que te alcance la violencia que cometiste contra
    el Líbano!
    ¡Que te abata la destrucción que hiciste de los
    animales!
    ¡Porque es mucha la sangre que has derramado
    y mucha tu violencia contra la tierra,
    contra ciudades y todos sus habitantes!

¹⁸ »¿De qué sirve una imagen,
    si quien la esculpe es un artesano?
    ¿De qué sirve una imagen fundida,
    si tan solo enseña mentiras?
    El artesano que hace ídolos que no pueden hablar
    solo está confiando en su propio artificio.
¹⁹ ¡Ay del que dice al madero: "Despierta",
    y a la piedra muda: "Levántate"!
    Aunque están recubiertos de oro y plata,
    nada pueden enseñarle,
    pues carecen de aliento de vida.

²⁰ »En cambio, el SEÑOR está en su ˙santo templo.
    ¡Guarde toda la tierra silencio en su
    presencia!».

La oración de Habacuc

3 Oración del profeta Habacuc. Según *sigionot*.*ᵇ*

² SEÑOR, he sabido de tu fama;
    tiemblo delante de tus obras, SEÑOR.
    Repítelas en nuestros días,
    dalas a conocer en nuestro tiempo;
    en tu ira, ten presente tu misericordia.

³ Dios viene desde Temán;
    el ˙Santo, desde el monte de Parán.   *Selah*
    Su gloria cubre el cielo
    y su alabanza llena la tierra.
⁴ Su resplandor es como el sol;
    rayos brotan de sus manos;
    su poder se esconde en sus manos.

⁵ Una plaga mortal lo precede
    y una epidemia sigue sus pasos.
⁶ Se detiene y la tierra se estremece;
    lanza una mirada y las naciones tiemblan.
    Se desmoronan las antiguas montañas
    y se desploman las viejas colinas,
    pero sus caminos son eternos.
⁷ He visto afligidos los campamentos de Cusán,
    y angustiadas las moradas de Madián.

⁸ ¿Te enojaste, oh SEÑOR, con los ríos?
    ¿Estuviste airado contra las corrientes?
    ¿Tan enfurecido estabas contra el mar
    que cabalgaste en tus caballos
    y montaste en tus carros victoriosos?
⁹ Descubriste tu arco,
    llenaste de flechas tu aljaba.*ᶜ*   *Selah*
    Tus ríos dividen la tierra;
    ¹⁰ las montañas te ven y se retuercen.
    Pasan los torrentes de agua;
    el abismo ruge y levanta sus olas en
    lo alto.

¹¹ El sol y la luna se detienen en el cielo
    por el fulgor de tus veloces flechas,
    por el deslumbrante brillo de tu lanza.
¹² Indignado, marchas sobre la tierra;
    en tu ira aplastas las naciones.
¹³ Saliste a liberar a tu pueblo,
    saliste a salvar a tu ˙ungido.
    Aplastaste al rey de la perversa dinastía,
    ¡lo desnudaste de pies a cabeza!
        Selah
¹⁴ Con su propia lanza atravesaste la cabeza de sus
    guerreros
    que enfurecidos querían dispersarnos,
    que con placer arrogante se lanzaron
    como quien devora en secreto a un pobre.*ᵈ*
¹⁵ Pisoteaste el mar con tus corceles
    que agitaban las inmensas aguas.

¹⁶ Al oírlo, se estremecieron mis entrañas;
    a su voz, me temblaron los labios;
    la debilidad entró en los huesos
    y se me aflojaron las piernas.
    Pero yo espero con paciencia el día en que la
    calamidad
    vendrá sobre la nación que nos invade.
¹⁷ Aunque la higuera no florezca
    ni haya frutos en las vides;
    aunque falle la cosecha del olivo
    y los campos no produzcan alimentos;
    aunque en el redil no haya ovejas
    ni vaca alguna en los establos;
¹⁸ aun así, yo me regocijaré en el SEÑOR.
    ¡Me alegraré en el Dios de mi salvación!

¹⁹ El SEÑOR y Dios es mi fuerza;
    da a mis pies la ligereza de una gacela
    y me hace caminar por las alturas.
    *Al director musical. Sobre instrumentos
    de cuerda.*

ᵃ **15** *hasta embriagarlo.* Texto de difícil traducción.
ᵇ **1** *sigionot.* Probablemente un término literario o musical.
ᶜ **9** *llenaste de flechas tu aljaba* (mss. de LXX); en TM, texto de
difícil traducción.   *ᵈ* **14** Versículo de difícil traducción.

Sofonías

1 Esta es la palabra del SEÑOR que vino a Sofonías, hijo de Cusí, hijo de Guedalías, hijo de Amarías, hijo de Ezequías, durante el reinado de Josías, hijo de Amón, rey de Judá:

Advertencia sobre la destrucción venidera

2 «Arrasaré por completo
cuanto hay sobre la faz de la tierra»,
afirma el SEÑOR.
3 «Arrasaré con *hombres y animales,
con las aves del cielo,
con los peces del mar
y con los ídolos que hacen caer a los
malvados.*

»Destruiré a toda la humanidad
de sobre la faz de la tierra»,
afirma el SEÑOR.

Juicio contra Judá

4 «Extenderé mi mano contra Judá
y contra todos los habitantes de Jerusalén.
Exterminaré de este lugar todo rastro de *Baal
y hasta el nombre de sus sacerdotes idólatras;
5 a los que en las azoteas se postran en adoración
ante al ejército del cielo;
a los que, postrados en adoración,
juran lealtad al SEÑOR
y al mismo tiempo a Moloc;*
6 a los que se apartan del SEÑOR
y no lo buscan ni lo consultan.

7 »¡Silencio ante el SEÑOR y Dios,
porque cercano está el día del SEÑOR;
ha preparado el SEÑOR un sacrificio
y ha consagrado a sus invitados!

8 »En el día del sacrificio del SEÑOR
castigaré a los oficiales y los hijos del rey,
y a cuantos se visten según modas extrañas.
9 En aquel día castigaré
a cuantos evitan pisar el umbral,*
a los que llenan de violencia y engaño
la casa de sus dioses.*

10 »Aquel día se oirán gritos de auxilio,
desde la puerta del Pescado,
quejidos desde el Barrio Nuevo,
y gran quebranto desde las colinas»,
afirma el SEÑOR.
11 «¡Giman, habitantes del Barrio del Mercado!*
Aniquilados serán todos sus mercaderes,
exterminados cuantos comercian con plata.

12 En aquel tiempo registraré Jerusalén con
lámparas
para castigar a los que reposan tranquilos
como vino en su sedimento,
a los que piensan: "El SEÑOR no va a hacer nada,
ni para bien ni para mal".
13 En botín se convertirán sus riquezas;
sus casas quedarán en ruinas:
"Edificarán casas,
pero no las habitarán;
plantarán viñas,
pero del vino no beberán".

El gran día del SEÑOR

14 »Ya se acerca el gran día del SEÑOR;
a toda prisa se acerca.
El clamor del día del SEÑOR será amargo
y aun el más valiente gritará.
15 Día de ira será aquel día,
día de aflicción y angustia,
día de ruina y destrucción,
día de tinieblas y penumbra,
día de niebla y densa oscuridad,
16 día de trompeta y grito de batalla
contra las ciudades fortificadas,
contra las torres altas.

17 »Traeré tal angustia a todo el pueblo
que andarán como ciegos,
porque pecaron contra el SEÑOR.
Su sangre será derramada como polvo
y sus entrañas como estiércol.
18 No los podrán librar
ni su plata ni su oro
en el día de la ira del SEÑOR.

»En el fuego de su celo
será toda la tierra consumida;
en un instante reducirá a la nada
a todos los habitantes de la tierra».

2 ¹Congréguense, sí, congréguense
ustedes,*
nación desvergonzada;
2 antes que se cumpla lo que he determinado
y el día pase como paja arrastrada por
el viento;
antes que caiga sobre ustedes la ira ardiente del
SEÑOR;
antes que venga sobre ustedes el día de la ira
del SEÑOR.
3 Busquen al SEÑOR, todos ustedes,
los humildes de la tierra,
los que obedecen sus órdenes.
Busquen la justicia, busquen la humildad;
tal vez encontrarán refugio
en el día de la ira del SEÑOR.

Juicio contra los filisteos

4 Gaza quedará abandonada
y Ascalón acabará en ruinas.

---

a 3 *caer a los malvados.* Texto de difícil traducción.
b 5 *Moloc.* Lit. *Malcán;* es decir, Milcón. *c* 9 *evitan pisar
el umbral.* Alusión a una práctica supersticiosa; véase
1S 5:5. *d* 9 *la casa de sus dioses.* Alt. *el palacio de su señor.*
e 11 *Mercado.* Alt. *Mortero.* *f* 1 *congréguense ustedes.* Texto
de difícil traducción.

Asdod será expulsada a plena luz del día
y Ecrón será desarraigada.
5 ¡Ay de la nación queretea
que habita a la costa del mar!
La palabra del SEÑOR es contra ti,
Canaán, tierra de los filisteos:
«Te aniquilaré
hasta no dejar en ti habitante».
6 La costa del mar se convertirá en praderas,
en campos*a* de pastoreo y corrales de ovejas.
7 Y esa tierra pertenecerá
al remanente del pueblo de Judá.
Allí pastarán sus ovejas
y al atardecer se echarán a descansar
en las casas de Ascalón;
porque los cuidará el SEÑOR su Dios
para restaurarlos.*b*

Juicio contra Moab y Amón
8 «He oído las burlas de Moab
y el menosprecio de los amonitas,
que insultaron a mi pueblo
y se mostraron arrogantes contra su territorio.
9 Tan cierto como que yo vivo»,
afirma el SEÑOR de los Ejércitos, el Dios de
Israel,
«Moab vendrá a ser como Sodoma
y los amonitas como Gomorra;
se volverán campos de espinos y minas de sal,
ruina perpetua.
El remanente de mi pueblo los saqueará;
los sobrevivientes de mi nación heredarán su
tierra».

10 Este será el pago por su soberbia
y por insultar y ridiculizar
al pueblo del SEÑOR de los Ejércitos.
11 El SEÑOR será terrible contra ellos,
cuando destruya a todos los dioses de la tierra;
y así hasta las naciones más remotas
se postrarán en adoración ante él,
cada cual en su propia tierra.

Juicio contra Cus
12 «También ustedes, *cusitas,
serán atravesados por mi espada».

Juicio contra Asiria
13 Él extenderá su mano contra el norte;
aniquilará a Asiria
y dejará a Nínive en ruinas,
árida como un desierto.
14 Se tenderán en medio de ella los rebaños
y toda clase de animales salvajes.
Pasarán la noche sobre sus columnas
tanto el búho del desierto como la lechuza.*c*
Resonarán por las ventanas sus graznidos,
habrá asolamiento en los umbrales,
las vigas de cedro quedarán al descubierto.
15 Esta es la ciudad alegre
que habitaba segura,
la que se decía a sí misma:
«Yo y nadie más».
¡Cómo ha quedado convertida en espanto,
en guarida de fieras!
Todo el que pasa junto a ella
se mofa y le hace gestos con las manos.

El futuro de Jerusalén
3 ¡Ay de la ciudad opresora,
rebelde y contaminada!
2 No atiende a consejos
ni acepta *corrección.

No confía en el SEÑOR
ni se acerca a su Dios.
3 Los oficiales que están en ella
son leones rugientes,
sus jueces son lobos nocturnos
que no dejan nada para la mañana.
4 Sus profetas son inescrupulosos,
personas traicioneras.
Sus sacerdotes profanan las cosas *santas
y violan la Ley.
5 Pero el SEÑOR que está en ella es justo
y no comete iniquidad.
Cada mañana imparte su justicia
y no deja de hacerlo cada nuevo día,
pero el inicuo no conoce la vergüenza.

6 «Exterminé naciones;
quedaron desoladas sus fortalezas.
Dejé sus calles desiertas
y nadie pasa por ellas.
Quedaron arrasadas sus ciudades,
sin ningún habitante.
7 Dije a la ciudad:
"¡Ciertamente me temerás;
aceptarás corrección!".
Entonces no sería destruida su morada,
según todo lo que decreté contra ella.
A pesar de todo, se empeñaron
en corromper todas sus obras.
8 Espérenme, por tanto,
hasta el día que me levante a buscar
el botín»,*d*
afirma el SEÑOR,
«porque he decidido reunir a las naciones
y juntar a los reinos
para derramar sobre ellos mi indignación,
toda mi ardiente ira.
En el fuego de mi celo
toda la tierra será consumida.
9 » *Purificaré los labios de los pueblos
para que todos invoquen el *nombre del
SEÑOR
y lo sirvan de común acuerdo.
10 Desde más allá de los ríos de *Cus
me traerán ofrendas
mis adoradores, mi pueblo disperso.
11 Aquel día no tendrás que avergonzarte más
de todas tus rebeliones contra mí.
Porque quitaré de en medio de ti
a esa gente altanera y jactanciosa,
y así nunca más volverás a ser arrogante
en mi santo monte.
12 Dejaré en medio de ti
un pueblo pobre y humilde,
que se refugia en el nombre del SEÑOR.
13 El remanente de Israel
no cometerá iniquidad,
no dirá mentiras
ni se hallará engaño en su boca.
Pastarán y descansarán
sin que nadie los espante».

14 ¡Lanza gritos de alegría, hija de *Sión!
¡Da gritos de victoria, Israel!
¡Regocíjate y alégrate de todo corazón,
hija de Jerusalén!

---

a **6** *campos.* Palabra de difícil traducción. *b* **7** *para
restaurarlos.* Alt. *y hará volver a sus cautivos.* *c* **14** La
identidad de estos animales es incierta. El paralelismo sugiere
dos clases de aves, sin embargo, el segundo término hebreo
parece referirse a una *garza* o a un *puercoespín.* *d* **8** Según el
texto hebreo; la LXX y Siríaca *me levante para testificar.*

¹⁵ El Señor te ha levantado el castigo;
    ha puesto en retirada a tus enemigos.
El Señor, rey de Israel, está en medio de ti:
    nunca más temerás mal alguno.
¹⁶ Aquel día dirán a Jerusalén:
    «No temas, Sión, ni te desanimes,
¹⁷ porque el Señor tu Dios, está en
        medio de ti
    como poderoso guerrero que salva.
Se deleitará en ti con gozo,
    te renovará con su amor,
se alegrará por ti con cantos».

---

a **18** Versículo de difícil traducción.   *b* **20** *los restaure.* Alt.
haga volver a sus cautivos.

¹⁸ «Yo te libraré de las tristezas,
    que son para ti una carga deshonrosa.ᵃ
¹⁹ En aquel tiempo yo mismo me ocuparé
    de todos los que te oprimen;
    salvaré a la oveja que cojea
    y juntaré a la descarriada.
Les daré fama y renombre
    en los países donde fueron avergonzados.
²⁰ En aquel tiempo yo los traeré;
    en aquel tiempo los reuniré.
Daré a ustedes fama y renombre
    entre todos los pueblos de la tierra
    cuando yo los restaureᵇ
    ante sus mismos ojos».
        Así lo ha dicho el Señor.

Hageo

Primer mensaje: Exhortación a reedificar el templo

1 El día primero del mes sexto del segundo año del rey Darío, vino palabra del SEÑOR por medio del profeta Hageo a Zorobabel, hijo de Salatiel, gobernador de Judá, y al sumo sacerdote Josué, hijo de Josadac: ²«Así dice el SEÑOR de los Ejércitos: "Este pueblo afirma que todavía no ha llegado el tiempo para reconstruir el Templo del SEÑOR"».

³También vino esta palabra del SEÑOR por medio del profeta Hageo: ⁴«¿Acaso es el tiempo para vivir en casas lujosas, mientras esta casa está en ruinas?».

⁵Así dice ahora el SEÑOR de los Ejércitos: «¡Reflexionen sobre su proceder! ⁶Ustedes siembran mucho, pero cosechan poco; comen, pero no quedan satisfechos; beben, pero no llegan a saciarse; se visten, pero no logran calentarse; y al jornalero se le va su salario como por saco roto».

⁷Así dice el SEÑOR de los Ejércitos: «¡Reflexionen sobre su proceder! ⁸Vayan ustedes al monte, traigan madera y reconstruyan mi casa. Yo veré su reconstrucción con gusto, y manifestaré mi gloria —dice el SEÑOR. ⁹Ustedes esperan mucho, pero cosechan poco; lo que almacenan en su casa, yo lo disipo de un soplo. ¿Por qué? ¡Porque mi casa está en ruinas, mientras ustedes solo se ocupan de la suya!», afirma el SEÑOR de los Ejércitos. ¹⁰«Por eso, por culpa de ustedes, los cielos retuvieron el rocío y la tierra se negó a dar sus frutos. ¹¹Yo hice venir una sequía sobre los campos y las montañas, sobre el grano y el vino nuevo, sobre el aceite de oliva y el fruto de la tierra, sobre los animales, las personas y sobre toda la obra de sus manos».

¹²Zorobabel, hijo de Salatiel, el sumo sacerdote Josué, hijo de Josadac, y todo el resto del pueblo obedecieron al SEÑOR su Dios. Acataron las palabras del profeta Hageo, a quien el SEÑOR su Dios había enviado. Y el pueblo sintió temor en la presencia del SEÑOR. ¹³Entonces Hageo, su mensajero, comunicó este mensaje del SEÑOR al pueblo: «Yo estoy con ustedes. Yo, el SEÑOR, lo afirmo». ¹⁴Y el SEÑOR inquietó el espíritu de Zorobabel, hijo de Salatiel, gobernador de Judá, y el del sumo sacerdote Josué, hijo de Josadac; también el espíritu del resto del pueblo. Así que vinieron y empezaron a trabajar en la casa de su Dios, el SEÑOR de los Ejércitos. ¹⁵Era el día veinticuatro del mes sexto del segundo año del rey Darío.

Segundo mensaje: La presencia del SEÑOR

2 El día veintiuno del mes séptimo, vino palabra del SEÑOR por medio del profeta Hageo: ²«Pregunta a Zorobabel, hijo de Salatiel y gobernador de Judá, al sumo sacerdote Josué, hijo de Josadac, y al resto del pueblo: ³"¿Queda alguien entre ustedes que haya visto este Templo en su antiguo esplendor? ¿Qué les parece ahora? ¿No lo ven como muy poca cosa? ⁴Pues ahora, ¡ánimo, Zorobabel!", afirma el SEÑOR. "¡Sé fuerte, Josué, hijo de Josadac! ¡Tú eres el sumo sacerdote! ¡Sé fuerte, pueblo de esta tierra!", afirma el SEÑOR. "¡Manos a la obra, que yo estoy con ustedes!", afirma el SEÑOR de los Ejércitos. ⁵"Mi Espíritu permanece en medio de ustedes, conforme al *pacto que hice con ustedes cuando salieron de Egipto. No teman".

⁶»Así dice el SEÑOR de los Ejércitos: "Dentro de muy poco haré que se estremezcan los cielos y la tierra, el mar y la tierra firme. ⁷Haré temblar a todas las naciones y lo deseado por todas ellas llegará aquí. Así llenaré de esplendor este Templo", dice el SEÑOR de los Ejércitos. ⁸"Mía es la plata y mío es el oro", afirma el SEÑOR de los Ejércitos. ⁹"El esplendor de esta segunda casa será mayor que el de la primera", dice el SEÑOR de los Ejércitos. "Y en este lugar concederé la *paz"», afirma el SEÑOR de los Ejércitos.

Tercer mensaje: Consulta a los sacerdotes

¹⁰El día veinticuatro del mes noveno del segundo año de Darío, vino palabra del SEÑOR al profeta Hageo: ¹¹«Así dice el SEÑOR de los Ejércitos: "Consulta a los sacerdotes sobre lo que dice la Ley"». Entonces Hageo planteó lo siguiente:

¹²—Supongamos que alguien lleva carne consagrada en la falda de su vestido y sucede que la falda toca el pan, el guiso, el vino, aceite o cualquier otro alimento; ¿quedarán también consagrados?

—¡No! —contestaron los sacerdotes.

¹³—Supongamos ahora —prosiguió Hageo—, que una persona impura por el contacto de un cadáver toca cualquiera de estas cosas; ¿también ellas quedarán impuras?

—¡Sí! —contestaron los sacerdotes.

¹⁴Entonces Hageo respondió:

«¡Así es este pueblo!
¡Así es para mí esta nación!»,
afirma el SEÑOR.
«¡Así es cualquier obra de sus manos!
¡Todo lo que allí ofrecen es impuro!

¹⁵»Ahora bien, desde hoy en adelante, reflexionen. Antes de que ustedes pusieran piedra sobre piedra en el Templo del SEÑOR, ¿cómo les iba? ¹⁶Cuando alguien se acercaba a un montón de grano esperando encontrar veinte medidas, solo hallaba diez; y, si se iba al lagar esperando sacar cincuenta medidas del contenedor del mosto, solo sacaba veinte. ¹⁷Castigué con plaga, peste y granizo toda obra de sus manos. Sin embargo, ustedes no se volvieronᵃ a mí», afirma el SEÑOR. ¹⁸«Reflexionen desde hoy en adelante, día veinticuatro del mes noveno, día en que se pusieron los cimientos del Templo del SEÑOR. Reflexionen: ¹⁹¿Queda todavía alguna semilla en el granero? Hasta ahora, la vid, la higuera, el granado y el olivo no han dado frutos. ¡Pero a partir de hoy yo los bendeciré!».

Cuarto mensaje: Promesas a Zorobabel

²⁰El día veinticuatro del mismo mes vino por segunda vez palabra del SEÑOR a Hageo: ²¹«Di a

---

ᵃ 17 no se volvieron (LXX y Siríaca); en TM, texto de difícil traducción.

Zorobabel, gobernador de Judá: "Yo estoy por estremecer los cielos y la tierra. ²²Destruiré los tronos reales y haré pedazos el poderío de los reinos del mundo. Volcaré los carros con sus conductores y caerán caballos y jinetes; se matarán a espada unos a otros. ²³En aquel día —afirma el SEÑOR de los Ejércitos—, te tomaré a ti, mi siervo Zorobabel, hijo de Salatiel —dice el SEÑOR—, y te haré semejante a un anillo de sellar, porque yo te he elegido", declara el SEÑOR de los Ejércitos».

Zacarías

Un llamado a volver al SEÑOR

1 En el mes octavo del segundo año del reinado de Darío, la palabra del SEÑOR vino al profeta Zacarías, hijo de Berequías y nieto de Idó: ²«El SEÑOR está ardiendo en ira contra los antepasados de ustedes. ³Por lo tanto, advierte al pueblo que así dice el SEÑOR de los Ejércitos:

»"Vuélvanse a mí,
y yo me volveré a ustedes",
afirma el SEÑOR de los Ejércitos.

⁴»"No sean como sus antepasados,
a quienes les proclamaron
los antiguos profetas
que así dice el SEÑOR de los Ejércitos:
'Vuélvanse de sus malos caminos
y de sus malas prácticas'.
Porque ellos no me obedecieron
ni me prestaron atención",
afirma el SEÑOR.

⁵»"¿Dónde están los antepasados de ustedes?
¿Acaso los profetas vivirán para siempre?
⁶¿No se cumplieron en sus antepasados
las palabras y los estatutos
que a mis siervos los profetas
ordené comunicarles?

»"Entonces ellos se volvieron al SEÑOR y dijeron: 'El SEÑOR de los Ejércitos nos ha tratado tal y como había decidido hacerlo: conforme a lo que merecen nuestros caminos y nuestras acciones'"».

El hombre entre los arrayanes

⁷En el segundo año del reinado de Darío, en el día veinticuatro del mes de *sebat*, que es el mes undécimo, la palabra del SEÑOR vino al profeta Zacarías, hijo de Berequías y nieto de Idó: ⁸Una noche tuve una visión, en la que vi a un hombre montado en un caballo rojo. Ese hombre se detuvo entre los arrayanes que había en una hondonada. Detrás de él había jinetes en caballos rojos, marrones y blancos. ⁹Yo pregunté: «¿Qué significan estos jinetes, mi señor?». El ángel que hablaba conmigo me respondió: «Voy a explicarte lo que significan». ¹⁰Y el hombre que estaba entre los arrayanes me dijo: «El SEÑOR ha enviado estos jinetes a recorrer la tierra».

¹¹Los jinetes informaron al ángel del SEÑOR que estaba entre los arrayanes: «Hemos recorrido toda la tierra. Por cierto, la encontramos tranquila y en paz». ¹²Ante esto, el ángel del SEÑOR respondió: «SEÑOR de los Ejércitos, ¿hasta cuándo te negarás a compadecerte de Jerusalén y de las ciudades de Judá con las que has estado enojado estos setenta años?». ¹³El SEÑOR respondió con palabras buenas y consoladoras al ángel que hablaba conmigo. ¹⁴Luego el ángel me dijo: «Proclama este mensaje de parte del SEÑOR de los Ejércitos:

»"Mi amor por Jerusalén y por ˙Sión
me hace sentir celos por ellas.
¹⁵En cambio, estoy lleno de ira
con las naciones engreídas.
Mi enojo era poco,
pero ellas lo agravaron".

¹⁶»Por lo tanto, así dice el SEÑOR:
"Volveré a compadecerme de Jerusalén.
Allí se reconstruirá mi Templo
y se extenderá el cordel de medir sobre
Jerusalén",
afirma el SEÑOR de los Ejércitos.

¹⁷»Proclama además lo siguiente de parte del SEÑOR de los Ejércitos:

»"Otra vez mis ciudades rebosarán de bienes,
otra vez el SEÑOR consolará a Sión,
otra vez escogerá a Jerusalén"».

Cuatro cuernos y cuatro herreros

¹⁸Alcé la vista y vi ante mí cuatro cuernos. ¹⁹Pregunté entonces al ángel que hablaba conmigo: «¿Qué significan estos cuernos?». Y el ángel me respondió: «Estos cuernos son los poderes que dispersaron a Judá, a Israel y a Jerusalén».

²⁰Luego el SEÑOR me mostró cuatro herreros. ²¹Pregunté: «¿Y estos qué han venido a hacer?». Me respondió: «Los cuernos son los poderes que dispersaron a Judá, a tal punto que nadie pudo volver a levantar la cabeza. Los herreros han venido para aterrorizarlos y deshacer el poder de las naciones que levantaron su cuerno contra la tierra de Judá y dispersaron a sus habitantes».

El hombre con el cordel de medir

2 Alcé la vista y vi ante mí un hombre que tenía en la mano un cordel de medir. ²Le pregunté: «¿A dónde vas?». Y él me respondió: «Voy a medir a Jerusalén. Quiero ver cuánto mide de ancho y cuánto de largo».

³Ya salía el ángel que hablaba conmigo, cuando otro ángel vino a su encuentro ⁴y le dijo: «Corre, dile a ese joven: "Tanta gente y ganado habrá en Jerusalén, que llegará a ser una ciudad sin muros. ⁵Yo seré para ella —afirma el SEÑOR—, un muro de fuego y dentro de ella seré su gloria".

⁶»¡Atención! ¡Atención! ¡Huyan del país del norte! —afirma el SEÑOR—, ¡Fui yo quien los dispersó a ustedes por los cuatro vientos del cielo!», afirma el SEÑOR.

⁷«Oh Sión, tú que habitas en Babilonia, ¡sal de allí; escápate!

⁸»Porque así dice el SEÑOR de los Ejércitos, cuya gloria fui enviado a buscar entre las naciones que los despojaron a ustedes: "La nación que toca a mi pueblo, toca la niña de mis ojos. ⁹Yo agitaré mi mano contra esas naciones y sus propios esclavos las saquearán". Así sabrán que me ha enviado el SEÑOR de los Ejércitos.

¹⁰»¡Grita de alegría, hija de ˙Sión! ¡Yo vengo a habitar en medio de ti!», afirma el SEÑOR.

¹¹«En aquel día, muchas naciones se unirán al SEÑOR. Ellas serán mi pueblo y yo habitaré entre ellas. Así sabrán que el SEÑOR de los Ejércitos es quien me ha enviado a ustedes. ¹²El SEÑOR tomará posesión de Judá, su porción en tierra ˙santa y de nuevo escogerá a Jerusalén. ¹³¡Que todo el mundo guarde silencio ante el SEÑOR, quien ya avanza desde su santa morada!».

Ropas limpias para el sumo sacerdote

3 Entonces me mostró a Josué, el sumo sacerdote, que estaba de pie ante el ángel del SEÑOR y a ˙Satanás,ᵃ que estaba a su mano derecha para acusarlo. ²El ángel del SEÑOR dijo a Satanás: «¡Que te reprenda el SEÑOR, quien ha escogido a Jerusalén! ¡Que el SEÑOR te reprenda, Satanás! ¿No es este hombre un tizón rescatado del fuego?».

³Josué estaba vestido con ropas sucias en presencia del ángel. ⁴Así que el ángel dijo a los que estaban allí, delante de él: «¡Quítenle las ropas sucias!». Y a Josué dijo: «Como puedes ver, ya te he liberado de tu culpa; ahora voy a vestirte con ropas de gala».

⁵Yo dije: «¡Pónganle también un turbante limpio en la cabeza!». Y pusieron en su cabeza un turbante limpio y lo vistieron, mientras el ángel del SEÑOR permanecía de pie. ⁶Luego el ángel del SEÑOR hizo esta advertencia a Josué: ⁷«Así dice el SEÑOR de los Ejércitos: "Si andas en mis ˙caminos y cumples mis órdenes, entonces gobernarás mi casa y te harás cargo de mis atrios. ¡Yo te concederé un lugar entre estos que están aquí!

⁸»"Escucha, Josué, sumo sacerdote, y que lo oigan tus compañeros que se sientan en tu presencia y que son símbolos de lo que vendrá: Estoy por traer a mi siervo, estoy por traer al Renuevo. ⁹¡Mira, Josué, la piedra que ante ti he puesto! Hay en ella siete ojosᵇ y en ella pondré una inscripción. ¡En un solo día borraré el pecado de esta tierra!", afirma el SEÑOR de los Ejércitos.

¹⁰»"En aquel día —afirma el SEÑOR de los Ejércitos—, cada uno de ustedes invitará a su vecino a sentarse debajo de su vid y de su higuera"».

El candelabro de oro y los dos olivos

4 Entonces el ángel que hablaba conmigo volvió y me despertó como a quien despierta de su sueño. ²Y me preguntó: «¿Qué es lo que ves?». Yo respondí: «Veo un candelabro de oro macizo con un recipiente en la parte superior. Encima del candelabro hay siete lámparas, con siete tubos para las mismas. ³Hay también junto a él dos olivos, uno a la derecha del recipiente y el otro a la izquierda».

⁴Pregunté entonces al ángel que hablaba conmigo: «¿Qué significa todo esto, mi señor?». ⁵Y el ángel me respondió: «¿Acaso no sabes lo que significa?».

Entonces respondí: «No, señor mío». ⁶Así que el ángel me dijo: «Esta es la palabra del SEÑOR para Zorobabel:

»"No será por la fuerza ni por ningún poder, sino por mi Espíritu —dice el SEÑOR de los Ejércitos—. ⁷¿Quién te crees tú, gigantesca montaña? Ante Zorobabel te convertirás en llanura. Y él sacará la piedra principal entre gritos de: ¡Dios la bendiga! ¡Dios la bendiga!"».

⁸Entonces la palabra del SEÑOR vino a mí y me dijo: ⁹«Zorobabel ha puesto los cimientos de esta casa y él mismo terminará de construirla. ¡Así sabrán que me ha enviado a ustedes el SEÑOR de los Ejércitos!

¹⁰»Cuando vean la plomada en las manos de Zorobabel, se alegrarán los que menospreciaron los días de los modestos comienzos. ¡Estos son los siete ojos del SEÑOR que recorren toda la tierra!».

¹¹Entonces pregunté al ángel: «¿Qué significan estos olivos a la derecha y a la izquierda del candelabro?». ¹²Y también pregunté: «¿Qué significan estas dos ramas de olivo junto a los dos tubos de oro por los que fluye el aceite dorado?».

¹³El ángel me preguntó: «¿Acaso no sabes lo que significan?». Entonces respondí: «No, señor mío». ¹⁴Así que el ángel me explicó: «Estos son los dos ˙ungidos que están al servicio del Señor de toda la tierra».

El rollo que volaba

5 Alcé otra vez la vista y vi ante mí un rollo que volaba. ²El ángel me preguntó: «¿Qué es lo que ves?». Y yo respondí: «Veo un rollo que vuela, de veinte codos de largo por diez codos de ancho».ᶜ

³Entonces el ángel me dijo: «Esta es la maldición que caerá sobre todo el país. Según lo escrito en ambos lados del rollo, tanto el ladrón como el que jura en falso serán desterrados. ⁴Así afirma el SEÑOR de los Ejércitos: "Yo he desencadenado esta maldición para que entre en la casa del ladrón y en la del que jura con falsedad por mi nombre. Se alojará dentro de su casa y la destruirá, junto con sus vigas y sus piedras"».

La mujer en un recipiente

⁵Entonces el ángel que hablaba conmigo salió y me dijo: «Alza la vista y fíjate en esto que ha aparecido».

⁶«¿Y qué es?», pregunté. Él me contestó: «Es un recipiente».ᵈ Y agregó: «Es la maldad de la gente de todo el país».

⁷Se levantó entonces la tapa de plomo y dentro de ese recipiente había una mujer sentada. ⁸El ángel dijo: «Esta es la maldad». Y la empujó de nuevo dentro del recipiente, el cual cubrió luego con la tapa de plomo.

⁹Alcé la vista y vi ante mí dos mujeres que salían batiendo sus alas al viento. Tenían alas como de cigüeña y alzaron el recipiente entre la tierra y el cielo.

¹⁰Yo pregunté al ángel que hablaba conmigo: «¿A dónde se llevan el recipiente?». ¹¹Y él me respondió: «Se lo llevan al país de Sinar,ᵉ para construirle una casa. Cuando la casa esté lista, colocarán el recipiente allí, sobre un pedestal».

Los cuatro carros

6 Alcé de nuevo la vista y vi ante mí cuatro carros de guerra que salían de entre dos montañas, las cuales eran de bronce. ²El primer carro era tirado por caballos rojos, el segundo por caballos negros, ³el tercero por caballos blancos y el cuarto por caballos pintos. Todos ellos eran caballos briosos. ⁴Pregunté al ángel que hablaba conmigo: «¿Qué significan estos carros, mi señor?».

⁵El ángel me respondió: «Estos son los cuatro espíritusᶠ del cielo que salen después de haberse presentado ante el Señor de toda la tierra. ⁶El carro de los caballos negros va hacia el país del norte; el de los caballos blancos, hacia el occidente;ᵍ y el de los caballos pintos, hacia el país del sur».

⁷Esos briosos caballos estaban impacientes por recorrer la tierra. Y el ángel les dijo: «¡Vayan, recorran la tierra de un extremo al otro!». Y así lo hicieron.

ᵃ 1 En hebreo *satan* significa *adversario*.   ᵇ 9 *ojos.* Alt. *caras.*
ᶜ 2 Es decir, aprox. 9 m de largo por 4.5 m de ancho.   ᵈ 6 *un recipiente.* Lit. *un efa,* es decir, un recipiente de medida; también en vv. 7, 9 y 10.   ᵉ 11 *Sinar.* Es decir, Babilonia.   ᶠ 5 *espíritus.* Alt. *vientos.*   ᵍ 6 *hacia el occidente* (lectura probable); *tras ellos* (TM).

[8]Entonces el ángel me llamó y me dijo: «Mira, los que van hacia el país del norte harán reposar mi Espíritu en ese país».

La corona para Josué

[9]La palabra del SEÑOR vino a mí y me dijo: [10]«Ve hoy mismo a la casa de Josías, hijo de Sofonías, que es adonde han llegado de Babilonia los exiliados Jelday, Tobías y Jedaías. Recíbeles [11]la plata y el oro que traen consigo y, con ese oro y esa plata, haz una corona, la cual pondrás en la cabeza del sumo sacerdote Josué, hijo de Josadac. [12]Y dirás a Josué de parte del SEÑOR de los Ejércitos:

»"Este es aquel cuyo ˙nombre es Renuevo,
    pues echará renuevos de sus raíces
    y reconstruirá el Templo del SEÑOR.
[13]Él reconstruirá el Templo del SEÑOR,
    se revestirá de majestad
    y se sentará a gobernar en su trono.
También un sacerdote se sentará en su propio
        trono
    y entre ambos habrá armonía".

[14]»La corona permanecerá en el Templo del SEÑOR como un recordatorio para Jelday,[a] Tobías, Jedaías y Hen,[b] hijo de Sofonías. [15]Si ustedes se esmeran en obedecer al SEÑOR su Dios, los que están lejos vendrán para ayudar en la reconstrucción del Templo del SEÑOR. Así sabrán que el SEÑOR de los Ejércitos me ha enviado a ustedes».

Justicia y misericordia en lugar de ayuno

7 En el cuarto año del reinado del rey Darío, en el día cuatro del mes noveno, que es el mes de *quisleu*, la palabra del SEÑOR vino a Zacarías. [2]El pueblo de Betel había enviado a Sarézer y a Reguen Mélec, y a sus hombres, a buscar el favor del SEÑOR [3]y a preguntarles a los sacerdotes del Templo del SEÑOR de los Ejércitos y a los profetas: «¿Debemos seguir llorando y ayunando en el quinto mes, tal como lo hemos hecho todos estos años?».

[4]Vino entonces a mí esta palabra de parte del SEÑOR de los Ejércitos: [5]«Dile a todo el pueblo de la tierra y también a los sacerdotes: "Cuando ustedes ayunaban y se lamentaban en los meses quinto y séptimo de los últimos setenta años, ¿realmente ayunaban por mí? [6]Y cuando comen y beben, ¿acaso no lo hacen para sí mismos?

[7]»¿No son estas las palabras que por medio de los antiguos profetas el SEÑOR mismo proclamó cuando Jerusalén y las ciudades cercanas estaban habitadas y tenían paz, cuando el Néguev y las llanuras occidentales también estaban habitadas?"».

[8]La palabra del SEÑOR vino de nuevo a Zacarías. Le dijo:

[9]«Así dice el SEÑOR de los Ejércitos:

»"Juzguen con verdadera justicia;
    muestren amor y compasión
    los unos por los otros.
[10]No opriman a las viudas ni a los huérfanos,
    ni a los extranjeros, ni a los pobres.
No maquinen el mal en su ˙corazón
    los unos contra los otros".

[11]»Pero ellos se negaron a hacer caso. Desafiantes, volvieron la espalda y se taparon los oídos. [12]Para no oír la Ley ni las palabras que por medio de los antiguos profetas el SEÑOR de los Ejércitos había enviado con su Espíritu; endurecieron su ˙corazón como el diamante. Por lo tanto, el SEÑOR de los Ejércitos se

llenó de ira. [13]«Como no me escucharon cuando los llamé, tampoco yo los escucharé cuando ellos me llamen —dice el SEÑOR de los Ejércitos—. [14]Como con un torbellino, los dispersé entre todas las naciones que no conocían. La tierra que dejaron quedó tan desolada que nadie siquiera pasaba por ella. Fue así como convirtieron en ruina la tierra que antes era apetecible"».

El SEÑOR promete bendecir a Jerusalén

8 Otra vez vino a mí la palabra del SEÑOR de los Ejércitos y me dijo:

[2]«Así dice el SEÑOR de los Ejércitos: "Siento grandes celos por ˙Sión. Son tantos mis celos por ella que ardo de pasión".

[3]»Así dice el SEÑOR: "Regresaré a Sión y habitaré en Jerusalén. Y Jerusalén será conocida como la Ciudad de la Verdad y el monte del SEÑOR de los Ejércitos, como el Monte de la ˙Santidad".

[4]»Así dice el SEÑOR de los Ejércitos: "Los ancianos y las ancianas volverán a sentarse en las calles de Jerusalén, cada uno con su bastón en la mano debido a su avanzada edad. [5]Los niños y las niñas llenarán las calles de la ciudad y jugarán en ellas".

[6]»Así dice el SEÑOR de los Ejércitos: "Al remanente de este pueblo podrá parecerle maravilloso en aquellos días, ¿pero también a mí me parecerá maravilloso?", afirma el SEÑOR de los Ejércitos.

[7]»Así dice el SEÑOR de los Ejércitos: "Salvaré a mi pueblo de los países de oriente y de occidente. [8]Los haré volver para que vivan en Jerusalén; ellos serán mi pueblo y yo seré su Dios, en la verdad y en la justicia".

[9]»Así dice el SEÑOR de los Ejércitos: "¡Cobren ánimo, ustedes, los que en estos días han escuchado las palabras de los profetas, mientras se echan los cimientos para la reconstrucción del Templo del SEÑOR de los Ejércitos! [10]Porque antes de estos días ni los hombres recibían su salario ni los animales su alimento. Por culpa del enemigo tampoco los viajeros tenían seguridad, pues yo puse a cada uno contra su prójimo. [11]Pero ya no trataré al remanente de este pueblo como lo hice en el pasado", afirma el SEÑOR de los Ejércitos.

[12]»"Habrá ˙paz cuando se siembre y las vides darán su fruto; la tierra producirá sus cosechas y el cielo enviará su rocío. Todo esto se lo daré como herencia al remanente de este pueblo. [13]Judá e Israel, ¡no teman! Ustedes han sido entre las naciones objeto de maldición, pero yo los salvaré y serán una bendición. ¡Cobren ánimo!".

[14]»Así dice el SEÑOR de los Ejércitos: "Cuando sus antepasados me hicieron enojar, yo decidí destruirlos sin ninguna compasión", afirma el SEÑOR de los Ejércitos. [15]"Pero ahora he decidido hacerles bien a Jerusalén y a Judá. ¡Así que no tengan miedo! [16]Lo que ustedes deben hacer es hablar cada uno a su prójimo con la verdad y juzgar con integridad en sus tribunales. ¡Eso trae la paz! [17]No maquinen el mal contra su prójimo ni sean dados a jurar en falso, porque yo aborrezco todo eso"», afirma el SEÑOR.

[18]Vino a mí la palabra del SEÑOR de los Ejércitos y me declaró:

[19]«Así dice el SEÑOR de los Ejércitos: "Para el pueblo de Judá, los ayunos de los meses cuarto, quinto, séptimo y décimo serán motivo de gozo y de alegría, y de animadas festividades. Amen, pues, la verdad y la paz".

[20]»Así dice el SEÑOR de los Ejércitos: "Todavía vendrán pueblos y habitantes de muchas ciudades

---

a 14 *Jelday* (Siríaca; véase v. 10); *Hélem* (TM).   *b* 14 *Hen.* Alt. *el piadoso, el.*

²¹que irán de una ciudad a otra diciendo a los que allí vivan: '¡Vayamos al SEÑOR para buscar su bendición! ¡Busquemos al SEÑOR de los Ejércitos! ¡Yo también voy a buscarlo!'. ²²Y muchos pueblos y naciones poderosas vendrán a Jerusalén en busca del SEÑOR de los Ejércitos y de su bendición".

²³»Así dice el SEÑOR de los Ejércitos: "En aquellos días diez hombres de diferentes lenguas y naciones tomarán a un judío por el borde de su capa y le dirán: ¡Déjanos acompañarte! ¡Hemos sabido que Dios está con ustedes!"».

Juicio contra los enemigos de Israel

9 Esta profecía es la palabra del SEÑOR, la cual caerá contra la tierra de Jadrac y contra Damasco.

Ciertamente la humanidad y todas las tribus de
Israel
tienen puestos los ojos sobre el SEÑOR,ᵃ
² como también sobre Jamat, su vecina,
y sobre Tiro y Sidón, aunque sean muy sabias.
³ Tiro se ha edificado una fortaleza;
ha amontonado plata como polvo
y oro como lodo de las calles.
⁴ Pero el Señor le quitará sus posesiones;
destruirá en el mar su poder
y ella será consumida con fuego.
⁵ Lo verá Ascalón y se llenará de miedo.
Gaza se retorcerá en agonía
y lo mismo hará Ecrón
al ver marchita su esperanza.
Gaza se quedará sin rey
y Ascalón, sin habitantes.
⁶ Un pueblo mestizo habitará en Asdod,
y yo aniquilaré el orgullo de los filisteos.
⁷ De la boca les quitaré la sangre
y de entre los dientes, el alimento prohibido.
También los filisteos serán
un remanente de nuestro Dios;
se convertirán en jefes de Judá
y Ecrón será como los jebuseos.
⁸ Montaré guardia junto a mi Templo
para que nadie entre ni salga.
¡Nunca más un opresor invadirá a mi pueblo,
porque ahora me mantengo vigilante!

El rey de Sión

⁹ ¡Alégrate mucho, hija de *Sión!
¡Grita de alegría, hija de Jerusalén!
Mira, tu rey viene hacia ti,
justo, victorioso y humilde.
Viene montado en un burro,
en un burrito, cría de asna.
¹⁰ Destruirá los carros de guerra de Efraín
y los caballos de Jerusalén.
Quebrará el arco de combate
y proclamará *paz a las naciones.
Su dominio se extenderá de mar a mar;
desde el río Éufrates
hasta los confines de la tierra.

Restauración de Israel

¹¹ En cuanto a ti, por la sangre de mi *pacto
contigo
libraré de la cisterna seca a tus cautivos.
¹² Vuelvan a su fortaleza,
cautivos de la esperanza,
pues hoy mismo anuncio
que les devolveré el doble.

¹³ Tensaré a Judá como mi arco,
y pondré a Efraín como mi flecha.
Sión, levantaré a tus hijos
en contra de los hijos de Grecia
y te usaré como espada de guerrero.

¹⁴ El SEÑOR se aparecerá sobre ellos
y como un relámpago saldrá su flecha.
¡El SEÑOR y Dios tocará la trompeta
y marchará sobre las tempestades del sur!
¹⁵ El SEÑOR de los Ejércitos los protegerá,
y ellos destruirán por completo
las piedras de la honda.
Beberán y reirán como embriagados de
vino;
se llenarán como un tazón de ofrendas
líquidas,
como las esquinas del altar.
¹⁶ En aquel día el SEÑOR su Dios
salvará a su pueblo como a un rebaño
y en la tierra del SEÑOR
brillarán como las joyas de una corona.
¹⁷ ¡Qué bueno y hermoso será todo ello!
El trigo hará florecer a los jóvenes
y el vino nuevo, a las muchachas.

El SEÑOR cuidará de Judá

10 ¡Pídanle al SEÑOR que llueva en
primavera!
¡Él es quien hace los nubarrones
y envía los aguaceros!
¡Él es quien da a todos
la hierba del campo!
² Los ídolosᵇ con maldad hablan mentiras,
los adivinos tienen sueños falsos;
hablan de visiones falsas
y consuelan con discursos sin sentido.
El pueblo vaga como rebaño afligido
porque carece de *pastor.

³ «Se enciende mi ira contra los pastores;
castigaré a esos líderes.
Ciertamente el SEÑOR de los Ejércitos
cuida de Judá, que es su rebaño,
y lo convertirá en su corcel de honor
el día de la batalla.
⁴ De Judá saldrán la piedra angular
y la estaca de la tienda de campaña,
el arco de guerra y todo gobernante.
⁵ Juntos serán como guerreros
que combaten sobre el lodo de las calles,
que luchan contra jinetes y los derriban
porque el SEÑOR está con ellos.

⁶ »Yo fortaleceré a Judá
y salvaré a las tribus de José.
Yo los restauraré
porque tengo compasión de ellos.
Será como si nunca los hubiera rechazado,
porque yo soy el SEÑOR su Dios,
y les responderé.
⁷ Efraín se volverá como un guerrero
y su corazón se alegrará
como si tomara vino.
Sus hijos lo verán y se pondrán felices;
su corazón se alegrará en el SEÑOR.
⁸ Les daré una señal y los reuniré.
Ciertamente los redimiré
y serán tan numerosos como antes.
⁹ Aunque los dispersé entre los pueblos,
en tierras remotas se acordarán de mí.
Aunque vivieron allí con sus hijos,
regresarán a su tierra.

ᵃ **1** *Damasco … SEÑOR.* Alt. *Damasco. Porque los ojos del SEÑOR están sobre la humanidad y todas las tribus de Israel.*
ᵇ **2** *ídolos.* Lit. *terafines.*

¹⁰ Los traeré de Egipto,
 los recogeré de Asiria.
Los llevaré a Galaad y al Líbano
 y ni aún así tendrán espacio suficiente.
¹¹ Cruzarán el mar de la angustia,
 pero yo golpearé sus olas
 y las profundidades del Nilo se secarán.
Abatiré el orgullo de Asiria
 y pondré fin al dominio de Egipto.
¹² Yo mismo los fortaleceré
 y caminarán en mi nombre»,
 afirma el SEÑOR.

11 ¡Abre tus puertas, Líbano,
 para que el fuego devore tus cedros!
² ¡Gime tú, ciprés, porque los cedros se han caído
 y los majestuosos árboles se han derrumbado!
¡Giman, encinas de Basán!
 ¡Los tupidos bosques han sido derribados!
³ Escuchen el gemido de los pastores,
 porque sus ricos pastizales han sido destruidos.
Escuchen el rugido de los leones,
 porque la espesura del Jordán ha quedado
  devastada.

Los dos pastores

⁴ Así dice el SEÑOR mi Dios: «Cuida de las ovejas destinadas al matadero. ⁵ Quienes las compran las matan impunemente y quienes las venden dicen: "¡Bendito sea el SEÑOR, porque me he enriquecido!". Ni sus propios pastores se compadecen de ellas. ⁶ Pero ya no tendré piedad de los que habitan este país —afirma el SEÑOR—, sino que los entregaré en manos de su prójimo y de su rey. Aunque devasten el país, no los rescataré de sus manos».

⁷ Así que me dediqué a pastorear las ovejas que habían sido destinadas al matadero, las oprimidas del rebaño. Tomé dos varas de ˙pastor: a una le puse por nombre Gracia y a la otra Unión. Luego me dediqué a cuidar del rebaño. ⁸ En un solo mes me deshice de tres pastores.

Pero las ovejas me detestaron y yo me cansé de ellas. ⁹ Así que les dije:ᵃ «Ya no voy a ser su pastor. Las que se vayan a morir, que se mueran; las que deban perecer, que perezcan; y las que queden con vida, que se devoren unas a otras».

¹⁰ Tomé entonces la vara a la que había llamado Gracia y la quebré. De ese modo anulé el pacto que había hecho con todas las naciones. ¹¹ En aquel mismo día, el pacto quedó anulado. Las ovejas oprimidas que me observaban supieron que se trataba de la palabra del SEÑOR.

¹² Les dije: «Si les parece bien, páguenme mi salario; de lo contrario, quédense con él». Y me pagaron solo treinta piezas de plata.ᵇ

¹³ Entonces el SEÑOR me dijo: «¡Vaya precio con el que me han valorado! Entrega eso al alfarero». Así que tomé las treinta piezas de plata y se las di al alfarero del Templo del SEÑOR.

¹⁴ Quebré luego la segunda vara, a la que había llamado Unión, y anulé el vínculo fraternal entre Judá e Israel. ¹⁵ El SEÑOR me dijo entonces: «Vístete ahora como uno de esos pastores insensatos, ¹⁶ porque voy a levantar sobre el país a un pastor que no se preocupará por las ovejas moribundas, ni buscará a las ovejas pequeñas, ni curará a las ovejas heridas, ni dará de comer a las ovejas sanas, sino que devorará a las más gordas y les arrancará las pezuñas».

¹⁷ ¡Ay del pastor inútil
 que abandona su rebaño!
¡Que la espada hiera su brazo
 y le saque el ojo derecho!

¡Que el brazo quede tullido
 y el ojo derecho, ciego!

Destrucción de los enemigos de Jerusalén

12 Esta profecía es la palabra del SEÑOR con respecto a Israel.

El SEÑOR, quien extendió los cielos, echó los cimientos de la tierra y formó el espíritu del ˙hombre en su interior, afirma: ² «Convertiré a Jerusalén en una copa que hará tambalear a todos los pueblos vecinos. Judá será sitiada, lo mismo que Jerusalén, ³ y todas las naciones de la tierra se juntarán contra ella.

»En aquel día convertiré a Jerusalén en una roca inconmovible para todos los pueblos. Los que intenten moverla quedarán despedazados. ⁴ »En aquel día espantaré a todos los caballos y enloqueceré a sus jinetes», afirma el SEÑOR. «Me mantendré vigilante sobre Judá, pero dejaré ciegos a los caballos de todas las naciones. ⁵ Entonces los jefes de Judá pensarán: "La fortaleza de Jerusalén es su Dios, el SEÑOR de los Ejércitos".

⁶ »En aquel día convertiré a los jefes de Judá en un brasero ardiente dentro de un bosque, en una antorcha encendida entre las gavillas. A diestra y a siniestra devorarán a todos los pueblos vecinos, pero Jerusalén será habitada en el lugar de siempre. ⁷ El SEÑOR salvará primero las viviendas de Judá, para que no sea mayor la gloria de la casa real de David y la de los habitantes de Jerusalén, que la de Judá.

⁸ »En aquel día el SEÑOR protegerá a los habitantes de Jerusalén. El más débil entre ellos será como David y la casa real de David será como Dios, como el ángel del SEÑOR que marcha al frente de ellos.

Lamento por el que fue traspasado

⁹ »En aquel día me dispondré a destruir a todas las naciones que ataquen a Jerusalén. ¹⁰ Sobre la casa real de David y los habitantes de Jerusalén derramaré el Espírituᶜ de gracia y de súplica. Entonces me mirarán a mí, a quien traspasaron, y harán lamentación con duelo como por su hijo único. Llorarán amargamente, como quien llora por su primogénito.

¹¹ »En aquel día habrá una gran lamentación en Jerusalén, como la de Hadad Rimón en la llanura de Meguido. ¹² Todo el país hará duelo, familia por familia: la familia de David y sus mujeres, la familia de Natán y sus mujeres, ¹³ la familia de Leví y sus mujeres, la familia de Simí y sus mujeres, ¹⁴ y todas las demás familias y sus mujeres.

Limpieza del pecado

13 »En aquel día se abrirá una fuente para lavar del pecado y de la ˙impureza a la casa real de David y a los habitantes de Jerusalén.

² »En aquel día arrancaré del país los ˙nombres de los ídolos y nunca más volverán a ser recordados», afirma el SEÑOR de los Ejércitos. «También eliminaré del país a los profetas y al espíritu de impureza. ³ Y si hubiera todavía alguno que quisiera profetizar, su padre y su madre, que lo engendraron, le dirán: "Has mentido en el nombre del SEÑOR. Por tanto, debes morir". Y sus propios padres traspasarán al que profetiza.

⁴ »En aquel día los profetas se avergonzarán de sus visiones proféticas. Ya no engañarán a nadie vistiéndose con mantos de piel, ⁵ sino que cada cual dirá: "Yo

---

ᵃ **8-9** *me cansé … les dije.* Alt. *me cansé de los pastores, y ellos se hastiaron de mí.* **9** *Así que les dije a las ovejas.* ᵇ **12** *treinta piezas de plata.* Lit. *treinta [siclos] de plata.* ᶜ **10** *el Espíritu.* Alt. *un espíritu.*

no soy profeta, sino agricultor. Desde mi juventud, la tierra ha sido mi ocupación".[a] 6Y si alguien pregunta: "¿Por qué tienes esas heridas en las manos?", él responderá: "Son las heridas que me hicieron en casa de mis amigos".

El pastor herido, las ovejas dispersas

7»¡Despierta, espada, contra mi *pastor,
  contra mi compañero!»,
  afirma el SEÑOR de los Ejércitos.
«Hiere al pastor
  para que se dispersen las ovejas
  y vuelva yo mi mano contra los pequeños.
8Y en todo el país», afirma el SEÑOR,
«las dos terceras partes
  serán abatidas y perecerán;
solo una tercera parte quedará con vida.
9Pero a esa parte restante la pasaré por el
    fuego;
  la refinaré como se refina la plata,
  la probaré como se prueba el oro.
Entonces ellos me invocarán
  y yo responderé.
Yo diré: "Ellos son mi pueblo".
Ellos dirán: "El SEÑOR es nuestro Dios".

El reinado venidero del SEÑOR

14 »¡Jerusalén! Viene el día del SEÑOR cuando tus despojos serán repartidos en tus propias calles. 2Movilizaré a todas las naciones para que peleen contra ti. Te conquistarán, saquearán tus casas y violarán a tus mujeres. La mitad de tus habitantes irá al exilio, pero el resto del pueblo se quedará contigo. 3Entonces saldrá el SEÑOR y peleará contra aquellas naciones, como cuando pelea en el día de la batalla.

4»En aquel día sus pies estarán en el monte de los Olivos que se encuentra al este de Jerusalén. El monte de los Olivos se partirá en dos de este a oeste, formará un gran valle, con una mitad del monte desplazándose al norte y la otra mitad al sur. 5Ustedes huirán por el valle de mi monte, porque se extenderá hasta Asal. Huirán como huyeron del terremoto en los días de Uzías, rey de Judá. Entonces vendrá el SEÑOR mi Dios acompañado de todos los santos.

6»En aquel día no habrá luz ni hará frío. 7Será un día excepcional que solo el SEÑOR conoce: no tendrá día ni noche, pues, cuando llegue la noche, seguirá alumbrando la luz.

8»En aquel día fluirá agua viva desde Jerusalén, tanto en verano como en invierno. Una mitad correrá hacia el mar Muerto y la otra, hacia el mar Mediterráneo. 9El SEÑOR será rey sobre toda la tierra. En aquel día el SEÑOR será el único Dios y su *nombre será el único nombre.

10»Desde Gueba hasta Rimón, al sur de Jerusalén, todo el país se volverá un desierto.[b] Pero Jerusalén se levantará y permanecerá en su lugar, desde la puerta de Benjamín hasta el sitio de la puerta Primera, hasta la puerta del Ángulo, y desde la torre de Jananel hasta los lagares del rey. 11Jerusalén volverá a ser habitada, estará segura y nunca más será *destruida.

12»Esta es la plaga con la que el SEÑOR herirá a todos los pueblos que pelearon contra Jerusalén: se les pudrirá la carne en vida, se les pudrirán los ojos en las cuencas y se les pudrirá la lengua en la boca. 13En aquel día el SEÑOR los llenará de pánico. Cada uno levantará la mano contra el otro; se atacarán entre sí. 14También Judá peleará en Jerusalén. Se recogerán las riquezas de todas las naciones vecinas y grandes cantidades de oro, plata y ropa. 15Una plaga semejante herirá también a caballos y mulos, camellos y asnos, y a todo animal que esté en aquellos campamentos.

16»Entonces los sobrevivientes de todas las naciones que atacaron a Jerusalén subirán año tras año para adorar al Rey, al SEÑOR de los Ejércitos, y para celebrar la fiesta de las *Enramadas. 17Si alguno de los pueblos de la tierra no sube a Jerusalén para adorar al Rey, al SEÑOR de los Ejércitos, tampoco recibirá lluvia. 18Y si el pueblo egipcio no sube ni participa, tampoco recibirá lluvia. El SEÑOR enviará una plaga para castigar a las naciones que no suban a celebrar la fiesta de las Enramadas. 19¡Así será castigado Egipto y todas las naciones que no suban a celebrar la fiesta de las Enramadas!

20»En aquel día los cascabeles de los caballos llevarán esta inscripción: CONSAGRADO AL SEÑOR. Las ollas de cocina del Templo del SEÑOR serán como los tazones sagrados que están frente al altar del sacrificio. 21Toda olla de Jerusalén y de Judá será consagrada al SEÑOR de los Ejércitos. Además, todo el que vaya a sacrificar tomará algunas de esas ollas y cocinará en ellas. En aquel día no habrá más mercaderes[c] en el Templo del SEÑOR de los Ejércitos».

---

a 5 Desde … ocupación. Alt. *Un hombre me vendió en mi juventud.*   *b* 10 *un desierto.* Lit. *como el Arabá.*
c 21 mercaderes. Alt. *cananeos.*

Malaquías

1 Esta profecía es la palabra del SEÑOR dirigida a Israel por medio de Malaquías.[a]

El amor de Dios por su pueblo

2«Yo los he amado», dice el SEÑOR.

«"¿Y cómo nos has amado?", preguntan ustedes.

»¿No era Esaú hermano de Jacob? Sin embargo, amé a Jacob, 3pero aborrecí a Esaú. Dejé sus montañas devastadas y entregué su heredad a los chacales del desierto».

4Edom dice: «Aunque nos han hecho pedazos, reconstruiremos las ruinas». Pero el SEÑOR de los Ejércitos dice: «Ustedes podrán reconstruir, pero yo derribaré. Serán llamados territorio malvado, pueblo que estará siempre bajo la ira del SEÑOR. 5Ustedes lo verán con sus propios ojos y dirán: "¡Se ha engrandecido el SEÑOR aun más allá de las fronteras[b] de Israel!".

El culto al SEÑOR

6»El hijo honra a su padre y el siervo a su señor. Ahora bien, si soy tu padre, ¿dónde está el honor que merezco? Y si soy señor, ¿dónde está el respeto que se me debe? Yo, el SEÑOR de los Ejércitos, les pregunto a ustedes, sacerdotes que desprecian mi *nombre.

»Y encima preguntan: "¿En qué hemos despreciado tu nombre?".

7»Pues en que ustedes traen a mi altar alimento contaminado.

»Y todavía preguntan: "¿En qué te hemos profanado?".

»Pues en que tienen la mesa del SEÑOR como algo despreciable. 8Ustedes traen animales ciegos para el sacrificio y piensan que no tiene nada de malo; sacrifican animales lisiados o enfermos y piensan que no tiene nada de malo. ¿Por qué no tratan de ofrecérselos a su gobernante? ¿Creen que él estaría contento con ustedes? ¿Se ganarían su favor? —dice el SEÑOR de los Ejércitos—.

9»Ahora pues, traten de suplicar a Dios para que se apiade de nosotros. ¿Creen que con esta clase de ofrendas los aceptará? —dice el SEÑOR de los Ejércitos—. 10¡Cómo quisiera que alguno de ustedes cerrara las puertas del Templo, para que no encendieran en vano el fuego de mi altar! No estoy nada contento con ustedes —dice el SEÑOR de los Ejércitos—, y no voy a aceptar ni una sola ofrenda de sus manos. 11Porque desde donde nace el sol hasta donde se pone, grande es mi nombre entre las naciones. En todo lugar se ofrece incienso y ofrendas puras a mi nombre, porque grande es mi nombre entre las naciones —dice el SEÑOR de los Ejércitos—. 12Pero ustedes lo profanan cuando dicen que la mesa del Señor está contaminada y que su alimento es despreciable. 13Y exclaman: "¡Qué carga!". Y me desprecian —dice el SEÑOR de los Ejércitos—. ¿Y creen que voy a aceptar de sus manos los animales robados, lisiados o enfermos que ustedes me traen como sacrificio? —dice el SEÑOR—.

14»¡Maldito sea el tramposo que, teniendo un macho aceptable en su rebaño, se lo dedica al Señor y luego le ofrece un animal mutilado! Porque yo soy el gran Rey —dice el SEÑOR de los Ejércitos— y mi nombre es temido entre las naciones.

Juicio contra los sacerdotes

2 »Ahora, pues, este mandamiento es para ustedes, los sacerdotes. 2Si no me hacen caso ni se deciden a honrar mi *nombre —dice el SEÑOR de los Ejércitos—, les enviaré una maldición y maldeciré sus bendiciones. Ya las he maldecido, porque ustedes no se han decidido a honrarme.

3»Por esto, voy a reprender a sus descendientes. Les arrojaré a la cara el estiércol de los sacrificios de sus fiestas y los barreré junto con ellos. 4Entonces sabrán que les he dado este mandamiento, a fin de que continúe mi *pacto con Leví —dice el SEÑOR de los Ejércitos—. 5Mi pacto con él era de vida y *paz, y eso le di; era también de respeto y él me respetó y reverenció mi Nombre. 6En su boca había instrucción veraz; en sus labios no se encontraba perversidad. En paz y rectitud caminó conmigo y apartó del pecado a muchos.

7»Los labios de un sacerdote atesoran sabiduría y de su boca el pueblo busca instrucción, porque es mensajero del SEÑOR de los Ejércitos. 8Pero ustedes se han desviado del *camino y mediante su instrucción han hecho tropezar a muchos; ustedes han arruinado el pacto con Leví —dice el SEÑOR de los Ejércitos—. 9Por mi parte, yo he hecho que ustedes sean despreciables y viles ante todo el pueblo, porque no han guardado mis caminos, sino que son parciales cuando enseñan la *Ley».

Deslealtad de Judá

10¿No tenemos todos un solo Padre? ¿No nos creó un solo Dios? ¿Por qué, pues, profanamos el *pacto de nuestros antepasados al traicionarnos unos a otros?

11Judá ha sido infiel. En Israel y en Jerusalén se ha cometido algo detestable: al casarse con mujeres que adoran a un dios extraño, Judá ha profanado el santuario[c] que el SEÑOR ama. 12En cuanto al hombre que haga eso, quienquiera que sea, que el SEÑOR de los Ejércitos lo excluya de los campamentos de Jacob, aun cuando le lleve ofrendas.

13Otra cosa que ustedes hacen es inundar de lágrimas el altar del SEÑOR; lloran y se lamentan porque él ya no mira con agrado sus ofrendas ni las acepta con placer de sus manos.

14Y todavía preguntan: «¿Por qué?».

Pues porque el SEÑOR actúa como testigo entre tú y la esposa de tu juventud, a la que traicionaste aunque es tu compañera, la esposa de tu pacto.[d] 15¿Acaso no hizo Dios un solo ser que es cuerpo y espíritu? Y ¿por qué es uno solo? Porque busca descendencia dada por Dios.[e] Así que cuídense ustedes en su propio espíritu

---

y no traicionen a la esposa de su juventud. ¹⁶«El hombre que aborrece y repudia a su esposa —dice el SEÑOR, Dios de Israel—, cubreᵃ de violencia sus vestiduras», dice el SEÑOR de los Ejércitos.

Así que cuídense en su espíritu y no sean infieles.

Acusaciones contra Judá

¹⁷Ustedes han cansado al SEÑOR con sus palabras.

Y encima preguntan: «¿En qué lo hemos cansado?».

En que dicen: «Todo el que hace lo malo agrada al SEÑOR y él se complace con ellos». O se preguntan: «¿Dónde está el Dios de ˙justicia?».

3 «Yo estoy por enviar a mi mensajero para que prepare el camino delante de mí. De pronto vendrá a su Templo el Señor a quien ustedes buscan; vendrá el mensajero del ˙pacto, a quien ustedes desean» —dice el SEÑOR de los Ejércitos.

²Pero ¿quién podrá soportar el día de su venida? ¿Quién podrá mantenerse en pie cuando él aparezca? Porque será como fuego de fundidor o jabón de lavandero. ³Se sentará como fundidor y purificador de plata; ˙purificará a los levitas y los refinará como se refinan el oro y la plata. Entonces traerán al SEÑOR ofrendas conforme a la justicia, ⁴y las ofrendas de Judá y Jerusalén serán aceptables al SEÑOR, como en tiempos antiguos, como en años pasados.

⁵«De modo que me acercaré a ustedes para juicio. Estaré presto a testificar contra los hechiceros, los adúlteros y los perjuros, contra los que explotan a sus jornaleros; contra los que oprimen a las viudas, a los huérfanos y niegan el derecho del extranjero, sin mostrarme ningún temor —dice el SEÑOR de los Ejércitos—.

Fidelidad en las ofrendas

⁶»Yo, el SEÑOR, no cambio. Por eso ustedes, descendientes de Jacob, no han sido exterminados. ⁷Desde la época de sus antepasados se han apartado de mis estatutos y no los han guardado. Vuélvanse a mí y yo me volveré a ustedes —dice el SEÑOR de los Ejércitos—.

»Pero ustedes preguntan: "¿En qué sentido tenemos que volvernos?".

⁸»¿Acaso roba el ser humano a Dios? ¡Ustedes me están robando!

»Y todavía preguntan: "¿En qué te robamos?".

»En los diezmos y en las ofrendas. ⁹Ustedes —la nación entera—, están bajo gran maldición, pues es a mí a quien están robando.

¹⁰»Traigan íntegro el diezmo a la tesorería del Templo; así habrá alimento en mi casa. Pruébenme en esto —dice el SEÑOR de los Ejércitos—, y vean si no abro las compuertas del cielo y derramo sobre ustedes bendición hasta que sobreabunde. ¹¹Reprenderé al devorador para que no arruine sus cultivos y las vides en los campos no pierdan su fruto —dice el SEÑOR de los Ejércitos—. ¹²Entonces todas las naciones los llamarán ˙dichosos, porque ustedes tendrán una tierra maravillosa —dice el SEÑOR de los Ejércitos—.

Insolencia de Judá

¹³»Ustedes profieren insolencias contra mí —dice el SEÑOR—.

»Y encima preguntan: "¿Qué hemos dicho contra ti?".

¹⁴»Ustedes han dicho: "Servir a Dios no vale la pena. ¿Qué ganamos con cumplir sus órdenes y vestirnos de luto delante del SEÑOR de los Ejércitos? ¹⁵Por eso llamamos dichosos a los soberbios, pues prosperan los que hacen lo malo e incluso cuando desafían a Dios escapan ilesos"».

¹⁶Los que temían al SEÑOR hablaron entre sí, entonces él los escuchó y les prestó atención. Entonces se escribió en su presencia un libro de memorias de aquellos que temen al SEÑOR y honran su nombre. ¹⁷«El día que yo actúe ellos serán mi propiedad exclusiva —dice el SEÑOR de los Ejércitos—. Tendré compasión de ellos, como se compadece un hombre del hijo que le sirve. ¹⁸Y ustedes volverán a distinguir entre el justo y el malvado, entre el que sirve a Dios y el que no le sirve.

El día del SEÑOR

4 »Miren, ya viene el día, ardiente como un horno. Todos los soberbios y todos los malvados serán como paja; ese día les prenderá fuego hasta dejarlos sin raíz ni rama —dice el SEÑOR de los Ejércitos—. ²Pero para ustedes que temen mi ˙nombre, se levantará el sol de justicia trayendo en sus rayosᵇ salud. Y ustedes saldrán saltando como becerros bien alimentados. ³El día que yo actúe ustedes pisotearán a los malvados y, bajo sus pies, quedarán hechos polvo —dice el SEÑOR de los Ejércitos—.

⁴»Acuérdense de la ˙Ley de mi siervo Moisés. Recuerden los estatutos y las ordenanzas que di en Horeb para todo Israel.

⁵»Estoy por enviarles al profeta Elías antes que llegue el día del SEÑOR, día grande y terrible. ⁶Él hará que los padres se reconcilien con sus hijos y los hijos con sus padres; así no vendré a herir la tierra con ˙destrucción total».

ᵃ 16 *El hombre ... cubre.* Alt. *Aborrezco al que odia y se divorcia de su esposa ... pues cubre.* ᵇ 2 *rayos.* Lit. *alas.*

❖

EL NUEVO
TESTAMENTO

❖

Mateo

Genealogía de Jesucristo

1:1-17 – Lc 3:23-38
1:3-6 – Rt 4:18-22
1:7-11 – 1Cr 3:10-17

1 Registro genealógico de ˚Jesucristo, hijo*ᵃ* de David y de Abraham:

² Abraham fue el padre de*ᵇ* Isaac;
   Isaac, padre de Jacob;
   Jacob, padre de Judá y de sus hermanos;
³ Judá, padre de Fares y de Zera, cuya madre fue Tamar;
   Fares, padre de Jezrón;
   Jezrón, padre de Aram;
⁴ Aram, padre de Aminadab;
   Aminadab, padre de Naasón;
   Naasón, padre de Salmón;
⁵ Salmón, padre de Booz, cuya madre fue Rajab;
   Booz, padre de Obed, cuya madre fue Rut;
   Obed, padre de Isaí
⁶ e Isaí, padre del rey David.

   David fue el padre de Salomón, cuya madre había sido la esposa de Urías;
⁷ Salomón, padre de Roboán;
   Roboán, padre de Abías;
   Abías, padre de Asá;
⁸ Asá, padre de Josafat;
   Josafat, padre de Jorán;
   Jorán, padre de Uzías;
⁹ Uzías, padre de Jotán;
   Jotán, padre de Acaz;
   Acaz, padre de Ezequías;
¹⁰ Ezequías, padre de Manasés;
   Manasés, padre de Amón;
   Amón, padre de Josías
¹¹ y Josías, padre de Jeconías*ᶜ* y de sus hermanos en tiempos de la deportación a Babilonia.

¹² Después de la deportación a Babilonia:
   Jeconías fue el padre de Salatiel;
   Salatiel, padre de Zorobabel;
¹³ Zorobabel, padre de Abiud;
   Abiud, padre de Eliaquín;
   Eliaquín, padre de Azor;
¹⁴ Azor, padre de Sadoc;
   Sadoc, padre de Aquín;
   Aquín, padre de Eliud;
¹⁵ Eliud, padre de Eleazar;
   Eleazar, padre de Matán;
   Matán, padre de Jacob
¹⁶ y Jacob, padre de José, que fue el esposo de María, de la cual nació Jesús llamado el ˚Cristo.

¹⁷ Así es que hubo en total catorce generaciones desde Abraham hasta David, catorce desde David hasta la deportación a Babilonia, y catorce desde la deportación hasta el Cristo.

Nacimiento de Jesucristo

¹⁸ El nacimiento de Jesucristo fue así: Su madre, María, estaba comprometida para casarse con José; pero, antes de unirse a él, resultó que estaba embarazada por el poder del Espíritu Santo. ¹⁹ Como José, su esposo, era un hombre justo y no quería exponerla a vergüenza pública, decidió romper en secreto el compromiso.

²⁰ Pero cuando él estaba considerando hacerlo, se le apareció en sueños un ángel del Señor y le dijo: «José, hijo de David, no temas recibir a María por esposa, porque ella ha concebido por el poder del Espíritu Santo. ²¹ Dará a luz un hijo y le pondrás por nombre Jesús,*ᵈ* porque él salvará a su pueblo de sus pecados». ²² Todo esto sucedió para que se cumpliera lo que el Señor había dicho por medio del profeta: ²³ «La virgen concebirá y dará a luz un hijo y lo llamarán Emanuel»*ᵉ* (que significa «Dios con nosotros»). ²⁴ Cuando José se despertó, hizo lo que el ángel del Señor le había mandado y recibió a María por esposa. ²⁵ Pero no tuvo relaciones conyugales con ella hasta que dio a luz un hijo,*ᶠ* a quien le puso por nombre Jesús.

Visita de los sabios

2 Después de que Jesús nació en Belén de Judea en tiempos del rey Herodes, llegaron a Jerusalén unos sabios*ᵍ* procedentes del Oriente.

² —¿Dónde está el que ha nacido rey de los judíos? —preguntaron—. Vimos levantarse*ʰ* su estrella y hemos venido a adorarlo.

³ Cuando lo oyó, el rey Herodes se turbó y toda Jerusalén con él. ⁴ Así que convocó a todos los jefes de los sacerdotes y ˚maestros de la Ley de su pueblo para preguntarles dónde había de nacer el ˚Cristo.

⁵ —En Belén de Judea —le respondieron—, porque esto es lo que ha escrito el profeta:

⁶ "Pero tú, Belén, en la tierra de Judá,
   de ninguna manera eres la menor entre las principales ciudades de Judá;
   porque de ti saldrá un príncipe
   que será el pastor de mi pueblo Israel".*ⁱ*

⁷ Luego Herodes llamó en secreto a los sabios y se enteró por ellos del tiempo exacto en que había aparecido la estrella. ⁸ Los envió a Belén y les dijo:

—Vayan e infórmense bien de ese niño y tan pronto como lo encuentren, avísenme para que yo también vaya y lo adore.

⁹ Después de oír al rey, siguieron su camino. Sucedió que la estrella que habían visto levantarse

---

ᵃ **1** *hijo.* Alt. *descendiente.*   *ᵇ* **2** *fue el padre de.* Lit. *engendró a*; y así sucesivamente en el resto de esta genealogía.
ᶜ **11** *Jeconías.* Es decir, Joaquín; también en v. 12.   *ᵈ* **21** *Jesús* es la forma griega del nombre hebreo *Josué,* que significa *el SEÑOR salva.*   *ᵉ* **23** Is 7:14.   *ᶠ* **25** *un hijo.* Var. *su hijo primogénito.*   *ᵍ* **1** *sabios.* Lit. *magos;* también en vv. 7 y 16.   *ʰ* **2** *levantarse.* Alt. *en el oriente;* también en v. 9.   *ⁱ* **6** Mi 5:2.

iba delante de ellos hasta que se detuvo sobre el lugar donde estaba el niño. [10]Al ver la estrella, sintieron muchísima alegría. [11]Cuando llegaron a la casa, vieron al niño con María, su madre, y postrándose lo adoraron. Abrieron sus cofres y presentaron como regalos: oro, incienso y mirra. [12]Entonces, advertidos en sueños de que no volvieran a Herodes, regresaron a su tierra por otro camino.

La huida a Egipto

[13]Cuando ya se habían ido, un ángel del Señor se apareció en sueños a José y dijo: «Levántate, toma al niño y a su madre, y huye a Egipto. Quédate allí hasta que yo te avise, porque Herodes va a buscar al niño para matarlo».

[14]Así que se levantó cuando todavía era de noche, tomó al niño y a su madre y partió para Egipto, [15]donde permaneció hasta la muerte de Herodes. De este modo se cumplió lo que el Señor había dicho por medio del profeta: «De Egipto llamé a mi hijo».[a]

[16]Cuando Herodes se dio cuenta de que los sabios se habían burlado de él, se enfureció y mandó a matar a todos los niños menores de dos años en Belén y en sus alrededores, de acuerdo con el tiempo que había averiguado de los sabios. [17]Entonces se cumplió lo dicho por el profeta Jeremías:

[18] «Se oye un grito en Ramá,
llanto y gran lamentación.
Es Raquel que llora por sus hijos
y no quiere ser consolada.
¡Sus hijos ya no existen!».[b]

El regreso a Israel

[19]Después que murió Herodes, un ángel del Señor se apareció en sueños a José en Egipto [20]y le dijo: «Levántate, toma al niño y a su madre, y vete a la tierra de Israel, pues ya murieron los que amenazaban con quitarle la ˚vida al niño».

[21]Así que se levantó José, tomó al niño y a su madre, y regresó a la tierra de Israel. [22]Pero al oír que Arquelao reinaba en Judea en lugar de su padre Herodes, tuvo miedo de ir allá. Advertido por Dios en sueños, se retiró al distrito de Galilea [23]y fue a vivir en un pueblo llamado Nazaret. Con esto se cumplió lo dicho por los profetas: «Lo llamarán Nazareno».

Juan el Bautista prepara el camino
3:1-12 – Mr 1:3-8; Lc 3:2-17

3 En aquellos días se presentó Juan el Bautista predicando en el desierto de Judea. [2]Decía: «˚Arrepiéntanse, porque el reino de los cielos está cerca». [3]Juan era aquel de quien había escrito el profeta Isaías:

«Voz de uno que grita en el desierto:
"Preparen el camino para el Señor,
háganle sendas derechas"».[c]

[4]La ropa de Juan estaba hecha de pelo de camello. Llevaba puesto un cinturón de cuero y se alimentaba de langostas y miel silvestre. [5]Acudía a él la gente de Jerusalén, de toda Judea y de toda la región del Jordán. [6]Cuando confesaban sus pecados, él los bautizaba en el río Jordán.

[7]Pero al ver que muchos fariseos y saduceos llegaban adonde él estaba bautizando, dijo: «¡Camada de víboras! ¿Quién les advirtió que huyeran del castigo que se acerca? [8]Produzcan frutos que demuestren arrepentimiento. [9]No piensen que podrán decir:

"Tenemos a Abraham por padre". Porque les digo que aun de estas piedras Dios es capaz de darle hijos a Abraham. [10]El hacha ya está puesta a la raíz de los árboles y todo árbol que no produzca buen fruto será cortado y arrojado al fuego.

[11]»Yo los bautizo a ustedes con[d] agua como señal de su arrepentimiento. Pero el que viene después de mí es más poderoso que yo y ni siquiera merezco llevarle las sandalias. Él los bautizará con el Espíritu Santo y con fuego. [12]Tiene el aventador en la mano y limpiará su era recogiendo el trigo en su granero. La paja, en cambio, la quemará con fuego que nunca se apagará».

Bautismo de Jesús
3:13-17 – Mr 1:9-11; Lc 3:21-22; Jn 1:31-34

[13]Un día Jesús fue de Galilea al Jordán para que Juan lo bautizara. [14]Pero Juan trató de disuadirlo.

—Yo soy el que necesita ser bautizado por ti, ¿y tú vienes a mí? —objetó.

[15]—Hagámoslo como te digo, pues nos conviene cumplir con lo que es justo —contestó Jesús.

Entonces Juan consintió.

[16]Tan pronto como Jesús fue bautizado, subió del agua. En ese momento se abrió el cielo y vio al Espíritu de Dios bajar como una paloma y posarse sobre él. [17]Y una voz desde el cielo decía: «Este es mi Hijo amado; estoy muy complacido con él».

Tentación de Jesús
4:1-11 – Mr 1:12-13; Lc 4:1-13

4 Luego el Espíritu llevó a Jesús al desierto para ser tentado por el diablo. [2]Después de ayunar cuarenta días y cuarenta noches, tuvo hambre. [3]El tentador se acercó y le propuso:

—Si eres el Hijo de Dios, ordena a estas piedras que se conviertan en pan.

[4]Jesús respondió:

—Escrito está: "No solo de pan vive el hombre, sino de toda palabra que sale de la boca de Dios".[e]

[5]Luego el diablo lo llevó a la ciudad santa e hizo que se pusiera de pie sobre la parte más alta del ˚Templo [6]y le dijo:

—Si eres el Hijo de Dios, tírate abajo. Pues escrito está:

»"Ordenará que sus ángeles te protejan
y ellos te sostendrán en sus manos
para que no tropieces con piedra alguna"».[f]

[7]—También está escrito: "No pongas a prueba al Señor tu Dios"[g] —contestó Jesús.

[8]De nuevo el diablo lo llevó a una montaña muy alta. Allí le mostró todos los reinos del mundo y su esplendor. [9]Y le dijo:

—Todo esto te daré si te postras y me adoras.

[10]—¡Vete, Satanás! —dijo Jesús—. Porque escrito está: "Adora al Señor tu Dios y sírvele solamente a él".[h]

[11]Entonces el diablo lo dejó y ángeles acudieron a servirle.

Jesús comienza a predicar

[12]Cuando Jesús oyó que habían encarcelado a Juan, regresó a Galilea. [13]Partió de Nazaret y se fue a vivir a Capernaúm, que está junto al lago en la región de Zabulón y de Neftalí, [14]para cumplir lo dicho por el profeta Isaías:

[15] «Tierra de Zabulón y tierra de Neftalí,
desde el Camino del Mar, al otro lado del Jordán,
Galilea de los ˚gentiles;

---

a 15 Os 11:1.   *b* 18 Jer 31:15.   *c* 3 Is 40:3.   *d* 11 con. Alt. en.
e 4 Dt 8:3.   *f* 6 Sal 91:11, 12.   *g* 7 Dt 6:16.   *h* 10 Dt 6:13.

[16] el pueblo que habitaba en la oscuridad
ha visto una gran luz;
sobre los que vivían en tierra de sombra de
muerte
una luz ha resplandecido».[a]

[17] Desde entonces comenzó Jesús a predicar: «Arrepiéntanse, porque el reino de los cielos está cerca».

Jesús llama a sus primeros discípulos
4:18-22 – Mr 1:16-20; Lc 5:2-11; Jn 1:35-42

[18] Mientras caminaba junto al lago de Galilea, Jesús vio a dos hermanos: uno era Simón, llamado Pedro, y el otro, Andrés. Estaban echando la red al lago, pues eran pescadores. [19] «Vengan, síganme —dijo Jesús—, y los haré pescadores de hombres». [20] Al instante dejaron las redes y lo siguieron.

[21] Más adelante vio a otros dos hermanos: ˙Santiago y Juan, hijos de Zebedeo, que estaban con su padre en una barca remendando las redes. Jesús los llamó [22] y dejaron enseguida la barca y a su padre para seguirlo.

Jesús sana a los enfermos

[23] Jesús recorría toda Galilea enseñando en las sinagogas, anunciando las ˙buenas noticias del reino y sanando toda enfermedad y dolencia entre la gente. [24] Su fama se extendió por toda Siria y le llevaban todos los que padecían de diversas enfermedades, los que sufrían de dolores graves, los endemoniados, los epilépticos y los paralíticos, y él los sanaba. [25] Lo seguían grandes multitudes de Galilea, ˙Decápolis, Jerusalén, Judea y de la región al otro lado del Jordán.

Las bienaventuranzas
5:3-12 – Lc 6:20-23

5 Cuando vio a las multitudes, subió a la ladera de una montaña y se sentó. Sus discípulos se le acercaron, [2] tomó él la palabra y comenzó a enseñarles diciendo:

[3] «Dichosos los pobres en espíritu,
porque el reino de los cielos les pertenece.
[4] Dichosos los que sufren,
porque serán consolados.
[5] Dichosos los humildes,
porque recibirán la tierra como herencia.
[6] Dichosos los que tienen hambre y sed de
justicia,
porque serán saciados.
[7] Dichosos los compasivos,
porque serán tratados con compasión.
[8] Dichosos los de corazón limpio,
porque ellos verán a Dios.
[9] Dichosos los que trabajan por la paz,
porque serán llamados hijos de Dios.
[10] Dichosos los perseguidos por causa de la
justicia,
porque el reino de los cielos les pertenece.

[11] »Dichosos serán ustedes cuando por mi causa la gente los insulte, los persiga y levante contra ustedes toda clase de calumnias. [12] Alégrense y llénense de júbilo, porque les espera una gran recompensa en el cielo. Así también persiguieron a los profetas que los precedieron a ustedes.

La sal y la luz

[13] »Ustedes son la sal de la tierra. Pero si la sal pierde su sabor, ¿cómo lo recobrará? Ya no sirve para nada, sino para que la gente la deseche y la pisotee.

[14] »Ustedes son la luz del mundo. Una ciudad en lo alto de una montaña no puede esconderse. [15] Tampoco se enciende una lámpara para cubrirla con una vasija. Por el contrario, se pone en el candelero para que alumbre a todos los que están en la casa. [16] Hagan brillar su luz delante de todos, para que ellos puedan ver las buenas obras de ustedes y alaben a su Padre que está en los cielos.

El cumplimiento de la Ley

[17] »No piensen que he venido a anular la Ley o los Profetas; no he venido a anularlos, sino a darles cumplimiento. [18] Les aseguro que mientras existan el cielo y la tierra, ni una letra ni una tilde de la Ley desaparecerán hasta que todo se haya cumplido. [19] Todo el que infrinja uno solo de estos mandamientos, por pequeño que sea, y enseñe a otros a hacer lo mismo, será considerado el más pequeño en el reino de los cielos; pero el que los practique y enseñe será considerado grande en el reino de los cielos. [20] Porque les digo a ustedes que no van a entrar en el reino de los cielos a menos que su justicia supere la de los fariseos y la de los maestros de la Ley.

El homicidio
5:25-26 – Lc 12:58-59

[21] »Ustedes han oído que se dijo a sus antepasados: "No mates".[b] También se les dijo que todo el que mate quedará sujeto al juicio del tribunal. [22] Pero yo digo que todo el que se enoje[c] con su hermano quedará sujeto al juicio del tribunal. Es más, cualquiera que insulte[d] a su hermano quedará sujeto al juicio del Consejo. Y cualquiera que le diga: "Insensato", quedará sujeto al fuego del infierno.

[23] »Por lo tanto, si estás presentando tu ofrenda en el altar y allí recuerdas que tu hermano tiene algo contra ti, [24] deja tu ofrenda allí delante del altar. Ve primero y reconcíliate con tu hermano; luego vuelve y presenta tu ofrenda.

[25] »Si tu adversario te va a denunciar, llega a un acuerdo con él lo más pronto posible. Hazlo mientras vayan de camino al juzgado, no sea que te entregue al juez, el juez al guardia y te echen en la cárcel. [26] Te aseguro que no saldrás de allí hasta que pagues el último centavo.[e]

El adulterio

[27] »Ustedes han oído que se dijo: "No cometas adulterio".[f] [28] Pero yo digo que cualquiera que mira a una mujer y la codicia ya ha cometido adulterio con ella en el corazón. [29] Por tanto, si tu ojo derecho te hace pecar, sácatelo y tíralo. Más te vale perder una sola parte del cuerpo y no todo él sea arrojado al infierno. [30] Y si tu mano derecha te hace pecar, córtatela y arrójala. Más te vale perder una sola parte de tu cuerpo y no que todo él vaya al infierno.

El divorcio

[31] »Se ha dicho: "El que se divorcia de su esposa debe darle un certificado de divorcio".[g] [32] Pero yo digo que, excepto en caso de inmoralidad sexual, todo el que se divorcia de su esposa la induce a cometer adulterio y el que se casa con la divorciada comete adulterio.

Los juramentos

[33] »También han oído que se dijo a sus antepasados: "No faltes a tu juramento, sino cumple con tus promesas al Señor". [34] Pero yo digo: No juren de

---

[a] 16 Is 9:1, 2.   [b] 21 Éx 20:13.   [c] 22 se enoje. Var. se enoje sin causa.   [d] 22 insulte. Lit. le diga: "Raca" (estúpido en arameo).   [e] 26 centavo. Lit. cuadrante.   [f] 27 Éx 20:14.   [g] 31 Dt 24:1.

ningún modo: ni por el cielo, porque es el trono de Dios; [35]ni por la tierra, porque es el estrado de sus pies; ni por Jerusalén, porque es la ciudad del gran Rey. [36]Tampoco jures por tu cabeza, porque no puedes hacer que ni uno solo de tus cabellos se vuelva blanco o negro. [37]Cuando ustedes digan "sí", que sea realmente sí; y cuando digan "no", que sea no. Cualquier otra cosa que digan más allá de esto proviene del maligno.

Ojo por ojo

[38]»Ustedes han oído que se dijo: "Ojo por ojo y diente por diente".[a] [39]Pero yo digo: No resistan al que les haga mal. Si alguien te da una bofetada en la mejilla derecha, vuélvele también la otra. [40]Si alguien te pone pleito para quitarte la capa, déjale también la camisa. [41]Si alguien te obliga a llevarle la carga una milla,[b] llévasela dos. [42]Al que te pida, dale; y al que quiera tomar de ti prestado, no le vuelvas la espalda.

El amor a los enemigos

[43]»Ustedes han oído que se dijo: "Ama a tu prójimo[c] y odia a tu enemigo". [44]Pero yo digo: Amen a sus enemigos y oren por quienes los persiguen,[d] [45]para que sean hijos de su Padre que está en los cielos. Él hace que salga el sol sobre malos y buenos, y que llueva sobre justos e injustos. [46]Si ustedes aman solamente a quienes los aman, ¿qué recompensa recibirán? ¿Acaso no hacen eso hasta los recaudadores de impuestos? [47]Y si saludan a sus hermanos solamente, ¿qué de más hacen ustedes? ¿Acaso no hacen esto hasta los gentiles? [48]Por tanto, sean perfectos como su Padre celestial es perfecto.

El dar a los necesitados

6 »Cuídense de no hacer sus obras de justicia delante de la gente para llamar la atención. Si actúan así, su Padre que está en el cielo no les dará ninguna recompensa.

[2]»Por eso, cuando des a los necesitados, no lo anuncies al son de trompeta, como lo hacen los hipócritas en las sinagogas y en las calles para que la gente les rinda homenaje. Les aseguro que ellos ya han recibido toda su recompensa. [3]Más bien, cuando des a los necesitados, que no se entere tu mano izquierda de lo que hace la derecha, [4]para que tu limosna sea en secreto. Así tu Padre, que ve lo que se hace en secreto, te recompensará.

La oración
6:9-13 – Lc 11:2-4

[5]»Cuando oren, no sean como los hipócritas, porque a ellos les encanta orar de pie en las sinagogas y en las esquinas de las plazas para que la gente los vea. Les aseguro que ya han obtenido toda su recompensa. [6]Pero tú, cuando te pongas a orar, entra en tu cuarto, cierra la puerta y ora a tu Padre, que está en lo secreto. Así tu Padre, que ve lo que se hace en secreto, te recompensará. [7]Y al orar, no hablen solo por hablar como hacen los gentiles, porque ellos se imaginan que serán escuchados por sus muchas palabras. [8]No sean como ellos, porque

su Padre sabe lo que ustedes necesitan antes de que se lo pidan.

[9]»Ustedes deben orar así:

»"Padre nuestro que estás en el cielo,
santificado sea tu nombre.
[10] Venga tu reino.
Hágase tu voluntad
en la tierra como en el cielo.
[11] Danos hoy nuestro pan cotidiano.[e]
[12] Perdónanos nuestras ofensas,
como también nosotros hemos perdonado a
nuestros ofensores.
[13] Y no nos dejes caer en tentación,
sino líbranos del maligno".[f]

[14]»Porque si perdonan a otros sus ofensas, también los perdonará a ustedes su Padre celestial. [15]Pero si no perdonan a otros sus ofensas, tampoco su Padre perdonará a ustedes las suyas.

El ayuno

[16]»Cuando ayunen, no pongan cara triste como hacen los hipócritas, que cambian sus rostros para mostrar que están ayunando. Les aseguro que ellos ya han obtenido toda su recompensa. [17]Pero tú, cuando ayunes, perfúmate la cabeza y lávate la cara [18]para que no sea evidente ante los demás que estás ayunando, sino solo ante tu Padre, que está en lo secreto; y tu Padre, que ve lo que se hace en secreto, te recompensará.

Tesoros en el cielo
6:22-23 – Lc 11:34-36

[19]»No acumulen para sí tesoros en la tierra, donde la polilla y el óxido destruyen, y donde los ladrones se meten a robar. [20]Más bien, acumulen para sí tesoros en el cielo, donde ni la polilla ni el óxido carcomen, ni los ladrones se meten a robar. [21]Porque donde esté tu tesoro, allí estará también tu corazón. [22]»Los ojos son la lámpara del cuerpo. Por tanto, si tus ojos son buenos, todo tu ser disfrutará de la luz. [23]Pero si tus ojos son malos, todo tu ser estará en oscuridad. Si la luz que hay en ti es oscuridad, ¡qué densa será esa oscuridad! [24]»Nadie puede servir a dos señores, pues menospreciará a uno y amará al otro o querrá mucho a uno y despreciará al otro. Ustedes no pueden servir a la vez a Dios y a las riquezas.

De nada sirve preocuparse
6:25-33 – Lc 12:22-31

[25]»Por eso les digo: No se preocupen por su vida, qué comerán o beberán; ni por su cuerpo, cómo se vestirán. ¿No tiene la vida más valor que la comida y el cuerpo más que la ropa? [26]Fíjense en las aves del cielo: no siembran ni cosechan, ni almacenan en graneros; sin embargo, el Padre celestial las alimenta. ¿No valen ustedes mucho más que ellas? [27]¿Quién de ustedes, por mucho que se preocupe, puede añadir una sola hora al curso de su vida?[g] [28]»¿Y por qué se preocupan por la ropa? Observen cómo crecen los lirios del campo. No trabajan ni hilan; [29]sin embargo, les digo que ni siquiera Salomón, con todo su esplendor, se vestía como uno de ellos. [30]Si así viste Dios a la hierba que hoy está en el campo y mañana es arrojada al horno, ¿no hará mucho más por ustedes, gente de poca fe? [31]Así que no se preocupen diciendo: "¿Qué comeremos?", o "¿Qué beberemos?" o "¿Con qué nos vestiremos?". [32]Los paganos andan tras todas estas cosas, pero su Padre celestial sabe que ustedes las necesitan. [33]Más bien, busquen primeramente el reino de Dios y su

---

a 38 Éx 21:24; Lv 24:20; Dt 19:21. *b* 41 Es decir, aprox. 1.5 km. *c* 43 Lv 19:18. *d* 44 Amen ... persiguen. Var. *Amen a sus enemigos, bendigan a quienes los maldicen, hagan bien a quienes los odian, y oren por quienes los ultrajan y los persiguen (véase Lc 6:27, 28).* *e* 11 nuestro pan cotidiano. Alt. *el pan que necesitamos.* *f* 13 del maligno. Alt. *del mal.* Var. *del maligno, porque tuyos son el reino y el poder y la gloria para siempre. Amén.* *g* 27 puede añadir ... su vida. Alt. *puede aumentar su estatura siquiera medio metro* (lit. *un codo*).

justicia, entonces todas estas cosas les serán añadidas. ³⁴Por lo tanto, no se preocupen por el mañana, el cual tendrá sus propios afanes. Cada día tiene ya sus problemas.

El juzgar a los demás
7:3-5 – Lc 6:41-42

7 »No juzguen para que nadie los juzgue a ustedes. ²Porque tal como juzguen se les juzgará, y con la medida que midan a otros, se les medirá a ustedes.

³»¿Por qué te fijas en la astilla que tiene tu hermano en el ojo y no le das importancia a la viga que está en el tuyo? ⁴¿Cómo puedes decirle a tu hermano: "Déjame sacarte la astilla del ojo", cuando ahí tienes una viga en el tuyo? ⁵¡Hipócrita!, saca primero la viga de tu propio ojo, entonces verás con claridad para sacar la astilla del ojo de tu hermano.

⁶»No den lo sagrado a los perros, no sea que se vuelvan contra ustedes y los despedacen; ni echen sus perlas a los cerdos, no sea que las pisoteen.

Pidan, busquen, llamen
7:7-11 – Lc 11:9-13

⁷»Pidan y se les dará; busquen y encontrarán; llamen y se les abrirá. ⁸Porque todo el que pide, recibe; el que busca, encuentra y al que llama, se le abre.

⁹»¿Quién de ustedes, si su hijo pide pan, le da una piedra? ¹⁰¿O si pide un pescado, le da una serpiente? ¹¹Pues si ustedes, aun siendo malos, saben dar cosas buenas a sus hijos, ¡cuánto más su Padre que está en los cielos dará cosas buenas a los que le pidan! ¹²Así que en todo traten ustedes a los demás tal y como quieren que ellos los traten a ustedes. De hecho, esto es la Ley y los Profetas.

La puerta estrecha y la puerta ancha

¹³»Entren por la puerta estrecha. Porque es ancha la puerta y espacioso el camino que conduce a la destrucción, y muchos entran por ella. ¹⁴Pero estrecha es la puerta y angosto el camino que conduce a la vida, y son pocos los que la encuentran.

El árbol y sus frutos

¹⁵»Cuídense de los falsos profetas. Vienen a ustedes disfrazados de ovejas, pero por dentro son lobos feroces. ¹⁶Por sus frutos los conocerán. ¿Acaso se recogen uvas de los espinos o higos de los cardos? ¹⁷Del mismo modo, todo árbol bueno da fruto bueno, pero el árbol malo da fruto malo. ¹⁸Un árbol bueno no puede dar fruto malo y un árbol malo no puede dar fruto bueno. ¹⁹Todo árbol que no da buen fruto se corta y se arroja al fuego. ²⁰Así que por sus frutos los conocerán.

²¹»No todo el que me dice: "Señor, Señor", entrará en el reino de los cielos, sino solo el que hace la voluntad de mi Padre que está en el cielo. ²²Muchos me dirán en aquel día: "Señor, Señor, ¿no profetizamos en tu nombre y en tu nombre expulsamos demonios e hicimos muchos milagros?". ²³Entonces les diré claramente: "Jamás los conocí. ¡Aléjense de mí, hacedores de maldad!".

El prudente y el insensato
7:24-27 – Lc 6:47-49

²⁴»Por tanto, todo el que me oye estas palabras y las pone en práctica es como un hombre prudente que construyó su casa sobre la roca. ²⁵Cayeron las lluvias, crecieron los ríos, soplaron los vientos y azotaron aquella casa; con todo, la casa no se derrumbó porque estaba cimentada sobre la roca. ²⁶Pero todo el que oye mis palabras y no las pone en práctica es

como un hombre insensato que construyó su casa sobre la arena. ²⁷Cayeron las lluvias, crecieron los ríos, soplaron los vientos y azotaron aquella casa. Esta se derrumbó y grande fue su ruina».

²⁸Cuando Jesús terminó de decir estas cosas, las multitudes se asombraron de su enseñanza, ²⁹porque enseñaba como quien tenía autoridad y no como los ˚maestros de la Ley.

Jesús sana a un enfermo de la piel
8:2-4 – Mr 1:40-44; Lc 5:12-14

8 Cuando Jesús bajó de la montaña, lo siguieron grandes multitudes. ²Un hombre que tenía una enfermedad en su piel se acercó, se arrodilló delante de él y suplicó:

—Señor, si quieres, puedes ˚limpiarme.

³Jesús extendió la mano y tocó al hombre.

—Sí, quiero —dijo—. ¡Queda limpio!

Y al instante quedó sano[a] de la enfermedad en la piel.

⁴—Mira, no se lo digas a nadie —dijo Jesús—; solo ve, preséntate al sacerdote y lleva la ofrenda que ordenó Moisés, para que les sirva de testimonio.

La fe del centurión
8:5-13 – Lc 7:1-10

⁵Al entrar Jesús en Capernaúm, se acercó a él un centurión pidiendo ayuda:

⁶—Señor, mi siervo está postrado en casa con parálisis y sufre terriblemente.

⁷—Iré a sanarlo —respondió Jesús.

⁸El centurión contestó:

—Señor, no merezco que entres bajo mi techo. Pero basta con que digas una sola palabra y mi siervo quedará sano. ⁹Porque yo mismo soy un hombre sujeto a órdenes superiores y, además, tengo soldados bajo mi autoridad. Le digo a uno "ve" y va; y al otro, "ven" y viene. Le digo a mi siervo "haz esto" y lo hace.

¹⁰Al oír esto, Jesús se asombró y dijo a quienes lo seguían:

—Les aseguro que no he encontrado en Israel a nadie que tenga tanta fe. ¹¹Les digo que muchos vendrán del oriente y del occidente, y participarán en el banquete con Abraham, Isaac y Jacob en el reino de los cielos. ¹²Pero a los súbditos del reino no se les echará afuera, a la oscuridad, donde habrá llanto y crujir de dientes.

¹³Luego Jesús dijo al centurión:

—¡Ve! Que todo suceda tal como has creído.

Y en esa misma hora aquel siervo quedó sano.

Jesús sana a muchos enfermos
8:14-16 – Mr 1:29-34; Lc 4:38-41

¹⁴Cuando Jesús entró en casa de Pedro, vio a la suegra de este en cama con fiebre. ¹⁵Él le tocó la mano y la fiebre se le quitó; luego ella se levantó y comenzó a servirle.

¹⁶Al atardecer, le llevaron muchos endemoniados; con una sola palabra expulsó a los espíritus y sanó a todos los enfermos. ¹⁷Esto sucedió para que se cumpliera lo dicho por el profeta Isaías:

«Él cargó con nuestras enfermedades
y soportó nuestros dolores».[b]

Lo que cuesta seguir a Jesús
8:19-22 – Lc 9:57-60

¹⁸Cuando Jesús vio a la multitud que lo rodeaba, dio la orden de pasar al otro lado del lago. ¹⁹Se acercó un ˚maestro de la Ley y le dijo:

---

a 3 sano. Lit. *limpio.* *b 17* Is 53:4.

—Maestro, te seguiré adondequiera que vayas.

²⁰—Las zorras tienen madrigueras y las aves tienen nidos —respondió Jesús—, pero el Hijo del hombre no tiene dónde recostar la cabeza.

²¹Otro discípulo pidió:

—Señor, primero déjame ir a enterrar a mi padre.

²²—Sígueme —contestó Jesús— y deja que los muertos entierren a sus muertos.

Jesús calma la tormenta
8:23-27 – Mr 4:36-41; Lc 8:22-25

²³Luego subió a la barca y sus discípulos lo siguieron. ²⁴De repente, se levantó en el lago una tormenta tan fuerte que las olas inundaban la barca. Pero Jesús estaba dormido. ²⁵Los discípulos fueron a despertarlo.

—¡Señor —gritaron—, sálvanos, que nos vamos a ahogar!

²⁶—Hombres de poca fe —contestó—, ¿por qué tienen tanto miedo?

Entonces se levantó, reprendió a los vientos y a las olas, y todo quedó completamente tranquilo.

²⁷Los discípulos no salían de su asombro y decían: «¿Qué clase de hombre es este que hasta los vientos y el mar le obedecen?».

Liberación de dos endemoniados
8:28-34 – Mr 5:1-17; Lc 8:26-37

²⁸Cuando Jesús llegó al otro lado, a la región de los gadarenos,ᵃ dos endemoniados salieron a su encuentro de entre los sepulcros. Eran tan violentos que nadie se atrevía a pasar por aquel camino. ²⁹De pronto, gritaron a Jesús:

—¿Por qué te entrometes, Hijo de Dios? ¿Has venido aquí a atormentarnos antes del tiempo señalado?

³⁰A cierta distancia de ellos estaba alimentándose una manada de muchos cerdos. ³¹Los demonios rogaron a Jesús:

—Si nos expulsas, mándanos a la manada de cerdos.

³²—Vayan —les dijo.

Así que salieron de los hombres y entraron en los cerdos; entonces toda la manada se precipitó al lago por el despeñadero y murió en el agua. ³³Los que cuidaban los cerdos salieron huyendo al pueblo y avisaron de todo, incluso de lo que había sucedido a los endemoniados. ³⁴Entonces todos los del pueblo fueron al encuentro de Jesús. Y cuando lo vieron, le suplicaron que se alejara de esa región.

Jesús sana a un paralítico
9:2-8 – Mr 2:3-12; Lc 5:18-26

9 Subió Jesús a una barca, cruzó al otro lado y llegó a su propio pueblo. ²Unos hombres le llevaron un paralítico acostado en una camilla. Al ver la fe de ellos Jesús dijo al paralítico:

—¡Ánimo, hijo, tus pecados quedan perdonados!

³Algunos de los ˙maestros de la Ley murmuraron entre ellos: «¡Este hombre ˙blasfema!».

⁴Como Jesús conocía sus pensamientos, les dijo:

—¿Por qué dan lugar a tan malos pensamientos? ⁵¿Qué es más fácil, decirle: "Tus pecados quedan perdonados" o decirle: "Levántate y anda"? ⁶Pues, para que sepan que el Hijo del hombre tiene autoridad en la tierra para perdonar pecados —se dirigió entonces al paralítico—: Levántate, toma tu camilla y vete a tu casa.

⁷Y el hombre se levantó y se fue a su casa. ⁸Al ver esto, la multitud se llenó de temor y glorificó a Dios por haber dado tal autoridad a los ˙mortales.

Llamamiento de Mateo
9:9-13 – Mr 2:14-17; Lc 5:27-32

⁹Al irse de allí, Jesús vio a un hombre llamado Mateo, sentado a la mesa de recaudación de impuestos. «Sígueme» —dijo Jesús. Y Mateo se levantó y lo siguió.

¹⁰Mientras Jesús estaba a la mesa en casa de Mateo, muchos ˙recaudadores de impuestos y ˙pecadores llegaron y comieron con él y sus discípulos. ¹¹Cuando los fariseos vieron esto, preguntaron a sus discípulos:

—¿Por qué come su maestro con recaudadores de impuestos y con pecadores?

¹²Al oír esto, Jesús contestó:

—No son los sanos los que necesitan médico, sino los enfermos. ¹³Pero vayan y aprendan qué significa esto: "Lo que pido de ustedes es misericordia y no sacrificios",ᵇ Porque no he venido a llamar a justos, sino a pecadores.ᶜ

Preguntan a Jesús sobre el ayuno
9:14-17 – Mr 2:18-22; Lc 5:33-39

¹⁴Un día se acercaron los discípulos de Juan y le preguntaron:

—¿Cómo es que nosotros y los fariseos ayunamos, pero no así tus discípulos?

¹⁵Jesús contestó:

—¿Acaso pueden estar de luto los invitados del novio mientras él está con ellos? Llegará el día en que se les quitará el novio; entonces sí ayunarán. ¹⁶Nadie remienda un vestido viejo con un retazo de tela nueva, porque el remiendo fruncirá el vestido y la rotura se hará peor. ¹⁷Ni tampoco se echa vino nuevo en recipientes de cuero viejo. De hacerlo así, se reventará el cuero, se derramará el vino y los recipientes se arruinarán. Más bien, el vino nuevo se echa en recipientes de cuero nuevo y así ambos se conservan.

Una niña muerta y una mujer enferma
9:18-26 – Mr 5:22-43; Lc 8:41-56

¹⁸Mientras les decía esto, un dirigente judío llegó, se arrodilló delante de él y dijo:

—Mi hija acaba de morir. Pero ven, pon tu mano sobre ella y vivirá.

¹⁹Jesús se levantó y fue con él, acompañado de sus discípulos. ²⁰En esto, una mujer que hacía doce años padecía de hemorragias se le acercó por detrás y tocó el borde de su manto. ²¹Pensaba: «Si al menos logro tocar su manto, quedaré ˙sana». ²²Jesús se dio vuelta, la vio y dijo:

—¡Ánimo, hija! Tu fe te ha sanado.

Y la mujer quedó sana en aquel momento.

²³Cuando Jesús entró en la casa del dirigente y vio a los flautistas y el alboroto de la gente, ²⁴dijo:

—Váyanse. La niña no está muerta, sino dormida.

Entonces empezaron a burlarse de él. ²⁵Cuando se les hizo salir, entró él, tomó de la mano a la niña y esta se levantó. ²⁶La noticia se divulgó por toda aquella región.

Jesús sana a los ciegos y a los mudos

²⁷Al irse Jesús de allí, dos ciegos lo siguieron, gritándole:

—¡Ten compasión de nosotros, Hijo de David!

²⁸Cuando entró en la casa, se acercaron los ciegos y él les preguntó:

—¿Creen que puedo sanarlos?

—Sí, Señor —respondieron.

ᵃ 28 gadarenos. Var. gergesenos; otra var. gerasenos.
ᵇ 13 Os 6:6.   ᶜ 13 pecadores. Var. pecadores al arrepentimiento.

²⁹Entonces tocó sus ojos y dijo:

—Que se haga con ustedes conforme a su fe.

³⁰Y recobraron la vista. Jesús les advirtió con firmeza:

—Asegúrense de que nadie se entere de esto.

³¹Pero ellos salieron para divulgar por toda aquella región la noticia acerca de Jesús.

³²Mientras ellos salían, le llevaron un mudo endemoniado. ³³Así que Jesús expulsó al demonio y el que había estado mudo habló. La gente quedó asombrada y decía: «Jamás se ha visto nada igual en Israel».

³⁴Pero los fariseos decían: «Este expulsa a los demonios por medio del príncipe de los demonios».

Son pocos los obreros

³⁵Jesús recorría todos los pueblos y aldeas enseñando en las sinagogas, anunciando las ˚buenas noticias del reino, y sanando toda enfermedad y toda dolencia. ³⁶Al ver a las multitudes, tuvo compasión de ellas, porque estaban agobiadas y desamparadas, como ovejas sin pastor. ³⁷«La cosecha es abundante, pero son pocos los obreros —dijo a sus discípulos—. ³⁸Por tanto, pidan al Señor de la cosecha que envíe obreros a su campo».

Jesús envía a los doce

10:2-4 – Mr 3:16-19; Lc 6:14-16; Hch 1:13
10:9-15 – Mr 6:8-11; Lc 9:3-5; 10:4-12
10:19-22 – Mr 13:11-13; Lc 21:12-17
10:26-33 – Lc 12:2-9
10:34-35 – Lc 12:51-53

10 Reunió a sus doce discípulos y les dio autoridad para expulsar a los ˚espíritus malignos y sanar toda enfermedad y toda dolencia.

²Estos son los nombres de los doce apóstoles:

primero Simón, llamado Pedro, y su hermano Andrés;
˚Santiago y su hermano Juan, hijos de Zebedeo;
³ Felipe y Bartolomé;
Tomás y Mateo, el ˚recaudador de impuestos;
Santiago, hijo de Alfeo, y Tadeo;
⁴ Simón el Zelote y Judas Iscariote, el que lo traicionó.

⁵Jesús envió a estos doce con las siguientes instrucciones: «No vayan a comunidades de los gentiles ni entren en ningún pueblo de los samaritanos. ⁶Vayan más bien a las ovejas descarriadas del pueblo de Israel. ⁷Dondequiera que vayan, prediquen este mensaje: "El reino de los cielos está cerca". ⁸Sanen a los enfermos, resuciten a los muertos, limpien a los que tengan alguna enfermedad en la piel, expulsen a los demonios. Lo que ustedes recibieron gratis, denlo gratuitamente. ⁹No lleven oro ni plata, ni cobre en el cinturón, ¹⁰ni bolsa para el camino, ni dos mudas de ropa, ni sandalias, ni bastón; porque el trabajador tiene derecho a su sustento. ¹¹»En cualquier pueblo o aldea donde entren, busquen a alguien que merezca recibirlos y quédense en su casa hasta que se vayan de ese lugar. ¹²Al entrar, digan: "Paz a esta casa". ¹³Si el hogar se lo merece, que la paz de ustedes reine en él; mas si no lo merece, que la paz regrese a ustedes. ¹⁴Si alguno no los recibe bien ni escucha sus palabras, salgan de esa casa o de ese pueblo y sacúdanse el polvo de los pies. ¹⁵Les aseguro que en el día del juicio será más tolerable el castigo para Sodoma y Gomorra que para ese pueblo. ¹⁶¡Presten atención! Yo los envío

como ovejas en medio de lobos. Por tanto, sean astutos como serpientes y sencillos como palomas.

¹⁷»Tengan cuidado con la gente; los entregarán a los tribunales y los azotarán en las sinagogas. ¹⁸Por mi causa los llevarán ante gobernadores y reyes para dar testimonio a ellos y a los gentiles. ¹⁹Pero cuando los arresten, no se preocupen por lo que van a decir o cómo van a decirlo. En ese momento se les dará lo que han de decir, ²⁰porque no serán ustedes los que hablen, sino que el Espíritu de su Padre hablará por medio de ustedes.

²¹»El hermano entregará a la muerte al hermano, y el padre al hijo. Los hijos se rebelarán contra sus padres y harán que los maten. ²²Por causa de mi nombre todo el mundo los odiará, pero el que se mantenga firme hasta el fin será salvo. ²³Cuando los persigan en una ciudad, huyan a otra. Les aseguro que no terminarán de recorrer las ciudades de Israel antes de que venga el Hijo del hombre.

²⁴»El discípulo no es superior a su maestro ni el siervo superior a su amo. ²⁵Basta con que el discípulo sea como su maestro y el siervo como su amo. Si al jefe de la casa lo han llamado Beelzebú, ¡cuánto más a los de su familia!

²⁶»Así que no les tengan miedo, porque no hay nada encubierto que no llegue a revelarse, como tampoco hay nada escondido que no llegue a conocerse. ²⁷Lo que digo en la oscuridad, díganlo ustedes a plena luz; lo que se susurra al oído, proclámenlo desde las azoteas. ²⁸No teman a los que matan el cuerpo, pero no pueden matar el alma.ᵃ Teman más bien al que puede destruir alma y cuerpo en el infierno. ²⁹¿No se venden dos gorriones por una monedita?ᵇ Sin embargo, ni uno de ellos caerá a tierra sin que lo permita el Padre. ³⁰Él les tiene contados aun los cabellos de la cabeza. ³¹Así que no tengan miedo, ustedes valen más que muchos gorriones.

Reconocer a Jesús

³²A cualquiera que me confiese delante de los demás yo también lo confesaré delante de mi Padre que está en el cielo. ³³Pero a cualquiera que me niegue delante de los demás yo también lo negaré delante de mi Padre que está en el cielo.

³⁴»No crean que he venido a traer paz a la tierra. No vine a traer paz, sino espada. ³⁵Porque he venido a poner en conflicto

»"al hombre contra su padre,
   a la hija contra su madre,
   a la nuera contra su suegra;
³⁶ los enemigos de cada cual
   serán los de su propia familia".ᶜ

³⁷»El que quiere a su padre o a su madre más que a mí no es digno de mí; el que quiere a su hijo o a su hija más que a mí no es digno de mí; ³⁸y el que no toma su cruz y me sigue no es digno de mí. ³⁹El que se aferra a su vida la perderá; y el que pierdaᵈ su vida por mi causa la encontrará.

⁴⁰»Quien los recibe a ustedes me recibe a mí y quien me recibe a mí recibe al que me envió. ⁴¹Cualquiera que recibe a un profeta por tratarse de un profeta recibirá recompensa de profeta; y el que recibe a un justo por tratarse de un justo recibirá recompensa de justo. ⁴²Y quien dé siquiera un vaso de agua fresca a uno de estos pequeños por tratarse

---

ᵃ 28 *alma.* Este vocablo griego también puede significar *vida.*
ᵇ 29 *una monedita.* Lit. *un asarion.*   ᶜ 36 Mi 7:6.   ᵈ 39 *se aferre a … pierda.* Lit. *encuentre … pierda.*

de uno de mis discípulos, les aseguro que no perderá su recompensa».

Jesús y Juan el Bautista
11:2-19 – Lc 7:18-35

11 Cuando Jesús terminó de dar instrucciones a sus doce discípulos, se fue de allí a enseñar y a predicar en otros pueblos.

²Juan estaba en la cárcel y, al enterarse de lo que ˚Cristo estaba haciendo, envió a sus discípulos a que le preguntaran:

³—¿Eres tú el que ha de venir o debemos esperar a otro?

⁴Jesús respondió:

—Vayan y cuéntenle a Juan lo que están oyendo y viendo: ⁵Los ciegos ven, los cojos andan, los que tienen alguna enfermedad en su piel son sanados, los sordos oyen, los muertos resucitan y a los pobres se les anuncian las buenas noticias. ⁶Dichoso el que no tropieza por causa mía.

⁷Mientras se iban los discípulos de Juan, Jesús comenzó a hablarle a la multitud acerca de Juan: «¿Qué salieron a ver al desierto? ¿Una caña sacudida por el viento? ⁸Si no, ¿qué salieron a ver? ¿A un hombre vestido con ropa fina? Claro que no, pues los que usan ropa de lujo están en los palacios de los reyes. ⁹Entonces, ¿qué salieron a ver? ¿A un profeta? Sí, les digo, y más que profeta. ¹⁰Este es de quien está escrito:

»"Yo estoy por enviar a mi mensajero delante de ti,
    el cual preparará tu camino".ᵃ

¹¹Les aseguro que entre los mortales no se ha levantado nadie más grande que Juan el Bautista; sin embargo, el más pequeño en el reino de los cielos es más grande que él. ¹²Desde los días de Juan el Bautista hasta ahora, el reino de los cielos ha venido avanzando contra viento y marea, y los que se esfuerzan logran aferrarse a él.ᵇ ¹³Porque todos los Profetas y la Ley profetizaron hasta Juan. ¹⁴Y si quieren aceptar mi palabra, Juan es el Elías que había de venir. ¹⁵El que tenga oídos, que oiga.

¹⁶»¿Con qué puedo comparar a esta generación? Se parece a los niños sentados en la plaza que gritan a los demás:

¹⁷»"Tocamos la flauta
    y ustedes no bailaron;
cantamos por los muertos
    y ustedes no lloraron".

¹⁸»Porque vino Juan que no comía ni bebía y ellos dicen: "Tiene un demonio". ¹⁹Vino el Hijo del hombre, que come y bebe, y dicen: "Este es un glotón y un borracho, amigo de recaudadores de impuestos y de pecadores". Pero la sabiduría queda demostrada por sus hechos».

Reproches contra ciudades no arrepentidas
11:21-23 – Lc 10:13-15

²⁰Entonces comenzó Jesús a denunciar a las ciudades en que había hecho la mayor parte de sus milagros, porque no se habían ˚arrepentido. ²¹«¡Ay de ti, Corazín! ¡Ay de ti, Betsaida! Si se hubieran hecho en Tiro y en Sidón los milagros que se hicieron en medio de ustedes, ya hace tiempo que se

habrían arrepentido con muchos lamentos.ᶜ ²²Pero les digo que en el día del juicio será más tolerable el castigo para Tiro y Sidón que para ustedes. ²³Y tú, Capernaúm, ¿acaso serás levantada hasta el cielo? No, sino que descenderás hasta los dominios de la muerte.ᵈ Si los milagros que se hicieron en ti se hubieran hecho en Sodoma, esta habría permanecido hasta el día de hoy. ²⁴Pero digo que en el día del juicio será más tolerable el castigo para Sodoma que para ti».

Descanso para los cansados
11:25-27 – Lc 10:21-22

²⁵En aquel tiempo Jesús dijo: «Te alabo, Padre, Señor del cielo y de la tierra, porque habiendo escondido estas cosas de los sabios e instruidos, se las has revelado a los niños. ²⁶Sí, Padre, porque esa fue tu buena voluntad.

²⁷»Mi Padre me ha entregado todas las cosas. Nadie conoce al Hijo, sino el Padre; nadie conoce al Padre, sino el Hijo y aquel a quien el Hijo quiera revelarlo.

²⁸»Vengan a mí todos ustedes que están cansados y agobiados; yo les daré descanso. ²⁹Carguen con mi yugo y aprendan de mí, pues yo soy apacible y humilde de corazón, y encontrarán descanso para sus almas. ³⁰Porque mi yugo es suave y mi carga es liviana».

Señor del sábado
12:1-8 – Mr 2:23-28; Lc 6:1-5
12:9-14 – Mr 3:1-6; Lc 6:6-11

12 Por aquel tiempo pasaba Jesús por los sembrados un día ˚sábado. Sus discípulos tenían hambre, así que comenzaron a arrancar algunas espigas de trigo y a comérselas. ²Al ver esto, los fariseos le dijeron:

—¡Mira! Tus discípulos están haciendo lo que está prohibido en día sábado.

³Él contestó:

—¿No han leído lo que hizo David en aquella ocasión en que él y sus compañeros tuvieron hambre? ⁴Entró en la casa de Dios; él y sus compañeros comieron los panes consagrados a Dios, lo que no se les permitía a ellos, sino solo a los sacerdotes. ⁵¿O no han leído en la Ley que los sacerdotes en el Templo profanan el sábado sin incurrir en culpa? ⁶Pues yo les digo que aquí está algo más grande que el Templo. ⁷Si ustedes supieran qué significa esto: "Lo que pido de ustedes es misericordia y no sacrificios",ᵉ no condenarían a los que no son culpables. ⁸Sepan que el Hijo del hombre es Señor del sábado.

⁹Pasando de allí, entró en la sinagoga ¹⁰donde había un hombre que tenía una mano paralizada. Como buscaban un motivo para acusar a Jesús, le preguntaron:

—¿Está permitido sanar en sábado?

¹¹Él contestó:

—Si alguno de ustedes tiene una oveja y un día sábado se le cae en un hoyo, ¿no la agarra y la saca? ¹²¡Cuánto más vale un hombre que una oveja! Por lo tanto, está permitido hacer el bien en sábado.

¹³Entonces dijo al hombre:

—Extiende la mano.

Así que la extendió y la mano quedó restablecida, tan sana como la otra. ¹⁴Pero los fariseos salieron y tramaban cómo matar a Jesús.

El siervo escogido por Dios

¹⁵Consciente de esto, Jesús se retiró de aquel lugar. Muchos lo siguieron y él sanó a todos los enfermos, ¹⁶pero les ordenó que no dijeran quién era él. ¹⁷Esto fue para que se cumpliera lo dicho por el profeta Isaías:

ᵃ 10 Mal 3:1. ᵇ 12 ha venido … aferrarse a él. Alt. sufre violencia y los violentos quieren arrebatarlo. ᶜ 21 con muchos lamentos. Lit. en saco y ceniza. ᵈ 23 los dominios de la muerte. Lit. el Hades. ᵉ 7 Os 6:6.

¹⁸«Este es mi siervo, a quien he escogido,
  mi amado, en quien me deleito;
sobre él pondré mi Espíritu
  y proclamará justicia a las ˙naciones.
¹⁹No disputará ni gritará;
  nadie oirá su voz en las calles.
²⁰No acabará de romper la caña quebrada
  ni apagará la mecha que apenas arde,
  hasta que haga triunfar la justicia.
²¹Y en su nombre pondrán las naciones su
  esperanza».ᵃ

Jesús y Beelzebú
12:25-29 – Mr 3:23-27; Lc 11:17-22

²²Después de eso llevaron ante Jesús un endemoniado que estaba ciego y mudo, entonces él lo sanó y
pudo ver y hablar. ²³Toda la gente quedó asombrada
y decía: «¿No será este el Hijo de David?».
²⁴Pero al oírlo los fariseos, dijeron: «Este no
expulsa a los demonios sino por medio de ˙Beelzebú,
príncipe de los demonios».
²⁵Jesús conocía sus pensamientos y les dijo: «Todo
reino dividido contra sí mismo quedará asolado;
toda ciudad o familia dividida contra sí misma no se
mantendrá en pie. ²⁶Y si Satanás expulsa a Satanás,
está dividido contra sí mismo. ¿Cómo puede, entonces, mantenerse en pie su reino? ²⁷Ahora bien, si
yo expulso a los demonios por medio de Beelzebú,
¿los seguidores de ustedes por medio de quién los
expulsan? Por eso ellos mismos los juzgarán a ustedes. ²⁸Pero si expulso a los demonios por medio del
Espíritu de Dios, eso significa que el reino de Dios ha
llegado a ustedes.
²⁹»¿O cómo puede entrar alguien en la casa de un
hombre fuerte y arrebatarle sus bienes a menos que
primero lo ate? Solo entonces podrá robar su casa.
³⁰»El que no está de mi parte está contra mí; y
el que conmigo no recoge esparce. ³¹Por eso digo
que a todos se les podrá perdonar todo pecado y
toda blasfemia, pero la blasfemia contra el Espíritu
no se le perdonará a nadie. ³²A cualquiera que pronuncie alguna palabra contra el Hijo del hombre se
le perdonará, pero el que hable contra el Espíritu
Santo no tendrá perdón ni en este mundo ni en el
venidero.
³³»Si tienen un buen árbol, su fruto es bueno;
si tienen un mal árbol, su fruto es malo. Al árbol
se le reconoce por su fruto. ³⁴Camada de víboras, ¿cómo pueden ustedes que son malos decir
algo bueno? De la abundancia del corazón habla
la boca. ³⁵El que es bueno, de la bondad que atesora en el corazón saca el bien, pero el que es
malo, de su maldad saca el mal. ³⁶Pero yo les digo
que en el día del juicio todos tendrán que dar
cuenta de toda palabra ociosa que hayan pronunciado. ³⁷Porque por tus palabras se te declarará
inocente y por tus palabras se te condenará».

La señal de Jonás
12:39-42 – Lc 11:29-32
12:43-45 – Lc 11:24-26

³⁸Algunos de los fariseos y de los ˙maestros de la
Ley dijeron a Jesús:
—Maestro, queremos ver alguna señal milagrosa
de parte tuya.
³⁹Jesús contestó:
—¡Esta generación malvada y adúltera pide una
señal milagrosa! Pero no se le dará más señal que la
del profeta Jonás. ⁴⁰Porque así como Jonás estuvo
tres días y tres noches en el vientre de un enorme
pez, también tres días y tres noches estará el Hijo
del hombre en el corazón de la tierra. ⁴¹Los habitantes de Nínive se levantarán en el juicio contra esta

generación y la condenarán; porque ellos se arrepintieron al escuchar la predicación de Jonás y aquí
tienen ustedes a uno más importante que Jonás.
⁴²La reina del Sur se levantará en el día del juicio y
condenará a esta generación; porque ella vino desde
los confines de la tierra para escuchar la sabiduría
de Salomón y aquí tienen ustedes a uno más importante que Salomón.
⁴³»Cuando un espíritu maligno sale de una persona, va por lugares áridos buscando descanso sin
encontrarlo. ⁴⁴Entonces dice: "Volveré a mi casa, de
donde salí". Cuando llega, la encuentra desocupada,
barrida y arreglada. ⁴⁵Luego va y trae a otros siete
espíritus más malvados que él y entran a vivir allí.
Así que el estado final de aquella persona resulta
peor que el inicial. Así le pasará también a esta generación malvada».

La madre y los hermanos de Jesús
12:46-50 – Mr 3:31-35; Lc 8:19-21

⁴⁶Mientras Jesús hablaba a la multitud, se presentaron su madre y sus hermanos. Se quedaron afuera
y deseaban hablar con él. ⁴⁷Alguien le dijo:
—Mira, tu madre y tus hermanos están afuera y
quieren hablar contigo.ᵇ
⁴⁸—¿Quién es mi madre y quiénes son mis hermanos? —respondió Jesús.
⁴⁹Señalando a sus discípulos, añadió:
—Aquí tienen a mi madre y a mis hermanos.
⁵⁰Cualquiera que hace la voluntad de mi Padre que
está en los cielos es mi hermano, mi hermana y mi
madre.

Parábola del sembrador
13:1-15 – Mr 4:1-12; Lc 8:4-10
13:16-17 – Lc 10:23-24
13:18-23 – Mr 4:13-20; Lc 8:11-15

13 Ese mismo día salió Jesús de la casa y se sentó
a la orilla del lago. ²La multitud que se reunió
para verlo era tan grande que él tuvo que subir a una
barca donde se sentó mientras toda la gente estaba
de pie en la orilla. ³Y dijo en ˙parábolas muchas
cosas como estas: «Un sembrador salió a sembrar.
⁴Mientras iba esparciendo las semillas, una parte
cayó junto al camino, llegaron los pájaros y se las
comieron. ⁵Otra parte cayó en terreno pedregoso, sin
mucha tierra. Esas semillas brotaron pronto porque
la tierra no era profunda; ⁶pero cuando salió el sol,
las plantas se marchitaron y por no tener raíz se secaron. ⁷Otra parte de las semillas cayó entre espinos
que, al crecer, ahogaron las plantas. ⁸Pero las otras
semillas cayeron en buen terreno, en el que se dio
una cosecha que rindió hasta cien, sesenta y treinta
veces más de lo que se había sembrado. ⁹El que tenga
oídos, que oiga».
¹⁰Los discípulos se acercaron y le preguntaron:
—¿Por qué hablas a la gente en parábolas?
¹¹Él respondió:
—A ustedes se les ha concedido conocer los misterios del reino de los cielos; pero a ellos no. ¹²Al que
tiene se le dará más y tendrá en abundancia. Al que
no tiene hasta lo que tiene se le quitará. ¹³Por eso les
hablo a ellos en parábolas:

»Aunque miren, no vean;
  aunque oigan, no escuchen ni entiendan.

¹⁴En ellos se cumple la profecía de Isaías:

"Por mucho que oigan, no entenderán;
  por mucho que vean, no comprenderán.

ᵃ 21 Is 42:1-4. ᵇ 47 Var. no incluye v. 47.

¹⁵ Porque el corazón de este pueblo se ha vuelto insensible;
se les han tapado los oídos
y se les han cerrado los ojos.
De lo contrario, verían con los ojos,
oirían con los oídos,
entenderían con el corazón,
se arrepentirían y yo los sanaría".ᵃ

¹⁶Pero dichosos los ojos de ustedes porque ven y sus oídos porque oyen. ¹⁷Les aseguro que muchos profetas y otros justos anhelaron ver lo que ustedes ven, pero no lo vieron; quisieron oír lo que ustedes oyen, pero no lo oyeron.

Jesús explica la parábola del sembrador

¹⁸»Escuchen ahora lo que significa la parábola del sembrador: ¹⁹Cuando alguien oye la palabra acerca del reino y no la entiende, viene el maligno y arrebata lo que se sembró en su corazón. Esta es la semilla sembrada junto al camino. ²⁰El que recibió la semilla que cayó en el suelo lleno de piedras es el que oye la palabra y de inmediato la recibe con alegría. ²¹Pero como no tiene raíz, dura poco tiempo. Cuando surgen problemas o persecución a causa de la palabra, enseguida se aparta de ella. ²²El que recibió la semilla que cayó entre espinos es el que oye la palabra, pero las preocupaciones de esta vida y el engaño de las riquezas la ahogan. Por eso, la semilla no llega a dar fruto. ²³Pero el que recibió la semilla que cayó en buen terreno es el que oye la palabra y la entiende. Este sí produce una cosecha hasta cien, sesenta y treinta veces más».

Parábola de la mala hierba

²⁴Jesús contó otra parábola: «El reino de los cielos es como un hombre que sembró buena semilla en su campo. ²⁵Pero mientras todos dormían, llegó su enemigo y sembró mala hierba entre el trigo y se fue. ²⁶Cuando brotó el trigo y se formó la espiga, apareció también la mala hierba. ²⁷Los siervos fueron al dueño y le dijeron: "Señor, ¿no sembró usted semilla buena en su campo? Entonces, ¿de dónde salió la mala hierba?". ²⁸"Esto es obra de un enemigo", respondió. Le preguntaron los siervos: "¿Quiere usted que vayamos a arrancarla?". ²⁹"¡No! —contestó—, no sea que, al arrancar la mala hierba, arranquen con ella el trigo. ³⁰Dejen que crezcan juntos hasta la cosecha. Entonces diré a los segadores: Recojan primero la mala hierba y átenla en manojos para quemarla; después recojan el trigo y guárdenlo en mi granero"».

Parábolas de la semilla de mostaza y de la levadura

³¹Les contó otra parábola: «El reino de los cielos es como una semilla de mostaza que un hombre sembró en su campo. ³²Aunque es la más pequeña de todas las semillas, cuando crece es la más grande de las plantas del huerto. Se convierte en árbol, de modo que vienen las aves y anidan en sus ramas».

³³Les contó otra parábola más: «El reino de los cielos es como la levadura que una mujer tomó y mezcló en tres medidasᵇ de harina, hasta que hizo crecer toda la masa».

³⁴Jesús dijo a la multitud todas estas cosas en parábolas. No decía nada sin emplear parábolas. ³⁵Así se cumplió lo dicho por el profeta:

«Hablaré por medio de parábolas;
revelaré cosas que han estado ocultas desde la creación del mundo».ᶜ

Jesús explica la parábola de la mala hierba

³⁶Una vez que se despidió de la multitud, entró en la casa. Se acercaron sus discípulos y le pidieron:
—Explícanos la parábola de la mala hierba del campo.

³⁷—El que sembró la buena semilla es el Hijo del hombre —respondió Jesús—. ³⁸El campo es el mundo y la buena semilla representa a los hijos del reino. La mala hierba son los hijos del maligno, ³⁹y el enemigo que la siembra es el diablo. La cosecha es el fin del mundo,ᵈ y los segadores son los ángeles.

⁴⁰Así como se recoge la mala hierba y se quema en el fuego, ocurrirá también al fin del mundo. ⁴¹El Hijo del hombre enviará a sus ángeles y arrancarán de su reino a todos los que pecan y hacen pecar. ⁴²Los arrojarán al horno encendido, donde habrá llanto y crujir de dientes. ⁴³Entonces los justos brillarán en el reino de su Padre como el sol. El que tenga oídos, que oiga.

Parábolas del tesoro escondido y de la perla

⁴⁴»El reino de los cielos es como un tesoro escondido en un campo. Cuando un hombre lo descubrió, lo volvió a esconder, y lleno de alegría fue y vendió todo lo que tenía y compró ese campo.

⁴⁵»También se parece el reino de los cielos a un comerciante que andaba buscando perlas finas. ⁴⁶Cuando encontró una de gran valor, fue y vendió todo lo que tenía y la compró.

Parábola de la red

⁴⁷»También se parece el reino de los cielos a una red echada al lago, que atrapa peces de toda clase. ⁴⁸Cuando se llena, los pescadores la sacan a la orilla, se sientan y recogen en canastas los peces buenos y desechan los malos. ⁴⁹Así será al fin del mundo. Vendrán los ángeles y apartarán de los justos a los malvados. ⁵⁰Luego los arrojarán al horno encendido, donde habrá llanto y crujir de dientes.

⁵¹—¿Han entendido todo esto? —preguntó Jesús.
—Sí —respondieron ellos.
⁵²Entonces concluyó Jesús:
—Todo maestro de la Ley que ha sido instruido acerca del reino de los cielos es como el dueño de una casa que, de lo que tiene guardado, saca tesoros nuevos y viejos.

Jesús es rechazado en su tierra

⁵³Cuando Jesús terminó de contar estas parábolas, se fue de allí. ⁵⁴Al llegar a su pueblo, comenzó a enseñar a la gente en la sinagoga.
—¿De dónde sacó este tal sabiduría y tales poderes milagrosos? —decían maravillados—. ⁵⁵¿No es acaso el hijo del carpintero? ¿No se llama su madre María y no son sus hermanos Santiago, José, Simón y Judas? ⁵⁶¿No están con nosotros todas sus hermanas? Así que, ¿de dónde sacó todas estas cosas?
⁵⁷Y se escandalizaban a causa de él. Pero Jesús les dijo:
—En todas partes se honra a un profeta, menos en su tierra y en su propia casa.
⁵⁸Y por la falta de fe de ellos, no hizo allí muchos milagros.

Decapitación de Juan el Bautista
14:1-12 – Mr 6:14-29

14 En aquel tiempo Herodes, el tetrarca, se enteró de lo que decían de Jesús, ²y comentó a sus

---

ᵃ 15 Is 6:9, 10. ᵇ 33 tres medidas. Es decir, aprox. 27 kg. Lit. tres satas. ᶜ 35 Sal 78:2. ᵈ 39 el fin del mundo. Lit. la consumación del siglo.

sirvientes: «¡Ese es Juan el Bautista; ha 'resucitado! Por eso tiene poder para realizar milagros».

³En efecto, Herodes había arrestado a Juan. Lo había encadenado y metido en la cárcel por causa de Herodías, esposa de su hermano Felipe. ⁴Es que Juan había estado diciéndole: «No te es lícito tenerla por mujer». ⁵Herodes quería matarlo, pero tenía miedo a la gente, porque consideraban a Juan como un profeta.

⁶En el cumpleaños de Herodes, la hija de Herodías bailó delante de todos; y tanto agradó esto a Herodes ⁷que prometió bajo juramento darle cualquier cosa que pidiera. ⁸Instigada por su madre, le pidió: «Dame en una bandeja la cabeza de Juan el Bautista».

⁹El rey se entristeció; sin embargo, a causa de sus juramentos y en atención a los invitados, ordenó que le dieran lo que pedía ¹⁰y ordenó decapitar a Juan en la cárcel. ¹¹Llevaron la cabeza en una bandeja y se la dieron a la muchacha, quien se la entregó a su madre. ¹²Luego llegaron los discípulos de Juan, recogieron el cuerpo y le dieron sepultura. Después fueron y avisaron a Jesús.

Jesús alimenta a los cinco mil
14:13-21 – Mr 6:32-44; Lc 9:10-17; Jn 6:1-13

¹³Cuando Jesús recibió la noticia, se retiró él solo en una barca a un lugar solitario. Las multitudes se enteraron y lo siguieron a pie desde los poblados. ¹⁴Cuando Jesús desembarcó y vio tanta gente, tuvo compasión de ellos y sanó a los que estaban enfermos.

¹⁵Al atardecer se le acercaron sus discípulos y dijeron:

—Este es un lugar apartado y ya se hace tarde. Despide a la gente, para que vayan a los pueblos y se compren algo de comer.

¹⁶—No tienen que irse —contestó Jesús—. Denles ustedes mismos de comer.

¹⁷Ellos objetaron:

—No tenemos aquí más que cinco panes y dos pescados.

¹⁸—Tráiganmelos acá —dijo Jesús.

¹⁹Y mandó a la gente que se sentara sobre la hierba. Tomó los cinco panes y los dos pescados y, mirando al cielo, los bendijo. Luego partió los panes y se los dio a sus discípulos, quienes los repartieron a la gente. ²⁰Todos comieron hasta quedar satisfechos y los discípulos recogieron doce canastas llenas de pedazos que sobraron. ²¹Los que comieron fueron unos cinco mil hombres, sin contar a las mujeres y a los niños.

Jesús camina sobre el agua
14:22-33 – Mr 6:45-51; Jn 6:15-21
14:34-36 – Mr 6:53-56

²²Enseguida Jesús hizo que los discípulos subieran a la barca y se adelantaran al otro lado, mientras él despedía a la multitud. ²³Después de despedir a la gente, subió a la montaña para orar a solas. Al anochecer, estaba allí él solo ²⁴y la barca ya estaba bastante lejos*ᵃ* de la tierra, zarandeada por las olas, porque el viento le era contrario.

²⁵En la madrugada,*ᵇ* Jesús se acercó a ellos caminando sobre el lago. ²⁶Cuando los discípulos lo vieron caminando sobre el agua, quedaron aterrados.

—¡Es un fantasma! —dijeron.

Y llenos de miedo comenzaron a gritar. ²⁷Pero Jesús dijo enseguida:

—¡Cálmense! Soy yo. No tengan miedo.

²⁸—Señor, si eres tú —respondió Pedro—, mándame que vaya a ti sobre el agua.

²⁹—Ven —dijo Jesús.

Pedro bajó de la barca y caminó sobre el agua en dirección a Jesús. ³⁰Pero al sentir el viento fuerte, tuvo miedo y comenzó a hundirse. Entonces gritó:

—¡Señor, sálvame!

³¹Enseguida Jesús le tendió la mano y, sujetándolo, lo reprendió:

—¡Hombre de poca fe! ¿Por qué dudaste?

³²Cuando subieron a la barca, el viento se calmó. ³³Los que estaban en la barca lo adoraron diciendo:

—Verdaderamente tú eres el Hijo de Dios.

³⁴Después de cruzar el lago, desembarcaron en Genesaret. ³⁵Los habitantes de aquel lugar reconocieron a Jesús y divulgaron la noticia por todos los alrededores. Le llevaban todos los enfermos, ³⁶le suplicaban que les permitiera tocar siquiera el borde de su manto y quienes lo tocaban quedaban sanos.

Lo limpio y lo impuro
15:1-20 – Mr 7:1-23

15 Se acercaron a Jesús algunos fariseos y 'maestros de la Ley que habían llegado de Jerusalén y preguntaron:

²—¿Por qué quebrantan tus discípulos la tradición de los líderes religiosos? ¡Comen sin cumplir primero el rito de lavarse las manos!

³Jesús contestó:

—¿Y por qué ustedes quebrantan el mandamiento de Dios a causa de la tradición? ⁴Dios dijo: "Honra a tu padre y a tu madre"*ᶜ* y también: "El que maldiga a su padre o a su madre será condenado a muerte".*ᵈ* ⁵Ustedes, en cambio, enseñan que un hijo puede decir a su padre o a su madre: "Cualquier ayuda que pudiera darte ya la he dedicado como ofrenda a Dios". ⁶En ese caso, el tal hijo no tiene que honrar a su padre.*ᵉ* Así por causa de la tradición anulan ustedes la palabra de Dios. ⁷¡Hipócritas! Tenía razón Isaías cuando profetizó de ustedes:

⁸ »"Este pueblo me honra con los labios,
   pero su corazón está lejos de mí.
⁹ En vano me adoran;
   sus enseñanzas no son más que reglas
   humanas"».*ᶠ*

¹⁰Jesús llamó a la multitud y dijo:

—Escuchen y entiendan. ¹¹Lo que contamina a una persona no es lo que entra en la boca, sino lo que sale de ella.

¹²Entonces se le acercaron los discípulos y dijeron:

—¿Sabes que los fariseos se 'escandalizaron al oír eso?

¹³—Toda planta que mi Padre celestial no haya plantado será arrancada de raíz —respondió—. ¹⁴Déjenlos; son guías ciegos.*ᵍ* Y si un ciego guía a otro ciego, ambos caerán en un hoyo.

¹⁵—Explícanos la comparación —pidió Pedro.

¹⁶—¿Tampoco ustedes pueden todavía entenderlo? —dijo Jesús—. ¹⁷¿No se dan cuenta de que todo lo que entra en la boca va al estómago y después se echa en la letrina? ¹⁸Pero lo que sale de la boca viene del corazón y contamina a la persona. ¹⁹Porque del corazón salen los malos pensamientos, los homicidios, los adulterios, la inmoralidad sexual, los robos, los falsos testimonios y las calumnias. ²⁰Estas son las cosas que contaminan a la persona y no el comer sin lavarse las manos.

---

a 24 *bastante lejos.* Lit. *a muchos estadios.*   *b* 25 *la madrugada.* Lit. *la cuarta vigilia de la noche.*   *c* 4 Éx 20:12; Dt 5:16.   *d* 4 Éx 21:17; Lv 20:9.   *e* 6 *padre.* Var. *padre ni a su madre.*   *f* 9 Is 29:13.   *g* 14 *guías ciegos.* Var. *ciegos guías de ciegos.*

La fe de la mujer cananea
15:21-28 – Mr 7:24-30

²¹Partiendo de allí, Jesús se retiró a la región de Tiro y Sidón. ²²De esa región salió a su encuentro una mujer cananea gritando:

—¡Señor, Hijo de David, ten compasión de mí! Mi hija sufre terriblemente por estar endemoniada.

²³Jesús no respondió ni una palabra. Así que sus discípulos se acercaron a él y le rogaron:

—Despídela, porque viene detrás de nosotros gritando.

²⁴—No fui enviado sino a las ovejas perdidas del pueblo de Israel —contestó Jesús.

²⁵La mujer se acercó y arrodillándose delante de él, suplicó:

—¡Señor, ayúdame!

²⁶Él respondió:

—No está bien quitarles el pan a los hijos y echárselo a los perros.

²⁷—Sí, Señor —respondió la mujer—, pero hasta los perros comen las migajas que caen de la mesa de sus amos.

²⁸—¡Mujer, qué grande es tu fe! —contestó Jesús—. Que se cumpla lo que quieres.

Y desde ese mismo momento quedó sana su hija.

Jesús alimenta a cuatro mil
15:29-31 – Mr 7:31-37
15:32-39 – Mr 8:1-10

²⁹Salió Jesús de allí y llegó a orillas del lago de Galilea. Luego subió a la montaña y se sentó. ³⁰Se acercaron grandes multitudes que llevaban cojos, ciegos, lisiados, mudos y muchos enfermos más; los pusieron a sus pies y él los sanó. ³¹La gente se asombraba al ver a los mudos hablar, a los lisiados recobrar la salud, a los cojos andar y a los ciegos ver. Y alababan al Dios de Israel.

³²Jesús llamó a sus discípulos y les dijo:

—Siento compasión de esta gente porque ya llevan tres días conmigo y no tienen nada que comer. No quiero despedirlos sin comer, no sea que se desmayen por el camino.

³³Los discípulos objetaron:

—¿Dónde podríamos conseguir en este lugar despoblado suficiente pan para dar de comer a toda esta multitud?

³⁴—¿Cuántos panes tienen? —preguntó Jesús.

—Siete y unos pocos pescaditos —respondieron ellos.

³⁵Luego Jesús mandó que la gente se sentara en el suelo. ³⁶Tomando los siete panes y los pescados, dio gracias, los partió y se los fue dando a los discípulos. Estos, a su vez, los distribuyeron a la gente. ³⁷Todos comieron hasta quedar satisfechos. Después los discípulos recogieron siete cestas llenas de pedazos que sobraron. ³⁸Los que comieron eran cuatro mil hombres, sin contar a las mujeres y a los niños. ³⁹Después de despedir a la gente, Jesús subió a la barca y se fue a la región de Magadán.ª

Piden a Jesús una señal
16:1-12 – Mr 8:11-21

16 Los fariseos y los saduceos se acercaron a Jesús y, para ponerlo a prueba, pidieron que mostrara una señal del cielo.

²Él contestó:ᵇ «Al atardecer, ustedes dicen que hará buen tiempo porque el cielo está rojizo ³y por la mañana, que habrá tempestad porque el cielo está rojo y nublado. Ustedes saben discernir el aspecto del cielo, pero no las señales de los tiempos. ⁴¡Esta generación malvada y adúltera pide una señal milagrosa! Pero no se le dará más señal que la de Jonás». Entonces Jesús los dejó y se fue.

La levadura de los fariseos y de los saduceos

⁵Cruzaron el lago, pero a los discípulos se les había olvidado llevar pan.

⁶—Presten atención —advirtió Jesús—; cuídense de la levadura de los fariseos y de los saduceos.

⁷Ellos comentaban entre sí: «Lo dice porque no trajimos pan». ⁸Al darse cuenta de esto, Jesús dijo:

—Hombres de poca fe, ¿por qué están hablando de que no tienen pan? ⁹¿Todavía no entienden? ¿No recuerdan los cinco panes para los cinco mil y el número de canastas que recogieron? ¹⁰¿Ni los siete panes para los cuatro mil y el número de cestas que recogieron? ¹¹¿Cómo es que no entienden que no hablaba yo del pan, sino de tener cuidado de la levadura de fariseos y saduceos?

¹²Entonces comprendieron que no les decía que se cuidaran de la levadura del pan, sino de la enseñanza de los fariseos y de los saduceos.

La confesión de Pedro
16:13-16 – Mr 8:27-29; Lc 9:18-20

¹³Cuando llegó a la región de Cesarea de Filipo, Jesús preguntó a sus discípulos:

—¿Quién dice la gente que es el Hijo del hombre?

¹⁴Le respondieron:

—Unos dicen que Juan el Bautista, otros que Elías, y otros que Jeremías o uno de los profetas.

¹⁵—Y ustedes, ¿quién dicen que soy yo? —preguntó Jesús.

¹⁶—Tú eres el *Cristo, el Hijo del Dios viviente —afirmó Simón Pedro.

¹⁷—Dichoso tú, Simón, hijo de Jonás —dijo Jesús—, porque eso no te lo reveló ningún mortal,ᶜ sino mi Padre que está en el cielo. ¹⁸Yo te digo que tú eres Pedro.ᵈ Sobre esta piedra edificaré mi iglesia y las puertas de los dominios de la muerteᵉ no prevalecerán contra ella. ¹⁹Te daré las llaves del reino de los cielos; todo lo que ates en la tierra quedará atado en el cielo y todo lo que desates en la tierra quedará desatado en el cielo.

²⁰Luego ordenó a sus discípulos que no dijeran a nadie que él era el Cristo.

Jesús predice su muerte
16:21-28 – Mr 8:31-9:1; Lc 9:22-27

²¹Desde entonces comenzó Jesús a advertir a sus discípulos que tenía que ir a Jerusalén y sufrir muchas cosas a manos de los líderes religiosos, de los jefes de los sacerdotes y de los *maestros de la Ley; también que era necesario que lo mataran y que al tercer día resucitara. ²²Pedro lo llevó aparte y comenzó a reprenderlo:

—¡De ninguna manera, Señor! ¡Esto no te sucederá jamás!

²³Jesús se volvió y dijo a Pedro:

—¡Aléjate de mí, Satanás! Quieres hacerme tropezar; no piensas en las cosas de Dios, sino en las de los hombres.

²⁴Luego Jesús dijo a sus discípulos:

—Si alguien quiere ser mi discípulo, que se niegue a sí mismo, tome su cruz y me siga. ²⁵Porque el que quiera salvar su vida la perderá, pero el que pierda su vida por mi causa, la encontrará. ²⁶¿De qué le sirve a uno ganar el mundo entero si se pierde la vida? ¿O qué se puede dar a cambio de la vida? ²⁷Porque el Hijo del hombre ha de venir en la gloria de su Padre con sus ángeles y entonces

---

ª 39 *Magadán.* Var. *Magdala.*   ᵇ 2 Var. no incluye el resto del v. 2 y todo el v. 3.   ᶜ 17 *ningún mortal.* Lit. *carne y sangre.*
ᵈ 18 *Pedro* significa *piedra.*   ᵉ 18 *de los dominios de la muerte.* Lit. *del Hades.*

recompensará a cada persona según lo que haya hecho. ²⁸Les aseguro que algunos de los aquí presentes no sufrirán la muerte sin antes haber visto al Hijo del hombre llegar en su reino.

La transfiguración
17:1-8 – Lc 9:28-36
17:1-13 – Mr 9:2-13

17 Seis días después, Jesús tomó consigo a Pedro, a ˙Santiago y a Juan, el hermano de Santiago, y los llevó aparte, a una montaña alta. ²Allí se transfiguró en presencia de ellos; su rostro resplandeció como el sol y su ropa se volvió blanca como la luz. ³En esto, se aparecieron Moisés y Elías conversando con Jesús. ⁴Pedro dijo a Jesús:

—Señor, ¡qué bien que estemos aquí! Si quieres, levantaré tres albergues: uno para ti, otro para Moisés y otro para Elías.

⁵Mientras estaba aún hablando, apareció una nube luminosa que los envolvió y de la cual salió una voz que dijo: «Este es mi Hijo amado; estoy muy complacido con él. ¡Escúchenlo!».

⁶Al oír esto, los discípulos se postraron sobre su rostro, aterrorizados. ⁷Pero Jesús se acercó a ellos y los tocó.

—Levántense —dijo—. No tengan miedo.

⁸Cuando alzaron la vista, no vieron a nadie más que a Jesús.

⁹Mientras bajaban de la montaña, Jesús les encargó:

—No cuenten a nadie lo que han visto hasta que el Hijo del hombre se levante de entre los muertos.

¹⁰Entonces los discípulos preguntaron a Jesús:

—¿Por qué dicen los ˙maestros de la Ley que Elías tiene que venir primero?

¹¹—Sin duda Elías vendrá y restaurará todas las cosas —respondió Jesús—. ¹²Pero les digo que Elías ya vino y no lo reconocieron, sino que hicieron con él todo lo que quisieron. De la misma manera, va a sufrir el Hijo del hombre a manos de ellos.

¹³Entonces entendieron los discípulos que les estaba hablando de Juan el Bautista.

Jesús sana a un muchacho endemoniado
17:14-19 – Mr 9:14-28; Lc 9:37-42

¹⁴Cuando llegaron a la multitud, un hombre se acercó a Jesús y se arrodilló delante de él. ¹⁵Y dijo:

—Señor, ten compasión de mi hijo. Le dan ataques y sufre terriblemente. Muchas veces cae en el fuego o en el agua. ¹⁶Se lo traje a tus discípulos, pero no pudieron sanarlo.

¹⁷—¡Ah, generación incrédula y malvada! —respondió Jesús—. ¿Hasta cuándo tendré que estar con ustedes? ¿Hasta cuándo tendré que soportarlos? Tráiganme acá al muchacho.

¹⁸Jesús reprendió al demonio, el cual salió del muchacho, y este quedó sano desde aquel momento.

¹⁹Después los discípulos se acercaron a Jesús y, en privado, preguntaron:

—¿Por qué nosotros no pudimos expulsarlo?

²⁰—Por la poca fe que tienen —respondió—. Les aseguro que si tuvieran fe tan pequeña como una semilla de mostaza, podrían decirle a esta montaña: "Trasládate de aquí para allá" y se trasladaría. Para ustedes nada sería imposible. ²¹ᵃ

²²Estando reunidos en Galilea, Jesús les dijo: «El Hijo del hombre va a ser entregado en manos de los hombres. ²³Lo matarán, pero al tercer día resucitará». Y los discípulos se entristecieron mucho.

El impuesto del Templo
²⁴Cuando Jesús y sus discípulos llegaron a Capernaúm, los que cobraban el impuesto del ˙Temploᵇ se acercaron a Pedro y preguntaron:

—¿Su maestro no paga el impuesto del Templo?

²⁵—Sí, lo paga —respondió Pedro.

Al entrar Pedro en la casa, se adelantó Jesús a preguntarle:

—¿Tú qué opinas, Simón? Los reyes de la tierra, ¿a quiénes cobran tributos e impuestos: a los suyos o a los demás?

²⁶—A los demás —contestó Pedro.

—Entonces los suyos están exentos —dijo Jesús—. ²⁷Pero para no escandalizar a esta gente, vete al lago y echa el anzuelo. Saca el primer pez que pique; ábrele la boca y encontrarás una moneda.ᶜ Tómala y dásela a ellos por mi impuesto y por el tuyo.

El más importante en el reino de los cielos
18:1-5 – Mr 9:33-37; Lc 9:46-48

18 En ese momento los discípulos se acercaron a Jesús y preguntaron:

—¿Quién es el más importante en el reino de los cielos?

²Él llamó a un niño y lo puso en medio de ellos. ³Entonces dijo:

—Les aseguro que a menos que ustedes cambien y se vuelvan como niños, no entrarán en el reino de los cielos. ⁴Por tanto, el que se humilla como este niño será el más grande en el reino de los cielos.

⁵»Y el que recibe en mi nombre a un niño como este me recibe a mí. ⁶Pero si alguien hace pecar a uno de estos pequeños que creen en mí, más le valdría que le colgaran al cuello una gran piedra de molino y lo hundieran en lo profundo del mar. ⁷»¡Ay del mundo por los tropiezos! Los tropiezos son inevitables, pero ¡ay de aquel que los ocasiona! ⁸Si tu mano o tu pie te hace pecar, córtatelo y arrójalo. Más te vale entrar en la vida manco o cojo que ser arrojado al fuego eterno con tus dos manos y tus dos pies. ⁹Y si tu ojo te hace pecar, sácatelo y arrójalo. Más te vale entrar tuerto en la vida que con dos ojos ser arrojado al fuego del infierno.

Parábola de la oveja perdida
18:12-14 – Lc 15:4-7

¹⁰»Miren que no menosprecien a uno de estos pequeños. Porque les digo que en el cielo los ángeles de ellos contemplan siempre el rostro de mi Padre celestial. ¹¹ᵈ

¹²»¿Qué les parece? Si un hombre tiene cien ovejas y se extravía una de ellas, ¿no dejará las noventa y nueve en las colinas para ir en busca de la extraviada? ¹³Y si llega a encontrarla, les aseguro que se pondrá más feliz por esa sola oveja que por las noventa y nueve que no se extraviaron. ¹⁴Así también, el Padre de ustedes que está en el cielo no quiere que se pierda ninguno de estos pequeños.

El hermano que peca contra ti
¹⁵»Si tu hermano peca contra ti,ᵉ ve a solas con él y hazle ver su falta. Si te hace caso, has ganado a tu hermano. ¹⁶Pero si no, lleva contigo a uno o dos más, para que "todo asunto se resuelva mediante el testimonio de dos o tres testigos".ᶠ ¹⁷Si se niega a hacerles caso a ellos, díselo a la iglesia; y si incluso a la iglesia no le hace caso, trátalo como si fuera un incréduloᵍ o un cobrador de impuestos.

ᵃ 21 Algunos manuscritos agregan lo siguiente: Pero esta clase no sale sino con oración y ayuno. Véase Mr 9:29. *ᵇ 24 el impuesto del Templo. Lit. las dos dracmas.* *ᶜ 27 una moneda. Lit. un estatero (moneda que equivale a cuatro dracmas).* *ᵈ 11 Algunos manuscritos agregan lo siguiente: El Hijo del hombre vino a salvar lo que se había perdido. Véase Lc 19:10.* *ᵉ 15 peca contra ti. Var. peca.* *ᶠ 16 Dt 19:15.* *ᵍ 17 incrédulo. Lit. un gentil.*

¹⁸»Les aseguro que todo lo que ustedes aten en la tierra quedará atado en el cielo y todo lo que desaten en la tierra quedará desatado en el cielo.

¹⁹»Además les digo que, si dos de ustedes en la tierra se ponen de acuerdo sobre cualquier cosa que pidan, les será concedida por mi Padre que está en el cielo. ²⁰Porque donde dos o tres se reúnen en mi nombre, allí estoy yo en medio de ellos».

Parábola del siervo despiadado

²¹Pedro se acercó a Jesús y preguntó:

—Señor, ¿cuántas veces tengo que perdonar a mi hermano que peca contra mí? ¿Hasta siete veces?

²²—No te digo que hasta siete veces, sino hasta setenta veces siete^a —contestó Jesús—.

²³»Por eso el reino de los cielos se parece a un rey que quiso ajustar cuentas con sus siervos. ²⁴Al comenzar a hacerlo, se presentó uno que le debía diez mil monedas de oro.^b ²⁵Como él no tenía con qué pagar, el señor mandó que lo vendieran a él, a su esposa y a sus hijos y todo lo que tenía, para así saldar la deuda. ²⁶El siervo se postró delante de él. "Tenga paciencia conmigo —rogó—, y se lo pagaré todo". ²⁷El señor se compadeció de su siervo, perdonó su deuda y lo dejó en libertad.

²⁸»Al salir, aquel siervo se encontró con uno de sus compañeros que le debía cien monedas de plata.^c Lo agarró por el cuello y comenzó a estrangularlo. "¡Págame lo que me debes!", exigió. ²⁹Su compañero se postró delante de él. "Ten paciencia conmigo —rogó—, y te lo pagaré". ³⁰Pero él se negó. Más bien fue y lo hizo meter en la cárcel hasta que pagara la deuda. ³¹Cuando los demás siervos vieron lo ocurrido, se entristecieron mucho y fueron a contarle a su señor todo lo que había sucedido. ³²Entonces el señor mandó llamar al siervo. "¡Siervo malvado! le dijo—, te perdoné toda aquella deuda porque me lo suplicaste. ³³¿No debías tú también haberte compadecido de tu compañero, así como yo me compadecí de ti?". ³⁴Y enojado, su señor lo entregó a los carceleros para que lo torturaran hasta que pagara todo lo que debía.

³⁵»Así también mi Padre celestial los tratará a ustedes, a menos que cada uno perdone de corazón a su hermano».

El divorcio
19:1-9 – Mr 10:1-12

19 Cuando Jesús acabó de decir estas cosas, salió de Galilea y se fue a la región de Judea, al otro lado del Jordán. ²Lo siguieron grandes multitudes y sanó allí a los enfermos.

³Algunos fariseos se acercaron y, para ponerlo a ˙prueba, le preguntaron:

—¿Está permitido que un hombre se divorcie de su esposa por cualquier motivo?

⁴—¿No han leído —respondió Jesús— que en el principio el Creador "los creó hombre y mujer"^d ⁵y dijo: "Por eso dejará el hombre a su padre y a su madre, se unirá a su mujer y los dos llegarán a ser uno solo"?^e ⁶Así que ya no son dos, sino uno solo. Por tanto, lo que Dios ha unido, que no lo separe el hombre.

⁷Ellos replicaron:

—¿Por qué, entonces, mandó Moisés que un hombre diera a su esposa un certificado de divorcio y la despidiera?

⁸—Moisés les permitió a ustedes divorciarse de sus esposas por lo obstinados que son^f —respondió Jesús—. Pero no fue así desde el principio. ⁹Les digo que, excepto en caso de inmoralidad sexual, el que se divorcia de su esposa y se casa con otra, comete adulterio.

¹⁰—Si tal es la situación entre esposo y esposa —comentaron los discípulos—, es mejor no casarse.

¹¹—No todos pueden comprender este asunto —respondió Jesús—, sino solo aquellos a quienes se les ha concedido entenderlo. ¹²Pues algunos son eunucos porque nacieron así; a otros los hicieron así los hombres; y otros se han hecho así por causa del reino de los cielos. El que pueda aceptar esto, que lo acepte.

Jesús y los niños
19:13-15 – Mr 10:13-16; Lc 18:15-17

¹³Llevaron unos niños a Jesús para que les impusiera las manos y orara por ellos, pero los discípulos reprendían a quienes los llevaban.

¹⁴Jesús dijo: «Dejen que los niños vengan a mí; no se lo impidan, porque el reino de los cielos es de quienes son como ellos». ¹⁵Después de poner las manos sobre ellos, se fue de allí.

El joven rico
19:16-29 – Mr 10:17-30; Lc 18:18-30

¹⁶Sucedió que un joven se acercó a Jesús y le preguntó:

—Maestro, ¿qué es lo bueno que debo hacer para obtener la vida eterna?

¹⁷—¿Por qué me preguntas sobre lo que es bueno?^g —respondió Jesús—. Solamente hay uno que es bueno. Si quieres entrar en la vida, obedece los mandamientos.

¹⁸—¿Cuáles? —preguntó el joven.

Contestó Jesús:

—"No mates, no cometas adulterio, no robes, no presentes falso testimonio, ¹⁹honra a tu padre y a tu madre"^h y "ama a tu prójimo como a ti mismo".ⁱ

²⁰—Todos esos los he cumplido^j —dijo el joven—. ¿Qué más me falta?

²¹Jesús respondió:

—Si quieres ser perfecto, anda, vende lo que tienes y dáselo a los pobres, y tendrás tesoro en el cielo. Luego ven y sígueme.

²²Cuando el joven oyó esto, se fue triste porque tenía muchas riquezas.

²³—Les aseguro —comentó Jesús a sus discípulos— que es difícil para un rico entrar en el reino de los cielos. ²⁴De hecho, le resulta más fácil a un camello pasar por el ojo de una aguja que a un rico entrar en el reino de Dios.

²⁵Al oír esto, los discípulos quedaron asombrados y decían:

—En ese caso, ¿quién podrá salvarse?

²⁶—Para los hombres es imposible —aclaró Jesús, mirándolos fijamente—, mas para Dios todo es posible.

²⁷—¡Mira, nosotros lo hemos dejado todo por seguirte! le dijo Pedro—. ¿Y qué ganamos con eso?

²⁸—Les aseguro —respondió Jesús— que en la renovación de todas las cosas, cuando el Hijo del hombre se siente en su trono glorioso, ustedes que me han seguido se sentarán también en doce tronos para juzgar a las doce tribus de Israel. ²⁹Y todo el que por mi causa haya dejado casas, hermanos, hermanas, padre, madre,^k hijos o terrenos recibirá cien veces más y heredará la vida eterna. ³⁰Pero muchos

---

^a 22 setenta veces siete. Alt. setenta y siete veces. El número siete simbolizaba la perfección. ^b 24 diez mil monedas de oro. Lit. diez mil talentos. ^c 28 monedas de plata. Lit. denarios. ^d 4 Gn 1:27. ^e 5 Gn 2:24. ^f 8 por lo obstinados que son. Lit. por su dureza de corazón. ^g 17 ¿Por qué ... bueno? Var. ¿Por qué me llamas bueno? ^h 19 Éx 20:12-16; Dt 5:16-20. ⁱ 19 Lv 19:18. ^j 20 cumplido. Var. cumplido desde mi juventud. ^k 29 madre. Var. madre, esposa.

de los primeros serán últimos y los últimos serán primeros.

Parábola de los viñadores

20 »Asimismo, el reino de los cielos se parece a un propietario que salió de madrugada a contratar obreros para su viñedo. ²Acordó darles la paga de un día de trabajo*ᵃ* y los envió a su viñedo. ³Cerca de las nueve de la mañana,*ᵇ* salió y vio a otros que estaban desocupados en la plaza. ⁴Les dijo: "Vayan también ustedes a trabajar en mi viñedo y les pagaré lo que sea justo". ⁵Así que fueron. Salió de nuevo a eso del mediodía, y luego a la media tarde e hizo lo mismo. ⁶Alrededor de las cinco de la tarde, salió y encontró a otros más que estaban sin trabajo. Les preguntó: "¿Por qué han estado aquí desocupados todo el día?". ⁷"Porque nadie nos ha contratado", contestaron. Él les dijo: "Vayan también ustedes a trabajar en mi viñedo".

⁸»Al atardecer, el dueño del viñedo ordenó a su capataz: "Llama a los obreros y págales su salario, comenzando por los últimos contratados hasta llegar a los primeros". ⁹Se presentaron los obreros que habían sido contratados cerca de las cinco de la tarde y cada uno recibió la paga de un día. ¹⁰Por eso, cuando llegaron los que fueron contratados primero, esperaban recibir más. Pero cada uno de ellos recibió también la paga de un día. ¹¹Al recibirla, comenzaron a murmurar contra el propietario. ¹²"Estos que fueron los últimos en ser contratados trabajaron una sola hora —dijeron—, y usted los ha tratado como a nosotros que hemos soportado el peso del trabajo y el calor del día". ¹³Pero él contestó a uno de ellos: "Amigo, no estoy cometiendo ninguna injusticia contigo. ¿Acaso no aceptaste trabajar por esa paga? ¹⁴Tómala y vete. Quiero darle al último obrero contratado lo mismo que te di a ti. ¹⁵¿Es que no tengo derecho a hacer lo que quiera con mi dinero? ¿O te da envidia que yo sea generoso?".*ᶜ*

¹⁶»Así que los últimos serán primeros y los primeros serán últimos».

Jesús predice de nuevo su muerte
20:17-19 – Mr 10:32-34; Lc 18:31-33

¹⁷Mientras subía Jesús rumbo a Jerusalén, tomó aparte a los doce discípulos y les dijo: ¹⁸«Ahora vamos subiendo a Jerusalén y el Hijo del hombre será entregado a los jefes de los sacerdotes y a los maestros de la Ley. Ellos lo condenarán a muerte ¹⁹y lo entregarán a los gentiles para que se burlen de él, lo azoten y lo crucifiquen. Pero al tercer día resucitará».

La petición de una madre
20:20-28 – Mr 10:35-45

²⁰Entonces la madre de los hijos de Zebedeo, junto con ellos, se acercó a Jesús y, arrodillándose, le pidió un favor.

²¹—¿Qué quieres? —preguntó Jesús.

Ella le dijo:

—Ordena que en tu reino uno de estos dos hijos míos se siente a tu ˙derecha y el otro a tu izquierda.

²²—Ustedes no saben lo que están pidiendo —respondió Jesús—. ¿Pueden acaso beber el trago amargo de la copa que yo voy a beber?

—Sí, podemos.

²³—Les aseguro que beberán de mi copa —dijo Jesús—, pero el sentarse a mi derecha o a mi izquierda no me corresponde concederlo. Eso ya lo ha decidido*ᵈ* mi Padre.

²⁴Cuando lo oyeron los otros diez, se indignaron con los dos hermanos. ²⁵Jesús los llamó y dijo:

—Como ustedes saben, los gobernantes de las naciones oprimen al pueblo y los altos oficiales abusan de su autoridad. ²⁶Pero entre ustedes no debe ser así. Al contrario, el que quiera hacerse grande entre ustedes deberá ser su servidor ²⁷y el que quiera ser el primero deberá ser esclavo de los demás, ²⁸así como el Hijo del hombre no vino para que le sirvan, sino para servir y para dar su vida en rescate por muchos.

Dos ciegos reciben la vista
20:29-34 – Mr 10:46-52; Lc 18:35-43

²⁹Una gran multitud seguía a Jesús cuando él salía de Jericó con sus discípulos. ³⁰Dos ciegos que estaban sentados junto al camino, al oír que pasaba Jesús, gritaron:

—¡Señor, Hijo de David, ten compasión de nosotros!

³¹La multitud los reprendía para que se callaran, pero ellos gritaban con más fuerza:

—¡Señor, Hijo de David, ten compasión de nosotros!

³²Jesús se detuvo y los llamó.

—¿Qué quieren que haga por ustedes?

³³—Señor, queremos recibir la vista.

³⁴Jesús se compadeció de ellos y tocó sus ojos. Al instante recobraron la vista y lo siguieron.

La entrada triunfal
21:1-9 – Mr 11:1-10; Lc 19:29-38
21:4-9 – Jn 12:12-15

21 Cuando se acercaban a Jerusalén y llegaron a Betfagué, al monte de los Olivos, Jesús envió a dos discípulos ²con este encargo: «Vayan a la aldea que tienen enfrente. Ahí mismo encontrarán una burra atada y un burrito con ella. Desátenlos y tráiganmelos. ³Y si alguien les dice algo, respóndanle que el Señor los necesita, pero que ya los devolverá».

⁴Esto sucedió para que se cumpliera lo dicho por el profeta:

⁵ «Digan a la hija de Sión:
"Mira, tu rey viene hacia ti,
humilde y montado en un burro,
en un burrito, cría de una bestia de carga"».*ᵉ*

⁶Los discípulos fueron e hicieron como había mandado Jesús. ⁷Llevaron la burra y el burrito y pusieron encima sus mantos, sobre los cuales se sentó Jesús. ⁸Había mucha gente que tendía sus mantos sobre el camino; otros cortaban ramas de los árboles y las esparcían en el camino. ⁹Tanto la gente que iba delante de él como la que iba detrás gritaba:

—¡Hosanna*ᶠ* al Hijo de David!

—¡Bendito el que viene en el nombre del Señor!*ᵍ*

—¡Hosanna en las alturas!

¹⁰Cuando Jesús entró en Jerusalén, toda la ciudad se conmovió.

—¿Quién es este? —preguntaban.

ᵃ 2 la paga de un día de trabajo. Lit. un denario por el día; también en vv. 9, 10 y 13. ᵇ 3 las nueve de la mañana. Lit. la hora tercera; en v. 5 la hora sexta y novena; en vv. 6 y 9 la hora undécima. ᶜ 15 ¿O ... generoso? Lit. ¿O es tu ojo malo porque yo soy bueno? ᵈ 23 concederlo. ... decidido. Lit. concederlo, sino para quienes lo ha preparado. ᵉ 5 Zac 9:9. ᶠ 9 Expresión hebrea que significa «¡Salva!» y que llegó a ser una exclamación de alabanza; también en v. 15. ᵍ 9 Sal 118:26.

11—Este es el profeta Jesús, de Nazaret de Galilea —contestaba la gente.

Jesús en el Templo
21:12-16 – Mr 11:15-18; Lc 19:45-47

12Jesús entró en el *Templo[a] y echó de allí a todos los que compraban y vendían. Volcó las mesas de los que cambiaban dinero y los puestos de los que vendían palomas. 13«Escrito está —dijo—: "Mi casa será llamada casa de oración",[b] pero ustedes la han convertido en "cueva de ladrones"».[c]

14Se le acercaron en el Templo ciegos y cojos y los sanó. 15Pero, cuando los jefes de los sacerdotes y los *maestros de la Ley vieron que hacía cosas maravillosas y que los niños gritaban en el Templo: «¡Hosanna al Hijo de David!», se indignaron.

16—¿Oyes lo que esos están diciendo? —protestaron.

—Claro que sí —respondió Jesús—; ¿no han leído nunca:

»"En los labios de los pequeñitos
    y de los niños de pecho
has puesto tu alabanza"?».[d]

17Entonces los dejó y, saliendo de la ciudad, se fue a pasar la noche en Betania.

Se seca la higuera
21:18-22 – Mr 11:12-14, 20-24

18Muy de mañana, cuando volvía a la ciudad, tuvo hambre. 19Al ver una higuera junto al camino, se acercó a ella, pero no encontró nada más que hojas.

—¡Nunca más vuelvas a dar fruto! —le dijo.

Y al instante se secó la higuera.

20Los discípulos se asombraron al ver esto.

—¿Cómo es que se secó la higuera tan pronto? —preguntaron ellos.

21—Les aseguro que si tienen fe y no dudan —respondió Jesús—, no solo harán lo que he hecho con la higuera, sino que podrán decir a este monte: "Quítate de ahí y tírate al mar", y así se hará. 22Si ustedes creen, recibirán todo lo que pidan en oración.

La autoridad de Jesús puesta en duda
21:23-27 – Mr 11:27-33; Lc 20:1-8

23Jesús entró en el *Templo y, mientras enseñaba, se acercaron los jefes de los sacerdotes y los líderes religiosos del pueblo.

—¿Con qué autoridad haces esto? —lo interrogaron—. ¿Quién te dio esa autoridad?

24Él respondió:

—Yo también voy a hacerles una pregunta. Si me la contestan, les diré con qué autoridad hago esto. 25El bautismo de Juan, ¿de dónde procedía? ¿Del cielo o de los hombres?

Ellos comenzaron a discutir entre sí: «Si respondemos "del cielo", nos dirá "entonces, ¿por qué no le creyeron?". 26Pero si decimos "de los hombres", tememos al pueblo, porque todos consideran que Juan era un profeta». 27Así que respondieron a Jesús:

—No lo sabemos.

—Pues yo tampoco les voy a decir con qué autoridad hago esto —dijo Jesús.

Parábola de los dos hijos

28»¿Qué les parece? —continuó Jesús—. Había un hombre que tenía dos hijos. Se dirigió al primero

y dijo: "Hijo, ve a trabajar hoy en el viñedo". 29"No quiero", contestó, pero después se arrepintió y fue. 30Luego, el padre se dirigió al otro hijo y le pidió lo mismo. Este contestó: "Sí, señor"; pero no fue. 31¿Cuál de los dos hizo lo que su padre quería?».

—El primero —contestaron ellos.

Jesús dijo:

—Les aseguro que los recaudadores de impuestos y las prostitutas van delante de ustedes en el reino de Dios. 32Porque Juan vino a señalarles el camino de la justicia y no le creyeron, pero los recaudadores de impuestos y las prostitutas sí creyeron en él. Incluso después de ver esto, ustedes no se arrepintieron para creerle.

Parábola de los labradores malvados
21:33-46 – Mr 12:1-12; Lc 20:9-19

33»Escuchen otra parábola: Había un propietario que plantó un viñedo. Lo cercó, cavó un lagar y construyó una torre de vigilancia. Luego arrendó el viñedo a unos labradores y se fue de viaje. 34Cuando se acercó el tiempo de la cosecha, mandó sus siervos a los labradores para recibir de estos lo que le correspondía. 35Los labradores agarraron a esos siervos; golpearon a uno, mataron a otro y apedrearon a un tercero. 36Después mandó otros siervos, en mayor número que la primera vez, y también los maltrataron.

37»Por último mandó a su propio hijo, pensando: "¡A mi hijo sí lo respetarán!". 38Pero cuando los labradores vieron al hijo, se dijeron unos a otros: "Este es el heredero. Matémoslo para quedarnos con su herencia". 39Así que le echaron mano, lo arrojaron fuera del viñedo y lo mataron.

40»Ahora bien, cuando vuelva el dueño, ¿qué hará con esos labradores?».

41—Hará que esos malvados tengan un fin miserable —respondieron— y arrendará el viñedo a otros labradores que le darán lo que corresponde cuando llegue el tiempo de la cosecha.

42Les dijo Jesús:

—¿No han leído nunca en las Escrituras:

»"La piedra que desecharon los constructores
    ha llegado a ser la piedra angular.
Esto ha sido obra del Señor
    y nos deja maravillados"?[e]

43»Por eso digo que el reino de Dios se les quitará a ustedes y se le entregará a un pueblo que produzca los frutos del reino. 44El que caiga sobre esta piedra quedará despedazado y, si ella cae sobre alguien, lo hará polvo».[f]

45Cuando los jefes de los sacerdotes y los fariseos oyeron las *parábolas de Jesús, se dieron cuenta de que hablaba de ellos. 46Buscaban la manera de arrestarlo, pero temían a la gente, porque esta lo consideraba un profeta.

Parábola del banquete de bodas

22 Jesús volvió a hablarles en *parábolas y dijo: 2«El reino de los cielos es como un rey que preparó un banquete de bodas para su hijo. 3Mandó a sus siervos que llamaran a los invitados, pero estos se negaron a asistir al banquete. 4Luego, mandó a otros siervos y les ordenó: "Digan a los invitados que ya he preparado mi comida. Ya han matado mis toros y mis reses cebadas; todo está listo. Vengan al banquete de bodas!". 5Pero ellos no hicieron caso y se fueron: uno a su campo, otro a su negocio. 6Los demás agarraron a los siervos, los maltrataron y los mataron. 7El rey se enfureció. Mandó su ejército a destruir a los asesinos y a incendiar su ciudad.

---

*a 12 Es decir, en el área general del Templo; también en vv. 14, 15 y 23.   b 13 Is 56:7.   c 13 Jer 7:11.   d 16 Sal 8:2.
e 42 Sal 118:22, 23.   f 44 Var. no incluye v. 44.*

⁸Luego dijo a sus siervos: "El banquete de bodas está preparado, pero los que invité no merecían venir. ⁹Vayan al cruce de los caminos e inviten al banquete a todos los que encuentren". ¹⁰Así que los siervos salieron a los caminos y reunieron a todos los que pudieron encontrar, buenos y malos, y se llenó de invitados el salón de bodas.

¹¹»Cuando el rey entró a ver a los invitados, notó que allí había un hombre que no estaba vestido con el traje de boda. ¹²"Amigo, ¿cómo entraste aquí sin el traje de boda?", dijo. El hombre se quedó callado. ¹³Entonces el rey dijo a los sirvientes: "Átenlo de pies y manos y échenlo afuera, a la oscuridad, donde habrá llanto y crujir de dientes". ¹⁴Porque muchos son los invitados, pero pocos los escogidos».

El pago de impuestos al césar
22:15-22 – Mr 12:13-17; Lc 20:20-26

¹⁵Entonces salieron los fariseos y tramaron cómo tenderle a Jesús una trampa con sus mismas palabras. ¹⁶Enviaron algunos de sus discípulos junto con los partidarios del rey Herodes, los cuales le dijeron:

—Maestro, sabemos que eres un hombre íntegro y que enseñas el camino de Dios de acuerdo con la verdad. No te dejas influir por nadie, porque no te fijas en las apariencias. ¹⁷Danos tu opinión: ¿Está permitido pagar impuestos al ˙césar o no?

¹⁸Conociendo sus malas intenciones, Jesús respondió:

—¡Hipócritas! ¿Por qué me tienden trampas? ¹⁹Muéstrenme la moneda para el impuesto.

Y se la enseñaron.ᵃ

²⁰—¿De quién es esta imagen y esta inscripción? —preguntó.

²¹—Del césar —respondieron.

—Entonces —dijo Jesús—, denle al césar lo que es del césar y a Dios lo que es de Dios.

²²Al oír esto, quedaron asombrados. Así que lo dejaron y se fueron.

El matrimonio en la resurrección
22:23-33 – Mr 12:18-27; Lc 20:27-40

²³Ese mismo día los saduceos, que dicen que no hay resurrección, se acercaron y le plantearon un problema:

²⁴—Maestro, Moisés nos enseñó que si un hombre muere sin tener hijos, el hermano de ese hombre tiene que casarse con la viuda para que su hermano tenga descendencia. ²⁵Pues bien, había entre nosotros siete hermanos. El primero se casó y murió y, como no tuvo hijos, dejó la esposa a su hermano. ²⁶Lo mismo les pasó al segundo y al tercer hermano; fue así hasta llegar al séptimo. ²⁷Por último, murió la mujer. ²⁸Ahora bien, en la resurrección, ¿de cuál de los siete será esposa esta mujer, ya que todos estuvieron casados con ella?

²⁹Jesús contestó:

—Ustedes andan equivocados porque desconocen las Escrituras y el poder de Dios. ³⁰En la resurrección, las personas no se casarán ni serán dadas en casamiento, sino que serán como los ángeles que están en el cielo. ³¹Pero en cuanto a la resurrección de los muertos, ¿no han leído lo que Dios les dijo a ustedes: ³²"Yo soy el Dios de Abraham, de Isaac y de Jacob"?ᵇ Él no es Dios de muertos, sino de vivos.

³³Al oír esto, la gente quedó admirada de su enseñanza.

El mandamiento más importante
22:34-40 – Mr 12:28-31

³⁴Los fariseos se reunieron al oír que Jesús había hecho callar a los saduceos. ³⁵Uno de ellos, ˙experto en la Ley, le tendió una ˙trampa con esta pregunta:

³⁶—Maestro, ¿cuál es el mandamiento más importante de la Ley?

³⁷—"Ama al Señor tu Dios con todo tu corazón, con toda tu alma y con toda tu mente"ᶜ —respondió Jesús—. ³⁸Este es el primero y el más importante de los mandamientos. ³⁹El segundo se parece a este: "Ama a tu prójimo como a ti mismo".ᵈ ⁴⁰De estos dos mandamientos dependen toda la Ley y los Profetas.

¿De quién es hijo el Cristo?
22:41-46 – Mr 12:35-37; Lc 20:41-44

⁴¹Mientras estaban reunidos los fariseos, Jesús preguntó:

⁴²—¿Qué piensan ustedes acerca del Cristo? ¿De quién es descendiente?

—De David —respondieron ellos.

Jesús les dijo:

⁴³—Entonces, ¿cómo es que David, hablando por el Espíritu, lo llama "Señor"? Él afirma:

⁴⁴»"Dijo el Señor a mi Señor:
    'Siéntate a mi derecha,
hasta que ponga a tus enemigos
    debajo de tus pies' ".ᵉ

⁴⁵Si David lo llama "Señor", ¿cómo puede entonces ser su descendiente?».

⁴⁶Nadie pudo responderle ni una sola palabra y desde ese día ninguno se atrevía a hacerle más preguntas.

Jesús critica la hipocresía

23 Después de esto, Jesús dijo a la gente y a sus discípulos: ²«Los maestros de la Ley y los fariseos tienen la responsabilidad de interpretar a Moisés.ᶠ ³Así que ustedes deben obedecerlos y hacer todo lo que les digan. Pero no hagan lo que hacen ellos, porque no practican lo que predican. ⁴Atan cargas pesadas y las ponen sobre la espalda de los demás, pero ellos mismos no están dispuestos a mover ni un dedo para levantarlas.

⁵»Todo lo hacen para que la gente los vea: Usan en la frente y en los brazos porciones de las Escrituras escritas en anchas cintas y ponen en sus ropas adornos llamativos. ⁶Les encanta el lugar de honor en los banquetes y los primeros asientos en las sinagogas. ⁷Y les gustan los saludos en las plazas y que la gente los llame "Rabí".ᵍ

⁸»Pero no permitan que a ustedes se les llame "Rabí", porque tienen un solo Maestro y todos ustedes son hermanos. ⁹Y no llamen "padre" a nadie en la tierra, porque ustedes tienen un solo Padre y él está en el cielo. ¹⁰Ni permitan que los llamen "guía", porque tienen un solo Guía, el Cristo. ¹¹El más importante entre ustedes será siervo de los demás. ¹²Porque el que a sí mismo se enaltece será humillado y el que se humilla será enaltecido.

¹³»¡Ay de ustedes, maestros de la Ley y fariseos, hipócritas! Les cierran a los demás el reino de los cielos; ni entran ustedes ni dejan entrar a los que intentan hacerlo. ¹⁴ʰ

¹⁵»¡Ay de ustedes, maestros de la Ley y fariseos, hipócritas! Recorren tierra y mar para ganar un solo

---

ᵃ **19** *se la enseñaron.* Lit. *le trajeron un denario.*   ᵇ **32** Éx 3:6.
ᶜ **37** Dt 6:5.   ᵈ **39** Lv 19:18.   ᵉ **44** Sal 110:1.   ᶠ **2** *tienen …*
Moisés. Lit. *se sientan en la cátedra de Moisés.*   ᵍ **7** *Rabí.*
Es decir, *maestro.*   ʰ **14** Algunos manuscritos agregan
lo siguiente: *¡Ay de ustedes, maestros de la Ley y fariseos,*
hipócritas! Ustedes devoran las casas de las viudas y por las
apariencias hacen largas plegarias. Por esto se les castigará con
más severidad. Véanse Mr 12:40 y Lc 20:47.

partidario, y cuando lo han logrado lo hacen dos veces más merecedor del infierno que ustedes.

16»¡Ay de ustedes, guías ciegos!, que dicen: "Si alguien jura por el Templo, no significa nada; pero si jura por el oro del Templo, queda obligado por su juramento". 17¡Ciegos tontos! ¿Qué es más importante: el oro o el Templo que hace sagrado al oro? 18También dicen ustedes: "Si alguien jura por el altar, no significa nada; pero si jura por la ofrenda que está sobre él, queda obligado por su juramento". 19¡Ciegos! ¿Qué es más importante: la ofrenda o el altar que hace sagrada la ofrenda? 20Por tanto, el que jura por el altar jura no solo por el altar, sino por todo lo que está sobre él. 21El que jura por el Templo jura no solo por el Templo, sino por quien habita en él. 22Y el que jura por el cielo jura por el trono de Dios y por aquel que lo ocupa.

23»¡Ay de ustedes, maestros de la Ley y fariseos, hipócritas! Dan la décima parte de sus especias: la menta, el anís y el comino. Pero han descuidado los asuntos más importantes de la Ley, tales como la justicia, la misericordia y la fidelidad. Debían haber practicado esto sin descuidar aquello. 24¡Guías ciegos! Cuelan el mosquito, pero se tragan el camello.

25»¡Ay de ustedes, maestros de la Ley y fariseos, hipócritas! Limpian el vaso y el plato por fuera, pero por dentro están llenos de robo y falta de dominio propio. 26¡Fariseo ciego! Limpia primero por dentro el vaso y el plato, así quedará limpio también por fuera.

27»¡Ay de ustedes, maestros de la Ley y fariseos, hipócritas!, que son como sepulcros blanqueados. Por fuera lucen hermosos, pero por dentro están llenos de huesos de muertos y de impurezas. 28Así también ustedes, por fuera dan la impresión de ser justos, pero por dentro están llenos de hipocresía y de maldad.

29»¡Ay de ustedes, maestros de la Ley y fariseos, hipócritas! Construyen sepulcros para los profetas y adornan los monumentos de los justos. 30Y dicen: "Si hubiéramos vivido nosotros en los días de nuestros antepasados, no habríamos sido cómplices de ellos para derramar la sangre de los profetas". 31Pero así quedan implicados ustedes al declararse descendientes de los que asesinaron a los profetas. 32¡Completen de una vez por todas lo que sus antepasados comenzaron!

33»¡Serpientes! ¡Camada de víboras! ¿Cómo escaparán ustedes de la condenación del infierno? 34Por eso yo les voy a enviar profetas, sabios y maestros. A algunos de ellos ustedes los matarán y crucificarán; a otros los azotarán en sus sinagogas y los perseguirán de pueblo en pueblo. 35Así recaerá sobre ustedes la culpa de toda la sangre justa que ha sido derramada sobre la tierra. Sí, desde la sangre del justo Abel hasta la de Zacarías, hijo de Berequías. A este, ustedes lo asesinaron entre el santuario y el altar. 36Les aseguro que todo esto vendrá sobre esta generación.

37»¡Jerusalén, Jerusalén, que matas a los profetas y apedreas a los que se te envían! ¡Cuántas veces quise reunir a tus hijos, como reúne la gallina a sus pollitos debajo de sus alas, pero no quisiste! 38Pues bien, la casa de ustedes va a quedar abandonada. 39Y les advierto que ya no volverán a verme hasta que digan: "¡Bendito el que viene en el nombre del Señor!"».

Señales del fin del mundo
24:1-51 – Mr 13:1-37; Lc 21:5-36

24 Jesús salió del ˚Templo y mientras caminaba se acercaron sus discípulos y le mostraron los edificios del Templo.

2Pero él dijo:

—¿Ven todo esto? Les aseguro que no quedará piedra sobre piedra, pues todo será derribado.

3Más tarde, estaba Jesús sentado en el monte de los Olivos cuando llegaron los discípulos y le preguntaron en privado:

—¿Cuándo sucederá eso y cuál será la señal de tu venida y del fin del mundo?ᵃ

4—Tengan cuidado de que nadie los engañe —les advirtió Jesús—. 5Vendrán muchos que, usando mi nombre, dirán: "Yo soy el Cristo", y engañarán a muchos. 6Ustedes oirán de guerras y de rumores de guerras, pero procuren no alarmarse. Es necesario que eso suceda, pero no será todavía el fin. 7Se levantará nación contra nación y reino contra reino. Habrá hambre y terremotos en diferentes lugares. 8Todo esto será apenas el comienzo de los dolores.

9»Entonces los entregarán para que los persigan y los maten, y los odiarán todas las naciones por causa de mi nombre. 10En aquel tiempo muchos se apartarán de la fe; unos a otros se traicionarán y se odiarán; 11y surgirá un gran número de falsos profetas que engañarán a muchos. 12Habrá tanta maldad que el amor de muchos se enfriará, 13pero el que se mantenga firme hasta el fin será salvo. 14Y este evangelio del reino se predicará en todo el mundo como testimonio a todas las naciones; entonces vendrá el fin.

15»Así que, cuando vean en el lugar santo "la abominación que causa destrucción",ᵇ de la que habló el profeta Daniel (el que lee, que lo entienda), 16entonces los que estén en Judea huyan a las montañas. 17El que esté en la azotea no baje a llevarse nada de su casa. 18Y el que esté en el campo no regrese para buscar su capa. 19¡Ay de las que estén embarazadas o amamantando en aquellos días! 20Oren para que su huida no suceda en invierno ni en sábado. 21Porque habrá una gran tribulación, como no la ha habido desde el principio del mundo hasta ahora ni la habrá jamás. 22Si no se acortaran esos días, nadie sobreviviría, pero por causa de los elegidos se acortarán. 23Entonces, si alguien les dice: "¡Miren, aquí está el Cristo!" o "¡Allí está!", no lo crean. 24Porque surgirán falsos Cristos y falsos profetas que harán grandes señales y milagros para engañar, de ser posible, aun a los elegidos. 25Fíjense que se lo he dicho a ustedes de antemano.

26»Por eso, si les dicen: "¡Miren que está en el desierto!", no salgan; o: "¡Miren que está en la casa!", no lo crean. 27Porque así como el relámpago que sale del oriente se ve hasta en el occidente, así será la venida del Hijo del hombre. 28Donde esté el cadáver, allí se reunirán los buitres.

29»Inmediatamente después de la tribulación de aquellos días,

»"se oscurecerá el sol
    y no brillará más la luna;
las estrellas caerán del cielo
    y los cuerpos celestes serán sacudidos".ᶜ

30»La señal del Hijo del hombre aparecerá en el cielo y se angustiarán todos los pueblos de la tierra. Verán al Hijo del hombre venir sobre las nubes del cielo con poder y gran gloria. 31Y al sonido de la gran trompeta mandará a sus ángeles, y reunirán de los cuatro vientos a los elegidos, de un extremo al otro del cielo.

32»Aprendan de la higuera esta lección: Tan pronto como se ponen tiernas sus ramas y brotan sus hojas, ustedes saben que el verano está cerca. 33Igualmente, cuando vean todas estas cosas, sepan que el tiempo está cerca, a las puertas. 34Les aseguro

---

ᵃ 3 el fin del mundo. Lit. la consumación del siglo.
ᵇ 15 Dn 9:27; 11:31; 12:11.   ᶜ 29 Is 13:10; 34:4.

que no pasará esta generación hasta que todas estas cosas sucedan. ³⁵El cielo y la tierra pasarán, pero mis palabras jamás pasarán.

Se desconocen el día y la hora

24:37-39 – Lc 17:26-27
24:45-51 – Lc 12:42-46

³⁶»Pero en cuanto al día y la hora, nadie lo sabe, ni siquiera los ángeles del cielo, ni el Hijo,ᵃ sino solo el Padre. ³⁷La venida del Hijo del hombre será como en tiempos de Noé. ³⁸Porque en los días antes del diluvio comían, bebían, se casaban y daban en casamiento, hasta el día en que Noé entró en el arca; ³⁹y no supieron nada de lo que sucedería hasta que llegó el diluvio y se los llevó a todos. Así será en la venida del Hijo del hombre. ⁴⁰Estarán dos hombres en el campo: uno será llevado y el otro será dejado. ⁴¹Dos mujeres estarán moliendo: una será llevada y la otra será dejada.

⁴²»Por lo tanto, manténganse despiertos porque no saben qué día vendrá su Señor. ⁴³Pero entiendan esto: si un dueño de casa supiera a qué hora de la noche va a llegar el ladrón, se mantendría despierto para no dejarlo forzar la entrada. ⁴⁴Por eso también ustedes deben estar preparados, porque el Hijo del hombre vendrá cuando menos lo esperen.

⁴⁵»¿Quién es el siervo fiel y prudente a quien su señor ha dejado encargado de los sirvientes para darles la comida a su debido tiempo? ⁴⁶Dichoso el siervo cuando su señor, al regresar, lo encuentra cumpliendo con su deber. ⁴⁷Les aseguro que lo pondrá a cargo de todos sus bienes. ⁴⁸Pero ¿qué tal si ese siervo malo se pone a pensar: "Mi señor se está demorando" ⁴⁹y luego comienza a golpear a sus compañeros, a comer y beber con los borrachos? ⁵⁰El señor de ese siervo volverá el día en que el siervo menos lo espere y a la hora menos pensada. ⁵¹Lo castigará severamente y le impondrá la condena que reciben los hipócritas.ᵇ Entonces habrá llanto y crujir de dientes.

Parábola de las diez jóvenes

25 »El reino de los cielos será entonces como diez jóvenes solteras que tomaron sus lámparas y salieron a recibir al novio. ²Cinco de ellas eran insensatas y cinco, prudentes. ³Las insensatas llevaron sus lámparas, pero no se abastecieron de aceite. ⁴En cambio, las prudentes llevaron vasijas de aceite junto con sus lámparas. ⁵Y como el novio tardaba en llegar, a todas les dio sueño y se durmieron. ⁶A medianoche se oyó un grito: "¡Ahí viene el novio! ¡Salgan a recibirlo!". ⁷Entonces todas las jóvenes se despertaron y se pusieron a preparar sus lámparas. ⁸Las insensatas dijeron a las prudentes: "Dennos un poco de su aceite porque nuestras lámparas se están apagando". ⁹"No —respondieron estas—, porque así no va a alcanzar ni para nosotras ni para ustedes. Es mejor que vayan a los que venden aceite y compren para ustedes mismas". ¹⁰Mientras iban a comprar el aceite, llegó el novio. Las jóvenes que estaban preparadas entraron con él al banquete de bodas. Y se cerró la puerta. ¹¹Después llegaron también las otras. "¡Señor, Señor —decían—, ábrenos!". ¹²"¡Les aseguro que no las conozco!", respondió él.

¹³»Por tanto —agregó Jesús—, manténganse despiertos porque no saben ni el día ni la hora.

Parábola de las monedas de oro

¹⁴»El reino de los cielos será también como un hombre que, al emprender un viaje, llamó a sus siervos y les encargó sus bienes. ¹⁵A uno le dio cinco mil monedas;ᶜ a otro, dos mil y a otro, mil. Dio a cada uno según su capacidad. Luego se fue de viaje.

¹⁶El que había recibido las cinco mil fue enseguida y negoció con ellas y ganó otras cinco mil. ¹⁷Así mismo, el que recibió dos mil ganó otras dos mil. ¹⁸Pero el que había recibido mil fue, cavó un hoyo en la tierra y escondió el dinero de su señor.

¹⁹»Después de mucho tiempo, volvió el señor de aquellos siervos y arregló cuentas con ellos. ²⁰El que había recibido las cinco mil monedas llegó con las otras cinco mil. "Señor —dijo—, usted me encargó cinco mil monedas. Mire, he ganado otras cinco mil". ²¹Su señor respondió: "¡Hiciste bien, siervo bueno y fiel! En lo poco has sido fiel; te pondré a cargo de mucho más. ¡Ven a compartir la felicidad de tu señor!". ²²Llegó también el que recibió dos mil monedas. "Señor —informó—, usted me encargó dos mil monedas. Mire, he ganado otras dos mil". ²³Su señor respondió: "¡Hiciste bien, siervo bueno y fiel! En lo poco has sido fiel; te pondré a cargo de mucho más. ¡Ven a compartir la felicidad de tu señor!".

²⁴»Después llegó el que había recibido mil monedas. "Señor —explicó—, yo sabía que usted es un hombre duro, que cosecha donde no ha sembrado y recoge donde no ha esparcido. ²⁵Así que tuve miedo y fui y escondí su dinero en la tierra. Mire, aquí tiene lo que es suyo". ²⁶Pero su señor respondió: "¡Siervo malo y perezoso! ¿Así que sabías que cosecho donde no he sembrado y recojo donde no he esparcido? ²⁷Pues debías haber depositado mi dinero en el banco, para que a mi regreso lo hubiera recibido con intereses".

²⁸»Después ordenó: "Quítenle las mil monedas y dénselas al que tiene las diez mil. ²⁹Porque a todo el que tiene se le dará más y tendrá en abundancia. Al que no tiene hasta lo que tiene se le quitará. ³⁰Y a ese siervo inútil échenlo afuera, a la oscuridad, donde habrá llanto y crujir de dientes".

Las ovejas y las cabras

³¹»Cuando el Hijo del hombre venga en su gloria, con todos sus ángeles, se sentará en su trono glorioso. ³²Todas las naciones se reunirán delante de él, y él separará a unos de otros, como separa el pastor las ovejas de las cabras. ³³Pondrá las ovejas a su derecha, y las cabras a su izquierda.

³⁴»Entonces dirá el Rey a los que estén a su derecha: "Vengan ustedes, a quienes mi Padre ha bendecido; reciban su herencia, el reino preparado para ustedes desde la creación del mundo. ³⁵Porque tuve hambre y ustedes me dieron de comer; tuve sed y me dieron de beber; fui forastero y me dieron alojamiento; ³⁶necesité ropa y me vistieron; estuve enfermo y me atendieron; estuve en la cárcel y me visitaron". ³⁷Y le contestarán los justos: "Señor, ¿cuándo te vimos hambriento y te alimentamos o sediento y te dimos de beber? ³⁸¿Cuándo te vimos como forastero y te dimos alojamiento o necesitado de ropa y te vestimos? ³⁹¿Cuándo te vimos enfermo o en la cárcel y te visitamos?". ⁴⁰El Rey les responderá: "Les aseguro que todo lo que hicieron por uno de mis hermanos, aun por el más pequeño, lo hicieron por mí".

⁴¹»Luego dirá a los que estén a su izquierda: "Apártense de mí, malditos, al fuego eterno preparado para el diablo y sus ángeles. ⁴²Porque tuve hambre y ustedes no me dieron nada de comer; tuve sed y no me dieron nada de beber; ⁴³fui forastero y no me dieron alojamiento; necesité ropa y no me

---

ᵃ **36** Var. no incluye: ni el Hijo.   ᵇ **51** *Lo castigará ... hipócritas.* Lit. *lo cortará en dos y fijará su porción con los hipócritas.*
ᶜ **15** *cinco mil monedas.* Lit. *cinco talentos* (y así sucesivamente en el resto de este pasaje).

vistieron; estuve enfermo y en la cárcel, y no me atendieron". ⁴⁴Ellos también contestarán: "Señor, ¿cuándo te vimos hambriento o sediento, o como forastero, o necesitado de ropa, enfermo o en la cárcel y no te ayudamos?". ⁴⁵Él responderá: "Les aseguro que todo lo que no hicieron por el más pequeño de mis hermanos, tampoco lo hicieron por mí".

⁴⁶»Aquellos irán al castigo eterno y los justos a la vida eterna».

La conspiración contra Jesús
26:2-5 – Mr 14:1-2; Lc 22:1-2

26 Después de exponer todas estas cosas, Jesús dijo a sus discípulos: ²«Como ya saben, faltan dos días para la Pascua y el Hijo del hombre será entregado para que lo crucifiquen».

³Se reunieron entonces los jefes de los sacerdotes y los líderes religiosos del pueblo en el palacio de Caifás, el sumo sacerdote, ⁴y con artimañas buscaban cómo arrestar a Jesús para matarlo. ⁵«Pero no durante la fiesta —decían—, no sea que se amotine el pueblo».

Una mujer unge a Jesús en Betania
26:6-13 – Mr 14:3-9

⁶Estando Jesús en Betania, en casa de Simón, que había tenido una enfermedad en su piel, ⁷se acercó una mujer con un frasco de alabastro lleno de un perfume muy caro, y lo derramó sobre la cabeza de Jesús mientras él estaba ˙sentado a la mesa.

⁸Al ver esto, los discípulos se indignaron.

—¿Para qué este desperdicio? —dijeron—. ⁹Podía haberse vendido este perfume por mucho dinero para dárselo a los pobres.

¹⁰Consciente de ello, Jesús dijo:

—¿Por qué molestan a esta mujer? Ella ha hecho una obra hermosa conmigo. ¹¹A los pobres siempre los tendrán con ustedes, pero a mí no me van a tener siempre. ¹²Al derramar ella este perfume sobre mi cuerpo, lo hizo a fin de prepararme para la sepultura. ¹³Les aseguro que en cualquier parte del mundo donde se predique este evangelio, se contará también, en memoria de esta mujer, lo que ella hizo.

Judas acuerda traicionar a Jesús
26:14-16 – Mr 14:10-11; Lc 22:3-6

¹⁴Uno de los doce, el que se llamaba Judas Iscariote, fue a los jefes de los sacerdotes.

¹⁵—¿Cuánto me dan y yo les entrego a Jesús? —propuso.

Decidieron pagarle treinta monedas de plata. ¹⁶Y desde entonces Judas buscaba una oportunidad para entregarlo.

La Cena del Señor
26:17-19 – Mr 14:12-16; Lc 22:7-13
26:20-24 – Mr 14:17-21
26:26-29 – Mr 14:22-25; Lc 22:17-20; 1Co 11:23-25

¹⁷El primer día de la fiesta de los Panes sin levadura, se acercaron los discípulos a Jesús y preguntaron:

—¿Dónde quieres que hagamos los preparativos para que comas la Pascua?

¹⁸Él les respondió que fueran a la ciudad, a la casa de cierto hombre y dijeran: «El Maestro dice: "Mi tiempo está cerca. Voy a celebrar la Pascua en tu casa con mis discípulos"». ¹⁹Los discípulos hicieron

entonces como Jesús había mandado y prepararon la Pascua.

²⁰Al anochecer, Jesús estaba ˙sentado a la mesa con los doce. ²¹Mientras comían, dijo:

—Les aseguro que uno de ustedes me va a traicionar.

²²Ellos se entristecieron mucho y uno por uno comenzaron a preguntarle:

—¿Acaso seré yo, Señor?

²³—El que mete la mano conmigo en el plato es el que me va a traicionar —respondió Jesús—. ²⁴El Hijo del hombre se irá, tal como está escrito de él, pero ¡ay de aquel que lo traiciona! Más le valdría a ese hombre no haber nacido.

²⁵—¿Acaso seré yo, Rabí? —dijo Judas, el que lo iba a traicionar.

—Tú lo has dicho —contestó Jesús.

²⁶Mientras comían, Jesús tomó pan y lo bendijo. Luego lo partió y se lo dio a sus discípulos, diciéndoles:

—Tomen y coman; esto es mi cuerpo.

²⁷Después tomó una copa, dio gracias y se la dio a ellos diciéndoles:

—Beban de ella todos ustedes. ²⁸Esto es mi sangre del pacto*a* que es derramada por muchos para el perdón de pecados. ²⁹Les digo que no beberé de este fruto de la vid desde ahora en adelante, hasta aquel día en que beba con ustedes el vino nuevo en el reino de mi Padre.

³⁰Después de cantar los salmos, salieron al monte de los Olivos.

Jesús predice la negación de Pedro
26:31-35 – Mr 14:27-31; Lc 22:31-34

³¹—Esta misma noche —dijo Jesús— todos ustedes me abandonarán, porque está escrito:

> »"Heriré al pastor
> y se dispersarán las ovejas del rebaño".*b*

³²Pero después de que yo resucite, iré delante de ustedes a Galilea».

³³—Aunque todos te abandonen —declaró Pedro—, yo jamás lo haré.

³⁴—Te aseguro —le contestó Jesús— que esta misma noche, antes de que cante el gallo, me negarás tres veces.

³⁵—Aunque tenga que morir contigo —insistió Pedro—, jamás te negaré.

Y los demás discípulos dijeron lo mismo.

Jesús en Getsemaní
26:36-46 – Mr 14:32-42; Lc 22:40-46

³⁶Luego fue Jesús con sus discípulos a un lugar llamado Getsemaní y dijo: «Siéntense aquí mientras voy más allá a orar». ³⁷Se llevó a Pedro y a los dos hijos de Zebedeo y comenzó a sentirse triste y angustiado. ³⁸«Es tal la angustia que me invade que me siento morir —dijo—. Quédense aquí y manténganse despiertos conmigo».

³⁹Yendo un poco más allá, se postró rostro en tierra y oró: «Padre mío, si es posible, no me hagas beber este trago amargo.*c* Pero no sea lo que yo quiero, sino lo que quieres tú».

⁴⁰Luego volvió adonde estaban sus discípulos y los encontró dormidos. «¿No pudieron mantenerse despiertos conmigo ni una hora? —dijo a Pedro—. ⁴¹Permanezcan despiertos y oren para que no caigan en tentación. El espíritu está dispuesto, pero el cuerpo es débil».

⁴²Por segunda vez se retiró y oró: «Padre mío, si no es posible evitar que yo beba este trago amargo,*d* hágase tu voluntad».

---

a 28 *del pacto*. Var. *del nuevo pacto* (véase Lc 22:20).
b 31 Zac 13:7.   *c* 39 *no ... amargo*. Lit. *que pase de mí esta copa*.   *d* 42 *evitar ... amargo*. Lit. *que esto pase de mí*.

43Cuando volvió, otra vez los encontró dormidos, porque se les cerraban los ojos de sueño. **44**Así que los dejó y se retiró a orar por tercera vez, diciendo lo mismo.

45Volvió de nuevo a los discípulos y dijo: «¿Siguen durmiendo y descansando? Miren, se acerca la hora; el Hijo del hombre va a ser entregado en manos de pecadores. **46**¡Levántense! ¡Vámonos! ¡Ahí viene el que me traiciona!».

Arresto de Jesús
26:47-56 – Mr 14:43-50; Lc 22:47-53

47Todavía estaba hablando Jesús cuando llegó Judas, uno de los doce. Lo acompañaba una gran turba armada con espadas y palos, enviada por los jefes de los sacerdotes y los líderes religiosos del pueblo. **48**El traidor había dado esta contraseña: «Al que le dé un beso, ese es; arréstenlo». **49**Enseguida Judas se acercó a Jesús y lo saludó diciendo:

—¡Rabí!

Y lo besó.

50—Amigo —respondió Jesús—, ¿a qué vienes?*a*

Entonces los hombres se acercaron y prendieron a Jesús. **51**En eso, uno de los que estaban con él extendió la mano, sacó la espada y hirió al siervo del sumo sacerdote, cortándole una oreja.

52—Guarda tu espada —le dijo Jesús—, porque los que a hierro matan, a hierro mueren.*b* **53**¿Crees que no puedo acudir a mi Padre y al instante pondría a mi disposición más de doce batallones*c* de ángeles? **54**Entonces, ¿cómo se cumplirían las Escrituras que dicen que así tiene que suceder?

55Y de inmediato dijo a la turba:

—¿Acaso soy un bandido*d* para que vengan con espadas y palos a arrestarme? Todos los días me sentaba a enseñar en el Templo y no me arrestaron. **56**Pero todo esto ha sucedido para que se cumpla lo que escribieron los profetas.

Entonces todos los discípulos lo abandonaron y huyeron.

Jesús ante el Consejo
26:57-68 – Mr 14:53-65; Jn 18:12-13, 19-24

57Los que habían arrestado a Jesús lo llevaron ante Caifás, el sumo sacerdote, donde se habían reunido los *maestros de la Ley y los líderes religiosos. **58**Pero Pedro lo siguió de lejos hasta el patio del sumo sacerdote. Entró y se sentó con los guardias para ver en qué terminaba aquello.

59Los jefes de los sacerdotes y el *Consejo en pleno buscaban alguna prueba falsa contra Jesús para poder condenarlo a muerte. **60**Pero no la encontraron, a pesar de que se presentaron muchos testigos falsos.

Por fin se presentaron dos **61**que declararon:

—Este hombre dijo: "Puedo destruir el *Templo de Dios y reconstruirlo en tres días".

62Poniéndose en pie, el sumo sacerdote dijo a Jesús:

—¿No vas a responder? ¿Qué significan estas denuncias en tu contra?

63Pero Jesús se quedó callado. Así que el sumo sacerdote insistió:

—Te ordeno en el nombre del Dios viviente que nos digas si eres el *Cristo, el Hijo de Dios.

64—Tú lo has dicho —respondió Jesús—. Pero yo les digo a todos: De ahora en adelante ustedes verán al Hijo del hombre sentado a la derecha del Todopoderoso y viniendo sobre las nubes del cielo.

65—¡Ha *blasfemado! —exclamó el sumo sacerdote, rasgándose las vestiduras—. ¡Para qué necesitamos más testigos! ¡Miren, ustedes mismos han oído la blasfemia! **66**¿Qué piensan de esto?

—Merece la muerte —contestaron.

67Entonces algunos escupieron su rostro y le dieron puñetazos. Otros lo abofeteaban **68**y decían:

—A ver, Cristo, ¡profetiza! ¿Quién te pegó?

Pedro niega a Jesús
26:69-75 – Mr 14:66-72; Lc 22:55-62; Jn 18:16-18, 25-27

69Mientras tanto, Pedro estaba sentado afuera, en el patio, y una criada se acercó.

—Tú también estabas con Jesús de Galilea —le dijo.

70Pero él lo negó delante de todos, diciendo:

—No sé de qué estás hablando.

71Luego salió a la puerta, donde otra criada lo vio y dijo a los que estaban allí:

—Este estaba con Jesús de Nazaret.

72Él lo volvió a negar, jurándoles:

—¡A ese hombre ni lo conozco!

73Poco después se acercaron a Pedro los que estaban allí y le dijeron:

—Seguro que eres uno de ellos; se te nota por tu acento.

74Y comenzó a echarse maldiciones y juró:

—¡A ese hombre ni lo conozco!

En ese instante cantó un gallo. **75**Entonces Pedro se acordó de lo que Jesús había dicho: «Antes de que el gallo cante, me negarás tres veces». Y saliendo de allí, lloró amargamente.

Judas se ahorca

27 Muy de mañana, todos los jefes de los sacerdotes y los líderes religiosos del pueblo tomaron la decisión de condenar a muerte a Jesús. **2**Lo ataron, se lo llevaron y se lo entregaron a Pilato, el gobernador.

3Cuando Judas, el que lo había traicionado, vio que habían condenado a Jesús, sintió remordimiento y devolvió las treinta monedas de plata a los jefes de los sacerdotes y a los líderes religiosos.

4—He pecado —dijo—, porque he entregado a la muerte*e* a un inocente.

—¿Y eso a nosotros qué nos importa? —respondieron—. ¡Allá tú!

5Entonces Judas arrojó el dinero en el *santuario y salió de allí. Luego fue y se ahorcó.

6Los jefes de los sacerdotes recogieron las monedas y dijeron: «La ley no permite echar esto al tesoro, porque es dinero pagado para derramar sangre». **7**Así que resolvieron comprar con ese dinero un terreno conocido como Campo del Alfarero, para sepultar allí a los extranjeros. **8**Por eso ha sido llamado Campo de Sangre hasta el día de hoy. **9**Así se cumplió lo dicho por el profeta Jeremías: «Tomaron las treinta monedas de plata, el precio que el pueblo de Israel había fijado, **10**y con ellas compraron el campo del alfarero, como me ordenó el Señor».*f*

Jesús ante Pilato
27:11-26 – Mr 15:12-15; Lc 23:2-3, 18-25; Jn 18:29–19:16

11Mientras tanto, Jesús compareció ante el gobernador; este le preguntó:

—¿Eres tú el rey de los judíos?

—Tú mismo lo dices —respondió Jesús.

12Al ser acusado por los jefes de los sacerdotes y por los líderes religiosos, Jesús no contestó nada.

13—¿No oyes lo que declaran contra ti? —dijo Pilato.

---

a 50 *¿a qué vienes?* Alt. *haz lo que viniste a hacer.*
b 52 *porque ... mueren.* Lit. *porque todos los que toman espada, por espada perecerán.* *c* 53 *batallones.* Lit. *legiones.*
d 55 *bandido.* Alt. *insurgente.* *e* 4 *muerte.* Lit. *sangre inocente.* *f* 10 Véanse Zac 11:12, 13; Jer 19:1-13; 32:6-9.

¹⁴Pero Jesús no contestó ni a una sola acusación, por lo que el gobernador se llenó de asombro.

¹⁵Ahora bien, durante la fiesta el gobernador acostumbraba a soltar un preso que la gente escogiera. ¹⁶Tenían un preso famoso llamado Jesús Barrabás. ¹⁷Así que, cuando se reunió la multitud, Pilato preguntó:

—¿A quién quieren que suelte: a Jesús Barrabás o a Jesús, al que llaman *Cristo?

¹⁸Pilato sabía que habían entregado a Jesús por envidia.

¹⁹Mientras Pilato estaba sentado en el tribunal, su esposa le envió el siguiente recado: «No te metas con ese justo, pues, por causa de él, hoy he sufrido mucho en un sueño».

²⁰Pero los jefes de los sacerdotes y los líderes religiosos persuadieron a la multitud para que pidiera a Pilato soltar a Barrabás y ejecutar a Jesús.

²¹—¿A cuál de los dos quieren que suelte? —preguntó el gobernador.

—A Barrabás —dijeron ellos.

²²—¿Y qué voy a hacer con Jesús, al que llaman Cristo? —preguntó Pilato.

—¡Crucifícalo! —respondieron todos.

²³Pero él dijo:

—¿Por qué? ¿Qué crimen ha cometido?

Pero ellos gritaban aún más fuerte:

—¡Crucifícalo!

²⁴Cuando Pilato vio que no conseguía nada, sino que más bien se estaba formando un tumulto, pidió agua y se lavó las manos delante de la gente.

—Soy inocente de la muerteᵃ de este hombre —dijo—. ¡Allá ustedes!

²⁵—¡Que la culpa de su muerteᵇ caiga sobre nosotros y sobre nuestros hijos! —contestó todo el pueblo.

²⁶Entonces soltó a Barrabás; pero a Jesús lo mandó azotar y lo entregó para que lo crucificaran.

Los soldados se burlan de Jesús
27:27-31 – Mr 15:16-20

²⁷Los soldados del gobernador llevaron a Jesús al palacioᶜ y reunieron a toda la tropa alrededor de él. ²⁸Le quitaron la ropa y le pusieron un manto color escarlata. ²⁹Luego trenzaron una corona de espinas y se la colocaron en la cabeza; en la mano derecha le pusieron una vara. Arrodillándose delante de él, se burlaban diciendo:

—¡Viva el rey de los judíos!

³⁰También lo escupían y con la vara golpeaban su cabeza. ³¹Después de burlarse de él, le quitaron el manto, le pusieron su propia ropa y se lo llevaron para crucificarlo.

La crucifixión
27:33-44 – Mr 15:22-32; Lc 23:33-43; Jn 19:17-24

³²Al salir, encontraron a un hombre de Cirene que se llamaba Simón y lo obligaron a llevar la cruz. ³³Llegaron a un lugar llamado Gólgota, que significa «Lugar de la Calavera». ³⁴Allí dieron a Jesús vino mezclado con hiel; pero después de probarlo, se negó a beberlo. ³⁵Lo crucificaron y repartieron su ropa, echando suertes.ᵈ ³⁶Y se sentaron a vigilarlo.

³⁷Encima de su cabeza pusieron por escrito la causa de su condena:

ESTE ES JESÚS, EL REY DE LOS JUDÍOS.

³⁸Con él crucificaron a dos bandidos,ᵉ uno a su derecha y otro a su izquierda. ³⁹Los que pasaban meneaban la cabeza y ·blasfemaban contra él:

⁴⁰—Tú que destruyes el ·Templo y en tres días lo reconstruyes, ¡sálvate a ti mismo! Si eres el Hijo de Dios, ¡baja de la cruz!

⁴¹De la misma manera, se burlaban de él los jefes de los sacerdotes, junto con los ·maestros de la Ley y los líderes religiosos.

⁴²—Salvó a otros —decían—, ¡pero no puede salvarse a sí mismo! ¡Y es el rey de Israel! Que baje ahora de la cruz y así creeremos en él. ⁴³Él confía en Dios; pues que lo libre Dios ahora, si de veras lo quiere. ¿Acaso no dijo: "Yo soy el Hijo de Dios"?

⁴⁴Así también lo insultaban los bandidos que estaban crucificados con él.

Muerte de Jesús
27:45-56 – Mr 15:31-41; Lc 23:44-49

⁴⁵Desde el mediodía y hasta las tres de la tardeᶠ toda la tierra quedó en oscuridad. ⁴⁶Como a las tres de la tarde,ᵍ Jesús gritó con fuerza:

—Elí, Elí,ʰ ¿lema sabactani? —que significa "Dios mío, Dios mío, ¿por qué me has abandonado?".ⁱ

⁴⁷Cuando lo oyeron, algunos de los que estaban allí dijeron:

—Está llamando a Elías.

⁴⁸Al instante uno de ellos corrió en busca de una esponja. La empapó en vinagre, la puso en una vara y se la ofreció a Jesús para que bebiera. ⁴⁹Los demás decían:

—Déjalo, a ver si viene Elías a salvarlo.

⁵⁰Entonces Jesús volvió a gritar con fuerza y entregó su espíritu.

⁵¹En ese momento, la cortina del ·santuario del Templo se rasgó en dos, de arriba a abajo. La tierra tembló y se partieron las rocas. ⁵²Se abrieron los sepulcros y muchos creyentes que habían muerto resucitaron. ⁵³Salieron de los sepulcros y, después de la resurrección de Jesús, entraron en la ciudad santa y se aparecieron a muchos.

⁵⁴Cuando el centurión y los que con él estaban custodiando a Jesús vieron el terremoto y todo lo que había sucedido, quedaron aterrados y exclamaron:

—¡Verdaderamente este era el Hijo de Dios!

⁵⁵Estaban allí, mirando desde lejos, muchas mujeres que habían seguido a Jesús desde Galilea para servirle. ⁵⁶Entre ellas se encontraban María Magdalena, María la madre de ·Santiago y de José, y también la madre de los hijos de Zebedeo.

Sepultura de Jesús
27:57-61 – Mr 15:42-47; Lc 23:50-56; Jn 19:38-42

⁵⁷Al atardecer, llegó un hombre rico de Arimatea, llamado José, que también se había convertido en discípulo de Jesús. ⁵⁸Se presentó ante Pilato para pedirle el cuerpo de Jesús y Pilato ordenó que se lo dieran. ⁵⁹José tomó el cuerpo, lo envolvió en una sábana limpia ⁶⁰y lo puso en un sepulcro nuevo de su propiedad, que había cavado en la roca. Luego hizo rodar una piedra grande a la entrada del sepulcro y se fue. ⁶¹Allí estaban, sentadas frente al sepulcro, María Magdalena y la otra María.

La guardia ante el sepulcro

⁶²Al día siguiente, después del día de la preparación, los jefes de los sacerdotes y los fariseos se presentaron ante Pilato.

ᵃ 24 muerte. Lit. sangre. ᵇ 25 la culpa de su muerte. Lit. que su sangre caiga sobre nosotros. ᶜ 27 palacio. Lit. pretorio. ᵈ 35 suertes. Var. suertes, para que se cumpliera lo dicho por medio del profeta: «Se repartieron entre ellos mi manto y sobre mi ropa echaron suertes» (Sal 22:18; véase Jn 19:24). ᵉ 38 bandidos. Alt. insurgentes; también en v. 44. ᶠ 45 Desde ... tarde. Lit. Desde la hora sexta hasta la hora novena. ᵍ 46 Como ... tarde. Lit. Como a la hora novena. ʰ 46 Elí, Elí. Var. Eloi, Eloi. ⁱ 46 Sal 22:1.

[63]—Señor —dijeron—, nosotros recordamos que mientras ese engañador aún vivía, dijo: "A los tres días resucitaré". [64]Por eso, ordene usted que se selle el sepulcro hasta el tercer día, no sea que vengan sus discípulos, se roben el cuerpo y digan al pueblo que ha ˚resucitado. Ese último engaño sería peor que el primero.

[65]—Llévense una guardia de soldados —ordenó Pilato—, y vayan a asegurar el sepulcro lo mejor que puedan.

[66]Así que ellos fueron, cerraron el sepulcro con una piedra, lo sellaron y dejaron puesta la guardia.

La resurrección
28:1-8 – Mr 16:1-8; Lc 24:1-10

28 Después del ˚sábado, al amanecer del primer día de la semana, María Magdalena y la otra María fueron a ver el sepulcro.

[2]Sucedió que hubo un terremoto violento porque un ángel del Señor bajó del cielo, se acercó al sepulcro, quitó la piedra y se sentó sobre ella. [3]Su aspecto era como el de un relámpago y su ropa era blanca como la nieve. [4]Los guardias tuvieron tanto miedo de él que se pusieron a temblar y quedaron como muertos.

[5]El ángel dijo a las mujeres:

—No tengan miedo; sé que ustedes buscan a Jesús, el que fue crucificado. [6]No está aquí, pues ha resucitado, tal como dijo. Vengan a ver el lugar donde estaba. [7]Luego vayan pronto a decirles a sus discípulos: "Él se ha ˚levantado de entre los muertos y va delante de ustedes a Galilea. Allí lo verán". Eso vine a decirles.

[8]Así que las asustadas mujeres se alejaron a toda prisa del sepulcro, pero muy alegres corrieron a dar la noticia a los discípulos. [9]En eso Jesús les salió al encuentro y las saludó. Ellas se acercaron, abrazaron sus pies y lo adoraron.

[10]—No tengan miedo —dijo Jesús—. Vayan a decirles a mis hermanos que se dirijan a Galilea y allí me verán.

El informe de los guardias

[11]Mientras las mujeres iban de camino, algunos de los guardias entraron en la ciudad e informaron a los jefes de los sacerdotes de todo lo que había sucedido. [12]Después de reunirse estos jefes con los líderes religiosos y de trazar un plan, dieron a los soldados una fuerte suma de dinero [13]y les encargaron: «Digan que los discípulos de Jesús vinieron por la noche y que, mientras ustedes dormían, se robaron el cuerpo. [14]Y si el gobernador llega a enterarse de esto, nosotros responderemos por ustedes y les evitaremos cualquier problema».

[15]Así que los soldados tomaron el dinero e hicieron como se les había instruido. Esta es la versión de los sucesos que hasta el día de hoy ha circulado entre los judíos.

La gran comisión

[16]Los once discípulos fueron a Galilea, a la montaña que Jesús les había indicado. [17]Cuando lo vieron, lo adoraron; pero algunos dudaban. [18]Jesús se acercó entonces a ellos y dijo:

—Se me ha dado toda autoridad en el cielo y en la tierra. [19]Por tanto, vayan y hagan discípulos de todas las naciones, bautizándolos en el nombre del Padre y del Hijo y del Espíritu Santo, [20]enseñándoles a obedecer todo lo que les he mandado a ustedes. Y les aseguro que estaré con ustedes siempre, hasta el fin del mundo.[a]

---

[a] **20** *el fin del mundo.* Lit. *la consumación del siglo.*

Evangelio según
Marcos

Juan el Bautista prepara el camino
1:2-8 – Mt 3:1-11; Lc 3:2-16

1 Comienzo del *evangelio de *Jesucristo, el Hijo de Dios.ª

²Sucedió como está escrito en el libro del profeta Isaías:

«Yo estoy por enviar a mi mensajero delante
de ti,
el cual preparará tu camino».ᵇ
³ «Voz de uno que grita en el desierto:
"Preparen el camino para el Señor,
háganle sendas derechas"».ᶜ

⁴Así se presentó Juan, bautizando en el desierto y predicando el bautismo de *arrepentimiento para el perdón de pecados. ⁵Toda la gente de la región de Judea y de la ciudad de Jerusalén acudía a él. Cuando confesaban sus pecados, él los bautizaba en el río Jordán. ⁶La ropa de Juan estaba hecha de pelo de camello. Llevaba puesto un cinturón de cuero y comía langostas y miel silvestre. ⁷Predicaba de esta manera: «Después de mí viene uno más poderoso que yo; ni siquiera merezco agacharme para desatar la correa de sus sandalias. ⁸Yo los he bautizado a ustedes conᵈ agua, pero él los bautizará con el Espíritu Santo».

Bautismo y tentación de Jesús
1:9-11 – Mt 3:13-17; Lc 3:21-22
1:12-13 – Mt 4:1-11; Lc 4:1-13

⁹En esos días llegó Jesús desde Nazaret de Galilea y fue bautizado por Juan en el Jordán. ¹⁰Enseguida, al subir del agua, Jesús vio que el cielo se abría y que el Espíritu bajaba sobre él como una paloma. ¹¹También se oyó una voz que desde el cielo decía: «Tú eres mi Hijo amado; estoy muy complacido contigo».

¹²Enseguida, el Espíritu lo impulsó a ir al desierto ¹³y allí fue *tentado por Satanás durante cuarenta días. Estaba entre las fieras y los ángeles le servían.

Llamamiento de los primeros discípulos
1:16-20 – Mt 4:18-22; Lc 5:2-11; Jn 1:35-42

¹⁴Después de que encarcelaron a Juan, Jesús se fue a Galilea a anunciar las *buenas noticias de Dios. ¹⁵«Se ha cumplido el tiempo —decía—. El reino de Dios está cerca. ¡Arrepiéntanse y crean las buenas noticias!».

¹⁶Pasando junto al lago de Galilea, Jesús vio a Simón y a su hermano Andrés que echaban la red al lago, pues eran pescadores. ¹⁷«Vengan, síganme —dijo Jesús—, y los haré pescadores de hombres». ¹⁸Al instante dejaron las redes y lo siguieron. ¹⁹Un poco más adelante, vio a *Santiago y a su hermano Juan, hijos de Zebedeo, que estaban en su barca remendando las redes. ²⁰Enseguida los llamó

y ellos, dejando a su padre Zebedeo en la barca con los jornaleros, lo siguieron.

Jesús expulsa a un espíritu maligno
1:21-28 – Lc 4:31-37

²¹Entraron en Capernaúm y tan pronto como llegó el *sábado, Jesús fue a la sinagoga y se puso a enseñar. ²²La gente se asombraba de su enseñanza, porque la impartía como quien tenía autoridad y no como los *maestros de la Ley. ²³De repente, en la sinagoga, un hombre que estaba poseído por un *espíritu maligno gritó:

²⁴—¿Por qué te entrometes, Jesús de Nazaret? ¿Has venido a destruirnos? Yo sé quién eres tú: ¡el Santo de Dios!

²⁵—¡Cállate! —lo reprendió Jesús—. ¡Sal de ese hombre!

²⁶Entonces el espíritu maligno sacudió al hombre violentamente y salió de él dando un alarido. ²⁷Todos quedaron tan asustados que se preguntaban unos a otros: «¿Qué es esto? ¡Una enseñanza nueva, pues lo hace con autoridad! Da órdenes incluso a los *espíritus malignos y le obedecen». ²⁸Como resultado, su fama se extendió rápidamente por toda la región de Galilea.

Jesús sana a muchos enfermos
1:29-31 – Mt 8:14-15; Lc 4:38-39
1:32-34 – Mt 8:16-17; Lc 4:40-41

²⁹Tan pronto como salieron de la sinagoga, Jesús fue con *Santiago y Juan a casa de Simón y Andrés. ³⁰La suegra de Simón estaba en cama con fiebre y enseguida se lo dijeron a Jesús. ³¹Él se acercó, la tomó de la mano y la ayudó a levantarse. Entonces se le quitó la fiebre y comenzó a servirles.

³²Al atardecer, cuando ya se ponía el sol, la gente llevó a Jesús todos los enfermos y endemoniados, ³³de manera que la población entera se estaba congregando a la puerta. ³⁴Jesús sanó a muchos que padecían de diversas enfermedades. También expulsó a muchos demonios, pero no los dejaba hablar porque sabían quién era él.

Jesús ora en un lugar solitario
1:35-38 – Lc 4:42-43

³⁵Muy de madrugada, cuando todavía estaba oscuro, Jesús se levantó, salió de la casa y se fue a un lugar solitario donde se puso a orar. ³⁶Simón y sus compañeros salieron a buscarlo.

³⁷Por fin lo encontraron y le dijeron:

—Todo el mundo te busca.

³⁸Jesús respondió:

—Vámonos de aquí a otras aldeas cercanas donde también pueda predicar; para esto he venido.

³⁹Así que recorrió toda Galilea predicando en las sinagogas y expulsando a los demonios.

Jesús sana a un enfermo de la piel
1:40-44 – Mt 8:2-4; Lc 5:12-14

⁴⁰Un hombre que tenía una enfermedad en su piel se acercó y, de rodillas, suplicó:

ª 1 Var. no incluye: *el Hijo de Dios*.   ᵇ 2 Mal 3:1.   ᶜ 3 Is 40:3.   ᵈ 8 con. Alt. *en*.

—Si quieres, puedes ˙limpiarme.

⁴¹Movido a compasión, Jesús extendió la mano y tocó al hombre, diciéndole:

—Sí, quiero. ¡Queda limpio!

⁴²Al instante, se le quitó la enfermedad y quedó sano.ᵃ ⁴³Jesús lo despidió enseguida con una fuerte advertencia:

⁴⁴—Mira, no se lo digas a nadie; solo ve, preséntate al sacerdote y lleva por tu purificación lo que ordenó Moisés, para que les sirva de testimonio.

⁴⁵Pero él salió y comenzó a hablar sin reserva, divulgando lo sucedido. Como resultado, Jesús ya no podía entrar en ningún pueblo abiertamente, sino que se quedaba afuera, en lugares solitarios. Aun así, gente de todas partes seguía acudiendo a él.

Jesús sana a un paralítico
2:3-12 - Mt 9:2-8; Lc 5:18-26

2 Unos días después, cuando Jesús entró de nuevo en Capernaúm, corrió la voz de que estaba en casa. ²Se aglomeraron tantos que ya no quedaba sitio ni siquiera frente a la puerta, mientras él les predicaba. ³Entonces llegaron cuatro hombres que llevaban a un paralítico. ⁴Como no podían acercarlo a Jesús por causa de la multitud, quitaron parte del techo encima de donde estaba Jesús y, luego de hacer una abertura, bajaron la camilla en que estaba acostado el paralítico. ⁵Al ver la fe de ellos Jesús dijo al paralítico:

—¡Hijo, tus pecados quedan perdonados!

⁶Algunos ˙maestros de la Ley estaban sentados allí y pensaban: ⁷«¿Por qué habla este así? ¡Está ˙blasfemando! ¿Quién puede perdonar pecados sino solo Dios?».

⁸En ese mismo instante supo Jesús en su espíritu que esto era lo que estaban pensando.

—¿Por qué razonan así? —dijo—. ⁹¿Qué es más fácil, decir al paralítico: "Tus pecados quedan perdonados" o decirle: "Levántate, toma tu camilla y anda"? ¹⁰Pues, para que sepan que el Hijo del hombre tiene autoridad en la tierra para perdonar pecados —se dirigió entonces al paralítico—: ¹¹A ti te digo, levántate, toma tu camilla y vete a tu casa.

¹²Y el hombre se levantó, tomó su camilla enseguida y salió caminando a la vista de todos. Ellos se quedaron asombrados y comenzaron a alabar a Dios.

—Jamás habíamos visto cosa igual —decían.

Llamamiento de Leví
2:14-17 - Mt 9:9-13; Lc 5:27-32

¹³De nuevo salió Jesús a la orilla del lago. Toda la gente acudía a él y él les enseñaba. ¹⁴Al pasar vio a Leví, hijo de Alfeo, sentado a la mesa de recaudación de impuestos.

«Sígueme» —dijo Jesús.

Y Leví se levantó y lo siguió.

¹⁵Mientras Jesús estaba a la mesa en casa de Leví, muchos ˙recaudadores de impuestos y ˙pecadores comieron con él y sus discípulos, pues ya eran muchos los que lo seguían. ¹⁶Cuando los ˙maestros de la Ley, que eran ˙fariseos, vieron con quién comía, preguntaron a sus discípulos:

—¿Por qué come con recaudadores de impuestos y con pecadores?

¹⁷Al oír esto, Jesús contestó:

—No son los sanos los que necesitan médico, sino los enfermos. Y yo no he venido a llamar a justos, sino a pecadores.

Le preguntan a Jesús sobre el ayuno
2:18-22 - Mt 9:14-17; Lc 5:33-38

¹⁸Al ver que los discípulos de Juan y los ˙fariseos ayunaban, algunos se acercaron a Jesús y le preguntaron:

—¿Cómo es que los discípulos de Juan y de los fariseos ayunan, pero los tuyos no?

¹⁹Jesús contestó:

—¿Acaso pueden ayunar los invitados del novio mientras él está con ellos? No pueden hacerlo mientras lo tienen con ellos. ²⁰Pero llegará el día en que se les quitará el novio y ese día sí ayunarán. ²¹Nadie remienda un vestido viejo con un retazo de tela nueva. De hacerlo así, el remiendo fruncirá el vestido y la rotura se hará peor. ²²Ni echa nadie vino nuevo en recipientes de cuero viejo. De hacerlo así, el vino hará reventar el cuero y se arruinarán tanto el vino como los recipientes. Más bien, el vino nuevo se echa en recipientes de cuero nuevo.

Señor del sábado
2:23-28 - Mt 12:1-8; Lc 6:1-5
3:1-6 - Mt 12:9-14; Lc 6:6-11

²³Un ˙sábado, al pasar Jesús por los sembrados, sus discípulos comenzaron a arrancar a su paso unas espigas de trigo.

²⁴—Mira —le preguntaron los ˙fariseos—, ¿por qué hacen ellos lo que está prohibido hacer en día sábado?

²⁵Él contestó:

—¿Nunca han leído lo que hizo David en aquella ocasión en que él y sus compañeros tuvieron hambre y pasaron necesidad? ²⁶Entró en la casa de Dios cuando Abiatar era el sumo sacerdote y comió los panes consagrados a Dios, que solo a los sacerdotes les es permitido comer. Y dio también a sus compañeros.

²⁷»El sábado se hizo para el ser humano y no el ser humano para el sábado —añadió—. ²⁸Así que el Hijo del hombre es Señor incluso del sábado.

3 En otra ocasión entró en la sinagoga y había allí un hombre que tenía la mano paralizada. ²Algunos que buscaban un motivo para acusar a Jesús no le quitaban la vista de encima para ver si sanaba al enfermo en día ˙sábado. ³Entonces Jesús dijo al hombre de la mano paralizada:

—Ponte de pie frente a todos.

⁴Luego dijo a los otros:

—¿Qué está permitido en sábado: hacer el bien o hacer el mal?, ¿salvar una vida o matar?

Pero ellos permanecieron callados. ⁵Jesús se les quedó mirando, enojado y entristecido por lo obstinados que eran,ᵇ y dijo al hombre:

—Extiende la mano.

Así que la extendió y la mano quedó restablecida. ⁶Tan pronto como salieron los fariseos, comenzaron a tramar con los partidarios del rey Herodes cómo matar a Jesús.

La multitud sigue a Jesús
3:7-12 - Mt 12:15-16; Lc 6:17-19

⁷Jesús se retiró al lago con sus discípulos, y mucha gente de Galilea y Judea lo siguió. ⁸Cuando se enteraron de todo lo que hacía, acudieron también a él muchos de Jerusalén, de Idumea, del otro lado del Jordán y de las regiones de Tiro y Sidón. ⁹Entonces, para evitar que la gente lo atropellara, encargó a sus discípulos que tuvieran preparada una pequeña barca; ¹⁰pues, como había sanado a muchos, todos los que sufrían dolencias se abalanzaban sobre él para tocarlo. ¹¹Además, los ˙espíritus malignos, al verlo, se postraban ante él, gritando: «¡Tú eres el Hijo de Dios!». ¹²Pero él les ordenó terminantemente que no dijeran quién era él.

ᵃ 42 sano. Lit. limpio. ᵇ 5 por lo obstinados que eran. Lit. por su dureza de corazón.

Nombramiento de los doce apóstoles
3:16-19 – Mt 10:2-4; Lc 6:14-16; Hch 1:13

¹³Subió Jesús a una montaña y llamó a los que quiso, los cuales se reunieron con él. ¹⁴Designó a doce, a quienes nombró apóstoles,ᵃ para que lo acompañaran y para enviarlos a predicar ¹⁵y ejercer autoridad para expulsar demonios.

¹⁶Estos son los doce que él nombró:

Simón (a quien llamó Pedro);
¹⁷˙Santiago y su hermano Juan, hijos de
    Zebedeo (a quienes llamó Boanerges, que
    significa «Hijos del trueno»);
¹⁸Andrés,
Felipe,
Bartolomé,
Mateo,
Tomás,
Santiago, hijo de Alfeo,
Tadeo,
Simón el Zelote
¹⁹y Judas Iscariote, el que lo traicionó.

Jesús y Beelzebú
3:23-27 – Mt 12:25-29; Lc 11:14-22

²⁰Luego entró en una casa y, de nuevo, se aglomeró tanta gente que ni siquiera podían comer él y sus discípulos. ²¹Cuando se enteraron sus parientes, salieron a hacerse cargo de él, porque decían: «Está fuera de sí».

²²Los ˙maestros de la Ley que habían llegado de Jerusalén decían: «¡Está poseído por ˙Beelzebú! Expulsa a los demonios por medio del príncipe de los demonios».

²³Entonces Jesús los llamó y les habló en ˙parábolas: «¿Cómo puede Satanás expulsar a Satanás? ²⁴Si un reino está dividido contra sí mismo, ese reino no puede mantenerse en pie. ²⁵Y si una familia está dividida contra sí misma, esa familia no puede mantenerse en pie. ²⁶Igualmente, si Satanás se levanta contra sí mismo y se divide, no puede mantenerse en pie, sino que ha llegado su fin. ²⁷Ahora bien, nadie puede entrar en la casa de alguien fuerte y arrebatarle sus bienes a menos que primero lo ate. Solo entonces podrá robar su casa. ²⁸Les aseguro que todos los pecados y blasfemias se les perdonarán a todos por igual, ²⁹excepto a quien blasfeme contra el Espíritu Santo. Este no tendrá perdón jamás; es culpable de un pecado eterno».

³⁰Es que ellos habían dicho: «Tiene un ˙espíritu maligno».

La madre y los hermanos de Jesús
3:31-33 – Mt 12:46-50; Lc 8:19-21

³¹En eso llegaron la madre y los hermanos de Jesús. Se quedaron afuera y enviaron a alguien a llamarlo, ³²pues había mucha gente sentada alrededor de él.

—Mira, tu madre y tus hermanosᵇ están afuera y te buscan —dijeron.

³³—¿Quiénes son mi madre y mis hermanos? —respondió Jesús.

³⁴Luego echó una mirada a los que estaban sentados alrededor de él y añadió:

—Aquí tienen a mi madre y a mis hermanos. ³⁵Cualquiera que hace la voluntad de Dios es mi hermano, mi hermana y mi madre.

Parábola del sembrador
4:1-12 – Mt 13:1-15; Lc 8:4-10
4:13-20 – Mt 13:18-23; Lc 8:11-15

4 De nuevo comenzó Jesús a enseñar a la orilla del lago. La multitud que se reunió para verlo era tan grande que él subió a una barca en el lago y allí se sentó, mientras toda la gente se quedaba en la orilla. ²Entonces se puso a enseñarles muchas cosas por medio de ˙parábolas y, como parte de su instrucción, les dijo: ³«¡Pongan atención! Un sembrador salió a sembrar. ⁴Sucedió que, al esparcir él las semillas, una parte cayó junto al camino, llegaron los pájaros y se la comieron. ⁵Otra parte cayó en terreno pedregoso, sin mucha tierra. Esas semillas brotaron pronto porque la tierra no era profunda; ⁶pero cuando salió el sol, las plantas se marchitaron y por no tener raíz se secaron. ⁷Otra parte de las semillas cayó entre espinos que, al crecer, ahogaron las plantas y no dieron fruto. ⁸Pero las otras semillas cayeron en buen terreno. Brotaron, crecieron y produjeron una cosecha que rindió hasta treinta, sesenta y cien veces más.

⁹»El que tenga oídos para oír, que oiga», añadió Jesús.

¹⁰Cuando se quedó solo, los doce y los que estaban alrededor de él hicieron preguntas sobre las parábolas.

¹¹Él contestó:

«A ustedes se les ha concedido conocer el misterio del reino de Dios; pero a los de afuera todo les llega por medio de parábolas, ¹²para que

»"por mucho que vean, no perciban;
    por mucho que oigan, no entiendan;
no sea que se conviertan y sean perdonados".ᶜ

¹³»¿No entienden esta parábola? —continuó Jesús—. ¿Cómo podrán, entonces, entender las demás? ¹⁴El sembrador siembra la palabra. ¹⁵Algunos son como lo sembrado junto al camino, donde se siembra la palabra. Tan pronto como la oyen, viene Satanás y les quita la palabra sembrada en ellos. ¹⁶Otros son como lo sembrado en terreno pedregoso: cuando oyen la palabra, de inmediato la reciben con alegría, ¹⁷pero como no tienen raíz, duran poco tiempo. Cuando surgen problemas o persecución a causa de la palabra, enseguida se apartan de ella. ¹⁸Otros son como lo sembrado entre espinos: oyen la palabra, ¹⁹pero las preocupaciones de esta vida, el engaño de las riquezas y muchos otros malos deseos entran hasta ahogar la palabra, de modo que esta no llega a dar fruto. ²⁰Pero otros son como lo sembrado en buen terreno: oyen la palabra, la aceptan y producen una cosecha que rinde treinta, sesenta y hasta cien veces más».

Una lámpara en una repisa

²¹También dijo: «¿Acaso se trae una lámpara para ponerla debajo de una vasija o debajo de la cama? ¿No es, por el contrario, para ponerla en un candelero? ²²No hay nada escondido que no esté destinado a descubrirse; tampoco hay nada oculto que no esté destinado a ser revelado públicamente. ²³El que tenga oídos para oír, que oiga.

²⁴»Pongan mucha atención —añadió—. Con la medida con que midan a otros, se les medirá a ustedes y aún más se les añadirá. ²⁵Al que tiene se le dará más; al que no tiene hasta lo que tiene se le quitará».

Parábola de la semilla que crece

²⁶Jesús continuó: «El reino de Dios se parece a quien esparce semilla en la tierra. ²⁷Sin que este

---

ᵃ 14 Var. no incluye: a quienes nombró apóstoles.   ᵇ 32 tus hermanos. Var. tus hermanos y tus hermanas.   ᶜ 12 Is 6:9, 10.

sepa cómo, y ya sea que duerma o esté despierto, día y noche brota y crece la semilla. 28La tierra da fruto por sí sola; primero el tallo, luego la espiga y después el grano lleno en la espiga. 29Tan pronto como el grano está maduro, se mete la hoz, pues ha llegado el tiempo de la cosecha».

Parábola del grano de mostaza
4:30-32 – Mt 13:31-32; Lc 13:18-19

30También dijo: «¿Con qué vamos a comparar el reino de Dios? ¿Qué parábola podemos usar para describirlo? 31Es como una semilla de mostaza: cuando se siembra en la tierra, es la semilla más pequeña que hay, 32pero una vez sembrada crece hasta convertirse en la más grande de las hortalizas, y echa ramas tan grandes que las aves pueden anidar bajo su sombra».

33Y con muchas parábolas semejantes les enseñaba Jesús la palabra hasta donde podían entender. 34No decía nada sin emplear parábolas. Pero cuando estaba a solas con sus discípulos, les explicaba todo.

Jesús calma la tormenta
4:35-41 – Mt 8:18, 23-27; Lc 8:22-25

35Ese día al anochecer dijo a sus discípulos:

—Crucemos al otro lado.

36Dejaron a la multitud y se lo llevaron en la barca donde estaba. También lo acompañaban otras barcas. 37Se desató entonces una fuerte tormenta y las olas azotaban tanto la barca que ya comenzaba a inundarse. 38Mientras tanto, Jesús estaba en la popa, durmiendo sobre un cabezal, así que los discípulos lo despertaron.

—¡Maestro! —gritaron—, ¿no te importa que nos ahoguemos?

39Él se levantó, reprendió al viento y ordenó al mar:

—¡Silencio! ¡Cálmate!

El viento se calmó y todo quedó completamente tranquilo.

40—¿Por qué tienen tanto miedo? —dijo a sus discípulos—. ¿Todavíaª no tienen fe?

41Ellos estaban espantados y se decían unos a otros:

—¿Quién es este que hasta el viento y el mar le obedecen?

Liberación de un endemoniado
5:1-17 – Mt 8:28-34; Lc 8:26-37
5:18-20 – Lc 8:38-39

5 Cruzaron el lago hasta llegar a la región de los gerasenos.ᵇ 2Tan pronto como desembarcó Jesús, un hombre poseído por un ˚espíritu maligno salió a su encuentro de entre los sepulcros. 3Este hombre vivía en los sepulcros y ya nadie podía sujetarlo, ni siquiera con cadenas. 4Muchas veces lo habían atado con cadenas y grilletes, pero él los destrozaba y nadie tenía fuerza para dominarlo. 5Noche y día andaba por los sepulcros y por las colinas, gritando y golpeándose con piedras.

6Cuando vio a Jesús desde lejos, corrió y se postró delante de él.

7—¿Por qué te entrometes, Jesús, Hijo del Dios Altísimo? —gritó con fuerza—. ¡Te ruego por Dios que no me atormentes!

8Es que Jesús le había dicho: «¡Sal de este hombre, espíritu maligno!».

9—¿Cómo te llamas? —le preguntó Jesús.

—Me llamo Legión —respondió—, porque somos muchos.

10Y con insistencia suplicaba a Jesús que no los expulsara de aquella región.

11En una colina estaba alimentándose una manada de muchos cerdos. 12Entonces los demonios rogaron a Jesús:

—Mándanos a los cerdos; déjanos entrar en ellos.

13Así que él les dio permiso. Cuando los ˚espíritus malignos salieron del hombre, entraron en los cerdos, que eran unos dos mil; entonces la manada se precipitó al lago por el despeñadero y allí se ahogó.

14Los que cuidaban los cerdos salieron huyendo y avisaron en el pueblo y por los campos, y la gente fue a ver lo que había pasado. 15Llegaron adonde estaba Jesús y, cuando vieron al que había estado poseído por la legión de demonios, sentado, vestido y en su sano juicio, tuvieron miedo. 16Los que habían presenciado estas cosas contaron a la gente lo que había sucedido con el endemoniado y con los cerdos. 17Entonces la gente comenzó a suplicarle a Jesús que se fuera de la región.

18Mientras subía Jesús a la barca, el que había estado endemoniado rogaba que le permitiera acompañarlo. 19Jesús no lo permitió, sino que le dijo:

—Vete a tu casa, a los de tu familia, y diles todo lo que el Señor ha hecho por ti y cómo se ha tenido compasión.

20Así que el hombre se fue y comenzó a proclamar en ˚Decápolis lo mucho que Jesús había hecho por él. Y toda la gente se quedó asombrada.

Una niña muerta y una mujer enferma
5:22-43 – Mt 9:18-26; Lc 8:41-56

21Después de que Jesús regresó en la barca al otro lado del lago, se reunió alrededor de él una gran multitud, por lo que él se quedó en la orilla. 22Llegó entonces uno de los jefes de la sinagoga llamado Jairo. Al ver a Jesús, se arrojó a sus pies 23y le suplicó con insistencia:

—Mi hijita se está muriendo. Ven, pon tus manos sobre ella para que ˚sane y viva.

24Jesús se fue con él y lo seguía una gran multitud, la cual se agolpaba sobre él. 25Había entre la gente una mujer que hacía doce años padecía de hemorragias. 26Había sufrido mucho a manos de varios médicos, y se había gastado todo lo que tenía sin que le hubiera servido de nada, pues, en vez de mejorar, iba de mal en peor. 27Cuando oyó hablar de Jesús, se acercó a él por detrás entre la gente y tocó su manto. 28Pensaba: «Si logro tocar siquiera su manto, quedaré sana». 29Al instante, cesó su hemorragia y se dio cuenta de que su cuerpo había quedado libre de esa aflicción.

30Al momento, Jesús se dio cuenta de que había salido poder de sí mismo, así que se volvió hacia la gente y preguntó:

—¿Quién ha tocado mi manto?

31—Ves que te apretuja la gente —le contestaron sus discípulos—, y aun así preguntas: "¿Quién me ha tocado?".

32Pero Jesús seguía mirando a su alrededor para ver quién lo había hecho. 33La mujer, sabiendo lo que había sucedido, se acercó temblando de miedo y, arrojándose a sus pies, confesó toda la verdad.

34—¡Hija, tu fe te ha sanado! —dijo Jesús—. Vete en paz y queda sana de tu aflicción.

35Todavía estaba hablando Jesús cuando llegaron unos hombres de la casa de Jairo, jefe de la sinagoga, para decirle:

—Tu hija ha muerto. ¿Para qué sigues molestando al Maestro?

ª 40 *Todavía.* Var. *Cómo es que.*   ᵇ 1 *gerasenos.* Var. *gadarenos;* otra var. *gergesenos.*

³⁶Sin hacer caso de la noticia, Jesús dijo al jefe de la sinagoga:

—No tengas miedo; nada más cree.

³⁷No dejó que nadie lo acompañara, excepto Pedro, ˙Santiago y Juan, el hermano de Santiago. ³⁸Cuando llegaron a la casa del jefe de la sinagoga, Jesús notó el alboroto, y que la gente lloraba y daba grandes alaridos. ³⁹Entró y dijo:

—¿Por qué tanto alboroto y llanto? La niña no está muerta, sino dormida.

⁴⁰Entonces empezaron a burlarse de él, pero él los sacó a todos, tomó consigo al padre y a la madre de la niña y a los discípulos que estaban con él, y entró adonde estaba la niña. ⁴¹La tomó de la mano y le dijo: «Talita cum»,ᵃ que significa «Niña, a ti te digo, ¡levántate!».

⁴²La niña, que tenía doce años, se levantó enseguida y comenzó a andar. Ante este hecho todos se llenaron de asombro. ⁴³Él dio órdenes estrictas de que nadie se enterara de lo ocurrido y les mandó que dieran de comer a la niña.

Un profeta sin honra
6:1-6 – Mt 13:54-58

6 Salió Jesús de allí y fue a su tierra, en compañía de sus discípulos. ²Cuando llegó el ˙sábado, comenzó a enseñar en la sinagoga.

—¿De dónde sacó este tales cosas? —decían maravillados muchos de los que lo escuchaban—. ¿Qué sabiduría es esta que se le ha dado? ¿Cómo se explican estos milagros que vienen de sus manos? ³¿No es este el carpintero, el hijo de María? ¿Acaso no es el hermano de ˙Santiago, de José, de Judas y de Simón? ¿No están sus hermanas aquí con nosotros?

Y se ˙escandalizaban a causa de él. ⁴Por tanto, Jesús les dijo:

—En todas partes se honra a un profeta, menos en su tierra, entre sus familiares y en su propia casa.

⁵En efecto, no pudo hacer allí ningún milagro, excepto sanar a unos pocos enfermos al imponerles las manos. ⁶Y él se quedó asombrado por la falta de fe de ellos.

Jesús envía a los doce
6:7-11 – Mt 10:1, 9-14; Lc 9:1, 3-5

Jesús recorría los alrededores, enseñando de pueblo en pueblo. ⁷Reunió a los doce y comenzó a enviarlos de dos en dos, dándoles autoridad sobre los ˙espíritus malignos.

⁸Les ordenó que no llevaran nada para el camino: ni pan, ni bolsa, ni dinero en el cinturón, sino solo un bastón. ⁹«Lleven sandalias —dijo—, pero no dos mudas de ropa». ¹⁰Y añadió: «Cuando entren en una casa, quédense allí hasta que salgan del pueblo. ¹¹Si en algún lugar no los reciben bien o no los escuchan, salgan de allí y sacúdanse el polvo de los pies, como un testimonio contra ellos».

¹²Los doce salieron y exhortaban a la gente a que se ˙arrepintiera. ¹³También expulsaban a muchos demonios y sanaban a muchos enfermos, ungiéndolos con aceite.

Decapitación de Juan el Bautista
6:14-29 – Mt 14:1-12
6:14-16 – Lc 9:7-9

¹⁴El rey Herodes se enteró de esto, pues el nombre de Jesús se había hecho famoso. Algunos decíanᵇ que Juan el Bautista había ˙resucitado y por eso tenía poder para realizar milagros. ¹⁵Otros decían que era Elías; y otros, en fin, afirmaban que era un

profeta, como los de antes. ¹⁶Pero cuando Herodes oyó esto, exclamó: «¡Juan, al que yo mandé que le cortaran la cabeza, ha resucitado!».

¹⁷En efecto, Herodes mismo había mandado que arrestaran a Juan y que lo encadenaran en la cárcel. Herodes se había casado con Herodías, esposa de su hermano Felipe, ¹⁸y Juan había dicho a Herodes: «No te es lícito tener a la mujer de tu hermano». ¹⁹Por eso Herodías le guardaba rencor a Juan y deseaba matarlo. Pero no había logrado hacerlo, ²⁰ya que Herodes temía a Juan y lo protegía, pues sabía que era un hombre justo y ˙santo. Cuando Herodes oía a Juan, se quedaba muy desconcertado, pero lo escuchaba con gusto.

²¹Por fin se presentó la oportunidad. En su cumpleaños Herodes dio un banquete a sus altos oficiales, a los comandantes militares y a los notables de Galilea. ²²La hija de Herodías entró en el banquete y bailó, y esto agradó a Herodes y a los invitados.

—Pídeme lo que quieras y te lo daré —dijo el rey a la muchacha.

²³Y prometió bajo juramento:

—Te daré cualquier cosa que me pidas, aun cuando sea la mitad de mi reino.

²⁴Ella salió a preguntarle a su madre:

—¿Qué debo pedir?

—La cabeza de Juan el Bautista —contestó.

²⁵Enseguida se fue corriendo la muchacha a presentarle al rey su petición:

—Quiero que ahora mismo me des en una bandeja la cabeza de Juan el Bautista.

²⁶El rey se quedó angustiado, pero no quiso desairarla a causa de sus juramentos y en atención a los invitados. ²⁷Así que enseguida envió a un verdugo con la orden de llevarle la cabeza de Juan. El hombre fue, decapitó a Juan en la cárcel ²⁸y volvió con la cabeza en una bandeja. Se la entregó a la muchacha y ella se la dio a su madre. ²⁹Al enterarse de esto, los discípulos de Juan fueron a recoger el cuerpo y le dieron sepultura.

Jesús alimenta a los cinco mil
6:32-44 – Mt 14:13-21; Lc 9:10-17; Jn 6:5-13

³⁰Los apóstoles se reunieron con Jesús y le contaron todo lo que habían hecho y enseñado. ³¹Y como no tenían tiempo ni para comer, pues era tanta la gente que iba y venía, Jesús dijo:

—Vengan conmigo ustedes solos a un lugar tranquilo y descansen un poco.

³²Así que se fueron solos en la barca a un lugar solitario. ³³Pero muchos que los vieron salir los reconocieron y desde todos los poblados corrieron por tierra hasta allá y llegaron antes que ellos. ³⁴Cuando Jesús desembarcó y vio tanta gente, tuvo compasión de ellos, porque eran como ovejas sin pastor. Así que comenzó a enseñarles muchas cosas.

³⁵Cuando ya se hizo tarde, se le acercaron sus discípulos y dijeron:

—Este es un lugar apartado y ya es muy tarde. ³⁶Despide a la gente, para que vayan a los campos y pueblos cercanos y se compren algo de comer.

³⁷—Denles ustedes mismos de comer —contestó Jesús.

—¡Eso costaría más de seis meses de trabajo!ᶜ —objetaron—. ¿Quieres que vayamos y gastemos todo ese dinero en pan para darles de comer?

³⁸—¿Cuántos panes tienen ustedes? —preguntó—. Vayan a ver.

Después de averiguarlo, dijeron:

—Cinco y dos pescados.

³⁹Entonces les mandó que hicieran que la gente se sentara por grupos sobre la hierba verde. ⁴⁰Así

ᵃ 41 cum. Var. cumi.   ᵇ 14 Algunos decían. Var. Él decía.
ᶜ 37 más de seis meses de trabajo. Lit. doscientos denarios.

que ellos se acomodaron en grupos de cien y de cincuenta. ⁴¹Jesús tomó los cinco panes y los dos pescados y, mirando al cielo, los bendijo. Luego partió los panes y se los dio a los discípulos para que se los repartieran a la gente. También repartió los dos pescados entre todos. ⁴²Comieron hasta quedar satisfechos ⁴³y los discípulos recogieron doce canastas llenas de pedazos de pan y de pescado. ⁴⁴Los que comieron fueron cinco mil.

Jesús camina sobre el agua
6:45-51 – Mt 14:22-32; Jn 6:15-21
6:53-56 – Mt 14:34-36

⁴⁵Enseguida Jesús hizo que sus discípulos subieran a la barca y se adelantaran al otro lado, a Betsaida, mientras él despedía a la multitud. ⁴⁶Cuando se despidió, fue a la montaña para orar.

⁴⁷Al anochecer, la barca se hallaba en medio del lago y Jesús estaba en tierra solo. ⁴⁸En la madrugada,ᵃ vio que los discípulos hacían grandes esfuerzos para remar, pues tenían el viento en contra. Se acercó a ellos caminando sobre el lago e iba a pasarlos de largo. ⁴⁹Los discípulos, al verlo caminar sobre el agua, creyeron que era un fantasma y se pusieron a gritar, ⁵⁰llenos de miedo por lo que veían. Pero él habló enseguida con ellos y les dijo: «¡Cálmense! Soy yo. No tengan miedo».

⁵¹Subió entonces a la barca con ellos y el viento se calmó. Estaban sumamente asombrados ⁵²porque tenían endurecido el corazón y no habían comprendido lo de los panes.

⁵³Después de cruzar el lago, desembarcaron en Genesaret y atracaron allí. ⁵⁴Al bajar ellos de la barca, la gente enseguida reconoció a Jesús. ⁵⁵Lo siguieron por toda aquella región y, adonde oían que él estaba, le llevaban en camillas a los que tenían enfermedades. ⁵⁶Y dondequiera que iba, en pueblos, ciudades o campos, colocaban a los enfermos en las plazas. Le suplicaban que les permitiera tocar siquiera el borde de su manto y quienes lo tocaban quedaban ˙sanos.

Lo puro y lo impuro
7:1-23 – Mt 15:1-20

7 Los ˙fariseos y algunos de los ˙maestros de la Ley que habían llegado de Jerusalén se reunieron alrededor de Jesús, ²y vieron a algunos de sus discípulos que comían con manos ˙impuras, es decir, sin habérselas lavado. ³(En efecto, los fariseos y los demás judíos no comen nada sin primero cumplir con el rito de lavarse las manos, ya que están aferrados a la tradición de los líderes religiosos. ⁴Al regresar del mercado, no comen nada antes de lavarse. Y siguen otras muchas tradiciones, tales como el rito de lavar copas, jarras y bandejas de cobre).ᵇ ⁵Así que los fariseos y los maestros de la Ley preguntaron a Jesús:

—¿Por qué no siguen tus discípulos la tradición de los líderes religiosos, en vez de comer con manos impuras?

⁶Él contestó:

—Tenía razón Isaías cuando profetizó de ustedes, hipócritas, según está escrito:

»"Este pueblo me honra con los labios,
     pero su corazón está lejos de mí.
⁷En vano me adoran;
     sus enseñanzas no son más que reglas
     humanas".ᶜ

⁸Ustedes han desechado los mandamientos divinos y se aferran a las tradiciones humanas.

⁹Y añadió:

—¡Qué buena manera tienen ustedes de dejar a un lado el mandamiento de Dios para mantenerᵈ su propia tradición! ¹⁰Moisés dijo: "Honra a tu padre y a tu madre",ᵉ y también: "El que maldiga a su padre o a su madre será condenado a muerte".ᶠ ¹¹Ustedes, en cambio, enseñan que un hijo puede decir a su padre o a su madre: "Cualquier ayuda que pudiera haberte dado es corbán" (es decir, ofrenda dedicada a Dios). ¹²Y en ese caso, ustedes ya no le permiten hacer nada por su padre ni por su madre. ¹³Así, por la tradición que se transmiten entre ustedes, anulan la palabra de Dios. Y hacen muchas cosas parecidas.

¹⁴De nuevo Jesús llamó a la multitud y dijo:

—Escúchenme todos y entiendan: ¹⁵Nada de lo que viene de afuera puede contaminar a una persona. Más bien, lo que sale de la persona es lo que la contamina. ¹⁶ᵍ

¹⁷Después de que dejó a la gente y entró en la casa, sus discípulos le preguntaron sobre la comparación que había hecho.

¹⁸—¿Tampoco ustedes pueden entenderlo? —dijo Jesús—. ¿No se dan cuenta de que nada de lo que entra en una persona puede contaminarla? ¹⁹Porque no entra en su corazón, sino en su estómago, y después va a dar a la letrina.

Con esto Jesús declaraba ˙limpios todos los alimentos. ²⁰Luego añadió:

—Lo que sale de la persona es lo que la contamina. ²¹Porque de adentro, del corazón humano, salen los malos pensamientos, la inmoralidad sexual, los robos, los homicidios, ²²los adulterios, la avaricia, la maldad, el engaño, el libertinaje, la envidia, la calumnia, la arrogancia y la necedad. ²³Todos estos males vienen de adentro y contaminan a la persona.

La fe de una mujer sirofenicia
7:24-30 – Mt 15:21-28

²⁴Jesús partió de allí y fue a la región de Tiro.ʰ Entró en una casa y no quería que nadie lo supiera, pero no pudo pasar inadvertido. ²⁵De hecho, muy pronto se enteró de su llegada una mujer que tenía una pequeña hija poseída por un ˙espíritu maligno, así que fue y se arrojó a sus pies. ²⁶Esta mujer era griega, sirofenicia de nacimiento, y le rogaba que expulsara al demonio que tenía su hija.

²⁷—Deja que primero se sacien los hijos —respondió Jesús—, porque no está bien quitarles el pan a los hijos y echárselo a los perros.

²⁸—Sí, Señor —respondió la mujer—, pero hasta los perros comen debajo de la mesa las migajas que dejan los hijos.

²⁹Jesús dijo:

—Por haberme respondido así, puedes irte tranquila; el demonio ha salido de tu hija.

³⁰Cuando ella llegó a su casa, encontró a la niña acostada en la cama. El demonio ya había salido de ella.

Jesús sana a un sordomudo
7:31-37 – Mt 15:29-31

³¹Luego regresó Jesús de la región de Tiro y se dirigió por Sidón al lago de Galilea, internándose en la región de ˙Decápolis. ³²Allí llevaron un

---

ᵃ 48 En la madrugada. Lit. Alrededor de la cuarta vigilia de la noche. Es decir, entre las tres y las seis de la mañana.
ᵇ 4 bandejas de cobre. Var. bandejas de cobre y divanes.
ᶜ 7 Is 29:13.   ᵈ 9 mantener. Var. establecer.   ᵉ 10 Éx 20:12; Dt 5:16.   ᶠ 10 Éx 21:17; Lv 20:9.   ᵍ 16 Algunos manuscritos agregan lo siguiente: El que tenga oídos para oír, que oiga. Véase 4:23.   ʰ 24 de Tiro. Var. de Tiro y Sidón.

sordo tartamudo y suplicaron que pusiera la mano sobre él.

³³Jesús lo apartó de la multitud para estar a solas con él, puso los dedos en sus oídos y tocó su lengua con saliva.ᵃ ³⁴Luego, mirando al cielo, suspiró profundamente y dijo: «¡Efatá!», que significa «¡Ábrete!». ³⁵Con esto, se le abrieron los oídos al hombre, se destrabó su lengua y comenzó a hablar normalmente.

³⁶Jesús ordenó que no se lo dijeran a nadie, pero cuanto más se lo prohibía, tanto más lo seguían propagando. ³⁷La gente estaba sumamente asombrada y decía: «Todo lo hace bien. Hasta hace oír a los sordos y hablar a los mudos».

Jesús alimenta a los cuatro mil
8:1-9 – Mt 15:32-39
8:11-21 – Mt 16:1-12

8 En aquellos días se reunió de nuevo mucha gente. Como no tenían nada que comer, Jesús llamó a sus discípulos y les dijo:

²—Siento compasión de esta gente porque ya llevan tres días conmigo y no tienen nada que comer. ³Si los despido a sus casas sin haber comido, se van a desmayar por el camino, porque algunos de ellos han venido de lejos.

⁴Los discípulos objetaron:

—¿Dónde se va a conseguir suficiente pan en este lugar despoblado para darles de comer?

⁵—¿Cuántos panes tienen? —preguntó Jesús.

—Siete —respondieron ellos.

⁶Luego Jesús mandó que la gente se sentara en el suelo. Tomó los siete panes, dio gracias, los partió y se los fue dando a sus discípulos para que los repartieran a la gente. Así lo hicieron. ⁷Tenían además unos cuantos pescaditos. Dio gracias por ellos también y dijo a los discípulos que los repartieran. ⁸La gente comió hasta quedar satisfecha. Después los discípulos recogieron siete cestas de pedazos que sobraron. ⁹Los que comieron eran unos cuatro mil. Tan pronto como los despidió, ¹⁰Jesús subió a la barca con sus discípulos y se fue a la región de Dalmanuta.

¹¹Llegaron los ˙fariseos y comenzaron a discutir con Jesús. Para ponerlo a ˙prueba, le pidieron una señal del cielo. ¹²Él lanzó un profundo suspiro y dijo:ᵇ «¿Por qué pide esta generación una señal milagrosa? Les aseguro que no habrá ninguna señal». ¹³Entonces los dejó, volvió a embarcarse y cruzó al otro lado.

La levadura de los fariseos y la de Herodes

¹⁴Los discípulos habían olvidado llevar panes y solo tenían uno en la barca.

¹⁵—Presten atención —advirtió Jesús—; ¡cuídense de la levadura de los fariseos y de la de Herodes!

¹⁶Ellos comentaban los unos con los otros: «Lo dice porque no trajimos pan». ¹⁷Al darse cuenta de esto, Jesús dijo:

—¿Por qué están hablando de que no tienen pan? ¿Todavía no ven ni entienden? ¿Tienen el corazón endurecido? ¹⁸¿Es que tienen ojos, pero no ven, y oídos, pero no oyen? ¿Acaso no recuerdan? ¹⁹Cuando partí los cinco panes para los cinco mil, ¿cuántas canastas llenas de pedazos recogieron?

—Doce —respondieron ellos.

²⁰—Y, cuando partí los siete panes para los cuatro mil, ¿cuántas cestas llenas de pedazos recogieron?

—Siete —dijeron.

²¹Entonces concluyó:

—¿Y todavía no entienden?

Jesús sana a un ciego en Betsaida

²²Cuando llegaron a Betsaida, algunas personas llevaron un ciego a Jesús y rogaron que lo tocara. ²³Él tomó de la mano al ciego y lo sacó fuera del pueblo. Después de escupir en sus ojos y de poner las manos sobre él, preguntó:

—¿Puedes ver algo?

²⁴El hombre alzó los ojos y dijo:

—Veo gente; parecen árboles que caminan.

²⁵Entonces le puso de nuevo las manos sobre los ojos, y el ciego fue curado; recobró la vista y comenzó a ver todo con claridad. ²⁶Jesús lo mandó a su casa con esta advertencia:

—No vayas a entrar en el pueblo.ᶜ

La confesión de Pedro
8:27-29 – Mt 16:13-16; Lc 9:18-20

²⁷Jesús y sus discípulos salieron hacia las aldeas de Cesarea de Filipo. En el camino les preguntó:

—¿Quién dice la gente que soy yo?

²⁸Le respondieron:

—Unos dicen que Juan el Bautista, otros que Elías y otros que uno de los profetas.

²⁹—Y ustedes, ¿quién dicen que soy yo? —preguntó Jesús.

—Tú eres el ˙Cristo —afirmó Pedro.

³⁰Jesús ordenó que no hablaran a nadie acerca de él.

Jesús predice su muerte
8:31-9:1 – Mt 16:21-28; Lc 9:22-27

³¹Luego comenzó a enseñarles:

—El Hijo del hombre tiene que sufrir muchas cosas y ser rechazado por los líderes religiosos, por los jefes de los sacerdotes y por los maestros de la Ley. Es necesario que lo maten y que a los tres días resucite.

³²Habló de esto con toda claridad. Pedro lo llevó aparte y comenzó a reprenderlo. ³³Pero Jesús se dio la vuelta, miró a sus discípulos y reprendió a Pedro.

—¡Aléjate de mí, Satanás! —le dijo—. Tú no piensas en las cosas de Dios, sino en las de los hombres.

³⁴Entonces llamó a la multitud y a sus discípulos.

—Si alguien quiere ser mi discípulo —dijo—, que se niegue a sí mismo, tome su cruz y me siga. ³⁵Porque el que quiera salvar su vida la perderá; pero el que pierda su vida por mi causa y por el evangelio la salvará. ³⁶¿De qué le sirve a uno ganar el mundo entero si se pierde la vida? ³⁷¿O qué se puede dar a cambio de la vida? ³⁸Si alguien se avergüenza de mí y de mis palabras en medio de esta generación adúltera y pecadora, también el Hijo del hombre se avergonzará de él cuando venga en la gloria de su Padre con los santos ángeles.

9 Y añadió:

—Les aseguro que algunos de los aquí presentes no sufrirán la muerte sin antes haber visto el reino de Dios llegar con poder.

La transfiguración
9:2-8 – Lc 9:28-36
9:2-13 – Mt 17:1-13

²Seis días después, Jesús tomó consigo a Pedro, a ˙Santiago y a Juan, y los llevó a una montaña alta, donde estaban solos. Allí se transfiguró en presencia de ellos; ³su ropa se volvió de un blanco resplandeciente como nadie en el mundo podría blanquearla. ⁴Y se les aparecieron Elías y Moisés, los cuales conversaban con Jesús. ⁵Tomando la palabra, Pedro dijo a Jesús:

ᵃ 33 *con saliva.* Lit. *escupiendo.*   ᵇ 12 *lanzó ... dijo.* Lit. *suspirando en su espíritu dijo.*   ᶜ 26 *pueblo.* Var. *pueblo, ni a decírselo a nadie en el pueblo.*

—Rabí, ¡qué bien que estemos aquí! Podemos levantar tres albergues: uno para ti, otro para Moisés y otro para Elías.

⁶No sabía qué decir, porque todos estaban asustados. ⁷Entonces apareció una nube que los envolvió de la cual salió una voz que dijo: «Este es mi Hijo amado. ¡Escúchenlo!».

⁸De repente, cuando miraron a su alrededor, ya no vieron a nadie más que a Jesús.

⁹Mientras bajaban de la montaña, Jesús ordenó que no contaran a nadie lo que habían visto hasta que el Hijo del hombre se *levantara de entre los muertos. ¹⁰Guardaron el secreto, pero discutían entre ellos qué significaría eso de «levantarse de entre los muertos».

¹¹—¿Por qué dicen los *maestros de la Ley que Elías tiene que venir primero? —le preguntaron.

¹²—Sin duda Elías ha de venir primero para restaurar todas las cosas —respondió Jesús—. Entonces, ¿cómo es que está escrito que el Hijo del hombre tiene que sufrir mucho y ser rechazado? ¹³Pues bien, les digo que Elías ya ha venido, y le hicieron todo lo que quisieron, tal como está escrito de él.

Jesús sana a un muchacho endemoniado
9:14-28, 30-32 – Mt 17:14-19, 22-23; Lc 9:37-45

¹⁴Cuando llegaron adonde estaban los otros discípulos, vieron[a] que a su alrededor había mucha gente y que los *maestros de la Ley discutían con ellos. ¹⁵Tan pronto como la gente vio a Jesús, todos se sorprendieron y corrieron a saludarlo.

¹⁶—¿Qué están discutiendo con ellos? —preguntó.

¹⁷—Maestro —respondió un hombre de entre la multitud—, te he traído a mi hijo, pues está poseído por un espíritu que le ha quitado el habla. ¹⁸Cada vez que se apodera de él, lo derriba. Echa espumarajos, cruje los dientes y se queda rígido. Pedí a tus discípulos que lo expulsaran, pero no lo lograron.

¹⁹—¡Ah, generación incrédula! —respondió Jesús—. ¿Hasta cuándo tendré que estar con ustedes? ¿Hasta cuándo tendré que soportarlos? Tráiganme al muchacho.

²⁰Así que se lo llevaron. Tan pronto como vio a Jesús, el espíritu sacudió de tal modo al muchacho que este cayó al suelo y comenzó a revolcarse echando espumarajos.

²¹—¿Cuánto tiempo hace que le pasa esto? —le preguntó Jesús al padre.

—Desde que era niño —contestó—. ²²Muchas veces lo ha echado al fuego y al agua para matarlo. Si puedes hacer algo, ten compasión de nosotros y ayúdanos.

²³Jesús dijo:

—¿Cómo que si puedo? Para el que cree, todo es posible.

²⁴—¡Sí, creo! —exclamó de inmediato el padre del muchacho—. ¡Ayúdame en mi falta de fe!

²⁵Al ver Jesús que se agolpaba mucha gente, reprendió al *espíritu maligno.

—Espíritu sordo y mudo —dijo—, te mando que salgas y que jamás vuelvas a entrar en él.

²⁶El espíritu, dando un alarido y sacudiendo violentamente al muchacho, salió de él. Este quedó como muerto, tanto que muchos decían: «Ya se murió». ²⁷Pero Jesús lo tomó de la mano y lo levantó, y el muchacho se puso de pie.

²⁸Cuando Jesús entró en casa, sus discípulos le preguntaron en privado:

—¿Por qué nosotros no pudimos expulsarlo?

²⁹—Esta clase de demonios solo puede ser expulsada a fuerza de oración[b] —respondió Jesús.

³⁰Dejaron aquel lugar y pasaron por Galilea. Pero Jesús no quería que nadie lo supiera, ³¹porque estaba instruyendo a sus discípulos. Les decía: «El Hijo del hombre va a ser entregado en manos de los hombres. Lo matarán y a los tres días de muerto resucitará».

³²Pero ellos no entendían lo que quería decir con esto y tenían miedo de preguntarle.

¿Quién es el más importante?
9:33-37 – Mt 18:1-5; Lc 9:46-48

³³Llegaron a Capernaúm. Cuando ya estaba en casa, Jesús preguntó:

—¿Qué venían discutiendo por el camino?

³⁴Pero ellos se quedaron callados, porque en el camino habían discutido entre sí quién era el más importante.

³⁵Entonces Jesús se sentó, llamó a los doce y les dijo:

—Si alguno quiere ser el primero, que sea el último de todos y el servidor de todos.

³⁶Luego tomó a un niño y lo puso en medio de ellos. Abrazándolo, dijo:

³⁷—El que recibe en mi nombre a un niño como este me recibe a mí, y el que me recibe a mí no solo me recibe a mí, sino al que me envió.

El que no está contra nosotros está a favor de nosotros
9:38-40 – Lc 9:49-50

³⁸—Maestro —dijo Juan—, vimos a un hombre que expulsaba demonios en tu nombre y se lo impedimos, porque no es de los nuestros.[c]

³⁹—No se lo impidan —respondió Jesús—. Nadie que haga un milagro en mi nombre puede luego hablar mal de mí. ⁴⁰El que no está contra nosotros está a favor de nosotros. ⁴¹Les aseguro que cualquiera que les dé un vaso de agua en mi nombre por ser ustedes de Cristo no perderá su recompensa.

El hacer pecar

⁴²»Pero si alguien hace pecar a uno de estos pequeños que creen en mí, más le valdría que le ataran al cuello una piedra de molino y lo arrojaran al mar. ⁴³Y si tu mano te hace pecar, córtatela. Más te vale entrar en la vida manco que ir con las dos manos al infierno,[d] donde el fuego nunca se apaga. ⁴⁴ ⁴⁵Y si tu pie te hace pecar, córtatelo. Más te vale entrar en la vida cojo que ser arrojado con los dos pies al infierno. ⁴⁶ ⁴⁷Y si tu ojo te hace pecar, sácatelo. Más te vale entrar tuerto en el reino de Dios que ser arrojado con los dos ojos al infierno, ⁴⁸donde

»"no morirá el gusano que los devora
    ni su fuego se apagará".[g]

⁴⁹La sal con que todos serán sazonados es el fuego. ⁵⁰»La sal es buena, pero si deja de ser salada, ¿cómo le pueden volver a dar sabor? Que no falte la sal entre ustedes, para que puedan vivir en paz unos con otros».

El divorcio
10:1-12 – Mt 19:1-9

10 Jesús partió de aquel lugar y se fue a la región de Judea y al otro lado del Jordán. Otra vez se

---

a 14 Cuando llegaron … vieron. Var. Cuando llegó … vio.
b 29 oración. Var. oración y ayuno.   c 38 no es de los nuestros. Lit. no nos sigue.   d 43 al infierno. Lit. a la Gehenna; también en vv. 45 y 47.   e 44 Algunos manuscritos agregan lo siguiente: apaga, 44donde "su gusano no muere, y el fuego no se apaga". Véase 9:48.   f 46 Algunos manuscritos agregan lo siguiente: infierno, 46donde "su gusano no muere, y el fuego no se apaga". Véase 9:48.   g 48 Is 66:24.

reunieron las multitudes y, como era su costumbre, les enseñaba.

²Algunos ˙fariseos se acercaron y, para ponerlo a ˙prueba, le preguntaron:

—¿Está permitido que un hombre se divorcie de su esposa?

³—¿Qué les mandó Moisés? —respondió Jesús.

⁴—Moisés permitió que un hombre le escribiera un certificado de divorcio y la despidiera —contestaron ellos.

⁵—Ese mandamiento lo escribió Moisés para ustedes por lo obstinados que son*a* —respondió Jesús—. ⁶Pero al principio de la creación Dios "los creó hombre y mujer".*b* ⁷"Por eso dejará el hombre a su padre y a su madre, se unirá a su mujer*c* ⁸y los dos llegarán a ser uno solo".*d* Así que ya no son dos, sino uno solo. ⁹Por tanto, lo que Dios ha unido, que no lo separe el hombre.

¹⁰Vueltos a casa, los discípulos preguntaron a Jesús sobre este asunto.

¹¹—El que se divorcia de su esposa y se casa con otra comete adulterio contra la primera —respondió—. ¹²Y, si la mujer se divorcia de su esposo y se casa con otro, comete adulterio.

Jesús y los niños
10:13-16 – Mt 19:13-15; Lc 18:15-17

¹³Empezaron a llevarle niños a Jesús para que los tocara, pero los discípulos reprendían a quienes los llevaban. ¹⁴Cuando Jesús se dio cuenta, se indignó y dijo: «Dejen que los niños vengan a mí; no se lo impidan, porque el reino de Dios es de quienes son como ellos. ¹⁵Les aseguro que el que no reciba el reino de Dios como un niño, de ninguna manera entrará en él». ¹⁶Y después de abrazarlos, los bendecía poniendo las manos sobre ellos.

El joven rico
10:17-31 – Mt 19:16-30; Lc 18:18-30

¹⁷Cuando Jesús estaba ya para irse, un hombre llegó corriendo y se arrodilló delante de él.

—Maestro bueno —le preguntó—, ¿qué debo hacer para heredar la vida eterna?

¹⁸—¿Por qué me llamas bueno? —respondió Jesús—. Nadie es bueno sino solo Dios. ¹⁹Ya sabes los mandamientos: "No mates, no cometas adulterio, no robes, no presentes falso testimonio, no defraudes, honra a tu padre y a tu madre".*e*

²⁰—Maestro —dijo el hombre—, todo eso lo he cumplido desde que era joven.

²¹Jesús lo miró con amor y añadió:

—Una sola cosa te falta: anda, vende todo lo que tienes y dáselo a los pobres, y tendrás tesoro en el cielo. Luego ven y sígueme.

²²Al oír esto, el hombre se desanimó y se fue triste porque tenía muchas riquezas.

²³Jesús miró alrededor y comentó a sus discípulos:

—¡Qué difícil es para los ricos entrar en el reino de Dios!

²⁴Los discípulos se asombraron de sus palabras.

—Hijos, ¡qué difícil es entrar*f* en el reino de Dios! —repitió Jesús—. ²⁵Le resulta más fácil a un camello pasar por el ojo de una aguja que a un rico entrar en el reino de Dios.

²⁶Los discípulos se asombraron aún más y decían entre sí: «Entonces, ¿quién podrá salvarse?».

²⁷—Para los hombres es imposible —aclaró Jesús, mirándolos fijamente—, pero no para Dios; de hecho, para Dios todo es posible.

²⁸—¿Qué de nosotros, que lo hemos dejado todo y te hemos seguido? —comenzó a decirle Pedro.

²⁹—Les aseguro —respondió Jesús— que todo el que por mi causa y la del evangelio haya dejado casa, hermanos, hermanas, madre, padre, hijos o terrenos ³⁰recibirá cien veces más ahora en este tiempo (casas, hermanos, hermanas, madres, hijos y terrenos, aunque con persecuciones); y en la edad venidera, la vida eterna. ³¹Pero muchos de los primeros serán últimos y los últimos serán primeros.

Jesús predice de nuevo su muerte
10:32-34 – Mt 20:17-19; Lc 18:31-33

³²Iban de camino subiendo a Jerusalén y Jesús se les adelantó. Los discípulos estaban asombrados y los otros que venían detrás tenían miedo. De nuevo tomó aparte a los doce y comenzó a decirles lo que sucedería. ³³«Ahora vamos subiendo a Jerusalén y el Hijo del hombre será entregado a los jefes de los sacerdotes y a los maestros de la Ley. Ellos lo condenarán a muerte y lo entregarán a los gentiles. ³⁴Se burlarán de él, le escupirán, lo azotarán y lo matarán. Pero al tercer día resucitará».

La petición de Santiago y Juan
10:35-45 – Mt 20:20-28

³⁵Se acercaron ˙Santiago y Juan, hijos de Zebedeo.

—Maestro —dijeron—, queremos que nos concedas lo que te vamos a pedir.

³⁶—¿Qué quieren que haga por ustedes?

³⁷—Concédenos que en tu glorioso reino uno de nosotros se siente a tu ˙derecha y el otro a tu izquierda.

³⁸—Ustedes no saben lo que están pidiendo —respondió Jesús—. ¿Pueden acaso beber el trago amargo de la copa que yo bebo o pasar por la prueba del bautismo con el que voy a ser bautizado?

³⁹Ellos dijeron:

—Sí, podemos.

—Ustedes beberán de la copa que yo bebo —respondió Jesús— y pasarán por la prueba del bautismo con el que voy a ser bautizado, ⁴⁰pero el sentarse a mi derecha o a mi izquierda no me corresponde concederlo. Eso ya está decidido.*g*

⁴¹Cuando lo oyeron los otros diez, se indignaron con Santiago y Juan. ⁴²Así que Jesús los llamó y dijo:

—Como ustedes saben, los que se consideran gobernantes de las naciones oprimen al pueblo y los altos oficiales abusan de su autoridad. ⁴³Pero entre ustedes no debe ser así. Al contrario, el que quiera hacerse grande entre ustedes deberá ser su servidor, ⁴⁴y el que quiera ser el primero deberá ser esclavo de todos. ⁴⁵Porque ni aun el Hijo del hombre vino para que le sirvan, sino para servir y para dar su vida en rescate por muchos.

El ciego Bartimeo recibe la vista
10:46-52 – Mt 20:29-34; Lc 18:35-43

⁴⁶Después llegaron a Jericó. Más tarde, salió Jesús de la ciudad acompañado de sus discípulos y de una gran multitud. Un mendigo ciego llamado Bartimeo (el hijo de Timeo) estaba sentado junto al camino. ⁴⁷Al oír que el que venía era Jesús de Nazaret, se puso a gritar:

—¡Jesús, Hijo de David, ten compasión de mí!

⁴⁸Muchos lo reprendían para que se callara, pero él se puso a gritar aún más fuerte:

—¡Hijo de David, ten compasión de mí!

⁴⁹Jesús se detuvo y dijo:

—Llámenlo.

a 5 por lo obstinados que son. Lit. por su dureza de corazón. b 6 Gn 1:27. c 7 Var. no incluye: se unirá a su mujer. d 8 Gn 2:24. e 19 Éx 20:12-16; Dt 5:16-20. f 24 es entrar. Var. es para los que confían en las riquezas entrar. g 40 concederlo. … decidido. Lit. concederlo, sino para quienes está preparado.

Así que llamaron al ciego.

—¡Ánimo! —le dijeron—. ¡Levántate! Te llama.

⁵⁰Él, arrojando la capa, dio un salto y se acercó a Jesús.

⁵¹—¿Qué quieres que haga por ti? —le preguntó.

—Raboni, quiero ver —respondió el ciego.

⁵²—Puedes irte —dijo Jesús—, tu fe te ha sanado.

Al instante recobró la vista y comenzó a seguir a Jesús en el camino.

La entrada triunfal
11:1-10 – Mt 21:1-9; Lc 19:29-38
11:7-10 – Jn 12:12-15

11 Cuando se acercaban a Jerusalén y llegaron a Betfagué y a Betania, junto al monte de los Olivos, Jesús envió a dos de sus discípulos ²con este encargo: «Vayan a la aldea que tienen enfrente. Tan pronto como entren en ella, encontrarán atado un burrito, en el que nunca se ha montado nadie. Desátenlo y tráiganlo acá. ³Y si alguien pregunta: "¿Por qué hacen eso?", díganle: "El Señor lo necesita y enseguida lo devolverá"».

⁴Fueron, encontraron un burrito afuera, en la calle, atado a un portón y lo desataron. ⁵Entonces algunos de los que estaban allí preguntaron: «¿Qué hacen desatando el burrito?». ⁶Ellos contestaron como Jesús había dicho y dejaron que lo desatara. ⁷Llevaron, pues, el burrito a Jesús. Luego pusieron encima sus mantos y él se montó. ⁸Muchos tendieron sus mantos sobre el camino; otros usaron ramas que habían cortado en los campos. ⁹Tanto los que iban delante como los que iban detrás gritaban:

—¡Hosanna!ᵃ

—¡Bendito el que viene en el nombre del Señor!ᵇ

¹⁰ —¡Bendito el reino venidero de nuestro padre David!

—¡Hosanna en las alturas!

¹¹Jesús entró en Jerusalén y fue al ˙Templo. Después de observarlo todo, como ya era tarde, salió para Betania con los doce.

Jesús purifica el Templo
11:12-14 – Mt 21:18-22
11:15-18 – Mt 21:12-16; Lc 19:45-47; Jn 2:13-16

¹²Al día siguiente, cuando salían de Betania, Jesús tuvo hambre. ¹³Viendo a lo lejos una higuera que tenía hojas, fue a ver si hallaba algún fruto. Cuando llegó a ella solo encontró hojas, porque no era tiempo de higos. ¹⁴«¡Nadie vuelva jamás a comer fruto de ti!», dijo a la higuera. Y lo oyeron sus discípulos.

¹⁵Llegaron, pues, a Jerusalén. Jesús entró en el ˙Temploᶜ y comenzó a echar de allí a los que compraban y vendían. Volcó las mesas de los que cambiaban dinero y los puestos de los que vendían palomas, ¹⁶y no permitía que nadie atravesara el Templo llevando mercancías. ¹⁷También les enseñaba con estas palabras: «¿No está escrito:

»"Mi casa será llamada
casa de oración para todos los pueblos"?ᵈ

Pero ustedes la han convertido en "cueva de ladrones"».ᵉ

¹⁸Los jefes de los sacerdotes y los ˙maestros de la Ley lo oyeron y comenzaron a buscar la manera de matarlo, pues le temían, ya que toda la gente se maravillaba de sus enseñanzas.

¹⁹Cuando cayó la tarde, salieronᶠ de la ciudad.

La higuera seca
11:20-24 – Mt 21:19-22

²⁰Por la mañana, al pasar junto a la higuera, vieron que se había secado de raíz. ²¹Pedro, acordándose, dijo a Jesús:

—¡Rabí, mira, se ha secado la higuera que maldijiste!

²²—Tengan fe en Dios —respondió Jesús—. ²³Les aseguroᵍ que si alguno dice a este monte: "Quítate de ahí y tírate al mar", creyendo, sin abrigar la menor duda en el corazón de que lo que dice sucederá, lo obtendrá. ²⁴Por eso les digo: Crean que ya han recibido todo lo que estén pidiendo en oración y lo obtendrán. ²⁵Y cuando estén orando, si tienen algo contra alguien, perdónenlo, para que también su Padre que está en el cielo perdone a ustedes sus ofensas. ²⁶ʰ

La autoridad de Jesús puesta en duda
11:27-33 – Mt 21:23-27; Lc 20:1-8

²⁷Llegaron de nuevo a Jerusalén y, mientras Jesús andaba por el ˙Templo, se acercaron los jefes de los sacerdotes, los ˙maestros de la Ley y los líderes religiosos.

²⁸—¿Con qué autoridad haces esto? —lo interrogaron—. ¿Quién te dio autoridad para actuar así?

²⁹—Yo voy a hacerles una pregunta a ustedes —respondió él—. Contéstenmela y les diré con qué autoridad hago esto: ³⁰El bautismo de Juan, ¿procedía del cielo o de los hombres? Respóndanme.

³¹Ellos comenzaron a discutir entre sí: «Si respondemos "del cielo", nos dirá "entonces, ¿por qué no le creyeron?". ³²Pero si decimos "de los hombres …"». Es que temían al pueblo, porque todos consideraban que Juan era realmente un profeta. ³³Así que respondieron a Jesús:

—No lo sabemos.

Jesús dijo:

—Pues yo tampoco les voy a decir con qué autoridad hago esto.

Parábola de los labradores malvados
12:1-12 – Mt 21:33-46; Lc 20:9-19

12 Entonces comenzó Jesús a hablarles en ˙parábolas: «Un hombre plantó un viñedo. Lo cercó, cavó un lagar y construyó una torre de vigilancia. Luego arrendó el viñedo a unos labradores y se fue de viaje. ²Llegada la cosecha, mandó un siervo a los labradores para recibir de ellos parte de la cosecha. ³Pero ellos lo agarraron, lo golpearon y lo despidieron con las manos vacías. ⁴Entonces les mandó otro siervo; a este le rompieron la cabeza y lo humillaron. ⁵Mandó a otro y a este lo mataron. Mandó a otros muchos, a unos golpearon, a otros los mataron.

⁶»Le quedaba todavía uno, su hijo amado. Por último lo mandó, pensando: "¡A mi hijo sí lo respetarán!". ⁷Pero aquellos labradores se dijeron unos a otros: "Este es el heredero. Matémoslo y la herencia será nuestra". ⁸Así que le echaron mano y lo mataron, y lo arrojaron fuera del viñedo.

ᵃ 9 Expresión hebrea que significa «¡Salva!», y que llegó a ser una exclamación de alabanza; también en v. 10.
ᵇ 9 Sal 118:25, 26.   ᶜ 15 Es decir, en el área general del Templo; también en v. 16.   ᵈ 17 Is 56:7.   ᵉ 17 Jer 7:11.
ᶠ 19 salieron. Var. salió.   ᵍ 22-23 Tengan fe … Les aseguro. Var. Si tienen fe … les aseguro.   ʰ 26 Algunos manuscritos agregan lo siguiente: Pero si ustedes no perdonan, tampoco su Padre que está en el cielo les perdonará a ustedes sus ofensas. Véase Mt 6:15.

9»¿Qué hará el dueño? Volverá, acabará con los labradores y dará el viñedo a otros. 10¿No han leído ustedes esta Escritura:

»"La piedra que desecharon los constructores
    ha llegado a ser la piedra angular.
11 Esto ha sido obra del Señor
    y nos deja maravillados"?».ᵃ

12Cayendo en cuenta de que la parábola iba dirigida contra ellos, buscaban la manera de arrestarlo. Pero temían a la multitud; así que lo dejaron y se fueron.

El pago de impuestos al césar
12:13-17 – Mt 22:15-22; Lc 20:20-26

13Luego enviaron a Jesús algunos de los ˚fariseos y los partidarios del rey Herodes para tenderle una trampa con sus mismas palabras. 14Al llegar dijeron:

—Maestro, sabemos que eres un hombre íntegro. No te dejas influir por nadie porque no te fijas en las apariencias, sino que enseñas el camino de Dios de acuerdo con la verdad. ¿Está permitido pagar impuestos al ˚césar o no? ¿Debemos pagar o no?

15Pero Jesús, sabiendo que fingían, respondió:

—¿Por qué me tienden trampas? Tráiganme una moneda romanaᵇ para verla.

16Le llevaron la moneda y él les preguntó:

—¿De quién es esta imagen y esta inscripción?

—Del césar —contestaron.

17Y Jesús les dijo:

—Denle, pues, al césar lo que es del césar y a Dios lo que es de Dios.

Y quedaron admirados de él.

El matrimonio en la resurrección
12:18-27 – Mt 22:23-33; Lc 20:27-38

18Entonces los saduceos, que dicen que no hay resurrección, fueron a verlo y le plantearon un problema:

19—Maestro, Moisés nos enseñó en sus escritos que si un hombre muere y deja a la viuda sin hijos, el hermano de ese hombre tiene que casarse con la viuda para que su hermano tenga descendencia. 20Ahora bien, había siete hermanos. El primero se casó y murió sin dejar descendencia. 21El segundo se casó con la viuda, pero también murió sin dejar descendencia. Lo mismo le pasó al tercero. 22En fin, ninguno de los siete dejó ofrendencia. Por último, murió también la mujer. 23En la resurrección, ¿de cuál será esposa esta mujer, ya que los siete estuvieron casados con ella?

24—¿Acaso no andan ustedes equivocados? —respondió Jesús—. ¡Es que desconocen las Escrituras y el poder de Dios! 25Cuando resuciten los muertos, no se casarán ni serán dados en casamiento, sino que serán como los ángeles que están en el cielo. 26Pero en cuanto a que los muertos resucitan, ¿no han leído en el libro de Moisés, en el pasaje sobre la zarza, cómo Dios le dijo: "Yo soy el Dios de Abraham, de Isaac y de Jacob"?ᶜ 27Él no es Dios de muertos, sino de vivos. ¡Ustedes andan muy equivocados!

El mandamiento más importante
12:28-34 – Mt 22:34-40

28Uno de los ˚maestros de la Ley se acercó y los oyó discutiendo. Al ver lo bien que Jesús había contestado, preguntó:

—De todos los mandamientos, ¿cuál es el más importante?

29Jesús contestó:

—El más importante es: "Escucha, Israel: El Señor nuestro Dios es el único Señor.ᵈ 30Ama al Señor tu Dios con todo tu corazón, con toda tu alma, con toda tu mente y con todas tus fuerzas".ᵉ 31El segundo es: "Ama a tu prójimo como a ti mismo".ᶠ No hay otro mandamiento más importante que estos.

32—Bien dicho, Maestro —respondió el maestro de la Ley—. Tienes razón al decir que Dios es uno solo y que no hay otro fuera de él. 33Amarlo con todo el corazón, con todo el entendimiento y con todas las fuerzas, y amar al prójimo como a uno mismo, es más importante que todos los holocaustos y sacrificios.

34Al ver Jesús que había respondido con inteligencia, le dijo:

—No estás lejos del reino de Dios.

Y desde entonces nadie se atrevió a hacerle más preguntas.

¿De quién es hijo el Cristo?
12:35-37 – Mt 22:41-46; Lc 20:41-44
12:38-40 – Mt 23:1-7; Lc 20:45-47

35Mientras enseñaba en el ˚Templo, Jesús les propuso:

—¿Cómo es que los maestros de la Ley dicen que el Cristo es descendiente de David? 36David mismo, hablando por el Espíritu Santo, declaró:

»"Dijo el Señor a mi Señor:
    'Siéntate a mi derecha,
hasta que ponga a tus enemigos
    debajo de tus pies'".ᵍ

37Si David mismo lo llama "Señor", ¿cómo puede entonces ser su descendiente?

La muchedumbre lo escuchaba con agrado.

38Como parte de su enseñanza Jesús decía:

—Tengan cuidado de los maestros de la Ley. Les gusta pasearse con ropas ostentosas y que los saluden en las plazas, 39ocupar los primeros asientos en las sinagogas y los lugares de honor en los banquetes. 40Se apoderan de los bienes de las viudas y a la vez hacen largas plegarias para impresionar a los demás. Estos recibirán peor castigo.

La ofrenda de la viuda
12:41-44 – Lc 21:1-4

41Jesús se sentó frente al lugar donde se depositaban las ofrendas, y estuvo observando cómo la gente echaba sus monedas en las alcancías del ˚Templo. Muchos ricos echaban grandes cantidades. 42Pero una viuda pobre llegó y echó dos moneditas de muy poco valor.ʰ

43Jesús llamó a sus discípulos y dijo: «Les aseguro que esta viuda pobre ha echado en el tesoro más que todos los demás. 44Porque todos ellos dieron de lo que les sobraba; pero ella, de su pobreza, echó todo lo que tenía, todo su sustento».

Señales del fin del mundo
13:1-37 – Mt 24:1-51; Lc 21:5-36

13 Cuando salía Jesús del ˚Templo, dijo uno de sus discípulos:

—¡Mira, Maestro! ¡Qué piedras! ¡Qué edificios!

2—¿Ves todos estos grandiosos edificios? —contestó Jesús—. No quedará piedra sobre piedra, pues todo será derribado.

3Más tarde, estaba Jesús sentado en el monte de los Olivos, frente al Templo. Y Pedro, ˚Santiago, Juan y Andrés le preguntaron en privado:

ᵃ 11 Sal 118:22, 23. ᵇ 15 una moneda romana. Lit. un denario. ᶜ 26 Éx 3:6. ᵈ 29 Dios es el único Señor. Alt. Dios, el Señor es uno. ᵉ 30 Dt 6:4, 5. ᶠ 31 Lv 19:18. ᵍ 36 Sal 110:1. ʰ 42 dos ... poco valor. Lit. dos lepta, que es un cuadrante.

⁴—Dinos, ¿cuándo sucederá eso y cuál será la señal de que todo está a punto de cumplirse?

⁵—Tengan cuidado de que nadie los engañe —comenzó Jesús a advertirles—. ⁶Vendrán muchos que, usando mi nombre, dirán: "Yo soy", y engañarán a muchos. ⁷Cuando sepan de guerras y de rumores de guerras, no se alarmen. Es necesario que eso suceda, pero no será todavía el fin. ⁸Se levantará nación contra nación y reino contra reino. Habrá terremotos en diferentes lugares; también habrá hambre. Esto será apenas el comienzo de los dolores.

⁹»Pero ustedes cuídense. Los entregarán a los tribunales y los azotarán en las sinagogas. Por mi causa comparecerán ante gobernadores y reyes para dar testimonio ante ellos. ¹⁰Pero primero tendrá que predicarse el evangelio a todas las naciones. ¹¹Y cuando los arresten, no se preocupen de antemano por lo que van a decir. Solo declaren lo que se les dé a decir en ese momento, porque no serán ustedes los que hablen, sino el Espíritu Santo.

¹²»El hermano entregará a la muerte al hermano, y el padre al hijo. Los hijos se rebelarán contra sus padres y harán que los maten. ¹³Por causa de mi nombre todo el mundo los odiará, pero el que se mantenga firme hasta el fin será salvo.

¹⁴»Ahora bien, cuando vean "la abominación que causa destrucción"ᵃ donde no debe estar (el que lee, que lo entienda), entonces los que estén en Judea huyan a las montañas. ¹⁵El que esté en la azotea no baje ni entre en casa para llevarse nada. ¹⁶Y el que esté en el campo no regrese para buscar su capa. ¹⁷¡Ay de las que estén embarazadas o amamantando en aquellos días! ¹⁸Oren para que esto no suceda en invierno, ¹⁹porque serán días de tribulación, como no la ha habido desde el principio, cuando Dios creó el mundo,ᵇ ni la habrá jamás. ²⁰Si el Señor no hubiera acortado esos días, nadie sobreviviría, pero por causa de los que él ha elegido, los ha acortado. ²¹Entonces, si alguien les dice: "¡Miren, aquí está el Cristo!" o "¡Miren, allí está!", no lo crean. ²²Porque surgirán falsos Cristos y falsos profetas que harán señales y milagros para engañar, de ser posible, aun a los elegidos. ²³Así que tengan cuidado; se lo he dicho a ustedes todo de antemano.

²⁴»Pero en aquellos días, después de esa tribulación,

»"se oscurecerá el sol
    y no brillará más la luna;
²⁵ las estrellas caerán del cielo
    y los cuerpos celestes serán sacudidos".ᶜ

²⁶»Verán entonces al Hijo del hombre venir en las nubes con gran poder y gloria. ²⁷Y él enviará a sus ángeles para reunir de los cuatro vientos a los elegidos, desde los confines de la tierra hasta los confines del cielo.

²⁸»Aprendan de la higuera esta lección: Tan pronto como se ponen tiernas sus ramas y brotan sus hojas, ustedes saben que el verano está cerca. ²⁹Igualmente, cuando vean que suceden estas cosas, sepan que el tiempo está cerca, a las puertas. ³⁰Les aseguro que no pasará esta generación hasta que todas estas cosas sucedan. ³¹El cielo y la tierra pasarán, pero mis palabras jamás pasarán.

Se desconocen el día y la hora

³²»Pero en cuanto al día y la hora, nadie lo sabe, ni siquiera los ángeles en el cielo, ni el Hijo, sino solo el Padre. ³³¡Estén alerta! ¡Manténganse despiertos!ᵈ porque no saben cuándo llegará ese tiempo. ³⁴Es como cuando un hombre sale de viaje y deja su casa al cuidado de sus siervos, cada uno con su tarea, y manda al portero que vigile.

³⁵»Por lo tanto, manténganse despiertos porque no saben cuándo volverá el dueño de la casa, si al atardecer, o a la medianoche, o al canto del gallo, o al amanecer; ³⁶no sea que venga de repente y los encuentre dormidos. ³⁷Lo que les digo a ustedes, se lo digo a todos: ¡Manténganse despiertos!

Una mujer unge a Jesús en Betania
14:1-11 – Mt 26:2-16
14:1-2, 10-11 – Lc 22:1-6

14 Faltaban solo dos días para la Pascua y para la fiesta de los Panes sin levadura. Los jefes de los sacerdotes y los *maestros de la Ley buscaban con artimañas cómo arrestar a Jesús para matarlo. ²Por eso decían: «No durante la fiesta, no sea que se amotine el pueblo».

³En Betania, mientras estaba él *sentado a la mesa en casa de Simón, el que había tenido una enfermedad en la piel, llegó una mujer con un frasco de alabastro lleno de un perfume muy costoso, hecho de nardo puro. Rompió el frasco y derramó el perfume sobre la cabeza de Jesús.

⁴Algunos de los presentes comentaban indignados:

—¿Para qué este desperdicio de perfume? ⁵Podía haberse vendido por el salario de más de un año de trabajoᵉ para dárselo a los pobres.

Y la reprendían con severidad.

⁶—Déjenla en paz —dijo Jesús—. ¿Por qué la molestan? ⁷A los pobres siempre los tendrán con ustedes, y podrán ayudarlos cuando quieran; pero a mí no me van a tener siempre. ⁸Ella hizo lo que pudo. Ungió mi cuerpo de antemano, preparándolo para la sepultura. ⁹Les aseguro que en cualquier parte del mundo donde se predique el evangelio, se contará también, en memoria de esta mujer, lo que ella hizo.

¹⁰Judas Iscariote, uno de los doce, fue a los jefes de los sacerdotes para entregarles a Jesús. ¹¹Ellos se alegraron al oírlo y prometieron darle dinero. Así que él buscaba la ocasión propicia para entregarlo.

La Cena del Señor
14:12-26 – Mt 26:17-30; Lc 22:7-23
14:22-25 – 1Co 11:23-25

¹²El primer día de la fiesta de los Panes sin levadura, cuando se acostumbraba a sacrificar el cordero de la Pascua, los discípulos preguntaron a Jesús:

—¿Dónde quieres que vayamos a hacer los preparativos para que comas la Pascua?

¹³Él envió a dos de sus discípulos con este encargo: «Vayan a la ciudad y les saldrá al encuentro un hombre que lleva un cántaro de agua. Síganlo, ¹⁴y allí donde entre díganle al dueño: "El Maestro pregunta: ¿dónde está mi sala en la que voy a comer la Pascua con mis discípulos?"». ¹⁵Él les mostrará en la planta alta una sala amplia, amueblada y arreglada. Preparen allí nuestra cena.

¹⁶Los discípulos salieron, entraron en la ciudad y encontraron todo tal y como les había dicho Jesús. Así que prepararon la Pascua.

¹⁷Al anochecer, llegó Jesús con los doce. ¹⁸Mientras estaban *sentados a la mesa comiendo, dijo:

—Les aseguro que uno de ustedes, que está comiendo conmigo, me va a traicionar.

---

a 14 Dn 9:27; 11:31; 12:11. b 19 desde … mundo. Lit. desde el principio de la creación que creó Dios hasta ahora. c 25 Is 13:10; 34:4. d 33 Manténganse despiertos. Var. ¡Vigilen y oren! e 5 el salario … trabajo. Lit. trescientos denarios.

¹⁹Ellos se pusieron tristes y uno tras otro empezaron a preguntarle:

—¿Acaso seré yo?

²⁰—Es uno de los doce —contestó—, uno que moja el pan conmigo en el plato. ²¹El Hijo del hombre se irá, tal como está escrito de él, pero ¡ay de aquel que lo traiciona! Más le valdría a ese hombre no haber nacido.

²²Mientras comían, Jesús tomó pan y lo bendijo. Luego lo partió y se lo dio a ellos, diciéndoles:

—Tomen; esto es mi cuerpo.

²³Después tomó una copa, dio gracias, se la pasó a ellos y todos bebieron de ella.

²⁴—Esto es mi sangre del pacto*a* que es derramada por muchos —dijo—. ²⁵Les aseguro que no volveré a beber del fruto de la vid hasta aquel día en que beba el vino nuevo en el reino de Dios.

²⁶Después de cantar los salmos, salieron al monte de los Olivos.

Jesús predice la negación de Pedro
14:27-31 – Mt 26:31-35

²⁷—Todos ustedes me abandonarán —dijo Jesús—, porque está escrito:

»"Heriré al pastor
  y se dispersarán las ovejas".*b*

²⁸Pero después de que yo resucite, iré delante de ustedes a Galilea.

²⁹—Aunque todos te abandonen, yo no —declaró Pedro.

³⁰—Te aseguro —le contestó Jesús— que hoy, esta misma noche, antes de que el gallo cante por segunda vez,*c* me negarás tres veces.

³¹—Aunque tenga que morir contigo —insistió Pedro con vehemencia—, jamás te negaré.

Y los demás dijeron lo mismo.

Getsemaní
14:32-42 – Mt 26:36-46; Lc 22:40-46

³²Fueron a un lugar llamado Getsemaní y Jesús dijo a sus discípulos: «Siéntense aquí mientras yo oro». ³³Se llevó a Pedro, a ˚Santiago y a Juan, y comenzó a sentir temor y angustia. ³⁴«Es tal la angustia que me invade que me siento morir —dijo—. Quédense aquí y manténganse despiertos».

³⁵Yendo un poco más allá, se postró en tierra y empezó a orar que, de ser posible, no tuviera él que pasar por aquella hora. ³⁶Decía: «*Abba*, Padre, todo es posible para ti. No me hagas beber este trago amargo;*d* pero no sea lo que yo quiero, sino lo que quieres tú».

³⁷Luego volvió a sus discípulos y los encontró dormidos. «Simón —dijo a Pedro—, ¿estás dormido? ¿No pudiste mantenerte despierto ni una hora? ³⁸Permanezcan despiertos y oren para que no caigan en tentación. El espíritu está dispuesto, pero el cuerpo es débil».

³⁹Una vez más se retiró e hizo la misma oración. ⁴⁰Cuando volvió, otra vez los encontró dormidos, porque se les cerraban los ojos de sueño. No sabían qué decirle. ⁴¹Al volver por tercera vez, les dijo: «¿Siguen durmiendo y descansando? ¡Se acabó! Ha llegado la hora. Miren, el Hijo del hombre va a ser entregado en manos de pecadores. ⁴²¡Levántense! ¡Vámonos! ¡Ahí viene el que me traiciona!».

Arresto de Jesús
14:43-50 – Mt 26:14-56; Lc 22:47-50; Jn 18:3-11

⁴³Todavía estaba hablando Jesús cuando apareció Judas, uno de los doce. Lo acompañaba una turba armada con espadas y palos, enviada por los jefes de los sacerdotes, los ˚maestros de la Ley y los líderes religiosos.

⁴⁴El traidor había dado esta contraseña: «Al que le dé un beso, ese es; arréstenlo y llévenselo bien asegurado». ⁴⁵Tan pronto como llegó, Judas se acercó a Jesús y dijo:

—¡Rabí!

Y lo besó.

⁴⁶Entonces los hombres prendieron a Jesús. ⁴⁷Pero uno de los que estaban ahí desenfundó la espada e hirió al siervo del sumo sacerdote, cortándole una oreja.

⁴⁸—¿Acaso soy un bandido*e* —dijo Jesús—, para que vengan con espadas y palos a arrestarme? ⁴⁹Todos los días estaba con ustedes, enseñando en el Templo, y no me arrestaron. Pero es preciso que se cumplan las Escrituras.

⁵⁰Entonces todos lo abandonaron y huyeron. ⁵¹Cierto joven que se cubría con solo una sábana iba siguiendo a Jesús. Lo detuvieron, ⁵²pero él soltó la sábana y escapó desnudo.

Jesús ante el Consejo
14:53-65 – Mt 26:57-68; Jn 18:12-13, 19-24
14:61-63 – Lc 22:67-71

⁵³Llevaron a Jesús ante el sumo sacerdote y se reunieron allí todos los jefes de los sacerdotes, los líderes religiosos y los ˚maestros de la Ley. ⁵⁴Pedro lo siguió de lejos hasta dentro del patio del sumo sacerdote. Allí se sentó con los guardias y se calentó junto al fuego.

⁵⁵Los jefes de los sacerdotes y el ˚Consejo en pleno buscaban alguna prueba contra Jesús para poder condenarlo a muerte, pero no la encontraban. ⁵⁶Muchos testificaban falsamente contra él, pero sus declaraciones no coincidían. ⁵⁷Entonces unos decidieron dar este falso testimonio contra él:

⁵⁸—Nosotros le oímos decir: "Destruiré este ˚Templo hecho por hombres y en tres días construiré otro, no hecho por hombres".

⁵⁹Pero ni aun así concordaban sus declaraciones.

⁶⁰Poniéndose en pie en el medio, el sumo sacerdote interrogó a Jesús:

—¿No vas a responder? ¿Qué significan estas denuncias en tu contra?

⁶¹Pero Jesús se quedó callado y no contestó nada.

—¿Eres el ˚Cristo, el Hijo del Bendito? —preguntó de nuevo el sumo sacerdote.

⁶²—Sí, yo soy —dijo Jesús—. Y ustedes verán al Hijo del hombre sentado a la derecha del Todopoderoso y viniendo en las nubes del cielo.

⁶³—¿Para qué necesitamos más testigos? —dijo el sumo sacerdote, rasgándose las vestiduras—. ⁶⁴¡Ustedes han oído la ˚blasfemia! ¿Qué les parece?

Todos ellos lo condenaron como digno de muerte. ⁶⁵Algunos comenzaron a escupirlo y, luego de vendarle sus ojos, le daban puñetazos.

—¡Profetiza! —gritaban.

Los guardias también lo abofeteaban.

Pedro niega a Jesús
14:66-72 – Mt 26:69-75; Lc 22:56-62; Jn 18:16-18, 25-27

⁶⁶Mientras Pedro estaba abajo en el patio, pasó una de las criadas del sumo sacerdote. ⁶⁷Cuando vio a Pedro calentándose, se fijó en él.

—Tú también estabas con ese Nazareno, con Jesús —le dijo ella.

⁶⁸Pero él lo negó:

---

a 24 del pacto. Var. del nuevo pacto (véase Lc 22:20).
b 27 Zac 13:7.   c 30 Var. no incluye: por segunda vez.
d 36 No ... amargo. Lit. Quita de mí esta copa.   e 48 bandido.
Alt. insurgente.

—No lo conozco. Ni siquiera sé de qué estás hablando.

Y salió a la entrada; en ese momento el gallo cantó.

⁶⁹Cuando la criada lo vio allí, dijo de nuevo a los presentes:

—Este es uno de ellos.

⁷⁰Él lo volvió a negar.

Poco después, los que estaban allí dijeron a Pedro:

—Seguro que eres uno de ellos, pues eres galileo.

⁷¹Él comenzó a echarse maldiciones.

—¡No conozco a ese hombre del que hablan! —juró.

⁷²Al instante, el gallo cantó por segunda vez. Pedro se acordó de lo que Jesús le había dicho: «Antes de que el gallo cante por segunda vez, me negarás tres veces». Y se echó a llorar.

Jesús ante Pilato
15:2-15 – Mt 27:11-26; Lc 23:2-3, 18-25; Jn 18:29–19:16

15 Muy de mañana, los jefes de los sacerdotes, con los líderes religiosos, los *maestros de la Ley y el *Consejo en pleno, llegaron a una decisión. Ataron a Jesús, se lo llevaron y se lo entregaron a Pilato.

²—¿Eres tú el rey de los judíos? —le preguntó Pilato.

—Tú mismo lo dices —respondió.

³Los jefes de los sacerdotes se pusieron a acusarlo de muchas cosas.

⁴—¿No vas a contestar? —preguntó de nuevo Pilato—. Mira de cuántas cosas te están acusando.

⁵Pero Jesús ni aun con eso contestó nada, de modo que Pilato se quedó asombrado.

⁶Ahora bien, durante la fiesta él acostumbraba a soltar un preso, el que la gente pidiera. ⁷Y resulta que un hombre llamado Barrabás estaba encarcelado con los rebeldes condenados por haber cometido homicidio en una rebelión. ⁸Subió la multitud y pidió a Pilato que le concediera lo que acostumbraba.

⁹—¿Quieren que suelte al rey de los judíos? —respondió Pilato, ¹⁰porque se daba cuenta de que los jefes de los sacerdotes habían entregado a Jesús por envidia.

¹¹Pero los jefes de los sacerdotes incitaron a la multitud para que Pilato soltara más bien a Barrabás.

¹²—¿Y qué voy a hacer con el que ustedes llaman el rey de los judíos? —preguntó Pilato.

¹³—¡Crucifícalo! —gritaron.

¹⁴Pilato les preguntó:

—¿Por qué? ¿Qué crimen ha cometido?

Pero ellos gritaban aún más fuerte:

—¡Crucifícalo!

¹⁵Como quería satisfacer a la multitud, Pilato soltó a Barrabás; a Jesús lo mandó azotar y lo entregó para que lo crucificaran.

Los soldados se burlan de Jesús
15:16-20 – Mt 27:27-31

¹⁶Los soldados llevaron a Jesús al interior del palacio (es decir, al pretorio) y reunieron a toda la tropa. ¹⁷Le pusieron un manto color púrpura; luego trenzaron una corona de espinas y se la colocaron.

¹⁸—¡Viva el rey de los judíos! —lo aclamaban.

¹⁹Lo golpeaban en la cabeza con una vara y lo escupían. Doblando la rodilla, le rendían homenaje. ²⁰Después de burlarse de él, le quitaron el manto color púrpura, le pusieron su propia ropa y se lo llevaron para crucificarlo.

La crucifixión
15:22-32 – Mt 27:33-44; Lc 23:33-43; Jn 19:17-24

²¹A uno que pasaba por allí de vuelta del campo, un tal Simón de Cirene, padre de Alejandro y de Rufo, lo obligaron a llevar la cruz. ²²Condujeron a Jesús al lugar llamado Gólgota, que significa «Lugar de la Calavera». ²³Le dieron vino mezclado con mirra, pero no lo tomó. ²⁴Y lo crucificaron. Repartieron su ropa, echando suertes para ver qué le tocaría a cada uno.

²⁵Eran las nueve de la mañanaᵃ cuando lo crucificaron. ²⁶Un letrero tenía escrita la causa de su condena:

EL REY DE LOS JUDÍOS.

²⁷Con él crucificaron a dos bandidos,ᵇ uno a su derecha y otro a su izquierda. ²⁸ᶜ ²⁹Los que pasaban meneaban la cabeza y *blasfemaban contra él:

—¡Eh! Tú que destruyes el *Templo y en tres días lo reconstruyes, ³⁰¡baja de la cruz y sálvate a ti mismo!

³¹De la misma manera se burlaban de él los jefes de los sacerdotes, junto con los maestros de la Ley.

—Salvó a otros —decían—, ¡pero no puede salvarse a sí mismo! ³²Que baje ahora de la cruz ese *Cristo, el rey de Israel, para que veamos y creamos.

También lo insultaban los que estaban crucificados con él.

Muerte de Jesús
15:33-41 – Mt 27:45-56; Lc 23:44-49

³³Desde el mediodía y hasta las tres de la tarde toda la tierra quedó en oscuridad. ³⁴A las tres de la tarde,ᵈ Jesús gritó con fuerza:

—*Eloi, Eloi, ¿lema sabactani?* —que significa "Dios mío, Dios mío, ¿por qué me has abandonado?".ᵉ

³⁵Cuando lo oyeron, algunos de los que estaban cerca dijeron:

—Escuchen, está llamando a Elías.

³⁶Un hombre corrió, empapó una esponja en vinagre, la puso en una vara y se la ofreció a Jesús para que bebiera.

—Déjenlo, a ver si viene Elías a bajarlo —dijo.

³⁷Entonces Jesús, lanzando un fuerte grito, expiró.

³⁸La cortina del *santuario del Templo se rasgó en dos, de arriba a abajo. ³⁹Y el centurión, que estaba frente a Jesús, al ver cómo murió, dijo:

—¡Verdaderamente este hombre era el Hijo de Dios!

⁴⁰Algunas mujeres miraban desde lejos. Entre ellas estaban María Magdalena, María la madre de *Santiago, el menor, y de José y Salomé. ⁴¹Estas mujeres lo habían seguido y atendido cuando estaba en Galilea. Además, había allí muchas otras que habían subido con él a Jerusalén.

Sepultura de Jesús
15:42-47 – Mt 27:57-61; Lc 23:50-56; Jn 19:38-42

⁴²Era el día de preparación, es decir, la víspera del *sábado. Así que al atardecer, ⁴³José de Arimatea, miembro distinguido del *Consejo, que también esperaba el reino de Dios, se atrevió a presentarse ante Pilato para pedirle el cuerpo de Jesús. ⁴⁴Pilato, sorprendido de que ya hubiera muerto, llamó al centurión y le preguntó si hacía mucho queᶠ había muerto. ⁴⁵Una vez informado por el centurión, entregó el cuerpo a José. ⁴⁶Entonces José bajó del cuerpo, lo envolvió en una sábana de tela de lino que había comprado y lo puso en un sepulcro

---

ᵃ **25** Eran … mañana. Lit. Era la hora tercera.   ᵇ **27** bandidos. Alt. insurgentes.   ᶜ **28** Algunos manuscritos agregan lo siguiente: Así se cumplió la Escritura que dice: «Fue contado entre los malhechores» (Is 53:12; Lc 22:37).   ᵈ **33-34** Desde … tarde. Lit. Y llegando la hora sexta vino oscuridad sobre toda la tierra hasta la hora novena. **34** Y en la hora novena.   ᵉ **34** Sal 22:1.   ᶠ **44** hacía mucho que. Var. ya.

cavado en la roca. Luego hizo rodar una piedra a la entrada del sepulcro. **47**María Magdalena y María la madre de José vieron dónde lo pusieron.

La resurrección
16:1-8 – Mt 28:1-8; Lc 24:1-10

16 Cuando pasó el *sábado, María Magdalena, María, la madre de *Santiago, y Salomé compraron especias aromáticas para ir a ungir el cuerpo de Jesús. **2**Muy de mañana, el primer día de la semana, apenas salido el sol, se dirigieron al sepulcro. **3**Iban diciéndose unas a otras: «¿Quién nos quitará la piedra de la entrada del sepulcro?». **4**Pues la piedra era muy grande.

Pero al fijarse bien, se dieron cuenta de que estaba corrida. **5**Al entrar en el sepulcro, vieron a un joven vestido con un manto blanco, sentado a la derecha, y se asustaron.

6—No se asusten —dijo—. Ustedes buscan a Jesús el Nazareno, el que fue crucificado. ¡Ha resucitado! No está aquí. Miren el lugar donde lo pusieron. **7**Pero vayan a decirles a sus discípulos y a Pedro: "Él va delante de ustedes a Galilea. Allí lo verán, tal como les dijo".

8Temblorosas y desconcertadas, las mujeres salieron huyendo del sepulcro. No dijeron nada a nadie porque tenían miedo.*a*

---

a 8 Estas palabras de vv. 9-20 están presentes en manuscritos tardíos del NT griego. En lugar de este pasaje, algunos mss. incluyen una conclusión más breve.

Apariciones y ascensión de Jesús

9*Cuando Jesús resucitó en la madrugada del primer día de la semana, se apareció primero a María Magdalena, de la que había expulsado siete demonios. **10**Ella fue y avisó a los que habían estado con él, que estaban lamentándose y llorando. **11**Pero ellos, al oír que Jesús estaba vivo y que ella lo había visto, no lo creyeron.*

12*Después se apareció Jesús en otra forma a dos de ellos que iban de camino al campo. **13**Estos volvieron y avisaron a los demás, pero no les creyeron a ellos tampoco.*

14*Por último, se apareció Jesús a los once mientras comían; los reprendió por su falta de fe y por su obstinación en no creerles a los que lo habían visto resucitado.*

15*Les dijo:*

*—Vayan por todo el mundo y anuncien las buenas noticias a toda criatura. **16**El que crea y sea bautizado será salvo, pero el que no crea será condenado. **17**Estas señales acompañarán a los que crean: en mi nombre expulsarán demonios, hablarán en nuevas lenguas, **18**tomarán serpientes con sus manos y, cuando beban algo venenoso, no les hará daño alguno; pondrán las manos sobre los enfermos y estos recobrarán la salud.*

19*Después de hablar con ellos, el Señor Jesús fue llevado al cielo y se sentó a la derecha de Dios. **20**Los discípulos salieron y predicaron por todas partes, y el Señor los ayudaba en la obra y confirmaba su palabra con las señales que la acompañaban.*

Evangelio según

Lucas

Prólogo

1 Muchos han intentado hacer un relato de las cosas que se han cumplido[a] entre nosotros, ²tal y como nos las transmitieron los que desde el principio fueron testigos presenciales y servidores de la palabra. ³Por lo tanto, yo también, excelentísimo Teófilo, habiendo investigado todo esto con esmero desde su origen, he decidido escribírtelo ordenadamente, ⁴para que llegues a tener plena seguridad de lo que te enseñaron.

Anuncio del nacimiento de Juan el Bautista

⁵En tiempos de Herodes, rey de Judea, hubo un sacerdote llamado Zacarías, miembro del grupo de Abías. Su esposa Elisabet también era descendiente de Aarón. ⁶Ambos eran rectos e intachables delante de Dios; obedecían todos los mandamientos y preceptos del Señor. ⁷Pero no tenían hijos, porque Elisabet era estéril y los dos eran de edad avanzada.

⁸Un día en que Zacarías, por haber llegado el turno de su grupo, oficiaba como sacerdote delante de Dios, ⁹le tocó en suerte, según la costumbre del sacerdocio, entrar en el Templo del Señor para quemar incienso. ¹⁰Cuando llegó la hora de ofrecer el incienso, la multitud reunida afuera estaba orando. ¹¹En esto un ángel del Señor se apareció a Zacarías a la derecha del altar del incienso. ¹²Al verlo, Zacarías se asustó y el temor se apoderó de él. ¹³El ángel dijo:

—No tengas miedo, Zacarías, pues ha sido escuchada tu oración. Tu esposa Elisabet te dará un hijo y le pondrás por nombre Juan. ¹⁴Tendrás gozo y alegría y muchos se regocijarán por su nacimiento, ¹⁵porque él será un gran hombre delante del Señor. Jamás tomará vino ni licor y será lleno del Espíritu Santo aun antes de su nacimiento. ¹⁶Hará que muchos israelitas se vuelvan al Señor su Dios. ¹⁷Él irá primero, delante del Señor, con el espíritu y el poder de Elías, para reconciliar a[b] los padres con los hijos y guiar a los desobedientes a la sabiduría de los justos. De este modo preparará para el Señor un pueblo bien dispuesto.

¹⁸—¿Cómo podré estar seguro de esto? —preguntó Zacarías al ángel—. Ya soy anciano y mi esposa también es de edad avanzada.

¹⁹—Yo soy Gabriel y estoy a las órdenes de Dios —contestó el ángel—. He sido enviado para hablar contigo y darte estas ˙buenas noticias. ²⁰Pero como no creíste en mis palabras, las cuales se cumplirán a su debido tiempo, te vas a quedar mudo. No podrás hablar hasta el día en que todo esto suceda.

²¹Mientras tanto, el pueblo estaba esperando a Zacarías y les extrañaba que se demorara tanto en el Templo. ²²Cuando por fin salió, no podía hablarles, así que se dieron cuenta de que allí había tenido una visión. Se podía comunicar solo por señas, pues seguía mudo.

²³Cuando terminaron los días de su servicio, regresó a su casa. ²⁴Poco después, su esposa Elisabet quedó embarazada y se mantuvo recluida por cinco meses. ²⁵«Esto —decía ella— es obra del Señor, que ahora ha mostrado su bondad al quitarme la vergüenza que yo tenía ante los demás».

Anuncio del nacimiento de Jesús

²⁶A los seis meses, Dios envió al ángel Gabriel a Nazaret, pueblo de Galilea, ²⁷a visitar a una joven virgen comprometida para casarse con un hombre que se llamaba José, descendiente de David. La virgen se llamaba María. ²⁸El ángel se acercó a ella y le dijo:

—¡Te saludo,[c] tú que has recibido el favor de Dios! El Señor está contigo.[d]

²⁹Ante estas palabras, María se perturbó y se preguntaba qué podría significar este saludo.

³⁰—No tengas miedo, María; Dios te ha concedido su favor —le dijo el ángel—. ³¹Quedarás embarazada y darás a luz un hijo, y le pondrás por nombre Jesús. ³²Él será un gran hombre y lo llamarán Hijo del Altísimo. Dios el Señor le dará el trono de su padre David ³³y reinará sobre el pueblo de Jacob para siempre. Su reinado no tendrá fin.

³⁴—¿Cómo podrá suceder esto —preguntó María al ángel—, puesto que soy virgen?[e]

³⁵Y el ángel dijo:

—El Espíritu Santo vendrá sobre ti y el poder del Altísimo te cubrirá con su sombra. Así que al santo niño que va a nacer lo llamarán Hijo de Dios. ³⁶También tu parienta Elisabet va a tener un hijo en su vejez; de hecho, la que decían que era estéril ya está en el sexto mes de embarazo. ³⁷Porque para Dios no hay nada imposible.

³⁸—Aquí tienes a la sierva del Señor —contestó María—. Que él haga conmigo como me has dicho.

Con esto, el ángel la dejó.

María visita a Elisabet

³⁹A los pocos días María emprendió viaje y se fue de prisa a un pueblo en la región montañosa de Judea. ⁴⁰Al llegar, entró en casa de Zacarías y saludó a Elisabet. ⁴¹Tan pronto como Elisabet oyó el saludo de María, la criatura saltó en su vientre. Entonces Elisabet, llena del Espíritu Santo, ⁴²exclamó:

—¡Bendita tú entre las mujeres y bendito el hijo que darás a luz![f] ⁴³Pero ¿cómo es esto que la madre de mi Señor venga a verme? ⁴⁴Te digo que tan pronto como llegó a mis oídos la voz de tu saludo, saltó de alegría la criatura que llevo en el vientre. ⁴⁵˙Dichosa tú que has creído, porque lo que el Señor te ha dicho se cumplirá!

El cántico de María

1:46-53 – 1S 2:1-10

⁴⁶Entonces dijo María:

---

a 1 *se han cumplido.* Alt. *se han recibido con convicción.*
b 17 *reconciliar a.* Lit. *hacer volver los corazones de;* véase Mal 4:6.   c 28 ¡*Te saludo.* Alt. ¡*Alégrate.*   d 28 *contigo.* Var. *contigo; bendita tú entre las mujeres.*   e 34 *soy virgen?* Lit. *no conozco a hombre?*   f 42 *el hijo que darás a luz!* Lit. *el fruto de tu vientre!*

«Mi alma glorifica al Señor
[47] y mi espíritu se regocija en Dios mi
Salvador,
[48] porque se ha dignado fijarse en su humilde
sierva.
Desde ahora me llamarán ˚dichosa todas las
generaciones,
[49] porque el Poderoso ha hecho grandes cosas
por mí.
¡Santo es su nombre!
[50] De generación en generación
se extiende su misericordia a los que le
temen.
[51] Hizo proezas con su brazo;
desbarató las intrigas de los soberbios.[a]
[52] De sus tronos derrocó a los poderosos,
mientras que ha exaltado a los humildes.
[53] A los hambrientos los colmó de bienes
y a los ricos los despidió con las manos vacías.
[54] Acudió en ayuda de su siervo Israel
mostrando[b] su misericordia
[55] a Abraham y sus descendientes para siempre,
tal como había prometido a nuestros
antepasados».

[56] María se quedó con Elisabet unos tres meses y
luego regresó a su casa.

Nacimiento de Juan el Bautista

[57] Cuando se le cumplió el tiempo, Elisabet dio a
luz un hijo. [58] Sus vecinos y parientes se enteraron de
que el Señor le había mostrado gran misericordia y
compartieron su alegría.

[59] A los ocho días llevaron a circuncidar al niño.
Como querían ponerle el nombre de su padre,
Zacarías, [60] su madre se opuso.

—¡No! —dijo ella—. Tiene que llamarse Juan.

[61] —Pero si nadie en tu familia tiene ese nombre
—le dijeron.

[62] Entonces le hicieron señas a su padre para saber
qué nombre quería ponerle al niño. [63] Él pidió una
tablilla en la que escribió: «Su nombre es Juan».
Y todos quedaron asombrados. [64] Al instante abrió
su boca y se desató su lengua, recuperó el habla y
comenzó a alabar a Dios. [65] Todos los vecinos se llenaron de temor y por toda la región montañosa de
Judea se comentaba lo sucedido. [66] Quienes lo oían
se preguntaban: «¿Qué llegará a ser este niño?».
Porque el poder del Señor lo acompañaba.

El cántico de Zacarías

[67] Entonces su padre Zacarías, lleno del Espíritu
Santo, profetizó:

[68] «Bendito sea el Señor, Dios de Israel,
porque ha venido a redimir[c] a su pueblo.
[69] Nos envió un poderoso Salvador[d]
en la casa de David su siervo
[70] (como lo prometió en el pasado por medio de
sus ˚santos profetas),
[71] para liberarnos de nuestros enemigos
y del poder de todos los que nos aborrecen;
[72] para mostrar misericordia a nuestros
antepasados
al acordarse de su santo pacto.

[73] Así lo juró a Abraham nuestro padre:
[74] nos concedió que fuéramos libres del
temor
al rescatarnos del poder de nuestros
enemigos,
para que le sirviéramos [75] con ˚santidad y
justicia,
viviendo en su presencia todos nuestros
días.

[76] »Y tú, hijito mío, serás llamado profeta del
Altísimo,
porque irás delante del Señor para
prepararle el camino.
[77] Darás a conocer a su pueblo la salvación
mediante el perdón de sus pecados,
[78] gracias a la entrañable misericordia de
nuestro Dios.
Así nos visitará desde el cielo el sol
naciente,
[79] para dar luz a los que viven en tinieblas
y en sombra de muerte,
para guiar nuestros pasos por la senda de la
paz».

[80] El niño crecía y se fortalecía en espíritu; y vivió
en el desierto hasta el día en que se presentó públicamente al pueblo de Israel.

Nacimiento de Jesús

2 Por aquellos días, Augusto ˚César decretó que se
levantara un censo en todo el Imperio romano.[e]
[2] Este primer censo se efectuó cuando Cirenio gobernaba en Siria. [3] Así que iban todos a inscribirse, cada
cual a su propio pueblo.

[4] También José, que era descendiente del rey
David, subió de Nazaret, ciudad de Galilea, a Judea.
Fue a Belén, la Ciudad de David, [5] para inscribirse
junto con María, que estaba comprometida para
casarse con él. Ella se encontraba embarazada [6] y
mientras estaban allí se le cumplió el tiempo. [7] Así
que dio a luz a su hijo primogénito. Lo envolvió en
pañales y lo acostó en un pesebre, porque no había
lugar para ellos en la posada.

Los pastores y los ángeles

[8] En esa misma región había unos pastores que
pasaban la noche en el campo, turnándose para
cuidar su rebaño. [9] Sucedió que un ángel del Señor
se les apareció. La gloria del Señor los envolvió en
su luz y se llenaron de temor. [10] Pero el ángel dijo:
«No tengan miedo. Miren que traigo ˚buenas noticias que serán motivo de mucha alegría para todo
el pueblo. [11] Hoy ha nacido en la Ciudad de David un
Salvador, que es ˚Cristo el Señor. [12] Esto les servirá de
señal: Encontrarán a un niño envuelto en pañales y
acostado en un pesebre».

[13] De repente apareció una multitud de ángeles del
cielo, que alababan a Dios y decían:

[14] «Gloria a Dios en las alturas,
y en la tierra paz a los que gozan de su
buena voluntad».[f]

[15] Cuando los ángeles se fueron al cielo, los pastores se dijeron unos a otros: «Vamos a Belén, a ver
esto que ha pasado y que el Señor nos ha dado a
conocer».

[16] Así que fueron de prisa y encontraron a María,
a José y al niño que estaba acostado en el pesebre.
[17] Cuando vieron al niño, contaron lo que les habían
dicho acerca de él [18] y cuantos lo oyeron se asombraron de lo que los pastores decían. [19] María, por su

---

[a] 51 *desbarató ... soberbios.* Lit. *dispersó a los orgullosos en
el pensamiento del corazón de ellos.* [b] 54 *mostrando.* Lit.
recordando. [c] 68 *ha venido a redimir.* Lit. *ha visitado y ha
redimido.* [d] 69 *envió un poderoso Salvador.* Lit. *levantó un
cuerno de salvación.* [e] 1 *el Imperio romano.* Lit. *el mundo.*
[f] 14 *paz ... voluntad.* Lit. *paz a los hombres de buena voluntad.*
Var. *paz, buena voluntad a los hombres.*

parte, guardaba todas estas cosas en su ˙corazón y meditaba acerca de ellas. ²⁰Los pastores regresaron glorificando y alabando a Dios por lo que habían visto y oído, pues todo sucedió tal como se les había dicho.

Presentación de Jesús en el Templo

²¹Cuando se cumplieron los ocho días y fueron a circuncidarlo, lo llamaron Jesús, nombre que el ángel le había puesto antes de que fuera concebido.

²²Así mismo, cuando se cumplió el tiempo en que, según la Ley de Moisés, ellos debían ˙purificarse, José y María llevaron al niño a Jerusalén para presentarlo al Señor. ²³Así cumplieron con lo que en la Ley del Señor está escrito: «Todo varón primogénito será consagrado ͣ al Señor».ᵇ ²⁴También ofrecieron un sacrificio conforme a lo que la Ley del Señor dice: «un par de tórtolas o dos pichones de paloma».ᶜ

²⁵Ahora bien, en Jerusalén había un hombre llamado Simeón, que era justo y devoto, y aguardaba con esperanza la consolación ͩ de Israel. El Espíritu Santo estaba con él ²⁶y le había revelado que no moriría sin antes ver al ˙Cristo del Señor. ²⁷Movido por el Espíritu, fue al ˙Templo. Cuando al niño Jesús lo llevaron sus padres para cumplir con la costumbre establecida por la Ley, ²⁸Simeón lo tomó en sus brazos y bendijo a Dios:

²⁹ «Según tu palabra, Soberano Señor,
    ya puedes despedir a tu ˙siervo en paz.
³⁰ Porque han visto mis ojos tu salvación,
³¹ que has preparado a la vista de todos los
    pueblos:
³² luz que ilumina a las ˙naciones
    y gloria de tu pueblo Israel».

³³El padre y la madre del niño se quedaron maravillados por lo que se decía de él. ³⁴Simeón les dio su bendición y dijo a María, la madre de Jesús: «Este niño está destinado a causar la caída y el levantamiento de muchos en Israel, y a crear mucha oposición,ᵉ ³⁵a fin de que se manifiesten las intenciones de muchos corazones. En cuanto a ti, una espada te atravesará el alma».

³⁶Había también una profetisa, Ana, hija de Penuel, de la tribu de Aser. Era muy anciana; casada de joven había vivido con su esposo siete años ³⁷y luego permaneció viuda hasta la edad de ochenta y cuatro.ᶠ Nunca salía del ˙Templo, sino que día y noche adoraba a Dios con ayunos y oraciones. ³⁸Llegando en ese mismo momento, Ana dio gracias a Dios y comenzó a hablar del niño a todos los que esperaban la redención de Jerusalén.

³⁹Después de haber cumplido con todo lo que exigía la Ley del Señor, José y María regresaron a Galilea, a su propio pueblo de Nazaret. ⁴⁰El niño crecía y se fortalecía; se llenaba de sabiduría y la gracia de Dios lo acompañaba.

El niño Jesús en el Templo

⁴¹Los padres de Jesús subían todos los años a Jerusalén para la fiesta de la Pascua. ⁴²Cuando cumplió doce años, fueron allá según era la costumbre. ⁴³Terminada la fiesta, emprendieron el viaje de regreso, pero el niño Jesús se había quedado en Jerusalén, sin que sus padres se dieran cuenta. ⁴⁴Ellos, pensando que él estaba entre el grupo de viajeros, hicieron un día de camino mientras lo buscaban entre los parientes y conocidos. ⁴⁵Al no encontrarlo, volvieron a Jerusalén en busca de él. ⁴⁶Al cabo de tres días lo encontraron en el ˙Templo, sentado entre los maestros, escuchándolos y haciéndoles preguntas. ⁴⁷Todos los que le oían se asombraban de su inteligencia y de sus respuestas. ⁴⁸Cuando lo vieron sus padres, se quedaron admirados.

—Hijo, ¿por qué te has portado así con nosotros? —dijo su madre—. ¡Mira que tu padre y yo te hemos estado buscando angustiados!

⁴⁹Él respondió:

—¿Por qué me buscaban? ¿No sabían que tengo que estar ocupado en los asuntos de mi Padre?

⁵⁰Pero ellos no entendieron lo que decía. ⁵¹Así que Jesús bajó con sus padres a Nazaret y vivió sujeto a ellos. Y su madre conservaba todas estas cosas en el ˙corazón. ⁵²Jesús siguió creciendo en sabiduría y estatura, y cada vez más gozaba del favor de Dios y de la gente.

Juan el Bautista prepara el camino

3:2-10 – Mt 3:1-10; Mr 1:3-5
3:16-17 – Mt 3:11-12; Mr 1:7-8

3 En el año quince del reinado de Tiberio ˙César, Poncio Pilato gobernaba la provincia de Judea, Herodesᵍ era tetrarca en Galilea, su hermano Felipe en Iturea y Traconite, y Lisanias en Abilene; ²el sumo sacerdocio lo ejercían Anás y Caifás. En aquel entonces, la palabra de Dios llegó a Juan, hijo de Zacarías, en el desierto. ³Juan recorría toda la región del Jordán predicando el bautismo de ˙arrepentimiento para el perdón de pecados. ⁴Así está escrito en el libro del profeta Isaías:

«Voz de uno que grita en el desierto:
"Preparen el camino para el Señor,
    háganle sendas derechas.
⁵ Se levantarán todos los valles
    y se allanarán todas las montañas y colinas.
Los caminos torcidos se enderezarán
    y las sendas escabrosas queden llanas.
⁶ Y toda humanidad verá la salvación de
    Dios"».ʰ

⁷Muchos acudían a Juan para que los bautizara.

—¡Camada de víboras! —dijo—. ¿Quién les advirtió que huyeran del castigo que se acerca? ⁸Produzcan frutos que demuestren arrepentimiento. Y no se pongan a decir: "Tenemos a Abraham por padre". Porque les digo que aun de estas piedras Dios es capaz de darle hijos a Abraham. ⁹Es más, el hacha ya está puesta a la raíz de los árboles y todo árbol que no produzca buen fruto será cortado y arrojado al fuego.

¹⁰—¿Entonces qué debemos hacer? —preguntaba la gente.

¹¹—El que tiene dos ˙camisas debe compartir con el que no tiene ninguna —contestó Juan—, y el que tiene comida debe hacer lo mismo.

¹²Llegaron también unos ˙recaudadores de impuestos para que los bautizara.

—Maestro, ¿qué debemos hacer nosotros? —preguntaron.

¹³—No cobren más de lo debido —respondió.

¹⁴—Y nosotros, ¿qué debemos hacer? —preguntaron unos soldados.

Y les dijo:

—No extorsionen a nadie ni hagan denuncias falsas; más bien confórmense con lo que les pagan.

ͣ 23 Todo ... consagrado. Lit. Todo varón que abre la matriz será llamado santo.   ᵇ 23 Éx 13:2, 12.   ᶜ 24 Lv 12:8.
ͩ 25 consolación. Alt. redención.   ᵉ 34 a crear mucha oposición. Lit. a ser una señal contra la cual se hablará.
ᶠ 37 hasta ... cuatro. Alt. durante ochenta y cuatro años.
ᵍ 1 Es decir, Herodes Antipas, hijo del rey Herodes (1:5).
ʰ 6 Is 40:3-5.

¹⁵La gente estaba a la expectativa y todos se preguntaban si acaso Juan sería el ˙Cristo.

¹⁶—Yo los bautizo a ustedes con*ᵃ* agua —respondió Juan a todos—. Pero está por llegar uno más poderoso que yo, a quien ni siquiera merezco desatarle la correa de sus sandalias. Él los bautizará con el Espíritu Santo y con fuego. ¹⁷Tiene el aventador en la mano para limpiar su era y recoger el trigo en su granero. La paja, en cambio, la quemará con fuego que nunca se apagará.

¹⁸Y con muchas otras palabras exhortaba Juan a la gente y le anunciaba las ˙buenas noticias. ¹⁹Pero, cuando reprendió al tetrarca Herodes por el asunto de su cuñada Herodías,*ᵇ* y por todas las otras maldades que había cometido, ²⁰Herodes llegó hasta el colmo de encerrar a Juan en la cárcel.

Bautismo y genealogía de Jesús
3:21-22 – Mt 3:13-17; Mr 1:9-11
3:23-38 – Mt 1:1-17

²¹Un día en que todos acudían a Juan para que los bautizara, Jesús fue bautizado también. Y mientras oraba, se abrió el cielo ²²y el Espíritu Santo bajó sobre él en forma de paloma. Entonces se oyó una voz que desde el cielo decía: «Tú eres mi Hijo amado; estoy muy complacido contigo».

²³Jesús tenía unos treinta años cuando comenzó su ministerio. Era hijo, según se creía, de José. Esta es la lista de sus antepasados:

José, Elí, ²⁴Matat,
Leví, Melquí, Janay,
José, ²⁵Matatías, Amós,
Nahúm, Eslí, Nagay,
²⁶Máat, Matatías, Semeí,
Josec, Yodá, ²⁷Yojanán,
Resa, Zorobabel, Salatiel,
Neri, ²⁸Melquí, Adí,
Cosán, Elmadán, Er,
²⁹Josué, Eliezer, Jorín,
Matat, Leví, ³⁰Simeón,
Judá, José, Jonán,
Eliaquín, ³¹Melea, Mainán,
Matata, Natán, David,
³²Isaí, Obed, Booz,
Salmón,*ᶜ* Naasón, ³³Aminadab,
Ram, Jezrón,
Fares, Judá, ³⁴Jacob,
Isaac, Abraham, Téraj,
Najor, ³⁵Serug, Ragau,
Péleg, Éber, Selaj,
³⁶Cainán, Arfaxad, Sem,
Noé, Lamec, ³⁷Matusalén,
Enoc, Jared, Malalel,
Cainán, ³⁸Enós, Set, Adán,
Dios.

Tentación de Jesús
4:1-13 – Mt 4:1-11; Mr 1:12-13

4 Jesús, lleno del Espíritu Santo, volvió del Jordán y fue llevado por el Espíritu al desierto. ²Allí estuvo cuarenta días y fue ˙tentado por el diablo. No comió nada durante esos días, pasados los cuales tuvo hambre.

³—Si eres el Hijo de Dios —propuso el diablo—, ordénale a esta piedra que se convierta en pan.

⁴Jesús respondió:

—Escrito está: "No solo de pan vive el hombre".*ᵈ*

⁵Entonces el diablo lo llevó a un lugar alto y le mostró en un instante todos los reinos del mundo.

⁶—Sobre estos reinos y todo su esplendor —le dijo—, te daré la autoridad, porque a mí me ha sido entregada y puedo dársela a quien yo quiera. ⁷Así que, si me adoras, todo será tuyo.

⁸Jesús contestó:

—Escrito está: "Adora al Señor tu Dios y sírvele solamente a él".*ᵉ*

⁹Luego el diablo lo llevó a Jerusalén e hizo que se pusiera de pie sobre la parte más alta del ˙Templo y le dijo:

—Si eres el Hijo de Dios, tírate abajo desde aquí. ¹⁰Pues escrito está:

»"Ordenará que sus ángeles te protejan con
        sumo cuidado.
¹¹En sus manos te sostendrán
para que no tropieces con piedra alguna".*ᶠ*

¹²—Está dicho: "No pongas a prueba al Señor tu Dios"*ᵍ* —respondió Jesús.

¹³Así que el diablo, habiendo agotado todo recurso de tentación, lo dejó hasta otra oportunidad.

Rechazan a Jesús en Nazaret

¹⁴Jesús regresó a Galilea en el poder del Espíritu y se extendió su fama por toda aquella región. ¹⁵Enseñaba en las sinagogas y todos lo admiraban.

¹⁶Fue a Nazaret, donde se había criado, y un ˙sábado entró en la sinagoga, como era su costumbre. Se levantó para hacer la lectura ¹⁷y le entregaron el libro del profeta Isaías. Al desenrollarlo, encontró el lugar donde estaba escrito:

¹⁸ «El Espíritu del Señor está sobre mí,
    por cuanto me ha ungido
    para anunciar buenas noticias a los pobres.
Me ha enviado a proclamar libertad a los
        cautivos
    y dar vista a los ciegos,
a poner en libertad a los oprimidos,
¹⁹a pregonar el año del favor del Señor».*ʰ*

²⁰Luego enrolló el libro, se lo devolvió al ayudante y se sentó. Todos los que estaban en la sinagoga lo miraban detenidamente ²¹y él comenzó a hablarles: «Hoy se cumple esta Escritura en presencia de ustedes».

²²Todos dieron su aprobación, impresionados por las hermosas palabras*ⁱ* que salían de su boca. «¿No es este el hijo de José?», se preguntaban.

²³Jesús continuó: «Seguramente ustedes me van a citar el proverbio: "¡Médico, cúrate a ti mismo! Haz aquí en tu tierra lo que hemos oído que hiciste en Capernaúm". ²⁴Pues bien, les aseguro que a ningún profeta lo aceptan en su propia tierra. ²⁵No cabe duda de que en tiempos de Elías, cuando el cielo se cerró por tres años y medio, de manera que hubo una gran hambre en toda la tierra, muchas viudas vivían en Israel. ²⁶Sin embargo, Elías no fue enviado a ninguna de ellas, sino a una viuda de Sarepta, en los alrededores de Sidón. ²⁷Así mismo, había en Israel muchos con alguna enfermedad de la piel en tiempos del profeta Eliseo, pero ninguno de ellos fue sanado, sino Naamán el sirio».

²⁸Al oír esto, todos los que estaban en la sinagoga se enfurecieron. ²⁹Se levantaron, lo expulsaron del pueblo y lo llevaron hasta la cumbre de la colina sobre la que estaba construido el pueblo, para tirarlo por el precipicio. ³⁰Pero él pasó por en medio de ellos y se fue.

ᵃ 16 con. Alt. en. ᵇ 19 Esposa de Felipe, hermano de Herodes Antipas. ᶜ 32 Salmón. Var. Sala. ᵈ 4 Dt 8:3. ᵉ 8 Dt 6:13. ᶠ 10-11 Sal 91:11, 12. ᵍ 12 Dt 6:16. ʰ 19 Is 61:1, 2. ⁱ 22 Todos … palabras. Lit. Todos daban testimonio de él y estaban asombrados de las palabras de gracia.

Jesús expulsa a un espíritu maligno
4:31-37 – Mr 1:21-28

³¹Jesús bajó a Capernaúm, un pueblo de Galilea, y el día *sábado enseñaba a la gente. ³²Estaban asombrados de su enseñanza, porque hablaba con autoridad.

³³Había en la sinagoga un hombre que estaba poseído por un *espíritu maligno, quien gritó con todas sus fuerzas:

³⁴—¡Ah! ¿Por qué te entrometes, Jesús de Nazaret? ¿Has venido a destruirnos? Yo sé quién eres tú: ¡el Santo de Dios!

³⁵—¡Cállate! —lo reprendió Jesús—. ¡Sal de ese hombre!

Entonces el demonio derribó al hombre en medio de la gente y salió de él sin hacerle ningún daño.

³⁶Todos se asustaron y se decían unos a otros: «¿Qué clase de palabra es esta? ¡Con autoridad y poder da órdenes a los *espíritus malignos y salen!». ³⁷Y su fama se extendió por todo aquel lugar.

Jesús sana a muchos enfermos
4:38-41 – Mt 8:14-17
4:38-43 – Mr 1:29-38

³⁸Cuando Jesús salió de la sinagoga, fue a casa de Simón, cuya suegra estaba enferma con una fiebre muy alta. Pidieron a Jesús que la ayudara, ³⁹así que se inclinó sobre ella, reprendió a la fiebre y esta se le quitó. Ella se levantó enseguida y comenzó a servirles.

⁴⁰Al ponerse el sol, la gente llevó a Jesús todos los que padecían de diversas enfermedades; él puso las manos sobre cada uno de ellos y los sanó. ⁴¹Además, de muchas personas salían demonios que gritaban: «¡Tú eres el Hijo de Dios!». Pero él los reprendía y no los dejaba hablar porque sabían que él era el *Cristo.

⁴²Cuando amaneció, Jesús salió y se fue a un lugar solitario. La gente andaba buscándolo y, cuando llegaron adonde él estaba, procuraban detenerlo para que no se fuera. ⁴³Pero él les dijo: «Es preciso que anuncie también a los demás pueblos las buenas noticias del reino de Dios, porque para esto fui enviado».

⁴⁴Y siguió predicando en las sinagogas de Judea.ᵃ

Llamamiento de los primeros discípulos
5:1-11 – Mt 4:18-22; Mr 1:16-20; Jn 1:40-42

5 Un día estaba Jesús a orillas del lago de Genesaretᵇ y la gente lo apretujaba para escuchar el mensaje de Dios. ²Entonces vio dos barcas que los pescadores habían dejado en la playa mientras lavaban las redes. ³Subió a una de las barcas, que pertenecía a Simón, y le pidió que la alejara un poco de la playa. Luego se sentó, y enseñaba a la gente desde la barca.

⁴Cuando acabó de hablar, dijo a Simón:

—Lleva la barca hacia aguas más profundas y echen allí las redes para pescar.

⁵—Maestro, hemos estado trabajando duro toda la noche y no hemos pescado nada —contestó Simón—. Pero, como tú me lo mandas, echaré las redes.

⁶Así lo hicieron y recogieron una cantidad tan grande de peces que las redes se le rompían. ⁷Entonces llamaron por señas a sus compañeros de la otra barca para que los ayudaran. Ellos se acercaron y llenaron tanto las dos barcas que comenzaron a hundirse.

⁸Al ver esto, Simón Pedro cayó de rodillas delante de Jesús y le dijo:

—¡Apártate de mí, Señor; soy un pecador!

⁹Es que él y todos sus compañeros estaban asombrados ante la pesca que habían hecho, ¹⁰como también lo estaban *Santiago y Juan, hijos de Zebedeo, que eran socios de Simón.

—No temas, desde ahora serás pescador de hombres —dijo Jesús a Simón.

¹¹Así que llevaron las barcas a tierra y, dejándolo todo, lo siguieron.

Jesús sana a un enfermo de la piel
5:12-14 – Mt 8:2-4; Mr 1:40-44

¹²En otra ocasión, cuando Jesús estaba en un pueblo, se presentó un hombre con su piel toda enferma. Al ver a Jesús, cayó rostro en tierra y suplicó:

—Señor, si quieres, puedes *limpiarme.

¹³Jesús extendió la mano y tocó al hombre.

—Sí, quiero —dijo—. ¡Queda limpio!

Y al instante desapareció la enfermedad.

¹⁴—No se lo digas a nadie —ordenó Jesús—; solo ve, preséntate al sacerdote y lleva por tu purificación lo que ordenó Moisés, para que les sirva de testimonio.

¹⁵Sin embargo, la fama de Jesús se extendía cada vez más, de modo que acudían a él multitudes para oírlo y para que los sanara de sus enfermedades. ¹⁶Él, por su parte, solía retirarse a lugares solitarios para orar.

Jesús sana a un paralítico
5:18-26 – Mt 9:2-8; Mr 2:3-12

¹⁷Un día, mientras enseñaba, estaban sentados allí algunos *fariseos y *maestros de la Ley que habían venido de todas las aldeas de Galilea y Judea, y también de Jerusalén. Y el poder del Señor estaba con él para sanar a los enfermos. ¹⁸Entonces llegaron unos hombres que llevaban en una camilla a un paralítico. Procuraron entrar para ponerlo delante de Jesús, ¹⁹pero no pudieron a causa de la multitud. Así que subieron a la azotea y separando las tejas, lo bajaron en la camilla hasta ponerlo en medio de la gente, frente a Jesús.

²⁰Al ver la fe de ellos Jesús dijo:

—¡Amigo, tus pecados quedan perdonados!

²¹Los maestros de la Ley y los fariseos comenzaron a pensar: «¿Quién es este que dice *blasfemias? ¿Quién puede perdonar pecados sino solo Dios?».

²²Pero Jesús supo lo que estaban pensando y les dijo:

—¿Por qué razonan así? ²³¿Qué es más fácil, decirle: "Tus pecados quedan perdonados" o decirle: "Levántate y anda"? ²⁴Pues, para que sepan que el Hijo del hombre tiene autoridad en la tierra para perdonar pecados —se dirigió entonces al paralítico—: A ti te digo, levántate, toma tu camilla y vete a tu casa.

²⁵Al instante se levantó a la vista de todos, tomó la camilla en que había estado acostado y se fue a su casa alabando a Dios. ²⁶Todos quedaron asombrados y ellos también alababan a Dios. Estaban llenos de temor y decían: «Hoy hemos visto maravillas».

Llamamiento de Leví
5:27-32 – Mt 9:9-13; Mr 2:14-17

²⁷Después de esto salió Jesús y se fijó en un *recaudador de impuestos llamado Leví, sentado a la mesa donde cobraba.

«Sígueme» —dijo Jesús.

²⁸Y Leví se levantó, lo dejó todo y lo siguió.

²⁹Luego Leví ofreció a Jesús un gran banquete en su casa, y había allí un grupo numeroso de recaudadores de impuestos y otras personas que estaban comiendo con ellos. ³⁰Pero los *fariseos y los *maestros de la Ley que eran de la misma secta reclamaban a los discípulos de Jesús:

---

a 44 Var. *Galilea.*   *b* 1 Es decir, el lago de Galilea.

—¿Por qué comen y beben ustedes con recaudadores de impuestos y ˙pecadores?

³¹—No son los sanos los que necesitan médico, sino los enfermos —contestó Jesús—. ³²No he venido a llamar a justos, sino a pecadores para que se arrepientan.

Preguntan a Jesús sobre el ayuno
5:33-39 – Mt 9:14-17; Mr 2:18-22

³³Algunos dijeron a Jesús:

—Los discípulos de Juan ayunan y oran con frecuencia, lo mismo que los discípulos de los ˙fariseos, pero los tuyos se la pasan comiendo y bebiendo.

³⁴Jesús replicó:

—¿Acaso pueden obligar a los invitados del novio a que ayunen mientras él está con ellos? ³⁵Llegará el día en que se les quitará el novio; en aquellos días sí ayunarán.

³⁶Les contó esta parábola:

—Nadie quita un retazo de un vestido nuevo para remendar un vestido viejo. De hacerlo así, habrá rasgado el vestido nuevo y el retazo nuevo no hará juego con el vestido viejo. ³⁷Ni echa nadie vino nuevo en recipientes de cuero viejo. De hacerlo así, el vino nuevo hará reventar el cuero, se derramará el vino y los recipientes se arruinarán. ³⁸Más bien, el vino nuevo debe echarse en recipientes de cuero nuevo. ³⁹Y nadie que haya bebido vino añejo quiere el nuevo, porque dice: "El añejo es mejor".

Señor del sábado
6:1-11 – Mt 12:1-14; Mr 2:23–3:6

6 Un ˙sábado, al pasar Jesús por los sembrados, sus discípulos arrancaron unas espigas de trigo, y las frotaban entre las manos para comérselas. ²Por eso algunos de los ˙fariseos dijeron:

—¿Por qué hacen ustedes lo que está prohibido hacer en día sábado?

³Jesús contestó:

—¿Nunca han leído lo que hizo David en aquella ocasión en que él y sus compañeros tuvieron hambre? ⁴Entró en la casa de Dios y, tomando los panes consagrados a Dios, comió lo que solo a los sacerdotes se les permitido comer. Y dio también a sus compañeros.

⁵Entonces añadió:

—El Hijo del hombre es Señor del sábado.

⁶Otro sábado entró en la sinagoga y comenzó a enseñar. Había allí un hombre que tenía la mano derecha paralizada. ⁷Así que los ˙maestros de la Ley y los fariseos, buscando un motivo para acusar a Jesús, no le quitaban la vista de encima para ver si sanaba en día sábado. ⁸Pero Jesús, que sabía lo que estaban pensando, dijo al hombre de la mano paralizada:

—Levántate y ponte frente a todos.

Así que el hombre se puso de pie. ⁹Entonces Jesús dijo a los otros:

—Voy a hacerles una pregunta: ¿Qué está permitido hacer en sábado: hacer el bien o el mal?, ¿salvar una vida o destruirla?

¹⁰Jesús se quedó mirando a todos los que lo rodeaban y dijo al hombre:

—Extiende la mano.

Así lo hizo y la mano quedó restablecida. ¹¹Pero ellos se enfurecieron y comenzaron a discutir qué podrían hacer contra Jesús.

Los doce apóstoles
6:13-16 – Mt 10:2-4; Mr 3:16-19; Hch 1:13

¹²Por aquel tiempo se fue Jesús a la montaña a orar y pasó toda la noche en oración a Dios. ¹³Al llegar la mañana, llamó a sus discípulos y escogió a doce de ellos, a los que nombró apóstoles:

¹⁴Simón (a quien llamó Pedro), su hermano Andrés,
˙Santiago,
Juan,
Felipe,
Bartolomé,
¹⁵Mateo,
Tomás,
Santiago, hijo de Alfeo,
Simón, al que llamaban el Zelote,
¹⁶Judas, hijo de Santiago,
y Judas, Iscariote, que llegó a ser el traidor.

Bendiciones y lamentos
6:20-23 – Mt 5:3-12

¹⁷Luego bajó con ellos y se detuvo en un llano. Había allí una gran multitud de sus discípulos y mucha gente de toda Judea, de Jerusalén y de la costa de Tiro y Sidón, ¹⁸que habían llegado para oírlo y para que los sanara de sus enfermedades. Los que eran atormentados por ˙espíritus malignos quedaban liberados; ¹⁹así que toda la gente procuraba tocarlo, porque de él salía poder que sanaba a todos. ²⁰Él entonces dirigió la mirada a sus discípulos y dijo:

«Dichosos ustedes los pobres,
      porque el reino de Dios les pertenece.
²¹ Dichosos ustedes que ahora pasan hambre,
      porque serán saciados.
Dichosos ustedes que ahora lloran,
      porque luego habrán de reír.
²² Dichosos serán ustedes cuando los odien,
      cuando los discriminen, los insulten y los
            desprestigien*ᵃ*
      por causa del Hijo del hombre.

²³»Alégrense en aquel día y salten de gozo, pues miren que les espera una gran recompensa en el cielo. Dense cuenta de que los antepasados de esta gente trataron así a los profetas.

²⁴ »Pero ¡ay de ustedes los ricos,
      porque ya han recibido su consuelo!
²⁵ ¡Ay de ustedes los que ahora están saciados,
      porque sabrán lo que es pasar hambre!
¡Ay de ustedes los que ahora ríen,
      porque sufrirán y llorarán!
²⁶ ¡Ay de ustedes cuando todos los elogien!
      Dense cuenta de que los antepasados de
            esta gente trataron así a los falsos
            profetas.

El amor a los enemigos
6:27-30 – Mt 5:39-42

²⁷»Pero a ustedes que me escuchan les digo: Amen a sus enemigos, hagan bien a quienes los odian, ²⁸bendigan a quienes los maldicen y oren por quienes los maltratan. ²⁹Si alguien te pega en una mejilla, vuélvele también la otra. Si alguien te quita la capa, no le impidas que se lleve también la camisa. ³⁰Dale a todo el que te pida y, si alguien se lleva lo que es tuyo, no se lo reclames. ³¹Traten a los demás tal y como quieren que ellos los traten a ustedes.

³²»¿Qué mérito tienen ustedes al amar solamente a quienes los aman? Aun los pecadores lo hacen así. ³³¿Y qué mérito tienen ustedes al hacer bien a quienes les hacen bien? Aun los pecadores actúan así. ³⁴¿Y qué mérito tienen ustedes al dar prestado a

---

ᵃ 22 los desprestigien. Lit. echen su nombre como malo.

quienes pueden corresponderles? Aun los pecadores se prestan entre sí, esperando recibir el mismo trato. ³⁵Ustedes, por el contrario, amen a sus enemigos, háganles bien y denles prestado sin esperar nada a cambio. Así tendrán una gran recompensa y serán hijos del Altísimo, porque él es bondadoso con los ingratos y malvados. ³⁶Sean compasivos, así como su Padre es compasivo.

El juzgar a los demás
6:37-42 – Mt 7:1-5

³⁷»No juzguen y no se les juzgará. No condenen y no se les condenará. Perdonen y se les perdonará. ³⁸Den y se les dará: se les echará en el regazo una medida llena, apretada, sacudida y desbordante. Porque con la medida con que midan a otros, se les medirá a ustedes».

³⁹También les contó esta parábola: «¿Acaso puede un ciego guiar a otro ciego? ¿No caerán ambos en el hoyo? ⁴⁰El discípulo no es superior a su maestro, pero todo el que haya completado su aprendizaje será como su maestro.

⁴¹»¿Por qué te fijas en la astilla que tiene tu hermano en el ojo y no le das importancia a la viga que está en el tuyo? ⁴²¿Cómo puedes decirle a tu hermano: "Hermano, déjame sacarte la astilla del ojo", cuando tú mismo no te das cuenta de la viga en el tuyo? ¡Hipócrita!, saca primero la viga de tu propio ojo, y entonces verás con claridad para sacar la astilla del ojo de tu hermano.

El árbol y su fruto
6:43-44 – Mt 7:16, 18, 20

⁴³»Ningún árbol bueno da fruto malo; tampoco da buen fruto el árbol malo. ⁴⁴A cada árbol se le reconoce por su propio fruto. No se recogen higos de los espinos ni se cosechan uvas de las zarzas. ⁴⁵El que es bueno, de la bondad que atesora en el corazón produce el bien; pero el que es malo, de su maldad produce el mal, porque de lo que abunda en el corazón habla la boca.

El prudente y el insensato
6:47-49 – Mt 7:24-27

⁴⁶»¿Por qué me llaman ustedes "Señor, Señor", y no hacen lo que les digo? ⁴⁷Voy a decirles a quién se parece todo el que viene a mí, oye mis palabras y las pone en práctica: ⁴⁸Se parece a un hombre que al construir una casa cavó bien hondo y puso el cimiento sobre la roca. De manera que cuando vino una inundación, el torrente azotó aquella casa, pero no pudo ni siquiera hacerla tambalear porque estaba bien construida. ⁴⁹Pero el que oye mis palabras y no las pone en práctica se parece a un hombre que construyó una casa sobre tierra y sin cimientos. Tan pronto como la azotó el torrente, la casa se derrumbó y el desastre fue terrible».

La fe del centurión
7:1-10 – Mt 8:5-13

7 Cuando terminó de hablar al pueblo, Jesús entró en Capernaúm. ²Había allí un centurión cuyo siervo, a quien él estimaba mucho, estaba enfermo, a punto de morir. ³Como oyó hablar de Jesús, el centurión mandó a unos líderes religiosos de los judíos a pedirle que fuera a sanar a su siervo. ⁴Cuando llegaron ante Jesús, rogaron con insistencia:

—Este hombre merece que le concedas lo que te pide: ⁵aprecia tanto a nuestra nación que nos ha construido una sinagoga.

⁶Así que Jesús fue con ellos. No estaba lejos de la casa cuando el centurión mandó unos amigos a decirle:

—Señor, no te tomes tanta molestia, pues no merezco que entres bajo mi techo. ⁷Por eso ni siquiera me atreví a presentarme ante ti. Pero con una sola palabra que digas, quedará sano mi siervo. ⁸Porque yo mismo soy un hombre sujeto a órdenes superiores y, además, tengo soldados bajo mi autoridad. Le digo a uno "ve" y va; y al otro, "ven" y viene. Le digo a mi siervo "haz esto" y lo hace.

⁹Al oírlo, Jesús se asombró de él y, volviéndose a la multitud que lo seguía, comentó:

—Les digo que ni siquiera en Israel he encontrado una fe tan grande.

¹⁰Al regresar a casa, los enviados encontraron sano al siervo.

Jesús resucita al hijo de una viuda

¹¹Poco después Jesús, en compañía de sus discípulos y de una gran multitud, se dirigió a un pueblo llamado Naín. ¹²Cuando ya se acercaba a las puertas del pueblo, vio que sacaban de allí a un muerto, hijo único de madre viuda. La acompañaba un grupo grande de la población. ¹³Al verla, el Señor se compadeció de ella y le dijo:

—No llores.

¹⁴Entonces se acercó y tocó el féretro. Los que lo llevaban se detuvieron y Jesús dijo:

—Joven, ¡te ordeno que te levantes!

¹⁵El que había estado muerto se incorporó y comenzó a hablar; luego Jesús se lo entregó a su madre. ¹⁶Todos se llenaron de temor y alababan a Dios.

—Ha surgido entre nosotros un gran profeta —decían—. Dios ha venido en ayuda deᵃ su pueblo.

¹⁷Así que esta noticia acerca de Jesús se divulgó por toda Judeaᵇ y por todas las regiones vecinas.

Jesús y Juan el Bautista
7:18-35 – Mt 11:2-19

¹⁸Los discípulos de Juan le contaron todo esto. Él llamó a dos de ellos ¹⁹y los envió al Señor a preguntarle:

—¿Eres tú el que ha de venir o debemos esperar a otro?

²⁰Cuando se acercaron a Jesús, ellos le dijeron:

—Juan el Bautista nos ha enviado a preguntarte: "¿Eres tú el que ha de venir o debemos esperar a otro?".

²¹En ese mismo momento Jesús sanó a muchos que tenían enfermedades, dolencias y espíritus malignos, además dio la vista a muchos ciegos. ²²Entonces respondió a los enviados:

—Vayan y cuéntenle a Juan lo que han visto y oído: Los ciegos ven, los cojos andan, los que tienen alguna enfermedad en su piel son sanados, los sordos oyen, los muertos resucitan y a los pobres se les anuncian las buenas noticias. ²³Dichoso el que no tropieza por causa mía.

²⁴Cuando se fueron los enviados, Jesús comenzó a hablarle a la multitud acerca de Juan: «¿Qué salieron a ver al desierto? ¿Una caña sacudida por el viento? ²⁵Si no, ¿qué salieron a ver? ¿A un hombre vestido con ropa fina? Claro que no, pues los que se visten ostentosamente y llevan una vida de lujo están en los palacios reales. ²⁶Entonces, ¿qué salieron a ver? ¿A un profeta? Sí, les digo, y más que profeta. ²⁷Este es de quien está escrito:

»"Yo estoy por enviar a mi mensajero delante
    de ti,
el cual preparará tu camino".ᶜ

ᵃ 16 ha venido en ayuda de. Lit. ha visitado a. ᵇ 17 Judea. Alt. la tierra de los judíos. ᶜ 27 Mal 3:1.

²⁸Les digo que entre los mortales no ha habido nadie más grande que Juan; sin embargo, el más pequeño en el reino de Dios es más grande que él».

²⁹Al oír esto, todo el pueblo, y hasta los *recaudadores de impuestos, reconocieron que el camino de Dios era justo y fueron bautizados con el bautismo de Juan. ³⁰Pero los *fariseos y los *expertos en la Ley no se hicieron bautizar por Juan, rechazando así el propósito de Dios respecto a ellos.ᵃ

³¹«Entonces, ¿con qué puedo comparar a la gente de esta generación? ¿A quién se parecen ellos? ³²Se parecen a niños sentados en la plaza que se gritan unos a otros:

»"Tocamos la flauta
y ustedes no bailaron;
cantamos por los muertos
y ustedes no lloraron".

³³Porque vino Juan el Bautista que no comía pan ni bebía vino y ustedes dicen: "Tiene un demonio". ³⁴Vino el Hijo del hombre, que come y bebe, y ustedes dicen: "Este es un glotón y un borracho, amigo de recaudadores de impuestos y de pecadores". ³⁵Pero la sabiduría queda demostrada por los que la siguen».ᵇ

Una mujer pecadora unge a Jesús

³⁶Uno de los *fariseos invitó a Jesús a comer, así que fue a la casa del fariseo y se *sentó a la mesa.ᶜ ³⁷Ahora bien, vivía en aquel pueblo una mujer que tenía fama de *pecadora. Cuando ella se enteró de que Jesús estaba comiendo en casa del fariseo, se presentó con un frasco de alabastro lleno de perfume. ³⁸Llorando, se arrojó a los pies de Jesús,ᵈ de manera que se los bañaba en lágrimas. Luego se los secó con los cabellos; también se los besaba y se los ungía con el perfume.

³⁹Al ver esto, el fariseo que lo había invitado dijo para sí: «Si este hombre fuera profeta, sabría quién es la que lo está tocando y qué clase de mujer es: una pecadora».

⁴⁰Entonces Jesús dijo a manera de respuesta:

—Simón, tengo algo que decirte.

—Dime, Maestro —respondió.

⁴¹—Dos hombres debían dinero a cierto prestamista. Uno debía quinientas monedas de plataᵉ y el otro, cincuenta. ⁴²Como no tenían con qué pagarle, el prestamista perdonó la deuda a los dos. Ahora bien, ¿cuál de los dos lo amará más?

⁴³—Supongo que aquel a quien más le perdonó —contestó Simón.

—Has juzgado bien —dijo Jesús.

⁴⁴Luego se volvió hacia la mujer y dijo a Simón:

—¿Ves a esta mujer? Cuando entré en tu casa, no me diste agua para los pies, pero ella me ha bañado los pies en lágrimas y me los ha secado con sus cabellos. ⁴⁵Tú no me besaste, pero ella, desde que entré, no ha dejado de besarme los pies. ⁴⁶Tú no me ungiste la cabeza con aceite, pero ella me ungió los pies con perfume. ⁴⁷Por esto te digo: si ella ha amado mucho, es que sus muchos pecados le han sido perdonados. Pero a quien poco se le perdona, poco ama.

⁴⁸Entonces le dijo Jesús a ella:

—Tus pecados quedan perdonados.

⁴⁹Los otros invitados comenzaron a decir entre sí: «¿Quién es este que hasta perdona pecados?».

⁵⁰—Tu fe te ha salvado —dijo Jesús a la mujer—; vete en paz.

Parábola del sembrador
8:4-15 – Mt 13:2-23; Mr 4:1-20

8 Después de esto, Jesús estuvo recorriendo los pueblos y las aldeas, proclamando las *buenas noticias del reino de Dios. Lo acompañaban los doce ²y también algunas mujeres que habían sido sanadas de espíritus malignos y de enfermedades: María, a la que llamaban Magdalena y de la que habían salido siete demonios; ³Juana, esposa de Cuza, el administrador de Herodes; Susana y muchas más que los ayudaban con sus propios recursos.

⁴De cada pueblo salía gente para ver a Jesús y cuando se reunió una gran multitud, él contó esta parábola: ⁵«Un sembrador salió a sembrar. Al esparcir las semillas, una parte cayó junto al camino; fue pisoteada y los pájaros se la comieron. ⁶Otra parte cayó sobre las piedras y cuando brotó, las plantas se secaron por falta de humedad. ⁷Otra parte cayó entre espinos que, al crecer junto con las semillas, ahogaron las plantas. ⁸Pero otra parte cayó en buen terreno; así que brotó y produjo una cosecha del ciento por uno».

Dicho esto, exclamó: «El que tenga oídos para oír, que oiga».

⁹Sus discípulos preguntaron cuál era el significado de esta parábola. ¹⁰Jesús respondió:

«A ustedes se les ha concedido conocer los misterios del reino de Dios; pero a los demás se les habla por medio de parábolas para que

»"aunque miren, no vean;
aunque oigan, no entiendan".ᶠ

¹¹»Este es el significado de la parábola: La semilla es la palabra de Dios. ¹²Los que están junto al camino son los que oyen, pero luego viene el diablo y les quita la palabra del corazón, no sea que crean y se salven. ¹³Los que están sobre las piedras son los que reciben con alegría cuando la oyen, pero no tienen raíz. Estos creen por algún tiempo, pero se apartan cuando llega la prueba. ¹⁴La parte que cayó entre espinos son los que oyen, pero los ahogan las preocupaciones, las riquezas y los placeres de esta vida, y no maduran. ¹⁵Pero la parte que cayó en buen terreno son los que oyen la palabra con corazón noble y bueno, la retienen y, como perseveran, producen una buena cosecha.

Una lámpara en una repisa

¹⁶»Nadie enciende una lámpara para después cubrirla con una vasija o ponerla debajo de la cama, sino para ponerla en un candelero, a fin de que los que entren tengan luz. ¹⁷Porque no hay nada escondido que no llegue a descubrirse ni nada oculto que no llegue a conocerse públicamente. ¹⁸Por lo tanto, pongan mucha atención. Al que tiene se le dará más; al que no tiene hasta lo que cree tener se le quitará».

La madre y los hermanos de Jesús
8:19-21 – Mt 12:46-50; Mr 3:31-35

¹⁹La madre y los hermanos de Jesús fueron a verlo, pero, como había mucha gente, no lograban acercársele.

²⁰—Tu madre y tus hermanos están afuera y quieren verte —le avisaron.

²¹Pero él contestó:

—Mi madre y mis hermanos son los que oyen la palabra de Dios y la ponen en práctica.

Jesús calma la tormenta
8:22-25 – Mt 8:23-27; Mr 4:36-41

²²Un día subió Jesús con sus discípulos a una barca.

—Crucemos al otro lado del lago —dijo.

Así que partieron, ²³y mientras navegaban, él se durmió. Entonces se desató una tormenta sobre el lago, de modo que la barca comenzó a inundarse y corrían gran peligro.

²⁴Los discípulos fueron a despertarlo.

—¡Maestro, Maestro, nos vamos a ahogar! —gritaron.

Él se levantó y reprendió al viento y a las olas; la tormenta se apaciguó y todo quedó tranquilo.

²⁵—¿Dónde está la fe de ustedes? —preguntó a sus discípulos.

Con temor y asombro ellos se decían unos a otros: «¿Quién es este que manda aun a los vientos y al agua, y le obedecen?».

Liberación de un endemoniado
8:26-37 – Mt 8:28-34
8:26-39 – Mr 5:1-20

²⁶Navegaron hasta la región de los gerasenos,ᵃ que está al otro lado del lago, frente a Galilea. ²⁷Al desembarcar Jesús, un endemoniado que venía del pueblo salió a su encuentro. Hacía mucho tiempo que este hombre no se vestía; tampoco vivía en una casa, sino en los sepulcros. ²⁸Cuando vio a Jesús, dio un grito y se arrojó a sus pies. Entonces exclamó con fuerza:

—¿Por qué te entrometes, Jesús, Hijo del Dios Altísimo? ¡Te ruego que no me atormentes!

²⁹Es que Jesús había ordenado al ˚espíritu maligno que saliera del hombre. Se había apoderado de él muchas veces y, aunque le sujetaban los pies y las manos con cadenas y lo mantenían bajo custodia, rompía las cadenas y el demonio lo arrastraba a lugares solitarios.

³⁰—¿Cómo te llamas? —le preguntó Jesús.

—Legión —respondió, ya que habían entrado en él muchos demonios.

³¹Y estos suplicaban a Jesús que no los mandara al ˚abismo. ³²En una colina estaba alimentándose una manada de muchos cerdos. Entonces los demonios rogaron a Jesús que los dejara entrar en ellos. Así que él les dio permiso. ³³Cuando los demonios salieron del hombre, entraron en los cerdos; entonces la manada se precipitó al lago por el despeñadero y se ahogó.

³⁴Al ver lo sucedido, los que cuidaban los cerdos huyeron y avisaron en el pueblo y por los campos, ³⁵por lo que la gente salió a ver lo que había pasado. Llegaron adonde estaba Jesús y encontraron, sentado a sus pies, al hombre de quien habían salido los demonios. Cuando lo vieron vestido y en su sano juicio, tuvieron miedo. ³⁶Los que habían presenciado estas cosas contaron a la gente cómo el endemoniado había sido ˚sanado. ³⁷Entonces toda la gente de la región de los gerasenos pidió a Jesús que se fuera de allí, porque les había entrado mucho miedo. Así que él subió a la barca para irse.

³⁸Ahora bien, el hombre de quien habían salido los demonios rogaba que le permitiera acompañarlo, pero Jesús lo despidió y dijo:

³⁹—Vuelve a tu casa y cuenta todo lo que Dios ha hecho por ti.

Así que el hombre se fue y proclamó por todo el pueblo lo mucho que Jesús había hecho por él.

Una niña muerta y una mujer enferma
8:40-56 – Mt 9:18-26; Mr 5:22-43

⁴⁰Cuando Jesús regresó, la multitud se alegró de verlo, pues todos estaban esperándolo. ⁴¹En esto llegó un hombre llamado Jairo, que era jefe de la sinagoga. Se arrojó a los pies de Jesús y le suplicó que fuera a su casa ⁴²porque su única hija, de unos doce años, estaba muriendo.

Jesús se puso en camino y las multitudes se agolpaban sobre él. ⁴³Había entre la gente una mujer que hacía doce años padecía de hemorragias,ᵇ sin que nadie pudiera sanarla. Había gastado todo lo que tenía en médicos. ⁴⁴Ella se le acercó por detrás, tocó el borde de su manto y al instante cesó su hemorragia.

⁴⁵—¿Quién me ha tocado? —preguntó Jesús.

Como todos negaban haberlo tocado, Pedro le dijo:

—Maestro, son multitudes las que te aprietan y te oprimen.

⁴⁶—No, alguien me ha tocado —respondió Jesús—; yo sé que de mí ha salido poder.

⁴⁷La mujer, al ver que no podía pasar inadvertida, se acercó temblando y se arrojó a sus pies. En presencia de toda la gente, contó por qué lo había tocado y cómo había sido sanada al instante.

⁴⁸—¡Hija, tu fe te ha sanado! —dijo Jesús—. Vete en paz.

⁴⁹Todavía estaba hablando Jesús cuando alguien llegó de la casa de Jairo, jefe de la sinagoga, para decirle:

—Tu hija ha muerto. No molestes más al Maestro.

⁵⁰Al oír esto, Jesús dijo a Jairo:

—No tengas miedo; nada más cree y ella será sanada.

⁵¹Cuando llegó a la casa de Jairo, no dejó que nadie entrara con él, excepto Pedro, Juan y ˚Santiago, y también el padre y la madre de la niña. ⁵²Todos estaban llorando muy afligidos por ella.

—Dejen de llorar —dijo Jesús—. No está muerta, sino dormida.

⁵³Entonces ellos empezaron a burlarse de él porque sabían que estaba muerta. ⁵⁴Pero él la tomó de la mano y dijo:

—¡Niña, levántate!

⁵⁵Ella recobró la vidaᶜ y al instante se levantó. Jesús mandó a darle de comer. ⁵⁶Los padres se quedaron atónitos, pero él les advirtió que no contaran a nadie lo que había sucedido.

Jesús envía a los doce
9:3-5 – Mt 10:9-15; Mr 6:8-11
9:7-9 – Mt 14:1-2; Mr 6:14-16

9 Habiendo reunido a los doce, Jesús les dio poder y autoridad para expulsar a todos los demonios y para sanar enfermedades. ²Entonces los envió a predicar el reino de Dios y a sanar a los enfermos. ³«No lleven nada para el camino: ni bastón, ni bolsa, ni pan, ni dinero, ni dos mudas de ropa —les dijo—. ⁴En cualquier casa que entren, quédense allí hasta que salgan del pueblo. ⁵Si no los reciben bien, salgan de ese pueblo y sacúdanse el polvo de los pies como un testimonio contra sus habitantes». ⁶Así que partieron y fueron por todas partes de pueblo en pueblo, predicando las ˚buenas noticias y sanando a la gente.

⁷Herodes, el tetrarca, se enteró de todo lo que estaba sucediendo. Estaba perplejo porque algunos decían que Juan había ˚resucitado; ⁸otros, que se había aparecido Elías; y otros, en fin, que había resucitado alguno de los antiguos profetas. ⁹Pero Herodes dijo: «A Juan mandé que le cortaran la

---

a 26 gerasenos. Var. gadarenos; otra var. gergesenos; también en v. 37.   b 43 hemorragias. Var. hemorragias y que había gastado en médicos todo lo que tenía.   c 55 Recobró la vida. Lit. Y volvió el espíritu de ella.

cabeza; ¿quién es, entonces, este de quien oigo tales cosas?». Y procuraba verlo.

Jesús alimenta a los cinco mil
9:10-17 – Mt 14:13-21; Mr 6:32-44; Jn 6:5-13

¹⁰Cuando regresaron los apóstoles, contaron a Jesús lo que habían hecho. Él se los llevó consigo y se retiraron solos a un pueblo llamado Betsaida, ¹¹pero la gente se enteró y lo siguió. Él los recibió y les habló del reino de Dios. También sanó a los que lo necesitaban.

¹²Al atardecer se acercaron los doce y le dijeron:

—Despide a la gente, para que vaya a buscar alojamiento y comida en los campos y pueblos cercanos, pues donde estamos no hay nada.ᵃ

¹³—Denles ustedes mismos de comer —dijo Jesús.

—No tenemos más que cinco panes y dos pescados, a menos que vayamos a comprar comida para toda esta gente —objetaron ellos, ¹⁴porque había allí unos cinco mil hombres.

Pero Jesús dijo a sus discípulos:

—Hagan que se sienten en grupos como de cincuenta cada uno.

¹⁵Así lo hicieron los discípulos y se sentaron todos. ¹⁶Entonces Jesús tomó los cinco panes y los dos pescados y, mirando al cielo, los bendijo. Luego los partió y se los dio a los discípulos para que los repartieran a la gente. ¹⁷Todos comieron hasta quedar satisfechos y de los pedazos que sobraron se recogieron doce canastas.

La confesión de Pedro
9:18-20 – Mt 16:13-16; Mr 8:27-29
9:22-27 – Mt 16:21-28; Mr 8:31–9:1

¹⁸Un día Jesús estaba orando a solas; cuando llegaron sus discípulos, preguntó:

—¿Quién dice la gente que soy yo?

¹⁹Le respondieron:

—Unos dicen que Juan el Bautista, otros que Elías y otros que uno de los antiguos profetas ha resucitado.

²⁰—Y ustedes, ¿quién dicen que soy yo? —preguntó Jesús.

—El ˚Cristo de Dios —afirmó Pedro.

²¹Jesús ordenó terminantemente que no dijeran esto a nadie. ²²Y les dijo:

—El Hijo del hombre tiene que sufrir muchas cosas y ser rechazado por los líderes religiosos, los jefes de los sacerdotes y los maestros de la Ley. Es necesario que lo maten y que resucite al tercer día.

²³Dirigiéndose a todos, declaró:

—Si alguien quiere ser mi discípulo, que se niegue a sí mismo, tome su cruz cada día y me siga. ²⁴Porque el que quiera salvar su vida, la perderá; pero el que pierda su vida por mi causa la salvará. ²⁵¿De qué le sirve a uno ganar el mundo entero si se pierde o se destruye a sí mismo? ²⁶Si alguien se avergüenza de mí y de mis palabras, el Hijo del hombre se avergonzará de él cuando venga en su gloria y en la gloria del Padre y de los santos ángeles. ²⁷Además, les aseguro que algunos de los aquí presentes no sufrirán la muerte sin antes haber visto el reino de Dios.

La transfiguración
9:28-36 – Mt 17:1-8; Mr 9:2-8

²⁸Unos ocho días después de decir esto, Jesús, acompañado de Pedro, Juan y ˚Santiago, subió a una montaña a orar. ²⁹Mientras oraba, su rostro se transformó y su ropa se volvió blanca y radiante.

³⁰Y aparecieron dos personajes —Moisés y Elías—, que conversaban con Jesús. ³¹Tenían un aspecto glorioso, y hablaban de la partida de Jesús, que él iba a cumplir en Jerusalén. ³²Pedro y sus compañeros estaban rendidos de sueño, pero cuando se despabilaron, vieron su gloria y a los dos personajes que estaban con él. ³³Mientras estos se apartaban de Jesús, Pedro, sin saber lo que estaba diciendo, propuso:

—Maestro, ¡qué bien que estemos aquí! Podemos levantar tres albergues: uno para ti, otro para Moisés y otro para Elías.

³⁴Estaba hablando todavía cuando apareció una nube que los envolvió y al entrar en la nube se asustaron. ³⁵Entonces salió de la nube una voz que dijo: «Este es mi Hijo, mi escogido. ¡Escúchenlo!». ³⁶Después de oírse la voz, Jesús quedó solo. Los discípulos guardaron esto en secreto y por algún tiempo a nadie contaron nada de lo que habían visto.

Jesús sana a un muchacho endemoniado
9:37-42, 43-45 – Mt 17:14-18, 22-23; Mr 9:14-27, 30-32

³⁷Al día siguiente, cuando bajaron de la montaña, le salió al encuentro mucha gente. ³⁸Y un hombre de entre la multitud exclamó:

—Maestro, te ruego que atiendas a mi hijo, pues es el único que tengo. ³⁹Resulta que un espíritu se posesiona de él y de repente el muchacho se pone a gritar; también lo sacude con violencia y hace que eche espumarajos. Cuando lo atormenta, a duras penas lo suelta. ⁴⁰Ya rogué a tus discípulos que lo expulsaran, pero no pudieron.

⁴¹—¡Ah, generación incrédula y malvada! —respondió Jesús—. ¿Hasta cuándo tendré que estar con ustedes y soportarlos? Trae acá a tu hijo.

⁴²Estaba acercándose el muchacho cuando el demonio lo derribó con una convulsión. Pero Jesús reprendió al ˚espíritu maligno, sanó al muchacho y se lo devolvió al padre. ⁴³Y todos se quedaron asombrados de la grandeza de Dios.

En medio de tanta admiración por todo lo que hacía, Jesús dijo a sus discípulos:

⁴⁴—Presten mucha atención a lo que les voy a decir: El Hijo del hombre va a ser entregado en manos de los hombres.

⁴⁵Pero ellos no entendían lo que quería decir con esto. Estaba encubierto para que no lo comprendieran y no se atrevían a preguntárselo.

¿Quién va a ser el más importante?
9:46-48 – Mt 18:1-5
9:46-50 – Mr 9:33-40

⁴⁶Surgió entre los discípulos una discusión sobre quién de ellos sería el más importante. ⁴⁷Como Jesús sabía bien lo que pensaban, tomó a un niño y lo puso a su lado.

⁴⁸—El que recibe en mi nombre a este niño —dijo—, me recibe a mí; y el que me recibe a mí, recibe al que me envió. Porque el que es más pequeño entre todos ustedes, ese es el más importante.

⁴⁹—Maestro —dijo Juan—, vimos a un hombre que expulsaba demonios en tu nombre y se lo impedimos, porque no es de los nuestros.

⁵⁰—No se lo impidan —respondió Jesús—, porque el que no está contra ustedes está a favor de ustedes.

La oposición de los samaritanos

⁵¹Como se acercaba el tiempo de que fuera llevado al cielo, Jesús se hizo el firme propósito de ir a Jerusalén. ⁵²Envió por delante mensajeros, que entraron en un pueblo samaritano para prepararle alojamiento; ⁵³pero allí la gente no quiso recibirlo

---

ᵃ 12 donde estamos no hay nada. Lit. aquí estamos en un lugar desierto.

porque se dirigía a Jerusalén. ⁵⁴Cuando los discípulos ˙Santiago y Juan vieron esto, preguntaron:

—Señor, ¿quieres que hagamos caer fuego del cielo para^a que los destruya?

⁵⁵Pero Jesús se volvió a ellos y los reprendió. ⁵⁶Luego^b siguieron la jornada a otra aldea.

Lo que cuesta seguir a Jesús
9:57-60 – Mt 8:19-22

⁵⁷Iban por el camino cuando alguien dijo a Jesús:

—Te seguiré adondequiera que vayas.

⁵⁸—Las zorras tienen madrigueras y las aves tienen nidos —respondió Jesús—, pero el Hijo del hombre no tiene dónde recostar la cabeza.

⁵⁹A otro le dijo:

—Sígueme.

Él contestó:

—Señor, primero déjame ir a enterrar a mi padre.

⁶⁰—Deja que los muertos entierren a sus muertos, pero tú ve y proclama el reino de Dios —respondió Jesús.

⁶¹Otro afirmó:

—Te seguiré, Señor, pero primero deja despedirme de mi familia.

⁶²Jesús respondió:

—Nadie que mire atrás después de poner la mano en el arado es apto para el reino de Dios.

Jesús envía a los setenta y dos
10:4-12 – Lc 9:3-5
10:13-15, 21-22 – Mt 11:21-23, 25-27
10:23-24 – Mt 13:16-17

10 Después de esto, el Señor escogió a otros setenta y dos^c para enviarlos de dos en dos delante de él a todo pueblo y lugar adonde él pensaba ir. ²«La cosecha es abundante, pero son pocos los obreros —les dijo—. Por tanto, pidan al Señor de la cosecha que envíe obreros a su campo. ³¡Vayan ustedes! ¡Presten atención! Porque los envío como corderos en medio de lobos. ⁴No lleven monedero en bolsa ni sandalias; tampoco se detengan a saludar a nadie por el camino.

⁵»En cualquier casa que entren, digan primero: "Paz a esta casa". ⁶Si hay allí alguien que promueva la paz, la paz de ustedes reinará en ella; y si no, la paz regresará a ustedes.^d ⁷Quédense en esa casa, coman y beban de lo que ellos tengan, porque el trabajador tiene derecho a su salario. No anden de casa en casa.

⁸»Cuando entren en un pueblo y los reciban, coman lo que les sirvan. ⁹Sanen a los enfermos que encuentren allí y díganles: "El reino de Dios está cerca de ustedes". ¹⁰Pero cuando entren en un pueblo donde no los reciban bien, salgan a las plazas y digan: ¹¹"Aun el polvo de este pueblo, que se nos ha pegado a los pies, nos lo sacudimos en protesta contra ustedes. Pero tengan por seguro que está cerca el reino de Dios". ¹²Les digo que en aquel día será más tolerable el castigo para Sodoma que para ese pueblo.

¹³»¡Ay de ti, Corazín! ¡Ay de ti, Betsaida! Si se hubieran hecho en Tiro y en Sidón los milagros que se hicieron en medio de ustedes, ya hace tiempo que se habrían arrepentido con muchos lamentos.^e ¹⁴Pero en el juicio será más tolerable el castigo para Tiro y Sidón que para ustedes. ¹⁵Y tú, Capernaúm, ¿acaso serás levantada hasta el cielo? No, sino que descenderás hasta los dominios de la muerte.^f

¹⁶»El que los escucha a ustedes, me escucha a mí; el que los rechaza a ustedes, me rechaza a mí y el que me rechaza a mí, rechaza al que me envió».

¹⁷Cuando los setenta y dos regresaron, dijeron contentos:

—Señor, hasta los demonios se nos someten en tu nombre.

¹⁸—Yo veía a Satanás caer del cielo como un rayo —respondió él—, ¹⁹Sí, les he dado autoridad a ustedes para pisotear serpientes y escorpiones y vencer todo el poder del enemigo; nada les podrá hacer daño. ²⁰Sin embargo, no se alegren de que puedan someter a los espíritus, sino alégrense de que sus nombres están escritos en el cielo.

²¹En aquel momento Jesús, lleno de alegría por el Espíritu Santo, dijo: «Te alabo, Padre, Señor del cielo y de la tierra, porque habiendo escondido estas cosas de los sabios e instruidos, se las has revelado a los niños. Sí, Padre, porque esa fue tu buena voluntad.

²²»Mi Padre me ha entregado todas las cosas. Nadie sabe quién es el Hijo, sino el Padre; nadie sabe quién es el Padre, sino el Hijo y aquel a quien el Hijo quiera revelarlo».

²³Volviéndose a sus discípulos, les dijo aparte: «¡Dichosos los ojos que ven lo que ustedes ven! ²⁴Les digo que muchos profetas y reyes quisieron ver lo que ustedes ven, pero no lo vieron; quisieron oír lo que ustedes oyen, pero no lo oyeron».

Parábola del buen samaritano
10:25-28 – Mt 22:34-40; Mr 12:28-31

²⁵En esto se presentó un ˙experto en la Ley y, para poner a prueba a Jesús, se puso de pie y le hizo esta pregunta:

—Maestro, ¿qué debo hacer para heredar la vida eterna?

²⁶Jesús respondió:

—¿Qué está escrito en la Ley? ¿Cómo la interpretas tú?

²⁷Como respuesta el hombre citó:

—"Ama al Señor tu Dios con todo tu corazón, con todo tu ser, con todas tus fuerzas y con toda tu mente",^g y "Ama a tu prójimo como a ti mismo".^h

²⁸—Bien contestado —dijo Jesús—. Haz eso y vivirás.

²⁹Pero él quería justificarse, así que preguntó a Jesús:

—¿Y quién es mi prójimo?

³⁰Jesús respondió:

—Bajaba un hombre de Jerusalén a Jericó y cayó en manos de unos ladrones. Le quitaron la ropa, lo golpearon y se fueron, dejándolo medio muerto. ³¹Resulta que viajaba por el mismo camino un sacerdote quien, al verlo, se desvió y siguió de largo. ³²Así también llegó a aquel lugar un levita y al verlo, se desvió y siguió de largo. ³³Pero un samaritano que iba de viaje llegó adonde estaba el hombre y viéndolo, se compadeció de él. ³⁴Se acercó, le curó las heridas con vino y aceite, y se las vendó. Luego lo montó sobre su propia cabalgadura, lo llevó a un alojamiento y lo cuidó. ³⁵Al día siguiente, sacó dos monedas de plataⁱ y se las dio al dueño del alojamiento. "Cuídemelo —le dijo—, y lo que gaste usted de más, se lo pagaré cuando yo vuelva". ³⁶¿Cuál de estos tres piensas que demostró ser el prójimo del que cayó en manos de los ladrones?

---

a 54 cielo para. Var. cielo, como hizo Elías, para.
b 55-56 reprendió. 56Luego. Var. reprendió. —Ustedes no saben de qué espíritu son —les dijo—, 56porque el Hijo del hombre no vino para destruir la vida de las personas, sino para salvarla. / Luego. *c* 1 setenta y dos. Var. setenta; también en v. 17. *d 6* Si hay ... regresará. Lit. Si hay allí un hijo de paz, la paz de ustedes reposará sobre él; y si no, volverá a ustedes. *e* 13 con muchos lamentos. Lit. sentados en saco y ceniza. *f 15* los dominios de la muerte. Lit. el Hades. *g* 27 Dt 6:5. *h* 27 Lv 19:18. *i* 35 monedas de plata. Lit. denarios.

³⁷—El que se compadeció de él —contestó el experto en la Ley.

—Anda entonces y haz tú lo mismo —concluyó Jesús.

En casa de Marta y María

³⁸Mientras iba de camino con sus discípulos, Jesús entró en una aldea y una mujer llamada Marta lo recibió en su casa. ³⁹Tenía ella una hermana llamada María que, sentada a los pies del Señor, escuchaba lo que él decía. ⁴⁰Marta, por su parte, se sentía abrumada porque tenía mucho que hacer. Así que se acercó a él y dijo:

—Señor, ¿no te importa que mi hermana me haya dejado sirviendo sola? ¡Dile que me ayude!

⁴¹—Marta, Marta —contestó el Señor—, estás inquieta y preocupada por muchas cosas, ⁴²pero solo una es necesaria.ª María ha escogido la mejor y nadie se la quitará.

Jesús enseña sobre la oración

11:2-4 – Mt 6:9-13
11:9-13 – Mt 7:7-11

11 Un día estaba Jesús orando en cierto lugar. Cuando terminó, dijo uno de sus discípulos:

—Señor, enséñanos a orar, así como Juan enseñó a sus discípulos.

²Él les dijo:

—Cuando oren, digan:

»"Padre,ᵇ
santificado sea tu nombre.
Venga tu reino.ᶜ
³ Danos cada día nuestro pan cotidiano.ᵈ
⁴ Perdónanos nuestros pecados,
    porque también nosotros perdonamos a
    todos los que nos ofenden.ᵉ
Y no nos dejes caer en tentación".ᶠ

⁵»Supongamos —continuó— que uno de ustedes tiene un amigo y a medianoche va y le dice: "Amigo, préstame tres panes, ⁶pues se me ha presentado un amigo recién llegado de viaje y no tengo nada que ofrecerle". ⁷Y el que está adentro le contesta: "No me molestes. Ya está cerrada la puerta y mis hijos y yo estamos acostados. No puedo levantarme a darte nada". ⁸Les digo que, aunque no se levante a darle pan por ser amigo suyo, sí se levantará por su impertinencia y le dará cuanto necesite.

⁹»Así que yo digo: Pidan y se les dará; busquen y encontrarán; llamen y se les abrirá. ¹⁰Porque todo el que pide, recibe; el que busca, encuentra; y al que llama, se le abre.

¹¹»¿Quién de ustedes que sea padre, si su hijo pideᵍ un pescado, le dará en cambio una serpiente? ¹²¿O si pide un huevo, le dará un escorpión? ¹³Pues si ustedes, aun siendo malos, saben dar cosas buenas a sus hijos, ¡cuánto más el Padre celestial dará el Espíritu Santo a quienes se lo pidan!

Jesús y Beelzebú

11:14-15, 17-22, 24-26 – Mt 12:22, 24-29, 43-45
11:17-22 – Mr 3:23-27

¹⁴En otra ocasión Jesús expulsaba de un hombre a un demonio que lo había dejado mudo. Cuando salió el demonio, el mudo habló y la gente quedó asombrada. ¹⁵Pero algunos dijeron: «Este expulsa a los demonios por medio de ˚Beelzebú, príncipe de los demonios». ¹⁶Otros, para ponerlo a ˚prueba, le pedían una señal del cielo.

¹⁷Como él conocía sus pensamientos, les dijo: «Todo reino dividido contra sí mismo quedará asolado, y una casa dividida contra sí misma se derrumbará.ʰ ¹⁸Por tanto, si Satanás está dividido contra sí mismo, ¿cómo puede mantenerse en pie su reino? Lo pregunto porque ustedes dicen que yo expulso a los demonios por medio de Beelzebú. ¹⁹Ahora bien, si yo expulso a los demonios por medio de Beelzebú, ¿los seguidores de ustedes por medio de quién los expulsan? Por eso ellos mismos los juzgarán a ustedes. ²⁰Pero si expulso a los demonios con el poderoso dedo de Dios, eso significa que el reino de Dios ha llegado a ustedes.

²¹»Cuando un hombre fuerte y bien armado cuida su hacienda, sus bienes están seguros. ²²Pero si lo ataca otro más fuerte que él y lo vence, le quita las armas en que confiaba y reparte el botín.

²³»El que no está de mi parte está contra mí; y el que conmigo no recoge esparce.

²⁴»Cuando un espíritu maligno sale de una persona, va por lugares áridos buscando descanso sin encontrarlo. Entonces dice: "Volveré a mi casa, de donde salí". ²⁵Cuando llega, la encuentra barrida y arreglada. ²⁶Luego va y trae a otros siete espíritus más malvados que él y entran a vivir allí. Así que el estado final de aquella persona resulta peor que el inicial».

²⁷Mientras Jesús decía estas cosas, una mujer de entre la multitud exclamó:

—¡˚Dichosa la mujer que te dio a luz y te amamantó!ⁱ

²⁸—Dichosos más bien —contestó Jesús— los que oyen la palabra de Dios y la obedecen.

La señal de Jonás

11:29-32 – Mt 12:39-42

²⁹Como crecía la multitud, Jesús se puso a decirles: «¡Esta es una generación malvada! Pide una señal milagrosa, pero no se le dará más señal que la de Jonás. ³⁰Así como Jonás fue una señal para los habitantes de Nínive, también lo será el Hijo del hombre para esta generación. ³¹La reina del Sur se levantará en el día del juicio y condenará a esta generación; porque ella vino desde los confines de la tierra para escuchar la sabiduría de Salomón y aquí tienen ustedes a uno más importante que Salomón. ³²Los habitantes de Nínive se levantarán en el juicio contra esta generación y la condenarán; porque ellos se arrepintieron al escuchar la predicación de Jonás y aquí tienen ustedes a uno más importante que Jonás.

La lámpara del cuerpo

11:34-35 – Mt 6:22-23

³³»Nadie enciende una lámpara para luego ponerla en un lugar escondido o cubrirla con una vasija, sino para ponerla en un candelero, a fin de que los que entren tengan luz. ³⁴Tus ojos son la lámpara de tu cuerpo. Si tus ojos son buenos, todo tu ser disfrutará de la luz; pero si son malos, todo tu ser estará en la oscuridad.ʲ ³⁵Asegúrate de que la luz que crees tener no sea oscuridad. ³⁶Por tanto, si todo tu ser disfruta de la luz, sin que ninguna parte quede

---

ª 42 solo una es necesaria. Var. se necesitan pocas cosas o una sola. ᵇ 2 Padre. Var. Padre nuestro que estás en el cielo (véase Mt 6:9). ᶜ 2 reino. Var. reino. Hágase tu voluntad en la tierra como en el cielo (véase Mt 6:10). ᵈ 3 nuestro pan cotidiano. Alt. el pan que necesitamos. ᵉ 4 nos ofenden. Lit. nos deben. ᶠ 4 tentación. Var. tentación, sino líbranos del maligno (véase Mt 6:13). ᵍ 11 pide. Var. pide pan, le dará una piedra; o si pide. ʰ 17 y una casa ... derrumbará. Alt. y sus casas se derrumbarán unas sobre otras. ⁱ 27 ¡Dichosa ... amamantó! Lit. ¡Dichoso el vientre que te llevó y los pechos que te criaron! ʲ 34 Si tus ojos ... oscuridad. Lit. Cuando tu ojo es bueno, todo tu cuerpo está iluminado; pero cuando es malo, también tu cuerpo es oscuro.

en la oscuridad, estarás completamente iluminado, como cuando una lámpara te alumbra con su luz».

Jesús denuncia a los fariseos y a los expertos en la Ley

37Cuando Jesús terminó de hablar, un *fariseo lo invitó a comer con él; así que entró en la casa y se *sentó a la mesa. **38**Pero el fariseo se sorprendió al ver que Jesús no había cumplido con el rito de lavarse antes de comer.

39—Resulta que ustedes los fariseos —les dijo el Señor— limpian el vaso y el plato por fuera, pero por dentro están llenos de robo y de maldad. **40**¡Necios! ¿Acaso el que hizo lo de afuera no hizo también lo de adentro? **41**Den más bien a los pobres de lo que está dentro,*a* y así todo quedará limpio para ustedes.

42»¡Ay de ustedes, fariseos!, que dan la décima parte de la menta, de la ruda y de toda clase de legumbres, pero descuidan la justicia y el amor de Dios. Debían haber practicado esto, sin dejar de hacer aquello.

43»¡Ay de ustedes, fariseos!, que se mueren por los primeros asientos en las sinagogas y los saludos en las plazas.

44»¡Ay de ustedes!, que son como tumbas sin lápida, sobre las que anda la gente sin darse cuenta».

45Uno de los *expertos en la Ley le respondió:

—Maestro, al hablar así nos insultas también a nosotros.

46Contestó Jesús:

—¡Ay de ustedes también, expertos en la Ley! Abruman a los demás con cargas que apenas se pueden soportar, pero ustedes mismos no mueven ni un dedo para levantarlas.

47»¡Ay de ustedes!, que construyen monumentos para los profetas, a quienes mataron sus antepasados. **48**En realidad*b* aprueban lo que hicieron sus antepasados; ellos mataron a los profetas y ustedes construyen los sepulcros. **49**Por eso dijo Dios en su sabiduría: "Les enviaré profetas y apóstoles, de los cuales matarán a unos y perseguirán a otros". **50**Por lo tanto, a esta generación se le pedirá cuentas de la sangre de todos los profetas derramada desde la creación del mundo, **51**desde la sangre de Abel hasta la sangre de Zacarías, el que murió entre el altar y el santuario. Sí, les aseguro que de todo esto se le pedirá cuentas a esta generación.

52»¡Ay de ustedes, expertos en la Ley!, porque se han adueñado de la llave del conocimiento. Ustedes mismos no han entrado, y a los que intentan hacerlo, les han cerrado el paso».

53Cuando Jesús salió de allí, los *maestros de la Ley y los fariseos, resentidos, se pusieron a acosarlo con preguntas. **54**Estaban tendiéndole trampas para ver si fallaba en algo.

Advertencias y estímulos
12:2-9 – Mt 10:26-33

12 Mientras tanto, se habían reunido millares de personas, tantas que se atropellaban unas a otras. Jesús comenzó a hablar, dirigiéndose primero a sus discípulos: «Cuídense de la levadura de los fariseos, o sea, de la hipocresía. **2**No hay nada encubierto que no llegue a revelarse ni nada escondido que no llegue a conocerse. **3**Así que todo lo que ustedes han dicho en la oscuridad se dará a conocer a plena luz y lo que han susurrado a puerta cerrada se proclamará desde las azoteas.

4»A ustedes, mis amigos, les digo que no teman a los que matan el cuerpo, pero después no pueden hacer más. **5**Les voy a enseñar más bien a quién deben temer: teman al que, después de dar muerte, tiene poder para echarlos al infierno. Sí, les aseguro que a él deben temer. **6**¿No se venden cinco gorriones por dos monedItas?*c* Sin embargo, Dios no se olvida de ninguno de ellos. **7**De hecho, él les tiene contados aun los cabellos de su cabeza. No tengan miedo, ustedes valen más que muchos gorriones.

8»Les aseguro que a cualquiera que me confiese delante de los demás, también el Hijo del hombre lo confesará delante de los ángeles de Dios. **9**Pero al que me niega delante de los demás, se le negará delante de los ángeles de Dios. **10**Y todo el que pronuncie alguna palabra contra el Hijo del hombre será perdonado, pero el que blasfeme contra el Espíritu Santo no tendrá perdón.

11»Cuando los lleven a comparecer ante las sinagogas, los gobernantes y las autoridades, no se preocupen de cómo van a defenderse o qué van a decir, **12**porque en ese momento el Espíritu Santo les enseñará lo que deben responder».

Parábola del rico insensato

13Uno de entre la multitud le pidió:

—Maestro, dile a mi hermano que comparta la herencia conmigo.

14—Hombre —respondió Jesús—, ¿quién me nombró a mí juez o árbitro entre ustedes?

15»¡Tengan cuidado! —advirtió a la gente—. Absténganse de toda avaricia; la vida de una persona no depende de la abundancia de sus bienes».

16Entonces les contó esta parábola:

—El terreno de un hombre rico produjo una buena cosecha. **17**Así que se puso a pensar: "¿Qué voy a hacer? No tengo dónde almacenar mi cosecha". **18**Por fin dijo: "Ya sé lo que voy a hacer: derribaré mis graneros y construiré otros más grandes, donde pueda almacenar todo mi grano y mis bienes. **19**Y diré: Alma mía, ya tienes bastantes cosas buenas guardadas para muchos años. Descansa, come, bebe y goza de la vida". **20**Pero Dios le dijo: "¡Necio! Esta misma noche te van a reclamar la vida. ¿Y quién se quedará con lo que has acumulado?".

21»Así sucede al que acumula riquezas para sí mismo, en vez de ser rico delante de Dios».

No se preocupen
12:22-31 – Mt 6:25-33

22Luego dijo Jesús a sus discípulos:

—Por eso les digo: No se preocupen por su vida, qué comerán; ni por su cuerpo, cómo se vestirán. **23**La vida tiene más valor que la comida y el cuerpo más que la ropa. **24**Fíjense en los cuervos: no siembran ni cosechan, ni tienen almacén ni granero; sin embargo, Dios los alimenta. ¡Cuánto más valen ustedes que las aves! **25**¿Quién de ustedes, por mucho que se preocupe, puede añadir una sola hora al curso de su vida?*d* **26**Ya que no pueden hacer algo tan insignificante, ¿por qué se preocupan por lo demás?

27»Fíjense cómo crecen los lirios. No trabajan ni hilan; sin embargo, les digo que ni siquiera Salomón, con todo su esplendor, se vestía como uno de ellos. **28**Si así viste Dios a la hierba que hoy está en el campo y mañana es arrojada al horno, ¡cuánto más hará por ustedes, gente de poca fe! **29**Así que no se afanen por lo que han de comer o beber; dejen de atormentarse. **30**El mundo pagano anda tras todas estas cosas, pero su Padre sabe que ustedes las necesitan. **31**Por el contrario, busquen el reino de Dios y estas cosas les serán añadidas.

---

a **41** lo que está dentro. Alt. lo que tienen.   *b* **48** En realidad. Lit. Así que ustedes son testigos y.   *c* **6** monedItas. Lit. asaria.   *d* **25** puede añadir ... su vida. Alt. puede aumentar su estatura siquiera medio metro (lit. un codo).

32»No tengan miedo, mi rebaño pequeño, porque es la buena voluntad del Padre darles el reino. **33**Vendan sus bienes y den a los pobres. Proveánse de bolsas que no se desgasten; acumulen un tesoro inagotable en el cielo, donde no hay ladrón que aceche ni polilla que destruya. **34**Porque donde esté su tesoro, allí estará también su corazón.

La vigilancia
12:35-36 – Mt 25:1-13; Mr 13:33-37
12:39-40, 42-46 – Mt 24:43-51

35»Manténganse listos, con la ropa bien ajustada[a] y las lámparas encendidas. **36**Pórtense como siervos que esperan a que regrese su señor de un banquete de bodas, para abrirle la puerta tan pronto como él llegue y toque. **37**Dichosos los siervos a quienes su señor encuentre pendientes de su llegada. Les aseguro que se ajustará la ropa, hará que los siervos se sienten a la mesa y él mismo se pondrá a servirles. **38**Sí, dichosos aquellos siervos a quienes su señor encuentre preparado, aunque llegue a la medianoche o de madrugada.[b] **39**Pero entiendan esto: si un dueño de casa supiera a qué hora va a llegar el ladrón, no lo dejaría forzar la entrada. **40**Así mismo deben ustedes estar preparados, porque el Hijo del hombre vendrá cuando menos lo esperen.

41—Señor —le preguntó Pedro—, ¿cuentas esta parábola para nosotros o para todos?

42Respondió el Señor:

—¿Quién es el mayordomo fiel y prudente a quien su señor deja encargado de los siervos para repartirles la comida a su debido tiempo? **43**Dichoso el siervo cuando su señor, al regresar, lo encuentra cumpliendo con su deber. **44**Les aseguro que lo pondrá a cargo de todos sus bienes. **45**Pero ¿qué tal si se siervo se pone a pensar: "Mi señor tarda en volver" y luego comienza a golpear a los criados y a las criadas, a comer, a beber y emborracharse? **46**El señor de ese siervo volverá el día en que el siervo menos lo espere y a la hora menos pensada. Lo castigará severamente y le impondrá la condena que reciben los incrédulos.[c]

47»El siervo que conoce la voluntad de su señor y no se prepara para cumplirla recibirá muchos golpes. **48**En cambio, el que no la conoce y hace algo que merezca castigo recibirá pocos golpes. A todo el que se le ha dado mucho se le exigirá mucho; y al que se le ha confiado mucho se le pedirá aún más.

División en vez de paz
12:51-53 – Mt 10:34-36

49»He venido a traer fuego a la tierra y ¡cómo quisiera que ya estuviera ardiendo! **50**Pero tengo que pasar por la prueba de un bautismo y ¡cuánta angustia siento hasta que se cumpla! **51**¿Creen ustedes que vine a traer paz a la tierra? ¡Les digo que no, sino división! **52**De ahora en adelante estarán divididos cinco en una familia, tres contra dos y dos contra tres. **53**Se enfrentarán el padre contra su hijo y el hijo contra su padre, la madre contra su hija y la hija contra su madre, la suegra contra su nuera y la nuera contra su suegra.

Señales de los tiempos
54Luego añadió Jesús, dirigiéndose a la multitud:

—Cuando ustedes ven que se levanta una nube en el occidente, enseguida dicen: "Va a llover" y así sucede. **55**Y cuando sopla el viento del sur, dicen: "Va a hacer calor" y así sucede. **56**¡Hipócritas! Ustedes saben interpretar la apariencia de la tierra y del cielo. ¿Cómo es que no saben interpretar el tiempo actual?

57»¿Por qué no juzgan por ustedes mismos lo que es justo? **58**Si tienes que ir con un adversario al magistrado, procura reconciliarte con él en el camino, no sea que te lleve por la fuerza ante el juez, el juez te entregue al alguacil y el alguacil te meta en la cárcel. **59**Te digo que no saldrás de allí hasta que pagues el último centavo.[d]

El que no se arrepiente perecerá
13 En aquella ocasión, algunos que habían llegado contaron a Jesús cómo Pilato había dado muerte a unos galileos cuando ellos ofrecían sus sacrificios.[e] **2**Jesús respondió: «¿Piensan ustedes que esos galileos por haber sufrido así eran más pecadores que todos los demás galileos? **3**¡Les digo que no! De la misma manera, todos ustedes perecerán a menos que se arrepientan. **4**¿O piensan que aquellos dieciocho que fueron aplastados por la torre de Siloé eran más culpables que todos los demás habitantes de Jerusalén? **5**¡Les digo que no! De la misma manera, ustedes perecerán a menos que se arrepientan».

6Entonces les contó esta parábola: «Un hombre tenía una higuera plantada en su viñedo, pero cuando fue a buscar fruto en ella, no encontró nada. **7**Así que dijo al viñador: "Mira, ya hace tres años que vengo a buscar fruto en esta higuera y no he encontrado nada. ¡Córtala! ¿Para qué ha de ocupar terreno?". **8**"Señor —contestó el viñador—, déjela todavía por un año más, para que yo pueda cavar a su alrededor y echarle abono. **9**Tal vez así, más adelante dé fruto; de lo contrario, córtela"».

Jesús sana en sábado a una mujer encorvada
10Un sábado, Jesús estaba enseñando en una de las sinagogas **11**y estaba allí una mujer que por causa de un espíritu llevaba dieciocho años enferma. Andaba encorvada y de ningún modo podía enderezarse. **12**Cuando Jesús la vio, la llamó y dijo:

—¡Mujer, quedas libre de tu enfermedad!

13Al mismo tiempo, puso las manos sobre ella; al instante la mujer se enderezó y empezó a alabar a Dios. **14**Indignado porque Jesús había sanado en sábado, el jefe de la sinagoga intervino, dirigiéndose a la gente:

—Hay seis días en que se puede trabajar, así que vengan esos días para ser sanados y no el sábado.

15—¡Hipócritas! —le contestó el Señor—. ¿Acaso no desata cada uno de ustedes su buey o su burro en sábado y lo saca del establo para llevarlo a tomar agua? **16**Sin embargo, a esta mujer, que es hija de Abraham y a quien Satanás tenía atada durante dieciocho largos años, ¿no se le debía quitar esta cadena en sábado?

17Cuando razonó así, quedaron humillados todos sus adversarios, pero la gente estaba encantada de tantas maravillas que él hacía.

Parábolas del grano de mostaza y de la levadura
13:18-19 – Mr 4:30-32
13:18-21 – Mt 13:31-33

18—¿A qué se parece el reino de Dios? —continuó Jesús—. ¿Con qué voy a compararlo? **19**Se parece a una semilla de mostaza que un hombre sembró en su huerto. Creció hasta convertirse en un árbol y las aves anidaron en sus ramas.

---

a 35 Manténganse ... ajustada. Lit. Tengan sus lomos ceñidos. *b 38 a la medianoche o de madrugada.* Lit. en la segunda o tercera vigilia. *c 46 lo castigará ... incrédulos.* Lit. lo cortará en dos y fijará su porción con los incrédulos. *d 59 centavo.* Lit. lepton. *e 1 contaron ... sacrificios.* Lit. le contaron acerca de los galileos cuya sangre Pilato mezcló con sus sacrificios.

²⁰Volvió a decir:

—¿Con qué voy a comparar el reino de Dios? ²¹Es como la levadura que una mujer tomó y mezcló con tres medidas[a] de harina, hasta que hizo crecer toda la masa.

La puerta estrecha

²²Continuando su viaje a Jerusalén, Jesús enseñaba en los pueblos y aldeas por donde pasaba.

²³—Señor, ¿son pocos los que van a salvarse? —le preguntó uno.

²⁴—Esfuércense por entrar por la puerta estrecha —contestó—, porque les digo que muchos tratarán de entrar y no podrán. ²⁵Tan pronto como el dueño de la casa se haya levantado a cerrar la puerta, ustedes desde afuera se pondrán a golpear la puerta, diciendo: "¡Señor, ábrenos!". Pero él les contestará: "No sé de dónde son ustedes". ²⁶Entonces dirán: "Comimos y bebimos contigo, y tú enseñaste en nuestras plazas". ²⁷Pero él les contestará: "Les repito que no sé de dónde son ustedes. ¡Apártense de mí, todos ustedes hacedores de injusticia!".

²⁸»Allí habrá llanto y crujir de dientes cuando vean en el reino de Dios a Abraham, Isaac, Jacob y a todos los profetas, mientras a ustedes los echan fuera. ²⁹Habrá quienes lleguen del oriente y del occidente, del norte y del sur, y participarán en el banquete en el reino de Dios. ³⁰En efecto, hay últimos que serán primeros y primeros que serán últimos.

Lamento de Jesús sobre Jerusalén
13:34-35 – Mt 23:37-39

³¹En ese momento se acercaron a Jesús unos fariseos y dijeron:

—Sal de aquí y vete a otro lugar, porque Herodes quiere matarte.

³²Él contestó:

—Vayan y díganle a ese zorro: "Mira, hoy y mañana seguiré expulsando demonios y sanando a la gente. Al tercer día terminaré lo que debo hacer". ³³Pero tengo que seguir adelante hoy, mañana y pasado mañana, porque no puede ser que muera un profeta fuera de Jerusalén.

³⁴»¡Jerusalén, Jerusalén, que matas a los profetas y apedreas a los que se te envían! ¡Cuántas veces quise reunir a tus hijos, como reúne la gallina a sus pollitos debajo de sus alas, pero no quisiste! ³⁵Pues bien, la casa de ustedes va a quedar abandonada. Y les advierto que ya no volverán a verme hasta que digan: "¡Bendito el que viene en el nombre del Señor!".[b]

Jesús en casa de un fariseo

14 Un día Jesús fue a comer a casa de un fariseo prominente. Era sábado, así que estos estaban acechando a Jesús. ²Allí, delante de él, estaba un hombre enfermo de hidropesía. ³Jesús preguntó a los expertos en la Ley y a los fariseos:

—¿Está permitido o no sanar en sábado?

⁴Pero ellos se quedaron callados. Entonces tomó al hombre, lo sanó y lo despidió.

⁵También les dijo:

—Si uno de ustedes tiene un hijo[c] o un buey que se le cae en un pozo, ¿no lo saca enseguida, aunque sea sábado?

⁶Y no pudieron contestarle nada.

⁷Al notar cómo los invitados escogían los lugares de honor en la mesa, les contó esta parábola:

⁸—Cuando alguien te invite a una fiesta de bodas, no te sientes en el lugar de honor, no sea que haya algún invitado más distinguido que tú. ⁹Si es así, el que los invitó a los dos vendrá y te dirá: "Cédele tu asiento a este hombre". Entonces, avergonzado, tendrás que ocupar el último asiento. ¹⁰Más bien, cuando te inviten, siéntate en el último lugar, para que cuando venga el que te invitó, te diga: "Amigo, pasa más adelante a un lugar mejor". Así recibirás honor en presencia de todos los demás invitados. ¹¹Porque todo el que a sí mismo se enaltece será humillado y el que se humilla será enaltecido.

¹²También dijo Jesús al que lo había invitado:

—Cuando des una comida o una cena, no invites a tus amigos, ni a tus hermanos, ni a tus parientes, ni a tus vecinos ricos; no sea que ellos, a su vez, te inviten y así seas recompensado. ¹³Más bien, cuando des un banquete, invita a los pobres, a los lisiados, a los cojos y a los ciegos. ¹⁴Entonces serás dichoso pues, aunque ellos no tienen con qué recompensarte, serás recompensado en la resurrección de los justos.

Parábola del gran banquete

¹⁵Al oír esto, uno de los que estaban sentados a la mesa con Jesús le dijo:

—¡Dichoso el que coma en el banquete del reino de Dios!

¹⁶Jesús contestó:

—Cierto hombre preparó un gran banquete e invitó a muchas personas. ¹⁷A la hora del banquete mandó a su siervo a decirles a los invitados: "Vengan, porque ya todo está listo". ¹⁸Pero todos, sin excepción, comenzaron a disculparse. El primero dijo: "Acabo de comprar un terreno y tengo que ir a verlo. Te ruego que me disculpes". ¹⁹Otro indicó: "Acabo de comprar cinco yuntas de bueyes y voy a probarlas. Te ruego que me disculpes". ²⁰Y otro alegó: "Acabo de casarme y por eso no puedo ir". ²¹El siervo regresó y le informó de esto a su señor. Entonces el dueño de la casa se enojó y ordenó a su siervo: "Sal de prisa por las plazas y los callejones del pueblo y trae acá a los pobres, a los lisiados, a los ciegos y a los cojos". ²²"Señor —dijo luego el siervo—, ya hice lo que usted me mandó, pero todavía hay lugar". ²³Entonces el señor respondió: "Ve por los caminos y las veredas, y oblígalos a entrar para que se llene mi casa. ²⁴Les digo que ninguno de aquellos invitados disfrutará de mi banquete".

El precio del discipulado

²⁵Grandes multitudes seguían a Jesús, y él se volvió y les dijo: ²⁶«Si alguno viene a mí y no sacrifica el amor[d] a su padre y a su madre, a su esposa y a sus hijos, a sus hermanos y a sus hermanas, y aun a su propia vida, no puede ser mi discípulo. ²⁷Y el que no carga su cruz y me sigue no puede ser mi discípulo.

²⁸»Supongamos que alguno de ustedes quiere construir una torre. ¿Acaso no se sienta primero a calcular el costo para ver si tiene suficiente dinero para terminarla? ²⁹Si echa los cimientos y no puede terminarla, todos los que la vean comenzarán a burlarse de él ³⁰y dirán: "Este hombre ya no pudo terminar lo que comenzó a construir".

³¹»O supongamos que un rey está a punto de ir a la guerra contra otro rey. ¿Acaso no se sienta primero a calcular si con diez mil hombres es posible enfrentarse al que viene contra él con veinte mil? ³²Si no puede, enviará una delegación mientras el otro está todavía lejos, para pedir condiciones de paz. ³³De la misma manera, cualquiera de ustedes que no renuncie a todos sus bienes no puede ser mi discípulo.

---

a 21 Es decir, aprox. 27 kg. Lit. tres satas.   b 35 Sal 118:26.
c 5 hijo. Var. burro.   d 26 no sacrifica el amor. Lit. no odia.

³⁴»La sal es buena, pero si la sal pierde su sabor, ¿cómo recuperará el sabor? ³⁵No sirve ni para la tierra ni para el abono; hay que tirarla fuera.

»El que tenga oídos para oír, que oiga».

Parábola de la oveja perdida
15:4-7 – Mt 18:12-14

15 Muchos ˙recaudadores de impuestos y ˙pecadores se acercaban a Jesús para oírlo, ²de modo que los ˙fariseos y los ˙maestros de la Ley se pusieron a murmurar: «Este hombre recibe a los pecadores y come con ellos».

³Él entonces contó esta parábola: ⁴«Supongamos que uno de ustedes tiene cien ovejas y pierde una de ellas. ¿No deja las noventa y nueve en el campo y va en busca de la oveja perdida hasta encontrarla? ⁵Y cuando la encuentra, lleno de alegría, la carga en los hombros ⁶y vuelve a la casa. Al llegar, reúne a sus amigos y vecinos y les dice: "Alégrense conmigo; ya encontré la oveja que se me había perdido". ⁷Les digo que así es también en el cielo: habrá más alegría por un solo pecador que se arrepienta que por noventa y nueve justos que no necesitan arrepentirse.

Parábola de la moneda perdida

⁸»O supongamos que una mujer tiene diez monedas de plata*ᵃ* y pierde una. ¿No enciende una lámpara, barre la casa y busca con cuidado hasta encontrarla? ⁹Y cuando la encuentra, reúne a sus amigas y vecinas y les dice: "Alégrense conmigo; ya encontré la moneda que se me había perdido". ¹⁰Les digo que así mismo se alegran los ángeles de Dios por un pecador que se arrepiente.

Parábola del hijo perdido

¹¹»Un hombre tenía dos hijos —continuó Jesús—. ¹²El menor de ellos dijo a su padre: "Papá, dame lo que me toca de la herencia". Así que el padre repartió sus bienes entre los dos. ¹³Poco después el hijo menor juntó todo lo que tenía y se fue a un país lejano; allí vivió desenfrenadamente y derrochó su herencia.

¹⁴»Cuando ya lo había gastado todo, sobrevino una gran escasez en la región y él comenzó a pasar necesidad. ¹⁵Así que fue y consiguió empleo con un ciudadano de aquel país, quien lo mandó a sus campos a cuidar cerdos. ¹⁶Tanta hambre tenía que hubiera querido llenarse el estómago con la comida que daban a los cerdos, pero aun así nadie le daba nada. ¹⁷Por fin recapacitó y se dijo: "¡Cuántos jornaleros de mi padre tienen comida de sobra y yo aquí me muero de hambre! ¹⁸Me levantaré y iré a mi padre y le diré: Papá, he pecado contra el cielo y contra ti. ¹⁹Ya no merezco que se me llame tu hijo; trátame como si fuera uno de tus jornaleros". ²⁰Así que emprendió el viaje y se fue a su padre.

»Todavía estaba lejos cuando su padre lo vio y se compadeció de él; salió corriendo a su encuentro, lo abrazó y lo besó. ²¹El joven le dijo: "Papá, he pecado contra el cielo y contra ti. Ya no merezco que se me llame tu hijo".*ᵇ* ²²Pero el padre ordenó a sus siervos: "¡Pronto! Traigan la mejor ropa para vestirlo.

Pónganle también un anillo en el dedo y sandalias en los pies. ²³Traigan el ternero más gordo y mátenlo para celebrar un banquete. ²⁴Porque este hijo mío estaba muerto, pero ahora ha vuelto a la vida; se había perdido, pero ha sido hallado". Así que empezaron a hacer fiesta.

²⁵»Mientras tanto, el hijo mayor estaba en el campo. Al volver, cuando se acercó a la casa, oyó que había música y danza. ²⁶Entonces llamó a uno de los siervos y le preguntó qué pasaba. ²⁷"Tu hermano ha llegado —le respondió—, y tu papá ha matado el ternero más gordo porque lo ha recobrado sano y salvo". ²⁸Indignado, el hermano mayor se negó a entrar. Así que su padre salió a suplicarle que lo hiciera. ²⁹Pero él contestó: "¡Fíjate cuántos años te he servido sin desobedecer jamás tus órdenes y ni un cabrito me has dado para celebrar una fiesta con mis amigos! ³⁰¡Pero ahora llega ese hijo tuyo, que ha despilfarrado tu fortuna con prostitutas, y tú mandas matar en su honor el ternero más gordo!".

³¹"Hijo mío —le dijo su padre—, tú siempre estás conmigo y todo lo que tengo es tuyo. ³²Pero teníamos que hacer fiesta y alegrarnos, porque este hermano tuyo estaba muerto, pero ahora ha vuelto a la vida; se había perdido, pero ya lo hemos encontrado"».

Parábola del administrador astuto

16 Jesús contó otra parábola a sus discípulos: «Un hombre rico tenía un administrador a quien acusaron de derrochar sus bienes. ²Así que lo mandó a llamar y le dijo: "¿Qué es esto que me dicen de ti? Rinde cuentas de tu administración, porque ya no puedes seguir en tu puesto". ³El administrador reflexionó: "¿Qué voy a hacer ahora que mi amo está por quitarme el puesto? No tengo fuerzas para cavar y me da vergüenza pedir limosna. ⁴Tengo que asegurarme de que, cuando me echen de la administración, haya gente que me reciba en su casa. ¡Ya sé lo que voy a hacer!".

⁵»Llamó entonces a cada uno de los que debían algo a su amo. Al primero le preguntó: "¿Cuánto le debes a mi amo?". ⁶"Cien barriles*ᶜ* de aceite", contestó él. El administrador le dijo: "Toma tu factura, siéntate enseguida y escribe cincuenta". ⁷Luego preguntó al segundo: "Y tú, ¿cuánto debes?". "Cien bultos*ᵈ* de trigo", contestó. El administrador le dijo: "Toma tu factura y escribe ochenta".

⁸»Pues bien, el amo elogió al administrador deshonesto*ᵉ* por haber actuado con astucia. Es que los de este mundo, en su trato con los que son como ellos, son más astutos que los que han recibido la luz. ⁹Por eso les digo que se valgan de las riquezas deshonestas para ganar amigos,*ᶠ* a fin de que cuando estas se acaben haya quienes los reciban a ustedes en las viviendas eternas.

¹⁰»El que es fiel*ᵍ* en lo poco también lo será en lo mucho; y el que no es honrado*ʰ* en lo poco tampoco lo será en lo mucho. ¹¹Por eso, si ustedes no han sido fieles en el uso de las riquezas deshonestas,*ⁱ* ¿quién les confiará las verdaderas? ¹²Y, si con lo ajeno no han sido fieles, ¿quién les dará a ustedes lo que les pertenece?

¹³»Ningún sirviente puede servir a dos señores, pues menospreciará a uno y amará al otro o querrá mucho a uno y despreciará al otro. Ustedes no pueden servir a la vez a Dios y a las riquezas».

¹⁴Oían todo esto los ˙fariseos, a quienes les encantaba el dinero, y se burlaban de Jesús. ¹⁵Él les dijo: «Ustedes se justifican ante la gente, pero Dios conoce sus corazones. Dense cuenta de que aquello que la gente tiene en gran estima es detestable delante de Dios.

ᵃ 8 *monedas de plata.* Lit. *dracmas.*   *ᵇ* 21 *hijo.* Var. *hijo; trátame como si fuera uno de tus jornaleros.*   *ᶜ* 6 *cien barriles.* Lit. *cien batos* (unos 3,000 l).   *ᵈ* 7 *cien bultos.* Lit. *cien coros* (unas 30 toneladas).   *ᵉ* 8 *administrador deshonesto.* Alt. *administrador de riquezas mundanas.* Lit. *administrador de injusticia.*   *ᶠ* 9 *se valgan ... amigos.* Lit. *se hagan amigos por medio del dinero de injusticia.*   *ᵍ* 10 *fiel.* Alt. *digno de confianza;* también en vv. 11 y 12.   *ʰ* 10 *el que no es honrado.* Lit. *el que es injusto.*   *ⁱ* 11 *las riquezas deshonestas.* Lit. *el dinero injusto.*

Otras enseñanzas

16»La Ley y los Profetas se proclamaron hasta Juan. Desde entonces se anuncian las buenas noticias del reino de Dios y todos se esfuerzan por entrar en él.ᵃ 17Es más fácil que desaparezcan el cielo y la tierra que caiga una sola tilde de la Ley.

18»Todo el que se divorcia de su esposa y se casa con otra comete adulterio; y el que se casa con la divorciada comete adulterio.

El rico y Lázaro

19»Había un hombre rico que se vestía con púrpura y lino fino, y daba espléndidos banquetes todos los días. 20A la puerta de su casa se tendía un mendigo llamado Lázaro, que estaba cubierto de llagas 21y hubiera querido llenarse el estómago con lo que caía de la mesa del rico. Hasta los perros se acercaban y le lamían las llagas.

22»Resulta que murió el mendigo y los ángeles se lo llevaron para que estuviera al lado de Abraham. También murió el rico y lo sepultaron. 23En los dominios de la muerte,ᵇ en medio de sus tormentos, el rico levantó los ojos y vio de lejos a Abraham y a Lázaro junto a él. 24Así que alzó la voz y lo llamó: "Padre Abraham, ten compasión de mí y manda a Lázaro que moje la punta del dedo en agua y me refresque la lengua, porque estoy sufriendo mucho en este fuego". 25Pero Abraham contestó: "Hijo, recuerda que durante tu vida te fue muy bien, mientras que a Lázaro le fue muy mal; pero ahora a él le toca recibir consuelo aquí, y a ti, sufrir mucho. 26Además de eso, hay un gran abismo entre nosotros y ustedes, de modo que los que quieren pasar de aquí para allá no pueden, ni tampoco pueden los de allá para acá".

27»Él respondió: "Entonces te ruego, padre, que mandes a Lázaro a la casa de mi padre, 28para que advierta a mis cinco hermanos y no vengan ellos también a este lugar de tormento". 29Pero Abraham contestó: "Ya tienen a Moisés y a los Profetas; ¡que les hagan caso a ellos!". 30"No les harán caso, padre Abraham —respondió el rico—; en cambio, si se les presentara uno de entre los muertos, entonces sí se arrepentirían". 31Abraham le dijo: "Si no hacen caso a Moisés y a los Profetas, tampoco se convencerán aunque alguien se levante de entre los muertos"».

El pecado, la fe y el deber

17 Luego dijo Jesús a sus discípulos:
—Los tropiezos son inevitables, pero ¡ay de aquel que los ocasiona! 2Más le valdría ser arrojado al mar con una piedra de molino atada al cuello que servir de tropiezo a uno solo de estos pequeños. 3Así que, ¡cuídense!

»Si tu hermano peca, repréndelo; y si se arrepiente, perdónalo. 4Aun si peca contra ti siete veces en un día, y siete veces regresa a decirte que se arrepiente, perdónalo.

5Entonces los apóstoles dijeron al Señor:
—¡Aumenta nuestra fe!

6—Si ustedes tuvieran una fe tan pequeña como una semilla de mostaza —respondió el Señor—, podrían decirle a este árbol sicómoro: "Arráncate de aquí y plántate en el mar" y les obedecería.

7»Supongamos que uno de ustedes tiene un siervo que ha estado arando el campo o cuidando las ovejas. Cuando el siervo regresa del campo, ¿acaso le diría "ven enseguida a sentarte a la mesa"? 8¿No le diría más bien "prepárame la comida y cámbiate de ropa para atenderme mientras yo ceno; después tú podrás cenar"? 9¿Acaso le daría las gracias al siervo por haber hecho lo que se le mandó? 10Así también ustedes, cuando hayan hecho todo lo que se les ha mandado, deben decir: "Somos siervos inútiles; no hemos hecho más que cumplir con nuestro deber".

Jesús sana a diez enfermos de la piel

11Un día, siguiendo su viaje a Jerusalén, Jesús pasaba por Samaria y Galilea. 12Cuando estaba por entrar en un pueblo, salieron a su encuentro diez hombres que tenían enferma la piel. Como se habían quedado a cierta distancia, 13gritaron:
—¡Jesús, Maestro, ten compasión de nosotros!

14Al verlos, les dijo:
—Vayan a presentarse a los sacerdotes.

Resultó que, mientras iban de camino, quedaron limpios.

15Uno de ellos, al verse ya sano, regresó alabando a Dios a grandes voces. 16Cayó rostro en tierra a los pies de Jesús y le dio las gracias, no obstante que era samaritano.

17—¿Acaso no quedaron limpios los diez? —preguntó Jesús—. ¿Dónde están los otros nueve? 18¿No hubo ninguno que regresara a dar gloria a Dios, excepto este extranjero? 19Levántate y vete —dijo al hombre—; tu fe te ha sanado.

La venida del reino de Dios
17:26-27 – Mt 24:37-39

20Los ⁎fariseos preguntaron a Jesús cuándo iba a venir el reino de Dios y él les respondió:
—La venida del reino de Dios no es algo que se pueda observar. 21No van a decir: "¡Mírenlo acá! ¡Mírenlo allá!". Dense cuenta de que el reino de Dios está entreᶜ ustedes.

22A sus discípulos les dijo:
—Llegará el tiempo en que ustedes anhelarán vivir siquiera uno de los días del Hijo del hombre, pero no podrán. 23Les dirán: "¡Mírenlo allá! ¡Mírenlo acá!". No vayan; no los sigan. 24Porque en su díaᵈ el Hijo del hombre será como el relámpago que destella e ilumina el cielo de un extremo al otro. 25Pero antes él tiene que sufrir muchas cosas y ser rechazado por esta generación.

26»Tal como sucedió en tiempos de Noé, así también será cuando venga el Hijo del hombre. 27Comían, bebían, se casaban y daban en casamiento, hasta el día en que Noé entró en el arca; entonces llegó el diluvio y los destruyó a todos. 28»Lo mismo sucedió en tiempos de Lot: comían y bebían, compraban y vendían, sembraban y edificaban. 29Pero el día en que Lot salió de Sodoma, llovió del cielo fuego y azufre y acabó con todos.

30»Así será el día en que se manifieste el Hijo del hombre. 31En aquel día, el que esté en la azotea y tenga sus cosas dentro de la casa, que no baje a buscarlas. Así mismo el que esté en el campo, que no regrese por lo que haya dejado atrás. 32¡Acuérdense de la esposa de Lot! 33El que procure conservar su vida la perderá; y el que la pierda la conservará. 34Les digo que en aquella noche estarán dos personas en una misma cama: una será llevada y la otra será dejada. 35Dos mujeres estarán moliendo juntas: una será llevada y la otra será dejada». 36ᵉ

37—¿Dónde, Señor? —preguntaron.
—Donde esté el cadáver, allí se reunirán los buitres —respondió él.

ᵃ 16 se esfuerzan por entrar en él. Alt. hacen violencia por entrar en él, o hacen violencia contra él.   ᵇ 23 los dominios de la muerte. Lit. el Hades.   ᶜ 21 entre. Alt. dentro de.   ᵈ 24 Var. no incluye: en su día.   ᵉ 36 Algunos manuscritos agregan lo siguiente: Estarán dos hombres en el campo: uno será llevado y el otro será dejado (véase Mt 24:40).

Parábola de la viuda insistente

18 Jesús contó a sus discípulos una parábola para mostrarles que debían orar siempre, sin desanimarse. ²Les dijo: «Había en cierto pueblo un juez que no tenía temor de Dios ni consideración de nadie. ³En el mismo pueblo había una viuda que insistía en pedirle: "Hágame usted justicia contra mi adversario". ⁴Durante algún tiempo él se negó, pero por fin concluyó: "Aunque no temo a Dios ni tengo consideración de nadie, ⁵como esta viuda no deja de molestarme, voy a tener que hacerle justicia, no sea que con sus visitas me haga la vida imposible"».

⁶Continuó el Señor: «Tengan en cuenta lo que dijo el juez injusto. ⁷¿Acaso Dios no hará justicia a sus escogidos, que claman a él día y noche? ¿Se tardará mucho en responderles? ⁸Les digo que sí les hará justicia y sin demora. No obstante, cuando venga el Hijo del hombre, ¿encontrará fe en la tierra?».

Parábola del fariseo y del recaudador de impuestos

⁹A algunos que, confiando en sí mismos, se creían justos y que despreciaban a los demás, Jesús les contó esta parábola: ¹⁰«Dos hombres subieron al Templo a orar; uno era fariseo, y el otro, recaudador de impuestos. ¹¹El fariseo, puesto en pie y a solas, oraba: "Oh Dios, te doy gracias porque no soy como otros hombres —ladrones, malhechores, adúlteros— ni como ese recaudador de impuestos. ¹²Ayuno dos veces a la semana y doy la décima parte de todo lo que recibo". ¹³En cambio, el recaudador de impuestos, que se había quedado a cierta distancia, ni siquiera se atrevía a alzar la vista al cielo, sino que se golpeaba el pecho y decía: "¡Oh Dios, ten compasión de mí, que soy pecador!".

¹⁴»Les digo que este y no aquel volvió a su casa justificado ante Dios. Pues todo el que a sí mismo se enaltece será humillado y el que se humilla será enaltecido».

Jesús y los niños
18:15-17 – Mt 19:13-15; Mr 10:13-16

¹⁵También le llevaban niños pequeños a Jesús para que los tocara. Al ver esto, los discípulos reprendían a quienes los llevaban. ¹⁶Pero Jesús llamó a los niños y dijo: «Dejen que los niños vengan a mí; no se lo impidan, porque el reino de Dios es de quienes son como ellos. ¹⁷Les aseguro que el que no reciba el reino de Dios como un niño, de ninguna manera entrará en él».

El dirigente rico
18:18-30 – Mt 19:16-29; Mr 10:17-30

¹⁸Cierto dirigente preguntó a Jesús:

—Maestro bueno, ¿qué debo hacer para heredar la vida eterna?

¹⁹—¿Por qué me llamas bueno? —respondió Jesús—. Nadie es bueno sino solo Dios. ²⁰Ya sabes los mandamientos: "No cometas adulterio, no mates, no robes, no presentes falso testimonio, honra a tu padre y a tu madre".*ᵃ*

²¹—Todo eso lo he cumplido desde que era joven —dijo el hombre.

²²Al oír esto, Jesús añadió:

—Todavía te falta una cosa: vende todo lo que tienes y repártelo entre los pobres, y tendrás tesoro en el cielo. Luego ven y sígueme.

²³Cuando el hombre oyó esto, se entristeció mucho, pues era muy rico. ²⁴Al verlo tan afligido, Jesús comentó:

—¡Qué difícil es para los ricos entrar en el reino de Dios! ²⁵En realidad, le resulta más fácil a un camello pasar por el ojo de una aguja que a un rico entrar en el reino de Dios.

²⁶Los que lo oyeron preguntaron:

—Entonces, ¿quién podrá salvarse?

²⁷—Lo que es imposible para los hombres es posible para Dios —aclaró Jesús.

²⁸—Mira —le dijo Pedro—, nosotros hemos dejado todo lo que teníamos para seguirte.

²⁹—Les aseguro —respondió Jesús— que todo el que por causa del reino de Dios haya dejado casa, esposa, hermanos, padres o hijos ³⁰recibirá mucho más en este tiempo; y en la edad venidera, la vida eterna.

Jesús predice de nuevo su muerte
18:31-33 – Mt 20:17-19; Mr 10:32-34

³¹Entonces Jesús tomó aparte a los doce y dijo: «Ahora vamos subiendo a Jerusalén, donde se cumplirá todo lo que escribieron los profetas acerca del Hijo del hombre. ³²En efecto, será entregado a los gentiles. Se burlarán de él, lo insultarán, le escupirán; ³³y, después de azotarlo, lo matarán. Pero al tercer día resucitará».

³⁴Los discípulos no entendieron nada de esto. Les era incomprensible, pues no captaban el sentido de lo que hablaba.

Un mendigo ciego recibe la vista
18:35-43 – Mt 20:29-34; Mr 10:46-52

³⁵Sucedió que al acercarse Jesús a Jericó, estaba un ciego sentado junto al camino pidiendo limosna. ³⁶Cuando oyó a la multitud que pasaba, preguntó qué acontecía.

³⁷—Jesús de Nazaret está pasando por aquí —respondieron.

³⁸—¡Jesús, Hijo de David, ten compasión de mí! —gritó el ciego.

³⁹Los que iban delante lo reprendían para que se callara, pero él se puso a gritar aún más fuerte:

—¡Hijo de David, ten compasión de mí!

⁴⁰Jesús se detuvo y mandó que se lo trajeran. Cuando el ciego se acercó, preguntó Jesús:

⁴¹—¿Qué quieres que haga por ti?

Y él dijo:

—Señor, quiero ver.

⁴²—¡Recibe la vista! —le dijo Jesús—, tu fe te ha sanado.

⁴³Al instante recobró la vista. Entonces, glorificando a Dios, comenzó a seguir a Jesús y todos los que lo vieron daban alabanza a Dios.

Zaqueo, el recaudador de impuestos

19 Jesús llegó a Jericó y comenzó a cruzar la ciudad. ²Resulta que había allí un hombre llamado Zaqueo, jefe de los ˙recaudadores de impuestos, que era rico. ³Estaba tratando de ver quién era Jesús, pero la multitud se lo impedía, pues era de baja estatura. ⁴Por eso se adelantó corriendo y se subió a un árbol sicómoro para poder verlo, ya que Jesús iba a pasar por allí.

⁵Llegando al lugar, Jesús miró hacia arriba y le dijo:

—Zaqueo, baja enseguida. Tengo que quedarme hoy en tu casa.

⁶Así que se apresuró a bajar y, muy contento, recibió a Jesús en su casa.

⁷Al ver esto, todos empezaron a murmurar: «Ha ido a hospedarse con un ˙pecador».

⁸Pero Zaqueo dijo resueltamente:

—Mira, Señor, ahora mismo voy a dar a los pobres la mitad de mis bienes y si en algo he defraudado

---

ᵃ 20 Éx 20:12-16; Dt 5:16-20.

a alguien, le devolveré cuatro veces la cantidad que sea.

⁹—Hoy ha llegado la salvación a esta casa —le dijo Jesús—, ya que este también es hijo de Abraham. ¹⁰Porque el Hijo del hombre vino a buscar y a salvar lo que se había perdido.

Parábola del dinero

¹¹Como la gente lo escuchaba, pasó a contarles una parábola, porque estaba cerca de Jerusalén y la gente pensaba que el reino de Dios iba a manifestarse en cualquier momento. ¹²Así que les dijo: «Un hombre de la nobleza se fue a un país lejano para ser coronado rey y luego regresar. ¹³Llamó a diez de sus siervos y entregó a cada cual una buena cantidad de dinero.ᵃ Les instruyó: "Hagan negocio con este dinero hasta que yo vuelva". ¹⁴Pero sus súbditos lo odiaban y mandaron tras él una delegación a decir: "No queremos a este por rey".

¹⁵»A pesar de todo, fue nombrado rey. Cuando regresó a su país, mandó llamar a los siervos a quienes había entregado el dinero, para enterarse de lo que habían ganado. ¹⁶Se presentó el primero y dijo: "Señor, su dineroᵇ ha producido diez veces más". ¹⁷"¡Hiciste bien, siervo bueno! —respondió el rey—. Puesto que has sido fiel en tan poca cosa, te doy el gobierno de diez ciudades". ¹⁸Se presentó el segundo y dijo: "Señor, su dinero ha producido cinco veces más". ¹⁹El rey respondió: "A ti te pongo sobre cinco ciudades".

²⁰»Llegó otro siervo y dijo: "Señor, aquí tiene su dinero; lo he tenido guardado, envuelto en un pañuelo. ²¹Es que le tenía miedo a usted, que es un hombre muy exigente: toma lo que no depositó y cosecha lo que no sembró". ²²El rey contestó: "Siervo malo, con tus propias palabras te voy a juzgar. ¿Así que sabías que soy muy exigente, que tomo lo que no deposité y cosecho lo que no sembré? ²³Entonces, ¿por qué no pusiste mi dinero en el banco, para que al regresar pudiera reclamar los intereses?". ²⁴Luego dijo a los presentes: "Quítenle el dinero y dénselo al que recibió diez veces más". ²⁵"Señor —protestaron—, ¡él ya tiene diez veces más!". ²⁶El rey contestó: "Les aseguro que a todo el que tiene se le dará más, pero al que no tiene se le quitará hasta lo que tiene. ²⁷Pero en cuanto a esos enemigos míos que no me querían por rey, tráiganlos acá y mátenlos delante de mí"».

La entrada triunfal
19:29-38 – Mt 21:1-9; Mr 11:1-10
19:35-38 – Jn 12:12-15

²⁸Dicho esto, Jesús siguió adelante, subiendo hacia Jerusalén. ²⁹Cuando se acercó a Betfagué y a Betania, junto al monte llamado de los Olivos, envió a dos de sus discípulos con este encargo: ³⁰«Vayan a la aldea que tienen enfrente y, al entrar en ella, encontrarán atado un burrito en el que nadie se ha montado. Desátenlo y tráiganlo acá. ³¹Y si alguien pregunta: "¿Por qué lo desatan?", díganle: "El Señor lo necesita"».

³²Fueron y lo encontraron tal como él les había dicho. ³³Cuando estaban desatando el burrito, los dueños preguntaron:

—¿Por qué desatan el burrito?

³⁴—El Señor lo necesita —contestaron.

³⁵Se lo llevaron, pues, a Jesús. Luego pusieron sus mantos encima del burrito y ayudaron a Jesús a montarse. ³⁶A medida que avanzaba, la gente tendía sus mantos sobre el camino.

³⁷Al acercarse él a la bajada del monte de los Olivos, todos los discípulos se entusiasmaron y comenzaron a alabar a Dios por tantos milagros que habían visto. ³⁸Gritaban:

—¡Bendito el Rey que viene en el nombre del Señor!ᶜ

—¡Paz en el cielo y gloria en las alturas!

³⁹Algunos de los ˙fariseos que estaban entre la gente reclamaron a Jesús:

—¡Maestro, reprende a tus discípulos!

⁴⁰Pero él respondió:

—Les aseguro que, si ellos se callan, gritarán las piedras.

Jesús en el Templo
19:45-46 – Mt 21:12-16; Mr 11:15-18; Jn 2:13-16

⁴¹Cuando se acercaba a Jerusalén, Jesús vio la ciudad y lloró por ella. ⁴²Dijo:

—¡Cómo quisiera que hoy supieras lo que te puede traer paz! Pero eso ahora está oculto a tus ojos. ⁴³Te sobrevendrán días en que tus enemigos levantarán un muro, te rodearán y te encerrarán por todos lados. ⁴⁴Te derribarán a ti y a tus hijos dentro de tus murallas. No dejarán piedra sobre piedra, porque no reconociste el tiempo en que Dios vino a salvarte.ᵈ

⁴⁵Luego entró en el ˙Temploᵉ y comenzó a echar de allí a los que estaban vendiendo. ⁴⁶«Escrito está —dijo—: "Mi casa será casa de oración",ᶠ pero ustedes la han convertido en "cueva de ladrones"».ᵍ

⁴⁷Todos los días enseñaba en el Templo, y los jefes de los sacerdotes, los ˙maestros de la Ley y los dirigentes del pueblo procuraban matarlo. ⁴⁸Sin embargo, no encontraban la manera de hacerlo, porque todo el pueblo lo escuchaba con gran interés.

La autoridad de Jesús puesta en duda
20:1-8 – Mt 21:23-27; Mr 11:27-33

20 Un día, mientras Jesús enseñaba al pueblo en el ˙Templo y les predicaba las ˙buenas noticias, se acercaron los jefes de los sacerdotes y los ˙maestros de la Ley, junto con los líderes religiosos.

²—Dinos con qué autoridad haces esto —lo interrogaron—. ¿Quién te dio esa autoridad?

³—Yo también voy a hacerles una pregunta a ustedes —respondió él—. Díganme: ⁴El bautismo de Juan, ¿procedía del cielo o de los hombres?

⁵Ellos, pues, lo discutieron entre sí: «Si respondemos "del cielo", nos dirá "¿por qué no le creyeron?". ⁶Pero si decimos "de los hombres", todo el pueblo nos apedreará, porque están convencidos de que Juan era un profeta».

⁷Así que respondieron:

—No sabemos de dónde era.

⁸Entonces Jesús dijo:

—Pues yo tampoco les voy a decir con qué autoridad hago esto.

Parábola de los labradores malvados
20:9-19 – Mt 21:33-46; Mr 12:1-12

⁹Pasó luego a contarle a la gente esta parábola:

—Un hombre plantó un viñedo, se lo arrendó a unos labradores y se fue de viaje por largo tiempo. ¹⁰Llegada la cosecha, mandó un siervo a los labradores para que le dieran parte de la cosecha. Pero los labradores lo golpearon y lo despidieron con las manos vacías. ¹¹Les envió otro siervo, pero también a este lo golpearon, lo humillaron y lo despidieron

---

ᵃ 13 y entregó … dinero. Lit. y les entregó diez minas (una mina equivalía al salario de unos tres meses). ᵇ 16 dinero. Lit. mina; también en vv. 18, 20 y 24. ᶜ 38 Sal 118:26. ᵈ 44 el tiempo … salvarte. Lit. el tiempo de tu visitación. ᵉ 45 Es decir, en el área general del Templo. ᶠ 46 Is 56:7. ᵍ 46 Jer 7:11.

con las manos vacías. 12Entonces envió un tercero, pero aun a este lo hirieron y lo expulsaron.

13»Entonces pensó el dueño del viñedo: "¿Qué voy a hacer? Enviaré a mi hijo amado; seguro que a él sí lo respetarán". 14Pero cuando lo vieron los labradores, trataron el asunto. "Este es el heredero —dijeron—. Matémoslo y la herencia será nuestra". 15Así que lo arrojaron fuera del viñedo y lo mataron.

»¿Qué les hará el dueño? 16Volverá, acabará con esos labradores y dará el viñedo a otros.

Al oír esto, la gente exclamó:

—¡Dios no lo quiera!

17Mirándolos fijamente, Jesús les dijo:

—Entonces, ¿qué significa esto que está escrito:

»"La piedra que desecharon los constructores ha llegado a ser la piedra angular"?ᵃ

18Todo el que caiga sobre esa piedra quedará despedazado y, si ella cae sobre alguien, lo hará polvo.

19Los maestros de la Ley y los jefes de los sacerdotes, cayendo en cuenta que la parábola iba dirigida contra ellos, buscaron la manera de echarle mano en aquel mismo momento. Pero temían al pueblo.

El pago de impuestos al césar
20:20-26 - Mt 22:15-22; Mr 12:13-17

20Entonces, para acecharlo, enviaron espías que fingían ser gente honorable. Pensaban atrapar a Jesús en algo que él dijera y así poder entregarlo a la jurisdicción del gobernador.

21—Maestro —dijeron los espías—, sabemos que lo que dices y enseñas es correcto. No juzgas por las apariencias, sino que de verdad enseñas el camino de Dios. 22¿Nos está permitido pagar impuestos al ˙césar o no?

23Pero Jesús, dándose cuenta de sus malas intenciones, respondió:

24—Muéstrenme una moneda romana.ᵇ ¿De quién es esta imagen y esta inscripción?

—Del césar —contestaron.

25—Entonces —dijo Jesús—, denle al césar lo que es del césar y a Dios lo que es de Dios.

26No pudieron atraparlo en lo que decía en público. Así que, admirados de su respuesta, se callaron.

La resurrección y el matrimonio
20:27-40 - Mt 22:23-33; Mr 12:18-27

27Luego, algunos de los saduceos, que decían que no hay resurrección, se acercaron a Jesús y le plantearon un problema:

28—Maestro, Moisés nos enseñó en sus escritos que si un hombre muere y deja a la viuda sin hijos, el hermano de ese hombre tiene que casarse con la viuda para que su hermano tenga descendencia. 29Pues bien, había siete hermanos. El primero se casó y murió sin dejar hijos. 30Entonces el segundo 31y el tercero se casaron con ella, y así sucesivamente murieron los siete sin dejar hijos. 32Por último, murió también la mujer. 33Ahora bien, en la resurrección, ¿de cuál será esposa esta mujer, ya que los siete estuvieron casados con ella?

34—La gente de este mundo se casa y se da en casamiento —contestó Jesús—. 35Pero los que sean dignos de tomar parte en el mundo venidero por la resurrección no se casarán ni serán dados en casamiento, 36ni tampoco podrán morir, pues serán como los ángeles. Son hijos de Dios porque toman parte en la resurrección. 37Pero que los muertos resucitan lo dio a entender Moisés mismo en el pasaje sobre la zarza, pues llama al Señor "el Dios de Abraham, de Isaac y de Jacob".ᶜ 38Él no es Dios de muertos, sino de vivos; en efecto, para él todos ellos viven.

39Algunos de los ˙maestros de la Ley respondieron:

—¡Bien dicho, Maestro!

40Y ya no se atrevieron a hacerle más preguntas.

¿De quién es hijo el Cristo?
20:41-47 - Mt 22:41-23:7; Mr 12:35-40

41Pero Jesús les preguntó:

—¿Cómo es que dicen que el Cristo es descendiente de David? 42David mismo declara en el libro de los Salmos:

»"Dijo el Señor a mi Señor:
  'Siéntate a mi derecha,
43 hasta que ponga a tus enemigos
  por debajo de tus pies' ".ᵈ

44David lo llama "Señor". ¿Cómo puede entonces ser su descendiente?

45Mientras todo el pueblo lo escuchaba, Jesús dijo a sus discípulos:

46—Cuídense de los maestros de la Ley. Les gusta pasearse con ropas ostentosas y les encanta que los saluden en las plazas, ocupar los primeros asientos en las sinagogas y los lugares de honor en los banquetes. 47Se apoderan de los bienes de las viudas y a la vez hacen largas plegarias para impresionar a los demás. Estos recibirán peor castigo.

La ofrenda de la viuda
21:1-4 - Mt 12:41-44

21 Jesús se detuvo a observar y vio a los ricos que echaban sus ofrendas en las alcancías del ˙Templo. 2También vio a una viuda pobre que echaba dos moneditas de muy poco valor.ᵉ

3—Les aseguro —dijo— que esta viuda pobre ha echado más que todos los demás. 4Porque todos ellos dieron sus ofrendas de lo que les sobraba; pero ella, de su pobreza, echó todo lo que tenía para su sustento.

Señales del fin del mundo
21:5-36 - Mt 24:1-51; Mr 13:1-37
21:12-17 - Mt 10:17-22

5Algunos de sus discípulos comentaban acerca del ˙Templo, de cómo estaba adornado con hermosas piedras y con ofrendas dedicadas a Dios. Pero Jesús dijo:

6—En cuanto a todo esto que ven ustedes, llegará el día en que no quedará piedra sobre piedra, pues todo será derribado.

7—Maestro —preguntaron—, ¿cuándo sucederá eso y cuál será la señal de que está a punto de suceder?

8—Tengan cuidado; no se dejen engañar —les advirtió Jesús—. Vendrán muchos que, usando mi nombre, dirán: "Yo soy", y: "El tiempo está cerca". No los sigan ustedes. 9Cuando sepan de guerras y de revoluciones, no se asusten. Es necesario que eso suceda primero, pero el fin no vendrá enseguida.

10»Se levantará nación contra nación y reino contra reino —continuó—. 11Habrá grandes terremotos, hambre y epidemias en diferentes lugares, cosas espantosas y grandes señales del cielo.

ᵃ 17 Sal 118:22. ᵇ 24 una moneda romana. Lit. un denario.
ᶜ 37 Éx 3:6. ᵈ 43 Sal 110:1. ᵉ 2 dos … poco valor. Lit. dos lepta.

¹²»Pero antes de todo esto, echarán mano de ustedes y los perseguirán. Los entregarán a las sinagogas y a las cárceles y, por causa de mi nombre, los llevarán ante reyes y gobernadores. ¹³Así tendrán ustedes la oportunidad de dar testimonio ante ellos. ¹⁴Pero tengan en cuenta que no hay por qué preparar una defensa de antemano, ¹⁵pues yo mismo les daré tal elocuencia y sabiduría para responder que ningún adversario podrá resistirles ni contradecirles. ¹⁶Ustedes serán traicionados aun por sus padres, hermanos, parientes y amigos, incluso a algunos de ustedes se les dará muerte. ¹⁷Todo el mundo los odiará por causa de mi nombre. ¹⁸Pero no se perderá ni un solo cabello de su cabeza. ¹⁹Si se mantienen firmes, se salvarán.ᵃ

²⁰»Ahora bien, cuando vean a Jerusalén rodeada de ejércitos, sepan que su destrucción ya está cerca. ²¹Entonces los que estén en Judea huyan a las montañas, los que estén en la ciudad salgan de ella, y los que estén en el campo no entren en la ciudad. ²²Ese será el tiempo del juicio cuando se cumplirá todo lo que está escrito. ²³¡Ay de las que estén embarazadas o amamantando en aquellos días! Porque habrá gran aflicción en la tierra y castigo contra este pueblo. ²⁴Caerán a filo de espada y los llevarán cautivos a todas las naciones. Los que no son judíos pisotearán a Jerusalén, hasta que se cumplan los tiempos señalados para ellos.

²⁵»Habrá señales en el sol, la luna y las estrellas. En la tierra, las naciones estarán angustiadas y perplejas por el bramido y la agitación del mar. ²⁶Se desmayarán de terror los hombres, temerosos por lo que va a sucederle al mundo, porque los cuerpos celestes serán sacudidos. ²⁷Verán entonces al Hijo del hombre venir en una nube con poder y gran gloria. ²⁸Cuando comiencen a suceder estas cosas, cobren ánimo y levanten la cabeza, porque se acerca su redención.

²⁹Jesús también propuso esta comparación:

—Fíjense en la higuera y en los demás árboles. ³⁰Cuando brotan las hojas, ustedes pueden verlo con sus propios ojos y saber que el verano está cerca. ³¹Igualmente, cuando vean que suceden estas cosas, sepan que el reino de Dios está cerca. ³²Les aseguro que no pasará esta generación hasta que todas estas cosas sucedan. ³³El cielo y la tierra pasarán, pero mis palabras jamás pasarán.

³⁴»Tengan cuidado, no sea que se les endurezca el corazón por el vicio, la embriaguez y las preocupaciones de esta vida. De otra manera, aquel día caerá de improviso sobre ustedes, ³⁵pues vendrá como una trampa sobre todos los habitantes de la tierra. ³⁶Manténganse despiertos y oren para que puedan escapar de todo lo que está por suceder, y presentarse delante del Hijo del hombre.

³⁷De día Jesús enseñaba en el Templo, pero salía a pasar la noche en el monte llamado de los Olivos ³⁸y toda la gente madrugaba para ir al Templo a oírlo.

Judas acuerda traicionar a Jesús
22:1-2 – Mt 26:2-5; Mr 14:1-2, 10-11

22 Se aproximaba la fiesta de los Panes sin levadura, llamada la Pascua. ²Los jefes de los sacerdotes y los ˙maestros de la Ley buscaban algún modo de acabar con Jesús, porque temían al pueblo. ³Entonces entró Satanás en Judas, uno de los doce, al que llamaban Iscariote. ⁴Este fue a los jefes de los sacerdotes y a los capitanes del ˙Templo para tratar con ellos cómo les entregaría a Jesús. ⁵Ellos se alegraron y acordaron darle dinero. ⁶Él aceptó y comenzó a buscar una oportunidad para entregarles a Jesús cuando no hubiera gente.

La última cena
22:7-13 – Mt 26:17-19; Mr 14:12-16
22:17-20 – Mt 26:26-29; Mr 14:22-25; 1Co 11:23-25
22:21-23 – Mt 26:21-24; Mr 14:18-21; Jn 13:21-30
22:25-27 – Mt 20:25-28; Mr 10:42-45
22:33-34 – Mt 26:33-35; Mr 14:29-31; Jn 13:37-38

⁷Cuando llegó el día de la fiesta de los Panes sin levadura, en que debía sacrificarse el cordero de la Pascua, ⁸Jesús envió a Pedro y a Juan, diciéndoles:

—Vayan a hacer los preparativos para que comamos la Pascua.

⁹—¿Dónde quieres que la preparemos? —le preguntaron.

¹⁰—Miren —contestó él—, al entrar ustedes en la ciudad les saldrá al encuentro un hombre que lleva un cántaro de agua. Síganlo hasta la casa en que entre ¹¹y dígale al dueño de la casa: "El Maestro pregunta: ¿dónde está la sala en la que voy a comer la Pascua con mis discípulos?". ¹²Él les mostrará en la planta alta una sala amplia y amueblada. Preparen allí la cena.

¹³Ellos se fueron y encontraron todo tal como les había dicho Jesús. Así que prepararon la Pascua.

¹⁴Cuando llegó la hora, Jesús y sus apóstoles se ˙sentaron a la mesa. ¹⁵Entonces les dijo:

—He tenido muchísimos deseos de comer esta Pascua con ustedes antes de padecer, ¹⁶pues les digo que no volveré a comerla hasta que tenga su pleno cumplimiento en el reino de Dios.

¹⁷Luego tomó la copa, dio gracias y dijo:

—Tomen esto y repártanlo entre ustedes. ¹⁸Les digo que no volveré a beber del fruto de la vid hasta que venga el reino de Dios.

¹⁹También tomó pan y, después de dar gracias, lo partió, se lo dio a ellos y dijo:

—Esto es mi cuerpo, entregado por ustedes; hagan esto en memoria de mí.

²⁰De la misma manera, tomó la copa después de cenar y dijo:

—Esta copa es el nuevo pacto en mi sangre, que es derramada por ustedes. ²¹Pero sepan que la mano del que va a traicionarme está con la mía sobre la mesa. ²²El Hijo del hombre se irá según está determinado, pero ¡ay de aquel que lo traiciona!

²³Entonces comenzaron a preguntarse unos a otros quién de ellos haría esto.

²⁴Tuvieron además un altercado sobre cuál de ellos sería el más importante. ²⁵Jesús les dijo:

—Los reyes de las naciones oprimen a sus súbditos y los que ejercen autoridad sobre ellos se llaman a sí mismos benefactores. ²⁶No sea así entre ustedes. Al contrario, el mayor debe comportarse como el menor y el que manda como el que sirve. ²⁷Porque, ¿quién es más importante, el que está a la mesa o el que sirve? ¿No lo es el que está sentado a la mesa? Sin embargo, yo estoy entre ustedes como uno que sirve. ²⁸Ahora bien, ustedes son los que han estado siempre a mi lado en mis pruebas. ²⁹Por eso, yo mismo les concedo un reino, así como mi Padre me lo concedió a mí, ³⁰para que coman y beban a mi mesa en mi reino y se sienten en tronos para juzgar a las doce tribus de Israel.

³¹»Simón, Simón, mira que Satanás ha pedido zarandearlos a ustedes como si fueran trigo. ³²Pero yo he orado por ti, para que no falle tu fe. Y tú, cuando te hayas vuelto a mí, fortalece a tus hermanos.

³³—Señor —respondió Pedro—, estoy dispuesto a ir contigo tanto a la cárcel como a la muerte.

³⁴Pero él dijo:

ᵃ 19 Si … salvarán. Lit. Por su perseverancia obtendrán sus almas.

—Pedro, te digo que hoy mismo, antes de que cante el gallo, tres veces negarás que me conoces.

[35] Luego Jesús dijo a todos:

—Cuando los envié a ustedes sin monedero ni bolsa ni sandalias, ¿acaso les faltó algo?

—Nada —respondieron.

[36] Entonces les dijo:

—Ahora, en cambio, el que tenga un monedero, que lo lleve; así mismo, el que tenga una bolsa. Y el que no tenga espada, que venda su manto y compre una. [37] Porque les digo que tiene que cumplirse en mí aquello que está escrito: "Y fue contado entre los malhechores".[a] En efecto, lo que se ha escrito de mí se está cumpliendo.[b]

[38] —Mira, Señor —le señalaron los discípulos—, aquí hay dos espadas.

—¡Basta! —les contestó.

Jesús ora en el monte de los Olivos
22:40-46 – Mt 26:36-46; Mr 14:32-42

[39] Jesús salió de la ciudad y, como de costumbre, se dirigió al monte de los Olivos y sus discípulos lo siguieron. [40] Cuando llegaron al lugar, les dijo: «Oren para que no caigan en tentación». [41] Entonces se separó de ellos a una buena distancia,[c] se arrodilló y empezó a orar: [42] «Padre, si quieres, no me hagas beber este trago amargo;[d] pero no se cumpla mi voluntad, sino la tuya». [43] Entonces se apareció un ángel del cielo para fortalecerlo. [44] Pero como estaba angustiado, se puso a orar con más fervor y su sudor era como gotas de sangre que caían a tierra.[e]

[45] Cuando terminó de orar y volvió a los discípulos, los encontró dormidos, agotados por la tristeza. [46] «¿Por qué están durmiendo? —les exhortó—. Levántense y oren para que no caigan en tentación».

Arresto de Jesús
22:47-53 – Mt 26:47-56; Mr 14:43-50; Jn 18:3-11

[47] Todavía estaba hablando Jesús cuando se apareció una turba, y al frente iba uno de los doce, el que se llamaba Judas. Este se acercó a Jesús para besarlo, [48] pero Jesús le preguntó:

—Judas, ¿con un beso traicionas al Hijo del hombre?

[49] Los discípulos que lo rodeaban, al darse cuenta de lo que pasaba, dijeron:

—Señor, ¿atacamos con la espada?

[50] Y uno de ellos hirió al siervo del sumo sacerdote, cortándole la oreja derecha.

[51] —¡Déjenlos! —ordenó Jesús.

Entonces tocó la oreja al hombre y lo sanó. [52] Luego dijo a los jefes de los sacerdotes, a los capitanes del 'Templo y a los líderes religiosos, que habían venido a prenderlo:

—¿Acaso soy un bandido[f] para que vengan con espadas y palos? [53] Todos los días estaba con ustedes en el Templo y no se atrevieron a ponerme las manos encima. Pero ya ha llegado la hora de ustedes, cuando reinan las tinieblas.

Pedro niega a Jesús
22:55-62 – Mt 26:69-75; Mr 14:66-72; Jn 18:16-18, 25-27

[54] Prendieron entonces a Jesús y lo llevaron a la casa del sumo sacerdote. Pedro los seguía de lejos. [55] Pero luego, cuando encendieron una fogata en medio del patio y se sentaron alrededor, Pedro se

les unió. [56] Una criada lo vio allí sentado a la lumbre, lo miró detenidamente y dijo:

—Este estaba con él.

[57] Pero él lo negó, diciendo:

—Muchacha, yo no lo conozco.

[58] Poco después lo vio otro y afirmó:

—Tú también eres uno de ellos.

—¡No, hombre, no lo soy! —contestó Pedro.

[59] Como una hora más tarde, otro lo acusó:

—Seguro que este estaba con él; miren que es galileo.

[60] —¡Hombre, no sé de qué estás hablando! —respondió Pedro.

En el mismo momento en que dijo eso, cantó el gallo. [61] El Señor se volvió y miró directamente a Pedro. Entonces Pedro se acordó de lo que el Señor le había dicho: «Hoy mismo, antes de que el gallo cante, me negarás tres veces». [62] Y saliendo de allí, lloró amargamente.

Los soldados se burlan de Jesús
22:63-65 – Mt 26:67-68; Mr 14:65; Jn 18:22-23

[63] Los hombres que vigilaban a Jesús comenzaron a burlarse de él y a golpearlo. [64] Vendaron sus ojos y le preguntaban:

—¡Profetiza! ¿Quién te pegó?

[65] Y le lanzaban muchos otros insultos.

Jesús ante Pilato y Herodes
22:67-71 – Mt 26:63-66; Mr 14:61-63; Jn 18:19-21
23:2-3 – Mt 27:11-14; Mr 15:2-5; Jn 18:29-37
23:18-25 – Mt 27:15-26; Mr 15:6-15; Jn 18:39–19:16

[66] Al amanecer, se reunieron los líderes religiosos del pueblo, tanto los jefes de los sacerdotes como los 'maestros de la Ley, e hicieron comparecer a Jesús ante el 'Consejo.

[67] —Si eres el 'Cristo, dínoslo —le exigieron.

Jesús les respondió:

—Si se lo dijera a ustedes, no me lo creerían [68] y, si les hiciera preguntas, no me contestarían. [69] Pero de ahora en adelante el Hijo del hombre estará sentado a la derecha del Dios Todopoderoso.

[70] —¿Eres tú, entonces, el Hijo de Dios? —preguntaron a una voz.

Y él les dijo:

—Ustedes mismos lo dicen.

[71] —¿Para qué necesitamos más testimonios? —resolvieron—. Acabamos de oírlo de sus propios labios.

23 Así que la asamblea en pleno se levantó y lo llevaron a Pilato. [2] Y comenzaron la acusación con estas palabras:

—Hemos descubierto a este hombre agitando a nuestra nación. Se opone al pago de impuestos al 'césar y afirma que él es el 'Cristo, un rey.

[3] Así que Pilato preguntó a Jesús:

—¿Eres tú el rey de los judíos?

—Tú mismo lo dices —respondió.

[4] Entonces Pilato declaró a los jefes de los sacerdotes y a la multitud:

—No encuentro que este hombre sea culpable de nada.

[5] Pero ellos insistían:

—Con sus enseñanzas agita al pueblo por toda Judea.[g] Comenzó en Galilea y ha llegado hasta aquí.

[6] Al oír esto, Pilato preguntó si el hombre era galileo. [7] Cuando se enteró de que pertenecía a la jurisdicción de Herodes, se lo mandó a él, ya que en aquellos días también Herodes estaba en Jerusalén. [8] Al ver a Jesús, Herodes se puso muy contento; hacía tiempo que quería verlo por lo que oía acerca de él y esperaba presenciar algún milagro que hiciera Jesús. [9] Lo acosó con muchas preguntas,

---

a 37 Is 53:12.   b 37 En efecto ... cumpliendo. Lit. Porque lo que se acerca de mí tiene fin.   c 41 a una buena distancia. Lit. como a un tiro de piedra.   d 42 no ... amargo. Lit. quita de mí esta copa.   e 44 Var. no incluye vv. 43 y 44.   f 52 bandido. Alt. insurgente.   g 5 toda Judea. Alt. toda la tierra de los judíos.

pero Jesús no le contestaba nada. ¹⁰Allí estaban también los jefes de los sacerdotes y los ˙maestros de la Ley, acusándolo con vehemencia. ¹¹Entonces Herodes y sus soldados, con desprecio y burlas, le pusieron un manto lujoso y lo mandaron de vuelta a Pilato. ¹²Anteriormente, Herodes y Pilato no se llevaban bien, pero ese mismo día se hicieron amigos.

¹³Pilato entonces reunió a los jefes de los sacerdotes, a los gobernantes y al pueblo ¹⁴y les dijo:

—Ustedes me trajeron a este hombre acusado de fomentar la rebelión entre el pueblo, pero resulta que lo he interrogado delante de ustedes sin encontrar que sea culpable de lo que ustedes lo acusan. ¹⁵Y es claro que tampoco Herodes lo ha juzgado culpable, puesto que nos lo devolvió. Como pueden ver, no ha cometido ningún delito que merezca la muerte, ¹⁶así que le daré una paliza y después lo soltaré. ¹⁷ᵃ

¹⁸Pero todos gritaron a una voz:

—¡Llévate a ese! ¡Suéltanos a Barrabás!

¹⁹A Barrabás lo habían metido en la cárcel por una rebelión en la ciudad y por homicidio. ²⁰Pilato, como quería soltar a Jesús, apeló al pueblo otra vez, ²¹pero ellos se pusieron a gritar:

—¡Crucifícalo! ¡Crucifícalo!

²²Por tercera vez les habló:

—Pero ¿qué crimen ha cometido este hombre? No encuentro que él sea culpable de nada que merezca la pena de muerte, así que le daré una paliza y después lo soltaré.

²³Pero a voz en cuello ellos siguieron insistiendo en que lo crucificara y con sus gritos se impusieron. ²⁴Por fin Pilato decidió concederles su demanda: ²⁵soltó al hombre que le pedían, el que por insurrección y homicidio había sido echado en la cárcel, y dejó que hicieran con Jesús lo que quisieran.

La crucifixión
23:33-43 – Mt 27:33-44; Mr 15:22-32; Jn 19:17-24

²⁶Cuando se lo llevaban, echaron mano de un tal Simón de Cirene, que volvía del campo, y le dieron la cruz para que la cargara detrás de Jesús. ²⁷Lo seguía mucha gente del pueblo, incluso mujeres que se golpeaban el pecho, lamentándose por él. ²⁸Jesús se volvió hacia ellas y les dijo:

—Hijas de Jerusalén, no lloren por mí; lloren más bien por ustedes y por sus hijos. ²⁹Miren, va a llegar el tiempo en que se dirá: "¡Dichosas las estériles, que nunca dieron a luz ni amamantaron!". ³⁰Entonces

»"dirán a las montañas: '¡Caigan sobre
        nosotros!',
    y a las colinas: '¡Cúbrannos!' "ᵇ

³¹»Porque, si esto se hace cuando el árbol está verde, ¿qué no sucederá cuando esté seco?

³²También llevaban con él a otros dos, ambos criminales, para ser ejecutados. ³³Cuando llegaron al lugar llamado la Calavera, lo crucificaron allí, junto con los criminales, uno a su derecha y otro a su izquierda.

³⁴—Padre —dijo Jesús—, perdónalos, porque no saben lo que hacen.ᶜ

Mientras tanto, echaban suertes para repartirse entre sí la ropa de Jesús.

³⁵La gente, por su parte, se quedó allí observando, y aun los gobernantes estaban burlándose de él.

—Salvó a otros —decían—; que se salve a sí mismo si es el ˙Cristo de Dios, el Escogido.

³⁶También los soldados se acercaron para burlarse de él. Le ofrecieron vinagre ³⁷y dijeron:

—Si eres el rey de los judíos, ¡sálvate a ti mismo!

³⁸Resulta que había sobre él un letrero que decía:

ESTE ES EL REY DE LOS JUDÍOS.

³⁹Uno de los criminales allí colgados empezó a insultarlo:

—¿No eres tú el Cristo? ¡Sálvate a ti mismo y a nosotros!

⁴⁰Pero el otro criminal lo reprendió:

—¿Ni siquiera temor de Dios tienes, aunque sufres la misma condena? ⁴¹En nuestro caso, el castigo es justo, pues sufrimos lo que merecen nuestros delitos; este, en cambio, no ha hecho nada malo.

⁴²Luego dijo:

—Jesús, acuérdate de mí cuando vengas en tu reino.

⁴³—Te aseguro que hoy estarás conmigo en el paraíso —le contestó Jesús.

Muerte de Jesús
23:44-49 - Mt 27:45-56; Mr 15:33-41

⁴⁴Desde el mediodía y hasta las tres de la tardeᵈ toda la tierra quedó en oscuridad, ⁴⁵pues el sol se ocultó. Y la cortina del ˙santuario del Templo se rasgó por la mitad. ⁴⁶Entonces Jesús exclamó con fuerza:

—¡Padre, en tus manos encomiendo mi espíritu! Y al decir esto, expiró.

⁴⁷El centurión, al ver lo que había sucedido, alabó a Dios y dijo:

—¡Verdaderamente este hombre era justo!

⁴⁸Entonces los que se habían reunido para presenciar aquel espectáculo, al ver lo ocurrido, se fueron de allí golpeándose el pecho. ⁴⁹Pero todos los conocidos de Jesús, incluso las mujeres que lo habían seguido desde Galilea, se quedaron mirando desde lejos.

Sepultura de Jesús
23:50-56 - Mt 27:57-61; Mr 15:42-47; Jn 19:38-42

⁵⁰Había un hombre bueno y justo llamado José, miembro del ˙Consejo, ⁵¹que no había estado de acuerdo con la decisión ni con la conducta de ellos. Era natural de un pueblo de Judea, llamado Arimatea, y esperaba el reino de Dios. ⁵²Este se presentó ante Pilato y pidió el cuerpo de Jesús. ⁵³Después de bajarlo, lo envolvió en una sábana de tela de lino y lo puso en un sepulcro cavado en la roca, en el que todavía no se había sepultado a nadie. ⁵⁴Era el día de preparación para el ˙sábado, que estaba a punto de comenzar.

⁵⁵Las mujeres que habían acompañado a Jesús desde Galilea siguieron a José para ver el sepulcro y cómo colocaban el cuerpo. ⁵⁶Luego volvieron a casa y prepararon especias aromáticas y perfumes. Entonces descansaron el sábado, conforme al mandamiento.

La resurrección
24:1-10 – Mt 28:1-8; Mr 16:1-8; Jn 20:1-8

24 El primer día de la semana, muy de mañana, las mujeres fueron al sepulcro, llevando las especias aromáticas que habían preparado. ²Encontraron que había sido removida la piedra que cubría el sepulcro ³y, al entrar, no hallaron el cuerpo del Señor Jesús. ⁴Mientras se preguntaban qué habría pasado, se les presentaron dos hombres

---

ᵃ 17 Algunos manuscritos agregan lo siguiente: *Ahora bien, durante la fiesta tenía la obligación de soltarles un preso* (véanse Mt 27:15 y Mr 15:6).   ᵇ 30 Os 10:8.   ᶜ 34 Var. no incluye esta oración.   ᵈ 44 *el mediodía … tarde.* Lit. *la hora sexta … la hora novena.*

con ropas resplandecientes. ⁵Asustadas, se postraron hasta tocar el suelo con su rostro, pero ellos dijeron:

—¿Por qué buscan ustedes entre los muertos al que vive? ⁶No está aquí; ¡ha resucitado! Recuerden lo que dijo cuando todavía estaba con ustedes en Galilea: ⁷"El Hijo del hombre tiene que ser entregado en manos de hombres pecadores y ser crucificado, pero al tercer día resucitará".

⁸Entonces ellas se acordaron de las palabras de Jesús. ⁹Al regresar del sepulcro, les contaron todas estas cosas a los once y a todos los demás. ¹⁰Las mujeres eran María Magdalena, Juana, María la madre de ˙Santiago y las demás que las acompañaban. ¹¹Pero a los discípulos el relato les pareció una tontería, así que no les creyeron. ¹²Pedro, sin embargo, salió corriendo al sepulcro. Se asomó y vio solo las vendas de tela de lino. Luego volvió a su casa, extrañado de lo que había sucedido.

De camino a Emaús

¹³Aquel mismo día, dos de ellos se dirigían a un pueblo llamado Emaús, a unos once kilómetros[a] de Jerusalén. ¹⁴Iban conversando sobre todo lo que había acontecido. ¹⁵Sucedió que, mientras hablaban y discutían, Jesús mismo se acercó y comenzó a caminar con ellos; ¹⁶pero no lo reconocieron, pues sus ojos estaban velados.

¹⁷—¿Qué vienen discutiendo por el camino? —preguntó.

Se detuvieron, cabizbajos. ¹⁸Uno de ellos, llamado Cleofas, le dijo:

—¿Eres tú el único peregrino en Jerusalén que no se ha enterado de todo lo que ha pasado recientemente?

¹⁹—¿Qué es lo que ha pasado? —preguntó.

Ellos respondieron:

—Lo de Jesús de Nazaret. Era un profeta poderoso en obras y en palabras delante de Dios y de todo el pueblo. ²⁰Los jefes de los sacerdotes y nuestros gobernantes lo entregaron para ser condenado a muerte y lo crucificaron; ²¹pero nosotros abrigábamos la esperanza de que era él quien redimiría a Israel. Es más, ya hace tres días que sucedió todo esto. ²²También algunas mujeres de nuestro grupo nos dejaron asombrados. Esta mañana, muy temprano, fueron al sepulcro, ²³pero no hallaron su cuerpo. Cuando volvieron, nos contaron que se les habían aparecido unos ángeles quienes les dijeron que él está vivo. ²⁴Algunos de nuestros compañeros fueron después al sepulcro y lo encontraron tal como habían dicho las mujeres, pero a él no lo vieron.

²⁵—¡Qué torpes son ustedes —les dijo—, y qué tardos de corazón para creer todo lo que han dicho los profetas! ²⁶¿Acaso no tenía que sufrir el Cristo estas cosas antes de entrar en su gloria?

²⁷Entonces, comenzando por Moisés y por todos los Profetas, les explicó lo que se refería a él en todas las Escrituras.

²⁸Al acercarse al pueblo adonde se dirigían, Jesús hizo como que iba más lejos. ²⁹Pero ellos insistieron:

—Quédate con nosotros que está atardeciendo, pronto será de noche.

Así que entró para quedarse con ellos. ³⁰Luego, estando con ellos a la mesa, tomó el pan, lo bendijo, lo partió y se lo dio. ³¹Entonces se les abrieron los ojos y lo reconocieron, pero él desapareció. ³²Se decían el uno al otro:

—¿No ardía nuestro ˙corazón mientras conversaba con nosotros en el camino y nos explicaba las Escrituras?

³³Al instante se pusieron en camino y regresaron a Jerusalén. Allí encontraron a los once y a los que estaban reunidos con ellos. ³⁴«¡Es cierto! —decían—. El Señor ha resucitado y se le ha aparecido a Simón».

³⁵Los dos, por su parte, contaron lo que les había sucedido en el camino y cómo habían reconocido a Jesús cuando partió el pan.

Jesús se aparece a los discípulos

³⁶Todavía estaban ellos hablando acerca de esto, cuando Jesús mismo se puso en medio de ellos y dijo:

—¡La paz sea con ustedes!

³⁷Aterrorizados, creyeron que veían a un espíritu. ³⁸—¿Por qué se asustan tanto? —preguntó—. ¿Por qué les vienen dudas? ³⁹Miren mis manos y mis pies. ¡Soy yo mismo! Tóquenme y vean; un espíritu no tiene carne ni huesos, como ven que los tengo yo.

⁴⁰Dicho esto, les mostró las manos y los pies. ⁴¹Como ellos no acababan de creerlo a causa de la alegría y del asombro, preguntó:

—¿Tienen aquí algo de comer?

⁴²Le dieron un pedazo de pescado asado, ⁴³así que lo tomó y se lo comió delante de ellos. ⁴⁴Luego dijo:

—Cuando todavía estaba yo con ustedes, les decía que tenía que cumplirse todo lo que está escrito acerca de mí en la Ley de Moisés, en los Profetas y en los Salmos.

⁴⁵Entonces les abrió el entendimiento para que comprendieran las Escrituras.

⁴⁶—Esto es lo que está escrito —les explicó—: que el Cristo padecerá y resucitará al tercer día; ⁴⁷en su nombre se predicarán el arrepentimiento y el perdón de pecados a todas las naciones, comenzando por Jerusalén. ⁴⁸Ustedes son testigos de estas cosas. ⁴⁹Ahora voy a enviarles lo que ha prometido mi Padre, pero ustedes quédense en la ciudad hasta que sean revestidos del poder de lo alto.

La ascensión

⁵⁰Después los llevó Jesús hasta Betania; allí alzó las manos y los bendijo. ⁵¹Sucedió que, mientras los bendecía, se alejó de ellos y fue llevado al cielo. ⁵²Entonces, ellos lo adoraron y luego regresaron a Jerusalén con gran alegría. ⁵³Y estaban continuamente en el ˙Templo alabando a Dios.

---

a 13 *unos once kilómetros.* Lit. *sesenta estadios.*

Evangelio según

Juan

El Verbo se hizo hombre

1 En el principio ya existía el *Verbo,
y el Verbo estaba con Dios,
y el Verbo era Dios.
[2] Él estaba con Dios en el principio.
[3] Por medio de él todas las cosas fueron creadas;
sin él, nada de lo creado llegó a existir.
[4] En él estaba la vida
y la vida era la luz de la *humanidad.
[5] Esta luz resplandece en la oscuridad
y la oscuridad no ha podido apagarla.[a]

[6] Vino un hombre llamado Juan. Dios lo envió [7] como testigo para dar testimonio de la luz, a fin de que por medio de él todos creyeran. [8] Juan no era la luz, sino que vino para dar testimonio de la luz. [9] Esa luz verdadera, la que alumbra a todo *ser humano, venía a este mundo.[b]

[10] El que era la luz ya estaba en el mundo y el mundo fue creado por medio de él, pero el mundo no lo reconoció. [11] Vino a lo que era suyo, pero los suyos no lo recibieron. [12] Mas a cuantos lo recibieron, a los que creen en su nombre, les dio el derecho de ser hechos hijos de Dios. [13] Estos no nacen de la sangre, ni por deseos *naturales, ni por voluntad humana, sino de Dios.

[14] Y el Verbo se hizo hombre y habitó[c] entre nosotros. Y contemplamos su gloria, la gloria que corresponde al Hijo único del Padre, lleno de gracia y de verdad.

[15] Juan dio testimonio de él y a voz en cuello proclamó: «Este es aquel de quien yo decía: "El que viene después de mí es superior a mí, porque existía antes que yo"». [16] De su plenitud todos recibimos gracia sobre gracia, [17] pues la Ley fue dada por medio de Moisés, mientras que la gracia y la verdad nos han llegado por medio de *Jesucristo. [18] A Dios nadie lo ha visto nunca; el Hijo único, que es Dios[d] y que vive en unión íntima con el Padre, nos lo ha dado a conocer.

Juan el Bautista niega ser el Cristo

[19] Este es el testimonio de Juan cuando los judíos de Jerusalén enviaron sacerdotes y levitas a preguntarle quién era. [20] No se negó a declararlo, sino que confesó con franqueza:

—Yo no soy el *Cristo.

[21] —¿Quién eres entonces? —le preguntaron—. ¿Acaso eres Elías?

—No lo soy.

—¿Eres el profeta?

—No lo soy.

[22] —Entonces, ¿quién eres? Tenemos que llevar una respuesta a los que nos enviaron. ¿Qué dices de ti mismo?

[23] Juan respondió con las palabras del profeta Isaías:

—Yo soy la voz de uno que grita en el desierto: 'Enderecen el camino para el Señor'".[e]

[24] Los que habían sido enviados eran de los *fariseos. [25] Ellos preguntaron:

—Pues, si no eres el Cristo ni Elías ni el profeta, ¿por qué bautizas?

[26] Juan respondió:

—Yo bautizo con[f] agua, pero entre ustedes hay alguien a quien no conocen [27] y que viene después de mí, al cual yo no soy digno ni siquiera de desatarle la correa de las sandalias.

[28] Todo esto sucedió en Betania, al otro lado del río Jordán, donde Juan estaba bautizando.

Jesús, el Cordero de Dios

[29] Al día siguiente, Juan vio a Jesús que se acercaba a él y dijo: «¡Aquí tienen al Cordero de Dios, que quita el pecado del mundo! [30] De este hablaba yo cuando dije: "Después de mí viene un hombre que es superior a mí, porque existía antes que yo". [31] Yo ni siquiera lo conocía, pero para que él se revelara al pueblo de Israel, vine bautizando con agua».

[32] Juan declaró: «Vi al Espíritu descender del cielo como una paloma y permanecer sobre él. [33] Yo mismo no lo conocía, pero el que me envió a bautizar con agua me dijo: "Aquel sobre quien veas que el Espíritu desciende y permanece es el que bautiza con el Espíritu Santo". [34] Yo lo he visto y por eso testifico que este es el Hijo de Dios».

Los primeros discípulos de Jesús

1:40-42 — Mt 4:18-22; Mr 1:16-20; Lc 5:2-11

[35] Al día siguiente, Juan estaba de nuevo allí con dos de sus discípulos. [36] Al ver a Jesús que pasaba por ahí, dijo:

—¡Aquí tienen al Cordero de Dios!

[37] Cuando los dos discípulos lo oyeron decir esto, siguieron a Jesús. [38] Jesús se volvió y al ver que lo seguían, les preguntó:

—¿Qué buscan?

—Rabí, ¿dónde te hospedas? (Rabí significa "Maestro".)

[39] —Vengan a ver —contestó Jesús.

Ellos fueron, pues, y vieron dónde se hospedaba. Ese mismo día se quedaron con él. Eran como las cuatro de la tarde.

[40] Andrés, hermano de Simón Pedro, era uno de los dos que, al oír a Juan, había seguido a Jesús. [41] Andrés encontró primero a su hermano Simón y le dijo:

—Hemos encontrado al Mesías —es decir, el *Cristo.

[42] Luego lo llevó a Jesús, quien lo miró y dijo:

—Tú eres Simón, hijo de Juan. Serás llamado Cefas —es decir, Pedro.[g]

---

a 5 apagarla. Alt. comprenderla. *b 9 Esa … mundo. Alt. Esa era la luz verdadera que alumbra a todo ser humano que viene al mundo.* *c 14 habitó. Lit. puso su tienda.* *d 18 el Hijo único, que es Dios. Lit. Dios único. Var. el Hijo unigénito.* *e 23 Is 40:3.* *f 26 con. Alt. en; también en vv. 31 y 33.* *g 42 Tanto Cefas (arameo) como Pedro (griego) significan piedra.*

Jesús llama a Felipe y a Natanael

⁴³Al día siguiente, Jesús decidió salir hacia Galilea. Se encontró con Felipe y lo llamó:

—«Sígueme».

⁴⁴Felipe era del pueblo de Betsaida, lo mismo que Andrés y Pedro. ⁴⁵Felipe buscó a Natanael y le dijo:

—Hemos encontrado a Jesús de Nazaret, el hijo de José, aquel de quien escribió Moisés en la Ley y de quien escribieron los profetas.

⁴⁶—¡De Nazaret! —respondió Natanael—. ¿Acaso de allí puede salir algo bueno?

—Ven a ver —contestó Felipe.

⁴⁷Cuando Jesús vio que Natanael se acercaba, comentó:

—Aquí tienen a un verdadero israelita en quien no hay falsedad.

⁴⁸—¿De dónde me conoces? —preguntó Natanael. Jesús respondió:

—Antes de que Felipe te llamara, cuando aún estabas bajo la higuera, ya te había visto.

⁴⁹—Rabí, ¡tú eres el Hijo de Dios! ¡Tú eres el Rey de Israel! —declaró Natanael.

⁵⁰Jesús le dijo:

—¿Lo crees porque te dije que te vi cuando estabas debajo de la higuera? ¡Vas a ver aún cosas más grandes que estas!

⁵¹Y añadió con firmeza:

—Les aseguro que ustedes verán abrirse el cielo, y a los ángeles de Dios subir y bajar sobre el Hijo del hombre.

Jesús cambia el agua en vino

2 Al tercer día se celebró una boda en Caná de Galilea y la madre de Jesús se encontraba allí. ²También habían sido invitados a la boda Jesús y sus discípulos. ³Cuando el vino se acabó, la madre de Jesús le dijo:

—Ya no tienen vino.

⁴—Mujer, ¿eso qué tiene que ver conmigo? —respondió Jesús—. Todavía no ha llegado mi hora.

⁵Su madre dijo a los sirvientes:

—Hagan lo que él les ordene.

⁶Había allí seis tinajas de piedra, de las que usan los judíos en sus ceremonias de ˚purificación. En cada una cabían unos cien litros.ᵃ

⁷Jesús dijo a los sirvientes:

—Llenen de agua las tinajas.

Y los sirvientes las llenaron hasta el borde.

⁸—Ahora saquen un poco y llévenlo al encargado del banquete —dijo Jesús.

Así lo hicieron. ⁹El encargado del banquete probó el agua convertida en vino sin saber de dónde había salido, aunque sí lo sabían los sirvientes que habían sacado el agua. Entonces llamó aparte al novio ¹⁰y le dijo:

—Todos sirven primero el mejor vino y, cuando los invitados ya han bebido mucho, entonces sirven el más barato; pero tú has guardado el mejor vino hasta ahora.

¹¹Esta primera señal milagrosa la hizo Jesús en Caná de Galilea. Así reveló su gloria y sus discípulos creyeron en él.

¹²Después de esto Jesús bajó a Capernaúm con su madre, sus hermanos y sus discípulos, y se quedaron allí unos días.

Jesús purifica el Templo
2:14-16 – Mt 21:12-13; Mr 11:15-17; Lc 19:45-46

¹³Cuando se aproximaba la Pascua de los judíos, Jesús subió a Jerusalén. ¹⁴Y en el ˚Temploᵇ halló a los que vendían bueyes, ovejas y palomas, y también a otros que, instalados en sus mesas, cambiaban dinero. ¹⁵Entonces, haciendo un látigo de cuerdas, echó a todos del Templo, juntamente con sus ovejas y sus bueyes; regó por el suelo las monedas de los que cambiaban dinero y derribó sus mesas. ¹⁶A los que vendían las palomas les dijo:

—¡Saquen esto de aquí! ¡No conviertan la casa de mi Padre en un mercado!

¹⁷Sus discípulos se acordaron de que está escrito: «El celo por tu casa me consumirá».ᶜ ¹⁸Entonces los judíos reaccionaron, preguntándole:

—¿Qué señal puedes mostrarnos para actuar de esta manera?

¹⁹—Destruyan este templo —respondió Jesús—, y lo levantaré de nuevo en tres días.

²⁰Ellos respondieron:

—Tardaron cuarenta y seis años en construir este Templo, ¿y tú vas a levantarlo en tres días?

²¹Pero el templo al que se refería era su propio cuerpo. ²²Así, pues, cuando se ˚levantó de entre los muertos, sus discípulos se acordaron de lo que había dicho, y creyeron en la Escritura y en las palabras de Jesús.

²³Mientras estaba en Jerusalén, durante la fiesta de la Pascua, muchos creyeron en su nombre al ver las señales que hacía. ²⁴En cambio, Jesús no confiaba en ellos porque los conocía a todos; ²⁵no necesitaba que nadie le informara acerca de los demás, pues él conocía el interior del ˚ser humano.

Jesús enseña a Nicodemo

3 Había entre los ˚fariseos un dirigente de los judíos llamado Nicodemo. ²Este fue de noche a visitar a Jesús.

—Rabí —le dijo—, sabemos que eres un maestro que ha venido de parte de Dios, porque nadie podría hacer las señales que tú haces si Dios no estuviera con él.

³—Te aseguro que quien no nazca de nuevoᵈ no puede ver el reino de Dios —dijo Jesús.

⁴—¿Cómo puede uno nacer de nuevo siendo ya viejo? —preguntó Nicodemo—. ¿Acaso puede entrar por segunda vez en el vientre de su madre y volver a nacer?

⁵—Te aseguro que quien no nazca de agua y del Espíritu no puede entrar en el reino de Dios —respondió Jesús—. ⁶Lo que nace del cuerpo es cuerpo; lo que nace del Espíritu es espíritu. ⁷No te sorprendas de que haya dicho: "Tienen que nacer de nuevo". ⁸El vientoᵉ sopla por donde quiere y oyes su sonido, aunque ignoras de dónde viene y a dónde va. Lo mismo pasa con todo el que nace del Espíritu.

⁹Nicodemo respondió:

—¿Cómo es posible que esto suceda?

¹⁰—Tú eres maestro de Israel, ¿y no entiendes estas cosas? —respondió Jesús—. ¹¹Te aseguro que hablamos de lo que sabemos y damos testimonio de lo que hemos visto, pero ustedes no aceptan nuestro testimonio. ¹²Si he hablado de las cosas terrenales y no creen, ¿cómo van a creer si les hablo de las celestiales? ¹³Nadie ha subido jamás al cielo sino el que descendió del cielo, el Hijo del hombre.ᶠ

¹⁴»Como levantó Moisés la serpiente en el desierto, así también tiene que ser levantado el Hijo del hombre, ¹⁵para que todo el que cree en él tenga vida eterna.ᵍ

¹⁶»Porque tanto amó Dios al mundo que dio a su Hijo único, para que todo el que cree en él no se

---

ᵃ 6 unos cien litros. Lit. entre dos y tres metretas.   ᵇ 14 Es decir, en el área general del Templo; en vv. 19-21 el término griego significa santuario.   ᶜ 17 Sal 69:9.   ᵈ 3 de nuevo. Alt. de arriba; también en v. 7.   ᵉ 8 viento. La misma palabra griega significa tanto viento como espíritu.   ᶠ 13 hombre. Var. hombre que está en el cielo.   ᵍ 15 todo ... eterna. Alt. todo el que cree tenga vida eterna en él.

pierda, sino que tenga vida eterna. ¹⁷Dios no envió a su Hijo al mundo para condenar al mundo, sino para salvarlo por medio de él. ¹⁸El que cree en él no es condenado, pero el que no cree ya está condenado por no haber creído en el nombre del Hijo único de Dios. ¹⁹Esta es la causa de la condenación: que la luz vino al mundo, pero la humanidad prefirió la oscuridad a la luz, porque sus obras eran malas. ²⁰Pues todo el que hace lo malo aborrece la luz y no se acerca a ella por temor a que sus obras queden al descubierto. ²¹En cambio, el que practica la verdad se acerca a la luz, para que se vea claramente que ha hecho sus obras en obediencia a Dios.ᵃ

Testimonio de Juan el Bautista

²²Después de esto Jesús fue con sus discípulos a la región de Judea. Allí pasó algún tiempo con ellos y bautizaba a la gente. ²³También Juan estaba bautizando en Enón, cerca de Salín, porque allí había mucha agua. Así que la gente iba para ser bautizada. ²⁴(Esto sucedió antes de que encarcelaran a Juan). ²⁵Se entabló entonces una discusión entre los discípulos de Juan y un judíoᵇ en torno a los ritos de ˙purificación. ²⁶Aquellos fueron a ver a Juan y le dijeron:

—Rabí, fíjate, el que estaba contigo al otro lado del Jordán y de quien tú diste testimonio ahora está bautizando, y todos acuden a él.

²⁷—Nadie puede recibir nada a menos que Dios se lo conceda —respondió Juan—. ²⁸Ustedes me son testigos de que dije: "Yo no soy el ˙Cristo, sino que he sido enviado delante de él". ²⁹El que se casa con la novia es el novio. Y el amigo del novio, que está a su lado y lo escucha, se llena de alegría cuando oye la voz del novio. Esa es la alegría que me inunda. ³⁰A él le toca crecer y a mí, menguar.

El que viene del cielo

³¹»El que viene de arriba está por encima de todos; el que es de la tierra es terrenal y de lo terrenal habla. El que viene del cielo está por encima de todos ³²y da testimonio de lo que ha visto y oído, pero nadie recibe su testimonio. ³³El que lo recibe certifica que Dios es veraz. ³⁴El enviado de Dios comunica el mensaje divino, pues Dios mismo le da su Espíritu sin restricción. ³⁵El Padre ama al Hijo y ha puesto todo en sus manos. ³⁶El que cree en el Hijo tiene vida eterna; pero el que desobedezca al Hijo no sabrá lo que es esa vida, sino que permanecerá bajo el castigo de Dios.ᶜ

Jesús y la samaritana

4 Jesúsᵈ se enteró de que los ˙fariseos sabían que él estaba ganando y bautizando más discípulos que Juan ²(aunque en realidad no era Jesús quien bautizaba, sino sus discípulos). ³Por eso se fue de Judea y volvió otra vez a Galilea. ⁴Como tenía que pasar por Samaria, ⁵llegó a un pueblo samaritano llamado Sicar, cerca del terreno que Jacob había dado a su hijo José. ⁶Allí estaba el pozo de Jacob. Jesús, fatigado del camino, se sentó junto al pozo. Era cerca del mediodía.ᵉ ⁷En eso, una mujer de Samaria llegó a sacar agua y Jesús le dijo:

—Dame un poco de agua.

⁸Sus discípulos habían ido al pueblo a comprar comida.

⁹Entonces, como los judíos no se relacionaban con los samaritanos, la mujer respondió:

—¿Cómo se te ocurre pedirme agua, si tú eres judío y yo soy samaritana?

¹⁰Jesús contestó:

—Si supieras lo que Dios puede dar y conocieras al que te está pidiendo agua —contestó Jesús—, tú le habrías pedido a él y él te habría dado agua viva.

¹¹La mujer dijo:

—Señor, ni siquiera tienes con qué sacar agua y el pozo es muy hondo; ¿de dónde, pues, vas a sacar esa agua viva? ¹²¿Acaso eres tú superior a nuestro padre Jacob que nos dejó este pozo, del cual bebieron él, sus hijos y su ganado?

¹³—Todo el que beba de esta agua volverá a tener sed —respondió Jesús—, ¹⁴pero el que beba del agua que yo le daré no volverá a tener sed jamás, sino que dentro de él esa agua se convertirá en un manantial del que brotará vida eterna.

¹⁵—Señor —dijo la mujer—, dame de esa agua para que no vuelva a tener sed ni siga viniendo aquí a sacarla.

¹⁶—Ve a llamar a tu esposo y vuelve acá —dijo Jesús.

¹⁷—No tengo esposo —respondió ella.

Jesús le dijo:

—Bien has dicho que no tienes esposo. ¹⁸Es cierto que has tenido cinco y el que ahora tienes no es tu esposo. En esto has dicho la verdad.

¹⁹La mujer dijo:

—Señor, me doy cuenta de que tú eres profeta. ²⁰Nuestros antepasados adoraron en este monte, pero ustedes los judíos dicen que el lugar donde debemos adorar está en Jerusalén.

²¹Jesús contestó:

—Créeme, mujer, que se acerca la hora en que ni en este monte ni en Jerusalén adorarán ustedes al Padre. ²²Ahora ustedes adoran lo que no conocen; nosotros adoramos lo que conocemos, porque la salvación proviene de los judíos. ²³Pero se acerca la hora, y ha llegado ya, en que los verdaderos adoradores rendirán culto al Padre en espíritu y en verdad,ᶠ porque así quiere el Padre que sean los que le adoren. ²⁴Dios es espíritu y quienes lo adoran deben hacerlo en espíritu y en verdad.

²⁵—Sé que viene el Mesías, al que llaman el ˙Cristo —respondió la mujer—. Cuando él venga nos explicará todas las cosas.

²⁶—Ese soy yo, el que habla contigo —le dijo Jesús.

Los discípulos vuelven a reunirse con Jesús

²⁷En esto llegaron sus discípulos y se sorprendieron de verlo hablando con una mujer, aunque ninguno preguntó: «¿Qué pretendes?», o: «¿De qué hablas con ella?».

²⁸La mujer dejó su cántaro, volvió al pueblo y decía a la gente:

²⁹—Vengan a ver a un hombre que me ha dicho todo lo que he hecho. ¿No será este el ˙Cristo?

³⁰Salieron del pueblo y fueron a ver a Jesús. ³¹Mientras tanto, sus discípulos le insistían:

—Rabí, come algo.

³²—Yo tengo un alimento que ustedes no conocen —respondió él.

³³«¿Le habrán traído algo de comer?», comentaban entre sí los discípulos.

³⁴—Mi alimento es hacer la voluntad del que me envió y terminar su obra —dijo Jesús—. ³⁵¿No dicen ustedes: "Todavía faltan cuatro meses para la cosecha"? Yo les digo: ¡Abran los ojos y miren los campos sembrados! Ya la cosecha está madura;

ᵃ **21** Algunos intérpretes consideran que el discurso de Jesús termina en el v. 15. ᵇ **25** *un judío.* Var. *unos judíos.*
ᶜ **36** Algunos intérpretes consideran que los vv. 31-36 son un comentario del autor del evangelio. ᵈ **1** *Jesús.* Var. *El Señor.*
ᵉ **6** *del mediodía.* Lit. *de la hora sexta;* véase nota en 1:39.
ᶠ **23** *en espíritu y en verdad.* Alt. *por el Espíritu y la verdad;* también en v. 24.

³⁶ya mismo el segador recibe su salario y recoge el fruto para vida eterna. Ahora, tanto el sembrador como el segador se alegran juntos. ³⁷Porque como ciertamente dice el refrán: "Uno es el que siembra y otro el que cosecha". ³⁸Yo los he enviado a ustedes a cosechar lo que no les costó ningún trabajo. Otros se han fatigado trabajando y ustedes han cosechado el fruto de ese trabajo.

³⁹Muchos de los samaritanos que vivían en aquel pueblo creyeron en él por el testimonio que daba la mujer: «Me ha dicho todo lo que he hecho». ⁴⁰Así que cuando los samaritanos fueron a su encuentro le insistieron en que se quedara con ellos. Jesús permaneció allí dos días ⁴¹y muchos más llegaron a creer por lo que él mismo decía.

⁴²—Ya no creemos solo por lo que tú dijiste —decían a la mujer—; ahora lo hemos oído nosotros mismos y sabemos que verdaderamente este es el Salvador del mundo.

Jesús sana al hijo de un funcionario

⁴³Después de esos dos días Jesús salió de allí rumbo a Galilea ⁴⁴(pues, como él mismo había dicho, a ningún profeta se le honra en su propia tierra). ⁴⁵Cuando llegó a Galilea, fue bien recibido por los galileos, pues estos habían visto personalmente todo lo que había hecho en Jerusalén durante la fiesta de la Pascua, ya que ellos habían estado también allí.

⁴⁶Y volvió otra vez Jesús a Caná de Galilea, donde había convertido el agua en vino. Había allí un funcionario real, cuyo hijo estaba enfermo en Capernaúm. ⁴⁷Cuando este hombre se enteró de que Jesús había llegado de Judea a Galilea, fue a su encuentro y le suplicó que bajara a sanar a su hijo, pues estaba a punto de morir.

⁴⁸—Ustedes nunca van a creer si no ven señales y prodigios —le dijo Jesús.

⁴⁹—Señor —rogó el funcionario—, baja antes de que se muera mi hijo.

⁵⁰—Vuelve a casa que tu hijo vive —dijo Jesús.

El hombre creyó lo que Jesús dijo y se fue. ⁵¹Cuando se dirigía a su casa, sus siervos salieron a su encuentro y le dieron la noticia de que su hijo estaba vivo. ⁵²Cuando preguntó a qué hora había comenzado su hijo a sentirse mejor, contestaron:

—Ayer a la una de la tarde*ª* se le quitó la fiebre.

⁵³Entonces el padre se dio cuenta de que precisamente a esa hora Jesús le había dicho: «Tu hijo vive». Así que él y toda su familia creyeron.

⁵⁴Esta fue la segunda señal milagrosa que Jesús hizo después de que volvió de Judea a Galilea.

Jesús sana a un paralítico

5 Algún tiempo después, Jesús subió a Jerusalén, pues se celebraba una fiesta de los judíos. ²Había allí, junto a la puerta de las Ovejas, un estanque rodeado de cinco entradas, cuyo nombre en hebreo es Betzatá.*ᵇ* ³En esas entradas se hallaban tendidos muchos enfermos, ciegos, cojos y paralíticos. ⁴*ᶜ* ⁵Entre ellos se encontraba un hombre que llevaba enfermo treinta y ocho años. ⁶Cuando Jesús lo vio tirado en el suelo y se enteró de que ya tenía mucho tiempo de estar así, le preguntó:

—¿Quieres quedar sano?

⁷—Señor —respondió—, no tengo a nadie que me meta en el estanque mientras se agita el agua y, cuando trato de hacerlo, otro se mete antes.

⁸—Levántate, recoge tu camilla y anda —le dijo Jesús.

⁹Al instante aquel hombre quedó sano, así que tomó su camilla y echó a andar. Pero ese día era *sábado. ¹⁰Por eso los judíos dijeron al que había sido sanado:

—Hoy es sábado; no te está permitido cargar tu camilla.

¹¹—El que me sanó me dijo: "Recoge tu camilla y anda" —les respondió.

¹²—¿Quién es ese hombre que te dijo: "Recógela y anda"? —le preguntaron.

¹³El que había sido sanado no tenía idea de quién era, porque Jesús se había escabullido entre la mucha gente que había en el lugar.

¹⁴Después de esto Jesús lo encontró en el *Templo y le dijo:

—Mira, ya has quedado sano. No vuelvas a pecar, no sea que te ocurra algo peor.

¹⁵El hombre se fue e informó a los judíos que Jesús era quien lo había sanado.

La autoridad del Hijo

¹⁶Precisamente por esto los judíos perseguían a Jesús, pues hacía tales cosas en *sábado. ¹⁷Pero Jesús les respondía:

—Mi Padre aún hoy está trabajando y yo también trabajo.

¹⁸Así los judíos redoblaban sus esfuerzos para matarlo, pues no solo quebrantaba el sábado, sino que incluso decía que Dios era su propio Padre, con lo que él mismo se hacía igual a Dios.

¹⁹Entonces Jesús afirmó:

—Les aseguro que el Hijo no puede hacer nada por su propia cuenta, sino solamente lo que ve que su Padre hace, porque cualquier cosa que hace el Padre, la hace también el Hijo. ²⁰Pues el Padre ama al Hijo y le muestra todo lo que hace. Sí, y aun cosas más grandes que estas le mostrará y los dejará a ustedes asombrados. ²¹Porque así como el Padre resucita a los muertos y les da vida, así también el Hijo da vida a quienes a él le place. ²²Además, el Padre no juzga a nadie, sino que todo juicio lo ha delegado en el Hijo, ²³para que todos honren al Hijo como lo honran a él. El que se niega a honrar al Hijo no honra al Padre que lo envió.

²⁴»Les aseguro que el que oye mi palabra y cree al que me envió tiene vida eterna y no será juzgado, sino que ha pasado de la muerte a la vida. ²⁵Les aseguro que ya viene la hora, y ha llegado ya, en que los muertos oirán la voz del Hijo de Dios, y los que la oigan vivirán. ²⁶Porque así como el Padre tiene vida en sí mismo, así también ha concedido al Hijo el tener vida en sí mismo, ²⁷y le ha dado autoridad para juzgar, puesto que es el Hijo del hombre.

²⁸»No se asombren de esto, porque viene la hora en que todos los que están en los sepulcros oirán su voz ²⁹y saldrán de allí. Los que han hecho el bien resucitarán para tener vida, pero los que han practicado el mal resucitarán para ser juzgados. ³⁰Yo no puedo hacer nada por mi propia cuenta; juzgo solo según lo que oigo y mi juicio es justo, pues no busco hacer mi propia voluntad, sino cumplir la voluntad del que me envió.

Los testimonios a favor del Hijo

³¹»Si yo testifico en mi favor, ese testimonio no es válido. ³²Otro es el que testifica en mi favor y me consta que es válido el testimonio que él da de mí.

ª 52 la una de la tarde. Lit. la hora séptima; véase nota en 1:39.
ᵇ 2 Betzatá. Var. Betesda; otra var. Betsaida. ᶜ 4 Algunos manuscritos agregan lo siguiente: paralíticos, que esperaban el movimiento del agua. 4De cuando en cuando un ángel del Señor bajaba al estanque y agitaba el agua. El primero que entraba en el estanque después de cada agitación del agua quedaba sano de cualquier enfermedad que tuviera.

³³»Ustedes enviaron a preguntarle a Juan y él dio un testimonio válido. ³⁴Y no es que yo acepte el testimonio de un hombre; más bien lo menciono para que ustedes sean salvos. ³⁵Juan era una lámpara encendida y brillante, y ustedes quisieron disfrutar de su luz por algún tiempo.

³⁶»El testimonio con que yo cuento tiene más peso que el de Juan. Porque las obras que el Padre me ha encomendado que lleve a cabo, y estoy haciendo, son las que testifican que el Padre me ha enviado. ³⁷Y el Padre mismo que me envió ha testificado en mi favor. Ustedes nunca han oído su voz ni visto su figura, ³⁸ni vive su palabra en ustedes, porque no creen en aquel a quien él envió. ³⁹Ustedes estudian*a* con diligencia las Escrituras porque piensan que en ellas hallan la vida eterna. ¡Y son ellas las que dan testimonio en mi favor! ⁴⁰Sin embargo, ustedes no quieren venir a mí para tener esa vida.

⁴¹»No acepto que la gente me dé gloria. ⁴²A ustedes los conozco y sé que no aman realmente a Dios.*b* ⁴³Yo he venido en nombre de mi Padre y ustedes no me aceptan; pero si otro viniera en su propio nombre, a ese sí lo aceptarían. ⁴⁴¿Cómo va a ser posible que ustedes crean, si reciben gloria unos de otros, pero no buscan la gloria que viene del Dios único?*c*

⁴⁵»Pero no piensen que yo voy a acusarlos delante del Padre. Quien los va a acusar es Moisés, en quien tienen puesta su esperanza. ⁴⁶Si creyeran a Moisés, me creerían a mí, porque de mí escribió él. ⁴⁷Pero si no creen lo que él escribió, ¿cómo van a creer mis palabras?

Jesús alimenta a cinco mil personas

6:1-13 – Mt 14:13-21; Mr 6:32-44; Lc 9:10-17

6 Algún tiempo después, Jesús se fue a la otra orilla del lago de Galilea o de Tiberíades. ²Y mucha gente lo seguía porque veían las señales que hacía en los enfermos. ³Entonces subió Jesús a una colina y se sentó con sus discípulos. ⁴Faltaba muy poco tiempo para la fiesta judía de la Pascua.

⁵Cuando Jesús alzó la vista y vio una gran multitud que venía hacia él, dijo a Felipe:

—¿Dónde vamos a comprar pan para que coma esta gente?

⁶Esto lo dijo solo para ponerlo a ˙prueba, porque él ya sabía lo que iba a hacer.

⁷—Ni con el salario de más de seis meses de trabajo*d* podríamos comprar suficiente pan para darle un pedazo a cada uno —respondió Felipe.

⁸Otro de sus discípulos, Andrés, que era hermano de Simón Pedro, le dijo:

⁹—Aquí hay un muchacho que tiene cinco panes de cebada y dos pescados, pero ¿qué es esto para tanta gente?

¹⁰—Hagan que se sienten todos —ordenó Jesús.

En ese lugar había mucha hierba, así que se sentaron. Los varones adultos eran como cinco mil. ¹¹Jesús tomó entonces los panes, dio gracias y distribuyó a los que estaban sentados todo lo que quisieron. Lo mismo hizo con los pescados.

¹²Una vez que quedaron satisfechos, dijo a sus discípulos:

—Recojan los pedazos que sobraron, para que no se desperdicie nada.

¹³Así que recogieron los pedazos que habían sobrado de los cinco panes de cebada y llenaron doce canastas.

¹⁴Al ver la señal milagrosa que Jesús había realizado, la gente comenzó a decir: «En verdad este es el profeta que había de venir al mundo». ¹⁵Pero Jesús, dándose cuenta de que querían llevárselo a la fuerza y declararlo rey, se retiró de nuevo a la montaña él solo.

Jesús camina sobre el agua

6:16-21 – Mt 14:22-33; Mr 6:47-51

¹⁶Cuando ya anochecía, sus discípulos bajaron al lago, ¹⁷subieron a una barca y comenzaron a cruzar el lago en dirección a Capernaúm. Para entonces ya había oscurecido y Jesús todavía no se les había unido. ¹⁸Por causa del fuerte viento que soplaba, el lago estaba agitado. ¹⁹Habrían remado unos cinco o seis kilómetros*e* cuando vieron que Jesús se acercaba a la barca, caminando sobre el agua, y se asustaron. ²⁰Pero él les dijo: «Soy yo. No tengan miedo». ²¹Así que se dispusieron a recibirlo a bordo y enseguida la barca llegó a la playa, lugar al que se dirigían.

²²Al día siguiente, la multitud que estaba aún en el otro lado del lago se dio cuenta de que los discípulos habían embarcado solos. Lo supieron porque allí había estado una sola barca y Jesús no había entrado en ella con sus discípulos. ²³Sin embargo, algunas barcas de Tiberíades se aproximaron al lugar donde la gente había comido el pan después de haber dado gracias el Señor. ²⁴En cuanto la multitud se dio cuenta de que ni Jesús ni sus discípulos estaban allí, subieron a las barcas y se fueron a Capernaúm a buscar a Jesús.

Jesús, el pan de vida

²⁵Cuando lo encontraron al otro lado del lago, le preguntaron:

—Rabí, ¿cuándo llegaste acá?

²⁶Jesús respondió con firmeza:

—Les aseguro que ustedes me buscan no porque han visto señales, sino porque comieron pan hasta llenarse. ²⁷Trabajen, pero no por la comida que es perecedera, sino por la que permanece para vida eterna, la cual les dará el Hijo del hombre. Dios el Padre ha puesto sobre él su sello de aprobación.

²⁸—¿Qué tenemos que hacer para realizar las obras que Dios exige? —le preguntaron.

²⁹—Esto es lo que Dios quiere que hagan: que crean en aquel a quien él envió —respondió Jesús.

³⁰—¿Y qué señal milagrosa harás para que la veamos y te creamos? ¿Qué puedes hacer? —insistieron ellos—. ³¹Nuestros antepasados comieron el maná en el desierto, como está escrito: "Pan del cielo les dio a comer".*f*

³²—Les aseguro que no fue Moisés el que les dio a ustedes el pan del cielo —afirmó Jesús—. El que da el verdadero pan del cielo es mi Padre. ³³El pan de Dios es el que baja del cielo y da vida al mundo.

³⁴—Señor —le pidieron—, danos siempre ese pan.

³⁵—Yo soy el pan de vida —declaró Jesús. El que a mí viene nunca pasará hambre y el que en mí cree nunca más volverá a tener sed. ³⁶Pero como ya les dije, a pesar de que ustedes me han visto, no creen. ³⁷Todos los que el Padre me da vendrán a mí; y el que a mí viene no lo rechazo. ³⁸Porque he bajado del cielo no para hacer mi voluntad, sino la de quien me envió. ³⁹Y esta es la voluntad del que me envió: que yo no pierda nada de lo que él me ha dado, sino que lo resucite en el día final. ⁴⁰Porque la voluntad de mi Padre es que todo el que ve al Hijo y crea en él tenga vida eterna, y yo lo resucitaré en el día final.

⁴¹Entonces los judíos comenzaron a murmurar contra él, porque dijo: «Yo soy el pan que bajó del cielo». ⁴²Y se decían: «¿Acaso no es este Jesús, el hijo

---

a 39 *Ustedes estudian. Alt. Estudien.* *b* 42 *no aman … Dios. Lit. no tienen el amor de Dios en sí mismos.* *c* 44 *del Dios único. Var. del Único.* *d* 7 *el salario … trabajo. Lit. doscientos denarios.* *e* 19 *cinco o seis kilómetros. Lit. veinticinco o treinta estadios.* *f* 31 Éx 16:4; Neh 9:15; Sal 78:24, 25.

de José? ¿No conocemos a su padre y a su madre? ¿Cómo es que sale diciendo: "Yo bajé del cielo"?».

⁴³—Dejen de murmurar —respondió Jesús—. ⁴⁴Nadie puede venir a mí, si no lo trae el Padre que me envió, y yo lo resucitaré en el día final. ⁴⁵En los Profetas está escrito: "A todos los instruirá Dios".ᵃ En efecto, todo el que escucha al Padre y aprende de él viene a mí. ⁴⁶Al Padre nadie lo ha visto, excepto el que viene de Dios; solo él ha visto al Padre. ⁴⁷Les aseguro que el que cree tiene vida eterna. ⁴⁸Yo soy el pan de vida. ⁴⁹Los antepasados de ustedes comieron el maná en el desierto; sin embargo, murieron. ⁵⁰Pero este es el pan que baja del cielo; el que come de él no muere. ⁵¹Yo soy el pan vivo que bajó del cielo. Si alguno come de este pan, vivirá para siempre. Este pan es mi carne y lo daré para que el mundo viva.

⁵²Los judíos comenzaron a disputar acaloradamente entre sí: «¿Cómo puede este darnos a comer su carne?».

⁵³—Les aseguro —afirmó Jesús— que, si no comen la carne del Hijo del hombre ni beben su sangre, no tienen realmente vida. ⁵⁴El que come mi carne y bebe mi sangre tiene vida eterna, y yo lo resucitaré en el día final. ⁵⁵Porque mi carne es verdadera comida y mi sangre es verdadera bebida. ⁵⁶El que come mi carne y bebe mi sangre permanece en mí y yo en él. ⁵⁷Así como me envió el Padre viviente, y yo vivo por el Padre, también el que come de mí vivirá por mí. ⁵⁸Este es el pan que bajó del cielo. Los antepasados de ustedes comieron maná y murieron, pero el que come de este pan vivirá para siempre.

⁵⁹Todo esto lo dijo Jesús mientras enseñaba en la sinagoga de Capernaúm.

Muchos discípulos abandonan a Jesús

⁶⁰Al escucharlo, muchos de sus discípulos exclamaron: «Esta enseñanza es muy difícil; ¿quién puede aceptarla?».

⁶¹Jesús, muy consciente de que sus discípulos murmuraban por esto que había dicho, les reprochó:

—¿Esto les causa tropiezo? ⁶²¿Qué tal si vieran al Hijo del hombre subir adonde antes estaba? ⁶³El Espíritu da vida; la carne no vale para nada. Las palabras que les he hablado son espíritu y son vida. ⁶⁴Sin embargo, hay algunos de ustedes que no creen.

Es que Jesús conocía desde el principio quiénes eran los que no creían y quién era el que iba a traicionarlo. Así que añadió:

⁶⁵—Por esto les dije que nadie puede venir a mí, a menos que se lo haya concedido el Padre.

⁶⁶Desde entonces muchos de sus discípulos le volvieron la espalda y ya no andaban con él. ⁶⁷Así que Jesús preguntó a los doce:

—¿También ustedes quieren marcharse?

⁶⁸—Señor —contestó Simón Pedro—, ¿a quién iremos? Tú tienes palabras de vida eterna. ⁶⁹Y nosotros hemos creído, y sabemos que tú eres el Santo de Dios.ᵇ

⁷⁰—¿No los he escogido yo a ustedes doce? —respondió Jesús—. No obstante, uno de ustedes es un diablo.

⁷¹Se refería a Judas, hijo de Simón Iscariote, uno de los doce, quien lo iba a traicionar.

Jesús va a la fiesta de las Enramadas

7 Algún tiempo después, Jesús andaba por Galilea. No tenía ningún interés en ir a Judea, porque allí los judíos buscaban la oportunidad para matarlo. ²Faltaba poco tiempo para la fiesta judía de las ˙Enramadas, ³así que los hermanos de Jesús le dijeron:

—Deberías salir de aquí e ir a Judea, para que tus discípulos vean las obras que realizas, ⁴porque nadie que quiera darse a conocer actúa en secreto. Ya que haces estas cosas, deja que el mundo te conozca.

⁵Lo cierto es que ni siquiera sus hermanos creían en él. ⁶Por eso Jesús les dijo:

—Para ustedes cualquier tiempo es bueno, pero el tiempo mío aún no ha llegado. ⁷El mundo no tiene motivos para aborrecerlos; a mí, sin embargo, me aborrece porque yo testifico que sus obras son malas. ⁸Suban ustedes a la fiesta. Yo no voy todavíaᶜ a esta fiesta porque mi tiempo aún no ha llegado.

⁹Dicho esto, se quedó en Galilea. ¹⁰Sin embargo, después de que sus hermanos se fueron a la fiesta, fue también él, no públicamente, sino en secreto. ¹¹Por eso las autoridades judías lo buscaban durante la fiesta, y decían: «¿Dónde se habrá metido?».

¹²Entre la multitud corrían muchos rumores acerca de él. Unos decían: «Es una buena persona». Otros alegaban: «No, lo que pasa es que engaña a la gente». ¹³Sin embargo, por temor a las autoridades judías nadie hablaba de él abiertamente.

Jesús enseña en la fiesta

¹⁴Jesús esperó hasta la mitad de la fiesta para subir al ˙Templo y comenzar a enseñar. ¹⁵Los judíos se admiraban y decían: «¿De dónde sacó este tantos conocimientos sin haber estudiado?».

¹⁶—Mi enseñanza no es mía —respondió Jesús—, sino del que me envió. ¹⁷El que esté dispuesto a hacer la voluntad de Dios reconocerá si mi enseñanza proviene de Dios o si yo hablo por mi propia cuenta. ¹⁸El que habla por cuenta propia busca su vanagloria; en cambio, el que busca glorificar al que lo envió es una persona íntegra y sin maldad. ¹⁹¿No les ha dado Moisés la Ley a ustedes? Sin embargo, ninguno de ustedes la cumple. ¿Por qué tratan entonces de matarme?

²⁰—Estás endemoniado —contestó la multitud—. ¿Quién quiere matarte?

²¹Jesús les dijo:

—Hice una señal milagrosa y todos ustedes han quedado asombrados. ²²Por eso Moisés les dio la circuncisión, que en realidad no proviene de Moisés, sino de los patriarcas y aun en sábado la practican. ²³Ahora bien, si para cumplir la Ley de Moisés circuncidan a un varón incluso en sábado, ¿por qué se enfurecen conmigo si en sábado lo sano por completo? ²⁴No juzguen por las apariencias; juzguen con justicia.

¿Es este el Cristo?

²⁵Algunos de los que vivían en Jerusalén comentaban: «¿No es este al que quieren matar? ²⁶Ahí está, hablando abiertamente y nadie le dice nada. ¿Será que las autoridades se han convencido de que es el ˙Cristo? ²⁷Nosotros sabemos de dónde viene este hombre, pero cuando venga el Cristo nadie sabrá su procedencia».

²⁸Por eso Jesús, que seguía enseñando en el ˙Templo, exclamó:

—¡Conque ustedes me conocen y saben de dónde vengo! No he venido por mi propia cuenta, sino que me envió uno que es digno de confianza. Ustedes no lo conocen, ²⁹pero yo sí lo conozco porque vengo de parte suya y él mismo me ha enviado.

³⁰Entonces quisieron arrestarlo, pero nadie le echó mano porque aún no había llegado su hora. ³¹Con todo, muchos de entre la multitud creyeron en él y decían: «Cuando venga el Cristo, ¿acaso va a hacer más señales que este hombre?».

ᵃ 45 Is 54:13.   ᵇ 69 el Santo de Dios. Var. el Cristo, el hijo del Dios viviente.   ᶜ 8 Var. no incluye: todavía.

32Los 'fariseos oyeron a la multitud que murmuraba estas cosas acerca de él y, junto con los jefes de los sacerdotes, mandaron unos guardias del Templo para arrestarlo.

33—Voy a estar con ustedes un poco más de tiempo —afirmó Jesús—, y luego volveré al que me envió. 34Me buscarán, pero no me encontrarán, porque adonde yo estaré ustedes no pueden ir.

35«¿Y este a dónde piensa irse que no podamos encontrarlo? —comentaban entre sí los judíos—. ¿Será que piensa ir a nuestra gente dispersa entre las naciones para enseñar a los que no son judíos? 36¿Qué quiso decir con eso de que "me buscarán, pero no me encontrarán" y "adonde yo estaré ustedes no pueden ir"?».

Jesús en el último día de la fiesta

37En el último día, el más solemne de la fiesta, Jesús se puso de pie y exclamó:

—¡Si alguno tiene sed, que venga a mí y beba! 38De aquel que cree en mí, como dice*a* la Escritura, de su interior brotarán ríos de agua viva.

39Con eso se refería al Espíritu que habrían de recibir más tarde los que creyeran en él. Hasta ese momento el Espíritu no había sido dado, porque Jesús no había sido glorificado todavía.

40Al oír sus palabras, algunos de entre la multitud decían: «Verdaderamente este es el profeta». 41Otros afirmaban: «¡Es el 'Cristo!». Pero otros objetaban: «¿Cómo puede el Cristo venir de Galilea? 42¿Acaso no dice la Escritura que el Cristo vendrá de la descendencia de David y que será de Belén, el pueblo de donde era David?». 43Por causa de Jesús la gente estaba dividida. 44Algunos querían arrestarlo, pero nadie le puso las manos encima.

Incredulidad de los dirigentes judíos

45Los guardias del 'Templo volvieron a los jefes de los sacerdotes y a los 'fariseos, quienes los interrogaron:

—¿Se puede saber por qué no lo han traído?

46—¡Nunca nadie ha hablado como ese hombre! —declararon los guardias.

47—¿Así que también ustedes se han dejado engañar? —replicaron los fariseos—. 48¿Acaso ha creído en él alguno de los gobernantes o de los fariseos? 49¡No! Pero esta gente, que no sabe nada de la Ley, está bajo maldición.

50Nicodemo, que era uno de ellos y antes había ido a ver a Jesús, les preguntó:

51—¿Acaso nuestra Ley condena a un hombre sin antes escucharlo y averiguar lo que hace?

52—¿También tú eres de Galilea? —respondieron—. Investiga y verás que de Galilea no ha salido ningún profeta.*b*

La mujer sorprendida en adulterio

8 53Todos se fueron a casa, 1pero Jesús se fue al monte de los Olivos. 2Al amanecer se presentó de nuevo en el Templo. Toda la gente se le acercó, y él se sentó a enseñarles. 3Entonces, los maestros de la Ley y los fariseos llevaron a una mujer sorprendida en adulterio y, poniéndola en medio del grupo, 4dijeron a Jesús:

—Maestro, a esta mujer se le ha sorprendido en el acto mismo de adulterio. 5En la Ley Moisés nos ordenó apedrear a tales mujeres. ¿Tú qué dices?

6Con esta pregunta le estaban tendiendo una trampa, para tener de qué acusarlo. Pero Jesús se inclinó y con el dedo comenzó a escribir en el suelo. 7Y como ellos lo acosaban a preguntas, Jesús se incorporó y les dijo:

—Aquel de ustedes que esté libre de pecado, que tire la primera piedra.

8E inclinándose de nuevo, siguió escribiendo en el suelo. 9Al oír esto, se fueron retirando uno tras otro, comenzando por los más viejos, hasta dejar a Jesús solo con la mujer, que aún seguía allí. 10Entonces él se incorporó y le preguntó:

—Mujer, ¿dónde están? ¿Ya nadie te condena?*c*

11—Nadie, Señor.

Jesús dijo:

—Tampoco yo te condeno. Ahora vete, y no vuelvas a pecar.

Validez del testimonio de Jesús

12Una vez más Jesús se dirigió a la gente y dijo:

—Yo soy la luz del mundo. El que me sigue no andará en oscuridad, sino que tendrá la luz de la vida.

13—Tú te presentas como tu propio testigo —alegaron los 'fariseos—, así que tu testimonio no es válido.

14—Aunque yo sea mi propio testigo —respondió Jesús—, mi testimonio es válido, porque sé de dónde he venido y a dónde voy. Pero ustedes no saben de dónde vengo ni a dónde voy. 15Ustedes juzgan según criterios humanos; yo, en cambio, no juzgo a nadie. 16Y si lo hago, mis juicios son válidos porque no los emito por mi cuenta, sino en unión con el Padre que me envió. 17En la Ley de ustedes está escrito que el testimonio de dos personas es válido. 18Yo soy testigo de mí mismo y el Padre que me envió también da testimonio de mí.

19Ellos preguntaron:

—¿Dónde está tu padre?

Jesús contestó:

—Ustedes no me conocen a mí ni a mi Padre. Si me conocieran, también conocerían a mi Padre.

20Estas palabras las dijo Jesús en el lugar donde se depositaban las ofrendas, mientras enseñaba en el 'Templo. Pero nadie le echó mano, porque aún no había llegado su tiempo.

Yo no soy de este mundo

21De nuevo Jesús les dijo:

—Yo me voy y ustedes me buscarán, pero en su pecado morirán. Adonde yo voy, ustedes no pueden ir.

22Comentaban, por tanto, los judíos: «¿Acaso piensa suicidarse? ¿Será por eso que dice: "Adonde yo voy, ustedes no pueden ir"?».

23—Ustedes son de aquí abajo —continuó Jesús—; yo soy de allá arriba. Ustedes son de este mundo; yo no soy de este mundo. 24Por eso les he dicho que morirán en sus pecados, pues, si no creen que yo soy el que afirmo ser,*d* en sus pecados morirán.

25—¿Quién eres tú? —le preguntaron.

—En primer lugar, ¿qué tengo que explicarles?*e* —contestó Jesús—. 26Son muchas las cosas que tengo que decir y juzgar de ustedes. Pero el que me envió es veraz, y lo que le he oído decir es lo mismo que le repito al mundo.

27Ellos no entendieron que les hablaba de su Padre. 28Por eso Jesús añadió:

—Cuando hayan levantado al Hijo del hombre, sabrán ustedes que yo soy y que no hago nada por

---

a 37-38 que venga … como dice. Alt. que venga a mí! ¡Y que beba 38el que cree en mí! De él, como dice. *b* 52 Los mss. más antiguos y otros testimonios de la antigüedad no incluyen Jn 7:53–8:11. En algunos códices y versiones que contienen el relato de la adúltera, esta sección aparece en diferentes lugares; por ejemplo, después de 7:44, o al final de este evangelio, o después de Lc 21:38. *c* 10 ¿dónde están? Var. ¿dónde están los que te acusaban? *d* 24 el que afirmo ser. Alt. aquel; también en v. 28. *e* 25 En primer … explicarles? Alt. Lo que desde el principio he venido diciéndoles.

mi propia cuenta, sino que hablo conforme a lo que el Padre me ha enseñado. ²⁹El que me envió está conmigo; no me ha dejado solo, porque siempre hago lo que le agrada.

³⁰Mientras aún hablaba, muchos creyeron en él.

Los hijos de Abraham

³¹Jesús se dirigió entonces a los judíos que habían creído en él, y les dijo:

—Si se mantienen fieles a mis palabras, serán realmente mis discípulos; ³²y conocerán la verdad, y la verdad los hará libres.

³³—Nosotros somos descendientes de Abraham —le contestaron—, y nunca hemos sido esclavos de nadie. ¿Cómo puedes decir que seremos liberados?

³⁴—Les aseguro que todo el que peca es esclavo del pecado —afirmó Jesús—. ³⁵Ahora bien, el esclavo no se queda para siempre en la familia; pero el hijo sí se queda en ella para siempre. ³⁶Así que, si el Hijo los libera, serán ustedes verdaderamente libres. ³⁷Yo sé que ustedes son descendientes de Abraham. Sin embargo, procuran matarme porque no está en sus planes aceptar mi palabra. ³⁸Yo hablo de lo que he visto en presencia del Padre; y ustedes hacen lo que de su padre han escuchado.

³⁹—Nuestro padre es Abraham —replicaron.

Entonces Jesús les contestó:

—Si fueran hijos de Abraham, harían lo mismo que él hizo. ⁴⁰Ustedes, en cambio, quieren matarme a mí, que les he expuesto la verdad que he recibido de parte de Dios. ¡Abraham jamás hizo algo así! ⁴¹Las obras de ustedes son como las de su padre.

—Nosotros no somos hijos ilegítimos —le reclamaron—. Un solo Padre tenemos y es Dios mismo.

Los hijos del diablo

⁴²—Si Dios fuera su Padre —contestó Jesús—, ustedes me amarían, porque yo he venido de Dios y aquí me tienen. No he venido por mi propia cuenta, sino que él me envió. ⁴³¿Por qué no entienden mi modo de hablar? Porque no pueden aceptar mi palabra. ⁴⁴Ustedes son de su padre, el diablo, cuyos deseos quieren cumplir. Desde el principio este ha sido un asesino, y no se mantiene en la verdad, porque no hay verdad en él. Cuando miente, expresa su propia naturaleza, porque es un mentiroso. ¡Es el padre de la mentira! ⁴⁵Y sin embargo a mí, que les digo la verdad, no me creen. ⁴⁶¿Quién de ustedes me puede probar que soy culpable de pecado? Si digo la verdad, ¿por qué no me creen? ⁴⁷El que es de Dios escucha lo que Dios dice. Pero ustedes no escuchan, porque no son de Dios.

Declaración de Jesús acerca de sí mismo

⁴⁸—¿No tenemos razón al decir que eres un samaritano y que estás endemoniado? —replicaron los judíos.

⁴⁹—No estoy poseído por ningún demonio —contestó Jesús—. Tan solo honro a mi Padre; pero ustedes me deshonran a mí. ⁵⁰Yo no busco mi propia gloria; pero hay uno que la busca y él es el juez. ⁵¹Les aseguro que el que cumple mi palabra nunca morirá.

⁵²—¡Ahora estamos convencidos de que estás endemoniado! —exclamaron los judíos—. Abraham murió, y también los profetas, pero tú sales diciendo que, si alguno guarda tu palabra, nunca morirá. ⁵³¿Acaso eres tú mayor que nuestro padre Abraham? Él murió, y también murieron los profetas. ¿Quién te crees tú?

⁵⁴—Si yo me glorifico a mí mismo —les respondió Jesús—, mi gloria no significa nada. Pero quien me glorifica es mi Padre, el que ustedes dicen que es su Dios, ⁵⁵aunque no lo conocen. Yo, en cambio, sí lo conozco. Si dijera que no lo conozco, sería tan mentiroso como ustedes; pero lo conozco y cumplo su palabra. ⁵⁶Abraham, el padre de ustedes, se regocijó al pensar que vería mi día; y lo vio y se alegró.

⁵⁷—Ni a los cincuenta años llegas —dijeron los judíos—, ¿y has visto a Abraham?

⁵⁸Jesús afirmó:

—Les aseguro que, antes de que Abraham naciera, ¡yo soy!

⁵⁹Entonces los judíos tomaron piedras para arrojárselas, pero Jesús se escondió y salió inadvertido del Templo.ᵃ

Jesús sana a un ciego de nacimiento

9 A su paso, Jesús vio a un hombre que era ciego de nacimiento. ²Y sus discípulos preguntaron:

—Rabí, para que este hombre haya nacido ciego, ¿quién pecó, él o sus padres?

³—No está así debido a sus pecados ni a los de sus padres —respondió Jesús—, sino que esto sucedió para que la obra de Dios se hiciera evidente en su vida. ⁴Mientras sea de día, tenemos que llevar a cabo la obra del que me envió. Viene la noche cuando nadie puede trabajar. ⁵Mientras esté yo en el mundo, luz soy del mundo.

⁶Dicho esto, escupió en el suelo, hizo barro con la saliva y se lo untó en los ojos al ciego, ⁷diciéndole:

—Ve y lávate en el estanque de Siloé (que significa "Enviado").

El ciego fue y se lavó, entonces al volver ya veía.

⁸Sus vecinos y los que lo habían visto pedir limosna decían: «¿No es este el que se sienta a mendigar?». ⁹Unos aseguraban: «Sí, es él». Otros decían: «No es él, sino que se le parece». Pero él insistía: «Soy yo».

¹⁰—¿Cómo entonces se te han abierto los ojos? —le preguntaron.

¹¹Y él respondió:

—Ese hombre que se llama Jesús hizo un poco de barro, me lo untó en los ojos y me dijo: "Ve y lávate en Siloé". Así que fui, me lavé y entonces pude ver.

¹²—¿Y dónde está ese hombre? —le preguntaron.

—No lo sé —respondió.

Las autoridades investigan la sanidad del ciego

¹³Llevaron ante los ˙fariseos al que había sido ciego. ¹⁴Era ˙sábado cuando Jesús hizo el barro y le abrió los ojos al ciego. ¹⁵Por eso los fariseos, a su vez, le preguntaron cómo había recibido la vista.

—Me untó barro en los ojos, me lavé y ahora veo —respondió.

¹⁶Algunos de los fariseos comentaban: «Ese hombre no viene de parte de Dios, porque no respeta el sábado». Otros objetaban: «¿Cómo puede un pecador hacer semejantes señales?». Y había desacuerdo entre ellos.

¹⁷Por eso interrogaron de nuevo al ciego:

—¿Y qué opinas tú de él? Fue a ti a quien te abrió los ojos.

—Yo digo que es profeta —contestó.

¹⁸Pero los judíos no creían que el hombre hubiera sido ciego y ahora viera. Entonces llamaron a sus padres ¹⁹y les preguntaron:

—¿Es este su hijo, el que dicen ustedes que nació ciego? ¿Cómo es que ahora puede ver?

²⁰—Sabemos que es este nuestro hijo —contestaron los padres—, y sabemos también que nació ciego. ²¹Lo que no sabemos es cómo ahora puede ver ni quién le abrió los ojos. Pregúntenselo a él,

---

ᵃ 59 *Templo.* Var. *Templo atravesando por en medio de ellos, y así se fue.*

que ya es mayor de edad y puede responder por sí mismo.

²²Sus padres contestaron así por miedo a los judíos, pues ya estos habían convenido que se expulsara de la sinagoga a todo el que reconociera que Jesús era el ˚Cristo. ²³Por eso dijeron sus padres: «Pregúntenselo a él, que ya es mayor de edad».

²⁴Por segunda vez llamaron los judíos al que había sido ciego y le dijeron:

—¡Da gloria a Dios! A nosotros nos consta que ese hombre es ˚pecador.

²⁵—Si es pecador, no lo sé —respondió el hombre—. Lo único que sé es que yo era ciego y ahora veo.

²⁶Pero ellos le insistieron:

—¿Qué te hizo? ¿Cómo te abrió los ojos?

²⁷Él respondió:

—Ya les dije y no me hicieron caso. ¿Por qué quieren oírlo de nuevo? ¿Es que también ustedes quieren hacerse sus discípulos?

²⁸Entonces lo insultaron y dijeron:

—¡Discípulo de ese lo serás tú! ¡Nosotros somos discípulos de Moisés! ²⁹Y sabemos que a Moisés le habló Dios; pero de este no sabemos ni de dónde salió.

³⁰—¡Allí está lo sorprendente! —respondió el hombre—: que ustedes no sepan de dónde salió y que a mí me haya abierto los ojos. ³¹Sabemos que Dios no escucha a los pecadores, pero sí a los piadosos y a quienes hacen su voluntad. ³²Jamás se ha sabido que alguien le haya abierto los ojos a uno que nació ciego. ³³Si este hombre no viniera de parte de Dios, no podría hacer nada.

³⁴Ellos replicaron:

—Tú, que naciste sumido en pecado, ¿vas a darnos lecciones?

Y lo expulsaron.

La ceguera espiritual

³⁵Jesús se enteró de que habían expulsado a aquel hombre y al encontrarlo le preguntó:

—¿Crees en el Hijo del hombre?[a]

³⁶Él respondió:

—¿Quién es, Señor? Dímelo, para que crea en él.

³⁷—Pues ya lo has visto —contestó Jesús—; es el que está hablando contigo.

³⁸—Creo, Señor —declaró el hombre.

Y lo postrado lo adoró.

³⁹Entonces Jesús dijo:

—Yo he venido a este mundo para hacer justicia, para que los ciegos vean y los que ven se queden ciegos.

⁴⁰Algunos fariseos que estaban con él, al oírlo hablar así, le preguntaron:

—¿Qué? ¿Acaso también nosotros somos ciegos?

⁴¹Jesús les contestó:

—Si fueran ciegos, no serían culpables de pecado, pero como afirman que ven, su pecado permanece.

Jesús, el buen pastor

10 »Les aseguro que el que no entra por la puerta al redil de las ovejas, sino que trepa y se mete por otro lado, es un ladrón y un bandido. ²El que entra por la puerta es el pastor de las ovejas. ³El portero le abre la puerta y las ovejas oyen su voz. Llama por nombre a las ovejas y las saca del redil. ⁴Cuando ya ha sacado a todas las que son suyas, va delante de ellas y las ovejas lo siguen porque reconocen su voz. ⁵Pero jamás seguirán a un desconocido; más bien, huirán de él porque no reconocen la voz del extraño.

⁶Jesús les puso este ejemplo, pero ellos no captaron el sentido de sus palabras. ⁷Por eso volvió a afirmar: «Les aseguro que yo soy la puerta de las ovejas. ⁸Todos los que vinieron antes de mí eran unos ladrones y unos bandidos, pero las ovejas no les hicieron caso. ⁹Yo soy la puerta; el que entre por esta puerta, que soy yo, será salvo.[b] Podrá entrar y salir con libertad y hallará pastos. ¹⁰El ladrón no viene más que a robar, matar y destruir; yo he venido para que tengan vida y la tengan en abundancia.

¹¹»Yo soy el buen pastor. El buen pastor da su vida por las ovejas. ¹²El asalariado no es el pastor, y a él no le pertenecen las ovejas. Cuando ve que el lobo se acerca, abandona las ovejas y huye; entonces el lobo ataca al rebaño y lo dispersa. ¹³Y ese hombre huye porque es un asalariado, no le importan las ovejas.

¹⁴»Yo soy el buen pastor; conozco a mis ovejas y ellas me conocen a mí, ¹⁵así como el Padre me conoce y yo lo conozco, y doy mi vida por las ovejas. ¹⁶Tengo otras ovejas que no son de este redil y también a ellas debo traerlas. Así ellas escucharán mi voz y habrá un solo rebaño y un solo pastor. ¹⁷Por eso me ama el Padre: porque entrego mi vida para volver a recibirla. ¹⁸Nadie me la arrebata, sino que yo la entrego por mi propia voluntad. Tengo autoridad para entregarla y tengo también autoridad para volver a recibirla. Este es el mandamiento que recibí de mi Padre».

¹⁹De nuevo las palabras de Jesús fueron motivo de disensión entre los judíos. ²⁰Muchos de ellos decían: «Está endemoniado y loco de remate. ¿Para qué hacerle caso?». ²¹Pero otros opinaban: «Estas palabras no son de un endemoniado. ¿Puede acaso un demonio abrirles los ojos a los ciegos?».

Jesús y la fiesta de la Dedicación

²²Por esos días se celebraba en Jerusalén la fiesta de la Dedicación.[c] Era invierno ²³y Jesús andaba en el ˚Templo por el Pórtico de Salomón. ²⁴Entonces lo rodearon los judíos y le preguntaron:

—¿Hasta cuándo vas a tenernos en suspenso? Si tú eres el ˚Cristo, dínoslo con franqueza.

²⁵Jesús respondió:

—Ya se lo he dicho a ustedes y no lo creen. Las obras que hago en nombre de mi Padre son las que me acreditan, ²⁶pero ustedes no creen porque no son de mi rebaño. ²⁷Mis ovejas oyen mi voz; yo las conozco y ellas me siguen. ²⁸Yo les doy vida eterna y nunca perecerán, ni nadie podrá arrebatármelas de la mano. ²⁹Mi Padre, que me las ha dado, es más grande que todos;[d] y de la mano del Padre nadie las puede arrebatar. ³⁰El Padre y yo somos uno.

³¹Una vez más los judíos tomaron piedras para arrojárselas, ³²pero Jesús les dijo:

—Yo les he mostrado muchas buenas obras que proceden del Padre. ¿Por cuál de ellas me quieren apedrear?

³³Ellos respondieron:

—No te apedreamos por ninguna de ellas, sino por ˚blasfemia; porque tú, siendo hombre, te haces pasar por Dios.

³⁴—¿Y acaso —respondió Jesús— no está escrito en su Ley: "Yo les he dicho: 'Ustedes son dioses'"?[e] ³⁵Si Dios llamó "dioses" a aquellos para quienes vino la palabra (y la Escritura no puede ser quebrantada), ³⁶¿por qué acusan de blasfemia a quien el Padre santificó para sí y envió al mundo? ¿Tan solo porque dijo: "Yo soy el Hijo de Dios"? ³⁷Si no hago las obras de mi Padre, no me crean. ³⁸Pero aunque no me crean a mí, si las hago, crean a mis obras, para que

---

a 35 *Hijo del hombre.* Alt. *Hijo de Dios.*   b 9 *será salvo.* Alt. *se mantendrá seguro.*   c 22 Es decir, Hanukkah.   d 29 *Mi Padre ... todos.* Var. *Lo que mi Padre me ha dado es más grande que todo.*   e 34 Sal 82:6.

sepan y entiendan que el Padre está en mí y que yo estoy en el Padre.

³⁹Nuevamente intentaron arrestarlo, pero él se les escapó de las manos.

⁴⁰Volvió Jesús al otro lado del Jordán, al lugar donde Juan había estado bautizando antes; y allí se quedó. ⁴¹Mucha gente acudía a él, y decía: «Aunque Juan nunca hizo ninguna señal milagrosa, todo lo que dijo acerca de este hombre era verdad». ⁴²Y muchos en aquel lugar creyeron en Jesús.

Muerte de Lázaro

11 Había un hombre enfermo llamado Lázaro, que era de Betania, el pueblo de María y su hermana Marta. ²María era la misma que ungió con perfume al Señor y le secó los pies con sus cabellos. ³Las dos hermanas mandaron a decirle a Jesús: «Señor, tu amigo querido está enfermo».

⁴Cuando Jesús oyó esto, dijo: «Esta enfermedad no terminará en muerte, sino que es para la gloria de Dios, para que por ella el Hijo de Dios sea glorificado».

⁵Jesús amaba a Marta, a su hermana y a Lázaro. ⁶A pesar de eso, cuando oyó que Lázaro estaba enfermo, se quedó dos días más donde se encontraba. ⁷Después dijo a sus discípulos:

—Volvamos a Judea.

⁸—Rabí —objetaron ellos—, hace muy poco los judíos intentaron apedrearte, ¿y todavía quieres volver allá?

⁹—¿Acaso el día no tiene doce horas? —respondió Jesús—. El que anda de día no tropieza, porque tiene la luz de este mundo. ¹⁰Pero el que anda de noche sí tropieza, porque no tiene luz.

¹¹Dicho esto, añadió:

—Nuestro amigo Lázaro duerme, pero voy a despertarlo.

¹²—Señor —respondieron sus discípulos—, si duerme, es que va a recuperarse.

¹³Jesús hablaba de la muerte de Lázaro, pero sus discípulos pensaron que se refería al sueño natural. ¹⁴Por eso les dijo claramente:

—Lázaro ha muerto, ¹⁵y por causa de ustedes me alegro de no haber estado allí, para que crean. Pero vamos a verlo.

¹⁶Entonces Tomás, apodado el Gemelo,ᵃ dijo a los otros discípulos:

—Vayamos también nosotros para morir con él.

Jesús consuela a las hermanas de Lázaro

¹⁷A su llegada, Jesús se encontró con que Lázaro llevaba cuatro días en el sepulcro. ¹⁸Betania estaba cerca de Jerusalén, como a tres kilómetrosᵇ de distancia, ¹⁹y muchos judíos habían ido a casa de Marta y de María a darles el pésame por la muerte de su hermano. ²⁰Cuando Marta supo que Jesús llegaba, fue a su encuentro; pero María se quedó en la casa.

²¹—Señor —dijo Marta a Jesús—, si hubieras estado aquí, mi hermano no habría muerto. ²²Pero yo sé que aun ahora Dios te dará todo lo que le pidas.

²³—Tu hermano resucitará —le dijo Jesús.

²⁴—Yo sé que resucitará en la resurrección, en el día final —respondió Marta.

²⁵Entonces Jesús dijo:

—Yo soy la resurrección y la vida. El que cree en mí vivirá, aunque muera; ²⁶y todo el que vive y cree en mí no morirá jamás. ¿Crees esto?

²⁷Marta dijo:

—Sí, Señor; yo creo que tú eres el ˚Cristo, el Hijo de Dios, el que había de venir al mundo.

²⁸Dicho esto, Marta regresó a la casa y, llamando a su hermana María, le dijo en privado:

—El Maestro está aquí y te llama.

²⁹Cuando María oyó esto, se levantó rápidamente y fue a su encuentro. ³⁰Jesús aún no había entrado en el pueblo, sino que todavía estaba en el lugar donde Marta se había encontrado con él. ³¹Los judíos que habían estado con María en la casa, dándole el pésame, al ver que se había levantado y había salido de prisa, la siguieron, pensando que iba al sepulcro a llorar.

³²Cuando María llegó adonde estaba Jesús y lo vio, se arrojó a sus pies y dijo:

—Señor, si hubieras estado aquí, mi hermano no habría muerto.

³³Al ver llorar a María y a los judíos que la habían acompañado, Jesús se turbó y se conmovió profundamente.

³⁴—¿Dónde lo han puesto? —preguntó.

—Ven a verlo, Señor —le respondieron.

³⁵Jesús lloró.

³⁶—¡Miren cuánto lo quería! —dijeron los judíos.

³⁷Pero algunos de ellos comentaban:

—Este, que le abrió los ojos al ciego, ¿no podría haber impedido que Lázaro muriera?

Jesús resucita a Lázaro

³⁸Conmovido una vez más, Jesús se acercó al sepulcro. Era una cueva cuya entrada estaba tapada con una piedra.

³⁹—Quiten la piedra —ordenó Jesús.

Marta, la hermana del difunto, objetó:

—Señor, ya debe oler mal, pues lleva cuatro días allí.

⁴⁰—¿No te dije que si crees verás la gloria de Dios? —le contestó Jesús.

⁴¹Entonces quitaron la piedra. Jesús, alzando la vista, dijo:

—Padre, te doy gracias porque me has escuchado. ⁴²Ya sabía yo que siempre me escuchas, pero lo dije por la gente que está aquí presente, para que crean que tú me enviaste.

⁴³Dicho esto, gritó con fuerza:

—¡Lázaro, sal fuera!

⁴⁴El muerto salió con vendas en las manos y en los pies, y el rostro cubierto con un sudario.

—Quítenle las vendas y dejen que se vaya —dijo Jesús.

La conspiración para matar a Jesús

⁴⁵Muchos de los judíos que habían ido a ver a María y que habían presenciado lo hecho por Jesús creyeron en él. ⁴⁶Pero algunos de ellos fueron a ver a los ˚fariseos y les contaron lo que Jesús había hecho. ⁴⁷Entonces los jefes de los sacerdotes y los fariseos convocaron una reunión del ˚Consejo.

—¿Qué vamos a hacer? —dijeron—. Este hombre está haciendo muchas señales. ⁴⁸Si lo dejamos seguir así, todos van a creer en él. Entonces vendrán los romanos y acabarán con nuestro lugar sagrado, incluso con nuestra nación.

⁴⁹Uno de ellos, llamado Caifás, que ese año era el sumo sacerdote, les dijo:

—¡Ustedes no saben nada en absoluto! ⁵⁰No entienden que les conviene más que muera un solo hombre por el pueblo y no que perezca toda la nación.

⁵¹Pero esto no lo dijo por su propia cuenta, sino que como era sumo sacerdote ese año profetizó que Jesús moriría por la nación judía ⁵²y no solo por esa nación, también por los hijos de Dios que

---

ᵃ **16** apodado el Gemelo. Lit. llamado Dídimos.   ᵇ **18** tres kilómetros. Lit. quince estadios.

estaban dispersos, para congregarlos y unificarlos. 53Así que desde ese día convinieron en quitarle la vida.

54Por eso Jesús ya no andaba en público entre los judíos. Se retiró más bien a una región cercana al desierto, a un pueblo llamado Efraín, donde se quedó con sus discípulos.

55Faltaba poco para la Pascua judía, así que muchos subieron del campo a Jerusalén para su ˚purificación ceremonial antes de la Pascua. 56Andaban buscando a Jesús y, mientras estaban en el ˚Templo, comentaban entre sí: «¿Qué les parece? ¿Acaso no vendrá a la fiesta?». 57Por su parte, los jefes de los sacerdotes y los fariseos habían dado la orden de que, si alguien llegaba a saber dónde estaba Jesús, debía denunciarlo para que lo arrestaran.

María unge a Jesús en Betania

12 Seis días antes de la Pascua llegó Jesús a Betania, donde vivía Lázaro, a quien Jesús había ˚resucitado. 2Allí se dio una cena en honor de Jesús. Marta servía y Lázaro era uno de los que estaban a la mesa con él. 3María tomó entonces como medio litroᵃ de nardo puro, que era un perfume muy caro, y lo derramó sobre los pies de Jesús, secándoselos luego con sus cabellos. Y la casa se llenó de la fragancia del perfume.

4Judas Iscariote, que era uno de sus discípulos y que más tarde lo traicionaría, objetó:

5—¿Por qué no se vendió este perfume? Pudo haberse vendido por el salario de más de un año de trabajoᵇ y dárselo a los pobres.

6Dijo esto no porque se interesara por los pobres, sino porque era un ladrón y, como tenía a su cargo la bolsa del dinero, acostumbraba a robarse lo que echaban en ella.

7—Déjala en paz —respondió Jesús—. Ella ha estado guardando este perfume para el día de mi sepultura.ᶜ 8A los pobres siempre los tendrán con ustedes, pero a mí no siempre me tendrán.

9Mientras tanto, muchos de los judíos se enteraron de que Jesús estaba allí y fueron a ver no solo a Jesús, sino también a Lázaro, a quien Jesús había resucitado. 10Entonces los jefes de los sacerdotes decidieron matar también a Lázaro, 11pues por su causa muchos se apartaban de los judíos y creían en Jesús.

La entrada triunfal
12:12-15 – Mt 21:4-9; Mr 11:7-10; Lc 19:35-38

12Al día siguiente, muchos de los que habían ido a la fiesta se enteraron de que Jesús se dirigía a Jerusalén. 13Tomaron ramas de palma y salieron a recibirlo mientras gritaban a voz en cuello:

—¡Hosanna!ᵈ

—¡Bendito el que viene en el nombre del Señor!ᵉ

—¡Bendito el Rey de Israel!

14Jesús encontró un burrito y se montó en él, como dice la Escritura:

15 «No temas, oh hija de Sión;
    mira, que aquí viene tu rey,
    montado sobre un burrito».ᶠ

16Al principio, sus discípulos no entendieron lo que sucedía. Solo después de que Jesús fue glorificado se dieron cuenta de que se había cumplido en él lo que de él ya estaba escrito.

17La gente que había estado con Jesús cuando él llamó a Lázaro del sepulcro y lo resucitó de entre los muertos seguía difundiendo la noticia. 18Muchos de los que se habían enterado de la señal milagrosa realizada por Jesús salían a su encuentro. 19Por eso los ˚fariseos comentaban entre sí: «Como pueden ver, así no hemos logrado nada. ¡Miren cómo lo sigue todo el mundo!».

Jesús predice su muerte

20Entre los que habían subido a adorar en la fiesta había algunos griegos. 21Estos se acercaron a Felipe, que era de Betsaida de Galilea, y le pidieron:

—Señor, queremos ver a Jesús.

22Felipe fue a decírselo a Andrés y ambos fueron a decírselo a Jesús.

23—Ha llegado la hora de que el Hijo del hombre sea glorificado —afirmó Jesús—. 24Les aseguro que, si la semilla de trigo no cae en tierra y muere, se queda sola. Pero si muere, produce mucho fruto. 25El que ama su vida la pierde; en cambio, el que aborrece su vida en este mundo la conserva para la vida eterna. 26Quien quiera servirme debe seguirme; y donde yo esté, allí también estará mi siervo. A quien me sirva, mi Padre lo honrará.

27»Ahora mi alma está angustiada, ¿y acaso voy a decir: "Padre, sálvame de esta hora difícil"? ¡Si precisamente para afrontarla he venido! 28¡Padre, glorifica tu nombre!

Se oyó entonces, desde el cielo, una voz que decía: «Ya lo he glorificado y volveré a glorificarlo». 29La multitud que estaba allí y que oyó la voz decía que había sido un trueno; otros decían que un ángel le había hablado.

30—Esa voz no vino por mí, sino por ustedes —dijo Jesús—. 31El juicio de este mundo ha llegado ya y el príncipe de este mundo va a ser expulsado. 32Pero yo, cuando sea levantado de la tierra, atraeré a todos a mí mismo.

33Con esto daba Jesús a entender de qué manera iba a morir.

34—De la Ley hemos sabido —le respondió la gente—, que el ˚Cristo permanecerá para siempre; ¿cómo, pues, dices que el Hijo del hombre tiene que ser levantado? ¿Quién es ese Hijo del hombre?

35—Ustedes van a tener la luz solo un poco más de tiempo —les dijo Jesús—. Caminen mientras tengan la luz, antes de que los envuelva la oscuridad. El que camina en la oscuridad no sabe a dónde va. 36Mientras tengan la luz, crean en ella para que sean hijos de la luz.

Cuando terminó de hablar, Jesús se fue y se escondió de ellos.

Los judíos siguen en su incredulidad

37A pesar de haber hecho Jesús todas estas señales en presencia de ellos, todavía no creían en él. 38Así se cumplió lo dicho por el profeta Isaías:

«Señor, ¿quién ha creído a nuestro mensaje
    y a quién se ha revelado el brazo del Señor?».ᵍ

39Por eso no podían creer, pues también había dicho Isaías:

ᵃ 3 *medio litro.* Lit. *una litra.* La *litra* era una medida del Imperio Romano equivalente aprox. a 327 g o 0.5 l.   ᵇ 5 *el salario ... trabajo.* Lit. *trescientos denarios.*   ᶜ 7 *Jesús—.* Ella ... sepultura. Var. *Jesús—, para que guarde* [es decir, *se acuerde de*] *esto el día de mi sepultura.*   ᵈ 13 Expresión hebrea que significa «¡Salva!», y que llegó a ser una exclamación de alabanza.   ᵉ 13 Sal 118:25, 26.   ᶠ 15 Zac 9:9.   ᵍ 38 Is 53:1.

⁴⁰«Les ha cegado los ojos
 y endurecido el corazón,
para que no vean con los ojos
 ni entiendan con el ˚corazón
 ni se arrepientan; y yo los sane».ª

⁴¹Esto lo dijo Isaías porque vio la gloria de Jesús y habló de él.

⁴²Sin embargo, muchos de ellos, incluso muchos de los jefes, creyeron en él, pero no lo confesaban porque temían que los ˚fariseos los expulsaran de la sinagoga. ⁴³Preferían recibir honores de los hombres más que de parte de Dios.

⁴⁴«El que cree en mí —clamó Jesús con voz fuerte—, cree no solo en mí, sino en el que me envió. ⁴⁵Y el que me ve a mí ve al que me envió. ⁴⁶Yo soy la luz que ha venido al mundo para que todo el que crea en mí no viva en oscuridad.

⁴⁷»Si alguno escucha mis palabras, pero no las obedece, no seré yo quien lo juzgue; pues no vine a condenar al mundo, sino a salvarlo. ⁴⁸El que me rechaza y no acepta mis palabras tiene quien lo juzgue. La palabra que yo he proclamado lo condenará en el día final. ⁴⁹Yo no he hablado por mi propia cuenta; el Padre que me envió me ordenó qué decir y cómo decirlo. ⁵⁰Y sé muy bien que su mandato es vida eterna. Así que todo lo que digo es lo que el Padre me ha ordenado decir».

Jesús lava los pies a sus discípulos

13 Se acercaba la fiesta de la Pascua. Jesús sabía que le había llegado la hora de abandonar este mundo para volver al Padre. Y habiendo amado a los suyos que estaban en el mundo, los amó hasta el fin.b

²Llegó la hora de la cena. El diablo ya había incitado a Judas Iscariote, hijo de Simón, para que traicionara a Jesús. ³Sabía Jesús que el Padre había puesto todas las cosas bajo su dominio, y que había salido de Dios y a Dios volvía; ⁴así que se levantó de la mesa, se quitó el manto y se ató una toalla a la cintura. ⁵Luego echó agua en un recipiente y comenzó a lavarles los pies a sus discípulos y a secárselos con la toalla que llevaba a la cintura.

⁶Cuando llegó a Simón Pedro, este dijo:

—¿Y tú, Señor, me vas a lavar los pies a mí?

⁷—Ahora no entiendes lo que estoy haciendo —respondió Jesús—, pero lo entenderás más tarde.

⁸—¡No! —protestó Pedro—. ¡Jamás me lavarás los pies!

Jesús contestó:

—Si no te los lavo,c no tendrás parte conmigo.

⁹Simón Pedro dijo:

—Entonces, Señor, ¡no solo los pies, sino también las manos y la cabeza!

¹⁰—El que ya se ha bañado no necesita lavarse más que los pies —le contestó Jesús—; pues ya todo su cuerpo está limpio. Y ustedes ya están limpios, aunque no todos.

¹¹Jesús sabía quién lo iba a traicionar y por eso dijo que no todos estaban limpios.

¹²Cuando terminó de lavarles los pies, se puso el manto y volvió a su lugar. Entonces les dijo:

—¿Entienden lo que he hecho con ustedes? ¹³Ustedes me llaman Maestro y Señor y dicen bien, porque lo soy. ¹⁴Pues si yo, el Señor y el Maestro, les he lavado los pies, también ustedes deben lavarse los pies los unos a los otros. ¹⁵Les he puesto el

ejemplo, para que hagan lo mismo que yo he hecho con ustedes. ¹⁶Les aseguro que ningún siervo es más que su amo y ningún mensajero es más que el que lo envió. ¹⁷¿Entienden esto? Dichosos serán si lo ponen en práctica.

Jesús predice la traición de Judas

¹⁸»No me refiero a todos ustedes; yo sé a quiénes he escogido. Pero esto es para que se cumpla la Escritura: "El que comparte el pan conmigo, se ha vuelto contra mí".d

¹⁹»Digo esto ahora, antes de que suceda, para que cuando suceda crean que yo soy. ²⁰Les aseguro que el que recibe al que yo envío, me recibe a mí y el que me recibe a mí, recibe al que me envió.

²¹Dicho esto, Jesús se angustió profundamente y afirmó:

—Les aseguro que uno de ustedes me va a traicionar.

²²Los discípulos se miraban unos a otros sin saber a cuál de ellos se refería. ²³Uno de ellos, el discípulo a quien Jesús amaba, estaba reclinado sobre él. ²⁴Simón Pedro hizo señas a ese discípulo y le dijo:

—Pregúntale a quién se refiere.

²⁵—Señor, ¿quién es? —preguntó él, reclinándose sobre Jesús.

²⁶—Aquel a quien yo le dé este pedazo de pan que voy a mojar en el plato —le contestó Jesús.

Acto seguido, mojó el pedazo de pan y se lo dio a Judas Iscariote, hijo de Simón. ²⁷Tan pronto como Judas tomó el pan, Satanás entró en él.

—Lo que vas a hacer, hazlo pronto —le dijo Jesús.

²⁸Ninguno de los que estaban a la mesa entendió por qué Jesús dijo eso. ²⁹Como Judas era el encargado del dinero, algunos pensaron que Jesús le estaba diciendo que comprara lo necesario para la fiesta o que diera algo a los pobres. ³⁰En cuanto Judas tomó el pan, salió de allí. Ya era de noche.

Jesús predice la negación de Pedro

³¹Cuando Judas hubo salido, Jesús dijo:

—Ahora es glorificado el Hijo del hombre y Dios es glorificado en él. ³²Si Dios es glorificado en él,e Dios glorificará al Hijo en sí mismo y lo hará muy pronto.

³³»Mis queridos hijos, poco tiempo me queda para estar con ustedes. Me buscarán y lo que antes dije a los judíos, ahora se lo digo a ustedes: Adonde yo voy, ustedes no pueden ir.

³⁴»Este mandamiento nuevo les doy: que se amen los unos a los otros. Así como yo los he amado, también ustedes deben amarse los unos a los otros. ³⁵De este modo todos sabrán que son mis discípulos, si se aman los unos a los otros.

³⁶—¿Y a dónde vas, Señor? —preguntó Simón Pedro.

Jesús respondió:

—Adonde yo voy, no puedes seguirme ahora, pero me seguirás más tarde.

³⁷—Señor —insistió Pedro—, ¿por qué no puedo seguirte ahora? Por ti daré hasta la ˚vida.

³⁸Jesús respondió:

—¿Tú darás la vida por mí? Te aseguro que antes de que cante el gallo, me negarás tres veces.

Jesús consuela a sus discípulos

14 »No se angustien. Confíen en Dios y confíen también en mí.f ²En el hogar de mi Padre hay muchas viviendas. Si no fuera así, ¿les habría dicho yo a ustedes que voy a prepararles un lugar allí? ³Y si me voy y se lo preparo, vendré para llevármelos conmigo. Así ustedes estarán donde yo esté. ⁴Ustedes ya conocen el camino para ir adonde yo voy.

ª 40 Is 6:10.   b 1 hasta el fin. Alt. hasta lo sumo.   c 8 te los lavo. Lit. te lavo.   d 18 Sal 41:9.   e 32 Var. no incluye: Si Dios es glorificado en él.   f 1 Confíen … en mí. Alt. Ustedes confían en Dios; confíen también en mí.

Jesús, el camino al Padre

⁵Dijo entonces Tomás:

—Señor, no sabemos a dónde vas, así que ¿cómo podemos conocer el camino?

⁶—Yo soy el camino, la verdad y la vida —contestó Jesús—. Nadie llega al Padre sino por mí. ⁷Si ustedes realmente me conocieran, conocerían[a] también a mi Padre. Y ya desde este momento lo conocen y lo han visto.

⁸—Señor —dijo Felipe—, muéstranos al Padre y con eso nos basta.

⁹Jesús le contestó:

—¡Pero, Felipe! ¿Tanto tiempo llevo ya entre ustedes y todavía no me conoces? El que me ha visto a mí ha visto al Padre. ¿Cómo puedes decirme: "Muéstranos al Padre"? ¹⁰¿Acaso no crees que yo estoy en el Padre y que el Padre está en mí? Las palabras que yo les comunico, no las hablo como cosa mía, sino que es el Padre que está en mí, quien realiza sus obras. ¹¹Créanme cuando digo que yo estoy en el Padre y que el Padre está en mí o al menos, créanme por las obras mismas. ¹²Les aseguro que el que cree en mí también hará las obras que yo hago y aun las hará mayores, porque yo vuelvo al Padre. ¹³Cualquier cosa que ustedes pidan en mi nombre, yo la haré; así será glorificado el Padre en el Hijo. ¹⁴Lo que pidan en mi nombre, yo lo haré.

Jesús promete el Espíritu Santo

¹⁵»Si ustedes me aman, obedecerán mis mandamientos. ¹⁶Y yo le pediré al Padre y él les dará otro Consolador para que los acompañe siempre: ¹⁷el Espíritu de verdad, a quien el mundo no puede aceptar porque no lo ve ni lo conoce. Pero ustedes sí lo conocen, porque vive con ustedes y estará[b] en ustedes. ¹⁸No los voy a dejar huérfanos; volveré a ustedes. ¹⁹Dentro de poco el mundo ya no me verá más, pero ustedes sí me verán. Y porque yo vivo, también ustedes vivirán. ²⁰En aquel día ustedes se darán cuenta de que yo estoy en mi Padre, ustedes en mí y yo en ustedes. ²¹¿Quién es el que me ama? El que hace suyos mis mandamientos y los obedece. Y al que me ama, mi Padre lo amará; y yo también lo amaré y me manifestaré a él.

²²Judas (no el Iscariote) le dijo:

—¿Por qué, Señor, estás dispuesto a manifestarte a nosotros y no al mundo?

²³Le contestó Jesús:

—El que me ama obedecerá mi palabra y mi Padre lo amará; vendremos a él y haremos nuestra morada en él. ²⁴El que no me ama, no obedece mis palabras. Pero estas palabras que ustedes oyen no son mías, sino del Padre que me envió.

²⁵»Todo esto lo digo ahora que estoy con ustedes. ²⁶Pero el Consolador, el Espíritu Santo, a quien el Padre enviará en mi nombre, les enseñará todas las cosas y les hará recordar todo lo que he dicho. ²⁷La paz les dejo; mi paz les doy. Yo no se la doy a ustedes como la da el mundo. No se angustien ni se acobarden. ²⁸Ya me han oído decirles: "Me voy, pero vuelvo a ustedes". Si me amaran, se alegrarían de que voy al Padre, porque el Padre es más grande que yo. ²⁹Y he dicho esto ahora, antes de que suceda, para que cuando suceda, crean. ³⁰Ya no hablaré más con ustedes, porque viene el príncipe de este mundo. Él no tiene ningún poder sobre mí, ³¹pero el mundo tiene que saber que amo al Padre y que hago exactamente lo que él me ha ordenado que haga.

»¡Levántense, vámonos de aquí!

Jesús, la vid verdadera

15 »Yo soy la vid verdadera y mi Padre es el labrador. ²Toda rama que en mí no da fruto la corta; pero toda rama que da fruto la poda[c] para que dé más fruto todavía. ³Ustedes ya están limpios por la palabra que les he comunicado. ⁴Permanezcan en mí y yo permaneceré en ustedes. Así como ninguna rama puede dar fruto por sí misma, sino que tiene que permanecer en la vid, así tampoco ustedes pueden dar fruto si no permanecen en mí.

⁵»Yo soy la vid y ustedes son las ramas. El que permanece en mí, como yo en él, dará mucho fruto; separados de mí no pueden ustedes hacer nada. ⁶El que no permanece en mí es desechado y se seca, como las ramas que se recogen, se arrojan al fuego y se queman. ⁷Si permanecen en mí y mis palabras permanecen en ustedes, pidan lo que quieran y se les concederá. ⁸Mi Padre es glorificado cuando ustedes dan mucho fruto y muestran así que son mis discípulos.

⁹»Así como el Padre me ha amado a mí, también yo los he amado a ustedes. Permanezcan en mi amor. ¹⁰Si obedecen mis mandamientos, permanecerán en mi amor, así como yo he obedecido los mandamientos de mi Padre y permanezco en su amor. ¹¹Les he dicho esto para que tengan mi alegría y así su alegría sea completa. ¹²Y este es mi mandamiento: que se amen los unos a los otros como yo los he amado. ¹³Nadie tiene amor más grande que el que da la vida por sus amigos. ¹⁴Ustedes son mis amigos si hacen lo que yo les mando. ¹⁵Ya no los llamo siervos, porque el siervo no está al tanto de lo que hace su amo; los he llamado amigos, porque todo lo que a mi Padre le oí decir se lo he dado a conocer a ustedes. ¹⁶No me escogieron ustedes a mí, sino que yo los escogí a ustedes y los comisioné para que vayan y den fruto, un fruto que perdure. Así el Padre les dará todo lo que pidan en mi nombre. ¹⁷Este es mi mandamiento: que se amen los unos a los otros.

Jesús y sus discípulos aborrecidos por el mundo

¹⁸»Si el mundo los aborrece, tengan presente que antes a ustedes me aborreció a mí. ¹⁹Si fueran del mundo, el mundo los amaría como a los suyos. Pero ustedes no son del mundo, sino que yo los he escogido de entre el mundo. Por eso el mundo los aborrece. ²⁰Recuerden lo que les dije: "Ningún siervo es más que su amo".[d] Si a mí me han perseguido, también a ustedes los perseguirán. Si han obedecido mis palabras, también obedecerán las de ustedes. ²¹Los tratarán así por causa de mi nombre, porque no conocen al que me envió. ²²Si yo no hubiera venido ni les hubiera hablado, no serían culpables de pecado. Pero ahora no tienen excusa por su pecado. ²³El que me aborrece a mí también aborrece a mi Padre. ²⁴Si yo no hubiera hecho entre ellos las obras que ningún otro antes ha realizado, no serían culpables de pecado. Pero ahora las han visto y, sin embargo, a mí y a mi Padre nos han aborrecido. ²⁵Pero esto sucede para que se cumpla lo que está escrito en la Ley de ellos: "Me odiaron sin motivo".[e]

²⁶»Cuando venga el Consolador que yo les enviaré de parte del Padre, el Espíritu de verdad que procede del Padre, él testificará acerca de mí. ²⁷Y también ustedes darán testimonio porque han estado conmigo desde el principio.

16 »Todo esto les he dicho para que no flaquee su fe. ²Los expulsarán de las sinagogas; y llegará el día en que cualquiera que los mate pensará que

---

a 7 me conocieran, conocerían. Var. me han conocido, conocerán. b 17 estará. Var. está. c 2 poda. Alt. limpia. d 20 Jn 13:16. e 25 Sal 35:19; 69:4.

está prestando un servicio a Dios. ³Actuarán de este modo porque no nos han conocido ni al Padre ni a mí. ⁴Y digo esto para que cuando llegue ese día se acuerden de que ya se lo había advertido. Sin embargo, no les dije esto al principio porque yo estaba con ustedes.

La obra del Espíritu Santo

⁵»Ahora vuelvo al que me envió, pero ninguno de ustedes me pregunta: "¿A dónde vas?". ⁶Al contrario, como les he dicho estas cosas, se han entristecido mucho. ⁷Pero digo la verdad: les conviene que me vaya porque, si no lo hago, el Consolador no vendrá a ustedes; en cambio, si me voy, se lo enviaré. ⁸Y cuando él venga, convencerá al mundo de su error[a] en cuanto al pecado, a la justicia y al juicio, ⁹en cuanto al pecado, porque no creen en mí; ¹⁰en cuanto a la justicia, porque voy al Padre y ustedes ya no podrán verme; ¹¹y en cuanto al juicio, porque el príncipe de este mundo ya ha sido juzgado.

¹²»Muchas cosas me quedan aún por decirles, que por ahora no podrían soportar. ¹³Pero cuando venga el Espíritu de la verdad, él los guiará a toda la verdad, porque no hablará por su propia cuenta, sino que dirá solo lo que oiga y les anunciará las cosas por venir. ¹⁴Él me glorificará porque tomará de lo mío y se lo dará a conocer a ustedes. ¹⁵Todo cuanto tiene el Padre es mío. Por eso les dije que el Espíritu tomará de lo mío y se lo dará a conocer a ustedes.

¹⁶»Dentro de poco ya no me verán; pero un poco después volverán a verme».

La despedida de Jesús

¹⁷Algunos de sus discípulos comentaban entre sí: «¿Qué quiere decir con eso de que "dentro de poco ya no me verán", y "un poco después volverán a verme", y "porque voy al Padre"?». ¹⁸Luego insistían: «¿Qué quiere decir con eso de "dentro de poco"? No sabemos de qué habla».

¹⁹Jesús se dio cuenta de que querían hacerle preguntas acerca de esto, entonces les dijo:

—¿Se están preguntando qué quise decir cuando dije: "Dentro de poco ya no me verán", y "un poco después volverán a verme"? ²⁰Les aseguro que ustedes llorarán y se lamentarán de dolor, mientras que el mundo se alegrará. Se pondrán tristes, pero su tristeza se convertirá en alegría. ²¹La mujer que está por dar a luz siente dolores porque ha llegado su momento, pero en cuanto nace la criatura se olvida de su angustia por la alegría de haber traído al mundo un nuevo ser. ²²Lo mismo les pasa a ustedes; ahora están tristes, pero cuando vuelva a verlos se alegrarán y nadie les va a quitar esa alegría. ²³En aquel día ya no me pedirán nada. Les aseguro que mi Padre les dará todo lo que pidan en mi nombre. ²⁴Hasta ahora no han pedido nada en mi nombre. Pidan y recibirán para que su alegría sea completa.

²⁵»Les he dicho todo esto por medio de comparaciones, pero viene la hora en que ya no les hablaré así, sino que les hablaré claramente acerca del Padre. ²⁶En aquel día pedirán en mi nombre. Y no digo que voy a rogar por ustedes al Padre, ²⁷ya que el Padre mismo los ama porque me han amado y han creído que yo he venido de parte de Dios. ²⁸Salí del Padre y vine al mundo; ahora dejo de nuevo el mundo y vuelvo al Padre.

²⁹—Ahora sí estás hablando directamente, sin vueltas ni rodeos —dijeron sus discípulos—. ³⁰Ya podemos ver que sabes todas las cosas; ni siquiera necesitas que nadie te haga preguntas. Por esto creemos que saliste de Dios.

³¹—¿Ahora creen? —contestó Jesús—. ³²Miren que viene la hora, y ya es la hora, en que ustedes serán dispersados; cada uno se irá a su propia casa y a mí me dejarán solo. Sin embargo, solo no estoy, porque el Padre está conmigo. ³³Yo les he dicho estas cosas para que en mí hallen paz. En este mundo afrontarán aflicciones, pero ¡anímense! Yo he vencido al mundo.

Jesús ora por sí mismo

17 Después de que Jesús dijo esto, dirigió la mirada al cielo y oró así:

«Padre, ha llegado la hora. Glorifica a tu Hijo, para que tu Hijo te glorifique a ti, ²ya que le has conferido autoridad sobre todo mortal para que él les conceda vida eterna a todos los que le has dado. ³Y esta es la vida eterna: que te conozcan a ti, el único Dios verdadero, y a Jesucristo, a quien tú has enviado. ⁴Yo te he glorificado en la tierra y he llevado a cabo la obra que me encomendaste. ⁵Y ahora, Padre, glorifícame en tu presencia con la gloria que tuve contigo antes de que el mundo existiera.

Jesús ora por sus discípulos

⁶»A los que me diste del mundo les he revelado tu nombre. Eran tuyos; tú me los diste y ellos han obedecido tu palabra. ⁷Ahora saben que todo lo que me has dado viene de ti, ⁸porque les he entregado las palabras que me diste y ellos las aceptaron; saben con certeza que salí de ti y han creído que tú me enviaste. ⁹Ruego por ellos. No ruego por el mundo, sino por los que me has dado porque son tuyos. ¹⁰Todo lo que yo tengo es tuyo y todo lo que tú tienes es mío; y por medio de ellos he sido glorificado. ¹¹Ya no voy a estar por más tiempo en el mundo, pero ellos están todavía en el mundo y yo vuelvo a ti.

»Padre santo, protégelos con el poder de tu nombre, el nombre que me diste, para que sean uno, lo mismo que nosotros. ¹²Mientras estaba con ellos, los protegía y los cuidaba mediante el nombre que me diste y ninguno se perdió sino aquel que eligió perderse, a fin de que se cumpliera la Escritura.

¹³»Ahora vuelvo a ti, pero digo estas cosas mientras todavía estoy en el mundo, para que tengan mi alegría en plenitud. ¹⁴Yo les he entregado tu palabra y el mundo los ha odiado porque no son del mundo, como tampoco yo soy del mundo. ¹⁵No te pido que los quites del mundo, sino que los protejas del maligno. ¹⁶Ellos no son del mundo, como tampoco lo soy yo. ¹⁷Santifícalos en la verdad; tu palabra es la verdad. ¹⁸Como tú me enviaste al mundo, yo los envío también al mundo. ¹⁹Y por ellos me santifico a mí mismo, para que también ellos sean santificados en la verdad.

Jesús ora por todos los creyentes

²⁰»No ruego solo por estos. Ruego también por los que han de creer en mí por el mensaje de ellos, ²¹para que todos sean uno. Padre, así como tú estás en mí y yo en ti, permite que ellos también estén en nosotros, para que el mundo crea que tú me has enviado. ²²Yo les he dado la gloria que me diste, para que sean uno, así como nosotros somos uno: ²³yo en ellos y tú en mí. Permite que alcancen la perfección en la unidad, y así el mundo reconozca que tú me

---

[a] 8 convencerá ... error. Alt. pondrá en evidencia la culpa del mundo.

enviaste y que los has amado a ellos tal como me has amado a mí.

²⁴»Padre, quiero que los que me has dado estén conmigo donde yo estoy. Que vean mi gloria, la gloria que me has dado porque me amaste desde antes de la creación del mundo.

²⁵»Padre justo, aunque el mundo no te conoce, yo sí te conozco y estos reconocen que tú me enviaste. ²⁶Yo les he dado a conocer tu nombre y seguiré haciéndolo, para que el amor con que me has amado esté en ellos y yo mismo esté en ellos».

Arresto de Jesús
18:3-11 – Mt 26:47-56; Mr 14:43-50; Lc 22:47-53

18 Cuando Jesús terminó de orar, salió con sus discípulos y cruzó el arroyo de Cedrón. Al otro lado había un huerto en el que entró con sus discípulos.

²También Judas, el que lo traicionaba, conocía aquel lugar porque muchas veces Jesús se había reunido allí con sus discípulos. ³Así que Judas llegó al huerto, a la cabeza de un destacamento*ᵃ* de soldados y guardias de los jefes de los sacerdotes y de los ˚fariseos. Llevaban antorchas, lámparas y armas.

⁴Jesús, que sabía todo lo que iba a suceder, les salió al encuentro.

—¿A quién buscan? —preguntó.

⁵—A Jesús de Nazaret —contestaron.

Jesús dijo:

—Yo soy.

Judas, el traidor, también estaba con ellos. ⁶Cuando Jesús dijo: "Yo soy", dieron un paso atrás y se desplomaron.

⁷—¿A quién buscan? —volvió a preguntar Jesús.

—A Jesús de Nazaret —repitieron.

⁸Jesús contestó:

—Ya dije que yo soy. Si es a mí a quien buscan, dejen que estos se vayan.

⁹Esto sucedió para que se cumpliera lo que había dicho: «De los que me diste ninguno se perdió».*ᵇ*

¹⁰Simón Pedro, que tenía una espada, la desenfundó e hirió al siervo del sumo sacerdote, cortándole la oreja derecha. (El siervo se llamaba Malco).

¹¹—¡Vuelve esa espada a su funda! —ordenó Jesús a Pedro—. ¿Acaso no he de beber el trago amargo que el Padre me da a beber?

Jesús ante Anás
18:12-13 – Mt 26:57

¹²Entonces los soldados, su comandante y los guardias de los judíos arrestaron a Jesús. Lo ataron ¹³y lo llevaron primeramente a Anás, que era suegro de Caifás, el sumo sacerdote de aquel año. ¹⁴Caifás era el que había aconsejado a los judíos que les convenía más que muriera un solo hombre por el pueblo.

Pedro niega a Jesús
18:16-18 – Mt 26:69-70; Mr 14:66-68; Lc 22:55-57

¹⁵Simón Pedro y otro discípulo seguían a Jesús. Y, como el otro discípulo era conocido del sumo sacerdote, entró en el patio del sumo sacerdote con Jesús; ¹⁶Pedro, en cambio, tuvo que quedarse afuera, junto a la puerta. El discípulo conocido del sumo sacerdote volvió entonces a salir, habló con la portera de turno y consiguió que Pedro entrara.

¹⁷—¿No eres tú también uno de los discípulos de ese hombre? —le preguntó la portera.

—No lo soy —respondió Pedro.

¹⁸Los criados y los guardias estaban de pie alrededor de una fogata que habían hecho para calentarse,

pues hacía frío. Pedro también estaba de pie con ellos, calentándose.

Jesús ante el sumo sacerdote
18:19-24 – Mt 26:59-68; Mr 14:55-65; Lc 22:63-71

¹⁹Mientras tanto, el sumo sacerdote interrogaba a Jesús acerca de sus discípulos y de su enseñanza.

²⁰—Yo he hablado abiertamente al mundo —respondió Jesús—. Siempre he enseñado en las sinagogas o en el Templo, donde se congregan todos los judíos. En secreto no he dicho nada. ²¹¿Por qué me interrogas a mí? ¡Interroga a los que me han oído hablar! Ellos deben saber lo que dije.

²²Apenas dijo esto, uno de los guardias que estaba allí cerca le dio una bofetada y le dijo:

—¿Así contestas al sumo sacerdote?

²³—Si he dicho algo malo —respondió Jesús—, demuéstramelo. Pero si lo que dije es correcto, ¿por qué me pegas?

²⁴Entonces Anás lo envió,*ᶜ* todavía atado, a Caifás, el sumo sacerdote.

Pedro niega de nuevo a Jesús
18:25-27 – Mt 26:71-75; Mr 14:69-72; Lc 22:58-62

²⁵Mientras tanto, Simón Pedro seguía de pie, calentándose.

—¿No eres tú también uno de sus discípulos? —le preguntaron.

—¡No lo soy! —dijo Pedro, negándolo.

²⁶—¿Acaso no te vi en el huerto con él? —insistió uno de los siervos del sumo sacerdote, pariente de aquel a quien Pedro le había cortado la oreja.

²⁷Pedro volvió a negarlo y en ese instante cantó el gallo.

Jesús ante Pilato
18:29-40 – Mt 27:11-18, 20-23; Mr 15:2-15; Lc 23:2-3, 18-25

²⁸Luego los judíos llevaron a Jesús de la casa de Caifás al palacio del gobernador romano.*ᵈ* Como ya amanecía, los judíos no entraron en el palacio, pues de hacerlo se ˚contaminarían ritualmente y no podrían comer la Pascua. ²⁹Así que Pilato salió a interrogarlos:

—¿De qué delito acusan a este hombre?

³⁰—Si no fuera un malhechor —respondieron—, no se lo habríamos entregado.

³¹—Pues llévenselo ustedes y júzguenlo según su propia ley —les dijo Pilato.

—Nosotros no tenemos ninguna autoridad para ejecutar a nadie —objetaron los judíos.

³²Esto sucedió para que se cumpliera lo que Jesús dijo sobre la clase de muerte que iba a sufrir.

³³Pilato volvió a entrar en el palacio y llamó a Jesús.

—¿Eres tú el rey de los judíos? —le preguntó.

³⁴—¿Eso lo dices tú —respondió Jesús— o es que otros te han hablado de mí?

³⁵—¿Acaso soy judío? —respondió Pilato—. Han sido tu propio pueblo y los jefes de los sacerdotes los que te entregaron a mí. ¿Qué has hecho?

³⁶—Mi reino no es de este mundo —contestó Jesús—. Si lo fuera, mis propios guardias pelearían para impedir que los judíos me arrestaran. Pero mi reino no es de este mundo.

³⁷—¡Así que eres rey! —le dijo Pilato.

Jesús contestó:

—Eres tú quien dice que soy rey. Yo para esto nací y para esto vine al mundo: para dar testimonio de

---

ᵃ 3 *un destacamento.* Lit. *una cohorte (que tenía 600 soldados).* *ᵇ* 9 Jn 6:39. *ᶜ* 24 *Entonces … envió.* Alt. *Ahora bien, Anás lo había enviado.* *ᵈ* 28 *al … romano.* Lit. *al pretorio.*

la verdad. Todo el que está de parte de la verdad escucha mi voz.

38—¿Y qué es la verdad? —preguntó Pilato.

Dicho esto, salió otra vez a ver a los judíos.

—Yo no encuentro que este sea culpable de nada —declaró—. 39Pero como ustedes tienen la costumbre de que suelte a un preso durante la Pascua, ¿quieren que suelte al rey de los judíos?

40—¡No, no sueltes a ese! ¡Suelta a Barrabás! —volvieron a gritar.

Y Barrabás era un insurgente.[a]

La sentencia
19:1-16 – Mt 27:27-31; Mr 15:16-20

19 Pilato tomó entonces a Jesús y mandó que lo azotaran. 2Los soldados, que habían trenzado una corona de espinas, se la pusieron a Jesús en la cabeza y lo vistieron con un manto color púrpura.

3—¡Viva el rey de los judíos! —gritaban, mientras se acercaban para abofetearlo.

4Pilato volvió a salir.

—Aquí lo tienen —dijo a los judíos—. Lo he traído para que sepan que no lo encuentro culpable de nada.

5Cuando salió Jesús, llevaba puestos la corona de espinas y el manto color púrpura.

—¡Aquí tienen al hombre! —les dijo Pilato.

6Tan pronto como lo vieron, los jefes de los sacerdotes y los guardias gritaron a voz en cuello:

—¡Crucifícalo! ¡Crucifícalo!

—Pues llévenselo y crucifíquenlo ustedes —respondió Pilato—. Por mi parte, no lo encuentro culpable de nada.

7—Nosotros tenemos una Ley y según esa Ley debe morir, porque se ha hecho pasar por Hijo de Dios —insistieron los judíos.

8Al oír esto, Pilato se atemorizó aún más, 9así que entró de nuevo en el palacio y preguntó a Jesús:

—¿De dónde eres tú?

Pero Jesús no contestó nada.

10—¿Te niegas a hablarme? —dijo Pilato—. ¿No te das cuenta de que tengo poder para ponerte en libertad o para mandar que te crucifiquen?

11—No tendrías ningún poder sobre mí si no se te hubiera dado de arriba —contestó Jesús—. Por eso el que me puso en tus manos es culpable de un pecado más grande.

12Desde entonces, Pilato procuraba poner en libertad a Jesús, pero los judíos gritaban desaforadamente:

—Si dejas en libertad a este hombre, no eres amigo del ˚césar. Cualquiera que pretende ser rey se hace su enemigo.

13Al oír esto, Pilato llevó a Jesús hacia fuera y se sentó en el tribunal, en un lugar al que llamaban el Empedrado, que en hebreo se dice «Gabatá». 14Era el día de la preparación para la Pascua, cerca del mediodía.

—Aquí tienen a su rey —dijo Pilato a los judíos.

15—¡Fuera! ¡Fuera! ¡Crucifícalo! —vociferaron.

—¿Acaso voy a crucificar a su rey? —respondió Pilato.

—No tenemos más rey que el césar —contestaron los jefes de los sacerdotes.

16Entonces Pilato se lo entregó para que lo crucificaran y los soldados se lo llevaron.

La crucifixión
19:17-24 – Mt 27:33-44; Mr 15:22-32; Lc 23:33-43

17Jesús salió cargando su propia cruz hacia el lugar de la Calavera, que en hebreo se llama «Gólgota».

18Allí lo crucificaron y con él a otros dos, uno a cada lado y Jesús en medio.

19Pilato mandó que se pusiera sobre la cruz un letrero en el que estuviera escrito:

JESÚS DE NAZARET, REY DE LOS JUDÍOS.

20Muchos de los judíos lo leyeron, porque el sitio en que crucificaron a Jesús estaba cerca de la ciudad. El letrero estaba escrito en hebreo, latín y griego.

21—No escribas "rey de los judíos" —protestaron ante Pilato los jefes de los sacerdotes judíos—. Era él quien decía ser rey de los judíos.

22—Lo que he escrito, escrito queda —contestó Pilato.

23Cuando los soldados crucificaron a Jesús, tomaron su manto y lo partieron en cuatro partes, una para cada uno de ellos. Tomaron también la túnica, la cual no tenía costura, sino que era de una sola pieza, tejida de arriba abajo.

24—No la dividamos —se dijeron unos a otros—. Echemos suertes para ver a quién le toca.

Y así lo hicieron los soldados. Esto sucedió para que se cumpliera la Escritura que dice:

«Se repartieron entre ellos mi manto
y sobre mi ropa echaron suertes».[b]

25Junto a la cruz de Jesús estaban su madre, la hermana de su madre, María, la esposa de Cleofas, y María Magdalena. 26Cuando Jesús vio a su madre y al discípulo a quien él amaba a su lado, dijo a su madre:

—Mujer, ahí tienes a tu hijo.

27Luego dijo al discípulo:

—Ahí tienes a tu madre.

Y desde aquel momento ese discípulo la recibió en su casa.

Muerte de Jesús
19:29-30 – Mt 27:48, 50; Mr 15:36-37; Lc 23:36

28Después de esto, como Jesús sabía que ya todo había terminado y para que se cumpliera la Escritura, dijo:

—Tengo sed.

29Había allí una vasija llena de vinagre; así que empaparon una esponja en el vinagre, la pusieron en una rama de hisopo y se la acercaron a la boca. 30Al probar Jesús el vinagre, dijo:

—Todo se ha cumplido.

Luego inclinó la cabeza y entregó el espíritu.

31Era el día de la preparación para la Pascua. Los judíos no querían que los cuerpos permanecieran en la cruz en ˚sábado, por ser este un sábado muy solemne. Así que pidieron a Pilato ordenar que quebraran las piernas a los crucificados y bajaran sus cuerpos. 32Fueron entonces los soldados y quebraron las piernas al primer hombre que había sido crucificado con Jesús y luego al otro. 33Pero cuando se acercaron a Jesús y vieron que ya estaba muerto, no quebraron sus piernas, 34sino que uno de los soldados le abrió el costado con una lanza y al instante brotó sangre y agua. 35El que lo vio ha dado testimonio de ello y su testimonio es verídico. Él sabe que dice la verdad, para que también ustedes crean. 36Estas cosas sucedieron para que se cumpliera la Escritura: «No le quebrarán ningún hueso»[c] 37y como dice otra Escritura: «Mirarán al que han traspasado».[d]

Sepultura de Jesús
19:38-42 – Mt 27:57-61; Mr 15:42-47; Lc 23:50-56

38Después de esto, José de Arimatea pidió a Pilato el cuerpo de Jesús. José era discípulo de Jesús, aunque en secreto por miedo a los judíos. Él fue y

---

a 40 *insurgente.* Alt. *bandido.*   b 24 Sal 22:18.   c 36 Éx 12:46; Nm 9:12; Sal 34:20.   d 37 Zac 12:10.

retiró el cuerpo con el permiso de Pilato. ³⁹También Nicodemo, el que antes había visitado a Jesús de noche, llegó con unos treinta y tres kilogramos*ª* de una mezcla de mirra y áloe. ⁴⁰Ambos tomaron el cuerpo de Jesús y, conforme a la costumbre judía de dar sepultura, lo envolvieron en vendas con las especias aromáticas. ⁴¹En el lugar donde crucificaron a Jesús había un huerto, y en el huerto, un sepulcro nuevo en el que todavía no se había sepultado a nadie. ⁴²Como era el día judío de la preparación para el sábado y el sepulcro estaba cerca, pusieron allí a Jesús.

El sepulcro vacío
20:1-8 – Mt 28:1-8; Mr 16:1-8; Lc 24:1-10

20 El primer día de la semana, muy de mañana, cuando todavía estaba oscuro, María Magdalena fue al sepulcro y vio que habían removido la piedra que cubría la entrada. ²Así que fue corriendo a ver a Simón Pedro y al otro discípulo, a quien Jesús amaba, y les dijo:

—¡Se han llevado del sepulcro al Señor y no sabemos dónde lo han puesto!

³Entonces Pedro y el otro discípulo se dirigieron al sepulcro. ⁴Ambos fueron corriendo, pero como el otro discípulo corría más rápido que Pedro, llegó primero al sepulcro. ⁵Inclinándose, se asomó y vio allí las vendas, pero no entró. ⁶Tras él llegó Simón Pedro y entró en el sepulcro. Vio allí las vendas ⁷y el sudario que había cubierto la cabeza de Jesús, aunque el sudario no estaba con las vendas, sino enrollado en un lugar aparte. ⁸En ese momento entró también el otro discípulo, el que había llegado primero al sepulcro; y vio y creyó. ⁹Hasta entonces no habían entendido la Escritura que dice que Jesús tenía que resucitar.

Jesús se aparece a María Magdalena
¹⁰Los discípulos regresaron a su casa, ¹¹pero María se quedó afuera llorando junto al sepulcro. Mientras lloraba, se inclinó para mirar dentro del sepulcro ¹²y vio a dos ángeles vestidos de blanco, sentados donde había estado el cuerpo de Jesús, uno a la cabecera y otro a los pies.

¹³—¿Por qué lloras, mujer? —le preguntaron los ángeles.

—Es que se han llevado a mi Señor y no sé dónde lo han puesto —les respondió.

¹⁴Apenas dijo esto, volvió la mirada y allí vio a Jesús de pie, aunque no sabía que era él. ¹⁵Jesús dijo:

—¿Por qué lloras, mujer? ¿A quién buscas?

Ella, pensando que se trataba del que cuidaba el huerto, le dijo:

—Señor, si usted se lo ha llevado, dígame dónde lo ha puesto y yo iré por él.

¹⁶—María —dijo Jesús.

Ella se volvió y exclamó:

—¡Raboni! (que en hebreo significa "Maestro").

¹⁷Jesús le dijo:

—No me detengas,*ᵇ* porque todavía no he vuelto al Padre. Ve más bien a mis hermanos y diles: "Vuelvo a mi Padre, que es Padre de ustedes; a mi Dios, que es Dios de ustedes".

¹⁸María Magdalena fue a dar la noticia a los discípulos. «¡He visto al Señor!», exclamaba, y les contaba lo que él le había dicho.

Jesús se aparece a sus discípulos
¹⁹Al atardecer de aquel primer día de la semana, estando reunidos los discípulos a puerta cerrada por temor a los judíos, entró Jesús y poniéndose en medio de ellos, dijo:

—¡La paz sea con ustedes!

²⁰Dicho esto, les mostró las manos y el costado. Al ver al Señor, los discípulos se alegraron.

²¹—¡La paz sea con ustedes! —repitió Jesús—. Como el Padre me envió a mí, así yo los envío a ustedes.

²²Acto seguido, sopló sobre ellos y les dijo:

—Reciban el Espíritu Santo. ²³A quienes perdonen sus pecados, les serán perdonados; a quienes no se los perdonen, no les serán perdonados.

Jesús se aparece a Tomás
²⁴Tomás, al que apodaban el Gemelo*ᶜ* y que era uno de los doce, no estaba con los discípulos cuando llegó Jesús. ²⁵Así que los otros discípulos le dijeron:

—¡Hemos visto al Señor!

—Mientras no vea yo la marca de los clavos en sus manos, y meta mi dedo en las marcas y mi mano en su costado, no lo creeré —repuso Tomás.

²⁶Una semana más tarde estaban los discípulos de nuevo en la casa y Tomás estaba con ellos. Aunque las puertas estaban cerradas, Jesús entró y, poniéndose en medio de ellos, los saludó:

—¡La paz sea con ustedes!

²⁷Luego dijo a Tomás:

—Pon tu dedo aquí y mira mis manos. Acerca tu mano y métela en mi costado. Y no seas incrédulo, sino hombre de fe.

²⁸—¡Señor mío y Dios mío! —exclamó Tomás.

²⁹—Porque me has visto, has creído —le dijo Jesús—; dichosos los que no han visto y sin embargo creen.

³⁰Jesús hizo muchas otras señales en presencia de sus discípulos, las cuales no están registradas en este libro. ³¹Pero estas se han escrito para que ustedes crean que Jesús es el ˙Cristo, el Hijo de Dios, y para que al creer en su nombre tengan vida.

Jesús y la pesca milagrosa
21 Después de esto Jesús se apareció de nuevo a sus discípulos, junto al lago de Tiberíades.*ᵈ* Sucedió de esta manera: ²Estaban juntos Simón Pedro, Tomás, al que apodaban el Gemelo,*ᵉ* Natanael, el de Caná de Galilea, los hijos de Zebedeo y otros dos discípulos.

³—Me voy a pescar —dijo Simón Pedro.

—Nos vamos contigo —contestaron ellos.

Salieron, pues, de allí y se embarcaron, pero esa noche no pescaron nada.

⁴Al despuntar el alba, Jesús se hizo presente en la orilla, pero los discípulos no se dieron cuenta de que era él.

⁵—Muchachos, ¿tienen algo de comer? —preguntó Jesús.

—No —respondieron ellos.

⁶Entonces Jesús dijo:

—Tiren la red a la derecha de la barca y pescarán algo.

Así lo hicieron y era tal la cantidad de pescados que ya no podían sacar la red.

⁷—¡Es el Señor! —dijo a Pedro el discípulo a quien Jesús amaba.

Tan pronto como Simón Pedro le oyó decir: «Es el Señor», se puso la ropa, pues estaba semidesnudo, y se tiró al agua. ⁸Los otros discípulos lo siguieron en la barca, arrastrando la red llena de pescados, pues estaban a escasos cien metros*ᶠ* de la playa. ⁹Al

---

a **39** *unos … kilogramos.* Lit. *como cien litras. La litra era una medida del imperio romano equivalente aprox. a 327 g.*
b **17** *Detengas.* Lit. *No me toques.* *c* **24** *apodaban el Gemelo.* Lit. *llamaban Dídimos.* *d* **1** Es decir, el lago de Galilea.
e **2** *apodaban el Gemelo.* Lit. *llamaban Dídimos.* *f* **8** *a escasos cien metros.* Lit. *a unos doscientos codos.*

desembarcar, vieron unas brasas con un pescado encima y un pan.

10—Traigan algunos de los pescados que acaban de sacar —dijo Jesús.

11Simón Pedro subió a bordo y arrastró hasta la playa la red, la cual estaba llena de pescados de buen tamaño. Eran ciento cincuenta y tres, pero a pesar de ser tantos la red no se rompió.

12—Vengan a desayunar —dijo Jesús.

Ninguno de los discípulos se atrevía a preguntarle: «¿Quién eres tú?», porque sabían que era el Señor. 13Jesús se acercó, tomó el pan y se lo dio a ellos e hizo lo mismo con el pescado. 14Esta fue la tercera vez que Jesús se apareció a sus discípulos después de haber ˙resucitado.

Jesús restituye a Pedro

15Cuando terminaron de desayunar, Jesús preguntó a Simón Pedro:

—Simón, hijo de Juan, ¿me amas más que estos?

—Sí, Señor, tú sabes que te quiero —contestó Pedro.

—Apacienta mis corderos —dijo Jesús.

16Y volvió a preguntarle:

—Simón, hijo de Juan, ¿me amas?

Pedro respondió:

—Sí, Señor, tú sabes que te quiero.

Y Jesús le dijo:

—Cuida de mis ovejas.

17Por tercera vez Jesús preguntó:

—Simón, hijo de Juan, ¿me quieres?

A Pedro le dolió que por tercera vez Jesús le hubiera preguntado: «¿Me quieres?». Así que dijo:

—Señor, tú lo sabes todo; tú sabes que te quiero.

—Apacienta mis ovejas —dijo Jesús—. 18Cuando eras más joven te vestías tú mismo e ibas adonde querías. Pero te aseguro que cuando seas viejo, extenderás las manos y otro te vestirá y te llevará adonde no quieras ir.

19Esto dijo Jesús para dar a entender la clase de muerte con que Pedro glorificaría a Dios. Después de eso, añadió:

—¡Sígueme!

20Al volverse, Pedro vio que los seguía el discípulo a quien Jesús amaba, el mismo que en la cena se había reclinado sobre Jesús y había dicho: «Señor, ¿quién es el que va a traicionarte?». 21Al verlo, Pedro preguntó:

—Señor, ¿y este qué?

22Jesús dijo:

—Si quiero que él permanezca vivo hasta que yo vuelva, ¿a ti qué? Tú solo sígueme.

23Por este motivo corrió entre los hermanos el rumor de que aquel discípulo no moriría. Pero Jesús no dijo que no moriría, sino solamente: «Si quiero que él permanezca vivo hasta que yo vuelva, ¿a ti qué?».

24Este es el discípulo que da testimonio de estas cosas y las escribió. Y estamos convencidos de que su testimonio es verídico.

25Jesús hizo también muchas otras cosas, tantas que, si se escribiera cada una de ellas, pienso que los libros escritos no cabrían en el mundo entero.

Hechos

de los Apóstoles

Jesús llevado al cielo

1 Estimado Teófilo, en mi primer libro me referí a todo lo que Jesús comenzó a hacer y enseñar ²hasta el día en que fue llevado al cielo, luego de darles instrucciones por medio del Espíritu Santo a los apóstoles que había escogido. ³Después de padecer la muerte, se presentó dándoles muchas pruebas convincentes de que estaba vivo. Durante cuarenta días se les apareció y les habló acerca del reino de Dios. ⁴Una vez, mientras comía con ellos, ordenó:

—No se alejen de Jerusalén, sino esperen la promesa del Padre, de la cual les he hablado; ⁵Juan bautizó con[a] agua, pero dentro de pocos días ustedes serán bautizados con el Espíritu Santo.

⁶Entonces los que estaban reunidos con él preguntaron:

—Señor, ¿es ahora cuando vas a restablecer el reino a Israel?

⁷—No les toca a ustedes conocer la hora ni el momento determinados por la autoridad misma del Padre —contestó Jesús—. ⁸Pero cuando venga el Espíritu Santo sobre ustedes, recibirán poder y serán mis testigos tanto en Jerusalén como en toda Judea y Samaria, hasta en los confines de la tierra.

⁹Habiendo dicho esto, mientras ellos lo miraban, fue llevado a las alturas hasta que una nube lo ocultó de su vista. ¹⁰Ellos se quedaron mirando fijamente al cielo mientras él se alejaba. De repente, se les acercaron dos hombres vestidos de blanco ¹¹que les dijeron:

—Galileos, ¿qué hacen aquí mirando al cielo? Este mismo Jesús, que ha sido llevado de entre ustedes al cielo, vendrá otra vez de la misma manera que lo han visto irse.

Elección de Matías para reemplazar a Judas

¹²Entonces regresaron a Jerusalén desde el monte llamado de los Olivos, situado aproximadamente a un kilómetro de la ciudad.[b] ¹³Cuando llegaron, subieron al lugar donde se alojaban. Estaban allí

Pedro, Juan, ˙Santiago, Andrés,
Felipe, Tomás,
Bartolomé, Mateo,
Santiago, hijo de Alfeo, Simón el Zelote y
    Judas, hijo de Santiago.

¹⁴Todos, en un mismo espíritu, se dedicaban a la oración, junto con las mujeres, y con los hermanos de Jesús y su madre María.

¹⁵Por aquellos días Pedro se puso de pie en medio de los creyentes,[c] que eran un grupo como de ciento veinte personas, y dijo: ¹⁶«Hermanos, tenía que cumplirse la Escritura que, por boca de David, había predicho el Espíritu Santo en cuanto a Judas, que sirvió de guía a los que arrestaran a Jesús. ¹⁷Judas se contaba entre los nuestros y participaba en este ministerio.

¹⁸(Con el dinero que obtuvo por su crimen, Judas compró un terreno; allí cayó de cabeza, se reventó y se derramaron sus intestinos. ¹⁹Todos en Jerusalén se enteraron de ello, así que aquel terreno fue llamado Acéldama, que en su propio idioma quiere decir "Campo de Sangre".)

²⁰»Porque en el libro de los Salmos —continuó Pedro—, está escrito:

»"Que su campamento quede desierto
    y que nadie habite en él".[d]

También está escrito:

»"Que otro se haga cargo de su oficio".[e]

²¹Por tanto, es preciso que se una a nosotros uno de los que nos acompañaban todo el tiempo que el Señor Jesús vivió entre nosotros, ²²desde que Juan bautizaba hasta el día en que Jesús fue tomado de entre nosotros y recibido en las alturas. Es necesario que uno de ellos sea junto a nosotros testigo de la resurrección».

²³Así que propusieron a dos: a José, llamado Barsabás, apodado el Justo, y a Matías. ²⁴Y oraron así: «Señor, tú que conoces el ˙corazón de todos, muéstranos a cuál de estos dos has elegido ²⁵para que se haga cargo del servicio apostólico que Judas dejó para irse al lugar que le correspondía». ²⁶Luego echaron suertes y la elección recayó en Matías; así que él fue reconocido junto con los once apóstoles.

El Espíritu Santo desciende en Pentecostés

2 Cuando llegó el día de Pentecostés, estaban todos juntos en el mismo lugar. ²De repente, vino del cielo un ruido como el de una violenta ráfaga de viento y llenó toda la casa donde estaban reunidos. ³Aparecieron entonces unas lenguas como de fuego que se repartieron y se posaron sobre cada uno de ellos. ⁴Todos fueron llenos del Espíritu Santo y comenzaron a hablar en diferentes ˙lenguas, según el Espíritu les concedía expresarse.

⁵Estaban de visita en Jerusalén judíos piadosos, procedentes de todas las naciones de la tierra. ⁶Al oír aquel bullicio, muchos corrieron al lugar y quedaron todos pasmados porque cada uno los escuchaba hablar en su propio idioma. ⁷Desconcertados y maravillados, decían: «¿No son galileos todos estos que están hablando? ⁸¿Cómo es que cada uno de nosotros los oye hablar en su lengua materna? ⁹Partos, medos y elamitas; habitantes de Mesopotamia, de Judea y de Capadocia, del Ponto y de la provincia de ˙Asia, ¹⁰de Frigia y de Panfilia, de Egipto y de las regiones de Libia cercanas a Cirene; visitantes llegados de Roma; ¹¹judíos y convertidos al judaísmo; cretenses y árabes: ¡todos por igual los oímos

---

a 5 con. Alt. *en.*   *b* 12 *situado … ciudad.* Lit. *que está cerca de Jerusalén, camino de un sábado* (es decir, lo que las leyes y tradiciones orales permitían caminar en el día de reposo).   *c* 15 *creyentes.* Lit. *hermanos.*   *d* 20 Sal 69:25.   *e* 20 Sal 109:8.

proclamar en nuestra propia lengua las maravillas de Dios!».

¹²Desconcertados y perplejos, se preguntaban: «¿Qué quiere decir esto?». ¹³Otros se burlaban y decían: «Lo que pasa es que están borrachos».

Pedro se dirige a la multitud

¹⁴Entonces Pedro, con los once, se puso de pie y dijo a voz en cuello: «Compatriotas judíos y todos ustedes que están en Jerusalén, déjenme explicarles lo que sucede; presten atención a lo que voy a decir. ¹⁵Estos no están borrachos, como suponen ustedes. ¡Apenas son las nueve de la mañana!ᵃ ¹⁶En realidad lo que pasa es lo que anunció el profeta Joel:

¹⁷ »"Sucederá que en los últimos días —dice
Dios—,
derramaré mi Espíritu sobre todo ser
˚humano.
Los hijos y las hijas de ustedes profetizarán,
tendrán visiones los jóvenes
y sueños los ancianos.
¹⁸ En esos días derramaré mi Espíritu
aun sobre mis ˚siervos y mis siervas,
y profetizarán.
¹⁹ Arriba en el cielo y abajo en la tierra mostraré
prodigios:
sangre, fuego y nubes de humo.
²⁰ El sol se convertirá en tinieblas
y la luna en sangre
antes que llegue el día del Señor,
día grande y esplendoroso.
²¹ Y todo el que invoque el nombre del Señor
será salvo".ᵇ

²²»Pueblo de Israel, escuchen esto: Jesús de Nazaret fue un hombre acreditado por Dios ante ustedes con milagros, señales y prodigios, los cuales realizó Dios entre ustedes por medio de él, como bien lo saben. ²³Este fue entregado según el determinado propósito y el previo conocimiento de Dios; y por medio de gente malvada, ustedes lo mataron, clavándolo en la cruz. ²⁴Sin embargo, Dios lo resucitó, librándolo de las angustias de la muerte, porque era imposible que la muerte lo mantuviera bajo su dominio. ²⁵En efecto, David dijo de él:

»"Veía yo al Señor siempre delante de mí;
porque él está a mi ˚derecha,
nada me hará caer.
²⁶ Por eso mi corazón se alegra y canta con gozo
mi lengua;
mi cuerpo también vivirá en esperanza.
²⁷ No dejarás que mi ˚vida termine en los
dominios de la muerte;ᶜ
no permitirás que tu santo sufra corrupción.
²⁸ Me has dado a conocer los caminos de la vida;
me llenarás de alegría en tu presencia".ᵈ

²⁹»Hermanos, permítanme hablarles con franqueza acerca del patriarca David, quien murió y fue sepultado, y cuyo sepulcro está entre nosotros hasta el día de hoy. ³⁰Era profeta y sabía que Dios le había prometido bajo juramento poner en el trono a uno de sus descendientes.ᵉ ³¹Fue así como previó lo que iba a suceder. Refiriéndose a la resurrección del ˚Cristo, afirmó que Dios no dejaría que su vida terminara en los dominios de la muerte ni que su fin

fuera la corrupción. ³²A este Jesús, Dios lo resucitó y de ello todos nosotros somos testigos. ³³Exaltado a la derecha de Dios y, habiendo recibido del Padre el Espíritu Santo prometido, ha derramado esto que ustedes ahora ven y oyen. ³⁴David no subió al cielo, y sin embargo declaró:

»"Dijo el Señor a mi Señor:
'Siéntate a mi derecha,
³⁵ hasta que ponga a tus enemigos
por debajo de tus pies' ".ᶠ

³⁶»Por tanto, que todo Israel esté bien seguro de que este Jesús, a quien ustedes crucificaron, Dios lo ha hecho Señor y Cristo».

³⁷Cuando oyeron esto, todos se sintieron profundamente conmovidos y dijeron a Pedro y a los otros apóstoles:

—Hermanos, ¿qué debemos hacer?

³⁸—˚Arrepiéntase y bautícese cada uno de ustedes en el nombre de ˚Jesucristo para perdón de sus pecados —contestó Pedro—, y recibirán el don del Espíritu Santo. ³⁹En efecto, la promesa es para ustedes, para sus hijos y para todos los que están lejos; es decir, para todos aquellos a quienes el Señor, nuestro Dios, llame.

⁴⁰Y con muchas otras palabras les exhortaba insistentemente:

—¡Sálvense de esta generación perversa!

La comunidad de los creyentes

⁴¹Así, pues, los que recibieron su mensaje fueron bautizados y aquel día se unieron a la iglesia unas tres mil personas. ⁴²Se mantenían firmes en la enseñanza de los apóstoles, en la comunión, en el partimiento del pan y en la oración. ⁴³Todos estaban asombrados por los muchos prodigios y señales que realizaban los apóstoles. ⁴⁴Todos los creyentes estaban juntos y tenían todo en común: ⁴⁵vendían sus propiedades y posesiones, y compartían sus bienes entre sí según la necesidad de cada uno. ⁴⁶No dejaban de reunirse unánimes en el ˚Templo ni un solo día. De casa en casa partían el pan y compartían la comida con alegría y generosidad, ⁴⁷alabando a Dios y disfrutando de la estimación general del pueblo. Y cada día el Señor añadía al grupo los que iban siendo salvos.

Pedro sana a un mendigo lisiado

3 Un día subían Pedro y Juan al ˚Templo a las tres de la tarde,ᵍ que es la hora de la oración. ²Junto a la puerta llamada Hermosa había un hombre lisiado de nacimiento, al que todos los días dejaban allí para que pidiera limosna a los que entraban en el Templo. ³Cuando este vio que Pedro y Juan estaban por entrar, les pidió limosna. ⁴Pedro, con Juan, mirándolo fijamente, le dijo:

—¡Míranos!

⁵El hombre fijó en ellos la mirada, esperando recibir algo.

⁶—No tengo plata ni oro —declaró Pedro—, pero lo que tengo te doy. En el nombre de ˚Jesucristo de Nazaret, ¡levántate y anda!

⁷Y tomándolo por la mano derecha, lo levantó. Al instante los pies y los tobillos del hombre cobraron fuerza. ⁸De un salto se puso en pie y comenzó a caminar. Luego entró con ellos en el Templo con sus propios pies, saltando y alabando a Dios. ⁹Cuando todo el pueblo lo vio caminar y alabar a Dios, ¹⁰lo reconocieron como el mismo hombre que acostumbraba a pedir limosna sentado a la puerta del Templo llamada Hermosa, entonces se llenaron de admiración y asombro por lo que le había ocurrido.

ᵃ 15 son las nueve de la mañana. Lit. es la hora tercera del día.   ᵇ 21 Jl 2:28-32.   ᶜ 27 los dominios de la muerte. Lit. Hades; también en v. 31.   ᵈ 28 Sal 16:8-11.   ᵉ 30 Sal 132:11.   ᶠ 35 Sal 110:1.   ᵍ 1 las tres de la tarde. Lit. la hora novena.

Pedro se dirige a los espectadores

¹¹Mientras el hombre seguía aferrado a Pedro y a Juan, toda la gente, que no salía de su asombro, corrió hacia ellos al lugar conocido como el Pórtico de Salomón. ¹²Al ver esto, Pedro dijo: «Pueblo de Israel, ¿por qué les sorprende lo que ha pasado? ¿Por qué nos miran como si, por nuestro propio poder o devoción, hubiéramos hecho caminar a este hombre? ¹³El Dios de Abraham, de Isaac y de Jacob, el Dios de nuestros antepasados, ha glorificado a su siervo Jesús. Ustedes lo entregaron y lo rechazaron ante Pilato, aunque este había decidido soltarlo. ¹⁴Rechazaron al Santo y Justo, y pidieron que se indultara a un asesino. ¹⁵Mataron al autor de la vida, pero Dios lo ˙levantó de entre los muertos, y de eso nosotros somos testigos. ¹⁶Por la fe en el nombre de Jesús, él ha restablecido a este hombre a quien ustedes ven y conocen. Esta fe que viene por medio de Jesús lo ha sanado por completo, como les consta a ustedes.

¹⁷»Ahora bien, hermanos, yo sé que ustedes y sus dirigentes actuaron así por ignorancia. ¹⁸Pero de este modo Dios cumplió lo que de antemano había anunciado por medio de todos los profetas: que su ˙Cristo tenía que padecer. ¹⁹Por tanto, para que sean borrados sus pecados, ˙arrepiéntanse y vuélvanse a Dios, ²⁰a fin de que vengan tiempos de descanso de parte del Señor, enviándoles el Cristo que ya había sido preparado para ustedes, el cual es Jesús. ²¹Es necesario que él permanezca en el cielo hasta que llegue el tiempo de la restauración de todas las cosas, como Dios lo ha anunciado desde hace siglos por medio de sus ˙santos profetas. ²²Moisés dijo: "El Señor su Dios hará surgir para ustedes, de entre sus hermanos, a un profeta como yo; presten atención a todo lo que les diga. ²³Porque quien no le preste oído será eliminado del pueblo".ᵃ

²⁴»En efecto, a partir de Samuel todos los profetas han anunciado estos días. ²⁵Ustedes, pues, son herederos de los profetas y del pacto que Dios estableció con sus antepasados al decirle a Abraham: "Todos los pueblos del mundo serán bendecidos por medio de tu descendencia".ᵇ ²⁶Cuando Dios resucitó a su siervo, lo envió primero a ustedes para darles la bendición de que cada uno se convierta de sus maldades».

Pedro y Juan ante el Consejo

4 Mientras Pedro y Juan hablaban a la gente, se presentaron los sacerdotes, el capitán de la guardia del ˙Templo y los saduceos. ²Estaban muy disgustados porque los apóstoles enseñaban a la gente y proclamaban la resurrección, que se había hecho evidente en el caso de Jesús. ³Arrestaron a Pedro y a Juan y, como ya anochecía, los metieron en la cárcel hasta el día siguiente. ⁴Pero muchos de los que oyeron el mensaje creyeron y el número de estos, contando solo a los hombres, llegaba a unos cinco mil.

⁵Al día siguiente se reunieron en Jerusalén los gobernantes, los líderes religiosos y los ˙maestros de la Ley. ⁶Allí estaban el sumo sacerdote Anás, Caifás, Juan, Alejandro y los otros miembros de la familia del sumo sacerdote. ⁷Hicieron que Pedro y Juan comparecieran ante ellos y comenzaron a interrogarlos:

—¿Con qué poder o en nombre de quién hicieron ustedes esto?

⁸Pedro, lleno del Espíritu Santo, respondió:

—Gobernantes del pueblo y líderes religiosos: ⁹Hoy se nos procesa por haber favorecido a un paralítico, ¡y se nos pregunta cómo fue sanado! ¹⁰Sepan, pues, todos ustedes y todo el pueblo de Israel que este hombre está aquí delante de ustedes, sano gracias al nombre de ˙Jesucristo de Nazaret, crucificado por ustedes, pero ˙resucitado por Dios. ¹¹Jesucristo es

»"la piedra que desecharon ustedes los
    constructores
y que ha llegado a ser la piedra angular".ᶜ

¹²De hecho, en ningún otro hay salvación, porque no hay bajo el cielo otro nombre dado a los hombres mediante el cual podamos ser salvos.

¹³Los gobernantes, al ver la osadía con que hablaban Pedro y Juan, y al darse cuenta de que eran gente sin estudios ni preparación, quedaron asombrados y reconocieron que habían estado con Jesús. ¹⁴Además, como vieron que los acompañaba el hombre que había sido sanado, no tenían nada que alegar. ¹⁵Así que les mandaron que se retiraran del ˙Consejo y se pusieron a deliberar entre sí: ¹⁶«¿Qué vamos a hacer con estos sujetos? Es un hecho que por medio de ellos ha ocurrido un milagro evidente; todos los que viven en Jerusalén lo saben y no podemos negarlo. ¹⁷Para evitar que este asunto siga divulgándose entre la gente, vamos a amenazarlos y así no volverán a hablar de ese nombre a nadie».

¹⁸Los llamaron y les ordenaron terminantemente que dejaran de hablar y enseñar acerca del nombre de Jesús. ¹⁹Pero Pedro y Juan replicaron:

—¿Es justo delante de Dios obedecerlos a ustedes en vez de obedecerlo a él? ¡Júzguenlo ustedes mismos! ²⁰Nosotros no podemos dejar de hablar de lo que hemos visto y oído.

²¹Después de nuevas amenazas, los dejaron irse. Por causa de la gente, no hallaban manera de castigarlos: todos alababan a Dios por lo que había sucedido, ²²pues el hombre que había sido milagrosamente sanado tenía más de cuarenta años.

La oración de los creyentes

²³Al quedar libres, Pedro y Juan volvieron a los suyos y les relataron todo lo que habían dicho los jefes de los sacerdotes y los líderes religiosos. ²⁴Cuando lo oyeron, alzaron unánimes la voz en oración a Dios: «Soberano Señor, creador del cielo y de la tierra, del mar y de todo lo que hay en ellos, ²⁵tú, por medio del Espíritu Santo, dijiste en labios de nuestro padre David, tu siervo:

»"¿Por qué se enfurecen las ˙naciones
    y en vano conspiran los pueblos?
²⁶Los reyes de la tierra se rebelan;
    los gobernantes se confabulan
contra el Señor
    y contra su ungido".ᵈ

²⁷En efecto, en esta ciudad se reunieron Herodes y Poncio Pilato, con los ˙gentiles y con el puebloᵉ de Israel, contra tu santo siervo Jesús, al que ungiste ²⁸para hacer lo que de antemano tu poder y tu voluntad habían determinado que sucediera. ²⁹Ahora, Señor, toma en cuenta sus amenazas y concede a tus ˙siervos el proclamar tu palabra sin temor alguno. ³⁰Por eso, extiende tu mano para sanar y hacer señales y prodigios mediante el nombre de tu santo siervo Jesús».

³¹Después de haber orado, tembló el lugar en que estaban reunidos; todos fueron llenos del Espíritu Santo y proclamaban la palabra de Dios sin temor alguno.

ᵃ 23 Lv 23:29; Dt 18:15, 18, 19. ᵇ 25 Gn 22:18; 26:4.
ᶜ 11 Sal 118:22. ᵈ 26 ungido. Alt. *Cristo*; Sal 2:1-2. ᵉ 27 *el pueblo*. Lit. *los pueblos*.

Los creyentes comparten sus bienes

32Todos los creyentes eran de un solo sentir y pensar. Nadie consideraba suya ninguna de sus posesiones, sino que las compartían. 33Los apóstoles, a su vez, con gran poder seguían dando testimonio de la resurrección del Señor Jesús. La gracia de Dios se derramaba abundantemente sobre todos ellos, 34pues no había ningún necesitado en la comunidad. Quienes poseían casas o terrenos los vendían, llevaban el dinero de las ventas 35y lo entregaban a los apóstoles para que se distribuyera según la necesidad de cada uno.

36José, un levita natural de Chipre, a quien los apóstoles llamaban Bernabé, que significa «Hijo de consolación», 37vendió un terreno que poseía, llevó el dinero y lo puso a disposición de los apóstoles.

Ananías y Safira

5 Un hombre llamado Ananías, con su esposa Safira, también vendió una propiedad. 2En complicidad con su esposa, se quedó con parte del dinero y puso el resto a disposición de los apóstoles.

3—Ananías —le reclamó Pedro—, ¿cómo es posible que Satanás haya llenado tu ˚corazón para que mintieras al Espíritu Santo y te quedaras con parte del dinero que recibiste por el terreno? 4¿Acaso no era tuyo antes de venderlo? Y una vez vendido, ¿no estaba el dinero en tu poder? ¿Cómo se te ocurrió hacer esto? ¡No has mentido a los hombres, sino a Dios!

5Al oír estas palabras, Ananías cayó muerto. Y un gran temor se apoderó de todos los que se enteraron de lo sucedido. 6Entonces se acercaron los más jóvenes, envolvieron el cuerpo, se lo llevaron y le dieron sepultura.

7Unas tres horas más tarde entró la esposa sin saber lo que había ocurrido.

8—Dime —le preguntó Pedro—, ¿vendieron ustedes el terreno por tal precio?

—Sí —dijo ella—, por tal precio.

9—¿Por qué se pusieron de acuerdo para poner a ˚prueba al Espíritu del Señor? —le recriminó Pedro—. ¡Mira! Los que sepultaron a tu esposo están a la puerta y ahora te llevarán a ti.

10En ese mismo instante ella cayó muerta a los pies de Pedro. Entonces entraron los jóvenes y, al verla muerta, se la llevaron y le dieron sepultura al lado de su esposo. 11Y un gran temor se apoderó de toda la iglesia y de todos los que se enteraron de estos sucesos.

Los apóstoles sanan a muchas personas

12Por medio de los apóstoles ocurrían muchas señales y prodigios entre el pueblo; y todos los creyentes se reunían de común acuerdo en el Pórtico de Salomón. 13Nadie entre el pueblo se atrevía a juntarse con ellos, aunque los elogiaban. 14Y seguía aumentando el número de los que creían en el Señor. 15Era tal la multitud de hombres y mujeres que hasta sacaban a los enfermos a las plazas y los ponían en camillas para que, al pasar Pedro, por lo menos su sombra cayera sobre alguno de ellos. 16También de los pueblos vecinos a Jerusalén acudían multitudes que llevaban personas enfermas y atormentadas por ˚espíritus malignos, y todas eran sanadas.

Persiguen a los apóstoles

17El sumo sacerdote y todos sus partidarios, que pertenecían a la secta de los saduceos, se llenaron de envidia. 18Entonces arrestaron a los apóstoles y

los metieron en la cárcel común. 19Pero en la noche un ángel del Señor abrió las puertas de la cárcel y los sacó. 20«Vayan —les dijo—, preséntense en el ˚Templo y comuniquen al pueblo todo sobre esta nueva vida».

21Conforme a lo que habían oído, al amanecer entraron en el Templo y se pusieron a enseñar. Cuando llegaron el sumo sacerdote y sus partidarios, convocaron al ˚Consejo, es decir, a la asamblea general de los líderes religiosos de Israel, y mandaron traer de la cárcel a los apóstoles. 22Pero al llegar los guardias a la cárcel, no los encontraron. Así que volvieron con el siguiente informe: 23«Encontramos la cárcel cerrada, con todas las medidas de seguridad, y a los guardias firmes a las puertas; pero cuando abrimos, no encontramos a nadie adentro».

24Al oírlo, el capitán de la guardia del Templo y los jefes de los sacerdotes se quedaron perplejos, preguntándose en qué terminaría todo aquello. 25En esto, se presentó alguien que les informó: «¡Miren! Los hombres que ustedes metieron en la cárcel están en el Templo y siguen enseñando al pueblo». 26Fue entonces el capitán con sus guardias y trajo a los apóstoles sin recurrir a la fuerza, porque temían ser apedreados por la gente. 27Los llevaron ante el Consejo y el sumo sacerdote reclamó:

28—Terminantemente les hemos prohibido enseñar en ese nombre. Sin embargo, ustedes han llenado a Jerusalén con sus enseñanzas, y se han propuesto echarnos la culpa a nosotros de la muerteᵃ de ese hombre.

29—¡Es necesario obedecer a Dios antes que a los hombres! —respondieron Pedro y los demás apóstoles—. 30El Dios de nuestros antepasados resucitó a Jesús, a quien ustedes mataron colgándolo de un madero. 31Dios lo exaltó a su derecha como Príncipe y Salvador, para que diera a Israel ˚arrepentimiento y perdón de pecados. 32Nosotros somos testigos de estos acontecimientos, y también lo es el Espíritu Santo que Dios ha dado a quienes le obedecen.

33Los que oyeron se enojaron mucho y querían matarlos. 34Pero un ˚fariseo llamado Gamaliel, ˚maestro de la Ley muy respetado por todo el pueblo, se puso de pie en el Consejo y mandó que hicieran salir por un momento a los apóstoles. 35Luego dijo: «Hombres de Israel, piensen dos veces en lo que están a punto de hacer con estos hombres. 36Hace algún tiempo surgió Teudas, jactándose de ser alguien, y se le unieron unos cuatrocientos hombres. Pero lo mataron y todos sus seguidores se dispersaron y allí se acabó todo. 37Después de él surgió Judas el galileo, en los días del censo, y logró que la gente lo siguiera. A él también lo mataron y todos sus secuaces se dispersaron. 38En este caso aconsejo que dejen a estos hombres en paz. ¡Suéltenlos! Si lo que se proponen y hacen es de origen humano, fracasará; 39pero si es de Dios, no podrán destruirlos, y ustedes se encontrarán luchando contra Dios».

Se dejaron persuadir por Gamaliel. 40Entonces llamaron a los apóstoles y, luego de azotarlos, les ordenaron que no hablaran más en el nombre de Jesús. Después de eso los soltaron.

41Así, pues, los apóstoles salieron del Consejo, llenos de gozo por haber sido considerados dignos de sufrir afrentas por causa del Nombre. 42Y día tras día, en el Templo y de casa en casa, no dejaban de enseñar y anunciar las ˚buenas noticias de que Jesús es el ˚Cristo.

Elección de los siete

6 En aquellos días, al aumentar el número de los discípulos, se quejaron los judíos de habla griega

---

ᵃ 28 muerte. Lit. sangre.

contra los de habla hebrea de que sus viudas eran desatendidas en la distribución diaria de los alimentos. ²Así que los doce reunieron a toda la comunidad de discípulos y les dijeron: «No está bien que nosotros los apóstoles descuidemos el ministerio de la palabra de Dios para servir las mesas. ³Hermanos, escojan de entre ustedes a siete hombres de buena reputación, llenos del Espíritu y de sabiduría, para encargarles esta responsabilidad. ⁴Así nosotros nos dedicaremos de lleno a la oración y al ministerio de la palabra».

⁵Esta propuesta agradó a toda la asamblea. Escogieron a Esteban, hombre lleno de fe y del Espíritu Santo, y a Felipe, a Prócoro, a Nicanor, a Timón, a Parmenas y a Nicolás, que era de Antioquía y se había convertido al judaísmo. ⁶Los presentaron a los apóstoles, quienes oraron y les impusieron las manos.

⁷Y la palabra de Dios se difundía: el número de los discípulos aumentaba considerablemente en Jerusalén e incluso muchos de los sacerdotes obedecían a la fe.

Arresto de Esteban

⁸Esteban, hombre lleno de la gracia y del poder de Dios, hacía grandes prodigios y señales entre el pueblo. ⁹Discutían con él ciertos individuos de la sinagoga llamada de los Libertos, donde había judíos de Cirene y de Alejandría, de Cilicia y de la provincia de ˚Asia. ¹⁰Como no podían hacer frente a la sabiduría ni al Espíritu con que hablaba Esteban, ¹¹instigaron a unos hombres a decir: «Hemos oído a Esteban ˚blasfemar contra Moisés y contra Dios».

¹²Agitaron al pueblo, a los líderes religiosos y a los ˚maestros de la Ley. Se apoderaron de Esteban y lo llevaron ante el ˚Consejo. ¹³Presentaron testigos falsos que declararon: «Este hombre no deja de hablar contra este lugar santo y contra la Ley. ¹⁴Le hemos oído decir que ese Jesús de Nazaret destruirá este lugar y cambiará las tradiciones que nos dejó Moisés».

¹⁵Todos los que estaban sentados en el Consejo fijaron la mirada en Esteban y vieron que su rostro se parecía al de un ángel.

Discurso de Esteban ante el Consejo

7 —¿Son ciertas estas acusaciones? —le preguntó el sumo sacerdote.

²Él contestó:

—Hermanos y padres, ¡escúchenme! El Dios de la gloria se apareció a nuestro padre Abraham cuando este aún vivía en Mesopotamia, antes de radicarse en Jarán. ³"Deja tu tierra y a tus parientes —le dijo Dios—, y ve a la tierra que te mostraré".ᵃ

⁴»Entonces salió de la tierra de los caldeos y se estableció en Jarán. Desde allí, después de la muerte de su padre, Dios lo trasladó a esta tierra donde ustedes viven ahora. ⁵No le dio herencia alguna en ella, ni siquiera dónde plantar el pie, pero prometió dársela en posesión a él y a su descendencia, aunque Abraham no tenía ni un solo hijo todavía. ⁶Dios le dijo así: "Tus descendientes vivirán como extranjeros en tierra extraña, donde serán esclavizados y maltratados durante cuatrocientos años. ⁷Pero yo castigaré a la nación que los esclavizará, y luego tus descendientes saldrán de esa tierra y me adorarán en este lugar".ᵇ ⁸Hizo con Abraham el pacto que tenía por señal la circuncisión. Así, cuando Abraham tuvo a su hijo Isaac, lo circuncidó a los ocho días de nacido; Isaac a Jacob, y Jacob a los doce patriarcas.

⁹»Por envidia los patriarcas vendieron a José como esclavo, quien fue llevado a Egipto; pero Dios estaba con él ¹⁰y lo libró de todas sus desgracias. Le

dio sabiduría para ganarse el favor del faraón, rey de Egipto, quien lo nombró gobernador del país y del palacio real.

¹¹»Hubo entonces un hambre que azotó a todo Egipto y a Canaán, y causó mucho sufrimiento. Nuestros antepasados no encontraban alimentos. ¹²Al enterarse Jacob de que había comida en Egipto, mandó allá a nuestros antepasados en una primera visita. ¹³En la segunda visita, José se dio a conocer a sus hermanos y así el faraón llegó a conocer a la familia de José. ¹⁴Después de esto, José mandó llamar a su padre Jacob y a toda su familia, setenta y cinco personas en total. ¹⁵Bajó entonces Jacob a Egipto, y allí murieron él y nuestros antepasados. ¹⁶Sus restos fueron llevados a Siquén y puestos en el sepulcro que a buen precio Abraham había comprado a los hijos de Jamor en Siquén.

¹⁷»Cuando ya se acercaba el tiempo de que se cumpliera la promesa que Dios había hecho a Abraham, el pueblo crecía y se multiplicaba en Egipto. ¹⁸Por aquel entonces llegó al poder en Egipto un nuevo rey que no había conocido a José. ¹⁹Este rey usó de artimañas con nuestro pueblo y oprimió a nuestros antepasados, obligándolos a dejar abandonados a sus hijos recién nacidos para que murieran.

²⁰»En aquel tiempo nació Moisés y era hermoso a los ojos de Dios.ᶜ Por tres meses se crio en la casa de su padre ²¹y, al quedar abandonado, la hija del faraón lo adoptó y lo crio como a su propio hijo. ²²Así Moisés fue instruido en toda la sabiduría de los egipcios, y era poderoso en palabra y en obra.

²³»Cuando cumplió cuarenta años, Moisés tuvo el deseo de visitar a sus hermanos israelitas. ²⁴Al ver que un egipcio maltrataba a uno de ellos, acudió en su defensa y lo vengó matando al egipcio. ²⁵Moisés suponía que sus hermanos reconocerían que Dios iba a liberarlos por medio de él, pero ellos no lo comprendieron así. ²⁶Al día siguiente, Moisés sorprendió a dos israelitas que estaban peleando. Trató de reconciliarlos, diciéndoles: "Señores, ustedes son hermanos; ¿por qué quieren hacerse daño?".

²⁷»Pero el que estaba maltratando al otro empujó a Moisés y le dijo: "¿Y quién te nombró gobernante y juez sobre nosotros? ²⁸¿Acaso quieres matarme a mí, como mataste ayer al egipcio?".ᵈ ²⁹Al oír esto, Moisés huyó a Madián; allí vivió como extranjero y tuvo dos hijos.

³⁰»Pasados cuarenta años, se le apareció un ángel en el desierto cercano al monte Sinaí, entre las llamas de una zarza ardiente. ³¹Moisés se asombró de lo que veía. Al acercarse para observar, oyó la voz del Señor: ³²"Yo soy el Dios de tus antepasados, el Dios de Abraham, de Isaac y de Jacob".ᵉ Moisés se puso a temblar de miedo y no se atrevía a mirar.

³³»Le dijo el Señor: "Quítate las sandalias, porque estás pisando tierra santa. ³⁴En verdad he visto la opresión que sufre mi pueblo en Egipto. Los he escuchado quejarse, así que he descendido para librarlos. Ahora ven y te enviaré de vuelta a Egipto".ᶠ

³⁵»A este mismo Moisés, a quien habían rechazado diciéndole: "¿Y quién te nombró gobernante y juez?", Dios lo envió para ser gobernante y libertador, mediante el poder del ángel que se le apareció en la zarza. ³⁶Él los sacó de Egipto haciendo prodigios y señales tanto en la tierra de Egipto como en el mar Rojo y en el desierto durante cuarenta años.

³⁷»Este Moisés dijo a los israelitas: "Dios hará surgir para ustedes, de entre sus hermanos, a un profeta como yo".ᵍ ³⁸Este mismo Moisés estuvo en

---

ᵃ 3 Gn 12:1. ᵇ 7 Gn 15:13, 14; Éx 3:12. ᶜ 20 era … Dios. Alt. era sumamente hermoso. ᵈ 28 Éx 2:14. ᵉ 32 Éx 3:6. ᶠ 34 Éx 3:5, 7, 8, 10. ᵍ 37 Dt 18:15.

la asamblea en el desierto, con el ángel que le habló en el monte Sinaí y con nuestros antepasados. Fue también él quien recibió palabras de vida para comunicárnoslas a nosotros.

39»Nuestros antepasados no quisieron obedecerlo a él, sino que lo rechazaron. Lo que realmente deseaban era volver a Egipto, **40**por lo cual dijeron a Aarón: "Tienes que hacernos dioses que vayan delante de nosotros, porque a ese Moisés que nos sacó de Egipto, ¡no sabemos qué pudo haberle pasado!".[a] **41**»Entonces se hicieron un ídolo en forma de becerro. Le ofrecieron sacrificios y tuvieron fiesta en honor a la obra de sus manos. **42**Pero Dios les volvió la espalda y los entregó a que rindieran culto a los astros. Así está escrito en el libro de los Profetas:

»"Casa de Israel, ¿acaso me ofrecieron ustedes
    sacrificios y ofrendas
    durante los cuarenta años en el desierto?
43 Al contrario, ustedes se hicieron cargo del
    santuario de Moloc,
de la estrella del dios Refán,
y de las imágenes que hicieron para
    adorarlas.
Por lo tanto, los mandaré al exilio"[b] más allá
    de Babilonia.

44»Nuestros antepasados tenían en el desierto la Tienda con las tablas del pacto, hecho como Dios había ordenado a Moisés, según el modelo que este había visto. **45**Después de haber recibido el santuario, lo trajeron consigo bajo el mando de Josué, cuando conquistaron la tierra de las naciones que Dios expulsó de la presencia de ellos. Allí permaneció hasta el tiempo de David, **46**quien disfrutó del favor de Dios y pidió que le permitiera proveer una morada para el Dios[c] de Jacob. **47**Pero fue Salomón quien construyó la casa. **48**»Sin embargo, el Altísimo no habita en casas construidas por manos humanas. Como dice el profeta:

49 »"El cielo es mi trono,
    y la tierra, el estrado de mis pies.
¿Qué casa me pueden construir?
    —dice el Señor—.
¿Dónde estará el lugar de mi reposo?
50 ¿No es mi mano la que ha hecho todas estas
    cosas?".[d]

51»¡Tercos, duros de corazón y torpes de oídos![e] Ustedes son iguales que sus antepasados: ¡Siempre resisten al Espíritu Santo! **52**¿A cuál de los profetas no persiguieron sus antepasados? Ellos mataron a los que de antemano anunciaron la venida del Justo, y ahora a este lo han traicionado y asesinado **53**ustedes, que recibieron la Ley promulgada por medio de ángeles y no la han obedecido.

Muerte de Esteban
54Al oír esto, rechinando los dientes, se enojaron mucho contra él. **55**Pero Esteban, lleno del Espíritu Santo, fijó la mirada en el cielo y vio la gloria de Dios y a Jesús de pie a la derecha de Dios.

56—¡Veo el cielo abierto —exclamó—, y al Hijo del hombre de pie a la derecha de Dios!

57Entonces ellos, gritando a voz en cuello, se taparon los oídos y todos a una se abalanzaron sobre él, **58**lo sacaron a empellones fuera de la ciudad y comenzaron a apedrearlo. Los acusadores encargaron sus mantos a un joven llamado Saulo.

59Mientras lo apedreaban, Esteban oraba.

—Señor Jesús —decía—, recibe mi espíritu. **60**Luego cayó de rodillas y gritó:

—¡Señor, no les tomes en cuenta este pecado! Cuando hubo dicho esto, murió.[f]

8 Y Saulo estaba allí, aprobando la muerte de Esteban.

La iglesia perseguida y dispersa
Aquel día se desató una gran persecución contra la iglesia en Jerusalén y todos, excepto los apóstoles, se dispersaron por las regiones de Judea y Samaria. **2**Unos hombres piadosos sepultaron a Esteban e hicieron gran duelo por él. **3**Saulo, por su parte, causaba estragos en la iglesia: entraba de casa en casa, arrastraba a hombres y mujeres y los encarcelaba.

Felipe en Samaria
4Los que se habían dispersado predicaban la palabra por dondequiera que iban. **5**Felipe bajó a una ciudad de Samaria y les anunciaba al *Cristo. **6**Al oír a Felipe y ver las señales que realizaba, mucha gente se reunía y todos prestaban atención a su mensaje. **7**De muchos endemoniados los *espíritus malignos salían dando gritos, y un gran número de paralíticos y cojos quedaban sanos. **8**Y aquella ciudad se llenó de alegría.

Simón el hechicero
9Ya desde antes había en esa ciudad un hombre llamado Simón que, jactándose de ser un gran personaje, practicaba la hechicería y asombraba a la gente de Samaria. **10**Todos, desde el más pequeño hasta el más grande, le prestaban atención y exclamaban: «¡Este hombre es al que llaman el Gran Poder de Dios!».

11Lo seguían porque por mucho tiempo los había tenido deslumbrados con sus artes mágicas. **12**Pero cuando creyeron a Felipe, quien anunciaba las *buenas noticias del reino de Dios y el nombre de *Jesucristo, tanto hombres como mujeres se bautizaron. **13**Simón mismo creyó y, después de bautizarse, seguía a Felipe por todas partes, asombrado de los grandes milagros y señales que veía.

14Cuando los apóstoles que estaban en Jerusalén se enteraron de que los samaritanos habían aceptado la palabra de Dios, les enviaron a Pedro y a Juan. **15**Estos, al llegar, oraron por ellos para que recibieran el Espíritu Santo, **16**porque el Espíritu aún no había descendido sobre ninguno de ellos; solamente habían sido bautizados en el nombre del Señor Jesús. **17**Entonces Pedro y Juan les impusieron las manos y ellos recibieron el Espíritu Santo.

18Al ver Simón que mediante la imposición de las manos de los apóstoles se daba el Espíritu Santo, les ofreció dinero **19**y pidió:

—Denme también a mí ese poder, para que todos a quienes yo les imponga las manos reciban el Espíritu Santo.

20—¡Que tu dinero perezca contigo —contestó Pedro—, porque intentaste comprar el don de Dios con dinero! **21**No tienes arte ni parte en este asunto, porque no eres íntegro delante de Dios. **22**Por eso, *arrepiéntete de tu maldad y ruega al Señor. Tal vez te perdone el haber tenido esta mala intención. **23**Veo que vas camino a la amargura y a la esclavitud de la maldad.

a 40 Éx 32:1.   *b* 43 Am 5:25-27.   *c* 46 para el Dios. Var. para la casa (es decir, la familia).   *d* 50 Is 66:1, 2.   *e* 51 ¡Tercos … oídos! Lit. ¡Duros de cuello e incircuncisos en los corazones y los oídos!   *f* 60 murió. Lit. durmió.

²⁴—Rueguen al Señor por mí —respondió Simón—, para que no me suceda nada de lo que han dicho.

²⁵Después de testificar y proclamar la palabra del Señor, Pedro y Juan se pusieron en camino de vuelta a Jerusalén y de paso predicaron las *buenas noticias en muchas poblaciones de los samaritanos.

Felipe y el etíope

²⁶Un ángel del Señor dijo a Felipe: «Ponte en marcha hacia el sur, por el camino del desierto que baja de Jerusalén a Gaza». ²⁷Felipe emprendió el viaje, y resulta que se encontró con un etíope *eunuco, alto funcionario encargado de todo el tesoro de la Candace, reina de los etíopes. Este había ido a Jerusalén para adorar ²⁸y, de regreso a su país, iba sentado en su carro leyendo el libro del profeta Isaías. ²⁹El Espíritu dijo a Felipe: «Acércate y júntate a ese carro».

³⁰Felipe se acercó de prisa al carro y, al oír que el hombre leía al profeta Isaías, preguntó:

—¿Acaso entiende usted lo que está leyendo?

³¹—¿Y cómo voy a entenderlo —contestó— si nadie me lo explica?

Así que invitó a Felipe a subir y sentarse con él. ³²El pasaje de la Escritura que estaba leyendo era el siguiente:

«Como cordero fue llevado al matadero,
    como oveja que enmudece ante su
        trasquilador,
    ni siquiera abrió su boca.
³³ Lo humillaron y no le hicieron justicia.
    ¿Quién describirá su descendencia?
    Porque su vida fue arrancada de la tierra».ᵃ

³⁴—Dígame usted, por favor, ¿de quién habla aquí el profeta, de sí mismo o de algún otro? —preguntó el eunuco a Felipe.

³⁵Entonces Felipe, comenzando con ese mismo pasaje de la Escritura, le anunció las *buenas noticias acerca de Jesús. ³⁶Mientras iban por el camino, llegaron a un lugar donde había agua y el eunuco dijo:

—Mire usted, aquí hay agua. ¿Qué impide que yo sea bautizado? ³⁷ᵇ

³⁸Entonces mandó parar el carro, ambos bajaron al agua y Felipe lo bautizó. ³⁹Cuando subieron del agua, el Espíritu del Señor se llevó de repente a Felipe. El eunuco no volvió a verlo, pero siguió alegre su camino. ⁴⁰En cuanto a Felipe, apareció en Azoto y se fue predicando las *buenas noticias por todos los pueblos hasta que llegó a Cesarea.

Conversión de Saulo

9:1-19 - Hch 23:3-16; 26:9-18

9 Mientras tanto, Saulo, respirando aún amenazas de muerte contra los discípulos del Señor, se presentó al sumo sacerdote ²y le pidió cartas de extradición para las sinagogas de Damasco. Tenía la intención de encontrar y llevarse presos a Jerusalén a todos los que pertenecieran al Camino, fueran hombres o mujeres. ³En el viaje sucedió que, al acercarse a Damasco, una luz del cielo relampagueó de repente a su alrededor. ⁴Él cayó al suelo y oyó una voz que le decía:

—Saulo, Saulo, ¿por qué me persigues?

⁵—¿Quién eres, Señor? —preguntó.

—Yo soy Jesús, a quien tú persigues —contestó la voz—. ⁶Levántate y entra en la ciudad, que allí se te dirá lo que tienes que hacer.

⁷Los hombres que viajaban con Saulo se detuvieron atónitos porque oían la voz, pero no veían a nadie. ⁸Saulo se levantó del suelo, pero cuando abrió los ojos no podía ver, así que lo tomaron de la mano y lo llevaron a Damasco. ⁹Estuvo ciego tres días, sin comer ni beber nada.

¹⁰Había en Damasco un discípulo llamado Ananías, a quien el Señor llamó en una visión:

—¡Ananías!

—Aquí estoy, Señor.

¹¹—Anda —le dijo el Señor—, ve a la casa de Judas, en la calle llamada Derecha, y pregunta por un tal Saulo de Tarso. Está orando ¹²y ha visto en una visión a un hombre llamado Ananías que entra y pone las manos sobre él para que recobre la vista.

¹³Entonces Ananías respondió:

—Señor, he oído hablar mucho de ese hombre y de todo el mal que ha causado a los que creen en ti en Jerusalén. ¹⁴Y ahora lo tenemos aquí, autorizado por los jefes de los sacerdotes, para llevarse presos a todos los que invocan tu nombre.

¹⁵—¡Ve! —insistió el Señor—, porque ese hombre es mi instrumento escogido para dar a conocer mi nombre tanto a las naciones y a sus reyes como al pueblo de Israel. ¹⁶Yo le mostraré cuánto tendrá que padecer por mi nombre.

¹⁷Ananías se fue y cuando llegó a la casa, le impuso las manos a Saulo y dijo: «Hermano Saulo, el Señor Jesús, que se te apareció en el camino, me ha enviado para que recobres la vista y seas lleno del Espíritu Santo». ¹⁸Al instante cayó de los ojos de Saulo algo como escamas y recobró la vista. Se levantó y fue bautizado. ¹⁹Luego comió y recobró las fuerzas.

Saulo en Damasco y en Jerusalén

Saulo pasó varios días con los discípulos que estaban en Damasco ²⁰y enseguida se dedicó a predicar en las sinagogas, afirmando que Jesús es el Hijo de Dios. ²¹Todos los que le oían quedaban asombrados y preguntaban: «¿No es este el que en Jerusalén perseguía a muerte a los que invocan ese nombre? ¿Y no ha venido aquí para llevárselos presos y entregarlos a los jefes de los sacerdotes?». ²²Pero Saulo cobraba cada vez más fuerza y confundía a los judíos que vivían en Damasco, demostrándoles que Jesús es el *Cristo.

²³Después de muchos días, los judíos se pusieron de acuerdo para matarlo, ²⁴pero Saulo se enteró de sus maquinaciones. Día y noche vigilaban de cerca las puertas de la ciudad con el fin de eliminarlo. ²⁵Pero sus discípulos se lo llevaron de noche y lo bajaron en un canasto por una abertura en la muralla.

²⁶Cuando llegó a Jerusalén, trataba de juntarse con los discípulos, pero todos tenían miedo de él, porque no creían que de veras fuera discípulo. ²⁷Entonces Bernabé lo tomó a su cargo y lo llevó a los apóstoles. Bernabé describió en detalle cómo en el camino Saulo había visto al Señor, el cual le había hablado. Y contó que en Damasco Saulo había predicado con libertad en el nombre de Jesús. ²⁸Así que se quedó con ellos y andaba por todas partes en Jerusalén, hablando abiertamente en el nombre del Señor. ²⁹Conversaba y discutía con los judíos de habla griega,ᶜ pero ellos se proponían eliminarlo. ³⁰Cuando se enteraron de ello los hermanos, se lo llevaron a Cesarea y de allí lo mandaron a Tarso.

³¹Mientras tanto, la iglesia disfrutaba de paz a la vez que se consolidaba en toda Judea, Galilea y Samaria, pues vivía en el temor del Señor e iba

---

ᵃ 33 Is 53:7, 8.   ᵇ 37 Algunos manuscritos agregan lo siguiente: —Si cree usted de todo corazón, bien puede —le dijo Felipe. / —Creo que Jesucristo es el Hijo de Dios —contestó el hombre.   ᶜ 29 los judíos de habla griega. Lit. los helenistas.

creciendo en número, fortalecida por el Espíritu Santo.

Eneas y Dorcas

³²Pedro, que estaba recorriendo toda la región, fue también a visitar a los creyentes que vivían en Lida. ³³Allí encontró a un paralítico llamado Eneas, que llevaba ocho años en cama. ³⁴«Eneas —dijo Pedro—, *Jesucristo te sana. Levántate y tiende tu cama». Y al instante se levantó. ³⁵Todos los que vivían en Lida y en Sarón lo vieron y se convirtieron al Señor.

³⁶Había en Jope una discípula llamada Tabita; que en griego se dice Dorcas.ᵃ Esta se esmeraba en hacer buenas obras y en ayudar a los pobres. ³⁷Sucedió que en esos días cayó enferma y murió. Pusieron el cadáver, después de lavarlo, en un cuarto de la planta alta. ³⁸Y como Lida estaba cerca de Jope, los discípulos, al enterarse de que Pedro se encontraba en Lida, enviaron a dos hombres a rogarle: «¡Por favor, venga usted a Jope enseguida!».

³⁹Sin demora, Pedro se fue con ellos y cuando llegó lo llevaron al cuarto de arriba. Todas las viudas se presentaron, llorando y mostrándole las túnicas y otros vestidos que Dorcas había hecho cuando aún estaba con ellas.

⁴⁰Pedro hizo que todos salieran del cuarto; luego se puso de rodillas y oró. Volviéndose hacia la muerta, dijo: «Tabita, levántate». Ella abrió los ojos y al ver a Pedro se incorporó. ⁴¹Él, tomándola de la mano, la levantó. Luego llamó a los creyentes y a las viudas, a quienes la presentó viva. ⁴²La noticia se difundió por todo Jope y muchos creyeron en el Señor. ⁴³Pedro se quedó en Jope un buen tiempo, en casa de un tal Simón que era curtidor de pieles.

Cornelio manda llamar a Pedro

10 Vivía en Cesarea un centurión llamado Cornelio del regimiento conocido como el Italiano. ²Él y toda su familia eran devotos y temerosos de Dios. Realizaba muchas obras de beneficencia para el pueblo de Israel y oraba a Dios constantemente. ³Un día, como a las tres de la tarde,ᵇ tuvo una visión. Vio claramente a un ángel de Dios que se acercaba y le decía:

—¡Cornelio!

⁴—¿Qué quieres, Señor? —preguntó Cornelio, mirándolo fijamente y con mucho miedo.

—Dios ha recibido tus oraciones y tus obras de beneficencia como una ofrenda —contestó el ángel—. ⁵Envía de inmediato a algunos hombres a Jope para que hagan venir a un tal Simón, también llamado Pedro. ⁶Él se hospeda con Simón el curtidor, que tiene su casa junto al mar.

⁷Después que se fue el ángel que le había hablado, Cornelio llamó a dos de sus siervos y a un soldado devoto de los que le servían regularmente. ⁸Les explicó todo lo que había sucedido y los envió a Jope.

La visión de Pedro

⁹Al día siguiente, mientras ellos iban de camino y se acercaban a la ciudad, Pedro subió a la azotea a orar. Era casi el mediodía.ᶜ ¹⁰Sintió hambre y quiso algo de comer. Mientras se lo preparaban la comida, tuvo una visión. ¹¹Vio el cielo abierto y algo parecido a una gran sábana que, suspendida por las cuatro puntas, descendía hacia la tierra. ¹²En ella había toda clase de cuadrúpedos, como también reptiles y aves.

¹³—Levántate, Pedro, mata y come —le dijo una voz.

¹⁴—¡De ninguna manera, Señor! —respondió Pedro—. Jamás he comido nada *impuro o inmundo.

¹⁵Por segunda vez le insistió la voz:

—Lo que Dios ha purificado, tú no lo llames impuro.

¹⁶Esto sucedió tres veces y enseguida la sábana fue recogida al cielo.

¹⁷Pedro no atinaba a explicarse cuál podría ser el significado de la visión. Mientras tanto, los hombres enviados por Cornelio, que estuvieron preguntando por la casa de Simón, se presentaron a la puerta. ¹⁸Llamaron y preguntaron si allí se hospedaba Simón, apodado Pedro.

¹⁹Mientras Pedro seguía reflexionando sobre el significado de la visión, el Espíritu le dijo: «Mira, Simón, tresᵈ hombres te buscan. ²⁰Date prisa, baja y no dudes en ir con ellos, porque yo los he enviado».

²¹Pedro bajó y dijo a los hombres:

—Aquí estoy; yo soy el que ustedes buscan. ¿Qué asunto los ha traído por acá?

²²Ellos contestaron:

—Venimos de parte del centurión Cornelio, un hombre justo y temeroso de Dios, respetado por todo el pueblo judío. Un ángel de Dios le dio instrucciones de invitarlo a usted a su casa para escuchar lo que usted tiene que decirle.

²³Entonces Pedro los invitó a pasar y los hospedó.

Pedro en casa de Cornelio

Al día siguiente, Pedro se fue con ellos acompañado de algunos creyentes de Jope. ²⁴Un día después llegó a Cesarea. Cornelio estaba esperándolo con los parientes y amigos íntimos que había reunido. ²⁵Al llegar Pedro a la casa, Cornelio salió a recibirlo y postrándose delante de él, le rindió homenaje. ²⁶Pero Pedro hizo que se levantara y dijo:

—Ponte de pie, que solo soy un hombre como tú.

²⁷Pedro entró en la casa conversando con él y encontró a muchos reunidos. ²⁸Entonces les habló así:

—Ustedes saben muy bien que nuestra Ley prohíbe que un judío se junte con un extranjero o lo visite. Pero Dios me ha hecho ver que a nadie debo llamar *impuro o inmundo. ²⁹Por eso, cuando mandaron por mí, vine sin poner ninguna objeción. Ahora permítanme preguntarles: ¿para qué me hicieron venir?

³⁰Cornelio contestó:

—Hace tres días a esta misma hora, las tres de la tarde, estaba yo en casa orando.ᵉ De repente apareció delante de mí un hombre vestido con ropa brillante ³¹y me dijo: "Cornelio, Dios ha oído tu oración y se ha acordado de tus obras de beneficencia. ³²Por lo tanto, envía a alguien a Jope para hacer venir a Simón, llamado Pedro, que se hospeda en casa de Simón el curtidor, junto al mar". ³³Así que inmediatamente mandé a llamarte y tú has tenido la bondad de venir. Ahora estamos todos aquí, en la presencia de Dios, para escuchar todo lo que el Señor te ha encomendado que nos digas.

³⁴Pedro tomó la palabra y dijo:

—Ahora comprendo que en realidad para Dios no hay favoritismos, ³⁵sino que en toda nación él ve con agrado a los que le temen y actúan con justicia. ³⁶Dios envió su mensaje al pueblo de Israel, anunciando las *buenas noticias de la paz por medio de *Jesucristo, que es el Señor de todos. ³⁷Ustedes conocen este mensaje que se difundió por toda

---

ᵃ 36 Tanto *Tabita* (arameo) como *Dorcas* (griego) significan *gacela*.   ᵇ 3 *las tres de la tarde*. Lit. *la hora novena*; también en v. 30.   ᶜ 9 *casi el mediodía*. Lit. *alrededor de la hora sexta*.   ᵈ 19 Var. no incluye *tres* (un ms. antiguo dice: *dos*).   ᵉ 30 *en casa orando*. Var. *en casa ayunando y orando*.

Judea, comenzando desde Galilea, después del bautismo que predicó Juan. [38]Me refiero a Jesús de Nazaret: cómo lo ungió Dios con el Espíritu Santo y con poder, y cómo anduvo haciendo el bien y sanando a todos los que estaban oprimidos por el diablo, porque Dios estaba con él. [39]Nosotros somos testigos de todo lo que hizo en la tierra de los judíos y en Jerusalén. [40]pero Dios lo resucitó al tercer día y dispuso que se apareciera, [41]no a todo el pueblo, sino a nosotros, testigos previamente escogidos por Dios, que comimos y bebimos con él después de su *resurrección. [42]Él nos mandó a predicar al pueblo y a dar solemne testimonio de que ha sido nombrado por Dios como juez de vivos y muertos. [43]De él dan testimonio todos los profetas: que todo el que cree en él recibe, por medio de su nombre, el perdón de los pecados.

[44]Mientras Pedro estaba todavía hablando, el Espíritu Santo descendió sobre todos los que escuchaban el mensaje. [45]Los creyentes judíos que habían llegado con Pedro se quedaron asombrados de que el don del Espíritu Santo se hubiera derramado también sobre los no judíos, [46]pues los oían hablar en *lenguas y alabar a Dios. Entonces Pedro respondió:

[47]—¿Acaso puede alguien negar el agua para que sean bautizados estos que han recibido el Espíritu Santo lo mismo que nosotros?

[48]Y mandó que fueran bautizados en el nombre de Jesucristo. Entonces le pidieron que se quedara con ellos algunos días.

Pedro explica su comportamiento

11 Los apóstoles y los hermanos de toda Judea se enteraron de que también los no judíos habían recibido la palabra de Dios. [2]Así que cuando Pedro subió a Jerusalén, los creyentes judíos lo criticaron [3]diciendo:

—Entraste en casa de hombres incircuncisos y comiste con ellos.

[4]Entonces Pedro comenzó a explicarles paso a paso lo que había sucedido:

[5]—Yo estaba orando en la ciudad de Jope y tuve en trance una visión. Vi que del cielo descendía algo parecido a una gran sábana que, suspendida por las cuatro puntas, bajaba hasta donde yo estaba. [6]Me fijé en lo que había en ella y vi cuadrúpedos, fieras, reptiles y aves. [7]Luego oí una voz que me decía: "Levántate, Pedro, mata y come". [8]Repliqué: "¡De ninguna manera, Señor! Jamás ha entrado en mi boca nada *impuro o inmundo". [9]Por segunda vez insistió la voz del cielo: "Lo que Dios ha purificado, tú no lo llames impuro". [10]Esto sucedió tres veces y luego todo volvió a ser llevado al cielo.

[11]»En aquel momento se presentaron en la casa donde yo estaba tres hombres que desde Cesarea habían sido enviados a verme. [12]El Espíritu me dijo que fuera con ellos sin dudar. También fueron conmigo estos seis hermanos y entramos en la casa de aquel hombre. [13]Él nos contó cómo en su casa había aparecido un ángel que le dijo: "Manda a alguien a Jope para hacer venir a Simón, también llamado Pedro. [14]Él te traerá un mensaje mediante el cual serán salvos tú y toda tu familia".

[15]»Cuando comencé a hablarles, el Espíritu Santo descendió sobre ellos tal como al principio descendió sobre nosotros. [16]Entonces recordé lo que había dicho el Señor: "Juan bautizó con[a] agua, pero ustedes serán bautizados con el Espíritu Santo". [17]Por tanto, si Dios les ha dado a ellos el mismo don que a nosotros al creer en el Señor *Jesucristo, ¿quién soy yo para pensar que puedo estorbar a Dios?

[18]Al oír esto, se apaciguaron y alabaron a Dios diciendo:

—¡Así que también a los no judíos ha concedido Dios el *arrepentimiento para vida!

La iglesia en Antioquía

[19]Los que se habían dispersado a causa de la persecución que se desató por el caso de Esteban llegaron hasta Fenicia, Chipre y Antioquía, sin anunciar a nadie el mensaje excepto a los judíos. [20]Sin embargo, había entre ellos algunas personas de Chipre y de Cirene que, al llegar a Antioquía, comenzaron a hablarles también a los de habla griega, anunciándoles las *buenas noticias acerca del Señor Jesús. [21]El poder del Señor estaba con ellos, y un gran número creyó y se convirtió al Señor.

[22]La noticia de estos sucesos llegó a oídos de la iglesia de Jerusalén y mandaron a Bernabé a Antioquía. [23]Cuando él llegó y vio las evidencias de la gracia de Dios, se alegró y animó a todos a hacerse el firme propósito de permanecer fieles al Señor, [24]pues era un hombre bueno, lleno del Espíritu Santo y de fe. Un gran número de personas aceptó al Señor.

[25]Después partió Bernabé para Tarso en busca de Saulo [26]y cuando lo encontró, lo llevó a Antioquía. Durante todo un año se reunieron los dos con la iglesia y enseñaron a mucha gente. Fue en Antioquía donde a los discípulos se les llamó «cristianos» por primera vez.

[27]Por aquel tiempo unos profetas bajaron de Jerusalén a Antioquía. [28]Uno de ellos, llamado Ágabo, se puso de pie y predijo por medio del Espíritu que iba a haber una gran hambre en todo el mundo, lo cual sucedió durante el reinado de Claudio. [29]Entonces decidieron que cada uno de los discípulos, según los recursos de cada cual, enviaría ayuda a los creyentes que vivían en Judea. [30]Así lo hicieron, mandando su ofrenda a los líderes religiosos por medio de Bernabé y de Saulo.

Pedro escapa milagrosamente de la cárcel

12 En ese tiempo el rey Herodes hizo arrestar a algunos de la iglesia con el fin de maltratarlos. [2]A *Santiago, hermano de Juan, lo mandó a matar a espada. [3]Al ver que esto agradaba a los judíos, procedió a prender también a Pedro. Esto sucedió durante la fiesta de los Panes sin levadura. [4]Después de arrestarlo, lo metió en la cárcel y lo puso bajo la vigilancia de cuatro grupos de cuatro soldados cada uno. Tenía la intención de hacerlo comparecer en juicio público después de la Pascua. [5]Pero mientras mantenían a Pedro en la cárcel, la iglesia oraba constante y fervientemente a Dios por él.

[6]La misma noche en que Herodes estaba a punto de sacar a Pedro para someterlo a juicio, este dormía entre dos soldados, sujeto con dos cadenas. Unos guardias vigilaban la entrada de la cárcel. [7]De repente apareció un ángel del Señor y una luz resplandeció en la celda. Despertó a Pedro con unas palmadas en el costado y le dijo: «¡Date prisa, levántate!». Las cadenas cayeron de las manos de Pedro. [8]Dijo además el ángel: «Vístete y cálzate las sandalias». Así lo hizo y el ángel añadió: «Échate la capa encima y sígueme».

[9]Pedro salió tras él, pero no sabía si realmente estaba sucediendo lo que el ángel hacía. Le parecía que se trataba de una visión. [10]Pasaron por la primera y la segunda guardia y llegaron al portón de hierro que daba a la ciudad. El portón se abrió

---

a 16 con. Alt. en.

por sí solo y salieron. Caminaron unas cuadras y de repente el ángel lo dejó solo.

¹¹Entonces Pedro volvió en sí y se dijo: «Ahora estoy completamente seguro de que el Señor ha enviado a su ángel para librarme del poder de Herodes y de todo lo que el pueblo judío esperaba».

¹²Cuando cayó en cuenta de esto, fue a casa de María, la madre de Juan, también llamado Marcos, donde muchas personas estaban reunidas orando. ¹³Llamó a la puerta de la calle y salió a responder una criada llamada Rode. ¹⁴Al reconocer la voz de Pedro, se puso tan contenta que volvió corriendo sin abrir.

—¡Pedro está a la puerta! —exclamó.

¹⁵—¡Estás loca! —le dijeron.

Ella insistía en que así era, pero los otros decían:

—Debe de ser su ángel.

¹⁶Entre tanto, Pedro seguía llamando. Cuando abrieron la puerta y lo vieron, quedaron pasmados. ¹⁷Con la mano Pedro hizo señas de que se callaran y les contó cómo el Señor lo había sacado de la cárcel.

—Cuéntenles esto a Santiago y a los hermanos —dijo.

Luego salió y se fue a otro lugar.

¹⁸Al amanecer se produjo un gran alboroto entre los soldados respecto al paradero de Pedro. ¹⁹Herodes hizo averiguaciones, pero al no encontrarlo, tomó declaración a los guardias y mandó matarlos. Después viajó de Judea a Cesarea y se quedó allí.

Muerte de Herodes

²⁰Herodes estaba furioso con los de Tiro y de Sidón, pero ellos se pusieron de acuerdo y se presentaron ante él. Habiéndose ganado el favor de Blasto, hombre de confianza del rey, pidieron paz, porque su región dependía del país del rey para obtener sus provisiones.

²¹El día señalado, Herodes, vestido con su ropaje real y sentado en su trono, dirigió un discurso al pueblo. ²²La gente gritaba: «¡Voz de un dios, no de hombre!». ²³Al instante, un ángel del Señor lo hirió porque no le había dado la gloria a Dios, y Herodes murió comido por gusanos.

²⁴Pero la palabra de Dios seguía extendiéndose y difundiéndose.

Despedida de Bernabé y Saulo

²⁵Cuando Bernabé y Saulo cumplieron su servicio, regresaron deᵃ Jerusalén llevando con ellos a Juan, **13** llamado también Marcos. ¹En la iglesia de Antioquía eran profetas y maestros: Bernabé, Simeón, apodado el Negro, Lucio de Cirene, Manaén, que se había criado con Herodes el tetrarca, y Saulo. ²Mientras participaban en el culto al Señor y ayunaban, el Espíritu Santo dijo: «Apártenme ahora a Bernabé y a Saulo para el trabajo al que los he llamado».

³Así que después de ayunar, orar e imponerles las manos, los despidieron.

En Chipre

⁴Bernabé y Saulo, enviados por el Espíritu Santo, bajaron a Seleucia y de allí navegaron a Chipre. ⁵Al llegar a Salamina, predicaron la palabra de Dios en las sinagogas de los judíos. Tenían también a Juan como ayudante.

⁶Recorrieron toda la isla hasta Pafos. Allí se encontraron con un hechicero, un falso profeta judío llamado Barjesús, ⁷que estaba con el gobernadorᵇ Sergio Paulo. El gobernador, hombre inteligente, mandó llamar a Bernabé y a Saulo, en un esfuerzo por escuchar la palabra de Dios. ⁸Pero Elimas el hechicero, que es lo que significa su nombre, se les oponía y procuraba apartar de la fe al gobernador. ⁹Entonces Saulo, o sea Pablo, lleno del Espíritu Santo, clavó los ojos en Elimas y le dijo: ¹⁰«¡Hijo del diablo y enemigo de toda justicia, lleno de todo tipo de engaño y de fraude! ¿Nunca dejarás de torcer los caminos rectos del Señor? ¹¹Ahora la mano del Señor está contra ti; vas a quedarte ciego y por algún tiempo no podrás ver la luz del sol».

Al instante cayeron sobre él sombra y oscuridad, y comenzó a buscar a tientas a alguien que lo llevara de la mano. ¹²Al ver lo sucedido, el gobernador creyó, maravillado de la enseñanza acerca del Señor.

En Antioquía de Pisidia

¹³Pablo y sus compañeros se hicieron a la mar desde Pafos y llegaron a Perge de Panfilia. Juan se separó de ellos y regresó a Jerusalén; ¹⁴ellos, por su parte, siguieron su viaje desde Perge hasta Antioquía de Pisidia. El ˚sábado entraron en la sinagoga y se sentaron. ¹⁵Al terminar la lectura de la Ley y los Profetas, los jefes de la sinagoga mandaron a decirles: «Hermanos, si tienen algún mensaje de aliento para el pueblo, hablen».

¹⁶Pablo se puso en pie, hizo una señal con la mano y dijo: «Escúchenme, israelitas, y ustedes, los no judíos temerosos de Dios: ¹⁷El Dios de este pueblo de Israel escogió a nuestros antepasados y engrandeció al pueblo mientras vivían como extranjeros en Egipto. Con gran poder los sacó de aquella tierra ¹⁸y soportó su mal procederᶜ en el desierto unos cuarenta años. ¹⁹Luego de destruir siete naciones en Canaán, dio a su pueblo la tierra de ellas en herencia. ²⁰Todo esto duró unos cuatrocientos cincuenta años.

»Después de esto, Dios les asignó jueces hasta los días del profeta Samuel. ²¹Entonces pidieron un rey y Dios les dio a Saúl, hijo de Quis, de la tribu de Benjamín, quien gobernó por cuarenta años. ²²Tras destituir a Saúl, puso por rey a David, de quien dio este testimonio: "He encontrado en David, hijo de Isaí, un hombre conforme a mi corazón; él hará todo lo que yo quiera".

²³»De los descendientes de este, conforme a la promesa, Dios ha traído a Israel un Salvador, que es Jesús. ²⁴Antes de la venida de Jesús, Juan predicó un bautismo de ˚arrepentimiento a todo el pueblo de Israel. ²⁵Cuando estaba completando su carrera, Juan decía: "¿Quién suponen ustedes que soy? No soy aquel. Miren, después de mí viene uno a quien no soy digno ni siquiera de desatarle las sandalias".

²⁶»Hermanos, descendientes de Abraham, y ustedes, los no judíos temerosos de Dios: a nosotros se nos ha enviado este mensaje de salvación. ²⁷Los habitantes de Jerusalén y sus gobernantes no reconocieron a Jesús. Por tanto, al condenarlo, cumplieron las palabras de los profetas que se leen todos los sábados. ²⁸Aunque no encontraron ninguna causa digna de muerte, pidieron a Pilato que lo mandara a ejecutar. ²⁹Después de llevar a cabo todas las cosas que estaban escritas acerca de él, lo bajaron del madero y lo sepultaron. ³⁰Pero Dios lo ˚levantó de entre los muertos. ³¹Durante muchos días lo vieron los que habían subido con él de Galilea a Jerusalén y ahora ellos son sus testigos ante el pueblo.

³²»Nosotros les anunciamos las ˚buenas noticias respecto a la promesa hecha a nuestros antepasados. ³³Dios nos la ha cumplido plenamente a nosotros,

---

ᵃ **25** regresaron de. Var. regresaron a.   ᵇ **7** gobernador. Lit. procónsul; también en vv. 8 y 12.   ᶜ **18** soportó su mal proceder. Var. los cuidó.

los descendientes de ellos, al resucitar a Jesús. Como está escrito en el segundo salmo:

»"Tú eres mi Hijo;
hoy mismo te he engendrado".ᵃ

³⁴Dios lo *resucitó para que no volviera jamás a la corrupción. Así se cumplieron estas palabras:

»"Yo les daré las bendiciones santas y seguras prometidas a David".

³⁵Por eso dice en otro pasaje:

»"No permitirás que tu santo sufra corrupción".ᵇ

³⁶»En verdad David, después de servir a su propia generación conforme al propósito de Dios, murió, fue sepultado con sus antepasados y su cuerpo sufrió la corrupción. ³⁷Pero aquel a quien Dios resucitó no sufrió la corrupción de su cuerpo. ³⁸»Por tanto, hermanos, sepan que por medio de Jesús se les anuncia el perdón de los pecados. ³⁹Ustedes no pudieron ser *justificados de esos pecados por la Ley de Moisés, pero todo el que cree es justificado por medio de Jesús. ⁴⁰Tengan cuidado, no sea que les suceda lo que han dicho los profetas:

⁴¹»"¡Miren, burlones!
¡Asómbrense y desaparezcan!
Estoy por hacer en estos días una obra
que ustedes nunca creerán,
aunque alguien se la contara"».ᶜ

⁴²Al salir ellos de la sinagoga, los invitaron a que el siguiente sábado hablaran más de estas cosas. ⁴³Cuando se disolvió la asamblea, muchos judíos y fieles convertidos al judaísmo acompañaron a Pablo y a Bernabé, los cuales en su conversación con ellos les instaron a perseverar en la gracia de Dios.

⁴⁴El siguiente sábado casi toda la ciudad se congregó para oír la palabra del Señor. ⁴⁵Pero cuando los judíos vieron a las multitudes, se llenaron de envidia y contradecían con maldiciones lo que Pablo decía.

⁴⁶Pablo y Bernabé contestaron valientemente: «Era necesario que anunciáramos la palabra de Dios primero a ustedes. Como la rechazan y no se consideran dignos de la vida eterna, ahora vamos a dirigirnos a los que no son judíos. ⁴⁷Así nos lo ha mandado el Señor:

»"Te he puesto por luz para las *naciones,
a fin de que lleves mi salvación hasta los
confines de la tierra"».ᵈ

⁴⁸Al oír esto, los que no eran judíos se alegraron y celebraron la palabra del Señor; y creyeron todos los que estaban destinados a la vida eterna.

⁴⁹La palabra del Señor se difundía por toda la región. ⁵⁰Pero los judíos incitaron a mujeres muy distinguidas y fieles al judaísmo, también a los hombres más prominentes de la ciudad y provocaron una persecución contra Pablo y Bernabé. Por tanto, los expulsaron de la región. ⁵¹Ellos, por su parte, se sacudieron el polvo de los pies en señal de protesta contra la ciudad y se fueron a Iconio. ⁵²Y los discípulos quedaron llenos de alegría y del Espíritu Santo.

En Iconio

14 En Iconio, Pablo y Bernabé entraron, como de costumbre, en la sinagoga judía y hablaron de tal manera que creyó una multitud de judíos y de los que no son judíos. ²Pero los judíos incrédulos incitaron a los no judíos y les amargaron el ánimo contra los hermanos. ³En todo caso, Pablo y Bernabé pasaron allí bastante tiempo, hablando valientemente en el nombre del Señor, quien confirmaba el mensaje de su gracia haciendo señales y prodigios por medio de ellos. ⁴La gente de la ciudad estaba dividida: unos de parte de los judíos y otros de parte de los apóstoles. ⁵Hubo un complot tanto de los no judíos como de los judíos, apoyados por sus dirigentes, para maltratarlos y apedrearlos. ⁶Al darse cuenta de esto, los apóstoles huyeron a Listra y a Derbe, ciudades de Licaonia, y a sus alrededores, ⁷donde siguieron anunciando las *buenas noticias.

En Listra y Derbe

⁸En Listra vivía un hombre lisiado de nacimiento que no podía mover las piernas y nunca había caminado. Estaba sentado, ⁹escuchando a Pablo, quien al fijarse en él y ver que tenía fe para ser sanado, ¹⁰le ordenó con voz fuerte:

—¡Ponte en pie y enderézate!

El hombre dio un salto y empezó a caminar. ¹¹Al ver lo que Pablo había hecho, la gente comenzó a gritar en el idioma de Licaonia:

—¡Los dioses han tomado forma humana y han venido a visitarnos!

¹²A Bernabé lo llamaban Zeus y a Pablo, Hermes, porque era el que dirigía la palabra. ¹³El sacerdote de Zeus, el dios cuyo templo estaba a las afueras de la ciudad, llevó toros y guirnaldas a las puertas y, con toda la multitud, quería ofrecerles sacrificios.

¹⁴Al enterarse de esto los apóstoles Bernabé y Pablo, se rasgaron las vestiduras y se lanzaron por entre la multitud, gritando:

¹⁵—Señores, ¿por qué hacen esto? Nosotros también somos hombres mortales como ustedes. Las *buenas noticias que anunciamos son que dejen estas cosas sin valor y se vuelvan al Dios viviente, que hizo el cielo, la tierra, el mar y todo lo que hay en ellos. ¹⁶En épocas pasadas él permitió que todas las *naciones siguieran su propio camino. ¹⁷Sin embargo, no ha dejado de dar testimonio de sí mismo haciendo el bien, dándoles lluvias del cielo y estaciones fructíferas, proporcionándoles comida y alegría de corazón.

¹⁸A pesar de todo lo que dijeron, a duras penas evitaron que la multitud les ofreciera sacrificios.

¹⁹En eso llegaron de Antioquía y de Iconio unos judíos que hicieron cambiar de parecer a la multitud. Apedrearon a Pablo y lo arrastraron fuera de la ciudad, creyendo que estaba muerto. ²⁰Pero cuando lo rodearon los discípulos, él se levantó y volvió a entrar en la ciudad. Al día siguiente, partió para Derbe en compañía de Bernabé.

El regreso a Antioquía de Siria

²¹Después de anunciar las *buenas noticias en aquella ciudad y de hacer muchos discípulos, Pablo y Bernabé regresaron a Listra, a Iconio y a Antioquía, ²²fortaleciendo a los discípulos y animándolos a perseverar en la fe. «Es necesario pasar por muchas dificultades para entrar en el reino de Dios», les decían. ²³Cada iglesia nombró líderes religiosos, y con oración y ayuno los encomendaron al Señor, en quien habían creído. ²⁴Atravesando Pisidia, llegaron a Panfilia ²⁵y, cuando terminaron de predicar la palabra en Perge, bajaron a Atalía.

ᵃ 33 Sal 2:7.   ᵇ 35 Sal 16:10.   ᶜ 41 Hab 1:5, según LXX.
ᵈ 47 Is 49:6.

²⁶De Atalía navegaron a Antioquía, donde se los había encomendado a la gracia de Dios para la obra que ya habían realizado. ²⁷Cuando llegaron, reunieron a la iglesia e informaron de todo lo que Dios había hecho por medio de ellos y de cómo había abierto la puerta de la fe a los no judíos. ²⁸Y se quedaron allí mucho tiempo con los discípulos.

El concilio de Jerusalén

15 Algunos que habían llegado de Judea a Antioquía se pusieron a enseñar a los hermanos: «A menos que ustedes se circunciden, conforme a la tradición de Moisés, no pueden ser salvos». ²Esto provocó un altercado y un serio debate de Pablo y Bernabé con ellos. Entonces se decidió que Pablo y Bernabé, y algunos otros creyentes, subieran a Jerusalén para tratar este asunto con los apóstoles y los líderes religiosos. ³Enviados por la iglesia, al pasar por Fenicia y Samaria contaron cómo se habían convertido los no judíos. Estas noticias llenaron de alegría a todos los creyentes. ⁴Al llegar a Jerusalén, fueron muy bien recibidos tanto por la iglesia como por los apóstoles y los líderes religiosos, a quienes informaron de todo lo que Dios había hecho por medio de ellos.

⁵Entonces intervinieron algunos creyentes que pertenecían a la secta de los ˙fariseos y afirmaron:

—Es necesario circuncidar a los no judíos y exigirles que obedezcan la Ley de Moisés.

⁶Los apóstoles y los líderes religiosos se reunieron para examinar este asunto. ⁷Después de una larga discusión, Pedro se puso en pie y dijo:

—Hermanos, ustedes saben que desde un principio Dios me escogió de entre ustedes para que por mi boca los no judíos oyeran el mensaje del ˙evangelio y creyeran. ⁸Dios, que conoce el ˙corazón humano, mostró que los aceptaba dándoles el Espíritu Santo, lo mismo que a nosotros. ⁹Sin hacer distinción alguna entre nosotros y ellos, purificó sus corazones por la fe. ¹⁰Entonces, ¿por qué tratan ahora de provocar a Dios poniendo sobre el cuello de esos discípulos un yugo que ni nosotros ni nuestros antepasados hemos podido soportar? ¹¹¡No puede ser! Más bien, como ellos, creemos que somos salvos por la gracia de nuestro Señor Jesús.

¹²Toda la asamblea guardó silencio para escuchar a Bernabé y a Pablo, quienes contaron las señales y maravillas que Dios había hecho por medio de ellos entre los que no son judíos. ¹³Cuando terminaron, ˙Santiago tomó la palabra y dijo:

—Hermanos, escúchenme. ¹⁴Simón[a] nos ha expuesto cómo Dios desde el principio tuvo a bien escoger de entre los no judíos un pueblo para honra de su nombre. ¹⁵Con esto concuerdan las palabras de los profetas, tal como está escrito:

¹⁶»"Después de esto volveré
    y reedificaré la casa[b] caída de David.
Reedificaré sus ruinas,
    y la restauraré,
¹⁷para que busque al Señor el resto de la
    ˙humanidad,
    todas las ˙naciones sobre las que se ha
    invocado mi nombre.
¹⁸Así dice el Señor, que hace estas cosas[c]
    conocidas desde tiempos antiguos".[d]

¹⁹»Por lo tanto, yo considero que debemos dejar de ponerles trabas a los no judíos que se convierten a Dios. ²⁰Más bien debemos escribirles que se abstengan de lo ˙contaminado por los ídolos, de la inmoralidad sexual, de la carne de animales estrangulados y de sangre. ²¹En efecto, desde tiempos antiguos Moisés siempre ha tenido en cada ciudad quien lo predique y lo lea en las sinagogas todos los ˙sábados.

Carta del concilio a los creyentes no judíos

²²Entonces los apóstoles y los líderes religiosos, de común acuerdo con toda la iglesia, decidieron escoger a algunos de ellos y enviarlos a Antioquía con Pablo y Bernabé. Escogieron a Judas, llamado Barsabás, y a Silas, quienes tenían buena reputación entre los hermanos. ²³Con ellos mandaron la siguiente carta:

Los apóstoles y los líderes religiosos,

a nuestros hermanos no judíos en Antioquía, Siria y Cilicia,

Saludos.

²⁴Nos hemos enterado de que algunos de los nuestros, sin nuestra autorización, los han inquietado, alarmándolos con lo que han dicho. ²⁵Así que de común acuerdo hemos decidido escoger a algunos hombres y enviarlos a ustedes con nuestros queridos hermanos Bernabé y Pablo, ²⁶quienes han arriesgado su ˙vida por el nombre de nuestro Señor ˙Jesucristo. ²⁷Por tanto, enviamos a Judas y a Silas para que confirmen personalmente lo que les escribimos. ²⁸Nos pareció bien al Espíritu Santo y a nosotros no imponerles ninguna carga aparte de los siguientes requisitos: ²⁹abstenerse de lo sacrificado a los ídolos, de sangre, de la carne de animales estrangulados y de la inmoralidad sexual. Bien harán ustedes si evitan estas cosas.

Con nuestros mejores deseos.

³⁰Una vez despedidos, ellos bajaron a Antioquía donde reunieron a la congregación y entregaron la carta. ³¹Los creyentes la leyeron y se alegraron por su mensaje alentador. ³²Judas y Silas, que también eran profetas, hablaron extensamente para animarlos y fortalecerlos. ³³Después de pasar algún tiempo allí, los hermanos los despidieron en paz, para que regresaran a quienes los habían enviado. ³⁴ ³⁵Pablo y Bernabé permanecieron en Antioquía, enseñando y anunciando la palabra del Señor en compañía de muchos otros.

Desacuerdo entre Pablo y Bernabé

³⁶Algún tiempo después, Pablo dijo a Bernabé: «Volvamos a visitar a los creyentes en todas las ciudades en donde hemos anunciado la palabra del Señor, y veamos cómo están». ³⁷Resulta que Bernabé quería llevar con ellos a Juan, a quien llamaban Marcos, ³⁸pero a Pablo no le pareció prudente llevarlo, porque los había abandonado en Panfilia y no había seguido con ellos en el trabajo. ³⁹Se produjo entre ellos un conflicto tan serio que acabaron por separarse. Bernabé se llevó a Marcos y se embarcó rumbo a Chipre, ⁴⁰mientras que Pablo escogió a Silas. Después de que los hermanos lo encomendaron a la gracia del Señor, Pablo partió ⁴¹y viajó por Siria y Cilicia, consolidando a las iglesias.

---

a 14 Simón. Lit. Simeón.   b 16 casa. Lit. tienda.
c 18 Am 9:11, 12, según LXX.   d 18 que hace ... antiguos. Var.
que hace todas estas cosas"; conocidas del Señor son todas sus
obras desde tiempos antiguos.   e 34 Algunos manuscritos
agregan lo siguiente: enviado, 34pero Silas decidió quedarse.

Timoteo se une a Pablo y a Silas

16 Llegó Pablo a Derbe y después a Listra, donde se encontró con un discípulo llamado Timoteo, hijo de una mujer judía creyente, pero de padre griego. ²Los hermanos en Listra y en Iconio hablaban bien de Timoteo, ³así que Pablo decidió llevárselo. Por causa de los judíos que vivían en aquella región, lo circuncidó, pues todos sabían que su padre era griego. ⁴Al pasar por las ciudades, entregaban los acuerdos tomados por los apóstoles y los líderes religiosos de Jerusalén, para que los pusieran en práctica. ⁵Y así las iglesias se fortalecían en la fe y crecían en número día tras día.

La visión de Pablo del hombre macedonio

⁶Atravesaron la región de Frigia y Galacia, ya que el Espíritu Santo había impedido que predicaran la palabra en la provincia de *Asia. ⁷Cuando llegaron cerca de Misia, intentaron pasar a Bitinia, pero el Espíritu de Jesús no se lo permitió. ⁸Entonces, pasando de largo por Misia, bajaron a Troas. ⁹Durante la noche Pablo tuvo una visión en la que un hombre de Macedonia, puesto de pie, rogaba: «Pasa a Macedonia y ayúdanos». ¹⁰Después de que Pablo tuvo la visión, enseguida nos preparamos para partir hacia Macedonia, convencidos de que Dios nos había llamado a anunciar las *buenas noticias a los macedonios.

Conversión de Lidia en Filipos

¹¹Zarpando de Troas, navegamos directamente a Samotracia y al día siguiente a Neápolis. ¹²De allí fuimos a Filipos, que es una colonia romana y la ciudad principal de ese distrito de Macedonia. En esa ciudad nos quedamos varios días.

¹³El *sábado salimos a las afueras de la ciudad y fuimos por la orilla del río, donde esperábamos encontrar un lugar de oración. Nos sentamos y nos pusimos a conversar con las mujeres que se habían reunido. ¹⁴Una de ellas, que se llamaba Lidia, adoraba a Dios. Era de la ciudad de Tiatira y vendía telas de color púrpura. Mientras escuchaba, el Señor le abrió el *corazón para que respondiera al mensaje de Pablo. ¹⁵Cuando fue bautizada con su familia, nos hizo la siguiente invitación: «Si ustedes me consideran creyente en el Señor, vengan a hospedarse en mi casa». Y nos persuadió.

Pablo y Silas en la cárcel

¹⁶Una vez, cuando íbamos al lugar de oración, nos salió al encuentro una joven esclava que tenía un espíritu de adivinación. Con sus poderes ganaba mucho dinero para sus amos. ¹⁷Nos seguía a Pablo y a nosotros, gritando:

—Estos hombres son *siervos del Dios Altísimo y les anuncian el camino de salvación.

¹⁸Así continuó durante muchos días. Por fin Pablo se molestó tanto que se volvió y reprendió al espíritu:

—¡En el nombre de *Jesucristo, te ordeno que salgas de ella!

Y en aquel mismo momento el espíritu la dejó.

¹⁹Cuando los amos de la joven se dieron cuenta de que se les había esfumado la esperanza de ganar dinero, echaron mano a Pablo y a Silas y los arrastraron a la plaza, ante las autoridades. ²⁰Los presentaron ante los magistrados y dijeron:

—Estos hombres son judíos y están alborotando nuestra ciudad, ²¹enseñan costumbres que a los romanos se nos prohíbe admitir o practicar.

²²Entonces la multitud se amotinó contra Pablo y Silas. Luego los magistrados mandaron que arrancaran sus ropas y los azotaran. ²³Después de darles muchos golpes, los echaron en la cárcel y ordenaron al carcelero que los custodiara con la mayor seguridad. ²⁴Al recibir tal orden, este los metió en el calabozo interior y les sujetó los pies en el cepo.

²⁵A eso de la medianoche, Pablo y Silas se pusieron a orar y a cantar himnos a Dios, y los otros presos los escuchaban. ²⁶De repente se produjo un terremoto tan fuerte que la cárcel se estremeció hasta sus cimientos. Al instante se abrieron todas las puertas y a los presos se les soltaron las cadenas. ²⁷El carcelero despertó y, al ver las puertas de la cárcel de par en par, sacó la espada y estuvo a punto de matarse, porque pensaba que los presos se habían escapado. ²⁸Pero Pablo le gritó:

—¡No te hagas ningún daño! ¡Todos estamos aquí!

²⁹El carcelero pidió luz, entró precipitadamente y se echó temblando a los pies de Pablo y de Silas. ³⁰Luego los sacó y les preguntó:

—Señores, ¿qué tengo que hacer para ser salvo?

³¹—Cree en el Señor Jesús; así tú y tu familia serán salvos —contestaron.

³²Luego expusieron la palabra del Señor a él y a todos los demás que estaban en su casa. ³³A esas horas de la noche, el carcelero se los llevó y lavó las heridas; enseguida fueron bautizados él y toda su familia. ³⁴El carcelero los llevó a su casa, les sirvió comida y se alegró mucho junto con toda su familia por haber creído en Dios.

³⁵Al amanecer, los magistrados mandaron a unos guardias al carcelero con esta orden: «Suelta a esos hombres». ³⁶El carcelero, entonces, informó a Pablo:

—Los magistrados han ordenado que los suelte. Así que pueden irse. Vayan en paz.

³⁷Pero Pablo respondió a los guardias:

—¿Cómo? A nosotros, que somos ciudadanos romanos, que nos han azotado públicamente y sin proceso alguno, y nos han echado en la cárcel, ¿ahora quieren expulsarnos a escondidas? ¡Nada de eso! Que vengan ellos personalmente a escoltarnos hasta la salida.

³⁸Los guardias comunicaron la respuesta a los magistrados. Estos se asustaron cuando oyeron que Pablo y Silas eran ciudadanos romanos, ³⁹así que fueron a presentarles sus disculpas. Los escoltaron desde la cárcel, pidiéndoles que se fueran de la ciudad. ⁴⁰Al salir de la cárcel, Pablo y Silas se dirigieron a la casa de Lidia, donde se vieron con los hermanos y los animaron. Después se fueron.

En Tesalónica

17 Atravesando Anfípolis y Apolonia, Pablo y Silas llegaron a Tesalónica, donde había una sinagoga de los judíos. ²Como era su costumbre, Pablo entró en la sinagoga y tres *sábados seguidos discutió con ellos. Basándose en las Escrituras, ³explicaba y demostraba que era necesario que el *Cristo padeciera y *resucitara. Decía: «Este Jesús que les anuncio es el Cristo». ⁴Algunos de los judíos se convencieron y se unieron a Pablo y a Silas, como también lo hicieron un buen número de mujeres prominentes y muchos que no eran judíos y adoraban a Dios.

⁵Pero los judíos, llenos de envidia, reclutaron a unos maleantes callejeros, con los que armaron una turba y empezaron a alborotar la ciudad. Asaltaron la casa de Jasón en busca de Pablo y Silas, con el fin de procesarlos públicamente. ⁶Pero como no los encontraron, arrastraron a Jasón y a algunos otros hermanos ante las autoridades de la ciudad, gritando: «¡Estos que han trastornado el mundo entero han venido también acá ⁷y Jasón los ha recibido en su casa! Todos ellos actúan en contra de los decretos del *césar, afirmando que hay otro rey, uno que se llama

Jesús». 8Al oír esto, la multitud y las autoridades de la ciudad se alborotaron; 9entonces estas exigieron fianza a Jasón y a los demás para dejarlos en libertad.

En Berea

10Tan pronto como se hizo de noche, los hermanos enviaron a Pablo y a Silas a Berea, quienes al llegar se dirigieron a la sinagoga de los judíos. 11Estos eran de sentimientos más nobles que los de Tesalónica, de modo que estuvieron muy dispuestos a recibir el mensaje y todos los días examinaban las Escrituras para ver si era verdad lo que se les anunciaba. 12Muchos de los judíos creyeron, y también un buen número de no judíos, incluso mujeres distinguidas y no pocos hombres.

13Cuando los judíos de Tesalónica se enteraron de que también en Berea estaba Pablo predicando la palabra de Dios, fueron allá para agitar y alborotar a las multitudes. 14Enseguida los hermanos enviaron a Pablo hasta la costa, pero Silas y Timoteo se quedaron en Berea. 15Los que acompañaban a Pablo lo llevaron hasta Atenas. Luego regresaron con instrucciones de que Silas y Timoteo se reunieran con él tan pronto como le fuera posible.

En Atenas

16Mientras Pablo los esperaba en Atenas, le dolió en el alma ver que la ciudad estaba llena de ídolos. 17Así que discutía en la sinagoga con los judíos y con los no judíos que adoraban a Dios, y a diario hablaba en la plaza con los que se encontraban por allí. 18Algunos filósofos epicúreos y estoicos entablaron conversación con él. Unos decían: «¿Qué querrá decir este charlatán?». Otros comentaban: «Parece que es predicador de dioses extranjeros». Decían esto porque Pablo anunciaba las *buenas noticias de Jesús y de la resurrección. 19Entonces lo sujetaron y llevaron a una reunión del Areópago.

—¿Se puede saber qué nueva enseñanza es esta que usted presenta? —preguntaron—. 20Porque nos presenta usted ideas que nos suenan extrañas, y queremos saber qué significan.

21Es que todos los atenienses y los extranjeros que vivían allí se pasaban el tiempo sin hacer otra cosa más que escuchar y comentar las últimas novedades.

22Pablo se puso en medio del Areópago y tomó la palabra:

—¡Ciudadanos atenienses! Observo que ustedes son sumamente religiosos en todo lo que hacen. 23Al pasar y fijarme en sus lugares sagrados, encontré incluso un altar con esta inscripción:

A UN DIOS DESCONOCIDO.

Pues bien, eso que ustedes adoran como algo desconocido es lo que yo les anuncio.

24»El Dios que hizo el mundo y todo lo que hay en él es Señor del cielo y de la tierra. No vive en templos construidos por hombres, 25ni se deja servir por manos *humanas, como si necesitara de algo. Por el contrario, él es quien da a todos la vida, el aliento y todas las cosas. 26De un solo hombre hizo todas las naciones[a] para que habitaran toda la tierra; y determinó los períodos de su historia y las fronteras de sus territorios. 27Esto lo hizo Dios para que busquen a Dios y, aunque sea a tientas, lo encuentren. En verdad, él no está lejos de ninguno de nosotros, 28"puesto que en él vivimos, nos movemos y existimos". Como algunos de sus propios poetas han dicho: "De él somos descendientes".

29»Por tanto, siendo descendientes de Dios, no debemos pensar que la divinidad sea como el oro, la plata o la piedra: escultura hecha como resultado del ingenio y de la destreza del *ser humano. 30Pues bien, Dios pasó por alto aquellos tiempos de tal ignorancia, pero ahora manda a todos, en todas partes, que se *arrepientan. 31Él ha fijado un día en que juzgará al mundo con justicia, por medio del hombre que ha designado. De ello ha dado pruebas a todos al *levantarlo de entre los muertos.

32Cuando oyeron de la resurrección, unos se burlaron, pero otros dijeron:

—Queremos que usted nos hable en otra ocasión sobre este tema.

33En ese momento Pablo salió de la reunión. 34Algunas personas se unieron a Pablo y creyeron. Entre ellos estaba Dionisio, miembro del Areópago, una mujer llamada Dámaris y otros más.

En Corinto

18 Después de esto, Pablo se marchó de Atenas y se fue a Corinto. 2Allí se encontró con un judío llamado Aquila, natural del Ponto, y con su esposa *Priscila. Hacía poco habían llegado de Italia, porque Claudio había mandado que todos los judíos fueran expulsados de Roma. Pablo fue a verlos 3y, como hacía tiendas de campaña al igual que ellos, se quedó para que trabajaran juntos. 4Todos los *sábados discutía en la sinagoga, tratando de persuadir a judíos y a no judíos.

5Cuando Silas y Timoteo llegaron de Macedonia, Pablo se dedicó exclusivamente a la predicación, testificándoles a los judíos que Jesús era el *Cristo. 6Pero cuando los judíos se opusieron a Pablo y lo insultaron, este se sacudió la ropa en señal de protesta y dijo: «¡Caiga la sangre de ustedes sobre su propia cabeza! Estoy libre de responsabilidad. De ahora en adelante me dirigiré a los no judíos».

7Entonces Pablo salió de la sinagoga y se fue a la casa de un tal Ticio Justo, que adoraba a Dios y que vivía al lado de la sinagoga. 8Crispo, el jefe de la sinagoga, creyó en el Señor con toda su familia. También creyeron y fueron bautizados muchos de los corintios que oyeron a Pablo.

9Una noche el Señor dijo a Pablo en una visión: «No tengas miedo; sigue hablando y no te calles, 10pues estoy contigo. Aunque te ataquen, no voy a dejar que nadie te haga daño, porque tengo mucha gente en esta ciudad». 11Así que Pablo se quedó allí un año y medio, enseñando entre el pueblo la palabra de Dios.

12Mientras Galión era gobernador[b] de Acaya, los judíos a una atacaron a Pablo y lo llevaron al tribunal.

13—Este hombre —denunciaron ellos—, anda persuadiendo a la gente a adorar a Dios de una manera que va en contra de la ley.

14Pablo ya iba a hablar cuando Galión dijo:

—Si ustedes los judíos estuvieran entablando una demanda sobre algún delito o algún crimen grave, sería razonable que los escuchara. 15Pero como se trata de cuestiones de palabras, de nombres y de sus propias leyes, arréglenselo entre ustedes. No quiero ser juez de tales cosas.

16Así que mandó que los expulsaran del tribunal. 17Entonces se abalanzaron todos sobre Sóstenes, el jefe de la sinagoga, y lo golpearon delante del tribunal. Pero Galión no le dio ninguna importancia al asunto.

Priscila, Aquila y Apolos

18Pablo permaneció en Corinto algún tiempo más. Después se despidió de los hermanos y emprendió el viaje rumbo a Siria, acompañado de Priscila y

---

[a] 26 *todas las naciones.* Alt. *todo el género humano.*
[b] 12 *gobernador.* Lit. *procónsul.*

Aquila. En Cencreas, antes de embarcarse, se hizo rapar la cabeza a causa de una promesa que había hecho. **19**Al llegar a Éfeso, Pablo se separó de sus acompañantes y entró en la sinagoga, donde se puso a discutir con los judíos. **20**Estos le pidieron que se quedara más tiempo con ellos. Él no accedió, **21**pero al despedirse les prometió: «Ya volveré, si Dios quiere». Y zarpó de Éfeso. **22**Cuando desembarcó en Cesarea, subió a Jerusalén a saludar a la iglesia y luego bajó a Antioquía.

23Después de pasar algún tiempo allí, Pablo se fue a visitar una por una las congregaciones[a] de Galacia y Frigia, animando a todos los discípulos.

24Por aquel entonces llegó a Éfeso un judío llamado Apolos, natural de Alejandría. Era un hombre ilustrado y poderoso en el uso de las Escrituras. **25**Había sido instruido en el camino del Señor, y con gran fervor[b] hablaba y enseñaba con la mayor exactitud acerca de Jesús, aunque conocía solo el bautismo de Juan. **26**Comenzó a hablar valientemente en la sinagoga. Al oírlo Priscila y Aquila, lo tomaron a su cargo y le explicaron con mayor precisión el camino de Dios.

27Como Apolos quería pasar a Acaya, los hermanos lo animaron y escribieron a los discípulos de allá para que lo recibieran. Cuando llegó, ayudó mucho a quienes por la gracia habían creído, **28**pues refutaba vigorosamente en público a los judíos, demostrando por las Escrituras que Jesús es el ˚Cristo.

Pablo en Éfeso

19 Mientras Apolos estaba en Corinto, Pablo recorrió las regiones del interior y llegó a Éfeso. Allí encontró a algunos discípulos.

2—¿Recibieron ustedes el Espíritu Santo cuando creyeron? —preguntó.

—No, ni siquiera hemos oído hablar del Espíritu Santo —respondieron.

3—Entonces, ¿qué bautismo recibieron? —preguntó.

—El bautismo de Juan —respondieron.

4Pablo les explicó:

—Juan bautizó con un bautismo de ˚arrepentimiento, y le indicaba a la gente que creyera en el que vendría después de él, es decir, en Jesús.

5Al oír esto, fueron bautizados en el nombre del Señor Jesús. **6**Cuando Pablo les impuso las manos, el Espíritu Santo vino sobre ellos y empezaron a hablar en ˚lenguas y a profetizar. **7**Eran en total unos doce hombres.

8Pablo entró en la sinagoga y habló allí con toda valentía durante tres meses. Discutía acerca del reino de Dios, tratando de convencerlos, **9**pero algunos se negaron obstinadamente a creer, y ante la congregación hablaban mal del Camino. Así que Pablo se alejó de ellos y formó un grupo aparte con los discípulos; y a diario debatía en la escuela de Tirano. **10**Esto continuó por espacio de dos años, de modo que todos los judíos y los que no eran judíos que vivían en la provincia de ˚Asia llegaron a escuchar la palabra del Señor.

11Dios hacía milagros extraordinarios por medio de Pablo, **12**a tal grado que a los enfermos les llevaban pañuelos y delantales que habían tocado el cuerpo de Pablo, y quedaban sanos de sus enfermedades; también los espíritus malignos salían de ellos. **13**Algunos judíos que andaban expulsando espíritus malignos intentaron invocar sobre los endemoniados el nombre del Señor Jesús. Decían: «¡En el nombre de Jesús, a quien Pablo predica, les ordeno que salgan!». **14**Esto lo hacían siete hijos de un tal Esceva, que era uno de los jefes de los sacerdotes judíos.

15Un día el ˚espíritu maligno les respondió: «Conozco a Jesús y conozco a Pablo, pero ustedes ¿quiénes son?». **16**Y abalanzándose sobre ellos, el hombre que tenía el espíritu maligno los dominó a todos. Los maltrató con tanta violencia que huyeron de la casa desnudos y heridos.

17Cuando se enteraron los judíos y los que no eran judíos que vivían en Éfeso, el temor se apoderó de todos ellos, y el nombre del Señor Jesús era glorificado. **18**Muchos de los que habían creído llegaban ahora y confesaban públicamente lo que habían hecho. **19**Un buen número de los que practicaban la hechicería juntaron sus libros en un montón y los quemaron delante de todos. Cuando calcularon el precio de aquellos libros, resultó un total de cincuenta mil monedas de plata.[c] **20**Así la palabra del Señor crecía y se difundía con poder arrollador.

21Después de todos estos sucesos, Pablo tomó la determinación de ir a Jerusalén, pasando por Macedonia y Acaya. Decía: «Después de estar allí, tengo que visitar Roma». **22**Entonces envió a Macedonia a dos de sus ayudantes, Timoteo y Erasto, mientras él se quedaba por algún tiempo en la provincia de Asia.

El disturbio en Éfeso

23Por aquellos días se produjo un gran disturbio a propósito del Camino. **24**Un platero llamado Demetrio, que hacía figuras en plata del templo de Artemisa,[d] proporcionaba a los artesanos no poca ganancia. **25**Los reunió con otros obreros del ramo y les dijo:

—Compañeros, ustedes saben que obtenemos buenos ingresos de este oficio. **26**Les consta además que el tal Pablo ha logrado persuadir a mucha gente no solo en Éfeso, sino en casi toda la provincia de ˚Asia. Él sostiene que no son dioses los que se hacen con las manos. **27**Ahora bien, no solo hay peligro de que se desprestigie nuestro oficio, sino también de que el templo de la gran diosa Artemisa sea menospreciado y que la diosa misma, a quien adoran toda la provincia de Asia y el mundo entero, sea despojada de su divina majestad.

28Al oír esto, se enfurecieron y comenzaron a gritar:

—¡Grande es Artemisa de los efesios!

29Enseguida toda la ciudad se alborotó. La turba en masa se precipitó en el teatro, arrastrando a Gayo y a Aristarco, compañeros de viaje de Pablo, que eran de Macedonia. **30**Pablo quiso presentarse ante la multitud, pero los discípulos no se lo permitieron. **31**Incluso algunas autoridades de la provincia, que eran amigos de Pablo, le enviaron un recado, rogándole que no se arriesgara a entrar en el teatro.

32Había confusión en la asamblea. Cada uno gritaba una cosa distinta, y la mayoría ni siquiera sabía para qué se habían reunido. **33**Los judíos empujaron a un tal Alejandro hacia adelante, y algunos de entre la multitud lo sacaron para que tomara la palabra. Él agitó la mano para pedir silencio y presentar su defensa ante el pueblo. **34**Pero cuando se dieron cuenta de que era judío, todos se pusieron a gritar a un mismo tiempo como por dos horas:

—¡Grande es Artemisa de los efesios!

35El secretario del concejo municipal logró calmar a la multitud y dijo:

---

a 23 una por una las congregaciones. Lit. *por orden la región.*   *b 25 con gran fervor.* Lit. *con fervor en el Espíritu.*   *c 19 monedas de plata.* Es decir, *dracmas.*   *d 24 Nombre griego de la Diana de los romanos;* también en vv. 27, 28, 34 y 35.

—Ciudadanos de Éfeso, ¿acaso no sabe todo el mundo que la ciudad de Éfeso es guardiana del templo de la gran Artemisa y de su estatua bajada del cielo? ³⁶Ya que estos hechos son innegables, es preciso que ustedes se calmen y no hagan nada precipitadamente. ³⁷Ustedes han traído a estos hombres, aunque ellos no han cometido ningún sacrilegio ni han ˚blasfemado contra nuestra diosa. ³⁸Así que, si Demetrio y sus compañeros de oficio tienen alguna queja contra alguien, para eso hay tribunales y gobernadores.ᵃ Vayan y presenten allí sus acusaciones unos contra otros. ³⁹Si tienen alguna otra demanda, que se resuelva en legítima asamblea. ⁴⁰Tal y como están las cosas, con los sucesos de hoy corremos el riesgo de que nos acusen de causar disturbios. ¿Qué razón podríamos dar de este alboroto, si no hay ninguna?

⁴¹Dicho esto, despidió la asamblea.

Recorrido por Macedonia y Grecia

20 Cuando cesó el alboroto, Pablo mandó llamar a los discípulos y después de animarlos, se despidió y salió rumbo a Macedonia. ²Recorrió aquellas regiones, dando palabras de aliento a los creyentes en muchas ocasiones, y por fin llegó a Grecia, ³donde se quedó tres meses. Como los judíos tramaban un atentado contra él cuando estaba a punto de embarcarse para Siria, decidió regresar por Macedonia. ⁴Lo acompañaron Sópater, hijo de Pirro, de Berea; Aristarco y Segundo, de Tesalónica; Gayo, de Derbe; Timoteo; y por último, Tíquico y Trófimo, de la provincia de ˚Asia. ⁵Estos se adelantaron y nos esperaron en Troas. ⁶Pero nosotros zarpamos de Filipos después de la fiesta de los Panes sin levadura, y a los cinco días nos reunimos con los otros en Troas, donde pasamos siete días.

Visita de Pablo a Troas

⁷El primer día de la semana nos reunimos para partir el pan. Como iba a salir al día siguiente, Pablo estuvo hablando a los creyentes y prolongó su discurso hasta la medianoche. ⁸En el cuarto del piso superior donde estábamos reunidos había muchas lámparas. ⁹Un joven llamado Eutico, que estaba sentado en una ventana, comenzó a dormirse mientras Pablo alargaba su discurso. Cuando se quedó profundamente dormido, se cayó desde el tercer piso y lo recogieron muerto. ¹⁰Pablo bajó, se echó sobre el joven y lo abrazó. «¡No se alarmen! —dijo—. ¡Está vivo!». ¹¹Luego volvió a subir, partió el pan y comió. Siguió hablando hasta el amanecer y entonces se fue. ¹²Al joven se lo llevaron vivo a su casa, para gran consuelo de todos.

Pablo se despide de los líderes religiosos de Éfeso

¹³Nosotros, por nuestra parte, nos embarcamos anticipadamente y zarpamos para Asón, donde íbamos a recoger a Pablo. Así se había planeado, ya que él iba a hacer esa parte del viaje por tierra. ¹⁴Cuando se encontró con nosotros en Asón, lo tomamos a bordo y fuimos a Mitilene. ¹⁵Desde allí zarpamos al día siguiente y llegamos frente a Quío. Al otro día cruzamos en dirección a Samos y un día después llegamos a Mileto. ¹⁶Pablo había decidido pasar de largo a Éfeso para no demorarse en la provincia de ˚Asia, porque tenía prisa por llegar a Jerusalén para el día de Pentecostés, si fuera posible. ¹⁷Desde Mileto, Pablo mandó llamar a los líderes religiosos de la iglesia de Éfeso. ¹⁸Cuando llegaron,

les dijo: «Ustedes saben cómo me porté todo el tiempo que estuve con ustedes, desde el primer día que vine a la provincia de Asia. ¹⁹He servido al Señor con toda humildad y con lágrimas, a pesar de haber sido sometido a duras ˚pruebas por las maquinaciones de los judíos. ²⁰Ustedes saben que no he vacilado en predicar todo lo que les fuera de provecho, sino que les he enseñado públicamente y en las casas. ²¹A los judíos y a los que no son judíos les he instado a arrepentirse ante Dios y a creer en nuestro Señor Jesús.

²²»Y ahora tengan en cuenta que voy a Jerusalén obligadoᵇ por el Espíritu, sin saber lo que allí me espera. ²³Lo único que sé es que en todas las ciudades el Espíritu Santo me asegura que me esperan prisiones y sufrimientos. ²⁴Sin embargo, considero que mi ˚vida carece de valor para mí mismo, con tal de que termine mi carrera y lleve a cabo el servicio que me ha encomendado el Señor Jesús, que es el de dar testimonio del ˚evangelio de la gracia de Dios.

²⁵»Escuchen, yo sé que ninguno de ustedes, entre quienes he andado predicando el reino de Dios, volverá a verme. ²⁶Por tanto, hoy declaro que soy inocente de la sangre de todos, ²⁷porque sin vacilar les he proclamado todo el propósito de Dios. ²⁸Tengan cuidado de sí mismos y de todo el rebaño sobre el cual el Espíritu Santo los ha puesto como ˚obispos para pastorear la iglesia de Dios,ᶜ que él adquirió con su propia sangre. ²⁹Sé que después de mi partida entrarán en medio de ustedes lobos feroces que procurarán acabar con el rebaño. ³⁰Aun de entre ustedes mismos se levantarán algunos que enseñarán falsedades para arrastrar a los discípulos que los sigan. ³¹Así que estén alerta. Recuerden que día y noche, durante tres años, no he dejado de amonestar con lágrimas a cada uno en particular.

³²»Ahora los encomiendo a Dios y al mensaje de su gracia, mensaje que tiene poder para edificarlos y darles herencia entre todos los ˚santificados. ³³No he codiciado ni la plata ni el oro ni la ropa de nadie. ³⁴Ustedes mismos saben bien que estas manos se han ocupado de mis propias necesidades y de las de mis compañeros. ³⁵Con mi ejemplo les he mostrado que es preciso trabajar duro para ayudar a los necesitados, recordando las palabras del Señor Jesús: "Hay más dicha en dar que en recibir"».

³⁶Después de decir esto, Pablo se puso de rodillas con todos ellos y oró. ³⁷Todos lloraban inconsolablemente mientras lo abrazaban y lo besaban. ³⁸Lo que más los entristecía era su declaración de que ellos no volverían a verlo. Luego lo acompañaron hasta el barco.

Rumbo a Jerusalén

21 Después de separarnos de ellos, zarpamos y navegamos directamente a Cos. Al día siguiente fuimos a Rodas, y de allí a Pátara. ²Como encontramos un barco que iba para Fenicia, subimos a bordo y zarpamos. ³Después de avistar Chipre y de pasar al sur de la isla, navegamos hacia Siria y llegamos a Tiro, donde el barco tenía que descargar. ⁴Allí encontramos a los discípulos y nos quedamos con ellos siete días. Ellos, por medio del Espíritu, exhortaron a Pablo a que no subiera a Jerusalén. ⁵Pero al cabo de algunos días, partimos y continuamos nuestro viaje. Todos los discípulos, incluso las mujeres y los niños, nos acompañaron hasta las afueras de la ciudad, y allí en la playa nos arrodillamos y oramos. ⁶Luego de despedirnos, subimos a bordo y ellos regresaron a sus hogares.

⁷Nosotros continuamos nuestro viaje en barco desde Tiro y arribamos a Tolemaida, donde saludamos a los hermanos y nos quedamos con ellos un

---

ᵃ 38 gobernadores. Lit. procónsules.   ᵇ 22 obligado. Lit. atado.   ᶜ 28 de Dios. Var. del Señor.

día. ⁸Al día siguiente salimos y llegamos a Cesarea, y nos hospedamos en casa de Felipe el evangelista, que era uno de los siete; ⁹este tenía cuatro hijas solteras que profetizaban.

¹⁰Llevábamos allí varios días cuando bajó de Judea un profeta llamado Ágabo. ¹¹Este vino a vernos, tomó el cinturón de Pablo, se ató con él de pies y manos, entonces dijo:

—Así dice el Espíritu Santo: "De esta manera atarán los judíos de Jerusalén al dueño de este cinturón y lo entregarán en manos de los no judíos".

¹²Al oír esto, nosotros y los de aquel lugar rogamos a Pablo que no subiera a Jerusalén.

¹³—¿Por qué lloran? ¡Me parten el alma! —respondió Pablo—. Por el nombre del Señor Jesús estoy dispuesto no solo a ser atado, sino también a morir en Jerusalén.

¹⁴Como no se dejaba convencer, desistimos, exclamando:

—¡Que se haga la voluntad del Señor!

¹⁵Después de esto, acabamos los preparativos y subimos a Jerusalén. ¹⁶Algunos de los discípulos de Cesarea nos acompañaron y nos llevaron a la casa de Mnasón, donde íbamos a alojarnos. Este era de Chipre y uno de los primeros discípulos.

Llegada de Pablo a Jerusalén

¹⁷Cuando llegamos a Jerusalén, los creyentes nos recibieron calurosamente. ¹⁸Al día siguiente Pablo fue con nosotros a ver a ˚Santiago; todos los líderes religiosos estaban presentes. ¹⁹Después de saludarlos, Pablo relató detalladamente lo que Dios había hecho entre los no judíos por medio de su ministerio.

²⁰Al oírlo, alabaron a Dios. Luego dijeron a Pablo: «Ya ves, hermano, cuántos miles de judíos han creído, y todos ellos siguen aferrados a la Ley. ²¹Ahora bien, han oído decir que tú enseñas que se aparten de Moisés todos los judíos que viven entre los que no son judíos. Les recomiendas que no circunciden a sus hijos ni vivan según nuestras costumbres. ²²¿Qué vamos a hacer? Sin duda se van a enterar de que has llegado. ²³Por eso, será mejor que sigas nuestro consejo. Hay aquí entre nosotros cuatro hombres que tienen que cumplir una promesa. ²⁴Llévatelos, toma parte en sus ritos de ˚purificación y paga los gastos que corresponden a la promesa de rasurarse la cabeza. Así todos sabrán que no son ciertos esos informes acerca de ti, sino que tú también vives en obediencia a la Ley. ²⁵En cuanto a los creyentes no judíos, ya les hemos comunicado por escrito nuestra decisión de que se abstengan de lo sacrificado a los ídolos, de sangre, de la carne de animales estrangulados y de la inmoralidad sexual».

²⁶Al día siguiente Pablo se llevó a los hombres y se purificó con ellos. Luego entró en el ˚Templo para dar aviso de la fecha en que vencería el plazo de la purificación y se haría la ofrenda por cada uno de ellos.

Arresto de Pablo

²⁷Cuando estaban a punto de cumplirse los siete días, unos judíos de la provincia de ˚Asia vieron a Pablo en el ˚Templo. Alborotaron a toda la multitud y le echaron mano, ²⁸gritando: «¡Israelitas! ¡Ayúdennos! Este es el individuo que anda por todas partes enseñando a toda la gente contra nuestro pueblo, nuestra Ley y este lugar. Además, hasta ha metido a unos hombres que no son judíos en el Templo y ha profanado este lugar santo».

²⁹Ya antes habían visto en la ciudad a Trófimo el efesio en compañía de Pablo, y suponían que Pablo lo había metido en el Templo.

³⁰Toda la ciudad se alborotó. La gente se precipitó en masa, agarró a Pablo y lo sacó del Templo a rastras e inmediatamente se cerraron las puertas. ³¹Estaban por matarlo, cuando se le informó al comandante del batallón romano que toda la ciudad de Jerusalén estaba amotinada. ³²Enseguida tomó algunos centuriones con sus tropas, y bajó corriendo hacia la multitud. Al ver al comandante y a sus soldados, los amotinados dejaron de golpear a Pablo.

³³El comandante se abrió paso, lo arrestó y ordenó que lo sujetaran con dos cadenas. Luego preguntó quién era y qué había hecho. ³⁴Entre la multitud cada uno gritaba una cosa distinta. Como el comandante no pudo averiguar la verdad a causa del alboroto, mandó que llevaran a Pablo al cuartel. ³⁵Cuando Pablo llegó a las gradas, los soldados tuvieron que llevárselo debido a la violencia de la turba. ³⁶El pueblo en masa iba detrás gritando: «¡Que lo maten!».

Pablo se dirige a la multitud
22:3-16 – Hch 9:1-22; 26:9-18

³⁷Cuando los soldados estaban a punto de meterlo en el cuartel, Pablo preguntó al comandante:

—¿Me permite decirle algo?

—¿Hablas griego? —respondió el comandante—. ³⁸¿No eres el egipcio que hace algún tiempo provocó una rebelión y llevó al desierto a cuatro mil guerrilleros?

³⁹—No, yo soy judío, natural de Tarso, una ciudad muy importante de Cilicia —le respondió Pablo—. Por favor, permítame hablarle al pueblo.

⁴⁰Con el permiso del comandante, Pablo se puso de pie en las gradas e hizo una señal con la mano a la multitud. Cuando todos guardaron silencio, dijo

22 en hebreo: ¹«Padres y hermanos, escuchen ahora mi defensa».

²Al oír que hablaba en hebreo, guardaron más silencio.

Pablo continuó: ³«Yo soy judío, nacido en Tarso de Cilicia, pero criado en esta ciudad. Bajo la tutela de Gamaliel recibí instrucción cabal en la Ley de nuestros antepasados, y fui tan celoso de Dios como cualquiera de ustedes lo es hoy día. ⁴Perseguí a muerte a los seguidores de este Camino; arresté y encarcelé a hombres y mujeres por igual. ⁵Así lo pueden atestiguar el sumo sacerdote y todo el ˚Consejo de líderes religiosos. Incluso obtuve de parte de ellos cartas de extradición para nuestros hermanos judíos en Damasco, y fui allá con el fin de traer presos a Jerusalén a los que encontrara, para que fueran castigados.

⁶»Sucedió que a eso del mediodía, cuando me acercaba a Damasco, una intensa luz del cielo relampagueó de repente a mi alrededor. ⁷Caí al suelo y oí una voz que me decía: "Saulo, Saulo, ¿por qué me persigues?". ⁸"¿Quién eres, Señor?", pregunté. "Yo soy Jesús de Nazaret, a quien tú persigues", me contestó él. ⁹Los que me acompañaban vieron la luz, pero no percibieron la voz del que me hablaba. ¹⁰"¿Qué debo hacer, Señor?", le pregunté. "Levántate —dijo el Señor—, y entra en Damasco. Allí se te dirá todo lo que se ha dispuesto que hagas". ¹¹Mis compañeros me llevaron de la mano hasta Damasco porque el resplandor de aquella luz me había dejado ciego.

¹²»Vino a verme un tal Ananías, hombre devoto que observaba la Ley y a quien respetaban mucho los judíos que allí vivían. ¹³Se puso a mi lado y me dijo: "Hermano Saulo, ¡recibe la vista!". Y en aquel mismo instante recobré la vista y pude verlo. ¹⁴Luego dijo: "El Dios de nuestros antepasados te ha

escogido para que conozcas su voluntad, y para que veas al Justo y oigas las palabras de su boca. [15]Tú le serás testigo ante toda persona de lo que has visto y oído. [16]Y ahora, ¿qué esperas? Levántate, bautízate y lávate de tus pecados, invocando su nombre".

[17]»Cuando volví a Jerusalén, mientras oraba en el ˚Templo tuve una visión [18]y vi al Señor que me hablaba: "¡Date prisa! Sal inmediatamente de Jerusalén, porque no aceptarán tu testimonio acerca de mí". [19]"Señor —le respondí—, ellos saben que yo andaba de sinagoga en sinagoga encarcelando y azotando a los que creen en ti; [20]y, cuando se derramaba la sangre de tu testigo Esteban, ahí estaba yo, dando mi aprobación y cuidando la ropa de quienes lo mataban". [21]Pero el Señor me respondió: "Vete; yo te enviaré lejos, a los no judíos"».

Pablo el ciudadano romano

[22]La multitud estuvo escuchando a Pablo hasta que pronunció esas palabras. Entonces levantaron la voz y gritaron: «¡Bórralo de la tierra! ¡Ese tipo no merece vivir!».

[23]Como seguían gritando, tirando sus mantos y arrojando polvo al aire, [24]el comandante ordenó que metieran a Pablo en el cuartel. Mandó que lo interrogaran a latigazos con el fin de averiguar por qué gritaban así contra él. [25]Cuando lo estaban sujetando con correas para azotarlo, Pablo dijo al centurión que estaba allí:

—¿Permite la ley que ustedes azoten a un ciudadano romano antes de ser juzgado?

[26]Al oír esto, el centurión fue y avisó al comandante.

—¿Qué va a hacer usted? Resulta que ese hombre es ciudadano romano.

[27]El comandante se acercó a Pablo y le dijo:

—Dime, ¿eres ciudadano romano?

—Sí, lo soy.

[28]—A mí me costó una fortuna adquirir mi ciudadanía —dijo el comandante.

—Pues yo la tengo de nacimiento —respondió Pablo.

[29]Los que iban a interrogarlo se retiraron enseguida. Al darse cuenta de que Pablo era ciudadano romano, el comandante mismo se asustó de haberlo encadenado.

Pablo ante el Consejo

[30]Al día siguiente, como el comandante quería saber con certeza de qué acusaban los judíos a Pablo, lo desató y mandó que se reunieran los jefes de los sacerdotes y el ˚Consejo en pleno. Luego llevó a Pablo para que compareciera ante ellos.

23 Pablo se quedó mirando fijamente al Consejo y dijo:

—Hermanos, hasta hoy he actuado delante de Dios con toda buena conciencia.

[2]Ante esto, el sumo sacerdote Ananías ordenó a los que estaban cerca de Pablo que lo golpearan en la boca.

[3]—¡Hipócrita,[a] a usted también lo va a golpear Dios! —reaccionó Pablo—. Ahí está sentado para juzgarme según la Ley, ¿y usted mismo viola la Ley al mandar que me golpeen?

[4]Los que estaban junto a Pablo le dijeron:

—¿Cómo te atreves a insultar al sumo sacerdote de Dios?

[5]—Hermanos, no me había dado cuenta de que es el sumo sacerdote —respondió Pablo—; de hecho, está escrito: "No hables mal del jefe de tu pueblo".[b]

[6]Pablo, sabiendo que unos de ellos eran saduceos y los demás ˚fariseos, exclamó en el Consejo:

—Hermanos, yo soy fariseo de pura cepa. Me están juzgando porque he puesto mi esperanza en la resurrección de los muertos.

[7]Apenas dijo esto, surgió un altercado entre los fariseos y los saduceos, y la asamblea quedó dividida. [8](Los saduceos sostienen que no hay resurrección, ni ángeles ni espíritus; los fariseos, en cambio, reconocen todo esto).

[9]Se produjo un gran alboroto y algunos de los ˚maestros de la Ley que eran fariseos se pusieron de pie y protestaron. «No encontramos ningún delito en este hombre —dijeron—. ¿Acaso no podría haberle hablado un espíritu o un ángel?». [10]Se tornó tan violento el altercado que el comandante tuvo miedo de que hicieran pedazos a Pablo. Así que ordenó a los soldados que bajaran para sacarlo de allí por la fuerza y llevárselo al cuartel.

[11]A la noche siguiente, el Señor se apareció a Pablo y le dijo: «¡Ánimo! Así como has dado testimonio de mí en Jerusalén, es necesario que lo des también en Roma».

Conspiración para matar a Pablo

[12]Muy de mañana los judíos tramaron una conspiración y juraron bajo maldición no comer ni beber hasta que lograran matar a Pablo. [13]Más de cuarenta hombres estaban implicados en esta conspiración. [14]Se presentaron ante los jefes de los sacerdotes y los líderes religiosos y dijeron:

—Nosotros hemos jurado bajo maldición no comer nada hasta que logremos matar a Pablo. [15]Ahora, con el respaldo del ˚Consejo, pídanle al comandante que haga comparecer al reo ante ustedes, con el pretexto de obtener información más precisa sobre su caso. Nosotros estaremos listos para matarlo en el camino.

[16]Pero cuando el hijo de la hermana de Pablo se enteró de esta emboscada, entró en el cuartel y avisó a Pablo. [17]Este llamó entonces a uno de los centuriones y pidió:

—Lleve a este joven al comandante porque tiene algo que decirle.

[18]Así que el centurión lo llevó al comandante y dijo:

—El preso Pablo me llamó y me pidió que trajera a este joven, porque tiene algo que decirle.

[19]El comandante tomó de la mano al joven, lo llevó aparte y le preguntó:

—¿Qué quieres decirme?

[20]Él contestó:

—Los judíos se han puesto de acuerdo para pedirle a usted que mañana lleve a Pablo ante el Consejo con el pretexto de obtener información más precisa acerca de él. [21]No se deje convencer, porque más de cuarenta de ellos van a tenderle una emboscada. Han jurado bajo maldición no comer ni beber hasta que hayan logrado matarlo. Ya están listos; solo aguardan a que usted prometa concederles su petición.

[22]El comandante despidió al joven con esta advertencia:

—No le digas a nadie que me has informado de esto.

Trasladan a Pablo a Cesarea

[23]Entonces el comandante llamó a dos de sus centuriones y ordenó:

—Alisten un destacamento de doscientos soldados de infantería, setenta de caballería y doscientos lanceros para que vayan a Cesarea esta noche a las nueve.[c] [24]Y preparen cabalgaduras para llevar a Pablo sano y salvo al gobernador Félix.

---

[a] 3 *Hipócrita.* Lit. *Pared blanqueada.*   [b] 5 Éx 22:28.
[c] 23 *esta … nueve.* Lit. *a la tercera hora de la noche.*

²⁵Además, escribió una carta en estos términos:

²⁶Claudio Lisias,

a su excelencia el gobernador Félix:

Saludos.

²⁷Los judíos tomaron a este hombre y estaban a punto de matarlo, pero yo llegué con mis soldados y lo rescaté, porque me había enterado de que es ciudadano romano. ²⁸Yo quería saber de qué lo acusaban, así que lo llevé al ˚Consejo judío. ²⁹Descubrí que lo acusaban de algunas cuestiones de su Ley, pero no había contra él cargo alguno que mereciera la muerte o la cárcel. ³⁰Cuando me informaron que se tramaba una conspiración contra este hombre, decidí enviarlo a usted enseguida. También ordené a sus acusadores que expusieran delante de usted los cargos que tengan contra él.

³¹Así que los soldados, según se les había ordenado, tomaron a Pablo y lo llevaron de noche hasta Antípatris. ³²Al día siguiente dejaron que la caballería siguiera con él mientras ellos volvían al cuartel. ³³Cuando la caballería llegó a Cesarea, entregaron la carta al gobernador y le presentaron también a Pablo. ³⁴Félix leyó la carta y preguntó de qué provincia era. Al enterarse de que Pablo era de Cilicia, ³⁵le dijo: «Te daré audiencia cuando lleguen tus acusadores». Y ordenó que lo dejaran bajo custodia en el palacio de Herodes.

El proceso ante Félix

24 Cinco días después, el sumo sacerdote Ananías bajó a Cesarea con algunos de los líderes religiosos y un abogado llamado Tértulo, para presentar ante el gobernador las acusaciones contra Pablo. ²Cuando se hizo comparecer al acusado, Tértulo expuso su caso ante Félix:

—Excelentísimo Félix, bajo su mandato hemos disfrutado de un largo período de paz, y gracias a la previsión suya se han llevado a cabo reformas en pro de esta nación. ³En todas partes y en toda ocasión reconocemos esto con profunda gratitud. ⁴Pero a fin de no importunarlo más, le ruego que, con la bondad que lo caracteriza, nos escuche brevemente. ⁵Hemos descubierto que este hombre es una plaga que por todas partes anda provocando disturbios entre los judíos. Es jefe de la secta de los nazarenos. ⁶Incluso trató de profanar el ˚Templo; por eso lo prendimos. ⁷ᵃ ⁸Usted mismo, al interrogarlo, podrá cerciorarse de la verdad de todas las acusaciones contra él.

⁹Los judíos corroboraron la acusación al afirmar que todo esto era cierto. ¹⁰Cuando el gobernador le concedió la palabra con un gesto, Pablo respondió:

—Sé que desde hace muchos años usted ha sido juez de esta nación; así que de buena gana presento mi defensa. ¹¹Usted puede comprobar fácilmente que no hace más de doce días que subí a Jerusalén para adorar. ¹²Mis acusadores no me encontraron discutiendo con nadie en el Templo ni promoviendo motines entre la gente en las sinagogas ni en ninguna otra parte de la ciudad. ¹³Tampoco pueden probarle a usted las cosas de que ahora me acusan. ¹⁴Sin embargo, esto sí confieso: que adoro al Dios de nuestros antepasados siguiendo este Camino que mis acusadores llaman secta, pues estoy de acuerdo con todo lo que enseña la Ley y creo lo que está escrito en los Profetas. ¹⁵Tengo en Dios la misma esperanza que estos hombres profesan, de que

habrá una resurrección de los justos y de los injustos. ¹⁶En todo esto procuro conservar siempre limpia mi conciencia delante de Dios y de los hombres.

¹⁷»Después de una ausencia de varios años, volví a Jerusalén para traerle donativos a mi pueblo y presentar ofrendas. ¹⁸En esto estaba, habiéndome ya ˚purificado, cuando me encontraron en el Templo. No me acompañaba ninguna multitud ni estaba implicado en ningún disturbio. ¹⁹Los que me vieron eran algunos judíos de la provincia de ˚Asia, y son ellos los que deberían estar delante de usted para formular sus acusaciones, si es que tienen algo contra mí. ²⁰De otro modo, estos que están aquí deberían declarar qué delito hallaron en mí cuando comparecí ante el ˚Consejo, ²¹a no ser lo que exclamé en presencia de ellos: "Es por la resurrección de los muertos por lo que hoy estoy siendo juzgado delante de ustedes".

²²Entonces Félix, que estaba bien informado del Camino, suspendió la sesión.

—Cuando venga el comandante Lisias, decidiré su caso —dijo.

²³Luego ordenó al centurión que mantuviera custodiado a Pablo, pero que le diera cierta libertad y que no impidiera que sus amigos lo atendieran.

²⁴Algunos días después llegó Félix con su esposa Drusila, que era judía. Mandó llamar a Pablo y lo escuchó hablar acerca de la fe en ˚Cristo Jesús. ²⁵Al disertar Pablo sobre la justicia, el dominio propio y el juicio venidero, Félix tuvo miedo y dijo: «¡Basta por ahora! Puedes retirarte. Cuando sea oportuno te mandaré llamar otra vez». ²⁶Félix también esperaba que Pablo le ofreciera dinero; por eso mandaba llamarlo con frecuencia y conversaba con él.

²⁷Transcurridos dos años, Félix tuvo como sucesor a Porcio Festo, pero como Félix quería congraciarse con los judíos, dejó preso a Pablo.

El proceso ante Festo

25 Tres días después de llegar a la provincia, Festo subió de Cesarea a Jerusalén. ²Entonces los jefes de los sacerdotes y los dirigentes de los judíos presentaron sus acusaciones contra Pablo. ³Insistentemente, pidieron a Festo que hiciera el favor de trasladar a Pablo a Jerusalén. Lo cierto es que ellos estaban preparando una emboscada para matarlo en el camino. ⁴Festo respondió: «Pablo está preso en Cesarea y yo mismo partiré en breve para allá. ⁵Que vayan conmigo algunos de los dirigentes de ustedes y formulen allí sus acusaciones contra él, si es que ha hecho algo malo».

⁶Después de pasar entre los judíos unos ocho o diez días, Festo bajó a Cesarea y al día siguiente convocó al tribunal y mandó que trajeran a Pablo. ⁷Cuando este se presentó, los judíos que habían bajado de Jerusalén lo rodearon, formulando contra él muchas acusaciones graves que no podían probar.

⁸Pablo se defendía:

—No he cometido ninguna falta ni contra la Ley de los judíos ni contra el Templo ni contra el ˚césar.

⁹Pero Festo, queriendo congraciarse con los judíos, le preguntó:

—¿Estás dispuesto a subir a Jerusalén para ser juzgado allí ante mí?

¹⁰Pablo contestó:

—Ya estoy ante el tribunal del césar, que es donde se me debe juzgar. No he agraviado a los

---

ᵃ 6-7 Algunos manuscritos agregan lo siguiente: *prendimos y quisimos juzgarlo según nuestra Ley. 7Pero el comandante Lisias intervino, y con mucha fuerza lo arrebató de nuestras manos 8y mandó que sus acusadores se presentaran ante usted.*

judíos, como usted sabe muy bien. ¹¹Si soy culpable de haber hecho algo que merezca la muerte, no me niego a morir. Pero si no son ciertas las acusaciones que estos judíos formulan contra mí, nadie tiene el derecho de entregarme a ellos para complacerlos. ¡Apelo al césar!

¹²Después de consultar con sus asesores, Festo declaró:

—Has apelado al césar. ¡Al césar irás!

Festo consulta al rey Agripa

¹³Pasados algunos días, el rey Agripa y Berenice llegaron a Cesarea para saludar a Festo. ¹⁴Como se entretuvieron allí varios días, Festo presentó al rey el caso de Pablo.

—Hay aquí un hombre —le dijo—, que Félix dejó preso. ¹⁵Cuando fui a Jerusalén, los jefes de los sacerdotes y los líderes religiosos de los judíos presentaron acusaciones contra él y exigieron que se le condenara. ¹⁶Les respondí que no es costumbre de los romanos entregar a ninguna persona sin antes concederle al acusado un careo con sus acusadores, y darle la oportunidad de defenderse de los cargos. ¹⁷Cuando acudieron a mí, no dilaté el caso, sino que convoqué al tribunal el día siguiente y mandé traer a ese hombre. ¹⁸Al levantarse para hablar, sus acusadores no alegaron en su contra ninguno de los delitos que yo había supuesto. ¹⁹Más bien, tenían contra él algunas cuestiones tocantes a su propia religión y sobre un tal Jesús, ya muerto, que Pablo sostiene que está vivo. ²⁰Yo no sabía cómo investigar tales cuestiones, así que le pregunté si estaba dispuesto a ir a Jerusalén para ser juzgado allí con respecto a esos cargos. ²¹Pero como Pablo apeló para que se le reservara el fallo al emperador, ordené que quedara detenido hasta ser remitido al césar.

²²—A mí también me gustaría oír a ese hombre —dijo Agripa a Festo.

—Pues mañana mismo lo oirá usted —contestó Festo.

Pablo ante Agripa

26:12-18 – Hch 9:3-8; 22:6-11

˟ ²³Al día siguiente Agripa y Berenice se presentaron con gran pompa, y entraron en la sala de la audiencia acompañados por oficiales de alto rango y por las personalidades más distinguidas de la ciudad. Festo mandó que trajeran a Pablo ²⁴y dijo:

—Rey Agripa y todos los presentes: Aquí tienen a este hombre. Todo el pueblo judío me ha presentado una demanda contra él, tanto en Jerusalén como aquí en Cesarea, pidiendo a gritos su muerte. ²⁵He llegado a la conclusión de que él no ha hecho nada que merezca la muerte, pero como apeló al emperador, he decidido enviarlo a Roma. ²⁶El problema es que no tengo definido nada que escribir al soberano acerca de él. Por eso lo he hecho comparecer ante ustedes, y especialmente delante de usted, rey Agripa, para que, como resultado de esta investigación, tenga yo algunos datos para mi carta; ²⁷me parece absurdo enviar a un preso sin especificar los cargos contra él.

26 Entonces Agripa dijo a Pablo:

—Tienes permiso para defenderte.

Pablo hizo un ademán con la mano y comenzó así su defensa:

²—Rey Agripa, para mí es un privilegio presentarme hoy ante usted para defenderme de las acusaciones de los judíos, ³sobre todo porque usted está bien informado de todas las tradiciones y

controversias de los judíos. Por eso le ruego que me escuche con paciencia.

⁴»Todos los judíos saben cómo he vivido desde que era niño, desde mi edad temprana entre mi gente y también en Jerusalén. ⁵Ellos me conocen desde hace mucho tiempo y pueden atestiguar, si quieren, que viví como ˟fariseo, de acuerdo con la secta más estricta de nuestra religión. ⁶Y ahora me juzgan por la esperanza que tengo en la promesa que Dios hizo a nuestros antepasados. ⁷Esta es la promesa que nuestras doce tribus esperan alcanzar adorando a Dios con diligencia día y noche. Es por esta esperanza, oh rey, por lo que me acusan los judíos. ⁸¿Por qué consideran ustedes increíble que Dios resucite a los muertos?

⁹»Pues bien, yo mismo estaba convencido de que debía hacer todo lo posible por combatir el nombre de Jesús de Nazaret. ¹⁰Eso es precisamente lo que hice en Jerusalén. Con la autoridad de los jefes de los sacerdotes metí en la cárcel a muchos de los creyentes y, cuando los mataban, yo manifestaba mi aprobación. ¹¹Muchas veces anduve de sinagoga en sinagoga castigándolos para obligarlos a ˟blasfemar. Mi obsesión contra ellos me llevaba al extremo de perseguirlos incluso en ciudades del extranjero.

¹²»En uno de esos viajes iba yo hacia Damasco con la autoridad y la comisión de los jefes de los sacerdotes. ¹³A eso del mediodía, oh rey, mientras iba por el camino, vi una luz del cielo, más brillante que el sol, que con su resplandor nos envolvió a mí y a mis acompañantes. ¹⁴Todos caímos al suelo y yo oí una voz que me decía en hebreo: "Saulo, Saulo, ¿por qué me persigues? ¡Solo te haces daño a ti mismo!".ᵃ ¹⁵Entonces pregunté: "¿Quién eres, Señor?". "Yo soy Jesús, a quien tú persigues —me contestó el Señor—. ¹⁶Ahora, ponte en pie. Me he aparecido a ti con el fin de designarte siervo y testigo de lo que has visto de mí y de lo que te voy a revelar. ¹⁷Te libraré de tu propio pueblo y de los no judíos. Te envío a ellos ¹⁸para que les abras los ojos y se conviertan de las tinieblas a la luz y del poder de Satanás a Dios, a fin de que, por la fe en mí, reciban el perdón de los pecados y la herencia entre los santificados".

¹⁹»Así que, rey Agripa, no fui desobediente a esa visión celestial. ²⁰Al contrario, comenzando con los que estaban en Damasco, siguiendo con los que estaban en Jerusalén y en toda Judea, y luego con los no judíos, a todos les prediqué que se ˟arrepintieran y se convirtieran a Dios, y que demostraran su arrepentimiento con sus buenas obras. ²¹Solo por eso los judíos me detuvieron en el ˟Templo y trataron de matarme. ²²Pero Dios me ha ayudado hasta hoy y así me mantengo firme, testificando a grandes y pequeños. No he dicho sino lo que los profetas y Moisés ya dijeron que sucedería: ²³que el ˟Cristo padecería y que, siendo el primero en resucitar, proclamaría la luz a su propio pueblo y a los no judíos.

²⁴Al llegar Pablo a este punto de su defensa, Festo interrumpió.

—¡Estás loco, Pablo! —le gritó—. El mucho estudio te ha hecho perder la cabeza.

²⁵—No estoy loco, excelentísimo Festo —contestó Pablo—. Lo que digo es cierto y sensato. ²⁶El rey está familiarizado con estas cosas y por eso hablo ante él con tanto atrevimiento. Estoy convencido de que nada de esto ignora, porque no sucedió en un rincón. ²⁷Rey Agripa, ¿cree usted en los profetas? ¡A mí me consta que sí!

²⁸—Un poco más y me convences de hacerme cristiano —dijo Agripa.

²⁹Pablo respondió:

—Sea por poco o por mucho, pido a Dios que no solo usted, sino también todos los que me están

---

ᵃ *14* ¡Solo … mismo! Lit. Te es difícil dar coces contra el aguijón.

escuchando hoy lleguen a ser como yo, aunque sin estas cadenas.

³⁰Se levantó el rey, también el gobernador, Berenice y los que estaban sentados con ellos. ³¹Al retirarse, decían entre sí:

—Este hombre no ha hecho nada que merezca la muerte ni la cárcel.

³²Y Agripa dijo a Festo:

—Se podría poner en libertad a este hombre si no hubiera apelado al *césar.

Pablo viaja a Roma

27 Cuando se decidió que navegáramos rumbo a Italia, entregaron a Pablo y a algunos otros presos a un centurión llamado Julio, quien pertenecía al batallón imperial. ²Subimos a bordo de un barco, con matrícula de Adramitio, que estaba a punto de zarpar hacia los puertos de la provincia de *Asia, y nos hicimos a la mar. Nos acompañaba Aristarco, un macedonio de Tesalónica.

³Al día siguiente, hicimos escala en Sidón, y Julio, con mucha amabilidad, permitió a Pablo visitar a sus amigos para que lo atendieran. ⁴Desde Sidón zarpamos y navegamos al abrigo de Chipre, porque los vientos nos eran contrarios. ⁵Después de atravesar el mar frente a las costas de Cilicia y Panfilia, arribamos a Mira de Licia. ⁶Allí el centurión encontró un barco de Alejandría que iba para Italia, y nos hizo subir a bordo. ⁷Durante muchos días la navegación fue lenta y a duras penas llegamos frente a Gnido. Como el viento nos era desfavorable para seguir el rumbo trazado, navegamos al amparo de Creta, frente a Salmona. ⁸Seguimos con dificultad a lo largo de la costa y llegamos a un lugar llamado Buenos Puertos, cerca de la ciudad de Lasea.

⁹Se había perdido mucho tiempo y era peligrosa la navegación por haber pasado ya la fiesta del ayuno.ᵃ Así que Pablo advirtió:

¹⁰«Señores, veo que nuestro viaje va a ser desastroso y que va a causar mucho perjuicio tanto para el barco y su carga como para nuestras propias *vidas».

¹¹Pero el centurión, en vez de hacerle caso, siguió el consejo del timonel y del dueño del barco. ¹²Como el puerto no era adecuado para invernar, la mayoría decidió que debíamos seguir adelante, con la esperanza de llegar a Fenice, puerto de Creta que da al suroeste y al noroeste, y pasar allí el invierno.

La tempestad

¹³Cuando comenzó a soplar un viento suave del sur, creyeron que podían conseguir lo que querían, así que levaron anclas y navegaron junto a la costa de Creta. ¹⁴Poco después se nos vino encima un viento huracanado, llamado Nordeste, que venía desde la isla. ¹⁵El barco quedó atrapado por la tempestad y no podía hacerle frente al viento, así que nos dejamos llevar a la deriva. ¹⁶Mientras pasábamos al abrigo de un islote llamado Cauda, a duras penas pudimos sujetar el bote salvavidas. ¹⁷Después de subirlo a bordo, amarraron con sogas todo el casco del barco para reforzarlo. Temiendo que fueran a encallar en los bancos de arena de la Sirte, echaron el ancla flotante y dejaron el barco a la deriva. ¹⁸Al día siguiente, dado que la tempestad seguía arremetiendo con mucha fuerza contra nosotros, comenzaron a arrojar la carga por la borda. ¹⁹Al tercer día, con sus propias manos arrojaron al mar los aparejos del barco. ²⁰Como pasaron muchos días sin que aparecieran ni el sol ni las estrellas, y la tempestad seguía azotándonos, perdimos al fin toda esperanza de salvarnos.

²¹Llevábamos ya mucho tiempo sin comer, así que Pablo se puso en medio de todos y dijo:

—Señores, debían haber seguido mi consejo y no haber zarpado de Creta; así se habrían ahorrado este perjuicio y esta pérdida. ²²Pero ahora los exhorto a cobrar ánimo, porque ninguno de ustedes perderá la *vida; solo se perderá el barco. ²³Anoche se me apareció un ángel del Dios a quien pertenezco y sirvo, ²⁴y me dijo: "No tengas miedo, Pablo. Tienes que comparecer ante el *césar y Dios te ha concedido la vida de todos los que navegan contigo". ²⁵Así que ¡ánimo, señores! Confío en Dios que sucederá tal y como se me dijo. ²⁶Sin embargo, tenemos que encallar en alguna isla.

El naufragio

²⁷Ya habíamos pasado catorce noches a la deriva por el mar Adriáticoᵇ cuando a eso de la medianoche los marineros presintieron que se aproximaban a tierra. ²⁸Echaron la sonda y encontraron que el agua tenía unos treinta y siete metros de profundidad. Más adelante volvieron a echar la sonda y encontraron que tenía cerca de veintisiete metrosᶜ de profundidad. ²⁹Temiendo que fuéramos a estrellarnos contra las rocas, echaron cuatro anclas por la popa y se pusieron a rogar que amaneciera. ³⁰En un intento por escapar del barco, los marineros comenzaron a bajar el bote salvavidas al mar, con el pretexto de que iban a echar algunas anclas desde la proa. ³¹Pero Pablo advirtió al centurión y a los soldados: «Si esos no se quedan en el barco, no podrán salvarse ustedes». ³²Así que los soldados cortaron las amarras del bote salvavidas y lo dejaron caer al agua.

³³Estaba a punto de amanecer cuando Pablo animó a todos a tomar alimento: «Hoy hace ya catorce días que ustedes están con la vida en un hilo y siguen sin probar bocado. ³⁴Les ruego que coman algo, pues lo necesitan para sobrevivir. Ninguno de ustedes perderá ni un solo cabello de la cabeza». ³⁵Dicho esto, tomó pan y dio gracias a Dios delante de todos. Luego lo partió y comenzó a comer. ³⁶Todos se animaron y también comieron. ³⁷Éramos en total doscientas setenta y seis personas en el barco. ³⁸Una vez satisfechos, aligeraron el barco echando el trigo al mar.

³⁹Cuando amaneció, no reconocieron la tierra, pero vieron una bahía que tenía playa, donde decidieron encallar el barco a como diera lugar. ⁴⁰Cortaron las anclas y las dejaron caer en el mar, desatando a la vez las amarras de los timones. Luego izaron a favor del viento la vela de proa y se dirigieron a la playa. ⁴¹Pero el barco fue a dar en un banco de arena y encalló. La proa se encajó en el fondo y quedó varada, mientras la popa se hacía pedazos al embate de las olas.

⁴²Los soldados pensaron matar a los presos para que ninguno escapara a nado. ⁴³Pero el centurión quería salvarle la vida a Pablo y les impidió llevar a cabo el plan. Dio orden de que los que pudieran nadar saltaran primero por la borda para llegar a tierra, ⁴⁴y de que los demás salieran valiéndose de tablas o de restos del barco. De esta manera todos llegamos sanos y salvos a tierra.

En la isla de Malta

28 Una vez a salvo, nos enteramos de que la isla se llamaba Malta. ²Los isleños nos trataron con extraordinaria bondad. Encendieron una fogata y nos invitaron a acercarnos, porque estaba lloviendo y hacía frío. ³Sucedió que Pablo recogió un montón de leña y la estaba echando al fuego cuando una víbora que huía del calor se le prendió en la mano. ⁴Al ver la serpiente colgada de la mano de Pablo, los isleños se pusieron a comentar entre sí: «Sin duda este hombre es un asesino pues, aunque se salvó del mar, la justicia divina no va a consentir que siga con vida». ⁵Pero Pablo sacudió la mano, la serpiente cayó en el fuego y él no sufrió ningún daño. ⁶La gente esperaba que se hinchara o cayera muerto de repente, pero después de esperar un buen rato y de ver que nada extraño le sucedía, cambiaron de parecer y decían que era un dios.

⁷Cerca de allí había una finca que pertenecía a Publio, el funcionario principal de la isla. Este nos recibió con amabilidad y nos hospedó durante tres días. ⁸El padre de Publio estaba en cama, enfermo con fiebre y disentería. Pablo entró a verlo y, después de orar, le impuso las manos y lo sanó. ⁹Como consecuencia de esto, los demás enfermos de la isla también acudían y eran sanados. ¹⁰Nos colmaron de muchas atenciones y nos proveyeron de todo lo necesario para el viaje.

Llegada a Roma

¹¹Al cabo de tres meses en la isla, zarpamos en un barco que había invernado allí. Era una nave de Alejandría que tenía por insignia a los dioses Dióscuros.ᵃ ¹²Hicimos escala en Siracusa, donde nos quedamos tres días. ¹³Desde allí navegamos bordeando la costa y llegamos a Regio. Al día siguiente se levantó el viento del sur y al segundo día llegamos a Poteoli. ¹⁴Allí encontramos a algunos creyentes que nos invitaron a pasar una semana con ellos. Y por fin llegamos a Roma. ¹⁵Los hermanos de Roma, habiéndose enterado de nuestra situación, salieron hasta el Foro de Apio y Tres Tabernas a recibirnos. Al verlos, Pablo dio gracias a Dios y cobró ánimo. ¹⁶Cuando llegamos a Roma, a Pablo se le permitió tener su domicilio particular, con un soldado que lo custodiara.

Pablo predica bajo custodia en Roma

¹⁷Tres días más tarde, Pablo convocó a los dirigentes de los judíos. Cuando estuvieron reunidos, dijo:

ᵃ 11 Dioses gemelos de la mitología griega, probablemente Cástor y Pólux.   ᵇ 27 Is 6:9, 10.   ᶜ 29 Algunos manuscritos agregan lo siguiente: *Después que él dijo esto, los judíos se fueron, discutiendo acaloradamente entre ellos.*

—A mí, hermanos, a pesar de no haber hecho nada contra mi pueblo ni contra las costumbres de nuestros antepasados, me arrestaron en Jerusalén y me entregaron a los romanos. ¹⁸Estos me interrogaron y quisieron soltarme por no ser yo culpable de ningún delito que mereciera la muerte. ¹⁹Cuando los judíos se opusieron, me vi obligado a apelar al ˙césar, pero no porque tuviera alguna acusación que presentar contra mi nación. ²⁰Por este motivo he pedido verlos y hablar con ustedes. Precisamente por la esperanza de Israel estoy encadenado.

²¹—Nosotros no hemos recibido ninguna carta de Judea que tenga que ver contigo —contestaron ellos—, ni ha llegado ninguno de los hermanos de allá con malos informes o que haya hablado mal de ti. ²²Pero queremos oír tu punto de vista, porque lo único que sabemos es que en todas partes se habla en contra de esa secta.

²³Señalaron un día para reunirse con Pablo y acudieron en mayor número a la casa donde estaba alojado. Desde la mañana hasta la tarde estuvo explicándoles y testificándoles acerca del reino de Dios y tratando de convencerlos respecto a Jesús, partiendo de la Ley de Moisés y de los Profetas. ²⁴Unos se convencieron por lo que él decía, pero otros se negaron a creer. ²⁵No pudieron ponerse de acuerdo entre sí, y comenzaron a irse cuando Pablo añadió esta última declaración:

—Con razón el Espíritu Santo habló a sus antepasados por medio del profeta Isaías diciendo:

²⁶ »"Ve a este pueblo y dile:
'Por mucho que oigan, no entenderán;
    por mucho que vean, no comprenderán'.
²⁷ Porque el corazón de este pueblo se ha vuelto insensible;
    se les han tapado los oídos
    y se les han cerrado los ojos.
De lo contrario, verían con los ojos,
    oirían con los oídos,
    entenderían con el ˙corazón,
se arrepentirían y yo los sanaría".ᵇ

²⁸»Por tanto, quiero que sepan que esta salvación de Dios se ha enviado a los no judíos, y ellos sí escucharán». ²⁹ᶜ

³⁰Durante dos años completos permaneció Pablo en la casa que tenía alquilada y recibía a todos los que iban a verlo. ³¹Predicaba el reino de Dios y enseñaba acerca del Señor ˙Jesucristo sin impedimento y sin temor alguno.

Carta a los

Romanos

1 Pablo, *siervo de *Cristo Jesús, llamado a ser após-tol, apartado para anunciar el *evangelio de Dios, [2]que por medio de sus profetas ya había prometido en las sagradas Escrituras. [3]Este mensaje habla de su Hijo, quien según la *naturaleza humana era descendiente de David, [4]pero según el Espíritu de *santidad, fue designado[a] con poder Hijo de Dios por la resurrección. Él es Jesucristo nuestro Señor. [5]Por medio de él y en honor a su nombre, recibimos la gracia y el llamado a ser apóstol para persuadir a todas las *naciones que obedezcan a la fe.[b] [6]Entre ellas están incluidos también ustedes, a quienes Jesucristo ha llamado.

[7]Les escribo a todos los amados de Dios que están en Roma, que han sido llamados a ser su pueblo *santo.

Que Dios nuestro Padre y el Señor Jesucristo les concedan gracia y paz.

Pablo anhela visitar Roma

[8]En primer lugar, doy gracias a mi Dios por medio de Jesucristo por todos ustedes, pues en el mundo entero se habla bien de su fe. [9]Dios, a quien sirvo de corazón predicando el *evangelio de su Hijo, me es testigo de que los recuerdo a ustedes sin cesar. [10]Siempre pido en mis oraciones que, si es la volun-tad de Dios, por fin se me abra el camino para ir a visitarlos.

[11]Tengo muchos deseos de verlos para impartir-les algún don espiritual que los fortalezca; [12]mejor dicho, para que unos a otros nos animemos con la fe que compartimos. [13]Quiero que sepan, hermanos, que aunque hasta ahora no he podido visitarlos, muchas veces me he propuesto hacerlo, para recoger algún fruto entre ustedes, tal como lo he recogido entre las otras naciones.

[14]Estoy en deuda con todos, sean griegos o no griegos, sabios o ignorantes. [15]De allí mi gran anhelo de predicarles acerca de las *buenas noticias tam-bién a ustedes que están en Roma.

[16]A la verdad, no me avergüenzo del evangelio, pues es poder de Dios para la salvación de todos los que creen: de los judíos primeramente, pero también de los que no son judíos. [17]De hecho, en el evangelio se revela la justicia que proviene de Dios, la cual es por fe de principio a fin,[c] tal como está escrito: «El justo vivirá por la fe».[d]

La ira de Dios contra la humanidad

[18]En verdad, la ira de Dios viene revelándose desde el cielo contra toda impiedad e injusticia de los *seres humanos, que con su maldad obstruyen la verdad. [19]Me explico: lo que se puede conocer acerca de Dios es evidente para ellos, pues él mismo se lo ha revelado. [20]Porque desde la creación del mundo las cualidades invisibles de Dios, es decir, su eterno poder y su naturaleza divina, se perciben clara-mente a través de lo que él creó, de modo que nadie tiene excusa. [21]A pesar de haber conocido a Dios, no lo glorificaron como a Dios ni le dieron gracias, sino que se extraviaron en sus inútiles razonamientos y se les oscureció su insensato *corazón. [22]Aunque afirmaban ser sabios, se volvieron necios [23]y cam-biaron la gloria del Dios inmortal por imágenes que eran réplicas del hombre mortal, de las aves, de los cuadrúpedos y de los reptiles.

[24]Por eso Dios los entregó a los malos deseos de sus corazones, que conducen a la impureza sexual, de modo que degradaron sus cuerpos los unos con los otros. [25]Cambiaron la verdad de Dios por la men-tira, adorando y sirviendo a cosas creadas antes que al Creador, quien es bendito por siempre. Amén.

[26]Por tanto, Dios los entregó a pasiones vergonzo-sas. En efecto, las mujeres cambiaron las relaciones naturales por las que van contra la naturaleza. [27]Así mismo los hombres dejaron las relaciones naturales con la mujer y se encendieron en pasiones lujuriosas los unos con los otros. Hombres con hombres come-tieron actos indecentes y recibieron sobre sí mismos el castigo que merecía su perversión.

[28]Además, como estimaron que no valía la pena tomar en cuenta el conocimiento de Dios, él a su vez los entregó a la depravación mental, para que hicie-ran lo que no debían hacer. [29]Se han llenado de toda clase de injusticia, maldad, avaricia y depravación. Están repletos de envidia, homicidios, desacuerdos, engaño y malicia. Son chismosos, [30]calumniadores, enemigos de Dios, insolentes, soberbios y arrogan-tes; se ingenian maldades; se rebelan contra sus padres; [31]son insensatos, desleales, insensibles, des-piadados. [32]Saben bien que, según el justo decreto de Dios, quienes practican tales cosas merecen la muerte; sin embargo, no solo siguen practicándolas, sino que incluso aprueban a quienes las practican.

El justo juicio de Dios

2 Por tanto, no tienes excusa tú, quienquiera que seas, cuando juzgas a los demás, pues al juzgar a otros te condenas a ti mismo, ya que practicas las mismas cosas. [2]Ahora bien, sabemos que el juicio de Dios contra los que practican tales cosas se basa en la verdad. [3]¿Piensas entonces que vas a escapar del juicio de Dios, tú que juzgas a otros y sin embargo haces lo mismo que ellos? [4]¿No ves que desprecias las riquezas de la bondad de Dios, de su tolerancia y de su paciencia, al no reconocer que su bondad quiere llevarte al *arrepentimiento?

[5]Pero por tu obstinación y por tu *corazón sin arre-pentimiento sigues acumulando castigo contra ti mismo para el día de la ira, cuando Dios revelará su justo juicio. [6]Porque Dios «pagará a cada uno según lo que merezcan sus obras».[e] [7]Él dará vida eterna a los que, perseverando en las buenas obras,

---

[a] 4 según el Espíritu de santidad fue designado. Alt. según su espíritu de santidad fue declarado. [b] 5 para ... la fe. Lit. para la obediencia de la fe entre todas las naciones. [c] 17 por fe ... fin. Lit. de fe a fe. [d] 17 Hab 2:4. [e] 6 Sal 62:12; Pr 24:12.

buscan gloria, honor e inmortalidad. 8Pero los que por egoísmo rechazan la verdad para aferrarse a la maldad recibirán ira y enojo de Dios. 9Habrá sufrimiento y angustia para todos los que hacen el mal, los judíos primeramente y también los que no son judíos; 10pero gloria, honor y paz para todos los que hacen el bien, los judíos primeramente y también los que no son judíos. 11Porque con Dios no hay favoritismos.

12Todos los que han pecado sin conocer la Ley también perecerán sin la Ley; y todos los que han pecado conociendo la Ley por la Ley serán juzgados. 13Porque Dios no considera justos a los que oyen la Ley, sino a los que la cumplen. 14De hecho, cuando los no judíos, que no tienen la Ley, cumplen por naturaleza lo que la Ley exige,ᵃ ellos son Ley para sí mismos, aunque no tengan la Ley. 15Estos muestran que llevan escrito en el corazónᵇ lo que la Ley exige, como lo atestigua su conciencia, pues sus propios pensamientos algunas veces los acusan y otras veces los excusan. 16Así sucederá el día en que, por medio de Jesucristo, Dios juzgará los secretos de toda persona, como lo declara mi ˚evangelio.

Los judíos y la Ley

17Ahora bien, tú que llevas el nombre de judío, que dependes de la Ley y te jactas de tu relación con Dios; 18que conoces su voluntad y sabes discernir lo que es mejor porque eres instruido por la Ley; 19que estás convencido de ser guía de los ciegos y luz de los que están en la oscuridad, 20instructor de los ignorantes, maestro de los sencillos, pues tienes en la Ley la esencia misma del conocimiento y de la verdad; 21en fin, tú que enseñas a otros, ¿no te enseñas a ti mismo? Tú que predicas contra el robo, ¿robas? 22Tú que dices que no se debe cometer adulterio, ¿adulteras? Tú que aborreces a los ídolos, ¿robas de sus templos? 23Tú que te jactas de la Ley, ¿deshonras a Dios quebrantando la Ley? 24Así está escrito: «Por causa de ustedes se ˚blasfema el nombre de Dios entre los no judíos».ᶜ

25La circuncisión tiene valor si observas la Ley; pero si la quebrantas, vienes a ser como un ˚incircunciso. 26Por lo tanto, si los no judíos cumplenᵈ los requisitos de la Ley, ¿no se les considerará como si estuvieran circuncidados? 27El que no está físicamente circuncidado, pero obedece la Ley, te condenará a ti que, a pesar de tener el mandamiento escritoᵉ y la circuncisión, quebrantas la Ley.

28Lo exterior no hace a nadie judío ni consiste la circuncisión en una señal en el cuerpo. 29El verdadero judío lo es interiormente; y la circuncisión es la del ˚corazón, la que realiza el Espíritu, no el mandamiento escrito. Al que es judío así, lo alaba Dios y no la gente.

Fidelidad de Dios

3 Entonces, ¿qué se gana con ser judío o qué valor tiene la circuncisión? 2Mucho, desde cualquier punto de vista. En primer lugar, a los judíos se les confiaron las palabras mismas de Dios.

3Pero entonces, si a algunos no creyeron, ¿acaso su incredulidad anula la ˚fidelidad de Dios? 4¡De

ninguna manera! Dios es siempre veraz, aunque el hombre sea mentiroso. Así está escrito:

«Por eso, eres justo en tu sentencia,
y triunfarás cuando te juzguen».ᶠ

5Pero si nuestra injusticia pone de relieve la justicia de Dios, ¿qué diremos? ¿Que Dios es injusto al descargar sobre nosotros su ira? (Hablo en términos humanos). 6¡De ninguna manera! Si así fuera, ¿cómo podría Dios juzgar al mundo? 7Alguien podría objetar: «Si mi mentira destaca la verdad de Dios y así aumenta su gloria, ¿por qué todavía se me juzga como pecador? 8¿Por qué no decir: Hagamos lo malo para que venga lo bueno?». Así nos calumnian algunos, asegurando que eso es lo que enseñamos. ¡Pero bien merecida se tienen la condenación!

No hay un solo justo

9¿A qué conclusión llegamos? ¿Acaso los judíos somos mejores? ¡De ninguna manera! Ya hemos demostrado que tanto los judíos como los que no son judíos están bajo el pecado. 10Así está escrito:

«No hay un solo justo, ni siquiera uno;
11 no hay nadie que entienda,
nadie que busque a Dios.
12 Todos se han descarriado;
juntos se han corrompido.
No hay nadie que haga lo bueno;
¡no hay uno solo!».ᵍ
13 «Su garganta es un sepulcro abierto;
de su lengua salen engaños».ʰ
«¡Veneno de víbora hay en sus labios!».ⁱ
14 «Llena está su boca de maldiciones y de
amargura».ʲ
15 «Veloces son sus pies para ir a derramar
sangre;
16 dejan ruina y miseria en sus caminos,
17 y no conocen la senda de la paz».ᵏ
18 «No hay temor de Dios delante de
sus ojos».ˡ

19Ahora bien, sabemos que todo lo que dice la Ley, lo dice a quienes están sujetos a ella, para que todo el mundo se calle la boca y quede convicto delante de Dios. 20Por tanto, nadie será ˚justificado en presencia de Dios por hacer las obras que exige la Ley; más bien, mediante la Ley cobramos conciencia del pecado.

La justicia mediante la fe

21Pero ahora, sin la mediación de la Ley, se ha manifestado la justicia de Dios, de la que dan testimonio la Ley y los Profetas. 22Esta justicia de Dios llega, mediante la ˚fe en Jesucristo, a todos los que creen. De hecho, no hay distinción, 23pues todos han pecado y están privados de la gloria de Dios, 24pero por su gracia son ˚justificados gratuitamente mediante la redención que Cristo Jesús efectuó.ᵐ 25Dios lo ofreció como un sacrificio para obtener el perdón de pecados, el cual se recibe por la fe en su sangre. Así demostró su justicia, porque a causa de su paciencia, había pasado por alto los pecados pasados. 26Lo hizo para demostrar en el tiempo presente su justicia. De este modo Dios es justo y, a la vez, el que justifica a los que tienen fe en Jesús.

27¿Dónde, pues, está la jactancia? Queda excluida. ¿Por cuál principio? ¿Por el de la obediencia de la Ley? No, sino por el de la fe. 28Porque sostenemos que todos somos justificados por la fe y no por las obras que la Ley exige. 29¿Es acaso Dios solo Dios de los judíos? ¿No lo es también de los no judíos? Sí,

ᵃ 14 que no tienen … exige. Alt. que por naturaleza no tienen la Ley, cumplen lo que la Ley exige.   ᵇ 15 corazón. En la Biblia se usa para designar el asiento de las emociones, pensamientos y voluntad, es decir, el proceso de toma de decisiones del ser humano.   ᶜ 24 Is 52:5; Ez 36:22.   ᵈ 26 si … cumplen. Lit. si la incircuncisión guarda.   ᵉ 27 el mandamiento escrito. Lit. la letra; también en v. 29.   ᶠ 4 Sal 51:4.   ᵍ 12 Sal 14:1-3; 53:1-3; Ec 7:20.   ʰ 13 Sal 5:9.   ⁱ 13 Sal 140:3.   ʲ 14 Sal 10:7.   ᵏ 17 Is 59:7, 8.   ˡ 18 Sal 36:1.   ᵐ 24 redención … efectuó. Lit. redención en Cristo Jesús.

también es Dios de los no judíos, ³⁰pues no hay más que un solo Dios. Él justificará por la fe a los que están circuncidados y, mediante esa misma fe, a los que no lo están. ³¹¿Quiere decir que anulamos la Ley con la fe? ¡De ninguna manera! Más bien, confirmamos la Ley.

Abraham, justificado por la fe

4 Entonces, ¿qué diremos en el caso de nuestro antepasado Abraham?ᵃ ²En realidad, si Abraham hubiera sido ˚justificado por las obras, habría tenido de qué jactarse, pero no delante de Dios. ³Pues, ¿qué dice la Escritura? «Creyó Abraham a Dios y esto se le tomó en cuenta como justicia».ᵇ

⁴Ahora bien, cuando alguien trabaja, no se le toma en cuenta el salario como un favor, sino como una deuda. ⁵Sin embargo, al que no trabaja, sino que cree en el que justifica al impío, se le toma en cuenta la fe como justicia. ⁶David dice lo mismo cuando habla de la dicha de aquel a quien Dios le atribuye justicia sin la mediación de las obras:

⁷«¡˚Dichosos aquellos
  a quienes se les perdonan las
    transgresiones,
  cuyos pecados son cubiertos!
⁸¡Dichoso aquel
  cuyo pecado el Señor no tomará en
    cuenta!».ᶜ

⁹¿Acaso se ha reservado esta dicha solo para los que están circuncidados? ¿Acaso no es también para los no judíos?ᵈ Hemos dicho que a Abraham se le tomó en cuenta su fe como justicia. ¹⁰¿Bajo qué circunstancias sucedió esto? ¿Fue antes o después de ser circuncidado? ¡Antes y no después! ¹¹Es más, cuando todavía no estaba circuncidado, recibió la señal de la circuncisión como sello de la justicia que se le había tomado en cuenta por la fe. Por tanto, Abraham es padre de todos los que creen, aunque no hayan sido circuncidados, y a estos se les toma en cuenta su fe como justicia. ¹²Y también es padre de aquellos que, además de haber sido circuncidados, siguen los pasos de nuestro padre Abraham, quien creyó cuando todavía era incircunciso.

¹³En efecto, no fue mediante la Ley como Abraham y su descendencia recibieron la promesa de que él sería heredero del mundo, sino mediante la fe, la cual se le tomó en cuenta como justicia. ¹⁴Porque, si los que viven por la Ley fueran los herederos, entonces la fe no tendría ya ningún valor y la promesa no serviría de nada. ¹⁵La Ley, en efecto, trae castigo. Pero donde no hay Ley, tampoco hay transgresión.

¹⁶Por eso la promesa viene por la fe, a fin de que por la gracia quede garantizada para toda la descendencia de Abraham; esta promesa no es solo para los que son de la Ley, sino para los que son también de la fe de Abraham, quien es el padre que tenemos en común ¹⁷delante de Dios, tal como está escrito: «Te he confirmado como padre de muchas naciones».ᵉ Así que Abraham creyó en el Dios que da vida a los muertos y que llama las cosas que no son como si ya existieran.

¹⁸Contra toda esperanza, Abraham creyó y esperó, y de este modo llegó a ser padre de muchas naciones, tal como se le había dicho: «¡Así de numerosa será tu descendencia!».ᶠ ¹⁹Su fe no se debilitó, aunque reconocía que su cuerpo estaba como muerto, pues ya tenía unos cien años, y que también estaba muerta la matriz de Sara. ²⁰Ante la promesa de Dios no dudó con un incrédulo, sino que se reafirmó en su fe y dio gloria a Dios, ²¹plenamente convencido de que Dios tenía poder para

cumplir lo que había prometido. ²²Por eso se le tomó en cuenta su fe como justicia. ²³Y esto de que «se le tomó en cuenta» no se escribió solo para Abraham, ²⁴sino también para nosotros. Dios tomará en cuenta nuestra fe como justicia, pues creemos en aquel que ˚levantó de entre los muertos a Jesús nuestro Señor. ²⁵Él fue entregado a la muerte por nuestros pecados y resucitó para nuestra justificación.

Paz y alegría

5 En consecuencia, ya que hemos sido ˚justificados mediante la fe, tenemos paz con Dios por medio de nuestro Señor Jesucristo. ²También por medio de él, y mediante la fe, tenemos acceso a esta gracia en la cual nos mantenemos firmes. Así que nos regocijamos en la esperanza de alcanzar la gloria de Dios. ³Y no solo en esto, sino también en nuestros sufrimientos, porque sabemos que el sufrimiento produce perseverancia; ⁴la perseverancia, entereza de carácter; la entereza de carácter, esperanza. ⁵Y esta esperanza no nos defrauda, porque Dios ha derramado su amor en nuestro corazón por el Espíritu Santo que nos ha dado.

⁶A la verdad, como éramos incapaces de salvarnos,ᵍ en el tiempo señalado Cristo murió por los impíos. ⁷Difícilmente habrá quien muera por un justo, aunque tal vez haya quien se atreva a morir por una persona buena. ⁸Pero Dios demuestra su amor por nosotros en esto: en que cuando todavía éramos pecadores, Cristo murió por nosotros.

⁹Y ahora que hemos sido justificados por su sangre, ¡con cuánta más razón, por medio de él, seremos salvados del castigo de Dios! ¹⁰Porque, si cuando éramos enemigos de Dios, fuimos reconciliados con él mediante la muerte de su Hijo, ¡con cuánta más razón, habiendo sido reconciliados, seremos salvados por su vida! ¹¹Y no solo esto, sino que también nos regocijamos en Dios por nuestro Señor Jesucristo, pues gracias a él ya hemos recibido la reconciliación.

De Adán, la muerte; de Cristo, la vida

¹²Por medio de un solo hombre el pecado entró en el mundo y por medio del pecado entró la muerte; fue así como la muerte pasó a toda la ˚humanidad, porque todos pecaron.ʰ ¹³Antes de promulgarse la Ley, ya existía el pecado en el mundo. Es cierto que el pecado no se toma en cuenta cuando no hay ley. ¹⁴Sin embargo, desde Adán hasta Moisés la muerte reinó, incluso sobre los que no pecaron quebrantando un mandato, como lo hizo Adán, quien es figura de aquel que había de venir.

¹⁵Pero el pecado de Adán no puede compararse con la gracia de Dios. Pues, si por el pecado de un solo hombre murieron todos, ¡cuánto más el don que vino por la gracia de un solo hombre, Jesucristo, abundó para todos! ¹⁶Tampoco se puede comparar el regalo de Dios con las consecuencias del pecado de Adán. El juicio que lleva a la condenación fue resultado de un solo pecado, pero la dádiva que lleva a la ˚justificación tiene que ver conⁱ una multitud de pecados. ¹⁷Pues, si por el pecado de un solo hombre reinó la muerte, con mayor razón los que reciben en

ᵃ 1 ¿qué … Abraham? Lit. ¿qué diremos que descubrió Abraham, nuestro antepasado según la carne? ᵇ 3 Gn 15:6; vv. 22 y 23. ᶜ 8 Sal 32:1, 2. ᵈ 9 los no judíos. Lit. la incircuncisión. ᵉ 17 Gn 17:5. ᶠ 18 Gn 15:5. ᵍ 6 como … salvarnos. Lit. cuando todavía éramos débiles. ʰ 12 En el griego este versículo es la primera parte de una oración comparativa que se reinicia y concluye en el v. 18. ⁱ 16 resultado … con. Alt. resultado del pecado de uno solo, pero la dádiva que lleva a la justificación fue resultado de.

abundancia la gracia y el don de la justicia reinarán en vida por medio de uno solo, Jesucristo.

[18]Por tanto, así como un solo pecado causó la condenación de todos, también un solo acto de justicia produjo la justificación que da vida a todos. [19]Porque así como por la desobediencia de uno solo muchos fueron hechos pecadores, también por la obediencia de uno solo muchos serán hechos justos.

[20]En cuanto a la Ley, esta intervino para que aumentara el pecado. Pero donde abundó el pecado, sobreabundó la gracia; [21]y así como reinó el pecado en la muerte, reine también la gracia que nos trae justificación y vida eterna por medio de Jesucristo nuestro Señor.

Muertos al pecado, vivos en Cristo

6 ¿Qué concluiremos? ¿Vamos a persistir en el pecado para que la gracia abunde? [2]¡De ninguna manera! Nosotros, que hemos muerto al pecado, ¿cómo podemos seguir viviendo en él? [3]¿Acaso no saben ustedes que todos los que fuimos bautizados para unirnos con Cristo Jesús en realidad fuimos bautizados para participar en su muerte? [4]Por tanto, mediante el bautismo fuimos sepultados con él en su muerte. De modo que, así como Cristo ˙resucitó por el glorioso poder[a] del Padre, también nosotros andemos en una vida nueva.

[5]En efecto, si hemos estado unidos con él en una muerte como la suya, sin duda también estaremos unidos con él en su resurrección. [6]Sabemos que nuestra vieja naturaleza fue crucificada con él para que nuestro cuerpo pecaminoso perdiera su poder, de modo que ya no siguiéramos siendo esclavos del pecado; [7]porque el que muere queda liberado del pecado.

[8]Ahora bien, si hemos muerto con Cristo, confiamos en que también viviremos con él. [9]Pues sabemos que Cristo, por haber sido ˙levantado de entre los muertos, ya no puede volver a morir; la muerte ya no tiene dominio sobre él. [10]En cuanto a su muerte, murió al pecado una vez y para siempre; en cuanto a su vida, vive para Dios.

[11]De la misma manera, también ustedes considérense muertos al pecado, pero vivos para Dios en Cristo Jesús. [12]Por lo tanto, no permitan ustedes que el pecado reine en su cuerpo mortal ni obedezcan a sus malos deseos. [13]No ofrezcan los miembros de su cuerpo al pecado como instrumentos de injusticia; al contrario, ofrézcanse más bien a Dios como quienes han vuelto de la muerte a la vida, presentando los miembros de su cuerpo como instrumentos de justicia. [14]Así el pecado no tendrá dominio sobre ustedes, porque ya no están bajo la Ley, sino bajo la gracia.

Esclavos de la justicia

[15]Entonces, ¿qué? ¿Vamos a pecar porque no estamos ya bajo la Ley, sino bajo la gracia? ¡De ninguna manera! [16]¿Acaso no saben ustedes que cuando se entregan a alguien para obedecerlo, son ˙esclavos de aquel a quien obedecen? Claro que lo son, ya sea del pecado que lleva a la muerte o de la obediencia que lleva a la justicia. [17]Pero gracias a Dios que, aunque antes eran esclavos del pecado, ya se han sometido de corazón a la enseñanza[b] que les fue transmitida. [18]En efecto, habiendo sido liberados del pecado, ahora son ustedes esclavos de la justicia.

[19]Hablo en términos humanos, por las limitaciones de su ˙naturaleza humana. Antes ofrecían ustedes los miembros de su cuerpo para servir a la impureza, que lleva más y más a la maldad; ofrézcanlos ahora para servir a la justicia que lleva a la ˙santidad. [20]Cuando ustedes eran esclavos del pecado, estaban libres del dominio de la justicia. [21]¿Qué fruto cosechaban entonces? ¡Cosas que ahora los avergüenzan y que conducen a la muerte! [22]Pero ahora que han sido liberados del pecado y se han puesto al servicio de Dios, cosechan la santidad que conduce a la vida eterna. [23]Porque la paga del pecado es muerte, mientras que el regalo de Dios es vida eterna en Cristo Jesús, nuestro Señor.

Analogía tomada del matrimonio

7 Hermanos, hablo como a quienes conocen la Ley. ¿Acaso no saben que uno está sujeto a la Ley solamente en vida? [2]Por ejemplo, la casada está ligada por ley a su esposo solo mientras este vive; pero si su esposo muere, ella queda libre de la ley que la unía a su esposo. [3]Por eso, si se casa con otro hombre mientras su esposo vive, se la considera adúltera. Pero si muere su esposo, ella queda libre de esa ley y no es adúltera, aunque se case con otro hombre.

[4]Así mismo, hermanos míos, ustedes murieron a la Ley mediante el cuerpo crucificado de Cristo, a fin de pertenecer al que fue ˙levantado de entre los muertos. De este modo daremos fruto para Dios. [5]Porque, cuando nuestra ˙carne aún nos dominaba,[c] las pasiones pecaminosas que la Ley nos despertaba actuaban en los miembros de nuestro cuerpo y dábamos fruto para muerte. [6]Pero ahora, al morir a lo que nos tenía atados, hemos quedado libres de la Ley, a fin de servir a Dios con el nuevo poder que nos da el Espíritu y no por medio del antiguo mandamiento escrito.

Conflicto con el pecado

[7]¿Qué concluiremos? ¿Que la Ley es pecado? ¡De ninguna manera! Sin embargo, si no fuera por la Ley, no me habría dado cuenta de lo que es pecado. Por ejemplo, nunca habría sabido yo lo que es codiciar si la Ley no hubiera dicho: «No codicies».[d] [8]Pero el pecado, aprovechando la oportunidad que le proporcionó el mandamiento, despertó en mí toda clase de codicia. Porque aparte de la Ley el pecado está muerto. [9]En otro tiempo yo tenía vida aparte de la Ley; pero cuando vino el mandamiento, cobró vida el pecado y yo morí. [10]Se me hizo evidente que el mismo mandamiento que debía haberme dado vida me llevó a la muerte; [11]porque el pecado se aprovechó del mandamiento, me engañó y por medio de él me mató.

[12]Concluimos, pues, que la Ley es santa y que el mandamiento es santo, justo y bueno. [13]Pero entonces, ¿lo que es bueno se convirtió en muerte para mí? ¡De ninguna manera! Más bien fue el pecado lo que, valiéndose de lo bueno, me produjo la muerte. Ocurrió así para que el pecado se manifestara claramente; o sea, para que mediante el mandamiento se demostrara lo extremadamente malo que es el pecado.

[14]Sabemos, en efecto, que la Ley es espiritual. Pero yo soy meramente ˙humano y estoy vendido como esclavo al pecado. [15]No entiendo lo que me pasa, pues no hago lo que quiero, sino lo que aborrezco. [16]Ahora bien, si hago lo que no quiero, estoy de acuerdo en que la Ley es buena; [17]pero en ese caso, ya no soy yo quien lleva a cabo, sino el pecado que habita en mí. [18]Yo sé que en mí, es decir, en mi ˙carne, nada bueno habita. Aunque deseo hacer lo

---

[a] 4 *el glorioso poder*. Lit. *la gloria.*   [b] 17 *a la enseñanza*. Lit. *al modelo de enseñanza*.   [c] 5 En contextos como estos la palabra griega para *carne* (*sarx*) se refiere a la naturaleza pecaminosa de los seres humanos, a menudo presentada en oposición al Espíritu.   [d] 7 Éx 20:17; Dt 5:21.

bueno, no soy capaz de hacerlo. [19]De hecho, no hago el bien que quiero, sino el mal que no quiero. [20]Y si hago lo que no quiero, ya no soy yo quien lo hace, sino el pecado que habita en mí.

[21]Así que descubro esta ley: que cuando quiero hacer el bien, me acompaña el mal. [22]Porque en lo íntimo de mi ser me deleito en la Ley de Dios; [23]pero me doy cuenta de que en los miembros de mi cuerpo hay otra ley, que es la ley del pecado. Esta ley lucha contra lo que considero bueno, y me tiene cautivo. [24]¡Soy un pobre miserable! ¿Quién me librará de este cuerpo sujeto a la muerte? [25]¡Gracias a Dios por medio de Jesucristo nuestro Señor!

En conclusión, con la mente yo mismo me someto a la Ley de Dios, pero mi carne está sujeta a la ley del pecado.

Vida mediante el Espíritu

8 Por lo tanto, ya no hay ninguna condenación para los que están en Cristo Jesús,[a] [2]pues por medio de él la ley del Espíritu de vida te ha liberado de la ley del pecado y de la muerte. [3]En efecto, la Ley no pudo liberarnos porque la carne anuló su poder; por eso Dios envió a su propio Hijo en una condición semejante a la de los pecadores,[b] para que se ofreciera en sacrificio por el pecado. Así condenó Dios al pecado en la carne, [4]a fin de que la justa demanda de la Ley se cumpliera en nosotros, que no vivimos según la carne, sino según el Espíritu.

[5]Los que viven conforme a la carne fijan la mente en los deseos de la carne; en cambio, los que viven conforme al Espíritu fijan la mente en los deseos del Espíritu. [6]La mente gobernada por la carne es muerte, mientras que la mente que proviene del Espíritu es vida y paz. [7]La mente gobernada por la carne es enemiga de Dios, pues no se somete a la Ley de Dios ni es capaz de hacerlo. [8]Los que viven según la carne no pueden agradar a Dios.

[9]Sin embargo, ustedes no viven según la carne, sino según el Espíritu, si es que el Espíritu de Dios vive en ustedes. Y si alguno no tiene el Espíritu de Cristo, no es de Cristo. [10]Pero si Cristo está en ustedes, el cuerpo está muerto a causa del pecado, pero el Espíritu que está en ustedes es vida[c] a causa de la justicia. [11]Y si el Espíritu de aquel que 'levantó a Jesús de entre los muertos vive en ustedes, el mismo que levantó a Cristo de entre los muertos también dará vida a sus cuerpos mortales por medio de su Espíritu, que vive en ustedes.

[12]Por tanto, hermanos, tenemos una obligación, pero no es la de vivir conforme a la carne. [13]Porque si ustedes viven conforme a ella, morirán; pero si por medio del Espíritu dan muerte a los malos hábitos del cuerpo, vivirán. [14]Porque todos los que son guiados por el Espíritu de Dios son hijos de Dios. [15]Y ustedes no recibieron un espíritu que de nuevo los esclavice al miedo, sino el Espíritu que los adopta como hijos y les permite clamar: «¡Abba! ¡Padre!». [16]El Espíritu mismo asegura a nuestro espíritu que somos hijos de Dios. [17]Y si somos hijos, somos herederos; herederos de Dios y coherederos con Cristo, pues si ahora sufrimos con él, también tendremos parte con él en su gloria.

La gloria futura

[18]De hecho, considero que en nada se comparan los sufrimientos actuales con la gloria que habrá de revelarse a nosotros. [19]La creación aguarda con ansiedad la revelación de los hijos de Dios, [20]pues fue sometida a la frustración, no por su propia voluntad, sino por la del que así lo dispuso. Pero queda la firme esperanza [21]de que la creación misma ha de ser liberada de la corrupción que la esclaviza,

para así alcanzar la gloriosa libertad de los hijos de Dios.

[22]Sabemos que toda la creación todavía gime a una, como si tuviera dolores de parto. [23]Y no solo ella, sino también nosotros mismos, que tenemos las 'primicias del Espíritu, gemimos interiormente, mientras aguardamos nuestra adopción como hijos, es decir, la redención de nuestro cuerpo. [24]Porque en esa esperanza fuimos salvados. Pero esperar lo que ya se ve no es esperanza. ¿Quién espera lo que ya ve? [25]Pero si esperamos lo que todavía no vemos, en la espera mostramos nuestra constancia.

[26]Así mismo, en nuestra debilidad el Espíritu acude a ayudarnos. No sabemos qué pedir, pero el Espíritu mismo intercede por nosotros con gemidos que no pueden expresarse con palabras. [27]Y Dios, que examina los corazones, sabe cuál es la intención del Espíritu, porque el Espíritu intercede por los 'creyentes conforme a la voluntad de Dios.

Más que vencedores

[28]Ahora bien, sabemos que Dios dispone todas las cosas para el bien de quienes lo aman,[d] los que han sido llamados de acuerdo con su propósito. [29]Porque a los que Dios conoció de antemano, también los predestinó a ser transformados según la imagen de su Hijo, para que él sea el primogénito entre muchos hermanos. [30]A los que predestinó, también los llamó; a los que llamó, también los 'justificó; y a los que justificó, también los glorificó.

[31]¿Qué diremos frente a esto? Si Dios está de nuestra parte, ¿quién puede estar en contra nuestra? [32]El que no escatimó ni a su propio Hijo, sino que lo entregó por todos nosotros, ¿cómo no habrá de darnos generosamente, junto con él, todas las cosas? [33]¿Quién acusará a los que Dios ha escogido? Dios es el que justifica. [34]¿Quién condenará? Cristo Jesús es el que murió e incluso 'resucitó y está a la 'derecha de Dios e intercede por nosotros. [35]¿Quién nos apartará del amor de Cristo? ¿La tribulación o la angustia, la persecución, el hambre, la desnudez, el peligro o la espada? [36]Así está escrito:

> «Por tu causa siempre nos llevan a la muerte;
> ¡nos tratan como a ovejas para el
>   matadero!».[e]

[37]Sin embargo, en todo esto somos más que vencedores por medio de aquel que nos amó. [38]Pues estoy convencido de que ni la muerte ni la vida, ni los ángeles ni los demonios,[f] ni lo presente ni lo por venir, ni los poderes, [39]ni lo alto ni lo profundo, ni cosa alguna en toda la creación podrá apartarnos del amor que Dios nos ha manifestado en Cristo Jesús nuestro Señor.

La elección soberana de Dios

9 Digo la verdad en Cristo; no miento. Mi conciencia me lo confirma en el Espíritu Santo. [2]Me invade una gran tristeza y me embarga un continuo dolor. [3]Desearía yo mismo ser maldecido y separado de Cristo por el bien de mis hermanos, los de mi propio pueblo, [4]el pueblo de Israel. De ellos son la adopción como hijos, la gloria divina, los pactos, la Ley, el privilegio de adorar a Dios y el de contar con sus promesas. [5]De ellos son los patriarcas y de ellos,

<hr>

a 1 Jesús. Var. Jesús, los que no viven según la carne, sino según el Espíritu (véase v. 4).   *b* 3 en ... pecadores. Lit. en semejanza de carne de pecado.   *c* 10 el Espíritu ... vida. Alt. el espíritu de ustedes vive.   *d* 28 Dios ... aman. Var. todo actúa para el bien de quienes aman a Dios.   *e* 36 Sal 44:22.   *f* 38 demonios. Alt. gobernantes celestiales.

según la ˙naturaleza humana, nació Cristo, quien es Dios sobre todas las cosas. ¡Alabado sea por siempre!ᵃ Amén.

⁶Ahora bien, no digamos que la palabra de Dios ha fracasado. Lo que sucede es que no todos los que descienden de Israel son Israel. ⁷Tampoco por ser descendientes de Abraham son todos hijos suyos. Al contrario: «Tu descendencia se establecerá por medio de Isaac».ᵇ ⁸En otras palabras, los hijos de Dios no son los descendientes ˙naturales; más bien, se considera descendencia de Abraham a los hijos de la promesa. ⁹Y la promesa es esta: «Dentro de un año volveré y para entonces Sara tendrá un hijo».ᶜ

¹⁰No solo eso. También sucedió que los hijos de Rebeca tuvieron un mismo padre, que fue nuestro antepasado Isaac. ¹¹Sin embargo, antes de que los mellizos nacieran o hicieran algo bueno o malo, y para confirmar el propósito de la elección divina, ¹²no con base en las obras, sino al llamado de Dios, se le dijo a ella: «El mayor servirá al menor».ᵈ ¹³Y así está escrito: «Amé a Jacob, pero aborrecí a Esaú».ᵉ

¹⁴¿Qué concluiremos? ¿Acaso es Dios injusto? ¡De ninguna manera! ¹⁵Es un hecho que a Moisés le dice:

«Tendré misericordia de quien quiera
        tenerla
    y seré compasivo con quien quiera serlo».ᶠ

¹⁶Por lo tanto, la elección no depende del deseo ni del esfuerzo humano, sino de la misericordia de Dios. ¹⁷Porque la Escritura le dice al faraón: «Te he levantado precisamente para mostrar en ti mi poder y para que mi nombre sea proclamado por toda la tierra».ᵍ ¹⁸Así que Dios tiene misericordia de quien él quiere tenerla y endurece a quien él quiere endurecer.

¹⁹Por tú me dirás: «Entonces, ¿por qué todavía nos echa la culpa Dios? ¿Quién puede oponerse a su voluntad?». ²⁰Respondo: ¿Quién eres tú para pedirle cuentas a Dios? «¿Acaso le dirá la olla de barro al que la modeló: "¿Por qué me hiciste así?"».ʰ ²¹¿Tiene derecho el alfarero de hacer del mismo barro unas vasijas para usos especiales y otras para fines ordinarios?

²²¿Y qué si Dios, queriendo mostrar su ira y dar a conocer su poder, soportó con mucha paciencia a los que eran objeto de su castigoⁱ y estaban destinados a la destrucción? ²³¿Qué si lo hizo para dar a conocer sus gloriosas riquezas a los que eran objeto de su misericordia, y a quienes de antemano preparó para esa gloria? ²⁴Esos somos nosotros, a quienes Dios llamó no solo de entre los judíos, sino también de entre los no judíos. ²⁵Así lo dice Dios en el libro de Oseas:

«Llamaré "mi pueblo" a los que no son mi
        pueblo;
    y llamaré "mi amada" a la que no es mi
        amada».ʲ
²⁶«Y sucederá que en el mismo lugar donde se
        les dijo:
    "Ustedes no son mi pueblo",
serán llamados "hijos del Dios viviente"».ᵏ

²⁷Isaías, por su parte, proclama respecto a Israel:

«Aunque los israelitas sean tan numerosos
        como la arena del mar,
    solo el remanente será salvo;
²⁸ porque plenamente y sin demora
    el Señor cumplirá su sentencia en la tierra».ˡ

²⁹Así había dicho Isaías:

«Si el Señor de los Ejércitos
    no nos hubiera dejado descendientes,
seríamos ya como Sodoma,
    nos pareceríamos a Gomorra».ᵐ

Incredulidad de Israel

³⁰¿Qué concluiremos? Pues que los no judíos, que no buscaban la justicia, la han alcanzado. Me refiero a la justicia que es por la fe. ³¹En cambio Israel, que iba en busca de justicia a través de la Ley, no ha alcanzado esa justicia. ³²¿Por qué no? Porque no la buscaron mediante la fe, sino mediante las obras, como si fuera posible alcanzarla así. Por eso tropezaron con la «piedra de tropiezo», ³³como está escrito:

«Miren, yo pongo en Sión una piedra de
        tropiezo
    y una roca que hace ˙caer;

pero el que confíe en él no será defraudado».ⁿ

10 Hermanos, el deseo de mi corazón y mi oración a Dios por los israelitas es que lleguen a ser salvos. ²Puedo declarar en favor de ellos que muestran celo por Dios, pero su celo no se basa en el conocimiento. ³No conociendo la justicia que proviene de Dios y procurando establecer la suya propia, no se sometieron a la justicia de Dios. ⁴De hecho, Cristo es la culminación de la Ley para que todo el que cree sea justificado.

⁵Así describe Moisés la justicia que se basa en la Ley: «Quien practique estas cosas vivirá por ellas». ⁶Pero la justicia que se basa en la fe afirma: «No digas en tu ˙corazón: "¿Quién subirá al cielo?"ᵖ (es decir, para hacer bajar a Cristo), ⁷o "¿Quién bajará al ˙abismo?"» (es decir, para hacer subir a Cristo de entre los muertos). ⁸¿Qué afirma entonces? «La palabra está cerca de ti, la tienes en la boca y en el ˙corazón».ᵠ Esta es la palabra de fe que predicamos: ⁹que si confiesas con tu boca que Jesús es el Señor y crees en tu ˙corazón que Dios lo ˙levantó de entre los muertos, serás salvo. ¹⁰Porque con el corazón se cree para ser ˙justificado, pero con la boca se confiesa para ser salvo. ¹¹Así dice la Escritura: «Todo el que confíe en él no será defraudado».ʳ ¹²No hay diferencia entre judíos y no judíos, pues el mismo Señor es Señor de todos y bendice abundantemente a cuantos lo invocan, ¹³porque «todo el que invoque el nombre del Señor será salvo».ˢ

¹⁴Ahora bien, ¿cómo invocarán a aquel en quien no han creído? ¿Y cómo creerán en aquel de quien no han oído? ¿Y cómo oirán si no hay quien predique? ¹⁵¿Y cómo predicarán sin ser enviados? Así está escrito: «¡Qué hermosos son los pies de los que anuncian las ˙buenas noticias!».ᵗ

¹⁶Sin embargo, no todos los israelitas aceptaron las buenas noticias. Isaías dice: «Señor, ¿quién ha creído a nuestro mensaje?».ᵘ ¹⁷Así que la fe viene como resultado de oír el mensaje y el mensaje que se oye es la palabra de Cristo.ᵛ ¹⁸Pero pregunto: ¿Acaso no oyeron? ¡Claro que sí!

«Por toda la tierra se difundió su voz,
    ¡sus palabras llegan hasta los confines del
        mundo!».ʷ

ᵃ 5 Cristo … siempre! Alt. Cristo. ¡Dios, que está sobre todas las cosas, sea alabado por siempre! ᵇ 7 Gn 21:12. ᶜ 9 Gn 18:10, 14. ᵈ 12 Gn 25:23. ᵉ 13 Mal 1:2, 3. ᶠ 15 Éx 33:19. ᵍ 17 Éx 9:16. ʰ 20 Is 29:16; 45:9. ⁱ 22 objeto de su castigo. Lit. vasijas de ira. ʲ 25 Os 2:23. ᵏ 26 Os 1:10. ˡ 28 Is 10:22, 23. ᵐ 29 Is 1:9. ⁿ 33 Is 8:14; 28:16. ᵒ 5 Lv 18:5. ᵖ 6 Dt 30:12. ᵠ 8 Dt 30:14. ʳ 11 Is 28:16. ˢ 13 Jl 2:32. ᵗ 15 Is 52:7. ᵘ 16 Is 53:1. ᵛ 17 Cristo. Var. Dios. ʷ 18 Sal 19:4.

[19]Pero insisto: ¿Acaso no entendió Israel? En primer lugar, Moisés dice:

> «Yo haré que ustedes sientan envidia de los
>   que no son nación;
> voy a irritarlos con una nación insensata».[a]

[20]Luego Isaías se atreve a decir:

> «Dejé que me hallaran los que no me
>   buscaban;
> me di a conocer a los que no preguntaban
>   por mí».[b]

[21]En cambio, respecto de Israel, dice:

> «Todo el día extendí mis manos
>   hacia un pueblo desobediente y rebelde».[c]

El remanente de Israel

11 Por lo tanto, pregunto: ¿Acaso rechazó Dios a su pueblo? ¡De ninguna manera! Yo mismo soy israelita, descendiente de Abraham, de la tribu de Benjamín. [2]Dios no rechazó a su pueblo, al que de antemano conoció. ¿No saben lo que relata la Escritura en cuanto a Elías? Acusó a Israel delante de Dios: [3]«Señor, han matado a tus profetas y han derribado tus altares. Yo soy el único que ha quedado con vida, ¡y ahora quieren matarme a mí también!».[d] [4]¿Y qué le contestó la voz divina? «He apartado para mí siete mil hombres que no se han arrodillado ante Baal».[e] [5]Así también hay en la actualidad un remanente escogido por gracia. [6]Y si es por gracia, ya no es por obras; porque en tal caso la gracia ya no sería gracia.[f]

[7]¿Qué concluiremos? Pues que Israel no consiguió lo que tanto deseaba, pero sí lo consiguieron los elegidos. Los demás fueron endurecidos, [8]como está escrito:

> «Dios les dio un espíritu insensible,
>   ojos con los que no pueden ver
> y oídos con los que no pueden oír,
> hasta el día de hoy».[g]

[9]Y David dice:

> «Que sus banquetes se les conviertan en red
>   y en trampa,
> en ˚tropezadero y en castigo.
> [10]Que se les nublen los ojos para que no vean
>   y se encorven sus espaldas para siempre».[h]

Ramas injertadas

[11]Ahora pregunto: ¿Acaso tropezaron para no volver a levantarse? ¡De ninguna manera! Más bien, gracias a su desobediencia ha venido la salvación a los no judíos, para que Israel sienta celos. [12]Pero si su desobediencia ha enriquecido al mundo, es decir, si su fracaso ha enriquecido a los no judíos, ¡cuánto mayor será la riqueza que su plena restauración producirá! [13]Me dirijo ahora a ustedes, los no judíos. Como apóstol que soy de ustedes, le hago honor a mi ministerio, [14]pues quisiera ver si de algún modo despierto los celos de mi propio pueblo, para así salvar a algunos de ellos. [15]Pues, si el haberlos rechazado dio como resultado la reconciliación entre Dios y el mundo, ¿no será su restitución como volver de la muerte a la vida? [16]Si se consagra la parte de la masa que se ofrece como ˚primicias, también se consagra toda la masa; si la raíz es santa, también lo son las ramas.

[17]Ahora bien, es verdad que algunas de las ramas han sido desgajadas y que tú, siendo de olivo silvestre, has sido injertado entre las otras ramas. Ahora participas de la savia nutritiva de la raíz del olivo. [18]Sin embargo, no te vayas a creer mejor que las ramas originales. Y si te jactas de ello, ten en cuenta que no eres tú quien nutre a la raíz, sino que es la raíz la que te nutre a ti. [19]Tal vez dirás: «Desgajaron unas ramas para que yo fuera injertado». [20]De acuerdo. Pero ellas fueron desgajadas por su falta de fe y tú por la fe te mantienes firme. Así que no seas arrogante, sino temeroso; [21]porque, si Dios no tuvo miramientos con las ramas originales, tampoco los tendrá contigo.

[22]Por tanto, considera la bondad y la severidad de Dios: severidad hacia los que cayeron y bondad hacia ti. Pero si no te mantienes en su bondad, tú también serás desgajado. [23]Y si ellos dejan de ser incrédulos, serán injertados, porque Dios tiene poder para injertarlos de nuevo. [24]Después de todo, si tú fuiste cortado de un olivo silvestre, al que por naturaleza pertenecías, y contra tu condición natural fuiste injertado en un olivo cultivado, ¡con cuánta mayor facilidad las ramas naturales de ese olivo serán injertadas de nuevo en él!

Todo Israel será salvo

[25]Hermanos, quiero que entiendan este ˚misterio para que no se vuelvan presuntuosos. Parte de Israel se ha endurecido y así permanecerá hasta que haya entrado la totalidad de los no judíos. [26]De esta manera, todo Israel será salvo tal como está escrito:

> «El Redentor vendrá de Sión
>   y apartará de Jacob la impiedad.
> [27]Y este es mi pacto con ellos
>   cuando quite sus pecados».[i]

[28]Con respecto al ˚evangelio, los israelitas son enemigos de Dios para bien de ustedes; pero si tomamos en cuenta la elección, son amados de Dios por causa de los patriarcas, [29]porque los regalos de Dios son irrevocables, como lo es también su llamamiento. [30]De hecho, en otro tiempo ustedes fueron desobedientes a Dios; pero ahora, por la desobediencia de los israelitas, han sido objeto de su misericordia. [31]Así mismo, estos que han desobedecido recibirán misericordia ahora, como resultado de la misericordia de Dios hacia ustedes. [32]En fin, Dios ha sujetado a todos a la desobediencia, con el fin de tener misericordia de todos.

Doxología

> [33]¡Qué profundo es el conocimiento,
>   la riqueza y la sabiduría de Dios!
> ¡Qué indescifrables sus juicios
>   e impenetrables sus caminos!
> [34]«¿Quién ha conocido la mente del Señor
>   o quién ha sido su consejero?».[j]
> [35]«¿Quién primero dio algo a Dios,
>   para que luego Dios le pague?».[k]
> [36]Porque todas las cosas proceden de él,
>   y existen por él y para él.

¡A él sea la gloria por siempre! Amén.

---

[a] 19 Dt 32:21.   [b] 20 Is 65:1.   [c] 21 Is 65:2.   [d] 3 1R 19:10, 14.
[e] 4 1R 19:18.   [f] 6 no sería gracia. Var. no sería gracia. Pero si es por obras, ya no es gracia; porque en tal caso la obra ya no sería obra.   [g] 8 Dt 29:4; Is 29:10.   [h] 10 Sal 69:22, 23.
[i] 27 Is 59:20, 21; 27:9; Jer 31:33, 34.   [j] 34 Is 40:13.
[k] 35 Job 41:11.

Sacrificios vivos

12 Por lo tanto, hermanos, tomando en cuenta la misericordia de Dios, ruego que cada uno de ustedes, en adoración espiritual,ᵃ ofrezca su cuerpo como sacrificio vivo, ˚santo y agradable a Dios. ²No se amolden al mundo actual, sino sean transformados mediante la renovación de su mente. Así podrán comprobar cómo es la voluntad de Dios: buena, agradable y perfecta.

³Por la gracia que se me ha dado, digo a todos ustedes: Nadie tenga un concepto de sí más alto que el que debe tener, sino más bien piense de sí mismo con moderación, según la medida de fe que Dios le haya dado. ⁴Pues, así como cada uno de nosotros tiene un solo cuerpo con muchos miembros, y no todos estos miembros desempeñan la misma función, ⁵también nosotros, siendo muchos, formamos un solo cuerpo en Cristo, y cada miembro está unido a todos los demás. ⁶Tenemos dones diferentes, según la gracia que se nos ha dado. Si el don de alguien es el de profecía, que lo use en proporción con su fe;ᵇ ⁷si es el de prestar un servicio, que lo preste; si es el de enseñar, que enseñe; ⁸si es el de animar a otros, que los anime; si es el de socorrer a los necesitados, que dé con generosidad; si es el de dirigir, que dirija con esmero; si es el de mostrar compasión, que lo haga con alegría.

El amor

⁹El amor debe ser sincero. Aborrezcan el mal; aférrense al bien. ¹⁰Ámense los unos a los otros con amor fraternal, respetándose y honrándose mutuamente. ¹¹Nunca dejen de ser diligentes; antes bien, sirvan al Señor con el fervor que da el Espíritu. ¹²Alégrense en la esperanza, muestren paciencia en el sufrimiento, perseveren en la oración. ¹³Ayuden a los hermanos necesitados. Practiquen la hospitalidad. ¹⁴Bendigan a quienes los persigan; bendigan y no maldigan. ¹⁵Alégrense con los que están alegres; lloren con los que lloran. ¹⁶Vivan en armonía los unos con los otros. No sean arrogantes, sino háganse solidarios con los humildes.ᶜ No se crean los únicos que saben.

¹⁷No paguen a nadie mal por mal. Procuren hacer lo bueno delante de todos. ¹⁸Si es posible, y en cuanto dependa de ustedes, vivan en paz con todos. ¹⁹No tomen venganza, queridos hermanos, sino dejen el castigo en las manos de Dios, porque está escrito: «Mía es la venganza; yo pagaré»,ᵈ dice el Señor. ²⁰Antes bien,

«Si tu enemigo tiene hambre, dale de
    comer;
  si tiene sed, dale de beber.
Actuando así, harás que se avergüence de su
    conducta».ᵉ

²¹No te dejes vencer por el mal; al contrario, vence el mal con el bien.

El respeto a las autoridades

13 Todos deben someterse a las autoridades públicas, pues no hay autoridad que Dios no haya dispuesto, así que las que existen fueron establecidas por él. ²Por lo tanto, todo el que se opone a la autoridad se rebela contra lo que Dios ha instituido. Los que así proceden recibirán castigo. ³Porque los gobernantes no están para infundir terror a los que hacen lo bueno, sino a los que hacen lo malo. ¿Quieres librarte del miedo a la autoridad? Haz lo bueno y tendrás su aprobación, ⁴pues está al servicio de Dios para tu bien. Pero si haces lo malo, entonces debes tener miedo. No en vano lleva la espada, pues está al servicio de Dios para impartir justicia y castigar al malhechor. ⁵Así que es necesario someterse a las autoridades no solo para evitar el castigo, sino también por razones de conciencia.

⁶Por eso mismo pagan ustedes impuestos, pues las autoridades están al servicio de Dios, dedicadas precisamente a gobernar. ⁷Paguen a cada uno lo que corresponda: si deben impuestos, paguen los impuestos; si deben contribuciones, paguen las contribuciones; al que deban respeto, muéstrenle respeto; al que deban honor, ríndanle honor.

La responsabilidad hacia los demás

⁸No tengan deudas pendientes con nadie a no ser la de amarse unos a otros. De hecho, quien ama al prójimo ha cumplido la Ley. ⁹Porque los mandamientos que dicen: «No cometas adulterio», «no mates», «no robes», «no codicies»,ᶠ y todos los demás mandamientos, se resumen en este precepto: «Ama a tu prójimo como a ti mismo».ᵍ ¹⁰El amor no perjudica al prójimo. Así que el amor es el cumplimiento de la Ley.

¹¹Hagan todo esto estando conscientes del tiempo en que vivimos. Ya es hora de que despierten del sueño, pues nuestra salvación está ahora más cerca que cuando inicialmente creímos. ¹²La noche está muy avanzada y ya se acerca el día. Por eso, dejemos a un lado las obras de la oscuridad y pongámonos la armadura de la luz. ¹³Vivamos decentemente, como a la luz del día, no en orgías y borracheras, ni en inmoralidad sexual y libertinaje, ni en desacuerdos y envidias. ¹⁴Más bien, revístanse ustedes del Señor Jesucristo y no se preocupen por satisfacer los deseos de la ˚carne.

Los débiles y los fuertes

14 Reciban al que es débil en la fe, pero no para entrar en discusiones. ²A algunos su fe les permite comer de todo, pero hay quienes son débiles en la fe y solo comen verduras. ³El que come de todo no debe menospreciar al que no come ciertas cosas, y el que no come de todo no debe condenar al que lo hace, pues Dios lo ha aceptado. ⁴¿Quién eres tú para juzgar al siervo de otro? Que se mantenga firme o que caiga es asunto de su propio señor. Y se mantendrá firme, porque el Señor tiene poder para sostenerlo.

⁵Hay quien considera que un día tiene más importancia que otro, pero hay quien considera iguales todos los días. Cada uno debe estar firme en sus propias opiniones. ⁶El que le da importancia especial a cierto día, lo hace para el Señor. El que come de todo, come para el Señor y lo demuestra dándole gracias a Dios. El que no come, para el Señor se abstiene y también da gracias a Dios. ⁷Porque ninguno de nosotros vive para sí mismo ni tampoco muere para sí. ⁸Si vivimos, para el Señor vivimos; y si morimos, para el Señor morimos. Así pues, sea que vivamos o que muramos, del Señor somos. ⁹Para esto mismo murió Cristo y volvió a vivir, para ser Señor tanto de los que han muerto como de los que aún viven. ¹⁰Tú, entonces, ¿por qué juzgas a tu hermano? O tú, ¿por qué lo menosprecias? ¡Todos tendremos que comparecer ante el tribunal de Dios! ¹¹Está escrito:

ᵃ 1 *espiritual.* Alt. *racional.*   ᵇ 6 *en proporción con su fe.* Alt. *de acuerdo con la fe.*   ᶜ 16 *háganse ... humildes.* Alt. *estén dispuestos a ocuparse en oficios humildes.*   ᵈ 19 Dt 32:35.
ᵉ 20 *harás ... conducta.* Lit. *ascuas de fuego amontonarás sobre su cabeza* (Pr 25:21, 22).   ᶠ 9 Éx 20:13-15, 17; Dt 5:17-19, 21.
ᵍ 9 Lv 19:18.

«Tan cierto como que yo vivo», dice
el Señor,
«ante mí se doblará toda rodilla
y toda lengua confesará a Dios».[a]

¹²Así que cada uno de nosotros tendrá que dar cuentas de sí a Dios.

¹³Por tanto, dejemos de juzgarnos unos a otros. Más bien, propónganse no poner ˙tropiezos ni obstáculos al hermano. ¹⁴Yo, de mi parte, estoy plenamente convencido en el Señor Jesús de que no hay nada ˙impuro en sí mismo. Si algo es impuro, lo es solamente para quien así lo considera. ¹⁵Ahora bien, si tu hermano se angustia por causa de lo que comes, ya no te comportas según amor. No destruyas, por causa de la comida, al hermano por quien Cristo murió. ¹⁶En una palabra, no den lugar a que se hable mal de lo que ustedes practican, ¹⁷porque el reino de Dios no es cuestión de comidas o bebidas, sino de justicia, paz y alegría en el Espíritu Santo. ¹⁸El que de esta manera sirve a Cristo agrada a Dios y es aprobado por sus semejantes.

¹⁹Por lo tanto, esforcémonos por promover todo lo que conduzca a la paz y a la mutua edificación. ²⁰No destruyas la obra de Dios por causa de la comida. Todo alimento es puro; lo malo es hacer tropezar a otros por lo que uno come. ²¹Más vale no comer carne ni beber vino, ni hacer nada que haga ˙caer a tu hermano.

²²Así que la convicción[b] que tengas tú al respecto, mantenla como algo entre Dios y tú. ˙Dichoso aquel a quien su conciencia no lo acusa por lo que hace. ²³Pero el que tiene dudas en cuanto a lo que come se condena; porque no lo hace por convicción. Y todo lo que no se hace por convicción es pecado.

15 Los fuertes en la fe debemos apoyar a los débiles, en vez de hacer lo que nos agrada. ²Cada uno debe agradar al prójimo para su bien con el fin de edificarlo. ³Porque ni siquiera Cristo se agradó a sí mismo, sino como está escrito: «Sobre mí han recaído las burlas de los que te insultan».[c] ⁴De hecho, todo lo que se escribió en el pasado se escribió para enseñarnos, a fin de que alentados por las Escrituras, perseveremos en mantener nuestra esperanza.

⁵Que el Dios que infunde aliento y perseverancia les conceda vivir juntos en armonía, conforme al ejemplo de Cristo Jesús, ⁶para que con un solo corazón y a una sola voz glorifiquen al Dios y Padre de nuestro Señor Jesucristo.

⁷Por tanto, acéptense mutuamente, así como Cristo los aceptó a ustedes para gloria de Dios. ⁸Les digo que Cristo se hizo servidor de los judíos[d] para demostrar la fidelidad de Dios, a fin de confirmar las promesas hechas a los patriarcas, ⁹y para que los no judíos glorifiquen a Dios por su misericordia, como está escrito:

«Por eso te alabaré entre las ˙naciones;
cantaré salmos a tu nombre».[e]

¹⁰En otro pasaje dice:

«Alégrense, naciones, con el pueblo de Dios».[f]

¹¹Y en otra parte:

«¡Alaben al Señor, naciones todas!
¡Pueblos todos, cántenle alabanzas!».[g]

¹²A su vez, Isaías afirma:

«Brotará la raíz de Isaí,

el que se levantará para gobernar a las
naciones;
en él los pueblos pondrán su esperanza».[h]

¹³Que el Dios de la esperanza los llene de toda alegría y paz a ustedes que creen en él, para que rebosen de esperanza por el poder del Espíritu Santo.

Pablo y su trabajo entre los no judíos

¹⁴Por mi parte, hermanos míos, estoy seguro de que ustedes mismos rebosan de bondad, abundan en conocimiento y están capacitados para instruirse unos a otros. ¹⁵Sin embargo, les he escrito con mucha franqueza sobre algunos asuntos, como para refrescarles la memoria. Me he atrevido a hacerlo por causa de la gracia que Dios me dio ¹⁶para ser ministro de Cristo Jesús a los no judíos. Yo tengo el deber sacerdotal de proclamar el ˙evangelio de Dios, a fin de que los no judíos lleguen a ser una ofrenda aceptable a Dios, ˙santificada por el Espíritu Santo.

¹⁷Por tanto, mi servicio a Dios es para mí motivo de ˙orgullo en Cristo Jesús. ¹⁸No me atreveré a hablar de nada sino de lo que Cristo ha hecho por medio de mí para que los no judíos lleguen a obedecer a Dios. Lo he hecho con palabras y obras, ¹⁹mediante poderosas señales y milagros, por el poder del Espíritu de Dios. Así que, habiendo comenzado en Jerusalén, he completado la proclamación del evangelio de Cristo por todas partes, hasta la región de Iliria. ²⁰En efecto, mi propósito ha sido predicar las ˙buenas noticias donde Cristo no sea conocido, para no edificar sobre fundamento ajeno. ²¹Más bien, como está escrito:

«Los que nunca habían recibido noticia de él
lo verán;
y entenderán los que no habían oído hablar
de él».[i]

²²Este trabajo es lo que muchas veces me ha impedido ir a visitarlos.

Pablo piensa visitar Roma

²³Pero ahora que ya no me queda un lugar dónde trabajar en estas regiones, y como desde hace muchos años anhelo verlos, ²⁴tengo planes de visitarlos cuando vaya rumbo a España. Espero que, después de que haya disfrutado de la compañía de ustedes por algún tiempo, me ayuden a continuar el viaje. ²⁵Por ahora, voy a Jerusalén para llevar ayuda a los hermanos, ²⁶ya que Macedonia y Acaya tuvieron a bien hacer una colecta para los hermanos pobres de Jerusalén. ²⁷Lo hicieron de buena voluntad, aunque en realidad era su obligación hacerlo. Porque, si los no judíos han participado de las bendiciones espirituales de los judíos, están en deuda con ellos para servirles con las bendiciones materiales. ²⁸Así que, una vez que yo haya cumplido esta tarea y entregado en sus manos este fruto, saldré para España y de paso los visitaré a ustedes. ²⁹Sé que, cuando los visite, iré con la abundante bendición de Cristo.

³⁰Les ruego, hermanos, por nuestro Señor Jesucristo y por el amor del Espíritu, que se unan conmigo en esta lucha y que oren a Dios por mí. ³¹Pídanle que me libre de caer en manos de los incrédulos que están en Judea, y que los hermanos de

---

a 11 Is 45:23.   *b* 22 *convicción.* Lit. *fe;* también en v. 23.
c 3 Sal 69:9.   *d* 8 *de los judíos.* Lit. *de la circuncisión.*
e 9 2S 22:50; Sal 18:49.   *f* 10 Dt 32:43.   *g* 11 Sal 117:1.
h 12 Is 11:10.   *i* 21 Is 52:15.

Jerusalén reciban bien la ayuda que les llevo. ³²De este modo, por la voluntad de Dios, llegaré a ustedes con alegría y podré descansar entre ustedes por algún tiempo. ³³El Dios de paz sea con todos ustedes. Amén.

Saludos personales

16 Les recomiendo a nuestra hermana Febe, diaconisa de la iglesia de Cencreas. ²Pido que la reciban dignamente en el Señor, como conviene hacerlo entre hermanos en la fe; préstenle toda la ayuda que necesite, porque ella ha ayudado a muchas personas, entre las que me cuento yo.

³Saluden a *Priscila y a Aquila, mis compañeros de trabajo en Cristo Jesús. ⁴Por salvarme la *vida, ellos arriesgaron la suya. Tanto yo como todas las iglesias de los no judíos les estamos agradecidos.
⁵Saluden igualmente a la iglesia que se reúne en la casa de ellos.
Saluden a mi querido hermano Epeneto, el primer convertido a Cristo en la provincia de *Asia.ᵃ
⁶Saluden a María, que tanto ha trabajado por ustedes.
⁷Saluden a Andrónico y a Junías,ᵇ mis parientes y compañeros de cárcel, destacados entre los apóstoles y convertidos a Cristo antes que yo.
⁸Saluden a Amplias, mi querido hermano en el Señor.
⁹Saluden a Urbano, nuestro compañero de trabajo en Cristo, y a mi querido hermano Estaquis.
¹⁰Saluden a Apeles, que ha dado tantas pruebas de su fe en Cristo.
Saluden a los de la familia de Aristóbulo.
¹¹Saluden a Herodión, mi pariente.
Saluden a los de la familia de Narciso, fieles en el Señor.
¹²Saluden a Trifena y a Trifosa, las cuales se esfuerzan trabajando por el Señor.
Saluden a mi querida hermana Pérsida, que ha trabajado muchísimo en el Señor.

¹³Saluden a Rufo, distinguido creyente en el Señor,ᶜ y a su madre, que ha sido también como una madre para mí.
¹⁴Saluden a Asíncrito, a Flegonte, a Hermes, a Patrobas, a Hermas y a los hermanos que están con ellos.
¹⁵Saluden a Filólogo, a Julia, a Nereo y a su hermana, a Olimpas y a todos los hermanos que están con ellos.
¹⁶Salúdense unos a otros con un beso santo.
Todas las iglesias de Cristo les mandan saludos.

¹⁷Ruego, hermanos, que se cuiden de los que causan divisiones y dificultades, y van en contra de lo que a ustedes se les ha enseñado. ¹⁸Tales individuos no sirven a Cristo nuestro Señor, sino a sus propios deseos.ᵈ Con palabras suaves y lisonjeras engañan a los ingenuos. ¹⁹Es cierto que ustedes viven en obediencia, lo que es bien conocido de todos y me alegra mucho; pero quiero que sean astutos para el bien e inocentes para el mal.

²⁰El Dios de paz aplastará muy pronto a Satanás bajo los pies de ustedes.

Que la gracia de nuestro Señor Jesús sea con ustedes.

²¹Saludos de parte de Timoteo, mi compañero de trabajo, como también de Lucio, Jasón y Sosípater, mis parientes.
²²Yo, Tercio, que escribo esta carta, los saludo en el Señor.
²³Saludos de parte de Gayo, de cuya hospitalidad disfrutamos yo y toda la iglesia de este lugar.
También mandan saludos Erasto, que es el tesorero de la ciudad, y nuestro hermano Cuarto. ²⁴ᵉ

²⁵Al que puede fortalecerlos a ustedes conforme a mi *evangelio y a la predicación acerca de Jesucristo, según la revelación del *misterio que durante largos siglos se mantuvo en secreto, ²⁶pero que ahora ha sido revelado por medio de los escritos proféticos, según el propio mandato del Dios eterno, para que todas las *naciones obedezcan a la fe, ²⁷al único sabio Dios, sea la gloria para siempre por medio de Jesucristo. Amén.

ᵃ 5 el primer … Asia. Lit. las primicias de Asia. ᵇ 7 Junías.
Alt. Junia. ᶜ 13 distinguido … en el Señor. Lit. escogido en el Señor. ᵈ 18 sus propios deseos. Lit. su propio estómago.
ᵉ 24 Algunos manuscritos agregan lo siguiente: La gracia de nuestro Señor Jesucristo sea con todos ustedes. Amén.

Primera Carta a los
Corintios

1 Pablo, llamado por la voluntad de Dios a ser após-tol de *Cristo Jesús, y nuestro hermano Sóstenes,

²a la iglesia de Dios que está en Corinto, a los que han sido *santificados en Cristo Jesús y llamados a ser su santo pueblo, junto con todos los que en todas partes invocan el nombre de nuestro Señor Jesucristo, Señor de ellos y de nosotros:

³Que Dios nuestro Padre y el Señor Jesucristo les concedan gracia y paz.

Acción de gracias

⁴Siempre doy gracias a mi Dios por ustedes, pues en Cristo Jesús, él les ha dado su gracia. ⁵Unidos a Cristo ustedes se han llenado de toda riqueza, tanto en palabra como en conocimiento. ⁶Así se ha con-firmado en ustedes nuestro testimonio acerca de Cristo, ⁷de modo que no les falta ningún don espiri-tual mientras esperan con ansias que se manifieste nuestro Señor Jesucristo. ⁸Él los mantendrá firmes hasta el fin, para que no sean reprendidos en el día de nuestro Señor Jesucristo. ⁹Fiel es Dios, quien los ha llamado a tener comunión con su Hijo Jesucristo, nuestro Señor.

Divisiones en la iglesia

¹⁰Les suplico, hermanos, en el nombre de nuestro Señor Jesucristo, que vivan en armonía y que no haya divisiones entre ustedes, sino que se man-tengan unidos en un mismo pensar y en un mismo propósito. ¹¹Digo esto, hermanos míos, porque algu-nos de la familia de Cloé me han informado que hay rivalidades entre ustedes. ¹²Me refiero a que unos dicen: «Yo sigo a Pablo»; otros afirman: «Yo, a Apolos»; otros: «Yo, a *Cefas»; y otros: «Yo, a Cristo». ¹³¡Cómo! ¿Está dividido Cristo? ¿Acaso Pablo fue crucificado por ustedes? ¿O es que fueron bautizados en el nombre de Pablo? ¹⁴Gracias a Dios que no bauti-cé a ninguno de ustedes, excepto a Crispo y a Gayo, ¹⁵de modo que nadie puede decir que fue bautizado en mi nombre. ¹⁶Bueno, también bauticé a la fami-lia de Estéfanas; fuera de estos, no recuerdo haber bautizado a ningún otro. ¹⁷Pues Cristo no me envió a bautizar, sino a predicar las *buenas noticias y eso sin discursos de sabiduría humana, para que la cruz de Cristo no perdiera su eficacia.

Cristo, sabiduría y poder de Dios

¹⁸Me explico: El mensaje de la cruz es una locura para los que se pierden; en cambio, para los que se salvan, es decir, para nosotros, este mensaje es el poder de Dios. ¹⁹Pues está escrito:

«Destruiré la sabiduría de los sabios;
     frustraré la inteligencia de los
          inteligentes».ᵃ

²⁰¿Dónde está el sabio? ¿Dónde el erudito? ¿Dónde el filósofo de esta época? ¿No ha convertido Dios en locura la sabiduría de este mundo? ²¹Ya que Dios, en su sabio designio, dispuso que el mundo no lo conociera mediante la sabiduría humana, tuvo a bien salvar, mediante la locura de la predicación, a los que creen. ²²Los judíos piden señales y los que no son judíos buscan sabiduría, ²³mientras que noso-tros predicamos a Cristo crucificado. Este mensaje es motivo de *tropiezo para los judíos y es locura para los no judíos, ²⁴pero para los que Dios ha llamado, sean judíos o no sean, Cristo es el poder de Dios y la sabiduría de Dios. ²⁵Pues la locura de Dios es más sabia que la sabiduría humana, y la debilidad de Dios es más fuerte que la fuerza humana.

²⁶Hermanos, consideren su propio llamamiento: no muchos de ustedes son sabios, según criterios meramente *humanos; tampoco son muchos los poderosos ni muchos los de noble cuna. ²⁷Pero Dios escogió lo tonto del mundo para avergonzar a los sabios, y escogió lo débil del mundo para avergonzar a los poderosos. ²⁸También escogió Dios lo más bajo y despreciado, y lo que no es nada, para anular lo que es, ²⁹a fin de que en su presencia nadie pueda jactarse. ³⁰Pero gracias a él ustedes están unidos en Cristo Jesús, a quien Dios ha hecho nuestra sabidu-ría, *justificación, *santificación y redención; ³¹para que, como está escrito: «Si alguien ha de gloriarse, que se gloríe en el Señor».ᵇ

2 Yo mismo, hermanos, cuando fui a anunciar-les el misterio de Dios, no lo hice con gran elo-cuencia y sabiduría. ²Me decidí más bien, estando entre ustedes, a no saber de cosa alguna, excepto de Jesucristo y de este crucificado. ³Es más, me presenté ante ustedes con tanta debilidad que temblaba de miedo. ⁴No les hablé ni prediqué con palabras sabias y elocuentes, sino con demostración del poder del Espíritu, ⁵para que la fe de ustedes no dependiera de la sabiduría humana, sino del poder de Dios.

Sabiduría procedente del Espíritu

⁶En cambio, hablamos con sabiduría entre los que han alcanzado madurez, pero no con la sabiduría de este mundo ni con la de sus gobernantes, los cuales terminarán en nada. ⁷Más bien, exponemos el *mis-terio de la sabiduría de Dios, una sabiduría que ha estado escondida y que Dios había destinado para nuestra gloria desde la eternidad. ⁸Ninguno de los gobernantes de este mundo la entendió, porque de haberla entendido no habrían crucificado al Señor de la gloria. ⁹Sin embargo, como está escrito:

«Ningún ojo ha visto,
     ningún oído ha escuchado,
ningún corazónᶜ ha concebido
     lo que Dios ha preparado para quienes lo
          aman».ᵈ

ᵃ **19** Is 29:14.   ᵇ **31** Jer 9:24.   ᶜ **9** *corazón*. En la Biblia se usa para designar el asiento de las emociones, pensamientos y voluntad, es decir, el proceso de toma de decisiones del ser humano.   ᵈ **9** Is 64:4.

¹⁰Ahora bien, Dios nos ha revelado esto por medio de su Espíritu, pues el Espíritu lo examina todo, hasta las profundidades de Dios. ¹¹En efecto, ¿quién conoce los pensamientos del °ser humano sino su propio espíritu que está en él? Así mismo, nadie conoce los pensamientos de Dios sino el Espíritu de Dios. ¹²Nosotros no hemos recibido el espíritu del mundo, sino el Espíritu que procede de Dios para que entendamos lo que por su gracia él nos ha concedido. ¹³Esto es precisamente de lo que hablamos, no con las palabras que enseña la sabiduría humana, sino con las que enseña el Espíritu, explicando lo espiritual en términos espirituales.ᵃ ¹⁴El que no tiene el Espíritu no acepta lo que procede del Espíritu de Dios, pues para él es locura. No puede entenderlo, porque hay que discernirlo espiritualmente. ¹⁵En cambio, el que es espiritual lo juzga todo, aunque él mismo no está sujeto al juicio de nadie, porque

¹⁶ «¿quién ha conocido la mente del Señor
   para que pueda instruirlo?».ᵇ

Nosotros, por nuestra parte, tenemos la mente de Cristo.

Sobre las divisiones en la iglesia

3 Yo, hermanos, no pude dirigirme a ustedes como a espirituales, sino como a inmaduros,ᶜ apenas niños en Cristo. ²Les di leche porque no podían asimilar alimento sólido, ni pueden todavía, ³pues aún son inmaduros. Mientras haya entre ustedes celos y contiendas, ¿no serán inmaduros? ¿Acaso no se están comportando según criterios meramente °humanos? ⁴Cuando uno afirma: «Yo sigo a Pablo», y otro: «Yo sigo a Apolos», ¿no es porque están actuando con criterios humanos?ᵈ

⁵Después de todo, ¿qué es Apolos? ¿Y qué es Pablo? Nada más que servidores por medio de los cuales ustedes llegaron a creer, según lo que el Señor asignó a cada uno. ⁶Yo sembré, Apolos regó, pero Dios ha dado el crecimiento. ⁷Así que no cuenta ni el que siembra ni el que riega, sino solo Dios porque es quien hace crecer. ⁸El que siembra y el que riega están al mismo nivel, aunque cada uno será recompensado según su propio trabajo. ⁹En efecto, nosotros somos colaboradores al servicio de Dios; y ustedes son el campo de cultivo de Dios, son el edificio de Dios.

¹⁰Según la gracia que Dios me ha dado, yo, como maestro constructor, puse el fundamento y otro construye sobre él. Pero cada uno tenga cuidado de cómo construye, ¹¹porque nadie puede poner un fundamento diferente del que ya está puesto, que es Jesucristo. ¹²Si alguien construye sobre este fundamento ya sea con oro, plata y piedras preciosas, o con madera, heno y paja, ¹³su obra se mostrará tal cual es, pues el día del juicio la dejará al descubierto. El fuego la dará a conocer y pondrá a prueba la calidad del trabajo de cada uno. ¹⁴Si lo que alguien ha construido permanece, recibirá su recompensa. ¹⁵pero si su obra es consumida por las llamas, él sufrirá pérdida. Será salvo, pero como quien pasa por el fuego.

¹⁶¿No saben que ustedes son templo de Dios y que el Espíritu de Dios habita en ustedes? ¹⁷Si alguno destruye el templo de Dios, él mismo será destruido por Dios; porque el templo de Dios es sagrado y ustedes son ese templo.

¹⁸Que nadie se engañe. Si alguno de ustedes se cree sabio según las normas de esta época, hágase ignorante para así llegar a ser sabio. ¹⁹Porque a los ojos de Dios la sabiduría de este mundo es locura. Como está escrito: «Él atrapa a los sabios en su propia astucia»;ᵉ ²⁰y también dice: «El Señor conoce los pensamientos de los sabios y sabe que son vanidad».ᶠ ²¹Por lo tanto, que nadie base su °orgullo en los seres humanos. Al fin y al cabo, todo es de ustedes, ²²ya sea Pablo, o Apolos, o °Cefas, o el mundo, o la vida, o la muerte, o lo presente o el porvenir; todo es de ustedes, ²³y ustedes son de Cristo, y Cristo es de Dios.

Apóstoles de Cristo

4 Que todos nos consideren servidores de Cristo, encargados de administrar los °misterios de Dios. ²Ahora bien, a los que reciben un encargo se les exige que demuestren ser dignos de confianza. ³Por mi parte, muy poco me preocupa que me juzguen ustedes o cualquier tribunal humano; es más, ni siquiera me juzgo a mí mismo. ⁴Porque aunque la conciencia no me remuerde, no por eso quedo absuelto; el que me juzga es el Señor. ⁵Por lo tanto, no juzguen nada antes de tiempo; esperen hasta que venga el Señor. Él sacará a la luz lo que está oculto en la oscuridad y pondrá al descubierto las intenciones de cada °corazón. Entonces cada uno recibirá de Dios la alabanza que le corresponda.

⁶Hermanos, todo esto lo he aplicado a Apolos y a mí mismo para beneficio de ustedes, con el fin de que aprendan de nosotros aquello de «no ir más allá de lo que está escrito». Así ninguno de ustedes podrá engreírse de haber favorecido al uno en perjuicio del otro. ⁷¿Quién te distingue de los demás? ¿Qué tienes que no hayas recibido? Y si lo recibiste, ¿por qué presumes como si no te lo hubieran dado?

⁸¡Ya tienen todo lo que desean! ¡Ya se han enriquecido! ¡Han llegado a ser reyes, y eso sin nosotros! ¡Ojalá fueran de veras reyes para que también nosotros reináramos con ustedes! ⁹Por lo que veo, a nosotros los apóstoles Dios nos ha hecho desfilar en el último lugar, como a los sentenciados a muerte. Hemos llegado a ser un espectáculo para todo el universo, tanto para los ángeles como para los hombres. ¹⁰¡Por causa de Cristo nosotros somos los ignorantes; ustedes en Cristo son los inteligentes! ¡Los débiles somos nosotros, los fuertes son ustedes! ¡A ustedes se les estima, a nosotros se nos desprecia! ¹¹Hasta el momento pasamos hambre, tenemos sed, nos falta ropa, se nos maltrata, no tenemos lugar fijo dónde vivir. ¹²Con estas manos trabajamos duro. Si nos maldicen, bendecimos; si nos persiguen, lo soportamos; ¹³si nos calumnian, los tratamos con gentileza. Se nos considera la escoria de la tierra, la basura del mundo, y así hasta el día de hoy.

¹⁴No escribo esto para avergonzarlos, sino para amonestarlos, como a hijos míos amados. ¹⁵De hecho, aunque tuvieran ustedes miles de tutores en Cristo, padres sí que no tienen muchos, porque mediante el °evangelio yo fui el padre que los engendró en Cristo Jesús. ¹⁶Por tanto, les ruego que sigan mi ejemplo. ¹⁷Con este propósito envié a Timoteo, mi amado y fiel hijo en el Señor. Él les recordará mi comportamiento en Cristo Jesús, como enseño por todas partes y en todas las iglesias.

¹⁸Ahora bien, algunos de ustedes se han vuelto arrogantes, pensando que no iré a verlos. ¹⁹Lo cierto es que, si el Señor quiere, iré a visitarlos muy pronto, y ya veremos no solo cómo hablan, sino

---

ᵃ **13** *explicando ... espirituales.* Alt. *interpretamos verdades espirituales a personas espirituales.* ᵇ **16** Is 40:13, según LXX. ᶜ **1** *inmaduros.* Lit. *carnales*; también en v. 3. ᵈ **4** *¿no es ... humanos?* Lit. *¿no son ustedes hombres?* ᵉ **19** Job 5:13. ᶠ **20** Sal 94:11.

cuánto poder tienen esos presumidos. ²⁰Porque el reino de Dios no es cuestión de palabras, sino de poder. ²¹¿Qué prefieren? ¿Que vaya a verlos con un látigo, o con amor y humildad?

¡Expulsen al hermano inmoral!

5 Es ya del dominio público que hay entre ustedes un caso de inmoralidad sexual que ni siquiera entre los *paganos se tolera, a saber, que uno de ustedes tiene por mujer a la esposa de su padre. ²¡Y de esto se sienten orgullosos! ¿No debieran, más bien, haber lamentado lo sucedido y expulsado de entre ustedes al que hizo tal cosa? ³Yo, por mi parte, aunque no estoy físicamente entre ustedes, sí estoy presente en espíritu y ya he juzgado, como si estuviera presente, al que cometió este pecado. ⁴Cuando se reúnan y yo los acompañe en espíritu, en el nombre de nuestro Señor Jesús y con su poder, ⁵entreguen a este hombre a Satanás para destrucción de su *carne*ᵃ a fin de que su espíritu sea salvo en el día del Señor.

⁶Hacen mal en jactarse. ¿No se dan cuenta de que un poco de levadura fermenta toda la masa? ⁷Deshágause de la vieja levadura para que sean masa nueva, panes sin levadura, como lo son en realidad. Porque Cristo, nuestro Cordero pascual, ya ha sido sacrificado. ⁸Así que celebremos nuestra Pascua no con la vieja levadura, que es la malicia y la perversidad, sino con pan sin levadura, que es la sinceridad y la verdad.

⁹Por carta ya les he dicho que no se relacionen con personas inmorales. ¹⁰Por supuesto, no me refería a la gente inmoral de este mundo, ni a los avaros, estafadores o idólatras. En tal caso, tendrían ustedes que salir de este mundo. ¹¹Pero en esta carta quiero aclararles que no deben relacionarse con nadie que, llamándose hermano, sea inmoral o avaro, idólatra, calumniador, borracho o estafador. Con tal persona ni siquiera deben juntarse para comer.

¹²¿Acaso me toca a mí juzgar a los de afuera? ¿No son ustedes los que deben juzgar a los de adentro? ¹³Dios juzgará a los de afuera. «Expulsen al malvado de entre ustedes».ᵇ

Pleitos entre creyentes

6 Si alguno de ustedes tiene un pleito con otro, ¿cómo se atreve a presentar demanda ante los injustos, en vez de acudir a los *creyentes? ²¿Acaso no saben que los creyentes juzgarán al mundo? Y si ustedes han de juzgar al mundo, ¿cómo no van a ser capaces de juzgar casos insignificantes? ³¿No saben que aun a los ángeles los juzgaremos? ¡Cuánto más los asuntos de esta vida! ⁴Por tanto, si tienen pleitos sobre tales asuntos, ¿cómo es que nombran como jueces a los que no cuentan para nada ante la iglesia?ᶜ ⁵Digo esto para que les dé vergüenza. ¿Acaso no hay entre ustedes nadie lo bastante sabio como para juzgar un pleito entre creyentes? ⁶Al contrario, un hermano demanda a otro, ¡y esto ante los incrédulos!

⁷En realidad, ya es una grave falla el solo hecho de que haya pleitos entre ustedes. ¿No sería mejor soportar la injusticia? ¿No sería mejor dejar que los defrauden? ⁸Lejos de eso, son ustedes los que defraudan y cometen injusticias, ¡y conste que se trata de sus hermanos!

⁹¿No saben que los injustos no heredarán el reino de Dios? ¡No se dejen engañar! Ni los inmorales sexuales, ni los idólatras, ni los adúlteros, ni los sodomitas, ni los homosexuales, ¹⁰ni los ladrones, ni los avaros, ni los borrachos, ni los calumniadores, ni los estafadores heredarán el reino de Dios. ¹¹Y eso eran algunos de ustedes. Pero ya han sido lavados, *santificados y *justificados en el nombre del Señor Jesucristo y por el Espíritu de nuestro Dios.

La inmoralidad sexual

¹²«Todo me está permitido», pero no todo es para mi bien. «Todo me está permitido», pero no dejaré que nada me domine. ¹³«Los alimentos son para el estómago y el estómago para los alimentos»; así es, y Dios los destruirá a ambos. Pero el cuerpo no es para la inmoralidad sexual, sino para el Señor, y el Señor para el cuerpo. ¹⁴Con su poder Dios resucitó al Señor y nos resucitará también a nosotros. ¹⁵¿No saben que sus cuerpos son miembros de Cristo mismo? ¿Tomaré acaso los miembros de Cristo para unirlos con una prostituta? ¡Jamás! ¹⁶¿No saben que el que se une a una prostituta se hace un solo cuerpo con ella? Pues la Escritura dice: «Los dos llegarán a ser uno solo».ᵈ ¹⁷Pero el que se une al Señor se hace uno con él en espíritu.

¹⁸Huyan de la inmoralidad sexual. Todos los demás pecados que una persona comete quedan fuera de su cuerpo; pero el que comete inmoralidades sexuales peca contra su propio cuerpo. ¹⁹¿Acaso no saben que su cuerpo es templo del Espíritu Santo, quien está en ustedes y al que han recibido de parte de Dios? Ustedes no son sus propios dueños; ²⁰fueron comprados por un precio. Por tanto, glorifiquen con su cuerpo a Dios.

Consejos matrimoniales

7 Paso ahora a los asuntos que me plantearon por escrito: «Es mejor no tener relaciones sexuales».ᵉ ²Pero en vista de tanta inmoralidad, cada hombre debe tener su propia esposa y cada mujer su propio esposo. ³El hombre debe cumplir su deber conyugal con su esposa e igualmente la mujer con su esposo. ⁴La mujer ya no tiene derecho sobre su propio cuerpo, sino su esposo. Tampoco el hombre tiene derecho sobre su propio cuerpo, sino su esposa. ⁵No se nieguen el uno al otro, a no ser de común acuerdo y solo por un tiempo, para dedicarse a la oración. No tarden en volver a unirse nuevamente; de lo contrario, pueden caer en *tentación de Satanás, por falta de dominio propio. ⁶Ahora bien, esto lo digo como una concesión y no como una orden. ⁷En realidad, preferiría que todos fueran como yo. No obstante, cada uno tiene de Dios su propio don: este posee uno; aquel, otro.

⁸A los solteros y a las viudas les digo que sería mejor que se quedaran como yo. ⁹Pero si no pueden dominarse, que se casen, porque es preferible casarse que quemarse de pasión.

¹⁰A los casados doy la siguiente orden (no yo, sino el Señor): que la mujer no se separe de su esposo. ¹¹Sin embargo, si se separa, que no se vuelva a casar; de lo contrario, que se reconcilie con su esposo. Así mismo, que el hombre no se divorcie de su esposa.

¹²A los demás les digo yo (no es mandamiento del Señor): Si algún hermano tiene una esposa que no es creyente y ella consiente en vivir con él, que no se divorcie de ella. ¹³Y, si una mujer tiene un esposo que no es creyente y él consiente en vivir con ella, que no se divorcie de él. ¹⁴Porque el esposo no creyente ha sido *santificado por la unión con su esposa, y la esposa no creyente ha sido santificada por la unión con su esposo creyente. Si así no fuera, sus hijos serían impuros, mientras que, de hecho, son considerados *santos.

ᵃ 5 En contextos como estos la palabra griega para carne (*sarx*) se refiere a la naturaleza pecaminosa de los seres humanos, a menudo presentada en oposición al Espíritu.   ᵇ 13 Dt 17:7; 19:19; 21:21; 22:21, 24; 24:7.   ᶜ 4 ¿cómo … iglesia? Alt. inombren como jueces aun a los que no cuentan para nada ante la iglesia!   ᵈ 16 Gn 2:24.   ᵉ 1 «Es … sexuales». Lit. Es bueno para el hombre no tocar mujer.

¹⁵Sin embargo, si el cónyuge no creyente decide separarse, no se lo impidan. En tales circunstancias, el cónyuge creyente queda sin obligación; Dios nos ha llamado a vivir en paz. ¹⁶¿Cómo sabes tú, mujer, si acaso salvarás a tu esposo? ¿O cómo sabes tú, hombre, si acaso salvarás a tu esposa?

¹⁷En cualquier caso, cada uno debe vivir conforme a la condición que el Señor le asignó y a la cual Dios lo ha llamado. Esta es la norma que establezco en todas las iglesias. ¹⁸¿Fue llamado alguno estando ya ˚circuncidado? Que no disimule su condición. ¿Fue llamado alguno sin estar circuncidado? Que no se circuncide. ¹⁹Para nada cuenta estar o no estar circuncidado, lo que importa es cumplir los mandatos de Dios. ²⁰Que cada uno permanezca en la condición en que estaba cuando Dios lo llamó. ²¹¿Eras ˚esclavo cuando fuiste llamado? No te preocupes, aunque, si tienes la oportunidad de conseguir tu libertad, aprovéchala. ²²Porque el que era esclavo cuando el Señor lo llamó es un liberto del Señor; del mismo modo, el que era libre cuando fue llamado es un esclavo de Cristo. ²³Ustedes fueron comprados por un precio; no se vuelvan esclavos de nadie. ²⁴Hermanos, cada uno permanezca ante Dios en la condición en que estaba cuando Dios lo llamó.

²⁵En cuanto a las personas solteras,ᵃ no tengo ningún mandato del Señor, pero doy mi opinión como quien por la misericordia del Señor es digno de confianza. ²⁶Pienso que, a causa de la crisis actual, es bueno que cada persona se quede como está. ²⁷¿Estás casado? No procures divorciarte. ¿Estás sin esposa? No busques una. ²⁸Pero si te casas, no pecas; y si una jovenᵇ se casa, tampoco comete pecado. Sin embargo, los que se casan tendrán que pasar por muchos aprietosᶜ y yo quiero evitárselos.

²⁹Lo que quiero decir, hermanos, es que nos queda poco tiempo. De aquí en adelante los que tienen esposa deben vivir como si no la tuvieran; ³⁰los que lloran, como si no lloraran; los que se alegran, como si no se alegraran; los que compran algo, como si no lo poseyeran; ³¹los que disfrutan de las cosas de este mundo, como si no disfrutaran de ellas; porque este mundo, en su forma actual, está por desaparecer.

³²Yo preferiría que estuvieran libres de preocupaciones. El soltero se preocupa de las cosas del Señor y de cómo agradarlo. ³³Pero el casado se preocupa de las cosas de este mundo y de cómo agradar a su esposa; ³⁴sus intereses están divididos. La mujer no casada, lo mismo que la joven soltera,ᵈ se preocupa de las cosas del Señor; se afana por consagrarse al Señor tanto en cuerpo como en espíritu. Pero la casada se preocupa de las cosas de este mundo y de cómo agradar a su esposo. ³⁵Les digo esto por su propio bien, no para ponerles restricciones, sino para que vivan con decoro y plenamente dedicados al Señor.

³⁶Si alguno piensa que no está tratando a su prometidaᵉ como es debido y ella ha llegado ya a su madurez, por lo cual él se siente obligado a casarse, que lo haga. Con eso no peca; que se casen. ³⁷Pero

el que se mantiene firme en su propósito y no está dominado por sus impulsos, sino que domina su propia voluntad y ha resuelto no casarse con su prometida, también hace bien. ³⁸De modo que el que se casa con su prometida hace bien, pero el que no se casa hace mejor.ᶠ

³⁹La mujer está ligada a su esposo mientras él vive; pero si el esposo muere, ella queda libre para casarse con quien quiera, con tal de que sea en el Señor. ⁴⁰En mi opinión, ella será más feliz si no se casa y creo que yo también tengo el Espíritu de Dios.

Lo sacrificado a los ídolos

8 En cuanto a lo sacrificado a los ídolos, es cierto que todos tenemos conocimiento. El conocimiento trae orgullo, mientras que el amor edifica. ²El que cree que sabe algo, todavía no sabe como debiera saber. ³Pero el que ama a Dios es conocido por él.

⁴De modo que, en cuanto a comer lo sacrificado a los ídolos, sabemos que un ídolo no tiene ningún valor en este mundo y que hay un solo Dios. ⁵Aunque haya los así llamados dioses, en el cielo o en la tierra (y por cierto que hay muchos «dioses» y muchos «señores»), ⁶para nosotros no hay más que un solo Dios, el Padre, de quien todo procede y para el cual vivimos, y no hay más que un solo Señor, Jesucristo, por quien todo existe y por medio del cual vivimos.

⁷Pero no todos tienen conocimiento de esto. Algunos siguen tan acostumbrados a los ídolos que, cuando comen carne a sabiendas de que ha sido sacrificada a un ídolo, su conciencia se contamina por ser débil. ⁸Pero lo que comemos no nos acerca a Dios; no somos peores por no comer ni mejores por comer.

⁹Sin embargo, tengan cuidado de que su libertad no se convierta en motivo de tropiezo para los débiles. ¹⁰Porque, si alguien de conciencia débil te ve a ti, que tienes este conocimiento, comer en el templo de un ídolo, ¿no se sentirá animado a comer lo que ha sido sacrificado a los ídolos? ¹¹Entonces ese hermano débil, por quien Cristo murió, se perderá a causa de tu conocimiento. ¹²Al pecar así contra los hermanos, hiriendo su débil conciencia, pecan ustedes contra Cristo. ¹³Por lo tanto, si la comida va a hacer pecar a mi hermano, no comeré carne jamás, para no hacerlo ˚caer en pecado.

Los derechos de un apóstol

9 ¿No soy libre? ¿No soy apóstol? ¿No he visto a Jesús nuestro Señor? ¿No son ustedes el fruto de mi trabajo en el Señor? ²Aunque otros no me reconozcan como apóstol, para ustedes sí lo soy. Porque ustedes mismos son el sello de mi apostolado en el Señor.

³Esta es mi defensa contra los que me critican: ⁴¿Acaso no tenemos derecho a comer y a beber? ⁵¿No tenemos derecho a viajar acompañados por una esposa creyente, como hacen los demás apóstoles y los hermanos del Señor y ˚Cefas? ⁶¿O es que solo Bernabé y yo estamos obligados a ganarnos la vida con otros trabajos?

⁷¿Qué soldado presta servicio militar pagándose sus propios gastos? ¿Qué agricultor planta un viñedo y no come de sus uvas? ¿Qué pastor cuida un rebaño y no toma de la leche que ordeña? ⁸No piensen que digo esto solamente desde un punto de vista humano. ¿No lo dice también la Ley? ⁹Porque en la Ley de Moisés está escrito: «No pongas bozal al buey mientras esté sacando el grano».ᵍ ¿Acaso se preocupa Dios por los bueyes ¹⁰o lo dice más bien por nosotros? Por supuesto que eso está escrito por nosotros, porque cuando el labrador ara y el segador

---

ᵃ **25** personas solteras. Lit. vírgenes.   ᵇ **28** joven. Lit. virgen.
ᶜ **28** tendrán ... aprietos. Lit. tendrán aflicción en la carne.
ᵈ **34** La mujer ... soltera. Lit. La mujer no casada y la virgen.
ᵉ **36** prometida. Lit. virgen; también en vv. 37 y 38.   ᶠ **36-38** Si alguno ... mejor. Alt. **36**Si alguno piensa que no está tratando a su hija como es debido y ella ha llegado a su madurez, por lo cual él se siente obligado a darla en matrimonio, que lo haga. Con eso no peca, que la dé en matrimonio. **37**Pero el que se mantiene firme en su propósito y no está dominado por sus impulsos, sino que domina su propia voluntad y ha resuelto mantener soltera a su hija, también hace bien. **38**De modo que el que da a su hija en matrimonio hace bien, pero el que no la da en matrimonio hace mejor.   ᵍ **9** Dt 25:4.

saca el grano, deben hacerlo con la esperanza de participar de la cosecha. ¹¹Si hemos sembrado semilla espiritual entre ustedes, ¿será mucho pedir que cosechemos de ustedes lo material? ¹²Si otros tienen derecho a este sustento de parte de ustedes, ¿no lo tendremos aún más nosotros?

Sin embargo, no ejercimos este derecho, sino que lo soportamos todo con tal de no crear obstáculo al *evangelio de Cristo. ¹³¿No saben que los que sirven en el Templo reciben su alimento del Templo y que los que atienden el altar participan de lo que se ofrece en el altar? ¹⁴Así también el Señor ha ordenado que quienes predican el evangelio vivan de este ministerio.

¹⁵Pero no me he aprovechado de ninguno de estos derechos ni escribo de esta manera porque quiera reclamarlos. Prefiero morir a que alguien me prive de este motivo de *orgullo. ¹⁶Sin embargo, cuando predico acerca de las *buenas noticias, no tengo de qué enorgullecerme, ya que estoy bajo la obligación de hacerlo. ¡Ay de mí si no predico las *buenas noticias! ¹⁷En efecto, si lo hiciera por mi propia voluntad, tendría recompensa; pero si lo hago por obligación, no hago más que cumplir la tarea que se me ha encomendado. ¹⁸¿Cuál es, entonces, mi recompensa? Pues que al predicar acerca de las *buenas noticias pueda presentarlo gratuitamente, sin hacer valer mi derecho.

¹⁹Aunque soy libre respecto a todos, de todos me he hecho *esclavo para ganar a tantos como sea posible. ²⁰Entre los judíos me volví judío, a fin de ganarlos a ellos. Entre los que viven bajo la Ley me volví como los que están sometidos a ella (aunque yo mismo no vivo bajo la Ley), a fin de ganar a estos. ²¹Entre los que no tienen la Ley me volví como los que están sin Ley (aunque no estoy libre de la Ley de Dios, sino comprometido con la ley de Cristo), a fin de ganar a los que están sin Ley. ²²Entre los débiles me hice débil, a fin de ganar a los débiles. Me hice todo para todos, a fin de salvar a algunos por todos los medios posibles. ²³Todo esto lo hago por causa del evangelio para participar de sus frutos.

²⁴¿No saben que en una carrera todos los corredores compiten, pero solo uno obtiene el premio? Corran, pues, de tal modo que lo obtengan. ²⁵Todos los deportistas se entrenan con mucha disciplina. Ellos lo hacen para obtener una corona que se echa a perder; nosotros, en cambio, por una que dura para siempre. ²⁶Así que yo no corro como quien no tiene meta; no lucho como quien da golpes al aire. ²⁷Más bien, golpeo mi cuerpo y lo domino, no sea que después de haber predicado a otros, yo mismo quede descalificado.

Advertencias basadas en la historia de Israel

10 No quiero que desconozcan, hermanos, que nuestros antepasados estuvieron todos bajo la nube y que todos atravesaron el mar. ²Todos ellos fueron bautizados en la nube y en el mar para unirse a Moisés. ³Todos también comieron el mismo alimento espiritual ⁴y tomaron la misma bebida espiritual, pues bebían de la roca espiritual que los acompañaba, y la roca era Cristo. ⁵Sin embargo, la mayoría de ellos no agradaron a Dios y sus cuerpos quedaron tendidos en el desierto.

⁶Todo eso sucedió para servirnos de ejemplo, a fin de que no nos apasionemos por lo malo, como lo hicieron ellos. ⁷No sean idólatras como lo fueron algunos de ellos, según está escrito: «Se sentó el pueblo a comer y a beber, y se levantó para entregarse al desenfreno».ᵃ ⁸No cometamos inmoralidad sexual como algunos lo hicieron, por

lo que en un solo día perecieron veintitrés mil. ⁹Tampoco pongamos a *prueba a Cristo como lo hicieron algunos y murieron víctimas de las serpientes. ¹⁰Tampoco murmuren contra Dios como lo hicieron algunos y sucumbieron a manos del exterminador.

¹¹Todo eso les sucedió para servir de ejemplo y quedó escrito para advertencia nuestra, pues a nosotros nos ha llegado el fin de los tiempos. ¹²Por lo tanto, si alguien piensa que está firme, tenga cuidado de no caer. ¹³Ustedes no han sufrido ninguna *tentación que no sea común al género *humano. Pero Dios es fiel y no permitirá que ustedes sean tentados más allá de lo que puedan aguantar. Más bien, cuando llegue la tentación, él les dará también una salida a fin de que puedan resistir.

Las fiestas idólatras y la Cena del Señor

¹⁴Por tanto, mis queridos hermanos, huyan de la idolatría. ¹⁵Me dirijo a personas sensatas; juzguen ustedes mismos lo que digo. ¹⁶Esa copa de bendición por la cual damos gracias,ᵇ ¿no significa que entramos en comunión con la sangre de Cristo? Ese pan que partimos, ¿no significa que entramos en comunión con el cuerpo de Cristo? ¹⁷Hay un solo pan del cual todos participamos; por eso, aunque somos muchos, formamos un solo cuerpo.

¹⁸Consideren al pueblo de Israel: ¿No entran en comunión con el altar los que comen de lo sacrificado? ¹⁹¿Qué quiero decir con esta comparación? ¿Que el sacrificio que los no judíos ofrecen a los ídolos sea algo o que el ídolo mismo sea algo? ²⁰No, sino que cuando ellos ofrecen sacrificios, lo hacen para los demonios, no para Dios; y no quiero que ustedes entren en comunión con los demonios. ²¹No pueden beber de la copa del Señor y también de la copa de los demonios; no pueden participar de la mesa del Señor y también de la mesa de los demonios. ²²¿O vamos a provocar celos al Señor? ¿Somos acaso más fuertes que él?

La libertad del creyente

²³«Todo está permitido», pero no todo es provechoso. «Todo está permitido», pero no todo es constructivo. ²⁴Que nadie busque sus propios intereses, sino los del prójimo.

²⁵Coman de todo lo que se vende en la carnicería, sin preguntar nada por motivos de conciencia, ²⁶porque «del Señor es la tierra y todo cuanto hay en ella».ᶜ

²⁷Si algún incrédulo los invita a comer y ustedes aceptan la invitación, coman de todo lo que sirvan sin preguntar nada por motivos de conciencia. ²⁸Ahora bien, si alguien les dice: «Esto ha sido ofrecido en sacrificio a los ídolos», entonces no lo coman, por consideración al que se lo mencionó y por motivos de conciencia.ᵈ ²⁹Me refiero a la conciencia del otro, no a la de ustedes. ¿Por qué se ha de juzgar mi libertad de acuerdo con la conciencia ajena? ³⁰Si con gratitud participo de la comida, ¿me van a condenar por comer algo por lo cual doy gracias a Dios?

³¹En conclusión, ya sea que coman o beban o hagan cualquier otra cosa, háganlo todo para la gloria de Dios. ³²No hagan *tropezar a nadie, ni a judíos, ni a los que no son judíos, ni a la iglesia de Dios. ³³Hagan como yo, que procuro agradar a todos en todo. No busco mis propios intereses, sino los de los demás, **11** para que sean salvos. ¹Imítenme, así como yo imito a Cristo.

ᵃ 7 Éx 32:6.   ᵇ 16 por la cual damos gracias. Lit. que bendecimos.   ᶜ 26 Sal 24:1.   ᵈ 28 conciencia. Var. conciencia, porque «del Señor es la tierra y todo cuanto hay en ella».

Decoro en el culto

[2]Los elogio porque se acuerdan de mí en todo y retienen las enseñanzas,[a] tal como se las transmití.

[3]Ahora bien, quiero que entiendan que Cristo es cabeza de todo hombre, mientras que el hombre es cabeza de la mujer y Dios es cabeza de Cristo. [4]Todo hombre que ora o profetiza con la cabeza cubierta[b] deshonra al que es su cabeza. [5]En cambio, toda mujer que ora o profetiza con la cabeza descubierta deshonra al que es su cabeza; es como si estuviera rasurada. [6]Si la mujer no se cubre la cabeza, que se corte también el cabello; pero si es vergonzoso para la mujer tener el pelo corto o la cabeza rasurada, que se la cubra. [7]El hombre no debe cubrirse la cabeza, ya que él es imagen y gloria de Dios, mientras que la mujer es gloria del hombre. [8]De hecho, el hombre no procede de la mujer, sino la mujer del hombre; [9]ni tampoco fue creado el hombre a causa de la mujer, sino la mujer a causa del hombre. [10]Por esta razón y a causa de los ángeles, la mujer debe llevar sobre la cabeza señal de autoridad.

[11]Sin embargo, en el Señor, ni la mujer existe aparte del hombre ni el hombre aparte de la mujer. [12]Porque así como la mujer procede del hombre, también el hombre nace de la mujer; pero todo proviene de Dios. [13]Juzguen ustedes mismos: ¿Es apropiado que la mujer ore a Dios sin cubrirse la cabeza? [14]¿No enseña el mismo orden natural de las cosas que es una vergüenza para el hombre dejarse crecer el cabello, [15]mientras que es una gloria para la mujer llevar cabello largo? Es que a ella se le ha dado su cabellera como velo. [16]Si alguien insiste en discutir este asunto, tenga en cuenta que nosotros no tenemos otra costumbre ni tampoco las iglesias de Dios.

La Cena del Señor

11:23-25 – Mt 26:26-28; Mr 14:22-24; Lc 22:17-20

[17]Al darles las siguientes instrucciones, no puedo elogiarlos, ya que sus reuniones traen más perjuicio que beneficio. [18]En primer lugar, oigo decir que cuando se reúnen como iglesia hay divisiones entre ustedes, y hasta cierto punto lo creo. [19]Sin duda, tiene que haber divisiones entre ustedes, para que se demuestre quiénes cuentan con la aprobación de Dios. [20]De hecho, cuando se reúnen, ya no es para comer la Cena del Señor, [21]porque cada uno se adelanta a comer su propia cena, de manera que unos se quedan con hambre mientras otros se emborrachan. [22]¿Acaso no tienen casas donde comer y beber? ¿O es que menosprecian a la iglesia de Dios y quieren avergonzar a los que no tienen nada? ¿Qué les diré? ¿Voy a elogiarlos por esto? ¡Claro que no!

[23]Yo recibí del Señor lo mismo que les transmití a ustedes: Que el Señor Jesús, la noche en que fue traicionado, tomó pan [24]y, después de dar gracias, lo partió y dijo: «Esto es mi cuerpo, entregado por ustedes; hagan esto en memoria de mí». [25]De la misma manera, tomó la copa después de cenar y dijo: «Esta copa es el nuevo pacto en mi sangre; hagan esto cada vez que beban de ella en memoria de mí». [26]Porque cada vez que comen este pan y beben de esta copa, proclaman la muerte del Señor hasta que él venga.

[27]Por lo tanto, cualquiera que coma el pan o beba de la copa del Señor de manera indigna será culpable de pecar contra el cuerpo y la sangre del Señor. [28]Así que cada uno debe examinarse a sí mismo antes de comer el pan y beber de la copa. [29]Porque el que come y bebe sin discernir el cuerpo[c] come y bebe su propia condena. [30]Por eso hay entre ustedes muchos débiles y enfermos, incluso varios han muerto.[d] [31]Si nos examináramos a nosotros mismos, no se nos juzgaría; [32]pero si nos juzga el Señor, nos disciplina para que no seamos condenados con el mundo.

[33]Así que, hermanos míos, cuando se reúnan para comer, espérense unos a otros. [34]Si alguno tiene hambre, que coma en su casa, para que las reuniones de ustedes no resulten dignas de condenación. Los demás asuntos los arreglaré cuando los visite.

Los dones espirituales

12 En cuanto a los dones espirituales, hermanos, quiero que entiendan bien este asunto. [2]Ustedes saben que cuando eran ˚paganos se dejaban arrastrar hacia los ídolos mudos. [3]Por eso les advierto que nadie que esté hablando por el Espíritu de Dios puede maldecir a Jesús; ni nadie puede decir: «Jesús es el Señor» sino por el Espíritu Santo.

[4]Ahora bien, hay diversos dones, pero un mismo Espíritu. [5]Hay diversas maneras de servir, pero un mismo Señor. [6]Hay diversas funciones, pero es un mismo Dios el que hace todas las cosas en todos.

[7]A cada uno se le da una manifestación especial del Espíritu para el bien de los demás. [8]A unos Dios da por el Espíritu palabra de sabiduría; a otros, por el mismo Espíritu, palabra de conocimiento; [9]a otros, fe por medio del mismo Espíritu; a otros, y por ese mismo Espíritu, dones para sanar enfermos; [10]a otros, poderes milagrosos; a otros, profecía; a otros, el discernir espíritus; a otros, el hablar en diversas ˚lenguas; y a otros, el interpretar lenguas. [11]Todo esto lo hace un mismo y único Espíritu, quien reparte a cada uno según él lo determina.

Un cuerpo con muchos miembros

[12]De hecho, aunque el cuerpo es uno solo, tiene muchos miembros y todos los miembros, no obstante ser muchos, forman un solo cuerpo. Así sucede con Cristo. [13]Todos fuimos bautizados por[e] un solo Espíritu para constituir un solo cuerpo —ya seamos judíos o no, esclavos o libres—, y a todos se nos dio a beber de un mismo Espíritu.

[14]Ahora bien, el cuerpo no consta de un solo miembro, sino de muchos. [15]Si el pie dijera: «Como no soy mano, no soy del cuerpo», no por eso dejaría de ser parte del cuerpo. [16]Y si la oreja dijera: «Como no soy ojo, no soy del cuerpo», no por eso dejaría de ser parte del cuerpo. [17]Si todo el cuerpo fuera ojo, ¿qué sería del oído? Si todo el cuerpo fuera oído, ¿qué sería del olfato? [18]En realidad, Dios colocó cada miembro del cuerpo como mejor le pareció. [19]Si todos ellos fueran un solo miembro, ¿qué sería del cuerpo? [20]Lo cierto es que hay muchos miembros, pero el cuerpo es uno solo.

[21]El ojo no puede decirle a la mano: «No te necesito». Ni puede la cabeza decirles a los pies: «No los necesito». [22]Al contrario, los miembros del cuerpo que parecen más débiles son indispensables, [23]y a los que nos parecen menos honrosos los tratamos con honra especial. Además, se trata con especial modestia a los miembros que nos parecen menos presentables, [24]mientras que los más presentables no requieren trato especial. Así Dios ha dispuesto los miembros de nuestro cuerpo, dando mayor honra a los que menos tenían, [25]a fin de que no haya división en el cuerpo, sino que sus miembros

---

[a] 2 *enseñanzas.* Alt. *tradiciones.*   [b] 4 *la cabeza cubierta.* Alt. *el cabello largo;* también en el resto del pasaje.   [c] 29 *cuerpo.* Var. *cuerpo del Señor.*   [d] 30 *han muerto.* Lit. *duermen.* [e] 13 *por.* Alt. *con,* o *en.*

se preocupen por igual unos por otros. [26]Si uno de los miembros sufre, los demás comparten su sufrimiento; y si uno de ellos recibe honor, los demás se alegran con él.

[27]Ahora bien, ustedes son el cuerpo de Cristo y cada uno es miembro de ese cuerpo. [28]En la iglesia Dios ha puesto, en primer lugar, apóstoles; en segundo lugar, profetas; en tercer lugar, maestros; luego los que hacen milagros; después los que tienen dones para sanar enfermos, los que ayudan a otros, los que administran y los que hablan en diversas °lenguas. [29]¿Son todos apóstoles? ¿Son todos profetas? ¿Son todos maestros? ¿Hacen todos milagros? [30]¿Tienen todos dones para sanar enfermos? ¿Hablan todos en lenguas? ¿Acaso interpretan todos? [31]Ustedes, por su parte, ambicionen[a] los mejores dones.

El amor

Ahora les voy a mostrar un camino más excelente.

13 Si hablo en °lenguas °humanas y angelicales, pero no tengo amor, no soy más que un metal que resuena o un platillo que hace ruido. [2]Si tengo el don de profecía y entiendo todos los °misterios; si poseo todo conocimiento, si tengo una fe que logra trasladar montañas, pero me falta el amor, no soy nada. [3]Si reparto entre los pobres todo lo que poseo, si entrego mi cuerpo para tener de qué presumir,[b] pero no tengo amor, nada gano con eso.

[4]El amor es paciente, es bondadoso. El amor no es envidioso ni presumido ni orgulloso. [5]No se comporta con rudeza, no es egoísta, no se enoja fácilmente, no guarda rencor. [6]El amor no se deleita en la maldad, sino que se regocija con la verdad. [7]Todo lo disculpa, todo lo cree, todo lo espera, todo lo soporta.

[8]El amor jamás se extingue. Pero las profecías cesarán, las lenguas terminarán y el conocimiento se agotará. [9]Porque conocemos y profetizamos de manera imperfecta; [10]pero cuando llegue lo perfecto, lo imperfecto desaparecerá. [11]Cuando yo era niño, hablaba como niño, pensaba como niño, razonaba como niño; cuando llegué a ser adulto, dejé atrás las cosas de niño. [12]Ahora vemos de manera indirecta y velada, como en un espejo; pero entonces veremos cara a cara. Ahora conozco de manera imperfecta, pero entonces conoceré tal y como soy conocido.

[13]Ahora, pues, permanecen la fe, la esperanza y el amor. Pero el amor es el más importante.

El don de lenguas y el de profecía

14 Esfuércense en seguir el amor y ambicionen los dones espirituales, sobre todo el de profecía. [2]Porque el que habla en °lenguas no habla a los demás, sino a Dios. En realidad, nadie entiende lo que dice, pues habla °misterios por el Espíritu.[c] [3]En cambio, el que profetiza habla a los demás para edificarlos, animarlos y consolarlos. [4]El que habla en lenguas se edifica a sí mismo; en cambio, el que profetiza edifica a la iglesia. [5]Yo quisiera que todos ustedes hablaran en lenguas, pero mucho más que profetizaran. El que profetiza aventaja al que habla en lenguas, a menos que este también interprete, para que la iglesia reciba edificación.

[6]Hermanos, si ahora fuera a visitarlos y hablara en lenguas, ¿de qué serviría a menos que presentara alguna revelación, conocimiento, profecía o enseñanza? [7]Aun en el caso de los instrumentos musicales, tales como la flauta o el arpa, ¿cómo se reconocerá lo que tocan si no dan distintamente sus sonidos? [8]Si la trompeta no da un toque claro, ¿quién se va a preparar para la batalla? [9]Así sucede con ustedes. A

menos que su lengua pronuncie palabras comprensibles, ¿cómo se sabrá lo que dicen? Será como si hablaran al aire. [10]¡Quién sabe cuántos idiomas hay en el mundo! Además, ninguno carece de sentido. [11]Pero si no capto el sentido de lo que alguien dice, seré como un extranjero para el que me habla y él lo será para mí. [12]Por eso ustedes, que desean dones espirituales, procuren que estos abunden para la edificación de la iglesia.

[13]Por esta razón, el que habla en lenguas pida en oración el don de interpretar lo que diga. [14]Porque, si yo oro en lenguas, mi espíritu ora, pero mi entendimiento no se beneficia en nada. [15]¿Qué debo hacer entonces? Pues orar con el espíritu, pero también con el entendimiento; cantar con el espíritu, pero también con el entendimiento. [16]De otra manera, si alabas a Dios con el espíritu, ¿cómo puede quien no es instruido[d] decir «amén» a tu acción de gracias, puesto que no entiende lo que dices? [17]En ese caso tu acción de gracias es admirable, pero no edifica al otro.

[18]Doy gracias a Dios porque hablo en lenguas más que todos ustedes. [19]Sin embargo, en la iglesia prefiero emplear cinco palabras comprensibles y que me sirvan para instruir a los demás que diez mil palabras en lenguas.

[20]Hermanos, no sean niños en su modo de pensar. Sean niños en cuanto a la malicia, pero adultos en su modo de pensar. [21]En la Ley está escrito:

> «Por medio de gente de labios extranjeros
> y lenguas extrañas
> hablaré a este pueblo,
> pero ni aun así me escucharán»,[e]
> dice el Señor.

[22]De modo que el hablar en lenguas es una señal no para los creyentes, sino para los incrédulos; en cambio, la profecía no es señal para los incrédulos, sino para los creyentes. [23]Así que, si toda la iglesia se reúne y todos hablan en lenguas, y entran algunos que no entienden o no creen, ¿no dirán que ustedes están locos? [24]Pero si uno que no cree o uno que no entiende entra cuando todos están profetizando, se sentirá reprendido y juzgado por todos, [25]y los secretos de su °corazón quedarán al descubierto. Así que se postrará ante Dios y lo adorará, exclamando: «¡Realmente Dios está entre ustedes!».

Orden en los cultos

[26]¿Qué concluimos, hermanos? Que, cuando se reúnan, cada uno puede tener un salmo, una enseñanza, una revelación, un mensaje en °lenguas o una interpretación. Todo esto debe hacerse para la edificación de la iglesia. [27]Si se habla en lenguas, que hablen dos —o cuando mucho tres—, cada uno por turno y que alguien interprete. [28]Si no hay intérprete, que guarden silencio en la iglesia y cada uno hable para sí mismo y para Dios.

[29]En cuanto a los profetas, que hablen dos o tres y que los demás examinen con cuidado lo dicho. [30]Si alguien que está sentado recibe una revelación, el que esté hablando ceda la palabra. [31]Así todos pueden profetizar por turno, para que todos reciban instrucción y aliento. [32]El don de profecía está[f] bajo el control de los profetas, [33]porque Dios no es un Dios de desorden, sino de paz.

---

[a] 31 ambicionen. Alt. ambicionan.   [b] 3 para … presumir. Var. para que lo consuman llamas.   [c] 2 por el Espíritu. Alt. en su espíritu.   [d] 16 quien no es instruido. Lit. el que ocupa el lugar del indocto.   [e] 21 Is 28:11, 12.   [f] 32 El don … está. Lit. Los espíritus de los profetas están.

Como es costumbre en las congregaciones de los *creyentes, ³⁴guarden las mujeres silencio en la iglesia, pues no les está permitido hablar. Que estén sumisas, como lo establece la Ley. ³⁵Si quieren saber algo, que se lo pregunten en casa a sus esposos; porque no está bien visto que una mujer hable en la iglesia.

³⁶¿Acaso la palabra de Dios procedió de ustedes? ¿O son ustedes los únicos que la han recibido? ³⁷Si alguno se cree profeta o espiritual, reconozca que esto que escribo es mandato del Señor. ³⁸Si no lo reconoce, tampoco él será reconocido.ᵃ

³⁹Así que, hermanos míos, ambicionen el don de profetizar y no prohíban que se hable en lenguas. ⁴⁰Pero todo debe hacerse de una manera apropiada y con orden.

La resurrección de Cristo

15 Ahora, hermanos, quiero recordarles las *buenas noticias que les prediqué, las mismas que recibieron y en las cuales se mantienen firmes. ²Mediante estas *buenas noticias son salvos, si se aferran a la palabra que les prediqué. De otro modo, habrán creído en vano.

³Porque ante todoᵇ les transmití a ustedes lo que yo mismo recibí: que Cristo murió por nuestros pecados según las Escrituras, ⁴que fue sepultado, que resucitó al tercer día según las Escrituras, ⁵que se apareció a *Cefas y luego a los doce. ⁶Después se apareció a más de quinientos hermanos a la vez, la mayoría de los cuales vive todavía, aunque algunos han muerto.ᶜ ⁷Luego se apareció a *Santiago, más tarde a todos los apóstoles, ⁸y por último, como a uno nacido fuera de tiempo, se me apareció también a mí.

⁹Admito que yo soy el más insignificante de los apóstoles y que ni siquiera merezco ser llamado apóstol, porque perseguí a la iglesia de Dios. ¹⁰Pero por la gracia de Dios soy lo que soy y la gracia que él me concedió no se quedó sin fruto. Al contrario, he trabajado con más tesón que todos ellos, aunque no yo, sino la gracia de Dios que está conmigo. ¹¹En fin, ya sea que se trate de mí o de ellos, esto es lo que predicamos y esto es lo que ustedes han creído.

La resurrección de los muertos

¹²Ahora bien, si se predica que Cristo ha sido levantado de entre los muertos, ¿cómo dicen algunos de ustedes que no hay resurrección? ¹³Si no hay resurrección, entonces ni siquiera Cristo ha resucitado. ¹⁴Y si Cristo no ha resucitado, nuestra predicación no sirve para nada, como tampoco la fe de ustedes. ¹⁵Aún más, resultaríamos falsos testigos de Dios por haber testificado que Dios resucitó a Cristo, lo cual no habría sucedido si en verdad los muertos no resucitan. ¹⁶Porque, si los muertos no resucitan, tampoco Cristo ha resucitado. ¹⁷Y si Cristo no ha resucitado, la fe de ustedes es ilusoria y todavía están en sus pecados. ¹⁸En este caso, también están perdidos los que murieron en Cristo. ¹⁹Si la esperanza que tenemos en Cristo fuera solo para esta vida, seríamos los más desdichados de todos los *mortales.

²⁰Lo cierto es que Cristo ha sido *levantado de entre los muertos, como *primicias de los que murieron. ²¹De hecho, ya que la muerte vino por medio de un hombre, también por medio de un hombre viene la resurrección de los muertos. ²²Así

como en Adán todos mueren, también en Cristo todos volverán a vivir, ²³pero cada uno en su debido orden: Cristo, las primicias; después, cuando él venga, los que le pertenecen. ²⁴Entonces vendrá el fin, cuando él entregue el reino a Dios el Padre, luego de destruir todo dominio, autoridad y poder. ²⁵Porque es necesario que Cristo reine hasta someter a todos sus enemigos a su dominio. ²⁶El último enemigo que será destruido es la muerte, ²⁷pues «ha puesto todo bajo sus pies».ᵈ Al decir que «todo» ha quedado sometido a su dominio, es claro que no se incluye a Dios mismo, quien todo lo sometió a Cristo. ²⁸Y cuando todo le sea sometido, entonces el Hijo mismo se someterá a aquel que le sometió todo, para que Dios sea todo en todos.

²⁹Si no hay resurrección, ¿qué sacan los que se bautizan por los muertos? Si en definitiva los muertos no resucitan, ¿por qué se bautizan por ellos? ³⁰Y nosotros, ¿por qué nos exponemos al peligro a cada hora? ³¹Que cada día muero, hermanos, es tan cierto como el *orgullo que siento por ustedes en Cristo Jesús nuestro Señor. ³²¿Qué he ganado si, solo por motivos humanos, en Éfeso luché contra las fieras? Si los muertos no resucitan,

«¡comamos y bebamos,
    que mañana moriremos!».ᵉ

³³No se dejen engañar: «Las malas compañías corrompen las buenas costumbres». ³⁴Vuelvan a su sano juicio, como conviene, y dejen de pecar. En efecto, hay algunos de ustedes que no tienen conocimiento de Dios; para vergüenza de ustedes lo digo.

El cuerpo resucitado

³⁵Tal vez alguien pregunte: «¿Cómo resucitarán los muertos? ¿Con qué clase de cuerpo vendrán?». ³⁶¡Qué tontería! Lo que tú siembras no cobra vida a menos que muera. ³⁷No plantas el cuerpo que luego ha de nacer, sino que siembras una simple semilla de trigo o de otro tipo. ³⁸Pero Dios le da el cuerpo que quiso darle y a cada clase de semilla le da un cuerpo propio. ³⁹No todos los cuerpos son iguales: hay cuerpos *humanos, también los hay de animales terrestres, de aves y de peces. ⁴⁰Asimismo, hay cuerpos celestes y cuerpos terrestres; pero el esplendor de los cuerpos celestes es uno y el de los cuerpos terrestres es otro. ⁴¹Uno es el esplendor del sol, otro el de la luna y otro el de las estrellas. Cada estrella tiene su propio brillo.

⁴²Así sucederá también con la resurrección de los muertos. Lo que se siembra en corrupción resucita en incorrupción; ⁴³lo que se siembra en deshonra resucita en gloria; lo que se siembra en debilidad resucita en poder; ⁴⁴se siembra un cuerpo natural y resucita un cuerpo espiritual.

Si hay un cuerpo natural, también hay un cuerpo espiritual. ⁴⁵Así está escrito: «El primer hombre, Adán, se convirtió en un ser viviente»;ᶠ el último Adán, en el Espíritu que da vida. ⁴⁶No vino primero lo espiritual, sino lo natural y después lo espiritual. ⁴⁷El primer hombre era del polvo de la tierra; el segundo hombre, del cielo. ⁴⁸Como es aquel hombre terrenal, así son también los de la tierra; y como es el celestial, así son también los del cielo. ⁴⁹Y, así como hemos llevado la imagen de aquel hombre terrenal, llevaremosᵍ también la imagen del celestial.

⁵⁰Les declaro, hermanos, que el cuerpo mortalʰ no puede heredar el reino de Dios ni lo corruptible puede heredar lo incorruptible. ⁵¹Fíjense bien en el *misterio que voy a revelar: No todos moriremos, pero todos seremos transformados, ⁵²en un instante,

---

ᵃ 38 *tampoco … reconocido.* Var. *que no lo reconozca.*
ᵇ 3 *ante todo.* Alt. *al principio.*   ᶜ 6 *han muerto.* Lit. *duermen.*
ᵈ 27 Sal 8:6.   ᵉ 32 Is 22:13.   ᶠ 45 Gn 2:7.   ᵍ 49 *llevaremos.*
Var. *llevemos.*   ʰ 50 *el cuerpo mortal.* Lit. *carne y sangre.*

en un abrir y cerrar de ojos, al toque final de la trompeta. Pues sonará la trompeta y los muertos resucitarán con un cuerpo incorruptible, y nosotros seremos transformados. [53]Porque lo corruptible tiene que revestirse de lo incorruptible y lo mortal, de inmortalidad. [54]Cuando lo corruptible se revista de lo incorruptible y lo mortal, de inmortalidad, entonces se cumplirá lo que está escrito: «La muerte ha sido devorada por la victoria».[a]

[55] «¿Dónde está, oh muerte, tu victoria?
¿Dónde está, oh muerte, tu aguijón?».[b]

[56]El aguijón de la muerte es el pecado y el poder del pecado es la Ley. [57]¡Pero gracias a Dios que nos da la victoria por medio de nuestro Señor Jesucristo! [58]Por lo tanto, mis queridos hermanos, manténganse firmes e inconmovibles, progresando siempre en la obra del Señor, conscientes de que su trabajo en el Señor no es en vano.

La colecta para el pueblo de Dios

16 En cuanto a la colecta para los *creyentes, sigan las instrucciones que di a las iglesias de Galacia. [2]El primer día de la semana, cada uno de ustedes aparte y guarde algún dinero conforme a sus ingresos, para que no se tengan que hacer colectas cuando yo vaya. [3]Luego, cuando llegue, daré cartas de presentación a los que ustedes hayan aprobado y los enviaré a Jerusalén con los donativos que hayan recogido. [4]Si conviene que yo también vaya, iremos juntos.

Encargos personales

[5]Después de pasar por Macedonia, pues tengo que atravesar esa región, iré a verlos. [6]Es posible que me quede con ustedes algún tiempo, y tal vez pase allí el invierno, para que me ayuden a seguir el viaje adondequiera que vaya. [7]Esta vez no quiero verlos solo de paso; más bien, espero permanecer algún tiempo con ustedes, si el Señor así lo permite. [8]Pero me quedaré en Éfeso hasta Pentecostés, [9]porque se me ha abierto una gran puerta para un trabajo eficaz, a pesar de que hay muchos en mi contra. [10]Si llega Timoteo, procuren que se sienta cómodo entre ustedes, porque él trabaja como yo en la obra

del Señor. [11]Por tanto, que nadie lo menosprecie. Ayúdenlo a seguir su viaje en paz para que pueda volver a reunirse conmigo, pues estoy esperándolo junto con los hermanos.

[12]En cuanto a nuestro hermano Apolos, le rogué encarecidamente que en compañía de otros hermanos les hiciera una visita. No quiso de ninguna manera ir ahora, pero lo hará cuando se le presente la oportunidad.

[13]Manténganse alerta; permanezcan firmes en la fe; sean valientes y fuertes. [14]Hagan todo con amor.

[15]Bien saben que los de la familia de Estéfanas fueron los primeros convertidos de Acaya,[c] y que se han dedicado a servir a los *creyentes. Les recomiendo, hermanos, [16]que se pongan a disposición de aquellos y de todo el que colabore en este arduo trabajo. [17]Me alegré cuando llegaron Estéfanas, Fortunato y Acaico, porque ellos han suplido lo que ustedes no podían darme, [18]ya que han tranquilizado mi espíritu y también el de ustedes. Tales personas merecen que se les exprese reconocimiento.

Saludos finales

[19]Las iglesias de la provincia de *Asia les mandan saludos.

Aquila y *Priscila los saludan cordialmente en el Señor, como también la iglesia que se reúne en la casa de ellos.

[20]Todos los hermanos les mandan saludos.

Salúdense unos a otros con un beso santo.

[21]Yo, Pablo, escribo este saludo de mi puño y letra.

[22]Si alguno no ama al Señor, quede bajo maldición. ¡*Marana ta!*[d]

[23]Que la gracia del Señor Jesús sea con ustedes.

[24]Los amo a todos ustedes en Cristo Jesús. Amén.[e]

---

[a] 54 Is 25:8.   [b] 55 Os 13:14.   [c] 15 *los primeros … Acaya.* Lit. *las primicias de Acaya.*   [d] 22 *¡Marana ta!* Expresión aramea que significa: «Ven, Señor»; otra posible lectura es *Maran ata,* que significa: «El Señor viene».   [e] 24 Var. no incluye: *Amén.*

Corintios

1 Pablo, apóstol de *Cristo Jesús por la voluntad de Dios, y Timoteo nuestro hermano,

a la iglesia de Dios que está en Corinto y a todos los creyentes en toda la región de Acaya:

2Que Dios nuestro Padre y el Señor Jesucristo les concedan gracia y paz.

El Dios de toda consolación

3Bendito sea el Dios y Padre de nuestro Señor Jesucristo, Padre misericordioso y Dios de toda consolación, 4quien nos consuela en todas nuestras tribulaciones para que, con el mismo consuelo que de Dios hemos recibido, también nosotros podamos consolar a todos los que sufren. 5Pues, así como participamos abundantemente en los sufrimientos de Cristo, así también por medio de él tenemos abundante consuelo. 6Si sufrimos, es para que ustedes tengan consuelo y salvación; y si somos consolados, es para que ustedes tengan el consuelo que los ayude a soportar con paciencia los mismos sufrimientos que nosotros padecemos. 7Firme es la esperanza que tenemos en cuanto a ustedes, porque sabemos que, así como participan de nuestros sufrimientos, así también participan de nuestro consuelo.

8Hermanos, no queremos que desconozcan las aflicciones que sufrimos en la provincia de *Asia. Estábamos tan agobiados bajo tanta presión que hasta perdimos la esperanza de salir con vida: 9nos sentíamos como sentenciados a muerte. Pero eso sucedió para que no confiáramos en nosotros mismos, sino en Dios, que resucita a los muertos. 10Él nos libró y nos librará de tal peligro de muerte. En él tenemos puesta nuestra esperanza y él seguirá librándonos. 11Mientras tanto, ustedes nos ayudan orando por nosotros. Así muchos darán gracias a Dios por nosotros[a] a causa del don que se nos ha concedido en respuesta a tantas oraciones.

Pablo cambia de planes

12Para nosotros, el motivo de *satisfacción es el testimonio de nuestra conciencia: Nos hemos comportado en el mundo, y especialmente entre ustedes, con la *santidad y sinceridad que vienen de Dios. Nuestra conducta no se ha ajustado a la sabiduría *humana, sino a la gracia de Dios. 13No estamos escribiéndoles nada que no puedan leer ni entender. Espero que lleguen a comprender todo, 14así como ya nos han comprendido en parte, que pueden sentirse *orgullosos de nosotros como también nosotros nos sentiremos orgullosos de ustedes en el día del Señor Jesús.

15Confiando en esto, quise visitarlos primero a ustedes para que recibieran una doble bendición; 16es decir, visitarlos de paso a Macedonia y verlos otra vez a mi regreso de allá. Así podrían ayudarme a seguir el viaje a Judea. 17Al proponerme esto, ¿acaso lo hice a la ligera? ¿O es que hago mis planes según criterios meramente *humanos, de manera que diga «sí, sí» y «no, no» al mismo tiempo?

18Pero tan cierto como que Dios es fiel, el mensaje que les hemos dirigido no es «sí» y «no». 19Porque el Hijo de Dios, Jesucristo, a quien *Silvano, Timoteo y yo predicamos entre ustedes, no fue «sí» y «no»; en él siempre ha sido «sí». 20Todas las promesas que ha hecho Dios son «sí» en Cristo. Así que por medio de Cristo respondemos «amén» para la gloria de Dios. 21Dios es el que nos mantiene firmes en Cristo, tanto a nosotros como a ustedes. Él nos ungió, 22nos selló como propiedad suya y puso su Espíritu en nuestro *corazón como garantía de sus promesas.

23¡Por mi *vida! Invoco a Dios como testigo de que todavía no he ido a Corinto solo por consideración a ustedes. 24No es que intentemos imponerles la fe, sino que deseamos contribuir a la alegría de ustedes, pues por la fe se mantienen firmes.

2 En efecto, decidí no hacerles otra visita que causara tristeza. 2Porque, si yo los entristezco, ¿quién me brindará alegría, sino aquel a quien yo haya entristecido? 3Escribí como lo hice para que, al llegar yo, los que debían alegrarme no me causaran tristeza. Estaba confiado de que todos ustedes harían suya mi alegría. 4Escribí con gran tristeza y angustia de corazón y con muchas lágrimas, no para entristecerlos, sino para darles a conocer la profundidad del amor que les tengo.

Perdón para el pecador

5Si alguno ha causado tristeza, no me la ha causado solo a mí; hasta cierto punto —y lo digo para no exagerar— se la ha causado a todos ustedes. 6Para él es suficiente el castigo que le impuso la mayoría. 7Más bien debieran perdonarlo y consolarlo para que no sea consumido por la excesiva tristeza. 8Por eso les ruego que reafirmen su amor hacia él. 9Con este propósito escribí: para ver si pasan la prueba de la completa obediencia. 10A quien ustedes perdonen, yo también lo perdono. De hecho, si había algo que perdonar, lo he perdonado por consideración a ustedes en presencia de Cristo, 11para que Satanás no se aproveche de nosotros, pues no ignoramos sus artimañas.

Ministros del nuevo pacto

12Ahora bien, cuando llegué a Troas para predicar el *evangelio de Cristo, descubrí que el Señor me había abierto una puerta. 13Aun así, me sentí intranquilo por no haber encontrado allí a mi hermano Tito, por lo cual me despedí de ellos y me fui a Macedonia. 14Sin embargo, gracias a Dios que en Cristo siempre nos lleva triunfantes[b] y, por medio de nosotros, esparce por todas partes la fragancia de su conocimiento. 15Porque para Dios nosotros somos el aroma de Cristo entre los que se salvan y entre los que se

---

a 11 nosotros. Var. ustedes.   *b* 14 nos lleva triunfantes. Alt. nos conduce en desfile victorioso.

pierden. [16]Para estos somos olor de muerte que los lleva a la muerte; para aquellos, olor de vida que los lleva a la vida. ¿Y quién es competente para semejante tarea? [17]A diferencia de muchos, nosotros no somos de los que trafican con la palabra de Dios. Más bien, hablamos con sinceridad delante de él en Cristo, como enviados de Dios que somos.

3 ¿Acaso comenzamos otra vez a recomendarnos a nosotros mismos? ¿O acaso tenemos que presentarles o pedirles a ustedes cartas de recomendación, como hacen algunos? [2]Ustedes mismos son nuestra carta, escrita en nuestro ˚corazón, conocida y leída por todos. [3]Es evidente que ustedes son una carta de Cristo, expedida[a] por nosotros, escrita no con tinta, sino con el Espíritu de Dios viviente; no en tablas de piedra, sino en tablas de carne, en los corazones.

[4]Esta es la confianza que delante de Dios tenemos por medio de Cristo. [5]No es que nos consideremos competentes en nosotros mismos. Nuestra capacidad viene de Dios. [6]Él nos ha capacitado para ser servidores de un nuevo pacto, no el de la letra, sino el del Espíritu; porque la letra mata, pero el Espíritu da vida.

La gloria del nuevo pacto

[7]El ministerio que causaba muerte, el que estaba grabado con letras en piedra, fue tan glorioso que los israelitas no podían mirar la cara de Moisés debido a la gloria que se reflejaba en su rostro, la cual ya se estaba extinguiendo. [8]Pues bien, si aquel ministerio fue así, ¿no será todavía más glorioso el ministerio del Espíritu? [9]Ustedes mismos son nuestra que trae condenación, ¡cuánto más glorioso será el ministerio que trae la justicia! [10]En efecto, lo que fue glorioso ya no lo es, si se compara con esta excelsa gloria. [11]Y, si vino con gloria lo que ya se estaba extinguiendo, ¡cuánto mayor será la gloria de lo que permanece!

[12]Así que, como tenemos tal esperanza, actuamos con plena confianza. [13]No hacemos como Moisés, quien se ponía un velo sobre el rostro para que los israelitas no vieran el fin del resplandor que se iba extinguiendo. [14]Sin embargo, la mente de ellos se embotó, de modo que hasta el día de hoy tienen puesto el mismo velo al leer el antiguo pacto. El velo no les ha sido quitado, porque solo se quita en Cristo. [15]Hasta el día de hoy, siempre que leen a Moisés, un velo les cubre el ˚corazón. [16]Pero cada vez que alguien se vuelve al Señor, el velo es quitado. [17]Ahora bien, el Señor es el Espíritu, y donde está el Espíritu del Señor, allí hay libertad. [18]Así, todos nosotros, que con el rostro descubierto reflejamos[b] como en un espejo la gloria del Señor, somos transformados a su semejanza con más y más gloria por la acción del Señor, que es el Espíritu.

Tesoros en vasijas de barro

4 Por esto, ya que por la misericordia de Dios tenemos este ministerio, no nos desanimamos. [2]Más bien, hemos renunciado a todo lo vergonzoso que se hace a escondidas; no actuamos con engaño ni torcemos la palabra de Dios. Al contrario, mediante la clara exposición de la verdad, nos recomendamos a toda conciencia ˚humana en la presencia de Dios. [3]Pero si nuestro ˚evangelio está encubierto, lo está para los que se pierden. [4]El dios de este mundo ha cegado la mente de estos incrédulos, para que no vean la luz del glorioso evangelio de Cristo, el cual es la imagen de Dios. [5]No nos predicamos a nosotros mismos, sino a Jesucristo como Señor; nosotros no somos más que servidores de ustedes por causa de Jesús. [6]Porque Dios, que dijo: «¡Que la luz resplandezca en las tinieblas!»,[c] hizo brillar su luz en nuestro

˚corazón para que conociéramos la gloria de Dios que resplandece en el rostro de Jesucristo.

[7]Pero tenemos este tesoro en vasijas de barro para que se vea que tan sublime poder viene de Dios y no de nosotros. [8]Nos vemos atribulados en todo, pero no abatidos; perplejos, pero no desesperados; [9]perseguidos, pero no abandonados; derribados, pero no destruidos. [10]Dondequiera que vamos, siempre llevamos en nuestro cuerpo la muerte de Jesús, para que también su vida se manifieste en nuestro cuerpo. [11]Pues a nosotros, los que vivimos, siempre se nos entrega a la muerte por causa de Jesús, para que también su vida se manifieste en nuestro cuerpo mortal. [12]Así que la muerte actúa en nosotros y en ustedes la vida.

[13]Escrito está: «Creí y por eso hablé».[d] Con ese mismo espíritu de fe también nosotros creemos y por eso hablamos. [14]Pues sabemos que aquel que resucitó al Señor Jesús nos resucitará también a nosotros con él y nos llevará junto con ustedes a su presencia. [15]Todo esto es por el bien de ustedes, para que la gracia que está alcanzando a más y más personas haga abundar la acción de gracias para la gloria de Dios.

[16]Por tanto, no nos desanimamos. Al contrario, aunque por fuera nos vamos desgastando, por dentro nos vamos renovando día tras día. [17]Pues los sufrimientos ligeros y efímeros que ahora padecemos producen una gloria eterna que vale muchísimo más que todo sufrimiento. [18]Así que no nos fijamos en lo visible, sino en lo invisible, ya que lo que se ve es pasajero, mientras que lo que no se ve es eterno.

Nuestra morada celestial

5 De hecho, sabemos que, si esta tienda de campaña en que vivimos se deshace, tenemos de Dios un edificio, una casa eterna en el cielo, no construida por manos humanas. [2]Mientras tanto, suspiramos anhelando ser revestidos de nuestra morada celestial, [3]porque cuando seamos revestidos, no se nos hallará desnudos. [4]Realmente, vivimos en esta tienda de campaña suspirando y agobiados, pues no deseamos ser desvestidos, sino revestidos, para que lo mortal sea absorbido por la vida. [5]Es Dios quien nos ha hecho para este fin y nos ha dado su Espíritu como garantía de sus promesas.

[6]Por eso mantenemos siempre la confianza, incluso sabiendo que mientras vivamos en este cuerpo estaremos alejados del Señor. [7]En efecto, vivimos por fe, no por vista. [8]Así que nos mantenemos confiados, y preferiríamos ausentarnos de este cuerpo y vivir junto al Señor. [9]Por eso nos empeñamos en agradarle, ya sea que vivamos en nuestro cuerpo o que lo hayamos dejado. [10]Porque es necesario que todos comparezcamos ante el tribunal de Cristo para que cada uno reciba lo que le corresponda, según lo bueno o malo que haya hecho mientras vivió en el cuerpo.

El ministerio de la reconciliación

[11]Por tanto, como sabemos lo que es temer al Señor, tratamos de persuadir a todos, aunque para Dios es evidente que lo somos, y espero que también lo sea para la conciencia de ustedes. [12]No buscamos recomendarnos otra vez a ustedes, sino que les damos una oportunidad de sentirse ˚orgullosos de nosotros, para que tengan con qué responder a los que se dejan llevar por las apariencias y no por lo que hay dentro del ˚corazón. [13]Si estamos locos, es

---

[a] 3 *expedida*. Lit. *ministrada*.   [b] 18 *reflejamos*. Alt. *contemplamos*.   [c] 6 Gn 1:3.   [d] 13 Sal 116:10.

por Dios; y si estamos cuerdos, es por ustedes. [14]El amor de Cristo nos obliga, porque estamos convencidos de que uno murió por todos y por consiguiente todos murieron. [15]Y él murió por todos, para que los que viven ya no vivan para sí, sino para el que murió por ellos y fue resucitado.

[16]Así que de ahora en adelante no consideramos a nadie según criterios meramente *humanos. Aunque antes conocíamos a Cristo de esta manera, ya no lo conocemos así. [17]Por lo tanto, si alguno está en Cristo, es una nueva creación. ¡Lo viejo ha pasado, ha llegado ya lo nuevo! [18]Todo esto proviene de Dios, quien por medio de Cristo nos reconcilió consigo mismo y nos dio el ministerio de la reconciliación. [19]Esto es, que en Cristo, Dios estaba reconciliando al mundo consigo mismo, no tomándole en cuenta sus pecados y encargándonos a nosotros el mensaje de la reconciliación. [20]Así que somos embajadores de Cristo, como si Dios los exhortara a ustedes por medio de nosotros: «En nombre de Cristo les rogamos que se reconcilien con Dios». [21]Al que no cometió pecado alguno, por nosotros Dios lo trató como pecador,[a] para que en él recibiéramos[b] la justicia de Dios.

6 Nosotros, colaboradores de Dios, les rogamos que no reciban su gracia en vano. [2]Porque él dice:

«En el momento propicio te escuché
   y en el día de salvación te ayudé».[c]

Les digo que este es el momento propicio de Dios; hoy es el día de salvación.

Privaciones de Pablo

[3]Por nuestra parte, a nadie damos motivo alguno de tropiezo, para que no se desacredite nuestro servicio. [4]Más bien, en todo y con mucha paciencia nos acreditamos como servidores de Dios: en sufrimientos, privaciones y angustias; [5]en azotes, cárceles y tumultos; en trabajos pesados, desvelos y hambre. [6]Servimos con pureza, conocimiento, paciencia y bondad; en el Espíritu Santo y en amor sincero; [7]con palabras de verdad y con el poder de Dios; con armas de justicia, tanto ofensivas como defensivas;[d] [8]por honra y por deshonra, por mala y por buena fama; veraces, pero tenidos por engañadores; [9]conocidos, pero tenidos por desconocidos; como moribundos, pero aún con vida; golpeados, pero no muertos; [10]aparentemente tristes, pero siempre alegres; pobres en apariencia, pero enriqueciendo a muchos; como si no tuviéramos nada, pero poseyéndolo todo.

[11]Hermanos corintios, les hemos hablado con toda franqueza; les hemos abierto de par en par nuestro corazón. [12]Nunca les hemos negado nuestro afecto, pero ustedes sí nos niegan el suyo. [13]Para corresponder del mismo modo —les hablo como si fueran mis hijos—, ¡abran también su corazón de par en par!

Advertencia contra la idolatría

[14]No formen alianza con los incrédulos. ¿Qué tienen en común la justicia y la maldad? ¿O qué comunión puede tener la luz con la oscuridad? [15]¿Qué armonía tiene Cristo con Belial?[e] ¿Qué tiene

en común un creyente con un incrédulo? [16]¿En qué concuerdan el templo de Dios y los ídolos? Porque nosotros somos templo del Dios viviente. Como él ha dicho:

«Viviré con ellos
   y caminaré entre ellos.
Yo seré su Dios
   y ellos serán mi pueblo».[f]

[17]Por tanto, el Señor añade:

«¡Salgan de en medio de ellos
   y apártense!
No toquen nada *impuro
   y yo los recibiré».[g]

[18]Y:

«Yo seré un Padre para ustedes
   y ustedes serán mis hijos y mis hijas,

dice el Señor Todopoderoso».[h]

7 Como tenemos estas promesas, queridos hermanos, purifiquémonos de todo lo que contamina el cuerpo y el espíritu, para completar en el temor de Dios la obra de nuestra *santificación.

La alegría de Pablo

[2]Hagan lugar para nosotros en su corazón. A nadie hemos agraviado, a nadie hemos corrompido, a nadie hemos explotado. [3]No digo esto para condenarlos; ya les he dicho que tienen un lugar tan amplio en nuestro corazón que con ustedes viviríamos o moriríamos. [4]Les tengo mucha confianza y me siento muy *orgulloso de ustedes. Estoy muy animado; en medio de todas nuestras aflicciones se desborda mi alegría.

[5]Cuando llegamos a Macedonia, nuestro cuerpo no tuvo ningún descanso, nos vimos acosados por todas partes: conflictos por fuera, temores por dentro. [6]Pero Dios, que consuela a los abatidos, nos consoló con la llegada de Tito [7]y no solo con su llegada, sino también con el consuelo que él había recibido de ustedes. Él nos habló del anhelo, de la profunda tristeza y de la honda preocupación que ustedes tienen por mí, lo cual me llenó de alegría.

[8]Si bien los entristecí con mi carta, no me pesa. Es verdad que antes me pesó, porque me di cuenta de que por un tiempo mi carta los había entristecido. [9]Sin embargo, ahora me alegro, no porque se hayan entristecido, sino porque su tristeza los llevó al *arrepentimiento. Ustedes se entristecieron tal como Dios lo quiere, de modo que nosotros de ninguna manera los hemos perjudicado. [10]La tristeza que proviene de Dios produce el arrepentimiento que lleva a la salvación, de la cual no hay que arrepentirse, mientras que la tristeza del mundo produce la muerte. [11]Fíjense en lo que ha producido en ustedes esta tristeza que proviene de Dios: ¡qué empeño, qué afán por disculparse, qué indignación, qué temor, qué anhelo, qué preocupación, qué disposición para ver que se haga justicia! En todo han demostrado su inocencia en este asunto. [12]Así que, a pesar de que les escribí, no fue por causa del ofensor ni del ofendido, sino para que delante de Dios se dieran cuenta por ustedes mismos de cuánto interés tienen en nosotros. [13]Todo esto nos reanima.

Además del consuelo que hemos recibido, nos alegró muchísimo ver lo feliz que estaba Tito debido a que todos ustedes fortalecieron su espíritu. [14]Ya le había dicho que me sentía orgulloso de ustedes y

---

a 21 *lo trató como pecador.* Alt. *lo hizo sacrificio por el pecado.* Lit. *lo hizo pecado.*   *b* 21 *recibiéramos.* Lit. *llegáramos a ser.*   *c* 2 Is 49:8.   *d* 7 *ofensivas como defensivas.* Lit. *en la mano derecha como en la izquierda.*   *e* 15 *Belial,* otra forma de la palabra griega *Beliar.* Es un apelativo de Satanás derivado del hebreo y significa *maldad* o *inútil.*   *f* 16 Lv 26:12; Jer 32:38; Ez 37:27.   *g* 17 Is 52:11; Ez 20:34, 41.   *h* 18 2S 7:8, 14; 1Cr 17:13.

no me han hecho quedar mal. Al contrario, así como todo lo que dijimos es verdad, también resultaron ciertos los elogios que hice de ustedes delante de Tito. [15]Y él les tiene aún más cariño al recordar que todos ustedes fueron obedientes y lo recibieron con temor y temblor. [16]Me alegro de que puedo confiar plenamente en ustedes.

Estímulo a la generosidad

8 Ahora, hermanos, queremos que se enteren de la gracia que Dios ha dado a las iglesias de Macedonia. [2]En medio de las pruebas más difíciles, su desbordante alegría y su extrema pobreza abundaron en rica generosidad. [3]Soy testigo de que dieron espontáneamente tanto como podían y aún más de lo que podían, [4]rogándonos con insistencia que les concediéramos el privilegio de tomar parte en esta ayuda para los creyentes. [5]Incluso hicieron más de lo que esperábamos, pues se entregaron a sí mismos; primeramente, al Señor y después a nosotros, conforme a la voluntad de Dios. [6]De modo que rogamos a Tito que llevara a feliz término esta obra de gracia entre ustedes, puesto que ya la había comenzado. [7]Pero ustedes, así como sobresalen en todo —en fe, en palabras, en conocimiento, en dedicación y en su amor hacia nosotros[a]—, procuren también sobresalir en esta gracia de dar.

[8]No es que esté dándoles órdenes, sino que quiero probar la sinceridad de su amor en comparación con la dedicación de los demás. [9]Ya conocen la gracia de nuestro Señor Jesucristo, quien era rico y por causa de ustedes se hizo pobre, para que mediante su pobreza ustedes llegaran a ser ricos.

[10]Aquí va mi consejo sobre lo que les conviene en este asunto: El año pasado ustedes fueron los primeros no solo en dar, sino también en querer hacerlo. [11]Lleven ahora a feliz término la obra para que, según sus posibilidades, cumplan con lo que de buena gana propusieron. [12]Porque, si uno lo hace de buena voluntad, lo que da es bien recibido según lo que tiene y no según lo que no tiene.

[13]No se trata de que otros encuentren alivio mientras que ustedes sufren escasez; es más bien cuestión de igualdad. [14]En las circunstancias actuales la abundancia de ustedes suplirá lo que ellos necesitan, para que a su vez la abundancia de ellos supla lo que ustedes necesitan. Así habrá igualdad, [15]como está escrito: «Ni al que recogió mucho le sobraba ni al que recogió poco le faltaba».[b]

Tito enviado a Corinto

[16]Gracias a Dios que puso en el corazón de Tito la misma preocupación que yo tengo por ustedes. [17]De hecho, cuando accedió a nuestra petición de ir a verlos, lo hizo con mucho entusiasmo y por su propia voluntad. [18]Junto con él enviamos al hermano que se ha ganado el reconocimiento de todas las iglesias por los servicios prestados al *evangelio. [19]Además, las iglesias lo escogieron para que nos acompañe cuando llevemos la ofrenda, la cual administramos para honrar al Señor y demostrar nuestro ardiente deseo de servir. [20]Queremos evitar cualquier crítica sobre la forma en que administramos este generoso donativo; [21]porque procuramos hacer lo correcto, no solo delante del Señor, sino también delante de los demás.

[22]Con ellos enviamos a nuestro hermano, quien nos ha demostrado con frecuencia y de muchas maneras que es diligente, y ahora lo es aún más por la gran confianza que tiene en ustedes. [23]En cuanto a Tito, es mi compañero y colaborador entre ustedes; y en cuanto a los otros hermanos, son enviados de las iglesias, son una honra para Cristo. [24]Por tanto,

den a estos hombres una prueba de su amor y muéstrenles por qué nos sentimos *orgullosos de ustedes, para testimonio ante las iglesias.

9 No hace falta que les escriba acerca de esta ayuda para los creyentes, [2]porque conozco la buena disposición que ustedes tienen. Esto lo he comentado con orgullo entre los macedonios, les dije que desde el año pasado ustedes, los de Acaya, estaban preparados para dar. El entusiasmo de ustedes ha servido de estímulo a la mayoría de ellos. [3]Con todo, les envío a estos hermanos para que en este asunto no resulte vano nuestro *orgullo por ustedes, sino que estén preparados, como ya he dicho que lo estarían, [4]no sea que algunos macedonios vayan conmigo y los encuentren desprevenidos. En ese caso nosotros —por no decir nada de ustedes—, nos avergonzaríamos por haber estado tan seguros. [5]Así que me pareció necesario rogar a estos hermanos que se adelantaran a visitarlos y completaran los preparativos para esa ofrenda generosa que ustedes habían prometido. Entonces estará lista como un acto de generosidad[c] y no como una imposición nuestra.

Sembrar con generosidad

[6]Recuerden esto: El que siembra escasamente, escasamente cosechará, y el que siembra en abundancia, en abundancia cosechará.[d] [7]Cada uno debe dar según lo que haya decidido en su *corazón, no de mala gana ni por obligación, porque Dios ama al que da con alegría. [8]Y Dios puede hacer que toda gracia abunde para ustedes, de manera que siempre, en toda circunstancia, tengan todo lo necesario y toda buena obra abunde en ustedes. [9]Como está escrito:

«Repartió sus bienes entre los pobres;
    su justicia permanece para siempre».[e]

[10]El que le suple semilla al que siembra también le suplirá pan para que coma, aumentará los cultivos y hará que produzcan una abundante cosecha de justicia. [11]Ustedes serán enriquecidos en todo sentido para que en toda ocasión puedan ser generosos, y para que por medio de nosotros la generosidad de ustedes resulte en acciones de gracias a Dios. [12]Esta ayuda, que es un servicio sagrado, no solo suple las necesidades de los creyentes, sino que también redunda en abundantes acciones de gracias a Dios. [13]En efecto, al recibir esta demostración de servicio, ellos alabarán a Dios por la obediencia con que ustedes acompañan la confesión del *evangelio de Cristo y por su generosa solidaridad con ellos y con todos. [14]Además, en las oraciones de ellos por ustedes, expresarán el afecto que les tienen por la sobreabundante gracia que ustedes han recibido de Dios. [15]¡Gracias a Dios por su don indescriptible!

Pablo defiende su ministerio

10 Por la humildad y la bondad de Cristo yo, Pablo, apelo a ustedes personalmente; yo mismo que, según dicen, soy tímido cuando me encuentro cara a cara con ustedes, pero atrevido cuando estoy lejos. [2]Les ruego que cuando vaya no tenga que ser tan atrevido como me he propuesto ser con algunos que opinan que vivimos según criterios meramente *humanos; [3]pues aunque vivimos en el *mundo, no libramos batallas como lo hace el mundo. [4]Las armas con que luchamos no son del mundo, sino que tienen el poder divino

---

[a] 7 *su amor hacia nosotros.* Var. *nuestro amor hacia ustedes.*
[b] 15 Éx 16:18.   [c] 5 *un acto de generosidad.* Lit. *una bendición.*
[d] 6 *siembra … cosechará.* Lit. *siembra en bendición, en bendición cosechará.*   [e] 9 Sal 112:9.

para derribar fortalezas. 5Destruimos argumentos y toda altivez que se levanta contra el conocimiento de Dios, y llevamos cautivo todo pensamiento para que obedezca a Cristo. 6También estamos dispuestos a castigar cualquier acto de desobediencia una vez que yo pueda contar con la completa obediencia de ustedes.

7Fíjense en lo que está a la vista.ᵃ Si alguno está convencido de ser de Cristo, considere esto de nuevo: nosotros somos tan de Cristo como él. 8No me avergüenza jactarme más de la cuenta de la autoridad que el Señor nos ha dado para la edificación y no para la destrucción de ustedes. 9No quiero dar la impresión de que trato de asustarlos con mis cartas, 10pues algunos dicen: «Sus cartas son duras y fuertes, pero él en persona no impresiona a nadie y como orador es un fracaso». 11Tales personas deben darse cuenta de que lo que somos por escrito estando ausentes lo somos con hechos estando presentes.

12No nos atrevemos a igualarnos ni a compararnos con algunos que tanto se recomiendan a sí mismos. Al medirse con su propia medida y compararse unos con otros, no saben lo que hacen. 13Nosotros, por nuestra parte, no vamos a jactarnos más de lo debido. Nos limitaremos al campo que Dios nos ha asignado según su medida, en la cual también ustedes están incluidos. 14Si no hubiéramos estado antes entre ustedes, se podría alegar que estamos rebasando estos límites, cuando lo cierto es que fuimos los primeros en llevarles el *evangelio de Cristo. 15No nos jactamos desmedidamente a costa del trabajo que otros han hecho. Al contrario, esperamos que, según vaya creciendo la fe de ustedes, también nuestro campo de acción entre ustedes se amplíe grandemente, 16para poder predicar las *buenas noticias más allá de sus regiones, sin tener que jactarnos del trabajo ya hecho por otros. 17Más bien, «Si alguien ha de gloriarse, que se gloríe en el Señor».ᵇ 18Porque no es aprobado el que se recomienda a sí mismo, sino aquel a quien recomienda el Señor.

Pablo y los falsos apóstoles

11 ¡Ojalá me aguanten unas cuantas tonterías! ¡Sí, aguántenmelas!ᶜ 2El celo que siento por ustedes proviene de Dios, pues los tengo prometidos a un solo esposo, que es Cristo, para presentárselos como a una virgen pura. 3Pero me temo que, así como la serpiente con su astucia engañó a Eva, los pensamientos de ustedes sean desviados de un compromiso puro yᵈ sincero con Cristo. 4Si alguien llega a ustedes predicando a un Jesús diferente del que hemos predicado nosotros o si reciben un espíritu o un *evangelio diferente de los que ya recibieron, a ese lo aguantan con facilidad. 5Pero considero que en nada soy inferior a esos «superapóstoles». 6Quizás yo sea un mal orador, pero tengo conocimiento. Esto se lo hemos demostrado a ustedes de muchas maneras.

7¿Es que cometí un pecado al humillarme yo para enaltecerlos a ustedes, predicándoles las *buenas noticias de Dios gratuitamente? 8De hecho, despojé a otras iglesias al recibir de ellas ayuda para servirles a ustedes. 9Cuando estuve entre ustedes y necesité algo, no fui una carga para nadie, pues los hermanos que llegaron de Macedonia suplieron mis necesidades. He evitado serles una carga en cualquier sentido y seguiré evitándolo. 10Es tan cierto que la

verdad de Cristo está en mí como lo es que nadie en las regiones de Acaya podrá privarme de este motivo de *orgullo. 11¿Por qué? ¿Porque no los amo? ¡Dios sabe que sí! 12Pero seguiré haciendo lo que hago, a fin de quitar todo pretexto a aquellos que, buscando una oportunidad para hacerse iguales a nosotros, se jactan de lo que hacen.

13Tales individuos son falsos apóstoles, obreros estafadores, que se disfrazan de apóstoles de Cristo. 14Y no es de extrañar, ya que Satanás mismo se disfraza de ángel de luz. 15Por eso no es de sorprenderse que sus servidores se disfracen de servidores de la justicia. Su fin corresponderá con lo que merecen sus acciones.

Los sufrimientos de Pablo

16Lo repito: Que nadie me tenga por insensato. Pero aun cuando así me consideren, de todos modos recíbanme, para poder jactarme un poco. 17Al jactarme tan confiadamente, no hablo como quisiera el Señor, sino con insensatez. 18Ya que muchos presumen como lo hace el mundo,ᵉ yo también lo haré. 19Por ser tan sensatos, ustedes de buena gana aguantan a los insensatos. 20Aguantan incluso a cualquiera que los esclaviza o los explota, o se aprovecha de ustedes, o se comporta con altanería, o los golpea. 21¡Para vergüenza mía, confieso que hemos sido demasiado débiles!

Si alguien se atreve a dárselas de algo, también yo me atrevo a hacerlo y lo digo como un insensato. 22¿Son ellos hebreos? Pues yo también. ¿Son israelitas? También yo lo soy. ¿Son descendientes de Abraham? Yo también. 23¿Son servidores de Cristo? ¡Qué locura! Yo lo soy más que ellos. He trabajado más arduamente, he sido encarcelado más veces, he recibido más azotes más severos, he estado en peligro de muerte repetidas veces. 24Cinco veces recibí de los judíos los treinta y nueve azotes. 25Tres veces me golpearon con varas, una vez me apedrearon, tres veces naufragué, y pasé un día y una noche como náufrago en alta mar. 26Mi vida ha sido un continuo ir y venir de un sitio a otro; en peligros de ríos, peligros de bandidos, peligros de parte de mis compatriotas, peligros a manos de los no judíos, peligros en la ciudad, peligros en el campo, peligros en el mar y peligros de parte de falsos hermanos. 27He pasado muchos trabajos y fatigas, muchas veces me he quedado sin dormir, he sufrido hambre y sed. Muchas veces me he quedado en ayunas y he sufrido frío y desnudez. 28Y como si fuera poco, cada día pesa sobre mí la preocupación por todas las iglesias. 29Cuando alguien se siente débil, ¿no comparto yo su debilidad? Y cuando a alguien se le hace *pecar, ¿no ardo yo de indignación?

30Si me veo obligado a jactarme, me jactaré de mi debilidad. 31El Dios y Padre del Señor Jesús, quien es por siempre bendito, sabe que no miento. 32En Damasco, el gobernador bajo el rey Aretas mandó que se vigilara la ciudad de los damascenos con el fin de arrestarme; 33pero me bajaron en un canasto por una ventana de la muralla, y así escapé de las manos del gobernador.

Visión y debilidad de Pablo

12 Me veo obligado a jactarme, aunque nada se gane con ello. Paso a referirme a las visiones y revelaciones del Señor. 2Conozco a un seguidor de Cristo que hace catorce años fue llevado al tercer cielo. No sé si en el cuerpo o fuera del cuerpo; Dios sabe. 3Y sé que este hombre —no sé si en el cuerpo o aparte del cuerpo, Dios lo sabe— 4fue llevado al paraíso y escuchó cosas indecibles que a los *humanos no se nos permite expresar. 5De tal hombre

---

ᵃ 7 Fíjense … vista. Alt. Ustedes se fijan en las apariencias. ᵇ 17 Jer 9:24. ᶜ 1 ¡Sí, aguántenmelas! Alt. En realidad, ya me las están aguantando. ᵈ 3 Var. no incluye: puro y. ᵉ 18 presumen … mundo. Lit. se jactan según la carne.

podría presumir, pero de mí no haré alarde sino de mis debilidades. ⁶Sin embargo, no sería insensato si decidiera jactarme, porque estaría diciendo la verdad. Pero no lo hago, para que nadie suponga que soy más de lo que aparento o de lo que digo.

⁷Para evitar que me volviera presumido por estas sublimes revelaciones, una espina me fue clavada en el cuerpo, es decir, un mensajero de Satanás, para que me atormentara. ⁸Tres veces rogué al Señor que me la quitara; ⁹pero él me dijo: «Te basta con mi gracia, pues mi poder se perfecciona en la debilidad». Por lo tanto, gustosamente presumiré más bien de mis debilidades, para que permanezca sobre mí el poder de Cristo. ¹⁰Por eso me regocijo en debilidades, insultos, privaciones, persecuciones y dificultades que sufro por Cristo; porque, cuando soy débil, entonces soy fuerte.

Preocupación de Pablo por los corintios

¹¹Me he portado como un insensato, pero ustedes me han obligado a ello. Ustedes debían haberme elogiado, pues de ningún modo soy inferior a los «superapóstoles», aunque yo no soy nada. ¹²Las marcas distintivas de un apóstol, tales como señales, prodigios y milagros, se dieron constantemente entre ustedes. ¹³¿En qué fueron ustedes inferiores a las demás iglesias? Pues solo en que yo mismo nunca les fui una carga. ¡Perdónenme si los ofendo!

¹⁴Miren que por tercera vez estoy listo para visitarlos y no seré una carga, pues no me interesa lo que ustedes tienen, sino lo que ustedes son. Después de todo, no son los hijos los que deben ahorrar para los padres, sino los padres para los hijos. ¹⁵Así que de buena gana gastaré todo lo que tengo, y hasta yo mismo me desgastaré del todo por ustedes. Si los amo hasta el extremo, ¿me amarán menos? ¹⁶Aunque algunos digan que soy tan astuto que les tendí una trampa, en todo caso, no he sido una carga. ¹⁷¿Acaso me aproveché de ustedes por medio de alguno de mis enviados? ¹⁸Le rogué a Tito que fuera a verlos y con él envié al hermano. ¿Acaso se aprovechó Tito de ustedes? ¿No procedimos los dos con el mismo espíritu y seguimos el mismo camino?

¹⁹¿Todo este tiempo han venido pensando que nos estábamos justificando ante ustedes? ¡Más bien, hemos estado hablando delante de Dios en Cristo! Todo lo que hacemos, queridos hermanos, es para su edificación. ²⁰En realidad, me temo que cuando vaya a verlos no los encuentre como quisiera, ni ustedes me encuentren a mí como quisieran. Temo que haya peleas, celos, arrebatos de ira, rivalidades, calumnias, chismes, arrogancias y alborotos. ²¹Temo que,

al volver a visitarlos, mi Dios me humille delante de ustedes, y que yo tenga que llorar por muchos que han pecado desde hace algún tiempo, pero no se han ˟arrepentido de la impureza, la inmoralidad sexual y prácticas vergonzosas a las que se han entregado.

Advertencias finales

13 Esta será la tercera vez que los visito. «Todo asunto se resolverá mediante el testimonio de dos o tres testigos».ᵃ ²Cuando estuve con ustedes por segunda vez les advertí y ahora que estoy ausente lo repito: Cuando vuelva a verlos, no seré indulgente con los que antes pecaron ni con ningún otro, ³ya que están exigiendo una prueba de que Cristo habla por medio de mí. Él no se muestra débil en su trato con ustedes, sino que ejerce su poder entre ustedes. ⁴Es cierto que fue crucificado en debilidad, pero ahora vive por el poder de Dios. De igual manera, nosotros participamos de su debilidad, pero por el poder de Dios viviremos con Cristo para ustedes.

⁵Examínense para ver si están en la fe; pruébense a sí mismos. ¿No se dan cuenta de que Cristo Jesús está en ustedes? ¡A menos que fracasen en la ˟prueba! ⁶Espero que reconozcan que nosotros no hemos fracasado. ⁷Pedimos a Dios que no hagan nada malo, no para demostrar que hemos sido aprobados, sino para que hagan lo bueno, aunque parezca que hemos fracasado. ⁸Pues nada podemos hacer contra la verdad, sino a favor de la verdad. ⁹De hecho, nos alegramos cuando nosotros somos débiles y ustedes fuertes; y oramos a Dios para que los restaure plenamente. ¹⁰Por eso escribo todo esto en mi ausencia, para que cuando vaya no tenga que ser severo en el uso de mi autoridad, la cual el Señor me ha dado para edificación y no para destrucción.

Saludos finales

¹¹En fin, hermanos, alégrense, busquenᵇ su restauración, hagan caso de mi exhortación, sean de un mismo sentir, vivan en paz. Y el Dios de amor y paz estará con ustedes.

¹²Salúdense unos a otros con un beso santo. ¹³Todos los creyentes les mandan saludos.

¹⁴Que la gracia del Señor Jesucristo, el amor de Dios y la comunión del Espíritu Santo sean con todos ustedes.

ᵃ 1 Dt 19:15.   ᵇ 11 alégrense, busquen. Alt. los saludo. Busquen.

Gálatas

1 Pablo, apóstol no por investidura ni mediación °humana, sino por °Jesucristo y por Dios Padre, que lo °levantó de entre los muertos; ²y todos los hermanos que están conmigo,

a las iglesias de Galacia:

³Que Dios nuestro Padre y el Señor Jesucristo les concedan gracia y paz. ⁴Jesucristo dio su vida por nuestros pecados para rescatarnos de este mundo malvado, según la voluntad de nuestro Dios y Padre, ⁵a quien sea la gloria por los siglos de los siglos. Amén.

No hay otro evangelio

⁶Me asombra que tan pronto estén dejando ustedes a quien los llamó por la gracia de Cristo, para pasarse a otro °evangelio. ⁷No es que haya otro evangelio, sino que ciertos individuos están sembrando confusión entre ustedes y quieren tergiversar el evangelio de Cristo. ⁸Pero aun si alguno de nosotros o un ángel del cielo les predicara acerca de unas °buenas noticias distintas de las que hemos predicado, ¡que caiga bajo maldición! ⁹Como ya lo hemos dicho, ahora lo repito: si alguien anda predicando un mensaje distinto del que recibieron, ¡que caiga bajo maldición!

¹⁰Entonces, ¿busco ganarme la aprobación °humana o la de Dios? ¿Piensan que procuro agradar a los demás? Si yo buscara agradar a otros, no sería °siervo de Cristo.

Pablo, llamado por Dios

¹¹Quiero que sepan, hermanos, que las °buenas noticias que yo predico no es invención °humana. ¹²No lo recibí ni lo aprendí de ningún °ser humano, sino que me llegó por revelación de Jesucristo. ¹³Ustedes ya están enterados de mi conducta cuando pertenecía al judaísmo, de la furia con que perseguía a la iglesia de Dios, tratando de destruirla. ¹⁴En la práctica del judaísmo, yo aventajaba a muchos de mis contemporáneos en mi celo exagerado por las tradiciones de mis antepasados. ¹⁵Sin embargo, Dios me había apartado desde el vientre de mi madre y me llamó por su gracia. Y, cuando él tuvo a bien ¹⁶revelarme a su Hijo para que yo lo predicara entre los no judíos, no consulté con nadie. ¹⁷Tampoco subí a Jerusalén para ver a los que eran apóstoles antes que yo, sino que fui de inmediato a Arabia, de donde luego regresé a Damasco.

¹⁸Después de tres años, subí a Jerusalén para visitar a °Cefas[a] y me quedé con él quince días. ¹⁹No vi a ningún otro de los apóstoles; solo vi a °Santiago, el hermano del Señor. ²⁰Dios me es testigo de que en esto que les escribo no miento. ²¹Más tarde fui a las regiones de Siria y Cilicia. ²²Pero en Judea las iglesias de[b] Cristo no me conocían personalmente. ²³Solo habían oído decir: «El que antes nos perseguía ahora predica la fe que procuraba destruir». ²⁴Y por causa mía glorificaban a Dios.

Los apóstoles aceptan a Pablo

2 Catorce años después subí de nuevo a Jerusalén, esta vez con Bernabé, llevando también a Tito. ²Fui en obediencia a una revelación y me reuní en privado con los que eran reconocidos como dirigentes. Entonces, expliqué el °evangelio que predico entre los no judíos, para que todo mi esfuerzo no fuera en vano.[c] ³Ahora bien, ni siquiera Tito, que me acompañaba, fue obligado a circuncidarse, aunque era griego. ⁴El problema era que algunos falsos hermanos se habían infiltrado entre nosotros para coartar la libertad que tenemos en Cristo Jesús a fin de esclavizarnos. ⁵Ni por un momento accedimos a someternos a ellos, pues queríamos que se preservara entre ustedes la verdad del evangelio.

⁶En cuanto a los que eran reconocidos como personas importantes —aunque no me interesa lo que fueran, porque Dios no juzga por las apariencias—, esos tales no me impusieron nada nuevo. ⁷Al contrario, reconocieron que a mí se me había encomendado predicar el evangelio a los no judíos, de la misma manera que se le había encomendado a Pedro predicarlo a los judíos.[d] ⁸El mismo Dios que facultó a Pedro como apóstol de los judíos[e] me facultó también a mí como apóstol de los no judíos. ⁹En efecto, °Santiago, °Cefas[f] y Juan, que eran considerados columnas, al reconocer la gracia que yo había recibido, nos dieron la mano a Bernabé y a mí en señal de compañerismo, de modo que nosotros fuéramos a los no judíos y ellos a los judíos. ¹⁰Solo nos pidieron que nos acordáramos de los pobres, y eso es precisamente lo que he venido haciendo con esmero.

Pablo se opone a Pedro

¹¹Pues bien, cuando Cefas fue a Antioquía, le eché en cara su comportamiento condenable. ¹²Antes que llegaran algunos de parte de °Santiago, él solía comer con los no judíos. Pero cuando aquellos llegaron, comenzó a retraerse y a separarse de los no judíos por temor a los partidarios de la °circuncisión.[g] ¹³Entonces los demás judíos se le unieron en su °hipocresía, y hasta el mismo Bernabé se dejó arrastrar por esa conducta hipócrita.

¹⁴Cuando vi que no actuaban rectamente, como corresponde a la verdad del °evangelio, le dije a Cefas delante de todos: «Si tú, que eres judío, vives como si no lo fueras, ¿por qué obligas a los no judíos a practicar el judaísmo?

¹⁵»Nosotros somos judíos de nacimiento y no "pecadores paganos". ¹⁶Sin embargo, al reconocer

que nadie es *justificado por las obras que demanda la Ley, sino por la *fe en Jesucristo, también hemos puesto nuestra fe en Cristo Jesús, para ser justificados de la fe en él y no por las obras de la Ley; porque por estas nadie será justificado.

[17] »Ahora bien, cuando buscamos ser justificados por[a] Cristo se hace evidente que nosotros mismos somos pecadores. ¿Quiere esto decir que Cristo está al servicio del pecado? ¡De ninguna manera! [18]Si uno vuelve a edificar lo que antes había destruido, se hace[b] transgresor. [19]Yo, por mi parte, mediante la Ley he muerto a la Ley, a fin de vivir para Dios. [20]He sido crucificado con Cristo, y ya no vivo yo, sino que Cristo vive en mí. Lo que ahora vivo en el cuerpo, lo vivo por la fe en el Hijo de Dios, quien me amó y dio su vida por mí. [21]No desecho la gracia de Dios. Si la justicia se obtuviera mediante la Ley, Cristo habría muerto en vano».[c]

La fe o la observancia de la Ley

3 ¡Gálatas torpes! ¿Quién los ha hechizado a ustedes, ante quienes Jesucristo crucificado ha sido presentado tan claramente? [2]Solo quiero que me respondan a esto: ¿Recibieron el Espíritu por las obras que demanda la Ley o por la fe con que aceptaron el mensaje? [3]¿Tan torpes son? Después de haber comenzado con el Espíritu, ¿pretenden ahora perfeccionarse con esfuerzos *humanos? [4]¿Han tenido tantas experiencias en vano?[d] ¡Si es que de veras fue en vano! [5]Al darles Dios su Espíritu y hacer milagros entre ustedes, ¿lo hace por las obras que demanda la Ley o por la fe con que han aceptado el mensaje? [6]Así fue con Abraham: «Creyó a Dios y esto se le tomó en cuenta como justicia».[e]

[7]Por lo tanto, sepan que los verdaderos hijos de Abraham son aquellos que viven por la fe. [8]En efecto, la Escritura, habiendo previsto que Dios *justificaría por la fe a las *naciones, anunció de antemano el *evangelio a Abraham: «Por medio de ti serán bendecidas todas las naciones».[f] [9]Así que los que viven por la fe son bendecidos junto con Abraham, el hombre de fe.

[10]Todos los que dependen de las obras que demanda la Ley están bajo maldición, porque está escrito: «Maldito sea quien no practique fielmente todo lo que está escrito en el libro de la Ley».[g] [11]Ahora bien, es evidente que por la Ley nadie es justificado delante de Dios, porque «el justo vivirá por la fe».[h] [12]La Ley no se basa en la fe; por el contrario, «quien practique estas cosas vivirá por ellas».[i] [13]Cristo nos rescató de la maldición de la Ley al hacerse maldición por nosotros, pues está escrito: «Maldito todo el que es colgado de un madero».[j] [14]Así sucedió para que, por medio de Cristo Jesús, la bendición prometida a Abraham llegara a las naciones, y para que por la fe recibiéramos el Espíritu según la promesa.

La Ley y la promesa

[15]Hermanos, voy a ponerles un ejemplo: aun en el caso de un pacto[k] *humano, nadie puede anularlo ni añadirle nada una vez que ha sido ratificado. [16]Ahora bien, las promesas se hicieron a Abraham y a su descendencia. La Escritura no dice: «y a sus descendientes», como refiriéndose a muchos, sino: «y a tu descendencia», dando a entender uno solo, que es Cristo. [17]Lo que quiero decir es esto: la Ley, que vino cuatrocientos treinta años después, no anula el pacto que Dios había ratificado previamente; de haber sido así, quedaría sin efecto la promesa. [18]Si la herencia se basa en la Ley, ya no se basa en la promesa; pero Dios se la concedió gratuitamente a Abraham mediante una promesa.

[19]Entonces, ¿cuál era el propósito de la Ley? Fue añadida por causa de[l] las transgresiones hasta que viniera la descendencia a la cual se hizo la promesa. La Ley se promulgó por medio de ángeles, por conducto de un mediador. [20]Ahora bien, no hace falta mediador si hay una sola parte y, sin embargo, Dios es uno solo.

[21]Si esto es así, ¿estará la Ley en contra de las promesas de Dios? ¡De ninguna manera! Si se hubiera promulgado una ley capaz de dar vida, entonces sí que la justicia se basaría en la Ley. [22]Pero la Escritura declara que todo el mundo es prisionero del pecado,[m] para que mediante la fe en Jesucristo lo prometido se les conceda a los que creen. [23]Antes de venir esta fe, la Ley nos tenía presos, encerrados hasta que la fe se revelara. [24]Así que la Ley vino a ser nuestro guía encargado de conducirnos a Cristo,[n] para que fuéramos *justificados por la fe. [25]Pero ahora que ha llegado la fe, ya no estamos sujetos al guía.

Hijos de Dios

[26]Todos ustedes son hijos de Dios mediante la fe en Cristo Jesús, [27]porque todos los que han sido bautizados en Cristo se han revestido de Cristo. [28]Ya no hay judío ni no judío, esclavo ni libre, hombre ni mujer, sino que todos ustedes son uno solo en Cristo Jesús. [29]Y si ustedes pertenecen a Cristo, son la descendencia de Abraham y herederos según la promesa.

4 En otras palabras, mientras el heredero es menor de edad, en nada se diferencia de un *esclavo, a pesar de ser dueño de todo. [2]Al contrario, está bajo el cuidado de tutores y administradores hasta la fecha fijada por su padre. [3]Así también nosotros, cuando éramos menores, estábamos esclavizados por los *principios[o] de este mundo. [4]Pero cuando se cumplió el plazo,[p] Dios envió a su Hijo, nacido de una mujer, nacido bajo la Ley, [5]para rescatar a los que estaban bajo la Ley, a fin de que fuéramos adoptados como hijos. [6]Ustedes ya son hijos. Dios ha enviado a nuestros corazones el Espíritu de su Hijo, que clama: «¡*Abba! ¡Padre!». [7]Así que ya no eres esclavo, sino hijo; y como eres hijo, Dios te ha hecho también heredero.

Preocupación de Pablo por los gálatas

[8]Antes, cuando no conocían a Dios, ustedes eran esclavos de los que en realidad no son dioses. [9]Pero ahora que conocen a Dios —o más bien que Dios los conoce a ustedes—, ¿cómo es que quieren regresar a esos *principios ineficaces y sin valor? ¿Quieren volver a ser esclavos de ellos? [10]¡Ustedes siguen guardando los días, los meses, las estaciones y los años! [11]Temo por ustedes, que tal vez me haya estado esforzando en vano.

[12]Hermanos, yo me he identificado con ustedes. Les suplico que ahora se identifiquen conmigo. No es que me hayan ofendido en algo. [13]Como bien saben, la primera vez que les prediqué acerca de las *buenas noticias fue debido a una enfermedad [14]y, aunque esta fue una *prueba para ustedes, no me

---

[a] 17 por. Lit. en.   [b] 18 Si uno vuelve ... se hace. Lit. Si vuelvo ... me hago.   [c] 21 Algunos intérpretes consideran que la cita termina al final del v. 14.   [d] 4 ¿Han ... en vano? Alt. ¿Tanto sufrir en vano?   [e] 6 Gn 15:6.   [f] 8 Gn 12:3; 18:18; 22:18.   [g] 10 Dt 27:26.   [h] 11 Hab 2:4.   [i] 12 Lv 18:5.   [j] 13 Dt 21:23.   [k] 15 pacto. Alt. testamento.   [l] 19 por causa de. Alt. para manifestar, o para aumentar.   [m] 22 declara ... pecado. Lit. lo ha encerrado todo bajo pecado.   [n] 24 la Ley ... Cristo. Alt. la Ley fue nuestro guía hasta que vino Cristo.   [o] 3 los principios. Alt. los poderes espirituales, o las normas; también en v. 9.   [p] 4 se cumplió el plazo. Lit. vino la plenitud del tiempo.

trataron con desprecio ni desdén. Al contrario, me recibieron como a un ángel de Dios, como si se tratara de Cristo Jesús. ¹⁵Pues bien, ¿qué pasó con todo ese entusiasmo? Me consta que de haberles sido posible se habrían sacado los ojos para dármelos. ¹⁶¡Y ahora resulta que por decirles la verdad me he vuelto su enemigo!

¹⁷Esos que muestran mucho interés por ganárselos a ustedes no abrigan buenas intenciones. Lo que quieren es alejarlos de nosotros para que se entreguen a ellos. ¹⁸Está bien mostrar interés, con tal de que ese interés sea bien intencionado y constante, y que no se manifieste solo cuando yo estoy con ustedes. ¹⁹Queridos hijos, por quienes vuelvo a sufrir dolores de parto hasta que Cristo sea formado en ustedes, ²⁰¡cómo quisiera estar ahora con ustedes y hablarles de otra manera, porque lo que están haciendo me tiene perplejo!

Agar y Sara

²¹Díganme, los que quieren estar bajo la Ley, ¿por qué no prestan atención a lo que la Ley misma dice? ²²¿Acaso no está escrito que Abraham tuvo dos hijos, uno de la esclava y otro de la libre? ²³El de la esclava nació por decisión ˚humana, pero el de la libre nació en cumplimiento de una promesa.

²⁴Ese relato puede interpretarse en sentido figurado: estas mujeres representan dos pactos. Uno, que es Agar, procede del monte Sinaí y tiene hijos que nacen para ser esclavos. ²⁵Agar representa el monte Sinaí en Arabia y corresponde a la actual ciudad de Jerusalén, porque junto con sus hijos vive en esclavitud. ²⁶Pero la Jerusalén celestial es libre y esa es nuestra madre. ²⁷Porque está escrito:

«Tú, mujer estéril, que nunca has dado a luz,
    ¡grita de alegría!
Tú, que nunca tuviste dolores de parto,
    ¡prorrumpe en gritos de júbilo!
Porque más hijos que la casada
    tendrá la desamparada».ᵃ

²⁸Ustedes, hermanos, al igual que Isaac, son hijos por la promesa. ²⁹Y así como en aquel tiempo el hijo nacido por decisión humana persiguió al hijo nacido por el Espíritu, así también sucede ahora. ³⁰Pero ¿qué dice la Escritura? «¡Echa de aquí a la esclava y a su hijo! El hijo de la esclava jamás tendrá parte en la herencia con el hijo de la libre».ᵇ ³¹Así que, hermanos, no somos hijos de la esclava, sino de la libre.

Libertad en Cristo

5 Cristo nos libertó para que vivamos en libertad. Por lo tanto, manténganse firmesᶜ y no se sometan nuevamente al yugo de esclavitud.

²Escuchen bien: yo, Pablo, les digo que, si se hacen circuncidar, Cristo no les servirá de nada. ³De nuevo declaro que todo el que se hace circuncidar está obligado a practicar toda la Ley. ⁴Aquellos de entre ustedes que tratan de ser ˚justificados por la Ley han roto con Cristo; han caído de la gracia. ⁵Nosotros, en cambio, por obra del Espíritu y mediante la fe, aguardamos con ansias la justicia que es nuestra esperanza. ⁶En Cristo Jesús de nada sirve estar o no estar circuncidados; lo que vale es la fe que actúa mediante el amor.

⁷Ustedes estaban corriendo bien. ¿Quién los estorbó para que dejaran de obedecer a la verdad?

⁸Tal instigación no puede venir de Dios, que es quien los ha llamado.

⁹«Un poco de levadura fermenta toda la masa». ¹⁰Yo, por mi parte, tengo confianza en el Señor de que ustedes no pensarán de otra manera. El que los está perturbando será castigado, sea quien sea. ¹¹Hermanos, si es verdad que yo todavía predico la circuncisión, ¿por qué se me sigue persiguiendo? Si tal fuera mi predicación, la cruz no ˚ofendería tanto. ¹²¡Ojalá que esos instigadores acabaran por mutilarse del todo!

¹³Les hablo así, hermanos, porque ustedes han sido llamados a ser libres; pero no se valgan de esa libertad para dar rienda suelta a sus ˚pasiones. Más bien sírvanse unos a otros con amor. ¹⁴En efecto, toda la Ley se resume en un solo mandamiento: «Ama a tu prójimo como a ti mismo».ᵈ ¹⁵Pero si siguen mordiéndose y devorándose, tengan cuidado, no sea que acaben por destruirse unos a otros.

La vida por el Espíritu

¹⁶Así que les digo: vivan por el Espíritu y no sigan los deseos de la ˚carne; ¹⁷porque esta desea lo que es contrario al Espíritu y a su vez el Espíritu desea lo que es contrario a ella. Los dos se oponen entre sí, de modo que ustedes no pueden hacer lo que quieren. ¹⁸Pero si los guía el Espíritu, no están bajo la Ley.

¹⁹Las obras de la carne se conocen bien: inmoralidad sexual, impureza y libertinaje; ²⁰idolatría y hechicería; odio, discordia, celos, arrebatos de ira, rivalidades, desacuerdos, sectarismos ²¹y envidia; borracheras, orgías y otras cosas parecidas. Les advierto ahora, como antes lo hice, que los que practican tales cosas no heredarán el reino de Dios.

²²En cambio, el fruto del Espíritu es amor, alegría, paz, paciencia, amabilidad, bondad, ˚fidelidad, ²³humildad y dominio propio. No hay ley que condene estas cosas. ²⁴Los que son de Cristo Jesús han crucificado la carne con sus pasiones y deseos. ²⁵Si el Espíritu nos da vida, andemos guiados por el Espíritu. ²⁶No dejemos que la vanidad nos lleve a provocarnos y a envidiarnos unos a otros.

La ayuda mutua

6 Hermanos, si alguien es sorprendido en pecado, ustedes que son espirituales deben restaurarlo con una actitud humilde. Pero cuídese cada uno, porque también puede ser ˚tentado. ²Ayúdense unos a otros a llevar sus cargas y así cumplirán la ley de Cristo. ³Si alguien cree ser algo, cuando en realidad no es nada, se engaña a sí mismo. ⁴Cada cual examine su propia conducta; y si tiene algo de qué presumir, que no se compare con nadie. ⁵Que cada uno cargue con su propia responsabilidad.

⁶El que recibe instrucción en la palabra de Dios comparta todo lo bueno con quien le enseña.

⁷No se engañen: de Dios nadie se burla. Cada uno cosecha lo que siembra. ⁸El que siembra para agradar a su ˚carne, de esa misma carne cosechará destrucción; el que siembra para agradar al Espíritu, del Espíritu cosechará vida eterna. ⁹No nos cansemos de hacer el bien, porque a su debido tiempo cosecharemos si no nos damos por vencidos. ¹⁰Por lo tanto, siempre que tengamos la oportunidad, hagamos bien a todos y en especial a los de la familia de la fe.

No la circuncisión, sino una nueva creación

¹¹Miren que les escribo de mi puño y letra, ¡y con letras bien grandes!

ᵃ 27 Is 54:1. ᵇ 30 Gn 21:10. ᶜ 1 Cristo … firmes. Var. Por lo tanto, manténganse firmes en la libertad con que Cristo nos libertó. ᵈ 14 Lv 19:18.

¹²Los que tratan de obligarlos a ustedes a circuncidarse lo hacen únicamente para dar una buena impresión y evitar ser perseguidos por causa de la cruz de Cristo. ¹³Ni siquiera esos que están circuncidados obedecen la Ley; lo que pasa es que quieren obligarlos a ustedes a circuncidarse para luego jactarse de la señal que ustedes llevarían en el cuerpo. ¹⁴En cuanto a mí, jamás se me ocurra jactarme de otra cosa sino de la cruz de nuestro Señor Jesucristo, por quien*a* el mundo ha sido crucificado para mí, y yo para el mundo. ¹⁵Para nada cuenta estar o no estar circuncidados; lo que importa es ser parte de una nueva creación. ¹⁶Paz y misericordia desciendan sobre todos los que siguen esta norma y sobre el Israel de Dios.

¹⁷Por lo demás, que nadie me cause más problemas, porque yo llevo en el cuerpo las cicatrices de Jesús.

¹⁸Hermanos, que la gracia de nuestro Señor Jesucristo sea con el espíritu de cada uno de ustedes. Amén.

---

a 14 *por quien.* Alt. *por la cual.*

Carta a los

Efesios

1 Pablo, apóstol de ˙Cristo Jesús por la voluntad de Dios,

a los fieles creyentes en Cristo Jesús que están en Éfeso:[a]

²Que Dios nuestro Padre y el Señor Jesucristo les concedan gracia y paz.

Bendiciones espirituales en Cristo

³Bendito sea Dios, Padre de nuestro Señor Jesucristo, que nos ha bendecido en las regiones celestiales con toda bendición espiritual en Cristo. ⁴Dios nos escogió en él antes de la creación del mundo, para que vivamos en santidad y sin mancha delante de él. En amor ⁵nos predestinó para ser adoptados como hijos suyos por medio de Jesucristo, según el buen propósito de su voluntad, ⁶para alabanza de su gloriosa gracia, que nos concedió en su Amado. ⁷En él tenemos la redención mediante su sangre, el perdón de nuestros pecados, conforme a las riquezas de su gracia ⁸la cual Dios nos dio en abundancia con toda sabiduría y entendimiento. ⁹Él nos hizo conocer el ˙misterio de su voluntad conforme al buen propósito que de antemano estableció en Cristo, ¹⁰para llevarlo a cabo cuando se cumpliera el tiempo, esto es, reunir en él todas las cosas, tanto las del cielo como las de la tierra.

¹¹En Cristo también fuimos hechos herederos,[b] pues fuimos predestinados según el plan de aquel que hace todas las cosas conforme al designio de su voluntad, ¹²a fin de que nosotros, que fuimos los primeros en poner nuestra esperanza en Cristo, seamos para alabanza de su gloria. ¹³En él también ustedes, cuando oyeron el mensaje de la verdad, el ˙evangelio que les trajo la salvación, y lo creyeron, fueron marcados con el sello que es el Espíritu Santo prometido. ¹⁴Este garantiza nuestra herencia hasta que llegue la redención final del pueblo adquirido por Dios,[c] para alabanza de su gloria.

Acción de gracias e intercesión

¹⁵Por eso yo, por mi parte, desde que me enteré de la fe que tienen en el Señor Jesús y del amor que demuestran por todos los creyentes, ¹⁶no he dejado de dar gracias por ustedes al recordarlos en mis oraciones. ¹⁷Pido que el Dios de nuestro Señor Jesucristo, el Padre glorioso, les dé el Espíritu de sabiduría y de revelación, para que lo conozcan mejor. ¹⁸Pido también que les sean iluminados los ojos del ˙corazón para que sepan a qué esperanza él los ha llamado, cuál es la riqueza de su gloriosa herencia entre pueblo ˙santo, ¹⁹y cuán incomparable es la grandeza de su poder a favor de los que creemos. Ese poder es la fuerza grandiosa y eficaz ²⁰que Dios ejerció en Cristo cuando lo resucitó de entre los muertos y lo sentó a su ˙derecha en las regiones celestiales, ²¹muy por encima de todo gobierno y autoridad, poder y dominio, y de cualquier otro nombre que se invoque, no solo en este mundo, sino también en el venidero. ²²Dios sometió todas las cosas al dominio de Cristo[d] y lo dio como cabeza de todo a la iglesia. ²³Esta, que es su cuerpo, es la plenitud de aquel que lo llena todo por completo.

La vida en Cristo

2 En otro tiempo ustedes estaban muertos en sus transgresiones y pecados, ²en los cuales andaban conforme a los poderes de este mundo. Se conducían según el que gobierna los aires, según el espíritu que ahora ejerce su poder en los que viven en la desobediencia. ³En ese tiempo también todos nosotros vivíamos como ellos, impulsados por nuestros deseos pecaminosos, siguiendo nuestra propia voluntad y nuestros propósitos.[e] Como los demás, éramos por naturaleza merecedores de la ira de Dios. ⁴Pero Dios, que es rico en misericordia, por su gran amor por nosotros, ⁵nos dio vida con Cristo, aun cuando estábamos muertos en pecados. ¡Por gracia ustedes han sido salvados! ⁶Y en unión con Cristo Jesús, Dios nos resucitó y nos hizo sentar con él en las regiones celestiales, ⁷para mostrar en los tiempos venideros la incomparable riqueza de su gracia, que por su bondad derramó sobre nosotros en Cristo Jesús. ⁸Porque por gracia ustedes han sido salvados mediante la fe. Esto no procede de ustedes, sino que es el regalo de Dios ⁹y no por obras, para que nadie se jacte. ¹⁰Porque somos hechura de Dios, creados en Cristo Jesús para buenas obras, las cuales Dios dispuso de antemano a fin de que las pongamos en práctica.

Unidad en Cristo

¹¹Por lo tanto, recuerden ustedes, los que no nacieron siendo judíos —los que son llamados «incircuncisos» por aquellos que se llaman «la ˙circuncisión», la cual se hace en el cuerpo por mano humana—, ¹²recuerden que en ese entonces ustedes estaban separados de Cristo, excluidos de la ciudadanía de Israel y ajenos a los pactos de la promesa, sin esperanza y sin Dios en el mundo. ¹³Pero ahora en Cristo Jesús, a ustedes que antes estaban lejos, Dios los ha acercado mediante la sangre de Cristo.

¹⁴Porque Cristo es nuestra paz: de los dos pueblos ha hecho uno solo, derribando mediante su sacrificio[f] el muro de enemistad que nos separaba, ¹⁵pues anuló la Ley con sus mandamientos y requisitos. Esto lo hizo para crear en sí mismo de los dos pueblos una nueva ˙humanidad al hacer la paz, ¹⁶para reconciliar con Dios a ambos en un solo cuerpo mediante la cruz, por la que dio muerte a la

---

enemistad. [17]Él vino y proclamó paz a ustedes que estaban lejos y paz a los que estaban cerca. [18]Pues por medio de él tenemos acceso al Padre por un mismo Espíritu.

[19]Por lo tanto, ustedes ya no son extraños ni extranjeros, sino conciudadanos del pueblo elegido y miembros de la familia de Dios, [20]edificados sobre el fundamento de los apóstoles y los profetas, siendo Cristo Jesús mismo la piedra angular. [21]En él todo el edificio, bien armado, se va levantando para llegar a ser un templo santo en el Señor. [22]En él también ustedes son edificados juntamente para ser morada de Dios por su Espíritu.

Pablo y el misterio de Cristo

3 Por esta razón yo, Pablo, prisionero de Cristo Jesús por el bien de ustedes los no judíos, me arrodillo en oración.[a]

[2]Sin duda se han enterado del plan de la gracia de Dios que él me encomendó para ustedes, [3]es decir, el *misterio que me dio a conocer por revelación, como ya les escribí brevemente. [4]Al leer esto, podrán darse cuenta de que comprendo el misterio de Cristo. [5]Ese misterio, que en otras generaciones no se dio a conocer a los *seres humanos, ahora se ha revelado por el Espíritu a los santos apóstoles y profetas de Dios. [6]Es decir, que los no judíos son, junto con Israel, beneficiarios de la misma herencia, miembros de un mismo cuerpo y participantes igualmente de la promesa en Cristo Jesús mediante el *evangelio.

[7]De este evangelio llegué a ser servidor. Este fue el regalo que Dios me dio por su gracia, conforme a su poder eficaz. [8]Aunque soy el más insignificante de todos los creyentes, recibí esta gracia de predicar a las *naciones las incalculables riquezas de Cristo [9]y de hacer entender a todos el plan divino, el misterio que desde los tiempos eternos se mantuvo oculto en Dios, creador de todas las cosas. [10]El fin de todo esto es que la sabiduría de Dios, en toda su diversidad, se dé a conocer ahora, por medio de la iglesia, a los poderes y autoridades en las regiones celestiales, [11]conforme a su eterno propósito realizado en Cristo Jesús nuestro Señor. [12]En él, mediante la fe, disfrutamos de libertad y confianza para acercarnos a Dios. [13]Así que les pido que no se desanimen a causa de lo que sufro por ustedes, ya que estos sufrimientos míos son para ustedes un honor.

Oración por los efesios

[14]Por esta razón me arrodillo delante del Padre, [15]de quien recibe nombre toda familia[b] en el cielo y en la tierra. [16]Le pido que, por medio del Espíritu y con el poder que procede de sus gloriosas riquezas, los fortalezca a ustedes en lo íntimo de su ser, [17]para que por fe Cristo habite en sus corazones. Y pido que, arraigados y cimentados en amor, [18]puedan comprender, junto con todos los creyentes, cuán ancho y largo, alto y profundo es el amor de Cristo. [19]En fin, que conozcan ese amor que sobrepasa nuestro conocimiento, para que sean llenos de la plenitud de Dios.

[20]¡Al que puede hacer muchísimo más que todo lo que podamos imaginarnos o pedir, por el poder que obra eficazmente en nosotros, [21]a él sea la gloria en la iglesia y en Cristo Jesús por todas las generaciones, por los siglos de los siglos! Amén.

Unidad en el cuerpo de Cristo

4 Por eso yo, que estoy preso por la causa del Señor, les ruego que vivan de una manera digna del llamamiento que han recibido, [2]siempre humildes y amables, pacientes, tolerantes unos con otros en

amor. [3]Esfuércense por mantener la unidad del Espíritu mediante el vínculo de la paz. [4]Hay un solo cuerpo y un solo Espíritu, así como también fueron llamados a una sola esperanza; [5]un solo Señor, una sola fe, un solo bautismo; [6]un solo Dios y Padre de todos, que está sobre todos y por medio de todos y en todos.

[7]Pero a cada uno de nosotros se nos ha dado gracia en la medida en que Cristo ha repartido los dones. [8]Por esto dice:

> «Cuando ascendió a lo alto,
>   se llevó consigo a los cautivos
>   y dio dones a los hombres».[c]

[9]¿Qué quiere decir eso de que «ascendió», sino que también descendió a las regiones bajas de la tierra? [10]El que descendió es el mismo que ascendió por encima de todos los cielos, para llenarlo todo. [11]Él mismo constituyó a unos como apóstoles; a otros, profetas; a otros, evangelistas; y a otros, pastores y maestros, [12]a fin de capacitar al *pueblo de Dios para la obra de servicio, para edificar el cuerpo de Cristo. [13]De este modo, todos llegaremos a la unidad de la fe y del conocimiento del Hijo de Dios, a una *humanidad perfecta que se conforme a la plena estatura de Cristo.

[14]Así ya no seremos niños, zarandeados por las olas y llevados de aquí para allá por todo viento de enseñanza y por la astucia y las artimañas de quienes emplean métodos engañosos. [15]Más bien, al vivir la verdad con amor, creceremos hasta ser en todo como aquel que es la cabeza, es decir, Cristo. [16]Por su acción todo el cuerpo crece y se edifica en amor, sostenido y ajustado por todos los ligamentos, según la actividad propia de cada miembro.

Vivan como hijos de luz

[17]Así que les digo esto e insisto en el Señor: no vivan más con pensamientos frívolos como los *paganos. [18]A causa de la ignorancia que los domina y por la dureza de sus corazones, estos tienen oscurecido el entendimiento y están alejados de la vida que proviene de Dios. [19]Han perdido toda vergüenza, se han entregado a la inmoralidad y no se sacian de cometer toda clase de actos indecentes.

[20]No fue esta la enseñanza que ustedes recibieron acerca de Cristo, [21]si de veras se les habló y enseñó de Jesús según la verdad que está en él. [22]Con respecto a la vida que antes llevaban, se les enseñó que debían quitarse el ropaje de la vieja naturaleza, la cual está corrompida por los deseos engañosos; [23]ser renovados en la actitud de su mente; [24]y ponerse el ropaje de la nueva naturaleza, creada a imagen de Dios, en verdadera justicia y *santidad.

[25]Por lo tanto, dejando la mentira, hable cada uno a su prójimo con la verdad, porque todos somos miembros de un mismo cuerpo. [26]«Si se enojan, no pequen».[d] No permitan que el enojo les dure hasta la puesta del sol [27]ni den cabida al diablo. [28]El que robaba, que no robe más, sino que trabaje honradamente con las manos para tener qué compartir con los necesitados.

[29]Eviten toda conversación obscena. Por el contrario, que sus palabras contribuyan a la necesaria edificación y sean de bendición para quienes escuchan. [30]No agravien al Espíritu Santo de Dios con el cual fueron sellados para el día de la redención. [31]Abandonen toda amargura, ira y enojo, gritos y

---

a 1 En el griego este versículo termina con las palabras *no judíos*, y el tema se reinicia en el v. 14.   *b* 15 *familia*. Alt. *paternidad*.   *c* 8 Sal 68:18.   *d* 26 Sal 4:4.

calumnias y toda forma de malicia. ³²Más bien, sean bondadosos y compasivos unos con otros y perdónense mutuamente, así como Dios los perdonó a ustedes en Cristo. ¹Por tanto, imiten a Dios como hijos muy amados ²y lleven una vida de amor, así como Cristo nos amó y se entregó por nosotros como ofrenda y sacrificio fragante para Dios.

5

³Entre ustedes ni siquiera debe mencionarse la inmoralidad sexual ni ninguna clase de impureza o de avaricia, porque eso no es propio del *pueblo santo de Dios. ⁴Tampoco debe haber palabras indecentes, conversaciones necias ni chistes groseros, todo lo cual está fuera de lugar; haya más bien acción de gracias. ⁵Porque pueden estar seguros de que nadie que sea inmoral o impuro o avaro —es decir, idólatra— tendrá herencia en el reino de Cristo y de Dios.⁶ ⁶Que nadie los engañe con argumentaciones vanas, porque por esto viene el castigo de Dios sobre los que viven en la desobediencia. ⁷Así que no se hagan cómplices de ellos.

⁸Porque ustedes antes eran oscuridad y ahora son luz en el Señor. Vivan como hijos de luz ⁹(el fruto de la luz consiste en toda bondad, justicia y verdad) ¹⁰y comprueben lo que agrada al Señor. ¹¹No tengan nada que ver con las obras infructuosas de la oscuridad, sino más bien denúncienlas, ¹²porque da vergüenza aun mencionar lo que los desobedientes hacen en secreto. ¹³Pero todo lo que la luz pone al descubierto se hace visible, ¹⁴porque la luz es lo que hace que todo sea visible. Por eso se dice:

«Despiértate, tú que duermes,
˙levántate de entre los muertos,
y te alumbrará Cristo».

¹⁵Así que tengan cuidado de su manera de vivir. No vivan como necios, sino como sabios, ¹⁶aprovechando al máximo cada momento oportuno, porque los días son malos. ¹⁷Por tanto, no sean insensatos, sino entiendan cuál es la voluntad del Señor. ¹⁸No se emborrachen con vino, que lleva al desenfreno. Al contrario, sean llenos del Espíritu. ¹⁹Anímense unos a otros con salmos, himnos y canciones espirituales. Canten y alaben al Señor con el corazón, ²⁰dando siempre gracias a Dios el Padre por todo, en el nombre de nuestro Señor Jesucristo.

Deberes conyugales

²¹Sométanse unos a otros, por reverencia a Cristo. ²²Esposas, sométanse a sus propios esposos como al Señor. ²³Porque el esposo es cabeza de su esposa, así como Cristo es cabeza de la iglesia, la cual es su cuerpo, y él su Salvador. ²⁴Así como la iglesia se somete a Cristo, también las esposas deben someterse a sus esposos en todo.

²⁵Esposos, amen a sus esposas, así como Cristo amó a la iglesia y se entregó por ella ²⁶para hacerla santa. Él la purificó, lavándola con agua mediante la palabra, ²⁷para presentársela a sí mismo como una iglesia radiante, sin mancha ni arruga ni ninguna otra imperfección, sino santa e intachable. ²⁸Así mismo el esposo debe amar a su esposa como a su propio cuerpo. El que ama a su esposa se ama a sí mismo, ²⁹pues nadie ha odiado jamás a su propio cuerpo; al contrario, lo alimenta y lo cuida, así como Cristo hace con la iglesia, ³⁰porque somos miembros de su cuerpo. ³¹«Por eso dejará el hombre a su padre y a su madre, se unirá a su mujer y los dos llegarán a ser uno solo».ᵇ ³²Esto es un ˙misterio profundo; yo me refiero a Cristo y a la iglesia. ³³En todo caso, cada uno de ustedes ame también a su esposa como a sí mismo y que la esposa respete a su esposo.

Deberes filiales

6

Hijos, obedezcan en el Señor a sus padres, porque esto es justo. ²«Honra a tu padre y a tu madre» —que es el primer mandamiento con promesa— ³«para que te vaya bien y disfrutes de una larga vida en la tierra».ᶜ

⁴Y ustedes, padres, no hagan enojar a sus hijos, sino críenlos según la disciplina e instrucción del Señor.

Deberes de los esclavos y de sus amos

⁵˙Esclavos, obedezcan a sus amos terrenales con respeto y temor, y con corazón sincero, como a Cristo. ⁶No lo hagan solo cuando los estén mirando, como los que quieren ganarse el favor ˙humano, sino como esclavos de Cristo, haciendo de corazón la voluntad de Dios. ⁷Sirvan de buena gana, como quien sirve al Señor y no a los hombres, ⁸sabiendo que el Señor recompensará a cada uno por el bien que haya hecho, sea esclavo o sea libre.

⁹Y ustedes, amos, correspondan a esta actitud de sus esclavos, dejando de amenazarlos. Recuerden que tanto ellos como ustedes tienen un mismo Amoᵈ en el cielo y que con él no hay favoritismos.

La armadura de Dios

¹⁰Por último, fortalézcanse con el gran poder del Señor. ¹¹Pónganse toda la armadura de Dios para que puedan hacer frente a las artimañas del diablo. ¹²Porque nuestra lucha no es contra ˙seres humanos, sino contra poderes, contra autoridades, contra potestades que dominan este mundo de tinieblas, contra fuerzas espirituales malignas en las regiones celestiales. ¹³Por lo tanto, pónganse toda la armadura de Dios, para que cuando llegue el día malo puedan resistir hasta el fin con firmeza. ¹⁴Manténganse firmes, ceñidos con el cinturón de la verdad, protegidos por la coraza de justicia ¹⁵y calzados con la disposición de proclamar el ˙evangelio de la paz. ¹⁶Además de todo esto, tomen el escudo de la fe, con el cual pueden apagar todas las flechas encendidas del maligno. ¹⁷Tomen el casco de la salvación y la espada del Espíritu, que es la palabra de Dios.

¹⁸Oren en el Espíritu en todo momento, con peticiones y ruegos. Manténganse alertas y perseveren en oración por todos los creyentes. ¹⁹Oren también por mí para que, cuando hable, Dios me dé las palabras para dar a conocer con valor el ˙misterio del evangelio, ²⁰por el cual soy embajador en cadenas. Oren para que lo proclame valerosamente, como debo hacerlo.

Saludos finales

²¹Nuestro querido hermano Tíquico, fiel servidor en el Señor, les contará todo para que también sepan cómo me va y qué estoy haciendo. ²²Precisamente lo envío a ustedes para que sepan cómo estamos y para que cobren ánimo.

²³Que Dios el Padre y el Señor Jesucristo les concedan paz, amor y fe a los hermanos.

²⁴La gracia sea con todos los que aman a nuestro Señor Jesucristo con amor imperecedero.

ᵃ 5 de Cristo y de Dios. Alt. de Cristo, que es Dios.
ᵇ 31 Gn 2:24.   ᶜ 3 Éx 20:12; Dt 5:16.   ᵈ 9 Amo. Lit. Señor.

Carta a los
Filipenses

1 Pablo y Timoteo, ˚siervos de ˚Cristo Jesús,

a todos los creyentes en Cristo Jesús que están en Filipos, junto con los ˚obispos y diáconos:

²Que Dios nuestro Padre y el Señor Jesucristo les concedan gracia y paz.

Acción de gracias e intercesión

³Doy gracias a mi Dios cada vez que me acuerdo de ustedes. ⁴En todas mis oraciones por todos ustedes siempre oro con alegría, ⁵porque han participado en el ˚evangelio desde el primer día hasta ahora. ⁶Estoy convencido de esto: el que comenzó tan buena obra en ustedes la irá ˚perfeccionando hasta el día de Cristo Jesús.

⁷Es justo que yo piense así de todos ustedes porque los llevo*ᵃ* en el corazón; pues, ya sea que me encuentre preso o defendiendo y confirmando el evangelio, todos ustedes participan conmigo de la gracia que Dios me ha dado. ⁸Dios es testigo de cuánto los quiero a todos con el entrañable amor de Cristo Jesús.

⁹Esto es lo que pido en oración: que el amor de ustedes abunde cada vez más en conocimiento y en buen juicio, ¹⁰así podrán discernir lo que es mejor y ser puros e irreprochables para el día de Cristo; ¹¹llenos del fruto de justicia que se produce por medio de Jesucristo, para gloria y alabanza de Dios.

El vivir es Cristo

¹²Hermanos, quiero que sepan que, en realidad, lo que me ha pasado ha contribuido al avance del ˚evangelio. ¹³Es más, se ha hecho evidente a toda la guardia del palacio*ᵇ* y a todos los demás que estoy encadenado por causa de Cristo. ¹⁴Gracias a mis cadenas, ahora más que nunca la mayoría de los hermanos, confiados en el Señor, se han atrevido a anunciar sin temor la palabra de Dios.

¹⁵Es cierto que algunos predican a Cristo por envidia y rivalidad, pero otros lo hacen con buenas intenciones. ¹⁶Estos últimos lo hacen por amor, pues saben que he sido puesto para la defensa del evangelio. ¹⁷Aquellos predican a Cristo por ambición personal y no por motivos puros, creyendo que así van a aumentar las angustias que sufro en mi prisión.*ᶜ*

¹⁸¿Qué importa? Al fin y al cabo, y sea como sea, con motivos falsos o con sinceridad, se predica a Cristo. Por eso me alegro; es más, seguiré alegrándome ¹⁹porque sé que, gracias a las oraciones de ustedes y a la ayuda que me da el Espíritu de Jesucristo, todo esto resultará en mi liberación.*ᵈ* ²⁰Mi ardiente anhelo y esperanza es que en nada seré avergonzado, sino que con toda libertad, ya sea que yo viva o muera, ahora como siempre, Cristo será exaltado en mi cuerpo. ²¹Porque para mí el vivir es Cristo y el morir es ganancia. ²²Ahora bien, si seguir viviendo en este cuerpo representa para

mí un trabajo fructífero, ¿qué escogeré? ¡No lo sé! ²³Me siento presionado por dos posibilidades: deseo partir y estar con Cristo, que es muchísimo mejor, ²⁴pero por el bien de ustedes es preferible que yo permanezca en este cuerpo. ²⁵Convencido de esto, sé que permaneceré y continuaré con todos ustedes para contribuir a su jubiloso avance en la fe. ²⁶Así, cuando yo vuelva, su ˚satisfacción en Cristo Jesús abundará por causa mía.

²⁷Pase lo que pase, compórtense de una manera digna del evangelio de Cristo. De este modo, ya sea que vaya a verlos o que, estando ausente, solo tenga noticias de ustedes, sabré que siguen firmes en un mismo propósito, luchando unánimes por la fe del evangelio ²⁸y sin temor alguno a sus adversarios, lo cual es para ellos señal de destrucción. Para ustedes, en cambio, es señal de salvación, y esto proviene de Dios. ²⁹Porque a ustedes se les ha concedido no solo creer en Cristo, sino también sufrir por él, ³⁰pues sostienen la misma lucha que antes me vieron sostener y que ahora saben que sigo sosteniendo.

Humillación y exaltación de Cristo

2 Por tanto, si sienten algún estímulo en su unión con Cristo, algún consuelo en su amor, algún compañerismo en el Espíritu, algún afecto entrañable, ²llénenme de alegría teniendo un mismo parecer, un mismo amor, unidos en alma y pensamiento. ³No hagan nada por egoísmo o vanidad; más bien, con humildad consideren a los demás como superiores a ustedes mismos. ⁴Cada uno debe velar no solo por sus propios intereses, sino también por los intereses de los demás.

⁵La actitud de ustedes debe ser como la de Cristo Jesús,

⁶ quien, siendo por naturaleza*ᵉ* Dios,
   no consideró el ser igual a Dios como algo a
      qué aferrarse.
⁷ Por el contrario, se rebajó voluntariamente,
   tomando la naturaleza*ᶠ* de ˚siervo
   y haciéndose semejante a los seres
      ˚humanos.
⁸ Y al manifestarse como hombre,
   se humilló a sí mismo
   y se hizo obediente hasta la muerte,
      ¡y muerte de cruz!

⁹ Por eso Dios lo exaltó hasta lo sumo
   y le otorgó el nombre
   que está sobre todo nombre,
¹⁰ para que ante el nombre de Jesús
   se doble toda rodilla
   en el cielo y en la tierra
   y debajo de la tierra,

ᵃ 7 los llevo. Alt. *me llevan.*   *ᵇ* 13 *a toda la guardia del palacio.* Alt. *en todo el palacio.*   *ᶜ* 16-17 Var. invierte el orden de vv. 16 y 17.   *ᵈ* 19 *liberación.* Alt. *salvación.*   *ᵉ* 6 *por naturaleza.* Lit. *en forma de.*   *ᶠ* 7 *la naturaleza.* Lit. *la forma.*

[11] y toda lengua confiese que Jesucristo es el
Señor,
para gloria de Dios Padre.

Testimonio de luz

[12] Así que, mis queridos hermanos, como han
obedecido siempre —no solo en mi presencia, sino
mucho más ahora en mi ausencia—, lleven a cabo su
salvación con temor y temblor, [13] pues Dios es quien
produce en ustedes tanto el querer como el hacer
para que se cumpla su buena voluntad.

[14] Háganlo todo sin quejas ni contiendas, [15] para
que sean intachables y puros, hijos de Dios sin culpa
en medio de una generación torcida y depravada.
En ella ustedes brillan como estrellas en el mundo,
[16] manteniendo en alto[a] la palabra de vida. Así en
el día de Cristo me sentiré °satisfecho de no haber
corrido ni trabajado en vano. [17] Y aunque mi vida
fuera derramada[b] sobre el sacrificio y servicio que
proceden de su fe, me alegro y comparto con todos
ustedes mi alegría. [18] Así también ustedes, alégrense
y compartan su alegría conmigo.

Dos colaboradores ejemplares

[19] Espero en el Señor Jesús enviarles pronto a
Timoteo, para que también yo cobre ánimo al recibir noticias de ustedes. [20] Nadie como él se preocupa
de veras por el bienestar de ustedes, [21] pues todos
los demás buscan sus propios intereses y no los de
Jesucristo. [22] Pero ustedes conocen bien la entereza
de carácter de Timoteo, que ha servido conmigo
en la obra del °evangelio, como un hijo junto a su
padre. [23] Así espero enviárselo tan pronto como
se aclaren mis asuntos. [24] Y confío en el Señor que yo
mismo iré pronto.

[25] Ahora bien, creo que es necesario enviarles de
vuelta a Epafrodito, mi hermano, colaborador y
compañero de lucha, a quien ustedes han enviado
para atenderme en mis necesidades. [26] Él los
extraña mucho a todos y está afligido porque ustedes se enteraron de que estaba enfermo. [27] En efecto,
estuvo enfermo y al borde de la muerte; pero Dios
se compadeció de él, y no solo de él, sino también
de mí, para no añadir tristeza a mi tristeza. [28] Así
que lo envío urgentemente para que, al verlo de
nuevo, ustedes se alegren y yo esté menos preocupado. [29] Recíbanlo en el Señor con toda alegría
y honren a los que son como él, [30] porque estuvo a
punto de morir por la obra de Cristo, arriesgando la
°vida para suplir el servicio que ustedes no podían
prestarme.

Plena confianza en Cristo

3 Por lo demás, hermanos míos, alégrense en el
Señor. Para mí no es molestia volver a escribirles
lo mismo, y a ustedes les da seguridad.

[2] Cuídense de esos °perros, cuídense de esos que
hacen el mal, cuídense de esos que mutilan el
cuerpo. [3] Porque la °circuncisión somos nosotros,
los que por medio del Espíritu de Dios adoramos,
nos enorgullecemos en Cristo Jesús y no nos ponemos nuestra confianza en esfuerzos °humanos.
[4] Yo mismo tengo motivos para tal confianza. Si
cualquier otro cree tener motivos para confiar en
esfuerzos humanos, yo más: [5] circuncidado al octavo
día, del pueblo de Israel, de la tribu de Benjamín,
un verdadero hebreo; en cuanto a la interpretación

de la Ley, °fariseo; [6] en cuanto al celo, perseguidor
de la iglesia; en cuanto a la justicia que la Ley exige,
intachable.

[7] Sin embargo, todo aquello que para mí era
ganancia, ahora lo considero pérdida por causa de
Cristo. [8] Es más, todo lo considero pérdida por razón
del incomparable valor de conocer a Cristo Jesús,
mi Señor. Por él lo he perdido todo y lo tengo por
estiércol, a fin de ganar a Cristo [9] y encontrarme
unido a él. No quiero mi propia justicia que procede
de la Ley, sino la que se obtiene mediante la °fe en
Cristo, la justicia que procede de Dios, basada en la
fe. [10] Lo he perdido todo a fin de conocer a Cristo,
experimentar el poder que se manifestó en su resurrección, participar en sus sufrimientos y llegar a ser
semejante a él en su muerte. [11] Así espero alcanzar la
resurrección de entre los muertos.

Ciudadanos del cielo

[12] No es que ya lo haya conseguido todo o que ya
sea °perfecto. Sin embargo, sigo adelante esperando
alcanzar aquello para lo cual Cristo Jesús me alcanzó
a mí. [13] Hermanos, no pienso que yo mismo lo haya
logrado ya. Más bien, una cosa hago: olvidando lo
que queda atrás y esforzándome por alcanzar lo
que está delante, [14] sigo avanzando hacia la meta
para ganar el premio que Dios ofrece mediante su
llamamiento celestial en Cristo Jesús.

[15] Así que, ¡escuchen los perfectos! Todos debemos[c]
tener este modo de pensar. Y si en algo piensan de
forma diferente, Dios les hará ver esto también. [16] En
todo caso, andemos de acuerdo con lo que ya hemos
alcanzado.[d]

[17] Hermanos, sigan todos mi ejemplo y fíjense
en los que se comportan conforme al modelo que
hemos dado. [18] Como he dicho a menudo, y ahora
lo repito hasta con lágrimas, muchos se comportan
como enemigos de la cruz de Cristo. [19] Su destino es
la destrucción, su dios es el estómago y se enorgullecen de lo que es su vergüenza. Solo piensan en lo
terrenal. [20] En cambio, nosotros somos ciudadanos
del cielo, de donde anhelamos recibir al Salvador, el
Señor Jesucristo. [21] Él transformará nuestro cuerpo
miserable para que sea como su cuerpo glorioso,
mediante el poder con que somete a sí mismo todas
las cosas.

4 Por lo tanto, queridos hermanos míos, a quienes amo y extraño mucho, ustedes que son mi
alegría y mi corona, manténganse así firmes en el
Señor.

Exhortaciones

[2] Ruego a Evodia y también a Síntique que se
pongan de acuerdo en el Señor. [3] Y a ti, mi fiel compañero,[e] te pido que ayudes a estas mujeres que han
luchado a mi lado en la obra del °evangelio, junto
con Clemente y los demás colaboradores míos,
cuyos nombres están en el libro de la vida.

[4] Alégrense siempre en el Señor. Insisto: ¡Alégrense! [5] Que su amabilidad sea evidente a todos.
El Señor está cerca. [6] No se preocupen por nada;
más bien, en toda ocasión, con oración y ruego,
presenten sus peticiones a Dios y denle gracias. [7] Y
la paz de Dios, que sobrepasa todo entendimiento,
cuidará sus corazones y sus pensamientos en
Cristo Jesús.

[8] Por último, hermanos, consideren bien todo lo
verdadero, todo lo respetable, todo lo justo, todo lo
puro, todo lo amable, todo lo digno de admiración,
en fin, todo lo que sea excelente o merezca elogio.
[9] Pongan en práctica lo que de mí han aprendido,
recibido y oído, además de lo que han visto en mí y
el Dios de paz estará con ustedes.

---

a 16 *manteniendo en alto. Alt. ya que se aferran a.*
b 17 *derramada. Es decir, como ofrenda líquida.*   *c* 15 *Así …*
debemos. Alt. Así que los que somos perfectos debemos.
d 16 *alcanzado. Var. alcanzado, una misma regla, un mismo*
modo de pensar.   *e* 3 *mi fiel compañero. Alt. fiel Sícigo.*

Gratitud por la ayuda recibida

[10]Me alegro muchísimo en el Señor de que al fin hayan vuelto a interesarse en mí. Claro está que tenían interés, solo que no habían tenido la oportunidad de demostrarlo. [11]No digo esto porque esté necesitado, pues he aprendido a estar satisfecho en cualquier situación en que me encuentre. [12]Sé lo que es vivir en la pobreza y lo que es vivir en la abundancia. He aprendido a vivir en todas y cada una de las circunstancias, tanto a quedar saciado como a pasar hambre, a tener de sobra como a sufrir escasez. [13]Todo lo puedo en Cristo que me fortalece.

[14]Sin embargo, han hecho bien en participar conmigo en mi angustia. [15]Y ustedes mismos, filipenses, saben que en el principio de la obra del *evangelio, cuando salí de Macedonia, ninguna iglesia participó conmigo en mis ingresos y gastos, excepto ustedes. [16]Incluso a Tesalónica me enviaron ayuda una y otra vez para suplir mis necesidades. [17]No digo esto porque esté tratando de conseguir más ofrendas, sino que trato de aumentar el crédito a su cuenta. [18]Ya he recibido todo lo que necesito y aún más; tengo hasta de sobra ahora que he recibido de Epafrodito lo que me enviaron. Es una ofrenda fragante, un sacrificio que Dios acepta con agrado. [19]Así que mi Dios les proveerá de todo lo que necesiten, conforme a las gloriosas riquezas que tiene en Cristo Jesús.

[20]A nuestro Dios y Padre sea la gloria por los siglos de los siglos. Amén.

Saludos finales

[21]Saluden a todos los creyentes en Cristo Jesús. Los hermanos que están conmigo les mandan saludos. [22]Saludos de parte de todos los creyentes, especialmente los de la casa del *césar.

[23]Que la gracia del Señor Jesucristo sea con su espíritu. Amén.[a]

---

[a] 23 Var. no incluye: *Amén.*

Colosenses

1 Pablo, apóstol de *Cristo Jesús por la voluntad de Dios, y el hermano Timoteo,

[2] a los fieles creyentes en Cristo que están en Colosas:

Que Dios nuestro Padre les conceda[a] gracia y paz.

Acción de gracias e intercesión

[3] Siempre que oramos por ustedes, damos gracias a Dios, el Padre de nuestro Señor Jesucristo, [4] pues hemos recibido noticias de su fe en Cristo Jesús y del amor que tienen por todos los creyentes [5] a causa de la esperanza reservada para ustedes en el cielo. De esta esperanza ya han sabido por la palabra de verdad, que es el *evangelio [6] que ha llegado hasta ustedes. Este evangelio está dando fruto y creciendo en todo el mundo, como también ha sucedido entre ustedes desde el día en que supieron de la gracia de Dios y la comprendieron plenamente. [7] Así lo aprendieron de Epafras, nuestro querido colaborador y fiel servidor de Cristo para el bien de ustedes.[b] [8] Fue él quien nos contó del amor que tienen en el Espíritu.

[9] Por eso, desde el día en que lo supimos, no hemos dejado de orar por ustedes. Pedimos que Dios les haga conocer plenamente su voluntad con toda sabiduría y comprensión espiritual, [10] para que vivan de manera digna del Señor, agradándole en todo. Esto implica dar fruto en toda buena obra, crecer en el conocimiento de Dios [11] y ser fortalecidos en todo sentido con su glorioso poder. Así perseverarán con paciencia en toda situación y con mucha alegría [12] darán gracias al Padre. Él los[c] ha facultado para participar de la herencia de los creyentes en el reino de la luz. [13] Él nos libró del dominio de la oscuridad y nos trasladó al reino de su amado Hijo, [14] en quien tenemos redención[d] y perdón de pecados.

La supremacía de Cristo

[15] Él es la imagen del Dios invisible,
    el primogénito[e] sobre toda creación,
[16] porque por medio de él fueron creadas todas
        las cosas
    en el cielo y en la tierra, visibles e
        invisibles,
    sean tronos, poderes, principados o
        autoridades:
    todo ha sido creado
        por medio de él y para él.
[17] Él es anterior a todas las cosas,
    que por medio de él forman un todo
        coherente.[f]

[18] Él es la cabeza del cuerpo,
    que es la iglesia.
Él es el principio,
    el primogénito de entre los muertos,
    para ser en todo el primero.
[19] Porque a Dios le agradó habitar en él con toda
        su plenitud
[20] y por medio de él, reconciliar consigo todas
        las cosas,
tanto las de la tierra como las del cielo,
    haciendo la paz mediante la sangre que
        derramó en la cruz.

[21] En otro tiempo ustedes, por sus actitudes y malas acciones, estaban alejados de Dios y eran sus enemigos. [22] Pero ahora Dios, a fin de presentarlos *santos, intachables e irreprensibles delante de él, los ha reconciliado en el cuerpo mortal de Cristo mediante su muerte, [23] con tal de que se mantengan firmes en la fe, bien cimentados y estables, sin abandonar la esperanza que ofrece el *evangelio. Este es el evangelio que ustedes oyeron y que ha sido proclamado en toda la creación debajo del cielo y del que yo, Pablo, he llegado a ser servidor.

Trabajo de Pablo por la iglesia

[24] Ahora me alegro en medio de mis sufrimientos por ustedes y voy completando en mí mismo lo que falta de las aflicciones de Cristo, en favor de su cuerpo, que es la iglesia. [25] De esta llegué a ser servidor según el plan que Dios me encomendó para ustedes: el dar cumplimiento a la palabra de Dios, [26] anunciando el *misterio que se ha mantenido oculto por siglos y generaciones, pero que ahora se ha manifestado a su pueblo *santo. [27] A estos Dios se propuso dar a conocer cuál es la gloriosa riqueza de este misterio entre las *naciones, que es Cristo en ustedes, la esperanza de gloria.

[28] A este Cristo proclamamos, aconsejando y enseñando con toda sabiduría a todas las personas, para presentarlas completamente maduras en su unión con Cristo. [29] Con este fin trabajo y lucho fortalecido por el poder de Cristo que obra en mí.

2 Quiero que sepan qué gran lucha sostengo por el bien de ustedes y de los que están en Laodicea, y de tantos que no me conocen personalmente. [2] Quiero que lo sepan para que cobren ánimo, permanezcan unidos por amor, y tengan toda la riqueza que proviene de la convicción y del entendimiento. Así conocerán el *misterio de Dios, es decir, a Cristo, [3] en quien están escondidos todos los tesoros de la sabiduría y del conocimiento. [4] Digo esto para que nadie los engañe con argumentos que parecen convincentes. [5] Aunque estoy físicamente ausente, los acompaño en espíritu, y me alegro al ver su buen orden y la firmeza de su fe en Cristo.

Libertad en Cristo

[6] Por eso, de la manera que recibieron a Cristo Jesús como Señor, vivan ahora en él, [7] arraigados y

---

[a] 2 Padre les conceda. Var. Padre y el Señor Jesucristo les concedan. [b] 7 de ustedes. Var. de nosotros. [c] 12 los. Var. nos. [d] 14 redención. Var. redención mediante su sangre (véase Ef 1:7). [e] 15 el primogénito. Es decir, el que tiene anterioridad y preeminencia; también en v. 18. [f] 17 por medio … coherente. Alt. por medio de él continúan existiendo.

edificados en él, confirmados en la fe como se les enseñó y llenos de gratitud.

⁸Cuídense de que nadie los cautive con la vana y engañosa filosofía que sigue tradiciones ˚humanas, la que está de acuerdo con los ˚principios*ᵃ* de este mundo y no conforme a Cristo.

⁹Porque toda la plenitud de la divinidad habita en forma corporal en Cristo; ¹⁰y en él, que es la cabeza de todo poder y autoridad, ustedes han recibido esa plenitud. ¹¹Además, en él fueron ˚circuncidados, no por mano humana, sino con la circuncisión que consiste en despojarse del cuerpo pecaminoso. Esta circuncisión la efectuó Cristo. ¹²Ustedes la recibieron al ser sepultados con él en el bautismo. En él también fueron resucitados mediante la fe en el poder de Dios, quien lo resucitó de entre los muertos.

¹³Antes de recibir esa circuncisión, ustedes estaban muertos en sus transgresiones. Sin embargo, Dios nosᵇ dio vida en unión con Cristo, al perdonarnos todos los pecados ¹⁴y anular la deudaᶜ que teníamos pendiente por los requisitos de la Ley. Él anuló esa deuda que nos era adversa, clavándola en la cruz. ¹⁵Desarmó a los poderes y a las autoridades y, por medio de Cristo,ᵈ los humilló en público al exhibirlos en su desfile triunfal.

¹⁶Así que nadie los juzgue a ustedes por lo que comen, beben o con respecto a días de fiesta religiosa, de luna nueva o de sábado. ¹⁷Todo esto es una sombra de las cosas que están por venir; la realidad se halla en Cristo. ¹⁸No dejen que los prive de esta realidad ninguno de esos que presumen fingiendo humildad y adoración de ángeles. Los tales hacen alarde de lo que han visto y, envanecidos por su razonamiento ˚humano, ¹⁹no se mantienen firmemente unidos a la Cabeza. Por la acción de esta, todo el cuerpo, sostenido y ajustado mediante las articulaciones y los ligamentos, va creciendo como Dios quiere.

²⁰Si con Cristo ustedes ya han muerto a los principios de este mundo, ¿por qué, como si todavía pertenecieran al mundo, se someten a preceptos tales como ²¹«no tomes en tus manos, no pruebes, no toques»? ²²Estos preceptos, basados en reglas y enseñanzas humanas, se refieren a cosas que van a desaparecer con el uso. ²³Tienen sin duda apariencia de sabiduría, con su afectada devoción, falsa humildad y severo trato del cuerpo, pero de nada sirven frente a los apetitos de la ˚carne.ᵉ

Normas para una vida santa

3 Ya que han resucitado con Cristo, busquen las cosas de arriba, donde está Cristo sentado a la ˚derecha de Dios. ²Concentren su atención en las cosas de arriba, no en las de la tierra, ³pues ustedes han muerto y su vida está escondida con Cristo en Dios. ⁴Cuando Cristo, que es la vida de ustedes,ᶠ se manifieste, entonces también ustedes serán manifestados con él en gloria.

⁵Por tanto, hagan morir todo lo que es propio de la naturaleza terrenal: inmoralidad sexual, impureza, bajas pasiones, malos deseos y avaricia, la cual es idolatría. ⁶Por estas cosas viene el castigo de Dios.ᵍ ⁷Ustedes las practicaron en otro tiempo, cuando vivían en ellas. ⁸Pero ahora abandonen también todo esto: enojo, ira, malicia, calumnia y lenguaje obsceno. ⁹Dejen de mentirse unos a otros, ahora que se han quitado el ropaje de la vieja naturaleza con sus vicios ¹⁰y se han puesto el de la nueva naturaleza, que se va renovando en conocimiento a imagen de su Creador. ¹¹En esta nueva naturaleza no hay judío ni no judío, ˚circunciso ni incircunciso, extranjero, inculto,ʰ esclavo o libre, sino que Cristo es todo y está en todos.

¹²Por lo tanto, como pueblo escogido de Dios, ˚santo y amado, revístanse de afecto entrañable y de bondad, humildad, amabilidad y paciencia, ¹³de modo que se toleren unos a otros y se perdonen si alguno tiene queja contra otro. Así como el Señor los perdonó, perdonen también ustedes. ¹⁴Por encima de todo, vístanse de amor, que es el vínculo perfecto.

¹⁵Que gobierne en sus corazones la paz de Cristo, a la cual fueron llamados en un solo cuerpo. Y sean agradecidos. ¹⁶Que habite en ustedes la palabra de Cristo con toda su riqueza: instrúyanse y aconséjense unos a otros con toda sabiduría; canten salmos, himnos y canciones espirituales a Dios, con gratitud de corazón. ¹⁷Y todo lo que hagan, de palabra o de obra, háganlo en el nombre del Señor Jesús, dando gracias a Dios el Padre por medio de él.

Normas para la familia cristiana

¹⁸Esposas, sométanse a sus esposos, como conviene en el Señor.

¹⁹Esposos, amen a sus esposas y no sean duros con ellas.

²⁰Hijos, obedezcan a sus padres en todo, porque esto agrada al Señor.

²¹Padres, no exasperen a sus hijos, no sea que se desanimen.

²²˚Esclavos, obedezcan en todo a sus amos terrenales, no solo cuando ellos los estén mirando, como si ustedes quisieran ganarse el favor ˚humano, sino con corazón sincero y por respeto al Señor. ²³Hagan lo que hagan, trabajen de buena gana, como para el Señor y no como para nadie en este mundo, ²⁴conscientes de que el Señor los recompensará con la herencia. Ustedes sirven a Cristo el Señor. ²⁵El que hace el mal pagará por su propia maldad, porque en esto no hay favoritismos.

4 Amos, proporcionen a sus esclavos lo que es justo y equitativo, conscientes de que ustedes también tienen un Amo en el cielo.

Instrucciones adicionales

²Dedíquense a la oración: perseveren en ella con agradecimiento ³y, al mismo tiempo, intercedan por nosotros a fin de que Dios nos abra la puerta para proclamar la palabra, el ˚misterio de Cristo por el cual estoy preso. ⁴Oren para que yo lo anuncie con claridad, como debo hacerlo. ⁵Vivan sabiamente con los que no creen en Cristo,ⁱ aprovechando al máximo cada momento oportuno. ⁶Que su conversación sea siempre amena y de buen gusto. Así sabrán cómo responder a cada uno.

Saludos finales

⁷Nuestro querido hermano Tíquico, fiel servidor y colaborador en el Señor, les contará en detalle cómo me va. ⁸Precisamente, lo envío a ustedes para que sepan cómo estamos y para que cobren ánimo.ʲ ⁹Va con Onésimo, querido y fiel hermano, que es uno de ustedes. Ellos los pondrán al tanto de todo lo que sucede aquí.

ᵃ *8 los principios.* Alt. *los poderes espirituales,* o *las normas;* también en v. 20.   ᵇ *13 nos.* Var. *les.*   ᶜ *14 la deuda.* Lit. *el pagaré.*   ᵈ *15 por medio de Cristo.* Alt. *mediante la cruz.*   ᵉ *23* En contextos como estos la palabra griega para *carne* (*sarx*) se refiere a la naturaleza pecaminosa de los seres humanos, a menudo presentada en oposición al Espíritu.   ᶠ *4 de ustedes.* Var. *de nosotros.*   ᵍ *6 de Dios.* Var. *de Dios sobre los que son desobedientes.*   ʰ *11 inculto.* Lit. *escita.* Es decir, el habitante de la región al norte del mar Negro, que no era parte del Imperio Romano.   ⁱ *5 los que no creen en Cristo.* Lit. *los de afuera.*   ʲ *8 para que … ánimo.* Var. *para que él tenga noticias de ustedes, y los anime.*

¹⁰Aristarco, mi compañero de cárcel, les manda saludos, como también Marcos, el primo de Bernabé. En cuanto a Marcos, ustedes ya han recibido instrucciones; si va a visitarlos, recíbanlo bien. ¹¹También los saluda Jesús, llamado Justo. Estos son los únicos judíos que colaboran conmigo en pro del reino de Dios y me han sido de mucho consuelo. ¹²Les manda saludos Epafras, que es uno de ustedes. Este ˙siervo de Cristo Jesús está siempre luchando en oración por ustedes, para que con madurez se mantengan firmes cumpliendo en todo la voluntad de Dios. ¹³A mí me consta que él se preocupa mucho por ustedes y por los que están en Laodicea y en Hierápolis.

¹⁴Los saludan Lucas, el querido médico, y Demas. ¹⁵Saluden a los hermanos que están en Laodicea, como también a Ninfas y a la iglesia que se reúne en su casa.

¹⁶Una vez que se les haya leído a ustedes esta carta, que se lea también en la iglesia de Laodicea, y ustedes lean la carta dirigida a esa iglesia.

¹⁷Díganle a Arquipo que se ocupe de la tarea que recibió en el Señor y que la lleve a cabo.

¹⁸Yo, Pablo, escribo este saludo de mi puño y letra. Recuerden que estoy preso. Que la gracia sea con ustedes.

Tesalonicenses

1 Pablo, *Silvano y Timoteo,

a la iglesia de los tesalonicenses, unida a Dios el Padre y al Señor *Jesucristo:

Gracia y paz a ustedes.[a]

Acción de gracias por los tesalonicenses

[2]Siempre damos gracias a Dios por todos ustedes cuando los mencionamos en nuestras oraciones. [3]Los recordamos constantemente delante de nuestro Dios y Padre a causa de la obra realizada por su fe, el trabajo motivado por su amor y la constancia sostenida por su esperanza en nuestro Señor Jesucristo.

[4]Hermanos amados de Dios, sabemos que él los ha escogido, [5]porque nuestro *evangelio les llegó no solo con palabras, sino también con poder, es decir, con el Espíritu Santo y con profunda convicción. Como bien saben, estuvimos entre ustedes buscando su bien. [6]Ustedes se hicieron imitadores nuestros y del Señor cuando, a pesar de mucho sufrimiento, recibieron el mensaje con la alegría que infunde el Espíritu Santo. [7]De esta manera se constituyeron en ejemplo para todos los creyentes de Macedonia y de Acaya. [8]Partiendo de ustedes, el mensaje del Señor se ha proclamado no solo en Macedonia y en Acaya, sino en todo lugar; a tal punto se ha divulgado su fe en Dios que ya no es necesario que nosotros digamos nada. [9]Porque todos ellos cuentan de lo bien que ustedes nos recibieron y cómo se convirtieron a Dios. Dejaron los ídolos para servir al Dios vivo y verdadero, [10]y esperan del cielo a su Hijo Jesús, quien resucitó y nos libra del castigo venidero.

Ministerio de Pablo en Tesalónica

2 Hermanos, bien saben que nuestra visita a ustedes no fue un fracaso. [2]Y saben también que, a pesar de las aflicciones e insultos que antes sufrimos en Filipos, cobramos confianza en nuestro Dios y nos atrevimos a comunicarles el *evangelio en medio de una gran lucha. [3]Nuestra exhortación no se origina en el error ni en malas intenciones; tampoco procura engañar a nadie. [4]Al contrario, hablamos como hombres a quienes Dios aprobó y les confió el evangelio: no tratamos de agradar a la gente, sino a Dios que examina nuestro corazón.[b] [5]Como saben, nunca hemos recurrido a las adulaciones ni a las excusas para obtener dinero; Dios es testigo. [6]Tampoco hemos buscado honores de nadie, ni de ustedes ni de otros. [7]Aunque como apóstoles de Cristo hubiéramos podido ser exigentes con ustedes, los tratamos con delicadeza.[c] Como una madre[d] que amamanta y cuida a sus hijos, así nosotros, por el cariño que les tenemos, nos deleitamos en compartir con ustedes no solo el evangelio de Dios, sino también nuestra *vida. ¡Tanto llegamos a quererlos! [9]Recordarán, hermanos, nuestros esfuerzos y fatigas para proclamarles

el evangelio de Dios y cómo trabajamos día y noche para no serles una carga. [10]Ustedes son testigos, y también Dios, de que nos comportamos con ustedes los creyentes en una forma santa, justa e irreprochable. [11]Saben también que, a cada uno de ustedes, lo hemos tratado como trata un padre a sus propios hijos. [12]Los hemos animado, consolado y exhortado a llevar una vida digna de Dios, que los llama a su reino y a su gloria. [13]Así que no dejamos de dar gracias a Dios, porque al oír ustedes la palabra de Dios que predicamos, la aceptaron no como palabra *humana, sino como lo que realmente es, palabra de Dios, la cual actúa en ustedes los creyentes. [14]Ustedes, hermanos, siguieron el ejemplo de las iglesias de Dios en Cristo Jesús que están en Judea, ya que sufrieron a manos de sus compatriotas lo mismo que sufrieron aquellas iglesias a manos de los judíos. [15]Estos mataron al Señor Jesús y a los profetas, y a nosotros nos expulsaron. No agradan a Dios y son hostiles a todos, [16]pues procuran impedir que prediquemos a los no judíos para que sean salvos. Así en todo lo que hacen llegan al colmo de su pecado. Pero el castigo de Dios vendrá sobre ellos con toda severidad.[e]

Pablo anhela ver a los tesalonicenses

[17]Nosotros, hermanos, luego de estar separados de ustedes por algún tiempo en lo físico, pero no en lo espiritual, con ferviente anhelo hicimos todo lo humanamente posible por ir a verlos. [18]Sí, deseábamos visitarlos —yo mismo, Pablo, más de una vez intenté ir—, pero Satanás nos lo impidió. [19]En resumidas cuentas, ¿cuál es nuestra esperanza, alegría o corona delante de nuestro Señor Jesús para cuando él venga? ¿Quién más sino ustedes? [20]Sí, ustedes son nuestro orgullo y alegría.

3 Por tanto, cuando ya no pudimos soportarlo más, pensamos que era mejor quedarnos solos en Atenas. [2]Así que enviamos a Timoteo, hermano nuestro y colaborador de Dios[f] en el *evangelio de Cristo, con el fin de afianzarlos y animarlos en la fe [3]para que nadie fuera perturbado por estos sufrimientos. Ustedes mismos saben que se nos destinó para esto, [4]pues cuando estábamos con ustedes les advertimos que íbamos a padecer sufrimientos. Y así sucedió. [5]Por eso, cuando ya no pude soportarlo más, mandé a Timoteo a indagar acerca de su fe, no fuera que el *tentador los hubiera inducido a hacer lo malo y que nuestro trabajo hubiera sido en vano.

---

[a] 1 a ustedes. Var. a ustedes de nuestro Padre y del Señor Jesucristo.   [b] 4 corazón. En la Biblia se usa para designar el asiento de las emociones, pensamientos y voluntad, es decir, el proceso de toma de decisiones del ser humano.   [c] 7 exigentes ... delicadeza. Var. exigentes, fuimos niños entre ustedes.   [d] 7 madre. Alt. nodriza.   [e] 16 Pero ... severidad. Lit. Pero la ira vino sobre ellos hasta el fin.   [f] 2 colaborador de Dios. Var. servidor de Dios; otra var. servidor de Dios y colaborador nuestro.

El informe alentador de Timoteo

⁶Ahora Timoteo acaba de volver de Tesalónica con buenas noticias de la fe y del amor de ustedes. Nos dice que conservan gratos recuerdos de nosotros y que tienen muchas ganas de vernos, tanto como nosotros a ustedes. ⁷Por eso, hermanos, en medio de todas nuestras angustias y sufrimientos ustedes nos han dado ánimo por su fe. ⁸¡Ahora sí que vivimos al saber que están firmes en el Señor! ⁹¿Cómo podemos agradecer bastante a nuestro Dios por ustedes y por toda la alegría que nos han proporcionado delante de él? ¹⁰Día y noche le suplicamos que nos permita verlos de nuevo para suplir lo que falta a su fe.

¹¹Que el Dios y Padre nuestro, y nuestro Señor Jesús, nos preparen el camino para ir a verlos. ¹²Que el Señor los haga crecer para que se amen más y más unos a otros, y a todos, tal como nosotros los amamos a ustedes. ¹³Que los fortalezca interiormente para que, cuando nuestro Señor Jesús venga con todos los que han creído en él, la santidad de ustedes sea intachable delante de nuestro Dios y Padre.

La vida que agrada a Dios

4 Por lo demás, hermanos, les pedimos encarecidamente en el nombre del Señor Jesús que sigan progresando en el modo de vivir que agrada a Dios, tal como lo aprendieron de nosotros. De hecho, ya lo están practicando. ²Ustedes saben cuáles son las instrucciones que dimos de parte del Señor Jesús.

³La voluntad de Dios es que sean *santificados; que se aparten de la inmoralidad sexual; ⁴que cada uno aprenda a controlar su propio cuerpo[a] de una manera santa y honrosa, ⁵sin dejarse llevar por los malos deseos como hacen los *paganos, que no conocen a Dios. ⁶Y que nadie perjudique a su hermano ni se aproveche de él en este asunto. El Señor castiga todo esto, como ya hemos dicho y advertido. ⁷Dios no nos llamó a la impureza, sino a la santidad; ⁸por tanto, el que rechaza estas instrucciones no rechaza a un hombre, sino a Dios, quien da a ustedes su Espíritu Santo.

⁹En cuanto al amor fraternal, no necesitan que escribamos, porque Dios mismo les ha enseñado a amarse unos a otros. ¹⁰En efecto, ustedes aman a todos los hermanos que viven en Macedonia. No obstante, hermanos, los animamos a amarse aún más, ¹¹a procurar vivir tranquilos, a ocuparse de sus propias responsabilidades y a trabajar con sus propias manos. Así les he mandado ¹²para que, por su modo de vivir, se ganen el respeto de los que no son creyentes y no tengan que depender de nadie.

La venida del Señor

¹³Hermanos, no queremos que ignoren lo que va a pasar con los que ya han muerto,[b] para que no se entristezcan como esos otros que no tienen esperanza. ¹⁴¿Acaso no creemos que Jesús murió y resucitó? Así también Dios resucitará con Jesús a los que han muerto en unión con él. ¹⁵Conforme a lo dicho por el Señor, afirmamos que nosotros, los que estemos vivos y hayamos quedado hasta la venida

del Señor, de ninguna manera nos adelantaremos a los que hayan muerto. ¹⁶El Señor mismo descenderá del cielo con voz de mando, con voz de arcángel y con trompeta de Dios, y los muertos en Cristo resucitarán primero. ¹⁷Luego los que estemos vivos, los que hayamos quedado, seremos arrebatados junto con ellos en las nubes para encontrarnos con el Señor en el aire. Y así estaremos con el Señor para siempre. ¹⁸Por lo tanto, anímense unos a otros con estas palabras.

5 Ahora bien, hermanos, ustedes no necesitan que se les escriba acerca de tiempos y fechas, ²porque ya saben que el día del Señor llegará como ladrón en la noche. ³Cuando la gente esté diciendo: «Paz y seguridad», vendrá de improviso sobre ellos la destrucción, como llegan los dolores de parto a la mujer embarazada. De ninguna manera podrán escapar.

⁴Ustedes, en cambio, hermanos, no están en la oscuridad para que ese día los sorprenda como un ladrón. ⁵Todos ustedes son hijos de la luz y del día. No somos de la noche ni de la oscuridad. ⁶Por lo tanto, no debemos dormirnos como los demás, sino mantenernos alerta y en nuestro sano juicio. ⁷Los que duermen, de noche duermen, y los que se emborrachan, de noche se emborrachan. ⁸Nosotros que somos del día, por el contrario, estemos siempre en nuestro sano juicio, protegidos por la coraza de la fe y del amor, y por el casco de la esperanza de salvación; ⁹pues Dios no nos destinó a sufrir el castigo, sino a recibir la salvación por medio de nuestro Señor Jesucristo. ¹⁰Él murió por nosotros para que, en la vida o en la muerte,[c] vivamos junto con él. ¹¹Por eso, anímense y edifíquense unos a otros, tal como lo vienen haciendo.

Instrucciones finales

¹²Hermanos, les pedimos que sean considerados con los que trabajan arduamente entre ustedes, y los guían y amonestan en el Señor. ¹³Ténganlos en alta estima y ámenlos por el trabajo que hacen. Vivan en paz unos con otros. ¹⁴Hermanos, también rogamos que amonesten a los holgazanes, estimulen a los desanimados, ayuden a los débiles y sean pacientes con todos. ¹⁵Asegúrense de que nadie pague mal por mal; más bien, esfuércense siempre por hacer el bien, no solo entre ustedes, sino a todos.

¹⁶Estén siempre alegres, ¹⁷oren sin cesar, ¹⁸den gracias a Dios en toda situación, porque esta es su voluntad para ustedes en Cristo Jesús.

¹⁹No apaguen el Espíritu, ²⁰no desprecien las profecías, ²¹sométanlo todo a prueba, aférrense a lo bueno, ²²eviten toda clase de mal.

²³Que Dios mismo, el Dios de paz, los *santifique por completo, y conserve todo su ser —espíritu, alma y cuerpo—, irreprochable para la venida de nuestro Señor Jesucristo. ²⁴El que los llama es fiel y así lo hará.

²⁵Hermanos, oren también por nosotros.

²⁶Saluden a todos los hermanos con un beso santo.

²⁷Encargo delante del Señor que lean esta carta a todos los hermanos.

²⁸Que la gracia de nuestro Señor Jesucristo sea con ustedes.

---

a 4 *aprenda … cuerpo.* Alt. *trate a su esposa,* o *consiga esposa.*
b 13 *han muerto.* Lit. *duermen;* el mismo verbo en vv. 14 y 15.
c 10 *en la vida o en la muerte.* Lit. *despiertos o dormidos.*

Segunda Carta a los
Tesalonicenses

1 Pablo, *Silvano y Timoteo,

a la iglesia de los tesalonicenses, unida a Dios nuestro Padre y al Señor *Jesucristo:

²Gracia y paz a ustedes, de Dios el Padre y el Señor Jesucristo.

Acción de gracias y oración

³Hermanos, siempre debemos dar gracias a Dios por ustedes, como es justo, porque su fe se acrecienta cada vez más y en cada uno de ustedes sigue abundando el amor hacia los otros. ⁴Así que nos sentimos orgullosos de ustedes ante las iglesias de Dios por la perseverancia y la fe que muestran al soportar toda clase de persecuciones y sufrimientos. ⁵Todo esto prueba que el juicio de Dios es justo y, por tanto, él los considera dignos de su reino, por el cual están sufriendo.

⁶Dios, que es justo, pagará con sufrimiento a quienes los hacen sufrir a ustedes. ⁷Y a ustedes que sufren, les dará descanso, lo mismo que a nosotros. Esto sucederá cuando el Señor Jesús se manifieste desde el cielo entre llamas de fuego, con sus poderosos ángeles, ⁸para castigar a los que no conocen a Dios ni obedecen el *evangelio de nuestro Señor Jesús. ⁹Ellos sufrirán el castigo de la destrucción eterna, lejos de la presencia del Señor y de su glorioso poder, ¹⁰el día en que venga para ser glorificado por su pueblo *santo y admirado por todos los que hayan creído, entre los cuales están ustedes porque creyeron el testimonio que dimos.

¹¹Por eso oramos constantemente por ustedes, para que nuestro Dios los considere dignos del llamamiento que les ha hecho, y por su poder cumpla todo propósito de bien y toda obra que realicen su fe. ¹²Oramos así, de modo que el nombre de nuestro Señor Jesús sea glorificado por medio de ustedes, y ustedes por él, conforme a la gracia de nuestro Dios y del Señor Jesucristo.ᵃ

Manifestación y juicio del malvado

2 Ahora bien, hermanos, en cuanto a la venida de nuestro Señor Jesucristo y a nuestra reunión con él, les pedimos ²que no pierdan la cabeza ni se alarmen por ciertas profecías,ᵇ ni por mensajes orales o escritos supuestamente nuestros, que digan: «¡Ya llegó el día del Señor!». ³No se dejen engañar de ninguna manera, porque primero tiene que llegar la rebelión contra Diosᶜ y manifestarse el hombre de maldad,ᵈ el que está destinado a la destrucción.ᵉ ⁴Este se opone y se levanta contra todo lo que lleva el nombre de dios o es objeto de adoración, hasta el punto de adueñarse del templo de Dios y pretender ser Dios.

⁵¿No recuerdan que ya hablaba de esto cuando estaba con ustedes? ⁶Bien saben que hay algo que detiene a este hombre, a fin de que se manifieste a su debido tiempo. ⁷Es cierto que el *misterio de la maldad ya está ejerciendo su poder; pero falta que

sea quitado de en medio el que ahora lo detiene. ⁸Entonces se manifestará aquel malvado, a quien el Señor Jesús derrocará con el soplo de su boca y destruirá con el esplendor de su venida. ⁹El malvado vendrá, por obra de Satanás, con toda clase de milagros, señales y prodigios falsos. ¹⁰Con toda perversidad engañará a los que se pierden por haberse negado a amar la verdad y así ser salvos. ¹¹Por eso Dios les envía un poder engañoso, para que crean en la mentira. ¹²Así serán condenados todos los que no creyeron en la verdad, sino que se deleitaron en la maldad.

Exhortación a la perseverancia

¹³Nosotros, en cambio, siempre debemos dar gracias a Dios por ustedes, hermanos amados por el Señor, porque Dios los escogió como los primeros frutosᶠ para ser salvos, mediante la obra *santificadora del Espíritu y la fe que tienen en la verdad. ¹⁴Para esto Dios los llamó por nuestro *evangelio, a fin de que tengan parte en la gloria de nuestro Señor Jesucristo. ¹⁵Así que, hermanos, sigan firmes y manténganse fieles a las enseñanzasᵍ que, oralmente o por carta, hemos transmitido.

¹⁶Que nuestro Señor Jesucristo mismo y Dios nuestro Padre, que nos amó y por su gracia nos dio consuelo eterno y una buena esperanza, ¹⁷los anime y fortalezca su corazón, para que tanto en palabra como en obra hagan todo lo que sea bueno.

Oración por la difusión del evangelio

3 Por último, hermanos, oren por nosotros para que el mensaje del Señor se difunda rápidamente y se le reciba con honor, tal como sucedió entre ustedes. ²Oren además para que seamos librados de personas perversas y malvadas, porque no todos tienen fe. ³Pero el Señor es fiel, y él los fortalecerá y los protegerá del maligno. ⁴Confiamos en el Señor en que ustedes cumplen y seguirán cumpliendo lo que hemos ordenado. ⁵Que el Señor lleve sus corazones a amar como Dios ama y a perseverar como Cristo perseveró.

Exhortación al trabajo

⁶Hermanos, en el nombre del Señor Jesucristo les ordenamos que se aparten de todo hermano que esté viviendo como un vago y no según las enseñanzas recibidasʰ de nosotros. ⁷Ustedes mismos saben cómo deben seguir nuestro ejemplo. Nosotros no vivimos como ociosos entre ustedes ⁸ni comimos el pan de nadie sin pagarlo. Al contrario, día y noche

---

a 12 *Dios y del Señor Jesucristo.* Alt. *Dios y Señor, Jesucristo.*
b 2 *por ciertas profecías.* Lit. *por espíritu.*   *c* 3 *rebelión contra Dios.* Lit. *la apostasía.*   *d* 3 *maldad.* Var. *pecado.*   *e* 3 *que está … destrucción.* Lit. *el hijo de la destrucción.*   *f* 13 *los escogió … frutos.* Var. *porque desde el principio Dios los escogió.*
g 15 *enseñanzas.* Alt. *tradiciones.*   *h* 6 *las enseñanzas recibidas.* Alt. *la tradición recibida.*

trabajamos arduamente y sin descanso para no ser una carga a ninguno de ustedes. [9]Y lo hicimos así no porque no tuviéramos derecho a tal ayuda, sino para darles buen ejemplo. [10]Porque, incluso cuando estábamos con ustedes, les ordenamos: «El que no quiera trabajar, que tampoco coma».

[11]Nos hemos enterado de que entre ustedes hay algunos que andan de vagos, sin trabajar en nada, y que solo se meten en lo que no les importa. [12]A tales personas ordenamos y exhortamos en el Señor Jesucristo que tranquilamente se pongan a trabajar para ganarse la vida. [13]Ustedes, hermanos, no se cansen de hacer el bien.

[14]Si alguno no obedece las instrucciones que damos en esta carta, denúncienlo públicamente y no se relacionen con él, para que se avergüence. [15]Sin embargo, no lo tengan por enemigo, sino amonéstenlo como a hermano.

Saludos finales

[16]Que el Señor de paz les conceda su paz siempre y en todas las circunstancias. El Señor sea con todos ustedes.

[17]Yo, Pablo, escribo este saludo de mi puño y letra. Esta es la señal distintiva de todas mis cartas; así escribo yo.

[18]Que la gracia de nuestro Señor Jesucristo sea con todos ustedes.

Timoteo

1 Pablo, apóstol de *Cristo Jesús por mandato de Dios nuestro Salvador y de Cristo Jesús nuestra esperanza,

²a Timoteo, mi verdadero hijo en la fe:

Que Dios el Padre y Cristo Jesús nuestro Señor te concedan gracia, misericordia y paz.

Advertencia contra los falsos maestros de la Ley

³Al partir para Macedonia, te encargué que permanecieras en Éfeso y ordenaras a algunos supuestos maestros que dejen de enseñar doctrinas falsas ⁴y de prestar atención a mitos y genealogías interminables. Esas cosas provocan controversias en vez de llevar adelante la obra de Dios que es por la fe. ⁵Debes hacerlo así para que el amor brote de un corazón sincero, de una buena conciencia y de una fe honesta. ⁶Algunos se han desviado de esa línea de conducta y se han enredado en discusiones inútiles. ⁷Pretenden ser maestros de la Ley, pero en realidad no saben de qué hablan ni entienden lo que con tanta seguridad afirman.

⁸Ahora bien, sabemos que la Ley es buena, si se aplica como es debido. ⁹Tengamos en cuenta que la Ley no se ha instituido para los justos, sino para los malvados y rebeldes, para los impíos y pecadores, para los irreverentes y profanos. La Ley es para los que matan a sus propios padres,ᵃ para los asesinos, ¹⁰para los inmorales y los que practican la homosexualidad, para los traficantes de esclavos, los mentirosos y los que juran con falsedad. En fin, la Ley es para todo lo que está en contra de la sana doctrina ¹¹enseñada por el glorioso *evangelio que el Dios bendito me ha confiado.

La gracia que el Señor dio a Pablo

¹²Doy gracias al que me fortalece, Cristo Jesús nuestro Señor, pues me consideró digno de confianza al ponerme a su servicio. ¹³Anteriormente, yo era un *blasfemo, un perseguidor y un insolente; pero Dios tuvo misericordia de mí porque yo era un incrédulo y actuaba con ignorancia. ¹⁴Ciertamente la gracia de nuestro Señor se derramó sobre mí con abundancia, junto con la fe y el amor que hay en Cristo Jesús.

¹⁵Este mensaje es digno de crédito y merece ser aceptado por todos: que Cristo Jesús vino al mundo a salvar a los pecadores, de los cuales yo soy el primero. ¹⁶Pero precisamente por eso Dios fue misericordioso conmigo, a fin de que en mí, el peor de los pecadores, pudiera Cristo Jesús mostrar su paciencia infinita. Así llego a servir de ejemplo para los que, creyendo en él, recibirán la vida eterna. ¹⁷Por tanto, al Rey eterno, inmortal, invisible, al único Dios, sea honor y gloria por los siglos de los siglos. Amén.

¹⁸Timoteo, hijo mío, te doy este encargo porque tengo en cuenta las profecías que antes se hicieron acerca de ti. Deseo que, apoyado en ellas, pelees la buena batalla ¹⁹y mantengas la fe y una buena conciencia. Por no hacerle caso a su conciencia, algunos han naufragado en la fe. ²⁰Entre ellos están Himeneo y Alejandro, a quienes he entregado a Satanás para que aprendan a no blasfemar.

Instrucciones sobre la adoración

2 Así que recomiendo, ante todo, que se hagan plegarias, oraciones, súplicas y acciones de gracias por todos, ²por los reyes y por todas las autoridades, para que tengamos paz y tranquilidad, y llevemos una vida devota y digna. ³Esto es bueno y agradable a Dios nuestro Salvador, ⁴pues él quiere que todos sean salvos y lleguen a conocer la verdad. ⁵Porque hay un solo Dios y un solo mediador entre Dios y los hombres, Jesucristo hombre, ⁶quien dio su vida como rescate por todos. Este testimonio Dios lo ha dado a su debido tiempo, ⁷y para proclamarlo me nombró heraldo y apóstol. Digo la verdad y no miento: Dios me hizo maestro de los no judíos para enseñarles la verdadera fe.

⁸Quiero, pues, que en todas partes los hombres oren, levantando las manos al cielo con santidad, sin enojos ni contiendas.

⁹En cuanto a las mujeres, quiero que ellas se vistan decorosamente, con modestia y recato, sin peinados ostentosos, ni oro, ni perlas, ni vestidos costosos. ¹⁰Que se adornen más bien con buenas obras, como corresponde a mujeres que profesan servir a Dios.

¹¹La mujer debe aprender con serenidad,ᵇ con toda sumisión. ¹²No permito que la mujer enseñe al hombre y ejerza autoridad sobre él; debe mantenerse ecuánime.ᶜ ¹³Porque primero fue formado Adán, y Eva después. ¹⁴Además, no fue Adán el engañado, sino la mujer; y ella, una vez engañada, incurrió en pecado. ¹⁵Pero la mujer se salvaráᵈ siendo madre y si permanece con sensatez en la fe, el amor y la *santidad.

Obispos y diáconos

3 Se dice, y es verdad, que si alguno desea ser *obispo, a noble función aspira. ²Así que el obispo debe ser intachable, esposo de una sola mujer, moderado, sensato, respetable, hospitalario y capaz de enseñar. ³No debe ser borracho ni violento, sino respetuoso, apacible y no amante del dinero. ⁴Debe gobernar bien su casa y hacer que sus hijos lo obedezcan con el debido respeto; ⁵porque el que no sabe gobernar su propia familia, ¿cómo podrá cuidar de la iglesia de Dios? ⁶No debe ser un recién convertido, no sea que se vuelva presuntuoso y caiga en la misma condenación en que cayó el diablo. ⁷Se requiere además que hablen bien de él los que no pertenecen a la iglesia,ᵉ para que no caiga en descrédito y en la trampa del diablo.

ᵃ 9 los … padres. Lit. los parricidas y matricidas.   ᵇ 11 con serenidad. Alt. en silencio.   ᶜ 12 debe mantenerse ecuánime. Alt. debe guardar silencio.   ᵈ 15 se salvará. Alt. será restaurada.   ᵉ 7 hablen … iglesia. Lit. tenga buen testimonio de los de afuera.

[8]Los diáconos, igualmente, deben ser honorables, sinceros, no amigos del mucho vino ni codiciosos de las ganancias mal habidas. [9]Deben guardar, con una conciencia limpia, el misterio de la fe. [10]Que primero sean puestos a prueba y después, si no hay nada de qué reprenderlos, que sirvan como diáconos.

[11]Así mismo, las esposas de los diáconos[a] deben ser honorables, no calumniadoras, sino moderadas y dignas de toda confianza. [12]El diácono debe ser esposo de una sola mujer y gobernar bien a sus hijos y su propia casa. [13]Los que ejercen bien el diaconado se ganan un lugar de honor y adquieren mayor confianza para hablar de su fe en Cristo Jesús.

[14]Aunque espero ir pronto a verte, escribo estas instrucciones para que, [15]si me retraso, sepas cómo hay que portarse en la casa de Dios, que es la iglesia del Dios viviente, columna y fundamento de la verdad. [16]No hay duda de que es grande el ˙misterio de nuestra fe:[b]

Él[c] se manifestó como hombre;
    fue justificado por el Espíritu,
visto por los ángeles,
    proclamado entre las ˙naciones,
creído en el mundo,

        recibido en la gloria.

Instrucciones a Timoteo

4 El Espíritu dice claramente que, en los últimos tiempos, algunos abandonarán la fe para seguir a inspiraciones engañosas y doctrinas diabólicas. [2]Tales enseñanzas provienen de embusteros hipócritas, que tienen la conciencia endurecida.[d] [3]Prohíben el matrimonio y no permiten comer ciertos alimentos que Dios ha creado para que los creyentes,[e] conocedores de la verdad, los coman con acción de gracias. [4]Porque todo lo que Dios ha creado es bueno y nada es despreciable si se recibe con acción de gracias, [5]pues la palabra de Dios y la oración lo ˙santifican.

[6]Si enseñas estas cosas a los hermanos, serás un buen servidor de Cristo Jesús, nutrido con las verdades de la fe y de la buena enseñanza que paso a paso has seguido. [7]Rechaza las leyendas profanas y otros mitos semejantes.[f] Más bien ejercítate en la devoción [8]pues, aunque el ejercicio físico trae algún provecho, la devoción es útil para todo, ya que incluye una promesa no solo para la vida presente, sino también para la venidera. [9]Este mensaje es digno de crédito y merece ser aceptado por todos. [10]En efecto, si trabajamos y nos esforzamos es porque hemos puesto nuestra esperanza en el Dios viviente, que es el Salvador de todos, especialmente de los que creen.

[11]Encarga y enseña estas cosas. [12]Que nadie te menosprecie por ser joven. Al contrario, que los creyentes vean en ti un ejemplo a seguir en la manera de hablar, en la conducta, en amor, fe y pureza. [13]En tanto que llego, dedícate a la lectura pública de las Escrituras, y a exhortar y animar a los hermanos. [14]No descuides el don que recibiste mediante profecía, cuando los líderes de la iglesia te impusieron las manos.

[15]Sé diligente en estos asuntos; entrégate de lleno a ellos, de modo que todos puedan ver que estás progresando. [16]Ten cuidado de tu conducta y de tu enseñanza. Persevera en todo ello, porque así te salvarás a ti mismo y a los que te escuchen.

Cómo tratar a viudas, ancianos y esclavos

5 No reprendas con dureza al anciano, sino aconséjalo como si fuera tu padre. Trata a los jóvenes como a hermanos; [2]a las ancianas, como a madres; a las jóvenes, como a hermanas, con toda pureza.

[3]Reconoce debidamente a las viudas que de veras están desamparadas. [4]Pero si una viuda tiene hijos o nietos, que estos aprendan primero a poner en práctica su religión, cumpliendo sus obligaciones con su propia familia y correspondan así a sus padres y abuelos, porque eso agrada a Dios. [5]La viuda desamparada, como ha quedado sola, pone su esperanza en Dios y persevera noche y día en sus oraciones y súplicas. [6]En cambio, la viuda que se entrega al placer ya está muerta en vida. [7]Encárgales estas cosas para que sean intachables. [8]El que no provee para los suyos, y sobre todo para los de su propia casa, ha negado la fe y es peor que un incrédulo.

[9]En la lista de las viudas debe figurar únicamente la que tenga más de sesenta años, que haya sido fiel a su esposo,[g] [10]y que sea reconocida por sus buenas obras, tales como criar hijos, practicar la hospitalidad, lavar los pies de los ˙creyentes, ayudar a los que sufren y aprovechar toda oportunidad para hacer el bien.

[11]No incluyas en esa lista a las viudas más jóvenes, porque cuando sus pasiones las alejan de Cristo, les da por casarse. [12]Así resultan culpables de faltar a su primer compromiso. [13]Además se acostumbran a estar ociosas y andar de casa en casa. Y no solo se vuelven holgazanas, sino también chismosas y entrometidas, hablando de lo que no deben. [14]Por eso exhorto a las viudas jóvenes a que se casen y tengan hijos, y a que lleven bien su hogar y no den lugar a las críticas del enemigo. [15]Y es que algunas ya se han descarriado para seguir a Satanás.

[16]Si alguna creyente tiene viudas en su familia, debe ayudarlas para que no sean una carga a la iglesia; así la iglesia podrá atender a las viudas desamparadas.

[17]Los líderes que dirigen bien los asuntos de la iglesia son dignos de doble honor,[h] especialmente los que dedican sus esfuerzos a la predicación y a la enseñanza. [18]Pues la Escritura dice: «No pongas bozal al buey mientras esté sacando el grano»[i] y «El trabajador tiene derecho a su salario».[j] [19]No admitas ninguna acusación contra un líder de la iglesia, a no ser que esté respaldada por dos o tres testigos. [20]A los que pecan, repréndelos en público para que sirva de escarmiento.

[21]Te insto delante de Dios, de Cristo Jesús y de los elegidos ángeles a que sigas estas instrucciones sin dejarte llevar por prejuicios ni favoritismos.

[22]No te apresures a imponerle las manos a nadie, no sea que te hagas cómplice de pecados ajenos. Consérvate puro.

[23]No sigas bebiendo solo agua; toma también un poco de vino a causa de tu mal de estómago y tus frecuentes enfermedades.

[24]Los pecados de algunos son evidentes aun antes de ser llevados a juicio, mientras que los pecados de otros se descubren después. [25]De igual manera son evidentes las buenas obras aun, aunque estén ocultas, tarde o temprano se manifestarán.[k]

6 Todos los que aún son esclavos deben reconocer que sus amos merecen todo respeto; así evitarán que se hable mal del nombre de Dios y de nuestra

---

[a] 11 *las esposas de los diáconos.* Alt. *las diaconisas.* [b] 16 *de nuestra fe.* Lit. *de nuestra devoción.* [c] 16 *Él.* Lit. *Quien.* Var. *Dios.* [d] 2 *endurecida.* Lit. *cauterizada.* [e] 3 *creyentes.* Alt. *fieles.* [f] 7 *Rechaza ... semejantes.* Lit. *Rechaza los mitos profanos y de viejas.* [g] 9 *fiel a su esposo.* Alt. *que no haya tenido más de un esposo.* [h] 17 *honor.* Alt. *honorario.* [i] 18 Dt 25:4. [j] 18 Lc 10:7. [k] 25 *tarde ... manifestarán.* Alt. *y, si son malas, no podrán quedar ocultas.*

enseñanza. ²Los que tienen amos creyentes no deben faltarles al respeto por ser hermanos. Al contrario, deben servirles todavía mejor, porque los que se benefician de sus servicios son creyentes y hermanos queridos. Esto es lo que debes enseñar y recomendar.

El amor al dinero

³Si alguien enseña falsas doctrinas, apartándose de la sana enseñanza de nuestro Señor Jesucristo y de la doctrina que se ciñe a la verdadera religión,ᵃ ⁴es un obstinado que nada entiende. Ese tal padece del afán enfermizo de provocar discusiones inútiles que generan envidias, discordias, insultos, sospechas malvadas ⁵y altercados entre personas de mente depravada, carentes de la verdad. Este es de los que piensan que la religión es un medio de obtener ganancias. ⁶Es cierto que con la verdadera religión se obtienen grandes ganancias, pero solo si uno está satisfecho con lo que tiene. ⁷Porque nada trajimos a este mundo y nada podemos llevarnos. ⁸Así que, si tenemos comida y ropa, contentémonos con eso. ⁹Los que quieren enriquecerse caen en la ˙tentación y se vuelven esclavos de sus muchos deseos. Estos afanes insensatos y dañinos hunden a la gente en la ruina y en la destrucción. ¹⁰Porque el amor al dinero es la raíz de toda clase de males. Por codiciarlo, algunos se han desviado de la fe y se han causado muchísimos sinsabores.

Encargo de Pablo a Timoteo

¹¹Tú, en cambio, hombre de Dios, huye de todo eso y esmérate en seguir la justicia, la devoción, la fe, el amor, la constancia y la humildad. ¹²Pela la buena batalla de la fe; haz tuya la vida eterna, a la que fuiste llamado y por la cual hiciste aquella admirable declaración de fe delante de muchos testigos. ¹³Teniendo a Dios por testigo, el cual da vida a todas las cosas, y a Cristo Jesús, que dio su admirable testimonio delante de Poncio Pilato, te encargo ¹⁴que guardes este mandato sin mancha ni reproche hasta la venida de nuestro Señor Jesucristo, ¹⁵la cual Dios a su debido tiempo hará que se cumpla.

Al único y bendito Soberano,
    Rey de reyes y Señor de señores,
¹⁶al único inmortal,
    que vive en luz inaccesible,
    a quien nadie ha visto ni puede ver,
a él sea el honor y el poder eternamente.
        Amén.

¹⁷A los ricos de este mundo, mándales que no sean arrogantes ni pongan su esperanza en las riquezas, que son tan inseguras, sino en Dios. Él nos provee de todo en abundancia para que lo disfrutemos. ¹⁸Mándales que hagan el bien, que sean ricos en buenas obras, generosos y dispuestos a compartir lo que tienen. ¹⁹De este modo, atesorarán para sí un seguro fundamento para el futuro y obtendrán la vida verdadera.

²⁰Timoteo, ¡cuida bien lo que se te ha confiado! Evita las discusiones profanas e inútiles y los argumentos de la falsa ciencia. ²¹Algunos, por abrazarla, se han desviado de la fe.

Que la gracia sea con ustedes.

ᵃ 3 la verdadera religión. Lit. la devoción; también en vv. 5 y 6.

Segunda Carta a

Timoteo

1 Pablo, apóstol de *Cristo Jesús por la voluntad de Dios, según la promesa de vida que tenemos por medio de Cristo Jesús,

²a mi querido hijo Timoteo:

Que Dios el Padre y Cristo Jesús nuestro Señor te concedan gracia, misericordia y paz.

Exhortación a la fidelidad

³Al recordarte de día y de noche en mis oraciones, siempre doy gracias a Dios, a quien sirvo con una conciencia limpia como lo hicieron mis antepasados. ⁴Y al acordarme de tus lágrimas, anhelo verte para llenarme de alegría. ⁵Traigo a la memoria tu fe sincera, la cual animó primero a tu abuela Loida, a tu madre Eunice y ahora te anima a ti. De eso estoy convencido. ⁶Por eso te recomiendo que avives la llama del don de Dios que recibiste cuando te impuse las manos. ⁷Pues Dios no nos ha dado un espíritu de timidez, sino de poder, de amor y de dominio propio.

⁸Así que no te avergüences de dar testimonio de nuestro Señor, ni tampoco de mí, que por su causa soy prisionero. Al contrario, tú también, con el poder de Dios, debes soportar sufrimientos por el *evangelio. ⁹Pues Dios nos salvó y nos llamó a una vida *santa, no por nuestras propias obras, sino por su propia determinación y gracia. Nos concedió este favor en Cristo Jesús antes del comienzo del tiempo; ¹⁰y ahora lo ha revelado con la venida de nuestro Salvador Cristo Jesús, quien destruyó la muerte y sacó a la luz la vida incorruptible mediante el evangelio. ¹¹De este evangelio he sido yo designado heraldo, apóstol y maestro. ¹²Por ese motivo padezco estos sufrimientos. Pero no me avergüenzo, porque sé en quién he creído, y estoy seguro de que tiene poder para guardar hasta aquel día lo que le he confiado.ᵃ

¹³Con fe y amor en Cristo Jesús, sigue el ejemplo de la sana doctrina que de mí aprendiste. ¹⁴Con el poder del Espíritu Santo que vive en nosotros, cuida la buena enseñanzaᵇ que se te ha confiado.

¹⁵Ya sabes que todos los de la provincia de *Asia me han abandonado, incluso Figelo y Hermógenes. ¹⁶Que el Señor conceda misericordia a la familia de Onesíforo, porque muchas veces me dio ánimo y no se avergonzó de mis cadenas. ¹⁷Al contrario, cuando estuvo en Roma me buscó sin descanso hasta encontrarme. ¹⁸Que el Señor le conceda hallar misericordia divina en aquel día. Tú conoces muy bien los muchos servicios que me prestó en Éfeso.

2 Así que tú, hijo mío, fortalécete por la gracia que tenemos en Cristo Jesús. ²Lo que me has oído decir en presencia de muchos testigos, encomiéndalo a creyentes dignos de confianza, que a su vez

estén capacitados para enseñar a otros. ³Comparte nuestros sufrimientos, como buen soldado de Cristo Jesús. ⁴Ningún soldado que quiera agradar a su superior se enreda en cuestiones civiles. ⁵Así mismo, el atleta no recibe la corona de vencedor si no compite según el reglamento. ⁶El labrador que trabaja duro tiene derecho a recibir primero parte de la cosecha. ⁷Reflexiona en lo que te digo y el Señor te dará una mayor comprensión de todo esto.

⁸No dejes de recordar a Jesucristo, descendiente de David, *levantado de entre los muertos. Este es mi *evangelio, ⁹por el que sufro al extremo de llevar cadenas como un criminal. Pero la palabra de Dios no está encadenada. ¹⁰Así que todo lo soporto por el bien de los elegidos, para que también ellos alcancen la gloriosa y eterna salvación que tenemos en Cristo Jesús.

¹¹Este mensaje es digno de crédito:

Si morimos con él,
también viviremos con él;
¹² si resistimos,
también reinaremos con él.
Si lo negamos,
también él nos negará;
¹³ si somos infieles,
él sigue siendo fiel,
ya que no puede negarse a sí mismo.

Un obrero aprobado por Dios

¹⁴No dejes de recordarles esto. Adviérteles delante de Dios que eviten las discusiones inútiles, pues no sirven nada más que para destruir a los oyentes. ¹⁵Esfuérzate por presentarte a Dios aprobado, como obrero que no tiene de qué avergonzarse y que interpreta rectamente la palabra de verdad. ¹⁶Evita las discusiones profanas, porque los que se dan a ellas se alejan cada vez más de la vida piadosa, ¹⁷y sus palabras se extienden como gangrena. Entre ellos están Himeneo y Fileto, ¹⁸que se han desviado de la verdad. Andan diciendo que la resurrección ya tuvo lugar y así trastornan la fe de algunos. ¹⁹A pesar de todo, el fundamento de Dios es sólido y se mantiene firme, pues está sellado con esta inscripción: «El Señor conoce a los suyos»,ᶜ y esta otra: «Que se aparte de la maldad todo el que invoca el nombre del Señor».ᵈ

²⁰En una casa grande no solo hay vasos de oro y de plata, sino también de madera y de barro, unos para usos especiales y otros para fines ordinarios. ²¹Si alguien se mantiene limpio, llegará a ser un vaso noble, *santificado, útil para el Señor y preparado para toda obra buena.

²²Huye de las malas pasiones de la juventud y esmérate en seguir la justicia, la fe, el amor y la paz, junto con los que invocan al Señor con un corazón limpio. ²³No tengas nada que ver con discusiones necias y sin sentido, pues ya sabes que terminan en pleitos. ²⁴Y un *siervo del Señor no debe andar peleando; más bien, debe ser amable con todos,

---

ᵃ 12 lo que le he confiado. Alt. lo que me ha confiado.   ᵇ 14 la buena enseñanza. Lit. el buen depósito.   ᶜ 19 Nm 16:5, según LXX.   ᵈ 19 Véase Jl 3:5.

capaz de enseñar y no propenso a irritarse. 25Así, humildemente, debe corregir a los adversarios, con la esperanza de que Dios les conceda el *arrepentimiento para conocer la verdad, 26de modo que se despierten y escapen de la trampa en que el diablo los tiene cautivos, sumisos a su voluntad.

La impiedad en los últimos días

3 Ahora bien, ten en cuenta que en los últimos días vendrán tiempos difíciles. 2La gente estará llena de egoísmo y avaricia; serán jactanciosos, arrogantes, *blasfemos, desobedientes a los padres, ingratos, impíos, 3insensibles, implacables, calumniadores, libertinos, despiadados, enemigos de todo lo bueno, 4traicioneros, impetuosos, vanidosos y más amigos del placer que de Dios. 5Aparentarán ser devotos, pero su conducta desmentirá el poder de la devoción. ¡Con esa gente ni te metas!

6Así son los que van de casa en casa cautivando a mujeres débiles cargadas de pecados, que se dejan llevar por toda clase de pasiones. 7Ellas siempre están aprendiendo, pero nunca logran conocer la verdad. 8Del mismo modo que Janes y Jambres se opusieron a Moisés, también esa gente se opone a la verdad. Son personas de mente depravada, reprobadas en la fe. 9Pero no llegarán muy lejos, porque todo el mundo se dará cuenta de su insensatez, como pasó con aquellos dos.

Encargo de Pablo a Timoteo

10Tú, en cambio, has seguido paso a paso mis enseñanzas, mi manera de vivir, mi propósito, mi fe, mi paciencia, mi amor, mi constancia, 11mis persecuciones y mis sufrimientos. Estás enterado de lo que sufrí en Antioquía, Iconio y Listra, y de las persecuciones que soporté. Y de todas ellas me libró el Señor. 12Así mismo serán perseguidos todos los que quieran llevar una vida piadosa en Cristo Jesús, 13mientras que esos malvados farsantes irán de mal en peor, engañando y siendo engañados. 14Pero tú permanece firme en lo que has aprendido y de lo cual estás convencido, pues sabes de quiénes lo aprendiste. 15Desde tu niñez conoces las Sagradas Escrituras, que pueden darte la sabiduría necesaria para la salvación mediante la fe en Cristo Jesús. 16Toda la Escritura es inspirada por Dios y útil para enseñar, para reprender, para corregir y para instruir en la justicia, 17a fin de que el siervo de Dios esté enteramente capacitado para toda buena obra.

4 En presencia de Dios y de Cristo Jesús, que ha de venir en su reino y que juzgará a los vivos y a los muertos, te doy este solemne encargo: 2Predica la palabra; persiste en hacerlo, sea o no sea oportuno; corrige, reprende y anima con mucha paciencia, sin

dejar de enseñar. 3Porque llegará el tiempo en que no van a tolerar la sana doctrina, sino que, llevados de sus propios deseos, se rodearán de maestros que les digan las fantasías que quieren oír. 4Dejarán de escuchar la verdad y se volverán a los mitos. 5Tú, por el contrario, sé prudente en todas las circunstancias, soporta los sufrimientos, dedícate a la evangelización, cumple con los deberes de tu ministerio.

6Yo, por mi parte, ya estoy a punto de ser ofrecido como un sacrificio, y el tiempo de mi partida ha llegado. 7He peleado la buena batalla, he terminado la carrera, me he mantenido en la fe. 8Por lo demás me espera la corona de justicia que el Señor, el Juez justo, me otorgará en aquel día; y no solo a mí, sino también a todos los que con amor hayan esperado su venida.

Instrucciones personales

9Haz todo lo posible por venir a verme cuanto antes, 10pues Demas, por amor a este mundo, me ha abandonado y se ha ido a Tesalónica. Crescente se ha ido a Galacia y Tito a Dalmacia. 11Solo Lucas está conmigo. Recoge a Marcos y tráelo contigo, porque me es de ayuda en mi ministerio. 12A Tíquico lo mandé a Éfeso. 13Cuando vengas, trae la capa que dejé en Troas, en casa de Carpo; trae también los libros, especialmente los pergaminos.

14Alejandro, el herrero, me ha hecho mucho daño. El Señor le dará su merecido. 15Tú también cuídate de él, porque se opuso tenazmente a nuestro mensaje.

16En mi primera defensa, nadie me respaldó, sino que todos me abandonaron. Que no les sea tomado en cuenta. 17Pero el Señor estuvo a mi lado y me dio fuerzas para que por medio de mí se llevara a cabo la predicación del mensaje y lo oyeran todos los *paganos. Y fui librado de la boca del león. 18El Señor me librará de todo mal y me preservará para su reino celestial. A él sea la gloria por los siglos de los siglos. Amén.

Saludos finales

19Saludos a *Priscila y a Aquila, y a la familia de Onesíforo.

20Erasto se quedó en Corinto; a Trófimo lo dejé enfermo en Mileto. 21Haz todo lo posible por venir antes del invierno.

Te mandan saludos Eubulo, Pudente, Lino, Claudia y todos los hermanos.

22El Señor esté con tu espíritu. Que la gracia sea con ustedes.

Carta a
Tito

1 Pablo, ˚siervo de Dios y apóstol de Jesucristo, llamado para que, mediante la fe, los elegidos de Dios lleguen a conocer la verdad que conduce a la devoción. [2]Nuestra esperanza es la vida eterna, la cual Dios, que no miente, ya había prometido antes del comienzo del tiempo. [3]Ahora, a su debido tiempo, él ha cumplido esta promesa mediante la predicación que se me ha confiado por orden de Dios nuestro Salvador.

[4]A Tito, mi verdadero hijo en esta fe que compartimos:

Que Dios el Padre y Cristo Jesús nuestro Salvador te concedan gracia y paz.

Tarea de Tito en Creta

[5]Te dejé en Creta para que pusieras en orden lo que quedaba por hacer y en cada pueblo nombraras[a] líderes de la iglesia, de acuerdo con las instrucciones que te di. [6]El líder debe ser irreprensible, esposo de una sola mujer; sus hijos deben ser creyentes,[b] libres de sospecha de libertinaje o de desobediencia. [7]El ˚obispo tiene a su cargo la obra de Dios y por lo tanto, debe ser irreprensible: no arrogante, ni iracundo, ni borracho, ni violento, ni codicioso de ganancias mal habidas. [8]Al contrario, debe ser hospitalario, amigo del bien, sensato, justo, santo y disciplinado. [9]Debe apegarse a la palabra fiel, según la enseñanza que recibió, de modo que también pueda exhortar a otros con la sana doctrina y refutar a los que se opongan.

[10]Y es que hay muchos rebeldes, charlatanes y engañadores, especialmente los partidarios de la ˚circuncisión. [11]A esos hay que taparles la boca, ya que están arruinando familias enteras al enseñar lo que no se debe y lo hacen para obtener ganancias mal habidas. [12]Fue precisamente uno de sus propios profetas el que dijo: «Los cretenses son siempre mentirosos, malas bestias, glotones perezosos». [13]Y es la verdad. Por eso, repréndelos con severidad a fin de que sean sanos en la fe [14]y no hagan caso de mitos judíos ni de lo que exigen esos que rechazan la verdad. [15]Para los puros todo es puro, pero para los corruptos e incrédulos no hay nada puro. Al contrario, tienen corrompidas la mente y la conciencia. [16]Profesan conocer a Dios, pero con sus acciones lo niegan; son abominables, desobedientes e incapaces de hacer algo bueno.

Lo que se debe enseñar

2 Tú, en cambio, predica lo que está de acuerdo con la sana doctrina. [2]A los líderes de la iglesia, enséñales que sean moderados, respetables, sensatos, e íntegros en la fe, en el amor y en la constancia.

[3]A las ancianas, enséñales que sean reverentes en su conducta, y no calumniadoras ni adictas al mucho vino. Deben enseñar lo bueno [4]y aconsejar a las jóvenes a amar a sus esposos y a sus hijos, [5]a ser sensatas y puras, cuidadosas del hogar, bondadosas y sumisas a sus esposos, para que no se hable mal de la palabra de Dios.

[6]A los jóvenes, exhórtalos a ser sensatos. [7]Con tus buenas obras, dales tú mismo ejemplo en todo. Cuando enseñes, hazlo con integridad y seriedad, [8]y con un mensaje sano e intachable. Así se avergonzará cualquiera que se oponga, pues no podrá decir nada malo de nosotros.

[9]Enseña a los ˚esclavos a someterse en todo a sus amos, a procurar agradarles y a no ser respondones. [10]No deben robarles, sino demostrar que son dignos de toda confianza, para que en todo hagan honor a la enseñanza de Dios nuestro Salvador.

[11]En verdad, Dios ha manifestado a toda la ˚humanidad su gracia, la cual trae salvación [12]y nos enseña a rechazar la impiedad y las pasiones mundanas. Así podremos vivir en este mundo con dominio propio, justicia y devoción, [13]mientras aguardamos la bendita esperanza, es decir, la gloriosa venida de nuestro gran Dios y Salvador Jesucristo. [14]Él se entregó por nosotros para rescatarnos de toda maldad y purificar para sí un pueblo elegido, dedicado a hacer el bien.

[15]Esto es lo que debes enseñar. Exhorta y reprende con toda autoridad. Que nadie te menosprecie.

La conducta del creyente

3 Recuérdales a todos que deben mostrarse obedientes y sumisos ante las gobernantes y las autoridades. Siempre deben estar dispuestos a hacer lo bueno: [2]a no hablar mal de nadie, sino a buscar la paz y ser respetuosos, demostrando plena humildad en su trato con todo el mundo.

[3]En otro tiempo también nosotros éramos necios y desobedientes. Estábamos descarriados y éramos esclavos de todo género de pasiones y placeres. Vivíamos en la malicia y en la envidia. Éramos detestables y nos odiábamos unos a otros. [4]Pero cuando se manifestaron la bondad y el amor de Dios nuestro Salvador, [5]él nos salvó, no por nuestras propias obras de justicia, sino por su misericordia. Nos salvó mediante el lavamiento de la regeneración y de la renovación por el Espíritu Santo, [6]que él derramó sobre nosotros abundantemente por medio de Jesucristo nuestro Salvador. [7]Así lo hizo para que, ˚justificados por su gracia, llegáramos a ser herederos que abrigan la esperanza de recibir la vida eterna. [8]Este mensaje es digno de confianza y quiero que lo recalques, para que los que han creído en Dios se empeñen en hacer buenas obras. Esto es excelente y provechoso para todos.

[9]Evita las necias controversias y genealogías, las discusiones y peleas sobre la Ley, que carecen de provecho y de sentido. [10]Al que cause divisiones, amonéstalo dos veces y después evítalo. [11]Puedes estar seguro de que tal individuo se condena a sí mismo por ser un perverso pecador.

---

a 5 *nombraras.* Alt. *ordenaras.*   b 6 *creyentes.* Alt. *fieles.*

Instrucciones personales y saludos finales

[12]Tan pronto como te haya enviado a Artemas o a Tíquico, haz todo lo posible por ir a Nicópolis a verme, pues he decidido pasar allí el invierno. [13]Ayuda en todo lo que puedas al abogado Zenas y a Apolos, de modo que no les falte nada para su viaje.

[14]Que aprendan los nuestros a empeñarse en hacer buenas obras, a fin de que atiendan lo que es realmente necesario y no lleven una vida inútil.

[15]Saludos de parte de todos los que me acompañan. Saludos a los que nos aman en la fe.

Que la gracia sea con todos ustedes.

Carta a
Filemón

¹Pablo, prisionero de *Cristo Jesús, y el hermano Timoteo,

a ti, querido Filemón, compañero de trabajo, ²a la hermana Apia, a Arquipo nuestro compañero de lucha y a la iglesia que se reúne en tu casa:

³Que Dios nuestro Padre y el Señor Jesucristo les concedan gracia y paz.

Acción de gracias y petición

⁴Siempre doy gracias a mi Dios al recordarte en mis oraciones, ⁵porque tengo noticias de tu amor por el Señor Jesús y de tu *fidelidad hacia todos los creyentes. ⁶Pido a Dios que el compañerismo que brota de tu fe sea eficaz para la causa de Cristo mediante el reconocimiento de todo lo bueno que compartimos. ⁷Hermano, tu amor me ha alegrado y animado mucho porque has reconfortado el corazón de los creyentes.

Intercesión de Pablo por Onésimo

⁸Por eso, aunque en Cristo tengo la franqueza suficiente para ordenarte lo que debes hacer, ⁹prefiero rogártelo en nombre del amor. Yo, Pablo, ya anciano y ahora, además, prisionero de Cristo Jesús, ¹⁰te suplico por mi hijo Onésimo,ᵃ quien llegó a ser hijo mío mientras yo estaba preso. ¹¹En otro tiempo te era inútil, pero ahora nos es útil tanto a ti como a mí.

───────────────

ᵃ **10** *Onésimo* significa *útil.*

¹²Te lo envío de vuelta y con él va mi propio corazón. ¹³Yo hubiera querido retenerlo para que me sirviera en tu lugar mientras estoy preso por causa del *evangelio. ¹⁴Sin embargo, no he querido hacer nada sin tu consentimiento, para que tu favor no sea por obligación, sino espontáneo. ¹⁵Tal vez por eso Onésimo se alejó de ti por algún tiempo, para que ahora lo recibas para siempre, ¹⁶ya no como a esclavo, sino como algo mejor: como a un hermano querido, muy especial para mí, pero mucho más para ti, como persona y como hermano en el Señor.

¹⁷De modo que, si me tienes por compañero, recíbelo como a mí mismo. ¹⁸Si te ha perjudicado o te debe algo, cárgalo a mi cuenta. ¹⁹Yo, Pablo, lo escribo de mi puño y letra: te lo pagaré; por no decirte que tú mismo me debes lo que eres. ²⁰Sí, hermano, ¡que reciba yo de ti algún beneficio en el Señor! Reconforta mi corazón en Cristo. ²¹Te escribo confiado en tu obediencia, seguro de que harás aún más de lo que te pido.

²²Además de eso, prepárame alojamiento porque espero que Dios les conceda el tenerme otra vez con ustedes en respuesta a sus oraciones.

²³Te mandan saludos Epafras, mi compañero de cárcel en Cristo Jesús, ²⁴y también Marcos, Aristarco, Demas y Lucas, mis compañeros de trabajo.

²⁵Que la gracia del Señor Jesucristo sea con su espíritu.

Hebreos

La superioridad del Hijo

1 Dios, que muchas veces y de varias maneras habló a nuestros antepasados en otras épocas por medio de los profetas, ²en estos días finales nos ha hablado por medio de su Hijo. A este lo designó heredero de todo y por medio de él hizo el universo. ³El Hijo refleja el brillo de la gloria de Dios y es la fiel representación de lo que él es. Él sostiene todas las cosas con su palabra poderosa. Después de llevar a cabo la purificación de los pecados, se sentó a la ˙derecha de la Majestad en las alturas. ⁴Así llegó a ser superior a los ángeles, en la misma medida en que el nombre que ha heredado supera en excelencia al de ellos.

⁵Porque ¿a cuál de los ángeles dijo Dios jamás:

«Tú eres mi Hijo;
 hoy mismo te he engendrado»,ᵃ

y en otro pasaje:

«Yo seré su Padre
 y él será mi Hijo»?ᵇ

⁶Además, al introducir a su Primogénito en el mundo, Dios dice:

«Que lo adoren todos los ángeles de Dios».

⁷En cuanto a los ángeles dice:

«Él convierte a sus ángeles en vientos,
 y a sus servidores en llamas de fuego».ᶜ

⁸Pero con respecto al Hijo dice:

«Tu trono, oh Dios, permanece para
  siempre;
 el cetro de tu reino es cetro de justicia.
 ⁹Has amado la justicia y odiado la maldad;
 por eso Dios, tu Dios, te ha ungido con
  aceite de alegría,
 te prefirió a ti por encima de tus
  compañeros».ᵈ

¹⁰También dice:

«En el principio, oh Señor, tú afirmaste la
  tierra,
 y los cielos son la obra de tus manos.
 ¹¹Ellos perecerán, pero tú permaneces para
  siempre.
 Todos ellos se desgastarán como un
  vestido,
 ¹²los doblarás como un manto
 y cambiarán como ropa que se muda.
 Pero tú eres siempre el mismo
 y tus años no tienen fin».ᵉ

¹³¿A cuál de los ángeles dijo Dios alguna vez:

«Siéntate a mi derecha,
 hasta que ponga a tus enemigos
 por debajo de tus pies»?ᶠ

¹⁴¿No son todos los ángeles espíritus dedicados al servicio divino, enviados para ayudar a los que han de heredar la salvación?

Advertencia a prestar atención

2 Por eso es necesario que prestemos más atención a lo que hemos oído, no sea que perdamos el rumbo. ²Porque, si el mensaje anunciado por los ángeles tuvo validez y toda transgresión y desobediencia recibió su justo castigo, ³¿cómo escaparemos nosotros si descuidamos una salvación tan grande? Esta salvación fue anunciada primeramente por el Señor y los que la oyeron nos la confirmaron. ⁴A la vez, Dios ratificó su testimonio acerca de ella con señales, prodigios, diversos milagros y dones distribuidos por el Espíritu Santo según su voluntad.

Jesús, hecho igual a sus hermanos

⁵Dios no puso bajo el dominio de los ángeles el mundo venidero del que estamos hablando. ⁶Como alguien ha atestiguado en algún lugar:

«¿Qué es el hombre para que en él pienses?
 ¿Qué es el hijo del hombre para que lo
  tomes en cuenta?
 ⁷Lo hiciste pocoᵍ menor que los ángeles
 y lo coronaste de gloria y de honra;
 ⁸todo lo pusiste bajo sus pies».ʰ

Si Dios puso bajo él todas las cosas, entonces no hay nada que no esté bajo su dominio. Ahora bien, es cierto que todavía no vemos que todo esté sometido a él. ⁹Sin embargo, vemos a Jesús, quien fue hecho un poco menor que los ángeles, coronado de gloria y honra por haber padecido la muerte. Así, por la gracia de Dios, la muerte que él sufrió resulta en beneficio de todos.

¹⁰En efecto, a fin de llevar a muchos hijos a la gloria, convenía que Dios, para quien y por medio de quien todo existe, ˙perfeccionara mediante el sufrimiento al autor de la salvación de ellos. ¹¹Tanto el que ˙santifica como los que son santificados tienen un mismo origen, por lo cual Jesús no se avergüenza de llamarlos hermanos, ¹²cuando dice:

«Proclamaré tu nombre a mis hermanos;
 en medio de la congregación te alabaré».ⁱ

¹³En otra parte dice:

«Yo confiaré en él».ʲ

ᵃ 5 Sal 2:7. ᵇ 5 2S 7:14; 1Cr 17:13. ᶜ 7 Sal 104:4.
ᵈ 9 Sal 45:6, 7. ᵉ 12 Sal 102:25-27. ᶠ 13 Sal 110:1.
ᵍ 7 poco. Alt. por un poco de tiempo; también en v. 9.
ʰ 8 Sal 8:4-6. ⁱ 12 Sal 22:22. ʲ 13 Is 8:17.

Y añade:

«Aquí me tienen, con los hijos que Dios me ha dado».[a]

¹⁴Por tanto, ya que ellos son de carne y hueso,[b] él también compartió esa naturaleza humana para anular, mediante la muerte, al que tiene el dominio de la muerte —es decir, al diablo—, ¹⁵y librar a todos los que por temor a la muerte estaban sometidos a esclavitud durante toda la vida. ¹⁶Pues, ciertamente, no vino en auxilio de los ángeles, sino de los descendientes de Abraham. ¹⁷Por eso era preciso que en todo se pareciera a sus hermanos, para ser un sumo sacerdote fiel y compasivo al servicio de Dios, a fin de obtener el perdón de los pecados del pueblo. ¹⁸Por haber sufrido él mismo la *tentación, puede socorrer a los que son tentados.

Jesús, superior a Moisés

3 Por lo tanto, hermanos, ustedes que han sido *santificados y que tienen parte en el mismo llamamiento celestial, fijen su atención en Jesús, el apóstol y sumo sacerdote de la fe que confesamos. ²Él fue fiel al que lo nombró, como lo fue también Moisés en toda la casa de Dios. ³De hecho, Jesús ha sido estimado digno de mayor honor que Moisés, así como el constructor de una casa recibe mayor honor que la casa misma. ⁴Porque toda casa tiene su constructor, pero el constructor de todo es Dios. ⁵Moisés fue fiel como siervo sobre toda la casa de Dios para dar testimonio de lo que Dios diría en el futuro. ⁶Cristo, en cambio, es fiel como Hijo al frente de la casa de Dios. Y esa casa somos nosotros, siempre y cuando mantengamos[c] nuestra confianza y la esperanza que nos enorgullece.

Advertencia contra la incredulidad

⁷Por eso, como dice el Espíritu Santo:

«Si ustedes oyen hoy su voz,
    ⁸ no endurezcan sus corazones[d]
como sucedió en la rebelión,
    en aquel día de *prueba en el desierto.
⁹ Allí sus antepasados me *tentaron y me
        pusieron a prueba,
    a pesar de haber visto mis obras cuarenta
        años.
¹⁰ Por eso me enojé con aquella generación
    y dije: "Siempre se alejan de mí[e]
    y no reconocen mis caminos".
¹¹ Así que, en mi enojo, hice este juramento:
    "Jamás entrarán en mi reposo"».[f]

¹²Cuídense, hermanos, de que ninguno de ustedes tenga un *corazón pecaminoso e incrédulo que los haga apartarse del Dios vivo. ¹³Más bien, mientras dure ese «hoy», anímense unos a otros cada día, para que ninguno de ustedes se endurezca por el engaño del pecado. ¹⁴Hemos llegado a tener parte con *Cristo, si en verdad mantenemos firme hasta

el fin la confianza que tuvimos al principio. ¹⁵Como se acaba de decir:

«Si ustedes oyen hoy su voz,
    no endurezcan sus corazones
como sucedió en la rebelión».[g]

¹⁶Ahora bien, ¿quiénes fueron los que oyeron y se rebelaron? ¿No fueron acaso todos los que salieron de Egipto guiados por Moisés? ¹⁷¿Y con quiénes se enojó Dios durante cuarenta años? ¿No fue acaso con los que pecaron, los cuales cayeron muertos en el desierto? ¹⁸¿Y a quiénes juró Dios que jamás entrarían en su reposo, sino a los que desobedecieron?[h] ¹⁹Como podemos ver, no pudieron entrar por causa de su incredulidad.

Reposo del pueblo de Dios

4 Por tanto, aunque la promesa de entrar en su reposo sigue vigente, cuidémonos, no sea que alguno de ustedes vaya a quedarse fuera. ²Porque a nosotros se nos ha anunciado las *buenas noticias, lo mismo que a ellos; pero el mensaje que escucharon no les sirvió de nada, porque no se unieron en la fe[i] los que habían prestado atención a ese mensaje. ³Ahora bien, en tal reposo entramos los que somos creyentes, conforme Dios ha dicho:

«Así que, en mi enojo, hice este juramento:
    "Jamás entrarán en mi reposo"».[j]

Es cierto que su trabajo quedó terminado con la creación del mundo, ⁴pues en algún lugar se ha dicho así del séptimo día: «Y en el séptimo día descansó Dios de todas sus obras».[k] ⁵Y en el pasaje citado también dice: «Jamás entrarán en mi reposo».

⁶Aunque todavía falta que algunos entren en ese reposo, y los primeros a quienes se les anunció las buenas noticias no entraron por causa de su desobediencia, ⁷Dios volvió a fijar un día, que es «hoy», cuando mucho después declaró por medio de David lo que ya se ha mencionado:

«Si ustedes oyen hoy su voz,
    no endurezcan sus corazones».[l]

⁸Porque si Josué les hubiera dado el reposo, Dios no habría hablado posteriormente de otro día. ⁹Por consiguiente, queda todavía un reposo especial[m] para el pueblo de Dios; ¹⁰porque el que entra en el reposo de Dios descansa también de sus obras, así como Dios descansó de las suyas. ¹¹Esforcémonos, pues, por entrar en ese reposo, para que nadie caiga al seguir aquel ejemplo de desobediencia.

¹²Sin duda, la palabra de Dios es viva, eficaz y más cortante que cualquier espada de dos filos. Penetra hasta lo más profundo del alma y del espíritu, hasta la médula de los huesos,[n] y juzga los pensamientos y las intenciones del *corazón. ¹³Ninguna cosa creada escapa a la vista de Dios. Todo está al descubierto, expuesto a los ojos de aquel a quien hemos de rendir cuentas.

Jesús, el gran sumo sacerdote

¹⁴Por lo tanto, ya que en Jesús, el Hijo de Dios, tenemos un gran sumo sacerdote que ha atravesado los cielos, aferrémonos a la fe que profesamos. ¹⁵Porque no tenemos un sumo sacerdote incapaz de compadecerse de nuestras debilidades, sino uno que ha sido *tentado en todo de la misma manera que nosotros, aunque sin pecado. ¹⁶Así que acerquémonos confiadamente al trono de la gracia para recibir la misericordia y encontrar la gracia que nos ayuden oportunamente.

---

a 13 Is 8:18.   *b* 14 *carne y hueso*. Lit. *sangre y carne.*
c 6 *mantengamos*. Var. *mantengamos firme hasta el fin.*
d 8 *corazones*. En la Biblia, *corazón* se usa para designar el asiento de las emociones, pensamientos y voluntad, es decir, el proceso de toma de decisiones del ser humano.
e 10 *Siempre se alejan de mí*. Lit. *su corazón siempre se extravía.*   *f* 11 Sal 95:7-11.   *g* 15 Sal 95:7, 8.   *h* 18 *los que desobedecieron*. Alt. *los que no creyeron.*   *i* 2 *no se unieron en la fe a*. Var. *no se combinó con fe para.*   *j* 3 Sal 95:11; también en v. 5.   *k* 4 Gn 2:2.   *l* 7 Sal 95:7, 8.   *m* 9 *un reposo especial.* Lit. *un sabático.*   *n* 12 *Penetra … huesos.* Lit. *Penetra hasta la división de alma y espíritu, y de articulaciones y médulas.*

5 Todo sumo sacerdote es escogido de entre los hombres. Él mismo es nombrado para representar a su pueblo ante Dios y ofrecer dones y sacrificios por los pecados. [2]Puede tratar con paciencia a los ignorantes y extraviados, ya que él mismo está sujeto a las debilidades humanas. [3]Por tal razón se ve obligado a ofrecer sacrificios por sus propios pecados, como también por los del pueblo.

[4]Nadie ocupa ese cargo por iniciativa propia; más bien, lo ocupa el que es llamado por Dios, como sucedió con Aarón. [5]Tampoco *Cristo se glorificó a sí mismo haciéndose sumo sacerdote, sino que Dios le dijo:

«Tú eres mi Hijo;
  hoy mismo te he engendrado».[a]

[6]Y en otro pasaje dice:

«Tú eres sacerdote para siempre,
  según el orden de Melquisedec».[b]

[7]En los días de su vida *mortal, Jesús ofreció oraciones y súplicas con fuerte clamor y lágrimas al que podía salvarlo de la muerte y fue escuchado por su temor reverente. [8]Aunque era Hijo, mediante el sufrimiento aprendió a obedecer. [9]Al ser así *perfeccionado, llegó a ser autor de salvación eterna para todos los que le obedecen [10]y Dios lo nombró sumo sacerdote según el orden de Melquisedec.

Advertencia contra la apostasía

[11]Sobre este tema tenemos mucho que decir, aunque es difícil explicarlo porque ustedes se han vuelto apáticos y no escuchan.[c] [12]En realidad, a estas alturas ya deberían ser maestros; sin embargo, necesitan que alguien vuelva a enseñarles los principios más elementales de la palabra de Dios. Dicho de otro modo, necesitan leche en vez de alimento sólido. [13]El que solo se alimenta de leche es inexperto en el mensaje de justicia; es como un niño de pecho. [14]En cambio, el alimento sólido es para los adultos, pues han ejercitado la capacidad de distinguir entre el bien y el mal.

6 Por eso, dejando a un lado las enseñanzas elementales acerca de *Cristo, avancemos hacia la madurez. No volvamos a poner los fundamentos, tales como el *arrepentimiento de las obras que conducen a la muerte, la fe en Dios, [2]la enseñanza sobre bautismos, la imposición de manos, la resurrección de los muertos y el juicio eterno. [3]Así procederemos, si Dios lo permite.

[4]Porque es imposible que aquellos que han sido una vez iluminados, que han saboreado el don celestial, que han tenido parte en el Espíritu Santo, [5]que han experimentado la buena palabra de Dios y los poderes del mundo venidero, [6]pero después de todo esto se han apartado, renueven su arrepentimiento. Pues así, para su propio mal, vuelven a crucificar al Hijo de Dios y lo exponen a la vergüenza pública. [7]Cuando la tierra bebe la lluvia que con frecuencia cae sobre ella y produce una buena cosecha para los que la cultivan, recibe bendición de Dios. [8]En cambio, cuando produce espinos y cardos, no vale nada; está a punto de ser maldecida y acabará por ser quemada.

[9]En cuanto a ustedes, queridos hermanos, aunque nos expresamos así, estamos seguros de que les espera lo mejor, es decir, lo que atañe a la salvación. [10]Porque Dios no es injusto como para olvidarse de las obras y del amor que en su nombre ustedes han demostrado sirviendo a los creyentes, como lo siguen haciendo. [11]Deseamos, sin embargo, que cada uno de ustedes siga mostrando ese mismo empeño hasta la realización final y completa de su esperanza. [12]No sean apáticos; más bien, imiten a quienes por su fe y paciencia heredan las promesas.

La certeza de la promesa de Dios

[13]Cuando Dios hizo su promesa a Abraham, como no tenía a nadie superior por quien jurar, juró por sí mismo y dijo: «Te bendeciré en gran manera y multiplicaré tu descendencia».[d] [14]Y así, después de esperar con paciencia, Abraham recibió lo que se le había prometido.

[16]La gente jura por alguien superior a sí misma, y el juramento, al confirmar lo que se ha dicho, pone punto final a toda discusión. [17]Por eso Dios, queriendo demostrar claramente a los herederos de la promesa que su propósito nunca cambia, confirmó con un juramento esa promesa. [18]Lo hizo así para que, mediante la promesa y el juramento, que son dos realidades que nunca cambian y en las cuales es imposible que Dios mienta, tengamos un estímulo poderoso los que, buscando refugio, nos aferramos a la esperanza que está delante de nosotros. [19]Tenemos como firme y segura ancla del alma una esperanza que penetra hasta detrás de la cortina del *santuario, [20]hasta donde Jesús entró por nosotros para abrirnos camino, llegando a ser sumo sacerdote para siempre, según el orden de Melquisedec.

El sacerdocio de Melquisedec

7 Este Melquisedec, rey de Salén y sacerdote del Dios Altísimo, salió al encuentro de Abraham, quien regresaba de derrotar a los reyes, y lo bendijo. [2]A su vez, Abraham le dio el diezmo de todo. El nombre Melquisedec significa en primer lugar: «rey de justicia» y, además, «rey de Salén», esto es, «rey de paz». [3]No tiene padre ni madre ni genealogía; no tiene comienzo ni fin, pero, a semejanza del Hijo de Dios, permanece como sacerdote para siempre.

[4]Consideren la grandeza de ese hombre, a quien nada menos que el patriarca Abraham dio la décima parte del botín. [5]Ahora bien, los descendientes de Leví que reciben el sacerdocio tienen, por ley, el mandato de recibir los diezmos del pueblo, es decir, de sus hermanos, aunque estos también son descendientes de Abraham. [6]En cambio, Melquisedec, que no era descendiente de Leví, recibió los diezmos de Abraham y bendijo al que tenía las promesas. [7]Es indiscutible que la persona que bendice es superior a la que recibe la bendición. [8]En el caso de los levitas, los diezmos los reciben hombres mortales; en el otro caso, los recibe Melquisedec, de quien se da testimonio de que vive. [9]Hasta podría decirse que Leví, que recibía diezmos, los pagó por medio de Abraham, [10]ya que Leví estaba presente en su antepasado Abraham cuando Melquisedec le salió al encuentro.

Jesús, semejante a Melquisedec

[11]Si hubiera sido posible alcanzar la *perfección mediante el sacerdocio levítico (pues bajo este se le dio la ley al pueblo), ¿qué necesidad había de que más adelante surgiera otro sacerdote según el orden de Melquisedec y no según el de Aarón? [12]Porque cuando cambia el sacerdocio, también tiene que cambiarse la ley. [13]En efecto, Jesús, de quien se dicen estas cosas, era de otra tribu, de la cual nadie se ha dedicado al servicio del altar. [14]Es evidente que nuestro Señor procedía de la tribu de Judá, respecto a la cual nada dijo Moisés con relación al sacerdocio.

---

a 5 Sal 2:7.   *b* 6 Sal 110:4.   *c* 11 *ustedes ... y no escuchan.*
Lit. *se han vuelto torpes en los oídos.*   *d* 14 Gn 22:17.

¹⁵Y lo que hemos dicho resulta aún más evidente si, a semejanza de Melquisedec, surge otro sacerdote ¹⁶que ha llegado a serlo no conforme a un requisito legal respecto a linaje °humano, sino conforme al poder de una vida indestructible. ¹⁷Pues de él se da testimonio:

«Tú eres sacerdote para siempre,
    según el orden de Melquisedec».ᵃ

¹⁸Por una parte, la Ley anterior queda anulada por ser inútil e ineficaz, ¹⁹ya que no °perfeccionó nada; y por la otra, se introduce una esperanza mejor, mediante la cual nos acercamos a Dios. ²⁰¡Y no fue sin juramento! Los otros sacerdotes llegaron a serlo sin juramento, ²¹mientras que este llegó a serlo con el juramento de aquel que le dijo:

«El Señor ha jurado,
    y no cambiará de parecer:
"Tú eres sacerdote para siempre"».

²²Por tanto, Jesús ha llegado a ser el que garantiza un pacto superior.

²³Ahora bien, a los sacerdotes la muerte les impedía seguir ejerciendo sus funciones y por eso hemos tenido muchos de ellos; ²⁴pero como Jesús permanece para siempre, su sacerdocio es imperecedero. ²⁵Por eso también puede salvar por completoᵇ a los que por medio de él se acercan a Dios, ya que vive siempre para interceder por ellos.

²⁶Nos convenía tener un sumo sacerdote así: santo, irreprochable, puro, apartado de los pecadores y exaltado sobre los cielos. ²⁷A diferencia de los otros sumos sacerdotes, él no tiene que ofrecer sacrificios día tras día, primero por sus propios pecados y luego por los del pueblo; porque él ofreció el sacrificio una sola vez y para siempre cuando se ofreció a sí mismo. ²⁸De hecho, la Ley designa como sumos sacerdotes a hombres débiles; pero el juramento posterior a la Ley designa al Hijo, quien ha sido hecho °perfecto para siempre.

El sumo sacerdote de un nuevo pacto

8 Ahora bien, el punto principal de lo que venimos diciendo es este: tenemos un sumo sacerdote que se sentó a la °derecha del trono de la Majestad en el cielo ²y que sirve en el °santuario, es decir, en el verdadero santuario levantado por el Señor y no por ningún °ser humano.

³A todo sumo sacerdote se le nombra para presentar ofrendas y sacrificios, por lo cual fue necesario que Jesús también tuviera algo que ofrecer. ⁴Si él estuviera en la tierra, no sería sacerdote, pues aquí ya hay sacerdotes que presentan las ofrendas en conformidad con la Ley. ⁵Estos sacerdotes sirven en un santuario que es copia y sombra del que está en el cielo, tal como se le advirtió a Moisés cuando estaba a punto de construir el santuario: «Asegúrate de hacerlo todo según el modelo que se te ha mostrado en el monte».ᶜ ⁶Pero el servicio sacerdotal que Jesús ha recibido es superior al de ellos, así como el pacto del cual es mediador es superior al antiguo, puesto que se basa en mejores promesas.

⁷Porque si ese primer pacto hubiera sido °perfecto, no habría necesidad de proveer un segundo pacto. ⁸Pero Dios, reprochándoles sus defectos, dijo:

«Vienen días», afirma el Señor,
    «en que haré un nuevo pacto
con Israel y con Judá.
⁹No será un pacto
    como el que hice con sus antepasados
el día en que los tomé de la mano
    y los saqué de Egipto,
ya que ellos no permanecieron fieles a mi
        pacto,
    y yo los abandoné»,
    dice el Señor.
¹⁰«Este es el pacto que después de aquel tiempo
    haré con el pueblo de Israel», afirma el
        Señor.
«Pondré mis leyes en su mente
    y las escribiré en su °corazón.
Yo seré su Dios
    y ellos serán mi pueblo.
¹¹Ya no tendrá nadie que enseñar a su
        prójimo;
    tampoco dirá nadie a su hermano: "¡Conoce
        al Señor!",
porque todos, desde el más pequeño hasta el
        más grande, me conocerán.
¹²Yo perdonaré sus iniquidades
    y nunca más me acordaré de sus pecados».ᵈ

¹³Al llamar «nuevo» a ese pacto, ha declarado obsoleto al anterior; y lo que se vuelve obsoleto y envejece ya está por desaparecer.

El culto en el santuario terrenal

9 El primer pacto tenía sus normas para el culto y un °santuario terrenal. ²Se habilitó ese santuario de tal modo que en su primera parte, llamada el Lugar Santo, estaban el candelabro, la mesa y los panes consagrados. ³Tras la segunda cortina estaba la parte llamada el Lugar Santísimo, ⁴el cual tenía el altar de oro para el incienso y el arca del pacto, toda recubierta de oro. Dentro del arca había una vasija de oro que contenía el maná, la vara de Aarón que había retoñado y las tablas del pacto. ⁵Encima del arca estaban los °querubines de la gloria, que cubrían con su sombra la tapa del arca. Pero ahora no se puede hablar de eso en detalle.

⁶Así dispuestas todas estas cosas, los sacerdotes entran continuamente en la primera parte del santuario para celebrar el culto. ⁷Pero en la segunda parte entra únicamente el sumo sacerdote, y solo una vez al año, provisto siempre de sangre que ofrece por sí mismo y por los pecados de ignorancia cometidos por el pueblo. ⁸Con esto el Espíritu Santo da a entender que, mientras siga en pie el primer santuario, aún no se habrá revelado el camino que conduce al Lugar Santísimo. ⁹Esto nos ilustra hoy día que las ofrendas y los sacrificios que allí se ofrecen no tienen poder alguno para °perfeccionar la conciencia de los que celebran ese culto. ¹⁰No se trata más que de regulaciones externas relacionadas con alimentos, bebidas y diversas ceremonias de °purificación, que son válidas solo hasta el tiempo señalado para reformarlo todo.

La sangre de Cristo

¹¹Pero °Cristo, al presentarse como sumo sacerdote de los bienes definitivosᵉ en el santuario más excelente y °perfecto, no hecho por manos humanas (es decir, que no es de esta creación), ¹²entró una sola vez y para siempre en el Lugar Santísimo. No lo hizo con sangre de machos cabríos y becerros, sino con su propia sangre, logrando así un rescate eterno. ¹³La sangre de machos cabríos y de toros, y las cenizas de una novilla rociadas sobre personas °impuras, las

---

ᵃ 17 Sal 110:4; también en v. 21.   ᵇ 25 por completo. Alt. para siempre.   ᶜ 5 Éx 25:40.   ᵈ 12 Jer 31:31-34.   ᵉ 11 definitivos. Var. venideros.

˚santifican de modo que quedan ˚limpias por fuera. ¹⁴Si esto es así, ¡cuánto más la sangre de Cristo, quien por medio del Espíritu eterno se ofreció sin mancha a Dios, purificará nuestra conciencia de las obras que conducen a la muerte, a fin de que sirvamos al Dios viviente!

¹⁵Por eso Cristo es mediador de un nuevo pacto, para que los llamados reciban la herencia eterna prometida, ahora que él ha muerto para liberarlos de las transgresiones cometidas bajo el primer pacto.

¹⁶En el caso de un testamento,ᵃ es necesario constatar la muerte del testador, ¹⁷pues un testamento solo adquiere validez cuando el que lo hizo muere y no entra en vigor mientras vive. ¹⁸De ahí que ni siquiera el primer pacto se haya establecido sin sangre. ¹⁹Después de promulgar todos los mandamientos de la Ley a todo el pueblo, Moisés tomó la sangre de los becerros junto con agua, lana escarlata y ramas de hisopo, y roció el libro de la Ley y a todo el pueblo, ²⁰diciendo: «Esta es la sangre del pacto que Dios ha mandado que ustedes cumplan».ᵇ ²¹De la misma manera, roció con la sangre el santuario y todos los objetos que se usaban en el culto. ²²De hecho, la Ley exige que casi todo sea purificado con sangre, pues sin derramamiento de sangre no hay perdón.

²³Así que era necesario que los modelos de las realidades celestiales fueran purificados con esos sacrificios, pero que las realidades mismas lo fueran con sacrificios superiores a aquellos. ²⁴Por eso Cristo no entró en un santuario hecho por manos humanas, simple copia del verdadero santuario, sino en el cielo mismo, para presentarse ahora ante Dios en favor nuestro. ²⁵Tampoco entró en el cielo para ofrecerse vez tras vez, como entra el sumo sacerdote en el Lugar Santísimo cada año con sangre ajena. ²⁶Si así fuera, Cristo habría tenido que sufrir muchas veces desde la creación del mundo. Al contrario, ahora, al final de los tiempos, se ha presentado una sola vez y para siempre a fin de acabar con el pecado mediante el sacrificio de sí mismo. ²⁷Así como está establecido que los seres ˚humanos mueran una sola vez y después venga el juicio, ²⁸también Cristo fue ofrecido en sacrificio una sola vez para quitar los pecados de muchos. Aparecerá por segunda vez ya no para cargar con pecado alguno, sino para traer salvación a quienes lo esperan.

El sacrificio de Cristo, ofrecido una vez y para siempre

10 La Ley es solo una sombra de los bienes venideros, no la presenciaᶜ misma de estas realidades. Por eso nunca puede ˚perfeccionar a los que se acercan para adorar mediante los mismos sacrificios que se ofrecen sin cesar año tras año. ²De otra manera, ¿no habrían dejado ya de hacerse sacrificios? Pues los que rinden culto, ˚purificados de una vez por todas, ya no se habrían sentido culpables de pecado. ³Pero esos sacrificios son un recordatorio anual de los pecados, ⁴ya que es imposible que la sangre de los toros y de los machos cabríos quite los pecados.

⁵Por eso, al entrar en el mundo, ˚Cristo dijo:

«A ti no te complacen sacrificios ni
       ofrendas;
en su lugar, me preparaste un cuerpo,
⁶ no te agradaron ni holocaustos
   ni sacrificios por el pecado.
⁷ Por eso dije: "Aquí me tienes
       —como está escrito en el libro—.
He venido, oh Dios, a hacer tu voluntad"».ᵈ

⁸Primero dijo: «Sacrificios y ofrendas, holocaustos y sacrificios por el pecado no te complacen ni fueron de tu agrado», a pesar de que la Ley exigía que se ofrecieran. ⁹Luego añadió: «Aquí me tienes: He venido a hacer tu voluntad». Así quitó lo primero para establecer lo segundo. ¹⁰Y en virtud de esa voluntad somos ˚santificados mediante el sacrificio del cuerpo de ˚Jesucristo, ofrecido una vez y para siempre.

¹¹Todo sacerdote celebra el culto día tras día ofreciendo repetidas veces los mismos sacrificios, que nunca pueden quitar los pecados. ¹²Pero este sacerdote, después de ofrecer por los pecados un solo sacrificio para siempre, se sentó a la ˚derecha de Dios ¹³en espera de que sus enemigos sean puestos por estrado de sus pies. ¹⁴Porque con un solo sacrificio ha perfeccionado para siempre a los que han sido santificados.

¹⁵También el Espíritu Santo nos da testimonio de ello. Primero dice:

¹⁶ «Este es el pacto que haré con ellos
       después de aquel tiempo», afirma el Señor,
   «pondré mis leyes en su ˚corazón
       y las escribiré en su mente».ᵉ

¹⁷Después añade:

«Y nunca más me acordaré de sus pecados y
       maldades».ᶠ

¹⁸Y puesto que estos han sido perdonados, ya no hace falta ofrecer otro sacrificio por el pecado.

Llamada a la perseverancia

¹⁹Así que, hermanos, mediante la sangre de Jesús, tenemos confianza para entrar en el Lugar Santísimo ²⁰por el camino nuevo y vivo que él nos ha abierto a través de la cortina, lo cual hizo por medio de su cuerpo. ²¹También tenemos un gran sacerdote al frente de la casa de Dios. ²²Acerquémonos, pues, a Dios con corazón sincero y con la plena seguridad que da la fe, interiormente purificados de una conciencia culpable y los cuerpos lavados con agua pura. ²³Mantengamos firme la esperanza que profesamos, porque fiel es el que hizo la promesa. ²⁴Preocupémonos los unos por los otros, a fin de estimularnos al amor y a las buenas obras. ²⁵No dejemos de congregarnos, como acostumbran hacer algunos, sino animémonos unos a otros, y con mayor razón ahora que vemos que aquel día se acerca.

²⁶Si después de recibir el conocimiento de la verdad pecamos obstinadamente, ya no hay sacrificio por los pecados. ²⁷Solo queda una aterradora expectativa de juicio, el fuego ardiente que ha de devorar a los adversarios. ²⁸Cualquiera que rechazaba la Ley de Moisés moría irremediablemente por el testimonio de dos o tres testigos. ²⁹¡Cuánto mayor castigo piensan ustedes que merece el que ha pisoteado al Hijo de Dios, que ha profanado la sangre del pacto por la cual había sido ˚santificado y que ha insultado al Espíritu de la gracia? ³⁰Pues conocemos al que dijo: «Mía es la venganza; yo pagaré»,ᵍ y también: «El Señor juzgará a su pueblo».ʰ ³¹¡Es aterrador caer en las manos del Dios vivo!

³²Recuerden aquellos días pasados cuando ustedes, después de haber sido iluminados, sostuvieron

---

ᵃ **15-16** En griego la misma palabra se emplea para *pacto* y para *testamento*; también en v. 17.   ᵇ **20** Éx 24:8.
ᶜ **1** *presencia.* Lit. *imagen.*   ᵈ **7** Sal 40:6-8.   ᵉ **16** Jer 31:33.
ᶠ **17** Jer 31:34.   ᵍ **30** Dt 32:35.   ʰ **30** Dt 32:36; Sal 135:14.

una dura lucha y soportaron mucho sufrimiento. [33]Unas veces se vieron expuestos públicamente al insulto y a la persecución; otras veces se solidarizaron con los que eran tratados de igual manera. [34]También se compadecieron de los encarcelados y, cuando a ustedes les confiscaron sus bienes, lo aceptaron con alegría, conscientes de que tenían una mejor herencia y más permanente.

[35]Así que no abandonen su confianza, la cual ha de ser grandemente recompensada. [36]Ustedes necesitan perseverar para que, después de haber cumplido la voluntad de Dios, reciban lo que él ha prometido. [37]Pues dentro de muy poco tiempo,

«el que ha de venir vendrá y no tardará.
[38] Pero el justo[a] vivirá por la fe.
Y si se vuelve atrás,
no será de mi agrado».[b]

[39]Pero nosotros no somos de los que se vuelven atrás y acaban por perderse, sino de los que tienen fe y preservan su ˙vida.

Por la fe

11 Ahora bien, la fe es tener confianza en lo que esperamos, es tener certeza de lo que no vemos. [2]Gracias a ella recibieron un testimonio favorable nuestros ancestros.

[3]Por la fe entendemos que el universo fue formado por la palabra de Dios, de modo que lo visible no provino de lo que se ve.

[4]Por la fe Abel ofreció a Dios un sacrificio más aceptable que el de Caín y por ella recibió testimonio de ser justo, pues Dios aceptó su ofrenda. Por la fe Abel, a pesar de estar muerto, habla todavía.

[5]Por la fe Enoc fue sacado de este mundo sin experimentar la muerte; no fue hallado porque Dios se lo llevó, pero antes de ser llevado recibió testimonio de haber agradado a Dios. [6]En realidad, sin fe es imposible agradar a Dios, ya que cualquiera que se acerca a Dios tiene que creer que él existe y que recompensa a quienes lo buscan.

[7]Por la fe Noé, advertido sobre cosas que aún no se veían, con temor reverente construyó un arca para salvar a su familia. Por esa fe condenó al mundo y llegó a ser heredero de la justicia que viene por la fe.

[8]Por la fe Abraham, cuando fue llamado para ir a un lugar que más tarde recibiría como herencia, obedeció y salió sin saber a dónde iba. [9]Por la fe se radicó como extranjero en la tierra prometida y habitó en tiendas de campaña con Isaac y Jacob, herederos también de la misma promesa, [10]porque esperaba la ciudad de cimientos sólidos, de la cual Dios es arquitecto y constructor.

[11]Por la fe incluso Sara, a pesar de su avanzada edad y de que era estéril,[c] recibió fuerza para tener hijos, porque consideró fiel al que le había hecho la promesa. [12]Así que de este solo hombre, ya en decadencia, nacieron descendientes numerosos como las estrellas del cielo e incontables como la arena a la orilla del mar.

[13]Todos ellos vivieron por la fe y murieron sin haber recibido las cosas prometidas; más bien, las miraron y les dieron la bienvenida desde la distancia. También confesaron que eran extranjeros y peregrinos en la tierra. [14]Al expresarse así, claramente dieron a entender que andaban en busca de una patria. [15]Si hubieran estado pensando en aquella patria de donde habían emigrado, habrían tenido oportunidad de regresar a ella. [16]Antes bien, anhelaban una patria mejor, es decir, la celestial. Por lo tanto, Dios no se avergonzó de ser llamado su Dios y les preparó una ciudad.

[17]Por la fe Abraham, quien había recibido las promesas, fue puesto a ˙prueba y ofreció a Isaac, su hijo único, [18]a pesar de que Dios le había dicho: «Tu descendencia se establecerá por medio de Isaac».[d] [19]Consideraba Abraham que Dios tiene poder hasta para resucitar a los muertos; en sentido figurado, recobró a Isaac de entre los muertos.

[20]Por la fe Isaac bendijo a Jacob y a Esaú, previendo lo que les esperaba en el futuro.

[21]Por la fe Jacob, cuando estaba a punto de morir, bendijo a cada uno de los hijos de José y adoró apoyándose en la punta de su bastón.[e]

[22]Por la fe José, al fin de su vida, se refirió a la salida de los israelitas de Egipto y dio instrucciones acerca de sus huesos.

[23]Por la fe el recién nacido Moisés fue escondido por sus padres durante tres meses, porque vieron que era un niño hermoso y no tuvieron miedo del edicto del rey.

[24]Por la fe Moisés, ya adulto, renunció a ser llamado hijo de la hija del faraón. [25]Prefirió ser maltratado con el pueblo de Dios a disfrutar de los efímeros placeres del pecado. [26]Consideró que la deshonra por causa de ˙Cristo era una mayor riqueza que los tesoros de Egipto, porque tenía la mirada puesta en la recompensa. [27]Por la fe salió de Egipto sin tenerle miedo a la ira del rey y se mantuvo firme, pues había visto a aquel que es invisible. [28]Por la fe celebró la Pascua y el rociamiento de la sangre, para que el exterminador de los primogénitos no tocara a los de Israel.

[29]Por la fe el pueblo cruzó el mar Rojo como por tierra seca; pero cuando los egipcios intentaron cruzarlo, se ahogaron.

[30]Por la fe cayeron las murallas de Jericó, después de que los israelitas marcharon siete días a su alrededor.

[31]Por la fe la prostituta Rajab no murió junto con los desobedientes,[f] pues había recibido en paz a los espías.

[32]¿Qué más voy a decir? Me faltaría tiempo para hablar de Gedeón, Barac, Sansón, Jefté, David, Samuel y los profetas, [33]los cuales por la fe conquistaron reinos, hicieron justicia y alcanzaron lo prometido; cerraron bocas de leones, [34]apagaron la furia de las llamas y escaparon del filo de la espada; sacaron fuerzas de flaqueza; se mostraron valientes en la guerra y pusieron en fuga a ejércitos extranjeros. [35]Hubo mujeres que por la resurrección recobraron a sus muertos. Otros, en cambio, fueron torturados, pues para alcanzar una mejor resurrección no aceptaron que los pusieran en libertad. [36]Otros sufrieron la prueba de burlas y azotes, e incluso de cadenas y cárceles. [37]Fueron apedreados,[g] aserrados por la mitad, asesinados a filo de espada. Anduvieron fugitivos de aquí para allá, cubiertos de pieles de oveja y de cabra, pasando necesidades, afligidos y maltratados. [38]¡El mundo no merecía ser así! Anduvieron sin rumbo por desiertos y montañas, por cuevas y cavernas.

[39]Aunque todos obtuvieron un testimonio favorable mediante la fe, ninguno de ellos vio el cumplimiento de la promesa. [40]Esto sucedió para que ellos no llegaran a ser perfectos sin nosotros, pues Dios nos había preparado algo mejor.

---

a 38 *el justo.* Alt. *mi justo.*   *b* 38 Hab 2:3, 4.   *c* 11 *Por...
estéril.* Alt. *Por la fe Abraham, a pesar de su avanzada edad
y de que Sara misma era estéril.*   *d* 18 Gn 21:12.   *e* 21 Gn
47:31, el autor cita la LXX.   *f* 31 *desobedientes.* Alt. *incrédulos.*
g 37 *apedreados.* Var. *apedreados, puestos a prueba.*

Dios disciplina a sus hijos

12 Por tanto, también nosotros que estamos rodeados de una nube tan grande de testigos, despojémonos de todo peso y del pecado que nos asedia y corramos con perseverancia la carrera que tenemos por delante. ²Fijemos la mirada en Jesús, el iniciador y *perfeccionador de nuestra fe, quien por el gozo que le esperaba, soportó la cruz, menospreciando la vergüenza que ella significaba, y ahora está sentado a la *derecha del trono de Dios. ³Así, pues, consideren a aquel que perseveró frente a tanta oposición por parte de los pecadores, para que no se cansen ni pierdan el ánimo.

⁴En la lucha que ustedes libran contra el pecado, todavía no han tenido que resistir hasta derramar su sangre. ⁵Y ya han olvidado por completo las palabras de aliento que como a hijos se les dirigen:

«Hijo mío, no tomes a la ligera la disciplina
del Señor
ni te desanimes cuando te reprenda,
⁶porque el Señor disciplina a los que ama
y azota a todo el que recibe como hijo».ª

⁷Lo que soportan es para su disciplina, pues Dios los está tratando como a hijos. Porque, ¿qué hijo hay a quien el padre no disciplina? ⁸Si a ustedes se les deja sin la disciplina que todos reciben, entonces son bastardos y no hijos legítimos. ⁹Después de todo, nuestros padres *humanos nos disciplinaban y los respetábamos. ¿No hemos de someternos, con mayor razón, al Padre de los espíritus y viviremos? ¹⁰En efecto, nuestros padres nos disciplinaban por un breve tiempo, como mejor les parecía; pero Dios lo hace para nuestro bien, a fin de que participemos de su *santidad. ¹¹Ciertamente, ninguna disciplina, en el momento de recibirla, parece agradable, sino más bien dolorosa; sin embargo, después produce una cosecha de justicia y paz para quienes han sido entrenados por ella.

¹²Por tanto, renueven las fuerzas de sus manos débiles y de sus rodillas temblorosas. ¹³«Hagan sendas derechas para sus pies»ᵇ para que la pierna coja no se disloque, sino que se sane.

Advertencia a los que rechazan a Dios

¹⁴Busquen la paz con todos y la *santidad, sin la cual nadie verá al Señor. ¹⁵Asegúrense de que nadie quede fuera de la gracia de Dios, de que ninguna raíz amarga brote y cause dificultades y corrompa a muchos, ¹⁶también de que nadie sea inmoral ni profano como Esaú, quien por un plato de comida vendió sus derechos de primogénito. ¹⁷Después, como ya saben, cuando quiso heredar esa bendición, fue rechazado: No se le dio lugar para el *arrepentimiento, aunque con lágrimas buscó la bendición.

¹⁸Ustedes no se han acercado a una montaña que se pueda tocar o que esté ardiendo en fuego; tampoco a oscuridad, tinieblas o tormenta; ¹⁹ni a sonido de trompeta, ni a tal clamor de palabras que quienes lo oyeron suplicaran que no se les hablara más, ²⁰porque no podían soportar esta orden: «Será apedreado todo el que toque la montaña, aunque sea un animal».ᶜ ²¹Tan aterrador era este espectáculo que Moisés dijo: «Estoy temblando de miedo».ᵈ ²²Por el contrario, ustedes se han acercado al monte Sión, a la Jerusalén celestial, la ciudad del Dios viviente. Se han acercado a millares y millares de ángeles, a una asamblea gozosa, ²³a la iglesia de los primogénitos inscritos en el cielo. Se han acercado a Dios, el Juez de todos; a los espíritus de los justos que han llegado a la *perfección; ²⁴a Jesús, el

mediador de un nuevo pacto; y a la sangre rociada, que habla mejor que la de Abel.

²⁵Tengan cuidado de no rechazar al que habla, pues si no escaparon aquellos que rechazaron al que amonestaba en la tierra, mucho menos escaparemos nosotros si le volvemos la espalda al que nos amonesta desde el cielo. ²⁶En aquella ocasión, su voz estremeció la tierra, pero ahora ha prometido: «Una vez más haré que se estremezca no solo la tierra, sino también el cielo».ᵉ ²⁷La frase «una vez más» indica la remoción de las cosas movibles, es decir, las creadas, para que permanezca lo inconmovible.

²⁸Puesto que nosotros estamos recibiendo un reino inconmovible, seamos agradecidos. Inspirados por esta gratitud, adoremos a Dios como a él le agrada, con temor reverente, ²⁹porque nuestro «Dios es fuego consumidor».ᶠ

Exhortaciones finales

13 Sigan amándose unos a otros fraternalmente. ²No se olviden de practicar la hospitalidad, pues gracias a ella algunos, sin saberlo, hospedaron ángeles. ³Acuérdense de los presos, como si ustedes fueran sus compañeros de cárcel, y también de los que son maltratados, como si fueran ustedes mismos los que sufren.

⁴Tengan todos en alta estima el matrimonio y la fidelidad conyugal, porque Dios juzgará a los adúlteros y a todos los que cometen inmoralidades sexuales. ⁵Manténganse libres del amor al dinero y conténtense con lo que tienen, porque Dios ha dicho:

«Nunca los dejaré;
jamás los abandonaré».ᵍ

⁶Así que podemos decir con toda confianza:

«El Señor es quien me ayuda, no tengo
miedo;
¿qué me puede hacer un simple mortal?».ʰ

⁷Acuérdense de sus dirigentes que les comunicaron la palabra de Dios. Consideren cuál fue el resultado de su estilo de vida e imiten su fe. ⁸Jesucristo es el mismo ayer, hoy y por siempre. ⁹No se dejen llevar por ninguna clase de enseñanzas extrañas. Conviene que el *corazón sea fortalecido por la gracia y no por alimentos rituales que de nada aprovechan a quienes los comen. ¹⁰Nosotros tenemos un altar del cual no tienen derecho a comer los que ofician en el santuario. ¹¹Porque el sumo sacerdote introduce la sangre de los animales en el Lugar Santísimo como sacrificio por el pecado, pero los cuerpos de esos animales se queman fuera del campamento. ¹²Por eso también Jesús, para *santificar al pueblo mediante su propia sangre, sufrió fuera de la puerta de la ciudad. ¹³Por lo tanto, salgamos a su encuentro fuera del campamento, llevando la deshonra que él llevó. ¹⁴pues aquí no tenemos una ciudad permanente, sino que buscamos la ciudad venidera.

¹⁵Así que ofrezcamos continuamente a Dios, por medio de Jesucristo, un sacrificio de alabanza, es decir, el fruto de los labios que confiesan su nombre. ¹⁶No se olviden de hacer el bien y de compartir con otros lo que tienen, porque esos son los sacrificios que agradan a Dios.

ª 6 Pr 3:11, 12, el autor cita la LXX. ᵇ 13 Pr 4:26. ᶜ 20 Éx 19:12, 13. ᵈ 21 Dt 9:19. ᵉ 26 Hag 2:6. ᶠ 29 Dt 4:24. ᵍ 5 Dt 31:6. ʰ 6 Sal 118:6.

¹⁷Obedezcan a sus dirigentes y sométanse a ellos, pues cuidan de ustedes como quienes tienen que rendir cuentas. Obedézcanlos a fin de que ellos cumplan su tarea con alegría y sin quejarse, pues el quejarse no les trae ningún provecho.

¹⁸Oren por nosotros, porque estamos seguros de tener la conciencia tranquila y queremos portarnos honradamente en todo. ¹⁹Les ruego encarecidamente que oren para que se me permita reintegrarme a ustedes cuanto antes.

²⁰El Dios de paz levantó de entre los muertos al gran Pastor de las ovejas, a nuestro Señor Jesús, por la sangre del pacto eterno. ²¹Que él los capacite en todo lo bueno para hacer su voluntad. Y que, por medio de Jesucristo, Dios cumpla en nosotros lo que le agrada. A él sea la gloria por siempre jamás. Amén.

²²Hermanos, ruego que reciban bien estas palabras de exhortación, ya que les he escrito brevemente.

²³Quiero que sepan que nuestro hermano Timoteo ha sido puesto en libertad. Si llega pronto, iré con él a verlos.

²⁴Saluden a todos sus dirigentes y a todos los creyentes.

Los de Italia les mandan saludos.

²⁵Que la gracia sea con todos ustedes.

Carta de

Santiago

1 ¹Santiago, ˙siervo de Dios y del Señor ˙Jesucristo,

a las doce tribus que se hallan dispersas por el mundo:

Saludos.

Pruebas y tentaciones

²Hermanos míos, considérense muy dichosos cuando tengan que enfrentarse con diversas ˙pruebas, ³pues ya saben que la prueba de su fe produce perseverancia. ⁴Y la perseverancia debe llevar a feliz término la obra, para que sean ˙perfectos e íntegros sin que les falte nada. ⁵Si a alguno de ustedes le falta sabiduría, pídasela a Dios y él se la dará, pues Dios da a todos generosamente sin menospreciar a nadie. ⁶Pero que pida con fe, sin dudar, porque quien duda es como las olas del mar, agitadas y llevadas de un lado a otro por el viento. ⁷Quien es así no piense que va a recibir cosa alguna del Señor; ⁸es indeciso e inconstante en todo lo que hace.

⁹El hermano de condición humilde debe sentirse ˙orgulloso de su alta dignidad; ¹⁰y el rico, de su humilde condición. Porque el rico pasará como la flor del campo. ¹¹El sol, cuando sale, seca la planta con su calor abrasador. A esta se le cae la flor y pierde su belleza. Así se marchitará también el rico en todas sus empresas.

¹²˙Dichoso el que resiste la ˙tentación porque, al salir aprobado, recibirá la corona de la vida que el Señor ha prometido a quienes lo aman.

¹³Que nadie al ser tentado diga: «Es Dios quien me tienta». Porque Dios no puede ser tentado por el mal, ni tampoco tienta él a nadie. ¹⁴Todo lo contrario, cada uno es tentado cuando sus propios malos deseos lo arrastran y seducen. ¹⁵Luego, cuando el deseo ha concebido, engendra el pecado; y el pecado, una vez que ha sido consumado, da a luz la muerte.

¹⁶Mis queridos hermanos, no se engañen. ¹⁷Toda buena dádiva y toda perfecta bendición descienden de lo alto, donde está el Padre que creó las lumbreras celestes, y quien no cambia ni se mueve como las sombras. ¹⁸Por su propia voluntad nos hizo nacer mediante la palabra de verdad, para que fuéramos como los primeros frutos de su creación.

Hay que poner en práctica la palabra

¹⁹Mis queridos hermanos, tengan presente esto: Todos deben estar listos para escuchar, pero no apresurarse para hablar ni para enojarse; ²⁰pues el enojo de una persona no produce la vida justa que Dios quiere. ²¹Por esto, despójense de toda inmoralidad y de la maldad que tanto abunda, para que puedan recibir con humildad la palabra sembrada en ustedes, la cual tiene poder para salvarles.

²²No se contenten solo con oír la palabra, pues así se engañan ustedes mismos. Llévenla a la práctica. ²³El que escucha la palabra, pero no la pone en práctica, es como el que se mira el rostro en un espejo ²⁴y después de mirarse, se va y se olvida enseguida de cómo es. ²⁵Pero quien se fija atentamente en la ley perfecta de la libertad y persevera en ella, no olvidando lo que ha oído, sino haciéndolo, recibirá bendición al practicarla.

²⁶Si alguien se cree religioso, pero no le pone freno a su lengua, se engaña a sí mismo y su religión no sirve para nada. ²⁷La religión pura y sin mancha delante de Dios nuestro Padre es esta: atender a los huérfanos y a las viudas en sus aflicciones y conservarse limpio de la corrupción del mundo.

Prohibición del favoritismo

2 Hermanos míos, la fe que tienen en nuestro glorioso Señor ˙Jesucristo no debe dar lugar a favoritismos. ²Supongamos que en el lugar donde se reúnen entra un hombre con anillo de oro y ropa elegante y entra también un pobre desharrapado. ³Si atienden bien al que lleva ropa elegante y le dicen: «Siéntese usted aquí, en este lugar cómodo», pero al pobre le dicen: «Quédate ahí de pie» o «Siéntate en el suelo, a mis pies», ⁴¿acaso no hacen discriminación entre ustedes, juzgando con malas intenciones?

⁵Escuchen, mis queridos hermanos: ¿No ha escogido Dios a los que son pobres, según el mundo, para que sean ricos en la fe y hereden el reino que prometió a quienes lo aman? ⁶¡Pero ustedes han menospreciado al pobre! ¿No son los ricos quienes los explotan a ustedes y los arrastran ante los tribunales? ⁷¿No son ellos los que ˙blasfeman el buen nombre de aquel a quien ustedes pertenecen?ᵃ

⁸Hacen muy bien si de veras cumplen la ley suprema de la Escritura: «Ama a tu prójimo como a ti mismo»;ᵇ ⁹pero si muestran algún favoritismo, pecan y son culpables, pues la misma ley los acusa de ser transgresores. ¹⁰Porque el que cumple con toda la Ley, pero falla en un solo punto, ya es culpable de haberla quebrantado toda. ¹¹Pues el que dijo: «No cometas adulterio»,ᶜ también dijo: «No mates».ᵈ Si no cometes adulterio, pero matas, ya has violado la Ley.

¹²Hablen y pórtense como quienes han de ser juzgados por la ley que nos da libertad, ¹³porque habrá un juicio sin compasión para el que actúe sin compasión. ¡La compasión triunfa en el juicio!

La fe y las obras

¹⁴Hermanos míos, ¿de qué le sirve a uno alegar que tiene fe si no tiene obras? ¿Acaso podrá salvarlo esa fe? ¹⁵Supongamos que un hermano o una hermana no tiene con qué vestirse y carece del alimento diario, ¹⁶y uno de ustedes le dice: «Vaya en paz; abríguese y coma hasta saciarse», pero no le da lo necesario para el cuerpo. ¿De qué servirá eso? ¹⁷Así también la fe por sí sola, si no tiene obras, está muerta.

¹⁸Sin embargo, alguien dirá: «Tú tienes fe y yo tengo obras».

ᵃ 7 el buen … pertenecen. Lit. el buen nombre que es invocado entre ustedes.   ᵇ 8 Lv 19:18.   ᶜ 11 Éx 20:14; Dt 5:18.
ᵈ 11 Éx 20:13; Dt 5:17.

Pues bien, muéstrame tu fe sin las obras, y yo te mostraré la fe por mis obras. ¹⁹¿Tú crees que hay un solo Dios? ¡Magnífico! También los demonios lo creen, y tiemblan.

²⁰¡Qué tonto eres! ¿Quieres convencerte de que la fe sin obras es estéril?ᵃ ²¹¿No fue declarado justo nuestro padre Abraham por lo que hizo cuando ofreció sobre el altar a su hijo Isaac? ²²Ya lo ves: su fe y sus obras actuaban conjuntamente y su fe llegó a la ˚perfección por las obras que hizo. ²³Así se cumplió la Escritura que dice: «Creyó Abraham a Dios y esto se le tomó en cuenta como justicia»,ᵇ y fue llamado amigo de Dios. ²⁴Como pueden ver, una persona es declarada justa por las obras y no solo por la fe.

²⁵De igual manera, ¿no fue declarada justa por las obras aun la prostituta Rajab, cuando hospedó a los espías y les ayudó a huir por otro camino? ²⁶Pues, como el cuerpo sin el espíritu está muerto, así también la fe sin obras está muerta.

Hay que domar la lengua

3 Hermanos míos, no pretendan muchos de ustedes ser maestros, pues, como saben, seremos juzgados con más severidad. ²Todos fallamos mucho. Si alguien nunca falla en lo que dice, es una persona ˚perfecta, capaz también de dominar todo su cuerpo.

³Cuando ponemos freno en la boca de los caballos para que nos obedezcan, podemos controlar todo el animal. ⁴Fíjense también en los barcos. A pesar de ser tan grandes y ser impulsados por fuertes vientos, se controlan por un pequeño timón a voluntad del piloto. ⁵Así también la lengua es un miembro muy pequeño del cuerpo, pero hace alarde de grandes hazañas. ¡Imagínense qué gran bosque se incendia con tan pequeña chispa! ⁶También la lengua es un fuego, un mundo de maldad entre nuestros órganos. Contamina todo el cuerpo, y, encendida por el ˚infierno, prende fuego a todo el curso de la vida.

⁷El ˚ser humano sabe domar y, en efecto, ha domado toda clase de fieras, de aves, reptiles y bestias marinas; ⁸pero nadie puede domar la lengua. Es un mal irrefrenable, lleno de veneno mortal.

⁹Con la lengua bendecimos a nuestro Señor y Padre, y con ella maldecimos a las personas, creadas a imagen de Dios. ¹⁰De una misma boca salen bendición y maldición. Hermanos míos, esto no debe ser así. ¹¹¿Puede acaso brotar de una misma fuente agua dulce y agua amarga? ¹²Hermanos míos, ¿acaso puede dar aceitunas una higuera o higos una vid? Pues tampoco una fuente de agua amarga puede dar agua dulce.

Dos clases de sabiduría

¹³¿Quién es sabio y entendido entre ustedes? Que lo demuestre con su buena conducta, mediante obras hechas con la humildad que le da su sabiduría. ¹⁴Pero si ustedes tienen envidias amargas y rivalidades en el corazón, dejen de presumir y de faltar a la verdad. ¹⁵Esa no es la sabiduría que desciende del cielo, sino que es terrenal, no espiritual y demoníaca. ¹⁶Porque donde hay envidias y rivalidades, también hay confusión y toda clase de acciones malvadas.

¹⁷En cambio, la sabiduría que desciende del cielo es ante todo pura y además pacífica, respetuosa, dócil, llena de compasión y de buenos frutos, imparcial y sincera. ¹⁸En fin, el fruto de la justicia se siembra en paz paraᶜ los que hacen la paz.

Sométanse a Dios

4 ¿De dónde surgen las guerras y los conflictos entre ustedes? ¿No es precisamente de las pasiones que luchan dentro de ustedes mismos?ᵈ ²Desean algo y no lo consiguen. Matan y sienten envidia, y no pueden obtener lo que quieren. Riñen y se hacen la guerra. No tienen, porque no piden. ³Y cuando piden, no reciben porque piden con malas intenciones, para satisfacer sus propias pasiones.

⁴¡Oh, gente adúltera! ¿No saben que la amistad con el mundo es enemistad con Dios? Si alguien quiere ser amigo del mundo se vuelve enemigo de Dios. ⁵¿O creen que la Escritura dice en vano que Dios ama celosamente al espíritu que hizo morar en nosotros?ᵉ ⁶Pero él nos da más gracia. Por eso dice la Escritura:

«Dios se opone a los orgullosos,
 pero da gracia a los humildes».ᶠ

⁷Así que sométanse a Dios. Resistan al diablo y él huirá de ustedes. ⁸Acérquense a Dios y él se acercará a ustedes. ¡Pecadores, límpiense las manos! ¡Ustedes, los indecisos, purifiquen su ˚corazón! ⁹Reconozcan sus miserias, lloren y laméntense. Que su risa se convierta en llanto y su alegría, en tristeza. ¹⁰Humíllense delante del Señor y él los exaltará.

¹¹Hermanos, no hablen mal unos de otros. Si alguien habla mal de su hermano o lo juzga, habla mal de la Ley y la juzga. Y si juzgas la Ley, ya no eres cumplidor de la Ley, sino su juez. ¹²No hay más que un solo Legislador y Juez, aquel que puede salvar y destruir. Tú, en cambio, ¿quién eres para juzgar a tu prójimo?

Alarde sobre el mañana

¹³Ahora escuchen esto, ustedes que dicen: «Hoy o mañana iremos a tal o cual ciudad, pasaremos allí un año, haremos negocios y ganaremos dinero». ¹⁴¡Y eso que ni siquiera saben qué sucederá mañana! ¿Qué es su vida? Ustedes son como la niebla que aparece por un momento y luego se desvanece. ¹⁵Más bien, debieran decir: «Si el Señor quiere, viviremos y haremos esto o aquello». ¹⁶Pero ahora se jactan en sus fanfarronerías. Toda esta jactancia es mala. ¹⁷Así que comete pecado todo el que sabe hacer el bien y no lo hace.

Advertencia a los ricos opresores

5 Ahora escuchen, ustedes los ricos: ¡lloren a gritos por las calamidades que les vienen encima! ²Se ha podrido su riqueza y sus ropas están comidas por la polilla. ³Se han oxidado su oro y su plata. Ese óxido dará testimonio contra ustedes y consumirá como fuego sus cuerpos. Han amontonado riquezas, ¡y eso que estamos en los días finales! ⁴Oigan cómo clama contra ustedes el salario no pagado a los obreros que trabajaron en sus campos. El clamor de esos trabajadores ha llegado a oídos del Señor de los Ejércitos. ⁵Ustedes han llevado en este mundo una vida de lujo y de placer desenfrenado. Lo que han hecho es engordar para el día de la matanza.ᵍ ⁶Han condenado y matado al justo sin que él ofreciera resistencia.

Paciencia en los sufrimientos

⁷Por tanto, hermanos, tengan paciencia hasta la venida del Señor. Miren cómo espera el agricultor a que la tierra dé su precioso fruto y con qué paciencia aguarda las lluvias de otoño y primavera. ⁸Así también ustedes, manténganse firmes y aguarden con paciencia la venida del Señor, que ya se acerca.

ᵃ 20 es estéril. Var. está muerta. ᵇ 23 Gn 15:6. ᶜ 18 para.
Alt. por. ᵈ 1 luchan ... mismos. Lit. hacen guerra en sus
miembros. ᵉ 5 Dios ... nosotros. Alt. el espíritu que él hizo
morar en nosotros envidia intensamente, o el Espíritu que él
hizo morar en nosotros ama celosamente. ᶠ 6 Pr 3:34 el autor
cita la LXX. ᵍ 5 Lo ... matanza. Alt. Han engordado como en
un banquete.

⁹No se quejen unos de otros, hermanos, para que no sean juzgados. ¡El Juez ya está a la puerta!

¹⁰Hermanos, tomen como ejemplo de sufrimiento y de paciencia a los profetas que hablaron en el nombre del Señor. ¹¹En verdad, consideramos ʾdichosos a los que perseveraron. Ustedes han oído hablar de la perseverancia de Job y han visto lo que al final le dio el Señor. El Señor es muy compasivo y misericordioso.

¹²Sobre todo, hermanos míos, no juren ni por el cielo ni por la tierra ni por ninguna otra cosa. Que su «sí» sea «sí», y su «no», «no», para que no sean condenados.

La oración de fe

¹³¿Está afligido alguno entre ustedes? Que ore. ¿Está alguno de buen ánimo? Que cante alabanzas.

¹⁴¿Está enfermo alguno de ustedes? Haga llamar a los líderes de la iglesia para que oren por él y lo unjan con aceite en el nombre del Señor. ¹⁵La oración de fe sanará al enfermo y el Señor lo levantará. Y si ha cometido pecados, sus pecados se le perdonarán. ¹⁶Por eso, confiésense unos a otros sus pecados y oren unos por otros, para que sean sanados. La oración del justo es poderosa y eficaz.

¹⁷Elías era un hombre con debilidades como las nuestras. Con fervor oró que no lloviera y no llovió sobre la tierra durante tres años y medio. ¹⁸Volvió a orar, y el cielo dio su lluvia y la tierra produjo sus frutos.

¹⁹Hermanos míos, si alguno de ustedes se extravía de la verdad y otro lo hace volver a ella, ²⁰recuerden que quien hace volver a un pecador de su extravío lo salvará de la muerte y cubrirá muchísimos pecados.

Primera Carta de

Pedro

1 Pedro, apóstol de *Jesucristo,

a los elegidos, extranjeros dispersos por el Ponto, Galacia, Capadocia, *Asia y Bitinia, 2según el conocimiento previo de Dios el Padre, mediante la obra *santificadora del Espíritu, para obedecer a Jesucristo y ser rociados con su sangre:

Que abunden en ustedes la gracia y la paz.

Alabanza a Dios por una esperanza viva

3¡Bendito sea Dios, Padre de nuestro Señor Jesucristo! Por su gran misericordia, nos ha hecho nacer de nuevo mediante la resurrección de Jesucristo de entre los muertos, para que tengamos una esperanza viva 4y recibamos una herencia que no se puede destruir, contaminar o marchitar. Tal herencia está reservada en el cielo para ustedes, 5a quienes el poder de Dios protege mediante la fe hasta que llegue la salvación que se ha de revelar en los últimos tiempos. 6Esto es para ustedes motivo de gran alegría, a pesar de que hasta ahora han tenido que sufrir diversas *pruebas por un tiempo. 7El oro, aunque perecedero, se acrisola al fuego. Así también la fe de ustedes, que vale mucho más que el oro, al ser acrisolada por las pruebas demostrará que es digna de aprobación, gloria y honor cuando Jesucristo se revele. 8Ustedes lo aman a pesar de no haberlo visto; y aunque no lo ven ahora, creen en él y se alegran con un gozo indescriptible y glorioso, 9pues están obteniendo la meta de su fe, que es su salvación.

10Los profetas, que anunciaron la gracia reservada para ustedes, investigaron cuidadosamente acerca de esta salvación. 11Querían descubrir a qué tiempo y a cuáles circunstancias se refería el Espíritu de *Cristo, que estaba en ellos, cuando testificó de antemano acerca de los sufrimientos de Cristo y de las glorias que vendrían después de estos. 12A ellos se les reveló que no se estaban sirviendo a sí mismos, sino que les servían a ustedes. Hablaban de las cosas que ahora les han anunciado los que les predicaron acerca de las *buenas noticias por medio del Espíritu Santo enviado del cielo. Aun los mismos ángeles anhelan contemplar esas cosas.

Sean santos

13Por eso, dispónganse para actuar con inteligencia;[a] tengan dominio propio; pongan su esperanza completamente en la gracia que se les dará cuando se revele *Jesucristo. 14Como hijos obedientes, no se amolden a los malos deseos que tenían antes, cuando vivían en la ignorancia. 15Más bien, sean ustedes *santos en todo lo que hagan, como también es santo quien los llamó; 16pues está escrito: «Sean santos, porque yo soy santo».[b] 17Ya que invocan como Padre al que juzga con imparcialidad las obras de cada uno, vivan con temor reverente mientras sean peregrinos en este mundo. 18Como bien saben, ustedes fueron rescatados de la vida absurda que heredaron de sus antepasados. El precio de su rescate no se pagó con cosas perecederas, como el oro o la plata, 19sino con la preciosa sangre de Cristo, como de un cordero sin mancha y sin defecto. 20Cristo, a quien Dios escogió antes de la creación del mundo, se ha manifestado en estos últimos tiempos en beneficio de ustedes. 21Por medio de él ustedes creen en Dios, que lo *resucitó y glorificó, de modo que su fe y su esperanza están puestas en Dios.

22Ahora que se han purificado obedeciendo a la verdad y tienen un amor sincero por sus hermanos, ámense de todo corazón[c] los unos a los otros. 23Pues ustedes han nacido de nuevo, no de simiente perecedera, sino de simiente imperecedera, mediante la palabra de Dios que vive y permanece. 24Porque

«todo *mortal es como la hierba
  y toda su gloria como la flor del campo.
La hierba se seca y la flor se cae,
  25 pero la palabra del Señor permanece para
    siempre».[d]

Y este es el mensaje de las buenas noticias que se les ha anunciado a ustedes.

2 Por lo tanto, abandonando toda maldad y todo engaño, hipocresía, envidias y toda calumnia, 2deseen con ansias la leche espiritual pura, como niños recién nacidos. Así, por medio de ella, crecerán en su salvación, 3ahora que han probado lo bueno que es el Señor.

La piedra viva y su pueblo escogido

4Cristo es la piedra viva, desechada por los *seres humanos, pero escogida y preciosa ante Dios. Al acercarse a él, 5también ustedes son como piedras vivas, con las cuales se está edificando una casa espiritual. De este modo llegan a ser un sacerdocio *santo, para ofrecer sacrificios espirituales que Dios acepta por medio de Jesucristo. 6Así dice la Escritura:

«Miren, yo pongo en Sión
  una piedra angular escogida y preciosa,
y el que confíe en ella
  no será jamás defraudado».[e]

7Para ustedes los creyentes, esta piedra es preciosa; pero para los incrédulos,

«la piedra que desecharon los constructores
  ha llegado a ser la piedra angular»,[f]

8y también:

«una piedra de *tropiezo
  y una roca que hace *caer».[g]

Tropiezan al desobedecer la palabra, para lo cual estaban destinados.

⁹Pero ustedes son descendencia escogida, sacerdocio regio, nación santa, pueblo que pertenece a Dios, para que proclamen las obras maravillosas de aquel que los llamó de las tinieblas a su luz admirable. ¹⁰Ustedes antes ni siquiera eran pueblo, pero ahora son pueblo de Dios; antes ni habían recibido misericordia, pero ahora ya la han recibido.

¹¹Queridos hermanos, les ruego como a extranjeros y peregrinos en este mundo que se aparten de los deseos pecaminosos*a* que combaten contra el ˚alma. ¹²Mantengan entre los incrédulos*b* una conducta tan ejemplar que, aunque los acusen de hacer el mal, ellos observen las buenas obras de ustedes y glorifiquen a Dios en el día de su visitación.*c*

Sumisión a los gobernantes y a los superiores

¹³Sométanse por causa del Señor a toda autoridad humana, ya sea al rey como suprema autoridad ¹⁴o a los gobernadores que él envía para castigar a los que hacen el mal y reconocer a los que hacen el bien. ¹⁵Porque esta es la voluntad de Dios: que, practicando el bien, hagan callar la ignorancia de los insensatos. ¹⁶Eso es actuar como personas libres que no se valen de su libertad para encubrir la maldad, sino que viven como ˚siervos de Dios. ¹⁷Den a todos el debido respeto: amen a los hermanos, teman a Dios, respeten al rey.

¹⁸Siervos, sométanse con todo respeto a sus amos, no solo a los buenos y comprensivos, sino también a los insoportables. ¹⁹Porque es digno de elogio que, por causa de la conciencia ante Dios, se soporten las aflicciones, aun sufriendo injustamente. ²⁰Pero ¿cómo pueden ustedes atribuirse mérito alguno si soportan que los maltraten por persistir en hacer el mal? En cambio, si sufren por hacer el bien, eso merece elogio delante de Dios. ²¹Para esto fueron llamados, porque ˚Cristo sufrió por ustedes y les ha dado ejemplo para que sigan sus pasos.

²² «Él no cometió ningún pecado
    ni hubo engaño en su boca».*d*

²³Cuando proferían insultos contra él, no replicaba con insultos; cuando padecía, no amenazaba, sino que confiaba en aquel que juzga con justicia. ²⁴Él mismo, en su cuerpo, llevó al madero nuestros pecados, para que muramos al pecado y vivamos para la justicia. Por sus heridas ustedes han sido sanados. ²⁵Antes eran ustedes como ovejas descarriadas,*e* pero ahora han vuelto al Pastor que cuida*f* de sus vidas.

Deberes conyugales

3 Así mismo, esposas, sométanse a sus esposos de modo que, si algunos de ellos no creen en la palabra, puedan ser ganados más por el comportamiento de ustedes que por sus palabras, ²al observar su conducta pura y respetuosa. ³Que la belleza de ustedes no sea la externa, que consiste en adornos tales como peinados ostentosos, joyas de oro y vestidos lujosos. ⁴Más bien, que la belleza de ustedes sea la incorruptible, la que procede de lo íntimo del corazón y consiste en un espíritu humilde y apacible. Esta sí que tiene mucho valor delante de Dios. ⁵Así se adornaban en tiempos antiguos las ˚santas mujeres que esperaban en Dios, cada una mostrando respeto a su esposo. ⁶Tal es el caso de Sara, que obedecía a Abraham y lo llamaba su señor. Ustedes son hijas de ella si hacen el bien y viven sin ningún temor.

⁷De igual manera, ustedes esposos, sean comprensivos en su vida conyugal, cada uno trate a su esposa con respeto, ya que como mujer es más delicada*g* y ambos son herederos del grato don de la vida. Así nada estorbará las oraciones de ustedes.

Sufriendo por hacer el bien

⁸En fin, vivan en armonía los unos con los otros; compartan penas y alegrías, practiquen el amor fraternal, sean compasivos y humildes. ⁹No devuelvan mal por mal ni insulto por insulto; más bien, bendigan, porque para esto fueron llamados, para heredar una bendición. ¹⁰En efecto,

«el que quiera amar la vida
    y gozar de días felices,
que refrene su lengua de hablar el mal
    y sus labios de proferir engaños;
¹¹que se aparte del mal y haga el bien;
    que busque la paz y la siga.
¹²Porque los ojos del Señor están sobre los
        justos,
    y sus oídos, atentos a sus oraciones;
pero el rostro del Señor está contra los que
        hacen el mal».*h*

¹³Y a ustedes, ¿quién les va a hacer daño si se esfuerzan por hacer el bien? ¹⁴¡Dichosos si sufren por causa de la justicia! «No teman lo que ellos temen*i* ni se dejen asustar».*j* ¹⁵Más bien, honren en su ˚corazón a ˚Cristo como Señor. Estén siempre preparados para responder a todo el que pida razón de la esperanza que hay en ustedes. Pero háganlo con gentileza y respeto, ¹⁶manteniendo la conciencia limpia, para que los que hablan mal de la buena conducta de ustedes en Cristo se avergüencen de sus calumnias. ¹⁷Si es la voluntad de Dios, es preferible sufrir por hacer el bien que por hacer el mal.

¹⁸Porque Cristo murió por los pecados una vez por todas, el justo por los injustos, a fin de llevarlos a ustedes a Dios. Él sufrió la muerte en su ˚cuerpo, pero el Espíritu hizo que volviera a la vida. ¹⁹Y de ese modo fue y predicó a los espíritus encarcelados, ²⁰que en los tiempos antiguos, en los días de Noé, desobedecieron, cuando Dios esperaba con paciencia mientras se construía el arca. En ella solo pocas personas, ocho en total, se salvaron mediante el agua, ²¹la cual simboliza el bautismo que ahora los salva también a ustedes. El bautismo no consiste en la limpieza del cuerpo, sino en el compromiso de tener una buena conciencia delante de Dios. Esta salvación es posible por la resurrección de Jesucristo, ²²quien subió al cielo y tomó su lugar a la ˚derecha de Dios y a quien están sometidos los ángeles, las autoridades y los poderes.

Viviendo el ejemplo de Cristo

4 Por tanto, ya que ˚Cristo sufrió en el cuerpo, asuman también ustedes la misma actitud; porque el que ha sufrido en el ˚cuerpo ha roto con el pecado, ²para vivir el resto de su vida terrenal no satisfaciendo sus pasiones ˚humanas, sino cumpliendo la voluntad de Dios. ³Pues ya basta con el tiempo que han desperdiciado haciendo lo que agrada a los incrédulos,*k* entregados al desenfreno, a las pasiones, a las borracheras, a las orgías, a las parrandas y a las idolatrías abominables. ⁴A ellos les parece extraño que ustedes ya no los sigan en sus excesos de inmoralidad y por eso los insultan. ⁵Pero ellos tendrán

---

a 11 pecaminosos. Lit. carnales.   *b* 12 incrédulos. Lit. gentiles.   *c* 12 de su visitación. Alt. del juicio.   *d* 22 Is 53:9.   *e* 25 Is 53:4, 5, 6 (LXX).   *f* 25 Pastor que cuida. Lit. Pastor y Obispo.   *g* 7 ya que ... delicada. Lit. como a vaso más frágil.   *h* 12 Sal 34:12-16.   *i* 14 lo que ellos temen. Alt. sus amenazas.   *j* 14 Is 8:12.   *k* 3 incrédulos. Lit. gentiles.

que rendirle cuentas a aquel que está preparado para juzgar a los vivos y a los muertos. ⁶Por esto se predicó el mensaje de las *buenas noticias también a los muertos para que, a pesar de haber sido juzgados según criterios *humanos en lo que atañe al cuerpo, vivan conforme a Dios en lo que atañe al espíritu.ᵃ

⁷Ya se acerca el fin de todas las cosas. Así que, para orar bien, manténganse sobrios y con la mente despejada. ⁸Sobre todo, ámense los unos a los otros profundamente, porque el amor cubre muchísimos pecados. ⁹Practiquen la hospitalidad entre ustedes sin quejarse. ¹⁰Cada uno ponga al servicio de los demás el don que haya recibido, administrando bien la gracia de Dios en sus diversas formas. ¹¹El que habla, hágalo como quien expresa las palabras mismas de Dios; el que presta algún servicio, hágalo con la fortaleza que Dios le proporciona. Así Dios será en todo alabado por medio de Jesucristo, a quien sea la gloria y el poder por los siglos de los siglos. Amén.

Sufriendo por seguir a Cristo

¹²Queridos hermanos, no se extrañen del fuego de la *prueba que están soportando, como si fuera algo insólito. ¹³Al contrario, alégrense de tener parte en los sufrimientos de *Cristo, para que también sea inmensa su alegría cuando se revele la gloria de Cristo. ¹⁴Dichosos ustedes si los insultan por causa del nombre de Cristo, porque el glorioso Espíritu de Dios reposa sobre ustedes. ¹⁵Que ninguno tenga que sufrir por asesino, ladrón o delincuente, ni siquiera por entrometido. ¹⁶Pero si alguien sufre por ser cristiano, que no se avergüence, sino que alabe a Dios por llevar el nombre de Cristo. ¹⁷Porque es tiempo de que el juicio comience por la familia de Dios; y si comienza por nosotros, ¿cómo será el fin de los que se rebelan contra el *evangelio de Dios?

¹⁸ «Si el justo a duras penas se salva,
¿cómo quedarán el impío y el pecador?».ᵇ

¹⁹Así pues, los que sufren según la voluntad de Dios, confíen en su fiel Creador y sigan practicando el bien.

ᵃ 6 en lo que atañe al espíritu. Alt. en el Espíritu.   ᵇ 18 Pr 11:31 el autor cita la LXX.   ᶜ 5 Pr 3:34 el autor cita la LXX.

Exhortación a los líderes y a los jóvenes

5 A los líderes de la iglesia que están entre ustedes, yo, que soy líder como ellos, testigo de los sufrimientos de *Cristo y partícipe con ellos de la gloria que se ha de revelar, les ruego esto: ²pastoreen el rebaño de Dios que está a su cargo, no por obligación ni por ambición de dinero, sino con deseo de servir, como Dios quiere. ³No sean tiranos con los que están a su cuidado, sino sean ejemplos para el rebaño. ⁴Así, cuando aparezca el Pastor supremo, ustedes recibirán la corona inmarchitable de la gloria.

⁵Así mismo, jóvenes, sométanse a los líderes. Revístanse todos de humildad en su trato mutuo, porque:

«Dios se opone a los orgullosos,
pero da gracia a los humildes».ᶜ

⁶Humíllense, pues, bajo la poderosa mano de Dios para que él los exalte a su debido tiempo. ⁷Depositen en él toda ansiedad, porque él cuida de ustedes.

⁸Practiquen el dominio propio y manténganse alerta. Su enemigo el diablo ronda como león rugiente, buscando a quién devorar. ⁹Resístanlo, manteniéndose firmes en la fe, sabiendo que los creyentes en todo el mundo soportan la misma clase de sufrimientos.

¹⁰Luego de que ustedes hayan sufrido un poco de tiempo, Dios mismo, el Dios de toda gracia que los llamó a su gloria eterna en Cristo, los restaurará y los hará fuertes, firmes y estables. ¹¹A él sea el poder por los siglos de los siglos. Amén.

Saludos finales

¹²Con la ayuda de *Silvano, a quien considero un hermano fiel, he escrito brevemente para animarlos y confirmarles que esta es la verdadera gracia de Dios. Manténganse firmes en ella.

¹³Saludos de parte de la comunidad que está en Babilonia, escogida como ustedes, y también de mi hijo Marcos. ¹⁴Salúdense los unos a los otros con un beso de amor fraternal.

Paz a todos ustedes que están en *Cristo.

Pedro

1 Simón[a] Pedro, ˙siervo y apóstol de ˙Jesucristo,

a los que por la justicia de nuestro Dios y Salvador Jesucristo han recibido una fe tan preciosa como la nuestra.

²Que abunden en ustedes la gracia y la paz por medio del conocimiento que tienen de Dios y de Jesús nuestro Señor.

Firmeza en el llamamiento y en la elección

³Su divino poder, al darnos el conocimiento de aquel que nos llamó por su propia gloria y excelencia, nos ha concedido todas las cosas que necesitamos para vivir con devoción. ⁴Así Dios nos ha entregado sus preciosas y magníficas promesas para que ustedes, luego de escapar de la corrupción que hay en el mundo debido a los malos deseos, lleguen a tener parte en la naturaleza divina.

⁵Precisamente por eso, esfuércense por añadir a su fe, virtud; a su virtud, conocimiento; ⁶al conocimiento, dominio propio; al dominio propio, constancia; a la constancia, devoción a Dios; ⁷a la devoción a Dios, afecto fraternal; y al afecto fraternal, amor. ⁸Porque estas cualidades, si abundan en ustedes, los harán crecer en el conocimiento de nuestro Señor Jesucristo y evitarán que sean inútiles e improductivos. ⁹En cambio, el que no las tiene es tan corto de vista que ya ni ve y se olvida de que ha sido purificado de sus antiguos pecados.

¹⁰Por lo tanto, hermanos, esfuércense más todavía por asegurarse del llamado de Dios, que fue quien los eligió. Si hacen estas cosas, no caerán jamás ¹¹y se les abrirán de par en par las puertas del reino eterno de nuestro Señor y Salvador Jesucristo.

La veracidad de la Escritura

¹²Por eso siempre les recordaré estas cosas, por más que las sepan y estén afianzados en la verdad que ahora tienen. ¹³Además, considero que tengo la obligación de refrescarles la memoria mientras viva en esta habitación pasajera que es mi cuerpo; ¹⁴porque sé que dentro de poco tendré que abandonarlo, según me lo ha manifestado nuestro Señor ˙Jesucristo. ¹⁵También me esforzaré con empeño para que, aun después de mi partida, ustedes puedan recordar estas cosas en todo tiempo.

¹⁶Cuando les dimos a conocer la venida de nuestro Señor Jesucristo en todo su poder, no estábamos siguiendo sutiles cuentos supersticiosos, sino dando testimonio de su grandeza que vimos con nuestros propios ojos. ¹⁷Él recibió honor y gloria de parte de Dios el Padre cuando desde la majestuosa gloria se le dirigió aquella voz que dijo: «Este es mi Hijo amado; estoy muy complacido con él».[b] ¹⁸Nosotros mismos oímos esa voz que vino del cielo cuando estábamos con él en el monte santo. ¹⁹Esto ha venido a confirmarnos la palabra[c] de los profetas, a la cual ustedes hacen bien en prestar atención como a una lámpara que brilla en un lugar oscuro, hasta que amanezca el día y salga el lucero de la mañana en sus corazones. ²⁰Ante todo, tengan muy presente que ninguna profecía de la Escritura surge de la interpretación particular de nadie. ²¹Porque la profecía no ha tenido su origen en la voluntad ˙humana, sino que los profetas hablaron de parte de Dios, impulsados por el Espíritu Santo.

Los falsos maestros y su destrucción

2 En el pueblo hubo falsos profetas. También entre ustedes habrá falsos maestros que encubiertamente introducirán herejías destructivas, al extremo de negar al mismo Soberano Señor que los rescató. Esto les traerá una pronta destrucción. ²Muchos los seguirán en sus prácticas vergonzosas y por causa de ellos se difamará el camino de la verdad. ³Llevados por la avaricia, estos falsos maestros se aprovecharán de ustedes con palabras engañosas. Desde hace mucho tiempo su condenación está preparada y su destrucción los acecha.

⁴Dios no perdonó a los ángeles cuando pecaron, sino que los arrojó al ˙abismo, poniéndolos en cadenas de oscuridad y reservándolos para el juicio. ⁵Tampoco perdonó al mundo antiguo cuando mandó un diluvio sobre los impíos, aunque protegió a ocho personas, incluyendo a Noé, predicador de la justicia. ⁶Además, condenó a las ciudades de Sodoma y Gomorra, y las redujo a cenizas, poniéndolas como escarmiento para los impíos. ⁷Por otra parte, libró al justo Lot, que se encontraba abrumado por la vida desenfrenada de esos perversos; ⁸pues este justo, que convivía con ellos y amaba el bien, día tras día sentía que se le despedazaba el alma por las obras malvadas que veía y oía. ⁹Todo esto demuestra que el Señor sabe librar de la ˙tentación a los que viven con devoción a Dios, y sabe también guardar a los injustos para castigarlos en el día del juicio. ¹⁰Esto les espera sobre todo a los que siguen los corrompidos deseos de la ˙naturaleza humana y desprecian la autoridad.

¡Son atrevidos y arrogantes! No tienen reparo en insultar a los seres celestiales, ¹¹mientras que los ángeles, a pesar de superarlos en fuerza y en poder, no pronuncian contra tales seres ninguna acusación insultante en la presencia del Señor. ¹²Pero aquellos ˙blasfeman en asuntos que no entienden. Como animales irracionales, se guían únicamente por el instinto, pues nacieron para ser atrapados y degollados. Lo mismo que esos animales, perecerán también en su corrupción ¹³y recibirán el justo pago por sus injusticias. Su concepto de placer es entregarse a las pasiones desenfrenadas en pleno día. Son manchas y suciedad que gozan de sus placeres, mientras los acompañan a ustedes en sus comidas. ¹⁴Tienen los ojos llenos de adulterio y son insaciables en el pecar; seducen a las personas

---

a 1 Simón. Lit. Simeón.   b 17 Mt 17:5; Mr 9:7; Lc 9:35.
c 19 Esto … palabra. Lit. También tenemos la muy segura palabra.

inconstantes; son expertos en la avaricia, ¡hijos de maldición! [15]Han abandonado el camino recto y se han extraviado para seguir la senda de Balán, hijo de Bosor,[a] a quien le encantaba el salario de la injusticia. [16]Pero fue reprendido por su maldad: su burra —una muda bestia de carga—, habló con voz humana y refrenó la locura del profeta.

[17]Estos individuos son fuentes sin agua, niebla empujada por la tormenta, para quienes está reservada la más densa oscuridad. [18]Pronunciando discursos arrogantes y sin sentido, seducen con los deseos *naturales desenfrenados a quienes apenas comienzan a apartarse de los que viven en el error. [19]Prometen libertad, cuando ellos mismos son *esclavos de la corrupción, ya que cada uno es esclavo de aquello que lo ha dominado. [20]Si, habiendo escapado de la contaminación del mundo por haber conocido a nuestro Señor y Salvador *Jesucristo, vuelven a enredarse en ella y son vencidos, terminan en peores condiciones que al principio. [21]Más les hubiera valido no conocer el camino de la justicia que abandonarlo después de haber conocido el santo mandamiento que se les dio. [22]En su caso ha sucedido lo que acertadamente afirman estos proverbios: «El *perro vuelve a su vómito»[b] y «la puerca lavada, a revolcarse en el lodo».

El día del Señor

3 Queridos hermanos, esta es ya la segunda carta que les escribo. En las dos he procurado refrescarles la memoria para que, con una mente íntegra, [2]recuerden las palabras que los *santos profetas pronunciaron en el pasado, y el mandamiento que dio nuestro Señor y Salvador por medio de los apóstoles.

[3]Ante todo, deben saber que en los últimos días vendrá gente burlona que, siguiendo sus malos deseos, se mofará [4]y dirá: «¿Qué hubo de esa promesa de su venida? Nuestros antepasados murieron[c] y nada ha cambiado desde el principio de la creación». [5]Pero intencionalmente olvidan

que desde tiempos antiguos, por la palabra de Dios, existía el cielo y también la tierra, que surgió del agua y mediante el agua. [6]Por la palabra y el agua, el mundo de aquel entonces pereció inundado. [7]Y ahora, por esa misma palabra, el cielo y la tierra están guardados para el fuego, reservados para el día del juicio y de la destrucción de los impíos.

[8]Pero no olviden, queridos hermanos, que para el Señor un día es como mil años y mil años, como un día. [9]El Señor no tarda en cumplir su promesa, según entienden algunos la tardanza. Más bien, él tiene paciencia con ustedes, porque no quiere que nadie perezca, sino que todos se *arrepientan.

[10]Pero el día del Señor vendrá como un ladrón. En aquel día los cielos desaparecerán con un estruendo espantoso, los elementos serán destruidos por el fuego; y la tierra, con todo lo que hay en ella, será quemada.[d]

[11]Ya que todo será destruido de esa manera, ¿no deberían vivir ustedes con devoción, siguiendo una conducta santa [12]y esperando ansiosamente[e] la venida del día de Dios? Ese día los cielos serán destruidos por el fuego y los elementos se derretirán con el calor de las llamas. [13]Pero según su promesa, nosotros esperamos un cielo nuevo y una tierra nueva, en los que habita la justicia.

[14]Por eso, queridos hermanos, mientras esperan estos acontecimientos, esfuércense para que Dios los halle sin mancha y sin defecto, en paz con él. [15]Tengan presente que la paciencia de nuestro Señor significa salvación, tal como les escribió también nuestro querido hermano Pablo, con la sabiduría que Dios le dio. [16]En todas sus cartas se refiere a estos mismos temas. Hay en ellas algunos puntos difíciles de entender que los ignorantes e inconstantes tergiversan, como lo hacen también con las demás Escrituras para su propia perdición.

[17]Así que ustedes, queridos hermanos, puesto que ya saben esto de antemano manténganse alertas, no sea que, arrastrados por el error de esos libertinos, pierdan la estabilidad y caigan. [18]Más bien, crezcan en la gracia y en el conocimiento de nuestro Señor y Salvador *Jesucristo.

¡A él sea la gloria ahora y para siempre! Amén.[f]

---

a 15 *Bosor.* Var. *Beor.*   *b* 22 Pr 26:11.   *c* 4 *murieron.* Lit. *duermen.*   *d* 10 *será quemada.* Var. *quedará al descubierto.*   *e* 12 *esperando ansiosamente.* Alt. *esperando y apresurando.*   *f* 18 Var. no incluye: *Amén.*

Primera Carta de

Juan

El Verbo de vida

1 Lo que ha sido desde el principio, lo que hemos oído, lo que hemos visto con nuestros propios ojos, lo que hemos contemplado, lo que hemos tocado con las manos, esto les anunciamos respecto al *Verbo que da vida. ²Esta vida se manifestó. Nosotros la hemos visto, damos testimonio de ella y les anunciamos a ustedes la vida eterna que estaba con el Padre y que se nos ha manifestado. ³Les anunciamos lo que hemos visto y oído, para que también ustedes tengan comunión con nosotros. Y nuestra comunión es con el Padre y con su Hijo *Jesucristo. ⁴Les escribimos estas cosas para que nuestra alegría[a] sea completa.

Caminemos en la luz

⁵Este es el mensaje que hemos oído de él y que anunciamos: Dios es luz y en él no hay ninguna oscuridad. ⁶Si afirmamos que tenemos comunión con él, pero vivimos en la oscuridad, mentimos y no ponemos en práctica la verdad. ⁷Pero si vivimos en la luz, así como él está en la luz, tenemos comunión unos con otros y la sangre de su Hijo Jesucristo nos limpia de todo pecado.

⁸Si afirmamos que no tenemos pecado, nos engañamos a nosotros mismos y la verdad no está en nosotros. ⁹Si confesamos nuestros pecados, Dios, que es fiel y justo, nos los perdonará y nos limpiará de toda maldad. ¹⁰Si afirmamos que no hemos pecado, lo hacemos pasar por mentiroso y su palabra no está en nosotros.

2 Mis queridos hijos, escribo estas cosas para que no pequen. Pero si alguno peca, tenemos ante el Padre a un *intercesor, a *Jesucristo, el Justo. ²Él es el sacrificio por el perdón de nuestros pecados y no solo por los nuestros, sino por los de todo el mundo.

³Sabemos que hemos llegado a conocer a Dios si obedecemos sus mandamientos. ⁴El que afirma: «Lo conozco», pero no obedece sus mandamientos, es un mentiroso y la verdad no está en él. ⁵En cambio, el amor de Dios se manifiesta plenamente[b] en la vida del que obedece su palabra. De este modo sabemos que estamos unidos a él: ⁶el que afirma que permanece en él debe vivir como él vivió.

⁷Queridos hermanos, lo que escribo no es un mandamiento nuevo, sino uno antiguo que han tenido desde el principio. Este mandamiento antiguo es el mensaje que ya oyeron. ⁸Por otra parte, lo que escribo es un mandamiento nuevo, cuya verdad se manifiesta tanto en la vida de *Cristo como en la de ustedes, porque la oscuridad se va desvaneciendo y ya brilla la luz verdadera.

⁹El que afirma que está en la luz, pero odia a su hermano, todavía está en la oscuridad. ¹⁰El que ama a su hermano permanece en la luz y no hay nada que lo haga *tropezar. ¹¹Pero el que odia a su hermano está en la oscuridad, en ella vive y no sabe a dónde va porque la oscuridad no lo deja ver.

¹²Les escribo a ustedes, queridos hijos,
porque sus pecados han sido perdonados
por el nombre de Cristo.
¹³Les escribo a ustedes, padres,
porque han conocido al que es desde el
principio.
Les escribo a ustedes, jóvenes,
porque han vencido al maligno.
Les he escrito a ustedes, queridos hijos,
porque han conocido al Padre.

¹⁴Les he escrito a ustedes, padres,
porque han conocido al que es desde el
principio.
Les he escrito a ustedes, jóvenes,
porque son fuertes,
la palabra de Dios permanece en ustedes,
y han vencido al maligno.

No amemos al mundo

¹⁵No amen al mundo ni nada de lo que hay en él. Si alguien ama al mundo, el amor del Padre no está en él. ¹⁶Porque nada de lo que hay en el mundo —los malos deseos de la *carne,[c] la codicia de los ojos y la arrogancia de la vida—, proviene del Padre, sino del mundo. ¹⁷El mundo se acaba con sus malos deseos, pero el que hace la voluntad de Dios permanece para siempre.

Cuidémonos de los anticristos

¹⁸Queridos hijos, esta es la hora final y así como ustedes oyeron que el anticristo vendría, muchos son los anticristos que han surgido ya. Por eso nos damos cuenta de que esta es la hora final. ¹⁹Aunque salieron de entre nosotros, en realidad no eran de los nuestros; si lo hubieran sido, se habrían quedado con nosotros. Su salida sirvió para comprobar que ninguno de ellos era de los nuestros.

²⁰Todos ustedes, en cambio, han recibido unción del Santo, de manera que conocen la verdad.[d] ²¹No les escribo porque ignoren la verdad, sino porque la conocen y porque ninguna mentira procede de la verdad. ²²¿Quién es el mentiroso? Es el que niega que Jesús es el *Cristo. Tal persona es el anticristo, la que niega al Padre y al Hijo. ²³Todo el que niega al Hijo no tiene al Padre; el que confiese al Hijo tiene también al Padre.

Permanezcamos en Dios

²⁴Permanezca en ustedes lo que han oído desde el principio, y así ustedes[e] permanecerán también en

---

a 4 nuestra alegría. Var. *la alegría de ustedes.*   *b 5 se manifiesta plenamente.* Lit. *se ha perfeccionado.*   *c 16 En contextos como estos la palabra griega para* carne (sarx) *se refiere a la naturaleza pecaminosa de los seres humanos, a menudo presentada en oposición al Espíritu.*   *d 20 la verdad.* Var. *todas las cosas.*   *e 24 principio, ... ustedes.* Lit. *principio. Si permanece en ustedes lo que han oído desde el principio, ustedes.*

el Hijo y en el Padre. ²⁵Esta es la promesa que él nos dio: la vida eterna.

²⁶Estas cosas les escribo acerca de los que procuran engañarlos. ²⁷En cuanto a ustedes, la unción que de él recibieron permanece en ustedes y no necesitan que nadie les enseñe. Esa unción es verdadera —no es falsa— y les enseña todas las cosas. Permanezcan en él tal y como él les enseñó.

²⁸Y ahora, queridos hijos, permanezcan en él para que, cuando se manifieste, podamos presentarnos ante él confiadamente, seguros de no ser avergonzados en su venida.

Hijos de Dios

²⁹Si reconocen que *Jesucristo es justo, reconozcan también que todo el que practica la justicia ha nacido de él.

3 ¡Fíjense qué gran amor nos ha dado el Padre, que se nos llame hijos de Dios! ¡Y lo somos! El mundo no nos conoce, precisamente, porque no lo conoció a él. ²Queridos hermanos, ahora somos hijos de Dios, pero todavía no se ha manifestado lo que habremos de ser. Sabemos, sin embargo, que cuando Cristo venga seremos semejantes a él, porque lo veremos tal como él es. ³Todo el que tiene esta esperanza en Cristo se purifica a sí mismo, así como él es puro.

⁴Todo el que comete pecado quebranta la ley; de hecho, el pecado es transgresión de la ley. ⁵Pero ustedes saben que Jesucristo se manifestó para quitar nuestros pecados. Y él no tiene pecado. ⁶Todo el que permanece en él no practica el pecado. Todo el que practica el pecado no lo ha visto ni lo ha conocido.

⁷Queridos hijos, que nadie los engañe. El que practica la justicia es justo, así como él es justo. ⁸El que practica el pecado es del diablo, porque el diablo ha estado pecando desde el principio. El Hijo de Dios fue enviado precisamente para destruir las obras del diablo. ⁹Ninguno que haya nacido de Dios practica el pecado, porque la semilla de Dios permanece en él; no puede seguir pecando, porque ha nacido de Dios. ¹⁰Así distinguimos entre los hijos de Dios y los hijos del diablo: el que no practica la justicia no es hijo de Dios, como tampoco lo es el que no ama a su hermano.

Amémonos los unos a los otros

¹¹Este es el mensaje que han oído desde el principio: que nos amemos los unos a los otros. ¹²No seamos como Caín, que, por ser del maligno, asesinó a su hermano. ¿Y por qué lo hizo? Porque sus propias obras eran malas y las de su hermano, justas. ¹³Hermanos, no se extrañen si el mundo los odia. ¹⁴Nosotros sabemos que hemos pasado de la muerte a la vida porque amamos a nuestros hermanos. El que no ama permanece en la muerte. ¹⁵Todo el que odia a su hermano es un asesino y ustedes saben que en ningún asesino permanece la vida eterna.

¹⁶En esto conocemos lo que es el amor: en que Jesucristo entregó su *vida por nosotros. Así también nosotros debemos entregar la vida por nuestros hermanos. ¹⁷Si alguien que posee bienes materiales ve que su hermano está pasando necesidad y no tiene compasión de él, ¿cómo se puede decir que el amor de Dios habita en él? ¹⁸Queridos hijos, no amemos de palabra ni de labios para afuera, sino con hechos y de verdad.

¹⁹En esto sabremos que somos de la verdad y nos sentiremos seguros delante de él: ²⁰aunque nuestro corazón nos condene, Dios es más grande que nuestro corazón y lo sabe todo. ²¹Queridos hermanos, si el corazón no nos condena y tenemos confianza delante de Dios, ²²recibimos todo lo que pedimos, porque obedecemos sus mandamientos y hacemos lo que le agrada. ²³Y este es su mandamiento: que creamos en el nombre de su Hijo Jesucristo y nos amemos los unos a los otros, pues así lo ha dispuesto. ²⁴El que obedece sus mandamientos permanece en Dios y Dios en él. ¿Cómo sabemos que él permanece en nosotros? Por el Espíritu que nos dio.

Los verdaderos creyentes

4 Queridos hermanos, no crean a cualquier espíritu, sino sométanlo a prueba para ver si es de Dios, porque han salido por el mundo muchos falsos profetas. ²En esto pueden discernir quién tiene el Espíritu de Dios: todo el que confiese que *Jesucristo ha venido en cuerpo humano es de Dios; ³todo espíritu que no confiesa a Jesús no es de Dios, sino del anticristo. Ustedes han oído que este viene y, efectivamente, ya está en el mundo.

⁴Ustedes, queridos hijos, son de Dios y han vencido a esos falsos profetas, porque el que está en ustedes es más poderoso que el que está en el mundo. ⁵Ellos son del mundo; por eso hablan desde el punto de vista del mundo y el mundo los escucha. ⁶Nosotros somos de Dios y todo el que conoce a Dios nos escucha; pero el que no es de Dios no nos escucha. Así distinguimos entre el Espíritu de la verdad y el espíritu del engaño.

Permanezcamos en el amor

⁷Queridos hermanos, amémonos los unos a los otros, porque el amor viene de Dios y todo el que ama ha nacido de él y lo conoce. ⁸El que no ama no conoce a Dios, porque Dios es amor. ⁹Así manifestó Dios su amor entre nosotros: en que envió a su Hijo único al mundo para que vivamos por medio de él. ¹⁰En esto consiste el amor: no en que nosotros hayamos amado a Dios, sino en que él nos amó y envió a su Hijo para que fuera ofrecido como sacrificio por el perdón de nuestros pecados. ¹¹Queridos hermanos, ya que Dios nos ha amado así, también nosotros debemos amarnos los unos a los otros. ¹²Nadie ha visto jamás a Dios, pero si nos amamos los unos a los otros, Dios permanece entre nosotros y entre[a] nosotros su amor se ha manifestado plenamente.[b]

¹³De esta forma sabemos que permanecemos en él y que él permanece en nosotros: porque nos ha dado de su Espíritu. ¹⁴Y nosotros hemos visto y damos testimonio de que el Padre envió a su Hijo para ser el Salvador del mundo. ¹⁵Si alguien confiesa públicamente que Jesús es el Hijo de Dios, Dios permanece en él y él en Dios. ¹⁶Y nosotros hemos llegado a saber y creer que Dios nos ama.

Dios es amor. El que permanece en amor, en Dios permanece y Dios en él. ¹⁷Ese amor se manifiesta plenamente[c] entre nosotros para que en el día del juicio comparezcamos con toda confianza, porque en este mundo somos como Jesús. ¹⁸En el amor no hay temor, sino que el amor *perfecto echa fuera el temor. El que teme espera el castigo, así que no ha sido perfeccionado en el amor.

¹⁹Nosotros amamos[d] porque él nos amó primero. ²⁰Si alguien afirma: «Yo amo a Dios», pero odia a su hermano, es un mentiroso; pues el que no ama a su hermano, a quien ha visto, no puede amar a Dios, a quien no ha visto. ²¹Y él nos ha dado este mandamiento: el que ama a Dios, ame también a su hermano.

---

a 12 *entre … entre.* Alt. *en … en.* *b* 12 *se ha manifestado plenamente.* Lit. *se ha perfeccionado.* *c* 17 *se manifiesta plenamente.* Lit. *se ha perfeccionado.* *d* 19 *amamos.* Var. *amamos a Dios.* Otra var. *lo amamos.*

Vivamos en la fe

5 Todo el que cree que Jesús es el *Cristo, ha nacido de Dios. Todo el que ama al padre ama también a sus hijos. ²Así, cuando amamos a Dios y cumplimos sus mandamientos, sabemos que amamos a los hijos de Dios. ³En esto consiste el amor a Dios: en que obedezcamos sus mandamientos. Y estos no son difíciles de cumplir, ⁴porque todo el que ha nacido de Dios vence al mundo. Esta es la victoria que vence al mundo: nuestra fe. ⁵¿Quién es el que vence al mundo sino el que cree que Jesús es el Hijo de Dios?

⁶Este es el que vino mediante agua y sangre: Jesucristo. Y no solo vino mediante agua, sino mediante agua y sangre. El Espíritu es quien da testimonio de esto, porque el Espíritu es la verdad. ⁷Tres son los que dan testimonio ⁸y los tres están de acuerdo: el Espíritu,ᵉ el agua y la sangre. ⁹Aceptamos el testimonio *humano, pero el testimonio de Dios vale mucho más, porque es el testimonio que él mismo ha dado acerca de su Hijo. ¹⁰El que cree en el Hijo de Dios acepta este testimonio. El que no cree a Dios lo hace pasar por mentiroso, por no haber creído el testimonio que Dios ha dado acerca de su Hijo. ¹¹Y el testimonio es este: que Dios nos ha dado vida eterna y esa vida está en su Hijo. ¹²El que tiene al Hijo, tiene la vida; el que no tiene al Hijo de Dios, no tiene la vida.

Observaciones finales

¹³Escribo estas cosas a ustedes que creen en el nombre del Hijo de Dios, para que sepan que tienen vida eterna. ¹⁴Esta es la confianza que tenemos al acercarnos a Dios: que, si pedimos cualquier cosa conforme a su voluntad, él nos oye. ¹⁵Y si sabemos que Dios oye todas nuestras oraciones, podemos estar seguros de que ya tenemos lo que le hemos pedido.

¹⁶Si alguno ve a su hermano cometer un pecado que no lleva a la muerte, ore por él y Dios le dará vida. Me refiero a quien comete un pecado que no lleva a la muerte. Hay pecado que sí lleva a la muerte y en ese caso no digo que se ore por él. ¹⁷Toda maldad es pecado, pero hay pecado que no lleva a la muerte.

¹⁸Sabemos que el que ha nacido de Dios no practica el pecado: *Jesucristo, que nació de Dios, lo protege y el maligno no llega a tocarlo. ¹⁹Sabemos que somos hijos de Dios y que el mundo entero está bajo el control del maligno. ²⁰También sabemos que el Hijo de Dios ha venido y nos ha dado entendimiento para que conozcamos al Verdadero. Y estamos con el Verdadero, conᵇ su Hijo Jesucristo, que es Dios Verdadero y vida eterna.

²¹Queridos hijos, apártense de los ídolos.

ᵃ **7-8** *testimonio ... Espíritu.* Var. *testimonio en el cielo: el Padre, el Verbo y el Espíritu Santo, y estos tres son uno.* **8**Y hay tres que dan testimonio en la tierra: el Espíritu *(este pasaje se encuentra en mss. posteriores de la Vulgata, pero no está en ningún ms. griego anterior al siglo XIV).* ᵇ **20** *con.* Alt. *por medio de.*

Segunda Carta de
Juan

¹El °anciano,

a la señora elegida y a sus hijos, a quienes amo en la verdad —y no solo yo, sino todos los que han conocido la verdad—, ²a causa de esa verdad que permanece en nosotros y que estará con nosotros para siempre:

³La gracia, la misericordia y la paz de Dios el Padre y de °Jesucristo, el Hijo del Padre, estarán con nosotros en verdad y en amor.

⁴Me alegré muchísimo al encontrar a algunos de tus hijos viviendo conforme a la verdad, según el mandamiento que nos dio el Padre. ⁵Y ahora, señora, ruego que nos amemos los unos a los otros. Y no es que le esté escribiendo un mandamiento nuevo, sino el que hemos tenido desde el principio. ⁶En esto consiste el amor: en que pongamos

en práctica sus mandamientos. Y este es el mandamiento: que vivan en este amor, tal como lo han escuchado desde el principio.

⁷Es que han salido por el mundo muchos engañadores que no confiesan que Jesucristo ha venido en cuerpo.ᵃ El que así actúa es el engañador y el anticristo. ⁸Cuídense de no echar a perder el fruto de nuestro trabajo;ᵇ procuren más bien recibir la recompensa completa. ⁹Todo el que se descarría y no permanece en la enseñanza de Cristo no tiene a Dios; el que permanece en la enseñanzaᶜ sí tiene al Padre y al Hijo. ¹⁰Si alguien los visita y no lleva esta enseñanza, no lo reciban en casa ni le den la bienvenida, ¹¹pues quien le da la bienvenida se hace cómplice de sus malas obras.

¹²Aunque tengo muchas cosas que decirles, no he querido hacerlo por escrito, pues espero visitarlos y hablar personalmente con ustedes para que nuestra alegría sea completa.

¹³Los hijos de tu hermana, la elegida, te mandan saludos.

ᵃ 7 *cuerpo.* Alt. *carne.*   ᵇ 8 *el fruto de nuestro trabajo.* Lit. *lo que hemos trabajado.* Var. *lo que ustedes han trabajado.*
ᶜ 9 *enseñanza.* Var. *enseñanza de Cristo.*

Juan

¹El *anciano,

al querido hermano Gayo, a quien amo en la verdad.

²Querido hermano, oro para que te vaya bien en todos tus asuntos y goces de buena salud, así como prosperas espiritualmente. ³Me alegré mucho cuando vinieron unos hermanos y dieron testimonio de tu fidelidad*ᵃ* y de cómo estás viviendo en la verdad. ⁴Nada me produce más alegría que oír que mis hijos viven en la verdad.

⁵Querido hermano, te comportas fielmente en todo lo que haces por los hermanos, aunque no los conozcas. ⁶Delante de la iglesia ellos han dado testimonio de tu amor. Harás bien en ayudarlos a seguir su viaje, como es digno de Dios. ⁷Ellos salieron por causa del Nombre, sin nunca recibir nada de los *paganos; ⁸nosotros, por lo tanto, debemos brindarles hospitalidad y así colaborar con ellos en la verdad.

⁹Escribí algunas líneas a la iglesia, pero Diótrefes, a quien le encanta ser el primero entre ellos, no nos acepta. ¹⁰Por eso, si voy, no dejaré de reprocharle su comportamiento, pues con palabras malintencionadas, habla contra nosotros solo por hablar. Como si fuera poco, ni siquiera recibe a los hermanos y a quienes quieren hacerlo, no los deja y los expulsa de la iglesia.

¹¹Querido hermano, no imites lo malo, sino lo bueno. El que hace lo bueno es de Dios; el que hace lo malo no ha visto a Dios. ¹²En cuanto a Demetrio, todos dan buen testimonio de él, incluso la verdad misma. También nosotros lo recomendamos y bien sabes que nuestro testimonio es verdadero.

¹³Tengo muchas cosas que decirte, pero prefiero no hacerlo por escrito. ¹⁴Espero verte muy pronto, entonces hablaremos personalmente.

¹⁵La paz sea contigo.

Tus amigos aquí te mandan saludos. Saluda a los amigos allá, a cada uno en particular.

---

a 3 *fidelidad.* Lit. *verdad.*

Carta de

Judas

[1]Judas, *siervo de *Jesucristo y hermano de *Santiago,

a los llamados, que son amados por Dios el Padre y guardados por[a] Jesucristo:

[2]Reciban misericordia, paz y amor en abundancia.

Pecado y condenación de los impíos

[3]Queridos hermanos, he deseado intensamente escribirles acerca de la salvación que tenemos en común. Ahora siento la necesidad de hacerlo para rogarles que sigan luchando vigorosamente por la fe encomendada a los creyentes una vez y para siempre. [4]El problema es que se han infiltrado entre ustedes ciertos individuos que desde hace mucho tiempo han estado señalados[b] para condenación. Son impíos que cambian en libertinaje la gracia de nuestro Dios y niegan a Jesucristo, nuestro único Soberano y Señor.

[5]Aunque ustedes ya saben muy bien todo esto, quiero recordarles que el Señor,[c] después de liberar de la tierra de Egipto a su pueblo, destruyó a los que no creían. [6]Y a los ángeles que no mantuvieron su posición de autoridad, sino que abandonaron su propia morada, los tiene perpetuamente encarcelados en oscuridad para el juicio del gran día. [7]Así también Sodoma y Gomorra y las ciudades vecinas son puestas como ejemplo al sufrir el castigo de un fuego eterno por haber practicado, como aquellos, inmoralidad sexual y vicios contra la naturaleza.

[8]De la misma manera, llevadas por sus delirios, estas personas contaminan su *cuerpo, desprecian la autoridad y maldicen a los seres celestiales. [9]Ni siquiera el arcángel Miguel, cuando argumentaba con el diablo disputándole el cuerpo de Moisés, se atrevió a pronunciar contra él un juicio de maldición, sino que dijo: «¡Que el Señor te reprenda!». [10]Estas, en cambio, maldicen todo lo que no entienden; y como animales irracionales, lo que entienden por instinto es precisamente lo que los corrompe.

[11]¡Ay de los que siguieron el camino de Caín! Por ganar dinero se entregaron al error de Balán y perecieron en la rebelión de Coré. [12]Estas personas son un peligro oculto;[d] sin ningún respeto convierten en festejos las comidas de amor fraternal que ustedes celebran. Buscan solo su propio provecho.[e] Son nubes sin agua, llevadas por el viento. Son árboles que no dan fruto cuando debieran darlo; están doblemente muertos, arrancados de raíz. [13]Son violentas olas del mar que arrojan la espuma de sus actos vergonzosos. Son estrellas fugaces para quienes está reservada eternamente la más densa oscuridad.

[14]También Enoc, el séptimo patriarca a partir de Adán, profetizó acerca de ellos: «Miren, el Señor viene con millares y millares de sus santos, [15]para someter a juicio a todos y para reprender a cada uno de los pecadores impíos por todas las malas obras que han cometido, así como por las injurias que han proferido contra él». [16]Estos individuos son refunfuñadores y criticones, se dejan llevar por sus propios malos deseos, hablan con arrogancia y adulan a los demás para sacar ventaja.

Exhortación a la perseverancia

[17]Pero ustedes, queridos hermanos, recuerden el mensaje anunciado anteriormente por los apóstoles de nuestro Señor Jesucristo. [18]Ellos decían: «En los últimos tiempos habrá burladores que vivirán según sus propias pasiones impías». [19]Estos son los que causan divisiones y se dejan llevar por sus propios instintos, pues no tienen el Espíritu.

[20]Pero ustedes, queridos hermanos, edificándose sobre la base de su santísima fe y orando en el Espíritu Santo, [21]manténganse en el amor de Dios, mientras esperan que nuestro Señor Jesucristo, en su misericordia, los lleve a vida eterna.

[22]Tengan compasión de los que dudan; [23]a otros, sálvenlos arrebatándolos del fuego. Compadézcanse de los demás, pero tengan cuidado, aborrezcan hasta la ropa que haya sido contaminada por su *cuerpo.

Doxología

[24]A aquel que es poderoso para guardarlos sin caída y presentarlos sin mancha delante de su gloria con gran alegría, [25]al único Dios, nuestro Salvador por medio de Jesucristo nuestro Señor, sea la gloria y la majestad, el dominio y la autoridad, desde ahora y para siempre. Amén.

---

[a] 1 por. Alt. para.   [b] 4 señalados. Lit. inscritos de antemano.
[c] 5 el Señor. Var. Jesús.   [d] 12 un peligro oculto. Lit. escollos o manchas.   [e] 12 Buscan … provecho. Lit. Se pastorean a sí mismos.

Apocalipsis

Prólogo

1 Esta es la revelación de °Jesucristo, que Dios le dio para mostrar a sus °siervos lo que sin demora tiene que suceder. Jesucristo envió a su ángel para dar a conocer la revelación a su siervo Juan, 2quien por su parte da fe de la verdad, escribiendo todo lo que vio: la palabra de Dios y el testimonio de Jesucristo. 3°Dichoso el que lee y dichosos los que escuchan las palabras de este mensaje profético y hacen caso de lo que aquí está escrito, porque el tiempo de su cumplimiento está cerca.

Saludos y doxología

4Yo, Juan,

escribo a las siete iglesias que están en la provincia de °Asia:

Gracia y paz a ustedes de parte de aquel que es y que era y que ha de venir, y de parte de los siete espíritus[a] que están delante de su trono; 5también de parte de °Jesucristo, el testigo fiel, el primogénito de la resurrección, el soberano de los reyes de la tierra.

Al que nos ama y que por su sangre nos ha librado de nuestros pecados, 6al que ha hecho de nosotros un reino, sacerdotes al servicio de Dios su Padre, ¡a él sea la gloria y el poder por los siglos de los siglos! Amén.

7¡Miren que viene en las nubes!
Y todos lo verán con sus propios ojos,
incluso quienes lo traspasaron;
y por él harán lamentación todos los
pueblos de la tierra.
¡Así será! Amén.

8«Yo soy el Alfa y la Omega —dice el Señor Dios—, el que es y que era y que ha de venir, el Todopoderoso».

Alguien semejante al Hijo del hombre

9Yo, Juan, hermano de ustedes y compañero en el sufrimiento, en el reino y en la perseverancia que tenemos en Jesús, estaba en la isla de Patmos por causa de la palabra de Dios y del testimonio de Jesús. 10En el día del Señor vino sobre mí el Espíritu y oí detrás de mí una voz fuerte, como de trompeta, 11que decía: «Escribe en un libro lo que veas y envíalo a las siete iglesias: a Éfeso, Esmirna, Pérgamo, Tiatira, Sardis, Filadelfia y Laodicea». 12Me volví para ver de quién era la voz que me hablaba y al volverme vi siete candelabros de oro. 13En medio de los candelabros estaba alguien «con aspecto de un hijo de hombre»,[b] vestido con una túnica que le llegaba hasta los pies y ceñido con una banda de oro a la altura del pecho. 14Su cabellera lucía como la lana blanca, como la nieve; y sus ojos resplandecían como llama de fuego. 15Sus pies parecían bronce al rojo vivo en un horno y su voz era tan fuerte como el estruendo de muchas aguas. 16En su mano derecha tenía siete estrellas y de su boca salía una aguda espada de dos filos. Su rostro era como el sol cuando brilla en todo su esplendor.

17Al verlo, caí a sus pies como muerto; pero él, poniendo su mano derecha sobre mí, me dijo: «No tengas miedo. Yo soy el Primero y el Último. 18Yo soy el que vive. Estuve muerto, pero ahora vivo por los siglos de los siglos y tengo las llaves de la muerte y sus dominios.[c]

19»Escribe, pues, lo que has visto, lo que sucede ahora y lo que sucederá después. 20Esta es la explicación del misterio de las siete estrellas que viste en mi mano derecha y de los siete candelabros de oro: las siete estrellas son los ángeles[d] de las siete iglesias y los siete candelabros son las siete iglesias.

A la iglesia de Éfeso

2 »Escribe al ángel[e] de la iglesia de Éfeso:

»Esto dice el que tiene las siete estrellas en su mano derecha y se pasea en medio de los siete candelabros de oro:

2»Conozco tus obras, tu duro trabajo y tu perseverancia. Sé que no puedes soportar a los malvados y que has puesto a prueba a los que dicen ser apóstoles, pero no lo son; has descubierto que son falsos. 3Has perseverado y sufrido por mi nombre sin desanimarte.

4»Sin embargo, tengo en tu contra que has abandonado tu primer amor. 5¡Recuerda de dónde has caído! Arrepiéntete y vuelve a practicar las obras que hacías al principio. Si no te arrepientes, iré y quitaré de su lugar tu candelabro. 6Pero tienes a tu favor que aborreces las prácticas de los nicolaítas, las cuales yo también aborrezco.

7»El que tenga oídos, que oiga lo que el Espíritu dice a las iglesias. Al que salga vencedor le daré derecho a comer del árbol de la vida que está en el paraíso de Dios.

A la iglesia de Esmirna

8»Escribe al ángel de la iglesia de Esmirna:

»Esto dice el Primero y el Último, el que murió y volvió a vivir:

9»Conozco tus sufrimientos y tu pobreza. ¡Sin embargo, eres rico! Sé cómo te calumnian los que se autodenominan judíos y no lo son, pues solo son una sinagoga de Satanás. 10No tengas

---

a 4 O *Espíritu séptuple*, frase que simboliza al Espíritu de Dios en sus múltiples manifestaciones. *b* 13 Dn 7:13. *c* 18 *sus dominios*. Lit. *del Hades.* *d* 20 *ángeles*. Alt. *mensajeros.* *e* 1 *ángel*. Alt. *mensajero*; también en vv. 8, 12 y 18.

miedo de lo que estás por sufrir. Te advierto que el diablo meterá a algunos de ustedes en la cárcel para ponerlos a prueba y sufrirán aflicciones durante diez días. Sé fiel hasta la muerte y yo te daré la corona de la vida.

11»El que tenga oídos, que oiga lo que el Espíritu dice a las iglesias. El que salga vencedor no sufrirá daño alguno de la segunda muerte.

A la iglesia de Pérgamo

12»Escribe al ángel de la iglesia de Pérgamo:

»Esto dice el que tiene la aguda espada de dos filos:

13»Sé dónde vives: allí donde Satanás tiene su trono. Sin embargo, sigues fiel a mi nombre. No renegaste de tu fe en mí ni siquiera en los días en que Antipas, mi testigo fiel, sufrió la muerte en esa ciudad donde vive Satanás. 14»Sin embargo, tengo unas cuantas cosas en tu contra: toleras ahí a los que se aferran a la doctrina de Balán, el que enseñó a Balac a poner tropiezos a los israelitas, incitándolos a comer alimentos sacrificados a los ídolos y a cometer inmoralidades sexuales. 15Toleras también a los que sostienen la doctrina de los nicolaítas. 16Por lo tanto, ¡arrepiéntete! De otra manera, iré pronto a ti para pelear contra ellos con la espada de mi boca.

17»El que tenga oídos, que oiga lo que el Espíritu dice a las iglesias. Al que salga vencedor le daré del maná escondido y le daré también una piedrecita blanca en la que está escrito un nombre nuevo que solo conoce quien la recibe.

A la iglesia de Tiatira

18»Escribe al ángel de la iglesia de Tiatira:

»Esto dice el Hijo de Dios, el que tiene ojos que resplandecen como llamas de fuego y pies que parecen bronce al rojo vivo:

19»Conozco tus obras, tu amor, fe, servicio y perseverancia. Además, sé que tus últimas obras son más abundantes que las primeras. 20»Sin embargo, tengo en tu contra que toleras a Jezabel, esa mujer que dice ser profetisa. Con su enseñanza engaña a mis siervos, pues los induce a cometer inmoralidades sexuales y a comer alimentos sacrificados a los ídolos. 21Le he dado tiempo para que se arrepienta de su inmoralidad, pero no quiere hacerlo. 22Por eso la voy a postrar en un lecho de dolor y a los que cometen adulterio con ella los haré sufrir terriblemente, a menos que se arrepientan de lo que aprendieron de ella. 23A los hijos de esa mujer los heriré de muerte. Así sabrán todas las iglesias que yo soy el que escudriña la mente y el corazón y a cada uno de ustedes lo trataré de acuerdo con sus obras. 24»Ahora, al resto de los que están en Tiatira, es decir, a ustedes que no siguen esa enseñanza ni han aprendido lo que ellos llaman "profundos secretos de Satanás", les digo que ya no impondré ninguna otra carga. 25Eso sí,

retengan con firmeza lo que ya tienen, hasta que yo venga.

26»Al que salga vencedor y cumpla mi voluntad*a* hasta el fin, le daré autoridad sobre las naciones 27—así como yo la he recibido de mi Padre— y

»"él las gobernará con cetro de hierro;
las hará pedazos como a vasijas de barro".*b*

28También le daré la estrella de la mañana. 29El que tenga oídos, que oiga lo que el Espíritu dice a las iglesias.

A la iglesia de Sardis

3 »Escribe al ángel*c* de la iglesia de Sardis:

»Esto dice el que tiene los siete espíritus de Dios*d* y las siete estrellas:

»Conozco tus obras; tienes fama de estar vivo, pero en realidad estás muerto. 2¡Despierta! Reaviva lo que aún es rescatable,*e* pues no he encontrado que tus obras sean completas delante de mi Dios. 3Así que recuerda lo que has recibido y oído; obedécelo y arrepiéntete. Si no te mantienes despierto, cuando menos lo esperes caeré sobre ti como un ladrón.

4»Sin embargo, tienes en Sardis a unos cuantos que no se han manchado la ropa. Ellos, por ser dignos, andarán conmigo vestidos de blanco. 5El que salga vencedor se vestirá de blanco. Jamás borraré su nombre del libro de la vida, sino que reconoceré su nombre delante de mi Padre y delante de sus ángeles. 6El que tenga oídos, que oiga lo que el Espíritu dice a las iglesias.

A la iglesia de Filadelfia

7»Escribe al ángel de la iglesia de Filadelfia:

»Esto dice el Santo, el Verdadero, el que tiene la llave de David, el que abre y nadie puede cerrar, el que cierra y nadie puede abrir:

8»Conozco tus obras. Mira que delante de ti he dejado abierta una puerta que nadie puede cerrar. Ya sé que tus fuerzas son pocas, pero has obedecido mi palabra y no has renegado de mi nombre. 9Voy a hacer que los de la sinagoga de Satanás, esos que se autodenominan judíos y no lo son porque mienten, vayan a postrarse a tus pies y reconozcan que yo te he amado. 10Ya que has guardado mi mandato de ser constante, yo por mi parte te guardaré de la hora de prueba, que vendrá sobre el mundo entero para poner a prueba a los que viven en la tierra.

11»Vengo pronto. Aférrate a lo que tienes, para que nadie te quite la corona. 12Al que salga vencedor lo haré columna del templo de mi Dios y ya no saldrá jamás de allí. Sobre él escribiré el nombre de mi Dios y el nombre de la nueva Jerusalén, ciudad de mi Dios, la que baja del cielo de parte de mi Dios; también grabaré sobre él mi nombre nuevo. 13El que tenga oídos, que oiga lo que el Espíritu dice a las iglesias.

A la iglesia de Laodicea

14»Escribe al ángel de la iglesia de Laodicea:

»Esto dice el Amén, el testigo fiel y verdadero, el soberano*f* de la creación de Dios:

---

a 26 cumpla mi voluntad. Lit. guarde mis obras.   *b* 27 Sal 2:9.
c 1 ángel. Alt. mensajero; también en 7 y 14.   *d* 1 Alt. espíritu séptuple, frase que simboliza al Espíritu de Dios en sus múltiples manifestaciones.   *e* 2 Reaviva ... rescatable. Lit. Fortalece las otras cosas que están por morir.   *f* 14 soberano. Lit. comienzo u origen.

¹⁵»Conozco tus obras; sé que no eres ni frío ni caliente. ¡Ojalá fueras lo uno o lo otro! ¹⁶Por tanto, como no eres ni frío ni caliente, sino tibio, estoy por vomitarte de mi boca. ¹⁷Dices: "Soy rico, me he enriquecido y no me hace falta nada"; pero no te das cuenta de cuán infeliz y miserable, pobre, ciego y desnudo eres tú. ¹⁸Por eso te aconsejo que de mí compres oro refinado por el fuego, para que te hagas rico; ropas blancas para que te vistas y cubras tu vergonzosa desnudez; además, colirio para que te lo pongas en los ojos y recobres la vista.

¹⁹»Yo reprendo y disciplino a todos los que amo. Por lo tanto, sé fervoroso y arrepiéntete. ²⁰Mira que estoy a la puerta y llamo. Si alguno oye mi voz y abre la puerta, entraré, cenaré con él y él conmigo.

²¹»Al que salga vencedor le daré el derecho de sentarse conmigo en mi trono, como también yo vencí y me senté con mi Padre en su trono. ²²El que tenga oídos, que oiga lo que el Espíritu dice a las iglesias».

El trono en el cielo

4 Después de esto miré y allí en el cielo había una puerta abierta. Y la voz que me había hablado antes con sonido como de trompeta me dijo: «Sube acá: voy a mostrarte lo que tiene que suceder después de esto». ²Al instante vino sobre mí el Espíritu y vi un trono en el cielo y a alguien sentado en el trono. ³El que estaba sentado tenía un aspecto semejante a una piedra de jaspe y de cornalina. Alrededor del trono había un arcoíris que se asemejaba a una esmeralda. ⁴Rodeaban al trono otros veinticuatro tronos en los que estaban sentados veinticuatro *ancianos vestidos de blanco y con una corona de oro en la cabeza. ⁵Del trono salían relámpagos, estruendos y truenos. Delante del trono ardían siete antorchas de fuego, que son los siete espíritus*ᵃ de Dios, ⁶y había algo parecido a un mar de vidrio, como de cristal transparente.

En el centro, alrededor del trono, había cuatro seres vivientes cubiertos de ojos por delante y por detrás. ⁷El primero de los seres vivientes era semejante a un león; el segundo, a un becerro; el tercero tenía rostro como de hombre; el cuarto era semejante a un águila en vuelo. ⁸Cada uno de ellos tenía seis alas y estaba cubierto de ojos, por encima y por debajo de las alas. De día y de noche repetían sin cesar:

«Santo, santo, santo
es el Señor Dios Todopoderoso,
el que era y que es y que ha de venir».

⁹Cada vez que estos seres vivientes daban gloria, honra y acción de gracias al que estaba sentado en el trono, da al que vive por los siglos de los siglos, ¹⁰los veinticuatro ancianos se postraban ante él y adoraban al que vive por los siglos de los siglos. Y deponían sus coronas delante del trono exclamando:

¹¹ «Digno eres, Señor y Dios nuestro,
de recibir la gloria, la honra y el poder,
porque tú creaste todas las cosas;
por tu voluntad existen

y fueron creadas».

El rollo escrito y el Cordero

5 En la mano derecha del que estaba sentado en el trono vi un rollo escrito por ambos lados y sellado con siete sellos. ²También vi a un ángel poderoso que proclamaba a gran voz: «¿Quién es digno de romper los sellos y de abrir el rollo?». ³Pero ni en el cielo ni en la tierra, ni debajo de la tierra, hubo nadie capaz de abrirlo ni de examinar su contenido. ⁴Y yo lloraba mucho porque no se había encontrado a nadie que fuera digno de abrir el rollo ni de examinar su contenido. ⁵Uno de los *ancianos me dijo: «¡Deja de llorar que ya el León de la tribu de Judá, la Raíz de David, ha vencido! Él sí puede abrir el rollo y sus siete sellos».

⁶Entonces vi en medio de los cuatro seres vivientes, del trono y los ancianos, a un Cordero que estaba de pie y parecía haber sido sacrificado. Tenía siete cuernos y siete ojos, que son los siete espíritusᵇ de Dios enviados por toda la tierra. ⁷Se acercó y recibió el rollo de la mano derecha del que estaba sentado en el trono. ⁸Cuando lo tomó, los cuatro seres vivientes y los veinticuatro ancianos se postraron delante del Cordero. Cada uno tenía un arpa y copas de oro llenas de incienso, que son las oraciones del pueblo de Dios. ⁹Y entonaban este nuevo cántico:

«Digno eres de recibir el rollo escrito
y de romper sus sellos,
porque fuiste sacrificado,
y con tu sangre compraste para Dios
gente de toda tribu, lengua, pueblo y
nación.
¹⁰ De ellos hiciste un reino;
los hiciste sacerdotes al servicio de nuestro
Dios,
y reinaránᶜ sobre la tierra».

¹¹Luego miré y oí la voz de muchos ángeles que estaban alrededor del trono, de los seres vivientes y de los ancianos. El número de ellos era millares de millares y millones de millones. ¹²Cantaban con todas sus fuerzas:

«¡Digno es el Cordero, que ha sido
sacrificado,
de recibir el poder,
la riqueza y la sabiduría,
la fortaleza y la honra,
la gloria y la alabanza!».

¹³Y oí a cuanta criatura hay en el cielo, en la tierra, debajo de la tierra y en el mar, a todos en la creación, que cantaban:

«¡Al que está sentado en el trono y al
Cordero,
sean la alabanza y la honra, la gloria y el
poder,
por los siglos de los siglos!».

¹⁴Los cuatro seres vivientes exclamaron: «¡Amén!», mientras los ancianos se postraron y adoraron.

Los sellos

6 Vi cuando el Cordero rompió el primero de los siete sellos y oí a uno de los cuatro seres vivientes que decía con voz de trueno: «¡Ven!». ²Miré y apareció un caballo blanco. El jinete llevaba un arco; se le dio una corona y salió como vencedor, para seguir venciendo.

ᵃ 5 O *Espíritu séptuple*, frase que simboliza al Espíritu de Dios en sus múltiples manifestaciones.   ᵇ 6 O *Espíritu séptuple*, frase que simboliza al Espíritu de Dios en sus múltiples manifestaciones.   ᶜ 10 Algunos manuscritos dicen *ellos reinan*.

³Cuando el Cordero rompió el segundo sello, oí al segundo ser viviente que decía: «¡Ven!». ⁴En eso salió otro caballo de color rojo como el fuego. Al jinete se le entregó una gran espada; se le permitió quitar la paz de la tierra y hacer que sus habitantes se mataran unos a otros.

⁵Cuando el Cordero rompió el tercer sello, oí al tercero de los seres vivientes que decía: «¡Ven!». Miré y apareció un caballo negro. ⁶Y oí como una voz en medio de los cuatro seres vivientes que decía: «Un kilogramo de trigo o tres kilogramos de cebada por el salario de un día;ᵃ pero no dañes el aceite ni el vino».

⁷Cuando el Cordero rompió el cuarto sello, oí la voz del cuarto ser viviente que gritaba: «¡Ven!». ⁸Miré y apareció un caballo amarillento. El jinete se llamaba Muerte y el Hadesᵇ lo seguía de cerca. Y se les otorgó poder sobre la cuarta parte de la tierra, para matar por medio de la espada, el hambre, las epidemias y las fieras de la tierra.

⁹Cuando el Cordero rompió el quinto sello, vi debajo del altar las almas de los que habían sufrido el martirio por causa de la palabra de Dios y por mantenerse fieles en su testimonio. ¹⁰Gritaban a gran voz: «¿Hasta cuándo, soberano Señor, santo y veraz, seguirás sin juzgar a los habitantes de la tierra y sin vengar nuestra muerte?». ¹¹Entonces cada uno de ellos recibió ropas blancas y se les dijo que esperaran un poco más, hasta que se completara el número de sus colaboradores y hermanos que iban a sufrir el martirio como ellos.

¹²Vi que el Cordero rompió el sexto sello, y entonces se produjo un gran terremoto. El sol se oscureció como si se hubiera vestido de luto,ᶜ la luna entera se tornó roja como la sangre ¹³y las estrellas del firmamento cayeron sobre la tierra, como caen los higos verdes de la higuera sacudida por el vendaval. ¹⁴El firmamento desapareció como cuando se enrolla un pergamino y todas las montañas y las islas fueron removidas de su lugar.

¹⁵Los reyes de la tierra, los magnates, los jefes militares, los ricos, los poderosos y todos los demás, esclavos y libres, se escondieron en las cuevas y entre las peñas de las montañas. ¹⁶Todos gritaban a las montañas y a las peñas: «¡Caigan sobre nosotros y escóndannos de la mirada del que está sentado en el trono y de la ira del Cordero! ¹⁷¡Porque ha llegado el gran día de la ira! ¿Quién podrá mantenerse en pie?».

Los 144 000 sellados

7 Después de esto vi a cuatro ángeles en los cuatro ángulos de la tierra. Estaban allí de pie, deteniendo los cuatro vientos para que estos no soplaran sobre la tierra, el mar y los árboles. ²Vi también a otro ángel que venía del oriente con el sello del Dios vivo. Gritó con voz potente a los cuatro ángeles a quienes se les había permitido hacer daño a la tierra y al mar: ³«¡No hagan daño ni a la tierra ni al mar ni a los árboles, hasta que hayamos puesto un sello en la frente de los ˙siervos de nuestro Dios!». ⁴Y oí el número de los que fueron sellados: ciento cuarenta y cuatro mil de todas las tribus de Israel.

⁵De la tribu de Judá fueron sellados doce mil;
de la tribu de Rubén, doce mil;
de la tribu de Gad, doce mil;

⁶de la tribu de Aser, doce mil;
de la tribu de Neftalí, doce mil;
de la tribu de Manasés, doce mil;
⁷de la tribu de Simeón, doce mil;
de la tribu de Leví, doce mil;
de la tribu de Isacar, doce mil;
⁸de la tribu de Zabulón, doce mil;
de la tribu de José, doce mil;
de la tribu de Benjamín, doce mil.

La gran multitud con túnicas blancas

⁹Después de esto miré y apareció una multitud tomada de todas las naciones, tribus, pueblos y lenguas; era tan grande que nadie podía contarla. Estaban de pie delante del trono y del Cordero, vestidos de ropas blancas y con ramas de palma en la mano. ¹⁰Proclamaban a gran voz:

«¡La salvación viene de nuestro Dios
que está sentado en el trono
y del Cordero!».

¹¹Todos los ángeles estaban de pie alrededor del trono, de los ˙ancianos y de los cuatro seres vivientes. Se postraron rostro en tierra delante del trono y adoraron a Dios ¹²diciendo:

«¡Amén!
La alabanza, la gloria,
la sabiduría, la acción de gracias,
la honra, el poder y la fortaleza
son de nuestro Dios por los siglos de
los siglos.
¡Amén!».

¹³Entonces uno de los ancianos me preguntó:
—Esos que están vestidos de blanco, ¿quiénes son y de dónde vienen?
¹⁴—Eso tú lo sabes, mi señor —respondí.
Él me dijo:

—Aquellos son los que están saliendo de la
gran tribulación;
han lavado y blanqueado sus túnicas en la
sangre del Cordero.
¹⁵Por eso están delante del trono de Dios,
y día y noche le sirven en su templo;
el que está sentado en el trono
les dará refugio con su presencia.ᵈ
¹⁶Ya no sufrirán hambre ni sed.
No los abatirá el sol ni ningún calor
abrasador.
¹⁷Porque el Cordero que está en el trono los
gobernará
y los guiará a fuentes de agua viva,

y Dios enjugará toda lágrima de sus ojos.

El séptimo sello y el incensario de oro

8 Cuando el Cordero rompió el séptimo sello, hubo silencio en el cielo como por media hora.

²Y vi a los siete ángeles que están de pie delante de Dios, a los cuales se les dieron siete trompetas.

³Se acercó otro ángel y se puso de pie frente al altar. Tenía un incensario de oro y se le entregó mucho incienso para ofrecerlo, junto con las oraciones de todo el ˙pueblo de Dios, sobre el altar de oro que está delante del trono. ⁴Y junto con esas oraciones, subió el humo del incienso desde la mano del ángel hasta la presencia de Dios. ⁵Luego el ángel tomó el incensario y lo llenó con brasas del altar, las cuales arrojó sobre la tierra; y se produjeron truenos, estruendos,ᵉ relámpagos y un terremoto.

ᵃ 6 *por el salario de un día.* Lit. *por un denario.* ᵇ 8 *Hades.* Es decir los dominios de la muerte. ᶜ 12 *se oscureció … luto.* Lit. *se puso negro como un saco hecho de pelo* (es decir, pelo de cabra). ᵈ 15 *se dará … presencia.* Lit. *extenderá su tienda sobre ellos.* ᵉ 5 *estruendos.* Lit. *voces.*

Las trompetas

⁶Los siete ángeles que tenían las siete trompetas se dispusieron a tocarlas.

⁷El primero tocó su trompeta y fueron arrojados sobre la tierra granizo y fuego mezclados con sangre. Y quemó la tercera parte de la tierra, la tercera parte de los árboles y toda la hierba verde.

⁸El segundo ángel tocó su trompeta y fue arrojado al mar algo que parecía una enorme montaña envuelta en llamas. La tercera parte del mar se convirtió en sangre, ⁹entonces murió la tercera parte de las criaturas que viven en el mar; también fue destruida la tercera parte de los barcos.

¹⁰El tercer ángel tocó su trompeta y una enorme estrella, que ardía como una antorcha, cayó desde el cielo sobre la tercera parte de los ríos y sobre los manantiales. ¹¹La estrella se llama Amargura.ᵃ Y la tercera parte de las aguas se volvió amarga y por causa de esas aguas murió mucha gente.

¹²El cuarto ángel tocó su trompeta y fue asolada la tercera parte del sol, de la luna y de las estrellas, de modo que se oscureció la tercera parte de ellos. Así quedó sin luz la tercera parte del día y la tercera parte de la noche.

¹³Seguí observando y oí un águila que volaba en medio del cielo y gritaba fuertemente: «¡Ay! ¡Ay! ¡Ay de los habitantes de la tierra cuando suenen las tres trompetas que los últimos tres ángeles están a punto de tocar!».

9 El quinto ángel tocó su trompeta y vi que había caído del cielo a la tierra una estrella, a la cual se le entregó la llave del pozo del ˚abismo. ²Lo abrió y del pozo subió una humareda, como la de un horno gigantesco que oscureció el sol y el aire. ³De la humareda descendieron langostas sobre la tierra y se les dio poder como el que tienen los escorpiones de la tierra. ⁴Se les ordenó que no dañaran la hierba de la tierra, ni ninguna planta ni ningún árbol, sino solo a las personas que no llevaran en la frente el sello de Dios. ⁵No se les permitió matarlas, sino solo para atormentarlas durante cinco meses. Su tormento es como el producido por la picadura de un escorpión. ⁶En aquellos días la gente buscará la muerte, pero no la encontrará; desearán morir, pero la muerte huirá de ellos.

⁷El aspecto de las langostas era como de caballos equipados para la guerra. Llevaban en la cabeza algo que parecía una corona de oro y su cara se asemejaba a un rostro humano. ⁸Su crin parecía cabello de mujer y sus dientes eran como de león. ⁹Llevaban coraza como de hierro y el ruido de sus alas se escuchaba como el estruendo de carros de muchos caballos que se lanzan a la batalla. ¹⁰Tenían cola y aguijón como de escorpión. En la cola tenían poder para herir a la gente durante cinco meses. ¹¹El rey que los dirigía era el ángel del abismo, que en hebreo se llama ˚Abadón y en griego Apolión.ᵇ

¹²El primer ¡ay! ya pasó, pero vienen todavía otros dos.

¹³El sexto ángel tocó su trompeta y oí una voz que salía de entre los cuernos del altar de oro que está delante de Dios. ¹⁴A este ángel que tenía la trompeta, la voz le dijo: «Suelta a los cuatro ángeles que están atados a la orilla del gran río Éufrates». ¹⁵Así que los cuatro ángeles que habían sido preparados precisamente para esa hora y ese día, mes y año, quedaron sueltos para matar a la tercera parte de la ˚humanidad. ¹⁶Oí que el número de las tropas de caballería llegaba a doscientos millones.

¹⁷Así vi en la visión a los caballos y a sus jinetes: tenían coraza de color rojo encendido, púrpura y amarillo como azufre. La cabeza de los caballos era como de león y por la boca echaban fuego, humo y azufre. ¹⁸La tercera parte de la humanidad murió a causa de las tres plagas de fuego, humo y azufre que salían de la boca de los caballos. ¹⁹Es que el poder de los caballos radicaba en su boca y en su cola; pues sus colas, semejantes a serpientes, tenían cabezas con las que hacían daño.

²⁰El resto de la humanidad, los que no murieron a causa de estas plagas, tampoco se ˚arrepintieron de sus malas acciones ni dejaron de adorar a los demonios y a los ídolos de oro, plata, bronce, piedra y madera, los cuales no pueden ver ni oír ni caminar. ²¹Tampoco se arrepintieron de sus asesinatos ni de sus artes mágicas, inmoralidad sexual y robos.

El ángel y el rollo pequeño

10 Después vi a otro ángel poderoso que bajaba del cielo envuelto en una nube. Un arcoíris rodeaba su cabeza; su rostro era como el sol y sus piernas parecían columnas de fuego. ²Llevaba en la mano un pequeño rollo escrito que estaba abierto. Puso el pie derecho sobre el mar y el izquierdo sobre la tierra ³y dio un grito tan fuerte que parecía el rugido de un león. Entonces los siete truenos levantaron también sus voces. ⁴Una vez que hablaron los siete truenos, estaba yo por escribir, pero oí una voz del cielo que me decía: «Guarda en secreto lo que han dicho los siete truenos y no lo escribas».

⁵El ángel que yo había visto de pie sobre el mar y sobre la tierra levantó al cielo su mano derecha ⁶y juró por el que vive por los siglos de los siglos, el que creó el cielo, la tierra, el mar y todo lo que hay en ellos y dijo: «¡El tiempo ha terminado! ⁷En los días en que hable el séptimo ángel, cuando comience a tocar su trompeta, se cumplirá el misterio de Dios, tal y como lo anunció a sus ˚siervos los profetas».

⁸La voz del cielo que yo había escuchado se dirigió a mí de nuevo: «Acércate al ángel que está de pie sobre el mar y sobre la tierra y toma el rollo que tiene abierto en la mano».

⁹Me acerqué al ángel y le pedí que me diera el rollo. Él me dijo: «Tómalo y cómetelo. Te amargará las entrañas, pero en la boca te sabrá dulce como la miel». ¹⁰Lo tomé de la mano del ángel y me lo comí. Me supo dulce como la miel, pero al comérmelo se me amargaron las entrañas. ¹¹Entonces me ordenó: «Tienes que volver a profetizar acerca de muchos pueblos, naciones, lenguas y reyes».

Los dos testigos

11 Se me dio una ˚vara que servía para medir y me ordenó: «Levántate y mide el templo de Dios y el altar, luego cuenta cuántos adoran allí. ²Pero no incluyas el atrio exterior del templo; no lo midas, porque ha sido entregado a los gentiles, los cuales pisotearán la ciudad santa durante cuarenta y dos meses. ³Por mi parte, yo encargaré a mis dos testigos que, vestidos de luto,ᶜ profeticen durante mil doscientos sesenta días». ⁴Estos dos testigos son los dos olivos y los dos candelabros que permanecen delante del Señor de la tierra. ⁵Si alguien quiere hacerles daño, ellos lanzan fuego por la boca y consumen a sus enemigos. Así habrá de morir cualquiera que intente hacerles daño. ⁶Estos testigos tienen poder para cerrar el cielo a fin de que no llueva mientras estén profetizando; además, tienen poder para convertir las aguas en sangre y para azotar la tierra, cuantas veces quieran, con toda clase de plagas.

⁷Ahora bien, cuando hayan terminado de dar su testimonio, la bestia que sube del ˚abismo les hará

ᵃ 11 *Amargura*. Lit. *Ajenjo*.   ᵇ 11 *Abadón y Apolión* significan *Destructor*.   ᶜ 3 *luto*. Lit. *cilicio*.

la guerra, los vencerá y los matará. ⁸Sus cadáveres quedarán tendidos en la plaza de la gran ciudad, llamada en sentido figurado Sodoma y Egipto, donde también fue crucificado su Señor. ⁹Y gente de todo pueblo, tribu, lengua y nación contemplará sus cadáveres por tres días y medio, y no permitirá que se les dé sepultura. ¹⁰Los habitantes de la tierra se alegrarán de su muerte y harán fiesta e inter-cambiarán regalos, porque estos dos profetas los atormentaban.

¹¹Pasados los tres días y medio, entró en ellos un aliento de vida enviado por Dios; se pusieron de pie y quienes los observaban quedaron sobre-cogidos de terror. ¹²Entonces los dos testigos oyeron una potente voz del cielo que decía: «Suban acá». Y subieron al cielo en una nube, a la vista de sus enemigos.

¹³En ese mismo instante se produjo un violento terremoto y se derrumbó la décima parte de la ciudad. Perecieron siete mil personas, pero los sobrevivientes, llenos de temor, dieron gloria al Dios del cielo.

¹⁴El segundo ¡ay! ya pasó, pero se acerca el tercero.

La séptima trompeta

¹⁵Tocó el séptimo ángel su trompeta y en el cielo resonaron fuertes voces que decían:

«El reino del mundo ha pasado a ser de
    nuestro Señor y de su *Cristo,
  y él reinará por los siglos de los siglos».

¹⁶Los veinticuatro *ancianos que estaban sentados en sus tronos delante de Dios se postraron rostro en tierra y adoraron a Dios ¹⁷diciendo:

«Señor Dios Todopoderoso,
    que eres y que eras,ᵃ
  te damos gracias porque has asumido tu gran
    poder
  y has comenzado a reinar.
¹⁸ Las *naciones se han enfurecido;
    pero ha llegado tu ira,
  el momento de juzgar a los muertos
    y de recompensar a tus *siervos los profetas,
  a los que creyeron en ti y a los que temen tu
      nombre,
    sean grandes o pequeños,
  y de exterminar a los que destruyen la tierra».

¹⁹Entonces se abrió en el cielo el templo de Dios; allí se vio el arca de su pacto y hubo relámpagos, estruendos, truenos, un terremoto y una fuerte granizada.

La mujer y el dragón

12 Apareció en el cielo una señal maravillosa: una mujer revestida del sol, con la luna debajo de sus pies y con una corona de doce estrellas en la cabeza. ²Estaba embarazada y gritaba por los dolo-res y angustias del parto. ³Y apareció en el cielo otra señal: un enorme dragón de color rojo encendido que tenía siete cabezas, diez cuernos y una dia-dema en cada cabeza. ⁴Con la cola arrastró la tercera parte de las estrellas del cielo y las arrojó sobre la tierra. Cuando la mujer estaba a punto de dar a luz, el dragón se plantó delante de ella para devorar a su hijo tan pronto como naciera. ⁵Ella dio a luz un hijo varón que «gobernará a todas las *naciones con cetro de hierro».ᵇ Pero su hijo fue arrebatado

y llevado hasta Dios, que está en su trono. ⁶Y la mujer huyó al desierto, a un lugar que Dios le había preparado para que allí la sustentaran durante mil doscientos sesenta días.

⁷Se desató entonces una guerra en el cielo: Miguel y sus ángeles combatieron al dragón; este y sus ángeles, a su vez, les hicieron frente, ⁸pero no pudieron vencer y ya no hubo lugar para ellos en el cielo. ⁹Así fue expulsado el gran dragón, aquella serpiente antigua que se llama Diablo y Satanás que engaña al mundo entero. Junto con sus ángeles, fue arrojado a la tierra.

¹⁰Luego oí en el cielo un gran clamor:

«Han llegado ya la salvación y el poder y el
      reino de nuestro Dios;
  ha llegado ya la autoridad de su *Cristo.
  Porque ha sido expulsado
    el acusador de nuestros hermanos,
    el que los acusaba día y noche delante de
      nuestro Dios.
¹¹ Ellos lo han vencido
    por medio de la sangre del Cordero
    y por el mensaje del cual dieron testimonio;
  no valoraron tanto su *vida
    como para evitar la muerte.
¹² Por eso, ¡alégrense, cielos,
    y ustedes que los habitan!
  Pero ¡ay de la tierra y del mar!
    El diablo, lleno de furor, ha descendido a
      ustedes,
    porque sabe que le queda poco tiempo».

¹³Cuando el dragón se vio arrojado a la tierra, persiguió a la mujer que había dado a luz al varón. ¹⁴Pero a la mujer se le dieron las dos alas de la gran águila, para que volara al desierto, al lugar donde sería sustentada durante un tiempo y tiempos y medio tiempo, lejos de la vista de la serpiente. ¹⁵La serpiente, persiguiendo a la mujer, arrojó por sus fauces agua como un río para que la corriente la arrastrara. ¹⁶Pero la tierra ayudó a la mujer: abrió la boca y se tragó el río que el dragón había arrojado por sus fauces. ¹⁷Entonces el dragón se enfureció contra la mujer y se fue a hacer guerra contra el resto de sus descendientes, los cuales obedecen los mandamientos de Dios y se mantienen fieles al tes-timonio de Jesús.

13 Y el dragón se plantóᶜ a la orilla del mar.

La bestia que surge del mar

Entonces vi que del mar subía una bestia, la cual tenía diez cuernos y siete cabezas. En cada cuerno tenía una diadema y en cada cabeza un nombre *blasfemo contra Dios. ²La bestia parecía un leo-pardo, pero tenía patas como de oso y fauces como de león. El dragón le confirió a la bestia su poder, su trono y gran autoridad. ³Una de las cabezas de la bestia parecía haber sufrido una herida mortal, pero esa herida ya había sido sanada. El mundo entero, fascinado, iba tras la bestia ⁴y adoraba al dragón porque había dado su autoridad a la bestia. También adoraban a la bestia y decían: «¿Quién como la bestia? ¿Quién puede combatirla?».

⁵A la bestia se le permitió hablar con arrogancia y proferir blasfemias contra Dios; además, se le con-firió autoridad para actuar durante cuarenta y dos meses. ⁶Abrió la boca para blasfemar contra Dios, para maldecir su nombre y su santuario y a los que viven en el cielo. ⁷También se le permitió hacer la guerra a los creyentes y vencerlos y se le dio autori-dad sobre toda tribu, pueblo, lengua y nación. ⁸A la

---

a 17 eras. Var. eras y que has de venir.   *b 5 Sal 2:9.*   *c 1 el dragón se plantó. Var. yo estaba de pie.*

bestia la adorarán todos los habitantes de la tierra, aquellos cuyos nombres no han sido escritos en el libro de la vida, el libro del Cordero que fue sacrificado desde la creación del mundo.[a]

⁹El que tenga oídos, que oiga.

¹⁰ El que deba ser llevado cautivo,
a la cautividad irá.
El que deba morir[b] a espada,
a filo de espada morirá.

¡En esto consiste[c] la perseverancia y la ˚fidelidad de los creyentes!

La bestia que sube de la tierra

¹¹Después vi que de la tierra subía otra bestia. Tenía dos cuernos como de cordero, pero hablaba como dragón. ¹²Ejercía toda la autoridad de la primera bestia en presencia de ella y hacía que la tierra y sus habitantes adoraran a la primera bestia, cuya herida mortal había sido sanada. ¹³También hacía grandes señales, incluso la de hacer caer fuego del cielo a la tierra, a la vista de todos. ¹⁴Con estas señales que se le permitió hacer en presencia de la primera bestia, engañó a los habitantes de la tierra. Ordenó que hicieran una imagen en honor de la bestia que, después de ser herida a espada, revivió. ¹⁵Se le permitió infundir vida a la imagen de la primera bestia, para que hablara y mandara matar a quienes no adoraran la imagen. ¹⁶Además logró que a todos, grandes y pequeños, ricos y pobres, libres y esclavos, se les pusiera una marca en la mano derecha o en la frente, ¹⁷para que nadie pudiera comprar ni vender, a menos que llevara la marca que es el nombre de la bestia o el número de ese nombre.

¹⁸En esto consiste[d] la sabiduría: el que tenga entendimiento, calcule el número de la bestia, pues es número de un ser ˚humano: seiscientos sesenta y seis.

El Cordero y los 144 000

14 Luego miré y apareció el Cordero. Estaba de pie sobre el monte Sión, en compañía de ciento cuarenta y cuatro mil personas que llevaban escrito en la frente el nombre del Cordero y de su Padre. ²Oí un sonido que venía del cielo, con el estruendo de una catarata y el retumbar de un gran trueno. El sonido se parecía al de músicos que tañen sus arpas. ³Y cantaban un himno nuevo delante del trono y delante de los cuatro seres vivientes y de los ˚ancianos. Nadie podía aprender aquel himno, aparte de los ciento cuarenta y cuatro mil que habían sido redimidos de la tierra. ⁴Estos no se contaminaron con mujeres, porque son vírgenes. Son los que siguen al Cordero por dondequiera que va. Fueron redimidos como los primeros frutos de la ˚humanidad para Dios y el Cordero. ⁵No se encontró mentira alguna en su boca, pues son intachables.

Los tres ángeles

⁶Luego vi a otro ángel que volaba en medio del cielo y que llevaba el mensaje eterno de las ˚buenas noticias para anunciarlo a los que viven en la tierra, a toda nación, tribu, lengua y pueblo. ⁷Gritaba a gran voz: «Teman a Dios y denle gloria, porque ha llegado la hora de su juicio. Adoren al que hizo el cielo, la tierra, el mar y los manantiales».

⁸Lo seguía un segundo ángel que gritaba: «¡Ya cayó! Ya cayó la gran Babilonia, la que hizo que todas las ˚naciones bebieran el excitante vino[e] de su adulterio».

⁹Los seguía un tercer ángel que clamaba a grandes voces: «Si alguien adora a la bestia y a su imagen, y se deja poner en la frente o en la mano la marca de la bestia, ¹⁰beberá también del excitante vino de la ira de Dios, que en la copa de su ira está puro, no diluido. Será atormentado con fuego y azufre, en presencia de los santos ángeles y del Cordero. ¹¹El humo de ese tormento sube por los siglos de los siglos. No habrá descanso ni de día ni de noche para el que adore a la bestia y su imagen ni para quien se deje poner la marca de su nombre». ¹²En esto consiste[f] la perseverancia de los creyentes, los cuales obedecen los mandamientos de Dios y se mantienen fieles a Jesús.

¹³Entonces oí una voz del cielo que decía: «Escribe: ˚Dichosos los que de ahora en adelante mueren en el Señor».

«Sí —dice el Espíritu—, ellos descansarán de sus fatigosas tareas, pues sus obras los acompañan».

La cosecha de la tierra

¹⁴Miré y apareció una nube blanca, sobre la cual estaba sentado alguien «con aspecto de un hijo de hombre».[g] En la cabeza tenía una corona de oro y en la mano, una hoz afilada. ¹⁵Entonces salió del templo otro ángel y gritó al que estaba sentado en la nube: «Mete la hoz y recoge la cosecha; ya es tiempo de segar, pues la cosecha de la tierra está madura». ¹⁶Así que el que estaba sentado sobre la nube pasó la hoz y la tierra fue segada.

¹⁷Del templo que está en el cielo salió otro ángel, que también llevaba una hoz afilada. ¹⁸Del altar salió otro ángel, que tenía autoridad sobre el fuego y gritó al que llevaba la hoz afilada: «Mete tu hoz y corta los racimos del viñedo de la tierra, porque sus uvas ya están maduras». ¹⁹El ángel pasó la hoz sobre la tierra, recogió las uvas y las echó en el gran lagar de la ira de Dios. ²⁰Las uvas fueron exprimidas fuera de la ciudad y del lagar salió sangre, la cual llegó hasta los frenos de los caballos en una extensión de mil seiscientos estadios.[h]

Siete ángeles con siete plagas

15 Vi en el cielo otra señal grande y maravillosa: siete ángeles con las siete plagas, que son las últimas, pues con ellas se consumará la ira de Dios. ²Vi también un mar como de vidrio mezclado con fuego. De pie, a la orilla del mar, estaban los que habían vencido a la bestia, a su imagen y al número de su nombre. Tenían las arpas que Dios les había dado ³y cantaban el himno de Moisés, ˚siervo de Dios, y el himno del Cordero:

«Grandes y maravillosas son tus
obras,
Señor Dios Todopoderoso.
Justos y verdaderos son tus caminos,
Rey de las ˚naciones.[i]
⁴¿Quién no te temerá, oh Señor?
¿Quién no glorificará tu nombre?
Solo tú eres santo.
Todas las naciones vendrán
y te adorarán,
porque han salido a la luz
las obras de tu justicia».

---

[a] 8 escritos … mundo. Alt. escritos desde la creación del mundo en el libro de la vida, el libro del Cordero que fue sacrificado. [b] 10 que deba morir. Var. que mata. [c] 10 En esto consisten. Alt. Aquí se verán. [d] 18 En esto consiste. Alt. Aquí se verá. [e] 8 el excitante vino. Lit. el vino del furor. [f] 12 En esto consiste. Alt. Aquí se verá. [g] 14 Dn 7:13. [h] 20 Es decir, aprox. 300 km. [i] 3 de las naciones. Var. de los siglos.

5Después de esto miré y en el cielo se abrió el templo, la tienda con las tablas del pacto. 6Del templo salieron los siete ángeles que llevaban las siete plagas. Estaban vestidos de tela de lino limpio y resplandeciente, y ceñidos con bandas de oro a la altura del pecho. 7Uno de los cuatro seres vivientes dio a cada uno de los siete ángeles una copa de oro llena del furor de Dios, quien vive por los siglos de los siglos. 8El templo se llenó del humo que procedía de la gloria y del poder de Dios; nadie podía entrar allí hasta que se terminaran las siete plagas de los siete ángeles.

Las siete copas de la ira de Dios

16 Oí una voz que desde el templo decía a gritos a los siete ángeles: «¡Vayan y derramen sobre la tierra las siete copas del furor de Dios!».

2El primer ángel fue y derramó su copa sobre la tierra, y entonces a toda la gente que tenía la marca de la bestia y que adoraba su imagen, le salió una llaga maligna y repugnante.

3El segundo ángel derramó su copa sobre el mar y el mar se convirtió en sangre, como la de una persona muerta, y murió todo ser viviente que había en el mar.

4El tercer ángel derramó su copa sobre los ríos y los manantiales, entonces estos se convirtieron en sangre. 5Oí que el ángel de las aguas decía:

«Justo eres tú, el Santo,
  que eres y que eras,
  porque has juzgado correctamente.
6 Ellos derramaron la sangre de creyentes y de
    profetas,
  y tú les has dado a beber sangre, como se lo
    merecen».

7Oí también que del altar se respondía:

«Así es, Señor Dios Todopoderoso,
  verdaderos y justos son tus juicios».

8El cuarto ángel derramó su copa sobre el sol, al cual se le permitió quemar con fuego a la gente. 9Todos sufrieron terribles quemaduras, pero ni así se *arrepintieron; en vez de darle gloria a Dios, que tiene poder sobre esas plagas, maldijeron su nombre.

10El quinto ángel derramó su copa sobre el trono de la bestia, entonces el reino de la bestia quedó sumido en la oscuridad. La gente se mordía la lengua de dolor 11y, por causa de sus padecimientos y de sus llagas, maldecían al Dios del cielo, pero no se arrepintieron de sus obras.

12El sexto ángel derramó su copa sobre el gran río Éufrates y se secaron sus aguas para abrir paso a los reyes del oriente. 13Y vi salir de la boca del dragón, de la boca de la bestia y de la boca del falso profeta tres *espíritus malignos que parecían ranas. 14Son espíritus de demonios que hacen señales y que salen a reunir a los reyes del mundo entero para la batalla del gran día del Dios Todopoderoso.

15«¡Cuidado! ¡Vengo como un ladrón! Dichoso el que se mantenga despierto, con su ropa a la mano, no sea que ande desnudo y sufra vergüenza por su desnudez».

16Entonces los espíritus de los demonios reunieron a los reyes en el lugar que en hebreo se llama Armagedón.

17El séptimo ángel derramó su copa en el aire y desde el trono del templo salió una gran voz que decía: «¡Está hecho!». 18Y hubo relámpagos, estruendos, truenos y un violento terremoto. Nunca, desde que el género *humano existe en la tierra, se había sentido un terremoto tan grande y violento. 19La gran ciudad se partió en tres y las ciudades de las *naciones se desplomaron. Dios se acordó de la gran Babilonia y le dio a beber de la copa llena del vino de la ira de su castigo. 20Entonces huyeron todas las islas y desaparecieron las montañas. 21Del cielo cayeron sobre la gente enormes granizos, de casi cuarenta y cinco kilogramos cada uno.ª Y maldecían a Dios por esa terrible plaga.

La mujer montada en la bestia

17 Uno de los siete ángeles que tenían las siete copas se me acercó y me dijo: «Ven y te mostraré el castigo de la gran prostituta que está sentada sobre muchas aguas. 2Con ella los reyes de la tierra cometieron adulterio y los habitantes de la tierra se embriagaron con el vino de su inmoralidad)».

3Luego el ángel me llevó en el Espíritu a un desierto. Allí vi a una mujer montada en una bestia escarlata. La bestia estaba cubierta de nombres *blasfemos contra Dios; tenía siete cabezas y diez cuernos. 4La mujer estaba vestida de color púrpura y escarlata; iba adornada con oro, piedras preciosas y perlas. Tenía en la mano una copa de oro llena de abominaciones y de la inmundicia de sus adulterios. 5En la frente llevaba escrito un nombre misterioso:

LA GRAN BABILONIA
MADRE DE LAS PROSTITUTAS
Y DE LAS ABOMINACIONES DE LA TIERRA.

6Vi que la mujer se había emborrachado con la sangre de los creyentes y de los que testificaron de Jesús.

Al verla, quedé sumamente asombrado. 7Entonces el ángel me dijo: «¿Por qué te asombras? Yo te explicaré el misterio de esa mujer y de la bestia de siete cabezas y diez cuernos en la que va montada. 8La bestia que has visto es la que antes era, pero ya no es; también está a punto de subir del *abismo, pero va rumbo a la destrucción. Los habitantes de la tierra, cuyos nombres, desde la creación del mundo, no han sido escritos en el libro de la vida, se asombrarán al ver a la bestia, porque antes era, pero ya no es y, sin embargo, reaparecerá.

9»En esto consisten[b] el entendimiento y la sabiduría. Las siete cabezas son siete colinas sobre las que está sentada esa mujer. También son siete reyes: 10cinco han caído, uno está gobernando, el otro no ha llegado todavía; pero cuando llegue, es preciso que dure poco tiempo. 11La bestia, que antes era, pero ya no es, es el octavo rey. Está incluido entre los siete y va rumbo a la destrucción.

12»Los diez cuernos que has visto son diez reyes que todavía no han comenzado a reinar, pero que por una hora recibirán autoridad como reyes, junto con la bestia. 13Estos tienen un mismo propósito que es poner su poder y autoridad a disposición de la bestia. 14Le harán la guerra al Cordero, pero el Cordero los vencerá, porque es Señor de señores y Rey de reyes. Los que están con él son sus llamados, sus escogidos y sus fieles».

15Además el ángel me dijo: «Las aguas que has visto, donde está sentada la prostituta, son pueblos, multitudes, naciones y lenguas. 16Los diez cuernos y la bestia que has visto odiarán a la prostituta. Causarán su ruina y la dejarán desnuda; devorarán su cuerpo y la destruirán con fuego, 17porque Dios ha puesto en su *corazón que lleven a cabo

---

a 21 granizos … cada uno. Lit. *granizos que pesaban como un talento.* *b 9 En esto consisten.* Alt. *Aquí se verán.*

su divino propósito. Por eso, y de común acuerdo, ellos entregarán a la bestia el poder que tienen de gobernar, hasta que se cumplan las palabras de Dios. ¹⁸La mujer que has visto es aquella gran ciudad que tiene poder de gobernar sobre los reyes de la tierra».

La caída de Babilonia

18 Después de esto vi a otro ángel que bajaba del cielo. Tenía mucho poder y la tierra se iluminó con su esplendor. ²Gritó a gran voz:

«¡Ha caído! ¡Ha caído la gran Babilonia!
Se ha convertido en morada de demonios
y en guarida de todo ˚espíritu maligno,
en nido de toda ave ˚impura y de todo
animal detestable.
³ Porque todas las ˚naciones han bebido
el excitante vino de su adulterio;
los reyes de la tierra cometieron adulterio con
ella
y los comerciantes de la tierra se
enriquecieron
a costa de lo que ella despilfarraba en sus
lujos».

⁴Luego oí otra voz del cielo que decía:

«Salgan de ella, pueblo mío,
para que no sean cómplices de sus pecados
ni los alcance ninguna de sus plagas;
⁵ pues sus pecados se han amontonado hasta el
cielo
y de sus injusticias se ha acordado Dios.
⁶ Páguenle con la misma moneda;
denle el doble de lo que ha cometido,
y en la misma copa en que ella preparó
bebida
mézclenle una doble porción.
⁷ En la medida en que ella se entregó a la
vanagloria y al arrogante lujo
denle tormento y aflicción;
porque en su ˚corazón se jacta:
"Estoy sentada como reina;
no soy viuda ni sufriré jamás".
⁸ Por eso, en un solo día le sobrevendrán sus
plagas:
pestilencia, aflicción y hambre.
Será consumida por el fuego,
porque poderoso es el Señor Dios que la
juzga».

⁹Cuando los reyes de la tierra que cometieron adulterio con ella y compartieron su lujo vean el humo del fuego que la consume, llorarán de dolor por ella. ¹⁰Aterrorizados al ver semejante castigo, se mantendrán a distancia y gritarán:

«¡Ay! ¡Ay de ti, la gran ciudad,
Babilonia, ciudad poderosa,
porque en una sola hora ha llegado tu juicio!».

¹¹Los comerciantes de la tierra llorarán y harán duelo por ella, porque ya no habrá quien compre sus mercaderías: ¹²artículos de oro, plata, piedras preciosas y perlas; tela de lino fino, color púrpura, telas de seda y color escarlata; toda clase de maderas aromáticas; los más variados objetos, hechos de marfil, de madera preciosa, de bronce, de hierro y de mármol; ¹³cargamentos de canela y especias aromáticas; de incienso, mirra y perfumes; de vino y aceite; de harina refinada y trigo; de ganado vacuno y de ovejas; de caballos y carruajes; y hasta de seres ˚humanos, vendidos como esclavos.

¹⁴Y dirán: «Se ha apartado de ti el fruto que con toda el alma codiciabas. Has perdido todas tus cosas suntuosas y espléndidas, y nunca las recuperarás». ¹⁵Los comerciantes que vendían estas mercaderías y se habían enriquecido a costa de ella se mantendrán a distancia, aterrorizados al ver semejante castigo. Llorarán y harán lamentación:

¹⁶ «¡Ay! ¡Ay de la gran ciudad,
vestida de tela de lino fino, de color púrpura
y escarlata,
adornada con oro, piedras preciosas y
perlas,
¹⁷ porque en una sola hora ha quedado destruida
toda su riqueza!».

Todos los capitanes de barco, los pasajeros, los marineros y todos los que viven del mar se detendrán a lo lejos. ¹⁸Al ver el humo del fuego que la consume, exclamarán: «¿Qué otra ciudad podría compararse con esta gran ciudad?». ¹⁹Se echaron polvo en la cabeza, llorando y lamentándose a gritos:

«¡Ay! ¡Ay de la gran ciudad
con cuya opulencia se enriquecieron
todos los dueños de flotas navieras!
¡En una sola hora ha quedado destruida!

²⁰ »¡Alégrate, oh cielo, por lo que le ha sucedido!
¡Alégrense también ustedes, creyentes,
apóstoles y profetas!,
porque Dios, al juzgarla,
les ha hecho justicia».

²¹Entonces un ángel poderoso levantó una piedra del tamaño de una gran rueda de molino y la arrojó al mar diciendo:

«Así también tú, Babilonia, gran ciudad,
serás derribada con la misma violencia
y desaparecerás de la faz de la tierra.
²² Jamás volverá a oírse en ti
la música de los cantantes
y de las arpas, flautas y trompetas.
Jamás volverá a hallarse en ti
ningún tipo de artesano.
Jamás volverá a oírse en ti
el ruido de la rueda de molino.
²³ Jamás volverá a brillar en ti
la luz de ninguna lámpara.
Jamás volverá a sentirse en ti
la voz del novio y de la novia.
Porque tus comerciantes
eran los magnates del mundo,
porque con tus hechicerías
engañaste a todas las naciones,
²⁴ porque en ti se halló sangre de profetas y de
creyentes
y de todos los que han sido asesinados en la
tierra».

¡Aleluya!

19 Después de esto oí en el cielo un tremendo bullicio, como el de una inmensa multitud que exclamaba:

«¡Aleluya!
La salvación, la gloria y el poder son de
nuestro Dios,
² pues sus juicios son verdaderos y justos:
ha condenado a la gran prostituta
que con sus adulterios corrompía la tierra;

ha vindicado la sangre de los ˚siervos de Dios derramada por ella».

³Y volvieron a exclamar:

«¡Aleluya!
El humo de ella sube por los siglos de los
    siglos».

⁴Entonces los veinticuatro ˚ancianos y los cuatro seres vivientes se postraron y adoraron a Dios, que estaba sentado en el trono, y dijeron:

«¡Amén, Aleluya!».

⁵Y del trono salió una voz que decía:

«¡Alaben ustedes a nuestro Dios,
    todos sus siervos, grandes y pequeños,
    quienes con reverente temor le sirven!».

⁶Después oí voces como el rumor de una inmensa multitud, como el ruido de muchas aguas y como el retumbar de potentes truenos, que exclamaban:

«¡Aleluya!
Ya ha comenzado a reinar el Señor,
    nuestro Dios Todopoderoso.
⁷¡Alegrémonos y regocijémonos
    y démosle gloria!
Ya ha llegado el día de las bodas del Cordero.
    Su novia se ha preparado
⁸ y se le ha concedido vestirse
    de tela de lino fino, limpio y
    resplandeciente».

(El lino fino representa las acciones justas de los creyentes).

⁹El ángel me dijo: «Escribe: "¡˚Dichosos los que han sido convidados a la cena de las bodas del Cordero!"». Y añadió: «Estas son las palabras verdaderas de Dios».

¹⁰Me postré a sus pies para adorarlo. Pero él me dijo: «¡No, cuidado! Soy un siervo como tú y como tus hermanos que se mantienen fieles al testimonio de Jesús. ¡Adora solo a Dios! El testimonio de Jesús es el espíritu que inspira la profecía».

El jinete del caballo blanco

¹¹Luego vi el cielo abierto y apareció un caballo blanco. Su jinete se llama Fiel y Verdadero. Con justicia dicta sentencia y hace la guerra. ¹²Sus ojos resplandecen como llamas de fuego y muchas diademas ciñen su cabeza. Lleva escrito un nombre que nadie conoce sino solo él. ¹³Está vestido de un manto teñido en sangre y su nombre es «el ˚Verbo de Dios». ¹⁴Lo siguen los ejércitos del cielo, montados en caballos blancos y vestidos de tela de lino fino, blanco y limpio. ¹⁵De su boca sale una espada afilada, con la que herirá a las ˚naciones. «Las gobernará con cetro de hierro».ᵃ Él mismo exprime uvas en el lagar para sacar el vino del furor del castigo que viene de Dios Todopoderoso. ¹⁶En su manto y sobre el muslo lleva escrito este nombre:

REY DE REYES Y SEÑOR DE SEÑORES.

¹⁷Vi a un ángel que, parado sobre el sol, gritaba a todas las aves que vuelan en medio del cielo: «Vengan, reúnanse para la gran cena de Dios, ¹⁸para que coman carne de reyes, de jefes militares y de magnates; carne de caballos y de sus jinetes; carne de toda clase de gente, libres y esclavos, grandes y pequeños».

¹⁹Entonces vi a la bestia y a los reyes de la tierra con sus ejércitos, reunidos para hacer guerra contra el jinete de aquel caballo y contra su ejército. ²⁰Pero la bestia fue capturada junto con el falso profeta. Este es el que hacía señales en presencia de ella, con las cuales engañaba a los que habían recibido la marca de la bestia y adoraban su imagen. Los dos fueron arrojados vivos al lago de fuego y azufre. ²¹Los demás fueron muertos por medio de la espada que salía de la boca del que montaba a caballo. Todas las aves se saciaron devorando la carne de ellos.

Los mil años

20 Vi además a un ángel que bajaba del cielo con la llave del ˚abismo y una gran cadena en la mano. ²Sujetó al dragón, a aquella serpiente antigua que es el Diablo y Satanás, y lo encadenó por mil años. ³Lo arrojó al abismo, lo encerró y tapó la salida para que no engañara más a las ˚naciones, hasta que se cumplieran los mil años. Después habrá de ser soltado por corto tiempo.

⁴Entonces vi tronos donde se sentaron los que recibieron autoridad para juzgar. Vi también las almas de los que habían sido decapitados por causa del testimonio de Jesús y por la palabra de Dios. No habían adorado a la bestia ni a su imagen; tampoco se habían dejado poner su marca en la frente ni en la mano. Volvieron a vivir y reinaron con ˚Cristo mil años. ⁵Esta es la primera resurrección; los demás muertos no volvieron a vivir hasta que se cumplieron los mil años. ⁶˚Dichosos y santos los que tienen parte en la primera resurrección. La segunda muerte no tiene poder sobre ellos, sino que serán sacerdotes de Dios y de Cristo y reinarán con él mil años.

Juicio final de Satanás

⁷Cuando se cumplan los mil años, Satanás será liberado de su prisión ⁸y saldrá para engañar a las ˚naciones que están en los cuatro ángulos de la tierra —a Gog y a Magog—, a fin de reunirlas para la batalla. Su número será como el de las arenas del mar. ⁹Marcharán a lo largo y a lo ancho de la tierra y rodearán el campamento del ˚pueblo de Dios, la ciudad amada. Pero caerá fuego del cielo y los consumirá por completo. ¹⁰El diablo, que los había engañado, será arrojado al lago de fuego y azufre, donde están también la bestia y el falso profeta. Allí serán atormentados día y noche por los siglos de los siglos.

Juicio de los muertos

¹¹Luego vi un gran trono blanco y a alguien que estaba sentado en él. De su presencia huyeron la tierra y el cielo, sin dejar rastro alguno. ¹²Vi también a los muertos, grandes y pequeños, de pie delante del trono. Se abrieron unos libros y luego otro que es el libro de la vida. Los muertos fueron juzgados según lo que habían hecho, conforme a lo que estaba escrito en los libros. ¹³El mar devolvió sus muertos, la muerte y sus dominiosᵇ devolvieron los suyos; entonces cada uno fue juzgado según lo que había hecho. ¹⁴La muerte y sus dominios fueron arrojados al lago de fuego. Este lago de fuego es la muerte segunda. ¹⁵Aquel cuyo nombre no estaba escrito en el libro de la vida era arrojado al lago de fuego.

La nueva Jerusalén

21 Después vi un cielo nuevo y una tierra nueva, porque el primer cielo y la primera tierra

---

ᵃ 15 Sal 2:9. ᵇ 13 sus dominios. Lit. el Hades.

habían dejado de existir, lo mismo que el mar. ²Vi además la ciudad santa, la nueva Jerusalén, que bajaba del cielo, procedente de Dios, preparada como una novia hermosamente vestida para su prometido. ³Oí una potente voz que provenía del trono y decía: «¡Aquí, entre los seres ˙humanos, está el santuario de Dios! Él habitará en medio de ellos y ellos serán su pueblo; Dios mismo estará con ellos y será su Dios. ⁴Él enjugará toda lágrima de los ojos. Ya no habrá muerte ni llanto, tampoco lamento ni dolor, porque las primeras cosas han dejado de existir».

⁵El que estaba sentado en el trono dijo: «¡Yo hago nuevas todas las cosas!». Y añadió: «Escribe, porque estas palabras son verdaderas y dignas de confianza».

⁶También me dijo: «Ya todo está hecho. Yo soy el Alfa y la Omega, el Principio y el Fin. Al que tenga sed le daré a beber gratuitamente de la fuente del agua de la vida. ⁷El que salga vencedor heredará todo esto y yo seré su Dios y él será mi hijo. ⁸Pero los cobardes, los incrédulos, los abominables, los asesinos, los que cometen inmoralidades sexuales, los que practican artes mágicas, los idólatras y todos los mentirosos recibirán como herencia el lago de fuego y azufre. Esta es la segunda muerte».

⁹Se acercó uno de los siete ángeles que tenían las siete copas llenas con las últimas siete plagas. Me dijo: «Ven, que te voy a presentar a la novia, la esposa del Cordero». ¹⁰Me llevó en el Espíritu a una montaña grande y elevada, y me mostró la ciudad santa, Jerusalén, que bajaba del cielo, procedente de Dios. ¹¹Resplandecía con la gloria de Dios y su brillo era como el de una piedra preciosa, semejante a una piedra de jaspe transparente. ¹²Tenía una muralla grande y alta, y doce puertas custodiadas por doce ángeles en las que estaban escritos los nombres de las doce tribus de Israel. ¹³Tres puertas daban al este, tres al norte, tres al sur y tres al oeste. ¹⁴La muralla de la ciudad tenía doce cimientos en los que estaban los nombres de los doce apóstoles del Cordero.

¹⁵El ángel que hablaba conmigo llevaba una ˙vara de oro para medir la ciudad, sus puertas y su muralla. ¹⁶La ciudad era cuadrada; medía lo mismo de largo que de ancho. El ángel midió la ciudad con la vara y midió doce mil estadios:ᵃ su longitud, su anchura y su altura eran iguales. ¹⁷Midió también la muralla que tenía ciento cuarenta y cuatro codos,ᵇ según las medidas humanas que el ángel empleaba. ¹⁸La muralla estaba hecha de jaspe y la ciudad era de oro puro, semejante a cristal pulido. ¹⁹Los cimientos de la muralla de la ciudad estaban decorados con toda clase de piedras preciosas: el primero con jaspe, el segundo con zafiro, el tercero con ágata, el cuarto con esmeralda, ²⁰el quinto con ónice, el sexto con rubí, el séptimo con crisólito, el octavo con berilo, el noveno con topacio, el décimo con crisoprasa, el undécimo con jacinto y el duodécimo con amatista.ᶜ ²¹Las doce puertas eran doce perlas y cada puerta estaba hecha de una sola perla. La calleᵈ principal de la ciudad era de oro puro, como cristal transparente.

²²No vi ningún templo en la ciudad, porque el Señor Dios Todopoderoso y el Cordero son su templo. ²³La ciudad no necesita ni sol ni luna que la alumbren, porque la gloria de Dios la ilumina y el Cordero es su lumbrera. ²⁴Las ˙naciones caminarán a la luz de la ciudad, y los reyes de la tierra le entregarán sus espléndidas riquezas.ᵉ ²⁵Sus puertas estarán abiertas todo el día, pues allí no habrá noche. ²⁶Y llevarán a ella todas las riquezasᶠ y el honor de las ˙naciones. ²⁷Nunca entrará en ella nada impuro, ni los idólatras ni los farsantes, sino solo aquellos que tienen su nombre escrito en el libro de la vida, el libro del Cordero.

El río de vida

22 Luego el ángel me mostró un río de agua de vida, claro como el cristal, que salía del trono de Dios y del Cordero ²y corría por el centro de la calleᵍ principal de la ciudad. A cada lado del río estaba el árbol de la vida, que produce doce cosechas al año, una por mes; y las hojas del árbol son para la salud de las ˙naciones. ³Ya no habrá maldición. El trono de Dios y del Cordero estará en la ciudad. Sus ˙siervos lo adorarán. ⁴Lo verán cara a cara y llevarán su nombre en la frente. ⁵Ya no habrá noche; no necesitarán luz de lámpara ni de sol, porque el Señor Dios los alumbrará. Y reinarán por los siglos de los siglos.

⁶El ángel me dijo: «Estas palabras son verdaderas y dignas de confianza. El Señor, el Dios que inspira a los profetas,ʰ ha enviado a su ángel para mostrar a sus siervos lo que tiene que suceder sin demora».

Cristo viene pronto

⁷«¡Miren que vengo pronto! Dichoso el que cumple las palabras del mensaje profético de este libro».

⁸Yo, Juan, soy el que vio y oyó todas estas cosas. Y cuando lo vi y oí, me postré para adorar al ángel que me había estado mostrando todo esto. ⁹Pero él me dijo: «¡No, cuidado! Soy un siervo como tú, como tus hermanos los profetas y como todos los que cumplen las palabras de este libro. ¡Adora solo a Dios!».

¹⁰También me dijo: «No guardes en secreto las palabras del mensaje profético de este libro, porque el tiempo de su cumplimiento está cerca. ¹¹Que el malo siga haciendo el mal y que el vil siga envileciéndose; deja que el justo siga practicando la justicia y que el ˙santo siga santificándose».

¹²«¡Miren que vengo pronto! Traigo conmigo mi recompensa y le pagaré a cada uno según lo que haya hecho. ¹³Yo soy el Alfa y la Omega, el Primero y el Último, el Principio y el Fin.

¹⁴»Dichosos los que lavan sus ropas para tener derecho al árbol de la vida y para poder entrar por las puertas de la ciudad. ¹⁵Pero afuera se quedarán los perros, los que practican las artes mágicas, los que cometen inmoralidades sexuales, los asesinos, los idólatras y todos los que aman y practican la mentira.

¹⁶»Yo, Jesús, he enviado a mi ángel para darles testimonio de estas cosas que conciernen a las iglesias. Yo soy la raíz y la descendencia de David, la brillante estrella de la mañana».

¹⁷El Espíritu y la novia dicen: «¡Ven!»; y el que escuche diga: «¡Ven!». El que tenga sed, venga; y el que quiera, tome gratuitamente del agua de la vida.

ᵃ 16 Es decir, aprox. 2,200 km. ᵇ 17 Es decir, aprox. 65 m. ᶜ 20 No se sabe con certeza la identificación precisa de algunas de estas piedras. ᵈ 21 calle. Alt. plaza. ᵉ 24 entregarán … riquezas. Lit. llevarán su gloria. ᶠ 26 todas las riquezas. Lit. la gloria. ᵍ 2 calle. Alt. plaza. ʰ 6 el Dios … profetas. Lit. el Dios de los espíritus de los profetas.

¹⁸A todo el que escuche las palabras del mensaje profético de este libro le advierto esto: Si alguno le añade algo, Dios le añadirá a él las plagas descritas en este libro. ¹⁹Y si alguno quita palabras de este libro de profecía, Dios le quitará su parte del árbol de la vida y de la ciudad santa, descritos en este libro.

²⁰El que da testimonio de estas cosas dice: «Sí, vengo pronto».

Amén. ¡Ven, Señor Jesús!

²¹Que la gracia del Señor Jesús sea con todos. Amén.

GLOSARIO

Este glosario no pretende ser un diccionario bíblico en miniatura, sino solo una ayuda relacionada con los principios y métodos de la traducción. Muchos términos culturales y teológicos no están incluidos, pero la lista abarca todas las palabras marcadas con un asterisco en el texto bíblico. (Nótese que, si la palabra se usa más de una vez en el mismo pasaje bíblico, el asterisco no se repite). Se trata principalmente de palabras difíciles de traducir, debido a las diferencias entre los idiomas bíblicos y el español.

abadón. Literalmente significa «destructor». En el Antiguo Testamento, término hebreo para referirse al reino de la muerte. Aparece como sinónimo de «muerte» y «sepulcro». En el Nuevo Testamento aparece como personificación del ángel de la muerte (Ap 9:11).

abba. Palabra aramea que significa «padre» o «papá». Como fue usada por Jesús de modo característico para referirse a Dios, su Padre celestial (véase Mr 14:36), la iglesia cristiana también la adoptó, aun cuando el idioma de los creyentes era el griego (Ro 8:15; Gá 4:6).

abismo. Ya en la tradición judía se usaba este término en oposición a «cielo» (véase Ro 10:6-8); más específicamente, puede designar la morada de los demonios (p. ej., Lc 8:31; Ap 9:1). En un pasaje (Mt 11:23 = Lc 10:15) se ha usado para traducir Hades. En otro pasaje la expresión «arrojar al abismo» (2 P 2:4) traduce el verbo *tartaróō*, literalmente «meter en el Tártaro», nombre que entre los griegos se refería a un lugar subterráneo (más profundo que el Hades), donde se imponía el castigo divino.

adar. Duodécimo mes en el calendario hebreo (mediados de febrero a mediados de marzo).

alamot. Probable anotación musical en cuanto al instrumento que debía tocarse o el tono en que debía cantarse un salmo. Por su etimología, posible indicación de que la melodía era para voces femeninas.

aleluya (heb. *hallelu Yah*). Exclamación de alabanza a Dios que significa «¡Alaben al Señor!». En esta versión aparece la expresión junto con su traducción literal.

aliento. Véase vida.

alma. Véase vida.

altares paganos. Es traducción de la palabra hebrea *bamoth*, que literalmente significa «lugares altos». En 1 y 2 Reyes y en 2 Crónicas se usa para designar altares donde se practicaban cultos idolátricos cananeos.

Altísimo (heb. *'elyón*, arameo *'illa'á*). Uno de los nombres de Dios, que también puede entenderse como «el Excelso».

anaquitas. Habitantes de la antigua Canaán, identificados como descendientes de cierto Anac; eran de gran estatura e infundían terror en las poblaciones de la región. En otras versiones castellanas se traduce «anaceos».

anciano. Además de su significado literal, esta palabra se usa con sentido especializado para designar a los jefes y dirigentes del pueblo hebreo, los cuales tenían responsabilidades tanto religiosas como civiles, por lo que en el Antiguo Testamento se ha traducido como jefe o líder. En el Nuevo Testamento (griego *presbúteros*) se ha traducido como líderes religiosos, es decir, los encargados de gobernar las iglesias (p. ej., Hch 14:23; 1 Ti 5:17). En Apocalipsis se usa en un sentido más exaltado con referencia a veinticuatro seres en el cielo (p. ej., Ap 4:4). Véase también obispo.

Aram/arameos. Región al norte de la antigua Canaán, habitada por los arameos. En algunas traducciones se traduce como *Siria* y *sirios*.

arrasar. Véase destrucción.

arrepentimiento/arrepentirse. Significa no solo el sentimiento de tristeza o remordimiento por haber pecado, sino también la acción de cambiar el modo de pensar y de actuar; implica un profundo cambio espiritual.

asarion. Moneda romana (latín *as*) de poco valor. Véase **Tabla de pesos, medidas y monedas**.

Aserá. Nombre de una diosa cananea. En el plural (heb. *'aserim*) se refiere a objetos hechos para adorarla, y generalmente se ha traducido con alguna frase, tal como «imágenes para el culto a Aserá».

Asia. En el Nuevo Testamento este nombre no se refiere al Lejano Oriente, sino a una provincia romana al suroeste de Asia Menor (lo que hoy es Turquía), cuya capital era Éfeso.

Astarté. (En otras traducciones, «Astoret»). Nombre de una diosa, común entre los pueblos semíticos de la antigüedad. En el plural puede referirse a la variedad de diosas que tenían este nombre, o a imágenes hechas en su honor.

aviv. Primer mes en el calendario hebreo (mediados de marzo a mediados de abril); después del exilio se usó el nombre *nisán*.

Baal. La palabra hebrea significa «amo», «señor», «esposo», pero como nombre propio se refiere a una deidad cananea, el dios de la tormenta, consorte de Aserá y Astarté. El uso del plural, «baales», parece indicar que el nombre podía referirse a distintas deidades locales.

babilonios. Generalmente es traducción de la palabra hebrea *kasdim*, que puede significar «Caldea» (un país antiguo al sur de Babilonia) o «caldeos». El nombre llegó a designar todo el territorio babilónico o a sus habitantes.

bato. Medida de capacidad equivalente aprox. a 22 l; en el Nuevo Testamento, alrededor de 37 l. Véase **Tabla de pesos, medidas y monedas**.

becá. Medida de peso equivalente aprox. a 5.7 g. Véase **Tabla de pesos, medidas y monedas**.

Beelzebú. Nombre que se usa en los evangelios con referencia a Satanás.

bienestar. Véase paz.

blasfemar. Acción de proferir blasfemias, o sea, pronunciar maldiciones o palabras injuriosas contra Dios o contra alguien que lo representa. La «blasfemia contra el Espíritu» (Mt 12:31 y paralelos) consiste en atribuir a Satanás las obras de Jesús, lo cual parece indicar un rechazo total del mensaje de Dios. El término griego también se puede usar en el sentido menos fuerte de «calumniar» o «insultar» (p. ej., Mr 7:22; Ef 4:31).

blasfemo (heb. *letz*). Término tradicionalmente traducido como «escarnecedor» (Sal 1:1), que alude a quienes no tienen respeto por nada ni nadie, ni siquiera por Dios.

braza. Medida de longitud equivalente aprox. a 1.80 m. Véase **Tabla de pesos, medidas y monedas**.

bul. Octavo mes en el calendario hebreo (mediados de octubre a mediados de noviembre).

burlón. Véase blasfemo.

cab. Medida de capacidad que equivale aprox. a 1.2 l. Véase **Tabla de pesos, medidas y monedas**.

caer, hacer. Véase tropiezo.

Caldea/caldeos. Véase babilonios.

camino. Además de su sentido primario, en el lenguaje bíblico este término alude simbólicamente a la conducta y voluntad divinas y humanas, así como a sus métodos, hábitos, actitudes y propósitos.

camisa. Se ha usado esta palabra unas cuantas veces (Mt 5:40 = Lc 6:29; Lc 3:11) para representar el vocablo griego *jitón*, que también puede traducirse con un término general, «ropa» y «vestiduras» (p. ej., Mt 10:10; Mr 14:63; Jud 23). Con más precisión, se trata de la túnica (y así se tradujo en Jn 19:23; Hch 9:39), que en español puede implicar una vestidura formal o religiosa, y que daría un sentido incorrecto a los pasajes anteriores.

carne/carnal. El término griego *sarx* tiene un uso muy variado y, frecuentemente, contrasta con Espíritu (o espíritu). En su sentido literal y físico, puede traducirse «carne» o «cuerpo». En un sentido más amplio, se usa para designar lo que es meramente humano y por lo tanto débil. (Nótese también la frase «carne y sangre», que se ha traducido con varias expresiones;

p. ej., Mt 16:17; 1 Co 15:50; Ef 6:12). En un sentido moral, indica lo que caracteriza a este mundo pecaminoso (véanse 2 Co 10:3-4; Fil 1:22, 24). Es difícil representar el concepto en español, por lo que también se han usado frases tales como «naturaleza humana», «esfuerzos (o criterios, o razonamiento) humanos», «pasiones» y otras más (p. ej., Ro 8:3-9; 1 Co 1:26; Gá 3:3; 4:23, 29; 5:13-19; Fil 3:3-4; Col 2:18). La dificultad de distinguir entre el sentido literal y el figurado se nota especialmente en Romanos 7:18, 25; 1 Pedro 3:18; 4:1, 2 («terrenal»), 6.

Cefas. Nombre arameo que significa «roca» y que corresponde al nombre griego Pedro (véase Jn 1:42).

César/césar. Nombre que los emperadores romanos usaban como título (véanse Lc 2:1; 3:1) y que llegó a usarse en el sentido general de «emperador».

cielo(s). En la cosmogonía bíblica, bóveda sólida y firme (de allí que también se le llame «firmamento») que separa las aguas de arriba de las aguas de abajo (Gn 1), en la que Dios tiene su habitación. También se le concibe como una tienda de campaña, como una cortina y como un manto.

cilicio. Tela áspera, generalmente de pelo de cabra. Como se usaba entre los hebreos para expresar la pena y el dolor, la expresión «cubrirse de cilicio» (y otras parecidas) generalmente se ha traducido «vestirse de luto» o «hacer duelo».

circuncisión. Como esta operación era la señal física de que un hombre pertenecía al pueblo de Dios, la palabra se podía usar para designar a los judíos (p. ej., Ro 15:8; Gá 2:8-9; en Fil 3:3 con referencia a los cristianos). Por consiguiente, los términos «incircunciso» e «incircuncisión» (Ro 2:26) se refieren a los no judíos. Véase también gentiles.

codo. Medida antigua, basada en el largo del brazo desde el codo hasta la punta de los dedos, equivalente a 45–50 cm. Véase **Tabla de pesos, medidas y monedas**.

comunión, sacrificios de (heb. *shelamim*). Tradicionalmente traducido como «sacrificios de paz», el vocablo hebreo parece referirse a varios tipos de ofrenda relacionados con la acción de gracias o el restablecer relaciones con Dios.

condenar a muerte. Véase destrucción.

conocimiento. Término sinónimo de sabiduría, que implica una relación estrecha e íntima entre dos personas, más que una simple acumulación de información y datos.

Consejo. Se ha usado este término como traducción del griego *sunédrion* (tradicionalmente «sanedrín»; en Hch 22:5 el griego es *presbutérion*). Se trata del más importante consejo de gobierno entre los judíos. Incluía a los líderes, los maestros de la Ley y los jefes de los sacerdotes.

Consolador. Traducción tradicional del término griego *paráklētos* en Juan 14:16, 26; 15:26; 16:7. La palabra puede significar «abogado», pero más probable es el sentido general de «mediador» o «ayudador». En 1 Juan 2:1 se tradujo como «intercesor».

contaminar. Véase puro.

corazón. Además de su sentido primario, el lenguaje bíblico alude con este término a la sede principal de los pensamientos, emociones y sentimientos humanos, es decir, a todos los elementos que intervienen en el proceso de toma de decisiones. De allí que en algunos casos se traduzca como «mente», «pensamiento» y expresiones similares que indican voluntad, obstinación o terquedad.

coro. Medida de capacidad que equivale aprox. a 220 l. Véase **Tabla de pesos, medidas y monedas**.

corrección. Véase disciplina.

creyentes. Véase santo.

Cristo. Vocablo griego que significa «ungido» (véase Hch 4:26). Es primeramente un título descriptivo, pero también se usa como nombre propio de Jesús. Otras traducciones usan el término «Mesías» (palabra hebrea que corresponde a Cristo) para aclarar el uso titular, pero hay muchos otros pasajes en que puede entenderse como nombre o como título. La combinación «Jesús Cristo» (traducido como nombre, «Jesucristo») o «Cristo Jesús» también puede tener un sentido titular, es decir, «Jesús el Mesías».

cuello. Véase vida.

cuerpo. Véase carne.

Cus/cusita. Se refiere a Nubia, una región al sur de Egipto, en la parte norte de lo que hoy es el Sudán. Los escritores clásicos llamaban a esta región «Etiopía», pero no debe confundirse con el país moderno que lleva ese nombre y que queda más al sur.

Decápolis. Significa «las diez ciudades». Era una región de la antigua Canaán habitada por gentiles.

denario. Moneda romana de plata, cuyo valor correspondía al salario de un obrero por un día de trabajo.

derecha. Se usa en sentido figurado para señalar la posición de honor. También es un símbolo del poder (véanse Hch 2:33; 5:31).

destrucción/destruir. Cuando estas palabras llevan asterisco (*), son traducción de vocablos hebreos (*jérem*, verbo *hejerím*) que se refieren a lo que Dios ha declarado anatema; es decir, algo prohibido y consagrado a Dios para ser destruido totalmente. En esta traducción también se han usado expresiones como «arrasar», «condenar a muerte», «destruir por completo» y «exterminar».

dichoso. En el Antiguo Testamento representa la palabra hebrea *'ashrey*, término tradicionalmente traducido como «bienaventurado». En el Nuevo Testamento, con frecuencia representa la palabra griega *makários*, que significa «feliz» y que tradicionalmente se ha traducido como «bienaventurado». En ambos casos se refiere a la persona que recibe la bendición de Dios y así experimenta la verdadera felicidad.

disciplina (heb. *musar*). Término típico de la literatura sapiencial que implica la enseñanza o instrucción correctiva de la ley, más la educación de los padres, incluido el castigo físico.

dracma. En el Nuevo Testamento se refiere a una moneda griega de plata equivalente al denario.

efa. Medida de capacidad que equivale aprox. a 22 l o 16 kg. Véase **Tabla de pesos, medidas y monedas**.

efod. Parte de la vestimenta sacerdotal que se describe en Éxodo 28:6-14.

elul. Sexto mes en el calendario hebreo (mediados de agosto a mediados de septiembre).

Enramadas, fiesta de las. Tradicionalmente conocida como fiesta de los «Tabernáculos». Esta fiesta se celebraba en el mes de *tisrí*. Durante los siete días de celebración, los israelitas vivían en cabañas hechas de ramas de árboles.

entrada(s). Véase puerta.

escándalo/escandalizar. Véase tropiezo.

esclavo. Véase siervo.

espíritu maligno. En ocasiones la frase se traduce como «espíritu impuro». Se refiere a los demonios que se posesionan de algunas personas.

estadio. Medida de longitud equivalente aprox. a 183 m. Véase **Tabla de pesos, medidas y monedas**.

estela. Véase piedra sagrada.

etanim. Séptimo mes en el calendario hebreo (mediados de septiembre a mediados de octubre).

eunuco. Hombre castrado que servía en la corte como guardián de las mujeres. A veces los eunucos llegaban a ser funcionarios de alto rango (véase Hch 8:27). En sentido figurado, se aplica a los que se mantienen solteros (Mt 19:11-12).

evangelio. Término de origen griego que significa «buenas noticias». Principalmente en las cartas, el término se usa con sentido especializado, es decir, el mensaje acerca de Jesucristo. En otros pasajes se ha traducido como «buenas noticias» (p. ej., Lc 1:19; Hch 5:42). Más tarde, el término llegó a usarse para referirse a los libros que relatan la historia de Jesús.

experto en la Ley. Véase maestro de la Ley.

exterminar. Véase destrucción.

fariseo. Hoy día este término se usa en sentido despectivo y equivale a «hipócrita» (porque así calificó Jesús a los fariseos; p. ej., Mt 23:13-29), pero es necesario recordar que los fariseos constituían un grupo religioso que la mayoría de los judíos admiraba. Estudiaban la Ley minuciosamente (muchos maestros de la Ley estaban relacionados con este grupo) y deseaban obedecerla, aunque su modo de interpretación a veces los llevaba a ignorar los mandatos de Dios (véase especialmente Mr 7:1-13).

fidelidad. El término griego *pístis* generalmente tiene el sentido activo de «fe», indicando la acción de «confiar en alguien», pero en algunas ocasiones puede tener sentido pasivo, «ser confiable». En este segundo caso, se puede traducir «fidelidad» (p. ej., Ro 3:3; Gá 5:22). Algunos eruditos piensan que la frase «la fe en Jesucristo» (p. ej., Gá 2:16; 3:22) debe traducirse «la fidelidad de Cristo». Nótese también que el adjetivo *pistós* puede significar «creyente» o «fiel».

fuerza(s). Véase vida.

género humano. Véase hombre.

gente. Véase hombre.

gentiles. Designa a los que no son judíos. Por lo general traduce el término que literalmente significa «naciones»; en otros pasajes traduce el término que significa «griegos» (en Ro 2:26 y 4:9 corresponde a «incircuncisión»; véase circuncisión). Cuando hay énfasis en el sentido religioso o moral, se traduce «paganos».

gittith. Término hebreo que aparece como título de algunos salmos (8, 81, 84), probablemente en relación con una melodía popular que se cantaba en los lagares.

guerá. Medida de peso equivalente aprox. a 0.57 g. Véase **Tabla de pesos, medidas y monedas**.

Hades. En la mitología griega era el nombre del dios del inframundo, y también se usaba para designar el lugar de los muertos. En el Nuevo Testamento equivale a «infierno»; también se ha traducido como los dominios de la muerte (Mt 11:23 = Lc 10:15, Mt 16:18 y Hch 2:27).

hijo de hombre. Expresión usada para referirse a un ser humano. Véase hombre.

hipócrita/hipocresía. El término griego *hupokritēs* refería a los actores de teatro. Posteriormente, incluso en el Nuevo Testamento, se usaba en sentido más general de cualquier persona que fingía ser lo que no era (p. ej., Mt 6:2), o que actuaba de manera incongruente con sus convicciones (Gá 2:13, donde se usan el verbo y el sustantivo). El término no implica necesariamente que la persona fuera mal intencionada.

hisopo. Planta pequeña y frondosa, no del todo identificada, que se usaba en ritos de purificación (Lv 14; Nm 19) y para aplicar la sangre a los dinteles de las puertas (Éx 12).

holocausto. Uno de los sacrificios en que el animal ofrecido se quemaba del todo.

hombre. Tanto en el Antiguo Testamento (heb. *'adam*, *'enosh*, o *'ish*) como en el Nuevo (griego *ánthrōpos*), el término castellano hombre puede usarse en sentido genérico, que contrasta al ser humano con Dios y abarca a toda la humanidad, o en sentido más restrictivo, que contrasta al **hombre** con la **mujer**. En la actualidad, el segundo sentido ha adquirido más prominencia, lo cual crea nuevos problemas de traducción. Cuando el texto original y el estilo castellano lo permiten, se han usado expresiones tales como «género humano», «gente», «humanidad», «mortal», «persona» y «ser humano».

humanidad/humano. Véanse carne y hombre.

impuro. Véase puro.

incircunciso. Véase circuncisión.

inexperto (heb. *pety*). En la literatura sapiencial, referencia al joven simple e ingenuo, ignorante de la ley e incapaz de discernir por sí mismo entre el bien y el mal.

infierno Es traducción del término griego *geenna* que era el nombre dado a un barranco en Jerusalén donde se quemaban los desperdicios. Entre los judíos llegó a ser un símbolo del fuego eterno, por lo cual se puede traducir infierno.

insolente. Véase blasfemo.

instrucción. Véase ley (del Señor) y disciplina.

intercesor. Véase Consolador.

jactancia/jactarse. Uno de los términos más característicos de las cartas de Pablo es el verbo griego *kaujáomai* (sustantivo *kaújēma*), que puede usarse tanto en sentido positivo como negativo. En castellano, el vocablo «jactarse» siempre tiene una acepción peyorativa («alabarse presuntuosamente»), de manera que se han usado varios términos para traducir el griego según el contexto (p. ej. «presumir», «orgullo/enorgullecerse», «satisfacción/estar satisfecho», «regocijarse»).

Jesucristo. Véase Cristo.

justicia (heb. *tsedeq*, *tsedeqah*). Véase salvación.

justificar/justificación. El sustantivo generalmente traduce la palabra griega *dikaiosúnē*, que también significa «justicia». El verbo lo usa especialmente Pablo para designar la acción de Dios de «declarar justos» a los que ponen su fe en Jesucristo.

lenguas. En el libro de los Hechos y en 1 Corintios, la expresión «hablar en lenguas» es traducción literal del griego; otra posible traducción es «hablar en otros idiomas».

lepton. Moneda judía de muy poco valor. Véase **Tabla de pesos, medidas y monedas**.

létec. Medida de capacidad equivalente aprox. a 110 l. Véase **Tabla de pesos, medidas y monedas**.

levantar de entre los muertos. Esta expresión se ha traducido literalmente en algunos casos, según el contexto, pero por lo general se ha usado sencillamente el verbo «resucitar» o el sustantivo «resurrección».

Leviatán. Nombre del monstruo marino vencido por Dios al principio de la creación (Sal 74:14; Is 27:1) y que por lo general aparece como sinónimo de «mar». En Job este nombre alude a algún animal acuático de enormes proporciones, probablemente el hipopótamo.

ley (Ley del SEÑOR/de Moisés) (heb. *torah*). Término que significa «enseñanza» o «instrucción», más que un código legislativo. Bajo este término genérico se incluían «mandamientos», «mandatos», «decretos», «sentencias», «preceptos», «ordenanzas» y «juicios», que debían ser enseñados de padres a hijos (Dt 6:1-9).

limpio. Véase puro.

maestro de la Ley. Esta frase representa un vocablo griego (*grammateús*) que tradicionalmente se ha traducido «escriba». Entre el pueblo judío, los escribas estaban encargados no solamente de copiar y preservar los libros del Antiguo Testamento, sino principalmente de interpretar y enseñar su contenido. La expresión experto en la ley corresponde a otro vocablo griego (*nomikós*), pero se refiere a la misma profesión.

majalat (*leannot*). Término hebreo que aparece en el título de algunos salmos (53, 88) y que posiblemente se refiera a la manera triste y melancólica en que estos salmos debían cantarse.

mar Rojo. Es traducción del nombre hebreo *yam suf*, que literalmente significa «mar de las Cañas». En el Antiguo Testamento este nombre se usa principalmente para designar los golfos de Suez y Acaba, y también la región de los «lagos Amargos» al norte de Suez.

masquil. Término hebreo que aparece en el título de varios salmos (32, 42, 44, 45, 47:7, 52, 53, 54, 55, 74, 78, 88, 89, 142) y que parece referirse al carácter didáctico del salmo, o bien a su alta calidad literaria (Sal 45, p. ej.).

mente. Véase corazón.

metreta. Medida de capacidad equivalente aprox. a 39 l. Véase **Tabla de pesos, medidas y monedas**.

mictam. Término hebreo que aparece en el título de algunos salmos (16, 56, 57, 58, 59, 60) y que posiblemente aluda a su carácter enigmático o esotérico.

mina. Medida de peso equivalente aprox. a 560 g. En el Nuevo Testamento se refiere a una moneda valiosa. Véase **Tabla de pesos, medidas y monedas**.

misterio. Este término (griego *mustērion*) lo usa Pablo con referencia a los planes eternos de Dios para las naciones, planes que solo fueron revelados con la venida de Cristo (p. ej., Ro 16:25-26; Ef 3:2-6).

mortal. Véase hombre.

mundo. Véase carne.

naciones. Véase gentiles.

naturaleza humana. Véase carne.

necedad. En la literatura sapiencial, actitud contraria a la sabiduría, característica de los jóvenes inexpertos. La necedad llega a ser personificada y su discurso es del todo contrario al de la sabiduría (Pr 9:1-12, 13-18).

necio. Se dice de todo el que se resiste a cumplir los mandamientos de Dios y a seguir los sabios consejos de sus padres y maestros. Por extensión, el necio es también insolente y blasfemo.

nisán. Véase *aviv*.

nombre. En el lenguaje bíblico, el nombre está íntimamente ligado al ser mismo de la persona. El nombre *es* la persona. Sin nombre nada puede existir (Gn 2:18-23; Ec 6:10). La conducta de la persona está condicionada por su nombre (1 S 25:25). Un cambio de nombre implica un cambio total de la persona, que deja de ser la misma (Gn 32:28; Mt 16:18). Hablar en nombre de alguien es actuar con la misma personalidad y autoridad de la persona nombrada. Conocer el nombre de alguien equivale a tener poder sobre esa persona.

buenas noticias. Véase evangelio.

obispo. Traducción tradicional del término griego *epískopos*, que significa «supervisor, superintendente». Parece ser equivalente a anciano o líder religioso encargado de cuidar a los creyentes (véase Hch 20:17, 28; nótese también 1 P 2:25). Más tarde comenzó a usarse el término para designar a los que supervisaban varias congregaciones en un mismo distrito.

ofender. Véase tropiezo.

orgullo. Uno de los términos más característicos de las cartas de Pablo es el verbo griego *kaujáomai* (sustantivo *kaújēma*), que puede usarse tanto en sentido positivo como negativo. En castellano, el vocablo «orgullo» puede tener una acepción peyorativa («ser presuntuoso»), de manera que se han usado varios términos para traducir el griego según el contexto (p. ej., «presumir», «orgullo/enorgullecerse», «satisfacción/estar satisfecho», «regocijarse», «jactarse»).

pacto. Promesa o acuerdo contraído entre dos partes, generalmente una superior y otra inferior, mediante una fórmula verbal o ritual, que compromete a ambas partes. En el lenguaje bíblico el pacto representa (a) la promesa de Dios al hombre de siempre darle vida, paz y constante cuidado, y (b) el compromiso del hombre de vivir conforme a las estipulaciones del pacto. Otros términos vinculados con el pacto son ley y testimonio.

paganos (heb. *goyyim*). Término hebreo que aparece en el Antiguo Testamento para referirse a los pueblos que no conocen al Dios de Israel ni pertenecen a este pueblo. Por extensión, el mismo término designa a los pueblos y naciones en general. Para el uso de este término en el Nuevo Testamento, véase gentiles.

palabra. En el pensamiento bíblico, este término es más que el sonido emitido oralmente. Una vez pronunciada la palabra, tiene poder y autonomía propios, y actúa por sí misma (Gn 1; Jn 1). La palabra dicha no puede ser revocada (Gn 27:30-38; Is 55:10-11). En toda la Biblia, y especialmente en Salmos, palabra aparece como sinónimo de ley.

palmo. Medida de longitud equivalente aprox. a 22.5 cm. Véase **Tabla de pesos, medidas y monedas**.

pan de la Presencia. Literalmente, «pan del rostro» (heb. *lejem happanim*), tradicionalmente traducido «pan de la proposición». Se trata del pan que cada sábado se colocaba ante la presencia de Dios, sobre una mesa en la Tienda de reunión (luego en el templo).

parábola/parábolas. Narración con fines didácticos, que comunica su enseñanza de manera indirecta. Aunque se caracteriza por su brevedad, puede ser también un tanto extensa. En sus enseñanzas Jesús la usó con singular maestría y pertinencia.

pasiones. Véase carne.

pastor. Además de su sentido primario, en la literatura bíblica este término destaca la relación simbólica entre Dios y su pueblo (Sal 23), entre el rey y sus súbditos (Sal 78:70-72), entre los líderes eclesiales y la comunidad creyente (Heb 13:7) y entre Jesús y la iglesia (Jn 10:1-16).

paz (heb. *shalom*). En el lenguaje bíblico este término apunta hacia el estado ideal de tranquilidad y plenitud física y síquica, tanto a nivel individual como comunitario. La paz proviene de Dios y es la presencia misma de Dios entre su pueblo (Nm 6:24-26); es resultado de la justicia (Is 32:17), del cumplimiento del pacto y del establecimiento del reinado de Dios (Is 2:1-4; Mi 4:1-5).

pecadores. La Biblia enseña claramente que todos los seres humanos son culpables de pecado (p. ej., Ro 3:10-20). Sin embargo, en mentalidad de los judíos el término «pecador» se usaba también en un sentido especializado para designar a los que estaban fuera del pacto divino. Se aplicaba especialmente a los gentiles (p. ej., Gá 2:15), pero también a judíos cuya conducta inmoral los alejaba espiritualmente del pueblo de Dios (p. ej., Mt 11:19; Lc 15:1-2).

pecar, hacer. Véase tropiezo.

peregrinos, cántico de los (heb. *shir hama'aloth*). En Salmos, título que designa a los salmos probablemente vinculados con las peregrinaciones que se hacían al templo de Jerusalén. Su etimología permite traducirlos como «cánticos de las subidas» o «cánticos graduales».

perfecto/perfección/perfeccionar. Aunque en esta vida nadie llega a estar totalmente libre de pecado, el adjetivo «perfecto» (griego *téleios*) se usa en varios pasajes con referencia a los creyentes. Es posible que se trate del concepto de madurez espiritual (véanse 1 Co 2:6-7; Heb 6:1), pero el sentido es más profundo: implica un compromiso definitivo que se refleja en la conducta. En la carta a los Hebreos, el énfasis está en la idea del cumplimiento de las promesas (nótese que el verbo se aplica también a la exaltación de Jesús en Heb 2:10; 5:9; 7:28). La ley del pacto antiguo no podía perfeccionar (Heb 7:19; 9:9; 10:1), pero los que creen en Jesús pertenecen al nuevo y perfecto pacto, de manera que ya han recibido lo que el Antiguo Testamento había prometido (Heb 10:14; 11:40).

perro. Por ser un animal común al que se consideraba ritualmente impuro (véase puro), el perro llegó a ser un símbolo de los que están fuera del pueblo de Dios (Ap 22:15). Se usa con referencia a los gentiles (Mt 15:26-27 = Mr 7:27-28) y a los adversarios del evangelio (Mt 7:6; Fil 3:2; 2P 2:22), no como insulto vulgar, sino como un comentario de índole teológico.

piedra sagrada. La palabra hebrea *matsebah* puede referirse a una columna de piedras cuyo propósito era la conmemoración de algún suceso; también se ha traducido como «estela». Como en la religión cananea tales columnas se identificaron con las deidades, el Antiguo Testamento generalmente las condena.

pim. Medida de peso equivalente aprox. a 7.8 g. Véase **Tabla de pesos, medidas y monedas.**

portón/portones. Véase puerta.

primicias. Los primeros y más importantes frutos de la cosecha, los cuales debían ofrecerse a Dios. En el Nuevo Testamento el término se usa en varios sentidos figurados; por ejemplo: Cristo fue el primero en ser resucitado y es quien hace posible la resurrección de los demás (1 Co 15:20); el Espíritu Santo es el primer fruto que reciben los creyentes y es quien garantiza que recibirán toda la herencia espiritual (Ro 8:23). Nótese también el uso de «primogénito» en Colosenses 1:15, 18.

principios. Así se traduce la palabra griega *stoijeía*, que puede referirse a conceptos básicos (Heb 5:12, «verdades más elementales»), pero también a los elementos fundamentales del universo (2 P 3:10). Algunos eruditos

piensan que Gálatas 4:3, 9 y Colosenses 2:8, 20 hablan de seres espirituales.

Priscila. Así se ha representado el nombre «Prisca» (Ro 16:3; 1 Co 16:19; 2 Ti 4:19), del cual «Priscila» es la forma diminutiva (Hch 18:2, 18, 26).

proverbio. Sentencia o dicho breve e ingenioso en torno a algún hecho que encierra una enseñanza, o condensa la sabiduría popular. Aunque de origen muy antiguo, el proverbio siempre estuvo presente en la literatura sapiencial y hasta los días del Nuevo Testamento. Característico de la literatura bíblica es el proverbio antitético, en el que la segunda parte contrasta o contradice lo dicho en la primera.

prueba, poner a. Véase tentar.

pueblo de Dios. Véase santo.

puerta(s) (heb. *sha'ar*). Las antiguas ciudades eran amuralladas y tenían puertas que se abrían al amanecer y se cerraban al caer la noche. Las puertas de la ciudad eran el centro cívico de aquellas ciudades. Allí se difundían las últimas noticias (2 S 18:4), se realizaban negocios de compraventa (Rt 4:1-12) y se impartía justicia (Is 29:21; Am 5:12).

puro/impuro/purificar. En muchos pasajes (marcados con asterisco) estos términos no tienen que ver con la limpieza física o moral, sino con cuestiones de contaminación ritual, según las leyes del Antiguo Testamento.

querubines. Seres celestiales con función protectora (Gn 3:24). Dos figuras de querubines como criaturas aladas y con pies y manos cubrían la tapa del arca donde estaba la Ley de Dios (Éx 25:10-20). También se usaron figuras de querubines en la decoración del templo.

quisleu. Noveno mes en el calendario hebreo (mediados de noviembre a mediados de diciembre).

Rahab. Nombre del monstruo vencido por Dios al principio de la creación. Su nombre tal vez aluda a su arrogancia. En Salmos (Sal 87:4) y en Isaías (Is 30:7), este nombre aparece como sinónimo de Egipto.

recaudador de impuestos. Así se representa la palabra *telōnēs*, que en otras versiones se ha traducido como «publicano». Se refiere a judíos que se ofrecían a cobrar los impuestos exigidos por el Imperio romano. Como los recaudadores abusaban de sus compatriotas y colaboraban con los soldados romanos, se les consideraba traidores que no pertenecían al pueblo de Dios.

resucitar/resurrección. Véase levantar de entre los muertos.

retama. Arbusto típico del sur de la antigua Canaán y del desierto de Sinaí, de escasa altura, pero lo bastante grande para proporcionar sombra (1 R 19:4-5). Sus ramas suelen también usarse como escobas (Is 14:23) y como combustible (Job 30:4; Sal 120:4; Is 47:14).

roca. Además de su sentido primario, en el contexto desértico de la antigua Canaán este término designa de manera simbólica a Dios como fuente de protección y abrigo para su pueblo.

sábado. Día séptimo de la semana en el que, según la ley del Antiguo Testamento, los judíos debían reposar de sus trabajos. El mismo término se usa para referirse a otros días festivos.

sabiduría. Cualidad de la persona dispuesta a recibir consejo para poder discernir entre el bien y el mal, aprender a vivir y conducirse de acuerdo con la voluntad de Dios. En la literatura sapiencial la sabiduría llega a ser personificada (Pr 8) y considerada colaboradora de Dios en su creación.

Salén. Forma abreviada de «Jerusalén» (véase Sal 76:2), ciudad conocida también como «la ciudad de David».

salvación (heb. *yeshu'ah*). Acción de Dios en favor del hombre, que redunda en la victoria o triunfo de este, incluyendo el poner a salvo su vida. En algunos contextos «salvación» aparece como sinónimo de «justicia». En el Nuevo Testamento la salvación divina está íntimamente relacionada con el perdón de los pecados.

sanar. En varios pasajes en los evangelios (Mt 9:21-22; Mr 5:23, 28, 34; 6:56; 10:52; Lc 8:36, 48, 50; 17:19; 18:42) este verbo es traducción de un término griego que también significa «salvar».

Santiago. Véase Jacobo.

santificar. Este concepto en el Antiguo Testamento indica la acción de separar algo o a alguien para un propósito sagrado. El verbo griego (*hagiádsō*) puede por lo tanto traducirse «consagrar», pero además indica una obra divina de limpieza espiritual en los creyentes. Véase también santo.

santo/santidad. Es principalmente un atributo de Dios y por consiguiente de lo que está relacionado con él, por ejemplo: los profetas, los ángeles, el templo (Lc 1:70; 9:26; Hch 6:13). El Nuevo Testamento usa el término «los santos» para designar a los que forman parte de la iglesia de Cristo. Esto implica que los creyentes han sido santificados (véase santificar) y que Dios los ha constituido como su propio pueblo. En algunos pasajes donde el término castellano puede ser ambiguo, se han usado otros vocablos, por ejemplo: «creyentes» o «pueblo de Dios».

santuario. Véase templo.

Satanás. Nombre del príncipe del mal; la palabra hebrea *satán* significa «acusador» o «adversario».

satisfacción. Véase jactancia.

sátrapa. Título de quienes gobernaban las provincias (satrapías) bajo el imperio de los persas.

seah. Medida de capacidad equivalente aprox. a 7.3 l. Véase **Tabla de pesos, medidas y monedas**.

sebat. Undécimo mes en el calendario hebreo (mediados de enero a mediados de febrero).

Selah. En Salmos, anotación musical cuyo posible significado sea el de pausa. Tal sentido no ha sido aún determinado.

sencillo. Véase inexperto.

sentarse. Cuando los evangelios se refieren a personas sentadas a la mesa (p. ej., Mt 26:7, 20; Mr 2:15; Lc 14:8), se usan varios verbos griegos que literalmente significan «recostarse», pues era costumbre en los banquetes reclinarse en divanes. También se puede traducir como «estar a la mesa» (p. ej., Lc 24:30; Jn 12:3) o aun «comer» (Mt 9:10; Mr 16:14; Lc 5:29; 1Co 8:10).

Seol (heb. *she'ol*). En el pensamiento hebreo, lugar donde iban los muertos luego de ser enterrados. Este lugar se hallaba bajo la tierra, pero sobre las aguas de abajo. Mayormente se ha traducido como «los dominios de la muerte». Otros términos sinónimos son abismo, «fosa» y «tumba».

ser humano. Véase hombre.

siclo. Medida de peso equivalente aprox. a 11.5 g. Véase **Tabla de pesos, medidas y monedas**.

siervo. Representa en muchos pasajes el vocablo griego *doúlos*, que también puede traducirse como «esclavo». Este último término en español puede tener connotaciones que confundan al lector moderno. El vocablo griego no implica necesariamente que la persona fuera maltratada, ya que en la antigüedad algunos esclavos llegaban a asumir posiciones muy importantes. La idea principal es que la persona estaba bajo el dominio de otra, de manera que se caracterizaba por su humildad y obediencia.

sigaión. Término hebreo que aparece en el título del salmo 7. Su posible significado de «conmoción» tal vez aluda al estado de ánimo en que debía cantarse ese salmo.

Silvano. En las cartas (2 Co 1:19; 1 Ts 1:1; 2 Ts 1:1; 1 P 5:12) se usa este nombre con referencia a «Silas» (véase Hch 15:22).

Sión. Nombre de la colina fortificada de la antigua Jebús, hoy Jerusalén. Durante el reinado de David este nombre se extendió para referirse al área general del templo. Sión es considerada la morada de Dios, y en los libros poéticos aparece como sinónimo de Jerusalén.

siván. Tercer mes en el calendario hebreo (mediados de mayo a mediados de junio).

talento. En el Antiguo Testamento, medida de peso equivalente aprox. a 34 kg. En el Nuevo Testamento se usaba para cálculos monetarios; generalmente de oro, su valor (que era muy alto) variaba mucho, según el lugar y la época (Mt 18:24; 25:15-28). Véase **Tabla de pesos, medidas y monedas**.

tébet. Décimo mes en el calendario hebreo (mediados de diciembre a mediados de enero).

templo. En el Nuevo Testamento este término puede referirse justamente al «santuario» (Lc 1:9); es decir, el edificio donde se encontraban el Lugar Santo y el Lugar Santísimo, o bien al área total que incluía no solo ese edificio, sino también la plaza que lo rodeaba (el atrio de las mujeres y el atrio de los gentiles).

tentar/tentación. El verbo griego (*peirádsō*, sustantivo *peirasmós*) puede usarse en el sentido más o menos neutral de «poner a prueba», pero también en el sentido negativo de «incitar al pecado, tender una trampa». En Santiago 1:2, 12-14 parece haber un juego de palabras basado en este doble sentido.

Tienda de reunión. Tradicionalmente traducido «tabernáculo de reunión» (heb. *'ohel mo'ed*), esta frase se refiere a un conjunto de cortinas que, colocadas alrededor de bastidores, sirvieron como morada de Dios antes de la construcción del templo.

Todopoderoso. Este título representa la palabra *shadday*, nombre con el que Dios se reveló a los patriarcas (Gn 17:1; Éx 6:3) y que se usa con frecuencia especialmente en el libro de Job.

trampa. Véanse tentar y tropiezo.

triunfo. Véase salvación.

tropezar/tropiezo. Es generalmente traducción del vocablo griego *skándalon* (verbo *skandalídsō*) y se refiere especialmente a lo que causa ofensa, oposición (Gá 5:11), o aun la caída moral de alguien (Mt 5:29-30; 1 Co 8:13). En el uso corriente del castellano, el término *escándalo* (*escandalizar*) no corresponde justamente a este significado. En Romanos 11:9 se ha traducido como «trampa». También se ha traducido el verbo con términos tales como «ofender», «hacer pecar», «hacer caer», «apartarse», «abandonar». En Juan 16:1 se ha empleado la frase «flaquear la fe».

ungido (heb. *mashiaj*). Término hebreo para referirse al rey escogido por Dios. Después del exilio babilónico este mismo término se usó para referirse al sumo sacerdote. Véase también Cristo.

urim y **tumim**. Objetos sagrados que se ponían sobre el pectoral del sumo sacerdote (Éx 28:30) y que se usaban para determinar la voluntad de Dios en algunas situaciones (1 S 28:6; cf. 23:9-12).

vara. Medida de longitud equivalente aprox. a 2.70 m. Véase **Tabla de pesos, medidas y monedas**.

Verbo. Traducción tradicional del término griego *lógos* («palabra») cuando se refiere a Jesucristo (véanse Jn 1:1, 14; 1 Jn 1:1; Ap 19:13).

victoria. Véase salvación.

vida. Cuando esta palabra lleva asterisco (*), es traducción en el Antiguo Testamento de la palabra hebrea *nefesh*, y en el Nuevo, de la palabra griega *psujē*. Ambos términos tienen un amplio significado y tradicionalmente se han traducido como «alma». En esta versión, la palabra hebrea también se ha traducido como «aliento» y «fuerza(s)»; en algunos contextos (Sal 69:1; 105:18; Jon 2:6) se ha usado el vocablo «cuello».

zif. Segundo mes en el calendario hebreo (mediados de abril a mediados de mayo).

TABLA DE PESOS, MEDIDAS Y MONEDAS

Las equivalencias son aproximadas.

ANTIGUO TESTAMENTO

No se incluye aquí una tabla de unidades monetarias porque los hebreos no acuñaron monedas antes del exilio. En su lugar se usaba ciertas unidades de peso, principalmente el siclo. (Nótese también que en el libro de Ezequiel las relaciones entre las medidas son un poco diferentes.)

Medidas de peso

talento (= 60 minas)	34 kg
mina (= 50 siclos)	560 g
siclo (= 2 becás)	11.5 g
pim (= 2/3 siclos)	7.8 g
becá (= 10 guerás)	5.7 g
guerá	0.57 g
dárico	8.4 g

Medidas de longitud

vara (= 6 codos)	2.70 m
codo (= 2 palmos)	45 cm
codo menor (= 2/3 codo)	30 cm
palmo (= 3 palmos menores)	22.5 cm
palmo menor (= 4 dedos)	7.5 cm
dedo	1.9 cm
paso	33 cm

Medidas de capacidad: áridos

coro = jómer (= 2 létec)	220 l (Aprox. 160 kg)
létec (= 5 efas)	110 l (Aprox. 80 kg)
efa (= 3 seah)	22 l (Aprox. 16 kg)
seah (= 1/3 de un efa)	7.3 l (Aprox. 5.5 kg)
gómer	2.2 l (Aprox. 1.4 kg)
cab (= 1/18 de un efa)	1.2 l (Aprox. 100 g)

Medidas de capacidad: líquidos

coro (= 10 batos)	220 l
bato (= 6 hin)	22 l
hin (= 12 log)	3.8 l
log	0.3 l

NUEVO TESTAMENTO

La única unidad de peso que se usa en el Nuevo Testamento es la litra (= la libra romana), con una equivalencia aproximada de 327 g.

Medidas de longitud

estadio (= 100 brazas)	183 m
braza (= 4 codos)	1.80 m
codo	45 cm

Medidas de capacidad: áridos

coro	370 l
sata	22 l (Aprox. 9 kg)
joinix	1 l (Aprox. 570 g)
litra	0.5 l (Aprox. 327 g)

Medidas de capacidad: líquidos

metreta	39 l
bato	37 l

Monedas

Es extremadamente difícil dar el valor de las monedas antiguas con equivalencias modernas. Un denario era el salario de un obrero por un día de trabajo.

talento	60 minas
mina	100 denarios
dracma	denario
denario	10 asaria
asarion	4 cuadrantes
cuadrante	2 lepta
lepton	1/80 de denario

¿CÓMO PUEDES CONOCER A DIOS PERSONALMENTE?

Dios ya te conoce a ti en una manera personal e íntima. Él te creó y sabe todo acerca de ti. Él te creó como una persona digna y valiosa.

Tú creaste mis entrañas; me formaste en el vientre de mi madre. ¡Te alabo porque soy una creación admirable! ¡Tus obras son maravillosas y esto lo sé muy bien! Salmos 139:13-14

Dios no solo te creó, sino que también te ama.

Porque tanto amó Dios al mundo que dio a su Hijo único, para que todo el que cree en él no se pierda, sino que tenga vida eterna. Juan 3:16

Pero él no se contenta con conocerte a la distancia. Quiere que tú también lo conozcas a él. De hecho, él ha caminado mucho trecho para acercarte a él.

Y esta es la vida eterna: que te conozcan a ti, el único Dios verdadero, y a Jesucristo, a quien tú has enviado. Juan 17:3

Es posible que en este momento te preguntes: «¿Si Dios tanto me ama, por qué estoy tan alejado de él? ¿Por qué no me relaciono con Dios ahora mismo?».

La respuesta está en una sola palabra: pecado. El pecado nos aparta de Dios y nos impide tener una relación personal con él.

¿Qué es el pecado? Es una actitud centrada en el ego, en el yo (véase 2 Timoteo 3:1-5); es hacer lo que no debes hacer (véase 1 Juan 3:4); y no hacer lo que debes hacer (véase Santiago 4:17).

Todos han pecado y están privados de la gloria de Dios. Romanos 3:23

Son las iniquidades de ustedes las que los separan de su Dios. Son estos pecados los que lo llevan a ocultar su rostro para no escuchar. Isaías 59:2

Entonces, ¿cuál es la solución? ¿Cómo puedes tener una relación con Dios y ser librado de la muerte eterna? Dios te ha dado la solución: Jesucristo, su Hijo.

Solo a través de Jesucristo podemos tener una relación personal con Dios.

—Yo soy el camino, la verdad y la vida —contestó Jesús—. Nadie llega al Padre sino por mí. Juan 14:6

Jesucristo vino a la tierra para tomar sobre sí la culpa de nuestros pecados. Él murió en la cruz para que nosotros pudiéramos ser perdonados.

Porque Cristo murió por los pecados una vez por todas, el justo por los injustos, a fin de llevarlos a ustedes a Dios. 1 Pedro 3:18

Entonces Jesucristo resucitó de los muertos para mostrar que podía darnos la vida eterna.

Si el Espíritu de aquel que levantó a Jesús de entre los muertos vive en ustedes, el mismo que levantó a Cristo de entre los muertos también dará vida a sus cuerpos mortales por medio de su Espíritu, que vive en ustedes. Romanos 8:11

Dios, pues, ha mostrado su amor por ti. Te ha dado la solución al problema de tu pecado y a tu alejamiento de él. Es la hora de responder a su amor creyendo en Jesucristo como tu Salvador y dejando que él sea tu líder.

Tu respuesta es por fe en Jesucristo.

Por gracia ustedes han sido salvados mediante la fe. Esto no procede de ustedes, sino que es el regalo de Dios y no por obras, para que nadie se jacte. Efesios 2:8-9

Mas a cuantos lo recibieron, a los que creen en su nombre, les dio el derecho de ser hijos de Dios. Juan 1:12

Esto significa que crees que Jesucristo es Dios y que él murió por ti y resucitó de los muertos.

Puedes dar estos pasos para comenzar una relación personal con Dios; basta con que confieses tu fe. Puedes emplear tus propias palabras o las que se dan a continuación:

Querido Dios, sé que mi pecado me ha separado de ti y confieso mi pecado. Estoy arrepentido. Reconozco que me amas y que enviaste a Jesucristo a morir en la cruz, tomando mi lugar y llevando sobre sí la carga de mi pecado. Gracias. Quiero arrepentirme de mi pecado y comenzar a seguirte y servirte. Me doy entero a ti. Comienza, por favor, a dirigir mi vida. Gracias por darme una vida nueva. En el nombre de Jesús te lo pido, amén.

Pon tu esperanza en el SEÑOR desde ahora y para siempre. Salmos 131:3

Si oraste, eres ahora un seguidor de Jesucristo. ¡Felicitaciones! Eres ahora un miembro de la familia de Dios y tienes por delante un nuevo comienzo para tu vida.

Si confiesas con tu boca que Jesús es el Señor y crees en tu corazón que Dios lo levantó de entre los muertos, serás salvo. Porque con el corazón se cree para ser justificado, pero con la boca se confiesa para ser salvo. Romanos 10:9-10

Que abunden en ustedes la gracia y la paz por medio del conocimiento que tienen de Dios y de Jesús nuestro Señor. 2 Pedro 1:2

Esta nueva relación como hijo de Dios es para toda la vida … y más allá.

Por eso, de la manera que recibieron a Cristo Jesús como Señor, vivan ahora en él, arraigados y edificados en él, confirmados en la fe como se les enseñó y llenos de gratitud. Colosenses 2:6-7

Espera al SEÑOR, porque en él hay amor inagotable; en él hay plena redención. Salmos 130:7

PLAN DE SALVACIÓN
LA BIBLIA DICE...

QUE DIOS TE AMA

«Porque tanto amó Dios al mundo que dio a su Hijo único, para que todo el que cree en él no se pierda, sino que tenga vida eterna. Dios no envió a su Hijo al mundo para condenar al mundo, sino para salvarlo por medio de él.» (Juan 3:16, 17).

«Pero Dios, que es rico en misericordia, por su gran amor por nosotros, nos dio vida con Cristo, aun cuando estábamos muertos en pecados. ¡Por gracia ustedes han sido salvados!» (Efesios 2:4, 5).

«Pero Dios demuestra su amor por nosotros en esto: en que cuando todavía éramos pecadores, Cristo murió por nosotros» (Romanos 5:8).

QUE EL PECADO TE SEPARA DE DIOS

El hombre está separado de Dios por su pecado. «Pues todos han pecado y están privados de la gloria de Dios» (Romanos 3:23).

«Así está escrito: No hay un solo justo, ni siquiera uno» (Romanos 3:10).

«Porque la paga del pecado es muerte, mientras que el regalo de Dios es vida eterna en Cristo Jesús, nuestro Señor» (Romanos 6:23).

El hombre se encuentra «... sin esperanza y sin Dios en el mundo» (Efesios 2:12). Muchos creen que después de esta vida todo termina, pero la Biblia nos avisa que «así como está establecido que los seres humanos mueran una sola vez y después venga el juicio» (Hebreos 9:27).

QUE JESUCRISTO MURIÓ Y RESUCITÓ POR TI

«... que Cristo murió por nuestros pecados según las Escrituras, que fue sepultado, que resucitó al tercer día según las Escrituras» (1 Corintios 15:3, 4).

«El mensaje de la cruz es una locura para los que se pierden; en cambio, para los que se salvan, es decir, para nosotros, este mensaje es el poder de Dios» (1 Corintios 1:18).

«El Hijo de Dios fue enviado precisamente para destruir las obras del diablo» (l Juan 3:8).

«El que cree en él no es condenado, pero el que no cree ya está condenado por no haber creído en el nombre del Hijo único de Dios» (Juan 3:18).

QUE LA DECISIÓN ES TUYA

«Las Sagradas Escrituras, que pueden darte la sabiduría necesaria para la salvación mediante la fe en Cristo Jesús» (2 Timoteo 3:15).

La Biblia enseña que solamente hay un camino que conduce a Dios. Jesús dijo: «Yo soy el camino, la verdad y la vida[...] Nadie llega al Padre sino por mí» (Juan 14:6).

«Porque hay un solo Dios y un solo mediador entre Dios y los hombres, Jesucristo hombre» (1 Timoteo 2:5).

La Biblia nos promete «que si confiesas con tu boca que Jesús es el Señor y crees en tu corazón que Dios lo levantó de entre los muertos, serás salvo. Porque con el corazón se cree para ser justificado, pero con la boca se confiesa para ser salvo» (Romanos 10:9, 10).

QUE RECIBAS A CRISTO COMO SALVADOR Y SEÑOR

Él está esperando que tomes la decisión más importante de tu vida, Jesucristo te invita diciendo: «Yo soy la puerta; el que entre por esta puerta, que soy yo, será salvo.» (Juan 10:9).

Abre ahora mismo tu corazón y confiésale tus pecados. La Palabra de Dios nos dice que: «Quien encubre su pecado jamás prospera; quien lo confiesa y lo deja, alcanza la misericordia» (Proverbios 28:13).

Jesús te invita a que recibas la nueva vida que solo él te puede ofrecer, «por lo tanto, si alguno está en Cristo, es una nueva creación. ¡Lo viejo ha pasado, ha llegado ya lo nuevo!» (2 Corintios 5:17).

Cree en tu corazón y confiésalo con tu boca en una oración como esta: Señor Jesús, creo que eres el Hijo de Dios que murió por mis pecados y resucitó. Me arrepiento de mis pecados y te pido que me perdones. Envía ahora tu Espíritu Santo a mi corazón para darme el poder de rechazar lo malo y caminar en tu voluntad. Gracias por tu amor, tu salvación y la nueva vida que me das en este día. Amén.

«Les aseguro que el que cree tiene vida eterna» (Juan 6:47).

PLAN DE LECTURA

La Palabra de Dios es su mensaje de amor para usted hoy día. La mejor manera de crecer como cristiano y llegar a conocer a Dios de una manera más personal es dedicar tiempo a la lectura de su Palabra. Hay tres formas de leer toda la Biblia.

Si ha empezado a leer la Biblia por primera vez:

Comience a leer el Evangelio de Marcos o el Evangelio de Juan en el Nuevo Testamento.

Después de leer uno de estos evangelios, lea el libro de Hechos o la Epístola a los Romanos.

Después de leer Hechos o Romanos, escoja un libro del Antiguo Testamento, por ejemplo, Génesis o Salmos.

Si desea leer la Biblia entera en un año:

Lea tres capítulos cada día, de lunes a sábado, y cinco capítulos el domingo.

Si desea leer la Biblia entera en dos años:

Lea dos capítulos diarios, de domingo a sábado.

La siguiente tabla cubre todos los libros de la Biblia capítulo a capítulo. Cada capítulo tiene una caja al lado para marcar cuando haya leído ese capítulo.

Génesis

☐1	☐2	☐3	☐4	☐5	☐6
☐7	☐8	☐9	☐10	☐11	☐12
☐13	☐14	☐15	☐16	☐17	☐18
☐19	☐20	☐21	☐22	☐23	☐24
☐25	☐26	☐27	☐28	☐29	☐30
☐31	☐32	☐33	☐34	☐35	☐36
☐37	☐38	☐39	☐40	☐41	☐42
☐43	☐44	☐45	☐46	☐47	☐48
☐49	☐50				

Éxodo

☐1	☐2	☐3	☐4	☐5	☐6
☐7	☐8	☐9	☐10	☐11	☐12
☐13	☐14	☐15	☐16	☐17	☐18
☐19	☐20	☐21	☐22	☐23	☐24
☐25	☐26	☐27	☐28	☐29	☐30
☐31	☐32	☐33	☐34	☐35	☐36
☐37	☐38	☐39	☐40		

Levítico

☐1	☐2	☐3	☐4	☐5	☐6
☐7	☐8	☐9	☐10	☐11	☐12
☐13	☐14	☐15	☐16	☐17	☐18
☐19	☐20	☐21	☐22	☐23	☐24
☐25	☐26	☐27			

Números

☐1	☐2	☐3	☐4	☐5	☐6
☐7	☐8	☐9	☐10	☐11	☐12
☐13	☐14	☐15	☐16	☐17	☐18
☐19	☐20	☐21	☐22	☐23	☐24
☐25	☐26	☐27	☐28	☐29	☐30
☐31	☐32	☐33	☐34	☐35	☐36

Deuteronomio

☐1	☐2	☐3	☐4	☐5	☐6
☐7	☐8	☐9	☐10	☐11	☐12
☐13	☐14	☐15	☐16	☐17	☐18
☐19	☐20	☐21	☐22	☐23	☐24
☐25	☐26	☐27	☐28	☐29	☐30
☐31	☐32	☐33	☐34		

Josué

☐1	☐2	☐3	☐4	☐5	☐6
☐7	☐8	☐9	☐10	☐11	☐12
☐13	☐14	☐15	☐16	☐17	☐18
☐19	☐20	☐21	☐22	☐23	☐24

Jueces

☐1	☐2	☐3	☐4	☐5	☐6
☐7	☐8	☐9	☐10	☐11	☐12
☐13	☐14	☐15	☐16	☐17	☐18
☐19	☐20	☐21			

Rut
☐1 ☐2 ☐3 ☐4

1 Samuel
☐1 ☐2 ☐3 ☐4 ☐5 ☐6
☐7 ☐8 ☐9 ☐10 ☐11 ☐12
☐13 ☐14 ☐15 ☐16 ☐17 ☐18
☐19 ☐20 ☐21 ☐22 ☐23 ☐24
☐25 ☐26 ☐27 ☐28 ☐29 ☐30
☐31

2 Samuel
☐1 ☐2 ☐3 ☐4 ☐5 ☐6
☐7 ☐8 ☐9 ☐10 ☐11 ☐12
☐13 ☐14 ☐15 ☐16 ☐17 ☐18
☐19 ☐20 ☐21 ☐22 ☐23 ☐24

1 Reyes
☐1 ☐2 ☐3 ☐4 ☐5 ☐6
☐7 ☐8 ☐9 ☐10 ☐11 ☐12
☐13 ☐14 ☐15 ☐16 ☐17 ☐18
☐19 ☐20 ☐21 ☐22

2 Reyes
☐1 ☐2 ☐3 ☐4 ☐5 ☐6
☐7 ☐8 ☐9 ☐10 ☐11 ☐12
☐13 ☐14 ☐15 ☐16 ☐17 ☐18
☐19 ☐20 ☐21 ☐22 ☐23 ☐24
☐25

1 Crónicas
☐1 ☐2 ☐3 ☐4 ☐5 ☐6
☐7 ☐8 ☐9 ☐10 ☐11 ☐12
☐13 ☐14 ☐15 ☐16 ☐17 ☐18
☐19 ☐20 ☐21 ☐22 ☐23 ☐24
☐25 ☐26 ☐27 ☐28 ☐29

2 Crónicas
☐1 ☐2 ☐3 ☐4 ☐5 ☐6
☐7 ☐8 ☐9 ☐10 ☐11 ☐12
☐13 ☐14 ☐15 ☐16 ☐17 ☐18
☐19 ☐20 ☐21 ☐22 ☐23 ☐24
☐25 ☐26 ☐27 ☐28 ☐29 ☐30
☐31 ☐32 ☐33 ☐34 ☐35 ☐36

Esdras
☐1 ☐2 ☐3 ☐4 ☐5 ☐6
☐7 ☐8 ☐9 ☐10

Nehemías
☐1 ☐2 ☐3 ☐4 ☐5 ☐6
☐7 ☐8 ☐9 ☐10 ☐11 ☐12 ☐13

Ester
☐1 ☐2 ☐3 ☐4 ☐5 ☐6
☐7 ☐8 ☐9 ☐10

Job
☐1 ☐2 ☐3 ☐4 ☐5 ☐6
☐7 ☐8 ☐9 ☐10 ☐11 ☐12
☐13 ☐14 ☐15 ☐16 ☐17 ☐18
☐19 ☐20 ☐21 ☐22 ☐23 ☐24
☐25 ☐26 ☐27 ☐28 ☐29 ☐30
☐31 ☐32 ☐33 ☐34 ☐35 ☐36
☐37 ☐38 ☐39 ☐40 ☐41 ☐42

Salmos
☐1 ☐2 ☐3 ☐4 ☐5 ☐6
☐7 ☐8 ☐9 ☐10 ☐11 ☐12
☐13 ☐14 ☐15 ☐16 ☐17 ☐18
☐19 ☐20 ☐21 ☐22 ☐23 ☐24
☐25 ☐26 ☐27 ☐28 ☐29 ☐30
☐31 ☐32 ☐33 ☐34 ☐35 ☐36
☐37 ☐38 ☐39 ☐40 ☐41 ☐42
☐43 ☐44 ☐45 ☐46 ☐47 ☐48
☐49 ☐50 ☐51 ☐52 ☐53 ☐54
☐55 ☐56 ☐57 ☐58 ☐59 ☐60
☐61 ☐62 ☐63 ☐64 ☐65 ☐66
☐67 ☐68 ☐69 ☐70 ☐71 ☐72
☐73 ☐74 ☐75 ☐76 ☐77 ☐78
☐79 ☐80 ☐81 ☐82 ☐83 ☐84
☐85 ☐86 ☐87 ☐88 ☐89 ☐90
☐91 ☐92 ☐93 ☐94 ☐95 ☐96
☐97 ☐98 ☐99 ☐100 ☐101 ☐102
☐103 ☐104 ☐105 ☐106 ☐107 ☐108
☐109 ☐110 ☐111 ☐112 ☐113 ☐114
☐115 ☐116 ☐117 ☐118 ☐119 ☐120
☐121 ☐122 ☐123 ☐124 ☐125 ☐126
☐127 ☐128 ☐129 ☐128 ☐129 ☐130
☐131 ☐132 ☐133 ☐134 ☐135 ☐136
☐137 ☐138 ☐139 ☐140 ☐141 ☐142
☐143 ☐144 ☐145 ☐146 ☐147 ☐148
☐149 ☐150

Proverbios
☐1 ☐2 ☐3 ☐4 ☐5 ☐6
☐7 ☐8 ☐9 ☐10 ☐11 ☐12
☐13 ☐14 ☐15 ☐16 ☐17 ☐18
☐19 ☐20 ☐21 ☐22 ☐23 ☐24
☐25 ☐26 ☐27 ☐28 ☐29 ☐30
☐31

Eclesiastés
☐1 ☐2 ☐3 ☐4 ☐5 ☐6
☐7 ☐8 ☐9 ☐10 ☐11 ☐12

Cantares

☐1 ☐2 ☐3 ☐4 ☐5 ☐6
☐7 ☐8

Isaías

☐1 ☐2 ☐3 ☐4 ☐5 ☐6
☐7 ☐8 ☐9 ☐10 ☐11 ☐12
☐13 ☐14 ☐15 ☐16 ☐17 ☐18
☐19 ☐20 ☐21 ☐22 ☐23 ☐24
☐25 ☐26 ☐27 ☐28 ☐29 ☐30
☐31 ☐32 ☐33 ☐34 ☐35 ☐36
☐37 ☐38 ☐39 ☐40 ☐41 ☐42
☐43 ☐44 ☐45 ☐46 ☐47 ☐48
☐49 ☐50 ☐51 ☐52 ☐53 ☐54
☐55 ☐56 ☐57 ☐58 ☐59 ☐60
☐61 ☐62 ☐63 ☐64 ☐65 ☐66

Jeremías

☐1 ☐2 ☐3 ☐4 ☐5 ☐6
☐7 ☐8 ☐9 ☐10 ☐11 ☐12
☐13 ☐14 ☐15 ☐16 ☐17 ☐18
☐19 ☐20 ☐21 ☐22 ☐23 ☐24
☐25 ☐26 ☐27 ☐28 ☐29 ☐30
☐31 ☐32 ☐33 ☐34 ☐35 ☐36
☐37 ☐38 ☐39 ☐40 ☐41 ☐42
☐43 ☐44 ☐45 ☐46 ☐47 ☐48
☐49 ☐50 ☐51 ☐52

Lamentaciones

☐1 ☐2 ☐3 ☐4 ☐5

Ezequiel

☐1 ☐2 ☐3 ☐4 ☐5 ☐6
☐7 ☐8 ☐9 ☐10 ☐11 ☐12
☐13 ☐14 ☐15 ☐16 ☐17 ☐18
☐19 ☐20 ☐21 ☐22 ☐23 ☐24
☐25 ☐26 ☐27 ☐28 ☐29 ☐30
☐31 ☐32 ☐33 ☐34 ☐35 ☐36
☐37 ☐38 ☐39 ☐40 ☐41 ☐42
☐43 ☐44 ☐45 ☐46 ☐47 ☐48

Daniel

☐1 ☐2 ☐3 ☐4 ☐5 ☐6
☐7 ☐8 ☐9 ☐10 ☐11 ☐12

Oseas

☐1 ☐2 ☐3 ☐4 ☐5 ☐6
☐7 ☐8 ☐9 ☐10 ☐11 ☐12
☐13 ☐14

Joel

☐1 ☐2 ☐3

Amós

☐1 ☐2 ☐3 ☐4 ☐5 ☐6
☐7 ☐8 ☐9

Abdías

☐1

Jonás

☐1 ☐2 ☐3 ☐4

Miqueas

☐1 ☐2 ☐3 ☐4 ☐5 ☐6
☐7

Nahúm

☐1 ☐2 ☐3

Habacuc

☐1 ☐2 ☐3

Sofonías

☐1 ☐2 ☐3

Hageo

☐1 ☐2

Zacarías

☐1 ☐2 ☐3 ☐4 ☐5 ☐6
☐7 ☐8 ☐9 ☐10 ☐11 ☐12
☐13 ☐14

Malaquías

☐1 ☐2 ☐3 ☐4

Mateo

☐1 ☐2 ☐3 ☐4 ☐5 ☐6
☐7 ☐8 ☐9 ☐10 ☐11 ☐12
☐13 ☐14 ☐15 ☐16 ☐17 ☐18
☐19 ☐20 ☐21 ☐22 ☐23 ☐24
☐25 ☐26 ☐27 ☐28

Marcos

☐1 ☐2 ☐3 ☐4 ☐5 ☐6
☐7 ☐8 ☐9 ☐10 ☐11 ☐12
☐13 ☐14 ☐15 ☐16

Lucas

☐1 ☐2 ☐3 ☐4 ☐5 ☐6
☐7 ☐8 ☐9 ☐10 ☐11 ☐12
☐13 ☐14 ☐15 ☐16 ☐17 ☐18
☐19 ☐20 ☐21 ☐22 ☐23 ☐24

Juan

☐1 ☐2 ☐3 ☐4 ☐5 ☐6
☐7 ☐8 ☐9 ☐10 ☐11 ☐12
☐13 ☐14 ☐15 ☐16 ☐17 ☐18
☐19 ☐20 ☐21

Hechos

☐1 ☐2 ☐3 ☐4 ☐5 ☐6
☐7 ☐8 ☐9 ☐10 ☐11 ☐12
☐13 ☐14 ☐15 ☐16 ☐17 ☐18
☐19 ☐20 ☐21 ☐22 ☐23 ☐24
☐25 ☐26 ☐27 ☐28

Romanos

☐1 ☐2 ☐3 ☐4 ☐5 ☐6
☐7 ☐8 ☐9 ☐10 ☐11 ☐12
☐13 ☐14 ☐15 ☐16

1 Corintios

☐1 ☐2 ☐3 ☐4 ☐5 ☐6
☐7 ☐8 ☐9 ☐10 ☐11 ☐12
☐13 ☐14 ☐15 ☐16

2 Corintios

☐1 ☐2 ☐3 ☐4 ☐5 ☐6
☐7 ☐8 ☐9 ☐10 ☐11 ☐12
☐13

Gálatas

☐1 ☐2 ☐3 ☐4 ☐5 ☐6

Efesios

☐1 ☐2 ☐3 ☐4 ☐5 ☐6

Filipenses

☐1 ☐2 ☐3 ☐4

Colosenses

☐1 ☐2 ☐3 ☐4

1 Tesalonicenses

☐1 ☐2 ☐3 ☐4 ☐5

2 Tesalonicenses

☐1 ☐2 ☐3

1 Timoteo

☐1 ☐2 ☐3 ☐4 ☐5 ☐6

2 Timoteo

☐1 ☐2 ☐3 ☐4

Tito

☐1 ☐2 ☐3

Filemón

☐1

Hebreos

☐1 ☐2 ☐3 ☐4 ☐5 ☐6
☐7 ☐8 ☐9 ☐10 ☐11 ☐12
☐13

Santiago

☐1 ☐2 ☐3 ☐4 ☐5

1 Pedro

☐1 ☐2 ☐3 ☐4 ☐5

2 Pedro

☐1 ☐2 ☐3

1 Juan

☐1 ☐2 ☐3 ☐4 ☐5

2 Juan

☐1

3 Juan

☐1

Judas

☐1

Apocalipsis

☐1 ☐2 ☐3 ☐4 ☐5 ☐6
☐7 ☐8 ☐9 ☐10 ☐11 ☐12
☐13 ☐14 ☐15 ☐16 ☐17 ☐18
☐19 ☐20 ☐21 ☐22